仏具大事典

Ⅰ　金亀舎利塔　鎌倉時代　奈良　唐招提寺（本文30頁）

2　紫檀金鈿柄香炉　炉部・柄先端部獅子鎮子　奈良時代　正倉院（本文132頁）

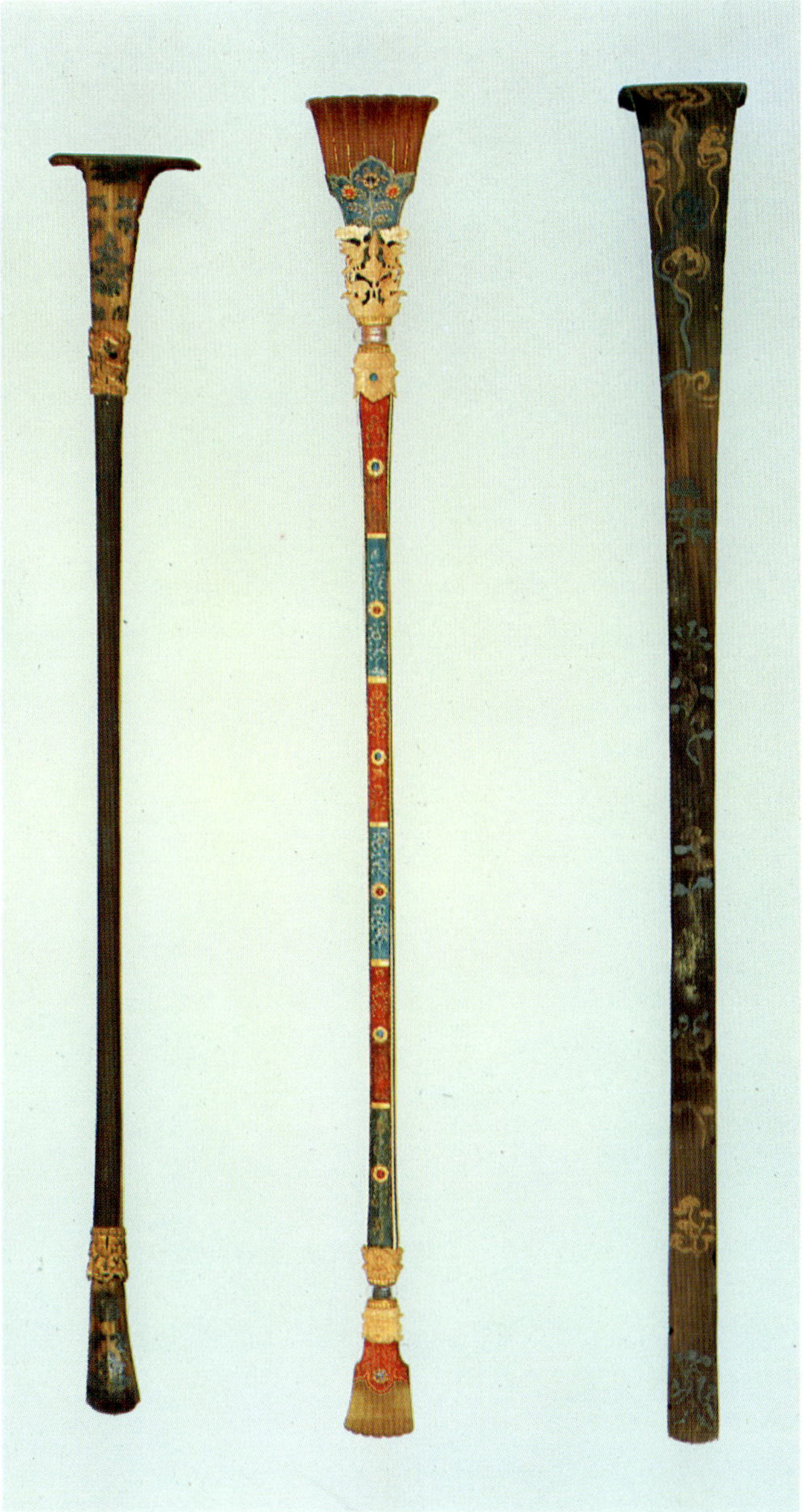

3 右：鯨鬚金銀絵如意　中：犀角黄金鈿荘如意　左：犀角銀絵如意　奈良時代　正倉院（本文222頁）

4 磁鉢　奈良時代　正倉院（本文160頁）

5　天台宗　延暦寺の伝法灌頂道場（本文434頁）

6　天台宗　延暦寺東塔の荘厳

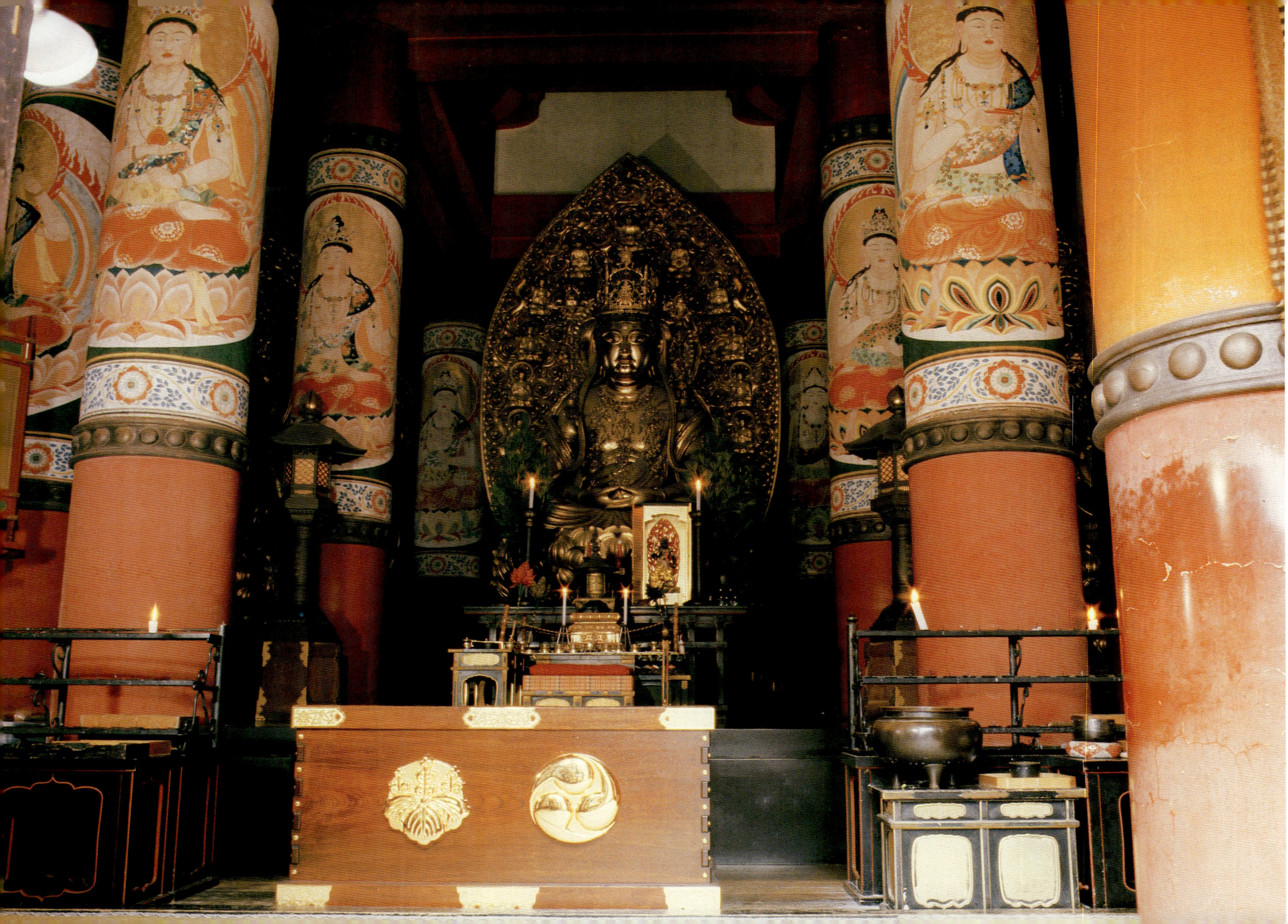

7　真言宗　金剛峯寺大塔の荘厳

8 真言宗 金剛峯寺金堂の三壇構え（中院流）
下左：金剛界壇　下中：不二壇　下右：胎蔵界壇（本文446頁）

9　真言宗　東寺　御七日御修法　左・当界壇（金剛界）　右・片壇（胎蔵界）（本文462頁）

10 真宗高田派　専修寺　御影堂内陣の常荘厳（本文544頁）

二　浄土真宗本願寺派　西本願寺
報恩講における御影堂内陣の荘厳（本文550頁）

12 真宗大谷派　東本願寺　報恩講における御影堂内陣の荘厳（本文552頁）

13　浄土宗　知恩院　大殿内陣の荘厳（本文500頁）

14　浄土宗　法然院　内陣の荘厳と生花の散華（本文502頁）

15　浄土宗　知恩院　阿弥陀堂内陣の荘厳（本文500頁）

16　時宗　遊行寺（清浄光寺）本堂の荘厳（本文568頁）

17　融通念仏宗　大念仏寺　本堂の荘厳（本文582頁）

18 臨済宗　妙心寺　開山忌における法堂の荘厳（本文610頁）

19　臨済宗　妙心寺　開山忌における開山堂の荘厳（本文610頁）

20　曹洞宗　永平寺　左：法堂における御征忌法要　右：法堂の施餓鬼壇（本文624頁）

21　曹洞宗　総持寺　大祖堂内部（本文624頁）

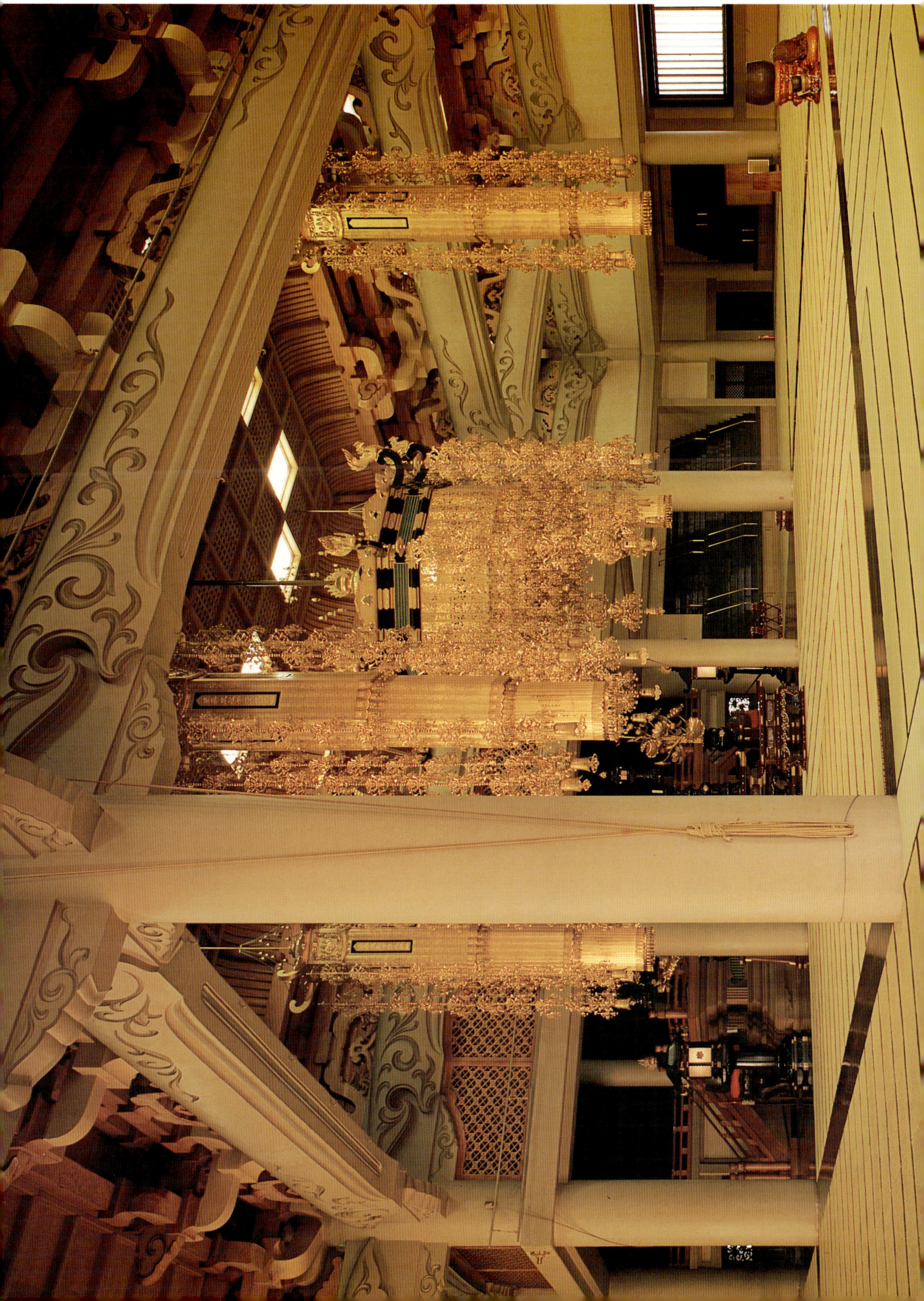

22　黄檗宗　萬福寺　開山忌　左：開山堂の立上供　右：列班（本文662頁）

23　本門仏立宗　宥清寺　本堂の荘厳（本文700頁）

24　日蓮宗　久遠寺　祖師堂の荘厳（本文670頁）

25　日蓮宗　久遠寺　祖師堂御宝前の荘厳（本文670頁）

26　日蓮宗　本門寺　日蓮聖人第700回遠忌における法会

27　仏壇　江戸時代　京都　山本亀太郎氏（本文408頁）

序

「仏具」という言葉には広義と狭義があるが、これを広義に求めるときは仏教用具全体を包含することになる。本書の表題はさらに拡大解釈して、仏教の教義や儀礼における仏具の意味づけをも含めて命題したものである。

さて仏具は、成立の古い『梵網経』に比丘の持つべき十八種の品が挙げられたり、『華積陀羅尼神呪経』に「香・華・燈燭を以って形象の前において供養し」と説かれるなど、単なる美術工芸品ではなく、仏世界を具現化するために儀軌や経典に基づいて成立し、継承されてきた信仰の表現手段であり、仏具それぞれが本来的な実用性や意味をもつものである。また、三宝に帰依する清浄心を得るための仏教儀礼と有機的に結合して「昇華した宗教的な場」を形成してきた。その目的とするところは「道具」としての形を通して、仏を観想する認識手段ともいえる。

しかし、これが継承される過程において変貌を重ねたことは疑えない事実である。各宗派がさらに諸流に細分化されることによって、独特の秘伝や口伝を持ち、あるいは創意工夫が加えられて形式や意匠が多様化した。そのため本来の意義を忘れて形骸化したことも少なからずあって、煩瑣とも称すべき種々相を呈するにいたっている。したがって仏具研究のうえでも、その対象があまりにも複雑多岐にわたるために、一部のものを除いては研究が進んでいない現状にある。

仏具を工芸史の上から見る研究者たちは、古い仏具の存在やその形式変遷の歴史の面では一歩を抜んでているものの、仏具としての本来的な意義や使用法に暗いため、その真姿を見失うおそれがある。宗教者の側は仏具の意義用法の伝統を知るものの、古い遺品の実際とその変遷過程に暗い一面がある。ここに、美術工芸的な視野と、宗教者としての仏具の意義用法との相互の欠を補なって仏具の本来の意味を広義に体系的にとらえ、その所以する儀軌経典と実際の形式の変遷、あるいは使用法と宗派による特色などの総合的な認識を深めることができるようにとの目的で企画されたのが本書である。

仏・法・僧の三宝に捧げられる仏具を、本書の収録にあたり分類するには困難な一面もあった。釈尊以来千数百年の内には、仏具が僧具に、法具が僧具に、また両方で使用されるという変化が生じている。これらを仏法僧の原点に戻り分類することはむつかしい。ために仏具を現代の用法にしたがって分類したが、項目によっては疎漏を避けるために重複収録となった項目もある。

わが国の仏具を研究する手がかりをまず文献資料から求めると、古く上代の仏具の種々相を示すものに奈良時代から平安時代にかけての寺院の資財帳がある。奈良朝の資財帳では『法隆寺伽藍縁起幷流記資財帳』が仏具の種類と数量ともに精しい。また大安寺、西大寺、あるいは東大寺の阿弥陀院の資財帳などでも仏具を細分類したり、新規な仏具を載録している（第二章の一参照）。次いで平安時代の資財帳では『多度神宮寺資財帳』、『安祥寺資財帳』、『広隆寺資財帳』、『仁和寺御室御物実録』などに諸種の仏具が見られるが、この期になると時代の趨勢を示して密教所用の法具が現われてくる。この密教法具については入唐八家の『請来目録』が重要な文献でもある。時代が降ると『翻訳名義集』の犍稚道具篇や、『勅修百丈清規』の大衆章弁道具の条、あるいは『釈氏要覧』などに各種の仏具があげられ、また『禅林象器箋』には禅門の諸具をのせている。

　上代の仏具の実際を知るには、正倉院宝物や法隆寺献納宝物をはじめ、諸大寺の実査にはじまるものであるが、昨今では各社寺の関係図録が刊行されて手がかりも得やすくなりつつある。また上代からの寺院遺跡や、中世の経塚遺跡などからの出土仏具も、研究書や図録による報告が進められてきた。しかし各地に所在する隠れた仏具についてはもとよりまとまった文献もなく、その探索は今日でも至難である。

　これらの仏具を分類し、体系だてようと試みられたのが柴田常恵氏の『仏教考古学概説』（雄山閣）であり、また石田茂作氏の『仏教考古学への道』（吉川弘文館）であって、仏具を分類して荘厳具・供養具・密教法具・僧具・梵音具などの項目をたてた。そしてこの趣旨をふまえて個別に重厚な論稿をかかげたのが『仏教考古学講座』（雄山閣）で、華鬘・幡・香炉・雲版・鰐口・梵鐘・銅磬・数珠・如意・密教法具などの項目がとりあげられ、仏具研究史のうえで大きな役割を果した。その後も石田茂作氏の『仏教美術の基本』（東京美術）や、蔵田蔵氏の『仏具』（至文堂）、また久保常晴氏の『新版考古学講座8』（雄山閣）における仏具の通説などがみられる。しかし数多い研究のうちで決定版ともいうべき集大成がなされたのは次の三種にすぎない。すなわち広瀬都巽氏の『日本銅磬の研究』（清閑社）と、坪井良平氏の『日本の梵鐘』『朝鮮鐘』（共に角川書店）、また奈良国立博物館監修の『密教法具』（講談社）のみである。

　この永年にわたる仏具研究の欠を補わんとしたのが『新版仏教考古学講座』（雄山閣）仏具篇であるが、小巻であるため、図版や、項目の不足が避けられなかった。これをさらに充実させたのが本書で、第一章の仏具の種類と変遷で十二項目にわたって仏具の各種を洩れなく収め、第二章で宗派別に仏具の荘厳法や用法、またその意義を尽くさんとしたものである。仏教諸用具について工芸専門家と宗門研究家の全面的な協力のもとに一巻を成したのは本書を以て嚆矢とするものであり、仏具研究の道程における記念碑的な作善ともなれば幸いである。寺院、在家を問わずこれを活用して下さることを望みたい。

岡崎譲治

目次

第一章　仏具の種類と変遷

一　仏舎利の荘厳

二　経荘厳

三　荘厳具

四　供養具

五 梵音具

六 僧具

第二章　宗派別仏具の荘厳法と特色

二　文様の解説

三　寺院の紋章

●遺品一覧において国宝重文指定をされているものは次の通り表示した。
◉印　国宝　◎印重要文化財
●文中横の〈※印〉は注釈欄の解説を示す。なお本文頁と注釈頁が前後している場合もある。
●本文中の図番号は左頁図版の番号をさす。なお図版掲載頁が前後している場合もある。

編集：亀山洋子　橋本悟

第一章　仏具の種類と変遷

一　仏舎利の荘厳

一、仏舎利の荘厳

(1) 仏舎利とは

釈迦（仏陀）は紀元前四八六年の二月一五日、中インドの跋提河のほとり、沙羅双樹の下で涅槃に入り八〇才の生涯をとじたと伝えられる。遺体は荼毘《だび》に付されて葬られることになったが、荼毘に付されたあとの釈迦の火葬骨がすなわち仏舎利である。

(2) 仏塔の起立と仏舎利信仰

仏舎利は、釈迦の涅槃の地クシナガラのマツラ族の人びとの手により鄭重に祀られていたが、ほどなく釈迦と特に関係の深かった他の七国の人びともまた遺骨の分配を求めるところとなり、仏舎利をめぐって八国が争ったとされる（分舎利戦争）。しかし結局、ドルナ（香性婆羅門）の仲裁で八国均等に分配され（舎利八分）、八国それぞれの地に、この仏舎利を奉安し、供養するための仏塔（ストゥーパ）が起立されることになったという（舎利八塔）。

一説には、舎利分配の際に用いた容器のみを蔵する塔、あるいは荼毘に付したあとに残った灰をあつめて造った灰塔をも含め、併せて一〇塔が同時に起立されたとも伝えられる。

仏教徒達は、仏舎利を奉籠したこの仏塔を釈尊そのものと崇めて礼拝し、生前の釈尊をしのぶよすがとして信仰したのである。これが仏舎利信仰のはじまりであり、仏塔の起源でもある。

紀元前三世紀の中葉、マウリア王朝のアショーカ王は、分舎利時起立の八塔に籠められていた仏舎利のうち、七塔分の舎利をとり出し、インド各地に八万四千の仏塔を新たに造立したとされる。実際にそれほど多数であったかどうか真偽については詳らかでないが、サンチーの大塔に代表されるように、インドにはこの時代に比定される古塔址が相当数存在し、また王が仏跡を一々巡拝し、そこに起塔させたという経典の説によっても、伝説の真実性をある程度は裏づけているといえよう。それはインドにおける舎利信仰が、当時いかに盛大であったかを示唆するものであるし、造塔の功徳の大なることを如実に物語っているのである。そして仏塔内に舎利を奉籠するというこのインドの古制は、以後仏塔造立の不可欠の手段として、仏教東漸とともに西域を経て中国・朝鮮半島へと伝わり、やがてこれを受容したわが国の造塔にも大きな影響を及ぼすことになるのである。

二、インドの舎利荘厳

インドにおける古制の覆鉢塔では、平頭部（頂上）・塔内部・基部・基底といった具合に、その上・下位置は必ずしも一定しないが、おおむね塔の中心線あるいはそれに近い場所に仏舎利を安置するのが一般的である。塔内に納める場合の安置法は、舎利を籠めた容器を、

※1　カニシュカ王大塔発見舎利容器　二世紀　ペシャワール考古博物館蔵。右＝全体　左＝身の部分

1 ピプラファー塔出土 滑石製舎利容器 前三〜二世紀 インド

2 ピプラファー塔出土 水晶製舎利容器 前三〜二世紀 インド

3 ビマーラン第二塔発見 黄金製舎利容器 二〜三世紀 アフガニスタン（大英博物館）

4 河北省定県静志寺塔基出土 鍍金銅箱 隋時代 中国

5 涇州大雲寺塔基出土 舎利容器
唐時代 中国
（右から）瑠璃瓶
金製棺形容器
銀製棺形容器
金銅外箱

塔中に設けた小室に安置するか、小室をつくらない場合はそのまま安置するのが通制であった。

舎利容器は仏舎利を奉籠し、塔中に安置するためにしつらえられた小形の骨蔵器である。仏舎利といえども死者の遺骨であることにかわりはない。したがって舎利容器の形式に、仏塔が起立されたその土地土地の風俗習慣や伝統形式が反映されたことは当然であろう。舎利容器が同時期のものであっても、瓶形・壺形・塔形・合子形など実に多様な形式を示すのもその故であると考えられる。しかし、塔門や欄楯《らんじゅん》など仏塔をとりまく建造物に、仏伝図など多くの装飾彫刻がほどこされたように、舎利容器の場合も、釈尊の遺骨を納めるということで相応の荘厳がなされ、当時の工芸技法の粋をつくした優秀な作域を示すものが少くない。

仏舎利奉籠のことを明記し、一時は舎利八塔のうちの一塔であろうとさえ喧伝されたピプラファー塔出土の滑石製舎利容器(前三〜二世紀・1図)、同時に出土した魚形鈕の水晶製舎利容器(2図)をはじめ、仏像起源の重要な資料ともなっているビマーラン第二塔（アフガニスタン)発見の豪華な黄金製舎利容器(二〜三世紀・大英博物館蔵・3図)、やはり仏像をあらわして著名なカニシュカ王の大塔※1（アフガニスタン）発見舎利容器（二世紀・ペシャワール考古博物館蔵）など、数々のすぐれた遺品が、往時の仏舎利荘厳のさまを今に伝えている。

(1)　インドの舎利容器の形制

これらの舎利容器は、仏舎利を直接内部に奉籠した容器が単独に塔内に安置されることもあるが、多くの場合、仏舎利は瑠璃（ガラス)や水晶や黄金でつくられた瓶や壺や筒に納められ、これを中核容器としている。更に銀・銅・鉄・石などで製作した外容器で三重・四重に保護し、内部から外部になるにしたがい順次大形になる入子状の組入れ容器にしつらえているのが特色である。この形式は神聖な仏舎利に対する敬重の意を示すものにほかならないが、また経典（『摩訶摩耶経』『大涅槃経』など）にも説かれるように、釈迦の宝棺は金・銀・銅・鉄の四重棺であったとする説にも関連するようであり極めて興味深い。その顕著な事例としては、金・銀・金銅・銅の四重容器をなすハッダ第十塔、金・銀・銅・鉄のクシナガラ涅槃塔のように金属器のみによるもののほか、金・銀・水晶・石のミールブル・ハウス、中核容器を水晶壺形容器とし、これを滑石製壺形容器に納めたうえ、砂岩の箱形容器二重に籠めたソーナーリ第一塔※2出土容器などがある。また六重のものとしては一例ではあるが金・水晶・石・銀・銅・石のソーパーラー塔出土舎利容器が見出される。

これらインドの古制塔における形式は、先述したように必ずしも一定していないが、その中でも一つの類形的な特色を示すのが、ピプラファー塔・ヴァイサリー塔※4などの舎利容器のように、球状容器の頂部に独特の鈕をつくり出した形式のものである。この類の容器は胴部で蓋と身に二分されるが、蓋部にあたる半球状の上半は、ちょうど覆鉢形の頂に傘蓋《さんがい》を付した当時の仏塔を思わしむるところがあり、形式発生の根底に仏塔を意識していることが、如実にうかがわれるのである。そしてそれは塔信仰の盛大になるに伴い、次第に塔形を顕著に示すこととなり、ひいては仏塔の形式をそのままミニチュア化した、小塔形舎利容器の流行を促すことになるのである。カニンガムが調査報告したボージュブル第二塔※3出土の舎利容器は、鈴形土器の外容器の中に、覆鉢上に傘蓋を具した水晶製の典型的な塔形舎利容器を蔵していたし、類似の水晶製塔形容器は、ベルリン東洋博物館の蔵品中にも見出される。二、三世紀頃のものと推察されるカーラワーン仏塔出土の滑石製塔形舎利容器、神奈川県個人所蔵の石製塔形舎利容器も、これがつくられた時代の塔制を如実に反映しているといえるであろう。

時・所により形式上の差異はあるものの、仏教を信仰した国々が、いずれも塔形式になる舎利容器をつくり出していることも、その泉源はインドの塔形舎利容器に基づいているのである。

※2　ソーナーリ第一塔出土舎利容器（カニンガムによる）。砂岩の函A・Bを重ね、次に滑石製容器Cを容れ、最奥に水晶容器Dあり。ただしDの中に何も発見されなかった。Aの高一〇・二、Cの径四・四、Dの径二・二cm。

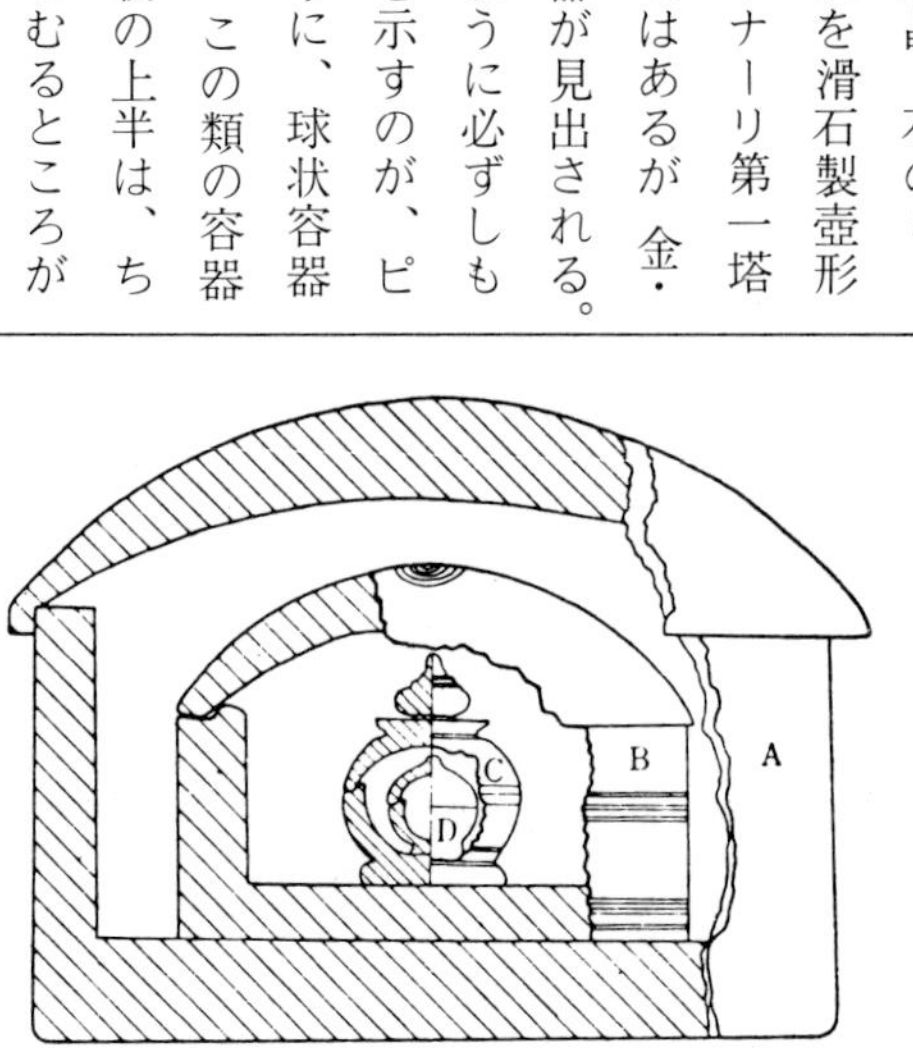

※3　ボージュブル第二塔出土舎利容器（カニンガムによる）。安置室内に半球形の赤色土器をかぶせて図示の容器がある。外容器は同じく赤色の土器（径二一、高一五・二cm)、蓋の内外に白堊を塗る（銘の痕跡あり）。その中に水晶の塔形容器がある。

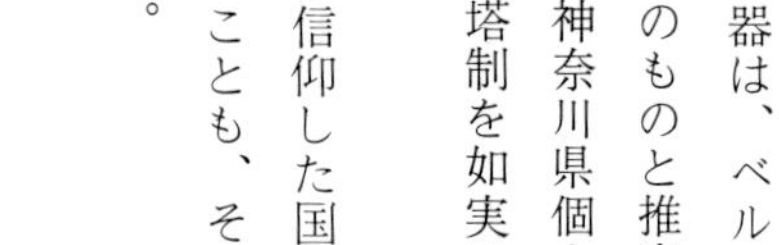

高田修「インドの仏塔と舎利安置法」
『仏教芸術』1951，11号より転載

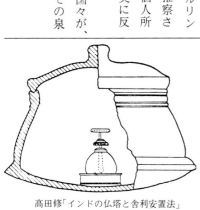

6　皇福寺三層石塔発見舎利容器　統一新羅時代　韓国

7　感恩寺西三層石塔発見舎利容器 統一新羅時代 韓国

8　松林寺五層塼塔発見舎利容器　統一新羅時代　韓国

9　仏国寺三層石塔発見舎利容器　統一新羅時代 韓国

10　伝全羅北道南原塔発見舎利容器　統一新羅時代　韓国

11　金銅八角形舎利容器　高麗時代　東京国立博物館

三、中国の舎利荘厳

内部に仏舎利を奉安するというこのインドの仏塔の形制は、当然のことながら仏教東漸とともに六朝時代の中国にも伝えられた。しかし、造塔の形式や仏舎利埋納法は中国流にかえられることとなる。

六朝時代の舎利容器　そのさまは文献に依るしかないが、木造塔にあっては舎利納入具の上に掘立柱をたて、この柱を中心に楼閣を構築し、その屋頂にはインドの仏塔に擬した塔形を飾る。舎利具は東晋の慧達造立塔では金甖《きんよう》[※5]を中核に、銀坩《ぎんかん》[※6]・鉄壺・石函を順に重ねた四重容器とし、梁の武帝造立塼塔でも金甖・玉甖・七宝塔・石函というように、一部の材に違いはあるが、同様の四重容器にしつらえている。この入れ子状容器[※7]は金・銀・珠玉など副納の荘厳品ともどもインドの古制に基づくものであるが、最外容器を石函とし、これに銘記を刻するところは中国式であり、棺に墓誌銘をほどこす中国古来の葬法を踏むものと考えられる。

隋代の舎利容器　中国での仏舎利信仰が最高潮に達したのは、隋の文帝の治世にあたる仁寿年間（六〇一～四）である。インドの阿育王《アショーカ》による八万四千塔造立の故事にならい、俗に仁寿舎利塔と称される多くの造塔[※8]が行われたが、近年の発掘成果の中にはそれを裏づける遺品もいくつか発見されている。一九六九年河北省定県静志寺塔基出土の仁寿三年銘の鍍金銅箱（4図）、陝西省耀県の塔基発見舎利容器などがそれである。前者は北宋時代までの夥しい伴出品が数度の再興のさまを示唆しており、当初の実体は詳らかにできないが、後者は金・銅製の二重箱形容器に瑠璃製舎利瓶を納めており、六朝時代の形制が根強く継承されていることがしれるであろう。

唐代の舎利容器　唐代の舎利容器もやはり入れ子状となるが、中核となる瑠璃製の舎利瓶と最外容器の石函以外を棺形とするのが特徴的である。その典型が涇州大雲寺塔基出土の舎利容器（5図）である。瑠璃瓶・金棺・銀棺・金銅箱・石函からなる四重容器で、石函蓋裏には大同涇州大雲寺の舎利であること、側面には延載元年（六九四）の年紀や施主名を刻している。延載元年は則天武后が諸州に大雲寺造立を命じた五年後のことである。同類の棺形容器は一九六〇年に鎮江市甘露寺鉄塔塔基から出土した長干寺舎利容器、同じく禅林寺舎利容器をはじめ、ボストン美術館のものや、二重棺と石櫃を一具とした山東省済陽県出土の京都・泉屋博古館のものが著名であるが、これほどまでに精妙な細工になるものはない。いずれにせよインド古来の舎利奉籠法に、唐時代の墓棺の形式を加味しているのが興味深い。

四、朝鮮の舎利荘厳

朝鮮半島での舎利信仰は、わが国と最も関連深い百済での様相がなお明らかでないが、遺品に徴するかぎり、仏塔造立が最も盛行したのは統一新羅時代である。盛んな造塔に伴い、新羅時代以来の高度な金工技法を駆使して、巧緻でしかも変化に富む多くの舎利容器が生み出された。

統一新羅時代の舎利容器　緑瑠璃の舎利瓶を金・銀・銅の三重箱に奉籠した慶州・皇福寺三層石塔発見の舎利容器（神亀二年＝七〇六・6図）、瑠璃製舎利瓶・銀合子に加え夥しい副納品を伴出した慶州芬皇寺九層石塔発見舎利具（善徳王三年＝六三四）、緻密な細工になる宮殿内に舎利壇をつくり、これに火焔宝珠形容器を据え、内部に白瑠璃製の舎利瓶を奉籠する慶北・月城郡感恩寺西三層石塔発見舎利容器（七世紀末・7図）、法隆寺金堂の天蓋を彷彿とさせる屋蓋の宮殿形基壇上に金銅板製の蓮華座を設け、瑠璃製の杯をのせ、その中に緑瑠璃の舎利瓶を奉安する慶北・漆谷郡・松林寺五層塼塔発見舎利容器（8図）、屋根形蓋の唐草文透彫箱に請座をつくり、銀製打出文の卵形合子を安置し、内部に瑠璃製舎利瓶をのせた銀杯を籠める慶州仏国寺三層石塔発見舎利容器（八世紀初・9図）、同様の屋根形蓋箱の内部に透彫金板を装着した蓮華座を落し込み、緑瑠璃製蓮華形黄金栓の舎利瓶を安

※4　ヴァイサリー塔発見の球状舎利容器と、その納入品。滑石製で径五・〇、高さ約五・〇cm。三世紀。

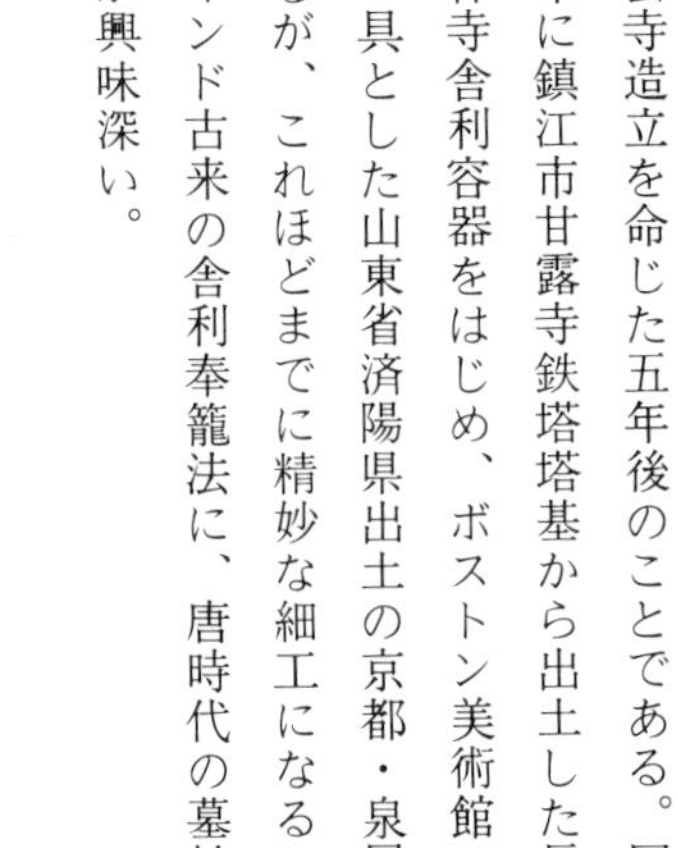

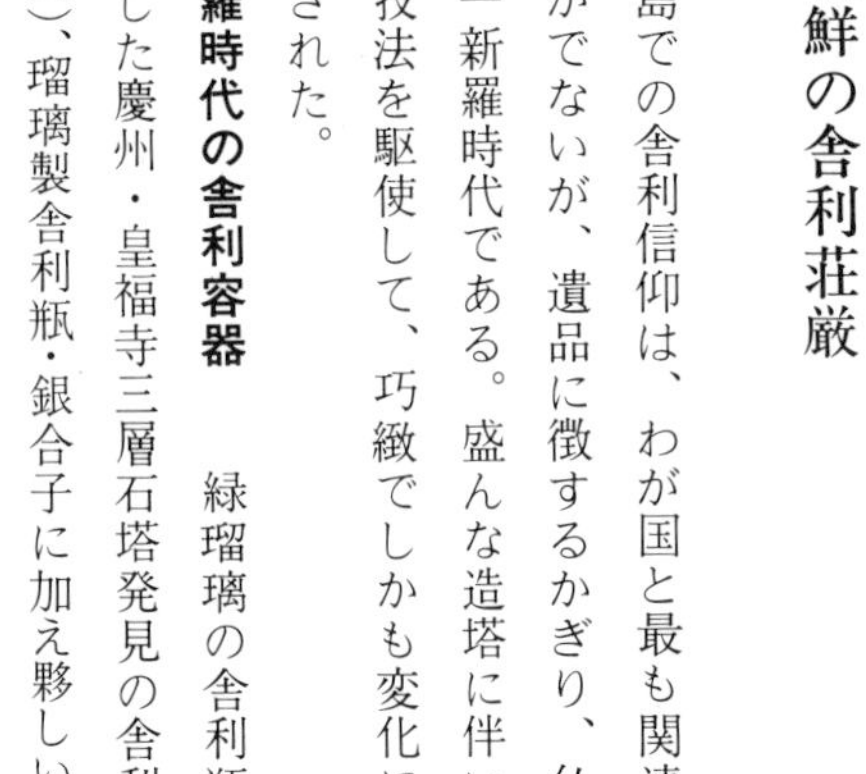

※5　金で作ったかめのこと。

※6　銀で作ったつぼのこと。

※7　大小順次に重ねて組み入れるようにした容器。

※8　『広弘明集』第一七には、三〇の名刹に舎利塔が建立され、また五二州にわたり舎利塔建立の勅命があったことを記している。

15　三島廃寺塔心礎納置舎利容器
白鳳時代　東京国立博物館

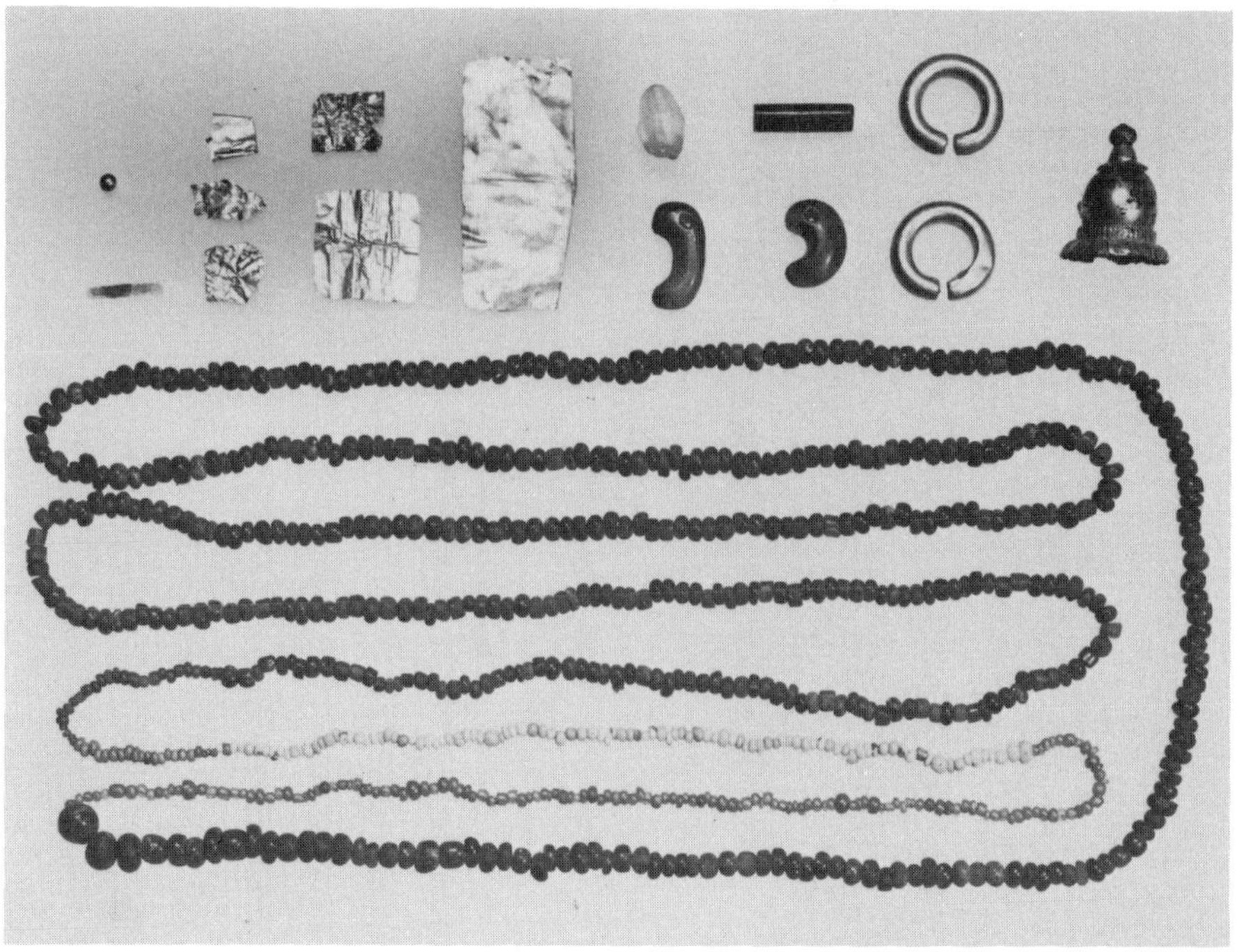

12　飛鳥寺塔心礎出土舎利荘厳具　飛鳥時代　奈良国立文化財研究所

16　法輪寺塔心礎納置銅壺
奈良時代　奈良　法輪寺

17　山田廃寺塔心礎納置銅壺
奈良時代　岐阜　山田寺

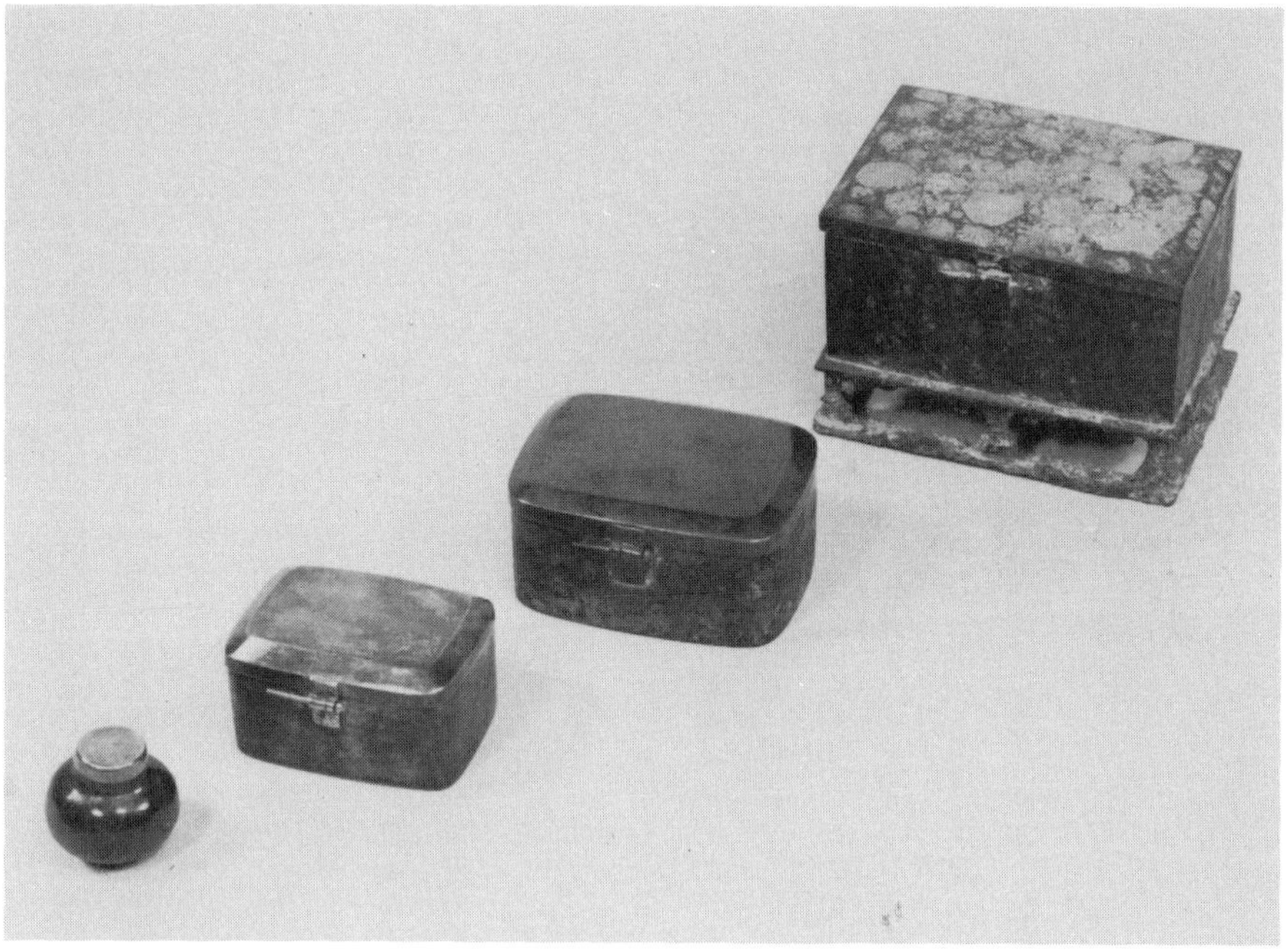

13　崇福寺塔心礎納入舎利容器　白鳳時代　滋賀　近江神宮

14　法隆寺五重塔心礎納入舎利容器(模造)　奈良時代　奈良　法隆寺

置する全北・益山郡王宮里五層石塔発見の舎利容器など、その多様・精巧な荘厳のさまは、仏舎利に対する熱烈な信仰を如実に物語っている。

統一新羅時代の舎利容器の特色は、いずれの場合も瑠璃製舎利瓶を中核とするものの、その外容器は中国・六朝時代舎利容器の系譜を踏む入れ子状重ね容器に作られる場合と、宮殿（舎利殿）形あるいは宮殿を意図した箱内に請座を設け、これに舎利容器を安置する場合の二様に大別されることであろう。前者がインドの古制に基づくことはいうまでもないが、後者は他に類のない新様であり、新羅独自の考案になるものと想定される。

わが国上代の寺院における塔心礎納置の仏舎利は、ほとんどが百済・新羅からもたらされたものであり、その容器についても半島における形制がなんらかの形で反映されたものと考えられるが、現在しられる遺品や文献に徴する限りでは、入れ子状容器を通例とするところに前者との脈絡はうかがわれるものの、後者のような宮殿形容器と関連する事例は見出せない。ただこの種の宮殿形容器に通有の蓮華形請座は、わが国の崇福寺塔心礎発見舎利容器にも装着されており、彼我の関係の一端を示唆している。

五、わが国の舎利荘厳

(1) 塔奉籠の舎利荘厳

飛鳥・白鳳時代　仏教草創期のわが国においても、仏舎利は造塔不可欠のものとして心礎・心柱・相輪など塔の一部に必ず奉籠されるのがならわしであった。わが国の仏塔は、仏教伝来後間もない敏達天皇一四年（五八五）に造立された大野《おおのの》丘《おか》北《きたの》塔が最初であるが、これには前年司馬達等が感得し、蘇我馬子に献じた仏舎利が柱頭に籠められたと日本書紀は記している。ここでいう柱頭の位置は明確でないが、恐らくは心柱のいずこかであったと考えられる。しかし推古天皇元年（五九三）に造立されたわが国初めての大伽藍である法興寺（飛鳥寺）塔では刹柱礎中に安置したとあり、つづく四天王寺・法隆寺・大和山田寺・本薬師寺など飛鳥・白鳳期の諸塔がことごとく塔心礎に舎利を埋納する形制をとっていることによっても、それがこの期の塔の舎利奉籠の通制であったと考えられる。法隆寺をはじめ崇福寺・岐阜山田廃寺・摂津三島廃寺・大和法輪寺など、当代の舎利容器がいずれも塔心礎から発見されていることもこのことを裏づけている。

心柱・相輪への奉籠については、大野丘北塔以外は文献の記載もなく、法隆寺をのぞき塔そのものが失われた現在においてはしる手懸りはない。時代は降るが奈良時代の造立とされる当麻寺西塔の相輪頂上から発見された金・銀の壺形舎利容器が唯一の事例である。ただこの場合も後世の舎利具が併存しており、当初のものとするにはなお考究の余地があろう。

ついでに平安時代以降の塔内納入事例について触れておこう。

平安時代　平安期の事例は文献には散見されるものの遺品はほとんど皆無の状態であり、平安から鎌倉への過渡期のものとされる奈良・於美阿志神社十三重石塔の心礎から出土した舎利容器が、当代における舎利埋納法の片鱗をうかがわせてくれるだけである。この場合は旧桧隈《ひのくま》寺の塔心礎を石塔造立時に重用したものであるが、同例は寛文三年在銘の金銅筒に水晶五輪塔を納めた京都・法観寺塔や文化九年再建の四天王寺塔でも行われている。

鎌倉時代　鎌倉時代の遺例は石塔内納入のものに限られるが、※9奈良・般若寺、京都・宇治放生院、京都・馬町の十三重石塔や、埼玉・光福寺の元亨年銘宝篋印石塔納置のものが名高い。いずれも塔軸部に奉籠し、舎利容器は水晶五輪塔を多用するのが時代の傾向を物語っている。

(2) 飛鳥・白鳳時代の舎利荘厳

飛鳥寺塔心礎出土舎利容器　まずわが国における本格的な造塔

※9　奈良・般若寺の十三重石塔。

19　金銅宝塔　平安時代　京都　東寺

18　金銅宝塔　平安時代　東京国立博物館（法隆寺献納宝物）

21　金銅宝塔　鎌倉時代　福岡市立美術館

20　金銅宝塔　平安時代　山口　防府天満宮

のはじまりである飛鳥寺の場合は建久年間の発掘記録（『水木文書』＝大日本史料四―五所収）によれば、仏舎利百余粒は金・銀二重の容器に納められ、珠玉など珍宝を舎利孔周囲に蔵していたという。昭和三二年の発掘調査の結果では舎利容器は建久発掘の際に新調されたらしく、蓮華座の金銅鈴形容器にかえられていたが、荘厳具は各種の玉類や勾玉・金銀延板・金環・雲母片・金銅飾り金具などが当初のままに再埋納されており、心柱のまわりには挂甲や馬具などが副納されていた（12図）。

崇福寺塔心礎納入舎利容器（国宝・滋賀・近江神宮蔵）　崇福寺は天智天皇の勅願寺であり、天智七年（六六八）頃の造立とされるが、大津市の西北に位置する見世山中の寺跡がその伽藍のあった場所に比定されている。舎利容器一具は、昭和一四年の発掘調査の際塔心礎の側面に穿たれていた舎利孔から発見された。緑瑠璃製黄金蓋の舎利瓶を中核容器とし、金・銀・銅製の箱に入れ子状に組み入れた四重容器で、瑠璃瓶は金箱の内部に装着した蓮華形請座に安置されていた。銀箱と銅箱の間隙、銅箱と舎利孔の間の空間は、それぞれ瑠璃玉や硬玉丸玉のような宝玉・金銅背鉄鏡・銀銭・銅鈴・香木など、各種の荘厳具でもって封じられていたという。当代の舎利容器としては、当初のままに厳然として心礎に奉籠され、いまなお信仰の対象として尊崇される法隆寺五重塔舎利容器が稀有の事例として存在するが、それ以外ではこの舎利容器が技法的にも秀れ、最も完好な状態を伝えている（13図）。

法隆寺五重塔心礎納入舎利容器　和銅四年（七一一）には完成していたと伝えられる五重塔の心礎上面に、漏斗状の竪穴式舎利孔を穿って容器一式が納入されていた。昭和二四年の塔修理に際して行われた調査の結果、埋納状態の全貌がはじめて明らかにされたが、その[※10]埋納法は響《さわり》銅製の大鋺に鎖をかけた鍍金響銅合子と禽獣葡萄鏡がおかれ、その隙間には香薬・珠玉をつめ、鍍金響銅合子の中には菩薩形唐草文透し彫りの卵形銀製容器と、同様に唐草を透した金製容器を入れ子状二重に組み入れ、最奥には仏舎利を籠める緑瑠璃製宝珠形銀栓の舎利瓶があった。また響銅合子の中にも大鋺の場合と同様、玉類・香木が納められていた。塔造立時の当初のままに、心礎納入の仏舎利荘厳の姿を完全に伝える例は、これが唯一であり舎利信仰史上の記念碑となる貴重な遺品といえよう（14図）。

その他　この期の舎利容器としては、そのほか摂津三島廃寺塔心礎納置舎利容器（重文・東京国立博物館）、大和法輪寺塔心礎納置銅壺（重文・法輪寺蔵）、美濃山田廃寺塔心礎納置銅壺（重文・岐阜山田寺蔵）がある。三者とも心礎上面の心柱座孔内にさらに舎利孔を穿って納入していたものであるが、三島廃寺は金箱・銀箱・銅鋺からなる三重入れ子式容器で、これを大理石の石櫃に納め、心柱座中央の方形舎利孔に嵌め込んでいた（15図）。法輪寺の場合は銅壺をとどめるのみであるが、元文四年（一七三九）発見の際の記録である『仏舎利縁起』によれば、赤・白二粒の仏舎利はまず瑠璃瓶に籠められ、それは銀製の方形小箱に納められたのち、この銅壺に入れられていたという。山田寺の場合も内容の舎利器をことごとく失っているが、心礎の舎利孔と銅壺の寸法はみごとに合致し、この銅壺が本来舎利外容器であったことに間違いない。響銅製轆轤挽き仕上げの蓋鋺であるが、舎利容器にふさわしく形姿・技法とも卓抜であり、当代銅鋺中屈指の名品である（16図）。

一方、文献によるものであるが天武天皇二年（六七四）立柱の大和山田寺塔では、礎中に円孔を穿ち、ここに大鏡一面と鍍金の壺を納め、壺内には種々の珠玉をまわりに配して銀壺を置き、銀壺内には仏舎利八粒を籠める青瑠璃製の舎利瓶が安置されていたという（『上宮聖徳法王帝説』）。また本薬師寺塔跡発見の舎利容器も白瑠璃壺に仏舎利三粒を籠め、これを金銅壺に納める入れ子状容器であったらしい（『中右記』＝嘉承元年八月二一日、『七大寺巡礼私記』）。

当期の通制　以上の諸例によってもしられるように、この時代の舎利容器は三島廃寺のごとく金製小箱を舎利納入の直接容器とする例もあるが、主流は瑠璃《ガラス》製の瓶・壺を中核容器とし、金・銀・銅・石などの外容器を小から順に組み入れていく入れ子状重ね容器で、

※10　法隆寺五重塔心礎納入舎利容器。埋納している状態（模造）。

22 鉄宝塔　鎌倉時代　山口　阿弥陀寺

23 金銅宝塔　鎌倉時代　奈良　西大寺

24 鉄宝塔　鎌倉時代　奈良　西大寺

25 金亀舎利塔　室町時代　奈良　東大寺

これに珠玉などさまざまな荘厳具を副納するのが通制である。この奉籠法が中国や朝鮮の事例にも通じ、さらにはインドの古制に基づくことはいうまでもないが、極めて特徴的なのは多くの場合、最外容器を銅蓋鋺としていることである。類例は中国はもちろんのこと統一新羅においても明確な発見例はないが、ただ新羅時代の遺品には舎利容器と称する塔鋺形合子や同種の骨蔵器があり、また百済・新羅の古墳から同形式の銅鋺が多数出土していることによっても、なんらかの関連が予想されるところである。当時わが国に請来された仏舎利がほとんど百済・新羅からのものであったこともそのことを示唆しているといえよう。

(3) 奈良時代の舎利荘厳＝塔心礎奉籠から堂内安置へ

塔心礎奉籠を基本とした飛鳥・白鳳時代の仏舎利安置法は、奈良時代に入ると塔心礎に舎利孔を穿つ事例がほとんどみられなくなることによってもしられるように、次第に衰えをみせ、かわって堂・塔内安置の傾向が顕著になってくる。

それは飛鳥寺式や四天王寺式のように塔を中心とした伽藍配置が、白鳳時代になると法隆寺式や法起寺式のごとく金堂と塔の並立となり、さらには金堂中心の薬師寺式伽藍配置の盛行へと変化して、塔そのものの意義が次第に希薄となってきたことにも起因しよう。

それに伴い仏舎利も塔心礎から塔内へ、そして金堂内安置の方向に変ってきたと考えられる。養老三年（七一九）唐から請来した仏舎利五粒を法隆寺金堂内に請座したとする記録（『法隆寺伽藍縁起幷流記資財帳』※11）もそのことを示唆するものであるし、神護景雲元年（七六七）に勘録された『阿弥陀院宝物目録』※12には金や雑玉で飾った水晶塔二基がそれを安置したと思われる厨子とともに併記されており、仏舎利がすでに礼拝の対象として仏殿内に祀られるようになったことを物語っている。

法舎利と国分寺塔　一方仏舎利には釈尊の遺骨を身舎利あるいは肉舎利と称するとともに、釈尊が一代にわたって説いた精神的なものの集積である経典を身舎利と同等視し、これを法身舎利と称して信仰する考え方がある。奈良時代はおのずと限度のある身舎利にかえ、法舎利信仰が流行したのも事実である。天平年中聖武帝により諸国に造立された国分寺が、その七重塔に『金光明最勝王経』を安置したのもそのあらわれとみることができるし、神護景雲四年（七七〇）孝謙天皇が発願し、当時の十大寺に各十万基ずつ奉納した俗に百万塔※13と称する木造三重小塔が、塔身に陀羅尼を籠めているのも法舎利重視の結果と考えることができる。そしてこの法舎利信仰の盛行は、必然的に舎利安置の方法にも転機をもたらすことになったのである。

唐請来舎利の流布　前代にわが国に請来された仏舎利は、百済や新羅から贈られた僅かの数であり、それも造塔に欠かせぬものとして珍重され、人目に触れることはほとんどなかったと推察される。ところが奈良時代後半頃からは、唐からの来朝僧鑑真をはじめ、空海・円仁・円行・恵運などの入唐求法僧達により、おびただしい数の仏舎利が唐からもたらされることになる。背景にはそれを助長し受け入れようとする熱烈な舎利信仰の存在したことを見逃すわけにはいかないが、特に鑑真の請来になる唐招提寺舎利と空海が求得した東寺舎利は、多方面に分粒・相承され、以後わが国舎利信仰の二大潮流となって大きな影響をおよぼすことになるのである。

大量の仏舎利の流入は、当然仏舎利に対する認識にも変化をきたすことになる。仏舎利は秘蔵されるものでなく、直接礼拝すべきものとして仏殿内に安置されることになり、それに伴い、容器そのものも変容し、礼拝に適した新たな形式の舎利容器が考案されるに至るのである。その典型となるのが塔形式の舎利容器であろう。

小形舎利塔の出現　建造物としての塔を小形化《ミニチュア》し、内部に仏舎利を奉安したものが小形舎利塔である。元来仏塔は仏舎利を納置するために起立されたものであるから、仏殿内安置の舎利容器に仏塔をそのままかたどったことは、もっとも本旨に適った形式であったといえよう。

奈良朝から平安初頭にかけての小塔事例としては、文献では『阿※14

※11　天平一九年に勘録された法隆寺の縁起および財産目録。

※12　奈良時代、東大寺阿弥陀院で阿弥陀悔過の法会をする時に使用された財産の目録。

※13　百万小塔。

※14　『阿弥陀院宝物目録』の別称。

26
金銅有頸五輪塔　平安時代　広島　光明坊

27
金銅三角五輪塔・舎利容器　鎌倉時代
滋賀　胡宮神社

28
浮島十三重石塔納入品　鎌倉時代　京都　放生院
金銅五輪塔　水晶五輪舎利容器　金銅蓮台形舎
利容器　金銅瓶形舎利容器　金銅筒形舎利容器

30
金銅四角五輪塔　鎌倉時代　京都　北村美術館

29
金銅五輪塔（馬町十三重石塔納入品）鎌倉時代
兵庫・谷川氏

弥陀院悔過資財帳』に記される水晶塔二基が初見であり、遺品では百万小塔が法舎利容器ながら現存最古の舎利塔とみることができる。そのほかでは正倉院に三彩陶製の六角七重小塔があり、出土品では断片ながら美濃国分寺の土製七重塔、東京都東村山の瓦製五重塔、また平安時代に入ってからも静岡県三ヶ日出土の瓦製五重塔をはじめ全国五〇個所にも及ぶ寺院趾から瓦塔片が発見されており、その盛行のさまがしのばれよう。法舎利塔である百万塔以外は、いずれも仏舎利納入の確証はない。しかし塔形本来の性格からいえば、これらをもって堂内安置の舎利塔に帰することも不都合ではないであろう。

　仏舎利を納置したことが明らかな小塔の資料が見出されるようになるのは、公家の日記など文献類が豊富となる一一世紀頃からである。寛仁二年（一〇一八）藤原道長は仏舎利一粒を籠めた銀壺を木塔に納めて、宇佐・石清水など五七社に奉っているし（『小右記』）、法隆寺『金堂日記』承暦四年（一〇八〇）の項には、仏生会の本尊となる釈迦誕生像一具中に、仏舎利一粒を奉籠した五大形塔を併記する。この塔は顕真の『太子伝私記』に「五輪塔一基」と記されるものに相当するものであり、納置の舎利容器は瑠璃壺であった。この記事は五輪形舎利塔最古の資料としても注目される。また先述のように、本薬師寺塔心礎から出土した舎利容器を、金銅五重塔に納めて薬師寺金堂に安置した（『中右記』嘉承元年（一一〇六）八月二一日条、『七大寺巡礼私記』）などもその好例となろう。その他『四天王寺御手印縁起』（寛弘四年＝一〇〇七）の金銅舎利塔形、『平等院御経目録』（延久三年＝一〇七一）の空海・円仁請来舎利奉籠多宝塔、『仁和寺御伝』の御室南院経蔵（長承二年＝一一三三　供養）安置の金銅多宝塔など、文献に残る事例が小形舎利塔の平安時代後期における流行のさまをつぶさに物語っている。

　そしてその展開が、やがて伝世品の法隆寺伝来保延四年（一一三八）銘金銅宝塔（重文・東京国立博物館）や、天養二年（一一四五）ころの造立と考えられる東寺の御七日御修法所用金銅宝塔（重文・京都東寺蔵）となり、以後堂内安置を意図した小形舎利塔のさまざまな形式に発展していくのである。

六、舎利塔の遺品

　塔をかたどった舎利容器が舎利塔であるが、舎利塔も厳密にいえば、内部に瓶・壺・宝珠などさまざまな形式の舎利容器を納置する場合と、水晶五輪塔のように塔形そのものが仏舎利奉籠の直接容器となる場合の二様がある。前者は舎利容器の外容器の役をなすものであり、後者はむしろ塔形舎利容器と称するのが適切であろう。したがって本項では便宜上両者を区分し、前者を舎利塔として扱い、後者は舎利容器に包括させることとした。

(1) 宝塔形舎利塔

　本来宝塔は塔の総称として用いられたが、近世以降は基壇上に釣鐘形の塔身をつくり、方形四注式の屋根をのせ頂上に相輪を立てた塔形式のものを宝塔と呼ぶ。わが国では玉虫厨子宮殿部の仏世界図中に描かれた三基の塔[※15]が宝塔形式をあらわした初例であるが、この形式が建造物として造立されるようになったのは、弘法大師が唐からこの塔様を請来してからであるとされる。

　密教では宝塔を大日如来の三昧耶形[※16]であるとし、大日如来の変容した形と考えているが、舎利塔としてこの形式の塔が用いられるようになった背景には、法華経見宝塔品に説く宝塔涌出の説話の影響があることも無視できない。その涌出宝塔には釈迦・多宝二仏が併坐し、三千世界に光明を放つというが、法華経と宝塔との密接な関係は、やがて宝塔内に法華経を納置する法舎利塔を生み、それが身舎利塔の造形に反映されることになったと考えることもできよう。法舎利塔の典型は京都・鞍馬山経塚[※17]や愛媛・奈良原山経塚[※18]からの出土宝塔であるが、それらの宝塔形式は藤原期の法華経見返絵に頻繁に見出されるものであり、これと酷似する舎利塔としての宝塔も、一

※15　玉虫厨子宮殿部「仏世界図」に描かれた三基の宝塔部分。

※16　那智経塚出土の大日如来三昧耶形（東京国立博物館）。ただし写真は復元したもの。

※17　鞍馬山経塚出土宝塔＝本書六九頁参照。

※18　奈良原山経塚出土宝塔＝本書六九頁参照。

31　銭弘俶八万四千塔　五代　奈良国立博物館

32　金銅装宝篋印塔　鎌倉時代　神奈川　称名寺

33　黒漆塗宝篋印塔　室町時代　奈良　室生寺

34　銅宝篋印塔　室町時代　奈良国立博物館

一世紀頃には様式上の完成をみていたと想定される。

平安時代の遺品　伝存する宝塔形舎利塔としては、保延四年（一一三八）の銘文を基壇に記す法隆寺献納宝物中の金銅宝塔（重文）が紀年銘品最古。金銅板製で木造漆塗り彩色の二重基壇を備え、軒下に金銅板透し彫りの羅網をめぐらし、屋蓋四角から瓔珞を吊下するところは、仏舎利を荘厳するのにいかにもふさわしい（18図）。

京都・東寺の金銅宝塔は、『東宝記』所収の「賢清僧都後七日記」天養二年（一一四五）正月一二日の記事にある金銅宝塔に形姿・法量とも符号し、後七日御修法に当り弘法大師請来舎利を奉祀する塔であったことがわかる。『永久六年（一一一八）後七日御修法道具目録』にも「金銅塔一基」の記載があるが、もしそれに該当するものであれば伝存最古の遺品ということになろう。総体を円形につくり、塔身を蓮華座上に安置するのが特徴的である（19図）。

承安二年（一一七二）の刻銘をほどこす山口・防府天満宮の金銅宝塔も平安時代の貴重な遺品である。内部奉安の舎利器は金銅蓮台にのる緑瑠璃製の半球形、インドのストゥーパ形式を擬したものであろう。特筆されるのは瑠璃製の舎利器であり、年紀のしれるガラス遺品として興味深い（20図）。

鎌倉時代の遺品　鎌倉時代の遺品としては、建久八年（一一九七）銘の山口・阿弥陀寺の鉄宝塔（国宝）、文永七年銘の奈良・西大寺の金銅宝塔(国宝)、弘安七年に造立なった同寺の鉄宝塔（国宝）が、形姿・技法とも抜群の作域を示す。阿弥陀寺の鉄宝塔は東大寺再興の立役者俊乗坊重源の本願、鋳鉄製で相輪・屋蓋・軸（塔身）・基壇に分鋳して組立て、総高三m余に及ぶ。注目されるのは基壇四面に陽鋳であらわした金剛界四仏の種子と、本寺の四至・本尊・諸堂の起立などに関する銘文であり、その力強い筆致と相まって資料的にも貴重である。内に蔵していた水晶五輪塔は銘文にも記載されるもので、重源の考案になるという三角五輪形である（22図）。

西大寺の金銅宝塔と鉄宝塔は、いずれも叡尊の発願になるもの。細く引締った頸部のつくりに当代宝塔の特色がうかがわれる。細工も卓抜であり、秀れた金工品を数多くつくり出した鎌倉時代においても頂点に立つ遺品である。特に鍛鉄・鋳鉄二法を駆使して造立した鉄宝塔は、現在の技術をもってしてもこれを凌駕することは不可能とさえいわれる。前者は舎利殿安置の蓮台火焔宝珠形舎利容器、後者は火焔宝珠形舎利容器を蔵する響銅製の五瓶※19を塔身内に奉安している（23・24図）。

そのほかでは紫檀塗りの壇上に蓮華形舎利容器を装着し、これを塔身で覆う福岡市立美術館の金銅宝塔（21図）、塔身部に唐草文を透し内部の水晶宝珠形舎利容器が透視できるように配慮した奈良・玉林一雄氏の金銅宝塔、同様に塔身四方を宝塔文で透した奈良国立博物館の銅宝塔などが佳品である。通形のものでは山形・法恩寺、大阪・葛井寺、京都馬町十三重石塔納入品である兵庫・谷川氏の金銅宝塔が鎌倉時代に比定される。

なお伝存唯一の法舎利宝塔として注目されるものに、応安三年（一三七〇）雪江崇永（六角氏頼）が江州慈恩寺に施入した金銅宝塔※20（重文・京都・本法寺蔵）がある。内部には法華経一部一巻を安置する。

(2) 金亀舎利塔・瑜祇《ゆぎ》塔

霊亀の甲羅上に蓮華座を据え、宝塔を安置した舎利塔で宝塔形の変化形式というべきものである。この亀背宝塔については『金剛界念誦私記道場観』に「水輪の上に婆羅字を観じて金亀となし、この金亀法界に周遍して背に大蓮華を生じ、その上に八峰の須弥山あり、須弥山変じて舎利塔となると観ずべし」とあり、これを造形の典拠としている。天保一三年（一八四二）在銘の長谷寺の金亀舎利塔では、造立願文にこれを瑜祇塔と称しており、それが『瑜伽瑜祇経』※21に基づくことを思えば、本来的には瑜祇塔に属するものとみなすべきであろう。

伝存遺品は極めて僅少であり、唐招提寺・東大寺・和歌山高野山龍光院・奈良長谷寺の四例を数えるにすぎない。

唐招提寺の金亀舎利塔（国宝）は、唐僧鑑真が請来した三千粒の

※19　鉄宝塔に奉安される響銅製五瓶（奈良・西大寺）。

※20　本法寺の金銅宝塔＝本書六九頁参照。

※21　『瑜祇経』の深旨を表題する塔。石壇上に蓮台を造り、覆鉢形の塔身を築き、その上に方三間の塔身を重ね、屋根の中央と四方に五個の相輪を立てて五峯金剛とみたてる。塔内には八大金剛柱をたて、八大菩薩を図絵する。また阿娑縛抄離作業私記に「塔一基—胎金不二両部一躰の顕なり。瑜祇経の題名に五峯宝楼閣と云える是なり」という。基壇羽目石に亀形を刻出するは、金剛頂経巻上に、大海中の金亀の背に字を観じ、変じて蓮華となり、華台中に字を観じて妙高山を出し、山頂に五智所成の五峯宝楼閣ありというによる。

35　金銅能作生塔　鎌倉時代　京都　海住山寺

36　金銅能作生塔　鎌倉時代　奈良　長福寺

37　水晶三角五輪舎利容器
鎌倉時代　山口　阿弥陀寺

38　水晶四角五輪舎利容器
鎌倉時代　京都　峰定寺

39　水晶四角五輪舎利容器
鎌倉時代　広島　安国寺

仏舎利を白瑠璃容器に籠めて安置するが、鑑真の来朝を霊亀が助けたという伝承に基づき、この形式が選ばれたのであろう。この塔に関しては、『殿暦』永久四年（一一一六）二月二六日の条に詳細な記述があり、それには亀は木造であったと述べていて現状とは差異がある。したがって一部に当初の姿を残すものの後世かなりの改修が行われたとみるべきであろう。建武五年（一三三八）の銘をとどめるのもそのことを示唆している。しかし細部にわたり細工は精巧であり、この種の遺品中の白眉である。塔身に扉を付さず全面に蓮唐草文を切り透しているのは、内部安置の白瑠璃製舎利容器をみせることを意図したものと考えられる（カラー口絵1）。

東大寺の金亀舎利塔は、唐招提寺のそれを忠実に写し、応永一八年（一四一一）に戒壇院舎利殿に施入されたもの。総体に作域は秀れているが、透し彫りは重厚となり、時代の差異は否めない。火焔宝珠形舎利容器を一具のものとして伝えている（25図）。

龍光院のものは亀腹に寛正元年（一四六〇）の年紀と作者名を刻す。内部には如意宝珠一顆を蔵しており純粋の舎利塔ではない。長谷寺の場合と同じく瑜祇塔として用いられたのであろう。

(3) 五輪塔形舎利塔

仏教における宇宙観の根元をなす地・水・火・風・空の五大、すなわち五輪を象徴的に形象化し塔に組み立てたのが五輪塔[※22]である。その典拠になったと思われる五輪図形は円仁により請来された『大毘盧舎那成仏経疏』、あるいは宗叡の持ち帰った『滋氏菩薩略修愈誐念誦法』など中国唐代の経典中に見い出され、それが塔形式の範となったことは明らかであろう。すなわち既成の塔である宝塔や宝瓶塔にこの五輪思想が組み入れられ、新様の五輪塔形式が完成するにいたったのである。

五輪塔の変種というべきものであるが、水輪部を瓶形とする有頸五輪塔の類は、宝瓶塔から五輪塔にいたる展開過程の中間形式であることを示唆しているといえよう。

平安時代の遺品　五輪塔形を表わした最初の遺品は京都・法勝寺跡出土の保安三年（一一二二）銘瓦[※23]であり、立体的な遺品としては兵庫県常福寺の極楽寺経塚から出土した天養元年（一一四四）の土製五輪塔が年代のしれる最古のものとされている。したがって五輪塔の成立も前後する頃であろうとするのが従来の説であった。しかし先述のように、法隆寺『金堂日記』には永承四年（一〇四九）に仏舎利を奉籠した五大形塔のあったことを記しており、これが後世の記録により五輪塔であることが明らかであるによっても、一一世紀前半にはすでに五輪塔形式が舎利塔として、完成していたことがしれるであろう。

その後も『東寺新造仏具等注進状』（東寺文書）に記す康和五年（一一〇三）の仏舎利安置五輪塔、あるいは文治五年（一一八九）の興福寺南円堂本尊像内安置五輪塔（九条兼実筆『南円堂本尊仏舎利奉籠願文』）など、若干ながら文献には藤末・鎌初における五輪形舎利塔の存在を示す資料が見い出される。ところが当代の遺品ということになれば、明確な事例は現在のところ皆無の状態であり、僅かに広島・光明坊の金銅有頸五輪塔（26図）が安定した優美な形姿に平安時代後期の特徴をあらわしているぐらいである。瓶形の塔身内に安置するのは金銅円筒形舎利容器。金銅有頸五輪塔の遺品としては、そのほか文永一一年（一二七四）の奥書がある経巻や印仏とともに聖徳太子孝養像から発見された奈良・金峯山寺の一例がしられるのみであり、小品ながら古様を示している。

鎌倉時代の遺品　五輪形舎利塔が形状的にも材質的にもめざましい展開を示すようになるのは、鎌倉時代からである。

(1)　**三角五輪塔**　その先例となる由緒の明らかな遺品が、重源[※24]により建久九年（一一九八）に近江国敏満寺本堂に施入された金銅五輪塔（重文・滋賀胡宮神社・27図）である。火輪（屋根）部を通形の四注式とせず三角錐形に作るところから三角五輪塔とも称されるが、これは重源の考案になる形式だともいわれる。地輪部は被せ蓋式になり、四面に四天王像を線刻した身の内部には、金銅蓮台形の

※22　五大をかたどる五輪塔は、五仏・五智の象徴として次のように図示される。

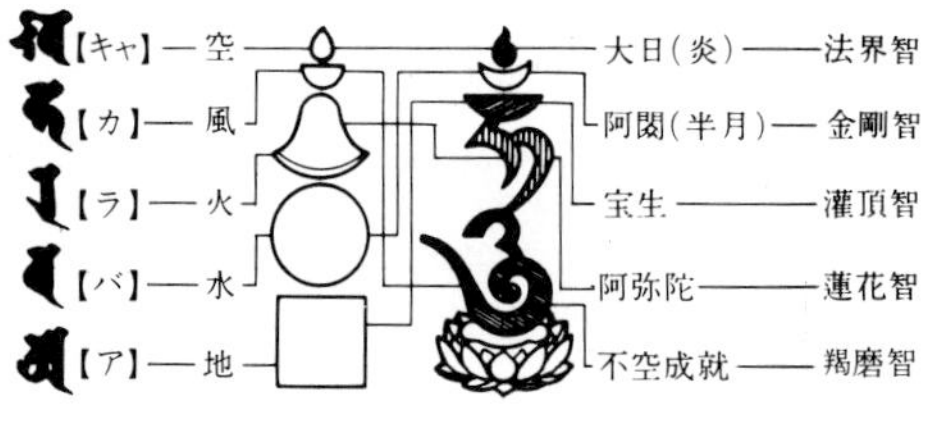

※23　法勝寺跡出土の瓦　右・鐙瓦五輪塔　左・平瓦五輪塔。

40　金銅装水晶四角五輪舎利容器
鎌倉時代　滋賀　実蔵坊

41　金銅四角五輪舎利容器
鎌倉時代　奈良　般若寺

42　銀製六角五輪舎利容器
鎌倉時代　大阪　四天王寺

43　水晶八角五輪舎利容器
鎌倉時代　京都　柳氏

44　銀装四角五輪舎利容器
東京　小西氏

45　金銅八角五輪舎利容器
鎌倉時代　奈良　西大寺

容器に水晶宝珠形の舎利容器を安置している。紀年銘はないが兵庫浄土寺に伝わる金銅三角五輪塔もこれとほぼ同形で、浄土寺も敏満寺と同じように重源が『南無阿弥陀佛作善集』に記す別所の一つであり、重源と殊に因縁深いことからも、前後する時期の施入になることは明らかである。

底裏の刻銘により、東大寺浄土堂の舎利塔として、天正一四年（一五八六）に造立されたことがしられる東大寺の金銅三角五輪塔も、四脚にかえ基部に蓮華座を設けるなど細部に多少の差異はあるが、五輪の各部に大日法身真言の種子をあらわし、地輪の内箱四側に四天王像を線刻するなど、形状や手法は前二者と類似している。おそらくは永禄一〇年（一五六七）に兵火で焼失した重源ゆかりの五輪塔に範をとり、その例にならって再興の浄土堂に施入されたものであろう。地輪内部に安置される舎利容器は、蓮肉上に紐を備えた異形式の金銅蓮華形舎利容器。永禄一三年（一五七〇）の銘により、五輪塔に先行し、まずこの舎利容器が作られたと考えられる。

(2)　四角五輪塔　たまたま、重源に関係する金銅三角五輪塔のみをとり上げることになったが、この種五輪舎利塔の主流をなしたのは、もちろん火輪を四注式とする通形の五輪塔である。しかしその多くが仏舎利を直接奉籠する水晶五輪塔として形成されるようになったため、舎利容器を内に納置する五輪塔の事例は意外に僅少である。鎌倉時代の遺品としては、水輪部の四方を切り透し、内部蔵置の水晶宝珠形舎利容器をのぞき見できるよう配慮した宇治浮島十三重石塔納入品（重文・京都・放生院・28図）中の金銅五輪舎利塔、内部に水晶五輪舎利容器を安置した京都・北村美術館の金銅五輪塔（30図）が注目される。前者の十三重石塔は弘安九年（一二八六）に西大寺の叡尊が造立したものであり、五輪塔も当代の基準作例になる。後者は二重の五輪塔として興味深い。また小品ながら京都・馬町十三重石塔納置の金銅五輪塔（29図）が内部に円筒形舎利器を籠めている。

(4)　宝篋印塔形舎利塔

「一切如来心秘密全身舎利宝篋印陀羅尼」を内部に奉籠するところから宝篋印塔という。釈迦の教えを集約した仏経典をもって舎利になぞらえ、これを法舎利と崇めて信仰したことは、これまでも縷々述べてきたところであるが、これはまさしく法舎利塔である。したがって宝篋印塔は宝篋印陀羅尼を納置するのが本来であるが、わが国では小形の宝篋印塔形につくって直接舎利を籠め、塔そのものを肉（身）舎利容器として使用するほか、内部に別製の舎利容器を奉安して舎利塔・舎利殿の体裁をとるようにもなった。宝篋印塔形にしつらえ、底部に穿った孔に仏舎利に適う籾を奉籠した奈良・大御輪寺や宝生寺の籾塔《もみとう》は前者の例であり、神奈川・称名寺のものや水晶五輪塔を安置する室生寺の宝篋印塔は後者の代表的遺品である。

わが国の宝篋印塔は屋蓋部や軒下部をそれぞれ階段状につくり、屋蓋四角《すみ》に馬耳形の方立《ほうだて》を付し、頂部中心に相輪を立てるのが特徴的で、その祖形は、造立後程ない時期に日本にもいくつかが伝来された銭弘俶八万四千塔であろうとされている。

銭弘俶八万四千塔は、呉越国王銭弘俶が阿育王《アショカ》の故事にならい顕徳二年（九五五）頃に造立した八万四千基の小塔で、四面に本生譚をあらわしたり屋蓋四角に方立を付すなどインド的な仏塔の要素の強い小塔である。銭弘俶塔のわが国への伝来は、天暦年中（九四七～九五七）に帰朝した入唐僧日延の請来品であるとされる福岡・誓願寺のものをはじめ、ほかにも京都・金胎寺、大阪・金剛寺、東京・奈良両国立博物館（31図）など数基を数える。

わが国での宝篋印塔造立は鎌倉時代以降尨大な数にのぼるが、そのほとんどは納骨塔として造立された石塔であり、最も本来的な宝篋印陀羅尼納入塔や仏舎利を納置する舎利塔の事例は寥々たる数に過ぎない。

舎利塔では神奈川・称名寺に伝存する金銅装宝篋印塔（重文・神奈川県立金沢文庫保管・32図）が天板裏に永仁四年（一二九六）の

※24　俊乗坊重源（ちょうげん）＝鎌倉初期の東大寺の名僧。東大寺の大仏再建のための勧進の中心人物。法然上人に師事して阿弥陀如来に帰依したため、勧進で全国をまわりながら各地に念仏道場を建立した。東大寺の浄土堂も重源上人の建立になる。また宋から、宋版一切経を持ち帰り、南都教学の復興をくわだてた。京都・醍醐寺にはこの一切経の一部が現存している。

※25　絵にあらわされた五輪塔　右・法然上人絵伝五輪塔　左・松尾寺弥勒菩薩画像五輪塔。

46
金銅火焔宝珠形舎利容器　鎌倉時代　京都　仁和寺

47
金銅火焔宝珠形舎利容器　鎌倉時代　奈良　海龍王寺

48
金銅火焔宝珠形舎利容器　室町時代　奈良　西大寺

49
金銅火焔宝珠形舎利容器　室町時代　奈良　能満院

鎌倉大火に係る記事を墨書しており、ほぼ製作年のしれる最古の遺品ということになる。軸部・屋蓋の一部・相輪を失っているが、全面金銅板で覆い、基台格狭間には打ち出しの対向孔雀文を装着し、他には宝篋印陀羅尼の種子や唐草文を精妙な線刻であらわしている。失った軸内部には舎利殿を蔵していた。

大阪・細見氏旧蔵の金銅宝篋印塔は、塔身に円形水晶窓の舎利納入装置を嵌装し、内に仏像と舎利を籠める。その華麗な装飾性は類がない。室町時代の製作になるものであろう。

同期のものには他に奈良国立博物館の銅宝篋印塔（34図）がある。各部分鋳して組み上げているが、まったく同形によるものがほかにもあり、当初は数揃いとして造立したものと察せられる。

奈良・室生寺の宝篋印塔（33図）は木製漆塗唯一の事例。全階式の宝篋印塔で、軸部は三方扉、内部には木造漆箔の蓮華座に水晶五輪舎利容器を安置する。内部奥壁に貼布された紺紙金字宝篋印陀羅尼に永正九年（一五一二）の奥書があり、塔も前後する時期の造立になろう。身舎利・法舎利二様を一塔の中に籠めた遺品としても注目される。

なお石造宝篋印塔形舎利塔の例としては、内部に銀製と水晶六角の二基の五輪塔を蔵していた埼玉・光福寺の元亨三年（一三二三）銘宝篋印塔[※27]がある（重文）。

(5) 瓶塔・塔鋺

瓶　塔　舎利瓶に宝蓋をつけた形式、塔鋺は蓋鋺の鈕を相輪形にしたもので、いずれも仏塔を強く意識した造形を示すところに特色がある。これは古代インドにおいて、仏舎利を盛る容器に瓶・壺・合子を用いたことに起因するのはいうまでもない。

典型的な例は法隆寺五重塔塑像群のうち分舎利浄土の場面に置かれる舎利塔で、柑子口の平瓶の上に六角形の傘蓋をつけている。類形は法隆寺夢殿露盤、室生寺五重塔九輪上の宝瓶、越中笈岳出土錫杖装飾、藤田美術館の法相宗秘事絵詞などにもみられるが、実用遺品では奈良・長福寺の金銅能作生塔（国宝・鎌倉時代・36図）がある。能作生とは如意宝珠または仏舎利に通ずるもので、これを籠める塔も舎利塔と同意を持つ。この能作生塔は水瓶形の胴部を中央で上・下に分け合子状に仕立て、注口上には請花・蓮華座・火焔宝珠を安んじている。塔様を示す装飾は一切付さないが、同様の構造を示すのが京都・海住山寺の能作生塔（35図）と奈良・西大寺の鉄宝塔内に安置される五瓶[※19]である。上下に分割される胴の下半内部に、前者は大形の水晶珠を、後者は火焔宝珠形舎利容器を蔵置する。仏舎利を奉籠するものではないが、唐招提寺に伝わる金銅行基舎利瓶塔も、この形制を如実に示すもの。長頸瓶の口に瓔珞をさげた宝蓋をかぶせ、頂に相輪をたてる。

塔　鋺　事例としては正倉院[※28]に大・小併せて六基、東京国立博物館の法隆寺献納宝物中[※29]に一基、日光男体山出土遺物中の数基などがしられる。この種の塔鋺は国立ベルリン・インド美術館の西域トヨク千仏洞発見の木製彩色塔鋺や、新羅出土遺物にも響銅製の塔鋺があり、いずれも舎利容器として用いられていたらしいが、わが国においては法隆寺金銅仏光背の線刻画、奈良国立博物館の刺繡釈迦説法図など奈良時代の資料をみる限り、僧侶が柄香炉とともに捧持するのが通例であり、香容器でないかとする説もある。したがって塔鋺が舎利容器として用いられているのが確認されるのは奈良・西大寺の金銅透彫舎利塔に安置されているものぐらいであろう。

七、舎利容器の遺品

塔心礎納置の舎利容器は、多くの場合、舎利は瑠璃（ガラス）や金でつくられた容器に納められ、それがさらに銀・銅・石製の内・外容器で三重・四重に保護される入れ子状容器とされるのが普通であった。仏舎利の直接容器となる中核の瑠璃容器がインドの古制に基づき瓶形・壺形につくられるのが通例であったことも指摘してきたところである。

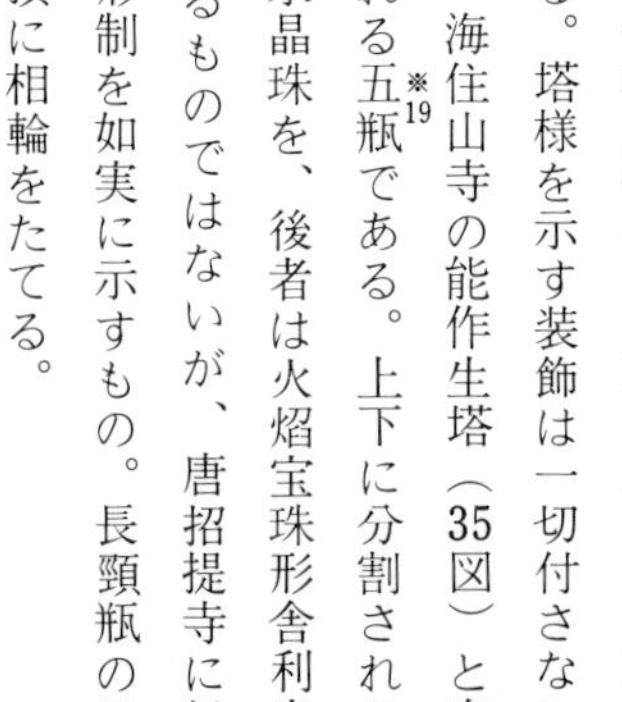

※26　石山寺縁起に描かれる、宝篋印塔形舎利塔。舎利塔内部には蓮台の上に舎利容器が奉安されている。

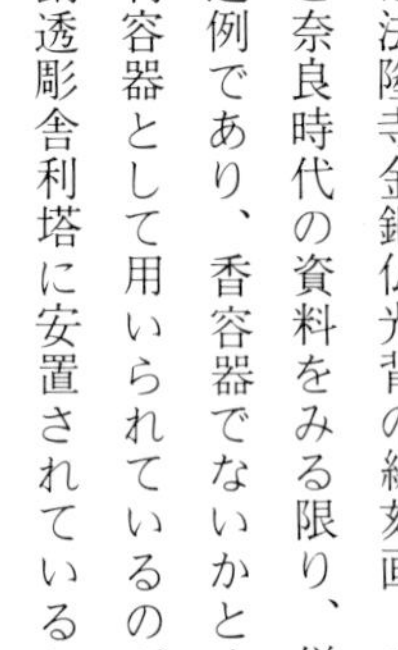

※27　内部に銀製と水晶六角の五輪塔二基を蔵していた石造宝篋印塔。埼玉・光福寺。

50　金銅密観宝珠形舎利容器　鎌倉時代　東京国立博物館

51　金銅密観宝珠形舎利容器　室町時代　奈良　西大寺

52　金銅蓮台形舎利容器　鎌倉時代　奈良　唐招提寺

53　金銅蓮台形舎利容器　室町時代　奈良　東大寺

54　金銅蓮台形舎利容器　鎌倉時代　福岡市立美術館

仏舎利の直接容器を瑠璃製とする風は、仏舎利を塔心礎から堂内に安置するようになってからもしばらくの間はつづいたようである。防府天満宮の金銅宝塔が内にインドの仏塔を彷彿とさせる半球形の緑瑠璃容器を装着し、唐招提寺の金亀舎利塔が鑑真の請来になる仏舎利三千粒の容器として舎利ともども唐から持参した白瑠璃製の舎利瓶を蔵するのも、その顕著な例である。それは当時請来の舎利が唐・宋からのものであり、彼の地の舎利容器の形制をそのまま継承したからにほかならない。ところが平安末頃からこの傾向は次第に変り、わが国独自の考案になる舎利容器が出現することにより、新たな展開を示すことになるのである。その主流をなしたのが、五輪塔形舎利容器と火焔宝珠形舎利容器である。

(1) 五輪塔形舎利容器

五輪形舎利塔との違いは外容器となるか直接容器になるかの差異であって、両者は形式的にはなんら異るものではない。むしろ舎利容器としての五輪塔が最大の特色を示すようになるのは、その素材に透視性のある水晶を用い、内部奉籠の舎利を明らかに確認できるよう配慮していることであろう。それは礼拝の対象となる仏舎利への親近感を深めるとともに、分粒・相承される仏舎利の存在を明確にすることをも意図しているのである。

水晶五輪塔発生の時期は詳らかでないか、康和五年（一一〇三）の東寺新造仏具中には「水精五輪塔」の記載があり(『東寺新造仏具等注進状』)、この頃にはすでにその存在が確められる。寿永二年五月（一一八三）、再興なった東大寺毘盧舎那仏（大仏）の白毫中に、九条兼実が奉籠した生身舎利一粒奉納の水晶小塔（重文・紙本墨書九条兼実仏舎利奉納願文＝前田育徳会所蔵）も、後日兼実が興福寺南円堂本尊に五輪舎利容器を奉籠していることを勘案すれば水晶五輪塔であった可能性が強い。

水晶三角五輪舎利容器　遺品では鉄宝塔の銘文により、建久八年（一一九七）その納置容器として作られたことがしれる山口・阿弥陀寺の水晶三角五輪塔（37図）が古い。総高一四・二cm、この種の遺品としては恐らく最大のものであろう。水晶三角五輪塔では、阿弥陀寺と同じく重源との関係が深い三重・新大仏寺にこれよりやや小形のものが伝わっているが、それも形式上同時期のものとみて大過ない。ただし風・空輪は後世の補作である。

四角水晶五輪舎利容器　火輪を四注式とする四角水晶五輪塔では、木製容器に正治元年（一一九九）の墨書銘を記す京都・峰定寺の木造釈迦如来像内納入品中のもの（38図）が紀年銘最古であろう。地・水・火輪の幅がほぼ等しくなり、風・空輪が他の部分に比し大きく、丈高になるのが特徴的である。

水晶五輪塔の場合は容器に直接年紀を刻する例はなく、製作年の確かめられる事例は紀年をとどめる塔や仏像納入品に限られてくる。前者に該当するものでは、建長五年（一二五三）頃の建立と推定される奈良・般若寺十三重石塔安置の四基（重文・41図）、弘安九年（一二八六）に建立された宇治浮島十三重石塔発見の一三基の水晶五輪塔が代表的遺品である。仏像納入品では建治元年（一二七五）の造顕と伝えられる広島・安国寺の木造法燈国師像内奉籠品（重文・39図）や、正安四年（一三〇二）の奈良・西大寺の木造騎獅文殊像内奉籠品（重文）がこの種四角水晶五輪の優品といえる。

六角・八角水晶五輪舎利容器　六角・八角の水晶五輪塔になると遺品は極めて僅少であるが、六角では水輪のみを水晶でつくる大阪四天王寺の銀製六角五輪塔（重文・42図）、元亨三年銘の石造宝篋印塔（重文）から発見された埼玉・光福寺の水晶五輪塔、八角では東京国立博物館の静岡・浅間神社出土のものが由来のわかる事例である。製作年のしれる唯一の八角五輪舎利容器は、文永七年に造顕された奈良・西大寺の木造興正菩薩叡尊坐像（重文）納入の金銅八角五輪塔（45図）である。基台となる地輪には魚々子地に宝相華唐草文を線刻するなど、南都の仏舎利信仰高揚につとめた叡尊の像納入にふさわしい趣を示している。

装飾水晶五輪舎利容器　水晶五輪塔には飾り金具をとりつける

※28　塔鋺　奈良時代　正倉院。

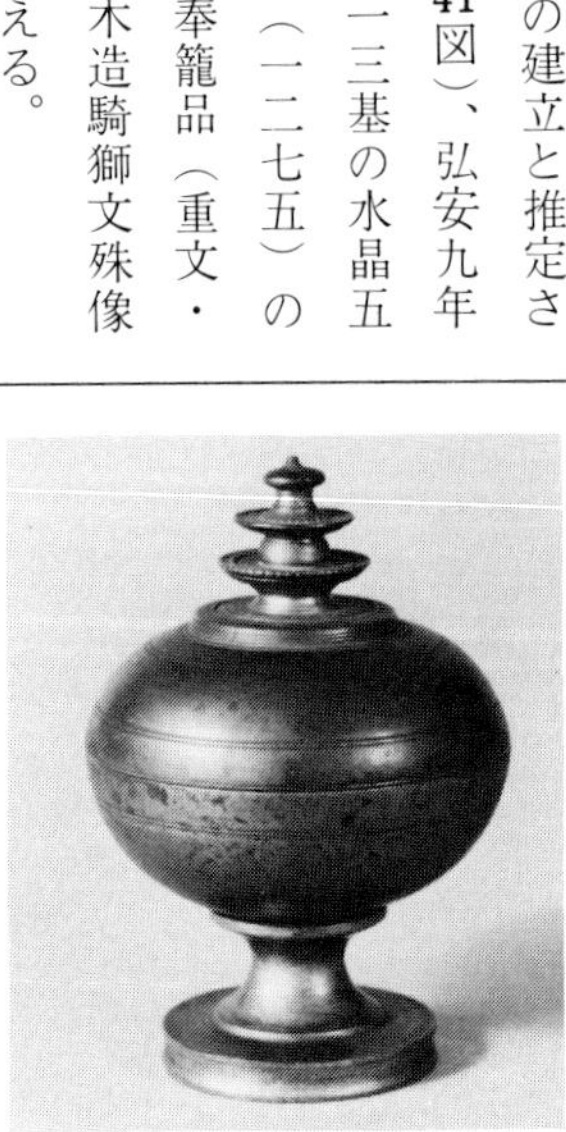

※29　塔鋺　奈良時代　東京国立博物館（法隆寺献納宝物）。

57　吹抜式舎利殿
鎌倉時代　奈良　西大寺

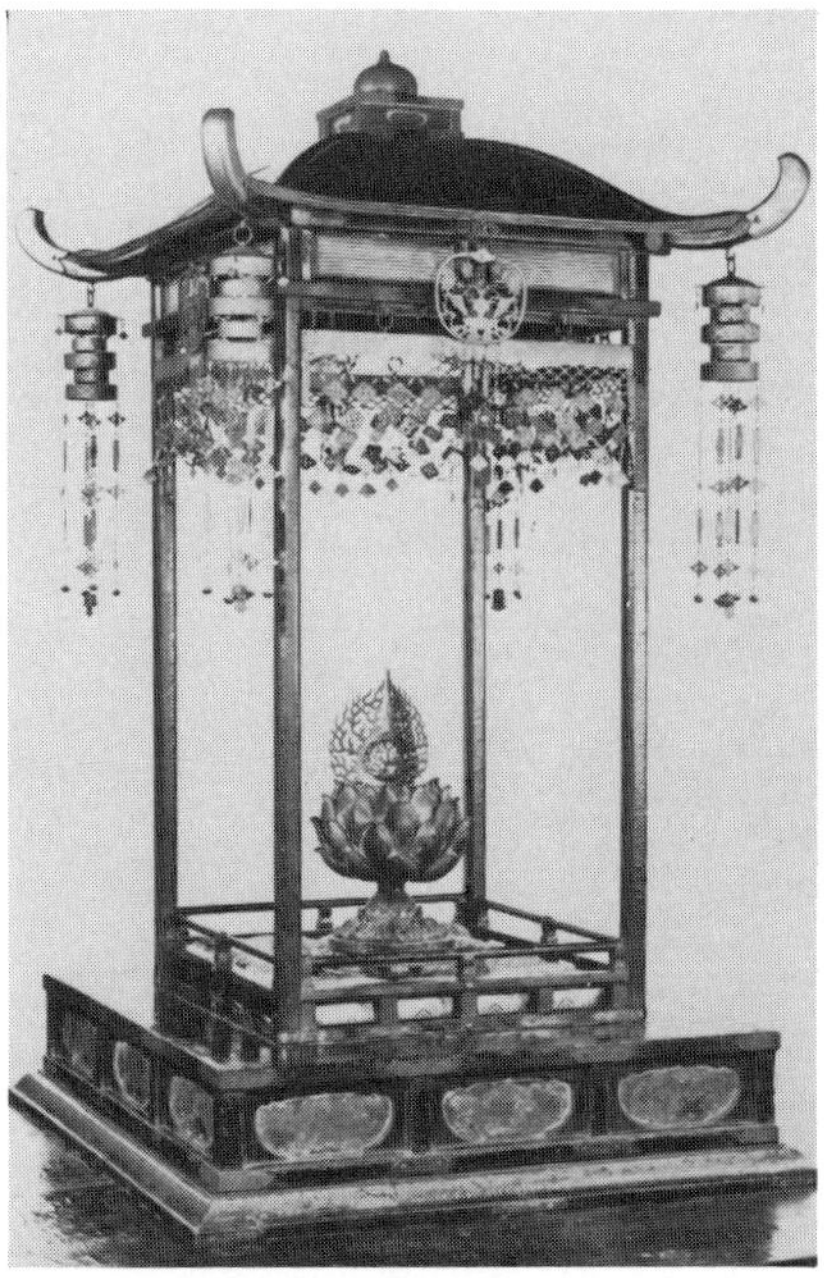

56　吹抜式舎利殿
鎌倉時代　奈良　唐招提寺

55　吹抜式舎利殿
平安時代　奈良国立博物館

60　黒漆蒔絵舎利殿
室町時代　京都　高山寺

59　黒漆六角舎利殿
室町時代　大阪　藤田美術館

58　金銅透彫舎利殿
鎌倉時代　奈良　西大寺

61　黒漆箱形舎利殿　愛知　性海寺

など装飾をほどこしたものもみられる。宝相華唐草文透し彫りの精巧な金銅請座を伴う滋賀・実蔵坊の水晶五輪塔（重文・40図）、火輪（屋蓋）に透彫り飾り金具を装着し、これに風鐸を吊下した東京・小西氏の水晶五輪塔（44図）、金銅製蓮華座と火焔が伴う東京国立博物館の金銅装水晶五輪塔などがその好例となろう。なお金銅製の蓮華座を一具とするものには、神奈川・覚園寺大燈塔（宝篋印塔）の塔身から褐釉双耳壺とともに出現した水晶五輪塔があり、類例には貞和四年（一三四八）の製作による法隆寺舎利会所用のものがある。

(2) 火焔宝珠形舎利容器

宝珠を舎利容器にみたて、内部に舎利を籠める宝珠形舎利容器は、仏舎利を、森羅万象の根本であり意の如くに諸願を万足するという如意宝珠にたとえ、両者はまさに同一体であるとする考え方に基づいている。この形式の舎利容器は蓮台上に宝珠をのせ宝珠の四方あるいは三方に火焔をめぐらせるのが一般的である。蓮華座を備えるのは舎利即釈迦であり、仏座を意図しているのはいうまでもない。

鎌倉時代以降最も多出する形式であるが、平安時代以前に遡る事例は遺品・文献資料ともに存在しない。しかし、その先例は法隆寺献物中の飛鳥時代灌頂幡[※30]に透し彫り文としてすでに見出される。また六八二年頃の造立とされる韓国慶州感恩寺西三層石塔発見の舎利具に瑠璃瓶の容器として用いられており、その形式の源流をしる上での貴重な手がかりとなろう。

この形式の舎利容器は宝珠形のみを水晶とし、他を金銅製とするのが通例であるが、時には宝珠形をも金属製とするものもあり、この方がより古式を示している。奈良・西大寺の金銅宝塔（国宝）に蔵する舎利容器、京都・仁和寺の金銅宝珠形舎利容器（46図）は金属製宝珠の数少ない例である。水晶宝珠形式では鑑真請来三千粒の舎利のうち日拝用に分けた舎利を籠める唐招提寺の日供舎利容器が古様を保つ。紀年銘品では底裏の刻銘により、正応三年（一二九〇）の作であることや願主・工人名のしられる奈良・海龍王寺（重文・47図）のものが豪華なつくりに鎌倉時代金工技法の水準の高さを示している。室町時代のものでは奈良・西大寺の応永二一年銘舎利容器（重文・48図）、奈良・能満院の宝珠形舎利容器（49図）が佳品である。一方火焔宝珠式の舎利容器には、変化形式のものも多くつくられた。金剛杵の上に蓮台火焔宝珠を置き、密教観想用の具とした密観宝珠舎利容器。春日信仰に基づく五瓶火焔宝珠舎利容器。獅子座の上に火焔宝珠を置いて利剣をたて、舎利信仰と文殊信仰の一体化を画したものなど多彩な形姿が複雑な信仰のさまを物語っている。

密観宝珠舎利容器　密観宝珠舎利容器は密教における「観法無量寿如来作法次第」に依るというが、これには東京国立博物館の宝珠形舎利容器（重文・50図）が鎌倉時代特有の秀れた金工技法と重厚な趣を示している。伝亀山天皇勅封とされる奈良・西大寺のもの（重文・51図）は建武二年（一三三五）の刻銘をとどめて基準作例となる。

五瓶火焔宝珠舎利容器　五瓶火焔舎利容器では京都北村氏の二例（77・78図）があるが、一基は鹿の背に春日四社神殿と若宮に相応する五瓶を奉戴し、仏舎利信仰と春日信仰の密接なさまを顕現している。

文殊舎利容器　文殊舎利容器では奈良・金剛寺（82図）と大阪・細見実氏蔵のものが著名である。

(3) 蓮台形舎利容器

叡尊の発願になる宇治十三重石塔納入品のうちには、五種の舎利器が奉籠されていた。金銅五輪塔納置の水晶宝珠・金銅瓶・金銅円筒形合子・金銅蓮華形、それに水晶五輪塔である。おそらくは叡尊の考案によると思われるが、舎利容器の典型となるさまざまな形式を一具とし、後世に伝えることを計ったのであろう。したがって蓮台形もこの時代の舎利容器の典型の一つであったと想定される。

遺品は福岡市立美術館の金銅宝塔納置舎利容器（54図）、東大寺の金銅三角五輪塔納置舎利容器（53図）、「大聖竹林寺」の銘を記す

※30　灌頂幡に施された火焔宝珠形の透し彫り　飛鳥時代　東京国立博物館（法隆寺献納宝物）。

63　火焔宝珠嵌装舎利殿　室町時代　三重　福成就寺

62　火焔宝珠嵌装舎利殿　室町時代　滋賀　浄厳院

65　火焔宝珠嵌装舎利殿　室町時代　奈良　東大寺

64　火焔宝珠嵌装舎利殿　室町時代　奈良　興福寺

唐招提寺のもの（52図）がしられる。そして東大寺以外の二例はいずれも蓮肉部に水晶窓をはめ、内に仏舎利を籠めているのが確かめられる。

また西大寺の鉄宝塔安置の五瓶中に籠める舎利容器も、外見的には火焔宝珠形の形制をとるが、水晶宝珠には舎利は蔵せず、前二例と同様水晶窓の蓮肉内に舎利を籠めており、蓮台形舎利容器の変形と考えることができるであろう。

八、舎利殿（舎利厨子）

舎利殿は元来舎利を奉安するために建立された仏殿の一つであるが、舎利容器を蔵する小形化《ミニチュア》された塔をそのまま宝塔・多宝塔・五重塔などと称しているように、舎利容器を安置するためにしつらえられた小形の宮殿（仏殿）形に対する呼称としても用いられた。したがって現在一般に舎利厨子と称されるものと同義である。

吹抜式舎利殿　遺品としては内部に緑瑠璃製舎利壺を奉安する奈良国立博物館の金銅装舎利殿（55図）が平安時代末頃に比定される。西大寺の金銅宝塔に蔵される火焔宝珠舎利容器のための金銅宝殿（57図）、唐招提寺礼堂にすえられる日供舎利塔用（舎利会式のときのみ金亀舎利塔を安置）の黒漆塗宝殿（56図）は鎌倉時代の作ながら、古式を伝えている。

いずれも韓国の感恩寺や松林寺の石塔発見舎利具にみられるような吹き抜け式の宮殿とするのが注目されよう。

扉付納置舎利殿　このような吹き抜け式舎利殿は次第に扉のある舎利殿に変容し鎌倉時代中期頃から多出することとなるが、扉を具す黒漆舎利殿は形式上二様に大別される。その一は、内に火焔宝珠形舎利容器を安置する京都・高山寺の蒔絵舎利殿(60図)をはじめ、藤田美術館の六角漆塗舎利殿(59図)、東京国立博物館の眉間寺伝来春日宮曼荼羅彩絵舎利殿（文明一一年＝一四七九銘）などのように、宝形造りあるいは奥行の深い寄棟式にしつらえ、内部中央に舎利容器を安置する方式をとる。

扉付嵌装舎利殿　その二は舎利容器の形を金銅板などで半肉状につくり、これを舎利殿内壁に嵌装した奥行きの浅い舎利殿である。この舎利殿は鎌倉時代以降の舎利信仰の隆盛に伴い、舎利容器の旺盛な需要に応えるべく考案された簡便な舎利殿であり、室町時代にはその最盛期をむかえることとなる。そしてこの嵌装舎利殿は、一方では宮殿形を屋根・軸部・基台の三部に分けて持ち運びに便ならしむる分解式舎利殿、軸部のみを基台に据える箱形舎利殿、箱の天板や側壁に釣り金具を着した首掛け形式のものなど、携帯を意図する多彩な変化形式を生み出してくるのである。

嵌装舎利殿の遺品を舎利容器の形式により分類すれば次の通りである。

〈宝塔嵌装舎利殿〉
広島・耕三寺　（室）　宮殿形両面扉（背面の円鏡に蓮台阿字装着）〈73図〉

〈五輪塔嵌装舎利殿〉
奈良・西大寺　（室）　箱形（奥壁に如意輪観音彩絵）〈70図〉
奈良・不退寺　（室）　箱形（背面嵌込み板表に釈迦涅槃裏に春日影向図彩絵）

〈宝篋印塔嵌装舎利殿〉
京都・柳　孝　（鎌）　箱形両面扉（嘉禄二年奥書の法華経納置。背面に中台八葉曼荼羅と如来形を彩絵）〈71図〉
◎福島・薬王寺　（鎌）　宮殿形（塔軸部の円形水晶板に阿字を固定）〈72図〉
青森・松館富治　（室）　宮殿形両面扉（背面に如意輪観音彩絵）

〈火焔宝珠嵌装舎利殿〉
兵庫・三木進　（鎌）　箱形両面扉（背面に愛染明王彩絵）
◎滋賀・浄厳院　（室）　箱形両面扉（背面に沈金による千手観音像）〈62図〉
◎三重・福成就寺　（室）　宮殿形（文明一二年、東寺弁崇福寺の師子の舎利納置銘、扉絵は不動・愛染明王）〈63図〉
神奈川・今渕せつ　（室）　宮殿形（扉絵天部形）
奈良・興福寺　（室）　宮殿形両面扉（天文二三年銘　扉絵に普賢・文殊菩薩背面に南円堂本尊彩絵）〈64図〉
奈良・興福寺　（室）　宮殿形両面扉（背面壁に春日鹿曼荼羅彩絵扉絵正面に吉祥天・春日赤童子、背面に四天王の中の多聞天）

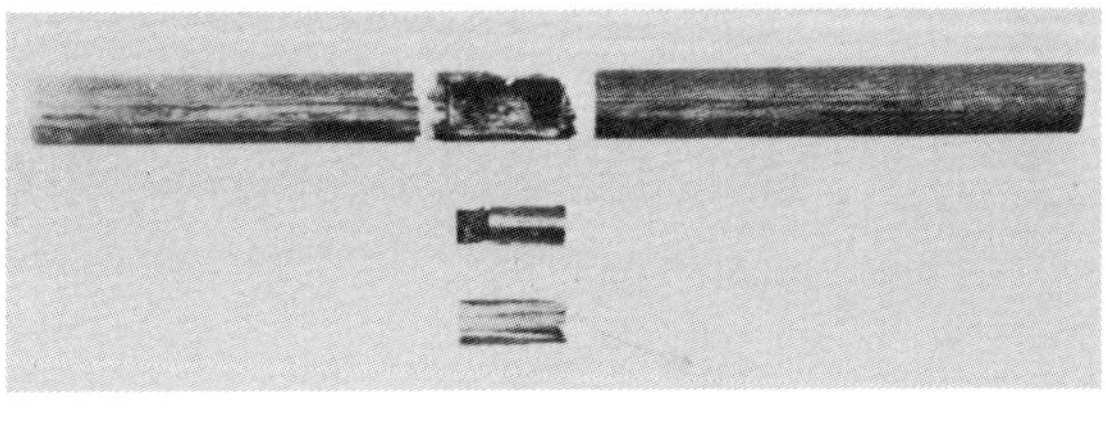

※31　円珍入唐求法目録軸奉籠舎利容器　平安時代　京都　聖護院。

67　密観宝珠嵌装舎利殿　鎌倉時代　奈良　興福寺

66　密観宝珠嵌装舎利殿　鎌倉時代　奈良　般若寺

68　火焔宝珠嵌装舎利殿　室町時代　奈良国立博物館

70　五輪塔嵌装舎利殿　室町時代　奈良　西大寺

69　四方嵌装舎利殿　室町時代　奈良　能満院

奈良国立博物館　（室）　宮殿形（永正五年銘　扉絵に不動・愛染明王）〈68図〉
奈良・能満院　（室）　宮殿形（元亀二年銘　扉絵右・不動、左・毘沙門天）
奈良・東大寺　（室）　宮殿形（扉絵に十六羅漢彩絵）〈65図〉
京都・中村理紀治　（室）　宮殿形（宝珠内に水晶五輪塔安置　扉絵に不動・愛染明王）

〈密観宝珠嵌装舎利殿〉
奈良・金剛山寺　（鎌）　宮殿形（扉絵に不動・愛染明王）
奈良・般若寺　（鎌）　宮殿形〈66図〉
奈良・玉林一雄　（室）　宮殿形両面扉（天正一六年寄進銘　扉絵正面に不動・愛染明王、背面奥壁に八字文殊曼荼羅）
奈良・興福寺　（室）　箱形両面扉（慶長四年寄進銘　扉絵正面に不動・愛染、背面に比丘・童子　背面壁に南円堂本尊）〈67図〉

〈その他〉
奈良・能満院　（室）　四方殿舎利厨子（東面・五輪塔、西面・火焔宝珠、南面・大般若宝幢、北面・春日鹿御正体を嵌装）〈69図〉
◎奈良国立博物館（額安寺旧蔵）　（南北）　首掛式種子曼荼羅厨子（至徳四年銘　中板円鏡中に阿字　奥壁に金剛界、中板裏に胎蔵界曼荼羅　扉絵・左に不動、右に降三世明王）
滋賀・聖衆来迎寺　（室）　山王曼荼羅厨子　両面扉（扉絵・天台の祖師高僧四者嵌め板表裏・中台八葉部分に山王二一社中の本地仏諸尊）〈74図〉

九、その他の容器

仏舎利を籠める法は、塔心礎納置容器や堂・塔内安置容器にとどまるわけではない。仏像の像内や経巻の軸、さらには金剛杵など法具の内部に奉籠することも頻繁に行われた。宋の雍熙二年（九八五）に、東大寺の僧奝然がかの地で模刻した京都・清涼寺の釈迦像にみられるように、仏像の内部に五臓六腑などとともに仏舎利を籠めるならわしは、中国唐代にすでにあり、それがわが国にも及んだものと考えられる。仏舎利は釈迦の真骨であるから、仏像内に籠めることは最もふさわしい方法であったといえよう。

仏像納入例　わが国では天平宝字五年（七六一）、石山寺の塑像観音の御身に籠めたという記事が初見であるが、遺品では、延喜九年（九〇九）頃に完成したと伝えられる東寺食堂本尊千手観音像の白毫中に奉籠されていた金製合子入りの仏舎利一粒が、現存最古の事例である。九条兼実の願文にも記されるように、寿永二年（一一八三）に再興なった東大寺大仏の眉間内にも水晶製の塔形舎利容器が籠められたが、以後像内納入事例は、釈迦信仰の隆盛に伴い飛躍的に増大する。

水晶五輪舎利容器を籠める例としては京都・峰定寺の木造釈迦如来立像（正治元年＝一一九九）や広島・安国寺の木造法燈国師像（納入文書奥書、建治元年＝一二七五）、奈良・西大寺の木造騎獅文殊像（正安四年＝一三〇二）があり、金銅八角五輪舎利容器を籠める例としては同寺の木造興正菩薩像（弘安三年＝一二八〇）がある。

また中国から伝来の舎利を彼地の製作になると思える紺瑠璃の舎利容器（75図）に籠めて像内に納めた奈良・伝香寺の木造地蔵菩薩立像（安貞二年＝一二二八）や京都・竜吟庵の木造大明国師像（一三世紀末）など、いずれも由緒のある仏舎利を籠める容器であるため、秀れた遺品が少くない。

経巻納入例　経巻軸への舎利奉籠は、康和四年（一一〇二）に供養を了えた尊勝寺塔安置の般若心経・法華経の金銅軸に納めた例が文献の初見であるが、以後記録には散見されるものの、遺品は仏師康円の作になる木造文殊菩薩像に納められていた金剛般若波羅蜜経の水晶軸が現在しれる唯一の例である。なお経巻ではないが京都・聖護院の木造智証大師坐像に籠められていた『円珍入唐求法目録』の軸中[※31]にも、銀製筒形舎利容器が奉籠されている。

法具納入例　法具奉籠の事例は空海や円仁・恵運など、平安初期の入唐求法僧たちの請来目録中にもみられるところであるが、東寺伝来の空海請来密教法具（国宝）のうち金銅五鈷杵[※32]は、今も仏舎利を内蔵しており、目録の記載に一致する貴重な事例である。その

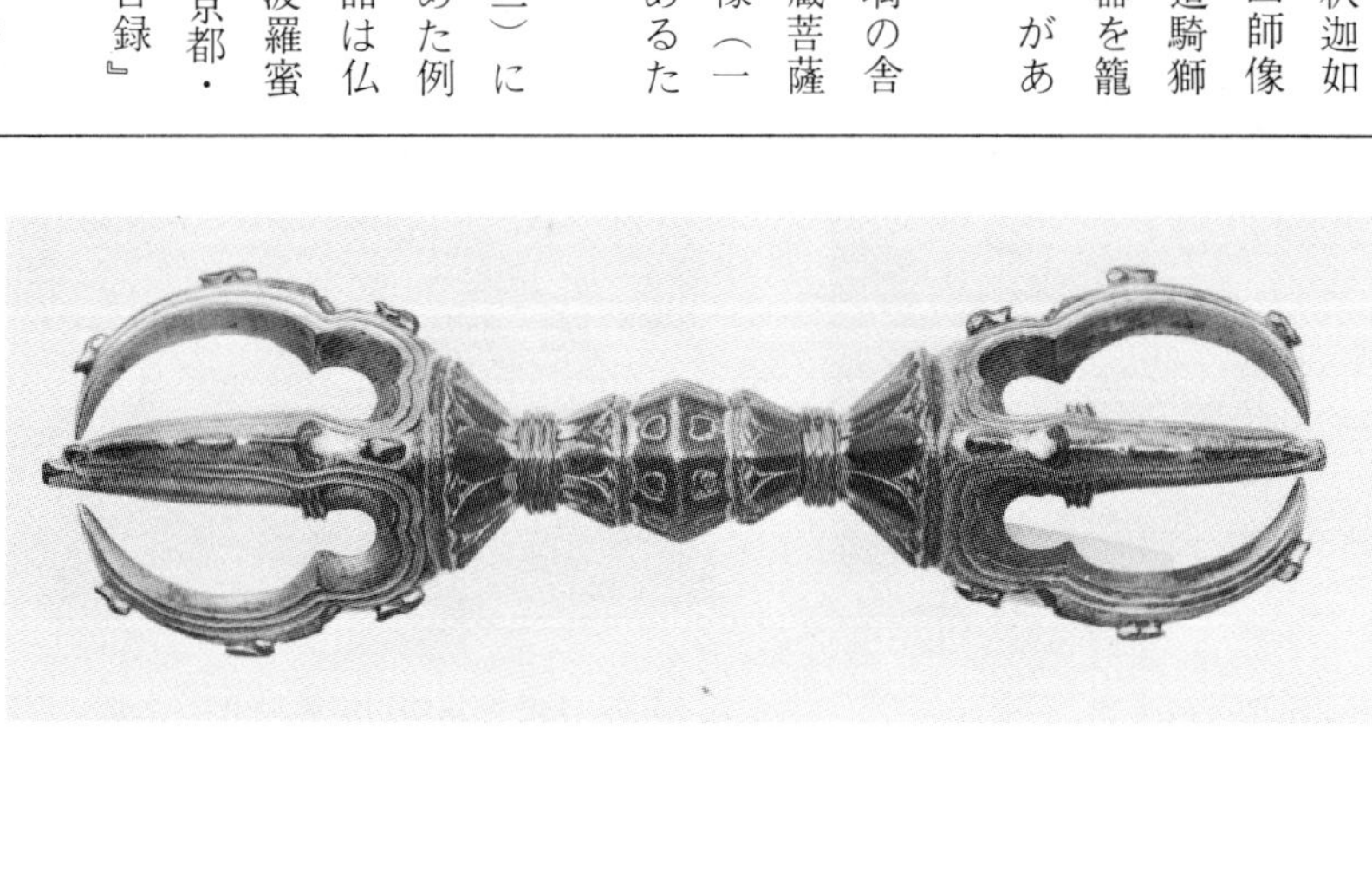

※32　空海請来とされる金銅五鈷杵。請来目録中の五宝五鈷金剛杵または五宝三昧耶杵のいずれかに該当するものと思われる。切子一六面の猪目は賢劫一六尊を表幟するといわれるが、その三個に円孔をうがち、内一口は今も舎利が奉籠されており、これが舎利納入孔であることは疑いなく、秘録中の「己上各著佛舎利」の記載にも合致している（『密教法具』より）。

72　宝篋印塔嵌装舎利殿　鎌倉時代　福島　薬王寺

71　宝篋印塔嵌装舎利殿　鎌倉時代　京都　柳氏

74　山王曼荼羅舎利殿　室町時代　滋賀　聖衆来迎寺

73　宝塔嵌装舎利殿　室町時代　広島　耕三寺

76　宝相華蒔絵宝珠箱　平安時代　京都　仁和寺

75　地蔵菩薩像内納入瑠璃壺　鎌倉時代　奈良　伝香寺

ほか滋賀・弘法寺の金銅五鈷杵、神奈川・極楽寺の金銅鬼面独鈷杵・五鈷杵（重文・一具をなす五鈷鈴に建長七年＝一二五五銘）、静岡・尊永寺の金銅塔鈴（重文）、東京国立博物館の金銅塔鈴、請来品では奈良国立博物館の金銅五鈷明王鈴（重文）などが、法具における仏舎利奉籠の盛行のさまを如実に示している。

一〇、春日関係の舎利容器・舎利殿

春日神と仏舎利との密接な関係は、春日社一宮（鹿島明神）は釈迦を本地とする垂迹であり、両者は表裏一体の関係にあるとする考え方に基づいている。

解脱上人貞慶が建久五年（一一九四）、笠置寺に般若台院六角堂を造立し、内陣厨子に春日大明神御本地と称する釈迦如来を安置したり、明恵が京都栂尾の高山寺に春日明神を祀ったのもそのあらわれであるが、鎌倉時代初頭の戒律復興運動に促された釈迦信仰の隆盛は、舎利信仰の形で釈迦を本地仏の一つとする春日信仰の中にもとり入れられ、両者の結合を試みる数々の関係品を生み出すことになったのである。内壁に春日曼荼羅を彩絵した舎利殿（春日宮曼荼羅彩絵＝京都・北村氏・80図、東京国立博物館・文明一一年銘・一四七九　79図、春日鹿曼荼羅彩絵＝奈良・興福寺・天文六年銘・一五三七、神奈川・今渕せつ氏　春日影向図＝奈良・不退寺・重文）、舎利容器を背にした神鹿を安置する春日神鹿舎利殿（奈良国立博物館・81図）、さらには春日五社神殿にちなむ五瓶舎利容器（京都・北村氏・77・78図）など、その多彩な遺品は、いずれも春日神と舎利（釈迦）との一体化したさまを顕現にしたものにほかならない。

（河田　貞）

鎮壇具

仏寺の堂・塔建立に際し、その寺域に座す地神を鎮め、地神による仏寺への加護を祈り、また不浄をはらう目的で堂・塔下に安置されるさまざまな埋納品が鎮壇具である。

出土例としては、現在までのところ七世紀前半以前に遡るものはなく、七世紀後半に比定される川原寺塔基発見の銀銭・金銅円板が鎮壇供養の行われたことを示唆する最古の遺品と考えられる。しかしその盛行のさまを物語る多種多様の鎮壇具を埋納するようになるのは、平城遷都後の八世紀からである。鋺・盤・鏡・珠玉・銭貨など四十余種にのぼる遺物を出土した興福寺金堂、銀製鍍金狩猟文銀壺をはじめ、鏡・刀剣・玉類など正倉院宝物にも比すべき優品を数多く出土した東大寺金堂（大仏殿）、基壇中心礎石の東西南北四方に珠玉を、また周辺に等しく貨銭を散らした元興寺塔は、この時代の大寺の鎮壇実体をつぶさに示している。これらの場合珠玉の類は七宝のうちの五宝に相応するものと考えられるが、器物類にもし五穀が盛られたとすれば、まさしく『陀羅尼集経』の説く作壇法に適うものであり、他は魔除けの具や喜捨された荘厳・供養具と解されよう。

当代の塔の事例としてはそのほか法華寺東・西両塔、地方の例としては金箔片を納めた土師器甕を出土した陸奥国分寺金堂がある。平安初期には法輪寺講堂・醍醐寺塔から多数の銭貨が発見されているが、前代の中央大寺におけるような内容の豊富さはなく、その基く経典や儀軌も明確ではない。

その後、密教の隆盛とともに密教修法が加わり、天台と真言それぞれに独自の鎮壇法を展開させることになる。壇の八方に輪宝と四橛を立て、中央に五宝・五穀・五香に適う金箔片や籾殻納入の賢瓶を置いていた興福寺菩提院大御堂出土の鎮壇具一括は、平安末から鎌倉初頭の真言密教における鎮壇法を示す具体例として注目される。

（河田　貞）

①

②
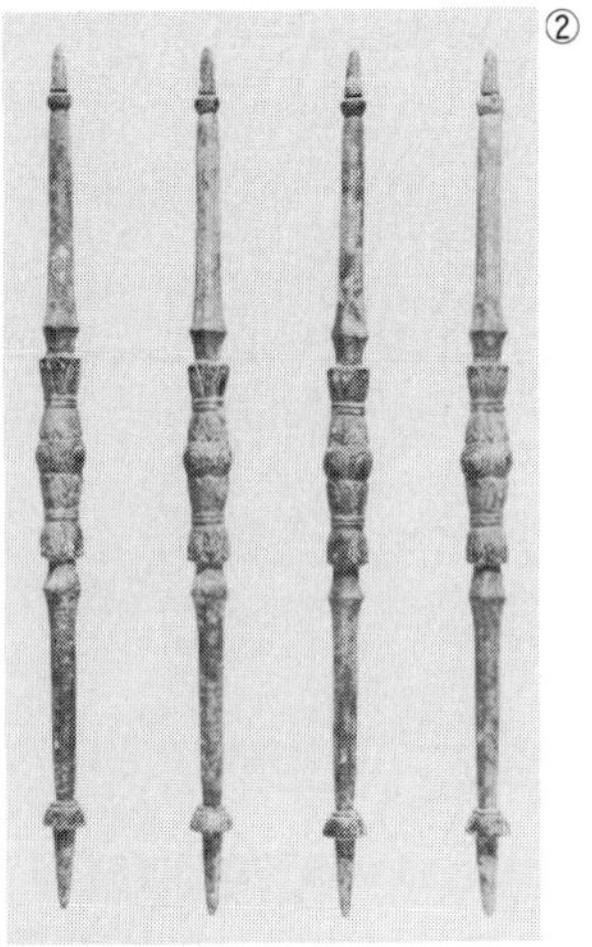

③

④

⑤
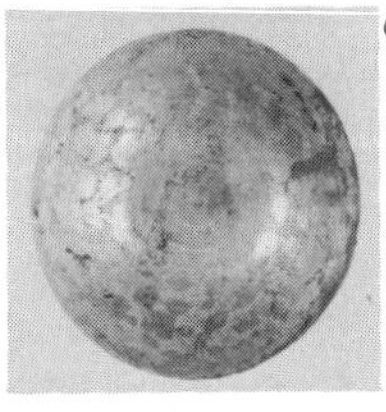

⑥

① 賢瓶　興福寺大御堂鎮壇具
② 四橛　〃　〃
③ 輪宝　〃　〃
④ 脚杯　興福寺金堂鎮壇具
⑤ 小碗　〃　〃
⑥ 銀壺　東大寺金堂鎮壇具

77 金銅火焔五瓶舎利容器　鎌倉時代　京都　北村氏

78 金銅春日神鹿火焔五瓶舎利容器　室町時代　京都　北村氏

79 春日宮曼荼羅厨子　室町時代　東京国立博物館

80 春日宮曼荼羅舎利殿　鎌倉時代　京都　北村氏

81 春日神鹿舎利殿　室町時代　奈良国立博物館

82 獅子座火焔宝珠舎利容器　室町時代　奈良　金剛寺

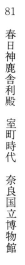

二　経荘厳

一、経荘厳

お経は釈迦が在世中に衆生に説いた思想の凝縮された姿であり、その集大成でもある。ために法舎利と称され、釈迦の遺骨である身舎利（肉舎利）と同等に尊崇されてきた。したがってお経を美しくしかも厳粛に飾りたてること（荘厳）は、その功徳に浴するばかりでなく、仏・菩薩を荘厳することにも通じるものとして、これに意を尽くしたさまざまな装飾がほどこされることになったのである。

法隆寺献納宝物中の細字法華経と玉荘箱　法宝である経典がわが国にもたらされたのは、『日本書紀』によれば欽明天皇一三年（五五二）一〇月、すなわち仏教公伝のときである。

しかしわが国で今に伝わる経典のうち、いかにも荘厳と称するにふさわしい配慮がなされている最古の事例は、光明皇后が天平九年（七三七）に法隆寺に奉納してのち、当寺に伝世し、明治一一年に宮内省に献上され、現在東京国立博物館の法隆寺献納宝物館に蔵される、紙本墨書細字法華経一巻（国宝・1図）であろう。この経は聖徳太子が『法華義疏』を著したときの拠本であると伝えられてきたため、「御同朋経」の俗称があるほどに貴重視されてきた経である。しかし奥書に記すごとく、唐の長寿三年（六九四）に、長安の李元恵が楊州において書写したものであり、太子崩御後に請来された唐経であることは明らかである。年紀、筆者のしれる唐代細字法華経の完本として珍重すべきものであるのはいうまでもないが、加うるに当初のままと想定される撥形鍍金の軸を有し、その頭頂に碧玉を嵌入して装飾とし、しかもこれも同時のものと思われる栴檀製の経筒を具備している。この種の経筒は、晋書に「陸機以竹筒盛書信」と記すものとも軌を一にするものであり、中国における当時の巻子本容器の通形であったことを物語っているが、同時に七世紀における経筒の実体を示す興味深い遺品ということができよう。

一方、法隆寺献納宝物中には、檳榔樹製の箱の表面に朽木板（栴檀材）を貼り、稜角にめぐらした紫檀縁に、真珠と紺瑠璃（ガラス）玉を交互に嵌装した玉荘箱（重文・2図）一合が伝存する。これは『古今目録抄』に見えるごとく、先の細字法華経を、古来経筒ともども納置してきた容器である。天平木工芸の真価を如実に示す朽木貼、撥鏤《ばちる》※1、玉鈿荘などによる華麗な装飾は、伝存するわが国最古の法華経経箱として、いかにもふさわしい趣を伝えている。ただ当代においては、後世の経箱にみられるような経箱独自の形制は、なお認められない。事実正倉院宝物中には、俗に献物箱と呼ばれる類似の箱が多数存することによっても、この種の箱をもって奈良時代経箱の通形であると速断するわけにはいかない。

二、経荘厳の諸相

工芸技法に基づく経の荘厳は、直接的な荘厳と間接的な荘厳の二様に大別して考察するのが便宜的である。

直接的な荘厳は、細字法華経における玉嵌装の軸端のように、あ

※1　唐代に行われた象牙飾りの技法の一。紅・緑・青などに染めた象牙に毛彫りで文様をあらわしたもの。染色が象牙の内部まで浸透していないので、刻んだ部分だけ白くあらわれる。

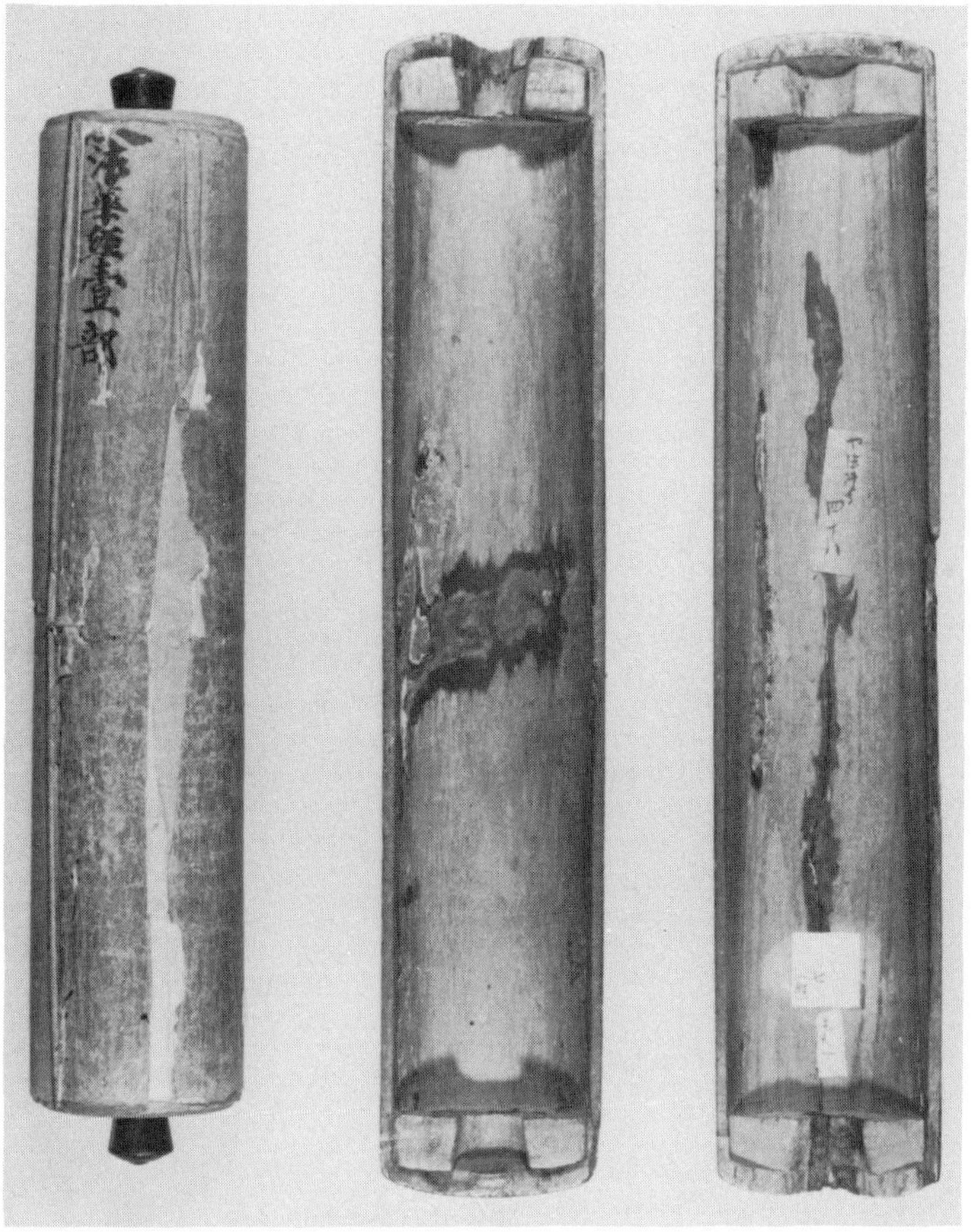

1—B　同経巻（軸端）と栴檀製経筒

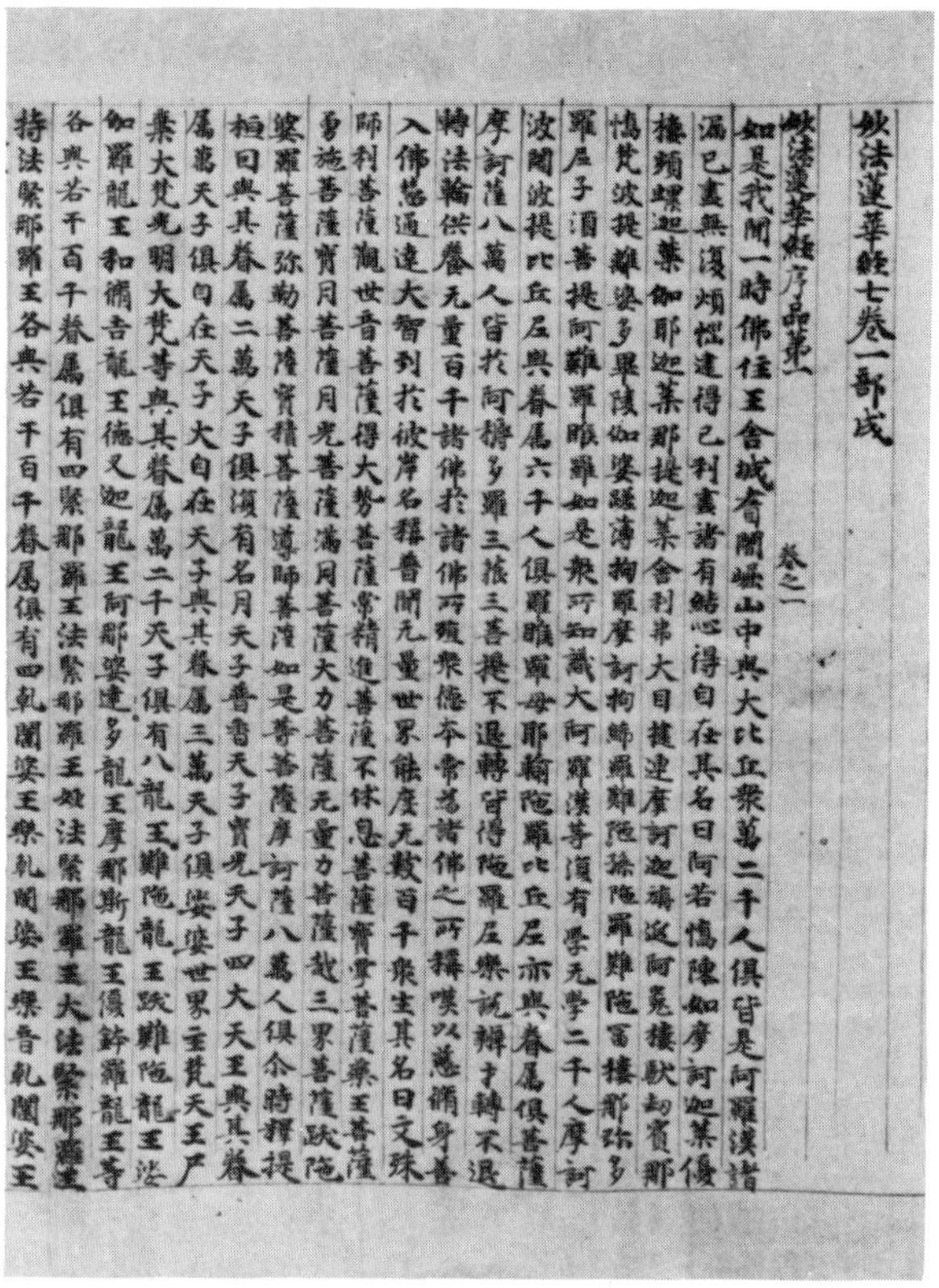

1—A　紙本墨書細字法華経　唐時代　東京国立博物館
（法隆寺献納宝物）

2　玉荘箱　奈良時代　東京国立博物館（法隆寺献納宝物）

くまでも経の一部に直接付属して荘厳の役を担うものである。そのほか表紙の左端縁に装着して装飾と経の保全を兼ねる発装（八双）金具、表紙にほどこされる題簽《だいせん》・紐・紐金具（環座・露）の類がこれに該当する。

間接的な荘厳としては、経包装の具となる経帙《ちつ》・経嚢《のう》、また経容器となる経筒・経箱・経櫃・経厨子・宝塔（納経塔）などがあてられる。

(1)　軸　端

経典が巻子装となる場合に不可欠なものは、その芯となる軸である。もちろん大勢は素木（白木）軸や漆軸であり、竹ヒゴ状の極めて素朴な軸も存在するが、吟味すべき一部の経巻においては、技巧をつくした軸端が準備され、美麗な荘厳の経に仕立てられた。

弦楽器の撥《ばち》の形を連想させる撥形、円柱状の丸形、円柱を面取りにした六角形や八角形軸端、あるいは題簽をも兼ねた往来軸など形状もさまざまである。

奈良時代の軸端　中でもとりわけ注目されることは、奈良時代の寺院の資財帳や正倉院文書中の写経所関係の記事にも散見されるように、天平時代の経巻のうちには、その軸の軸端に、紫檀・白檀・沈木・黒柿・赤木・牙・瑪瑙・琥珀・水晶・瑠璃（ガラス）など、実に多種にわたる素材を用い、また花軸・朱頂軸・金泥軸・金飾軸・木絵（木画＝モザイク）軸といったように、彩色・文様をほどこして華麗に飾ったものが少なくなかったことである。この軸端の多様性は、当然、遣隋使や遣唐使などによってもたらされた、彼地の経巻類の影響によるものであろうが、仏教興隆に伴う厖大な写経事業が、それを一層助長し、経荘厳にふさわしい洗練された細工の軸端が、わが国の工人達の手により数多く作られたのである。正倉院宝庫には、そのような軸端を飾る、当初の姿のままの経巻をなお多く伝えているが、そのほか紫檀・瑠璃・水晶・瑪瑙などでつくられた軸端五〇余双、同様に種々の軸端をとりつけた未造着軸（経巻にとりつけていない未使用の軸）などがあり、その多様なさまの片鱗をうかがわせてくれる。

平安時代の軸端　軸端への配慮は平安時代に入っても踏襲された。とりわけ信仰された法華経においては、その傾向は一段と顕著であり、ついには平家納経にみられるような、工芸技法の粋をつくした善美な軸端を生み出すことになるのである。

平安初頭の文献は乏しいが、まず天長三年（八二六）嵯峨天皇が御父桓武天皇の奉為に書写した紫紙金字法華経は玉軸をほどこし、刺繍の帙に包んだ見事な荘厳になる一具であった（『性霊集』）。また延長三年（九二五）醍醐天皇が御母后のために勧修寺で修した法華十講の場合は、紺紙金字金界の経に組紐の帯をつけ、水晶の軸端を着していた（『勧修寺文書』）。

以後、貴族の日記類や物語文学などに記される経荘厳のさまは、枚挙に暇がないほどであるが、それらのうちでは、天暦九年（九五五）以来の経荘厳の伝統を後世まで踏襲した宸筆御八講御経の水晶軸、物語文学では『落窪物語』巻之三、右近少将道頼と妻落窪の君が、父中納言忠頼の長寿の賀に修した法華八講における香木・水晶軸、『栄華物語—もとのしづく[※2]』に記す、治安元年（一〇二一）九月二〇日の法成寺無量寿院における一品経法華経供養の際の玉軸・七宝飾軸が、当時の荘厳経にほどこされた軸端のさまをつぶさに伝えている。

伝存する平安時代経の軸端は、金銅あるいは銅製鍍銀六角・八角形（金峯山経塚出土経・高野山奥院経塚出土比丘尼法薬願経＝永久二年）や、中尊寺経（紺紙金銀交書一切経＝清衡願経・紺紙金字一切経＝基衡願経）ならびに神護寺一切経に代表される金銅宝相華文線刻撥形が、紺紙金字あるいは金銀字経の通例として、最も多用されている。また紫檀に螺鈿を象嵌して文様を表出する、紫檀螺鈿軸もしばしば行われた。その事例としては、紫檀の軸端全面に螺鈿の蝶・鳥文を散らした東京・浅草寺の法華経（国宝・3図）、側面に同様の蝶文を散らし、軸頂に螺鈿丸文（欠失）をほどこした大阪・勝尾

※2　『栄華物語』もとのしづく寛仁三年の条の一節。

皇太后宮の女房達、端にうちながめて、おのがどちぞうち語らふ。「かくはかなき世に罪をのみ作りて過すはいみじきわざかな。いざ給へ、君達もろともに契りて、経一品づつ書きて申上げん」といひて、「いとよき事なり」と語らひ合せて、御前に参りて、「かうかうの事をなん仕うまつらんと思候ふを、いかが」と啓すれば、御前「いとよき事なり。さらばまめやかにし出でよ」など仰せられて、「さべき人々三十人（ばかり）結縁すべし。まず法花経の序品は五の御かた」と定めさせ給て、「方便品は土御門のみくしげ殿」などの給はせつ……（中略）

殿その日つとめて宮に参らせ給へれば、経各今ぞ率て奉りあへる。経の御有様えもいはずめでたし。あるは紺青をぢにて、黄金の泥して書きたれば、紺泥の経なり。あるは綾の文に下経をし、経の上下に絵を書き、又経のうちのことゞもを書き現し、湧出品の恒沙の菩薩の湧出し、寿量品の常在霊鷲山の有様、すべて言ふべきにあらず。提婆品はかの竜王の家のかたを書き現し、あるは、銀・黄金の枝をつけ、言ひ続けやるべき方もなし。経とは見え給はで、さるべきもの〻集などを書きたるやうに見えて、好ましくめでたくしたり。玉の軸をし、おほかた七宝もて飾り、またかくめでたき事見えず。経函は紫檀の函に、色々の玉を綾の文に入れて、黄金の筋を置口にのせさせ給へり（下略）

4　紫檀螺鈿軸端（法華経）鎌倉　大阪　勝尾寺

3　紫檀螺鈿軸端（法華経）　平安時代　東京　浅草寺

6　紫檀木画軸端（法華経）　平安時代　京都国立博物館

5　紫檀螺鈿軸端（法華経）　平安時代　京都　本隆寺

7　軸端（法華経）　平安時代　兵庫　太山寺

寺法華経（4図）、側面を草花文にしてその花芯に碧玉を嵌入、頂を鳳凰丸文とした京都・本隆寺法華経（5図）、頂に八葉蓮華文あるいは蓮台種子を配し、側面を散蓮華とした兵庫・太山寺の法華経（7図）が貴重である。仁平二年（一一五二）三月六日、鳥羽南殿で修された法皇五〇御賀所用の黄色紙墨字大般若経六十帙六百巻も、この紫檀螺鈿軸を着しており（『兵範記』[※3]同日条）、当時流行のものであったことがしれる。紫檀といい螺鈿貝といい、いずれも南方系の高価な外材であり、経荘厳に対する並々ならぬ配慮のさまが窺われよう。

興味深い遺品としては、権大僧都澄覚が河上宮に奉納したむねの寄進記をとどめる、京都国立博物館の紙本墨書法華経八巻の軸端（6図）がある。撥形の紫檀軸であるが、中心のやや大ぶりの丸文（欠失）をめぐって、花芯に碧玉を嵌め、花弁を象牙とした六弁花文六花を配している。奈良時代には木絵（木画）軸と称し、紫檀のような檀材に、他材をモザイク風に嵌入して文様をあらわした軸のあったことがしられるが、これは木絵軸の伝統をつぶさに伝える例といえよう。

(2) 発装金具・題簽・綺緒（紐）

軸端と同様、経の一部に直接付属して荘厳の役を担うものとしては、表紙にほどこされる発装（八双）金具や題簽・綺緒（紐）の類がある。

『栄華物語―こまくらべの行幸』の段には、万寿元年（一〇二四）に中宮方房の書写した一品経供養のことを述べ「…色帋の御経、下絵かかせ給へり。表帋の絵に、経の内の心ばえを皆かかせ給へり。大進よりつねはいみじき細工の、心に入れ手を尽して仕まつらん程、いみじうめでたし」とある。その装飾は大進頼常が精魂を傾け、工芸細工の粋をつくした美麗極まりないものであったことがうかがわれる。また、より詳細に荘厳のさまを述べているのは、故白河院結縁一品経のことを記す、『長秋記』[※4]大治四年（一一二九）九月二七日の条である。院の御経にあたる序品には唐草文金覆輪の水晶花軸、表紙に銀彫金の発装金具を着し、丸組紐の綺緒には金笠（座金具）の琥珀露玉を、また女院の方便品は、表紙に彫金の手法になる寺額（扁額）形の銀製題簽を貼り、水晶軸には金の葺き寄せ蓮弁を飾っていた。

該当経は惜しくも伝存していないが、この大治経の荘厳のさまを目のあたりに示してくれるのが、厳島神社の平家納経である。のみならず善美を極めた精妙な細工は、大治経のそれを遙かに凌駕するものであり、まさに経荘厳の極致を示しているといえよう。

厳島神社　平家納経　長寛二年（一一六四）九月、平清盛が自ら発願し、一門の者に法華経・開・結経など都合三三巻を各々一品一巻ずつ分担書写せしめ、銅経箱に納めて、厳島神社の本地仏である十一面観音の宝前に奉納したものである。

さまざまな工芸技法を駆使したその華麗な荘厳のうち、まず題簽は、大半が大治経のそれと同じように銀板で扁額をかたどり、魚々子地に外題を表出している。時には蓮台上の宝幢形とし、提婆達多品のごときは、墨書した題字上に緑瑠璃板を貼って、その文字を透視できるような工夫がなされている。

発装金具にみられる意匠も、蓮唐草・宝相華唐草・独鈷あるいは三鈷・蓮華化生童子・倶利迦羅龍といった具合に多種多様である。それらの意匠は、銀板に線刻や透し彫りで表わし、時にはこれに鋤彫りが加えられて肉づけがなされ、さらに鍍金がほどこされる。

軸端は水晶がほとんどであるが、これとても一様ではない。大治経におけるように、精妙な透し彫りの覆輪をかぶせたものや、銀鍍金の蓮弁を基部にめぐらせて蓮華座を形づくるもの（信解品・涌出品・隋喜功徳品・法師功徳品・神力品・厳王品・薬王品[※5]）、透し彫りの火焔形を冠し火焔宝珠をあしらったもの（化城喩品）、五輪塔をかたどったもの（提婆達多品）、さらには螺鈿軸（阿弥陀経）や鋲頭形の頂にあらわした種子のみを鍍金した銅製軸（般若心経）もあり、その変化に富んだ装飾技法は、まさに洗練された工芸美の粋を結集した

※3　平兵範の著した日記の名。

※4　皇后宮権大夫源師時の日記の名。

※5　厳島神社　平家納経　法華経薬王菩薩本事品見返絵。

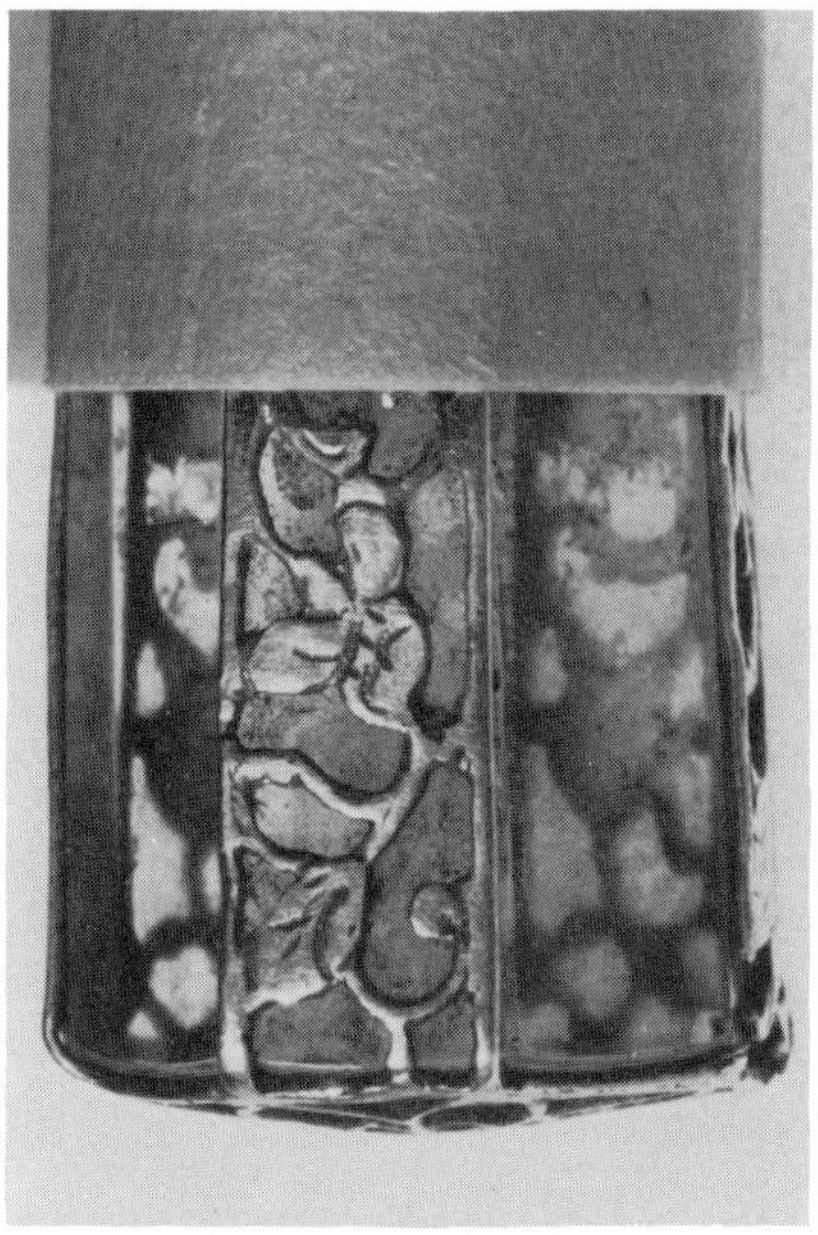
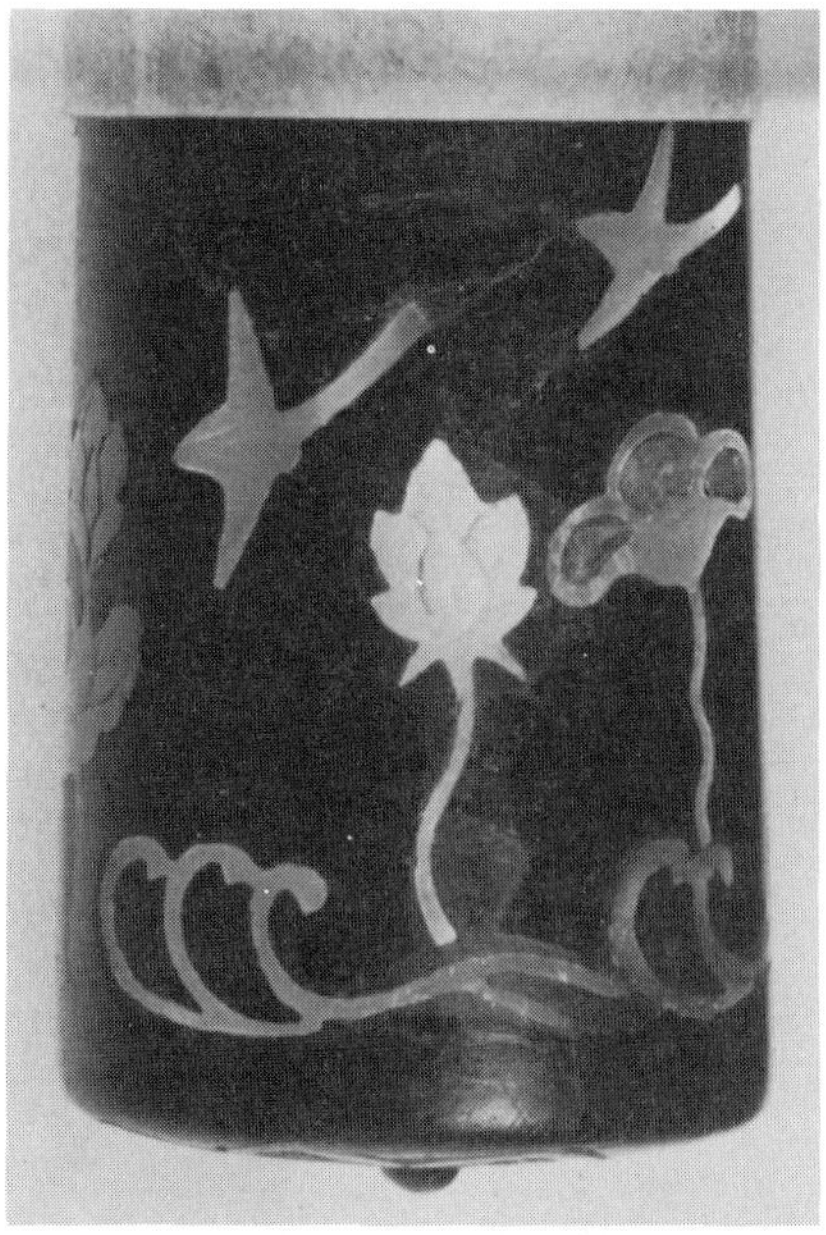

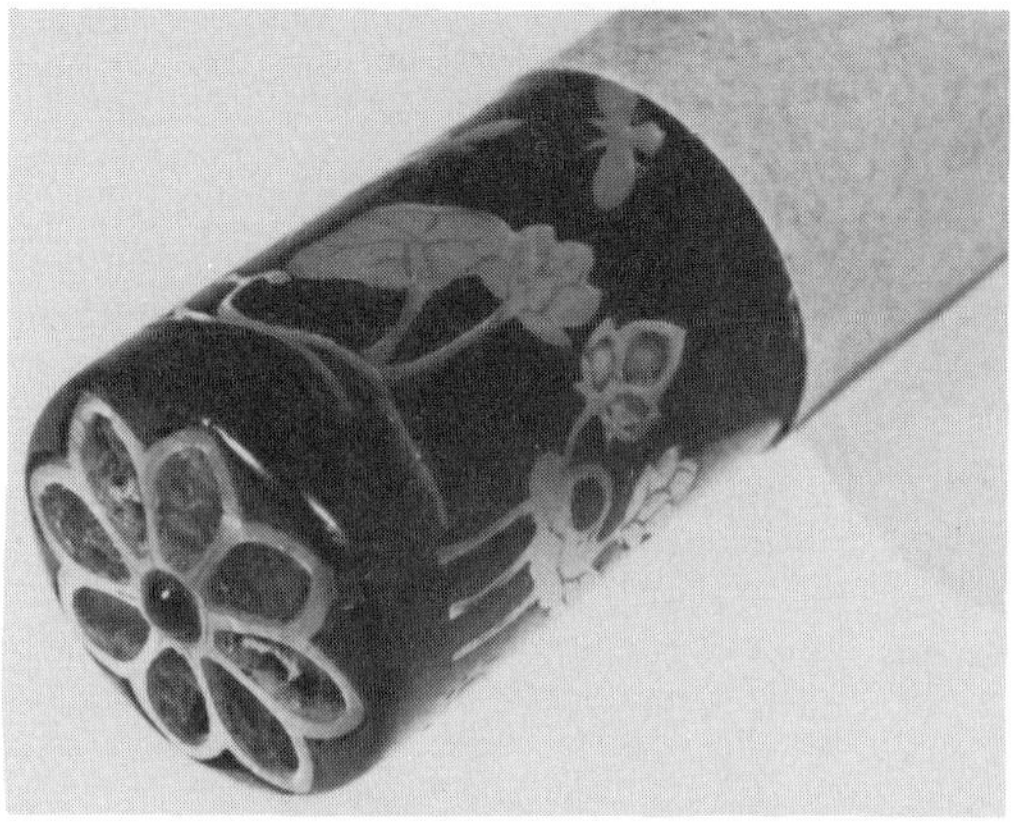

８―Ａ　平家納経軸端　平安時代
広島　厳島神社
水晶五輪塔軸端・提婆達多品（右）
黒漆螺鈿軸端・阿弥陀経（中）
銀装水晶軸端・安楽行品（左）

８―Ｂ　平家納経題簽・発装金具・紐　提婆達多品（右）・観普賢経（中）・勧発品（左）

ものといえよう(8図)。

高野山金剛峯寺　紺紙金字法華経(一品経)　平家納経と同時期の一二世紀に比定される経で、当初のままの華麗な調巻のさまをとどめているのは、豊臣秀吉の施入と伝えられる金剛峯寺の一品経法華経二八巻である。

表紙にはやはり扁額状の鍍銀題簽金具を装着する。打ち出しの手法であらわした品題と下方の蓮華座は鍍金、また唐草文を刻した鍍銀の発装金具には蓮華形の紐環座を付している。軸端は水晶八角軸で、平家納経の水晶八角軸にも多用されている蓮唐草文透し彫り金具を冠しており、この種の題簽や軸端が荘厳経の一つの典型として通例のものであったことを示唆している。

奈良・長谷寺　装飾法華経(一品経)　法華経における同様の経荘厳は、鎌倉時代になってからも継続して行われた。金工技法、とりわけ彫金技法が頂点に達した当代においては、装飾金具も一層緻密・精妙になったといえる。それらのうちでも出色の遺品は、奈良・長谷寺に伝わる法華経※6(国宝)である。具経ともあわせて、計三四巻を一具とする装飾法華経であるが、いずれも銀鍍金菊座の八角軸、しかも序品のみはとりわけ荘厳をつくし、水晶軸には精緻な細工による透し彫り金具をかぶせ、扁額状題簽の縁・発装とも銀台に鍍金透し彫り金具を装着する。透し彫り文は、軸頂の八葉蓮華文を除き蓮唐草文。題簽の序品の文字は切文字であらわし、その上下をこれまた精巧な作になる宝蓋と蓮台で飾っている。紐環の座金具はこの場合は八葉蓮華であるが、そのほか梅・蓮弁形などさまざまにかたどり、一品ごとに趣を変えているのが興味深い。

(3) 経《きょう》帙《ちつ》

奈良時代の経安置の状態を、当初のままに伝える遺例が存在しないため、文献によって類推するしかないが、経巻はまず、竹・布・紙などによりつくられた経帙に包んで、櫃や厨子に納入されるのが通例で、大揃い経の場合は、おおむね一〇巻をまとめて一帙にしたようである。

経帙の遺品は極めて僅少であるが、それでも正倉院宝庫中には、最勝王経帙・小乗雑経帙などつつみ経のしれる経帙をはじめ、あわせて一三枚の経帙が伝わり、しかも往時の華麗さをなおとどめているのは貴重である。

正倉院宝物　経帙　正倉院宝庫に残る経帙は、簀の子状にした竹ヒゴを、色糸を使って繧繝調に編み、周囲に錦の縁をめぐらした竹帙《ちす》(帙簀)、同様の手法ながら竹のかわりに斑藺《まだらい》を用いた斑藺帙、それに紙帙の三種である。

竹帙のうちの代表的な遺品は、最勝王経帙であるが、これは竹を芯にし、表は紫と白の絹糸で文様と文字(銘文)を織り出し、裏には緋綾、その間には白絁《あしぎぬ》の芯を入れている。銘文は「依天平十四年歳在壬午春二月十四日勅」「天下諸国毎塔安置金字金光明最勝王経」とあり、天平一四年に諸国の国分寺に安置された金字金光明最勝王経一〇巻の経帙であったことがわかる(9図)。

紙帙には華厳経論帙がある。表は山形文を摺り出した楮紙を用い、縁は臈纈《ろうけち》風の染め紙で飾っている。その左上方に「華厳経論第一帙」の題簽を記し、修理の際に新羅国官文書を裏がえしてもちいた芯が発見され、新羅製経帙であることが確認されたが、経とともに新羅から請来されたものと考えられ、当時の両国の密接な交流のさまを物語る資料としても興味深い(10図)。

平安時代以降の遺品は寥々たる数にすぎないが、製作年のしれる事例は左記の通りである。

高野山奥院経塚出土　天永四年(一一一三)銘経筒納置経帙　一枚の金茶色唐草文綾で、表面四周には萌黄色四菱繋文の紗の縁をめぐらし、綾地には九条の組紐を縫いつけて装飾としている。紐は黄・紅・茶・藍・縹・緑・白など多彩な色糸になる組紐で、帙には法華経・具経など合せて一一巻、供養目録一巻、願文一巻の計一三巻が納められていた。供養目録・願文とも永久二年(一一一四)の奥書がある。

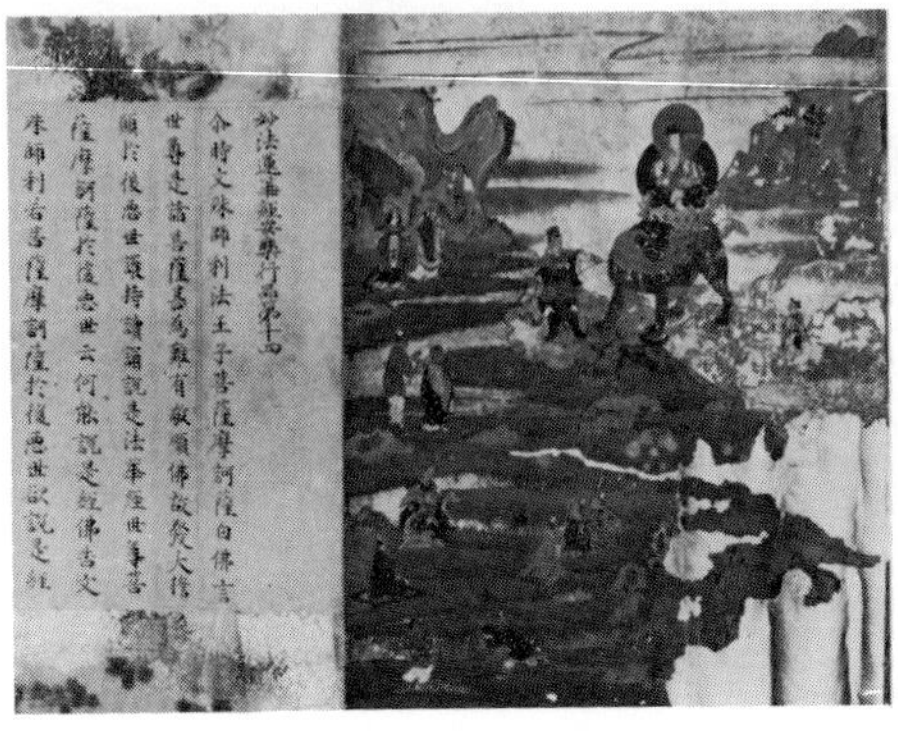

※6　長谷寺　装飾法華経　安楽行品見返絵。

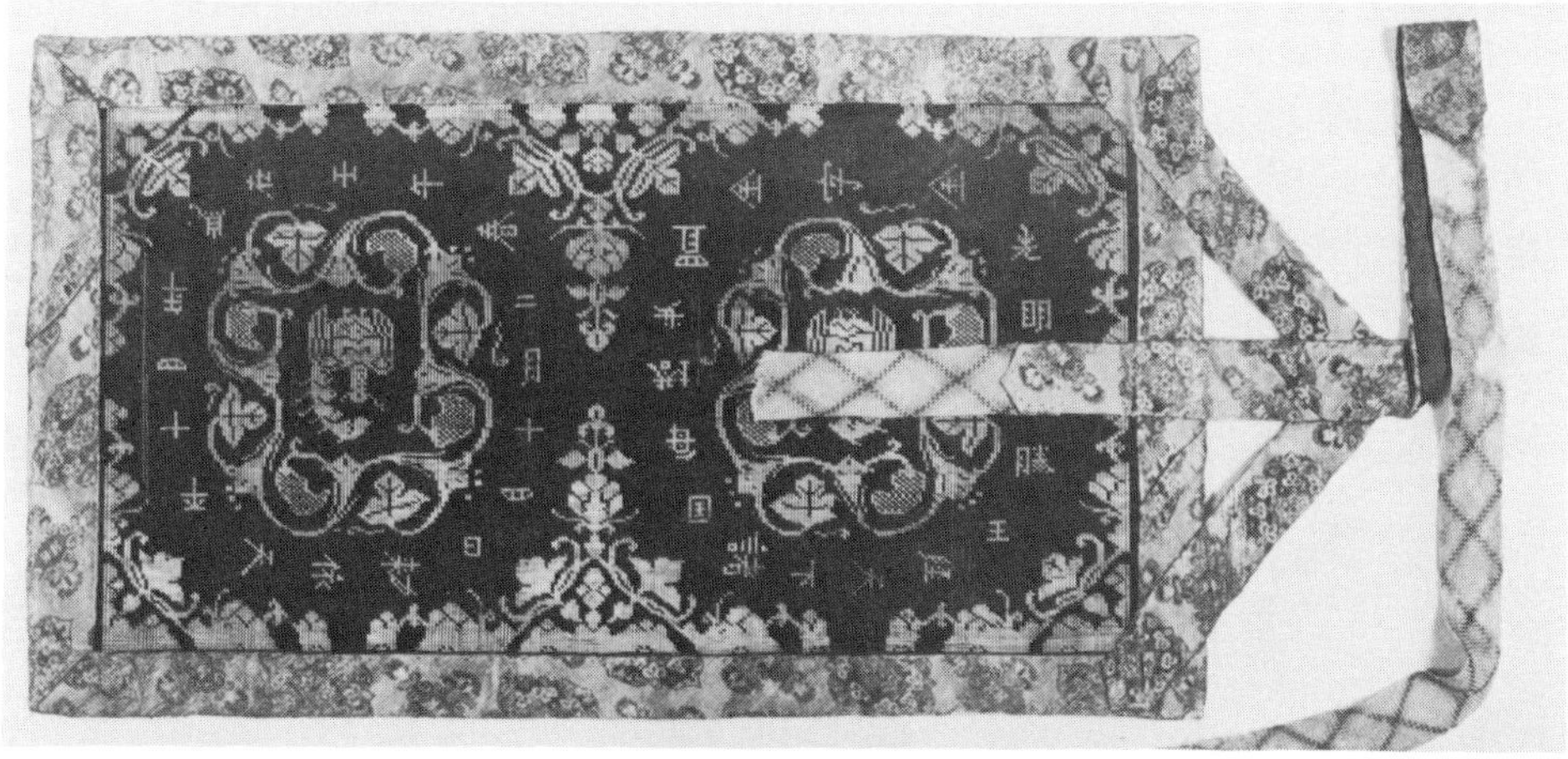

9 竹帙　奈良時代　正倉院

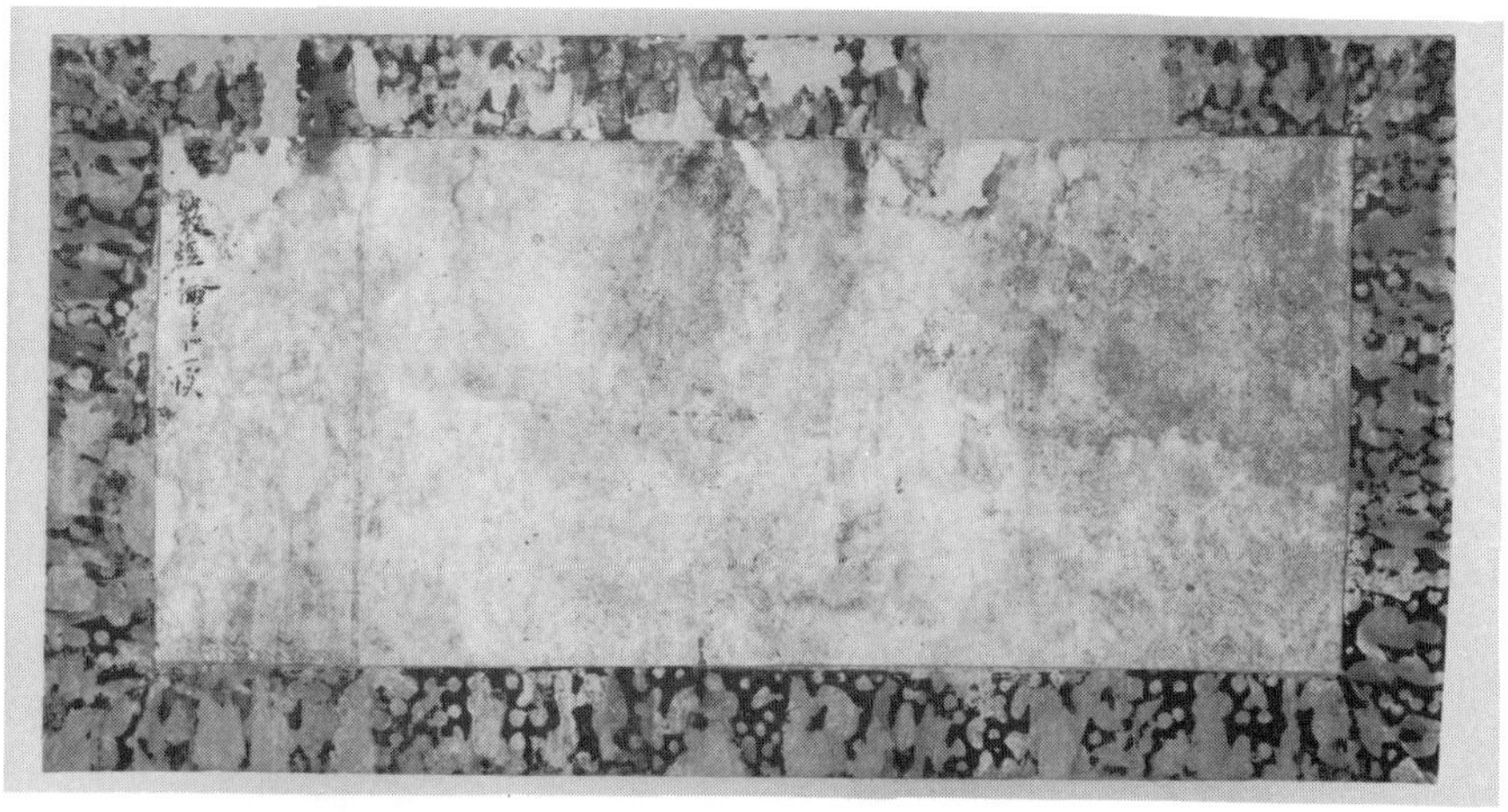

10 紙帙　奈良時代　正倉院

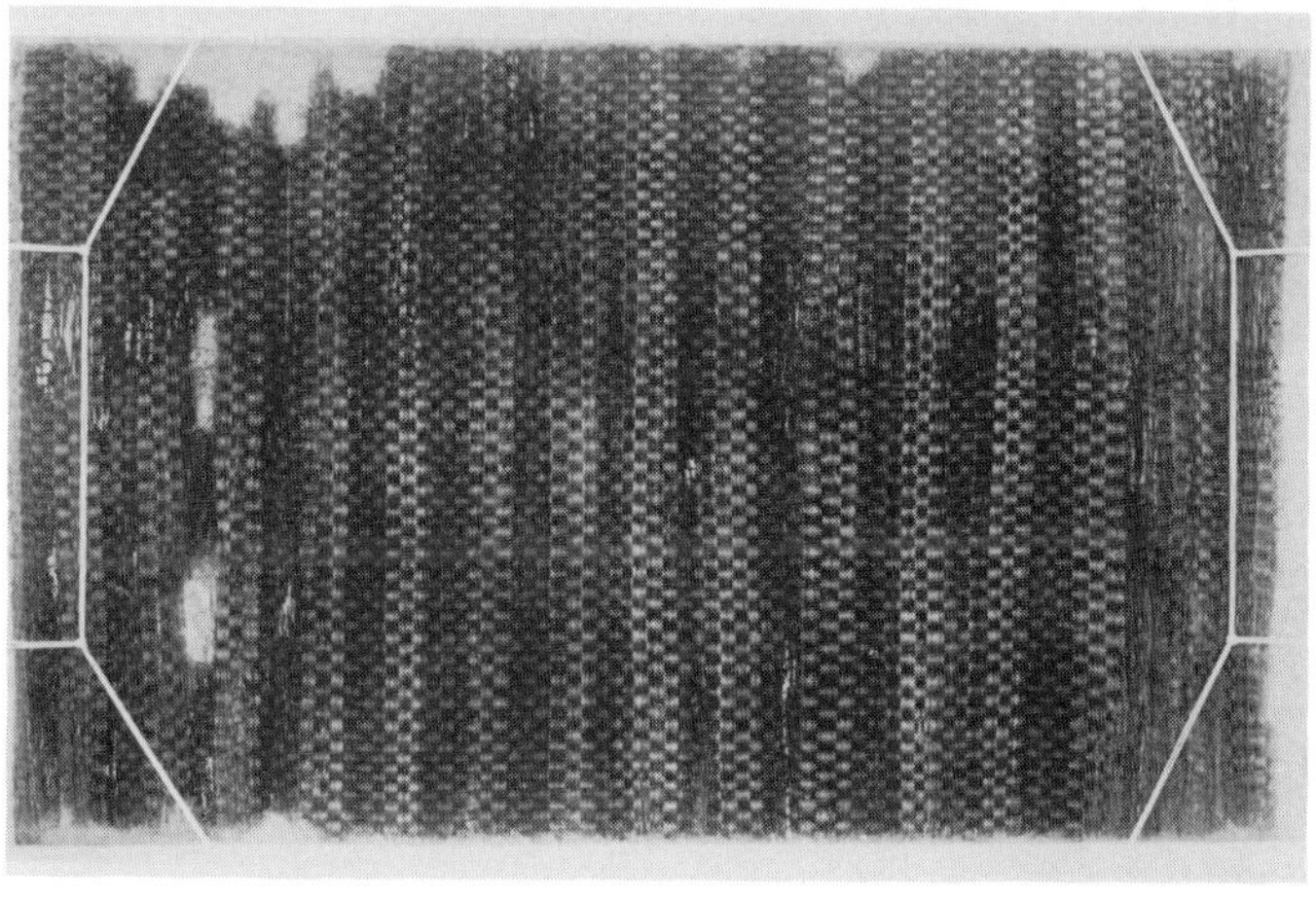

11 斑藺帙　奈良時代　正倉院

13 竹帙　鎌倉時代　東京国立博物館（法隆寺献納）

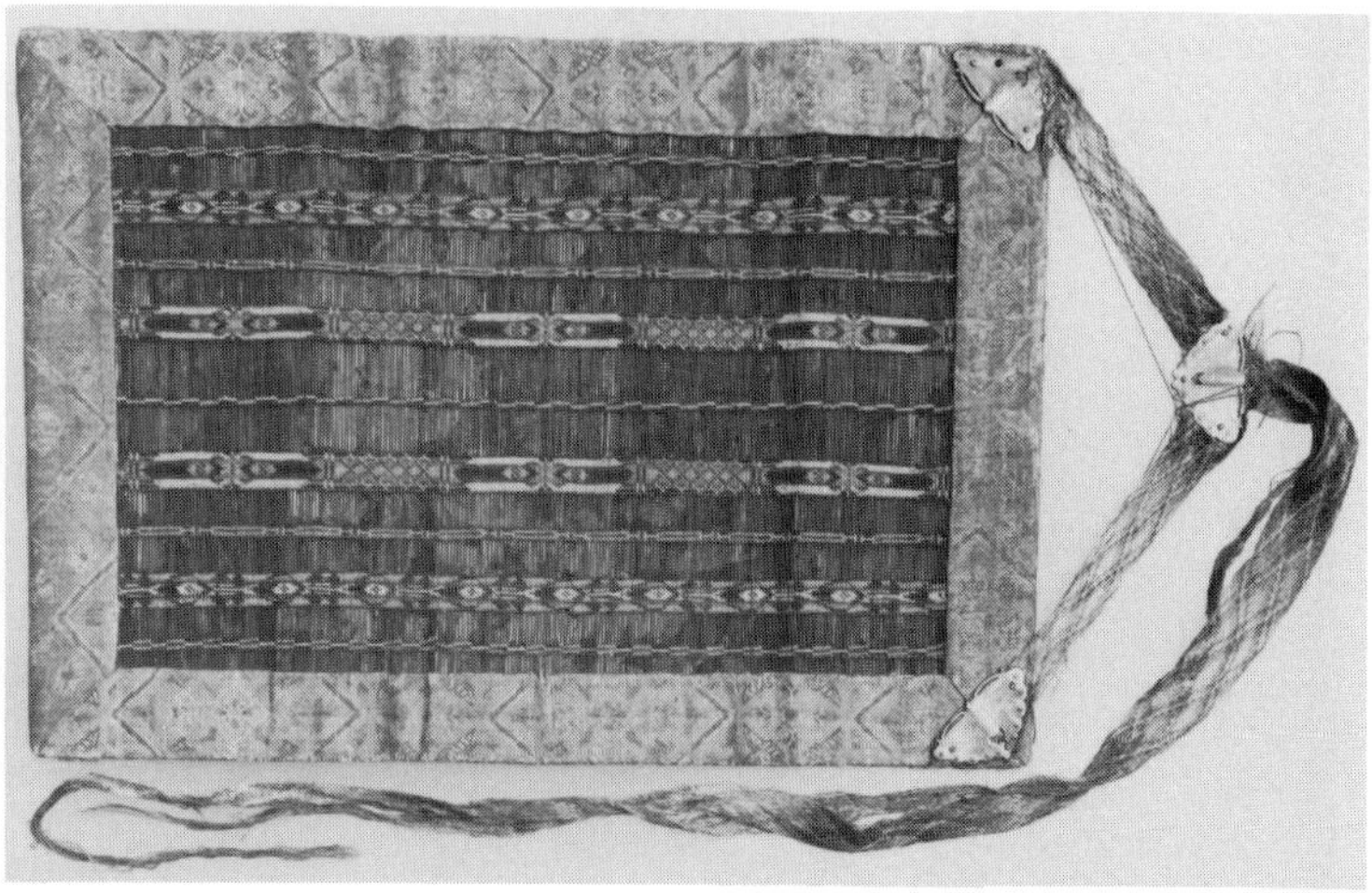

12 竹帙（神護寺一切経）　平安時代　奈良　玉林一雄氏

神護寺一切経　経帙　後白河法皇が、先帝鳥羽法皇勅願の遺志を継いで、文治元年（一一八五）に功を遂げ、神護寺に奉納した紺紙金字一切経の竹帙。墨染め竹ヒゴを段々《だんだら》に染めた一〇本余の色糸で簀編みし、紅地唐花鳥襷文の華麗な錦で縁どりしたもの。裏は小花文の萌黄綾。芯には紙を入れ、竹簀との間には一面に雲母《きら》を敷きつめている。紐は平組で襷文、帙の二角《すみ》と紐には金銅蝶形金具を飾る。現在神護寺には二〇二枚、巻間にも相当数伝来するが、中には久安五年（一一四九）の墨書銘を記すものもある（12図）。

法隆寺献納宝物経帙　建久年間（一一九〇〜九八）に源頼朝が寄進したとされるもので（裏絹墨書銘）、法隆寺献納宝物中の二枚のほか、法隆寺にも本来一具であった同類の経帙二枚が現存する。

極細の竹簀を黄・褐・白の撚糸で七条の繧繝に編み、周囲には金襴を張り、裏には水色の絹地をあてる。金襴・裏絹地とも宝永四年（一七〇七）補修時のもの（13図）。

(4) 経嚢《きょうのう》

経嚢については、正倉院文書や資財帳など、奈良時代の文献には多出するものの、現存する遺品は皆無であり、実体は詳らかでない。強いてあげれば、東大寺に伝わる葡萄唐草文染革（国宝）のような、仕覆状の包み革や布類だったのではあるまいか。

(5) 経筒

経巻を納置するための筒状容器である。これも遺品は極めて乏しく、唐の長寿三年の奥書を有する、先述の細字法華経納入栴檀製経筒、正倉院宝物中に残る梵網経付属の檜金銀絵経筒と、沈香沫《じんこうまつ》塗八角経筒（14図）が数少い例である。

時代は降るが、平安時代の天暦四年（九五〇）に勘録された『仁和寺御物実録』には、法華経や最勝王経などを一巻ずつ黒漆塗や牙の管に入れ、さらに錦などの布袋に包んで、金銀蒔絵の経箱に納置するという事例がある。この入念な納置法は、むしろ貴重経巻に対する配慮であり、細字法華経納置の経筒を籠めた玉荘箱と軌を一にするものといえよう。いずれにせよ、以後の例は極めてまれで、鎌倉時代の作になり、筒内に紺紙金字法華経（序品）一巻を納める愛知・万徳寺の金銅宝相華唐草文透彫経筒（重文・15図）が伝世唯一のものである。なお類似形で出土経筒と思われるものに大阪・施福寺の金銅宝相華唐草文経筒（16図）がある。

(6) 経厨子《ずし》

奈良時代の経荘厳　奈良朝における経安置法の最大の特色は、納経厨子・経櫃・経箱いずれの場合も、これを据えるための机座を設けることであろう。この机座の上には座覆《ざおおい》を被せ、褥《じょく》を敷き、厨子や櫃を安置する。また厨子や櫃自体にも、内部には褥を敷いたり、外面は櫃覆でつつむのが通例であった。覆布や敷褥は、経典を荘厳するにふさわしい錦のような華麗な染織品が用いられた。

机座は白木机と称するものが文献に多出するが、そのほか榻足机※7、牙床机※8、花足机※9も用いられている。

このような経荘厳は法会・儀式の際と堂内安置の場合に限られており、尨大な経巻を納置する経蔵の場合にはあてはまらない。『西大寺資財帳』には、その十一面堂における納経厨子が、覆・居床・敷褥と一具をなし、六角漆殿に安置されていたことを記し、当時の経荘厳の実体をつぶさに伝えている。

奈良時代における経厨子は、文書や袈裟あるいは法具類を入れる雑物用の厨子と形体上の差異はない。したがって、経巻を納入してはじめて経厨子の名称が生じるものと考えて差支えないであろう。ただ奈良朝の厨子は、正倉院宝物によってもしられるように、文《ぶん》欟木《かんぼく》厨子や黒柿両面厨子のような箱形形式のものと、厚板に角材を通して楔《くさび》で固定した簡便なつくりの棚厨子に大別されるが、文献にみる限り、経厨子として通常使用されたのは箱厨子である。

法隆寺献納宝物竹厨子　法華経など二〇巻を納置した『法隆寺東院縁起資財帳』記載の斑竹厨子二足のうちの一つに該当するとい

※7　脚の先端が天板よりも外に張り出した四脚台。
※8　格狭間を透した床脚。
※9　脚を花・葉にかたどったもの。

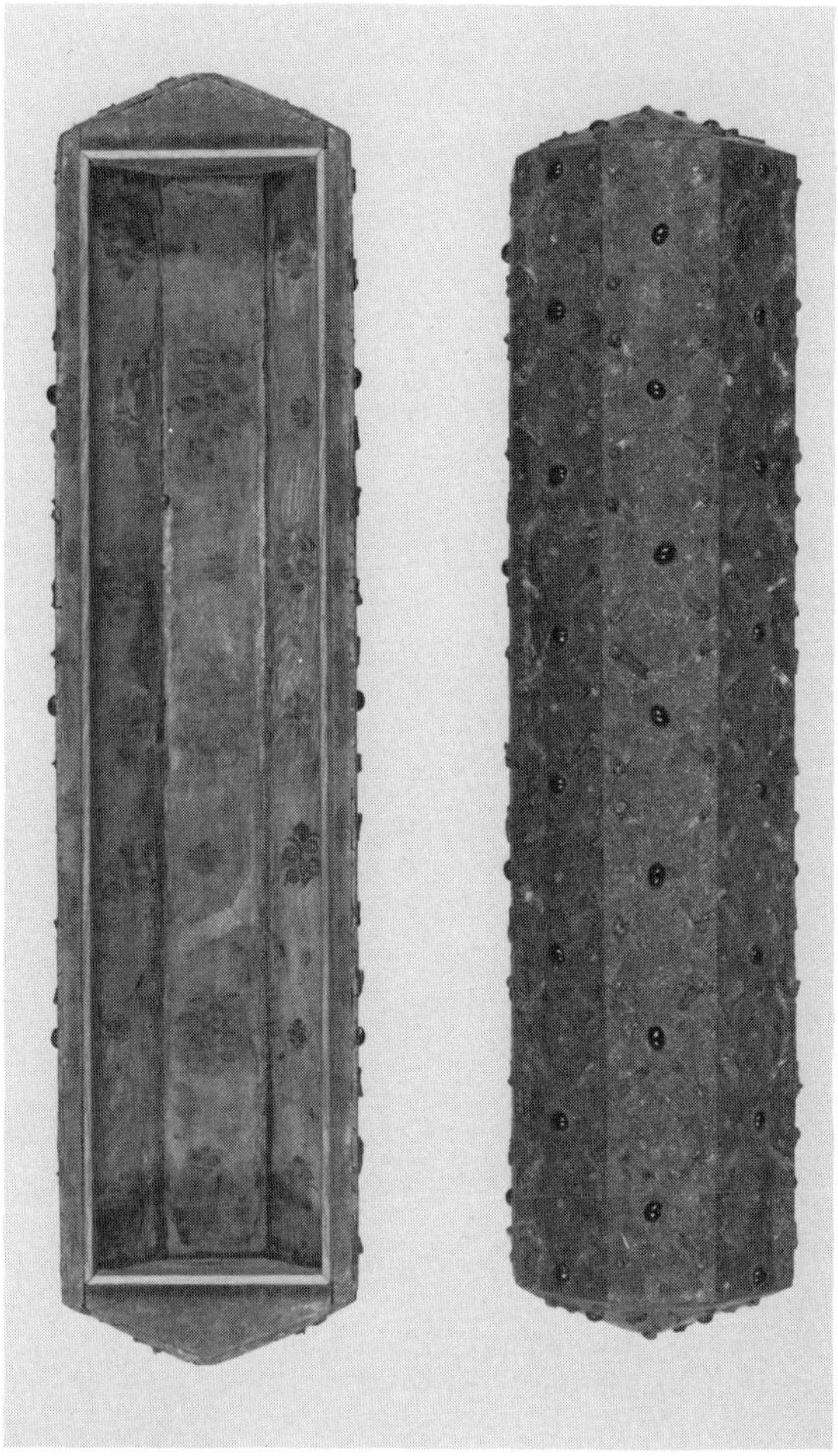

14 沈香沫塗八角経筒　奈良時代　正倉院

15 金銅宝相華唐草文透彫経筒　鎌倉時代　愛知　万徳寺

16 金銅宝相華唐草文経筒　平安時代　大阪　施福寺

17 竹厨子　奈良時代　東京国立博物館（法隆寺献納宝物）

われるが、もしそうであれば、納経厨子として使用されたことがわかる奈良時代唯一の遺品である。細竹を簀の子状に寄せ合わせ、これを同材の枠と桟に花形鋲を用いてとめ、箱形に仕上げたものである。上面は建築における寄棟造りとし、内部は二棚を設けて三段に仕切っている(17図)。

奈良時代の経厨子　竹厨子はまれな例であるが、経厨子の主流は木製厨子である。宝亀一一年（七八〇）の『西大寺資財流記帳』に散見される経厨子は木製漆塗りが大部分で、その表面にはさらに雑丹で彩色したり、平文※10をほどこしたものが使用され、また雑玉で飾ったものも作られた（天平勝宝四年四月七日『写経所請経文』）。

一方、内面を彩色画で飾った納経厨子には、東大寺大仏殿に安置された六宗厨子がある。これは華厳・法相・三論・律・薩婆多・成実の六宗にふりあてて、各一基の厨子を製作したものであるが、『正倉院文書』（天平勝宝四年五月十六日）には華厳厨子に法華経・最勝王経など四部を安置したとあり、大江親通の『七大寺巡礼私記』にも、東大寺の章に、大仏殿荘厳雑具のこととして黒漆厨子六脚を上げ、内部の棚には経・論などが置いてあったと述べている。したがって、治承四年（一一八〇）の大仏殿罹災まで殿内に置用されていたことがわかる。いずれもその宗派に属する祖師像と梵・釈・四天王を扉内面に描いた、見事な厨子であった。

神護景雲元年（七六七）の『阿弥陀院悔過資財帳』に記す二基の経厨子も彩色がほどこされていた。華厳経など一三二巻を納めたものであるが、表には山水鳥獣、裏面には丹で菩薩や花を描いている。

以上のように文献類に散見される奈良時代の納経厨子は、併記の法量による限り、そのいずれもが横長の長方形をなしており、献納宝物中の竹厨子や雑物を収納したとみられる正倉院の柿厨子・黒柿両面厨子と一脈相通ずるものがある。したがって当代においては、まだ納経厨子として独自の形制を有するものではなかったと考えられる。

平安時代以降の経厨子　平安時代以降の納経厨子の典型を示すものは、大般若経納置のものであろう。それは大般若経が法華経とともに特に信仰された結果にほかならないが、ために法華八講における法華経のごとく、大般若会の本尊となり、また大般若会所用の経典として頻繁に書写、転読されたからである。

まず平安時代初期の寺院資財帳の一つである仁和三年（八八七）の『広隆寺資財交替実録帳』には、桧皮葺金堂に黒漆軸黄表紙の大般若経一部を、高さ五尺幅四尺一寸の厨子一基に入れて安置したことを記し、北堂にも大般若経厨子のあったことを伝えている。さらに承平七年（九三七）の『信貴山資財宝物帳』にも、大般若経一部六百巻を綾槻《あやつき》（欅）厨子に重ねて納置したことを記載しており、ほぼ九世紀から一〇世紀にかけ、大般若経納置の厨子が納経厨子としての一つの独立した形式を備えるようになったことを示唆している。

当時の遺品は存在しないが、一二世紀末葉頃の作に比定されるものに、京都・神光院旧蔵の円筒形厨子がある。経塚出土の宝珠鈕傘蓋経筒を思わせるように、円筒形の軸部上に宝珠を戴く八角屋蓋をのせ、下方には蓮台をつくるが、とりわけ注目されるのは華麗な彩色になる内部の荘厳である。奥壁には文殊・普賢の種子を蓮台上にあらわし、本尊となる納置経の脇侍にあてている。扉には八善神を描き、二基あわせて十六善神を形成し大般若経六百巻を守護せしめている。天井からは八葉蓮華を彫出した豪華な華形天蓋を吊下するが、これは納置経を本尊とし、礼拝の対象としたことを示唆している。内部には四柱をたて二棚を設け、百巻ずつ薪束状にした経を三段に分け、計三百巻を安置していた。その規模といい、荘厳のさまといい、大般若経厨子の中でも出色の遺品である(18図)。

寛元元年（一二四三）に比丘尼浄阿が寄進したむねの願文を刻する根津美術館の大般若経厨子は、この系統の厨子で唯一の紀年銘品である。宮殿形を呈する黒漆塗りのいわゆる春日形厨子で、内部は棚で仕切り、黒漆塗六〇箱の内箱に浄阿筆の大般若経一部六百巻を納置していた。春日若宮社に奉納されたものであることもしられ、由緒・奉納年月の明確な事例として価値が高い。

※10　金属板の裁文を漆面に貼りつけ、再び漆を塗布したのち、研ぎ出しや剝ぎおこしで文様をあらわしたもの。

18 大般若経厨子　鎌倉時代　京都　柳氏

19 大般若経厨子　鎌倉時代　奈良　東大寺

20 箱形法華経厨子　平安時代　兵庫　清涼院

同様の春日形大般若経厨子は、東大寺にも伝存する。納置の経は一乗院第一八代門跡良信が願主となり、文保二年(一三一八)に功を遂げたもので、厨子もその頃の製作になるものであろう。屋蓋は春日厨子通例の寄せ棟とし、軸部には二枚折りの観音開き扉を具備し、下方には格狭間をかたどる二重基壇を設けている。内部は四段の棚で五間に区切り、各一二箱ずつ、計六〇箱に六百巻の折帖本大般若経を納置する。扉絵は十六善神と二菩薩彩絵(19図)。

ほぼ完好な状態を保つ鎌倉後期の優品であるが、同時に根津美術館の厨子とともども、この形式の春日厨子が、鎌倉時代を通じて大般若経厨子の主流をなしたことを物語っている。

法華経厨子の事例は、兵庫・清凉院のものが唯一の遺品である。外形は変哲のない黒漆塗の箱形厨子であるが、正面扉を開けば、奥壁には普賢菩薩の眷属として法華経と密接な関係にある十羅刹女を、左右扉にはそれぞれ普賢と文殊菩薩を描いている。したがって納置経が法華経であるのはいうまでもないが、経を法舎利、すなわち釈尊にみたてて、奥壁画・扉絵とともに釈迦三尊十羅刹女を形成しているのは興味深い。内部上下板に残る痕跡から、法華経一部八巻と具経をあわせて一二巻を納置していたことがわかる。諸尊の図様・装飾文様・切金の手法には、格調高い藤原時代仏画の趣が多分にあり、製作時も一二世紀は降らない(20図)。

(7) 経箱・経櫃

一般的には箱に脚を着したものを櫃と称し、身側板に四脚あるいは六脚をとりつけたものを唐櫃、底板に横木二本をとりつけて桟脚としたものを和櫃(倭櫃)と称しているようである。しかし本来的には櫃も箱のうちに包括されるべきものであり、奈良時代の文献類に多出する櫃が、箱類と明確に区別されていたかどうかは詳らかでない。

文献に散見される奈良時代の経箱・経櫃は、白木・黒柿・文欟木など木地のままのものや、黒漆・赤漆・木絵、さらには雑玉を飾ったり、黒漆に密陀絵[※11]と思われるもので彩絵したものなどがある。厨子の場合と同様、複雑多岐にわたる傾向を示して一定せず、経容器としての独自の形制は見出せない。したがって、形式的には差異のない雑物を納めるための箱・櫃に、経典類が納置されてはじめて、経箱・経櫃の名が備わったというべきであろう。

奈良時代における経安置法の最大の特色は、経箱・経櫃ともに、これを据えるための座を設けることであろう。白木机と称するものが文献に多出するが、榻《しじ》足机・牙床机・花足机も用いられた。この机座の上には布の座覆をかぶせ、敷褥を置いて箱や櫃を安置する。また箱や櫃自体も内部に褥を敷いたり、外面に櫃《ひっ》覆《おおい》をかぶせたりする。覆布や敷褥は錦などを用いた彩り豊かなもので、経典を荘厳するにふさわしい華麗な場景を示していたと想像される。

平安時代の経箱・経櫃　経容器としての櫃・箱の類が、文字どおり経櫃・経箱と称するにふさわしい独自の形式を示すようになるのは、平安時代に入ってからである。便宜上、比較的遺品の伝わる一切経[※12]・大般若経・法華経・五部大乗経[※13]の経櫃・経箱について述べることとする。

(1) 一切経　五千余巻をもって完結する一切経の場合は、それらを納める容器の数も相当な数にのぼったと考えられるが、現在のところ奈良時代に遡る事例は伝わっていない。

平安時代の一切経としては、藤原期の法隆寺大治一切経・石山寺一切経・中尊寺一切経・神護寺一切経・荒川経などが特に著名である。そのうち当初のままの容器をとどめるのは中尊寺経蔵に納められていた藤原清衡発願紺紙金銀字交書一切経経箱一四八合、三代秀衡発願という紺紙金字一切経経箱一二七合、それに二代基衡の発願にあてられる宋版一切経経櫃一六合の三種と、神護寺一切経経櫃四五合、七寺一切経経櫃三〇合だけである。

清衡発願経の経箱は木製黒漆塗印籠蓋造りで、正側面中央に螺鈿で経巻名をあらわし、納入経を明らかにしている。経蔵の棚に安置した際の便宜を考慮したのであろう(21図)。

※11　密陀油に顔料を混ぜて描いた絵のこと。

※12　一切蔵経・大蔵経・蔵経・三蔵聖教ともいい、仏教の一切の教典を総称していう。

※13　天台智顗が大乗教典の中から選んだ五部の経。華厳経・大集経・大品般若経・法華経・大般涅槃経をさす。

※　兵庫・清凉院の箱形厨子。本体部を薄くつくり上部二箇所と側面に紐通しの鐶を備え、携行に便利なように工夫された首掛け式である。

22　神護寺一切経経櫃　平安時代　奈良国立博物館

21　紺紙金銀字交書一切経経箱（清衡発願）平安時代
岩手　中尊寺

23　七寺一切経経櫃　平安時代　愛知　七寺
右上・大般若経経櫃　　右下・同経櫃中箱
左上・同経櫃中蓋表　　左下・同経櫃中蓋表

秀衡発願経の経箱もこれと同形式の黒漆塗箱であるが、螺鈿の経巻名はない。

基衡発願の宋版一切経経櫃は素木製被せ蓋造りで、身側面にそれぞれ一脚を着す四脚唐櫃である。

神護寺一切経経櫃は、後白河法皇が先帝鳥羽上皇勅願の遺志を継ぎ、文治元年（一一八五）に書写を了えた紺紙金字経を納める。木製黒漆塗被せ蓋造りで、正倉院宝庫の倭櫃の形式を踏み、底裏に二本の板脚をとりつけるのが特徴的である（22図）。これと同形式のものには、京都・高山寺に華厳経一部六〇巻を納入した文治三年（一一八七）銘の小経櫃がある。

七寺一切経経櫃は黒漆塗の六脚唐櫃で、経巻は安元元年（一一七五）より書写をはじめ、治承二年（一一七八）に功を了えたもの。現在四千九百七十巻を数えるが、とりわけ注目されるのは大般若経六百巻を納めた唐櫃の内部荘厳のさまである。内部は二区に仕切って、各十巻を並列した浅箱を五つづつ重ね、計十箱百巻を納置するが、その側面には金・銀併用による蒔絵で蓮池文様をあらわし、中蓋には識語に加え、釈迦十六善神あるいは般若十六善神を描いて、大般若経の守護を意図している（23図）。

(2) 大般若経　大般若経は経櫃が通制である。遺例は枚挙にいとまないが、それはこの経が大般若会の本尊となるなど特に信仰されたからにほかならない。

七寺一切経経櫃中のもののごとく、六百巻を百巻づつ六櫃に分置するのが大半であるが、二百巻づつ三櫃に分けるもの、三百巻づつ二櫃に分けられるものの三形式をとる。

数が多いわりには紀年銘品は僅少であり、古例は播州賀東郡吉田本庄三所社に伝来し、貞和五年（一三四九）の年紀を有する黒漆塗経櫃（24図）と、奈良・春日大社に奉納され、神仏分離の際興福寺の所蔵となった応永一四年（一四〇七）銘の朱漆塗経櫃（25図）ぐらいである。前者は三櫃一具のうちの一櫃のみを残し、金銅板の切文字になる経題を身側面に鋲留めするなど意をつくしている。後者は身の正・背面中央に金銅桐文座の豪華な紐金具をつけ、内部※14は二間に仕切り、一〇巻本入りの重ね箱一〇箱を並置し、一櫃内に計二百巻を納める。銘文により、足利幕府の直臣一色満範が春日大社に寄進したものであることがわかる。

(3) 法華経　法華経信仰は、最澄が法華経によって一宗をたて、天台法華宗と称したように、平安時代になると天台宗を中心にとりわけ隆盛をみることとなるが、それはやがて宮廷貴族社会に浸透し、盛んに書写・供養・講演された。それほどまでに信仰されたのは、法華経が滅罪・女人成仏・現世利益を説き、功徳の大なることを約束しているからにほかならない。

法華経容器の基本となる経箱が美麗をつくした独自の体裁意匠を顕著に示すようになるのも、法華経信仰が貴族社会にまで高揚されるに至った一〇世紀頃からである。経のみならず、その容器にも意をつくし、さまざまな荘厳をほどこすことが、功徳を一層効果あらしむるようになると考えられたためであろう。法華経の一揃いは、一部八巻で成立するものと、一部二八品を各一巻ずつに分け、二八巻で一具となす場合の二様があるが、法華経供養などの際には、これに開・結の二経や般若心経・阿弥陀経が加わり具経とされるのが普通である。したがって容器も、併せて二〇巻乃至三〇巻前後の経巻を納めるのに適するよう、一重あるいは三重の形成にしつらえられた。

(A) 紫檀地螺鈿経箱　その文献にあらわれる初見は、寛平六年（八九四）の『嘉祥寺御願八講御願文』に記される紺紙金字法華経と開・結経納置の経箱である。これには「飾素函而施螺鈿」とあり、素木箱に螺鈿で装飾文様をほどこしたいわゆる木地螺鈿経箱であったことがわかる。また『勧修寺文書』延長三年（九二五）八月の記事にみえる法華経供養の際の経櫃は、紫檀地螺鈿に金の置口をつけ、蘇芳螺鈿の机に安置していたし、『文永七年宸筆御八講記』には、天暦九年（九五五）正月に、はじめて宮中で厳修されることになった宸筆御八講所用の純金置口紫檀地螺鈿経櫃の形制が、長保・安元時など以後の宸筆御八講においても、その都度新調され

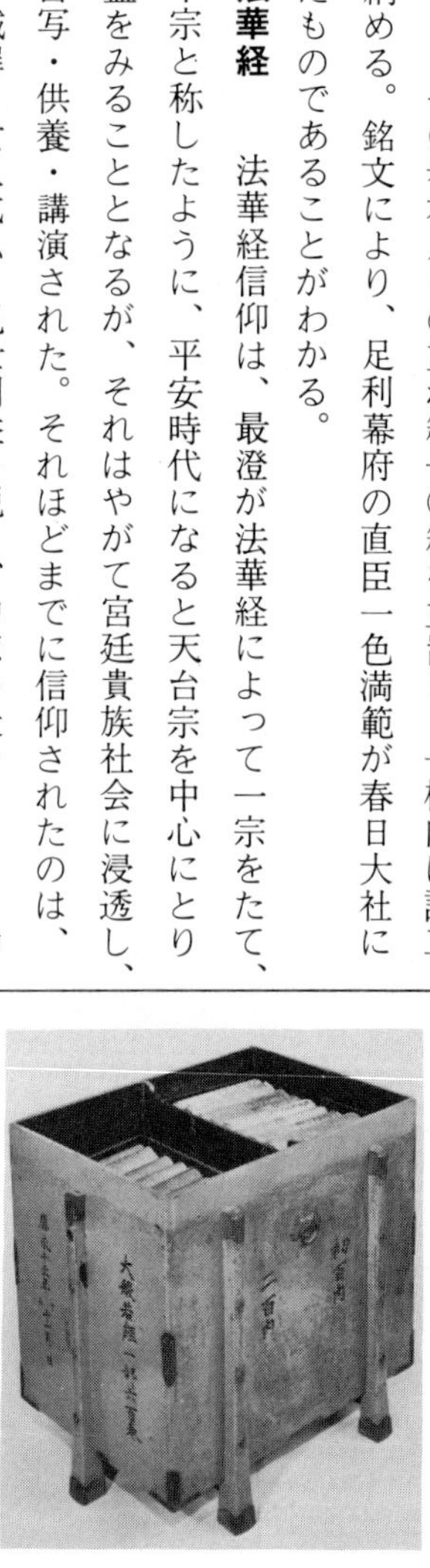

※14　朱漆塗大般若経櫃への経納置の様子（興福寺）。

25　大般若経朱漆塗経櫃　室町時代　奈良　興福寺

24　大般若経黒漆塗経櫃　南北朝時代　奈良国立博物館

26　仏功徳蒔絵経箱　平安時代　大阪　藤田美術館

27　金銀荘雲龍文銅製経箱　平安時代　広島　厳島神社

る経箱に伝襲され、この時もまた「莒　紫檀地螺鈿　在花足　文永」と記している。ここにいう花足は、安元時の宸筆御八講のさまをつぶさに伝える『玉葉』安元三年（一一七七）七月五日の条に、経箱は唐錦を敷いた紫檀地螺鈿の花足を具備していたと述べており、経箱の置台となる花足机であったことがしられるであろう。

以上の記事によっても法華経経箱における紫檀地螺鈿盛行のさまがうかがわれるが、宸筆御八講経箱のように、後世の経箱が前例を踏襲し、その形制をそのまま継承して新調されるということは、法会所用法華経経箱の一つの典型がここに備ったと考えることができる。しかも花足（置台）・敷褥・覆を伴うことは前代以来の伝統であり、その荘厳法が当代になっても根強く行われていたことを如実に物語っている。

以後紫檀地螺鈿法華経経箱の記事は、文献類には散見されるものの、現在のところ遺品は絶無であり、その実体を明らかにすることはできないが、『栄華物語』には、治安元年（一〇二一）九月、法成寺阿弥陀堂で行われた一品経法華経供養の際の経箱について「……経函は紫檀の函に、色々玉を綾の文に入れて、黄金の筋を置口にせさせ給へり」と述べており、その華麗なさまを垣間みることはできる。ここにいう「綾の文」は螺鈿の裁文によるものであり、その文の中心には色玉を嵌入し、金の置口をめぐらした紫檀地螺鈿経箱であった。

(B)「経意」意匠の経箱　紫檀地螺鈿経箱とともに、法華経経箱としての特色を示すのは、法華経の説く経意（心ばえ）を意匠とした経箱である。

『落窪物語』には、右近少将道頼と妻落窪の君が、父の長寿を祝って修した法華八講の段で、その経箱を「……蒔絵の箱。蒔絵には経の文のさるべき所々の心ばえをして、一部づつ入れたり」と記している。この「心ばえ」は、経の説く大意をあらわしたものであり、経意の意匠ということになろう。『落窪物語』の成立した一〇世紀末頃にはこの「心ばえ」が、すでに法華経経箱の意匠とされていたのである。

これと同様に法華経の「心ばえ」を蒔絵であらわし、時代的にも近似するのが大阪・藤田美術館の仏功徳蒔絵経箱（国宝）である。この経箱は蓋には法華経提婆達多品のうちから主要な二場面を、身の側面には薬草喩品・常不軽菩薩品・観世音菩薩普門品の説く経意を蒔絵であらわしている。その図様はいずれも法華経の見返絵に通ずるものであり、それが経箱の意匠にも反映されることになったと解すべきであろう（26図）。

女人成仏を説くところからとりわけ信仰された提婆達多品のうちの龍女成仏の説話を、純粋に工芸意匠として表現したのが平家納経を納置していた金銀荘雲龍文銅製経箱（国宝）である。龍女が海中から涌現し、捧持していた宝珠を世尊に献じ、納受されるやたちまちのうちに男子に変化し、南方無垢世界に成仏したという時間的に推移する事象を、雲・龍（龍女）・五輪塔（釈尊）の組み合せによる意匠で象徴的に表現している（27図）。

さらに興味深いのは、この場合には法華経の経意意匠であることに加え、宸筆御八講経箱の伝統をも踏んでいることであろう。蓋表[※15]の丸文は安元時の宸筆御八講経箱における飛天蛮絵の意匠に通じるものであるし、銅製ながらにぐろめの手法で黒色に染めるところは、紫檀経箱の色調に近似させる意図があったためと想定される。また置台を具備することも御八講経箱の形制に適うものと考えられる。

(C)埋経経箱　現存する経箱で平安時代に比定される遺品は、これ以外になお数件がしられるが、そのうち法華経を納置していたことが確認されるのは、長元四年（一〇三一）に上東門院彰子が書写した如法法華経を納置し、仏法滅時の承安年中に埋納されることとなった比叡山横川根本如法堂跡出土の宝相華唐草文線刻金銅経箱（国宝・延暦寺・28図）と、平清盛・頼盛の兄弟合筆になる紺紙金字法華経など一〇巻を納めた金銅経箱（国宝・厳島神社）ぐらいである。

前者は蓋表中央に方形枠を画して妙法蓮華経の題箋を刻し身の基部には格狭間形を線刻して床脚をかたどっているが、他はことごと

※15　金銀荘雲龍文銅製経箱の蓋表丸文。五輪塔と双龍をあらわしている。

28　金銅経箱　平安時代　滋賀　延暦寺

29　金銅経箱　平安時代　奈良　金峯山寺

30　黒漆塗経箱　平安時代　大阪　四天王寺

31　金銅宝相華唐草文透彫経箱　室町時代　京都　要法寺
32　黒漆輪宝文蒔絵経箱　室町時代　滋賀　百済寺
33　蓮池蒔絵経箱　室町時代　広島　厳島神社
34　蓮唐草螺鈿経箱　桃山時代　京都　本法寺

く宝相華唐草線刻文で埋めつくしている。後者は面取り蓋・合口造で素文。

そのほか法華経を納置していたと考えられるものに、寛治二年（一〇八八）の藤原師通による埋経の際の容器とされる金峯山経塚出土の金銀鍍双鳥宝相華文経箱[※16]・鷺脚台付金銅経箱（29図）・猫脚台付金銅経箱（いずれも国宝・奈良金峯山寺）など一連の経箱とその残欠がある。いずれも銅製経箱であり、また埋経容器としての特殊性もあって、必ずしも経箱の本流を伝えるものではないが、形状的にもさまざまであり、これらに関する限り、法華経経箱であることの確認が得られるのは、外題を刻した上東門院の金銅経箱のみである。以後においてもそうであるが、外題を伴うか、法華経経箱であることを明らかにする銘記をとどめるか、あるいは経・経箱を当初のままの一具として伝える場合以外には、法華経経箱としての独自性を見出すことはできない。その意味では前述の二様こそが法華経経箱の最も典型的な姿であるといえよう。

鎌倉以降の法華経経箱　法華経経箱として確認される鎌倉時代以降の遺品としては、二段重ねの身に紺紙金字法華経八巻と開・結経を併せた一〇巻を納め、しかも格狭間透しの置台を具備して、完好な法華経荘厳のさまを示す東京・徳川黎明会の法華経曼荼羅嵌装蒔絵経箱（一四～五世紀）、蓋表に「紺紙金字法華経」と記し、蓋裏に応永一六年（一四〇九）の年紀をとどめる滋賀・百済寺の黒漆輪宝文蒔絵経箱（重文・32図）、内部に延徳四年（一四九二）の奥書を有する紺紙金字法華経八巻を納置していた厳島神社の蓮池蒔絵経箱（重文・33図）、身の底裏に刻した銘文により天文二四年（一五五五）に法華経を納めて寄進されたことがしれる京都・要法寺の金銅宝相華唐草文透彫経箱（重文・31図）、本阿弥光悦か小野道風筆と伝える紫紙金字法華経を納めて奉納したことが寄進状に記される京都・本法寺の蓮唐草螺鈿経箱（重文・一七世紀初頭・34図）などがある。なお法華経のほか勝鬘経・般舟三昧経など都合四部九巻を納置したむねを、平塵地の蓋表に金の研ぎ出し蒔絵で記した大阪・四天王寺の黒漆塗経箱（重文・一二世紀・30図）は平安時代の貴重な事例である。

そのほか延暦寺の宝相華蒔絵経箱（国宝・平安時代・一一世紀・35図）、奈良国立博物館の漆皮製（塞製とする説もある）蓮唐草蒔絵経箱（国宝・平安時代・一二世紀・36図）、身を三段重ねとしこれに被せ蓋を具した大阪・金剛寺の蓮池蒔絵経箱（重文・平安時代・一二世紀）、頴川美術館の紫檀塗地宝相華蒔絵経箱（鎌倉時代・一二世紀）なども、法量からみて法華経経箱に想定されるものである。

法華経経櫃　法華経経櫃としては、蓋裏に文明七年（一四七五）摂津河辺多田院での御八講に際して、法華経・開・結経など併せて一二巻を納めて寄進したむねの朱漆銘を記す富山県立高岡工芸高校の黒漆塗小唐櫃（41図）が確認される唯一の例である。この経櫃の場合は内部に懸子《かけご》[※17]を具備しているのが特徴的であるが、これが法華八講通用のものとすれば、類似の形式になる高野山金剛峯寺の沢千鳥螺鈿蒔絵小唐櫃も、その華麗な荘厳のさまからみて法華八講用の経櫃であった可能性があろう。安元三年の宸筆御八講のことを伝える『玉葉』の記事によれば、威儀師は経箱から次第・経巻などを蓋にとり出し、これを捧持しながら講師・読師などの諸僧に分配し、誦経後は再び蓋に経を受け、経箱に戻すのが恒例であったらしい。この懸子も、そのような意図を有していたのではないだろうか。

(4)　五部大乗経　法華経を含む主要な大乗経典五部を選んで一揃とした、五部大乗経用の経櫃としては、正平一二年（一三五七）に住吉大神宮に施入されたことがわかる、東京国立博物館の住吉蒔絵唐櫃（40図）がある。経櫃には珍らしく、黒漆に蒔絵・平文を併用して住吉の景をあらわし、美麗に仕立てているのが興味深い。

(5)　其の他の経箱　螺鈿や蒔絵で華麗にしつらえるのは、法華経経箱に限られるわけではない。とりわけ由緒ある経典についてはその保護をも兼ね、それ相応の荘厳意匠がほどこされた。空海が入唐のおりに書写し、帰国の時に請来した経典・真言儀軌・梵文などの秘典三〇帖を納めるために、権大僧都観賢が延喜一九年（九一九）に新造せしめた（『醍醐天皇御記』同年一一月の条）京都・仁和寺の

※16　金銀鍍双鳥宝相華文経箱　平安時代　奈良　金峯山寺。

※17　箱のふちにかけて、その中に嵌入するように造った内箱。

35 宝相華蒔絵経箱　平安時代　滋賀　延暦寺

36 蓮唐草蒔絵経箱　平安　奈良国立博物館

37 倶利迦羅龍蒔絵経箱　平安　奈良　当麻寺奥院

38 蓮池文蒔絵経箱　鎌倉時代　京都　勧修寺

39 月輪牡丹文蒔絵経箱（下・内部）　鎌倉時代　奈良　西大寺

40 住吉蒔絵唐櫃　南北朝時代　東京国立博物館

41 黒漆塗小唐櫃　室町　高岡工芸高等学校

宝相華迦陵頻伽文蒔絵塼冊子箱（国宝）は、製作年のしれる最古の蒔絵遺品としても貴重であるが、奏楽の迦陵頻伽に宝相華・小鳥・霊芝雲を金銀蒔絵で配した典雅な意匠は、納置経典にふさわしい荘厳をつくしている。

奈良時代の書写になる紙本墨書金光明最勝王経一部一〇巻（国宝）を納めていた奈良・西大寺の月輪牡丹文蒔絵経箱（重文・一三世紀・39図）、水晶軸の紺紙金字大日経など一三巻を三段の身に納置していた京都・勧修寺の蓮池文蒔絵経箱（重文・一三世紀・38図）、納置経は早くに散逸し二段ないし三段重ねの身の上段を欠失しているが、意匠からみて密教経典の籠められていたことが予想される奈良・当麻寺奥院の倶利迦羅龍文蒔絵経箱（国宝・一二世紀・37図）も、同様の意に基づく経箱であろう。

(8) 納経塔

建造物としての仏塔を小形化《ミニチュア》し、内部に経典を安置するのが納経塔である。法華経には、しばしば造塔供養の功徳が説かれ、見宝塔品の所説によっても経と塔との緊密性は知られるところである。納経塔のほとんどは一端に法華経信仰による造塔の意趣が強く働いているのは否めないが、その底流には内部安置の経を法舎利として崇め、釈迦の遺骨である身舎利と同等視する最も本源的な意味が存在するのを看過するわけにはいかない。

(A) 堂内安置納経塔　わが国における納経塔は、孝謙天皇が恵美押勝の乱平定後の神護景雲四年(七七〇)塔心に陀羅尼を籠めて当時の十大寺におのおの十万基ずつ安置した轆轤《ろくろ》挽きの木造三重小塔（法隆寺分置のもののみが伝存）が最古のものとして著名である。それが納経塔として荘厳をつくした体裁を備えるようになるのは、法華経が天台宗を中心に信仰されるようになった平安時代からである。

その先例となるのが弘仁三年（八一二）に最澄が建立したと伝えられる、叡山法華三昧院の堂内に安置された金銅多宝塔である。高さ三尺の塔内には多宝仏一躯と妙法蓮華経一部を奉安していたが（『叡岳要記』『山門堂舎記』）、この経は釈迦仏に相当するものであり、まさに見宝塔品の所説に法舎利塔としての性格をも併せて顕現した最初の納経塔といえよう。

堂内に法華経納置塔を安置するこの形制は、以後法華堂の通制として後世まで踏襲されることになるが、延久二年（一〇七〇）供養の円宗寺法華堂、久安元年（一一四五）には完成していたと考えられる法金剛院法華三昧堂は、その顕著な事例である。また法華経を本尊として修される法会・儀式において、是経を小塔内に奉安するようになるのも、この種の納経塔に範をとったものと解される。

盛行したにもかかわらず、平安時代に遡る遺品はないが、応安三年（一三七〇）に雪江崇永（六角氏頼）によって江州慈恩寺に施入された京都・本法寺の金銅宝塔は、内部に法華経一部一巻を蔵しており、堂内安置納経塔の実体を伝える唯一の伝世遺品として注目される(42図)。

(B) 埋納経塔　しかし経塚出土遺物の中には、平安時代納経塔のさまをうかがわせる事例が見い出される。京都・鞍馬寺経塚出土の銅宝塔（国宝・平安時代・一二世紀・43図）、愛媛・奈良原山経塚出土の銅宝塔（国宝・平安時代・一二世紀・44図）などである。

天長一〇年（八三三）慈覚大師円仁が石墨草筆をもって書写した如法法華経は、まず白木小塔に納められて首楞厳院（横川根本如法堂）に安置された後、僧源信により新造された銅多宝塔にともども納置され、やがて堂内の地中に埋納されることになるが、経塚出土宝塔の場合はその例を襲うものかも知れない。しかし法量的にも形式的にも法華堂安置の宝塔と近似しており、それを祖形としていることは確かであろう。したがって屋蓋を宝形造りとし、相輪紐を具備する宝塔形経筒※18（45図）はもちろんのこと、経塚から頻繁に出土する塔形紐や相輪紐を有する経筒も、本来的には納経塔に起因するものと考えて大過ないであろう。

（河田貞）

※18　経塚出土の経筒の平安時代における主要遺品は次のものがしられている。なお特異なものとして仏像をかたどり、その中に経巻を奉籠する例（10＝写真）がある。

1 ⊙銅板製鍍金経筒（金峯山経塚出土）　寛弘四年　奈良・金峯神社
2 銅鋳製経筒（高野山奥院経塚出土）　天永〇年　和歌山金剛峯寺
3 銅鋳製経筒（和歌山粉河経塚出土）　天治二年　奈良国立博物館
4 ◎銅鋳製経筒（大山寺経塚出土）　大治元年　徳島・大山寺
5 銅鋳製輪積経筒（伝福岡県出土）　保延七年　個人蔵
6 銅鋳製輪積経筒（伝福岡県出土）　天治元年　個人蔵
7 銅板製経筒（山の神経塚出土）　嘉応二年　個人蔵
8 ⊙銅鋳製宝幢形経筒（鞍馬寺経塚出土）　平安後期　京都・鞍馬寺
9 ◎滑石製甕形経筒（西油山経塚出土）　承得三年　福岡・許斐儀昭氏
10 ◎滑石製弥勒如来座像経容器（鉢形嶺経塚出土）　延久三年　文化庁

42　金銅宝塔　南北朝時代　京都　本法寺

43　銅宝塔　平安時代　京都　鞍馬寺（鞍馬寺経塚出土）

44　銅宝塔　平安時代　愛媛　奈良原神社（奈良原山経塚出土）

45　金銅宝塔形経筒　平安時代　奈良国立博物館（伝福岡県出土）

三　荘厳具

はじめに

荘厳とは華麗に修飾することを意味するが、諸種の経典によると二つの種類がある。その一つは仏の浄土の荘厳であり、種々の宝玉や花樹、あるいは宝蓋・幡・幢幡・瓔珞などで道場や国土を厳かに、美しく、浄らかに飾ることをいう。その二は仏や菩薩が衆生のために功徳を積むことによって自からの身格をみがき厳飾することを呼ぶ。本章で述べる荘厳はもとより前者である。

『旧華厳経』第一世間浄眼品に、仏の摩竭提国の道場は「宝幢幡蓋に光明照耀し、妙香華鬘があまねく囲繞し、七宝の羅網が上を覆い、無尽の宝が雨(ふ)り、宝樹の華葉が光り茂り、地は広博厳浄にして光明あまねく照し、一切奇特の妙宝が集積し、無量の善根を以て道場が荘厳されていた」という。また『大品般若経』第一序品に三千世界の荘厳の様を説いたり、『大智度論』[※1]第十に世界を荘厳する意義を説いたりする。[※2]このような仏国浄土の荘厳はインドの石窟寺院や仏塔の外壁、欄楯《らんじゅん》などの装飾にはじまり中国の石窟寺院にその伝統がつづき、『観無量寿経』にもとづく浄土変相図[※3]などもこの様を示すものである。

わが国では、仏教公伝とされる欽明天皇一三年(五五二)、百済の聖明王が使者怒唎斯致契《ぬりしちけい》をつかわして、釈迦の金銅像一軀と若干の経論・幡蓋を上表文とともに献じたが、ここにみられる「幡蓋」が正史にみる荘厳具の初見である。

以後、飛鳥時代から白鳳・奈良・平安にかけて仏教の隆盛とともに、各種の荘厳具が製作されたことが資財帳などの文献でしれるとともに、少数ではあるが遺品・遺構をみることもできる。

一方、荘厳具は個々の形制も重要であるが、堂内荘厳と称されるごとく、天蓋・須弥壇・机・幡などが有機的に組み合わされて、教義にのっとった宗教的場を現出するためのものであるから、堂内荘厳具として総合的にとらえる必要もある。各説については後に述べるとして、ここでは簡単に各時代の遺構をとらえてみたい。

法隆寺　現存最古の寺院である法隆寺の金堂内陣をみると、創建以来いく度かの修理があったとはいえ、土を盛り上げ、漆喰でかためられた須弥壇、創建以来の古制をそのままとどめる一光三尊仏の二重宣字座や荘重な趣をもつ箱形天蓋、これらをとりまく壁面の飛天および浄土変相図などに当初の堂内荘厳の様がうかがえる。現在、東京国立博物館に所蔵される法隆寺献納宝物中の金銅灌頂幡や小幡・布幡などの幡類や垂飾金具類[※4]を合わせみると、当時の堂内荘厳の様相をある程度想像することができる。橘寺・川原寺裏山から大量に出土した塼仏なども壁面の荘厳ということでは、むしろ法隆寺金堂内陣壁画の先駆的な性格を示すものであり、中宮寺の国宝天寿国繡帳は壁画に代わってタピストリー[※5]のように堂内に懸吊され、壁面を荘厳したものと考えられる。

東大寺　八世紀半ばの東大寺の造営は、当時の国家の全エネルギーを投入した世紀の大事業であったが、二度にわたる兵火のため、

※1　大品般若経の注釈書。竜樹著。鳩摩羅什の漢訳。一〇〇巻。当時の仏教の諸思想を摂取している。

※2　てすり。縦を欄といい、横を楯という。

※3　諸仏の浄土を描いた仏画。極楽浄土変相・薬師浄土変相・霊山浄土変相・盧舎那浄土変相などがある。

※4　法隆寺献納宝物の垂飾金具(東京国立博物館蔵)。

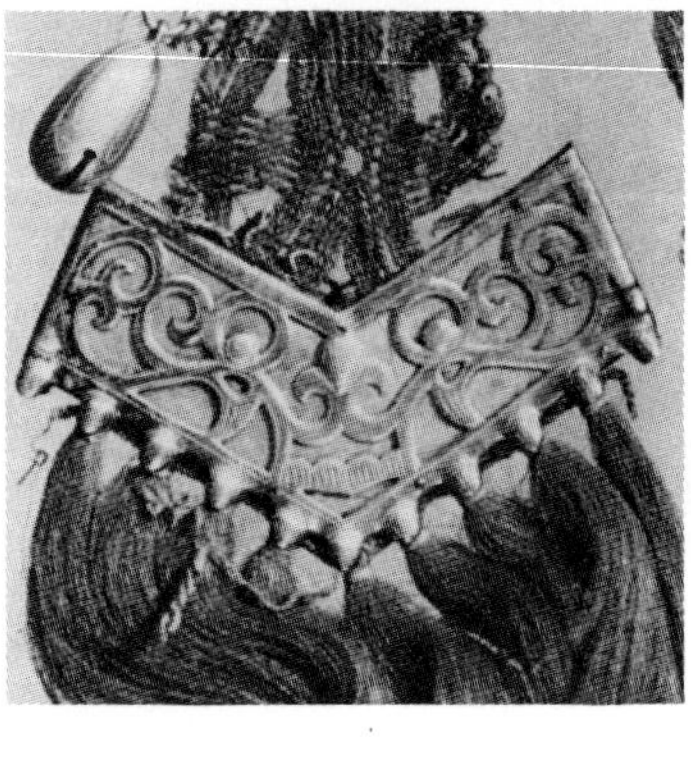

※5　梳毛糸(そもうし)で表面に輪奈(糸・緒などを輪状にわがねたもの)を織り出したもので、壁掛・机掛に用いる。

当初の姿を伝え得ない。『東大寺要録』にみられる天平勝宝四年四月九日の大仏開眼会当日の堂内荘厳の記載は「亦堂裏荘二厳種々造花美妙繡幡一。堂上散二種々花一。東西懸二繡灌頂一八方懸二五色灌頂一。」といいささか簡明に過ぎ、堂内の大仏（盧舎那仏）に対する荘厳の細部は不明である。しかし、現存する大仏の蓮弁に刻された蓮華蔵三千世界[※6]の見事な図様から、あるいは造東大寺司がこの後四〇年近く置かれていること、また正倉院宝物中の荘厳具などを勘案すれば、開眼会から五年後の聖武天皇の一周忌の法会の際には、かなりの大仏殿の荘厳が完成していたものと想像される。

平安前期における密教化　平安時代の寺院の堂内荘厳は大勢として、奈良朝以来のものに、新たに受容された密教の荘厳の方法が付加されたものとみて大過ない。現在も東寺で正月に厳修される後七日の御修法などにみられるとおり、前代の東大寺仁王会における荘厳などに比べて完全に密教化され、ここに初期平安仏教の特性がみられよう。また、東寺御影堂の不動明王像に付属する大形の木造彩色華形天蓋や、醍醐寺五重塔初層内部に残る壁画などにこの時期の堂内荘厳の一端を垣間見ることができる。

藤原時代における浄土教化　一〇世紀ごろからの藤原時代には、法成寺、平等院など、数多い寺院の造営がなされたが、平安密教からしだいに浄土教的色彩を加えたことは周知のとおりである。一一世紀後半の六勝寺の造営などを通じて、これら貴族寺院の堂内荘厳が華麗を極めたことは、『栄華物語』第十七の法成寺の条にも「仏のおまえに螺鈿の花づくえ。おなじらでんのたかつきども。こがねの仏器どもをするつゝたてまつらせ給へり。七宝をもて花をつくり。仏供おなじく七宝をもてかざりたてまつらせ給へり。火舎どもにいろ〳〵のたからのかうどもをたかせ給へれば。香くんじたり。ところ〴〵に宝幢幡蓋かけつらねたり。みなこれ七宝をもて合成せり。金のすずやはらかなり。……」とあり、まさに仏国浄土の顕現を意図したものといえよう。現存遺構として、わずかに平等院阿弥陀堂と、やや性格は異なるが中尊寺金色堂の二つに、一一世紀・一二世紀をそれぞれ代表する堂内荘厳の様をみることができる。

平等院阿弥陀堂　平等院阿弥陀堂（鳳凰堂）は観無量寿経[※7]に説かれる阿弥陀浄土の具現化を計ったもので道長の子頼通によって天喜元年（一〇五三）に建立された。観経曼荼羅[※8]に描かれるような翼廊つきの中堂には、大仏師定朝の手になる丈六の弥陀坐像を安置し、蓮華座、飛天光、小円蓋とこれをおおう箱形の大天蓋は、いずれも華やかに荘厳されて金色にかがやき、須弥壇には宝相華文の螺鈿をちりばめ、柱・組物・天井などに施された彩色文様や、小壁に懸けられた雲中供養仏、来迎壁に描かれた仏供養図や阿弥陀浄土図、さらに、扉や側壁から仏後壁背面にかけての九品来迎図や背面の小扉の日想観図など、これらの現存状況をさきの栄華物語の堂内荘厳の記載と合わせみれば、当時の仏堂荘厳がいかに入念かつ典雅なものであったかを想像できる。この頃の製作とされる密教法具や経箱などにみられる格調高い形制もこうした堂内の荘厳があってこそ、はじめて理解できるものと思われる。

中尊寺金色堂　中尊寺金色堂は天治元年（一一二四）の上棟になる清衡・基衡・秀衡の三代の遺体を納める葬堂である。堂の内外を金箔で飾り、内陣四隅の柱や組物・長押・須弥壇などを平塵地螺鈿や紫檀螺鈿で荘厳し、懸吊される金色の華形天蓋、長押に懸けられる金銅透彫宝相華唐草迦陵頻伽文華鬘その他の堂内具は、現状では経年の損傷を伴ない、その一部は失なわれて、当時の姿を完全に伝え得ないことがおしまれるが、ここにも一二世紀の堂内荘厳のほぼ完全なる典型をみることができる。

この時期になってはじめて具体的な堂内具の実体が古記と伝存する作例との照合によって、よりよく把握することが可能となる。かくて仏教公伝の際に幡蓋にはじまった荘厳具は平安時代の終わり頃までに、ほぼ一応の種類も整備され、堂内荘厳の体系も完成したといってよい。

上代における大陸風な寺院の堂内構造が、平安時代に入って和様化が進みさらに貴族寺院に移行してゆくにつれて、この間に消滅し

※6　大仏蓮弁の蓮華蔵三千世界部分。

※7　浄土三部経の一。一巻、宋の畺良耶舎の訳。釈迦が韋《い》提《だい》希《け》夫人の請に応じて、頻婆沙羅王の宮中において、十六観に分けて阿弥陀仏とその浄土の荘厳を説いたもの。正しくは観無量寿仏経といい、略して観経という。

※8　観無量寿経に書かれた阿弥陀浄土の有様を描いた仏画。

ていった仏具もあるが、新たに創案されたものもある。鎌倉時代以降の仏具の新しい出現・消滅も、概ね禅宗の受容と信仰層の変化にともなう結果であり、やがて仏具の造形美を示す遺例が少なくなってゆくが、これらは荘厳の時代性ということができよう。

一、天　蓋

サンスクリット語・チャトラ（chatra）天に懸けられた蓋《かさ》の意を示し、懸蓋（けんがい）または宝蓋（ほうがい）ともいう。もとインドで貴人の上に蓋[※9]をかざして歩いたところから発したものといわれ、貴尊のシンボルとされたことから、仏の頭上にかけられ、後には菩薩にもこれが用いられるようになった。『大宝積経』巻一一[※10]密迹金剛力士会に、また『観仏三昧海経』巻六には「このとき世尊忉利宮《とうりきゅう》に入り、すなわち眉間《みけん》の白毫相《びゃくごうそう》光を放つ、その光は化して七宝の大蓋となり摩耶の上をおおう。（中略）東方善徳仏は妙宝花を持ち、釈迦牟尼および摩耶の上に散ずるに、化して花蓋となり、この花蓋中に百億の化仏あり」などとあって、仏に献じた宝華や、仏の発する光明が化して天蓋となったことが説かれている。『陀羅尼集経』巻三に挙げる供養具二一種の中にも「手には傘蓋を懸く」とあり、もともと熱暑を避けるための必需品であった傘蓋が転じて、仏菩薩の荘厳具となったと考えられる。

インドでは無仏像時代にすでに菩提樹や傘蓋によって釈迦を象徴することが行なわれたが、二世紀頃からアジャンタ第一〇窟にみるように、仏や菩薩像の頭上に蓮華形の天蓋を描く事例が認められる。また中国では北魏時代の雲崗石窟などの仏像頭上に蓮華文を彫り出した天蓋を備えるものも多く、敦煌や竜門の壁画（1図）などにもしばしばこれが表現されている。

わが国でも、善美を尽した装飾経として著名な厳島神社平家納経の法華経法師品第十見返絵（3図）や、奈良・法華寺の阿弥陀三尊像画（2図）には、仏に天蓋をさしかける様を描き、古来の仏荘厳の様をあらわしている。

わが国では仏教初伝とされる『日本書紀』の欽明天皇一三年（五五二）の条に、百済の聖明王から献じられた仏像・経典などとともに幡蓋（はたきぬがさ）の名がみられ、仏の基本的な荘厳の具としての天蓋は早くから存在したと考えられる。奈良時代の文献にも記載は多く、『法隆寺伽藍縁起幷流記資財帳』に「合蓋壹拾壹具、佛分肆具一具紫、法分漆具一具紫者」とあり、『西大寺資財流記帳』にも「幡蓋厳具第七」条にみられることは、この時点において、仏菩薩の荘厳の制の一つとして完全に定着していたことを物語っている。平安初期の勘録になる『安祥寺資財帳』の灌頂壇具の条に「蓋二具一緋綾一紫綾」とあり、『広隆寺資財交替実録帳』や『筑前国観世音寺資財帳』には法量までも記され、蓋の実体が詳しくなってくる。

遺品では正倉院に方形天蓋・八角天蓋などの布裂製の天蓋や、天蓋の骨組などが多数あり、法隆寺金堂に伝わる品をはじめ各時代にわたる遺例があるが、完備した古い遺品は比較的少ない。しかし押出仏・塼仏・絵画などの遺品を合わせて考えると、かなり明確に天蓋の古制をうかがうことができる。これらの天蓋を形式の上から分けると箱形天蓋と華形天蓋の二種に大別され、さらに押出仏・塼仏・絵画にみられるものとして傘形天蓋がある。この傘形がより一層古様を示し、おそらくインド以来の制をより忠実に伝えているものと考えられる。

(1) 箱形天蓋

箱形天蓋はわが国に現存する天蓋中では古式に属するもので、法隆寺金堂の釈迦三尊と阿弥陀如来の頭上にかけられるものが最古の遺品（4図）であり、法隆寺金堂の建立当初からの天蓋と認められるものである（東の間薬師如来にかけられた天蓋は鎌倉時代天福元年＝一二三三作・以上いずれも重文）。その形式は方形の箱形に作られた主体部に、寄棟《よせむね》[※11]造りの屋蓋をのせた形で、棟にあたる頂上を平面とし、その天板の縁廻りと、軒廻りの二段に吹返《ふきかえ》し板を飾り、各部

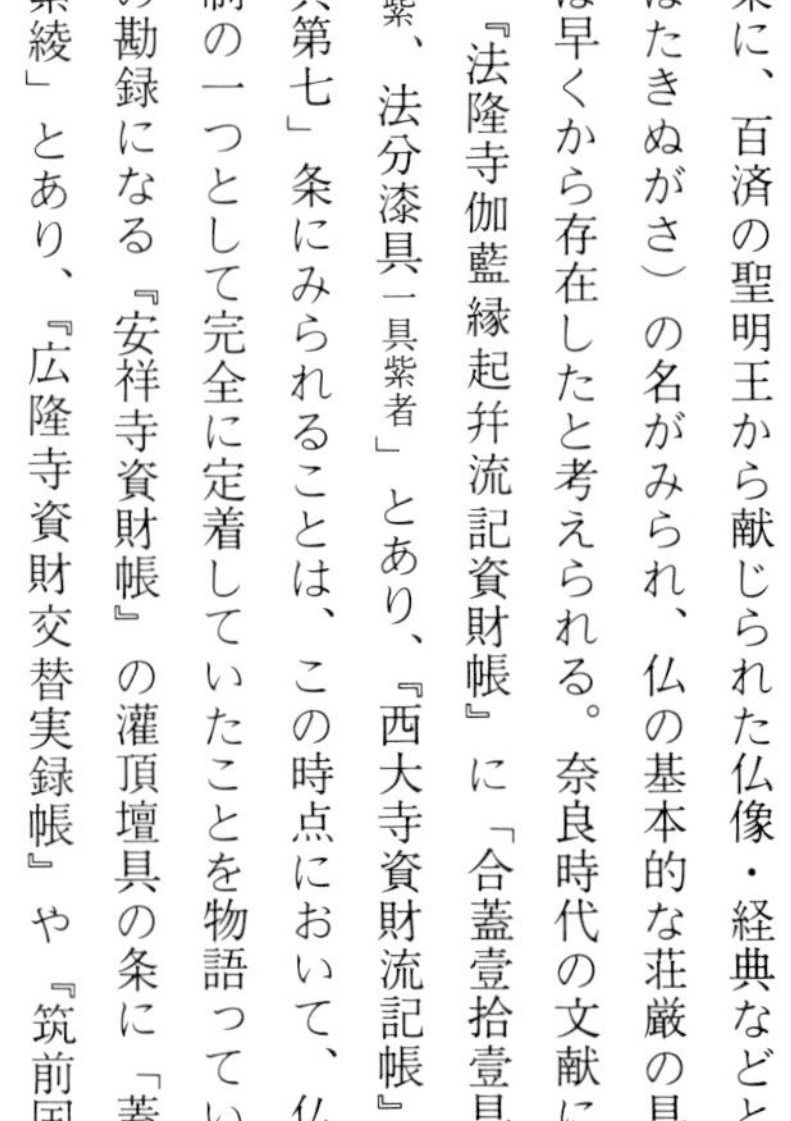

※9　中国龍門石窟の壁画。貴人に蓋をかざして歩く姿が描かれている。

※10　『大宝積経』巻一一密迹金剛力士会に「その散ずる所の華は化して華蓋となり、仏の威神をうけてこの諸の華蓋は一切よく来りて仏所に在り。（中略）またその宝蓋は虚空の中に住して仏の上にあり、宝蓋より無比の好妙音声を出す」と、天蓋が仏を荘厳する様をしるしている。

※11　屋根の形式の一。四つの流れを組み合わせた屋根。大棟の両端から四隅に降棟の降りている屋根。四注造りともいう。

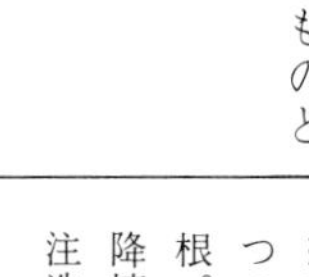

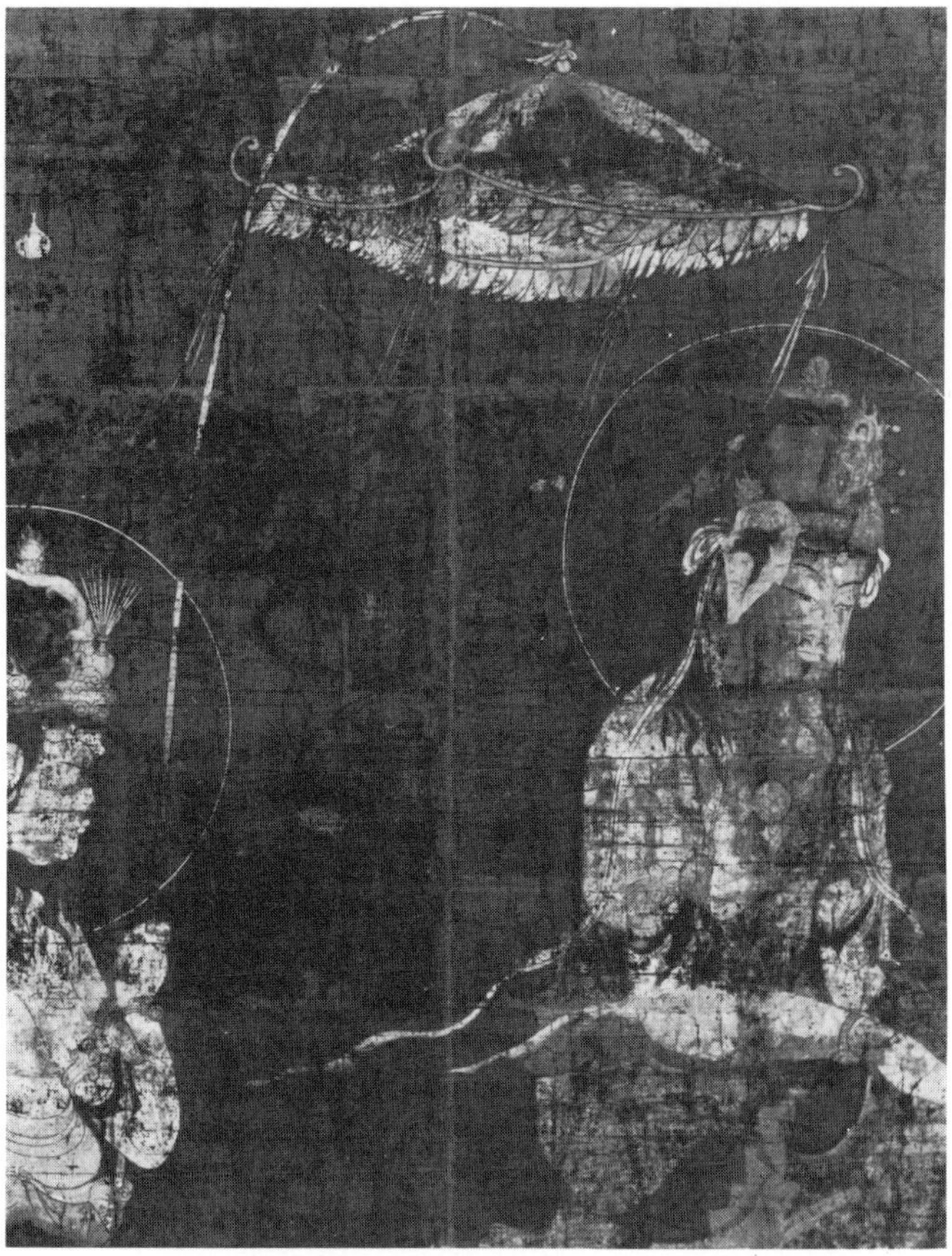

2　仏にさしかける天蓋〈阿弥陀三尊像〉奈良時代 奈良 法華寺

1　釈尊頭上の華形天蓋　北魏時代　中国　竜門石窟

3　平家納経の法華経法師品第十見返絵　平安後期　広島　厳島神社

に忍冬文や珠文圏文、鋸歯文など古式の装飾を彩画し、木製の珠網を垂飾している。さらに屋蓋の廻りに、木彫の天人および金銅透彫りの舟形金具を立て、主体部の周囲には木彫の鳳凰を飾ったものである。この形式は同じく法隆寺の橘夫人厨子（国宝）の屋蓋部にも見られる。また略式ながら同寺東院伝法堂に用いられる三面の天蓋も箱形の一種であり、さらに法隆寺献納宝物の金銅灌頂幡（国宝・62図）の天蓋部も下辺の装飾からみてこの系列に加うべきものといえる。これらによって飛鳥から奈良時代にかけての箱形天蓋の大要がうかがえよう。

　この形式の天蓋は、中国では雲崗石窟第九洞の仏伝図をはじめ、隋代の敦煌第四二〇窟壁画などに見られる。半島では新羅感恩寺（六八二年創建）の西塔から発見された銅製舎利容器に光背形や鳳凰を飾った屋蓋がつけられ、またほぼ同時代の慶尚北道松林寺五重塔からも同種の遺品が発見されていて、当時流行した形式であったことがしられる（仏舎利荘厳の項参照）。しかしこの箱形天蓋はその後継続しての使用は遺品の上では定かでない。

(2) 傘形天蓋

押出仏《おしだしぶつ》・塼仏《せんぶつ》の天蓋　法隆寺献納宝物（東博）や、奈良・当麻寺[※12]奥院、京都・知恩院などの押出鍍金三尊仏（重文）に見られる天蓋は、縄を撚ったような山形三つを複合させたもので、頂上に宝珠、軒先の蕨手に垂飾をかざっている。塼仏の天蓋もこの系統を継ぐものが多いが、縄状の表現から離れ、波状にうねった蛸足風に移行する。川原寺・橘寺・南法華寺・夏見廃寺・二日市廃寺などの方形三尊塼仏の天蓋は、先の押出仏のものに近く、橘寺の[※14]火頭形三尊塼仏では甲盛りのある整った傘蓋[※14]となり軒先に垂飾をかざる。そのほか山田寺・当麻寺・石光寺・紀寺・檜池・竜門・伊丹・借宿廃寺などの出土塼仏の天蓋も大同小異であるが、中では山田寺の六尊連坐塼仏や四尊連坐塼仏、また檜池廃寺塼仏などの天蓋は傘形がさらに進んで華形天蓋の先駆的なものである点が注目される。なお高野山奥院出土の鋳出銅板三尊仏像（重文）の天蓋はさらに装飾性を増した華形天蓋式である。

上代の絵画作品などの天蓋　法隆寺金堂内陣の旧壁画一二面のうち、浄土変相図を描いた大壁四面と独尊坐像の2号壁の天蓋は前記の橘寺火頭形三尊塼仏に見る整った傘形天蓋で、上に宝珠、軒先に垂飾をかざる。勧修寺伝来の刺繍釈迦如来説法図（国宝・奈良国立博物館）の天蓋もこの形式である。これに対して法隆寺壁画のうちでも8号・11号の独尊坐像の小壁では川原寺や南法華寺塼仏系の波形傘蓋を描いている。つまり当時傘形天蓋にも種々の形式があったことがうかがわれる。

(3) 華形天蓋

華形天蓋は飛鳥様式を受けついだ箱形天蓋より遅れて出現したことがしられる。白鳳時代の塼仏などでは天蓋を縄状や傘形に作るなど空想的・形式的な傾向があり、華形天蓋と呼べないものがある。その中から蓮弁形を用いるものを生じ、法隆寺壁画などにもしだいに華形の意匠が加わってきて、やがて奈良時代の東大寺三月堂天蓋のような華形天蓋が成立したものとみられる。

　平安時代に入るとこれがまた形式化して全体に板状の平たいものに転じ、花芯と吹返しの二重華形を基調とするようになる。細部には宝相華文と飛天の文様などが用いられ、また八葉の外縁部は切り込みが少なく正円形に近い蓋形を示すのが特徴である。

　平安中期から後期にかけては平等院、中尊寺、鶴林寺の天蓋のように正円形からしだいに八葉形になり、周縁の八葉部の先端が突出してくる。しかしまだ天蓋の主体部は屈曲が少なく平板な器形を保っている。

　鎌倉期に近づくにつれて天蓋の中心部から中区にかけて皿を伏せたような蓋状に転じ、外縁の花弁帯も上反りして吹返しの名のごとくなる。鎌倉時代以後のものはこの傾向がさらに進んで重厚な蓋状を呈し、また中区や吹返しに飛雲文や渦巻き式の雲文を飾るものが

※12　押出鍍金三尊仏（奈良・当麻寺奥院）の縄状の天蓋。

※13　上に宝珠、軒先に垂飾をかざる押出仏の天蓋（阿弥陀三尊及二比丘像）。

4 箱形天蓋　飛鳥時代　奈良　法隆寺金堂西の間

5 箱華二重天蓋（下・部分）平安時代　京都　平等院鳳凰堂

通例となる。

遺品　東大寺三月堂の天井を飾る天蓋は大小の宝相華文を透彫りして複合大花文を構成した華形天蓋で、各部の花芯に白銅鏡を嵌め込み、主体部から放光を放射して光明に相映ずる効果を加えている（6図）。福岡・観世音寺の銅製天蓋光心（重文）は八花形の鍍銀光縁に瑞図鏡を嵌入したものであるが、当初はその周辺に宝相華の飾りをめぐらしたものであろう。

平安時代の華形天蓋は仏画の中には多く描かれるが、様式的には奈良時代の伝統を継承したものと見られる。遺品のうえでも同様で、東大寺三月堂天蓋がさらに形式化した形制を示し、光心部の蓮華形と、花芯にあたる中区と、外縁部の吹返しの三部を備えるのが通制となる。京都・東寺の木造天蓋（重文・7図）は御影堂の不動明王坐像（国宝）を荘厳したと考えられる平安前期の唯一の事例で、中央に別作の八葉蓮華形の光心をとりつけて宝相華文を彩色し、中区には八体の飛天を彩画し、外側の八葉の吹返し蓮弁にも宝相華文を※15暈繝《うんげん》彩色で現わした、大形で堂々たる華形天蓋である。奈良時代の凹凸ある複合花文に対し、ほぼ正円の平面をとることが注目される。

平等院鳳凰堂の本尊を飾る天蓋（国宝・5図）は現存中最も華麗な作品で、しかも古い伝統のある箱形天蓋とその中央を飾る円形の華形天蓋の二重構成であることが注目される。箱形天蓋は※16折上《おりあ》げ格天井式の方蓋の四方に宝相華花弁の吹返しをつけ、下縁の四方に宝簾を垂飾した豪華なもので、各部に螺鈿の宝相華文を飾る。また内部の華形天蓋は花芯と中区と吹返しの三部をもつ点では通形であるが、その宝相華透彫りの技法は格段に優れており一一世紀中葉の本格的な天蓋の様相を示す。

岩手・中尊寺に伝世する天蓋四面はいずれも華形の形式をふみ、その一面は一字金輪坐像（重文）の厨子内に懸けられた楕円形の華形天蓋で、花芯に複弁八葉の重弁蓮華文を置き、中区を霊芝雲の浮彫りで飾り、外縁の吹返しの八葉蓮弁には八体の飛天（八供養菩薩）を浮彫りする。他の三面の天蓋（国宝）は金色堂の清衡（8図）、基衡、秀衡の三壇に所用されたもので、細部の表現に若干の優劣はあるが、基本形制は中央花芯を八葉蓮華に象どり、中区と吹返しの八葉を透彫りの宝相華文で飾るが、この内清衡壇所用と見られる一面は中央花文を単弁式の装飾弁とし、他の二面は複弁式とする。兵庫鶴林寺太子堂伝来の華形天蓋（重文・9図）は、この中尊寺の後者二面と形制の似たもので、藤末鎌初の天蓋の遺例として注目される。

鎌倉時代以後の華形天蓋も基本形式は藤原時代の天蓋の制を継承するものであるが、細部の意匠にやや違いを見せてくる。たとえば京都・蓮華王院（三十三間堂）の本尊の天蓋は中央に大形の蓮華文をつけるが、中区には飛雲文を散らし、外縁の吹返し部の八葉弁にも飛雲文を彫刻するなど、飛雲文を多用しはじめるのが注目される。室町時代の在銘品では内区を素弁蓮華文、中区に三軀の飛天を飾った滋賀・西明寺の嘉吉元年（一四四一）銘の天蓋がある。

◎箱形天蓋　（飛）　奈良・法隆寺金堂中の間と西の間〈4図〉
〃　（奈）　〃　東院伝法堂三面
⊙華形天蓋　（奈）　奈良・東大寺三月堂〈6図〉
◎〃　（平）　京都・東寺御影堂（彩絵）〈7・10図〉
⊙箱華二重天蓋　（平）　京都・平等院鳳凰堂〈5図〉
⊙華形天蓋　（平）　岩手・中尊寺金色堂　三面〈8図〉
◎〃　（鎌）　兵庫・鶴林寺太子堂〈9図〉
〃　（〃）　京都・蓮華王院
〃　（室）　滋賀・西明寺（嘉吉元）

(4) 人天蓋

以上のべた天蓋は堂内の仏像（菩薩や明王のものも含む）を荘厳するものであり、性格上から仏天蓋と呼ばれるが、『百縁経』に「諸群臣が蓋を執って仏と衆僧をおおい、王舎城に入る」と記されるように僧侶にも用いられた。また法会によって講師や読師が用いたこともすでに奈良時代の文献に見られ、法分として資財帳にあげられている。このような僧侶に対して使用される天蓋を、仏天蓋に対し人天蓋と呼ぶが、古くは両者を単に天蓋と称していたことがわかる。人天蓋には傘蓋の形状のものと、堂内に常設される仏天蓋と同形

※14　如来三尊像塼仏の天蓋（壺坂寺出土）。

※15　同色系統の濃淡を段層的に表わし、さらにこれと対比的な他の色調の濃淡と組み合わせることで立体感や、装飾的効果を生み出してゆく彩色法。唐時代の中国で完成し、わが国では奈良時代から平安時代にかけて仏像・仏画の彩色装飾、建築・工芸の彩色文様に応用され発達をとげた。

※16　支輪や蛇腹で天井の中央部を高くすること。またそのように造った天井のこと。（図＝『古建築の細部意匠』より）

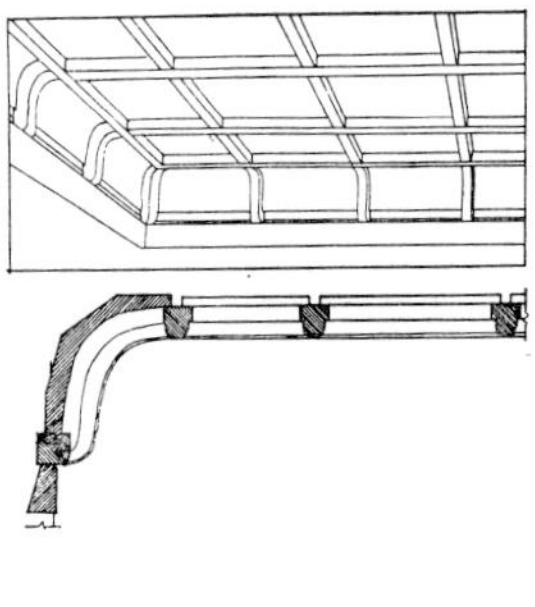

7　華形天蓋　平安時代　京都　東寺御影堂

6　華形天蓋　奈良時代　奈良　東大寺三月堂

9　華形天蓋　鎌倉時代　兵庫　鶴林寺太子堂

8　華形天蓋　平安時代　岩手　中尊寺金色堂

10　東寺天蓋の彩絵部分

制の二種がある。傘蓋は法要出仕の際や阿闍梨行道のとき、また葬送のとき導師の上にさしかける大傘などをいい、虚無僧の深編笠にまでこの名が用いられるに至っている。また古く『四分律』、『善見律』、『摩訶僧祇律』など諸律では、比丘は樹皮・樹葉・竹などの傘蓋が許され、上妙高貴の材を用いるは非法とされている。

現在人天蓋といえば主に後者の常設天蓋を指すが、これがいつ頃から使用されたかは定かでない。平安時代までの古い仏堂には遺例がなく、また堂の配置上からも人天蓋を吊るす余地はないものと思える。桃山時代の日蓮上人画像※17（大法寺・永禄七年＝一五六四）には華美な傘蓋が描かれ、江戸期の遺品は多いところから、この頃には広く使用されたものであろうか。また浄土系寺院では多く厨子を用いるため仏天蓋の必要がなく、そのため堂全体の荘厳を考慮して人天蓋が生じたともいえよう。

現在は堂内の礼盤上、導師の頭上に懸け、各宗派を通じて用いられている。その形は箱形や六角形の主体部に、蕨手や瓔珞を垂下する形式が多く、総金箔押し、黒漆塗り、極彩色などの手法を用いて豪華に装飾される。華形は少ないようであるが、大体においてその形制は仏天蓋と変わるところはない。

(5) 密教の天蓋

密教寺院においても本尊上に仏天蓋をかけ、僧の礼盤上に人天蓋を吊るのは同様であるが、灌頂のときは密教独得の天蓋を備える。すなわち三昧耶戒壇上に※18三昧耶天蓋をかけ、また金剛界および胎蔵界の大壇上にそれぞれ天蓋を備えるもので、これを略称して金天蓋・胎天蓋とも呼ぶ。

三昧耶戒壇の天蓋は八角または四角で、四方の蕨手に小幡をかけるが、幡身を四坪にわけて五仏を除いた金剛界三二尊の三昧耶形を描く。『醍醐寺三宝院弁遍智院灌頂道具絵様寸尺等』には、寸法・色・材料・形などが詳細に記されている。

また金剛界大壇の天蓋は蓋の内側の中央に金輪仏頂、四方に白傘蓋・火聚・発生・勝の四仏頂の種子（梵字）を書き、胎蔵界大壇上の天蓋は内部に毗盧遮那仏、四方の四隅に光聚・広生・白傘蓋・勝・尊勝、発生・寂勝・無辺声の八大仏頂の種子をあらわすを法とするという。ただしこの金胎の天蓋の荘厳法については、『東宝記』の第二灌頂院の条に掲げる図などはこれと異なり、異説もあるという。『醍醐寺三宝院弁遍智院灌頂道具絵様寸尺等』や『灌頂道具本記』に図示されるものは「長広共に五尺五寸」としている。

二、須弥壇

須弥壇は須弥山をかたどった壇の意味で、仏堂内において仏像を一段高く安置し荘厳するものである。古くインドでは須弥山は帝釈天の坐するところとされているが、これが、しだいに仏菩薩の座として用いられるようになったもののようである。

この須弥壇は仏堂内に建造物の一部のごとく内陣の中央、あるいは後方に大きく造りつけて、その上にあらためて台座に安置した仏像を祀る大形のものと、須弥壇それ自体が仏像の台座となるものの両者がある。

(1) 壇上積基壇式須弥壇

堂内に造りつけた建築的な須弥壇の古い時代の基本形式は、石造の場合は上に葛《かつら》石を置き、下に地覆《じふく》石を据えて、その間に束《つか》石を立て、束石と束石の間に羽目《はめ》石を入れる式のもので、いわゆる壇上積《だんじょうづみ》基壇と呼ばれる形式と同種である。また木造の場合も同様で、上下に框を張り、この間に束を立て羽目板をはめる。この羽目板の部分には格狭間を設けることも多く、また格狭間に連子文や孔雀文などを飾ることもある。さらに壇上の周縁に勾欄を備えることも多い。

奈良時代の須弥壇で壇上積み式のものとしては、東大寺三月堂本尊の乾漆不空羂索観音の須弥壇（17図）がある。木製八角二重壇の大形のもので、下壇の羽目の格狭間に横連子を入れ、さらに上下壇

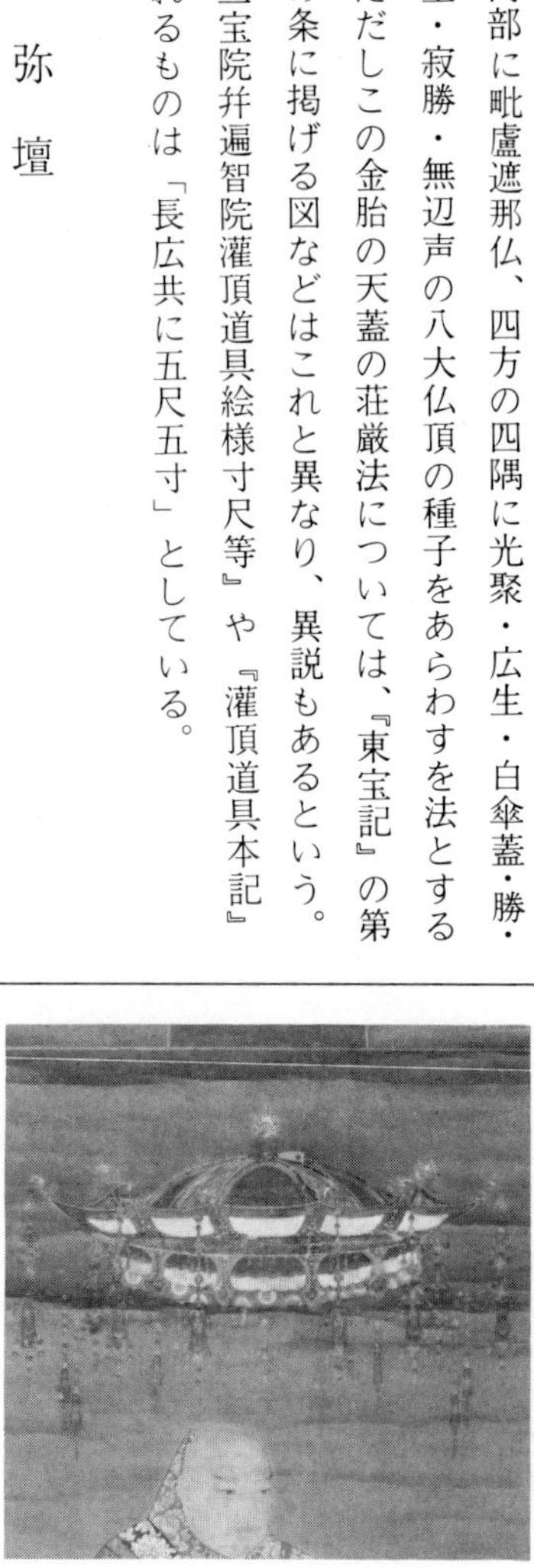

※17 日蓮上人画像に描かれる天蓋。

※18 密教における胎蔵界大壇上天蓋（右）と金剛界大壇上天蓋（左）（図＝『密教法具便覧』より）。

11 八角華形人天蓋（正面と横） 現代 京都 金戒光明寺

13 箱形人天蓋 現代

12 八角人天蓋 現代

14 華形人天蓋 現代

とも縁に勾欄をめぐらし、平桁と地覆の間に卍崩しの組子を入れるなど珍らしいものである。また法隆寺献納宝物の金銅仏[※19]の中にも八角、あるいは方形のこの式の須弥壇を備えたものを数例見ることができる。なお当期の異形式須弥壇として新薬師寺の円形で漆喰塗りのものがある。

飛鳥から奈良時代にかけての須弥壇で建築的な大形遺品としては、薬師寺金堂の白大理石製の旧須弥壇をはじめ唐招提寺金堂の石造須弥壇、また法隆寺夢殿の八角二重の石造須弥壇など石造遺構が見られる。また上縁に勾欄をめぐらすのが通形となる。

平安時代になると、仏堂内の床を板張りとすることから須弥壇も木製のものとなる。奈良末期から平安初期の頃のものとしては室生寺五重塔初層内のものを見る程度で、平安前期の須弥壇の遺品は少ない。平安後期になると数を増すが、最優品は中尊寺金色堂の黒漆塗り須弥壇で、各部に螺鈿の宝相華文をかざり、格狭間の中には金銅板を張り、打出しの孔雀や花卉、胡蝶文を鋲止めし、下框を二重にして蓮弁を飾るなどみごとなものである（19図）。天喜元年（一〇五三）建立の平等院鳳凰堂の須弥壇も同じく黒漆螺鈿の細工であるが、螺鈿が脱落し、また格狭間に江戸期の牡丹唐獅子を入れるため旧容をそこなっている（20図）。京都・日野法界寺須弥壇は羽目板に格狭間を造らず横の盲連子を入れている。天永三年（一一一二）創建の兵庫・鶴林寺太子堂の須弥壇も当初は黒漆螺鈿の装飾がほどこされていたらしいが、格狭間部には後世の手が入っている。大分・富貴寺大堂の須弥壇も羽目にやや異形式の格狭間を設けている。

なお中尊寺大長寿院には別に八角の須弥壇があり、勾欄を設けない壇上積み式のものであるが、金沃懸地（いかけじ）に螺鈿を飾り格狭間に金銅打出しの迦陵頻伽文を飾っている（18図）。

当期の須弥壇は奈良時代の伝統を継ぎながらも材質的に木製漆塗りのものとなり、また格狭間の中に孔雀や連子文様を入れるなど、公家日記の類にもみられるように、藤原文化を背景にした華麗な荘厳を施すのが特筆される。

(2) 宣字形台座

上代の単独構造の須弥壇（台座）も、前記の壇上積み式と無縁ではなく、上下の框の間に束を立て羽目を入れるのが通形であるが、この場合には上下の框が横に張り出し、束にかこまれた軸部が細くなるのでその形姿が漢字の宣《せん》字に似るところから名づけて宣字形台座、あるいは宣座の名で呼ぶ。

飛鳥時代の作例では法隆寺金堂の銅造釈迦三尊（国宝）の中尊の台座をはじめ、法輪寺木造薬師如来坐像（重文）の二重式台座（15図）がある。また著名な玉虫厨子（国宝）の基壇部なども『太子伝私記』にこれを須弥座と呼ぶように、この種の遺例の一つである。なお飛鳥から白鳳にかかるものとして法隆寺献納宝物の四十八体仏（東京国立博物館）中の丙寅銘の金銅弥勒菩薩半跏像（重文）の台座もこの式のものと見ることができよう。

さらに白鳳から奈良時代に移行する時期の遺品では薬師寺本尊銅造薬師如来坐像（国宝）の台座（16図）がある。鋳銅製の大形品で、各部に四神や胡人、あるいは葡萄唐草文などを飾ることで名高い。また奈良時代のものでは法隆寺献納宝物の山田殿の銘をもつ金銅[※20]阿弥陀三尊（重文）の中尊台座や、同じく金銅製の仏形倚像（重文）の台座などがある。

しかし平安時代になると、この形式の遺品は見なくなる。

(3) 和様須弥壇

和様須弥壇は上下框の中に束を立て、束の間の羽目板に連子や格狭間を入れた伝統形式のもので、ことに鎌倉時代以後は壇上の四周には組勾欄をめぐらし、勾欄の四隅や正面の親柱に擬宝珠をつけたものが多く、格狭間の内部にも各種の文様を飾るようになる。

中尊寺金色堂須弥壇の荘厳法の系統をつぐものには和歌山・浄妙寺本堂須弥壇があり、螺鈿の装飾をほどこし金銅製の孔雀文を格狭間に飾る（21図）。また法隆寺東院舎利殿の須弥壇も格狭間に木造漆

※19　金銅仏の壇上積み式の台座。

※20　金銅阿弥陀三尊の宣字形台座。

16　宣字形薬師如来像台座　白鳳時代　奈良　薬師寺

15　宣字形薬師如来像台座　飛鳥時代　奈良　法輪寺

17　八角二重壇　奈良時代　奈良　東大寺三月堂

18　八角須弥壇　平安時代　岩手　中尊寺大長寿院

箔の孔雀文を打ち、下框に反花を飾るなど系統を同じくするものである。当麻寺曼荼羅堂の須弥壇も寛元元年（一二四三）の銘文をもつ有名なもので、紫檀地螺鈿の伝統にもとづく木理塗りを行い、上下框や束などには飾り金具に代えて螺鈿の装飾をほどこしている。しかも壇の正面部は京都法界寺須弥壇のように羽目板に横盲連子を入れ、側面や背面部は格狭間をつけるといった独特な形式である（22図）。

※21 和様須弥壇には以上のような単層式が普通であるが、特殊なものに上下框の間に中框を入れ、壇を二つ積み重ねたような二重式のものもある。この形式のものでは弘安一一年（一二八八）の銘をもつ滋賀・金剛輪寺本堂の須弥壇が名高く、また奈良・宝幢寺本堂、大阪・慈眼院多宝塔の須弥壇（23図）などもこれである。

なお羽目板には当麻寺のような横連子もあるし、奈良唐招提寺講堂や、不退寺本堂の須弥壇のように縦連子を入れたものもあり、羽目板に格狭間をつくる場合も元興寺極楽坊本堂や円成寺本堂、薬師寺東院、大阪観心寺本堂などの須弥壇のように伝統的な通形のもののほかに、複雑な刳り込みをつけた花形格狭間や蝙蝠形の格狭間なども現れてくる。先の宝幢寺や慈眼院、あるいは京都・愛宕念仏寺本堂、尾道浄土寺多宝塔、高野山不動堂などの須弥壇の格狭間はこの後者に属するものである。また格狭間の内部も、素文のもののほかに蓮華文を描くものや獅子を飾るもの、また連子をはめるものなど各種が見られるようになる。また框の上下にいわゆる禅宗様風の繰形を重ねたものも当期からしだいに多くなる。

室町時代以後もこのような傾向を受けついでいくが、和風須弥壇の場合はその構成要素の上では大きい変化はなく、それぞれの時代的特徴は格狭間や擬宝珠の形式の変化や、あるいは全体に重厚になつたり装飾過多になるなどの傾向を生じている。

(4) 禅宗様須弥壇

※22 禅宗様と通称される新様式は、鎌倉時代に禅宗関係者によって導入された中国宋時代の様式を汲むものである。この須弥壇は従来の和様のものと大きく変化する。その特徴は上框の下側と、下框の上側に繰形《くりかた》と呼ぶ面取りの板をくり返して重ね、中央の軸部がしだいに細くなり、その軸部は四隅に短い束を立てて四面に羽目板を張る。したがって羽目板もきわめて細長いものとなり、全体の姿は中央部の締った臼形のごときものとなる。さらに下框の下側すなわち床上にあたるところに、手挟《たばさみ》や懸魚《げぎょ》風の、刳り込みの多い脚を刻みつけていることが多い。また上框の繰形の代わりに平板を重ねるものもあり、下框下方の脚を省略することもある。なお中央の羽目板は素文のものもあるが複雑な唐草文を飾るものや、飾り金具を打つものも多い。ただし飾り金具を打つものは時代の下る傾向がある。さらに壇上には四隅に親柱を立てて勾欄をつけるが、親柱の上部に伏蓮弁（開花蓮ともいう）や蓮台宝珠を飾るのも特徴の一つである。

鎌倉の円覚寺須弥壇（25図）や建長寺須弥壇（ともに重文・24図）は、鎌倉時代の禅宗様須弥壇の代表作であるが、円覚寺須弥壇は脚を備え、建長寺須弥壇は脚をつけない。また当期のものでは延慶四年（一三一一）銘をもつ和歌山・長保寺多宝塔須弥壇や、正和二年（一三一三）を基準とする岐阜・永保寺須弥壇（26図）などもある。※23 特殊なものでは京都・万寿寺愛染堂須弥壇や時代は降るが京都・大徳寺須弥壇があり、羽目の部分に建物の軒下のように大きく二手先の禅宗様科栱をつけている。室町時代のものでは愛知県瀬戸市定光寺本堂須弥壇や、広島・不動院金堂須弥壇などがしられている。

(5) 折衷様須弥壇

和様と禅宗様を折衷した形式の須弥壇がある。上下の框には禅宗様と同じく上下対照に繰形を飾るが軸部は和様須弥壇と同様に束を立てていくつかに区分し、それぞれの羽目板に連子を入れたり、格狭間を設けたりするものである。

鎌倉時代の遺品では兵庫・弥勒寺本堂須弥壇があり羽目に縦連子を入れるほか各部に和禅の両様式が見られる。室町時代のものでは

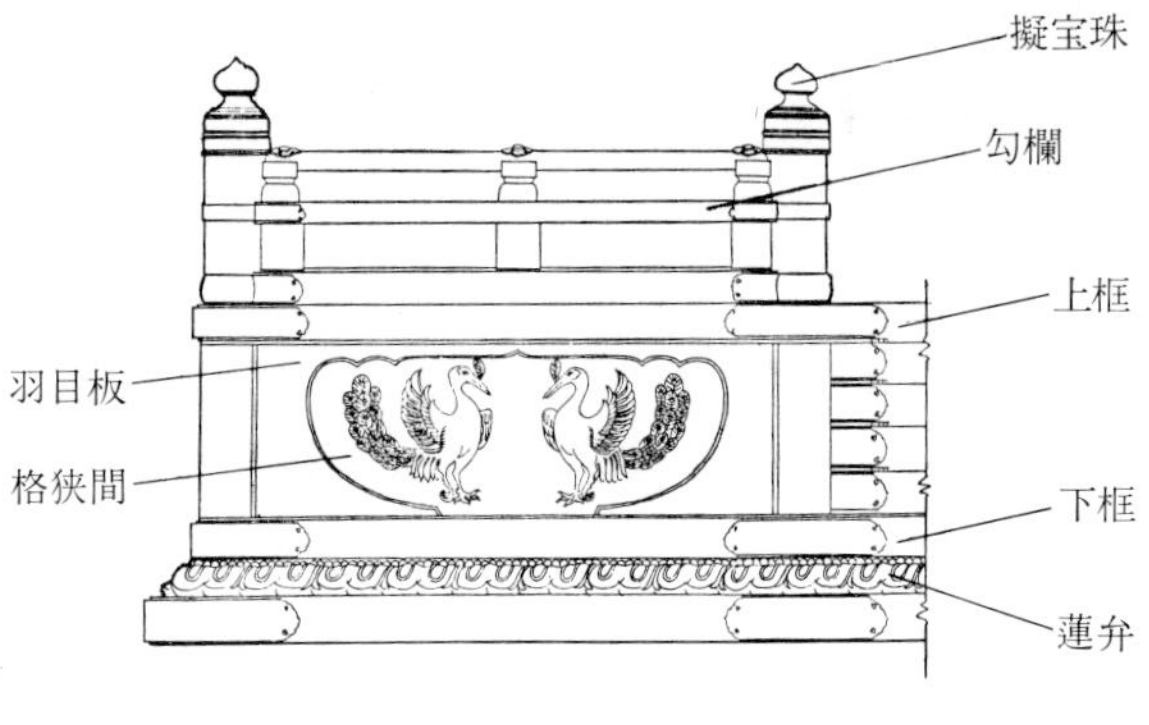

※21 和様須弥壇の部分名称図。

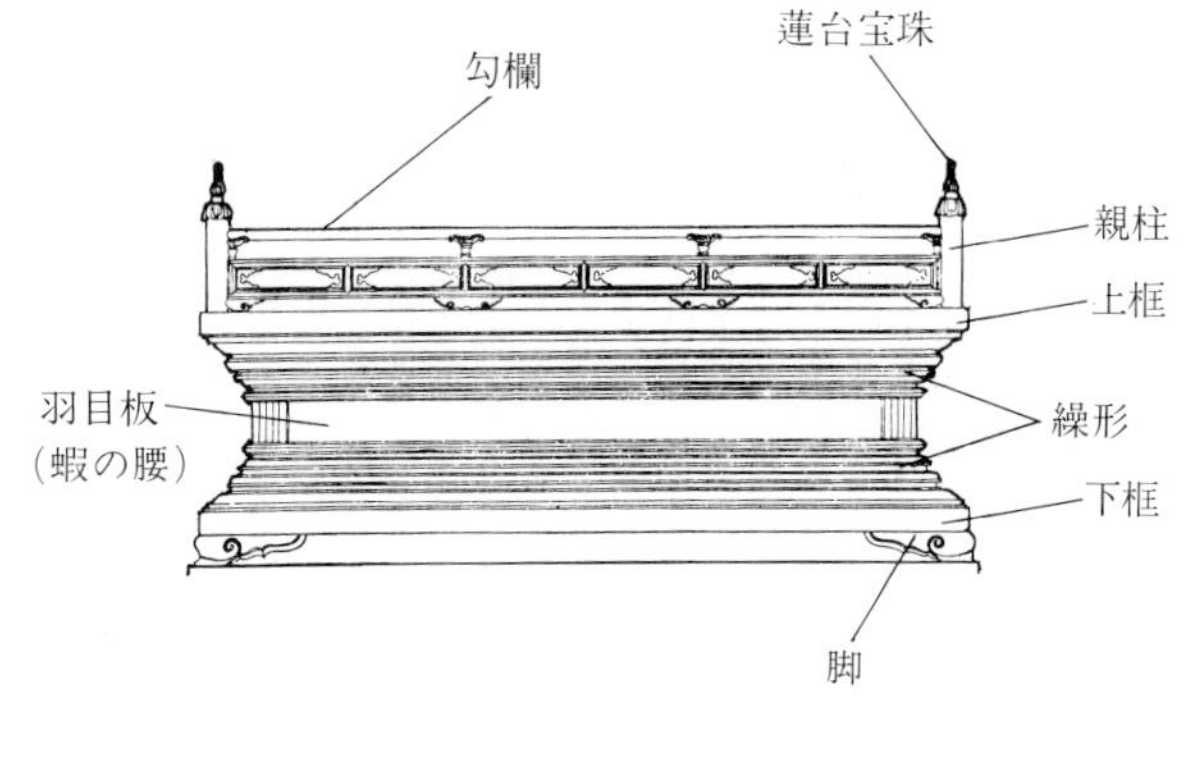

※22 禅宗様須弥壇の部分名称図。

19 黒漆塗須弥壇 平安時代 岩手 中尊寺金色堂

21 和様須弥壇 鎌倉時代 和歌山 浄妙寺本堂

20 黒漆塗須弥壇 平安時代 京都 平等院鳳凰堂

23 二重式和様須弥壇 鎌倉時代 大阪 慈眼院多宝塔

22 木理塗須弥壇 鎌倉時代 奈良 当麻寺曼荼羅堂

尾道西国寺本堂須弥壇は蝙蝠形の格狭間を備えており、応永四年（一三九七）の兵庫・鶴林寺本堂須弥壇（27図）や、同じ兵庫・一乗寺本堂須弥壇などは格狭間に異色の宝相華文を飾ることなどが注目される。

宣字形台座

●釈迦三尊中尊台座　（飛）　奈良・法隆寺
◎薬師如来像台座　（飛）　奈良・法輪寺〈15図〉
●玉虫厨子基壇部　（飛）　奈良・法隆寺〈28図〉
◎弥勒菩薩半跏像台座　（白）　東京国立博物館（法隆寺献納宝物）
●薬師如来像台座　（白）　奈良・薬師寺〈16図〉
◎阿弥陀三尊中尊台座　（奈）　東京国立博物館（法隆寺献納宝物）
◎仏形倚像台座　（奈）　〃　（　〃　）

壇上積基壇式須弥壇

大理石造須弥壇　（奈）　奈良・薬師寺金堂旧壇
石造須弥壇　（奈）　奈良・唐招提寺金堂
八角石造須弥壇　（奈）　奈良・法隆寺夢殿
●木製八角二重壇　（奈）　奈良・東大寺三月堂本尊台座〈17図〉
黒漆塗須弥壇　（平）　岩手・中尊寺金色堂〈19図〉
●八角須弥壇　（平）　〃　大長寿院〈18図〉
黒漆塗須弥壇　（平）　京都・平等院鳳凰堂〈20図〉
〃　（平）　京都・法界寺
〃　（平）　兵庫・鶴林寺太子堂
〃　（平）　大分・富貴寺大堂

和様須弥壇（壇上積）

◎螺鈿装和様須弥壇　（鎌）　和歌山・浄妙寺本堂〈21図〉
和様須弥壇　（鎌）　奈良・法隆寺東院舎利殿
螺鈿装木理塗須弥壇　（鎌）　奈良・当麻寺曼荼羅堂〈22図〉
二重式和様須弥壇　（鎌）　滋賀・金剛輪寺本堂
〃　（鎌）　奈良・宝幢寺本堂
〃　（鎌）　大阪・慈眼寺多宝塔〈23図〉
和様須弥壇　（鎌）　奈良・唐招提寺講堂
〃　（鎌）　奈良・不退寺本堂
〃　（鎌）　奈良・元興寺（極楽坊）本堂
〃　（鎌）　奈良・円成寺
〃　（鎌）　奈良・薬師寺東院
〃　（鎌）　大阪・観心寺
〃　（鎌）　京都・愛宕念仏寺本堂
〃　（鎌）　広島・浄土寺多宝塔
〃　（鎌）　和歌山・高野山不動堂

禅宗様須弥壇

◎〃　（鎌）　神奈川・建長寺（脚なし）〈24図〉
〃　（鎌）　神奈川・円覚寺（脚付き）〈25図〉
〃　（鎌）　和歌山・長保寺多宝塔（延慶四年銘）
〃　（鎌）　岐阜・永保寺（正和二年銘）
〃　（鎌）　京都・万寿寺愛染堂（料栱付き）
〃　（室）　愛知・定光寺
〃　（室）　広島・不動院金堂

折衷様須弥壇

〃　（鎌）　兵庫・弥勒寺堂　本堂
〃　（室）　広島・西国寺
〃　（室）　兵庫・鶴林寺本堂（応永四年銘）〈27図〉
〃　（室）　兵庫・一乗寺本堂

三、厨子・宮殿

厨子は舎利・仏像・仏画や経巻などを安置するもので、豆子ともかき、また仏龕《がん》とも呼ばれる。もともと厨とは厨房すなわち庖屋を意味し、厨子はその調度品の容器を名づけたものであるが、転じて仏教用具としても用いられるようになったもののようである。

中国唐時代の道宣撰の『広弘明集』第十六に「或は十尊五聖は共に一厨に処し或は大士如来は倶に一櫃に蔵す」とあり、尊像を厨子や櫃に納置することが中国の梁代にすでに盛んであったことがしられる。その形式はインドの石窟寺院の龕にもとづくものといわれるが、わが国の仏教寺院において用いられたこの種の容器は形式や用途のうえで必ずしも一定せず、多様なものを見せている。

わが国上代の厨子　上代の厨子を代表するものとして法隆寺の玉虫厨子（国宝・28図）と橘夫人念持仏厨子（国宝・29図）が挙げられる。この両者は『聖徳太子伝私記』巻上に「次に東戸に向い厨子

※23　京都・大徳寺仏殿の折衷様須弥壇。

24 禅宗様須弥壇　鎌倉時代　神奈川　建長寺

25 禅宗様須弥壇　鎌倉時代　神奈川　円覚寺

26 和様を主とする折衷様須弥壇　鎌倉時代　和歌山　長保寺

27 折衷様須弥壇　室町時代　兵庫　鶴林寺本堂

あり、推古天皇の御厨子なり。(中略)次に西戸の方に厨子あり、黒漆の須弥坐なり、光明皇后の母橘大夫人の造る所なり」と記されている。玉虫厨子は屋根を錣[24](しころ)葺きに作った飛鳥様式のもの、橘夫人厨子は異形式の箱形屋根をつけた白鳳時代のものでともにいわゆる宣字形の須弥座を備えている。しかしこれらは天平一九年(七四七)の『法隆寺資財帳』の「宮殿像貳具、一具金涅押出千仏像、一具金涅銅像」にあたるものといわれるから、奈良時代では宮殿と呼ばれ厨子と呼ばれなかったようである。同じ天平一九年の『大安寺資財帳』にも宮殿像二具の記載があり、同種のものに対する呼称が共通であったことがわかる。

この時代の厨子に類する仏教調度品について、記載のもっともくわしい『西大寺資財帳』によると、仏像を安置する殿堂建築を小形にしたような仏像安置厨子は、先の「宮殿」のほか「六角殿」とか「六角漆殿」などと呼んでいる。これに対して仏画を奉懸する施設として「仏台」または「台」と呼ぶ厨子があり、屋蓋と柱と床座を基本とした奥行の浅い吹抜けのものを指している。これらに対して厨子の名をそのまま用いるものに「漆涅厨子」[25]「漆平文厨子」などがあり、丹や金銀絵による彩画や平文《ひょうもん》の装飾などを行なっているが、これらはすべて経巻を納置する厨子に名づけられている。その形は長方形の箱形を基本とし、下に床座を備えるものと備えないものがある。

つまり奈良朝のころは厨子というのは主として箱形で扉付きのものを指したことがしられる。しかしこの『西大寺資財帳』では経を納める厨子にも「六角漆殿」の厨子を用いたこともしられ、また柳で作った「檉厨子」や、脚つきの「案厨子」などにも経典を納めたことがわかる。

(1) 厨子の形式

宮殿形厨子　殿堂形厨子とか和様厨子と称してもよいもので、玉虫厨子(28図)のような入母屋[26]造り錣葺きのものから、奈良・霊山寺厨子(30図・弘安八年＝一二八五)や奈良・長弓寺厨子(鎌倉時代)のような四注[27]造りのもの(ともに重文)、また宝形造りには唐招提寺の日供舎利塔厨子(鎌倉時代・重文)や室生寺厨子(鎌倉時代)のような四角のもの、またこれを長方形とした奈良・千体寺の厨子(鎌倉時代・重文)などもある。法隆寺の聖徳太子二才像厨子(鎌倉時代・重文)、あるいは基壇を螺鈿で飾った大阪・藤田美術館厨子(鎌倉時代)や、東京・遠藤士郎氏の六角厨子(31図)、また京都・柳孝氏の大般経経厨子に多く見られる大形のとき円形厨子などもある。

奈良時代の厨子で現存するものに正倉院に伝来したものがある。漆仏龕扉(二種)と漆金銀絵仏龕扉と呼ばれる厨子の扉や、赤漆文欟木御厨子・黒柿両面厨子・柿厨子・棚厨子などで、漆仏龕扉は表に金銀泥で天部や神将像と山岳や植物を描くが、裏面に多数の押出仏を貼っているから、もと宮殿式の仏像安置厨子かとみられる。

春日形厨子　春日厨子と通称されるのは先の宮殿厨子の系統を受けついでしだいに定形化したもので、多くは頂上の大棟を扁平に造った四注式の屋根で欄間には連子を嵌める。下方に壇上積式の基壇を備えることも多く、基壇の羽目板には格狭間を作るもの、連子をはめるもの、蓮華文を描くものなどがある。扉は観音開きで、正面のみのものや正背両面のものが多いが、長谷寺の四方殿舎利厨子(明応元年＝一四九二)のように四面開きのものも散見される。また、興福寺の弥勒菩薩半伽像の厨子(重文・35図)や法隆寺新堂の聖徳太子摂政像厨子のように、これに猫足礼盤のような四足をつけたものもある。

禅宗様(唐様)厨子　鎌倉時代以後、中国宋代の建築様式が導入されたもので、須弥壇に繰形と呼ぶ曲面取りを重ねたり蓮華柱の勾欄を設けるなど各部に装飾性が強くなる。この式のものでは京都・妙立寺厨子(重文・永正一〇年＝一五一三)がすぐれている。また大阪・藤田美術館には重層の仏堂の姿そのままの厨子もある。

折衷様厨子　和様と禅宗様の混合したものであるが、厨子の本

※24　軒下に庇を重ねた屋根の葺き方をいう。

※25　金銀の薄板を文様に切り、漆面に貼って漆で塗り埋め、その部分を研ぎ出す漆塗りの技法の一。詳しくは本書「漆工技法」を参照。

※26　上部は切妻のように二方へ勾配をつけ、下部は四注造りのように四方へ勾配をつけた屋根形。法隆寺金堂はその最古の例である。

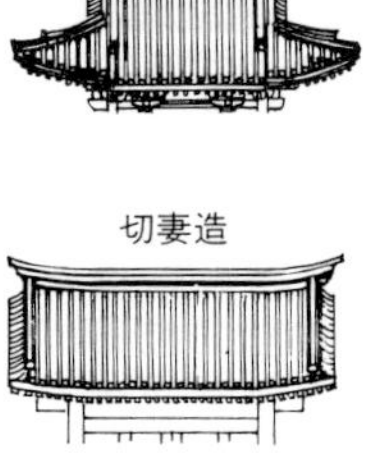

※27　四注造りは寄棟造りの別称。

29　橘夫人念持仏厨子　奈良時代　奈良　法隆寺

28　玉虫厨子　飛鳥時代　奈良　法隆寺

31　円筒形黒漆厨子　南北朝時代　東京　遠藤士郎氏

30　宮殿形厨子　鎌倉時代　奈良　霊山寺

体は和様の春日厨子の形を守るものが多く、折衷式の特徴は主として基壇部に見られる。三重・福成就寺舎利厨子（重文・文明一二年＝一四八〇）は唐様基壇の軸部に連子を入れた折衷様であり、特殊なものでは兵庫・鶴林寺厨子（重文・室町時代）のごとく下に唐様独特のS字形四脚を備えたものもある。

箱形厨子　奈良時代から経巻その他のものを収納した厨子の形式で、両開きの扉をつけ、下に格狭間や牙形の床座を備えるのが普通である。この箱形厨子は室町時代以後は春日厨子の屋蓋部を省略したものとして一形式を示している。また春日厨子、あるいは携行用の首掛厨子などで奥行きを浅く作ったものを特に**平厨子**（ひらずし）と呼ぶこともある。

木瓜《もっこう》形厨子　屋根、軸部、基台部の断面に丸味をもたせ、さらにその四方を入角（いりすみ）とした厨子形で、室町時代にはじまり、桃山から江戸時代にかけて流行する厨子である。

携行用厨子　携帯に便利なように工夫された厨子で、大阪・久保惣美術館の胎蔵界八葉曼荼羅仏龕（重文）や、兵庫・清涼院の諸尊集会の黒漆厨子（重文・平安後期）、奈良・額安寺の首掛駄都種子曼荼羅厨子（重文・至徳四年＝一三八七）は本体部を薄くつくり上部や側面に紐通しの鐶を備えた首掛け式の厨子である。また春日厨子でも屋根と本体部と基壇をそれぞれ分離させて携行の便をはかるものがある（奈良国立博物館春日神鹿舎利厨子や、奈良・玉林家密観宝珠舎利厨子など）。なお桃山時代以降では小形の木瓜形厨子の頂上に鐶をつけた**懐中用厨子**なども流行する。

棚厨子　正倉院の北倉には檜の厚板三枚に三対の角柱を通し楔でとめた四方吹抜けの棚が二基あり、棚厨子の名がある。献物帳には記載がないが、弘仁二年（八一一）の勘物使解にしるされ、天平の当初から聖武天皇遺愛の品を載せたものとしられる。このような形式のものは、平安時代以降は厨子棚とか二階棚、二階厨子と呼ばれて貴紳の住宅における調度品として用いられるようになる。

(2) 厨子の用途

以上を通観すると仏教で使用される厨子には、納経厨子・舎利厨子のほかではほぼ次の三種が主要なものといえる。

仏像安置厨子　寺院に備えられる厨子の主たるものはこの仏像安置用の厨子で、先述のように玉虫厨子以来の伝統がある。その形は主として殿堂建築に準じたものであるが、平安時代の遺品はほとんど現存するものがなく、鎌倉時代以降に遺品が多い。

仏画奉懸厨子　宝亀一一年（七八〇）の『西大寺資財帳』に補陀落山浄土変や薬師浄土変・弥勒菩薩画像などをかける「仏台」と呼ばれる厨子は、上に布裂製の天蓋をつけ四本柱を立て、下に机や牙床を台とした奥行きの浅い吹抜け厨子で、四隅に幡をさげている。当時の画像用厨子として通行したものと見え、その名は正倉院文書から下って平安時代の文献にも見られる。この式の奈良朝遺品は残っていないが、平安前期の当麻曼荼羅厨子はこの系列に属するものである。（現在のは仁治三年修理時に取り付けたもの）。奈良・円成寺厨子は奥行きの浅い形で、応安三年（一三七〇）在銘のものは二基がある。また奈良・長福寺の奥行き浅い内部に直接に普賢十羅刹図を描いた正和二年（一三一三）在銘厨子（33図）などもこの**絵厨子**の伝統をつぐものである。滋賀・安楽律院にも阿弥陀二十五菩薩来迎図を描いたこの種の厨子が見られる。なお法然上人絵伝には、磬架を丈高にした形式で、笠木の下に絵をかける横木を渡した絵架※28が描かれている。

仏龕（枕本尊）式厨子　厨子の一種として石窟寺院などの系統をひいて、諸尊を厨子内に刻み出した仏龕式のものがある。高野山金剛峯寺の木造諸尊仏龕（唐時代・国宝―附属の銅製厨子にも文明一八年の銘がある）はその代表的なもので、八角形の筒形の檀木を中央から縦割りし、さらにその前半部を左右に割って扉とし、それぞれの内側を刳って釈迦を中心とした諸尊を彫出している。三重の乾宏氏の木造諸尊仏龕（唐時代・重文）も同形式のものである。こ

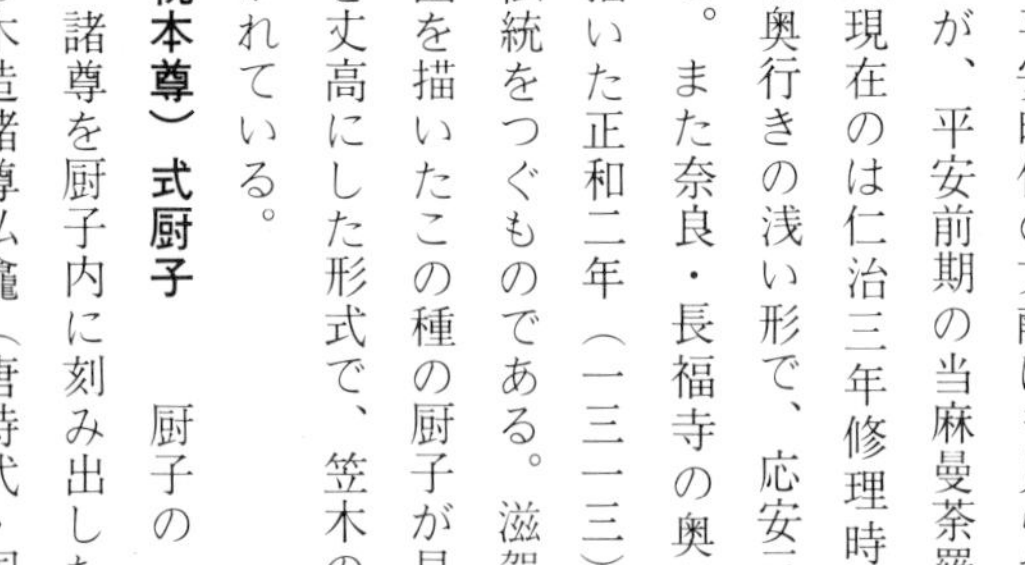

※28　法然上人絵伝に描かれる仏画奉懸のための台。

33　仏画奉懸厨子　平安前期　奈良　長福寺

32　黒漆塗宝形造厨子　奈良　東大寺

35　春日形弥勒菩薩厨子　鎌倉時代　奈良　興福寺

34　春日形地蔵菩薩厨子　鎌倉時代　奈良　東大寺

の筒形仏龕は中国宋時代のものもある。また厳島神社の釈迦及諸尊[※29]箱仏（唐時代・重文）はこれを長方形の箱形にまとめた三面式仏龕の優品であり、高野山普門院の木造釈迦如来及諸尊像（唐時代・重文）も、もと両扉を備えた三面式であったと思われる。この中国式の仏龕厨子はわが国でも倣製されている。大阪・久保惣美術館の木造胎蔵界八葉院曼荼羅刻出龕（重文）は、一一世紀を下らぬこの種の優品である。また、鎌倉時代以降のものも偶目される。

その他　京都・花背経塚出土の金銅毘沙門天立像（重文・仁平三年を基準）は厨子代わりの金銅製円筒に納められていた珍種である。また鳥取・大山寺には鉄製厨子（重文・承安二年を基準）があり、栃木・温泉神社の銅祠（重文・永正一〇年―一五一三）も四注造りの厨子としてなかなかのものである。

そのほか基準作品としての厨子に法隆寺食堂厨子（文永五年）、千葉・白浜観音堂厨子（文保二年）、大分・田野稲守寺厨子（正平二年）、奈良・唐招提寺食堂厨子（応永二〇年）、埼玉・安行宝広寺厨子（文明一五年）、山梨・一宮浄泉寺厨子（永正四年）、奈良・正暦寺厨子（永正四年）、埼玉・鳩山妙光寺厨子（永禄一一年）などがしられている。

四、華鬘

華鬘は仏殿の内陣の長押《なげし》などに懸ける荘厳具で、その形はおおむね団扇形をなし、唐草文や蓮華文を切り透したものが多い。のちには寺院のみならず神輿の長押や帽額《もこう》にも懸け飾ることが行われた。

華鬘は梵語で倶蘇摩摩羅（クスママラ・**Kusmamālā**）といい、『玄応音義』巻一に倶蘇摩は華、摩羅は鬘の意味としるされる。発生的には野の花を連ねて飾りとし、あるいは貴人に捧げたものが、やがて仏前に供えるものとなったようで、花鬘を供養すれば諸尊が歓喜するとの功徳を説いたり、また比丘はこれをつけることを許されず、仏の供養に用いよといった経説もある。『守護国界主陀羅尼経』巻九には「種々の宝をもって、用って華鬘を作り荘厳と為す」とあることからも、供養具から荘厳具へと用法が変化したものである。

わが国では『日本書紀』の持統天皇元年の条に出る「花縵」の語が初見で、そのほか古記録では花縵・花鬘・華鬘などの文字があてられ、またこれらに「代」の字を付けて花鬘代、華鬘代などとするものも多く、さらに糸花鬘・玉花鬘・珠鬘などの名もでる。これらは本来の供養のための生花からしだいに他の材質をもって代用して恒久性をはかり、荘厳具に転じたことをも示すものである。しかし当初の生花を連ねた伝統は形式の上で残存し、華鬘の多くは紐の残りを総角（あげまき）風に中央に結び飾るのを通制としている。

華鬘の材料は正倉院の羅花曼のごときものもあるが、遺品の大多数は金銅製で、そのほか牛皮製や、木製のものもあり、まれに珠玉製のものを見る。

正倉院の華鬘　奈良朝以前の華鬘のことはあまり明らかでない。『日本書紀』持統天皇元年の「花縵（はなかずら）を以て殯宮（もがりのみや）に進（たてまつ）る。此を御蔭（みかげ）と曰す」とあるのが生花であったか造花であったか、またその形がどのようなものかも確かめがたい。ただ正倉院には二、三の華鬘に関係する遺品がある。その一つは羅花曼（らのけまん）と呼ばれるもので、その墨書銘から、『続日本紀』の天平勝宝八歳（七五六）に出る聖武天皇を佐保山陵に葬送するときに用いられた花縵に該当する品である。葛を芯にして緑地臈纈絁《ろうけちし》[※30]と花文夾纈羅《きょうけちら》[※31]で花結びの輪をつくり、それに夾纈羅の垂飾帯をさげたものである。さらに正倉院には花形裁文および鳳凰形裁文と呼ぶものが各一八枚ずつある。花形裁文（36図）は金銅板を複合花文に切透して花芯や花弁に鈴や緑ガラス、水晶などを飾っている。鳳凰形裁文（37図）は蔓草風の飛雲に乗った一対の鳳凰を金銅板に透し彫りし水晶玉や鈴を飾っている。この両者は一具として堂内を荘厳したものと見られ、金銅華鬘の先駆的遺品といえる。『多度神宮寺資財帳』や『安祥寺資財帳』などに出る花鬘代の語はこのような生花でない材質の華鬘が定着したことを物

※29　厳島神社の三面式仏龕厨子（縦二三・〇、横一七・四、厚九・四㎝）右は内部、左は蝶番でつないだ表面で総漆塗りに飾金具を打ちつけている。

※30　臈纈で染めたあらい織物。

※31　古代の染色法である夾纈で染めたうすい絹をさす。夾纈は板締ともいい、凹凸の模様をほった薄板二枚で固く原糸や布を挟んで染料をかけて模様をつくる。

36　花形裁文　奈良時代　正倉院

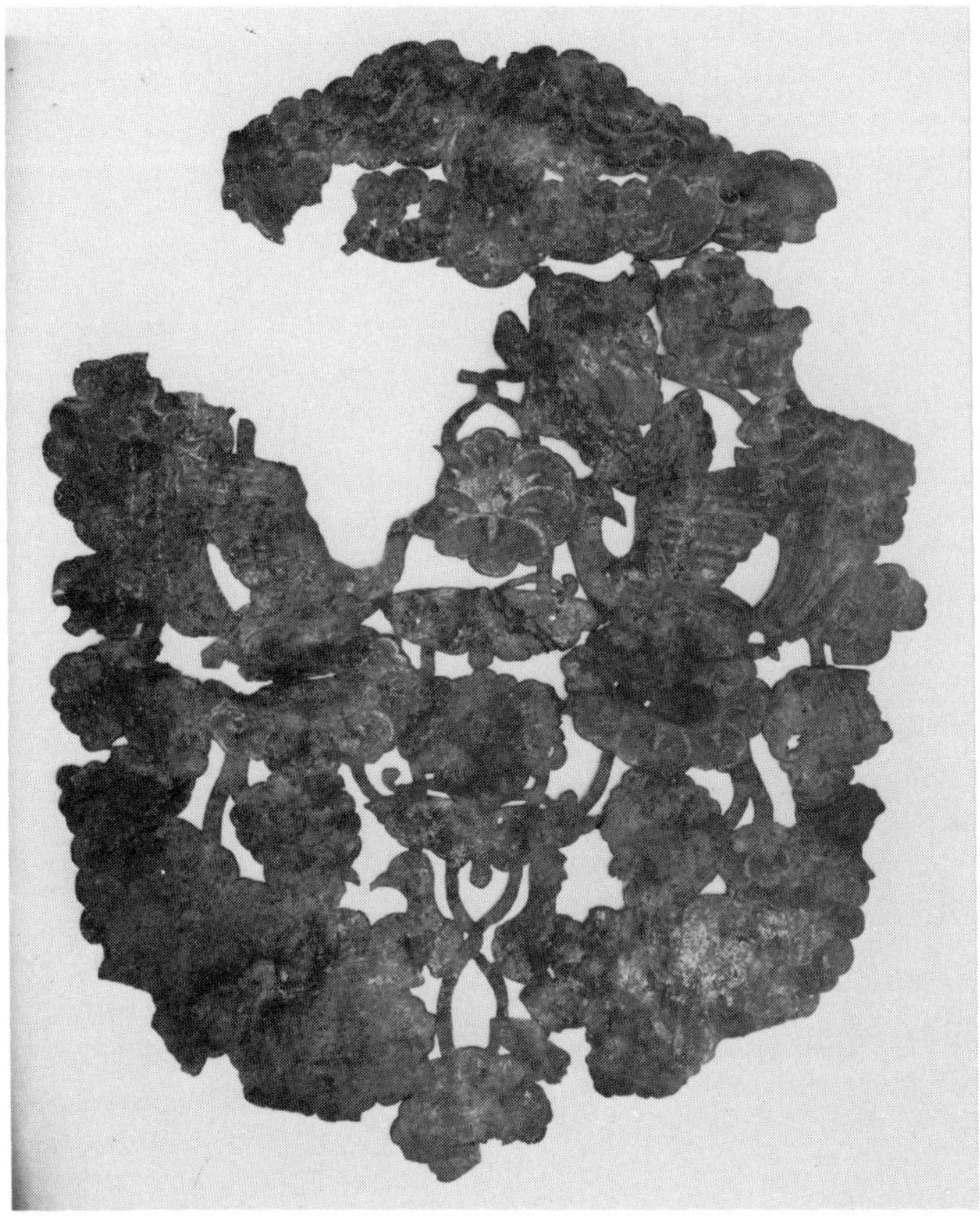

38　唐花尾長鳥文牛皮華鬘　平安初期　奈良　唐招提寺

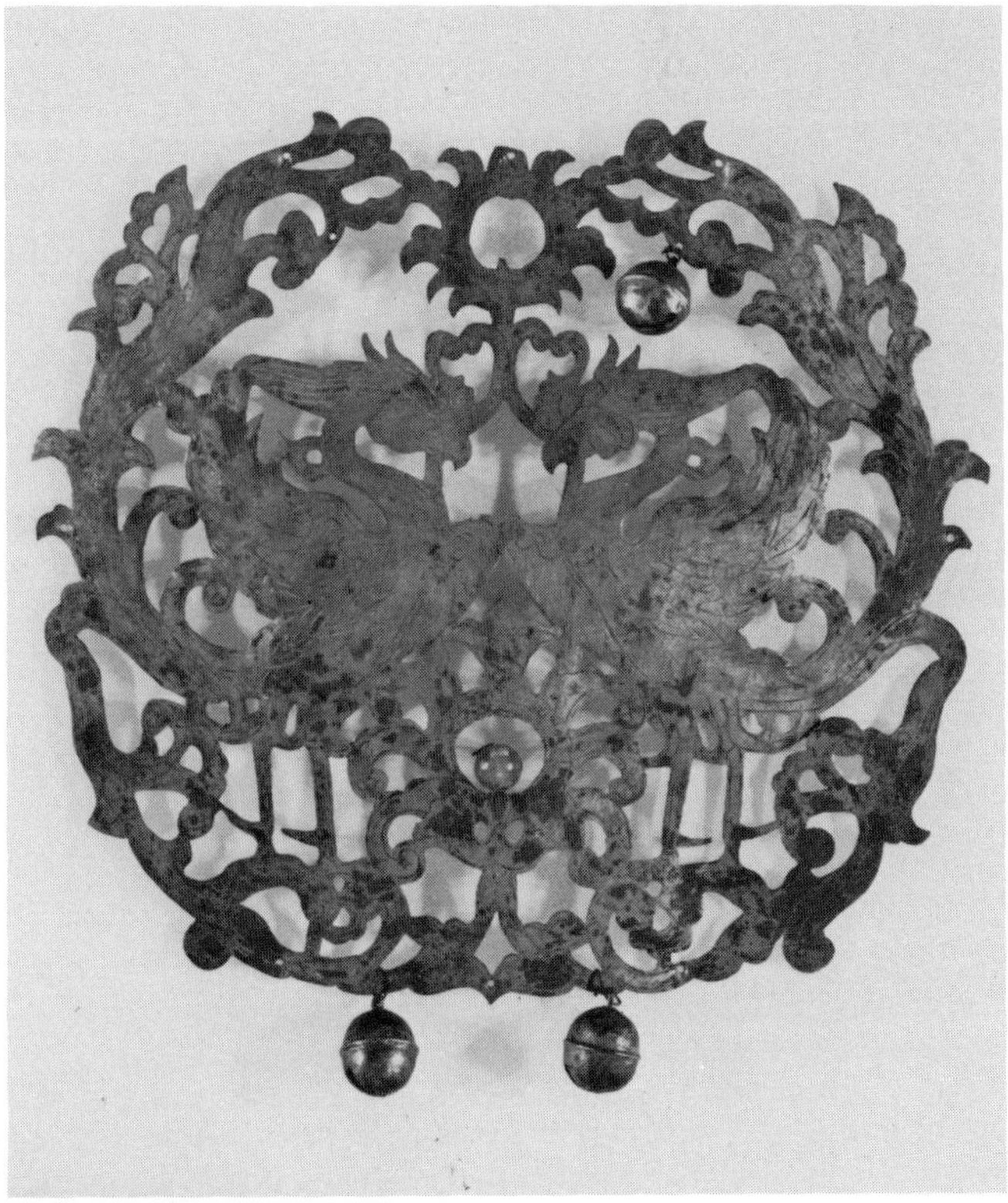

37　鳳凰形裁文　奈良時代　正倉院

語るものであろう（なお正倉院には各種の色ガラスを連ねた玉華鬘[※32]のような品もあるが、これは華鬘でなく華籠であろうとする説が強い）。

(1) 金銅華鬘

正倉院の花形や鳳凰形の裁文華鬘につづく平安前期の遺品はない。平安後期の銅製華鬘を代表するのは中尊寺金色院の金銅迦陵頻伽文華鬘六面（国宝・42図）である。宝相華唐草透彫りの地に迦陵頻伽文を対向させたものであるが、このうち三面は製作がことに優秀で清衡壇（中央）に属すると見られ、これに次ぐ二面は基衡壇（西南）、他の一面は製作がやや粗で秀衡壇（西北）に所属すると解されるものである。

鎌倉時代のものでは大阪・細見実氏の金銅透彫尾長鳥唐草文華鬘（重文・43図）がまずあげられる。宝相華唐草の表現や左右に貼成される薄肉打出しの尾長鳥の細工もみごとな品である。この華鬘は滋賀安土の浄厳院伝来といわれ、同作のものが東京国立博物館とオランダ・アムステルダム国立博物館に各一面がある。

滋賀・長命寺の金銅透彫種子華鬘六面（重文・47図）は、寛元元年（一二四三）の銘板を備え、団扇形の普通様華鬘であるが覆輪下端から垂下する瓔珞を含め、ほぼ完全に原姿を伝える優品である。滋賀・兵主大社の金銅種子華鬘六面（重文・44図）も鎌倉時代を代表する遺品で、蓮華をさし連ねて輪郭をつくり、総角を左右に開いて、中央に蓮台にのり火焔光背をつけた金剛界大日如来の種子（梵字・バン）を安置している。豪快重厚な形姿で製作も優秀な品である。このほか鎌倉後期の遺品では、滋賀・金剛輪寺に金銅透彫蓮唐草華鬘が大小二面ある。また和歌山・鞆淵八幡の神輿附属のものは円形の異形式品ではあるが、安貞二年（一二二八）の基準作として見逃せない。

室町時代のものでは滋賀・神照寺の金銅透彫華鬘一一面（重文・51図）がある。やや縦長の団扇形を示し、総角の紐の左右に花瓶に挿した蓮華の文様を透彫りしたもので、下端の垂飾もよく残っている。しかし釣鐶座の構造が複雑で大振りになるのが目につく。この神照寺華鬘は附属の木箱に嘉吉元年（一四四四）、また附属の麻袋に文明一三年（一四八一）の墨書があり、製作年代が推定できる点で重要である。

なお密教では組糸華鬘と種子華鬘を併用するが、その種子華鬘は金銅製で、蓮台上に金剛鬘菩薩[※33]の種子を用いる。

⦿金銅迦陵頻伽文華鬘　六面　（平）　岩手・中尊寺金色院〈42図〉
◎金銅尾長鳥文華鬘　一面　（鎌）　大阪・細見実(浄厳院伝来)〈43図〉
　〃　一面　（鎌）　東京国立博物館（右同作）
◎金銅種子華鬘　六面　（鎌）　滋賀・兵主大社〈44図〉
◎　〃　六面　（鎌）　滋賀・長命寺(寛元元年銘)〈47図〉
　金銅蓮唐草文華鬘　二面　（鎌）　滋賀・金剛輪寺
◎金銅円形華鬘　（鎌）　和歌山・鞆淵八幡（神輿付属・安貞二年銘）
◎金銅蓮華文華鬘　一一面　（室）　滋賀・神照寺〈51図〉

(2) 牛皮華鬘

仏前荘厳の具に獣皮を用いるのは不当のようであるが、実際には上代の社寺に伝わる什宝に皮革を用いたものは多い。華鬘の場合も同様で、皮革製のものを牛皮《ごひ》華鬘と総称する。この牛皮華鬘は定型化した華鬘の流れの中ではむしろ銅製華鬘より先行するともいえる。

奈良末から平安初期のものに唐招提寺牛皮華鬘（38図）八面があり、また平安後期のものに京都・東寺伝来品（奈良国立博物館蔵）（39・40図）一三面があり、さらに京都・峰定寺（41図）にも平安後期の牛皮華鬘七面を伝えるなど古い遺品が比較的多い。唐招提寺のものは保存のよいものによると縦一〇六・五cm、横八三・二cmの大形品で、ことに縦長に作られるところが他と異なっている。文様は宝相華や蓮華や雲を背景にして蝶を散し、蓮華にとまる一対の尾長鳥と、一対の鴛鴦を上下に配しており、天平時代の文様意匠の伝統を強く残すものである。興福寺にも残欠ながら宝相華唐草文を切り抜く牛

※32 本書第一章—3（143頁）参照。

※33 金剛鬘菩薩の種子。

39　迦陵頻伽宝相華文牛皮華鬘　平安時代　奈良国立博物館

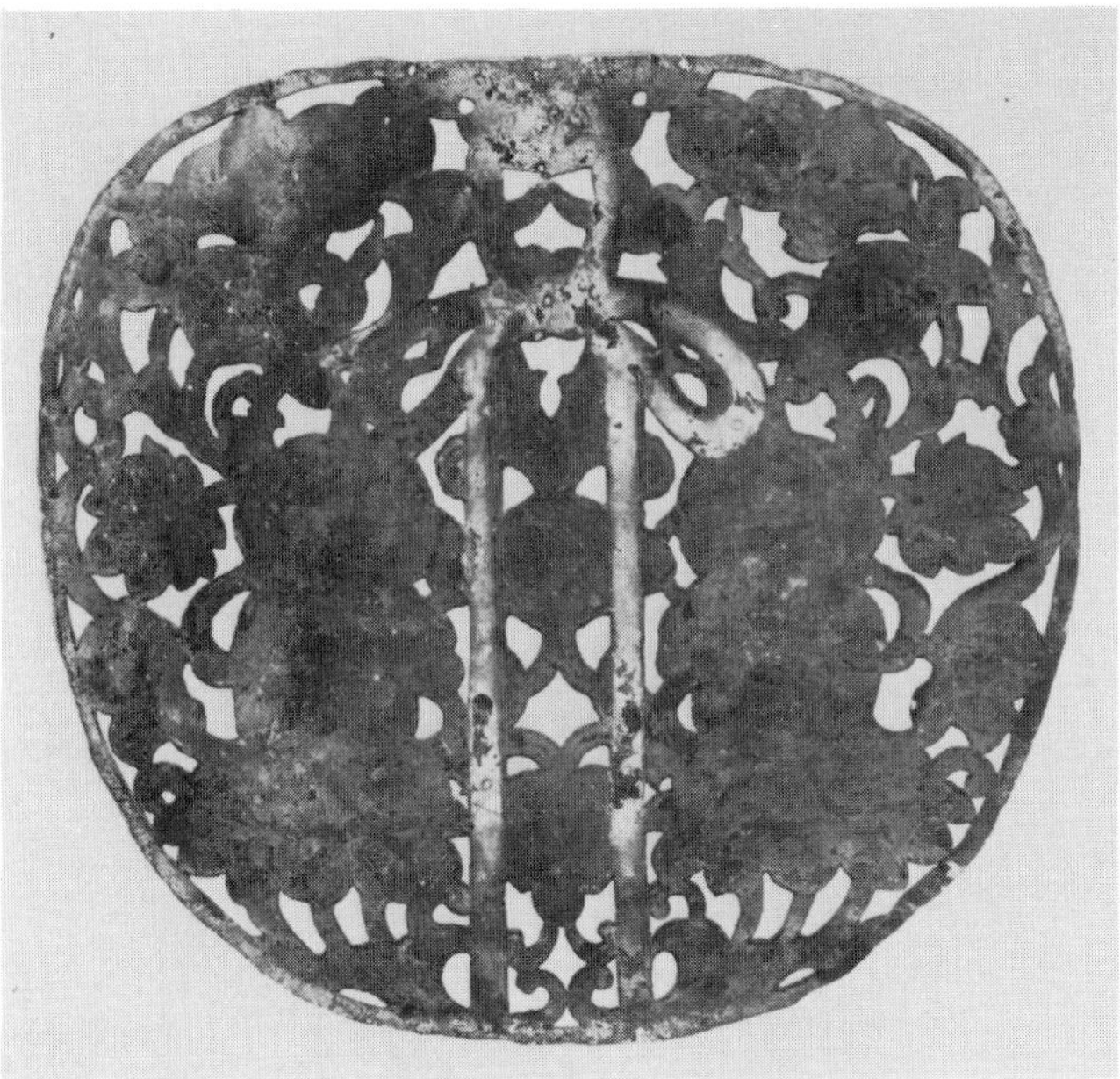

41　菩薩唐草文牛皮華鬘　平安時代　京都　峰定寺

40　迦陵頻伽宝相華文牛皮華鬘　平安時代　奈良国立博物館

43　尾長鳥文金銅華鬘　鎌倉時代　大阪　細見実氏

42　迦陵頻伽文金銅華鬘　平安時代　岩手　中尊寺金色院

皮華鬘一面があり、さらに奈良・玉林一雄氏蔵品にも三月堂伝来という牛皮華鬘一対があるなど平安初期を遡る華鬘の形制をしることができる。

　東寺旧蔵の牛皮華鬘一三面はすべてが一具ではなくいくつかの種類の混成であるが、意匠の上からは㈠宝相華文を地とし、総角の左右に迦陵頻伽を対向させるものと、㈡宝相華と総角文のみで全面を飾るものの二種となる。それぞれ大小精粗の差はあるが合わせて牛皮華鬘中の白眉と称すべき遺品である。なお東京国立博物館にも明治初年に三条西家より寄贈された迦陵頻伽文の牛皮華鬘一面があり、もと東寺旧蔵品という。

　京都・峰定寺の七面はやや小形であるが、牛皮を切り透した蓮華唐草文を背景にして、総角の左右に華籠を捧げる菩薩を対称に配した意匠である。彩色の剝落が進み文様も不鮮明であるが、各部に残された截金《きりかね》手法などは東寺旧蔵品をしのぐものがある。

　鎌倉時代以降も牛皮華鬘は用いられたようで、東京国立博物館には興福寺伝来と称する牛皮の種子華鬘（46図）がある。逆三角に近い形式で中央に蓮台上の種子（ア）を大きくあらわし左右に瑞雲をあしらう。密教における阿字観※34に脈絡するのか、この種の阿字華鬘は近世のものに比較的多いがこれはその古例である。そのほか愛知・長滝寺（押箔蓮華文）や奈良・法隆寺舎利殿（宝相華文）などにも室町時代の牛皮華鬘がある。

◎唐花・雲・蝶・鳥文牛皮華鬘　八面　（奈）　奈良・唐招提寺〈38図〉
⦿迦陵頻伽宝相華文牛皮華鬘　一三面　（平）　奈良国立博物館（東寺旧蔵）〈39・40図〉
菩薩・蓮唐草文牛皮華鬘　七面　（平）　京都・峰定寺〈41図〉
迦陵頻伽文牛皮華鬘　一面　（平）　東京国立博物館（東寺旧蔵）
鳳凰・蓮唐草文牛皮華鬘　二面　（平）　奈良・玉林一雄
蓮台種子牛皮華鬘　二面　（鎌）　〃　（興福寺伝来）〈46図〉
押箔蓮花文牛皮華鬘　一面　（室）　愛知・長滝寺
宝相華文牛皮華鬘　一面　（室）　奈良・法隆寺

(3)　木製華鬘

　木製華鬘はあまり古い遺品はなく鎌倉時代以降のものが散見されるが、その中では奈良・霊山寺の木製彩色華鬘二面（重文・48図）が筆頭にあげられる。この品は青、白、赤に塗りわけた開敷蓮華を差し連ねて輪とした形式で、華鬘の原初形態を示すものであり、木製華鬘中でも珍品である。岡山・弘法寺の木製彩色蓮華文華鬘（重文）は、康応元年（一三八九）の箱書き銘をもつ基準作例である（奈良国立博物館にもこれと一具のもの二面あり・49図）。鎌倉・鶴岡八幡宮の木製彩色桐竹鳳凰文華鬘（143頁57図）もめずらしいもので、総角に代えて中央に桐樹を立て左右に意匠を変えた鳳凰を対向させる意匠的には年代の下降を思わせるが、形式や彫法から鎌倉後期から南北朝期にかかるものとみられ、神仏習合的な神社系華鬘として注目される。

　このほか鎌倉末期から室町時代にかけての遺品がいくつかみられる。滋賀・醍醐寺の蓮華種子（阿字）文華鬘（45図）や、奈良・室生寺の牡丹双鳥文華鬘、東京国立博物館の宝相華迦陵頻伽文華鬘（高野山丹生神社伝来）などがそれである。

　室町時代のものでは東京国立博物館に蓮華荷葉文華鬘や、高野山南大門外地蔵堂にあった蓮華文彩色華鬘があり、また婦人騎馬図彩色華鬘（二面）や雅楽の胡蝶舞を彩色した華鬘（いずれも高野山丹生神社伝来）など絵馬に通ずる意想の華鬘も所蔵されている。

◎蓮華つなぎ文木製彩色華鬘　二面　（鎌）　奈良・霊山寺〈48図〉
◎蓮華文木製彩色華鬘　一面　（鎌）　岡山・弘法寺（康応元年銘）
〃　二面　（鎌）　奈良国立博物館（右と一具）〈49図〉
桐竹鳳凰文木製彩色華鬘　一面　（鎌）　神奈川・鶴岡八幡宮
蓮台種子木製彩色華鬘　四面　（鎌）　滋賀・醍醐寺〈45図〉
牡丹双鳥文木製彩色華鬘　一面　（鎌）　奈良・室生寺
宝相華迦陵頻伽文木製華鬘　一面　（鎌）　東京国立博物館（丹生神

※34　一切万有を一個の「阿」字に総括し、本不生の理を観念する密教の行法。

45　蓮台種子木製彩色華鬘　鎌倉時代　滋賀　醍醐寺

44　種子金銅華鬘　鎌倉時代　滋賀　兵主大社

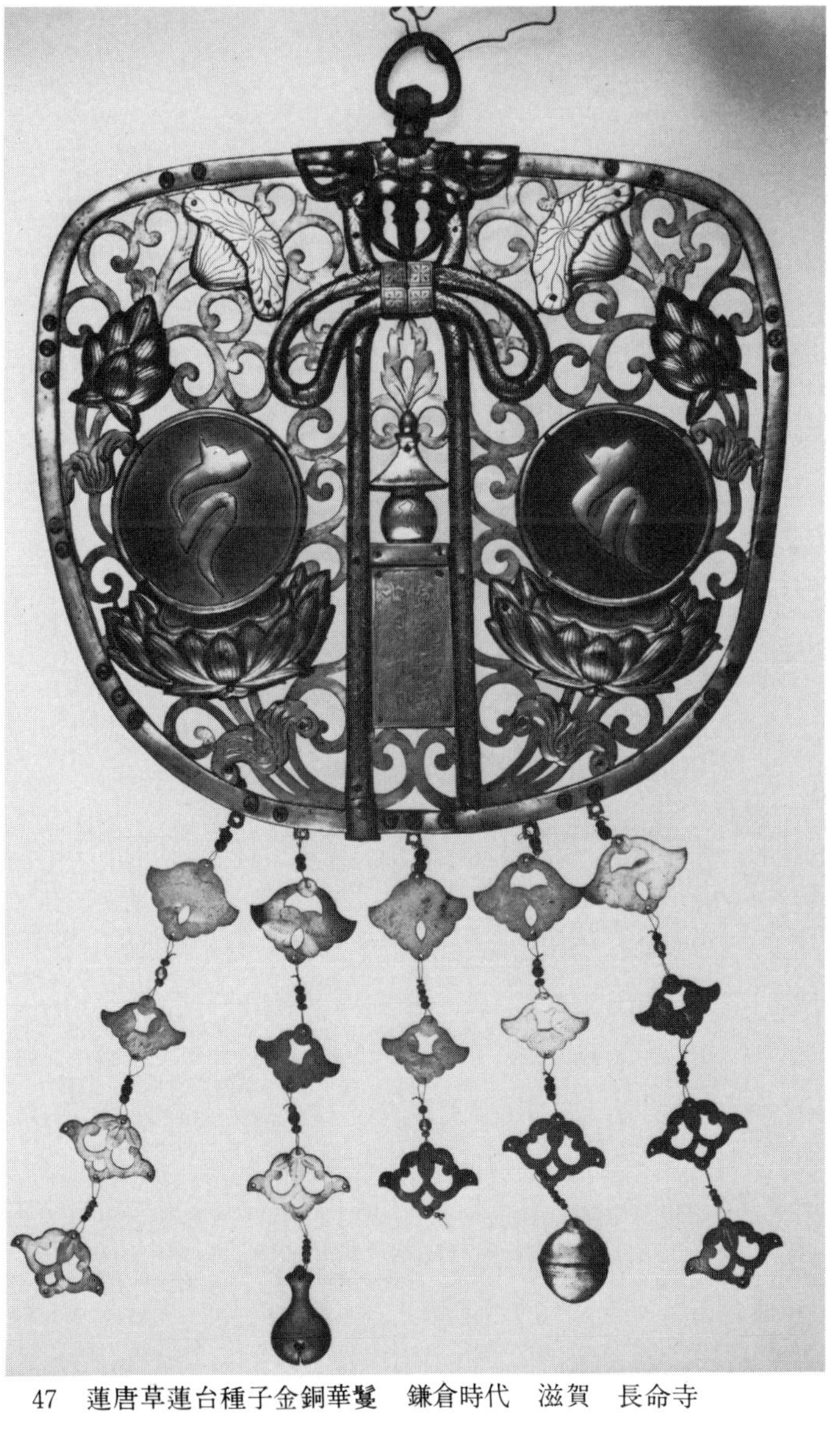

47　蓮唐草蓮台種子金銅華鬘　鎌倉時代　滋賀　長命寺

46　蓮台種子牛皮華鬘　鎌倉時代　東京国立博物館

社伝来）
蓮華荷葉文木製華鬘　一面（室）東京国立博物館
蓮華文彩色木製華鬘　一面（室）東京国立博物館（高野山地蔵堂伝来）
婦人騎馬図木製彩色華鬘　二面（室）東京国立博物館（丹生神社伝来）
胡蝶舞文木製彩色華鬘　一面（室）東京国立博物館（〃）
蓮華化生文木製華鬘　一面（室）滋賀・観音寺〈50図〉

(4) 糸華鬘・玉華鬘

貞観一九年（八七七）の『広隆寺資財帳』に「糸花縵、貳拾懸」と見えるから、平安初期に糸華鬘の存在したことがしられる。玉華鬘も古くから用いられたはずであるが、『東大寺続要録』建久四年の正倉院開検文の中に「玉華鬘一枚」とあり、また鎌倉時代の[※35]『石山寺縁起絵巻』の本堂の長押に描かれたものをみる程度で、それ以上の遡及ができない。玉華鬘の遺品としては神奈川・称名寺に三面（重文・52図）がある。上に金銅蓮華形の鐶座をつけ、中央に金銅線を縄状にして総角を作り、周縁に棗形の水晶玉を金銅線でさし連ねており、下方の瓔珞にも金銅花形金具に色硝子を飾っている。製作も鎌倉後期とみられるもので華鬘中での稀品である。

◎玉華鬘　三面（鎌）神奈川・称名寺〈52図〉

(5) 時代による華鬘の特徴

以上を通観すると、次のような時代による特徴がうかがわれる。

形制　正倉院の花形裁文や唐招提寺の牛皮華鬘は例外として、正倉院の鳳凰形裁文においてすでに団扇形を示す。平安前期から後期にかけての牛皮華鬘や、中尊寺の迦陵頻伽華鬘、あるいは細見実氏の尾長鳥華鬘など鎌倉前期までの華鬘はむしろ横幅の広い安定した形姿を保っているが鎌倉時代以降になるとしだいに丈高の器形の品が多くなり、また肩の張りと腰の締りのバランスがくずれて、極端な倒卵形や膨方形、あるいは膨三角形や円形のものなどが現れてくる。

意匠文様　古式のものでは興福寺牛皮華鬘のようにむしろ宝相華文を主体とする傾向がある。これに奈良朝の伝統を引く双鳥文を加えたものが唐招提寺牛皮華鬘であり、やがてこれが中尊寺の迦陵頻伽文や、峰定寺の讃嘆菩薩、あるいは細見家の尾長鳥を対称させた意匠に流れてくる。

鎌倉時代以降では宝相華文より蓮華文が多くなる傾向があり、神照寺の花瓶蓮華文から発展して、蓮池[※37]をあらわして生態供養を意図するものが多出するようになる。また梵字文華鬘のごとき意想を異にする新種があらわれるとともに、時代の好尚にしたがった自由な意匠が続出し、中には絵馬との混淆種をも生むにいたっている。江戸期では簡易な定型化を示して蓮池文をあらわした品が多くなる。

細部の手法　古い遺品は生花をくくった紐の残りである総角などが実在感を持ちながらも消極的な表現を保つが、ことに室町時代以降ではこれが装飾の役割を増し、盤面の中央に大きく表現される傾向がみられる。また釣鐶座も鎌倉時代に入ると金工技法を強調して菊座を重ねてやや大形になるが、室町以降は技法が拙劣になるにもかかわらず釣鐶座の面積を大きくとり、かえって品格に欠けるものが多くなる。さらに時代が降ると銅板も薄く、製作もはなはだ粗となり、文様も片面のみで終わるものが通常となる。

五、幡

幡は梵語でパータカ（patākā）といい、波多迦にあてる。中国の訳語でこれを幡と名づけるが、わが国では平安時代の『倭名抄』[※38]ですでに「波太（はた）」と訓じている。

幡は仏殿内の柱や天蓋にかけ、また堂外の庭に立て飾って仏菩薩を荘厳するものであるが、その発生や意義には諸説がある。

『阿含経』では波羅門《ばらもん》が人に勝るの法を悟ったとき屋上に幡を立ててこれを四方に告知したといい、『維摩経』では外敵を破るとき

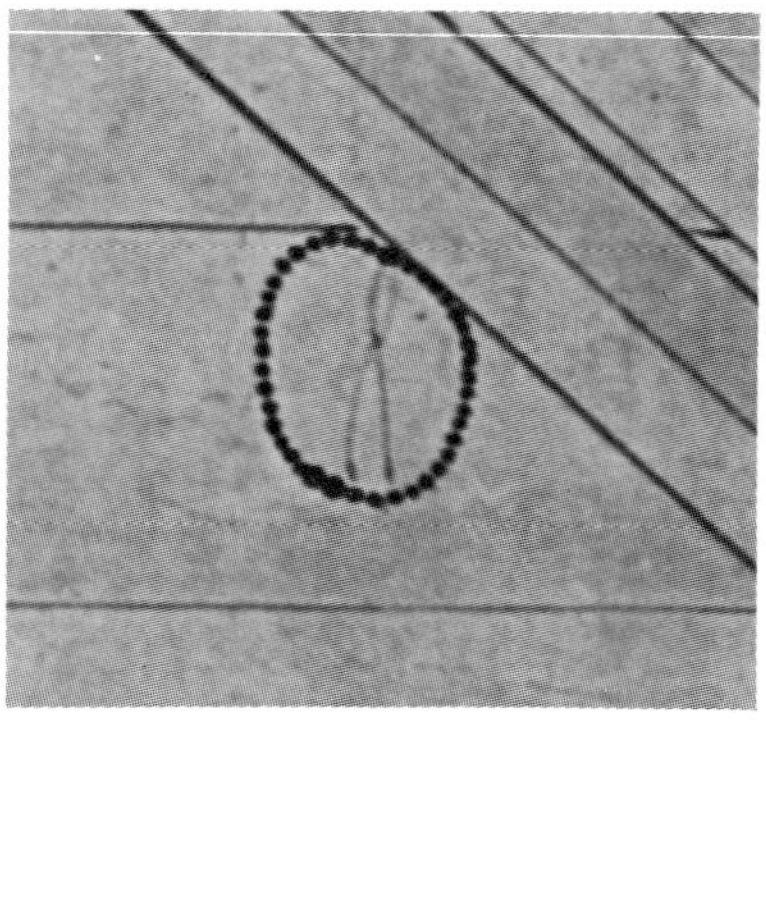

※35　石山寺縁起絵巻に描かれる玉華鬘。本堂の長押にかけられている。

※36　厨子の戸帳の前などに用いられる紐華鬘（現代）。

※37　蓮を植えてある池。

※38　正式には『倭名類聚鈔』（わみょうるいじゅしょう）という。わが国最初の漢和辞典。源順著。承平年中（九三一―九三八）、醍醐天皇の皇女勤子内親王の命によって撰進された。

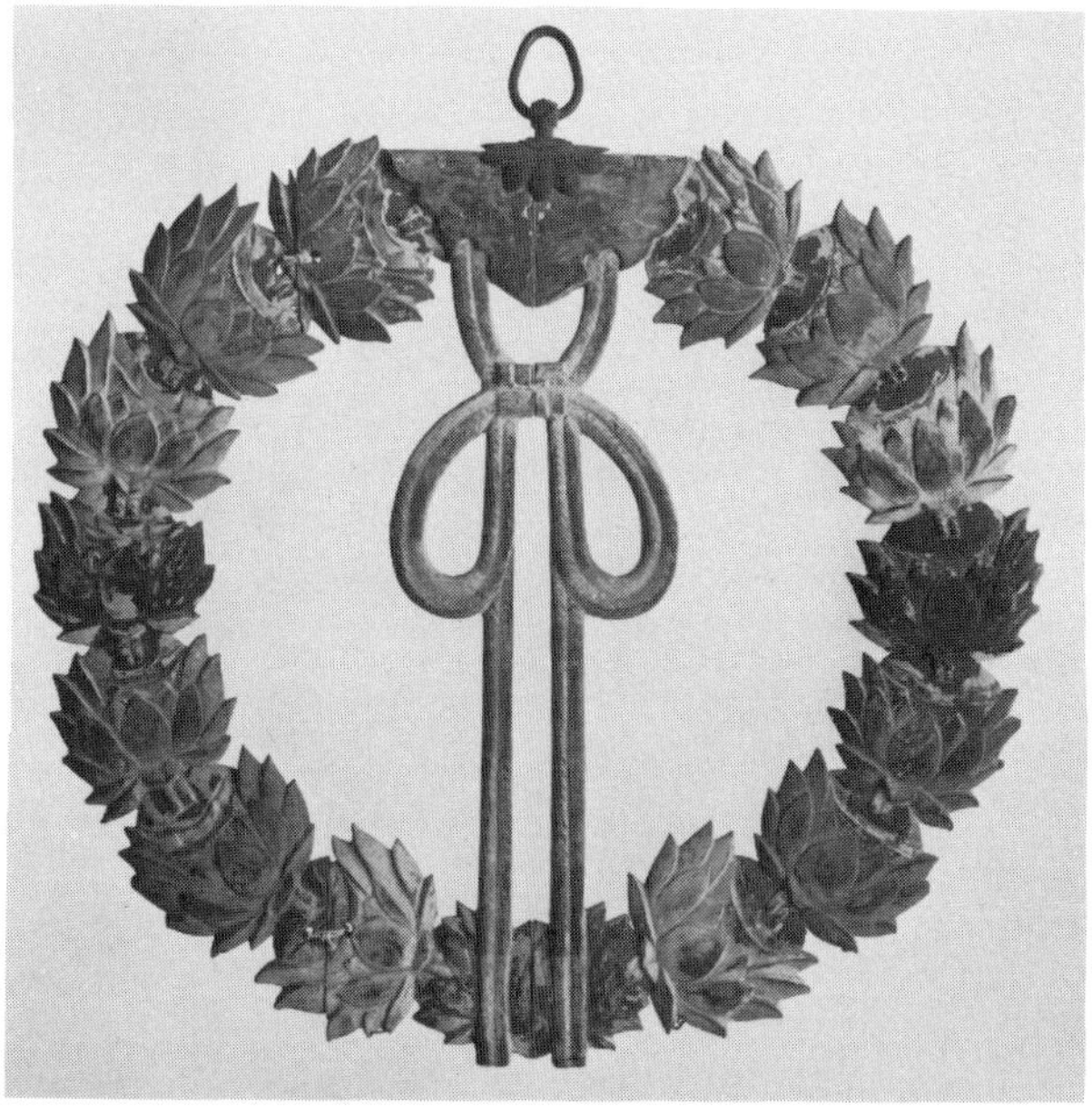

48 蓮華つなぎ文木製華鬘　鎌倉時代　奈良　霊山寺

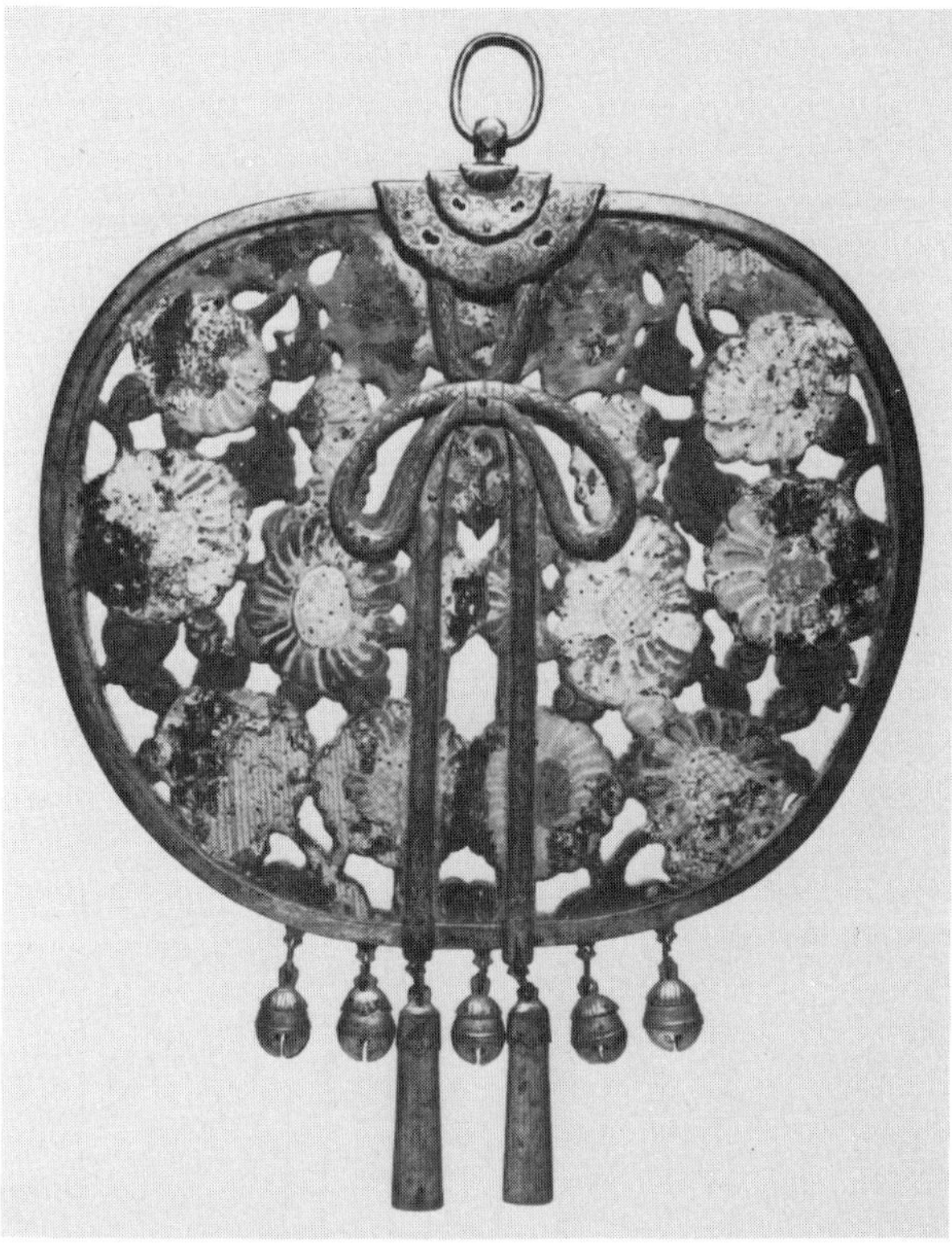

49 牡丹文木製彩色華鬘　鎌倉時代　奈良国立博物館

50 蓮華化生文木製華鬘　室町時代　滋賀　観音寺

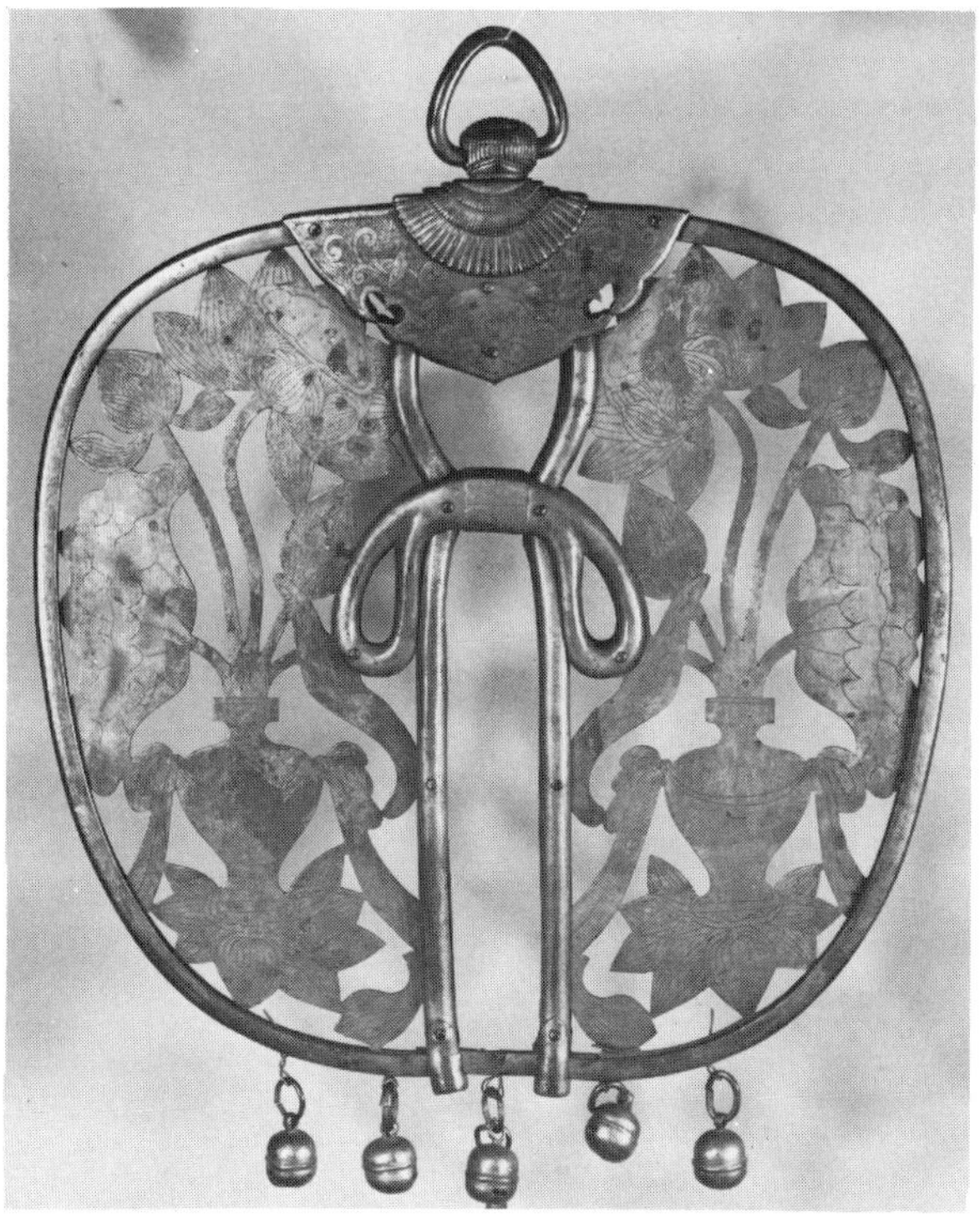

51 華瓶蓮華文金銅華鬘　室町時代　滋賀　神照寺

52 玉華鬘　鎌倉時代　神奈川　称名寺

勝幡を立てるが、道場の魔を降伏させるのも同様であるとして、戦勝幡が転じて仏教の降魔のしるしとなることを説いている。かくして幡を作って功徳を得た波多迦長者の話や、阿育王が続命幡によって寿命を延ばした話など幡にまつわる多くの功徳譚も生じている。また『灌頂経』第二には「我れ今亦黄幡を造作し、刹上に懸著せんことを勧む。福徳を獲て、八難の苦を離れ、十方諸仏の浄土に生ずることを得せしめん。幡蓋を供養せば、心の所願に随って菩提を成ぜん」と記され、造立と供養の功徳を説いている。

　このようなインド発生の幡が中央アジアから中国にかけて盛んに用いられたことは『法顕伝』※39や『北魏僧恵正使西域記』あるいは『洛陽伽藍記』などの記するところである。これがやがてわが国に伝えられたことは欽明天皇一三年（五五二）百済から仏像や経論とともに「幡蓋若干」が贈られ、また推古天皇三一年（六二三）に新羅から仏像や塔などとともに「大灌頂幡一具、小幡十二条」が贈られた（ともに『日本書紀』）ことによってもしられる。また『続日本紀』天平勝宝八歳（七五六）一二月の記事によると、聖武天皇御一周忌斎会の荘餝料として、越後から日向におよぶ二六国の国別に灌頂幡一具と道場幡四九首（計、灌頂幡二六具・道場幡一二七四首）を下賜しており、当時の幡の製作と使用の情況がうかがわれる。この記録に出る灌頂幡や道場幡は今も正倉院に残されている。

(1) 和幡

幡の形と上代の遺品　わが国で多く用いられる幡の形式は、おおよそ人体になぞらえてその名称がつけられている。すなわち頂上に三角形の幡頭をつくり、それに細長い幡身をつらね、幡身はいくつかの坪に区切って、坪の左右に二本ずつの幡手を出し幡身の下端には数条の長い幡足を垂下するのを通制とし、古い遺品では幡頭の頂上から舌を吊すものもある。しかしこの形を鳥の姿にもとづくとする説もある。

　幡身の坪数や坪の縦横の比例などは時代や種類によって一定しないが、正倉院や法隆寺献納宝物の幡の遺品からすると、奈良時代までの幡は、灌頂幡のような大形幡の幡身は六坪で、道場幡のごとき小幡は四坪に仕立てたものが多い。もっとも正倉院の幡にも幡身を一坪にしたものや、三坪に作った品もある。この点では敦煌壁画（一〇二窟）中に大幡で身を六坪にしたものがあり、また引路菩薩図には四坪幡が多く、他に一坪幡があるなど、おおよその形制は相通ずるものがある。

　また奈良朝の幡では幡足は五条を垂下した遺品が多いが、『西大寺資財帳』に「身四坊、足四条」といった幡の記載も見られるように必ずしも一定せず、正倉院の幡にも足を四条、三条、二条に作るものもある。なお正倉院にはおびただしい数の幡が残っているが、これを材料的に見ると金銅・錦・綾・絹・羅・麻布など各種の品があり、さらに夾纈・纐纈・臈纈・刺繡・継分けなどの装飾手法を加えて荘厳に意をつくしたことがうかがわれ、上代の資財帳などに記載する幡を網羅しているといって過言でなく、また幡の基本的な形式の大部分を包含している。

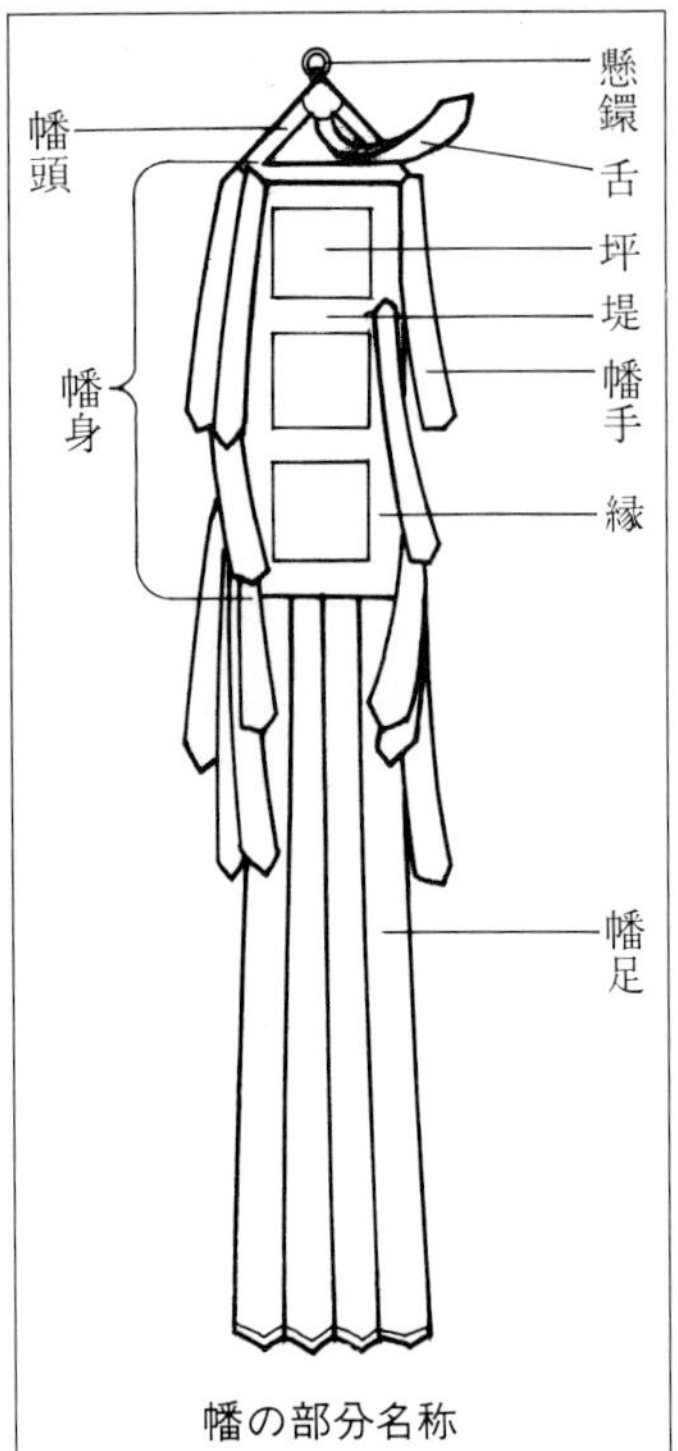

幡の部分名称

時代による幡の形制　飛鳥時代から奈良時代にかけての幡は形の上で例外的なものも多く、灌頂幡のごときものは身を六坪とし、通常の幡は幡身を四坪に仕立てるものが多い。ただ法隆寺献納宝物のような飛鳥様式のものは総じて幡頭の山形が高く鋭角的となり、幡身の各坪も縦長のものが多い。これに比して奈良時代の正倉院の幡では幡頭の山形がやや低くなり、幡身の坪も方形にちかいものの

※39　法顕は中国晋の高僧。隆安中西域に入り、天竺・師子国など三〇余を経て一五年後に戻る。これを書にしたのが『法顕伝』で『仏国記』ともいう。一巻。

53 幡供養の様子〈阿弥陀三尊図〉 平安時代 奈良 法華寺

54 幡を持つ天人〈阿弥陀聖衆来迎図〉 平安時代 和歌山 金剛峯寺

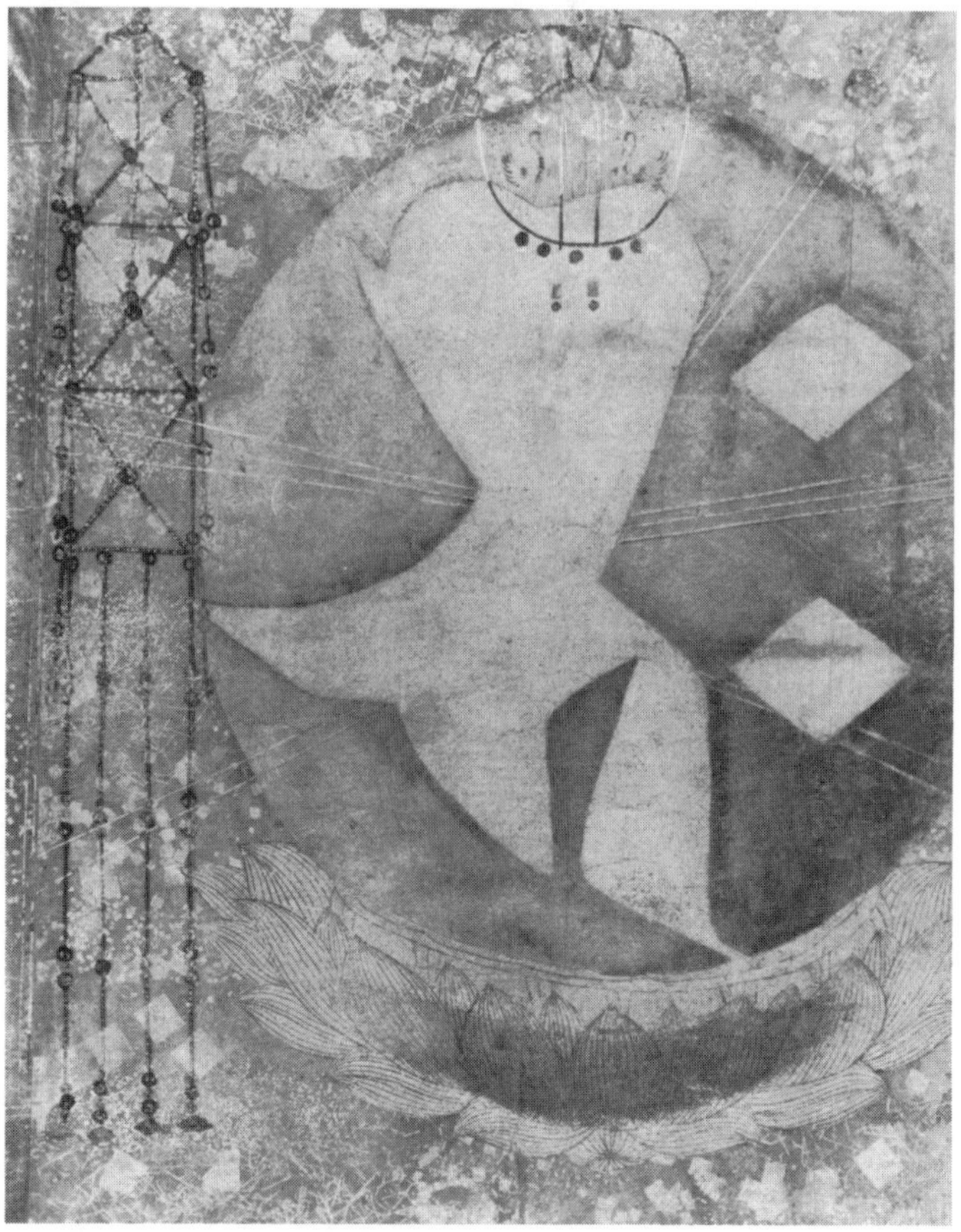

55 平家納経法華経安楽行品見返絵 平安時代 広島 厳島神社

56 北野天神縁起絵巻に描かれる幡 京都 北野天満宮

方が多くなる（ただし金銅幡や彩絵仏像幡など坪の細長いものもある）。幡手は各坪の境目の堤の部分から出すのが普通であるが、これを一つおきにはぶくものもあり、金銅幡のように手の代わりに鈴をつけたり、綾幡には手の代わりに総（ふさ）を出すものもある。幡足も二条、三条、四条のものやまた足にかえて鈴をつけることもあるが、五条を備えたものが最も多い。

平安時代は遺品が少ないため平家納経見返絵（55図）や法華寺阿弥陀三尊図（53図）、高野山阿弥陀聖衆来迎図（54図）などの絵画作品や別尊雑記などを参考にすると、基本的には奈良朝幡の伝統をつぐが、幡身の坪数が一坪を減じて三坪仕立てとなるようであり、幡足も四条を垂下するのを普通としたようである。

鎌倉時代以降もがいして平安時代の踏襲と見られ、幡身を三坪につくる伝統は今日まで続いている。また鎌倉時代にも兵主大社幡のように幡足を五条とするものもあり、神奈川・法城坊の貞治三年（一三六四）幡のような九坪、十手、二足といった異例もあるが、四足は四摂の法門、四生利益の形などと解されて、幡足四条が定着したようである。

江戸時代以降もこの形を通制とするが、幡頭の山形がさらに低くなるものが多く見られるようになり、幡手も堤をはずれてつけられるものがみられ、また全体に板幡※40のごとき硬質のものが増す傾向がある。

(2) 和幡の分類

以上述べたものはいわゆる和幡と称する通形のものであるが、これを形式・色・用法などで分類すると次のようになる（この分類は岡田至弘氏の「幡についての論考」＝旧版『仏教考古学講座』第一一巻を基準とした）。

材料による種類　①裂製幡、②金銅幡、③糸幡、④玉幡、⑤板幡、⑥紙幡などがある。

①裂製幡　錦綾など織物で作る幡で、すでに正倉院にその各種のものが見られる。また鎌倉時代の遺品としては、滋賀・兵主大社の錦幡二旒があり、幡頭と幡身三坪には赤地花丸文の錦、縁と堤には萌黄地菱唐花文錦を用いている（59図）。滋賀・西明寺の錦幡（61図）は幡身三坪に同様の蓮華文をあらわした蓮華幡で、滋賀石道寺の刺繍幡は幡身三坪に蓮華座奉安の種子をあらわし、一四旒を数える。ともに室町時代を代表する裂製幡といえる。

②金銅幡　法隆寺献納宝物の大灌頂幡（62図）や、正倉院の金銅幡四旒（63図）が名高い。平安後期のものでは中尊寺に金銅幡頭二面と、幡頭と幡身の一坪をつけるもの一面（66図）がある。そのほか、東京国立博物館の鳥取・仙林寺常行堂伝来品（64図）や、滋賀・舎那院（65図）のものなど室町時代の品があり、ともに幡身三坪に羯磨・輪宝・蓮華文を大きく透かしている。また神輿附属幡では和歌山鞆淵八幡の安貞二年（一二二八）の品や東京西多摩・御嶽神社のものがある。なお兵庫・金田嘉一郎氏蔵品には明応二年（一四九三）の刻銘がみられ、同じく羯磨・輪宝文を透かした重厚な作風をもつ。

③糸幡　糸幡はその手や足を紐や総（ふさ）などの条帯でつくるもので、平安後期の文献にあらわれ、『醍醐寺三宝院弁遍智院灌頂道具絵様寸尺等』※41には図をあげ特徴や法量を記したものがあるが、遺品の古いものはない。大分・富貴寺大堂の壁画中には糸幡とみられるものがある。また中尊寺の最勝王経々塔曼荼羅第三の中に条帯を用いたようなこの種に類する幡が描かれている。

④玉幡　各種の玉類をつらねて幡形をつくるもので、平安後期の姿は厳島神社の平家納経（国宝）安楽行品の見返絵（55図）や、高野山の阿弥陀聖衆来迎図（国宝・54図）によってうかがうことができる。先の醍醐寺灌頂道具絵様にも三坪・八手・四足の玉幡をのせる。玉幡も古い遺品はないが、先の仙林寺常行堂伝来品や滋賀・舎那院の金銅幡などはその幡手や幡足に玉類を多く用いており、一種の玉幡とも解せられる。新潟・北蒲原乙宝寺にも大永三年（一五二三）在銘で幡頭幡身を金銅製とした同種の幡がある。この意味で

※40　板を芯として錦や金襴を貼った幡のこと。

※41　糸幡の図（醍醐寺三宝院灌頂道具絵様＝大正蔵より）。

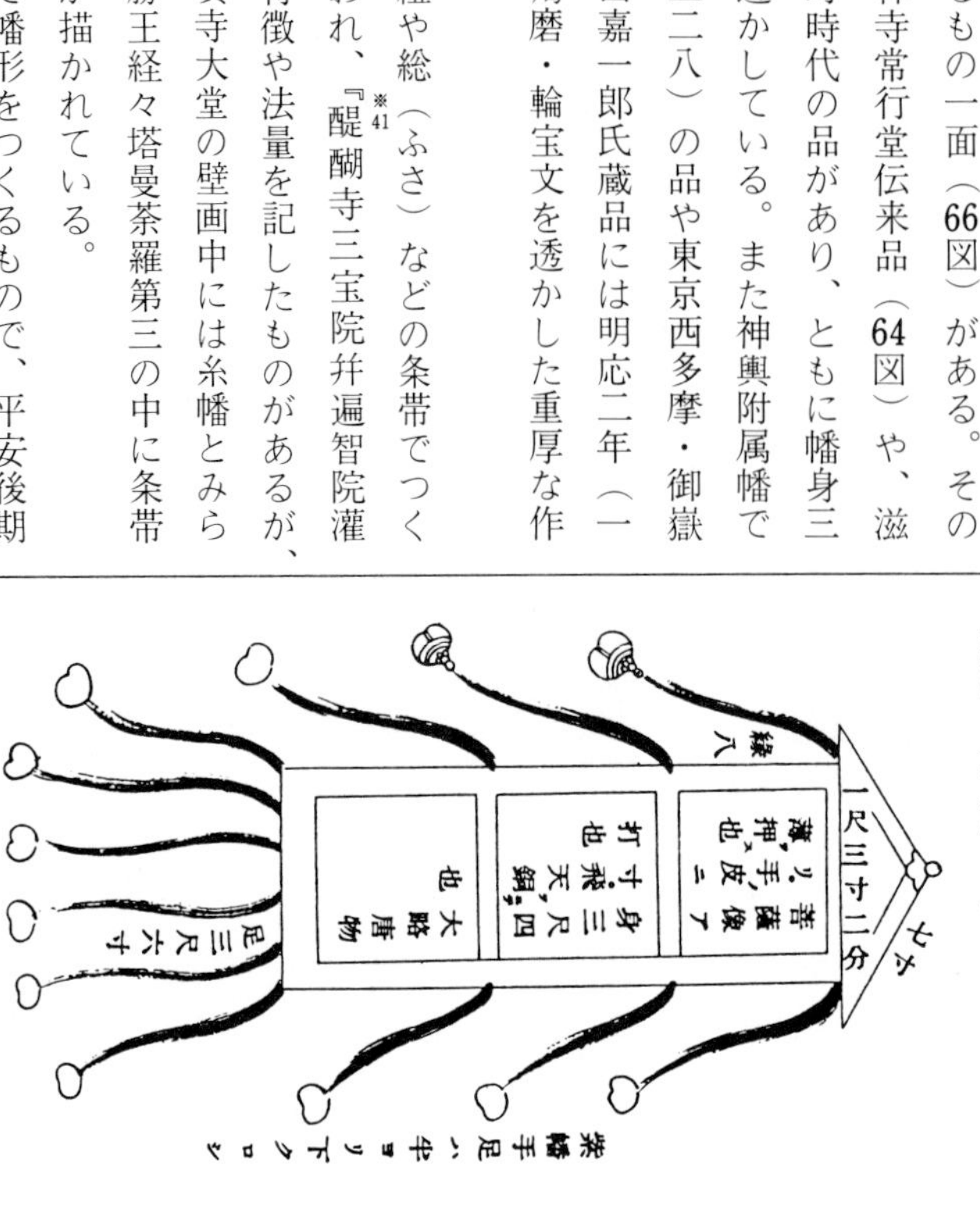

57 彩絵仏像幡（裂製） 奈良時代 正倉院

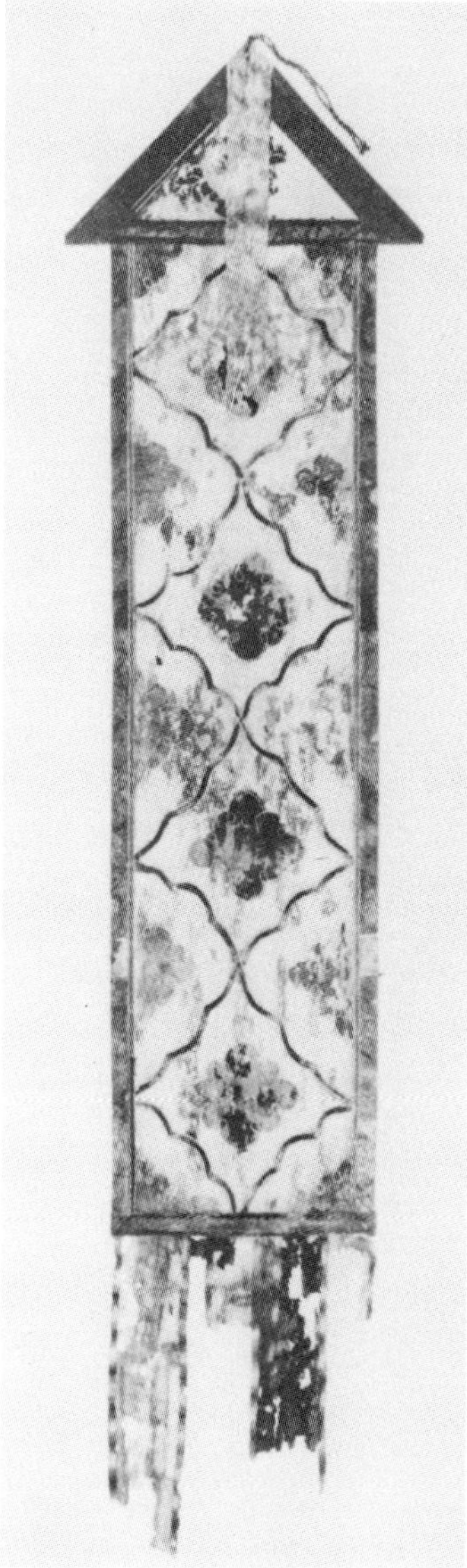

58 道場幡（裂製） 奈良時代 正倉院

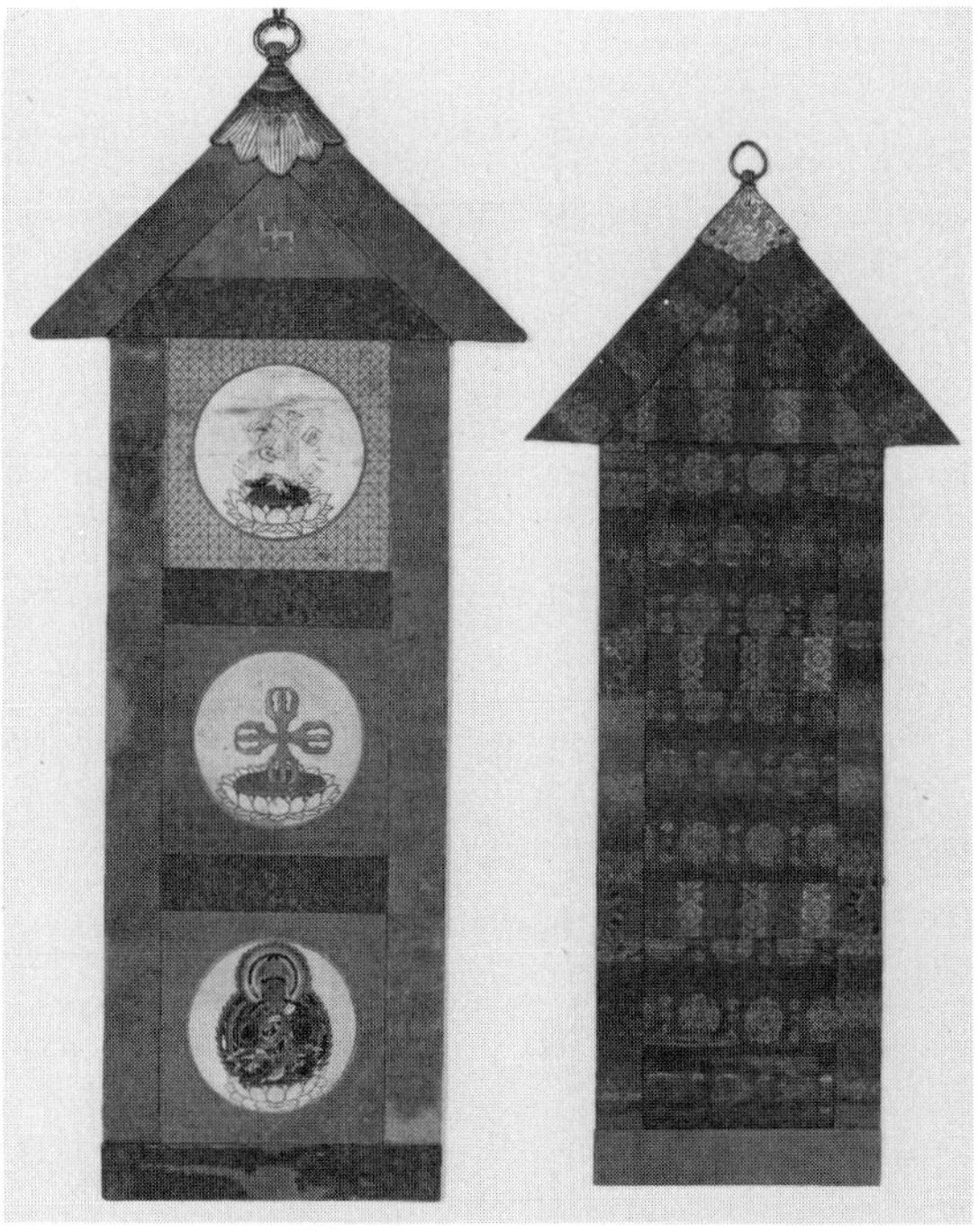

59 錦幡（右）と三昧耶形文繡幡（左） 鎌倉時代 滋賀 兵主大社

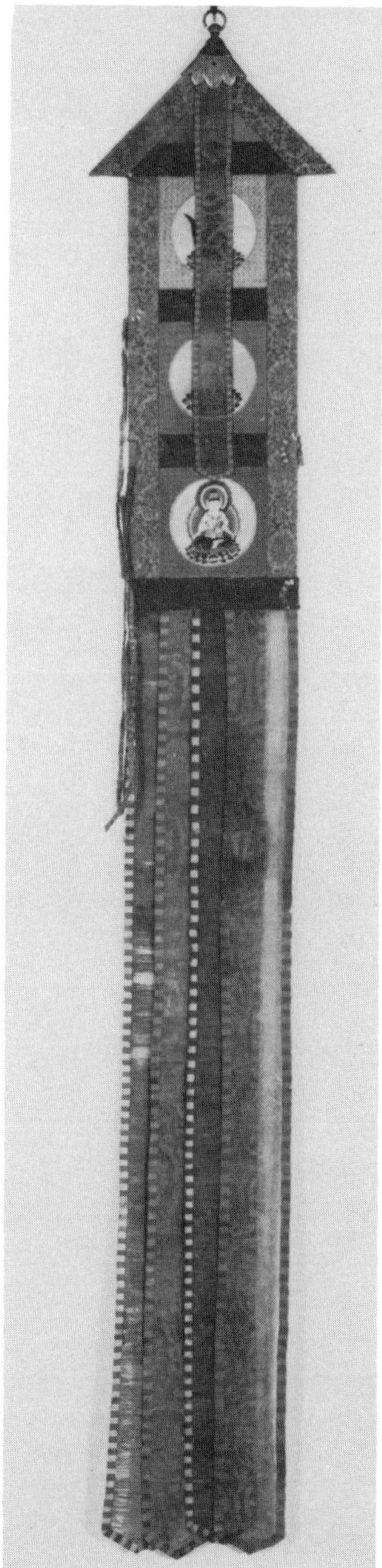

60 三昧耶形文繡幡 鎌倉時代 滋賀 兵主大社

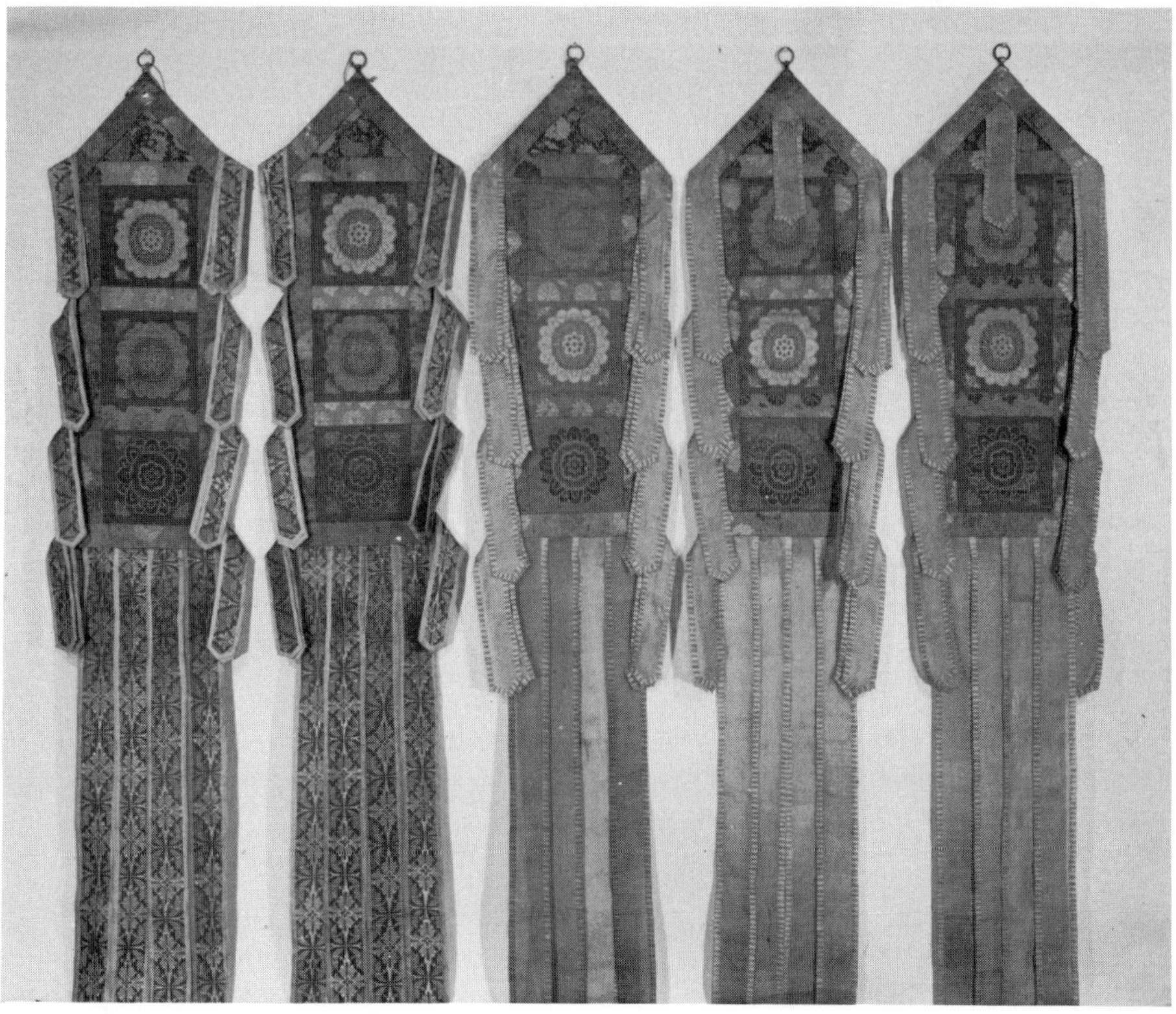

61 蓮華蝶文錦幡 室町時代 滋賀 西明寺

は先の中尊寺の金銅幡頭類も玉幡とみるべきかもしれない。なお京都・醍醐寺には、現在も灌頂の際に使用されている玉幡があり、江戸時代の作と思われる（69図）。

⑤板幡　板を芯にして錦や金襴や金銅装でつつむもので、江戸以降の幡に多い。

⑥紙幡　『覚禅鈔』[※42]の北斗法や、『白宝口抄』[※43]の大元法[※44]の条などにみえるが、修法のとき臨時に作られるもので古い品はない。近世では施餓鬼の五色幡などに多く用いられるが、紙に切り込みを入れて幡形をつくる簡単なものである。兵庫・勝福寺に紙製透彫りの室町時代のものがある。

色による種類　色相による幡の種類には①単色幡、②五色幡、③八色幡、④九色幡、⑤雑色幡などがあげられる。

①単色幡　白・赤・黄・青・浅黄・緋の六種類があり、一旒一色で布・紙・板などで作る簡略な幡で、主に密教修法に用いられる。『白宝口抄』に「青小竹を茎と為し、黄色紙を以って作る」とある。

②雑色幡　『陀羅尼集経』巻三に雑色幡の名があり、『仁王経』上にも「まさに九色の幡、長さ九丈を作るべし」などとある。また『洛陽伽藍記』に「五色百尺幡」の名が見えるから古くから幡色を区別したことがわかる。正倉院には同形同種の布幡で白、紅、縹の三種を残すものがあり、また同じ聖武天皇御一周忌に用いた道場幡でも数種のものを作っているから、同種の幡でも色相や布裂の種類を変えたことがしられる。

しかし幡の色別によってその意味や用法を定めるのは平安以降の密教修法にもとづくところが大きいようで、青幡や黄紙幡を請雨法や大元法に用いるとされる。五色幡は青、黄、赤、白、黒の五色で、一旒一色のものや一旒五色のものがある。『阿娑縛抄』には、五色を五行すなわち五蔵にみなして、五色幡は五蔵を養うために延寿長命の功徳ありと記され、施餓鬼にも用いる。

八色幡は白、紅、黒、煙、赤、緑、黄、肉の八色を各一旒一色に配するもので、帝釈天、火天、炎魔天、羅刹天、伊舎那天、毘沙門天、風天、水天の標幟とするところから八方天幡ともいう。

大きさによる種類　文献中に大幡、あるいは小幡の呼称はしばしばみられるが、これは大小の差を便宜的に区別するもので一定のきまりはない。『洛陽伽藍記』では僧恵正が西域に向かうとき皇太后より贈られた「五色百尺幡千口」といった巨大な幡の記載がある。正倉院に現存する大灌頂幡四旒の中にも、推定復元すれば七丈五尺余（二三m）といわれるものもあり、大仏の落慶供養に用いられたと推察される。

用所による種類　用いる場所や堂舎によって幡の呼称を変えることもあり、①堂幡、②庭幡、③屋上幡、④高座幡、⑤天蓋幡などの区別がある。

①堂幡　特定の堂を荘厳するもので、神護景雲元年（七六七）の東大寺『阿弥陀院悔過資財帳』に「堂幡廿七首、十四綾身、十三雑色身、並繍」とあって古くからの名称としれる。また東密では礼堂に三昧耶幡をかけ、台密では礼堂や灌頂道場内に八色幡をかけたりする。堂幡の中にも堂の種類にしたがって金堂幡、中堂幡、仏殿幡、講堂幡などの名がある。

②庭幡　庭儀に用いるもので、玉幡や糸幡を多く用いたというが、青幡や錦幡を用いた例もある。

③屋上幡　玉虫厨子絵の宝塔の相輪や、橘夫人厨子扉絵の天部所持の塔にかけられているように屋上にかけるものであるが、『覚禅鈔』にも請雨法のとき屋上に幡を立てることがしるされている。

④高座幡　法会のとき導師や講師の登る高座に用いるもの。

⑤天蓋幡　天蓋の軒先きにかけるもので奈良時代の資財帳にも多く出るが、密教では修法の種類によって天蓋幡の数や色などに区別をすることがある。灌頂には四隅に色幡を、延命法には黄幡を四隅に二本ずつ、愛染法には九色幡をかけるとの説がある。

用法による種類　①続命幡（寿命幡）、②薦亡幡（命過幡）、③送葬幡（四本幡）、④施餓鬼幡などがある。

①続命幡　『薬師本願経』に病人のために五色の続命神幡を懸

※42 覚禅著　鎌倉中期　大日本仏教全書所収。

※43 亮尊著　一六七巻　大正新修大蔵経図像第六―七所収。秘鈔の注書。各尊法とも本書・梵號・密號・種子・三形・道場観・尊形・印契・真言などを詳細に説いている。

※44 大元師法（口伝では師をよまない）のこと。東密において国家鎮護のため大元師明王を本尊とし、宮中の治部省において御修法に準じて正月八日から一四日まで行われた修法。八四一年に始まる。

※45 六国史の一。清和・陽成・光孝三天皇の時代約三〇年のことを記した史書。五〇巻。九〇一年、藤原時平・藤原道真・大蔵善行らが勅を奉じて撰進した。

62 大灌頂幡（下・部分） 飛鳥時代 東京国立博物館（法隆寺献納宝物）

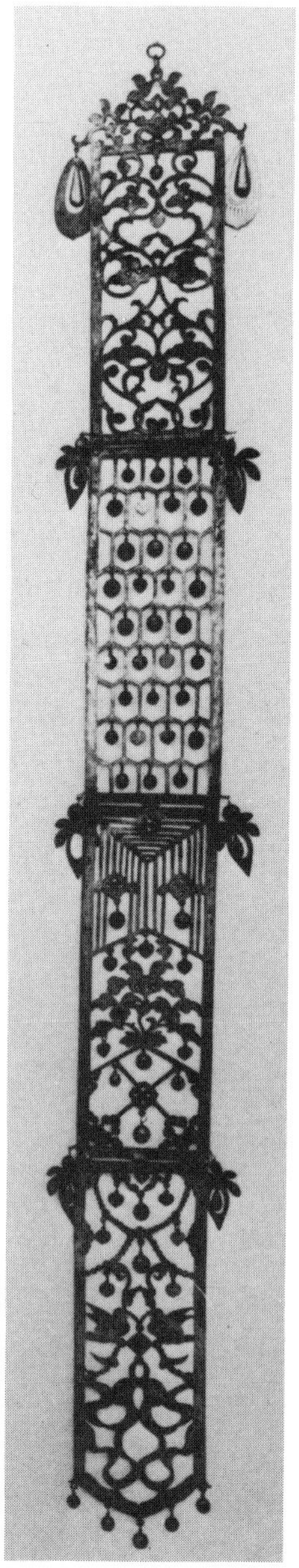

63 金銅幡 奈良時代 正倉院

64 金銅幡 室町時代 東京国立博物館（仙林寺伝来）

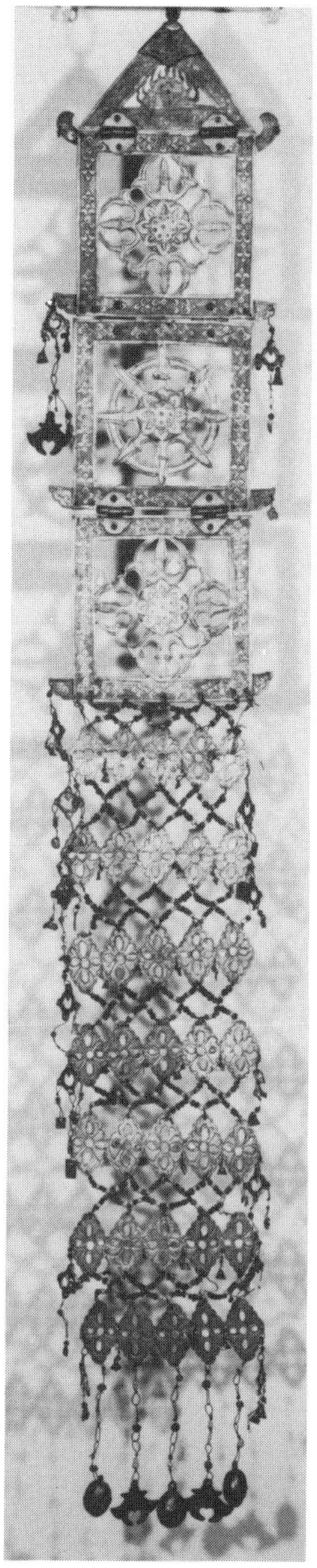

65 金銅幡 室町時代 滋賀 舎那院

66 金銅幡頭 平安後期 岩手 中尊寺

けることがしるされており、また阿育王がこの幡によって寿命を延ばしたことも著名である。わが国でも『三代実録』[※45]に仁明天皇が病気のときこの幡を作り一二大寺にかけたことが見える。密教では五色幡に続命神幡と墨書することが『覚禅鈔』に出ている。

②薦亡幡　亡者の追善のためのもので、これによって亡者は福徳を得るとするものである。『灌頂経』第一一には「苦し人臨終未だ終らざるの日、当に焼香・燃燈・続明し、塔寺中の表刹の上に於て命過幡を懸け、尊経を転読して三七日を竟えよ。然る所以は命終の人は中陰の中に在りて身小児の如く、罪福未だ定まらざれば、応に為に福を修して亡者の神をして十方無量の刹土に生ぜしめんと願ずべし。此の功徳を承けば必ず往生を得ん」とその功徳が記されている。

③送葬幡　野辺送りに用いる白紙や素絹の幡で、四本を使い、その上部に弥陀三尊の種子をかくもので、各幡に諸行無常、是生滅法、生滅々已、寂滅為楽の偈を分書するものもある。

④施餓鬼幡　簡単な紙幡を用いることが多く、この幡に五如来の名を書いて五如来幡とも呼び、禅宗では七如来とする[※46]。また五輪塔形に切った五輪幡や五色幡を飯にたてたり、一旒五色の幡をたてたりもする。

図様による種類　①仏像幡、②種子幡、③三昧耶幡、④蓮華幡などがある。

①仏像幡　幡身に仏、菩薩、明王、天部などの諸尊を描くもので、正倉院の彩絵仏像幡が名高い。また西域発見の幡にも菩薩像を描いたものが少なくない。パリのギメ美術館から寄贈され現在東京国立博物館に所蔵される敦煌画の三旒（八〜九世紀の作・67図）は、二菩薩立像・地蔵菩薩立像・菩薩像を麻布や絹に流麗に描写していて、唐代仏画の技術の高さが窺える。

密教では安鎮法に、四臂不動をかいた不動幡や、八天を描いた八方天幡を用いる。

②種子幡　仏や菩薩の代わりに幡身に尊像の種子（梵字）をあらわすもので、滋賀・石道寺に室町時代の遺品がある。

③三昧耶幡　仏・菩薩を他の器物の姿をかりて表現するものである。滋賀・兵主大社の元亨三〜正中二年（一三二三〜一三二五）の幡一七旒（重文）は幡身を三坪に作って、上に種子、中に三昧耶形、下に尊像を刺繡であらわしたもので、右の三種の幡を同時に集めた優品である（59・60図）。

④蓮華幡　幡身の各坪に開敷蓮華を一華ずつ飾った幡も多い。中でも滋賀・西明寺の永享七年（一四三九）の幡五旒（重文・61図）と大阪・藤田美術館の二旒（重文）がすぐれている。

◉金銅大灌頂幡	一旒	（飛）	東京国立博物館（法隆寺献納）〈62図〉
◎金銅小幡	二旒	（飛）	〃（〃）
◎〃（残欠）		（飛）	兵庫・白鶴美術館
金銅幡	四旒	（奈）	正倉院〈63図〉
金銅幡頭	三面	（平）	岩手・中尊寺〈66図〉
金銅幡	二旒	（室）	東京国立博物館（仙林寺伝来）〈64図〉
〃	二旒	（室）	滋賀・舎那院〈65図〉
〃	二旒	（室）	兵庫・金田嘉一郎（明応二年銘）
〃	〃	（室）	和歌山・鞆淵八幡（神輿付属）
〃	〃	（室）	東京・御嶽神社（神輿付属）
〃	〃	（室）	新潟・北浦原乙宝寺（大永三年銘）
錦・綾・絹幡		（奈）	正倉院〈57・58図〉
二菩薩彩絵麻幡	一旒	（唐）	東京国立博物館（敦煌発見）
地蔵菩薩彩絵絹幡	一旒	（唐）	〃（〃）
菩薩彩絵絹幡	一旒	（唐）	〃（〃）〈67図〉
◎三昧耶形文繡幡	一七旒	（鎌）	滋賀・兵主大社〈60図〉
◎錦幡	二旒	（鎌）	〃〈59図〉
◎赤地蓮華蝶文錦幡	五旒	（室）	滋賀・西明寺（永享三年銘）〈61図〉
◎蓮華文錦幡	二旒	（室）	大阪・藤田美術館
◎種子文繡幡	一四旒	（室）	滋賀・石道寺

(3) 唐幡

和幡に対して唐幡と呼ばれる別種の幡も近世のものに多く用いられるようになる。その形は幡頭の山形は饅頭蓋のごとき彎曲（洲浜形）を示し、幡身を細長い一坪につくり、幡手は左右各一条のもの

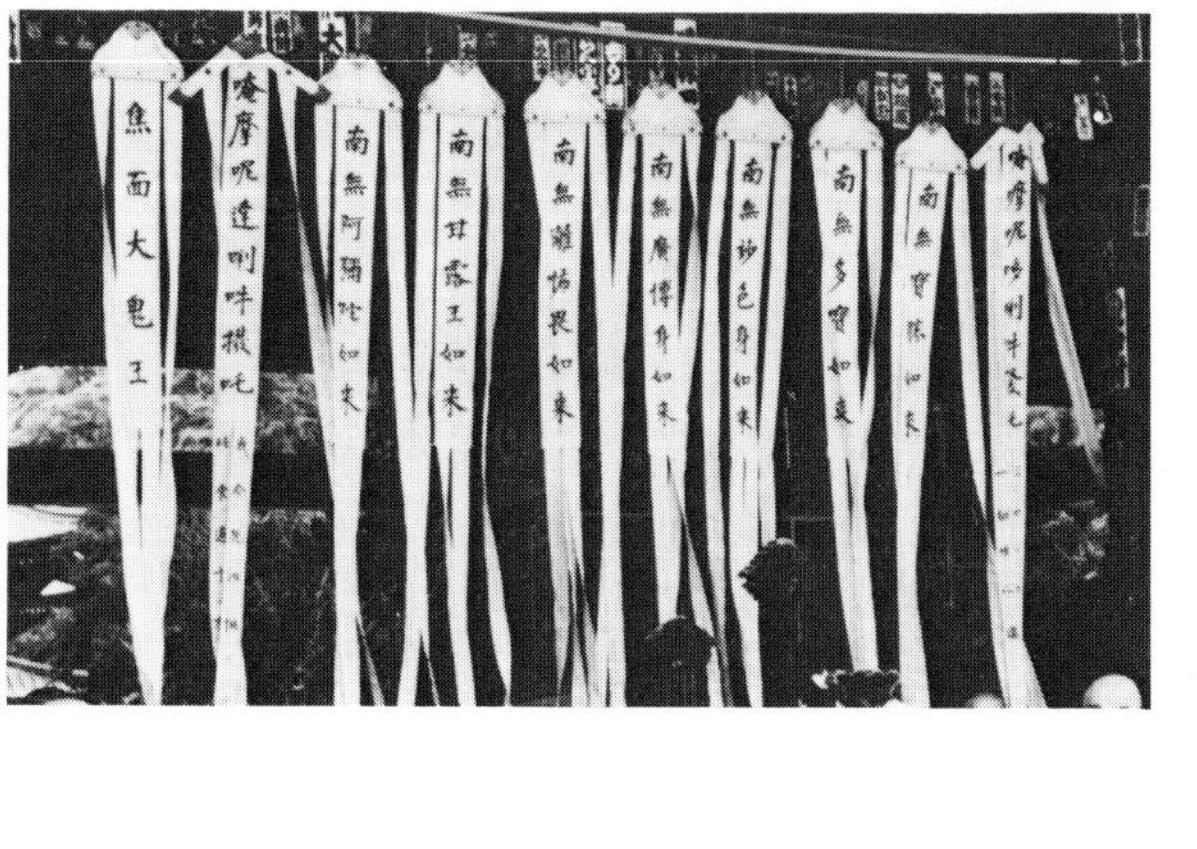

※46　山門施餓鬼における七如来の幡（右）と、供物にたてた五色幡（左）。

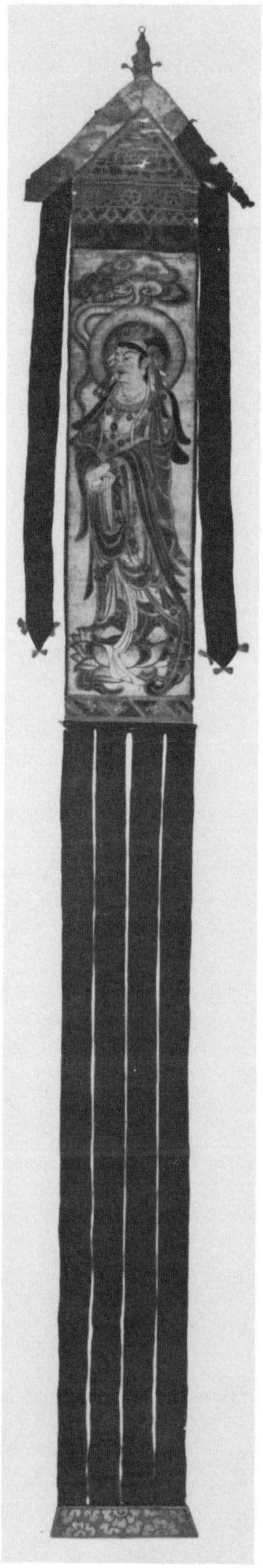

67 敦煌発見の絹幡（菩薩像彩絵） 唐時代 東京国立博物館

68 堂幡（大法要時に堂入口に吊るす） 京都 醍醐寺

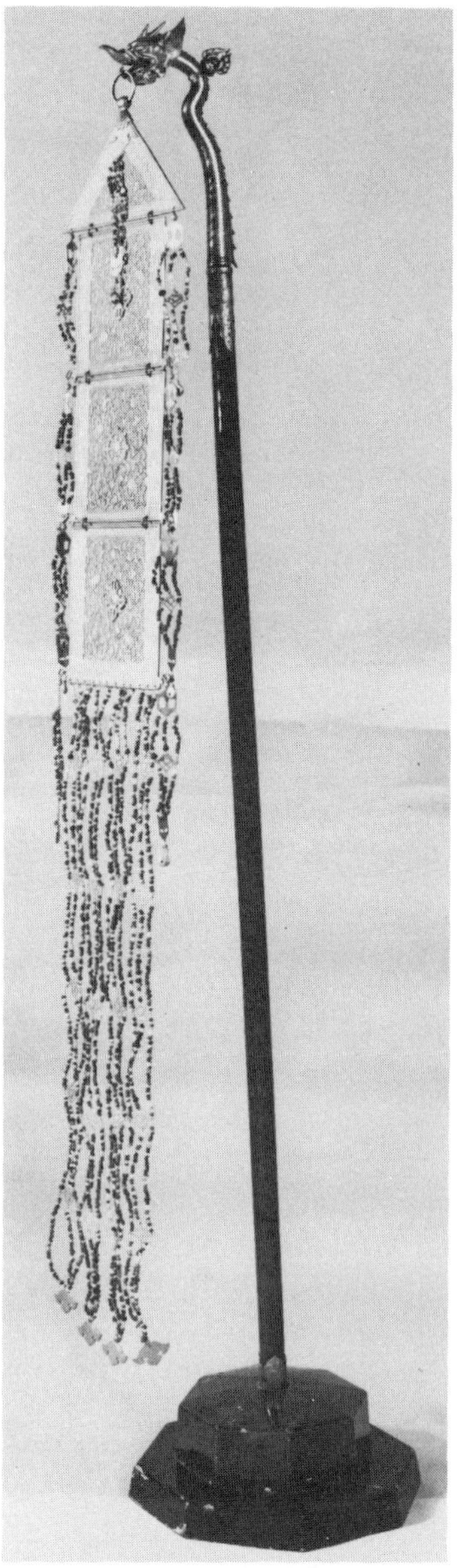

69 玉幡（灌頂幡） 江戸時代 京都 醍醐寺

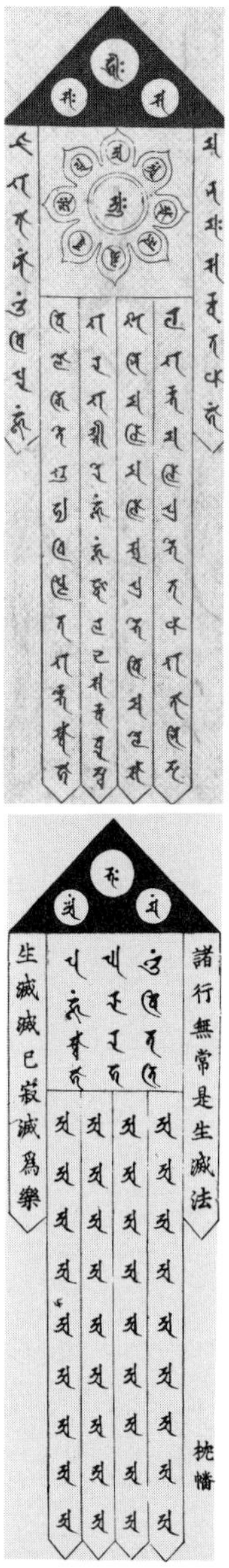

70 曳覆枕幡（亡者の枕元に立てる幡・紙製） 滋賀 石山寺

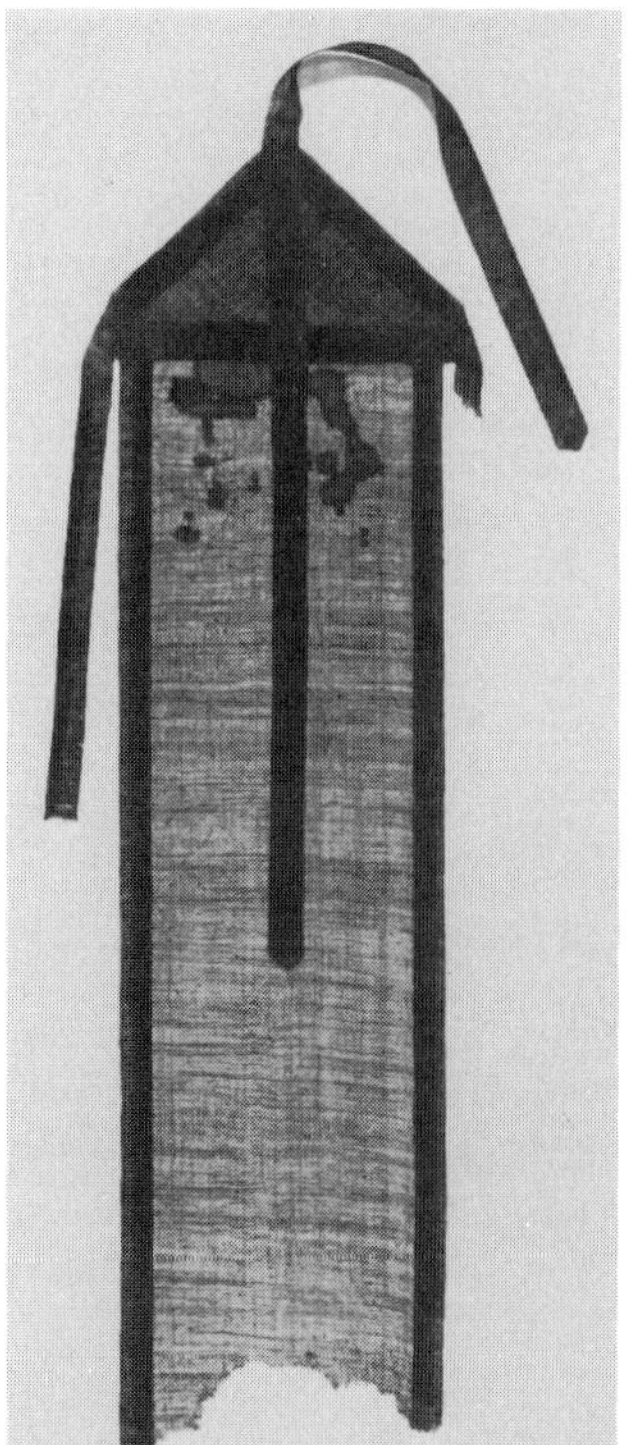

71 裂幡（身一坪で唐幡の祖形を示す） 奈良時代 正倉院

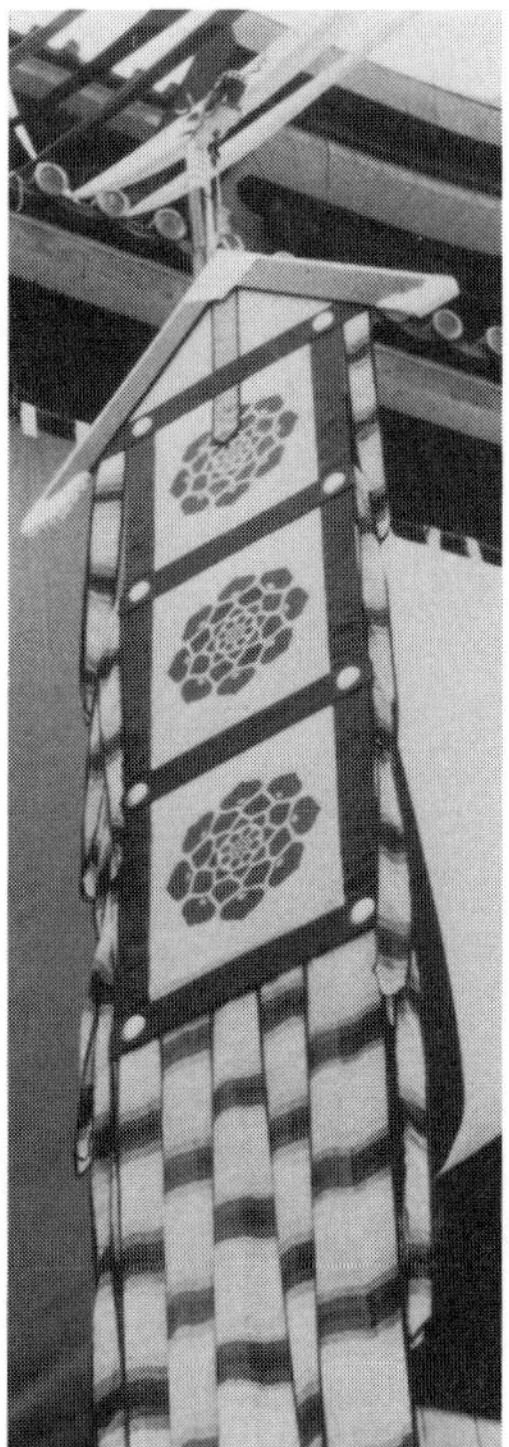

72 庭幡 現代 奈良 東大寺

73 石造八面宝幢 室町時代 奈良 達磨寺

を長く延ばして幡足の下端に揃えるのが普通であり、鳥の形になぞらえたものとの説もある。

この形式の幡は正倉院の幡の中にもその祖形を示す遺品（71図）があるが、ことに敦煌など西域発見の幡に多い形式である。室町時代の東京国立博物館蔵の金銅透彫り幡三旒（文明一七年銘・延徳四年銘＝64図・大永六年銘）や、兵庫・金田嘉一郎氏蔵の金銅透彫り幡（明応二年銘）はともに幡頭を洲浜形とし、唐幡の系統とされる。ただし幡身は三坪で幡手も各四条をもつなど完全な唐幡ではない。しかし、前述のギメ美術館寄贈の幡（67図）が幡身一坪幡手一条ではあるが二等辺三角形の和幡形幡頭を有するなど、和幡と唐幡の明確なる形制の違いは本来なかったものと考えられる。

しかし禅宗の導入などに端を発し、改めて流行定着したもののようである。

(4) 幢　幡

幢は梵語でドヴァジャ（dhvaja）またはケーツ（ketu）といい、それぞれ駄縛若・計都にあて「はたぼこ」の意である。幡も前述の通り「はた」を意味する。このことから『菩提心集』下には幢と幡は異音同義語であることを記しているが、古くインドでも等しく旗竿に旗を懸けたものをさした。

しかし現在みる幢幡は、平面的な幡に対して六角形ないし八角形の筒状の幡身をもち、洲浜形に曲げ先を蕨手にした四～八本の角材を放射状に組んで幡頭とし、幡手は長い瓔珞や紐華鬘、幡足は幡身を同心小形にした筒状を垂らす形制で、和幡とは異なっている。幡身上部には「南無阿弥陀仏」「南無妙法蓮華経」「南無遍照金剛」の語や、経典の一部の語を記すものがほとんどである。多くは木製漆箔押しであるが、中には朱漆や黒漆に紐華鬘をつけたものも見うけられる。

このような幢幡の由来について『白宝抄』の幡蓋事の項に「仁済云わく、問う、請雨経法は大幢幡を用う。ゆえいかん。答う、総て大法には天蓋幡等を用うるなり、今、別して幢幡を用うるゆえんは天・竜神等を識知《しち》しむるの料なり」と論じている。これは『大日経疏』中の文章からの引用で、幢幡とは大幡すなわち天蓋の六方ないし八方から垂らした幡のことをさしている。現在の幢幡の形制と合わせて考えると、この天蓋と、それに付属する大幡が一体のものとなり、現在の形に発展したものとも思えるが古い遺品は見ない。

幡が堂内周囲や内陣の長押に懸けられるのに対し、幢幡は内陣の須弥壇と礼盤の間、左右に一対または二対を天井から吊すのを常とする。

なお幢幡は堂内具としての古品はないが、この形式の成立は古いようで、石造品に遺例をみる。例えば香川・長尾寺の石造八面宝幢二基（弘安六＝一二八三・弘安九＝一二八六）をはじめ、埼玉・大聖寺の石造六面宝幢（重文・康永三＝一三四四）、東京・普済寺※47の石造六面宝幢（国宝・延文六＝一三六一）、奈良・達磨寺の石造八面宝幢（重文・文安五＝一四四八・73図）など各地に作例が少なくない。

(5) 竜　頭

幡や幢を吊り下げる竿の先に挿し、竜口から懸吊するための装飾具で、「天龍八部など、幢幡宝蓋などを捧げ持ちて、仏に供養せしに龍頭を用いるなり」といわれる。※48三宝院灌頂道具絵様には、庭蓋竜頭「頸より下長一尺四寸五分、これは鉄なり。地に金薄を押す」、玉幡竜頭「鋳物なり。滅金を塗る。頭より頸まで三寸二分。頸より下六寸二分」、庭幡竜頭「頸七寸八分。地に金薄を押す」などとしるされ、用法によって銅製・木製を使い分けたようで、同書の図をみると、庭蓋・庭幡用には頸筋に宝珠を飾っている。竜頭の遺品は多くないが、やはり銅製と木製がある。

平安時代の遺品である岩手極楽寺の銅竜頭は、やや小振りであるが誇張を押えた作風を示し、形式・技法も古様で平安後期の製作と考えられる。頸筋には宝珠を鋳出した痕跡があるが欠損している（76図）。

鎌倉時代では奈良唐招提寺の法会所用具中に檜材を用いた木造漆

※47 青石六面宝幢（東京・普済寺）。

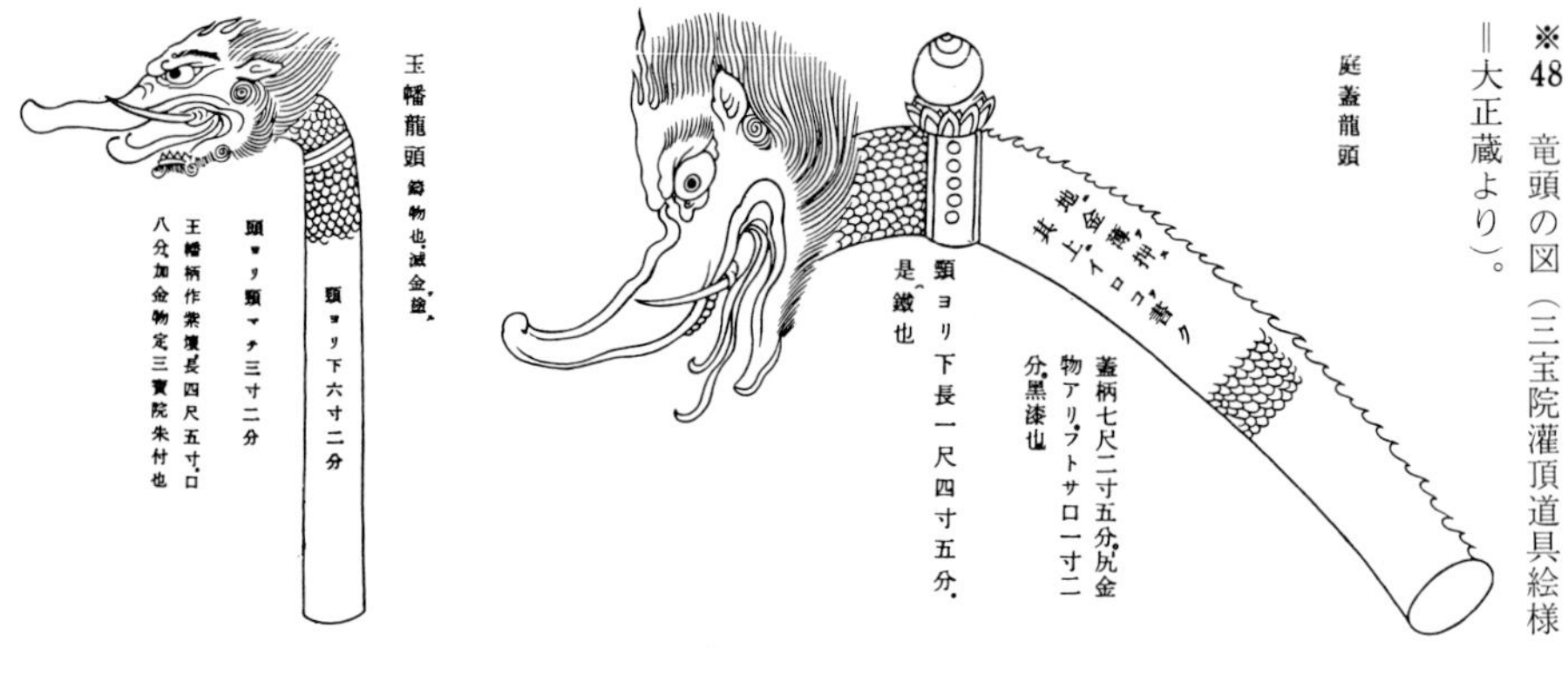

※48 竜頭の図（三宝院灌頂道具絵様＝大正蔵より）。

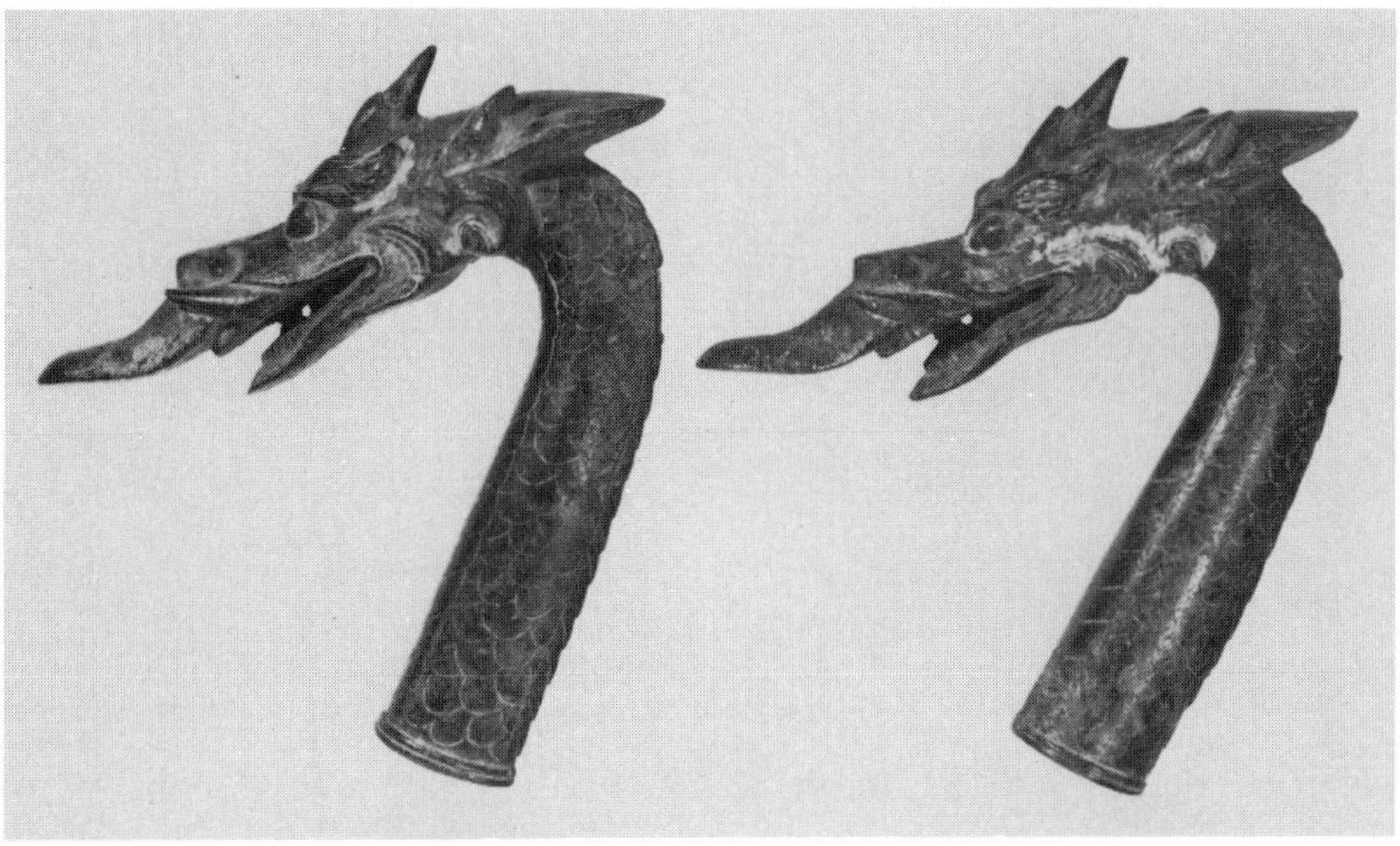

76 銅竜頭 平安時代 岩手 極楽寺

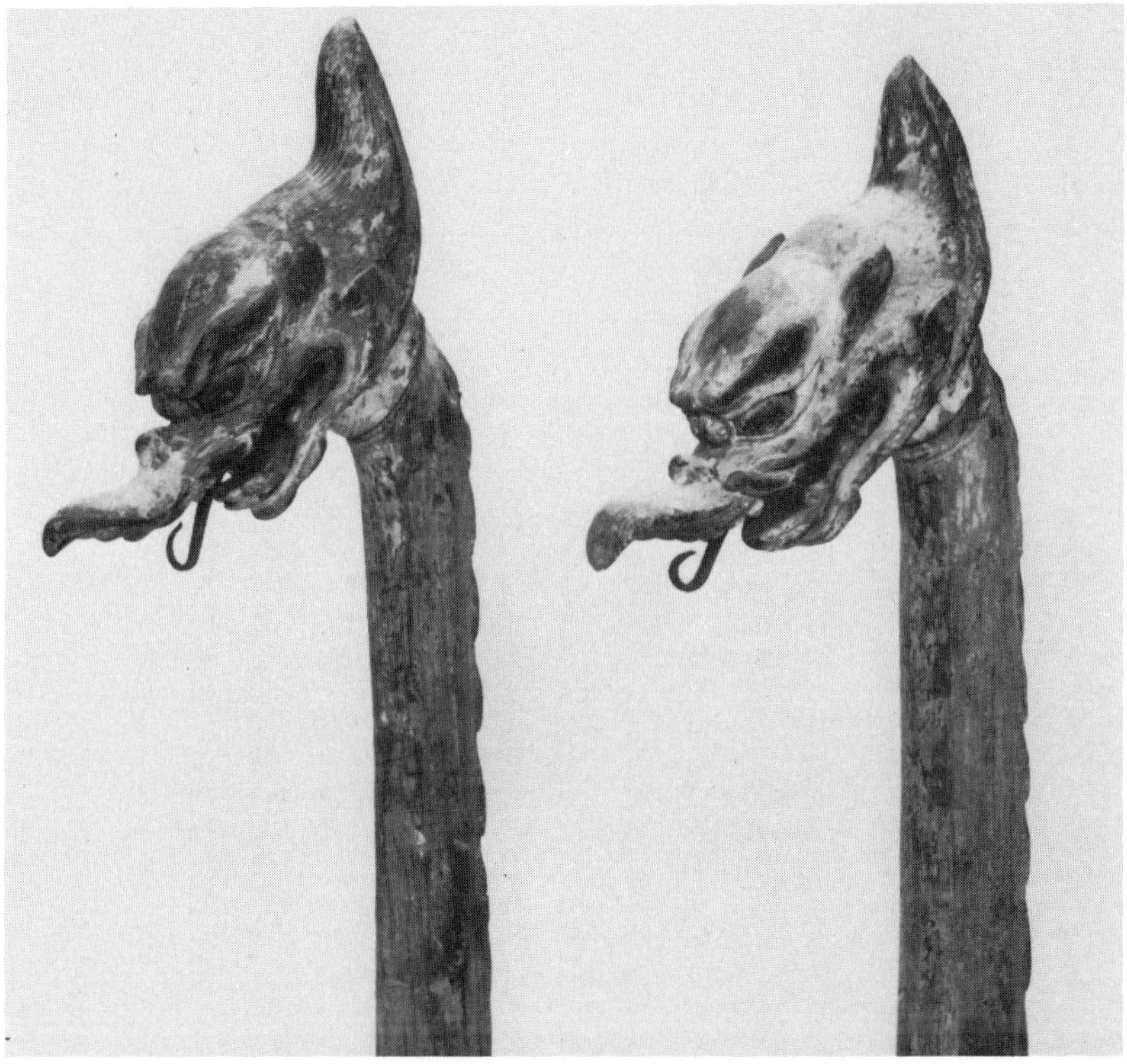

77 木造粉地彩色竜頭 鎌倉時代 柳孝一氏

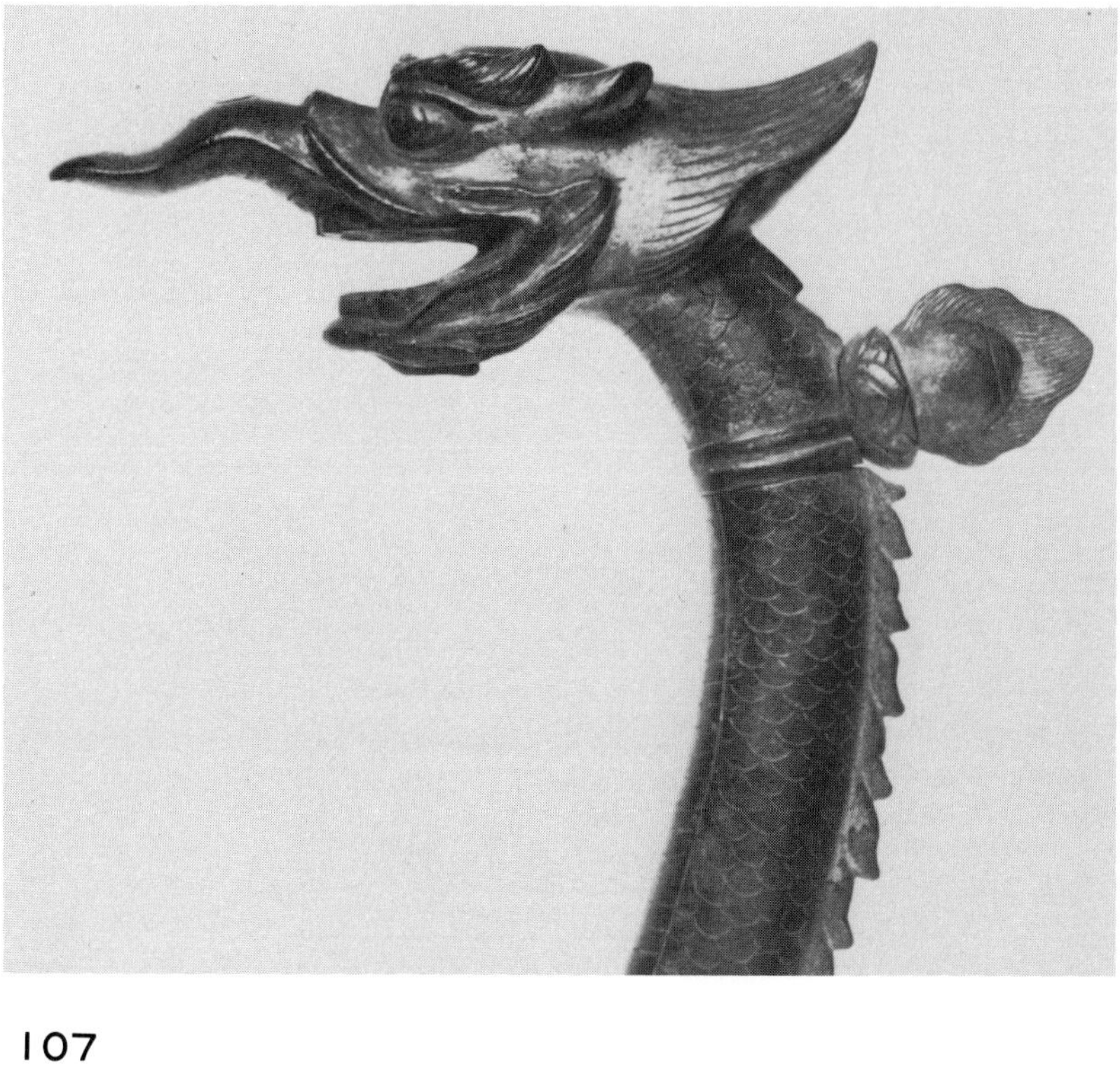

78 銅竜頭 鎌倉時代 滋賀 饗場成子氏

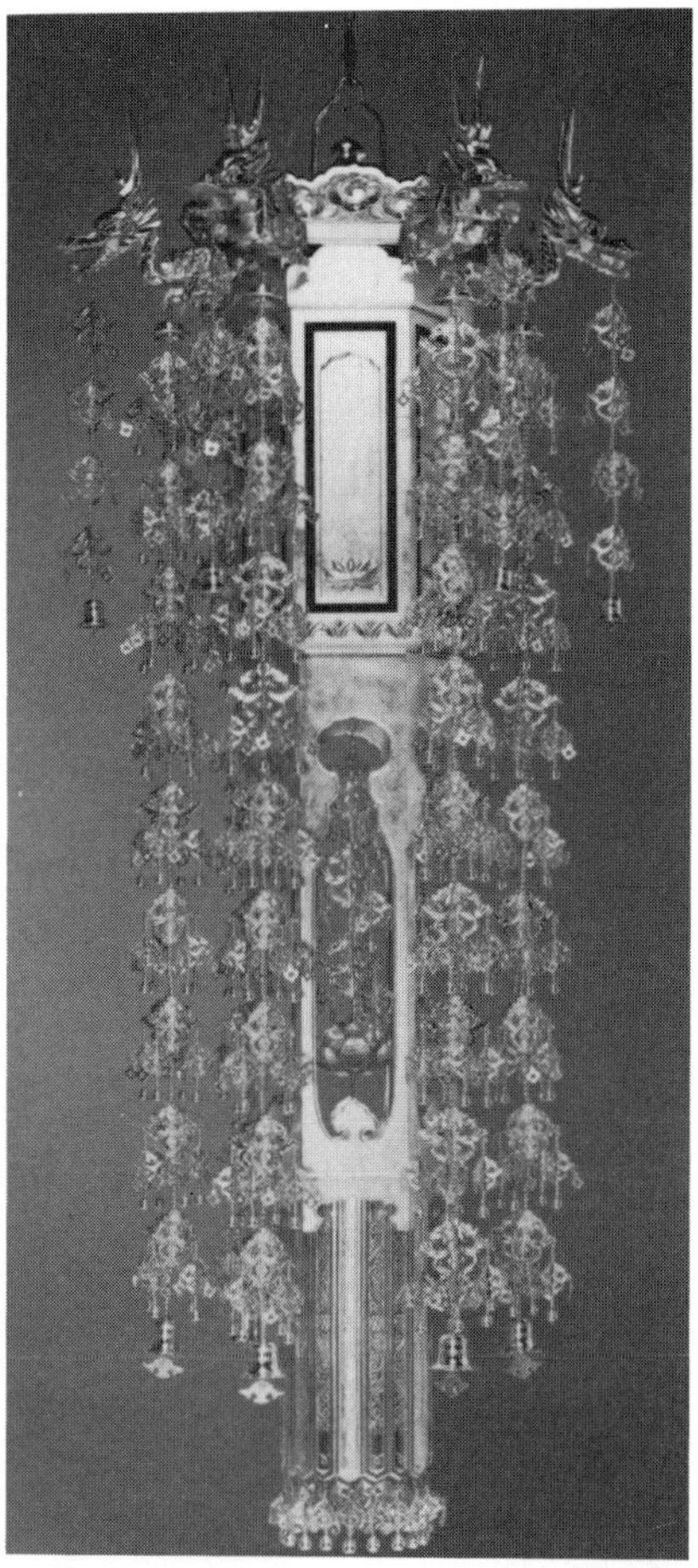

74 幢幡 現代

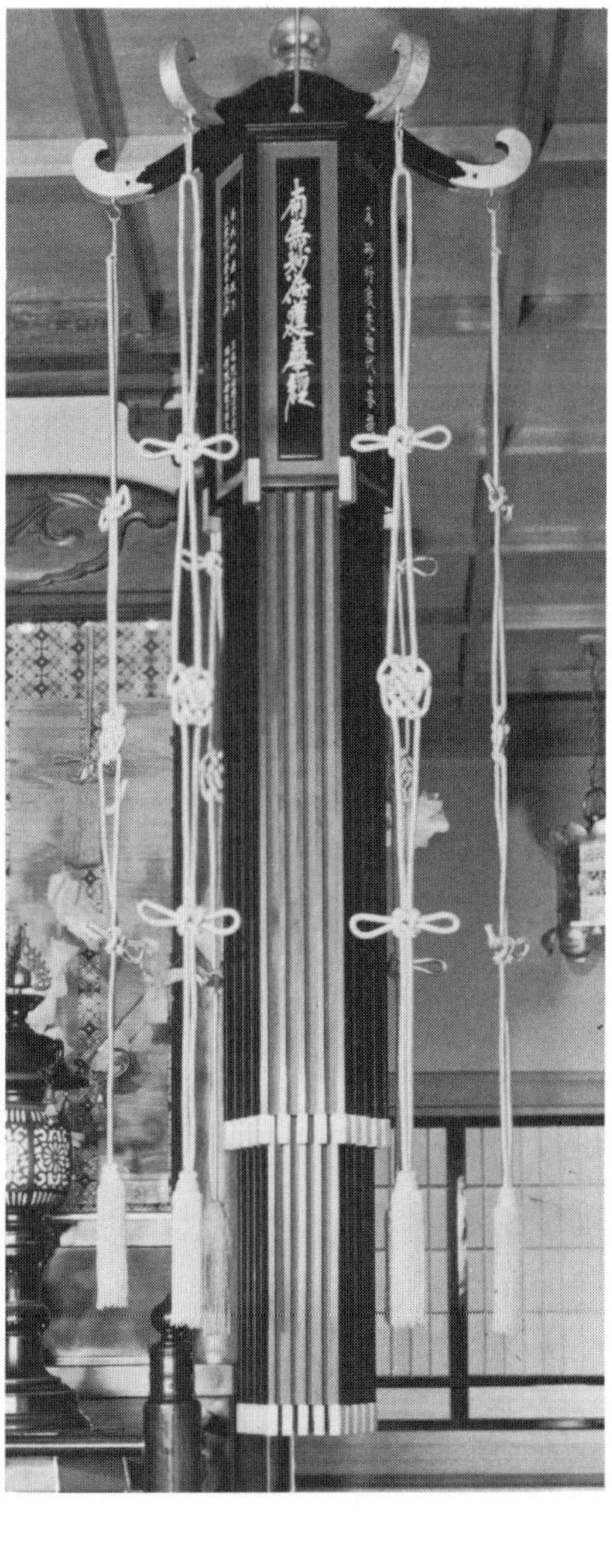

75 幢幡 現代

箔に彩色の竜頭八頭がある。京都・柳孝一氏蔵の木製粉地彩色竜頭（77図）も同時代のもので、幡を吊るための鍛鉄製舌状金具を残し、技法・作域ともにすぐれている。また法隆寺にも六頭の杉材を用いた木製竜頭がある。

東京国立博物館の銅竜頭は室町時代の作で、他の竜頭と違った瓢逸な趣が珍しいが、頸部に「嘉吉三年（一四四三）七月吉日赤蔵山龍頭院主幸聚」の刻銘を持つ。

◎銅竜頭	四頭	（平）	岩手・極楽寺〈76図〉
◎木造漆箔・彩色竜頭	八頭	（鎌）	奈良・唐招提寺
木造粉地彩色竜頭	二頭	（鎌）	京都・柳孝一〈77図〉
銅竜頭		（鎌）	静岡・尊永寺
木造彩色竜頭	六頭	（鎌）	奈良・法隆寺
銅竜頭	一頭	（鎌）	滋賀・饗場成子〈78図〉
〃	一頭	（鎌）	兵庫・金衆寺
〃	一頭	（室）	東京国立博物館（嘉吉三年）

六、礼 盤

礼盤《らいばん》は修法や勤行のときに導師が坐る木製方形の牀座で、禅宗・時宗以外の各宗派で用いられる。その広さ高さは一定しないが『一字頂輪王経』第二に「真言の修行者はまさに高牀に坐して本尊を観ずべからず」とあるように、礼盤は低いものを用いるように説くものもある。中尊寺などの古い遺品は広さが六六cm程度、高さ一六cm足らずで、比較的小形で丈も低いが、現今みるものは広さは七五cm内外、高さ三五cm内外の品が多く、特に浄土系において高いものがみかけられる。礼盤を大別すると二種の形式がある。その一つは箱形礼盤で、いま一つは猫脚礼盤である。また箱形礼盤の異形式のものに禅宗様礼盤がある。

(1) 箱形礼盤

密教で用いる箱壇や、建築でいう壇上積基壇を小形に作ったもので、上面に方形の天板を張り、四側面は上下の框の間に束を立てて各面を二間に区切るのが普通であるが、中にはこれを三間とするものや、一間仕立ての品もある。その各間には格狭間をつけるものとつけないもの、また格狭間の中に孔雀文を入れるもの、連子を刻むもの、あるいは蓮華文や獅子、牡丹文などを刻んだり描いたりして飾るものなど種々ある。

平安時代の礼盤のうち中尊寺金色院および大長寿院の礼盤（国宝・79図）は格狭間に金銅孔雀文を貼り、上下框などに螺鈿や金銅金具の宝相華文を飾った名高い品である。京都・峰定寺の礼盤（80図）は螺鈿がすべて失われているが、もと中尊寺礼盤と同種のもので保元元年（一一五六）在銘の古品である。

鎌倉時代では基準作品が少ないが、奈良・室生寺の礼盤は格狭間に縦連子を刻み、和歌山・金剛峯寺不動堂礼盤（重文）は格狭間を花形に刳り、中に縦連子を入れる。奈良・西大寺愛染堂礼盤（重文・81図）は格狭間に蓮華文を彩色している。また西大寺には別に奈良・白毫寺伝来の文安四年（一四四七）の修理銘をもつ品があり鎌倉後期の作とみられるが、これは四面を各三間に分け格狭間に蓮華文を描いている。また奈良・東大寺法華堂礼盤は応安七年（一三七四）銘の半畳を備えることでしられている。

室町時代の礼盤では奈良・円成寺（正長元年＝一四二八）、愛媛・石手寺（永正一一年＝一五一四）、奈良・都介野来迎寺（享禄五年＝一五三二）、法隆寺講堂（永禄七年＝一五六四）など基準作があるが石手寺礼盤は格狭間がやや異形式で内部を素文とし、上下框に鉄金具を打つなど変化がみられ、法隆寺講堂礼盤（82図）は格狭間を蝙蝠形の花格狭間とし縦連子を入れ、さらに下框の四隅に雲肘木形の隅足をつけるなど異点がある。円成寺礼盤は天文年間に折衷様に改造された遺例。なお奈良・今市地蔵院には慶長一九年（一六一四）の在銘品もある。

箱形礼盤の四面に各二匹の獅子を飾るものを八獅子[※49]といい、正面のみに一獅子をつけるのを一獅子[※50]礼盤とも呼び、獅子座に通ずるも

※49 八獅子礼盤の図。

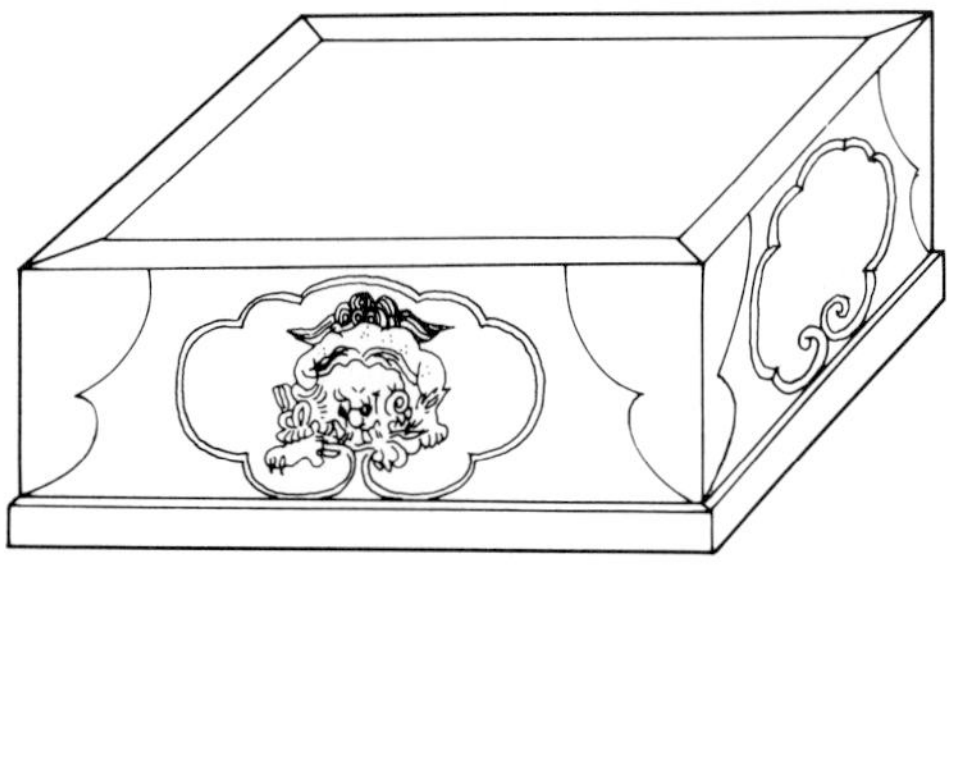

※50 一獅子礼盤の図。

79　箱形礼盤　平安時代　岩手　中尊寺金色院

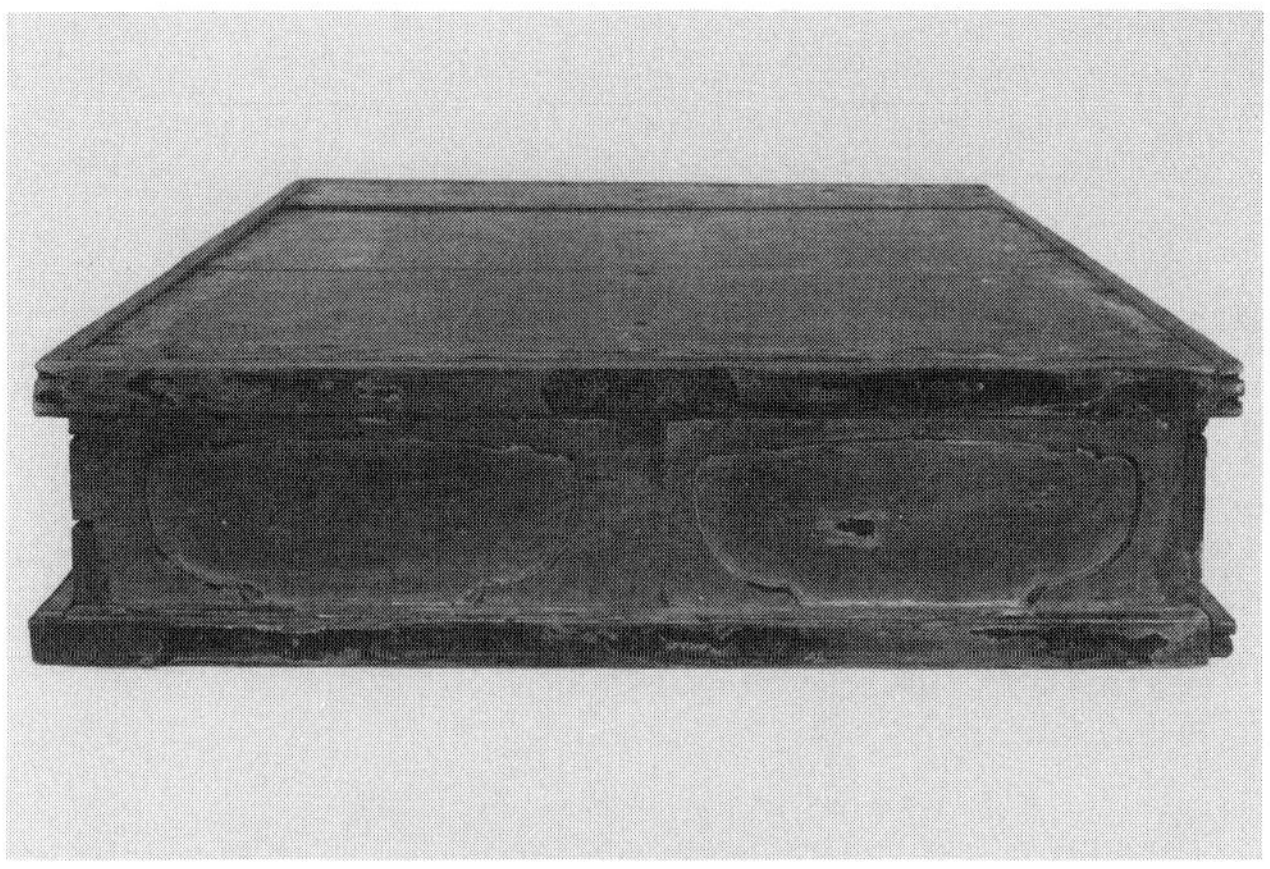
80　箱形礼盤　平安時代　京都　峰定寺

81　箱形礼盤　鎌倉時代　奈良　西大寺愛染堂

82　箱形礼盤と半畳　室町時代　奈良　法隆寺講堂

83　猫脚礼盤　鎌倉時代　静岡　ＭＯＡ美術館（東寺伝来）

84　猫脚礼盤　鎌倉時代　東京国立博物館

85　猫脚礼盤　室町時代　兵庫　鶴林寺太子堂

86　禅宗様礼盤　鎌倉時代　神奈川　称名寺

のとして重んずることがあるが、がいして時代の若いものが多い。

時代による特色　箱形礼盤を通観すると平安時代のものは比較的小振りで丈も低く、低平な姿を示し、格狭間に孔雀文を飾ったりする。鎌倉時代に入ると全体にやや形が大きくなる傾向があり、框や束の太目のものが現われはじめるが、まだ高さは二〇センチ程度の安定した姿のものが多い。また格狭間は盲連子や蓮華文を飾るものが多くなり、格狭間の輪郭も複雑な刳り込みの花形や蝙蝠形につくるものも現われはじめる。室町時代以降の品は框や束がいっそう太目になって武骨な感じのものが多くなり、全体に丈高く大形化する傾向がある。また格狭間には牡丹や唐獅子を飾るものが多くなる。

(2) 禅宗様礼盤

上述の和様の箱形礼盤と異なり、鎌倉時代から禅宗によって導入された中国宋時代の様式をとり入れたものである。上中下の三段よりなり、上下の框部を広くとってそれに数段の繰り形を寸法を縮めながら重ねて、中細りとし、中段部は四隅に束を立てた狭く細長いものとしてこれに羽目板を張る。その形式は禅宗様須弥壇の場合と同様である。遺品では神奈川・称名寺の礼盤（86図）が名高い。

(3) 猫脚礼盤

猫脚礼盤は密教における牙壇のように天板の四隅の下に反り出した四脚を備えるもので、重量を支えるため足は太く短かく作られ、形は金剛盤の足と同じく断面を将棋の駒形とし、爪先を蕨手状に反らせるのが普通である。また天板の四隅は入角《いりすみ》式に刳り込みをつけることが多い。

遺品例　MOA美術館（東寺観智院伝来）の黒漆螺鈿礼盤（重文・83図）は猫脚形の代表的遺品で、天板の側面や脚に優雅な蓮華唐草文の螺鈿を飾り、側面に金銅金具を打ち、脚の付根の持送りに覆輪をつけ、爪先に沓金物をはめるなど形姿、技法ともに抜群である。時代は鎌倉初期と見られ、中尊寺の箱形礼盤と双璧をなすものである。

東京国立博物館の竜胆丸文蒔絵礼盤（重文・84図）は金銀蒔絵で竜《りん》胆《どう》文を飾り、金具に竜胆文を毛彫りした鎌倉時代の優品である。鎌倉後期から室町時代にかけての猫脚礼盤も形式的には大きな変化はなく、全体を漆塗りで仕上げ金銅金具を装することが多い。兵庫・鶴林寺太子堂の猫脚礼盤（85図）は朱漆塗りで金具をつけないがなかなかの作のものであり、奈良・玉林一雄氏の品は黒漆塗り金銅装である。法隆寺にはこの形式の猫脚礼盤の四脚の下にさらに下框※51（畳摺り）をつけた桃山時代と見られるものがある。

⊙箱形礼盤	（平）	岩手・中尊寺金色堂		〈79図〉
⊙〃	（平）	岩手・中尊寺大長寿院		
〃	（平）	京都・峰定寺	（保元元年銘）	〈80図〉
〃	（鎌）	奈良・室生寺		
◎〃	（鎌）	和歌山・金剛峯寺不動堂		
◎〃	（鎌）	奈良・西大寺愛染堂		〈81図〉
〃	（鎌）	〃　〃	（白毫寺伝来）	
〃	（鎌）	奈良・東大寺法華堂		
〃	（室）	奈良・円成寺	（正長元年銘）	
〃	（室）	愛媛・石手寺	（永正一一年銘）	
〃	（室）	奈良・都介野来迎寺	（享禄五年銘）	
〃	（室）	奈良・法隆寺講堂	（永禄七年銘）	〈82図〉
〃	（桃）	奈良・今市地蔵院	（慶長一九年銘）	
禅宗様礼盤	（鎌）	神奈川・称名寺	（黒漆塗）	〈86図〉
◎猫脚礼盤	（鎌）	静岡・MOA美術館	（黒漆螺鈿装）	〈83図〉
◎〃	（鎌）	東京国立博物館	（竜胆文蒔絵）	〈84図〉
〃	（室）	兵庫・鶴林寺太子堂	（朱漆塗）	〈85図〉
〃	（室）	奈良・玉林一雄	（黒漆塗）	
〃	（桃）	奈良・法隆寺	（四脚下框）	

(4) 半畳・拝席

半　畳　礼盤を使用するにあたってはこの上に草座を敷くのを本義とし、実際には半畳※51（はんじょう）と呼ばれる方形の畳を重ねるのが常である。半畳は前後を高麗縁（こうらいべり）とするのが

※51　四脚の下に下框をつけた猫脚礼盤と半畳（四天王寺）。

87
螺鈿平塵案　平安時代　岩手　中尊寺大長寿院

88
螺鈿平塵案　平安時代　岩手　中尊寺金色院

89
黒漆螺鈿卓　鎌倉時代　奈良　東大寺

90
蓮華唐草蒔絵螺鈿蝶形卓　平安時代　兵庫　白鶴美術館

91
蓮唐草螺鈿蝶形卓　鎌倉時代　大阪　金剛寺

92
黒漆螺鈿卓　平安時代　奈良国立博物館

多いが、暈繝錦の縁を用いるものもある。東大寺法華堂礼盤の半畳は応安七年（一三七四）以後の数次にわたる墨書銘がしるされていて伝統の古いことがしられる。

また半畳は二畳台とも呼び、天台宗寺門派や真言宗では礼盤上に置き、天台宗山門派や浄土宗では礼盤に畳をはめこみ、真宗では半畳を二枚重ねにした厚い畳を礼盤上に置く形式が多い。

拝席[※52]　禅宗では礼盤を用いないため、法会にあたっての導師座として拝席と呼ばれる畳を用いる。拝席は畳表を二枚重ねとし、錦縁で周囲と四隅をまくが、これは『禅林象器箋』に図示されている。また座褥[※53]や曲彔・看経台を用いることもある。

拝敷　礼盤の手前に置くが、これを礼盤の代わりに導師座として用いる場合もある。半畳の畳表を二枚重ねとして前後を高麗縁としたもので膝付畳とも呼ばれる。

七、前机・上机・脇机・向机（密壇）・焼香机・中央卓

仏堂内においては各種の机が使用される。それぞれに用途を持つが、その形制は似ており、また大きさも仏堂の大きさに応じて違うために遺品のみからその用途を決することはむずかしい。現今の用法にしたがって分けると次のようになる。またこれらを通称して案《あん》ともいう。なお天台・真言の密教ではこれを机というが、浄土・禅・日蓮宗などは卓（しょく）と呼ぶことが多い。

(1) 種類と用法

前机　本尊を祀る須弥壇の前に置き、三具足（香炉・花瓶・燭台各一口）や五具足（香炉一口、花瓶一対、燭台一対）、線香立などの供養具をのせるために用いる。

古い遺品も多く、大きく分けて和様と禅宗様がある。

上机（卓）　須弥壇上の本尊の前に置き飲食を供養するために用いる小形の机で形制については前机と同様である。真宗では四具足（火舎一口、華瓶二口、燭台一口）などをのせる。

脇机（卓）　礼盤の両脇または左脇におかれ、その組み合わせと用法は宗派や修法によって異なる。密教大壇の場合は左脇机上に二器・柄香炉・香合をのせ、右脇机上には磬架または打鳴しを置いたり、または脇机をとって磬架のみを据えたりする。密教護摩壇の場合は両脇机を置き、護摩供具や打鳴しを配する。浄土系でも両脇机を用い、左には経巻立、右に磬架を置くのが一般的であるが、真宗では右脇机は用いない。日蓮宗では左脇机には見台を置く。

しかしこれは礼盤を使用する場合であり、拝席・拝敷などを用いる場合、脇机は使わない。

向机（卓）　脇机と同様に礼盤と組み合わせて使用され、主に僧侶の執持物（払子・桧扇・中啓など）や経本、また真宗では和讃箱などが置かれる。なお密教でこの机を用いる時は密壇として用いて密壇供（火舎一口、六器六口、花瓶二口）を供えることが多く、『石山寺縁起絵巻』などにもその様子が描かれている。なお、高野山では大壇と礼盤の間に机を置き次第箱（前箱）をおくなどの異もある。

また向机・脇机・礼盤を組み合わせて登高座とも呼ばれ、これら三者が導師座を形成する。

焼香机　内陣と外陣の境目、外陣側に置かれ、前机を小形化したもので七〇～九〇cm角の大きさが普通である。焼香供養するために設けられている。

中央卓　方形に近い入角形の天板と中框の間の四面に格狭間を透し、四脚は持送りの部分で大きく張り出した後S字形に曲がり、脚先は蕨手状に反り返った形が多い。奈良・法隆寺には、舎利会などの法会で舎利塔を安置するための台とされる舎利机があり、天板裏の永享一二年銘で室町時代の作とされる。禅宗様机の影響を受けた形制であるが、この形は現代まで引き続き使用されている。禅宗においては前机の手前に置き、侍香が持した香炉・香合をのせるためのものである。

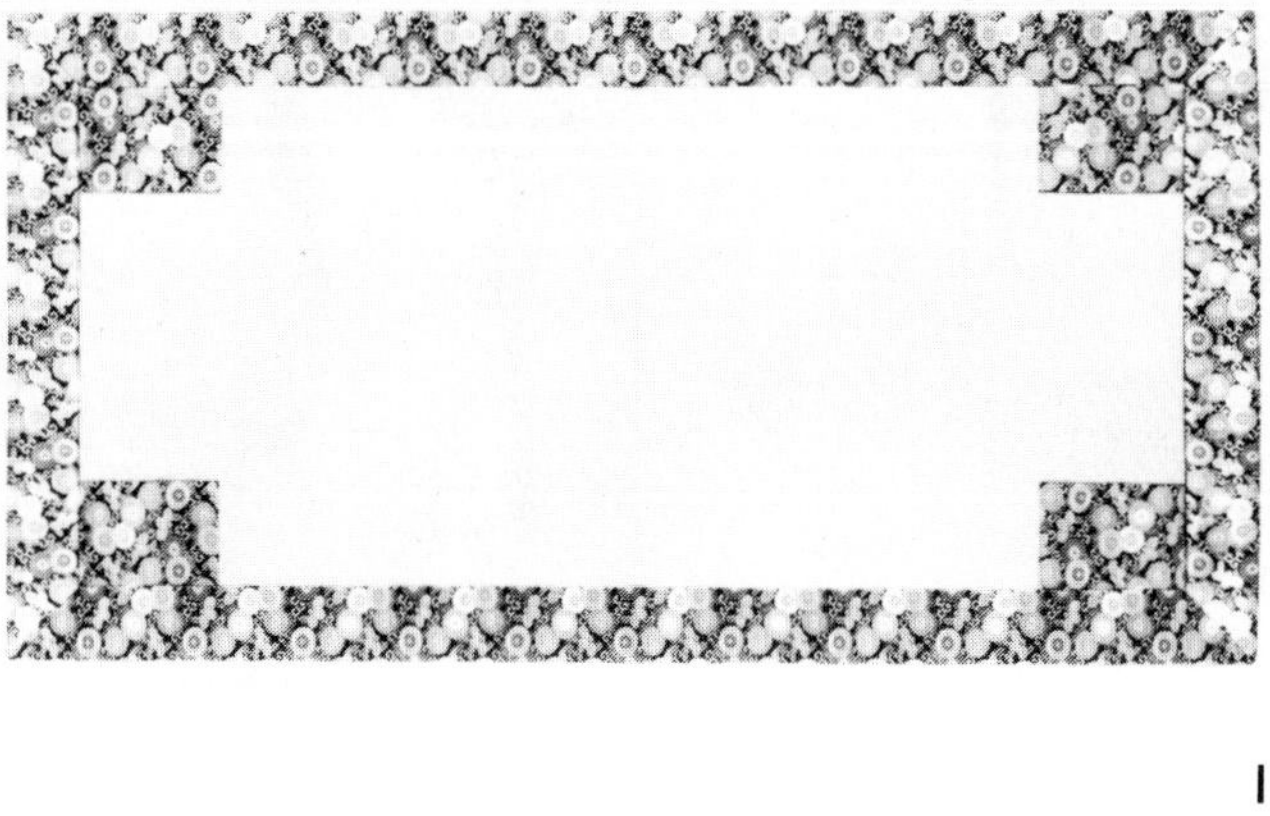

※52 拝席（現代）。

※53 座褥（現代）。

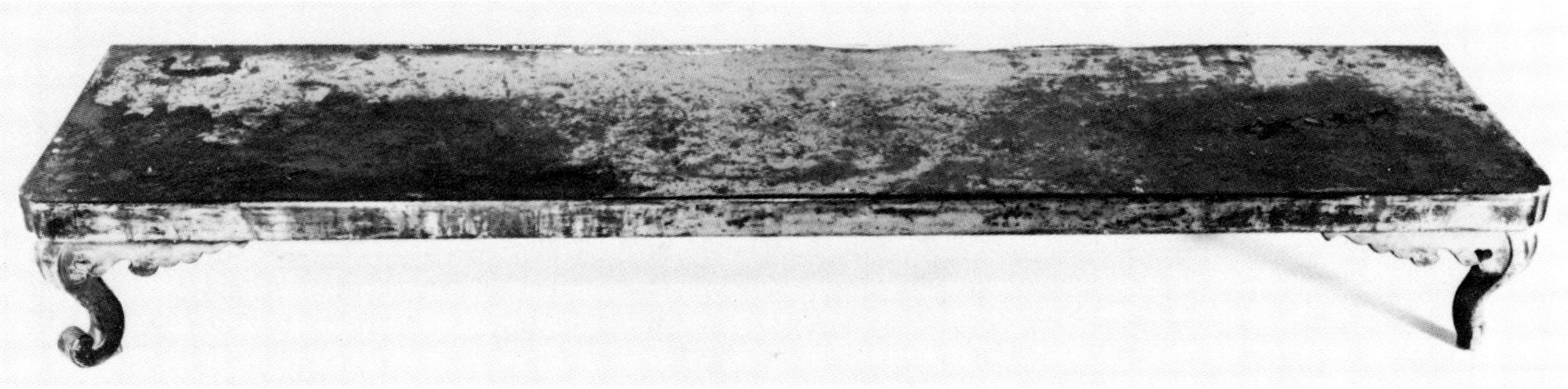

93　猫脚形朱漆塗前机　桃山時代　兵庫　鶴林寺太子堂

94　和様脇卓　室町時代　奈良　法隆寺新堂

96　和様焼香卓　現代

95　和様前机　現代

99　中央卓　現代

98　垣松螺鈿中央卓　江戸時代　壇王法林寺

97　舎利机　室町時代　奈良　法隆寺

(2) 机類の形式

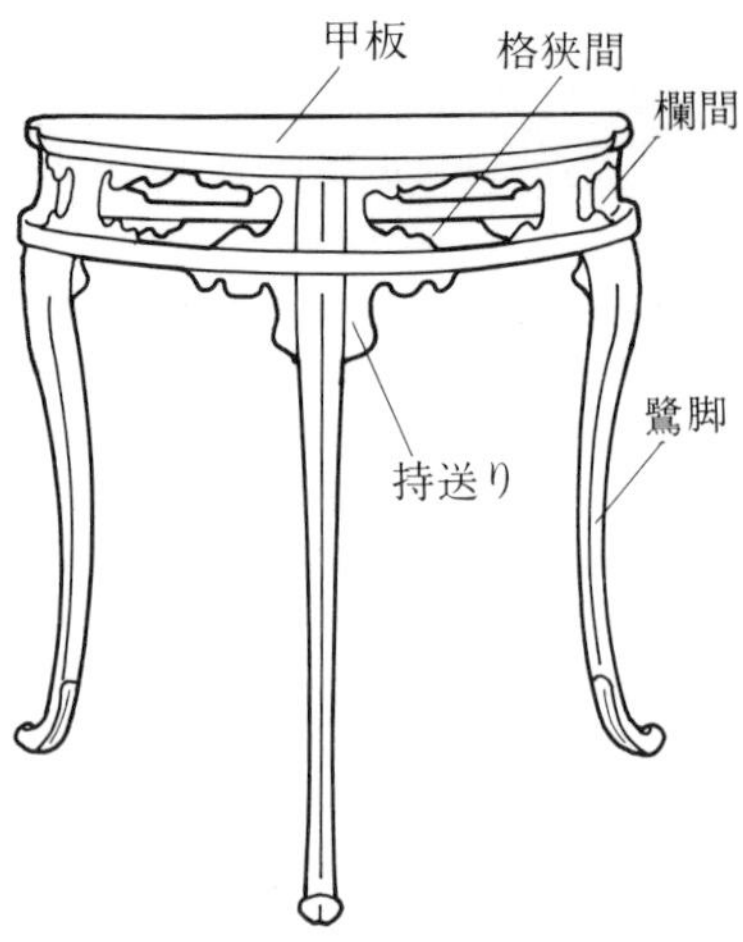

蝶形卓の部分名称

前机の形式は甲板（天板）は長方形に作るのを普通とするが、その他は必ずしも一定せず奈良時代の案・机類の伝統が続いたものと考えられる。

鷺脚形式（春日卓）　四脚に優雅な曲線をもたせた鷺脚形式のもので、これらの品の甲板の下に欄間を設けるものとこれのないものがあり、欄間をつけるものはさらに格狭間を作り、透し彫りの文様を飾るなどの例もある。

この種の前机の古い例は平家納経の裏絵にも見られるが、遺品としては中尊寺大長寿院の螺鈿平塵案（国宝・87図）や同じく金色院の螺鈿平塵案二基（国宝・88図）が名高い。甲板は入角をつけた長方形で、その下の欄間には前後に二個、両側一個の格狭間を透し、鷺脚の長い四脚を備え、平塵の地に美しい螺鈿の花文様を飾った繊細優美なもので平安時代の前机の代表作である。なお大長寿院のものは脚の付根に花形の持送りをつけ、金色院の机には格狭間の中に宝相華透彫りの金具をはめている。奈良国立博物館の黒漆螺鈿卓も小形品ながら製作優秀である（92図）。

鎌倉時代の同種の品では法隆寺の黒漆螺鈿卓（国宝）や東大寺の黒漆螺鈿卓（重文・89図）が優品であり、東大寺の卓は雲花形の刳り込みをつけた格狭間を飾る。この式は鎌倉・室町以降も作られ、ことに南都で伝統的に使用されたものとみえ、これの小形品を春日卓などと通称することも多く、また四脚の下方をすぼめて畳摺りをつけた当麻卓の名のあるものや、甲板を朱漆、脚を黒漆に塗り別けた出雲卓と呼ばれるものなどもある。

なお前机には丈の低いものも稀にある。兵庫・鶴林寺太子堂の朱漆塗前机（93図）はいわゆる礼盤式の猫脚をつけたこの種の遺品で天正四年（一五七六）の銘がある。

蝶形卓　蝶形卓は唯摩居士の用いる軾が机に発展したような形式のもので、甲板の前面を半月形に張り出させ、四個所ほどに入角式の刳り込みをつけるため甲板平面の形を蝶になぞらえてこの名がある。絵巻物などではこれに三具足（香炉一、花瓶一、燭台一が本来であるが香炉一、花瓶二とした例も多い）を飾るものや密教の一面器を飾る例もある。変わった例では法然上人絵伝[※54・55]（二六巻）に片供（火舎一、花瓶二、六器三）をのせたものもあるが、刺繡阿弥陀三尊像などでこの卓に三具足を飾ることが多いから浄土教系でとくに使用された傾向がある。遺品では平安後期の兵庫・白鶴美術館の蓮華唐草蒔絵螺鈿蝶形卓（重文・90図）と鎌倉時代の大阪・金剛寺の蓮唐草螺鈿蝶形三足卓（重文・91図）が代表的な品である。また黒漆塗りのもの（奈良国立博物館蔵品など）もある。

和様形式　和様形式の卓には①四角の脚四本を真直ぐに立てたもの、②これを外側に反らせた榻足机からの発展形式のもの、③真直ぐな四脚の下に畳摺りの枠をつけた、いわゆる床几の系列のものがある。また経机のように天板の両端に筆返しをつけるものもある。

①の遺品は少ないが江戸時代の法隆寺西園院の卓があり、長方形角形天板の下に面取りした四脚をたて、花葉形猪の目透しの持送りと、脚中央につけた両端猪の目透しの横木で天板に固定している。幅五〇・五、奥行三六・三、高三六・三cmと小形であり用途は明確でない。

③の遺品もまた法隆寺に数例がある。新堂用脇机二基（室町時代）・同前机一基（室町時代）・講堂用前机一基（室町初期）・絵殿用前机一基（江戸時代）の五基で、銘文を有するものもあり、この種の机の形が踏襲され現代の脇机・向机に至っていることをしる。いずれ

※54　蝶形卓のうえには片供がおかれている（法然上人絵伝巻二六—北条時頼の念仏往生の図）。

※55　春日卓に密壇供がおかれている（法然上人絵伝巻一二—左大臣藤原公鬮公正念往生の図）。

100　髹漆禅宗様前机　鎌倉時代　神奈川　円覚寺

102　焼香卓　現代

101　髹漆禅宗様卓　室町時代　京都　岩王寺

104　春日卓の上に一面器がおかれ，礼盤や磬がみえる
〈法然上人絵伝〉　京都　知恩院

103　和様卓の上に一面器をおく堂内部
〈石山寺縁起〉　滋賀　石山寺

も黒漆塗りで畳摺りをつけ側面には蓮華形格狭間を透かすが、その数は二個ないし三個と異なっている（94図）。この種の机は延久元年（一〇六九）に秦致真が描いたと称される聖徳太子絵伝屏風（法隆寺献納宝物）に見えるが、鎌倉以前の遺品は見ない。

禅宗様前机　前述のような机類に対して鎌倉時代からのち、ことに禅宗によって宋朝様式の卓が導入され、異形式の卓があらわれる。その形は同じく長方形であるが、甲板の両端に筆返しをつけ、甲板の下の欄間に精巧な牡丹唐草の透彫りなどを飾り、ことに四脚が太く力強いS字形の曲線を描き、反転した足の先端に唐花風の彫刻を飾る点などに特徴がある。この式のものの代表作には神奈川・円覚寺の髹漆前机（重文・100図）や京都・東福寺の朱塗牡丹唐草文透彫卓（重文）がある。また京都・岩王寺の髹漆卓（重文・101図）は室町時代永享四年（一四三二）の銘があり基準作として名高い。

この形式は以後流行し、欄間を三つに区切り格狭間をあらわしてそこに彫刻や連子を透した一形式となり現在にいたる。

⊙螺鈿平塵案	（平）	岩手・中尊寺大長寿院	〈87図〉
⊙　〃	（平）	岩手・中尊寺金色院	（二基）〈88図〉
黒漆螺鈿卓	（平）	奈良国立博物館	（蝶文）〈92図〉
黒漆螺鈿卓	（平）	福岡市立美術館	（散蓮弁文）
⊙黒漆螺鈿卓	（鎌）	奈良・法隆寺	
◎黒漆螺鈿卓	（鎌）	奈良・東大寺	〈89図〉
猫脚形朱漆塗前机	（桃）	兵庫・鶴林寺太子堂（天正一四年銘）	〈93図〉
◎蓮華唐草蒔絵螺鈿蝶形卓	（平）	兵庫・白鶴美術館	〈90図〉
◎蓮唐草螺鈿蝶形三足卓	（鎌）	大阪・金剛寺	〈91図〉
黒漆蝶形卓	（室）	奈良国立博物館	
黒漆塗脇机	（室）	奈良・法隆寺新堂	〈94図〉
黒漆塗前机	（室）	〃　〃	（二基）
黒漆塗前机	（室）	〃　講堂用	
黒漆塗前机	（江）	〃　絵殿用	
◎髹漆前机	（鎌）	神奈川・円覚寺	〈100図〉
◎朱塗牡丹唐草文透彫卓	（鎌）	京都・東福寺	
◎髹漆卓	（室）	京都・岩王寺（永享四年銘）	〈101図〉

八、経　机

経机は仏教の経典を安置したり、読誦のときに用いる比較的小形の机で、経卓ともいう。禅宗ではこれを経《きん》案《なん》といい、衆寮内での看《かん》経《きん》（読経）の席も経案と呼ぶ。

経机は『仁王般若波羅蜜経』巻下に「七宝の案を作り、経を以て上に置くべし」とあるのを本説とするというが、奈良時代の『西大寺資財帳』（宝亀一一年＝七八〇）などには経典を納めた厨子などを机の上に置くのを通例としたようで、「漆塗榻」「牙床榻漆、金銅釘并肱金等」「牙象榻」「榻机」「白木榻足机」「漆牙床机」「漆泥榻足机」「白木机」「床彩色花足」「呉床着金銅肱金」「床涅胡粉」「彩色花足床」「榻足漆涅机」などの経安置用の机の名が出る。員数の呼称は一前、一基、一台などの使い分けがある。

形　式　その形式は必ずしも明らかでないが、正倉院に伝わる案机類からすると足が下開きのいわゆる榻足（しじあし）のものや、四脚の上方を牙象形（格狭間の祖型）に刳ったもの、また八足、一六足などの多足机、あるいは花形の足をつけたものなど各種の机があったことがわかる。経机は形式的には前机と区別できるほどの特徴はないが、平安以降は坐り机のような丈の低いものになり、経典安置のみでなく看経や写経用に使うことも多くなったらしく、甲板の左右に経巻や筆管が落ちぬよう筆返し[※58]をつけ、断面四角の脚を外開きに反らせたものが通形となる。甲板の下には欄間をつくるものと、これのないのがあるが、欄間式のものはこれに連子を入れたり格狭間を飾ったり、またここに引出しを備えるものも生じる。『法然上人絵伝』や『慕帰絵』などの絵巻中には経机が随所に描かれるが、断面四角の四脚が真直ぐなものと、これが外反りしたものの両方があり、また欄間を作るものと作らぬもの、さらに筆返しの有るものとないものが共存しており、現在みる経机の制式が鎌倉時代頃には定着していたことがしられる。しかし一方では東大寺の香象大師画[※59]

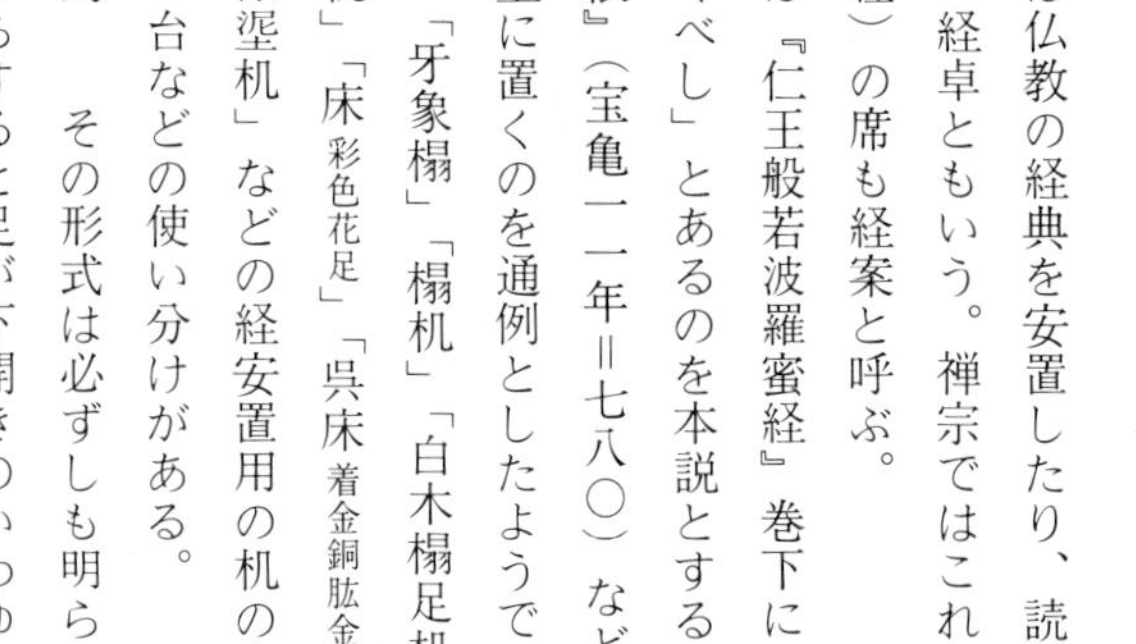

※56　密壇供がおかれている和様の机（慕帰絵第八巻第一段—大原勝林院に詣で和歌を書く）。

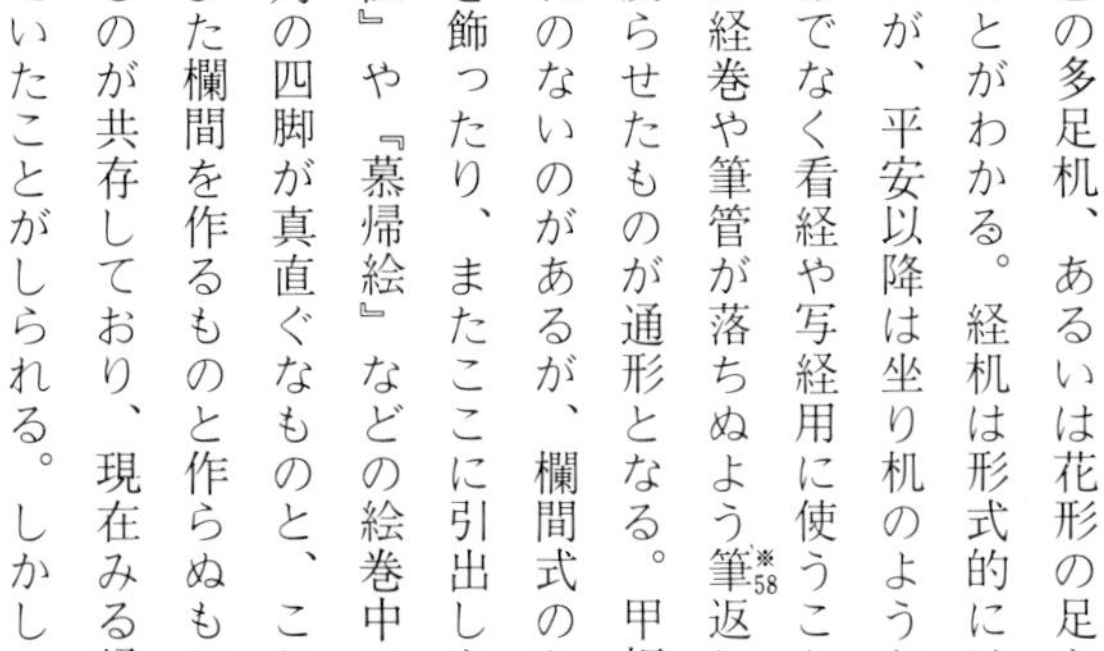

※57　方形の机に柄香炉や六器がおかれている（慕帰絵第三巻第一段—興福寺一乗院において出家得度する）。

105
黒漆塗机　平安時代　京都　高山寺

106
黒漆塗経机　室町時代　兵庫　金衆寺

107
朱漆塗経机　室町時代　奈良　長谷寺

像（重文）には一六足机の経机が描かれており、聖徳太子の勝鬘経講讃図などにも八足机や一六足机が描かれるから、奈良朝の多足机系のものも経机として用いられたと見られる。

遺品例　経机の古い遺品は少ないが、中では京都・高山寺の黒漆机（重文・105図）が古制を保ったものである。甲板の下の欄間は前後は四面、左右二面の羽目を作って横連子を入れるが、ここに引出しを内蔵している。また足には前後二個、左右一個の古式の格狭間を作り畳摺りをつけており上代の牙床の伝統を見せる品である。岐阜・横蔵寺の蒔絵の経机二基は永正八年（一五一一）の銘文をもつが、これも異形式のもので、左右に板足を備え、下に畳摺りの枠をつけるが、その欄間にあたる個所に一つは引き違えの板戸をつけ、他はケンドン式の板戸をつけて戸袋式に作っている。普通の筆返しつき四脚式のものでは、兵庫尼崎の金衆寺の黒漆塗経机（106図）は室町時代の作で、天板を着脱自在とし、欄間部に経などを格納できるように工夫している。奈良・長谷寺の朱漆塗経机（107図）は欄間に牡丹・菊・椿の透彫りのある桃山時代の品（元亀三年の後書き銘あるも年代は合う）で四脚は反り足式に作る。そのほか千葉・臼井の浄行寺に天正三年（一五七五）銘の品があり、京都・杉浦氏旧蔵品の慶長一八年（一六一一）銘のもの（雲泉荘山誌）などがある。なお古い品では両端の筆返しが細く、若いものはこれが太目のものが多い。

◎黒漆塗机　（平）　京都・高山寺　〈105図〉
蒔絵経机　（室）　岐阜・横蔵寺　（二基・永正八年銘）
黒漆塗経机　（室）　兵庫・金衆寺　〈106図〉
朱漆塗経机　（室）　奈良・長谷寺　〈107図〉
経机　（桃）　千葉・浄行寺　（天正三年銘）
〃　（桃）　京都・杉浦氏旧蔵　（慶長一八年銘）

九、高座（論議台）

高い牀座の意味で法会所要具の一つ、講師が東西に対して用いるところから論議台とも称される。奈良時代の資財帳にも散見され、天平宝字四年の正倉院文書には「高座百基」の記載があるが、現存最古のものは唐招提寺講堂の鎌倉時代後期とされる一対（110図）である。

その形制は、前卓・牀座・礼盤・登壇の四種の組み合わせからなる。前卓と牀座は上框（天板）と下框（畳ずり）の間を箱形につくり、羽目板に蓮華形格狭間をくり出し、登壇は三段の箱階段で、左右に高欄をつける。さらに宝形造の屋蓋と基台を設けている。また法隆寺聖霊院の高座（109図）も鎌倉時代の古式を伝えるものであるが、屋蓋は設けていない。

唐招提寺と同形式で背の高いものが、天台宗では八講壇と称して論議法要や説法に用いられているが、古く『石山寺縁起』の中にも、その様が描かれている（108図）。

一〇、打敷

打敷（うちしき）は須弥壇や前机などに敷き掛ける荘厳具の一種で、打布、内布、あるいは卓圍、卓袱ともかく。『菩提場荘厳陀羅尼経』に「是の幢の中に於て師子座あり、閻浮檀金を以て成るところの七宝荘厳なり、種々の天の妙服を以て其の座上に敷く」とあり、そのほか『過去現在因果経』や『観無量寿経』などに如来の座や通路に鹿皮の衣や、衆宝の妙衣を敷くなどあり、しだいに仏前荘厳に用いられるようになったものという。

奈良時代の資財帳などによると机や床の上には褥（じょく）を敷くのが制式であったようで、現に正倉院には多数の褥の遺品がある。この伝統は平安朝に入っても盛んであり、日記や物語などでも手箱や厨子棚に打敷を敷いて美観を競ったり、灯台の下敷にも用い、さらに香道具の一つともなったことがしられる。

仏教で用いる打敷は須弥壇の前の前机（卓）のみでなく、須弥壇上の小形の前卓（上卓）にも、[※60]また礼盤の前に置く向卓にも、さらに礼盤の左右の脇机にもこれを用いることがある。しかし実際には須弥壇や前机の質素な場合は打敷による荘厳は必須となるが、彫刻

※58　文台・机などの左右縁に取りつけて物が落ちないようにした木。

※59　東大寺の香象大師画に描かれた一六足の経机。

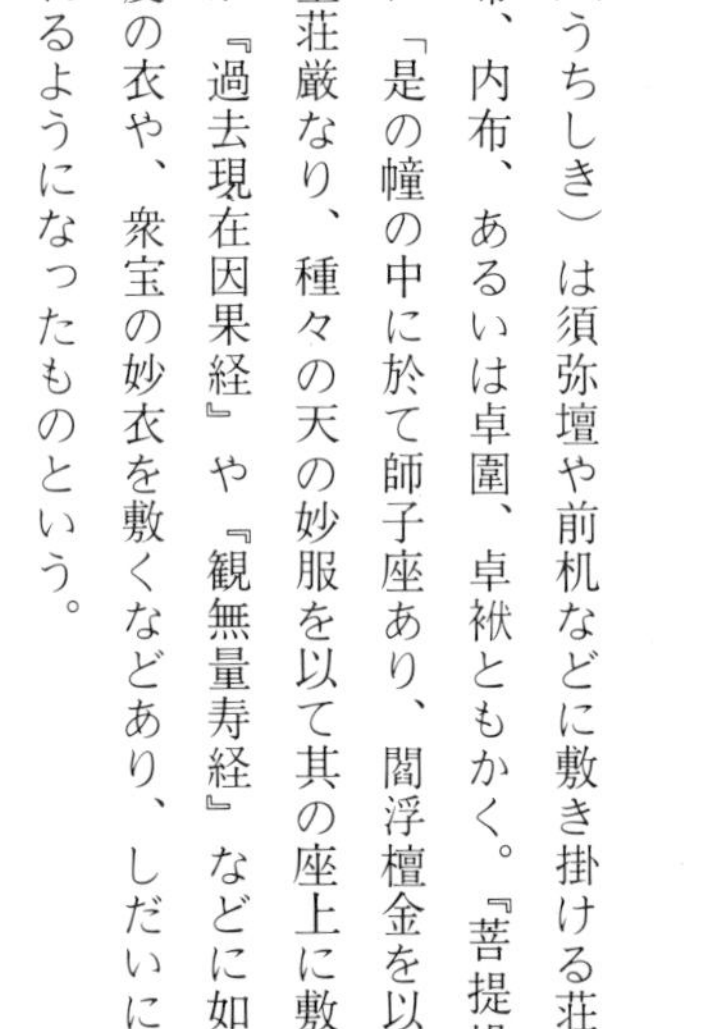

108　石山寺縁起　滋賀　石山寺
袈裟に横被を着し正装した僧が、高座に向かい合う法要の場面。高座の屋蓋からは幡が下がり、宝篋印塔形舎利厨子が安置され、その机には褥が敷かれている。

109　高座（登段・礼盤・前机）　鎌倉時代　奈良　法隆寺聖霊院

111　八講壇　現代　京都　勝林寺

110　高座　鎌倉時代　奈良　唐招提寺

装飾のすぐれた華麗な机には必ずしもこれを要しないため、通常はこれを用いず主要な法要に際してのみこれを用いることも多い。

形式は方形のもの、長方形のもの、三角式のものなどがあり、また上代の褥のように四方に額縁をつけたものとこれをつけぬもの、また裏地を少し表に出して重色目（かさねいろめ）を見せることもある。また外区と内区を互い違いに組合せ、内区を前机の天板に合わせて、外区の三角形が四方に垂れるようにすることも多い。

打敷は顕密を問わず用いられるが密教では主として長方形のものを使用し、浄土教系の寺院では三角式のものを多く用いる。三角式のものでは天板部の長方形と前に垂れる三角部よりなるものと、これに両側に垂れる小三角を加え後方の一部を省略するものがある。

打敷の使用は、古くは敦煌画の中にもそれらしきものが見えるが、わが国では室町時代の板碑に、三具足を供えた前机に三角の打敷を垂らすものがあり、聖徳太子の勝鬘経講讃図中でも大阪・四天王寺本（桃山時代）などに同様のものがあって用法の一端がうかがわれる。材質は平安時代の文献でも表に赤地錦を用い、裏に縹の唐綾を用いるなど贅をつくしたことがしられ、いまも金襴、銀襴などの高価なものや、故人愛用の衣服の裂などを用いたりする。

しかし遺品の古いものははなはだ少ない。滋賀・延暦寺の尾長鳥文繍打敷（重文・114図）は縦六三・五cm、横六四・五cmの小形のもので表の内区は桧扇文綾に尾長鳥文を刺繍し、縁は赤地竜丸文錦を用い、裏は幸菱文香色綾とする。この打敷は墨書銘により鎌倉時代の延慶三年（一三一〇）のもので、「天台大師御筆法華経」の打敷に用いられたことがわかり、年代と用法の面でも重要なものである。

高野山善集院にはもと高麗国軍旗と呼ばれた、レース刺繍を施した小形の打敷（重文）がある。奈良・般若寺十三重石塔から発見された赤地蓮池水禽文倭錦打敷（重文・113図）は、表に和歌山・熊野速玉大社の古神宝手箱（国宝）の内貼り裂と同系のものを用い、裏に納戸色の平絹を合わせていて南北朝から室町初期の遺品として重視される。このほか滋賀・東小椋の教宗寺の天文五年（一五三六）のもの、千葉保田の妙本寺の天正一四年（一五八六）の打敷、また滋賀・虎姫の還来寺の慶長一九年（一六一四）の品などがあるが、江戸時代に入ると諸寺に遺品が多い。

壇敷・壇引　なお密教で用いる敷覆いの具に壇敷と壇引きがある。壇敷は密教大壇の上に敷くもので、絹、麻、木綿のいずれでもよいが必ず白布を用い、その引き方や折り方は流派によって異なる。護摩壇にはこれを用いない。

壇引きは大壇の四方の側面を覆う白布で水引（みずひき）ともいう。この壇敷と壇引きはむしろ簡素な大壇の荘厳に用いるのを本義とするため、華形壇には壇敷を用いても壇引は行わず、これに対し四脚の大壇などにはこの両者をともに用いる。

一一、水引・柱巻・翠簾・戸帳

中世における浄土系宗派の隆盛にしたがい、堂の内部を内外陣に分かち畳敷きとする新しい仏堂の様式が生まれた。そこでは本尊を祀り僧侶による礼拝供養の場としての内陣と、大衆の参拝する外陣を分かつために、古くはみられない荘厳具が用いられた。

水引・柱巻　一組として用いられ、共に内陣である仏の場を明確に区切ると共に、仏を華麗な金襴で荘厳することが行われる。内陣中央の来迎柱、その両側の露柱の四本の柱に懸けられるものを柱巻と呼び、柱巻の上をつなぐ形で長押に懸けるものを水引と呼ぶ。無地の緞子《どんす》に宗紋や寺紋を入れるものもあるが、多くは金襴で竜・鳳凰・天女・迦陵頻伽などの文様をあらわしている。

翠《み》簾《す》　平安貴族の室内調度品として用いられていたもので「すだれ」ともいう。竹を細く割って編み、この竹が新しい時は青いので翠簾（すいれん）ともいい、御殿の簾という意味で尊称し御簾とも称される。これが仏殿における荘厳具として、水引などと同様の目的で用いられるようになったものである。上部片面には帽額《もこう》と呼ぶ幅広の金襴錦をつけ、同じ材質で中縁、両端縁がつけられる。ま

※60　脇机・向机に打敷をかけたところ（京都・西本願寺の法要時）。

※61　総角（あげまき）　現代。

た帽額には巻き上げるための鈎・吊り紐・飾り房（総角[※61]と総称する）をつけるが、内陣側に帽額正面、揚巻がくるようにして内陣側より巻き揚げた形で用いるのが普通である。

戸《と》帳《ちょう》　厨子内の尊像前に吊る金襴錦の裂で、多く上部前面に華鬘を飾る。仏・高僧を荘厳するために用いる。

（岡崎譲治・阪田宗彦）

112　内陣全景　京都　金戒光明寺
来迎柱と長押には水引、柱巻が懸けられ、前机には打敷が敷かれる。

113　赤地蓮池水禽文倭錦打敷　南北朝時代
奈良　般若寺

114　尾長鳥文繍打敷　鎌倉時代　滋賀　延暦寺

115　石山寺縁起　滋賀　石山寺
（簀子をめぐらす堂内には、まわりの簾をすべて下ろしている。堂の中央に修法の壇を立て白い幕で囲い、前机にはさまざまな仏具が配されている。簀子の一角に閼伽棚と閼伽桶が立てられている）

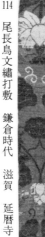

四　供　養　具

仏供養は『陀羅尼集経』三では二一種の供養具が説かれており、最低限の必要なものとして「香水・焼香・雑華・燃燈・飲食」の五種があげられている。『無量寿経』では「懸絵・燃燈・散華・焼香」の四種をあげている。このように、香・華・燈をもって行なうのが、古来、仏供養の基本である。

これはインドの習俗にはじまるもので、香炉・花瓶・燈台を一組とした三具足はその形式化されたものといえる。供養具としては香には香炉があり、華には花瓶・華籠・華鬘があり、燈には燈台・燈籠がある。これに飲食として鉢・水瓶など飲食器の供養具が加わる。

一、香供養具

良い匂いのする香を身に塗ったり、香を燻してあたりに香気をただよわせ悪臭を除くことは、古来、酷暑のインドでは一般的に行なわれていたことで、香供養具はこの習俗が仏供養に取り入れられたものである。『大智度論』巻第九三に「天竺国熱、又以身臭、故以香塗身、共養諸仏及僧」とあるように香は早くより供養の本義となっている。また『金光明経四天王護国品』第十二に「由彼人王手擎香炉焼衆名香供養経、時其香煙気於一念頃遍至三千世界」というように焼香の功徳の深さをたたえている。香炉はこれら香を燻ずる器である。

玉虫厨子の須弥座部の絵画（1図）の中には香供養のありさまが画かれており、法隆寺に伝来した金銅灌頂幡にも柄香炉を手にする天人（3図）が透彫りであらわされている。『日本書紀』天智天皇八年の条に「冬十月甲子、天皇幸藤原内大臣家、命大錦上蘇我赤足臣、奉宣恩詔、仍賜金香炉」とあるようにわが国でも仏教伝来と共に香供養が行なわれるようになったとみられる。

奈良時代の香炉は、『法隆寺縁起幷流記資財帳』[※1]に、「丈六分白銅香炉壱口（口径三寸二分高三寸六分）　仏分参具（二具鍮石　一、長一尺五寸　一、長一尺三寸八分／一具白銅長一尺二寸）」とあり、仏供養に香炉が用いられているが、そのうち、丈六分の白銅香炉は口径と高さが同じであるところから、これは『大安寺縁起幷流記資財帳』[※2]にみる単香炉と同じ形式のものと思われる。寸法の長いものは柄香炉であり、材質も鍮石製と白銅製のものがみられる。また『大安寺縁起幷流記資財帳』によれば、この他に銀・赤銅・牙[※3]などがあることがしれる。これら文献と遺品の上から材質の種類をあげると、金・銀・金銅・白銅・青銅・赤銅・銅・鍮石・白磁・青磁・牙・瑠璃[※4]・白角・紫檀・木などがある。

つぎに、形式的に分類すると次のような種類がみられる。

居　香　炉――博山炉・火舎香炉・蓮華形香炉・紇哩字香炉・金山寺香炉・蛸足香炉・鼎形香炉・三足香炉・香印盤

柄　香　炉――鵲尾形柄香炉・獅子鎮柄香炉・瓶鎮柄香炉・蓮華形柄香炉

釣香炉　桶形香炉　象炉　外置香炉

また、仏事以外に床飾りとして用いられる場合もあり、その形状

※1　天平一九年に勘録したもので、法隆寺の縁起および財産目録といえるものである。寺址・建物・什物・仏像などが克明に記されており、当時の法隆寺の実体をしることができる。原本は無し。

※2　天平一九年（七四七）に書かれたもので、大安寺の創建・変遷の歴史、資財目録などが記されている。これにより当時の官大寺の様子が窺われる。原本は奈良・正暦寺にある。

※3　象牙のことを指す。

※4　梵語 **Vaidurya**。七宝の一つで、青色の宝石のことを指している。ガラスの古名でもある。紺瑠璃杯などガラス製品を呼ぶ。

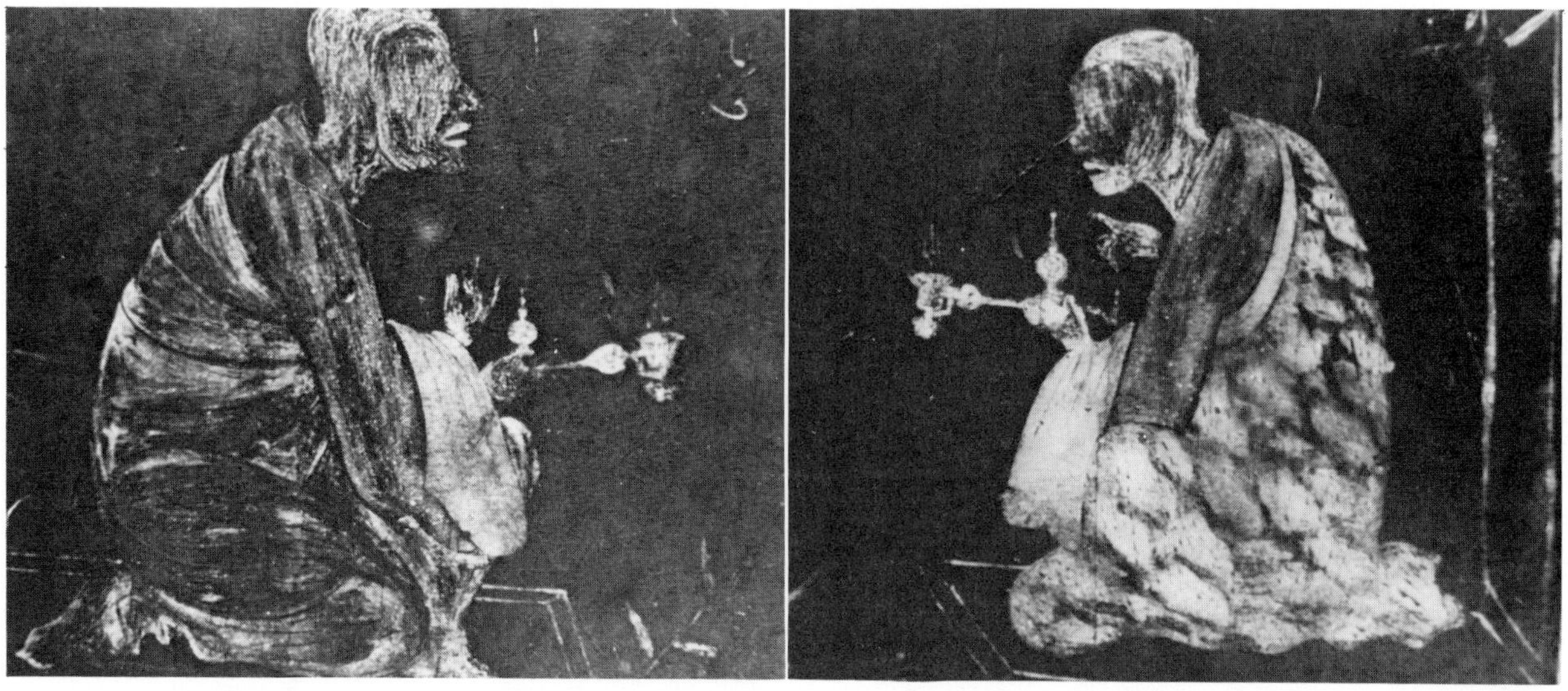

1 玉虫厨子須弥座部の絵（柄香炉）

2 玉虫厨子須弥座部の絵（火舎香炉）

3 大灌頂幡の柄香炉を手にする天人部分

4 インドにおける花供養

などによって、聞香炉、桶側香炉・四方香炉・欅香炉・すのこ香炉・火鉢香炉・火取香炉・鴛の香炉・鴨の香炉・千鳥の香炉・獅子の香炉・船の香炉・二重香炉・ほやの香炉などの名称がある。

(1) 居香炉

前机の上に置き香を燻ずる香炉で、『大安寺縁起幷流記資財帳』にみる「単香炉」はこの形式のものと推測される。単香炉とは、机上におき単独で用いるところから名付けられたのであろう。この種類のものは非常に多い。

博山炉《はくさんろ》　脚付杯の上に山岳形の蓋をのせた形式の鋳造製の香炉で、蓋は山岳の間に穴を透かして煙出しとし、盤状の台を付している。この形式のものは漢銅器※5（5図）の中にみられるところから仏教本来の供養具ではなく、仏教以前の香炉の一形式であり、これが仏教における香炉に使用されたものと思われる。金銅製・銅製・陶製のものがある。

火舎《かしゃ》香炉　一般に幅広い縁をもつ炉に三脚を付し、宝珠鈕をもつ甲盛蓋をのせたもので、蓋には煙出し穴として猪目形や雲形・飛鳥形などを透している。法隆寺蔵玉虫厨子の須弥座の絵の中にすでにみられるように早くから供養具として用いられていた。

この形式に近い白石火舎(6図)が正倉院にある。これは唐代のもので大理石製で、蓋はなく五本の金銅獅子形の脚で支えられている。大形であるところから今日でいう火鉢に相当するものと思われるが、小形の同形式の金銅火舎は香炉として用いられたもので、このようなものが仏教の中にとりいれられ、焼香具としての火舎香炉を形成したものと考えられる。

火舎香炉はひろく密教法具の中で用いられている。密教法具の火舎は必ず蓋を具し、足によって支えられている。

日光男体山頂より、金銅火舎の蓋が出土している。これは延喜通宝五枚を入れた素焼皿の蓋としていたもので、形体は段のくびれがなく、円孔の透し四個をつけるなど、古式である。また静岡・修善寺裏山出土の金銅火舎（7図）は炉は浅く、口縁部の反りが強く、蓋は欠損しているが、なだらかな甲盛で煙穴四個を透す。火炉が四本の足で支えられている点は形式的に藤原期以後のものに比し古式と思える。これらは火舎香炉のなかでもとくに古式に属するものといえる。

藤原時代の典型的な火舎香炉としては、兵庫・勝福寺蔵、東京国立博物館蔵（和歌山・那智経塚出土）、京都・福田寺蔵（花背経塚出土）滋賀・常楽寺蔵（8図）などがある。これらは蓋に猪目を透し、宝珠鈕は小さく、炉は浅く、脚は低く小さく、全体に薄手に作られている。このうち、勝福寺蔵のものは非常に薄手であるが炉径が二四・一cmもある大形の香炉である。蓋は撫肩で、上段はハート形を三個一組にした猪目を透し、中段は宝珠形の透目を透し、足は獣足としている。これと同趣の大形の六器・花瓶があり、一具となっている。また那智経塚出土のものも非常に薄手に作られており、蓋は甲盛りが低く柔らかで、猪目透しの煙出し穴をつけるなど、藤原後期の特色をよく示している。これは同形のものが四口あり、他に六器・花瓶などもあって、大壇四面供として完備していたものであることがしれる。また花背経塚出土の火舎香炉は那智出土のものに作域が非常に近い。とくに、これには仁平三年（一一五三）銘の経筒が伴出しており、平安後期の基準作例とすることができる。

鎌倉時代のものでは愛知・岩屋寺蔵、奈良・唐招提寺蔵、東京・浅草寺蔵（9図）火舎香炉などが著名である。岩屋寺の火舎は全体

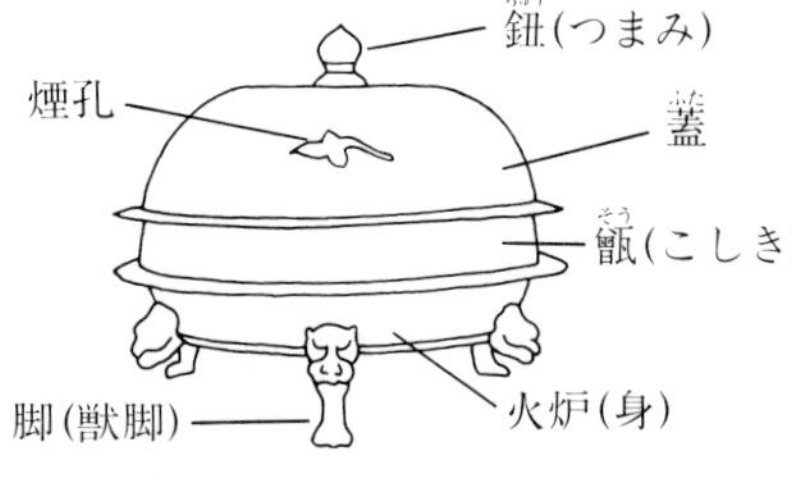

火舎香炉の部分名称

※5　中国において古代に製作された銅器、神明に捧げ供えられた儀礼のための飲食器で、殷周時代からみられる。トウテツ文・蟠蛇文といった独特の怪獣文や雷文などが鋳出されている。

5　四葉博山炉

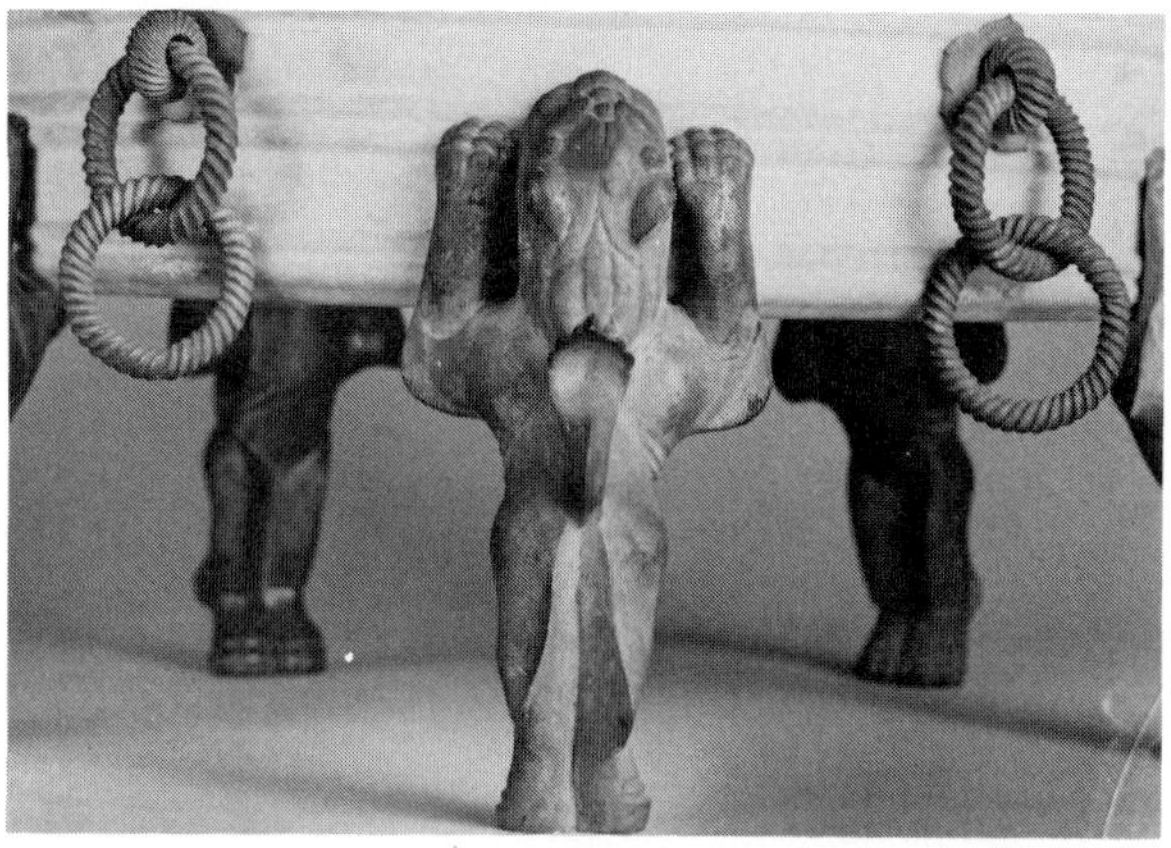

6　白石火舎の脚部　唐時代　正倉院

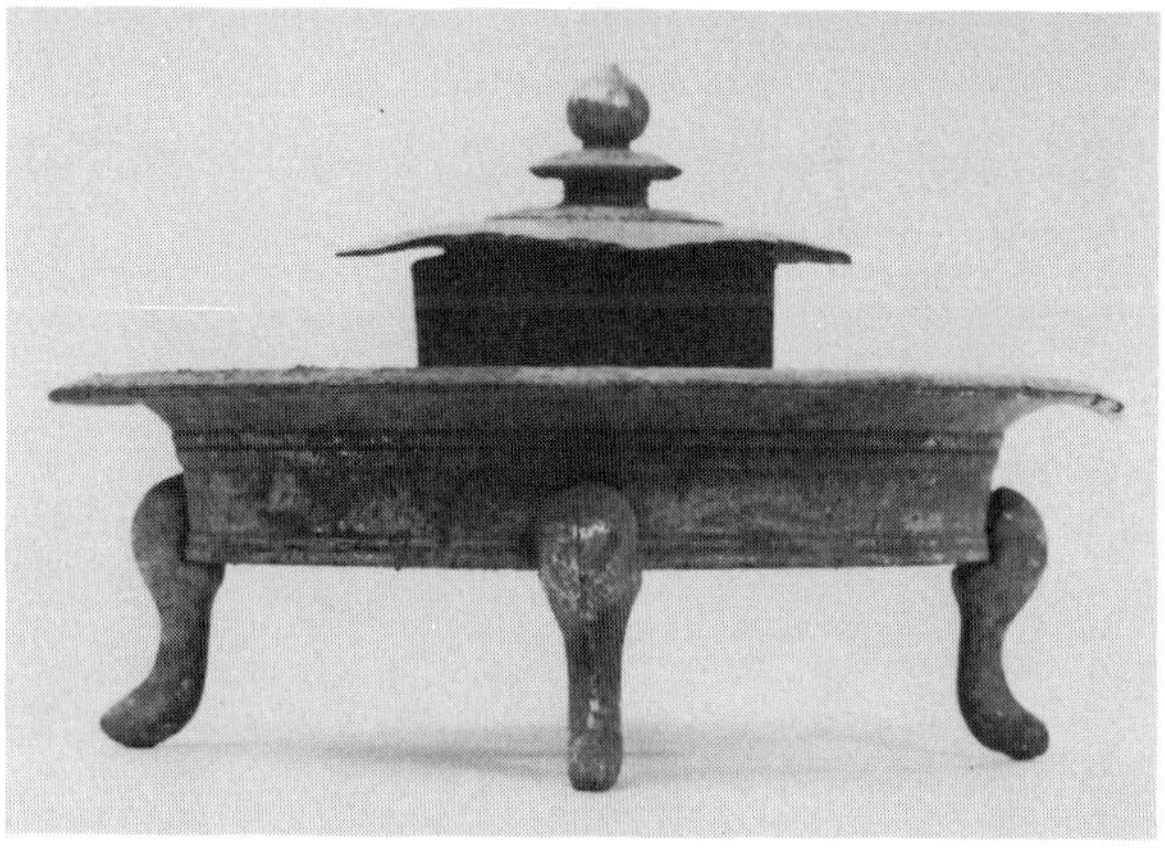

7　金銅火舎　平安時代　静岡　修善寺

8　金銅火舎　平安後期　滋賀　常楽寺

9　金銅火舎（蓋欠）　鎌倉時代　東京　浅草寺

10　金銅火舎　室町時代　奈良　法隆寺

11　蓮座式火舎　室町時代　大阪　田万明子氏

にやや厚手の感じをもつものである。蓮蕾形鈕をもつ蓋は高い三重甲盛で、飛雲、飛鳥を透した煙出し穴をつけている。甑を付けているが、これが蓋に固定されているところが異色である。唐招提寺の火舎は蓋・甑・炉からなり、炉と甑の側面と縁には蓮弁飾をほどこし、脚は重厚な獅噛獣脚としている。蓋は獅子鈕をもつ三重甲盛蓋で、肩に飛雲を透し、飛鳥を線刻であらわしている。鈕が獅子鈕である点に特色があり、獅子香炉との関係が考えられる。

鎌倉時代の火舎香炉は一般に作域が重厚で蓋の鈕、脚など、全体が厚手に作られており、蓋も平安時代のものにくらべて甲高となり、煙出しも猪目透から、飛雲透へと変化がみられる。また、炉と蓋との中間にもう一つ、輪状の甑を重ねるようになる。これは炉が浅く、火が消えやすいので、これを防ぐ工夫とみられる。この甑は鎌倉初期ころからはじまるものと考えられる。

室町時代に入ると、この厚手の傾向は一段とつよくなり、蓋はさらに甲高となり、宝珠鈕は大きく、脚は太長となり、製作の拙劣なものが多くなる。法隆寺蔵の火舎香炉（10図）には「法隆寺、舎利殿　貞治五丙午五月廿二日」の刻銘があり、室町期の基準作例となる。これは総体に厚手で蓋が大きく、独特の雲形を透している。この時期の特徴をよく示しているといえよう。

〔註〕第一章七の密教法具中にも火舎香炉の項あり。

金銅火舎（唐）　正倉院宝物　〈6図〉
火舎香炉（平）　静岡・修善寺　（蓋欠）〈7図〉
◎〃（平）　兵庫・勝福寺
〃（平）　滋賀・常楽寺　〈8図〉
〃（平）　東京国立博物館　那智経塚出土
〃（平）　京都・福田寺　花背経塚出土
◎〃（鎌）　愛知・岩屋寺
◎〃（鎌）　奈良・唐招提寺
〃（鎌）　東京・浅草寺　（蓋欠）〈9図〉
◎〃（鎌）　栃木・輪王寺
◎〃（室）　奈良・法隆寺　貞治五年（一一六六）銘　〈10図〉

蓮華形香炉　蓮華の形をした香炉で、中心の開敷蓮華の部分が火炉となり、反花蓮華が台脚となっている。蓋は子房をかたどり、蓮実の部分に穴をあけて、煙出し穴としている。いつごろから使用されていたか明らかではないが、『仁和寺御室御物実録』※6に「金銅蓮華形香炉壱枚入納袋」とあり、すくなくとも平安時代には使用されていたことが窺われる。しかし、遺品はきわめて少ない。蓮華形香炉のうち、火炉を蓮華の蕾にかたどったものを、つぼみ形香炉という。

蓮華形香炉（明）　東京国立博物館　〈12図〉

紇《き》哩《り》字《く》香炉　蓮華形香炉の一種である。蓮華形香炉の上に、大きな蓮葉形をした蓋をのせ、その上に独鈷杵をたて、蓋には五字の梵字を透かして煙出し穴としたものである。この香炉は妙香印紇哩字香炉ともよばれ、観自在菩薩心真言一印念誦法を修するとき、壇中に紇哩字形に香を盛って安置する。蓋の中央には観音の三昧耶形を示す八葉蓮華を先端につけた独鈷杵形の鈕をたて、これをめぐって、唵、嚩、囉、達、磨の五字※7の梵字を透かしたものである。これに香印紇哩を加えると弥陀の真言となり、観音にも通ずるといわれ、またこの香炉で香を焼くとき、一切の災禍疾病を除き、命終の後、極楽上品の生を得るといわれている。

この形式の香炉の古い作例はみあたらない。現在しられているもので、最も著名なものに仁清作といわれる京都・法金剛院の陶製香炉（14図）がある。これは総高二六・七cm、口径二四・三cmの大形香炉で、蓮葉形の蓋は青色釉をほどこし、独鈷杵形の鈕は金彩としている。開敷蓮華の炉身は赤地に青色の縁をとり、金線を入れ、反花蓮座は青地に赤色の縁をとり、花弁内は金線で輪宝をあらわし、各弁の間はこれも金線で唐草文を描いた非常に華麗なものである。

東京深大寺の紇哩字香炉（15図）は、元三大師堂におかれており、花瓶一対・燭台一対と組合せ、五具足となっているものである。大形の鋳銅製香炉で、蓋には蓮華をのせた独鈷杵の形をした鈕をたて、煙出し穴を唵、嚩、囉、達、磨の梵字の透彫りとし、正面に元三大師の銘をあらわしており、作調としてはわるくない。台座に「天保

※6　仁和寺の仏像・経巻・仏具・什器の実録帳で、奥書に天暦四年十一月十日の年紀と実録使菅原朝臣文時の署名が記るされている。平安時代の仁和寺の仏具をしることができる。

※7　五字の梵字は次の通り。（『密教法具便覧』）

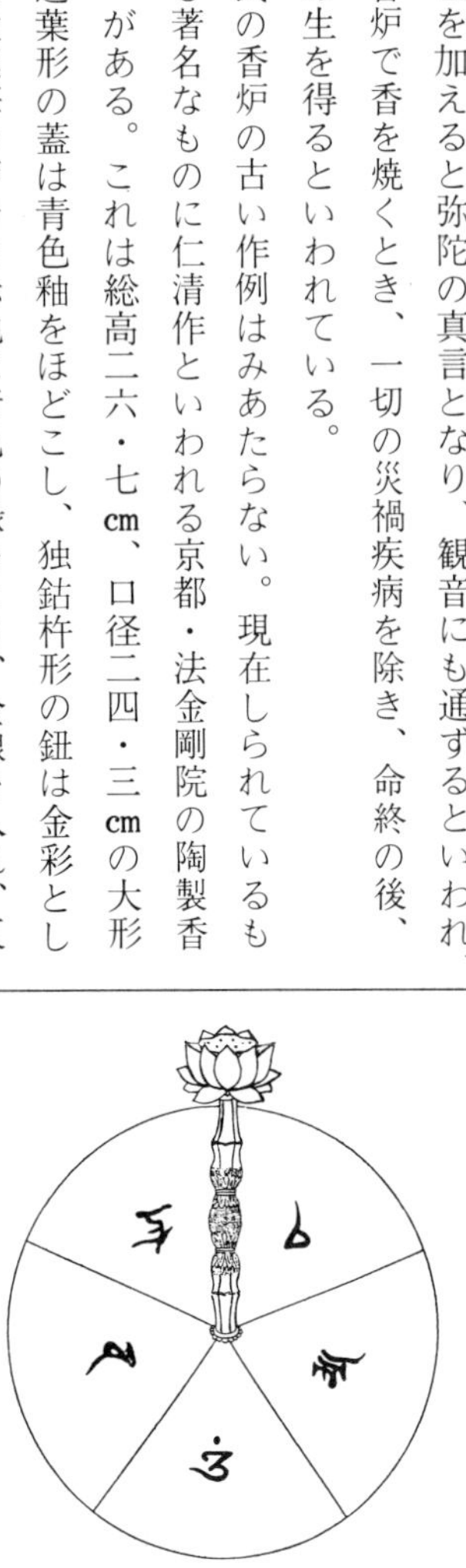

12 蓮華形香炉 明時代 東京国立博物館

13 蓮華形香炉 近代 京都 西大谷本廟

14 紇哩字香炉 江戸時代 京都 法金剛院

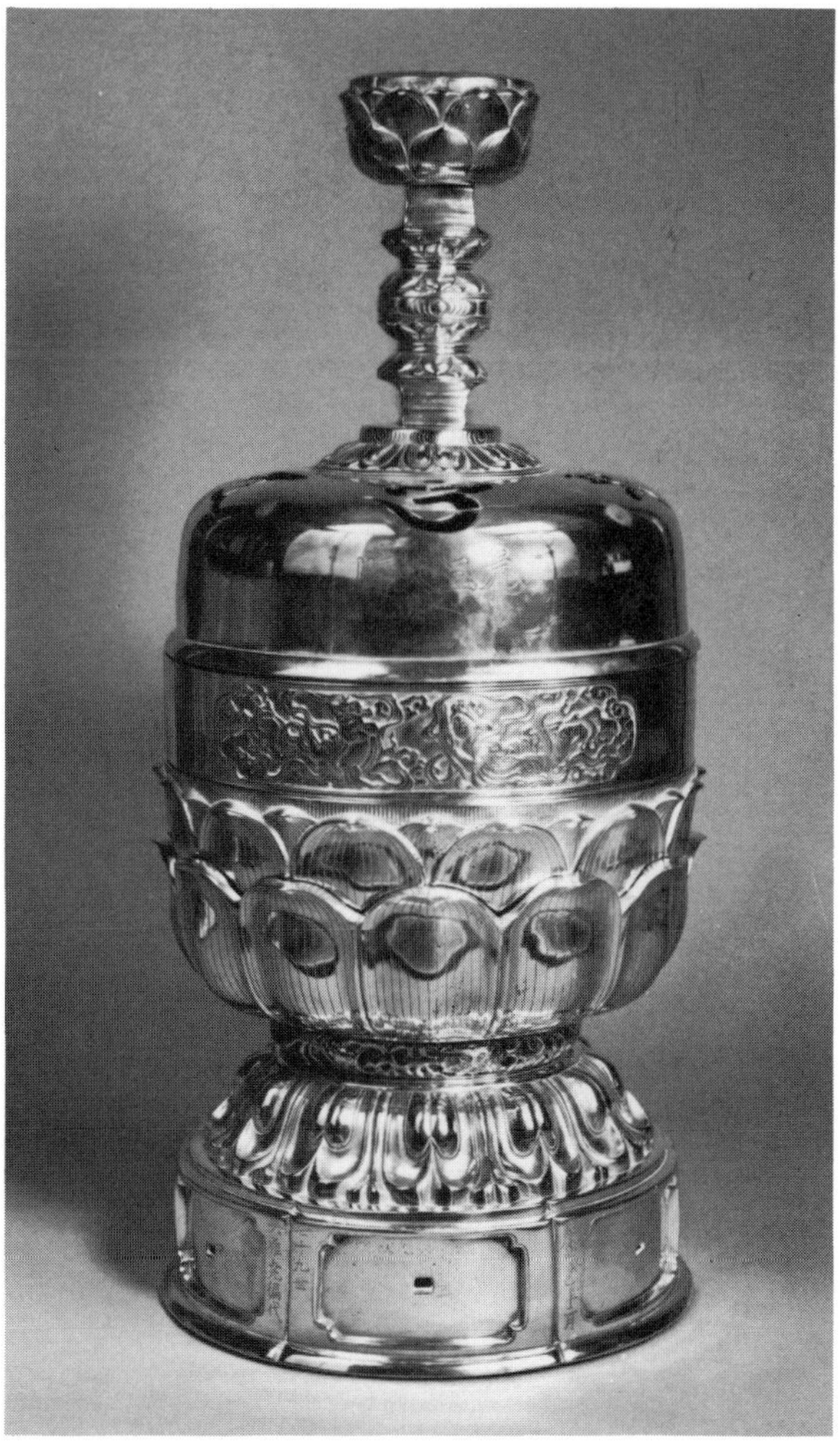

15 紇哩字香炉 江戸後期 東京 深大寺

四癸巳年二月」と銘文があり江戸後期のものであることがしれる。

◎紇哩字香炉（江）　京都・法金剛院　陶製・仁清作　〈14図〉
〃　（江）　東京・深大寺　鋳銅製・天保四年銘　〈15図〉

金山寺香炉　鍔状の縁をもつ、やや外広がりの円筒状の胴部と、裾広がりの台脚からなる香炉である。蓋のあるものはみられない。韓国の高麗時代のものが多く、金山寺香炉の名も、韓国の金山寺[※8]の名に由来するといわれている。

韓国・表忠寺蔵の金山寺香炉は、高さ二七・五cm、口径二六・一cmで、台脚裏に大定一七年（一一七七）の銘があらわされ、製作年代が明らかである。この香炉の胴には梵字が銀象嵌[※9]され、台脚には龍文が銀象嵌であらわされている。これは最も古い年紀銘をもつ金山寺香炉であろう。

わが国にもかなり舶載されているが、なかでも法隆寺に伝来した法隆寺献納宝物の金山寺香炉（16図）は大定一八年の年紀銘を有することでしられる。この香炉は胴部が欠失し台脚だけをのこしているが、これから推定すると非常に大形のものであったことが窺われる。脚底縁に「大定十八年戊戌五月日造金山寺大殿弥勒前青銅香垸一座臺具都重三十斤入銀八両棟梁祇毗寺住持三重大師恵琚金山寺大師仁美京主人郎将金令候妻崔氏伊次加女納絲殿前尚乗府内承旨同正康信鋳製高正」の銀象嵌銘がみられる。

西大寺に伝来する香炉は総高三二・四cmほどのもので、口縁の上面と胴側面に梵字を、その他の部分に唐草文を銀象嵌であらわしている。高麗製であるが台脚に「寄進西大寺真言堂永徳二壬戌十二月日願主沙門禅誉」の墨書銘があり、舶載の香炉を室町時代に寄進したことが窺われる。

法隆寺綱封蔵[※10]のもの（17図）は舶載の金山寺香炉の形式を模した本邦製金山寺香炉で、総高は二八・〇cmあり、胴は縁反りの少ない円筒形で、胴に仏餉鉢のような圏帯をめぐらしている。また高麗製のような銀象嵌による装飾はなく、無地で、「応永四丁丑（一三九七）法隆寺　舎利殿」の刻銘がある。

金山寺香炉（高麗）韓国・表忠寺　大定一七年（一一七七）銘
〃　（高麗）東京国立博物館胴部欠失・大定一八年銘〈16図〉
〃　（室）　奈良・法隆寺　応永四年銘　〈17図〉

蛸《たこ》足《あし》香炉　禅宗が使用しているもので、鉢形の炉を長短二種の脚で支えた珍らしい形式の香炉である。足が六足または八足で、全体が蛸のような形をしているところから蛸足香炉の名がある。炉の表面に葉状の飾をつけたもの、脚の節部に鬼面をあらわすものが多い。禅宗と共にわが国に伝わったものと思われる。石川県・大永寺蔵の『支那禅刹図式』にこの形の図がみられる。

京都・興聖寺蔵の蛸足香炉（19図）は鉄鋳製で、嘉禎年間の作といわれる。円形の炉は口部に厚い縁をめぐらし、胴には宝珠文と芭蕉の葉に似た文様をあらわし、先端を屈曲した長足六本、短足六本の計一二本の足を交互に配し、長足の付根には鬼面をつけている。また、京都・大徳寺には正中元年のもの、堺市・大安寺には応永元年の作がある。

蛸足香炉（鎌）　京都・大徳寺　鉄製・正中元年銘
〃　（鎌）　京都・興聖寺　鉄製　〈19図〉
〃　（室）　大阪・大安寺　銅製・応永元年銘
〃　（江）　岡山・曹源寺　銅製
〃　（江）　香川・善通寺　銅製・元禄三年銘

鼎《かなえ》形《がた》香炉　中国銅器の鼎の形姿を象どったもので、左右に耳をつけた幅広い口縁をもつ胴膨みのある胴と、これを支える三足からなり、鈕をもつ蓋がつけられている。三足は円筒形のほかに獣足のものがあり、鈕も獅子鈕が多い。このほか、耳のないもの、口縁の縁廻りが大きいもの、蓋を欠くもの、方形鼎形で四本足のものなどがある。

鼎は本来仏教供養具ではなく廟前に物を煮て供える銅器であったものが、形をかえて宋代になって仏教に取り入れられ香炉として使用されたものといわれている。わが国には鎌倉時代になって、禅僧によってもたらされ、ひろく流行した。室町時代の板碑の中に、鼎

※8　韓国全羅北道にある古刹。金山仏寺ともいう。新羅時代末期創建。金山寺香炉の名は、この寺にある香炉が代表するものとして、名付けられた。

※9　銅または鉄の素地の上に文様を刻し、凹んだところに銀を嵌めこみ、文様をあらわす彫金技法。線をあらわすものは象嵌法の基本で、線象嵌という。金山寺香炉には銀の線象嵌のものがみられる。

※10　寺の責任ある三役である三綱（上座・寺主・都維那）が立ち合わないと開けられないように封をした倉で、勅符をうけて封をする。勅封につぐ重要な寺の倉で、東大寺・法隆寺など官大寺にあった。

16　金山寺香炉　高麗　東京国立博物館

17　金山寺香炉　室町　奈良　法隆寺

18　金山寺香炉　高麗　奈良　長谷寺

19　蛸足香炉　鎌倉時代　京都　興聖寺

20　鼎形香炉　室町時代　京都　大徳寺

21　三足香炉　室町時代　滋賀　宝厳寺

形香炉をあらわしたものをみることができる。金属製だけでなく、陶製のものも多い。かなり一般的に普及したもので、青磁のものが多くみられる。

京都・大徳寺蔵の鼎形香炉（20図）は蓋裏に朱漆銘で「南禅寺方丈侍薬寿玉文安三年丙寅正月日」の年紀を記るしているので著名である。銅鋳製で、蓋は側面に渦文を浮彫風に鋳出し、上に大きな玉取獅子を置き鈕としている。三足で支える胴の口縁部には雷文地に螭龍を配した図様の帯をめぐらし、頸部には長い反りのある耳をつけている。銘文からみて、南禅寺の医者寿玉が大徳寺に寄進したものであることがしれる。

鼎形香炉（室）　京都・大徳寺　銅製・文安三年銘　〈20図〉

三足《さんぞく》香炉　桶形の炉に三足をつけたものである。正倉院宝物の中にみる白石火舎は獣足五脚で支えられているが、この香炉の祖形を思わせる。宋磁のなかに三足香炉をよくみるところから、鎌倉時代には伝来し、わが国でも製作されるようになったと思われる。陶磁製や金属製のものがある。

栃木・鑁阿寺の三足香炉（22図）は、宋代の青磁製で、口縁部は横に三条の線をめぐらし、底辺にも一線をめぐらし、側面に浮彫りで精緻な牡丹唐草文を右廻りにあらわしている。この形式のものが福岡・観世音寺、京都・龍安寺などにも伝わっている。

滋賀・宝厳寺蔵の三足香炉（21図）は鋳銅製で、口径一八・三cm、高一〇・〇cmあり、炉は口縁がわずかに外反りをし、側面には横に二条の帯をめぐらしており、底につく三足は比較的細長く三葉形をした美しい足である。底面に「永正十八年辛巳四月下旬、善光寺住人　常田吉重」の刻銘があり、これが本邦製で、その製作期が室町時代であることを明らかにしている。

◎三足香炉（宋）　栃木・鑁阿寺　青磁製　〈22図〉
〃　（宋）　福岡・観世音寺　青磁製
〃　（室）　滋賀・宝厳寺　鋳銅製・永正一八年銘　〈21図〉

香印盤《こういんばん》　香篆盤、常香盤、香盤の名称がある。時香盤も同類のものである。粉末の香を梵字形に盛り、香印をつくり、その一端に火をつけ端から次第に燻焼する盤で、長時間香をたくことができる。木製のもの、金属製のものがある。一般的形式は方形をした盤と台とがあり、盤の底部に重層の段を作り、台も段を重ね、中央の支柱で上下接合したもので、下の台には引出をつけるものもみられる。

香印盤はいつごろから伝来したか明らかでないが、正倉院に「香印坐」と墨書した漆金薄絵盤があり、『神護景雲元年阿弥陀院宝物目録』に「香印坐花二枺」とあり、香印盤はすくなくとも奈良時代に行なわれていたことがしれる。

正倉院の香印盤（24図）は、宝相華風の図様を彫りこんだ香印押形盤と黒漆塗平盆、および「香印坐」と墨書した濃艶な彩色を施した漆金薄絵盤とで一具をなしたものである。これは香印押形盤の刻溝に抹香をいれ、溝からあふれた余分の香を除き、その上に灰をかけ、平盆を上から伏せ、裏返すと平盆の上に香印がつくれる。これを漆金薄絵盤の上にのせて燻焼したものと考えられている。

平安時代にあっては、『山門堂舎記』仁安四年首楞厳院の条に「装厳具等被レ調焉、一香盤机・脚　香盤一口有蓋」とみえており、寺に香印盤がおかれていたことがしれる。時香盤は香盤と同じような形式で、香の燃焼した状態から時刻がしれるようになっている。また常に香がたかれているようになっているので常香盤とも呼ばれ、江戸時代のものがかなりみられるが、古いものはあまりしられていない。奈良・吉野水分神社に「金峯山　子守宮御宝前　延徳二年庚戌七月吉日（一四九〇）下田大工左衛門助」と刻するものがある。奈良・当麻寺には弘治三年銘をもつ引出し付の時香盤がある。

香印盤（奈）　正倉院宝物　〈24図〉
〃　（室）　奈良・水分神社　延徳二年銘
時香盤（室）　奈良・当麻寺　弘治三年銘

(2)　柄《え》香《ごう》炉《ろ》

手炉ともいう。口縁が円形外反りの朝顔形をした炉・台座・長柄

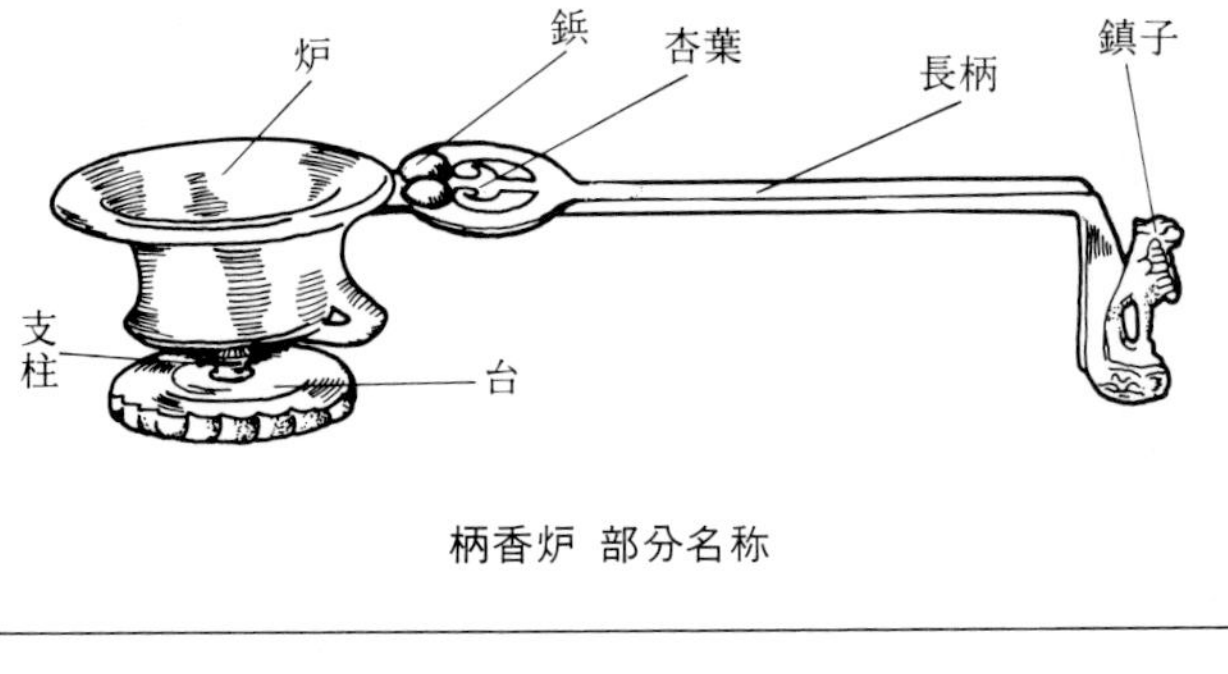

柄香炉 部分名称

22
青磁三足香炉　宋時代　栃木　鑁阿寺

23
常香盤　江戸時代　長野　善光寺

24
香印盤（上と斜め）奈良時代　正倉院

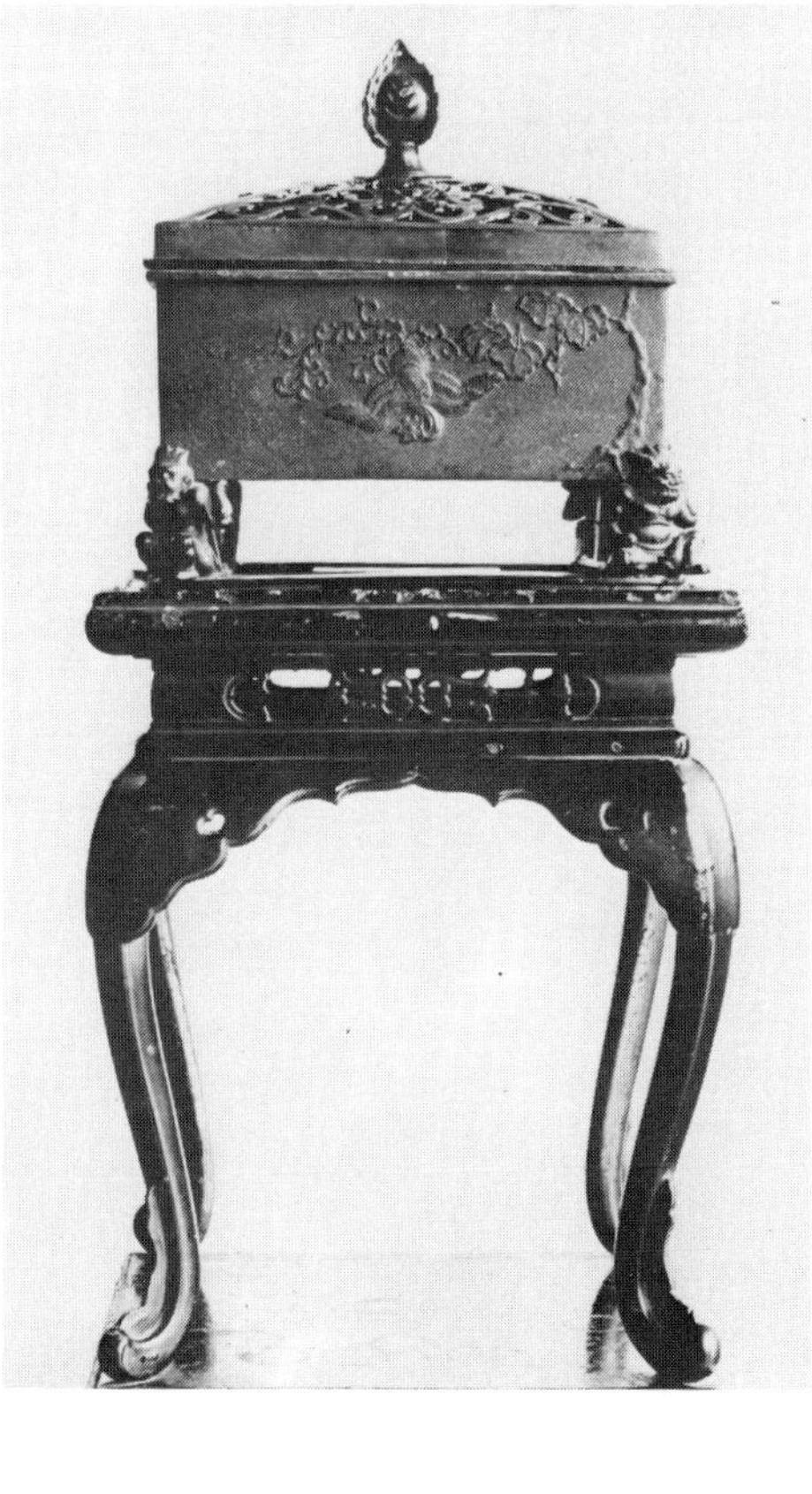

25
常香盤　近代　京都　妙心寺

右上・香印押形盤
右下・香印を作る道具
上・脚の部分

からなる香炉である。聖徳太子孝養像にみられるように、これを手に持ち、焼香供養するもので、『金光明最勝王経四天王護国品』には「彼人王手擎二香炉一、焼二衆名香一供二養経一時」とある。

柄香炉はインド・ガンダーラの彫刻の中にも仏像のこれを持っているものがあり、早くより用いられていたことがしれる。

わが国では仏教伝来とともにもたらされたものであり、法隆寺伝来の慧慈法師所持と伝えられる鵲尾形香炉は最も古式で飛鳥時代に比定されており、法隆寺蔵の玉虫厨子の須弥座に画かれた舎利供養図の中にもこれがみられる。また天平一九年勘録の『法隆寺縁起幷流記資財帳』の中に「合香炉壱拾具　仏分参具　二具鍮石　一長一尺五寸、一長一尺三寸八分、一具白銅長一尺三寸」とみえており、下って天暦四年の奥書をもつ『仁和寺御室御物実録』には「純金御香炉壱具、鑪一柄大一斤三両（下略）」と純金製のものがあったことがみえている。

柄香炉は形状によって四種に大別できる。

鵲尾形《じゃくびがた》柄香炉　柄の末端が鵲尾の形をしているところからこの名がある。炉は口縁が外反りとなった朝顔形で、台座の上に脚でたつ。柄は長く、その先を折り曲げ、末端は三つ叉にわけて、鳥の尾の形としている。この形式のものは、柄香炉の中では最も古式であると考えられ、わが国では飛鳥時代に比定されている。この種のものには次のものがある。

東京国立博物館蔵（法隆寺献納宝物）　鍮石鍛製、総長三九・四、炉口径一三・五、柄長二六・三cm、材質は鍮石といわれ、灰黄色をした真鍮に似たものであるが、鍍金を施こしている。朝顔形の炉、長柄、八花形の二重台座はすべて鍛造で非常に薄手に作られており、形態も鍛造※11の特性を生かしている。台座の裏に「帯方」、炉の裏に「上宮」の針書があり、柄には後書と思われるが、朱漆で「慧慈法師」と書かれている。これは『法隆寺縁起幷流記資財帳』に記載されているものに該当すると考えられるもので、聖徳太子の師である慧慈法師所持との伝えがあり、帯方の針書※12銘からみて高句麗から慧慈によってもたらされたのではないかともいわれている。わが国に現存する柄香炉のうち、最も古いものである（26図）。

東京国立博物館蔵（法隆寺献納宝物）　鍮石鋳製、総長三五・五、炉口径一〇・八cm。先の柄香炉と同形式で、材質も同じ鍮石であるが鋳造である点が異なる。寺伝では山背大兄王の持物となっており、柄の裏には「山背大兄御所持」の墨書がみられる。

正倉院蔵　赤銅鍛製、総長三六・〇、炉口径一二・三cm。材質は※13赤銅といわれるものであるが、暗赤色をおびており、熟銅のような色沢を示している。伝慧慈所用のものに比して形式的に時代の下るものと思われる（27図）。

◉鵲尾形柄香炉（飛鳥）東京国立博物館（法隆寺献納宝物）　鍮石鍛造〈26図〉
◎　〃　（飛鳥）　〃　〃　鍮石鋳造
　　〃　（唐）　正倉院宝物　赤銅鍛造　長三六・〇〈27図〉
◎　〃　（奈）　久保惣美術館　白銅鋳造　長三一・七

獅《し》子《し》鎮《ちん》柄香炉　柄の先端に獅子形の鎮子を置くところからこの名がある。炉は口縁が大きく外反りをしたやや浅い朝顔形で、台座は菊座とし、溝をつくった細長い柄と炉の接点には杏《ぎょう》葉《よう》形を配し、その上に二個の鋲を飾る。長柄の末端は直角に曲折し、先に蓮華座にのる獅子の姿をした鎮子を置く。この形式のものは中国長沙赤峰山二号唐墓出土品をはじめ唐代のものに多くみられるもので、わが国では奈良時代に盛行した柄香炉の形式であるといえる。

主なものに次のようなものがある。

東京国立博物館蔵（法隆寺献納宝物）　白銅鋳製、総長三八・五、炉口径一一・五cm。白銅の鋳造品である。炉はやや浅い朝顔形で台座は菊座とし、杏葉形は内側を切透し忍冬文をあらわしている。獅子鎮柄香炉の中ではとくに獅子形が古様を示している（28図）。

正倉院蔵　紫檀製、総長三八・四、炉口径一一・〇cm。全体を紫檀で作り、炉には獅子の鈕をもつ金銅の落し炉と金銅の覆輪を付し、銀製鍍金の鳥と唐草を透彫りした杏葉を飾り、長柄の末端には銀製鍍金の獅子鎮子を置き、紫檀の部分は金銀珠玉で装飾した華麗なもので、他に比類がない。

※11　打物ともいう。金属をたたいて板状とし、さらに打ち延べて、立体的な器物をつくる金工技法。

※12　金属製品の表面に、針のように先の突がった鉄捧で、ひっかくようにして傷つけ、文字銘文をあらわしたもの。細くやや雑な刻銘。

※13　奈良時代では良質の銅を指していった。赤い色を呈した銅であったからである。後世では「しゃくどう」といい、金と銅の合金で、黒く渋い味わいのある銅色を呈すものを指している。

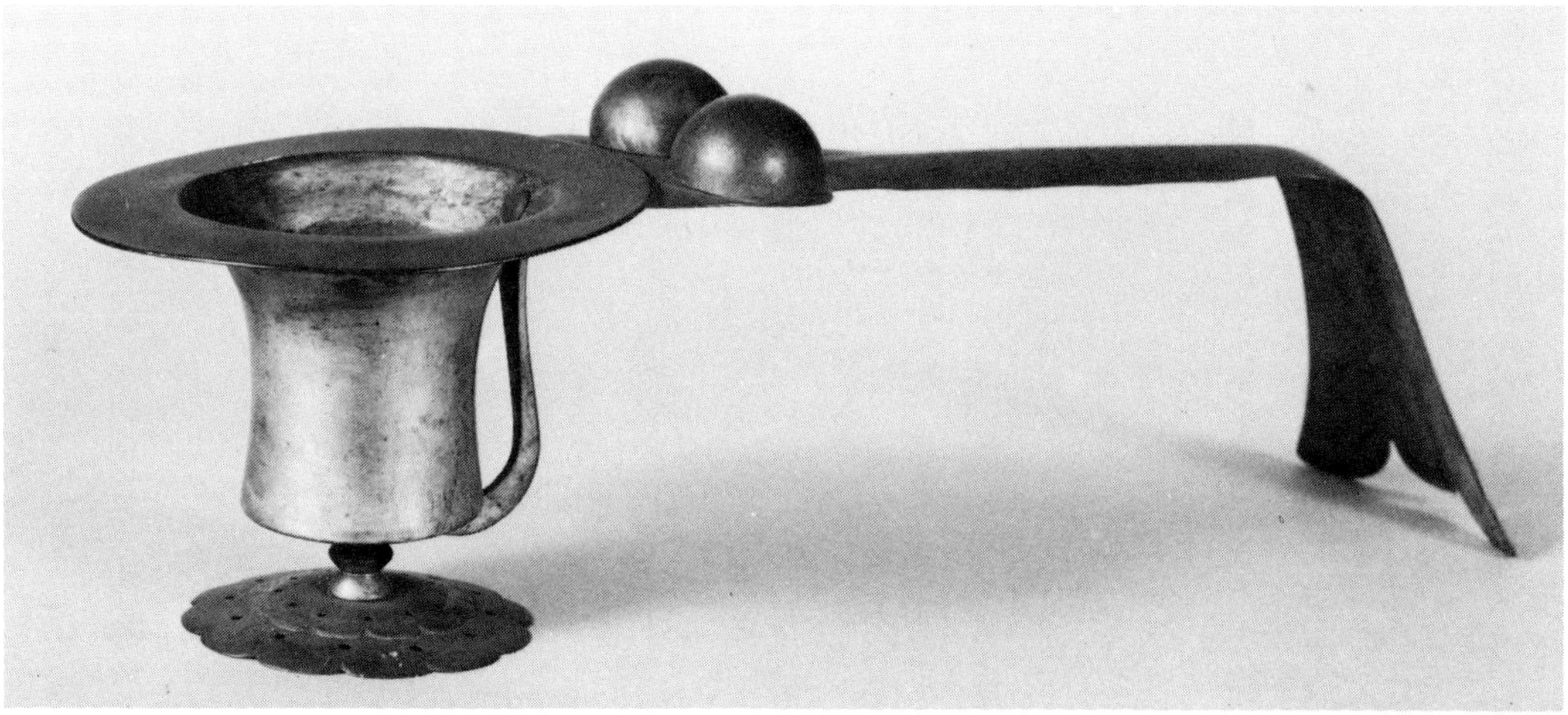

26
鵲尾形柄香炉　飛鳥時代　東京国立博物館
（法隆寺献納宝物）

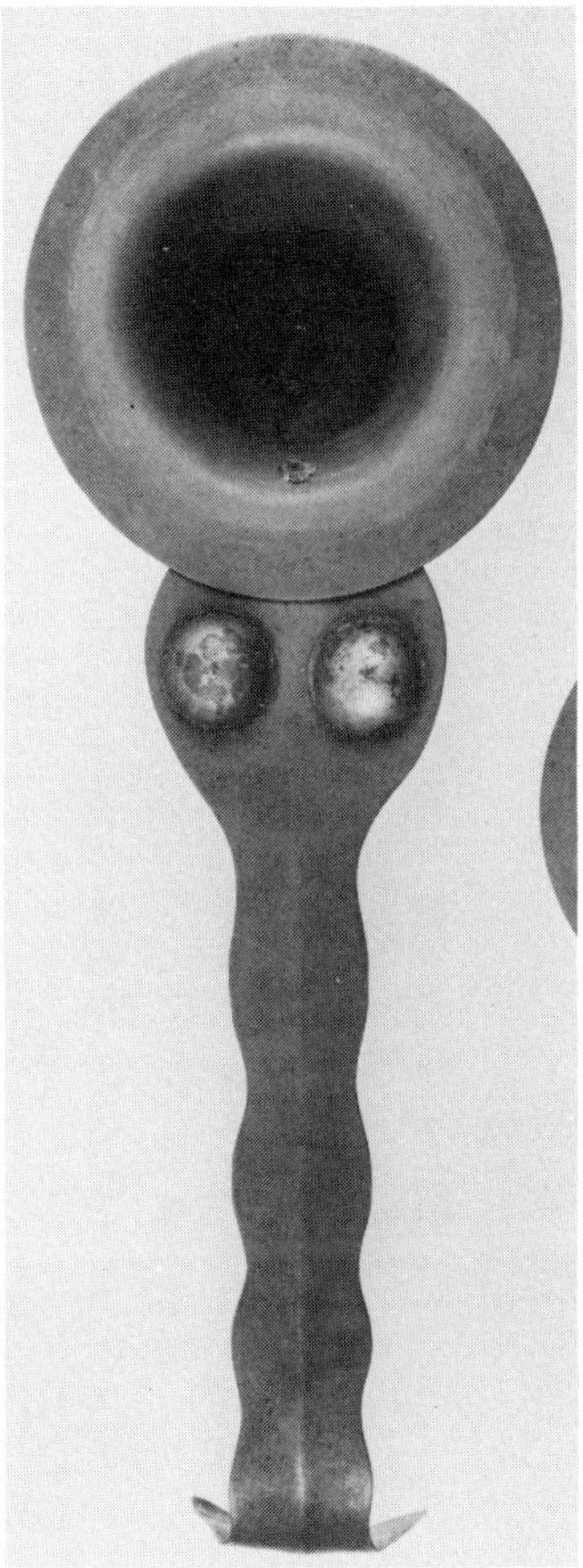

27
鵲尾形柄香炉　唐時代　正倉院

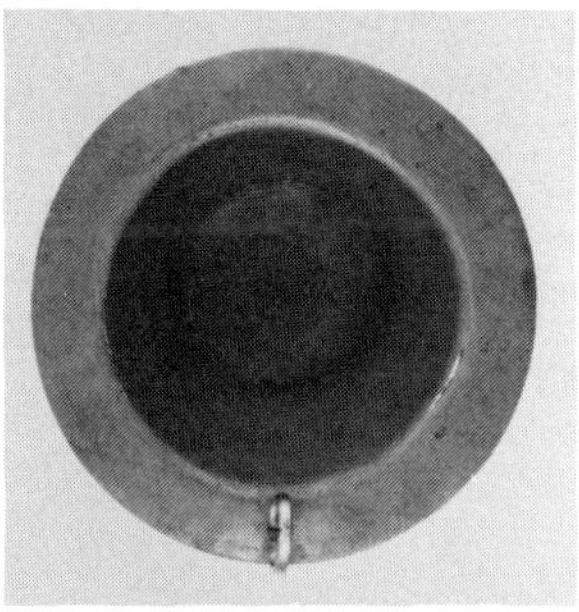

落し炉

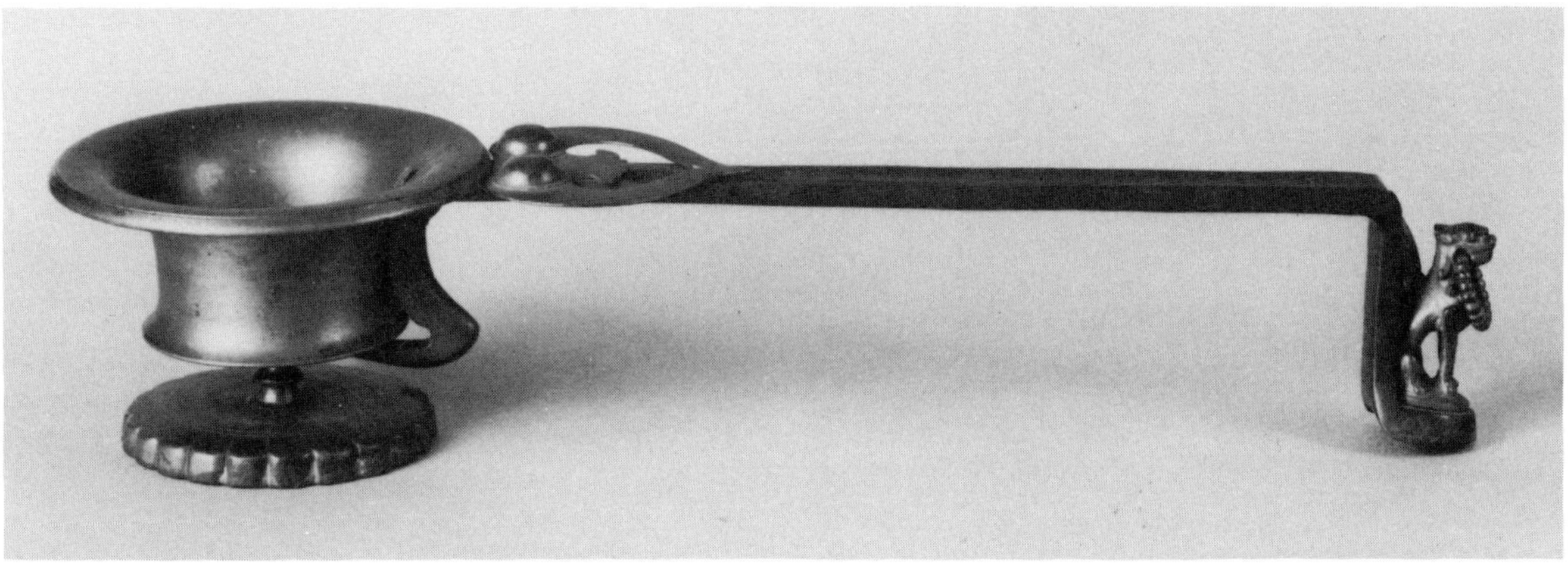

28
獅子鎮柄香炉　奈良時代
東京国立博物館（法隆寺献納宝物）

正倉院蔵　白銅鋳製、総長三九・〇、炉口径一一・七cm。典型的な形式を示している。柄部に錦を貼り、黄・黒の組緒[※14]をまとうが、後補である。

正倉院蔵　白銅鋳製、総長二八・〇、炉口径五・一cm。形式は法隆寺献納宝物の獅子鎮柄香炉とほぼ同じであるが、落し炉を具し、柄には錦を貼り、黄・黒の組緒をまとっている。落し炉、組緒、柄の先端、輪など後補部がある。杏葉も後補品であるが、当初のものが別に保存されている。黒漆塗りの外箱があり、この蓋裏に「神亀六年七月六日」の銘が刻されており製作年代の下限を示している。

正倉院蔵　赤銅鋳製、長四四・〇、炉口径一二・三cm、形式はほぼ同じであるが、なかでも最も大きい。材質は赤銅といわれるもので、台座の裏に蠟型製作のあとをよく残しており、蠟型鋳造で作られたことがしれる。落し炉を具し、柄には赤地錦を貼り、白・黒の組緒を十文字にまとっているが、獅子鎮子・組緒・落し炉は後補である(29図)。

◎獅子鎮柄香炉（奈）　東京国立博物館　白銅鋳製　長三八・五　〈28図〉
〃（唐）　正倉院宝物　紫檀製　長三八・四
〃（奈）　〃　白銅鋳製　長三九・〇
〃（奈）　〃　白銅鋳製　長二八・〇
〃（奈）　〃　赤銅鋳製　長四四・〇　〈29図〉

瓶鎮《びんちん》柄香炉　柄の先端に瓶形の鎮子を据えているところから、この名がある。炉は丈が低く、台座は菊座で、柄は溝をつくり、末端は屈折し、先に水瓶形の鎮子を置く。炉と柄の接点には二個の鋲を飾った杏葉をつけている。蓋を具すものがあり、この場合は杏葉と炉の接するところに蝶番で留めている。

この形式のものは奈良時代のものにはなく、平安時代以後のものにみられるところから、平安時代になってわが国で盛行したものといえる。

主なものに次のようなものがある。

〈平安時代〉
東京国立博物館　金銅製　総長三九・二、炉口径一一・二cm
（法隆寺献納宝物）
奈良・法隆寺　銅鋳製　総長三五・二、炉口径九・八cm
岩手・中尊寺　銅鋳製　総長三七・〇、炉口径一一・二cm〈32図〉
滋賀・金剛輪寺　銅鋳製　柄長二三・五、炉口径九・四cm〈31図〉
東京国立博物館　銅鋳製　総長三四・六、炉口径一〇・〇cm
（那智経塚出土）
〈鎌倉時代〉
京都・東寺　金銅製　総長三八・五cm
奈良・新薬師寺　金銅鍛　総長三四・八、炉口径一〇・三cm
大阪・金剛寺　金銅製　柄長二三・六、炉口径九・四cm〈33図〉
〈室町時代〉
東京国立博物館　金銅製　柄長二六・〇、炉口径七・七cm〈34図〉

法隆寺蔵の瓶鎮柄香炉はやや黄色をおびた白銅の鋳造品で、火炉の形姿は奈良時代の獅子鎮柄香炉に近く、瓶鎮も下膨れで大きく、この形式の柄香炉の中では比較的古様を示している。

東京国立博物館蔵の那智経塚出土の瓶鎮柄香炉は形状が優雅であり、平安後期の製作とおもえるもので、藤原時代の瓶鎮柄香炉の典型を示すものである。

東寺蔵の金銅製瓶鎮柄香炉は鎌倉時代の製作と思われるものである。台は六花形框座で、炉は単純な形をとり、鎌倉期の火舎香炉の蓋によくみられる飛鳥・飛雲を三方に透した甲盛蓋を蝶番[※15]で留めている。また瓶鎮は注口をもっており、鎌倉期の水瓶の形をよくあらわしている。

東京国立博物館蔵の瓶鎮柄香炉は鋳銅製鍍金で、これには「西円堂香炉也　正平七季壬二月日儲之」の銘があり、製作年代を明らかにしており、室町時代の基準作例となる。この柄香炉の柄は棒状をし、尾端にある瓶鎮も非常に簡略なものとなっている。炉も茶碗形をし、蓋も三段甲盛で猪目を透すが、蓋・炉の曲線は鈍く形式的で、時代の特色を示している(34図)。

※14　各種の美しい色糸を組み編んで帯状にしたもの。丸状のものと平状のものがある。

※15　開き戸や蓋などにとりつけ、開閉が自由にできるようにする金具。蝶がとまって羽を開閉している形に似ているところから、この名がある。

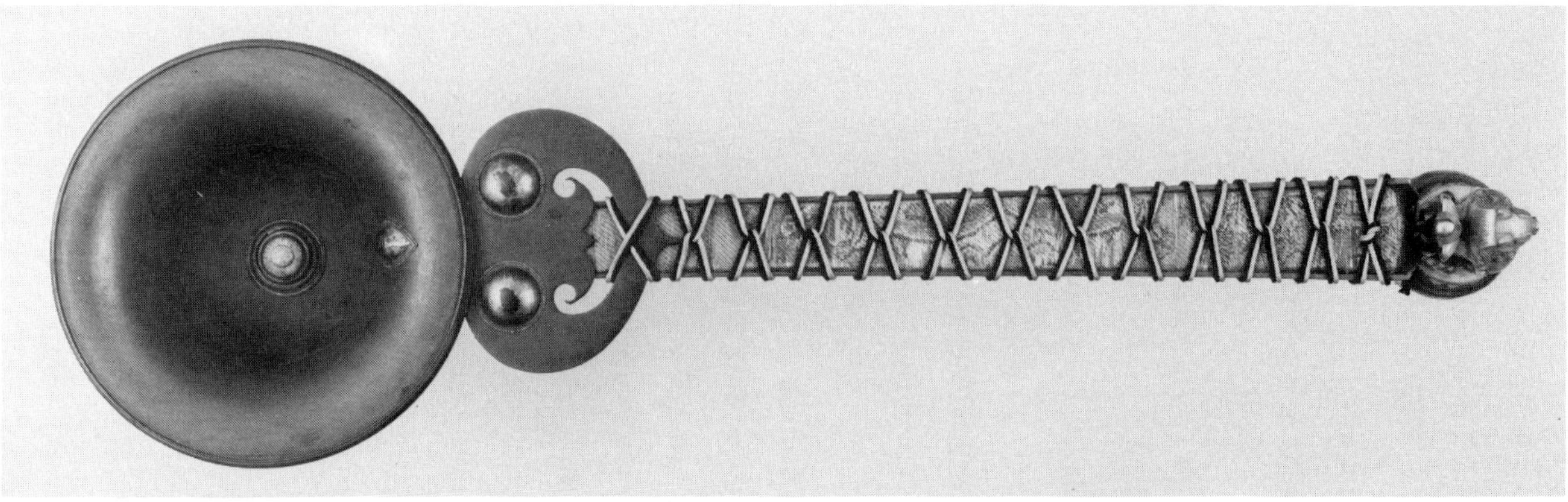

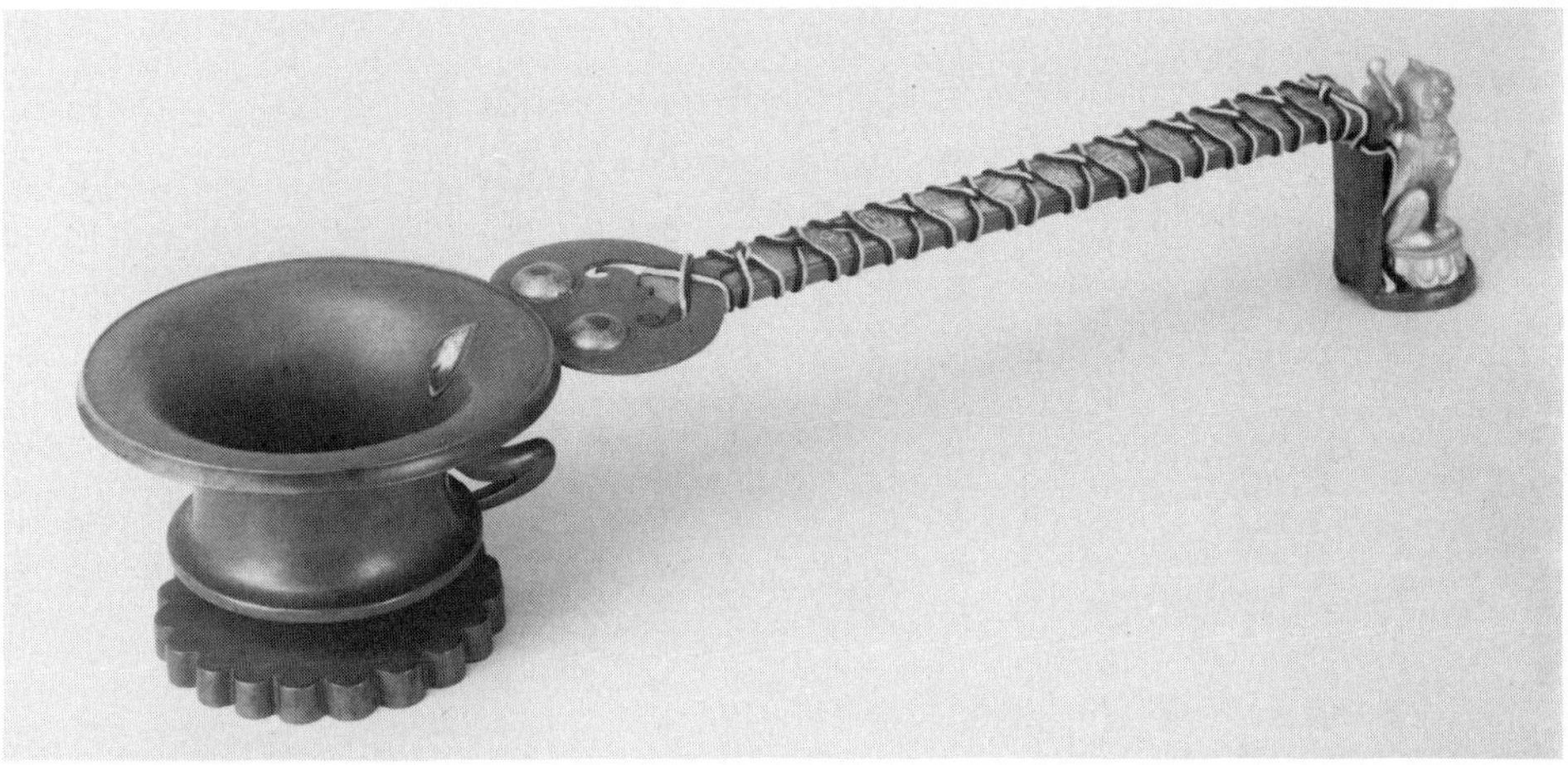

29　赤銅獅子鎮柄香炉　奈良時代　正倉院（上・左）

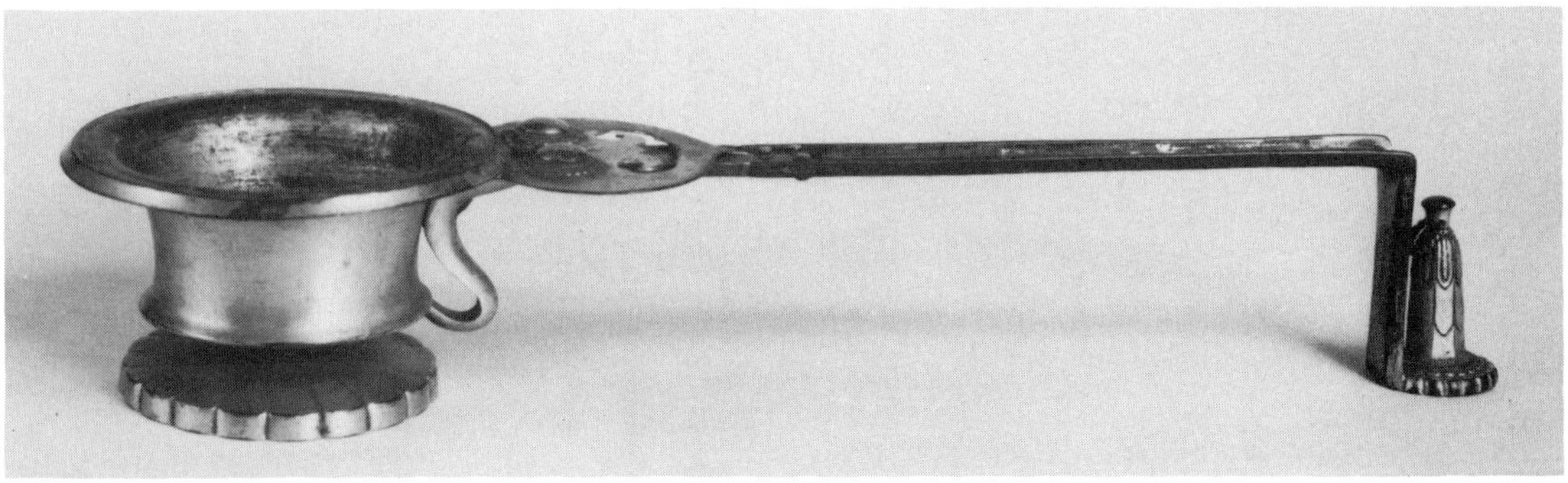

30　瓶鎮柄香炉　平安時代　東京国立博物館

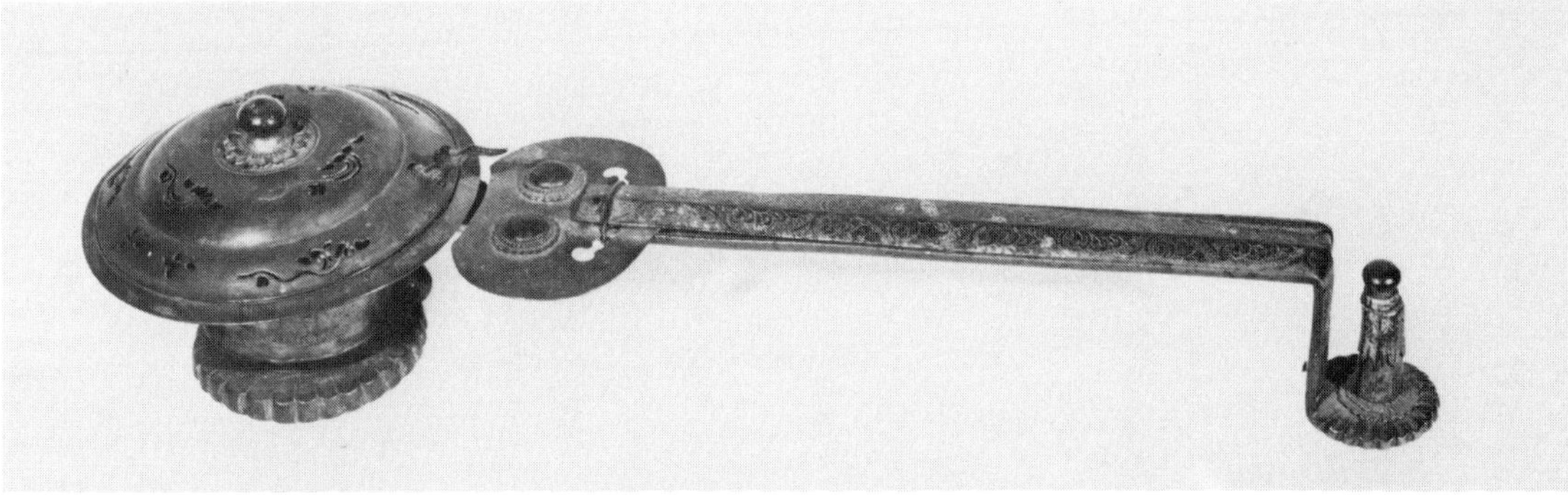

31　瓶鎮柄香炉　平安時代　滋賀　金剛輪寺

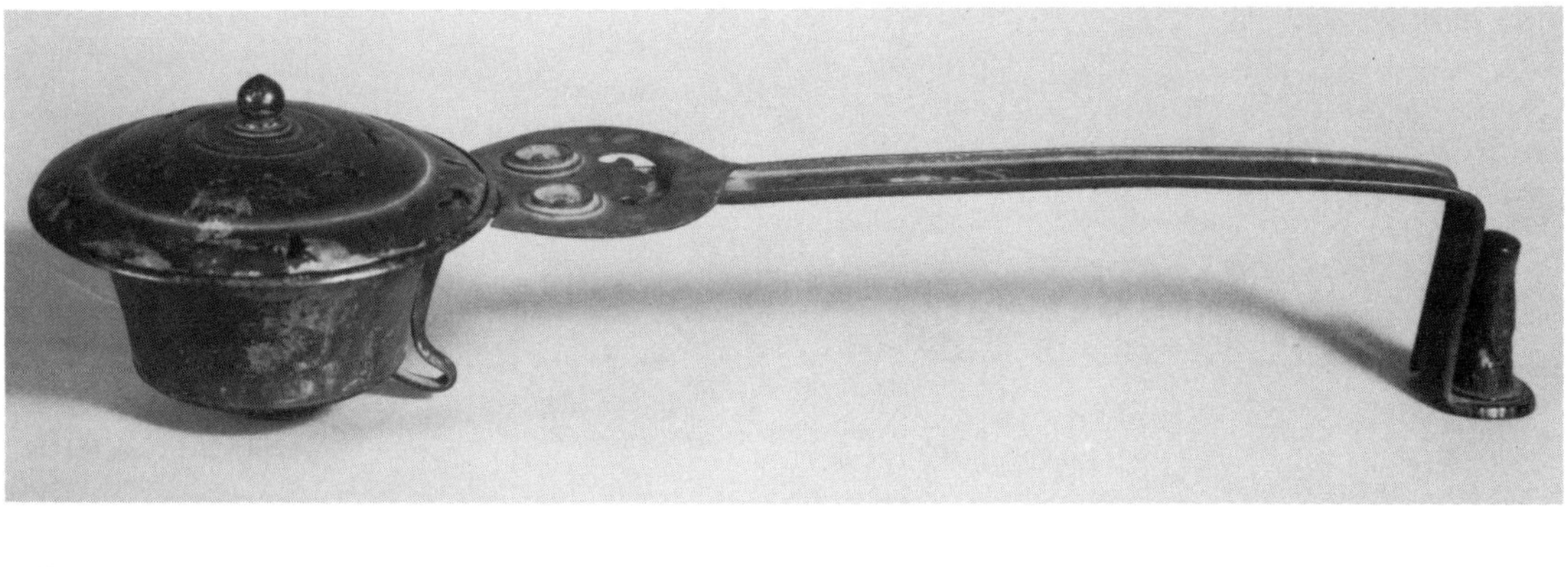

32　瓶鎮柄香炉　平安時代　岩手　中尊寺

平安時代の柄香炉は、炉の形や柄の形などは奈良時代の形式を踏襲しているが、鎮子は獅子鎮から水瓶鎮に変化し、落し炉がなくなり、蓋をつけるようになるなどの変化がみられる。鎌倉時代以後になると、蓋は大きく、炉台は高く不安定となり、炉は茶碗のような形をし、瓶鎮もしだいに細長くなって、やがて棒をたてたようなものになってしまう。

瓶鎮柄香炉は平安時代に比して、鎌倉時代には少ないようである。蓮華形柄香炉が一方において流行したためであろう。しかし、瓶鎮柄香炉は、平安以後江戸時代までかなり長く流行しており、多くのものが遺存している。江戸時代になるとこの形式のものは非常に多い。平安時代のものは概して鋳造製が多いが、江戸時代のものはほとんどが鍛造製であるといえる。

蓮華形《れんげがた》柄香炉　全体が蓮華の形をした柄香炉である。炉は開敷[※16]蓮華で、薄肉の上に蓮蕾の形をした鈕をたてて蓋とし、蓮実を透して煙出しとしている。台座は蓮華を伏せた形とし、柄は蓮茎をかたどっている。この形式のものは奈良・平安時代のものにはなく、鎌倉時代以後の柄香炉にみるところである。

高野山龍光院蔵の蓮華形柄香炉は鎌倉時代の作である。総長三〇・五cmあり、技巧の精緻な鋳造製で、この形式の柄香炉の代表作といえる。炉は開敷蓮華で、台は裏かえした蓮葉とし、蓮茎の形をした長柄は炉の底部よりでて、中途に小さな蓮葉をつけて変化をもたせ、末端は斜に茎を切落した形にして、下に置く際の安定をよくするなど、構成は巧妙である(35図)。

東京国立博物館蔵の蓮華形柄香炉は総長三〇・三cmで、鎌倉時代のものと考えられるが、龍光院のものよりも形式的にみてやや時代が下るものと思われる(36図)。

京都・十念寺蔵の蓮華形柄香炉は室町時代のもので、形状は前者に似ているが、構成がよわく、炉は長すぎて不安定な感じがする。

◎蓮華形柄香炉（鎌）　和歌山・龍光院　鋳造　長三〇・五　〈35図〉
〃　（鎌）　東京国立博物館　長三〇・三　〈36図〉
〃　（室）　京都・十念寺

(3)　釣《つり》香《こう》炉《ろ》

上部に釣環をつくり、釣下げて使用した香炉がある。調度品としての釣香炉は近世のものにみられるが、仏具としての遺品はほとんどしられていない。

中国宋元画の中に鼎形香炉を釣手で懸垂したものが画かれており、また、鎌倉時代の製作と思われる十六羅漢図(東博蔵)の中に開敷反花蓮華形をし、口縁部四方から把手をのばし、中央で釣手に懸けた香炉がみられる。同じ時代と思われる玄奘三蔵画像(東京国立博物館)には、玄奘が背う笈の上端から、左右の把手に釣手をつけ、釣下げられている蓮華座の方形香炉が画かれている。また明恵上人像(高山寺蔵)には樹間に座禅黙想する上人の脇に鼎形香炉が樹枝につるされているのがみられる。これらは一般的に両耳をもつ香炉に釣手をつけて用いたもので、山間修行の場合に釣って使用したものと思われる。

桶形《おけがた》香炉　これは時宗において使用されているものであるが、釣香炉の一種である。桶形で、これに釣下げるつるをつけた簡易な香炉で、携帯に便なために作られたものであろう。古いものはみない。また御手香炉ともいわれている。

(4)　象　炉

香象または象香ともいう。象の姿をかたどった香炉である。密教における秘密伝法灌頂道場に用いる法具の一つで、灌頂の際に、入口に置き、受者が身を浄めるため、これを跨ぎ越える特殊な香炉で、真言・天台系寺院の中でみられる。同様に浄土宗でも使用される。

その起源や、わが国への伝来はあきらかでないが、玄静撰の『水尾灌頂式金受明灌頂作法』に「或説二香象焼一レ香、令二弟子自背越一レ之」とあり、長承元年記の『庭儀灌頂日記』にもその事がみえてい

※16　蓮の花の開ききった姿をあらわしたもので、中央に蓮肉があり、その周囲を蓮弁が囲んでいる。仏像の台座にこの形がみられる。蓮華形香炉は、開敷蓮華の蓮肉部分を香炉に仕立てたものである。

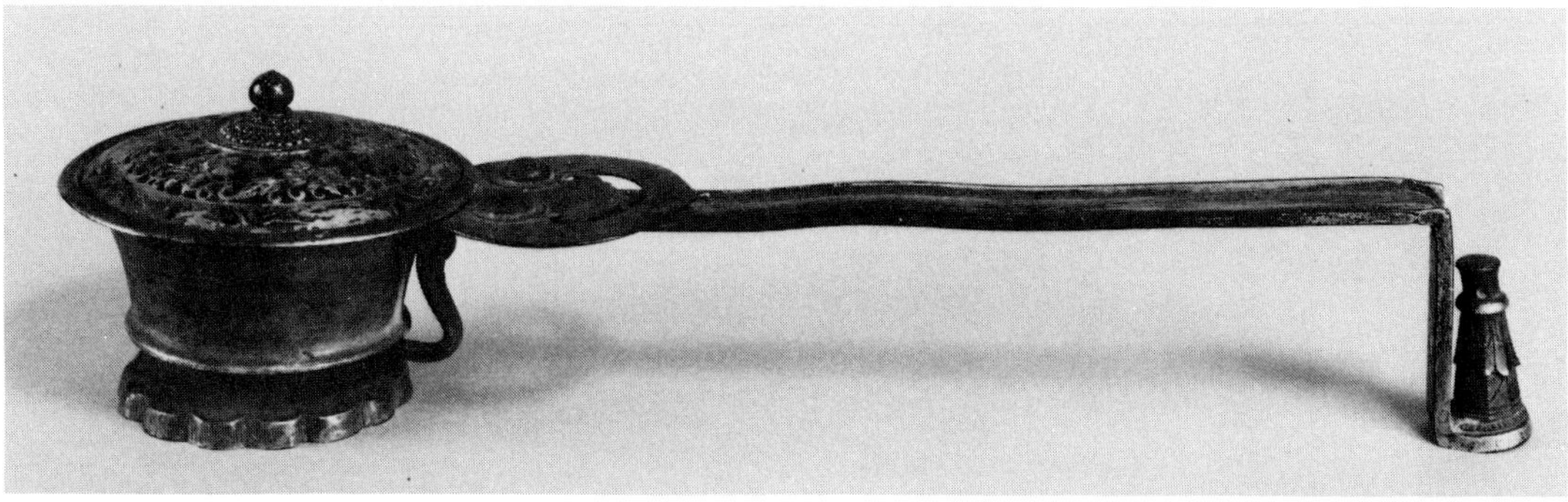

33
瓶鎮柄香炉　鎌倉時代
大阪　金剛寺

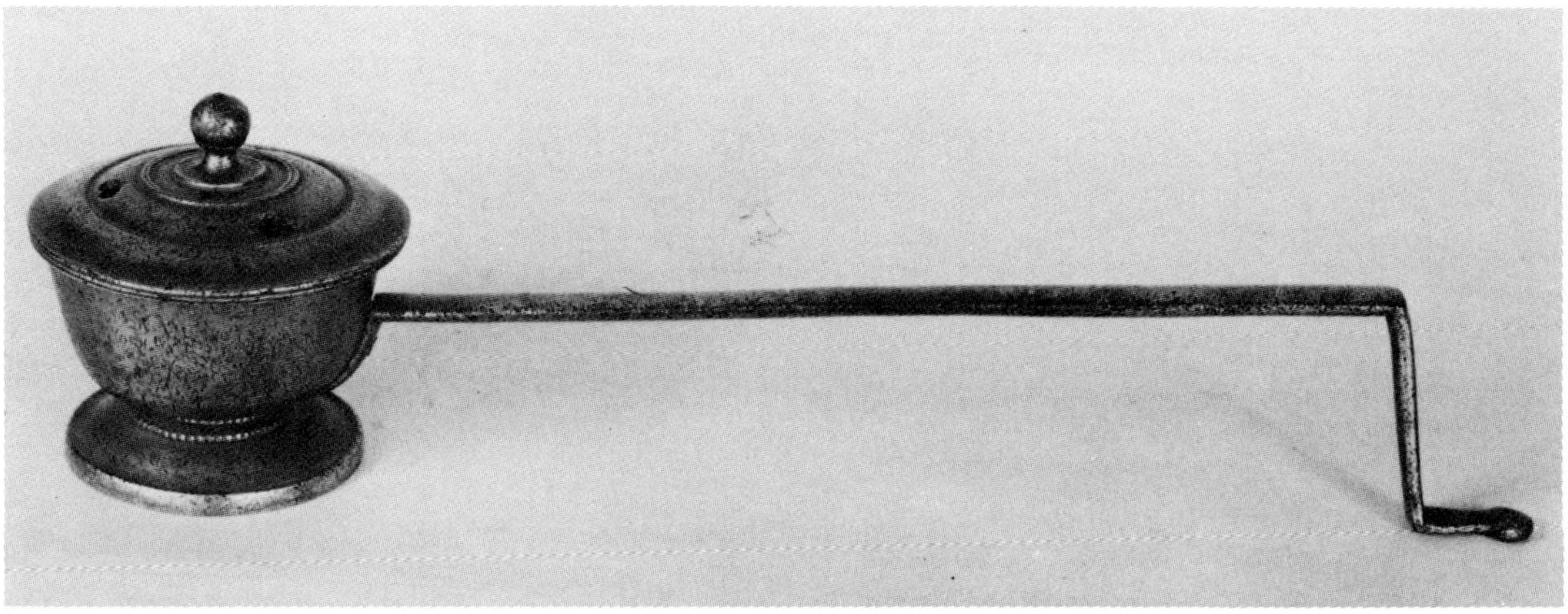

34
瓶鎮柄香炉
室町時代　東京国立博物館

35
蓮華形柄香炉　鎌倉時代　和歌山　龍光院

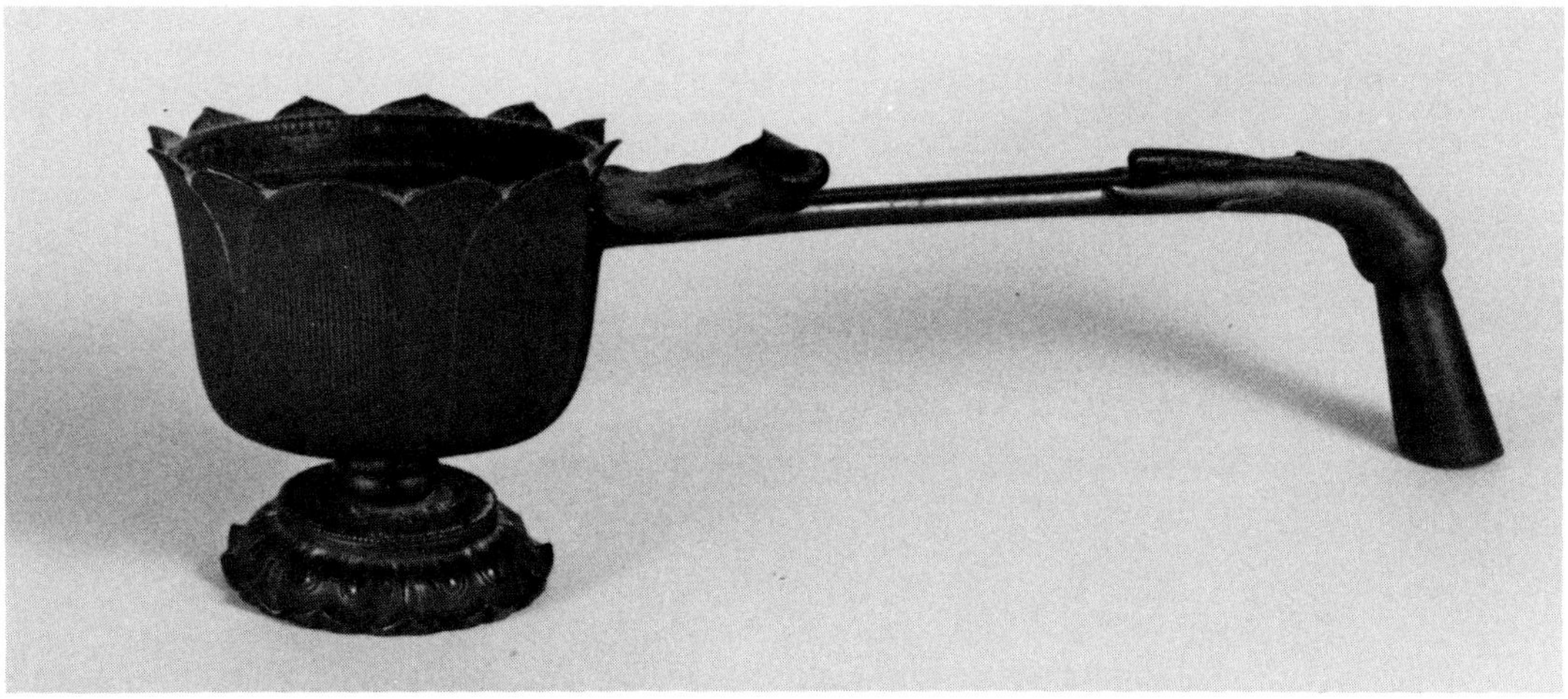

36
蓮華形柄香炉　鎌倉後期　東京国立博物館

るところから、すでに平安時代には灌頂の際に使用されていたことが窺われる。また、正嘉元年記の『如法経手記』にもあり、嘉元三年『亀山院御灌頂記』に「扉前立二十二天屏風一帖一、開二東口一端懸二覆面一内安二香象一頭一」とあり、延文四年『結縁灌頂記』には「次引二受者一令レ越二香象一」と記されており、平安以降ひきつづき灌頂の際に用いられていたことがしれる。遺例はあまりないが、静岡・修善寺に室町時代とみられる木製象炉が蔵されている。これは首を後に向けて四足を折ってうずくまった姿である。

また、東京・深大寺にも室町期までのぼるものと思われる木製象炉がある（37図）。

東京国立博物館には金銅製の象炉がある。これは江戸時代のもので、外箱銘によると、「弘法大師将来秘法伝法灌頂香牛高野山安養院」の銘があり、伝法灌頂に用いられたものであるが、象の姿でなく臥牛の姿をしており、蓋は宝珠形で梵字三個を透して煙出しとしている（38図）。

象炉（室）　静岡・修善寺　木製・象形
〃（室）　東京・深大寺　木製・象形　〈37図〉
〃（江）　東京国立博物館　金銅製・安養院伝来・牛形　〈38図〉

(5) 外置香炉

屋外に置かれる香炉。寺院本堂の前面に安置されるとくに大形の香炉で、参詣者が香を燻するものである。一般に鋳銅製・鋳鉄製で、形式は多くが鼎形または、三足形をしている。中には屋根をおくものがある。古いものはあまりみない。奈良・東大寺大仏殿前におかれる外置香炉は、邪鬼三匹が支える形の珍らしい鼎形香炉で、江戸時代の作である（41図）。

外置香炉（江）　奈良・東大寺　〈41図〉

(6) 香

香は梵語の乾陀（gordha）の訳である。香のうち身に塗るものを塗香といい、これには香水・香油・香薬などの別がある。焼いて燻ずるものを焼香、または燻香と称し、これには丸香・抹香・練香・線香の別がある。また香華を飾るのを華香という。塗香は香を粉末にして浄水と混ぜ合せ練香にする。焼香には抹香が多く、線香は中国から伝わったもので、禅宗・浄土宗からひろく広まった。

香の種類は極めて多い。『瑜伽師地論』三に「一に沈香、二に窣堵魯迦香、三に龍脳香、四に麝香なり」とある。また『蘇悉地羯囉経』巻下備物品に「沈水香、白檀香、紫檀香、沙羅羅香、天木香を五種の堅香と称し、乾陀囉娑香、薩闍囉娑香、安悉香、蘇合香、薫陸香、設落翅香、室唎吠瑟吒迦香を名づけて七膠香と為せり」とあるが、どのようなものか解らないものが多い。『陀羅尼集経』二には龍脳香、蘇合香、鬱金香、上好私香、沈水香、薫陸香、安悉香、白膠香、檀香、雑草香などをあげ、『覚禅鈔香薬抄』の巻には沈香、牛頭香、白檀香(梅檀香)、丁字香、鬱金香、龍脳香、薫陸香、安息香、安悉香、白膠香（楓香）、天木香（木蜜）、甘松香、兜樓婆香（苜宿香）、麝香、紫礦香、詹糖香、香附子、茅根香、百和香、燮易香、瞻匐花香、多伽羅香、多摩羅跋香、荳蔻香、青木香、白木香、藿香、艾納香、散香、朽木香、桂心香などの名をあげている。

『法隆寺縁起幷流記資財帳』には薫陸香、沈水香、浅香、青木香、白檀香、丁字香、安息香、甘松香、楓香、蘇合香の名がみえ、現在、梅檀香、白檀香、沈水香、青木香などそのものが法隆寺献納宝物として伝わっている。また、正倉院には全浅香、黄熟香、青木香、丁香、裛《えび》衣香などがある。裛衣香は沈香、白檀、丁子、麝香などを混和した香という。

(7) 香合

薫香を容れる器で木製・金属製・漆製・陶磁製のものなどがある。仏供養に用いられる香合は一般的に大形で、平円形をしたものが多い。

奈良時代の合子には宝珠形や塔形をしたものがしられている。正

37 象炉 室町時代 東京 深大寺

38 象炉 江戸時代 東京国立博物館

39 桶形香炉 現代 神奈川 遊行寺

40 外置香炉 近代 京都 知恩院

41 外置香炉 江戸時代 奈良 東大寺

42 置香炉 近代 京都 妙心寺

倉院宝物の金銅大合子（44図）は塔形をのせた珠形の合子で、大仏開眼時に香合として用いたものであろう。法隆寺献納宝物の塔鋺形合子（45図）は、僧侶が柄香炉とともに持っている図が、玉虫厨子の須弥壇部にみられるところから、香合と思われる。正倉院の赤銅塔鋺は赤銅香炉に付属するもので、内に香末と思われるものが附着している。

禅宗寺院では舶載の堆朱・堆黒の合子が用いられていた。また螺鈿香合もある。高麗製のもので、奈良・当麻寺蔵の唐草文螺鈿玳瑁香合（47図）、京都・桂春院蔵の洲浜形香合などが著名である。滋賀・聖衆来迎寺の堆朱香合（48図）は牡丹を彫刻した優品で、この種のものは数多く舶載され伝世品もかなりある。中には「張成」の針書銘のあるものもある。堆朱の香合を模したものに鎌倉彫香合がある。東京国立博物館蔵の獅子牡丹文鎌倉彫大合子（49図）や双鳳文大合子などがあげられる。

奈良時代　正倉院宝物　金銅製・塔形大合子　〈44図〉
〃　〃　亀形合子　〈46図〉
〃　東京国立博物館　法隆寺献納宝物　塔鋺合子　〈45図〉
◎高麗時代　奈良・当麻寺　唐草文玳瑁螺鈿香合・念珠箱　〈47図〉
◎鎌倉時代　京都・南禅寺　牡丹鎌倉彫香合
明時代　滋賀・聖衆来迎寺　堆朱香合　〈48図〉
室町時代　東京国立博物館　獅子牡丹鎌倉彫香合　〈49図〉
室町時代　京都・泉涌寺　屈輪鎌倉彫香合
室町時代　京都・知恩院　屈輪鎌倉彫香合　永禄七年銘

二、華供養具

仏への献花は香供養につづく仏供養の一つである。貴人を迎える際に花をもって飾り、浄める習俗はインド以来のものである。インドでは四季花に恵まれており、生花を散らし地上を花で敷きつめたり、生花を糸で結び花輪をつくり飾ったり、瓶に挿して飾ったが、これが仏教の中にとりいれられ、仏供養の重要な要素となった。

生花を壇上に散らす散華供養の際に用いる供養具として華籠があり、生花を糸でつなげ、花輪として献花するものに華鬘がある。また花を挿して仏前に供えるためのものに花瓶がある。

(1) 華籠

花を盛る器で華皿、華筥、華盤、花筥ともいい、ケコまたはハナゴともよばれる。生花を壇上に散らし壇を荘厳清浄にしたり、法会では如来を奉請するための偈を賜わるため、散華供養の際に僧侶がこれに花を盛り捧げたもので、元来、インドでは貴人が来訪するとき入口や室内に生花を散らし浄めたり、花の首輪をかける風習からきている。はじめは生花であったが、のちには生花の代りに紙や布で作った花弁を用いるようになった。これを散華または花葩という。華籠はわが国では正倉院宝物にもあるように、すでに奈良時代には用いられていた。また散華も緑金箋といい、蓮弁形をした緑紙の片面に金箔をちらした美しい花びらが正倉院に伝わっている。

華籠には竹製・木製・金属製・紙胎製・珠玉製などがある。はじめは実用の竹籠に生花を盛ったが、次第に儀式的、装飾的になり、珠玉をつらねたものや、金銅板に透彫りしたもの、紙胎漆塗りに彩色したものなどが作られるようになる。

主なものに次のようなものがある。

奈良時代　正倉院宝物　竹製
〃　正倉院宝物　雑玉製　〈50図〉
◎平安時代　大阪・藤田美術館　竹製綾絹張　〈51図〉
⦿鎌倉時代　滋賀・神照寺　金銀鍍透彫製　〈52図〉
〃　京都・東寺　竹製
◎　〃　愛知・万徳寺　紙胎漆塗製　〈54図〉
〃　愛知・性海寺　竹漆塗製　〈53図〉
室町時代　東京国立博物館　金銅透彫製

正倉院宝物の竹製華籠は細かくした竹をもって細密に編んだ大きな鉢形の竹籠で、五六五口ある。このうち、深形のもの（径三六・五cm）と浅形（径四三・六cm）のものがあり、深形のもの一七口に

44 黄銅大合子(左)・佐波理合子(右) 奈良時代 正倉院

45 塔鋺形合子 奈良時代 東京国立博物館(法隆寺献納宝物)

46 亀形合子 奈良時代 正倉院

47 螺鈿香合 高麗 奈良 当麻寺

48 堆朱香合 明時代 滋賀 聖衆来迎寺

49 鎌倉彫香合 室町時代 東京国立博物館

は「中宮斎会花筥天平勝宝七歳七月十九日東大寺」の墨書銘があり、これが花筥とよばれ、聖武天皇の御生母にあたる藤原宮子の一周忌斎会に使用したものであることがしれる。

正倉院宝物の雑玉華籠は青・黄・褐・赤などの色ガラスを銀の細線でつなぎ、暈繝様にし、これを径二七・〇cmの籠状に編んだ華麗なもので、竹製華籠よりは一だんと装飾的である（50図）。

藤田美術館蔵のものは竹を表裏二重に編合わせて皿形をつくり、表面にさらに蓮華文を織り出した萌黄色の綾絹を張り、覆輪をまわした優美なものである（51図）。

神照寺蔵の金銀鍍透彫華籠は銅板に宝相華文を透彫りし花文のところを鍍銀し、他を鍍金した華美なもので、背面三ヶ所に環をつけ、組紐の垂飾を長く垂れ下げている。現在一六面が同寺に伝わっている。このうちには、宝相華唐草文を鋤彫り風にあらわした立体感のあるものと、平面的な表現のものと二種類がある（52図）。

愛知・万徳寺蔵の華籠は紙を貼り重ねて素地をつくり、黒漆塗りで塗り固め、その上に彩色をほどこし、金箔を押して蓮華をあらわした紙胎漆塗り彩画の華籠である（54図）。

東京国立博物館蔵の金銅透彫華籠は楕円形の浅い皿に蓮華唐草文を透彫りし、縁の両端に把手をつけ、手提籠状にし、裏には低い足をつけた珍らしい形式のもので、室町時代の作である。

京都・醍醐寺蔵の金銅華籠も提手をつけている。これは唐草文を透彫りしたもので、底裏に「慶長十八年五月上旬新造　宝幢院権大僧都源朝」の刻銘があり、製作年時と寄進者名をしることができる（55図）。江戸時代のものはかなり多くみられるが、ほとんどが蓮華唐草文を透彫りしたもので、長い垂飾をつけている。

花びら　華籠にのせて散華供養を行なう花びらは、一般に紙製の華葩とよばれるもので、彩色の美しいものである。正倉院のものは径二五・三cmもある最大の花びらで、緑金箋といい、緑の紙に金箔をちらした美しいもので、大仏開眼当日に用いられた。また大仏殿昭和大修理落慶供養のおりに用いられた華葩※17は、著名な画家の手によって原画がかかれたことで有名である。

(2) 華鬘

梵名は倶蘇摩々羅（kusu－Mamala）という。いわゆる花輪である。インドでは種々の生花を結び、輪にし、首にかけて装身具とした。また、高貴な人に花輪を贈る習俗があった。これが仏教にとりいれられ、釈迦に花輪が捧げられ、仏塔にも献ぜられ、仏への供養物となり、さらに仏殿の長押に懸けることで、仏殿荘厳の料ともなった。本来は生花であったが、のちには生花にかえて木・皮・糸・玉・金属でつくられるようになり、永久的荘厳具となった。

はじめは原初の姿をつたえる花環であったが輪郭と中央の総角をのこし、その間に唐草文や迦陵頻伽や菩薩・種子・三昧耶形・蓮池などを配し、下部に鈴や垂飾を下げたものが作られた。さらに時代が下ると花鳥人物をあらわした絵馬のようなものもつくられた。わが国に伝わる華鬘は、多くは、供養具というより荘厳具として用いられているものであり、本書第一章第二項で詳しくあつかわれているので、ここでは遺例のうち、主なものを列挙するにとどめる。

〈奈良時代〉
正倉院宝物　金銅製　宝相華文透彫
〃　金銅製　鳳凰文透彫　〈56図〉
◎奈良・唐招提寺　牛皮製　宝相華蝶鳥文切透彩色
〈平安時代〉
⦿奈良国立博物館　牛皮製　宝相華迦陵頻伽文切透彩色（東寺旧蔵）
⦿岩手・中尊寺　金銅製　迦陵頻伽透彫
〈鎌倉時代〉
◎奈良・霊山寺　木製　蓮華つなぎ木彫彩色
◎滋賀・兵主神社　金銅製　蓮華種子文透彫
神奈川・鶴岡八幡宮　木製　桐竹鳳凰文木彫彩色　〈57図〉
〈室町時代〉
◎神奈川・称名寺　ガラス玉製玉つなぎ
◎滋賀・神照寺　金銅製　花瓶文透彫（外箱　嘉吉元年墨書）
新潟・乙宝寺　金銅製　牡丹唐草文透彫（大永四年銘）

※17　大仏殿昭和大修理落慶供養に用いられた華葩。右の二枚は平山郁夫画伯の作で、左の二枚は杉本建吉画伯の作である。

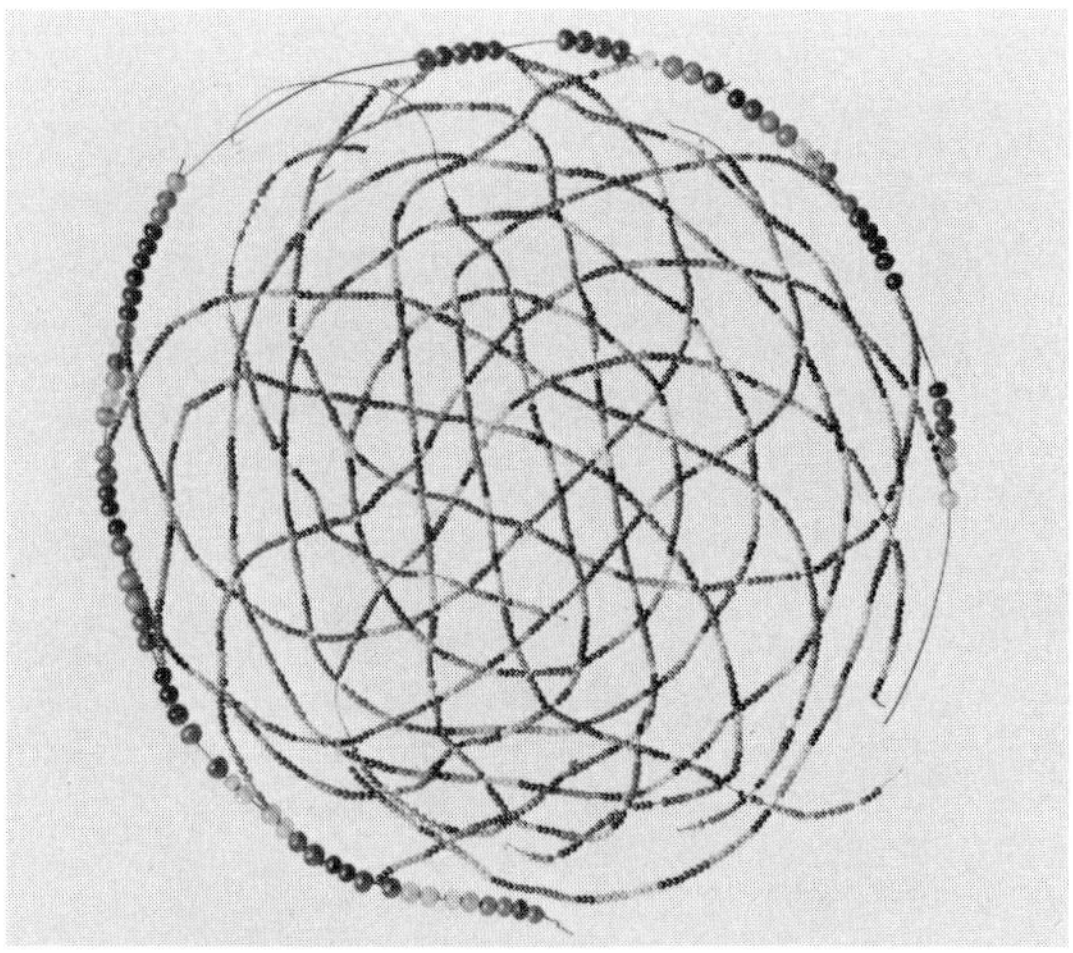
50 雑玉製華籠　奈良時代　正倉院

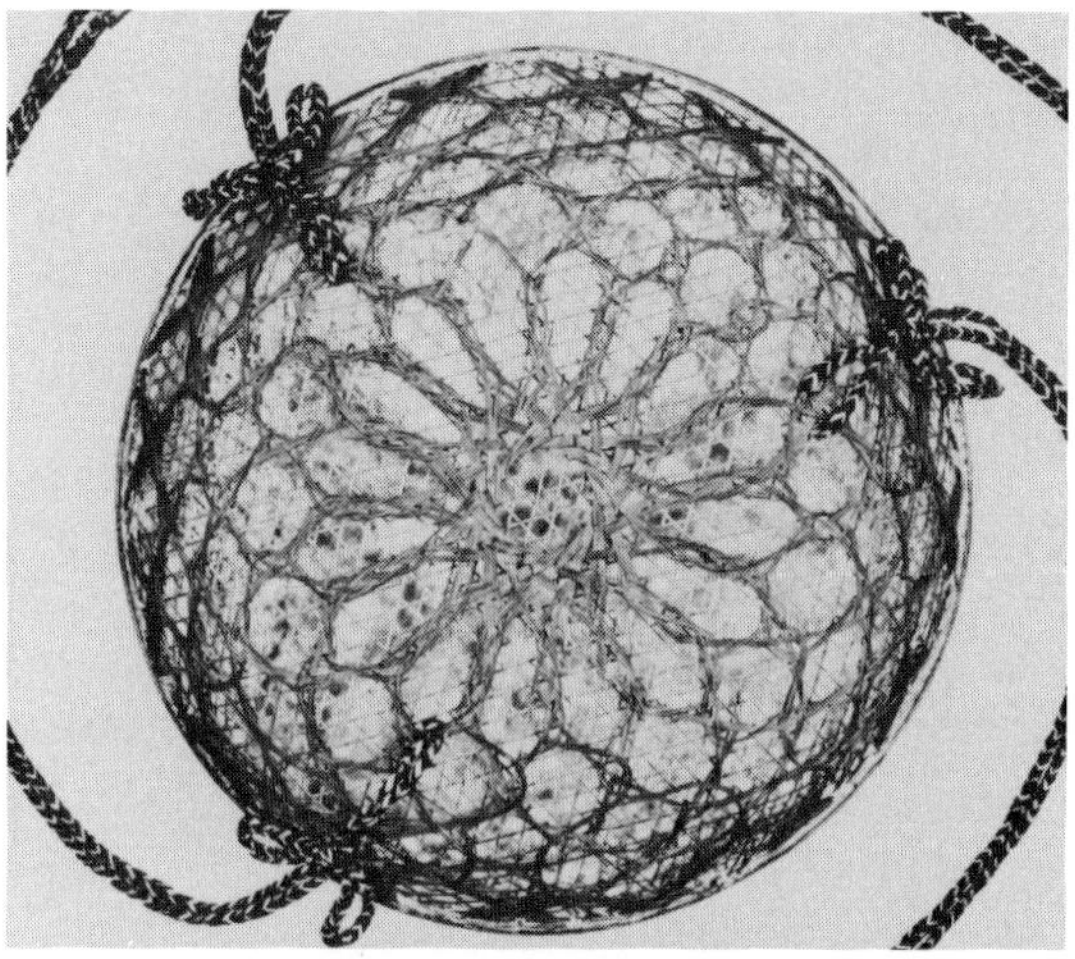
51 竹製綾絹張華籠　平安時代　藤田美術館

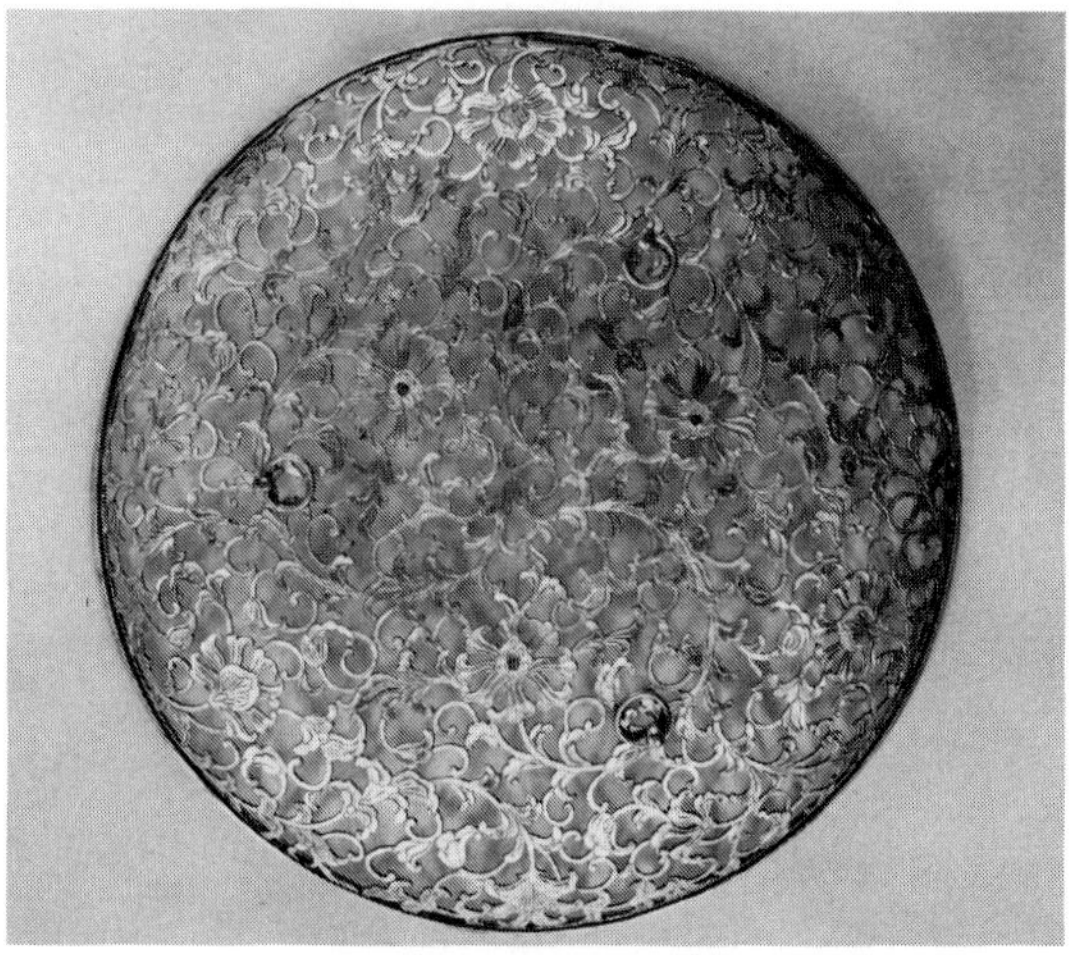
52 金銀鍍透彫華籠　鎌倉時代　滋賀　神照寺

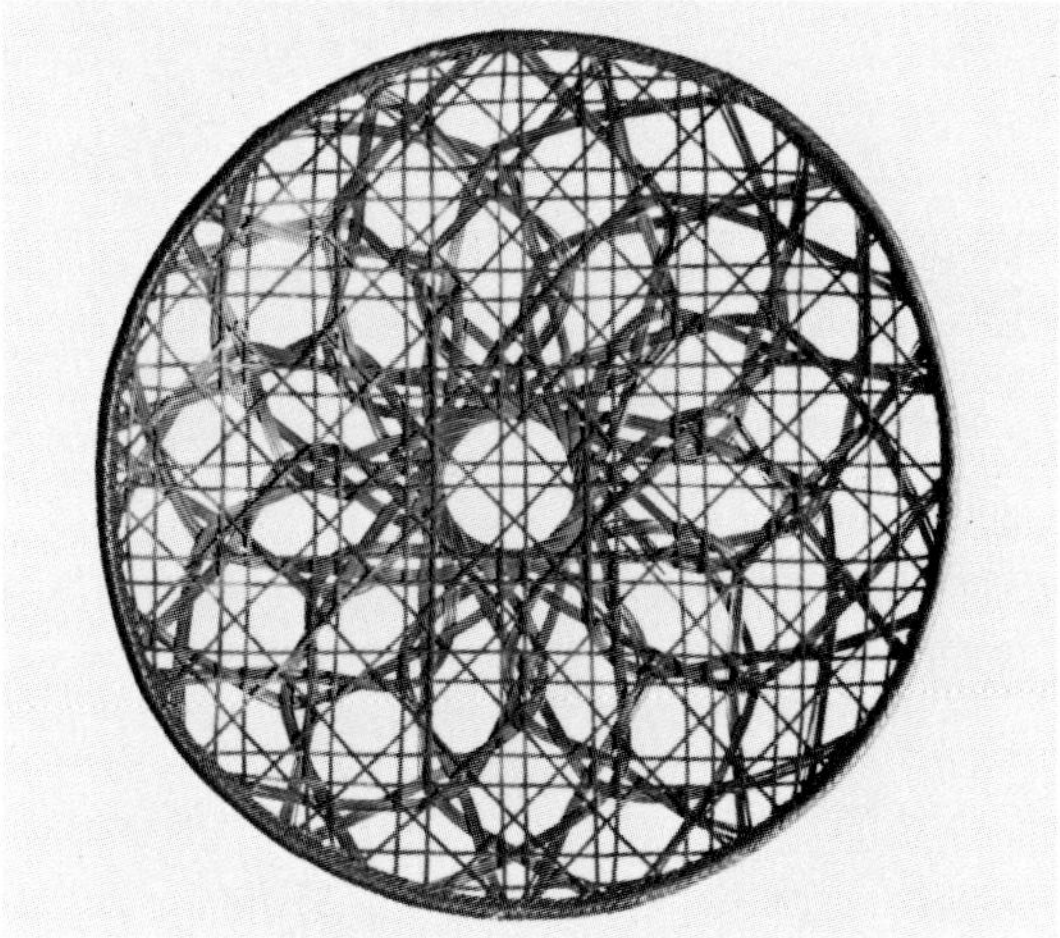
53 竹製漆塗華籠　鎌倉時代　愛知　性海寺

54 紙胎漆塗華籠　鎌倉時代　愛知　万徳寺

55 金銅製華籠　桃山時代　京都　醍醐寺

56 金銅製華鬘　奈良時代　正倉院

57 木製彩色華鬘　鎌倉時代
神奈川　鶴岡八幡宮

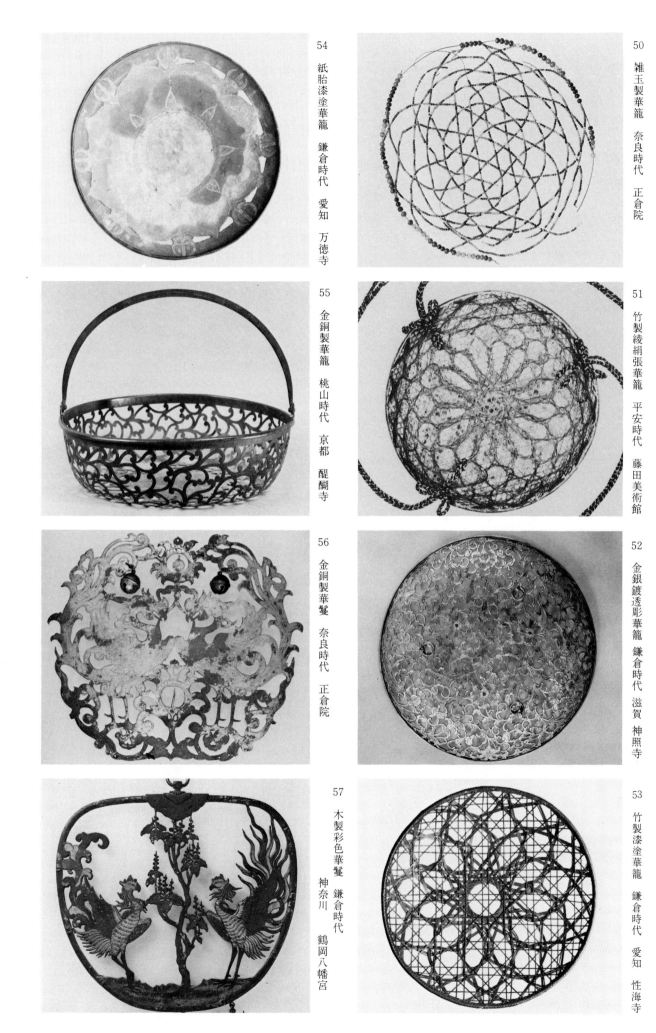

(3) 花　瓶

花を挿す瓶で、華生、華入ともいう。「かびん」と同字異音で、密教法具ではケビョウと呼んでいる。水瓶の口に花枝を挿すことは西域の仏画の中にもみられ、曼荼羅においても花で蓋をした瓶が配置されている。これは『陀羅尼集経』第十一に「瓶の口に雑華を満著し、若し生華なくんば綵華をもって充つ」とあり、『大日経疏』第八などに「迦羅舎は諸種の宝薬を容れ、その口に宝華を挿す」と記しているように、花を供養するための花瓶ではなく、宝薬を入れるものであることがしれる。その形式には、インドの迦羅舎（宝瓶）をかたどったもので、広口で頸が狭く胴膨みをもち腰の細い台を付した「亜」の字に似た形姿のものと、細長い頸をもつ底がまるく下膨れをした胴と、低い高台からなる徳利に似た形姿のものとがある。

　このような亜字形花瓶と徳利形花瓶のほかに、口が広く、両耳をつけ、胴をはじめ細部には文様を鋳出した、中国銅器に似た形式のものがある。これは香炉・燭台と一具をなす三具足、または五具足の中にみられるものである。

　密教法具の花瓶のうち静岡・修禅寺蔵の花瓶（58図）は亜字形で、首と腰に紐飾がなく、この式のうちではもっとも古式である。和歌山・那智経塚出土の花瓶、兵庫・勝福寺蔵の花瓶、京都・稲荷山経塚出土の花瓶（59図）などは藤原時代の代表的な遺品である。

　鎌倉時代のものでは、亜字形のものが奈良・法隆寺、埼玉・慈光寺、奈良・唐招提寺、奈良・室生寺、栃木・輪王寺などにあり、時代によって形式の変化がみられる。古い花瓶は口が広く、肩が張り、首と腰がしまっていて紐飾りが細い。また平安後期のものは底が抜けており、底に木栓をつめた形式であるが、鎌倉時代以後のものは底を貼っている。

　徳利形式のものは、大阪・観心寺、東京・浅草寺、愛知・岩屋寺、愛知・大薬師不動院などに蔵されている。法隆寺の花瓶には「乾元三年（一三〇二）十二月日観進教仏」の銘があり、慈光寺の花瓶には「徳治二（一三〇七）丁未犬懸（花押）」の刻銘があり、観心寺の花瓶には「一番須……法印前大僧都……元徳二年（一三三〇）二月……」の銘があり、それぞれ花瓶の基準作例として貴重である。

　また大薬師不動院の花瓶（60図）は「慶長十一丙午九月吉祥日、片桐東市旦元奉之」の刻銘があり、製作年代がしれる。これは徳利形花瓶の桃山時代の様式を示すものであり、鶴首花瓶※18とよく類似している点に時代の変化が窺われる。

　中国古銅器に似た青銅製の花瓶も寺院で用いられている。熊野補陀洛山寺の青銅花瓶（61図）はこの形式のものである。総高三九・〇cm、口径二八・〇cmもある花瓶は、形状は口が大きく外広りとなり、胴膨みで、ここに銅器特有の雷文地の図様を鋳出した中国古銅器の觚に似た形を示している。この青銅花瓶には、「那智補陀洛　千手堂常住　不出　享禄二天巳丑三月十八日（一五二九）時本邦善光上人　週道清良賢　永次作」の刻銘があり、室町時代のもので、元来は香炉・燭台と共に三具足としてそろっていたものとみられる。

　唐招提寺の三具足の花瓶（122図）は、口が大きく開いた徳利形で、胴には波文地を浮彫り風にあらわし、頸部には龍をからませた独特の形をしており、外箱に「永正拾三丙子正月日　唐招提寺　年預尋海」の墨書銘がある。永正一三年（一五一六）当時用いられたものであるが、舶載品と思われる。

　聖衆来迎寺の花瓶はやや細身の尊の形をし、全体に古銅器様の文様をあらわし、頭部に龍がまきつく、唐招提寺と同じ形式のものである。これには天正一五年（一五八七）銘の外箱がある。形式は共通しているが、両者の間には形状、作域に時代の開きをみることができよう（123図）。

亜字形花瓶（平）　静岡・修禅寺　〈58図〉
〃（平）　東京国立博物館　那智経塚出土
◎〃（平）　兵庫・勝福寺
〃（平）　東京国立博物館　稲荷山出土　〈59図〉
◎〃（鎌）　奈良・法隆寺　乾元元年（一三〇二）銘

※18　胴が丸形で、頭が細長く、口作りがやや外開きをした花瓶。長い頸を鶴の首のようにみたててこの名が付けられている。

58　亜字形花瓶　平安時代　静岡　修禅寺

59　亜字形花瓶　平安時代　東京国立博物館（稲荷山出土）

60　徳利形花瓶　桃山時代　愛知　大薬師不動院

61　觚形花瓶　室町時代　和歌山　補陀洛山寺

62　徳利形花瓶と常花
鎌倉時代　大阪　観心寺

63　木製金箔押常花　現代

64　木製彩色常花　現代

◎〃（鎌）埼玉・茲光寺　徳治二年（一三〇七）銘
◎〃（鎌）奈良・唐招提寺
◎〃（鎌）奈良・室生寺
◎〃（鎌）栃木・輪王寺
◎徳利形花瓶（鎌）大阪・観心寺　元徳二年（一三三〇）銘　〈62図〉
〃（鎌）東京・浅草寺
◎〃（鎌）愛知・岩屋寺
〃（桃）愛知・大薬師不動院　慶長一一年銘　〈60図〉
觚形花瓶（室）和歌山・補陀洛山寺　享禄二年銘　〈61図〉

常花　仏前には生花が供えられるが、また一方においては、永久に枯れない花、常花が飾られる。これは紙・布・木・金属に金箔・銀箔をはったり、彩色や鍍金を施こした造花で、蓮華の立花形である。密教両界曼荼羅の四隅に配されている宝瓶形がこの形式を示している。

古い遺品では大阪・観心寺蔵の金銅花瓶に供えられた金銅常花（62図）が著名である。この花瓶の底には元徳二年（一三三〇）の年紀銘があり、鎌倉時代の常花をしるすことができる。

近世のものは、木製金箔押の非常に大きいもので、六〇～一二〇cmほどの高さのものまである。現代ではプラスチック製で表面に金箔を押したものも作られるようになった。

三、燈供養具

燈は日常の燈火具が仏前供養具となったものである。油を皿にいれ、燈心を浸たして燈すものと、紙を芯にし蠟でかためて棒状として、その先を燈す携行に便利な蠟燭《ろうそく》とがある。油を燈すことは古代から行なわれていたが、蠟燭の使用は遅れてあらわれる。わが国では『大安寺縁起幷流記資財帳』に「合蠟燭肆拾斤捌両通物」とあるところから、奈良時代にはすでに蠟燭も用いられていたものと推測されるが、どんな形式のものか明らかではない。鎌倉時代には[※19]『仏日庵公物目録』の中に「銅蠟燭台二対」「同蠟燭台三対新造二対竹節一対」とあり、仏院では蠟燭が使用されていたことがしれるが、一般的になったのは、室町時代以後であろう。

燈器としては、燈台・燈籠（台燈籠・釣燈籠）があげられる。また蠟燭を灯す燭台がある。このほか、掛燈籠・盆燈籠があり、行燈《あんどん》・雪洞《ぼんぼり》・提灯《ちょうちん》など仏教的ではないものもある。

(1) 燈台

燈盞《とうさん》（油皿）、燈械《とうかい》（油皿をのせる台）、燈架《とうか》（竿と台）からなり、置燈台ともいう。燈明皿に油をいれ、これに藺草《いぐさ》の芯で作る燈心を浸して燈すものであるが、のちには燈皿にかえて、燭立をつけ、蠟燭を用いるようにもなった。また現代では蠟燭形の電燈を仕込んだものも作られている。

形状により結燈台、切燈台、菊燈台、牛糞燈台、高檠、短檠などとよばれる。丸い台輪の上に長い竿をたて、上に燈盞台を置く燈台が基本形式と思われる。奈良時代の燈台は遺品をみないが、正倉院には燈心切用の金銅剪子《せんし》が収められており、前述の通り『大安寺縁起幷流記資財帳』には蠟燭が記載されているところから、油を燈した燈台や、蠟燭を用いた燭台があったものと思われる。油は上代では貴重なものであったので、一般には用いることができなかったであろう。[※20]『悔過所解案』に、「胡麻油一斗二升六合（八升四合僧五十六口供養料　二升八合堂燈料夜別四合　一升四合僧房燈料夜別二合）」、また別に「御油可奉」とあるように、奈良時代の官大寺においては大量の油を供養燈明料として用いており、仏前の燈料として用いられていたことがしれる。また燈心も一般に藺草の芯を用いているが、奈良時代には麻布が用いられていた。

《遺品例》　平安時代のものでは、中尊寺大長寿院蔵の螺鈿燈台（66図）は最もよくしられている。中尊寺創建（大治三年）当初のもので、台および竿は金平塵地《きんぺいじんじ》に螺鈿を加えた装飾的なものである。

浄瑠璃寺蔵の黒漆塗燈台は、装飾的ではないが、古式であり、これに次ぐものとみられる。旧東大寺蔵の燈台には「宝徳四年壬申卯月日　執金剛神施主良英」の刻銘があり、唐招提寺蔵の黒漆燈台

※19　鎌倉・円覚寺の塔頭《たっちゅう》である仏日庵の南北朝頃の財産目録。大陸舶載の仏画・墨跡をはじめ陶漆器・胡銅の仏前具足などが記されている。鎌倉時代における日中文化交流の好資料である。

※20　正倉院文書。天平宝字八年三月一日の年紀がある。上山寺悔過所における悔過僧の食料・供養料などの請求書の案文。

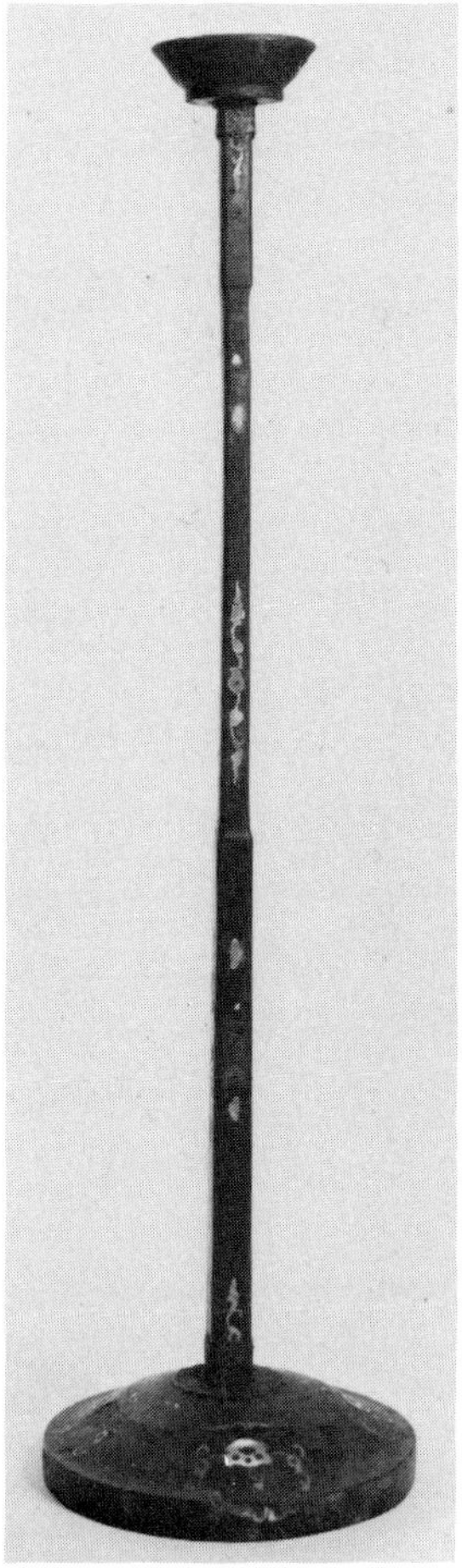

66 宝相華螺鈿平塵燈台　平安時代　岩手　中尊寺

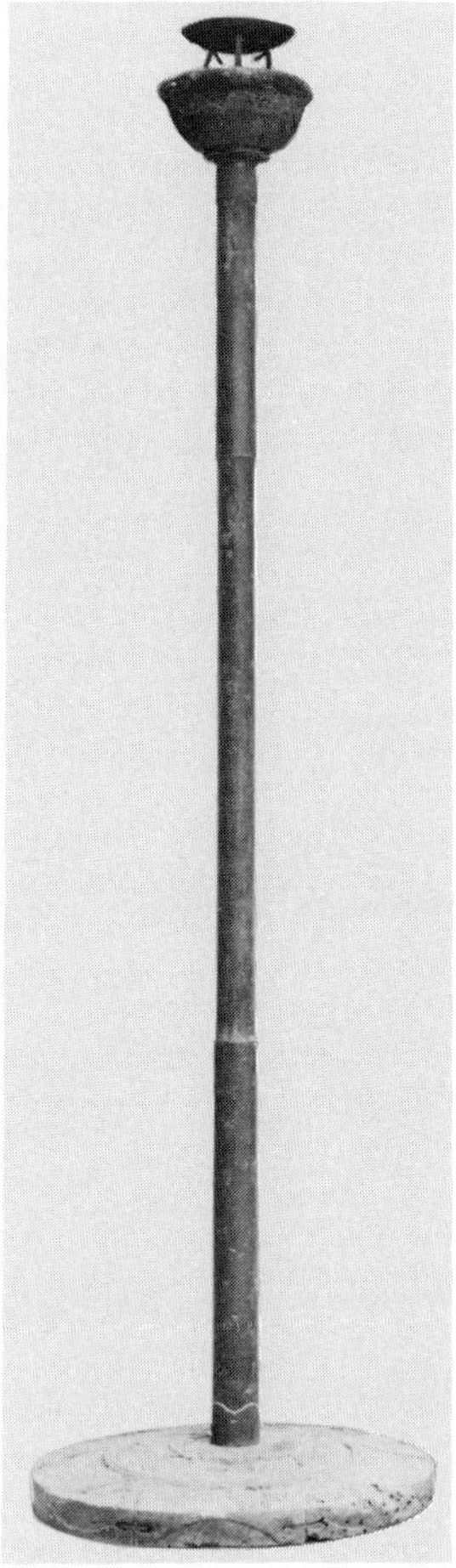

67 紫檀螺鈿燈台　鎌倉時代　奈良　円成寺

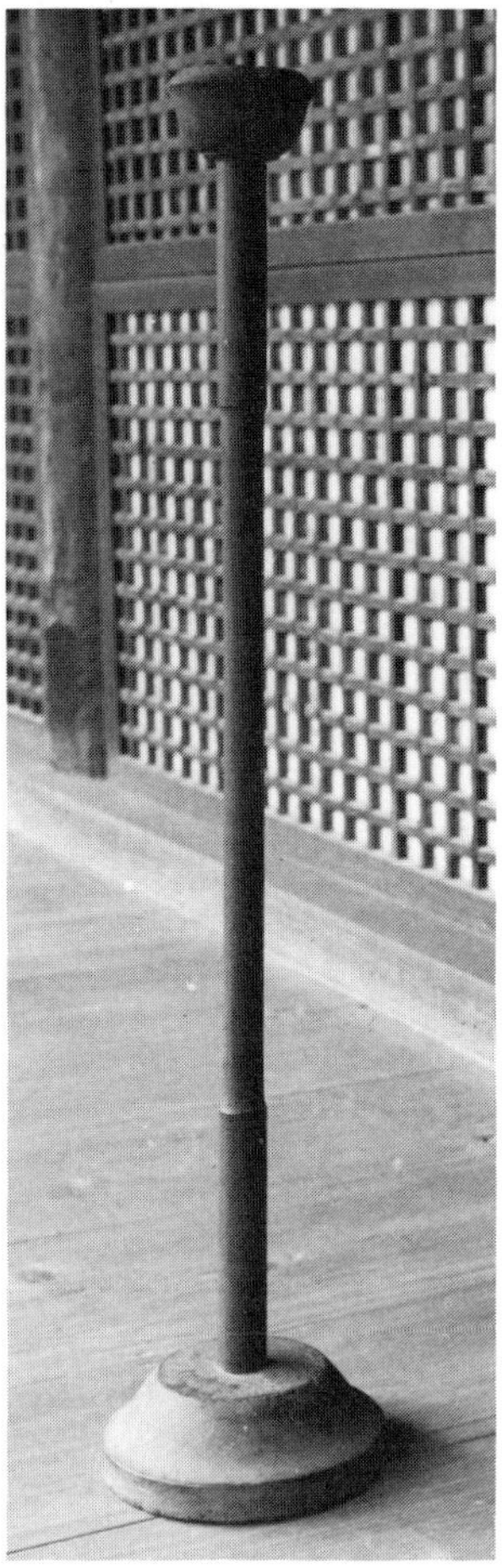

68 黒漆燈台　室町時代　奈良　唐招提寺

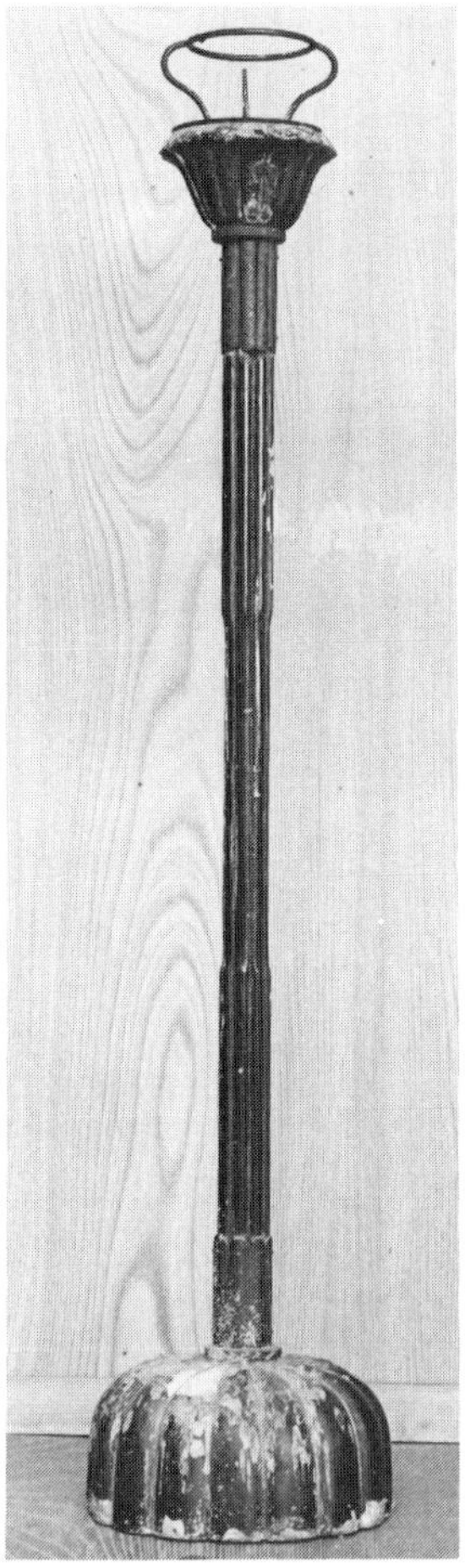

69 黒漆菊燈台　江戸時代　京都　勝林院

70 金銅六角形雪洞　江戸時代　栃木　輪王寺

71 円形朱漆行燈　江戸時代　京都　勝林院

（68図）には永享八年（一四三六）の朱書銘があり、製作時期を明らかにしている。

これらは平安時代のものに比較すると、その形状に変化がみられる。すなわち、時代が下ると、台輪は著しく甲高となり、請も厚味が加わり、やや鈍重な感じをもつようになる。

雪洞燈台　燈台の上部に、風などで火が消えないようにこれをまもるための覆いをつけたものである。古いものは伝わらないが、奉書紙で囲み、覆いとしたものが『春日権現霊験記』の中にみられる。日光輪王寺のもの（70図）は金銅製の八角形で、覆の部分に蓮池文を透彫りしている。これには「寛文七歳四月二十日」の刻銘がある。

反射板付燈台　燈台は煠火であるので、光がひろがり弱くなるため、反射板をつけ一方向を明るくするようにしたものに反射板付燈台がある。法隆寺献納宝物の燈台（72図）は鎌倉時代のもので、円形反射板を取り付け、燈火を一方に向けたり、高低を調節できるようにした珍らしい形式のものである。この円板に居眠りする童子の姿を画いているところから、眠燈台ともよばれているが、形式的には短檠に属するものであろう。

⊙螺鈿平塵燈台　（平）　岩手・中尊寺〈66図〉
黒漆燈台　（鎌）　京都・浄瑠璃寺
紫檀地螺鈿燈台　（鎌）　奈良・円成寺〈67図〉
黒漆燈台（宝徳四年）　（鎌）　旧東大寺蔵
黒漆燈台（永享八年）　（室）　奈良・唐招提寺〈68図〉
黒漆燈台（天文六年）　（室）　長野・国分寺
◎反射板付彩絵燈台　（鎌）　東京国立博物館〈72図〉
金銅雪洞形燈台　（江）　栃木・輪王寺大猷院〈70図〉

(2)　燭　台

置燈台の燈油皿を蠟燭立にかえた燭火具で、中には併用できるものもある。蠟燭はすでに奈良時代に船載されていたが、奈良・平安時代の遺品はみない。神奈川・長勝寺蔵の黒漆燭台は高燈台形式の燭台で、これには永享四年（一四三二）の朱塗銘がある。燭台は三具足や五具足の中の一つでもあり、香炉、花瓶と組合せて用いる場合もある。唐招提寺蔵の三具足の燭台（122図）は二匹の唐獅子が立ち上がって燭台を支え、これに龍がからみつく独特の形式で、三具足の燭台の好例である。このような形式のものが滋賀・聖衆来迎寺にもある（77図）。

塔形燭台　七重・九重に餅を積み重ねたパゴダのような形式の燭台である。細長く、長さ三〇cmのものから六〇cmぐらいまでのものがあり、寺院の須弥壇前に置かれるごく一般的形式であるが、あまり古い例をみない。これには金属製・木製・陶製のものがある。また竿の部分が竹節をかたどった竹竿形燭台もみられる。

菊　燈　台座が菊座をした燭台で、菊燈台の先を燭立てにかえたものである。木製・金属製のものがある。

鶴亀燭台　真宗大谷派で用いられるものである。これは亀形の台上に蓮華の茎をくわえた鶴を立たせ、鶴の頭上に蓮華の燭台を置いたものである。天文五年（一五三六）の『註画箋』にこの図がのっているところから、室町時代にはすでに使用されていたと思われる。また、大永八年（一五二八）の日宗寺蔵の日蓮上人画像※の中にも画かれており、日蓮宗でもかつては用いたといえる。

多燈形燭台　大勢の参詣者が蠟燭を供えるための燈明台で、小さな皿形の蠟燭立を数多く設置している。壇状にしたもの、宝珠形をしたもの、円相をあらわしたものなど様々である。東京・深大寺の燈明台（81図）は植木職人たちが寄進したもので、「木」の字を形どり、中央に㊢の紋をあらわした、多燈形燭台のなかでも珍しい形姿のものである。

◎鋳銅燭台　（明）　奈良・唐招提寺〈122図〉
◎鋳銅燭台　（桃）　滋賀・聖衆来迎寺〈77図〉
鋳銅燭台（永享八年）　（室）　神奈川・建長寺
鋳銅燭台　（江）　京都・広隆寺
青貝地菊燈（燭）台　（江）　栃木・日光東照宮〈75図〉
鶴亀燭台　（江）　愛知・大樹寺〈80図〉
多燈形燭台　（江）　東京・深大寺〈81図〉

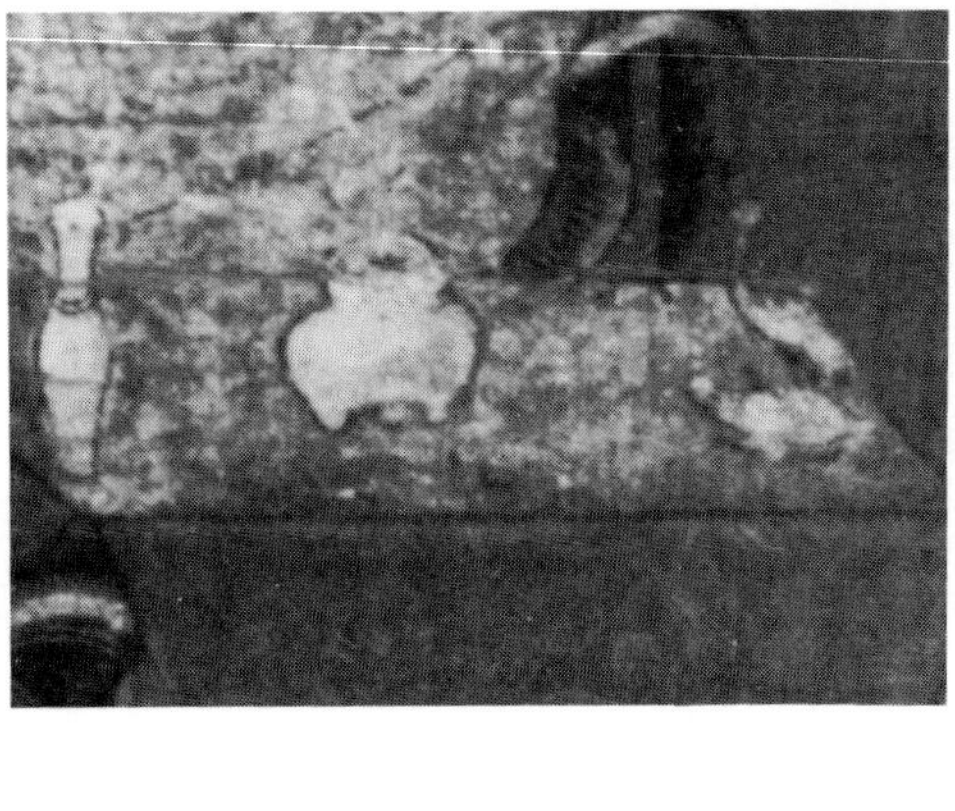

※　京都・日宗寺の日蓮聖人画像。高座前に置かれた前机に三具足が置かれ、鶴亀燭台が描かれている。

72　反射板付彩絵燈台　鎌倉時代　東京国立博物館

73　反射板付燈台　室町時代　奈良　法隆寺

74　鼠短檠　江戸時代　根津美術館

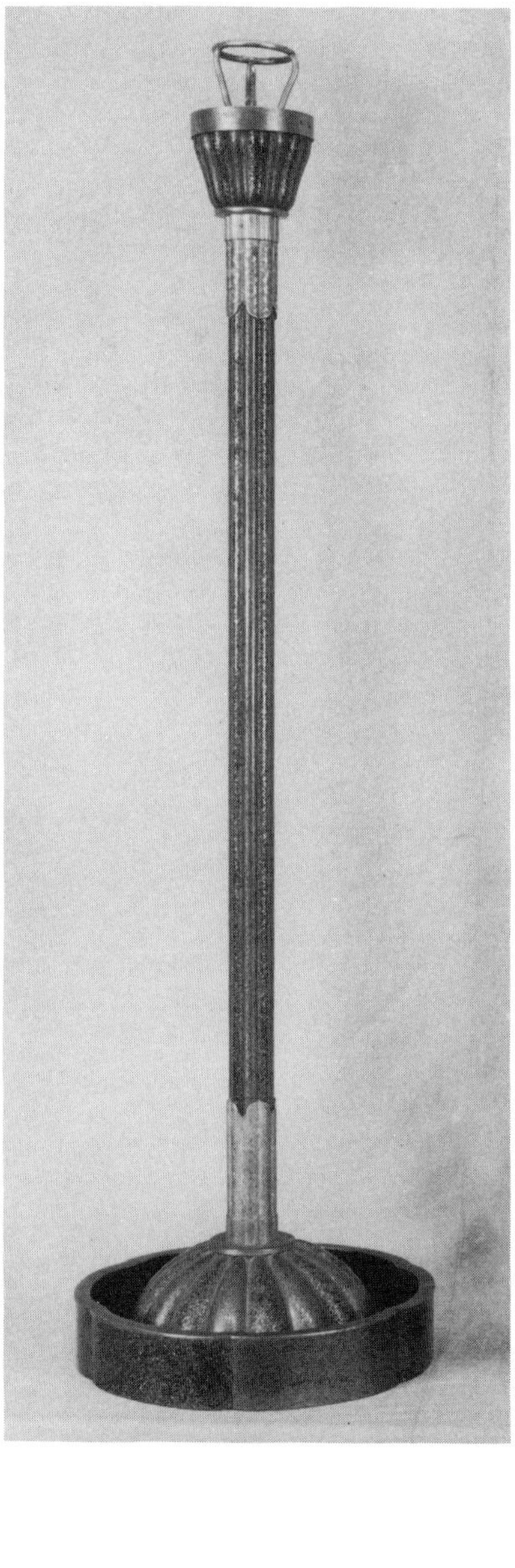
75　青貝地菊燈台　江戸時代　栃木　日光東照宮

76　曼荼羅燈　京都　金戒光明寺

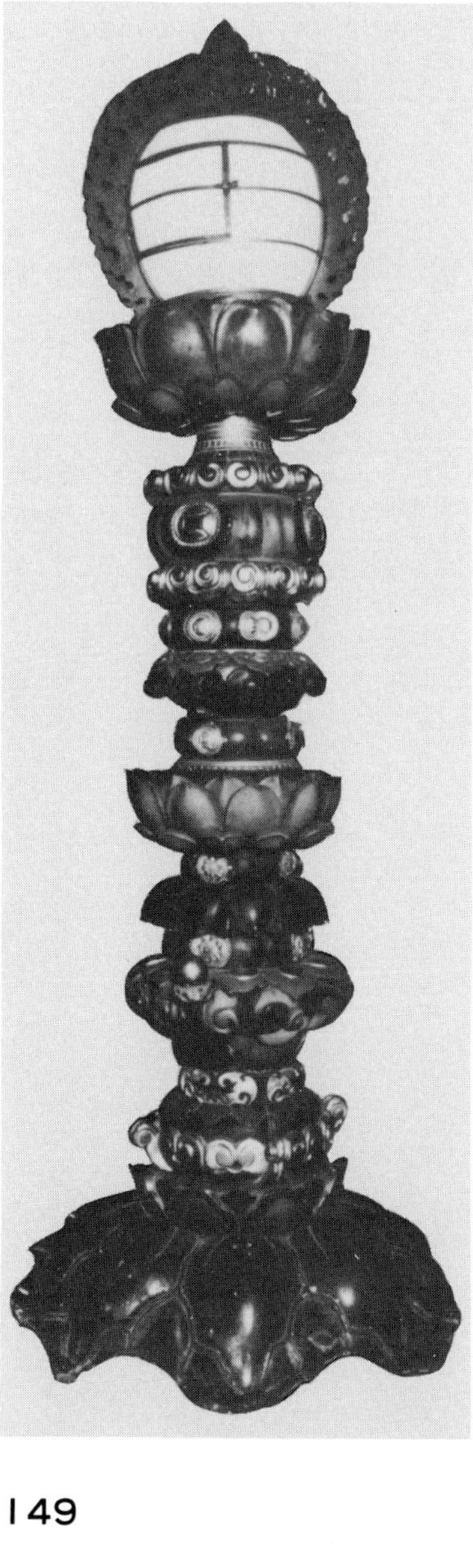
76　曼荼羅燈　京都　法然院

(3) 台燈籠

台の上に立つ燈籠で、置燈籠ともいわれている。一般的形式は宝珠をのせた笠(屋根)、火袋、受台（中台)、竿(脚)、地輪（台）とからなるもので、金属製・石製・木製がある。石製はひろく花崗岩が用いられている。金属製では鋳鉄製、鋳銅製の別がある。

形式的にみると、三角形・四角形・六角形・八角形・円形といった通形のほかに、生込形、脚付形、屋塔形、置燈籠形など異形や変形がある。特殊なものでは、竿のかわりに邪鬼を用いた興福寺の天燈鬼・龍燈鬼のような形式がある。

石燈籠　石製の置燈籠で、石材は古くは凝灰岩・大理石もみられるが、ほとんどが花崗岩である。仏教寺院で用いられるものは一般通形であるが、それぞれ、わずかに変化があるところから、その所在地を記し、平等院形、太秦形、白太夫形、般若寺形、元興寺形、橘寺形、西円堂形、三月堂形、燈明寺形、南宗形、蓮華寺形、善導寺形、当麻寺形などとよばれている。

わが国で最も古い石燈籠は、飛鳥寺発掘調査の折、中金堂前から発見された、創建当初のものと思われる大理石製の燈籠の基台である。これによって飛鳥時代の石燈籠の存在がしれた。これは反花の部分が風化しているが、中心に棹をおとしこむ穴があけられている古式なものである。一部分だけであるが、わが国現存最古の石燈籠といえる。奈良・当麻寺金堂前の石燈籠（重文・83図）は凝灰岩を用いたもので、形式は古式であり、奈良時代前期のものと推定される。また、春日大社の石燈籠（重文・84図）は花崗岩によるものである。これは方形の石壇上に置かれ、基台は六角とし、中台と火袋・笠は八角、竿は円筒形で節が三つある。形状から平安時代の作と目されており、形姿の優雅なものである。鎌倉時代以後のものとなるとかなり多い。このうち、紀年銘をもつもので、鎌倉時代以後慶長までの主なものに次のものがある。

◎嘉禎三年（一二三七）	花崗岩	北村文華財団
◎建長六年（一二五四）	〃	奈良・東大寺〈85図〉
◎弘長四年（一二六四）	〃	奈良・丹生川上神社
◎文永七年（一二七〇）	〃	滋賀・建部神社
◎弘安七年（一二八四）	〃	奈良・栄山寺
◎弘安八年（一二八五）	〃	京都・醍醐寺
◎正応四年（一二九一）	〃	滋賀・三大神社
◎永仁三年（一二九五）	〃	京都・石清水八幡宮
◎正安四年（一三〇二）	〃	岐阜・白山長瀧神社
◎徳治二年（一三〇七）	〃	京都・大宮売神社
◎徳治二年（一三〇七）	〃	三重・延寺院
◎延慶二年（一三〇九）	〃	大阪・春日神社
◎延慶四年（一三一一）	〃	滋賀・河桁御河辺神社
◎正和四年（一三一五）	〃	滋賀・高木神社
◎元亨三年（一三二三）	〃	奈良・春日大社
◎元徳三年（一三三一）	〃	奈良・談山神社
◎観応元年（一三五〇）	〃	福岡・筥崎宮〈87図〉
◎貞治五年（一三六六）	〃	京都・浄瑠璃寺
◎正平二四年（一三六九）	砂岩	大阪・日部神社
◎永和元年（一三七五）	花崗岩	奈良・東大谷日女神社
◎永和四年（一三七八）	〃	京都・八幡神社
◎応永一三年（一四〇六）	〃	滋賀・常楽寺
◎応永二八年（一四二一）	〃	滋賀・鏡神社
永享一二年（一四四〇）	〃	奈良・春日大社
文明三年（一四七一）	〃	奈良・金峯山寺
天文一四年（一五四五）	〃	奈良・興福寺
永禄二年（一五五九）	花崗岩	奈良・法隆寺
永禄一〇年（一五六七）	〃	奈良・金剛山寺
天正一〇年（一五八二）	〃	奈良・櫛玉比古神社
文禄四年（一五九五）	〃	大阪・道明寺天満宮

東大寺三月堂前の石燈籠（85図）は、竿に「敬白奉施入石燈籠一基　右志者為果宿願所　奉施入之状如件　建長六年甲寅十月十二日伊権守行末」の刻銘がある鎌倉時代の代表例である。

談山神社の石燈籠は「元徳三年」の刻銘がある鎌倉時代後期の作で、東大寺や栄山寺の燈籠にくらべると、竿が一だんと太くなってきて

78　燭台　現代

77　燭台　滋賀　聖衆来迎寺

81　多燈形燭台　近代　東京　深大寺

82　多燈形燈台　　江戸時代　京都　勝林院

80　鶴亀燭台　江戸時代
愛知　大樹寺

79　燭台　現代

いることがしれる。

常楽寺の石燈籠（重文）は非常に大きな燈籠で、笠・宝珠・基台がやや大きすぎ、竿が非常に短かく、頭でっかちで雄大な気分にとぼしい。これには「応永十三年」の銘があり、室町時代の特長をよく示した作例といえる。

春日大社の石燈籠は春日形と呼ばれるもので、笠・中台・火袋・基台が六角で、笠には※21蕨手《わらびて》をつけて、竿は円筒で中央に節があり、蓮華座をつける。石燈籠の一般的な形式といえる。

御間形燈籠は各部の断面が方形で、笠に蕨手がなく、竿には節がない。献備形燈籠は徳川歴代の廟前に供えられた石燈籠で、春日形に似ている。このほか、仏教寺院ではなく、桂離宮の三光燈籠・雪見燈籠・夜雨燈籠といった庭園用のものがある。

金燈籠　金属製の燈籠である。台に立つ置燈籠であるが、火袋や笠が三角形・四角形・六角形・八角形・丸形をしたものがある。

奈良時代のものでは東大寺大仏殿の金銅八角燈籠（国宝・89図）があげられる。東大寺創建当初のもので、大仏殿にふさわしく、高さ四m六二cmもある大燈籠で、火袋には奏楽菩薩と獅子を透彫りにあらわしており、受台の側面には唐草文を毛彫りしている。金燈籠の代表作である。この形式のものを東大寺形と呼んでいる。古い銅台燈籠や鉄台燈籠の遺存するものは、石燈籠に比してかなり少ない。これは鋳潰されたり、腐蝕したものが多かったためと思われる。

平安時代のものでは興福寺南円堂前におかれていた金銅燈籠（国宝・90図）があげられる。この燈籠の火袋の羽目板には鋳出銘があり、弘仁七年（八一六）に伊予権守正四位下藤原朝臣公などが、父の遺志にしたがって造立したものであることがしれる。制作年代の明らかな金燈籠である。

鎌倉時代以後のもので年紀銘をもつもののうち主なものをあげると、次のものがある。

◎貞永二年（一二三三）　鉄製　大阪・観心寺〈91図〉
◎正嘉二年（一二五八）　銅製　京都・鞍馬寺
文永五年（一二六八）　鉄製　大阪・四天王寺
正応五年（一二九二）　銅製　栃木・二荒山神社
嘉元四年（一三〇六）　鉄製　愛媛・石手寺
延慶二年（一三〇九）　鉄製　愛媛・津島神社
元亨三年（一三二三）　鉄製　群馬・榛名神社
文和二年（一三五三）　銅製　山形・出羽三山神社
貞治二年（一三六三）　鉄製　奈良・法隆寺
◎文明三年（一四七一）　銅製　奈良・金峯山寺〈92図〉
天文一二年（一五四三）　銅製　和歌山・高野山霊宝館
天正一九年（一五九一）　鉄製　京都・豊国神社
◎慶長五年（一六〇〇）　鉄製　京都・豊国神社〈93図〉
慶長一一年（一六〇六）　鉄製　京都・妙蓮寺
慶長一五年（一六一〇）　鉄製　京都・龍安寺

このうち、観心寺の燈籠（91図）は鉄製では最も古いものである。笠に「貞永二年巳癸　中春願主沙門良心大工大原光爲敬白」と鋳出されており、火袋には格子透しに四天王をあらわした鉄特有の重量感のある燈籠である。

鞍馬寺の燈籠（重文）は羽目板に二天、毘沙門天、吉祥天、善膩師童子像をあらわしており、火袋の各部には結縁者の名を刻している。

金峯山寺の燈籠（92図）は銅製で、東大寺燈籠と似ており、伝統的形式といえる。

豊国神社の鉄燈籠（93図）は、茶の湯釜の作者である辻与次郎の代表作でもある。太閤秀吉の三周忌にあたる慶長五年に寄進されたもので、竿に雲龍文を大きく鋳出していることで著名である。

東照宮の金銅燈籠（94図）は御霊屋《おたまや》形といわれるもので、基台は八角入隅とし、各面に一対の獅子をあらわし、竿は太く短く立鼓形とし、笠は反りが強く大きな蕨手をつけ、火袋は膨みのつよい派手な形をしている。豪華であるが、装飾過剰である。江戸時代の御霊屋形燈籠の傾向を示すものである。

近年では、長い三本足の上に八角燈籠をのせた本能寺形、全体が曲線的で笠も丸形をした関通形とよばれるものなどがある。

※21　曲線の先が巻きあがった形をいう。蕨の出はじめの形に似ているのでこの名がある。燈籠の笠に多くこの形がみられる。また勾欄にもこの形式のものをみる。

83 石燈籠 奈良時代 奈良 当麻寺

84 石燈籠 平安時代 奈良 春日大社

85 石燈籠 鎌倉時代 奈良 東大寺

86 石燈籠 鎌倉時代 京都 広隆寺

87 石燈籠，南北朝時代 福岡 筥崎宮

88 石燈籠 江戸時代 東京 上野東照宮

(4) 釣燈籠

燈籠の笠蓋に釣環をつけ、釣るすことのできるようにしたもので、仏前や社寺院の軒先に懸けるほかに、邸宅にも用いられている。

形式は釣環をもつ宝珠鈕、笠、火袋、受台、脚からなり、釣環によって懸垂できるようになっている。普通形としては四角形・六角形・八角形・円形があり、このほか異形として菱形、球形がみられる。

材質別にみると、木製・金属製・陶製がある。木製のものには白木製、黒漆塗製があり、金属製としては銅鋳製・金銅板製・鉄鋳製・鉄板製など種類が多い。

奈良時代の釣燈籠の遺例はみない。春日大社蔵の黒漆塗瑠璃燈籠は、平安後期～鎌倉初期の製作と考えられているもので、火袋は瑠璃玉をつなげて、簾のようにしており、燈明の火が、瑠璃をすかしてもれてくるという優雅な趣きをもつものである。平安後期の耽美的な情趣の感じられる釣燈籠といえる。紀年銘をもつもので、現在のところ最も古いものは元応元年（一三一九）銘の鉄燈籠（95図）である。これ以後の釣燈籠には紀年銘を有するものがかなりある。慶長以前のもので主なものをあげると、次のようなものがある。また慶長以後江戸時代のものは非常に多く、奈良春日大社はその量において第一にあげられる。

◎元応元年（一三一九）	鉄鍛造	京都国立博物館〈95図〉
延文五年（一三六〇）	金銅板造	兵庫・須磨寺
◎正平二一年（一三六六）	鋳銅造	広島・厳島神社〈96図〉
永徳二年（一三八二）	鉄板造	徳島・熊野神社
永享一二年（一四四〇）	鉄板造	奈良・春日大社〈97図〉
永正七年（一五一〇）	鉄造	和歌山・高野山
大永五年（一五二五）	鉄造	和歌山・高野山
大永六年（一五二六）	銅造	滋賀・地主神社〈98図〉
大永七年（一五二七）	銅造	奈良・当麻寺
◎天文一四年（一五四五）	鋳銅造	栃木・引地山観音堂
◎天文一九年（一五五〇）	鋳銅造	東京国立博物館〈99図〉
天文二〇年（一五五一）	鉄造	福島・万願寺
◎天文二二年（一五五三）	鋳銅造	個人蔵
天文二四年（一五五五）	鉄造	山形・慈恩寺〈100図〉
弘治三年（一五五七）	鉄造	愛知・普門寺
永禄六年（一五六三）	鉄造	滋賀・麻蘇多神社
◎永禄七年（一五六四）	鉄板造	奈良国立博物館〈101図〉
永禄八年（一五六五）	銅造	奈良・春日大社
永禄九年（一五六六）	鉄造	和歌山・高野山
永禄一一年（一五六八）	鉄造	和歌山・高野山不動院
永禄一一年（一五六八）	銅造	奈良・談山神社
永禄一一年（一五六八）	鉄造	奈良・春日大社
永禄一二年（一五六九）	鉄造	和歌山・高野山
元亀二年（一五七一）	鉄板造	和歌山・金剛峯寺
元亀三年（一五七二）	鉄板造	奈良・春日大社
天正二年（一五七四）	鉄造	和歌山・高野山
天正二年（一五七四）	鉄造	和歌山・高野山
天正二年（一五七四）	銅造	奈良・談山神社
天正二年（一五七四）	金銅板造	千葉・栄福寺
天正三年（一五七五）	鉄造	京都・大覚寺
天正三年（一五七五）	鉄造	京都・西本願寺
天正七年（一五七九）	銅造	奈良・当麻寺西南院
天正八年（一五八〇）	鉄造	広島三次市・熊野神社
天正一〇年（一五八二）	鉄造	広島三次市・八幡神社
天正一〇年（一五八二）	銅造	愛知一宮市・八剣社
天正一〇年（一五八二）	木製	奈良・春日大社
天正一二年（一五八四）	鉄造	和歌山・高野山不動院
天正一三年（一五八五）	銅造	奈良・伝香寺
天正一五年（一五八七）	鉄造	和歌山・高野山
天正一五年（一五八七）	鉄造	岐阜・白山長瀧神社
天正一六年（一五八八）	銅板造	奈良・長谷寺
天正一九年（一五九一）	鉄製	奈良・春日大社
天正一九年（一五九一）	銅製	奈良・春日大社
天正二〇年（一五九二）	鉄製	和歌山・高野山不動院
天正二〇年（一五九二）	鉄製	島根・岩倉寺
文禄二年（一五九三）	鉄製	奈良・春日大社

91　鉄燈籠　鎌倉時代　大阪　観心寺

90　金銅燈籠　平安時代　奈良　興福寺

89　金銅八角燈籠　奈良時代　東大寺

94　金銅燈籠　江戸時代　東京　東照宮

93　鉄燈籠　江戸時代　京都　豊国神社

92　銅燈籠　室町時代　奈良　金峯山寺

文禄二年（一五九三）	銅製	奈良・春日大社
文禄四年（一五九五）	鉄製	奈良・春日大社
文禄四年（一五九五）	銅製	福岡・筥崎宮
慶長元年（一五九六）	銅製	福岡・筥崎宮
慶長四年（一五九九）	鉄製	滋賀・長浜八幡
慶長一〇年（一六〇五）	銅製	栃木・鑁阿寺
慶長一一年（一六〇六）	銅製	奈良・法隆寺聖霊院
〃	〃	奈良・談山神社
慶長一二年（一六〇七）	〃	奈良・当麻寺
慶長一四年（一六〇九）	〃	奈良・法隆寺聖霊院
慶長一五年（一六一〇）	〃	奈良・法隆寺聖霊院
〃	〃	新潟・弥彦神社

元応元年の銘をもつ鉄板造釣燈籠（95図）は、もと白山中宮にあったものである。透彫りした鉄板を組み合わせて形づくられたもので、六角形の火袋の周囲に、欄干をつけた珍らしい形式のもので、扉には仁王像をつける。火袋には七宝繋、松皮菱文、亀甲繋文を透彫りし、その下に「白山中宮元応元年己未六月日尾州玉井大工真澄」の銘文を透している。この銘文は現在のところ、釣燈籠の中で最も古い年紀銘である。透彫りの美しい、鎌倉時代の代表的な釣燈籠としてあげられる。

また、須磨寺蔵の釣燈籠は金銅板製で、火袋には七宝繋文を透彫りしており延文五年（一三六〇）の年紀がある。

東京国立博物館蔵の鋳銅梅竹文透釣燈籠（99図）は、千葉寺址から出土したものである。六角の笠、透彫りの美しい円筒形の火袋、薄い台、猫足からなるが、高さと笠径の寸法が一致しており、釣燈籠の中でも形姿の最も美しいものとされている。これには「下総国千葉之庄池田之郷千葉愛染堂之燈炉大旦主牛屋兵部少輔天文十九年庚戌七月十八日」（一五五〇）の銘がある。

これと形姿の類似するものが富岡観音堂蔵と個人所蔵にあり、それぞれ天文一四年（一五四五）、天文二一年（一五五二）の年紀銘がある。これらは技法・形式からみて、当時の著名な鋳造品の製産地である佐野天命[※22]で作られたものと推測される。

また永禄七年（一五六四）銘をもつ鉄釣燈籠（101図）は会津如法堂にもとあったもので洲浜、楓、梶などを透彫りしているが、その技巧からみて甲冑師とか鐔工の作ではないかとも思われる。また備前焼の釣燈籠で元和五年（一六一九）の年紀を有するものがある。

近世に入ると資料は急増する。この中には春日大社の釣燈籠をはじめ、奉納燈籠が多くみられる。これらは金銅板製のものが主で、量産的な形式化されたものとなり、火袋の透彫りも形骸化し魅力のとぼしいものが多い。

近年では新形燈籠として、中にサークライン螢光燈を仕込んだ透彫りの燈籠もつくられている。

輪燈　仏前の左右に吊るした釣灯火具で、釣燈台ともいう。真宗系で最も多く使用されており、その形状が大きな輪状をしているところからこの名がある。金銅製または真鍮製で、上部は八稜形の笠、下部は灯油皿と台をのせた馬蹄形の輪によって構成されており、上下は長方形の中吊によって結ばれている。本来は宮中用具であったものであるが、真宗や浄土宗において仏前で使用するようになったもので、素文の輪形のほか、菊花唐草を飾ったものや、牡丹唐草で飾ったものなど、華麗なものがあり、本願寺派は菊唐草、興正派は牡丹唐草と区別されている〈102図〉。

この種の輪燈とは別に、密教においても輪燈がある。その形は『四分律』や『薬師琉璃光如来本願功徳経』などの記述によると、上から順に下にゆくほど大きくした円盤を七段に重ね、樹木のような形とし、これに燈明を灯し、回転するようにしたものが想像される。

菱燈籠　大形の釣燈籠である。仏殿の天井や軒先に懸垂されるもので、木製・金銅板製・鉄製などがある。火袋が球形・六角形・方形・菱形をしたものなどがあるが、多くは六角菱形をしているので、この名がある。非常に大きく、一般に九〇～一五〇cm位までのものがあり、中には三mにおよぶものまである。金銅板製で、火袋には唐草文様を透彫りした豪華な形式のものが多く、寺名や寄進者名を透彫りであらわすことも多い。

※22　栃木県・佐野天命の地。ここは関東における室町時代の茶の湯釜の名製産地として、九州筑前芦屋と並び称されており、良い鋳造品が作られた。

95 鉄釣燈籠 鎌倉時代 京都国立博物館

96 銅釣燈籠 南北朝時代 広島 厳島神社

97 鉄釣燈籠 室町時代 奈良 春日大社

98 銅釣燈籠 室町時代 滋賀 地主神社

99 銅釣燈籠 室町時代 東京国立博物館

100 鉄釣燈籠 室町時代 山形 慈恩寺

切子燈籠　盂蘭盆会のときに、寺院や檀家で軒に釣下げる盆燈籠の一種で、切籠、亀甲燈籠などともいう。火袋の部分が角燈の角を切り落した切子形をしたもので、四面は菱形をし、下方に四流の白い紙片を長く幡足のように垂下している。火袋には白紙を貼るものもあるが、書画彩色を施こしたり、四面に家紋をあらわしたり、蓮華造花をつけたり、切透し文様のある紙を貼ったりしたものなどがある。

真宗で使用するものは白・赤・紺の紙を張り交ぜた華やかなものである。

四、飲食供養具

仏供養具は一般に、燈・華・香に代表される燈台・花瓶・香炉などがあげられるが、奈良時代では供養具というと、主として鉢《はち》・多《た》羅《ら》・鋺《わん》・匙《さじ》・箸《はし》など、日常飲食器を指していたようである。

『大安寺縁起幷流記資財帳』に、

「仏供養具十口　白銅鉢一口、白銅多羅二口、白銅鋺七口　（中略）匙一枚　箸一具

右平城宮御宇　天皇以養老六年歳次壬戌　十二月七日納賜者」

とあり、また『法隆寺縁起幷流記資財帳』には「佛分白銅供養具壹拾貳口」として鉢・多羅・鋺・鉗・鈋をあげており同じような記事がみられ、奈良時代には鉢・多羅・鋺・匙・箸が一具として供養具を構成していたことが窺われる。

もと法隆寺に伝来した法隆寺献納宝物の中には佐波理製[※23]の加盤・匙があり、正倉院宝物の中には佐波理鋺四三六口、佐波理皿七〇〇口、佐波理匙三四五枚と多量の飲食器があり、このほかに、金銀箸、金銀匙など仏供養具であったとおもわれるものがある。このことは鉢・鋺・多羅・匙など元来が飲食具であり、日常用具であったものが、仏教の中で供養具としてとりあげられていったことを示すものである。

(1)　鉢

梵語の鉢多羅（**Patara**）の訳である。比丘六物の一つで、波多羅、鉢咀羅、鉢和羅、鉢和蘭、鉢盂、応器、応量器ともよばれる。仏および僧尼の護持する食器で、口が大きく開き、肩が張り、内すぼまりとなり底が尖底となった形姿をしている。三衣一鉢といい、これを持して托鉢に用いたり、食器としても用いる。供養具として用いる場合は安定のいいように輪台の上に置かれる。材質も種類が多く、白銅製・金銅製・銀製・鉄製・木製・石製・乾漆製・漆皮製・磁製・瓦製のものがある。

『十誦律第五十六』に「鉢の法とは仏は二種の鉢を畜ふるを聴す、瓦鉢と鉄鉢なり。八種の鉢は畜ふべからず。金鉢、銀鉢、琉璃鉢、摩尼鉢、銅鉢、白鑞鉢、木鉢、石鉢なり。これを鉢法と名づく」とあり、『四分律第九』には「鉢とは六種あり。鉄鉢、蘇摩国鉢、烏加羅国鉢、黒鉢、赤鉢なり、大要は二種あり、鉄鉢と泥鉢なり」と記されている。

天平一九年勘録の『法隆寺縁起幷流記資財帳』に、

「合鉢捌口

丈六分鉢参口　一口　白銅口径六寸八分　深四寸四分
一口　白銅口径六寸　深四寸七分有合
一口　鉄口径七寸三分　深五寸一分

仏分鉢参口　一口　鉄鉢口径七寸四分　深四寸六分
一口　塞鉢口径六寸八分　深四寸八分
一口　薫鉢口径七寸　深四寸七分

聖僧分鉄鉢壱口　口径七分　深四寸九分

通分銅鉢壱口　口径五寸三分　深五寸三分」

とあるように、丈六分としては白銅鉢・鉄鉢があり、仏分として鉄鉢・塞鉢・薫鉢が用いられていることがしれる。このうち塞鉢は、乾漆製のものであり、薫鉢は鉄、または瓦鉢を薫して、着色したものをいうと考えられる。このほかに通分のものがあるが、これは銅製で、径が非常に小さく深さが深いもので、形がちがうようである。

綴鉢は、鉄鉢を長く使用したため破損したが、なおこれを補綴修

※23　銅合金の一つ。砂張とも書く。銅・錫・鉛の合金で、黄白色を呈している。朝鮮の食器を指す「サバル」から転訛したもので、正倉院の水瓶・鋺・皿などがこの金属を用いている。たたくと良い音がするので響銅とも書かれる。

101
鉄釣燈籠　室町時代　奈良国立博物館

102
輪燈

103
隠元形釣燈籠　現代

104
六角猫足形釣燈籠　現代

105
台燈籠

106
六角菱燈籠　現代

107
台燈籠　江戸時代　東京　深大寺

理して大切に用いたもので、僧侶は釈尊にならって謙虚であり、簡素であるべきであるという仏教倫理を象徴している。『根本薩婆多部律摂第七乞学処』に綴鉢の法として「五種の綴鉄鉢の法あり、一に細釘を以て孔を塞ぐ。二に小鉄片を安じ、打入して牢ならしむ。三に魚歯の如く四辺を鋑破し、内外相夾む。四に鉄片を以て孔を掩ひ、周円は之を釘す。五に屑末を用う。これに二種あり、一に砕鉄末、二に磨石末なり」とある。法隆寺献納宝物中の五綴鉢（110図）は、五度修理して使用するということから名付けられたもので、その代表的な作例である。これは口径二二・三cmの鍛鉄製の鉢で、底部が欠損したために鉄板を貼り鋲留して修理している。

供養具としての鉢は、その顚倒を防ぐために台を付属している。これは輪台とも鉢支ともいう。また塵埃などを防ぐために鉢蓋をもうけるものがある。『四分律第四十三』にも、「鉢若し正しからずば応に鉢支を作るべし、若し塵坌あらば応に蓋を作るべし」とある。

《遺品例》　この形式を伝えているものに正倉院の銀壺がある。この銀壺は口径四二cmの非常に大きな鋳造製の鉢で、甲・乙一対あり、胴には狩猟文を線刻し、地に魚々子《ななこ》を打ち、乙は文様の部分に鍍金を施して、対比の効果をしめした見事なものである。鉢底（甲）には「東大寺銀壺　重大五十五斤用　蓋実并台惣重大七十四斤十二両　天平神護三年二月四日」と線刻があり、現在蓋は失われているが、当初は台のほかに蓋があったことがしれる。

奈良時代の鉢で遺存するものはかなり多い。主なものをあげると次のようになる。これらはすべて鉄鉢形式であり、輪台を付すものが多く、供養具とみられる。正倉院蔵の銀鉢の中には穀粒の痕らしきものがのこっており、実際に物を盛り仏前に供えたものであることがしれる。これら鉢の中には重量を刻したものがみられる。とくに銀鉢はほとんどが重量を刻している。このことはこれらが貴重品として扱われていたことを示すのであろう。

〈奈良時代〉

奈良・法隆寺　金銅製　口径二二・五　高一三・三
奈良・法隆寺　金銅製　口径二二・四　高一三・一
奈良・法隆寺　金銅製　口径二五・五　高一四・五
⊙岐阜・護国之寺　金銅製　口径二七・六　高一四・五　宝相華獅子文刻　〈108図〉
◎奈良・東大寺　銅製　口径二八・五　高一九・五　「重大四斤十一両」銘「重大一斤二両」台銘
◎根津美術館　金銅製　口径二八・五　高一九・〇　「重大四斤九両」銘
◎奈良・東大寺　金銅製　口径二一・二　高一二・五
奈良・東大寺　金銅製　口径二二・五　高一三・九
◎東京国立博物館　木製　口径二〇・九　高一三・五　〈109図〉
◎東京国立博物館　鍛鉄製　口径二二・三　高一四・四　〈110図〉
◎東京国立博物館　鉄製　口径二二・一　高一五・二
◎東京国立博物館　鉄製　口径二一・五　高一二・一
東京国立博物館　金銅製　口径二八・二　高一九・二　「重大五斤」銘「重大一斤四両」台銘
東京国立博物館　金銅製　口径二九・四　「重大四斤」銘
◎東京国立博物館　塞製　口径二二・二
正倉院宝物　銀製　口径四二・五　高四三・〇　「重大五十五斤……」銘
正倉院宝物　銀製　口径四二・五　高四〇・九　「重大五十二斤……」銘
正倉院宝物　銀製　口径二八・八　高一八・八　「重大五斤四両」銘「重大一斤七両」銘
正倉院宝物　銀製　口径二八・八　高一八・六　「重大五斤六両」銘「重大一斤八両」台銘
正倉院宝物　銀製　口径二八・七　高一九・三　「重大五斤一両」銘「重大一斤八両」台銘
正倉院宝物　銀製　口径二八・八　高一九・五　「重大四斤七両」銘「重大一斤八両」銘
正倉院宝物　漆塗製　口径二〇・八　高一六・三
正倉院宝物　漆塗製　口径二〇・八　高一六・三　「大九」「大」針書銘
正倉院宝物　漆塗製　口径二一・三　高一六・二
正倉院宝物　漆塗製　口径二〇・七　高一六・八
正倉院宝物　漆製　口径二〇・八　高一六・一
正倉院宝物　漆製　口径二〇・九　高一六・四
正倉院宝物　磁製　口径二二・〇　高一三・〇
正倉院宝物　磁製（緑釉）　口径二一・五　高一二・七
正倉院宝物　磁製（三彩）　口径二六・九　高一六・〇

〈平安時代〉

◎奈良・朝護孫子寺　金銅製口径二五・〇　高一四・八　延喜七年銘
正倉院宝物　銀製　口径二八・九 高一八・五 延喜一四年銘〈111図〉
◎京都・東寺　金銅製　口径二四・四　高一二・一
◎京都・東寺　金銅製　口径二二・〇　高一二・一
◎京都・東寺　金銅製　口径二〇・〇　高一二・七
◎京都・東寺　金銅製　口径二四・五　高一三・六

108　金銅鉢　奈良時代　岐阜　護国之寺

109　木製漆鉢　奈良時代　東京国立博物館

110　五綴鉄鉢　奈良時代　東京国立博物館

111　銀鉢　平安時代　正倉院

112　金銅鉢　鎌倉時代　和歌山　金剛峯寺

113　銅鉢　鎌倉時代　岐阜　白山長瀧神社

114　銅鉢　室町時代　福島　都々古別神社

115　銅鉢　室町時代　奈良　東大寺

正倉院の延喜一四年銘銀鉢は、口縁に「重大五斤五両延喜十四年十二月十一日別当大法師智愷任時作入」の刻銘があり、延喜一四年に智愷が東大寺別当に任ぜられた折におさめられたものである。これは鎚起技法[※24]によるもので、銘により、平安時代延喜頃の製作であることがしれ、この時期の供養鉢の形式を窺うことができる。これによると、口径一に対して、高は〇・六四四となる。奈良時代ののは一般に〇・六五八ないし、〇・六七七という値を示していることから、平安時代のものは口径に対して高さが若干低いということになる。このことは、平安時代になると、形式は奈良時代とほとんど変わらないが、肩の張りは強く、内ぼそりがはげしく、高さは低くなるといえよう。

鎌倉時代になると、紀年銘を有する鉢が多く見られる。主なものに次のようなものがある。

◎建久八年（一一九七） 金銅製 和歌山・金剛峯寺 〈112図〉
安貞二年（一二二八） 銅製 静岡・善名寺
仁治三年（一二四二） 銅製 栃木・中禅寺
◎正和二年（一三一三） 銅製 山形・金峯神社
◎正和三年（一三一四） 銅製 岐阜・白山長瀧神社 〈113図〉
正和五年（一三一六） 銅製 岐阜・白山長瀧神社
元応二年（一三二〇） 銅製 滋賀・常楽寺
◎元亨三年（一三二三） 銅製 岐阜・白山長瀧神社
◎嘉暦一年（一三二六） 鉄製 新潟・弥彦神社
◎暦応四年（一三四一） 銅製 福島・熊野神社
◎延文二年（一三五七） 金銅製 岐阜・白山長瀧神社
建武元年（一三三四） 鉄製 宮城・黒森観音堂
延元一年（一三三六） 銅製 栃木・輪王寺
応安七年（一三七四） 鉄製 東京・高輪美術館
◎応永一八年（一四一一） 銅製 福島・都々古別神社 〈114図〉
永享七年（一四三五） 銅製 福島・恵日寺
永享七年（一四三五） 鉄製 山形・立石寺
文明一〇年（一四七八） 銅製 福岡・国玉神社
永正三年（一五〇六） 銅製 兵庫・清水寺
天文一六年（一五四七） 銅製 富山・雄山神社
永禄一一年（一五六八） 銅製 奈良・東大寺 〈115図〉

鎌倉時代になると、これまでと形式の異なったものがあらわれる。つまり浅い盤形で、格狭間をもつ高台をつけており、なかには三足をつけたものなど、これまでの鉄鉢形式とはすっかり異なったものである。この形式のものを仏餉鉢《ぶっしょうばち》という。また洗米鉢ともよばれ、神仏の前におき賽銭をうけたり洗米を盛るのにも用いられる。金剛峯寺蔵の建久八年（一一九七）の銘をもつ鉢（112図）は、底に格狭間のある高台をつけた底の浅い大盤の形をしたもので、その代表例である。

室町時代に入ると、鉢は深形となる。東大寺蔵の鉢（115図）は大仏に供えるにふさわしい大形で深形をしているが、その形は魅力がとぼしく、末期の仏餉鉢の形式をよく示している。

(2) 水瓶

梵語の軍持（kundika）の訳である。比丘十八物の一つで、元来は僧具であったものが、仏前に水を供える容器となったものである。浄と触との二種がある。『南海寄帰内法伝』第一水有二瓶の条に、

「凡そ水を浄触（飲用水と手洗水）に分つ、瓶に二枚あり。浄は咸く瓦瓷を用ひ、触は銅鉄を兼ねるに任す。浄は非時の飲用に擬し、触は乃ち便利の所須なり、浄は則ち浄手（清潔な手の方）に持ち、必ず浄処に安著すべし。触は乃ち触手（汚れた手）に随って執り、触処に於て之を置くべし。唯斯の浄瓶及新浄器に盛るところの水は非時に飲むべく、餘器に盛るものは名づけて時水（特別な時に用いる水）となす。中の前に飲を受くるは即ち是れ愆なく、若し午後に於て飲まば便ち過あり。其の瓶を作るの法は蓋は須らく口に連ぬべし。頂に尖台を出す。高さ両指（指二本を重ねた長さ）なるべし。上に小穴を通じ、麤なること銅箸の如し。飲水は此の中に在るべし。傍辺に則ち別に円孔を開き、擁口を上ならしむ。竪高さ両指にして孔は銭許りの如く、添水は宜しく比の処に於てすべし。二三升を受くべく小なるは無用を成ず。斯の二穴は虫塵の

※24 彫金技法の一つ。金属の薄板を裏・表の両面から打出して文様を高肉にあらわす技法。

現在使用されている飲食供養具

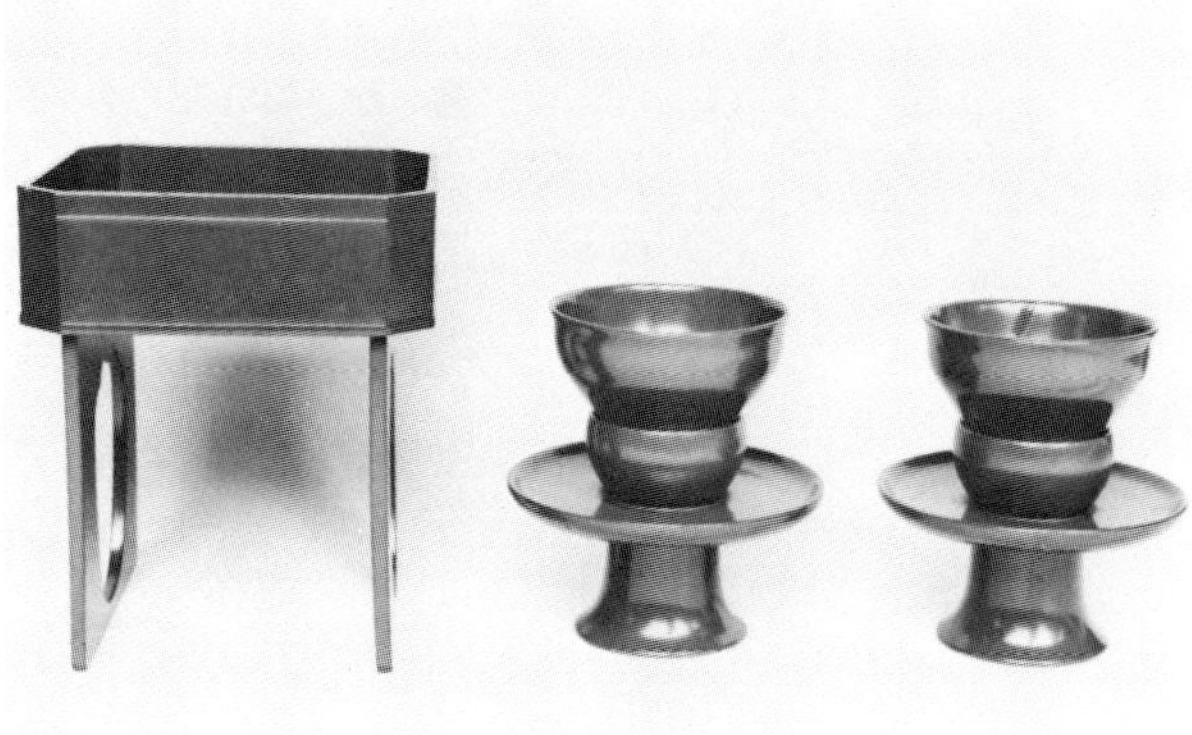
菓器と茶湯器

仏飯器

段　盛（各段に菓子・餅・果物などを盛る）

三　方

供　笥（八角形と六角形がある。金箔押彩色を施すものが多いが白木製もあり，
この上に供饌菓子や餅を高く盛るために使用する。）

入るを恐れば、或は蓋を著くべく、或は竹木を以て、或は布葉を将って裹みて之を塞ぐべし」

とあり、浄瓶は瓦製で何時でも飲むことができる。触瓶は銅鉄製で、用便の後に清めることなどに用いる水を入れるものとしているが、金属製水瓶でも浄瓶として用いたり、献水用の水瓶としても用いられたであろう。

《遺品例》 わが国では古くより水瓶が仏前供養具として用いられていた。法隆寺献納宝物中の龍首水瓶（116図）は銀製で、脚付、把手を付した胡瓶の形式で、胴には天馬文を線刻し、注口は龍首を象どつたものである。この胴部に「貢比曽丈六　高一尺六寸□」の墨書銘があり、もとは法隆寺と関係の深い比曽寺の丈六に供えられていた供養具としての水瓶であることがしれる。

『法隆寺縁起幷流記資財帳』に、

「合白銅水瓶壱拾陸口
丈六分壱口　高八寸五分
仏分陸口　一、高七寸七分　一、高八寸二分　一、高八寸五分
　　　　　一、高八寸　　一、高八寸三分　一、高五寸五分
観世音菩薩分壱口　高七寸二分
木叉分捌口　五口、高各一尺九分　一口、高一尺六分
　　　　　　一口、高八寸五分　　一口、高六寸二分頸折」

とあり、丈六分、仏分、観世音菩薩分と仏前に供えられていたことがしられる。また『大安寺縁起幷流記資財帳』には

「合水瓶肆拾伍口
仏物卅六口　之中二口、漢軍持　三口、胡軍持　十九口、棗瓶
　　　　　　十一口、柘榴瓶　一口、洗豆瓶
菩薩物一口、通物四口
木叉分物四口

とあり、漢軍持、胡軍持、棗瓶、柘榴瓶、洗豆瓶というように、仏前に供えるための水瓶に種々の形式別名称があったことがしれる。

法隆寺献納宝物の中には、水瓶は龍首水瓶のほかに一〇口ある。そのうちの一口の水瓶は、外反りの口縁をもつ細長い頸、胴膨みをもつ胴、中間にくびれのある注口、高い高台からなり、口には塔形鈕をもつ蓋をつけ、注口には蝶番付の蓋をつけた、一般に**仙盞《せんさん》形水瓶**とよばれるものである。他のものは玉子形をした胴や、蕪形をした胴をもつ長頸、高台付の水瓶（117図）がある。これは一般に**王子形水瓶**といわれているもので、資材帳にいうところの前者は棗《なつめ》瓶、後者は柘榴《ざくろ》瓶と考えられる。この中に「布薩」の墨書のあるものがあり、布薩会にも用いられたことが窺われる。

この王子形水瓶とまったく同形のものが、群馬・観音山古墳から出土している。このことは上代の寺院供養具が、一方においては古墳時代の権力者の日常用具でもあったことを示している。

正倉院には仙盞形水瓶の注口に胡人の顔をつけた水瓶（118図）がある。これと同形式のものが法隆寺にも伝世している。この水瓶は、西域の影響をつよくうけているものといえよう。

平安時代以後は、これまでの棗形水瓶に筒状の鈕をもつ蓋と注口をつけた、仙盞形とよばれるものと、朝顔形に大きく開いた口と、長い注口と把手を胴側面につけ、蓋に獅子鈕を置く**志貴形**と一般によばれる二形式が主流となる。これには一対として製作されたものもある。愛媛・大山祇神社蔵の水瓶（120・121図）は一対で製作されたものである。底に藤原鏡が嵌められており、藤原末、鎌倉初期のものと考えられる。

MOA美術館蔵の仙盞形水瓶は、曲物製の箱におさめられている。もと東寺に伝えられたもので、高麗の水瓶にも形式が似ており、正倉院のものにつぐ古様を示している。

滋賀・弘法寺の水瓶はやや胴膨みの厚手の水瓶であるが、金銀鍍を施こした華麗なものである。

滋賀・聖衆来迎寺の水瓶は、建治二年の銘をもつ製作期の明らかな水瓶である。これは基台が嵌め込みになっていること、中国水瓶の影響を受けたものと思われるが、注口が龍頭をかたどっているなど独特の形式をもつものである。これには「菩薩戒尼与海　造此水瓶一揃二雙　三聖寺布薩公用者　建治丙子八月一日」の刻銘があり、この水瓶が布薩会のさいに用いられた水瓶であることがしれる。

また滋賀・宝厳寺には弘安一一年（一二八八）の年紀をもつ水瓶

118　胡人顔付仙盞形水瓶　唐時代　正倉院

117　王子形水瓶　奈良時代　東京国立博物館（法隆寺献納宝物）

116　龍首水瓶　唐時代　東京国立博物館（法隆寺献納宝物）

120　仙盞形水瓶

121　志貴形水瓶（一対）　鎌倉時代　大山祇神社

119　仙盞形水瓶　鎌倉時代　奈良　東大寺

がある。

東大寺蔵の水瓶（119図）も高台に「東大寺　戒壇院常住　嘉元三（一三〇五）」の刻銘があり、戒壇院では古くより布薩会が行なわれていたところから、これも布薩会用水瓶と考えられる。これらは鎌倉時代の水瓶の基準作例としてあげられる。

◎龍首胡瓶（唐）　東京国立博物館　銀製　法隆寺献納宝物〈116図〉
◎王子形水瓶（奈）　東京国立博物館　銅製　高三二・四～二一・四　法隆寺献納宝物〈117図〉
◎仙盞形水瓶（奈）　東京国立博物館　銅製　高三三・二　法隆寺献納宝物
◎仙盞形水瓶（奈）　奈良・法隆寺　銅製　高三〇・九
仙盞形水瓶（唐）　正倉院宝物　銅製〈118図〉
◎龍文水瓶（奈）　東京国立博物館　金銅製　高二三・五　法隆寺献納宝物
王子形水瓶（平）　名古屋大学　瓦瓷製
◎仙盞形水瓶（平）　MOA美術館　白銅製　高三六・八　旧東寺伝来
◎仙盞形水瓶（鎌）　滋賀・弘法寺　銅製金銀鍍　高三五・〇
◎仙盞形水瓶（鎌）　滋賀・宝厳寺　銅製　高二四・四　弘安一一年銘
◎仙盞形水瓶（鎌）　滋賀・聖衆来迎寺　銅製（龍首）〇高二二・五
◎仙盞形水瓶（鎌）　奈良・東大寺　銅製　高二二・六　嘉元三年銘〈119図〉
◎仙盞形水瓶（鎌）　愛媛・大山祇神社　銅製　高三四・五〈120図〉
水瓶（室）　滋賀・已爾乃神社　銅製　高二五・〇　寛正六年
◎志貴形水瓶（鎌）　愛媛・大山祇神社　銅製　高二八・〇〈121図〉
◎志貴形水瓶（鎌）　広島・耕山寺　銅製　高二七・四
◎志貴形水瓶（鎌）　大阪市立美術館　銅製　高二五・四

五、三具足・五具足

香炉・花瓶・燭台の三種類を一組としたもので、仏前の前机上に配置される。インド以来の伝統である仏供養の中で最も重要な香・華・灯の三供養を組合わせており、これを同じ卓上に並べる形式は中国にはじまるもので、鎌倉時代に禅宗と共に伝わった供養形式と思われる。

鎌倉・室町時代の『法然上人絵伝』[※25]『融通念仏絵巻』[※26]などの絵巻物には、火舎香炉を中心とし、左右に花瓶を置いた形式が描かれている。火舎と花瓶で燭台が抜けているが、埼玉県坂戸・大智寺蔵の享徳三年（一四五四）銘板碑には香炉を中心に向って右に燭台、左に花瓶を配した図が刻されており、この時期には三具足の配置が定着していることを示している。

三具足のほかに香炉一口と花瓶二口、燭台一基を一具とした四具足が真宗では用いられている。これは香炉を卓の中央に置き、その左右に花瓶、香炉の奥に燭台を配する。

五具足は花瓶一対、燭台一対、香炉一口の五つを組合せたもので、香炉を中心に、左右に燭台、その外側に花瓶を配置する。

三具足・五具足は仏供養具として用いられるほかに、禅宗との関係から書院飾にとりあげられ、住宅の押板（床の間の前身）の飾としても用いられるようになり、立華の道具立ともなる。池坊慈尊の『仙傳抄』によると、立華においては卓の中央に香炉、右方に鶴の台、左方に花瓶をおいて三具足とし、香炉の前後に香合および香匙台を置き、五かざりとし、また香炉を中央に、その左右に鶴亀台一対、両脇卓に花瓶一対を置く五具足、これに香合、香匙台を添えて七かざりとしたことがしられる。

仏寺においては五具足の時も、三具足のときと同じく華瓶を同一卓に配置する。また本尊前には多く五具足を置き、脇壇などには三具足を置くのを普通とする。

三具足のうちで、著名なものは唐招提寺蔵のものと、聖衆来迎寺のものである。奈良・唐招提寺蔵の鋳銅三具足（122図）は、作調の高い蠟《ろう》型《がた》鋳造で、形姿・文様から中国明代のものと考えられるが、外箱に永正一三年（一五一六）の墨書銘がある。当時、舶載されたものであろう。また、滋賀・聖衆来迎寺蔵の鋳銅三具足（123図）の外箱には天正一五年（一五八七）の墨書銘がある。この形姿は唐招提寺の三具足に類似するが、作調はやや低く、文様も便化されており、中国製を模してわが国で製作したものと思われる。

このほか、三具足として完存してはいないが、和歌山・補陀洛山寺の鋳銅花瓶がある。非常に大形で、中国銅器の觚の形を写してい

※25　浄土宗の開祖法然上人の一代行状を描いた伝記絵巻である。法然上人の徳行讃仰と、浄土信仰宣揚のために作成されたもので、絵伝は数種ある。なかでも、京都・知恩院の四十八巻本が著名である。これは勅命によって制作されたもので、詞書は伏見・後伏見・後二条の三天皇をはじめ、八人によって書かれ、絵は土佐吉光・邦隆など八人の合作とされている。（写真右＝第一四巻大原勝林院にて顕真法印などと法談をする。写真左＝第二七巻能谷直寛の住生するを見に集る人々）。

122
鋳銅三具足　明時代　奈良　唐招提寺

123
鋳銅三具足　桃山時代　滋賀　聖衆来迎寺

るが、装飾文は雷文地の上に花文をつけた、やや和風な趣をもつものである。これには享禄二年（一五二九）の年紀銘と、永次の作者銘があり、本邦製であることがしれる。また神奈川・建長寺蔵の鋳銅燭台は永享八年（一四三六）の銘があり、これも本邦製といえる。これらは室町時代の本邦製三具足の形式を示すものである。

唐招提寺蔵三具足の形姿を模したものが多いが、近世になり、種種の形式のものもあらわれる。中口形（126図）、関通形、垂蕪形、坪形（128図）、翠蓮形、本能寺形、醍醐寺形、また本願寺派においては御本山形といわれる独特の形式のものなどがあり、これらは真鍮製、金銅製の金色に輝くものと、宣徳銅色という、黒く着色した落着いた色のものとがある。

また、京都・広隆寺には鋳銅製の三具足がある。これは唐招提寺の三具足を模したものらしく燭台・花瓶なども似ている。この香炉には元禄九年の年紀があり、江戸時代における三具足の伝統形式がしれる。五具足では、東京・深大寺の鋳銅五具足（124図）、東京国立博物館蔵の村田整珉作鋳銅五具足（127図）がある。（中野政樹）

※26 融通念仏の開祖良忍上人の一代記を描いた絵巻。鎌倉末期に作製されたものを初めとして、肉筆本や版本などがある。なかでも清凉寺本は、応永二一年より、後小松院・足利義持など貴顕十数人の分担によって詞書を作り、絵は土佐行広はじめ六人の絵師により、濃彩・典麗に描写されており、著名である。

124　鋳銅五具足　江戸時代　東京　深大寺

125　鋳銅三具足（香炉と燭台）　明治時代　京都　長松寺

126　鋳銅五具足　現代（中口形）

127 鋳銅五具足　江戸時代　東京国立博物館（村田整珉作）

128 鋳銅五具足　現代（坪形）

祝い用の五具足

大人用（結婚式など）

幼・小・中高用（卒業式など）

小供用

五　梵音具

仏教では仏教教団生活を規制するため、またその宗教的な雰囲気を高めるために多くの鳴器が使用されている。この鳴器にあたる言葉は、インドではカンチというが、これを中国では犍稚・犍椎・犍地・犍鎚・犍遅・乾稚などと訳している。この犍稚は『勅修百丈清規』によると「梵語犍稚凡瓦木銅鉄之有声者、若鐘磬鐃鼓稚板螺唄」とあるので、その材質形状を問わず、音声を発するものの総称であったらしい。各材質の相違と形状・厚さによって生ずる音を、使用する場の違いに適合させるのである。釈迦在世中、犍稚を用いて弟子集合の合図としたことが『増阿含経』にもみられ、仏教教団の大きさが知られる。また読経・布薩・喫飯（主に禅宗）や非常の時を告げるものとして使用されるが、これによって諸天善神の来臨を乞う意味もあり、打ち鳴らす以前に合掌し使用することもある。

こういった鳴器の中で最大のものは、堂外の鐘楼に懸けて打ち鳴らす打楽器である鐘、すなわち大形の吊（釣）鐘、すなわち梵鐘である。また堂外では軒下に吊して、これを紐で打ち鳴らす鰐口《わにぐち》や喚鐘、堂内では法会の際に使用される磬《けい》・雲版《うんばん》・鐃《にょう》・銅羅《とら》がある。またその他に鉦鼓《しょうこ》・引磬《いんけい》・木魚《もくぎょ》・魚鼓・太鼓《たいこ》・法螺など、その種類は実に多い。これらの鳴器を一括して梵音具という。

一、梵《ぼん》鐘《しょう》

もともと仏教教団生活を規制するためのものであり、初期の大乗仏教ではこの事実を忠実に守っていたが、のちには単に寺の存在を示し、一般大衆と仏教のつながりを保持するものとなった。このように梵鐘は、時を知らせたり儀式の合図に打ち鳴らす梵音具である。梵はサンスクリット語の「神聖・清浄」を意味する**Brahman**（ブラフマン）の音訳である。本来この梵鐘とは、仏教法具としての釣鐘を意味する言葉で、普通使用される時には、寺鐘以外に、殿鐘・社鐘・城鐘、時鐘を含めた釣鐘・撞鐘《つきがね》一般を意味する。梵鐘は銘文中[※1]には洪鐘・蒲牢・金鐘・銅鐘・豊鐘・景鐘・華鐘・華鯨・鴻鐘・巨鐘・鳧鐘・梁鐘など数多くの異名がみられる。

半鐘・喚鐘　一般に梵鐘の大きさは口径一尺八寸（約五四・五**cm**）以上をいい、口径一尺七寸以下は半鐘《はんしょう》、高さ二尺五寸（約七五・八**cm**）を喚鐘《かんしょう》という。また口径二尺（約六〇・六**cm**）くらい、重量六五貫（約二四三・八**kg**）、二人で天秤棒をもってかつげるものは半鐘で、それ以上が梵鐘またはつり鐘ともいう。一説に喚鐘は口径一尺（約三〇・三**cm**）以下の鐘、半鐘は口径二尺二～三寸（約六六・七～六九・七**cm**）以下の鐘をいい、梵鐘は口径二尺三～四寸以上、重量一〇〇貫（約三七五**kg**）以上のものともいわれる。

なお半鐘は、禅宗では仏殿に懸けておくところから殿鐘ともいわれる。京都・建仁寺の永享三年（一四三一）の改鋳鐘（亡佚鐘）には「殿鐘」とあったことがわかる。また法要などに殿鐘を打ち鳴らし衆を呼び集めたことから喚鐘ともいわれる。『勅修百丈清規』には住持が朝暮の行香に際して、喚鐘を打ち鳴らし仏殿に衆を集めると

※1　梵鐘には普通、その鐘の鋳造の由来と功徳を述べた銘文が施されている。奈良時代の梵鐘では、銘文のない梵鐘がはるかに多く、平安時代初期にもその傾向が続く。梵鐘が一般に銘文を持つようになるのは鎌倉時代以降である。銘文は普通池の間に施されるがそのことが定まったのは平安時代初期以降である。

銘文の表現方法には、**陽鋳**といって鋳型に直接文字を彫り込んだり、また木製雄型の文字を鋳型に押し込んで文字を鐘の肌に浮出しにする方法。**陰刻**といって、鐘の鋳成後、鏨《たがね》で文字を彫り込む二種がある。またこの両手法を併用したものもある。陽鋳・陰刻いずれも字体にはさまざまのものがみられ、それぞれの梵鐘に個性を与えている。陰刻には籠字（双鉤体）のものもみられる。京都市西本願寺にある旧太秦広隆寺鐘（永万元年頃—一一六五）の鐘銘には籠字に陰刻した文字の周囲と隙き間を鏨でさらい一見陽鋳文字のようにした鐘もある。このほかに静岡県熱海市泉区の保善院鐘（嘉吉三年—一四四三）銘のように刻銘のあと墨書で人名を記した鐘、京都市山科区安祥寺町の安祥寺鐘（嘉元三年—一三〇六）は鐘の内面に漢字と梵字の墨書があり、

いう。真宗の『本願寺通記』には、元禄六年（一六九三）一一月二一日、作間において初めて小鐘を懸け、「先ず洪鐘を撞いて衆を集め、次に小鐘を撃て道場を開く」とし、その使用法について記している。喚鐘は室町時代から用いられるが流行せず、江戸時代に入り盛行する。なお福岡・辻堂の承天寺にある清寧一一年（一〇六五）の朝鮮鐘（口径四四・五cm）の明応七年（一四九七）の追銘には「喚鐘」とある。

和鐘・朝鮮鐘・中国鐘　日本に現存する鐘を形式上から分類すると、日本で造られた純日本式の〈和鐘〉、韓国で鋳造された〈朝鮮鐘（韓国鐘）〉、中国製の〈中国鐘〉に大別できる。また和鐘と朝鮮鐘、または中国鐘との混合様式になるものや朝鮮鐘、中国鐘を日本で模作した鐘もみられる。

和鐘・朝鮮鐘・中国鐘はそれぞれ独得の手法によって鋳造されているが、いずれもその始源は中国の古代・殷周時代の鐘にその祖型がみられる。

日本に現存する鐘は、そのほとんどが和鐘であることはいうまでもない。朝鮮鐘は四〇口余を数えるにすぎず、中国鐘の数は極めて少ない。

(1) 和　鐘

和鐘の現状　日本に現存する奈良時代から慶長末年（一六一四）までの和鐘の数は、五三〇口前後に達する。その他戦国時代の争乱で失われたり、時を経て破鐘してしまい改鋳されたり、幕末の毀鐘※2鋳砲令や明治維新の廃仏棄釈《はいぶつきしゃく》で多くの鐘が失われ、特に第二次世界大戦の際には金属回収のため、江戸時代以降に鋳造されたものの大部分が鋳つぶされてしまった。その数は四万口を超えるといわれるが、実数は不明である。現存する慶長末年以前の梵鐘（和鐘）で現在国宝に指定されているものは一二口、重要文化財に指定されているものは八七口余の多くに達する。

和鐘の材質とその起源　梵鐘（和鐘）の材質は銅と錫との合金、青銅鋳物がそのほとんどであるが、鉄鋳製のものもまれにあり、建保五年（一二一七）銘の京都・広隆寺鐘や無銘ではあるが平安時代前期と推定される長野・畠山忠雄氏蔵の鉄鐘などがそれである。文献上には京都・醍醐寺に銀鐘があったといわれる（『醍醐寺新要録』）。

梵鐘の起源は、仏教とともにわが国に渡来し、その祖型は当然中国にあると考えられる。日本の梵鐘の原始的な形体をとどめたものに六朝時代、陳の太建七年（五七五）銘の中国鐘（奈良国立博物館）がある。この鐘の鐘身外形は和鐘と同様であり、和鐘の袈裟襷《けさだすき》に似た大小長短の区画を施しており、その規矩割は和鐘に近く、撞座《つきざ》のつく位置は高く、和鐘の古い時代のものによく似ており、この形式の鐘を手本として日本鐘が生まれたものと考えられる。しかし日本鐘と異なる点は、乳区に突起物の乳がみられない点と、鐘の鋳型を縦二つに割って鋳造していることである（日本鐘では鐘の鋳型は横、すなわち輪状に鋳型をつくる）。なおこの鐘は小形で口径二一・二cm総高三八・九cmである。

和鐘の形状と各部の名称

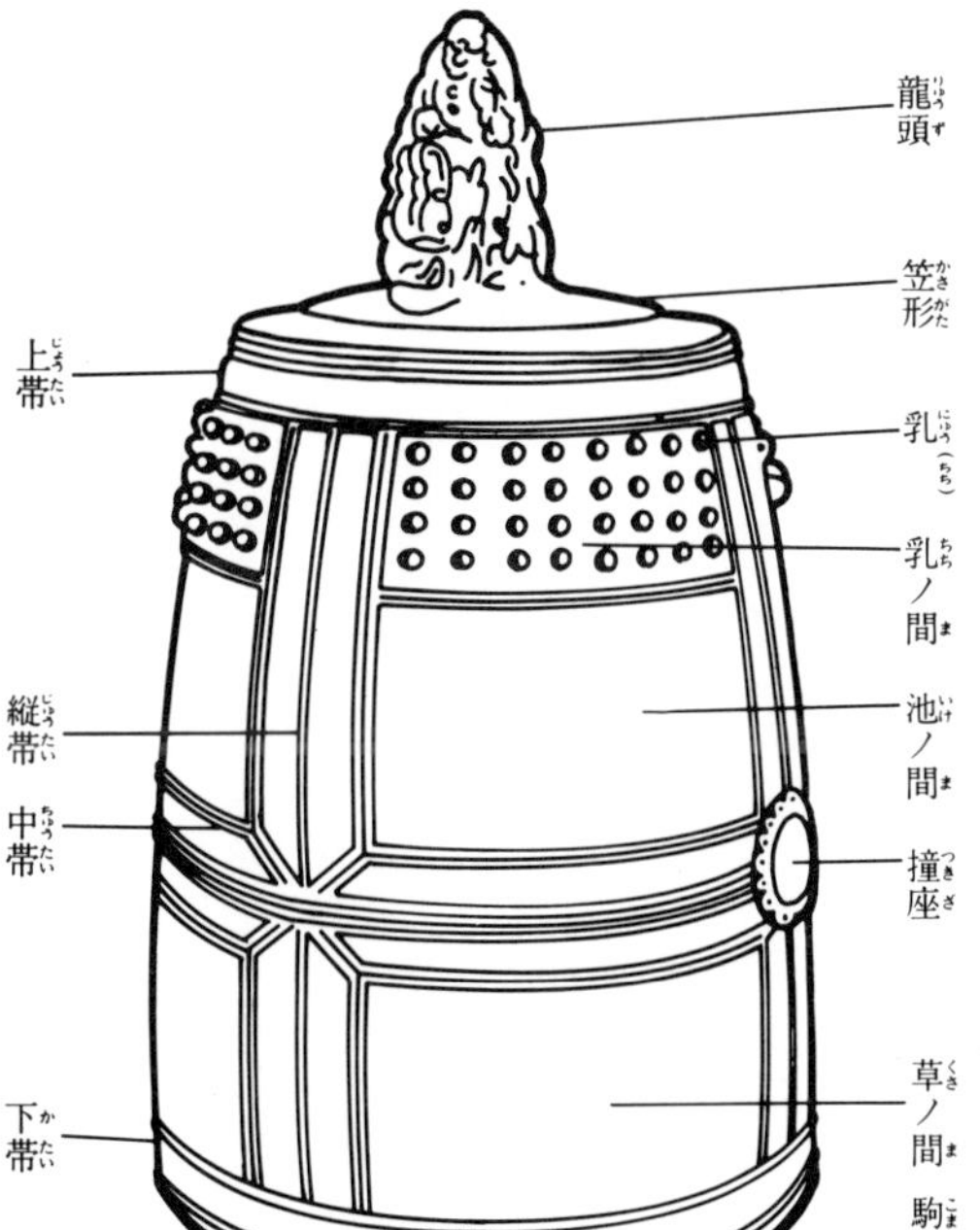

梵鐘の部分名称

梵鐘の形状は大体において定まっており、下方に丸く口の開くコップ形の中空の「鐘身」と、この鐘身を懸垂するために上部につけ

愛知県知多郡内海町の岩屋寺鐘（永正五年―一五〇八）は鐘身全面に梵字の墨書がある。このように梵字を鐘に墨書することは鎌倉以後に行われた梵鐘荘厳の方法である（『高山寺縁起』）。

一般的にいって、奈良時代から平安時代を経て鎌倉時代の初頭までの梵鐘銘文は、陽鋳の方が陰刻よりも多い。ところが鎌倉時代中期以降室町時代の終わりまでは陽鋳銘は少なく、銘文といえばほとんど陰刻といってよい。桃山時代になると陽鋳の銘文が相当あらわれてくる。江戸時代の鐘には陽鋳銘文もみられるが、陰刻銘が圧倒的に多くみられる。

銘文は施銘の時期により次の四種類に分類される。**原銘**　鐘の鋳造時、またその後間もないときに施された銘文。陽鋳銘はほとんど原銘に属する。**追銘**　原銘が施された鐘に後に修補、移転などの事項を追記したもの。**旧銘**　改鋳鐘に改鋳前の祖鐘に施されていた銘の全部または一部を記したものをいう。ときには旧銘とともに、改鋳時の銘文を併記することもある。**後銘**　鋳造時無銘であった鐘に、時間を経てから施した銘文をいう。鎌倉時代に鋳造された無銘の梵鐘に、室町時代になってから施した銘文などをいう。この銘文はすべて陰刻である。

※2　安政二年（一八五五）三月三日に、海防のため諸国の寺院の鐘を鋳潰して大砲小銃を作ること、また新たに銅仏を鋳造することを禁ずることを徳川幕府が布告したものである。しかしこの毀鐘鋳砲令は寺院の反対や安政の大地震のために実行はうやむやとなってしまったが、水戸藩では率先して実行に移され多くの寺院の鐘が鋳潰された。

られる「龍頭《りゅうず》」とからなる。さらに詳しく述べると、二個の龍頭が天丸形に頸を連ねて、その上部に宝珠を飾った「龍頭」が最上部につき釣り手となる。この龍頭の口唇の接する鐘身上面部分を「笠形」または「饅頭形」といい、笠形の外周縁を「肩」、肩以下の鐘の口唇下端までを「胴」、または狭い意味の「鐘身」という。

鐘身は紐《ちゅう（ひも）》という隆起した線で縦横、狭広の区画に分割されるが、紐によって作られる縦横の区画を「袈裟襷」という。鐘身口縁の出張りを「駒《こま》の爪《つめ》」といい、肩の下部を一周する区画を「上帯」、駒の爪の上を一周する区画を「下帯」という。この上下帯間を「縦帯」という区画で縦に胴を四等分しており、縦帯に直交して胴の中央部を一周する区画「中帯」があり、縦帯と中帯の交差するところ、前後二個所に「撞座《つきざ》」がつく。

各縦帯間の空地は、上部から「乳《ちち》」（突起物）を並列して置く「乳《ちち》の間」があり、その下部には普通銘文を記す「池《いけ》の間」がある。そして中帯と下帯の間を「草の間」という。上下帯には唐草文を鋳出したものが多く、時代が降ると中帯や草の間にも文様を鋳出している。銘文の記入方法には陽鋳といって浮き出させる方法と刻銘（鏨《たがね》で文字を彫る）とが行われているが、銘文の記入個所は必ずしも池の間とは限らない。

各時代により和鐘の様式変遷がみられる。

(2) 奈良時代の梵鐘

推古天皇三〇年（六二二）二月、聖徳太子薨後間もなく作られた天寿国繡帳（奈良・中宮寺）残欠中に鐘楼内で鐘を撞く図がみられる。このことから、鐘は仏教渡来初期の飛鳥時代からすでに使用されていたようである。しかし飛鳥時代に造られた鐘は一口も残っていない。なおこの天寿国繡帳残欠にみられる梵鐘は、撞座の位置が高く、しかも、鐘自体かなり低く釣り下げられており、鐘を撞く人物も撞木《しゅもく》を腰のあたりに持っている。このことは鐘楼の建築上からの考察も必要としている。

現存の梵鐘中、最古の紀年銘をもつものは京都・妙心寺鐘（1図）で、鐘身の内部に「戊戌年《ぼじゅつのとし》四月十三日壬寅《じんいん》収《おさん》糟屋《かすやの》評造《こおりみやつこ》春連《つきしねむらじ》広国鋳鐘」の鋳出銘があり、白鳳時代、文武天皇二年（六九八）に造られた鐘であることがわかる。この鐘は通高一五〇cm、口径八六・一cmで、口径に比して鐘身の丈が高く、すんなりした形を示す。二個の撞座は一二葉複弁蓮華文である。撞座の中心位置は鐘身を一〇〇とすると口縁より四一％のところにあり、高い位置につく。撞座と龍頭との関係は、※3 二個の撞座の中心を結ぶ直線と龍頭の長軸線が直角に交差する古式を示している。笠形上には上下二個所に笠形周縁と同心円の二条の紐からなる圏線が施され、笠形を三段に分けている。なお銘文中の収《おさん》は暦の中段十二直《じゅうにちょく》（暦法の一つで暦の中段と称され、日々の吉凶、生活の指針を示したもの）の一つである。

この妙心寺鐘と同じ規矩（鋳型を作るときのひき型）で造られた鐘に、福岡・観世音寺鐘（2図）がある。上下帯の唐草文様と龍頭を※4 除いて、袈裟襷・乳・撞座が妙心寺鐘と同様に造られており、銘文はないが妙心寺鐘と相前後して造られたと推定される梵鐘である。

奈良・当麻寺鐘（3図）は紀年銘がなく、その製作の絶対年代はわからないが、寺伝にいう寺の草創期を天武天皇一〇年（六八二）と考えると、このころに造られたとみても不審がない。全体に丈長の鐘で、上帯※6 は法隆寺金堂天蓋や橘夫人厨子天蓋にみられる三角形垂舌文と同性質の鋸歯文《きょしもん》で飾り、下帯※6 はパルメット文（忍冬唐草文）を鋳出している。二個の撞座は弁数が一致せず、一つは一〇弁、他方は一一弁の無造作な造りで、神護景雲四年（七七〇）の紀年銘を有する福井・劔神社鐘と同様、当代の好みを反映している。

奈良・東大寺（4図）の大鐘は無銘であるが、『正倉院文書』の「東大寺写書所解」に天平勝宝四年（七五二）閏三月一日から二〇日までの間延べにして書生一六人、装潢二人、校生一人が鋳鐘所に出仕したことが記され、大仏開眼会の天平勝宝四年四月九日ごろに鋳造をしたと推定できる。まさに大仏にふさわしい大鐘で、通高三八五・五cm、口径二七〇・八cmと慶長末年以前の梵鐘中最大の鐘である。

※3 龍頭　妙心寺鐘

※4 龍頭　観世音寺鐘

※5 龍頭　東大寺大鐘

1　梵鐘　白鳳時代　京都　妙心寺

2　梵鐘　奈良時代　福岡　観世音寺

3　梵鐘　奈良時代　奈良　当麻寺

4　梵鐘　奈良時代　奈良　東大寺

この鐘の特徴は、笠形上面を三区の同心円に分け、二本の紐で限り、外縁近くには円孔のあいた※5圭状突起《けいじょうとっき》（高さ一一㎝）を六個鋳出し、巨鐘を釣るための龍頭補助装置としている。乳区の下、池の間との境に中央の紐を太くした五線の条帯を縦帯を通して胴を一周させ、大鐘の空間をひきしめる工夫をしている。『東大寺要録』によると、この鐘の材料は熟銅《じゅくどう》（十分製錬した銅）五万二六八〇斤、白鑞《びゃくろう》（錫）二三〇〇斤を要したことがわかる。約三七・五トンであるが、実際の計測目方は二六・三トンである。これは鋳造の際の湯べりとみてよいであろう。

現存する奈良時代の鐘は紀年銘のあるもの三口、無銘のもの一一口、後銘のもの一口、合計一五口が知られている。

奈良時代鐘の特徴　当代の鐘には丈に較べ胴のずんぐりしたもの（奈良・興福寺鐘、奈良・東大寺鐘など）と、反対に長身のもの（京都・妙心寺鐘、奈良・当麻寺鐘など）が現存している。

第一の特徴は形が大きいことである。東大寺の大鐘は特別としても、平均口径一〇七㎝余になる。平安時代前期の六五・一㎝、平安時代後期の八一・二㎝、鎌倉時代の六四・二㎝平均に比較して大きい。

第二は、撞座のつく位置が高いことで、鐘身を一〇〇とすると、平均して口縁より三六・九％の位置についているが、鎌倉時代の平均値二三・〇％よりかなり高い位置といえる。

第三は、龍頭と撞座の関係が、後世の鐘とまったく反対である。すなわち龍頭の長軸線と二個所の撞座の中心を結ぶ直線が直交していることである。

第四は、鐘の上蓋にある笠形上に、その周縁と同心円の紐があり、笠形を二段、三段に区分していることで、この笠形上の圏線は鎌倉時代以降の鐘にはみられない。

第五は、鐘の口縁（下端）、すなわち駒の爪が二条または三条の紐であり、後世の鐘のように側面からみると馬の蹄《ひづめ》のようになっていない。

第六は、この時代の紀年銘鐘は現在のところ三口にすぎないが、妙心寺鐘が鐘の内部に戊戌年（六九八）の銘文を陽鋳し、これに次ぐものは興福寺鐘が縦帯に神亀四年（七二七）の銘文を陰刻し、剱神社鐘は草の間に神護景雲四年（七七〇）の銘を鋳出しており銘文を表す場所が一定でない。後世の鐘では、銘文は鐘体中央部の一番大きな区画、すなわち池の間に記されるようになる。

第七の特徴は、前述の当麻寺鐘、剱神社鐘の撞座にみられるように弁数が一致せず、後世の鐘のごとく規矩にとらわれないことである。また当麻寺鐘では龍頭の造りが左右均斉に造られていないが、これは奈良時代の梵鐘すべてに共通する。当麻寺鐘では上帯の鋸歯文は一個所において、その底辺がほかのものより短い三個の三角形（鋸歯文）を使用している。このように当代の鐘は大らかで、定めに拘泥しない点が多くみられる。

なお、昭和四六年五月ごろ、千葉県成田市八代高津団地の宅地造成中に一口の鐘が発見された（口径二九・六㎝、口厚一・八〜一・九㎝、通高四二㎝）。出土状態は不明であるが、かなり破損している。この鐘は池の間二区に陽鋳の銘文がみられるが、第二区の銘文は欠失している。第一区に「以宝亀五年　二月十二日　肥前国佐嘉　郡椅寺鐘」の銘文がある。乳区には各二段四列の簡素な乳を置く。笠形には同心円の圏線がみられ奈良時代鐘の特徴がみられる。しかし龍頭と撞座の関係が、龍頭の長軸線と二個の撞座を結ぶ線が同一線上にある新形式を示す。また駒の爪の出もみられ、乳の置き方も異例である。一応後考をまつこととし、当代の鐘として扱わなかった。（『公津原』千葉県企業庁、昭和五一年）。

(3) 平安時代の梵鐘

当代代表の鐘は、京都・神護寺鐘と京都・平等院鐘である。神護寺鐘（5図）は、池の間四区に陽鋳する銘文（7図）によると、貞観一七年（八七五）八月二三日に治工志我部《しがべ》海継《うみつぐ》が銅一五〇〇斤で鋳造した鐘である。龍頭は頂部の宝珠とその周りにつく火焔形の間を透した精巧な作で、二個の撞座はやや疎略な小形の八弁素弁蓮華文（6

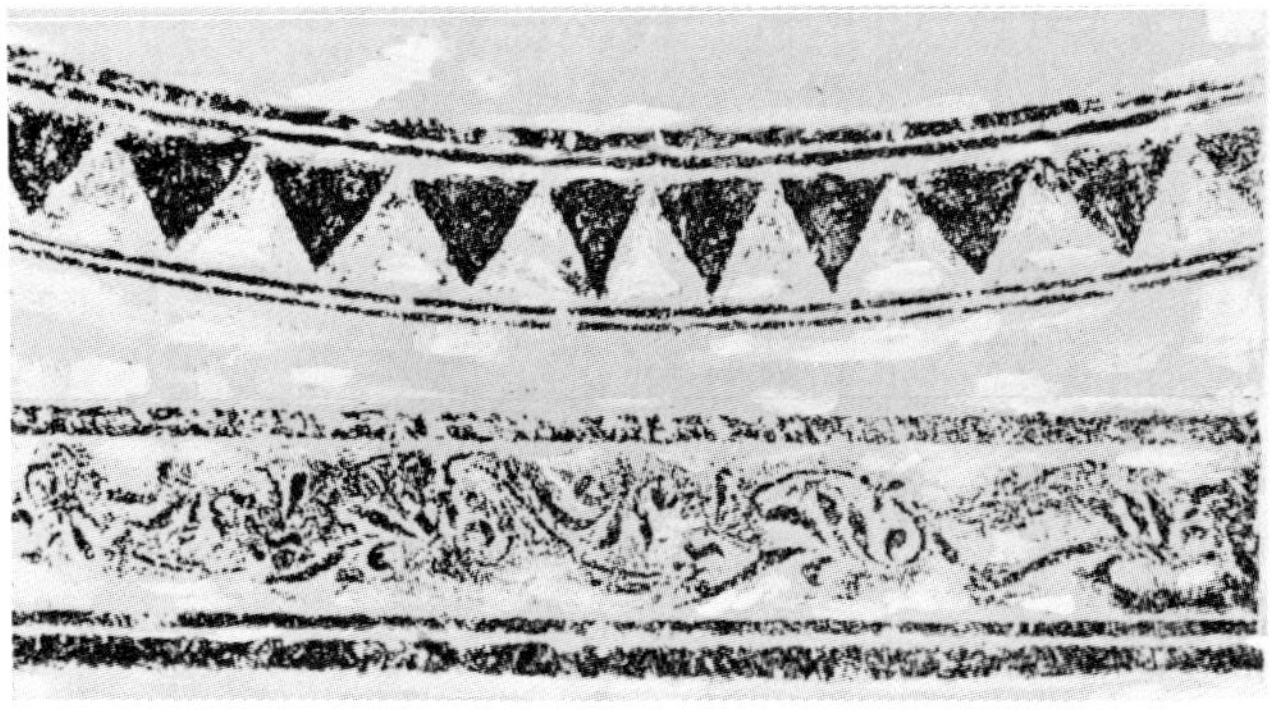

※6　当麻寺鐘拓本　上・上帯（鋸歯文）　下・下帯（パルメット文）

※7　龍頭　栄山寺鐘

6　神護寺鐘　八弁素弁蓮華文の撞座

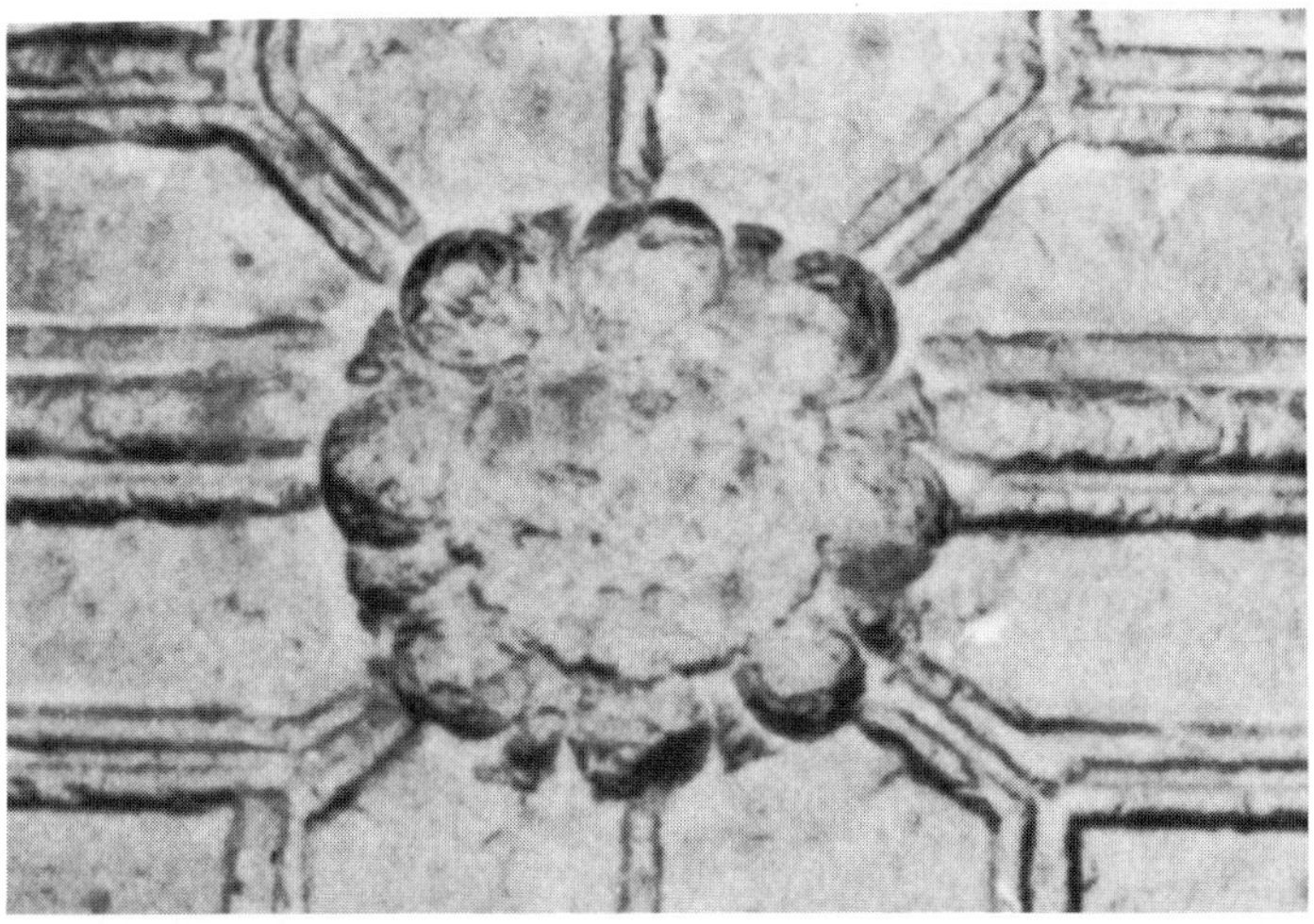

5　梵鐘　平安時代　京都　神護寺

7　神護寺鐘　池の間四区の陽鋳銘文

10　梵鐘　平安時代　奈良　玉置神社

8　梵鐘　平安時代　高知　延光寺

9　梵鐘　平安時代　高知　正念寺

図）である。この鐘の池の間四区に陽鋳された三二行、二四五字の銘文は、日本梵鐘銘文中最高水準を示し、序と銘文から成り、序は橘《たちばな》広相《ひろみ》、銘は菅原是善《これよし》で当代の学者として高名の人であり、その書は能筆家として知られる藤原敏行《としゆき》の筆になる。そのためこの鐘は古来より三絶（三哲）の鐘といわれている。笠形上の圏線および龍頭と撞座の関係は古式を示し、前代の梵鐘の形式を踏襲している（通高一四九cm、口径八〇・三cm）。

この神護寺鐘と双璧をなす梵鐘として延喜一七年（九一七）一月三日の陽鋳銘のある奈良・栄山寺鐘がある。もと京都市伏見区深草にあった道澄寺の鐘である。銘文[※8]によって世に名高く、整った姿、釣り合いのとれた各部、また鋳造技法も優れている。ことに龍頭[※7]の出来は双頭の龍を写実的に造り、宝珠と火焔の間を透し、火焔を四方につくり立体感のある精巧な作で素晴しく、日本の梵鐘中一番といっても過言でない（総高一五五・〇cm、口径八九・七cm）。

平等院鐘（13図）は鳳凰堂が完成したといわれる天喜元年（一〇五三）前後の鋳造と推定される鐘である。銘文がなくその製作の絶対年代はわからない。この鐘は乳の間を除いて鐘全体に華麗な装飾（14図）が施されている。池の間の飛天、草の間には撞座方向に向かって相対する獅子を表し、天人・獅子とも余地に瑞雲を線状に表現する。縦帯には奏楽歌舞する天人を鳳凰と唐草が巧みにつづり、上帯・下帯には龍と鳳凰を交互に配した唐草文、中帯上下には鳳凰と唐草をめぐらしている。撞座は豊かな八葉複弁のもので比較的高い位置につく。笠形に圏線を備え、乳の間には内郭がある。しかし龍頭と撞座との関係は、龍頭の鼻先に撞座を置く新形式の鐘となっている。この鐘以後ほとんどすべての梵鐘がこれに倣っている。平等院鐘は純然たる和鐘で、装飾を朝鮮に学び、形姿、鋳技とも優れた平安時代中期の梵鐘の代表作といえる（総高一九九・〇cm、口径一二三・六cm）。

古来天下の三名鐘は「勢は奈良の東大寺、声は三井《みい》の園城寺《おんじょうじ》、形は宇治の平等院」といわれ、奈良・平安時代の鐘によってしめられているが、勢の東大寺にかえて「銘は高雄の神護寺」をいれることもある。

平安時代に造られ現存する和鐘は有銘鐘一三口、無銘鐘一五口であるが、有銘鐘六口と無銘鐘の大部分は前半二世紀間に造られた鐘で、残りの有銘鐘七口は平安時代の終わり二〇数年間に造られた鐘で、その間約一八〇年間ほど梵鐘の空白期があるといえる。平安時代初期においては前の奈良時代の遺風を受けた梵鐘が造られ、銘文も福岡・西光寺鐘（承和六年〈八三九〉銘、総高一三六・三cm、口径七七・三cm）、京都・神護寺鐘、奈良・栄山寺鐘と陽鋳銘の本格的な立派な字体をもつ鐘が現れ、当代漢文学の隆盛を物語っている。また一方では高知・延光寺鐘（8図）、（延喜十一年〈九一一〉銘、総高三三・六cm、口径二三・〇cm）、東京・井上ふみ氏蔵の鐘、（貞元二年〈九七七〉銘、総高二二・六cm、口径一六cm）、高知・正念寺鐘（9図〈総高二九cm、口径一七・六cm〉、長野・畠山忠雄氏蔵の鉄鐘（総高四三・四cm、口径三一・五cm）などの小形で素朴な鐘がみられる。この時期に限って小鐘が出現することは特に注目すべきである。

その後梵鐘の鋳造は一時衰微したようであるが、当代末期には、奈良・玉置神社鐘（10図）（応保三年〈一一六三〉銘、総高八四・五cm、口径四六・八cm）のように最後の一行を除いてすべて梵字をもって鐘銘を表した最古の例や、もと大和国中川寺成身院の鐘である兵庫・徳照寺鐘（11図）（長寛二年〈一一六四〉銘、総高一三〇・五cm、口径七四・八cm）など立派な陽鋳銘文をもった鐘がみられる。

なお徳照寺鐘は、龍頭と撞座の関係において撞座の位置が龍頭の長軸線と平行する新形式が用いられた最初の紀年銘鐘であり、以後鎌倉時代にいたってほとんどの鐘がこの形式をとるようになる。

平安時代鐘の特徴　当代の鐘は第一に鐘の大きさが奈良時代に比し縮小してくる。平安前期の平均口径六五cm、後期七六cm余である。特に前期に口径三〇cm前後の鐘が四口（前述）みられるが、これは国内産銅の面から問題を考えるべきであろう。

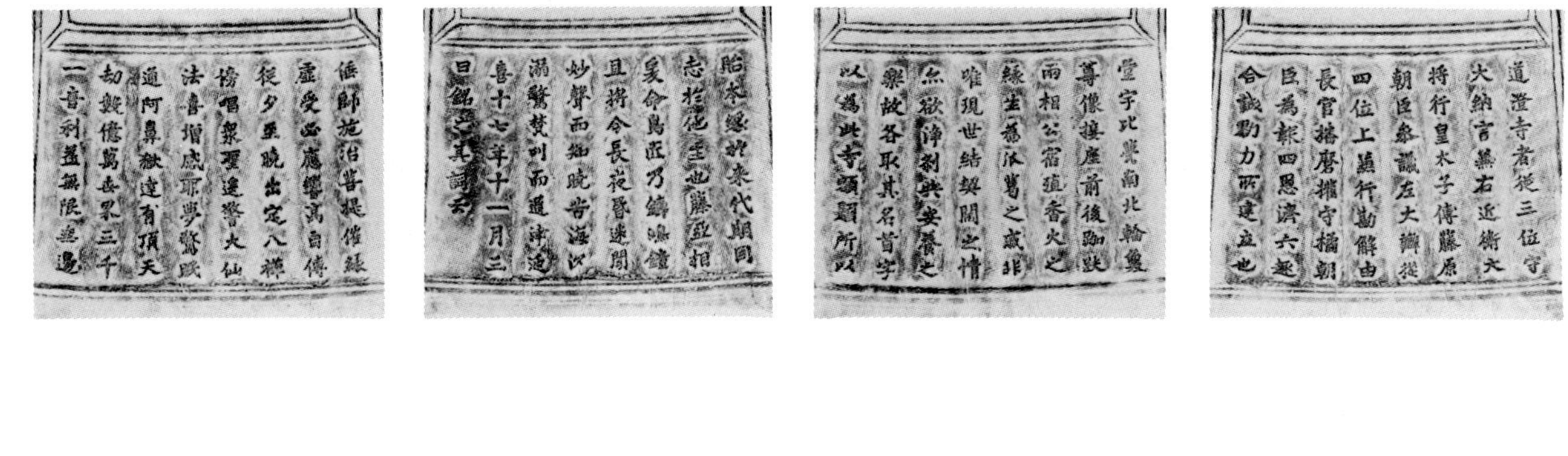

※8　栄山寺鐘　銘文拓本（右より一区～四区）

11 梵鐘　平安時代　兵庫　徳照寺

12 梵鐘　平安時代　和歌山　泉福寺

13 梵鐘　平安時代　京都　平等院

14 平等院鐘（上　上帯　中　池の間飛天　下　池の間獅子）

第二に、撞座のつく位置が次第に下って、前期では鐘身高を一〇〇とすると、口縁より平均して三一・二%、後期では二七・七%のところと、奈良時代の平均三六・九%よりかなり低くなっている。

第三に、龍頭と撞座との関係が、当代前半では奈良時代のまま踏襲されているが、一一世紀中ごろより奈良時代の慣行を破り、無銘鐘では平等院鐘（前述）、紀年銘鐘では徳照寺鐘（前述）を境とし、以後、龍頭の鼻先方向に撞座がつけられる新形式へと移行する。これは鐘を打ち鳴らす際の動きを減少させるために、経験的に鋳物師によって考案されたものであろう。

第四に、笠形上にある笠形周縁と同心円の圏線が、時代の降るのに従い失われていく傾向にある。

第五に、乳の間に内郭（左右と上下に二条の紐で凹字形の郭をつくる）がみられることが当代の鐘の大きな特徴となる。当代前期鐘一七口中の九口に内郭があり、後期鐘では一〇口中の三口にみられ、減少してくる。次代の鎌倉時代にはこの内郭がみられなくなる。

第六は、駒の爪の出が後世の鐘ほど顕著ではないが漸次発達してくる傾向にある。

第七は、銘文をもつ鐘が次第に増加してくる。当代前期鐘では在銘鐘六口に対し無銘鐘一一口、後期には在銘鐘七口、無銘鐘三口となる。

第八は、口径に対する口厚の百分比が、奈良時代鐘では平均八・四%であったが、当代の前期鐘では九・〇%であり、口厚が口径の一〇分の一以下であるが、当代後期鐘では一〇・六%と口径の一〇分の一を超過する。これは次第に口厚が増してくることを示している。

第九に、乳の形が、奈良時代鐘と同様簡素なものが多いが、後期になると半球形の頭部と喇叭《らっぱ》形の頸部からなる形状のものが出現し次代へと移行していく。

平安時代の鐘は、和鐘の創始期である奈良時代から、梵鐘形式の完成期ともいうべき鎌倉時代の中間期に至る過渡期である。当代前半期の鐘は、たぶんに奈良時代梵鐘の伝統的手法がまだ残るが、次第に奈良時代鐘の特徴が失われ新様式が生まれてくる。形の縮小、撞座位置の降下、笠形上圏線の消滅、口厚の増加、当代前期鐘の乳の間内郭の流行などの特徴がみられるが、特に龍頭と撞座の関係の変化（新様式）が当代鐘の大きな特徴である。

(4) 鎌倉時代の梵鐘

日本に梵鐘が伝えられてから五〇〇年、その間に梵音具として改良変革を重ねて梵鐘としての一つの形式が成立した時期といえる。

京都・笠置寺鐘(15図)はほかの鐘とは二つの点で異なる。その第一は口縁の最下端が通常鐘では水平であるが、口唇部に六個の切込みを入れて六葉にしている点、第二に銘文を口唇下面に陰刻していることである。銘文は「建久七年丙辰八月十五日大和尚南無阿弥陀仏」とあり、東大寺大仏再興に貢献した俊乗坊重源の発願になる鐘であることが知られる。東大寺再興に際し重源上人は建築に大仏様の新様式を採用し、梵鐘にも中国鐘と同じように下端六個所に切り込みを入れて、下端を荷葉状に表現しようとしたのであるが、この笠置寺鐘は本体は純然たる和鐘である。中国の荷葉鐘と異なる結果となったのは、日本の鋳物師が中国鐘の実物を知らなかったためであろう。重源の考案になるこの種の日本的六葉鐘は、この笠置寺のほか、重源が一時駐留した周防の阿弥陀寺、東大寺勧進所にもあったが、現在では笠置寺鐘と東大寺勧進所鐘（無銘、総高一四五・三cm、口径九〇・九cm）の二口のみ現存している。日本においては重源以後この形式の六葉鐘はすたれてしまう。

兵庫・浄橋寺鐘(17図)は浄土宗西山派の開祖鑑智国師(沙門証空)発願になる鐘で、寛元二年（一二四四）の銘があり、銘文[※9]は一区から二区にわたり諸種経文の偈《げ》で、第二の末行以下四区まで証空上人の撰にかかる序銘を陽鋳している。当代関西梵鐘中最も本格的な銘を陽鋳し、しかも願主が高僧証空上人であり、この時代の関西を代表する梵鐘である。この鐘は龍頭と撞座の関係は古式であり、河内鋳

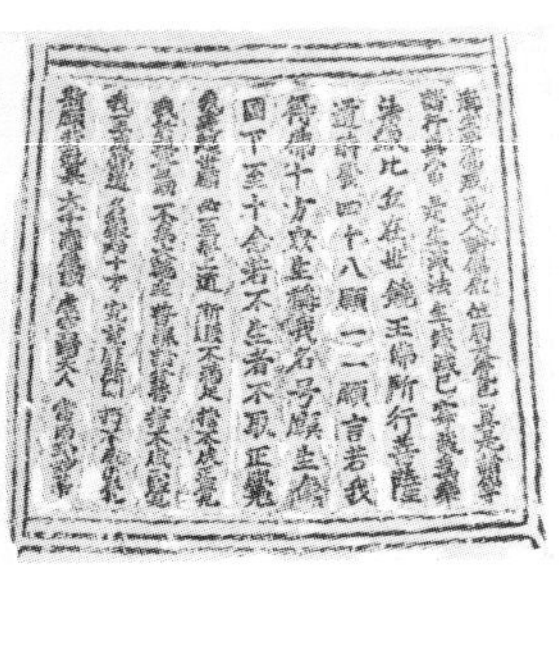

※9 浄橋寺鐘 銘文拓本の経文の偈（右より一区〜四区）

15 梵鐘 鎌倉時代 京都 笠置寺

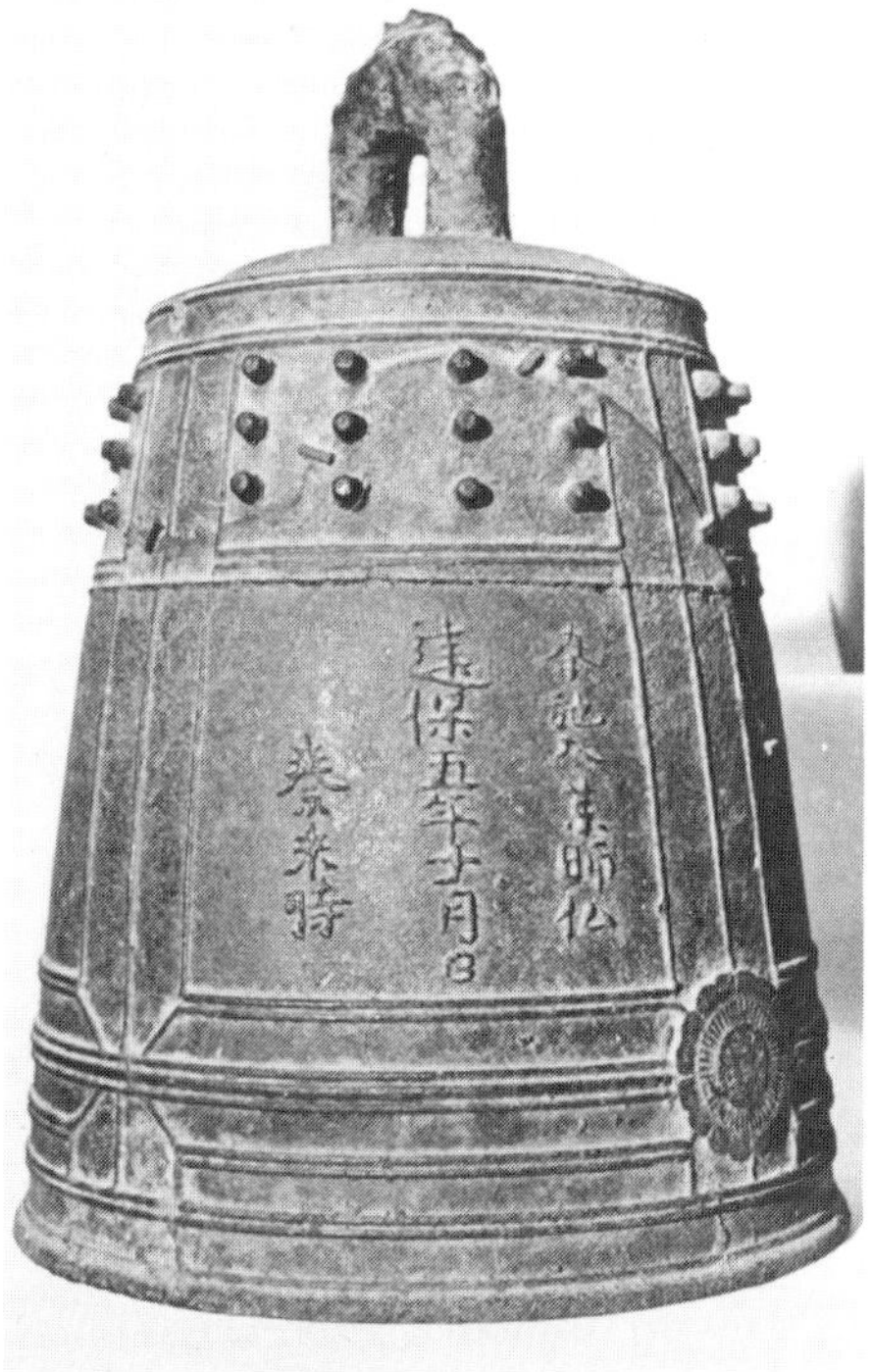

16 梵鐘 鎌倉時代 京都 広隆寺

17 梵鐘 鎌倉時代 兵庫 浄橋寺

18 梵鐘 鎌倉時代 神奈川 円覚寺

物師の作と推定されている（総高一三五cm、口径七五・〇cm）。

　関東地方における当代の代表的梵鐘として鎌倉・建長寺鐘と鎌倉・円覚寺鐘がある。

　建長寺鐘（建長七年〈一二五五〉銘、総高二一〇・六cm、口径一二四・五cm）は撞座のつく位置が高く、駒の爪が広狭三条の紐からなっており、前代の鐘の様式に範をとっている。ただし龍頭と撞座の関係は龍頭の鼻先方向に撞座がつく新式となっている。池の間二区と縦帯に陽鋳の銘文があり、北条氏第五代執権時頼が大檀那となり鋳造したことが知られる。序と銘は建長寺の開山となった宋の沙門蘭溪道隆《らんけいどうりゅう》の撰になり、鋳物師は物部重光である。重光は一四世紀にいたるまで関東南部の梵鐘を独占して鋳造していた物部氏の始祖である。

　円覚寺鐘（18図）は当代関東梵鐘中最大であり（総高二六〇cm、口径一四二・四cm）。上帯に飛雲文、下帯に連続唐草文を陽鋳し、乳は一区内六段六列で最多数である。龍頭は前額に上下二段の角をたて、その口唇は鋭い。このような龍頭は物部氏独得のものであり、物部氏を継いだ清原氏と後継者によって一五世紀まで継承され、南関東梵鐘の標準的な龍頭様式となった。銘文は池の間四区の内、二区[※10]と四区に「皇帝万歳・重臣千秋」[※11]「風調雨順・国泰民安」の吉祥句を各区二行に大字籠字体で陰刻し、一区に序銘、三区に円覚寺第六世の住持、西澗子曇の名を記す。銘文により正安三年（一三〇一）、北条氏第九代執権貞時が善男善女千五百人とともに、貞時の父時宗が開創した円覚寺に寄進するため鋳物師大和権守物部国光をして鋳造させ、正安三年八月十七日巳時に撞き初めしたことがわかる。銘文中の吉祥文字は、宋代後中国鐘銘に頻出するもので、わが国でもこの円覚寺鐘以来禅刹の鐘銘にしばしばみられる。

　建長寺・円覚寺両鐘は河内国の出身である鋳物師物部氏の作であるが、そのほかの関東梵鐘の鋳物師もほとんど河内国出身である。それは丹治、大中臣、広階氏である。東大寺真言院鐘（文永元年・一二六四）には「鋳物師新大仏寺大工丹治久友」とあり、鎌倉大仏鋳造のとき招かれて関東へ下ったことが推定できる。のち丹治氏は故地に戻るが、大中臣氏と広階氏は千葉長生郡に住みつき、以後房総の代表的な鋳物師となっている。大中臣氏の作品としては、建治四年（一二七八）の陰刻銘のある千葉・本土寺鐘があり、「上総国形部《まま》郡大工大中臣兼守」と記されている。広階氏の鐘は弘長四年（一二六四）銘の千葉・胎蔵寺鐘に広階重永の名を記している。なおこの鐘は乳の間に乳がなく、乳の代わりに胎[※13]蔵界四仏の種子を各区に一字ずつ陽鋳している点が珍しい。時代は降るが同じく胎蔵寺の殿鐘として明徳三年（一三九二）に鋳造された鐘が東京国立博物館に所蔵されているが、これは弘長四年鐘にならい乳区[※12]に飛雲文を鋳出している。また山梨・向嶽寺鐘（文安五年・一四四八）も乳の間はあるが乳がない。中世では無乳鐘は全国でこの三口が知られている。


鎌倉時代鐘の特徴　当代の鐘の第一の特徴は、鐘の大きさが前代よりさらに縮小してくることである。当代の有銘鐘、無銘鐘はあわせて一三四口を数えるが、平均口径六四cmで口径一〇〇cmをこえるものはわずかに六口である。最大のものは山形の月山・出羽・湯殿山神社鐘（建治元年〈一二七五〉銘、口径一六八cm）である。

　第二に、撞座の位置が前代より降下し、鐘身高に対する撞座中心までの平均比率は二二・九%となる。

　第三に、龍頭と撞座の関係が、この時代の梵鐘では龍頭の鼻先方向に撞座がつく新方式になる。しかし前期の鐘の内若干のものが古式につくられているが、その大部分は丹治氏系の河内鋳物師の鐘で、伝統的な形式を受け継いだことを示している。

　第四に、奈良・平安時代鐘の特色である笠形上の圏線、および平安時代鐘の特色である乳の間の内郭が消滅する。

　第五に、鐘の口唇の厚さの口径に対する百分比が平均一〇・一%で、前代後期鐘よりやや薄手になってくる。

　第六に、乳の形状は円丘形の頂部と喇叭形の頸部からなる茸状のものが九〇%で、一区内四段四列が七五%を示す。

　第七に、駒の爪の形がその名称にふさわしい形となってくる。

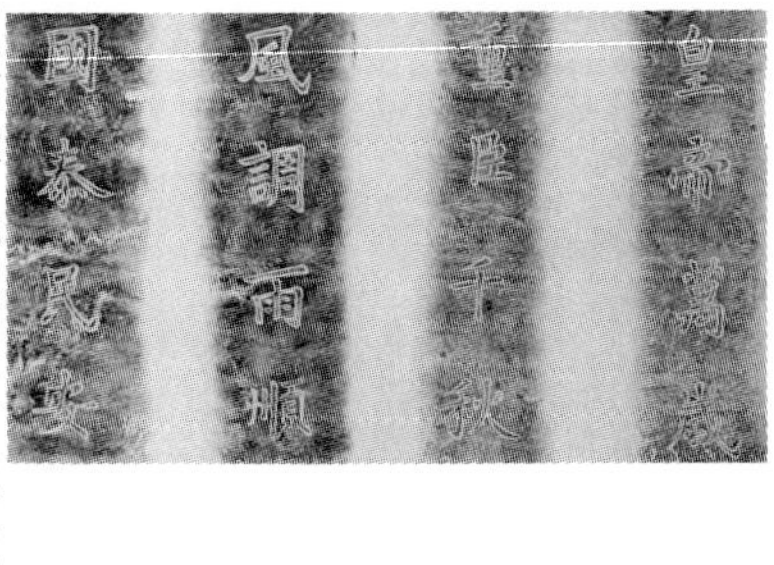

※10 円覚寺鐘　池の間二区と四区の吉祥句銘文拓本

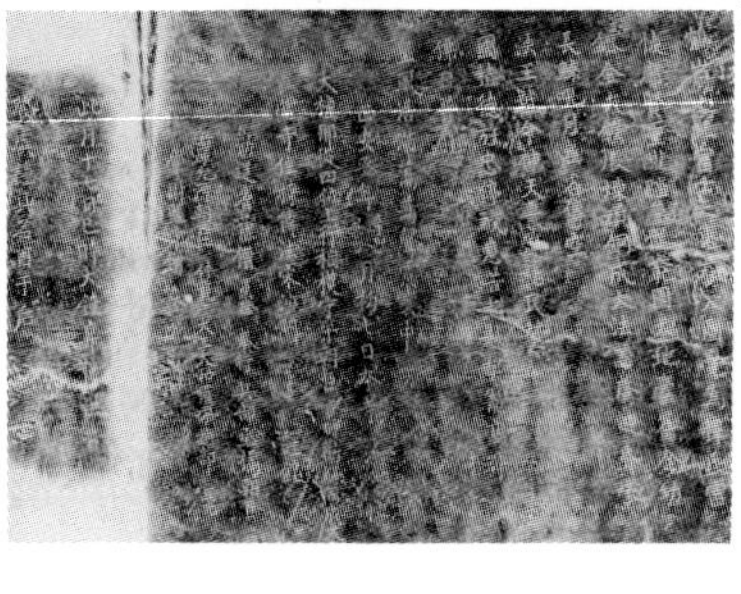

※11 円覚寺鐘　池の間一区と三区の銘文拓本

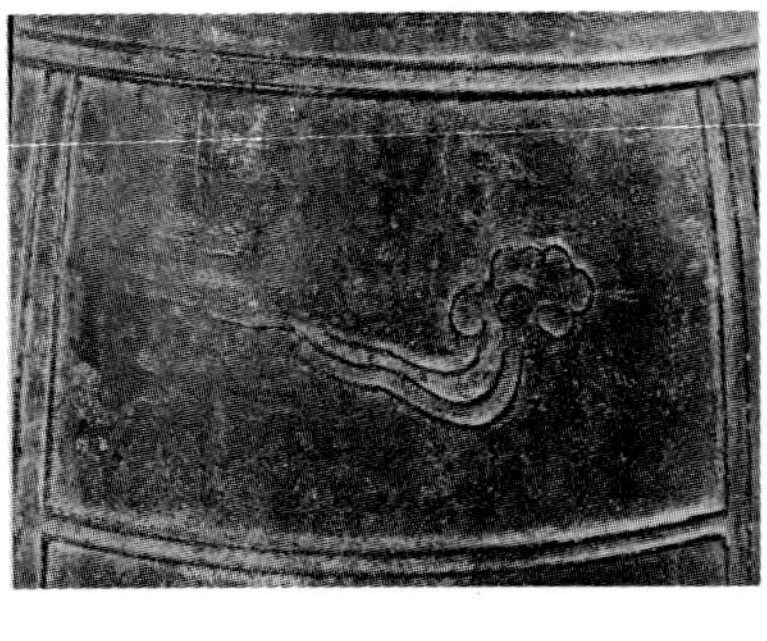

※12 旧胎蔵寺鐘（東博蔵）　乳区飛雲文

第八に、当代の梵鐘の大部分が銘文をもつようになる。無銘鐘は当代鐘の一二%である。

第九に、撞座の大部分は八弁蓮華文であるが、まれに一二弁、一六弁のものもみられる。

鎌倉時代の梵鐘は和鐘の形の完成した時期で、当代にでき上がった和鐘の様式は、以後現在まで和鐘の基本形式として継承されている。和鐘の様式が定形をみたのは、当代の鐘の内八〇%までが河内または河内出身の鋳物師の作であることから推定される。河内丹南郡に居住した鋳物師集団は平安時代後期から鎌倉時代にかけ、朝廷蔵人所から特権を与えられ、自由に全国をわたり、一部の鋳物師は盛況をきわめた関東へ移住したのである。

(5) 南北朝時代の梵鐘

元弘元年（一三三一）から明徳四年（一三九二）の間、この間一世紀に満たない時期であるが、現存する鐘は無銘鐘を含め一一六口余あり、一年平均口数は一・八四口となり、鎌倉時代の年平均〇・九口の二倍にあたり、異常な増加を示している。この事実は南北朝時代が中世において梵鐘の最盛期であったことを示しているといえよう。前代の鎌倉時代には、関東と近畿が梵鐘分布の中心地であったが、当代に入って他地方へ移行していった。特に九州地方にその傾向がみられる。九州地方をその例としてあげてみることにする。

長崎・多《た》久《く》頭《ず》魂《たま》神社鐘※14（21図）は上帯素文、下帯に唐草文を陽鋳し、特に龍頭は精巧な作で龍頭中央上部に宝珠を品字形に置き、その隙間を透し、これを囲む火焔部分に猪の目（心臓形）透しがみられる。乳の形は時代通有の形であるが、その頭部中央に小さな隆起がみられる。駒の爪が一段でなく二段になるなどの特徴がみられる。池の間四区に銘文が陰刻されているが、この鐘が三度目の改鋳であることが知られ、初鋳は寛弘五年（一〇〇八）であり、仁平五年（一一五三）に再鋳、さらに康永三年（一三四四）に鋳増したものが現在鐘である（通高一〇二cm、口径六一・三cm）。第二区の銘文中に「大工同国（肥前）上松浦山下庄覚円小工季央」と記されており、肥前唐津の住人（鋳物師）と推定される。

この多久頭魂神社鐘と同様な龍頭、乳の小隆起、二段の駒の爪の特徴から肥前山下庄の工人の手になる鐘として次の鐘が知られている。島根・宝昭院鐘（嘉元二年〈一三〇四〉銘、総高七三・九cm、口径四八・二cm）、福岡・櫛田神社鐘（建武四年〈一三三七〉銘、総高一〇〇・四cm、口径五三・六cm）、滋賀・大通寺鐘（観応三年〈一三五二〉銘、鋳師名藤原正光、総高九七・四cm、口径五七・〇cm）、佐賀・医王寺鐘（永和二年〈一三七六〉銘、鋳師名有賀田祖久、総高八二・四cm、口径四九・七cm）、福岡・英彦山神社鐘（文禄三年〈一五九四〉銘、南北朝時代鋳造鐘、総高一二二・八cm、口径七二・二cm）などである。以上のことから、肥前唐津付近で、一四世紀初めから後半にかけて、肥前鋳物師集団が定着し、独得の形式をもった鐘を鋳造していたことが知られる。

大分・安住寺鐘（文保二年〈一三一八〉銘、鋳師名大島快盛、総高一〇〇・四cm、口径五三・五cm）は龍頭と撞座の関係が古式であること、龍頭の双頭を継ぐ梁上に三個の宝珠を品字形に置くこと、各縦帯左右の二条の紐が上帯に接する部分でゆるく曲線を描くことに特徴があり、このような特徴をもった鐘が安住寺を含め六口現存している。愛媛・太山寺鐘（永徳三年〈一三八三〉銘、鋳師名豊後州丹生荘正悦、総高一一四・七cm、口径六〇・七cm）、広島・高林坊鐘（明徳二年〈一三九一〉銘、鋳師名又次郎、総高九七・三cm、口径五三・〇cm）、高知・横倉神社鐘（応永三一年〈一四二四〉銘、総高七七・三cm、口径四六・三cm）、熊本・下城氏蔵鐘（享禄四年〈一五三一〉銘、鋳師名豊後国笠和郷駄原村藤原氏樹新右衛門尉景次、総高一〇二・五cm、口径五八・四cm）、宮崎・東郷村鐘（硯野小祠）（天文一八年〈一五四九〉銘、総高六八・二cm、口径四四・五cm）。このうち太山寺鐘と高林坊鐘には縦帯の特徴がみられないが、同じ作風と考えられるものである。太山寺鐘の銘文に鋳物師の本貫「豊後州丹生荘」と記されていることにより、大分市丹生の鋳物師であることが

※13 胎蔵寺鐘　乳区種子文様

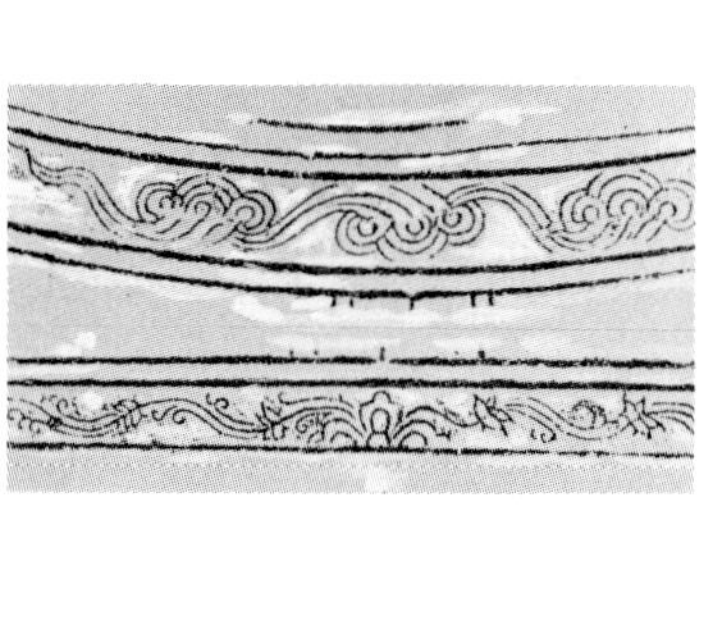

胎蔵寺鐘　上帯・下帯拓本

※14 龍頭　多久頭魂神社鐘

わかり、一六世紀の銘文をもつ下城氏鐘により駄原村へ移住したことが知れる。

南北朝時代鐘の特徴　当代の梵鐘は一言でいえば鎌倉時代の延長であり、前代に成立した和鐘の定型がひきつづき守られた時代である。

当代鐘の特徴として第一は、鐘の口径は平均六〇cmで、鎌倉時代より少し縮小している。口径九〇cmを超えるものはわずかに京都・東寺大師堂鐘（口径九七cm）、愛知・妙興寺鐘（22図）（永和二年〈一三六七〉銘、口径九六・七cm）、神奈川・清浄光寺鐘（延文元年〈一三五六〉銘、口径九二cm）の三口であり、戦乱の時代相をよく反映しているといえよう。

第二に、撞座の位置が鐘身高の二二%にあたり、前代よりわずかに下廻る程度である。

第三に、龍頭と撞座の関係は新式となるが、一部地方では例外的な鐘もみられ、四方撞座もみられるが、これは地方的な現象である。

第四に、笠形上の圏線、乳の間の内郭がなくなる。しかし一部地方では袈裟襷が基準からはなれたものも見受けられるが、これらは地方工人の作にみられ、各地に鋳物師が住みつき地方的特色が梵鐘に現れるためである。

第五に、乳の形状は前代と同様葺状であるが、頂部を尖らせて円錐形にしたものが多くなる。乳の配置も一区内四段四列が大多数をしめる。

第六に、鐘の口辺の厚さは、当代では口径の一〇%以上である。

第七に、当代の鐘は、ほとんどの鐘が銘文をもつが、その中一三%は無銘鐘である。

第八に、当代鐘の銘文に北朝の年号を記したものが、有銘鐘の八〇%をしめている。南朝の年号が使用されるのは後村上天皇の正平年末年（一三六七ごろ）ごろまでで、長慶天皇（一三六八）以後はまったく南朝年号は使用されていない。

第九に、駒の爪はその名称に適した形をした梵鐘が多くなり、九州地方には二段の駒の爪も出現する。

当代の梵鐘を製作した鋳物師は、前代に全国を風靡していた河内鋳物師もいるが、河内鋳物師の手になる梵鐘は前代の三分の一に減少し、当代の終わりには消滅してしまう。河内鋳物師にかわり全国的に鋳物師が輩出し、前代には梵鐘鋳物師の存在が認められなかった摂津、遠江、武蔵、磐城、美作、肥前などに出現する。南北朝時代は、それまで独占的に梵鐘を制作してきた河内鋳物師が凋落し、商業と交通の発達につれて、各地に後世の封建都市の母胎となる町・村が勃興し、各地にそれぞれの鋳物師が抬頭する時代であり、この結果前代に確立した和鐘の形式が細部において崩れをみせ、各地に地方色が発生してくる時代である。

(6) 室町・桃山時代の梵鐘

南北朝統一の翌年、応永元年（一三九四）から桃山時代の終わりまで約二二〇年間は近世史の胎動が始まった時期であり、当代の鐘は前半期においては、鎌倉時代鐘よりいっそう小形になり、平均口径は五六cm弱となる。この間に造られた鐘で、口径一〇〇cmを超すものは京都・清水寺鐘（文明一〇年〈一四七八〉銘、口径一二四cm）一口のみであるが、岡崎信好の『扶桑鐘銘集』によると、この清水寺には白河天皇の応徳年間（一〇八四～八七）に鋳造された洪鐘があり、年を経て破れ鳴らなくなったために、文明一〇年に改鋳された。すなわち祖鐘が大きかったため大形鐘となったことがわかる。

この時代の後半桃山時代になると、鐘の平均口径は鎌倉時代の平均値六四cmをはるかに超えて七四cmとなる。これは戦国の争乱も一応おさまった慶長年代（一五九六～）に、近畿地方に有名な社寺の創立復興が盛んに行われた事実の反映である。後半約一〇〇年間に口径一〇〇cmを超える鐘は、奈良・長谷寺鐘（文亀元年〈一五〇一〉銘、口径一〇〇cm）、山口・興隆寺鐘（享禄五年〈一五三二〉銘、口径一一一・八cm）、和鮮混合形式鐘）、滋賀・多賀神社鐘（天文二四年〈一五五五〉銘、口径一二七・〇cm）、京都・本国寺鐘（文禄二年〈一

※　梵鐘の鋳造工程

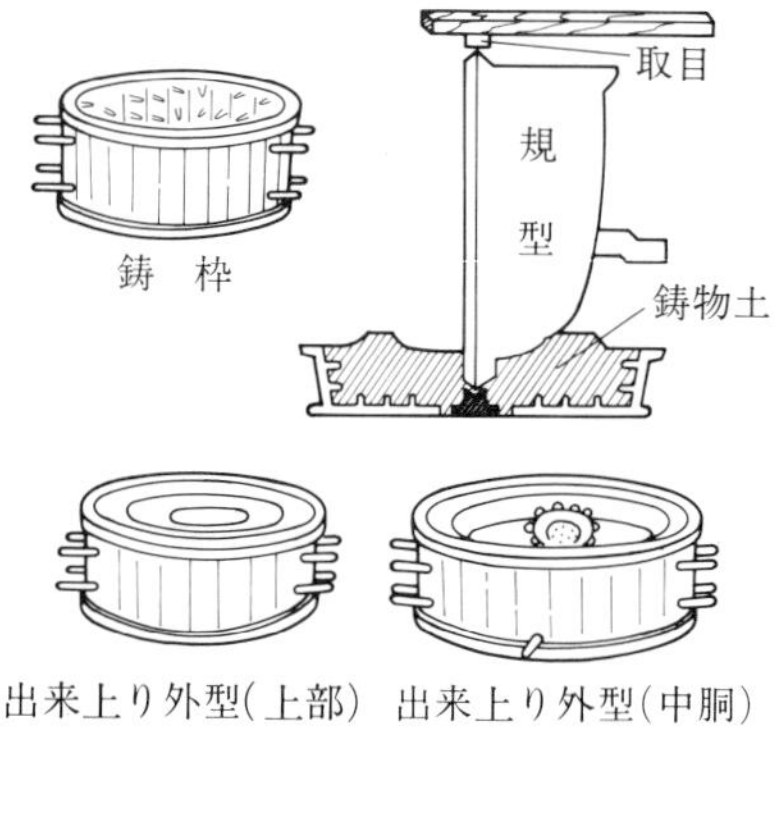

①設計図によって鉄板で規型を造る。

②外型の挽きはじめ
用意の鉄枠の中心にろくろ様に規型を取り付け、鋳物工のねった鋳物土を鉄枠の内部につけながら規型をまわす。

③外型の挽き終わり
形が整うと外型の完成

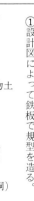

19 梵鐘 鎌倉時代 神奈川 国分寺

20 梵鐘 南北朝時代 神奈川 宝城坊

21 梵鐘 南北朝時代 長崎 多久頭魂神社

22 梵鐘 南北朝時代 愛知 妙興寺

五九三〉銘、口径一三九・〇cm〉、大阪・東本願寺難波別院鐘（文禄五年〈一五九六〉銘、口径一〇九・三cm）、滋賀・園城寺鐘（慶長七年〈一六〇二〉銘、一〇八乳鐘で最初の紀年銘鐘、口径一二四cm）、京都・東本願寺鐘（慶長九年〈一六〇四〉銘、口径一五六cm）、京都・高台寺鐘（慶長一一年〈一六〇六〉銘、口径一一五・五cm）、宮城・瑞巌寺鐘（慶長一三年〈一六〇八〉銘、口径一〇一cm）、和歌山・万精院鐘（慶長一九年〈一六一四〉銘、口径一〇六・八cm）、京都・方広寺鐘（23図）（慶長一九年〈一六一四〉銘、口径二二六・八cm）、滋賀・延暦寺大講堂前鐘（室町時代後期、口径一二八・七cm）の一二口の多きにのぼる。このうち最大の鐘は、東大寺大鐘を模して造ったといわれる方広寺鐘であり、豊臣家滅亡の一因となった有名な「国家安康」の銘文を記している。

この時代の鐘は、撞座のつく位置の鐘身高に対する比率、龍頭と撞座の関係は、鎌倉時代鐘の延長であってまったく変化がみられない。ただし駒の爪はその名称のごとくになる。当時代の終わりに近い慶長七年（一六〇二）には、紀年銘のある鐘として最初の一〇八煩悩によった一〇八乳鐘が園城寺鐘に現れる。乳区各区に五段五列、縦帯上に各二個、合計一〇八乳としている。以後この形式の一〇八乳鐘が造られている。また当代には北九州の鋳工が、和鐘に朝鮮鐘の装飾を取り入れて和鮮混合形式の鐘を製作した。長崎県厳原の測候所構内鐘（重文、応仁三年〈一四六九〉大江貞家鋳造、総高一三九・四cm、口径七五・五cm）は、この形式鐘として最古の例で、以後この形式の鐘が造られるようになる。なおこの厳原鐘の鋳造者は茶の湯釜で名高い筑前芦屋の鋳物師である。当代の梵鐘は鎌倉時代に完成した和鐘の形式をそのまま写したもので、単に形式のみを追う結果、鐘の美術的な美しさは失われてしまう。これは仏教の衰退と大きく関係することはいうまでもない。

(7) 江戸時代の梵鐘

都市の勃興、産業の発展、泰平の世につれて、前代に比して桁はずれに多くの梵鐘が鋳造された。しかしその大部分は第二次世界大戦中に供出され鋳潰されてしまった。その数は三万口とも四万口ともいわれるが確実な数は定かでない。これらの鐘は商品として製作されたもので、鋳物師は江戸、京都、大阪を始めとし、播磨姫路、近江辻村、美濃岐阜、尾張名古屋、相模小田原、下野佐野などの各地に集団で居住し、領主の保護を受けて活躍した。これらの梵鐘の中には高僧・貴人の銘をもつ鐘もあるが、大部分は量産的な性格をもつ梵鐘であり、単に機械的に造られた鐘である。当代の梵鐘は一七世紀中期寛文（一六六一～）ごろから急にその製作数が増加し、元禄時代（一六八八～）には最盛期となる。享保時代（一七一六～）にはやや減退するが、一八世紀中期宝暦（一七五一～）ごろふたたび最盛期になり、以後ふたたび減退期に入る。この事実は当時の米価の高低と大きく関係しており、米価が高値の時に梵鐘が多く造られている。これは鐘の施主の経済的な面が関係した結果と考えられる。

江戸時代には朝鮮鐘の模造も数多く造られた。また五撞座をもつ鐘（五百羅漢寺鐘（24図）東京都目黒区、安永三年〈一七七四〉銘、総高一四六cm、口径八二cm）、無乳鐘などが造られた。いずれも新奇をねらった鐘であるが、梵鐘の本質的な変化とはならずに終わってしまっている。

(8) 朝鮮鐘、中国鐘

朝鮮鐘　朝鮮鐘は新羅・高麗時代に韓国で造られた鐘をいう。龍頭は和鐘と異なり、単頭で脚をふまえ、背面に旗挿《はたざし》し、または甬《よう》という円筒形飾りを置く。鐘身には和鐘のように袈裟襷を設けない。上下帯には細密な文様を施し、中帯はなく、上部に乳郭を置き、普通一郭内に三段三列の乳を置く。鐘身胴部には、飛天、仏像、銘文を鋳出している。撞座は鐘身下部の対称的位置に二個所あるのが普通であり、その文様は和鐘同様蓮華文である。旗挿しは円筒形で、笠形を貫通しているものが多いが、通らないものもある。旗挿しの高さ

④外型に文様・文字を彫る

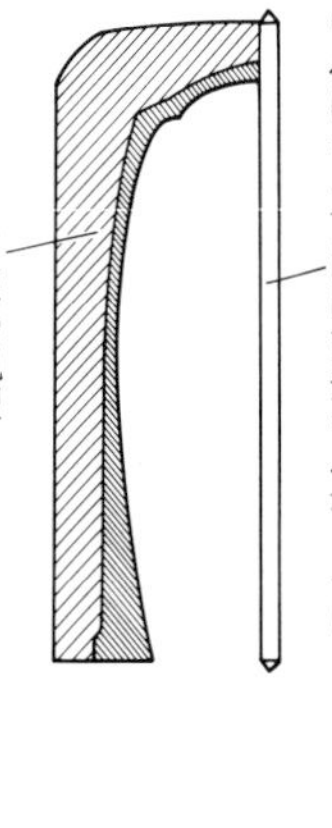

⑤外型と同時に中型つくりにかかる。左図は中型の規型

⑥中型の挽き始め

23 梵鐘 桃山時代 京都 方広寺

24 梵鐘 江戸時代 東京 五百羅漢寺

25 朝鮮鐘 新羅興徳王七年 福井 常宮神社

26 中国鐘 六朝時代 奈良国立博物館

は口径の三三％前後であるが、一〇世紀ごろから高くなる。笠形周縁の突起帯は、時代が古い鐘では笠形の周縁に蓮弁を放射状にならべた文様帯をもつものが多いが、一三世紀初頭からこの文様帯が立体的表現となり、笠形周縁より斜上方に向かって繰形の突起帯となり、時代が降ると次第に顕著なものとなり、高麗後期鐘の特色となる。朝鮮鐘は蠟型鋳造により、その華麗な装飾文様を創っており、和鐘の単純簡素な形体とは対照的である。

日本における朝鮮鐘の分布状態は九州地方・日本海沿岸・瀬戸内方面と、韓国との航路筋にあたる地域に多く残存している。日本に現存する朝鮮鐘は、破片を含め四〇数口であるが、在銘最古のものは、福井・常宮神社鐘(25図)である。口径六六・七cmもある大形鐘で、乳郭間に鋳出された銘文に「太和七年三月日菁州蓮池寺鐘云々」とあって、これは唐・文宗の代、新羅興徳王七年（八三三）とされている。

中国鐘　中国鐘で渡来したものは多くないが、前述の奈良国立博物館蔵鐘（26図）（陳・太建七年〈五七五〉銘）は日本に現存する中国鐘として最古の紀年銘鐘であり、和鐘の祖形となったと考えられる鐘である。このような形式の鐘として、岐阜・長徳寺鐘、（総高一三七・六cm、口径七三cm）があり、唐の末年天復二年（九〇二）の銘がある。このほかに鐘身外形が西洋のベルのように裾が開き、口端が水平でなく波状または八稜形をしたものがあるが、この形式の鐘は明代以後の鐘に多い。

(9)　梵鐘の撞木と音色

撞木《しゅもく》　梵鐘をつき鳴らす撞木は、梵鐘にとって重要なものである。棕呂《しゅろ》の木がよく用いられるが、棕呂は繊維質なので、梵鐘にとってはよいが、音がやわらかく遠音がきかない。撞木にはよく枯した重い木が可とされているが、樫や欅ではかたすぎるので、脂身の松が良いとされる。丸太では打鐘の結果早く割れてしまうので芯去りにした材が良く、梵鐘の口径の四分の一から五分の一の太さで、長さは口径の二倍半以上が最良である。この条件を満たすにはかなりの大材が必要である。また打鐘して余韻のあるうちに鐘を撞かないことが、破鐘を防ぐことになることを、心がけなくてはならない。これはうなりのある時に打つと、次の打鐘で無理が生ずるからである。また撞木の吊り方も、鐘に当たる反対側をわずかに上げて吊りさげるのがよい。

音色　梵鐘は形と環境によって音色が異なり、それぞれ個性をもつ。秘伝では、高地の鐘は重く造り、音は「ゴーン」という音で、平地の鐘は軽く造り、「カーン」という音が良いとされている。古来名鐘といわれる梵鐘は、釣るす周囲の環境がよく、また形の美しいことが条件である。例えば鐘楼の近くに竹やぶなどがあると梵鐘を撞いても防音装置の役目を果たし遠音がしないなど、鐘の音は環境に大きく左右される。三井の晩鐘で有名な滋賀・園城寺の梵鐘は、うしろに山があり、前面に琵琶湖が広がるという環境的に最良の立地条件にあるため、音は湖面を伝わり遠音がきく。このように梵鐘は形状・環境・撞木がそろってはじめて良い音が撞き鳴らされるのである。

朝鮮鐘　高麗時代　福岡　聖福寺

⑦中型がほぼ完成

⑧型焼き　出来上った中型と外型を重ねて、内部に炭を入れて焼き湿気をとり、焼き上がった各部の型を修正し次いで鋳造の準備にかかる。

組み上った型の図解

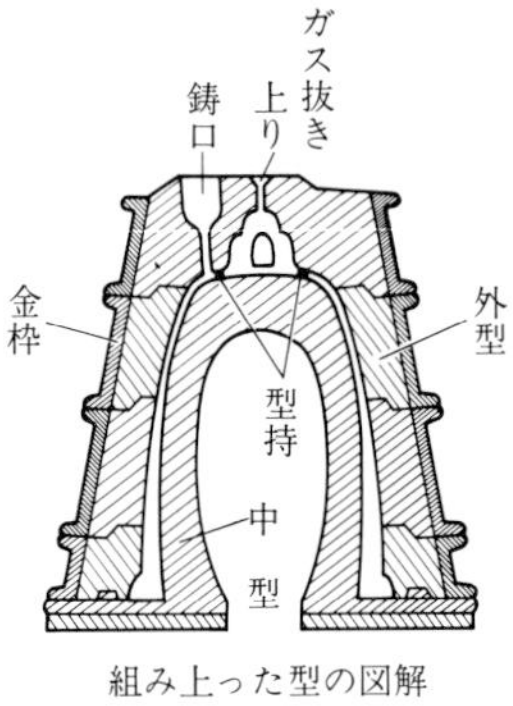

組み上った型の図解

梵鐘一覧　梵鐘の重要な遺品は左記の通りである。

（指定・所有者）	（年紀・鋳物師など）	（口径・cm）	
和　鐘　〔白鳳・奈良時代〕			
⊙京都・妙心寺	戊戌年（六九八）	八六・一	〈1図〉
⊙奈良・興福寺	神亀四年（七二七）	九〇・三	
⊙福井・劔神社	神護景雲四年（七七〇）	七三・九	
⊙奈良・当麻寺	奈良時代	八六・七	〈3図〉
◎福岡・観世音寺	〃	八六・四	〈2図〉
◎奈良・法隆寺	〃　（東院）	一〇五・一	
◎奈良・法隆寺	〃　（西院）	一一八・二	
◎滋賀・園城寺	〃	一三三・三	
◎奈良・新薬師寺	〃	一〇四・二	
⊙奈良・東大寺	〃　（大鐘）	二七六・六	〈4図〉
◎奈良・薬師寺	〃	一三一・五	
◎京都・東福寺	〃　（龍頭欠）	一〇〇・〇	
◎滋賀・龍王院	〃	六六・〇	
◎岐阜・真禅院	〃	一〇一・五	
◎奈良・大峰山寺	〃　（後銘天慶七年（九四四））	六六・五	
〔平安時代〕			
⊙福岡・西光寺	承和六年（八三九）	七七・三	
⊙京都・大雲寺	天安二年（八五八）	五五・三	
⊙京都・神護寺	貞観一七年（八七五）・志我部海継	八〇・三	〈5図〉
◎高知・延光寺	延喜一一年（九一一）	二三・〇	〈8図〉
⊙奈良・栄山寺	延喜一七年（九一七）	八九・七	
◎東京・井上ふみ	貞元二年（九七七）	一六・〇	
◎長野・畠山忠雄	（鉄鐘）	三一・五	
◎京都・本願寺	久安六年（一一五〇）	一〇六・〇	
◎奈良・金峯山寺	永暦元年（一一六〇）・船是守	一二四・〇	
◎奈良・玉置神社	応保三年（一一六三）	四六・八	〈10図〉
◎兵庫・徳照寺	長寛二年（一一六四）	七四・八	〈11図〉
◎和歌山・泉福寺	安元二年（一一七六）	四六・一	〈12図〉
◎広島・大聖院	治承三年（一一七七）	六九・〇	
◎島根・鰐淵寺	寿永二年（一一八三）	六三・二	
◎奈良・唐招提寺		九一・〇	
◎香川・国分寺		八九・七	
◎愛知・国分寺		八一・五	
◎滋賀・石山寺		八八・八	
◎滋賀・善徳寺		七八・二	
◎京都・勝林院		七六・二	
◎高知・国分寺		四七・三	
◎高知・正念寺		一七・六	〈9図〉
⊙京都・平等院		一二三・六	〈13図〉
◎滋賀・西教寺		七三・五	
◎京都・報恩寺		八一・三	
〔鎌倉時代〕			
◎大阪・長宝寺	建久三年（一一九二）	六二・四	
◎京都・笠置寺	建久七年（一一九六）（六葉鐘）	六六・〇	〈15図〉
◎佐賀・健福寺	建久七年（一一九六）・秦末則	四七・九	
◎茨城・等覚寺	建永年間（一二〇六～七）	七三・五	
◎京都・称名寺	承元四年（一二一〇）	六四・四	
◎和歌山・金剛三昧院	承元四年（一二一〇）・多治比則高	五二・五	
◎京都・広隆寺	建保五年（一二一七）（鉄鐘）	三一・二	〈16図〉
◎香川・屋島寺	貞応二年（一二二三）・土師宗友	六四・三	
◎神奈川・星谷寺	嘉禄三年（一二二七）・源吉国	七一・四	
◎愛知・勝善寺	寛喜二年（一二三〇）	四六・〇	
◎滋賀・日吉神社	寛喜三年（一二三一）・土師宗友	六六・七	
◎兵庫・浄橋寺	寛元二年（一二四四）	七五・〇	〈17図〉
◎埼玉・慈光寺	寛元三年（一二四五）・物部重光	八八・五	
◎愛知・八社神社	宝治元年（一二四七）・山河助清	六三・〇	
◎神奈川・常楽寺	宝治二年（一二四八）	六七・六	
◎愛知・大御堂寺	建長二年（一二五〇）・藤原光延	四七・二	
◎愛媛・石手寺	建長三年（一二五一）・丹治国忠	五九・八	
◎神奈川・建長寺	建長七年（一二五五）・物部重光	一二四・五	
◎埼玉・養寿院	文応元年（一二六〇）・丹治久友 大江真重	五六・五	
◎埼玉・聖天院	文応二年（一二六一）・物部季重	四五・六	
◎山口・防府天満宮	文応辛酉（一二六一）・沙弥生蓮	七五・一	
◎栃木・五尊教会	弘長三年（一二六三）・友長	五六・三	
◎千葉・胎蔵寺	弘長四年（一二六四）・広階重永	六〇・九	
◎奈良・東大寺（真言院）	文永元年（一二六四）・丹治久友	五七・〇	
◎神奈川・長谷寺	文永元年（一二六四）・物部季重	八九・七	
◎茨城・般若寺	建治元年（一二七五）・丹治久友 千門重延	六八・五	
◎山形・月山、出羽湯殿山神社	建治元年（一二七五）・沙門□	一六八・〇	

⑨鋳造準備

⑩鋳造直前の浄念（安全な完鋳を祈禱する）

⑪材料の熔解

◎香川・長勝寺	建治元年(一二七五)・平久末	四八・三	
◎滋賀・菅山寺	建治三年(一二七七)・丹治国則	七〇・二	
◎千葉・本土寺	建治四年(一二七八)・大中臣兼守	七〇・〇	
◎長野・諏訪神社	弘安二年(一二七九)・伴長	七五・七	
◎和歌山・金剛峯寺	弘安三年(一二八〇)・沙弥専念	六一・〇	
◎岐阜・徳勝寺	弘安三年(一二八〇)・西善	六九・七	
◎兵庫・千光寺	弘安六年(一二八三)・平貞弘	七七・八	
◎滋賀・蓮華寺	弘安七年(一二八四)	七〇・五	
◎愛媛・興隆寺	弘安九年(一二八六)・河内助安	一一一・七	
◎千葉・小網寺	弘安九年(一二八六)・物部国光	六二・一	
◎奈良・戒長寺	正応四年(一二九一)	六六・二	
◎神奈川・国分寺	正応五年(一二九二)・物部国光	七〇・九	(19図)
◎新潟・神宮寺	永仁三年(一二九五)・藤原守重	六六・四	
◎神奈川・東漸寺	永仁六年(一二九八)・物部国光	七〇・四	
◎埼玉・喜多院	正安二年(一三〇〇)・源 景恒	六〇・〇	
◎神奈川・称名寺	正安辛丑(一三〇一)・物部国光 〃依光	六四・四	
⦿神奈川・円覚寺	正安三年(一三〇一)・物部国光	一四二・四	(18図)
◎青森・長勝寺	嘉元四年(一三〇六)・大夫入道	七六・七	
◎奈良・東大寺(二月堂)	徳治三年(一三〇八)	二一・〇	
◎千葉・日本寺	元亨元年(一三二一)・卜部助光	六一・六	
◎兵庫・英賀神社	正中二年(一三二五)・河内□ □□光吉	六六・〇	
◎福井・永平寺	嘉暦二年(一三二七)・沙弥蓮念	七四・三	
◎茨城・長勝寺	元徳庚午(一三三〇)・助 光	六三・四	
〔南北朝時代〕			
◎神奈川・宝城坊	暦応三年(一三四〇)・物部光連	七九・八	(20図)
◎長崎・多久頭魂神社	康永三年(一三四四)・覚円・季央	六一・三	(21図)
◎岐阜・新宮神社	観応壬辰(一三五二)・朝 房	四六・六	
◎東京・深大寺	永和二年(一三七六)・宗 光	六八・八	
〔室町・桃山時代〕			
◎長崎・厳原町	応仁三年(一四六九)・大江貞家	七五・五	
◎和歌山・金剛峯寺	永正元年(一五〇四)・藤原国久 鉄治大工国吉	七九・五	
◎山口・興隆寺	享禄五年(一五三二)・大江宣秀	一一一・八	
◎京都・方広寺	慶長一九年(一六一四)・名護屋三昌	二二六・八	(23図)
朝鮮鐘			
〔新羅時代〕			
◎福井・常宮神社	唐・太和七年(八三三)	六六・七	(25図)
◎大分・宇佐神宮	唐・天復四年(九〇四)・畣掃	四七・〇	
◎島根・雲樹寺	後銘=応安七年(一三七四)	四四・〇	
◎島根・光明寺	後銘=康暦元年(一三七九)	五一・二	
◎山口・住吉神社		七八・六	
〔高麗時代〕			
◎広島・照蓮寺	峻豊四年(九六三)	四一・〇	
◎島根・天倫寺	辛亥四年(一〇一一)	五三・二	
◎佐賀・恵日寺	遼・太平六年(一〇二六)	五一・五	
◎大阪・鶴満寺	遼・太平一〇年(一〇三〇) 後銘=永和五年(一三七九)	五九・四	
◎滋賀・園城寺	遼・太平一二年(一〇三二)・金慶門	五〇・〇	
◎福岡・承天寺	遼・清寧一一年(一〇六五)・金永 保只未亭	四四・五	
◎東京・総持寺(西新井大師)	遼・乾統一一年(一一〇七)	三三・〇	
◎神奈川・今淵せつ	金・承安六年(一二〇一)	二七・〇	
◎岩手・南部利英	金・大(泰)和六年(一二〇六)	三八・〇	
◎愛知・曼陀羅寺	二十一甲午(高宗)(一二三四)	三一・〇	
◎岡山・観音院		六五・二	
◎福岡・円清寺		四九・五	
◎兵庫・尾上神社		七三・五	
◎福岡・聖福寺	後銘=文亀二年(一五〇二) 天正一七年(一五八九)	六一・〇	(186頁)
◎広島・不動院		六五・〇	
◎新潟・長安寺		六一・二	
◎兵庫・鶴林寺		五三・五	
◎愛媛・出石寺		五五・七	
◎山口・賀茂神社	後銘=貞治六年(一三六七)	四三・〇	
◎高知・金剛頂寺		四三・〇	
◎福岡・志賀海神社	(鍍金鐘)	三〇・五	
◎沖縄・波上宮	(龍頭のみ残存)	五七・〇	
中国鐘			
〔六朝・唐時代〕			
◎奈良国立博物館	陳・太建七年(五七五)	二一・二	(26図)
岐阜・長徳寺	唐・天復二年(九〇二)	七三・〇	
〔明代以後〕			
長崎・発心寺	正統三年(一四三八)	七七・五	
福岡・光明寺	正徳四年(一五〇九)	七八・五	
兵庫・小寺綾子	正徳八年(一五一三)	一〇一・一	
福岡・増福院	正徳九年(一五一四)	一〇五・〇	

⑫鋳造　鎔銅を鋳型につぎ込む

⑬梵鐘の誕生　鋳造後時間をおき鉄わくをはずし土落しをする。

⑭梵鐘の完成(撞木にて第一声を撞く)

岐阜・宗休寺	嘉靖庚子（一五四〇）	一二八・〇
京都・一乗寺北山別院	嘉靖二三年（一五四四）	一〇七・〇
岐阜・聖蓮寺	隆慶五年（一五七一）	五〇・〇
岐阜・熊野神社	万暦一四年（一五八六）	六七・五
大阪・蔵鷺庵	万暦戊申（一六〇八）	八三・〇
大阪・太平寺	天啓甲子（一六二四）	六二・五
大阪・大黒寺	康熙三年（一六六四）	一四〇・〇

二、鰐《わに》口《ぐち》

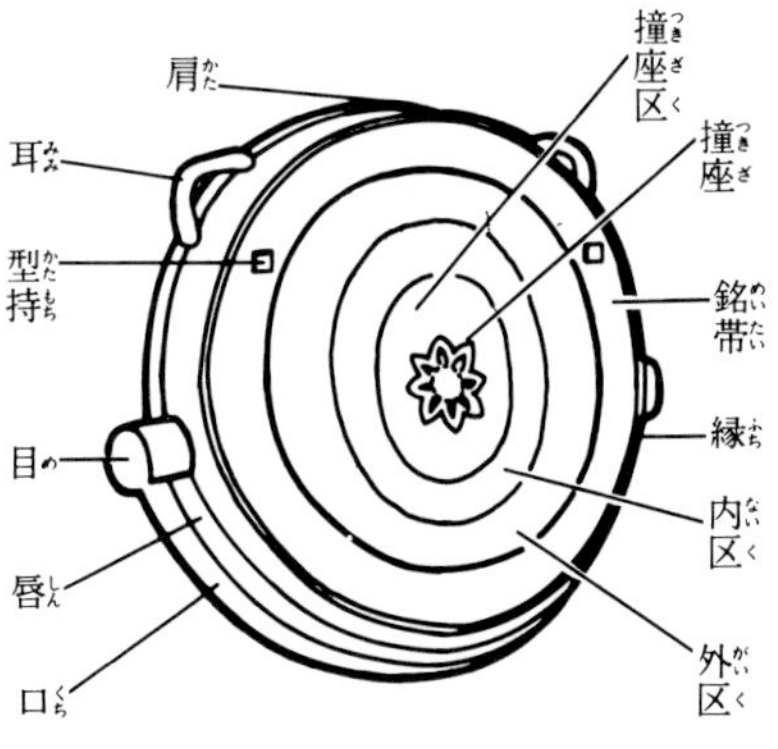

鰐口の部分名称

鰐口は銅・鉄・金銅鋳製で、扁平円形をしており、鉦鼓を二つ合わせた形に似る。胴の上方二個所に耳をつけ、耳の下方左右に凸出した円筒形の目をつける。目より目にかけ、口という一文字の裂口をあけ、口の周辺に鉦鼓縁状の平板の部分、唇をつける。面は二圏三圏の同心円に分け、中央に蓮華文の撞座を鋳だす。多くの鰐口に陽鋳や陰刻の銘文があり、年紀、寄進の社寺名、地名、施入者名、鋳物師名が記されている。

鰐口の大きさは一〇cmに満たない小形のものから径一〇〇cmを超す大形のものなど、大きさもさまざまであるが、一般には二〇～三〇cmのものが多い。神社仏閣の軒先に懸けてあり、前面に鉦の緒といわれる布縄を垂らし、参詣人はこの緒を手にして振って鼓面を打ち礼拝する。

鰐口の名称の起こりは『和漢三才図会』神祭仏器の条に「口を裂くの形、たまたま鰐の首に似たるが故に之を名づくるか」と記しているように、下端に口が大きく裂けている形を鰐の口に見たててこのような呼名が生まれたものと思われる。名称の文献上の初見は文安元年（一四四四）の『下学集』(下）器材の項に「鰐口」とある。また明徳年間の赤松氏謀叛を記す『明徳記』に「鰐口」と記されている。また鰐口は別名「金口」「金鼓」「打金」「打響」「打鳴」などの呼称がある。

平安時代の鰐口　在銘最古の遺品は長野県松本市大字宮淵から、蝶形磬、枢金具と伴出した東京国立博物館蔵（27図）の長保三年（一〇〇一）銘鰐口である。鼓面径一六・四cm、肩幅三・六cm、鼓厚六・二cm、撞座径六・一cmの割に小形の鰐口であり柔らかいふくらみをもつ円形鼓面を両合わせにした形で、二重圏をもつ肩は幅が薄くやや丸味をもち左右に人耳[※15]（雲形）をした釣手をつける。下部は側面の中程まで大きく裂け、縁を唇状にし鼓口とし、その両端は丸く大きな穴をつくり目とする。鼓面は銘帯、中区、撞座の三区に分け、撞座は二重圏の中に七葉文を薄肉に鋳出した珍しいものである。両鼓面とも撞座の文様は同じであるが、普通銘文の刻まれる銘帯の片面には蔓唐草文を右旋回に細線で陽鋳しており、中区に「極楽寺長保三年辛丑（右廻り）」「願主判官代高向朝臣弘信（左廻り）」の銘文を刻む。他面は銘帯を三分割し、上、右下、左下の三個所に同文様の飛雲文を細線で鋳出し、中区を無文としている。

鰐口の古い例は少なく、この長保三年銘鰐口のほかに、平安時代の作例は、愛媛県・奈良原経塚出土(28図)の鰐口があげられる。この鰐口は宝塔経筒・鐘・刀子などと伴出したもので、年紀がなく明確な年代を知り得ないが、他の遺物から推して平安後期と推定されている。面径八・〇cm、肩幅二・六cmの非常に小形な鰐口で、側面は幅が厚く、鼓面はやや張りをもつが二重圏をめぐらす単純なもので、耳も隅切角型で小さい。

現在鰐口のうち紀年銘をもつものは数多いが、ほとんどが室町時代以降のもので、平安時代の紀年銘は、長保三年銘鰐口をおいてない。この長保三年銘鰐口は鉦鼓を合わせた形であり、この形を畿内地方の鰐口が残し、奈良・長谷寺鰐口(29図)[※16]（建久三年〈一一九二〉銘）は金口の名称が陽鋳され、耳は表裏型を重ねた片面交互式、撞

琉球鐘の重要遺品は次の通りである。

〔室町時代〕

◎沖縄県立博物館（旧首里城正殿鐘）
天順二年（一四五八）
大工　藤原国吉　九三・〇

◎沖縄県立博物館（旧円覚寺殿前鐘）
弘治八年（一五八〇）
大工　大和氏相秀　七一・〇

◎沖縄県立博物館（旧円覚寺殿中鐘）
弘治八年（一五八〇）
大工　大和氏相秀　小工　藤原家信
四九・〇

〔江戸時代〕

◎沖縄県立博物館
康熙三六（一六九七）
大工　宗味　一一九・〇

和鐘一覧追加（56・57年度重文指定分）

◎京都・清水寺　文明一〇年（一四七八）　藤原国久　一二四・〇
◎京都・高台寺　慶長一一年（一六〇六）　藤原対馬国久　一一五・七
◎鳥取・本願寺　七五・二　（平安時代）

朝鮮鐘の部分の名称

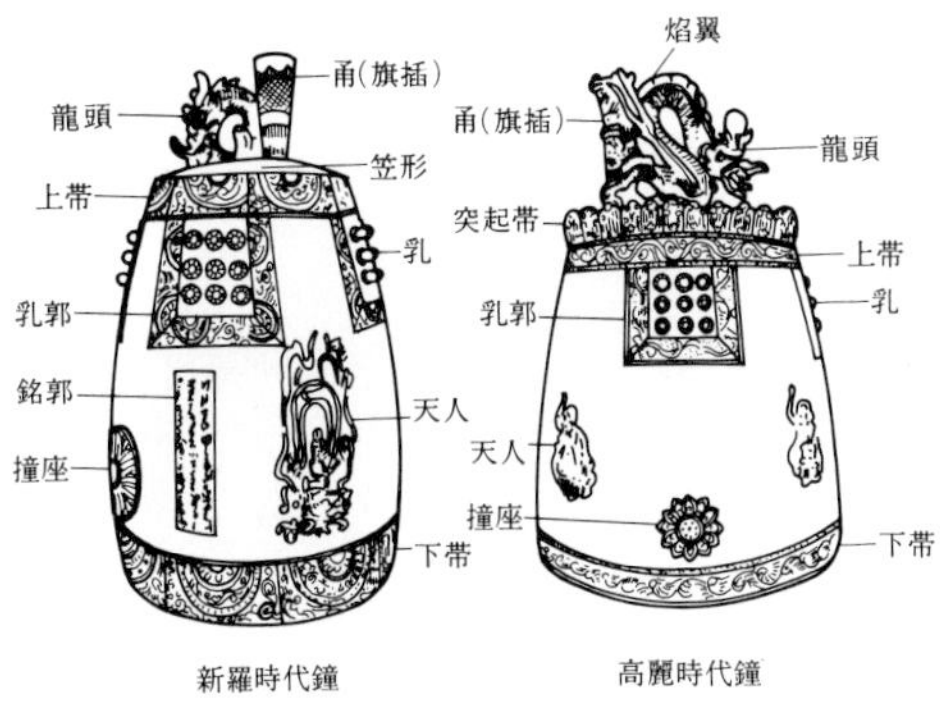

新羅時代鐘　　高麗時代鐘

座は素文で全体に古式である。

一般的にいって鰐口の呼名の遺品は東国地方に多くみられ、畿内の金鼓形式に対し独自の鰐口が東国に発展したと考えられる。

鎌倉時代以後の鰐口　鎌倉時代に入ると鰐口の撞座は素文から蓮華文に変わり、後に種々の撞座文様があらわれるが、大体において蓮華文を踏襲している。

東京・金剛寺鰐口(32図)(文永一〇年〈一二七三〉銘)は釣手※17(耳)が龍頭形をした特異なものである。このように龍頭形をした鰐口は後の山口・今八幡宮鰐口※18(34図)(天文三年〈一五三四〉銘)にみられる。この鰐口はさらに表裏の銘帯に宝珠文、雲龍文※19を鋳出しており、朝鮮鐘の影響を受けた九州芦屋鋳物師の名工大江宣秀※20の作になる大形の室町時代の鰐口である。室町時代以降数多くの鰐口が製作されているが、一般的にいって、時代の降るものほど目の出が大きくなる傾向にある。

鰐口の起源　鰐口の祖型、源流については、その形姿が一般に韓国製の「禁口」と呼ばれる銅羅に似た鳴物に近く、これが祖型と考えられている。すなわち韓国に「咸通陸歳乙酉二十二日成内時供寺禁口」と新羅末期の銘をもつ禁口があり、わが国の金口、金鼓の名称はこの禁口から生じたものと考えられる。東京国立博物館には崇慶二年の銘をもつ韓国高麗時代の蓮花文金鼓があるが、これは面径三八・五cmの平円の中央に素朴な蓮花文撞座を陽鋳し、三重圏の縁に雲文を陽鋳する。側面は九・五cmあり、側面のつづきの裏側をまるく内側にめくりぎみにして裏側は空洞にしている。上部には鈕鼓に多くみられる三葉形の耳をつけており、面には張りがなく平面であり、側面に前述の銘を刻んでおり、銘文中ではこれを飯子と称している。京都・智恩寺金鼓(35図)は至治二年銘があり、これには禁口とあり、これも三耳であり面張りの少ない鈕鼓形を合して、下に口を開いている。

これらの共通点は銘がいずれも側面にあり、耳が三耳である点で、鰐口と異なる。この様な点から東京国立博物館蔵の蓮花文金鼓の銘文にみられる「飯子」は「半子」として金鼓の半面鼓を意味するものとも考えられる。韓国には多くの飯子がみられるが、その多くは、東京国立博物館の蓮花文金鼓と同様に半面のものである点も考慮すべき点である。

韓国の飯子または金鼓はわが国の鰐口と類似点が多いので、その祖型と考えられるが、しかし鈕が上部三個所にあること、そして飯子では片面が空いて銅羅の形式であるなどわが国の鰐口と異なる点も多く、これらの点は今後の研究の問題点といえる。

鰐口はむしろ鈕鼓を二つ重ね合わせた形とみる方が素直であるようでもある。また鰐口は奈良時代の仏具の一つである鐃の鈴部と非常に共通している点も考慮すべき事実である。

鰐口・金鼓一覧　室町時代以前の主な鰐口・金鼓は左記の通りである。

鰐口

(指定・所有者)	(年紀・材質など)	(面径・cm)
〔平安時代〕		
◎東京国立博物館	長保三年(一〇〇一)・銅製	一六・四(27図)
⦿愛媛・奈良原神社	銅製	八・〇(28図)
〔鎌倉時代〕		
◎奈良・長谷寺	建久三年(一一九二)・銅製	二二・四(29図)
◎山梨・明王寺	貞応三年(一二二四)・銅製	三〇・八
◎長野・木舟部落	安貞二年(一二二八)・鉄製	二二・三
◎京都・清水寺	嘉禎二年(一二三六)・鉄製	二六・二(30図)
◎大阪・細見実	建長六年(一二五四)・銅製鍍金	一五・七(31図)
奈良・興福寺	建長八年(一二五六)	五八・〇
奈良・西方寺	康元二年(一二五七)・鉄製	
◎岐阜・新宮神社	文永五年(一二六八)・銅製	三〇・〇
◎奈良・東大寺	銅製	七五・〇
◎東京・金剛寺	文永一〇年(一二七三)・銅製	五七・〇(32図)
◎滋賀・西教寺	文永一〇年(一二七三)・銅製	四九・〇
◎滋賀・松尾寺	弘安六年(一二八三)	三三・四
◎岐阜・大隆寺	正応二年(一二八九)	
滋賀・須賀神社	正応三年(一二九〇)	二〇・〇
長野・早稲田神社	正応三年(一二九〇)	

※15 鰐口の人耳(雲形)釣手　東京国立博物館

※16 鰐口の側面　奈良　長谷寺

※ 鰐口の側面　京都　清水寺

27 鰐口（両面） 平安時代 東京国立博物館

28 鰐口（両面と側面） 平安時代 愛媛 奈良原経塚出土

30 鰐口 鎌倉時代 京都 清水寺

29 鰐口 鎌倉時代 奈良 長谷寺

滋賀・須賀神社	正応五年（一二九二）	二三・三
◎宮城・大高山神社	正応六年（一二九三）・銅製	四三・〇
滋賀・大聖寺	永仁四年（一二九六）	
滋賀・笠原蛎江神社	永仁七年（一二九九）	四二・二
幸節静彦	正安三年（一三〇一）・秋篠寺旧蔵	
静岡・一渓寺	正安四年（一三〇二）・厳松寺旧蔵	二四・〇
宮城・五大堂	乾元二年（一三〇三）	
山梨・大善寺	徳治二年（一三〇七）	四四・五
長野・池口寺	延慶元年（一三〇八）	
宮城・尾村松八幡祠	延慶四年（一三一一）	
石川・北嶋荒御前神社	正和三年（一三一四）	二〇・二
京都・宝菩提院	文保二年（一三一八）	五一・五
静岡・飯室神社	文保三年（一三一九）	二四・二
静岡・普照寺	元応二年（一三二〇）	
京都・浄瑠璃寺	元亨元年（一三二一）	三三・四
滋賀・正福寺	元亨二年（一三二二）	三三・三
岩手・興田神社	元徳四年（一三三二）	一九・五
〔南北朝時代〕		
◎福島・心清水八幡神社	至徳四年（一三八七）・銅製	六一・八
◎岐阜・新宮神社	鉄製	二三・八
〔室町時代〕		
◎栃木・輪王寺	永正四年（一五〇七）・銅製鍍金	七三・〇（33図）
◎山口・今八幡宮	天文三年（一五三四）・銅製	八五・三（34図）

金　鼓

◎長崎・多久頭魂神社	高麗時代（一二四五）・銅製	七七・七
東京国立博物館	崇徳二年（一二一三）・銅製	三八・五（36図）
◎京都・智恩寺	高麗時代・銅製	五〇・九（35図）
京都・神応寺	元弘二年（一三三二）	三八・五

三、雲《うん》版《ばん》

雲版は、主として禅宗寺院で合図に使用される梵音具である。銅または鉄の鋳造品で、輪郭を雲形につくるところからこの名がある。源流は中国にあり、宋代の『禅苑清規』などにも記載があり、わが国でも『永平道元禅師清規』巻上にも記載がある。雲版の用途は、衆僧の睡眠をさますため、坐禅をやめる合図、斎食の時を知らせるためなど多岐である。また火版・長板・大版・斎板・板鐘とも呼ばれる。わが国最古の紀年銘雲版は福岡・太宰府天満宮（37図）文治三年（一一八七）銘のある鉄製雲版で、縦二七・七cm、横二六・四cm、両面式の雲版で花先頭部はわずかに突き出ているが形状は円形に近い。頭部に大きな吊鐶のための孔を穿ち、左右腰部に括れが浅く一個所ずつつく。撞座は八葉蓮弁。陽鋳の銘文があり、左右肩部より縁にそくして裾に向かい、「奉寄進安楽寺」（右）、「文治三年八月日」（左）「裏面には撞座下方に〈和泉〉」とある。

宮城・瑞巌寺（40図）の嘉暦丙寅（一三二六）刻銘の片面式雲版は縦九〇・三cm、横八八・九cm、縁厚三cm、頭部は浅い刻みが二個所にあり、なだらかな弧をもち、形状は正円に近い。身括は左右二、腰部に一個所ずつあり、縁は断面半円形の太い蒲鉾縁で、内側に子線一条を有する。中央下方に八葉複弁の撞座を鋳出し、撞座上方に、蓮華台に荷葉を冠した牌に「円福院・:::（斎）版」と線条に陽鋳する。その左右に流雲上の日月を同じく線条で鋳出し、牌中下端左に「住持明極誌」、右に「嘉暦丙寅秋」と陰刻銘がある。これらは雲版の代表作である。

雲版の基本形式　雲形であるが、上辺に釣るための孔、下辺には撞座がある。両面式と片面式の雲版があり、その他細部に多少の違いがある。形式台には数種あり、①下方の縁を丸くするもの、②下方に突起のあるもの、③腰部に刳込みのあるもの、④下方に突起、腰部に刳込みのあるもの、などの形式があり、これらが組み合わされ種類も多い。

雲版一覧　南北朝時代以前の紀年銘のある雲版は左記の通りである。

福岡・太宰府天満宮	文治三年（一一八七）・鉄製	両面式（37図）
福岡・筥崎宮	至元八年（一二七一）・鉄製	両面式（38図）
岡山・片山寛	弘安己卯年（一二七九）・銅製	両面式

※17　龍頭形釣手　金剛寺鰐口（32図）

※18　龍頭形釣手　今八幡宮鰐口（34図）

※19　銘帯の雲龍文　今八幡宮鰐口（34図）

※20　中世、鋳物業の盛んであった九州筑前芦屋の鋳工で、中でも特に優れた作品を多く造っている大江宣秀の製作による鰐口であり、全体に装飾性が強く、龍頭の形をした釣手、表裏の文様などは芦屋の鋳物の盛期を示し、当時の趣向がよくうかがえる。

31
鰐口　鎌倉時代　大阪　細見実氏

32
鰐口　鎌倉時代　東京　金剛寺

33
鰐口　室町時代　栃木　輪王寺

34
鰐口　室町時代　山口　今八幡宮

35
金鼓　高麗時代　京都　智恩寺

36
金鼓　高麗時代　東京国立博物館

◎埼玉・長光寺	正和二年（一三一三）・銅製	片面式（39図）
◎宮城・瑞巌寺	嘉暦丙元年（一三二六）・銅製	片面式（40図）
福島・外島政衛	建武元年（一三三四）	
◎神奈川・妙本寺	建武四年（一三三七）・銅製	片面式（41図）
岩手・大光寺	正平七年（一三五二）	
埼玉・円正寺	応安四年（一三七一）・銅製	片面式
山梨・保福寺	応安六年（一三七三）・銅製	片面式
奈良・円照寺	応安七年（一三七四）・銅製	片面式
京都・本妙寺	永徳二年（一三八二）・銅製	両面式
山梨・南松院	至徳年間（一三八四〜六）	（打板）
長野・実際寺	嘉慶二年（一三八八）・銅製	両面式
東京・円福寺	明徳二年（一三九一）・銅製	片面式
宮崎・大雄寺	明徳二年（一三九一）・銅製	片面式

四、魚鼓《ぎょこ》（魚版《かいばん》・鳴魚《めいぎょ》）

禅宗特有の梵音具である。古くは木魚鼓・魚版という。『禅林象器箋』では楽器部（唄器門）に入れ、木魚と魚鼓を同一異名としているが、実際には木魚は堂内に置かれるもので、一方の魚鼓は禅院の食堂・庫院に釣るされる。『勅修百丈清規』には「斎粥の二時には長撃二通し、僧衆を普請するには長撃一通し、行者を普請するには二通すべし」とあり、衆を集めるために使用し、水平に釣り木槌で打ち鳴らす。このように衆を集めるためのものは魚梆《ぎょほう》・飯梆《はんほう》・梆《ほう》とよばれることもある。現在の木魚《もくぎょ》の屈曲した形は、魚鼓の長身形が変形してできた形とも考えられるが、はっきりしない。

現存の魚鼓は大きな鯉形をした木製で、腹中を刳っている。『勅修百丈清規』に「相伝えて云う、魚は昼夜常に醒む。木に刻して形を象り、之を撃つは昏惰を警むる所以なり」とあり、修行僧の怠惰をいましめるために用いたといわれる。わが国へは承応年間、隠元が伝えたのが最初といわれるが、はっきりしたことはわからない。魚鼓の姿を平面的に厚板に象ったものを魚版といい、禅院の浴室で用いる。

遺品には古いものはなく、江戸時代のものに福井・永平寺（鯱形・46図）、東京目黒・五百羅漢寺（鯉形・43図）、大阪・四天王寺（鯉形・44図）、京都・萬福寺（鯉形・45図）などのものがある。

五、打版《ちょうはん》

板・鈑とも書き、はんぎ・響板・鳴板ともいう。禅林で用いられる梵音具であり、時を報じるために撞木で打ち鳴らし、衆に知らせる。鳴らし方には種々の規則がある。厚板で作られ、懸けられる場所によって名称が異なり、方丈の前に懸ける方丈板、衆寮の前に懸ける外版、衆寮の内に懸ける内版、半鐘の下に懸ける鐘版、その他首座版、客版、斎堂版、照堂版などがある。古くは円板（円形）・横板（長方形）・真板（正方形）などの種類があった。

『黄檗清規』によると、客版には「客版」と書き、その他の版には「謹白大衆・生死事大・無上迅速・各宜醒覚・慎勿放逸」と書くことが示されている。

古い遺例は、ほとんどみられないが、これは使用中破損し廃棄されたためであろう。

六、磬《けい》

磬は鉦ともいう。俗に「うちならし」と称する。石・玉・銅・鉄などで造り、磬架《けいか》（簨簴《しゅんきょ》）に懸けて打ち鳴らす。仏寺の法具として、仏教渡来とともに大陸よりわが国に伝わったものと考えられる。現在では、仏堂内において導師の右脇、または右脇机上に磬架に懸けておき、読経の合間に叩き鳴らすのが普通である。禅宗以外の各宗派で用いる。元来石・玉製であることによって撞座をたたいた時の音が余韻のないことを可としたとの説※21もある。

磬の起源　磬は元来中国の古い楽器であり、その字の示すように石製または玉製であった。これが金属製に変化した時期は不明で

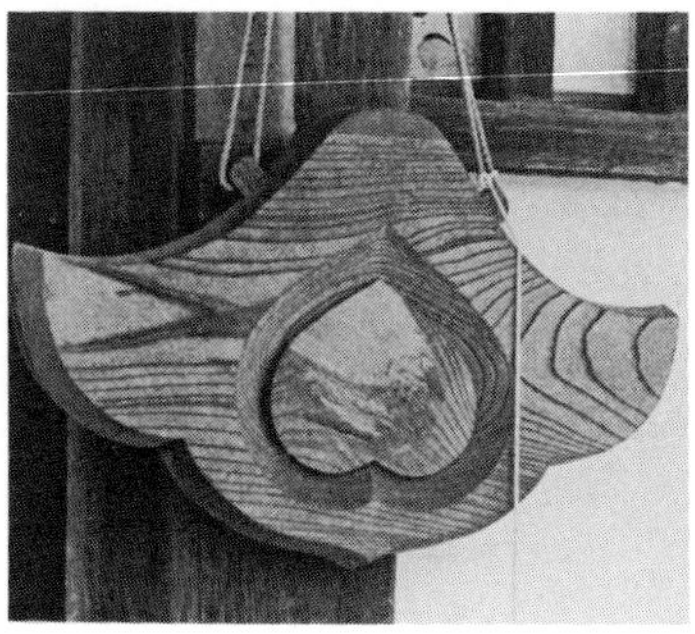

※ 打版　京都　南禅寺

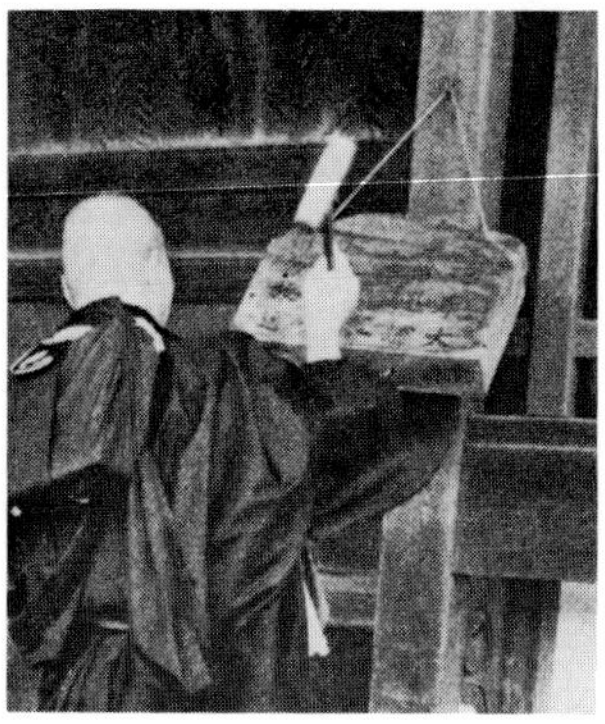

※ 打版を打つ雲水

※21 『楽家録』一九鉦鼓の条に「鉦鼓之音以無響為善。愚按撃之不放桴則無響、而有似石音。本邦古来不聞有磬、且鉦鼓不見漢朝楽器、蓋疑本邦以之易磬乎。然則無響而似石音者為撃鉦鼓之法乎。」とあり、この説より生じたものであろう。

※ 石磬と磬架（長野・善光寺）

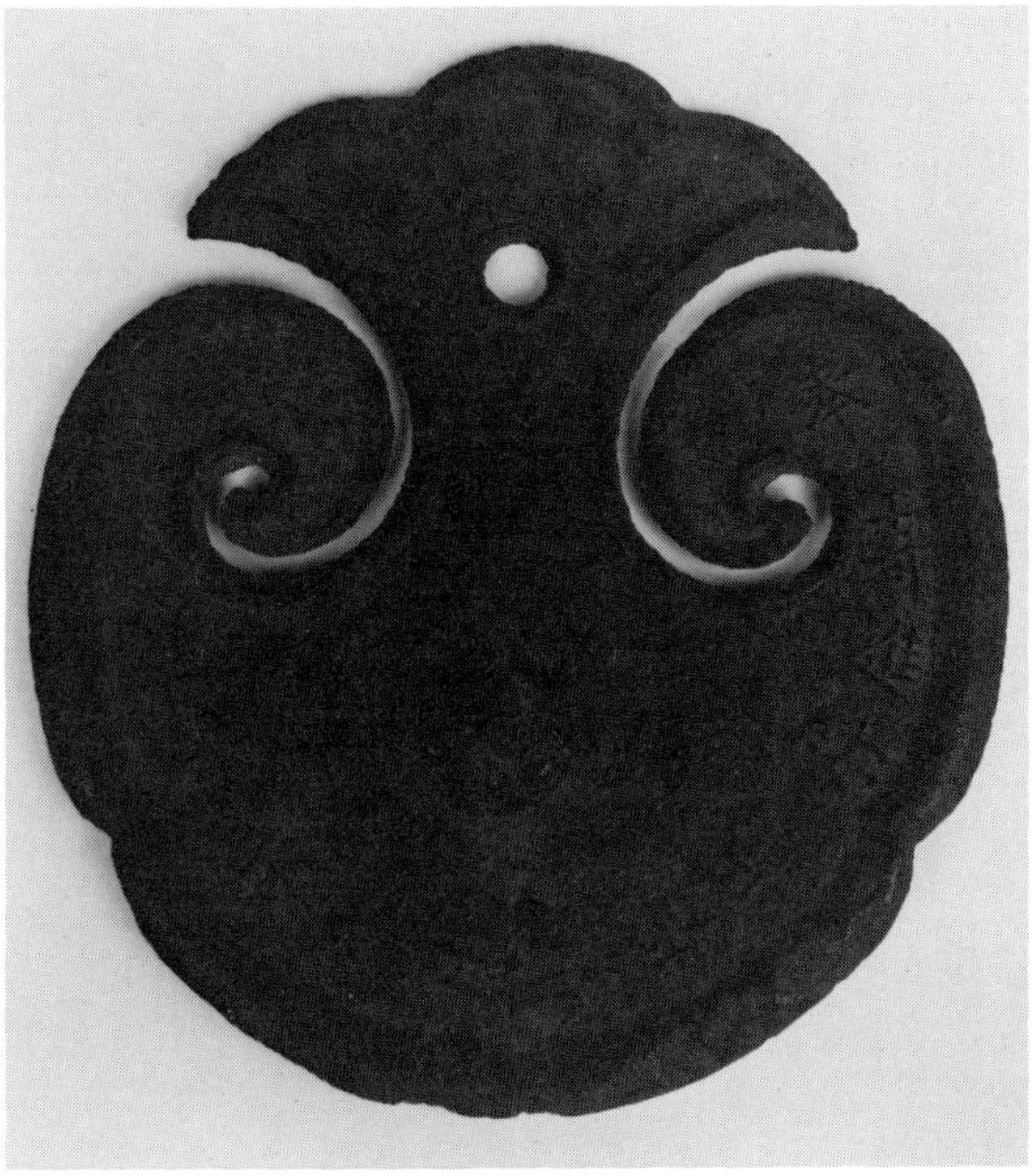

37 雲版 平安時代 福岡 太宰府天満宮

38 雲版 平安時代 福岡 筥崎宮

39 雲版 鎌倉時代 埼玉 長光寺

40 雲版 鎌倉時代 宮城 瑞巌寺

41 雲版 江戸時代 神奈川 妙本寺

42 雲版 室町時代 滋賀 聖衆来迎寺

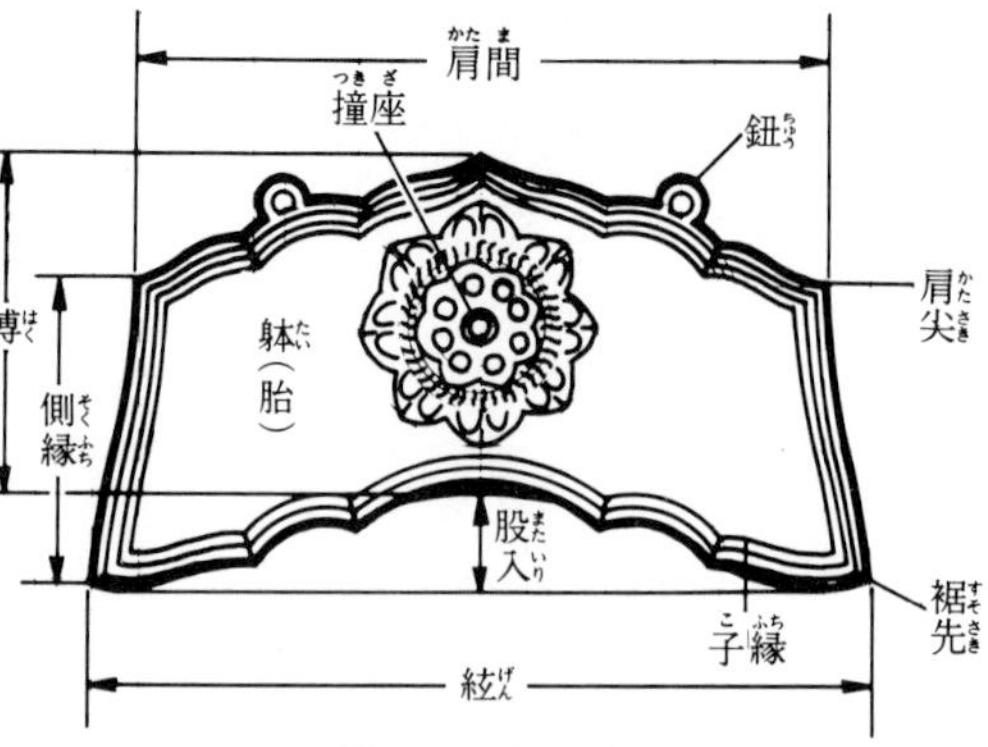

磬の部分名称

ある。『楽家録』[※23]四二によると「銅磬梁朝楽器也、後世因之方響之制出焉」とあり、方響《ほうきょう》とも称し、六朝時代には公式の楽器であった。

わが国では『法隆寺伽藍縁起并流記資財帳』（天平一九年・七四七）に「磬弐口 一口銅径一尺七寸 一口鉄径一尺二寸五分」、『大安寺伽藍縁起并流記資材帳』（天平一九年・七四七）に「合磬参枚 法物」、『阿弥陀院宝物目録』（神護景雲元年・七六七）に「白銅磬一枚 磬台花木二枚金銅」と記載されている。また『西大寺資財流記帳』（宝亀一一年・七八〇）には楽器の記載が多いが、これによると、方響を黒柿の架に一六枚ずつ懸けていることが知られる。さらに平安時代初期の『多度神宮寺伽藍縁起并流記資財帳』（延暦二〇年・八〇一）には「銅磬壱枚」、『観世音寺資財帳』（延喜五年・九〇五）の常住僧物章の条に「磬壱面銅 長一尺八寸 広六寸五分 鉄磬一面 長一尺八寸五分 広六寸八分」、『観心寺勘録縁起資財帳』（元慶七年・九四五）「磬鐘《けいのかね》 一枚 長八寸 広五寸」と記載があるが、これらの現物はいかなる形式のものか明らかでない。

正倉院には鉄の方磬（一組の中九枚）や鉄磬残欠（現在長二八・七cm）が現存し、八世紀に磬は使用されたことが推定される。また天平六年（七三四）の『造寺所作物帳』には「磬六十枚 卅六枚、各高七分、広一寸九分、 廿四枚、各高五分、広一寸四分、 料白銅一斤十二両 五両白鑞、一斤六両 分、二二分、銅、 十字磬廿四具高各五分、広一寸四分、料白銅一斤二両 三両二分、白鑞、 十四両二分、銅、」とあり、磬の銅と白鑞の配合率を記しており、磬と十字形磬の名称が見られ、すでにわが国で磬を製作していたことが推定できるが、その形状については何も記述がなく定かでない。十字磬というのはいかなるものなのか、あるいは風鐸の舌のような形状のものなのか、舌を留めるための十字形の金具をさすのか、また単に板状をなした鳴物をこのように磬と称したのか、垂飾のような金具をいうのか、はっきりした判断を下すわけにはいかない。奈良時代における磬がどのような形状か、今後の大きな問題といえよう。

また天平宝字六年（七六四）四月一日の『造東大寺司告朔解』のうちに「鋳作石山寺磬一面 功十二人」とありすでに八世紀にはわが国において磬を鋳造していたことがうかがえる。

なお『信貴山資財宝物帳』（承平七年・九三七）には「打鳴二口 一口平 一口円 各五寸 皷口末鋳 其料金在二斤余」とあるが、これはどのような形状のものか不明である。特に一口円とあるものは、あるいは円板状の磬を指すのかもしれない。

磬の形 わが国の磬の遺品としては、中国風の素文のへの字形直模の物は知られておらず、大多数の磬は左右均等の山形をなし、数個の弧線を総合し、格狭間の刳方と似た上下辺の形式であり、銅・鉄・金銅の鋳造製である。山形の中央に撞座《つきざ》がつき、上縁に鈕孔二個をつくる。この形式は山形式というべきものである。

原始的形式を残す磬では、奈良・法隆寺の東院銘が陽鋳された素文磬（47図）がある。この磬は総体に直線的な簡素なつくりで、中央に九個の房子を入れた簡素な撞座を設け、上部に遠山形の耳をつけ、幅広の鈕で縁どっているが、上縁のまがりはゆるやかで下縁は中央部にやや突出し左右にわずかに弧を描いて上る形となる特長を示している。この形式と同様の磬として、残欠ではあるが、東京国立博物館蔵・山梨県巨摩郡白根町善応寺裏出土（陶製経筒、短刀、鏃など伴出）の鉄磬がある。その全形は残部から推定するより方法がないが、法隆寺の素文磬と酷似している。この形式の磬も大きくみれば山形式磬の一種とみてよいのであろう。

磬にはこの山形以外に蝶形・蓮華形・円版形・雲形などがある。蝶形には東京国立博物館蔵品[※24][25]（松本市大字宮渕出土・長保三年銘鰐口伴出）や、和歌山親王院の金銅蝶形磬（55図）があり、蓮華形に

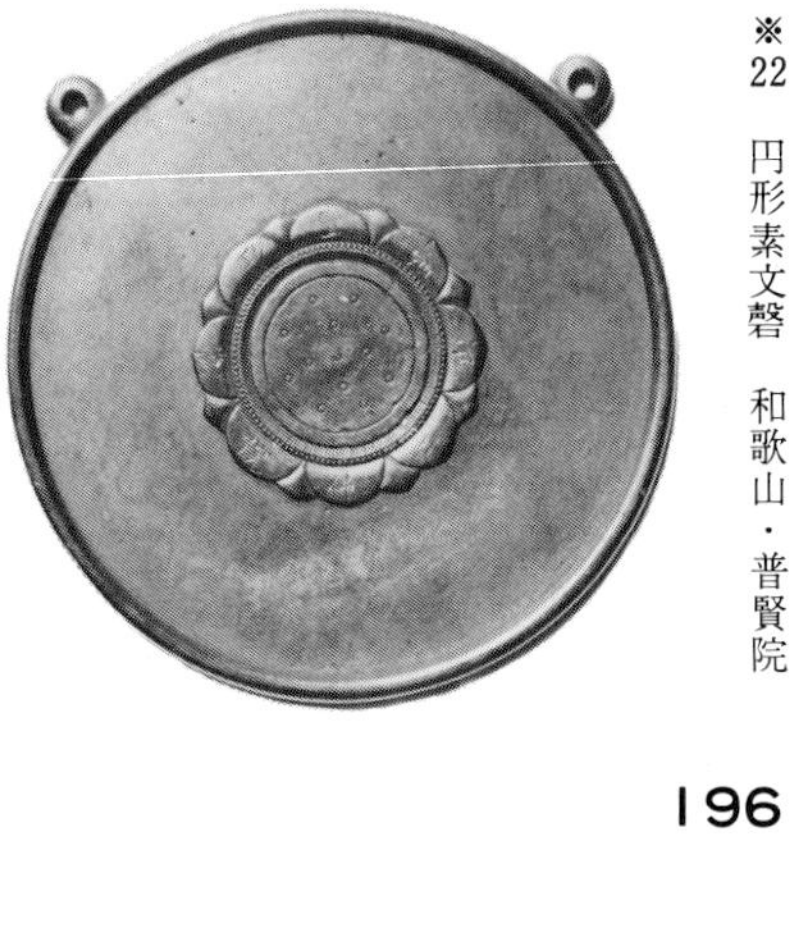
※22 円形素文磬 和歌山・普賢院

※23 我が国の雅楽について最も詳細を極めた書。全五〇巻。元禄三年（一六九〇）の頃に、京都楽所の楽人、正四位下行飛騨守安倍季尚が著した。極めて多くの古典を比較参考にし、その異同を集め、これを訂正して、後世にその正しい技と説とを伝えたものである。全巻漢文体によって記されており、多くの彩色画が入っている。写本が多いが刊行本としては『日本古典全集』第五期にある。

※24 昭和一四年五月に長保三年（一〇〇一）の刻銘をもつ日本最古の鰐口（27図）と枢《とぼそ》金具と共に出土した蝶をかたどった比較的大型の磬で縁厚も厚く、重量があり、堂々とした趣をもっている。凸反となる表面は外周を幅広い蒲鉾縁で囲み、中央は伴出の鰐口と同じ形式の七曜文の撞座を設け空間に唐草文を浮出す。凹反の裏面は撞座はなく、羽を広げた蝶の姿を薄肉で表し、外周を連珠文帯で縁どりする。胴は木葉形の下に鰭状のものを左右に出した珍しい形である。左右径三〇・〇cm、厚一・〇～一・八cm、重量二一二〇g。

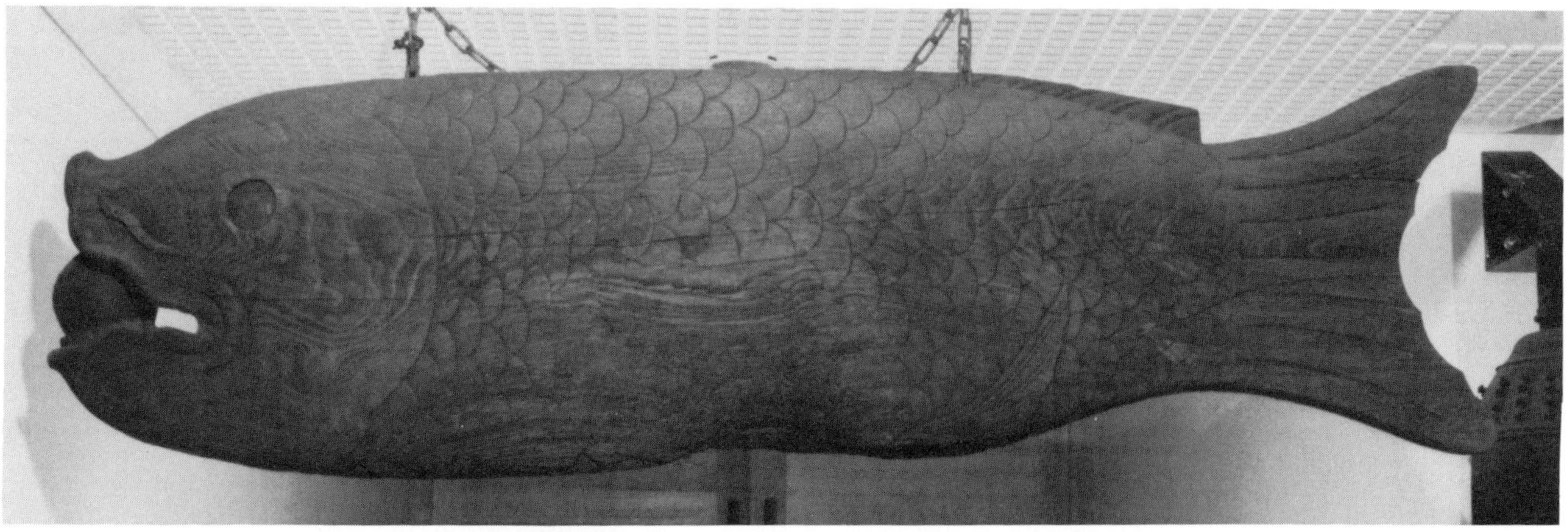

43　魚鼓（鯉形）江戸時代　東京　五百羅漢寺

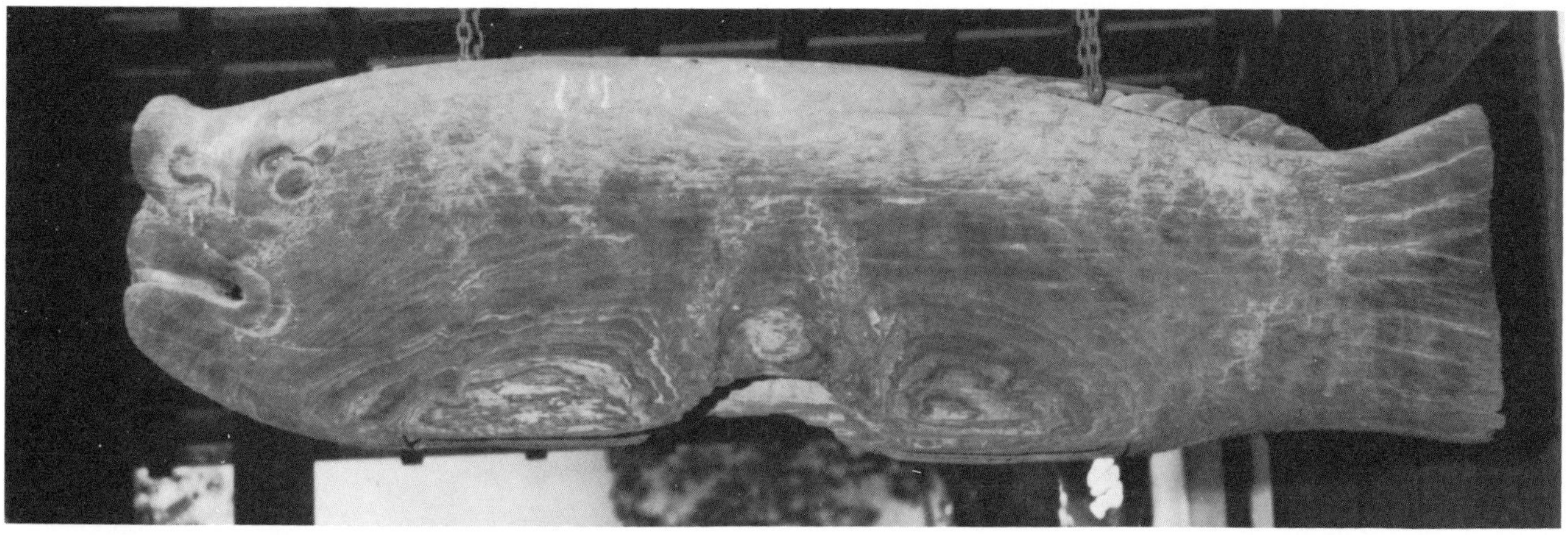

44　魚鼓（鯉形）江戸時代　大阪　四天王寺

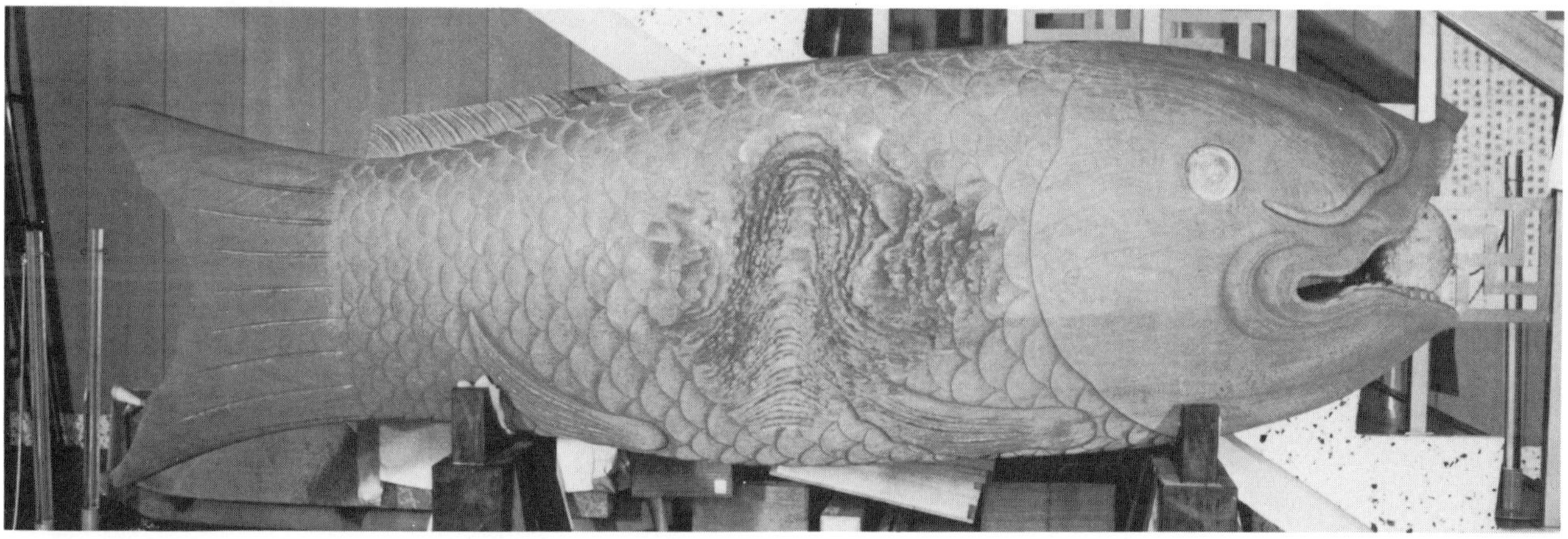

45　魚鼓（鯉形）　江戸時代　京都　萬福寺

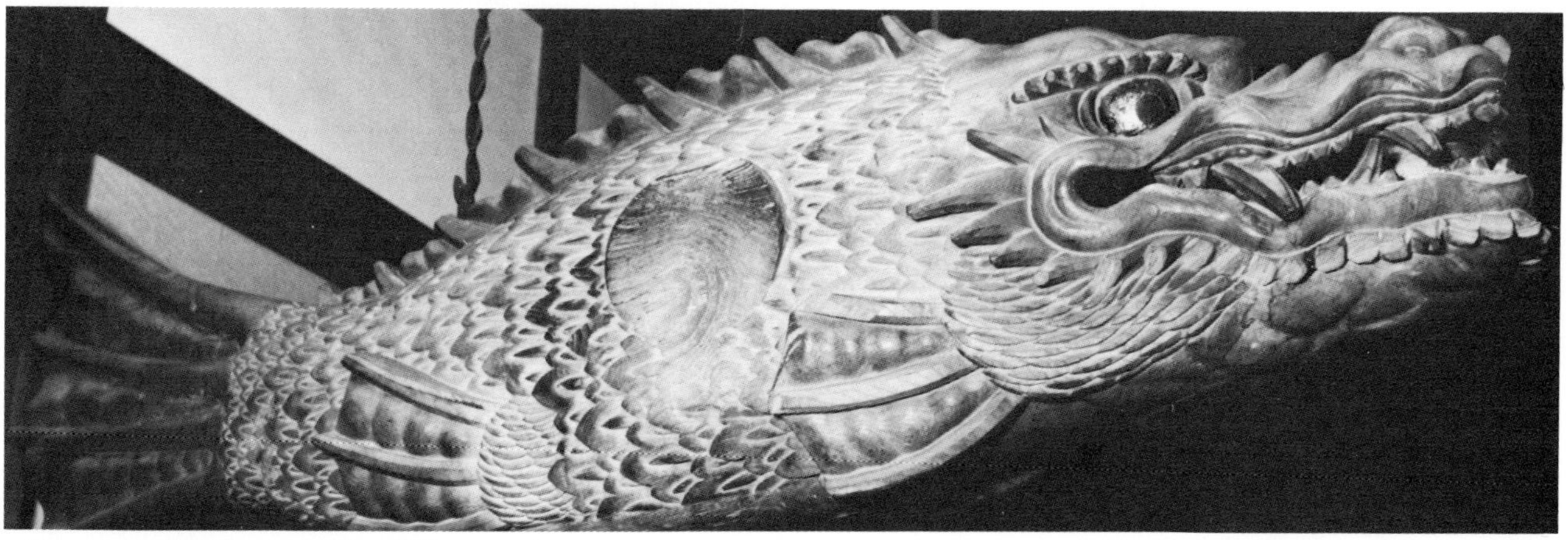

46　魚鼓（鯱形）江戸時代　福井　永平寺

は奈良・大和[※28]文華館や細見実氏の蔵品がある。また円版形は和歌山・普賢院に江戸期の作と思われる素文[※22]磬があり、雲形では奈良・法隆寺品（48図）がある。雲形と似ているが風鐸の舌形ともいうべき異形の雷神文磬（法隆寺献納・53図）が東京国立博物館にある。

磬の文様　わが国の磬の文様の大多数は、撞座の蓮華文を中央に、左右相対の孔雀を置く。最も古式なものは、撞座のみの無文磬で、片面のものが古式である。無文磬は、その形姿に意を用いるため形制がよく整った力強い磬が多い。

孔雀文様にも相対の孔雀を配する磬（大分・北圭一氏　国宝　孔[※27]雀文磬〈承元三年銘〉）と、左右異なる孔雀を配する磬（滋賀・金剛輪寺　孔雀文磬〈貞応元年銘〉）がある。

また蓮華唐草文（京都・禅林寺（50図）金銅蓮華文磬〈平安時代〉）、唐草文（滋賀・百済寺（49図）金銅唐草文磬〈平安時代〉）、宝塔文（奈良・法輪寺（51図）多宝塔文磬〈平安時代〉）などの異文様の磬がある。

磬の製作技法　磬を鋳造する古い技法は江戸中期以後は廃れてしまったが、江戸時代には木をもって磬の形を作り、表裏両面の撞座や文様を彫り、素形として鋳造したといわれる。室町以前の技法は明らかではないが、奈良・北村繁樹氏蔵の花鳥文磬、大阪・細見実氏蔵の草花孔雀文磬などは、明らかに雌型の型土中にヘラをもって文様を陰刻した、藤原鏡の表現方法と同様である。

最古の紀年銘仁平四年（一一五四）を有する京都・峰定寺蔵の草花文磬（52図）は、小形（裾幅一七・一cm）で文様表現も異文様であり、中央に古風な形の撞座を置き、左右におのおの一茎三花の草花を配している。これは蠟を原型として造ったらしく、全体に裏面は蠟原型の軟らかな調子が見られ、さらに工人の指先の跡形があり、蠟型鋳造によったもののようである。磬の製作法については、個々の磬について調査をする必要があるが、平安時代末から鎌倉時代になってから磬は鋳造後工具による仕上げが行われているが、特に和歌山・親王院蔵、金銅蝶形磬（55図）は仕上げが念入りに行われている。

磬の変遷　磬は室町時代に入って乱世となり、優品をみず、江戸時代はもっぱら量産的に製作され美術的価値のあるものはほとんど見られない。一般的にいって、古くは素文、片面磬であり、山形が直線的であるが、やがて両面磬となり、上下の縁に曲線が加わる傾向がある。

なお奈良・興福寺蔵の華原磬（56図）は、うずくまる獅子の背上に立つ四龍の胴間に蓮華唐草文を飾る鉦鼓を重ね合わせたものを懸ける異色的なもので、大陸の趣を伝える唐代の作である。

磬架　磬は二つの鈕孔（耳）に紐を通して、木製の磬架に懸ける。架の上部は洲浜形とする。磬架としては、岩手・中尊寺金色院に孔雀文磬を懸けたもの（国宝）があり、現存最古の平安時代のものである。

磬一覧　室町時代以前の磬の重要遺品は左記の通り。

（指定・所有者）	（文様・材質・年紀）	（紘〈裾幅〉cm）
〔奈良時代〕		
正倉院宝物	無文・鉄製（残欠）　最長	二八・七
〔平安時代〕		
◎奈良・法隆寺	無文・銅製	二五・二（47図）
◎奈良・法隆寺	唐草文・銅製鍍金	二六・七（48図）
⊙福井・瀧谷寺	宝相華文・銅製鍍金	二七・〇
◎大阪・細見実	無文・銅製鍍金	二四・七
◎滋賀・百済寺	唐草文・銅製鍍金	二三・二（49図）
⊙京都・禅林寺	蓮華文・銅製鍍金	二七・八（50図）
◎奈良・法輪寺	多宝塔文・銅製鍍金	二四・一（51図）
◎東京国立博物館	蝶形・銅製・長保三年銘鰐口伴出	三〇・二（※25）
福島・二瓶忠	素文片面・大治五年銘石匱経筒伴出	一八・八
東京国立博物館	（残欠）・康治元年銘　残存長	九・四
◎京都・峰定寺	草花文・銅製・仁平四年（一一五四）	一七・一（52図）
◎東京国立博物館	蓮池文・白銅製	二〇・四
◎和歌山・清浄光院	花鳥文・銅製	二三・九
◎奈良・北村繁樹	花鳥文・白銅製	一九・一
◎大阪・細見実	草花孔雀文・銅製	一五・〇
◎東京国立博物館	雷神文・銅製（法隆寺献納宝物）	三六・七（53図）
◎滋賀・園城寺	孔雀文・銅製鍍金	二六・〇

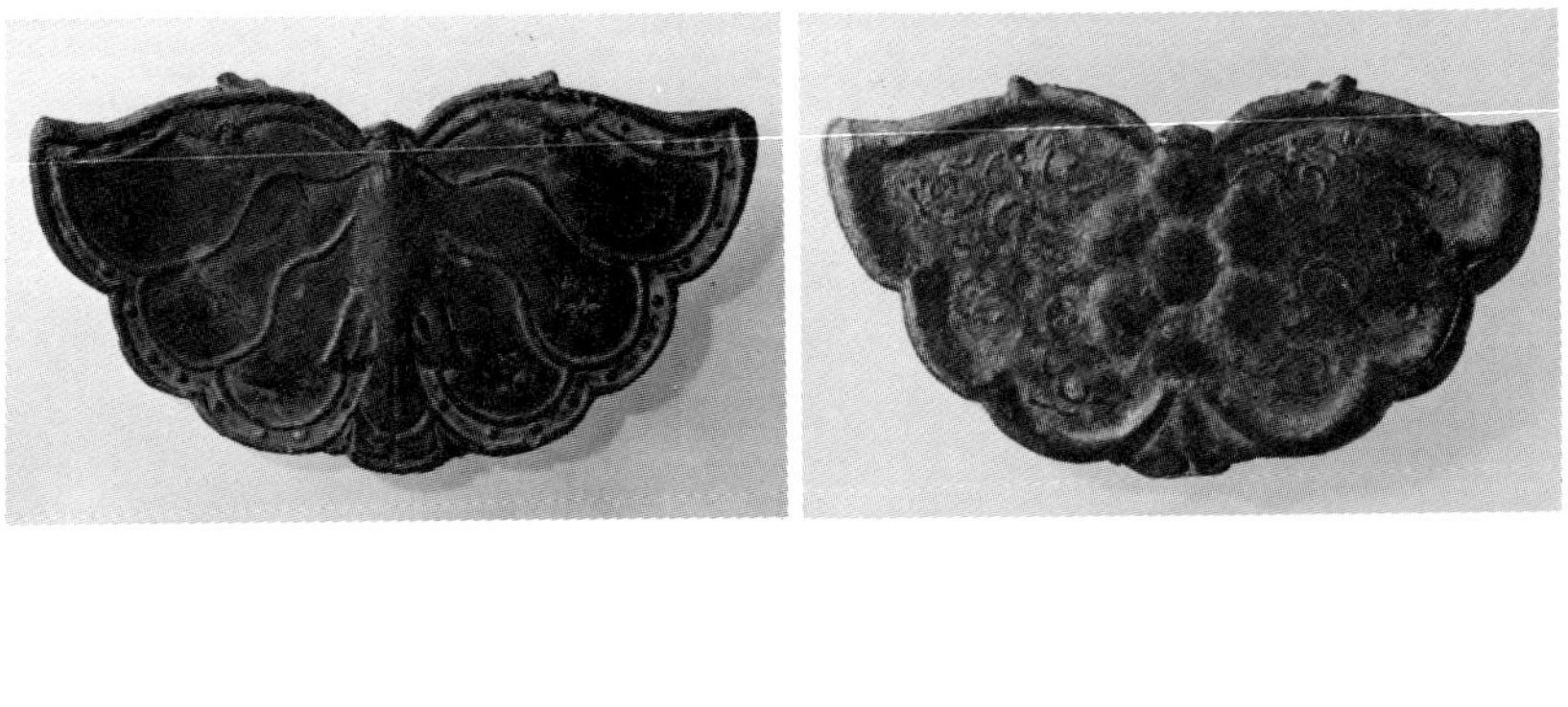

※25　蝶形磬　平安時代　東京国立博物館　右：表面　左：裏面

※26　宝相華螺鈿磬架　平安時代　岩手・大長寿院

47　磬　平安時代　奈良　法隆寺

48　磬　平安時代　奈良　法隆寺

49　磬　平安時代　滋賀　百済寺

50　磬　平安時代　京都　禅林寺

51　磬　平安時代　奈良　法輪寺

52　磬　平安時代　京都　峰定寺

53　磬　平安時代　東京国立博物館

54　磬　鎌倉時代　岩手　中尊寺地蔵院

55　蝶形磬　鎌倉時代　和歌山　親王院

56　華原磬　唐時代　奈良　興福寺

京都・広瀬都巽　孔雀文・承安四年(一一七四)　二九・二
神奈川・光明寺(旧蔵)　蓮華文・安元二年(一一七六)　一九・七
熊本・願成寺　孔雀文・建久元年(一一九〇)　二三・九
〔鎌倉時代〕
◎滋賀・成菩提院　孔雀文・銅製鍍金　二七・一
◎京都・北村又左衛門　孔雀文・承元二年(一二〇八)　二四・七
⊙大分・北圭一　孔雀文・銅製・承元三年(一二〇九)三四・一(※27)
◎京都・堂本四郎　孔雀文・金銅　建保元年　元亀元年八月刻銘
京都・林新助　孔雀文・建保元年(一二一七)　元亀元年の追刻銘あり　二八・五
◎栃木・輪王寺　梵字撞座・銅製・建保五年(一二一七)　一五・八
奈良・法隆寺　素文・承久二年(一二二〇)(針書銘)　肩幅一七・三
◎滋賀・金剛輪寺　孔雀文・銅製・貞応元年(一二二二)　三〇・二
愛知・国照寺　孔雀文・天福二年(一二三四)　三一・八
奈良・大蔵寺　素文・宝治二年(一二四八)　一九・二
⊙岩手・中尊寺地蔵院　孔雀文・銅製鋳金・建長二年　三二・六(54図)
◎福井・大善寺　孔雀文・銅製鍍金・建長三年　二三・一
◎滋賀・小谷寺　孔雀文・銅製鍍金・引長三年　二八・九
神奈川・善勝寺　素文・銅製・文永四年(一二六七)
◎和歌山・蓮花院　孔雀文・銅製・文永一〇年　二四・五
◎長野・日本民俗資料館　孔雀文・銅製　二七・三
岡山・弘法寺　素文・弘安八年(一二八五)
埼玉・宗信寺　孔雀文・正応四年(一二九一)　一五・六
◎福島・金剛寺　双龍双鳥文・銅製鍍金・正応六年　一六・三
福島・畑幾恵　双龍双鳥文・銅製鍍金・正応六年
◎奈良・東大寺　孔雀文・銅製　四五・二
◎奈良・大和文華館　蓮華形・銅製鍍金　一五・六(※28)
◎大阪・細見実　蓮華形・銅製鍍金　一六・〇
◎和歌山・赤松院　蓮華形宝相華文・銅製鍍金　一八・八
◎和歌山・親王院　蝶形・銅製鍍金　一八・九(55図)
京都・十念寺　素文・正和二年(一三一三)　三〇・六
〔唐時代〕
⊙奈良・興福寺　華原磬・銅製・金鼓径二四・二総高九三・九(56図)

七、鐃《にょう》

銅鐃　法会に用いる楽器の一種。『常暁和尚請来目録』には、「銅鐃一口」とあり、鈸《はつ》と同様の打楽器であったと考えられる。経典には記載が多く、娯楽用の楽器であったものが、伎楽用具に採用され塔供養・仏供養の法具となった。

鐃は二種類あったらしく、一つは「銅鐃」といわれるもので、鈸と同じく西洋楽器のシンバルのような銅拍子であるが、『法華経』に記載されているものがこれにあたるかどうかは不明である。鈸と形態が似ているため「鐃鈸」と併称されるようになった。元来鐃と鈸は別のものであるが、共に銅製の楽器であったため混用されたのであろう。現在、禅宗でいう鐃は、この銅鐃のことであるが、鈸と同様の物である。

古い遺例がないため、現在では銅鐃と鈸の違いは不明である。なお銅鐃はドラともよみ、『持宝通覧』巻中には銅羅は銅鐃から転訛したものと記している。ために銅羅のことを鐃と称する宗派もある。

金鐃　他の一種は「金鐃」と呼ばれるもので、その形状は柄があり、鈴のごとく中に丸状のものを入れ、柄をとり振って鳴らす。銅鐃と形態的に別種の楽器である。金鐃はもと陣中で用いた楽器で、鼓を中止させたり、軍を退却する合図に用いたものといわれる。この金鐃は密教における金剛鈴に先行するものとみられる。遺品からみるとこれとよく似ており、奈良時代の雑密の法具と考えられる。

鈴には口があり、中に鈴子を入れる。柄に三鈷形を付したものが古く、日光男体山出土品が二荒山神社（61図）に、また千葉・円福寺（58図）に奈良時代の遺品がある。

鎌倉時代に入ると柄の先端に小球形をつけ、孔を穿って紐を通すが、東京国立博物館献納宝物中の鐃（57図）はこの形式である。

また鐃は東大寺二月堂の修二会（お水取り）に使用されている三鈷柄をもつ形式がある。柄銅部に年次毎の堂司名を記した捻紙付箋《ねんしふせん》を結んでおり、堂司鈴《どうつかされい》(59図)といわれ弘安八年(一二八五)の銘が鈴部に刻まれている。使用にあたっては鈴身を上にして振り鳴らすものである。多分に神仏習合的な思想背景をもつ法具と考えられ、上代から続くお水取りに使用されていることは、鐃の性格を判じるう

※27　孔雀文磬　鎌倉時代　北圭一氏
右：表面　左：裏面

※28　蓮華形磬　鎌倉時代　奈良・大和文華館

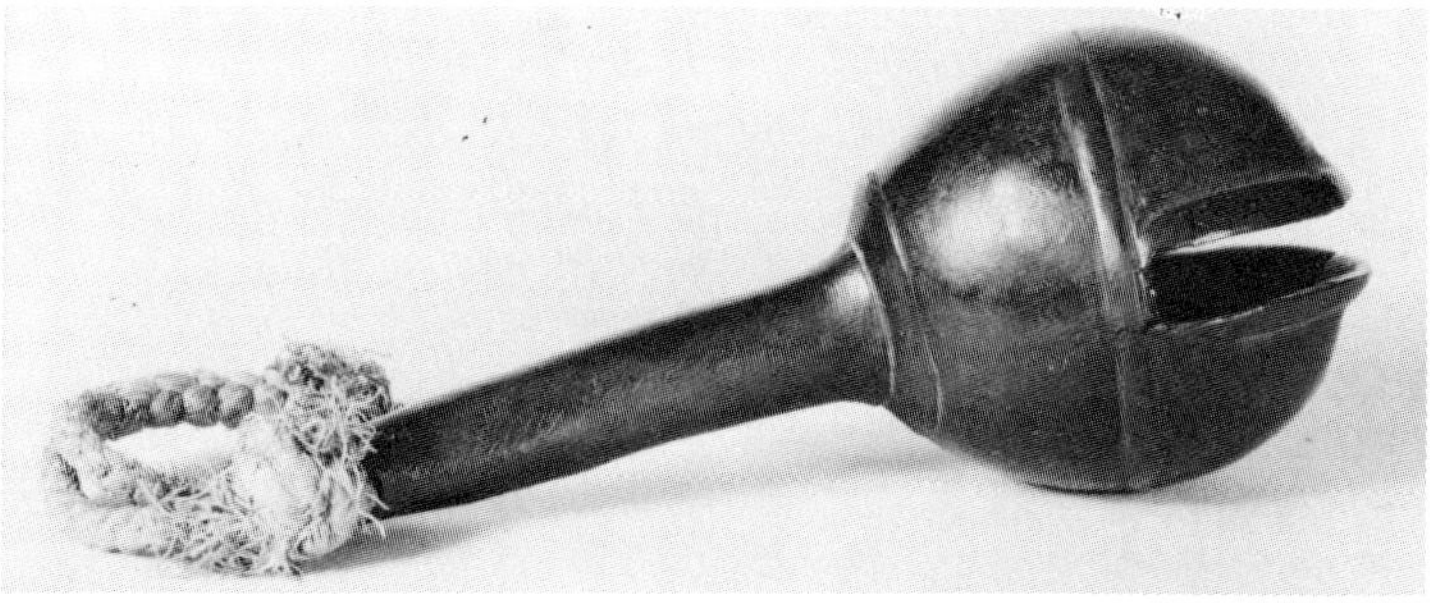

57 鐃 奈良時代 東京国立博物館（法隆寺献納）

59 鐃（三鈷鐃・堂司鈴） 鎌倉時代 奈良 東大寺

58 鐃（銅 鋳造 長二八・〇cm 鈴 径九・九cm） 奈良時代 千葉 円福寺

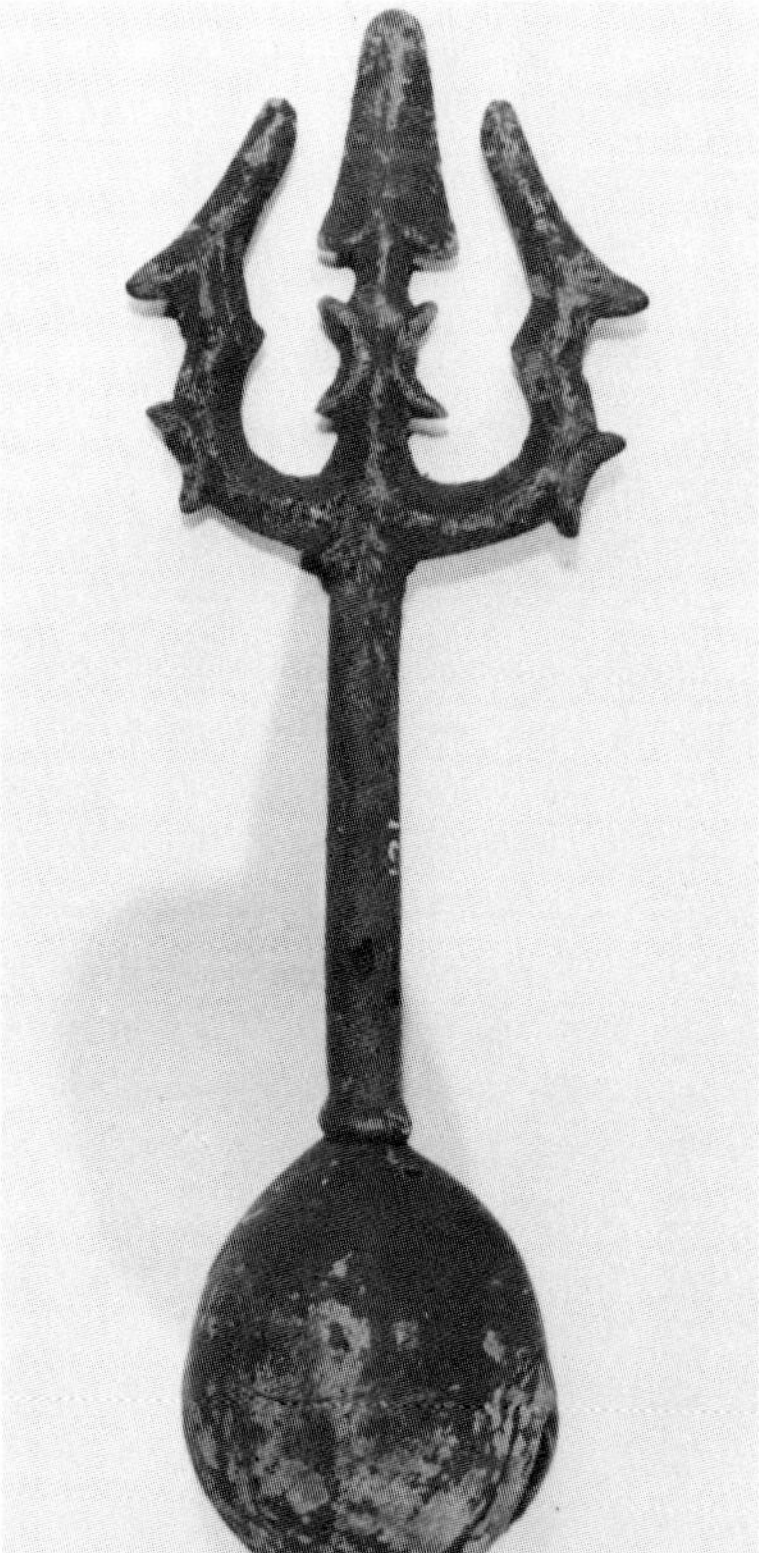

61 鐃 奈良時代 栃木 二荒山神社

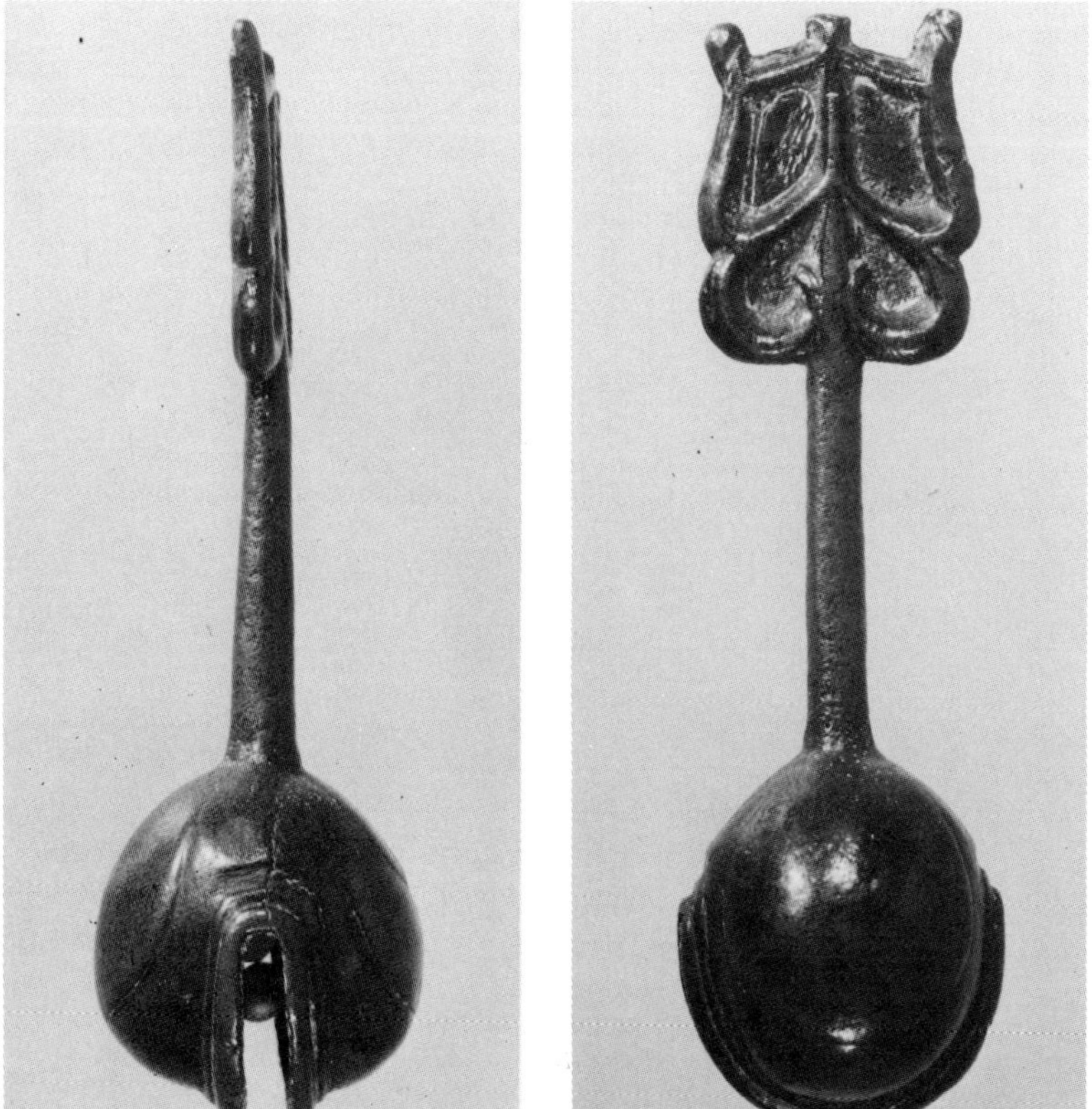

60 鐃（正面と側面） 奈良時代 東京国立博物館

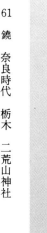

えで意義深い。また法隆寺・法輪寺・岩船寺などにも鎌倉時代の遺品がある。

八、鈸《ばっ》子《し》

銅鈸《どうはち》・銅盤・鐃鉢《にょうはち》ともいう。銅鐃《にょう》と同種で西洋楽器のシンバルに似る。伎楽供養具の一つであり、『仏本行集経』巻一四には「一千の銅鈸、一千の具簫、常に宮内に於て昼夜絶えず」とあり、『摩訶僧祇律』巻三三には、鐃と同様に伎児が使用する楽器の一つにあげられており、娯楽用の打楽器であったらしい。

我が国では『法華経』第一方便品に銅鈸とあり、『西大寺資財帳』（宝亀一一年〈七八〇〉）に「銅鈸子六具各交纈緒を着く」とある。また入唐八家の一人である常暁和尚の『常暁和尚請来目録』に「銅鈸一具」と記載されており、古くからの法楽の具と考えられる。

多くは響銅鋳製後、鍛造を加えている。その形は円盤形をなし、表面の中央は丸く隆起させ周縁に鍔をつくり、中心に紐通しの穴をもうけ、これに紐（緒）をつける。裏面は凹む。二口をすり合せ、また打ちあわせて使用する。『勅修百丈清規』巻下・法器の章には「凡そ維那、住持両序に揖して出班上香の時、蔵殿祝賛転輪の時、行者之を鳴らす。迎引送亡の時、行者披剃、大衆行道、新住持接して入院の時に遇はば皆之を　鳴らす」とあり、維那《いの》や住職が並んで仏前に香を献ずる時、説法や大勢が集まる行事のときに鳴らされる。

遺品としては、滋賀・百済寺には、銅羅とともに建長八年（一二五六）銘の一組の鈸子（62図）がある。京都・東寺には文保二年（一三一八）銘（63図）のもの、愛媛・大山祇神社には正慶銘のものが、神奈川・称名寺にも鎌倉時代の遺品（64図）がある。

九、鉦《しょう》鼓《こ》

鉦鼓は、鐘鼓・常古または鉦《かね》という。『大安寺資財帳』（天平一　年、七四七）中に「鉦鼓四面」とあるが、使途は明らかでないところがある。青銅鋳造製で、その形は鰐口を半面にしたものに似る。表面はやや膨らみ、上縁二個所に鈕の耳を造り、そこに孔をあけ紐を通して架（台）に吊して使用する。

紀年銘のある鉦鼓で最古のものは奈良・東大寺の長承三年（一一三四）銘の作（65図）である。上面径三〇cm、底径三〇・六cm、底縁厚三・三cm、表面に二本一組の細い凸紐を四個所にめぐらし四区の同心円帯に分け文様は施さない。表面にゆるやかな甲盛りをつけるが、大形の割に縁部が薄い。口縁部は後世の鉦鼓や伏鉦《ふせがね》のように駒爪《こまのつめ》式の張出しはつけず、二本の紐をめぐらすだけで古式鉦鼓の特徴を示し、上縁両肩には魚形に似た耳鈕をつけるが小形であり、これも古式である。側面の上部に左右に分けて次の陰刻銘※29が記されている。「別当法印権大僧都定海」「長承三年三月一一日奉鋳四口之内二」。これにより施入者と製作時期が知られる。この一具と考えられる鉦鼓が奈良・手向山神社（66図）に一面伝存している（重文、面径二八・七cm）。東大寺鉦鼓と同文の銘文が刻まれるが、末尾が「奉鋳四口之内三」とあり、もと四口あったことが知られる。なお銘文中の定海は右大臣顕房の息子で、大治四年（一一二九）から永治元年（一一四一）まで東大寺の別当職をつとめた人物である。※30

東大寺には、東大寺鎌倉再興に尽力した俊乗坊重源が、渡部浄土堂における迎講《むかえこう》に使用したと推定される建久九年（一一九八）銘の鉦鼓もある。鉦鼓は元来雅楽で用いた打楽器であるが、浄土教ではこれを迎講をはじめ念仏用、勧進用として使用するようになったことが知られる。このような鉦鼓としては、同じく重源上人の施入になる兵庫・浄土寺の建久五年銘鉦鼓（重文・67図）が最古の遺例であるが、両者は同形式で鎌倉初期の基準作である。

鉦架　鉦鼓を吊す架《か》の現存最古の遺品は、東大寺の建久年銘の鉦鼓に付属する南無阿弥陀仏の名号のある錫平文※31で文様を施した鉦架※32である。鉦鼓を象鼻形の架にかけて打ち鳴らし踊り歩くことは空也上人に始まるといわれる。現存する京都・六波羅蜜寺の空也

※29 奈良・東大寺の鉦鼓側面上部左右に分けた陰刻銘

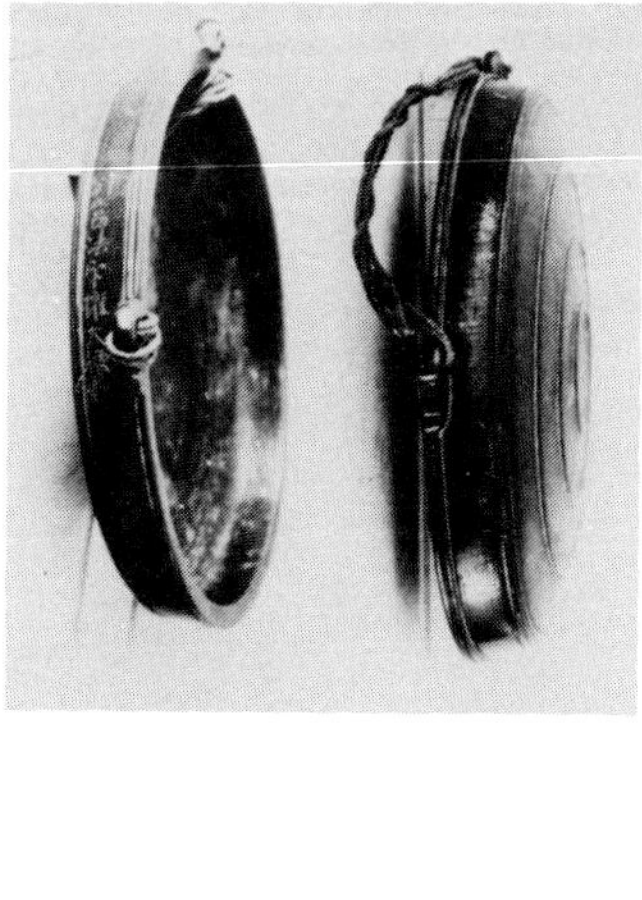

※30 保安二年—建永元年（一一二一—一二〇六）。鎌倉初期の僧であり、号は俊乗坊または南無阿弥陀仏。俗名刑部左衛門慰重定。はじめ醍醐寺で真言密教を学び、後に法然に浄土教を学ぶ。養和元年、治承五年（一一八一）に治承の兵火（一一八〇）で焼失した東大寺復興の勧進職になり東大寺の復興のため諸国を回って勧進につとめるとともに、民衆の教化・救済などの社会事業を推進した。東大寺荘園の獲得をはじめ、鎌倉初期の仏教美術の発展・南都仏教の復興に貢献するところが大きい。

※31 金銀の薄い延板を文様の形に切り、これを漆塗の表に貼り、さらに漆を塗り、乾燥後、文様の部分だけを剥がすか研ぎ出して漆地に文様の形をした金銀を象嵌したようにみせる技法。日本には奈良時代に唐から伝来した。正倉院宝物の金銀平脱鏡・金銀平文琴・銀平脱漆胡瓶・銀平脱合子などが著名な品である。平安時代以降もこの技が継承され、蒔絵《まきえ》に合流され金貝《かながい》の名称で呼ばれた。近代に向かう程薄くなった。真鍮板・錫も使用された。

66 鉦鼓　平安時代　奈良　手向山神社

67 鉦鼓　鎌倉時代　兵庫　浄土寺

68 鉦鼓　鎌倉時代　京都　東寺

62　鈸子　鎌倉時代　滋賀　百済寺

63　鈸子　鎌倉時代　京都　東寺

64　鈸子　鎌倉時代　神奈川　称名寺

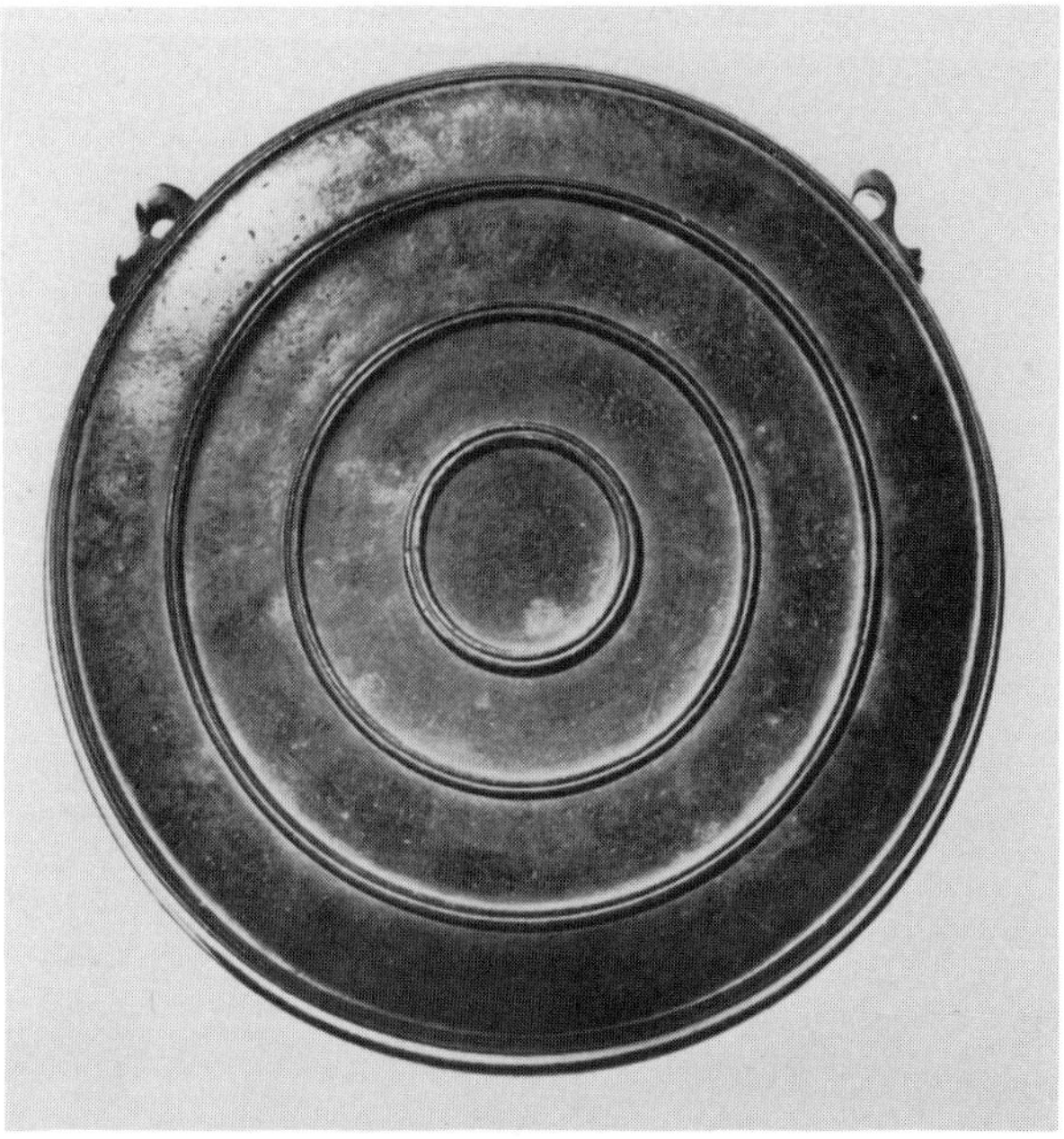

65　鉦鼓　平安時代　奈良　東大寺

上人像にはそれがつけられている。時宗一遍上人の徒もこれを用いたらしく『一遍上人絵伝』にもこれをつけて念仏する僧が描かれている。

鉦鼓・鉦架一覧　鉦鼓、鉦架の重要遺品は左記の通りである。

(指定・所有者)		(年紀)	(用途等)
鉦鼓			
◎奈良・東大寺	平安時代	長承三年（一一三四）	（65図）
◎奈良・手向山神社	〃	長承三年（一一三四）	（66図）
◎兵庫・浄土寺	鎌倉時代	建久五年（一一九四）	（67図）
◎奈良・東大寺	〃	建久九年（一一九八）	
◎京都・東寺	〃	安貞二年（一二二八）	法会用（68図）
滋賀・蓮花寺	〃	弘安八年（一二八五）	
山形・仏向寺	〃	永仁三年（一二九五）	
栃木・日光常行堂	〃	正安二年（一三〇〇）	
岐阜・常蓮寺	〃	延慶二年（一三〇九）	
栃木・鑁阿寺	〃	嘉暦元年（一三二六）	
岡山・仏教寺	南北朝時代	永享五年（一四三三）	
千葉・本願寺	室町時代	宝徳三年（一四五一）	
鉦架			
◎奈良・唐招提寺	平安時代		（雅楽用木製彩色鉦架縁）（一基）
◎奈良・法隆寺	〃		〃（三基）（69・70図）
◎奈良・唐招提寺	鎌倉時代		〃（一対）
◎奈良・東大寺	〃		木製（錫平文）（※32）
◎愛知・昌光律寺	室町時代		木製（72図）
◎大阪・四天王寺	桃山時代	慶長四年（一五九九）	鉦鼓および台

一〇、双《そう》盤《ばん》

釣（吊）鉦鼓の変形であって、裏からみると浅い皿形状、すなわち盤形となる。古く二個を架に懸けて使用したため双盤といわれる。主に浄土宗・時宗・融通念仏宗などの引声念仏の時に使用される。また、現在融通念仏宗大念仏寺（71図）においては、本尊の厨子開扉の合図として使用されている。その他宗派にも遺例はあるが、現在はあまり使用されない。

一一、伏《ふせ》鉦《がね》

叩鉦・扣鉦・敲鉦とも書き、チャンギリともいう。鉦鼓の凹面口縁に三本の脚をつけた形で鋳銅製である。鉦鼓は吊して鳴らすのに対し伏鉦は下に木台を置き、その上に置いて、これを撞木でたたき鳴らす。多く念仏・題目にあわせたり、御詠歌に合わせて拍子をとるために用い、浄土宗関係の遺品に多くみられる。

釣鉦鼓の変形したものと考えられるが、伏鉦には懸垂のための耳は不要であるにもかかわらず、伏鉦になっても、その名ごりをとどめ、懸垂のための耳を有するものがある。また口縁下端が、後世の梵鐘の爪のように出っぱったものが多い。

鎌倉時代には存在したようで、静岡・服部和彦氏蔵の室町時代の遺品がある。

一二、木《もく》鉦《しょう》

日蓮宗のみで用いる伏鉦の形をした木製梵音具であって、胴に耳をつけず、小さな布団の上にのせ、唱題をとなえながら桴でたたき鳴らす。起源は比較的新らしく、新居日薩《あらいにっさつ》（一八三〇〜八八）が孟宗竹の両節をとり、下を少し削って坐りをよくし、中啓の末広の部分をもって、要《かなめ》でこれをたたいたのが始まりという。その後、欅《けやき》・楓《かえで》・桜材でつくられるようになったが、木鉦の音色は明るく、木魚にかわるものとして使用されている。江戸時代以前のものは知られていない。

一三、銅《ど》鑼《ら》

鉦鼓とその形状はよく似るが、製作法が異なる。鉦鼓は鋳造製で、

※32 木製螺鈿鉦架　奈良　東大寺

※ 伏鉦　現代

※ 双盤　現代

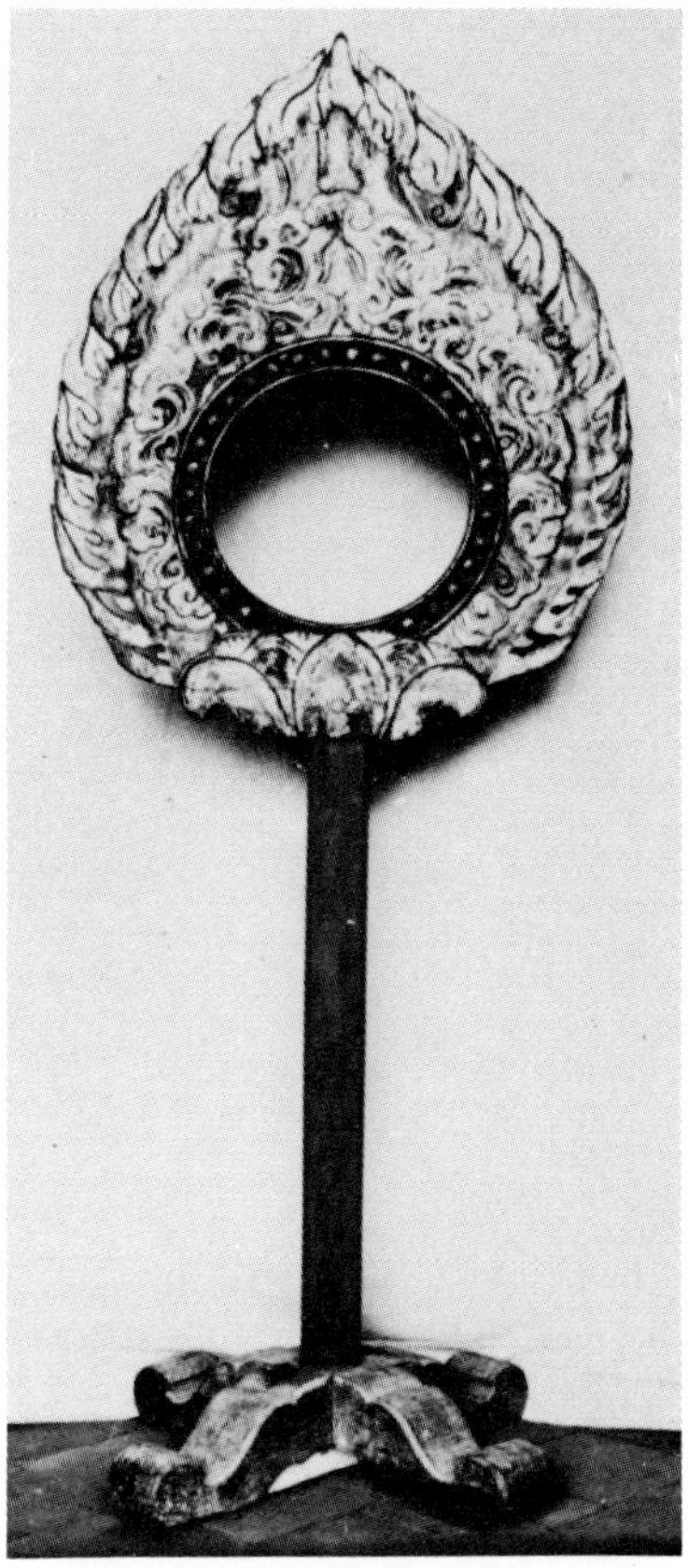

69 鉦架　平安時代　奈良　法隆寺

70 鉦架　平安時代　奈良　法隆寺

73 双盤　現代　京都　知恩院

72 鉦架　室町時代　愛知　昌光律寺

71 双盤　大阪　大念仏寺

74 伏鉦　大阪　大念仏寺

76 銅羅　鎌倉時代　滋賀　百済寺

75 木鉦と桴　現代　東京　厳定院

表面に帯をつけるが、銅羅は鋳造した薄形の器に鍛造を加えて、音響をよくしており、表面は素文である。紐をもって懸垂し、槌で打ち鳴らす。大きなものは三〇cm余で大羅、小さなものは一八cm位で小羅という。大羅は器物に懸垂し、小羅は左手でこれを下げて打ち鳴らす。元来中国では行軍に用いたが、後魏の宣武帝以後、強大な噪音を好む風が起こり、漸次広く会奏などに用いられるようになり、ときには盥《たらい》にも転用したといわれる。日本では主として禅寺で使用されるが、近世になると茶会の合図にも多く使われるようになった。鐃が転化したともいわれ、現在も禅宗以外では鐃という場合が多い。

遺品としては、わが国では鎌倉時代からみられるが、秀れた銅羅は中国製に多い。滋賀・百済寺には「奉施入彦根寺僧義光」「建長八年丙辰八月□日」の刻銘がある銅羅（重文、径二七・七cm、高四・八cm、厚〇・六cm）がある。東京国立博物館法隆寺献納宝物中には室町時代（南北朝時代）と推定される銅羅（重文、径三五・〇cm、高五・四cm、厚〇・四cm）一面が現存する。

一四、鏧《きん》子《す》

日蓮系以外の各宗派で多く用いられる梵音具である。鏧または金・磬の字を書き、また銅鉢ともいう。形は鉢形の器で鉢よりも大形で、半鐘を仰げたような姿になり、打棒でこれを打ち鳴らす。『禅林象器箋』には、「磬」としてみえ、仏前に置いて、行香、看経の時に打ち鳴らす。また頭をそるときに鳴らすとある。大きさは五升を受くるほどと『祇園図経』にある。

現在用いられている鏧子は、口径一八～六〇cmの大きさであるが、特に禅宗では口径三〇～六〇cmの大形が好まれ、他では径四五cmまでのものが多い。また真宗においては平鏧という浅い形の鏧も用いられる。銅羅と同様に真鍮の鍛造で造られ、余韻の長い音色が特色である。多く鏧子台にのせて使用されるが、真宗などは本堂の形式上、金欄などのうすい台上に置く派もある。

古い遺品はないが室町時代末、永禄八年（一五六五）の箱銘がある愛知・妙興寺の打物製（77図）がある。また中国乾隆六年（一七四一）銘の鉄製鋳物の鏧子（78図）がある。

一五、木《もく》魚《ぎょ》

禅宗使用の魚鼓の類品である。魚鼓より発達したものと考えられる。その形は木製球形の肉を刳り、魚鱗の彫刻をしたもので、伏鉦と同様、読経・唱題などの調子を取るために小ふとんの上に置き、先端に布を巻いた棒で打つ。多くは梆《ほう》または桑の木が使用され、桐材を使用したものを桐魚《とうぎょ》という。その形は魚の頭尾が相接するもの、魚が龍に化して二頭の龍が口を接し珠をくわえるものなどがある。また玉鱗と龍頭は黒漆で隅どりをし、金箔を押し他を朱塗りするものがあるが、彩色しないものもある。わが国では室町時代から使用されたと考えられるが、中国明代にこの形式が完成していたようである。また江戸時代に禅僧隠元が請来したという説もある。

天台宗・禅宗・浄土宗など各宗において使用されるが、特に浄土宗において念仏を多くとなえるため重用されている。

一六、槌《つい》砧《ちん》

椎砧とも書きまた槌《つい》整《とん》ともいう。略して椎《つい》ともいう。禅宗や浄土宗・融通念仏宗で使用される梵音具の一つ。食事開鉢・坐禅などのときにこれを打ち、大衆を静粛にさせる。槌（つち）は打つもの。砧（きぬた）は台である。ともに八角形に削った木製で、槌は八角形で短い柄を付し、砧は八角で次第に端細りになる。『勅修百丈清規』によると知事《ちじ》維那《いの》が槌砧を打つが、左手に砧を、右手に槌をもって打つ。また大きい場合は、砧を下に置き槌を打ち下ろして使用する。その用途によって大小の区別があるが、砧は上面径一五cm、底径一八cm位、高さ九〇cm前後のものである。打ち方には種々の法

※礼盤周辺におかれた梵音具の例　日蓮宗

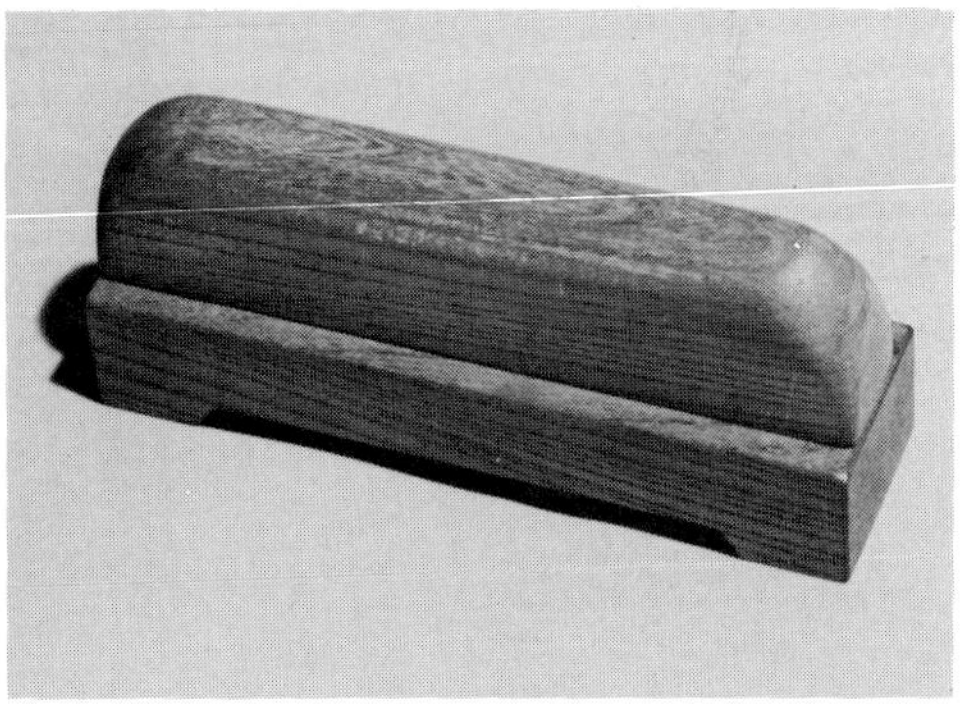

※33　戒尺

77 磬子 室町時代 愛知 妙興寺

78 磬子 清時代 東京 関口成也氏

79 木魚 室町時代 静岡 森口淳三氏

80 磬子 江戸時代 愛知 安楽寺

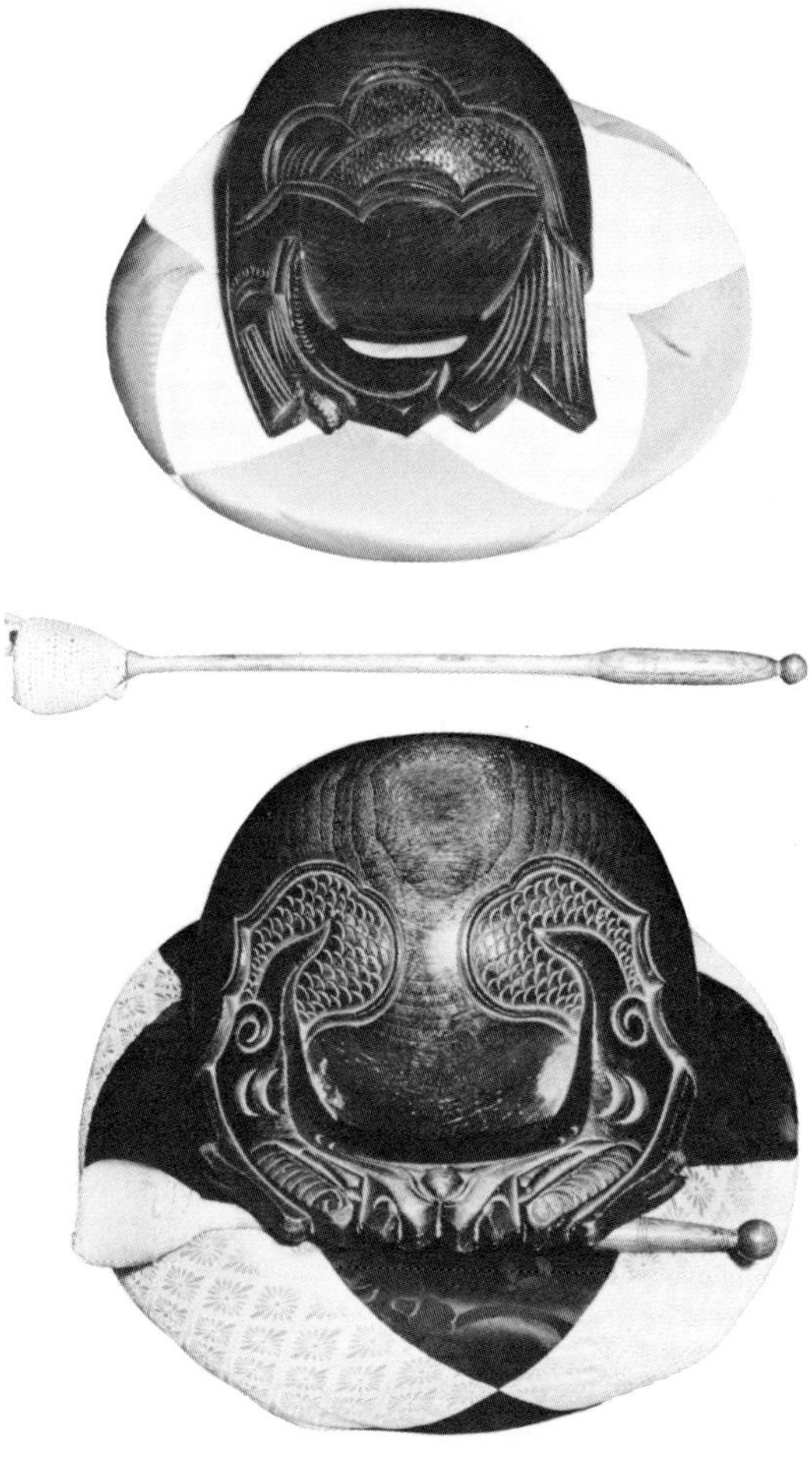

81 木魚（上・下） 現代 京都 法然院

82 槌砧 現代

則がある。

現在の禅宗寺院の僧堂では、内堂中心の聖龕《しょうがん》上に文殊菩薩、または迦葉尊者、陳和尊者の像を奉安し、その横に八角の堅木を使用した槌砧が置かれている。幅約三〇cm、高さ一六〇cm位で八角に面取りされた砧の上に、柄の無い木槌がのせられ、平素は袱紗《ふくさ》をかけてあり、本行鉢《ほんぎょうはつ》（僧堂飯台）または衆に知らせる時に用いる。打ち方は左手の人さし指と中指を砧の縁にかけ、右手に槌をたてに握って打ち下す。音は低いが力強い響きがする。

一七、笏《しゃく》・戒尺《かいしゃく》・音木

笏　尺拍子ともいう。歌曲などを奏するときに使用するもので一種の拍子木。その形は笏を縦に折半したような二片からなる。後柏原天皇の時代に、法然上人の御忌を修するときに勅があり、笏を賜わったが、この故事によって、今でも知恩院や浄土宗の各寺では笏念仏行道が行われこれを用いている。しかし他の宗派においては使用されない。

戒　尺　授戒の時、法要の順序を定めるために用いる。二本の木からなり、上木はやや小さく、これを下木に打ちつけて鳴らす。※33『禅林象器箋』にも記され、授戒に用いるので名づけられた。

音　木　戒尺から変化した犍稚の一種。主に念仏や題目をとなえる際に使用され、浄土宗では割笏と称し引声念仏、行道の折に拍節のために用いられる。その形は、一二〜二四cmの角材の角を丸くし、二本一組として主に紫檀で作られている。この二本を左右の手でたき合わせて用いるが、硬く余韻のない音がする。

一八、鈴

鈴（リン）　仏前で読経の時に打ち鳴らす鉢形の鳴器。直径一〇cm程度の銅製の小鉢。リンというのは唐音であり、禅宗で用いたのが始まりであり、密教では金鋺《かなまり》と称する。現在寺院ではこれに代わるものとして磬子が用いられ、リンは在家で、仏壇前に置いて読経の時に使用される場合が多い。

真宗において用いられる沙張（沙鑼ともいう）は、リンを大きく平たくした形で、直径一八〜三三cmくらいが多く撥で打って用いる。鈴・沙張は共に鋳造にて作られる。

鈴（レイ）　密教法具の一つ。鐘形の本体の上に柄を付し、内部に舌をつけたもの。柄を手に持ち振り鳴らす。柄の鈷の数によって独鈷鈴《とっこれい》・三鈷鈴・五鈷鈴・九鈷鈴、また塔を付したものを塔鈴、宝珠を付したものを宝珠鈴といい、音によって仏菩薩を歓喜せしめるために用いる。金剛鈴、鈴杵《しょ》ともいう（密教法具参照）。

このように本来密教の修法に使用されたレイが、禅宗や浄土宗に取り入れられた。浄土宗では、特殊な法要にのみこの五鈷鈴を用いている。また禅宗においては、早朝起きるための合図に振司がこれを鳴らして僧堂をめぐったり、施餓鬼などの法要に用いられることもある（曹洞宗・黄檗宗の項参照）。

これらに使用されるレイは、密教法具に比べ柄の部分が長い。最近ではご詠歌用のレイ（先祖供養具の項参照）として、鈷の部分が蓮形になったものなども考案されている。

一九、引《いん》　磬《きん》

椀状をなす小鐘、すなわち磬子《きんす》を小形にしたもので、底部中央に孔をあけ紐を通し、竹または木の柄をつけ、小桴《ばち》で打ち鳴らすもの。手にもつ磬の意味で手磬ともいう。『勅修百丈清規』に「行者手磬を鳴らし維那出班す」とあり、また「小手磬は堂司行者常に随身し、衆の調誦に遇へばえを鳴らして起止の節と為す」とある。

引磬の名称は『持宝通覧』に大衆を引くためとの説があるが、また音が磬と異なり嫋嫋と長く引くためともいわれる。『勅修百丈清規』に見られるため中国伝来品であろう。引磬は各宗で用いられる。

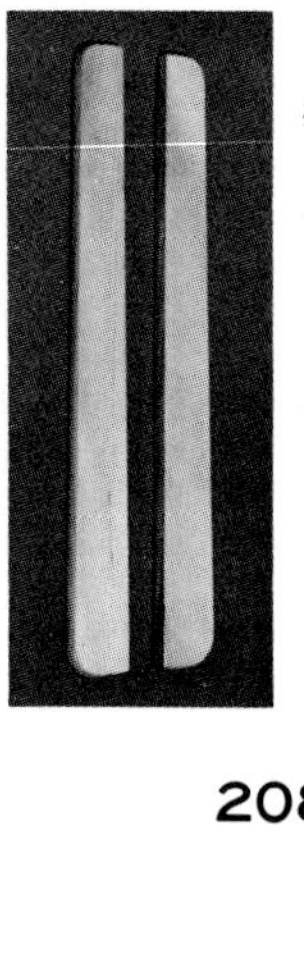

※笏

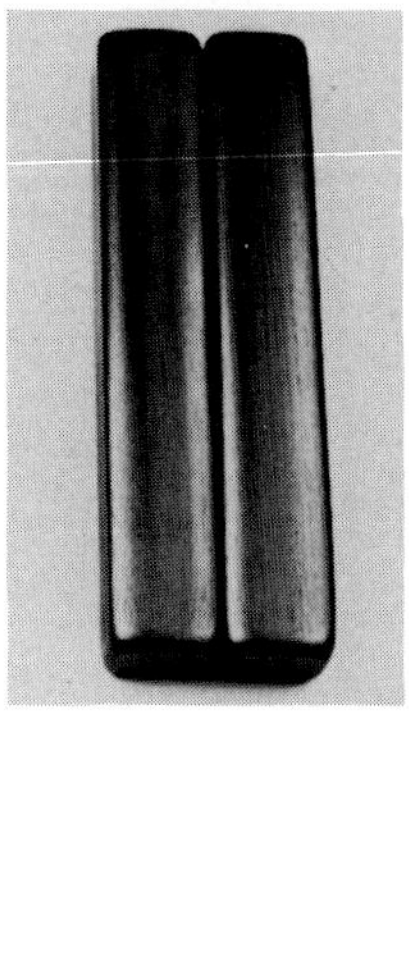

※音木

※鈴（りん）在家用

※34 引磬を持つ雲中供養菩薩像
平安時代　京都　平等院

京都・平等院鳳凰堂長押《なげし》上の雲中供養菩薩[※34]（平安時代）の持物にみられ、また『北野天神縁起絵巻』（鎌倉時代）の中にもみられ、古くから使用されていたものを新仏教で取り入れたものである。

遺品としては、奈良・唐招提寺の引鏧があるが、附属文書に天文一三年（一五五四）の銘がある（口径一七cm、高一〇・七cm）。

二〇、太《たい》鼓《こ》

サンスクリット語 **dunclubhi** の訳。打楽器の一種で、大鼓・太皷とも書く。中空の木製の円胴に皮を張り、これを打ち鳴らすもの。もとは誦経・梵唄（仏教声楽）などに用いる梵音具であるが、インドでは時報・警報に用いられた。中央アジアのキジールの壁画中にも一魔軍が太鼓を負い、後方から之を撃ちつつ仏に迫る光景が描かれている。中国では古くより儀式・舞楽・軍陣に用いられた。また太鼓は唐代以後、禅林において多く使用され『勅修百丈清規』巻下には、その用法により法鼓・茶鼓・斎鼓・更鼓・浴鼓があることを記し、また打ち方にも種々の法則がある。

日本でも古く梵鐘と対し、鐘楼と鼓楼とが左右に建てられた。西大寺・観世音寺などの資材帳にもみられ、鉦鼓《しょうこ》・羯鼓《かっこ》とともに法会に使用された。また阿弥陀二五菩薩来迎図などの図中に、太鼓の様をえがいている。種類は大太鼓から日蓮宗の唱題に用いる一枚皮の団扇《うちわ》太鼓まで、形状・用途は種々ある。

(1) 懺法太鼓《せんぼうたいこ》

鈸《はつ》や銅羅《どら》と共に手に持てる、直径三〇~四〇cmの太鼓で、法要によっては皮に彩色を施したものがある。なお懺法とは懺悔を行う法の意である。

(2) 団扇太鼓《うちわだいこ》

円形の団扇形の木枠に一枚皮を張り、柄をつけたもので、桴で打ち鳴らし、行脚にあたって読経・唱題するために、携帯用の便を計って考えだされたものである。

江戸時代の広重の版画には、題目講中の人々が、この団扇太鼓を手にしている姿を描いている。中世末には使用されたと思われるが、古い遺品はなく近世初頭のものしか現存しない。江戸時代の中期に広重の浮世絵にみられる題目講中の人々の供養形式が日蓮宗の中に取り入れられて、独自の発展をしたものであろう。

(3) 柄付太鼓《えつきだいこ》

日蓮宗の団扇太鼓と同様に用いている。普通の太鼓の胴部を薄くした形のもので、これに柄をつけたものである。携帯のために軽くつくられている。

懺法《せんぼう》太鼓を携帯用に改良したものと考えられる。

(4) だ太鼓

楽太鼓の一つ。朝廷の儀式または大社・大寺の儀式などに使用される。常に屋外において用いるものである。また火焔太鼓ともいう。構造は太鼓と火焔と台と日形よりなり、一対として用いる。太鼓の革面の直径約二〇〇cm、胴の長さ一五〇cm、直径一三〇cm、その厚さ八・〇cm、布漆を質とし上に彩色を施す。革面は金地黒彩で中央に巴文がかかれているが、左方の太鼓は三つ巴文、右方の太鼓は二巴文である。革面の周縁には一六箇の調穴があり、前後の革面を調緒をもってかたくしめる。

この太鼓の周囲に厚さ一二cm位の板を以て作った火焔がつく。火焔には五色の雲彩がかかれ、その周縁が水焔形になり、ちょうど雲彩の中に太鼓を包む構造になる。この雲彩の中に、左方太鼓は雌雄[※35]の龍を、右方の太鼓には鳳凰を刻む。この火焔の頂上には二三〇cm、径八cm位の真直な黒漆の棒がつき、左方太鼓には日輪を金色で、右方太鼓には月輪を銀色であらわす。各輪の直径は三〇cm、厚さ四cm位。この日輪・月輪の周囲に放射状に後光を五〇cm位つける。

※35 四天王寺だ太鼓・龍

※36 法隆寺だ太鼓・鳳凰

※37 春日大社だ太鼓・龍

※38 灌頂用法螺　静岡・尊永寺

このような構造をした太鼓を、方形で高さ九〇cm、横幅二四〇cm位の台上に載せる。台の上方周縁に高さ四〇cm位の擬宝珠のついた高欄をめぐらし、前面に幅六〇cm、長さ一三〇cm位の階段を付し、黒漆を塗り金物をつけ、台の側面には幔幕をめぐらす。太鼓を打つための桴は長さ四〇cm、上部が径九～一〇cm位の球状をなしたものを木で作り、黒漆が塗られ、柄の上下に金具を付している。

だ太鼓を打つには、奏者が二個の桴を左右の手に持ち、立って左足を台上にのせ、右足を階段上にのせて、鼓の右わきで革面を打って鳴らす。

また太鼓に巴文を描くことは『愚得随筆』第一〇に「太鼓に巴を描くことは、天子の太鼓に龍を描くが故に、人臣に下りては龍を憚りて水を描く。其の形を以てするに巴を以て表す」といわれている。

だ太鼓の遺品は、大社・大寺に残るものが多いが、主な遺品としては左記のだ太鼓が知られている。

だ太鼓一覧

◎奈良・法隆寺	だ太鼓	一対	平安時代（※36）
◎奈良・唐招提寺	だ太鼓縁	一基	平安時代
◎奈良・唐招提寺	〃	一基	鎌倉時代
◎奈良・橘　寺	〃	一基	鎌倉時代
◎奈良・春日大社	だ太鼓	一対	鎌倉時代（※37）
◎京都・大報恩寺	だ太鼓縁	一基	室町時代
◎兵庫・鶴林寺	だ太鼓縁	一対	南北朝―室町時代
◎大阪・四天王寺	だ太鼓及び台（舞楽用）	一対	桃山時代（84図）

二一、法《ほ》　螺《ら》

サンスクリット語のダルマ・シャンカ dlharma-śaṅkha の訳で、商《しょう》佉《きゃ》・珂貝と訳され、法贏・宝螺・金剛螺・蠡具・螺貝という。螺貝を利用した笛である。日本へは空海・円行・宗叡らが請来したといわれる。『法華経』（序品）には「今、仏世尊、大法を説き、大法の雨を降《ふら》し、大法の螺を吹き、大法の鼓を撃ち、大法の義を演《の》べんと欲するならん」とあり、『無量寿経』上には「法鼓を叩き、法贏を吹く」とあり、法螺はもと仏の説法の威容をたたえるものであった。また『五分律』第一八に「応唱の時至らば、若しは犍稚を打ち、若しは螺を吹け」とあり、『千手千眼観世音菩薩広大円満無礙大悲心陀羅尼経』には、「在天の諸天神を呼ぶために宝螺を吹き鳴らす」とあり、善神・衆を集めるために鳴らすことが示されている。

密教では無量音声仏頂尊、生念処菩薩などの三《さ》昧《ま》耶《や》形※39とされ、千手観音も一手に法螺をもつ。また『不空羂索神変真言経』第一八には、法螺を吹くことの功徳を説いている。

灌頂の時には、阿《あ》闍《じゃ》利《り》が正覚位に昇るあかしとして、受者に法螺を授けるが、この灌頂に用いる法螺は、『注進醍醐寺三宝院幷遍智院道具絵様等三昧耶戒道具事』には長さ約一五・五cmの白色のものと記されている。

灌頂用具として伝えられたものに、京都・東寺に室町時代の作、江戸時代の作として静岡※38・尊永寺の灌頂用具中に法螺がある。

法螺は修験者にとって重要な用具で、『木葉衣』（巻下）に「山峰経行法会の場には法螺最も要具たり。駈走、応答、出場、入宿、法会の案内等、ひとへに此法螺に依て徒衆を進退するが故に、経行籠山房中の所作等につき、験門には必ずこれを闕くべからず」とあり、そのため修験者は法螺を吹き鳴らし狼狸の類をさけた。

二二、木《ぼっ》　剱《けん》

日蓮宗の中で使用される仏具である。荒行を満了した修法師のみが用いるもので、古くより相伝されている。この木剱に数珠を組み合わせて打ち鳴らすようにしたのは、江戸時代末頃からで、修法師はこれを片手にして打ち鳴らし、梵音具として加持祈禱を行う。

（香　取　忠　彦）

※39　別称さんまやぎょうともいう。三摩耶形とも書く。諸仏、諸菩薩が、一切衆生をして平等の証理に入らせようとの本誓を示現するもの。すなわち諸仏、諸菩薩、諸明王、諸天が手に持っている弓箭・器・枝など、また印相をもって仏の性格を象徴的に表現したものである。大日如来の輪宝、観世音菩薩の蓮華、文殊菩薩の利剣、不動明王の剣の類をいう。三形（さんぎょう）ともいう。金剛界曼荼羅の三昧耶会には多くの形式を描いている。立体的な三昧耶形の遺品としては、和歌山県東牟婁郡那智勝浦町の那智滝近くの枯池という所より、仏像、仏具、鏡、経筒などとともに出土した鋳銅製の三昧耶形（密教法具参照）があるが、これら一つ一つの姿は不思議な形をしており、密教の神秘性にあふれている。これは行誉の記した『那智山滝本金経門縁起』（写本）のなかにこの三昧耶形が記されており、これによると奥書が示す大治五年（一一三〇）頃に製作されたものと考えられている。

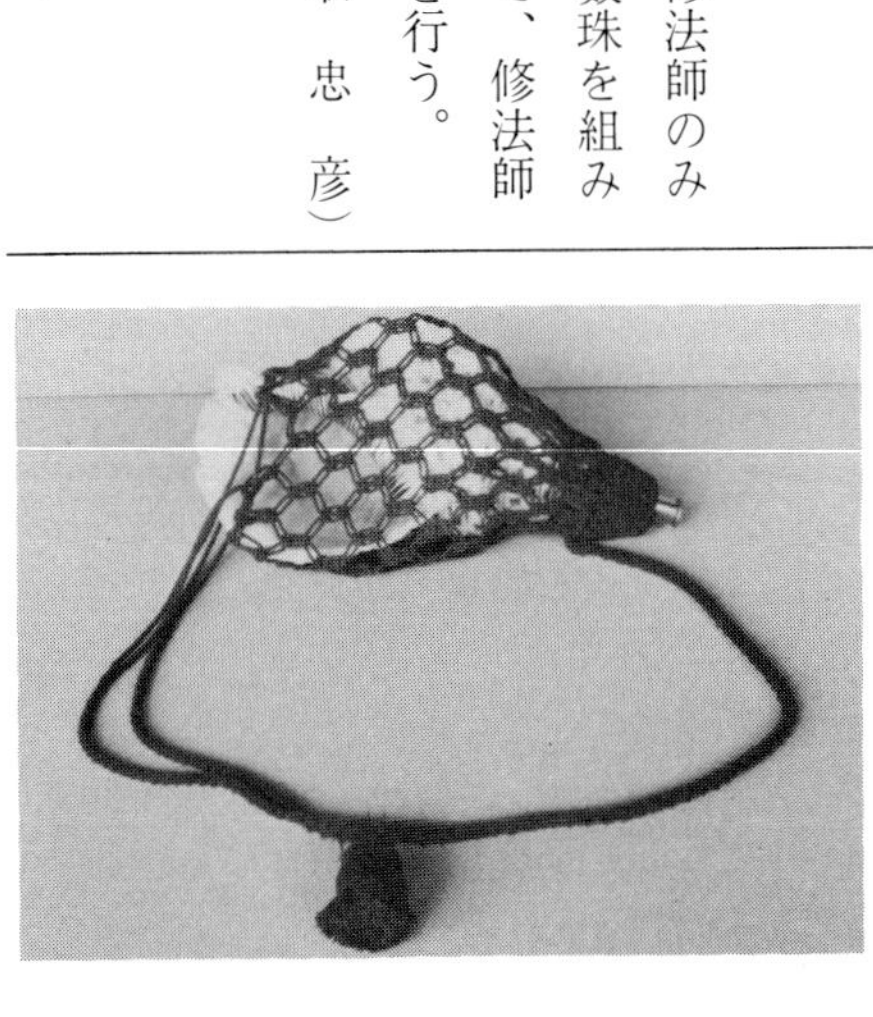

※　修験道用法螺　京都　聖護院

83 儀法太鼓　現代

84 だ太鼓部分　桃山時代　大阪　四天王寺

85 楽太鼓　京都　実光寺

86 法鼓　江戸時代　萬福寺

87 鈴（防火鈴）　中国〈伝・元代〉

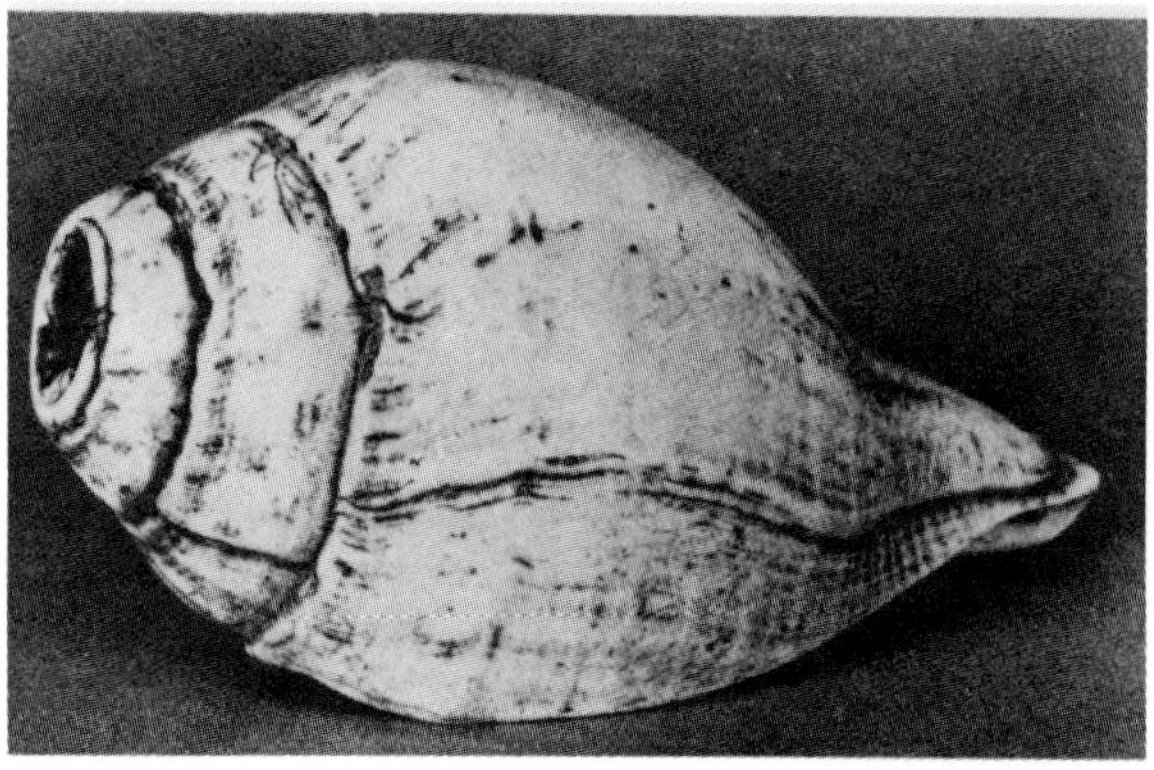

88 法螺　京都　東寺

89 木剱　現代

六　僧具

はじめに

僧具とは、仏教の教法を実践する僧侶（比丘・比丘尼）にとって、日常不可欠とするものである。仏教に関係するいろいろな種類の道具や品物は、普通「仏具」と総称しているが、これはかならずしも妥当ではない。周知のとおり仏教が成立する三つの要素は、三宝、すなわち仏宝・法宝・僧宝である。よっていわゆる仏具と称されるものも、厳密にはこの三宝の区別にしたがって、仏具・法具・僧具に分たれるべきもので、古くはこれを仏分・法分・僧分というふうに分けていた。

さて、いまこの中の僧具に限って申し述べるわけであるが、僧具はすべて僧侶が日頃その身辺におき、あるいは肌身につけて使用したものばかりで、僧伽生活、つまり仏道修行の日常生活に直接に深い関係を有するもの、すなわち、僧侶の手垢になじんだものが多い。よって遺存する僧具は、今日のわれわれにとっても古人の使用したものとして深い関心と親しみを覚えるものが多く、手ずれや手垢を触知することによって、その生活の一斑を窺える感じさえ抱かせる。

僧具として現存するものは、その数も多く、内容も多岐にわたっている。しかし、最初から僧具と称し認められてきたものは割合数も少く、かつ、きわめて簡素な内容のものであった。

仏教の創始者釈尊は、まさにシンプルライフの創始者でもあった。釈尊は弟子たちにいわば僧尼のための生活規範である「戒」や「律」を授けられた。そして執着を離れることを強調された釈尊は、僧尼の着物、持物を厳しく制限された。

「三衣一鉢」ということばは世に名高いが、これは僧尼には三枚の袈裟と乞食するための鉄鉢一口があれば、僧伽の生活に充分ことが足りるということを示しており、三衣と一鉢が僧尼の最高にして、かつ最低の持ち物とされた。これ以外のものを持つことは我欲を助長し、解脱への障害となることを説かれたという。

しかし、仏滅後時代が経つにつれて、僧尼の持ち物もしだいに増加の途をたどった。また、仏教がインドから中国や西域、あるいは朝鮮を経て日本へと伝播する間に、各地の気候や風俗・習慣などが徐々に加味され、あるいは複雑にからんで僧具そのものもしだいに変化し、その数も増加した。そしてついには本来の使用目的や意義を忘れ、それとまったくかけ離れた形で用いられたり、いたずらに形式化したものさえ生れてくるようになった。

このように、一概に僧具といっても、その変遷の全貌をたどることははなはだ容易ではない。よって、以下に掲げるものは、あくまでもわが国に伝わり、現存する遺品を中心に、管見のおよぶ範囲にとどまることを主に申し述べることとする。

僧具の種類　僧具の種類は、古来「比丘六物」、あるいは「比丘十八物」と称して、その基本的な種類が示されているが、その種類や数え方に異説があって一定でないが、その大要は次のとおりであ

1　仙盞形響銅水瓶　奈良時代
東京国立博物館

2　仙盞形瓦瓷水瓶　平安時代
名古屋大学

3　仙盞形瓦瓷水瓶　平安時代
奈良国立文化財研究所

4　仙盞形青磁水瓶　高麗時代
東京　根津美術館

5　王子形響銅水瓶　奈良時代
大阪　久保惣美術館

6　王子形瓦瓷水瓶　平安時代
愛知　中津川教育委員会

る。

比丘六物

1、僧伽梨　2、欝多羅僧　3、安陀会(以上三衣)　4、鉢(鉄鉢)　5、漉水嚢(水こし)　6、尼師壇(坐具)

比丘十八物

1、楊枝　2、澡豆　3、三衣　4、瓶(水瓶)　5、鉢　6、坐具　7、錫杖　8、香炉　9、漉水嚢　10、手巾　11、刀子　12、火燧　13、鑷子　14、縄牀　15、経　16、律　17、仏像　18、菩薩像

以上の各品々は古くから仏道修行の生活の必需品として、常に身辺に備えたものというが、比丘十八物の中で見られるような、15、経　16、律　17、仏像　18、菩薩像などは僧具とはいいがたく、法具・仏具、すなわち仏教の教法そのもの、仏像そのものである。これらについては、ここでは触れるところではない。

また、僧具として示されるものの中にも、今日明らかに僧具としての遺品に恵まれないものがある。たとえば楊枝、澡豆、漉水嚢、刀子、手巾、火燧、鑷子などがそれであるが、これらも本稿では省略した。しかし、一方ではこれら「比丘六物」「比丘十八物」以外に、わが国でながく僧具として使用されてきて、しかもその遺品の見られるものについては、それがたとえ中世以後にわが国に伝えられたり、あるいはわが国で考案されたものであっても、これを一応僧具のひとつとしてとり上げることにした。

僧具の種類はおおよそ次のとおりである。なお、衣服関係と数珠については別稿で述べる。

1、水瓶　2、鉄鉢　3、錫杖(錫杖箱)　4、如意(如意箱)　5、払子(払子箱)　6、麈尾(麈尾箱)　7、柄香炉(柄香炉箱)　8、華籠(華籠箱)　9、居箱(接僧箱)　10、戒体箱　11、持蓮華　12、檜扇・中啓　13、笈　14、十二光箱(御一匣)　15、鉦鼓(鉦架)　16、角杖　17、竹篦　18、禅版　19、警策　20、拄杖　21、縄牀　22、曲录

一、水瓶

梵語では軍持Kuṇḍikāといい、訳して水瓶・瓶、あるいは澡瓶・水罐ともいう。比丘十八物の一つに数えられ、古来比丘の必須の持物である。『南海寄帰内法伝』[※1]には「水瓶に二種あり、一つは浄瓶、一つは触瓶」という。浄瓶は瓦瓷を用い、後者は銅鉄を用いてつくる。浄瓶に盛る水は非時の飲料のため、触瓶は便利のために用いる。浄瓶は浄手に持ってかならず浄処におき、触瓶は触手に持ち触処に置くことを定めている。

水瓶には口が二つあって、上口には尖台という飲み口をつけ、胴部にはその上方に上向きの口（または孔）をつける。胴部の口(孔)は水を添える口で蓋をつけたり、木竹、あるいは布・葉で虫や塵の入らぬよう塞いでいる。このような水瓶を仙盞形水瓶と呼んでいる。しかし水瓶には蓋や尖台のないもの、あるいは胴の形や注口によって種々の形式があるのは、後述のとおりである。また、水瓶は奈良時代からの遺品に恵まれ、法隆寺や同献納宝物(東京国立博物館蔵)、あるいは正倉院にも遺品がある。

(1) 仙盞形水瓶

先述のとおり、仙盞形水瓶には上口に尖台という飲み口をつけ、胴部にはその上方に上向きの口をつけ、これにも蓋をつける。この胴部の口と胴の間に人面を飾るものがあるが、この人面が胡人の容貌をみせている。この人面をつける部分を丸く素面にするものもある。

◎響銅鋳造水瓶　一口(奈)　奈良・法隆寺
◎響銅鋳造水瓶　一口(奈)　東京国立博物館(法隆寺献納宝物)〈1図〉
◎白銅鋳造水瓶　一口(平)　MOA美術館
響銅鋳造水瓶　一口(平)　兵庫・竹腰健三
瓦瓷水瓶(猿投窯)　一口(平)　名古屋大学　〈2図〉
瓦瓷水瓶(〃)　一口(平)　奈良国立文化財研究所　〈3図〉

※1　南海寄帰内法伝　唐代の義浄撰四巻。義浄が南海の尸利仏逝国（今のスマトラのパレンバン）に在ってインドの僧規を記し、帰国する人に托して大唐の諸徳に贈った書。（大正新修大蔵経　致帙七）

9　白銅鍍金銀布薩水瓶　鎌倉時代
滋賀　弘法寺

8　銅鋳造布薩水瓶　鎌倉時代
奈良　法隆寺

7　王子形瓦瓷水瓶　平安時代
名古屋大学

12　銅志貴形水瓶　室町時代
滋賀　已爾乃神社

11　響銅鍍金龍首水瓶　唐時代
東京国立博物館

10　銅布薩水瓶　鎌倉時代
滋賀　聖衆来迎寺

◎青磁水瓶　一口（高麗）　根津美術館　〈4図〉

(2) 王子形水瓶

上方の口は朝顔形を呈し、甲盛蓋に宝珠形の鈕をつけるものがある。頸は長く、胴部には注口を持たず、脚（高台）をつけている。胴の形は玉子形のものと下蕪形のものとがある。王子形の名称の由来は不明だが、玉子形の「玉」の「、」がとれて王子形とよばれるようになったという説もある。法隆寺献納宝物中にはこの王子形水瓶が九口もあり、また瓦瓷の水瓶にも王子形がみられる。

◎響銅鋳造水瓶　九口（奈）　東京国立博物館（法隆寺献納宝物）
◎響銅鋳造水瓶　一口（奈）　大阪・久保惣美術館　〈5図〉
瓦瓷水瓶　一口（平）　名古屋大学　〈7図〉
瓦瓷水瓶　一口（平）　愛知・中津川教育委員会　〈6図〉
瓦瓷水瓶　一口（平）　愛知・本多静雄

(3) 布薩水瓶

先の王子形水瓶の法隆寺献納宝物のものの中に、「布薩」[※2]と墨書のあるものが二口あり、布薩会に用いられたことがわかる。奈良・東大寺や法隆寺（8図）に遺る水瓶にも、布薩用具としてのこる水瓶があり、その全形は王子形に似ているが、長い頸部や胴部に紐がめぐらされ、胴の上部より注口をつけている。この注口に龍首を象ったものが滋賀・聖衆来迎寺（10図）に一口ある。またこの水瓶で上口に尖台をつけたものがある。滋賀の弘法寺（9図）や愛媛の大山祇神社のものはその代表例である。

◎銅鋳造水瓶　二口（鎌）　奈良・東大寺
◎銅鋳造水瓶　一口（鎌）　奈良・法隆寺　〈8図〉
◎白銅鋳造鍍金銀水瓶　一口（鎌）　滋賀・弘法寺　〈9図〉
◎銅鋳造水瓶　一口（鎌）　愛媛・大山祇神社
◎銅鋳造水瓶（龍口）　一口（鎌）　滋賀・聖衆来迎寺　建治二年（一二七六）〈10図〉

(4) 龍首水瓶

水瓶には余り文様はみられないが、法隆寺献納宝物中にみられる水瓶（11図）は金銅製で、その器形が珍らしく、上口部に龍の上顎部、口部にその下顎を象り、蝶番づけし、柄を龍身に象っている。これはいわゆる胡瓶と称されるもので、ササン朝ペルシャの水瓶に似ているが、その意匠はまったく中国風で、唐時代の遺品として名高いものである。特に胴部には天馬[※3]が四頭線彫りで巧みに表現されている。この水瓶は正倉院にのこる漆胡瓶とよく似ており、東西文化の交流のあとを如実に示す好例である。

◎響銅鋳造鍍金水瓶　一口（唐）　東京国立博物館（法隆寺献納宝物）〈11図〉

(5) 志貴形水瓶

後世の渇瓶といわれるものと同形式で、鈕付きの蓋と柄を蝶番でつなぎ、鈕に獅子などをおく。胴側にはその肩部より上方に大きくのびた注口をつける。柄は別造りのものを頸部と胴部で鋲留めし、低い脚をつける。

◎銅鋳造水瓶　一口（鎌）　愛媛・大山祇神社
◎銅鋳造水瓶　一口（鎌）　広島・耕三寺
◎白銅鋳造水瓶　一口（鎌）　大阪市立美術館
銅鋳造水瓶　一口（室）　滋賀・己爾乃神社　〈12図〉

二、鉢

梵語では鉢多羅Pātraといい、食器である。古来「三衣一鉢」といって、比丘・比丘尼はこの鉢を持って托鉢を行う。比丘六物、あるいは比丘十八物の一つに数えられ、必携の用具であった。応器・応量器とも訳されている。

鉢は大別して二種あり、一つは鉄鉢、もう一つは瓦鉢である。十誦律にては鉄鉢・瓦鉢以外は使ってはならないという。仏のみ石鉢

※2　布薩はもと梵語Upavasalhaがパーリー語Uposalhaに変じ、梵語の原形を失ってPosadhaとなった。出家の法では半月毎（一五日と二九日あるいは三〇日）に衆僧を集めて戒経を説き、比丘をして戒中に浄住して、能く善法を長義させる意味。智度論には次のようにある。
今日誠心懺悔、身清浄、口清浄　音清浄、受㆓行八戒㆒、是則布薩、奏言㆓善宿㆒。

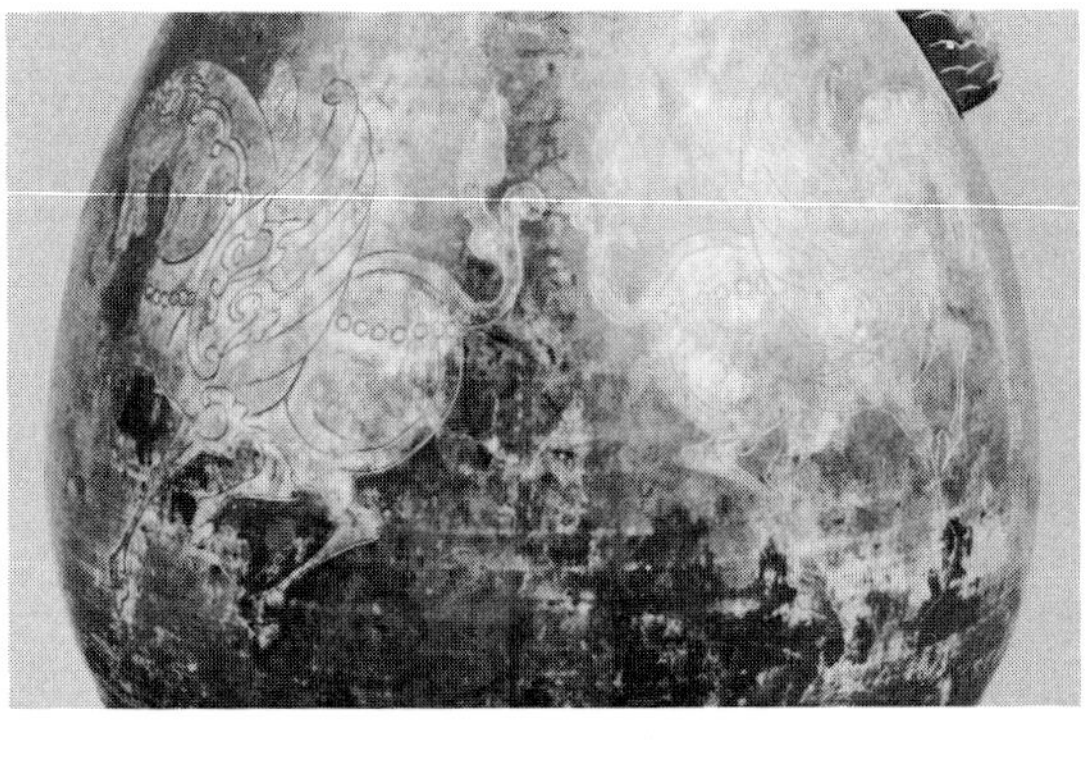

※3　龍首水瓶胴部に施されている天馬の線彫り部分。

13　埦鉢　奈良時代　東京国立博物館（法隆寺献納宝物）

14　奈良時代　奈良　東大寺

15　瓦鉢　奈良時代　奈良国立文化財研究所

16　銅鍛造鉢　奈良時代　岐阜　護国之寺

17　蓋鋺　奈良時代　東京国立博物館（法隆寺献納）

18　八重鋺　奈良時代　東京国立博物館（法隆寺献納）

19　托子　奈良時代　東京国立博物館（法隆寺献納）
20　匙　　奈良時代　東京国立博物館（法隆寺献納）

を用いることをゆるしており、銅鉢・木鉢・夾紵鉢（乾漆鉢）は、本制にあらざるものと禁じられている。鉄・瓦鉢はそのまま使うと垢膩を生じ、臭気を放つから、薫じて赤・青・黒に着色するのが法とされる。また、鉢はたとえ破損してもこれを補綴（修理）して使用しなければならず、その補綴も五綴以下ならば新しい鉢を求めてはならないとされる。また、鉢の容量によって上鉢・中鉢・下鉢の三種にわけられる。

鉢には塵埃を防ぐために蓋を設け、転倒しないように鉢支を設け、その上におく。東大寺には鉢支が二口あり、それには「重大一斤二両」「重大一斤」の刻銘がある。法隆寺献納宝物中にも「重大一斤四両」と銘のある鉢支が鉢と共に遺っている（19図）。

後世の仏飯器※4はこの鉢と鉢支が連結して形造られたもので、古い仏飯器ほどその鉢支に相当する部分が短かく、時代を経るにしたがってこの部分が長く発達してくる。仏飯器の鉢の底部が一段盛り上って受台に連なるのは、鉢と鉢支との境を示すその名残りということができる。今日ではこの意味が全く忘れ去られて、鑿によって一本の輪が刻まれたり、あるいはここに全く何もみられないものもある。

また、鉢を納める袋を鉢袋・鉢嚢・鉢絡という。

このように鉢は比丘にとって常に大切に護持しなければならぬものであるから、律蔵において厳しい規定が設けられている。

遺品例　鉢の遺品はかなりの数がみられるが、その種類も多く、その大きさも各種ある。正倉院に遺る銀壺と称する鉢はその最大のもので、恐らく東大寺大仏に供えた仏餉鉢であろう。法隆寺や法隆寺献納宝物（東京国立博物館蔵）、東大寺、岐阜護国之寺、あるいは東寺に伝来するものに銅鋳造鍍金の鉢がみられる。これらは恐らく仏分と称して、仏前に供せられたものであろう。護国之寺の鉢（国宝）には獅子唐草文の毛彫りがあり、まことに美麗な作である。法隆寺献納宝物のうちには、五綴の鉢（重文）と称する破れを綴った鉄鉢があり、実用に供せられた鉄鉢の姿がよくうかがえる。なお、同宝物中には木製漆塗の鉢や乾漆の鉢もあり、奈良時代からすでにこれらの鉢が使用されたことが判る。

瓦鉢の遺品も寺跡や古窯跡から出土している。奈良川原寺より出土した瓦鉢、平城宮趾から出土した瓦鉢などは奈良時代のものであり、愛知猿投古窯※5から平安初期の瓦鉢が出土している。

◎五綴鉄鉢	一口（奈）	東京国立博物館（法隆寺献納宝物）	
◎鉄　鉢	二口（奈）	東京国立博物館（法隆寺献納宝物）	
◎木製漆鉢	一口（奈）	東京国立博物館（法隆寺献納宝物）	
◎乾漆（塞）鉢	一口（奈）	東京国立博物館（法隆寺献納宝物）	〈13図〉
◎銅鉢鍍金	一口（奈）	東京国立博物館（法隆寺献納宝物）	
◎蓋　鋺	五口（奈）	東京国立博物館（法隆寺献納宝物）	〈17図〉
◎金　重　鋺	二口（奈）	東京国立博物館（法隆寺献納宝物）	〈18図〉
◎銅鋳造鉢鍍金	二口（奈）	奈良・法隆寺	
◎銅鍛造鉢鍍金	一口（奈）	奈良・法隆寺	
⊙銅鍛造鉢鍍金	一口（奈）	岐阜・護国之寺	〈16図〉
◎銅鋳造鉢鍍金	一口（奈）	「重大四斤十一両」銘　鉢支「重大一斤二両」銘	〈14図〉
◎銅鋳造鉢鍍金	一口（奈）	根津美術館　「重大四斤九両」銘	
◎銅鋳造鉢鍍金	五口（平）	京都・東寺	
◎銅鍛造鉢鍍金	一口（平）	奈良・朝護孫子寺　延長七年（九二九）銘	
◎瓦鉢	（奈）	奈良国立文化財研究所（川原寺出土）	
◎瓦鉢	（奈）	奈良国立文化財研究所（平城京趾出土）	〈15図〉
◎瓦鉢	（平）	名古屋大学（猿投窯出土）	
◎瓦鉢	（平）	愛知・本多静雄（猿投窯出土）	

三、錫杖

比丘十八物の一つで、有声杖・声杖・智杖・徳杖・金錫ともいう。僧侶が遊行のときこれを携帯する道具である。すなわち野山を巡行するとき、蛇※6や毒虫などの害からのがれるため、これをゆすって音を立てながら歩むものである。これがまた、市井に入って乞食するとき、門前においてこれを揺動し、警覚来意を告げるものともなった。また老齢、病弱の比丘はこの杖にすがって歩むことを許された。また、法要儀礼のうちに「錫杖」といって、唄を唱えながら錫杖

※4 仏飯器の形式変遷。

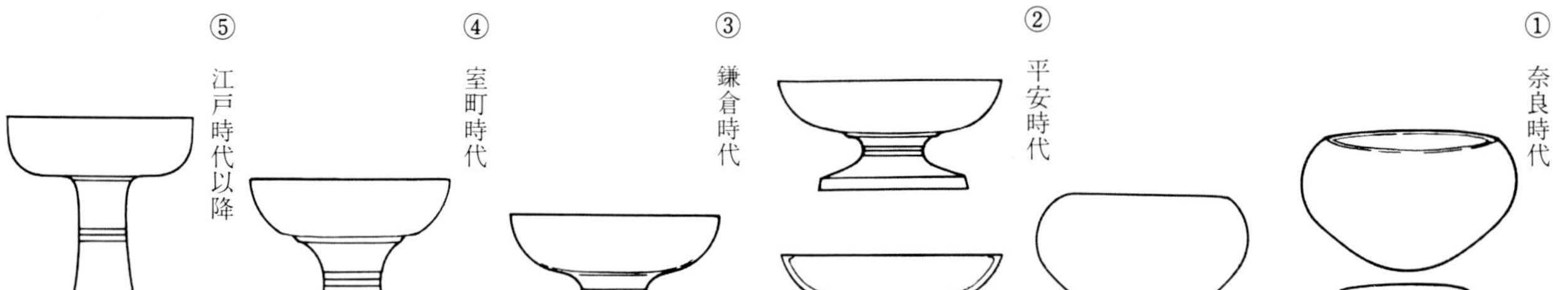

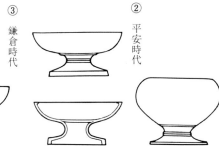

21　金銅錫杖　唐時代　香川　善通寺

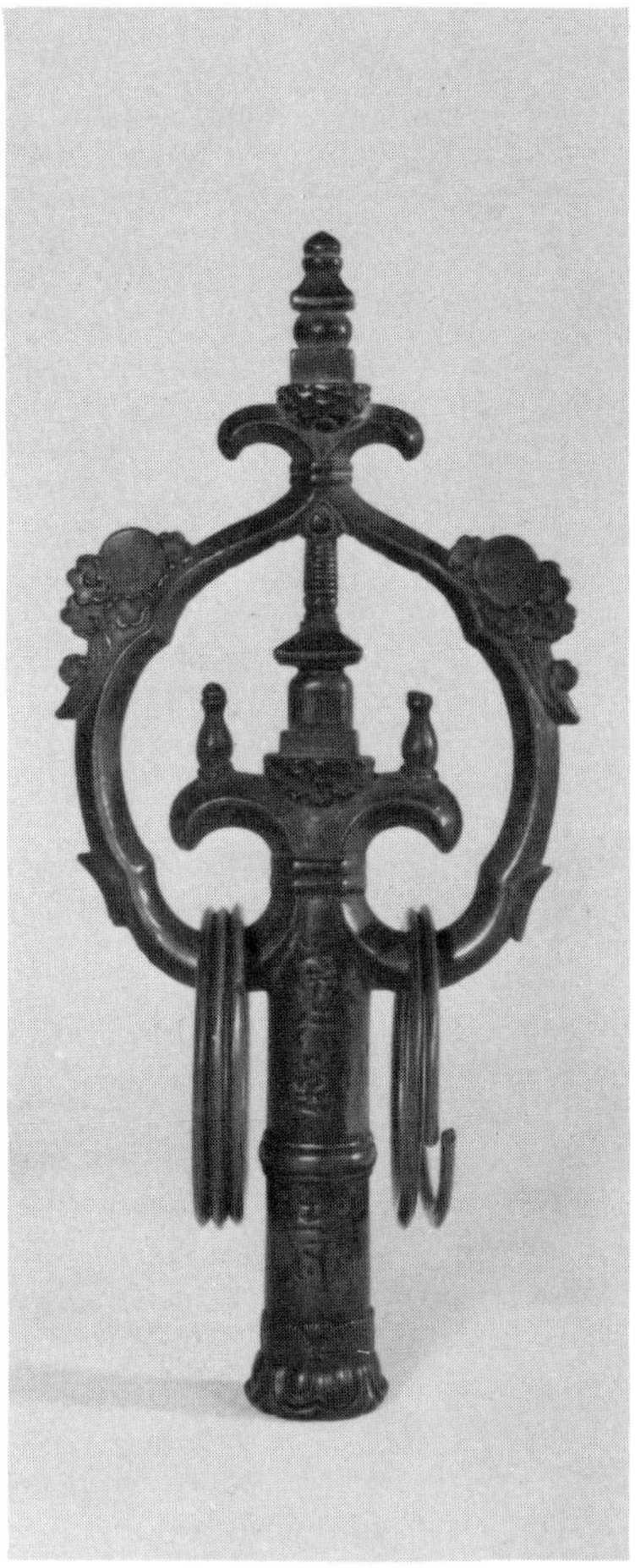

22　銅錫杖頭　平安時代　栃木　輪王寺

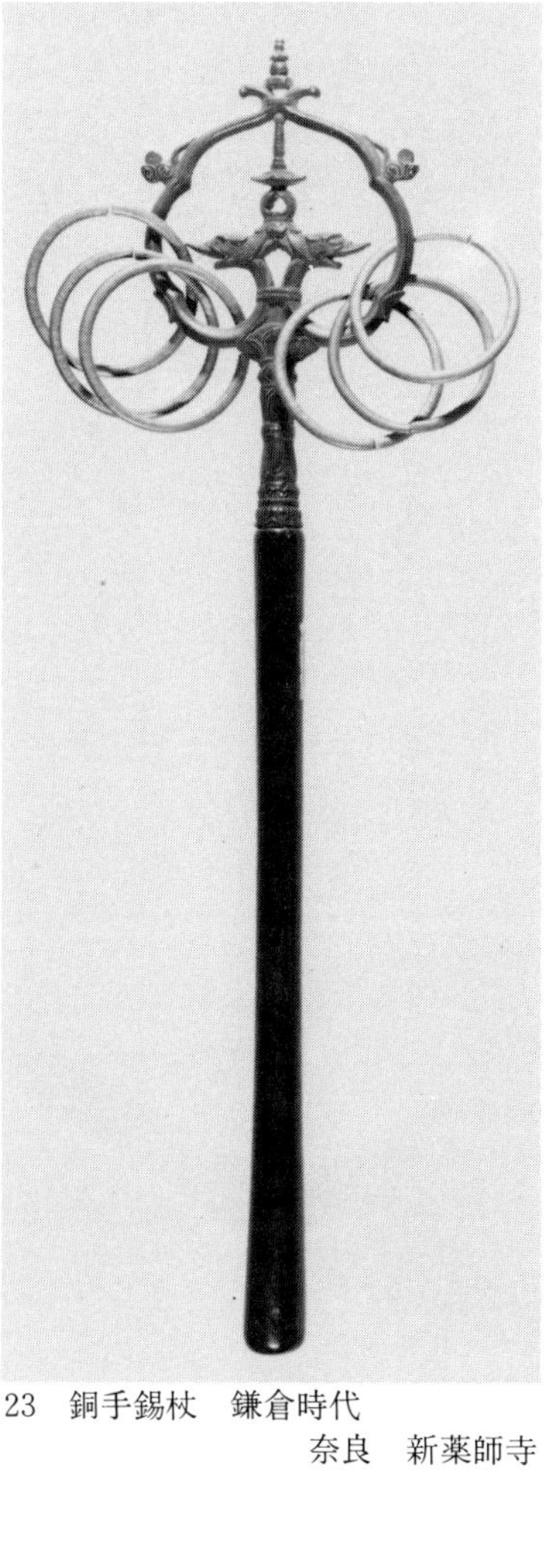

23　銅手錫杖　鎌倉時代　奈良　新薬師寺

24　金銅錫杖　鎌倉時代　静岡　ＭＯＡ美術館

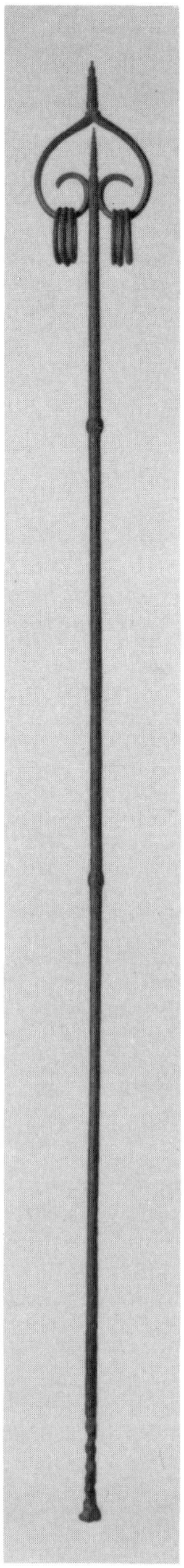

25　鉄錫杖　平安時代　栃木　輪王寺

26　銅手錫杖　鎌倉時代　東京国立博物館（法隆寺献納宝物）

27　銅錫杖頭　奈良時代　奈良　法隆寺

を揺する作法も行われている。錫杖はつねに浄手（右手）に持ち、不浄手（左手）に持つことを禁じている。また杖を揺すって声を立てる数も、時と場合によっていろいろ異り、多くの規定がある。

錫杖はその形の上から大きく三部分に分けられる[※7]。すなわち、杖頭部（錫）と木柄部、石突（鐏）とである。杖頭は多く仏像を安じたり、塔婆形につくり、大鐶（外輪部）を心葉形につくる。これに小鐶を数個（普通六個）つけ、これを揺すると音を発する。

錫杖頭の材質は鉄・銅（白銅）などすこぶる堅牢なものを選んでいる。それは、遊鐶が揺れても容易に破損しないためである。柄部はほとんど木製であるが、鉄柄のものもある。この柄の中間に帯環（節）をつけるものがある。たとえば正倉院宝物中の錫杖などのごとく、帯環の位置は上から一対二対三の割合でつけられる。けだし、これは禅家で用いる触頭杖のごとく、河を渡るとき、水深を知るに備えた目盛りのごときものとしられる。

製作的には銅鋳造のものがほとんどで、鉄造のものは鍛造である。錫杖頭が銅造で、柄が鉄造のものは柄が鍛造である。法隆寺の三柄などはそれである。

なお、仏像において千手観音・不空羂索観音、あるいは地蔵菩薩の持物として錫杖をみる。

手錫杖　錫杖の長さはほぼ等身（五尺五寸）程度であるが、柄の長さを極端に切りつめたものがある。これを手錫杖と呼んでいる。これは巡錫に用いるものではなく、法会など堂内において用いるもので、これを振りつつ梵唄を唱える。この唄のことを錫杖といい、四箇法要のひとつである。この唄を発音し、錫杖を振る僧を錫杖衆という。また、錫杖頭は普通心葉形の二股になっているが、これが四股になっているものがある。すなわち四股十二鐶のもので、これも手錫杖に多くみられる。

杖　嚢　十誦律第五六には杖嚢のことが説かれており、破失を免れるために、錫杖を絡嚢中に入れることを許している。この杖嚢の遺品に接することがないが、正倉院宝物の中には錫杖とともに、これを納置する杉板製の錫杖箱[※9]という珍らしい遺品がある。錫杖の形にしたがって一端を宝珠形に、他の一端を柱状に造る。内に請栈をつけ、蓋をつけるものである。

鉄錫杖　一柄（奈）　正倉院宝物
銅錫杖　二柄（奈）　正倉院宝物
銅錫杖頭　一柄（奈）　東京国立博物館（那智経塚出土）
◎銅錫杖　一柄（奈）　奈良・法隆寺　柄鉄　〈27図〉
◎銅錫杖　一柄（奈）　奈良・法隆寺　柄鉄
◎銅錫杖　一柄（平）　静岡・鉄舟寺　康治元年（一一四二）
◎銅錫杖頭　一柄（平）　富山・河合元
◎銅錫杖頭　一柄（平）　東京・柴崎芳博
◎鉄錫杖　一柄（平）　栃木・輪王寺　〈25図〉
◎銅錫杖頭　一柄（平）　神奈川・松田福一郎
◎銅錫杖頭　一柄（平）　栃木・輪王寺　〈22図〉
◎銅錫杖頭　一柄（平）　栃木・輪王寺
◎銅手錫杖　一柄（平）　滋賀・常楽寺
◎銅錫杖　一柄（鎌）　埼玉・歓喜院　建久八年（一一九七）
◎銅錫杖　一柄（鎌）　栃木・輪王寺　正応二年（一二八八）
◎銅手錫杖　一柄（鎌）　奈良・新薬師寺　〈23図〉
◎銅手錫杖　一柄（鎌）　東京国立博物館（法隆寺献納宝物）　〈26図〉
◎金銅錫杖　一柄（鎌）　MOA美術館　〈24図〉
◎金銅錫杖　一柄（唐）　香川・善通寺　〈21図〉
◎銅錫杖　一柄（北宋）広島・西国寺

四、如　意

比丘六物、十八物のうちには数えられていないが、初期仏教の時代から、僧侶の日用品として携帯したことが『四分律』[※10]（第十九）などからしられる。これは元来、孫の手のごとく背の痒処を掻く道具であり、古くは爪枝といわれた。如意[※11]とは手のとどかない背の痒処を、これを用いて掻けば、まことに人の意の如くなるところから名付けられたという。『優婆塞戒経』第五には、この如意と摘爪（爪切り）耳鉤（耳かき）などの名が見える。如意は日用品から発展して、

※5　猿投窯＝名古屋市東部の丘陵地帯二〇km四方にわたって、古墳時代から中世にかけ一〇〇〇基以上の築窯が行われた大窯業地のこと。八世紀後半に出現した灰釉陶器は猿投窯において始まったと考えられ、瓶・壺・碗といった仏器が製作された。

※6　四分律には「諸比丘、道を行くに蛇蠍蜈蚣百足を見る。未離欲の比丘、見て皆怖れて仏に曰す。仏いわく『錫杖をとりて揺ることゆるす』」とある。

※7　南海寄帰内法伝には「西方所持の錫杖は、頭上に唯一股の鉄捲あり、三・二寸を容るべし。それは錞管を安ず。長さ四・五脂なり。その竿は木を用い、麤細時に随う。高さは肩と斉《ひと》し。下に鉄纂を安ず、二寸ばかりなるべし。その環は或は円、或は匾《ひらたき》なり。屈合の中間に大脂を容るべし。或は六、或は八、穿って股の上に安ず。銅と鉄と情に任す」と、インドで使用されていた錫杖の形をのべている。

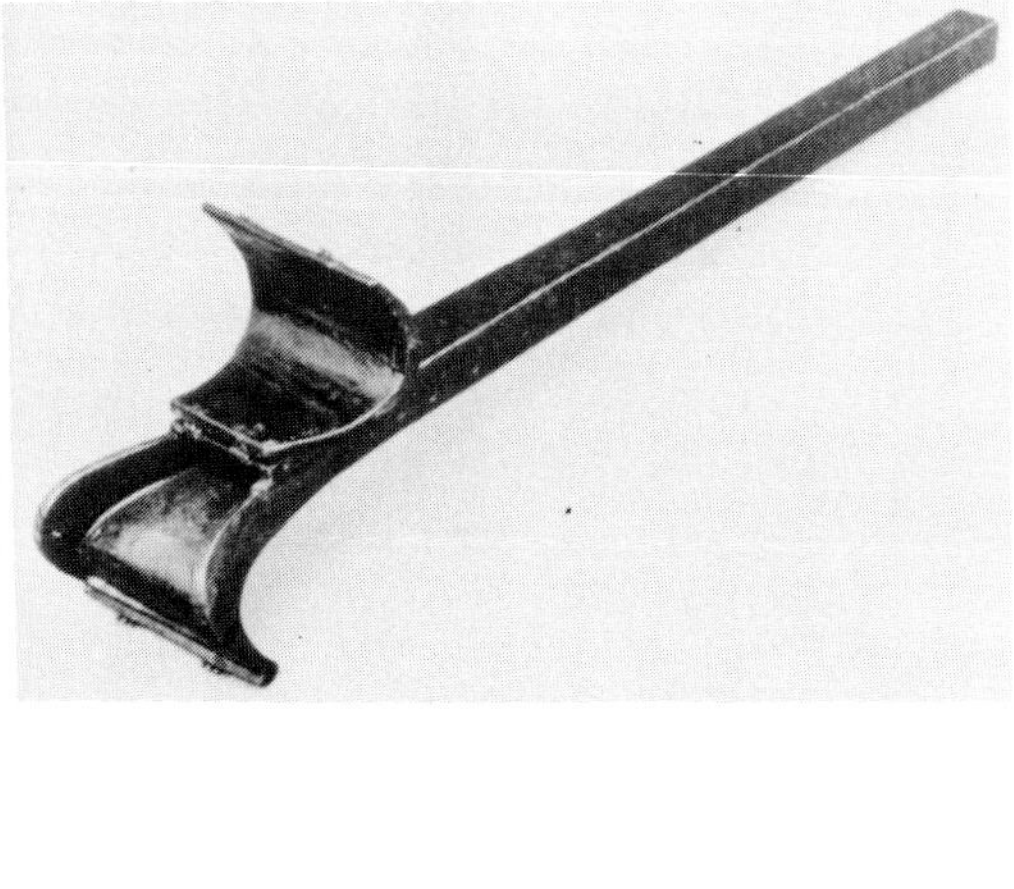

※8　漆如意箱　正倉院

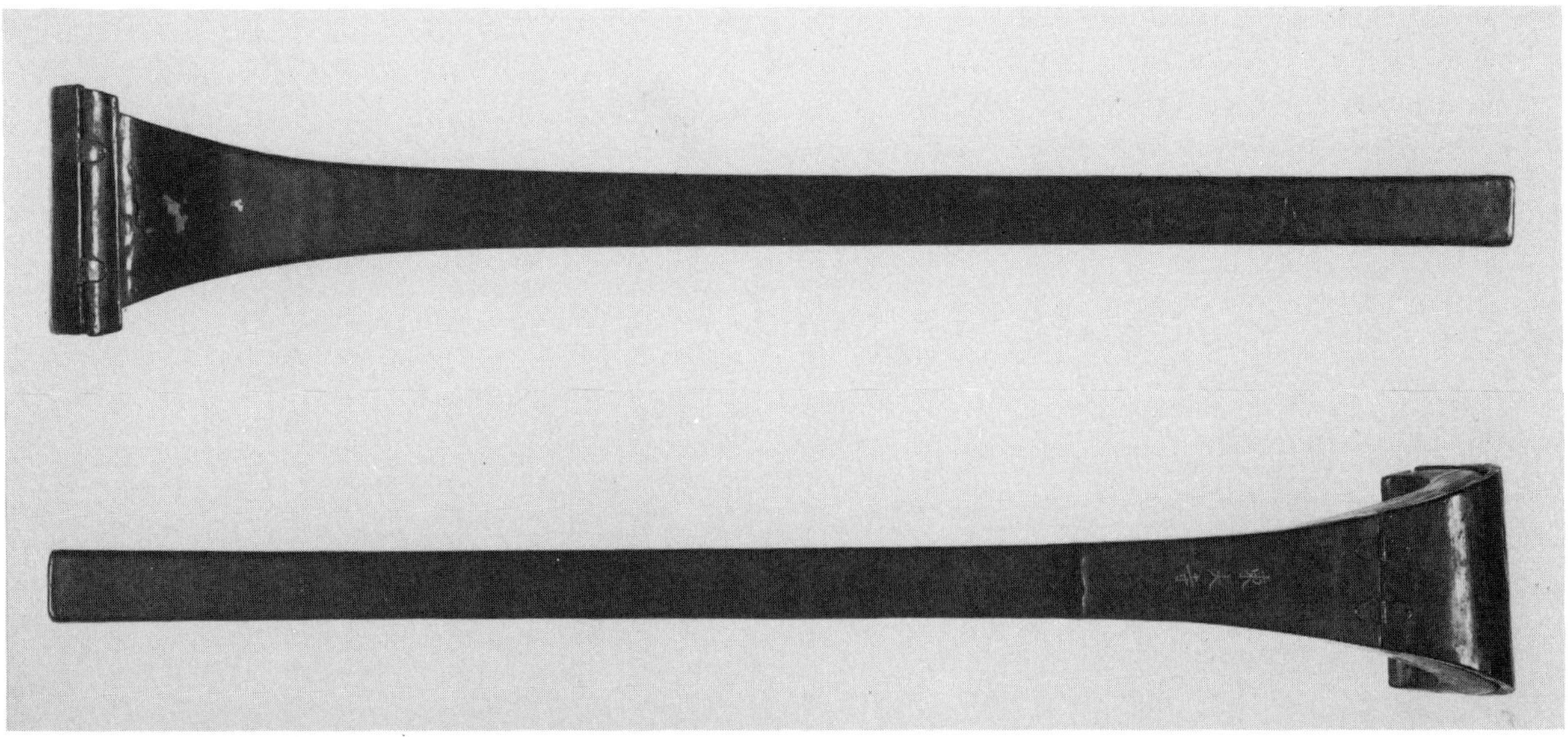

28

斑犀竹形如意の箱　奈良時代　正倉院

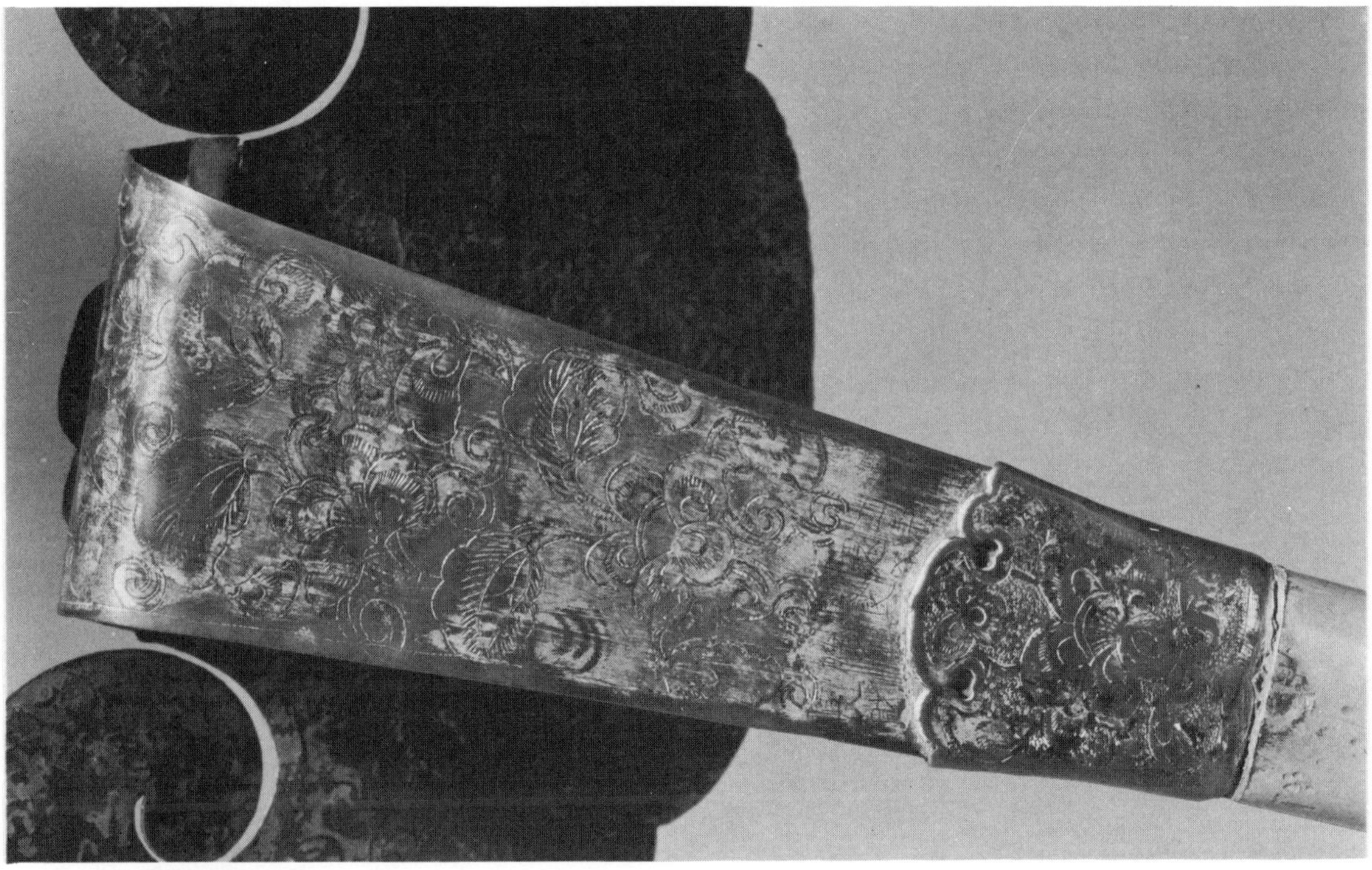

29

金銅宝相華文如意部分　奈良時代

東京国立博物館（法隆寺献納宝物）

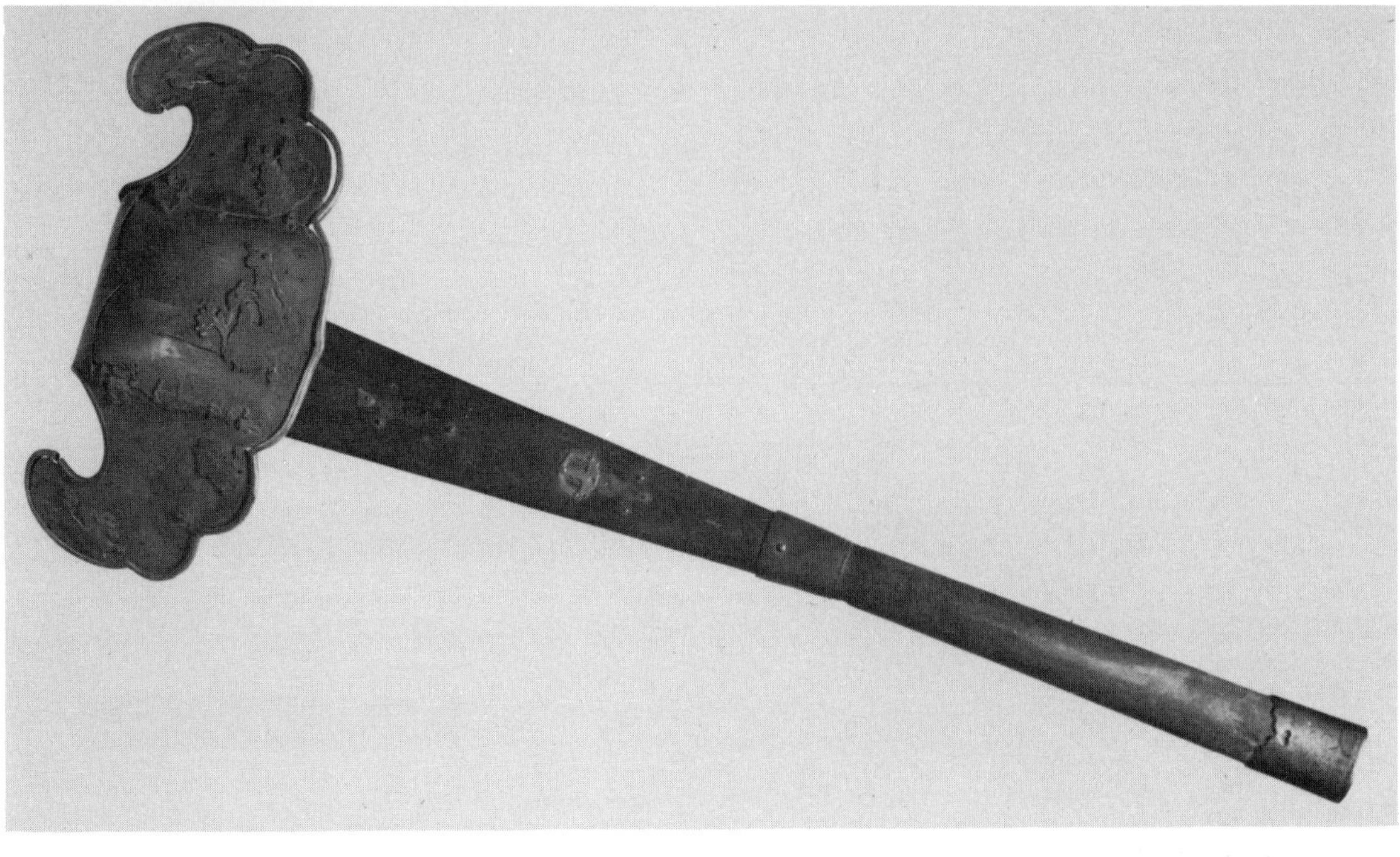

30

五獅子如意　平安時代　奈良　東大寺

やがて説法論議の際に講師が手に持って威儀をととのえる用具、つまり儀式用具となった。伝教大師最澄の請来目録や安祥寺・多度神宮寺の資財帳などには、「説法具」「布薩具」「灌頂具」「供養具」として如意を挙げている。

遺品例　わが国に現存する如意の遺品はかなりある。奈良時代など古い時代のものは爪頭が小さく、爪頭の名残りをよくとどめているが、時代が下ると、爪頭が大きくなり、心字形と呼ばれるものになる。

如意の遺品では、正倉院宝物（カラー口絵3）の九柄が圧巻である。いずれも五指をあらわす爪頭が小さく、ただ瑇瑁如意の二柄のみ爪頭が少し大きくなっている。柄の部分にいろいろと意匠をこらしているのが特徴で、豪華な香りのするものばかりである。附属する如意箱※8もきわめて巧妙なつくりをみせており、如意の携行に便ならしめる点に留意しているところが注目される。（30図）

他に奈良時代の遺品としては、法隆寺夢殿にある行信僧都の持物である犀角如意、法隆寺献納宝物として東京国立博物館保管の水牛如意がしられ、同宝物中の天暦一一年（九五七）銘の金銅宝相華文如意（29図）もしられる。

斑犀竹形如意　一柄　（奈）　正倉院宝物　柄「東大寺」刻銘〈28図〉
素木如意箱「東大寺」刻銘「福安立奉如意」墨書
鯨鬚金銀絵如意　一柄　（奈）　正倉院宝物　〈カラー口絵3〉
黒柿蘇芳金銀絵如意箱
斑犀鈿荘如意　一柄　（奈）　正倉院宝物　〈カラー口絵3〉
漆如意箱「東大寺」刻銘※8
瑇瑁竹形如意　二柄　（奈）　正倉院宝物　一双
犀角黄金鈿荘如意　一柄　（奈）　正倉院宝物　〈カラー口絵3〉
犀角銀絵如意　一柄　（奈）　正倉院宝物　〈　〃　〉
瑇瑁如意　二柄　（奈）　正倉院宝物
犀角如意　一柄　（奈）　奈良・法隆寺（行信僧都持物）
水牛如意　一柄　（奈）　東京国立博物館（法隆寺献納宝物）
金銅宝相華文如意　一柄　（奈）　東京国立博物館（〃）〈29図〉
木製象鼻形如意　一柄　（平）　奈良・東大寺（良弁像持物）
◎五獅子如意　一柄　（平）　奈良・東大寺（伝聖宝所持）〈30図〉
◎玳瑁如意　一柄　（平）　奈良・東大寺
◎犀角如意　一柄　（平）　滋賀・聖衆来迎寺〈31図〉
◎螺鈿如意　一柄　（平）　京都・醍醐寺〈32図〉
◎鉄　如　意　一柄　（江）　宮城・瑞巌寺〈33図〉

五、払子（ほっす）

払子※12は獣毛を束ねて、これに短い柄をつけたもので、虫や蚊を追い払うためのものであったが、後にこれが僧侶の威儀をととのえる持物となった。古代インドでは一般にも用いられていたことが、サンチーの仏塔の欄楯に彫られたヤクシー像や、また仏伝を物語る図で、マヤ夫人が臥する周囲に侍る女たちが、この払子と思しきものを持っている様が、半肉で彫られていることからも推察される。

払子は単に払ともいい、また払塵ともいう。『摩訶僧祇律』第三二には、線払・裂氎払・芒草払・樹皮払の四種の払子がゆるされ、色は壊色で白色はいけないとされている。また、『有部毘奈耶雑事』第六には、㈠羊毛を撚って作る、㈡麻を用いて作る、㈢細裂の氎布を用いて作る、㈣故破のものを用いて作る、㈤樹の枝梢を用いて作る、とみえる。白い毛の払子は釈尊より禁止せられていたが、ヒマラヤ地方に産する牛の長毛の尾よりとった払子、白馬の尾より作った払子は白払といって特に珍重されたらしい。

遺品例　仏像にあっても、観音像で払子を持つものはよくみられ、身上の悪障難を除くためにこれを手にするとされる。わが国では正倉院の遺品以外にあまり古い作例をみないが、中世より流行した頂相（彫刻・絵画）には払子を持つものがかなりある。これは払子が実用をはなれ、一種の威儀を正す具として用いられたことを示し、特に禅僧の間に流行した。

木製払子　興正菩薩像所持物　一柄　（鎌）　奈良・西大寺
根来塗柄亀毛払子　一柄　（室）　愛知・万松寺
白檀彫刻柄金毛獅子払子　一柄　（室）　静岡・清見寺

※9　正倉院宝物の錫杖箱。

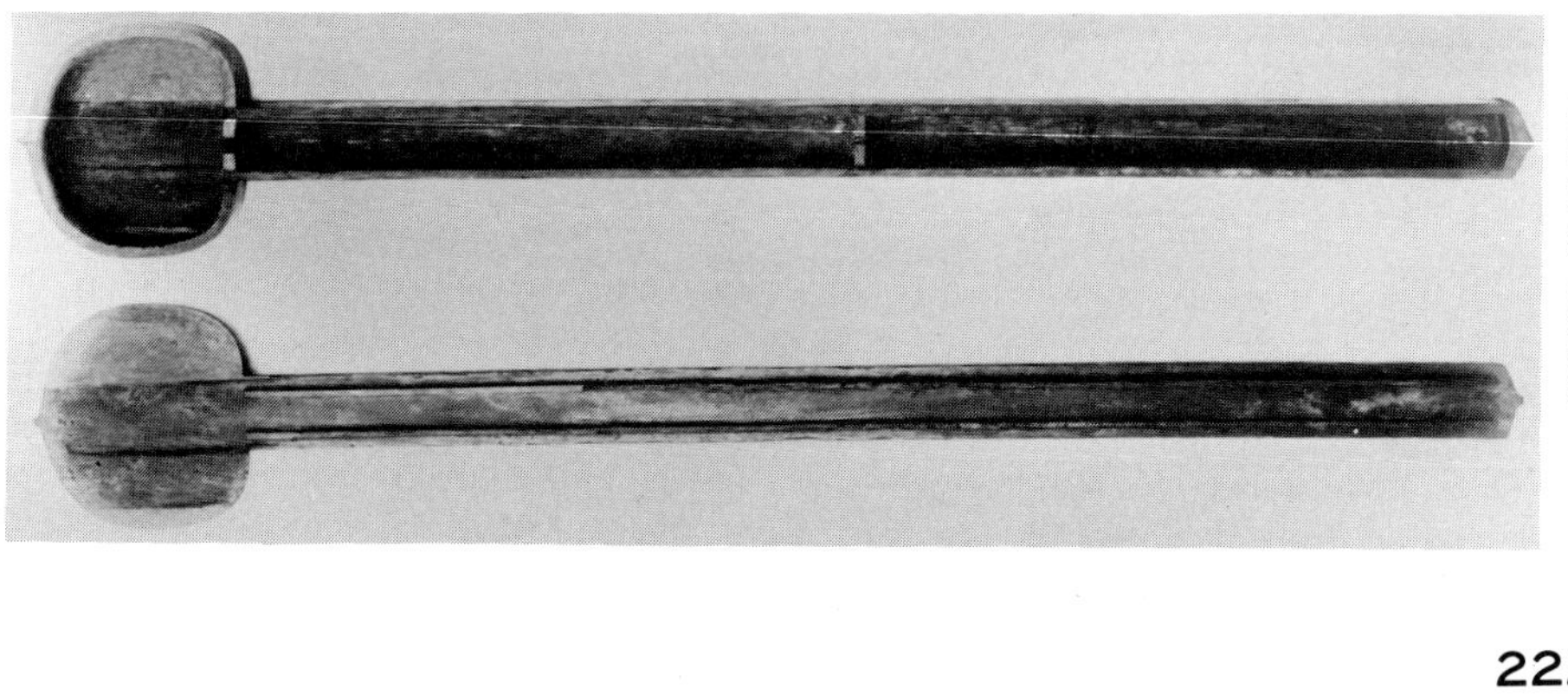

※10　『四分律』は経の名。六〇巻。姚秦の仏陀耶舎・竺仏念の共譯。小乗仏教の二〇部中、曇無徳部の律で、比丘の二百五十戒、比丘尼の三百四十八戒などを規定している。四分とは古来内容上の区分ではなく、四回に誦出されたのに由るとしているが、むしろ内容上の区分とみるのが正しい。初分は二〇巻、二分は一五巻、三分は一四巻、四分は一一巻（戒本疏、一上）。

31 犀角如意 平安時代 滋賀 聖衆来迎寺

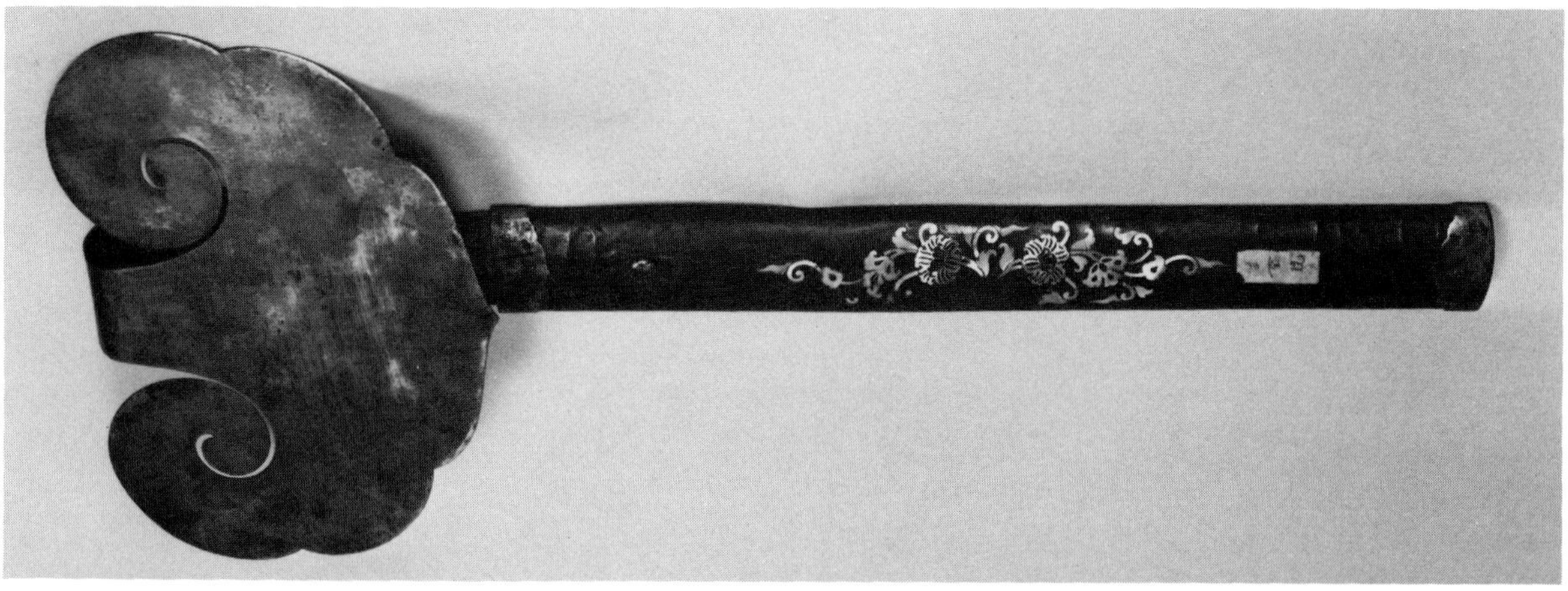

32 螺鈿如意 平安時代 京都 醍醐寺

33 鉄如意 江戸時代 宮城 瑞巌寺

34 払子 江戸時代 宮城 瑞巌寺

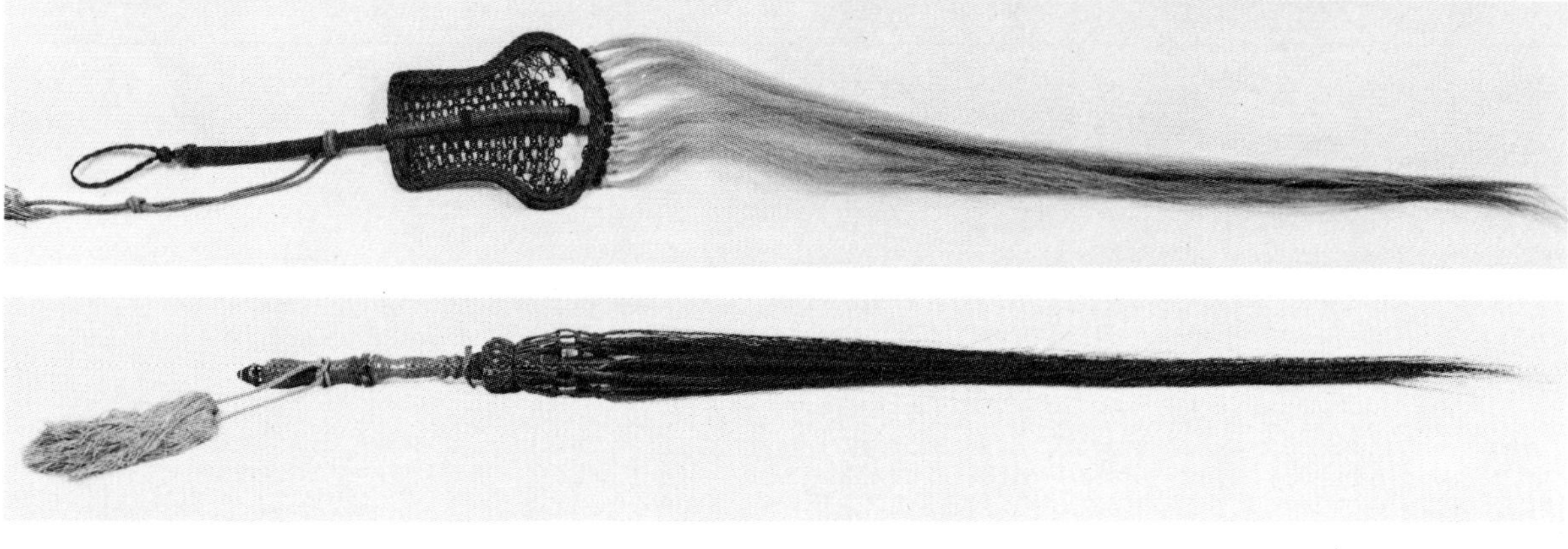

35 払子 二柄 茨城 法雲寺

払子　伝性西禅師所持　一柄（江）宮城・瑞巌寺〈34図〉
払子　二柄　茨城・法雲寺〈35図〉

六、麈尾《しゅび》（獣尾・獣麈・朱美）

※13 麈鹿の毛を用いて団扇形にしたものをいう。麈は大鹿で、群をなす鹿は大鹿の尾が転ずるのをみて、その後に続くということから、鹿の尾を柄にすげて持ち、これをもって人々を導く標としたという。元来は道家において用いられたものが、のち仏教に採り入れられたとする説がある。麈尾はその形※14を見てもわかるとおり、一種のブラシで、麈払いあるいは蝿払いとして用いられたものと解され、その意味では払子とよく似ている。これが儀式に用いられ、講経のときはかならずこれを手に持つならわしとなった。聖徳太子の法華経講讃図にはこれを手にされているのを見る。

遺品例　麈尾はほぼ団扇形を示すが、その中央に挟木と柄をつけ、毛はその挟木の輪郭線に沿って、ほぼ同じ長さのものを挟みつけたと思われる。正倉院宝物中にはまだ少し毛の遺った一柄（37図）と、毛をまったく失したもの一柄があり、東京国立博物館にある法隆寺献納宝物の一柄もまったく毛を欠く。正倉院宝物の二柄はそのデザインに少し違いはあるが、黒柿を用いたり、白牙の鐔形、あるいは白牙花文を柄につけている。献納宝物の麈尾の柄は唐木に漆を塗り呉竹を象って彫刻し、中央で六花形の座に宝珠を彫った三個の銀鋲で、表裏をからくり留にしている。これは『法隆寺東院資財帳』に「合獣尾貳枚、壱枚漆埿、埿茎呉竹形端銀継」にみえる埿茎呉竹形に相当する（38図）。

麈尾の遺品は正倉院や法隆寺献納宝物など奈良時代の優品を二、三見るが、それ以後の遺品にあまり恵まれない。もっともこの方面の研究がまだ十分でない証拠でもある。

麈尾箱　麈尾を納める箱で、正倉院宝物の柿柄麈尾を納めた箱がその遺品として最古、唯一のものである。その輪郭が挿葉形をなしており、今は毛を失う麈尾の原形をこの形から察することができる。東大寺所蔵の鎌倉時代の四聖御影のうちの維摩居士の前に、この箱が蓋をあけておかれ、居士が麈尾をとるところが描かれてある。それも正倉院宝物の麈尾箱に酷似している。正倉院の麈尾箱は木製布張漆塗りで、印籠式の蓋懸りをもち、内に麻布を芯に表裏に綾を張った褥を敷いている。

柿柄麈尾（附麈尾箱）　一柄（奈）正倉院宝物〈37図〉
漆柄麈尾　一柄（奈）正倉院宝物
黒漆柄麈尾　一柄（奈）東京国立博物館（献納宝物）〈38図〉
漆柄麈尾　一柄（鎌）奈良・西大寺

七、柄香炉

香炉はインド以来の仏具で、好香を焚き仏前に献じたものである。インドは暑い国で、いろいろな臭気もはなはだしいらしいが、その雑臭を払うために好香を焚くことが古くから行なわれたようである。香を焚くことは仏教にも早くからとり入れられ、『賢愚経』『増一阿含経』などに、香煙を放って世尊および僧を請する話がみられる。好香を焚くことは仏を奉請するのが目的であったが、後には仏を供養するものとなった。

柄香炉とは、香炉に柄を着装して携帯に便ならしめたものであり、手に持つことから手炉ともいう。柄香炉もインドで生れ、それが中国を経て日本に伝わったものと想像される。しかしその伝来の系譜を具さに語ることははなはだ容易なことではない。

わが国の飛鳥時代に造られたと思われる柄香炉は現存しており、また手に柄香炉をもって仏舎利を礼拝供養する様を示す図がある。ひとつは法隆寺にある玉虫厨子の台座に密陀絵で描かれた※15二比丘像、これは柄香炉の他に塔鋺（合子）を持っている。もうひとつは同じく法隆寺の押出仏の光背裏面の線刻の図で、二比丘が柄香炉をもっている。これらは仏および仏舎利を礼拝するとき、つねに柄香炉を携えることが作法であったことをしる有力な資料である。

※11　『釈氏要覧』には「インドでは阿那律と云い、秦に如意と云う。指帰に曰く、古えの爪杖なり。或は骨・角・竹・木を刻して人の手指爪を作る。柄は長さ三尺許なるべし。或は背に痒あり、手致らざる所は用いて以て搔抓し、人の意の如くなるが故に如意と曰く。（中略）皆云わく、如意の制は心の表なり。故に菩薩は皆これを執る。状は雲様の如く、又此の方の篆書の心字の如くなるが故なり。（中略）又云わく、今の講僧尚お之を執るは多く私に節文祝辞を柄に記して忽忘に備え、要時に手に執りて目対するに人の意の如くなるが故に名ずく」と記し、如意の三種の用途を示している。

※12　サンスクリット語でヴァジャナ **vyajana**、ヴァーラヴャジャナ **vālav-yajana** の漢訳。

※13　『釈氏要覧』に「音義指帰に云わく、名苑に云わく、鹿の大なるものを麈という。群鹿は之に随い、皆麈の往く所を看、麈尾の転ずる所に随って準と為す。今講者これを執るは彼に象る」と由来を記している。

36 麈尾を持つ聖徳太子坐像　奈良　法隆寺

37 麈尾　奈良時代　正倉院

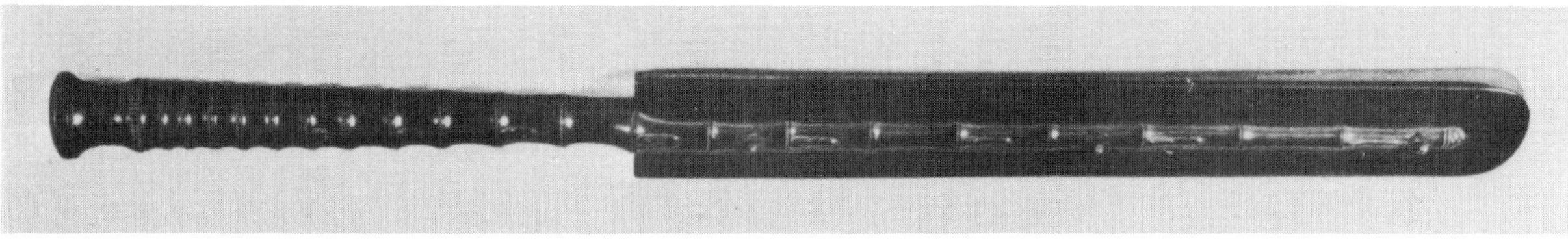

38 黒漆柄麈尾　奈良時代　東京国立博物館

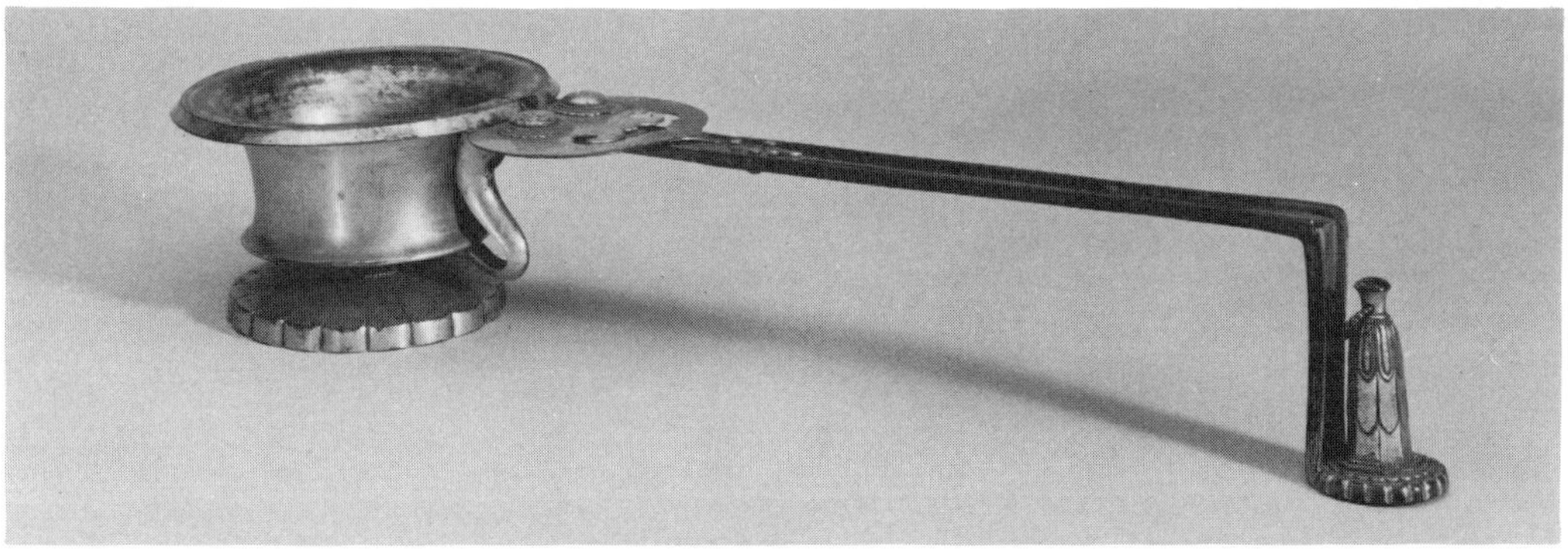

39 瓶鎮柄香炉　平安時代　東京国立博物館

40 〈香供養〉五部心経巻末

41 鵲尾形柄香炉　奈良時代　正倉院

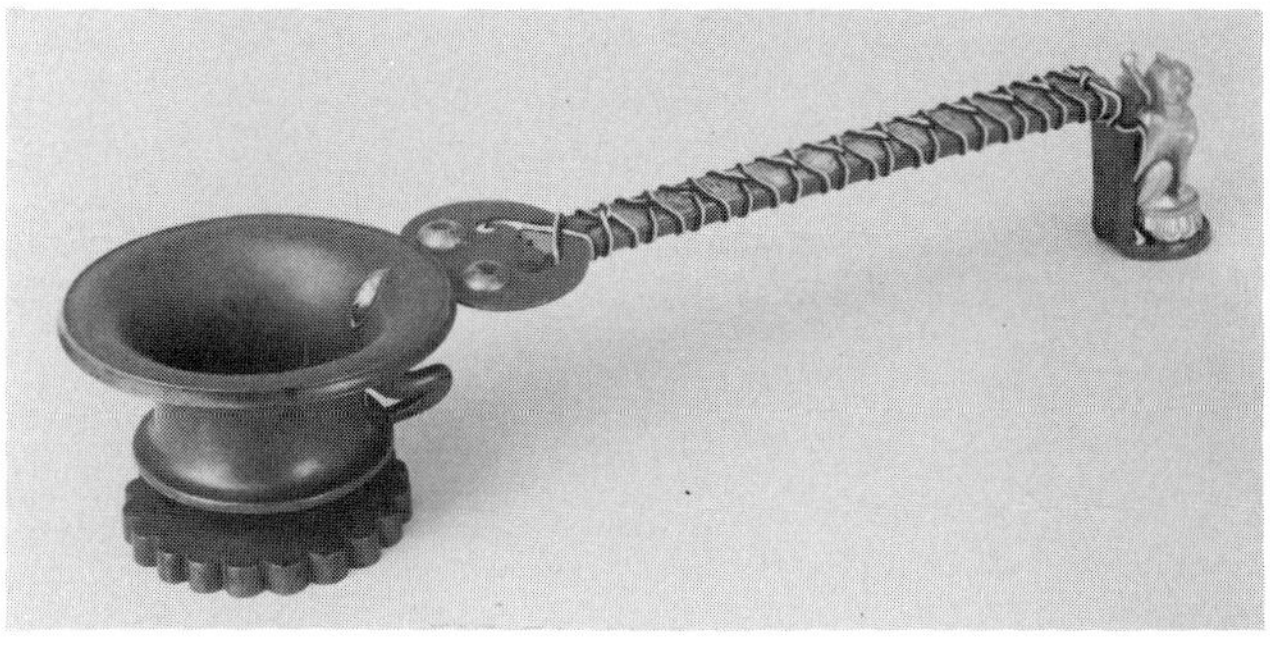

42 獅子鎮柄香炉　奈良時代　正倉院

次に柄香炉の基本形態をいうと、まず香を焚く炉があり、古くは朝顔形をしている。この炉を支える有節の柱を立て、柱を安定するため下に花形の座を設ける。この三つの取り付けは座板数枚を重ね、柱の上下両端をかしめるのが普通である。柄は炉底の柱部より端を発し、S字状に彎曲させ炉の口縁部より真直水平に伸び、その先端部を鍵状に曲げる。柄の末端に鎮子をつけるものが往々みられる。これは炉部との重量的バランスを考え、捧持しやすくしたものである。また、炉と柄の接合部に心葉形の金具を装するものが多い。炉はたいてい一重であるが、内炉を設けた二重炉のものがある。炉には普通蝶番で蓋を装置するが、飛鳥・奈良時代の古い遺品には蓋がない。蓋がかりの様なものがあるので蓋が亡失したとも考えられるが、一概にはいえない。次に、柄香炉の典型を二、三挙げる。

鵲尾形柄香炉　柄の末端の部分が三股に切り込まれ、その形が鵲尾に似るところからこの名がある。炉は朝顔形で深く、内炉をもつものがある。この種の遺品には炉の蓋が認められない。

獅子鎮柄香炉　柄の末端に座を設け、獅子の鎮子を取りつけるもので、柄は樋のごとく溝をたて、溝内に錦地を張り、組緒で飾るものがある。炉は浅く口縁部に面をとり、心葉形を飾り、座は菊花状をなしている。古いものには蓋はない。この種の柄香炉を唐式柄香炉ともいう。

瓶鎮柄香炉　柄の末端に瓶形の鎮子をつけるもので、他の形状や構造は獅子鎮柄香炉と大差はない。

蓮華形柄香炉　炉を蓮花、柄を蓮茎、座を荷葉で象り、その全形はあたかも蓮華一茎を横たえたような柄香炉である。余り古い遺品はなく、鎌倉時代以降のものに多い。

木製柄香炉　柄香炉は材質的には多く赤銅・白銅が用いられるが、木製の柄香炉もある。最古のものは正倉院にある紫檀の柄香炉で、金銀珠玉を飾り、善美を尽した名品である(カラー口絵2)。他に名高いものは唐招提寺の法会諸用具中に、蓮華形の木製柄香炉がある。造りはいたって素朴で、簡素な彩色がみられる。

また、木製柄香炉の変化したものとして、蓮華形で炉のない香炉(持蓮華とも一般にいわれている)がある。香を焚くための具としては目的を果たさないが、法会中の行道などに用いるに便利なため、作られたものであろう。

柄香炉箱　柄香炉を納置する箱で、遺品はあまり見られないが、奈良時代の遺品が正倉院にある[※16]。これは木製印籠蓋、黒漆塗りの箱で、内部を三区に分ち、柄を支える枕木が二本とりつけてある。この蓋裏の中央に「初　神亀六年七月六日」の針書銘がある。

〔註〕第一章—四の供養具にも柄香炉の項あり。

八、華　籠

法会のとき、花を盛って仏前にて散華するときに用いるもので、華皿ともいう。古くは貴人が来臨のときに香花を散じて浄めるという風習があり、これより散華供養が生じたものである。法会では如来を奉請するための偈(三奉請・四奉請など)を唱えつつ散華するが、これは現今でも行なわれる作法である。

華籠として一般化しているものは銅板透彫蓮華唐草文をあしらった、一尺(約三〇センチ)足らずの円形の皿で、底面に三個所組紐に露をつけた装飾を垂れたものであるが、古くは竹で編んだすこぶる質素なものであった。その例は正倉院の宝物中(43図)に見られ、深形のものと、浅形のものとがあり、花筥と墨書があり天平勝宝九年に造られたものである。同じく正倉院には銅線に雑玉をちりばめた美麗な華籠があり名高い。奈良・唐招提寺にもかなり破損が認められるが、奈良朝の竹製の華籠が幾枚か現存している。華籠には本来生花を盛ったものであるが、後には紙製の華葩と称する花びらを代用に用いるようになった。正倉院にある緑金箋[※17]はその花びらの最大の遺品であろう。竹製のものとしては藤田美術館蔵のものが名高く、竹を表裏二重に編み合わせ、表にはさらに萌黄色の薄い綾絹に蓮華文を織り出したものを張り、覆輪をつけ、組紐は露をつけたな

※14　三宝物具鈔第三にみる麈尾の図。(大正新修大蔵経所載)

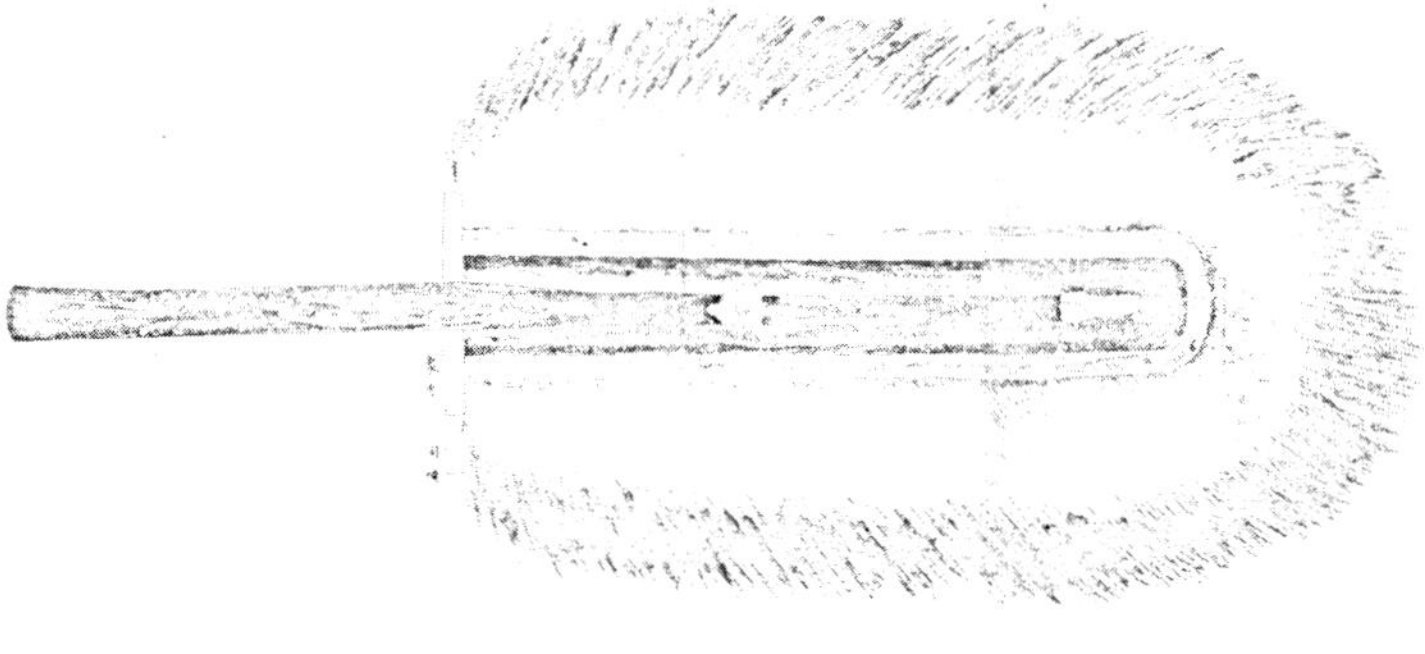

※15　玉虫厨子台座に描かれた比丘像。

46　紙胎漆塗華籠　鎌倉時代　愛知　万徳寺

43　竹製華籠　奈良時代　正倉院

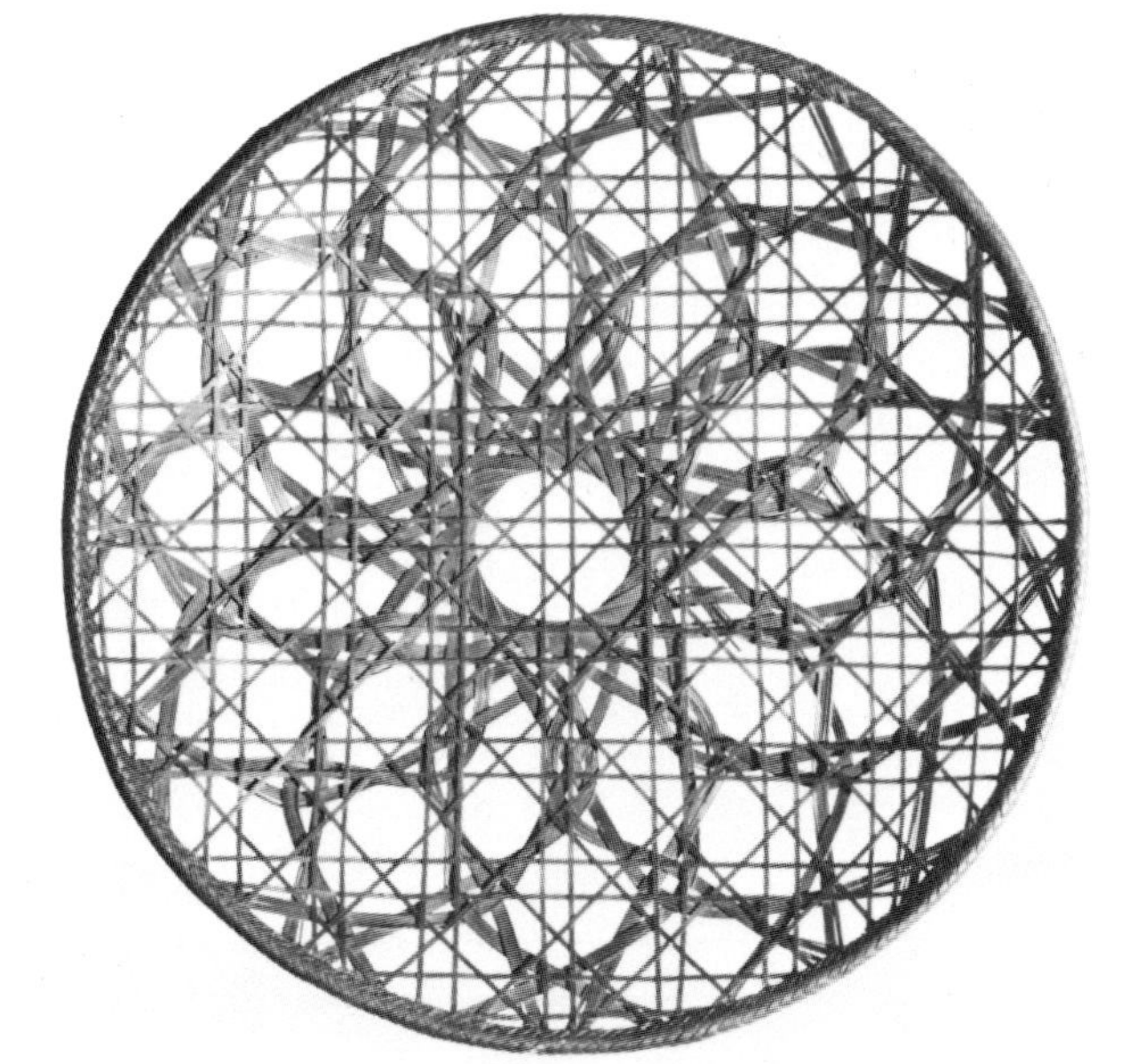

47　竹製華籠　鎌倉時代　愛知　性海寺

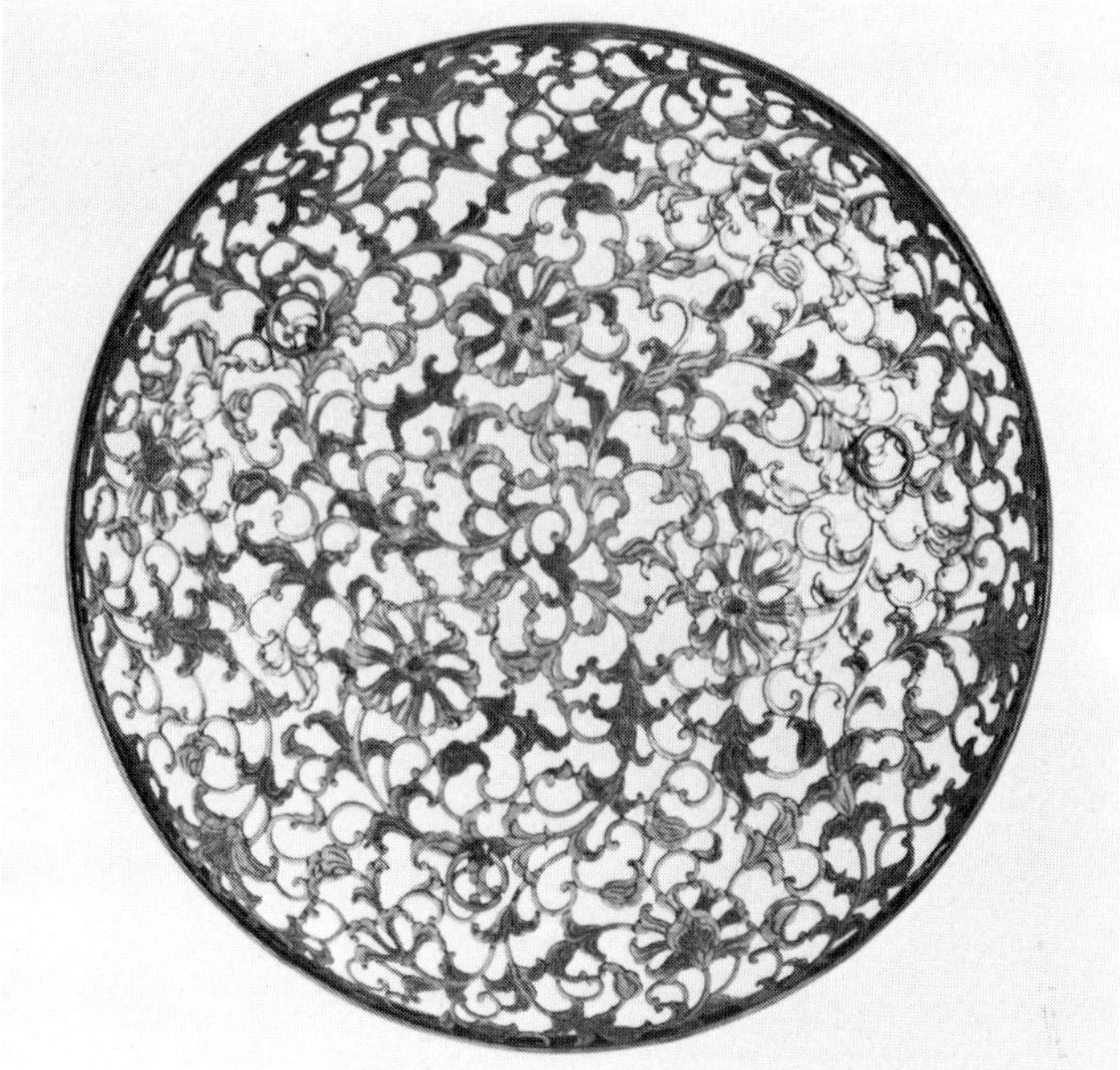

44　金銀鍍透彫華籠　鎌倉時代　滋賀　神照寺

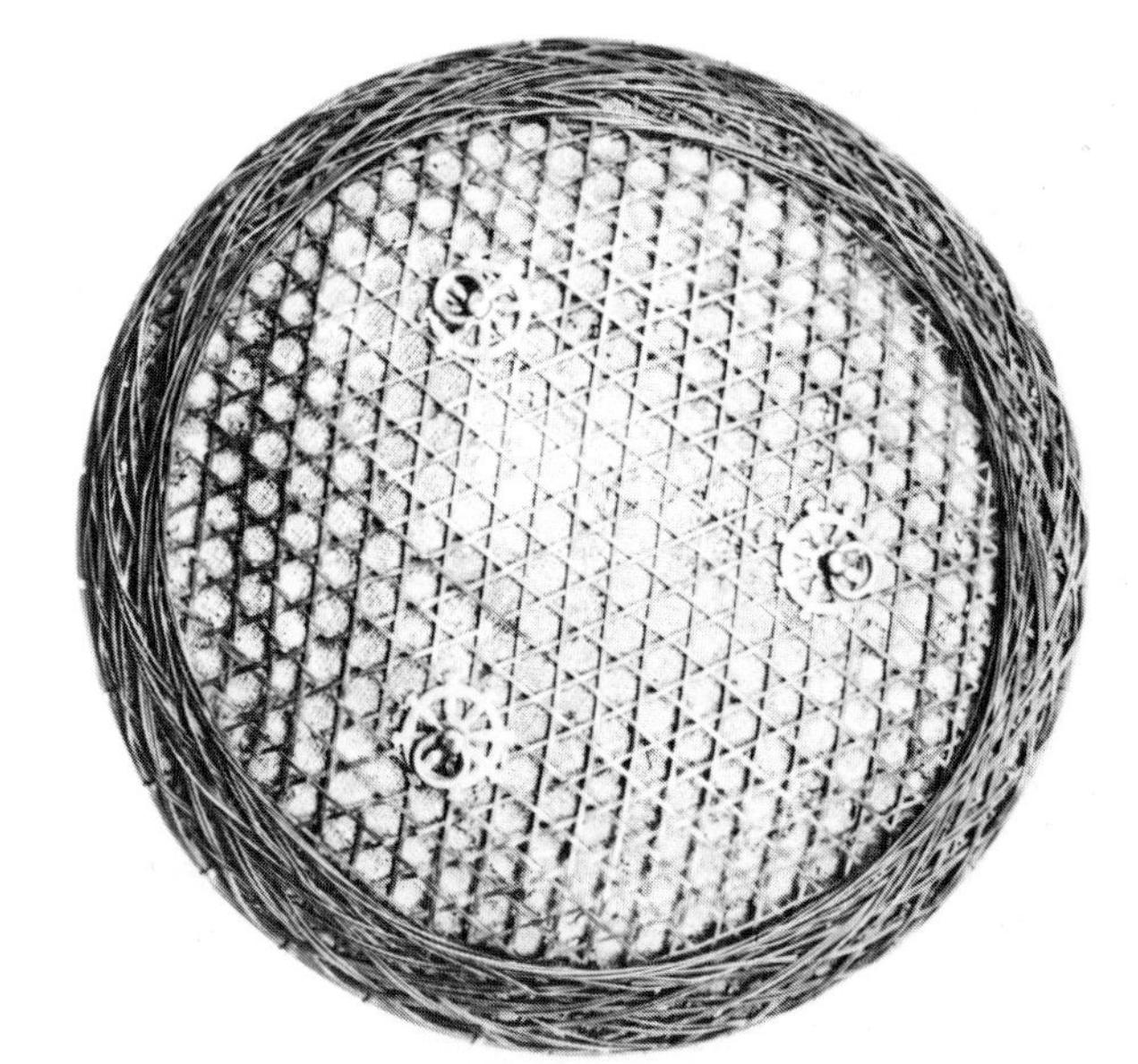

48　竹製華籠　鎌倉時代　兵庫　金衆寺

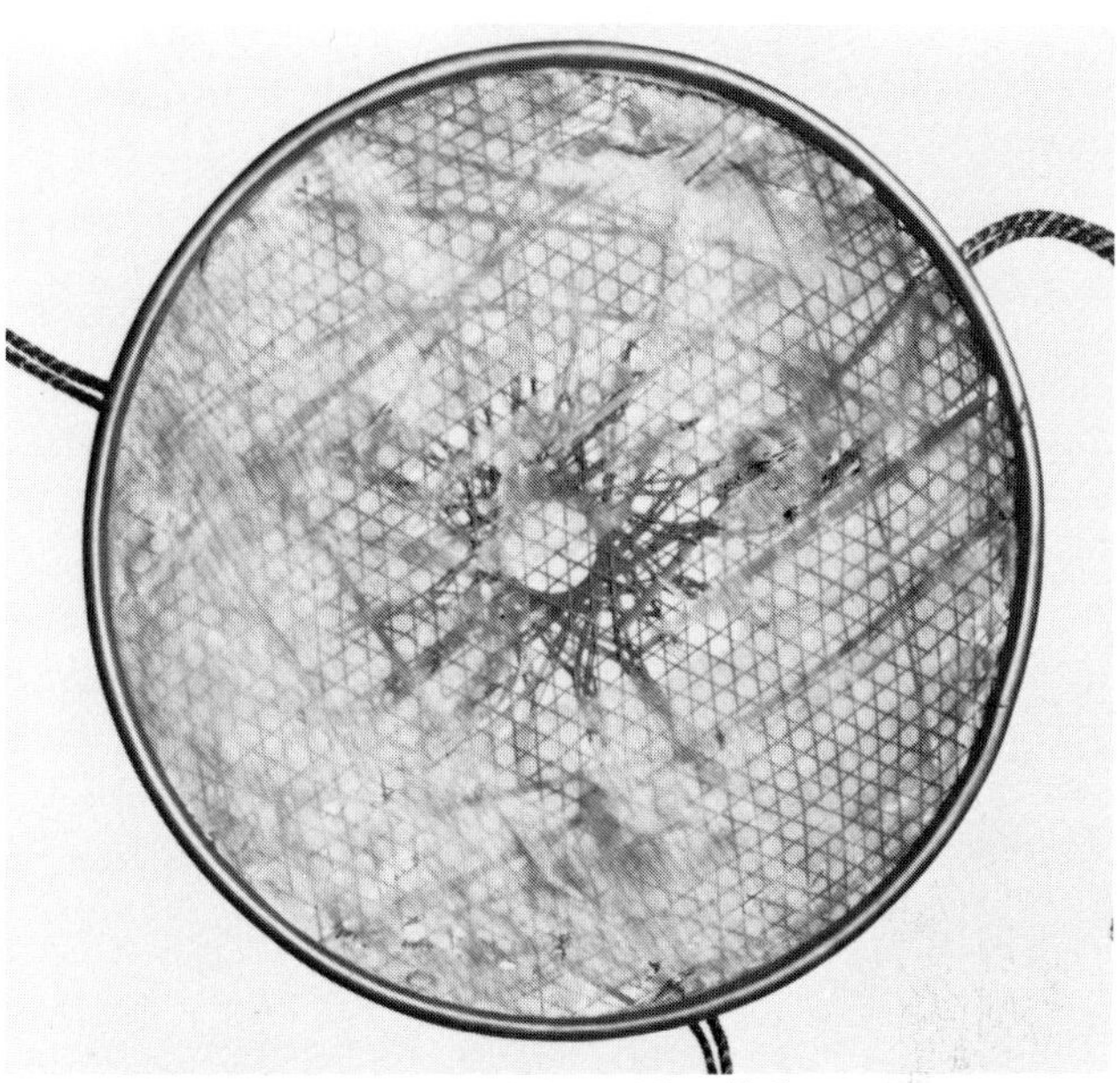

45　竹製綾絹張華籠　平安時代　玉林一雄氏

がく美麗なもので、平安末期の作である。竹製のものはこの他京都東寺、奈良長谷寺などにもみられる。

竹製華籠　天平勝宝九年銘　一〇三枚（奈）正倉院宝物〈43図〉
雑玉製華籠　二枚（奈）正倉院宝物
竹製華籠　三枚（奈）奈良・唐招提寺
乾漆華籠　一枚　愛知・高橋参二郎
⊙金銀鍍透彫華籠　一六枚（平・鎌）滋賀・神照寺〈44図〉
竹製綾絹張華籠　一二枚（平）大阪・藤田美術館
竹製綾絹張華籠　一枚（平）奈良・玉林一雄〈45図〉
竹製華籠　二枚（鎌）京都・東寺
竹製華籠　二枚（鎌）奈良・長谷寺
◎紙胎漆塗華籠　六枚（鎌）愛知・万徳寺〈46図〉
竹製華籠　一九枚（鎌）愛知・性海寺〈47図〉
竹製華籠　二枚（鎌）兵庫・金衆寺〈48図〉

九、居箱

法会のときに用いる三衣・法具・説草・差定などを容れて、これを僧侶の座側に据置く箱である。よって据箱、接僧箱ともいう。また、三衣を納めるところから三衣箱、あるいは単に衣（ころも）箱とも称された。居箱の名は『中右記』天永三年十一月二十五日条にみえ、三衣箱は『阿娑縛抄』[※18]第十六に、衣箱は『栄花物語』こまくらべの巻にみえる。

その形制は長方形の木箱で、腰にめぐらされた界によって身と台とに区別され、台の四方には格狭間をつくる。外側は全面に鍍金の銅板を貼り、これに種々の毛彫りで文様をあらわし、さらに打出し、透彫りの輪宝・羯磨・鳳凰などを鋲止めするものがある。身の内側は漆塗りのもの、錦綾を張るものなどがある。また箱の内外を総漆塗りで仕上げたもの、総蒔絵のものなどがある。

これらの居箱は参堂のとき、従者（弟子）または﨟次の低いものがこれを捧持し、修法のときは、礼盤の左脇机の上におかれるのが常である。浄土の諸宗では礼盤正面の机の上に置かれ、表白文・差定などをこれに容れておく。説教のとき高座上に置いて算題を納めるところから説相箱とも称されている。

遺品ではあまり古いものはないが、鎌倉時代以降の作例をよくみる。

◎花蝶螺鈿説相箱　一枚（平）大和文華館〈49図〉
鍍金孔雀文説相箱　一枚（平）滋賀・西明寺〈50図〉
◎波龍螺鈿居箱　一具（鎌）福岡・誓願寺旧蔵〈52図〉
◎宝相華螺鈿居箱及香炉箱　一具（鎌）京都・醍醐寺〈53図〉
居箱　二枚（鎌）奈良・唐招提寺
竜文居箱　一枚（鎌）東京国立博物館
輪宝羯磨文居箱及香炉箱　一具（桃）京都・醍醐寺〈54図〉

一〇、戒体箱

経巻を納める経箱にやや似た形をみせる長方形の箱で、密教灌頂の三昧耶戒場において、戒文その他を納めるのに用いるものである。

戒体箱の遺品はだいたい鎌倉時代以降のものに限られるようで、甲盛のある長方形の蓋の表面には金銅透彫りの輪宝・羯磨文などを飾り、身の側面にも同様の羯磨文を飾る。長側面の中央に鐶付金具をつけ、紐で身と蓋とをしっかり結ぶように工夫している。居箱や説相箱と同様に台脚をもち長側面は束を立てて三区ないし四区に分ち、内に格狭間をつける。箱の表面は墨漆に蒔絵をほどこすものや箱の表面全体を金銅板で覆うものとがある。内面を錆下地黒漆塗りとしたり、襯（うちばり）を施したものもある。

◎金銅輪宝羯磨文戒体箱　一合（鎌）京都・醍醐寺〈55図〉
◎金銅装輪宝羯磨文戒体箱　一合（鎌）大阪・金剛寺
◎黒漆塗蒔絵輪宝羯磨文戒体箱　一合（鎌）愛知・万徳寺〈56図〉

一一、持蓮華

持蓮華《じれんげ》は未開敷蓮、すなわち、蕾の蓮華をつけた蓮茎の形につく

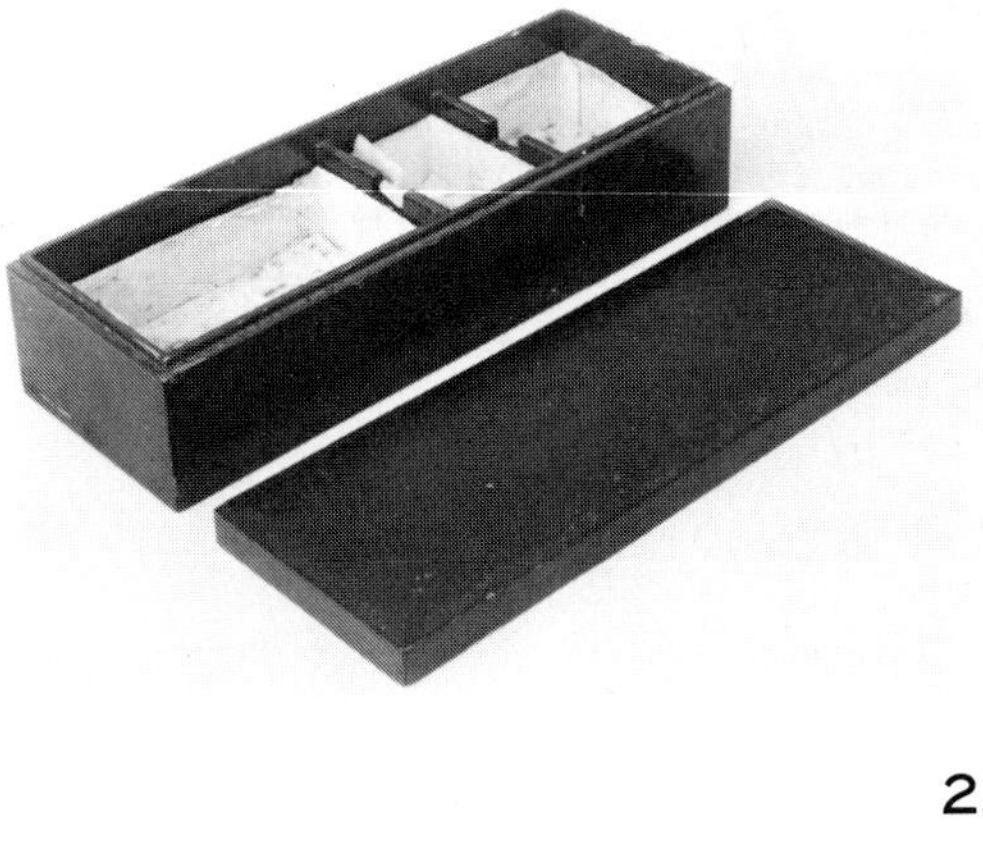
※16　正倉院宝物の柄香炉箱。

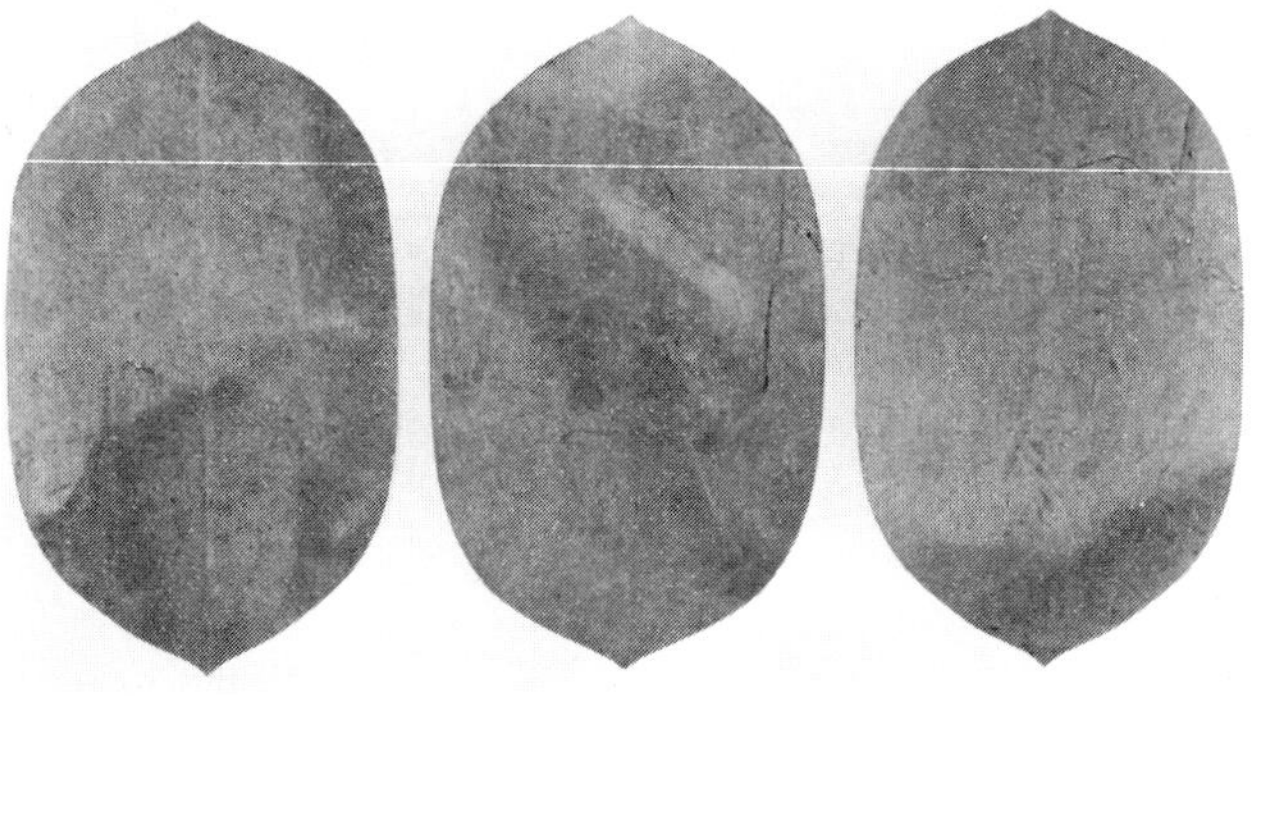
※17　正倉院宝物の緑金箋。立25cm、横15・5cmくらいの超大形の花びらである。

50　鍍金孔雀文説相箱　平安時代　滋賀　西明寺

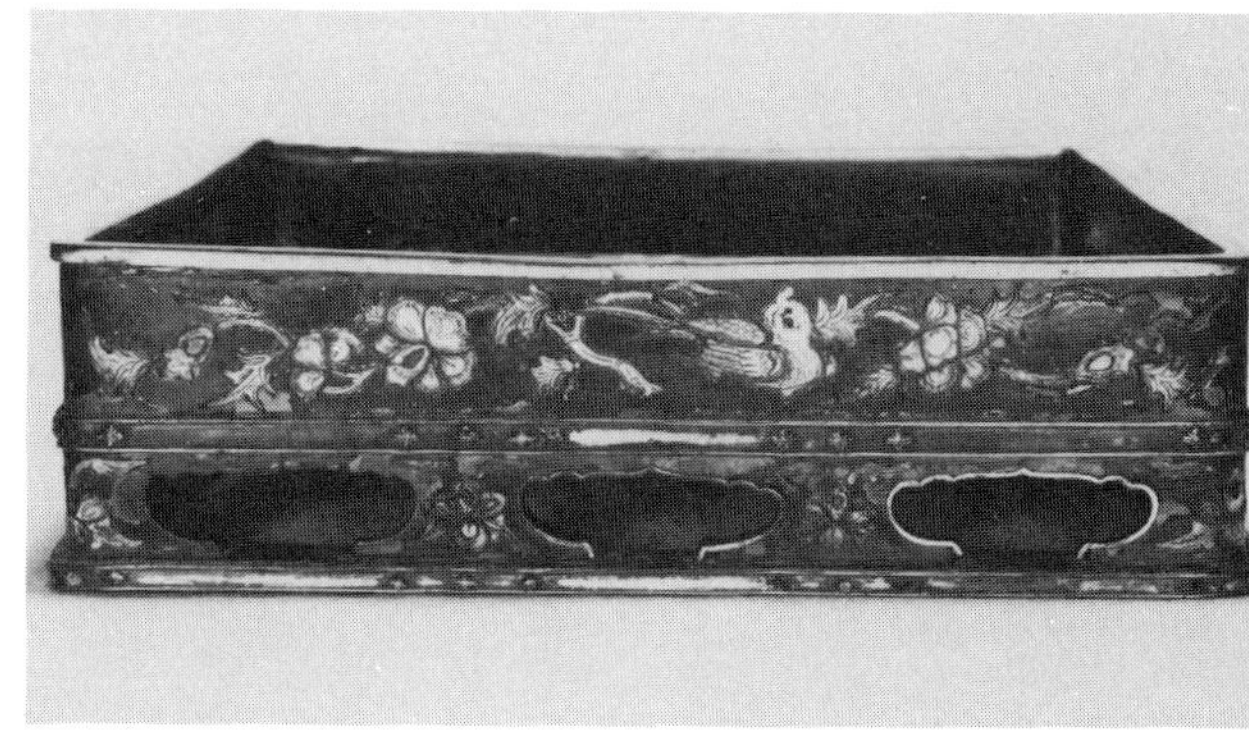

49　花蝶螺鈿説相箱　平安時代　大和文華館

52　波龍螺鈿居箱　鎌倉時代　個人蔵

51　金銅童子蓮華文説相箱

53　宝相華螺鈿居箱及香炉箱　鎌倉時代　京都　醍醐寺

54　輪宝羯磨文居箱及香炉箱　桃山時代　京都　醍醐寺

ったもので、合掌礼拝のとき、これをその掌中におさめ、中指と中指の間に挟んで用いる。時宗依用の僧具の一である。

普通は一本の小材より彫出するもので、これに漆を塗布して仕上げている。蓮華の蕾のところに輪転する輪を嵌装するものがあり、口称念仏しながらこの輪を指で転じたものと思われる。いわば転法輪の意かと推察されるが、別にまた、阿弥陀三尊の小像を嵌入するものもある。けだしこれは仏凡一体の妙旨を示さんとするものであろう。未だ開敷せざる凡夫も口称念仏により、また臨終正念によって、開敷する蓮の台（うてな）に乗ぜんがため、口称念仏をすすめ励ましめるものと考えられる。遺品はときおり見かけるが、あまり古例は見ない。

木彫持蓮華　一本（室）静岡・西光寺〈58図〉
木彫持蓮華　宝輪嵌装　一本（室）静岡・西光寺〈58図〉
木彫持蓮華　阿弥陀三尊入　一本（室）山形・仏向寺
木彫持蓮華　二本（室）群馬・聞名寺
木彫持蓮華　阿弥陀三尊入　一本（江）奈良・唐招提寺

なお、持蓮華として使用されたものではないかもしれぬが、まったく同様の形をもったものが、京都大山崎の大念寺の阿弥陀如来像の胎内納入品のひとつにみることができる。それは漆箔を施した美麗なもので、朱書銘によって仁治元年（一二四〇）に西山派の開祖証空上人がこれを納めたものとしられる。

一二、桧《ひ》扇《おうぎ》・中《ちゅう》啓《けい》

僧侶の持物のひとつに桧扇・中啓がある。桧扇は桧の柾目の良材をうすく剝いだ薄板でつくられている。中啓は扇の親橋（おやぼね）を大きく曲げて外に開いたもので、銀杏の葉の開きをもう少し小さくしたような形である。

桧扇や中啓がいつから僧具として用いられるようになったか明確ではないが、京都・長福寺にある花園天皇の法体絵像（国宝）には右手に扇をもっておられ、これは藤原為信の孫豪信が暦応元年（一三三八）に画いたものである。また桧扇は今日天台宗や真言宗でも法会のとき正式の威儀具のひとつになっているが、この上限も明確ではない。※20桧扇の古い遺例はしらないが、見聞する最古の遺例は平安後期のもので、たとえば東寺金堂の千手観音立像の膊部より発見されたもの、あるいは四国愛媛の奈良原山経塚より経筒とともに伴出した桧扇（59図）などがある。これらは僧侶が用いたものと速断は許されないにしても、あるいは僧侶の持物のひとつが納められたという可能性もある。桧扇は僧具としてあるいは平安後期あたりから用いられたかもしれないが、※19中啓の方は室町以降、あるいは江戸時代からであるかもしれない。いずれにしても団扇などと同じく、実用からはなれ、寒暑の別なく僧侶が威儀を正すために用いられるものとなったのは確かである。

一三、笈《おい》

背に負うて物を運ぶ道具の一種で、初期仏教の頭陀袋、今日登山などに用いるリュックサックに相当するものである。これは僧具というよりは、むしろ修験者が用いる道具として一般的で、板笈と箱笈の二種がある。

板笈　板笈は「しょいこ」を改良したもので、二脚を備え、背板の部分に品物を縛りつけ、壇板で締めるようになっている。

箱笈　箱笈は外張りのある箱に四脚をつけ、表面、隅など要所要所に鍍金の金具などを貼り、箱は上下二段に分れ、上段には扉、下段はケンドン開きにしており、上段に五仏を安じ、下段には念珠・錫杖・舎利塔・香合・密具などを納める。

箱笈は仏像を安置するところから厨子の役目も果している。表面の金具類にはいろいろ意匠をこらしたものがみられ、仏塔・輪宝・蓮池・宮殿などさまざまの文様をあらわしている。また金具を貼らずに鎌倉彫りにして鶴亀松竹牡丹などを彫刻するものや、椿彫木彩

※18　『阿娑縛抄』第一六に「左机灑水、塗香、三衣箱、右机香炉箱、仏布施、名香等これを置く」とある。

※19　中啓〈北条早雲像所持〉神奈川早雲寺、一六世紀。

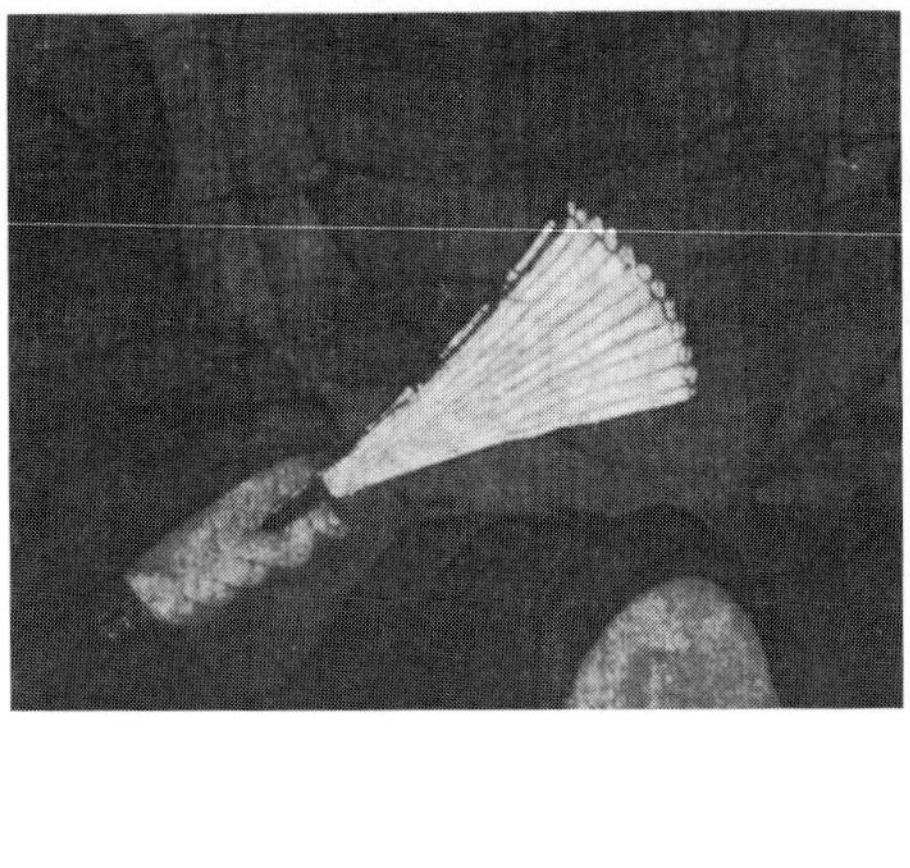

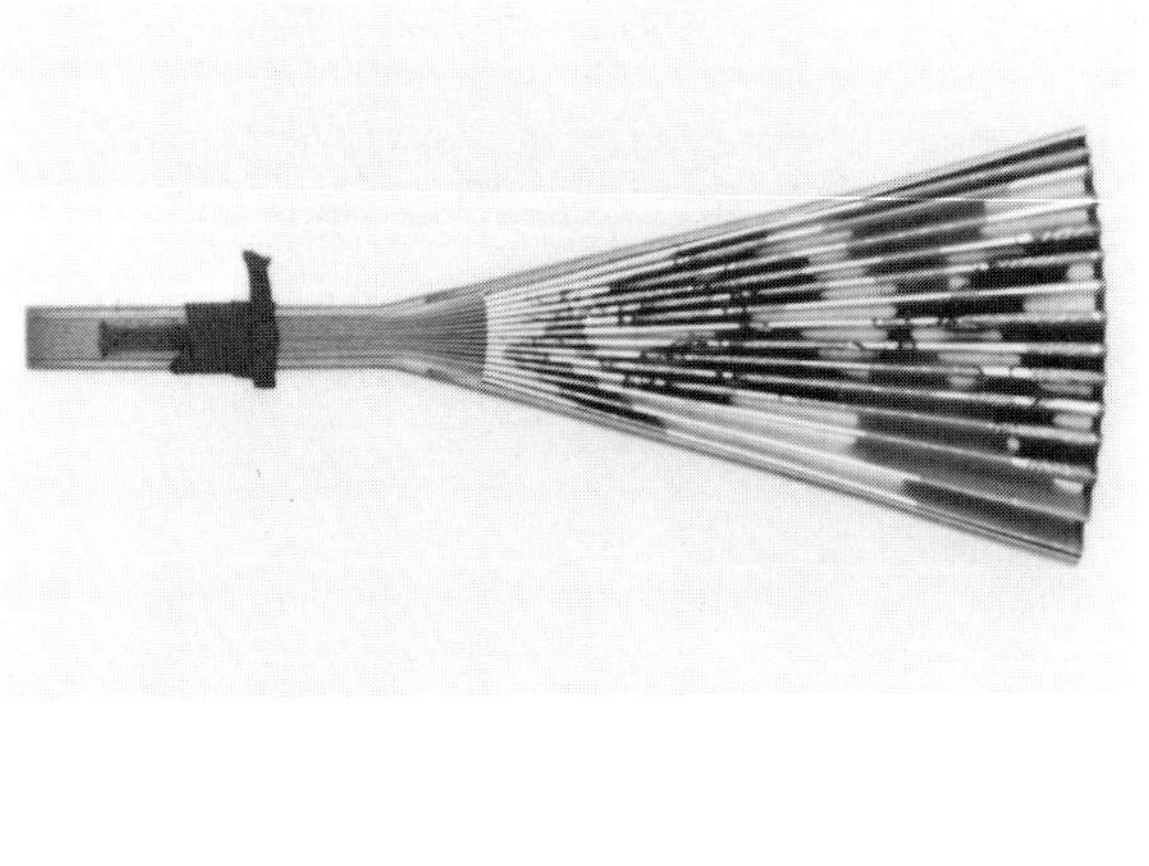

中啓＝現在使用されているもの。

57　持蓮華<遊行42代尊任上人像所持>

55　金銅輪宝羯磨文戒体箱　鎌倉時代　京都　醍醐寺

58　木彫持蓮華　室町時代　静岡　西光寺

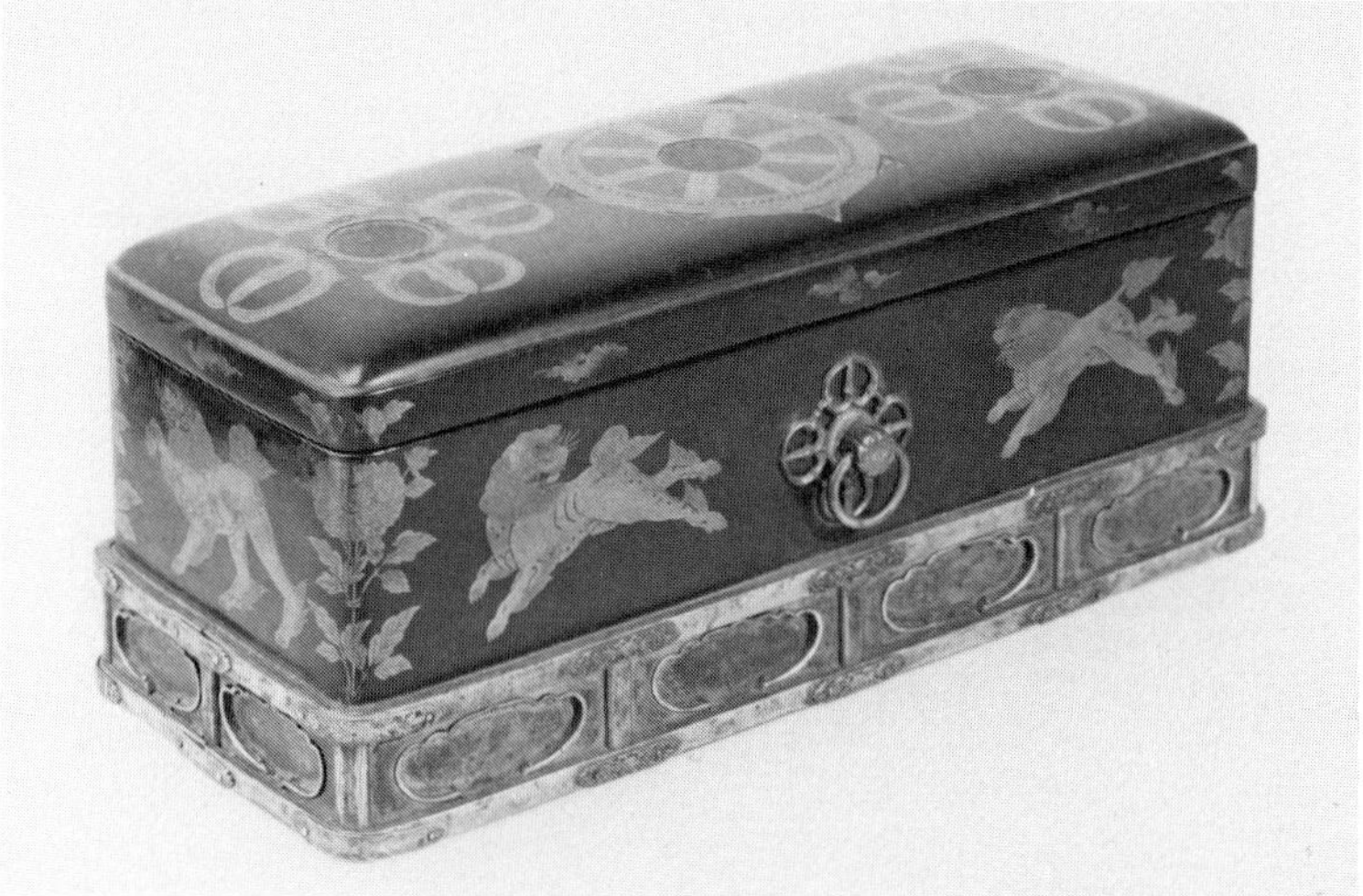

56　黒漆塗蒔絵輪宝羯磨文戒体箱　鎌倉時代　愛知　万徳寺

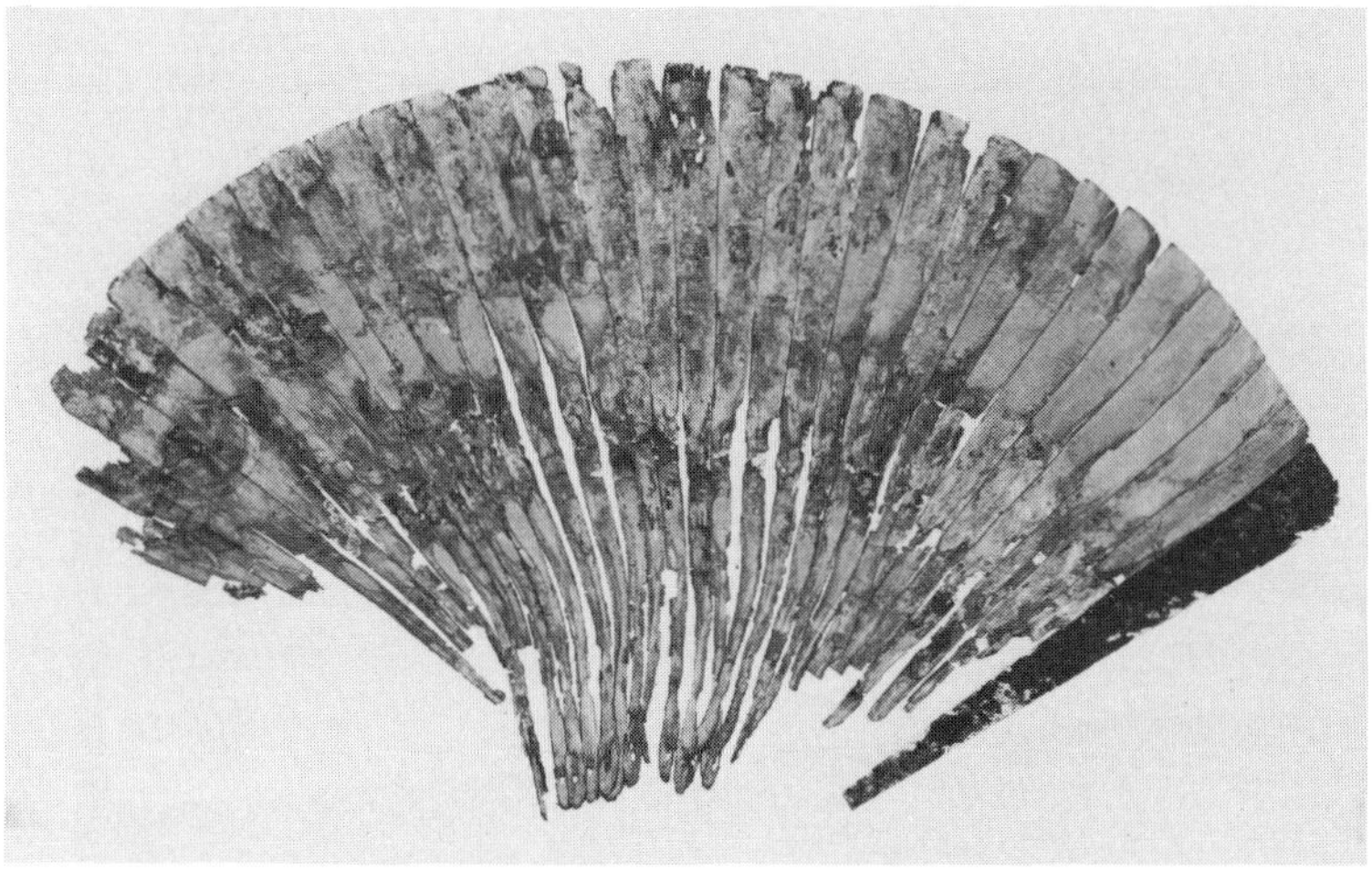

60　桧扇　三重　金剛証寺

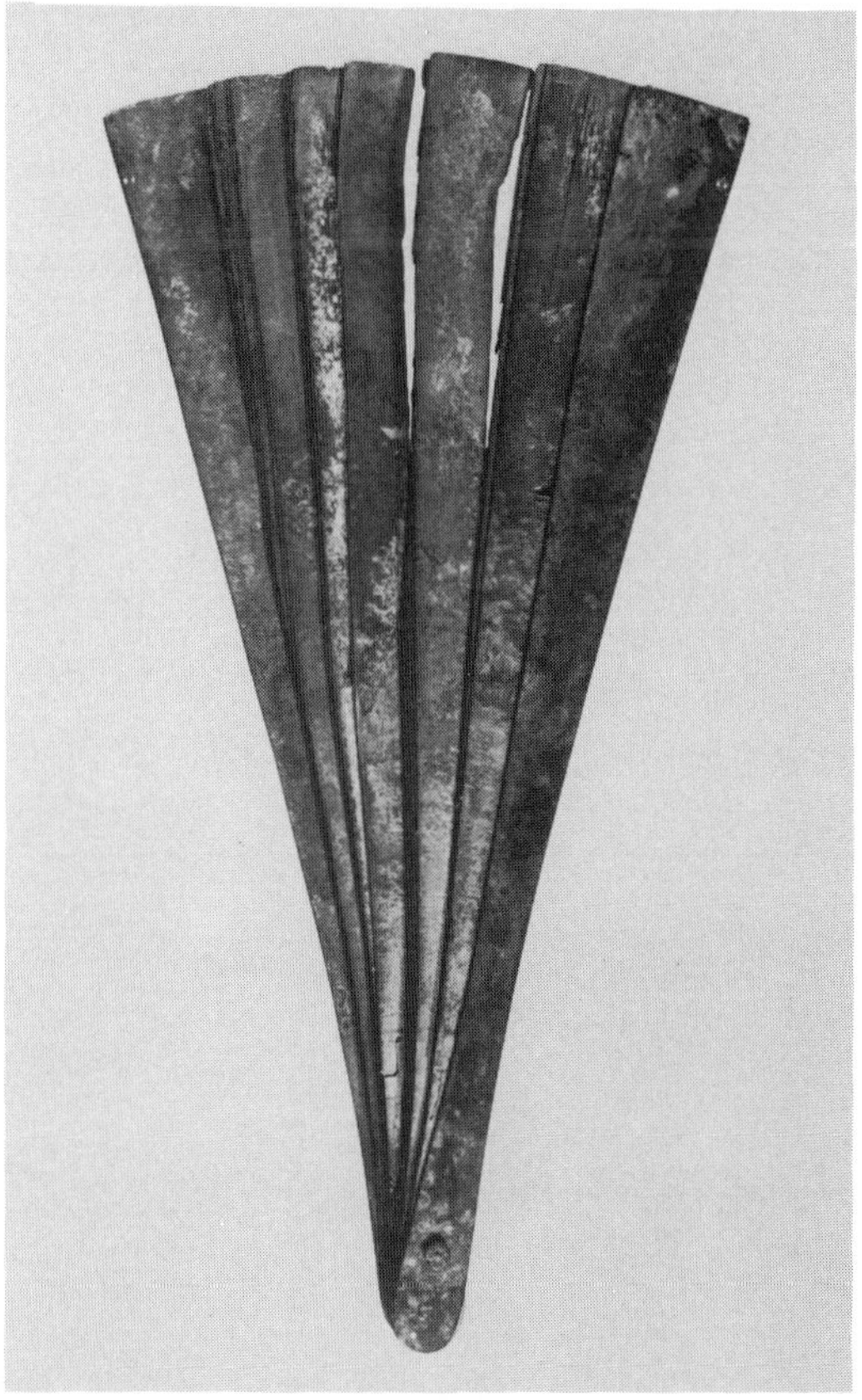

59　桧扇　平安時代　奈良原経塚出土

漆笈もみられる。

遺品例　笈の遺例は室町時代以降のものばかりで、鎌倉時代まで溯りうるものはまだみない。山形の慈光明院の箱笈（重文）には「永享二暦庚戌二月日（一四三〇）羽州慈恩寺禅定院」の墨書があって在銘品として最古のものである。笈の遺例をあげると次のごときものがある。

板笈

◎金銅装山伏板笈　一背（桃）福岡・英彦山神社　元亀三年銘
鉄金具山伏板笈　一背（江）東京国立博物館　嘉永四年銘
鉄金具山伏板笈　一背（江）奈良国立博物館

箱笈

◎鍍金装桐木地笈　一背（室）静岡・大福寺　〈61図〉
◎鍍金装笈　一背（室）奈良・金峯山寺　〈62図〉
◎椿彫木彩漆笈　一背（室）福島・示現寺　〈63図〉
◎椿彫木彩漆笈　一背（室）福島・高久泰寿
◎網代笈　一背（室）茨城・月山寺
金銅装笈　一背（室）岐阜・横蔵寺

一四、十二光箱（お一の匣《はこ》）

時宗の遊行僧が用いた独特な道具で、その形は長方形をなし、その天板（蓋）は縦一尺五寸（四五センチ）横一尺（三〇センチ）位で、高さも約一尺程度の小さな箱である。天板の中央に縦ながに白線（帯）をつくり、その左右両側を赤と青に塗りわけている。これは善導大師の観経疏にみる二河白道の比喩を象るものである。天板の下は厨子風に観音開きの扉を附すものと、ただの箱をしつらえるものとがある。ここには引入・箸筒・阿弥衣・袈裟・帷・手巾・帯・紙衣（かみこ）・数珠・衣・足駄・頭巾などの時衆十二の生活用具を納める。箱の下は三方に板を張り左右両側面には格狭間をつけ吹放ちに近い形をとる。底板の下には四隅に隅足をつける。

この箱は遊行のときは笈のごとく背負い、道場に入っては経机として用い、法会説教のときはこの箱をならべて結界とする。十二箱をもって一組とし、各箱の蓋裏に十二光仏の仏名を書くところから十二光箱の名があり、白道を象る白線が横一文字になるところからお一の匣ともいう。遺品はかなり少く、大阪藤田美術館蔵の十二光箱（65図）が優品としてしられる。

木造漆塗十二光箱　一個（鎌）大阪・藤田美術館　〈65図〉
木造漆塗十二光箱（蓋を欠失）　一個（鎌）島根・万福寺
木造漆塗十二光箱（蓋を欠失）　一個（鎌）群馬・聞名寺
木造漆塗十二光箱　一個（鎌）愛知・称名寺

一五、鉦　鼓

もと雅楽に使用された楽器で、架に懸けて打ちならすものである。もちろん今日でも本来のように使用されている。しかし、いま浄土教家、とくに空也上人や一遍上人などが好んでこれを用いたことは、その肖像あるいは絵伝などから知られるが、その使用法は本来の形式とやや異っている。それは鉦鼓を携帯に便利な首から懸ける架[※21]に懸垂して、細く小さな槌で打鳴らしたもので、踊り念仏の拍子に用いたものである。この考案は空也上人の創するところといい、京都・六波羅蜜寺にある空也上人像（69図）はこの鉦架を胸前に懸け、右手に槌、左手に角杖をもち、念仏を称える遊行の相をあらわしている。『一遍上人絵』（京都・歓喜光寺本・66図）にも大勢の念仏僧が鉦架を胸にし、鉦を打ちならしながら踊るさまを描いている。

さて、鉦の形であるが、それは鰐口の半身のような形で、その表面に二重、あるいは三重の圏線をめぐらし、内・外・中の三区に区分し、側面は大体素面で、上部に二つの耳をつけ、懸垂に供る孔をうがっている。その高さもあまり高くなく、口縁部には釣鐘の駒爪のような出っ張りがある。材は銅鋳製であり、槌で撞着するとチンチンとかなり高い音色をみせ、よく反響する。遺品はあちこちでみるが、紀年銘を有するもので古いものでは、兵庫・浄土寺、奈良・東大寺、栃木・輪王寺鉦がある。東大寺の復興に貢献した俊乗坊重

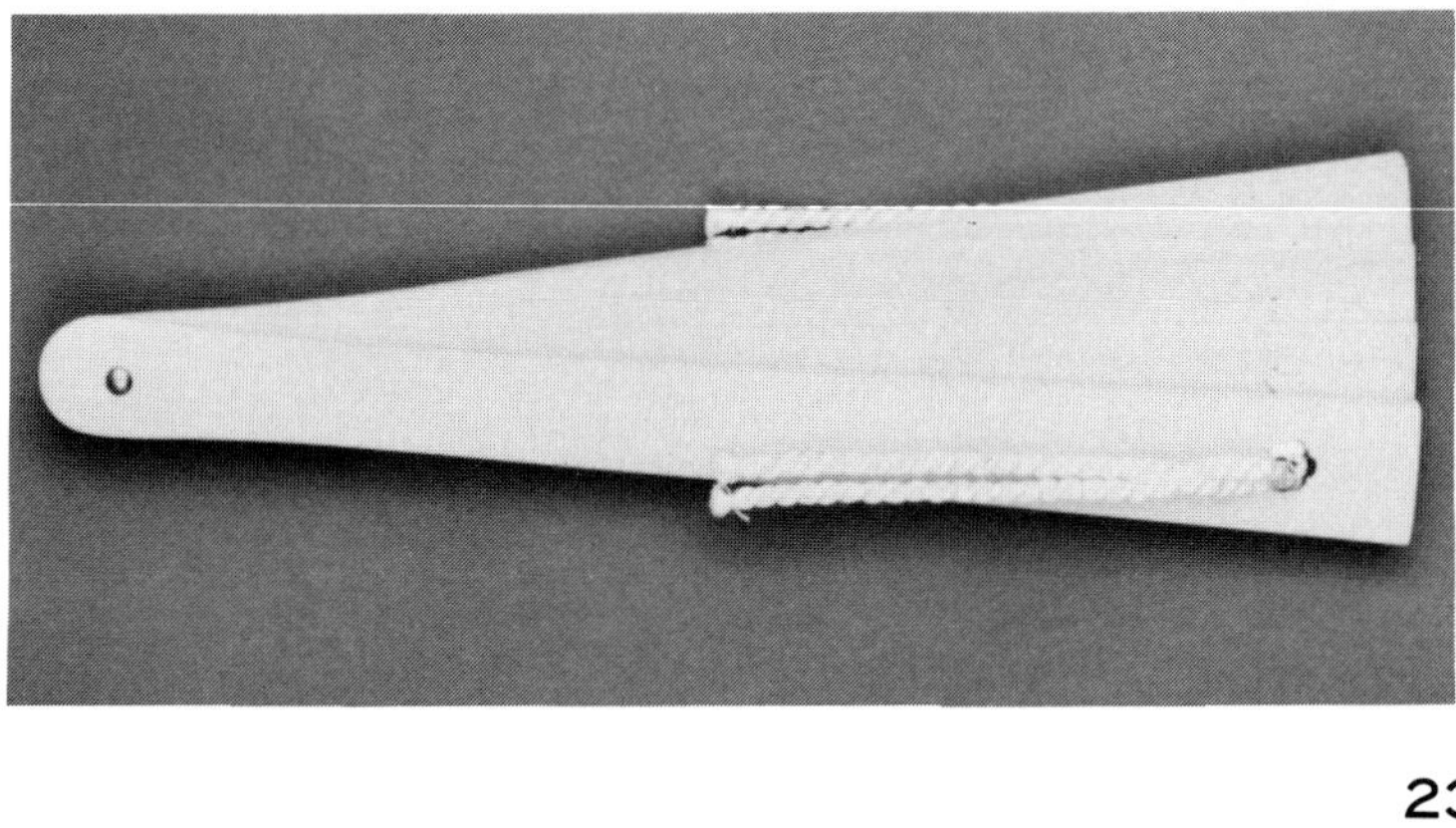

※20　桧扇＝現在使用されているもの。

※21　鉦架（重文）奈良　東大寺

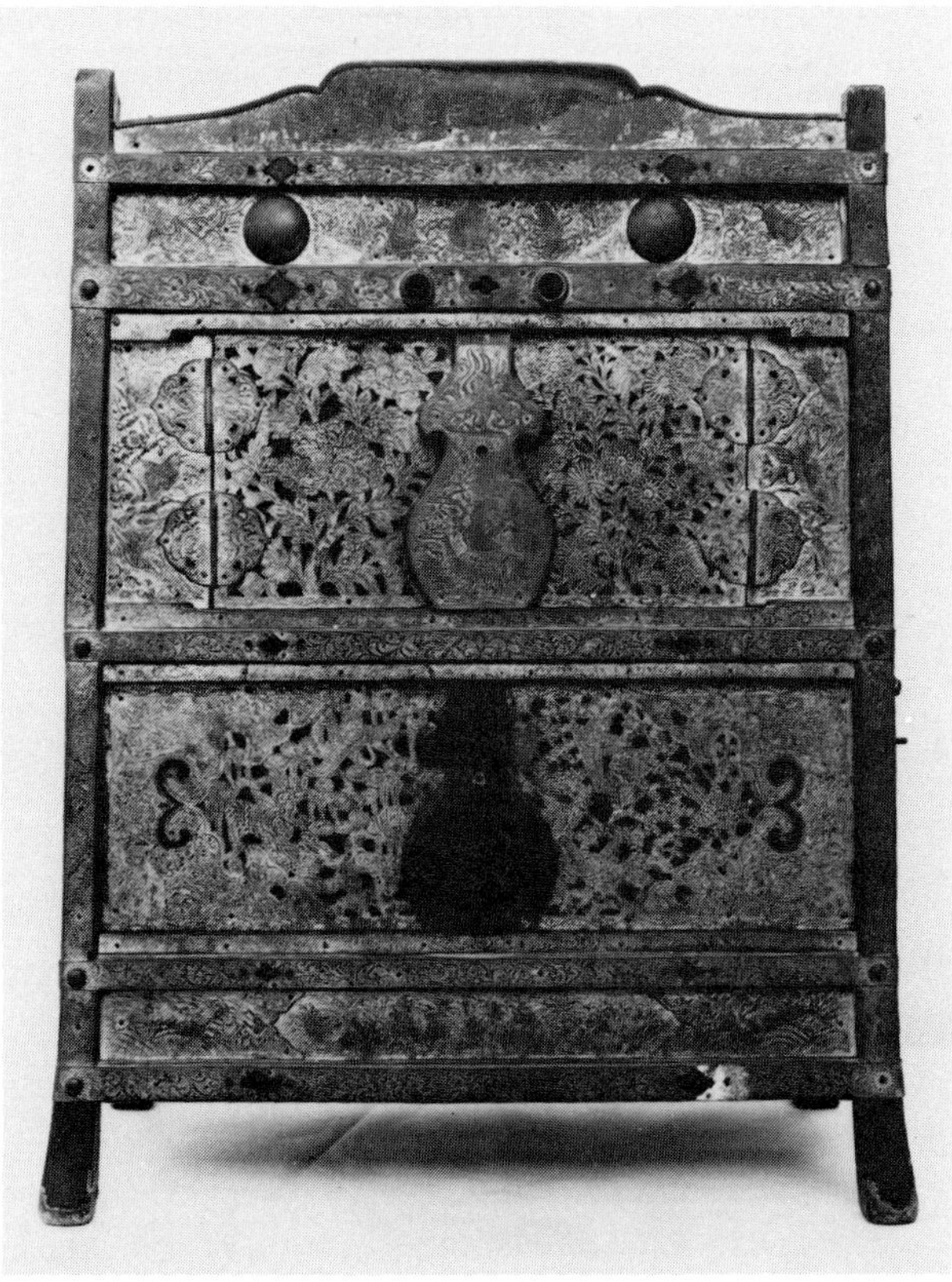

62 鍍金装笈　室町時代　奈良　金峯山寺

61 鍍金装桐木地笈　室町時代　静岡　大福寺

64 十二光箱〈一遍上人絵巻部分〉京都　歓喜光寺

63 椿彫本彩漆笈　室町時代　福島　示現寺

65 木造漆塗十二光箱　鎌倉時代　大阪　藤田美術館

源上人ゆかりの品がみられ、彼も勧進のときはこれを打ちならしたものであろう。

⊙平安後期　兵庫・浄土寺　一口　建久元年（一一九〇）銘〈67図〉
⊙平安後期　奈良・東大寺　一口　建久九年（一一九〇）銘〈68図〉
鎌倉時代　栃木・輪王寺　一口　正安二年（一三〇〇）銘

一六、角《つの》杖《つえ》

時宗の僧侶（時衆）が遊行念仏のときに携行した杖で、市井・野山を巡行するときに用いられた錫杖と同じようなものであろう。ただ錫杖と異るのは、杖頭に鹿の角がつけられており、もちろん振っても音はしない。遺品で制作年代の明らかなものをしらないが、京都の六波羅蜜寺にある空也上人像（康勝作・69図）、月輪寺、滋賀・荘厳寺、愛媛・浄土寺にある空也上人像などいずれも鎌倉時代の肖像彫刻であるが、その左手にこの角杖をもっている。また京都・歓喜光寺の一遍上人絵のなかにも、念仏僧がこれを携行するところを描いている。

一七、竹《しっ》篦《ぺい》

竹篦子ともいう。割竹を重ねて「へ」字形につくり、その頭部・把部などの要所要所に籐を巻きつけ、黒漆を塗って仕上げる。その形はあたかも弦をはずした弓のごときものであり、一方に紐を結び、総を付ける。その長さは一定しないが、おおよそ三尺ばかりのものである。※22禅家にあっては坐禅のとき、警覚を与える具として用いるが、禅師法語のときにはこれを手に持ち威儀をととのえている。

遺品として単独に認められるものは少ないが、多くは禅僧の影像においてその持物としてこれを見ることが多い。

木造大応国師像　持物竹篦　一柄（鎌）愛知・妙興寺〈70図〉
木造惟仙和尚像　持物竹篦　一柄（鎌）長野・安楽寺
木造栄朝禅師像　持物竹篦　一柄（室）埼玉・霊山院

一八、禅《ぜん》版《ばん》

坐禅のとき、膝上に立てて頤《あご》をささえ、また、膝上に横たえて定印をくむときにもこれを用いる。※23これを倚版とも称する。その形は長方形で、長さは一尺五寸五分、幅一寸九分、厚さ三分半位の板で、上方を円弧に刳ってある。板身には円相をうがったり、また禅法語を刻むものがある。茨城・法雲寺にある中峰明本所持の禅版（71図）には笹の葉書で「万法一帰一帰何処」と刻書されている。

木製中峰明本刻書　一枚（元代）茨城・法雲寺〈71図〉
木製隠元禅師刻書　一枚（江）静岡・見性寺
木製「刻古人剋古云々」刻書　一枚（江）東京・永青文庫〈72図〉

一九、警　策

禅堂において僧侶が坐禅するとき、睡魔におそわれることがあるのを警醒するために用いる鞭である。警策を「けいさく」、あるいは「きょうさく」ともよむが、臨済禅では前者を、曹洞禅では後者をとる。木製で、その全形はあたかも笏を大きくしたような扁平の長板で、上端に向ってやや幅が広くなっている。※24その長さは約四尺二寸、幅約二寸である。なお師家が竹篦の代りにこれをもつことは、肖像彫刻、あるいは絵像（頂相）に認められるところより明らかである。同時に警策の遺品もこれら頂相の持物としてみられるものが古い例で、遺品の古いものはほとんどない。これは実用に供した場合薄い板片であるためしばしば折れるためであろう。

◎一休和尚像持物　一柄（室）京都・酬恩庵〈76図〉
寂室和尚像持物　一柄（室）滋賀・永源寺

※22　現今では首座が法戦式の時に用いる。「拈㆓得竹篦㆒兮、打㆓砕説性説心㆒、那存㆓舊日轍㆒乎」（永平廣録八）。

※23　古くは上方に小円穴を穿ち、この穴に索を貫いて縄床の背後の横縄に結び、板面を斜めにして身をよせかけて使用したという。

※24　一般に樫で作り、長さは九〇cm〜一m、先の幅は四cm位とするのが普通で、短いものを短策という。

※　木製蓮華形柄香炉（火炉なし）、持蓮華ともいう。

67　鉦鼓　平安後期　兵庫　浄土寺

66　鉦鼓〈一遍上人絵巻部分〉京都　歓喜光寺

68　鉦鼓　平安後期　奈良　東大寺

69　角杖と鉦鼓〈空也上人像所持〉鎌倉時代　京都　六波羅蜜寺

70　竹篦〈大応国師像所持〉鎌倉時代　愛知　妙興寺

二〇、拄《しゅ》杖《じょう》

拄杖は、今日あまり使用されておらず、見かけることも少いが、※25禅家にて用いられる杖である。「拄」はささえると訓じて、体をささえ、歩行をたすけるものである。その長さは六尺（約一・八メートル）位あって、禅家においてはいわば錫杖の代りに用いられたものであり、老僧となって歩行がやや困難になったころからはじめてその使用が許されるという。

この拄杖には二種類があって、一つは**触頭杖**といい、いま一つは**浄頭杖**という。前者は杖があたかもつるのように幹に纏いついており、その本幹や枝には小さな突起を数多くつけている。これは河を渡るときなどその水深をさぐるために役立てたという。後者は枝のないもので、真直な杖である。その杖身に切子面や縄目文を刻むものがある。触頭杖は臨済禅において、浄頭杖は黄檗禅において多く用いられるという。

拄杖の遺品は概して少く、肖像彫刻や絵画に多く認められる。

木製　以天和尚所持拄杖　一柄　（室）　神奈川・早雲寺
木製　光厳法皇像持物拄杖　一柄　（室）　京都・常照皇寺
木製　拄杖（浄頭）　一柄　（室）　愛知・小松寺
木製　拄杖（浄頭）　一柄　（桃）　奈良国立博物館　〈73図〉
木製　拄杖（触頭）　一柄　（桃）　奈良国立博物館　〈73図〉

二一、縄　牀

縄牀（じょうしょう）は縄榻（じょうとん）ともいう。「比丘十八物」のひとつに数えられ、その歴史は古いが、遺品はまことに少ない。腰をかける床の部分と、背をもたせかける背板の部分に縄を張ってつくる椅子で、今日これに似た椅子をみかけるが、その歴史はインド以来としられる。元来は脚がなかったようであるが、蛇など地をはう毒虫などを避けるために脚が設けられたという。また携行するに便利なように六つに分解して、これを袋に納めて受持常用したという。神奈川・建長寺の喜江禅師の頂相（室町時代）にこの縄牀が描かれてあるが、京都・大徳寺の真珠庵に木骨の縄牀が一脚認められるのみである。おそらく桃山時代から江戸時代にかけてのものと考えられる。

木造　縄牀　一脚　（桃—江）　京都・真珠庵　〈80・81図〉

二二、曲《きょく》彔《ろく》

曲録、曲木ともいい、臂かけ背板に曲線を多く用いているところからこの名があるといわれる。元来、顕・密両教において僧侶が倚子を用いたことはしられるが、特に禅家においてはこの曲彔が盛んに用いられており、禅師の語録にも「曲彔木床」「曲木禅床」などの語がみられる。この曲彔はおそらく中国（宋代）において流行したものらしく、わが国に遺る南宋画にこの曲彔が描かれている。

わが国で描かれた禅僧肖像画（頂相）にも見られるところから、鎌倉時代からこの曲彔は使用され、次第に普及したものと察せられる。

◎運庵普巌像　一幅　（南宋）嘉定一一年（一二一八）京都・大徳寺
⦿無準師範像　一幅　（〃）嘉熙二年（一二三八）京都・東福寺
◎虚堂智愚像　一幅　（〃）宝祐六年（一二五八）京都・妙心寺
◎虚堂智愚像　一幅　（〃）咸涼元年（一二六五）京都・大徳寺
◎蘭渓道隆像　一幅　（鎌）　神奈川・建長寺
◎無学親元像　一幅　（鎌）弘安七年（一二八四）神奈川・円覚寺
◎円爾弁円像　一幅　（鎌）弘安二年（一二七九）京都・万寿寺

遺品例　曲彔はその造りによって大別して二種あり、一つは臂かけ背板などを床に造りつけるものと、もう一つは交脚の折りたたみ式のものとがある。先の造りつけ式のものは鎌倉時代から多用されたようであるが、遺品では室町時代からみられる。またこの脚部の地付き部分が真直なものと、わらび手風、あるいは猫足風に飾られたものとがある。折たたみ式のものは桃山時代からの遺品をみる。これにも背板部の低いものと、長いものとがあって、蒔絵などを施

※25　禅門では行脚時に用い、また戒める時の具や、上堂して法を説く時の具として用いる。「或有二所犯一、即須下集レ衆以二拄杖レ之、焚二焼道具一、逐従二偏門一而出上者、示二恥辱一也」（禅苑清規一〇）

71
禅版〈中峰明本刻書〉元時代　茨城　法雲寺

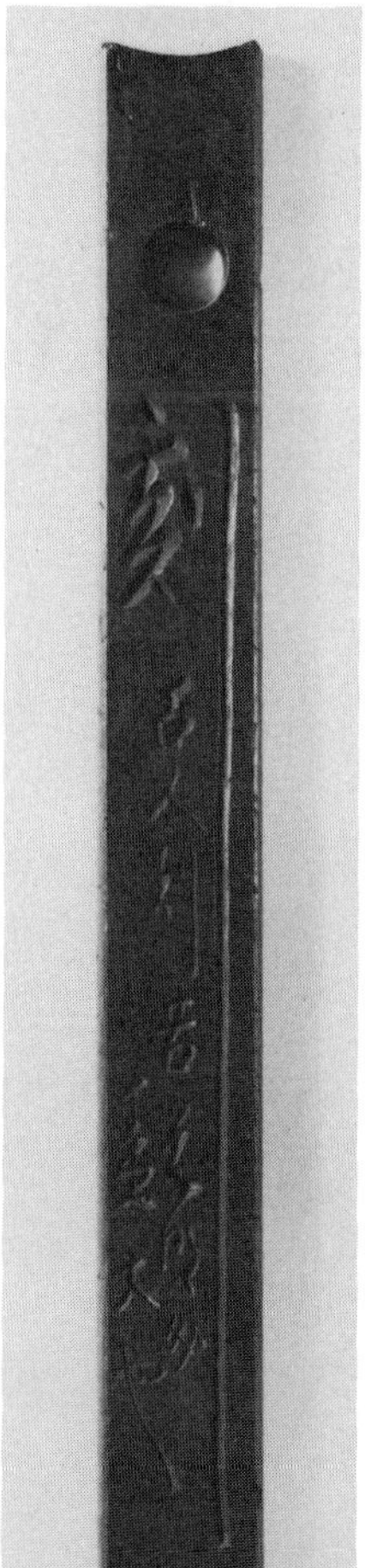

72
禅版　江戸時代　東京　永青文庫

73
拄杖（右・浄頭　左・触頭）桃山時代　奈良国立博物館

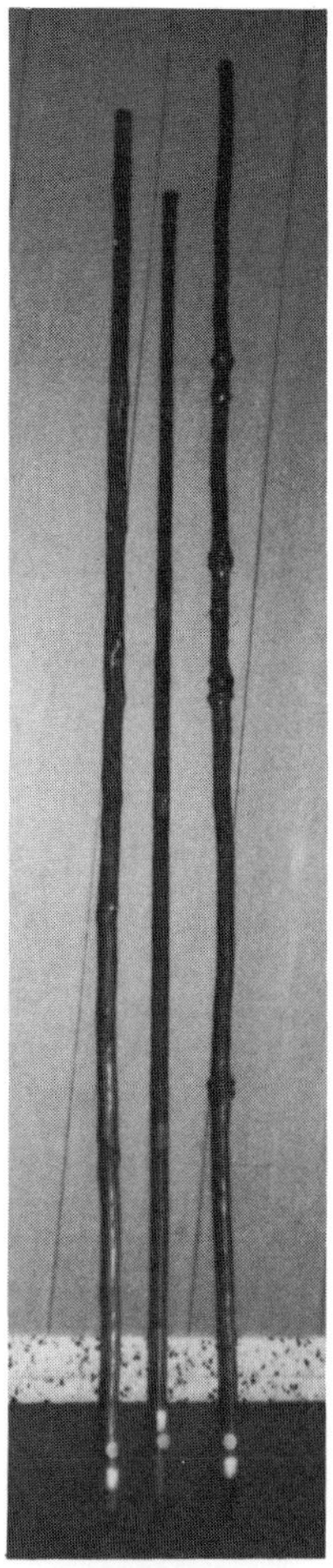

74
拄杖　京都　万福寺

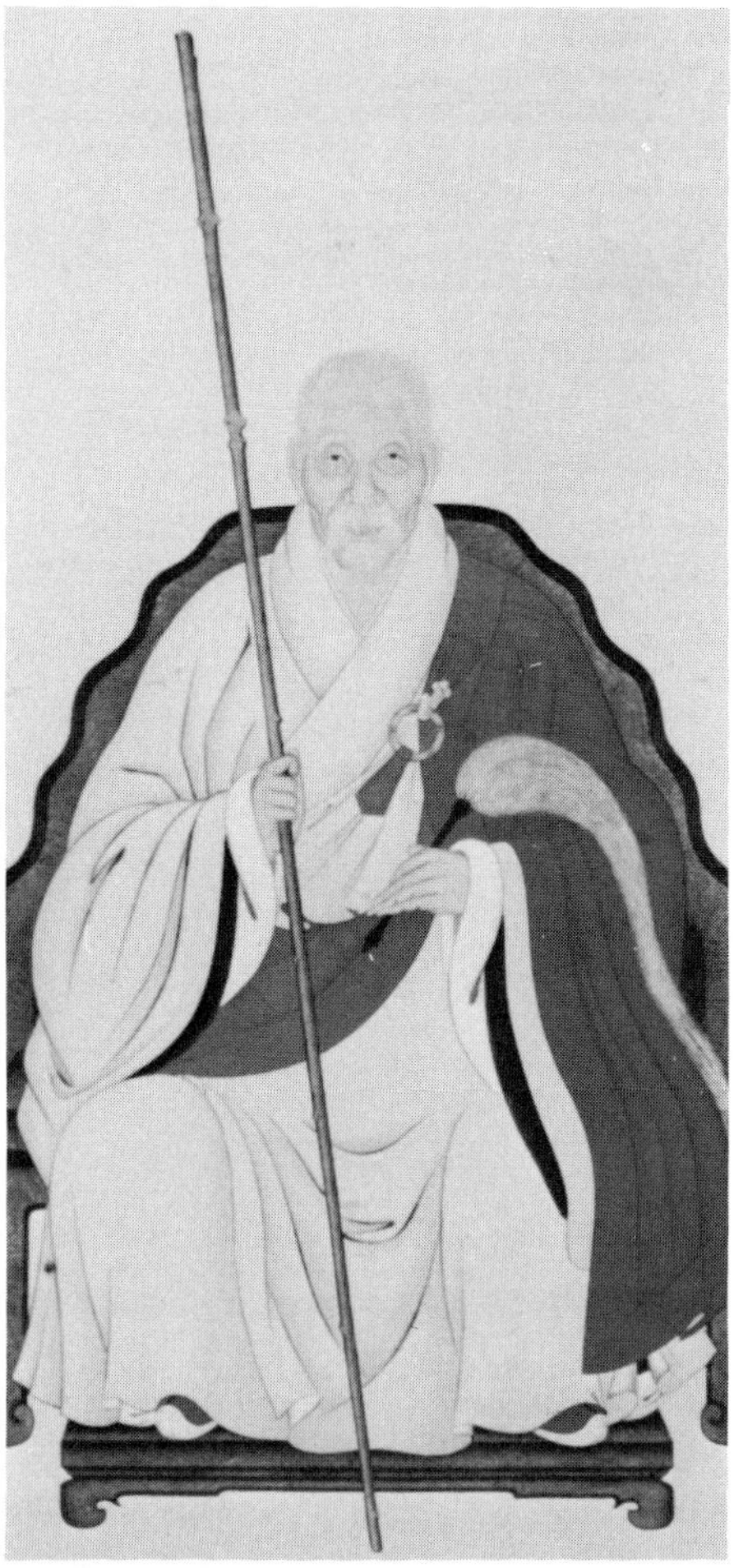

75
拄杖〈隠元禅師画像所持〉江戸時代　京都　万福寺

76
警策〈一休和尚像所持〉室町時代　京都　酬恩庵

した美麗なものがみられる。

背板臂かけ造りつけ曲录

木造漆塗曲录（唐草文透彫）　一脚　（室）　京都・妙心寺　〈82図〉
木造漆塗曲录（四花菱透彫）　一脚　（室）　京都・妙心寺
木造漆塗曲录（山水螺鈿）　一脚　（明）　京都・曼殊院

折たたみ式曲录

◎木造漆塗曲录（南蛮人蒔絵）　一脚　（桃）　京都・瑞光寺
◎木造漆塗曲录（蒔絵西王母図）　一脚　（桃）　京都・高台寺　〈83図〉
◎木造漆塗曲录（蒔絵菊蔦文様）　一脚　（桃）　京都・高台寺　〈84図〉
◎木造漆塗曲录（金蒔絵）　一脚　（江）　愛知・滝山寺
木造漆塗曲录（螺鈿文字）　一脚　（江）　京都・曼殊院

むすび

時代や仏教各派、あるいは地域によっても僧具の種類や形態、はたまた使用法までも異りや変化がみられる。しかし、どのように時代や宗派が異っても、いずれも僧侶が仏道を行ずるという目的で用いられ、必携せられたものであるから、それらすべてに仏教の信仰生活、仏道修行という裏づけがなされている。よって、僧具をつぶさにしることは、とりもなおさず、僧侶およびその生活のあり方をしることになる。さらにはそれらが盛んに用いられた各時代の仏教そのものをしることにも連なるといえる。

われわれは、単に僧具の形態や形式の変化、あるいは製作の追求のみに終始することなく、これら僧具を実際に用いた人々、そしてそれらが活用された場、すなわち仏教そのものまで推し測り、さらにはこれらを製作した名も知れぬ工人たちにまで思いをいたしたいものである。

（光　森　正　士）

77　惟仙和尚坐像　鎌倉時代　長野　安楽寺　〈衣の上に九条袈裟を着し手に竹篦を持ち、曲录に坐す〉

78　興正菩薩像　鎌倉末期　奈良　西大寺〈律僧の特色である、褊衫を左衽につけ大衣を円鐶で吊す。法被をかけた椅子に坐し手には払子を持つ。卓被をかけた説相机上には柄香炉などが置かれている〉

79　大智律師像　鎌倉後期　奈良　西大寺　〈同じく褊衫、裙子の上から大衣を着す。錫杖を右手に、左手には鉄鉢を持つ〉

82
造りつけ曲彔　室町時代　京都　妙心寺

80
縄牀（全体と部分）　桃―江戸時代　京都　真珠庵

83
折たたみ曲彔　桃山時代　京都　高台寺

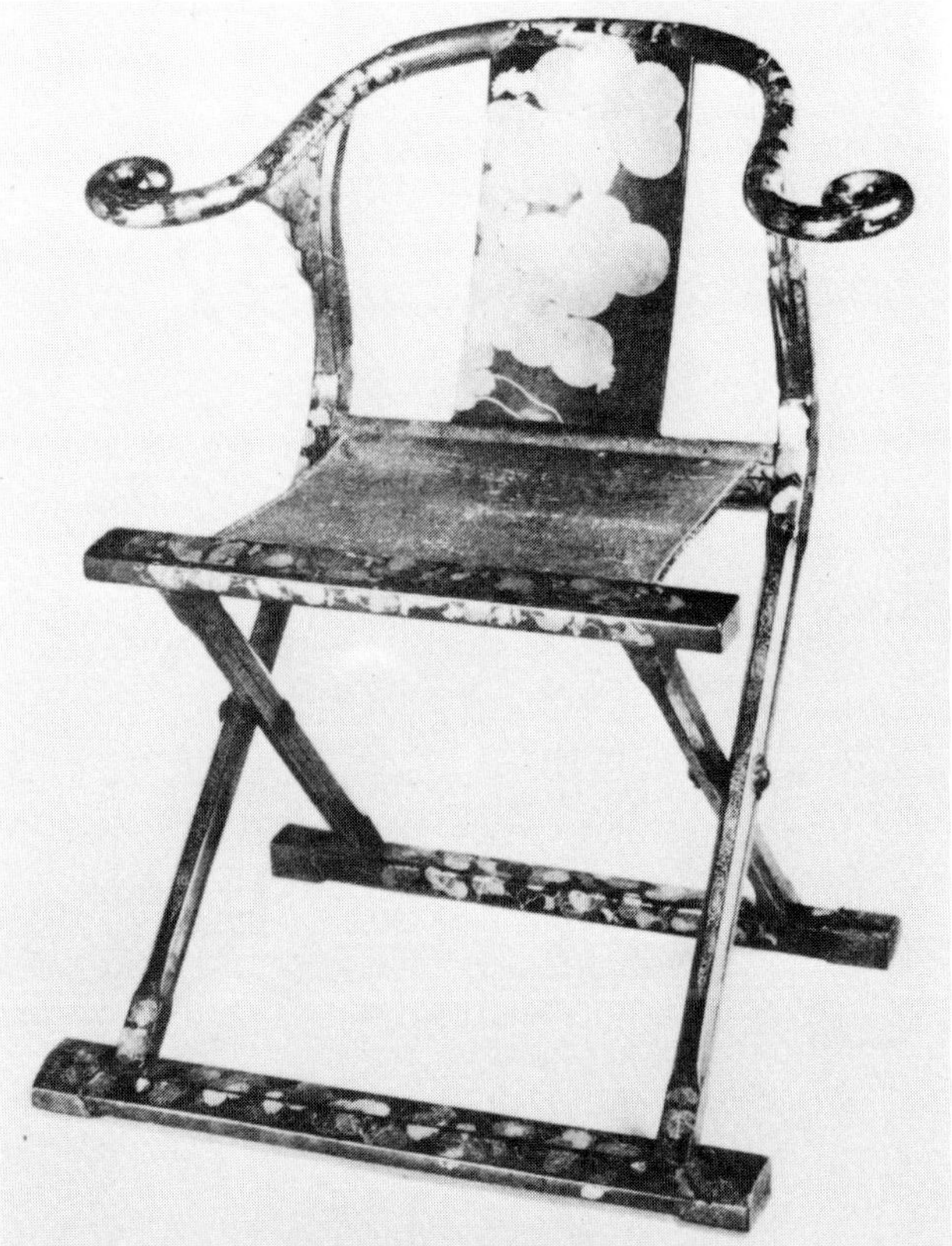

84
折たたみ曲彔　桃山時代　京都　高台寺

81
折たたみ縄牀　京都　真珠庵

七 密教法具

一、密教法具のなりたち

密教は、それまでの小乗・大乗の仏教（顕教）に対して、インド在来の民俗信仰を大きくとり入れたことが特色で、礼拝対象の仏像も、それまでの如来や菩薩や天部のほかに、大日如来を頂点として多くの天部像を加え、さらに各種の明王像※1（教令輪身《きょうりょうりんじん》）を成立させるなども顕著な例である。

この密教、すなわち真言秘密の教えでは、身《しん》・口《く》・意《い》の三密を説く。身に印契《いんけい》を結ぶなど仏の所作をし、口に仏の言葉である真言をとなえ、意（心）に実相（仏）を念ずることによって、成仏し得られるというものである。そしてこの教えの実修にあたっては、それまでの顕教時代の法具のほかに特別な器具を用いた。それが密教法具である。

もともとインドの民俗宗教は、原始生活につながるものであるから、密教法具にもその当初の性格を伝えるものが多い。これを大別すると四種類が挙げられる。

その一は、敵を殺傷する武器から転じて、我々の煩悩の賊を討ち破る意味を持つもので、金剛杵や輪宝や羯磨がある。杵は独鈷杵、三鈷杵など両端を尖らせた刺殺具であり、輪宝や羯磨は投擲用の武器である。

その二は、音響を発して威嚇するなどの用途から転じて、眠れる仏性を呼び醒ます意味で用いる。金剛鈴がそれである。

その三は、他の動物に無く、人間独特の技術である「焼く」ということが護摩修法にとり入れられて、俗塵を焼却して清浄身を顕す意味で行われ、それに関する護摩道具が考案された。

その四は、供養具である。修法の完遂のために道場を浄め荘厳し、諸仏諸天の降臨を願ってこれを供養するための道具で、壇を作り、橛を立てて結界し、火舎、六器、花瓶、飯食器、灑水器、塗香器などが用いられた。

密教法具の根源はこのあたりにあると考えてよいであろう。

(1) 密教法具の伝来

わが国への密教の伝来は、一般には平安時代に入ってからといわれているが、実は奈良時代に東大寺を建立するときの役所の一つである写経所の記録『正倉院文書』によると、当時すでに密教系の※2経典がおびただしく伝えられており、これが写経生によって次々と書写されていたことが知られる。同様に密教法具も早くから伝えられたもののようで、正倉院宝庫には二本の古式な三鈷杵があり、そのほか福島県恵日寺の三鈷杵や、静岡県修禅寺墓地から発見された独鈷杵など、奈良時代と認められる遺品が散見される。しかし、密教が意識的にまた本格的に伝えられるのは、いうまでもなく平安時代に入ってからで、いわゆる入唐八家と呼ばれる最澄、空海、常暁、円行、円仁、恵運、円珍、宗叡などを中心とする諸師の努力によるものであった。そしてこの間、秘密にみちた新しい仏教の教理内容を教える教典類が改めておびただしく請来されるとともに、この密

※1 仏の三輪身の一、本地の如来を自性輪身といい、菩薩の身を現ずるを正法輪身という。さらに強情我慢の者を教化するため、明王念怒の相を現ずるを教令輪身という。

※2 正倉院文書の写経所の記録によると、当時すでに『大日経』『金剛頂経』『蘇悉地経』の秘密の三経をはじめ、一四〇余部におよぶ密教経典が伝えられている。

(1)伝教大師（最澄）将来越州録　大唐貞元二一年（八〇五）
念誦供養具様
五鈷抜折羅様一口
五鈷金剛鈴様一口
金剛輪二口
金剛羯磨二口
真言和上付法印信三鈷抜折羅一口
巳上念誦供養具様也

(2)御請来目録（空海）大同元年（八〇六）
道具
五寳五鈷金剛杵一口
五寳五鈷鈴一口
五寳三昧耶杵一口
五寳獨鈷金剛一口
五寳羯磨金剛四口
五寳輪一口
巳上各著佛舎利
五寳金剛橛四口
金銅盤子一口
金花銀閼伽盞四口
右九種一十八事

阿闍梨付囑物
五寳三昧耶金剛一口
金銅鉢子一具二口
白螺貝一口

(3)常曉和尚請来目録　承和六年（八三九）
護摩爐壇様一十五種

傳法阿闍梨耶付物
五鈷金剛杵一
三鈷金剛杵一
銅鈸一具
銅鐃一口

(4)霊巌寺和尚（円行）請来法門道具等目録　承和六年（八三九）
道具
獨鈷金剛杵一　三鈷金剛杵一
五鈷金剛杵一　三鈷鈴一
五鈷鈴一　輪一
羯磨杵四　金剛橛四
率都波鈴一　商佉螺一
右件傳法阿闍梨執持供養修行三昧耶也

(5)入唐新求聖教目録（円仁）承和一四年（八四七）
金銅五鈷金剛鈴一口
金銅五鈷金剛杵一口
金銅獨鈷金剛杵一口
金銅三鈷金剛鈴一口
金銅五鈷小金剛杵一口　一口裏盛佛舎利
右件法門佛像道具等、於長安城興善、青龍、及諸寺求得者

(6)安祥寺資財帳（恵運関係）貞観一三年（八七一）
道具
三股金剛杵四口　唐
獨股金剛杵二口　唐
三股金剛鈴三口　唐一小
五股金剛鈴二口　唐小
五色螺子二口
金剛護摩杓三具　各法杓
金剛輪二口
金剛橛四枚　油抜木安佛舎利
金剛酌杓二支

阿闍梨附法物
五股金剛杵一口
率都婆鈴一口
羯磨金剛杵四口
金剛簟一口
金剛橛四口
金剛指環一口
金剛粟文圓華盤五口
右大唐青龍寺義眞阿闍梨授恵運

(7)智證大師（円珍）請来目録　大唐大中一二年（八五八）
灌頂三昧耶五鈷杵一口
五鈷金剛鈴一口
上両事此阿闍梨傳法印信
羯磨金剛杵四口
鎮壇橛四枚
巳上一十箇事道具部、前件佛像經法
道具、竝於上都長安城護國寺等傳得

熟銅五股小金剛杵一口　有指環
波羅門三蔵従二西天佛國一將到二大唐一

(8)新書写請来法門等目録（宗叡）貞観七年（八六五）
四種金剛杵様一本
右、阿闍梨付属

五鈷鈴三口　二口小
三鈷鈴二口　一口小
五鈷杵一口　中有舎利
獨鈷杵二口
三鈷杵三口　一口小、此中有不空三蔵平生執持杵、中入佛舎利
羯磨杵四口　商佉一口

教独特の宗教的実践方法である灌頂、加持、護摩などの修法を行うための特殊な法具も大いに輸入され、わが国の仏教工芸の歴史にとっても新時代を展開することになった。

この時期に入唐八家によって持ち帰られた密教法具の各種を、八家それぞれの請来目録や関連する資財帳などから抜き出すと、別表（1図）の通りである。

右の入唐八家の請来法具を分類すると別表（2図）のようになる（空海の請来目録の中の五宝三昧耶杵と五宝三昧耶金剛はいずれも三鈷杵と解されるので、三鈷杵の項に入れた）。

この表に見るように、平安初期の頃にすでにかなりの種類の密教法具が伝えられており、新仏教に対応しようとする努力のあとが汲みとれる。

ところがこれらの新たに請来された法具類の品目を角度を変えて眺めてみると、また逆に次のようなことも指摘できる。それは中国に留学した入唐八家の各師が、それぞれ幾種類かの密教法具を持ち帰ってはいるものの、その中には、たとえば火舎香炉を中央にして六器、花瓶、飯食器などを並べる、いわゆる一面器とか四面器といった供養具に属するものが極めて少ないことである。したがって、中世以降の密教寺院に必須の施設である密壇供や大壇供を編成するにはいかにも品不足といわざるを得ないことである。ただ輪宝や羯磨や四橛などの数が比較的多いことからすれば大壇構築の意図は認められるが、その他の金剛鈴や金剛杵などもセットとしては整備されたものとは言い難い。これらを総合すると、当時の密教法具の請来の実情は、系統立ったものでなく、むしろ散発的に近い蒐集方式であったと見られても致し方ない情況である。

弘法大師空海は帰朝して六年の弘仁三年（八一二）に、神護寺において金剛界、胎蔵界の灌頂を行っている。この修法は、わが国での金胎両部灌頂のはじめであり、わが国の密教にとって記念碑的な儀式であるが、ひるがえってその際の灌頂大壇供を推測すると、おそらくいまの常識からすれば、はなはだ未整備で簡素な壇供であったと考えられる。したがって平安初期における密教の現実は、八家秘録に記された密教法具の種類と数量がそのまま語るように、後世のごとき画一的な形式にこだわらず、質素な道具立ての中で真剣な修法が行われたものと見ることができよう。また東寺に伝わる空海請来の五鈷鈴、金剛盤を見ても八家が請来した道具類がいかにすばらしかったかが推察される。

(2) 密教法具の整備とその種類

密教法具は、他の顕教系の法具類に比べると極めて統制を保っていて、わが国の仏教工芸史の上でも最も重要な地位を占めるものであるが、これらの法具が平安時代のいつの頃に現在みるような形にととのえられたかは必ずしも明らかでない。平安後期に流行した経塚の遺跡などから密教法具が発見される例は少なくないが、そのほとんどは散発的な埋納のようである。その中では仁平三年（一一五三）銘の経筒を年代基準とする、京都花背別所経塚など[※3]で、火舎、六器、花瓶をそろえた、いわゆる一面器の遺品があり、またこれよりさき大治五年（一一三〇）を基準とする和歌山県の那智経塚[※4]の出土品の中に、四口の火舎をはじめ、四橛、羯磨、花瓶、六器などの一括遺品が見られることなどを勘案すると、少なくとも平安後期の頃には、現在に近い大壇供や密壇供の成立があったということができる。

ともかく平安時代を通じての密教の隆盛にともなって、次第に密教法具が整備されたことは疑えないが、それはまた一面ではそれぞれの密教法具の変貌の歴史でもあったようで、ことに密教諸派が野沢十二流というように細分化されるにともなって、各流派ごとにそれぞれが独特の秘伝や口伝をもつようになった。そのため密教法具についても流派によって創意工夫が加えられて、形式や意匠がますます多岐にわたったもののようで、現状では煩瑣ともいうべき種々相を呈するにいたっている。この複雑多様な密教法具の各種を分類整理すると3図のようなものとなる。

※3　京都市左京区花背別所町大平谷。鞍馬より別所へ通ずる花背峠の西に迫る山丘の尾根の先端に営まれた経塚群。

※4　和歌山県東牟婁郡那智。那智飛滝権現に向う参道左側の、涸れ池と通称される地区に営まれた経塚。

2 入唐八家の請来法具一覧表

	最澄	空海	常暁	円行	円仁	恵運	円珍	宗叡	計
独鈷杵		一		一	一	二		二	7
三鈷杵	一	二	一	一		四		三	12
五鈷杵	一	一	一	一	二	一	二	一	10
三鈷鈴				一	一	三		二	7
五鈷鈴	一	一		一	一	二	一	三	10
塔鈴				一		一			2
輪宝	二	一		一		二			6
羯磨	二	四		四		四	四	四	22
橛		四		四		八	四		20
盤子		一							1
閼伽盞		四							4
護摩炉壇様			一五						15
護摩杓						三			3
金剛酌杓						二			2
商佉螺		一		一		二		一	5
金剛指環						一	一		2
金剛簟						一			1
金剛粟文円華盤						五			5
多羅						一			1

3 密教法具の分類

(1)金剛杵
独鈷杵（鬼目・鬼面）
三鈷杵（鬼目・鬼面）
五鈷杵（鬼目・鬼面・雲形・都・割）
九鈷杵（鬼目・鬼面・九頭竜）
宝珠杵（四方火焔・三方火焔）
塔　杵
（五種杵――独・三・五・宝珠・塔）

(2)金剛鈴
独鈷鈴（鬼目・四天王）
三鈷鈴（鬼目・装飾）
五鈷鈴（鬼目・鬼面・五大明王・四天王・梵釈
四天王・三昧耶・五種子・四種子）
九鈷鈴（鬼目・鬼面・九頭竜）
宝珠鈴（四方火焔・三方火焔）
塔　鈴（多宝・五輪・宝瓶）
（五種鈴――独・三・五・宝珠・塔）

(3)金剛盤
大金剛盤（請来様・通形・蓮華文・鈴座）
小金剛盤

(4)金　錍
両珠金錍
片珠金錍

(5)四　橛
独鈷橛（宝珠有・無）
蓮華橛（宝珠有・無）
剣形橛

(6)輪　宝（付、輪台）
八鋒輪宝（独鈷鋒・三鈷鋒）
八角輪宝（蓮華轂・菊花轂）

(7)羯　磨（付、羯磨台）（蓮華鬼目・菊花鬼目）

(8)火　舎
単層火舎
二層火舎
異形火舎（蓮座・塔鋺）
片供香炉

(9)花　瓶
亜字形花瓶（素文・蓮華飾）
徳利形花瓶（素文・蓮華飾）

(10)六　器（付、皿）（素文・蓮華飾・片供器）

(11)飯食器（素文・蓮華飾）

(12)二　器（付、皿）
灑水器（素文・蓮華飾）
塗香器（素文・蓮華飾）

(13)閼伽桶

(14)燈　台
長　檠
短　檠

(15)護摩炉（付、箸）（三足・鉄・石）

(16)護摩杓（付、杓休）
注　杓
瀉　杓

(17)修法壇
華形壇（根本様・発達様）
箱　壇
牙　壇
密　壇（格狭間・四脚）

二、密教法具各説

(1) 金《こん》剛《ごう》杵《しょ》

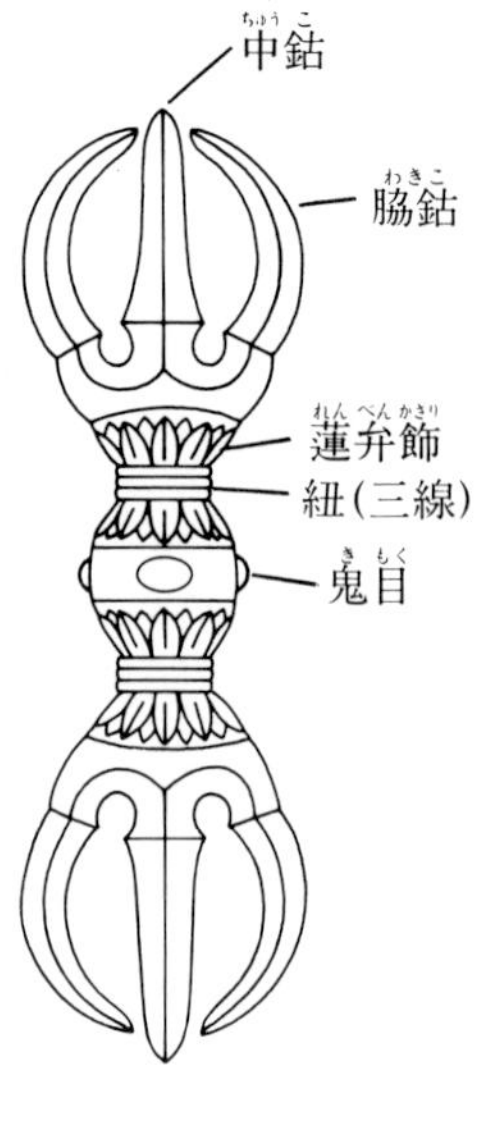

三鈷杵 部分名称

金剛杵は金剛智杵あるいは堅慧杵《けんねしょ》とも呼ばれ、また梵語では跋折《ばじゅ》羅《ら》（伐折囉・嚩日羅）という。その姿は月の兎が餅をつく杵《きね》の形に似た把《は》の両端に、鈷《こ》と呼ばれる鋭い刃をつけたもので密教独特の法具である。金剛というのは金剛石の語でも知られるようにダイヤモンドのごとく堅固であり堅牢であることを意味し、この法具の強さを示すものである。

この金剛杵はもとインドの武器であり、よく知られている帝釈天や執金剛神などが持っているのもこの品である。しかし密教がこれをとり入れて法具としたのは実用の武器としてではなく、この利器の備える堅固と摧破の二徳の力をかりて、人間の心の中の煩悩の賊を打ちくだき、本来の仏性をあらわすための助けとしようというものである。したがって実際に古い遺品を見ると武器としての実用性を備えたものが多く、反対に時代の降った品には実用性を失って象徴的になったり形式にもさまざまなものが現れてくる。金剛杵はまず把の両端につく鈷の数や形によって名称を変え、独鈷杵、三鈷杵、五鈷杵、九鈷杵、宝珠杵、塔杵、九頭竜杵などの別があり、形式や構造面で特殊なものとして都《すべ》五鈷杵や割五鈷杵のようなものもある。また中央の把の部分の装飾法の違いによって、鬼目杵や鬼面杵などに分類するなどさまざまである。なお経典や儀軌によっては二鈷、四鈷、四面十二鈷などの杵を説くものもあるが、実際の遺品のうえでは見い出し難い。また古くより、鈷という文字を股と書く場合も多い。なお金剛杵は、『蘇婆呼童子経』※5や『陀羅尼門諸部要目』※6などによると、金、銀、銅、鉄、石、水晶、佉陀羅木、白檀木、紫檀木、などで作るとある。

独《とっ》鈷《こ》杵《しょ》　把の両端に各一つの鈷をつけた金剛杵で、武器としての最も基本的な姿を示すものといえる。流派によってはこれを「トクコ」あるいは「トコ」とも読む。ことに広沢流では護摩修法のとき、この杵を把るという。

この独鈷杵では把部の中央に鬼目《きもく》と呼ばれる球状の突起を四面につけ、その両側には二条あるいは三条の紐で締められた八葉の蓮弁帯を飾るものが最も普通の形式で鬼目独鈷杵ともいう。これに対して鬼目のかわりに鬼面をあらわしたもの※7を鬼面独鈷杵と呼び、広島厳島神社（13図）や、神奈川極楽寺（14図）の杵をはじめとして鎌倉時代の優品が見受けられる。このように把に鬼面をつけるのは地水火風の四大神をあらわしたものともいう。また鈷部は断面四角を通制とするが、奈良西大寺の独鈷杵のように六角面取りをするものもある。

〈時代による形式の変化〉　独鈷杵で最も古式な品では和歌山金剛峯寺（7図）や静岡修禅寺のものがあり、鬼目が縦長で極端に大きく鈷の部分が全く武器そのものの鋭利さを示している。平安時代後期の独鈷杵は和風化して通常見るものに近くなるが、鬼目が大きく作られるのが特色で、また鬼目を俵形や花形に作ることもある。さらに平安後期の特徴としては鈷の部分の断面が単なる正方形でなく、各面をくぼませた、いわゆる匙面《さじめん》取りとするものが多く、また鈷部と把部の長さの比例を見ると、鈷の部分が把長より長いものを古制とする傾向が顕著であり、全体的に高い気品を保っている。つづく

※5　大正新修大蔵経　No.895

※6　大正新修大蔵経　No.903

※7　三鈷杵鬼面部分（厳島神社）。

4　法具類　唐時代　京都　東寺

5　一面器　鎌倉時代　奈良　西大寺

6　蓮弁飾一面器　鎌倉時代　栃木　輪王寺

鎌倉時代は平安の貴族社会から武家社会に入った時期であるから文化の全般にわたって豪放の気宇を帯びることが指摘されるが、実際に密教法具の場合もその通りであって、独鈷杵に限らず全体に重厚で豪快な形式を特色とする。しかし独鈷杵においても鬼目は幾らか小形となり、鈷の匙面が失われて断面が方形となり、把部の長さに対して鈷長の方が減じてくる。南北朝時代のものはまだ鎌倉時代の延長線上にあるといってよいが、ようやく各部の表現が弱くなることは否めない。次いで室町時代に入ると把部も鈷部も、蓮弁の表現も急激に脆弱化し、鈷先も鈍重なものが多く見られるようになる。降って江戸時代から現代にかけては、細部の装飾の面では技巧をこらすものも現われるが、把部よりも鈷の方が長いといった武器としての原姿を伝える作品は見られなくなってしまった。また材質の面では室町時代までは金銅製が普通だが、桃山時代以降は真鍮製のものが多くなる。

奈良時代　静岡・修禅寺　（同地出土・長鬼目）
◎平安前期　和歌山・金剛峯寺　（長鬼目）〈7図〉
◎平安時代　栃木・二荒山神社　（一三口・男体山出土）
⊙平安後期　京都・鞍馬寺　（同経塚・保安元・治承三）
〃　東京国立博物館　（那智経塚・大治五）〈9図〉
〃　〃　（別所山経塚・保延六）
〃　〃　（花背経塚・仁平三）〈8図〉
〃　福岡・東長寺　（長鬼目）
〃　岩手・中尊寺地蔵院
〃　奈良・松尾寺
〃　京都・曼殊院
〃　東京・根津美術館
〃　大阪市立美術館　（鳥取社村出土）
〃　福岡・日蓮上人銅像護持会
〃　福岡・独鈷寺
〃　滋賀・聖衆来迎寺　〈10図〉
〃　奈良・大和文華館
〃　奈良・吉水神社
〃　大阪・観心寺
平安後期　奈良国立博物館
〃　和歌山・芋生光世　（西大寺伝来）
〃　滋賀・延暦寺　（鬼目変り・伝恵亮所持）
〃　京都・広瀬淑彦　（縄目紐）
〃　奈良・西大寺　（俵形鬼目・六面鈷）〈11図〉
〃　奈良・玉林一雄　（俵形鬼目・六面鈷）
〃　茨城・円満寺
鎌倉時代　大阪・藤田美術館　（西大寺伝来・正和三）
◎〃　奈良・唐招提寺　（連珠紐）
◎〃　奈良・室生寺　（金胎二口・一は連珠紐）
⊙〃　広島・厳島神社　（鬼面・連珠紐）〈13図〉
◎〃　神奈川・極楽寺　（鬼面・連珠紐）〈14図〉
〃　奈良・室生寺　（鬼面）
〃　京都・神童寺　（鬼面）
〃　京都・三室戸寺　（三室戸形）
〃　奈良・能満院
〃　奈良・額安寺　（長鬼目・額安寺形）
◎〃　和歌山・金剛峯寺　〈12図〉
〃　京都・東福寺
◎〃　大阪・藤田美術館　（高野伝来・納舎利）
〃　奈良・松尾寺
◎〃　高知・金剛頂寺
〃　奈良・能満院　（鬼面）

三鈷杵　独鈷杵の両端にさらに各二本の鈷をつけたものである。この杵は入唐八家のうち六師が請来しているが、それ以前にすでに奈良時代にわが国に伝えられたらしく、正倉院に二口の三鈷杵（15図）があり、また日光男体山や奈良県弥山山上から出土した古式な三鈷杵などもある。広沢流の独鈷に対して、小野流では護摩修法のとき三鈷杵を把るという。『蘇悉地経』※8には、護摩および念誦のときに左手にこれを持てば能く諸事を成就す。また三鈷杵を持すれば毗那夜迦も障難をなさずなどと説かれている。

〈細部の諸形式〉　三鈷杵は鈷の形式で大きく三種に大別される。その一は鈷の先端に銛《もり》のように鋭い逆刺しをつけたもので、正倉院

※8　大正新修大蔵経　No.893

7 独鈷杵 平安前期 和歌山 金剛峯寺

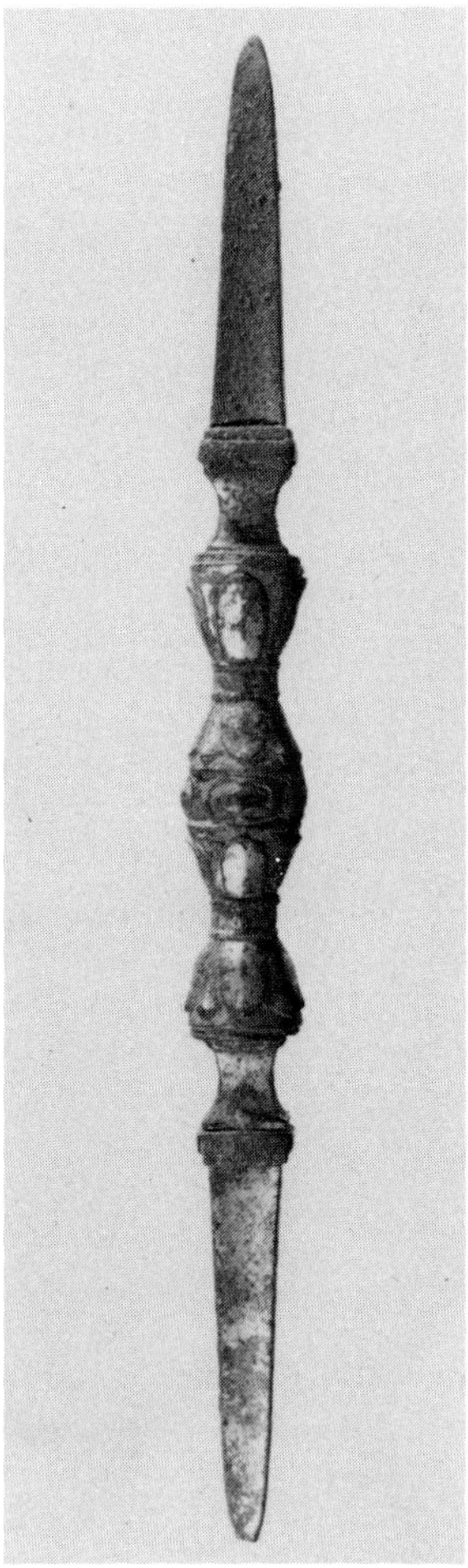

8 独鈷杵 平安後期 東京国立博物館(花背経塚出土)

9 独鈷杵 平安後期 東京国立博物館(那智経塚出土)

10 独鈷杵 平安後期 滋賀 聖衆来迎寺

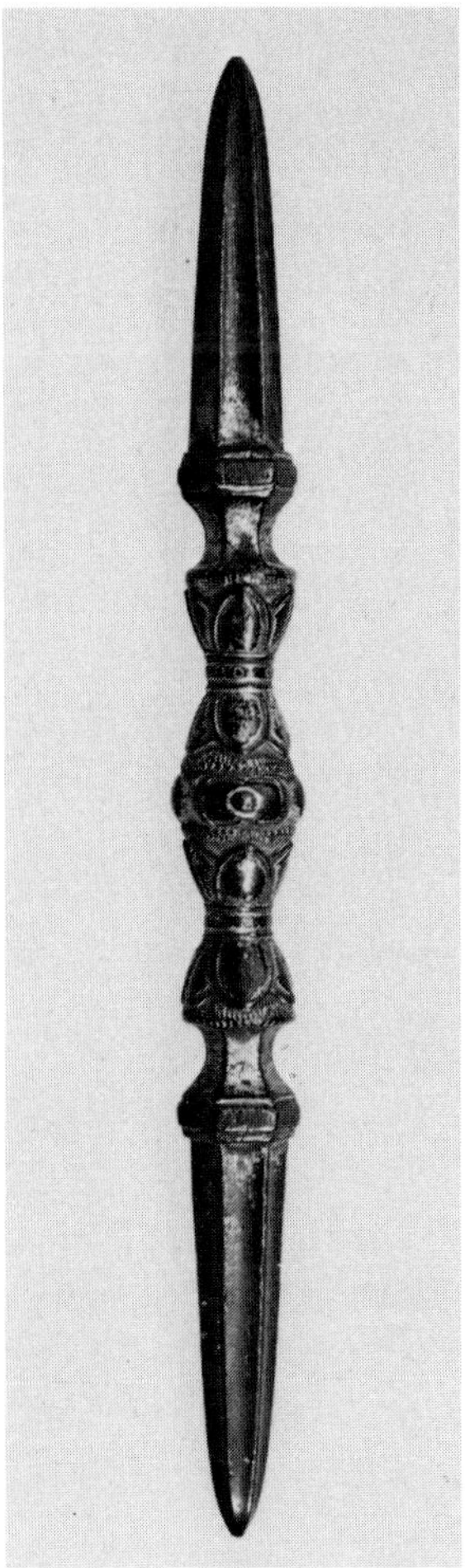

11 独鈷杵 平安後期 奈良 西大寺

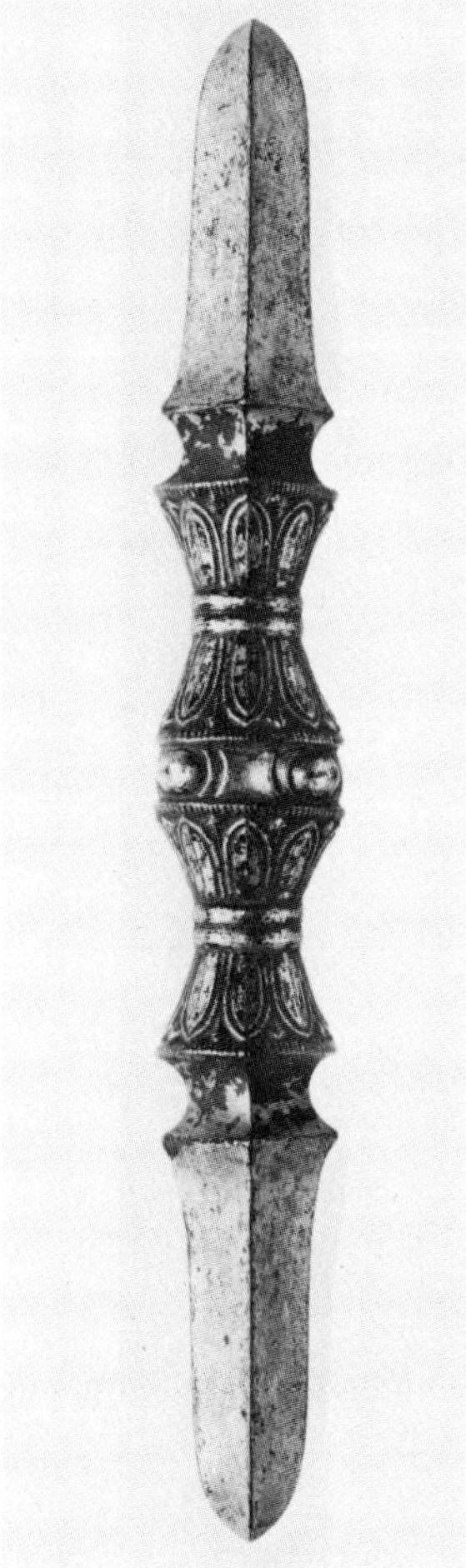

12 独鈷杵 鎌倉時代 和歌山 金剛峯寺

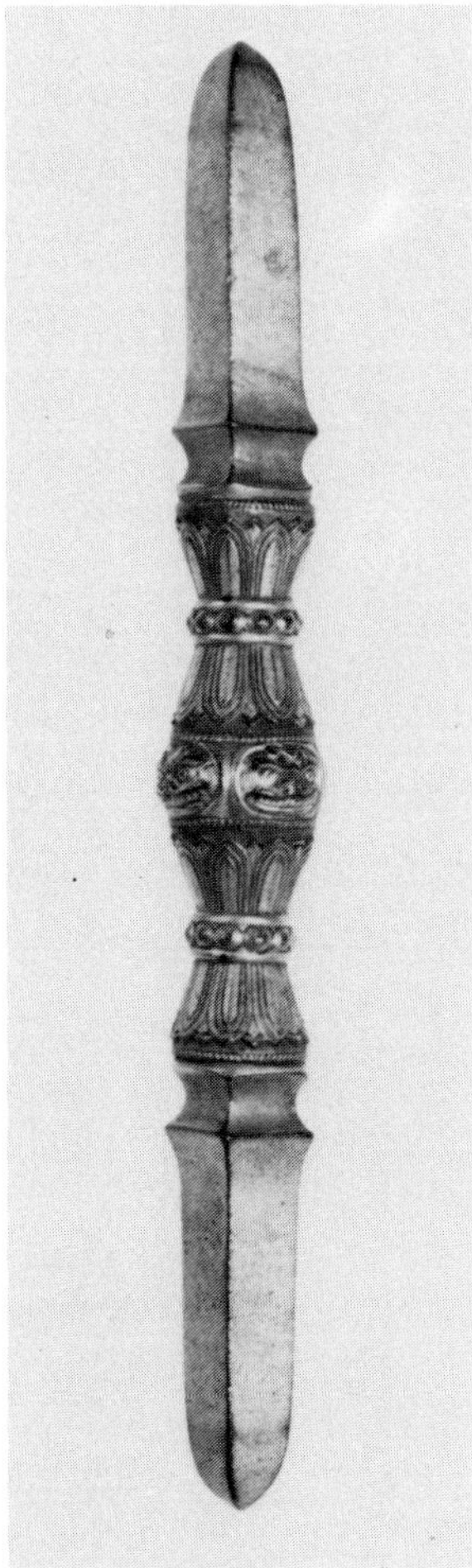

13 独鈷杵 鎌倉時代 広島 厳島神社

14 独鈷杵 鎌倉時代 神奈川 極楽寺

や男体山出土品などの遺品がこれである。三鈷杵として最も古式なもので、その形式から忿怒《ふんぬ》三鈷杵とも呼ばれる。その二は両側の脇鈷の基部に近い個所を内側に屈折させる形式で、※9大師請来形の伝称をもつ。和歌山金剛峯寺の平安時代の三鈷杵（二口・16図）がその代表作である。その三は脇鈷の腰に鳥の嘴形の突起をつけたもので藤原時代以降の杵に最も普通に見られる形式である。三鈷杵の場合も独鈷杵の場合と同じく鬼目式と鬼面式があるが、鬼面式のものは脇鈷の基部に※10獅噛《しがみ》形や竜口※11をつけるのが通制である。

〈時代による形式の変化〉　細部の時代による変化も独鈷杵に準ずるが、三鈷杵では南北朝時代から把の部分の断面が正円でなく、やや隋円形になる傾向があり、室町時代ではこれが扁平の度を加えて力強さを失ってくる。また室町時代以降では三鈷の先端が鋳着いて三鈷としての機能が忘れ去られるのも大きな特徴であり、さらに鈷の張りも減じて力強さが失なわれてくる。

	奈良時代	奈良・正倉院	（二口・忿怒形）〈15図〉
	〃	栃木・二荒山神社	（忿怒形）
◎	〃	福島・恵日寺	（忿怒形）
	平安時代	奈良国立博物館	（弥山山頂出土・忿怒形）
◎	〃	和歌山・金剛峯寺	（請来形）〈16図〉
◎	〃	栃木・二荒山神社	（八口・男体山出土）
	平安後期	京都・曼殊院	（俵形鬼目）
	〃	奈良国立博物館	（俵形鬼目）〈18図〉
◎	〃	東京国立博物館	（法隆寺献納）
	〃	和歌山・金剛峯寺	（御影堂・花形鬼目）
◎	〃	〃　〃	（飛行三鈷）
	〃	東京・山岡　弘	（伝男体山出土）
	〃	静岡・服部和彦	〈17図〉
◎	〃	和歌山・宝寿院	（伝覚鑁所持）
	〃	大阪・高貴寺	
	〃	奈良・能満院	
	鎌倉時代	大阪・細見　実	（長鬼目・額安寺形）〈19図〉
◎	〃	京都・仁和寺	（請来形）
	〃	京都・観智院	（請来形）
	〃	京都・三室戸寺	（三室戸形）
	〃	東京国立博物館	
	〃	奈良・長谷寺	
◎	〃	高知・金剛頂寺	
◎	〃	奈良・室生寺	（金胎二口・一は連珠紐）
◎	〃	大阪・藤田美術館	（高野山伝来）
	〃	奈良・松尾寺	（二口）
	〃	京都・東福寺	
◎	〃	奈良・唐招提寺	（連珠紐）
⊙	〃	広島・厳島神社	（鬼面・連珠紐）〈20図〉
	〃	大阪・藤田美術館	（鬼面）
	〃	京都・仁和寺	（鬼面）
	〃	静岡・服部和彦	（連珠紐）
	明時代	奈良・松尾寺	（花形鬼目）

五鈷杵　五鈷杵は独鈷杵の四方に脇鈷をつけたもので五鋒金剛ともいい、入唐八家がみなこの杵を請来しているように金剛杵の中でも重要視され、遺品も多い。この杵は把の中央に鬼目四個をつけた鬼目式のものが普通であるが、独鈷杵や三鈷杵と同様に鬼目にかえて鬼面をつけた鬼面五鈷杵もあり、この場合は中央の鈷に縦に樋《ひ》を刻み、また脇鈷の基部に獅噛形を飾るのを通制とする。厳島神社（25図）や鎌倉極楽寺をはじめとして遺品も比較的多い。

〈請来形五鈷杵〉　五鈷杵の一形式として重要なものに請来形五鈷杵がある。ことに京都東寺（21図）に伝わる杵は弘法大師の請来の品そのものと見られ、永く※12後七日《ごしちにち》の御修法《みしほ》のときこれを用いて玉体加持を行った歴史をもつもので、密教法具の王者である。この杵はその後も写し伝えられていて真言寺院にしばしば見受けられる。その特徴はまず把の中央部を、鬼目や鬼面でなく、十六面の切子形につくり各面の中心に宝珠形や円文を刻んでいる。この十六面の切子は賢劫《けんごう》十六尊を象徴するといわれる。また中央の鈷を八角につくりその下方に三本ひと組の段節をつけるのもこの杵の特色であり、さ

※9　弘法大師空海によって唐から請来された法具の形式をいう。

※10　獅子の顔面を模様化したもの（『密教法具便覧』）。

※11　竜口を象ったもの（『密教法具便覧』）。

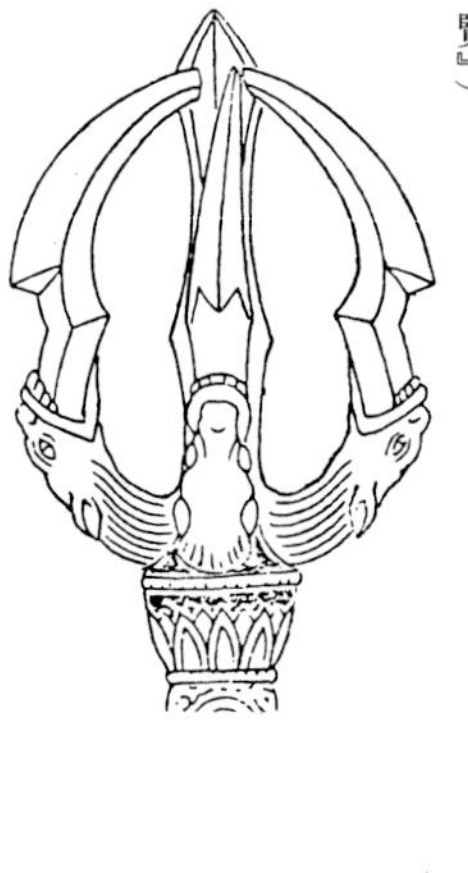

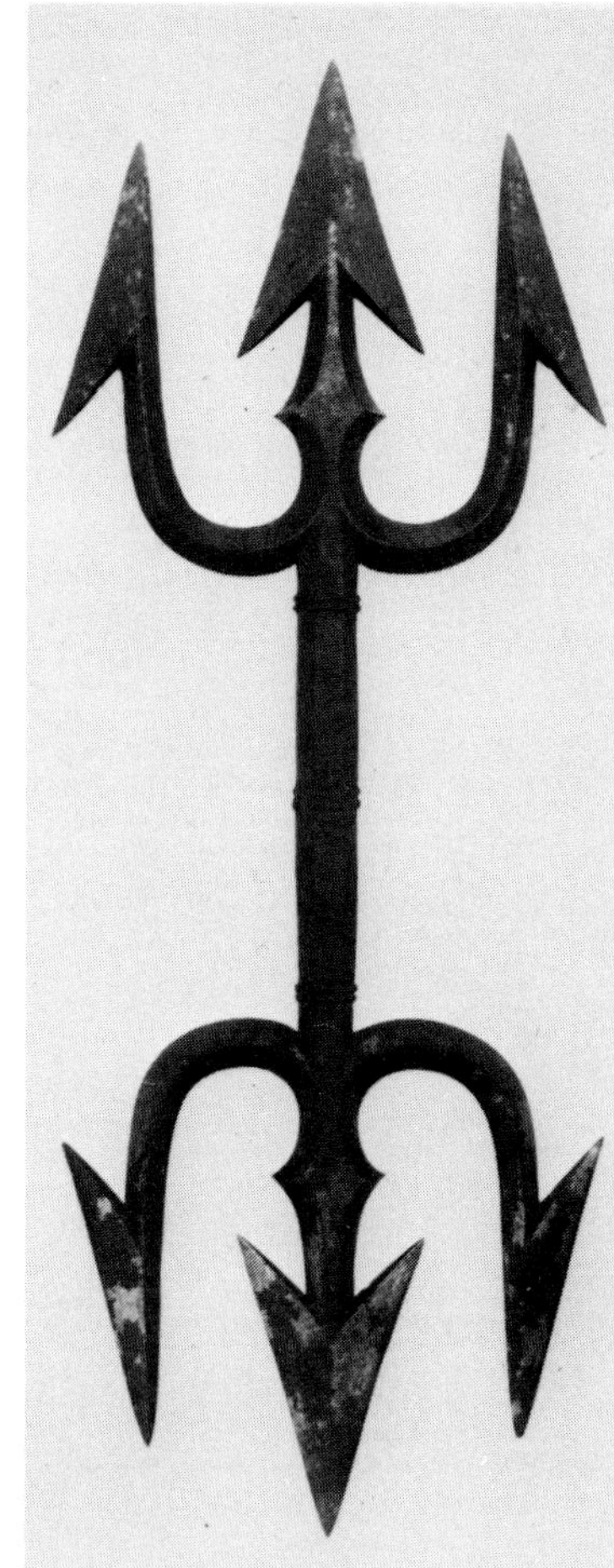

15 鉄三鈷杵 奈良時代 正倉院

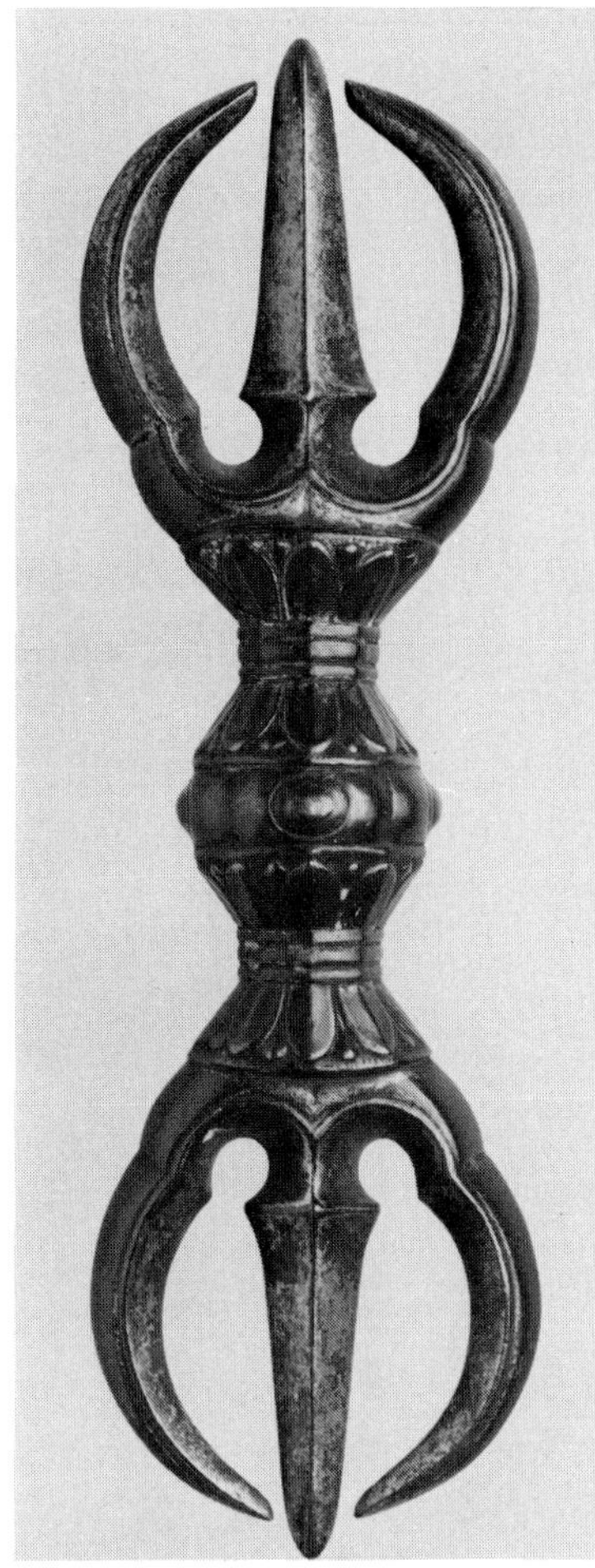

16 三鈷杵 平安時代 和歌山 金剛峯寺

17 三鈷杵 平安後期 静岡 服部和彦氏

18 三鈷杵 平安後期 奈良国立博物館

19 三鈷杵 鎌倉時代 大阪 細見 実氏

20 三鈷杵 鎌倉時代 広島 厳島神社

らに四本の脇鈷の外縁の三個所に雲形（火焔形）を飾るのを基本とするため、特にこの杵を雲形五鈷杵とも呼ぶ。稀に台密寺院にも雲形をつけた五鈷杵があり、これを火焔五鈷杵と呼んで、五智の光炎をあらわすと教えるが、この場合は鬼目部を十六面に作らない。

〈都五鈷杵・割五鈷杵〉　五鈷杵の特殊形式のものに都《すべ》五鈷杵や割《わり》五鈷杵がある。都五鈷杵は四本の脇鈷を中鈷に添えて極端にすぼませて独鈷杵のように作ったものであり、この形は浄菩提心がいまだ顕われざる姿を示すものといい※13特別の修法用と伝えられている。京都仁和寺（30図）や、大阪藤田美術館、奈良能満院などに鎌倉時代の優品があり、同じく奈良能満院や滋賀叡山文庫、大阪市立美術館などに室町時代のものがある。

割五鈷杵は五鈷杵を縦割りにして片方を三鈷、片方を二鈷とした二つの杵を互い違いに組合せて普通の五鈷杵の形とした着脱自在のもので、人間が両手を上げて立った形のものを逆に組合せるところから、人形杵とか二方五鈷杵とも呼ばれる。愛染明王の敬愛法を修するときに用いるといわれ、また邪教立川流との関係が深いという。遺品は京都観智院旧蔵品（31図）や滋賀叡山文庫の杵など鎌倉時代以降のものが見られるが数は少ない。

⊙唐　時　代　京都・東寺　（雲形・大師請来）〈21図〉
◎平安後期　和歌山・金剛峯寺　（雲形・請来形）
〃　和歌山・親王院　（雲形・請来形）
〃　東京国立博物館　（雲形・請来形）
〃　京都・広瀬淑彦　（雲形・請来形）
〃　大阪・施福寺　（雲形・花形鬼目）
〃　大阪・細見　実　（雲形・俵形鬼目）〈22図〉
〃　茨城・円満寺　（雲形）
〃　福岡・東長寺　（鬼面・金剛牙）
〃　岩手・毛越寺　（変り形）〈23図〉
〃　東京国立博物館　（那智経塚出土・大治五）
〃　香川・弘憲寺　〈24図〉
〃　和歌山・親王院
〃　大阪・金剛寺
平安後期　奈良・松尾寺
〃　奈良・玉林一雄　（伝鞍馬経塚）
〃　奈良国立博物館　（変り鬼目）
〃　大阪・観心寺
◎〃　高知・金剛頂寺　（旅壇具）
鎌倉時代　京都・観智院　（雲形・請来形）
〃　広島・耕三寺　（雲形・請来形）
〃　東京・山岡　弘　（雲形・請来形）
〃　奈良・玉林一雄　（雲形・請来形）
〃　滋賀・叡山文庫　（雲形）
〃　和歌山・龍光院　（雲形）
⊙〃　広島・厳島神社　（鬼面・連珠紐）〈25図〉
◎〃　神奈川・極楽寺　（鬼面・連珠紐・建長七）
〃　千葉・小綱寺　（鬼面・連珠紐）
〃　和歌山・無量光院　（鬼面・連珠紐）
〃　岡山・金山寺　（鬼面・連珠紐）
〃　愛知・岩屋寺　（鬼面・連珠紐）〈27図〉
〃　香川・金刀比羅宮　（鬼面・連珠紐）
〃　京都・醍醐寺　（鬼面・雲形）
〃　和歌山・芋生光世　（鬼面・雲形）
〃　東京・根津美術館　（鬼面・金剛牙）
〃　奈良・長谷寺　（鬼面）
〃　大分・大楽寺　（鬼面）
◎〃　奈良・室生寺　（金胎二口・連珠紐）
◎〃　京都・仁和寺　（連珠紐）
〃　山形・法音寺　（異形式）
◎〃　埼玉・慈光寺　（金剛牙）
◎〃　京都・仁和寺　（都五鈷）〈30図〉
〃　大阪・藤田美術館　（都五鈷）
〃　奈良・能満院　（都五鈷）
〃　京都・三室戸寺　（三室戸形）
〃　大阪・藤田美術館　（高野伝来）
◎〃　〃　〃　（都五鈷）
〃　奈良・松尾寺　（二口・一口は連珠紐）
〃　京都・曼殊院

※12　毎年一月八日～一四日に東寺で行われる真言宗最大の行事。真言密教の秘法による国家護持・息災増益の大法を奉修する。現在も請来法具を用いて行われる。なお一月一四日には一般に道場が公開される。

※13　大日経疏第一六

21 五鈷杵 唐時代 京都 東寺

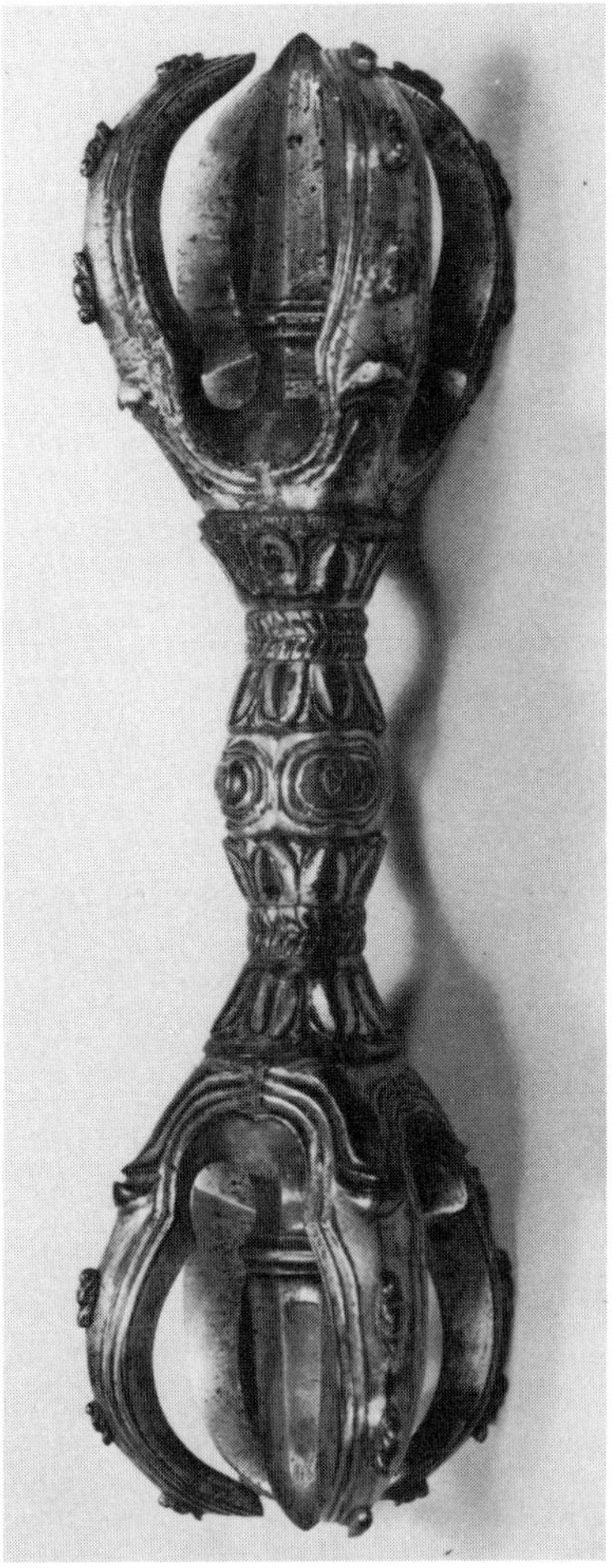

22 五鈷杵 平安後期 大阪 細見 実氏

23 五鈷杵 平安後期 岩手 毛越寺

24 五鈷杵 平安後期 香川 弘憲寺

25 五鈷杵 鎌倉時代 広島 厳島神社

26 五鈷杵 鎌倉時代 奈良 長谷寺

鎌倉時代　京都・観智院旧蔵（割五鈷杵）〈31・32図〉
〃　滋賀・叡山文庫（割五鈷杵）
〃　奈良・長谷寺〈26図〉
◎〃　奈良・唐招提寺
〃　岡山・安養寺
◎〃　広島・西国寺
〃　静岡・服部和彦（五口）
宋時代　大阪市立美術館〈28図〉
高麗時代　東京・岡田至弘
〃　静岡・服部和彦

九鈷杵　五鈷杵の四方四鈷の間に、さらに各一鈷を加えて九鈷とした金剛杵で、九鈷鈴とともに大威徳明王法[※14]を修するときなどに使用されるという。この杵はわが国での製作と見られるものには古い遺品はなく、中国製のものの写し品である。中国ではチベット密教[※15]で用いられたもののようであるが、これも成立はそれほど古くないようで、入唐八家の請来目録にはこの杵の記載はない。『微妙大曼荼羅経』[※16]をその典拠とするという。

九鈷杵の形式はほぼ三種に分類できる。その一は、把の中央の鬼目部を無文の球形に作りその両側に蓮弁を飾り、鈷部は中央鈷を四角に作って脇鈷よりも長く突出させる。八本の脇鈷はその基部に竜頭形をつける。この形式のものは中国の宋時代頃に流行したと考えられるもので京都醍醐寺や和歌山上池院、大阪市立美術館（34図）などに優れた品がある。その二は前者の形式を基本としながら、把の部分に菩薩面や鬼面、人面などを飾り、脇鈷の張りが弱くなったもので中国の元から明時代にかけての品と認められる。京都観智院や大阪延命寺などにこれがある。なお和製の九鈷杵にはこの形式の写し品が多い。第三の形式は鈷の部分を複雑な形の竜や鳳凰の姿に作り、把の部分も鬼面や牡丹文の浮彫りで華やかに飾った極めて装飾的な九鈷杵であり、九頭竜杵とか九頭竜大威徳杵ともよばれる。この杵は中国の元時代頃の成立と思われるもので、和歌山金剛峯寺や奈良談山神社（33図）大阪市立美術館などに遺品がある。

◎宋時代　京都・醍醐寺
〃　大阪市立美術館〈34図〉
〃　和歌山・上池院
◎元—明　福島・真浄院
〃　大阪市立美術館（二口）
〃　京都・観智院
〃　大阪・延命寺（観智院と同作）
明時代　和歌山・武田富由
元—明　奈良・談山神社（九頭竜）〈33図〉
〃　和歌山・金剛峯寺（九頭竜）
〃　大阪市立美術館（九頭竜）

宝珠杵　金剛杵の両端を宝珠の形に作ったものである。この杵は入唐八家もこれを請来していないし、あまり古い成立とは考えられないが、現存遺品では平安後期の大治五年（一一三〇）を基準とする和歌山那智経塚から出土したもの（東京国立博物館）が最古であり、鎌倉時代のものが東京国立博物館や奈良玉林一雄氏、大阪細見実氏（29図）、京都柳孝氏などに所蔵され、木製の優秀品が京都広隆寺にある。また室町時代の品では鳥取県岩美郡出土の品が奈良国立博物館にある。この宝珠杵は、把の形式などは通常の鬼目杵のやり方がとられており、鎌倉時代以後のものでは宝珠の外側に火焔を飾るのが普通であるが、鎌倉時代の杵では四方に火焔を飾り、室町時代の杵では三方にこれをつけたものが多い。

平安後期　東京国立博物館（那智経塚出土）
鎌倉時代　奈良・玉林一雄（四方火焔痕）
〃　大阪・細見　実（四方火焔）〈29図〉
〃　京都・柳　孝（四方火焔）
〃　静岡・服部和彦（四方火焔）
〃　〃（金錍式）
〃　東京国立博物館（四方火焔）
〃　茨城・柳沢忠輔（木製）
〃　京都・広隆寺（木製・四方火焔）

※14　大威徳明王は五大明王の一で、悪毒竜を調伏する大威徳をもつ。六面六臂六足で水牛に乗るのが通形。六足尊とも呼ぶ。

※15　チベットの金剛鈴。

※16　一切如来大秘密王未曽有最上微妙大曼拏羅経。（大正新修大蔵経No.889）

27 五鈷杵　鎌倉時代　愛知　岩屋寺

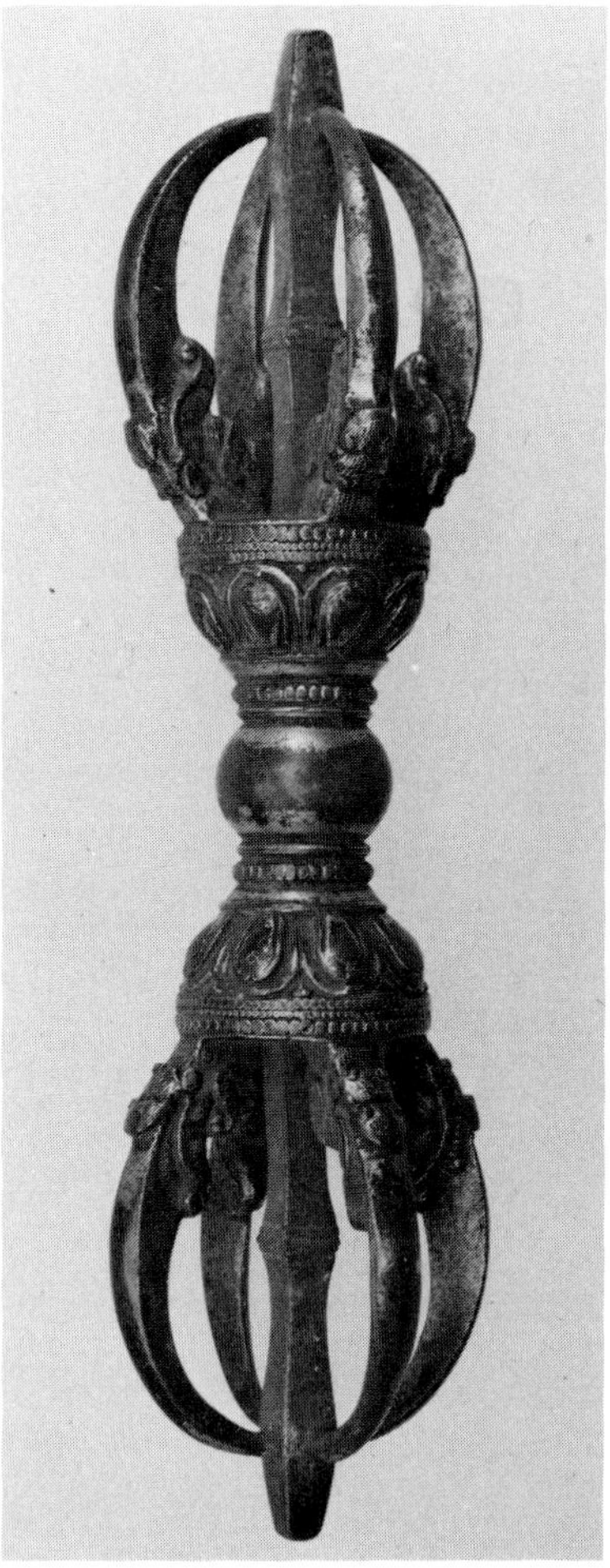

28 五鈷杵　宋時代　大阪市立美術館

29 宝珠杵　鎌倉時代　大阪　細見 実氏

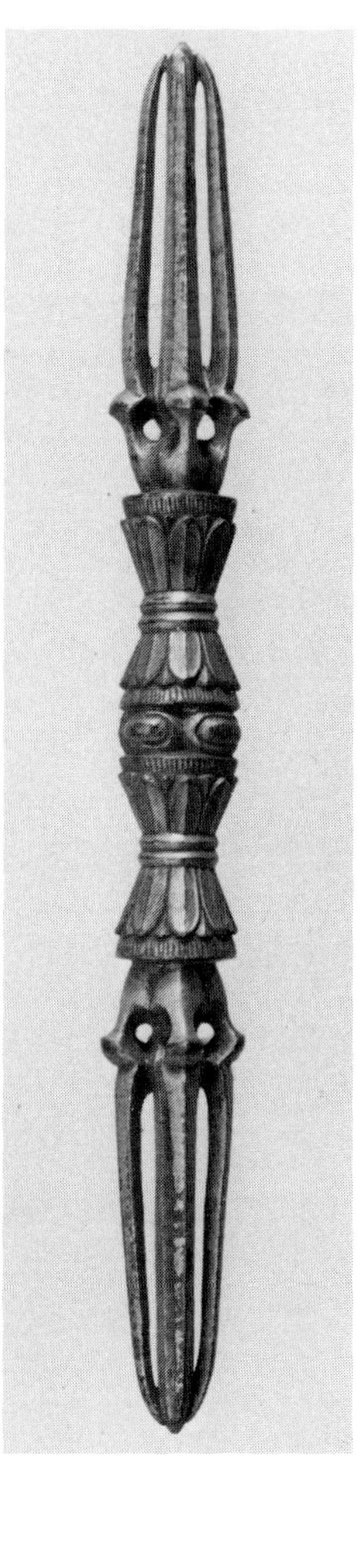

30 都五鈷杵　鎌倉時代　京都　仁和寺

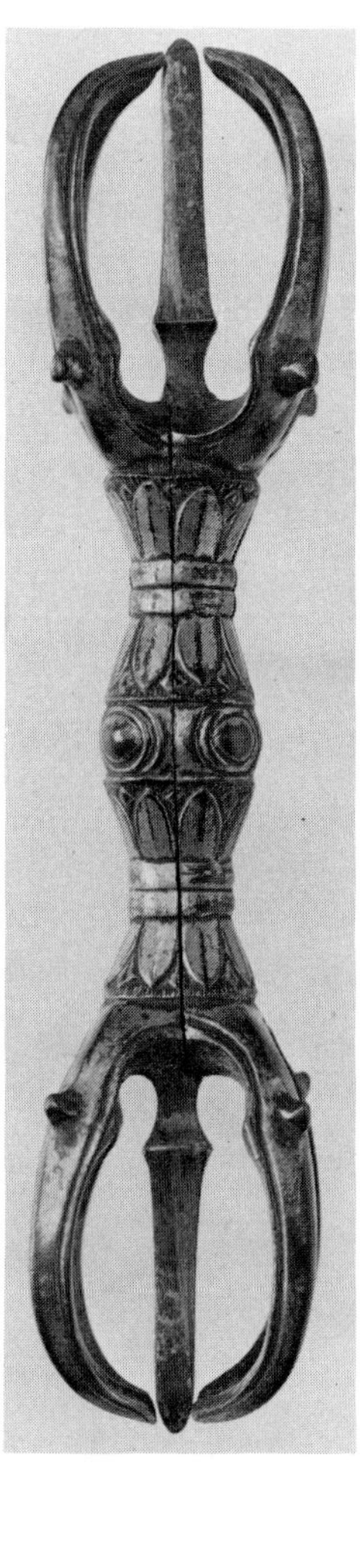

31 割五鈷杵　鎌倉時代　京都　観智院旧蔵

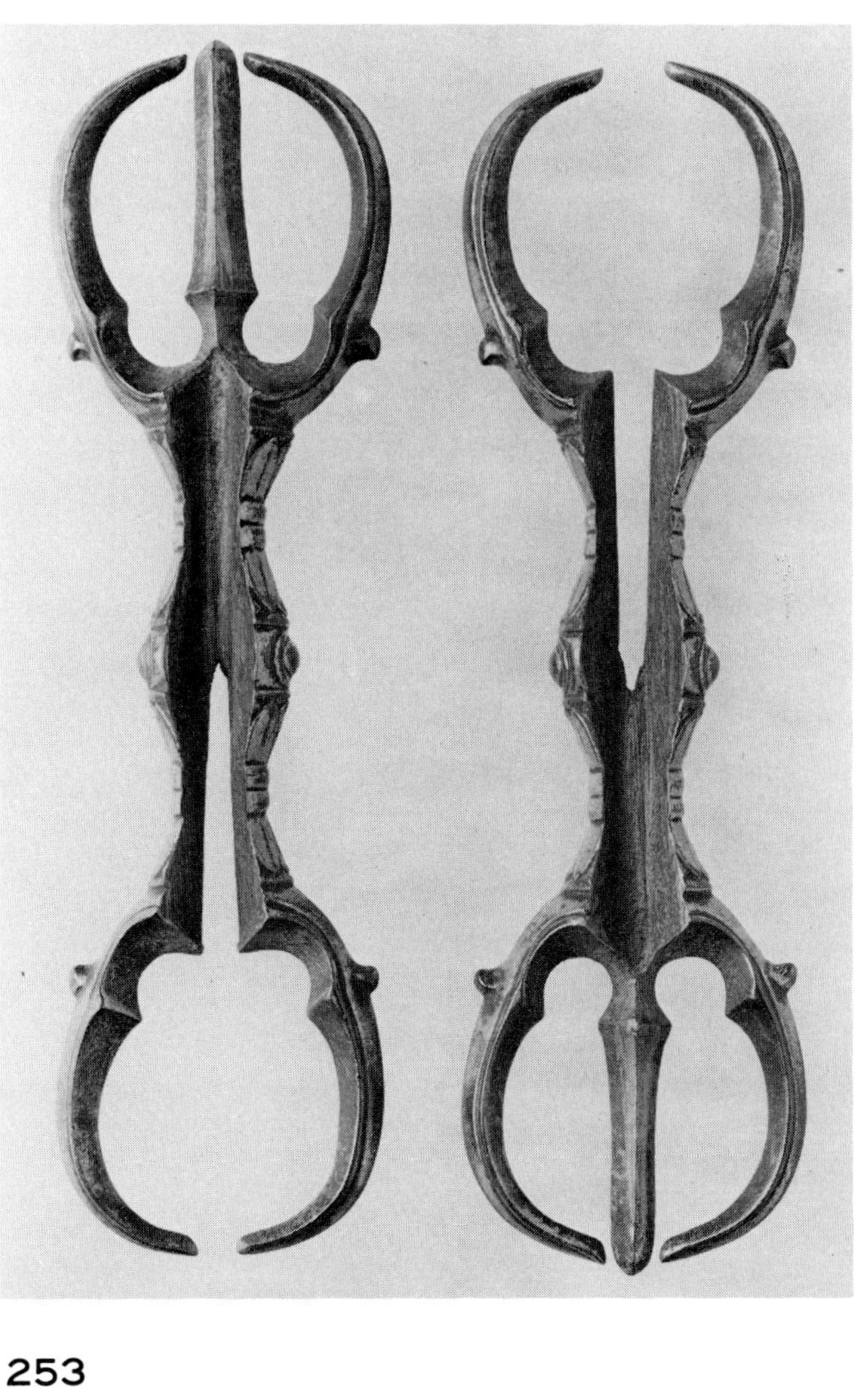

32 31の分解図

塔杵　塔婆杵ともいい金剛杵の両端に塔形をつけたものであるが、入唐八家の請来目録にもこの杵の記録はなく、古い遺品も現在のところ見出せない。伝世する品では大阪市立美術館（35図）の桃山時代と見られるものが最も古く、多くは江戸時代以降のものである。

五種杵《ごしゅしょ》　以上の金剛杵のうち、独鈷杵、三鈷杵、五鈷杵、宝珠杵、塔杵の五種をセットとして揃えたものを特に五種杵と呼ぶ。密教の五部、五智などに対応させて作られたものといわれ、金剛鈴のうちの五種鈴と組み合せて密教大壇の上に配置される。大壇の上では塔杵を中央に置き、独鈷杵を西、三鈷杵を北、五鈷杵を東、宝珠杵を南方に安置するのが普通である。

時代による形式の変化　以上述べた金剛杵のうち、最も多く見かけられるのが和製の鬼目式の杵であるから、これの時代による特徴を要約すると、平安時代のものは把部に比して鈷部が長い傾向があり、また鈷先がするどく、鈷の四面に匙面をとり、外縁につける嘴形も大きく力強い。また把の部分は鬼目が大きく突出し、鬼目を花形や俵形に作るものもこの期に多い。把を装飾する蓮弁も素弁で格調高く、この蓮弁を締める紐帯も三本ひと組の線とするのが通常である。これに比して鎌倉時代の杵では鈷部が把の部分より短かくなり、中鈷の匙面がなくなり、把の鬼目もやや小形化する。蓮弁飾りも単弁蓮弁が主となり、これを締める紐も二本ひと組が通制となるが、またこの紐を連珠文帯としたものも現われてくる。しかし、鎌倉時代の金剛杵は全体として作りが堅牢で力強さを保っている。これが室町時代になると各部が形式化し、さらに三鈷や五鈷の先端が鋳着いて本来の機能から離れたものとなる。また鈷の張りも弱く、鬼目も小形のものとなる。桃山時代から江戸時代にかけては、材質が真鍮質のものが多くなり、稀に技巧にすぐれる品もあるが平安時代の品のような品格に富むものはなくなる。把と鈷部の比例もすべて把の方が鈷部よりも長い。

(2) 金《こん》剛《ごう》鈴《れい》

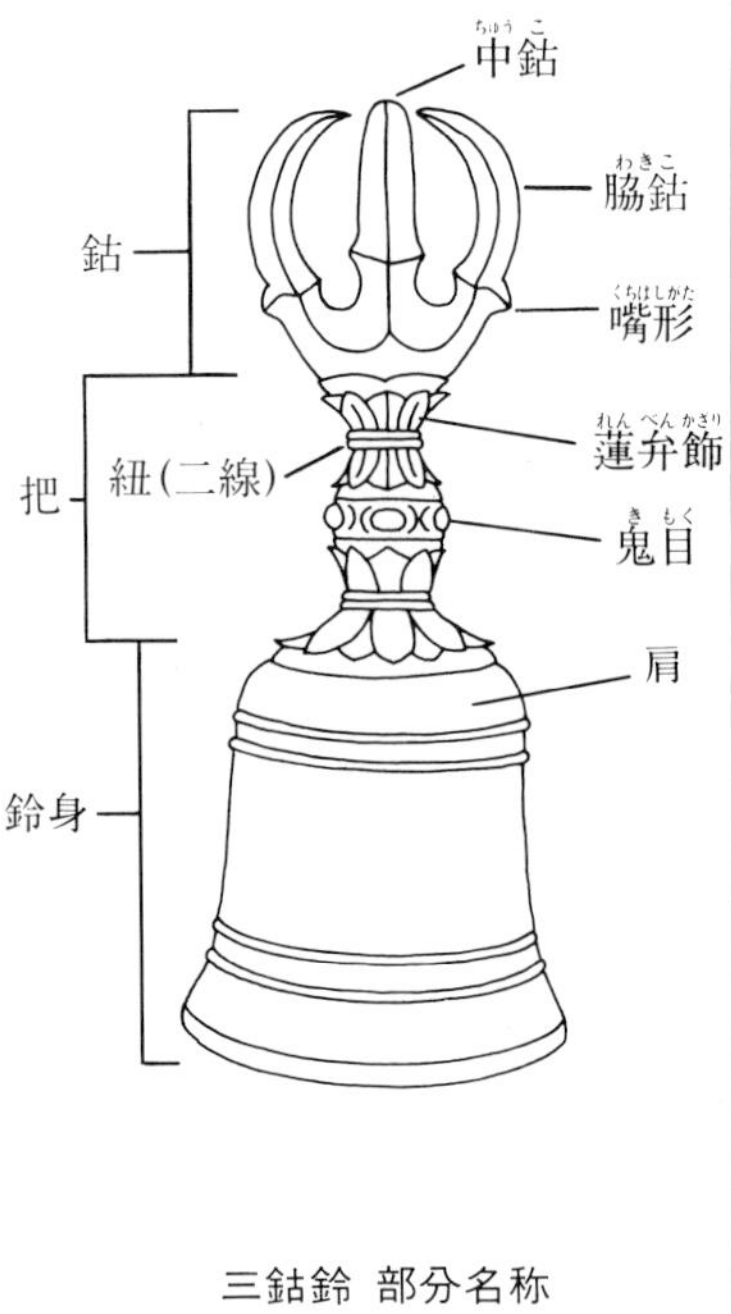

三鈷鈴 部分名称

密教で用いる振鈴※17は、鈴の柄の部分を金剛杵の形に作るところから金剛鈴と総称される。修法のときこれを振り鳴らすのは、仏教のさまざまな仏菩薩を驚覚し歓喜せしめ、また眠れる仏心を呼びさます意味で用いるという。聖地を巡礼するお遍路さんが手に持つのも、この種の鈴である。金剛鈴は最澄や空海など入唐八家の請来目録の中にもしばしば記録されていて伝来も古いことがしられるが、その形式は金剛杵の場合の独鈷杵、三鈷杵、五鈷杵などと同様に、金剛鈴もその柄の先の形によって、独鈷鈴、三鈷鈴、五鈷鈴、九鈷鈴、宝珠鈴、塔鈴などの各種に分かれる。

時代による形式の変化　この金剛鈴のうち和製の通形品の年代による特徴の変化は、平安時代の品は鈴身がやさしく端正な裾開きを示し、肩部に伏せた蓮弁も素弁式のものが多く、鈴の側面の上下にめぐらす紐帯の飾りも線が細く、ロクロによる彫り込み線のごときものが多く用いられ、下端の駒の爪部も細く作られる。また鈴身と杵の部分を合せて全体を一連に鋳成する。鎌倉時代になると、鈴身の肩がいかつく張り気味となり、肩上の連弁も単弁式や筋蓮弁式となり、鈴身の側面の上下にめぐらす紐飾りも突出して過多となり、珠文帯なども好まれてくる。また鈴身は下方で急に裾開きをつくり、

※17 金剛鈴の鈴の内部。

33 九頭龍杵　元～明時代　奈良　談山神社

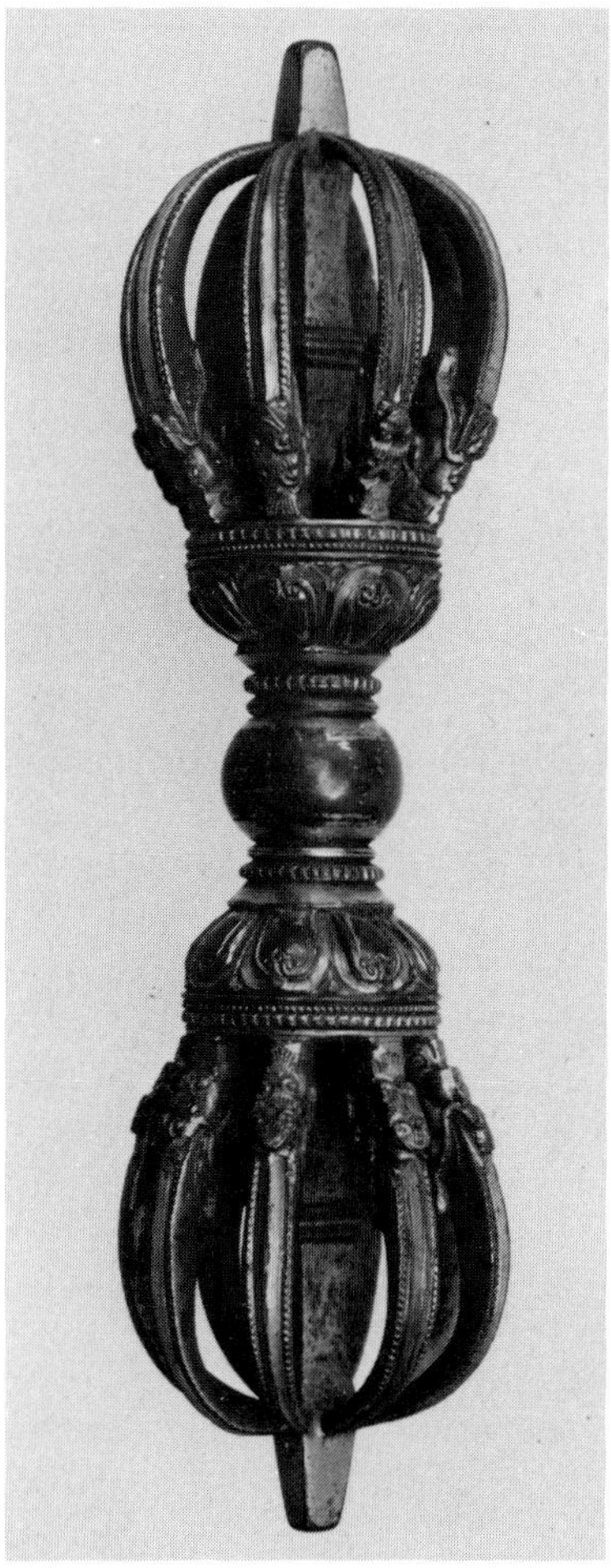
34 九鈷杵　宋時代　大阪市立美術館

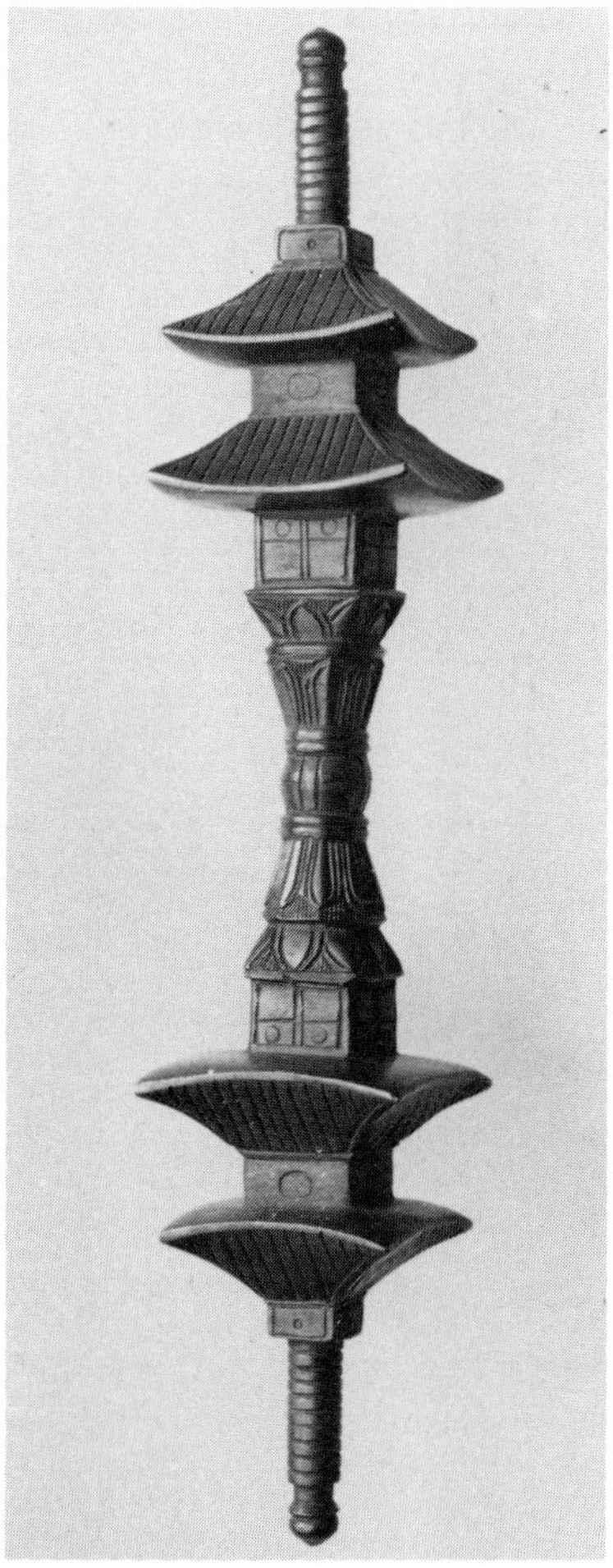
35 塔杵　桃山時代　大阪市立美術館

36 独鈷鈴　平安後期　東京国立博物館（那智経塚出土）

37 独鈷鈴　鎌倉時代　静岡　尊永寺

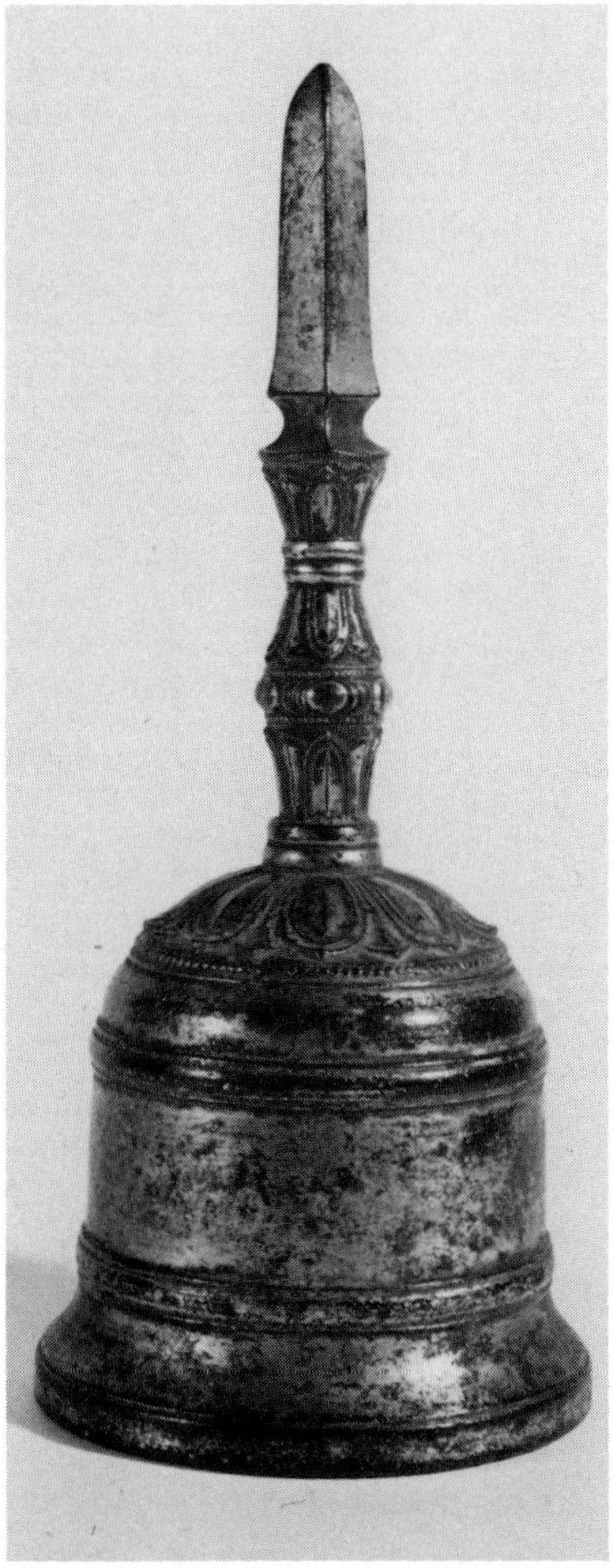
38 独鈷鈴　鎌倉時代　埼玉　慈光寺

駒の爪も厚手になり、鈴そのものも厚く鋳成されるなど全体に剛堅でもあり、また武骨ともいえる形姿を示す。鎌倉時代のいま一つの特徴は鈴と杵部を別鋳して組合せるようになることである。これは鈴の音響を良くすることにも通じたようで、ことに鎌倉時代後期の品では鈴身のみを白銅質に近い硬質のものとした例も多く見かけられるようになる。室町時代は鎌倉時代の形式を受けつぎながらも、各部の形式化が進み全体に脆弱な趣きを示してくる。なお杵部の形式は平安時代のものは把の中央の鬼目が大きく突出し、また俵形や花形の鬼目を用いることもあり、蓮弁飾りも素弁式で八角三線の紐で締めたものが多い。鎌倉時代では鬼目も小形となり、単弁蓮弁を二本紐で締めるなど、その変化は金剛杵の項で述べたものに準ずる。

独鈷鈴　鈴の上に独鈷杵形の柄をつけたものである。この鈴は入唐八家の請来目録には記載がないが、高野山金剛峯寺には鈴身に四天王像と三鈷杵を半肉にあらわした、唐時代と認められる遺品があるから、その成立の古いことがしられる。和製の独鈷鈴は鈴身に二段の帯飾りをめぐらすのが普通であり、和歌山の那智経塚出土品（東京国立博物館・36図）や、京都東福寺、大阪細見実氏の品など平安後期からの遺品があり、鎌倉時代のものでは埼玉慈光寺（38図）や兵庫白毫寺（39図）の鈴などがある。また静岡尊永寺（37図）には把の鬼目が八個で、鈴身を釣鐘形に作って帯飾りをほどこさない珍しい遺品がある（尊永寺形と呼ばれる）。

◎唐　時　代　和歌山・金剛峯寺　（四天王鈴）
平安後期　東京国立博物館　（那智経塚出土）〈36図〉
◎　〃　　大阪・細見　実
〃　　京都・東福寺
◎鎌倉時代　静岡・尊永寺　（尊永寺形）〈37図〉
◎　〃　　埼玉・慈光寺　〈38図〉
〃　　静岡・服部和彦
〃　　兵庫・白毫寺　〈39図〉
〃　　大阪市立美術館
室町時代　広島・栄明寺　〈40図〉

三鈷鈴　三鈷杵形の柄をつけたもので、一般の品は独鈷鈴と同じく鈴身に二段の帯飾りをめぐらすのが通制である。三鈷鈴は入唐八家のうち円行、円仁、恵運、宗叡の四師が持ち帰られたことがしられるが、当時の遺品は見あたらない。和製のものでは那智経塚出土品（東京国立博物館）や、大阪細見実氏（41図）、また大阪市立美術館（42図）の尊永寺形の鈴などが平安後期の優作である。鎌倉時代の品では埼玉慈光寺（43図）、兵庫白毫寺などの鈴がしられている。MOA美術館には鬼目が八個で鈴身に四段に帯をめぐらした同期の鈴もある。また中国製の三鈷鈴もあるが、それらはいずれも元時代以降と見られるもので、鈴身の裾張りが強く、鈴の側面に瓔珞文や梵字などを飾ったり、把部に菩薩面をつけたりする。このうち装飾性の強い品が京都広隆寺（44図）や仁和寺、奈良金峯山寺などにあり、また素文系のもので三鈷鈴と四鈷鈴の中間形式の優品が仁和寺にある。

平安後期　東京国立博物館　（那智経塚出土）
◎　〃　　大阪・細見　実　〈41図〉
〃　　大阪市立美術館　（尊永寺伝来）〈42図〉
鎌倉時代　静岡・服部和彦
◎　〃　　埼玉・慈光寺　（金剛牙）〈43図〉
〃　　静岡・MOA美術館　（八鬼目）
〃　　奈良・入江耽々斎
〃　　香川・金刀比羅宮
〃　　兵庫・白毫寺
室町時代　広島・栄明寺
宋時代　東京・根津美術館　（梵釈四天王）
元時代　京都・広隆寺　（忿怒形）〈44図〉
◎　〃　　京都・仁和寺　（異形式）
元—明　奈良・金峯山寺
◎　〃　　京都・仁和寺

五鈷鈴　五鈷杵形の柄をつけた金剛鈴で、入唐八家のうち七師までがこの鈴を請来しており、当時から重視されたことがわかる。現存する遺品によっても金剛鈴の中では種類・数量ともに圧倒的に

39 独鈷鈴 鎌倉時代 兵庫 白毫寺

40 独鈷鈴 室町時代 広島 栄明寺

41 三鈷鈴 平安後期 大阪 細見 実氏

42 三鈷鈴 平安後期 大阪市立美術館

43 三鈷鈴 鎌倉時代 埼玉 慈光寺

44 三鈷鈴 元時代 京都 広隆寺

多い。これを細部の形式により大別すると、素文鈴《そもん》、仏像鈴《ぶつぞう》、三昧《さま》耶《や》鈴、種子《しゅじ》鈴などに分類される。

《素文鈴》　通常最も多く見る五鈷鈴で、鈴身に紐飾りをめぐらすのみの品である。これらの祖形とみられるのは空海請来の京都東寺の五鈷鈴（唐時代・45図）で、把の鬼目がことに大きく、鈴身に三段の紐飾りをほどこし、鈷部の中鈷を八角とし、四本の脇鈷は下方で屈曲する。和歌山金剛峯寺の五鈷鈴（平安時代・46図）をはじめとしてこの系列の遺品が見られる。日本製の通常の五鈷鈴はこれが次第に和風化したものと考えられ、鈷部の中鈷は断面が方形となり、脇鈷の下方に嘴形を飾るのが普通となる。遺品では和歌山那智経塚、京都花背経塚（48図・共に東京国立博物館）、三重多度神社出土品など平安後期の品をはじめ、各時代を通じて優品が多い。また中には大阪細見実氏鈴（47図）のごとく把を十六面切子にし、脇鈷に雲形をつけたものや、静岡尊永寺鈴（49図）のような特殊な品もある。

⊙唐　時代　京都・東寺　（大師請来）〈45図〉
◎平安時代　和歌山・金剛峯寺　（二口・請来形）〈46図〉
◎平安後期　三重・多度神社　（境内経塚出土）
〃　東京国立博物館　（那智経塚出土・大治五）
〃　〃　（花背経塚出土・仁平三）〈48図〉
（※18伊興町経塚出土）
◎　〃　大阪・細見　実　（雲形・請来形）
◎　〃　〃　〈47図〉
〃　〃
〃　奈良国立博物館
〃　奈良・朝護孫子寺　（二口）
〃　滋賀・双厳院
〃　奈良・能満院
〃　京都・橋寺　（宇治十三重石塔納入）
〃　和歌山・親王院
〃　大阪・観心寺
〃　大阪・阿形邦三
◎　〃　高知・金剛頂寺　（※19旅壇具）

◎平安後期　静岡・尊永寺　（尊永寺形）〈49図〉
〃　静岡・MOA美術館　（異形式）〈50図〉
〃　茨城・円満寺　（異形式）
鎌倉時代　大阪・高貴寺
〃　静岡・見性寺
〃　静岡・服部和彦　（八鬼目）
〃　〃　（二口）
〃　大阪・細見　実　（蓮弁飾）
〃　神奈川・称名寺　（連珠紐）
〃　石川・総持寺　（連珠紐）
◎　〃　奈良・室生寺　（金胎二口・連珠紐）
◎　〃　大阪・藤田美術館　（高野伝来）
◎　〃　東京国立博物館　（法隆寺献納）
〃　香川・弘憲寺
〃　香川・金刀比羅宮
〃　兵庫・白毫寺
◎　〃　京都・仁和寺　（連珠紐）
〃　京都・曼殊院
〃　三重・西来寺　（文保元）
〃　京都・大通寺　（二口・一口連珠紐）
〃　京都・広瀬淑彦
〃　滋賀・弘法寺
〃　京都・三室戸寺　（三室戸形）
◎室町時代　岡山・安養寺　（建武五）
元 — 明　静岡・服部和彦　（二口）

《仏像鈴》　鈴の側面に仏教の諸尊を半肉に鋳出したものを仏像鈴と総称する。これらの鈴は中国の唐時代の製作と見られる遺品が多く、密教法具中の王座を占めるといえるものであるが、その後中国の宋時代や、朝鮮の高麗時代と認められる品もある。この仏像鈴は表現する仏像によってほぼ三種に分けられる。その一つは鈴側に五大明王[※20]をあらわすもので、これを明王鈴と呼ぶ。その二は四天王[※21]を鋳出したもので四天王鈴と呼ぶ。その三は四天王に梵天と帝釈天を加えた品で、梵釈四天王鈴と呼ぶ。第一の五大明王鈴は東京国立博物館[※22]（51図・二

※18　東京都足立区伊興町に営まれた経塚で、他に六器六口と台皿三枚、鉄製経筒、鉄製兜、また開元通宝より聖宋元宝に至る中国銭貨一一種を伴出している。

※19　旅壇具は修法に必要な最少限の道具類一式を小形につくり、壇箱に納めて携行できるようにしたもの。箱はそのまま密壇となる。金剛頂寺のものは、金剛盤や五鈷鈴を含めた一面器が平安後期の優品である（写真・金剛頂寺の壇箱）。

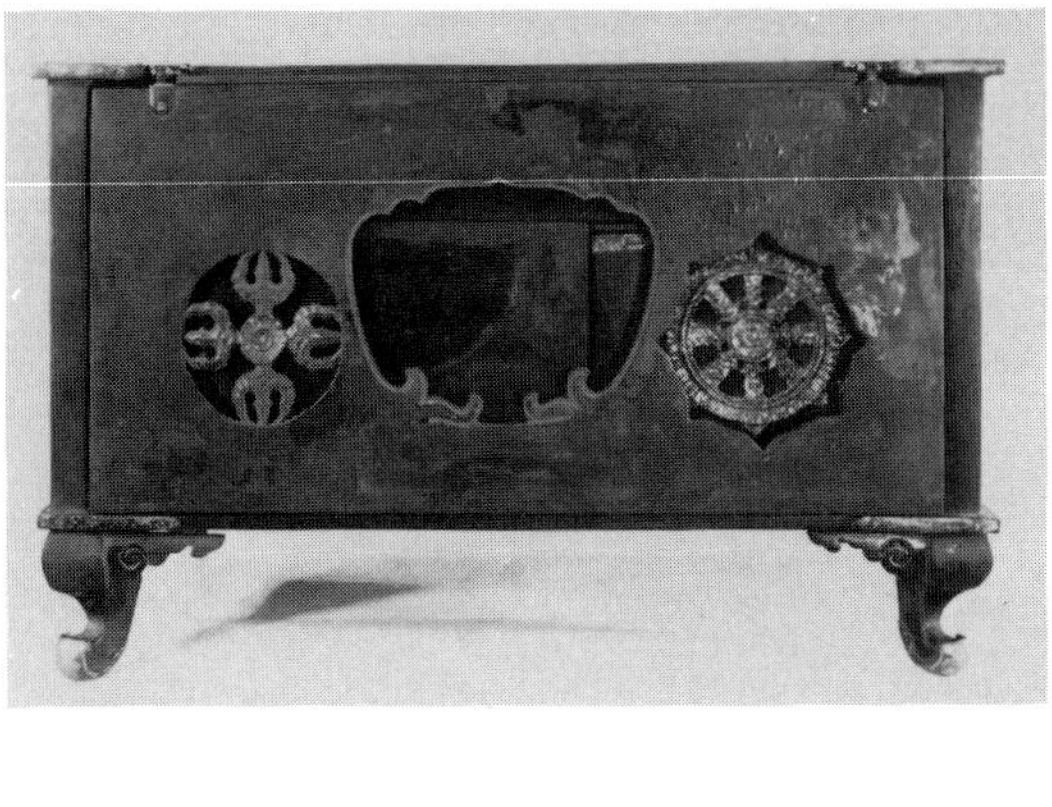

※20　不動《ふどう》（中央）・降三世《ごうざんぜ》（東）・軍荼《ぐんだ》利《り》（南）・大威徳《だいいとく》（西）・金剛夜叉《こんごうやしゃ》（北）の五尊。台密では金剛夜叉に代えて烏枢溢摩を配する。

※21　持国天・増長天・広目天・多聞天で、それぞれ東・南・西・北を守護する。武装した神将形が通制。

45 五鈷鈴 唐時代 京都 東寺

46 五鈷鈴 平安時代 和歌山 金剛峯寺

47 五鈷鈴 平安後期 大阪 細見 実氏

48 五鈷鈴 平安後期 東京国立博物館（花背経塚出土）

49 五鈷鈴 平安後期 静岡 尊永寺

50 五鈷鈴 平安後期 静岡 MOA美術館

個)や高野山正智院に唐時代の古品があり、また奈良国立博物館(52図)や大阪市立美術館(55図)にも異形品がある。第二の四天王鈴は香川弥谷寺(53図)や大阪藤田美術館、高野山金剛峯寺(独鈷鈴)のものが名高い。第三の梵釈四天王鈴はやや年代が降る傾向があり、唐から宋時代のものや、また高麗時代と認められる遺品がある。その中では広島西国寺、東京浅草寺(54図)、大阪藤田美術館などに優品がある。

これらの仏像鈴は各部の形式も複雑で、鈴の底面を明王鈴は五花形に剞り、四天王鈴は八花形に、梵釈四天王鈴は六花形につくる。また鈷部も鋭い逆刺しを備えた忿怒形《ふんぬぎょう》につくり、脇鈷は竜口から出る。把部の鬼目や蓮弁の装飾法も極めて複雑華麗に作られるのが通制である。

五大明王五鈷鈴
唐時代　東京国立博物館　〈51図〉
◎〃　〃　（鈷部損失）
〃　和歌山・正智院
〃　静岡・服部和彦
〃　広島・福盛寺

四大明王五鈷鈴
◎唐時代　奈良国立博物館　〈52図〉

五大明王塔鈴
宋―元　京都・醍醐寺

大日不動五鈷鈴
平安後期　東京国立博物館

三明王五鈷鈴
鎌倉時代　大阪市立美術館　〈55図〉

四天王五鈷鈴
◎唐時代　香川・弥谷寺　〈53図〉
〃　大阪・藤田美術館
〃　佐賀・誕生院
高麗時代　神奈川・鶴岡八幡宮
〃　静岡・服部和彦
鎌倉時代　奈良国立博物館
〃　大阪市立美術館

四天王独鈷鈴
◎唐時代　和歌山・金剛峯寺

梵釈四天王五鈷鈴
◎唐―宋　広島・西国寺
〃　東京・浅草寺　〈54図〉
〃　和歌山・龍光院
〃　京都・東寺
宋時代　大阪・藤田美術館
高麗時代　京都・神護寺
〃　静岡・服部和彦

《三昧耶鈴》　鈴の側面に三昧耶形《さまやぎょう》を鋳出した金剛鈴をいう。三昧耶形とは仏像の持物などの姿をかりて、仏菩薩を象徴的に表現するもので、金剛界曼荼羅の三昧耶会《さまやえ》にその基本の姿が描かれている。この種の鈴に表現される三昧耶は金剛杵、宝珠、蓮蕾のついた独鈷杵、羯磨文の四種をつけるのが普通である。これらは大日如来に従う四波羅蜜菩薩を意味し、金剛杵は金剛波羅蜜菩薩(東)、宝珠は宝波羅蜜菩薩(南)、蓮華杵は法波羅蜜菩薩(西)、羯磨は羯磨波羅蜜菩薩(北)を象徴するもので、五鈷鈴そのものを大日如来に見立てるわけである。この式の鈴は把の中央に鬼面をつけ、脇鈷に雲形や獅噛文《しかみもん》を飾り、鈴身の上下に三鈷や独鈷文の帯をめぐらすことが多い。遺品では東京護国寺(57図)や、奈良金峯山寺(56図)に平安後期の優品があり、鎌倉時代では奈良長谷寺(58図)の鈴が優れている。長谷寺鈴は四波羅蜜のほかに金剛界大日を現わす五輪塔文を加えている。このほか鈴身に輪宝や羯磨文をめぐらすものもあり、広島西国寺鈴は輪宝文五個をつけ、香川金刀比羅宮の鈴は輪宝四個を配している。また広島耕三寺鈴は羯磨文四個を毛彫りするなどの例がある。

◎平安後期　奈良・金峯山寺　（四波羅蜜菩薩）　〈56図〉
◎〃　東京・護国寺　（　〃　）　〈57図〉
鎌倉時代　大阪・細見　実　（　〃　）
〃　奈良・長谷寺　（四波羅蜜に金剛界大日）　〈58図〉
◎〃　広島・西国寺　（輪宝文五個）
〃　香川・金刀比羅宮　（輪宝文四個）
〃　広島・耕三寺　（羯磨文四個）

※22　五大明王鈴部展開図（東京国立博物館　五大明王五鈷鈴）。

51 五大明王五鈷鈴　唐時代　東京国立博物館

52 四大明王五鈷鈴　唐時代　奈良国立博物館

53 四天王五鈷鈴　唐時代　香川　弥谷寺

54 梵釈四天王五鈷鈴　唐～宋時代　東京　浅草寺

55 三明王五鈷鈴　鎌倉時代　大阪市立美術館

56 三昧耶五鈷鈴　平安後期　奈良　金峯山寺

《種子鈴(梵字鈴)》　大陸では仏像鈴が流行したが、わが国ではこれに対して独特の種子鈴が成立した。種子鈴は鈴身の側面に仏像を象徴する種子[※23](梵字)をめぐらすもので、その形式は大きく二種に分れる。その一は金剛界五仏鈴、二は胎蔵界四仏鈴である。すなわち金剛界鈴は(バン・大日如来)、(ウーン・阿閦如来・東)、(タラーク・宝生如来・南)、(キリーク・阿弥陀如来・西)、(アク・不空成就如来・北)の種子を右廻り(時計の針の方向)にめぐらすもので、鎌倉時代前期頃からの遺品がある。中では大阪藤田美術館、岐阜華厳寺(59図)、奈良唐招提寺、奈良国立博物館などの諸鈴が優れている。この金剛界鈴は、通常の素文系の五鈷鈴の形式をとり、また鈴身に鍍金をほどこさないのが普通で、当初は鍍銀をしたものらしい。しかし中には宝相華文を飾ったり鍍金をしたものも少例ある。

これに対して胎蔵界種子鈴は、鈴の四面に大日如来を除いた胎蔵界の四仏、すなわち(ア・宝幢如来・東)、(アー・開敷華王如来・南)、(アン・無量寿如来・西)、(アク・天鼓雷音如来・北)の種子をあらわすもので、全体に装飾性に富むことも大きな特色であり、把に鬼面をつけ、脇鈷に獅噛文を飾る。また鈴身は梵字の間に宝相華や蓮華唐草を飾り、上下の帯に独鈷や三鈷文をめぐらし、下縁に蓮華座を備えて全面に鍍金をほどこすのが通制である。遺品は広島厳島神社(61図)や京都醍醐寺、山形法音寺鈴をはじめとして製作の優秀なものが多い。なお東京国立博物館(62図)には金胎両部の八種子をめぐらした優品がある。しかし中には愛知岩屋寺鈴のように下の蓮華座を省略するものもあり、また(ア)字や(イー)字や(ウーン)字などを四個や五個あらわした異形式の品もある。

金剛界五種子五鈷鈴
鎌倉時代　大阪・藤田美術館
〃　奈良国立博物館
〃　奈良・大和文華館
〃　岐阜・華厳寺　〈59図〉
南北朝　山形・上杉神社
〃　京都・仁和寺
室町時代　滋賀・律院　〈60図〉
〃　滋賀・明徳院
◎鎌倉時代　奈良・唐招提寺　(宝相華飾)
〃　東京・山岡　弘　(　〃　)

金剛界四種子五鈷鈴
鎌倉時代　奈良国立博物館

胎蔵界四種子五鈷鈴
⊙鎌倉時代　広島・厳島神社　〈61図〉
◎〃　京都・醍醐寺
◎〃　大阪・細見　実
〃　山形・法音寺　(貞応三)
〃　〃　(仁治二)
〃　京都・泉涌寺
〃　千葉・小網寺
〃　岡山・金山寺
〃　和歌山・無量光院
◎〃　愛知・岩屋寺
〃　京都・柳　孝

胎蔵界五種子五鈷鈴
南北朝　京都・仁和寺

胎蔵界四種子塔鈴
室町時代　奈良・赤井高禧

金胎両界八種子五鈷鈴
鎌倉時代　東京国立博物館　〈62図〉

成身会四攝菩薩種子五鈷鈴
鎌倉時代　京都・勧修寺

五種子五鈷鈴
鎌倉時代　東京国立博物館　(字)
〃　京都・広瀬淑彦　(字)

四種子五鈷鈴
◎鎌倉時代　神奈川・極楽寺　(字・建長七)
〃　山形・慈光明院　(手向山八幡伝来・建長二)

九鈷鈴　九鈷杵形の柄をつけた鈴で、九鈷杵とともに大威徳明王法を修するときなどに用いられるという。この九鈷鈴の遺品の多くは

※23　梵語すなわちサンスクリットを記載するのに用いる文字で、字体は種々あるが、わが国では主として悉曇《しったん》文字を用いてきた。密教では、仏・菩薩または事項を標示するために梵字を用い、これを種子という。

57 三昧耶五鈷鈴　平安後期　東京　護国寺

58 三昧耶五鈷鈴　鎌倉時代　奈良　長谷寺

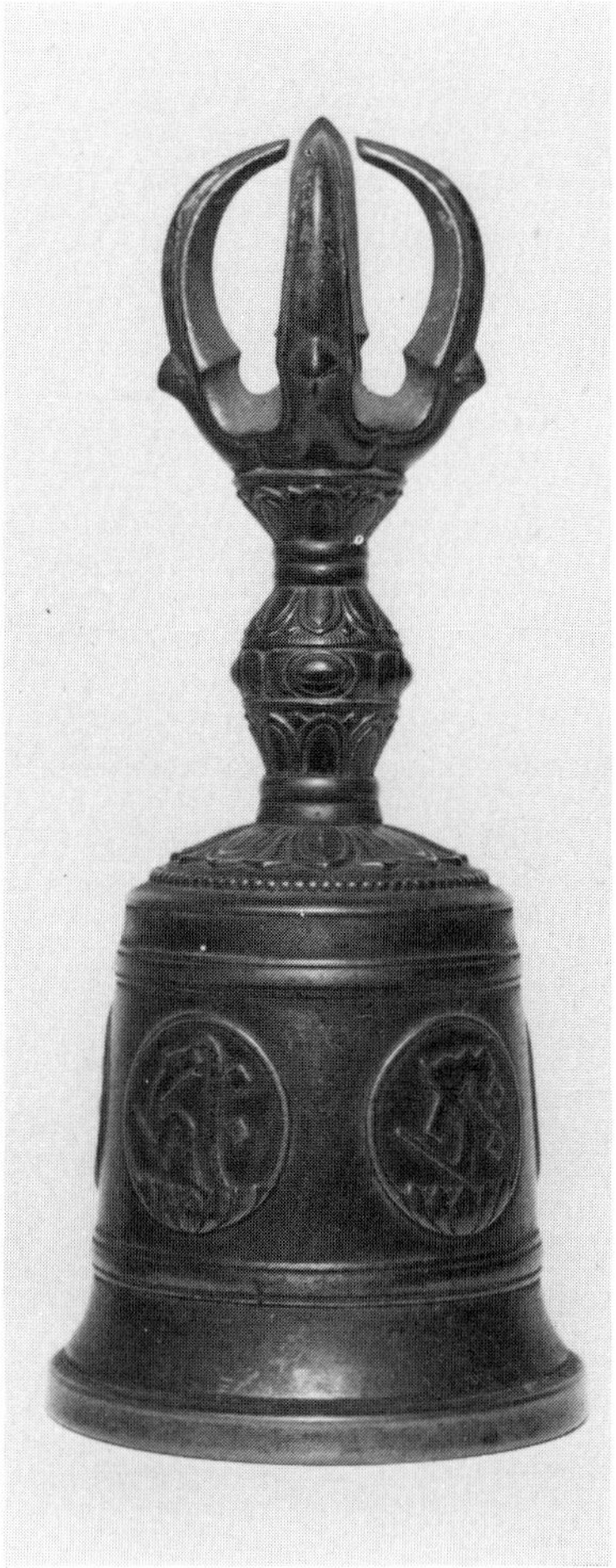

59 金剛界種子五鈷鈴　鎌倉時代　岐阜　華厳寺

60 金剛界種子五鈷鈴　室町時代　滋賀　律院

61 胎蔵界種子五鈷鈴　鎌倉時代　広島　厳島神社

62 金胎両界八種子五鈷鈴　鎌倉時代　東京国立博物館

大陸製のもので、チベット系の要素が強く年代も元時代以降のようである。また、和製の品は近世のものに限られる。九鈷鈴は概して装飾性が強いが、その中でも装飾のやや少ないものと、極めて装飾性に富むものの二種に分けられる。前者は把の上部に菩薩面をつけ、鈷部は中鈷を高く突出させ、脇鈷の基部に竜口を備えるのが普通で、鈴身は厚手で裾張りが強く、笠形に装飾花弁を伏せ側面上部に瓔珞文を飾り、下帯に三鈷杵文をめぐらすのが特色である。この式のものでは福島真浄院(63図)、東京国立博物館(64図)、大阪延命寺などの鈴が優れている。後者は一段と装飾性を加えたもので、とくに九頭竜大威徳鈴とも呼ばれる。その細部形式は、把の部分を鬼面や牡丹文の浮彫りで飾り、脇鈷を竜や鳳凰にかたどった複雑な透し彫りで作り中鈷の頂上に宝珠をつける。また鈴は薄手のベル形とし、肩に伏せた蓮弁の中に梵字や仏像を鋳出する。側面は上帯に唐草文、下帯に竜文をめぐらすことが多い。中央部には瓔珞文を飾るものと素文にするものとがある。遺品は瓔珞飾りのものが和歌山金剛峯寺(65図)や奈良長谷寺に、また素文式のものは奈良金峯山寺、京都仁和寺などに見られる。

◎元—明　福島・真浄院　〈63図〉
明時代　東京国立博物館　(大明宣徳)　〈64図〉
元—明　大阪市立美術館
〃　大阪・延命寺
〃　和歌山・金剛峯寺　(九頭竜式)　〈65図〉
〃　奈良・長谷寺　(〃)
〃　奈良・金峯山寺　(〃)
◎〃　京都・仁和寺　(〃)
〃　静岡・服部和彦　(〃)

宝珠鈴　頂上に宝珠をつけた金剛鈴である。入唐八家の請来目録中にはこの鈴の記載はないが、わが国では平安後期からの遺品が見られ、比較的古い時期からの使用が察せられる。形式としては普通の五鈷鈴の先端を宝珠に替えたものが多い。また宝珠の周りに火焔を鋳出したり、別作して枘差しでとりつけるが、古式のものの中には火焔を省略する品もある。火焔は鎌倉時代以前の鈴では四方火焔を用い、室町時代以降では三方火焔が現われる。※24 遺品は和歌山那智経塚出土品(68図)をはじめ、大阪不動明王寺、京都東福寺、東京浅草寺、大阪細見実氏(66図)に平安後期の品があり、埼玉慈光寺、山形立石寺、兵庫白毫寺、静岡服部和彦氏などに鎌倉時代の遺品を見るなど作例も少なくない。また尊永寺形と称する特殊形式のものが静岡尊永寺(67図)や、大阪市立美術館、大阪今井政治郎氏などにある。

平安後期　東京国立博物館　(那智経塚出土)　〈68図〉
〃　大阪・不動明王寺　(四方火焔)
〃　京都・東福寺　(四方火焔痕)
〃　東京・浅草寺　(四方火焔痕)
◎〃　大阪・細見　実　(〃)　〈66図〉
◎〃　静岡・尊永寺　(尊永寺形・四方火焔)　〈67図〉
〃　大阪市立美術館　(〃・四方火焔痕)
〃　大阪・今井政治郎　(〃・〃)
鎌倉時代　東京国立博物館
〃　静岡・服部和彦　(四方火焔痕)
◎〃　埼玉・慈光寺　(〃)
〃　大阪・馬場ひさ　(鬼目八個)
〃　東京国立博物館　(四方火焔)
〃　山形・立石寺　(〃)
〃　兵庫・白毫寺　(〃)
室町時代　広島・栄明寺　(三方火焔)

塔鈴　柄の頂上に塔形を安置したもので、卒都婆鈴《そとばれい》とも呼ばれる。入唐八家の中では円行と恵運の二師がこれを請来し、また八家につづく留学僧の成尋の記録などにも出るから、その成立の古さがうかがわれるが、現在では平安後期以降の遺品より見当らない。平安後期のものは那智経塚出土品(東京国立博物館)や兵庫浄土寺(69図)の鈴があり、鎌倉時代では埼玉慈光寺(71図)や兵庫金衆寺、兵庫白毫寺、静岡服部和彦氏などに優品が見られる。また静岡尊永寺(70図)にも特殊形式の優作がある。頂上につける塔の形式は宝塔形をかたどるものが最も多いが、慈光寺や奈良国立博物館の鈴な

※24　京都国立博物館の元応元年在銘の鉄釣燈籠に三方火焔の宝珠がつけられるなど、鎌倉末期から現われるが、一般には室町時代以降に多い。

63 九鈷鈴　元～明時代　福島　真浄院

64 九鈷鈴　明時代　東京国立博物館

65 九頭龍鈴　元～明時代　和歌山　金剛峯寺

66 宝珠鈴　平安後期　大阪　細見　実氏

67 宝珠鈴　平安後期　静岡　尊永寺

68 宝珠鈴　平安後期　東京国立博物館（那智経塚出土）

どのように五輪塔に作るもの、また尊永寺鈴の宝瓶形などもある。また東京国立博物館には嘉元四年（一三〇六）と文明十七年（一四八五）の在銘基準作もある。これらの塔内には実際に舎利を籠めたこともあるようで、那智出土鈴、尊永寺鈴、東京国立博物館嘉元銘鈴などは仏舎利を納め得るように細工されている。

	平安後期	東京国立博物館	（宝塔）	
	〃	兵庫・浄土寺	（〃）	〈69図〉
◎	〃	静岡・尊永寺	（尊永寺形・宝瓶）	〈70図〉
	鎌倉時代	兵庫・金衆寺	（宝塔）	
	〃	静岡・服部和彦	（宝塔）	
◎	〃	埼玉・慈光寺	（五輪）	〈71図〉
	〃	東京国立博物館	（宝塔・嘉元四）	
	〃	兵庫・白毫寺	（宝塔）	
	〃	奈良国立博物館	（五輪）	
	〃	大阪・細見　実	（宝塔）	
	室町時代	東京国立博物館	（宝塔・文明十七）	
	〃	広島・栄明寺	（宝塔）	
	〃	奈良・赤井高禧	（宝塔・四種子）	
	〃	和歌山・普門院	（宝瓶・竜文）	

五種鈴　金剛鈴のうち独鈷鈴、三鈷鈴、五鈷鈴、宝珠鈴、塔鈴の五種を併せて五種鈴と呼び、密教修法のときに大壇上に安置する。これは五智五仏の説法の意をあらわすものとされる。大壇上の配置と象徴される尊像は、塔鈴（大日如来）を中央にして、東方に五鈷鈴（阿閦如来）、南方に宝珠鈴（宝生如来）、西方に独鈷鈴（無量寿如来）、北方に三鈷鈴（不空成就如来）とするのが普通であり、金剛界五仏の配位を意味する。なおこのときに、これに対応する五種杵をそれぞれの鈴の前によこたえるのを法とする。この五種鈴は入唐八家の一人である禅林寺宗叡が請来したのがはじまりといわれるが、宗叡の請来目録中には五鈷鈴と三鈷鈴の二種よりないので、これを確かめることができない。五種鈴の現存遺品は平安後期の那智経塚出土品（東京国立博物館）（72図）、鎌倉時代の兵庫白毫寺（73図）、室町時代の広島栄明寺などが各時代を代表する完存例である。その他一部を失うがもと五種鈴であったことのわかる遺品は静岡尊永寺をはじめとして偶見される。

(3) 金剛盤

金剛盤は大壇や密壇上において、五鈷鈴と五鈷杵・三鈷杵・独鈷杵を安置する台である。その形は縁どりのある鋳銅製の盤の下に低い三脚をつけたものである。盤の形状は上からみるとやや幅広い三角形に近く、その輪郭を不整四葉形に作るのが最も多い。この形式については古来「金剛盤は肉団の形なり、三角は心形なり」とか、「四葉蓮華にかたどる」などといわれている。現存する金剛盤を分類すると大きく三種に分けられる。その一はいわゆる弘法大師請来形と称するもの、その二は通常の素文式のもの、その三は鈴を置くための鈴座を備えるものである。

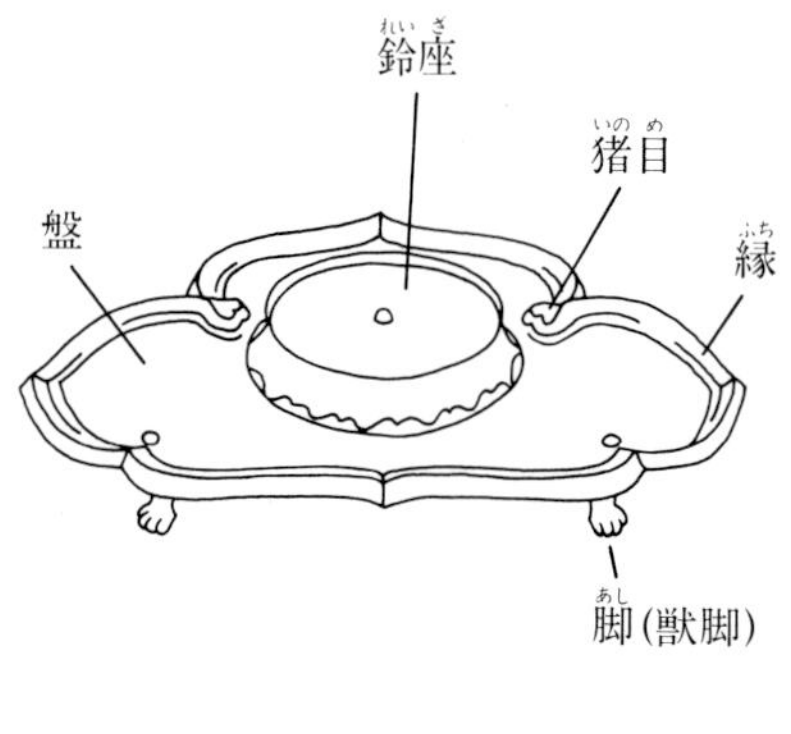

金剛盤（鈴座・獣脚）部分名称

請来形金剛盤　請来形の金剛盤では京都東寺に伝わる品がその主峰をなすもので、弘法大師請来目録に記載される「金銅盤子一口」とある請来品そのものと認められている。この金剛盤は通常の四葉蓮華形とは形式が異なり、奥と左右の三方は蓮弁形に作るが、正面は連弧形とし、また盤下の三脚も花形のものをつける。さらに盤は縁に

71 塔鈴 鎌倉時代 埼玉 慈光寺

70 塔鈴 平安後期 静岡 尊永寺

69 塔鈴 平安後期 兵庫 浄土寺

72 五種鈴 平安後期 東京国立博物館（那智経塚出土）

73 五種鈴 鎌倉時代 兵庫 白毫寺

稜を立てずに広幅の鍔縁《つばぶち》をめぐらし、鈴杵を置く胎面を深くくぼませる。また盤面の奥に輪宝文、前に金剛杵文を大きく毛彫りし金剛杵文の鈷の間に金剛鉤・金剛索・金剛鏁・金剛鈴の密教の菩薩の三昧耶《まや》形（仏菩薩を器物の姿を借りて表現するもの）を刻み、正面に二茎の蓮華を配し、これらの周囲に内行花弁帯をめぐらすのが特徴である。この品を模した、いわゆる請来形金剛盤は真言寺院で比較的多く用いられているが、類品中では京都醍醐寺（79図）や、東寺の観智院（77図）、奈良玉林一雄氏などの所蔵品を含めて鎌倉時代と認められるものが数点ある程度で、多くは江戸時代以降の作例が多い。中では、醍醐三宝院の元禄十年（一六九七）の銘※25をもつ基準作例（82図）が貴重である。しかし一般には、時代の若い品では金剛杵の鈷間に刻む三昧耶形を省略したり、胎面のくぼみが浅くなるなど本歌から遠ざかるものが多い。

⊙唐　時　代　京都・東寺　（大師請来）〈78図〉
◎鎌倉時代　京都・醍醐寺　〈79図〉
◎　〃　京都・観智院
　〃　奈良・玉林一雄
　〃　京都・観智院　（小金剛盤二口）〈77・86図〉
江戸時代　京都・醍醐三宝院（元禄十）〈82図〉

素文式金剛盤　素文式の金剛盤は最も普通に見られるもので、現存する金剛盤の大部分がこれである。形式は不整四葉の三角形の盤に猫脚形の三脚をカラクリ止めしたもので、猫脚は断面を将棋の駒形に作り、盤の周縁には山形の稜縁をめぐらす。また盤面四葉の切込み部の二箇所に猪目を透すものと、これを透さぬものがあり、猪目をつけるものは概して古い品が多い。この通形の金剛盤はかつては平安時代に遡るものが無いといわれたこともあったが、近年次第に平安後期と認められる遺品が発見されてきた。中では高野山の巴陵院（80図）や親王院、高知金剛頂寺の旅壇具《たびだんぐ》中のもの、また奈良唐招提寺や奈良国立博物館蔵品などに古い品がある。なお東京国立博物館（81図）にはこの形式をとりながら盤面に華やかな蓮華唐草文を鋳出した名品がある。また鎌倉時代以降のものでも製作のすぐれたものが少なくない。中では奈良国立博物館の盤は奈良西大寺真言堂の伝来品で、鎌倉後期の正和三年（一三一四）の銘をもつほか、当時の大※26壇仏具の全容がしるされており、密具研究の上で見逃せない品である。

◎平安後期　東京国立博物館　（蓮華唐草文）〈81図〉
◎　〃　和歌山・巴陵院　〈80図〉
　〃　和歌山・親王院
◎　〃　奈良・唐招提寺
　〃　奈良国立博物館
◎　〃　高知・金剛頂寺　（旅壇具）
鎌倉時代　奈良・玉林一雄
　〃　静岡・服部和彦
　〃　京都・高山寺　（建長二）
　〃　埼玉・津久根八幡　（正嘉二）
◎　〃　奈良・法隆寺　（正安二）
　〃　奈良国立博物館　（西大寺伝来・正和三）
◎　〃　大阪・藤田美術館　（高野伝来）
◎　〃　奈良・唐招提寺
◎　広島・西国寺
◎　〃　奈良・室生寺
◎　〃　高知・金剛頂寺
　〃　奈良・南法華寺
　〃　東京・山岡　弘
　〃　静岡・服部和彦　（峴大満坊俊政）
◎　〃　香川・弘憲寺
　〃　滋賀・鶏足寺　（二面）
　〃　京都・三室戸寺　（三室戸形）
南北朝　奈良・能満院　（正平二）
室町時代　神奈川・中村溪男　（応永五）
　〃　香川・法道寺　（永享十二）〈83図〉
　〃　京都・聖護院　（三室戸形）
桃山時代　滋賀・石山寺　（慶長七）

鈴座つき金剛盤　鈴座つきのものは、全体の形式は前者の素文式の金剛盤の姿をとりながら、盤上に五鈷鈴を安置するための蓮華

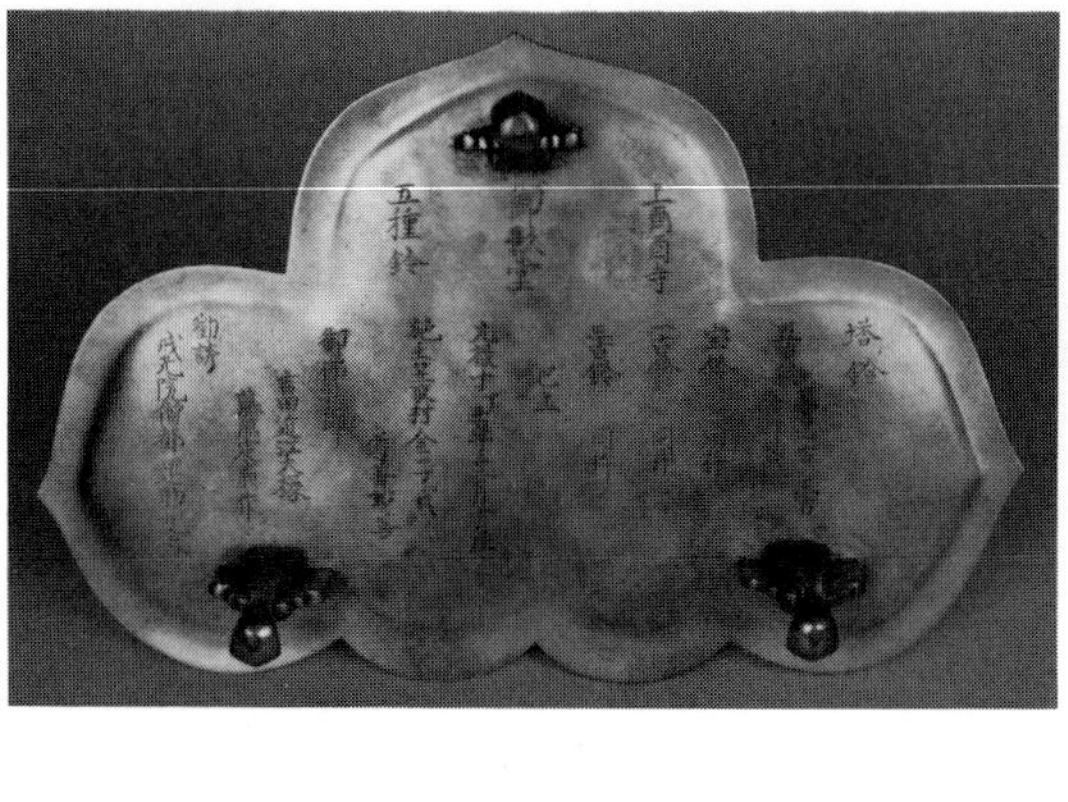

※25　醍醐寺三宝院金剛盤裏の元禄十年銘の部分。

※26　西大寺真言堂伝来の金剛盤銘。
西大寺　真言堂東壇佛具事
鈴七寸五鈷三鈷獨鈷　金剛盤
閼伽器四具二十四口　皿坑四具二十四
火舎四口在蓋甑　花瓶五口
灑水器一口在蓋幷座　塗香器一口在蓋幷座
輪一在座　羯磨四在座
橛四本　香呂一枝
香筥一　念珠一連菩提子半装束在箱
磬臺一在磬鐘木
正和三年甲寅六月六日記之

75　法具類　鎌倉時代　広島　厳島神社

74　法具類　鎌倉時代　愛知　岩屋寺

77　法具類　鎌倉時代　京都　観智院

76　法具類(金剛界)　鎌倉時代　奈良　室生寺

79　金剛盤　鎌倉時代　京都　醍醐寺

78　金剛盤　唐時代　京都　東寺

座を備えるもので、鈴座は別作してカラクリ止めするのが基本形である。この式の金剛盤は胎蔵界壇の用具を基本としたらしい。作例は広島厳島神社(84図)や、奈良西大寺(85図)、奈良室生寺(76図)などに優品があるが、中でも厳島神社のものは鈴座の作風がことに精巧で優れている。また厳島神社や西大寺の品は盤下の三脚を獣形につくり、室生寺の盤は通形の猫足式の三脚の左右に持送りを飾るなど趣好をこらしており、総じてこの式の金剛盤は製作が豪華で優秀な品が多い。しかし現在知られる遺品はすべて鎌倉時代以降のもので、平安時代に遡る品はいまだ見受けられない。南北朝期のものに大阪細見実氏所蔵品があり、桃山時代の作例が滋賀宝厳寺にある。

⊙鎌倉時代　広島・厳島神社　〈75・84図〉
◎　〃　　奈良・室生寺　〈76図〉
　　〃　　奈良・西大寺　〈85図〉
　　〃　　奈良・能満院　（根来塗）
南北朝　大阪・細見　実
室町時代　静岡・MOA美術館　（文様毛彫）
桃山時代　滋賀・宝厳寺　（天正三）

時代による形式の変化　金剛盤には往々にして紀年銘を刻したものがあり、それらを基準にすることによって形式編年にある程度の確実さを持つことができる。いま慶長期以前の品を挙げると次のようである。

京都高山寺　建長二年—一二五〇
埼玉津久根八幡　正嘉二年—一二五八
東京武内氏旧蔵（鈴座つき）　正安二年—一三〇〇
奈良法隆寺　正安二年—一三〇〇
奈良国博（西大寺伝来）　正和三年—一三一四
奈良能満院　正平二年—一三四七
神奈川中村溪男氏　応永五年—一三九八
香川法道寺　永享十二年—一四四〇
滋賀宝厳寺（鈴座つき）　天正三年—一五七五
滋賀石山寺　慶長七年—一六〇二

以上のような基準作例を参考にして年代による形式の変化を見てみると、盤の平面的な輪郭には年代によるきわだった特色はないが、古いものは全体に穏やかで、丈の低い三角形の盤形を保っているが、鎌倉時代中期以降になると盤の前縁が張り出して、やや菱形に近いものが現われるなど奥行きが深くなる傾向がある。また盤の周囲の縁どりも古式の品では細く低くまた柔らかであるが、鎌倉中期頃からのものでは三角縁のしのぎが強く太くなり、盤胎の厚みも増して重厚な器形を呈する。さらに三脚も古式なものは小形で細く丈も低いが、鎌倉期のものはこれが極めて強く太いものとなる。

室町時代に入ると三脚は丈高く力の弱いものになる傾向がはっきりうかがわれる。また金剛盤には木製のものも散見されるが、中では奈良能満院の根来塗りの品[※27]が鈴座を備えた鎌倉時代の優品である。

小金剛盤　金剛盤には小金剛盤と呼ばれて独鈷杵あるいは三鈷杵のみを置くものもあるが、京都観智院の鎌倉時代の作例(86図)を見る程度で古い遺品は極めて稀である。

金剛盤と鈴杵の用法　金剛盤と盤上の鈴杵の配置に触れると、修法壇上に金剛盤を置くとき真言宗では二脚を前にし、天台宗では一脚を前に出すのが普通である。また盤上に安置する鈴杵は、五鈷鈴を中央にして前に五鈷杵を置くことは同様であるが、真言では五鈷鈴の向って左奥に独鈷杵を置き、右奥に三鈷杵を置くことが多い(但し流派によって逆もある)が、天台では向って右に独鈷杵、左に三鈷杵を置くのが普通である。なお中央の五鈷鈴は真言では脇鈷が開いた形（中鈷と手前の脇鈷が重なる方向）に置き、天台では脇鈷のすぼまる形（中鈷が見える形）に置くのが普通である。

(4) 金《こん》　錍《べい》

金錍は金《こん》篦《べい》とも書き、また金《きん》籌《ちゅう》ともいい、『略出経四』[※28]では小金剛杵子と呼ぶ。形は独鈷杵の鈷の先端に宝珠形をつけたものである。この品はもと古代インドの医療器具で、眼科医が眼病患者の眼膜を

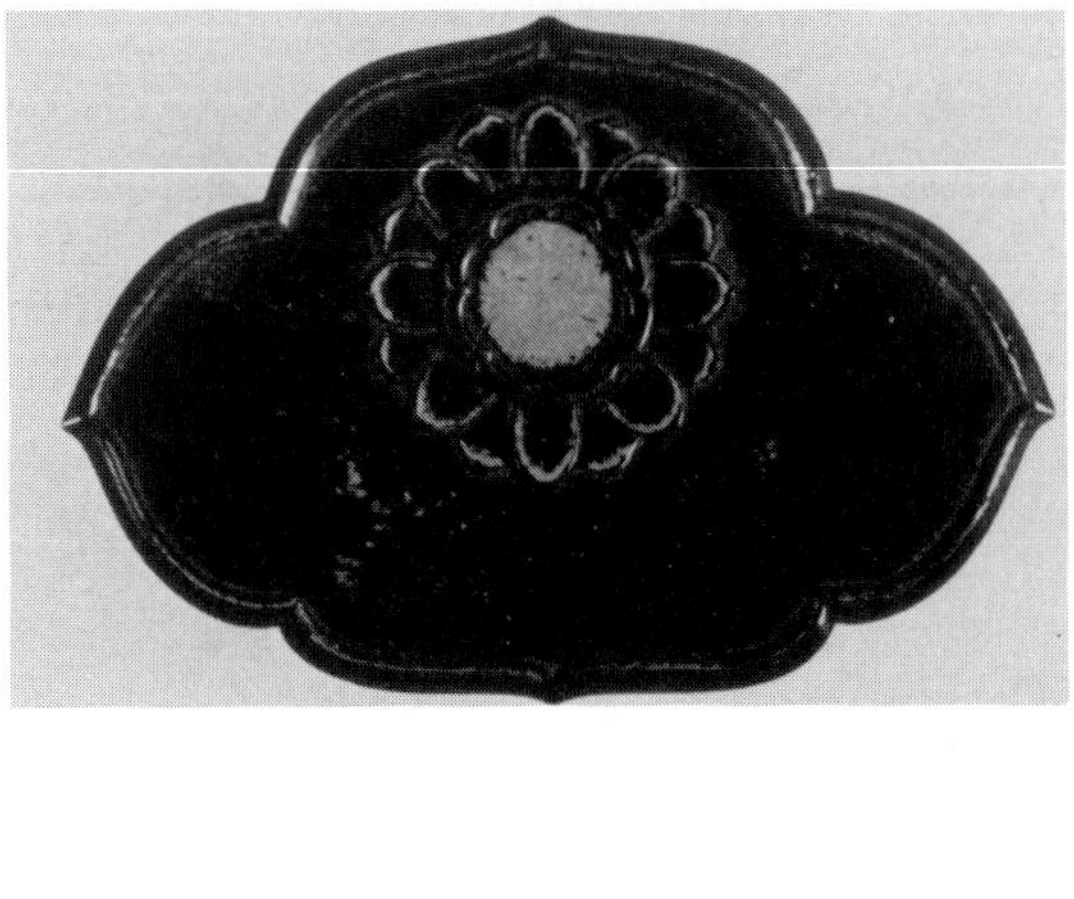

※27　根来塗り木製金剛盤（奈良・長谷寺能満院）。

※28　大正新修大蔵経　No.866

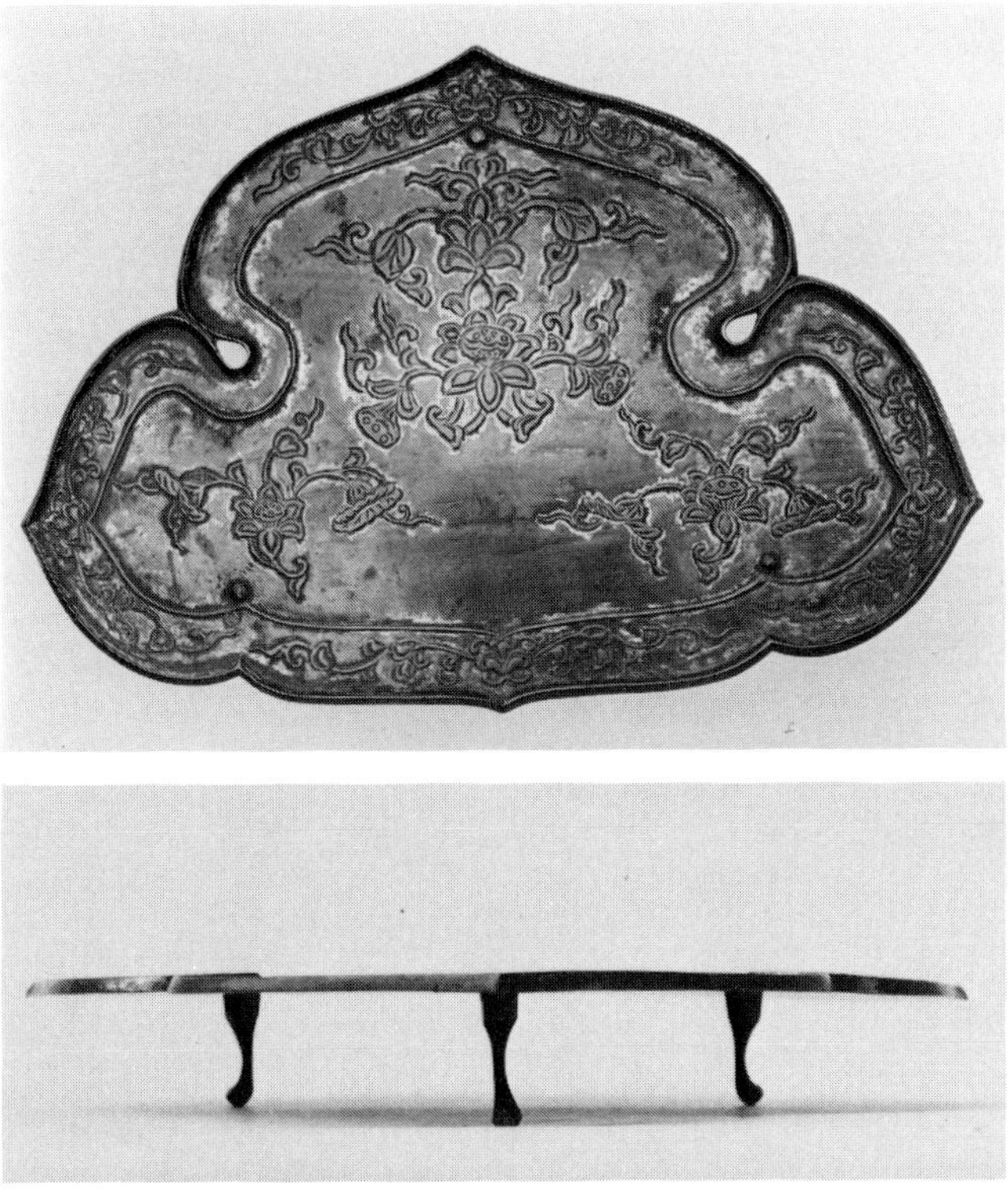

81　金剛盤　平安後期　東京国立博物館

80　金剛盤　平安後期　和歌山　巴陵院

83　金剛盤　室町時代　香川　法道寺

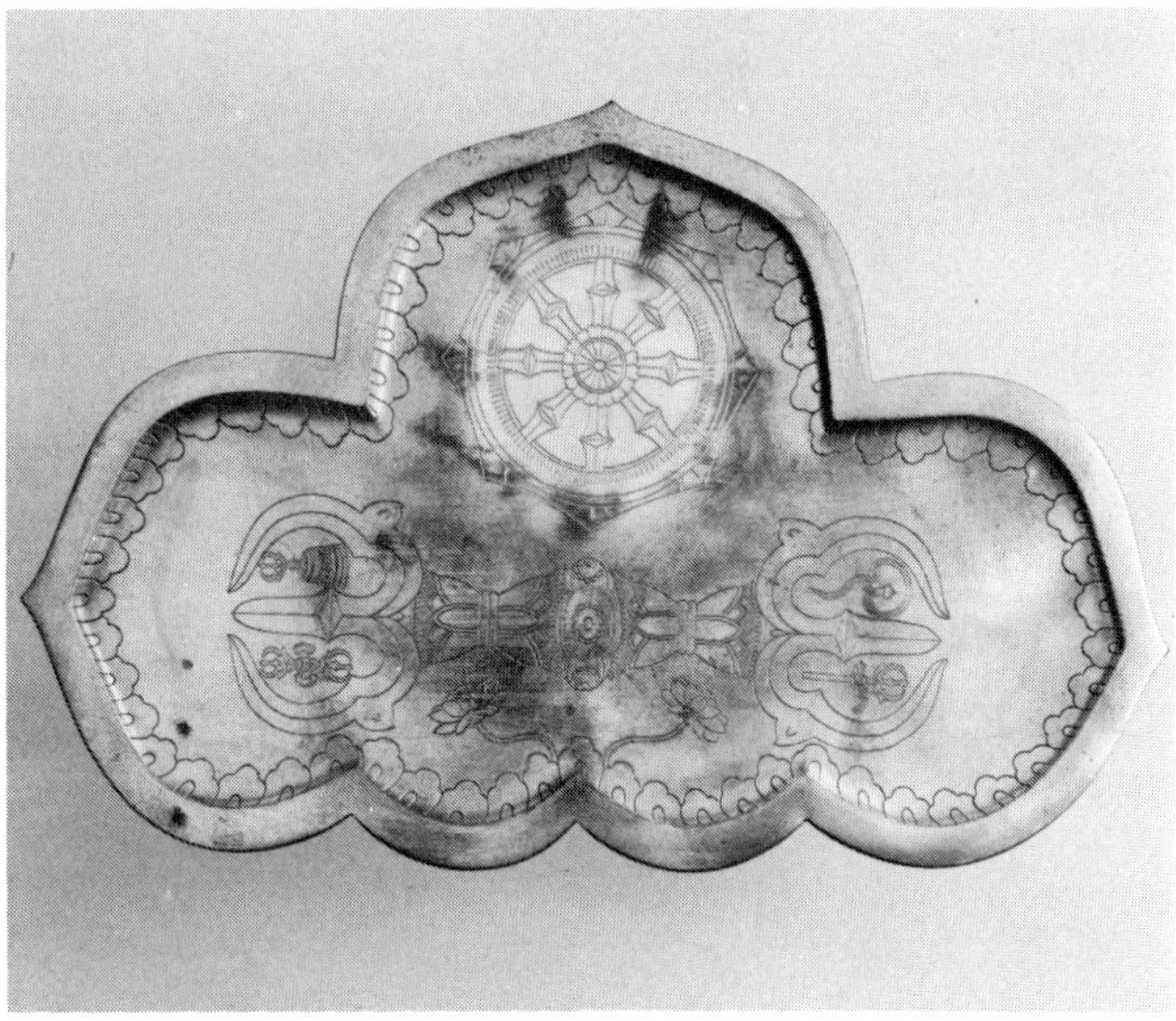

82　金剛盤　江戸時代　京都　醍醐寺

84　金剛盤　鎌倉時代　広島　厳島神社

抉除したり薬を塗るに用いたものであるが、密教ではこれを法具として採り入れて、衆生の無智の眼膜をとり去り仏心眼を開かしめる意味を持たせ、灌頂のときに阿闍梨が受者の両眼を加持したり、また仏像の開眼供養などにもこれを使用する。

この法具については『大日経疏第九』[※29]に「仏は汝のために無智の膜を抉除することなお世の医王の善く金篦を用うるがごとし。西方治眼の法は金をもって箸となし、両頭は円滑にして中は細く猶を杵の形のごとし。長さ四、五寸ばかりなるべし。用うるときは両頭に以って薬を塗り、各一頭を用いて一眼の中に入れてこれを塗る。涅槃の金篦もまたこの類なり。一切衆生の心目にはもと仏を知見する性あり。ただし無智の膜翳ずるを以てのゆえに諸法の実相は明らかに現前するを得ず。若し拙医をしてこれを救はしめば徒らに効無きのみに非ず、あるいはさらにその翳膜を増し、あるいは目瞳を傷損せん。如来は方便具足して善く金篦を用うれば則ちかくの如くならず」としるされ、その形式や、用法、意義をうかがうことができる。

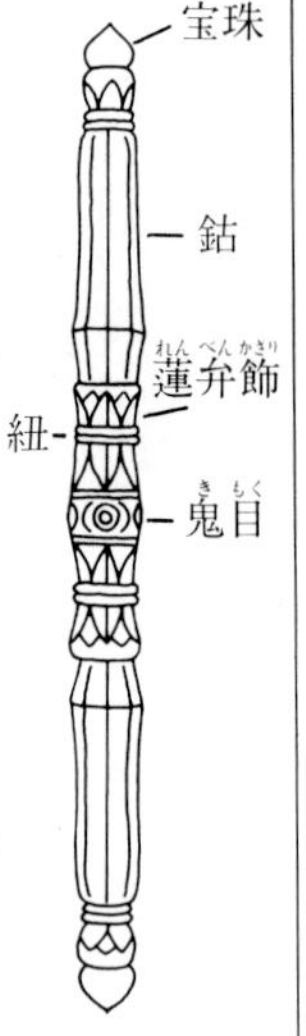

金錍(両珠式)
部分名称

両珠金錍と片珠金錍　この金錍には、二種類の形式がある。その一は独鈷杵形の両端に珠をつけるもの、その二は独鈷杵の一方のみに珠をつけるもので、これを区別するために前者を両珠《りょうじゅ》金錍、後者を片珠《かたじゅ》金錍または片金錍とも呼ぶ。この両珠式のものは一本で両眼を加持し、片金錍は二本をもって片眼ずつを加持するを作法とする。また独鈷杵の形式は断面八角のものと、通常の独鈷のように四角式のものがあるが、数の上では八角式が多い。

遺品例　現在しられる遺品の上では、東京国立博物館の法隆寺献納宝物中に含まれる両珠式の金錍（87図）が最古の優品で、把の部分に三段にわたって鬼目をかざり、鈷に凹面をつけたいわゆる匙面取りにつくるなど、極めて古制を示した平安時代の製作と認められるものである。このほか埼玉慈光寺（88図）の両珠金錍もこれにつぐ名品で、平安後期から鎌倉初頭にかかるもの。また大阪藤田美術館や滋賀弘法寺（89図）にも鎌倉時代のすぐれた品がある。これに対して片珠金錍は奈良国立博物館（90図）の鈷部を八角に作った鎌倉時代の品が形姿ともにすぐれているが、一般には室町時代以降のものが多い。なお奈良国立博物館には通常の独鈷杵と同様に断面を四角に作った、両珠金錍と片珠金錍とを二本にセットとした鎌倉時代の珍しい作例もある。金錍の時代による形式の変化は、古い品は鬼目が大きく、蓮弁が素弁式で、把部よりも鈷部が長い。時代の降るものは、鬼目が小さく、蓮弁は単弁式や筋蓮弁となり、把部が長くなるなど金剛杵の変遷と同様である。

◎平安時代	東京国立博物館	（法隆寺献納・四角・両珠）〈87図〉
◎鎌倉時代	埼玉・慈光寺	（八角・両珠）〈88図〉
〃	大阪・藤田美術館	（八角・両珠）
〃	滋賀・弘法寺	（八角・両珠）〈89図〉
〃	奈良国立博物館	（八角・両珠）
〃	徳島・神宮寺	
南北朝	静岡・服部和彦	（八角・両珠）
室町時代	〃	（二口・四角と楕円・両珠）
鎌倉時代	奈良国立博物館	（八角・片珠）〈90図〉
〃	〃	（四角・花形鬼目・片珠）
南北朝	大阪・千手寺	（四角・片珠）
室町時代	大阪・藤田美術館	（四角・片珠）
〃	静岡・服部和彦	（四角・片珠）〈91図〉

(5) 四《し》橛《けつ》

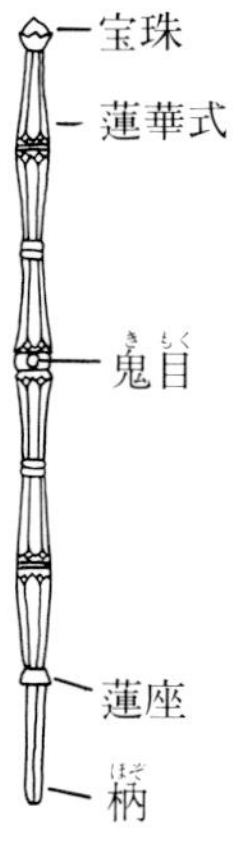

四橛
(胎蔵界
灌頂用式)
部分名称

橛はくいの意味で、枳羅剣、葪羅剣ともいう。密教修法のときに大壇の四隅に立てるところから四橛と呼び、これに壇線を張って壇

※29　大正新修大蔵経　No.1796

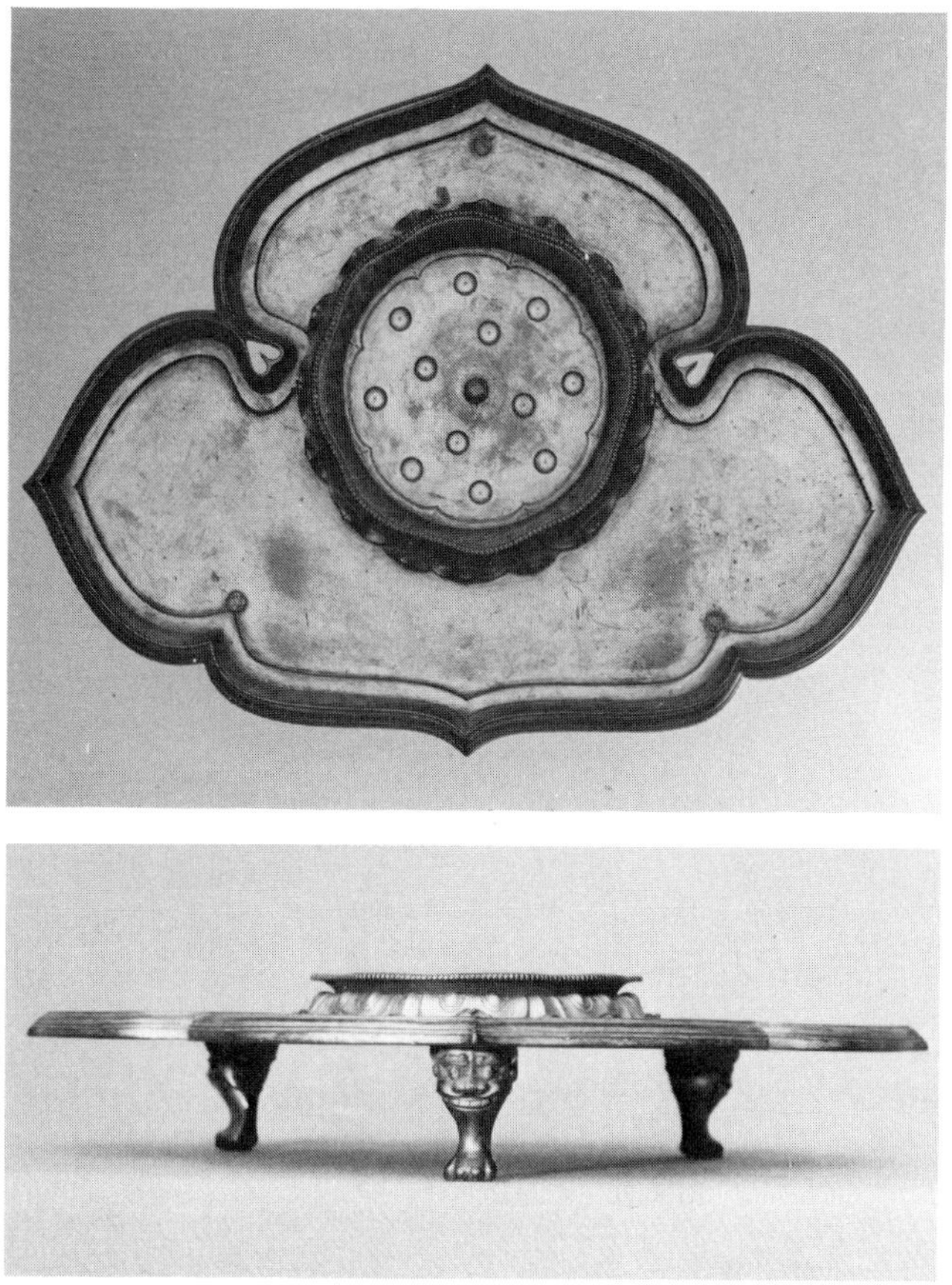

85　金剛盤　鎌倉時代　奈良　西大寺

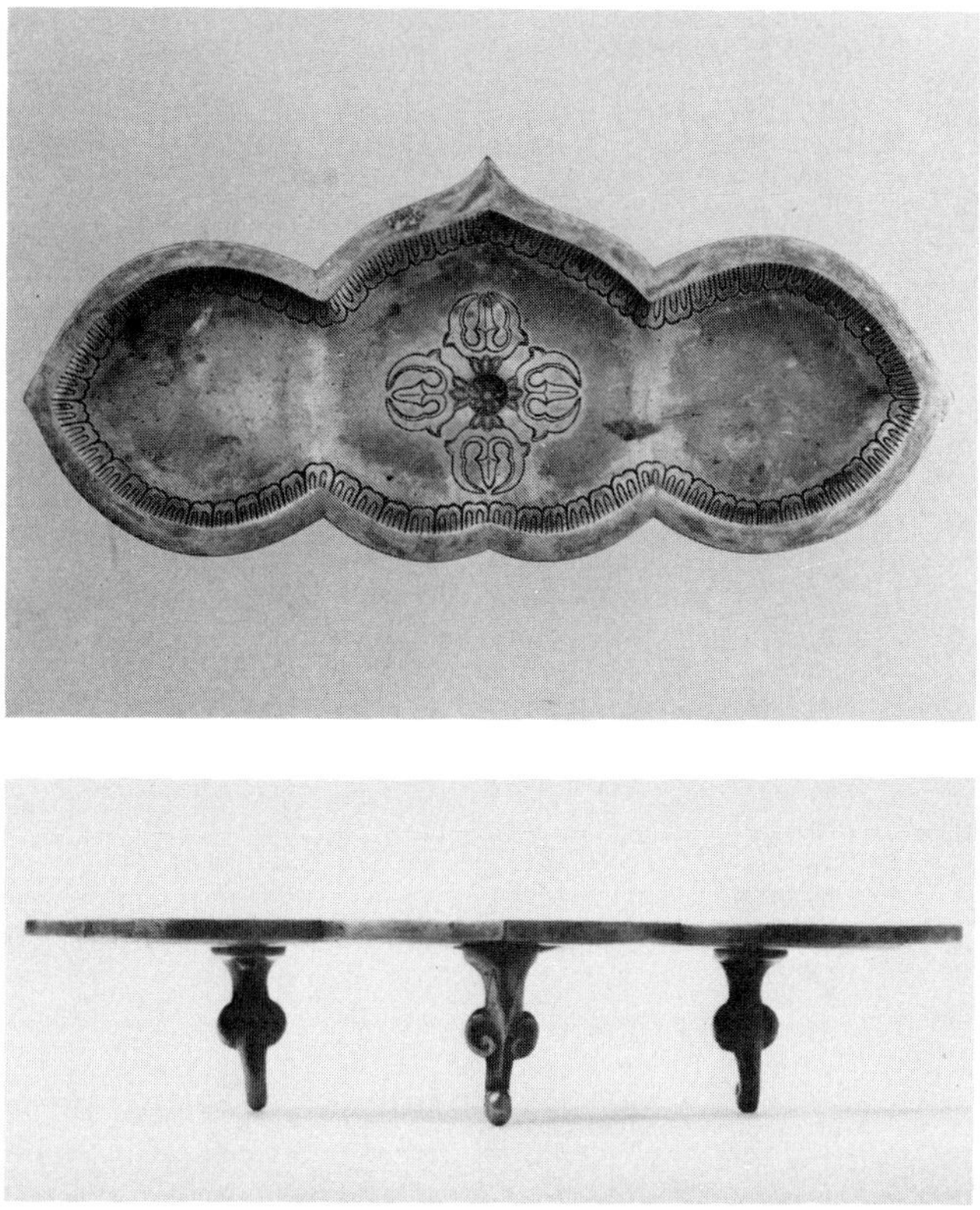

86　小金剛盤　鎌倉時代　京都　観智院

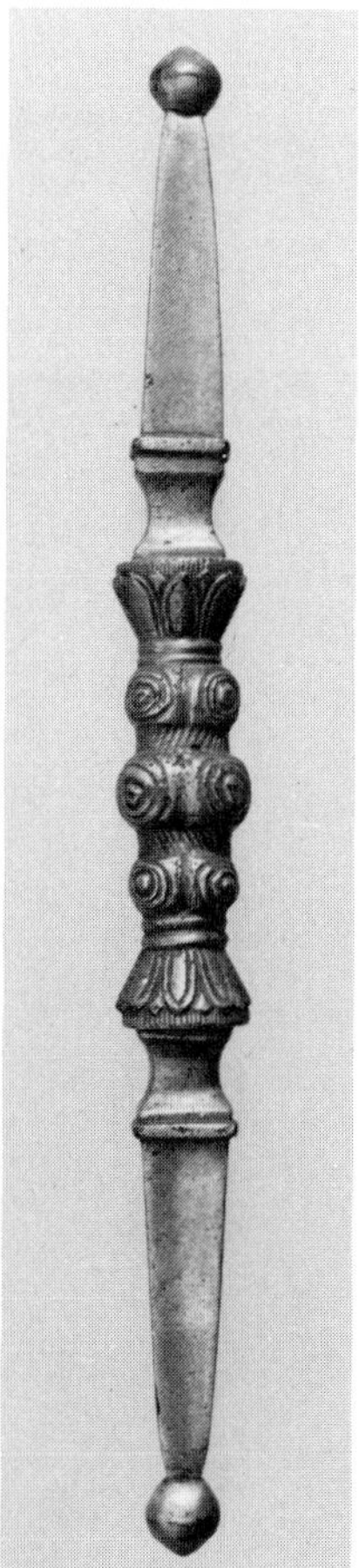

87　両珠金鉀　平安時代　東京国立博物館（法隆寺献納宝物）

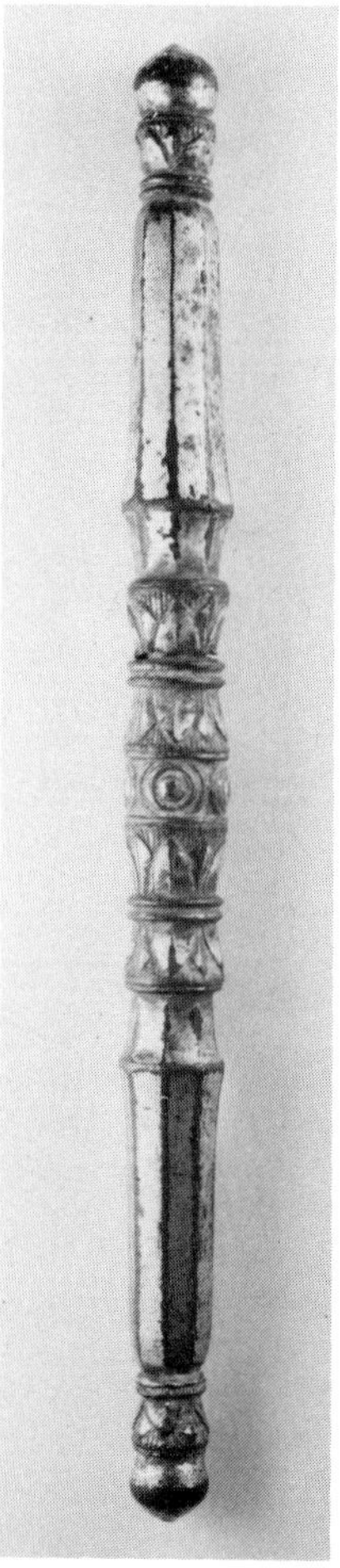

88　両珠金鉀　鎌倉時代　埼玉　慈光寺

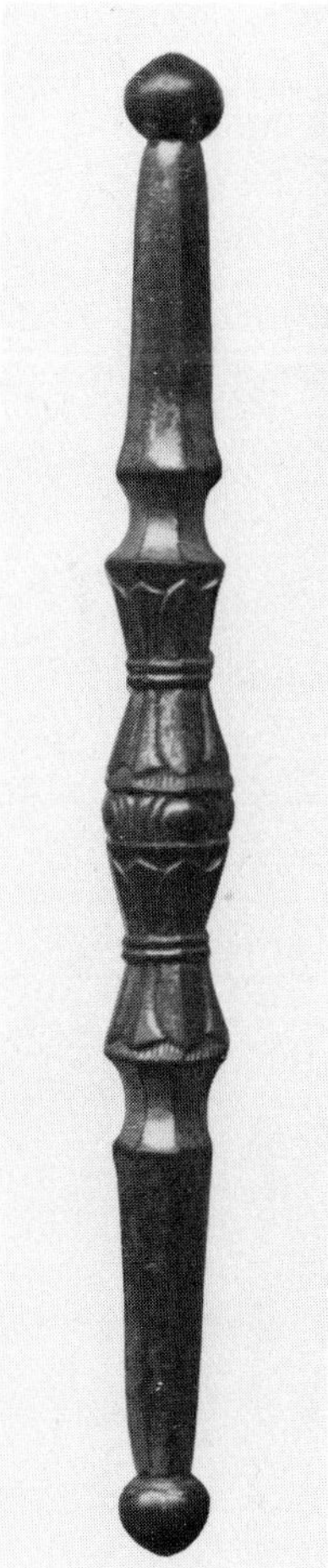

89　両珠金鉀　鎌倉時代　滋賀　弘法寺

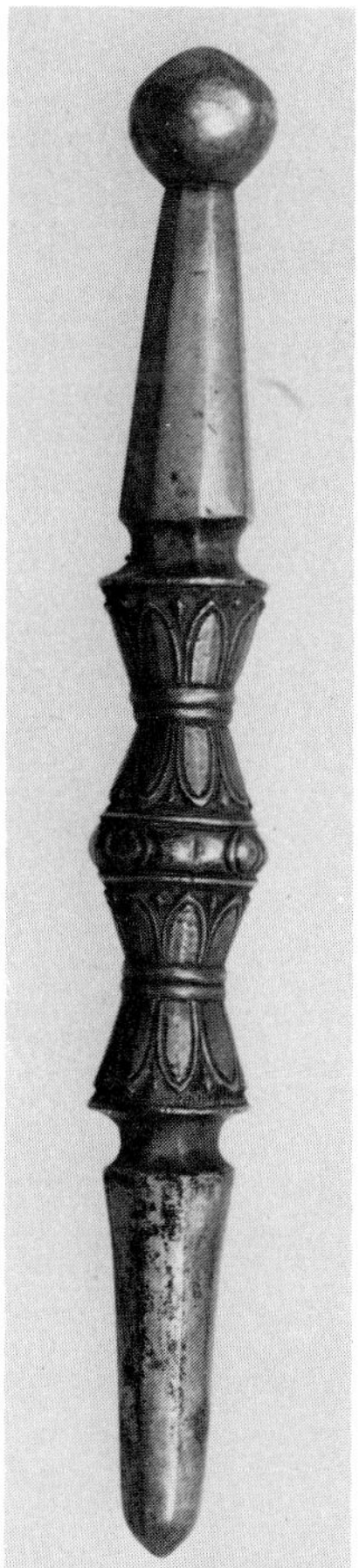

90　片珠金鉀　鎌倉時代　奈良国立博物館

91　片珠金鉀　桃山時代　静岡　服部和彦氏

上を結界するものである。経軌では二十八橛、五十二橛を用うることもあるという。入唐八家の請来目録に見ると空海が「五宝金剛橛四口」、円行が「金剛橛四」、円珍が「鎮壇橛四枚」などを請来しており、また恵運に関係する安祥寺資財帳にも二種類の金剛橛の記載があって使用の古いことがわかる。その形は金剛橛の名のごとく、金剛杵にかたどっており、これに独鈷形と三鈷形の二種ありというが、通常使用されるのは独鈷形が多い。またこの四橛を作る材料については経軌※30にさまざまに説かれるが、多くは佉陀羅木《きゃだらぼく》を主とした木製橛を本義とし、銅や鉄などの金属橛は従とされている。現在用いられている四橛も木製品が多いが、保存力の関係もあり、古い遺品は金銅製が多い。

細部の諸形式と用法　四橛の形状は先にも触れたように独鈷杵を細長くした姿で、中央部に鬼目をつけ、その上下に蓮弁帯を飾るが、下端に反花の座を設け、枘を作り出して壇に立てるように作られるのが普通である。これをさらに分けると、上下の鈷にあたる部分を、そのまま八角の独鈷形にするものと、八角の各面に上下から蓮弁を飾って、すぼんだ蓮華形に作るものの二種があり、またこれらの頂上に宝珠をつけたものと宝珠の無いものがあって都合四種類となる。このうち独鈷形の品を特に金剛界橛、すぼんだ蓮華形の鈷をつけるものを胎蔵法橛と呼んでいるが、これは金剛界、胎蔵界の修法に対応して使いわけたものといわれ、またそれらの上に宝珠を備えるものは灌頂用、宝珠のないものは常の鎮壇用と伝えられる。ただし灌頂用は鎮壇用に流用が許されるという。しかし、真言宗でも小野流は宝珠橛を用い、広沢流は宝珠のないものを用いるのを伝統とするなどのこともあり必ずしも一定しない。また天台宗では鈷先が極めて鋭利な剣先き形の四橛を用いることも多い。以上四種の遺品は次のように分類される。なお鈷先を欠いているが、平安前期と見られる金剛界橛の優品が東京国立博物館にある。

⊙平安時代　東京国立博物館　（四角・鈷先欠）

独鈷式・宝珠なし四橛　独鈷形で宝珠をつけぬ金剛界の鎮壇用の形式のものは古い遺品が少いが、中では京都東寺（92図）の後七日御修法道具に含まれる四橛が優品である。時代は鎌倉時代と見られるが、形式は鬼目も雄大で古制を伝えており、恐らくは平安時代の本歌に倣ったものであろう。

鎌倉時代　京都・東寺　（八角）〈92図〉

独鈷式・宝珠つき四橛　独鈷形で頂上に宝珠をつけた灌頂用金剛橛の形式のものは、鎌倉時代以降に遺品が多くなるが、中では大阪藤田美術館の高野山伝来の四橛が優れている。これに続くものが高知金剛頂寺、奈良室生寺(93図)、奈良国立博物館、同京都東寺観智院伝来品、広島耕三寺などに所蔵されている。

鎌倉時代　大阪・藤田美術館　（高野伝来・八角）
◎　〃　高知・金剛頂寺　（八角）
◎　〃　奈良・室生寺　（八角）〈93図〉
〃　奈良国立博物館　（八角）
〃　〃　（観智院伝来・八角）
〃　広島・耕三寺　（八角）
〃　奈良・松尾寺　（八角）
室町時代　静岡・服部和彦　（四角・異形）

蓮華式・宝珠なし四橛　すぼんだ蓮華形の胎蔵界鎮壇用の形式の橛では、京都仁和寺（94図）の金堂址から出土した鎮壇具に含まれる一本が代表格である。縦長の古式な鬼目を備え、素弁四葉重弁の蓮弁飾りや八角三線の紐の作りなど、平安時代の特徴が顕著にうかがわれる品である。また東京国立博物館には鎌倉時代前期と認められる優品がある。大形の鬼目には猪目をあらわし、素弁八葉の蓮弁による雄大なすぼみ蓮華を表出した品である。

◎平安時代　京都・仁和寺　（八角）〈94図〉
鎌倉時代　東京国立博物館　（八角・猪目鬼目）
〃　滋賀・寂静院　（八角・猪目鬼目）
〃　大阪・中島小一郎　（円・異形）

※30　経軌に説かれる四橛は次のとおり。
『蘇悉地羯囉経』（巻中）では「佉達羅木を以て橛四枚を作れ。其の量は二指にせよ。折鑱して一頭を剗りて一股杵の如くし（中略）四角に釘し、橛の頭を少しく現わせ」
『蕤呬耶経』（巻中）では「四方を定め已って又、角絡くして（対角線に）量《はか》れ。正し已って、中心に復《かえ》て量せよ。その中心の上に一橛子を打ち、外の四角も各の一橛を置け。その第二院及び最内の院には、各の四角に於て一橛を置け。（中略）乳木を取りて橛子を作れ。頭は金剛の如くせよ」（マンダラの造立法）
『陀羅尼集経』（巻三）では「佉陀囉木を以て橛四枚を作れ。各長さ八指（約二〇cm）。（中略）四角に釘せよ」
『仁王護国般若波羅蜜多道場念誦儀軌』では「檀の四角に佉陀羅木の橛を釘せよ。もし此木の橛なくんば、鉄、紫檀木の橛も亦得。長さ十二指にして、四指を地に入れよ」

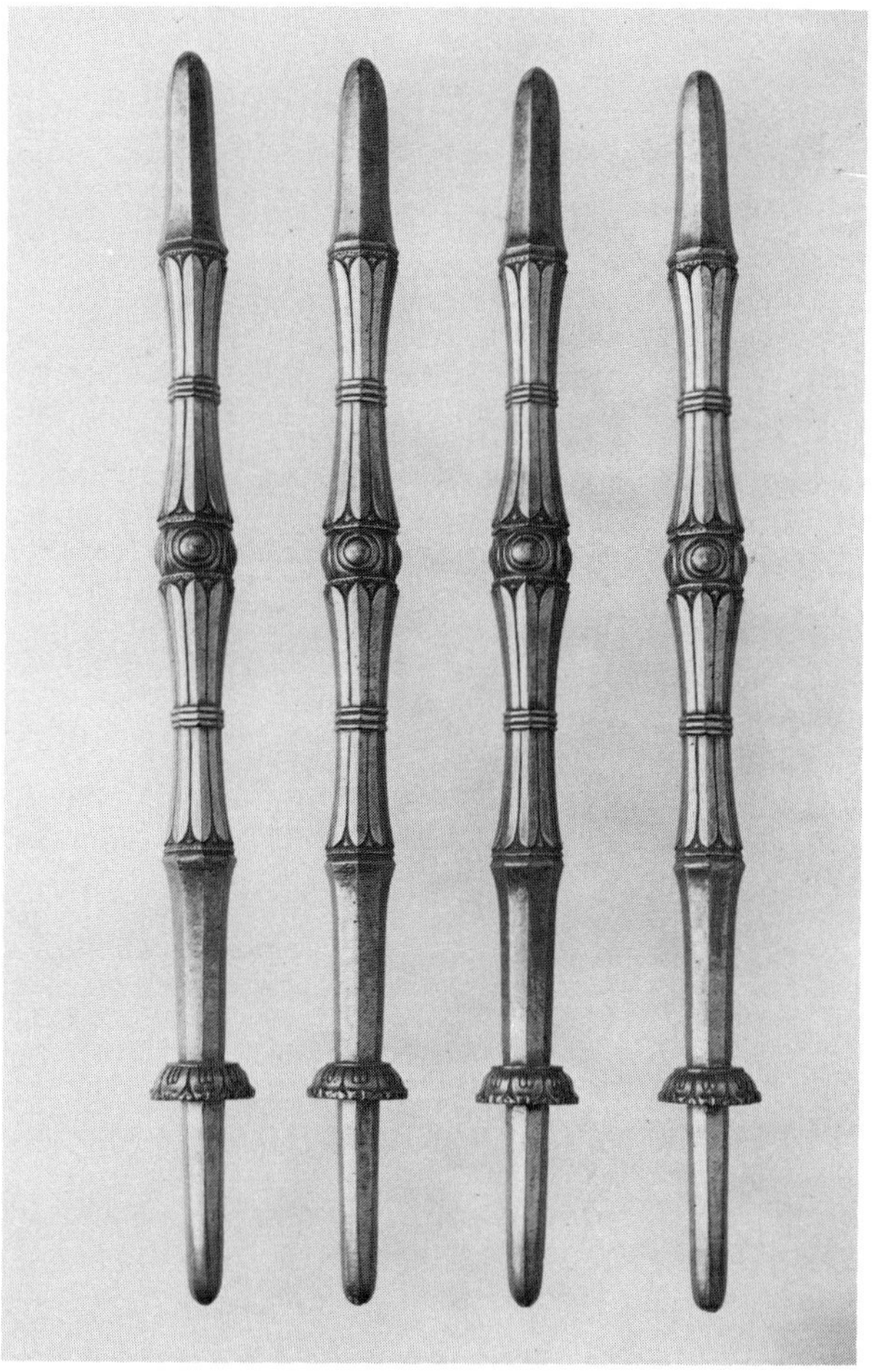

92 金剛界四橛　鎌倉時代　京都　東寺

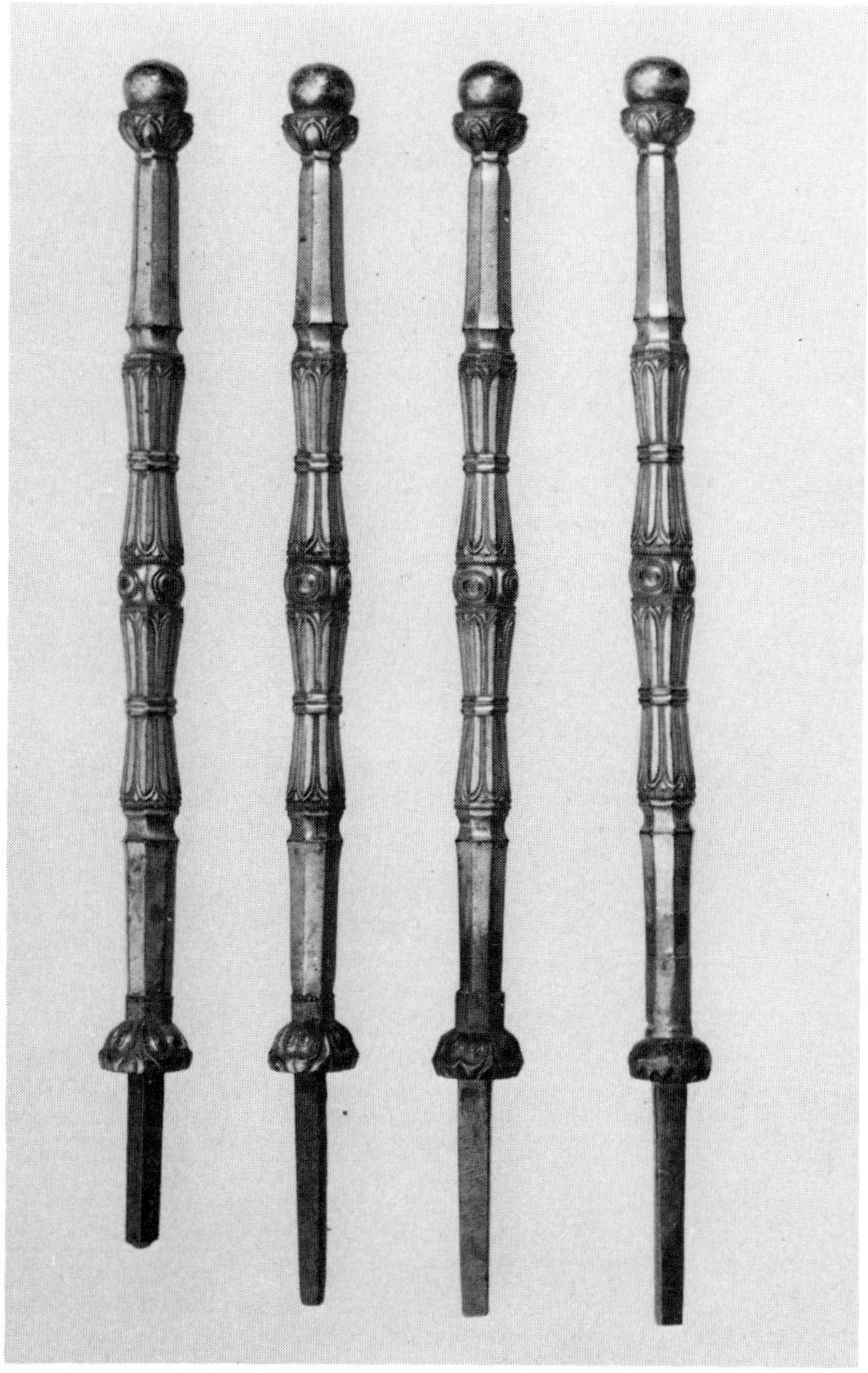

93 金剛界四橛　鎌倉時代　奈良　室生寺

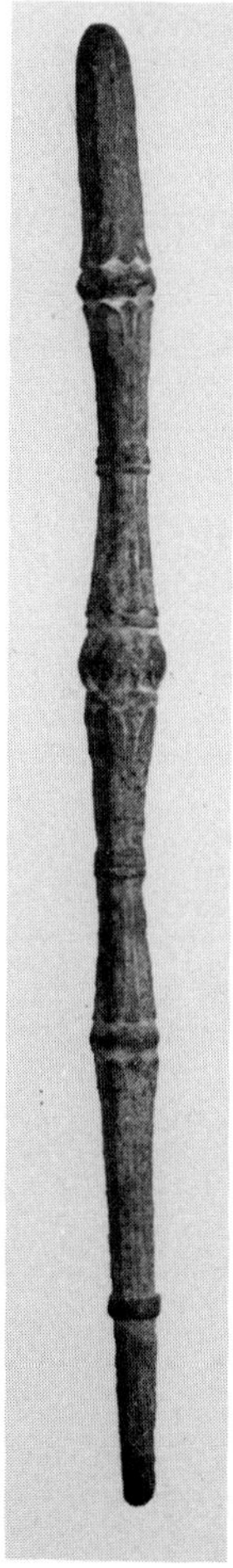

94 胎蔵界四橛　平安時代　京都　仁和寺

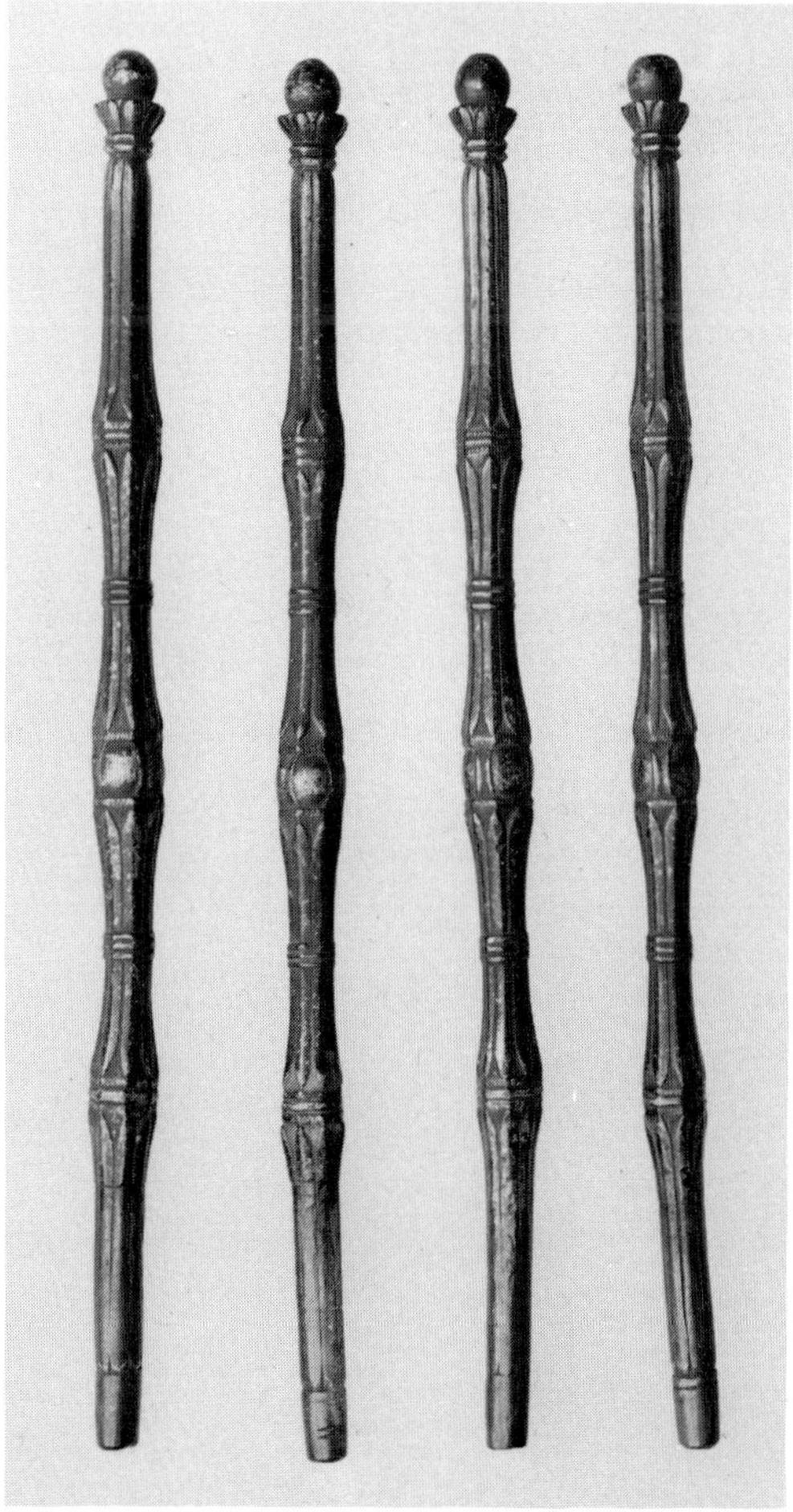

95 胎蔵界四橛　鎌倉時代　奈良　法隆寺

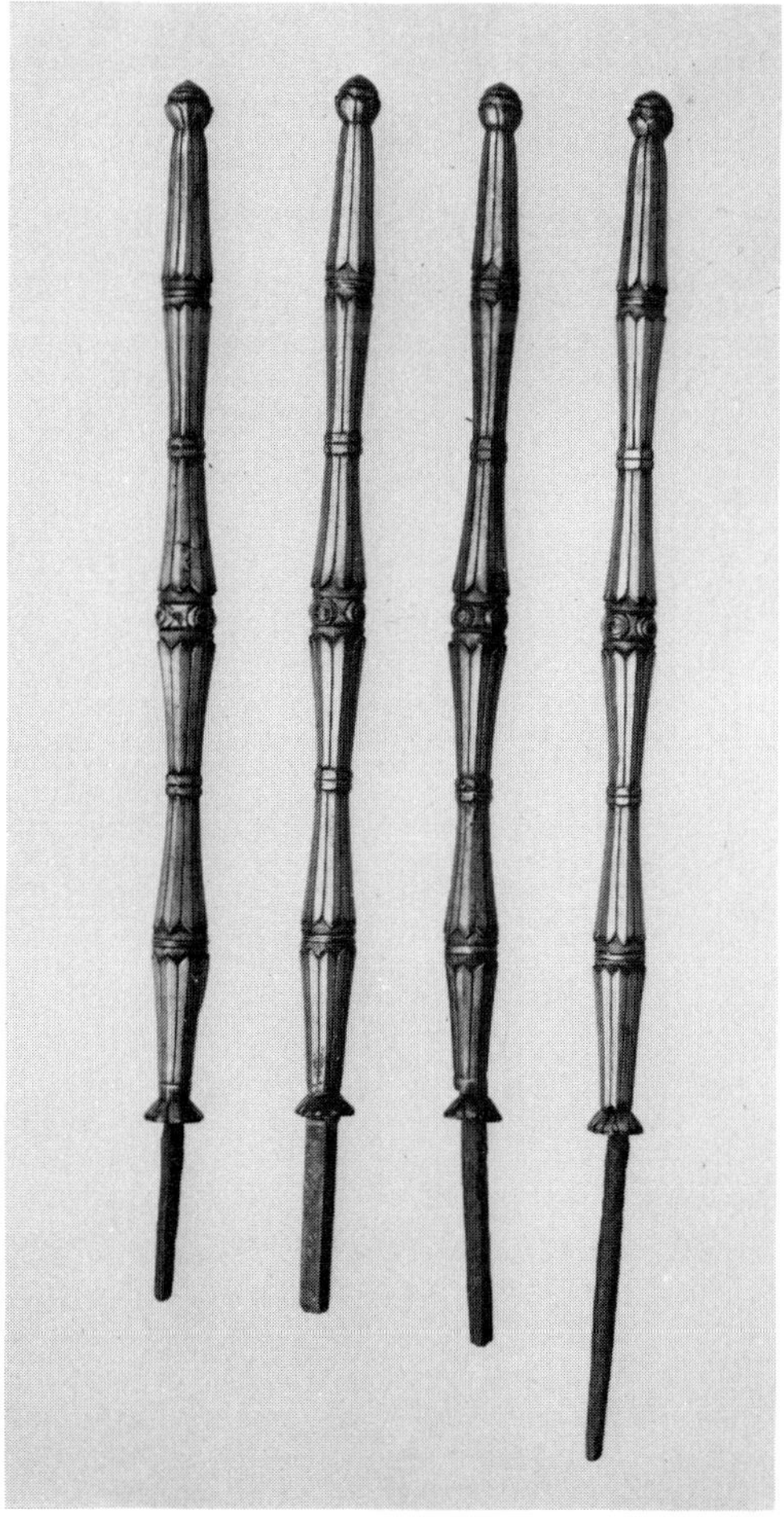

96 胎蔵界四橛　鎌倉時代　奈良　室生寺

蓮華式・宝珠つき四橛　すぼみ蓮華形の鈷先に宝珠をつけた胎蔵界灌頂用の形式の四橛では、和歌山県の那智経塚出土品（平安後期・大治五年・一一三〇・東京国立博物館）が現存最古である。総体に細身の品であるが、素弁四葉重弁の蓮弁の手法にも藤原時代の特色がよく示されたものである。奈良法隆寺（95図）には鎌倉時代前期と見られるこの式の豪快な品があり、また奈良室生寺（96図）の四橛も仲々の優品である。ことに室生寺の四橛は独鈷式・宝珠つきの灌頂用金剛橛とともに、鎌倉時代の金胎両部の四橛を揃えていることが注目に値する。

平安後期　東京国立博物館　（那智経塚・八角）
◎鎌倉時代　奈良・法隆寺　（八角）〈95図〉
〃　奈良・松尾寺　（八角）
◎　〃　奈良・室生寺　（八角）〈96図〉

なおこれらの四橛の年代判定は、鬼目や、蓮弁帯の形式、あるいは紐作りのやり方など、先述の金剛杵における諸特徴と共通する。

壇線　大壇上で四橛を用いるには、四隅に立てた四橛に壇線という縄をつないで結界する。壇線は白《びゃく》、青《しょう》、黄《おう》、赤《しゃく》、黒《こく》の五色の糸を縒り合せたもので、その製作については「好細の縷を択び、香水をもってこれを洗い、極めて清浄ならしめ、潔浄の童女をして右にこれを合せしむ。五色の縷を合せるには五智如来の真言を用い、各一色を持し、然してのち成辨諸事の真言をもって総じてこれを加持せよ」[※31]などという。しかし五色糸の配列の順序や、また四橛への結び方については金剛界、胎蔵界、また金胎不二壇などで相違があり、またこれが流派によっても異っていて、それぞれの口伝にもとずく。なお神奈川称名寺や奈良松尾寺には壇線を作るときに所定の色糸を通したり区分けする、木製の壇線縒り具の古い遺品がある。

(6) 輪《りん》宝《ぼう》

輪宝は梵語で斫訖羅《ちゃくら》といい古代インドの武器であった。[※32]『長阿含経』によると、輪宝は転輪聖王《てんりんじょうおう》の七つの宝の一つで、王が遠征のとき輪宝の転進するところにしたがって行くと四方の諸国がみな帰伏したと説かれている。仏の説法のことを転法輪と呼ぶのも、仏の説法が俗悪の説を論破することは輪宝が敵を破るがごとくであるとの意で、古来より破敵のシンボルとされた。したがって密教ではこの武器をとり入れて、一つには心中の煩悩の賊を摧破し、一つには仏が妄説に迷う衆生に無上の法を説くことになぞらえて使用するものである。修法のときには輪宝は大壇の中央に配置するが、他にも壇塔や、五瓶のうちの中瓶なども壇の中央に置くのを基本としており、これらの輪・塔・瓶の位置の前後関係は流派によって異なる。また輪宝は伝法灌頂のときにも受者にこれを授けて両足の間にはさませて千輻輪相の具備になぞらえる。輪宝は仏像がまだ製作されなかった古代のインドでも、すでに説法の釈迦のシンボルとして彫刻されているが、密教法具としての使用もかなり古いようで、入唐八家のうちでも最澄・空海・円行・恵運の四師がこれを持ち帰られており、中でも最澄・恵運は各二口を請来している。

この輪宝の基本の形式は刃を備えた車輪をかたどったもので、轂《こく》・輻《ふく》・輞《もう》・鋒《ほう》の四つの部分よりなる。轂は輪の中心部の車軸にあたる個所、輻はこれから放射する肘木で、通常八本である。輞は輻の端を受ける車の外輪であり、鋒はこれに武器としての機能を備えるための刃である。

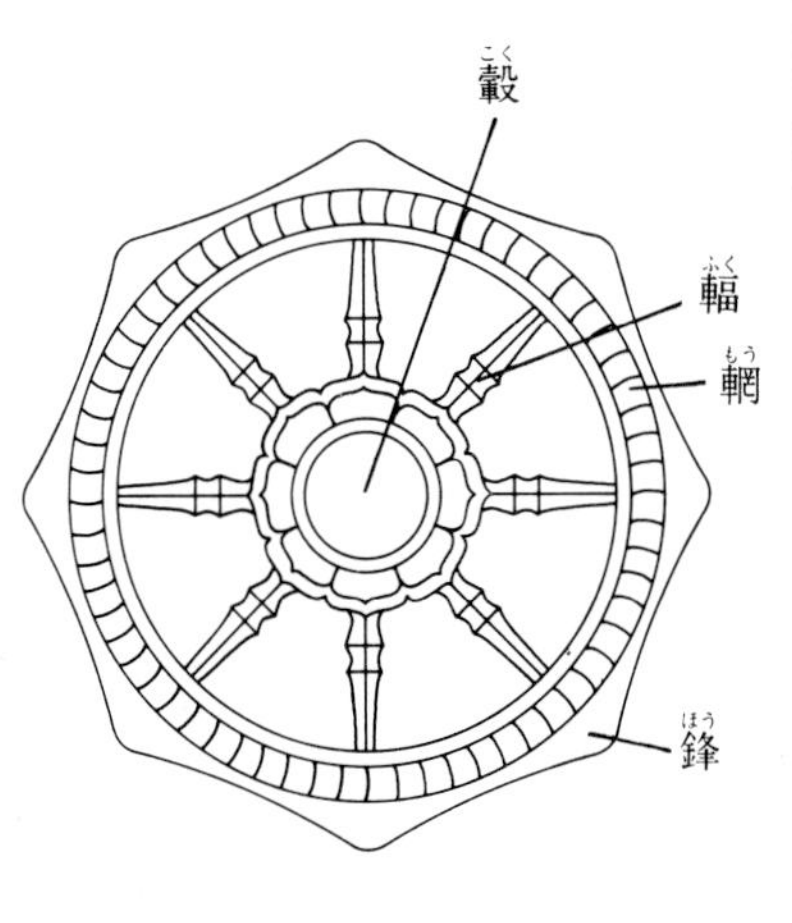

輪宝（八角・蓮華式）部分名称

※31　『蕤呬耶経』（巻中）や、『仁王護国般若波羅蜜多経陀羅尼念誦儀軌』に説く。

※32　大正新修大蔵経　No.26

97 八鋒輪宝 鎌倉時代 山形 立石寺

98 八鋒輪宝 鎌倉時代 広島 耕三寺

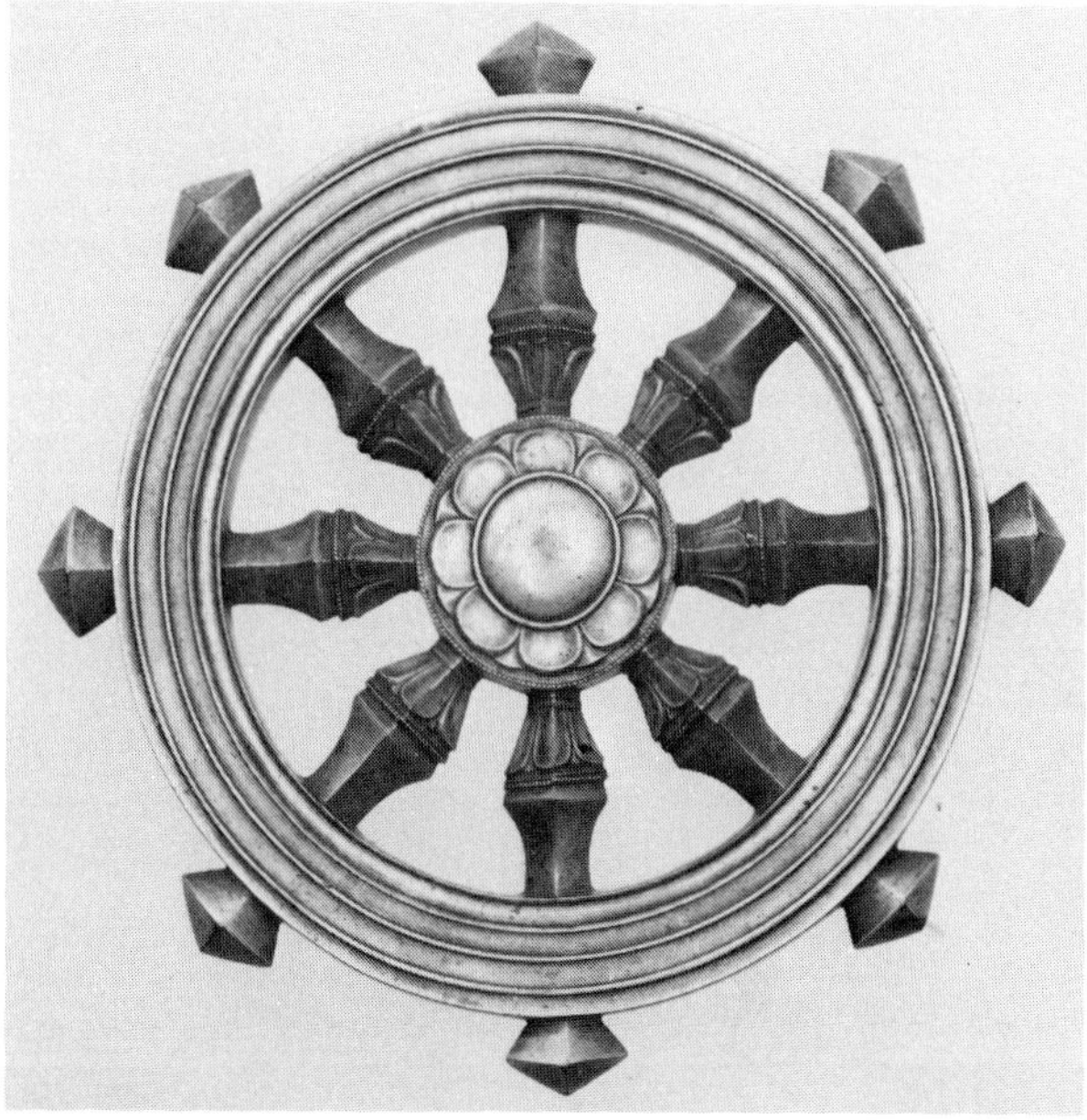

99 八鋒輪宝 室町時代 京都 東寺

100 八角輪宝 鎌倉時代 和歌山 金剛三昧院

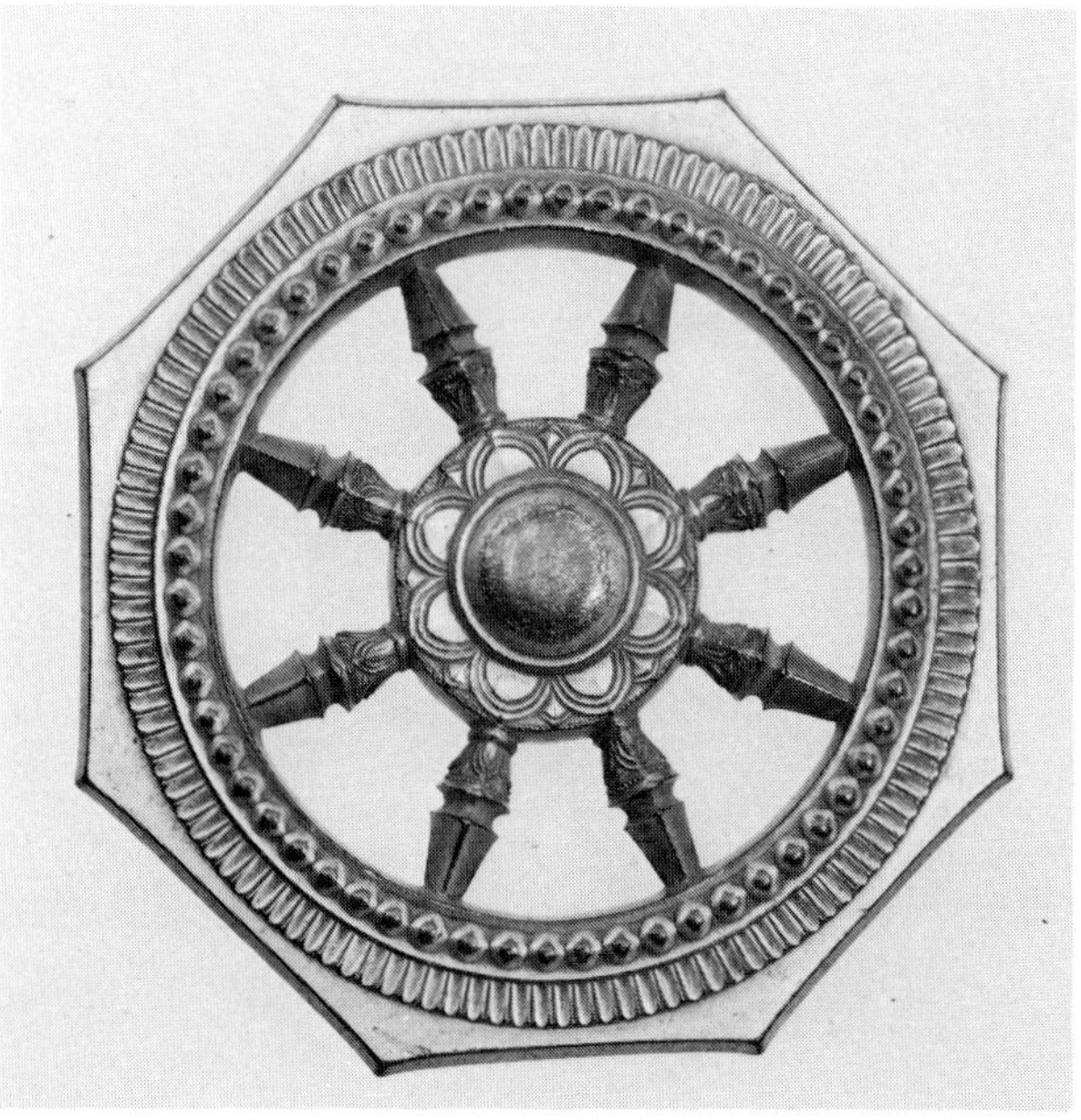

101 八角輪宝(金) 鎌倉時代 奈良 室生寺

102 八角輪宝(胎) 鎌倉時代 奈良 室生寺

この鋒の部分の形式によって、輪宝は大きく四種類に分けられる。その一つは外輪の八方に独鈷杵の先端を突き出したもので、八鋒輪宝または八輻輪宝と呼ばれる。その二は独立した鈷先を出さずに、これを連ねて八角形につくり、その外縁に刃を立てたもので八角輪宝の名がある。その三は、一と二の折衷した形式。その四は八方に三鈷形を突出させたもので三鈷輪宝と通称している。

八鋒輪宝　最も基本的な形式というべきもので、最近でも輪宝の多くはこれを用いているが古い遺品は意外に少ない。山形の立石寺（97図）や広島耕三寺（98図）の鎌倉時代のもの、また埼玉鑁阿寺や京都東寺（99図）の室町時代のもの、滋賀石山寺の桃山時代の作などが古例に属する。

鎌倉時代　山形・立石寺　〈97図〉
〃　広島・耕三寺　〈98図〉
〃　静岡・服部和彦
室町時代　埼玉・鑁阿寺
〃　京都・東寺　〈99図〉
京都・上田堪一郎　（地鎮）
〃　静岡・服部和彦　（木製）
桃山時代　滋賀・石山寺

八角輪宝　八鋒輪宝の変化形式と見るべきものであろうが和歌山金剛三昧院（100図）の鎌倉時代前期の作例を筆頭として、奈良西大寺や室生寺（101・102図）をはじめ鎌倉時代の遺品もかなり伝えられている。京都醍醐三宝院には慶長三年（一五九八）の製作期を確かめられる遺品がある。

鎌倉時代　和歌山・金剛三昧院　〈100図〉
〃　奈良・西大寺　〈103図〉
〃　奈良・室生寺　（金胎二口・一口菊弁）〈101・102図〉
◎〃　高知・金剛頂寺
◎〃　奈良国立博物館
〃　滋賀・弘法寺
〃　京都・東福寺
〃　東京・山岡　弘　（二口・一口は片面省略式）
鎌倉時代　静岡・服部和彦　〈104図〉
〃　広島・耕三寺　（二口・一口は片面省略式）
〃　東京国立博物館
室町時代　広島・栄明寺　〈105図〉
〃　滋賀・弘法寺
桃山時代　京都・醍醐三宝院　（慶長三）

八鋒八角折衷式輪宝　八角輪宝の輞部の外側に八本の鈷先を浅肉彫りで表現して、八角輪宝と八鋒輪宝を折衷した形式に作ることも行われており、埼玉慈光寺（106図）や大阪藤田美術館（107図）などに鎌倉時代の優品がある。

鎌倉時代　大阪・藤田美術館　（菊弁）〈107図〉
◎〃　埼玉・慈光寺　（菊弁）〈106図〉

三鈷輪宝　三鈷輪宝は大壇上に安置されるのではなく、堂舎の安泰を祈願供養するいわゆる地鎮鎮壇用として埋納された輪宝で、中には八鋒輪宝を用いた例もあるが多くは三鈷輪宝が用いられている。この場合に真言宗（東密）では下に橛を立て、橛の頂部に枘（根とも呼ばれる）を作り、輪宝の中心（轂部）に孔をあけてこれを挿し載せるのを制式とし、天台宗（台密）では輪宝を下に置き、その中心孔に橛を立てるのを法としたようである。また真言宗では輪宝と橛をそれぞれ八口用い八方に立てたこともしられている（奈良興福寺菩提院の例ではこれらの中央に安置する賢瓶の上下にも輪宝を置き、都合十口の三鈷輪宝が用いられていた）。

◎平安時代　京都・仁和寺　（地鎮）〈108図〉
鎌倉時代　東京・荻野隆司
〃　奈良・興福寺　（地鎮）
〃　奈良・大和文華館　（地鎮）
〃　奈良・玉林一雄　（地鎮）〈109図〉

細部の諸形式　輪宝の細部の表現はさまざまで一律に論じ難いが、中央の轂部はやや半球状に盛上げて、その周囲に蓮弁をめぐらした蓮華文にかたどるのが普通であるが、ここに蓮弁の代りに菊花

103 八角輪宝　鎌倉時代　奈良　西大寺

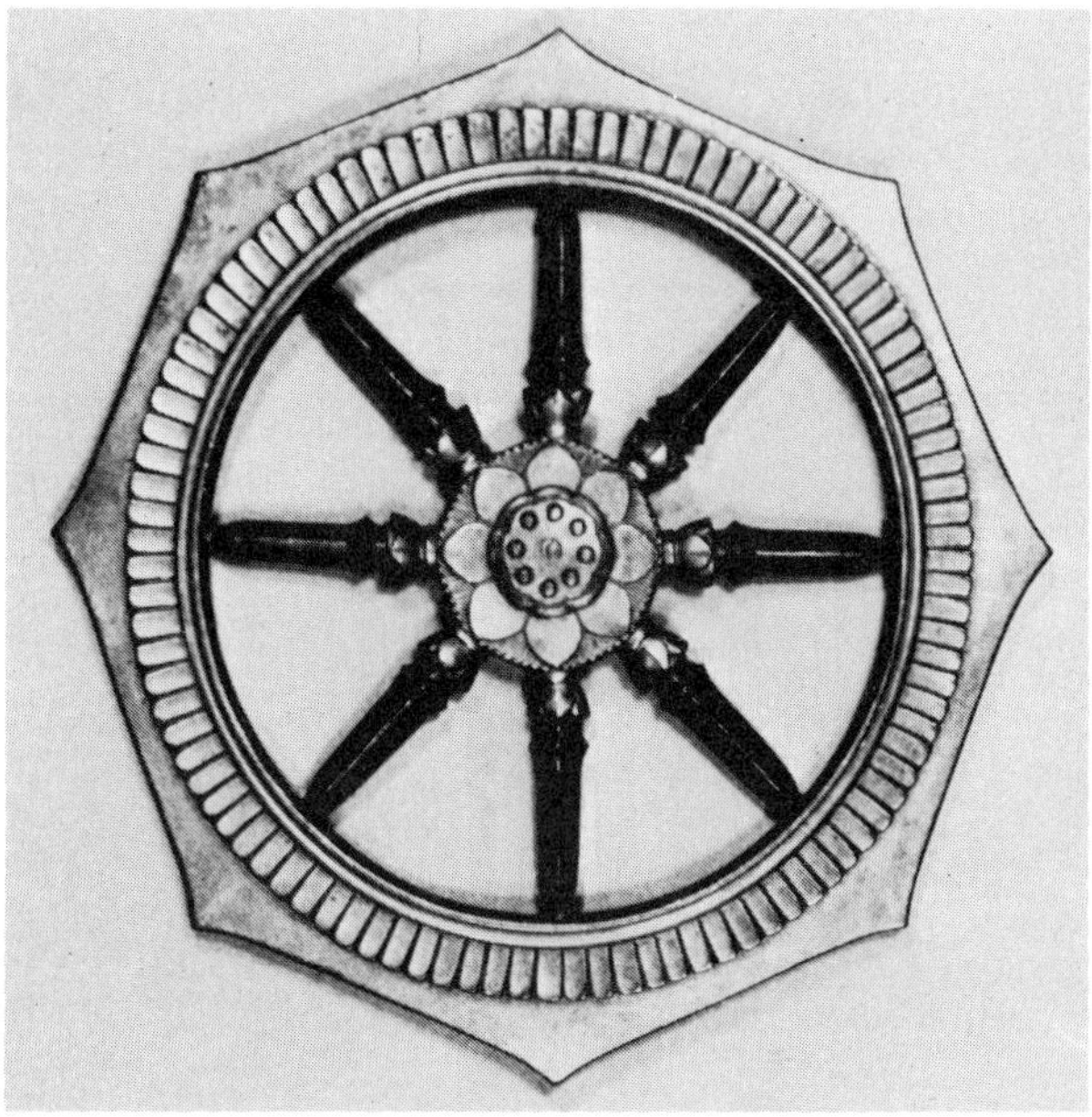

104 八角輪宝　鎌倉時代　静岡　服部和彦氏

105 八角輪宝　室町時代　広島　栄明寺

106 八鋒八角折束式輪宝　鎌倉時代　埼玉　慈光寺

107 八鋒八角折束式輪宝　鎌倉時代　大阪　藤田美術館

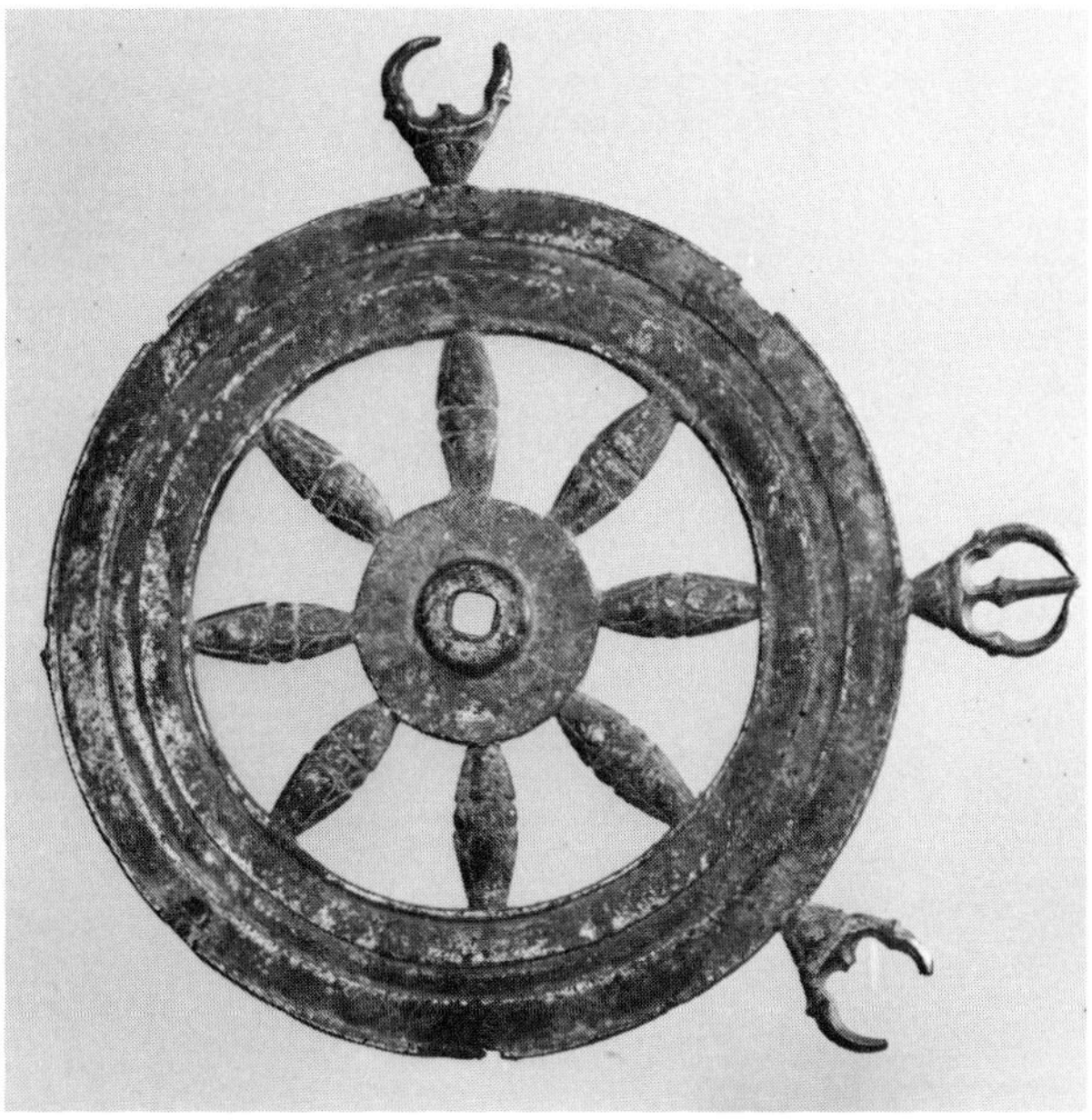

108 三鈷輪宝　平安時代　京都　仁和寺

弁をめぐらした品もまま見受けられる。このうち蓮弁式のものは八弁が多く十六弁仕立てのものがこれに次ぐ。菊弁式はいずれも弁数が多い。また花弁をつけずに単に重圏帯をめぐらす品もある。次に八方に放射する輻部は独鈷式の形式で、その基部に蓮弁を飾るのが通制である。外輪に当る輞部は重圏帯をめぐらすもの、珠文帯のもの、菊弁帯のもの、菊弁と珠文を併用してめぐらすものの四種が多く見られる。また通常の品は表裏とも同じ意匠に仕上げるが、中には裏面の文様を省略して片面式に作った品もある。また経軌では輻の数を八本とするもののほかに四輻・五輻・六輻・十二輻・百輻・千輻などが説かれるが実際の遺品は見受けられない。なお後世の有職文では叡山の菊輪宝と呼ばれる意匠があるが、少なくとも古い遺品では轂部に菊弁をあしらったものが必ずしも天台系の品とはいい難く、むしろ奈良室生寺の金剛界・胎蔵界の両界壇具の例からみると古い時代では菊輪宝は胎蔵界壇に用いられたとも推測される。

時代による形式の変化　輪宝の年代による特徴は金剛杵の場合と同様に、古い品では武器としての原姿をとどめるものが多く、高野山金剛三昧院の八角輪宝や、広島耕三寺の八鋒輪宝などは周縁の鋒（きっさき）の部分が鋭く作られており、全体に薄手に鋳製されている。これに比して時代が降るとともに次第に形式化の度を加え、器胎も重厚鈍重となり、武器としての機能を失った姿を示してくる。

(7) 輪台

輪宝は輪台上に安置される。輪台は『陀羅尼集経第四』[※33]に説くように蓮華座を表現するもので、盤面を八葉蓮華にかたどり、下に高台を備えるのが通制である。盤面の蓮華文の意匠は中房を素文とし、これに蕋帯をめぐらし、さらに間弁をのぞかせた八葉蓮弁を飾ったものが多いが、却って古い遺品に異形式の品がある。平安後期の作と認められる大阪細見実氏（121図）の輪台は中房に蓮子を彫刻し、花弁を優美な四葉重弁に作っており、また東京石田リツ氏蔵品（122図）も同じく中房に蓮子を入れ、八花形の花弁の間に大きく猪目を透した珍しい意匠を示している。鎌倉時代の通形のものでは静岡服部和彦氏の品（123図）がすぐれ、奈良室生寺（125図）や西大寺（124図）などに羯磨台をも揃えた優品が見られる。また静岡尊永寺には南北朝時代の康暦三年（一三八一）の銘文をもつ木製彩画の輪台と羯磨台がある。

輪台と羯磨台は同形で同意匠に作られることが多いが、必ずしも一定せず、室生寺のもの（125・126図）は、金胎二口ともに輪台を大きく作って羯磨台と区別し、また広島栄明寺の室町時代の作例では羯磨台の方を大きくつくり、輪台と蕋帯の表現を変えるなどして区分している。なお輪台の年代による変化は、古いものは蓮弁の表現も優美で、盤胎も薄手に仕上げられ、また高台も低く作られているが、時代の降下とともに器胎が厚手となり、高台も次第に高さを増してくる。

(8) 羯《かつ》磨《ま》

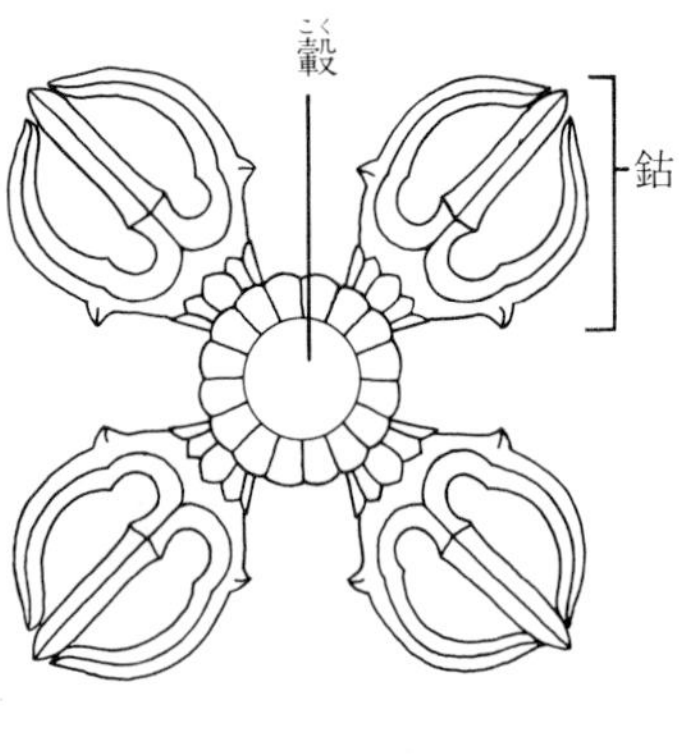

羯磨 部分名称

羯磨は正しくは羯磨金剛と呼ばれるが、また羯磨輪・羯磨杵・十字金剛・十字縛日羅《ばじら》など各種の名がある。その形は『略出経三』[※34]に「輪壇華座上に羯磨跋折羅を画く、形は十字の如く、みな鋒叉あり」とし、また『陀羅尼集経第四』[※35]に「その外院の四角に各、交叉二跋折羅を安ず、十字形の如し」とあるように、二本の三鈷杵を十字に

※33　大正新修大蔵経　No.901
※34　大正新修大蔵経　No.866
※35　大正新修大蔵経　No.901

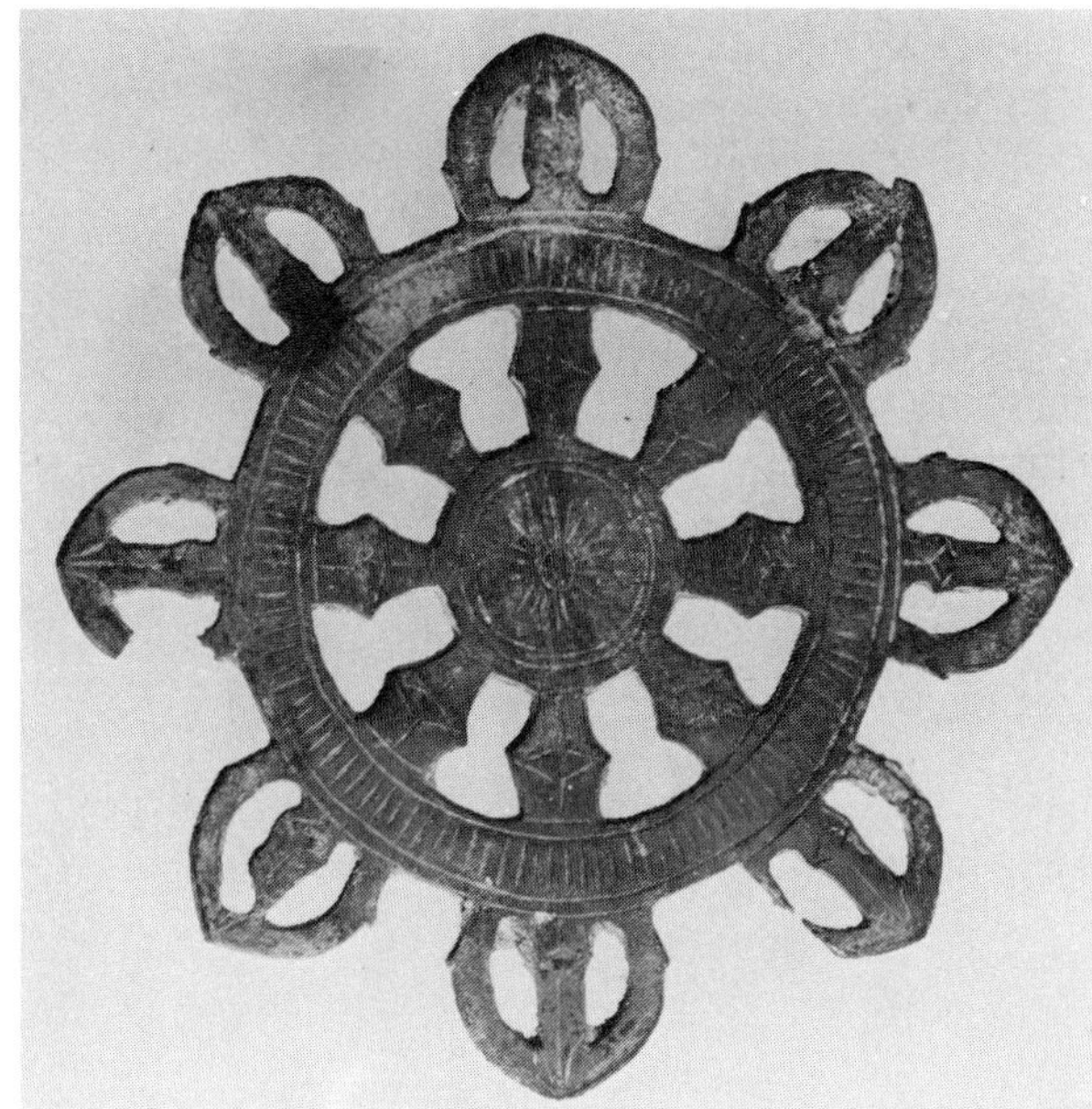

109 三鈷輪宝 鎌倉時代 奈良 玉林一雄氏

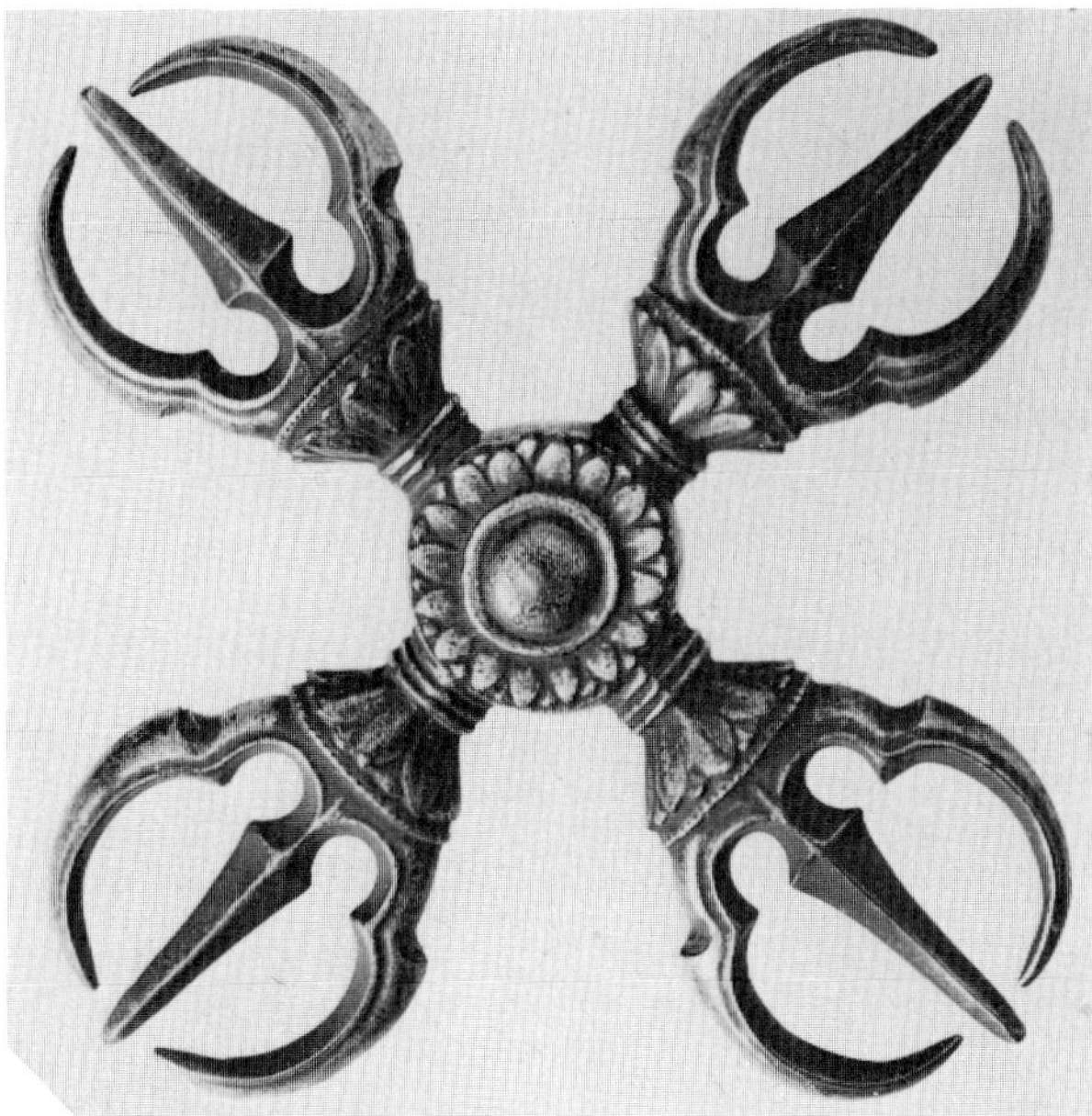

110 蓮弁式羯磨 平安時代 京都 東寺

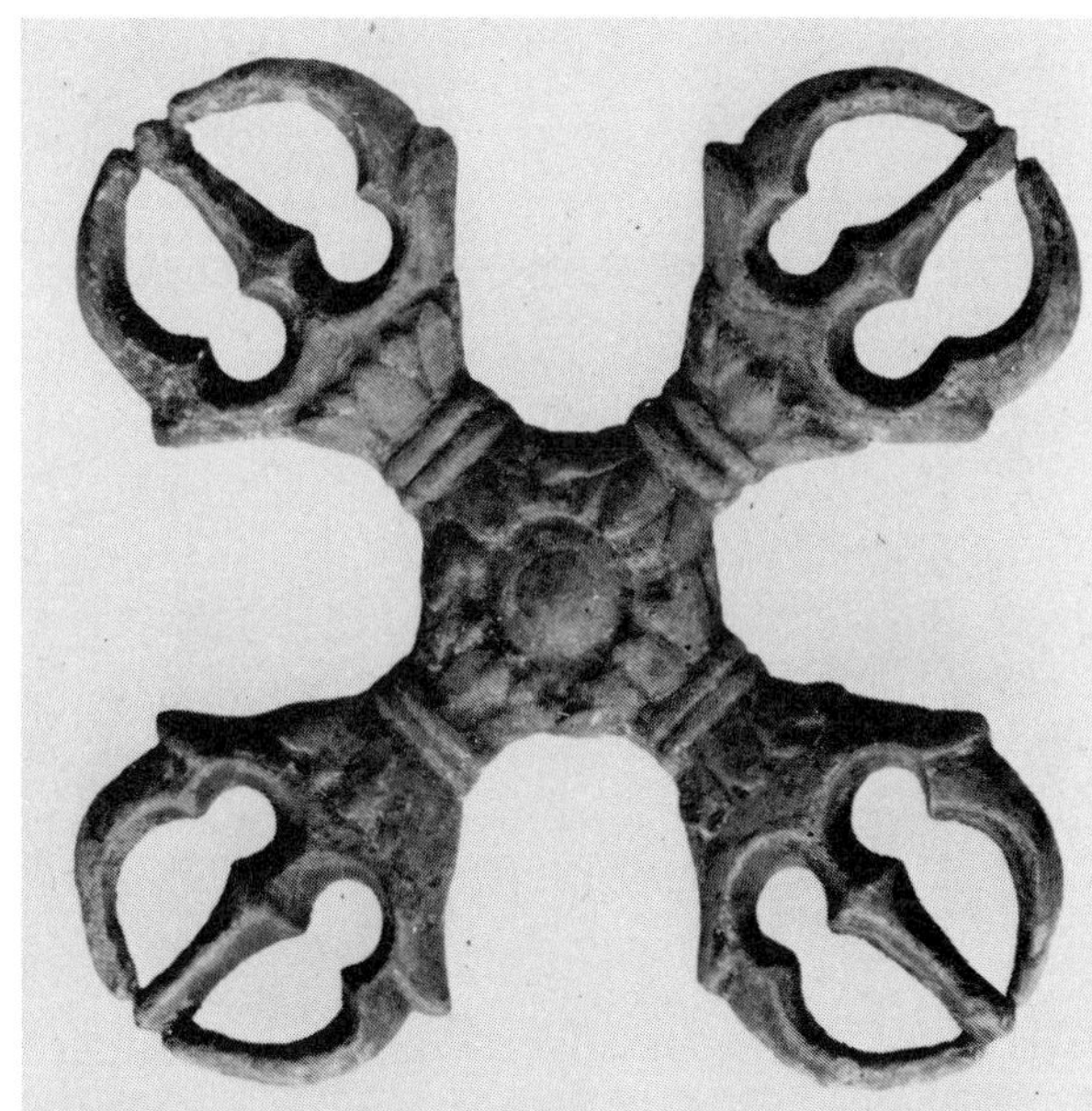

111 蓮弁式羯磨 平安後期 東京国立博物館（那智経塚出土）

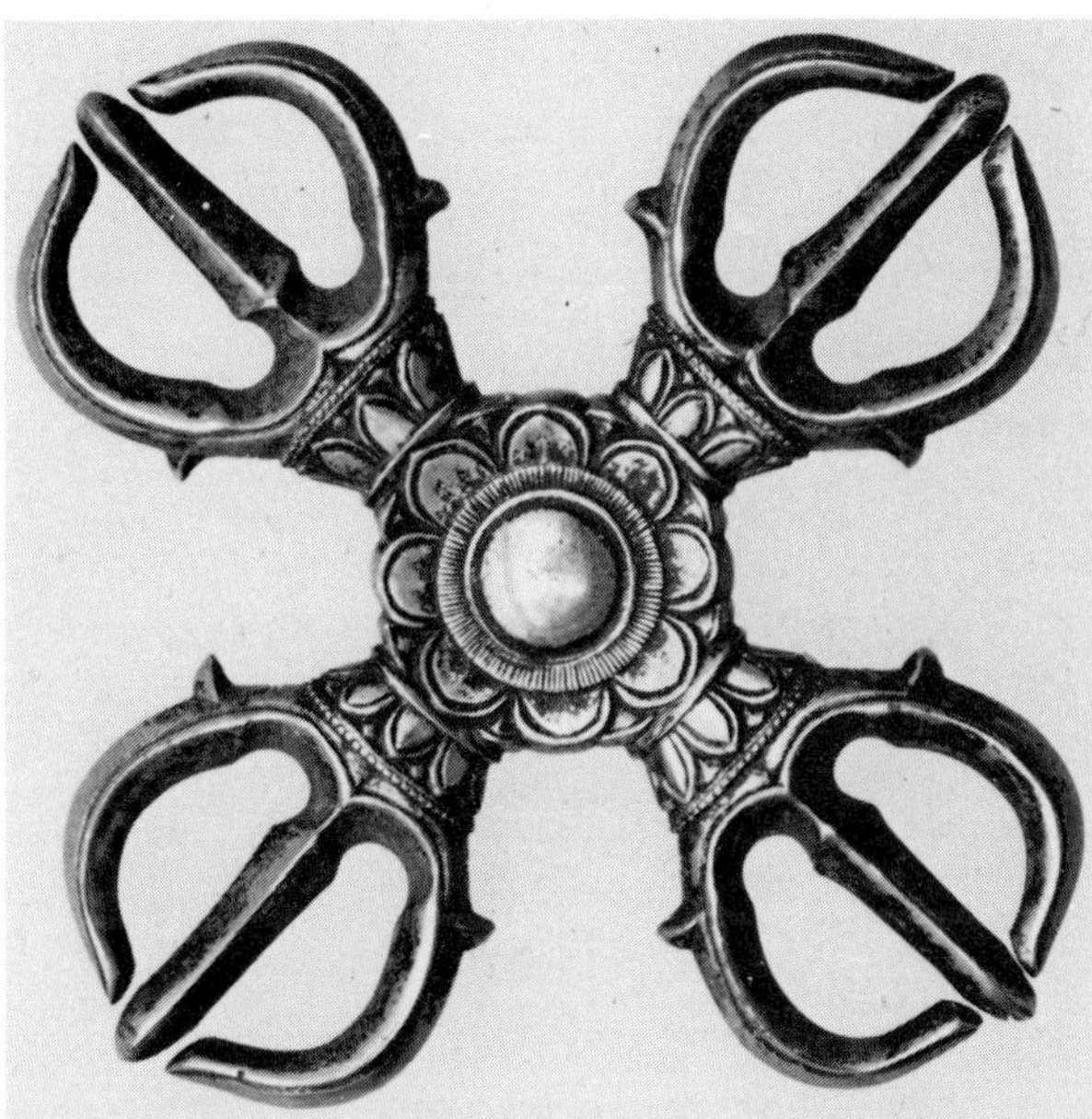

112 蓮弁式羯磨 鎌倉時代 大阪 細見実氏

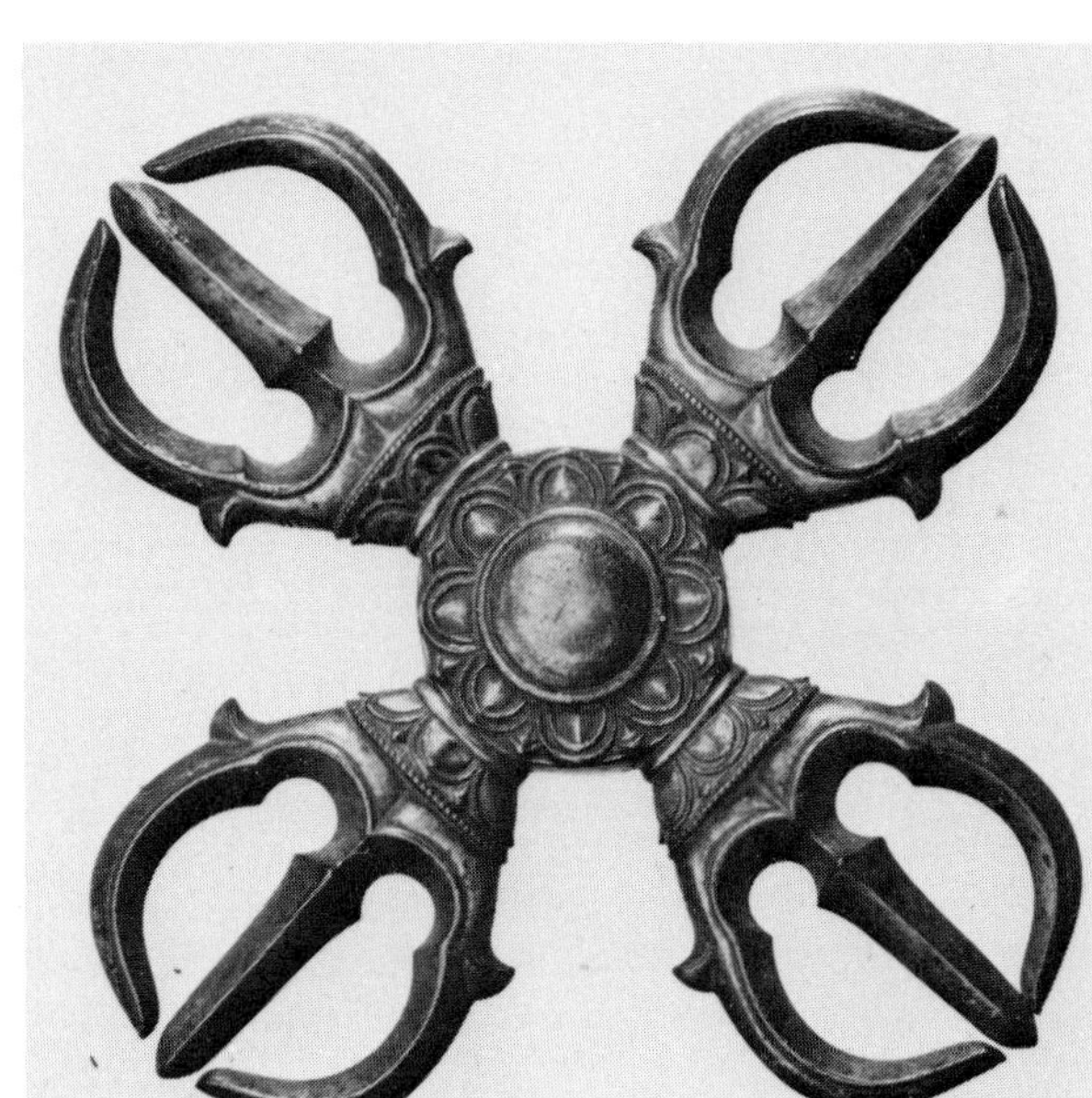

113 蓮弁式羯磨 鎌倉時代 奈良 西大寺

114 蓮弁式羯磨（金） 鎌倉時代 奈良 室生寺

組んだ姿である。合せて十二本の鈷先は十二因縁をあらわし、流転の十二因縁を破って涅槃の十二因縁とする意味だといい、修法のときに大壇の四隅に安置して四方面への修法作業の成就をはかるものである。[※36] 入唐八家のうち六師がこれを請来されたが、中でも空海・円行・恵運・円珍・宗叡の各師はそれぞれ四口を持ち帰られているから、すでに現在と同様の使用法がとられたものとみられる。

蓮弁式羯磨　遺品のうえでは平安後期の和歌山那智経塚出土のの羯磨（東京国立博物館・111図）は交叉二跋折羅の言葉のように中央に鬼目部をつくり、その四方に二本線の紐で締められた蓮弁帯を飾るなど、金剛杵と全く同様の形式を保っている。また日光男体山出土品の中にもこの形式を備えた金銅板製で毛彫りをほどこした品があるから古い時期では経軌に準拠したことがしられる。しかし一般には中央の鬼目部は輪宝の場合の轂部と同様に、やや盛上った素文の中房の周囲に花弁をめぐらした花形文様とし、その四方に放射する三鈷杵の基部に蓮弁を飾ることが基本形式で、現存遺品のほとんどがこの式である。この花形の鬼目部の意匠も輪宝の場合と同じく、遺品の多くは蓮華形にかたどるが、中は菊花文に作られるものもある。蓮華文形式では京都東寺（110図）の後七日《ごしちにち》御修法《みしほ》の道具に含まれる羯磨四口一具が平安時代の作で、現存遺品中で最古最優のものであり、大師請来品の古制を伝えたものと認められる。この一具では蓮弁はいかにも古様な素弁十六葉の花弁をめぐらすが、鎌倉時代以降になるとほとんどが八葉蓮華につくられるようになる。奈良室生寺（114図）や西大寺（113図）大阪藤田美術館などにはこの式で四口を揃えた鎌倉時代の優品がある。

◎平安時代　京都・東寺　〈110図〉
平安後期　東京国立博物館　（那智経塚出土）〈111図〉
〃　和歌山・青岸渡寺　（那智経塚出土）
鎌倉時代　東京国立博物館
〃　大阪・細見　実　〈112図〉
〃　奈良・西大寺　〈113図〉
◎鎌倉時代　奈良・室生寺　〈114図〉
〃　大阪・今井政治郎
〃　大阪・藤田美術館
〃　栃木・二荒山神社　（男体山出土）
南北朝　静岡・尊永寺　（木製・康暦三）
〃　静岡・服部和彦　（二種）
室町時代　広島・栄明寺　〈115図〉
〃　奈良国立博物館　（鳥取出土）

菊弁式羯磨　これに対して菊花文形式のものは鬼目の周りに十六弁や二十四弁を飾るものが多いが弁数は一定しない。奈良国立博物館や静岡服部和彦氏蔵（117図）の羯磨各一口は菊花文式で、中房に斜格子の毛彫りで花芯をあらわした平安後期の古品である。四点を備えたものでは埼玉慈光寺（119図）、奈良室生寺（120図）、広島耕三寺などに鎌倉時代の遺品がある。

平安後期　東京国立博物館　（片面式）〈116図〉
〃　静岡・服部和彦　〈117図〉
〃　奈良国立博物館　〈117図に同じ〉
鎌倉時代　奈良国立博物館　〈118図〉
〃　京都・東福寺
〃　大阪市立美術館
◎　〃　埼玉・慈光寺　〈119図〉
◎　〃　高知・金剛頂寺
◎　〃　奈良・室生寺　（室生針書）〈120図〉
〃　広島・耕三寺
〃　奈良・大和文華館
〃　東京・笹野大行
〃　静岡・服部和彦
〃　東京・石田リツ

時代による形式の変化　この蓮華文式と菊花文式の羯磨の区別も輪宝の場合と同じく、室生寺の金胎両部の大壇具中に両者を揃えているところからみれば、恐らく蓮華文が金剛界壇に、菊花文が胎蔵界壇に配置されたものと見るべきであろう。また羯磨の年代による形式の変遷

※36　『阿娑縛抄』の灌頂道場の項に「東に向けて大壇を立て、壇敷を引き、橛標を立て糸を引く。上に曼荼羅を敷き、羯磨を置け」と記し、指図では四橛の隅の内側に置かれている。

115 蓮弁式羯磨　室町時代　広島　栄明寺

116 菊弁式羯磨　平安後期　東京国立博物館

117 菊弁式羯磨　平安後期　静岡　服部和彦氏

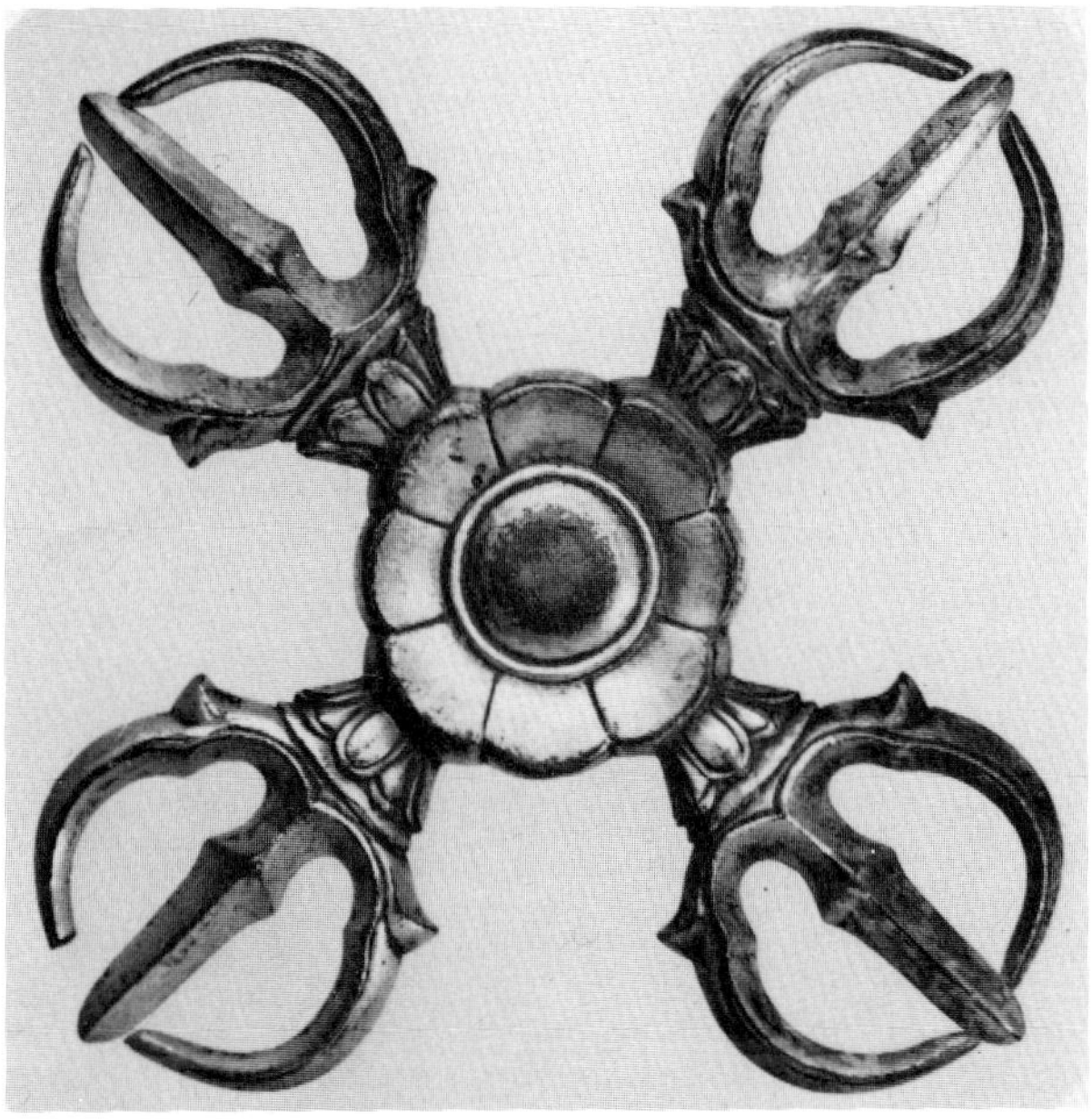

118 菊弁式羯磨　鎌倉時代　奈良国立博物館

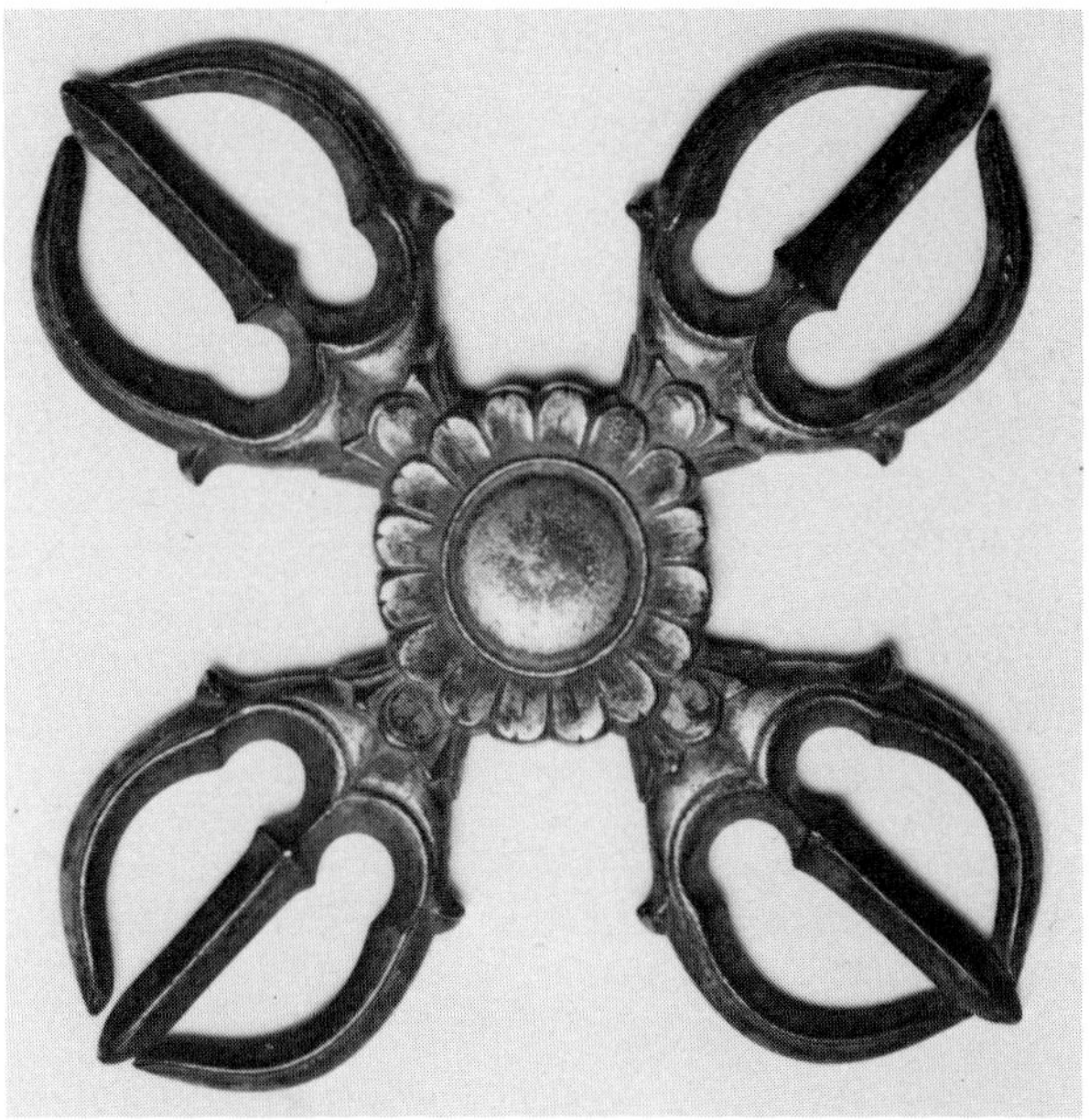

119 菊弁式羯磨　鎌倉時代　埼玉　慈光寺

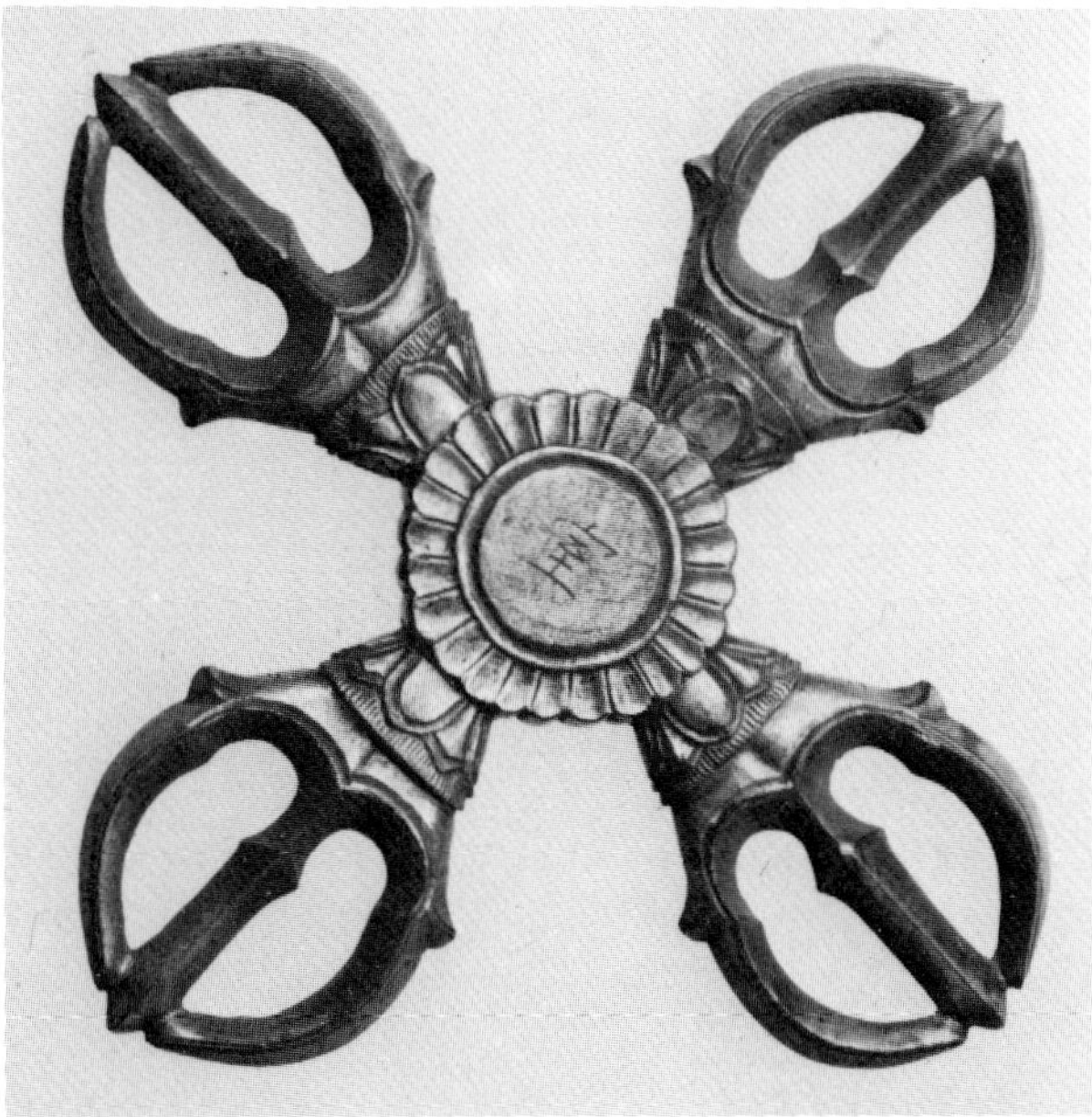

120 菊弁式羯磨(胎)　鎌倉時代　奈良　室生寺

は全く三鈷杵などの鑑識と同様で、古いものは作りが穏やかであっても武器としての力強さを秘めており、年代が降ると形式が重厚で装飾性のみを増すものとなる。

⑼ 羯磨台

羯磨を大壇の四隅に安置するときに用いる台で羯磨皿とも呼ばれる。経軌によるとやはり蓮華座を意味するものである。奈良室生寺（126図）のもの（鎌倉時代）は輪宝の台より一廻り小さく作られ、広島栄明寺のもの（室町時代）は輪台より大きく作られて区別されるなどの例もあるが、通常は輪台、羯磨台ともに同形同寸で五口一具とするものが多い。揃った遺品では大阪細見実氏の輪羯台が優美な四葉重弁式の品で平安後期の特色顕著なものである。鎌倉時代のものでは奈良西大寺（124図）などにも優れた品がある。時代による特徴は輪台と同様で、古いものは総体に薄手で、高台も低く端正な器形を示すに対し、後のものは厚手で高台も次第に高くなる。なお真言宗では輪台と羯磨台を備えるのが基本であるが、天台宗ではこれを用いないのを通常とする。

⑽ 香炉

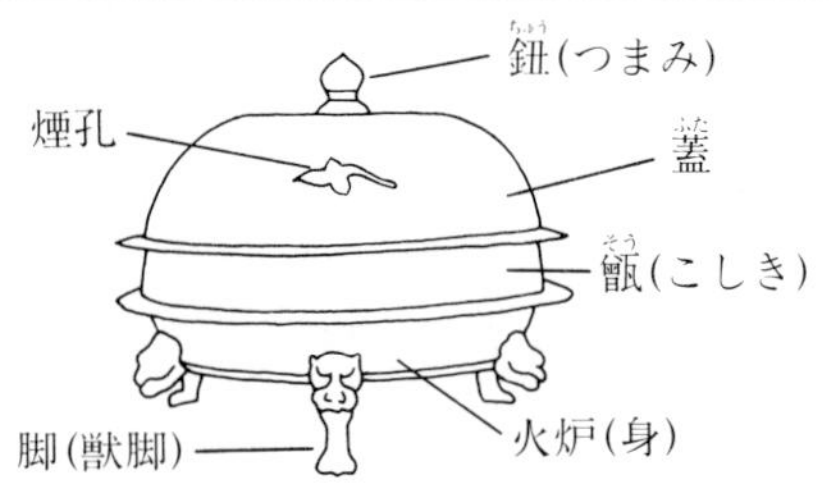

火舎（重層・獣脚式）部分名称

仏を供養する法は種々あるが、その基本となるのは香《こう》・華《げ》・燈《とう》・飲食《おんじき》の四種で、仏前に香をたき、華を飾り、燈明をともし、仏供飲食を供えることは、広く一般在家においても行われてきたことである。その中でも香は最も中心をなすもので、古くインドにおいてもこれが重視されたことが知られる。仏前に焼香するための香炉は、その形式や用途からみると、居香炉《すえこうろ》・柄香炉・釣香炉・象炉などの種類があり、そのうち居香炉にも博山炉《はくざん》・火舎《かしゃ》香炉・蓮華形香炉・紇哩《きりく》字《じ》香炉・金山寺香炉・蛸脚《たこあし》香炉・鼎形《かなえがた》香炉・三足香炉・香印盤などの各種がある。

火舎香炉　密教で主として用いるのはこのうちの火舎で、火蚰、化赭ともいう。大壇の四面器や密壇の一面器の中央に置き、その左右に六器・花瓶・飯食器などを配して諸尊を供養する。その形式は鍔形の縁をつけた浅い目の火炉の下に三脚を備えたもので、これに鈕をつけた饅頭形の蓋をかぶせる。この式の三脚つきの火炉の形はすでに中国の唐時代に流行したことがしられており、わが国でもその伝来は早かったようで、法隆寺の玉虫厨子の絵にも描かれ、また正倉院には白石火舎と呼ばれる大理石製や、白銅製のものに獣脚をつけたものがある。おそらく当初は宮廷調度としての火鉢として用いられたものが次第に香炉の用にも転じたものであろう。これを小形にして蓋を備えたのが密教の火舎である。

〈細部の諸形式と遺品例〉　蓋は三段に盛上げた形で、頂上に宝珠形の鈕《ちゅう》（つまみ）をつけるのが制式である。この蓋の上段と中段には香煙を出す孔を透すが、その透しは供養雲海といって雲形につくるのを約束とする説があるが、むしろ古い遺品ではその規制はなく、実際には雲形のほかに猪目《いのめ》形・宝珠形・鳥形・円孔などの各種がある。平安後期の大治五年（一一三〇）を基準とする和歌山県那智経塚出土の火舎（東京国立博物館・127図）は、上段に三個の猪目を連ねてクローバ形の孔を透し、中段には宝珠形の煙孔を透しているが、これは仁平三年（一一五三）を年代基準とする京都花背山経塚出土の火舎（京都福田寺・128図）や、同じく平安後期と認められる兵庫勝福寺火舎（129図）、高知金剛頂寺火舎、京都東福寺火舎などに共通するもので、猪目と宝珠の煙孔は藤原時代の火舎の特徴ともいえるものである。ただし奈良新薬師寺火舎のように鎌倉時代の品でこれを受継ぐものもある。

次に雲形透しの煙孔も伝統が古く、厳島神社の国宝平家納経の安楽行品の裏絵にもその図が描かれているが、この古式の雲形透しは

121 輪台 平安後期 大阪 細見実氏

122 輪台 平安後期 東京 石田リツ氏

123 輪台 鎌倉時代 静岡 服部和彦氏

124 輪羯台 鎌倉時代 奈良 西大寺

125 輪台 鎌倉時代 奈良 室生寺

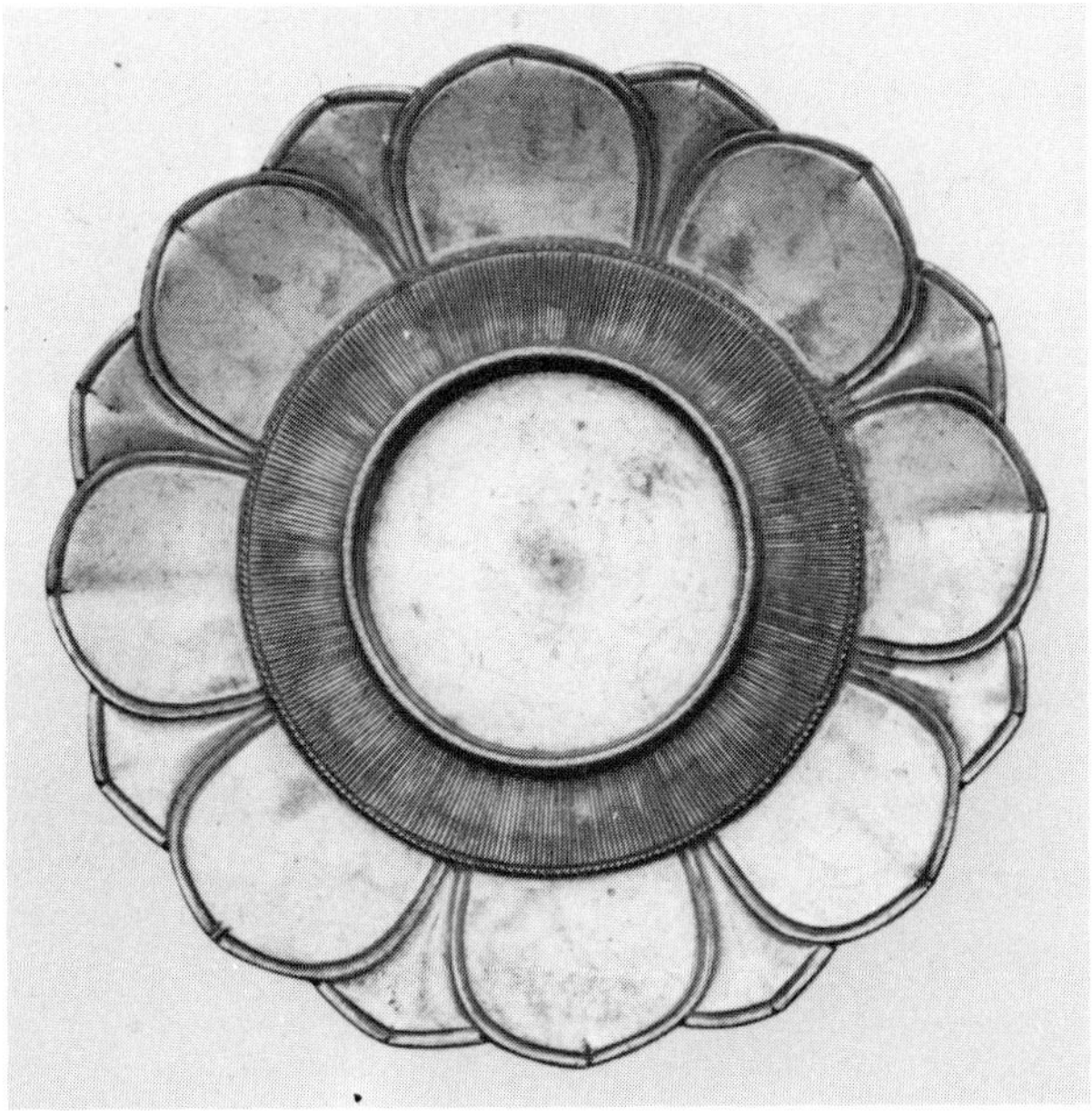

126 羯磨台 鎌倉時代 奈良 室生寺

必ず飛雲文にかたどっている。またこの飛雲文の煙孔にはさらに飛鳥文の煙孔を加えることも多い。この飛雲飛鳥文煙孔を備えた火舎は、平安後期のものでは滋賀西寺常楽寺火舎や、京都北村謹次郎氏火舎（高野山安養院伝来・131図）などがあり、また鎌倉時代のものでは栃木輪王寺(130図)、愛知岩屋寺、奈良唐招提寺(138図)、香川弘憲寺の火舎などが見られ、平安から鎌倉時代にかけての優秀な作品がある。鎌倉時代も中期以降になると、奈良法隆寺（136図）や大阪藤田美術館（高野山伝来）の火舎のように上段に雲形、中段に宝珠を透したものや、また奈良西大寺火舎（134図）や、法隆寺の南北朝期の貞治五年（一三六六）銘の火舎のように雲形のみを透すようになるが、鎌倉時代以降の雲形は形式化して飛雲文の性格を失ってくる。

　なお、平安時代の火舎は火炉に蓋をかぶせるのみの単層式であるが、鎌倉時代以降の火舎では蓋と火炉の間に、さらに火炉と同様の鍔縁をつけた輪形を加えて、火炉を二段に丈高とした重層式火舎が一般となる。これは浅い一重火炉では焼香の火が消えやすいので炉内の空間を広くするための実用性から考案されたもののようである。この輪形については奈良西大寺伝来の鎌倉時代の正和三年（一三一六）の金剛盤（奈良国立博物館）の銘文[※37]によると、これを甑《そう》（こしき）と呼んだことがしられる。遺品の上ではこの甑を重ねた火舎は、平安末期から鎌倉初頭の作と見られる栃木輪王寺火舎（130図）が最古の例である。この甑は別作のものを重ねて用いるのが普通であるが、愛知岩屋寺火舎（137図）は甑を蓋裏に嵌めて固定しており、大阪久保惣美術館火舎は蓋の下部を甑の寸法だけ延して鋳成し（鍔は一重）、また香川弘憲寺火舎は蓋と甑を共鋳《ともぶき》していて、鎌倉時代における甑の使用が定着したさまをうかがわせる。

　火炉の底には三脚を備えるが、これには獣脚式と猫足式の二種がある。獣脚はその上部を獅噛形につくり下を獣足とするもので、中国の唐時代や、わが奈良時代の火舎の伝統を強く残したものと見られる。遺品では兵庫勝福寺火舎(129図)、滋賀常楽寺火舎、栃木輪王寺火舎などの古い遺品があるが、この三点はいずれもきわめて大形の品である。また鎌倉時代の品では奈良唐招提寺（138図）や室生寺（133図）、東京浅草寺、香川弘憲寺の火舎などにこれを用いているが、室生寺火舎を除いてはいずれも側面に蓮弁飾りをほどこした、やや特殊な形式に属する遺品にこれが見られ、製作も優秀なものが多い。これに対して猫足式のものは普通の金剛盤の場合と同様に脚の断面を将棋の駒形につくり、下端をやや太くして外反りさせるもので、通形の火舎はみなこれである。この猫足火舎は中国唐時代の遺品もあるが、わが国では静岡修禅寺墓地出土品をはじめ、和歌山那智経塚（東京国立博物館・127図）や、京都花背（京都福田寺・128図）の藤原時代の経塚出土品以降、全期にわたってこれを見るから、他の密教法具の形式変遷と同様に、大陸系の古式の伝統から離れて和風化する展開の中で次第に主流の地位を占めたものと見られる。

　また蓋の鈕は通常の火舎では宝珠形を用いるが愛知岩屋寺(137図)や香川弘憲寺火舎などは蓮蕾形の鈕をつけ、奈良唐招提寺火舎(138図)は獅子鈕をつけるなど特殊形式の品もある。なお炉や甑の側面に蓮弁を飾ったものも散見される。この蓮弁飾りのものは慈覚大師請来形ともいわれるが、実際の遺品のうえでは必ずしも天台系の寺院に限られず、真言系の寺院にもこの種の火舎が伝えられている。さらに火舎の中には異形式のものがある。高野山安養院伝来の京都北村謹次郎氏所蔵の火舎(131図)は炉を丸底に作って側面に十二葉の蓮弁を飾っており、京都東福寺や大阪田万明子氏(140図)の火舎はともに三脚を備えずに、下方に複弁の蓮華座をめぐらしている。また栃木輪王寺火舎（141図）は蓋の肩に複合花文を飾り、飯食器のごとき形で鍔縁をめぐらすという独得の姿に作られている。このように感得創意にもとづく新形式のものも少なからず製作されたことがうかがわれる。

　なお密教寺院では灌頂三昧耶戒その他で用いる卍字火舎など特殊形式の香炉もある。

単層火舎

平安時代　静岡・修禅寺　（同地出土）

※37　※26参照。

128　単層火舎香炉　平安後期　京都　福田寺(花背経塚出土)

127　単層火舎香炉　平安後期　東京国立博物館(那智経塚出土)

130　重層大火舎香炉　鎌倉時代　栃木　輪王寺

129　単層火舎香炉　平安後期　兵庫　勝福寺

132　単層小火舎香炉　鎌倉時代　奈良　赤井高禧氏

131　単層火舎香炉　平安後期　京都　北村謹次郎氏

平安後期　東京国立博物館　（那智経塚出土）〈127図〉
◎〃　京都・福田寺　（花背経塚出土）〈128図〉
◎〃　兵庫・勝福寺　（大形）〈129図〉
〃　滋賀・常楽寺　（大形）
◎〃　高知・金剛頂寺　（旅壇具）
〃　京都・北村謹次郎　（蓮弁飾）〈131図〉
鎌倉時代　兵庫・山田多計治
〃　奈良・赤井高禧氏　〈132図〉
◎〃　高知・金剛頂寺

重層火舎
◎鎌倉時代　栃木・輪王寺　（大形）〈130図〉
◎〃　愛知・岩屋寺　（蓮弁飾）〈137図〉
◎〃　奈良・唐招提寺　（蓮弁飾）〈138図〉
◎〃　香川・弘憲寺　（蓮弁飾）
〃　大阪・久保惣美術館　（蓮弁飾）
〃　東京・浅草寺　（蓮弁飾・蓋欠）
◎〃　奈良・室生寺　（金胎二具）〈133図〉
◎〃　奈良・法隆寺　〈136図〉
◎〃　奈良・唐招提寺　（蓋欠）
◎〃　大阪・藤田美術館　（高野伝来）
〃　奈良・西大寺　〈134図〉
〃　静岡・服部和彦　（観智院伝来）〈135図〉
◎南北朝　奈良・法隆寺　（貞治五）

異形火舎
平安後期　京都・東福寺　（単層・蓮座式）〈139図〉
◎鎌倉時代　栃木・輪王寺　（飯食形・蓮弁飾）〈141図〉
室町時代　大阪・田万明子　（二層・蓮座式）〈140図〉

卍字火舎（片供香炉）　満字火舎とも片供《かたく》香炉とも呼ばれ、鋳銅製の円筒形印籠蓋造りの箱で、蓋表に卍字《まんじ》の煙孔を透すのが特色である。

三昧耶戒や灌頂のときに、大阿闍梨が弟子に授ける作法の片供に使用されるものであり、片供とは六器のうち向って右側の前供三器を用いて仏を供養する修法であり、この式の香炉の呼称ともなっている。卍字は種子（梵字）のマン字に通じ、大空不生の妙香にて弟子を薫じて煩悩を清浄ならしむる義という。小野流・広沢流ではこれの使用法を異にするようである。この香炉は真言系の多く用いるところで、天台宗では殆んど用いないといわれるが、遺品は天台寺院にも散見される。広島栄明寺（142図）にはこの式の香炉と片供六器および五種鈴・輪宝・羯磨など製作を同じくする一群の仏具を備えた珍らしい遺品がある。

室町時代　広島・栄明寺　〈142図〉
〃　滋賀・舎那院

香象《こうぞう》　象炉ともいい、象の姿をかたどり、通常は背に火炉を備える。

これは秘密灌頂のとき道場の入口に置き、目かくしをしてこの香象をまたぎ身を浄めて入場する。胎蔵界・金剛界でそれぞれ向きをかえるという。香象の起源などはあきらかでないが、平安時代の※38『金剛界受明灌頂作法次第』や※39『庭儀灌頂日記』などにその記があり、また鎌倉時代以降の文献※40にも見られるから、灌頂のときにこれを用いた伝統の古いことがしられる。遺品では静岡修禅寺に室町時代頃の木製象炉があるが、一般に古い品はなく、江戸時代以降のものが殆んどである。なお東京国立博物館には「弘法大師将来秘法伝法灌頂香牛、高野山安養院」の箱書きをもつ金銅製の臥牛形香炉があり、香象の特殊形が用いられたこともしられる。

紇哩字《きりく》香炉　火炉と基台部に仰蓮と伏蓮をめぐらした蓮華形香炉の一種で、特色は、大振りの蓋の中心に独鈷杵形を立て、その頂上に開敷八葉の蓮華をのせ、蓋には五字の梵字を透して煙孔とすることである。この香炉は妙香印紇哩字香炉とも呼ばれ、不空訳の※41『観自在菩薩大悲智印周遍法界利益衆生薫真如法』にその形が説かれていて由緒の古いことがわかる。用法は観自在菩薩心真言一印念誦法を修するとき、炉の中に香を梵字のキリーク字形に盛って焼香する。蓋に透した梵字は唵・嚩・囉・達・磨の五字で、これに香印の紇哩を加えると、阿弥陀の真言となる。これは観音菩薩にも通ずる

※38　玄静・延喜四年撰、〈参考〉諸宗章疏録第三、高大寄・一・六八。

※39　庭儀灌頂日記中院流・金剛三昧院。

※40　『灌頂道具本記』（永仁六年写本）には「長一尺四寸。高八寸三分。地盤一尺三寸八分。広七寸一分。背に銅にて返華あり、滅金を塗る。花実十あり、是より煙出ず（中略）座に唐草を書く。地は赤色」とあり左記の図がある。

133 重層火舎香炉　鎌倉時代　奈良　室生寺

134 重層火舎香炉　鎌倉時代　奈良　西大寺

135 重層火舎香炉　鎌倉時代　静岡　服部和彦氏

136 重層火舎香炉　鎌倉時代　奈良　法隆寺

137 重層蓮弁飾火舎香炉　鎌倉時代　愛知　岩屋寺

138 重層蓮弁飾火舎香炉　鎌倉時代　奈良　唐招提寺

とされ、この香炉で焼香するときは、もろもろの災禍を除き、命終ののち極楽上品の生を得るといわれている。この香炉は経軌には古いけれども伝存する遺品としては古いものは見当らない。遺例の多くは鋳銅製品であるが、珍品として名高いものに仁清作の陶製香炉（144図）がある。京都法金剛院に伝わる紇哩字香炉がそれで、蓋を大振りの荷葉形につくるなど全体を蓮華文で構成し、赤や青の釉色に金彩をまじえ、細部に輪宝文や唐草文を配した華麗な作品である。

(11) 花《け》瓶《びょう》

花瓶は修法壇上の供養具のひとつで華瓶とも書く。火舎香炉を中心とした一面器の各両端に置いて花を献ずるものである。この器は宝瓶、五瓶、賢瓶などの名でも呼ばれる。花瓶はもとインドの迦羅舎という宝瓶で、香水を入れたものであるが、この瓶の口を覆ったり、栓をする意味で、花をさしたことから本義を離れて供花の道具に転じたものといわれている。密教の両界曼荼羅の四隅などにその古様の姿が描かれている。したがって密教でもこの器に五宝、五香、五薬、五穀を入れて浄水を盛った香水瓶が本義で、その蓋として花を挿し、綵帛をくくり飾るのを正規としている。

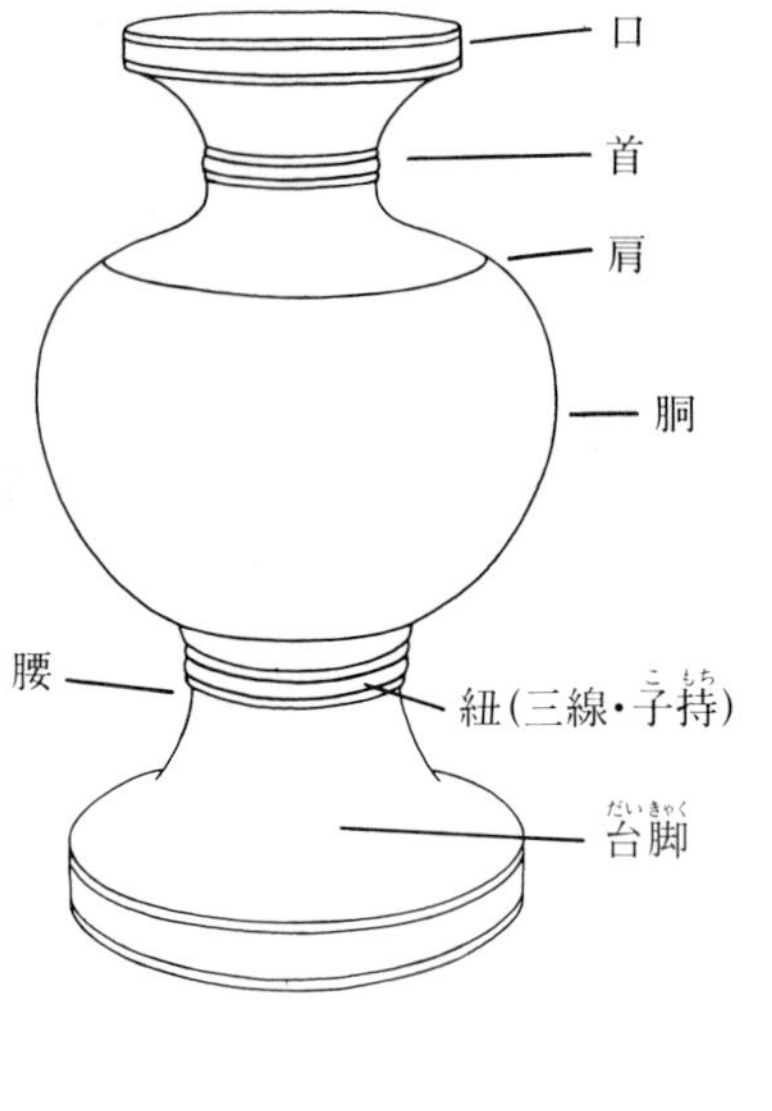

花瓶（亜字形）部分名称

普通の場合、大壇上に花瓶を安置するときは五瓶を用いる。壇の中央部に置くものは中瓶と称して一段と大形につくり、他の四瓶はやや小形で、壇の四方四隅に各一瓶を安置する。しかし天台系の大壇供では、壇上中央区に五瓶を配位し、さらに四隅に各二瓶を置いて、都合十三口の花瓶を用いるものもある。この花瓶を形式により大別すると二種ある。その一つは亜字形花瓶と呼ばれるもの。その二は徳利形の花瓶である。

亜字形花瓶　この花瓶は密教独特のもので密教寺院では最も普通に用いられる形式である。その姿は口が広く、胴が張り、脚部が開いていて、首と腰が締った器形で、その形が漢字の「亜」字に似るところから区別のために亜字形花瓶と呼ばれる。この式の花瓶はその首と腰に紐飾りをめぐらすのが普通であるが、その紐飾りには二本一組のものと、太い紐を細い紐で挟んだ子持ち三条のものと、さらに特殊な品に連珠文の紐を用いるものがある。しかしきわめて古式な遺品である静岡修禅寺墓地出土の花瓶（修禅寺）や、栃木男体山出土花瓶（二荒山神社）、また奈良朝護孫子寺花瓶（145図）などは紐飾りのない全くの素文に作られているから、平安時代も古い頃は素文式の花瓶が通制であったかと推察される。

二本一組の紐を飾った花瓶は、平安後期の経塚からすでに多く出出している。和歌山那智経塚（147図）、京都稲荷山経塚※42、埼玉妻沼経塚※43（共に東京国立博物館）、京都花背山経塚（福田寺）、大阪槇尾山経塚※44（施福寺・148図）など平安後期経塚出土の花瓶がすべてこの形式であるから、その成立も早いことがしられ、以後も永くこれが受継がれる。なおこの期の伝世品では兵庫勝福寺花瓶（146図）が形も大きく形姿のととのった優秀品である。

子持ち三条の紐を飾るものは奈良室生寺（152・153図）や唐招提寺の花瓶、あるいは埼玉慈光寺花瓶（徳治二年―一三〇七在銘・150図）など鎌倉時代の遺品に見受けられる。この点では金剛杵や金剛鈴の紐飾りが、平安時代のものは三本線で、鎌倉時代の品が二本線を通制とするのとは大いに異なる。なお、この亜字形花瓶も六器の場合と同様に、紐飾りのほかに首や腰などに蓮弁を巻き飾ることがある。

※42　京都市伏見区深草町稲荷山。稲荷山一ノ峯の西北尾根の先端に営まれた経塚で、豊富で優秀な遺物が埋納されていた。

※43　埼玉県大里郡妻沼町。利根川右岸の台地の端に営まれた経塚群。

※44　大阪府和泉市槇尾山。施福寺境内に営まれた経塚で、保延五年（一一三九）の銘をもつ経筒を年代基準とする。

139 単層蓮座式火舎香炉　平安後期　京都　東福寺

140 重層蓮座式火舎香炉　室町時代　大阪　田万明子氏

141 単層鋺形蓮弁飾火舎香炉　鎌倉時代　栃木　輪王寺

142 卍字香炉　室町時代　広島　栄明寺

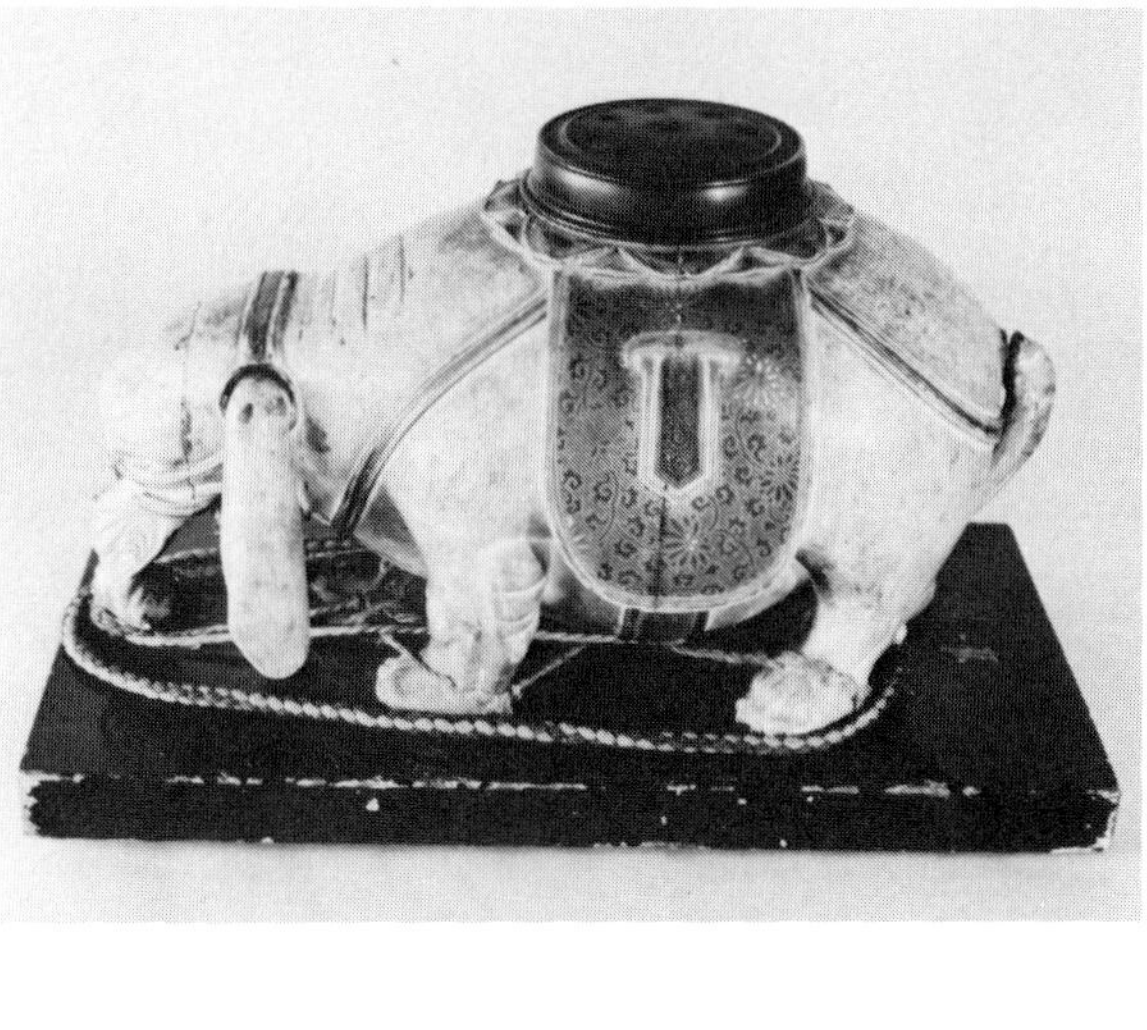

143 香象　大阪　延命寺

144 紇哩字香炉　江戸時代　京都　法金剛院

高野安養院伝来の花瓶（東京小島謙治氏）は腰から台脚部を蓮弁形に彫刻した平安後期の珍品である。鎌倉時代の花瓶では栃木輪王寺（151図）、奈良唐招提寺、MOA美術館などに優秀な作品がある。またこの種の花瓶では口縁部の側面や紐飾りに珠文帯をめぐらすものもある。

平安時代　静岡・修禅寺　（同地出土）
平安後期　奈良・朝護孫子寺　〈145図〉
◎〃　兵庫・勝福寺　（大形）〈146図〉
◎〃　栃木・二荒山神社　（男体山出土）
〃　東京国立博物館　（三種・那智経塚出土）〈147図〉
〃　〃　（稲荷山経塚出土）
〃　〃　（妻沼経塚出土）
◎〃　京都・福田寺　（花背経塚出土）
〃　大阪・施福寺　（境内経塚出土）〈148図〉
◎〃　高知・金剛頂寺　（旅壇具）
〃　大阪・藤田美術館　（蓮弁飾）
〃　東京・小島謙治　（蓮弁飾）
◎鎌倉時代　栃木・輪王寺　（蓮弁飾）〈151図〉
◎〃　奈良・唐招提寺　（蓮弁飾）
〃　静岡・MOA美術館　（蓮弁飾）
◎〃　奈良・室生寺　（金胎二具・蓮台付）〈152・153図〉
◎〃　高知・金剛頂寺
◎〃　奈良・法隆寺
◎〃　埼玉・慈光寺　〈150図〉
◎〃　奈良・法隆寺　（乾元元）〈149図〉
◎〃　大阪・藤田美術館　（高野伝来）
〃　奈良・西大寺
〃　奈良国立博物館　（観智院伝来）
〃　静岡・松田　光　（観智院伝来）
〃　大阪・久保惣美術館

〈時代による形式の変化〉　亜字形花瓶の時代的特徴は、古い遺品は全体に薄手の鋳製で、総高に比して口径が大きく、口縁部はやや上に開くものが多い。また肩が強く張って首と腰部がよく締った器形を保ち、首と腰にめぐらされた二本紐も細作りである。さらに底板がないのも特色で、底は木栓をつめたらしく、まれに当初の木栓を残したものがある。上述の平安後期の経塚出土品や、兵庫勝福寺花瓶などはすべてこの特色を備えている。鎌倉時代以降の花瓶は総体に厚手の鋳造となり、高さに比して口の開きが小さく、全体に丈高で首や腰が太く作られてくる。また底に銅板の底板を用いるようになる。なお法隆寺（149図）には「法隆寺聖霊院花立也、乾元元年（一三〇二）十二月　日、勧進教仏」の刻銘をもつ亜字形花瓶があり、「花立」とも呼ばれたことがしられる。

徳利形花瓶　密教で用いる花瓶の別の一形式に上代からの水瓶の形を受けついで、これをやや変化させたものがある。いわゆる徳利形花瓶で、口が上開きで細長い首をもち、胴は倒卵形の張りをつくり、下方に裾開きの高台を備えた姿である。この形式の花瓶では首と肩と胴の三個所に紐飾りをめぐらすのみで他に装飾をつけない品もあるが、製作のしっかりした遺品の多くは、首と腰に八葉蓮弁を巻き飾り、さらに高台部の下方に複弁八葉の蓮華座を備えている。この蓮弁飾りをほどこした徳利形花瓶は特に慈覚大師請来形と呼ぶこともあり、比叡山の法曼流の大壇供などには今もこの形式の花瓶が使用されている。しかし現在では、この式の遺品は必ずしも天台寺院のみでなく、真言寺院にも伝えられている。またこの花瓶は平安時代に遡るものを見ず、鎌倉時代の品として東京浅草寺（154図）や愛知岩屋寺（155図）などに優秀な作品が伝えられている。

なお、この徳利形花瓶は、密教では一面器を中心とした密壇供に用いられることが多かったようであるが、また必ずしも密教の独占するものではなく、ことにわが国では仏画や絵巻、繡仏、板碑などの資料にこの使用例が見られ、ことに阿弥陀三尊像や、釈迦阿弥陀遣迎《けんごう》二尊像など、浄土教系統の繡仏の遺品に表現されることが多い。その場合は仏前の四足卓や三足卓の上で、火舎香炉や獅子形香炉の左右にこの式の花瓶を配する三点一具の（通常の三具足とは異なる）構成がほとんどである。このような別格の遺品としては大阪観心寺

147 花瓶 平安後期 東京国立博物館
（那智経塚出土）

146 花瓶 平安後期 兵庫 勝福寺

145 花瓶 平安後期 奈良 朝護孫子寺

150 花瓶 鎌倉時代 埼玉 慈光寺

149 花瓶 鎌倉時代 奈良 法隆寺

148 花瓶 平安後期 大阪 施福寺

の元徳二年（一三二九）在銘の宝相華文透彫り花瓶一対が名高い。

高野徳利　またこの式の花瓶を全く素文式とし、大形に作ったものに高野徳利がある。この高野徳利の系統に属するものでは愛知大薬師不動院（156図）の慶長十一年（一六〇六）在銘の花瓶一対が知られている。

◎鎌倉時代　大阪・観心寺　（蓮弁飾・元徳二）
〃　東京・浅草寺　（蓮弁飾）〈154図〉
◎　〃　愛知・岩屋寺　（蓮弁飾）〈155図〉
〃　京都・柳　孝　（蓮弁飾）
〃　奈良・玉林一雄　（蓮弁飾）
静岡・服部和彦
桃山時代　愛知・大薬師不動院（慶長十一）〈156図〉

⑿　六器《ろっき》

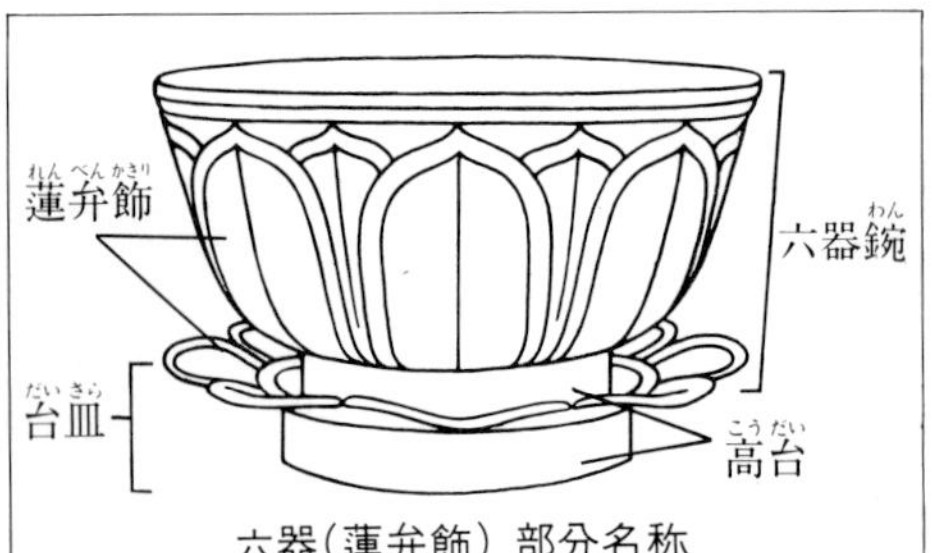

六器（蓮弁飾）部分名称

仏前供養の器で、形式は高台のついた小鋺に、台皿を備えるのが普通であり、六個を一具として用いるため六器《ろっき》または「ロクキ」と呼ばれる。しかし弘法大師請来目録にも「金花銀閼伽盞四口」を伝えたことが見え、古くは六口一具であったかどうか疑わしい。※45『妙法蓮華経観智儀軌』には「壇の四門両辺に各二閼伽器を置き、香水を満盛し…もろもろの時花を泛べて極めて香潔ならしむ」と述べているし、また閼伽香水の両鋺を安置せよと説く儀軌もあるなど、六器の成立する以前の姿が推察される。六器を一具としての使用がいつ頃はじまったかは明らかでないが、厳島神社の平家納経の裏絵の中に六器を含めた一面器の姿が描かれているし、また密教法具多数を出土した和歌山県那智経塚に関係する資料である、大治五年（一一三〇）の奥書きをもつ『那智山滝本金経門縁起』（明暦二年―一六五六写）の密教供養具の項に「閼伽器四前一前各六口」との記述があるから、平安後期を遡る時点で、密壇用の一面器や、大壇用の四面器が、今日見るような形に整備されたことがうかがわれる。また時代は降るが、鎌倉時代の正和三年（一三一四）の刻銘を持つ西大寺伝来の金剛盤（奈良国立博物館）の銘文中に、同寺の真言堂東壇の仏具として「閼伽器四具二十四口尻垸四具二十四口」としるされており、これまたその数からみても六器に関する記述であることは明らかであるから、平安時代から鎌倉時代にかけて、六器を総称して閼伽《あか》器と呼んだことがしられる。

用法　六器は修法の壇上で火舎を中央にして左右に三器ずつを並べ、それぞれ内側より閼伽、塗香《ずこう》、華鬘《けまん》の器とされる。したがって本来は閼伽器には浄水、塗香器には香、華鬘器には花を盛るべきであるが、実際には香華法は法流によって異なり、各器に花の代りに樒の葉を盛ることが多い。その葉の盛り方や枚数なども流派によってそれぞれ定めがある。

素文六器　六器の形式は金銅鋳製で装飾をほどこさない素文のものが多い。通常用いられる素文系の六器の古い遺品として、和歌山県那智経塚から、もと四面器二十四口を完備したものとみられる一群の品が発見されており（東京国立博物館）、また京都花背経塚（福田寺）、大阪槇尾山経塚（施福寺）、東京伊興町経塚（東京国立博物館・157図）など平安後期の経塚からの出土品がある。またこの期の伝世品の六器では兵庫勝福寺（158図）や岩手中尊寺などに優品がある。ことに勝福寺六器は極めて大形に作られた珍らしいものである。鎌倉時代のものでは奈良室生寺（159図）の金胎四十八口を揃えた品をはじめ高知金剛頂寺、唐招提寺、法隆寺、西大寺、あるいは大阪藤田美術館の高野山伝来品などに数量のまとまった遺品がある。

◎平安後期　兵庫・勝福寺　（大形）〈158図〉
〃　東京国立博物館　（那智経塚出土）
〃　東京国立博物館　（伊興町経塚出土）〈157図〉

※45　大正新修大蔵経　No.1000

151　蓮弁飾花瓶　鎌倉時代　栃木　輪王寺

152　蓮座付花瓶(金)鎌倉時代　奈良　室生寺

153　蓮座付花瓶(胎)鎌倉時代　奈良　室生寺

154　徳利形花瓶　鎌倉時代　東京　浅草寺

155　徳利形花瓶　鎌倉時代　愛知　岩屋寺

156　花瓶　桃山時代　愛知　大薬師不動院

平安後期　京都・福田寺　（花背経塚出土）
〃　大阪・施福寺　（境内経塚出土）
〃　岩手・中尊寺
◎〃　高知・金剛頂寺　（旅壇具）
◎鎌倉時代　高知・金剛頂寺
◎〃　奈良・唐招提寺
◎〃　奈良・法隆寺
◎〃　奈良・法隆寺
◎〃　奈良・室生寺　（金胎二具）〈159図〉
◎〃　大阪・藤田美術館　（高野山伝来）
〃　奈良・西大寺
〃　奈良国立博物館　（観智院伝来）
〃　神奈川県立博物館　（観智院伝来）

蓮弁飾六器　慈覚大師請来形と呼ばれる鋺の外側面と台皿の上面に八葉蓮弁を彫刻して飾った六器がある。この蓮弁飾りをほどこした六器は天台系で用いられることが多いが、真言寺院にも遺品は伝えられている。古い遺品は、岩手毛越寺、大阪藤田美術館（160図）京都東福寺などに平安後期と見られる優品があり、また栃木輪王寺や東京浅草寺（161図）には鎌倉時代初頭を降らぬ古品が見られる。さらに鎌倉時代のものは香川弘憲寺（162図）、愛知岩屋寺、奈良唐招提寺、岐阜華厳寺、大阪久保惣美術館などになかなかの名品がそろっている。なお、この種の六器では単なる八葉蓮弁でなく、複雑な宝相華文などの装飾花弁を飾ったものも散見されるが、一具完備した古い遺品は見ない。またこれらの蓮弁飾り六器の台皿は、輪宝や羯磨の台皿を小さくしたと同じ姿で、素文の中房に蕋帯をめぐらした八葉蓮華にかたどるのが通形であるが、東福寺や唐招提寺の蓮弁飾り六器などのように、その台皿の高台部にさらに格狭間を透し飾るものもある。

蓮弁飾六器
平安後期　岩手・毛越寺　（境内出土）
〃　岩手・毛越寺千手院

◎平安後期　京都・上田堪一郎氏他諸家分蔵　（高野安養院伝来）
〃　大阪・藤田美術館　〈160図〉
〃　京都・東福寺
◎鎌倉時代　栃木・輪王寺
◎〃　香川・弘憲寺　〈162図〉
◎〃　奈良・唐招提寺
◎〃　愛知・岩屋寺
〃　東京・浅草寺　〈161図〉
〃　岐阜・華厳寺
〃　東京・石田リツ
〃　大阪・久保惣美術館
東京国立博物館

宝相華飾六器
鎌倉時代　大阪・田丸正二　（法隆寺伝来）
〃　東京国立博物館　〈163図〉
〃　大阪・細見　実
〃　奈良・大和文華館
〃　静岡・服部和彦
〃　静岡・松田　光

片供器《かたくき》　六器の中には当初から台皿を備えず、また鋺の底に高台をつけぬ丸底式のものが稀にある。これは片供器と称し、三昧耶[※46]戒場で大阿闍梨が弟子に、閼伽、塗香、華鬘を授けて諸尊供養の法を教えたのち、戒を受けさせたり、諸功徳を得させるための特殊な修法を行うに用いる六器であるが、このとき向って右の前供の分と、向って左の後供の分のうち、前供の三器のみで作法するために片供と呼び、これがこの器の呼称となっている。広沢流では後供の三口を小壇所に置くともいわれている。また片供器を用いる時には、通常の火舎香炉に代えて卍字香炉を使用するという。広島栄明寺には卍字香炉やその他の諸道具を含めた一括遺品があり、また静岡尊永寺にも片供器六口をそろえた遺品がある。なお鋺底は尊永寺のものは自然に平たく造るが、栄明寺（164図）の器は底裏を平滑に削り、また中には底裏を肉合《ししあい》彫りに丸く刳って安定をはかった品などもあ

※46　『大日経』第一具縁真言品第二や同経疏第五、また『金剛頂瑜伽中略出念誦経』第四三昧耶戒に説く（図は『密教法具便覧』）。

158　六器　平安後期　兵庫　勝福寺

157　六器　平安後期　東京国立博物館（伊興町経塚出土）

160　蓮弁飾六器　平安後期　大阪　藤田美術館

159　六器　鎌倉時代　奈良　室生寺

162　蓮弁飾六器　鎌倉時代　香川　弘憲寺

161　蓮弁飾六器　鎌倉時代　東京　浅草寺

164　片供器　室町時代　広島　栄明寺

163　宝相華飾六器　鎌倉時代　東京国立博物館

る。

鎌倉時代　神奈川・中村溪男
南北朝　静岡・尊永寺
室町時代　広島・栄明寺　〈164図〉

時代による形式の変化　平安時代に遡る古い六器は、いずれも全体にきわめて薄手の鋳造になり、鋺は口の開きが大きく、そのため口径に比して鋺が浅く作られ、底裏の高台も丈低いものである。これに伴って付属の台皿も同様に薄手で低平な安定した器形を示している。さらに鋺も台皿も高台部はわずかに下すぼまりの抜け勾配に作られ、その断面は楔《くさび》形を呈するのも特徴の一つである。これに対して鎌倉時代に入ると鋺の器体が厚味を増して重厚で豪快な姿となる。また鋺の形も口径に対して深くなり、高台も高さと厚みを増してくる。台皿も同様に全体に厚手に作られ、丈もまた高くなる。室町時代以降もこの傾向を受けついで行き、ことに台皿の高台が目立って丈高に作られたものが多くなる。

(13) 飯《おん》食《じき》器《き》

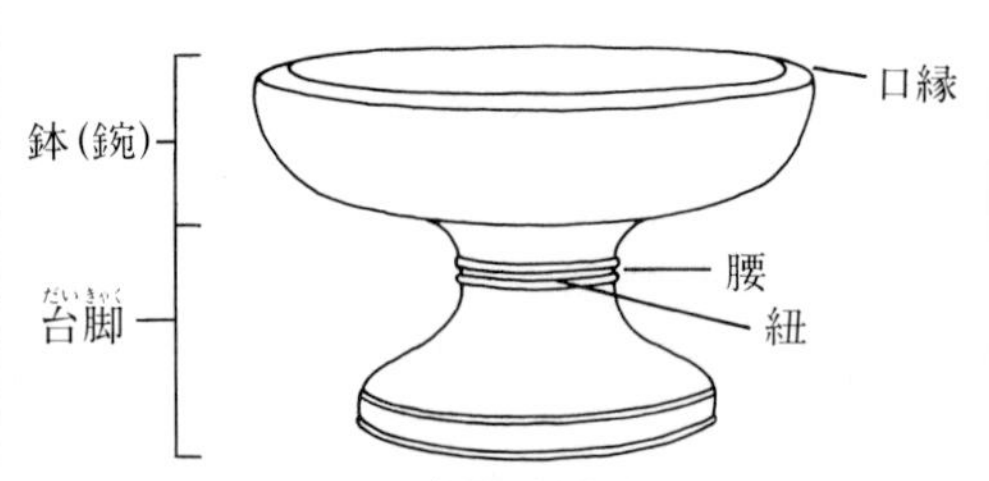

飯食器 部分名称

飯食器は仏に供養する飯食や汁《じゅう》、餅《べい》、菓《か》などを盛って壇上に安置する器で、今日の仏飯器にあたるものである。もともと上代においては、いわゆる鉄鉢形の器(鉢多羅)を用いて、これを支台にのせて供養具とした。支台は輪形中空で外側が締まり上下が開いた形でこれに鉄鉢を受けた。この古い式の遺品は正倉院や東大寺、東京根津美術館などに奈良時代のものがある。

密教で用いる飯食器は、この鉄鉢と支台とを連結して一器としたもので、浅い盤形の鉢部に、腰がしまり裾で広がった形の台脚をつけた形式である。台脚部には二本または三本（子持ち）の紐をめぐらすのが通制である。これの使用に当っては六器の両脇に分置するのが普通であるが、さらに汁・餅・菓の供物を供えるときは左右、三口ずつを加えて一面に八口、計三十二口を要する。なお、台密の大壇では四面器の内側に十二執供、外側に外供四十八口を供養するなどもある。飯食器も六器の場合と同様に、帯紐の飾りのほかは文様をつけないのが普通形であるが、中には台脚部や、鋺部の外側面に蓮弁や宝相華文を飾る品もある。

遺品例　素文式の飯食器では滋賀西寺常楽寺（173図）や栃木輪王寺（174図）などに平安後期の品がある。ことに常楽寺の飯食器は現在しられる最古のもので、形も大きく、鉢と台脚の上下の三部を別作して組合せるなど古制に通ずるものがある。また鎌倉時代の遺品では東京浅草寺、奈良西大寺、法隆寺（175図）、また大阪藤田美術館の高野山伝来品などに他の仏器と具した飯食器がある。奈良市安田家の飯食器はこの期に属する大形の優品である。

蓮弁飾りをつけた飯食器の場合は、台脚の腰に八葉の蓮弁を巻いて紐帯で締め、下縁の側面には立上った蕋帯を表現する。ここまでは通常の飯食器の器形を示すが、この下にさらに複弁八葉の蓮華座を加えることが多い。この式の遺品としては京都東福寺（176図）の平安後期の品が古く、つづいて鎌倉時代のものでは愛知岩屋寺、香川弘憲寺、大阪久保惣美術館などに優品がある。奈良唐招提寺（178図）の飯食器は蓮台や蕋座は通常であるが、台脚から鉢の側面にまで筋蓮弁を巻き飾った珍らしい品である。また奈良西大寺（177図）に別に蔵する飯食器は、下方に蓮座をつけない素文式の器形をとりながら、台脚に蓮弁を飾り、鉢の側面に秀抜な宝相華唐草文を彫刻しており、器形、技巧ともに鎌倉時代の飯食器の中で最も優れた品である。

165　岩手　毛越寺千手院

166　栃木　輪王寺

167　東京　浅草寺

168　大阪　藤田美術館

169　奈良　玉林一雄氏

170　東京　石田リツ氏

171　大阪　久保惣美術館

172　京都　東福寺

素文飯食器

平安後期　滋賀・西寺常楽寺　（大形）〈173図〉
◎〃　栃木・輪王寺　（小形）〈174図〉
◎〃　高知・金剛頂寺　（旅壇具）
◎鎌倉時代　奈良・法隆寺　〈175図〉
◎〃　大阪・藤田美術館　（高野山伝来品）
〃　奈良・西大寺
〃　東京・浅草寺
〃　大阪・細見　実
〃　静岡・服部和彦

蓮弁飾飯食器

平安後期　京都・東福寺　〈176図〉
◎鎌倉時代　香川・弘憲寺
◎〃　奈良・唐招提寺　〈178図〉
◎〃　愛知・岩屋寺
〃　奈良・西大寺　（宝相華飾）〈177図〉
〃　奈良・大和文華館　（宝相華飾）
〃　東京・石田リツ
〃　大阪・久保惣美術館　（小形）
〃　奈良・玉林一雄

仏供盤

◎鎌倉時代　奈良・室生寺　（三脚）〈179図〉
室町時代　東京・浅草寺　（皿形）〈180図〉

仏餉鉢《ぶっしょうばち》　この飯食器の器形は密教のみならず修験道系の用具としても採用され、仏餉鉢などと呼ばれて仏前に洗米を盛ったり、賽銭を受けるときなどに用いられた。遺品には山形慈恩寺の嘉元三年（一三〇五）在銘品や、滋賀明王院の建武二年（一三三五）在銘品、奈良金峯山寺の天正十三年（一五八五）在銘品などがあって、これらは逆に密教での飯食器の時代による形式変遷をうかがうのに役立っている。

時代による形式の変化　飯食器は桃山時代以降は広く一般の仏供器として常用され、在家の仏壇にもつねに用いられるようになった。この飯食器の時代による形式の特徴は、藤原時代の古い品では、口の開きが広く、口縁部が内側にすぼみ、鉢は浅い。また全体に薄手に鋳製され、腰がつよく締って紐飾りも細く、台脚部は短かく作られていて、全体に低平な器形を示している。鎌倉時代以降は年代が下るにつれて、鉢の側面が立ち気味になり、口径に比して鉢が深く、台脚も次第に高さを増す。このように総体に厚手で高姿勢な器形となって、遂に現今の仏飯器に見るような、鉢部が小さく、台脚部が徒長したものを生むに至った。

⒁　灑水器《しゃすいき》・塗香器《ずこうき》（二器）

灑水とは香水を散灑して身心のけがれを除き、また道場や供具を浄める意味をもつもので、これに用いる浄水を入れるのが灑水器であり、経軌の説くところでは浄瓶や賢瓶を用うべきであるが、のちに一定の器形がととのえられた。使用のときには散杖[※47]という細長い杖木を用いる。これに対して塗香は香末を塗って五体を清浄にし、三業の垢を除き去る意味で用いるもので、塗香器に香末を盛って、灑水器とともに密教の修法に用いられる。その形は灑水器が大きく、塗香器が小さいという相違はあるが、形式の上では両者が全く同一の姿であるところから、両者をあわせて二器とも呼ばれる。

細部の諸形式　この二器はともに高台を備えた鋳銅製の鋺が普通で、同じく高台のついた台皿と、蓋の三部からなる。いわゆる六器に蓋を加えた形に似るが、六器よりは大形であり、また鋺の側面に二本あるいは三本（子持ち三条）の帯紐を飾る点などが異なる。また蓋は二段に盛り上げた甲盛りをつけ、頂上に宝珠形の鈕《ちゅう》（つまみ）をつけるのが普通である。遺品のうえではこのように紐飾りをめぐらすのみで、他は素文無装飾に作ったものが圧倒的に多いが、また稀に、六器や飯食器と同じく、二器にも蓋や鋺の側面、台皿の上面に蓮弁装飾をほどこしたものがある。ただしこの場合は鋺の側面には紐飾りをめぐらさないのが常である。

二器の蓋上の鈕は、教義的には一様でなく、宝珠鈕のほかに、独鈷、三鈷、蓮華などの鈕を用いるを法とし、独鈷鈕をつけるものは

※47　**灑水杖**ともいう。経軌によると、インドでは茅草を束ねたものか楊柳枝を用いたというが、わが国では梅枝を用いる。長さは五五～三六㎝と壇の大きさによって変わる。尖端には、八葉八輻輪、中辺に蓮葉などを彫るが流派によって異なる。護摩修法では素文を用いる。

173 飯食器 平安後期 滋賀 西寺常楽寺

174 飯食器 平安後期 栃木 輪王寺

175 飯食器 鎌倉時代 奈良 法隆寺

176 蓮弁飾飯食器 平安後期 京都 東福寺

177 蓮弁飾飯食器 鎌倉時代 奈良 西大寺

178 蓮弁飾飯食器 鎌倉時代 奈良 唐招提寺

179 仏供盤 鎌倉時代 奈良 室生寺

180 仏供皿 室町時代 東京 浅草寺

調伏法の修法に用い、三鈷鈕は息災法に、蓮華鈕の二器は敬愛法に用いるを本義とするという。一般に見る宝珠鈕の二器は増益法に用いるのが本来であるが、これは灌頂をはじめ諸部諸法に通用することが許されるというので、宝珠鈕の二器が通形化したもののようである。また台密系では灑水器の鈕に環をつけて、散杖を通すのに備えたものもある。

遺品例　二器の古い遺品は甚だ少なく、普通に見る素文系の二器は鎌倉時代以降のものより見あたらない。中では奈良唐招提寺の二器が形姿、作風ともに優れて製作も古い。また高知金剛頂寺に伝わる珍らしい旅壇具の中に含まれる二器も小形の品ながら相当な古作である。東京浅草寺（181図）の二器のうちの灑水器がこれまたかなりの古制を見せている。そのほか鎌倉時代の二器としては奈良の室生寺（182図）、西大寺、法隆寺、あるいは香川弘憲寺、大阪藤田美術館などに優品がある。

蓮弁飾りをほどこした二器の系統では、もと高野山の安養院に伝来した、全面に蓮華文を毛彫りした名品がある（平安後期、個人蔵）。また栃木輪王寺（185図）の二器や奈良大和文華館の灑水器なども平安後期から鎌倉初頭と見られる古品である。鎌倉時代では愛知岩屋寺（184図）、奈良唐招提寺などの二器の製作がすぐれている。これらの二器の蓮弁装飾には単弁蓮弁、筋蓮弁、また魚鱗葺きなど各種がある。なお奈良室生寺（183図）には鋺を素文式の通形品としながら、蓋上に蓮台つきの宝珠をつけ、台皿の代りに豪華な蓮華座を備えた独特な形式の二器がある。

素文灑水器・塗香器

◎平安後期　高知・金剛頂寺　（旅壇具）
◎鎌倉時代　高知・金剛頂寺
◎　〃　奈良・唐招提寺
　〃　東京・浅草寺　〈181図〉
◎　〃　奈良・室生寺　（金剛界）〈182図〉
◎　〃　奈良・室生寺　（胎蔵界・蓮台付）〈183図〉
◎　〃　香川・弘憲寺
◎鎌倉時代　奈良・法隆寺
◎　〃　大阪・藤田美術館　（高野伝来）
　〃　奈良・西大寺
　〃　大阪・細見　実
室町時代　滋賀・明徳院

蓮弁飾灑水器・塗香器

平安後期　京都・某氏　（高野安養院伝来）
◎鎌倉時代　愛知・岩屋寺　〈184図〉
◎　〃　栃木・輪王寺　〈185図〉
◎　〃　奈良・唐招提寺

時代による形式の変化　二器の時代による特徴は六器などと同様で、平安後期から鎌倉初期あたりの品は全体に薄手に鋳造され、宝珠鈕も小さく、紐飾りも細く、鋺も台皿も丈が低く、安定した形姿を示している。時代が降るに従って、宝珠鈕も太目になり、鋺や台皿も厚手となり、全体に重厚で丈高となる傾向がうかがえる。

門前灑水器　なお台密系では門前《もんぜん》灑水器と呼ばれる瓢箪形の灑水器が用いられる。これは道場に入る前に身心を清浄にするためのもので、象形香炉と具して使用される。京都聖護院※48（186図）などに古品がある。

室町時代　京都・聖護院　〈186図〉

⒂ 閼《あ》伽《か》桶《おけ》

古代からインドにおいて貴客接待のために浄水を捧げた風習から転じて仏前供養の法となったものである。閼伽は功徳水《くどくすい》とも呼ばれる浄水を意味し、「閼伽は能く煩悩の垢を洗うなり」ともいわれて古くから仏前に献じられた。閼伽桶はこの浄水を井泉から汲んでくるために使用される小形の手桶である。閼伽水を汲んだ桶は閼伽棚に安置され、そののち壇上の閼伽器、すなわち六器にそそがれて諸尊を供養する料となる。『顕密威儀便覧続編巻下』※49には「閼伽水を汲むに法あり、鶏鳴いてのち、この時ばかり水虫あることなく、澄湛として露華白のごとし、ゆえに井花水という。その水を盛る器を閼伽

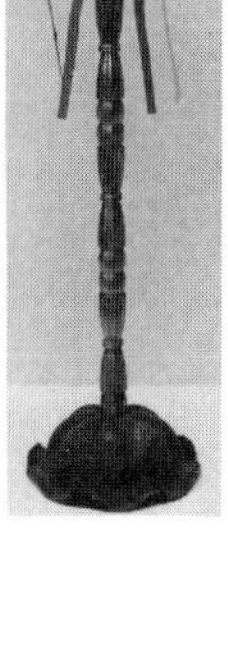

※48　道場入口に置かれる門前麗水器（聖護院）。

※49　大日本仏教全書第七三服具叢書第一

181
灑水・塗香器　鎌倉時代　東京　浅草寺

182
灑水・塗香器（金）　鎌倉時代　奈良　室生寺

183
蓮弁飾灑水・塗香器（胎）　鎌倉時代　奈良　室生寺

桶という。汲み来りて閼伽棚に安じ、盤をもってこれを覆う。すなわち加持作法あり。三たび仏具にそそぐ。その仏具を閼伽器という。一檀四面倶に二十有四あり。仮に閼伽盤に盛りて運送す」とあってその様子がしられる。

細部の諸形式　閼伽桶は平安時代に遡る遺品がないので、古い姿は明らかでないが、『和漢三才図会第十九』[※50]に「閼伽桶は大きさ三寸余の銅器にして平弦あり」というように、一般に見るものは鋳銅製で、高さ一〇センチから一五センチ程度の円筒形の桶で、口縁部の二個所に耳を作り出して、鍋づる形の平たい把をつけている。桶の形はやや下すぼまりで、側面に子持ち三条の紐をめぐらすものが多いが、なかには紐飾りをつけないものもある。また底裏には高台を備えるのが普通であるが、三個所に低い足をつけた品もある。なお奈良西大寺の閼伽桶の一つは口作りからみて蓋を備えたものとしられるが、普通に見る品では蓋を備えた形跡のないものが多い。また閼伽桶には銅製のほかに木製もあり、ことに修験道では木製を用い、その高さ九寸、口径六寸を制とするといわれるが、『羽黒流護摩法口決』[※51]には「閼伽桶は五七に調来候、高さ七寸、指渡し五寸、桶の蓋之れなし」などとあって、必ずしも一定しない。閼伽水を六器に盛るための竹製の閼伽杓を見るが、古い遺品はない。

遺品例　福井満徳寺の閼伽桶はこの三足式で、いまは把手が失われているが、桶が重厚な形姿を示し、両耳も古式な山形に作られるなど、鎌倉時代の風格を見せる優品である。岐阜願成寺出土の桶は胴側を素文とした鎌倉後期の遺品である。また奈良の新薬師寺や西大寺（二ロ・187図）などにも室町時代の通形の品がある。この閼伽桶は寺から民間に流出したものが多いが、中では奈良市の岡本栄助氏、玉林一雄氏、東京都の石橋太郎氏所蔵の品などが鎌倉時代と認められる優作である。室町時代以降のものは奈良大和文華館をはじめ民間に比較的多く伝えられている。

時代による形式の変化　閼伽桶は稀に在銘品を見るが、偽銘などもあって信ずべき資料が少ないため、時代による特徴を適確にはとらえがたいが、静岡服部和彦氏のものは永享十一年（一四三九）の貴重な基準作である。これに『耽奇漫録』[※52]に拓影を残している文明九年（一四七七）の長持寺閼伽桶などの資料を含めて遺品を通観すると、ある程度の器形の変遷がうかがわれる。鎌倉時代と認められるものは総じて桶が厚手に鋳製され、耳や紐飾りの表現も強く、桶の姿が低く安定している。室町時代以降のものは桶の裾すぼまりが進み、器胎も薄手の鋳製となり、底の高台がやや丈高となるなど、他の仏器と共通した特色が見られ、表現も弱くなり、総じて小振りな品が多くなって来る。

(16) 燈台《とうだい》・燭台《しょくだい》

日常の必需品である燈火具が仏前供養にも用いられるようになったもので、密教では修法壇の四隅や、壇の両側に置いて諸尊に燈明を献ずる。

燈　台　燈台は丸い台輪《だいわ》の上に長い竿を立て、竿の頂上に請盤（うけさら、燈械とも呼ぶ）を備え、これに金輪をつけて、その上に燈盞《とうさん》（油皿）をのせ、油に燈心をしたして火をともすのが基本形である。これの丈高いものを長檠《ちょうけい》（または高燈台）、低いものを短檠《たんけい》とも呼ぶ。竿は上下の部分を太くし、中間をやや細作りにすることも多く、また竿と台輪や請盤の接合部に金銅の金具を飾ることも多い。また下方の台輪は甲盛りをつけた円盤形が通制であるが、これを菊花形に作ったものや、三段に盛り上げたものもあり、前者を菊燈台、後者を牛糞燈台とも通称している。

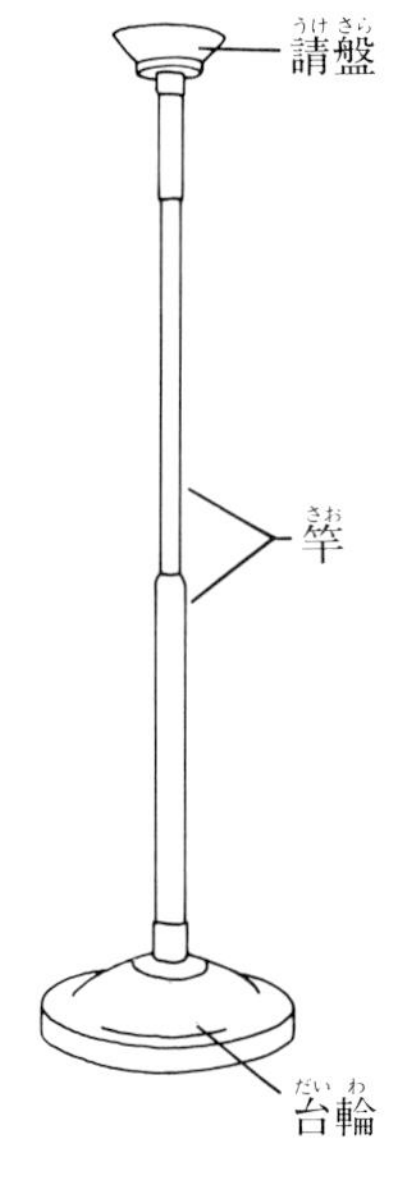

燈台（長檠）部分名称

※50　寺島良安、正徳二年自序
※51　日本大蔵経第四七修験道章疏第二法則類
※52　滝沢解・山崎美成等、文政七―八、続随筆文学選集一―六・日本随筆大成一期一二。

184 蓮弁飾灑水・塗香器　鎌倉時代　愛知　岩屋寺

185 蓮弁飾灑水・塗香器　鎌倉時代　栃木　輪王寺

186 門前灑水器　桃山時代　京都　聖護院

187 閼伽桶　室町時代　奈良　西大寺

〈遺品例〉　遺品のうえでは上代にさかのぼる燈台はいまのところ知られていない。平安後期のものとして岩手中尊寺大長寿院の螺鈿《らでん》平塵《へいじん》燈台(国宝・188図)が名高い。台や竿を金の平塵地とし、その各部に螺鈿をちりばめた装飾性に富む遺品である。奈良円成寺の紫檀地螺鈿燈台(189図)は鎌倉時代の品であるが、古式な装飾法の伝統を見せており、京都浄瑠璃寺にある黒漆燈台なども鎌倉時代の優品である。室町時代のものでは奈良唐招提寺の黒漆燈台は永享八年(一四三六)の銘をもち、また東大寺旧蔵の宝徳四年(一四五二)銘の燈台や、信州国分寺の天文六年(一五三七)銘の燈台などがしられている。これらの遺品を通観すると中尊寺燈台のように古式なものは台輪の甲盛りが低いものが多く、年代の降るとともにこれが厚手となり半球形に近づく傾向がみられる。この変化は請盤の場合も同様であり、また竿も太作りになる傾向がある。なお菊燈台や牛糞燈台は社寺のみでなく広く一般に用いられるようになる。古い遺品にとぼしいが、奈良唐招提寺には鎌倉時代とも見られる菊燈台の古品があり、東京国立博物館には江戸期の作(190図)がある。

燭　台　燭台は蠟燭《ろうそく》をともす燈架で、形式は燈台に類似したものが多く、竿上の請盤に蠟燭立ての釘を備える。先の燈台の場合にも請盤の上に燈盞用の輪とともに釘を立てて両者を兼用できるようにしたものも多い。燭台は木製のほかに銅や鉄などの金属製のものがあり、近世の品では真鍮製が多くなる。『大安寺縁起幷流記資財帳』には「合蠟燭肆拾斤捌両通物」との記載があり、奈良時代に蠟燭を用いたことがしられるが、燭台の実体などは明らかでない。一般には燭台の使用は鎌倉時代からであろうといわれ、社寺の燈明供養具にはじまり、近世では広く民間にも用いられるようになった。

〈遺品例〉　燭台も古い遺品が少ないが、奈良国立博物館(193図)には竿の部分を竹節形にかたどった金銅製の燭台がある。小形で短檠と呼ぶべきものであるが、製作のすぐれた鎌倉時代の優品である。また神奈川長勝寺には極楽寺伝来の黒漆塗燭台(191図)がある。永享四年(一四三二)の朱漆銘をもつ高燈台式の大形のもので、竿と台輪や請盤の接合部に複雑な雲形の持送《もちおくり》を飾る点などに時代の特色を見せる品である。兵庫鶴林寺(192図)にも同様の形式で朱漆塗りで仕上げた燭台がある。

(17)　護　摩　炉

護摩《ごま》はもとインドで火神を供養するために行われた祭法で、供物を祭壇の炉中に投じて焼けば、その火焔と香気は登って天の諸神の口に達し、諸神はこれを食して力を得て、もろもろの悪魔を降伏させ人々に福を与えるとされた。密教ではこの祭法をとり入れるが、意味は異なり、一つには炉中に供物を焼いて諸尊を供養する(外《げ》護摩)とともに、一つには心中の智火をもって煩悩の薪を焼除(内《ない》護摩)し、浄らかな菩提心を生ずることによって、降魔、増益、息災、延命などの利益を得んとするものである。護摩炉はこれに用いる火炉で、護摩壇の中央に置かれる。入唐八家の一人である常暁が十五種の炉様を持ち帰っているように、炉は修法の目的によってその形を変えるのを定めとし、その種類は経軌によっては二十五種ともいわれる。しかしその主要なものは数種で、息災炉(円形)、増益炉(方形)、降伏炉(三角形)、敬愛炉(八葉蓮形)、鉤召炉(舌形・半月)などが普通であり、東寺の後七日御修法《ごしちにちのみしほ》では古式にのっとり、修法に応じた炉壇を毎年新たに構えることが今も行われている。しかし、これらの炉形をそろえた古い伝世の遺品は見受けられない。

息災炉　護摩炉として最もふつうに使用されているのはいわゆる息災炉と呼ばれるもので、炉の口縁部に少し立上りをつけ、外廻りに鍔縁をめぐらした円形炉で、底も丸底に作ったものが多い。立上りの少ない頑丈な羽釜のごとき形である。この鍔縁の手前正面に蘇油器を置く突出部を備えたものと、これを作らず正円形のものとがあるが、前者は東密系、後者は台密系で用いられるのが普通である。また鍔縁には八葉蓮弁や三鈷杵形を飾ることが多い。また平素は山形の蓋を備えるのが通制で、修法時にこれをとって使用するが、蓋の上面には輪宝文を鋳出したものが多い。この種の護摩炉はほと

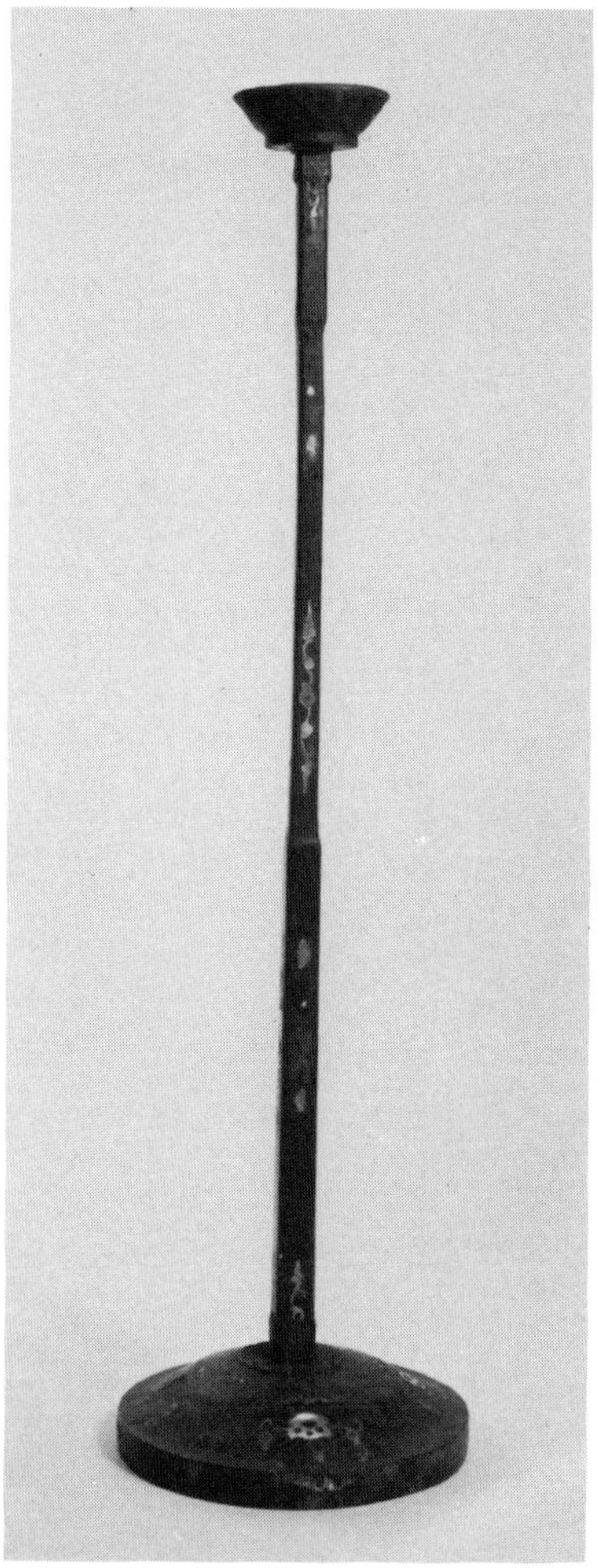
188 高燈台 平安時代 岩手 中尊寺大長寿院

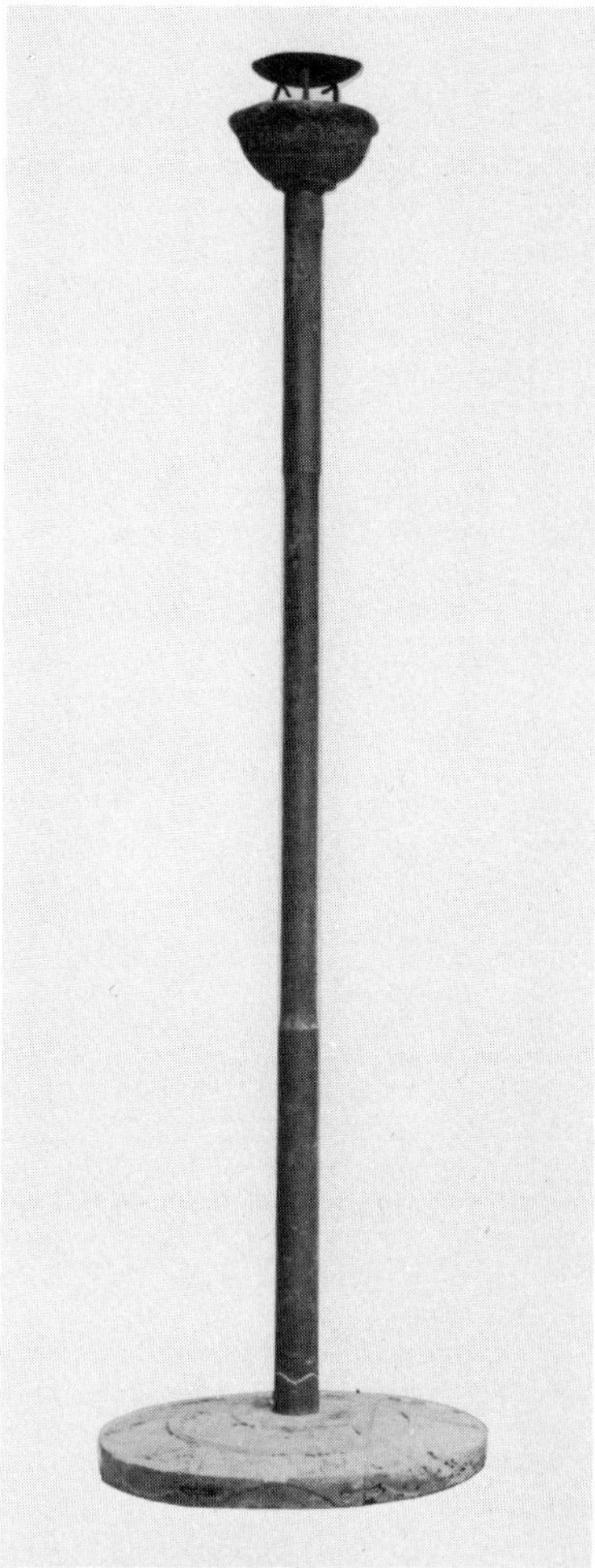
189 高燈台 鎌倉時代 奈良 円成寺

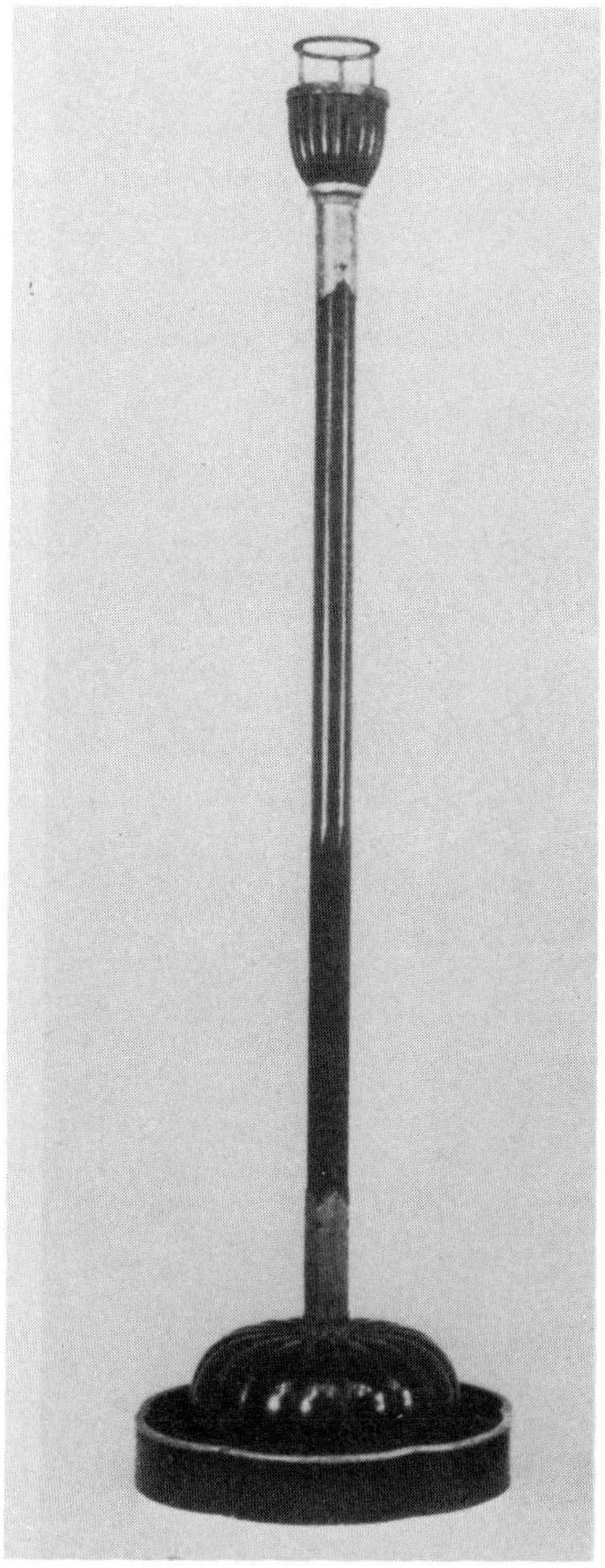
190 菊燈台 江戸時代 東京国立博物館

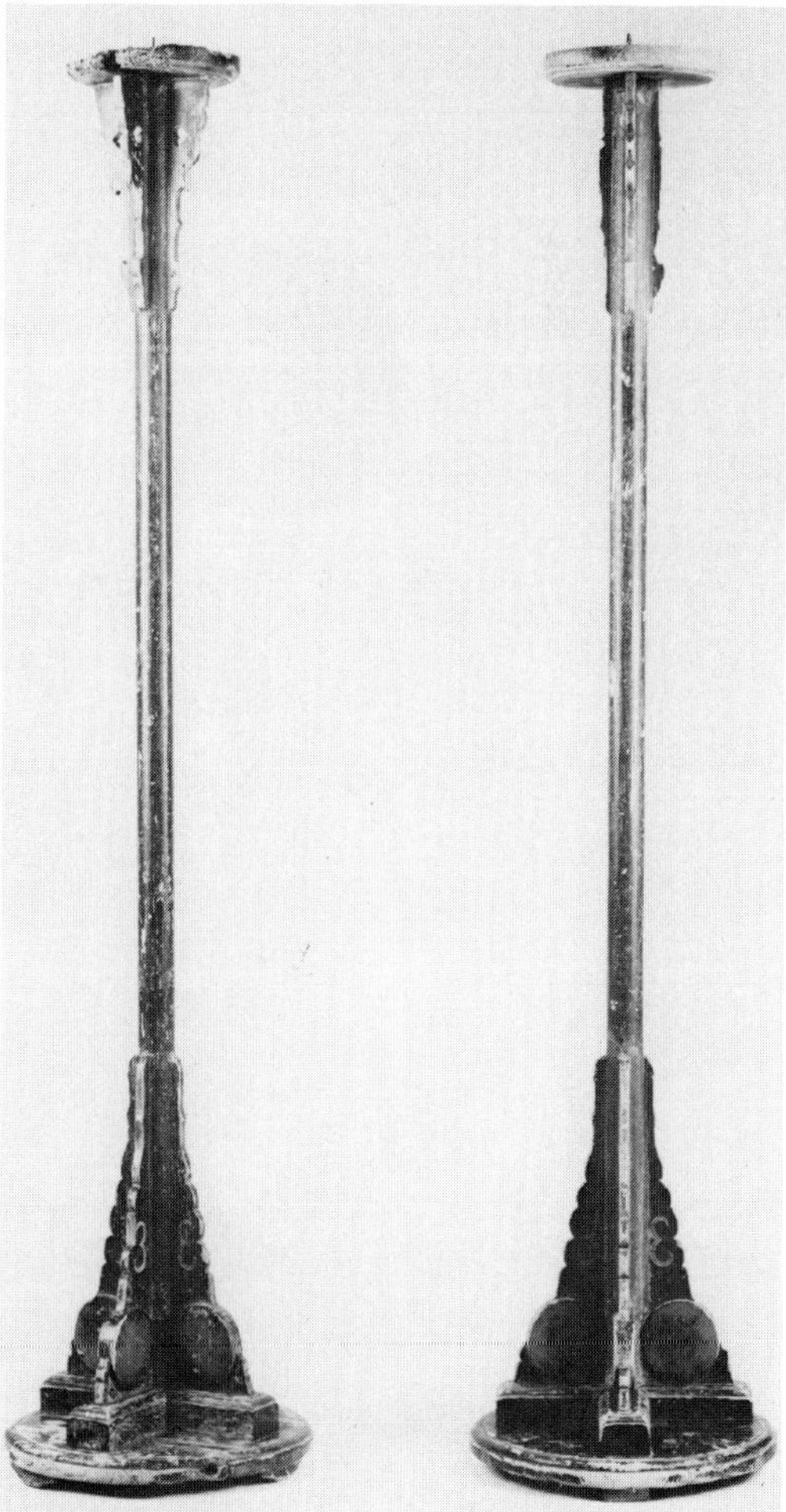
191 燭台 室町時代 鎌倉 長勝寺

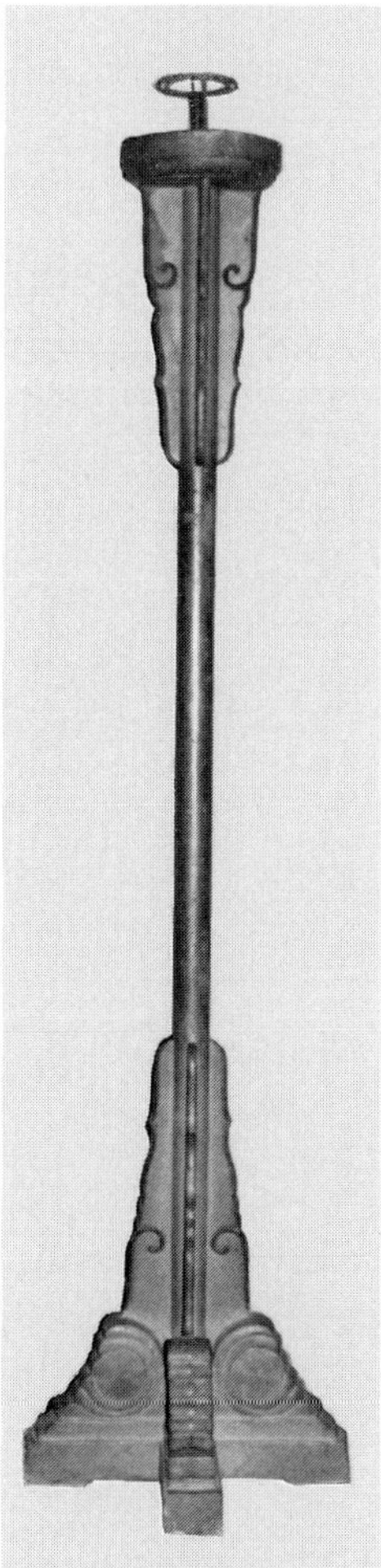
192 燭台 室町時代 兵庫 鶴林寺

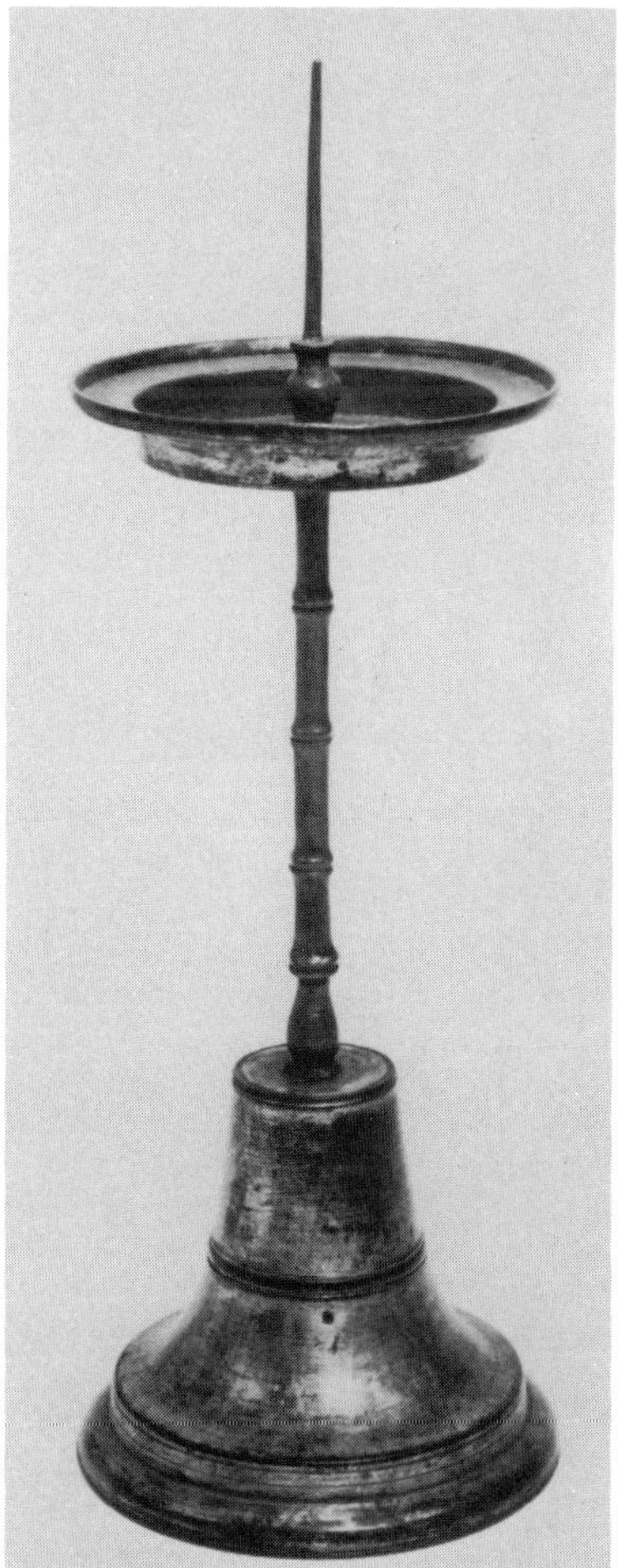
193 燭台（短檠） 鎌倉時代 奈良国立博物館

んどが鋳鉄製である。炉は高熱で焼かれるため古い遺品は少ないが、神奈川国分寺薬師堂（195図）のものや、千葉本郷安楽寺の炉（享徳元年―一四五二の在銘）、奈良市神宮寺のものなどが古例である。江戸時代の鉄炉では岐阜稲沢の無量光院（寛永七年―一六三〇の在銘）や高野山西南院の炉などが注目される。鎌倉、室町期などの類似品に三足鉄湯釜があり、これは基準作品が多いので、年代による形式の変化が把えられるが、護摩炉は基準作に乏しく今後の精査が望まれる。また、護摩炉はまれに石製のものが見られる。奈良正倉院の持仏堂前にあるものをはじめ、同じく奈良南明寺、秋篠寺、新薬師寺（197図）、吉野吉蔵院などに遺品がある。年代は定かでないが正倉院のものは蓮弁飾りの彫法などから鎌倉時代と見てよく、その他の品も室町時代を降らぬものと見受けられる。

置き護摩炉　滋賀三井寺園城寺伝来の智証大師請来形と伝える鋳銅製の護摩炉がしられている。姿は浅い円盤形で、底に低い三脚を備えたものであり、この形式からすると現在の護摩炉のように壇面を切り抜いて嵌め込むのではなく、そのまま壇上に置いて使用したものと考えられる。これと一脈通ずるものに近年長野松本出土の鉄製護摩炉（194図）がある。この品は火炉の周囲に鍔縁をめぐらし、また蓋を備えることが前者と異なるものの、底を平底につくり、三脚をつける点で智証大師請来形炉の形式に近く、しかも細部の装飾法からみて鎌倉時代を降らぬ製作と見られるものであり、置き護摩炉の伝統が古かったことをうかがわせる。

(18) 護摩杓

護摩《ごま》杓《しゃく》[※53]は護摩の修法のときに五穀《ごこく》・蘇油《そゆ》・飲食《おんじき》などの供物類をすくって護摩炉の中に投ずるための杓である。この杓は佉陀羅木を用いて作るのを本儀とするが、また金属を用いてもよいとされ、一般には杓の匙部を銅製とし、これに独鈷形の木柄をつける。総長を一尺八寸とするのが通則ともいわれる。護摩杓は基本的には二種を一組とし、一を注杓、一を瀉杓《しゃしゃく》という。注は「ながしそそぐ」、瀉は「うつしそそぐ」の意である。しかし、実際には注杓のことを大杓と呼び、瀉杓を小杓と通称している。

細部の諸形式と遺品例　これらの形式については『金剛頂瑜伽護摩儀軌』[※54]によると、注杓の形は吉祥果すなわち柘榴《ざくろ》果のごとくし、杓の中に三鈷杵文を飾り、柄をとりつけ、口と柄元に蓮華文をきざむと説き、また瀉杓は円形に作り、飾りは注杓と同様で、杓中に蓮華文あるいは金剛杵文をあらわせと説いている。現在使用されている護摩杓をみると、大杓は長柘榴形で、小杵は円形の匙面《さじめん》を作ることは約束通りのものが多いが、匙の中に装飾文を刻んだものはむしろ少ない。しかし刻文をもつものもあり、大杓は三鈷杵文を刻んでいるが、小杓は蓮華文や三鈷杵文でなく、輪宝文を飾ったものが多い。これは弘法大師の『護摩鈔』[※55]に、小杓の底の輪形は大日如来の三昧耶形で、大杓の底の三鈷杵は金剛薩埵の三昧耶形であると説くのに当っている。京都東福寺（200図）には鎌倉時代と認められる護摩杓があり、大杓には三鈷杵文、小杓には輪宝文が刻まれている。しかし、これに続くような古い遺品は極めて少ない。

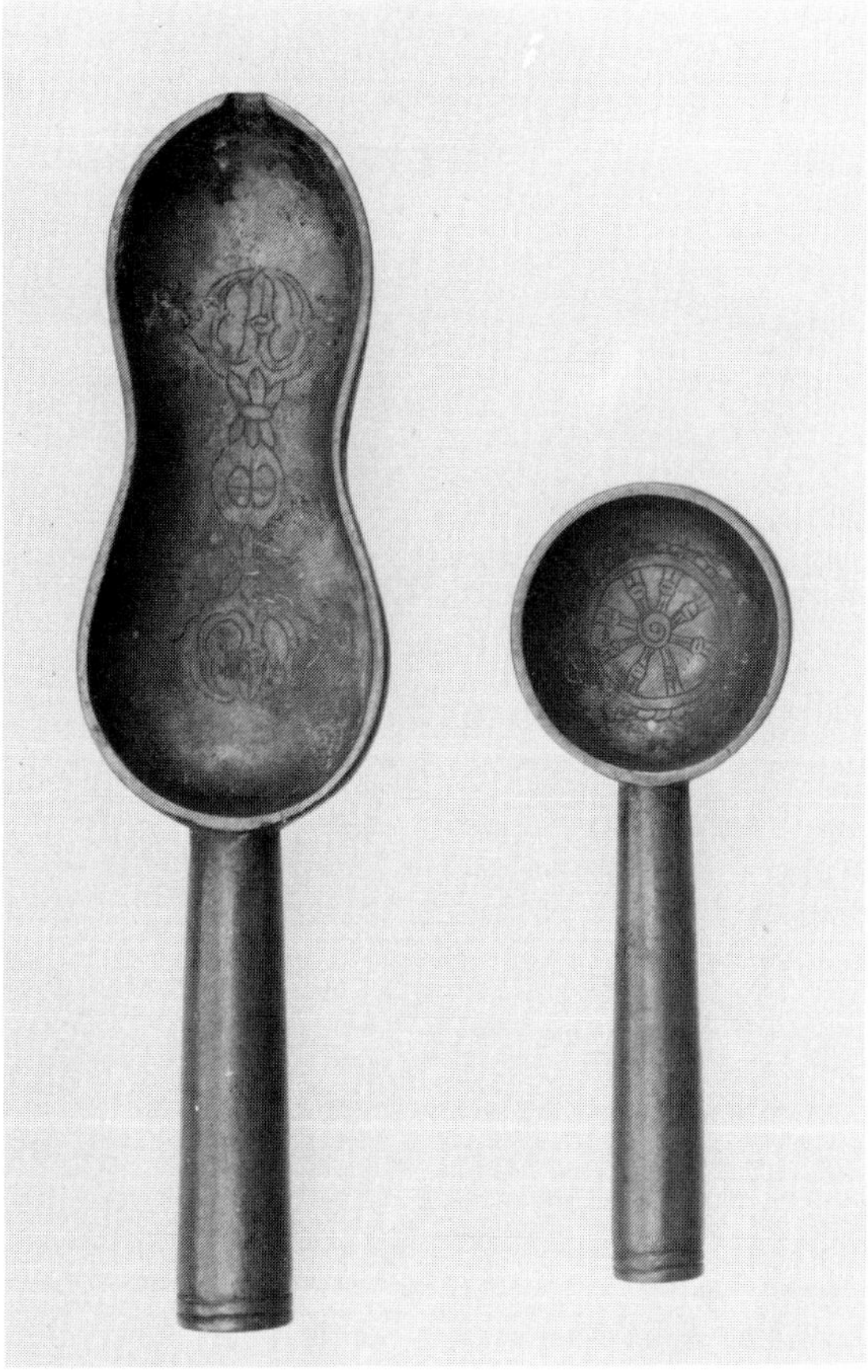

200　護摩杓　鎌倉時代　京都　東福寺

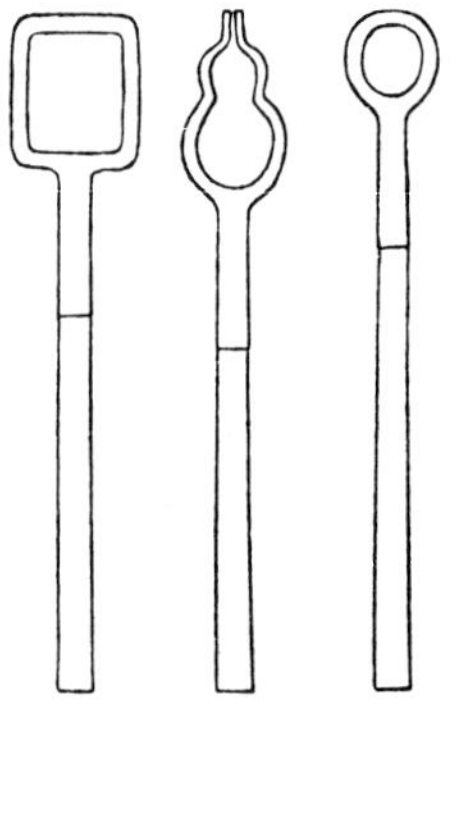

※53　右より円形の小杓、長柘榴形の大杓、方形の大杓。

※54　大正新修大蔵経　No.908

※55　〈参考〉諸宗章疏録第三

194 三脚護摩炉　長野　松本民芸館

195 護摩炉　神奈川　国分寺

196 護摩炉　京都　勝林院

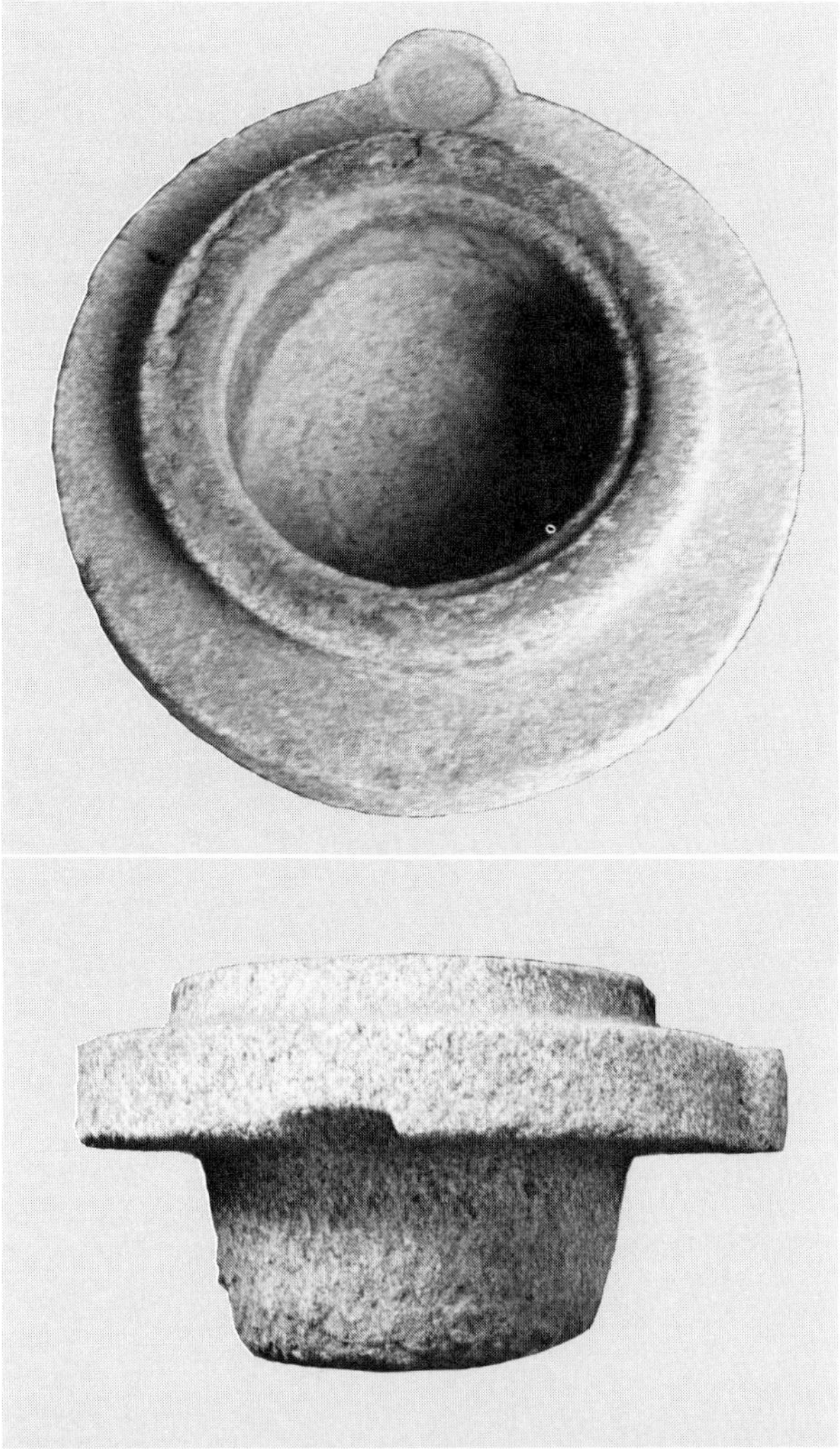

197 護摩炉　奈良　新薬師寺

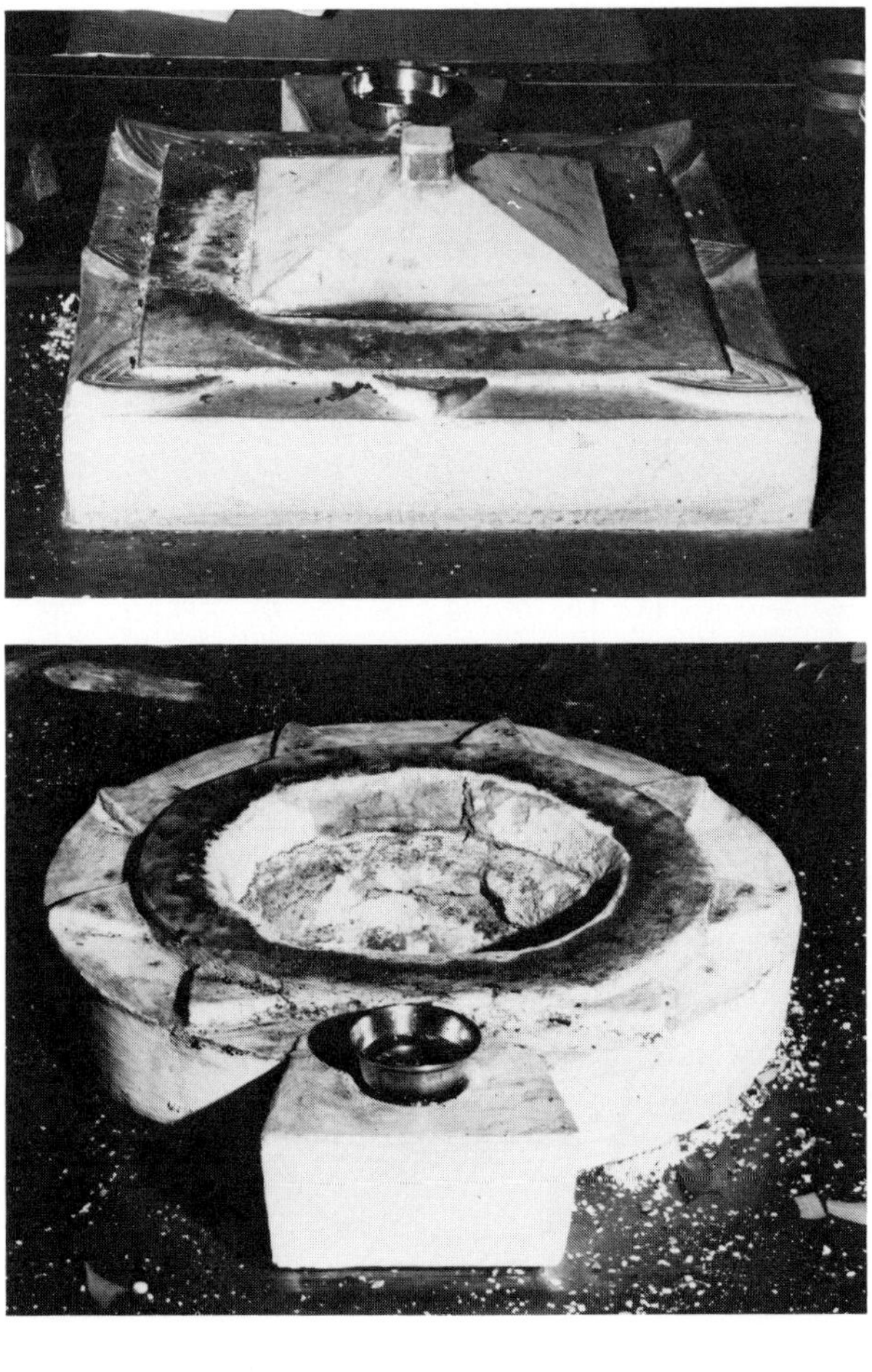

198 護摩炉（上・増益炉　下・息災炉）京都　東寺（後七日御修法用）

用法　実際の修法に当っては蘇油のベタつきを避けるために、五穀と飲食に専用の小杓を別に一本備え、都合三本の杓を使用する場合も多い。また、『大日経疏第二十』[※56]に方形の大杓を説くが、流派によって方形で三鈷杵文を飾った大杓（新安流）を用いたり、円形で蓮華文を刻んだ小杓（山門派）を用いるなどのこともあるが遺例は稀である。

なお大小杓を壇上に直接触れぬように**杓休**、**杓安め**などと呼ばれる杓皿を備えることも多く、杓の柄を置くための**杓懸**という台を用いることもある。

⒆　五器・八器

五器《ごき》[※57]・八器《はちき》は護摩壇に独得の法具で、五器は灑浄《しゃじょう》・嗽口《そこう》・蘇油・飲食・五穀を盛る器である。灑浄・嗽口は道場や供具を浄め、また本尊の口中に見立てられる護摩炉を清浄にするためのもので、その他の三器はそれぞれの供物を盛って炉口に供養するに用いられる。器の形式は大壇上の灑水器、塗香器に類似し、八器よりも形も大きい。八器は修行者の脇机に置いて、芥子・丸香・散香・塗香・薬種・花・行者用塗香・加持物の八種を入れるもので、器形は五器よりもやや小さく、蓋は平たく、鈕も紐飾りなどの装飾がなく簡素なものが普通である。

⒇　修法壇（大壇・密壇）

壇は梵語で曼荼羅《まんだら》という。曼荼羅はもともと「修法のために区画された土壇」といった意味であるが、この壇上に諸尊を安置したり図絵したところから、本義を拡大して諸尊集会《しゅうえ》の図を曼荼羅と呼ぶにいたったものである。古代インドにおける修法壇はみな土壇であったといわれるが、これが中国に伝わってから不空三蔵以後は木壇も使用されるようになり、恵果和尚以降は木壇が定法化されたといわれている。わが国では七日《しちにち》作《さ》壇法《だんほう》にもとづいて土壇を構築したとの伝えがあるが、その後は東密・台密を問わず木壇が常用されたようである。壇は用途や修法によって呼称も異なり、また教義的には修法に応じて壇の形状を変えるといった定めもあるが、もっとも基本的な壇を大曼荼羅壇と呼び、これを略して大壇と通称する。常用されてきた木製の大壇をその形式によって大別すると、華形壇《けぎょうだん》・箱《はこ》壇《だん》・牙形壇《げぎょうだん》の三種があり、また大壇の省略形式として密壇がある。また歓喜天を祀る聖天壇には円形壇が用いられることが多い。

華形壇　華形大壇《はながただいだん》とも呼ばれ、密教の大法を修するときの中心をなす本壇に用いられる最も根本的な大壇である。この壇は平面が正方形で、その四方の側面に蓮弁の彫刻をめぐらすところから華形壇の名がある。またこれをさらに分けると、根本様と発達様の二種がある。根本様は壇の四側全面に仰蓮と伏蓮の蓮弁飾りをほどこしたもので、あたかも臼形蓮台とか大仏座と呼ばれる蓮台を正方形に仕立てたごときものである。この原初的ともいうべき壇は広沢六流や小野流の安祥寺、勧修寺、随心院の三流およびこれらの支流に用いられるという。これに対して発達様と称するのは根本様華形壇の下にさらに方形の基壇をつけ加え、それに格狭間などの装飾をほどこしたものであり、醍醐三宝院、理性院、金剛王院の三流およびその支流において用いられるという。

〈遺品例〉　根本様華形大壇の遺品としては奈良室生寺灌頂堂の金胎両部の二壇（201図）を揃えたものが弘法大師請来形として名高く、四側面に豪快な素弁式の仰蓮と伏蓮各七葉を二段にめぐらし、下縁に角框を添えるのみの基本的な形制を示しており、製作は鎌倉時代と認められるもので、この式の壇では最も古い。なお広沢流や小野三流で用いられるこの形式の大壇は、仰蓮と伏蓮の境い目に五色の金剛線を刻みめぐらす点が異なる。この後者の遺品では神奈川称名寺の大壇（202図）が同じく鎌倉時代の優品で、仰蓮を単弁、伏蓮を複弁として各面十弁を飾り、その境に金剛線をめぐらした堂々たる作である。

発達様華形大壇の遺例は、京都東寺（203図）、岩手中尊寺（平安後期）、奈良法隆寺（204図）、西大寺、和歌山金剛峯寺西塔および不動堂（205図）、神奈川長勝寺（206図・以上鎌倉時代）、大阪観心寺（室

※56　大正新修大蔵経　No.1796

※57　右より五器、八器、杓休の図（『密教法具便覧』）。

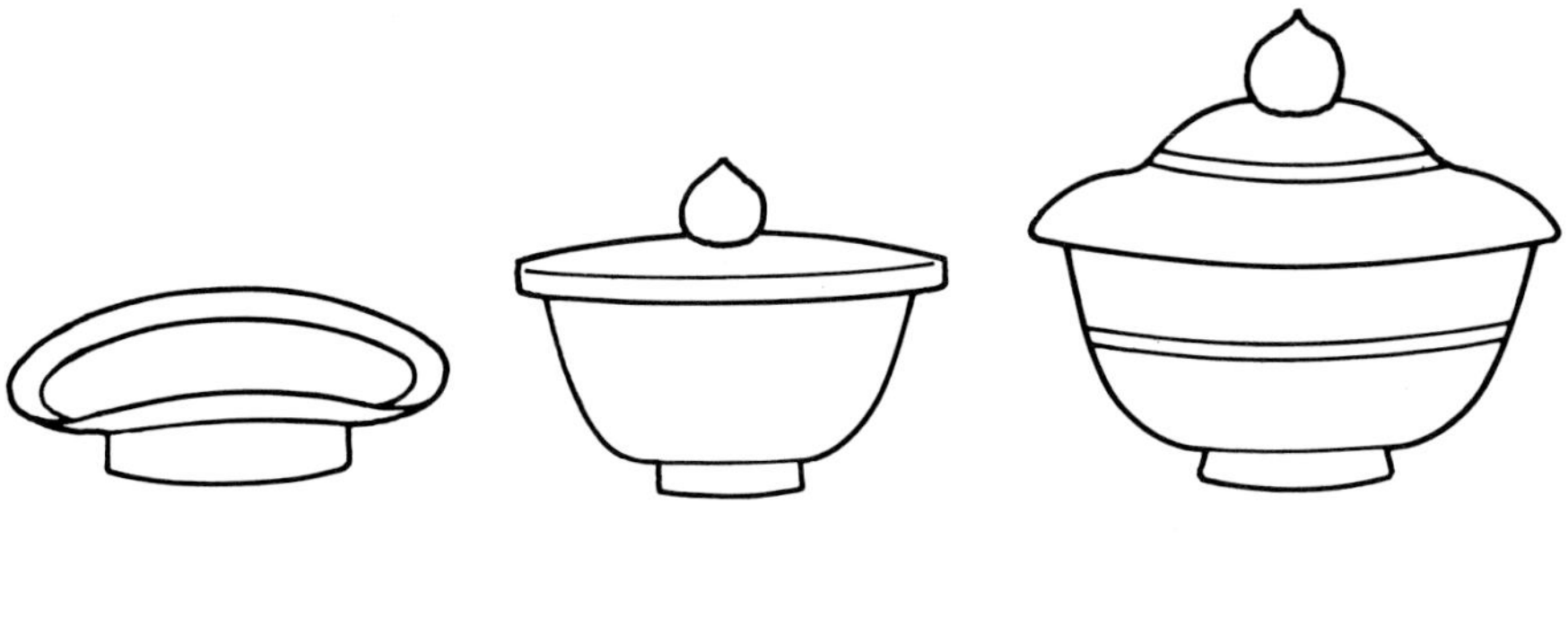

201　根本様華形壇　鎌倉時代　奈良　室生寺

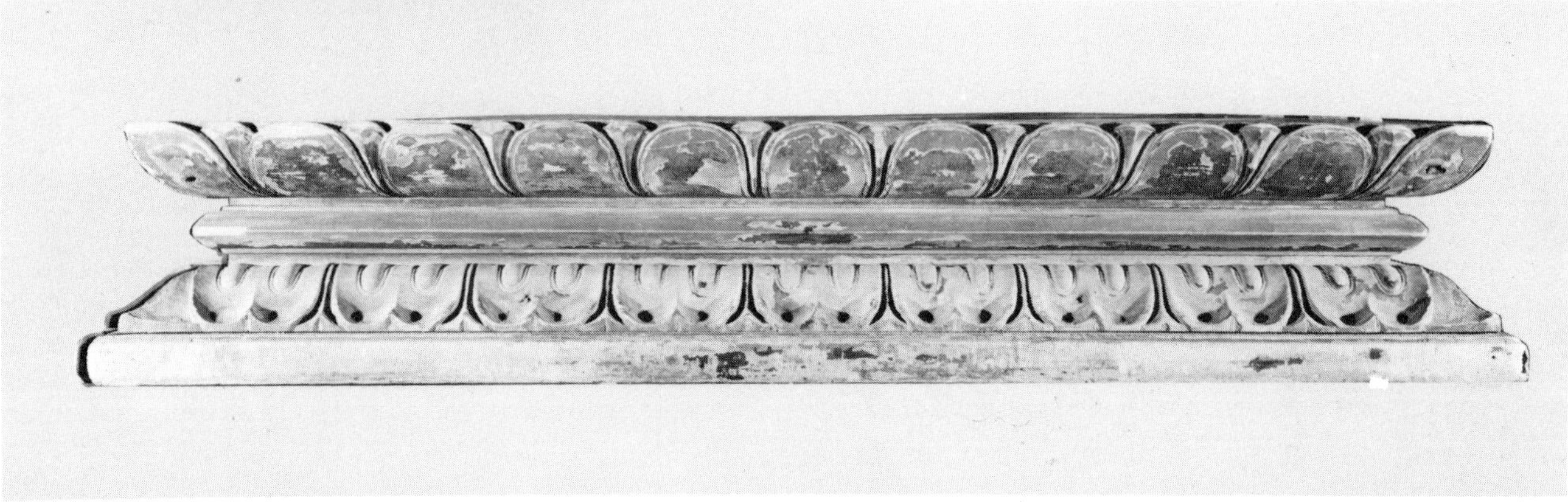

202　根本様華形壇　鎌倉時代　神奈川　称名寺

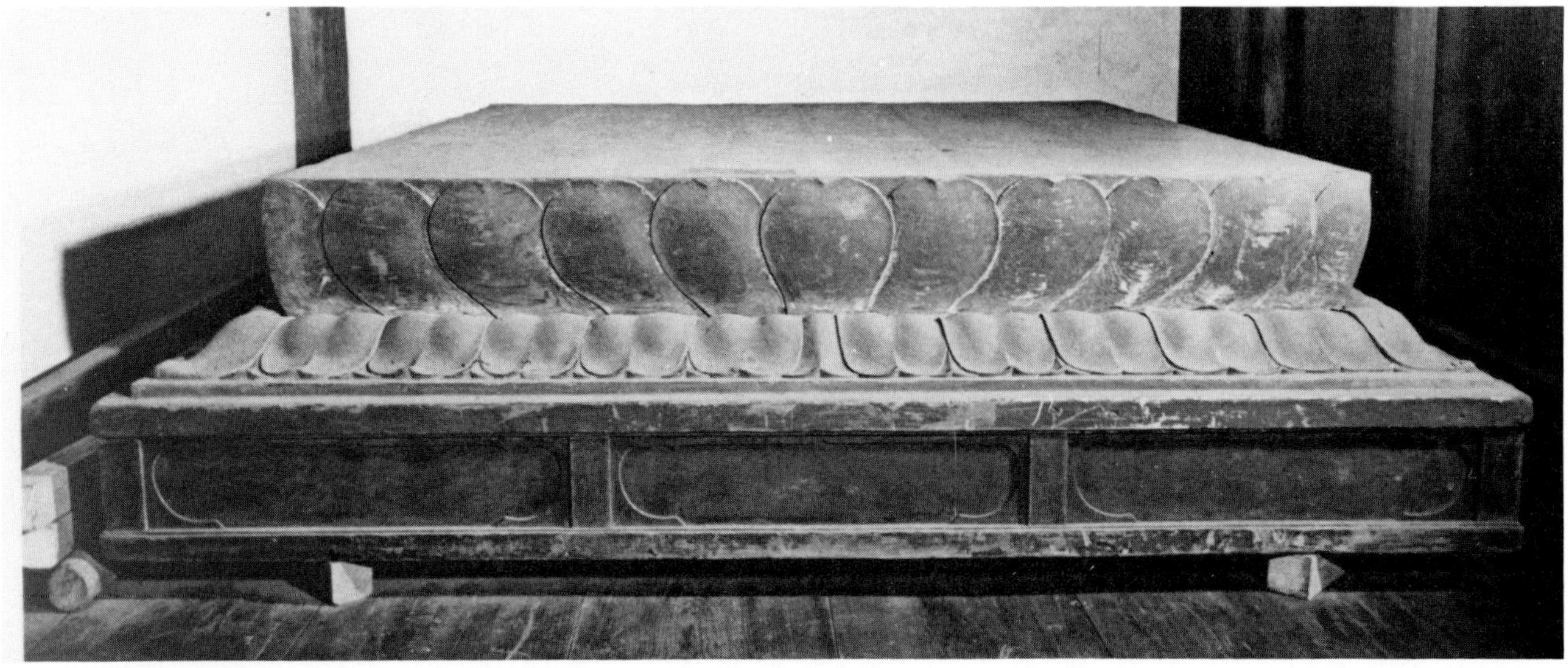

203　発達様華形壇　平安時代　京都　東寺

町前期）などの優品がある。東寺御影堂の大壇は仰蓮を朱彩、伏蓮を緑青彩とし、仰蓮に三弁宝珠を金彩した痕跡があり、蓮弁の彫法や安定した形姿に平安時代の格調を示した現存最古の大壇である。中尊寺地蔵院の大壇（基壇欠）は各面に仰伏十五葉の蓮弁をつけ、壇面に蓮華唐草文を蒔絵したもので、平安後期の大壇として貴重なもの。法隆寺聖霊院の大壇は鎌倉時代の正応二年（一二八九）の墨書銘があり、仰蓮は単弁、伏蓮を複弁とし、基壇の各面に三個の素文格狭間を入れ、框に金銅金具を打つ。高野山西塔大壇は蓮弁を上下とも素弁とし、基壇の格狭間も素文とした古式な姿で、框部に金銅金具を打つ。この壇も正和元年（一三一二）の墨書銘があり基準作例として重要である。同じく金剛峯寺の不動堂大壇は仰蓮を装飾弁、伏蓮を複弁とし、基壇の格狭間に縦連子文を刻み製作優秀である。西大寺愛染堂の大壇は仰蓮を素弁、伏蓮を複弁とし、基壇の格狭間に蓮華文一個ずつを彩画している。長勝寺大壇は同地の極楽寺伝来といわれるもので、仰蓮を装飾弁、伏蓮を複弁とし、基壇は七個の花形格狭間をつくり縦連子板をはめた極めて大形の壇である。河内観心寺本堂の大壇は仰蓮に宝珠文を描き、伏蓮を複弁とし、基壇の格狭間に蓮華・菖蒲・牡丹などの花文を彩画した立派な壇で、室町前期の応永二十四年（一四一七）の墨書銘があり、基準作として重要な一例である。この種の発達様華形大壇にも仰蓮と伏蓮の境いに金剛線を刻みめぐらすものがあり、（京都大覚寺、大通寺、仁和寺、滋賀石山寺など）、また基壇の格狭間は各面三個が普通であるが、七個のもの（長勝寺）、四個（東寺灌頂堂）、二個（大覚寺）などもあり、必ずしも一定しない。

根本様華形壇

◎鎌倉時代　奈良・室生寺　（金胎二壇）〈201図〉
〃　神奈川・称名寺　（金剛線）〈202図〉

発達様華形壇

◎平安時代　京都・東寺御影堂　〈203図〉
◎平安後期　岩手・中尊寺地蔵院
鎌倉時代　奈良・法隆寺聖霊院（正応二）〈204図〉
◎鎌倉時代　奈良・西大寺愛染堂
〃　和歌山・金剛峯寺西塔（正和元）
◎〃　〃　不動堂〈205図〉
〃　神奈川・長勝寺〈206図〉
室町時代　大阪・観心寺（応永十四）

〈細部の形式と用法〉　以上のように華形大壇の中にも仰蓮と伏蓮の形式やその上下の組合せ、あるいは基壇の格狭間の数や装飾法にも各種があることがしられる。これらは密教の諸流諸派の秘伝によって異なるものといわれ、一律に論ずることはむずかしい。例えば大壇四面の蓮弁についても、上に向いた八葉二重（間弁つきの意）は慧門の十六大菩薩をあらわし、下に向いた八葉二重は定門の十六大菩薩をあらわすものとの説があるが、実際の古い大壇を見ると、各面の花弁の数も七弁（室生寺）、一〇弁（東寺御影堂、高野西塔、称名寺）、一一弁（長勝寺、大通寺）、一二弁（高野不動堂、観心寺）、一三弁（西大寺）、一四弁（東寺大師堂）、一五弁（中尊寺、大覚寺）、一六弁（法隆寺）、二九弁（仁和寺）などの各種があるから、おそらく近世における立説と推測される。また壇の大きさも長勝寺大壇の一辺長二二六cm（七・四五尺）から、小形では高野西塔壇の一〇八cm（三・五五尺）などこれも一定しないが、古いものを見ると五尺から六尺にかけての壇が多い。

〈時代による形式の変化〉　華形壇は一般的な様式観からみて、やはり仏像の蓮台の花弁表現と同様に平安時代のものは蓮弁の彫法が平潤で格調が高く、鎌倉時代で高肉彫りとなり、時代が降るとともに装飾性を増し、さらに形式に堕す傾向がみられる。また蓮華壇部、基壇部ともに古式の壇は丈の低い形姿を示しており、鎌倉時代後期頃から丈高になる傾向がうかがわれる。格狭間内の装飾も厨子や礼盤などと同様に近世のものは次第に装飾過多となり、牡丹や唐獅子を飾るものなどが多くなる。しかし江戸時代は再び密教の隆盛を見た時代だけに大寺においては荘厳を極めた、華麗な大壇も製作されている。

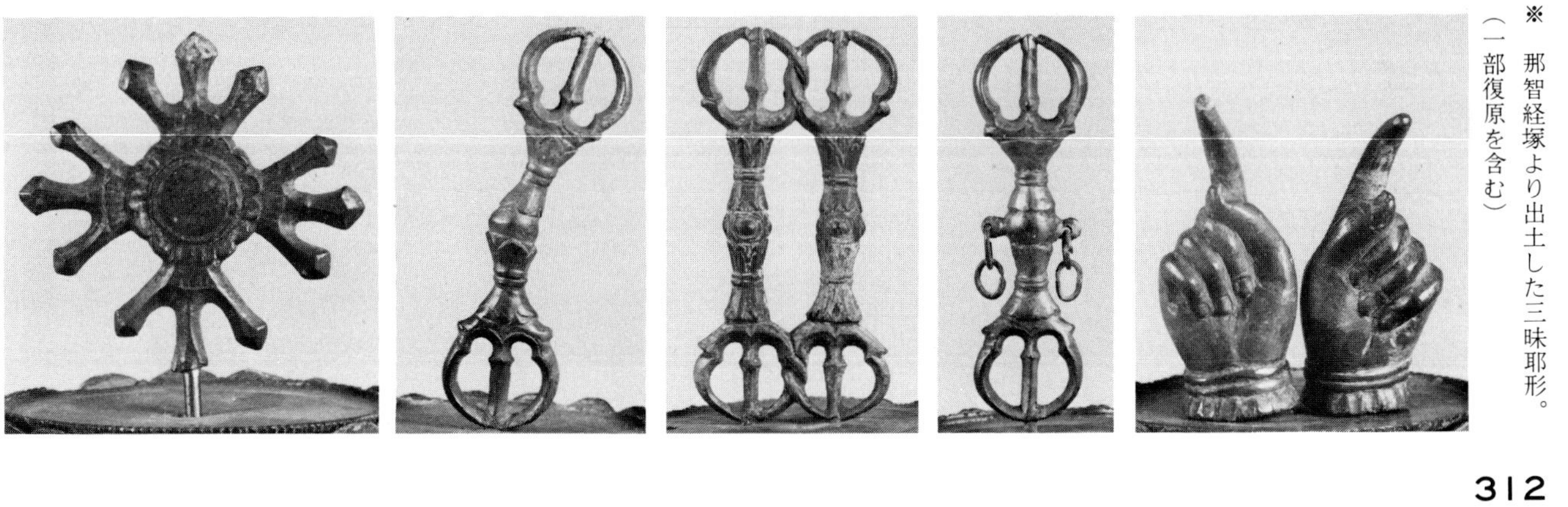

※　那智経塚より出土した三昧耶形。（一部復原を含む）

204　発達様華形壇　鎌倉時代　奈良　法隆寺聖霊院

205　発達様華形壇　鎌倉時代　和歌山　金剛峯寺不動堂

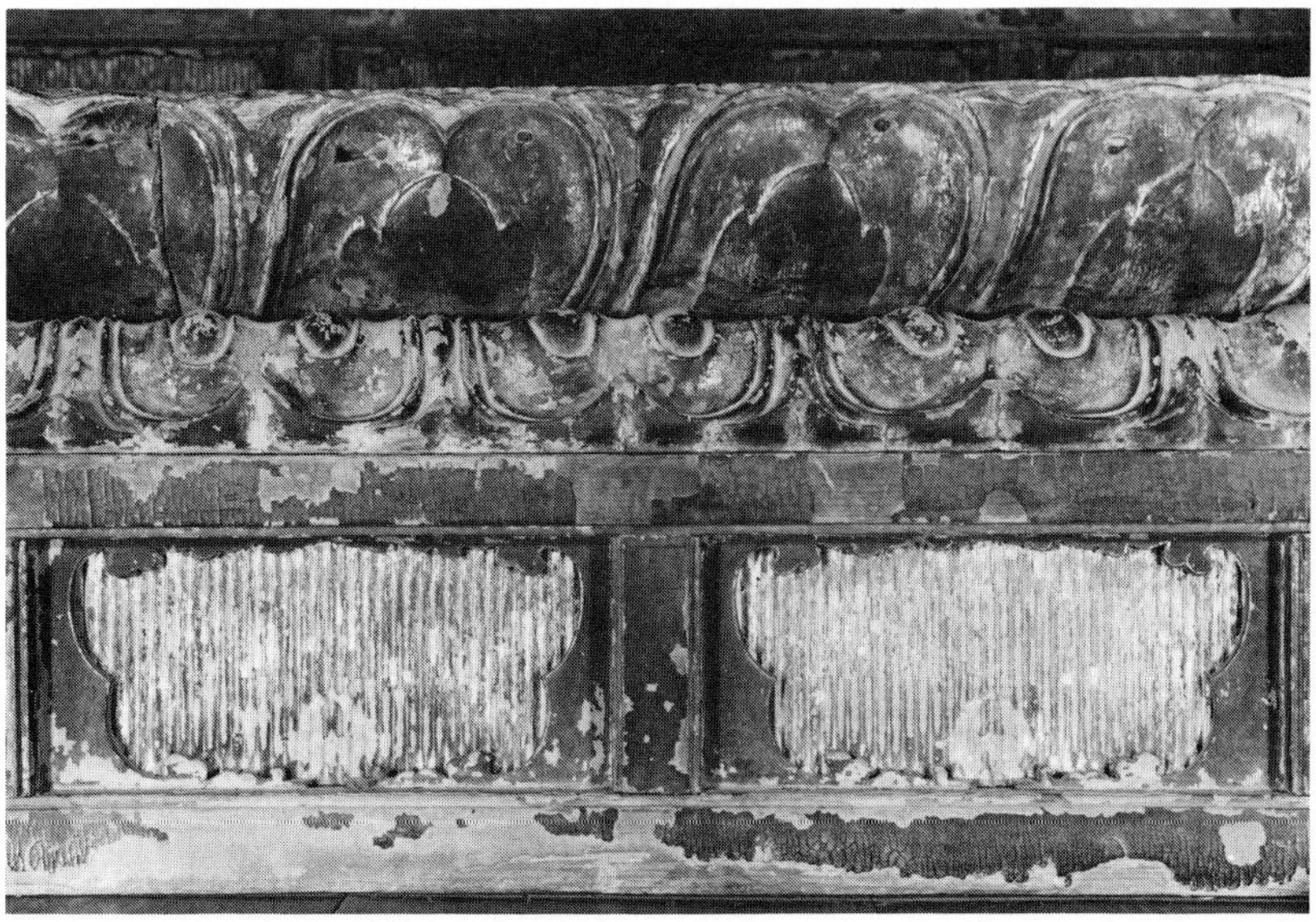

206　発達様華形壇　鎌倉時代　神奈川　長勝寺

箱壇　箱壇は華形壇にくらべると簡素な姿で、壇の四側面に蓮弁を飾らず、上下の框に束を立てて平面正方形の箱形に仕立てたもので、発達用華形大壇の基壇部が独立した形式と思えばよく、むしろ壇としての基本形制とも見られる。箱壇も華形壇の基壇部と同じく、四方の側面には四本の束を立てて各三間に区切り、各間に格狭間を備えるのが普通である。もともと密教の壇は修法に応じて作壇し、儀式が終ればこれを破壊するのを古法としたが、これが次第に常設の木壇として使用されるに至ったものであり、ことにこの箱壇は東密においては一定の期日を定めて修法し、結願のときにこれを破壊すべき行法に多く用いられたといい、これを常設の本壇とするのは略儀であるとされる。しかしこれに対して台密においてはこの箱壇が大壇として常用される伝統があり、一般的にもこの形式の壇は大壇としても、また護摩壇としても用いられている。しかしこれを大壇として使用するときには壇敷《だんじき》や水引《みずひき》を用いるを法とするともいわれ、その用法も流派によって異なる（なお華形壇の場合でも流派によって壇敷、水引が用いられる）。この箱壇の古い遺品はあまり知られていないが、中では愛媛石手寺の大壇や三重金剛証寺、京都橋寺旧蔵の護摩壇などが鎌倉時代と認められるこの種の壇の代表的なものである。石手寺の大壇は四側面に各三個の格狭間をつけるが、これを時代色豊かな花形格狭間とし、縦連子を刻んだ鏡板を張るなど技法が優れている。箱壇四面の格狭間の装飾法も、連子文のほかに蓮華文や牡丹などの花卉文、唐獅子文などを飾ることは華形壇の場合と同様である。

牙形壇　牙壇《げだん》とも通称される壇で、正方形の天板の四隅に四本の脚を立てたもので、側板を張らない。しかもその脚に反りを作って象牙形に似るところからこの名がある。この牙形壇は通気性をもつ機能面からも、主として護摩壇に用いられることが多いが、これを略儀として大壇に用いることも許されるという。また流派によっては大壇を華形壇とするときは、護摩壇は必ず牙形壇を使用するを定めとするともいわれる。醍醐三宝院の護摩壇などはこの壇が用いられている。

密壇　上述の華形壇・箱壇・牙形壇はいずれも正方形の平面をなすが、密壇はその壇面が長方形に作られるものである。密壇の語義からすれば大壇も密壇と同義であるが、通称として前者の大壇に対してこの長方形壇を密壇と呼び、大壇の略式として使用される。従ってその壇上の法具の荘厳も異なり、大壇が四面器を皆具するのに対して、密壇では一面器を配置する。この密壇にもさらに正式と略式があり、正規のものはその四側面に束を立てて区画し格狭間を透す。略式のものは単に机のごとく四脚を立てる。格狭間を透すものは正面を三間として三個の格狭間を入れ、両側面に各一個の格狭間を透すのが通制である。これに対して四脚を備えるのみの密壇は供壇《くだん》（供養壇）とも呼ばれ加行壇《けぎょうだん》（修行用壇）などにも用いられる。

（岡崎譲治）

三昧耶形による大壇供の復原

207　旅壇具　鎌倉時代　高知　金剛頂寺

208　灌頂大壇供　江戸時代　滋賀　延暦寺法曼院灌室

密教法具図

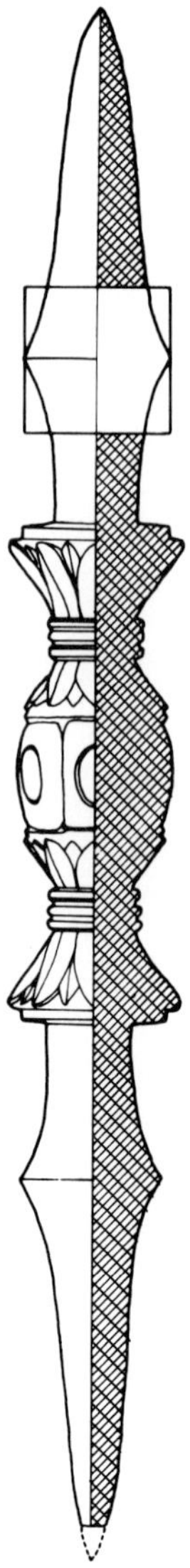

1 独鈷杵 奈良時代 静岡 修禅寺

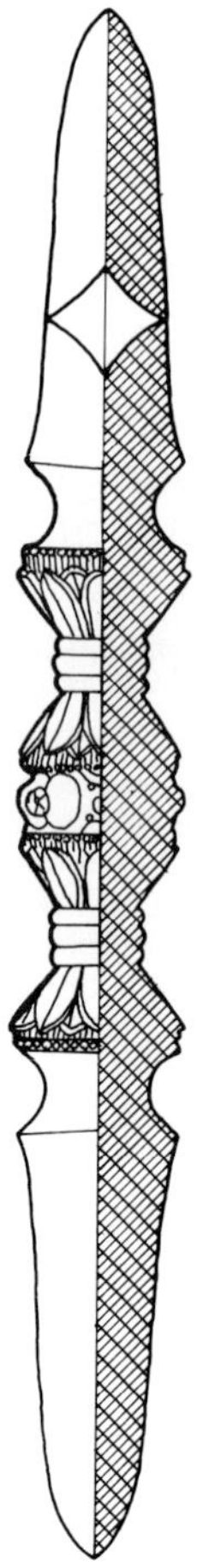

2 独鈷杵 平安後期 某氏

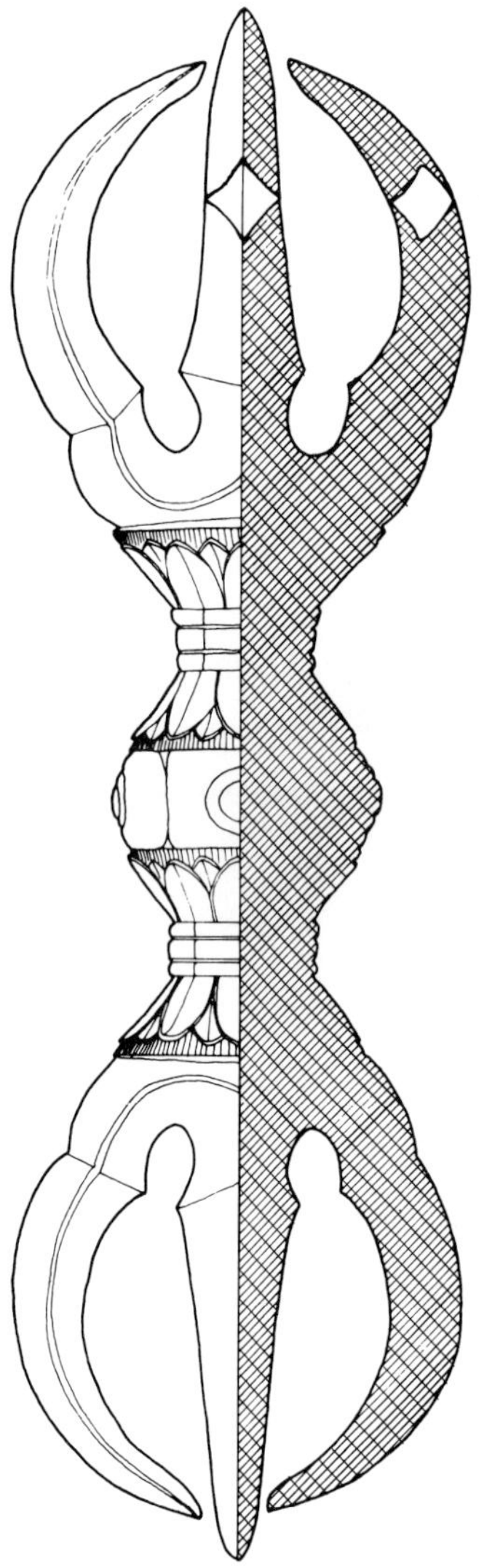

6 三鈷杵 平安時代 和歌山 金剛峯寺（写・16図）

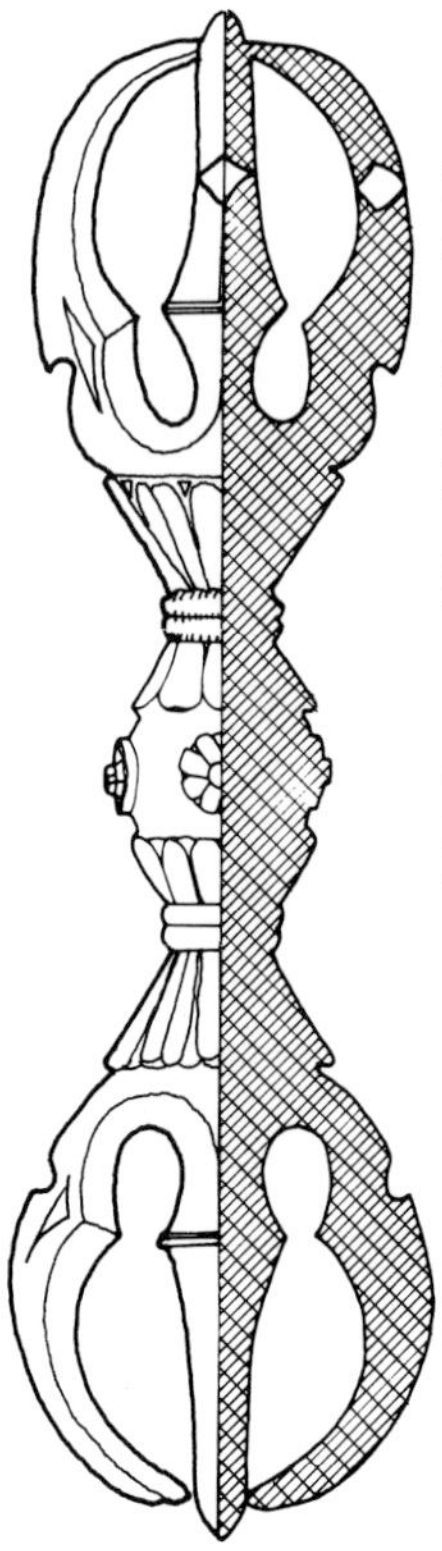

7 三鈷杵 平安後期 和歌山 金剛峯寺

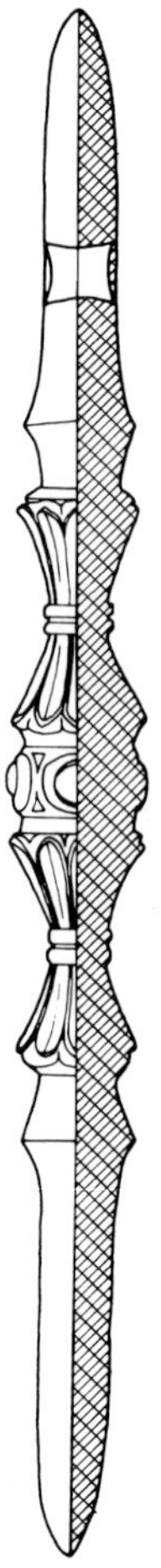

3 独鈷杵 平安後期 奈良 吉水神社

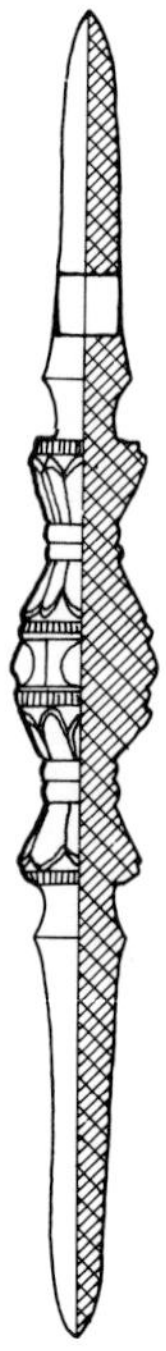

4 独鈷杵 平安後期 京都 鞍馬寺

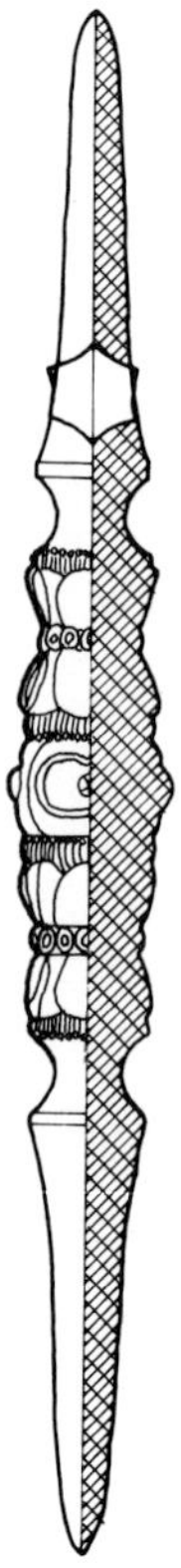

5 独鈷杵 平安後期 奈良 西大寺（写・11図）

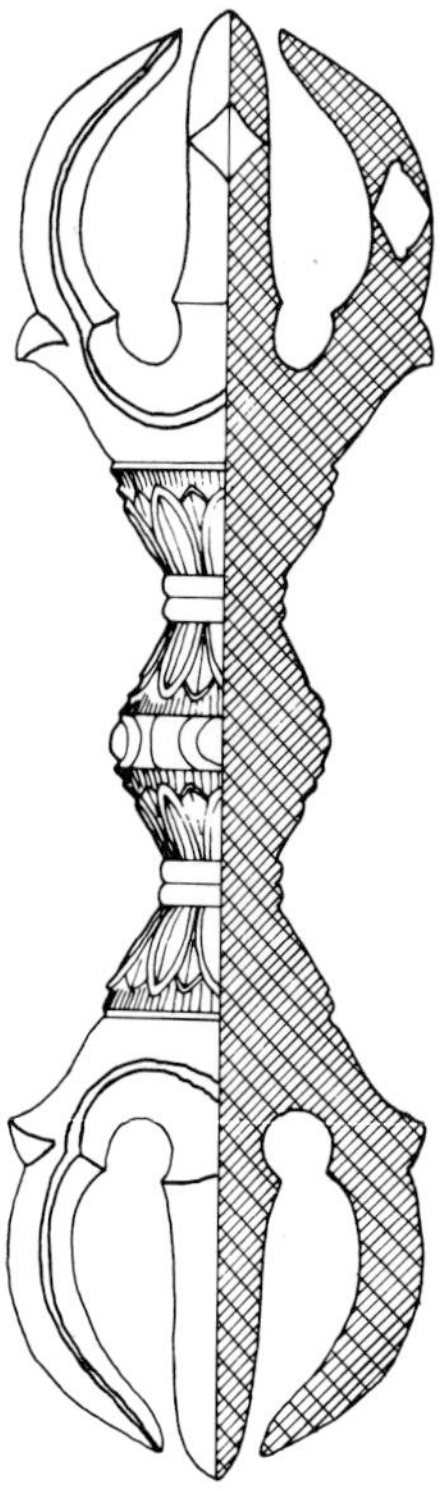

8 三鈷杵 鎌倉時代 奈良 室生寺

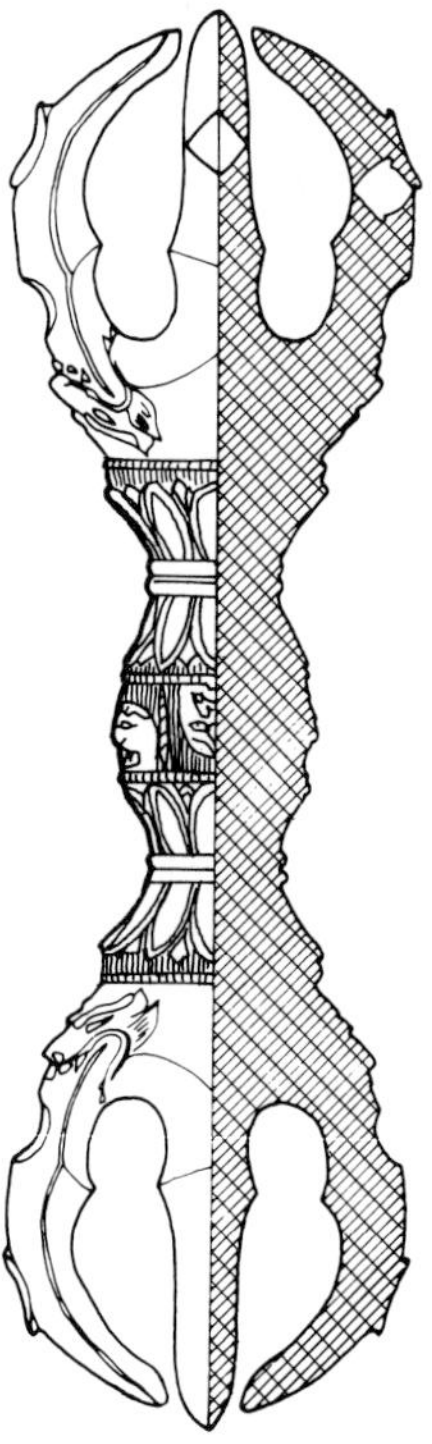

9 三鈷杵 鎌倉時代 藤田美術館

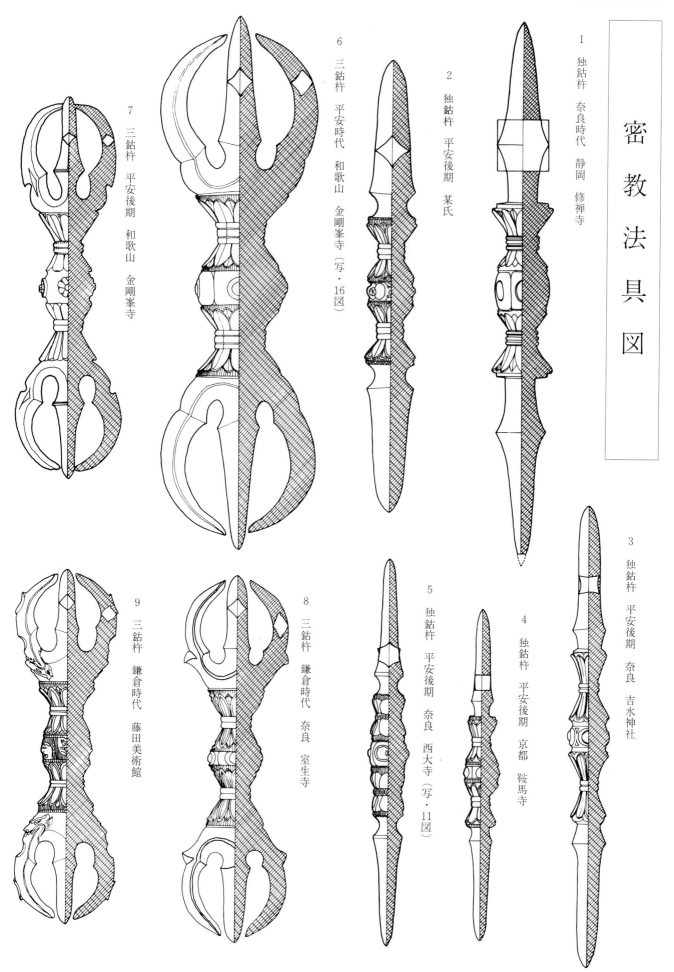

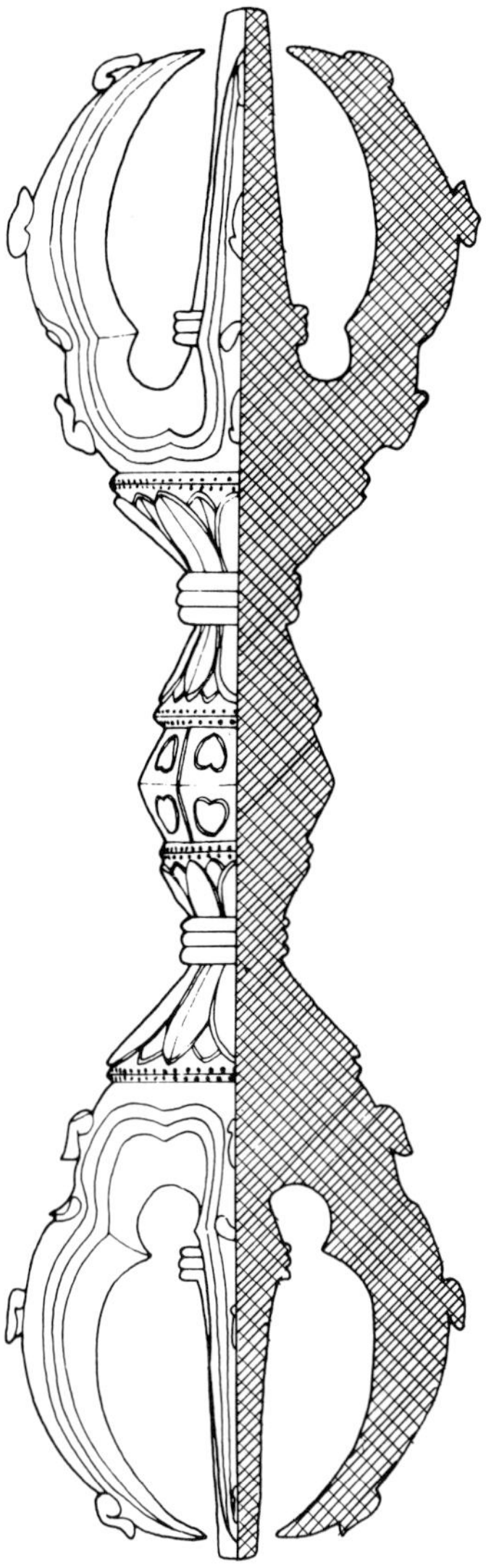

10 五鈷杵　唐時代　京都　東寺（写・21図）

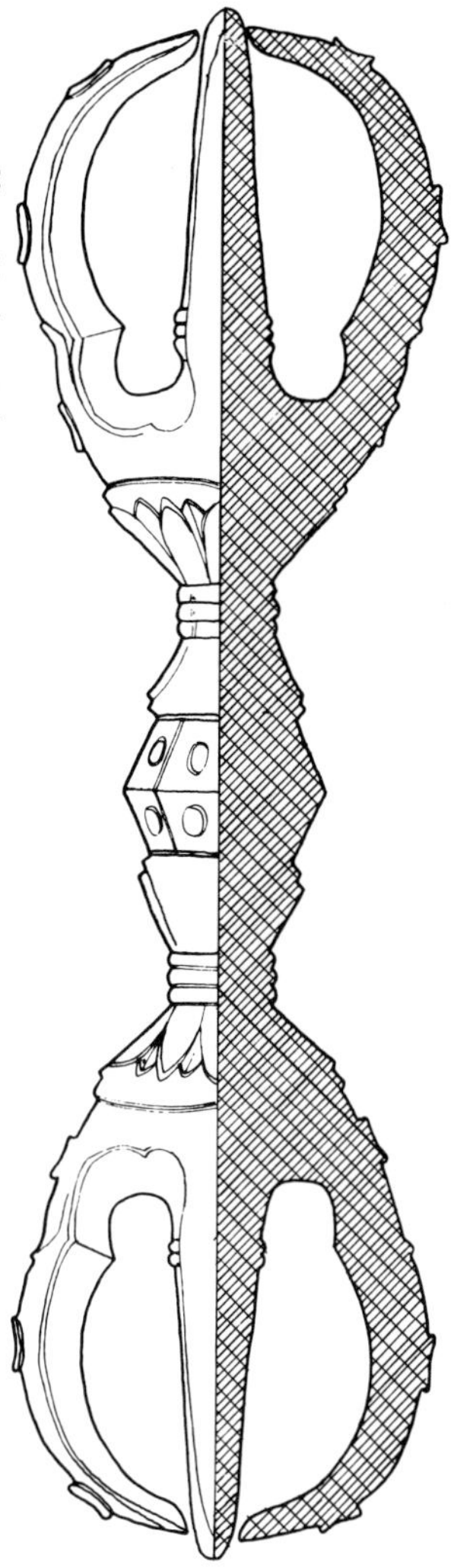

11 五鈷杵　平安時代　和歌山　金剛峯寺

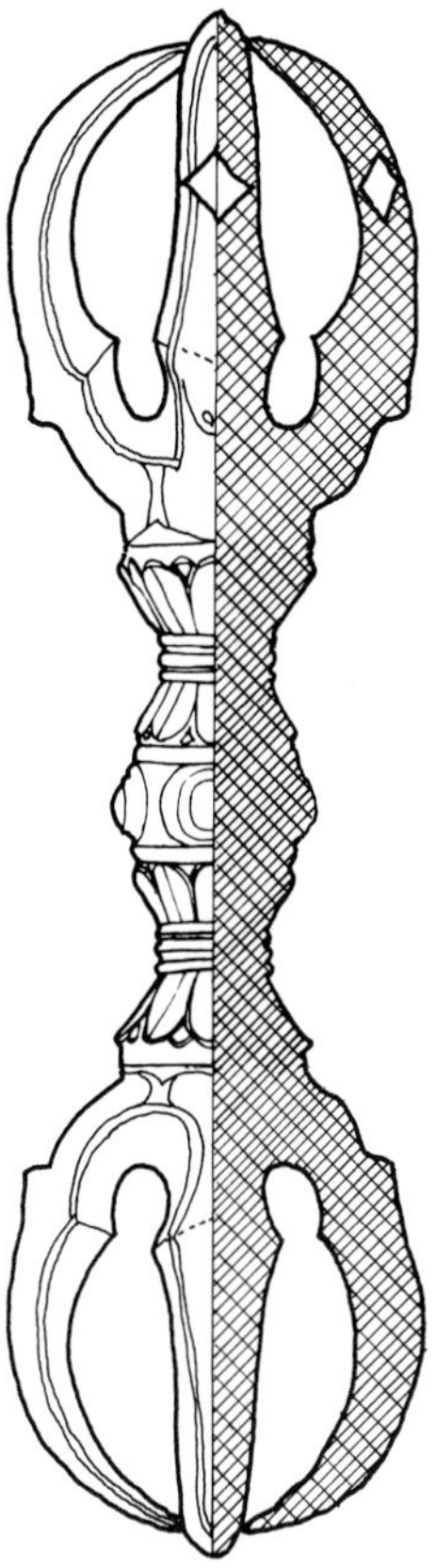

12 五鈷杵　平安時代　香川　弘憲寺（写・24図）

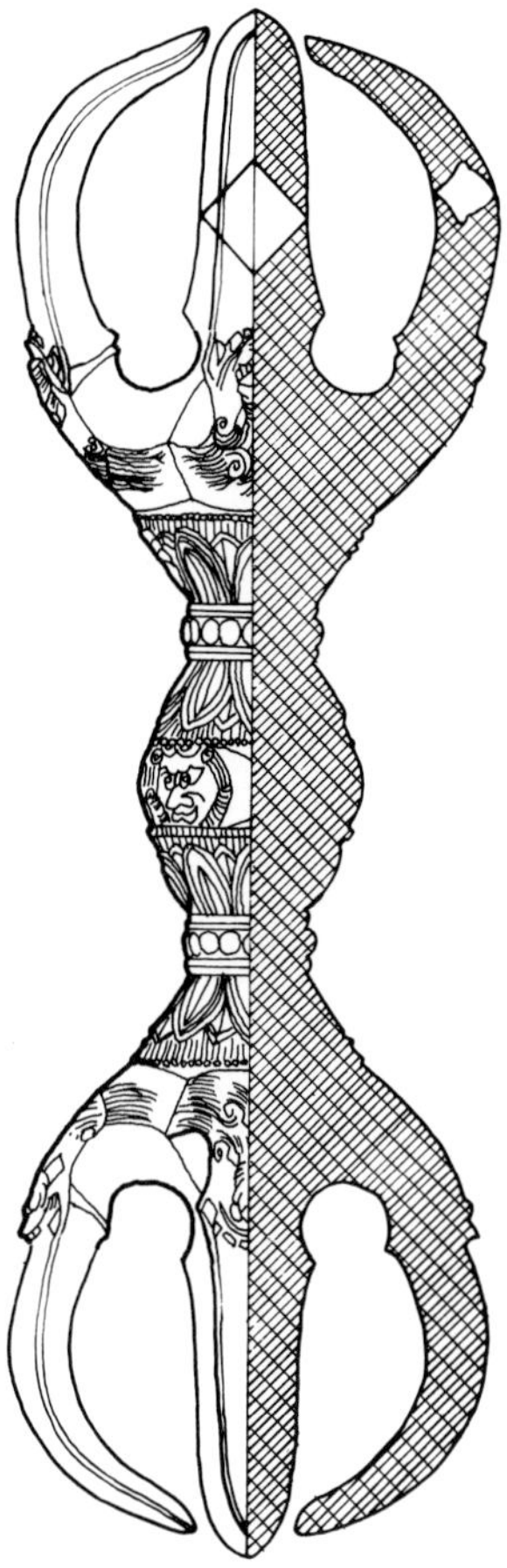

13 五鈷杵　室町時代　香川　金刀比羅宮

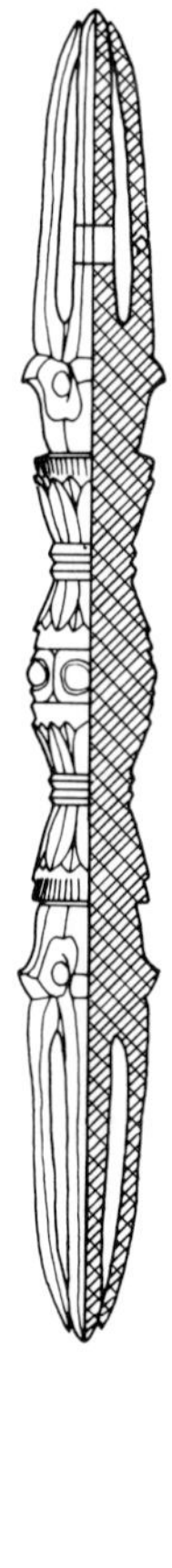

14 都五鈷杵　鎌倉時代　京都　仁和寺（写・30図）

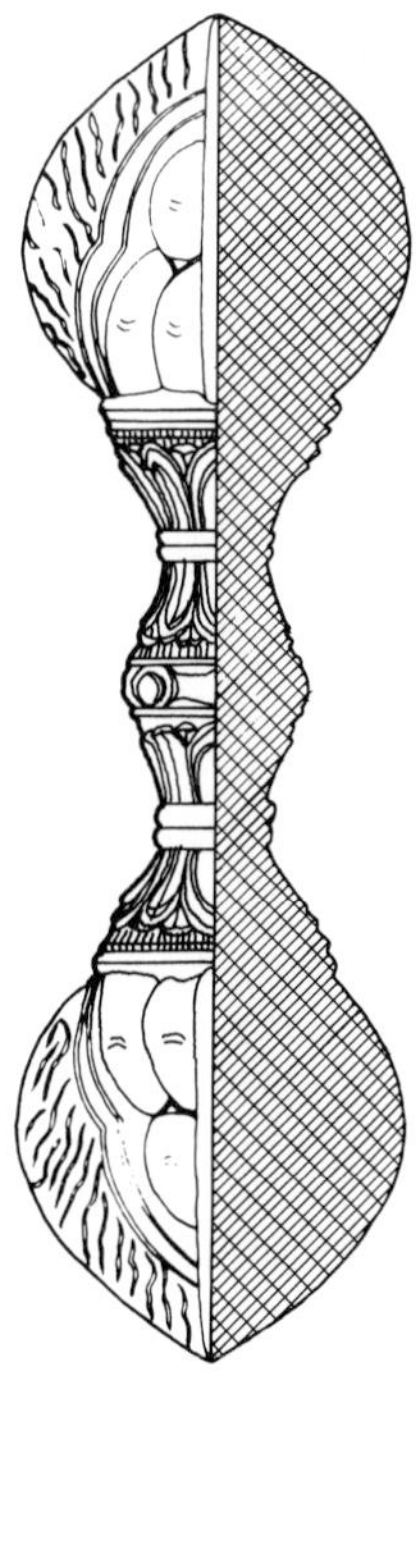

15 宝珠杵　鎌倉時代　京都　柳　孝　氏

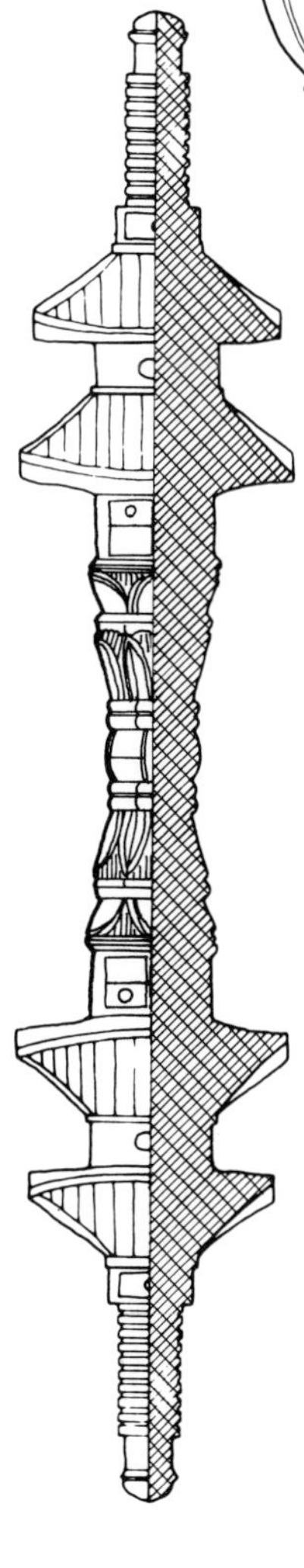

16 塔杵　桃山時代　大阪市立美術館（写・35図）

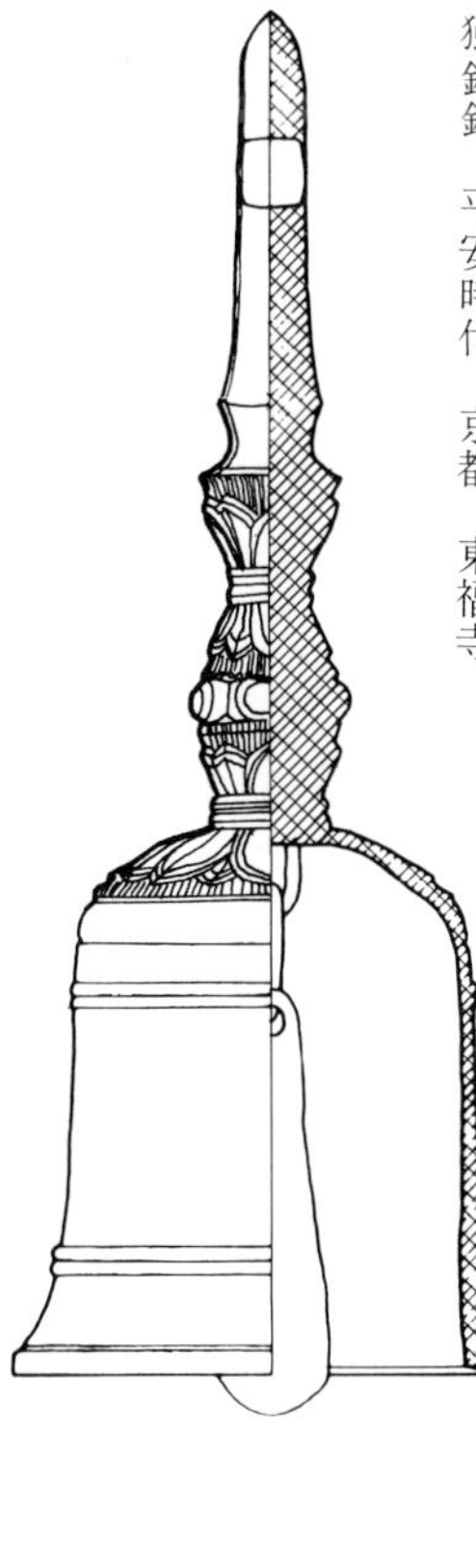

17 独鈷鈴　平安時代　京都　東福寺

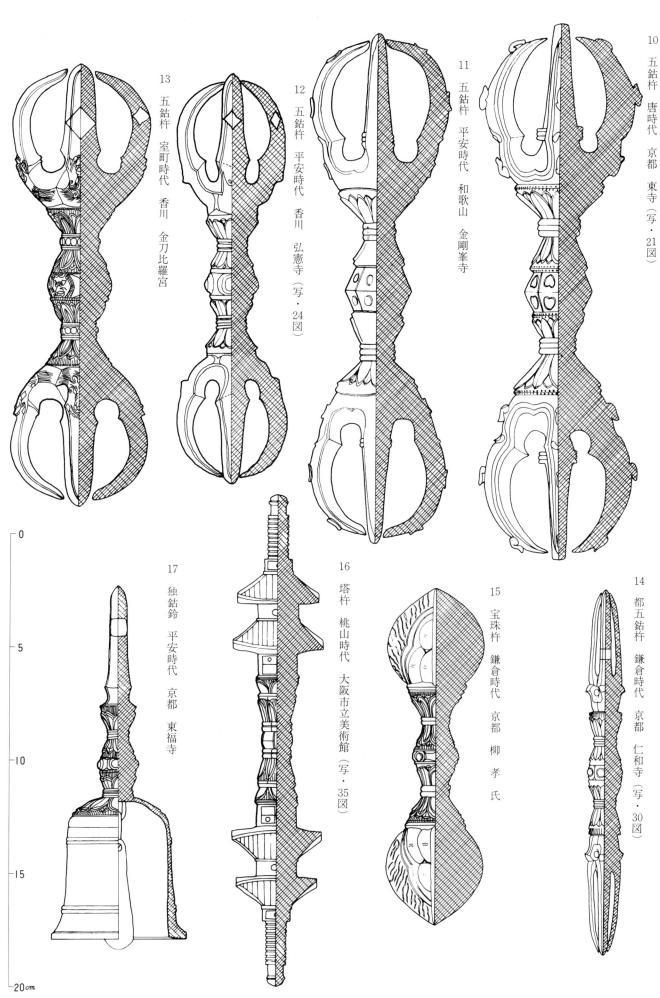

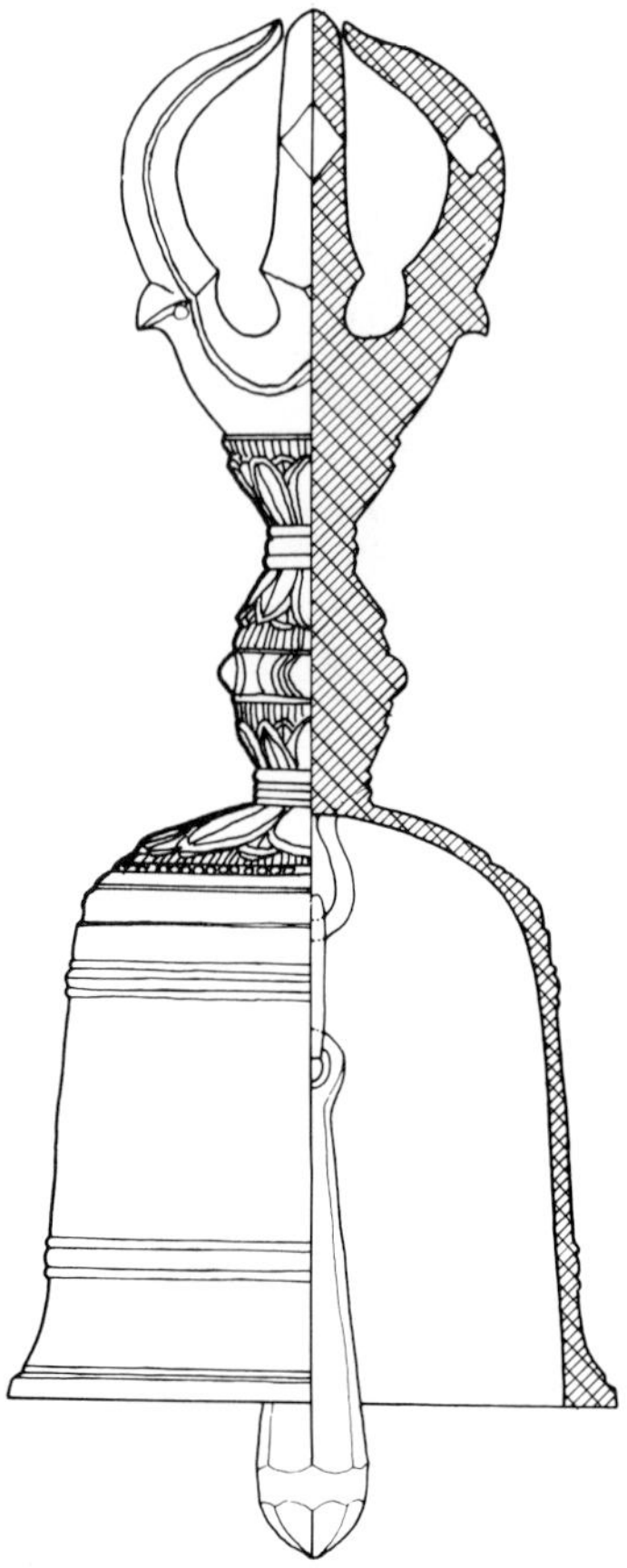

18 三鈷鈴　平安後期　細見　実氏（写・41図）

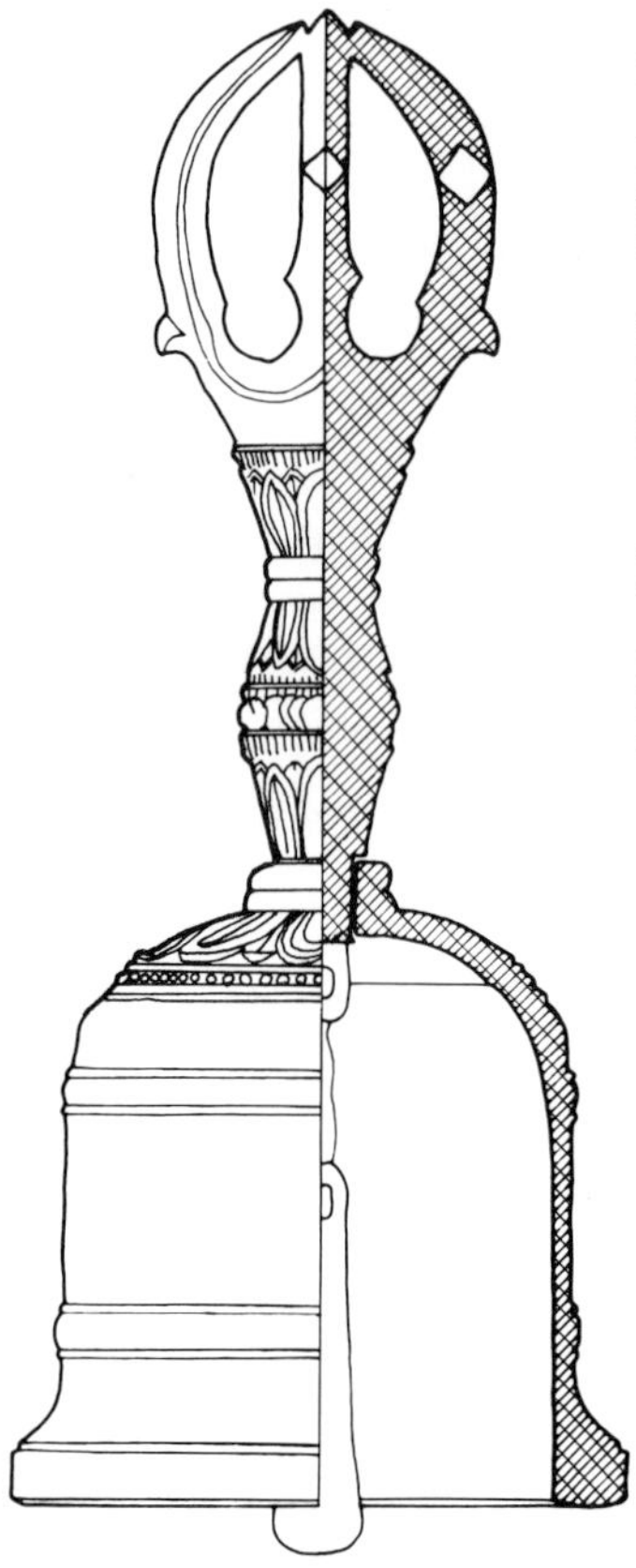

19 三鈷鈴　鎌倉時代　兵庫　白毫寺

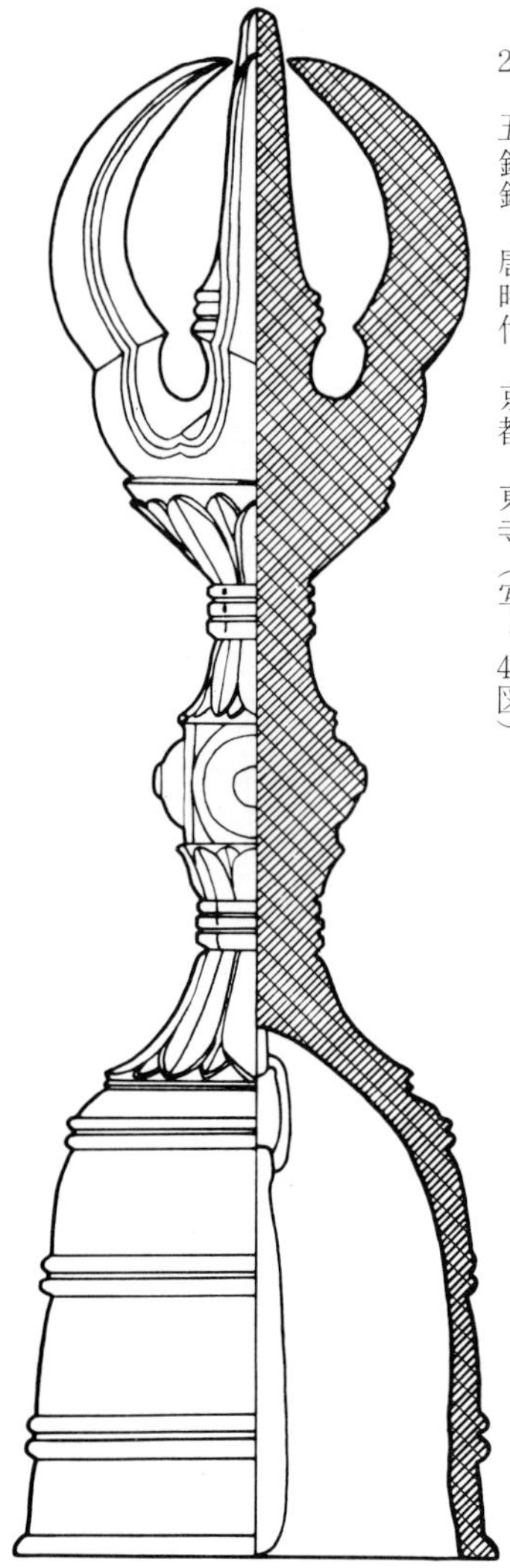

20 五鈷鈴　唐時代　京都　東寺（写・45図）

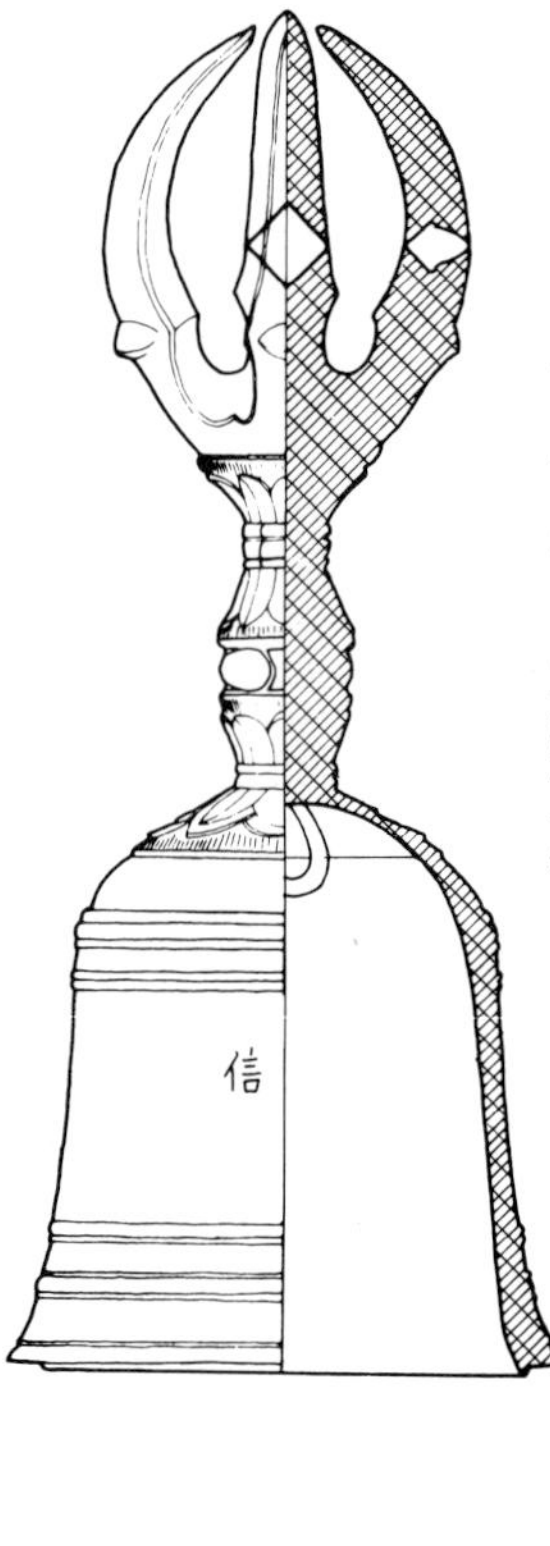

21 五鈷鈴　平安時代　奈良　朝護孫子寺

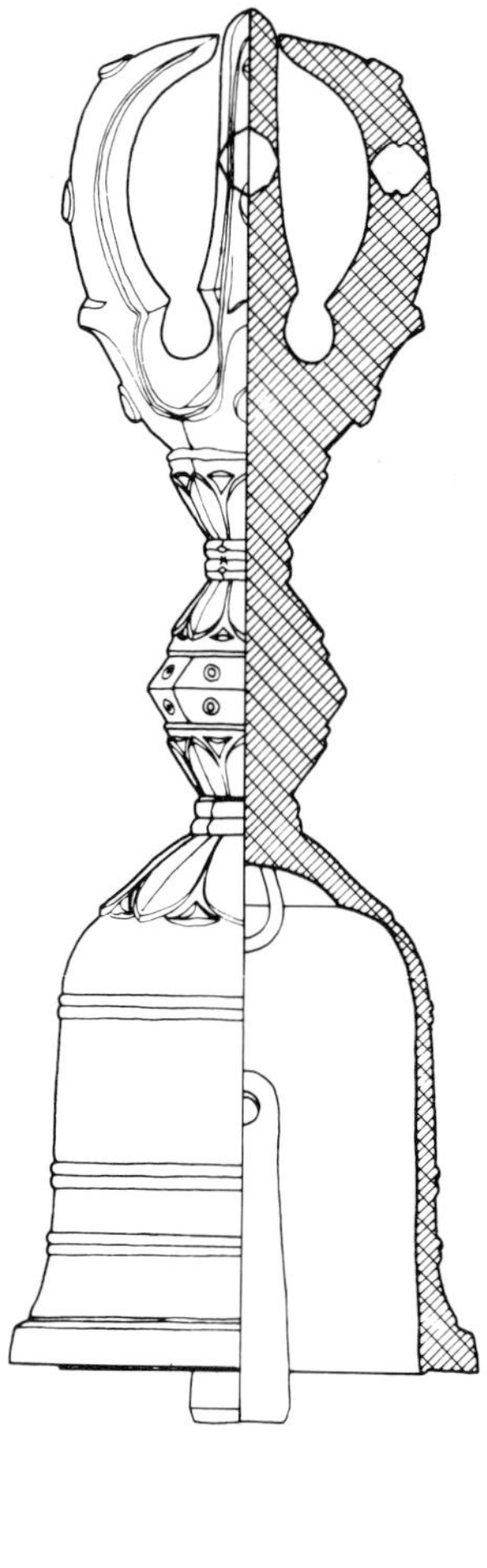

22 五鈷鈴　平安後期　細見　実氏

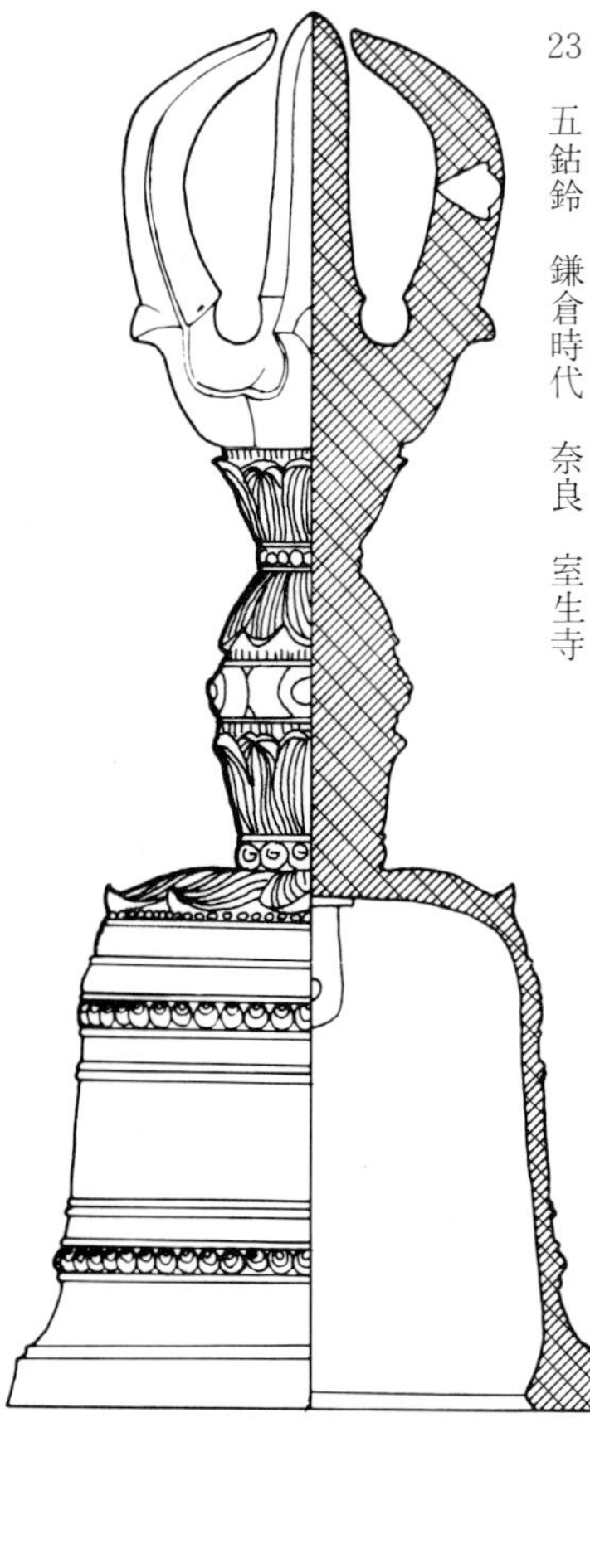

23 五鈷鈴　鎌倉時代　奈良　室生寺

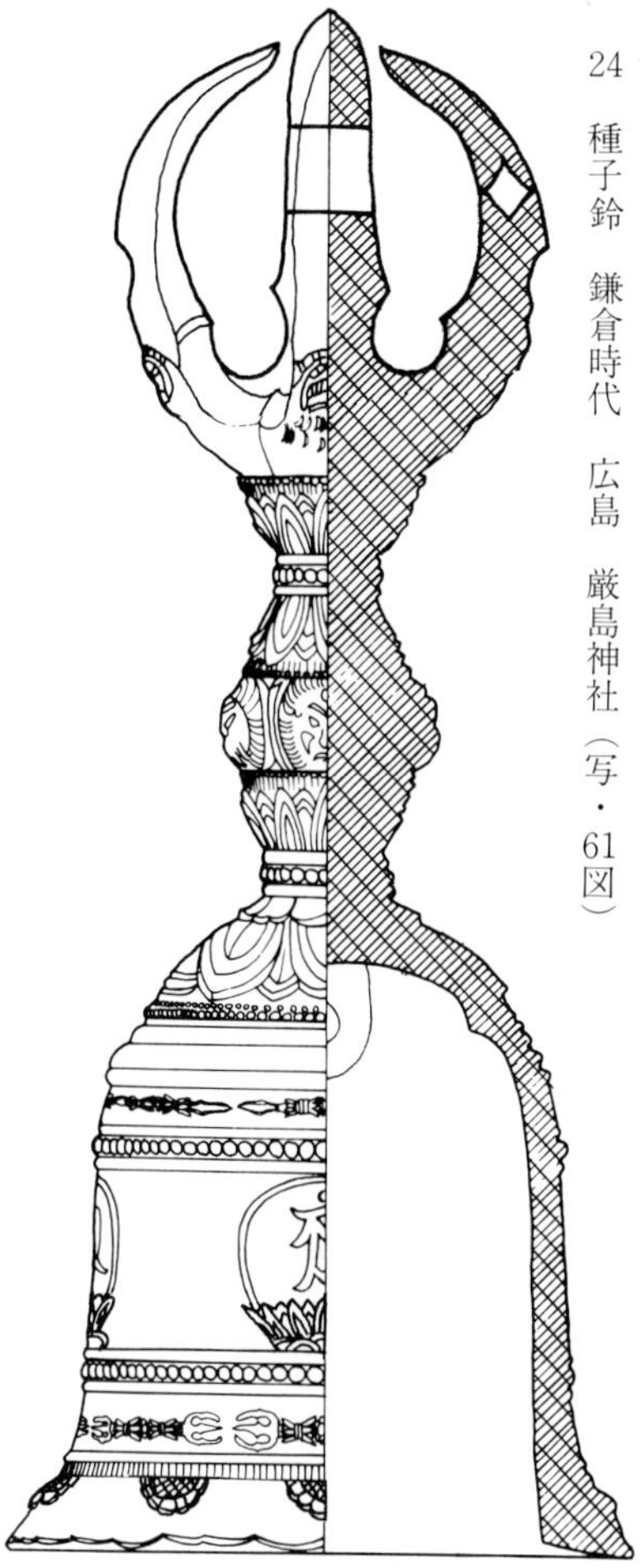

24 種子鈴 鎌倉時代 広島 厳島神社（写・61図）

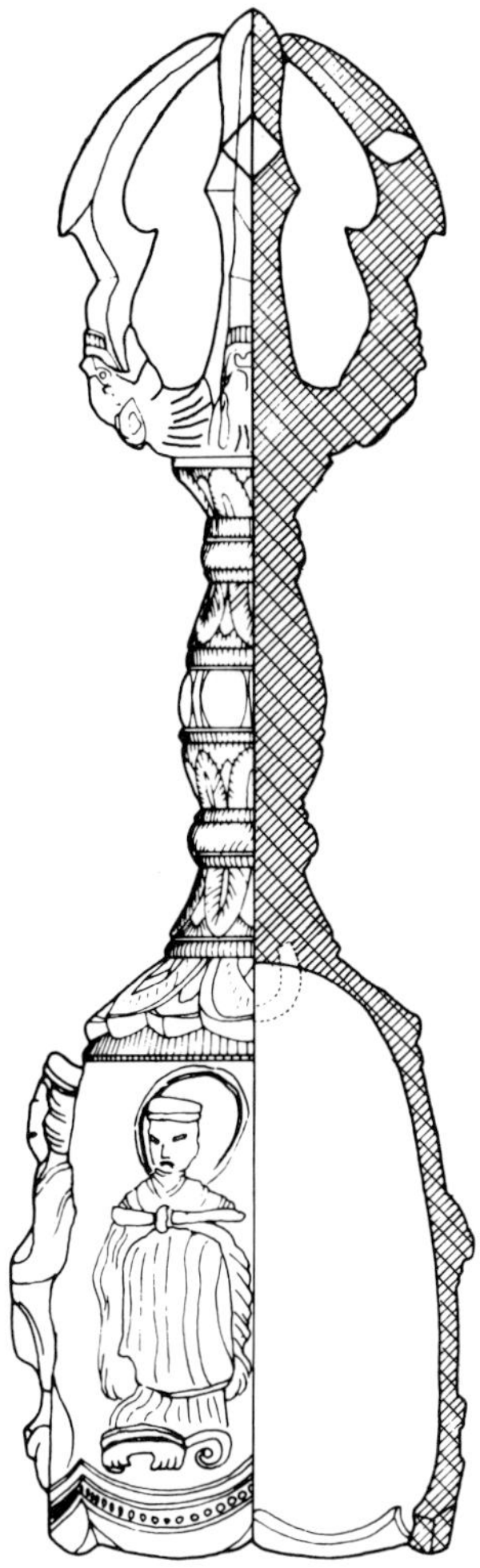

25 仏像鈴 唐—宋時代 広島 西国寺

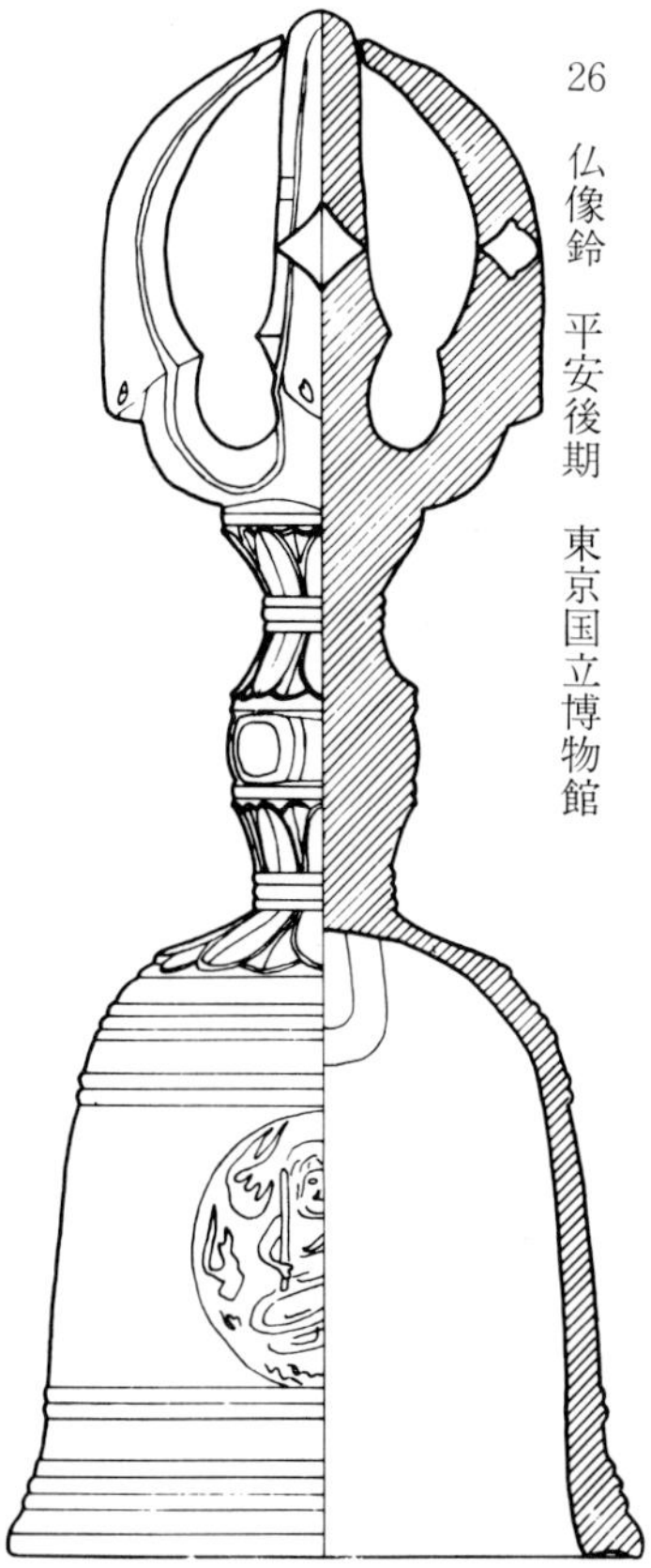

26 仏像鈴 平安後期 東京国立博物館

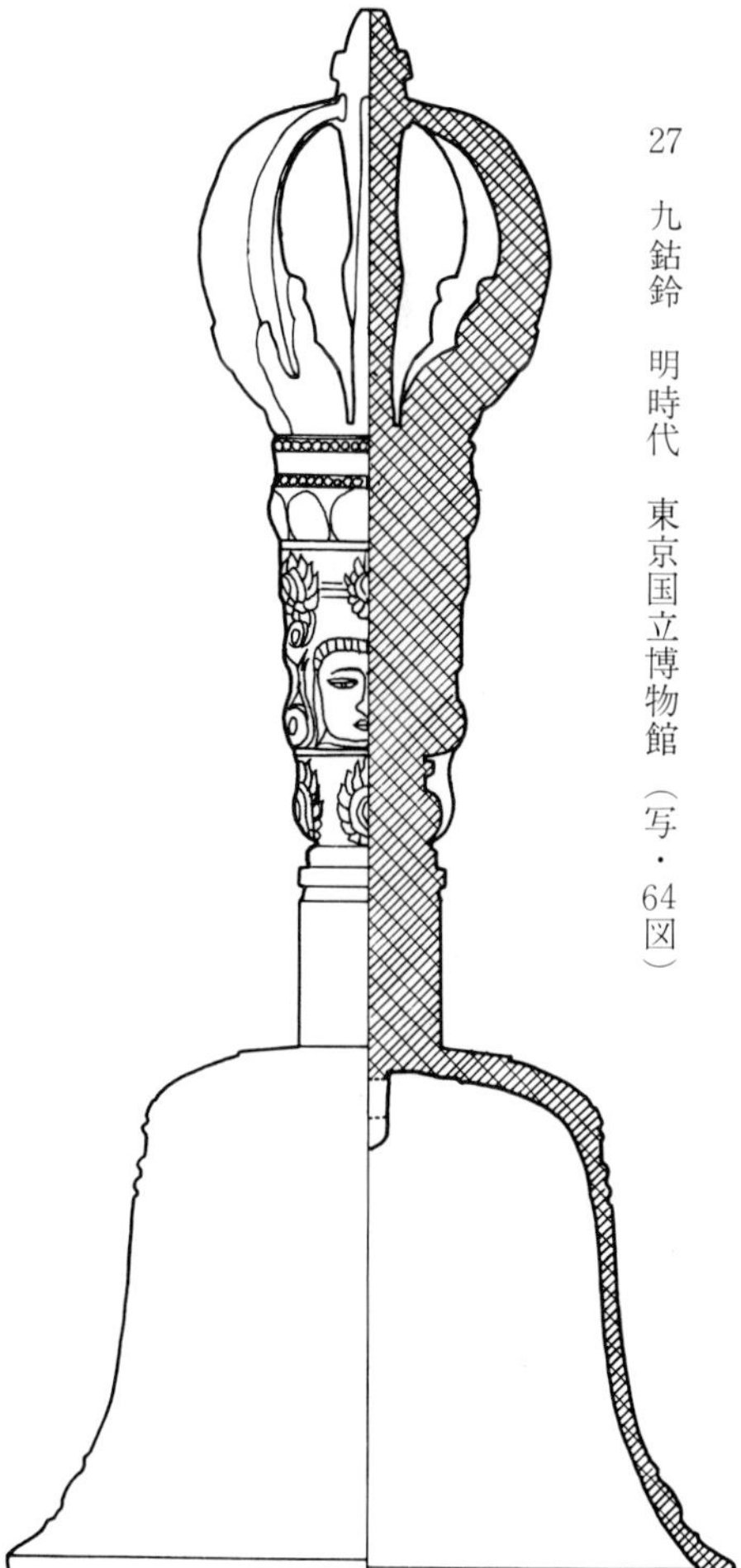

27 九鈷鈴 明時代 東京国立博物館（写・64図）

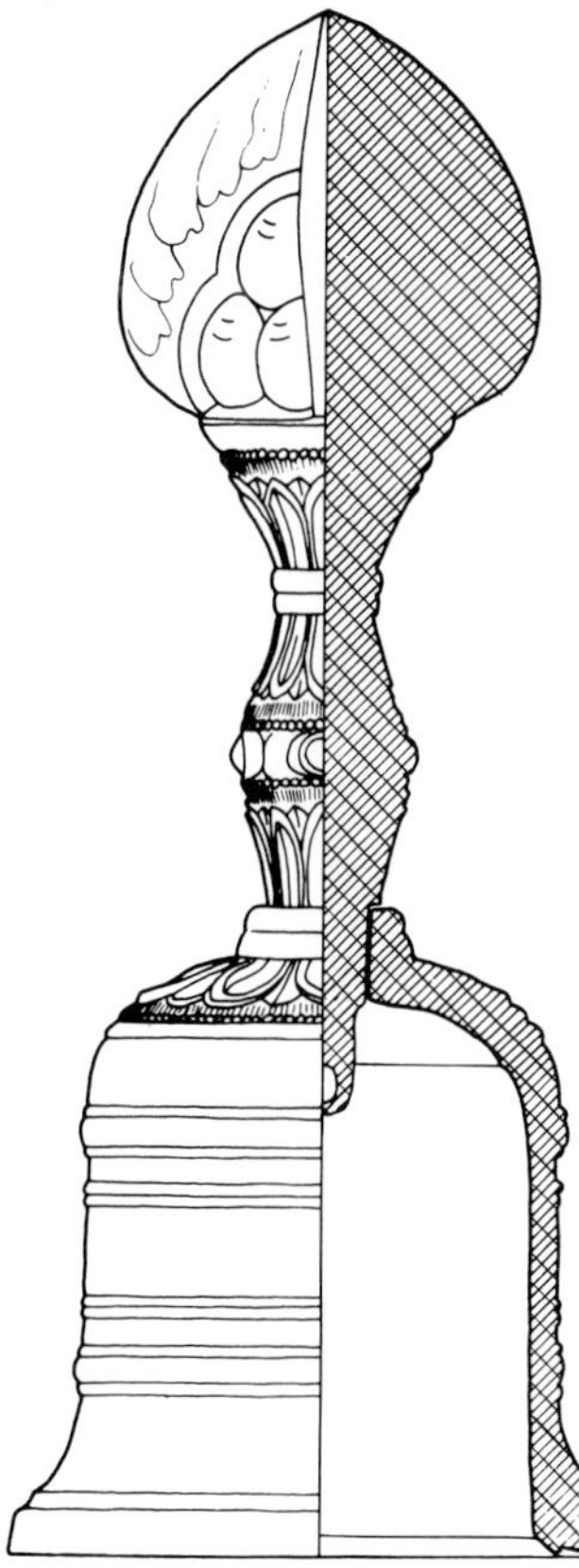

28 宝珠鈴 鎌倉時代 山形 立石寺

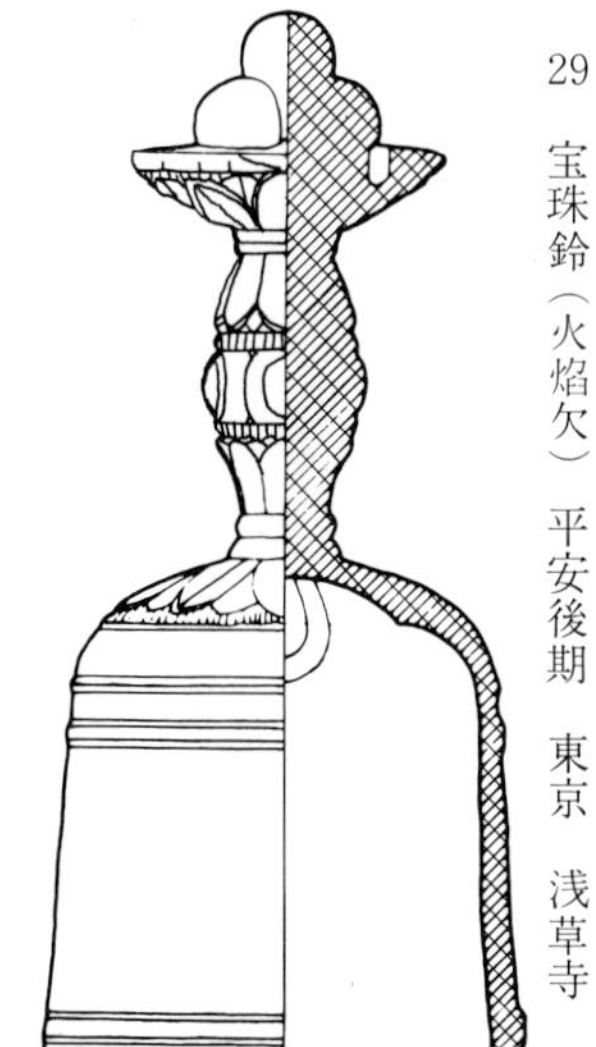

29 宝珠鈴（火焔欠）平安後期 東京 浅草寺

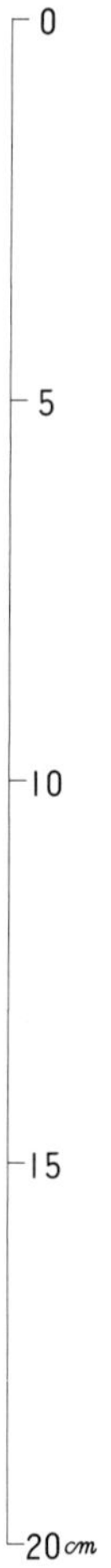

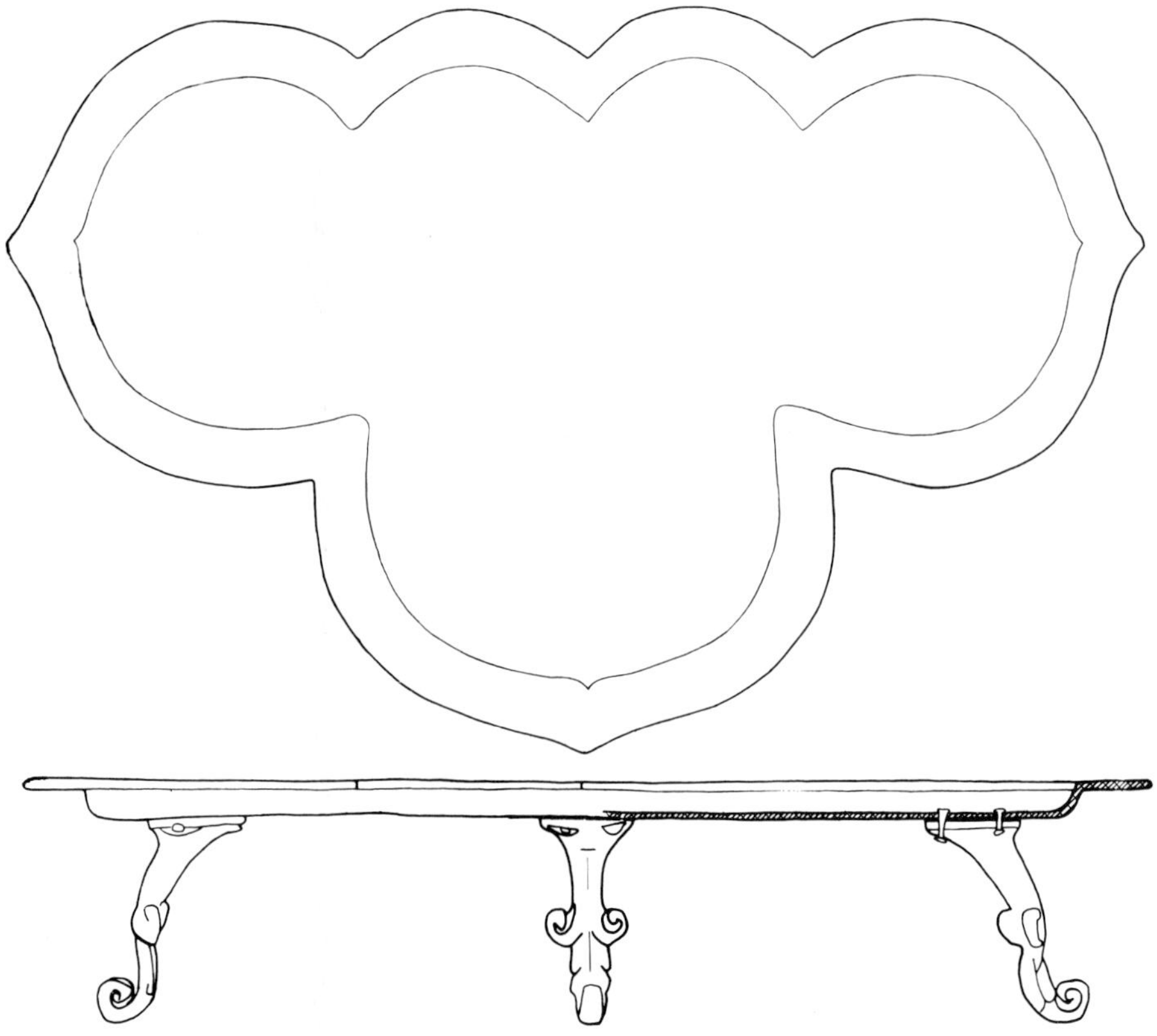

32　金剛盤　唐時代　京都　東寺（写・78図）

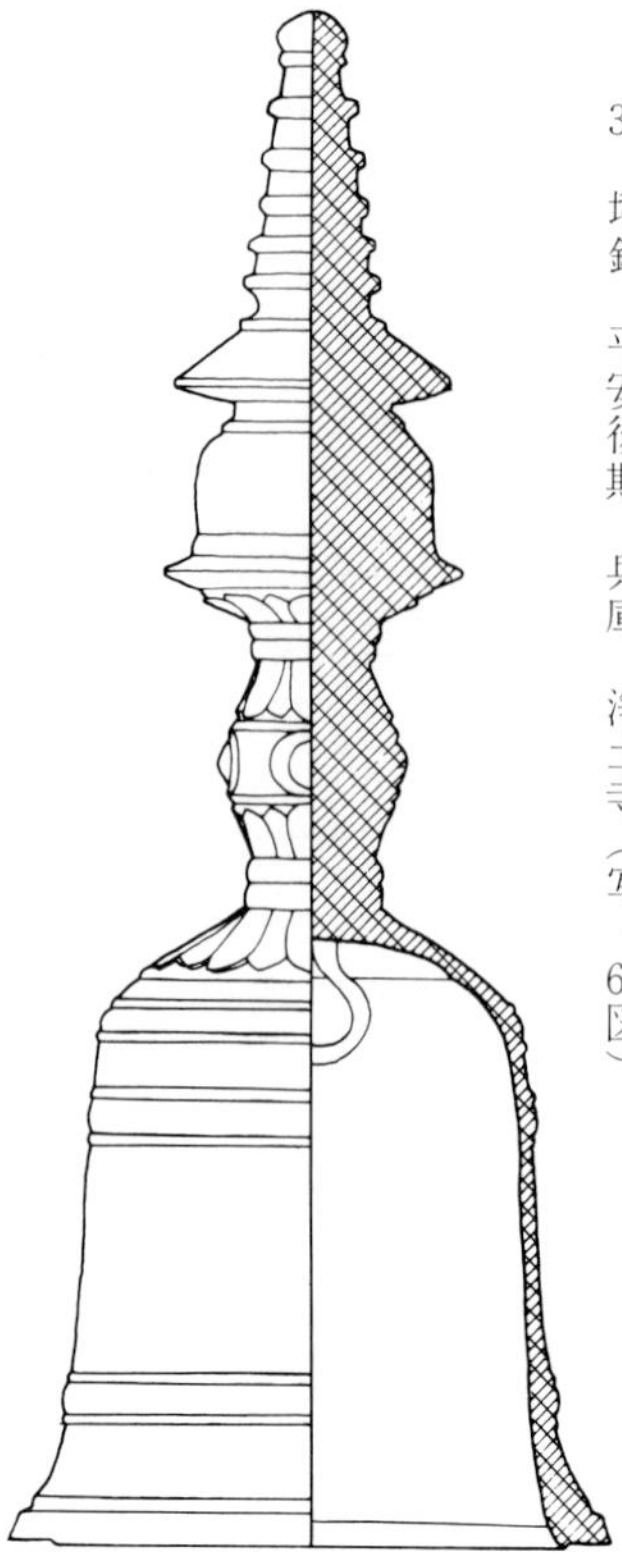

30　塔鈴　平安後期　兵庫　浄土寺（写・69図）

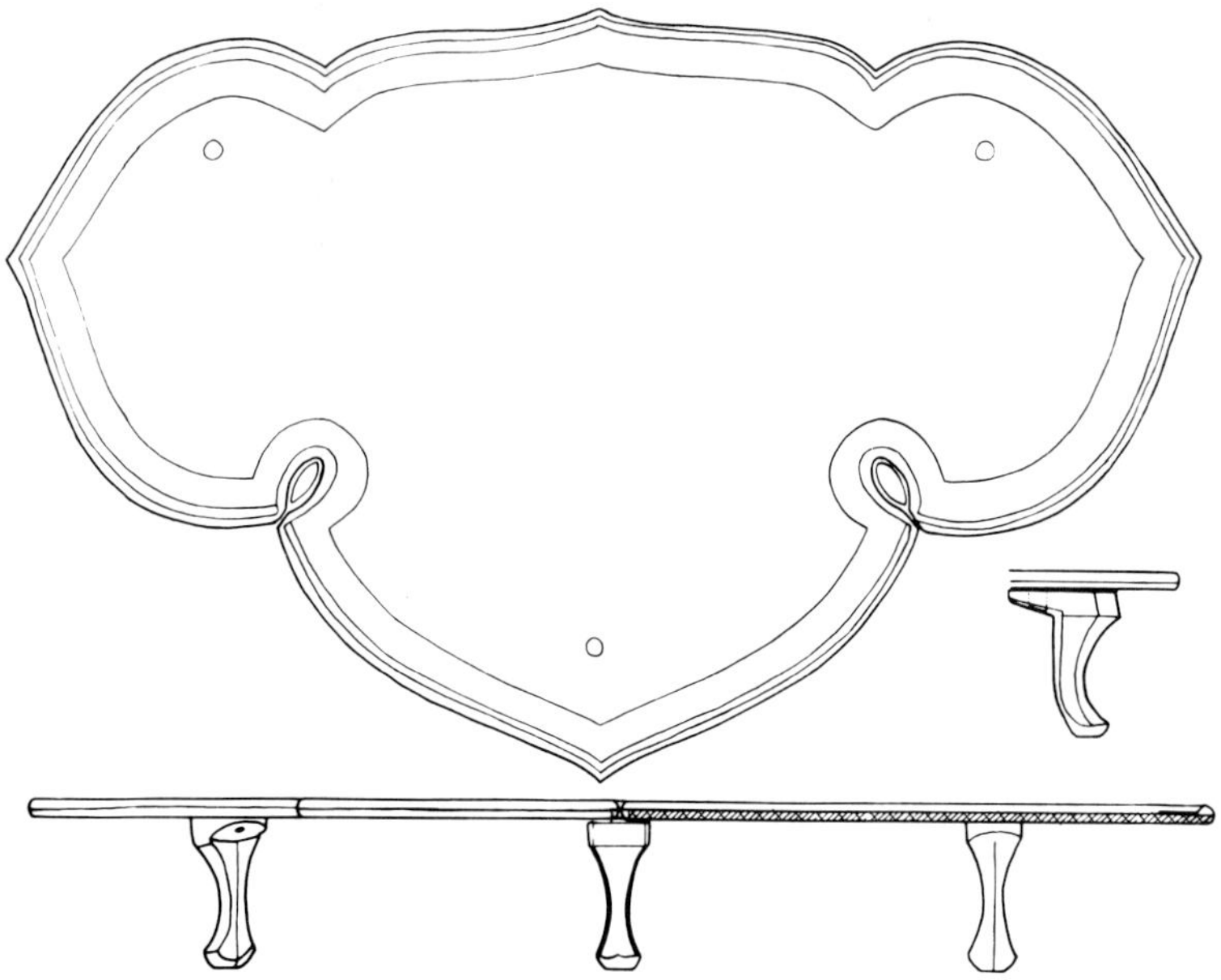

33　金剛盤　平安時代　和歌山　巴陵院（写・80図）

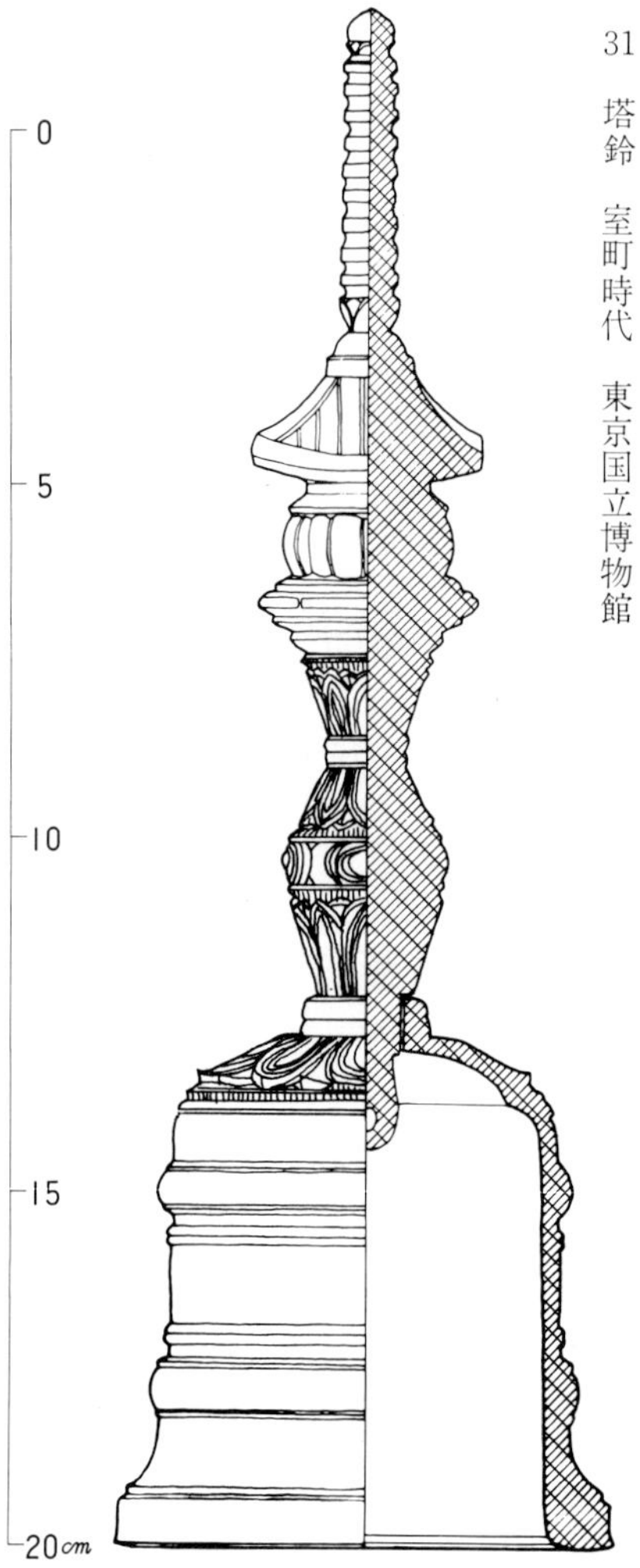

31　塔鈴　室町時代　東京国立博物館

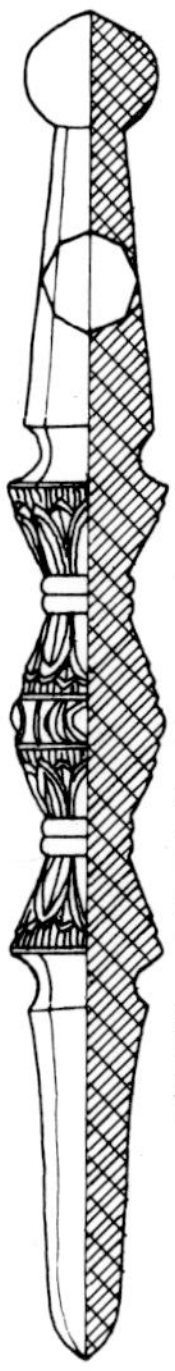

37　片珠金錍　鎌倉時代　奈良国立博物館（写・90図）

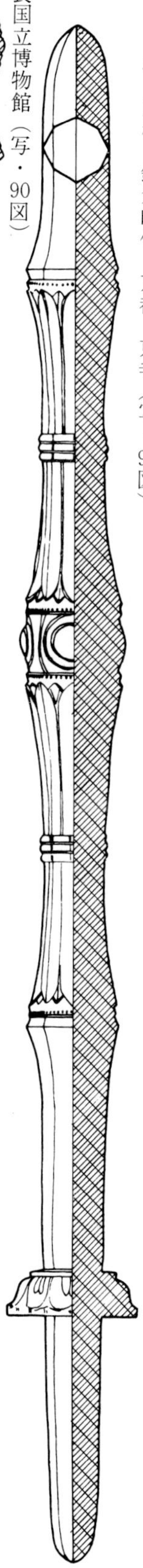

39　四橛　鎌倉時代　京都　東寺（写・92図）

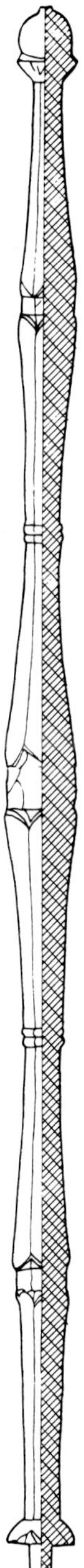

38　四橛　平安後期　東京国立博物館

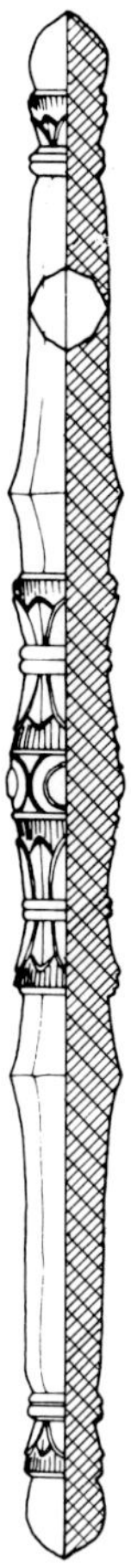

36　両珠金錍　鎌倉時代　埼玉　慈光寺（写・88図）

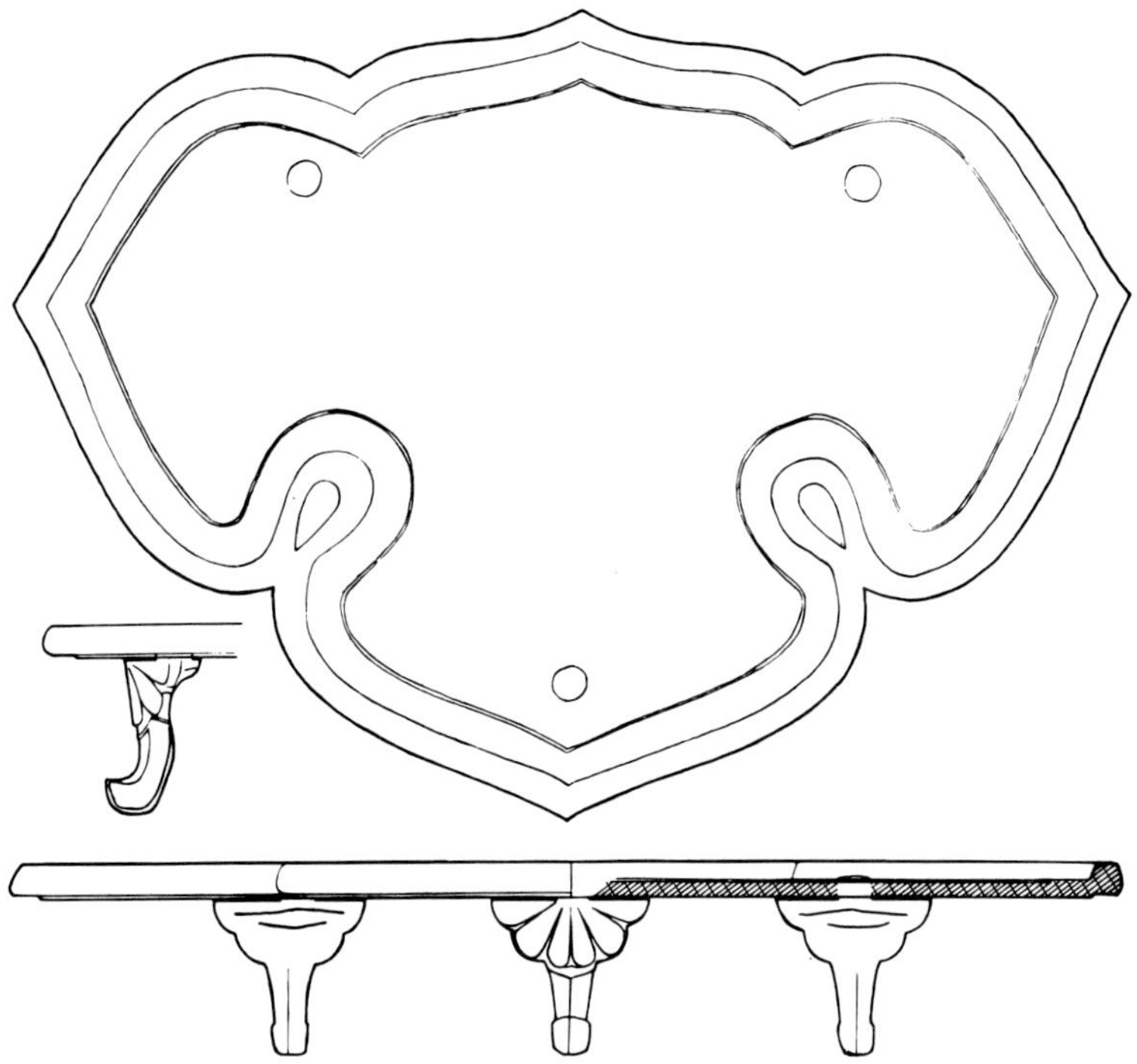

34　金剛盤　鎌倉時代　京都　三室戸寺

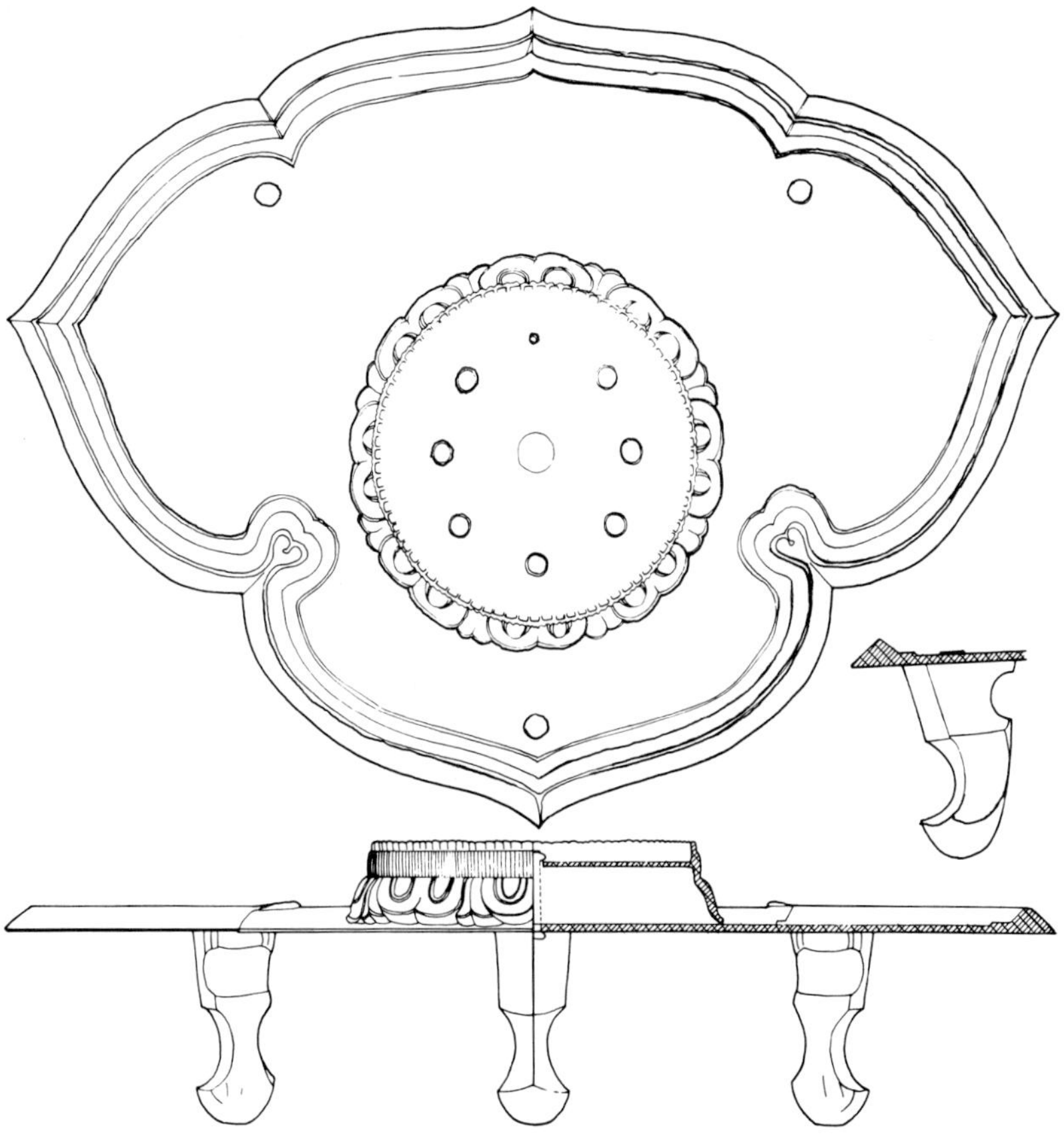

35　金剛盤　南北朝期　細見 実 氏

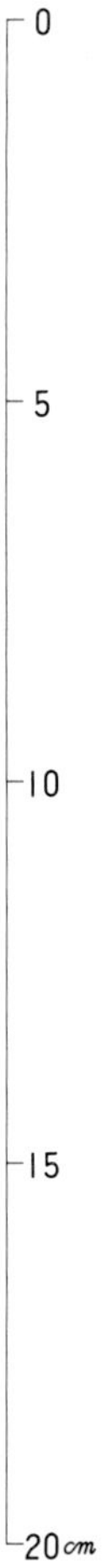

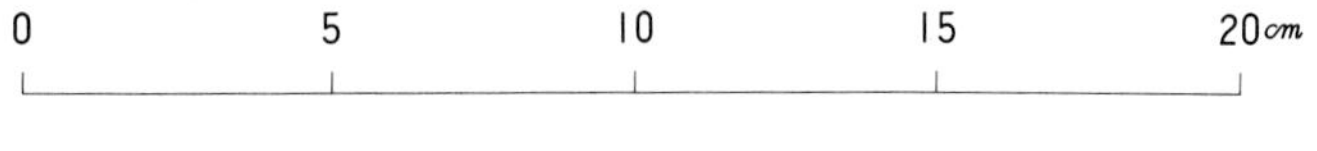

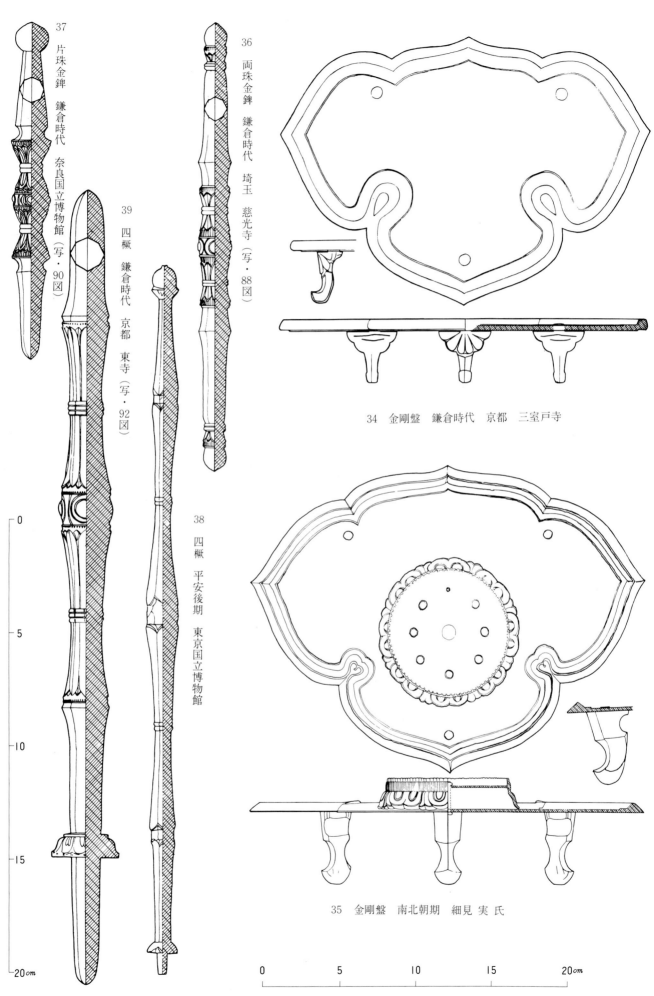

41　八鋒輪宝　鎌倉時代　広島　耕三寺（写・98図）

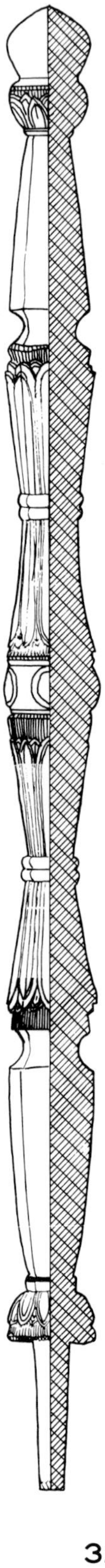

40　四橛　鎌倉時代　藤田美術館

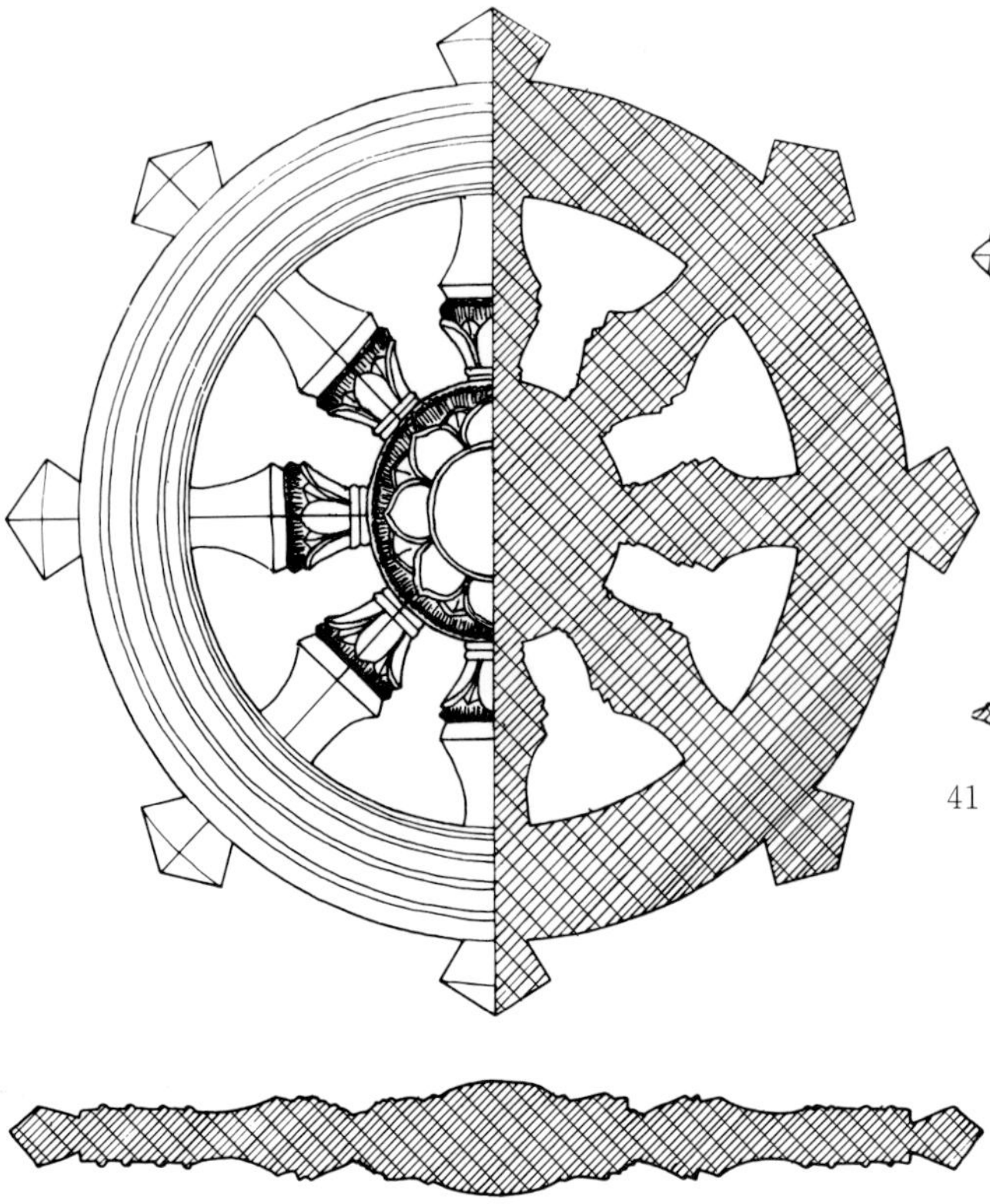

42　八鋒輪宝　室町時代　京都　東寺（写・99図）

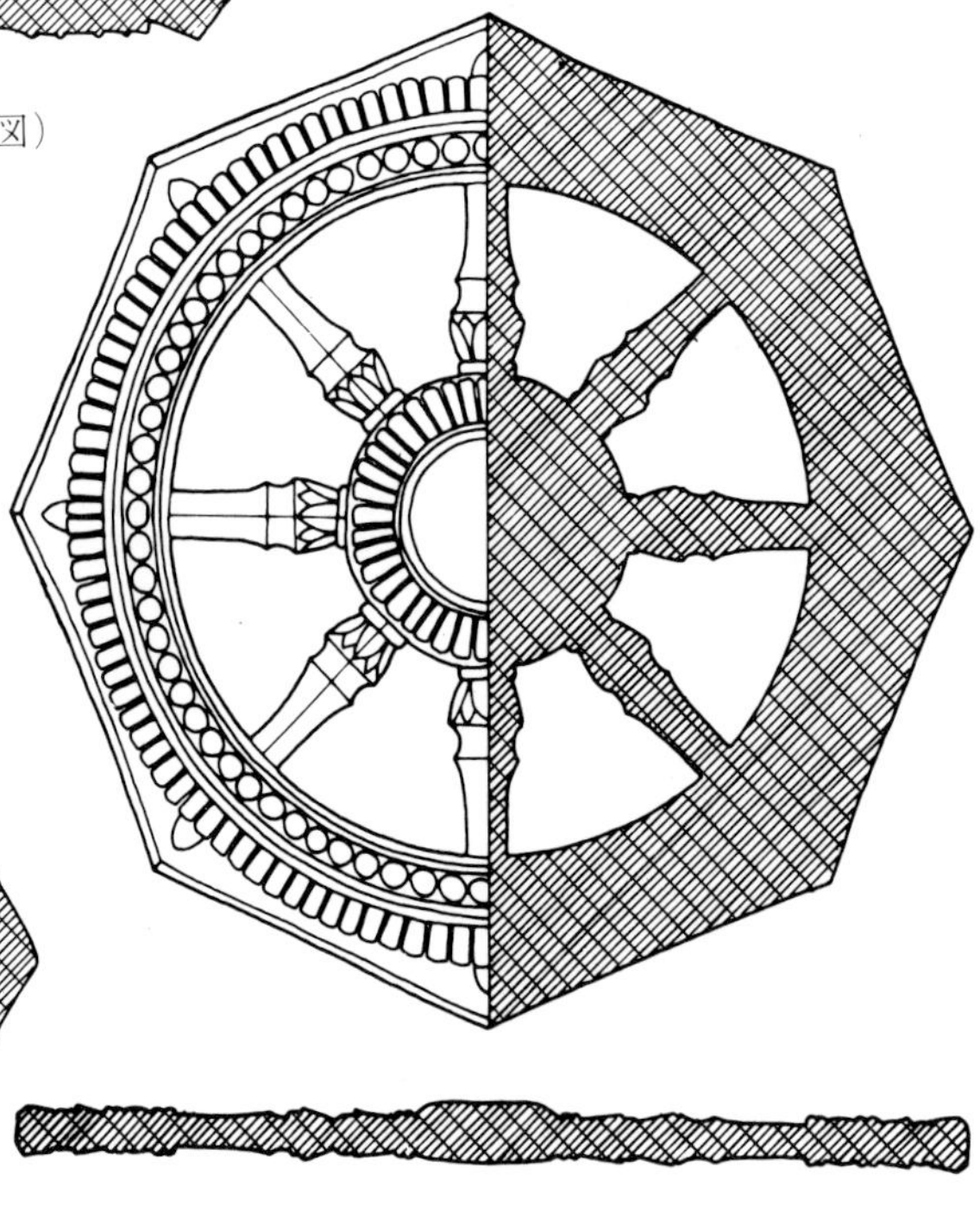

43　八鋒八角輪宝　鎌倉時代　藤田美術館（写・107図）

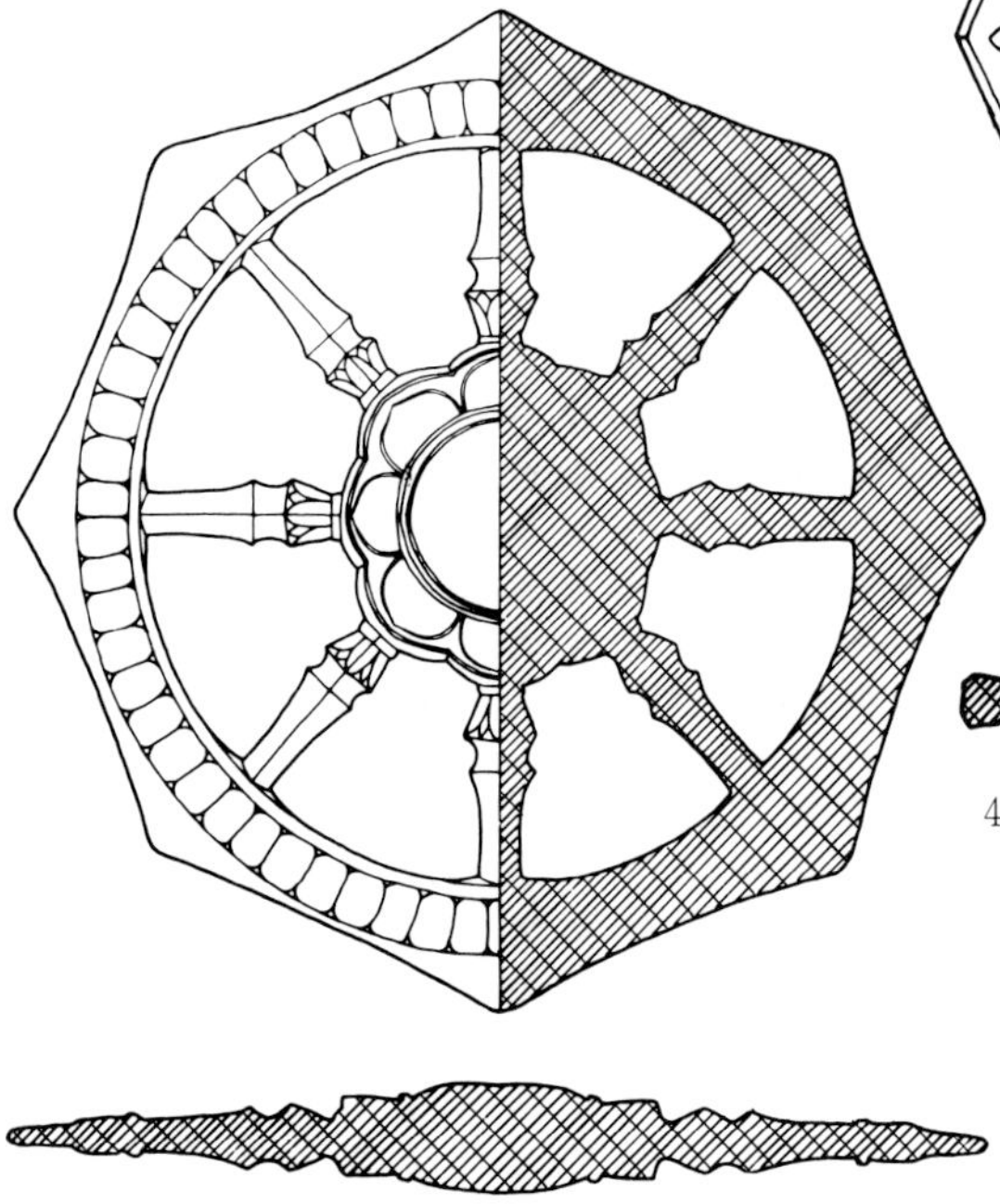

44　八角輪宝　鎌倉時代　和歌山　金剛三昧院（写・100図）

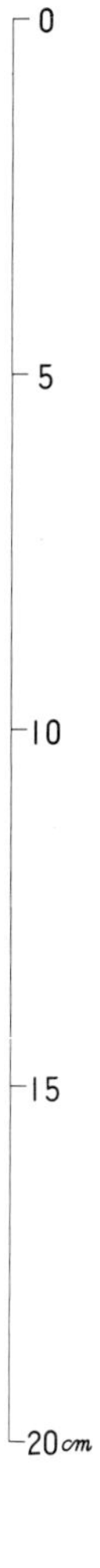

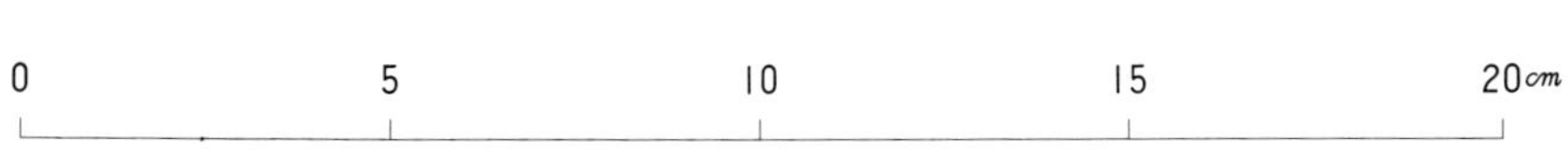

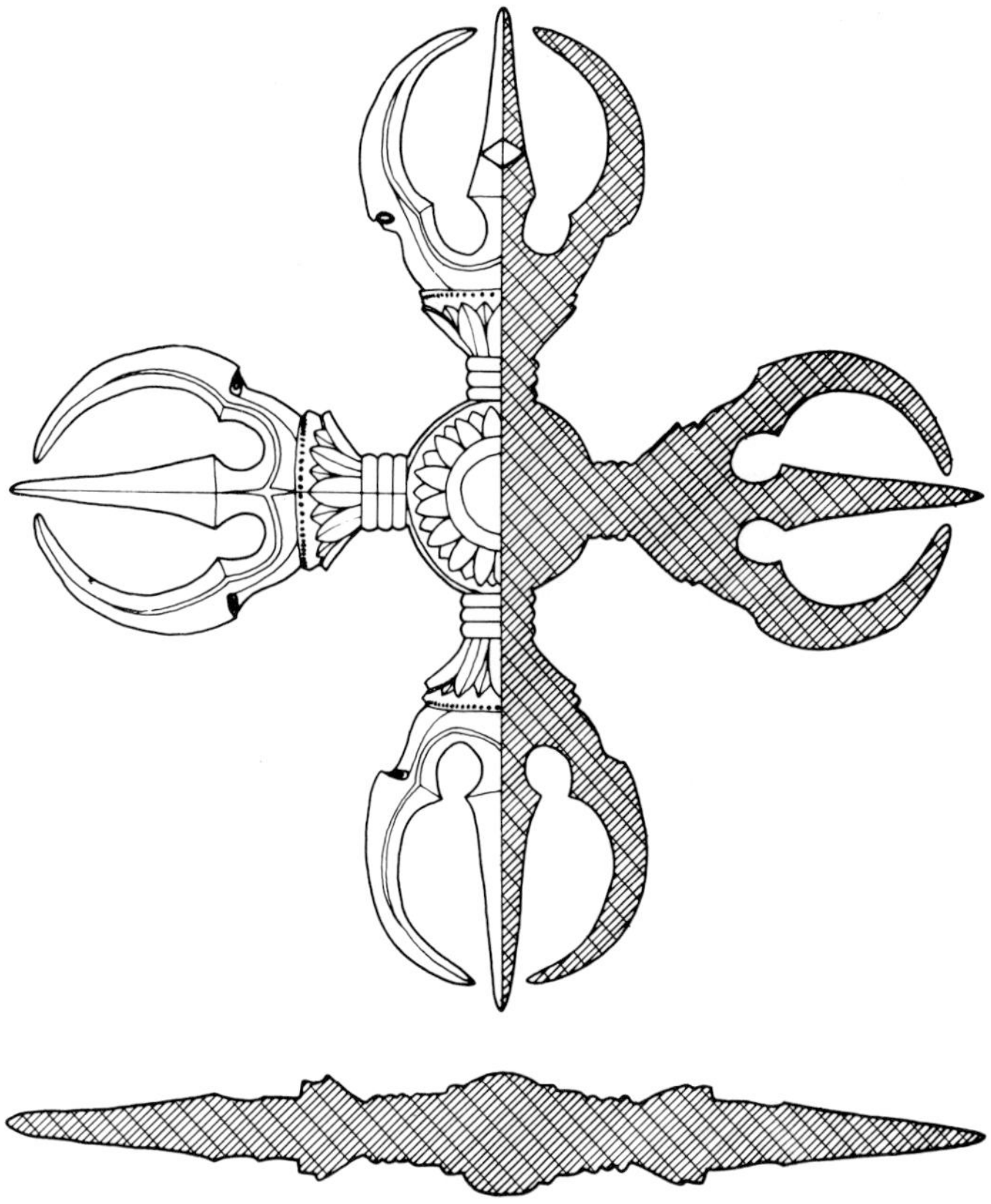

45 羯磨 平安時代 京都 東寺（写・110図）

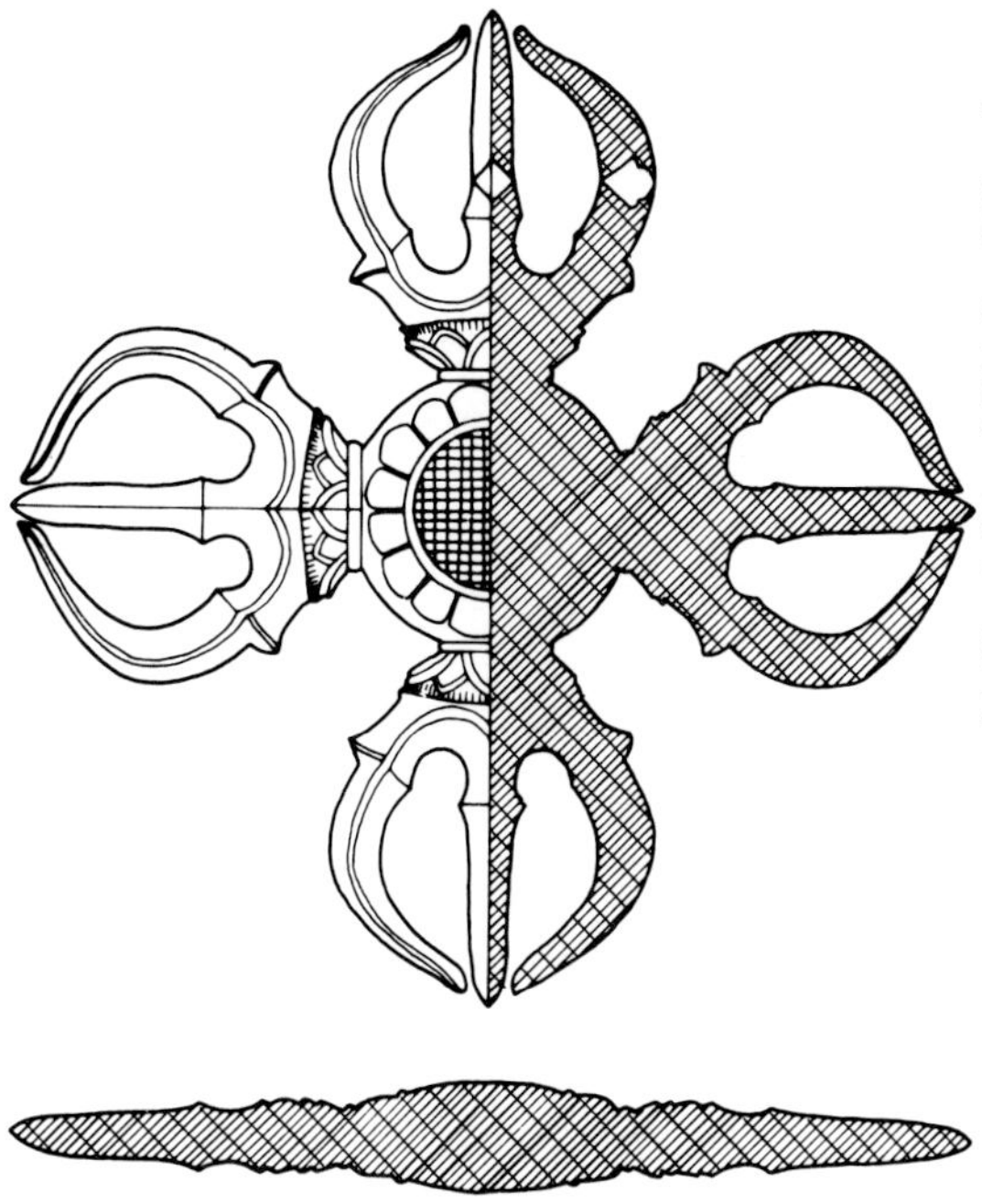

46 羯磨 鎌倉時代 広島 耕三寺

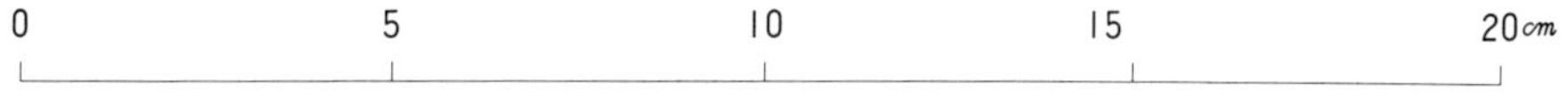

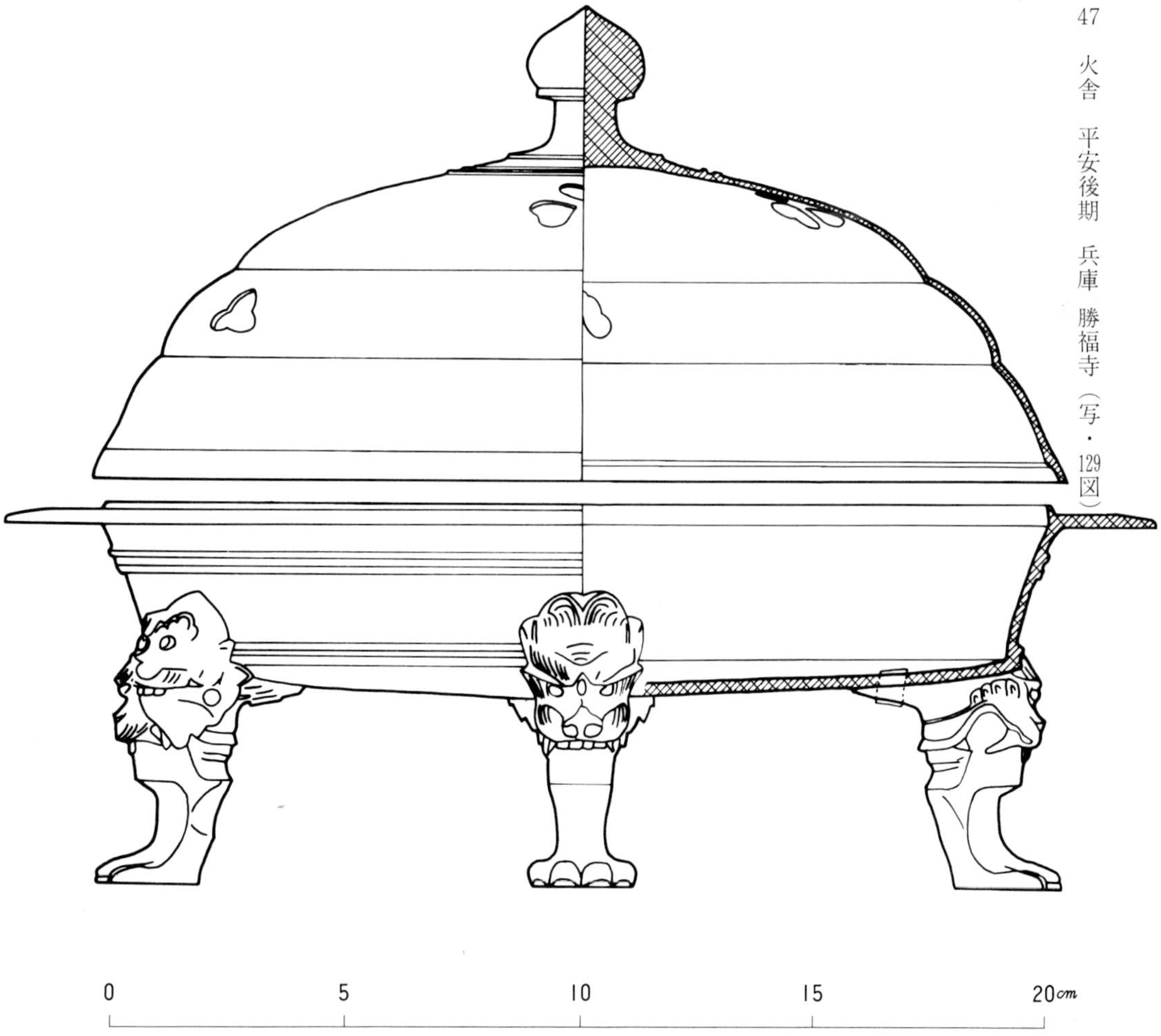

47 火舎 平安後期 兵庫 勝福寺（写・129図）

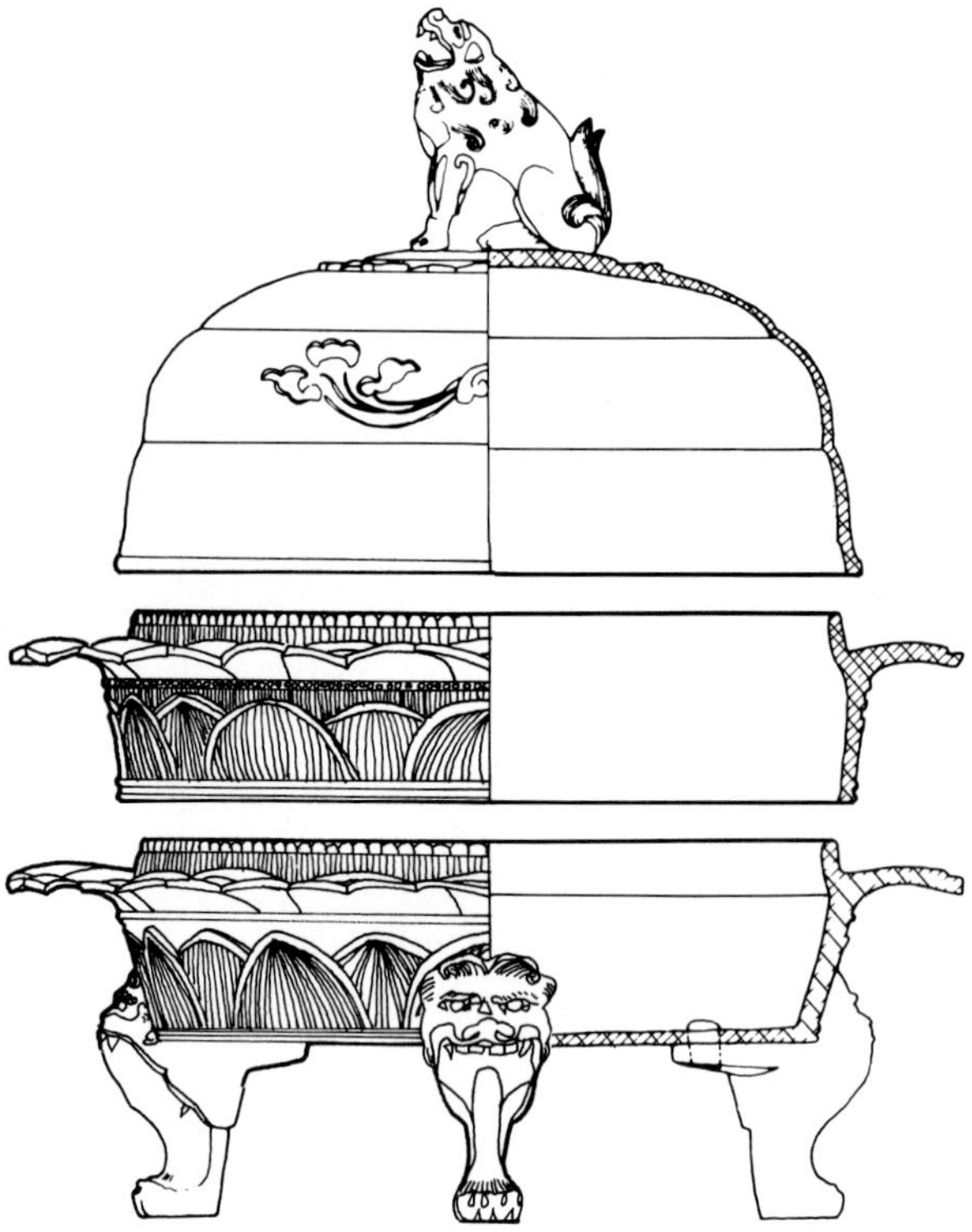

49 蓮弁飾火舎　鎌倉時代　奈良　唐招提寺（写・138図）

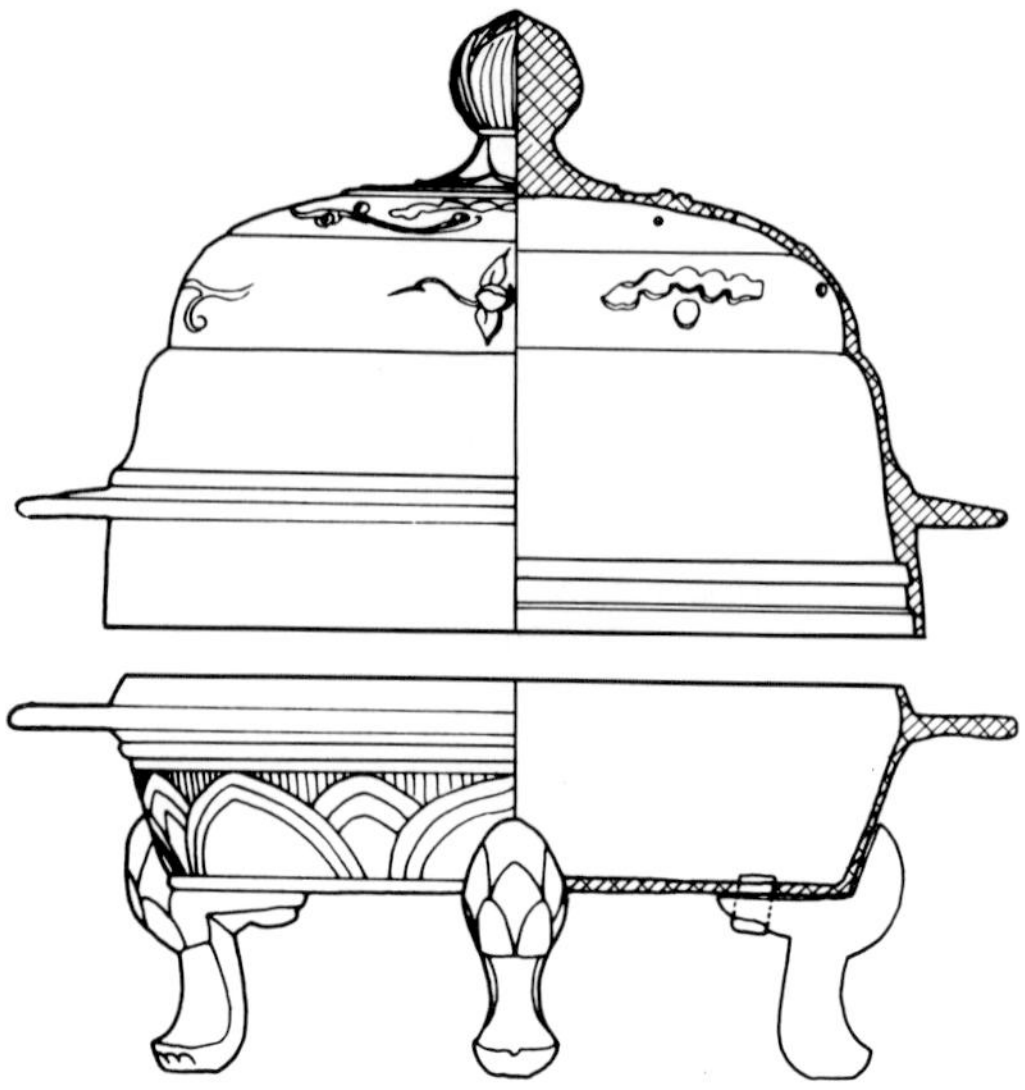

48 蓮弁飾火舎　鎌倉時代　愛知　岩屋寺（写・137図）

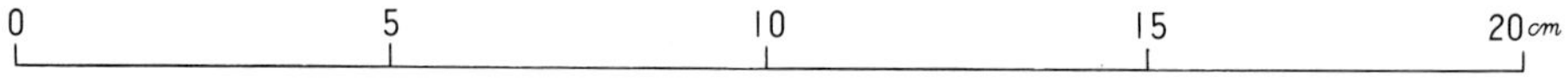

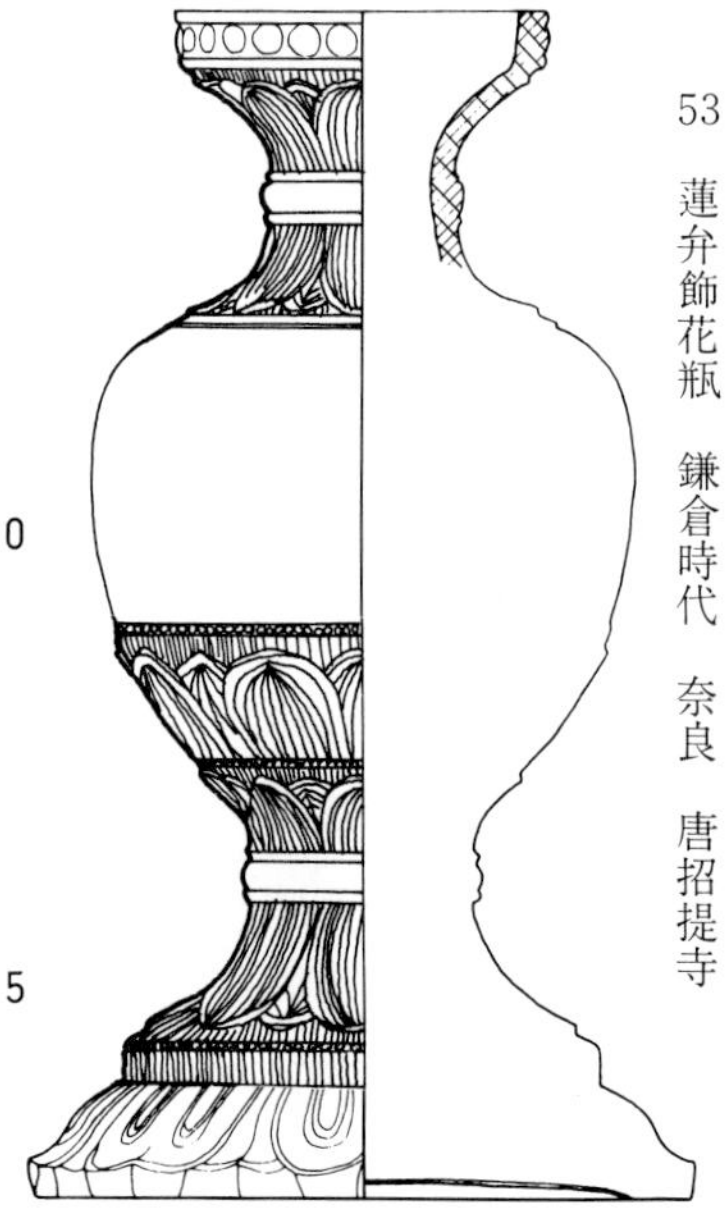

53 蓮弁飾花瓶　鎌倉時代　奈良　唐招提寺

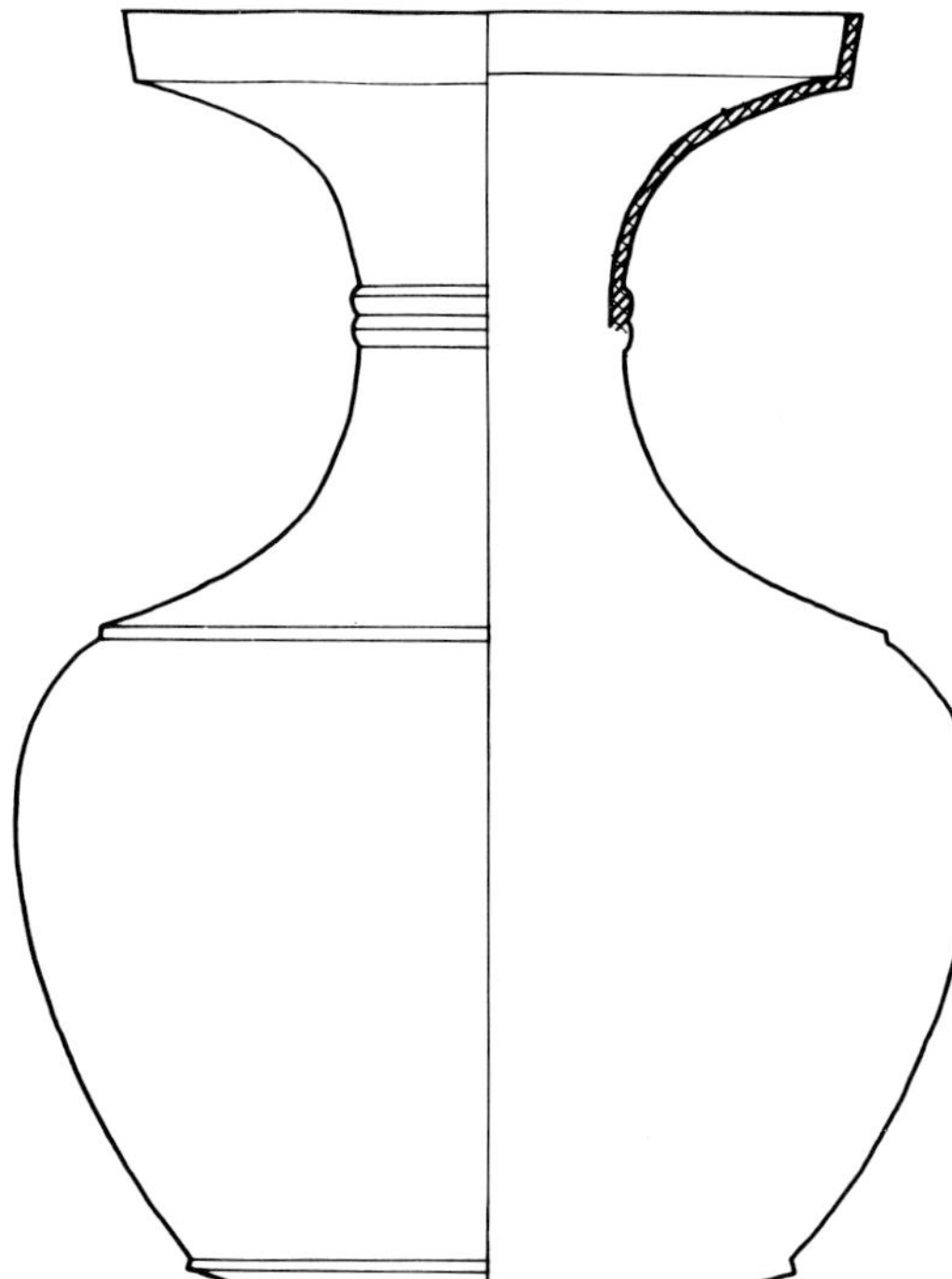

52 花瓶　平安時代　兵庫　勝福寺（写・146図）

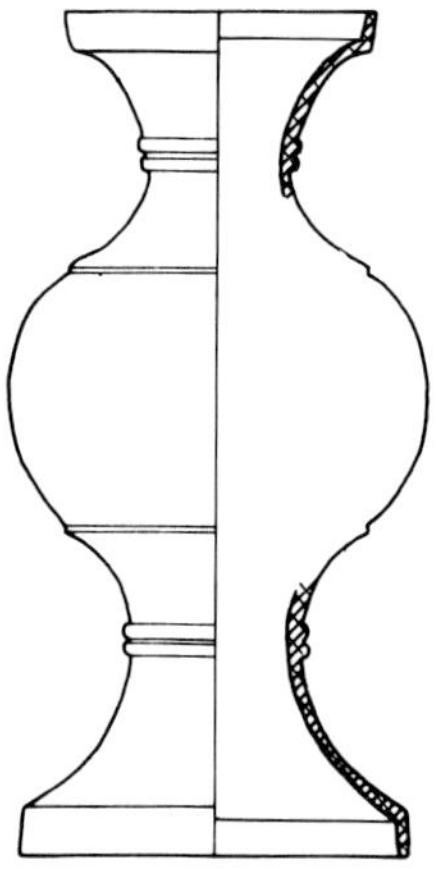

50 花瓶　平安時代　京都　福田寺

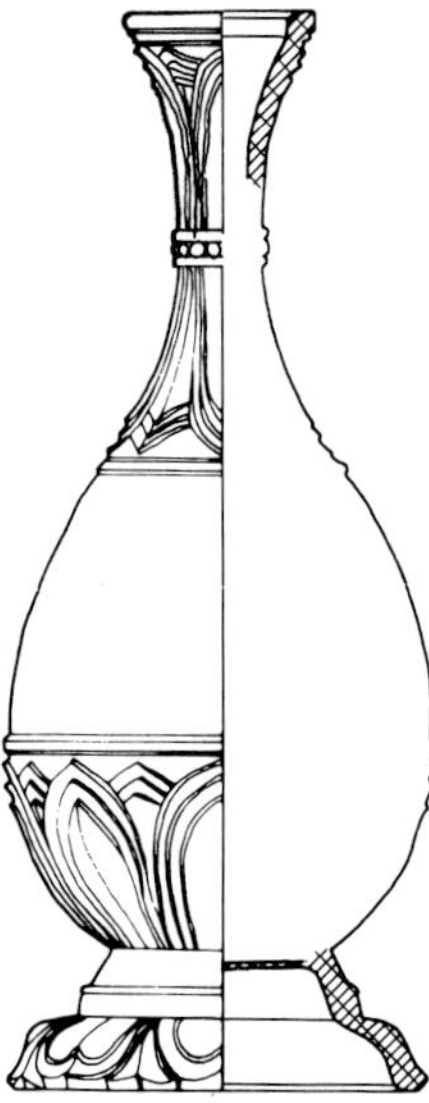

54 徳利形花瓶　鎌倉時代　愛知　岩屋寺（写・155図）

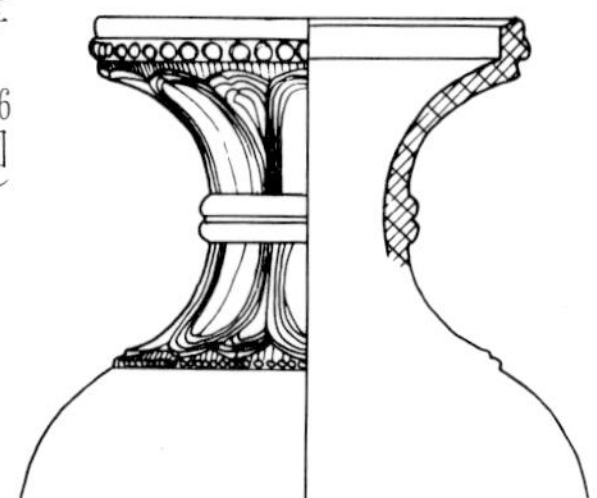

51 蓮弁飾花瓶　鎌倉時代　ＭＯＡ美術館

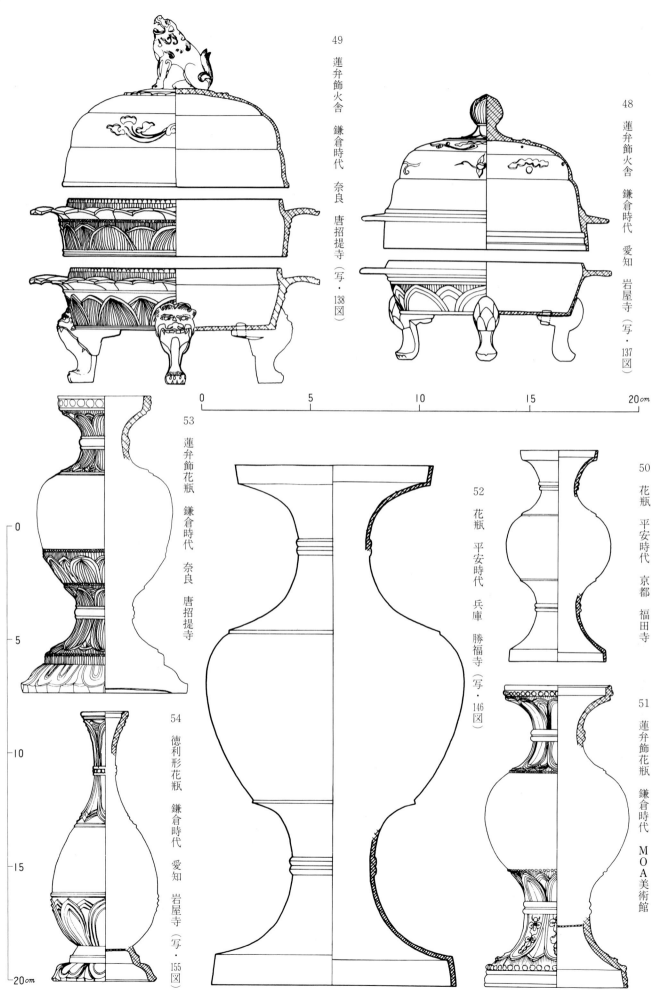

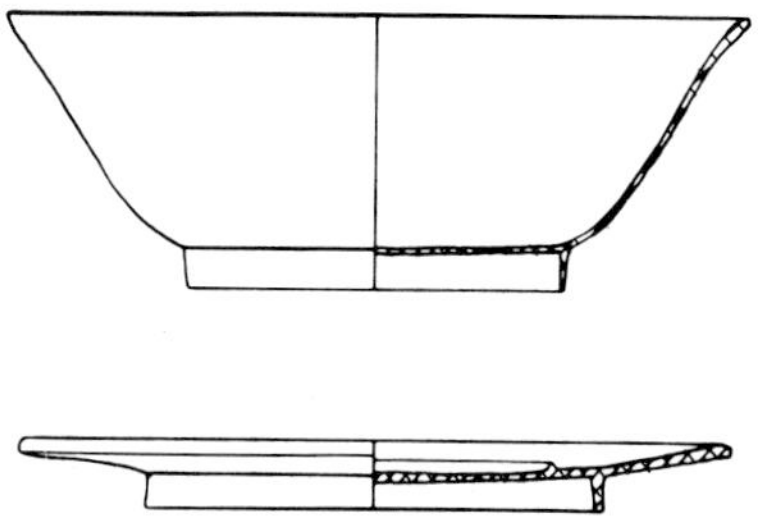

55　六器　平安時代　東京国立博物館
〈伊興町経塚出土〉（写・157図）

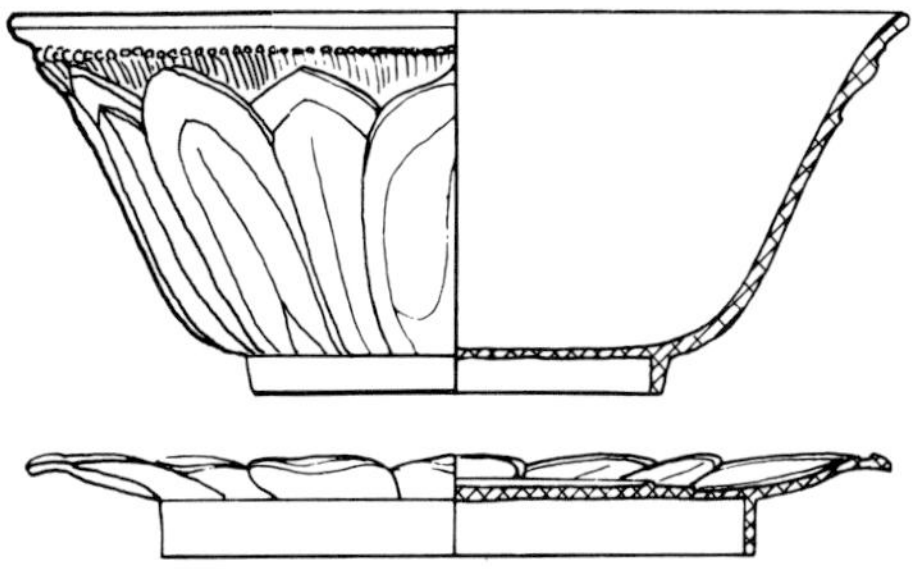

56　蓮弁飾六器　平安時代
岩手　毛越寺千手院

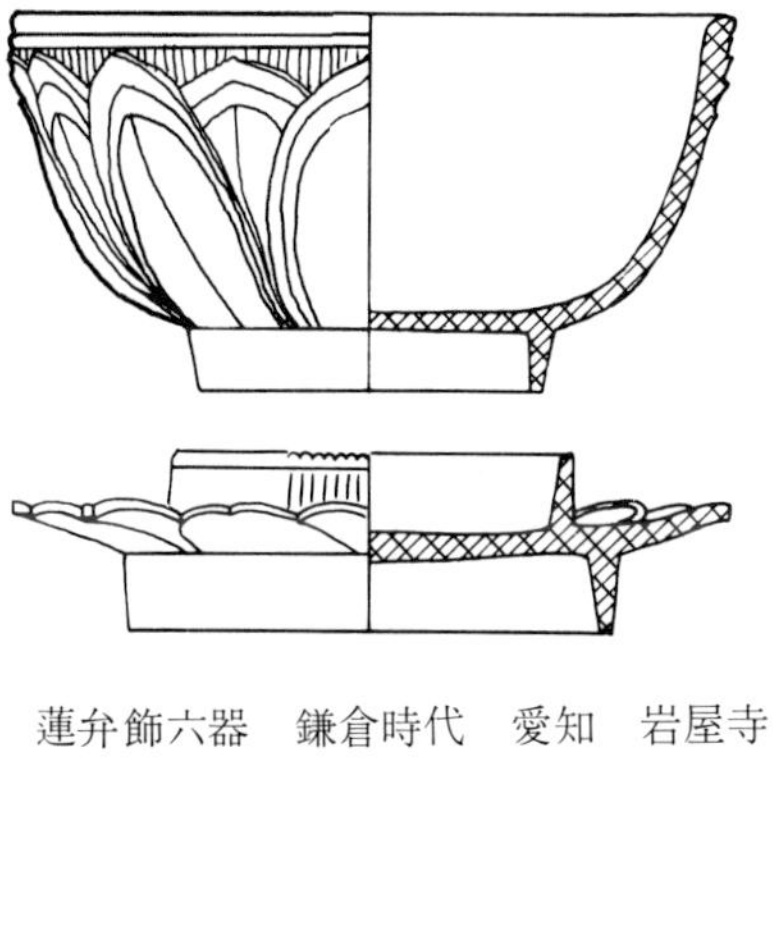

57　蓮弁飾六器　鎌倉時代　愛知　岩屋寺

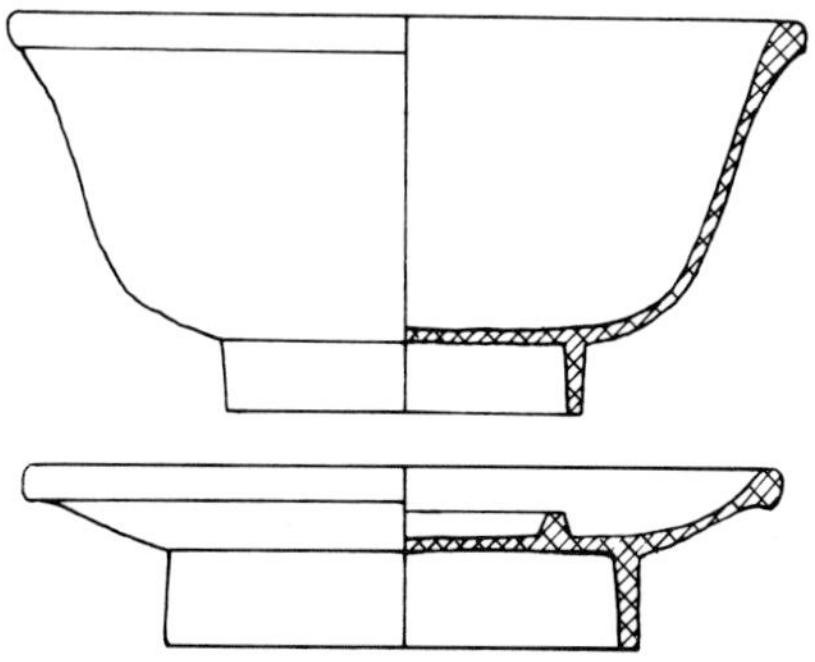

58　六器　鎌倉時代　奈良　西大寺

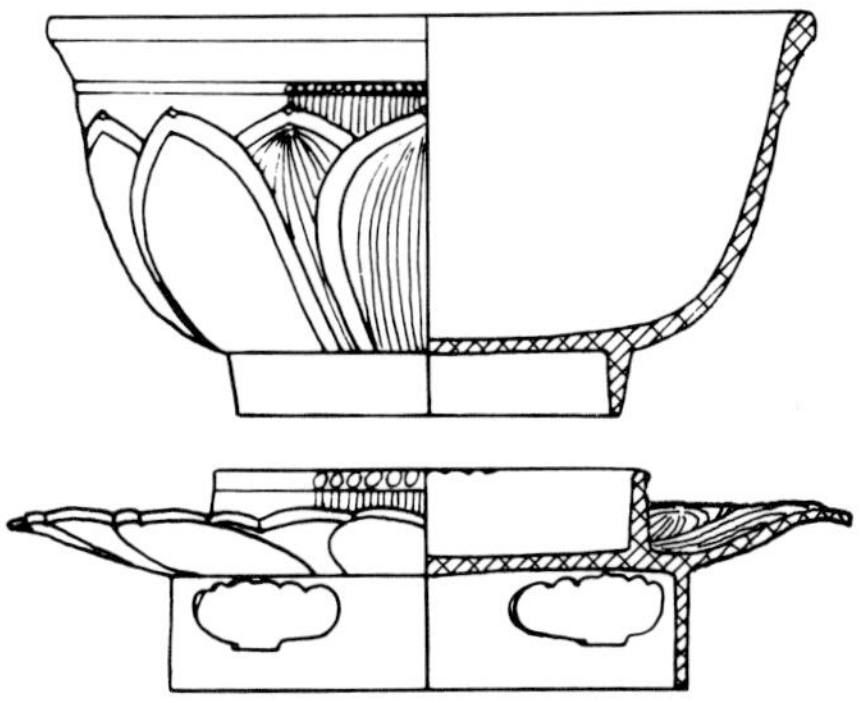

59　蓮弁飾六器　鎌倉時代　奈良　唐招提寺

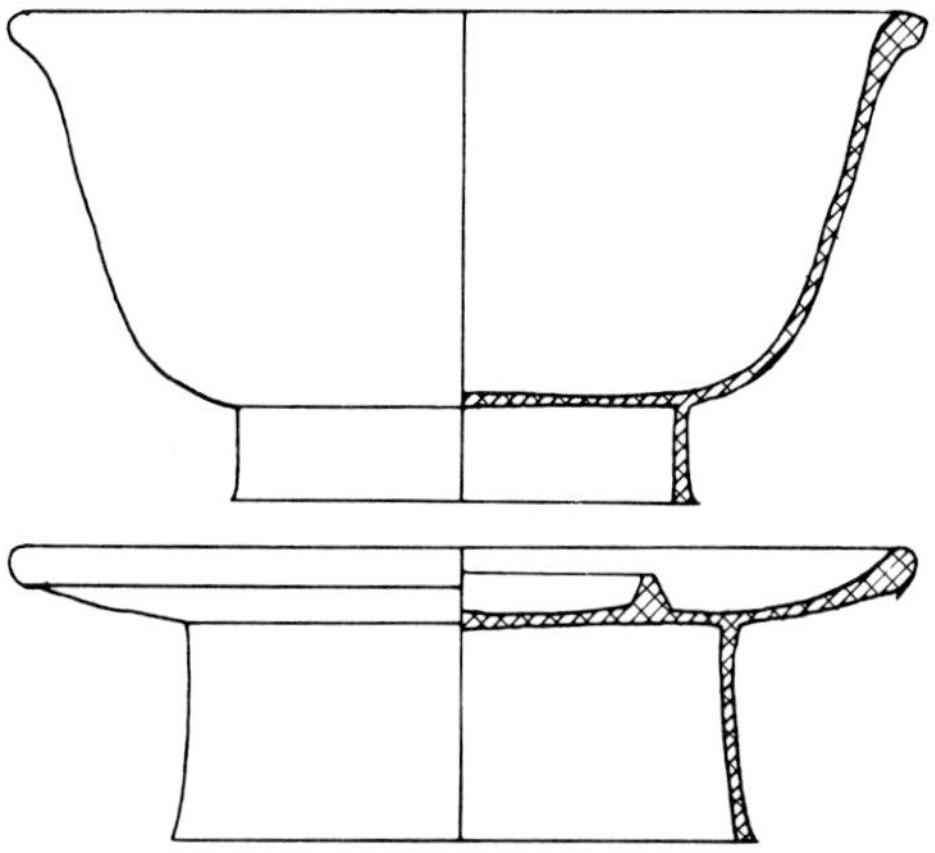

60　六器　鎌倉時代　奈良　法隆寺

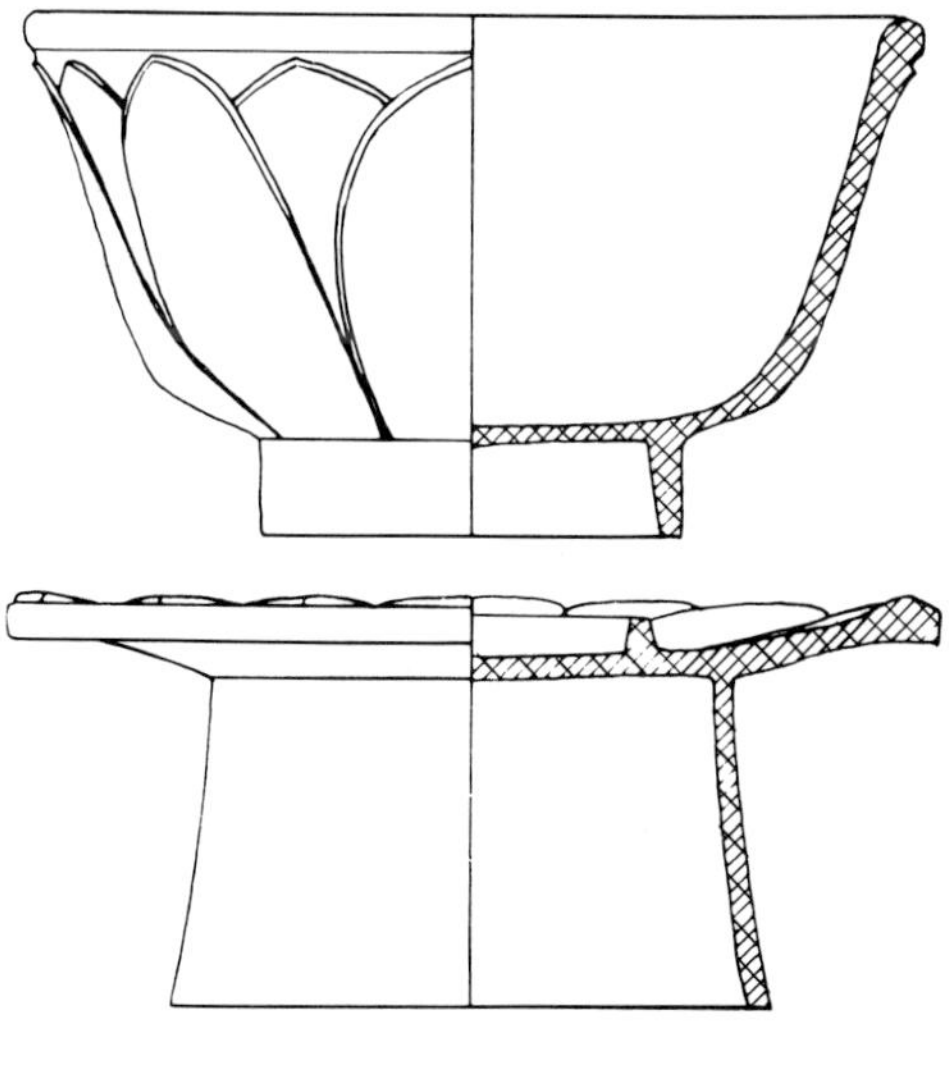

61　六器　京都　醍醐寺

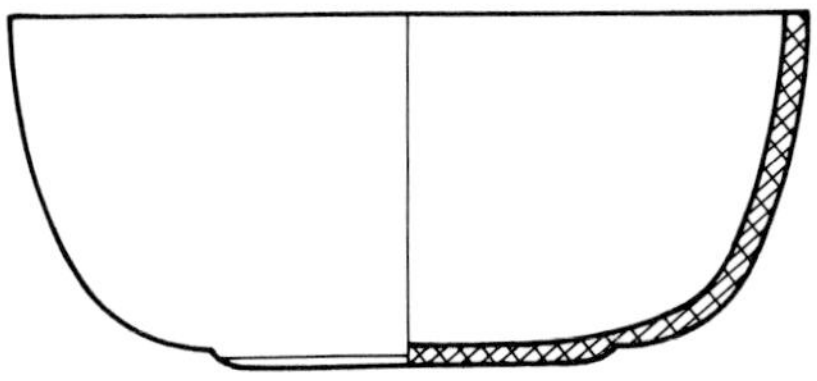

62　片供器　鎌倉時代　中村溪男氏

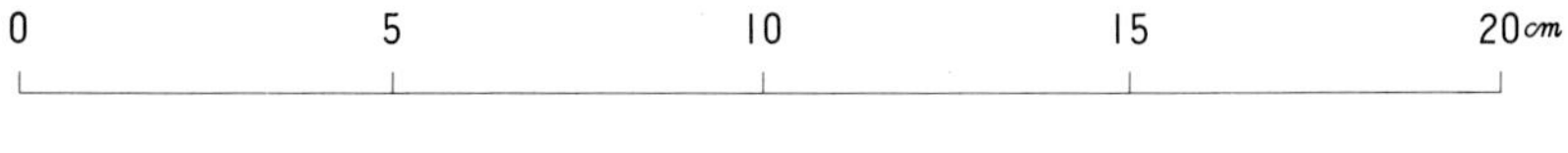

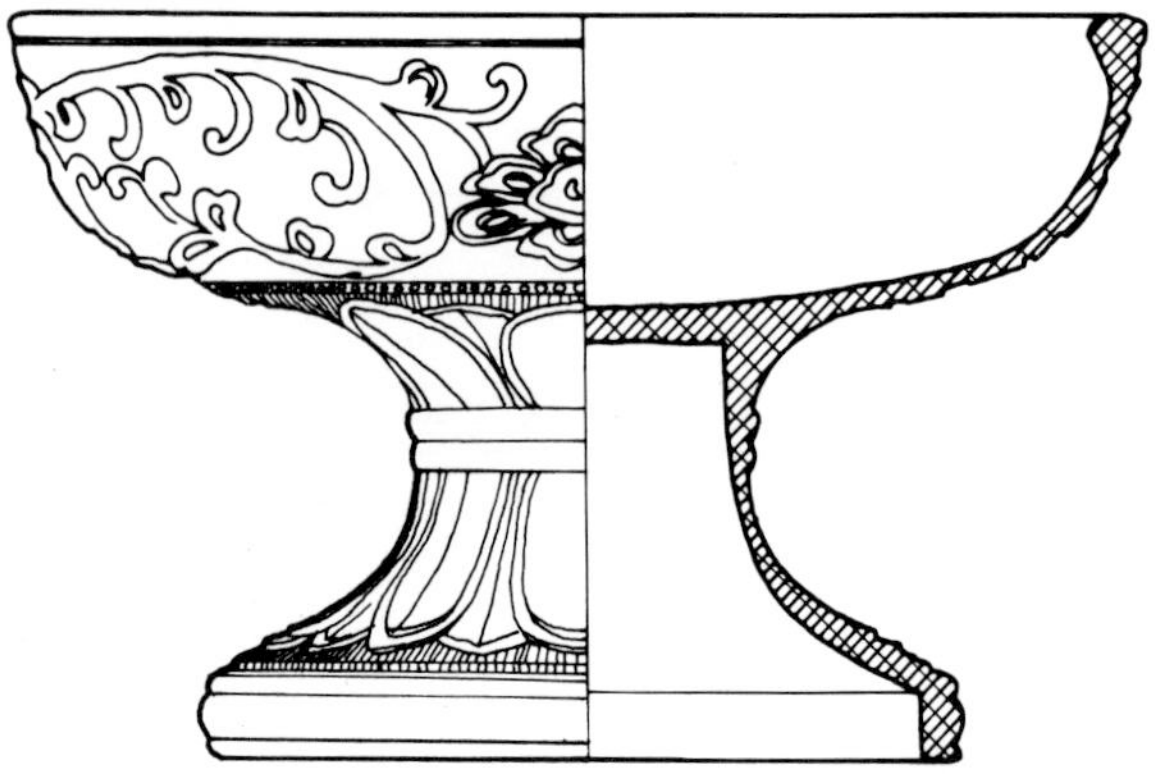

65　宝相華飾飯食器　鎌倉時代　奈良　西大寺（写・177図）

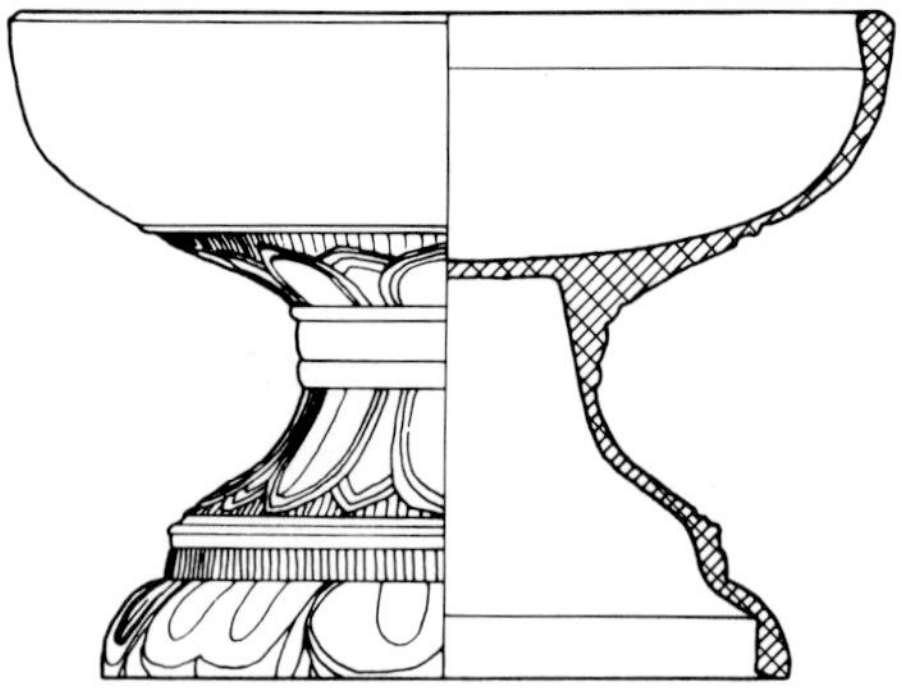

63　蓮弁飾飯食器　鎌倉時代　愛知　岩屋寺

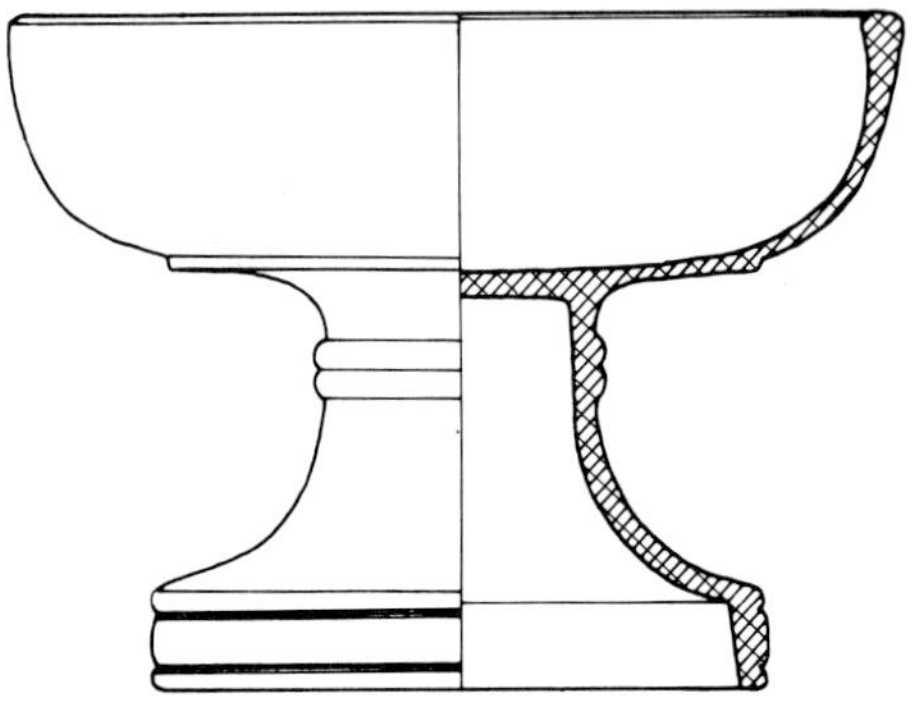

66　飯食器　鎌倉時代　東京　浅草寺

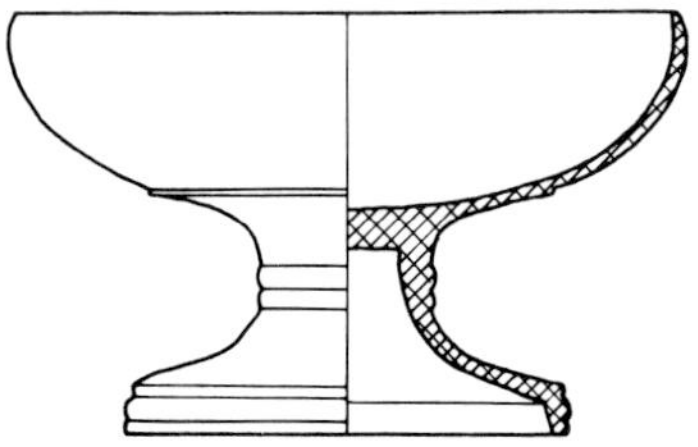

64　飯食器　平安時代　栃木　輪王寺（写・174図）

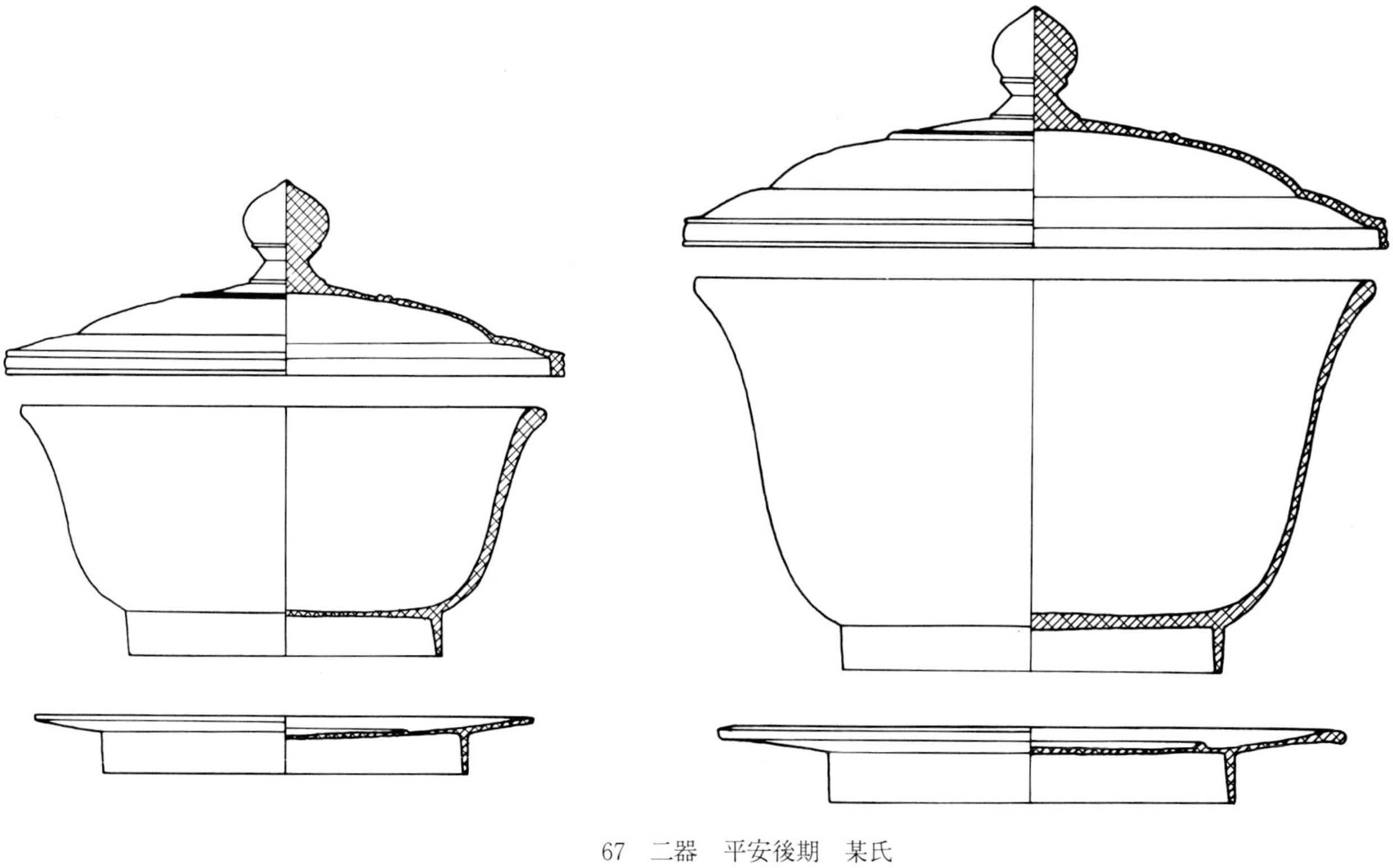

67　二器　平安後期　某氏

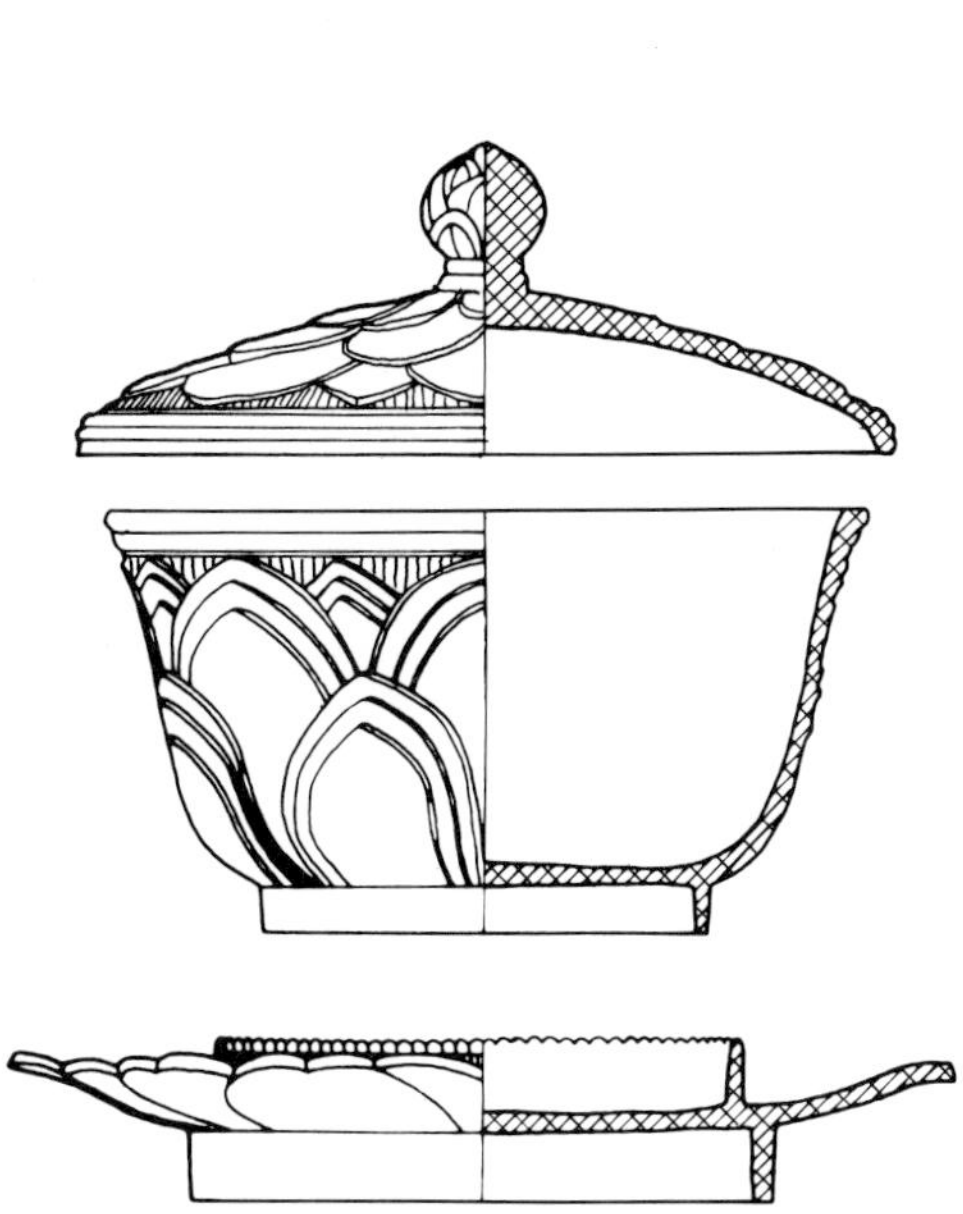

68　蓮弁飾二器　鎌倉時代　愛知　岩屋寺（写・184図）

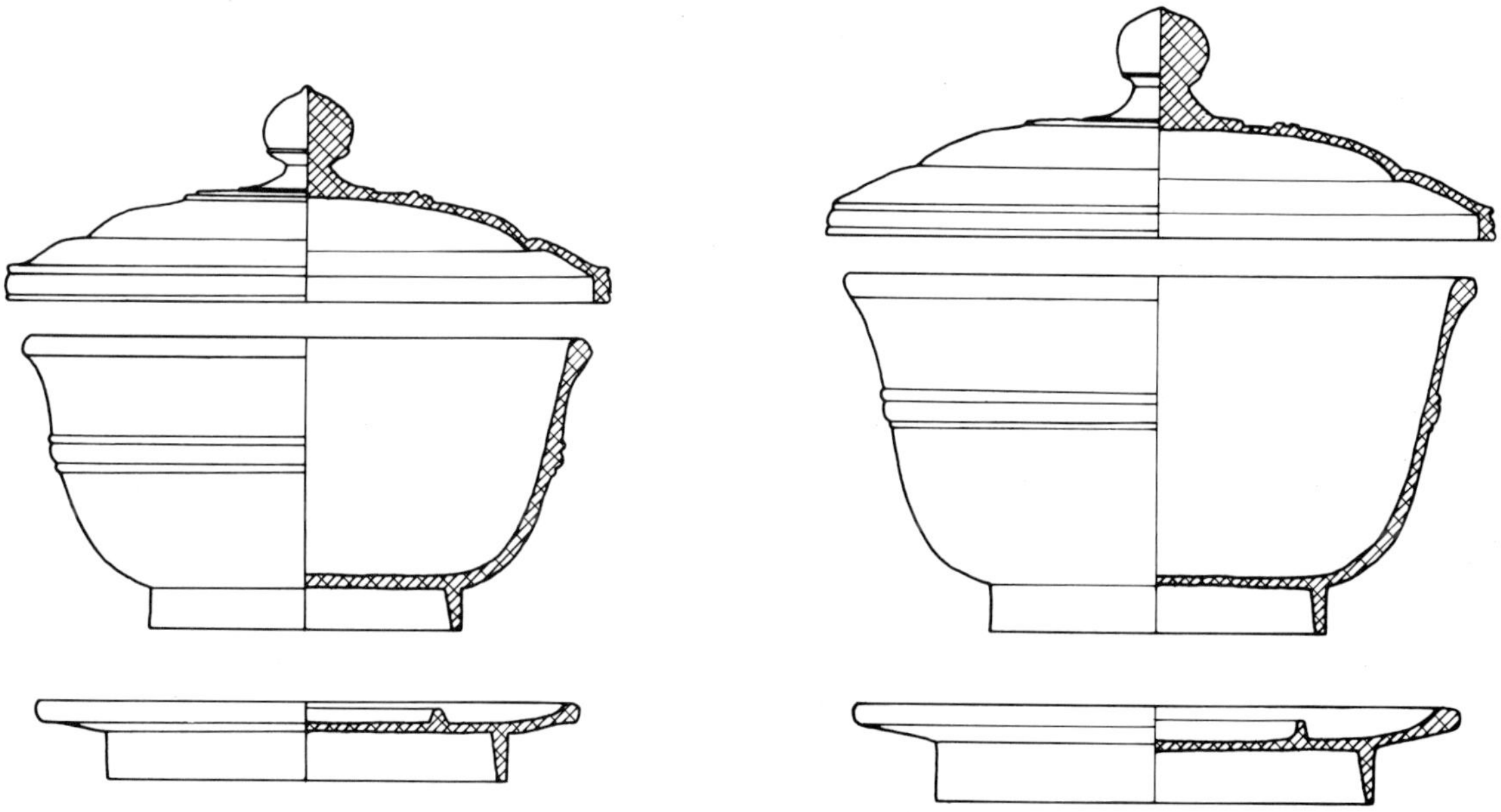

69　二器　鎌倉時代　奈良　唐招提寺

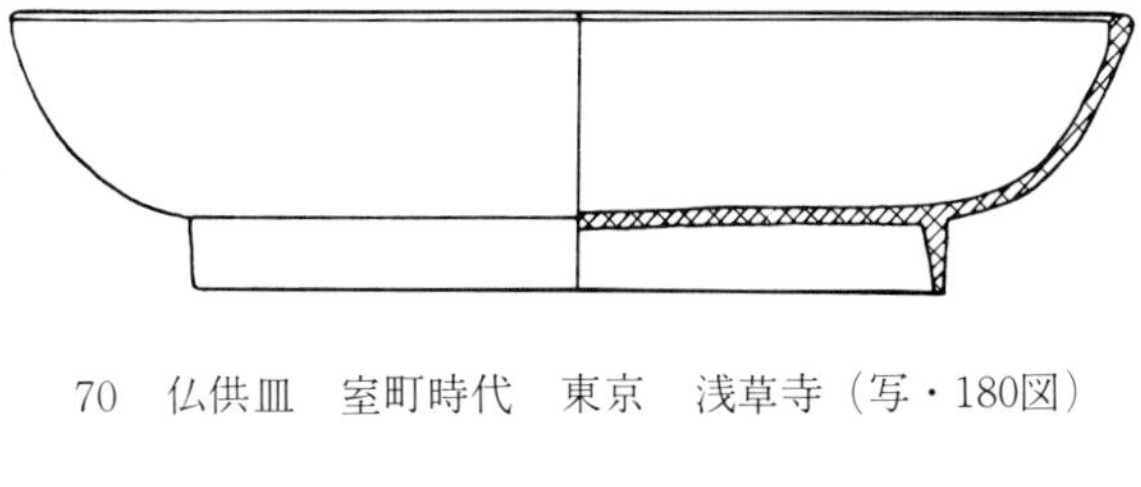

70　仏供皿　室町時代　東京　浅草寺（写・180図）

0　5　10　15　20cm

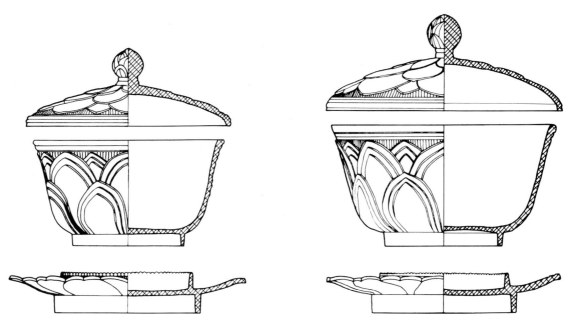

八　数珠

数珠は珠数とも、誦数ともいい、また念珠ともいう。普通小さい珠を一定の数だけ線（糸・紐）に貫連して環をつくり、これを手にかけて称名念仏したり、陀羅尼を念誦したりする際、その数を記するに用いるものである。今日では念珠で数とりすることもあまりみられないが、ほとんどの仏教徒はこれをもっており、いわば仏菩薩などの礼拝に必須の用具となっている。

数珠の起源　しかし「比丘六物」※1、あるいは「比丘十八物」※2のうちには数珠は含まれていない。原始仏教や初期仏教においては、この数珠は僧具のうちに入っていなかったことを知る。伝えるところ、古代インドにては数珠はバラモン教※3において用いられ、それが二・三世紀頃仏教にとり入れられたという。しかし、その経由を詳びらかにすることはできない。密教経典―陀羅尼集経※4・金剛瑜伽念誦経・諸仏境界摂真実経・その他の経軌―にはこの数珠に関する所説が多くみられるところから、数珠をかなり古くから重視してきたことが判明する。

数珠の受容　わが国で作られた聖僧の肖像彫刻のうち、古い時代のもの、例えば唐招提寺の鑑真和上像、法隆寺の行信僧都像、同道詮律師像、岡寺の義淵僧正像（以上奈良時代）、東大寺の良弁僧正像、園城寺の智証大師像（平安時代）などは手に如意などを持つか、あるいは定印を結んでいるかで、数珠を持っていない。

鎌倉時代以降の肖像彫刻では東寺の弘法大師像（5図）、延暦寺の慈恵大師像、東大寺の重源上人像、当麻寺奥院の法然上人像、新潟西照寺の親鸞聖人像、三重太子寺の善然上人像などはすべて数珠を持つ姿にあらわされている。しかし同じ鎌倉時代の肖像でも興福寺の法相六祖、唐招提寺の行基菩薩像、西大寺の叡尊興正菩薩像などは数珠を持っていない。いわゆる南都系の諸僧像には数珠はみられず、また禅僧の頂相にもみられない。また、興福寺に遺る奈良時代の作品である十大弟子像をはじめ、平安時代に作られた清涼寺の十大弟子、鎌倉時代の大報恩寺の十大弟子像などは、いま見るかぎり如意・柄香炉・錫杖・団扇などをもっているが、数珠はもっていない。また篤く三宝に帰依された聖徳太子の各種の像も、数珠をもってはいない。要するにわが国の肖像彫刻においては数珠をもつのは鎌倉時代以降ということができる。絵画作品では、普門院の勤操僧上像や興福寺の慈恩大師像の右腕に一輪の数珠が認められ、平安時代末期ごろからみることができる。

なお、仏像彫刻のうちで、数珠をもつ像としては観音菩薩像が最も顕著であるが、唐から請来されたと考えられる法隆寺の九面観音立像（2図）には数珠がみられる。中国の河南省洛陽の南郊にある看経寺の石室の壁面に彫出された羅漢像（1図）にも、数珠をもつものがみられる。これは七世紀から八世紀初頭の作品と考えられている。

奈良時代の遺品　一方、数珠の現存する遺品については、正倉院宝物中に奈良時代の伝世の優品が存在しているが、いま文献に明徴しても、その他いくつかの記録をみることができる。

『法隆寺資財帳』

※1　比丘六物とは、僧伽梨・欝多羅僧・安陀衣・鉢・漉水嚢・尼師壇をさすが、異説もあり一定ではない。

※2　比丘十八物は、楊枝・澡豆・三衣・瓶・鉢・坐具・錫杖・香炉・漉水嚢・手巾・刀子・火燧・鑷子・縄牀・経・律・仏像・菩薩像をさすが、比丘六物と同様一定でない。

※3　仏教以前からバラモンを中心に行われたインドの民族宗教。

※4　『作数珠法相品』に「若し経を誦し、念仏し、呪を持する行者はすべからく手に数珠を執るべし。阿弥陀三昧の教説に依り、復たこの如き一切の陀羅尼諸仏菩薩金剛天などの法中に出す所に依るに、その数は皆すべからく諸の相貌を具すべし。その相貌には四種あり。一には金、二には銀、三には赤銅、四には水精なり。その数は皆一百八珠を満す。或は五十四、或は四十二、或は二十一も亦用に中《あつ》るを得。苦しこれらの宝物の数珠をもってこれを掐《ひね》り、呪を誦し、経を誦し念仏する諸の行者は、当に十種の波羅蜜の功徳を満足することを得、現身に即ち阿耨多羅三藐三菩提の果を得べし」と述べられている。

1
竜門看経寺の石窟壁画の羅漢像　七世紀

2
九面観音の手の部分　唐時代　奈良　法隆寺

3
勤操僧上絵像の手の部分　一一世紀　和歌山　普門院

4
弘法大師絵像の手の部分　一二世紀　大阪　金剛寺

合白檀誦数弐烈
丈六分壱烈
仏分壱烈
（中略）
右養老六年歳次壬戌十二月四日、納賜平城宮御宇　天皇者

『大安寺資財帳』
合誦数弐拾玖貫
五貫水精　一貫牙　一貫銅　一貫銀
一貫菩提樹数五十三丸　十五貫白檀
二貫琥珀　一貫水精琥珀交並仏物

『東大寺献物帳』には百済国王義慈より献納された宝物のうち、数珠については、

紫瑠璃念珠　一具
白銀念珠　一具
瑪瑙念珠　一具
水精念珠　一具
琥珀念珠　一具

とある。これらの記録によって数珠は奈良時代から「誦数」あるいは「念珠」と称していたこと、材質的には、白檀・水精・牙・銅・銀・菩提樹・琥珀・水精琥珀混用・紫瑠璃・白銀・瑪瑙などが用いられており、また珠を貫連した一輪の数え方も「一烈」「一貫」「一具」というように一定ではなかったことをしる。

正倉院宝庫（南倉）に現存する数珠は『正倉院棚別目録』によれば、次のとおりである。またこれらを納置する数珠箱が現存している。

琥碧誦数　一三条　（南五五）
玉は一〇二枚ないし百二四枚、大部分は水精を併用する。
雑玉誦数　（南五六）
水精二九枚、琥珀三枚、瑠璃一四枚。
水精誦数　五条　（南五七）
四条は各一〇八枚、一条は残欠。
菩提子誦数　（南五八）
一〇八枚、水精の荘、菩提子ではない。
誦数残欠　五条　（南五九）
一条は菩提子、一条は琥碧、一条は蓮実。
柳箱　（南六〇）
赤漆柳箱　（南六一）
漆花形箱　一〇口　（南六二）

なお、琥碧誦数（南五五）には紙箋・木牌などに次のような銘文がある（『正倉院宝物銘文集成』松嶋順正編による）。

第一号　具箱（漆箱貼箋）「琥碧誦数一条献物□」
第五号　（紙箋）「大会後物　人々献物」
第十三号　附牌　具箱（木牌）「檱夫人奉」
（柳箱蓋表貼箋）「琥碧誦数一条会前献物」
（同蓋・身杆縁）「東大寺会前」

平安時代の遺品　平安時代には、密教の興隆によって数珠はかなり多用されたと考えられるが、遺品のうちこの時代のものと明らかに指摘されるものはいたって少ない。東寺にある弘法大師所用の水精念珠（重文・10図）、同じく大師が唐の順宗皇帝から賜ったと伝える菩提子念珠（11図）が名高く、水精念珠一連は黒漆独鈷文蒔絵合子一合（12図）が念珠箱として附属し永徳二年（一三八二）の朱書がある。金剛峯寺には紙胎花蝶蒔絵念珠箱（重文）とともに念珠二連がある。当麻寺には螺鈿玳瑁唐草合子（重文・13図）があり念珠入れとして名高いものであるが、これは鎌倉時代の作である。

琥珀念珠（法隆寺献納）　二連　（奈）　東京国立博物館
金剛子念珠（法隆寺献納）　二連　（平）　東京国立博物館〈9図〉
◎水精念珠（伝弘法大師所用）　一連　（平）　京都・東寺〈10図〉
菩提子念珠（伝順宗皇帝下賜）　一連　（平）　京都・東寺〈11図〉
念珠　二連　（平）　和歌山・金剛峯寺
黒漆独鈷文蒔絵合子（水晶念珠用）　一合　（平）　京都・東寺〈12図〉
◎紙胎花蝶蒔絵念珠箱（念珠用）　一合　（平）　和歌山・金剛峯寺
◎螺鈿玳瑁唐草合子　一合　（鎌）　奈良・当麻寺〈13図〉

※『志貴山縁起絵巻』にみる数珠

5 弘法大師坐像　一三世紀　京都　東寺

6 一遍上人絵像部分　一三世紀　神奈川県立博物館

7 蓮如上人絵像　室町時代　滋賀　誓願寺

8 細川昭元夫人絵像の手の部分　一六世紀　京都　龍安寺

数珠の形制　数珠の顆数については『陀羅尼集経』『金剛頂瑜伽念誦経』などの経典にみられるとおり、基本の数は一〇八顆である。その一〇八の表示の意義については一〇八の煩悩を断滅する、一〇八尊の功徳を表す、一〇八三昧の功徳を表すなど、諸説のあるところである。この一〇八顆を十倍した一〇八〇顆、二分の一の五四顆、その二分の一の二七顆があり、他に四二顆、その二分の一の二一顆などがある。五四顆については十信・十住・十廻向・四善根・十地の菩薩修行の階位五四位を表すといわれ、四二顆については十住・十行・十廻向・十地・等覚・妙覚の四二位を表すともいわれている。

次に材質についても諸経に諸説[※5]があり、金・銀・赤銅・鉄・水精・木槵子・菩提子・蓮華子・金剛子・香木・琥碧・真珠・珊瑚などがあって、その種類もはなはだ多い。これらを一見して判るように貴重な材を用いており、しかも清浄なるものを材に求めている。念珠は清浄なるものにして、これを持つとき身も清浄にし、また念珠を置くときも念珠箱に納め浄処に置く、というふうに思想的[※6]に次第に発展していったようである。ついには念珠をもつこと自体にすでに功徳があるというふうに考えられるようになり、その素材の質によって、功徳の多少が云々されるまでになった。そのうち菩提子のみを福無量と説くところは諸経所説の一致するところである。

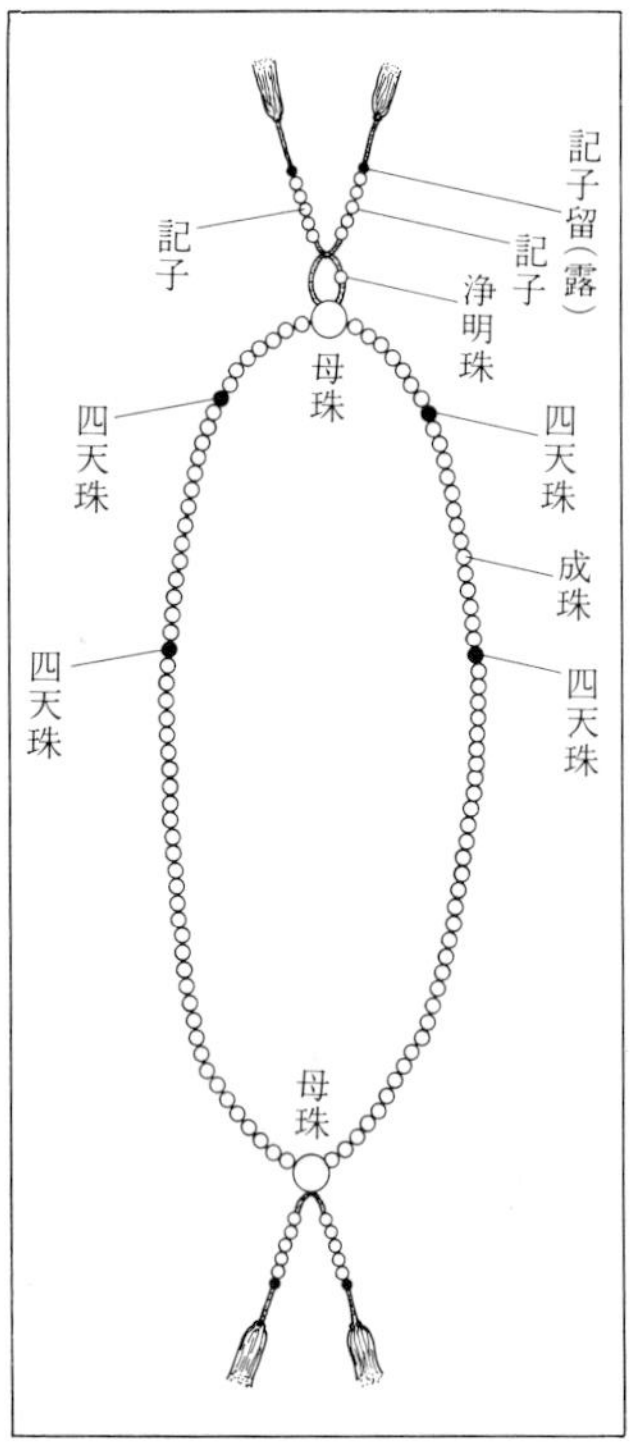

次に数珠の珠名をあげると、母珠・成珠・四天珠・記子・浄明珠・記子留(露)などがある。これらの各珠がいずれの数珠にも備っているとは限らず、各種の形式がある。その形式は主に六種に分けられる。

① 母珠もなく、記子もないもの。
② 一母珠で、記子のみをつけるもの。
③ 二母珠あって、各母珠に記子を一〇顆ずつつけるもの。
④ 二母珠あって、一方に記子（二〇顆）をつけ、一方は紐のみをつけるもの。
⑤ 二母珠で、一母珠に記子（二〇顆）をつけ、他の母珠に記子（一〇顆）と他に一〇顆を一連とした記子をつけるもの。
⑥ 輪貫二連数珠、一連は母珠とも四〇顆、他の一連は母珠とも二七顆とする。この二連を交え、一方に金鐶に紐をつけ、記子六顆、一〇顆をつけるもの。

（光森　正士）

9　金剛子念珠二連　平安時代　東京国立博物館（法隆寺献納宝物）

※5　『蘇悉地羯羅経』巻下には、「菩提子の珠をば仏部に用い、蓮華子の珠は観音部に用い、嚕揶囉叉子の珠は金剛部に用う。三部に各のこれらの数珠を用うるを最上と為す」と修法に用いる珠の素材を規定している。

※6　『金剛頂瑜伽念珠経』では「二手に珠を持し、心上に当てて、静慮して念を離れ、心を本尊瑜伽の心一境に専注すれば、皆理事の法を成就することを得。設し頂髻に安《お》き、或は身に掛け、或は頸上に安き、或は臂に安けば所説の言論は皆念誦となる。この念誦をもって三業を浄む。髻に安くに由って無間を浄め、頸上に帯びるによって四重を浄む。手を臂の上に持すれば衆罪を除き、能く行人をして、速に、清浄ならしむ」と説いている。

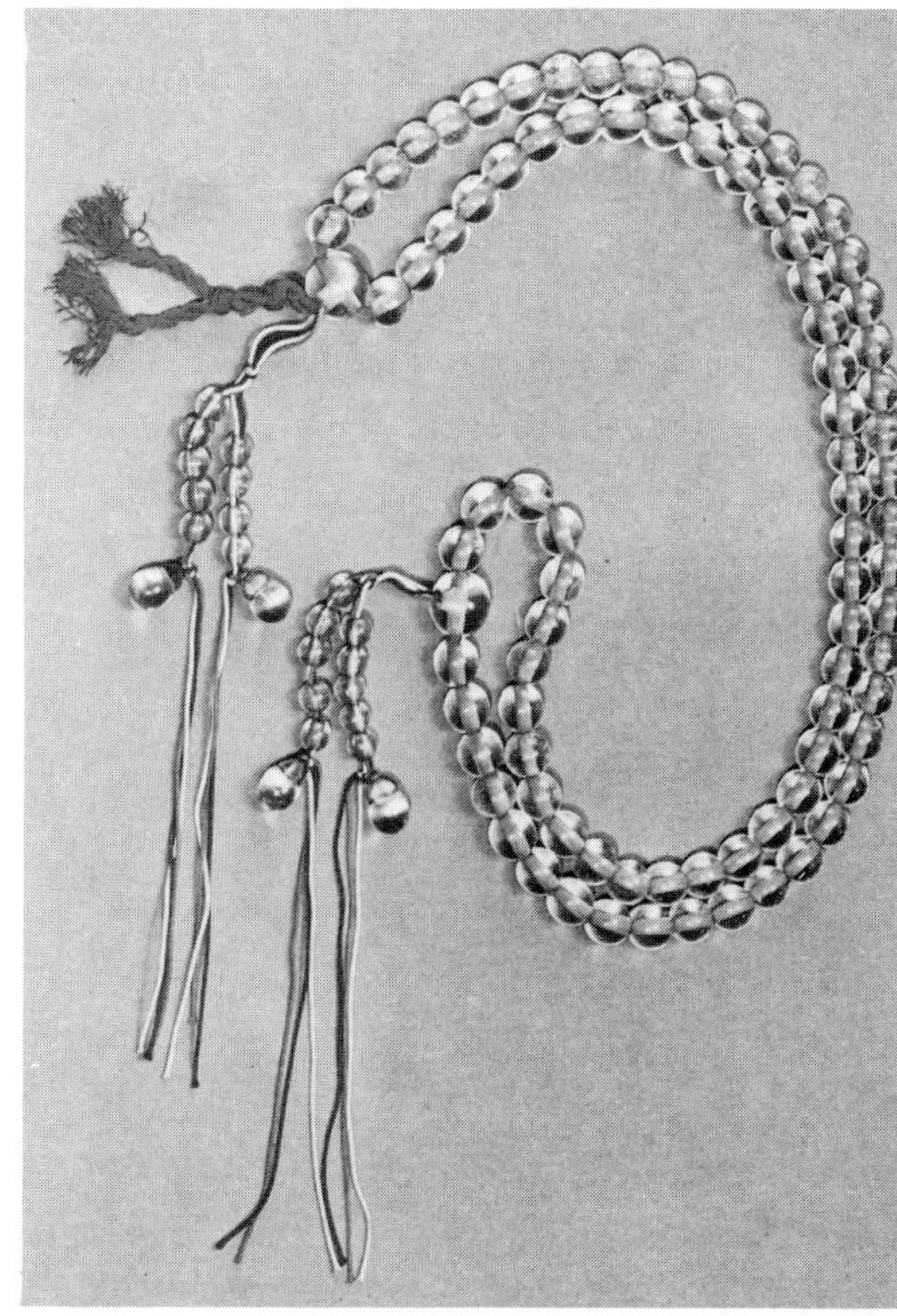

10 水精念珠　平安時代　京都　東寺

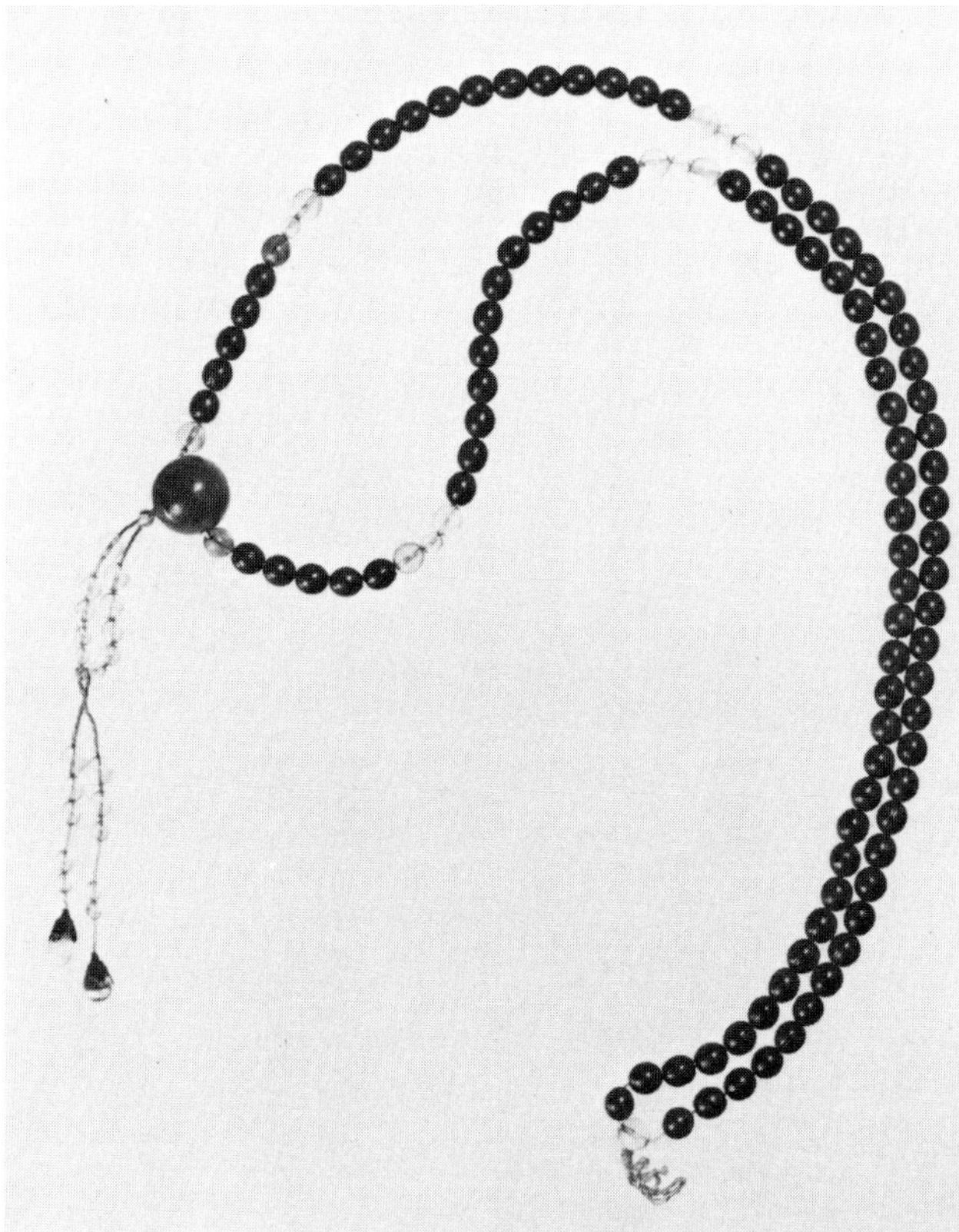

11 菩提子念珠　平安時代　京都　東寺

12 黒漆独鈷文蒔絵合子　平安時代　京都　東寺

13 螺鈿玳瑁唐草合子　鎌倉時代　奈良　当麻寺

現代の宗派別・僧職用主要珠数の概覧

珠数と珠数玉の名称

現在、僧職用あるいは在家用として使用されている珠数の各部は、主に七部分で構成されている。それらの各部分の名称および意味は次のとおりであるが、宗派により多少異なる場合もある。

親珠（母珠）　珠数の中心となる部分であり、記子珠をつけるための丁字形の穴のある珠のことを指す。

主珠　一〇八個の珠がもっとも多く、五四・四二・三六（融通念仏宗）・二七・二一・一八（主に禅宗系）・一四個の八種類とされているが、現在ではこのほかの珠数の珠数《たまかず》もある。また、珠数の寸法の基準はこの主珠五四個分を一例に連らねた長さを指す。

四天珠（四菩薩珠）　主珠の間にある四個の小珠のことであり、この珠が使用されていないものもある。

弟子珠（記子珠）　下り珠とも称し、房についている小珠を指す。

弟子（記子）止（露珠）　弟子（記子）珠の最下部についている露形の珠を指し、弟子（記子）珠を留める珠である。

浄明　維摩あるいは補処の菩薩などとも称し、弟子（記子）の補けつのために設けられている。

中通し紐　親珠（母珠）を中心に、主珠、四天を貫いている紐を指す。

房　房の主な種類は、頭結切房・切房・頭付撚房・菊房・紐房・松房・梵天房などがあり、片手珠数の場合は梵天房が多い。

宗派別の主な特色

天台宗　平珠が多く、主珠一〇八個・親（母）珠一個・四天四個であり、二本の房の片方に平珠二〇個、片方に丸珠一〇個の弟子珠がつけられている。別称〈とう・にじゅう〉などとも呼ばれる。なお、古くは浄明は用いられなかった。

真言宗　八宗用とも呼ばれ真言宗以外でも用いられている。特殊なものとして紐房が三色・五色の珠数や、無病珠数（六瓢）のように母珠がひょうたん形をした珠数もある。

浄土宗・時宗　二連で大・小の輪鐶付珠数が多い。荘厳珠数とも称す装束珠数は、基本的には禅宗と同じであるが、頭付撚房で、房の紐数が少ない点が異なっている。

浄土真宗本願寺派（西）　装束珠数については基本的には禅宗用と同じである。本願寺派では頭付撚房を用い、大谷派では切房を用いるのが両派の違いで、特色としては親珠に結ぶ裏房の結び方が独特であり〈蓮如結び〉とも称されている。また、得度用などの麻の房が特色でもある。

真宗大谷派（東）　晨朝用・布教用などの特徴のある珠数がある。

曹洞・臨済宗　禅宗各派の装束珠数は、比較的古い形のものが多く用いられている。また阿闍梨用、修験用などにイラタカ珠を用いるのは、珠数をこすり合わせて音を出す用法からきている。曹洞宗用の珠数の特色は親珠と四天の間、また四天間を全て一八個の主珠とし、鐶をつけている点である。本蓮珠数の切房の紐数が多くボリュームのあるのが共通した特色で、これは法要などで房を上向きに立てるという用法からきている。

日蓮宗　他の宗派にはない祈禱用の各種の珠数が多く、特に房の組みかたと寸法が異なり、数取り用の記子珠（十界を表わす）を用いる場合もある。

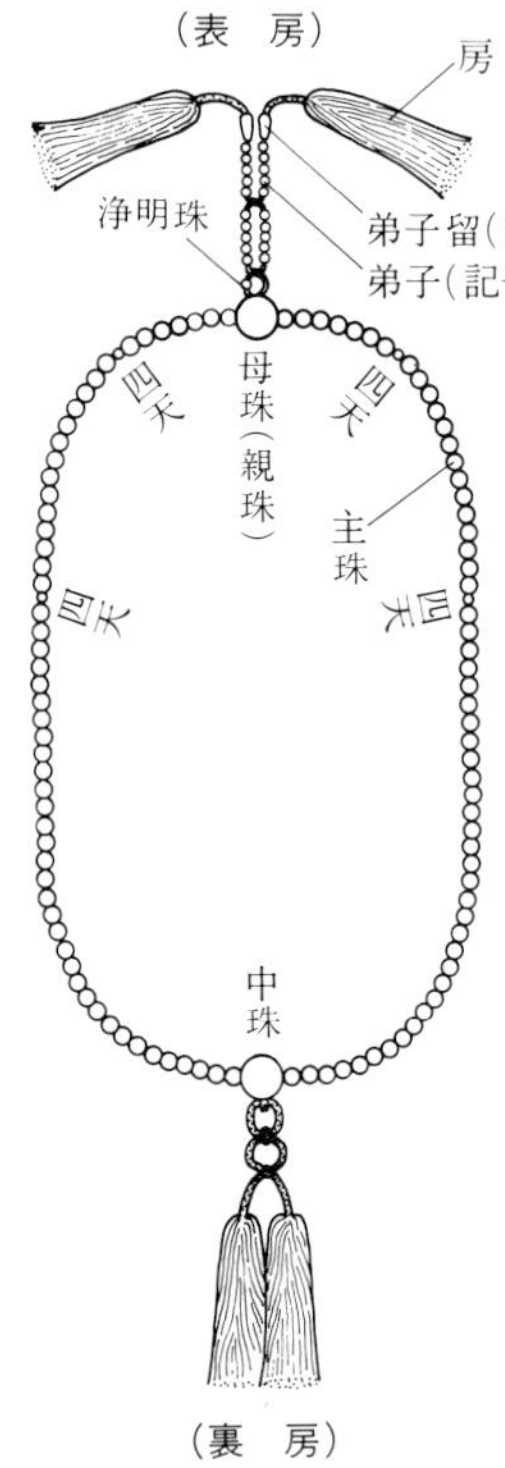

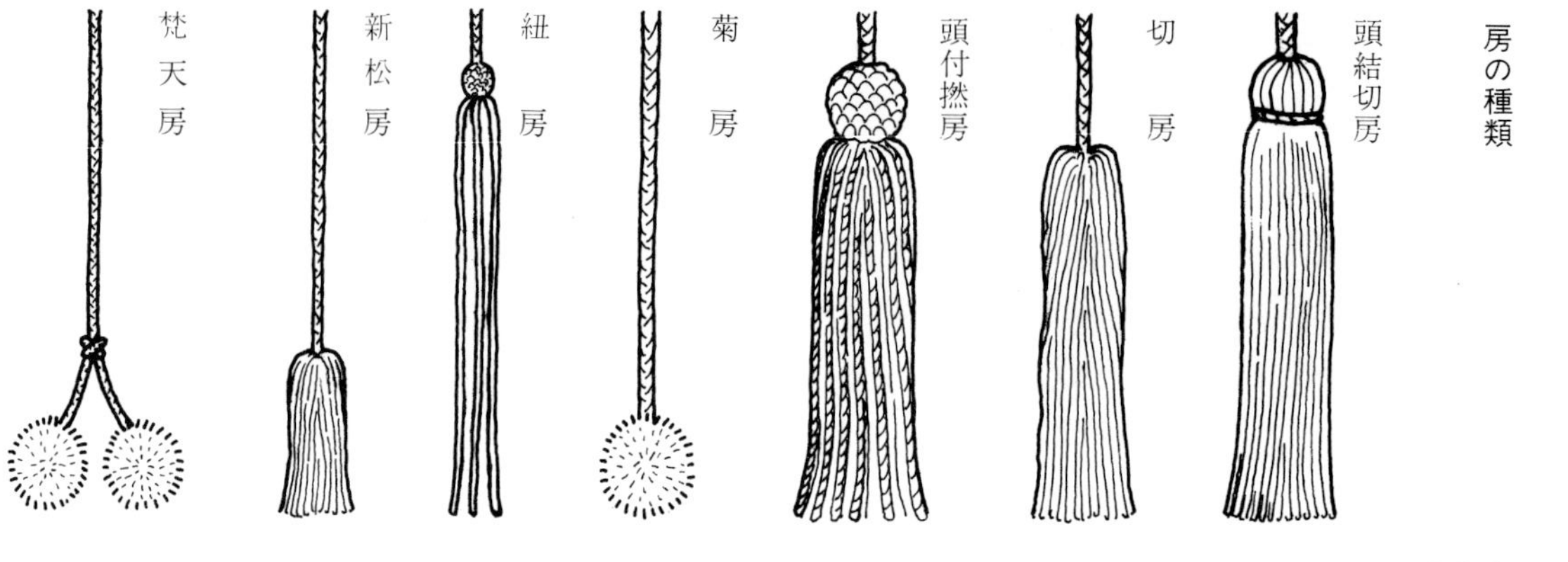

天台宗

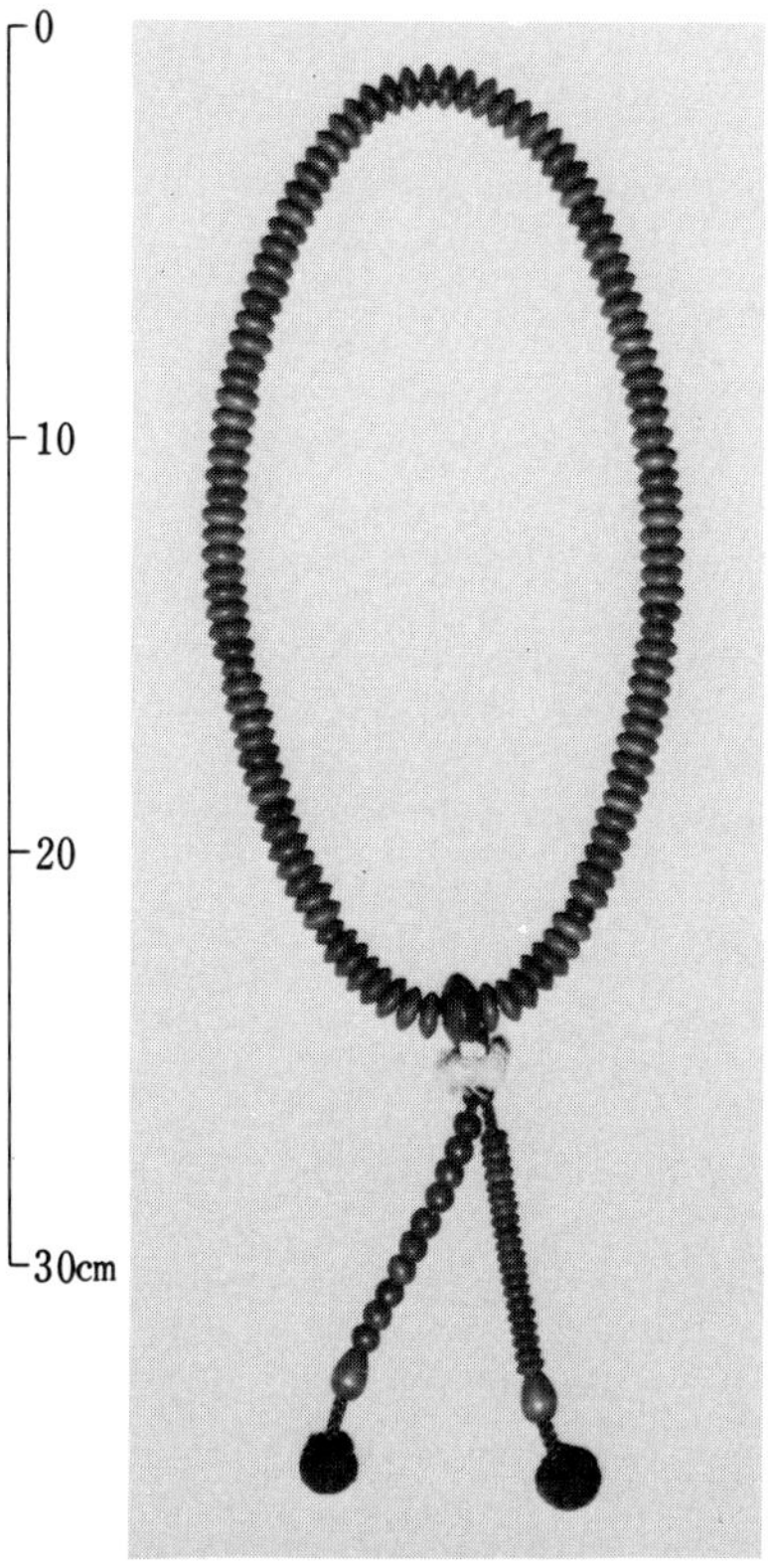

天台宗本蓮珠数

天台宗鞍馬寺片房珠数

天台宗阿闍梨用本蓮珠数

天台形（京都聖護院）珠数

名　　称	寸　法	珠の種類	主　　珠	下り(弟子・浄明)珠	房	備　　考
阿闍梨用本蓮	1尺	茶平玉	108	丸玉10・平玉20	菊房(白)	別称「とう・にじゅう」・四天4
本　　蓮	8寸	茶平玉	108	丸玉10・平玉20	菊房(茶)	四天4(在家も用いる)
鞍　馬　寺	1尺	茶丸玉	108	丸玉21	菊房(茶)	四天4
天台形(聖護院)	1尺5寸	黒イラタカ玉	108	表21	菊房(白)	四天4

真言宗

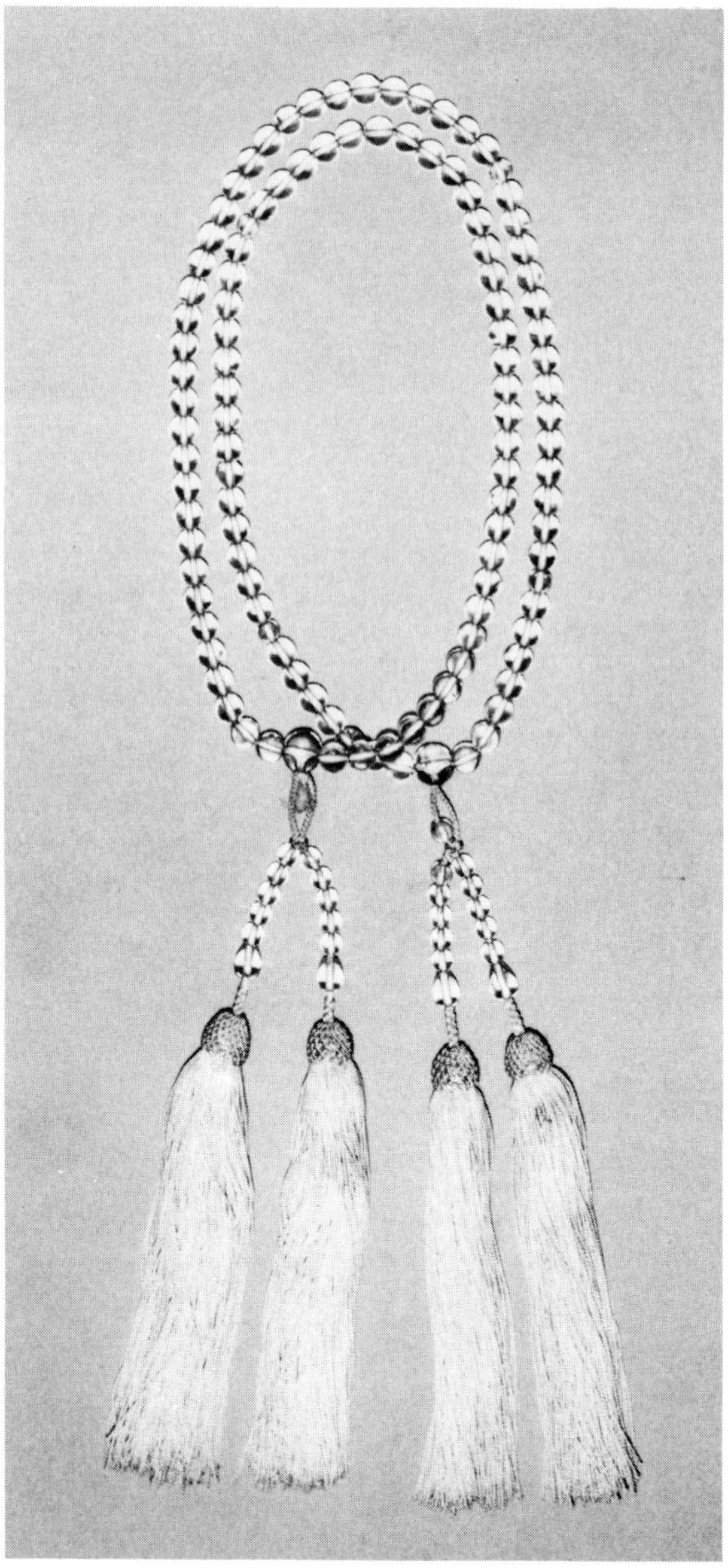

真言宗及八宗用装束珠数（振分珠数）

真言宗行者用珠数

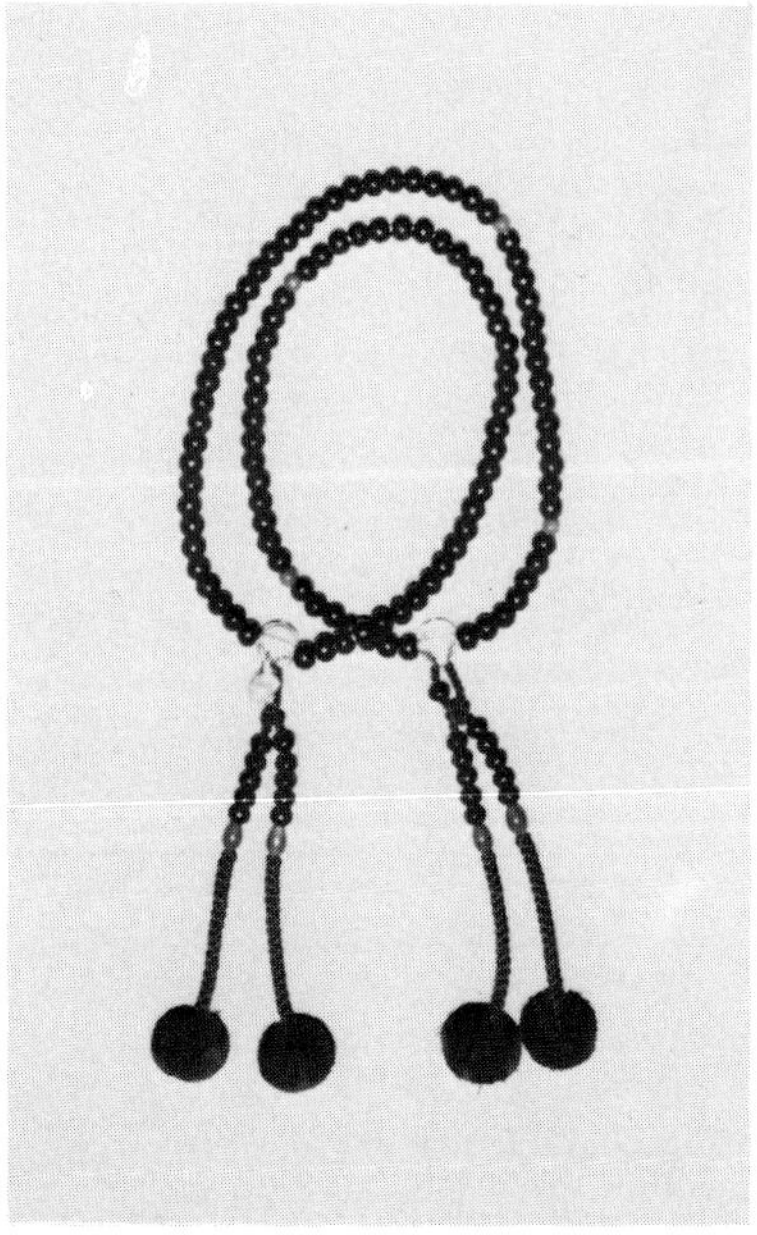

真言宗小糸本蓮珠数

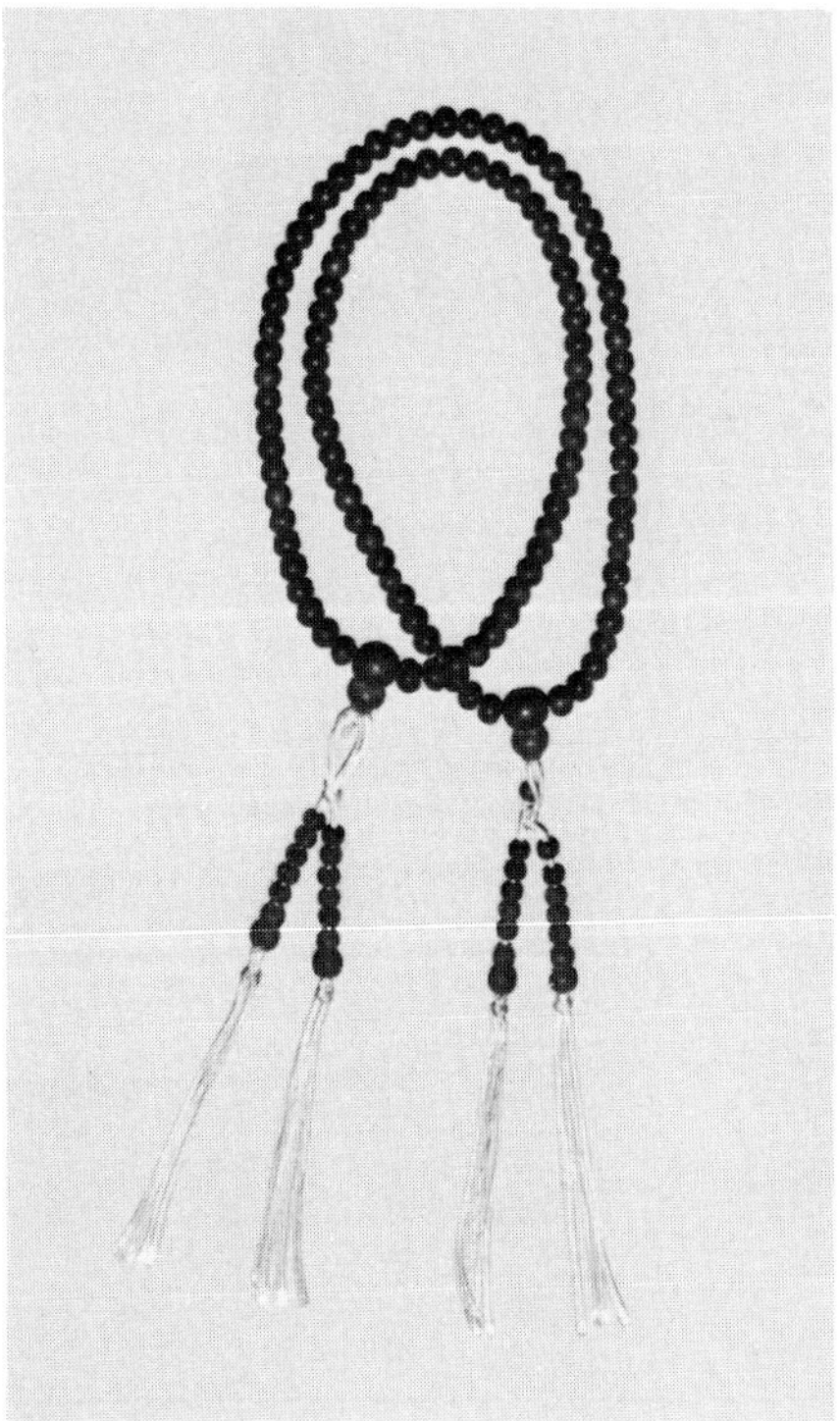

真言宗六瓢（無病）珠数

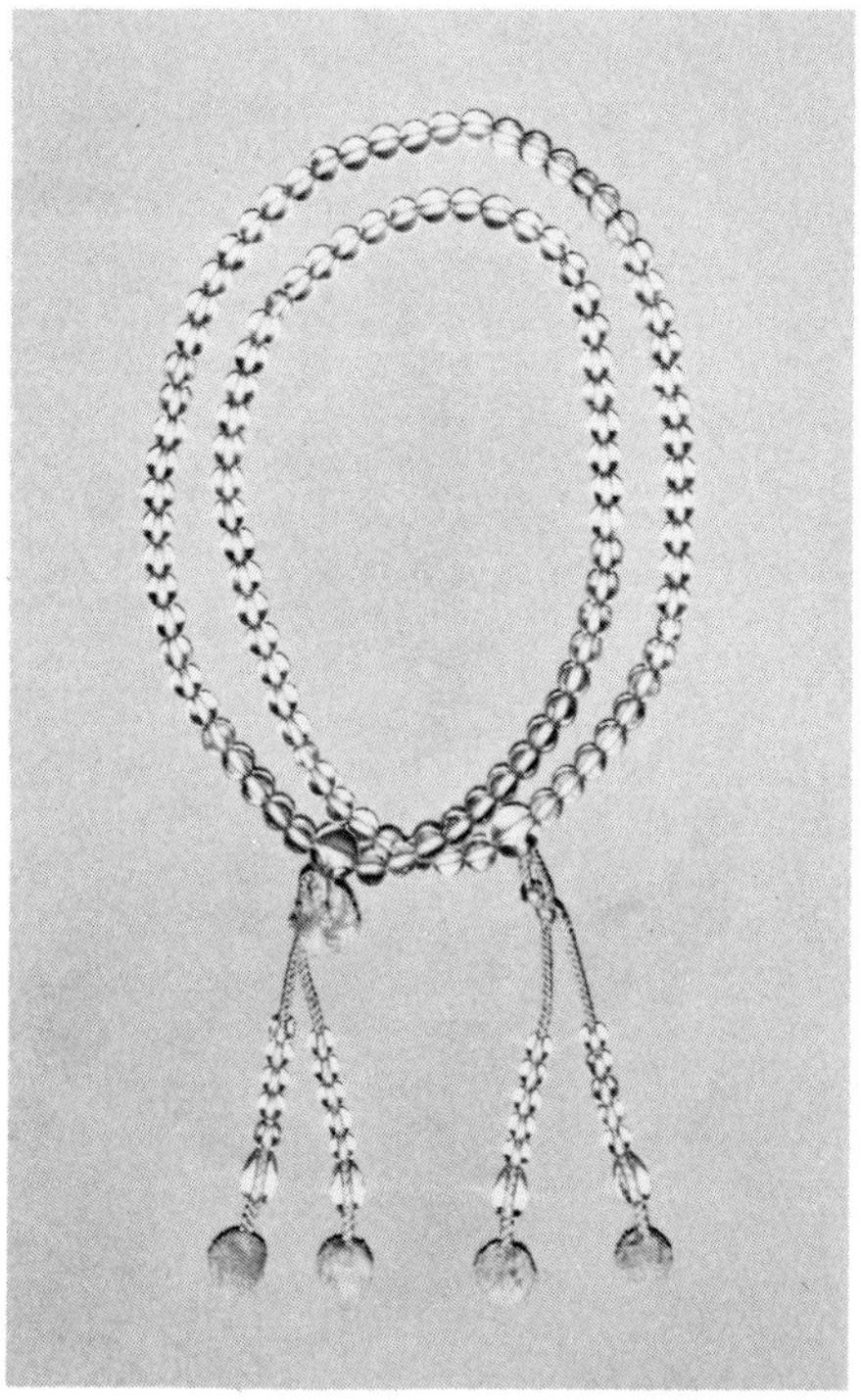

真言宗承念珠数

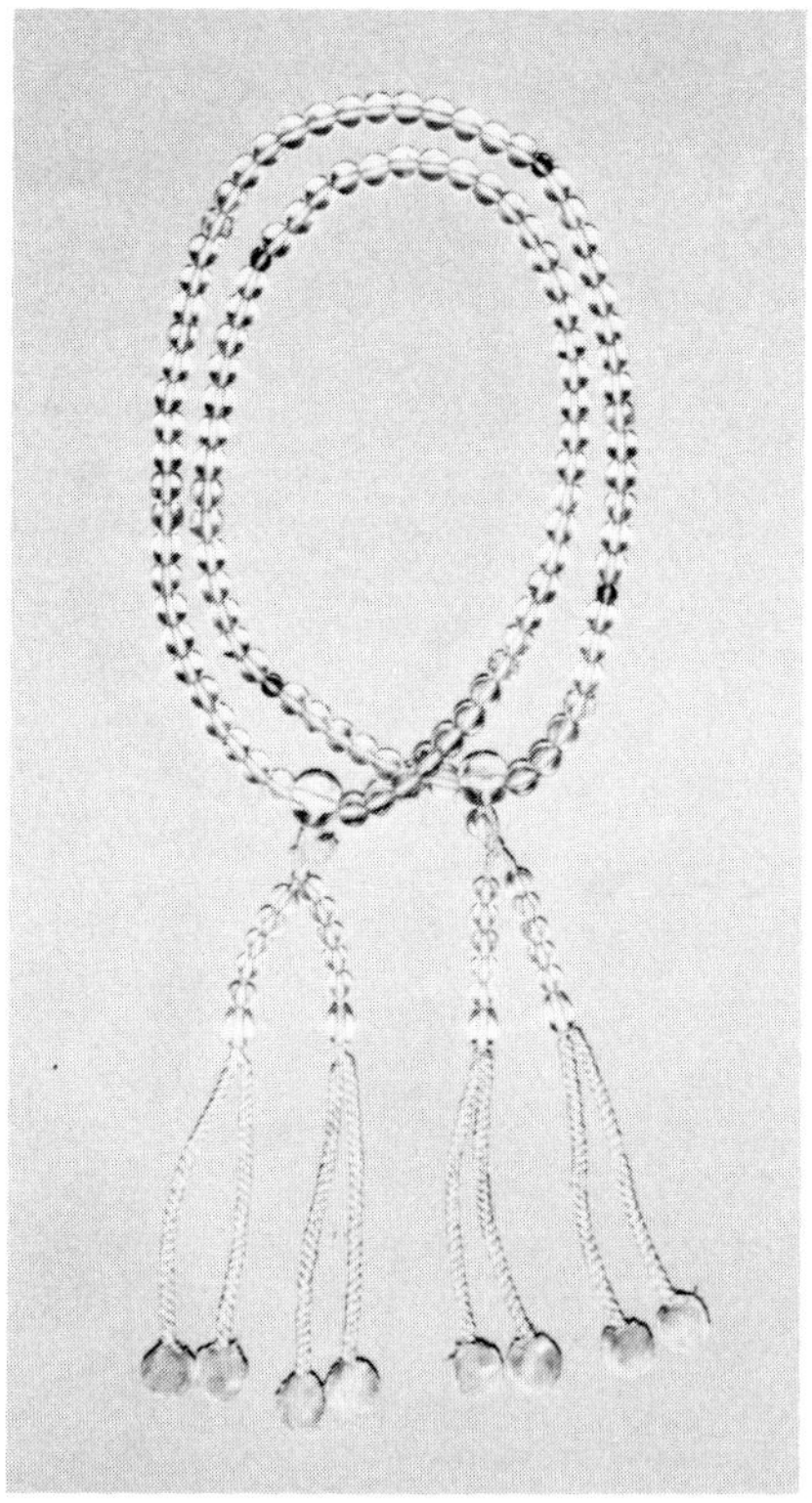

真言宗八房本蓮珠数

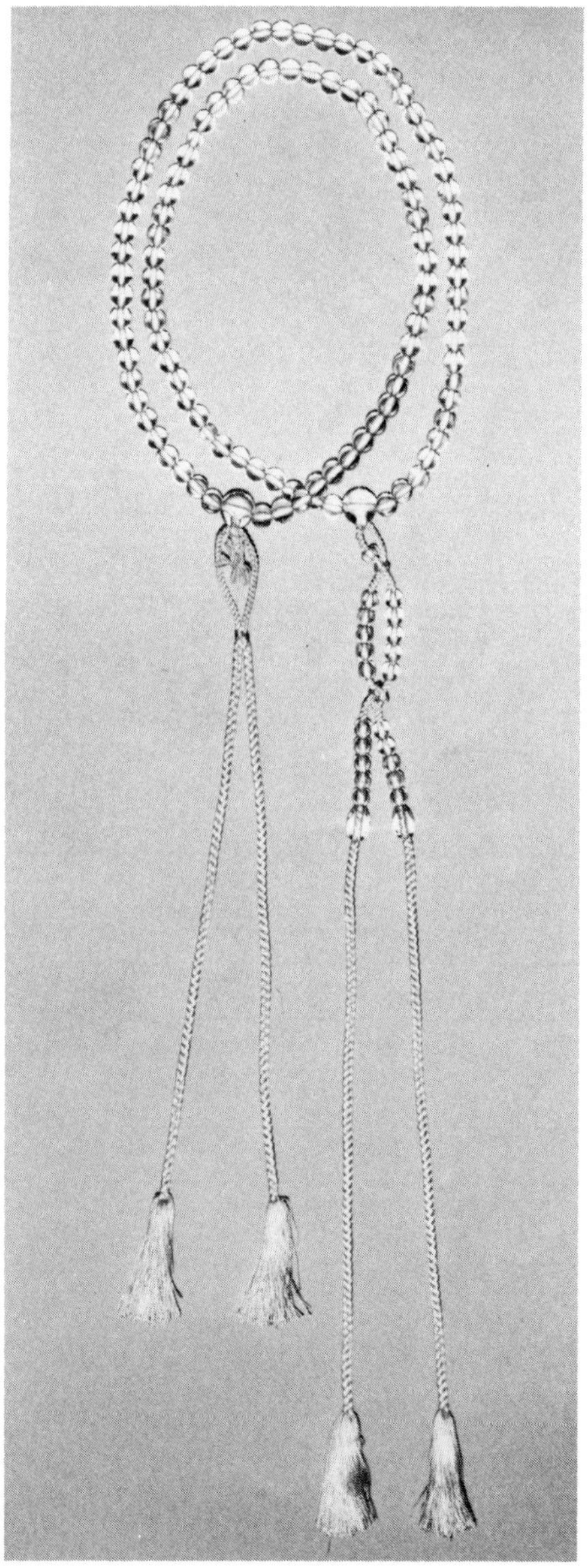

真言宗大師請来珠数

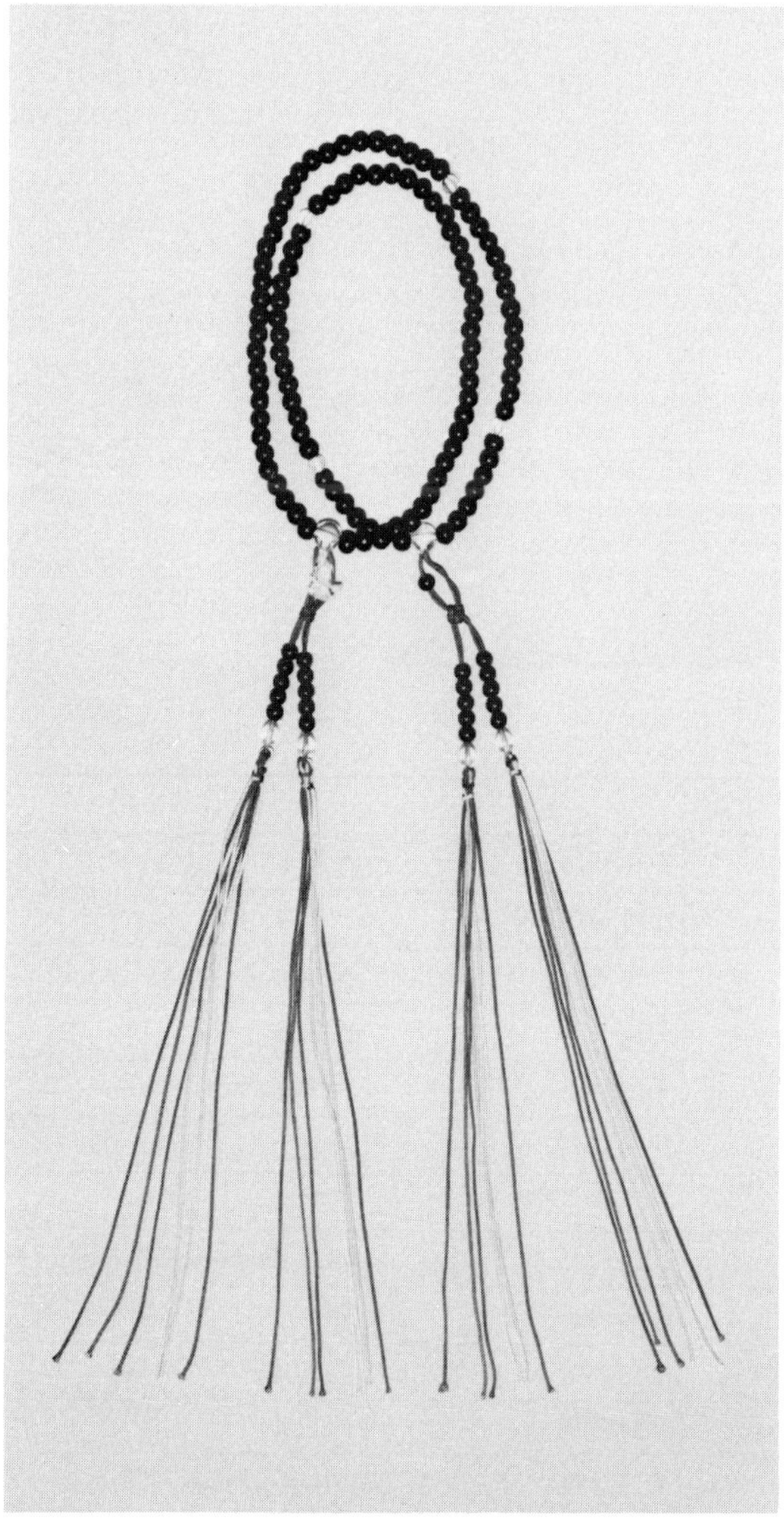

真言宗五色房珠数

真言宗半繰珠数

真言宗虎関珠数

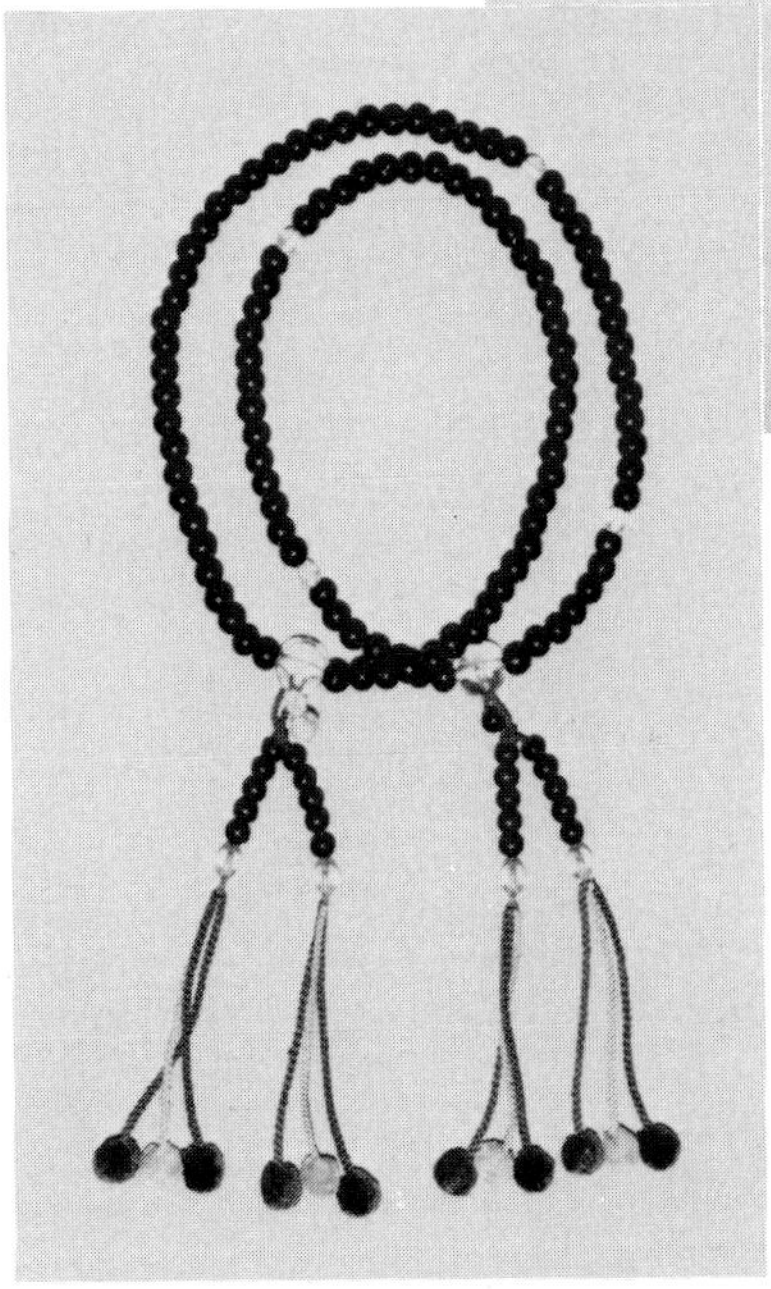
真言宗三色房珠数

真言宗半装束珠数

名称	寸法	珠の種類	主珠	下り（弟子・浄明）珠	房	備考
装束（八宗）	1尺6寸	透明丸玉	108	表11・裏10	頭付切房（白）	四天4
行者用	1尺6寸	黒丸玉	108	表11・裏10	頭付切房（茶）	四天4
五色房	1尺	黒丸玉	108	表11・裏10	五色紐房×4	房（紅・黄・白・紫・緑）
半繰	1尺	茶丸玉	54	丸玉10・平玉20	菊房（白）	四天2
小糸本蓮	8寸	黒丸玉	108	表11・裏10	菊房（緑）	四天4（赤）
六瓢（無病）	8寸	茶丸玉	108	表11・裏10	紐房（白）	母玉・ひょうたん形
虎関	1尺2寸	茶丸玉	108	表21	表玉付・裏菊房	四天4
大師請来	1尺2寸	透明丸玉	108	表21	切房（白）	四天4（編み細長・房短）
承念珠	1尺2寸	透明丸玉	108	表11・裏10	菊房（白）	四天4
八房本蓮	1尺2寸	透明丸玉	108	表11・裏10	菊房（白）	四天4
半装束	1尺3寸	黒・透明丸玉	108	表11・裏10	頭付撚房	四天4
三色房	8寸	黒丸玉	108	表11・裏10	菊房3色×4	房（赤・青・黄）

六万辺繰珠数

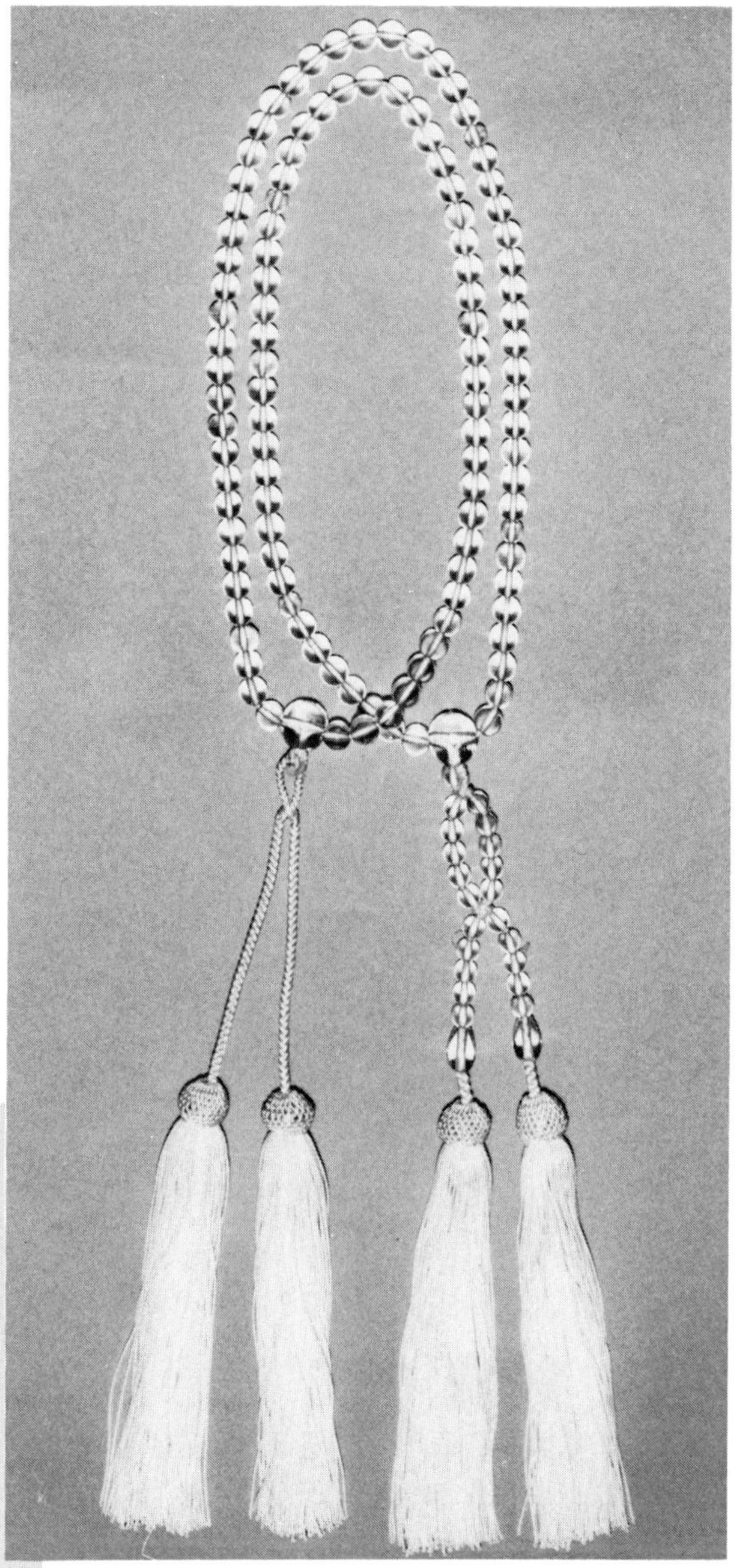

装束（荘厳）珠数

本蓮珠数

0
10
20
30cm

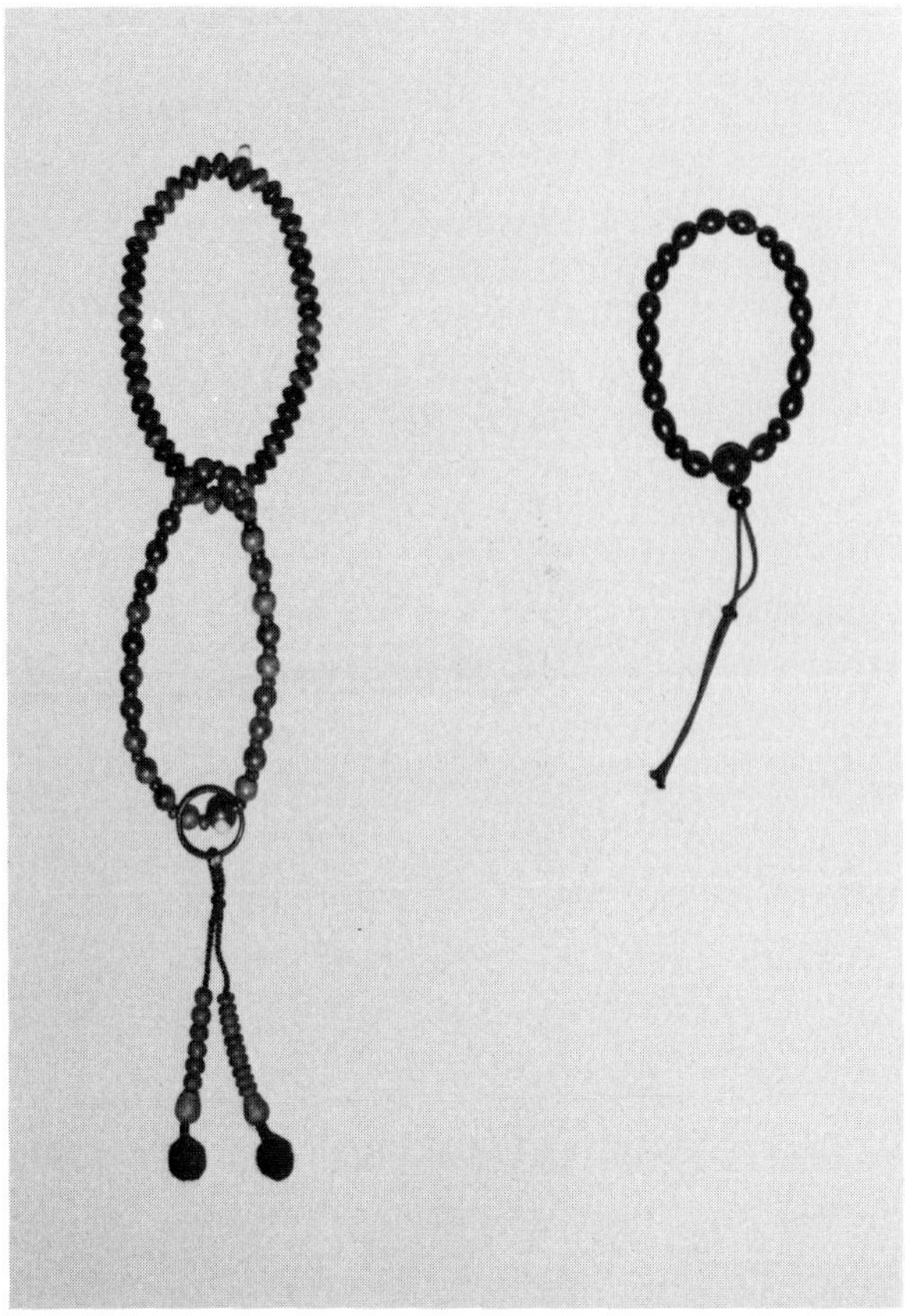

浄土宗光明会珠数

浄土宗延具珠数

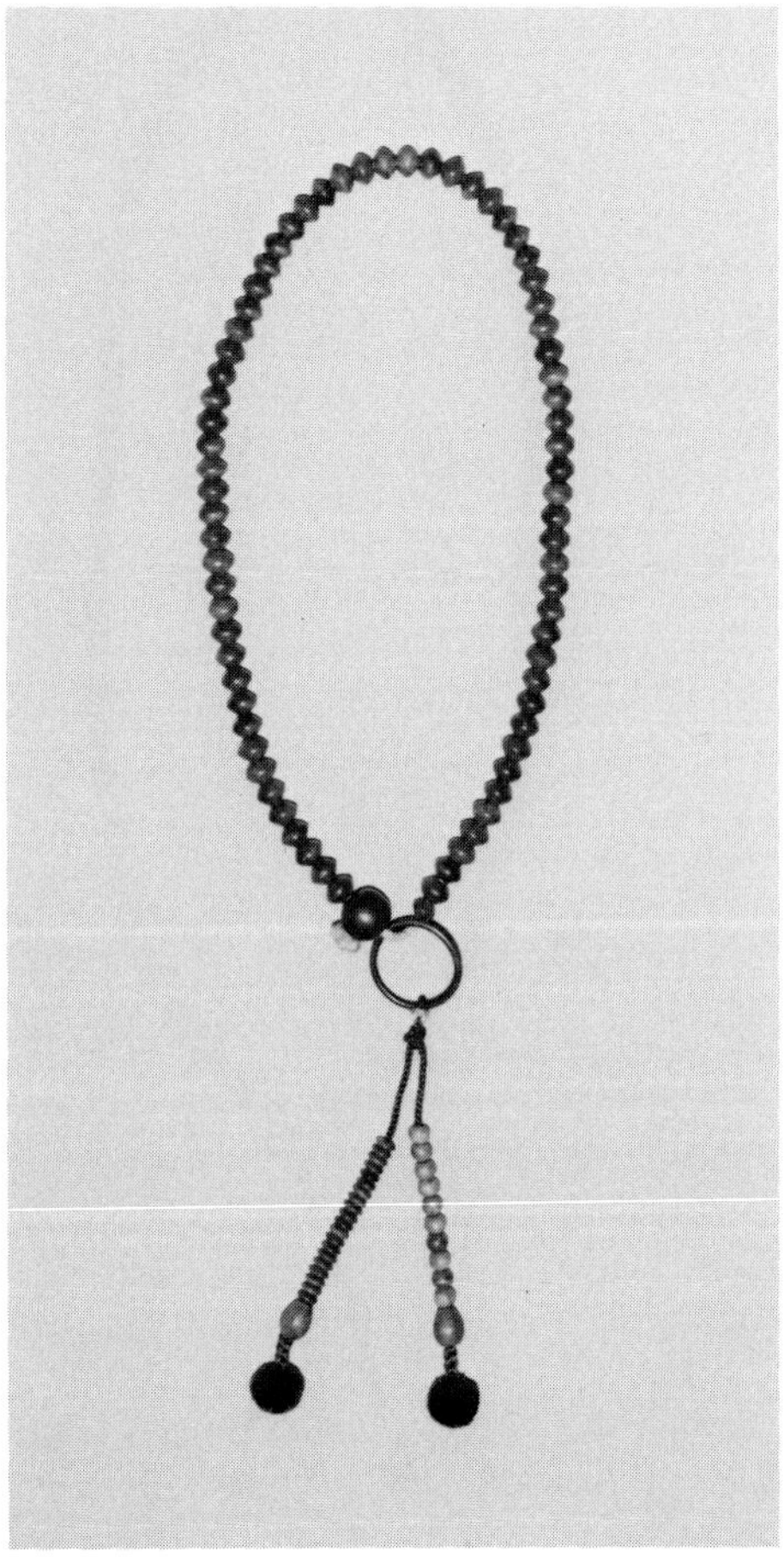

浄土宗繰越珠数

浄土宗三万繰珠数

※ 三万辺繰順は二七×二〇×一〇×六

浄土宗五百万繰珠数

※ 五百万辺繰順は四〇×二七×一〇×六

浄土宗西山派（光明寺）五色房珠数

名　　称	寸　法	珠の種類	主　　珠	下り（弟子・浄明）珠	房	備　　考
装束珠数（荘　厳）	1尺6寸	透明丸玉	108	表・透明丸玉21	頭付撚房（白）	四天4
本　　　蓮	1尺	茶丸玉	108	丸玉10・平玉20	菊房（茶）	四天4
六　万　繰	8寸	黒丸玉	大40・大27・小28	丸玉6・平玉10	菊房（茶）	二連鐶付（日課）
三　万　繰	8寸	茶丸玉	大27・大20小21	丸玉6・平玉10	菊房（茶）	二連子持鐶付（日課）
五　百　万　繰	9寸	茶丸玉	大40・大27小28	丸玉10×5本	菊房（茶）	二連子持鐶付（日課）
繰　　　越	8寸	茶イラタカ玉	82	丸玉10・平玉20	菊房（紫）	鐶付
延　　　具		丸玉・イラタカ玉	大45・大24小25	丸玉6・平玉10	菊房（茶）	二連鐶付
光　明　会　用		黒ナツメ玉	17（なつめ）		紐房（茶）	四天4
西山派（光明寺）		黒丸玉	108	表丸玉21	表五色×2・裏五色各2組	五色（白・赤・青・緑・黄）

浄土真宗本願寺派（西）

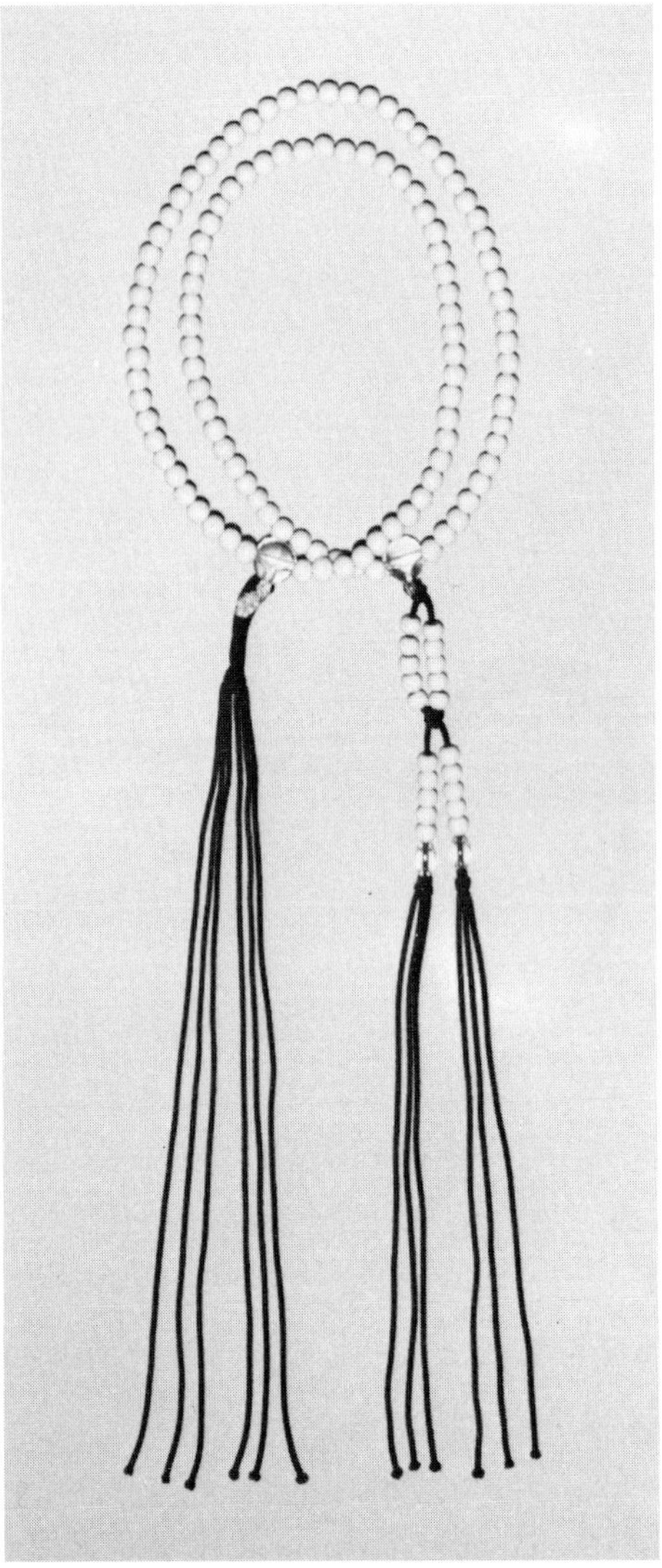

浄土真宗布教用紐房珠数

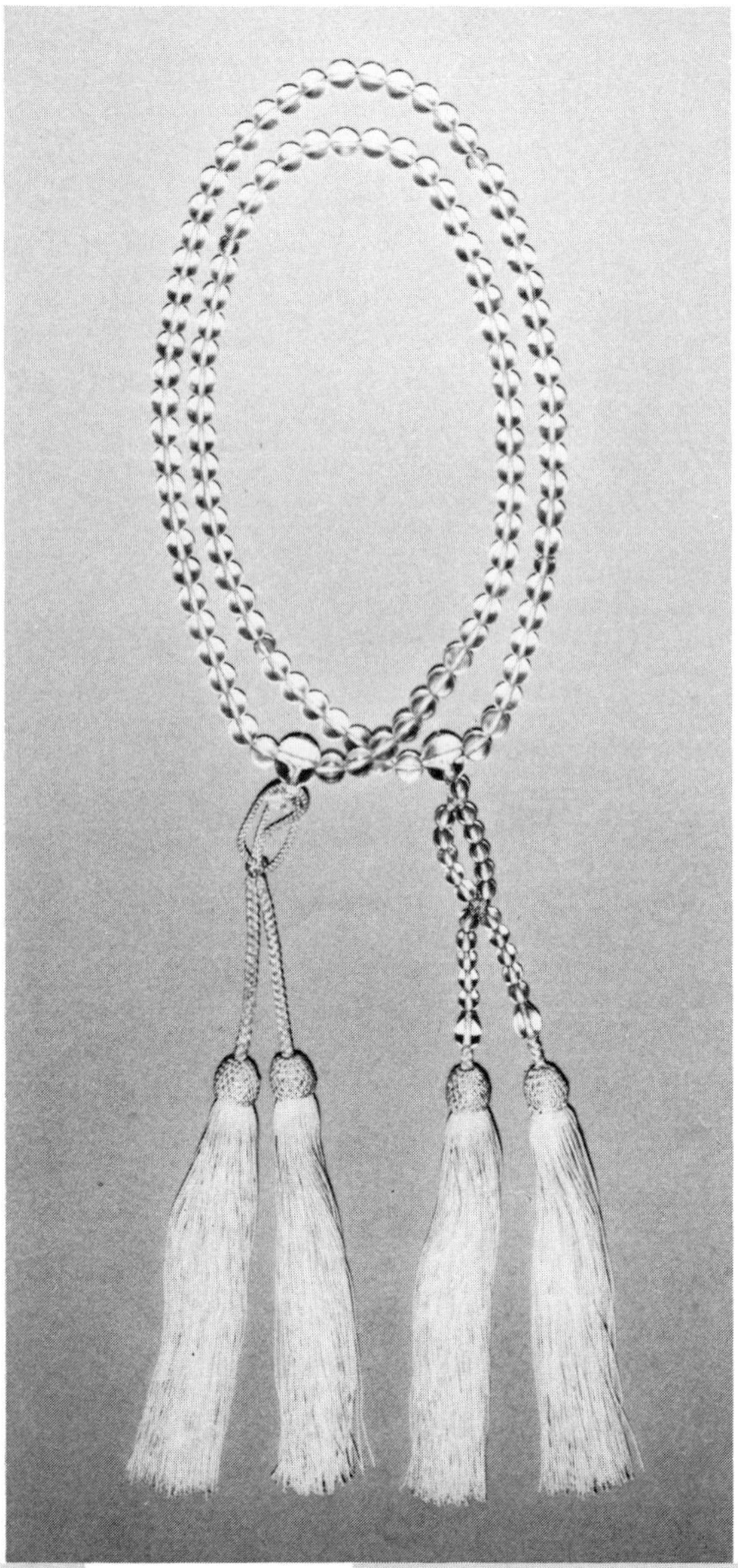

浄土真宗装束本連珠数

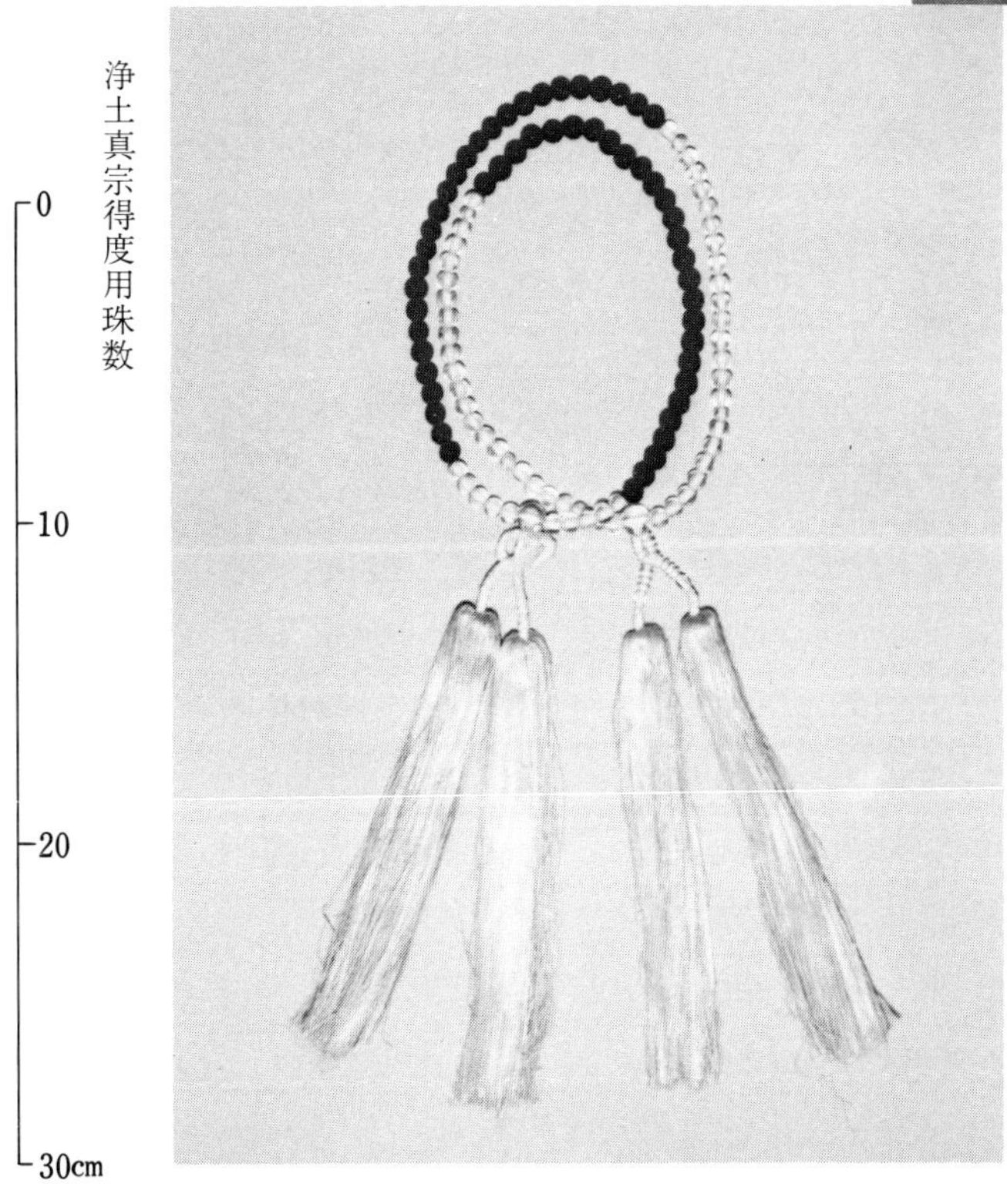

浄土真宗得度用珠数

浄土真宗安静型珠数

浄土真宗在家用八房珠数

浄土真宗僧侶得度用珠数

浄土真宗喪服用珠数

名　　称	寸　法	珠の種類	主　　珠	下り(弟子・浄明)珠	房	備　　考
装束本蓮	1尺6寸	透明丸玉	108	表20・裏蓮如結び	頭付切房(白)	四天4
安静型	1尺	茶丸玉	108	表20	切房(白)	四天4
布教用	1尺2寸	白丸玉	108	表20	3本紐房(茶)×4	四天4
得度用	1尺	透明・黒丸玉	108(黒54・白54)	表16・裏蓮如結び	切房(麻)	四天4
僧侶得度用	1尺2寸	黒丸玉	108	表21・裏蓮如結び	切房(麻)	四天4
喪服用	1尺	黒丸玉	108	表16・裏蓮如結び	切房(麻)	四天4
在家用八房		透明丸玉	108	表20・裏10	切房(白)又は頭付	四天4

真宗大谷派（東）

真宗大谷派得度用珠数

真宗大谷派装束珠数

真宗大谷派半装束珠数

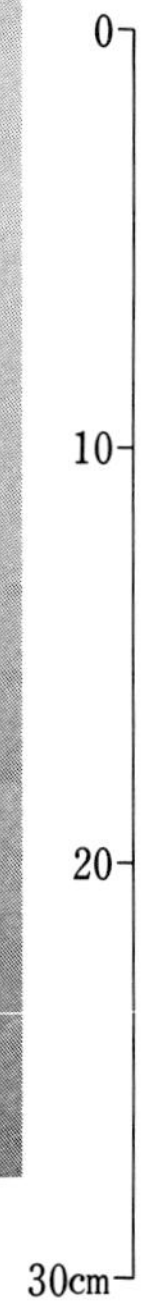

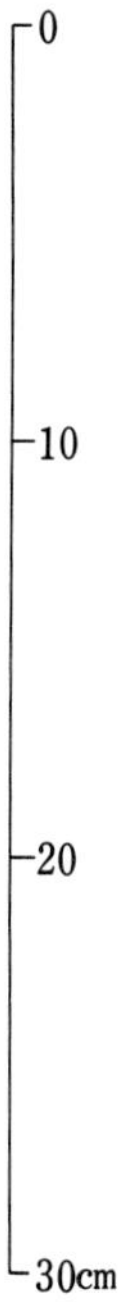

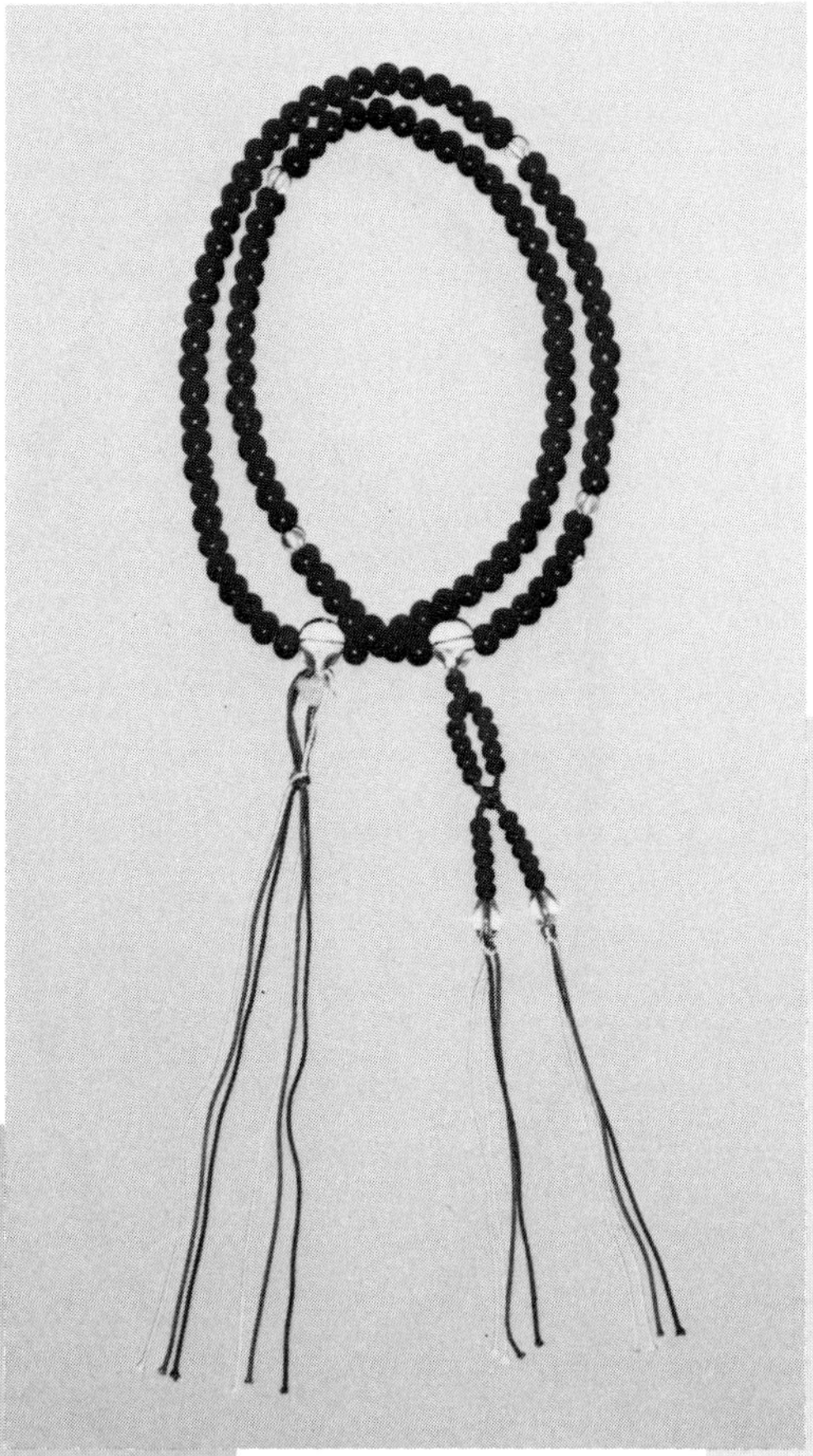

真宗大谷派三色房珠数

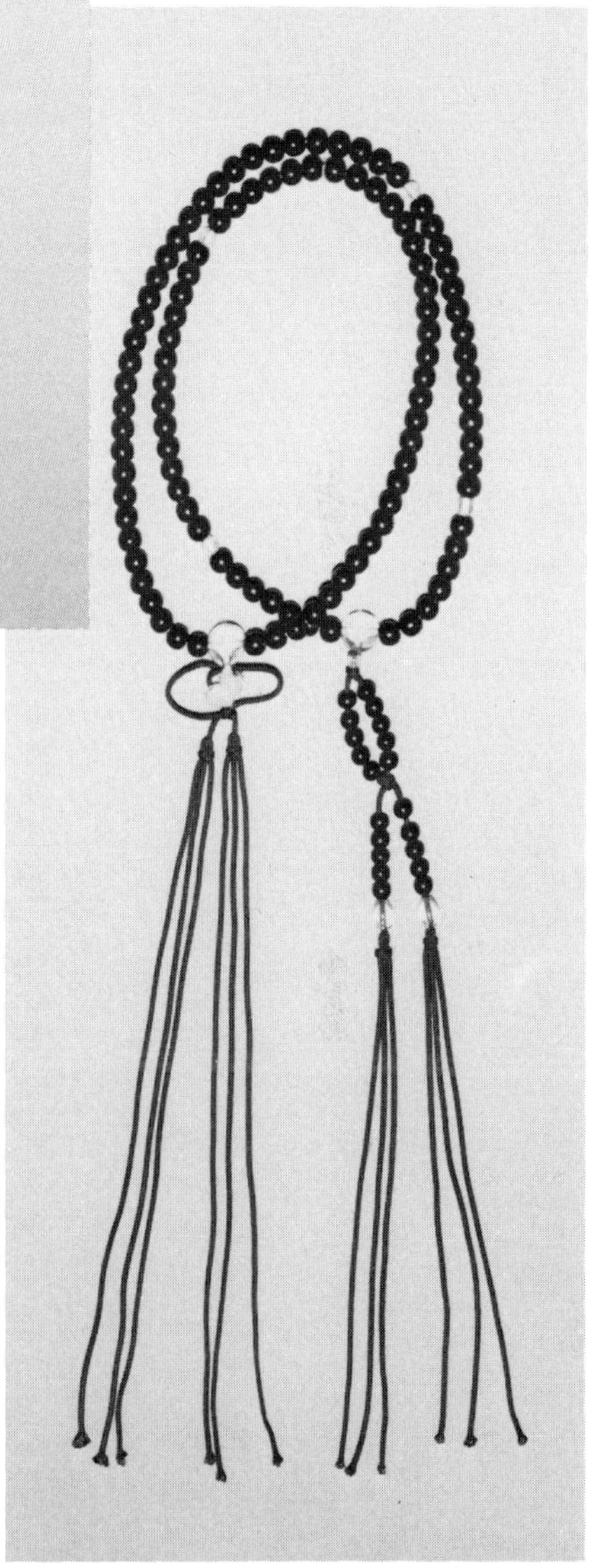

真宗大谷派布教用本蓮珠数

真宗大谷派晨朝用本蓮珠数

名　　称	寸　法	珠の種類	主　　珠	下り(弟子・浄明)珠	房	備　　考
装　　束	1尺6寸	透明丸玉	108	表21・裏蓮如結び	切房(白)	四天4
半　装　束	1尺2寸	黒＋透明丸玉	108(白54・黒54)108ケ	表21・裏蓮如結び	切房(白)	四天4
三　色　房	1尺2寸	黒丸玉	108	表21	表3色・裏3色紐房	四天4（紐房白・青・緑）
得　度　用	8寸	丸玉	108	表12・裏蓮如結び	切房(麻)	
晨　朝　本　蓮	1尺2寸	黒丸玉	108	表12・裏蓮如結び	切房	四天4
布　教　用　本　蓮	1尺2寸	黒丸玉	108	表20・裏蓮如結び	3本紐房(茶)×4	四天4

曹洞宗・臨済宗・黄檗宗

曹洞宗本蓮珠数

臨済宗・黄檗宗本蓮珠数

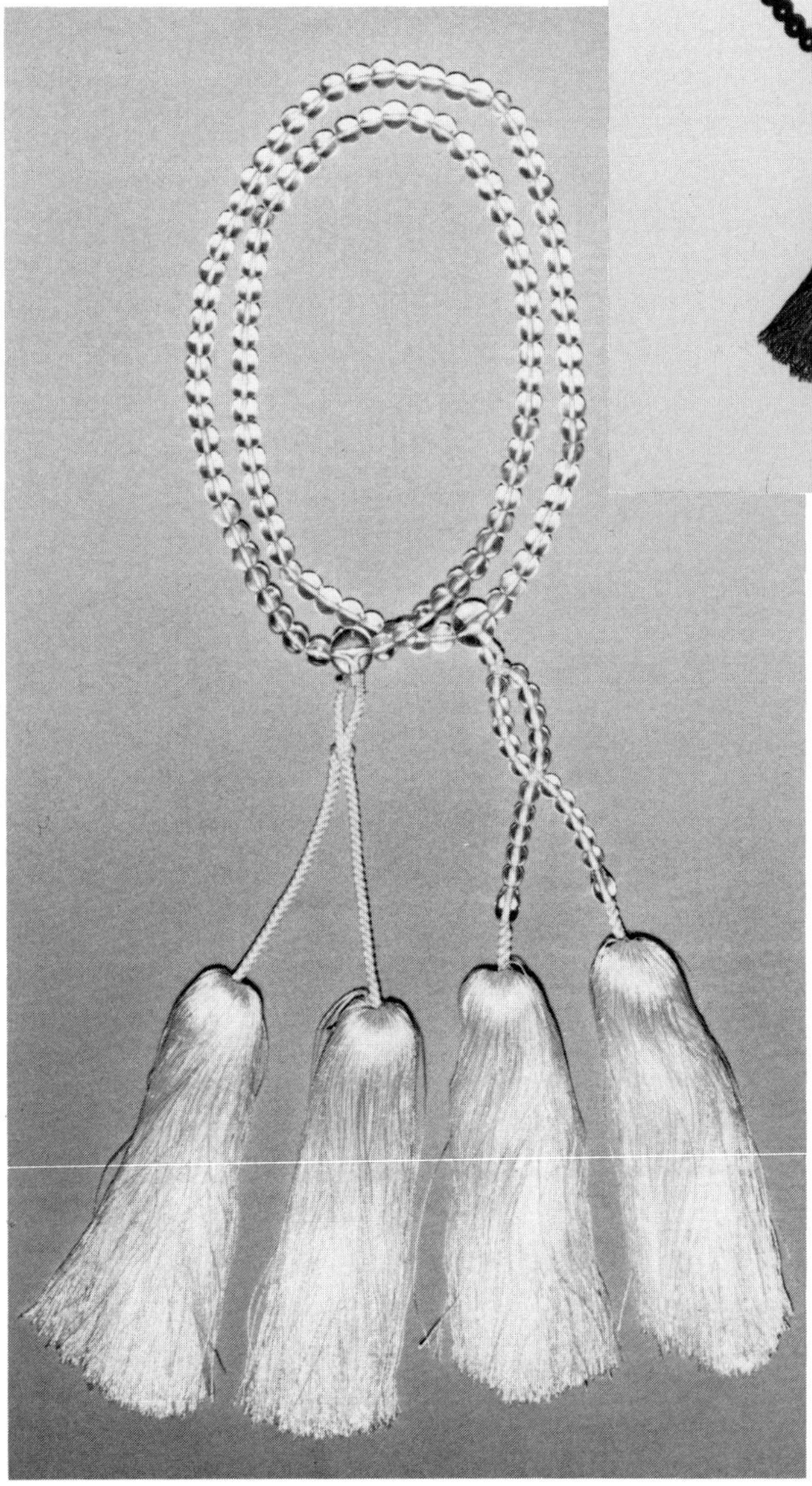

臨済宗（禅宗）本蓮珠数

臨済宗妙心寺派珠数

左：曹洞宗看経珠数　右：臨済宗看経

名　　称	寸 法	珠の種類	主　　珠	下り(弟子・浄明)珠	房	備　　考
曹洞宗本蓮	1尺4寸	黒丸玉	108		切房(茶)	四天4(透明)鐶付
曹洞宗看経	1尺2寸	黒丸玉	108		紐房(茶)	四天4 鐶付
臨済宗本蓮	1尺6寸	透明丸玉	108	表21	切房(白)	四天4
臨済宗看経	1尺2寸	黒丸玉	108		紐房(茶)	四天4
臨済宗(妙心寺派)	1尺6寸	透明丸玉	108	表21	切房(赤)	四天4
臨済・黄檗宗本蓮	1尺4寸	黒丸玉	108		切房(茶)	四天4

日蓮宗系

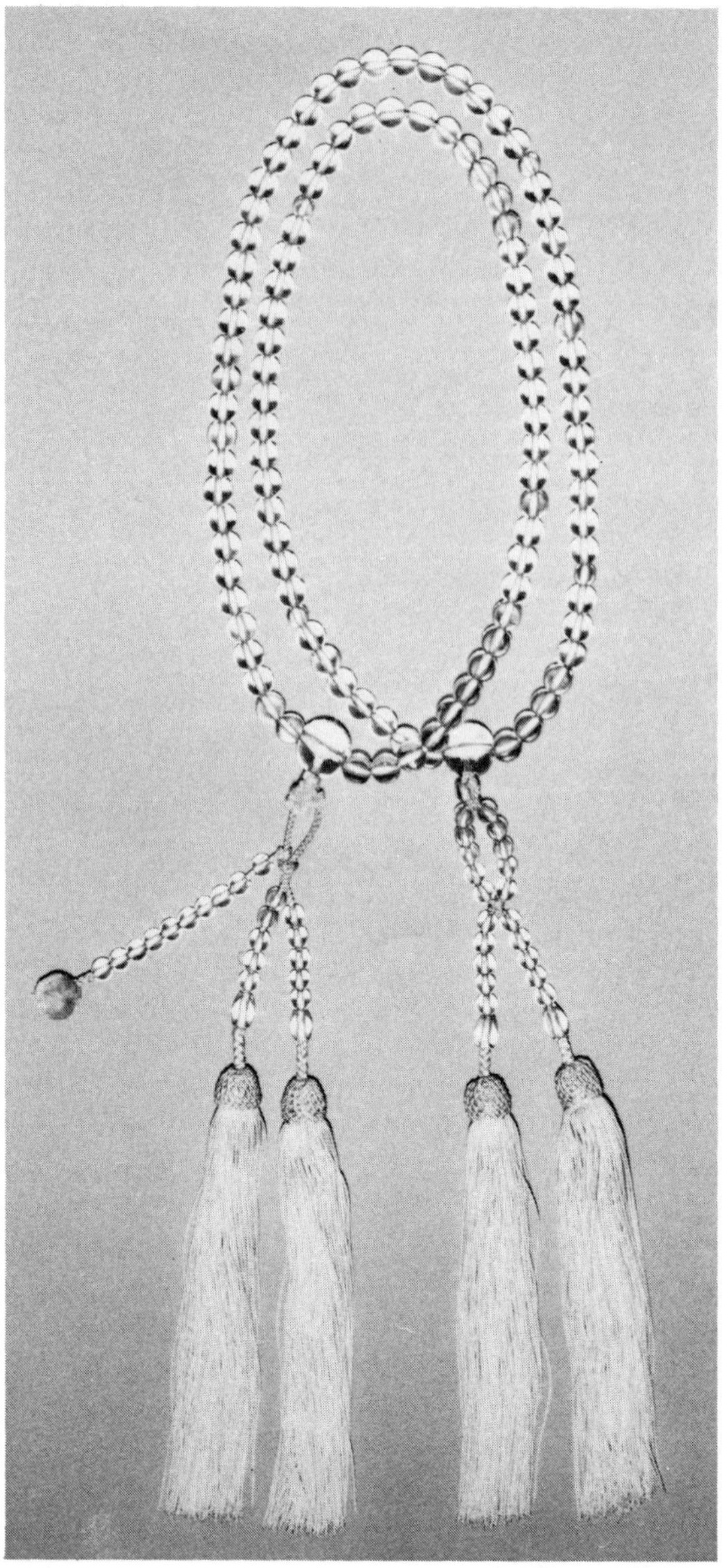
日蓮宗装束珠数

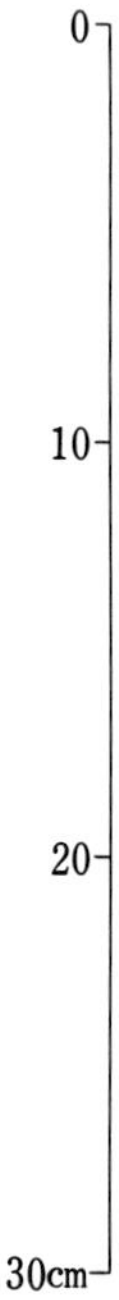

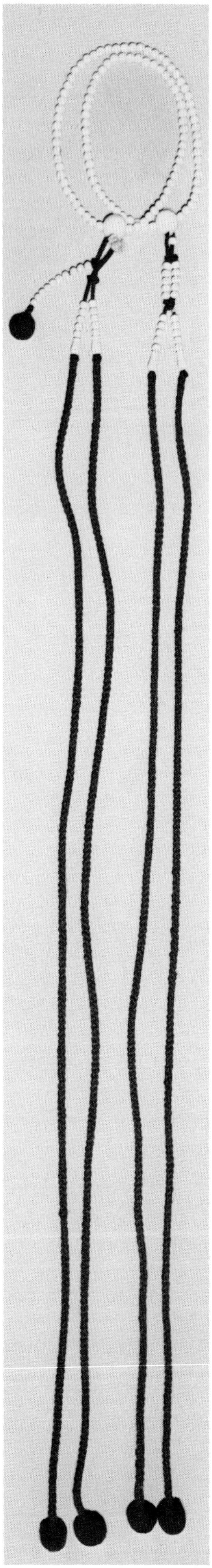
日蓮宗引取珠数

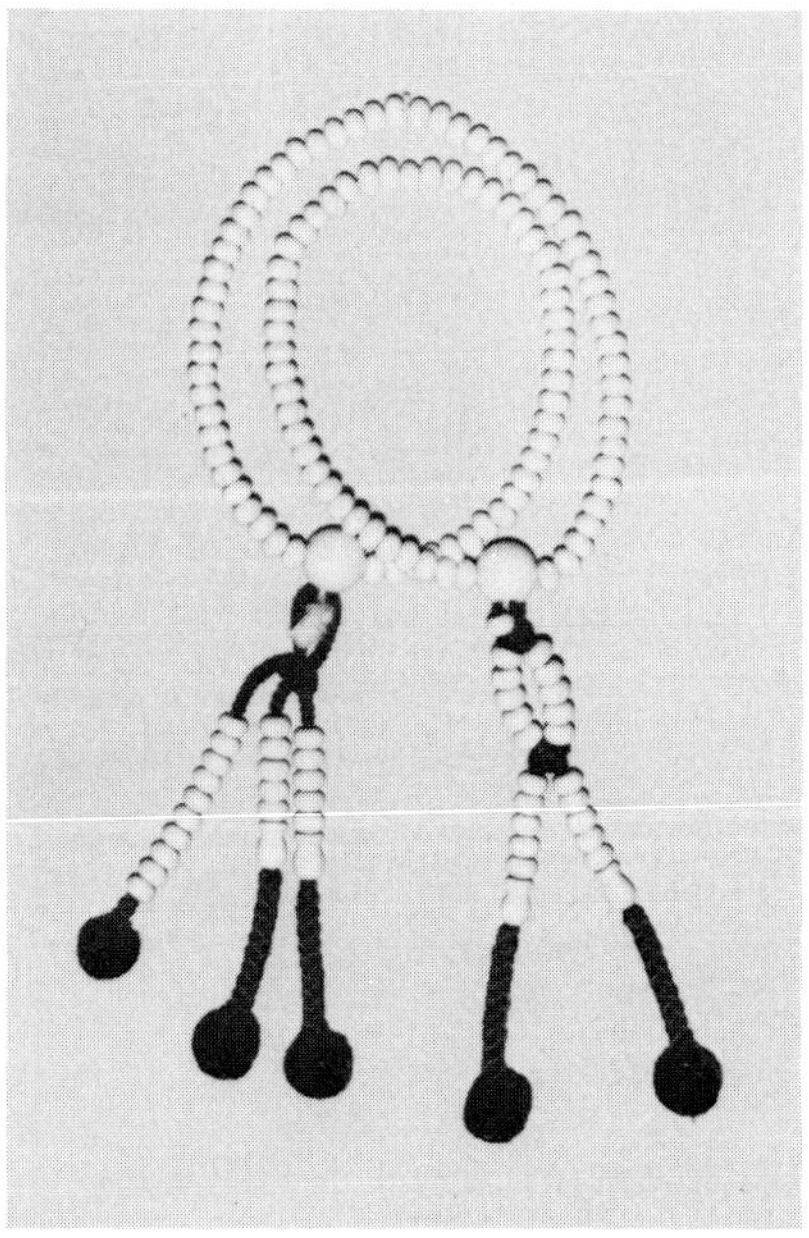
日蓮宗みかん玉本蓮珠数

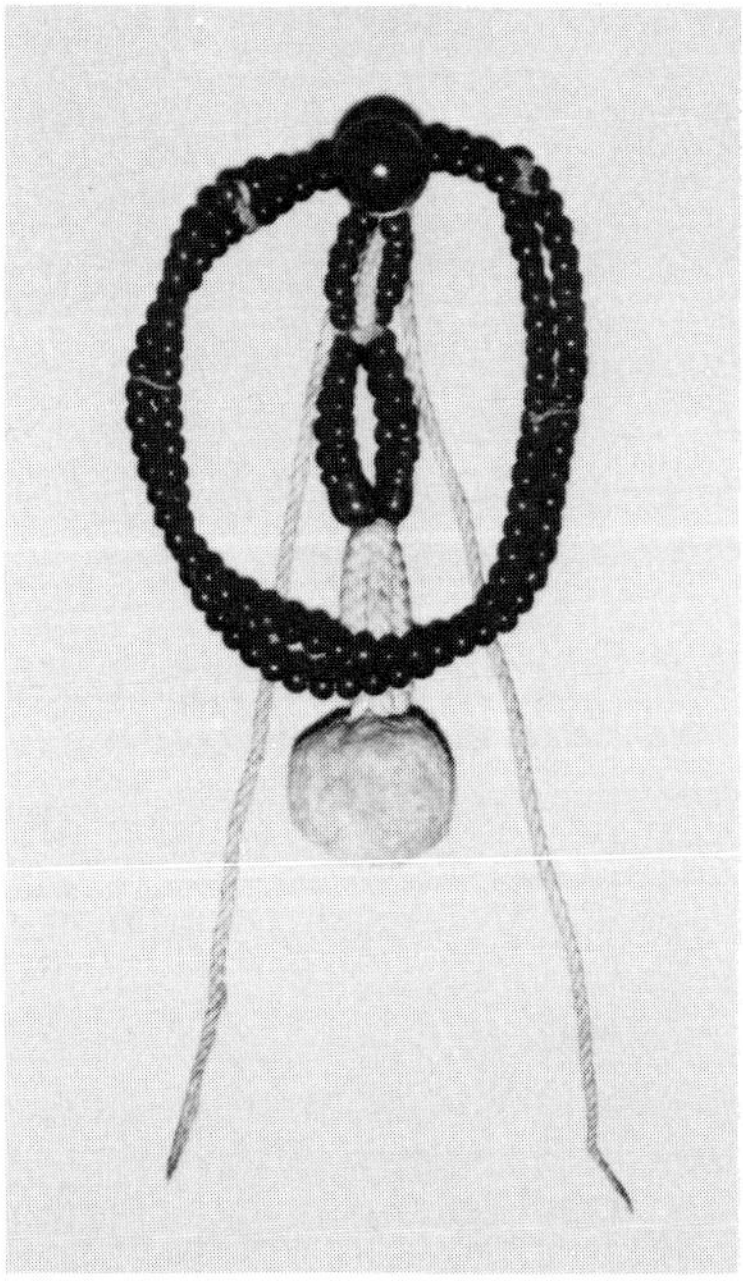
日蓮宗木剱祈禱用珠数

顕本法華宗珠数

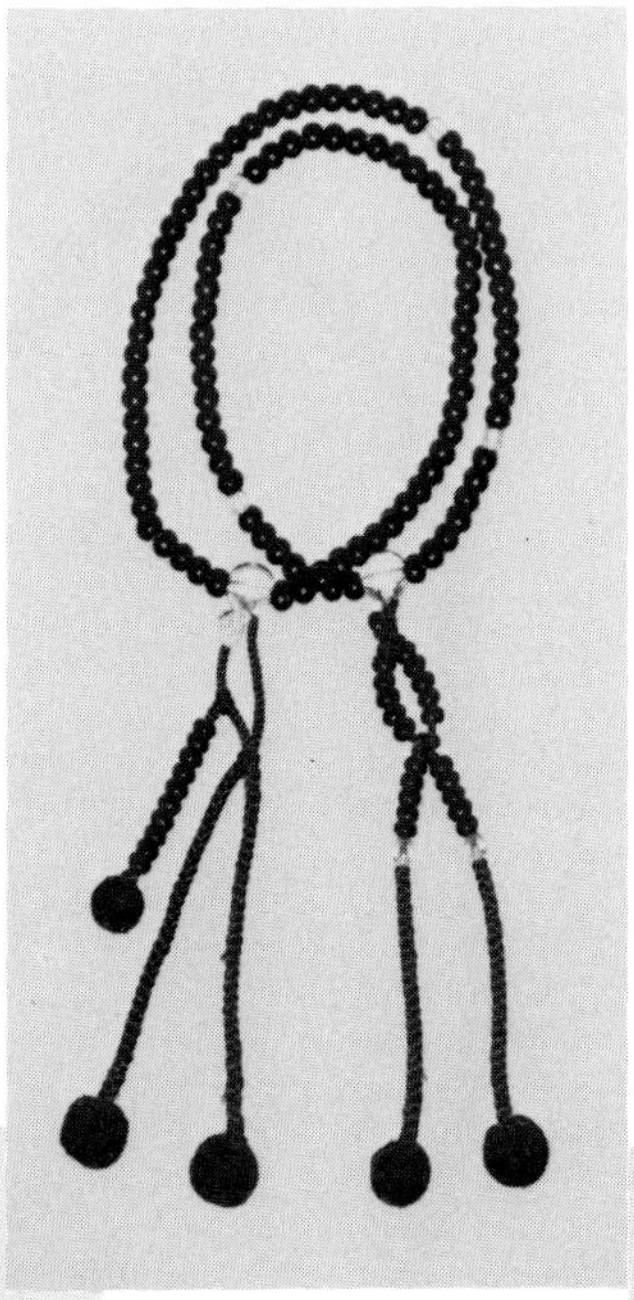

日蓮宗八景道場派珠数

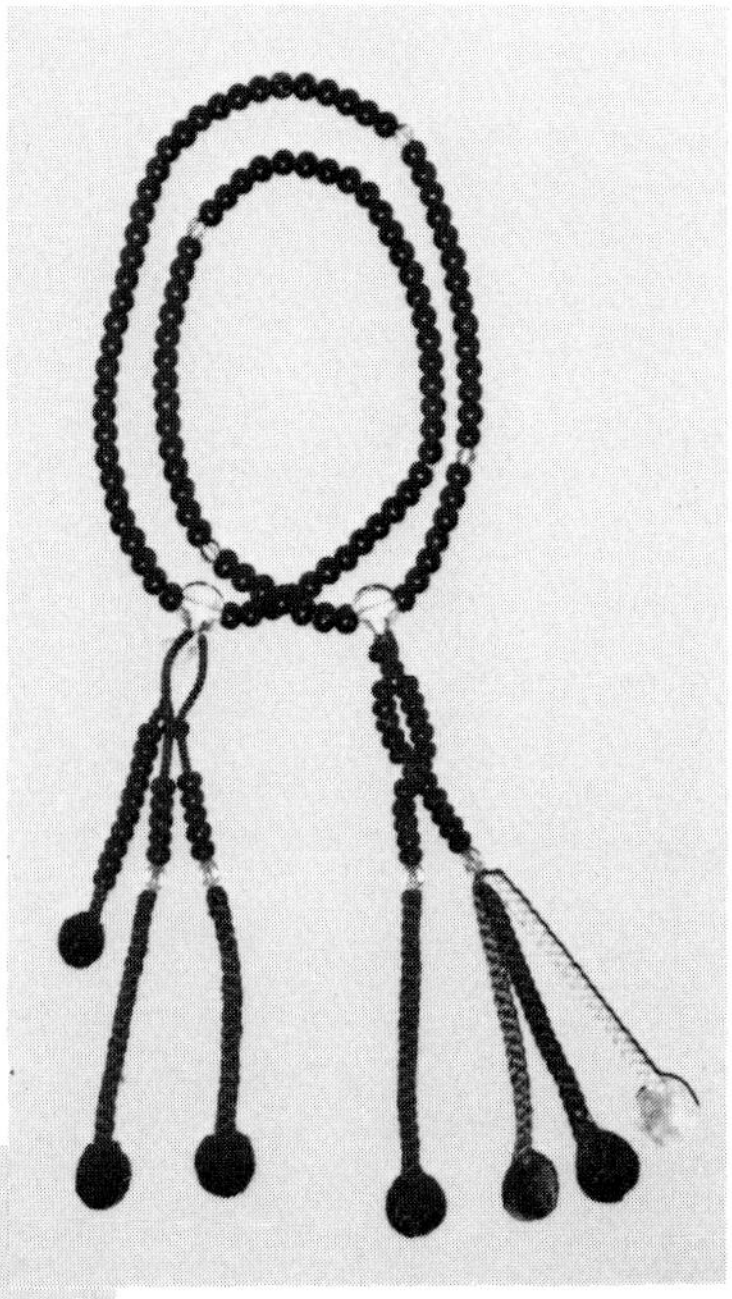

本門仏立宗本連珠数

不受不施派本連珠数

名称	寸法	珠の種類	主珠	下り(弟子・浄明)珠	房	備考
装束	1尺6寸	透明丸玉	108	表21・裏20	頭付撚房(白)	裏数取り・四天4
本蓮	9寸	みかん玉	108	表21・裏20	菊房(緑)	四天4 (在家用)
引取	8寸	白丸玉	108	表21・裏20	菊房(茶)	房約60cm(たすき掛用)・四天4
木剱祈禱用	1尺	茶丸玉	108	表20・裏10	紐房＋菊房	紐房で木剱を結ぶ
不受不施派	8寸	茶みかん玉	108	表21・裏15	菊房(茶)	四天4
顕本法華宗	8寸	黒丸玉	108	表21・裏10	菊房(茶)	裏・数取り・四天4
本門仏立宗	8寸	茶・黒丸玉	108	表21・裏20	切房(紫)	四天4
八景道場派	8寸	黒丸玉	108	表21・裏20	菊房6本・数取り	房(白・赤・茶)・四天4

融通念仏宗本蓮珠数

日蓮正宗（在家用）珠数

華厳宗・法相宗・律宗珠数

東大寺お水取用珠数

（資料提供　宝山堂）

名　称	寸　法	珠の種類	主　珠	下り（弟子・浄明）珠	房	備　考
日蓮正宗在家用		茶丸玉	108	表21・裏20	菊房（白）	四天4（数取付）
融通念仏宗本蓮	1尺2寸	黒丸玉	54	丸玉10・平玉20	菊房（茶）	四天2
東大寺お水取用	1尺	茶イラタカ玉	108	表21	菊房（白）	四天4
華厳・法相・律宗	1尺2寸	茶丸玉	108	表20	切房（茶）	四天4

九　法衣

僧具の内の衣服関係を法衣と呼び、古くから形・材料・色・用途が厳しく規定されてきた。それらは大きく次のように分類できる。

1、袈裟（僧伽梨・欝多羅僧・安陀衣） 2、黄被 3、僧祇支 4、褊衫 5、裙子 6、直綴 7、掛絡（絡子）・折袈裟・輪袈裟・威儀細 8、阿弥衣 9、帽子 10、草鞋・鼻高 11、沓 12、襪子 13、座具 14、袈裟箱

(1) 袈《け》裟《さ》

袈裟という語は梵語のカーサーヤ（**Kasāya**）の漢訳で、元来インドにおいては衣を染める色をさした。また濁った色という意味もあり、赤、黄色がかった赤、褐赤色をさすととらえられている（これを穢色、壊色、不正色ともいう）。これは釈尊の在世当時、在家の人人は白色の道衣をつけたのに対し、出家は白衣を穢色に染めて着用することを必須の条件としたことから、意味が転訛したものであろう。

『大智度論』には「行者は少慾知足にして衣趣、形を蓋うに多からず少なからずが故に〈但だ三衣の法〉を受く。白衣は楽を求むるが故に多く種々の衣を蓄ふ。或は外道あり、苦行の故にとて裸行にして恥ずるなし。是の故に仏弟子は二辺を捨てて中道に処して行ず」と、釈迦が説かれた仏教徒としての衣服が示されている。またここにいう「三衣」とはパーリー語のティシバーラ（**Ticivara**）の訳で、体賎※1・色賎※2・刀賎※3の三種賎をもって作られた三枚の布を意味する。ために袈裟を三衣とも称する。この三種の内でも色賎が最も重視されたようであるが、それは他の教徒からの色別ということからであろう。

なお袈裟色のことを乾陀の色という説が古くからある。乾陀は香木をさし、その香木で染色して袈裟色としたことからきたが、ために袈裟を香衣とも称するようになった。しかしその香木が一体いかなる木をさすかは不明である。

袈裟の変遷　袈裟といえば、今日では一般に僧侶が白衣や衣の上からかけるものをいい、すなわち九条袈裟・七条袈裟・五条袈裟、あるいは輪袈裟（たたみ袈裟・奈良袈裟ともいう）などを指していう。

しかし、元来インドにおいては、仏教徒（比丘・比丘尼）が身に纏う衣服そのものを指して袈裟といった。現在でもビルマ・タイ・ベトナムなどの南方諸地域の仏教国の僧侶は、古来の伝統そのままに、日常この袈裟を纏って衣服としている。よって袈裟は日常着であって、本来簡素なものである。それが今日見られるような華美な、しかもすこぶる装飾的なものと化した。このような変貌と頽廃はいつから、どのようにしてそうなったか、という問題もあるが、ここではこれについて多く言及はできない。袈裟が、釈尊の規定された初期のものと大きく趣の異なったものとなったゆえんとして、一ついいえることは、仏教の発祥地インド、あるいは南方の諸仏教国（南伝の仏教国）と、その仏教をうけいれた中国・西域地方・朝鮮、そ

※1　人々が捨てたぼろ布をもって作ることを示す。

※2　五正色（赤・白・青・黄・黒）五間色（紅・碧・緑・騮黄・紫）以外の濁った色で作ることを示す。

※3　裁断することで本来の価値をなくした上で、再び継ぎ合わせて作ることを示す。

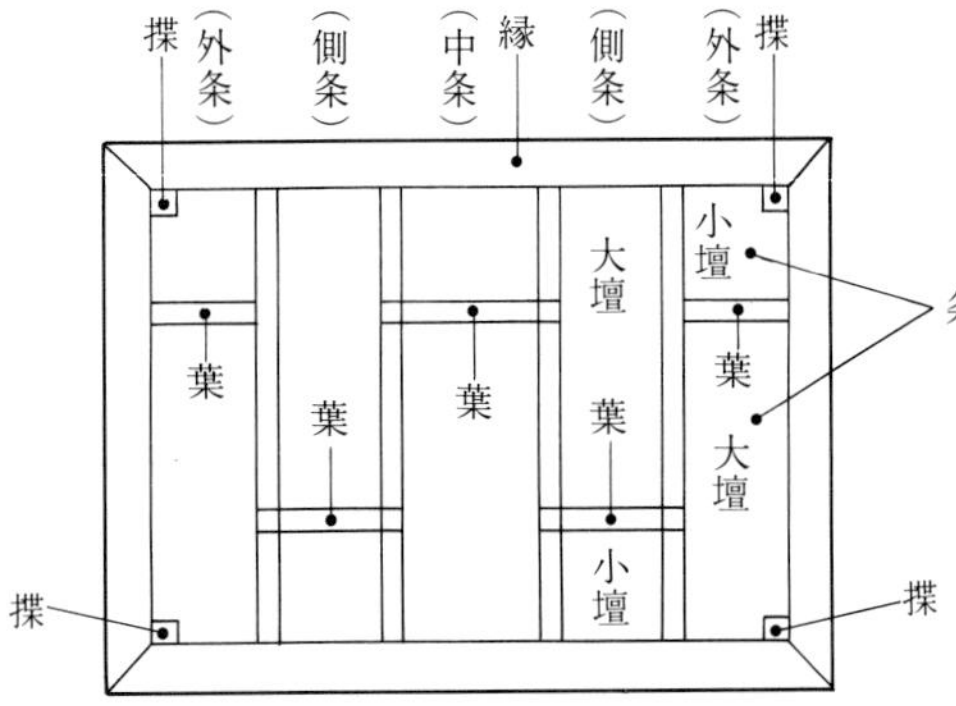

※　安陀会（五条袈裟）の部分名称

1 牡丹唐草文二十五条袈裟部分　宋時代　京都国立博物館

2—B 唐草文印金九条袈裟部分　文化庁

2—A 唐草文印金九条袈裟　室町時代　文化庁

3 二十五条袈裟(伝親鸞聖人所用)　鎌倉時代　奈良　法隆寺

れに日本など（北伝の仏教国）とは、気候風土、あるいは風俗習慣の上で大きな異りがあり、なかでも寒暑の差は最も根本的なものであった。インドでは三衣（三枚の袈裟）で一年中十分にことが足りるわけであるが、中国・西域・日本などでは、寒いときなど当然この袈裟の下に下着として何枚かを着用しなければ過せなかったわけで、それが祇支・編衫、横被、それから衣などである。

よって、仏教徒としての標識ともいうべき袈裟は、それらの衣服（下着）の上から着用され、それがやがて装飾化の方向をたどり、本来禁じられていた華美なものとなり、着衣法はもとより、その大きさ形などまでも非常な変化を見るようになったと考えられる。

袈裟の材料　袈裟を作る衣材としては、毛・木綿・亜麻・絹・大麻・麻などが古くからあげられている。このうちで、ひろく用いられたものは木綿・麻・毛で、絹はあまり一般的ではなかったらしい。このように衣材が異るとその染料や染め方も異ることは当然で、いろいろ工夫されたと考えられる。染料としては、五分律などに見えるように樹木の根・茎・華・葉・皮などを用いた。またそれぞれの染料によって根染・皮染・葉染・花染・果染などの名が僧祇律にみえる。古くはこのような植物性の染料の他に、黄土や赤土などの泥土が染料として用いられたこともちろん考えられる。これらの染料によって染め上げた衣料は、いずれも黄赤色であったと思われるが、諸律には三種壊色として三色の名をあげ、「青・黒・木蘭」「青・泥・茜（赤）」などである。このうち袈裟色として最も多く用いられたのは「木蘭」（赤黄・赤黒）などで、ひろく行なわれたものと考えられる。

袈裟の種類　比丘が身に着ける衣すなわち袈裟を三衣というが、その三衣とは僧伽梨・欝多羅僧・安陀会のことである。それぞれ大衣・上衣・下衣ともいわれ、袈裟の条数によってきめられたものであるが、その条数と、それぞれがもつ異名とを合せて図示すると次のごとくである。

僧伽梨	大衣	上品	二十五条	四長一短	（複衣、入王宮聚落時衣、聚落時衣）
			二十三条	〃	
			二十一条	〃	
		中品	十九条	三長一短	
			十七条	〃	
			十五条	〃	
		下品	十三条	二長一短	
			十一条	〃	
			九条	〃	
欝多羅僧	上衣		七条	二長一短	（単衣、中価衣、入衆衣）
安陀会	下衣		五条	一長一短	（内衣、身裏衣、中宿衣、雑作衣、院内道行雑作衣）

僧伽梨《さんぎゃり》（九条—二十五条）　サンガティ（Sanghāti）といい、大衣と訳す。これは正式の衣で、袷《あわせ》に仕立てるところから複衣ともいう。いわば外出着でもあった。袷に仕立てるのは、防寒のためでもあり、院内にあっても寒気迫るときはこれを着用した。厳寒の地にあっては複貯衣と称して綿入れの衣を用いることも許されていた（四分律）。僧伽梨は九条、十一条、十三条、十五条、十七条、十九条、二十一条、二十三条、二十五条と九種あって上品・中品・下品の三品に分かたれているが、遺品の上からは、九条、十七条、二十五条の三種くらいが認められている。

正倉院には奈良時代の優品が現存している。他に九条袈裟としては、京都・知恩院や同じく三秀院などがしられるが、いずれも中国の元代・明代につくられた請来品で、平安時代のものは見られない。これらのもつ特徴の一つに、袈裟の上辺中央あたりから窪みをもうけている。これは禅家で着用される袈裟としての特色ある形式で、織物と共に中国から我国に請来されたものである。また二十五条の袈裟で黄赤色をした、いわゆる如法衣※4と称するものの遺品は諸方で見かけるが、大体中世以降のものが多い。

なお、大衣において、肩に当るところ並びに前面に揲を貼り、そ

※4　如法衣＝主に律において奈良時代から用いられ、南方の小乗仏教の僧侶が現在着用しているものと軌を一にする。釈尊の定めた法に従ったものとの意で如法衣と称される。三種の壊色を用いる点、縁・葉も同材で割截仕立てとする点が他の袈裟と異なる。条数について古くは二十五条をさしたが、今日では二十五条から五条まで、条数には関係なく如法衣と称し、七条が多く用いられている。

※現在各宗派で用いられている法衣

(A)　**華厳宗**
袈裟—七条衲甲　五条袈裟
法衣—法服　鈍色　素絹　直綴
副衣—表袴　刺貫

(B)　**天台宗**
袈裟—大衣　如法衣　衲袈裟　甲袈裟　平袈裟　大五条　山門五条　三緒袈裟　小五条　輪袈裟　結袈裟
法衣—編衫裙　袍裳　鈍色衣　素絹　浄衣　直綴　道服
袴——表袴　指貫　切袴

(C)　**高野山真言宗**
袈裟—大衣　七条　五条　衲袈裟　中袈裟　紋白　小五条　精好
法衣—袍裳　素絹　空衣　襲　直綴　編衫　略衣
副衣—帽子　表袴　指貫　切袴

(D)　**真言宗智山派**
袈裟—大衣　七条　五条　如法衣　割切　折五条　輪袈裟
法衣—袍裳　鈍色　素絹　襲衣　直綴　編衫　改良服　伝道服
副衣—宝冠帽　燕尾　帽子　表袴　差貫　切袴

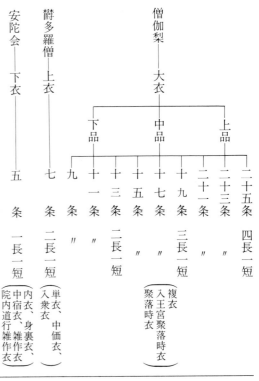

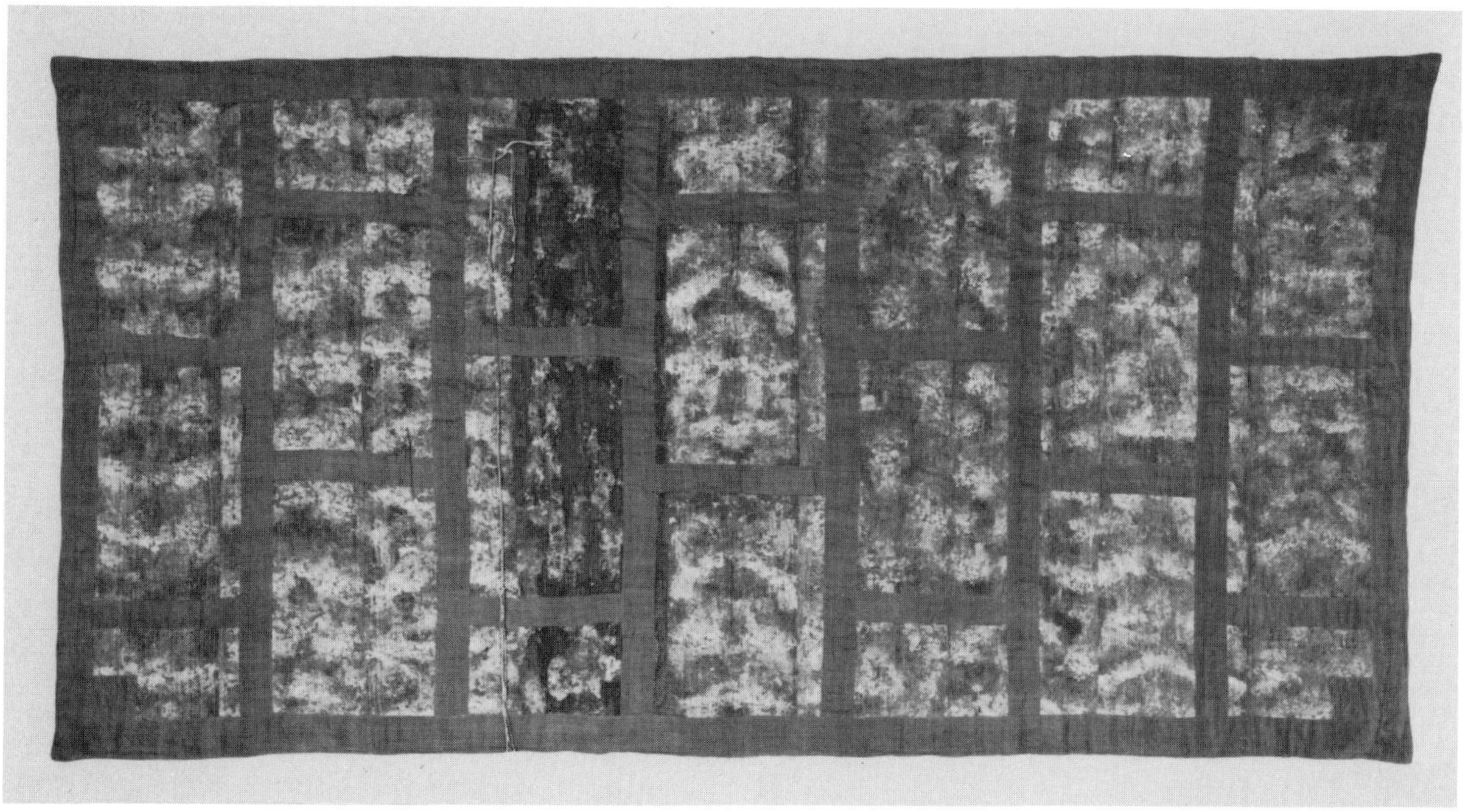

5　七条刺衲衣（伝伝教大師請来）　唐時代　滋賀　延暦寺

6　七条綴織袈裟部分　奈良時代　正倉院宝物

7　七条袈裟（雲居国師所用）　江戸時代　宮城　瑞巌寺

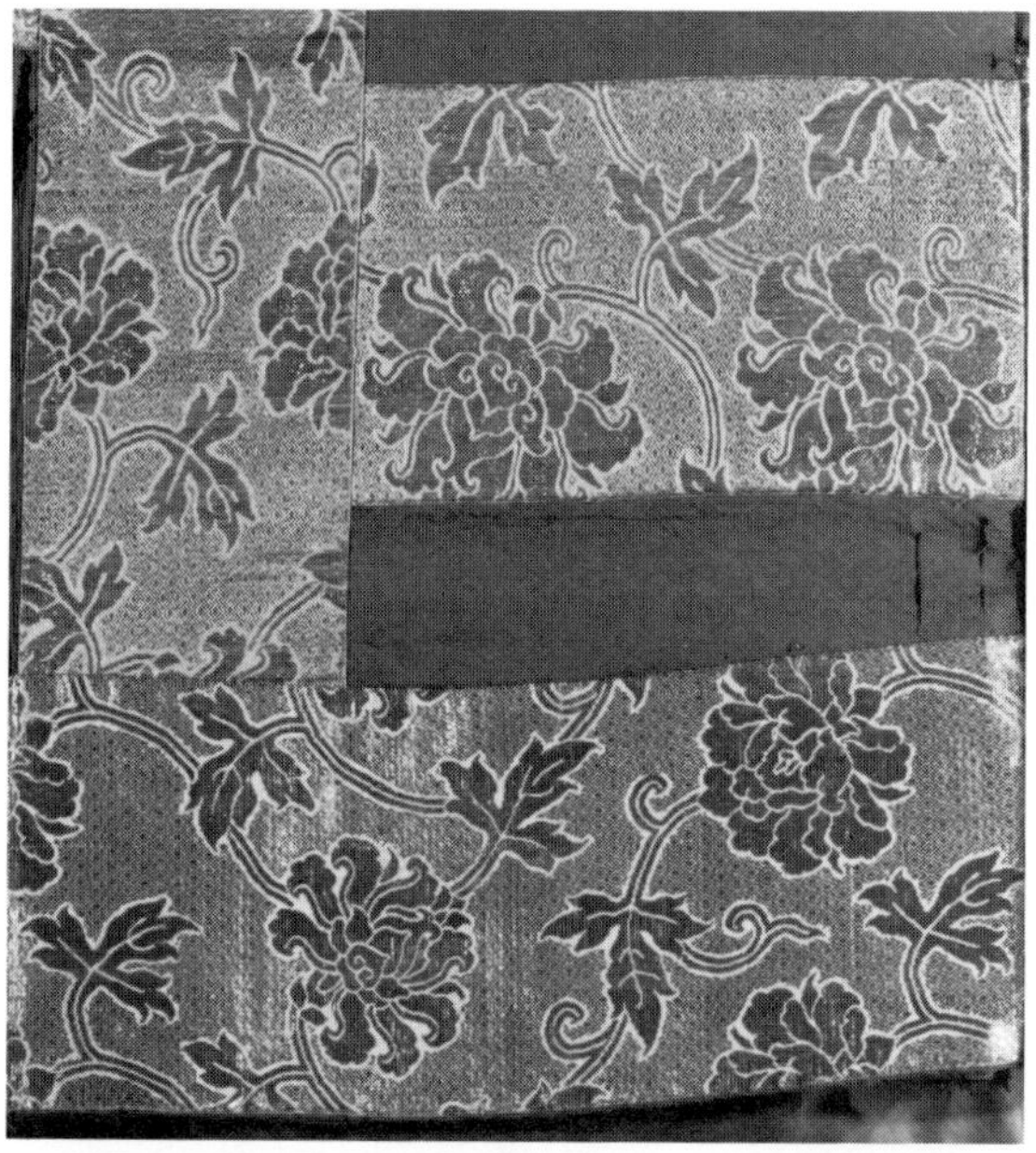

8　二重蔓牡丹文九条袈裟部分　明時代　京都　三秀院

9　糞掃衣　奈良時代　東京国立博物館

れより紐をつけて前後を結ぶことが行われるが、これはやはり中国以来の伝統であり、インドでは紐は用いなかったようである。この揲に鐶鉤をつけるものが中世以降行なわれるようになり、仏像（如来像）などにもこれを附するものがあらわれる。この鐶鉤のあるものを南山衣、紐のみのものを天竺衣と呼ぶが、鐶の形も円形のものから縁を八角に象るもの、また大小さまざまである。この鐶鉤も中国におこった制と思われる。わが国では禅宗において多用された。

九条樹皮色刺衲袈裟　一領　（奈）　正倉院宝物
十七条紫絁袈裟　一領　（奈）　正倉院宝物
二十五条黒紫絁袈裟　一領　（奈）　正倉院宝物
二十五条赤紫絁袈裟　二領　（奈）　正倉院宝物
◎刺繡須弥山日月図九条袈裟　一領　（元）　京都・知恩院
◎蘇芳地蓮雲文金欄九条袈裟　一領　（元）　京都・慈済院
◎牡丹唐草文二十五条袈裟　一領　（宋）　京都国立博物館〈1図〉
◎白地二重蔓牡丹文金欄九条袈裟　一領　（明）　京都・三秀院〈8図〉
白地角竜金欄九条袈裟　一領　（明）　京都・禅林寺
二十五条袈裟（伝親鸞所用）　一領　（鎌）　奈良・法隆寺〈3図〉
二十五条袈裟（伝叡尊所用）　一領　（鎌）　奈良・能満院
二十五条袈裟（伝叡尊所用）　一領　（鎌）　京都・浄土寺
箱書銘「延文三年（一三五八）」
◎唐草文印金九条袈裟　一領　（室）　文化庁〈2図〉

欝多羅僧《うつたらそう》(七条袈裟)　梵語でウッタラサンガ（**Uttarasaṅga**）といい、上衣と訳す。本来は安陀会の上につける衣で、中衣と称することもあるが、これは価が三衣中の中なる衣という意味をあらわしている。その形は七条袈裟である。条は二長一短と称し、長い二枚の裂と、短い一枚の裂との三枚をつないでつくってある。条葉は中条（四条目）を境として左右になびき、また下方にもなびきをつくる。この七条は今日では正式法会において最も一般的に用いられる袈裟であり、古くからこれをつけて、礼拝、誦経、斎食、講会にのぞんだものである。この七条袈裟にかぎって横被が併用せられるのも特色である。

七条袈裟の遺品は、奈良時代のものが正倉院に二領ある。また東寺や延暦寺には唐から請来された七条袈裟があり貴重である。

七条樹皮織成（綴織）袈裟　一領　（奈）　正倉院宝物〈6図〉
七条褐色紬袈裟（金剛智三蔵所用）　一領　（奈）　〃
七条樹皮色刺衲袈裟　六領　（奈）　〃
糞掃衣（一領残欠）　二領　（奈）　東京国立博物館（法隆寺献納宝物）〈9図〉
⊙犍陀穀糸袈裟（伝弘法大師請来）　一領　（唐）　京都・東寺
⊙横被　附修多羅及組紐二条　一領　（唐）　〃
⊙七条刺衲衣（伝伝教大師請来）一領　（唐）　滋賀・延暦寺〈5図〉
⊙糞掃衣　墨書「荊溪和尚納鎮仏隴供養」一領　（唐）　〃
七条遠山袈裟（伝弘法大師所持）　一領　（平）　滋賀・宝厳寺

安陀会《あんだえ》(五条袈裟)　梵語でアンタラワーサカ（**antaravāsaka**）といい、「下衣」とも訳されているが、いわば下着であり、また価が下なる衣という意味でもある。その形は五条衣で、今日わが国の僧侶が平素最も多用する袈裟の一つである。しかし今日のものは形が小さくなって、衣の上からうちかける形式であるが、古くはもっと大きく、躰全体を包むものであった。しかもこれは院内で雑務に従事するとき、この一衣のみをまとって上衣、大衣はとることをゆるされた。本来は紐などもつけぬものであるが、わが国では紐が使用されて、ついには威儀と称するはなはだ幅の広い紐で前後を結ぶようになり、衣角上端二箇所を小さな威儀で結んで肩にかける。ちなみに、鎌倉時代の肖像画などはみな幅の細いものであることから、この威儀が幅広くなったのは、室町時代以降のことと考えられる。

五条袈裟の遺品もあまり古いものは見あたらないが、鎌倉時代以後のものは存在し、広島・安国寺の善光寺式阿弥陀三尊像の中尊の胎内より発見された五条袈裟が、現在のところ管見する最古のものであろう。これは勧進僧が、本像の造立に際して勧進に尽力する間常に着用したものらしく、下辺などはかなり朽損し、手垢のなじんだものである。色は黒色で威儀も細く、法然・親鸞などの画像にみられるごとく念仏僧が着用するものとすこぶる近い形である（10図）。

また、戦国の武将上杉謙信が所用と伝える袈裟が山形県の上杉神社に何領か保存されており、そのうち五条袈裟として、金欄袈裟（縦

(E)　**真言宗豊山派**
袈裟―七条　五条　如法衣　折五条
　輪袈裟　威儀細
法衣―袍裳　長素絹　切素絹　直綴
　略衣　道衣
副衣―縹帽子　表袴　差貫　切袴
　略袴

(F)　**浄土宗**
袈裟―九条　七条　大師五条　懐色
　の三衣　威儀細
法衣―道具衣　袱紗衣
副衣―水冠　誌公帽子　差貫　切袴
　座具

(G)　**西山浄土宗**
袈裟―二十五条　九条　七条　五条
　大師五条　折五条　威儀細
法衣―道具衣　直綴　素絹　略衣
副衣―水冠　誌公帽子　領帽　袴
　座具

(H)　**浄土真宗本願寺派**
袈裟―七条　五条　小五条　輪袈裟
法衣―色衣　黒衣　布袍
副衣―切袴　俗袴

(I)　**真宗大谷派**
袈裟―七条　五条　畳袈裟　輪袈裟
法衣―直綴　裳附　間衣　小道服
副衣―差貫

(J)　**時　宗**
袈裟―七条　大師五条　五条　前五条
法衣―襲法衣　道具衣　直綴
副衣―烏帽子　誌公帽子　指貫　切
　袴　座具

(K)　**融通念仏宗**
袈裟―二十五条　九条　七条　五条
　小五条　如法衣　折五条　伝
　導袈裟
法衣―本衣　木蘭衣　黒旅衣　伝導服
副衣―燕尾　帽子　指貫　切袴　座具

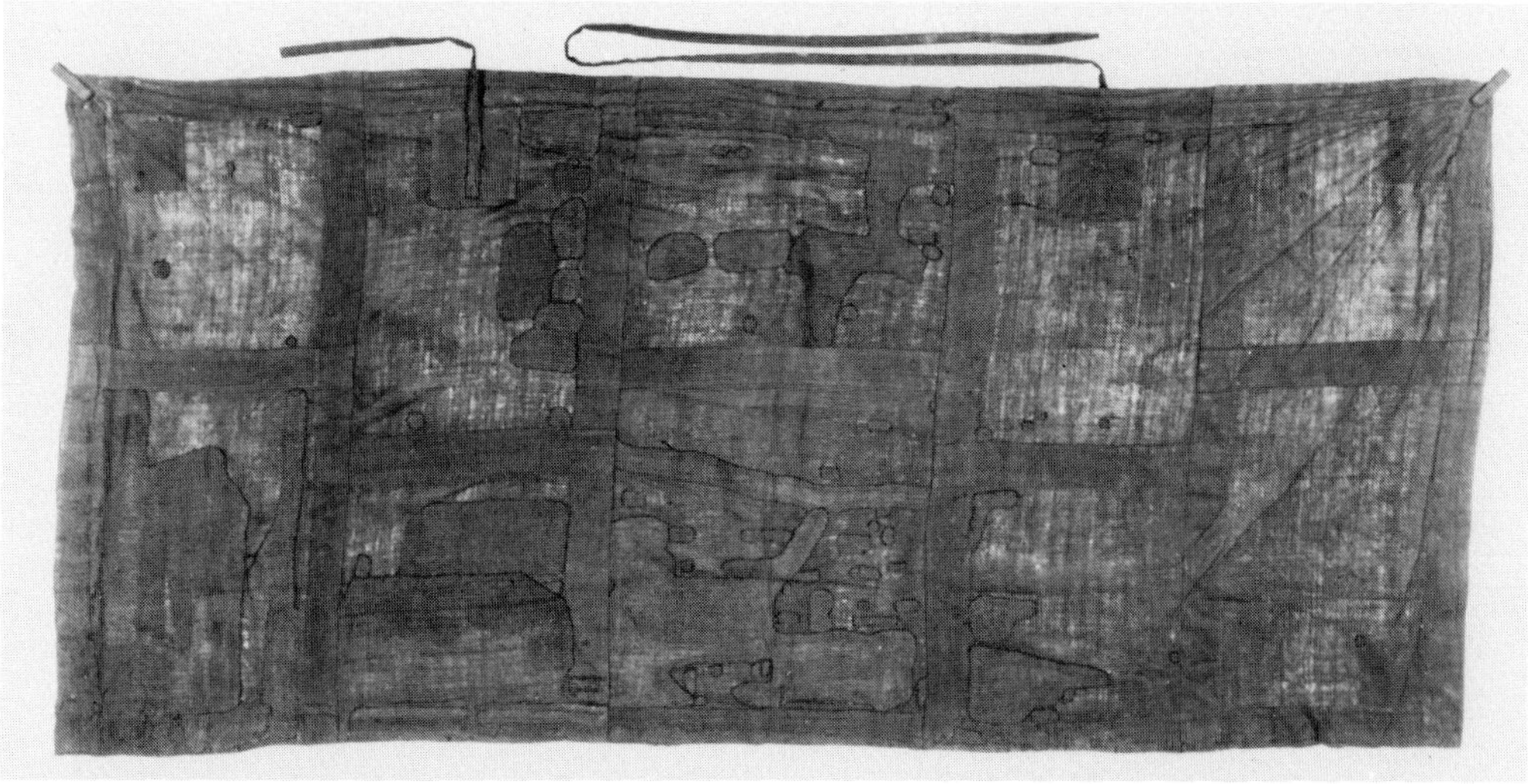

10 五条袈裟　鎌倉時代　広島　安国寺

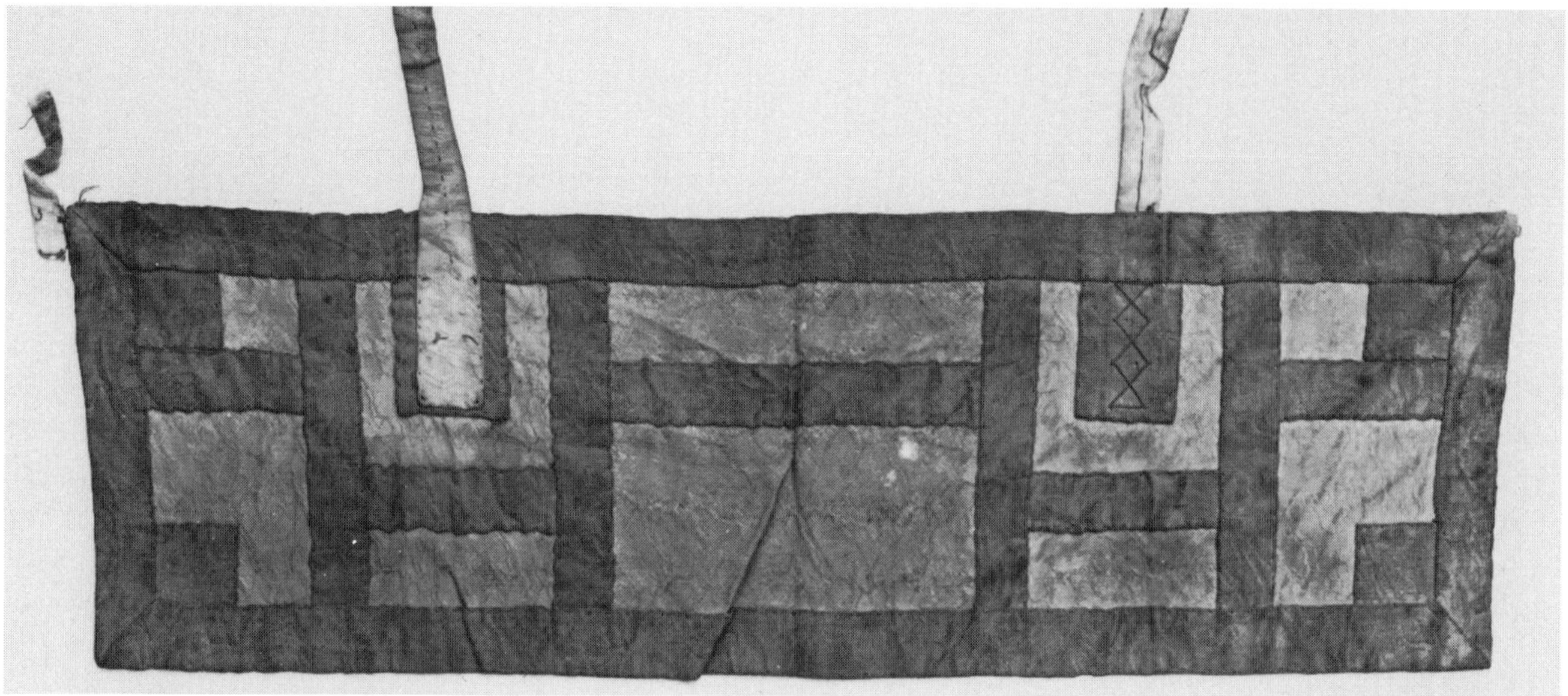

11 銀襴五条袈裟　室町時代　山形　上杉神社

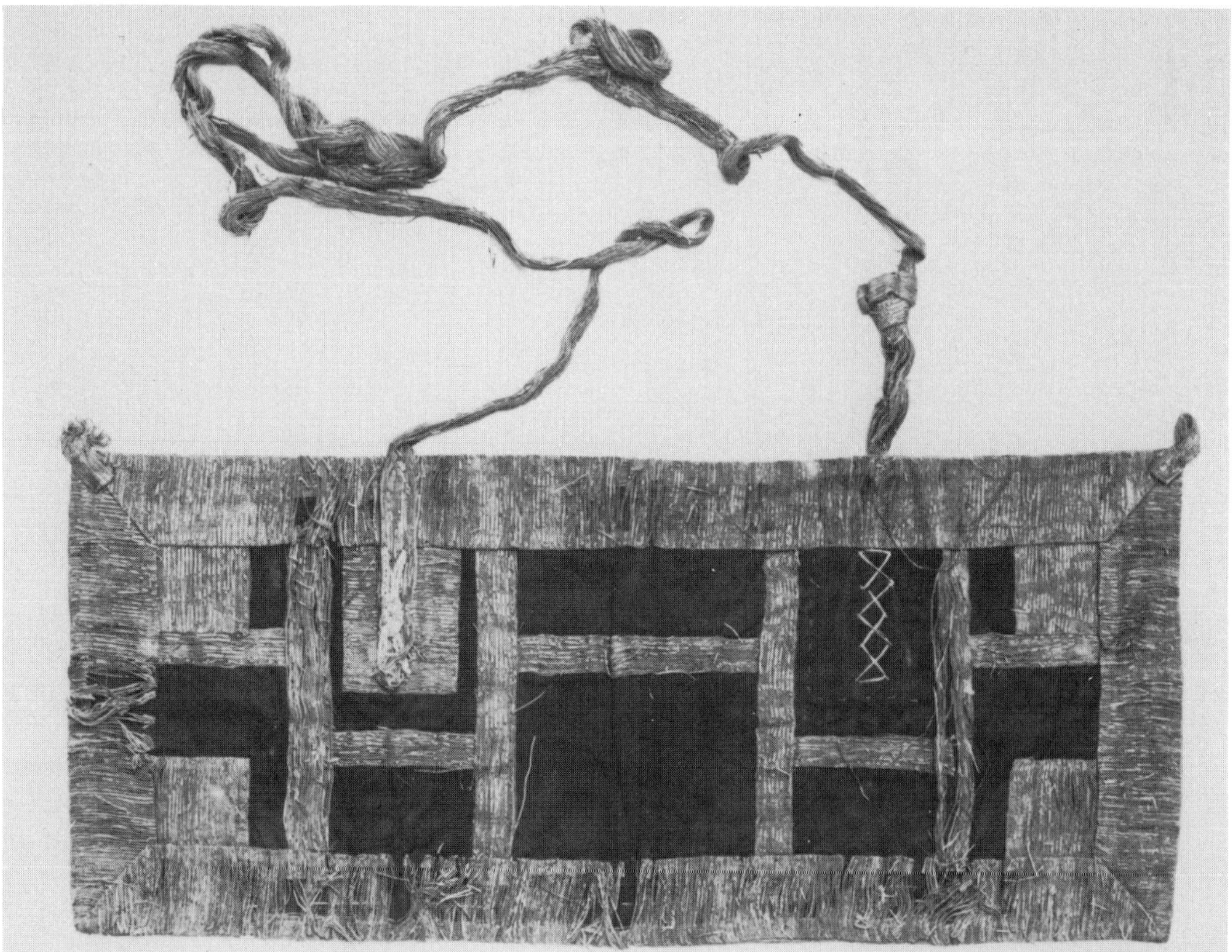

12 金襴五条袈裟　室町時代　山形　上杉神社

二一・五、横五四・〇)、銀襴袈裟(縦一六・〇、横五二・〇)、緞《どん》子《す》袈裟(縦一六・五、横五三・〇)などはいずれも小形の五条袈裟で、珍らしい遺品である(11・12図)。

五条袈裟から派生したものが、掛絡(絡子)、前袈裟・威儀細・折袈裟(たたみ袈裟)・加行袈裟・輪袈裟などである。いずれも五条袈裟を極度に簡略化したもので、これをもって僧侶の標識とする点に特色があり、今日も活用されている。

五条袈裟(阿弥陀三尊胎内発見)一領(鎌)広島・安国寺〈10図〉
金・銀・緞子五条袈裟(上杉謙信所用)各一領(室)山形・上杉神社〈11・12図〉

(2) 横《おう》被《ひ》

横被は七条袈裟に附随して用いられるもので、袈裟を偏袒右肩につけるときその右肩を覆う細長い衣で、縁をつけ、四天揲をつける様は座具の形に似る。これは右肩を覆うところから覆肩衣に似ており、これが横被に変化したともいわれる。

横被がわが国で盛んに用いられるようになったのは平安朝以降ではないかと考えられる。現存最古のものは東寺所蔵の弘法大師所持と伝える犍陀穀糸袈裟に附属する横被(国宝)で、これは縦一七九・〇、横六三・〇cm、縁幅は一三・〇cmある。大きな唐花文様が六つみられるが、これには四天揲はない(13図)。仁和寺に伝わる横被は時代的にはかなり下るが、宝珠羯磨文が前後一六個ずつ対向する文様で、これにも四天揲がない(14図)。このように横被は平安朝以降、密教の流入とともにわが国で使用されたものと考えられ、これが起ったのもおそらく中国においてであろうと考えられる。

奈良朝に横被がないといったが、この横被の古形式と目されるものがある。それは正倉院にある袈裟付羅衣である。これは唐服の右背面に方形の小さな袈裟様のものがついている。文献に見る蔭背がこれにあたると考えられるが、唐招提寺の鑑真和尚像、法隆寺の行信像、その他平安時代までの僧形像にこれが認められるから、その使用の時期も奈良朝から平安時代にかけてと考えられる。この蔭背が少しずつ長くなり、やがて今日みるような横被に変化したとも考えられるが、全く別物と考えることも可能で、行信像には蔭背と横被の両者がみられる。この横被は袈裟と共裂ではなく、まったく別の裂を用いてつくられるものであったが、今日では袈裟と同じ裂を用いて作られたものも見られる。横被を使用するのは天台・真言をはじめ真宗などでも見られるが、禅宗、浄土宗、融通念仏宗などはこれを用いない。もちろん南都律宗系でも用いないが特に坐具を使用する宗派にこの横被が用いられないことは、両者に不思議な関連のあることが注目される。また浄土宗だけで用いる七九条と呼ばれる袈裟は七条に二条を取り外しできるようにしたものであるが、九条とした場合は右肩を覆って着衣する。そこからみて、横被の変形としての二条をつけたようにも考えられる。

(3) 僧《そう》祇《ぎ》支《し》

略して単に祇支とも、また僧却崎ともいい、梵語ではサンカーカシカー(Saṁkakasika)という。左肩から右腋へかけて覆う肌着で、右腕(乳部)の露出を防ぐためのものといい、長方形の裂である。これは一比丘が胸臆を露わにして女人の笑いをうけたことによって用いられるようになったと伝える。これは別に覆髆衣、掩腋衣とも呼ばれ、またその形から上狭下広衣とも呼ばれたようである。『南海寄帰伝』にはこの僧祇支の着法について、「右肩を出し、左髆に交搭すべし」と説き、衣量については「一幅半を取り、あるいは絹、あるいは布、長さ四肘、五肘にすべし」とある。

この僧祇支は、今日わが国ではほとんど使用されないものであるが、仏像彫刻のなかにこれを見る。飛鳥時代に造られた法隆寺の釈迦三尊像の中尊、同薬師如来像、白鳳時代の蟹満寺釈迦如来坐像、奈良時代の薬師寺の薬師三尊像の中尊、法隆寺塔本塑像の比丘形など例は多い。ただこの場合、この祇支は単に右腋左肩を覆うのみにとどまらず右肩にも及んでいる。思うに祇支は中国においてかなり大形化した形跡があり、袈裟(大衣)とほぼ同大にまでなったよう

(L) 臨済宗妙心寺派
袈裟―七条　大掛絡　掛絡
法衣―直綴
副衣―手巾　護巾　帽子　袴

(M) 曹洞宗
袈裟―九条　七条　大掛絡　掛絡
法衣―直綴
副衣―立帽子　座具　手巾

(N) 黄檗宗
袈裟―二十五条～七条　絡子
法衣―直綴
副衣―誌公帽子　座具

(O) 日蓮宗
袈裟―大衣　七条　五条　折五条
法衣―袍裳　直綴　素絹　道服　布
教服
副衣―燕尾帽子　角帽子　襟巻　指
貫　切袴

(各宗からの資料提供による)

※5　金棺出現図の部分(松永記念館)

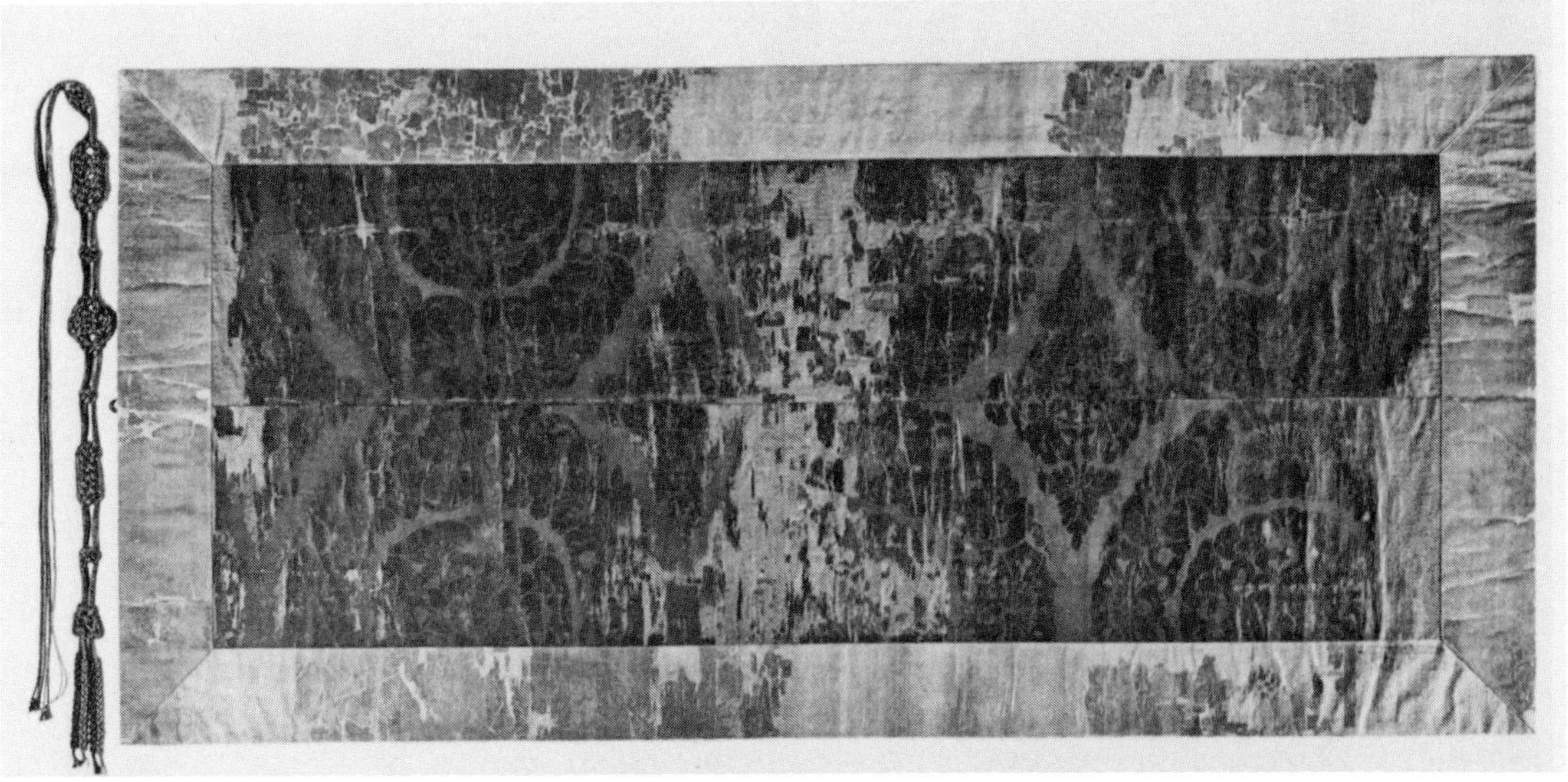

13　横被（犍陀縠糸付属）　平安時代　京都　東寺

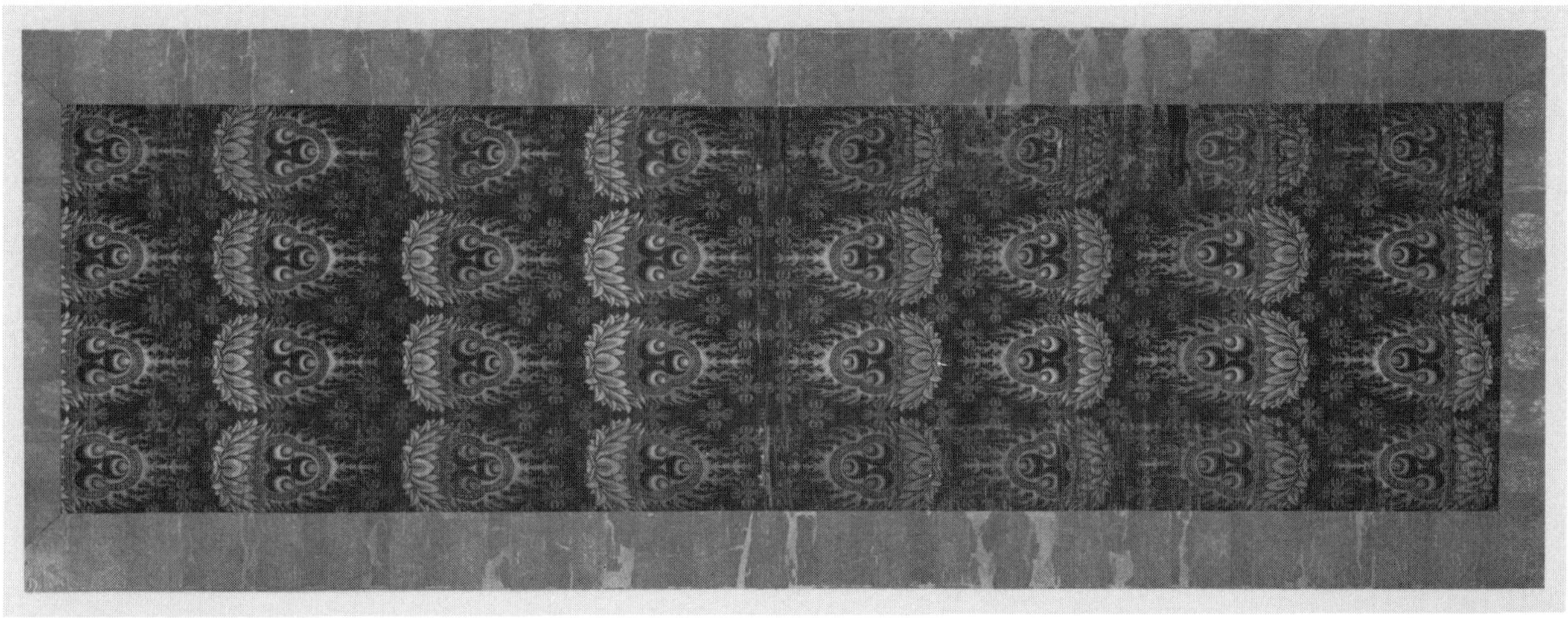

14　平・錦織横被　鎌倉時代　京都　仁和寺

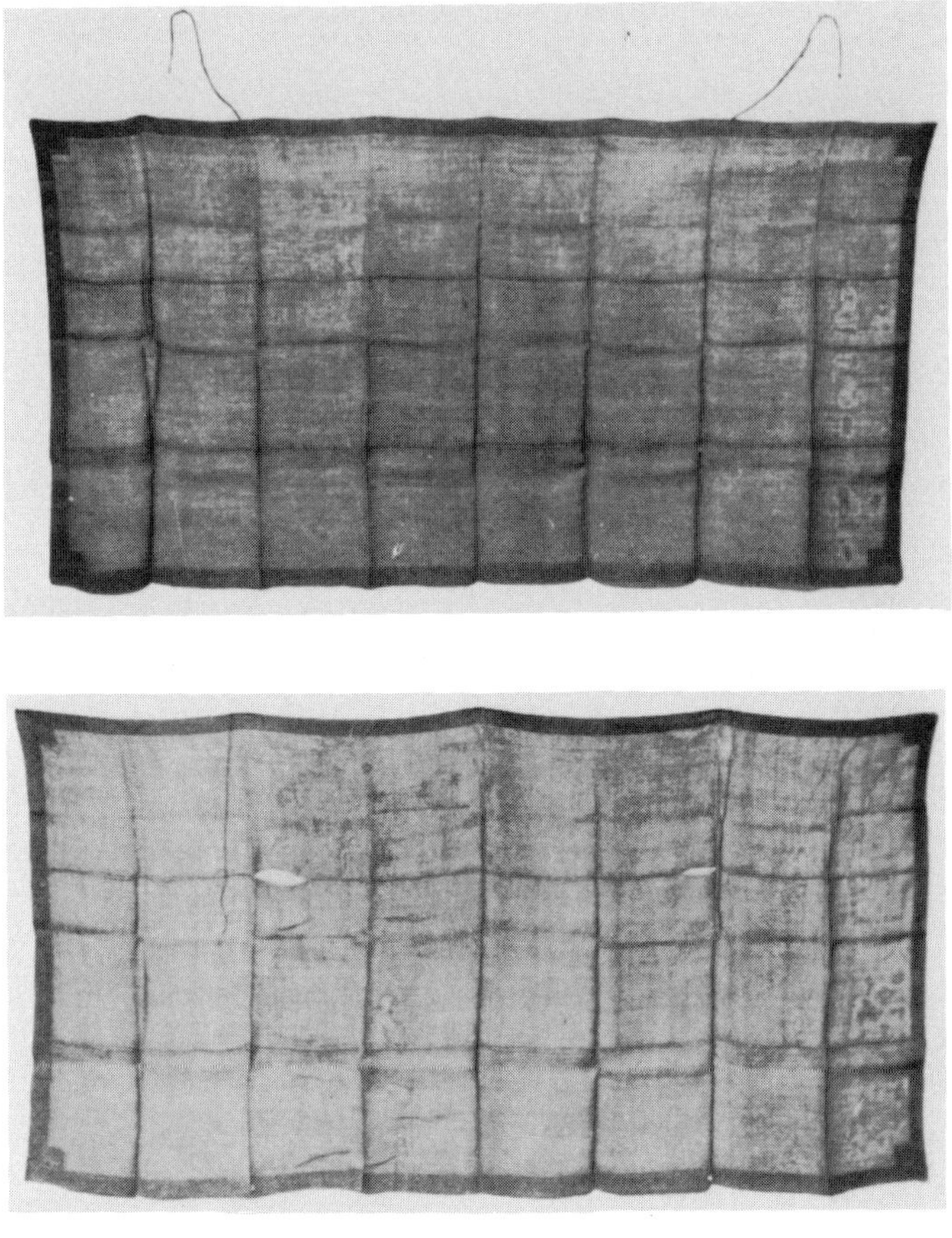

16　僧祇支二領（伝興正菩薩所用）鎌倉時代　奈良　西大寺（井筒雅風著「法衣史」より）

15　僧祇支〈叡尊画像〉鎌倉時代　奈良　西大寺

である。しかもそれは袈裟の下に被着するもので、通肩にして肩を覆い、袈裟を偏袒右肩にしたときは右肩を覆っており、その衣角が垂下する。立像にあっては左方に垂下する袈裟の衣角と対称的になっている。これを祇支と称することはあまり行われていないが、『画像須知』にはこれを図示し、祇支と明示する。彫像遺例に照らしても祇支と呼ぶことは妥当と考えられる。

僧祇支の実物の遺品は奈良・西大寺に伝興正菩薩所用の縵衣（16図）と称して二領がある。叡尊画像（15図）をみると確かに二十五条袈裟の下にこれを被着している。遺品は単衣で、縁をつくり、四隅に揲をつけているが、これも仏像にみるものと同じである。仏像、仏画においてもこの祇支は袈裟と文様、色合を異にしているのが普通で、これが別衣たることを古くから明確に示している（その好例は、松永記念館蔵の「金棺出現図」[※5]にみる釈迦像で、袈裟を脱いで傍におき、祇支のみを纏っている）。

僧祇支は、インドにおいて用いられたころは右腋、左肩を覆う小さな裂であったものが、次第に大きくなり、袈裟と同大のものとなって袈裟の下に被着されたものであるが、同時に、僧祇支と覆肩衣とが合体してつくられた褊衫の流行によってこの大きな僧祇支は衰退し、褊衫が直綴、衣（ころも）と変化するにおよんでまったく影をひそめたものと考えられる。

(4) 褊《へん》衫《さん》

僧祇支の項で、僧祇支がわが国ではまったく見られなく、また僧祇支そのものの遺品は存在しないが、仏像のうちにそれと思しきものが伝わることを述べた。同様にまったく遺品を見ることはできないが、古代インドでは比丘尼が偏袒右肩とするとき右乳部の露出することを防ぐため覆肩衣が行なわれたという。この左肩を覆う僧祇支と、覆肩衣の両方が合してつくられたものが褊衫で南山律家において創案されたものという。今日南都律宗系においてはこの褊衫を着用し、下には裙（裳）を纏っている。この褊衫と裙とが縫合されて直綴となり、これがやがていわゆる衣（ころも）となる。

僧祇支(左肩より右腋へ)
覆肩衣(右肩より左腋へ)
→ 褊衫
褊衫・裙 → 直綴 → 衣(ころも)

この変遷の様相は『仏像幖幟図説帖』に図示するところである。

(5) 裙《くん》子《す》

涅槃僧ともいい、サロンのごとく腰に纏う長方形の裳をいう。十誦律では比丘は袴あるいは褌の使用をゆるさず、単衣の縵衣（一枚裂）で縁を縫うたものを用いたことを示している。色は袈裟の色にしたがって穢色を用いるのが正しかったようで、その大きさは有部律では縦五肘、横二肘とされている。その着法には種々の規定があったが、要するに「腰に周らして、前にて袷せ、残った両辺を右に牽き、左に外へ折り返し、双摂もしくは三摂して、左右両上角を外に折り挿む」という。また、これは普通は長く身につけるが、僧院、僧房内で作業するときに限り、高く（短く）つけてもさしつかえないが、臑より上につけてはいけないと定められていたようである。裙は本来紐を用いないものであるが、のちには落ちないように腰帯が用いられるようになった。裙の遺例はもとより存しないが、褊衫とともに用いられた裙は遺例を見る。今日でも南都の律系の僧侶はこれを用いている。これは適宜ひだをとって紐（腰帯）をつけたものである。

(6) 直《じき》綴《とつ》

僧祇支や褊衫のところで触れたように、直綴とはその名のとおり、褊衫と裙とを直に綴りあわせたものをいう。この創始者は百丈大智禅師という。褊衫と裙の二衣を合して一衣とし被着することがたやすく、その意味で簡素化・機能化されたものといえよう。直綴は禅家において普く用いられたが、これがやがて他宗にも用いられるよ

※6　帽子を着用する天台大師像。

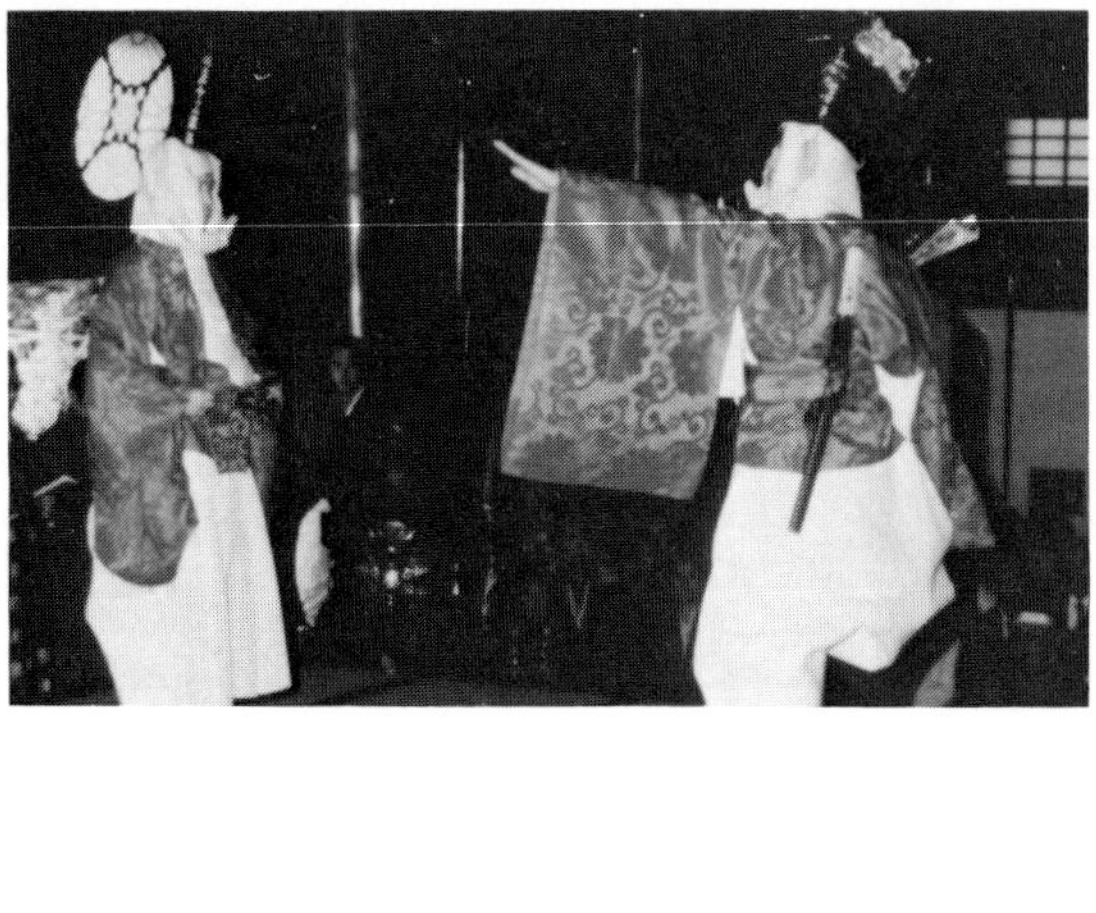

※7　輪王寺の延年の舞、五条袈裟を用いて頭をつつんでいる。

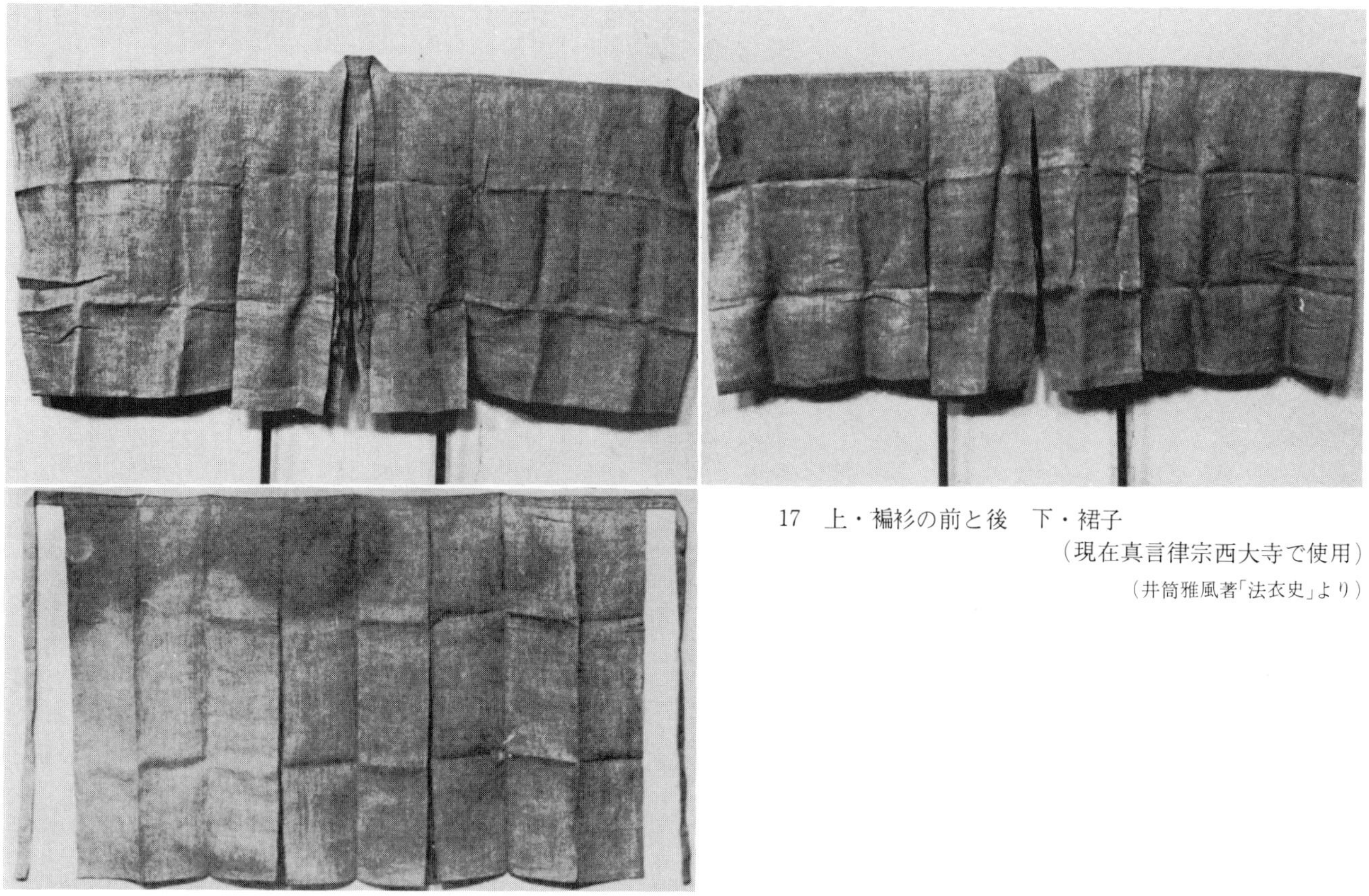

17　上・褊衫の前と後　下・裙子
（現在真言律宗西大寺で使用）
（井筒雅風著「法衣史」より）

19　直綴（現在浄土宗で使用）

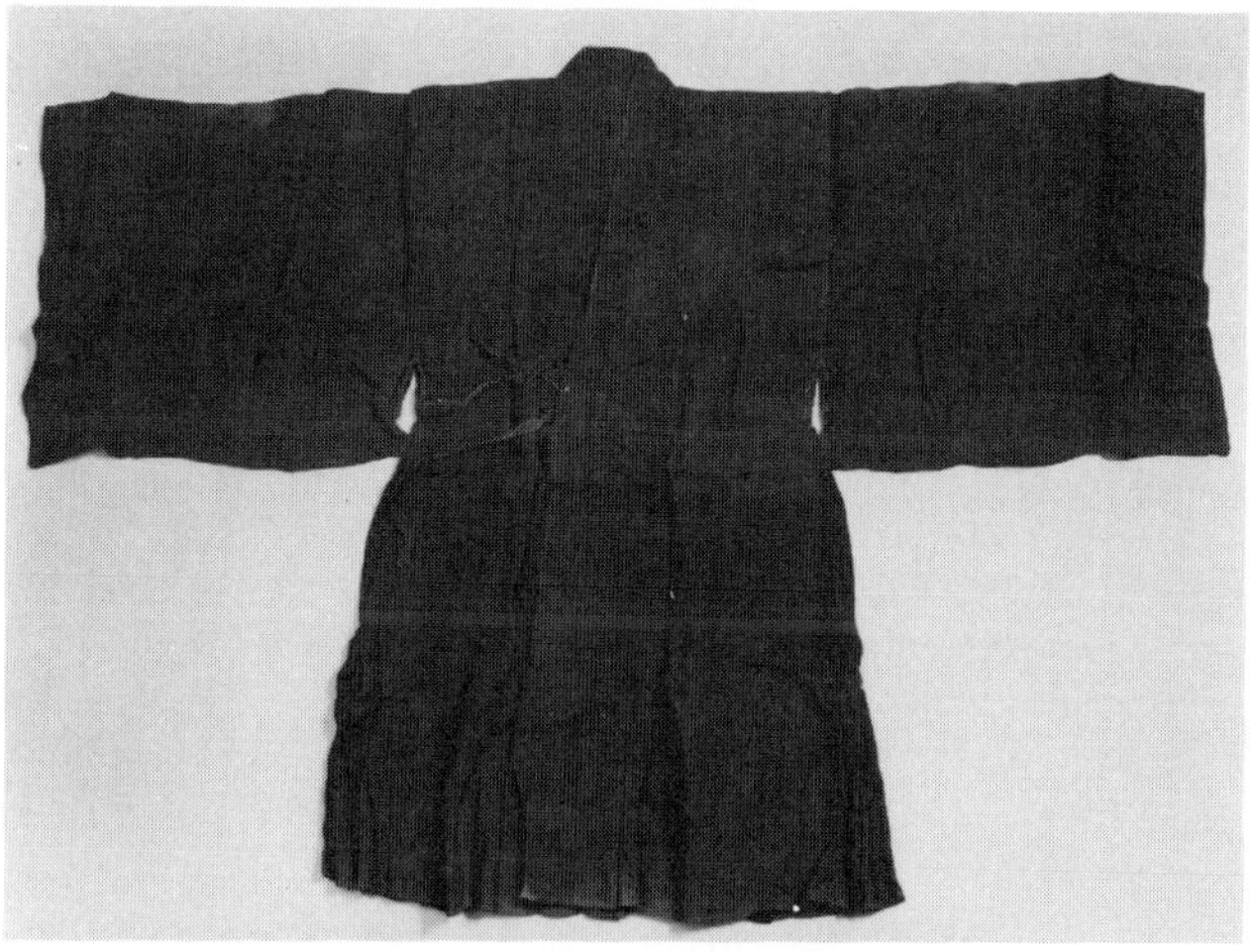

18　直綴　江戸時代　宮城　瑞巌寺

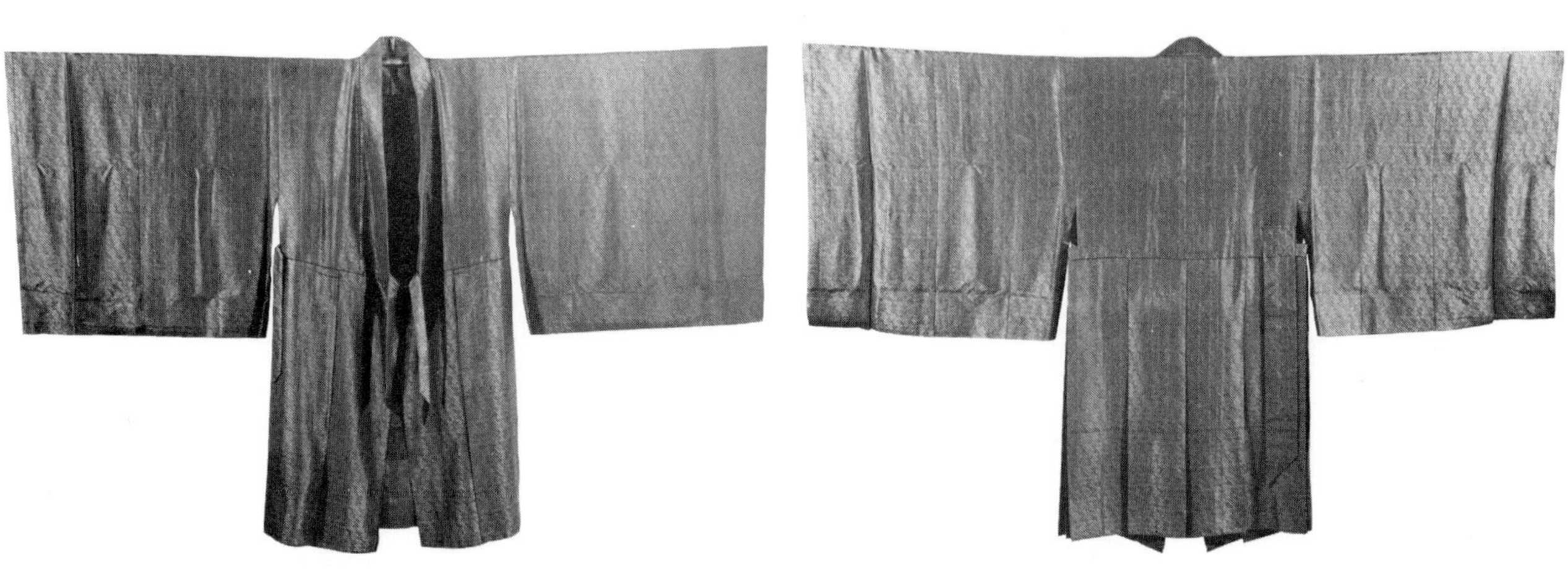

20　直綴の前と後（現在臨済宗で使用）

うになった。遺品の多くは室町時代以降のものである。

(7) 掛絡《くわら》

掛絡（くわら）は絡子、掛子、挂子ともいう。五条袈裟（安陀会）を小さくし、これに紐（威儀）をつけたもので、肩から胸間、腹前にかけるものである。紐は上端の二衣角よりと、二条目と四条目に揲をつけてこれに紐を縫う。それぞれが連って二本の輪を形成している。のちに鉤紐をつけ、さらに鐶をつけるに至ってその体裁が整えられる。これは、五条袈裟から派生したものではあるが、折袈裟、輪袈裟同様略式のものであることに変りない。この掛絡と同じような形をしたものに威儀細というものがある。

掛絡の遺品の古いものはあまりないが、先年荊渓和尚（伝伝教大師請未）の七条刺衲袈裟（国宝）とともに発見された朽損のものが、その最古の遺例でないかといわれる（『法衣史』井筒雅風著）。

(8) 阿弥衣《あみえ》（裳なし衣）

阿弥衣（あみごろも）は時宗僧（時衆）の用いる独自の法衣で、機織によらず、植物の繊維をむしろのように織ったもので、網を着ているような感じのあるところから網衣（あみえ）あみぎぬと呼ばれ、網が阿弥に音通してこれを阿弥衣と呼んで尊んだ。これは他宗で用いる法衣と異って裳のない衣で、身丈が膝頭のあたりで終り、袖が広袖になっている。色は茶褐色かあるいはねずみ色である。時宗では襲法衣（かさねほうえ）と称するものがこれである。一遍上人がこれを着用するさまを一遍聖絵、あるいは神奈川県立博物館蔵の一遍上人像にみかける。この阿弥衣の上からは白麻でつくった白紐を腰に巻きつけ、また上から墨染（すみぞめ）の袈裟をかける。このような異形の法衣であるから一遍在世のときから、外道よばわりされたり非難をうけたようである。

蓆編　阿弥衣　一領（鎌）　山形・仏向寺

蓆編　阿弥衣（二祖他阿上人所用）　一領（鎌）　愛知・称名寺

蓆編　阿弥衣　一領（元亀三年）京都・歓喜光寺

(9) 帽子《もうす》

帽子は僧侶が頭をつつむもので、裹頭《かとう》の帽子という。奈良時代には帽子は用いられなかったようであるが、伝教大師最澄の肖像はすべてこの帽子をつけている。その色が縹色となることから縹帽子とよばれており、今日では白色の羽二重のものが普通に用いられているが、天台宗では正装のときこれを用い、耳をあらわすか、隠すかによって已講、探題という区別がみられるという。

この帽子の起りは厳寒に授戒した天台大師※6が隋の煬帝よりその縹袖を賜ったとされることからで、わが国でもその古事に倣って伝教大師が円頓戒を授戒した桓武天皇より縹帽子を賜ったという。いわゆる賜袖と称するものである。よってその形は幅一尺、長さ八尺（あるいは四尺）の袷仕立てとし、その両端を縫い合せ、袖を象るものである。頭をつつまざるときは襟巻のようにする。天台・真言の両宗、禅宗、浄土宗、日蓮宗などでもこれを用い、真宗でも老齢のものはこれを許されるという。

帽子はその形はやや異るけれどチベットのラマ僧なども用いている。また禅宗や浄土宗では錦や金襴などでつくられた帽子もみられ、**誌公帽子・立帽子・鼓山帽子・燕尾帽子**などいろいろな形のものがある。また浄土宗や臨済宗で使用する**水冠・烏帽子**もこの一種である。また、修験で用いる行者頭巾もこの種の帽子に近い形をみせている。

なお、平安中期以後最も恐れられた南都北嶺の僧兵などは袈裟をもって頭をつつむことが行われた。これは五条袈裟を用い、威儀や小紐を巧みに用いてつけている。現在では日光輪王寺において行う延年舞※7のとき、舞う僧侶はこれをつけている。

(10) 沓

草鞋や鼻高と同様に用いられるものに沓がある。これは中世以降

※　現在各宗派で着用されている略式袈裟。

(A) 掛絡・威儀細・小野塚五条

五条袈裟を小さくし、これに紐（威儀）をつけたもので、両肩にかけ、胸前、腹前にたらす。形は三者とも似ているがそれぞれ紐に特色がある。禅宗で用いられる掛絡は紐に鐶をつけ、浄土宗で用いられる威儀細は鐶をつけずに、袈裟縁と同幅の太い紐を用いる。

小野塚五条は真言宗豊山派など新義真言宗で用いられるが、大正時代に小野塚氏によって創案されたもので、紐が細いのが特色である。

(B) 奈良袈裟・畳袈裟（折五条）・真宗の輪袈裟

これらは五条袈裟の両縁のみを金襴などで作り、甲の部分はうすい生絹などとし中に折り畳んでいる。似た形であるが、宗により呼名などが異なる。

奈良袈裟は加行袈裟・襷袈裟・敬護袈裟とも称され奈良仏教系の僧侶の略装である。紐部を左肩にかけて襷がけとする。

天台宗で用いる畳袈裟は梶井袈裟と称されるが、これは天台宗三千院梶井宮より許された由来による。真言宗では折五条とも称し、紐が下部と胸前の二カ所につけられて重複した形となっている。また、真宗では畳袈裟を正式には輪袈裟というが、形は梶井袈裟と同じである。

(C) 輪袈裟

文字通り袈裟を輪にしてくびにかけるもので、天台宗・真言宗において用いられている。

(D) 種子袈裟（半袈裟）

呪字袈裟ともいう。畳袈裟や輪袈裟

21 素絹（慶長の墨書）（井筒雅風著「法衣史」より）

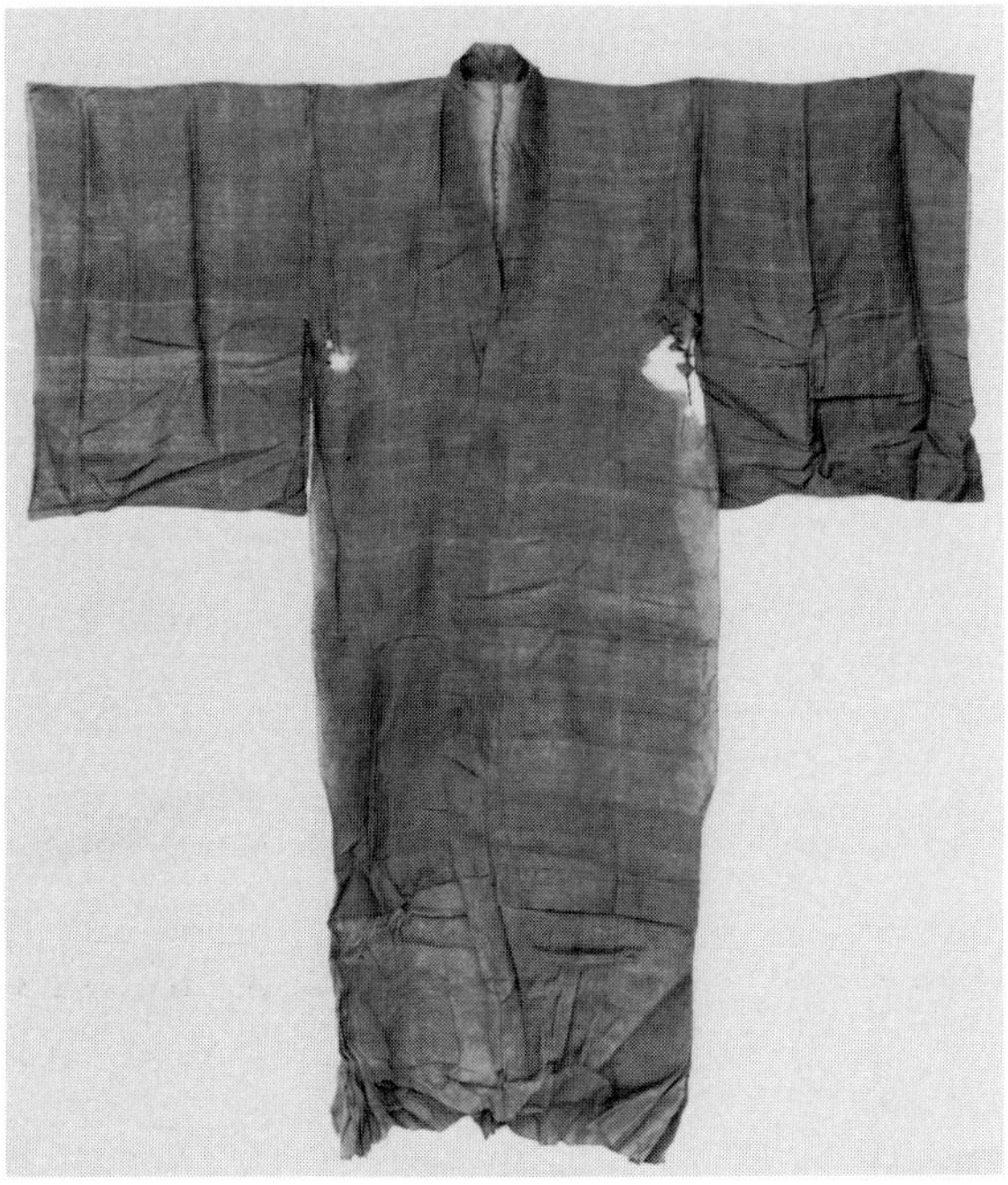

22 阿弥衣

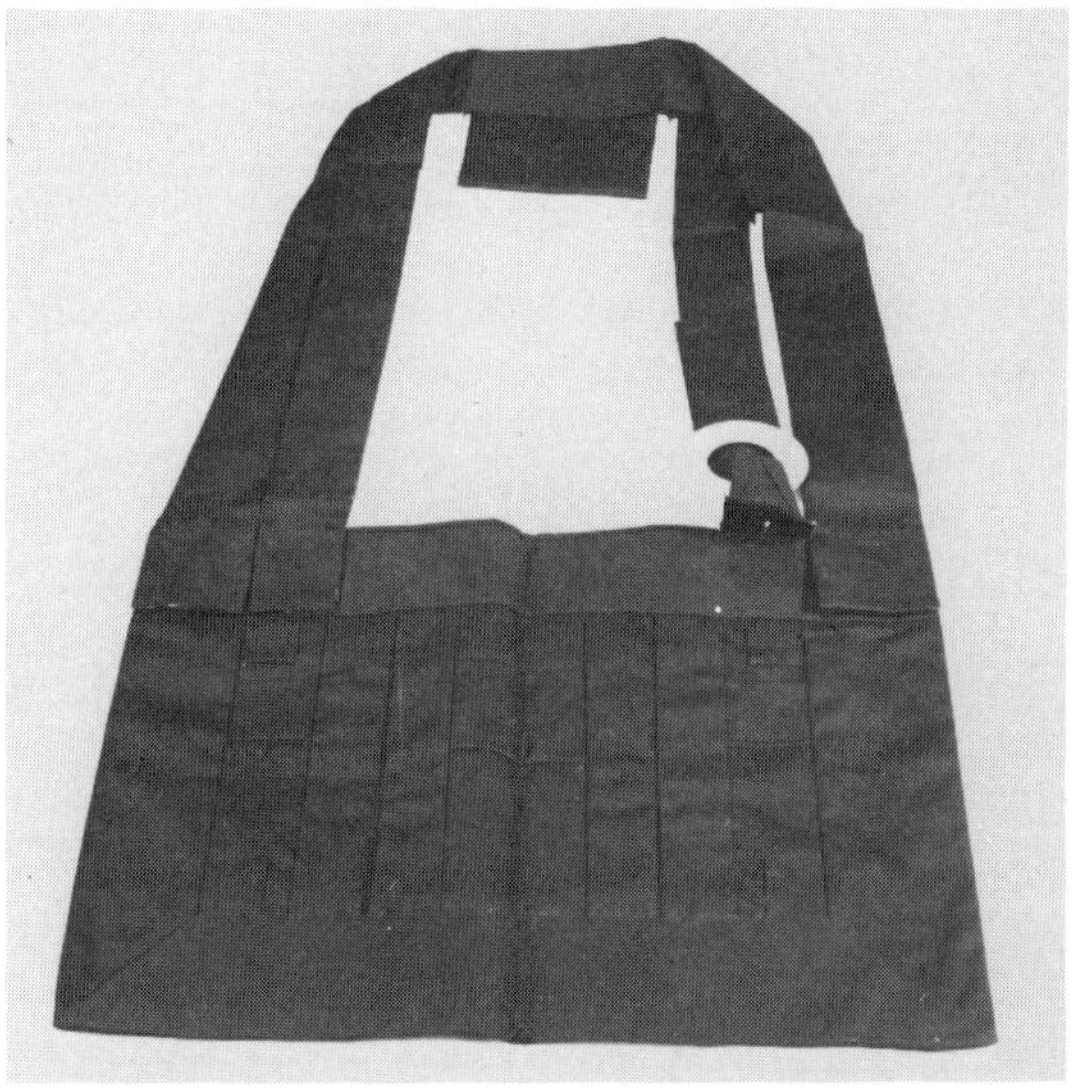

23 掛絡（現在臨済宗で使用）

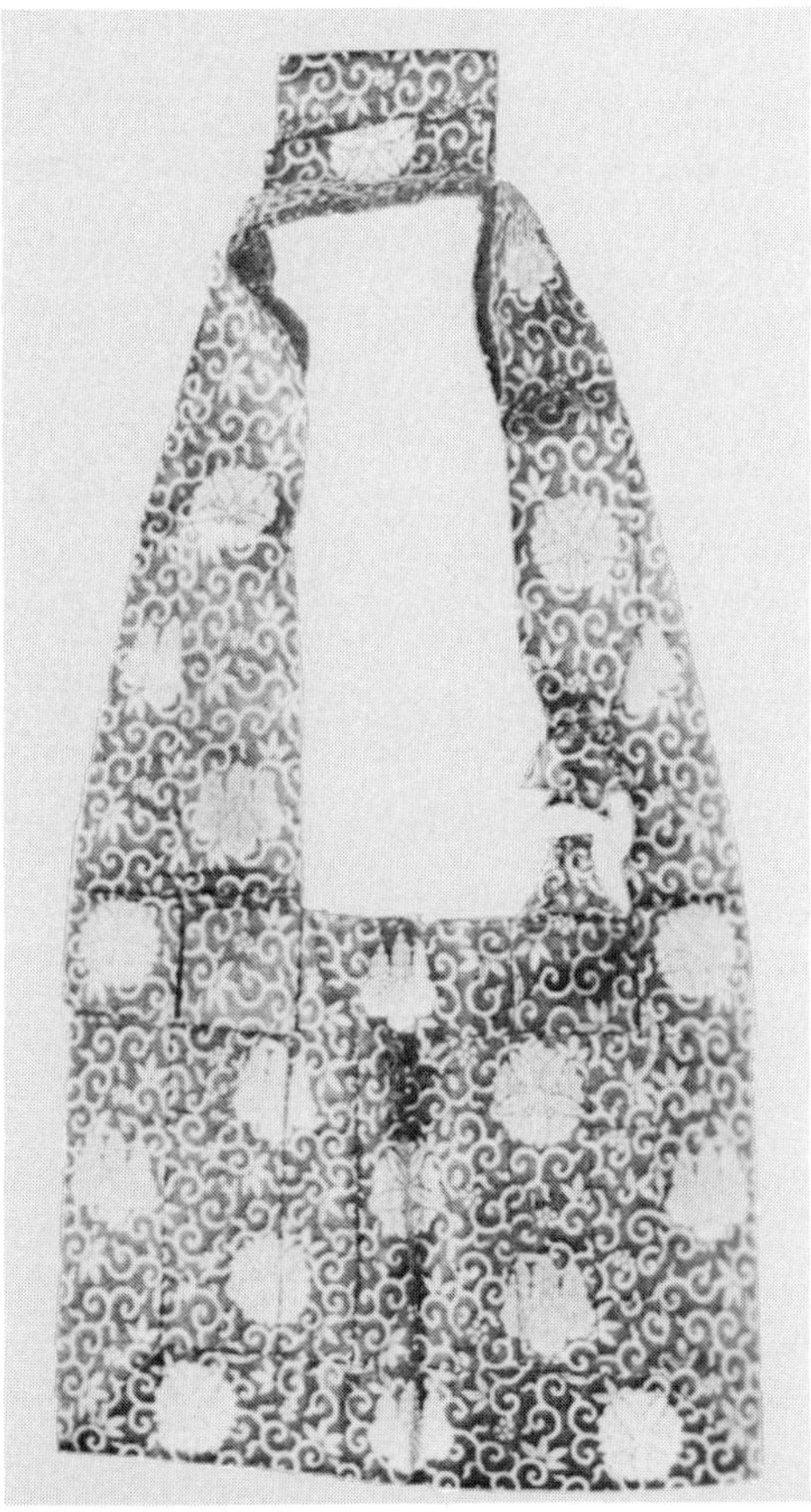

24 掛絡（現在曹洞宗で使用）（井筒雅風著「袈裟史」より）

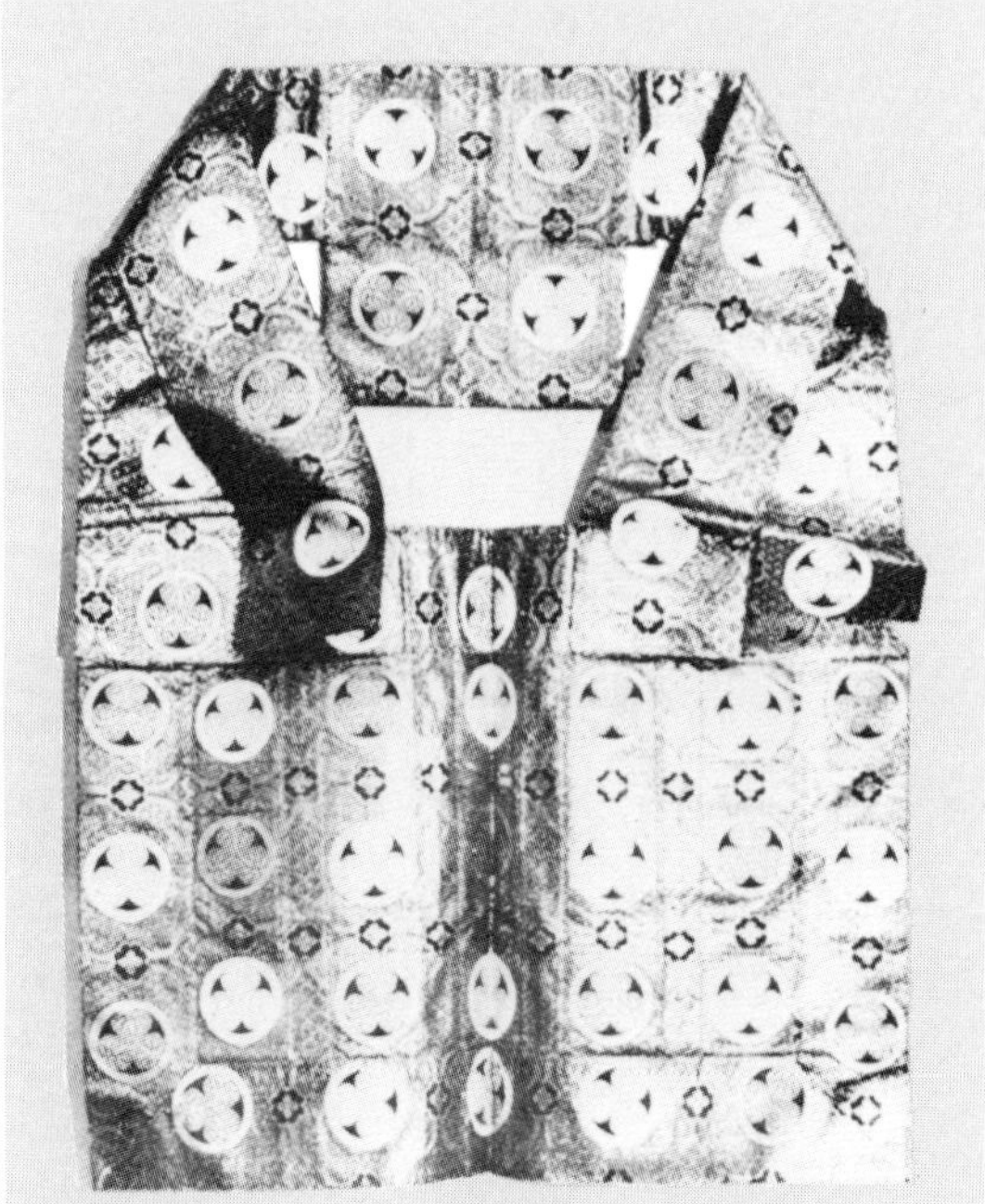

25 威儀細（現在浄土宗で使用）（井筒雅風著「袈裟史」より）

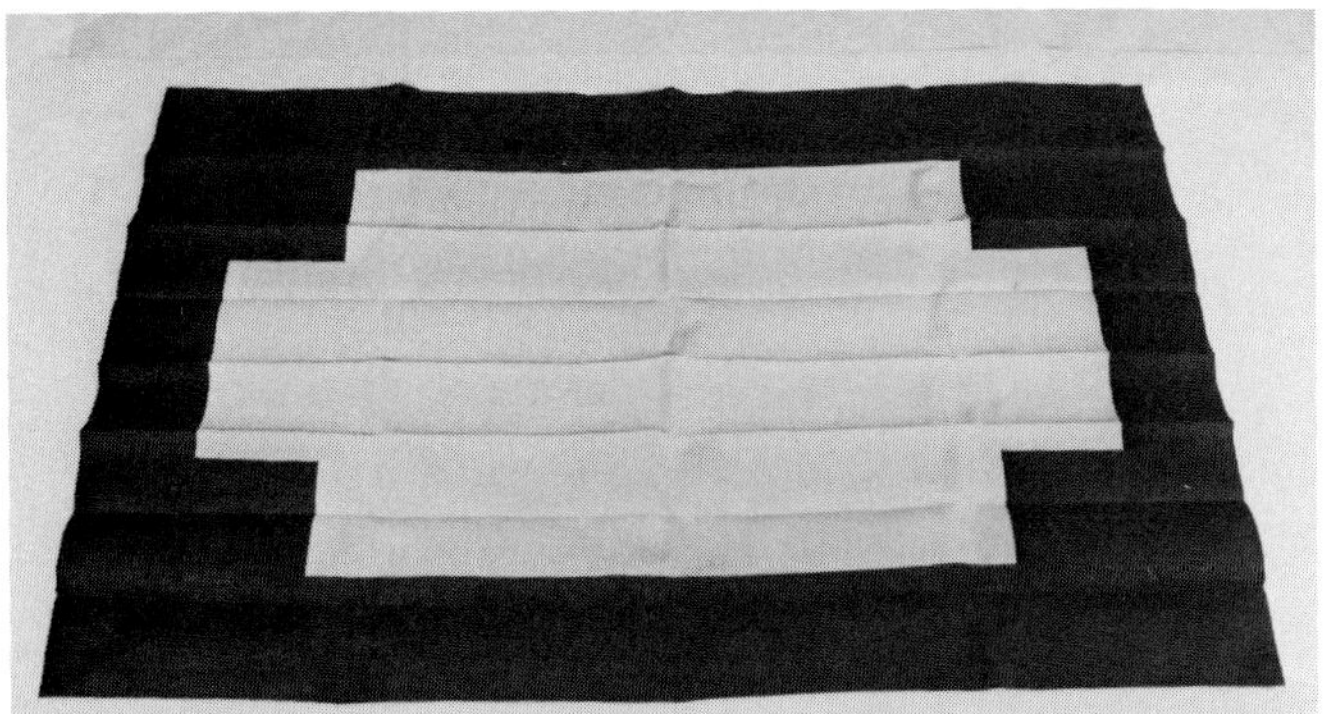

26 坐具（現在臨済宗で使用）

主として禅僧が多用したものであることは、その頂相（画像・彫像）にこれが多く認められることからも肯首される。東福寺の無準師範の頂相には踏床の上にこの沓がおかれてあり、他にも多く例のあるところから、おそらく中国において禅僧が用いる風をそのままわが国でも採用されたものであろう。もっとも奈良朝時代の沓の遺例は正倉院などにもあるが、当時の僧侶の使用したことを確証するものではない。奈良時代には僧侶はむしろ今日の草履に似たものを使用したかと考えられる。その例は興福寺の十大弟子のはきものから推測される。平安時代に描かれた薬師寺の慈恩大師像にも礼盤の下にこの沓がみられる。

禅宗の各師家の木彫像や画像をみると曲彔に坐し、かつ踏床に沓をおくことがほとんど定型化している。たとえば竜吟庵の大明国師像、愛知・妙興寺の大応国師像、鎌倉・浄明寺退耕禅師像、京都・大徳寺大灯国師像、山梨・棲雲寺普応国師像など、いずれもその沓は像とほぼ同時の制作である。これらの沓はすべて木製で、鼻高と同じような感じをうけるが、その表現するところはかならずしも同じではない。おそらく実物の沓が革か、あるいは裂（フェルトのようなもの）を用いて造られていたと想像する。それは沓の甲に継目があり、その甲の中央部に装飾を附している。また、縁どりしてあるのが普通で、踵のあたる後方部が高くつくられており、今日の靴とはなはだ近い感じで、木彫ながら、やわらか味のある材質感を出している点に注目される。熊本の雲巌禅寺の慧海慈済禅師像のごときは、実際にこの沓をはく姿で彫刻せられているのははなはだ興味深い。このように沓の遺例のあまり古いものを知らぬが、頂相彫刻から十分にその形を知ることができる。

⑾　草鞋・鼻高

草鞋や鼻高はともに僧侶が法会のとき足にはく沓である。今日ではいずれも木製のものであるが、草鞋はその名の示すとおり、本来草を用いてつくったものである。それが糸類をもってつくられ、また最後には木製で胎をつくり、これに錦、金襴などを張って用いるようになった。草鞋は法会のとき、床上あるいは堂上で用いられたものである。たとえば常行念仏三昧を行するときなど、浄衣とともにこれをはき、道場に入ることが定められており、またその出入にあたって着脱することが決められていた。

鼻高は形の上からほとんど同じであるが、これは木製で、今日でも黒漆塗のものを多く見かける。これは砂上を歩むときに用いられ、入堂の場合は草鞋とはき換えたものである。鼻高にしても、先の草鞋にしても、仏像や上尊の人を礼するときは、これを脱いで拝礼することが正式であった。それは仏像や上尊に対して敬意を表する意味が込められている（『法苑珠林』）。インドは湿熱の国であるから、革を用いてつくり、これを利用したが、寒国にてはこれをしだいに常用することになった。

草鞋といい、鼻高といい、いずれも正式な法会のときにのみ使用されており、平素は余り使用されないもののごとくである。

⑿　襪《しとう》子《ず》

※8 襪子は足衣であり、すなわち今日の足袋や靴下のようなものである。その形は新月のようで、絹・綾・羅などをもって作られている。この襪子の遺例は正倉院の宝物中にみられ、すこぶる古くからわが国で使用されたことがわかる。本来はやはり防寒用であったが、これをつけて礼仏、礼師することは礼を失することとして行なわれなかったが、後にはかえってこれが逆に襪子をつけて礼仏することが礼儀とされるようになった。しかしその襪子は新しく清浄なるものとされたようである。

襪子の遺品も、いわば消耗品であるだけにはなはだ少い。常照皇寺に光厳天皇の御所用と伝える襪子が現存するという。

⒀　袈裟箱・袈裟袋

袈裟を納置するので袈裟箱といい、また僧侶が最も大切とする三

を半分にした形から半袈裟とも称される。三衣の種字を白い絹地に書き三カ所に縫いこむのが本旨である。天台・真宗・浄土宗の僧侶に用いられている。

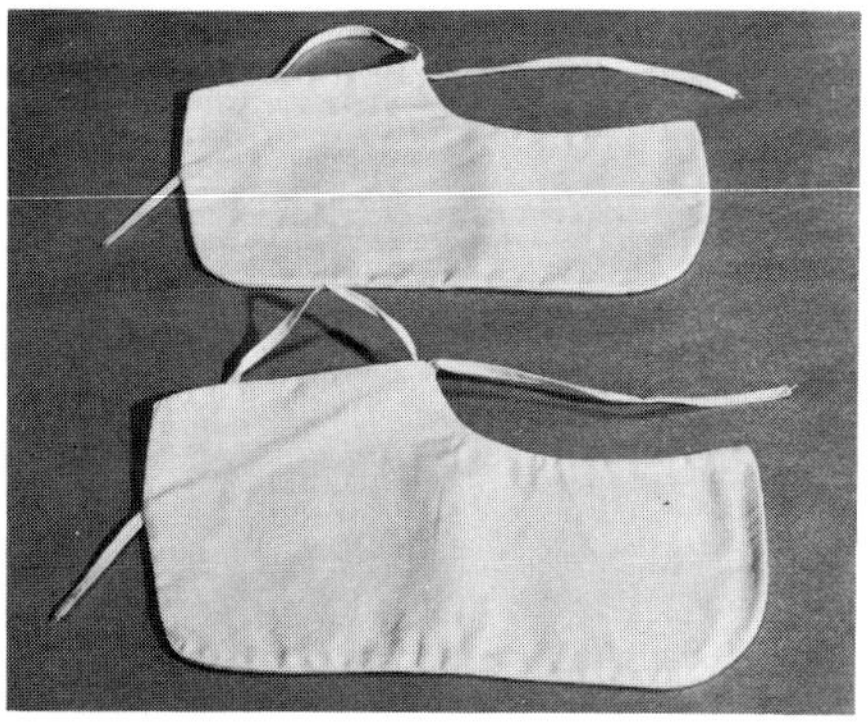

※8　襪子

27
その他の略式袈裟（井筒雅風著「袈裟史」より）

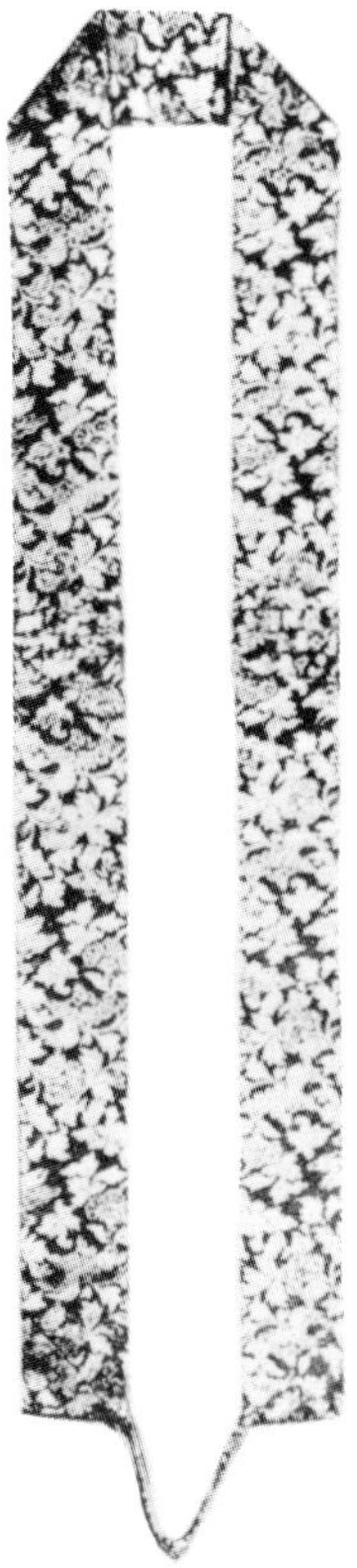
畳袈裟

種子袈裟

真言宗の折五条袈裟

真宗の輪袈裟

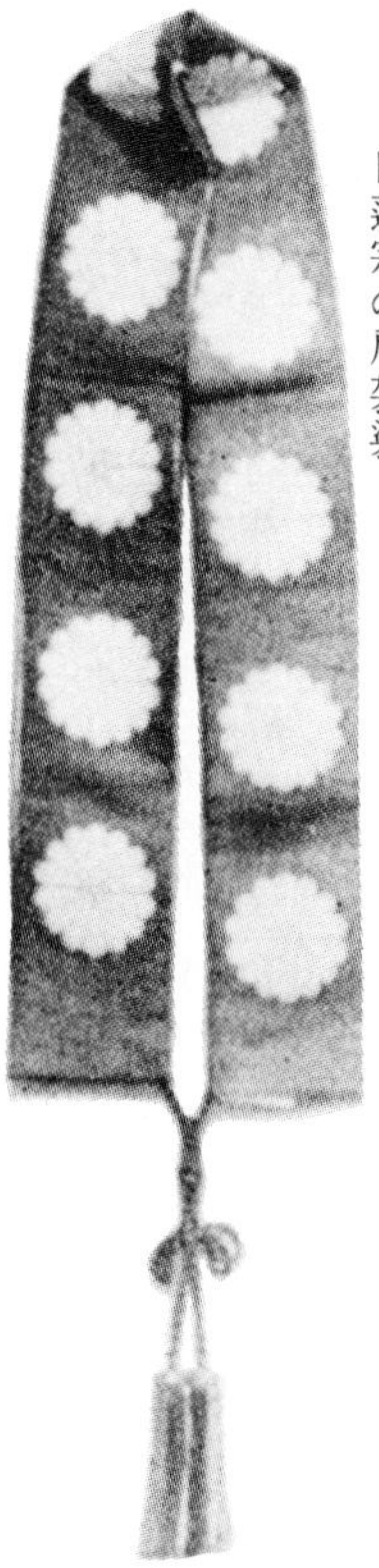
日蓮宗の肩袈裟

28
帽子（井筒雅風著「法衣史」より）

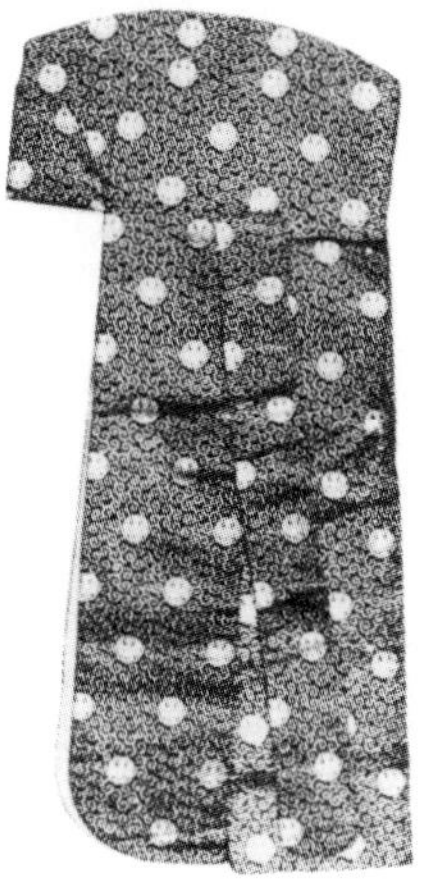
浄土宗の誌公帽子

真言宗の燕尾帽子

曹洞宗の立帽子

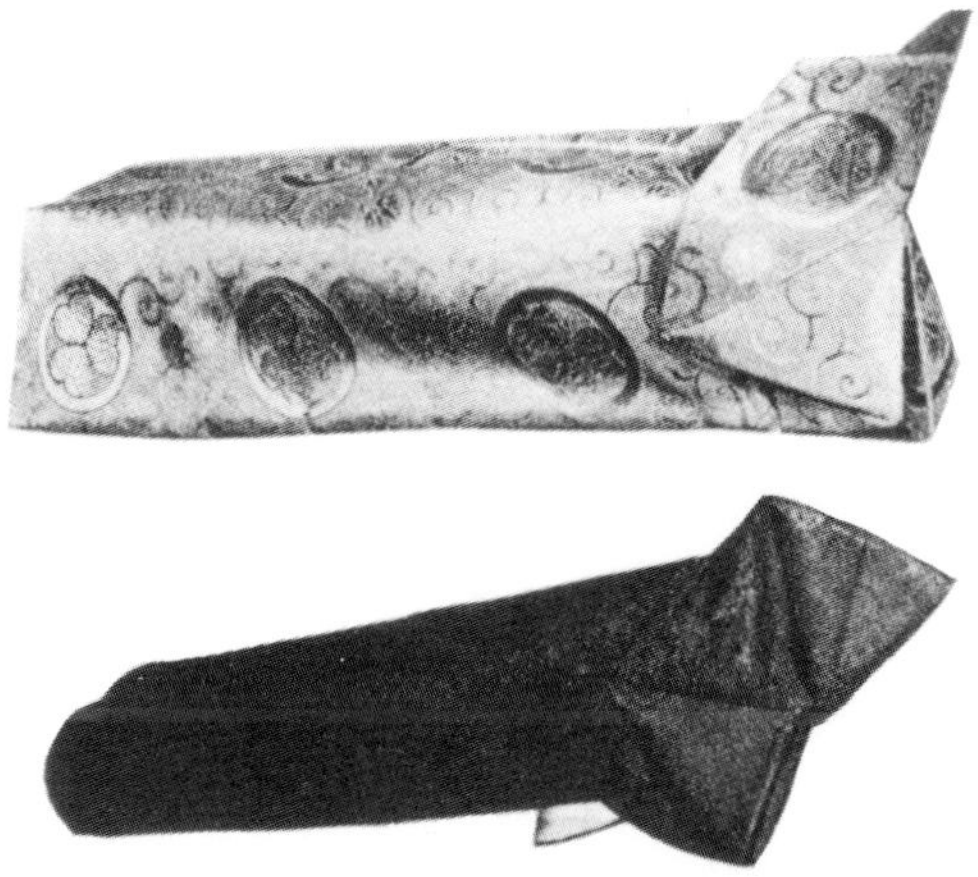
浄土宗の水冠

29
沓

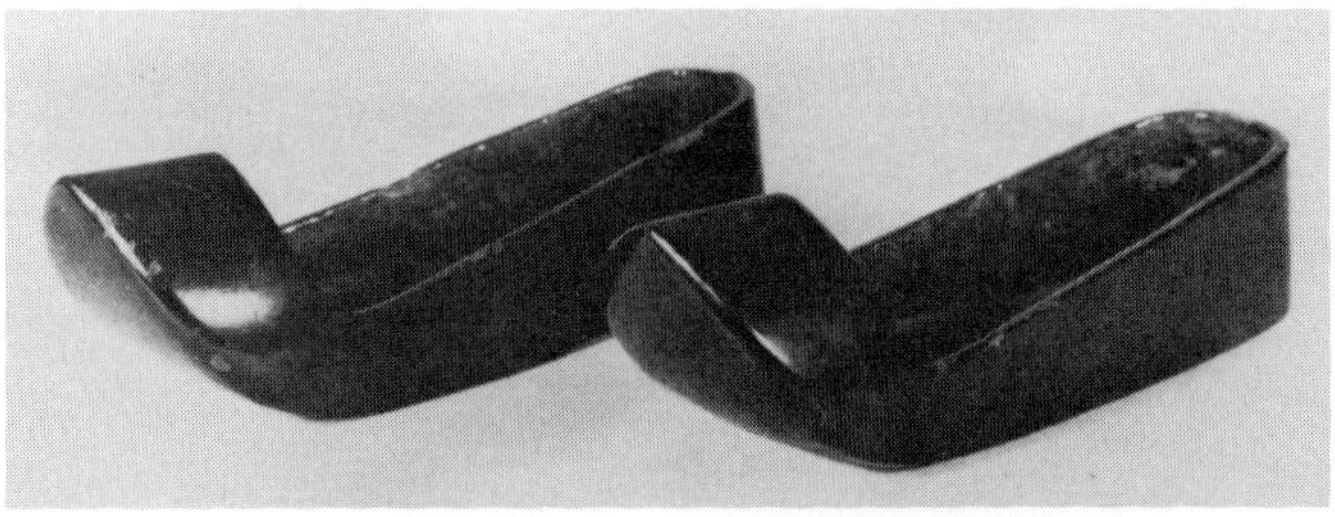
鼻高（東京国立博物館）

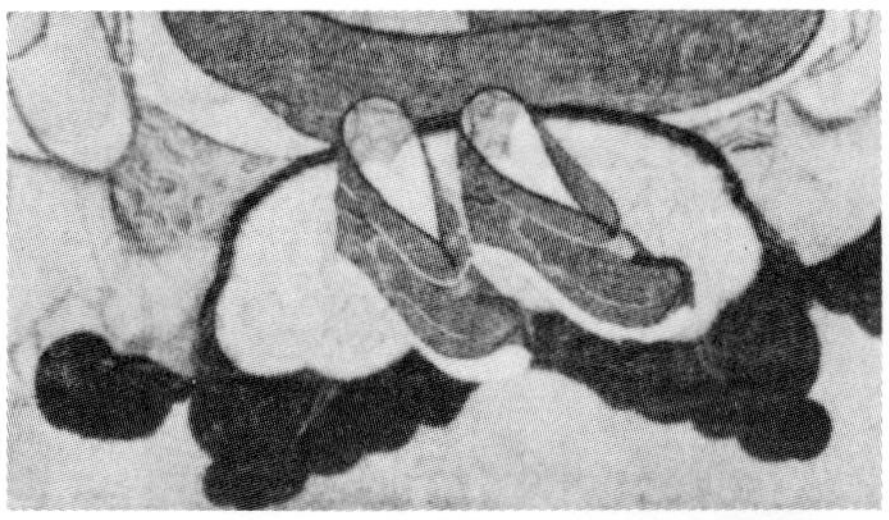
沓〈無準師範像〉

臨済宗の法堂沓

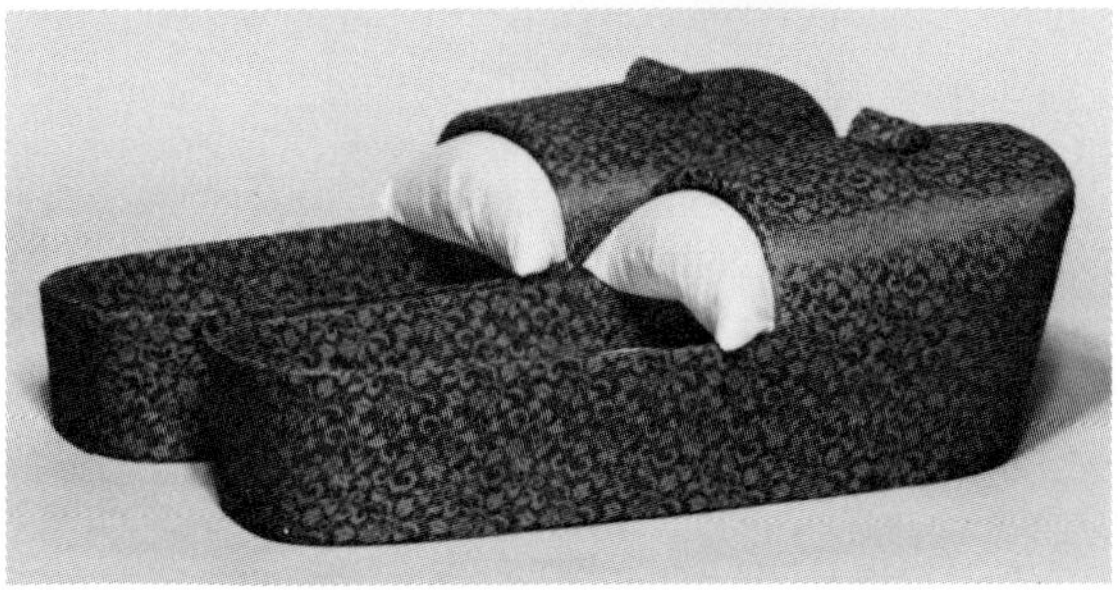
真宗の浅沓

衣（安陀会、欝多羅僧、僧伽梨）を納める箱というところから三衣箱とも称する。これはいわば手箱の一種で、僧侶がたまたまこれに袈裟を納置したことから袈裟箱と称されたものといえるかもしれない。合口造（印籠蓋造）や被蓋造の箱で、時として蒔絵や螺鈿、あるいは銀平文を施した立派なものがある。身の左右に紐金物をつけるものもある。袈裟箱の遺品は大体平安時代以降のもので、奈良時代のものはみない。古くは衣嚢と称して袋に袈裟を納めたことが『大乗比丘十八物図』などに見える。常照皇寺の光厳天皇（一三一三―一三六四）の御遺品のなかには七条袈裟、五条袈裟、絡子とともに袈裟袋と頭陀袋とがあるのはその貴重な遺品である。

◎袈裟箱　蒔絵海賦文様　一合
（平安）　京都・東寺　〈30図〉
◎袈裟箱　銀平文宝相華文様　一合
（平安）　東京・根津美術館　〈31図〉
◎袈裟箱　蒔絵松喰鶴文様　一合
（平安）　東京国立博物館　〈32図〉
◎三衣箱　蒔絵螺鈿葛文様　一合
（南北朝）　和歌山・金剛峯寺
袈裟袋　一枚　（南北朝）　常照皇寺

（光　森　正　士）

30　蒔絵海賦文袈裟箱　平安時代　京都　東寺

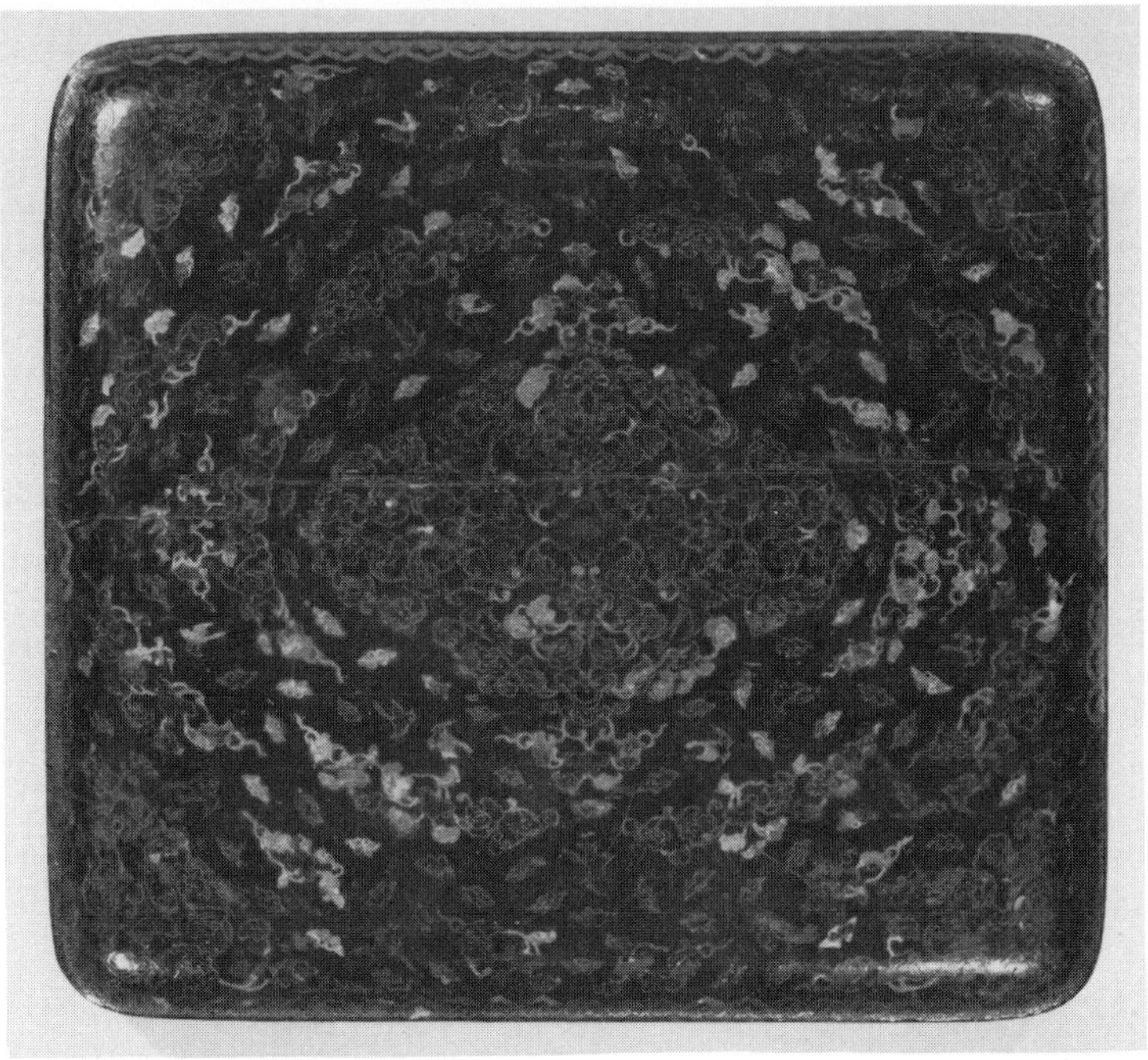

31　銀平文宝相華文袈裟箱　平安時代　根津美術館

32　蒔絵松喰鶴文袈裟箱　平安時代　東京国立博物館

一〇 修験道用具

一、修験道と行場

修験道は神仏習合思想と山岳信仰が結びついたもので、神道・仏教・儒教の三道を兼備統一したものと説かれる。修験の名は修行を重ねることによって効験をあらわすの意であり、『聖不動経』に「験ありて法の成ぜんことを欲せば、山林寂静の処に入り、清浄の地を求めて道場を建立し、護摩事をなすべし、速かに成就することを得ん」と説くことなどにもとづく。

修験道では、役小角《えんのおづね》を役行者《えんのぎょうじゃ》と称し、開祖として崇敬する。役小角は八世紀のころ、大阪・奈良・和歌山にかけての山岳秘境であった葛城山や、吉野から大峰山のあたり、金峯山と称される山中で修行し、のち全国の霊山聖地に苦行修練したと伝えられ、『日本霊異記』巻上の役優婆塞の修にも孔雀明王の咒法を修持して奇異の霊験を證得したとしるされている。この修験道が盛んになるのは密教の隆盛とも関連するようで、最澄・空海をはじめとする入唐八家などの諸徳が、比叡山・高野山などの諸山を開き、山川を跋渉して修練したことが背景となったと見られる。なかでも三井寺の開祖、智証大師円珍※1は承和年間に大峰山、葛城山に登り、また熊野三山に入って那智滝で修行し、役小角の遺風を継いで、天台修験の基礎をきずいた。これが後の聖護院を中心とする「本山派」であり、熊野修験とも通称する。これに次いで醍醐天皇（寛平九年・宇多天皇ともいう）のころ、真言の理源大師聖宝※2が、同じく役小角の行跡を追って霊山を跋渉し、大和の金峯山に金剛蔵王像を祀り、吉野で初めて峯受灌頂を行い、帰って醍醐寺を建て、真言修験を中興させたという。これが醍醐三宝院を中心とする「当山派」の修験道を形成した。このほか出羽（山形）の「羽黒派」や豊前（福岡）の「英彦《ひこ》山派」などの古派もあり、修験の四大派と称される。また日蓮宗に属する修験道や、奈良の薬師寺を中心とする大派なども勢力が盛んであった。

羽黒修験は羽黒山・月山・湯殿山の三山を合せた出羽三山を中心とするもので、崇峻天皇の第三皇子、蜂子《はちこのみこ》皇子、あるいは延暦年間に黒珍の創立と伝え、羽黒三所権現を祀って奥羽一円に勢を振った。

英彦山修験は役小角の創立といい、また小角の五大山伏の一人、寿元が開山とも伝える。頂上三嶽に三社権現を奉祀して鎮西修験を率いた。室町時代になると全国の修験道を統括するために、聖護院に根拠する天台系の本山派と、醍醐寺三宝院に根拠する真言系の当山派の二派に大きく分けられ、山伏群はそれぞれの組織に組み込まれたが、羽黒派などのように別派をとなえるものもあった。

修験道の隆盛とともに前述の四カ所の修験霊場のほかに全国的に修験の霊場、行場が開かれている。相模（神奈川・静岡）の箱根山、上野《こうずけ》（栃木）の日光山、信濃（長野）の戸隠《とがくし》山、摂津（大阪）の箕《みの》面《お》山、伊豆（静岡）の走湯山、常陸（茨城）の筑波山、会津（福島）の磐梯山、加賀（富山）の白山、伯耆（鳥取）の大山と三徳山、駿河（静岡・山梨）の富士山、淡路（兵庫）の譲葉《ゆずるは》山、伊予（愛姫）

※1 第五世天台座主。弘仁五年（八一四）讃岐国那珂郡に生まれる。天長六年（八二九）叡山へ入山する。承和五年（八三八）～承和一四年の間入唐。帰朝後没するまで初期叡山の台密学の体系樹立と、門弟の指導にあたり寛平四年（八九二）七八歳で、東塔西谷の後唐院にて入寂。智証大師の称号をおくられる。

※2・京都・醍醐寺の開創。天長九年（八三二）、志貴皇子の第一皇子春日王の子孫として生まれる。一六歳で出家し、真雅（空海の実弟）の弟子となる。三〇歳前後に入峯して、先達役行者の跡を追って名山を踏破すること一五年。四五歳にして上醍醐に庵を結び醍醐寺を開創。延喜七年（九〇七）、聖宝七六歳にして醍醐天皇の御願寺となり、堂舎も整う。入寂後理源大師の称号をおくられる。

の石槌山などがそれで、それぞれ、役小角を崇敬し、不動明王や金剛蔵王権現、あるいは熊野三所権現を勧請して修行・祈祷を行った。なお山伏修行の根本道場とされた大峰・熊野においては、聖護院本山派は那智、熊野から大峰に入って修行する。これを順の峯入り（順峯）と称した。三宝院の当山派では大峰から熊野、那智への巡路をたどって修行する。これを逆の峯入り（逆峯）と称する。奈良松尾寺の山伏箱笈には逆峯に関する文書四冊が納められていて、醍醐系の入峯次第を伝えている。

二、修験道の行法と用具

修験道の行法は山林抖擻《とす》、採果汲水の実習修行によって身心の浄潔を求めるのを本義とするといわれる。抖擻とは杜多《つた》・頭陀《づだ》に同じで、払い捨てるの意で、心中の貪慾・愚痴や一切の欲望を山林において抖擻し、心を清浄にして、自然の清浄を体得するものである。山は金胎両部の浄土であり、嶺の嵐、谷の響は仏の説法であると説かれている。

修験道は神仏習合で、しかも山岳修行を基本とするために、平地における社寺の用具とは必然的に異なるものが多い。『木葉衣』巻下の役小角の影像は頭襟、袈裟をつけ、右手に錫杖、左手に鉄鉢をとり、高履をはいて岩上に立っている。また鎌倉や室町時代の造像遺品（7図）では役小角が独鈷や念珠や錫杖をとって岩に腰かけ、前鬼、後鬼が笈を背負い、水瓶や錫杖、法棒などを持ったものも多い。そのほか絵巻物や職人歌合せなどに山伏の姿態を描いたものもあるが、その姿や持物に統一はない。しかし修験姿態の一斑をうかがうことはできる。

修験用具は新客や大先達など階位※3に応じても異なるが、一般的な装束を考えると、笈を背負い、引敷を腰にして、貝の緒（ザイル）をつけ、斧や剣をとり、法螺を吹くのは今の登山用具に類するものといえる。また脚絆や草鞋《わらじ》ばきで鈴懸という衣袴を着し、有髪で笠をかぶるのは古くからの習俗にもとづく。さらに結袈裟を掛けて、念珠を持ち、水瓶や閼伽桶をとるのは仏教的な習俗に由来している。このようにまちまちなものの混成が修験用具で、仏教に偏せず、神道に偏せず、神前に心経を誦し、仏前に神酒を供えて、本地垂迹説《ほんちすいじゃくせつ》を実践の面から鼓吹したのが山伏達である。また山伏には高徳の僧侶もいれば俗人無学の者もいるため、教理の難しいものは衣服や装具に意味を持たせてこれを補う。頭襟の襞《ひだ》の数で十二因縁をあらわしたり、鈴繋《すずかけ》を九枚の布で作って九会の曼荼羅を寓するなどがこれであり、また袈裟を折り畳んで結《ゆい》袈裟として首に懸けるなどは登山の必要上からの変形である。

このような修験用の衣体道具がほぼ一定に整えられたのは江戸時代といわれ、修験十二道具、修験十六道具などの名も生じた。

しかし本項で述べる修験用具はすべて入峯修行の実用具であるため古い※4遺品の遺存するのは甚だ稀であるが、主だった修験十二道具および関連する道具について触れる。

修験十二道具および十六道具（古例）

1、頭襟（ときん）　2、班蓋（はんがい）　3、鈴繫（すずかけ）
4、結袈裟（ゆいげさ）　5、法螺（ほうら）　6、念珠（伊良太加〈いらたか〉珠数）　7、錫杖（しゃくじょう）　8、笈（おい）
9、肩箱（かたはこ）　10、金剛杖（こんごうじょう）　11、引敷（ひきしき）　12、脚絆（きゃはん）　以上十二道具
13、桧扇（ひかさ・ひおぎ）　14、柴打（しばうち）　15、走縄（はしりなわ）　16、草鞋（わらじ）　以上十六道具
17、太刀　18、長刀　19、法弓・弓矢　20、斧（鉞）　21、閼伽桶　22、水瓶（すいびょう）　23、小木取　24、壇箒木・ほうき扇　25、体比・肘比　26、小打木（こうちぎ）　27、花盤（かばん）　28、鈴　29、誓海　30、白銅桶　31、本尊

※3　その一例として聖護院（本山修験宗）における階位は、所定の国峰、本峰を登拝（入峯）する回数によって下位より、1準先達　2先達　3準大先達　4大先達　5参仕大先達　6直参大先達　7峰中出世大先達の七階位としている。

また、『新版仏教考古学講座』第5巻仏具の修験道用具（矢島恭介氏著）では一例として、初入峯の者より1新客　2一僧祇　3度衆　4二劫　5大越家　6三劫　7正先達　8大先達（大阿闍梨）とし、一入峯を春・夏・秋の三峯としている。

※4　修験道ゆかりの霊山からはときに奈良・平安に遡る関係遺品が発見されることがある。その最たるものの一が日光男体山で、大正年間と近年の二次に亙っておびただしい修験道関係遺品が出土している。その中には修験道の色彩の濃い三鈷鐃や御正体《みしょうたい》類、あるいは密教法具の各種が含まれ、錫杖のみでも三五柄が数えられるなど奈良・平安・鎌倉の永い期間にわたっての熱烈な信仰のさまがうかがわれる。北アルプスの富山県大日岳山頂からも明治二六年に平安時代前期の錫杖が発見されており、同地の巨峰剣岳の山頂からも明治四〇年に平安中期を降らぬ錫杖の発見があった。奈良の弥山山頂からも近年、平安初期の三鈷杵が出土した。福岡県の背振山からも古い三鈷杵が出ていて、古代の修験者の厳しい修行がうかがわれる。近畿では金峯山があり、中心の大峰山上からは藤原道長・藤原師道などが埋納したものをはじめとする経典・神像・密教法具など、おびただしい修験関係遺品が出土している。

三、修験道具各説

(1) 頭《と》襟《きん》

仏家で用いる帽子を頭巾《とうきん》あるいは帽子《もうす》と呼ぶが、頭襟《ときん》は修験道で用いる冠帽で、欠くべからざる装束の一つである。『修験道修要秘決』巻上頭襟之事に「頭襟とは即ち大日の五智宝冠、化他利物の被甲なり、その形は宝珠なり、五智円満の総体をあらわす。伝記に曰く、頭襟とは、頭は衆生所生の頂上、襟は衆生能生の妄想なり、十二褫《ひだ》は衆生所具の十二因縁を表わす」とあり、大日如来の五智宝冠になぞらえたり、十二因縁を象徴したりする。これに宝珠形（山形）の頭襟と、長頭襟、折頭襟などがある。宝珠形（1図）は径三寸又は二寸五分の六角漆塗り宝冠で小頭襟とも呼び、長さ一尺八寸の布紐で額の上部にいただく。実用には額の保護と共に山中で水を汲む用具にもなり、一般に使用されるのがこれである。長頭襟（3図）は裹頭襟《つつみときん》とも呼ばれ長さ五尺の布を螺髪形にして前結びにするものと、長さ八尺の布を満字形に後結びにつつむものがある。五尺は五智宝冠、八尺は八葉宝冠を表わすという。折頭襟は折襟とも呼び、三尺の黒色系の羅や純子を折って作る。これに捲頭襟《まきときん》と下頭襟《おろしときん》の二種がある。捲頭襟は上求菩提の位で、※5度衆や※6新客が用い、下頭襟は下化衆生の位で、先達が用いるという。

(2) 斑《はん》蓋《がい》

修験者の用いる蓋で、入峯のときに日光・雨露をしのぐもの。檜《ひのき》蓋《がさ》・綾《あや》囲《い》笠《がさ》・またマダラガサとも呼ぶ。衆生が胎内で衣那《えな》神に護られるように、この蓋は衣那の功徳を象徴するともいう。形は円形で周囲を五尺に作って五位円満の相をあらわす。径は一尺六寸七分を法とするが、また一尺六寸で十六大護菩薩を表示するともいう。頂上に赤地錦の八葉をつけて母胎八分の肉蓮から中台八葉の意を寓し、縁を白（金）綾で覆輪して金剛界月輪の円相と観じ、金胎本具を表徴し、また行者と如来の一体不二に見立てるなど象徴的な意味が多く附加されている。仏界道場の天蓋とも観じて、行者が修行のとき内外の障害を防ぐ意味でも使用された。また実用面では、雨中では湿気を含むため笠の目が詰まって雨を漏さず、晴天ならば乾燥して風通しがよい。

(3) 鈴《すず》繫《かけ》

修験者が山林に入るときに着する特殊な法衣で・鈴掛・鈴懸、また篠掛とも書く（6・8図）。常時は袖をたくし上げて胸元で結び、儀式の場合や寒気が迫った場合には袖をおろして着用する。これには柿衣《かきごろも》・摺衣《すりごろも》・浄衣《じょうえ》・乱衣《らんえ》の四種がある。

柿衣　柿渋《かきしぶ》で染めた無文衣で、山中の瘴気を避けるとともに、赤色の肉身のもつ菩提心が仏の極位に当り、衆生教化の智を示すものとして正先達が着用する。

摺衣　青や墨で石畳《いしだたみ》文を摺って、大盤石に住する不動明王を象徴し、不動と行者の一体不二をあらわす。

浄衣　白色無文の法衣で、和光同塵の表現として神職などの山伏が用いる。

乱衣　乱文衣《らんもんえ》とも呼び、種々の色に染めたもので新客が着用する。

また入峯には柿衣、出峯には黒衣を使用するともいう。鈴繫は九枚の布を用いて作るのが制式で、金剛界九会をあらわすとされ、これに摺袴《すりばかま》という括り袴で八枚の布で作ったものを胎蔵界八葉に見立て、これを併せて着用して、金胎不二の位に住すると意義づける。衣袴の着用法にも掛衣《かけごろも》・着籠《きこみ》などの別がある。

(4) 結《ゆい》袈《げ》裟《さ》

修験道で用いる特殊な袈裟で、九界袈裟・十界具足袈裟・不動袈裟などとも呼ぶ。基本的には三衣中の九条袈裟の中の条を薄地とし、畳み結んで首に掛けやすくした形で、山林歩行の便をはかったものである。形式は袈裟を幅一寸八分、長四尺二寸に折り畳んで十八界

※5　度衆とは入峯二度以上の者で十界六度の実践を積む行者の意。十界とは一、地獄行（忍苦行）　二、餓鬼行（知足行）　三、畜生行（労作行）　四、修羅行（精進行）　五、人間行（とそう行）　六、天道行（歓喜行）　七、声聞行（聞法行）　八、縁覚行（沈思行）　九、菩薩行（奉仕行）　十、仏行（感謝行）とされ、六度とは行中六波羅蜜行を指し、一、布施　二、持戒　三、忍辱　四、精進　五、禅定　六、智恵とする。

※6　初めて入峯する者を指し、古くは春・夏・秋の三峯峰入修行を一修行とし、これを修して初めて一僧祇（山伏）とした。

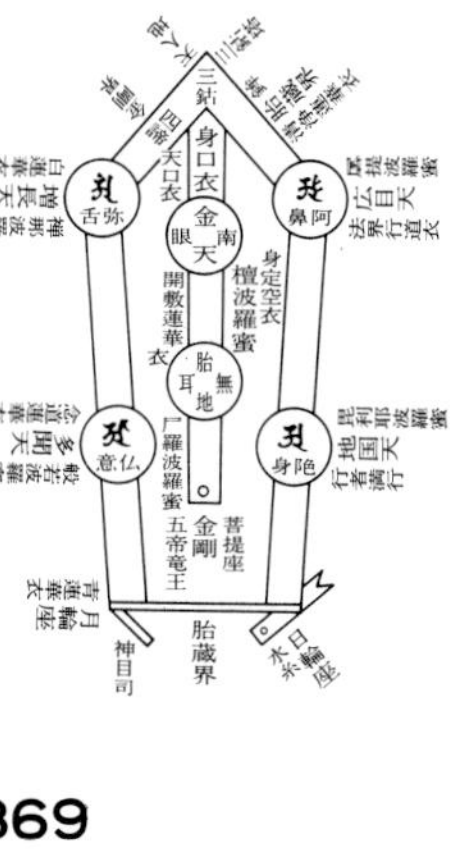

※　結袈裟の部分名称図

と二十四位になぞらえ、長さ二尺五寸の威儀細と呼ぶ紐をつけて二十五有《う》を象徴する。表面に菊綴《きくとじ》という六波羅密の義とする房六個を、四寸あるいは六寸の間隔でとりつけたものを梵天結袈裟（5図）と称し、主に本山派で用いる。

菊綴に代って輪宝文をつける袈裟（6図）は主として当山派で使用される。布地は本山派が錦、当山派が金襴を基本とするが一貫しない。大小、長短についても異説が多い。中世以後、主として当山派では磨紫金衣《ましこえ》（磨紫金袈裟）と呼ぶ特殊形のものも用いた。また複雑な組紐を用いた修多羅袈裟などもある。結袈裟にはこのほか九条披、瑜伽袈裟、執事袈裟、輪袈裟など各種があり、布地や色目についても流派や用法、階級によって区分される。

(5) 法　螺

梵語**Śaṅkha**の訳で商佉と書き、また宝螺・金剛螺とも呼ぶ。インドでも古くから用いられた楽器で、仏教では釈尊の説法が遠く響き盛んなことに譬える。『法華経』第一序品に「今仏世尊、大法を説かんと欲し、大法雨を降らし、大法螺を吹き」とある。また『不空羂索神変真言経』第十八に「若し螺を加持し、高望処に詣りて大いに声を吹かば、四生の衆生、螺声を聞きて諸《もろもろ》の重罪を滅し、受身を捨て已りて等しく天上に生ぜん」と滅罪往生の功徳が述べられている。中国でも仏事の楽器として用いられたことが『洛陽伽藍記』第五などに見える。入唐八家の中では空海・円行・恵運・宗叡の四師がこれを請来しており、密教では庭儀、灌頂に用いた。『醍醐寺三宝院幷遍智院道具絵様等三昧耶戒道具事』には灌頂に用いる法螺を、白色にして長さ五寸二分としている。特に修験道ではこれを重視し、『木葉衣』巻下の法螺の条に「山峰經行法会の場には法螺最も要具たり。駈走・応答・出場・入宿・法会の案内等、ひとへに此の法螺に依て徒衆を進退するが故に、經行籠山房中の所作等につき、験門には必ずこれを闕《か》くべからず」と記され、法螺の吹き方に五種の法則があるとする。また、金界の種子「𑖪𑖽」字をもって法身説法の表示とする。山中での猛獣の害を避けたり、合図の要から出たものであろうが、幽邃《ゆうすい》な山間にこだます音色は山岳宗教の特色である。

(6) 念珠（伊良太加）

念珠は数珠、誦数ともいい一〇八顆の珠を基準として紐に通したもので、称名や陀羅尼などを念誦するとき、その数をかぞえるために用いるもので、仏家に必須の用具となっており百八煩悩を断除する徳があるという。その成立や歴史、また種類等については本書の「数珠」の項（第一章―八）を参照されたい。

修験道で用いる念珠は伊良太加念珠（4図）と呼ぶ異形の珠を用いることが多い。最多角、伊良太賀、刺高などとも書く。通常の念珠と同じく一〇八顆を基本とするが、珠が丸珠でなく上下とも斜めに面取りして扁平角形に作る。算盤《そろばん》玉に似た形である。これをイラタカと呼ぶのは形式からではなく、これを揉み鳴らした音色と、念珠の材料としての木患子《むくろじ》の梵語**aristaka**アリタカ（阿利吒迦）の音とを混合した名称であるとされる。数取りの四天珠は衆生の四大で、一〇八顆の珠が百八煩悩をあらわすとともに「凡」をも意味し、珠の形を智剣とみなして「覚」の意をあらわすという。すなわち煩悩即菩提の象徴であり、母珠を仏界、緒留を衆生界に見立てて生仏一如の意を表現したものという。『太平記』に阿親丸《くまわかまる》が佐渡を退転する条に、これを援けた山伏が、肝胆をくだいて刺高《いらたか》の珠数をかき鳴らしたことが述べられており、この念珠の功徳の一面がうかがわれる。

(7) 錫　杖

錫杖の全般については本書の「僧具」錫杖の項（第一章―六）を参照されたい。

役行者の画像や彫像に錫杖をとることが多いように、錫杖も修験十二道具の一とされる。関東修験の霊山である日光男体山頂から三五本もの平安から鎌倉期にかけての錫杖が出土している。富山の剣岳、大日岳からも平安前期の錫杖が発見されており、また那智滝か

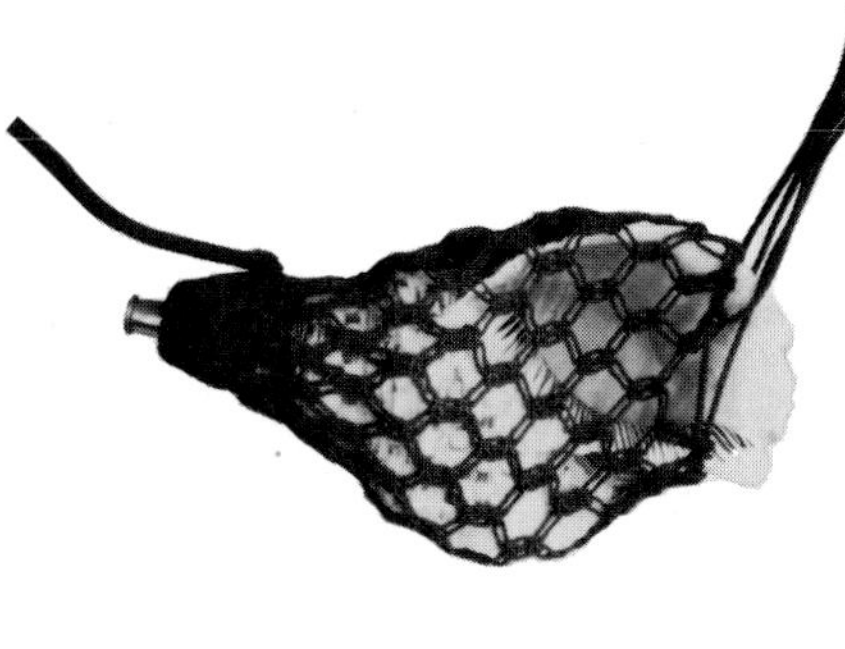

※ 法螺　京都　聖護院

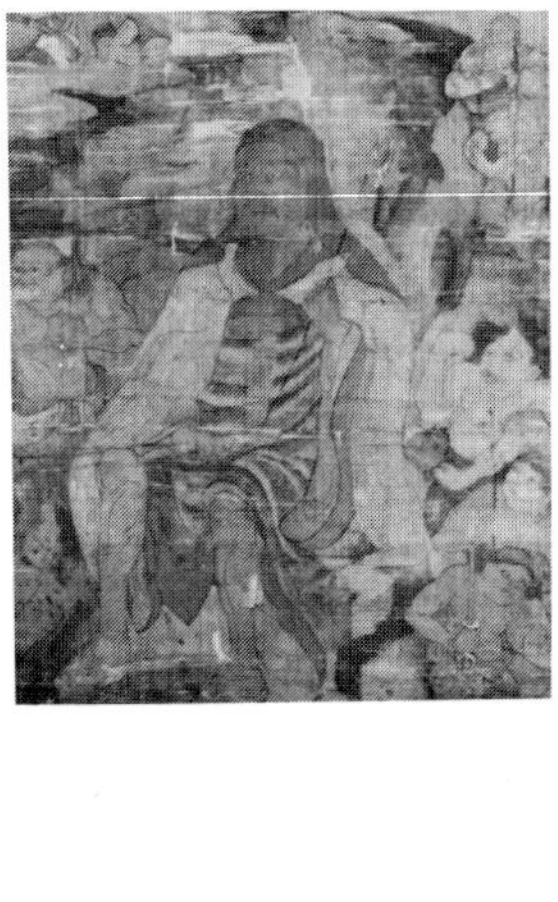

※ 役行者と八大童子図

1 宝珠形頭襟

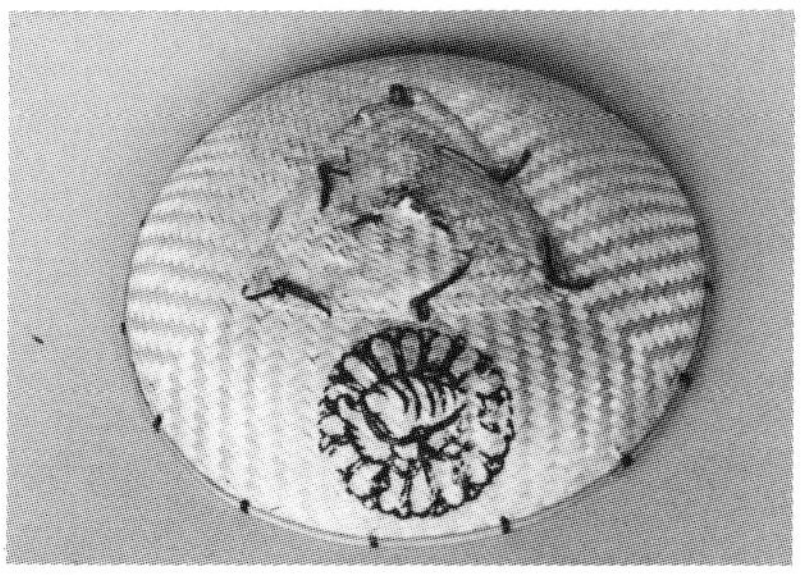

2 斑蓋　京都　聖護院

3 長頭襟

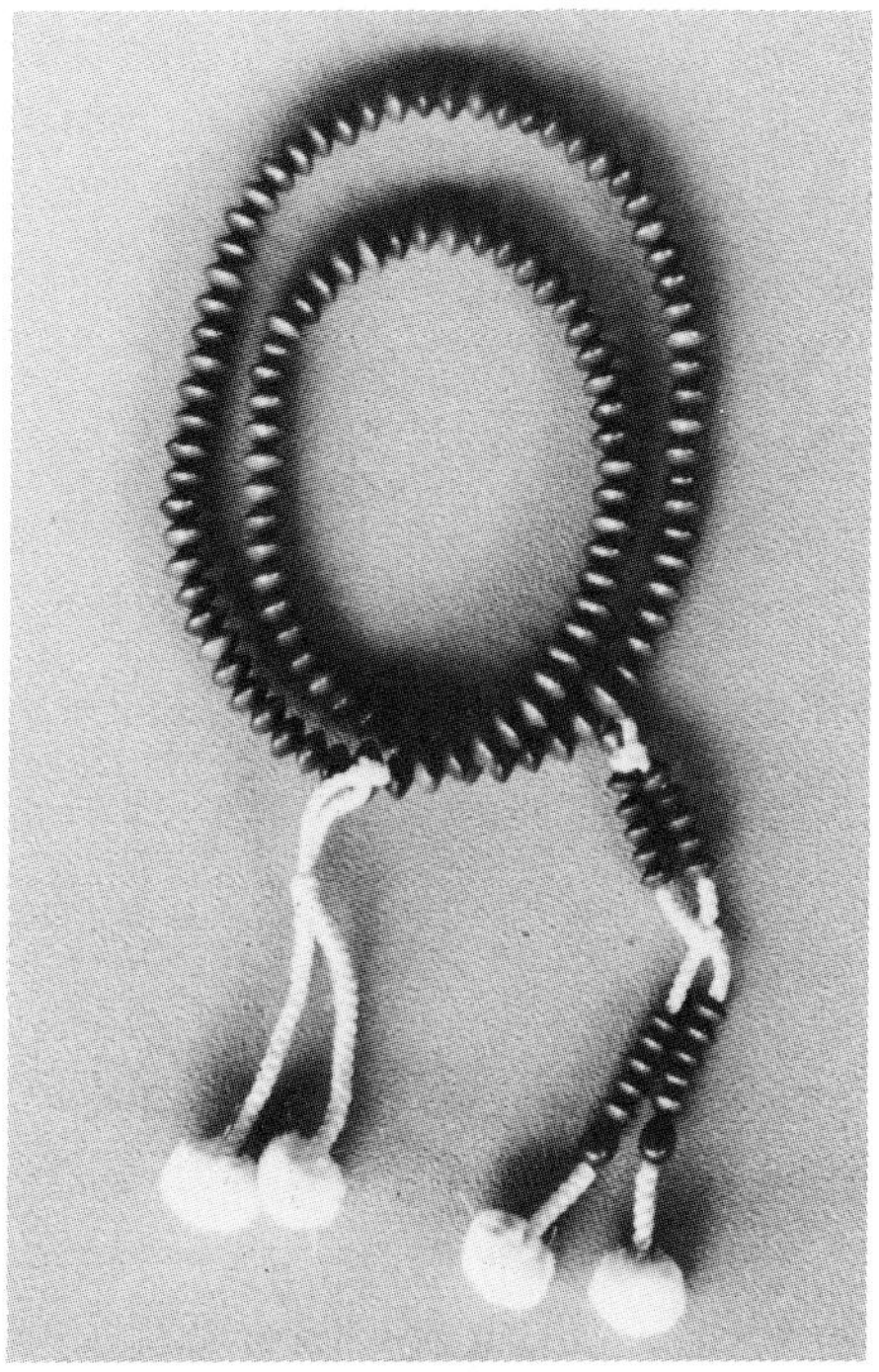

4 念珠（伊良太加）

5 梵天結袈裟

6 頭襟・輪宝結袈裟・鈴繫を着し法螺を持つ行者

7　役行者像　鎌倉時代　滋賀　石馬寺

8　国峰(くにみだけ)登拝会の行道　頭襟・斑蓋・梵天結袈裟・鈴繫などの装束で貝印・纒・錫杖・入峯斧を拝す行者群

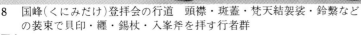

らも平安後期の錫杖が出るなど、遠く平安の昔から修験者による錫杖の使用が確かめられている。また、修験道では十界六度[※5]を実践することから、六輪の菩薩の錫杖を用いるとされている。

(8) 笈

笈は物を入れて背に負って運ぶ道具で用途によって形式が考案された。修験道で用いる笈は山伏笈といい特殊な形式である。山伏笈には縁笈《ふちおい》と横笈の二種があり、縁笈は正先達が用い、横笈は新客(初入峯者)が用いるという。『修験修要秘決集』巻上の縁笈の条によると、縁笈は二本足で、背板は竪一尺八寸で悲母十八界を表し、横一尺二寸で十二因縁を表す。両足は各一尺で凡聖互具の十界である。付属の檀板は竪一尺三寸で胎蔵界の十三院、横九寸は金剛界九会を表す。赤色の笈索は一切衆生の和合血脈の意であると説かれる。

また大永五年(一五二五)の『三峰相承法則密記』巻上では正先達の縁笈には、小不動一尊・金剛袋一個・白色舎利・赤色舎利・前具一面・乳木二枝・如意一本・香炉一柄の八種を納めるとし、新客用の箱形の横笈には、金剛袋一・金剛供・前具・抹香・散香・切華・華鬘・乳木・歯木・鈴具・檀箒・油單の一三種を納めるとある。

板笈　修験道の縁笈はいまは板笈と通称されているが古い遺品は少ない。中でも東大阪の慈光寺板笈は檀板を失っているが室町時代を降らぬ古品である。福岡・英彦山神社の板笈(重文・13図)は形式のととのったもので元亀三年(一五七二)の銘がある。総高一一四・五cm、形は太い藤蔓のごとき一木を細長いアーチ形に撓めて、脚部のやや開いた枠を作り、背に当る個所に板を張った構造で、上縁の三個所と腰の左右に縛着用の丸環を備え、上辺から両腰にかけて太い負い紐を渡している。付属の檀板は縦五四・五cm(一尺八寸)横三四cm(一尺一寸二分)、笈には綾を貼り各部に金銅金物を飾るなど山伏板笈として最優秀の品である。また江戸時代の板笈では奈良国立博物館の天保九年(一八三八)のもの(14図)と、東京国立博物館の嘉永四年(一八五一)のもの、福岡県国玉神社の板笈などがある。

山伏箱笈　他の箱笈と異なる特徴がある。その一つは一般の笈が前が二本、後ろが一本の三脚式であるのに対して、四脚式に作るのが大きい特色で、修法のときに本尊厨子として用いるための形式と見られる。

正面の形式も他と大いに異なる。山伏笈は正面を五段に区画する。最上区は山形と呼ぶ額板を飾る。第二区は丈の低い袋戸棚で、横に細長い、やり越し式(横ケンドン)の板戸を嵌め、日月にかたどった鈕《つまみ》をつける。第三区は最も広い部分で二枚扉をはめる。扉は左右に小脇板を備え、これに蝶番各二個をつけて観音開きとし、両扉ともこれを開くと小脇板ともに抜きはずせるよう工夫されている。修法の時にはこの部分に本尊を祀り、両扉を抜いて前机の用に供する。扉を閉じたときは正面中央に水瓶形(茄子形)の帖木《じょうぼく》を嵌めて固定する。第四区は第三区に次ぐ広さで、横ケンドンの板戸をはめ、中央に手がかりの指穴をあける。この正面にも水瓶形の帖木をはめる。第五区は第二区と同じく狭い部分で、板を張って固定する。腰嵌《こしばめ》と呼び、この場所への物品の格納は第四区の底板が可動式となっており、これをとり除いて納める。

山伏箱笈は花山天皇、源頼光など古い所伝を持つものが多いので年代判定が困難であったが、近時次第に明らかになってきた。それによると、最も古い形式は素文に近い漆塗り仕上げのもので鎌倉末から南北朝と認められるものがある。第二は各部を飾る金銅板が厚手で、単独文として打ちつけているもので、室町時代前期から中期にかかるもの。第三形式は金銅板飾りがやや薄手になり、次第に面積を広げ、透彫り式となるもので、室町時代中期から後期の笈に見られる。第四は薄手の金銅板が全面を覆う形式で、室町後期から桃山時代の笈がすべてこれである。第一を塗漆式、第二を金銅装式、第三を金銅透彫り式、第四を金銅板張り式と呼ぶことができる。この第二から第四形式のものも細部の文様などが時代によって異なる。例えば観音扉の文様は古式笈では三重塔が多いが、新式笈では五重

※ 山伏板笈　京都　聖護院

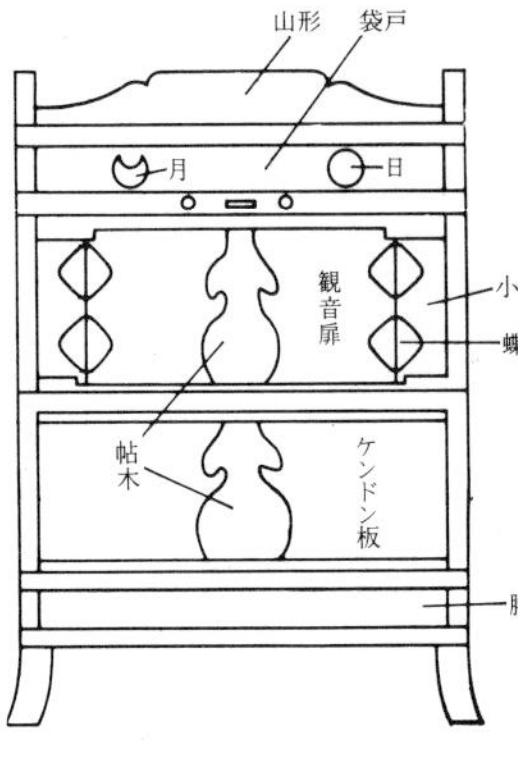

※ 箱笈の部分名称図

※ 箱笈の第三区に祀られた本尊

※ 箱笈側面　奈良　松尾寺(10図側面)

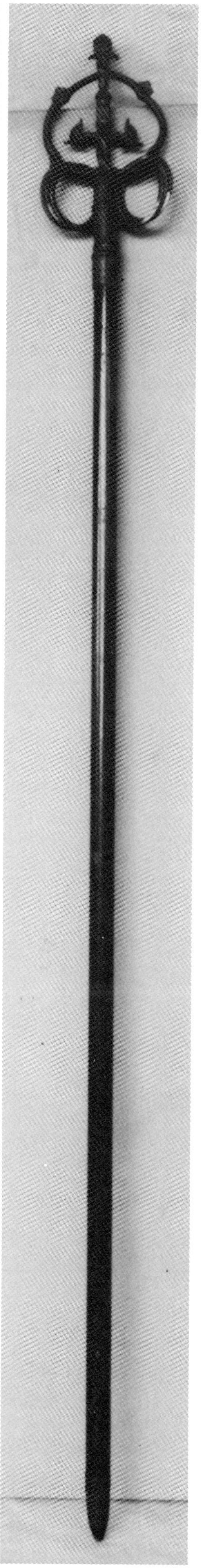

9 錫杖　左：六輪の錫杖頭

12　箱笈　室町時代　岐阜　横蔵寺

13　板笈　桃山時代　福岡　英彦山神社

10　箱笈　室町時代　奈良　松尾寺

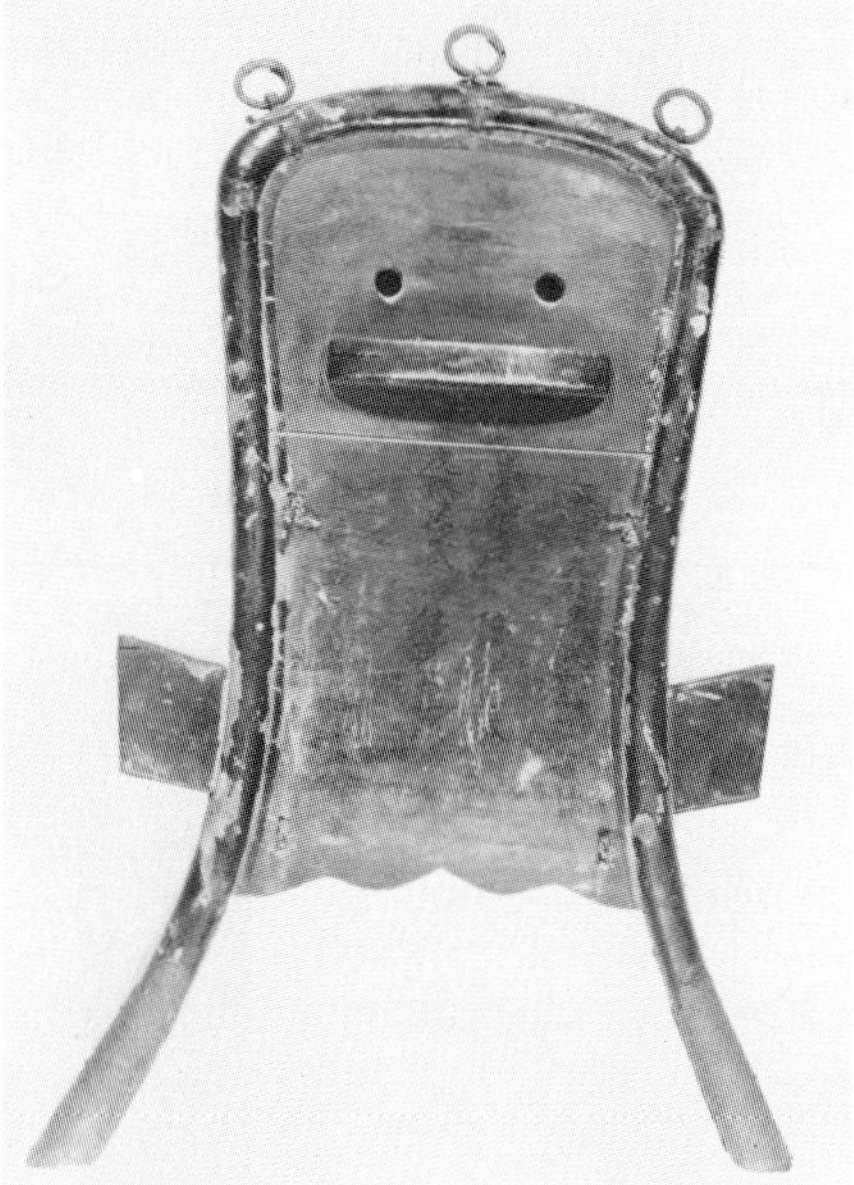

14　板笈　江戸時代　奈良国立博物館

11　箱笈　室町時代　岡山　円通寺

塔文となり、また新式笈では小脇板に昇竜と降竜を配するようになる。ケンドン板も古式笈は輪宝や羯磨文をつけるが、続いて松竹梅などの意匠が現われ、新式笈では蓮池水禽文が普通となる。観音扉とケンドン板を押える帖木も、古式笈では金剛鈴や三鈷柄剣の金具を貼成するが、次いで松竹に鶴亀を配するようになり、次第に目出度い蓬来模様に移行する。そしてさらに倶梨迦羅竜文を毛彫りするものが多くなる。

山伏笈は現在三十数例しられているが、このうち国指定分と基準作品をあげる。

◎金銅装山伏箱笈　室町時代（永享二）　山形・慈光明院
◎　〃　〃（弘治二）　東京国立博物館
◎　〃　〃　静岡・大福寺
〃　〃（永禄八・文書）　奈良・松尾寺〈10図〉
◎金銅板貼山伏箱笈　〃（永禄一三）　岡山・円通寺〈11図〉
〃　桃山時代（慶長六）　福島・竜蔵寺

(9)　肩箱《かたばこ》

笈の肩につける箱で形箱・形筥とも書く。『修験修要秘決集』巻上によると、肩箱は破蓋《わりふた》で、虚心合掌の形を表わし、長さ一尺八寸は十八界、横六寸は行者の六大、高さ五寸は金剛界五智をあらわす。白色の索は衆生の自性が蓮糸のように不染であるを示すという。元来は山伏が峯中灌頂などの秘密の書籍を納めたものであるが、のち種々のものを入れたようで、『三峯相承法則密記』巻上によると、正先達の肩箱には峯書・折紙・正灌頂乳木・硯墨筆・閼伽札・磨紫金袈裟・現参帳・番伝・折頭襟・草鞋・座配帳・番帳・役者帳・長張（碑伝草案）などを納め、新客は長頭襟・螺緒《かいのお》・閼伽札・蠟燭・硯墨筆・上紙・柱燭台・折紙などを納めるという。

(10)　金剛杖

金剛法杖の意で、修験者や巡礼が用いる杖である。白木の八角または四角で、金剛杵の中の独鈷杵に擬して作られるものという。長さは身長に等しくするとされる。『修験法具秘決精註』巻上によると、修験行者所持の杖には、金剛杖と桧杖と擔木の三種がある。

金剛杖　度衆が用いる杖で、金胎不二の塔婆であり、上の剣形頭※7は金剛智、下の方形は胎蔵𑖀字を示す。四方四面は発心、修行、菩提、涅槃の四転をあらわし、方各一寸五分で合せて六寸（一説には五寸）は地水火風空識の六大になぞらえるものという。なお、現在聖護院では、金剛杖は六度以上入峯修行をした者が用いるとする。

桧杖　先達の用いる智杖で、形は円形で二利円満の義を示す。桧は火で、火は智である。智が煩悩を摧破することは、火が薪を焼盡するごとくであるところから桧杖と名づけたという。

擔木《かせぎ》　新客の用杖である。新客は入峯の間、毎日、閼伽水を汲み、小木を拾ってこれを携うために擔木と称するという。

また金剛杖は一切内外の摩軍を破り、仏法を護持し、衆生を利益する徳があるという。

(11)　引敷《ひきしき》

修験道の行者の坐具の一つで獣の毛皮で作ることが多い。山岳修行のおり、どこにでも腰をおろして休息するために使用する。実際には各種の動物の毛皮を用いるが、本義は獅子皮とされる。敷とは乗の意で、引敷とは乗獅子をあらわす。無明・煩悩の獅子座に喩えて、本覚の仏性に帰入させる意と解釈されている。また、入峯修行に際して勇猛迅速の意として、文殊菩薩が獅子に乗っている姿を形どったとされ、「無明法性円融煩悩消滅」の意を象徴するとされる。

(12)　脚絆

仏教では脚絣《きゃほう》（また護踌衣・行纒・脛衣・脛巾）という脚囊《あしつつみ》があり、元来は寒さをしのぐために着用が許されたものであるが、禅宗では寒暑を問わず広く用いた。修験道では山中修行の必要から脚絆を十二道具の一とした。脚半とも書き、はばきとも通称する。これ

※7　金剛杖の剣形頭（17図部分）

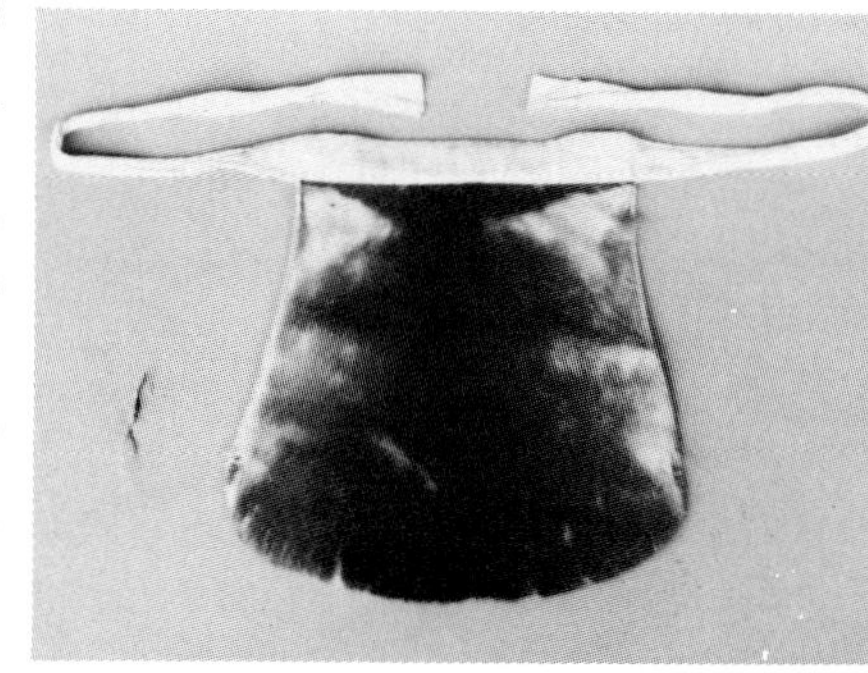
15 引敷

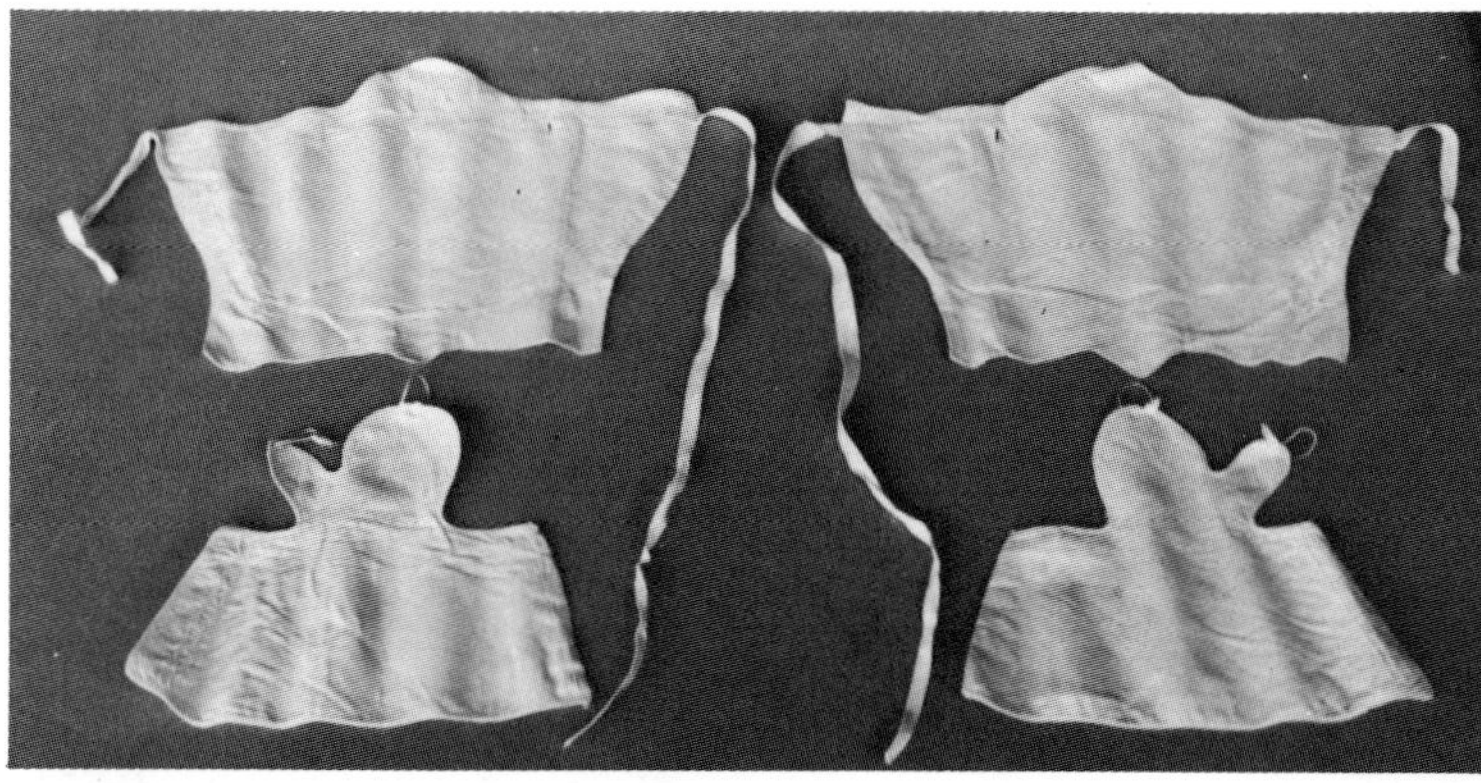
16 手甲・脚絆　京都　聖護院

17 金剛杖　江戸時代　京都　聖護院

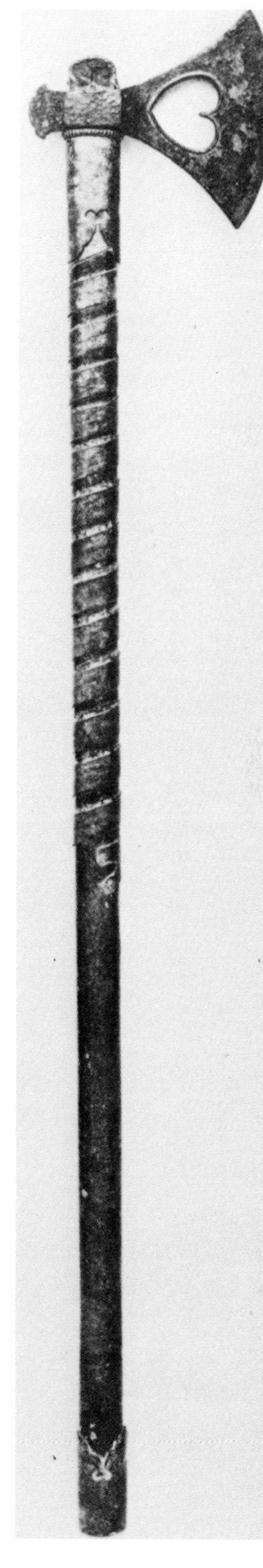
18 入峯斧　鎌倉時代　栃木　輪王寺

19 入峯斧　室町時代　奈良国立博物館

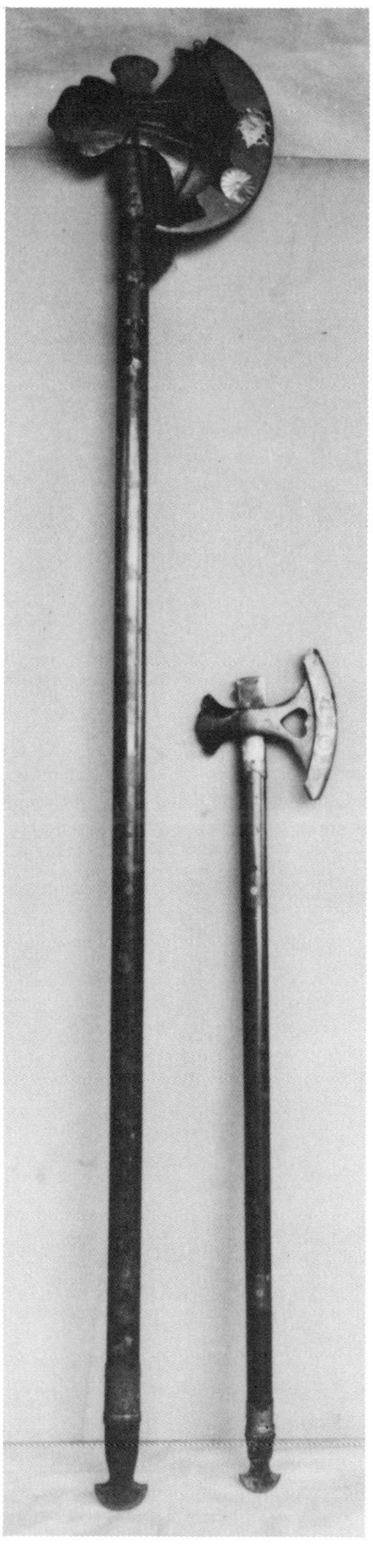
20 入峯斧　江戸時代　京都　聖護院

に筒《つつ》脚絆（胎）と剣先《けんさき》脚絆（金）の二種がある。筒脚絆は着けた形が竹筒に似るところからの名称で、広げると四角となり、地大を表徴して胎蔵界大日に擬し、春の順峯に用いられる。黒布を用いるのは大虚空に遊歩することを意味する。上下の紐（堅緒《かたのお》）は白色で不動法性の浄白輪円を表幟し、上の紐を上に向けて結んで上求菩提を、下の紐を下向きにして下化衆生を表わす。剣先脚絆の剣前は金剛界の智門の意で、八角智剣は八邪の無明を断じて八正道に到達する義である。黒布を用いるのは無明の惑いを意味するという。剣先脚絆は秋の逆峯に用い、外に向って巻く。この金剛界の脚絆を胎蔵の法で着用すると金胎不二となり、夏峰や一般の修行時に用いるという。

以上で修験十二道具に触れたが、修験道に関連する道具で見落せないものが若干あるので略述する。

(13) 入《にゅう》峯《ぶ》斧《おの》

修験の行者が山林に分け入り抖擻行をおこなうとき、その行路を切り開くに用いた実用品であったが、それが次第に形式化し、儀式法具となったものに入峯斧がある。その一例としては、聖護院の場合をみると、採灯[※8]大護摩の前作法[※9]に用いる。その意は山神諸仏に用材の給与を願い、法儀としては天地陰陽の和合の深意を持つという。

斧は断惑の智徳を備えるというところから、これを持つものは列の先頭を進んだ。鍛鉄製で、三角形の刃の中央に猪目《いのめ》形を透し、柄には蛭巻きを施こすのが普通の形式のようである。栃木輪王寺（18図）と奈良国立博物館（19図）のものは柄も残されている。

◎鎌倉時代　栃木・輪王寺〈18図〉
〃　和歌山・熊野速玉大社
◎室町時代　奈良国立博物館〈19図〉
〃　奈良・大和文華館
〃（明応三年）　大阪・数田政治
〃　静岡・松田　光
〃　福岡・英彦山神社
清時代　滋賀・山津照神社（剣付）

(14) 三鈷《さんこ》柄剣《つかけん》・法剣

入峰斧と同様に修験者が入峯のときに携行するものに三鈷柄の剣がある。三鈷は金剛杵の一つで、インドの武器から転化して、密教では煩悩の賊を摧破する意味で法具とした。修験道ではこの三鈷杵に剣をつけて、本尊の不動の利剣になぞらえ、降魔祈禱に用い、採灯護摩にさきだって四方除摩[※10]の修法を行ない、道場を浄め、また護摩につかう乳木を清めなどする。鞍馬寺のものは藤原時代の作風を伝えるもので、この種の剣の最古の遺品であるが、他にも優秀なものが幾つか残されているのでその例をあげる。

⦿身―平安・柄―鎌倉　大阪・金剛寺
◎〃―〃・柄―〃　京都・鞍馬寺
◎〃―〃・柄―〃　栃木・二荒山神社
◎鎌倉時代　奈良・春日大社
◎〃（元亨四）　兵庫・大槻孝太郎
〃　京都・高山寺〈21図〉
〃　奈良・長谷寺
◎桃山時代　和歌山・金剛峯寺
◎〃　和歌山・熊野那智神社

(15) 法弓

採灯大護摩斎行の前作法[※11]に用いる一種の法具である。法弓の文に「諸魔退除の器杖は神弓飛箭……」とあり、東・西・南・北・中央・鬼門の六方向に、青・赤・白・黒・黄・紫の六本の矢を放ち、五大明王とその眷属に道場の守護を願い作法する。

(16) 螺《かい》緒《のを》

金剛界大日如来の種子「𑖪𑖽」字を表わし、また壇線の意もある。螺緒が左右二本に分かれているのは、因果円満・理智不二等の意で

※　右：ほうき扇　左：ひおぎ

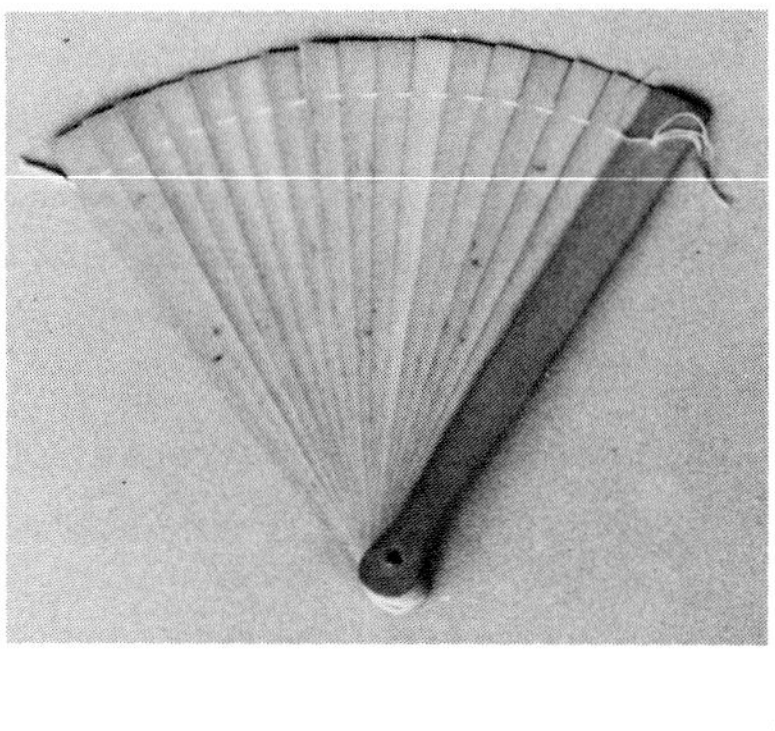

※8　修験道独特の護摩であり秘伝とされる。導師（採灯師）は加行護摩の修行を満行した僧職にのみ伝授される。作法は前作法と本座作法にわけられるが前作法は次の次第である。
一、山伏問答大護摩供道場に到着した山伏の一行は、道場入口で入門を請う、そのおり種々の質問を道場側が発し、その問に文語体で答える作法。
二、法弓の作法（※11）山伏問答に次いで法弓師が弓・矢を取り採灯師の前に進み一礼。護摩壇正面で一礼、法弓の文を唱え矢を放つ作法。
三、法剣の作法（※10）次いで次第するのは法剣師であり、採灯師に一礼、護摩壇に向い右手にて抜剣し構え法剣の文を唱え、右足一歩前進し、句を誦しながら「光」の字形に剣を振う。
四、斧の作法（※9）次いで斧師が斧

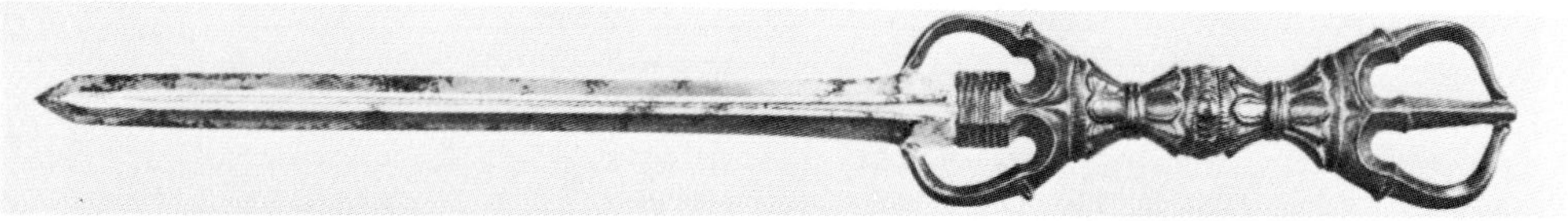
21　三鈷柄剣　鎌倉時代　京都　高山寺

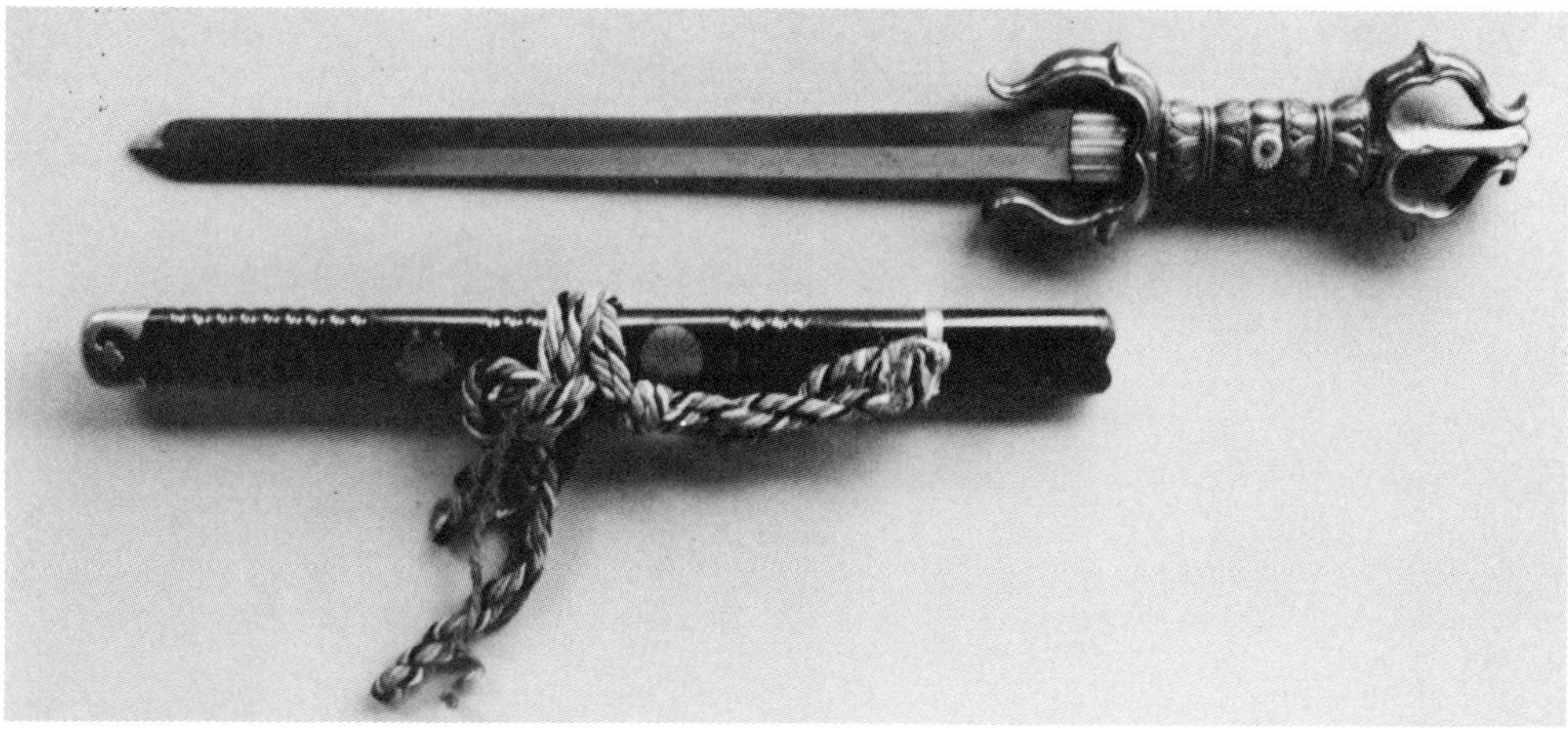
22　三鈷柄剣　京都　聖護院

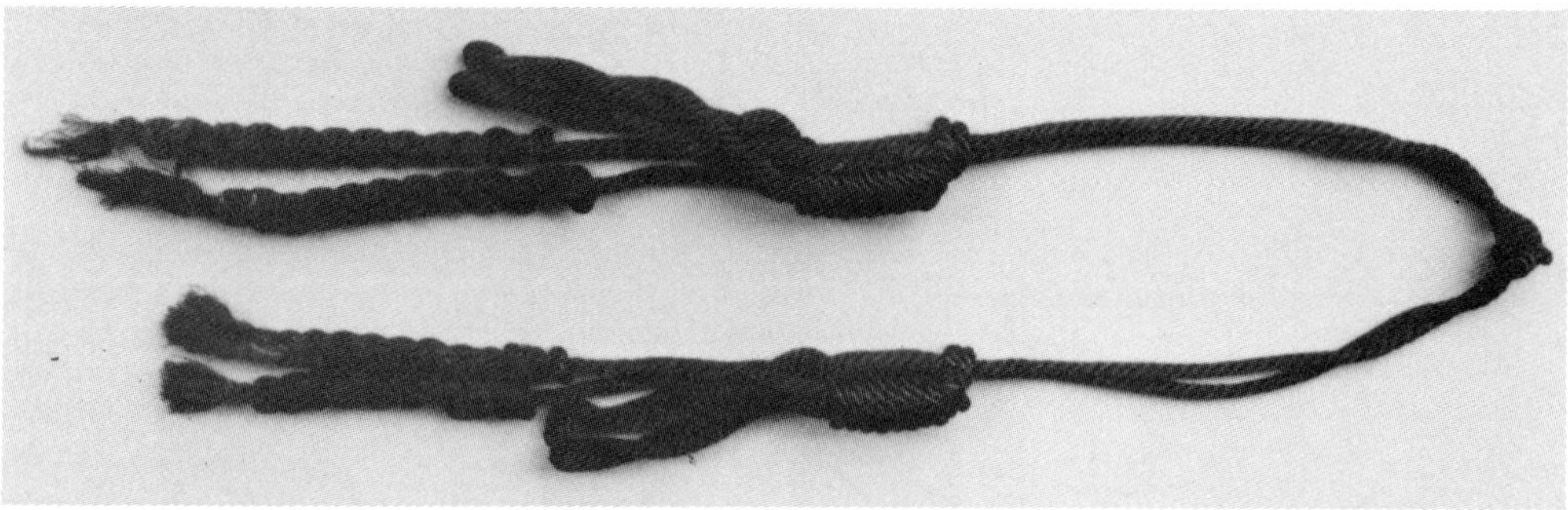
24　螺緒

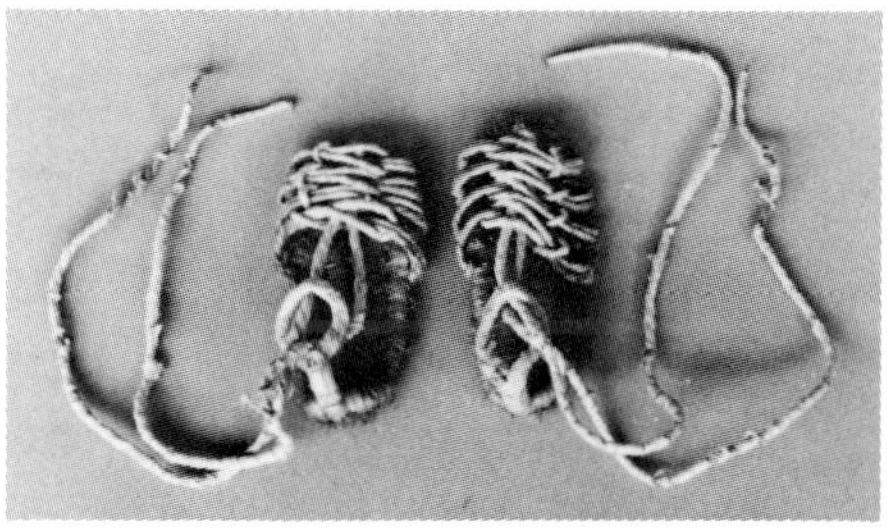
25　八ツ目草鞋

27　三足鉄湯釜　室町時代　奈良　朝護孫子寺

26　三足鉄湯釜 室町時代 和歌山 丹生官省符神社

23　法弓

あるとする。

(17) 壇箒木・ほうき扇

京都・聖護院の故事によると、「宗祖智証大師が全国の名山高峰で修行中、常に孔雀明王の咒を唱え、飛行自在の法をついに会得された」とのことから、ガマの穂で編んだ扇に孔雀の羽根を添えた形になった。また神仏に供物を供える器としての意も表識しているという。

(18) ひおぎ

現在ではいずれも儀式・作法に用いるが、ひおぎは桧製のため桧扇ともいい、不動明王の火焔・智火の火を表わすとされている。また、火扇は採灯大護摩供の本座作法で、採灯師（大導師）が法剣加持所作の後、壇をあおぐ法具としても使用する。

(19) 草鞋・八ッ目草鞋

古くは入峯修行の際の大宿先達の草鞋であって、その意は胎蔵界の八葉蓮華座を踏む心で入峯修行することにあった。現在では採灯護摩供斎行で、採灯師（大導師）がこれを用いる。

(20) 仏《ぶっ》餉《しょう》鉢《ばち》

仏餉鉢のその名前は銘文によると、鉢・御鉢・御本器・御仏器・仏供器・仏餉鉢などさまざまな呼称を持つが、遺品の層の厚い東北地方では御鉢と呼ぶことが多い。この仏餉鉢を神仏習合や、修験道関係の遺品と見るのは、たとえば銘文によると、「八槻近津宮御鉢」、「大鏑矢神社御鉢」、「弥彦御鉢」といった神社名を冠する遺品があるのに対し、他方では「大山寺御仏器」、「恵日寺金堂鉢」、「清水寺御本尊御仏供器」、「大仏殿仏餉鉢」など寺院系の品があって、神社仏閣を問わずこの種の鉢が用いられたことがわかる。さらにこの鉢を使用する社寺の性格を示すものを見ると、「熊野山新宮証誠殿御鉢」、「熊野権現御鉢」など熊野修験系のものや、また「中禅寺妙見大菩薩御宝前御器」といった日光男体山系統のもの、「芦峅嫗御本器」といった立山修験系を示すものなど、修験道の盛んであった地域で用いられた傾向が顕著なことである。さらにこの種の鉢は従来の大乗仏教系や密教の流れを汲む仏前供養具にも見られない異質的なものであることも理由の一つである。仏餉鉢の遺品を器形のうえからみると、鋺形・鉢形・朝顔形などさまざまで、大きさも統一なく、底も丸底、平底の規制なく、高台も一定せず、なかには高台を欠くものもあり、高台に代えて三足をつけるもの、密教の飯食器と同じ高脚を備えるものもあり、胴の側面の装飾法もさまざまである。また材質も、金銅・青銅・佐波理・鉄というように自由に使われている。したがって現状では製作年代の器形による編年はむつかしいが、銘文をもつものが多数遺存することが注目される。

(21) 三足鉄湯釜

鍔をめぐらした羽釜に三足を備えた鉄湯釜で、三足は獅嚙の獣脚にあらわされるものが多い。使途は必ずしも明らかでないが、鎌倉時代の生駒曼荼羅をはじめ、垂迹画の曼荼羅や社殿図の中に、社前にこの釜が描かれており、修験系の湯立ての神事などの行事に用いたものと見られる。湯立ての神事は、神前の庭に釜をすえて火をたき熱湯を煮て、この湯に竹笹をつけて四辺の人々の頭上に振りかける、一種の湯による浄祓であるが、修験者も入峯に先立って、これにより、身口意を浄めた。在銘の基準品に次のようなものがある。

南北朝時代	（延元五）	大阪・天見八幡神社
室町時代	（永正一三）	奈良・朝護孫子寺〈27図〉
〃	（永正一四）	和歌山・丹生官省符神社〈26図〉
〃	（永禄六）	奈良・生駒神社
桃山時代	（慶長三）	三重・敢国神社
〃	（慶長一八）	〃　〃

（岡崎譲治）

を持って前進、採灯師に一礼し護摩壇に向い斧の文を唱え、壇の中央に向い三回、次いで右三回、左三回掛け声とともに斧を打ち下ろす作法。

本山派採灯護摩次第より

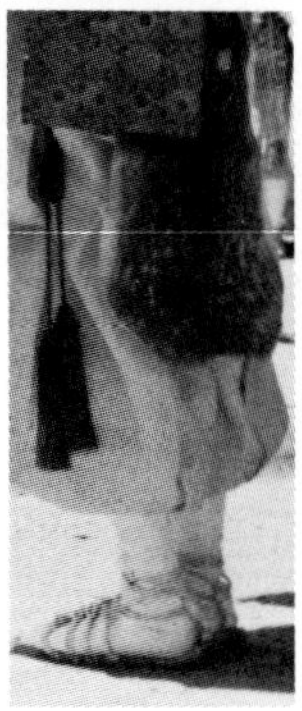

※採灯師の引敷・螺緒・八ッ目草鞋

※仏餉鉢　（室）福島　都々古別神社

※三足鉄湯釜　東京　関口氏

国峰(くにみだけ)登拝入峯会に用いる法具　京都・聖護院

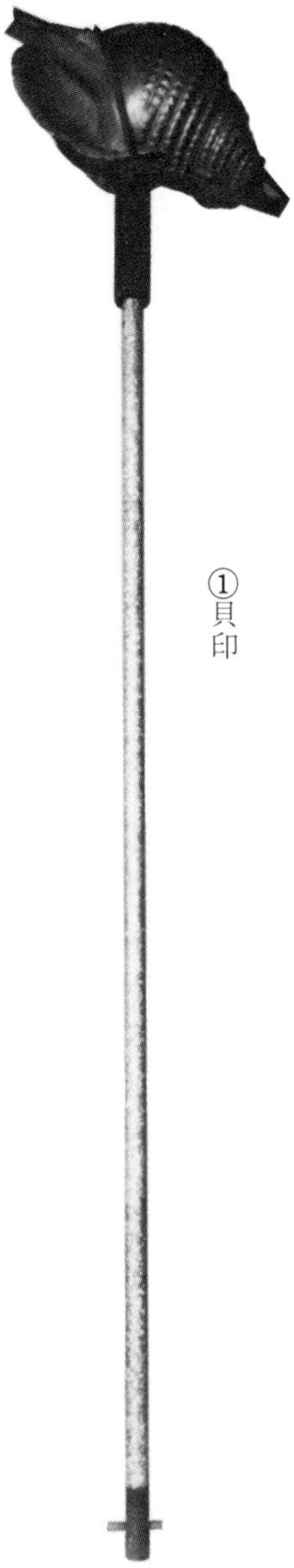

①貝印

②纏　江戸時代

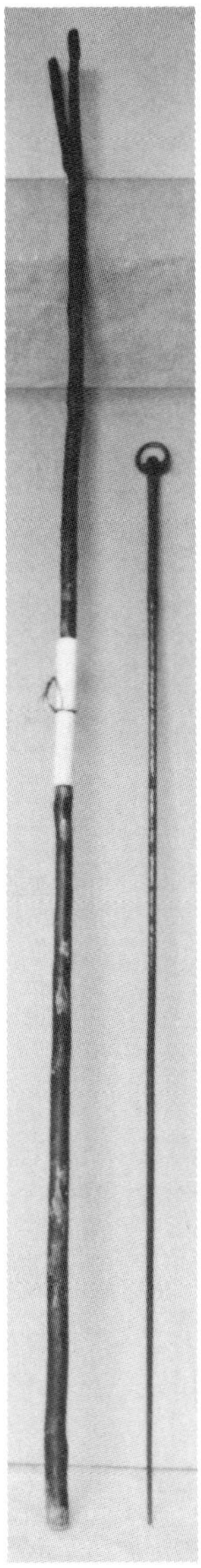

③左・散杖　右・金棒

④定箱

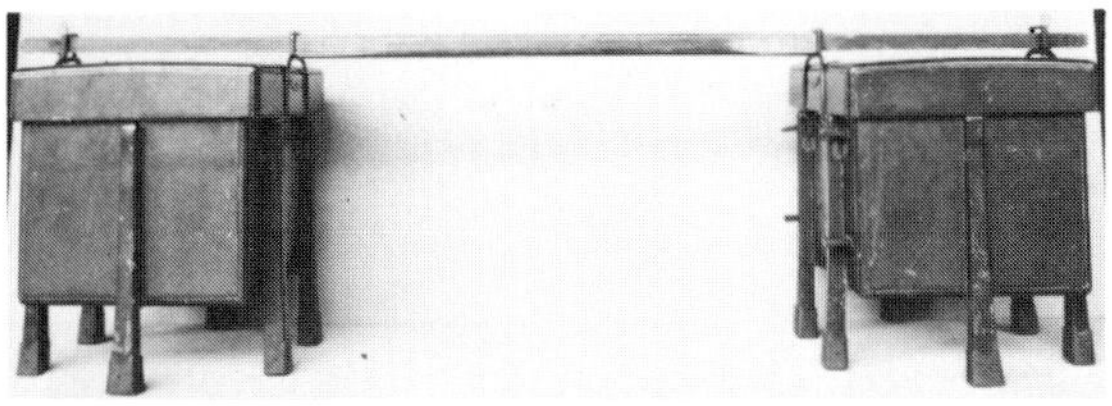

⑤法具櫃

⑥閼伽桶

⑦大法螺

⑧国峰(くにみだけ)登拝会（静岡・富士山）における採灯大護摩供修法における法具類と行者衆

二　先祖供養具

一、位　牌

(1) 典　拠

現代の仏教徒で各家の仏壇に位牌を祀らない者は少ない。〝位牌〟は葬送儀式における死者のよりしろ※1として、また追善のための祈念の対象物として、信仰生活の中心的存在となっている。すなわち、各家の仏壇に位牌を安置し、そこに刻まれた亡き人の霊に香・華・燈明・飲食を毎日奉献し、読経して供養することがいつの頃からか慣習となっている。

ここで取りあげる位牌は、死者がでると葬儀の際に作られる二つの白木位牌（一つは祭壇に祀られる内位牌、もう一つは野辺に持っていく野位牌）でなく、四九日、あるいは一周忌がすむと作りかえられる漆塗りの位牌を中心に取りあつかうものである。ただ、これら位牌を考察する上で大きな問題となるのは、在家においては死後三三年、あるいは五〇年が過ぎると祖先の仲間いりをすると考え、位牌を寺へ納めるため各家に古い位牌が伝存しない点である。

また、寺においても檀家などから納められた位牌は、過去帳に記入されたものと考えられ、位牌が堂内に多量となった時、供養して焼却するのが一般的であるため古いものは残らない。さらに、寺の開基、代々の住職の位牌についても寺の衰退や火災、破損などによって失なわれるものが多く、また、後世に新しく作りかえられるものがほとんどで、造立当時の位牌が伝存することはごくまれである。こうした関係上、現存遺品から位牌の起源を考察することは容易でないのが現状であろう。

文献による位牌の起源　そこでまず、文献面から位牌の起源をさぐってみると、室町時代の日記などに位牌の記事が散見できる。その二、三をあげると、まず文安（一四四四〜四九）・天文（一五三二〜五五）頃の真言僧の記述である『塵添壒嚢抄十六』位牌の条に、

過去ノ人名ヲ書クイハヰト云ハ何ノ字ゾ、位牌ト書也、位牌ノ上、物故ト書ニ付テ、物没同ト云ヘドモ、位牌ニハ必ズ物ヲ用ト云説アリ、基故アル歟、但シ位牌ト云事、禅家ニ好用ル儀歟　正道ノ古所ニ無レ有也ト云ヘリ、先代ノ中頃ヨリ早アリケルニヤ（以下略）

また、禅僧義堂周信（一三二五〜八八）の日記である『空華日用工夫集』応安四年（一三七一）一二月三〇日の条に、

初更※2禅鐘罷、姑出レ堂而坐二爐邊一未レ赴二定坐之堂一、與二圓亭諸弟一話曰、○中略位牌古無レ有也、自レ宋以来有レ之

と見える。

これらから、現在のわが国の位牌は中国の儒教が使用した位牌を鎌倉時代に禅宗がわが国へもたらし、以後各宗で用いるようになったとするのが通説となっている。

中国における位牌の起源　そこでまず、中国の位牌についてみると、南宋の朱熹（一一三〇〜一二〇〇）撰の『朱子語類』に、

如祔二祭伯叔一　則附二於曽祖之傍一　在二位牌西辺一

※1　神霊が人間界に出現するときに媒体となるものや寄りつくものを依代という。この依代の種類は多く、石・木・花など多種にわたる。そうしたことから位牌も祖霊がやどる依代と考えられているのである。

※2　応安四年一二月三十日、初更《しょこう》、禅鐘を罷《や》め、しばらく堂を出で爐辺に坐し、いまだ定坐の堂に赴かず圓亭諸弟と話曰（中略）位牌は古より有る無き也　宋より以来之有り。

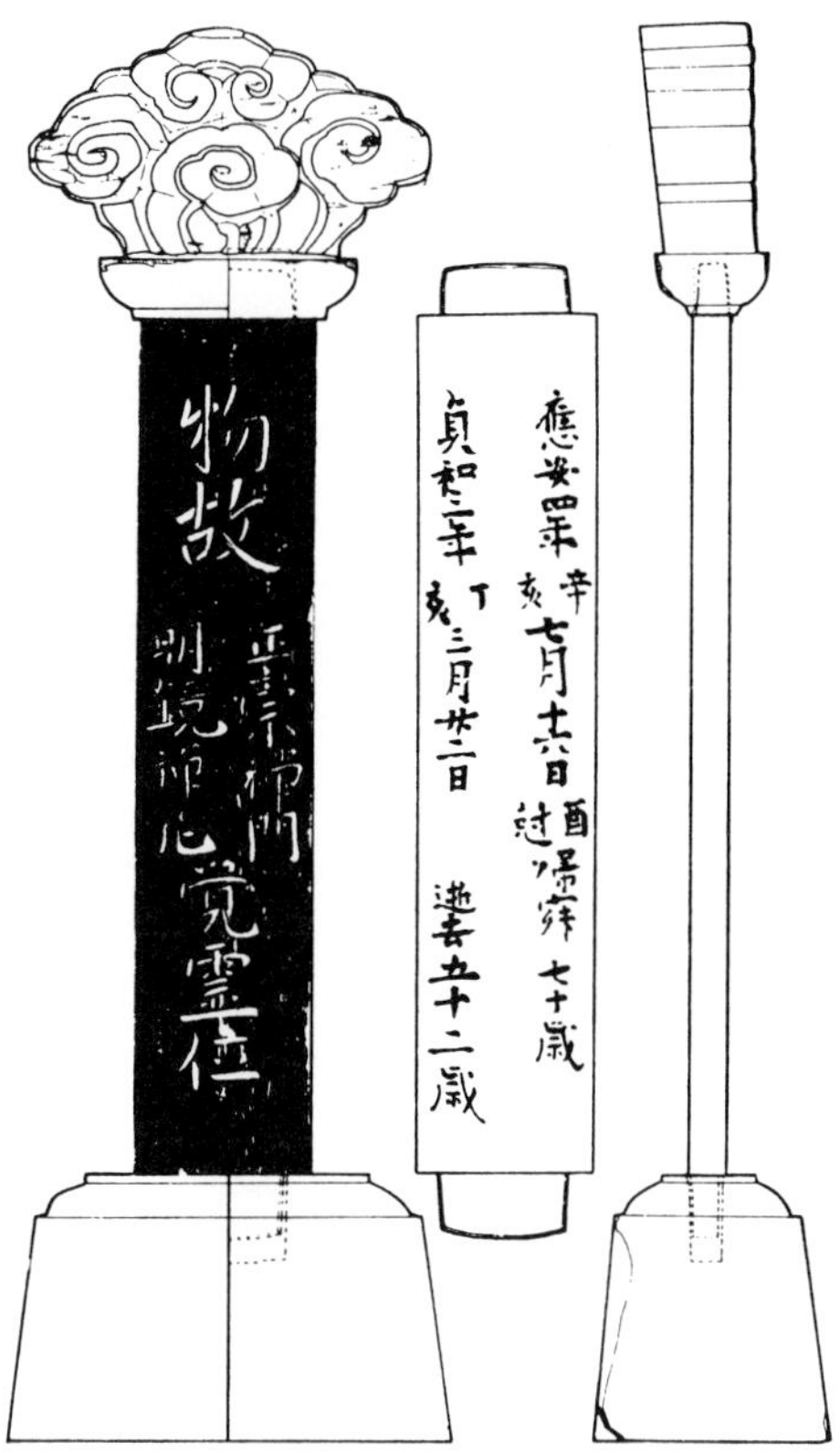

1　雲形位牌　奈良・元興寺

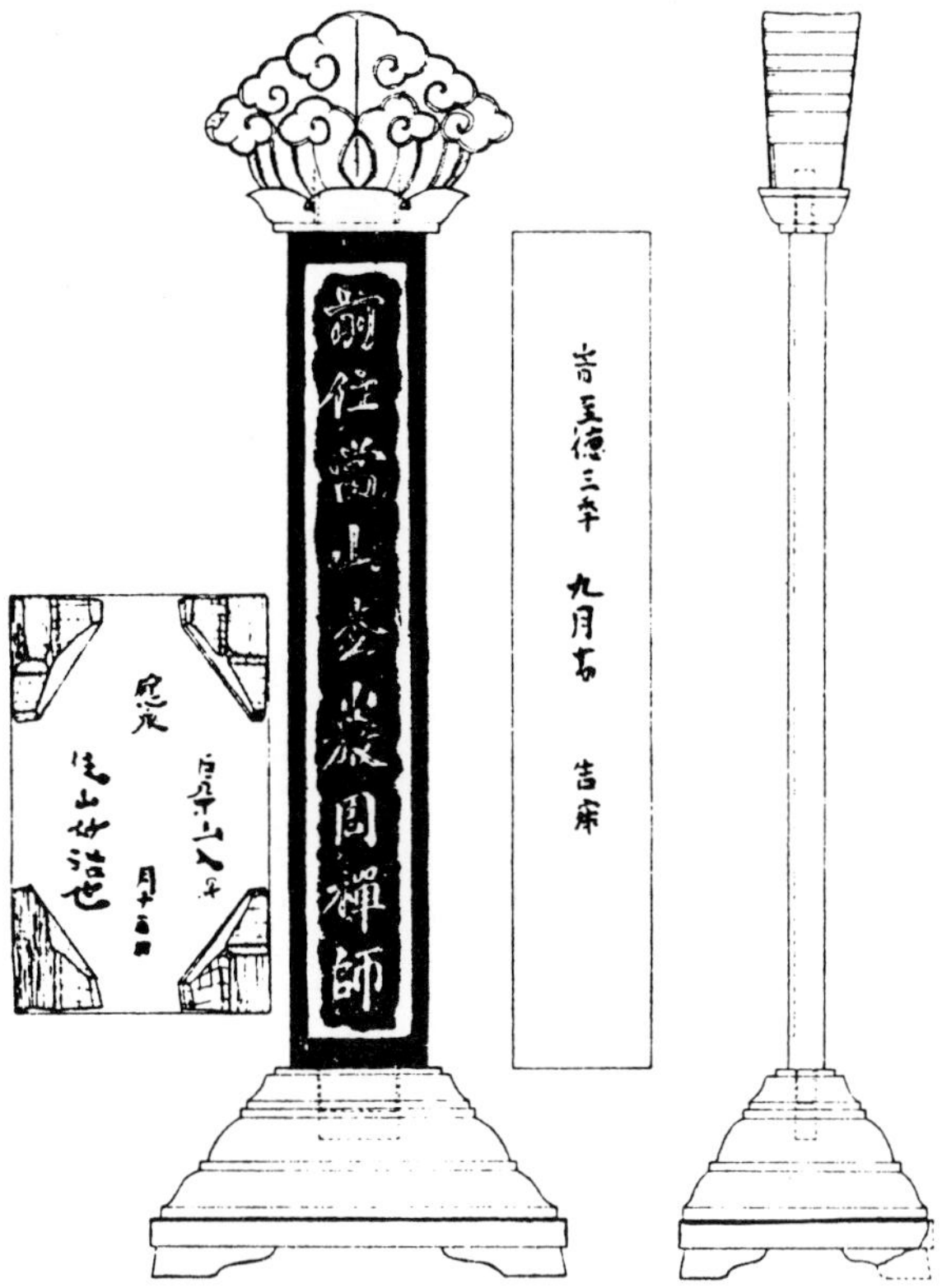

2　雲形位牌　岐阜・永保寺

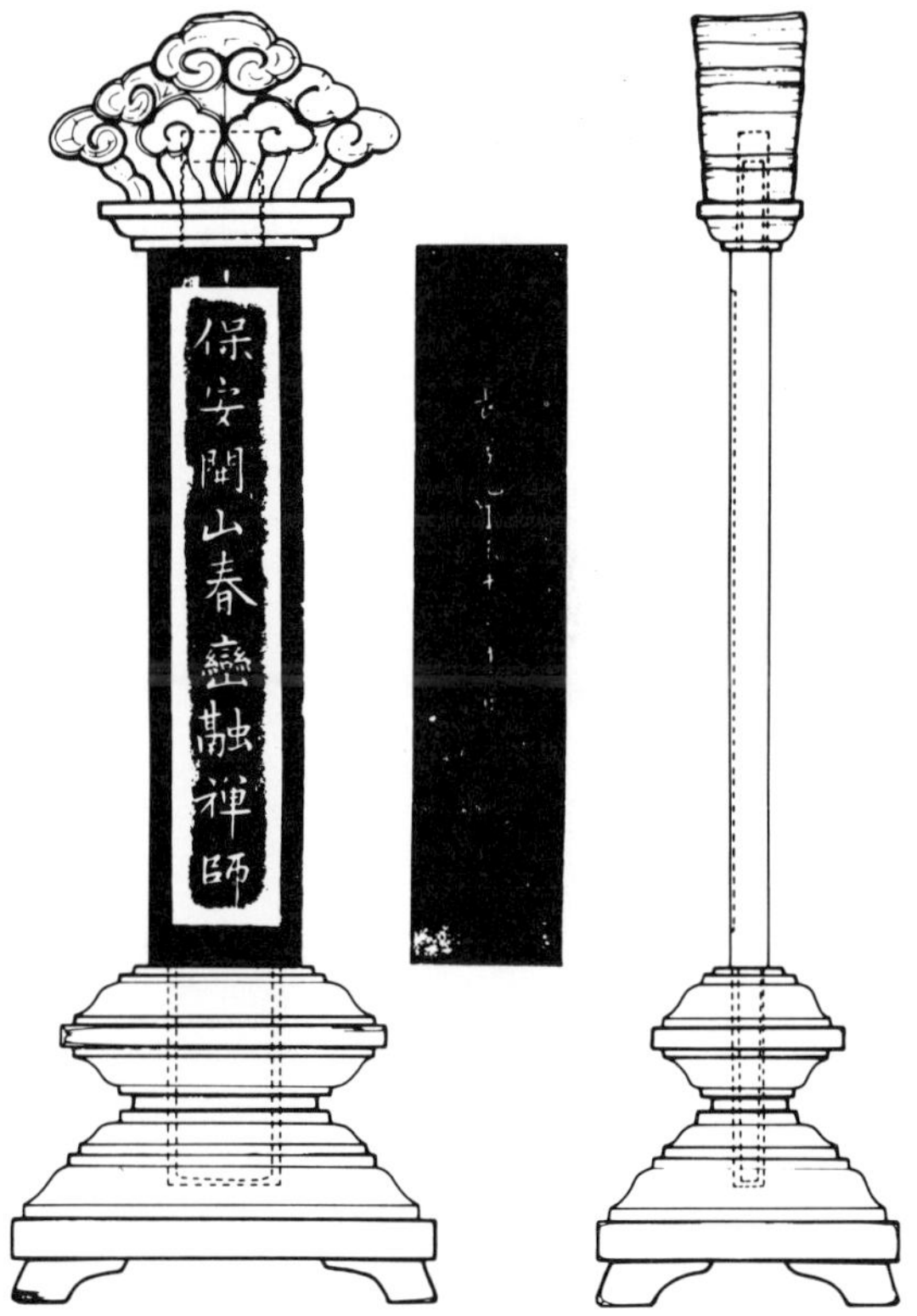

3　雲形位牌　岐阜・永保寺

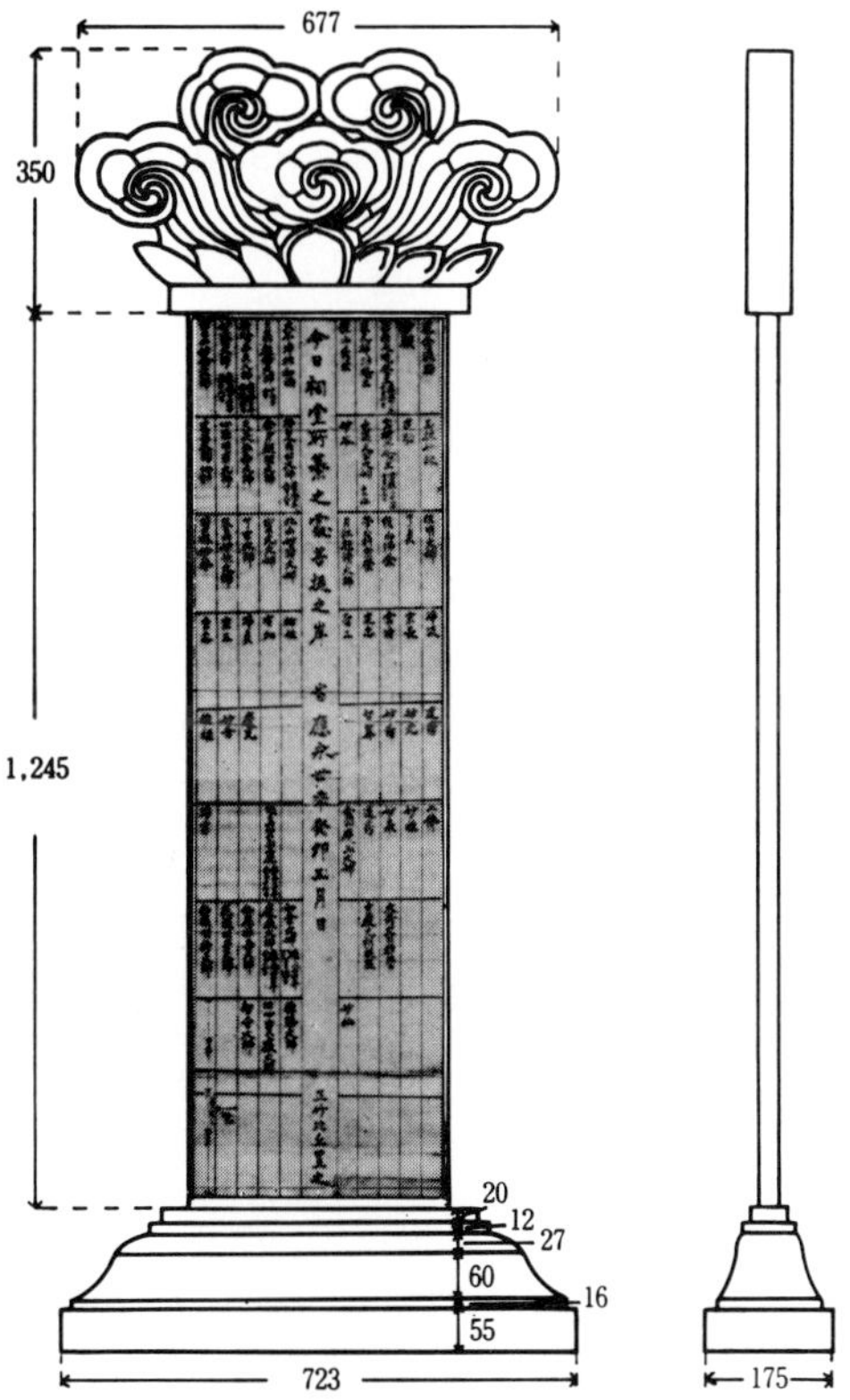

4　雲形位牌　神奈川・海蔵寺

A　貞治6年(1367)銘　　B　至徳元年(1384)銘　　C　長享元年(1487)銘　　D

5　雲形位牌頭部　岐阜・永保寺

と見え、また宋代の禅僧百丈懐海の清規を笑隠大訴が勅によって元統三年（一三九五）に校正した『勅修百丈清規』にも、

尊宿移龕云　法座上掛レ真　安二位牌一広列二祭筵一

とあり、位牌が使用されていることを知り得るが、その形などについては明らかでない。ただ、時代は降るが寛政一一年（一七九九）に刊行された『清俗紀聞』（中川忠英編）には、正祠という位牌棚に亡父母の位牌を手前にして、四代前までの位牌を順次奥へ配列した図がある。ここに見られる位牌は上部を櫛形にしたものである。これより中国における位牌は、儒教における神主を指すものと考えられる。儒教の神主は、一家に四代を祀るのが一般的で、材料は栗材を使用し、その上に白粉を施こす。奉安場所は宗廟・文廟・家廟である。ただ家廟などは上流階層において建てられたもので、一般には祭祀時に一時的なものとして紙に紙榜《しぼう》文を書いて神主をつくり、祭祀が終わるとすぐに焼却した。現在ではこの紙榜が一般に使用されている。このような儒教儀礼を含んだ中国禅宗がわが国へ伝わったために、本来、※3儒教儀礼であったものも多分にわが国では仏教儀礼として理解され、一般に浸透していった。位牌についても例外ではなかったと考えられる。

(2) 部分名称図

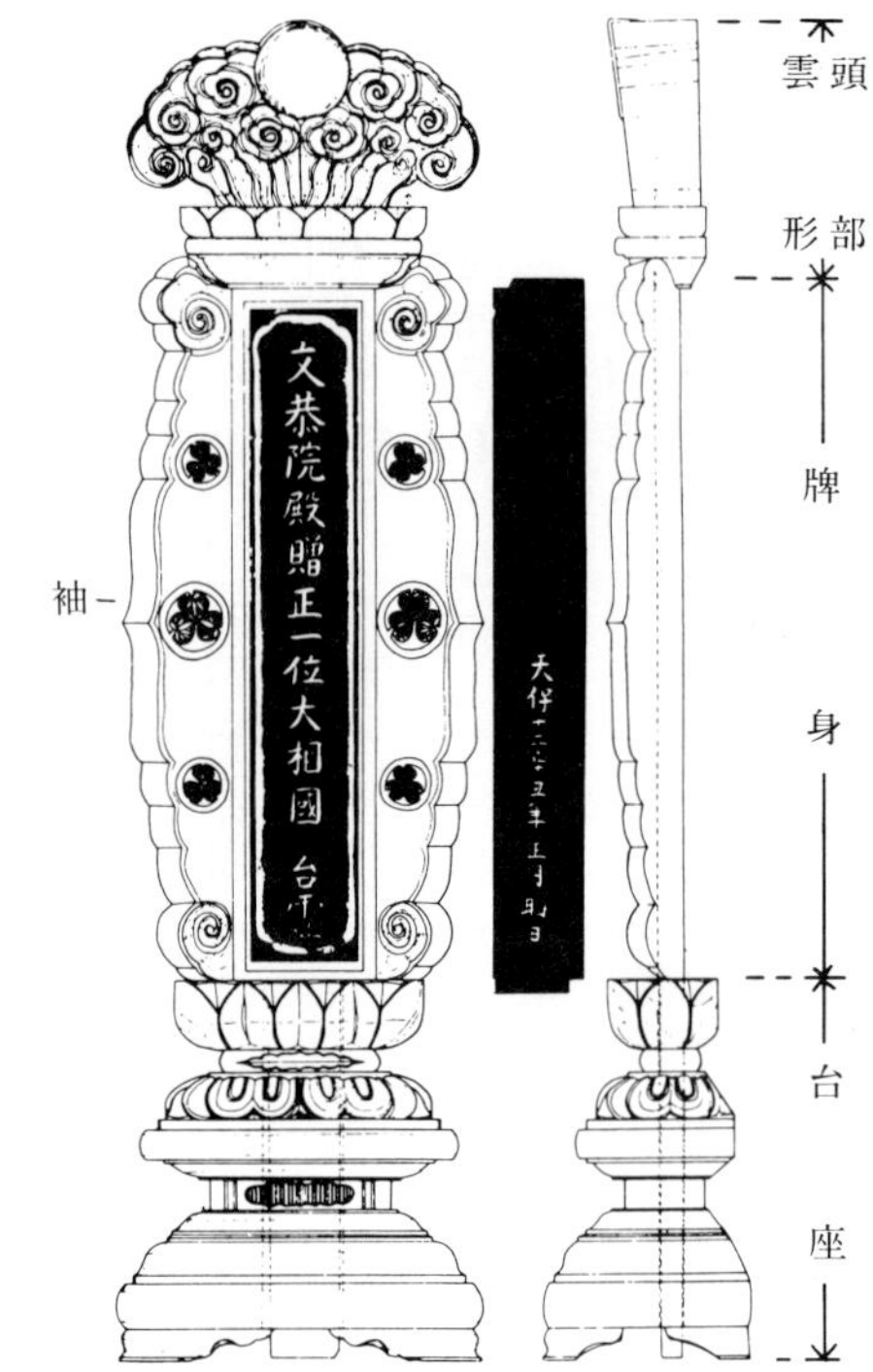

(3) 形式・様式

位牌の種類は、わが国では鎌倉時代から南北朝時代にかけて雲形位牌と牌身上部を圭頭状あるいは円状にした札形位牌の形式がみられるだけであったが、室町時代以降になると多種多様な形式の位牌が作られるようになる。それらを大別するとつぎのようになる。

- (A)雲形位牌
  - (a) 雲形――牌身に袖付
  - (b) 円相雲形―牌身に袖付
- (B)札形位牌
  - (c) 圭頭状
  - (d) 円・宝珠形
  - (e) 櫛形
  - (f) 平頭状
  - (g) 葵形
- (C)廟所（屋根）形位牌
  - (h) 屋根形
  - (i) 廟所形
    - 雲なし
    - 円相雲有―牌身に袖付
- (D)その他特殊な位牌

(A) **雲形位牌**　この位牌（1・2・3・4図）は、頭部を雲形にしたもので、その型などから二種類に類別できる。

(a) 雲形位牌

この種の位牌が雲形位牌の基本形で、台座は截頭方錐形あるいは階段式截頭方錐形に作る。鎌倉時代末期～室町時代中期頃までにその作例を多くみる。それ以後は(b)形位牌へと移る傾向にある。頭部の雲形（5図）は、古いものほど力強く雲がわきあがる状態に刻まれ、時代の降下とともに類型化に堕し、室町時代後半になると、雲形の外側下端が左右につき出て垂下するものが多くなる。また、一五世紀初葉頃までのものは雲形に胡粉彩色、一部に金箔押しが施こされるが、それ以後は黒塗りとなる。牌身の長さは古例では牌身幅の五、六倍になるほど細長く、時代とともに倍率が低くなる。台座は室町時代中期頃から二重台須弥壇式に進化し、荘重なものへと変

※3　儒家ノ式ヲ尋ルニ、栗木長一尺三寸五分アル牌ヲ造ッテ我親先祖等ノソレゾレノ在世ノ位官姓名ヲ書誌シテ、其神霊ヲ斯ニ託シ憑シム、故ニ位牌ト名ヅク　（『真俗仏事編』三祭礼部）

※　現在一般に見ることのできる位牌は、死後作られるもので順修牌という。一方、生前に作られる位牌は逆修牌と称する。

この逆修とは、死後の冥福を祈るために、生きている間に自分の死後に行うべき仏事を修することで、死後それぞれの仏事を行うより功徳が大きいといわれる。そのため、生戒名・逆修戒名と称する戒名を生前につけてもらい、位牌・石塔を建立する事例が古来より多い。その場合、戒名の二字に朱を入れるのが通例である。

A　B　C　D

6　雲形位牌円相頭部　岐阜・永保寺

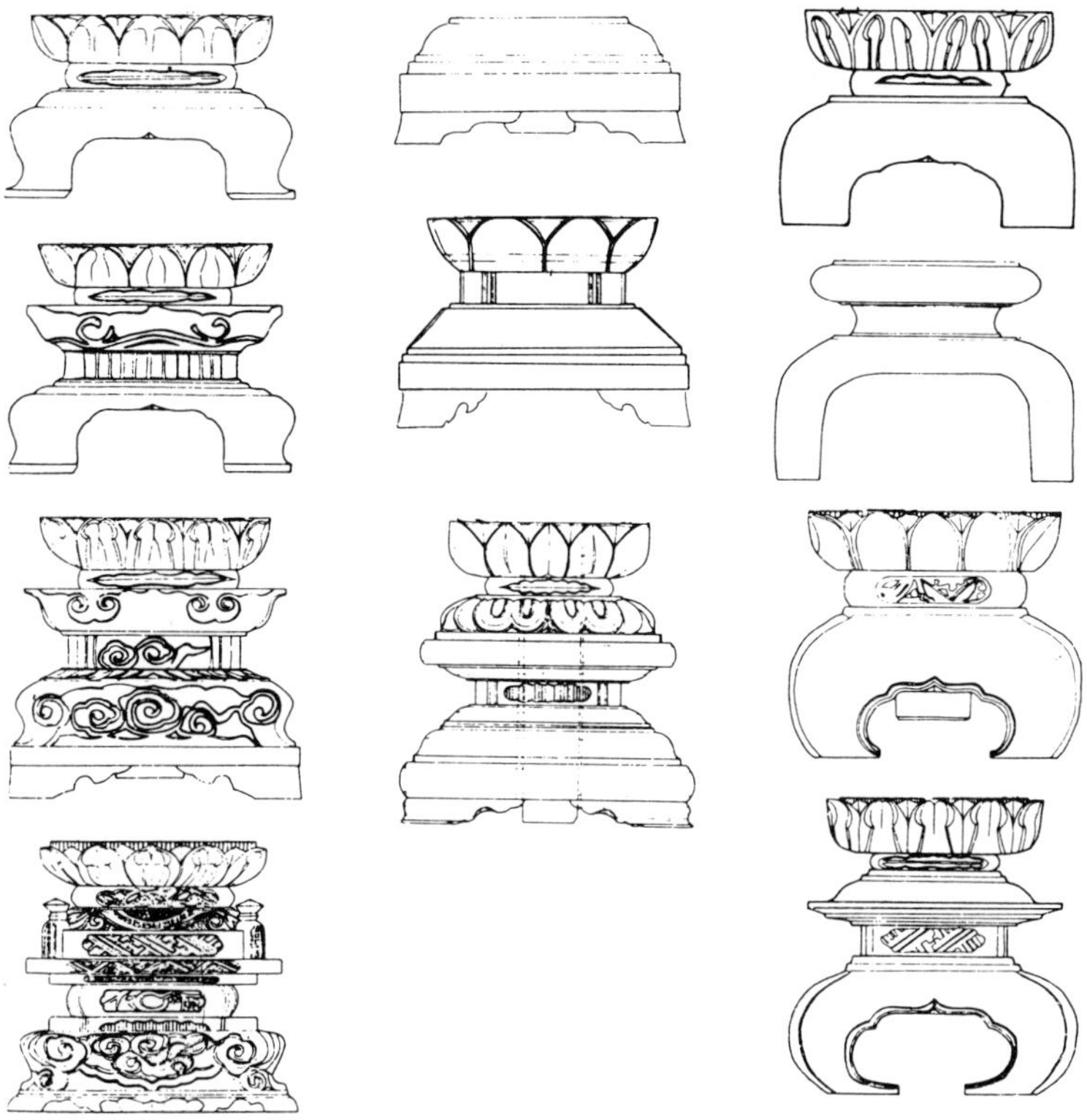

8　札形・廟所形位牌台座　奈良・金躰寺

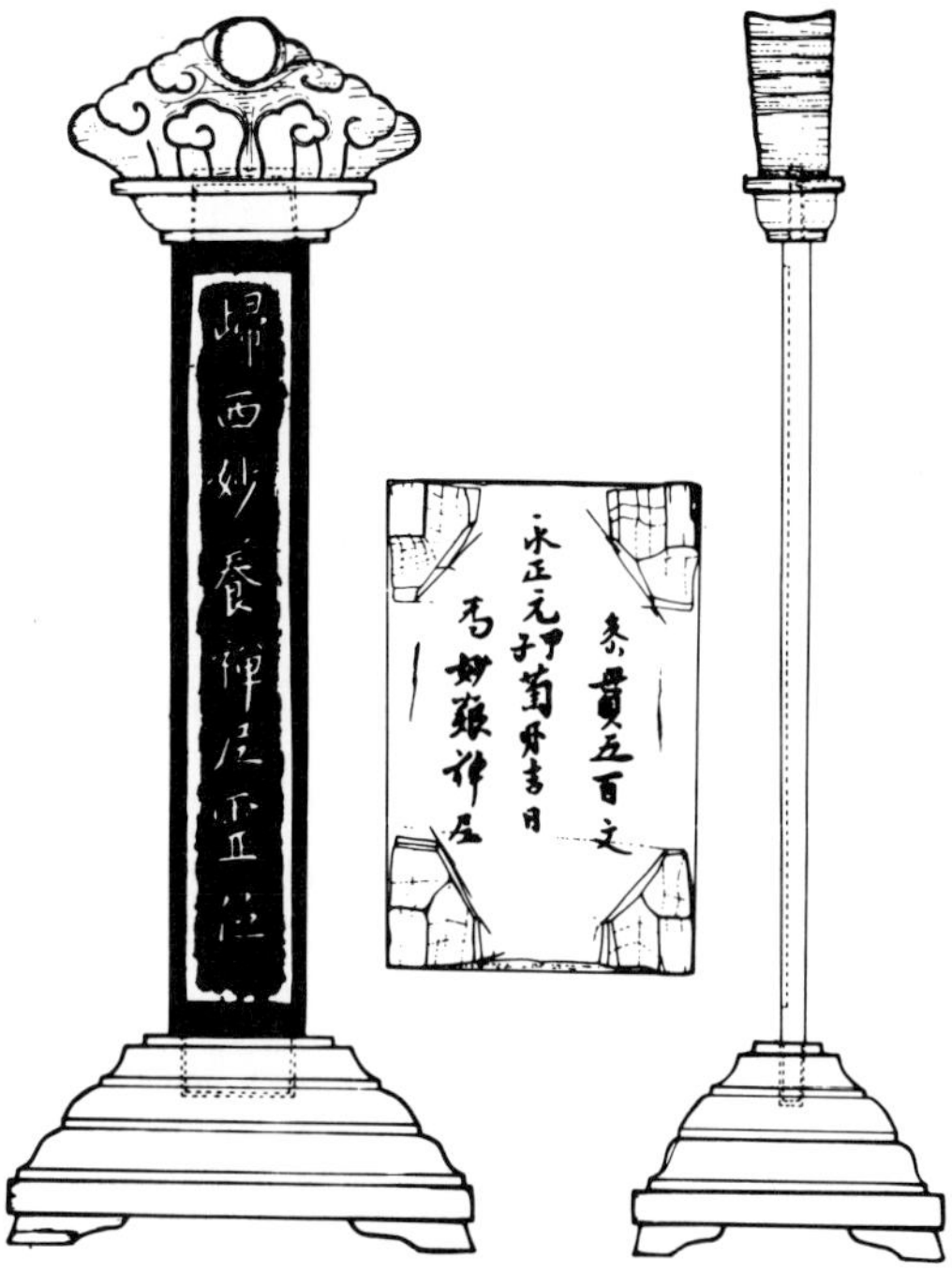

7　円相雲形位牌　岐阜・永保寺

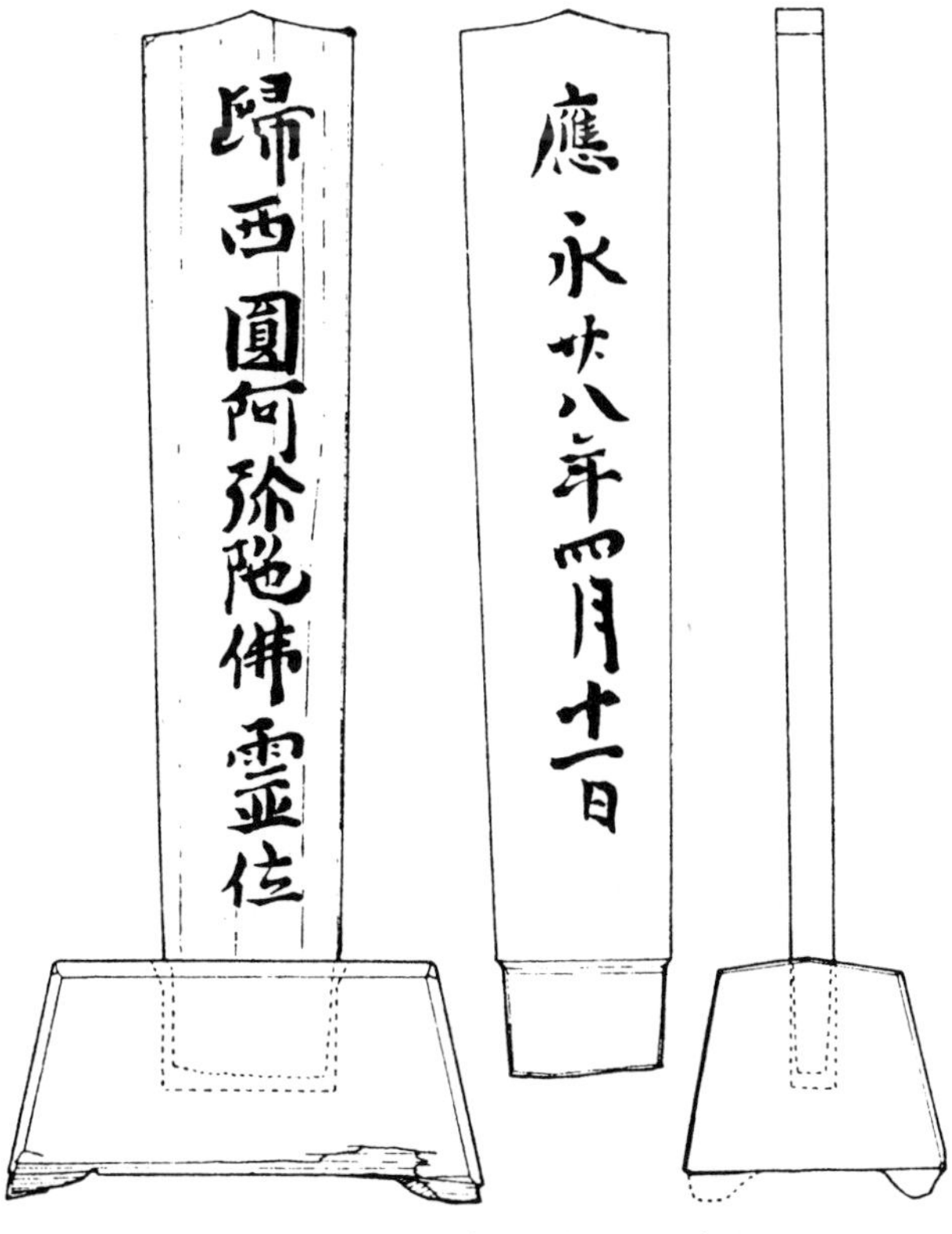

10　白木位牌　奈良・元興寺

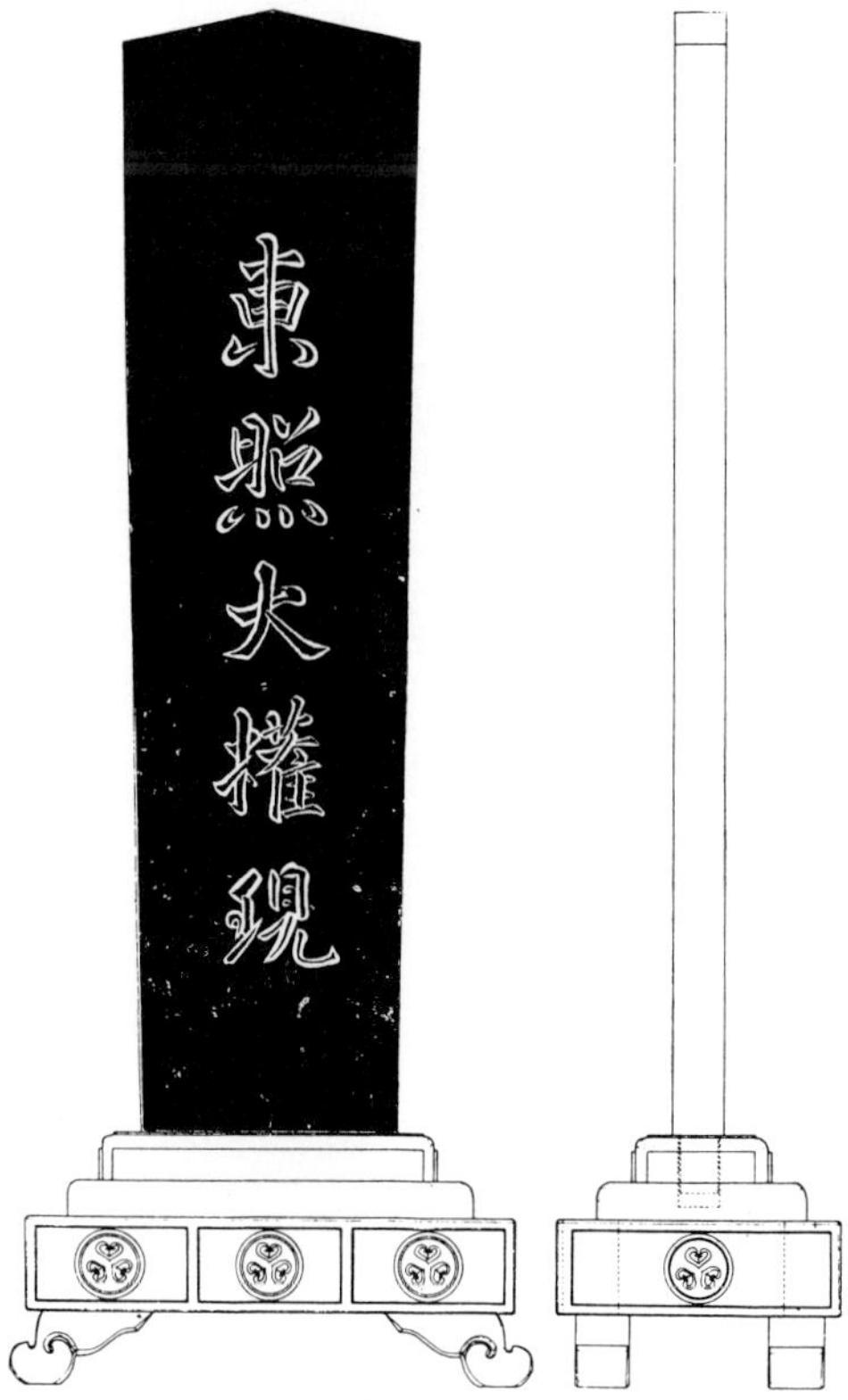

9　圭頭状位牌　奈良・元興寺

化する。

(b) 円相雲形位牌

この種の位牌（7図）は、頭部雲形（6図）の中に円相※5（日輪）を表現したもので、妙心寺形と称されるものである。古い作例では円相が雲の中央に位置し、時代とともに円相の位置が上方に移行する傾向を示す。(a)雲形と同じく古いものは円相雲形に胡粉彩色を施こすが後に黒塗りとなり、現在にいたっては金箔押しおよび金泥塗りとなる。室町時代中期以後にこの種の作例を見、台座は須弥壇座形式のものが多い。

一六世紀末～一七世紀初葉に牌身に袖が付加され、台座も装飾性が強くなり、特に徳川中期になると一層装飾化され、請花《うけばな》・伏蓮華《ふしれんげ》・敷茄子《しきなす》などが付加され、さらにそれまで漆塗りであったものに金箔・金泥が施こされ、一段と華麗さを増し、現在の円相雲形位牌となる。

(B) 札形位牌　この形には牌身上部を圭頭状、円・宝珠形、櫛形、平頭状、平頭状の両肩を刳りこんだ葵形がある。台座（8図）は、本来截頭角錐形であったが、時代とともに高くかつ華麗なものとなる。現在、在家の位牌にはこの種のものが一般的で、江戸時代から現在に至るまで形式変遷があまり認められないようである。

(c) 圭頭状位牌

この形の位牌（9・10図）は、牌身頂部が山形のもので、形式的にかなり時代が遡るものと考えられる。特に、室町時代の白木の位牌の遺品はほとんどこの形式のものであり、また墓碑・板碑にもこの種のものが認められ、関連性があるものと考えられる。ただ、現在では軍人位牌・神道位牌として使用されているようで、一般にはあまり用いられない。

(d) 円・宝珠形位牌

この位牌（11図）は、牌身頂部が円あるいは宝珠形のもので、僧家の墓碑の無縫塔※6の塔身に類似性を認め、僧尼の位牌として使用した例が多く、桃山時代以降に作例を多く見る。形式的には後に頂部の丸味が少なくなって櫛形に変わっていったものと考えられる。この種の位牌は現在も坊塔といって、僧尼の位牌として使用されている。

(e) 櫛形位牌

この位牌（12図）は、牌身頂部が櫛形のもので、(d)円・宝珠形位牌に形式的に近似性が認められるが、それが僧尼に使用されるのに対し、一般在家の位牌として使用される。江戸時代中期以降に作例を見、現在最も普及している形の位牌である。

(f) 平頭状位牌

この種の位牌（13図）は、牌身頂部が平、あるいは平でその両肩に丸味をつけたもので、現在の白木位牌にこの形を見る。

(g) 葵形位牌

櫛形あるいは平頭状位牌牌身頂部の両肩を切りこんだ位牌（14図）で、江戸時代中期以前には作例が認められず、ほとんど後期以後の作例が多い。現在、葵形位牌と称され、一般に流布している。

(C) 廟所(屋根)形位牌　この位牌は、頭部を屋根形にしたものである。おそらく、これは徳川期の廟所建築あるいは厨子の影響をうけて、雲形が屋根形に変化したものと考えられ、江戸時代中期以後の位牌に多く作例を見ることができる。

この形には、屋根形(h)と屋根の下に雲、あるいは雲の中に円相を表現したもの(i)がある。また、後世には牌身に観音開の扉や袖・柱を付加したものが作られる。

(h) 屋根形位牌

この位牌（15・16図）は頭部に仏殿の屋根を付加したもので、寄《よせ》棟《むね》造・宝形《ほうぎょう》造などの例が見られる。江戸時代後期頃に作例を多く見、現在はこの形はほとんど作られていないようである。厨子を形どったものと考えられる。

(i) 廟所形位牌

頭部に徳川御廟の屋根を形どったものを付加した位牌（17・18図）である。屋根の下に円相雲形があるものと、円相雲形がないもの、あるいは文様を書いたものがある。現存遺品には、円相雲形のある

※5　太陽を象徴する。

※6　無縫塔

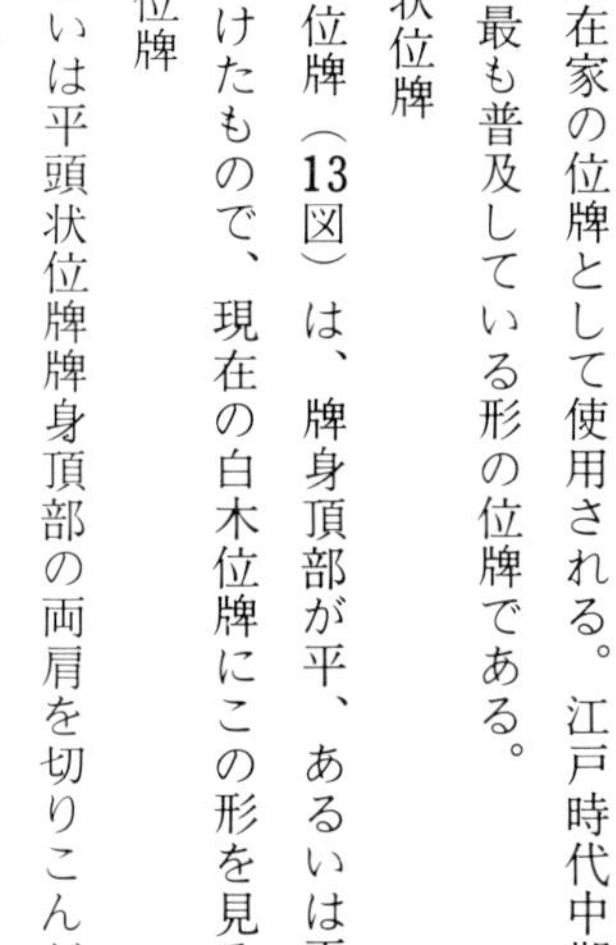

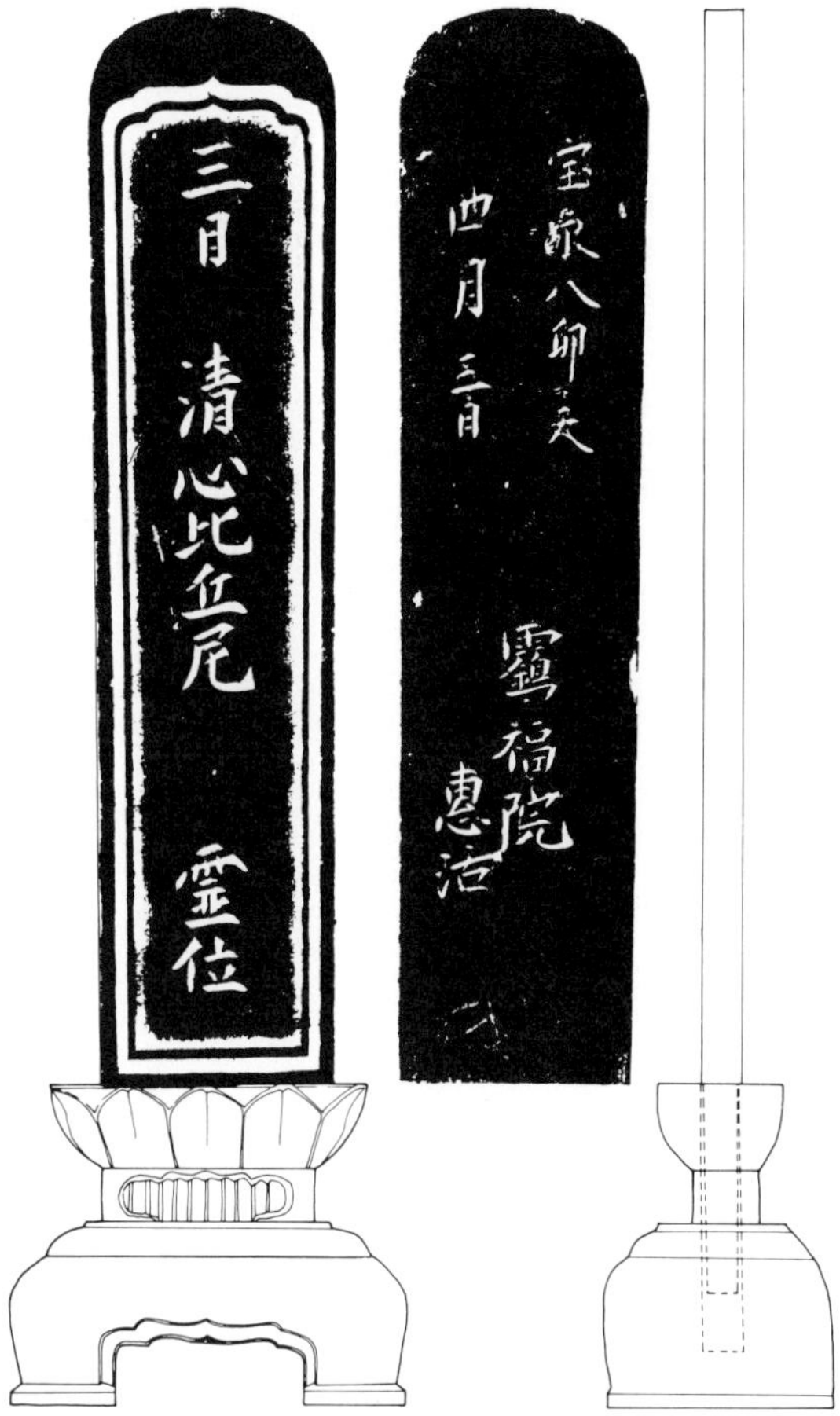

11　宝珠形位牌

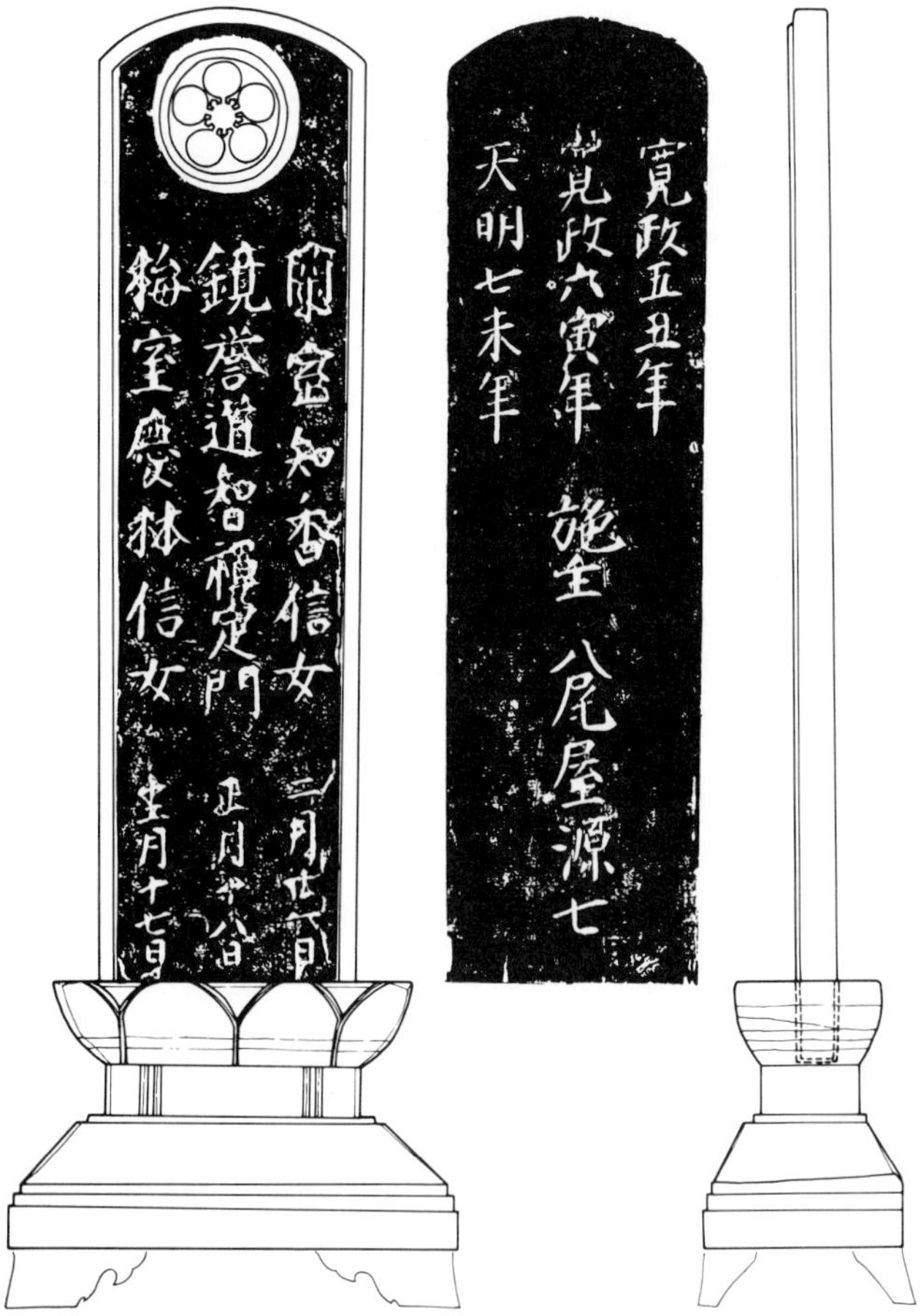

12　櫛形位牌

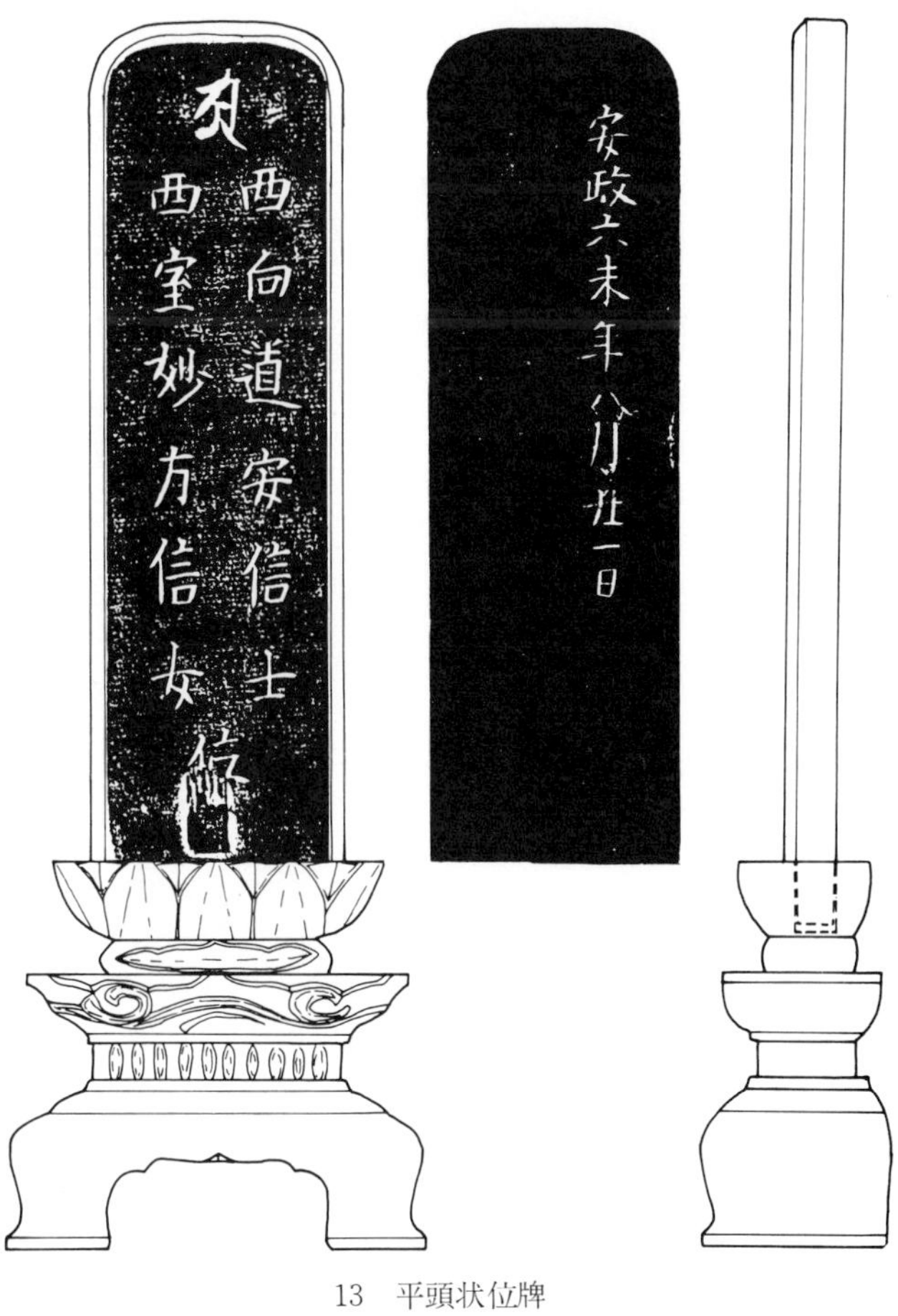

13　平頭状位牌

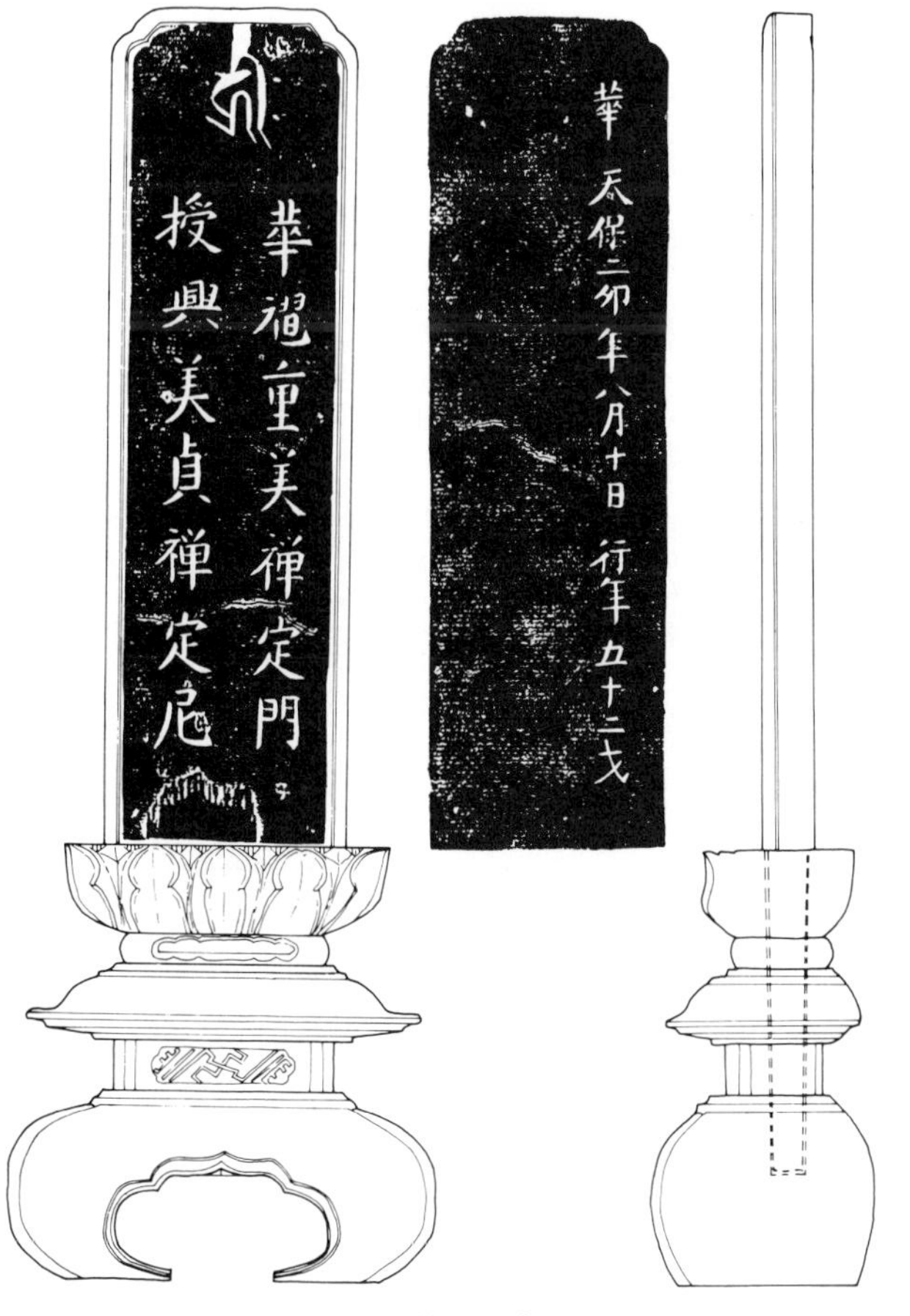

14　葵形位牌

ものが大半を占める。また、牌身に観音開きの扉を付けた位牌―ほとんどの遺品が繰り出し位牌―も作られた。

(D) 特殊な位牌　以上述べた雲形・廟所（屋根）形位牌の外に特殊なものが伝存する。ただ、種々のものが伝存していると思われるが、全国的に詳細な調査がされていないため、ここでは現在までに管見できた二例を紹介するにとどめる。

まず一点は、絵位牌というものである。これは、死者の肖像画と位牌を兼合わせたものと考えられ、岡山・誕生寺に元禄四年（一六九一）銘（20図）の絵位牌が伝存する。

もう一点は、香川・宝城院（19図）や宮城・瑞巌寺（24図）に伝存する位牌である。これは中国、朝鮮の石碑の影響と思われるもので、亀の背に舟形の牌身をのせた位牌で、宝城院のものは牌身裏に元禄三年の墨書銘がある。いずれも江戸時代中期のものではあるが、作例の少ない貴重な位牌の遺品といえよう。

(4) 現代の位牌

現在、仏具店で売られている位牌は、江戸時代のものに比して全面に金箔が施こされ、華麗で豪華なものがめだつ。

ただ、形式的に見るとあまり変化はなく、①牌身頭部が櫛形のもの、②屋根雲形円相位牌、③雲形円相位牌の三種類が一般に流布しているようである。

① 櫛形位牌　頭部の形は江戸時代の遺品とほとんど相違が認められないが、牌身に夫婦の戒名を刻む例が多く、そのため牌身幅が広くなっている。牌身はその面を黒漆塗りとして金箔で縁どりするものと、全面に金箔押しをする二種がみられる。台座は一重座から、高欄を付した五重座あるいは二重高欄座までがある。

② 屋根雲形円相位牌　頭部は屋根形で、頂に宝珠をつけるものが大半を占める。屋根面は黒漆塗りとし、宝珠と前面の雲形円相には金箔を施こす。

そして、この形式には牌身の両側に金箔押しの柱を表現するものと、扉を付した繰出位牌がある。この繰出位牌が現われるのはそう古い時代ではなく、明治になって以後の遺品が多い。これは仏壇内に祀る位牌が多くなったのと、仏壇が小さくなり、たくさんの位牌が祀れなくなったため考え出されたものと思われる。ただ、本来簡素であったが、現在のものは透し彫りの金具をつけたものがほとんどである。

③ 雲形円相袖付位牌　この種の位牌は、現在の位牌のなかで一番絢爛豪華なもので、全面を金箔押しとする。この形にも普通の板位牌と繰出位牌が作られている。台座はほとんど高欄つきの五重座とする。

これらの外に、葵形位牌、僧尼に用いられる坊塔位牌、古式な雲形円相位牌である妙心寺形位牌なども作られているようであるが、その数はわずかなものと思われる。

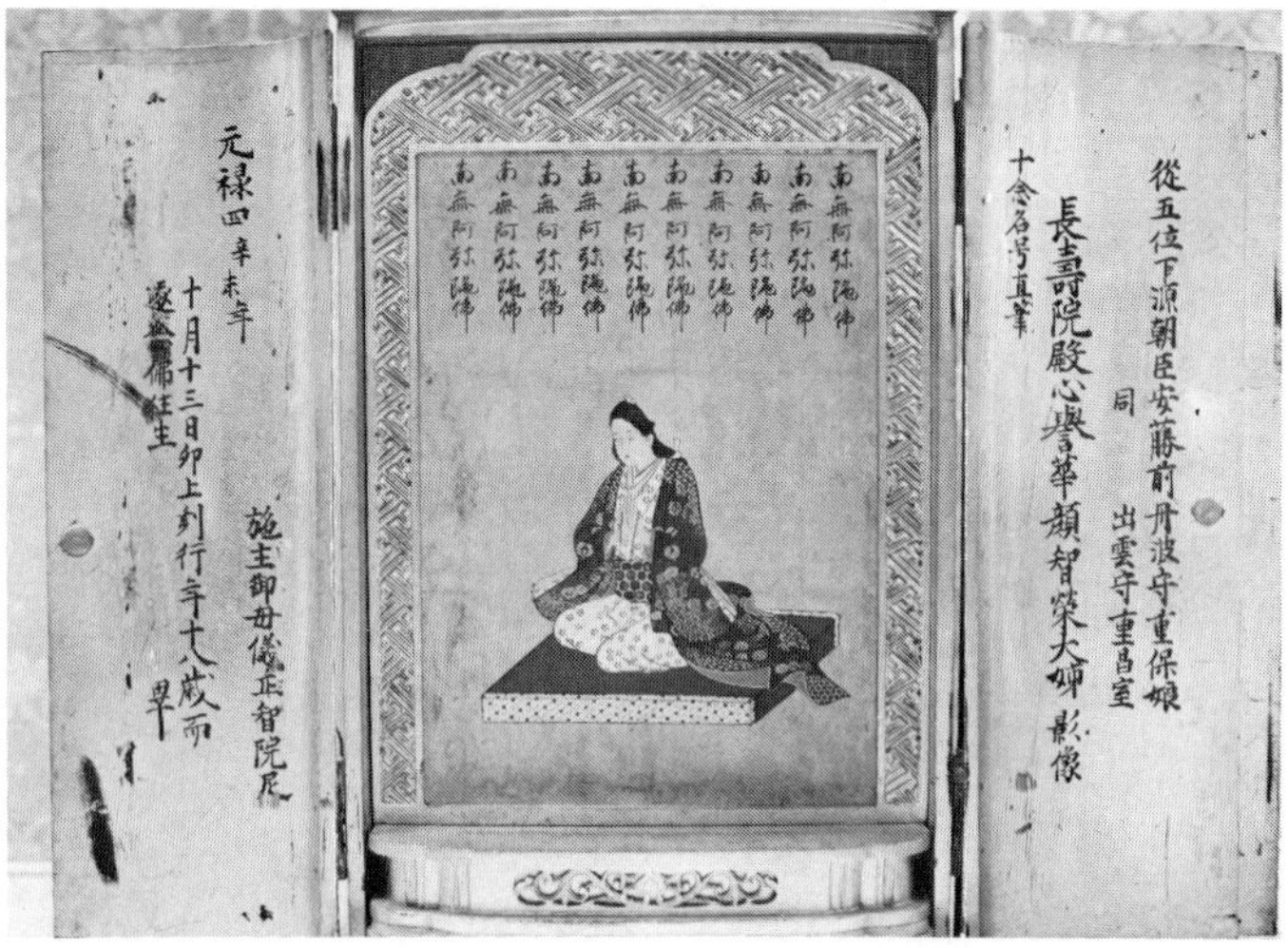

20　絵位牌　岡山・誕生寺

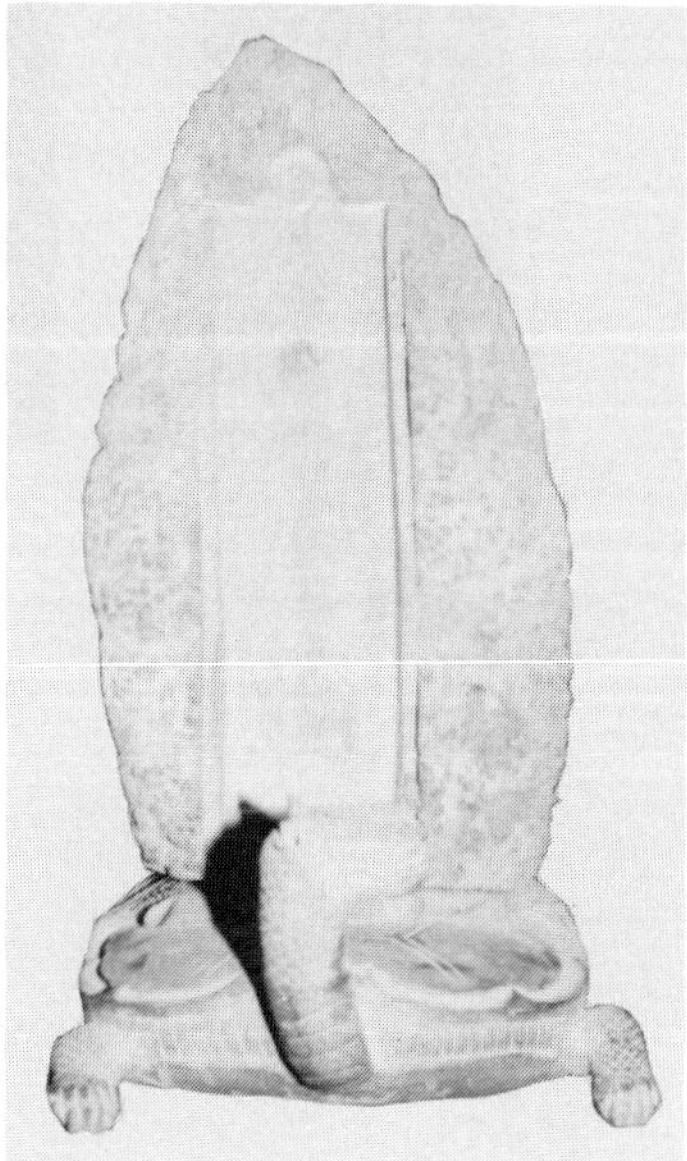

19　亀趺形位牌　香川・宝城院

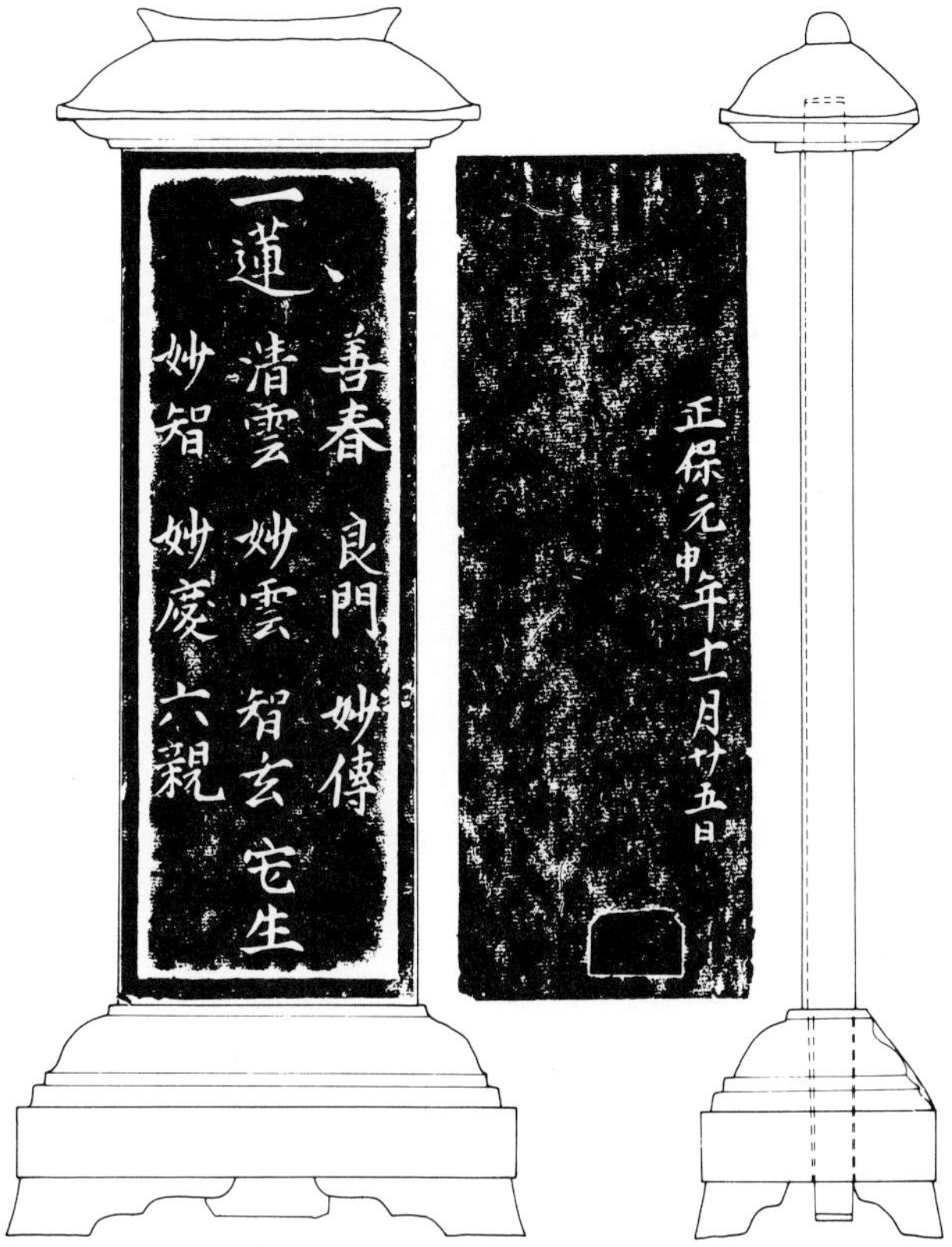

15　屋根形位牌

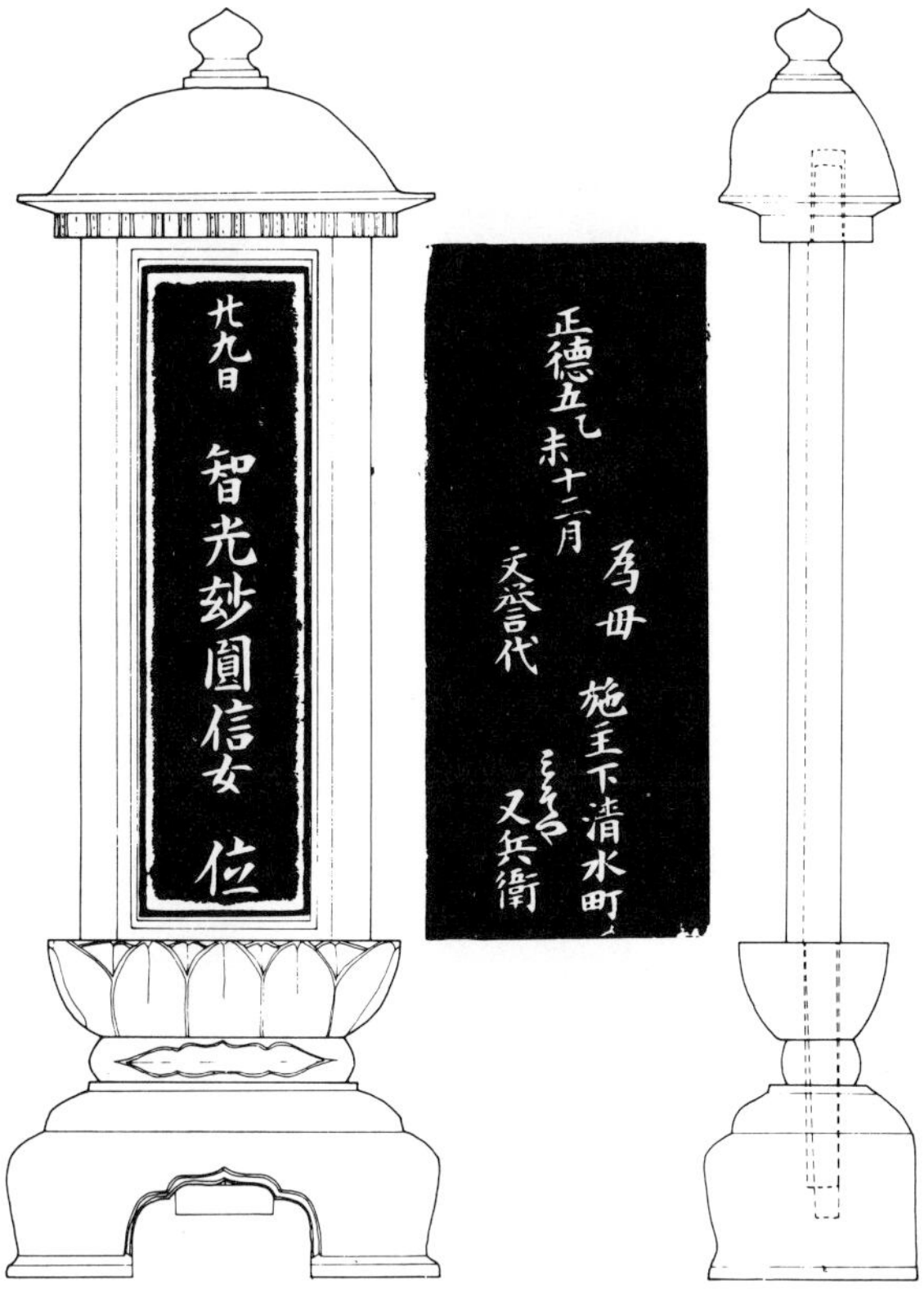

16　屋根形位牌

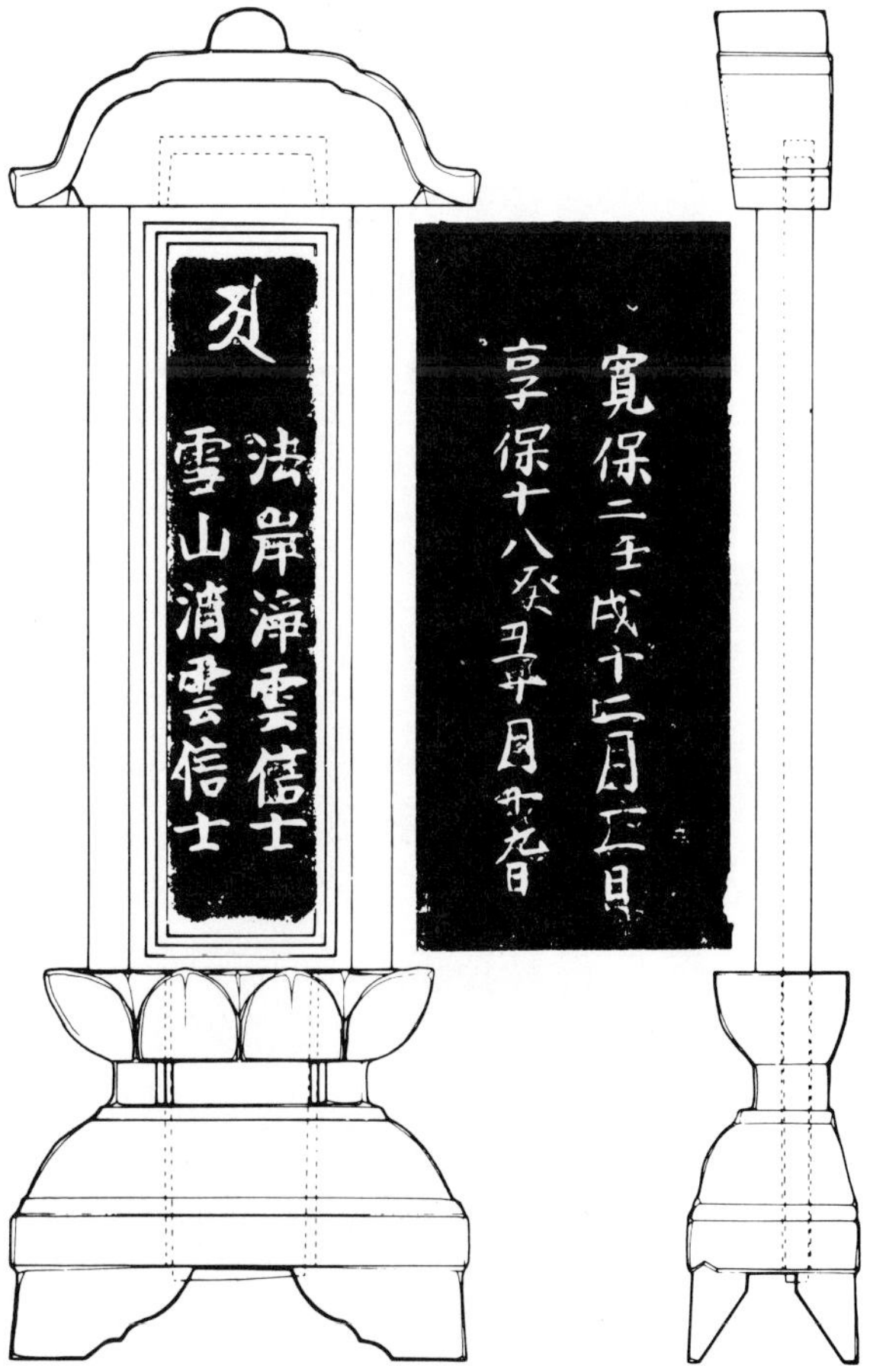

17　廟所形位牌

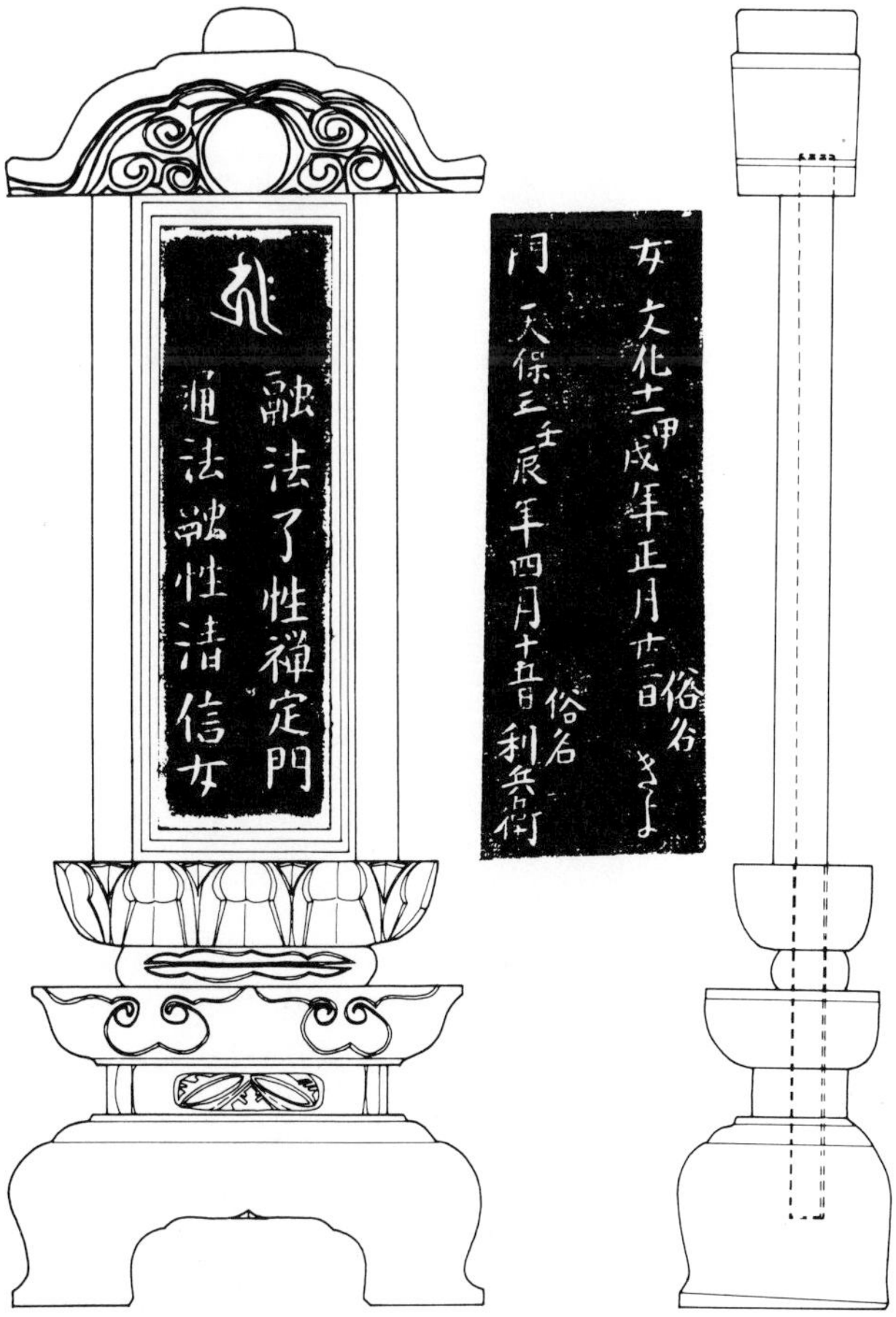

18　廟所形位牌

21　徳川家の位牌(愛知・大樹寺)　右から一代家康，四代家綱，五代綱吉，八代吉宗，一四代家茂
七代将軍家継までの位牌は，札形の漆仕上げで字彫りの多くは薬研彫手法とみられるが，書味はそれぞれ異質である。八代将軍吉宗以後は円相雲形で，金箔彩色仕上げである。なおこれらの位牌は全て等身大という。

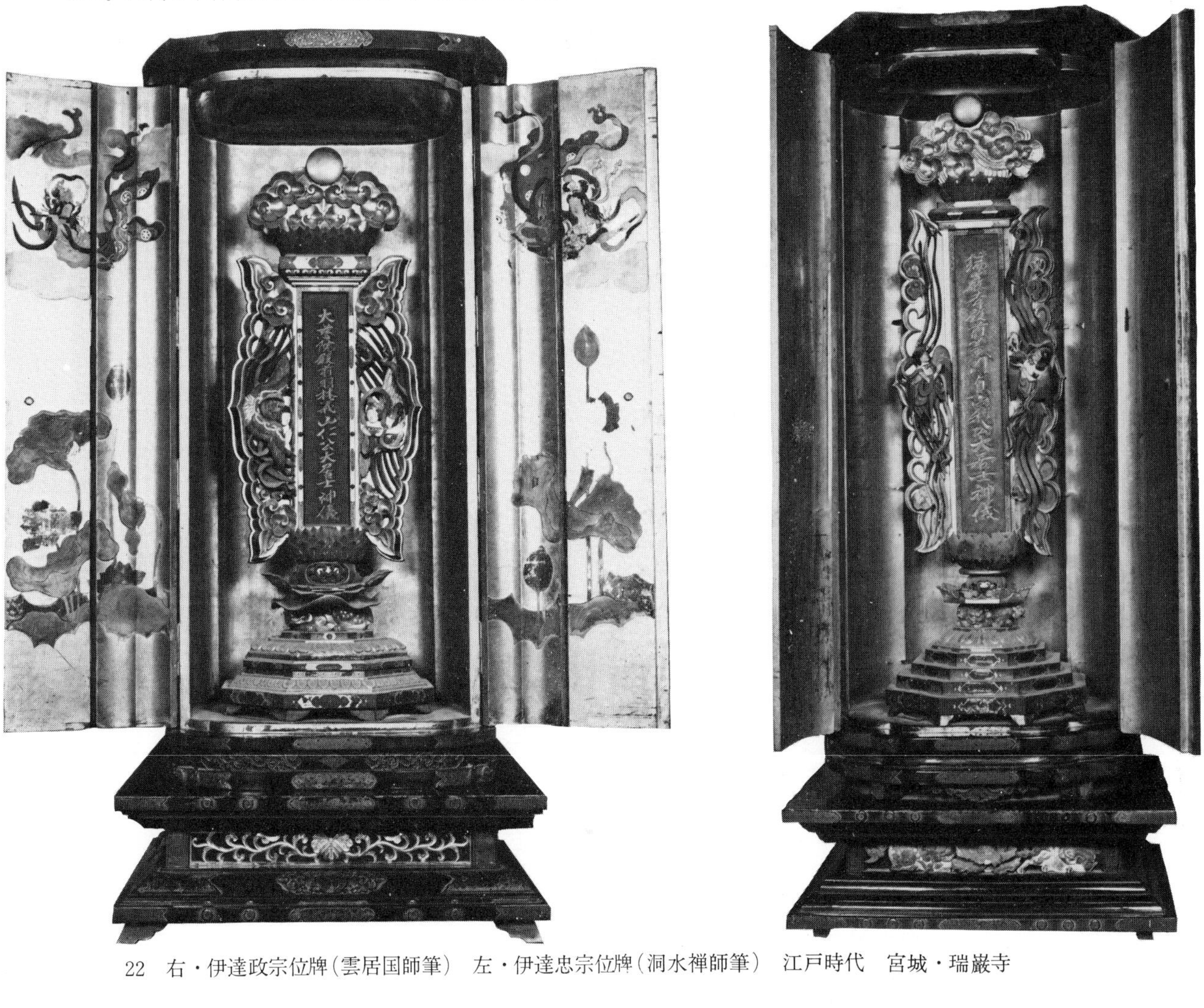

22　右・伊達政宗位牌(雲居国師筆)　左・伊達忠宗位牌(洞水禅師筆)　江戸時代　宮城・瑞巌寺

現代の位牌

坊塔形位牌

24　住持歴代位牌 江戸時代 宮城・瑞巌寺

23　松平家　太郎左衛門位牌表と裏

一重座葵形位牌

一重座幅広櫛形位牌

一重座櫛形位牌

五重座丸櫛形位牌

二重座丸櫛形位牌

五重座屋根雲形繰出位牌

二重座屋根雲形繰出位牌

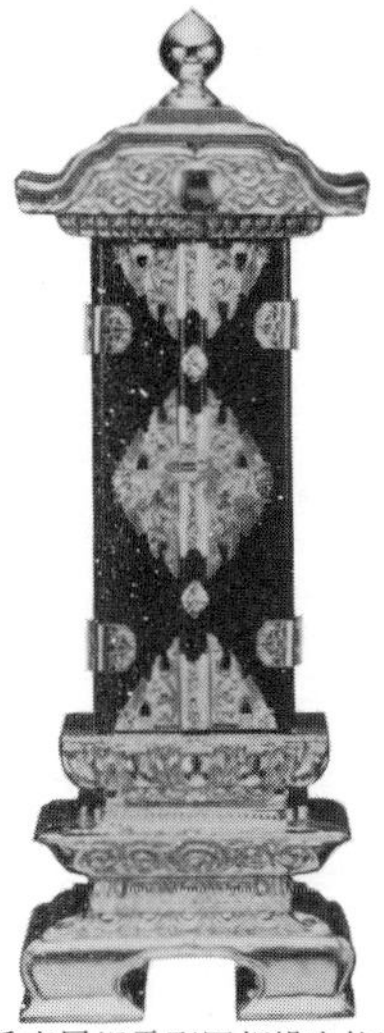

二重座屋根雲形円相繰出位牌

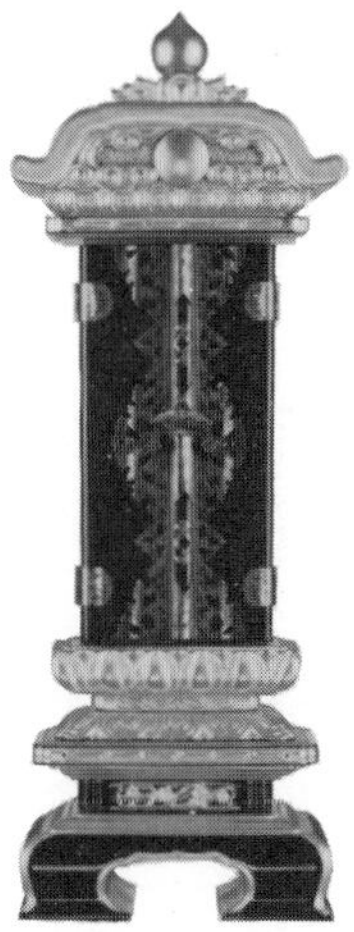

千倉座屋根雲形円相繰出位牌

屋根雲形円相繰出位牌

二、位牌棚（壇）

現在、在家において位牌は仏壇に祀るのが通例となっている。しかし、それは江戸時代になって徳川幕府の宗教政策による檀家制度—寺と檀家とのつながりの確立以後のことである。それ以前には、位牌は僧侶・武士・豪族階級などを中心に使用されていただけであった。そして、その安置場所は仏間にしつらえた位牌棚に祀ったものと思われる。

この位牌棚は、儒教が正祠という位牌棚に木主を安置していたことに由来し、それが中国より禅宗建築とともに伝えられ、取り入れられたものと考えられる。

鎌倉・室町時代には、死者がでるとその位牌は百ヵ日が終るまで自家に安置して祀ったが、それ以後は一寺院あるいは位牌堂を建立するか、それができない場合は、菩提寺へ祠料あるいは位牌田とともに入牌して供養してもらうのが通例であった。それは鎌倉～室町時代の文書・日記類にその記事が散見できるし、その時代の位牌の台座裏などに、入牌日と祠料などを墨書したものが見られることよりも明確である。そのため、死者の位牌を長く自家内に祀ることはなく、それを安置する位牌棚も簡単なものではなかったかと考えられる。

江戸時代になると、檀家制度の確立と死者に対する忌み嫌いの風習が一層うすれて、各家々に位牌を祀るようになり、位牌を祀る棚—位牌棚が自家に作られるようになった。これが後に仏壇にとって代り、現在では位牌棚は在家においてほとんど見ることができない存在となった。ただ、江戸時代前半に建てられた民家に位牌棚が残っていることがある程度である。しかし、寺においては現在も位牌を安置する持仏堂、位牌堂などに位牌棚を見ることができる。それは、中央に本尊を安置し、その両側面あるいは後面に棚をつくり、そこに位牌を祀るものである。

こうした位牌棚の古例は、禅宗寺院の開山堂にその例を多く認めるが、その中でも特に岐阜・永保寺の文和元年（一三五二）に建立された開山堂は、後世における禅宗寺院の開山堂の基本となったものといわれる貴重な建物であり、また、位牌棚の古い遺例としても貴重なものである。

岐阜・永保寺の開山堂（室町初期）

外陣　桁行三間　梁間三間　入母屋造　檜皮葺

祠堂　桁行一間　梁間一間　一重もこし付　入母屋造　檜皮葺　相の間を含む

外陣の奥に、歴代住職や塔頭住職、また土岐氏の位牌など約五〇基が台の上に安置されている。

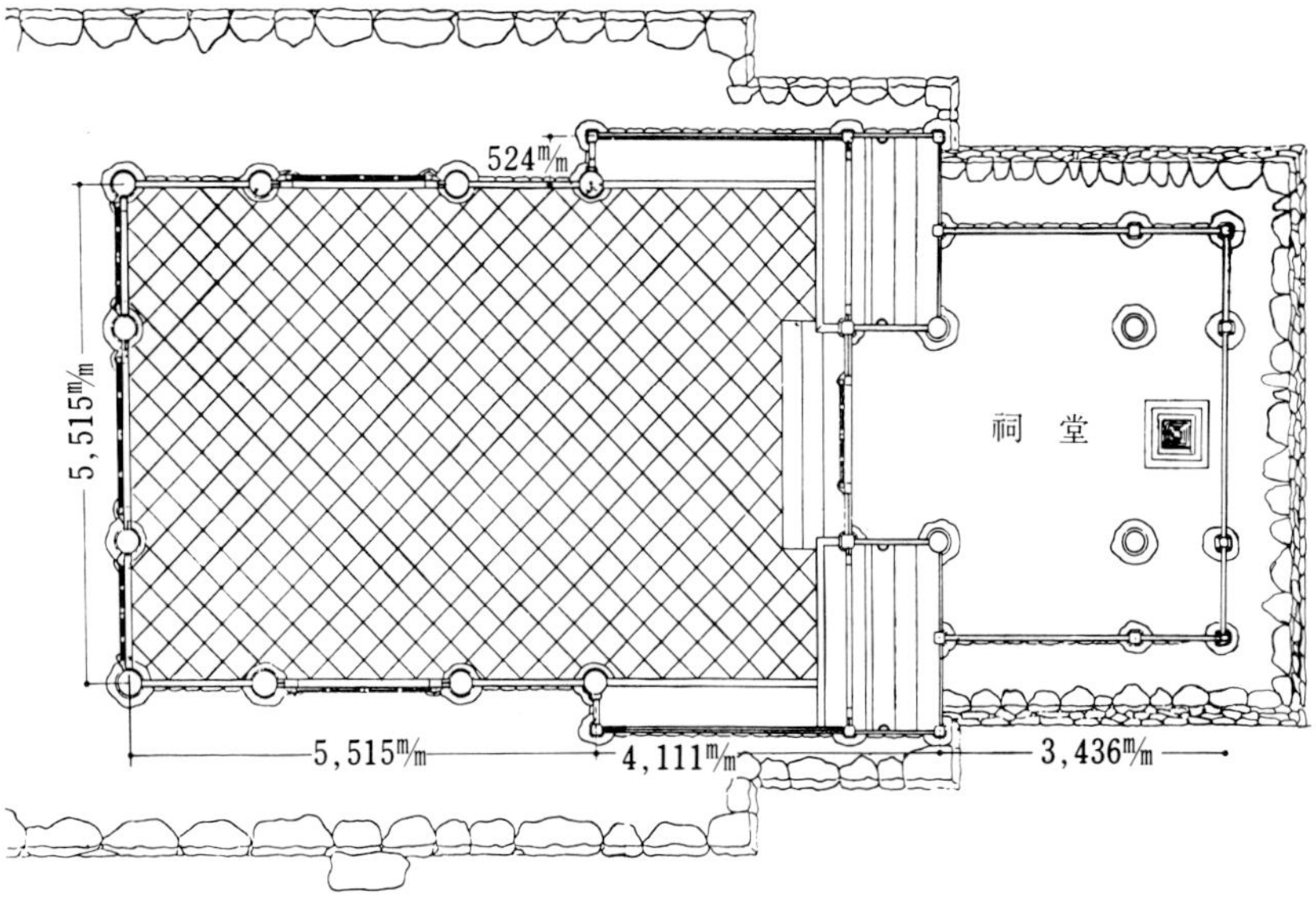

開山堂に祀られる位牌

立掛式塔婆立　現代

位牌壇　現代

位牌棚

壁掛式の位牌および位牌棚

位牌壇（日蓮宗寺院）

奈良・玉井家の盂蘭盆会

三、施餓鬼用具

施餓鬼とは、六道（地獄・餓鬼・畜生・修羅・人間・天）の餓鬼道におちて飢餓に苦しむ亡者に飲食を施こし、また、仏に供養することによって餓鬼も救われ、自分自身の寿命も長寿するというものである。これは不空訳『救抜焔口餓鬼陀羅尼経』にみえる説話に基づくもので、この次第を施餓鬼法といい、その法要を施餓鬼会という。

　この施餓鬼は、真宗以外の寺院で朝夕に修されるのが通例である。しかし、いつの頃からか盂蘭盆と施餓鬼が併用されて行われるようになり、現在では施餓鬼は盂蘭盆と結びついてしまったようである。

　施餓鬼の用具としては、「此法を修するは閑静なる水池の辺、樹下等の浄処に三尺以下の壇を設け、或は無壇にて、夜分人の静まれる時東方に向ひ、一器の浄食を浄水に和して施す」(『密教大辞典』)とみえるように、飲食をいれる器と供養壇としての施餓鬼棚である。この施餓鬼棚は、本来簡単な棚であったが、現在仏具店などでみられる施餓鬼棚は、一mほどの四足を付け、棚の囲りの三方に五輪板塔婆をめぐらし全体を春慶塗りとしたものである。元来、施餓鬼には香・華・灯明などは供えなかったが、盂蘭盆と混同されるようになってからは、棚中央に三界万霊の位牌を祀り、その前に香・華・灯・供物を供え、五方に五如来の名を記した五色の紙幡を立てて供養するようになった。

　また、わが国で現在行われている施餓鬼法は各宗によって多少異なっているため、その施餓鬼壇の祀り方も異なる様である。

　たとえば、浄土宗では施餓鬼壇の正面に五如来、または七如来の幡および位牌を安置し、その前に飯食器・水器・香炉、そして両側に餅などの供物、前机には香・花・灯明・茶湯を配置する。

　また、臨済・曹洞宗においては、仏殿の前に施餓鬼壇を設け、そこに三界萬霊牌とその両側に新しく亡くなった者の位牌を安置し、

浄土宗の施餓鬼壇の祀り方　京都　光明寺

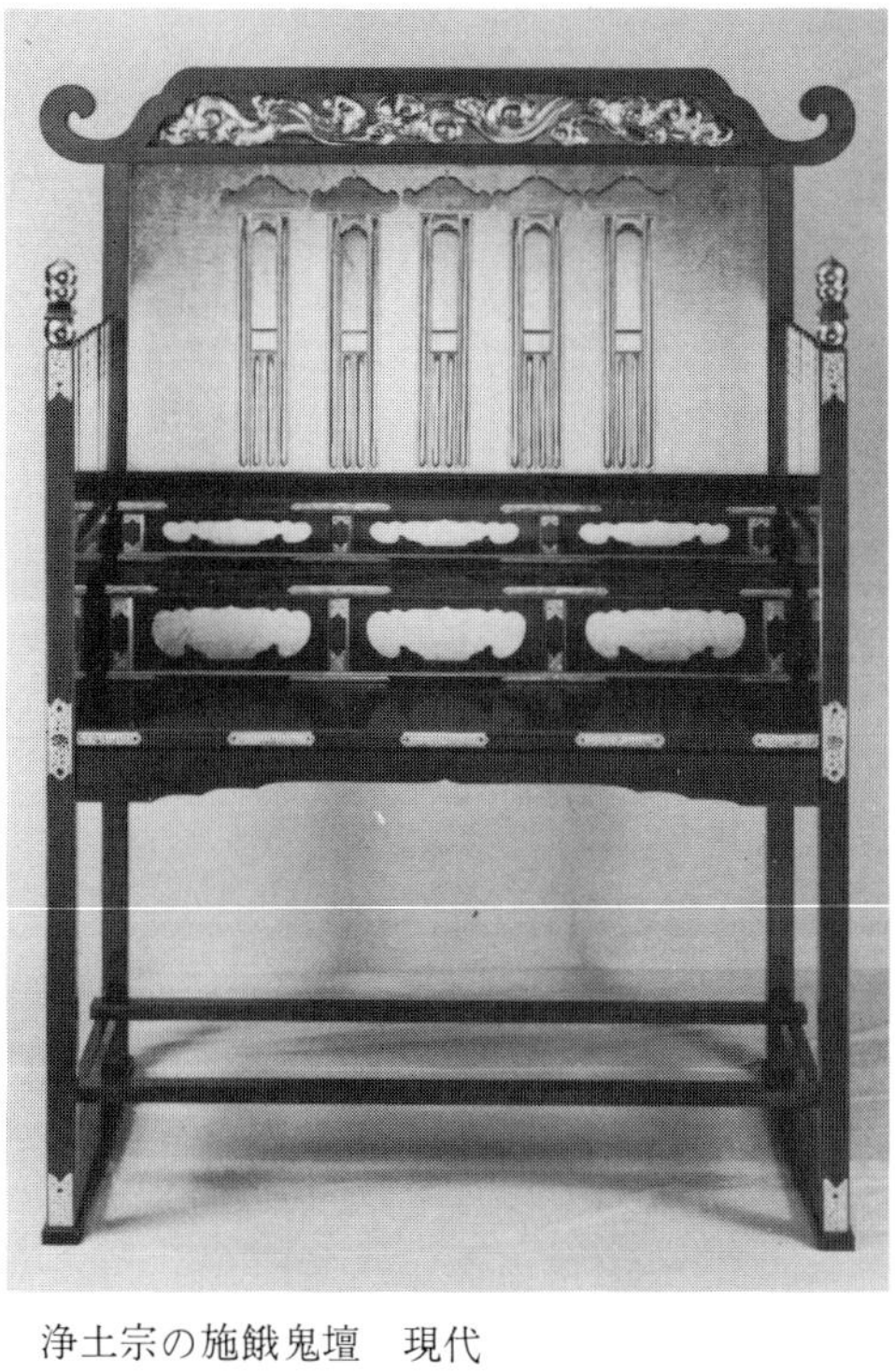

浄土宗の施餓鬼壇　現代

中央に飯食器を置きそこに五色の小幡を立てる。そして左右に洗米器と浄水器、その前方に餅・果実などの供物をそなえ、花・灯明を一対置き、四隅には四天王の幡を立てるごとくである。

禅宗の施餓鬼壇の祀り方　京都　宗仙寺

禅宗の施餓鬼壇　現代

永平寺法堂の施餓鬼壇（右・正面　左・側面）

四、御詠歌用具

御詠歌は、巡礼歌ともいい、霊場めぐりの巡礼が鈴を振り鳴らして歌う歌で、仏菩薩・祖師などをたたえるものである。

現在、最も古いものは西国三三ヶ所巡礼の御詠歌といわれている。

この御詠歌に用いられる用具は、鈴と鉦鈷である。鈴は密教修法で用いる五鈷鈴と同種であるが、形は小振りで柄部を長く作る。現在のものは鈷部下の蓮弁を大きくし、蓮弁より上を金、下を銀メッキしたものが多い。そして、柄上部に撚房と紋章を付す。本来は五鈷鈴を小形化した簡素なものであったと考えられる。

一方鉦鈷は、伏鉦を小形化したもので、撞木で打ち鳴らして用いる。

御詠歌用具には現存遺品中に古例が少なく、それらのほとんどは江戸時代以後のものが多い。

御詠歌講

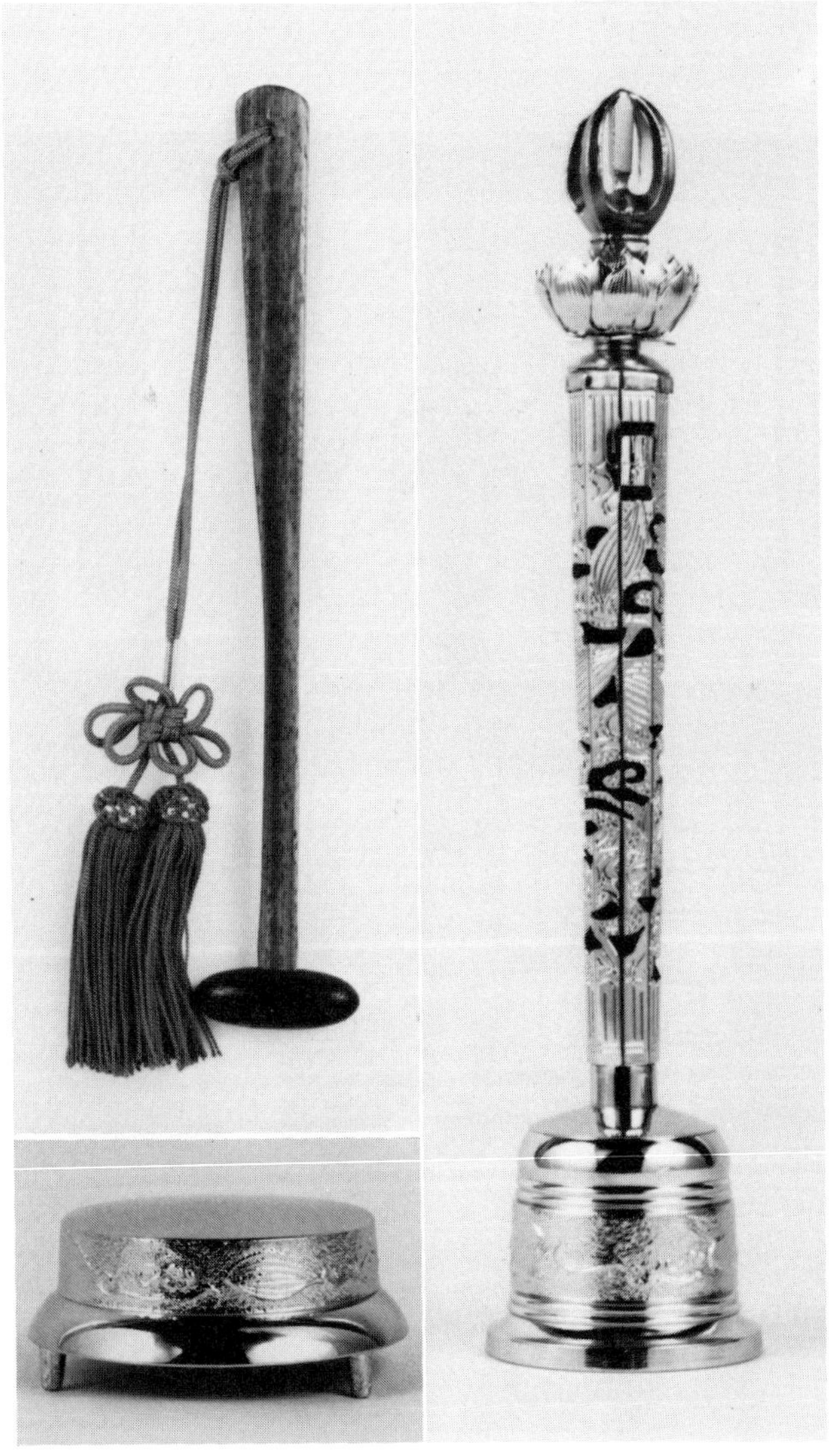

御詠歌用具（鈴と鉦鼓）

御詠歌用具（鈴と鉦鼓）

五、納骨壇

納骨は死者の遺骨あるいは遺品を墓所・霊場などに納め、死者の極楽往生を願うことである。この信仰は、かなり時代が遡るものと考えられるが、しかし、ここでいう納骨壇となると別問題であろう。

納骨壇は、納骨堂あるいは堂内に棚を設けて遺骨を安置する壇のことで、霊場あるいは寺院の堂内に納骨棚が設けられたのは、かなり後世—江戸時代になり檀家制度が確立し、檀家の遺骨を寺であずかるようになってからのことと考えられる。それは、納骨堂で著名な高野山奥之院の納骨堂、奈良・西大寺の納骨堂（骨堂《こうんどう》）などの古例を見るに、壇は設けられていないことよりも推察できる。

江戸時代中期以後に建立された納骨堂には、中央に本尊を祀り、両側面に何段かの壇を設けて、そこに整然と遺骨を安置している。これが納骨壇である。

ただ、現在にいたっては、納骨する量が増加する一方なので、堂内にロッカー式の納骨壇を設置する寺院がふえてきた。

このロッカー式の納骨壇は、上部が先祖を祀る仏壇となり、下部が納骨壇となっているものがほとんどで、檀家の各家に仏壇を安置するスペースがなく、また墓地がない都会の寺院に多いようである。

（坂田知己）

納骨壇（一基）

納骨壇　神奈川　常清寺

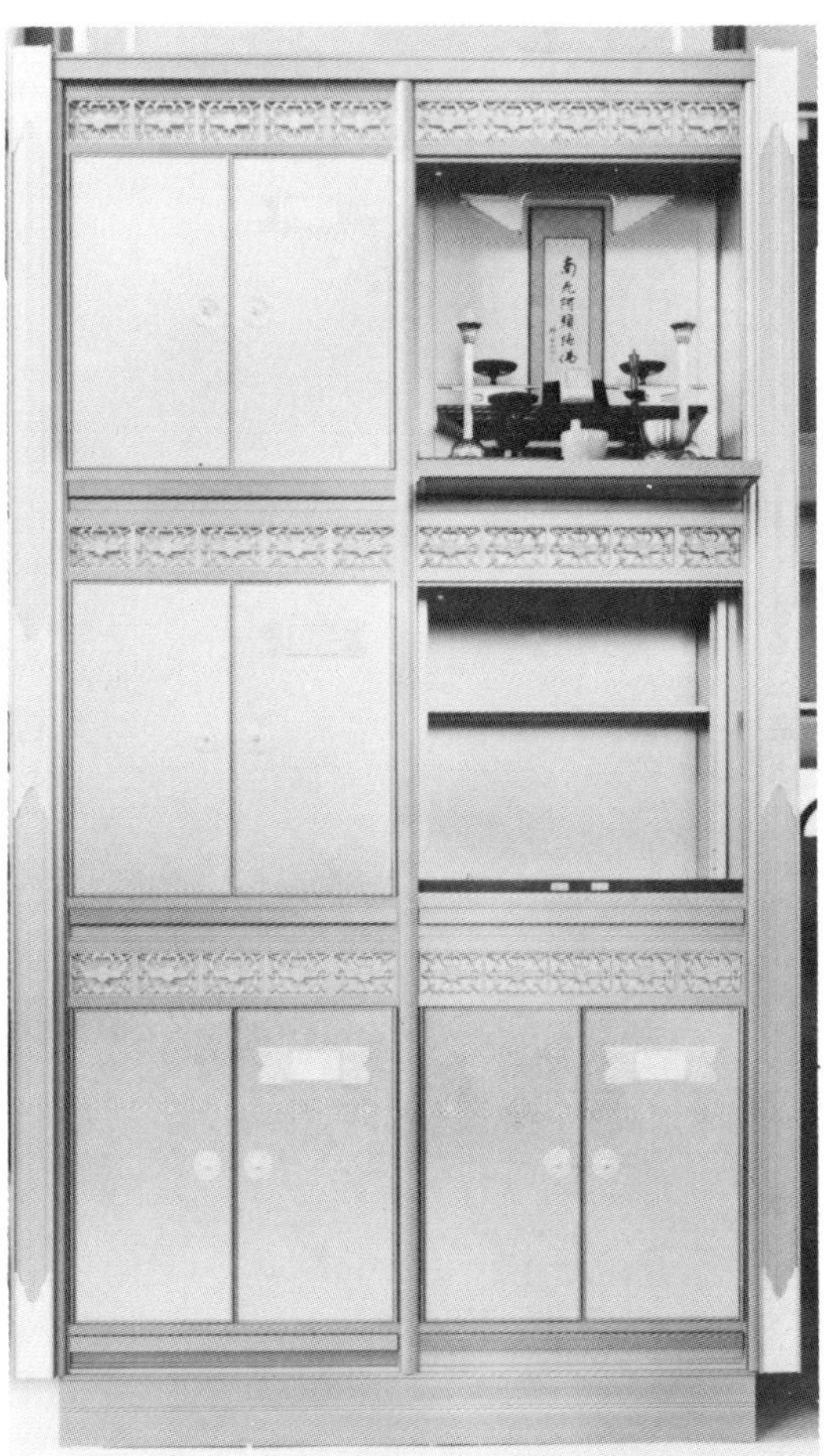

納骨壇（六基）

納骨壇　東京　法音寺

二　仏壇

一、寺院用仏壇の様式変遷

　仏壇とは仏《ぶつ》（如来・菩薩・明王など）を安置し、礼拝や供物をそなえるための壇《だん》である。こうした壇は宗教上の施設としては必要欠くべからざるもので、神道、仏教、キリスト教などの宗教にはみな設けられ礼拝の対象が祀られるから、祭壇・祀壇といってもよいだろう。本稿では仏教に限定して、以下述べていくことにしたい。

　単に「仏壇」といっても、それの設けられる範囲は極めて広い。大は総本山・大本山などの仏堂内に設《しつ》らえられる規模壮大で善美を尽して荘厳されたものから、小は在家の仏間に置かれる仏壇、あるいは近年の団地における最小限の名ばかりの仏壇まで、大小だけを見ても物凄い違いがある。また大寺院の仏壇を見ても宗派や時代によって、それぞれ違いがあり特色をもっている。さらに在家の仏壇はたとえ小さなものでも、それが属する宗派（本山）の仏壇の様式手法をできる限り採り入れ、それを簡略化しながらも各宗の特色がわかるように造られている場合が多い。そこで本項では、まず大寺院における各種の仏壇を時代を追って古代から順に見ていくことにしたい。その前に断っておくのは仏壇と須弥壇《しゅみだん》とはほとんど同じように使われているので、以下のことは須弥壇といい直しても通ずることを注意したい。ただし習慣上、自然な区別はあるといえる。例えば在家では仏壇といっても須弥壇とは一般にいわず、また両者の規模も異るというような点である。

(1)　飛鳥・奈良時代の様式

法隆寺・金堂仏壇　いうまでもなく世界最古の木造建築は法隆寺金堂である。そこにある仏壇は、もし後世の様式手法が混って改修されていなければ最古の姿を伝えているといえるわけだが、惜しいことに現在の壇は成《せい》（高さ）も高く、元禄九年（一六九六）の改修で現状の漆喰塗土壇となった。当初の仏壇は修理の際の柱の痕跡調査によれば、内陣一面の広い板敷だった可能性があると推定された。このような次第で木造建築最古の法隆寺金堂の仏壇は当初の姿を伝えていない。

法隆寺・五重塔須弥壇　次に同寺の五重塔の場合であるが、塔も解体調査の結果当初と変っていることが判った。当初の須弥壇は木造か木芯《もくしん》塑造《そぞう》で、高さも今より低く、また現状より狭く、四天柱の外面を見切とするものだったらしいと考えられている。なおこの上に多くの岩石が重なった形を造り、釈迦一代の生涯を示す多数の塑像が置かれているのは記すまでもないであろう。

薬師寺・金堂須弥壇※1　薬師寺には復元されたものではあるが、金堂の須弥壇がある。昭和の復元であるが、白大理石（昔は「瑪《め》瑙《のう》」といった）の壇上積で、その上には高欄が繞《めぐ》っている。この須弥壇や高欄は古文献を参考にし、現存奈良時代の建築細部に範をもとめて造られたものである。壇上積の壇は簡素で、羽目石《はめいし》には格狭《こうざ》間《ま》などを彫っていない。壇上の高欄も奈良時代様式で、同寺の東塔のほか、正倉院宝物なども参酙されたかもしれない。

※1　薬師寺金堂の須弥壇

　珍しいのは架木《ほこぎ》の上に付けられた火焔宝珠である。これは神宮（伊勢）の本殿、いわゆる唯一神明造りにも付けてあり「居玉《すえだま》」という。形を見ればすぐ判るように、仏寺的なものであるが、神宮が仏寺様式をとり入れた現われの一つである。高欄の水平材（架木《ほこぎ》・平桁《ひらげた》・地覆《じふく》）の木口《こぐち》に打った金物も、同寺で発見された金物が参考にされた。ついでながら、居玉は神明造りの社殿に限って付けられ、神宮のほかでは京都府の籠《この》神社本殿、長野県の水無《みなせ》神社本殿などに見られるが、珍しいものである。

唐招提寺・金堂須弥壇　唐招提寺金堂は奈良時代後期の様式をもつ建築では最高遺作であるが、この内陣諸尊の立つ須弥壇は当時のものと見られている。やはり壇上積であるが、当時一般に賞用された一種の凝灰岩ではなく、花崗岩である。この点から多少の疑問なきにしもあらずであるが、羽目石に格狭間が彫られていて、その輪郭の線様、内部の調子などの点は奈良時代をよく表現している。これらの点を考えれば後世に花崗岩で模したなどとは言い難い。また現在不明であるが、明治末頃までは興福寺境内に奈良時代様式の格狭間を彫った羽目石が転がっていたといい、その格狭間は唐招提寺のものと同類である。

法隆寺・夢殿須弥壇　法隆寺東院夢殿は奈良時代後期に建てられ、鎌倉時代に大改造、その他にも改造されたところがあるが、内陣の須弥壇は一部の礎石などと共に当初のものが遺っている。八角（円）堂だから須弥壇も八角平面、そして二重であり、石材も一種の凝灰岩である。形式は壇上積で、羽目石に格狭間はない。

東大寺・法華堂仏壇※2　天平末頃と考えられている東大寺法華堂（三月堂）にも木造八角二重の仏壇（本尊の台座とも見られる）がある。これは木造の関係もあり、少し複雑である。羽目石に相当するところに曲線を連続した奈良時代様式の格狭間と横連子を入れている。壇上には上下壇とも高欄を繞らす。それは典型的な奈良時代のものであるが、架木《ほこぎ》はもと交差して出ていたらしい。撥形《ばちがた》の斗束《ますづか》も奈良時代の様式である。

その他　以上のほか、奈良時代の建築で須弥壇のある建築に、法隆寺では伝法堂・食堂《じきどう》、唐招提寺講堂、海竜王寺西金堂、栄山寺八角円堂、当麻寺の塔などがある。しかし、これらの堂塔に見られる須弥壇ないし仏壇は、古くても中世、新しいのは明治以後のもので、奈良時代様式の参考にはなり難いものが多い。塔の場合は四天《してん》柱《ばしら》内の狭い所に造られるので一般的とはいえないが、それでも大体各時代を通してあるので参考となるものが多い。しかし上記のように奈良時代までの塔におけるものは、すべて後の改変を経ている。

(2) 平安時代の様式

　平安時代前期の建築は校倉《あぜくら》のようなのを除けば、室生寺《むろうじ》金堂一棟くらいである。同寺五重塔もこの時期に比定されるが、様式面などから見ると、奈良時代後期とした方が適当なような感じがする。それなら室生寺金堂内陣の須弥壇ということになるが、これも明治四一年（一九〇八）の創作である。それで結局平安前期のよき実例は遺っていないことになる。

　このように見てくると、平安前期までの遺例はごく限られているのがわかるであろう。ところが平安後期以後になると、よい遺例も増えてくる。鎌倉以後になればさらに増え、また新様式の目新しいもの、特に禅宗様（唐様《からよう》）の流行をみる。以後、現在でもこの様式のものを多く受け継いでいるようである。

平等院・鳳凰堂須弥壇　平安後期の建築といえば誰でも平等院鳳凰堂を第一に挙げるであろう。いわゆる極楽宮殿形阿弥陀堂の現存唯一の例で、その中堂内部も古代建築では「善美を尽した」ものである。仏具関係ではその須弥壇、それに本尊上の天蓋（方、円の二重天蓋）は多分定朝《じょうちょう》の工房で造られたであろう。それまでに見なかった精巧美麗、しかも豪華なものである。

　須弥壇は木造床《ゆか》上に据えられ、壇上積形を木で造ったもので上部に高欄、木階段部に擬宝珠《ぎぼし》の親柱《おやばしら》があるが、高欄部分は近世以後のものに変っている。須弥壇は上記のように地覆《じふく》、框《かまち》、束《つか》を組み、間

※2 東大寺法華堂の須弥壇

の羽目板《はめいた》には格狭間（1図）を入れている。今この木部には階段の段木などと共に虫が喰ったような痕があるが、これはもと中尊寺金色堂のように真珠光沢を出す貝を、宝相華《ほうそうげ》や唐草などの形に切って嵌め込んだ、すなわち螺鈿《らでん》の痕である。ゆっくりその線様を辿っていくと、元の文様が朧気ながらも判るところもあるだろう。平安貴族に最も好まれた、そして奈良時代以来中国から受け継いで来た宝相華文が、最も日本的に優美上品に完成された姿の一つをここに見るのである。羽目板に入れた格狭間も平安後期の趣きを最もよくあらわすもので、同期の阿弥陀堂内または鶴林寺太子堂内などにも類例を多く見ることができる。

ただ鳳凰堂で惜しいことは、江戸時代に格狭間内に牡丹に獅子の線彫りのある銅板を打ったことである。が、その一枚に「延宝八年（一六八〇）」とあって時期が判るのは幸いである。

中尊寺・金色堂須弥壇　鳳凰堂についで小規模ながら善美を尽した須弥壇に、中尊寺金色堂内のそれがある。これは現在復元されて、眩いばかりの姿で見ることができる。ここでは格狭間内に様々な姿の孔雀文様、それに伴う簡略化した牡丹様の花の文様が施されている。金色堂の場合、鳳凰堂のように絵画関係の荘厳を余り用いず、金工と螺鈿、したがって漆工が優勢であるのは鳳凰堂と面白い対象である。モノが小さいから、事によったら中心地の京都で造って運んだかもしれないと思われなくもない。

近年できた金剛寺（大阪市城東区別所町）の九角如来堂は、九角平面二重の塔であるが、その初重内陣の荘厳は金色堂を中心に平安後期の様式を再現して余すところがない。これは大岡実博士の監修で、文様や技術関係の実際の作者は吉岡勇蔵氏である。

一般的な遺例　以上は内陣の荘厳、したがって須弥壇にも最高の技術・材料を用いて荘厳したものであるが、平安後期はこのような様式のものばかりとは限らず、一般的な須弥壇の方が遺例が多い。たとえば福島県いわき市・願成寺阿弥陀堂（2図）、大分県豊後高田市・富貴寺《ふきじ》大堂《おおどう》、平安末ないし鎌倉初期と見られる京都市・法界寺阿弥陀堂（15図）などである。これらは木造、壇上積形で、羽目板部には格狭間か横連子《よこれんじ》を入れている。これらのうち、願成寺、富貴寺あるいは鶴林寺太子堂などの須弥壇における格狭間は、その線様が平安後期のおだやかな特色をよくあらわしており、いずれも当期の模範とするに足るものである。

その他、格狭間はないが醍醐寺金堂、同薬師堂（山上）、三千院本堂などのものは平安末から鎌倉にかけての代表的な遺例である。法界寺阿弥陀堂は種々な点から見て鎌倉のごく初期にできた可能性が強いが、平安後期様式を受け継いだ好例であり、同様なものは建久五年（一一〇五）の石山寺多宝堂内（3・14図）にも見られる。この須弥壇は壇上の高欄（法界寺の場合はその宝珠柱も）も優秀でいい手本になるものである。

(3) 鎌倉時代の和様須弥壇の様式

今まで見てきたような須弥壇は平安後期までに日本で様式が完成されたもの、すなわち和様の須弥壇であるが、これは鎌倉時代に入ると遺例も各地に跨って増え、代表的な優秀作が見られる。たとえば鎌倉時代の最も典型的なものの一つは薬師寺東院堂の須弥壇で、格狭間や、擬宝珠《ぎほうじゅ》や高欄も平安様式直系で、しかも鎌倉の特色をよくあらわしたものである。

浄妙寺・本堂須弥壇　平安直系で装飾的要素も多い例に和歌山県箕島・浄妙寺本堂（4・16図）のものがある。平安直系といったのは中尊寺金色堂の受け継ぎということで、下壇に蓮弁飾り、格狭間内には二羽向き合っているが孔雀を入れ、木階・框・束などは螺鈿※3で美しく荘厳した手の込んだ作である。孔雀にも青や赤の宝石をちりばめている。

金剛輪寺・本堂須弥壇　滋賀県では弘安一一年（一二八七）銘の金具をもつ金剛輪寺本堂の例がある。この場合、見付は二段に分け、下段は格狭間内に獅子、上段は竪連子《たてれんじ》を入れ、框には蓮花文を線彫りした金具を打つ。最上の壇には見付に珠文と剣巴文の金具を飾る

※3　浄妙寺本堂須弥壇に施された螺鈿の蓮花文。

2　須弥壇格狭間　平安後期　福島　願成寺

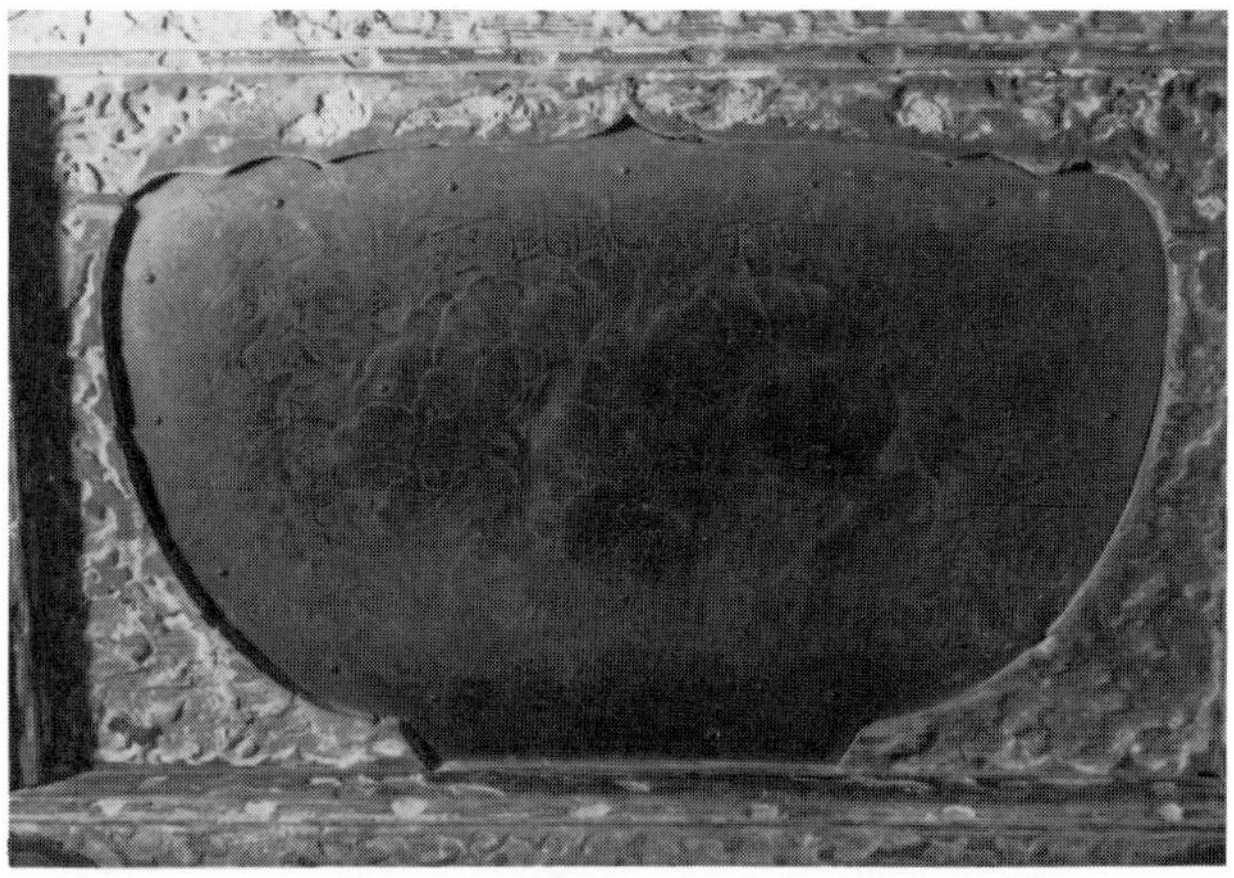

1　須弥壇格狭間　平安後期　京都　平等院鳳凰堂

4　和様須弥壇　鎌倉時代　和歌山　浄妙寺

3　和様須弥壇　平安後期 滋賀 石山寺多宝堂

5　上・和様須弥壇　下・箱仏壇　室町時代　奈良　興福寺東金堂

が、これは中世を通じて古寺では普通に行われたらしい。たとえば奈良では東大寺三月堂の須弥壇、東大寺開山堂（7図）、新薬師寺本堂などに、京都府では同じ文化圏内と見られる浄瑠璃寺本堂などに見られる。

箱仏壇　これらのうち、正面と側面にわたって長く箱形に造られ、供物を供えたりするものは供物壇ともいわれる。またその形から箱仏壇などとも呼ばれる。金剛輪寺の近くの西明寺本堂では上段に剣頭文・珠文のほか卍繋ぎを用いたりしている。韓国の仏寺では須弥壇上に幅狭く、長い卓《しょく》を置くが、これを「補卓」という。

蝙蝠形格狭間　鎌倉時代になると格狭間の形にも在来の形のほかに繰形の多い、一見蝙蝠《こうもり》を思わせるので「蝙蝠形」などといわれる形式が現われ須弥壇にも多く用いられる。この形は近畿のほか瀬戸内海方面にも多く、尾道市・浄土寺多宝塔、同市・西国寺本堂などにも秀作がある。浄土寺多宝塔の場合、内部の連子の方向を種々変えて美しくしているが、これも鎌倉からで、時にはこの方式を桟《さん》唐戸《からと》に応用したのもある。

大仏様須弥壇　鎌倉時代では以上のような和様系のほかに、新来の大仏様系があったはずだが、浄土寺浄土堂須弥壇（6図）ぐらいしか遺らず不詳。ただ東大寺開山堂厨子（7図）のものが絵様や繰形において他と違った特色を示し、大仏様の一種かと考えられるくらいである。

(4)　近世の禅宗様須弥壇の様式

大仏様について入ってきた禅宗様（唐様）の須弥壇は在来様式と全く違ったものであり、繊細で装飾的で、日本人の好みに最もよく合ったものであった。それで近世以後あたりから禅宗様の須弥壇・仏壇・厨子が最も優勢で、以来、現在に至るまで寺院のみならず在家の仏壇・仏具に至るまで禅宗様を用いたものが最も多く見られ、また造られている。

禅宗様の特色　中央が細く、上下両部に全長にわたって何段もの繰形をくり返し付けていること。中央の細まった部分を蝦《えび》の腰といい、この細長いところを欄間のように扱い、牡丹、牡丹に獅子、唐草あるいは竪連子などを入れること。最下部に渦か唐草などを彫った脚をつけるのが普通であることなどが特色とされる。上下の繰形は必ずしも蝦の腰を境に同じ形を繰り返すのではなく、下方の繰形を多少多くしたり大きくしたりして上下の均衡を求めている。

この種の最古の一例は、上部の禅宗様高欄をも含めて建長寺蔵の須弥壇（9図）で、保存もよく優秀作である。この蝦の腰の牡丹に獅子の彫刻は古式で盛り上がりが少なく、後世のいわゆる鎌倉彫りの祖形である点も注意すべきである。

禅宗様の高欄　禅宗様須弥壇上の高欄は禅宗様を用いる。すなわち親柱は擬宝珠ではなく、また隅で組合せる組高欄でもない。上部が蓮花の意匠になるもので普通は中央の芯が上向き、その周りに蓮弁が垂れた姿で、俗に逆蓮柱※4（ぎゃくれんばしら、またはさかばす）といわれるものである。時には蓮弁が上向きで中心に宝珠（この場合、未開蓮を象るものか）を置いたものも、室町時代の地方的作に見られる。

禅宗様の斗　架木《ほこぎ》を承ける斗《ます》は一般形でなく、蓮葉（荷という）を意匠したものを用いるのが普通で、その形の連想から握《にぎ》り蓮《はす》などともいうが、中国的な言い方は「荷葉束」である。中国では蓮については多くの名があり、「はす」全体は「蓮」、その葉は「荷」、根は「藕《ぐ（ぐう）》」などの部分名称がある。いずれにしても禅宗様では荷葉束（蓮葉束）を用いるのが本式である。ただし逆蓮柱としながら斗は普通のを用いた例も割に見られるが、これは略式であろう。

二、在家用仏壇

前述の通り、古くは仏像を安置する壇（古くは土壇であったために檀ではなく壇の字を用いる）を仏壇といった。それは『東大寺要

※4　逆蓮柱の高欄（建長寺須弥壇・模造）

6　大仏様須弥壇　鎌倉時代　広島 浄土寺浄土堂

7　良弁僧正厨子台座　鎌倉時代　奈良　東大寺開山堂

8　禅宗様須弥壇　室町時代　東京　正福寺

9　禅宗様須弥壇(下は蝦の腰)　鎌倉時代(模造)　神奈川　建長寺

10　禅宗様須弥壇　鎌倉時代　神奈川　円覚寺開山塔

11　禅宗様須弥壇　室町時代　神奈川　円覚寺舎利殿

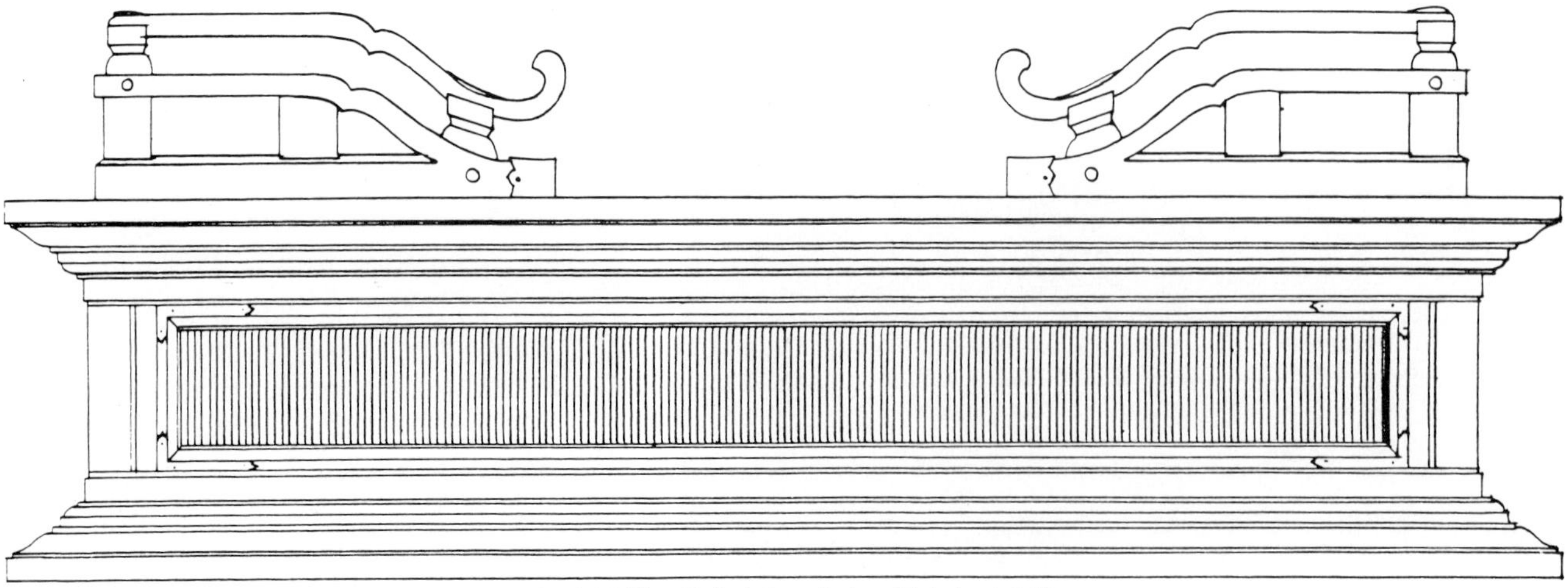

12 須弥壇 鎌倉時代 奈良 霊山寺三重塔

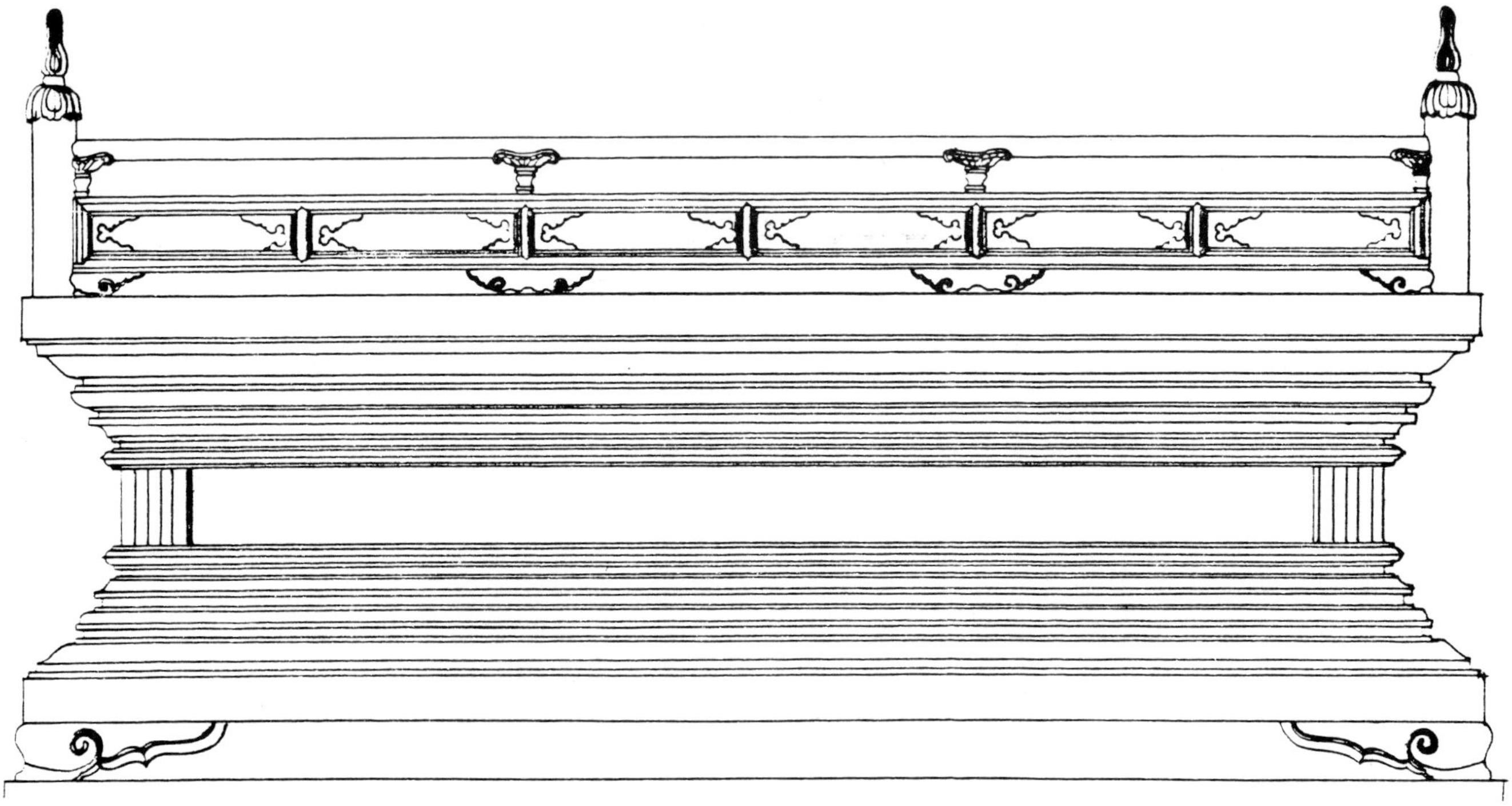

13 須弥壇 室町時代 東京 正福寺地蔵堂

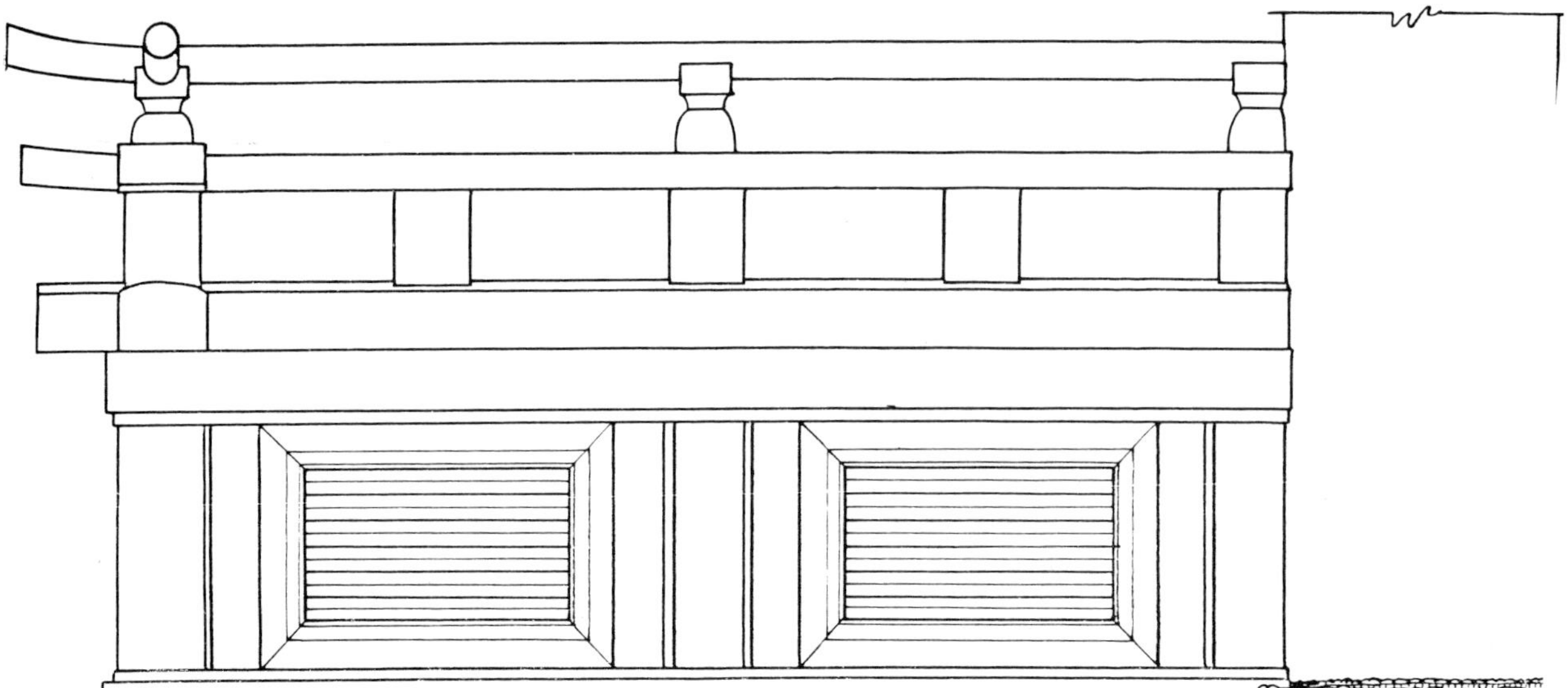

14 須弥壇と柱脚部の蓮弁飾り 鎌倉時代 滋賀 石山寺多宝塔

16　須弥壇　鎌倉時代　和歌山　浄妙寺

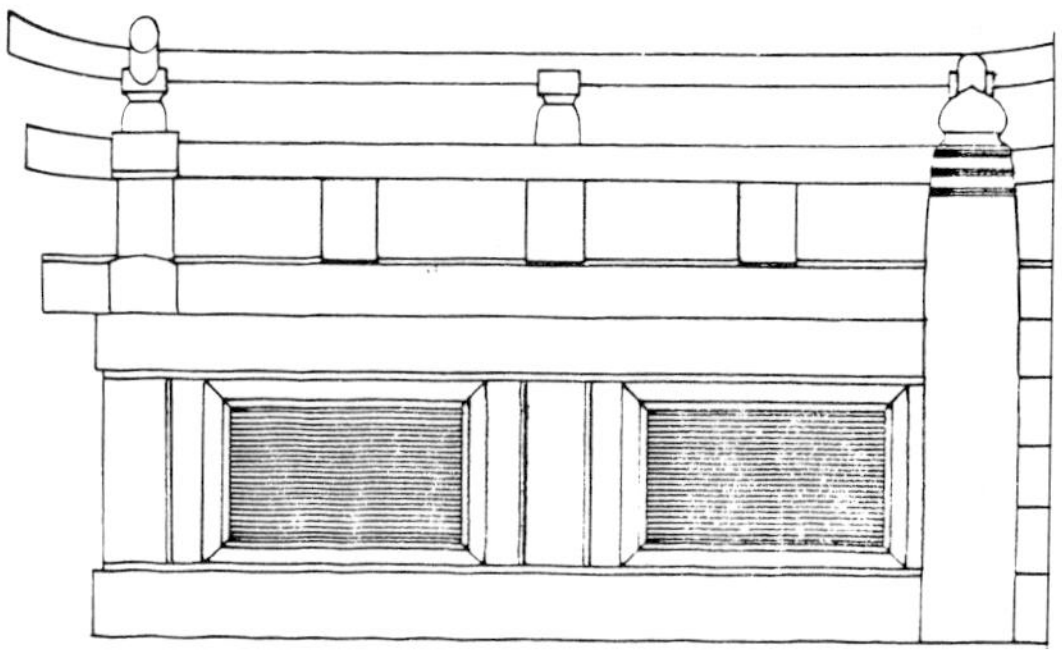

15　須弥壇　鎌倉時代　京都　法界寺

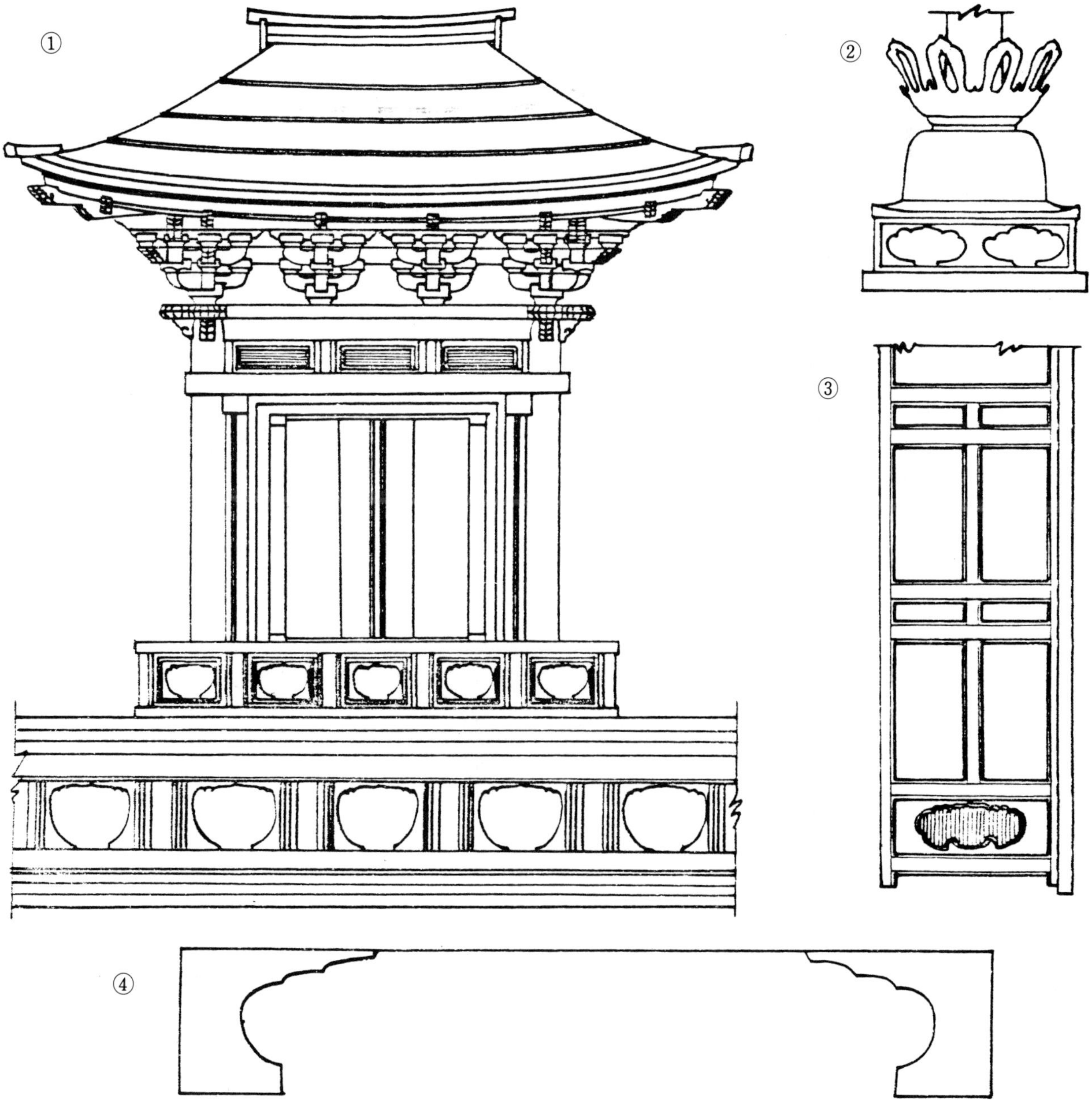

格狭間　①常楽寺本堂厨子(室町) ②談山神社十三重塔相輪下部(室町)
③妙心寺大方丈扉(江戸) ④法隆寺玉虫厨子台座(奈良前期)

①

⑥

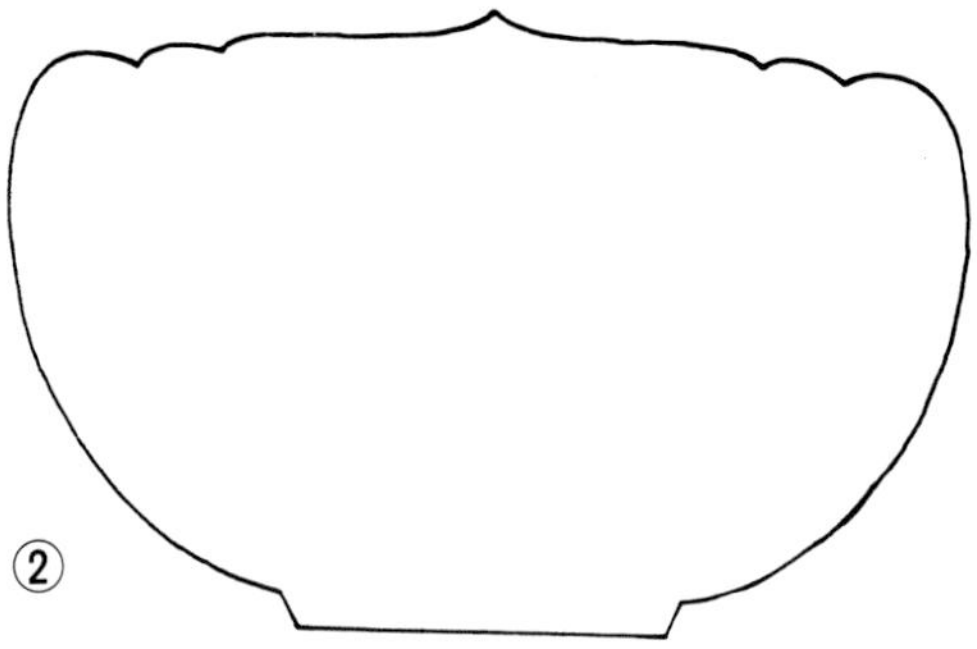

②

⑦

③

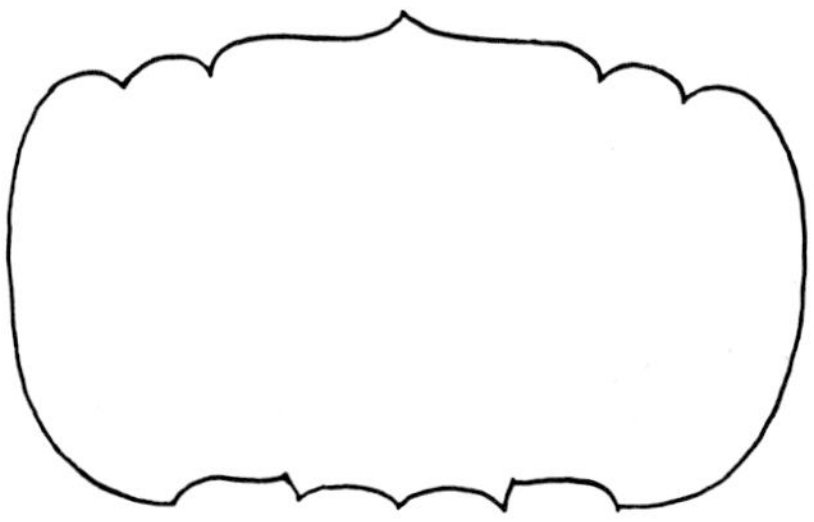

⑧

⑩

④

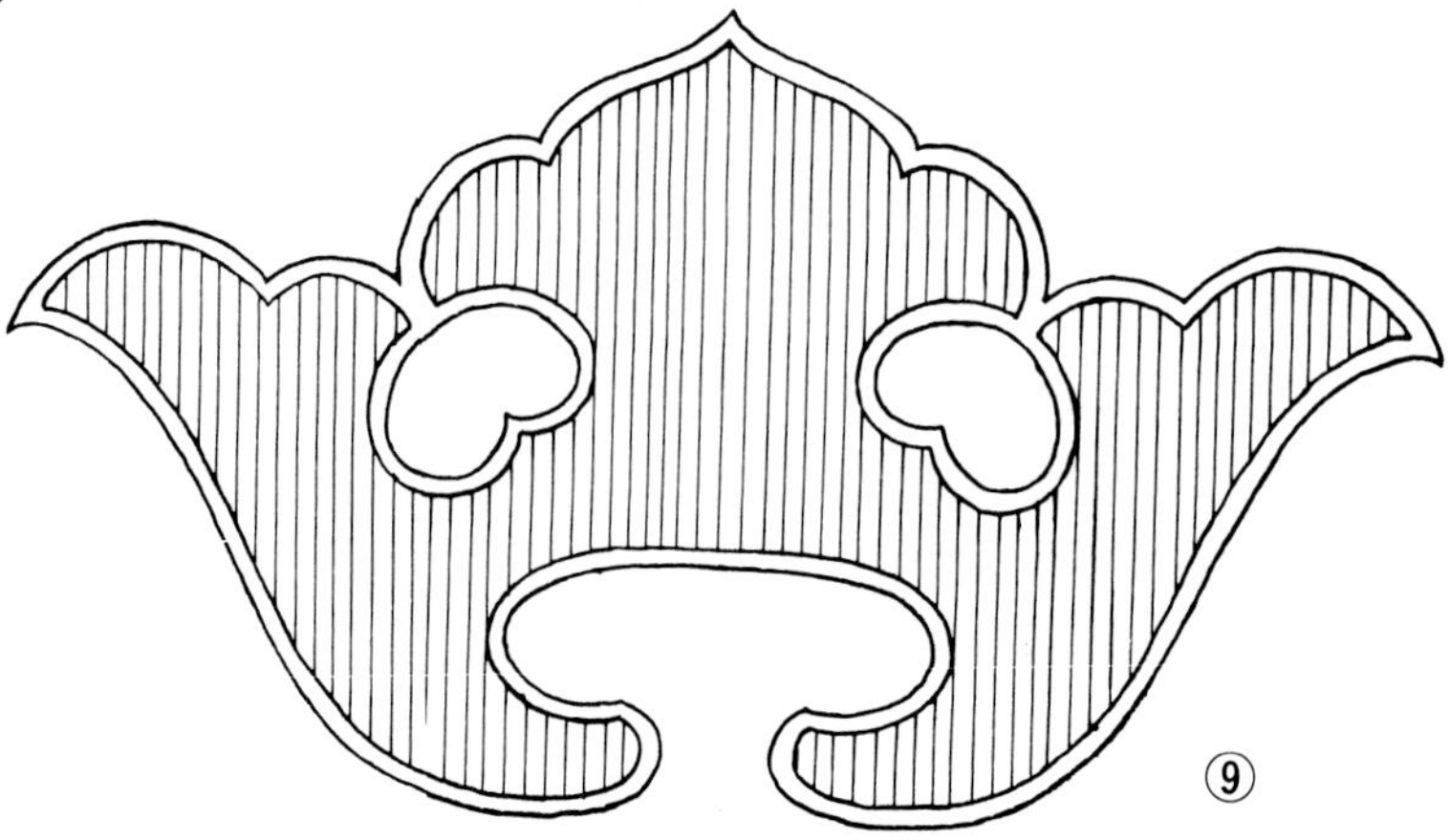

⑨

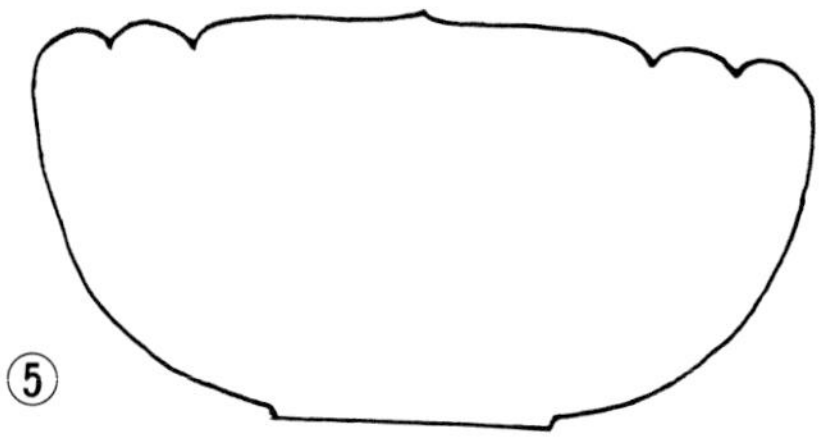

⑤

格狭間　①唐招提寺金堂須弥壇(奈良後期)　②平等院鳳凰堂須弥壇(平安後期)　③中尊寺金色堂須弥壇(平安後期)　④浄妙寺本堂須弥壇(鎌倉)　⑤元興寺極楽坊本堂須弥壇(鎌倉)　⑥鶴林寺本堂(室町)　⑦峰定寺本堂(室町)　⑧西本願寺黄鶴台(江戸)　⑨本門寺五重塔(桃山)　⑩『倭絵様集』所載「魯盤」

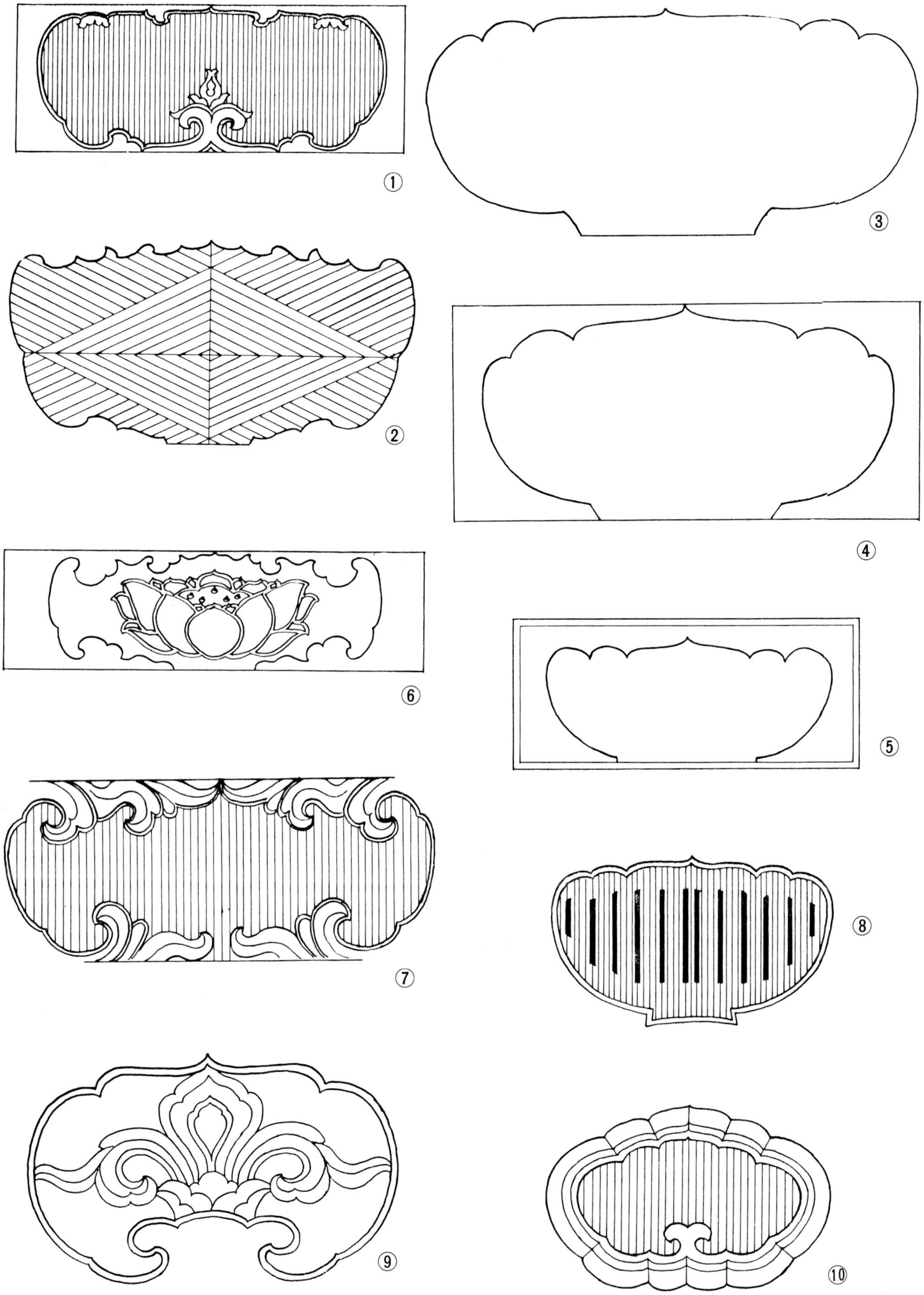

格狭間 ①金剛峯寺不動堂（鎌倉） ②浄土寺多宝塔（鎌倉） ③観心寺金堂（室町） ④浄厳院本堂（室町） ⑤園城寺三重塔露盤（室町初） ⑥西国寺本堂（室町） ⑦蓮華王院本堂（室町） ⑧東寺五重塔（江戸） ⑨法観寺五重塔（江戸） ⑩江戸末期以後の拙い例

録』には「大仏の仏壇は白石造にして一重十六角、高さ八尺、周三百九十五尺あり」とあるが後世、寺院の仏壇を須弥壇と呼ぶようになり、仏壇は在家仏壇をさすようになった。その形は、箱形の厨子の中に須弥壇・宮殿を組み入れたものである。また仏壇は家庭の仏事における諸仏具※5を収納するための機能性、また地域による特殊性が必要とされ、そのための種々の工夫がこらされるのが特色とされる。

(1) 仏壇の起源と変遷

在家仏壇に関する古い文献資料は、現在のところ非常に少ない。初見は『日本書紀』巻二九、天武天皇一四年（六八五）に壬申(二一七日)に、「詔したまわく、諸国に、家毎に、仏舎を造りて、すなわち仏像及び経を置きて、礼拝供養せよ」との記述であるが、ここにいう家毎とは三位以上の有位者か、あるいは地方の郡家という有力な豪族をさすというのが定説であり、庶民の家のことではないとされる。

現在の仏壇に近い物が一般庶民の各家庭に祀られるようになったのは江戸時代とされるが、では奈良時代から江戸時代にかけてはどのような変遷があったのであろうか。それには、まず各時代の社会情勢と、仏教の日本における展開が考慮されなければならない。

奈良から平安時代にかけての貴族社会においては、祖霊信仰と守護仏信仰また密教による加持祈禱の隆盛と相まって持仏堂・仏間の建立が流行する。古くは玉虫厨子や橘夫人厨子もそのためのものであり、平安時代を代表する遺構、中尊寺金色堂や平等院鳳凰堂も藤原氏の持仏堂である。鎌倉時代以降では、武士の台頭と共に、特に禅宗の寺院においては菩提寺の創建が盛んとなる。これも一氏族の持仏堂といえるであろう。

庶民生活においても寺詣り・霊場廻りといった習は平安時代のころからみられ、仏教の影響をしることができるが、かといって各家庭に常設の仏壇があったとは考えられない。ただ、神霊を家に迎えるに際して棚を吊り、また縁側に壇を設けて花を飾り供養の食物を並べるといった、正月の年徳棚や、盆の精霊棚に今もみることができる習いは、古来からの民俗として浸透していたようである。これらの習俗は主に先祖の精霊に対する供養の意味を持つが、これが鎌倉以後禅宗とともに流行した位牌の受容となり、常設※6の位牌棚へと変化する。現在でも位牌棚と仏壇を別に設ける地方があるが、一般には仏壇が位牌の安置所としての機能を合せ持った形で祀られる場合が多い。ただこれには宗派的特色もあったようで、天台・真言・禅宗では位牌の安置所として仏壇が発生した傾向が強く、これは仏壇を台所やデイ※7の間に設け、かつ小さな箱形や棚であったことから窺われるが、真宗や日蓮宗では古くから形も大きく、座敷に設けられたという。そして江戸幕府の切支丹禁制政策による檀家制度、仏壇改めによって全国の家庭に仏壇が設けられることとなった。その背景として祖霊信仰という日本の民俗性が、仏壇受容の基盤となったことを考えねばならない。しかし当時の真宗※8においては「講」の核としての役割を門徒の代表者が担い、かつ立派な仏壇を持つことは、団結強固であった真宗教団での位置づけの上からも必須条件とされ、また報恩講を営む際などには門徒の家が寺としての性格を有したため、華麗な仏壇を造っていったといえる。

現代においては、祖霊に対する忌み観念の希薄化に伴い、宗派的な形式や設置場所の特色は失われつつあるが、一方日蓮正宗における円筒宮殿形仏壇のような新様式の仏壇も生じた。全体としては、特に農村地域における生活向上に伴い、庶民家庭に豪華な仏壇が受け容れられた時代といえる。

(2) 仏壇の様式

仏壇の形制については先に述べたごとく、玉虫厨子や、奈良・興福寺の木造弥勒菩薩半跏像納入厨子に代表される春日厨子が祖形と考えられる。それが家庭におけるスペースの問題から、厨子内に香華灯飲の供養具を安置し鈴《りん》・木魚といった梵音具を収納する必要を生じ、仏壇内に須弥壇・宮殿・机・引出しといった区分するため

※5　在家用仏具と称され、三具足・五具足・花立・香炉・吊灯篭・置灯篭・茶湯器・高杯・霊供膳・鈴《りん》・木魚・伏鉦などがある。

※6　岡山県の古い民家では、柱の両端の約半間程度の個所にホゾ穴をいがって横木をさしこみ、これに板を載せて棚を作り、上に位牌を並べて、その下を引き出しとしているのがみられ庄屋階級の家での古い仏壇の型式といえる。

※7　奥の間または表の間など奥座敷をさす。

※8　西本願寺大師堂の内陣を外陣からみた写真、仏壇との類似性がよくわかる。

17 仏壇 江戸時代 京都 山本亀太郎氏

19 仏壇 京都 富美代

18 仏壇 江戸時代 奈良 森野家

の諸仏具が設けられたのであろう。江戸時代を遡る古い遺品はみられないが、江戸時代にはすでに現在と同形制の仏壇が成立していた。京都山本亀太郎氏の元禄時代のもの(17図)や、越前大野郡羽生村某家には寛永初年のものが現存し、各地に散見されるようである。中でも山本亀太郎氏仏壇は、当時の大阪の豪商淀屋辰五郎所持と伝えるもので、金・銀・珊瑚・真珠を嵌装し、黒漆塗り、朱漆塗り、金箔置きで仕上げられた華麗なものである。これらの遺品から考えるに、江戸時代の商人や庄屋の台頭によって目立たない中に華美を集約するという、仏壇の一つの形式が成立したものと推察される。また、各地の仏壇産地の資料から、すでに各藩の中で仏壇作りを業とする職人の株仲間の記載が多くみられるため、広く一般庶民の間にも、現在に近い形制の仏壇が普及していたものであろう。

現在の仏壇を分類すると①材料による種類　②宗派別による種類③産地による種類の三種に分けられる。

材料による種類　木を材料とすることに変わりないが大きく、①塗仏壇(金箔押仏壇)、②唐木仏壇に別けられる。塗仏壇とは桧・松・杉・欅などの木材を用いて、漆塗り箔置き仕上げした仏壇で、蒔絵・飾金具の技法によって華麗な装飾が施こされている。とくに真宗において重用され、江戸時代以後、京都・大阪・名古屋を中心に各地方の仏壇産地で生産されたようで、古くは仏壇といえば塗仏壇をさしたのであろう。

唐木仏壇の発生は塗仏壇に比べると新しいが、江戸時代から大阪の薬種問屋による唐木指物の生産が行われていたことが文献でしれ、江戸中期には唐木仏壇の製作も大阪を中心に行われていたと推察される。しかし一般に普及したのは明治以後のことで、関東大震災による関東地方の仏壇需要に応えるべく量産されたのを皮切りとして、以後生活スタイルや低価格などの要素が時代の要望に合致し増加してきた。紫檀・黒檀・松・桧・桜材などのムク材やねり材を材料とする。これらは硬木が多いため工作が容易ではなく、ために宮殿部分も簡単で、塗仏壇に比べシンプルな点が特色とされる。現在では徳島県と静岡県が二大産地とされるが、東京・大阪・名古屋・会津などでも製作されている。

宗派別による種類　仏壇の成立時点において宗派的相違があったとは考えられないが、明治以後の宗派確立の中で仏壇にも本山様式が色濃く取り入れられた。大きくは①八宗用、②浄土真宗西用、③真宗東用、④日蓮正宗用に分類される。八宗とは天台・真言・浄土・臨済・曹洞・日蓮・浄土真宗(西・東)をさす。安置される本尊[※9]や仏具の祀り方が宗派によって異なるのは当然であるが、仏壇の形は同じものを使用している。禅宗様須弥壇・高欄の上に、妻または平を正面に向け屋根面に千鳥破風（据破風）と軒唐破風を付けた宮殿を設けるのが一般的形制とされる。この八宗用仏壇は塗仏壇と唐木仏壇の両方が製作され、数の点からいえば一番多く使用されている。

真宗大谷派(東用)は、宮殿を本山東本願寺阿弥陀堂の宮殿の形式を踏襲して二重唐破風の屋根とするのが特色とされ、浄土真宗本願寺派(西用)は八宗用と同じく千鳥・唐破風を用いるが、三手先・四手先といった複雑な斗組が多く用いられる。

日蓮正宗用と呼ばれる仏壇は、方形厨子の中にさらに円筒形厨子を納置した二重厨子といえるもので独特のものである。日蓮正宗の信者にのみ用いられ、教義をとり入れて戦後考案された。黒漆・朱漆仕上げで飾金具が施工されるものもあるが、多くは唐木製である。

産地による種類　仏壇は江戸時代から八職といわれる職人の分業で製作され、かつ各地方の生活習慣を様式の中にとり入れてきたため、製作される地方による特色がみられる。産地色を残す仏壇は、①京形、②彦根形、③名古屋・三河形、④大阪形、⑤広島形、⑥川辺形、⑦七尾形、⑧新潟形、⑨飯山形、⑩八女福島形、⑪金沢形、⑫秋田形などに分けられる。

京形仏壇は平安時代以来の美術工芸の中心地としての高い技術と洗練された美意識の中で育まれたもので、明治時代以降活発化する各地の仏壇製作への指導的役割を果たしてきた。

（近藤豊・編集部）

※9　宗派により仏壇に祀られる本尊と脇掛の一般形式は次のとおりである。

○天台宗　〈本尊〉阿弥陀如来
〈脇掛〉天台大師（右）
伝教大師（左）

○真言宗　〈本尊〉大日如来
〈脇掛〉弘法大師（右）
不動明王（左）

○浄土宗　〈本尊〉阿弥陀如来
〈脇掛〉観世音菩薩（右）
勢至菩薩（左）
または善導大師（右）
円光大師（左）

○真　宗　〈本尊〉阿弥陀如来
〈脇掛〉十字名号（右）
九字名号（左）
または親鸞聖人（右）
蓮如聖人（左）

○臨済宗　〈本尊〉釈迦牟尼仏
〈脇掛〉達磨大師（右）
観世音菩薩（左）
※脇掛は派により異る。

○曹洞宗　〈本尊〉釈迦牟尼仏・道元禅師・瑩山禅師の一仏二祖形式。

○日蓮宗　〈本尊〉大曼荼羅、その前に日蓮聖人を祀る。
〈脇掛〉大黒天（右）
鬼子母神（左）

資料(2)　現代の産地別仏壇例

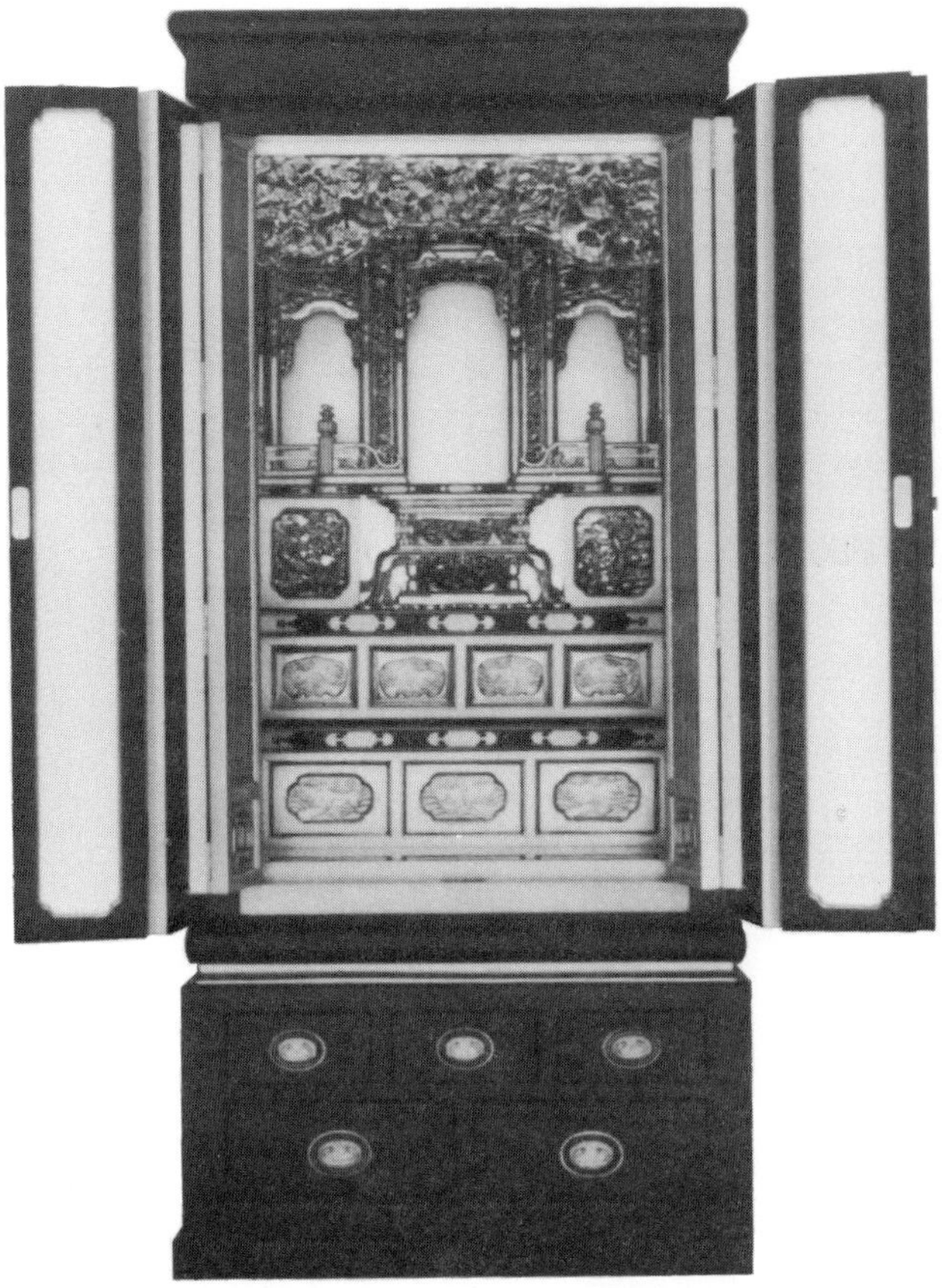

大阪仏壇　特徴　①大阪欄間で知られる彫りおこし技法の彫刻の多用　②内・外部の文様を浮き上がらせる蒔絵技法　③独得の研磨を行う塗り技法　④うんげん彩色などがあげられる。京仏壇同様に各宗派向けの形が造られている。

京仏壇　京仏壇は、平安時代以来の高い工芸技術をもつ八職、すなわち木地、彫刻、漆塗り、金箔押し、蒔絵などの各工程の分業によって造られ、各部の細工が精巧なのが特色とされる。江戸以降全国の漆塗り金仏壇の産地に影響を与えてきた。

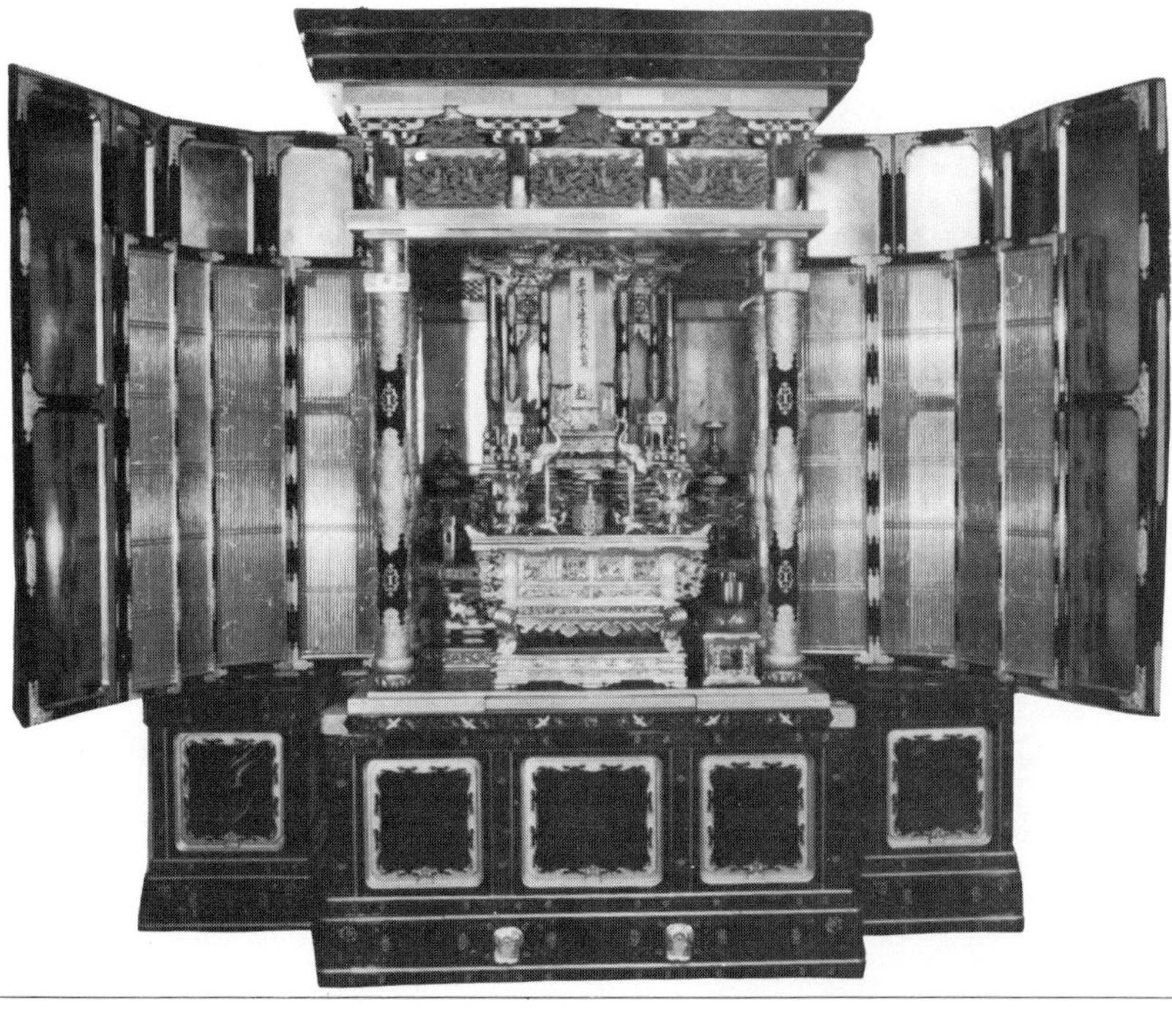

名古屋仏壇　特徴　①宮殿御坊用と称する、独特な屋根を配した肘木組の宮殿を始め　②内・外部の錺金具の彩彫り　③蒔絵に立体感を出す泥錆仕上げの技法　④外欄間が三ッ切であり　⑤仏壇全体を四段にわたって分け　⑥台輪（下台）を高くし、台のまくりと、最下部に引出し式登高座を組込むなど機能的に造られている。

三河仏壇　特徴　①仏壇内部の長押また荘厳の小長押がウネリ形であり、②中障子には花子彫　⑤障子の腰に蒔絵板が取り付けられ　⑥須弥壇下部は三杯引出しとなっている。⑦外欄間の彫刻はウネリ長押付欄間であり、そのため内部が拝み易くなっている。⑥また台輪（大台）が低くなっているなどがあげられる。

彦根仏壇　特徴　①木目出し塗りの技法と　②花・羅漢・天人・菩薩・鳥獣・家紋などの彫刻が精鋭である　③台輪が低く　④引出しが三杯出しである。尚、彦根仏壇は比較的大形が多く、耐久力に富み細工が入念な点が特色でもあり、各宗派向けの仏壇が造られている。

飯山仏壇　特徴　①仏壇内部の長押が弓形である。②肘木組の宮殿が長押にさえぎられず　③欄間枠も弓なげしに調和するよう作られている　④須弥壇の内柱に昇り竜、下り竜の彫刻があり　⑤扉裏に蒔絵がほどこしてある　⑥外欄間は弓長押形であり　⑤金箔置きに艶出し箔押し技法を用いた各宗派向けの仏壇が造られている。

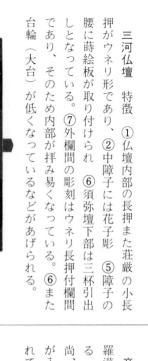

金沢仏壇　特徴　①金箔の伝統産地であることからこれを多用している　②仏壇内部構造がシンプルであり　③大胆な彫刻の兜形欄間と　④扉・障子にとりつける彫刻に木材を始め象牙、さんごなどを使用して立体感を強調　④蒔絵の本金研出し技法によるあざやかな仕上り　⑤須弥壇下部に引き壇縁（多くの引出し・引戸）を用いる。

七尾仏壇　特徴　①仏壇内部の須弥壇柱（内だき）の昇り竜、下り竜を始め彫刻を多用し、②蒔絵・錺金具・塗箔にも特色があるが特に来迎柱にも金箔を押す　③細部にわたって柄組がとり入れてあり　④須弥壇下部に引き壇縁（引出し・引戸）があり　⑤前戸・障子共に開く角度が大きく　⑥外欄間をシンプルに仕上げる。主として二百代が中心。

広島仏壇　特徴　①安芸門徒と称される真宗の西本願寺派が多いことから、同派向けの金仏壇（御堂作り）が中心に作られているが　②特に砥粉と膠で練った材料を高く盛り上げて表現する高蒔絵技法と　③立て塗りと称する塗りが巧みであり　④いわゆる京形タイプである。

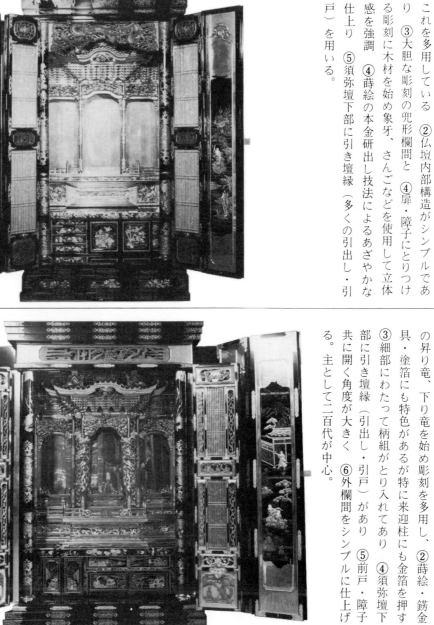

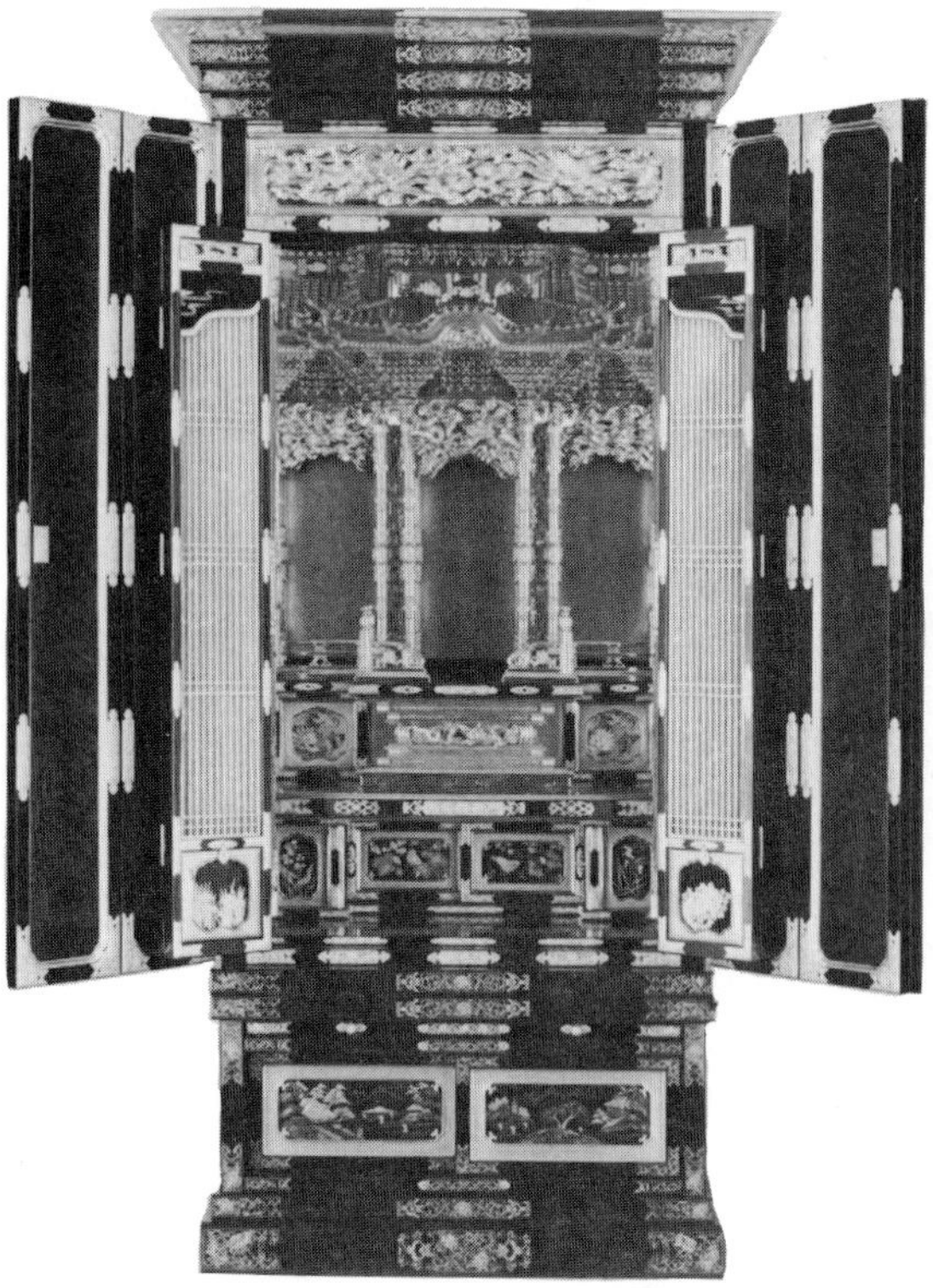

山形仏壇　特徴　①仏壇内部の宮殿は肘木、枡組の重ね技法を用い　②宮殿屋根部を大きく表現し　③中央の宮殿柱に昇り竜、下り竜の巻竜をあしらう　④漆塗りを用いた金箔押しを伝統とする。

新潟仏壇　特徴　①仏壇内部の宮殿の三つ屋根造り（全宗派向）を中心に　②欄間が蕨手形であり　③彫刻は丸彫り、重ね彫り、平彫りの技法を用い　④扉は三方開、屋根部が笠ごみ受け形である。⑤産地が長岡・越後・三条・燕・西蒲原等に渡る。

川辺仏壇　特徴　①仏壇内部宮殿の斗栱の部分を、竹串で結合し組み合す技法を用いている　②彫刻はつけ彫技法（板を重ねて貼ってゆく）を用い　③台輪がやや高く全体が細身でいわゆる京形三方開の中形が多い。

八女仏壇　特徴　①壁立てが垂直であり　②内部長押の上に欄間をはめ込み彫刻を入れる　③内部は須弥壇、三ッ切下段とし　④左右の柱間を引出しとするなどの八女形(写真)と　⑤八媛形・福島形の３種類がある。

日蓮正宗（唐木）仏壇　日蓮正宗仏壇は他宗とは様式的に歴然としたちがいがある。もっとも大きな特徴は仏壇内部の須弥壇上に厨子（丸形・角形）を置く点にある。さらに厨子には開閉できる扉をもうける。

また、扉内側に緞帳をもうけるものもある。外欄間中央に鶴丸紋座をあしらう。形態は内部に厨子を収めて仏壇自体を箱型にした仏壇と、厨子そのものを仏壇にした「厨子形仏壇」とがある。

唐木仏壇（八宗向）　仏壇内部の荘厳構造は、基本的には塗り仏壇と同様であるが、唐木仏壇は一部分をのぞき、金箔・彩色を用いない。仏壇内部にいわゆる宮殿を置かない須弥壇形式がもっとも多く、また内部荘厳も簡素である。唐木仏壇の産地は、徳島県・静岡県・東京都・大阪府・愛知県・福島県などにある。

第二章　宗派別仏具の荘厳法と特色

一　奈良仏教における仏具の展開

『扶桑略記』[※1]によると継体天皇の十六年（五二二）に司馬達等が来朝して、大和国高市郡高市村坂田の自宅に仏像を安置して奉祀したという。しかし仏教の公式伝来といえば、欽明天皇の十三年（五五二）とされ、『日本書紀』によるとこの年に百済国の聖明王が金銅釈迦仏像一軀・幡・蓋・経巻などを朝廷に献納したという。これはまさにわが国の政治・宗教文化の全般にわたっての一大変革期をもたらすものであった。さらに日本書記の崇峻天皇元年（五八八）には、百済国から仏舎利が献じられるとともに、寺工《てらたくみ》・画工《えたくみ》・瓦博士《かわらはかせ》・鑪盤博士《ろばむのはかせ》などが渡来して法興寺を建てたとある。つまり建築技師をはじめ画師・陶芸師・鋳物師などの新進技術者の導入である。次いで推古天皇十三年（六〇五）四月には、勅命によって鞍作止利《くらつくりのとり》に銅《あかがね》と繍の丈六の仏像各一軀を作らせ、翌年四月八日に完成している。このように朝廷と豪族による活発な仏教の普及が行われ、造寺・造仏が盛んとなり、また小野妹子を大使とした二度にわたる遣隋使の派遣や、隋朝からも斐世清を大使とする使節が来朝するなど、これまでの朝鮮半島との国交以外に直接に中国との文化交流が行われるようになった。隋朝は間もなく亡び、唐朝の時代に入るが、その後も遣唐使や学僧達の入唐が続けられ、唐朝文代は絶え間なくわが国に伝えられた。

さきに百済国から幡・蓋などの荘厳具が送られたが、また『日本書紀』によると推古天皇三十一年（六二三）に新羅と任那から、仏像一具・金塔・舎利・大灌頂幡一具・小幡十二条などが朝貢されており、仏像や仏舎利とともに荘厳具が必須のものとされたことがうかがわれる。これは中国の東魏の楊衒之の撰した『洛陽伽藍記』[※2]（五四五頃）の巻第五、凝玄寺の条や、唐の張彦遠の『歴代名画記』の巻三、敬愛寺の条などをみても、当時の中国寺院に、おびただしい金属や絹製の大幡や小幡が用いられていたことがしられるから、この頃のわが国の寺院でも、朝鮮の諸国や中国本土の寺院に倣った荘厳や供養の法が行われたことは推察に難くない。

一、奈良時代の資財帳に記載される仏具

わが国への仏教伝来から間もないころの奈良時代における仏具のありさまを、当時の公式の寺院財産目録である資財帳から探ってみると、関係資料の主たるものに『法隆寺資財帳』[※3]（天平十九年・七四七）や、『大安寺資財帳』[※4]（同じく天平十九年）、『西大寺資財帳』[※5]（宝亀十一年・七八〇）、また東大寺の『阿弥陀院宝物目録』[※6]（神護景雲元年・七六七）などがある。それらによると仏具を整然と分類しているわけではないが、その帰属を明らかにしている。まず大きく、仏分・法分・通分、あるいは塔分・温室分といった分け方や、また丈六分・薬師仏分・弥勒仏分・観世音菩薩分・聖僧分・維摩像分など尊別の分類法も併用している。またそれらの中には仏具と日常用具との区別の定かでないものもあるが、その種類は多く、また数に至ってはおびただしいものがある。以下掲載順に従って拾うと次の

※1　神武天皇から堀河天皇に至る間の漢文の編年史。もと三〇巻で現在のものは残闕本。六国史以下の典籍および寺院関係の古伝により、各条に出典を掲げているのが特色とされる。叡山の僧皇円の著。

※2　後魏、楊衒之撰。魏帝が洛陽を都として以来仏法は栄え、堂塔・伽藍が瓦を並べたが、永熙の乱で烏有となった。その頃、故蹟を追叙し、その地勢から構造に至るまでを楊衒が詳記したとされる。

※3　天平十九年に勘録したもので、法隆寺の縁起および財産目録といえるものである。寺址・建物・什物・仏像などが克明に記るされており、当時の法隆寺の実体をしることができる。

※4　天平十八年（七四六）僧綱所牒によって大安寺三綱が作成し、同十九年に進上したことが、巻末勘録に記されている。書風からみて天平時代のものではなく、奈良末期から平安初期の写本とする説もある。現在文化庁に保管されている。

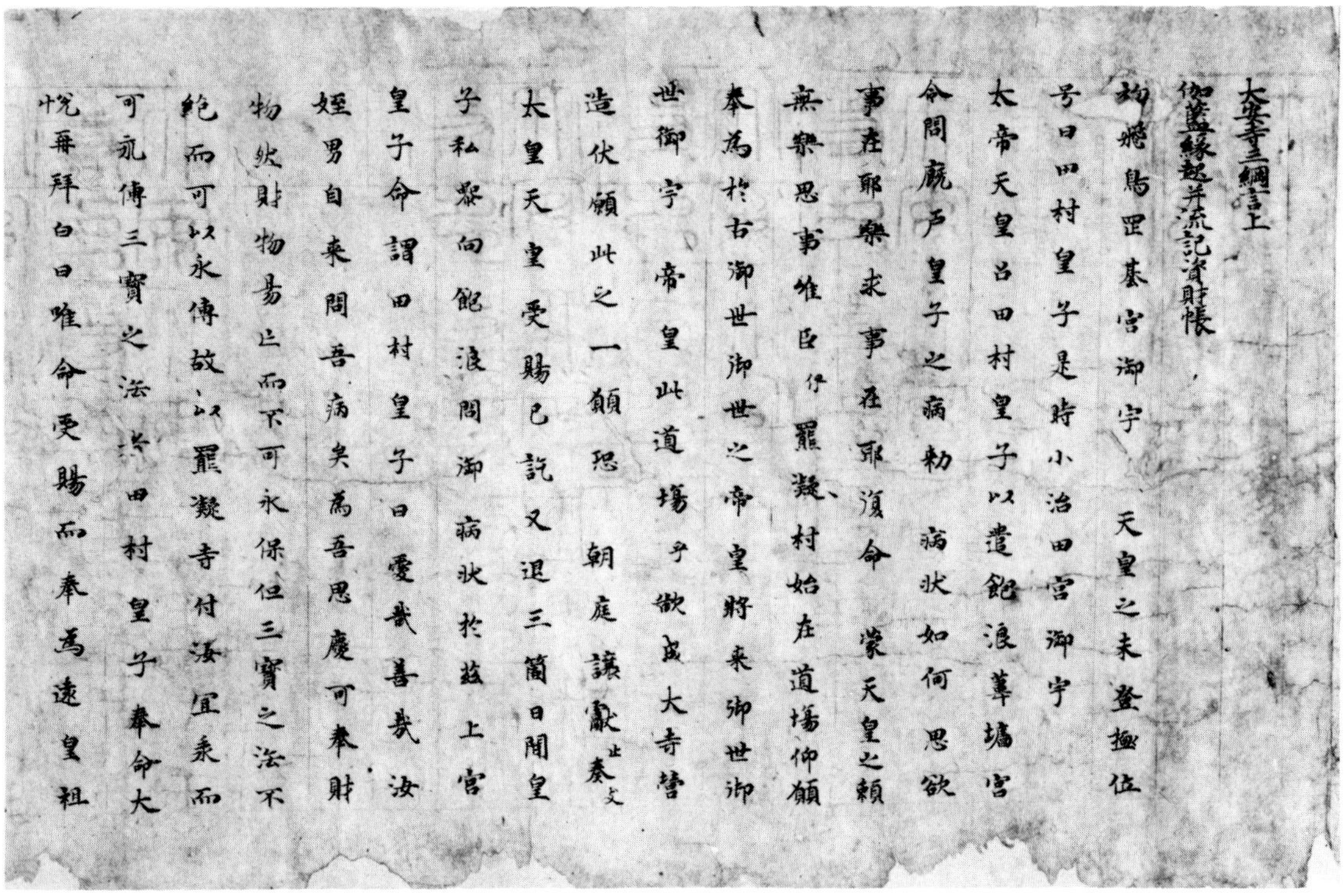
大安寺三綱言上
伽藍縁起并流記資財帳
初飛鳥岡基宮御宇　天皇之末年登極位
号曰田村皇子是時小治田宮御宇
太帝天皇召田村皇子以遣飽浪葦墻宮
令問廐戸皇子之病勅　病狀如何思欲
事在耶樂求事在耶復命　蒙天皇之頼
無樂思事唯臣伊羅凝村始在道場仰願
奉為於古御世御世之帝皇將來御世御
世御宇　帝皇此道場ヲ欲成大寺營
造伏願此之一願恐　朝庭讓獻止奏文
太皇天皇受賜已訖又退三箇日間皇
子私還向飽浪問御病狀於茲上宮
皇子命謂田村皇子曰愛哉善哉汝
姪男自來問吾病矣為吾思慶可奉財
物然財物易亡而不可永保但三寶之法不
絶而可以永傳故以羅凝寺付汝宜承而
可永傳三寶之法者田村皇子奉命大
悦再拜白曰唯命受賜而奉為遠皇祖

大安寺伽藍縁起并流記資材帳

ようである。

(A) 法隆寺伽藍縁起并流記資財帳

鉢、多羅、鋺、鈚、鉗、香炉、単香炉、水瓶、香坏、匣、鍢、壺、鏡、鐘、磬、錫杖、釜、鋳、火炉、経台、案机、経嚢、塵尾、褥、氈、小幡、灌頂幡、蓋、宝頂、繡帳、袈裟、坐具、誦数、絁帳、単帳、花香具、花覆、机敷、香、香机褥、経机褥、漆塗机、高坐、幢、垣代、屏風、牒子……

(B) 大安寺伽藍縁起并流記資財帳

鉢、多羅、鋎、匙、箸、飯鋎、塔鋎、大盤、漿鉢、壺、酌、水瓶、香杯、香炉、単香、香鍢、香盤、鐘、磬、鏡、鐕、火炉、鉄炉、錫杖、誦数、香、組大灌頂、繡大灌頂、秘錦大灌頂、灌頂、宝帳、蓋、小幡、机敷物、花覆、袈裟、坐具、衣、厨子、牒子、屏風、机、案机、塵尾、如意、脇息、籌、経台、経嚢、持蓋、裳、被、偏袒、手衣、巾、褥、沓、衣屏、垣代、帳、杖、鐃、菩薩天冠、高座、礼盤坐、火炉机……

(C) 西大寺資財流記帳

銅鐸、幢、蓮華座、鏡、挙身光、水瓶、念珠、仏台、机、牙床、土代褥、帳、敷褥、蓋、小幡、小床、殿、花樹、龍形、宝冠、榻、雑玉幡、白拂、金銅鼓、木台、台基、呉床、磯形、経帙、厨子、壁代、香袋、覆、案厨子、花足床……

(D) 阿弥陀院宝物目録

宝殿、蓋、経嚢、薫香、灌頂、堂幡、小幡、厨子、念珠、可水角、錫杖、鉢、火炉、鈢、磬、燈坏、燈台、机、床、榻、香水器、香櫃、香印坐花、褥、覆、歩墻、敷布、畳、帳、貫簀、花机、仏供机、水精塔、金銅切物幡、金銅切虵舌、磬台花木……

右のうち大安寺と法隆寺の資財帳によると、養老六年（七二二）に元正天皇が、両寺に仏分と聖僧分として供養具各二揃いを納賜している。その一セットをみると、白銅鉢一口（口径七寸一分、深さ四寸一分）、白銅多羅二口（各口径八寸、深さ一寸）、白銅鋺七口（一口は口径六寸三分、深さ二寸、二口は口径五寸三分、深さ二寸、四

※5　宝亀十一年（七八〇）に作成された写本で、もと四巻本であったが、現在は第一巻分だけが残こる。縁起・坊地第一、堂塔舎第二、仏菩薩像第三、経律論疏第四が上巻、官符図書第五、楽器衣服第六が下巻と分けられている。堂塔房舎、仏菩薩像の項に、堂内や仏像の荘厳のさまが記録されている。

※6　阿弥陀悔過料資財帳ともいう。天平十三年（七四一）に創建された東大寺阿弥陀院での阿弥陀悔過に用いられた法具、資財などの財産目録。巻末から原本は神護景雲元年（七四七）に作成されたことがしれるが、現在のものは平安初期の写本ともいわれる。

口は口径五寸、深さ一寸七分の三種）と匙一枚（長七寸五分）、箸一具（長八寸一分）の各種である。つまり奈良時代の仏前供養具は鉢一口・多羅（皿）二口・鋺三種七口に匙と箸を添えたものなどが正式とされたことがうかがわれる。そのほかにも法隆寺の丈六仏に光明皇后が銀多羅二口を納めたり、称徳天皇が東大寺大仏に大形の銀鉢二口を納めたりしたこともしられるから、当時の供養具は僧侶や貴族の日常飲食器に準じた形態がとられたものとみられる。

以上の奈良朝の資財帳に出る仏具のうち主要なものを抄出すると次のごときものとなる。

(a) **荘厳具**

灌頂幡、堂幡、小幡、幢、蓋、宝頂、厨子、高座、経台、経机、案机、香机、礼盤、床、帳、褥、畳

(b) **供養具**

鉢、多羅(皿)、鋺、匙(匙)、鉗(箸)、大盤、水瓶、香炉、単香炉、香杯、塔鋺、花香具、香水器、花瓶、燈杯、燈台

(c) **梵音具**

鐘、磬（銅鐘、金鼓《ごんく》）、磬台

(d) **僧具**

鉢、袈裟、裳、被、偏衫、手衣、錫杖、如意、塵尾《しゅび》、数珠、籌《ちゅう》

二、上代の仏具の遺例

仏教初伝の頃から奈良時代にかけての仏具を、今日に伝える寺院の双璧は法隆寺と東大寺である。法隆寺は現在所蔵するもののほかに、明治十一年に仏像をはじめとする多数の宝物を皇室に献上した、いわゆる法隆寺献納宝物（東京国立博物館保管）があって、往時をうかがうことができる。また東大寺も寺院に現存するもののほかに、中心となる倉庫であった正倉院の宝庫が、多数の奈良朝の遺品を今日に伝えているからである。

(1) 法隆寺関係の上代仏具

まず法隆寺に現存する遺品をみると、荘厳具には、天平十九年の資財帳にも宮殿像二具と記載される、玉虫厨子（国宝）と、橘夫人念持仏厨子（国宝）や、金堂の諸像の上にかけられた木造の箱形天蓋（重文）三箇などがある。いずれも飛鳥から白鳳にかけての姿をみせ、また東院の伝法堂にも奈良時代の箱形天蓋がある。金銅装唐組垂飾残欠（重文）も、当時の几帳などの装飾の実情を示す貴重な遺例である。

供養具では金銅鉢（重文）三口が伝えられ、また香水壺に用いたと思われる金銅壺（重文）や、佐波理製の香水壺や鋺なども伝えられている。

梵音具では西院と東院に各一口の古鐘が伝えられている。西院鐘（重文）の撞座文は同寺発掘の古瓦文と類似し、東院鐘（重文）には「中宮寺」の刻銘がある。また「東院」の刻銘をもつ素文式の銅磬（重文）もみられる。

僧具に関する仏具では銅錫杖三柄（共に重文）があり、また珍しい形姿の仙盞形《せんさんがた》水瓶（重文）が残されている。

法隆寺献納宝物中の仏具　次に法隆寺献納宝物中の仏具をみると次のようである。

まず荘厳具では資財帳に「片岡御祖命」が納賜したと注する金銅透彫灌頂幡（国宝）が伝えられているほか、金銅小幡（重文）十五節をはじめ、赤地絣錦や蜀江錦などの小幡（共に重文）など染織の幡が数流ある。調度品的なものとしては、推古天皇の御几帳に用いたという金銅装唐組垂錦（重文）二組、各種文様の錦の褥（重文）七枚、玳瑁張経台（重文）、経台褥（重文）二枚、あるいは長畳式の藺《い》筵《むしろ》(重文)四枚、竜鬢筵・麻円座(共に重文)などの坐具、白氈・緋氈(共に重文)計五枚、そのほか絹傘(重文)や珍らしい竹厨子（重文）、また木画経箱（国宝）など各種の箱類なども伝えられている。

供養具では五綴鉄鉢（重文）と別に二口の鉄鉢(重文)、漆木鉢(重

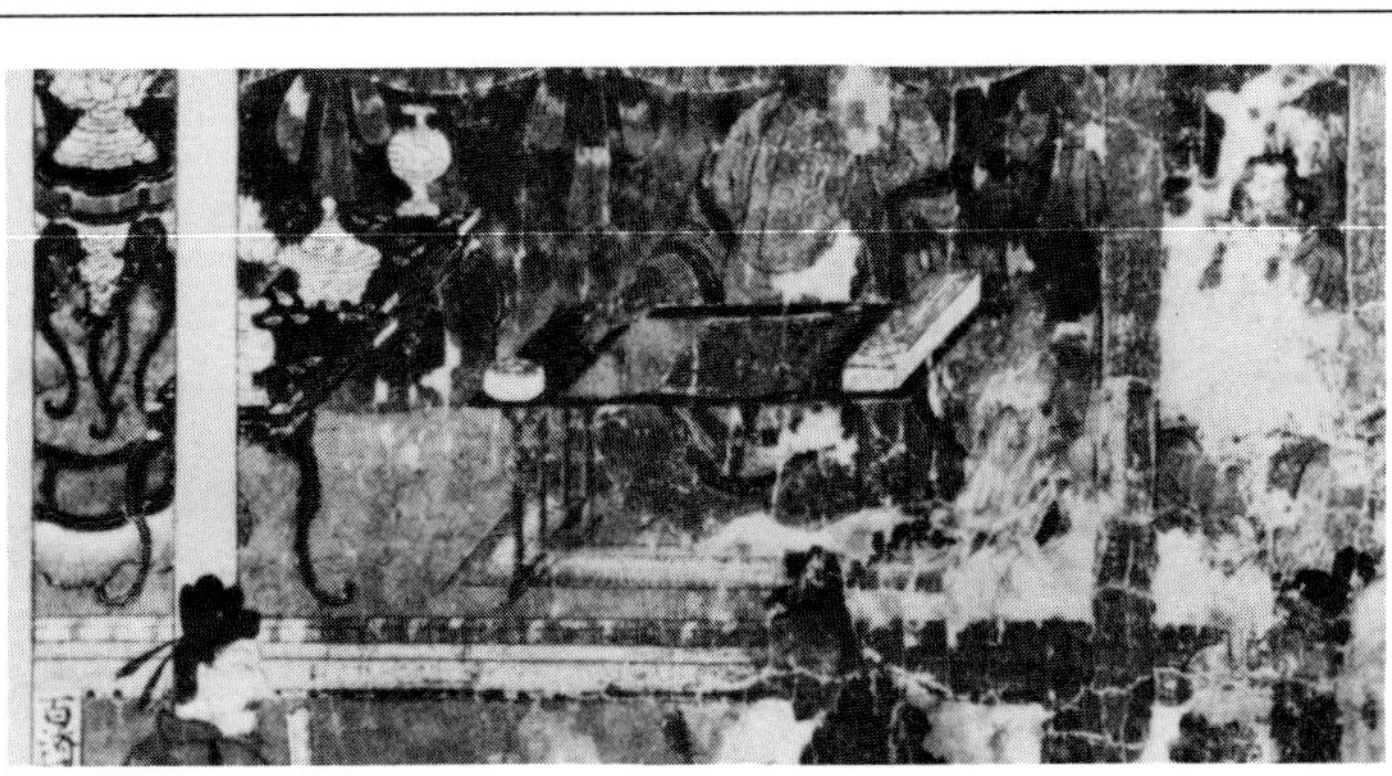

※　法隆寺献納宝物の花瓶と『勝鬘経』見返しの部分

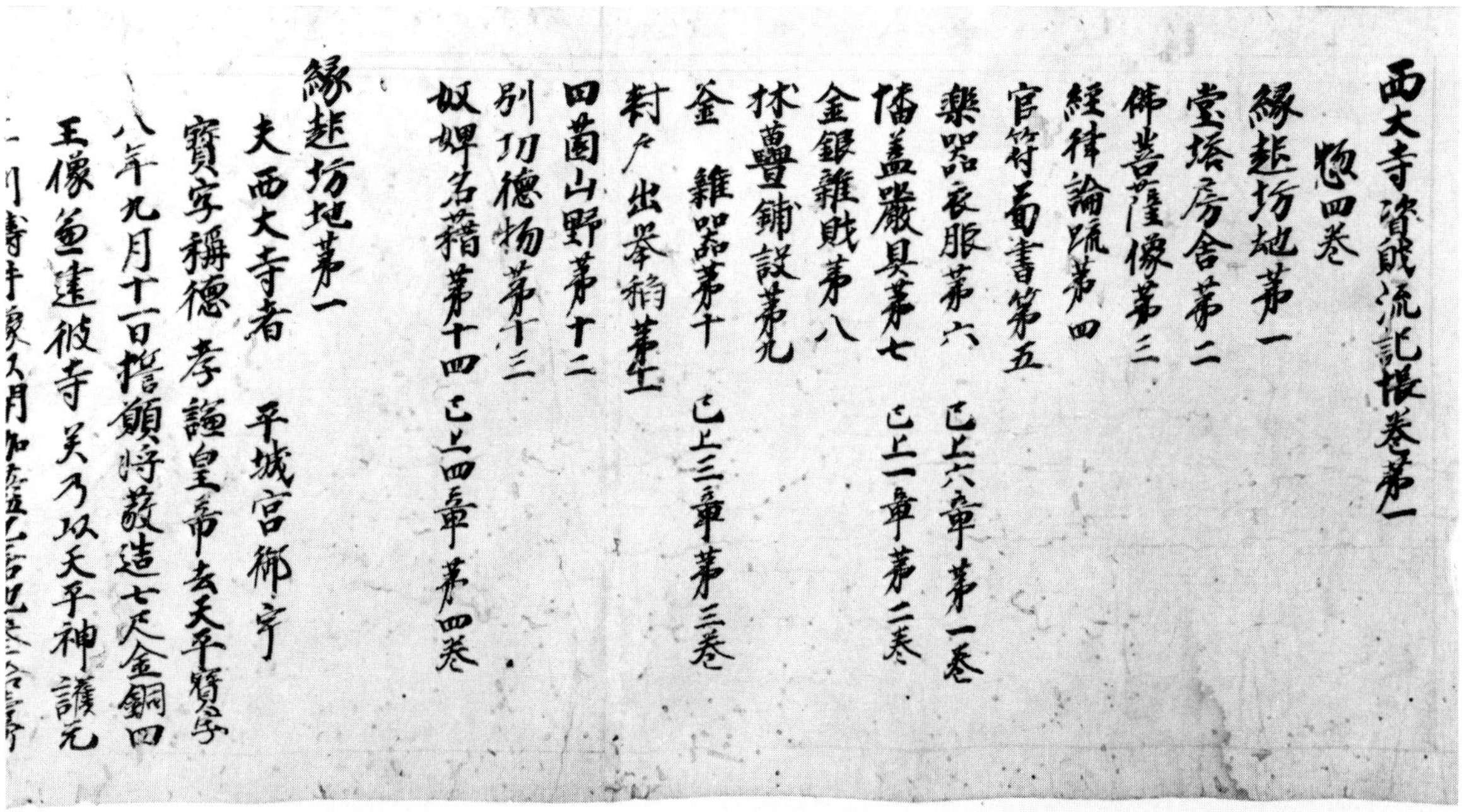
西大寺資財流記帳巻第一
惣四巻
縁起坊地第一
堂塔房舎第二
佛菩薩像第三
経律論疏第四
官符図書第五
楽器衣服第六　已上六章第一巻
幡蓋厳具第七　已上一章第二巻
金銀雑財第八
牀疊舗設第九
釜　雑器第十　已上三章第三巻
封戸出挙稲第十一
田薗山野第十二
別功徳物第十三
奴婢名籍第十四　已上四章第四巻
縁起坊地第一
夫西大寺者　平城宮御宇
宝字称徳孝謙皇帝去天平宝字
八年九月十一日誓願将敬造七尺金銅四
王像并建彼寺矣乃以天平神護元

西大寺資財流記帳

文）、墶鉢《そくはち》（重文）などがあり、佐波理の蓋鋺《ふたまり》（重文）五合、同じく八重鋺（重文）三組のほか佐波理鋺三口（重文）、鈚《さじ》二枚（重文）、そのほか托子二枚（重文）などの佐波理製の供養具がある。それらには資財帳の分類と同じく「丈六分」「仏」「弥勒仏」「王」「法」「僧」「通」などの墨書を持つものが多い。また飛鳥時代の形式の鵲尾形柄香炉二柄（国宝・重文）や奈良朝式の獅子鎮柄香炉（重文）があり、お香入れの塔鋺（重文）や、これに類する脚付鋺三合（重文）などもある。水瓶には名高い銀竜首胡瓶（国宝）や竜毛彫水瓶（重文）のほか、佐波理製の仙盞形水瓶（重文）や王子形水瓶八口（重文）などが含まれている。

僧具では、絹製と麻製の糞掃衣《ふんぞうえ》各一領（共に重文）と、絹製の袈裟（重文）一領がある。また持物としては古式な水角如意（重文）や牙笏（重文）、琥珀念珠二連（重文）などが伝えられている。

この法隆寺献納宝物は飛鳥・白鳳期のものをかなり包含しているので、上代遺品の弁別の上で極めて貴重な遺品群である。

(2)　東大寺関係の上代仏具

東大寺に現存する奈良時代の遺品の中で仏具は比較的少ない。供養具では大仏殿正面に立つ金銅八角燈籠（国宝）が最古最優の金属燈籠として名高い。鉢には大小二種の金銅鉢（重文）三口と、二個の鉢受台（重文）があり、大形鉢一口と受台二個には斤両の刻文があって当時の重量を知る資料でもある。国宝の誕生仏と一具をなす銅造灌仏盤も奈良朝の意匠豊かなもので、また大仏殿出土の鎮壇具の中の銀製鍍金狩猟文小壺（国宝）などがある。荘厳具では三月堂の花形天蓋があり、それに附属していた海獣葡萄鏡や十二支円鏡も残っている。そのほか木造西大門勅額（重文）や、花鳥彩絵油色箱（国宝）、葡萄唐草文染革（国宝）などの珍らしい遺品もある。また梵音具では、天平勝宝四年（七五二）の銅梵鐘（国宝）が、古鐘の中で最大の傑作である。

正倉院の仏具　次に東大寺の最も重要な倉庫であった正倉院の

※正倉院宝物の銀盤

宝物に含まれる仏器・仏具の情況をうかがってみる。もともと正倉院宝物は、聖武天皇御遺愛の品々などを光明皇后が五次にわたって大仏に献上されたものが中核をなし、そのほか東大寺に伝わった宝物類も多数納められている。記録によると、延喜二十年（九二〇）に東大寺内の阿弥陀堂や薬師堂などの宝物が羂索院双倉に移されたが、天暦四年（九五〇）にこの双倉が大破したため、納物を今の正倉院の南倉に移納したことが知られている。したがって正倉院宝物の中には多数の東大寺宝物が含まれることになり、さらにそれらにしるされた銘文などによって宝物の大部分が奈良時代のものであることもわかる。そして当然のことながら、それらの中には多くの仏器仏具類がある。

その大要をみると、まず荘厳具では多数の幡があり、大は一五mに及ぶ灌頂幡から、小は一mに満たぬものまで、その形式もさまざまなものがある。材料的にも布幡・絹幡・綾幡・羅幡・糸幡・錦幡・繡幡・金銅幡など各種ある。幡とともに華鬘があり、金銅製の鳳凰形裁文や雲花形裁文と呼ばれるものは、この種の最古の遺品である。そのほか厨子類や仏龕なども伝えられ、経筒や経帙、仏座などの珍らしいものもある。また広義の荘厳具といえるものに幕・帳・帽額・藺莚《いむしろ》・褥・畳、床・胡床、屏風、毛氈などが多数伝えられていて、資財帳の記載に対応する当時の寺院荘厳のさまがうかがわれる。

次に供養具に関するものでは、まず香供養として当時は香の原木を献ずることも行なわれたようで、正倉院には全浅香《ぜんせんこう》・黄熟香《おうじゅくこう》（蘭《らん》奢待《じゃたい》）などの原木がある。中でも全浅香は天平勝宝五年（七五三）の仁王会に、大仏に献じられた実例としてしられる。これとともに焼香供養も行なわれ、名高い香印座一双があり、香印盤や香印盆も残されている。また、白石火舎・金銅火舎・白銅火舎なども香供養に関連するものであるし、紫檀金鈿柄香炉をはじめ、白銅製・赤銅製の柄香炉や、また香沫を入れる塔鋺形の合子にも金銅・赤銅・黄銅・佐波理製の各種が伝えられている。

花供養具としては、散華に用いる竹製の花籠《けこ》がある。これは聖武天皇とその母后の御一周忌に用いられたもので、五六五枚の多きを数える。また銀線に多色の瑠璃玉を通して籠形にした華籠もある。散花も紙製で、金塵緑紙のものと、紅紙のものがある。珍らしい花供養具として、蓮池仮山の存在も注目される。

飲食供養に関するものでは、名高い狩猟文銀壺一双をはじめとして、銀鉢・磁鉢・漆鉢などが多数あり、またおびただしい鋺や皿、あるいは花盤や重ね鋺、水瓶・杯などが伝えられており、これに伴う匙や箸なども数多く残されている。これらの中には実用を目的としたものも多いであろうが、その材質に金・銀・金銅・三彩など贅を尽したものも少なからず含まれていて、単なる実用具ではなく、仏前供養に用いられた情景が推察される。

僧具に属する品も多い。まず袈裟では聖武天皇御着用のものに、九条袈裟一領と七条袈裟八領がある。そのほかにも大仏用とみられる二十五条袈裟一領をはじめ、二十三条一領、二十一条一領、十七条一領、褐色絹袈裟三領、袈裟付羅衣一領など都合一七領を数え、上代の袈裟の制式をうかがうことができる。また誦数《じゅず》も琥碧《こはく》・水精・雑玉・菩提子など二五連が伝えられている。指導者の持物である麈尾《しゅび》も、玳瑁《たいまい》・鯨鬚などを用いた華麗なもの九枚を伝えている。同じく如意も犀角・玳瑁や金銅や漆柄のものなど三柄がある。そのほか錫杖も白銅頭で鉄柄のもの二柄と、鉄錫杖一柄があり、そのうち白銅製の一柄は、現存錫杖でも最優秀のものである。

また珍らしい品に、密教で用いられる鉄製と白銅製の三鈷杵がある。これまた現存最古の遺例である。

三、平安時代の南都の仏具

平安時代の資料が稀薄であることは、工芸の分野を問わず全国的な実態であるが、この期の仏器仏具は、南都系の社寺においても遺存度が極めて低い。例えば東大寺を例にとっても、創建から三十年にして都は京都に移り、南都は中央文化から若干のへだたりを余儀

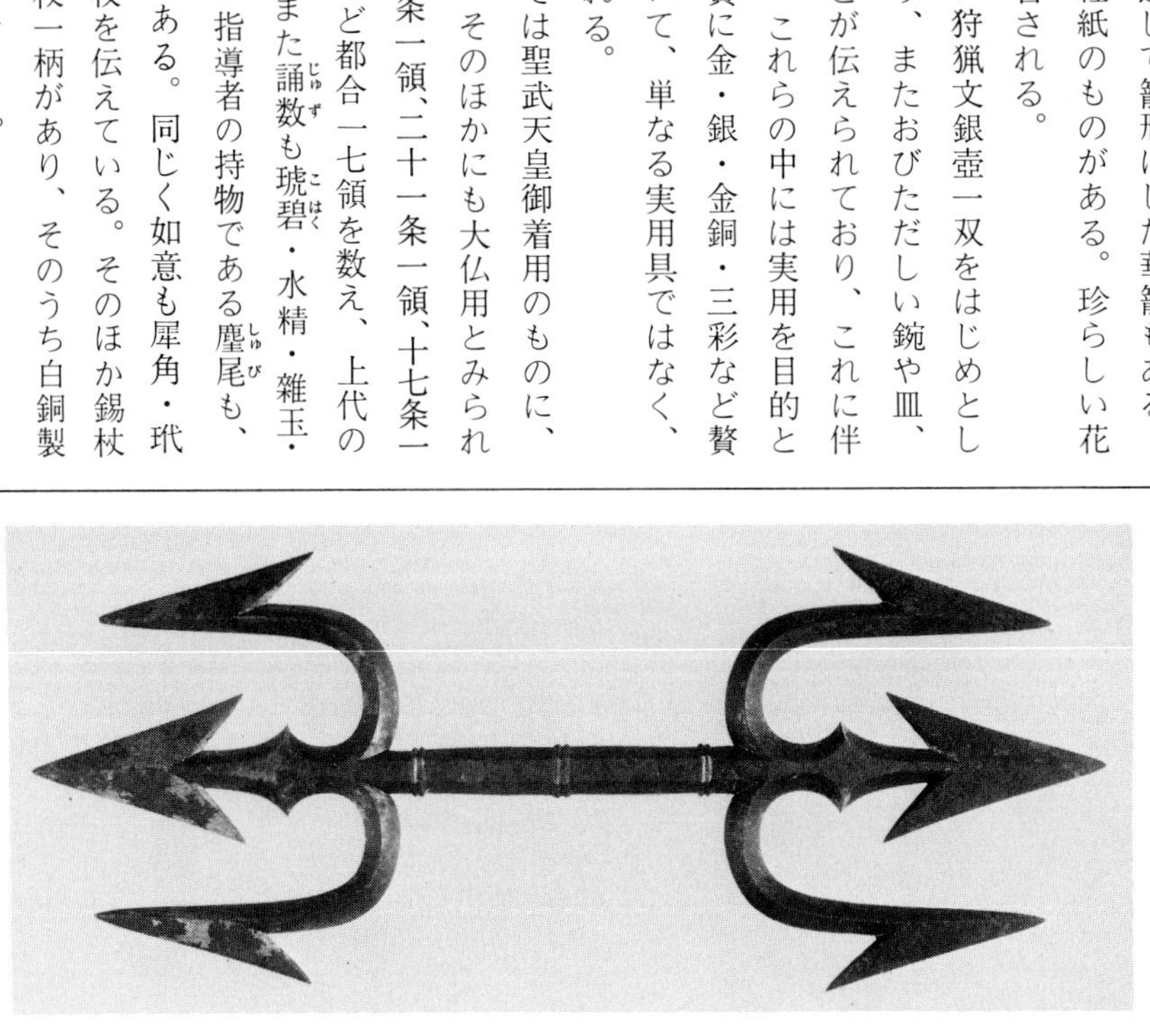

※ 正倉院宝物の鉄三鈷杵

なくされた。またこの時代には、大仏の破損や頭部の落下、講堂・僧房・西塔の焼失、南大門の倒壊などが相ついで、東大寺はこれらの修復に寧日なきありさまであった 加えるに治承四年（一一八〇）の平重衡による炎上によって、往古の文物は徹底的な打撃を受けた。したがって東大寺のこの時代の遺品としては、名高い五獅子如意や

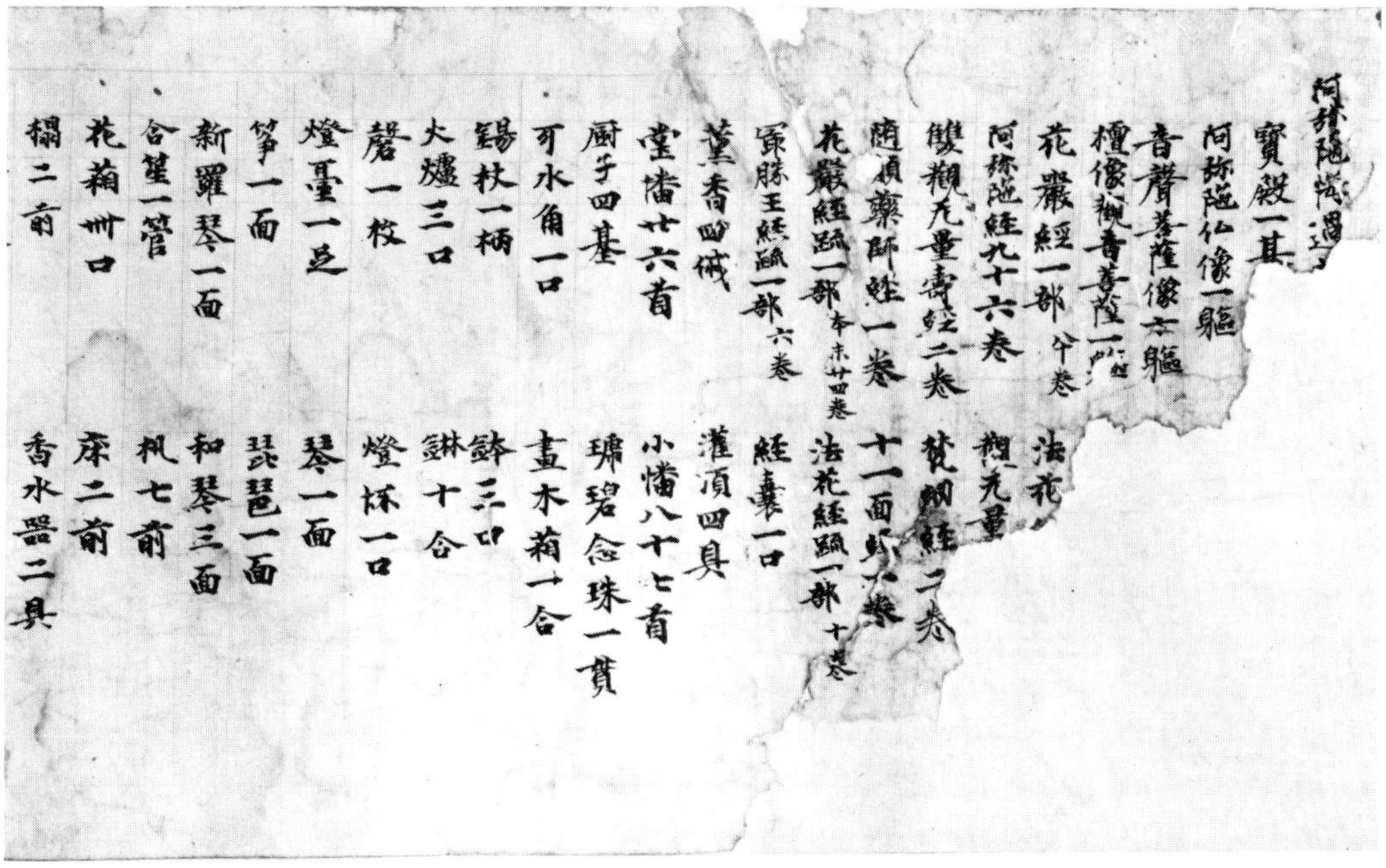
寶殿一基
阿弥陀仏像一軀
音聲菩薩像六軀
檀像觀音菩薩一躯
花嚴經一部 八十巻　法花
阿弥陀經九十六巻　觀无量
觀无量壽經二巻　梵網經二巻
隨願藥師經一巻　十一面經六巻
花嚴經疏一部 卅巻　法花經疏一部 十巻
最勝王經疏一部 六巻　經嚢一口
薫香四裹　灌頂四具
幢幡廿六旒　小幡八十七旒
厨子四基　瑠璃念珠一貫
可水角一口　畫木箱一合
錫杖一柄　鉢三口
火爐三口　鋺十合
磬一枚　燈坏一口
燈臺一足　琴一面
箏一面　琵琶一面
新羅琴一面　和琴三面
合笙一管　机七前
花箱卅口　床二前
榻二前　香水器二具

阿弥陀院宝物目録

玳瑁如意（共に重文）、舞楽用の鉦鼓（長承三・一一三四　重文）、および舞楽の三鼓に用いられた彩絵鼓胴(重文)などの少例を教えるにすぎない。他の南都諸社寺も同じく苦難の道を歩いたことは、すでに知られるところである。

この期における上代からの伝統的な仏具としては、興福寺においては、南円堂の金銅燈籠（弘仁七・八一六　国宝）や牛皮華鬘《ごひけまん》などがある。

法隆寺では黒漆螺鈿卓《しょく》（国宝）、金銅雲形磬（重文）、白銅瓶鎮柄香炉の三例、および法隆寺献納宝物の中の金銅舎利塔（保延四・一一三八　重文）、白銅瓶鎮柄香炉（重文）、金銅如意（天暦十一・九五七　重文）、鶏婁鼓胴（重文）、蓬萊山蒔絵袈裟箱（重文）などがある。

唐招提寺には平安初期の銅梵鐘(重文)や、牛皮華鬘（重文）八枚などをみる。

また朝護孫子寺の金銅鉢（延長七・九二九　重文）、玉置神社の銅梵鐘（応保三・一一六三　重文）、新薬師寺の銅孔雀鳳凰文磬、あるいは金峯山経塚より発見された、金峯神社の金銅藤原道長経筒（国宝）や鍍銀経箱(重文)、同じく金峯山寺の金銀鍍双鳥宝相華文経箱一合と金銅経箱二合（重文）などをはじめとする各種の出土品などがその主たる遺品である。以上の奈良朝以来の大乗仏教系の仏具に対して、密教系の仏具の状況をうかがうと次のようである。

密教法具の遺存状況　平安時代は密教の時代ともいわれるが、南都でのこの期の密教法具の遺存状況をみると、まず法隆寺献納宝物の中に、現存品では最古といえる金銅金錍《こんぺい》(重文)や、豪快な金銅三鈷杵（重文）、また中国唐時代製の金銅五大明王鈴などがみられ、西大寺には珍らしい形式の銅独鈷杵がある。また長谷寺能満院には、金銅独鈷杵、金銅三鈷杵、あるいは栄西所持と伝える金銅五鈷鈴などの優品が伝えられている。そのほか唐招提寺には類例少ない当期の金銅金剛盤（重文）があり、金峯山寺にもこれまた珍らしい金銅五鈷三昧耶《さまや》鈴（重文）がある。吉野吉水神社には金銅独鈷杵

※ **東大寺における現在の荘厳**

①仏前の常荘厳
・大仏殿——密教式　大壇具
・開山堂——顕教式　三具足
・二月堂——密教式　大壇具
・三月堂——顕教式　三具足
（密教式は報恩院流憲深方による）

②法要における荘厳
・修正会（大仏殿）——壇上は大壇具 ただし法要は顕教式で行なう。
・修二会（二月堂）——堂内外を通じて行われる行事。修二会独得の荘厳が古式を踏襲して施こされる。
・仏生会（大仏殿）——壇上は大壇具。法要は顕教式で行なう。
・華厳知識供（開山堂）——荘厳・法要ともに顕教式で行なう。
・方広会（竪義のある場合は三月堂、竪義のない場合は開山堂）——荘厳、法要ともに顕教式。

③奈良時代に全国の総国分寺として創建されて以来、儀礼および堂内荘厳は顕教の様式であったが、密教伝来によりその影響を受ける。特に弘仁十三年（八二二）に空海が第一四代東大寺別当に補せられ、灌頂堂を建立して南都真言の根本道場としたことから、以来顕密兼修される形となった。主として報恩院流憲深方の堂荘厳が伝承されている。ただし、密教荘厳のまま顕教式の法要が勤修されるが、顕教式荘厳のままで、自行たとえば加行などの密教作法を行なうことはない。

の優品があり、また朝護孫子寺には金銅五鈷鈴と銅五鈷鈴、あるいは極めて古式な金銅花瓶が伝えられている。さらに松尾寺にも金銅独鈷杵や金銅五鈷杵の遺例がある。

以上の諸例を列挙した限りでは、その数は多くないようであるが、平安時代の密具を全国的な規模でみると、社寺に伝わるものは甚だ稀少である現況からすると、この遺存度の率は相当なもので、真言密教の牙城を持つ京都や和歌山県に並ぶものということができる。移動の容易な密教法具の現在の遺例を以て、直ちに歴史の大勢を論ずるのは必ずしも当を得たものではあるまいが、少くともこの事実は、平安時代の奈良仏教が急速に密教化した趨勢を示唆するものとはいえるであろう。事実この傾向は続く鎌倉時代において、いよいよ顕著なものとなるようである。

四、鎌倉・室町時代の南都の密教法具

鎌倉時代は、東大寺・興福寺・西大寺をはじめとして南都大寺の復興期に当るため、仏具の遺品も急増するが、奈良朝以来の伝統仏具については特に意味づけを行う要も少ないと思われるので、ここでは密教法具を採り上げてその遺存状況を示してみたい。

唐招提寺には、重要文化財指定のものでも四件の密教法具がある。すなわち金銅法具類一具（その一）、金銅法具類一具（その二）、金銅蓮弁飾法具一具、金銅金剛盤一面の四種である。金銅法具（その一）は金剛盤一面・五鈷鈴一口・独鈷杵一口・三鈷杵一口・五鈷杵一口を一具としたもので、中でも五鈷鈴は鈴身に金剛界五仏の種子（梵字）をめぐらして宝相華文を飾った珍らしい品であり、また三鈷杵は鈷の基部に獅嚙文をつけ、連珠文を飾るなど形姿にすぐれた品である。もう一種の金銅法具（その二）は火舎二口・六器二四口・灑水器一口・塗香器一口を一具とするもので、ことに灑水・塗香の二器は全体に薄手に作られ、大小の比例もよく、素文系の二器としては古作である。第三の金銅蓮弁飾法具は、火舎一口・花瓶二口・六器六口・飯食器二口・灑水器一口・塗香器一口を揃えたもので、密壇に供えるいわゆる一面器である。各器それぞれに入念な筋蓮弁の飾りをほどこした華麗な一群である。その四の金剛盤は、先述の平安後期の品である。なお唐招提寺には未指定品にも室町時代の独鈷杵・三鈷杵・五鈷杵・五鈷鈴のセットがあり、さらに永正六年（一五〇九）の銘のある木製花瓶四口なども伝えられている。

法隆寺にも四種の重要文化財指定の密教法具がある。その一の金銅法具類は火舎四口・花瓶四口・六器二四口・飯食器二口・金剛盤一面・四橛四本・灑水器一口・塗香器一口を一具としたもので、金剛盤には正安二年（一三〇〇）の刻銘がある。その二は鋳銅六器一二口で、形も大きく、各器に「法隆寺」の刻銘をもつ。その三は金銅花瓶一口で、同じく形姿が大きく、また乾元元年（一三〇二）の刻銘があって、鎌倉時代の花瓶の基準作である。その四は金銅火舎一口で、これも形が大きく、貞治五年（一三六六）の刻銘をもつ南北朝期の作である。法隆寺にはこのほか、未指定品でも鎌倉時代の金銅五鈷鈴と金銅五鈷杵各一口があり、南北朝時代の康応元年（一三八九）の刻銘をもつ銅製火舎も大小二口がある。また室町時代の永享十一年（一四三九）の刻銘のある金銅花瓶が一対、同じく嘉吉元年（一四四一）刻銘の金銅花瓶一対がある。さらに鎌倉期の正応二年（一二八九）在銘の黒漆大壇や、室町時代の永禄七年（一五六四）在銘の黒漆箱形礼盤、あるいは無銘ながら製作の優れた室町期の黒漆猫脚礼盤などが伝えられている。

西大寺は、鎌倉時代に叡尊上人が、宝塔中に東壇（金剛界）、西壇（胎蔵界）、中壇（虚空蔵法と駄都法）の三壇を構え、つづいて真言堂を造営された。西大寺伝来の金剛盤（奈良国立博物館）の銘文によると、鎌倉末の正和三年（一三一四）頃に真言堂の仏器群が改めて整備されたことがしられるから、当寺に多数の密教法具が残るのも当然である。これらを分類すると、金銅密教法具（その一）は独鈷杵・三鈷杵・五鈷杵・五鈷鈴・金剛盤の五点を皆具したもので、鈴杵を飾る蓮弁が起《むく》り気味に作られ、各部に連珠紐をめぐらし、ま

※　**西大寺における現在の荘厳**

①仏前の常荘厳
・本堂・四天堂・愛染堂・護摩堂・大師堂など、すべて密教の西大寺流により壇具が設けられている。

②法要における荘厳
・大茶盛式（客殿）――密教立（経立）
・光明真言会（本堂）――密教立（光明三昧呪立・講式立・経立）
・仏生会（本堂）――密教立
・常楽会（愛染堂）――顕教立
・修二会（本堂）――密教立
・節分星祭（東塔跡）――密教立

③平安時代における南都仏教の衰退から脱し、真言教学と戒律重視という形で南都仏教の復興を計らんとしたのが、西大寺中興の祖とされる真言律宗の宗祖興正菩薩叡尊である。以来西大寺では真言律の教義を受けつぎ、事相面では西大寺流を継承してきた。文永元年（一二六四）叡尊上人によって光明真言会土砂加持大法要が初めて行なわれ、以来西大寺における最重要な法要となって今日に至っている。光明真言会の際は、大黒堂では密壇、本堂では大壇・小壇が用いられ、その他各尊像の前にも独自の供具が設けられる。

た金剛盤に鈴座を備えて獣脚をつけるなど装飾性に富んでおり、真言堂西壇仏具と推測される一群である。金銅密教法具（その二）は独鈷杵・三鈷杵・五鈷杵・金剛盤を一組とするもので、装飾性が少なく端正な作である。白銅密教法具（その三）は独鈷杵・三鈷杵・五鈷杵・五鈷鈴・金剛盤の五点一具のもので、叡尊が男山八幡での元寇祈禱に用いたとの箱書きがある。白銅製の密具のセットとしては今のところ最も古い作例である。また金銅仏具類（真言堂祖師銘）は火舎一口・六器一三口・花瓶三口があり、当初は大壇四面供であったとしられるもので、各器に「西大寺真言堂祖師」の刻銘をもち、鎌倉時代の典型的な作風をみせる。同じく金銅仏具類（無銘）は前者と形式・銅色・鍍金色も同様なもので、花瓶一口・六器一一口・飯食器二口があり、ともに正和三年頃の真言堂整備に関するものと推測される。また別に火舎と六器の一部を失うが、ほとんど完備した四面器の一具があり、輪宝・羯磨・灑水器・塗香器・飯食器まで具していて、鎌倉時代の特色をよく伝えたものである。西大寺にはこのほかにもみるべき密具として、鎌倉時代の五鈷鈴二口、平安後期の独鈷杵一口、室町時代の小形五鈷杵一口、鎌倉時代の宝相華飾飯食器二口、室町時代の閼伽桶二口、鎌倉時代の黒漆大壇（重文）や箱形礼盤（重文）などがある。

東大寺でも、塔頭の真言院には鎌倉後期と認められる四面器の一群がある。すなわち火舎四口・花瓶四口・六器二四口を皆具するもので、各器とも鍍金色が鮮麗で、器形もよく整った佳品である。また戒壇院の壇供の中にも鎌倉時代の金剛盤があり、二月堂修二会の道具中にも、同代の銅五鈷鈴が加えられているなど古品が散見される。

長谷寺には鎌倉時代の銅三鈷杵・金銅五鈷杵・金銅鬼面五鈷杵・金銅五鈷三昧耶鈴と、中国元時代の九鈷鈴などがある。三昧耶鈴は鈴側に五輪塔・独鈷杵・宝珠・蓮華杵・羯磨をあらわした珍らしい品であり、九鈷鈴は脇鈷を龍鳳にかたどった九頭竜大威徳鈴と呼ばれる形式のものである。長谷寺塔頭の能満院にも優秀な密具がある。先述の平安後期の金銅独鈷杵と三鈷杵のほかに、鎌倉時代の金銅鬼面独鈷杵・金銅五鈷杵・金銅都《すべ》五鈷杵・金銅五鈷鈴や根来塗金剛盤などの珍品がある。また南北朝時代の正平二年（一三四七）の刻銘を持つ金銅金剛盤や、室町時代の金銅都五鈷杵などもある。総じて長谷寺の密具は形式の特殊なものの多いことが注目される。

室生寺には国宝指定の両部大壇具がある。黒漆大壇二基は灌頂堂（本堂）に常置されるもので、側面に仰蓮と伏蓮を飾るのみの根本様華形壇で、弘法大師請来形といわれ、本堂と同時期の鎌倉時代の作と考えられる。この壇上に配置される金剛界・胎蔵界の四面器二具も大師請来様といわれ、その一具の構成は火舎四口・花瓶五口・六器二四口・仏供台八口・輪宝一口・羯磨四口・金剛盤一面・五鈷鈴一口・独鈷杵一口・三鈷杵一口・五鈷杵一口・灑水器一口・塗香器一口・四橛四本を残らず揃えている。製作がすぐれるのみならず、各器に金剛界と胎蔵界の特色をあらわすなど、年代の古い密具として他に例のない貴重な存在である。また別に鎌倉時代の銅鬼面独鈷杵の優品もある。

松尾寺には先述の平安時代の金銅独鈷杵や金銅五鈷杵のほかに、鎌倉時代の銅独鈷杵一口・金銅三鈷杵一口・銅三鈷杵一口、また中国明時代の金銅三鈷杵一口がある。同じく鎌倉時代の金銅五鈷杵二口なども見られ、また鎌倉時代の胎蔵界四橛四本と、金剛界四橛三本などが残されている。

その他、右の諸寺のほかにも菩提山正暦寺に、鎌倉時代の五鈷鈴と室町時代の五鈷鈴や、高麗時代の五鈷仏像鈴、あるいは室町時代の金剛盤などがある。また法華寺にも、鎌倉時代の五鈷鈴と南北朝時代の五鈷杵で、ともに小形の旅壇具式の優品が見られる。新薬師寺には鎌倉時代の大形で豪快な火舎香炉があり、不空院の室町時代の五鈷鈴、王竜寺の中国明時代の人面九鈷鈴、旧竜福寺の室町時代の五鈷鈴・五鈷杵・金剛盤など、単独的な遺品は各寺に散見される。

この辺りからみても、鎌倉から室町時代にかけての南都における密教隆盛のさまが推察されるのではなかろうか。

（岡崎譲治）

※　興福寺における現在の荘厳

①仏前の常荘厳
- 北円堂——顕教立
- 南円堂——密教立（小野流）
- 東金堂——顕教立
- 中金堂——顕教立
- 大御堂——顕密立（小野流）

②法要における荘厳
- 慈恩会（金堂）——顕教立
- 大般若転読会（南円堂）——荘厳は密教立であるが、儀礼は顕教の法則によって修す。
- 日常勤行——寺中各持仏堂において修するので、顕密は各々その意楽にまかせて行われている。

③興福寺を本山とする法相宗は、元来顕教論宗であるため、教義上の仏前荘厳はいわゆる顕教立、儀礼は四箇法要、経論の講讃講問を主軸とする。しかし創建後、比較的早い時期から雑密の修法を行ない、また子島上綱・真興（九三四～一〇〇四）以来は整備された東密修法も修することとなった。

二　天台宗の仏具

一、延暦寺各堂の荘厳形式

天台宗は円密禅戒浄の法門を相承しているので法儀、法要の種類が多く、その内容も多岐にわたる。そのため叡山における諸堂も歴史的な成立の由来や本来の用途、性質によって各種各様の建築様式と内部構造上の特色があるため、その荘厳形式についても一概に述べることはできない。

根本中堂※1　延暦寺の中心であり、天台宗寺院形式の起源として最も特色のある堂宇は根本中堂である。鎮護国家の根本道場として御修法の奉修される道場であり、また毎日本尊供養を修するために密教道場の荘厳形式ではあるが、円密一致を立前とする天台宗としては顕教の儀式にも使用できることはいうまでもない。

この堂は伝教大師在世中の延暦一二年（七九三）に薬師・文殊の二堂と経蔵の三つを建てて一乗止観院と名づけたのが始まりで、元慶六年（八八二）円珍が改修して三つの堂舎を合せて一つの堂とした。それが現在の根本中堂の形のできた起源である。

内陣須弥壇の上の宮殿には秘仏の薬師瑠璃光如来を奉安し、その前に有名な不滅の法灯が献ぜられている。前卓上の供具・大壇・導師座・脇壇・護摩壇・大衆座が内陣に設けられ、外陣、すなわち今日一般が参拝する場所は内陣の床面より一段高くて、須弥壇とほとんど同じ高さに設けられている。横長の建物で内陣を低くするこのような形式は、西塔の釈迦堂（もと三井寺の金堂）も同じで、地方寺院でも天台形式として多くの類形が見られる。この形式は、南都寺院に見られる庭から直接金堂につづく古い形の堂舎の前面に、参拝者のための礼拝の場所を付け加えてできたものではなかろうか。それも高貴な人々の参拝に対する配慮から生まれた形式であろう。一説には「仏凡一如」衆生と仏は教理上からは不二であることを表明するために外陣を高くして本尊と対等ならしめるとともに、両者の中間には成仏の過程としての修行の場である内陣の僧の座を設けたのであるともいう。

阿弥陀堂※2　叡山の堂では比較的新しいものであるが、滅罪回向の法要が修せられるお堂である。いわゆる阿弥陀堂形式として、平安中期より各地に建立された阿弥陀堂の原形である。方形の堂の西側に丈六の阿弥陀尊像を安置し、その前に大壇を備え、両側に衆僧の座を設けて経机を置く。また本尊の左右には位牌壇が設けられている。外陣には焼香用の香炉を置くだけで厳しい結界もなく、易往《いおう》の浄土に参詣するごとき心の安らぎを与え、簡素な中にも荘厳な雰囲気をもっている。

大講堂※3　大講堂は大日如来をはじめ各宗祖師像が奉安されているが、本来は論義道場であり、そのための荘厳形式を備え顕教的な色彩を有している。

その他※4　四種三昧とくに常行三昧《じょうぎょうざんまい》、常坐三昧を修するための西塔の荷《にな》い堂《どう》などの特殊な用途に使用される堂もあるが、これはむしろ機能的な建築様式の問題で、荘厳としては極めて簡潔でとくに記すことはない。

※1　一一間六間の単層入母屋造りで、桁行約三七・五七m、梁間約二三・六三m、軒高約九・七八m、棟高約二四・四六m、歩廊桁行は延約九〇・九m。
内部は前二間が外陣、内陣は約三m低く石敷としている。

※2　昭和一二年完成、京都醍醐の法界寺阿弥陀堂と大体同じ造りである。方五間に一間の廊をめぐらしている。純和様建築。

※3　現在の建物は昭和三一年炎上の後、坂本の讃仏堂を移築して同三八年に建てられたものである。

※4　止観の実践行を四つに分けると
一、常坐三昧―九〇日間坐禅入定して余事を行じない。
二、常行三昧―九〇日間、もっぱら阿弥陀仏を唱念して行道する。
三、半行半坐三昧―七日の方等三昧、三七日の法華三昧で懺悔滅罪のため行と坐を兼ねて修する。
四、非行非坐三昧―方法期間を定めず、縁にしたがって一心三観の修行をする。

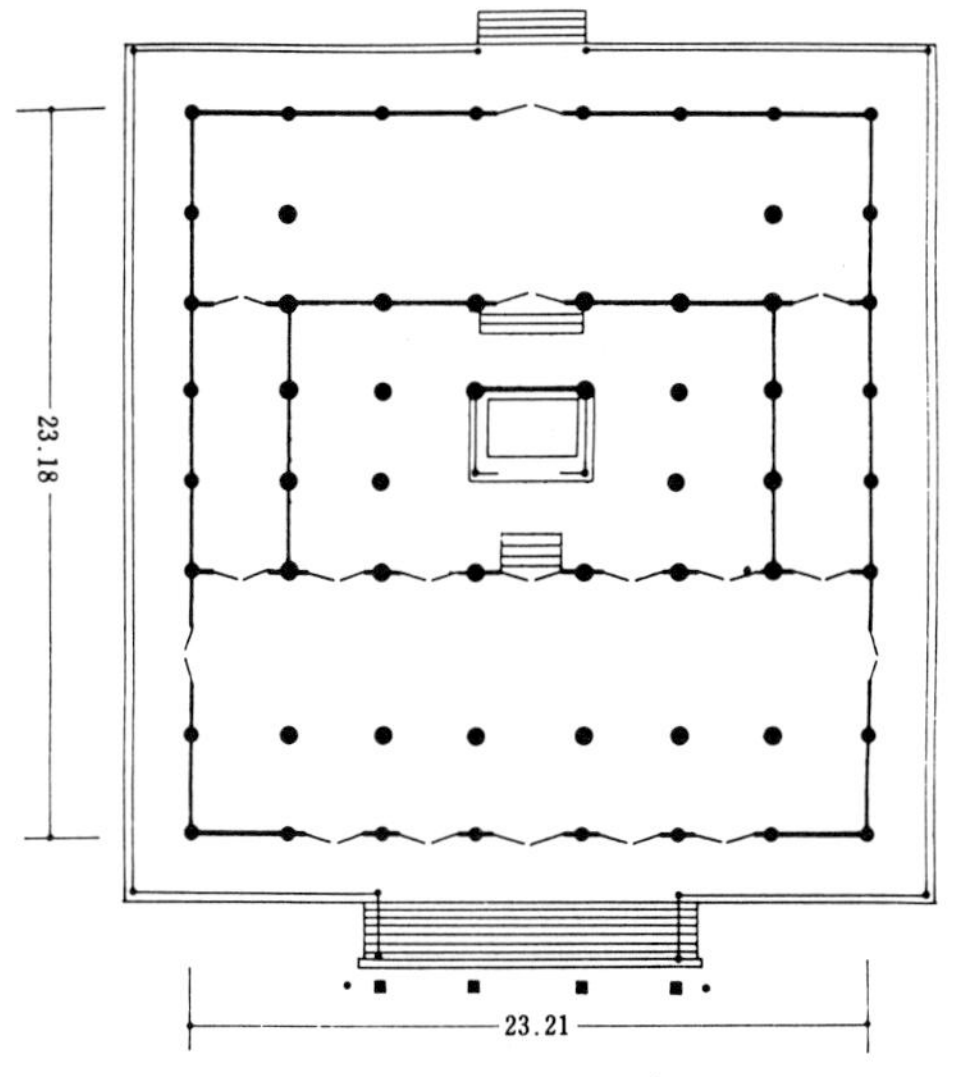

園城寺金堂平面図(500分の１)

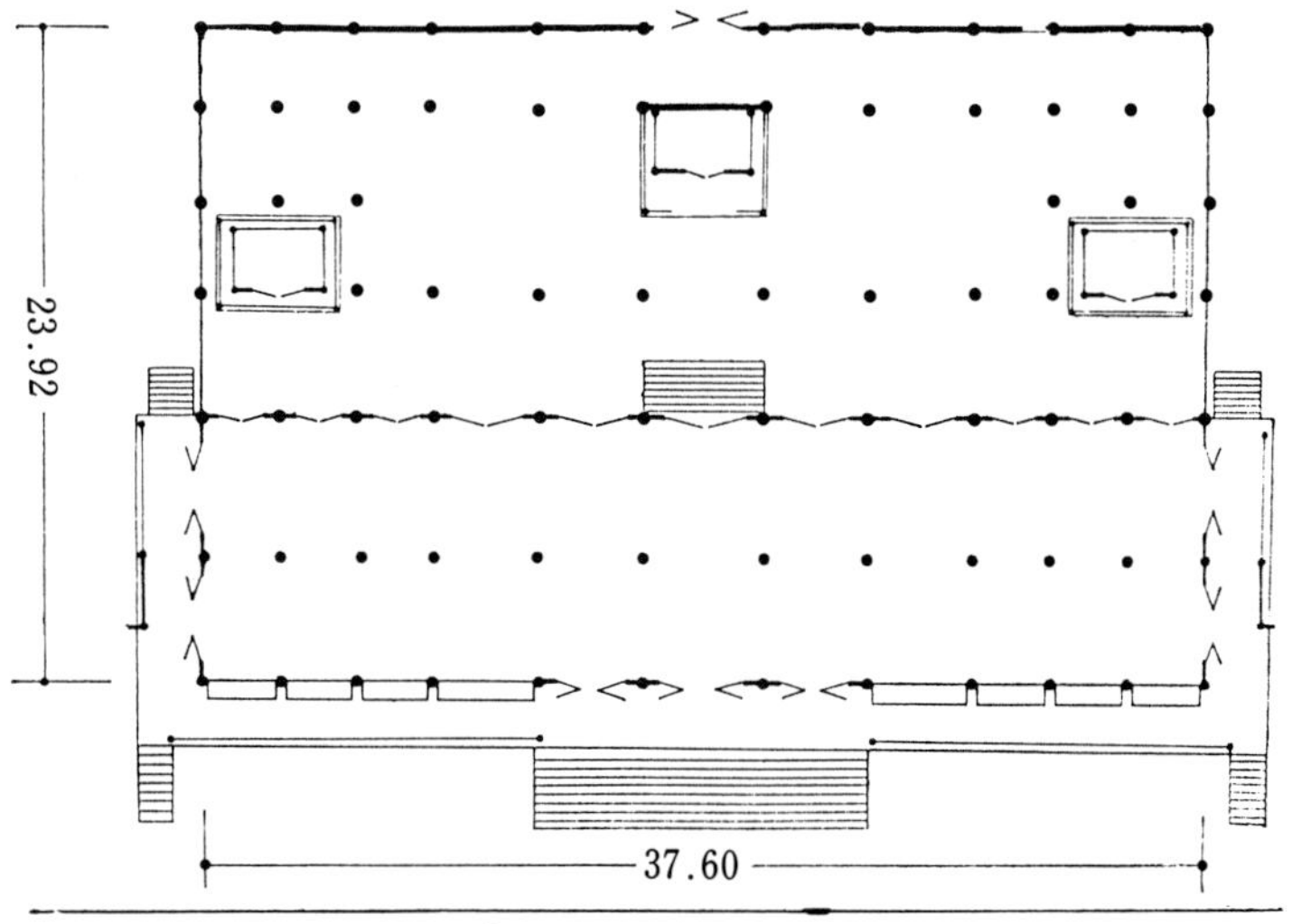

延暦寺根本中堂平面図(500分の１)

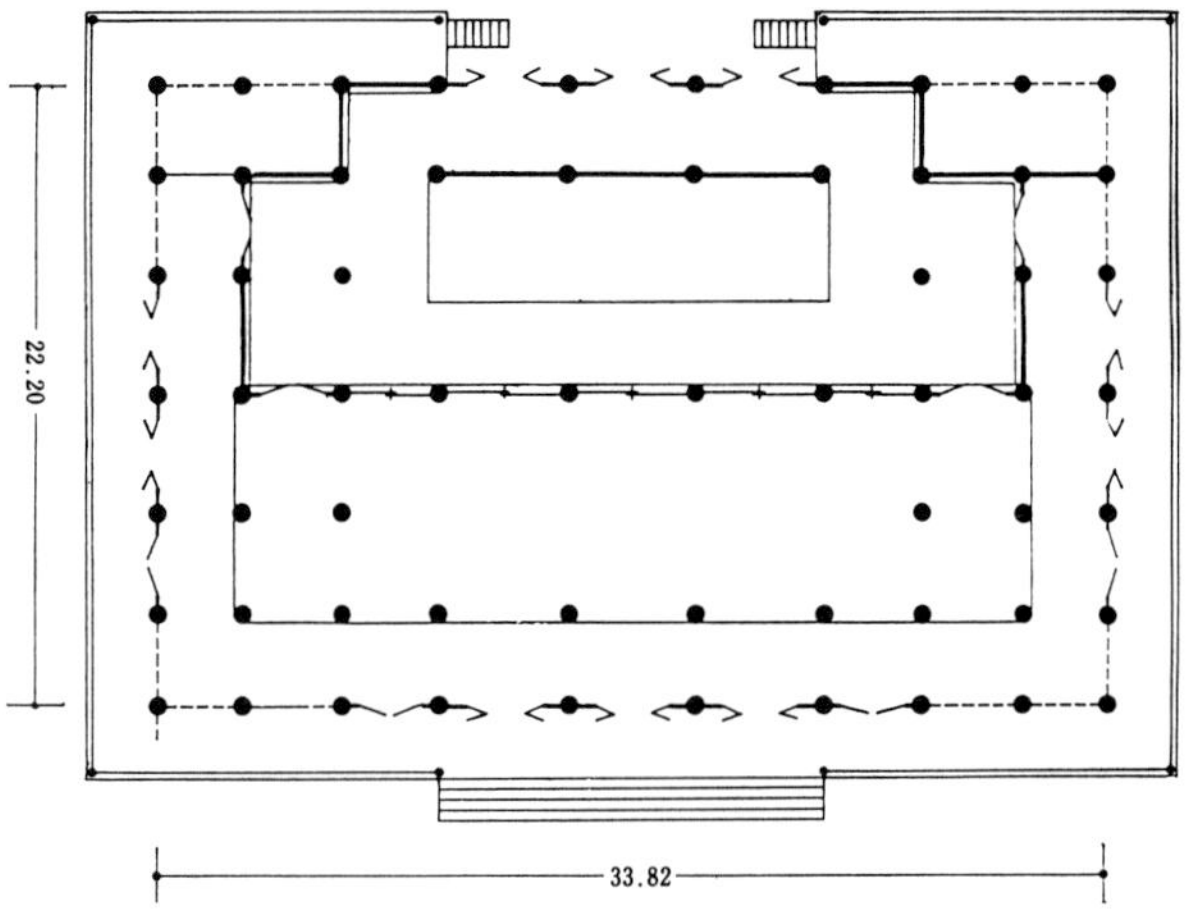

輪王寺三仏堂平面図(500分の１)

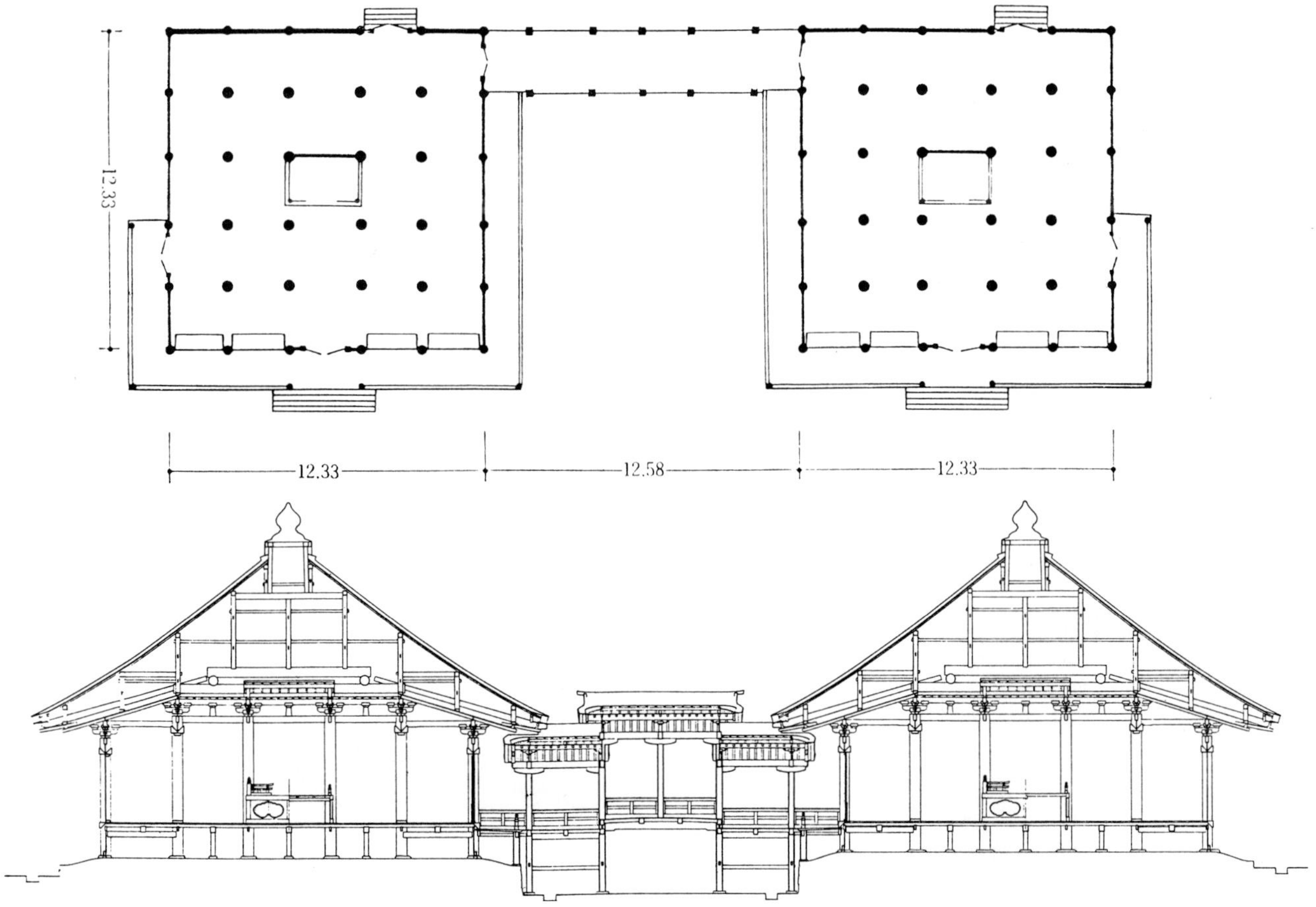

延暦寺法華堂(右)と常行堂(左)平面図と立面図

二、末寺の荘厳形式

本宗の地方寺院は性質上、祈願道場と滅罪寺の二つに分けられる。その本尊も多種多様で仏部から菩薩、明王、天部と一定しないから、荘厳形式も細部にわたってはかなり差異がある。基本的には本山の形式が取り入れられているが、大壇のかわりに兼行壇を用いる所もあり、護摩壇を別に設けずに大壇と兼用している寺院もある。また回向法要を専らとする寺院にあっても、六器などの密教法具は一通り備えている。

堂内仏具の配置

標準的な堂内の荘厳形式は次のようなものである。中央正面の奥に須弥壇を置き壇の後方は行道のため通過できる余地をあけ後戸を設けるのが普通である。須弥壇の前はできれば献供のために人が出入りできるだけの間隔をとり、前机（高卓）を置く。その手前に密壇を置き、さらにその前に礼盤と左右の脇机を置き、外陣寄り左右にコの字形に大衆席を設け畳を敷く。

須弥壇周辺　尊像は須弥壇上に直接安置する場合と、厨子（宮殿）に納めて奉安する場合がある。由緒ある秘仏、霊像などは後者の形式によることが多いが、この場合はさらに前立の仏像や宝鏡が安置されることがある。時には外陣の欄間に、懸仏※5が掛けられることもある。

宮殿には仏像だけでなく経巻、舎利塔などを奉安することもある。屋根、両開きの正面の扉、台座などからなるが、大小形状は一定しない。前述のごとく本宗の本尊は多種多様であるが、三尊形式の場合は向って右を上座とし、釈迦如来ならば（右）文殊、（左）弥勒、阿弥陀如来ならば（右）観音、（左）勢至とする。また伝教大師は右、その他の祖師は左とする。ただし両大師を左右に配し、後戸に安置することもある。

本尊正面に御尊牌、その他祈願、回向の趣旨の木牌を立てることもある。本尊直前に天目茶台で茶湯を献じる。尊像には生御膳（煮炊しないもの）を献じる。品目、献供の仕方などは本尊により、また各寺の独特の方法があり一概には決しられない。霊前には決して生御膳をあげず、煮炊した生身供を献じる。両脇侍にもそれぞれ供具を備える。

須弥壇の前方左右に釣燈籠をさげて献燈する。根本中堂の不滅の法灯※6にならうものであるから、あるほうが望ましい。

仏前または厨子前面に戸帳《とちょう》をかける。仏像を恭敬する意味から遮障のために用いられるものであるが、開帳、閉帳という言葉は、この戸帳をかかげたり、しめたりすることから出たものである。

仏像の上に仏天蓋（懸蓋、宝蓋）、導師の礼盤上に人天蓋を吊るす。

前机周辺　本尊の前に、できれば少し間をあけて前机を置き、上に三具足を備える。中央香炉、右燈明、左華瓶とする。この場合の「華瓶」は密教の「けびょう」に対し「かびん」と呼ぶ。五具足にする場合は中央香炉、外へ順に燈明一対、華瓶一対と配置する。法会の時はこれらの中間に三宝に菓子、果物、餅などを盛って献供する。また卓上に打敷をかける。左右に燈籠を配して常燈明※7とする。

密壇周辺　前机の手前に承仕通行の間隔をあけて密壇を置く。密壇は顕密共に用いられるが、大壇に対して一面器だけを献ずる略壇形式のものが一般に多く用いられ、これを顕密兼行壇、または行事壇ともいう。格狭間《こうざま》を透かしたものが多い。この上には大壇供の中の必要最少限度の密教法具、すなわち火舎、その左右一文字に各一対の閼伽、塗香《ずこう》、華鬘の六器、両端に飯食器、鈴杵《れいしょ》と金剛盤、華瓶、洒水器を備える。さらに両脇に燈台を置く。丁寧にする場合は飯食は飯汁餅菓とする。密壇の手前に礼盤、その前に膝付畳を置く。畳の目は縦にする。礼盤に畳をはめ込みにする形が多く用いられるが、寺門では半畳を礼盤上に置く形式が多い。

左脇机には塗香、焼香、柄香炉を置く。右脇机には磬《けい》を置く。密教では打鳴を置き、顕教では脇机を用いず磬だけを置く場合もある。

※5　鏡に神像・仏像の半肉を貼り、また両肩に取手をつけて懸垂できるようにしたもの。神仏習合の信仰より生れ、鎌倉・室町時代に盛行。直径三〜四尺の大きいものもあり、銅製が多いが、鉄製や木製も作られた。

※6　伝教大師最澄の教えと法を承け継ぐことの証として、入寂以来、根本中堂の祖師像前の灯は消されることなく現在に至っている。

※　輪王寺三仏堂の本尊

密壇の例(京都・実光院)

密壇の例(京都・三千院)

末寺における一般的荘厳配置図

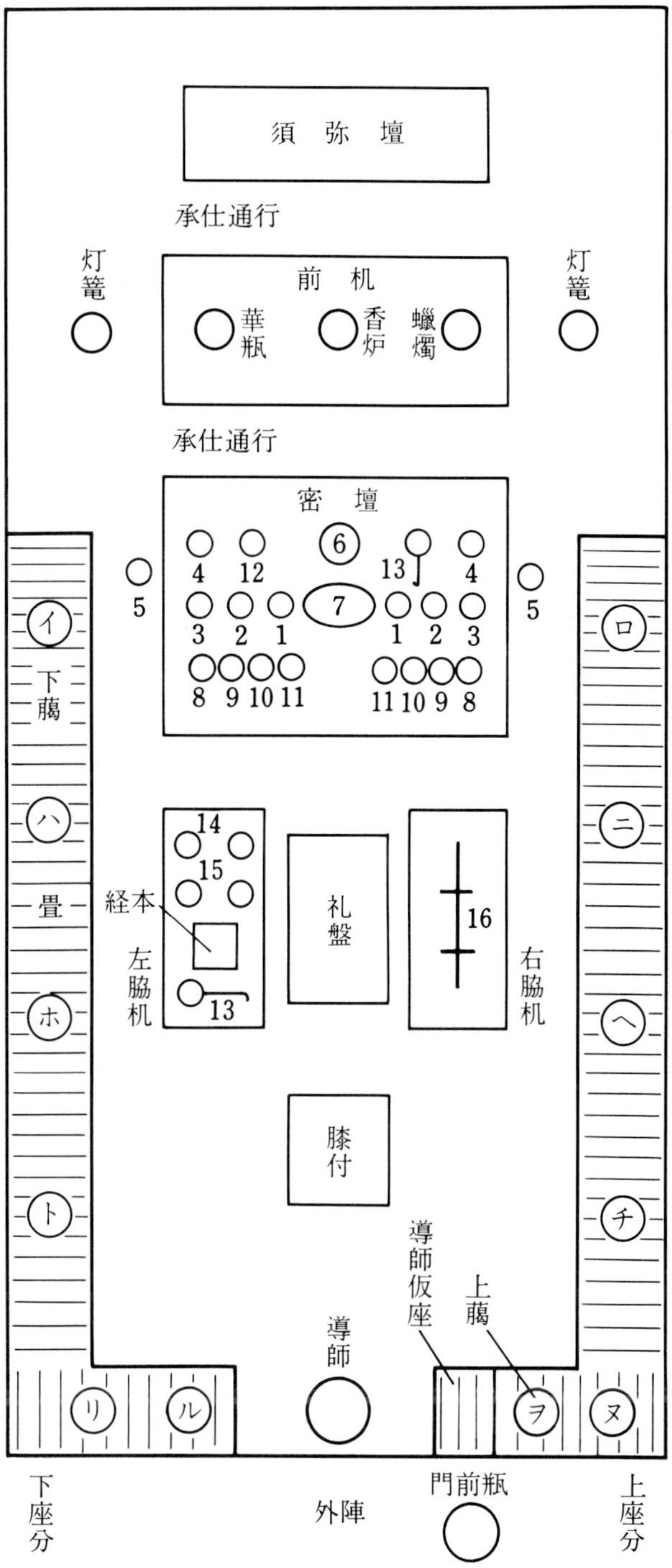

1　閼伽　香水に妙華を浮かべる。樒の葉末を用いる。

2　塗香　樒の葉本を入れ、献備塗香を盛る。

3　華鬘　樒の房花を用いる。

4　供花　時花を用いる。

5　灯明　菊灯台。

6　火舎　抹香をもってコの字、あるいは一の字を書いて上に香を薫じる。一足を手前に置く。

7　金剛盤　二足を手前に置く。中心に中鈴を置き、左に独鈷杵、右に三鈷杵、前に五鈷杵を三角形に置く。

8　飯　粥　飯または洗米を用いる。

9　汁　羹　または小豆汁に砂糖を加える。

10　餅

11　菓　果実、または菓子。

12　洒水、散杖。

13　柄香炉

14　塗香　行人用、献備用。

15　香合　名香、五種香。

16　磬台　密教の場合は打鳴を用いる。

※　顕教には六器は総供花として、飯食を要しない。滅罪寺では木魚、鉦鼓、大鏧などを備えることがある。

大衆座　大衆座は左右両側に鍵形に設ける。左右前の三方座とすることもある。導師の仮座は前者の場合は右側の口に、後者では正面中央に設ける。読経法会には大衆の数に応じて経机を置くこともある。

維那座　維那座を設ける時は大衆座の左右列外、または上席、あるいは下席とし大鏧子、伏鉦、木魚などを備える。

位牌壇　位牌壇は別に堂内の適当な場所に設け、位牌を安置し、三具足、供物などを献じ、前に焼香机を置く。塔婆は後方に立てる。位牌を須弥壇の上に置くのは本儀ではない。

堂内の荘厳　内陣の装飾としては、周囲に御簾《みす》を廻らして荘厳し、天井の左右より幢幡を吊し、柱には幡を垂れ中間には華鬘を懸ける。

外陣の装飾としては、正面鴨居に水引を張り、左右の柱に垂らせて門構えとする。その正面中央に結華鬘を掛ける。正面柱に幡を吊し、前方に施主用の献燈台を置く。天井から菱行燈、丸提灯などを吊す。高貴のご参拝時には右の余間をあて、毛氈《もうせん》を敷き焼香机を備え、後方に屏風を立てる。

堂外の荘厳　晴の法儀には周囲に五色の幕を廻らし、正面に紫または白の幕を張り房紐でくくり上げる。庭前には竜頭の幡などを建て並べ、山門にも幕を張り、左右に高張りを立てる。道中に砂盛りをし、夜儀には提灯、篝火などの用意をする。

三、仏具の特色

(1) 供養の道具

六種供具　閼伽、塗香、華鬘、焼香、飯食、燈明の六種供具は六波羅蜜を象徴するものとされる。※8

華瓶　元来は、香水器であるが時花を挿して仏に供する。兼行壇では五智如来を表わす五輪の菊一対を、また大壇では五方に各一色五輪の菊を配する。門前瓶として用いる時は時花と散杖《さんじょう》を添える。

華籠《けこ》（華皿）　散花《さんげ》、献花に用いる。往昔は材料、形状もさまざまであったが、今日は銅製透かし彫りで紅白青または紫白黄の三本の紐をつける。先端におもりの金具をつける。持つ時は紅または紫の紐を先方にする。※9寺門所用のものは三本とも紅紐で、先端は房のものが多い。

散華には生花、樒の葉、また紙製の葩《はなびら》を用いる。

香炉　壇上の焼香用の火舎と手に持つ柄香炉（これは起居礼などの礼拝時、啓白などを唱える時に執持する）がある。香によって口臭を浄め、また香煙に托して音声が法界に遍満する意があるともいわれる。形状は多様である。その他、高卓上の線香立て用の香炉、門前の香象などがある。

六器　密修には閼伽器と華鬘器に清水を七分目に入れ、閼伽には樒の葉の先端を切った三角の葉を浮かべる。その葉を砕いて浮かべる流派もある。香水の意であり、また微細の虫類などの殺生をしない配慮であるともいう。塗香器には葉の中程、四角に切った部分を入れる。華鬘には同じく樒の四葉以上の房花一つを浮かべる。樒の花は蓮花に似ているので用いられるという。修法前には塗香器を伏せて、閼伽器の上に覆いかぶせる。行者は登壇の後、これを定位置に置く。

寺門流では、閼伽器には一房花を浮かべ、塗香は空器のままとし、華鬘には三房花を浮かべる。一花は献供の後、萎花として壇上に投じ、また最後の本尊奉送にも投じられる。

顕教法要には六器とも樒または時花を入れて総供花に飾る。寺門ではこの方法は余り用いられない。

二器　洒水器《しゃすいき》と脇机に置く塗香器《ずこうき》を二器と称する。洒水器には香水を入れ、加持して散杖をもって撒いて道場、供具その他を清浄ならしめる。散杖は柳または梅その他の木で作られている。柳は、『金剛童子念誦法』『陀羅尼集経』などに楊柳枝を用いる説があり、また『灌頂経』などにも楊柳枝除病の因縁を説いていることに基づ

※7　密壇供配列図（『秘密事相の研究』）

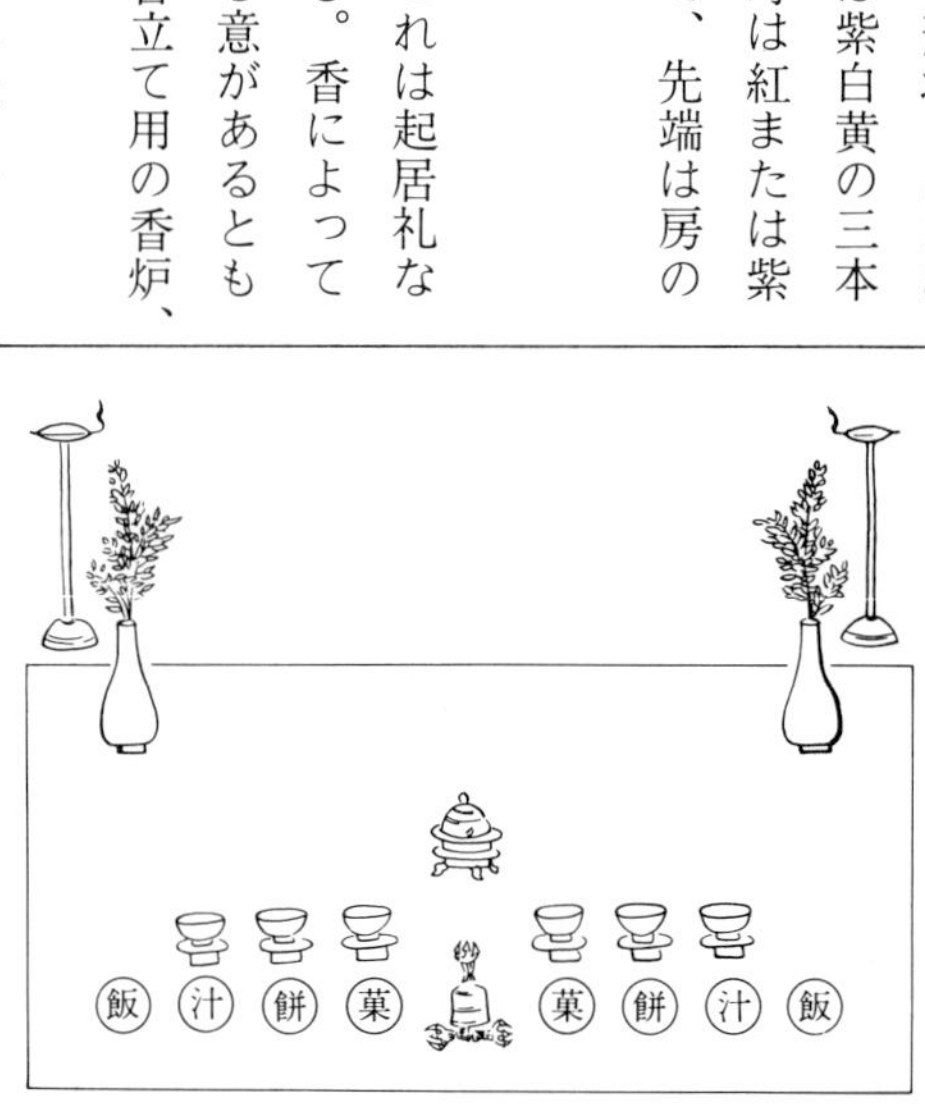

※8　閼伽―布施波羅蜜　塗香―持戒波羅蜜　華鬘―忍辱波羅蜜　焼香―精進波羅蜜　飯食―禅定波羅蜜　燈明―智恵波羅蜜

※9　天台宗では、延暦寺を山門と称し、それに対し園城寺を寺門と称する。現在では、延暦寺派、園城寺派をさす言葉としても使用されている。

延暦寺東塔内部

右上・八講壇
左上・白銅行事壇供(江戸時代　大津・弘法寺)
左下・銅仏餉器(建武二年銘　大津・明王院)

いて使用される。梅は香木で清浄だから用いられる。長さは一肘というが一定しない。先を八葉の蓮花にかたどって八角に刻む。寺門では八角は金剛界を表わし、元を三方より切り合して三角に作り、胎蔵界を表わすという。なお、散杖の体は竜王と観じ開眼加持する作法がある。

飯食器　顕密兼行壇では略して洗米を供する。密修では最初右の飯食器に洗米を入れ、左の器を伏せて蓋にして置く。行者、登盤の後、これを左の器にも分けて入れる。修法が終われば反対に左の器に移して、右の器をもって蓋をする。飯汁餅菓《ぼんじゅうべいか》を供するときは、六器より手前に左右各一対を一文字に配置するが、寺門では六器より奥の方に配列する。

(2) 修法の道具

大壇、護摩壇などについては後述するが、壇供として修法に用いられる法具には六器・二器など既述のものの他に、敷曼荼羅・鈴・杵・輪宝・羯磨《かつま》、四橛、食道、壇線、門標などがある。

金剛杵　普通は独鈷、三鈷、五鈷を用いる。初心行者はすべて独鈷を用いる。護摩、真言念誦などには流派により独鈷または三鈷を用いる。入壇灌頂した行者は五鈷杵の帯持が許される。阿闍梨の意楽で舎利を内蔵する都《すべ》五鈷を用いる場合もある。他に宝珠杵、塔杵、また大威徳明王法など特殊な修法用として九鈷杵がある。

金剛鈴　一般には五鈷鈴であるが独鈷鈴・三鈷鈴・九鈷鈴・宝珠鈴・塔鈴・三昧耶鈴・仏像鈴など特殊なものもある。

輪宝《りんぽう》　八角八鋒のものが多く、輪台にのせ大壇の中央に安置する。灌頂に用いられる。

羯磨　三鈷杵を十字に組合わせた形である。台にのせて大壇の四方に置く。ただし胎蔵界では正方四方に、金剛界では対角線四隅に安置する。三鈷四方で十二因縁を表わすという説もある。

金剛橛（四橛）　壇の結界の四隅を固めるもので、材料は木製、金属製がある。金剛杵様につくり、上端の形は胎蔵界は蓮華形、金剛界は独鈷形にし、灌頂には宝珠形にしたものを用いる。

壇線　壇の四方に、橛を支えとしてめぐらす。白赤黄青黒の五色糸をより合わせる。五色は五大の標示である。寺門では金剛線と呼ぶ。

門標　大壇正面に左右二本の柱を立て、壇線を上にかかげ、さらに二柱に横木を加えて支える。寺門流ではこの横木を用いない。壇線の張り方は流派により差異がある。引線作法として印明《いんみょう》の口伝があるが、東北隅より始めて右旋一巡し結びを白紙で包む方法と、門標鳥居の中央より始めて一巡し、横木の所で結びを白紙で包む方法とがある（図参照※10）。

(3) 法儀の道具

礼盤、脇机などについてはすでに述べたが、その他の主要なものには、

円坐　わら製の円形の坐で、行事などの座に用いる。

経机　看経法楽に便宜的に経本を置くのに用いる。上に経箱を載せて置くこともある。正規の法儀には不用である。

曲录《ろく》　本来は禅宗の用具であるが、本宗でも露地式の葬送に導師が用いることがある。

如意　説法、論議の講師が持つ。威儀を示すための法具の一つである。

説相箱　説法や論義のときに用いる。二合一組で、一つは居《すえ》箱で次第や心覚えを入れたりする。他は柄香炉、如意、香合などを入れる。

八講壇　論義法要、説法に用いる。高机を添える。

(4) 犍稚《けんち》の道具

磬《けい》　礼盤の右脇に置く。机を用いる場合とそうでない場合がある。本来は顕教用の道具である。打ち方は後述する。

鏧子《きんす》　本来は禅宗の法具であるが、現今は法要の始終に用いら

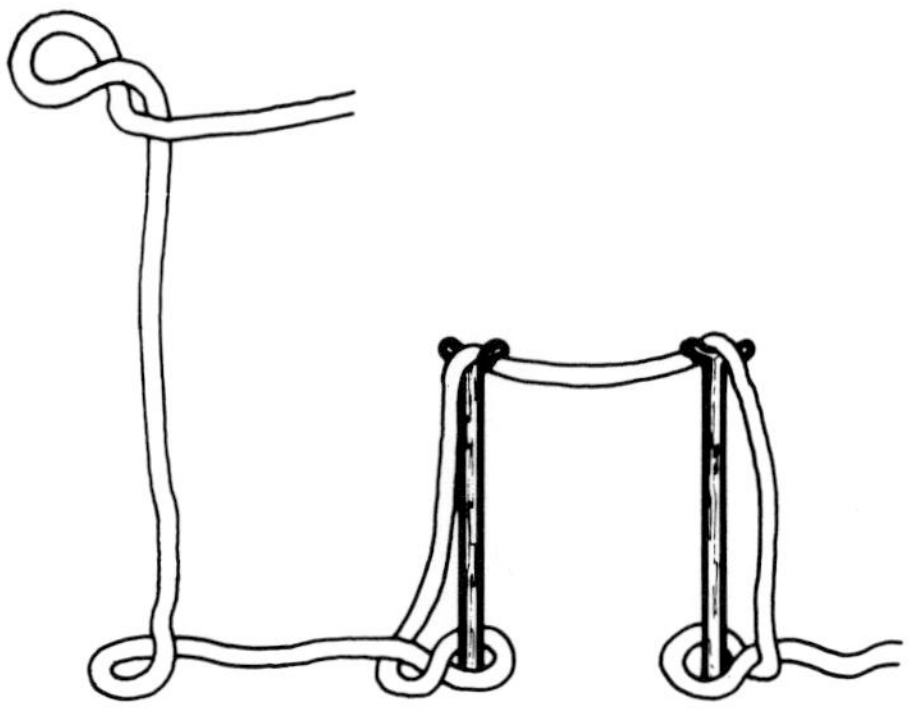

※10　寺門流引線作法

※　金銅小形密教法具（栃木・輪王寺）

伝法灌頂の許可灌頂壇（延暦寺）

右上・伝法灌頂の祖師壇の法楽（延暦寺）

左上・同三昧耶戒壇の阿闍梨座

左下・同三昧耶戒壇の道場

れる。

打鳴《うちならし》　密修に用いる。直径一五㎝くらいの小鏧子。

引鏧《いんきん》　禅家の道具であるが、衆僧の昇堂、下堂の引導用に使用される。

鐃、鈸　鐃は銅羅であり、室町以来、禅家を中心に使用された。鈸は平安時代から使用されている。鐃、鈸は一具で法会に用いられる。使用法の詳しいことは後述する。

鉦鼓《しょうこ》**、伏鉦**《ふせがね》　念仏時に用いられる。本宗独自の法具というものではない。

木魚　読経の調子を合わせるために、一般に広く用いられているが、禅宗の隠元が請来した用具で本来の天台宗法具ではないので使用すべきでないという説もある。

その他の法具　止観実修に現在は禅家の警策と同じ形の禅杖が用いられる。本来は竹杖の先にタンポをつけた禅杖や、蹴鞠《けまり》の鞠に似た禅鞠、頭上にのせる禅鎮などがあったが、今日実物を見ることはない。

四、仏具の使用法と荘厳法

円密一致を立前とする天台宗では顕教、密教の法会だからといって道場の荘厳、法具の配置、使用法などが全く異なるというわけではなく、基本的には一つである。このことは、顕密兼行壇というものが非常に便利なものとして、一般寺院で広く使用されている実例に徴しても明らかである。また日常作法ではほとんど顕密は不可分の形で行なわれているのも事実である。ただし純然たる顕教立の法儀では密教法具を全く使用しない場合もあるので、荘厳形式、使用法などにも自ら若干の差異を生じる。

(1)　顕教の儀式における場合

まず六器はすべてに浄花を浮かべる「総供花」の形にする。密修の供花はこれと区別するため「行い供花」と呼ばれる。浄花は時花または四葉以上の樒の房花を用いる。金剛盤、洒水器などは取り去ることもある。

以下、顕教の法儀における法具の使用法の主なものを、導師ならびに大衆の所作と関連させながら記述する。

登礼盤の所作と仏具の使用法　導師が登礼盤するには、化儀[※11]の作法では、柄香炉を執って起居礼を三度する。その方法は珠数を左手に扇子を右手にして、礼盤前に蹲踞《そんこ》[※12]し左手で礼盤を抑え、扇子は右脇机の正面に末を下にして立てる。四脚机なれば、机の下に横にして末を右に置く。机がなくて磬だけの場合は、磬と平行に礼盤との間に末を奥に差し入れ、柄を磬台の足にかける。左手に珠数を持ったまま柄香炉を執り、右手を添えて三度起居礼を行なう。いったん、柄香炉を元の位置に置いて、袈裟を捌いて右膝より礼盤ににじり上り着坐する。装束珠数[※13]は登礼盤して柄香炉を正面に移して後、左脇机に置く。

柄香炉は壇上右側六器の第一と第二の中間に置く。右手拇指、食指、中指で塗香器の蓋をつまみ取り、塗香を執って塗手する。寺門では左手を仰向けて食指と中指の二指で蓋をとり、同じ指で塗香を執って塗手する。左手で焼香器を正面に持ってきて、右手の食指と拇指で香をつまみ火舎に二回献じる。次に柄香炉にも捻じる。三回献香するのも意味あることであるが、他見には時間をとる感が強い。次に経本を取り、薫香し頂戴して正面に置き経を開く。撞木を外ずし磬の足にかける。脇机のないときは右側六器の第二と第三の間に差し入れる。

誦経中の所作と仏具の使用法　合掌祈念の後、磬二下して誦経に入る。磬の打方は始め二下、中一下、終二下とする。これは打鳴の場合も同じである。

法則を唱えるには、磬一下して柄香炉を執りまた一下して発唱する。密修の場合はまず宝珠杵を執って一下、柄香炉を執ってまた一下する。『神分心経』には「般若心経」と唱えて磬一下して柄香炉を

※11　衆生を誘導・感化する形式・仕方をいう。

※12　かがむこと、うずくまること。

※13　正式法要に出頭するときに執持する珠数。

（天竺菩提樹の装束珠数・上野輪王寺門跡円朗上人の遺品）

伝法灌頂の聖天壇（延暦寺）

伝法灌頂の大壇（周囲の壁には十二天像が懸けられている・延暦寺）

置き、合掌して心経一巻を黙誦し、再び柄香炉を執って「大般若経名」と唱えまた一下する。簡略には心経の呪だけを唱え、ただちに「大般若経名」と唱える。霊分、祈願には仏号終わるごとに一下する。

三礼には着坐して磬一下し、柄香炉を執って蹲踞し、また一下する。三礼の文を唱え終わって一下、如来唄終わって一下する。誦経回向などの終わりは金三下するが、六種回向と法華三昧、常行三昧の終わりは六下する。法華、常行三昧を居坐のままで読誦する場合は、段ごとに一下する。磬二下は乙、甲、小、大と打つ。

寺門には初めは早く次は高くという心得がある。六打は始め四つは漸小に打ち、最後二つは小大と打ち止める。法則の最後の磬も大で打ち切る。撞木は柄を上にして打つが、脇机上に磬がある時は柄を下にして打つ。

降礼盤の所作と仏具の使用法　降礼盤の作法は、回向終わって経本を閉じ焼香祈念、撞木を磬台に掛け、塗香器の蓋を閉じる。塗香器の蓋を音立てて讃発唱の合図とする。柄香炉を脇机に移して一揖の後、左足から礼盤を降りて蹲踞する。珠数と柄香炉を執り最初と同じく起居礼三度、柄香炉を脇机に戻す。扇子を執って起立し、二、三歩退って一揖し退出する。

登礼盤には一香、二撞、三塗、四焼、五念、六本（経）、降礼盤には一香、二祈念、三本、四磬、五塗香などの説もある。

その他作法中、仏具の取扱いと関係あるものについて次に述べる。

散華の作法　導師は経本を華籠に入れ、左手に柄香炉を執り、華籠を柄香炉の柄の下に入れて握る。この場合は平柄のものに限る。右手に扇子を持ち華籠に添える。

散華には行道と起立と居座の三種がある。行道散華は法華三昧の十方念仏などに用いられる。華籠を執って本尊または壇の周囲を行道する。起立散華は常行三昧の四奉請に用いられる。華籠を持って座前または座上に起立して散華する。居座散華は略儀である。

散華するには大衆は左手で華籠を取り、右手に扇子の柄で華籠の紐を手繰りながら蹲踞する。起立して静かに紐を垂らす。右手扇子を持ったまま、両手で華籠を持つ。華を散ずる時は扇子を懐中し、右手で葩をとり、半円形を描くように右前方に散じる。華は残らず散じること。行道する時、本尊前に到ると扇子の柄で三本の紐を手繰り、本尊に向かって一揖し、向き直って紐を垂らし行道を続ける。着坐の際も扇子の柄で紐を手繰ってから座に着く。

鐃、鈸の持ち方、打ち方　まず鐃は起立の時は左の膝の上に伏せて持ち、右手に打棒を執り鐃の上に添える。着坐の時は鐃の一端を床に付け、他端を膝の上に斜にして左手で紐を取る。打つ時は余韻を立てないようにする。

鈸は起立時には両手で胸の上に乳のように伏せて持つ。着坐時は両膝上に並べて伏せる。打つ時は身体を少し前屈して胸前で打つ。終われば元の位置に復する。承仕の役として華籠・錫杖・打鳴・鐃鈸などを配賦しまた撤去するにも所定の作法がある。

(2)　密教の灌頂、修法における場合

密教道場は大壇に四面器を備えるのが本儀で、一般の修法はもとより、胎、金、合行の曼供、灌頂※14などに使用される。

胎蔵界灌頂の道場荘厳　まず道場の周囲に大幕二帖を東北の角より引き廻す。表を外にする。道場の八方に八色幡を懸ける。色は東から右廻りに白、紅、黒、煙、赤、水（緑）、黄、白とし、天井には天蓋を張り設ける。

《道場の配置》　東側に胎蔵界曼荼羅※15を懸ける。仏は西向となる。その前に大壇を設ける。五宝などを下に納める。灌頂壇（正覚壇）を大壇の西北に設ける。灌頂壇の東に礼盤を置き、その上に蓮台を敷いて、さらに草座を敷き受者の座とする。壇の西に礼盤を置き、半畳を敷いて阿闍梨の座とし、壇前に机を備える。正覚壇に対称して、大壇の西南に護摩壇を置く。中心に炉を設け、炭火を満たす。礼盤の左側に草座を敷き、受者の座とする。大壇の西南、護摩壇の東に南壁に近く浄筵《じょうえん》を敷き、小牀子を設け、浄衣、師布施を置き、

※14　曼荼羅壇に入って五智の法水を頂上に注ぎ、即身成仏を実現する儀式。修入の過程から結縁、受明、伝法の三種があり、やり方から印法、具支、以心の三種に分けられる。

※15　大日如来の徳用の展開を図示したもの。胎蔵界曼荼羅は理曼荼羅で、如来の本有の徳が加持力で流出する姿を十三大院、四百十四尊で現わす。金剛界曼荼羅は智曼荼羅で修証の徳が九会、千四百六十一尊に描かれる。

胎蔵界灌頂道場荘厳図（『阿娑縛抄』より）

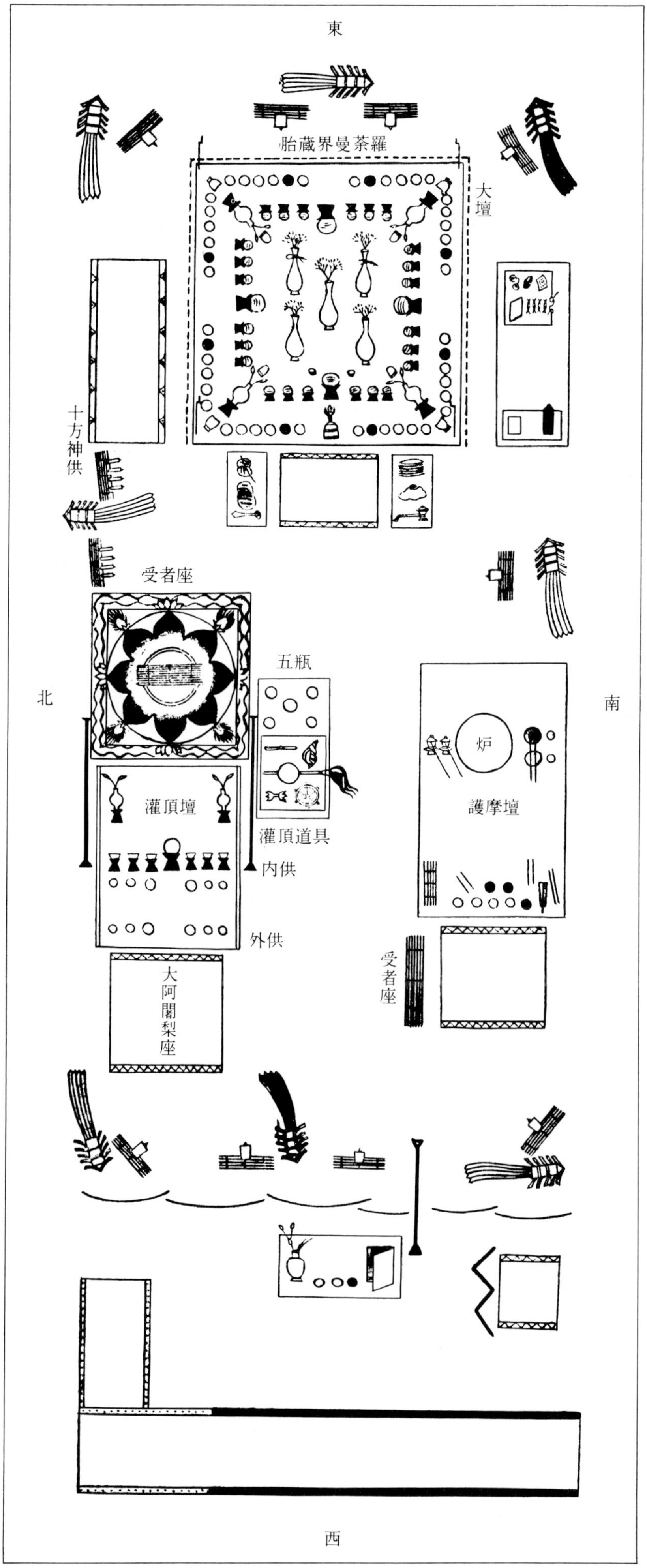

道場入口におかれる赤と白の傘

また机を立てて上に広筥蓋を置いて、中に宝冠《ほうかん》・臂釧《ひせん》 白繒《はくそう》・花鬘《けまん》・修多羅《しゅうたら》などを入れる。壁に白傘を立てかける。門前に香象を置き、机上には洒水瓶に一茎の花と散杖を添えて置く。また白華、含香、塗香、覆面などを準備する。門前便宜の所に屏風を立て、座を敷く。讃衆座を外側に設ける。

《大壇の荘厳》　大壇は四端に白色の食道※16を敷き、その上に四面器、内外供、飯、餅、鈎、根、菓、羹、十二執金剛等供を備える。小飯の上に時菓子一箇を挿して小土器に盛り、四隅の花瓶の内外に各一器ずつ供える。壇上には胎蔵界曼荼羅を敷く。羯磨金剛四枚を十字様に各四隅に置く。五瓶を先に灌頂壇で加持して、阿闍梨の入道場以前に大壇上に移し置く（白帯瓶を大日座に、赤帯を東南に、黄帯を西南に、青帯を西北に、黒帯を東北に安置する）。左脇机に洒水・塗香・名香・居箱を置き、右脇机には仏布施・香炉箱を置く。その他、大壇の近くに夾木、花筥と投花を準備する。

《灌頂壇の荘厳》　灌頂壇には一面器と内外供を備える。蓮台の方を内供、礼盤の方を外供とする。六器は新物を用いる。南側の机上に灌頂道具を箱に入れて置く。その置き方は、中央に鏡、四辺に五鈷・金錍・法螺・法輪・白払を配置する。東端に五瓶を立てる。五瓶には香水を入れ、五宝などを五色帛に包み、五色線で結んで掛ける。また各瓶には中白、東南赤、西南黄、西北青、東北黒の帯を頸部に左向き片カキに結ぶ。中央の瓶には散杖を加える。色帯は諸結びにする流派もある。

《護摩壇の荘厳》　護摩壇は炉の右に油、粥、飯、生と大小杓、扇、火箸を備え、前には芥子、粳米、胡麻、房花、散花、香、酥密《そみつ》、乳木を置き左に洒水、嗽口を置く。

《十方神供の荘厳》　道場四周に十方神供を献ずる。最初十七器を一処に置いて、各器に堅粥の上に五穀を加えて印明加持して後、各位所にこれを置く。正北八器、左右各四器、三方と四維と上下に各一器、ただし上方は東方帝釈天の北、下方は西方水天の北とする。初後二度三十四杯を設ける。神供の間は讃衆は諸天讃漢音を誦し、讃衆一人前に在って紙燭をもって蠟燭に点じ、阿闍梨は堂内を三周して、器を両手に捧げ諸天呪を誦して一々に献供する。また道場外において雑神供を修する。

正覚壇における灌頂用法具の特殊な使用法、作法などの委細は省略する。

金剛界灌頂の道場荘厳　金剛界灌頂の道場の荘厳法は、使用法具類は基本的には胎蔵界と共通であるから主な差異だけを記す。曼荼羅は道場の西側に懸ける。したがって大壇は西に向かって立てる。灌頂壇の位置も大壇の東北となり、壇の西に受者の座として蓮台を設ける。壇の東に礼盤を置き師の座とし、南に机を備える。この上に五瓶を置くが、配置は胎蔵界とは異なる。

護摩壇は大壇の東南に設けられ、東に礼盤を置き、右に師の座を敷く。その他では覆面には赤色を用いること。大壇上の食道も同じく赤とすること。四隅の羯磨を×様に置くこと。また五瓶の配置は中央、四方として、白中、赤東、黄南、青西、黒北となる。供物などにおいては特別に異なることはない。

合行灌頂の道場荘厳　合行灌頂では曼荼羅を北側に、胎東、金西に懸ける。壇上敷曼荼羅も胎金二枚を重ねて敷く。灌頂壇、護摩壇などの関係位置は胎蔵界の場合と異ならない。供物が胎金と二重になること。先に胎の灌頂、次に金の灌頂が行なわれるため、五瓶の配置も前後で変わるなどの他、格別に大きな差異はない。

寺門では大壇四面を合して一つの大壇を作る。同流の灌頂は合行を主とするが、年次により胎金の本従が替わる。したがって敷曼荼羅は胎を上にする場合と金を上にする場合とがある。

三昧耶戒の道場荘厳　大幕を引き廻し雑色の幡を懸ける。師座として高座を南向きに立て天蓋を張る。高座の南に花机を置く。上に花、焼香、誓水、燈明、洒水、柄香炉、歯木各二本、金剛線各二条を備える。机の南に北面して受者の座を設ける。その側に盥《たらい》、水瓶、料紙などを準備する。歯木は受者に嚙ませ、さらに投擲して法験を相するものであり、金剛線は五智如来の標示として授者に授け

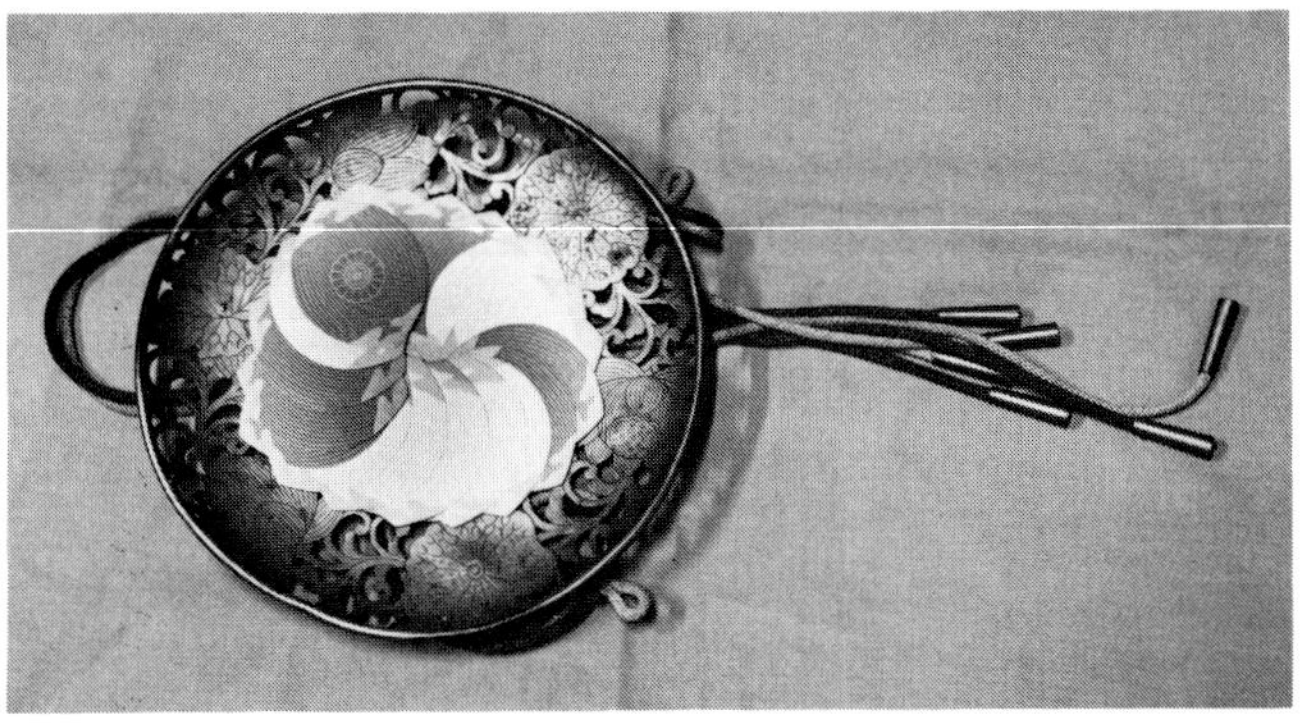

※三昧耶戒の華籠とはなびら

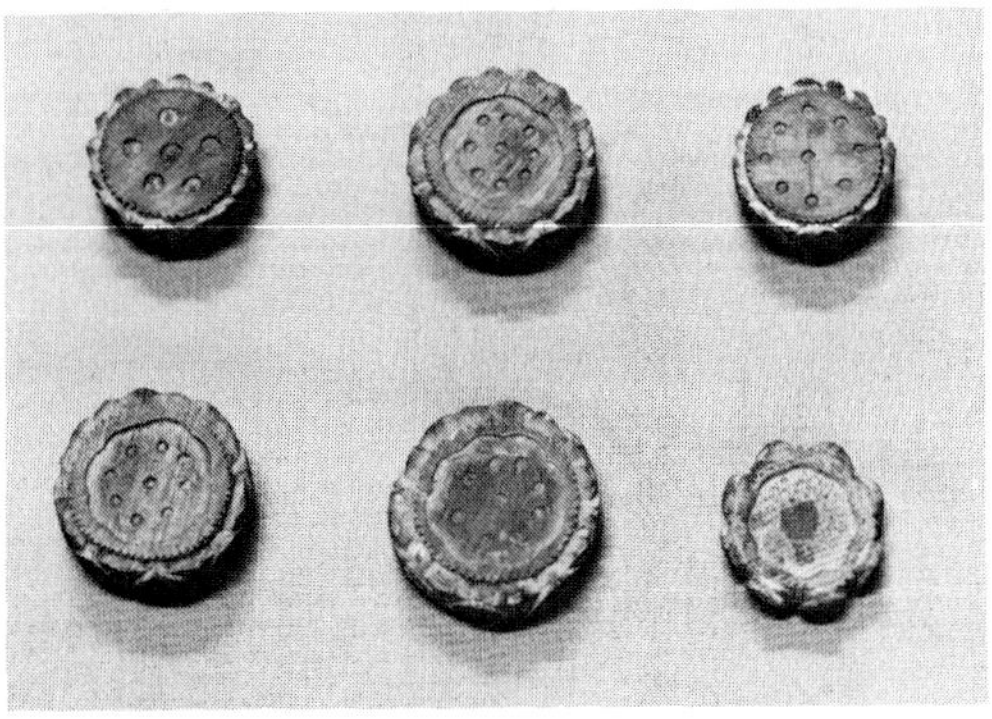

※三昧耶戒に使用される白華

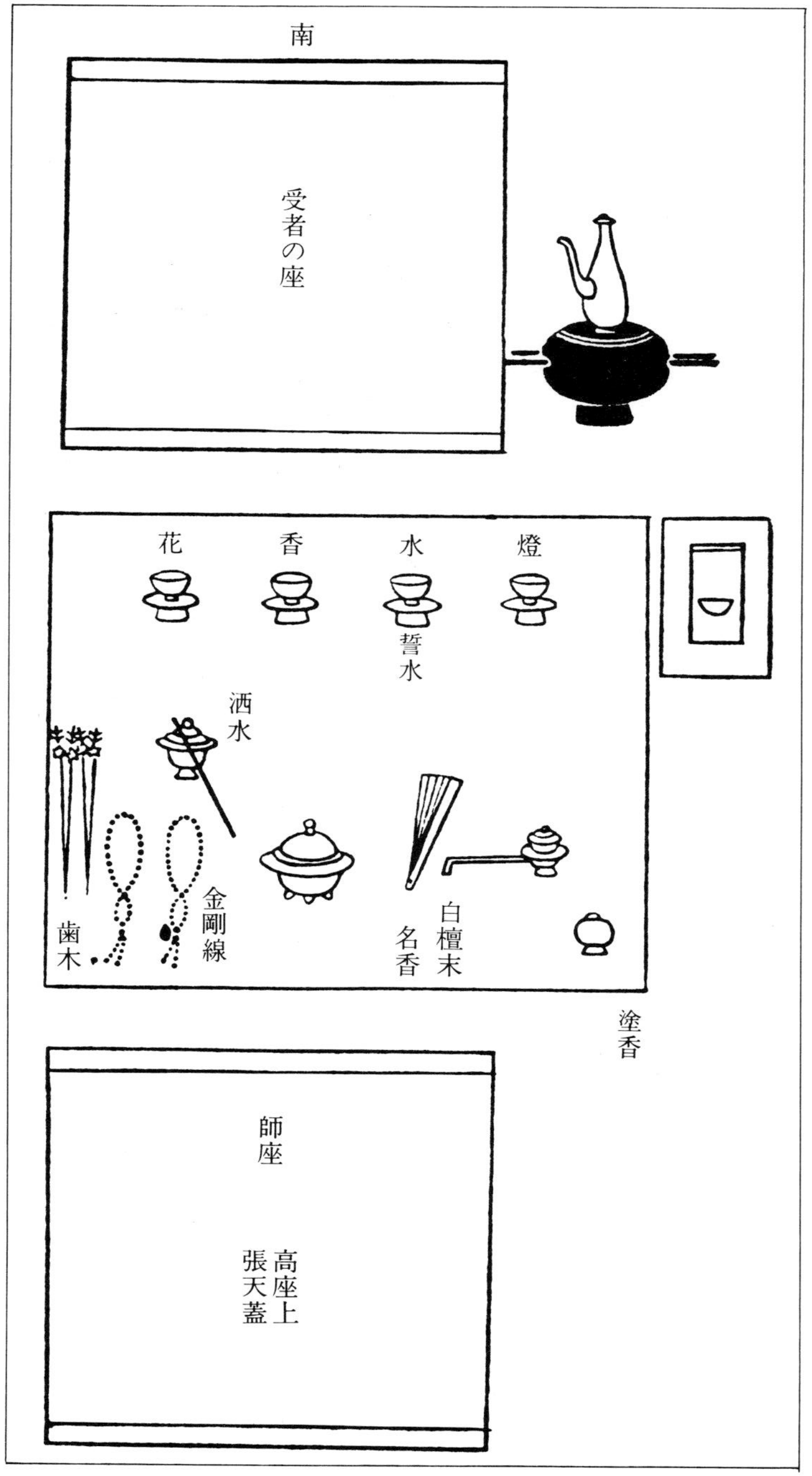

三昧耶戒道場荘厳図

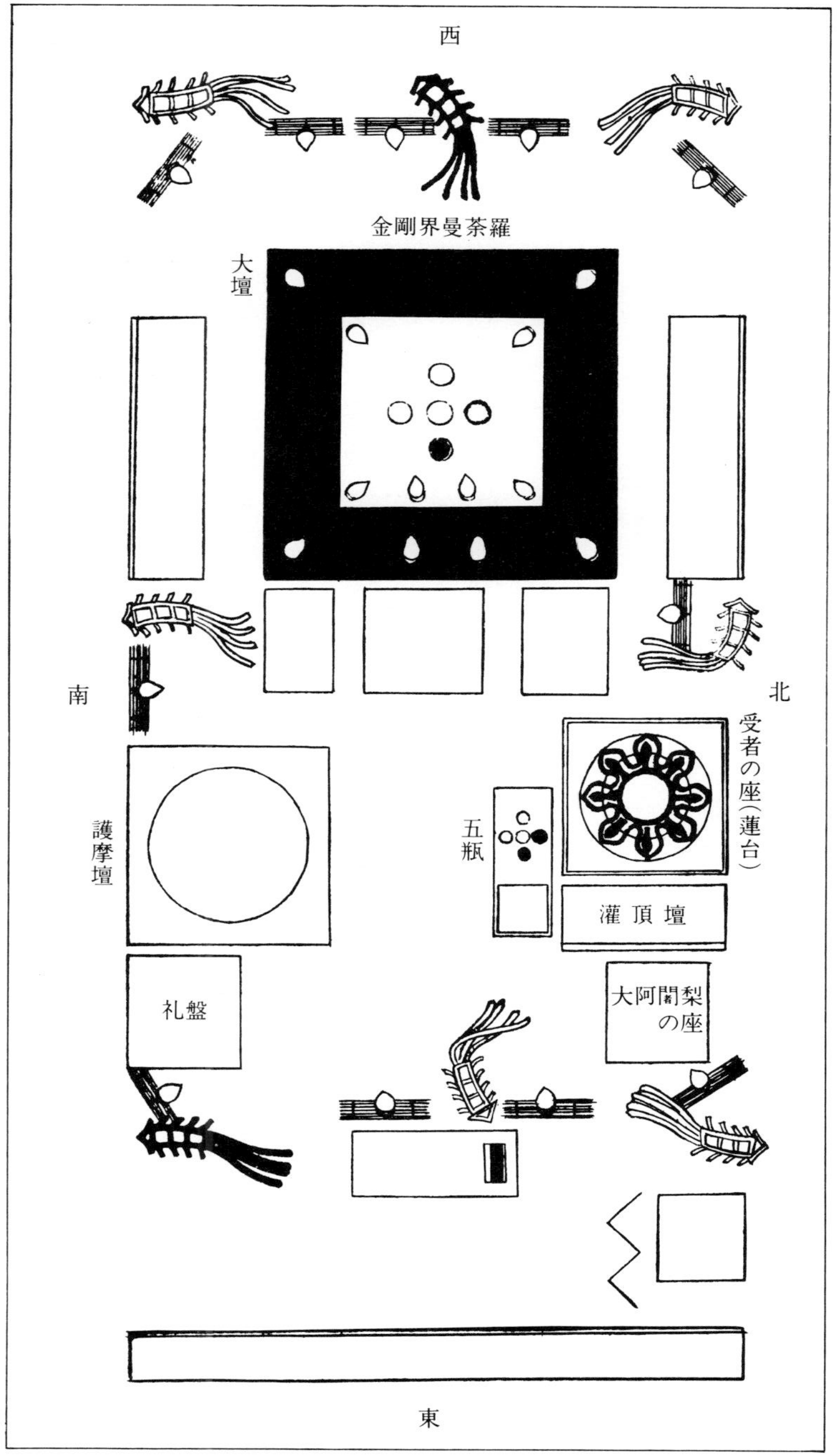

金剛界灌頂道場荘厳図（『阿娑縛抄』より細部は胎蔵界に準じる）

左臂に掛けしめる。

灌頂会の両壇曼荼羅支度に必要なものを、古儀に基づいて列記すると、次のようになる。

灌頂会の両界曼荼羅供に使用する法具　壇二面、一は大壇（方八尺、高一尺）、一は護摩壇（方四尺、高一尺）。

机四前、脇机二前、燈台七本、高坏四一本、礼盤四面、高座一基、案二本、天蓋二覆、白蓋（竜頭竿付）一覆、八色幡八流、壇敷絹三疋、食道一条、五宝（金、銀、真珠六粒、瑟々《しつしつ》、頗梨《はり》）、五薬（赤箭、人参、茯苓、石菖蒲、天門冬）、五香（欝金《うこん》、竜脳、沈、白檀、丁子）、五穀（稲、大麦、小麦、豆、白芥子）、蘇、蜜蠟、名香一包、含香（丁子）、五色絹布、五色糸、大壇供八前、飯二四杯春日器、五穀五四杯、春日器、六器二前、仏布施一四包、葉火炉一口、扇、火箸、護摩供一具、薪炭、瓶花一九枝、盛花二〇前（造花また時花）、水罐または桶一口、桶、小杓二、散杖四枝、草座一五枚、水瓶一口、盥一口、浄衣三具、莚《えん》二枚、菰《こも》二枚、折敷一〇枚、土器若干、燈心、油、紙、大幕三帖、屏風、浄履、畳など。

護摩修法の荘厳　護摩供[※17]は密教修法中の重要なものであるが、台密の護摩供は主として『建立護摩軌』に依拠するので、『瑜伽護摩軌』を正依とする真言宗の護摩次第とは修法上にも若干の差があり、護摩壇の様式、使用法具類にも当然差異がある。また同じ天台系でも寺門の護摩は少し異なる点がある。

《護摩壇の様式》　本来、原始的な護摩壇はその中心より少し前寄りに炉の穴をうがって炉桶を置く。炉桶は泥を塗り固めて造り、炉底には息災、増益、敬愛、鉤召、降伏など修法の目的に応じて輪などの画を木で描いたものが使われ、終われば破壇された。現今の護摩供の次第に破壇作法があり、炉縁を金剛杵で突き砕く所作をするのは歴史的に古儀の名残りであろう。修法の種類に応じた炉様には図のようなものがある。現在、実際に使用されているのは大部分、息災用の円形炉である。

この点、同じ円形の炉でも東密所用のものは竪項、蘇台の附属した形状で台密のものとは若干異なる。本宗の寺院でこの形の炉を便宜上使用する時には本来手前に位置する蘇台を右方に向けている例が多い。

壇下、炉の奥に五宝、五薬、五香、五穀を各別に包み、土器に納め蓋をして紙捻で十文字に結んで安置する。四方橛、壇線を張り廻らすことは大壇と同じである。本尊の位置、したがって壇の方向は経軌の説によれば、修法の種類によって決まっていて、息災法は北向き、増益法は東向き、敬愛法は西向き、降伏法は南向き、鉤召法は諸方といわれるが、その観想だけでこの通りに壇の方向を変えることは現在行なわれていないようである。

《壇上の法具》　壇上に供具を弁備するには、閼伽、塗香、華鬘、焼香、華瓶、燈明を東北より右巡りに四面に布列する。実際には略して前一面の供具の場合も多い。外供は初夜には不用、後夜は粥八杯（一面各二杯）とし、日中は飯汁餅菓の各八杯とする。炉の左側に嗽口器を内側に、洒水器を外側に横に並べておき、それぞれ散杖を添える。

《脇机上の法具》　左脇机には房花三四、五ばかり、散花若干、乳木（下に七支ずつ四把を末を奥に縦に置き、中の段に三六支三把を末を外（左）に横に置き、上に七支三把を末を奥に縦に置く）を並べる。その他、焼香と行者用の塗香を備える。古軌には見えないが、現今は香は丸香、散香の二種を用意することもある。

右脇机には外側に、奥の方から油、粥、飯、生穀、塩と並べて大小二杓を掛け渡して置く。内側に蘇、芥子、粳米、胡麻などを置き、その他、扇、火箸、匙なども支度する。さらに檀木付松などを準備する。道場入口には門前瓶、薫香などを置く。

《焼供の配置》　修法に入って正念誦が終わり、焼供[※18]に移る前に、壇上の供具を図のごとく配列する。その次第方法は、右手に珠杵を持ち左手で鈴を取り、壇の左方向に立て、閼伽と塗香を重ねて華鬘器の上に重ねる。外供の菓子は左方の内供、閼伽、塗香の中間に置く。餅をその手前に置く。以上は左手で行なう。

※16　食道とは一般にいう壇引のこと。

※17　修法の種類には、四種法がある。
一、息災法―扇底迦 Sāntika、災難困苦を止息する法。円壇を用い白色を基調とする。
二、増益法―補瑟底迦 Pustika、増長増進せしめる法。方形壇を用い、黄色を基調とする。
三、調伏・降伏法―阿毘遮嚕迦 abhicāraka、怨悪を降伏折伏して障碍をはらう法。三角壇を用い青黒色を基調とする。
四、敬愛法―伐施迦羅奴 vasikarana、和合成就をはかる法。蓮華壇を用い、赤色を基調とする。
以上は本来は護摩法についていうのであるが、一切の密教祈禱にも通じる種類である。鉤召法を別に立てると五種法となる。
また、護摩法は、火天壇、曜壇、宿壇、本尊壇、諸尊壇、世天壇、の六壇に修される。

※18　護摩炉は本尊の口と観じ、ここに諸の供物を投じて供養する意と、焼供は貪瞋痴などの煩悩を表わすもので、これを智慧の火で焚焼する意とがある。

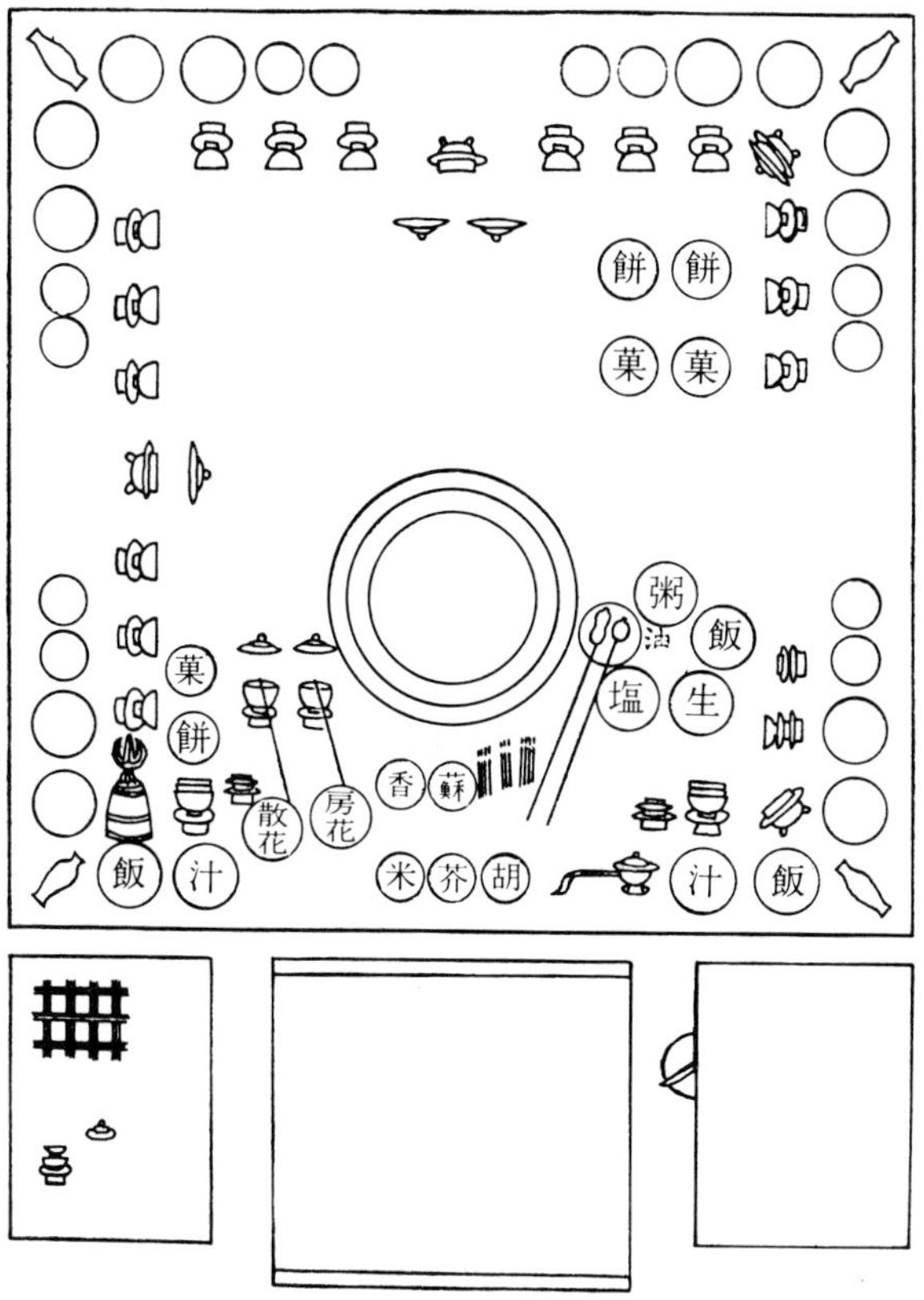

同焼具配列図

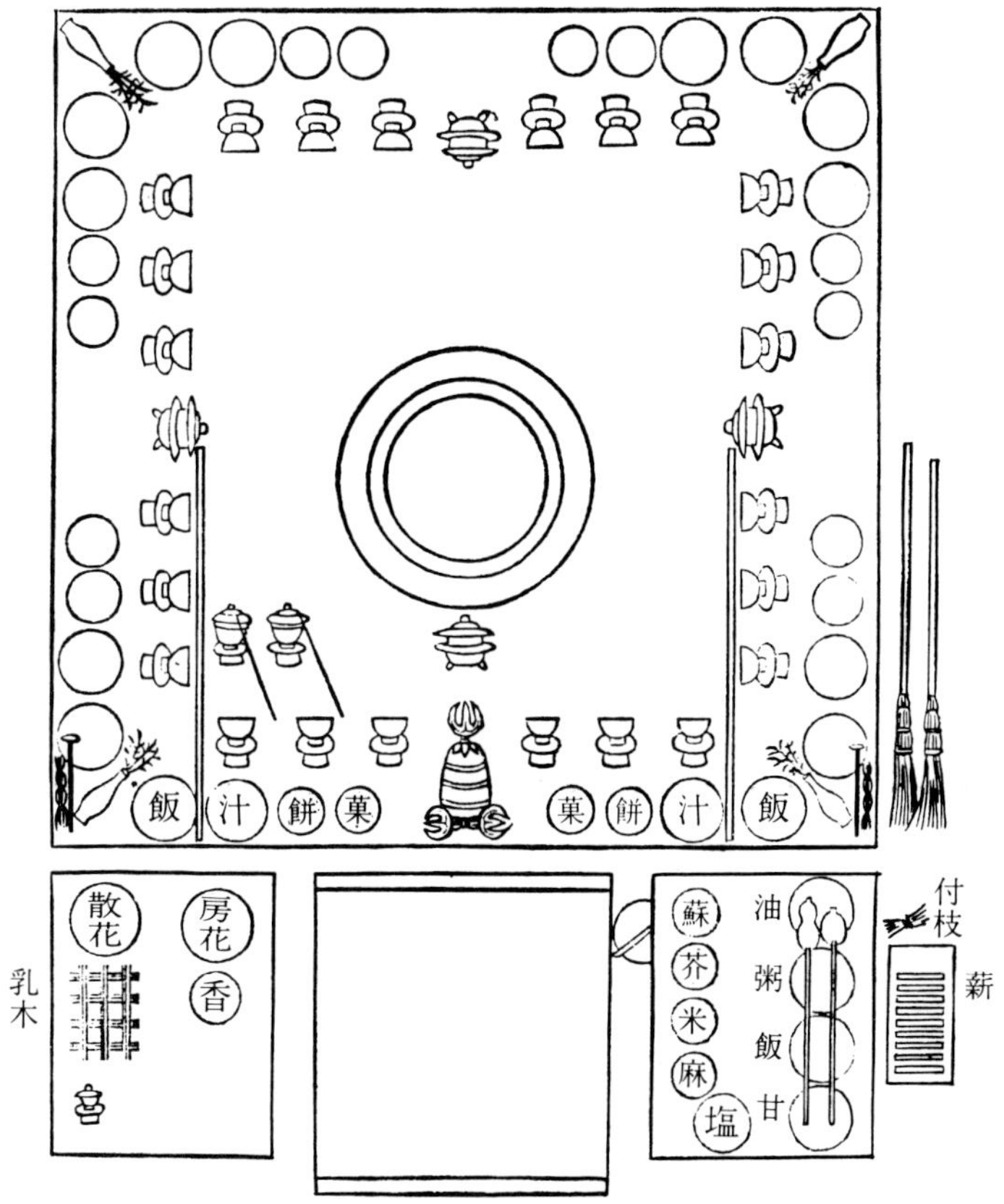

山門流護摩壇供配列図

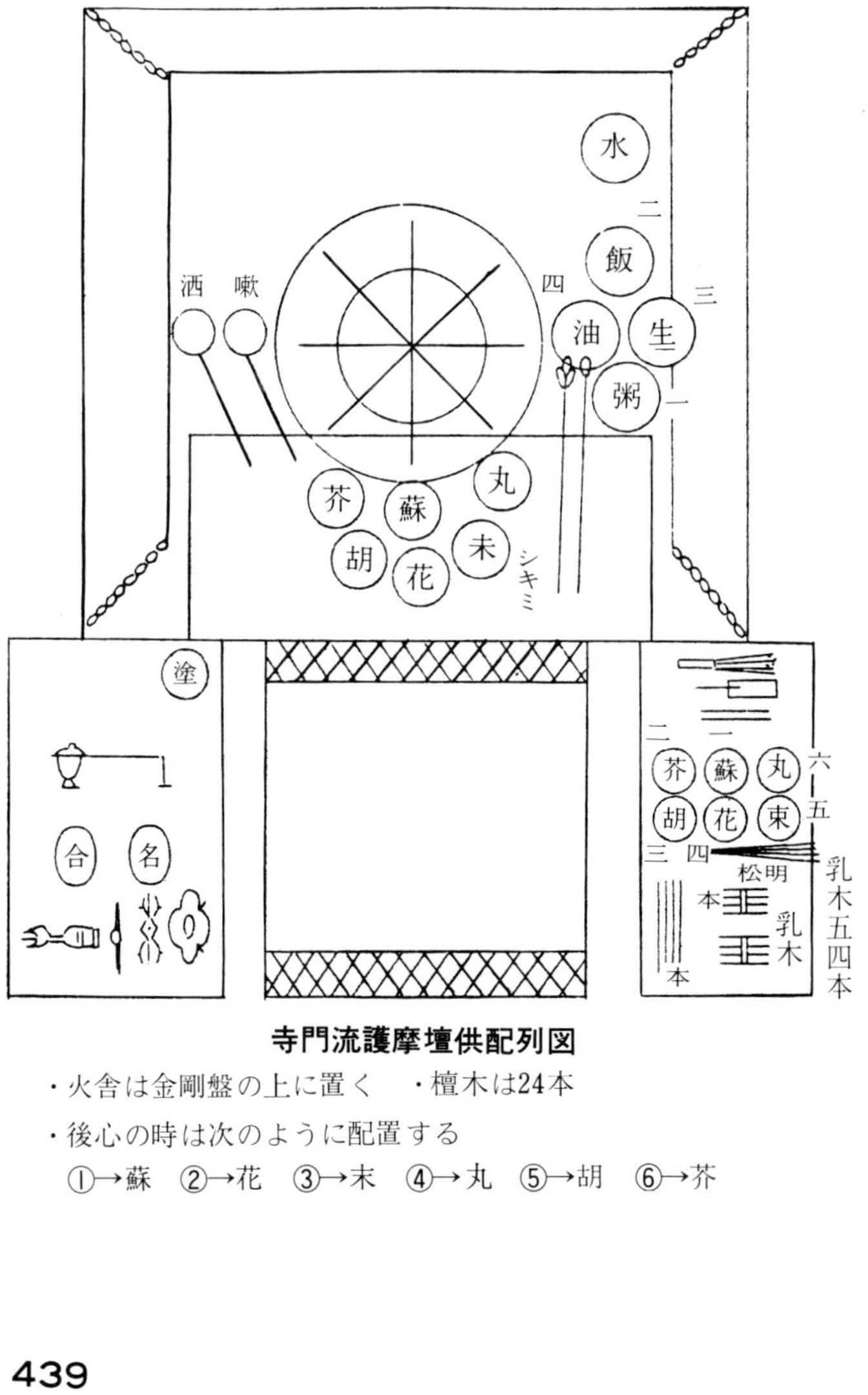

寺門流護摩壇供配列図

・火舎は金剛盤の上に置く　・檀木は24本

・後心の時は次のように配置する

①→蘇　②→花　③→末　④→丸　⑤→胡　⑥→芥

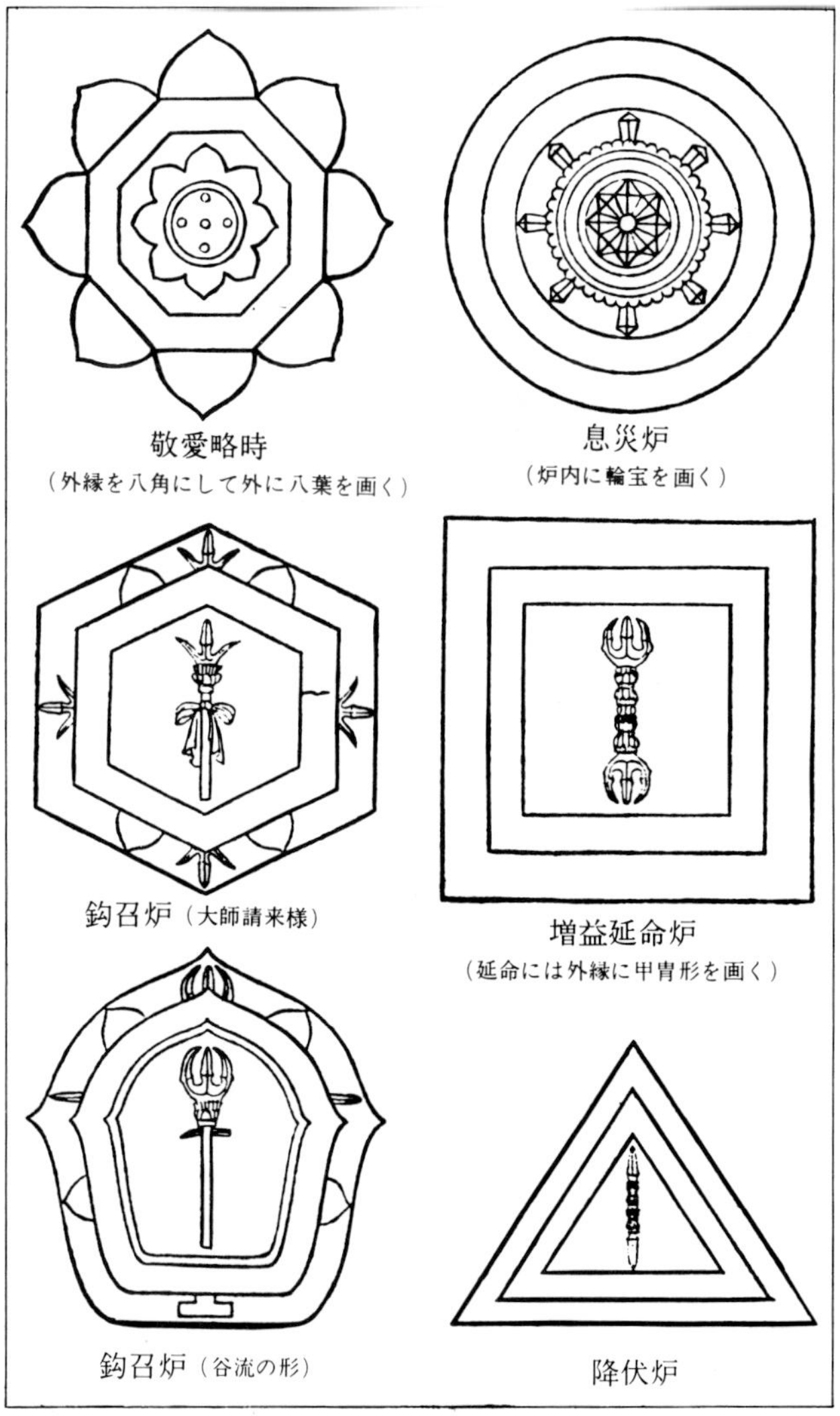

各種の炉の形（『阿娑縛抄』より）

火舎を右方角に移し、右の閼伽、華鬘を取り重ね花器の上に重ねる。外供も右奥の方に置く。柄香炉を汁の次に横に置く。二杓を油器と柄に打渡す。大は左、小は右、次に胡麻、粳米、芥子器を重ねて取り、芥子を壇前中央に（法曼流では右）粳米を左に胡麻を右に、いずれも右手をもって置く（法曼流では右から芥子、粳米、胡麻と置く）。次に房花を内に散花を外にして、左方に置く。酥を芥子の前に置く。承仕があればこの間に油、粥、飯、生穀の各器を炉の右辺に並べ置く。

寺門の焼供の配列は図のようになる。図中「花」としてあるのは、稲穀花で籾を焙って花のごとくしたものである。

積木の組み方は図[※19]のごとく斜交叉の形にするが、寺門流[※20]では全く異なっている。

《乳木の種類》　護摩支分については、乳木は経軌の説では息災法には甘木、増益法には菓木、降伏法には苦木、鉤召法には刺木、敬愛法には花木ともいう。長さは『山王院記』によれば息災は十二指、増益は十指、調伏は八指、敬愛は四指とあるが、現今はいずれもこの通り行なわれることはまれである。

《花の種類》　花の種類と色も、壇法によって本来は異なるものである。その他、経軌の説は多様で一定しない。修法の種類により特に使用するとされるものには、降伏法には稲穀花、鉄末、附子、阿世羹などの毒草を酢、塩と和したもの。鉤召法には荊棘（カラタチ）を一寸許りに切ったもの。延命法には骨鏤草（芝根）を十二指長に乳木のごとく切ったもの。敬愛法には花箭（米粉）を小豆大の円形にし紅く染めたものを供する。

《神供》　世天壇の作法が終われば、壇上を掃洒し供具を本所に戻して配列する。護摩供には神供が併せて修せられるが、この略作法に用いられる調備供物には次のようなものがある。

五穀粥一桶、杓を付す。

散米を折敷に入れ、切紙。

樒の葉を加える。幣帛八捧。

(3)　特殊な法要における場合

論義式場の荘厳　法華大会[※21]における論義[※22]をはじめ論席の荘厳は、全く顕教法儀であるから仏前に密壇を置かず、前机に三具足を献す。その前方高卓には打敷をかけ、その上に柄香炉二柄を八字形に置く。その左右に相対して八講台を据え、各々その前面に高机を置く。いずれも打敷を掛けて荘厳し、講師机の上には説相箱を置き中に如意を入れる。読師机には『法華経開結三部十巻』の経巻を立てる。衆僧席は奥を上座、口を下座として両側に設け、上座に横座を設け證義、證誡の席とする。内陣入口近くの外陣に威儀師、従儀師、また、会行事の席を設ける。その傍らに経巻、華籠、磬を用意する。経巻は軸箱の蓋に、華籠は机か棚に載せて置く。

講師、読師の所作の概要は、各自、扇を執って起立、順匝《じゅんそう》して正面にきて並び、柄香炉を持って三礼し、左に柄香炉、右に扇を執り、左右に相分かれて高座に登る。一段ごとに扇を突いて音を立て、相互の合図とする。着座して両師向き合って一揖し、柄香炉を置く。下高座の時もこれに準じる。両師並んで仏前で一拝、柄香炉を机に置き、順に巡って復座する。

講師は表白神分中は柄香炉を執り、釈経には如意を執る。その執り方は左手で柄を執り葉を左にして横たえるのと、右手で執って立てる二つの方法がある。問答の牒の取揚には柄香炉を執り、答えには如意を執る。

庭儀式場の荘厳　庭儀式四箇法要（唄、散華、梵音、錫杖）の式場は、仏殿の正面庭前で執行し殿内に入らない。仏殿の階下に左右相対して八講台を置き、中間に礼盤二箇を並べて置く。正面に舞台を設け莚布を敷く。止面左右に梵音衆、錫杖衆の席を設け、舞台正面入口に行事の鉦を吊し、その下に円座を敷く。唄師、問者の円座などを入口の左右に用意する。

密修道場の荘厳　庭儀修法道場は内陣、外陣と庭内の三道場からなり、内陣は阿闍梨位の座で中台宝楼閣に比する。外陣は讃歎衆

※19　火天壇の場合の積木の組み方。

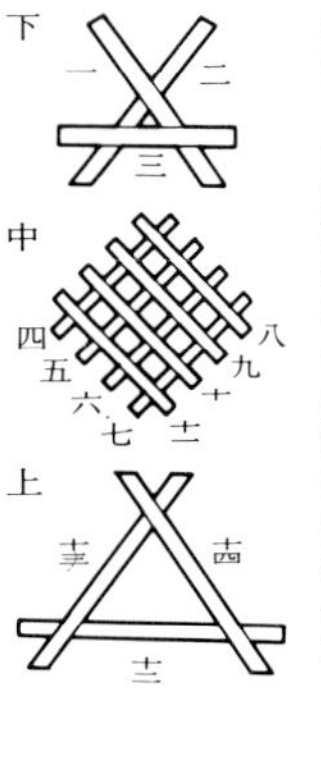

※20　寺門流の積木の組み方。
〈積薪次第〉
火箸をもって積む
先西　本南末北　次東　本北末南
次北　本西末東　次南　本東末西
次西　次東　次中六本南末北
西より置き渡す。

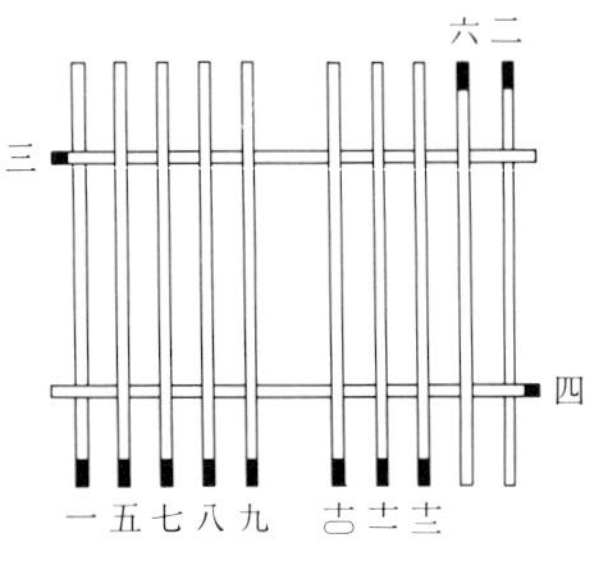

※21　法華大会（広学竪義）五年一会、法華経講讃の法会の意味。法華経講讃は、わが国では聖徳太子に始まり、法華大会は、伝教大師の法華十講に起因する。本来は宗学上の論題についての研究発表、討論会であった。発表者を竪者、問難者を已講、擬講、判定者を探題という。現在はその形式を踏襲する儀式である。

※22　論義と竪義は形式は似ているが、論義は質問者（問者）と答者（講師）が教義について往復問答し、最高指導者（証誠あるいは精義者）の指導を仰ぐ形式で、講師に問者が教を請う形であり、竪義は問者が竪者を試験して、探題によって判定される形である。

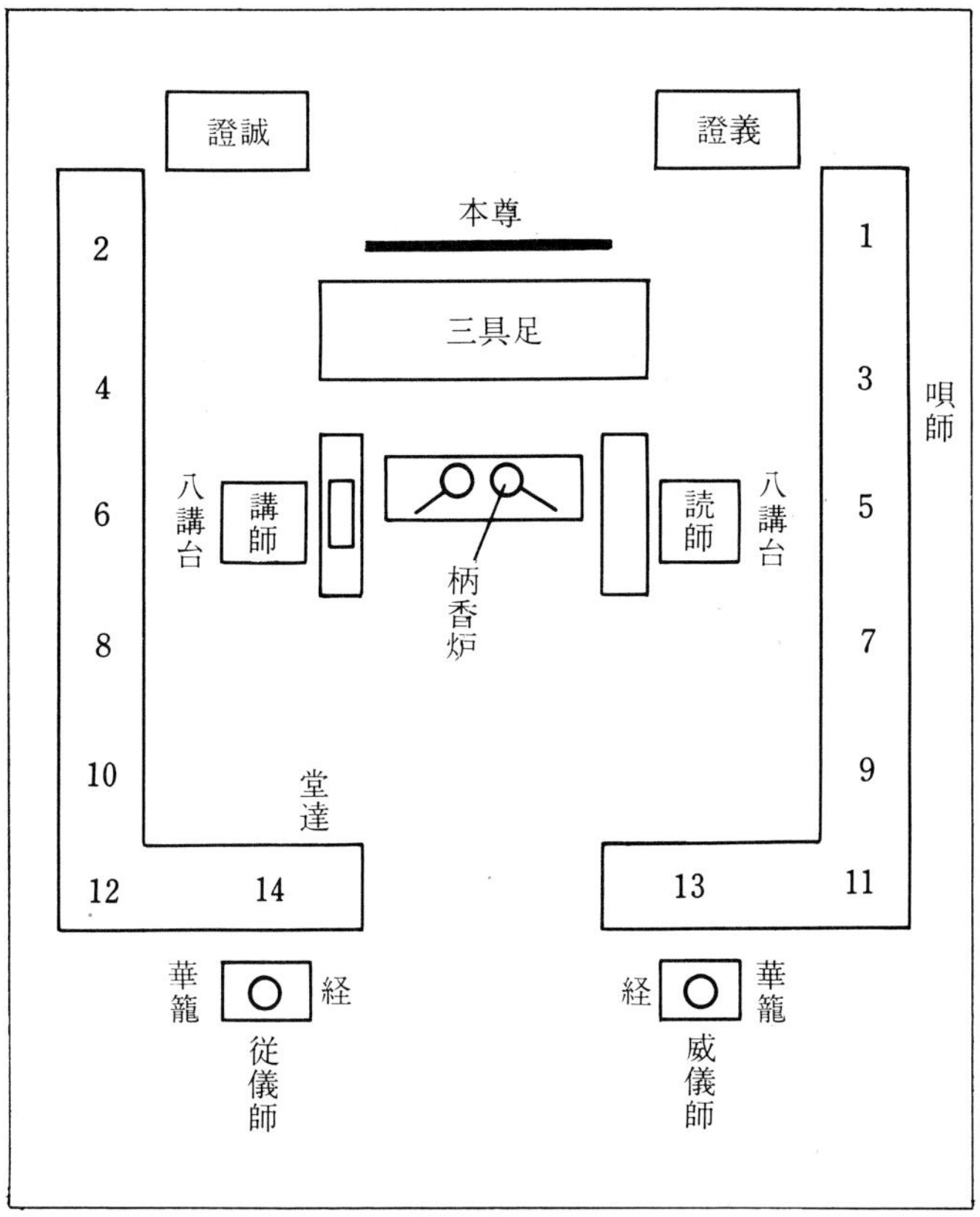

論義式場の配置

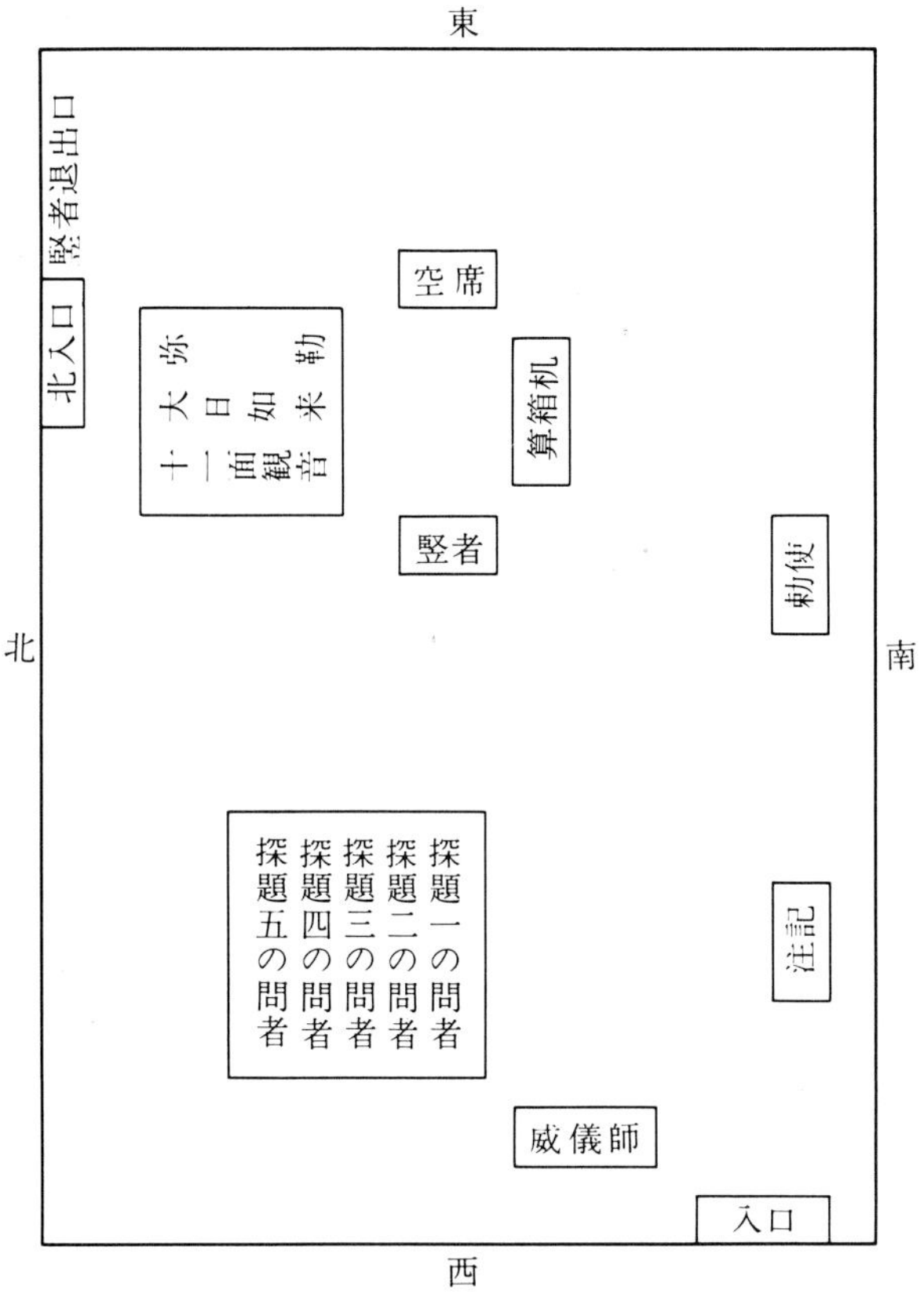

広学竪義大講堂内陣の配置

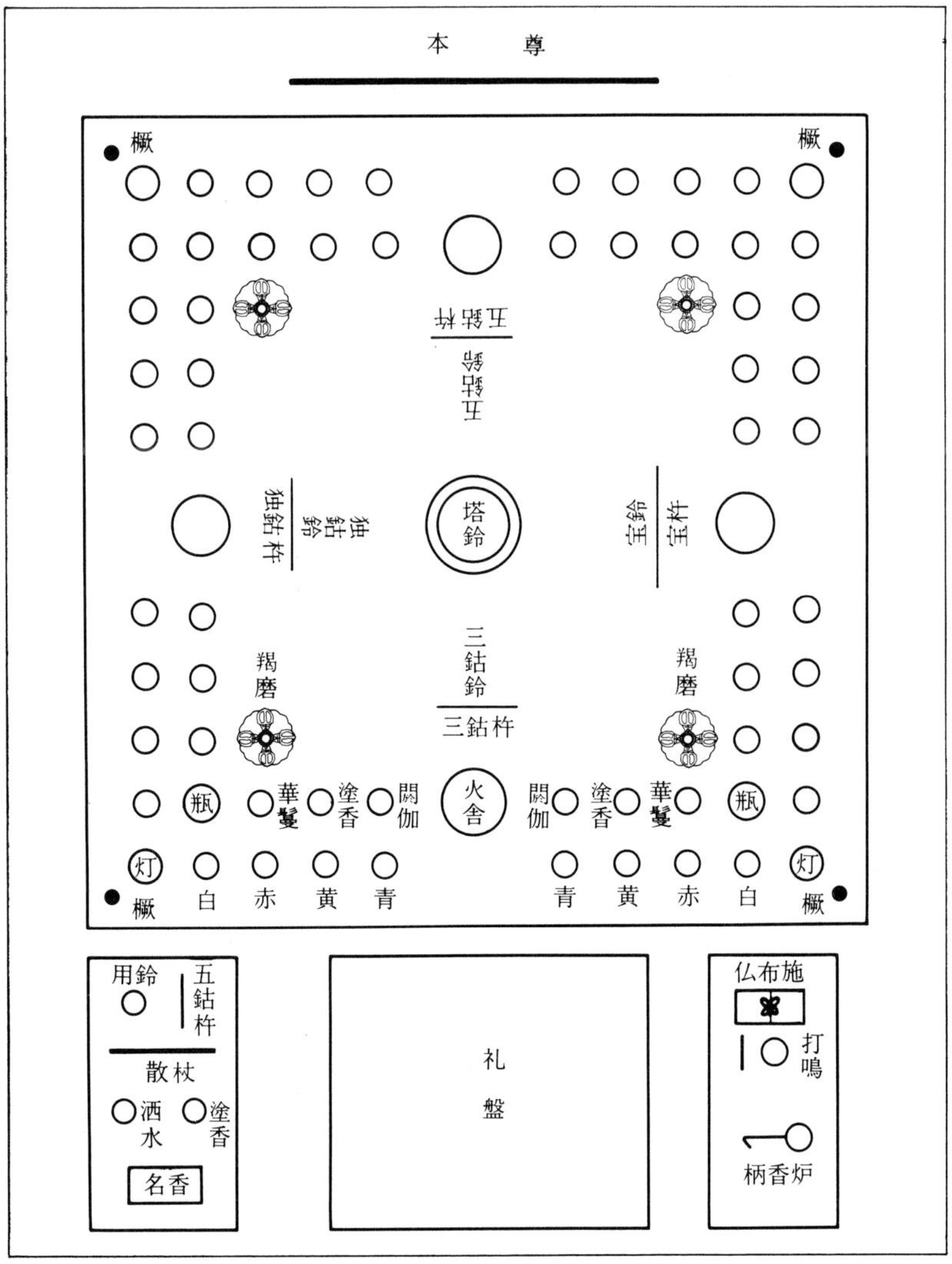

曼供道場(胎蔵界)の大壇配置図

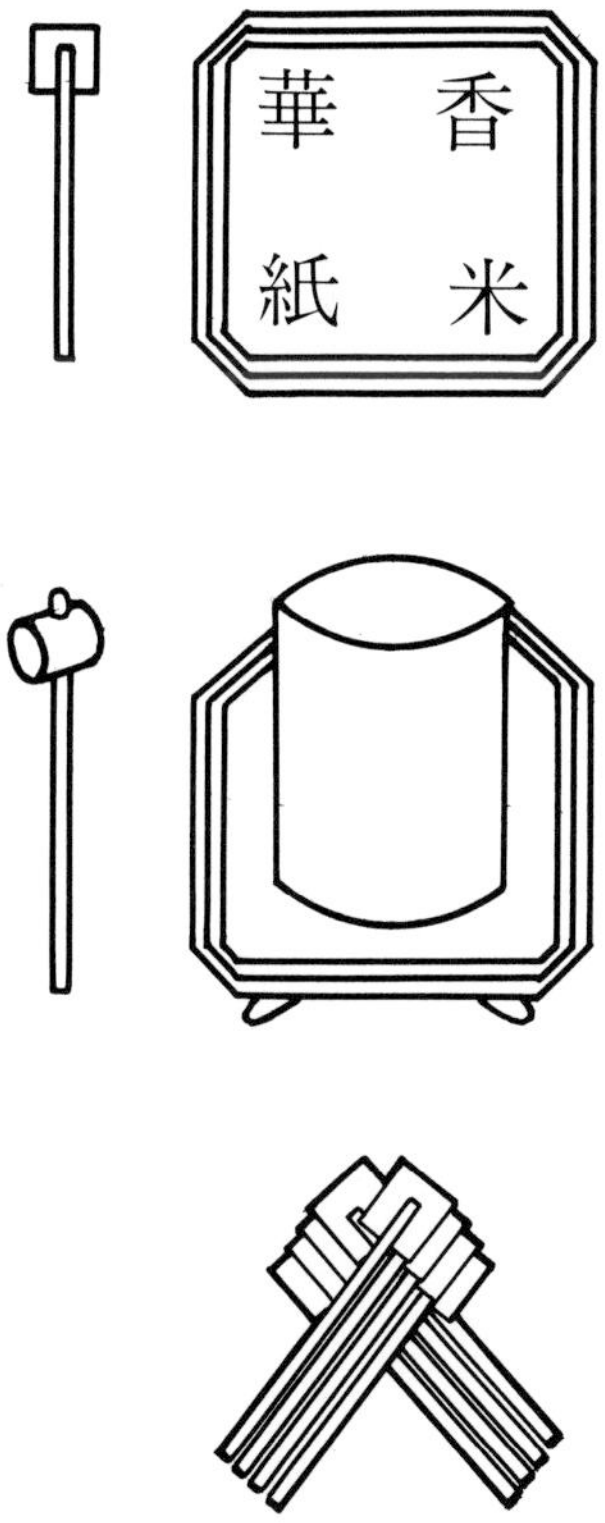

曠野神供支度

の席で威儀を整える式場として堂外、庭前を用いる。縁側を利用する時もある。内陣の周囲は壁代を廻らし、八色幡を懸ける。色は東白、東南紅、南黒、西南煙、西赤、西北水(緑)、北黄、東北赤白とする。中央に大壇を置き、四面供を備えることは常のごとくである。修法[※23]に応じ本尊を方位に安置する。

天台宗では「熾盛光仏頂法」「七仏薬師法」「普賢延命法」「鎮将夜叉法」「安鎮家国法」のいわゆる大法があり、寺門でも「尊星王法」「法華法」「金剛童子法」などを大法とする。これら大法には本尊壇の他に護摩壇、聖天壇、十二天壇その他の諸壇が設けられ、これに用いる仏具の数もすこぶる多く、その種類も多様で[※24]特異なものがあって、その荘厳法、使用法の全部を詳述することはできない。

《普賢延命法》 図に示すものは普賢延命法の結願の道場荘厳の概略であるが、大壇上には中央に如来壇一面を立て、その周囲に金剛王壇として二〇の小壇を立てる。各壇上には金剛杵、花瓶（黄華を添える）、火舎を備える。如来壇には一〇枝燈台を立て一〇燈を献じ、二〇の小壇には各一燈明を献ず。諸天壇は方三尺で、四天王壇には六器一具、十二天壇には蠟燭供を献じる。

本尊は二十臂の延命像を東側に懸け、その前に七層燈台を立て四九燈を燃やす。

四天王壇には各四天王像を懸け、十二天壇には十二天曼荼羅を懸ける。聖天壇には聖天像を安置し、鈴杵などは置かない。

《熾盛光法》 熾盛光法では七十天供が行なわれ、本尊と大壇の間に七十天供の机を並べ立て、七十余杯の献供、燈明、幣帛、銀銭などを供える。

《七仏薬師法》 七仏薬師法における特殊な荘厳法としては、五色の大幡と四九流の小幡が懸け用いられること。七仏各々の像前に各七燈の燈明が輪円状に、合計四九燈が献ぜられることなど、図の通りである。また七仏供として、各々の仏前に一小机を立て、上に六器一前、仏供二杯、燈台二本を立て、また伴僧席に四九巻の薬師経を経机各一の上に置いて備え、毎時読経する。

密修の大法には、このように大小の壇を設け、それぞれ独得の荘厳と作法のもとに荘重深厳な修法が執行される。一般的には内道場の左右、持金剛衆の座として数に応じて畳を敷く。外陣の大衆座は本尊に対し左右に分かれ、口側を上座とする。座頭には燭台を立てる。

外陣入口に門前瓶を置き、机上に瓶、塗香、含香を載せ、香象を下に置くことは常と変わらない。庭内から堂内に至る縁には白布を敷く。

穴中作法　最後に安鎮法から派生して、今日でも広く地鎮祭として執行される受地作法の中の穴中作法と施餓鬼法について、特殊の法具、供具とその使用法について付記する。

道場四方に青竹を立て標縄《しめなわ》を張り廻らして結界し、正面中央に本尊（不動明王）の像を安置する。その前に方三尺、深さ一尺五寸の穴を掘り、その前に行者の座を設ける。左側に机を置き洒水器、散杖、独鈷、散供として五穀・五色紙を用意する。穴の手前に机を備え供物、三具足を置く。その前の壇上には六器一前など常のごとく備える。

穴中作法に用意すべきものは鎮支箱・幣帛・白檀末、九種物などである。九種物は菓・酥・蜜・燈・飯・香・花・塗香・閼伽で各別に土器に入れ蓋をする。

導師は受地作法が終わると穴中に降り、洒浄加持の後、抹香を穴中に撒く。

穴の中に奉書を敷き、上に絹を敷く。輪宝を安置し、印明[※25]加持して輪の中心に橛を立て、さらに加持作法して鎚をもって百八返、橛を打つ。

次に鎚を柄を右にして紙の外に置く。

次に七宝・五香・五穀・五薬の順にそれぞれ加持して輪上に置く。

次に五色の幣を取って同じく加持して輪の向に左頭に横に置く。

次に銀銭、同じく加持して輪の前に左頭にして横たえる。

次に散供、紙包を左手に持ち、開いてから加持して穴の奥の方に

※23　密修は、大法、準大法、秘法、通途法に分けられる。何の法がどれに属するかは諸流において不同である。

※24　密修の一つに曼供がある。両部曼荼羅を供養する法会で、胎蔵界、金剛界、合曼の三種がある。
曼供は、本尊の法楽、堂塔新改修の慶讃、新写曼荼羅、写経などの奉納供養、聖霊得脱のためなどに広く行われる。（左頁の図参照）

※25　手に印を結び、口に真言を唱えて、祈禱すること。

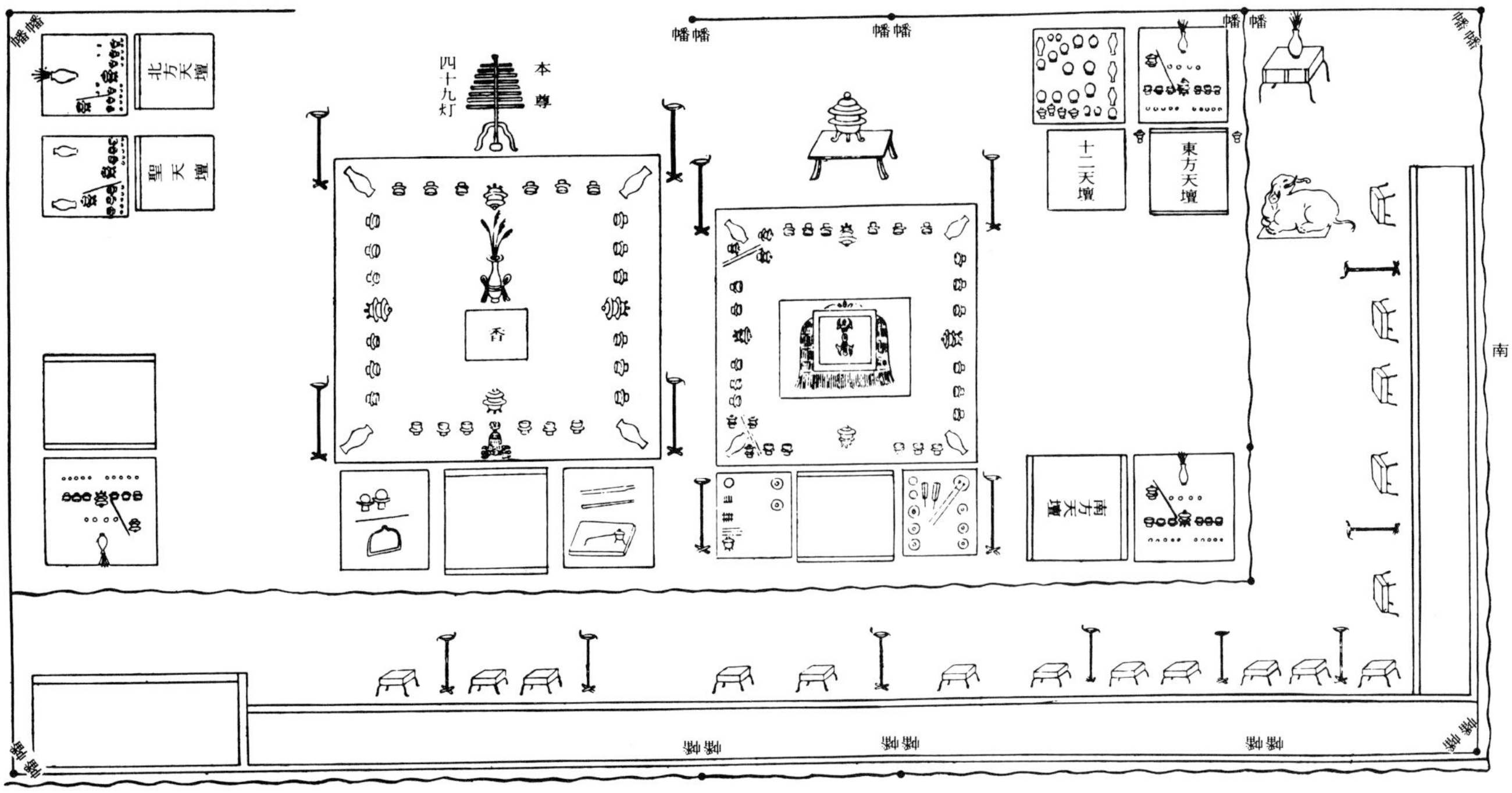

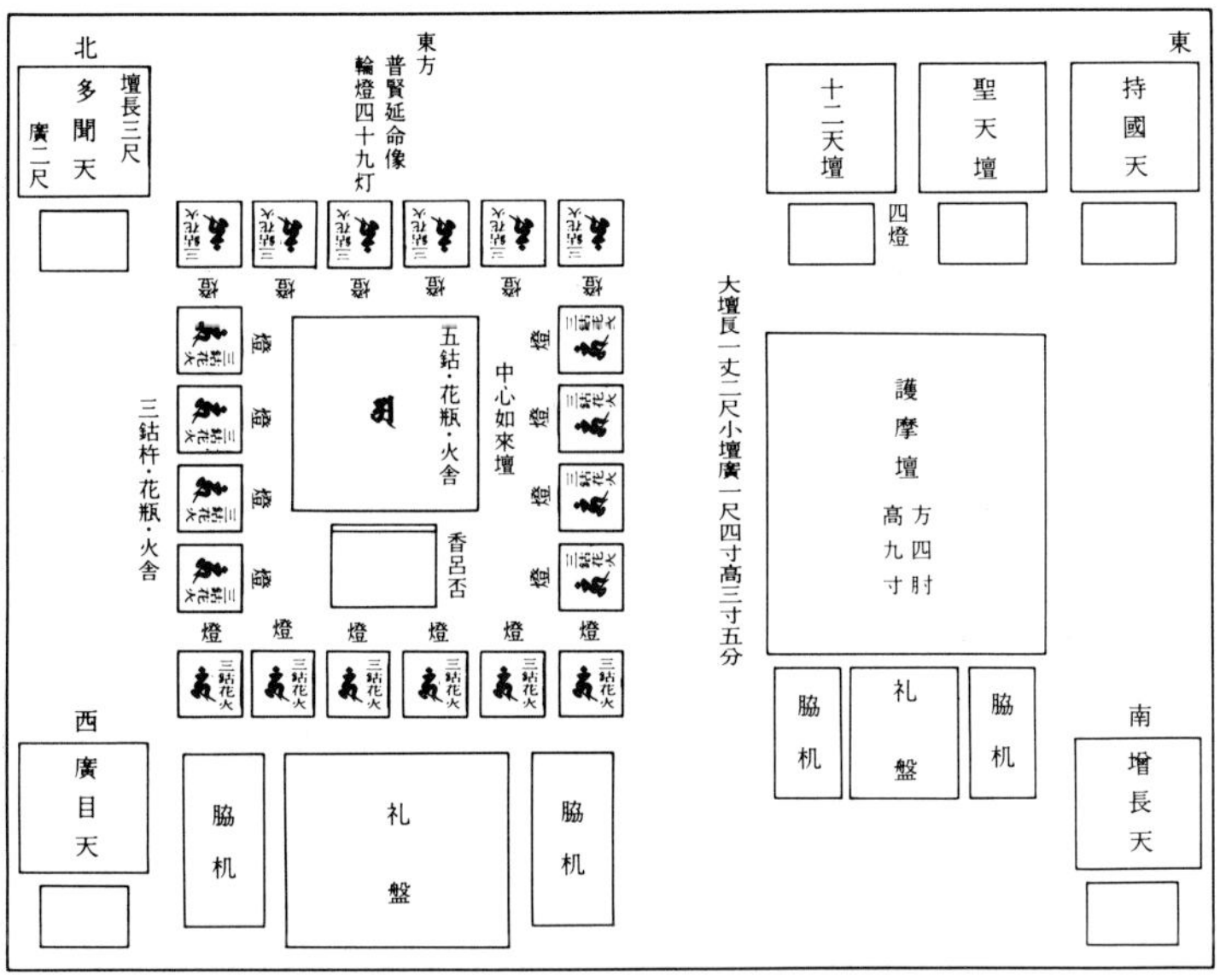

普賢延命法　上・平常の道場荘厳
下・結願の壇上略図

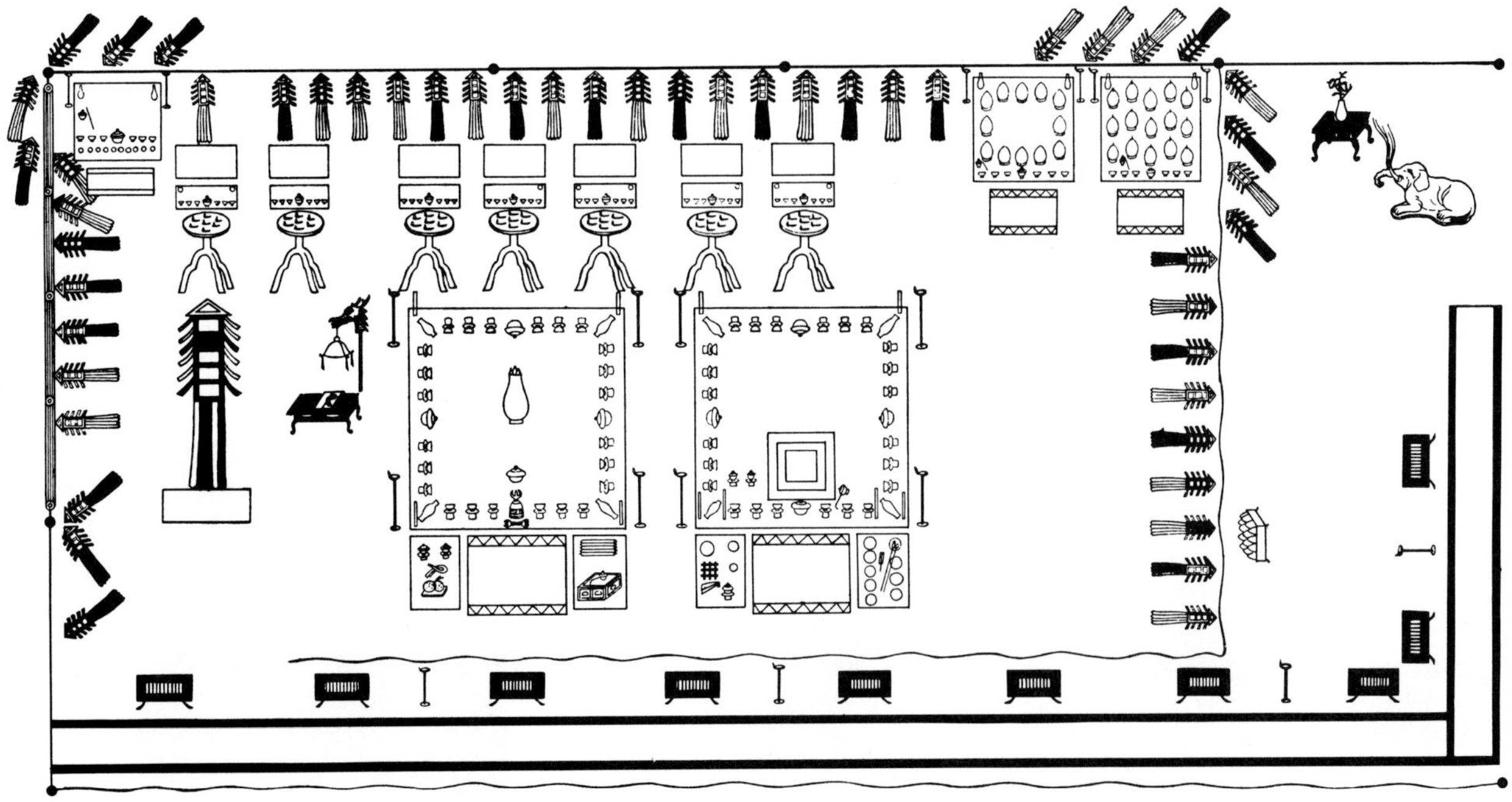

七仏薬師法の道場荘厳

散じる。

次に九種物を取って穴口、左の方に置き加持する。まず飯食、次に焼香・閼伽・塗香・華鬘・燈明・菓子・酥・蜜の順に加持して、これを図のごとく置く。安置し終わって箱の蓋をして、地を印明加持し釘をもって蓋を緘する。

なお九種物のうち、菓は榧《かや》・栗など、酥は香油と白檀を合わす。蜜は氷砂糖、燈明は油燈、飯は仏供、焼香は香ばかりとする。細部にわたっては異なった作法の伝承もあり、簡略化される場合もあるが、仏式地鎮祭の基準となる次第である。

施餓鬼法　施餓鬼壇は、正式には堂外の正面に置く。高さは三尺以下とし、正方形に造る。本堂内に置くと餓鬼が近ずくのを憚かるし、また、三尺より高い壇では餓鬼が施食にあずかれないからであるという。

壇の中央と四隅に五如来幡を立てる。その方位は、

宝勝如来　（黄色）　南　（行者の左）
妙色身如来　（赤色）　東　（行者の右）
甘露王如来　（青色）　西　（正面左）
広博身如来　（白色）　中央　（正面）
離怖畏如来　（黒色）　北　（正面右）

正面に三界万霊の位牌を置く。その前方、むかって右に盛果、左に盛飯を供え、盛飯の中央に五色紙の幣帛を立て、その周りに五色別々の小幡を立てる。幡には経文、偈頌、種子などを書く。その前に三個の銅鉢を並べる。中央は空鉢とし、左には洗米、右には浄水を入れて匙を添える。略儀にするときは、施餓鬼壇を堂内、外陣の正面外側に設ける。五如来幡は壇の外側に一列に立てるか、または上から釣るす。中央に施主の位牌を安置し、左右に盛飯、盛果を供え、中央に銅鉢一器を置いて浄水を入れ、樒の一房を浸す。

最略儀には、内陣に祭ることもある。参拝者から後見にならないよう堂内の適当な場所に壇を設ける。また、壇の浄水鉢だけを経机に置いて、内陣正面の大衆座の後方に置き、その前に導師の座として半畳を敷き、導師は平座して作法することもある。

また施餓鬼会は本儀としては夜、もしくは暗くして灯明をつけないで行ない、打鳴らしなども餓鬼を恐れさせないために用いず、真言なども微音で誦すべきものとされている。施食は、浄地で人の踏み行かないところ、または水辺、樹下になすべきであるが、桃樹とザクロの樹の下は不可とされている。施餓鬼には水死霊の供養のために水辺、河海中などで行う川施餓鬼というものがあるが、いずれも本儀に準じたものである。

なお、これに類したものに流れ灌頂がある。白布の縦、横四尺のものの中央に卍字を書き、四隅に「迷故三界城、悟故十方空、本来無東西、何処有南北」の四句を書いて、四方を杭木に釣す。また水中に塔婆を立て、光明真言、戒名、回向の趣旨を記す。これは魚類を救済する追善の功徳により、死亡した産婦または水死霊を追弔するためのものである。

※四度加行支度の仏法具

前行から十八道、胎蔵界および金剛界の行法を通じて必要なものは以下の通り。

不動明王・山王権現・赤山大明神・慈覚大師の各尊像。胎・金両部の曼荼羅。施餓鬼用の銅器・机三脚（大一、小二）・六器一面・華瓶二本・飯食器二個・火舎一個・柄香炉一柄・打鳴一口・錫杖一本・塗香器一個・灯台一対・焼香器一合・線香立一個・香盛道具一式・燈油器一個・水こし一個・柄杓大小各一・膝付二枚・薄縁一枚・壇線・門前瓶・香象・洒水器一個・独鈷杵一本・鈴一口・外供皿六枚・散杖二本・献備塗香器一合。

護摩については以上の他、焼供器十個・房華器、散花器各一個・嗽口器・大小杓各一本・扇子・火箸・箒・塵取、それと神供作法用の桶・折敷・幣串・足打台を必要とする。

※参考文献　阿娑縛抄（大日本仏教全書）　台門行要抄
穴太流　法曼流護摩私記　天台法式儀則　寺門流護摩次第

（酒井敬淳）

※三千仏礼拝用の算盤

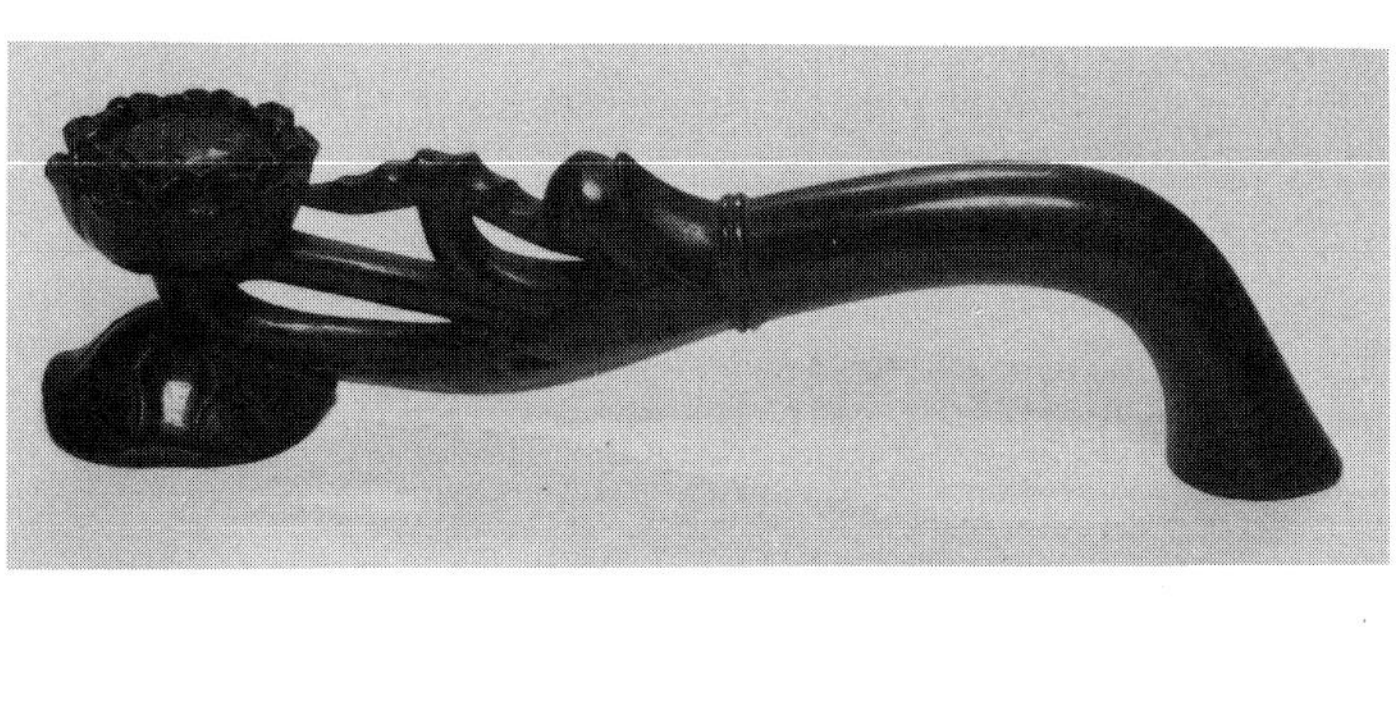

※持蓮華

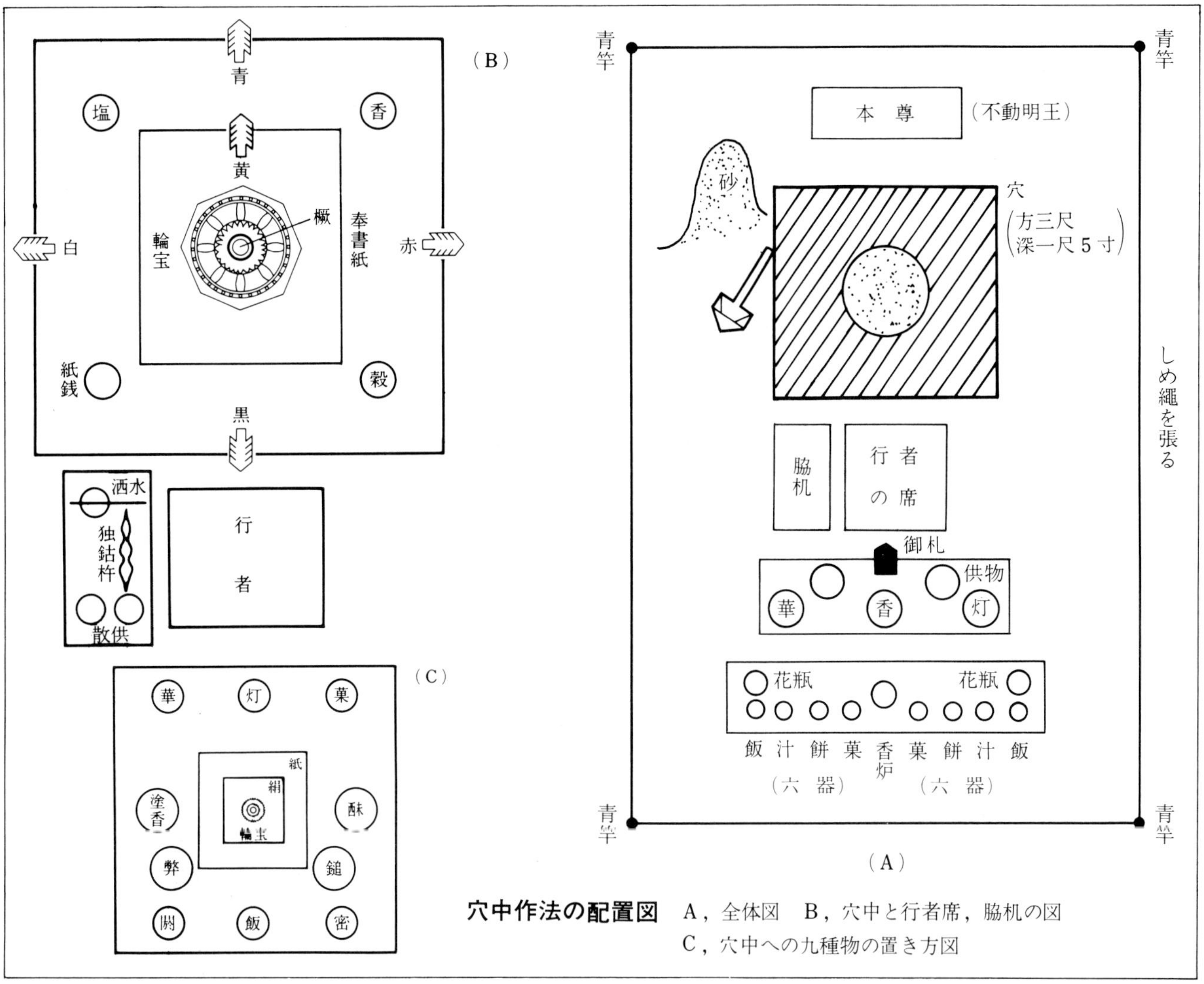

穴中作法の配置図　A，全体図　B，穴中と行者席，脇机の図
C，穴中への九種物の置き方図

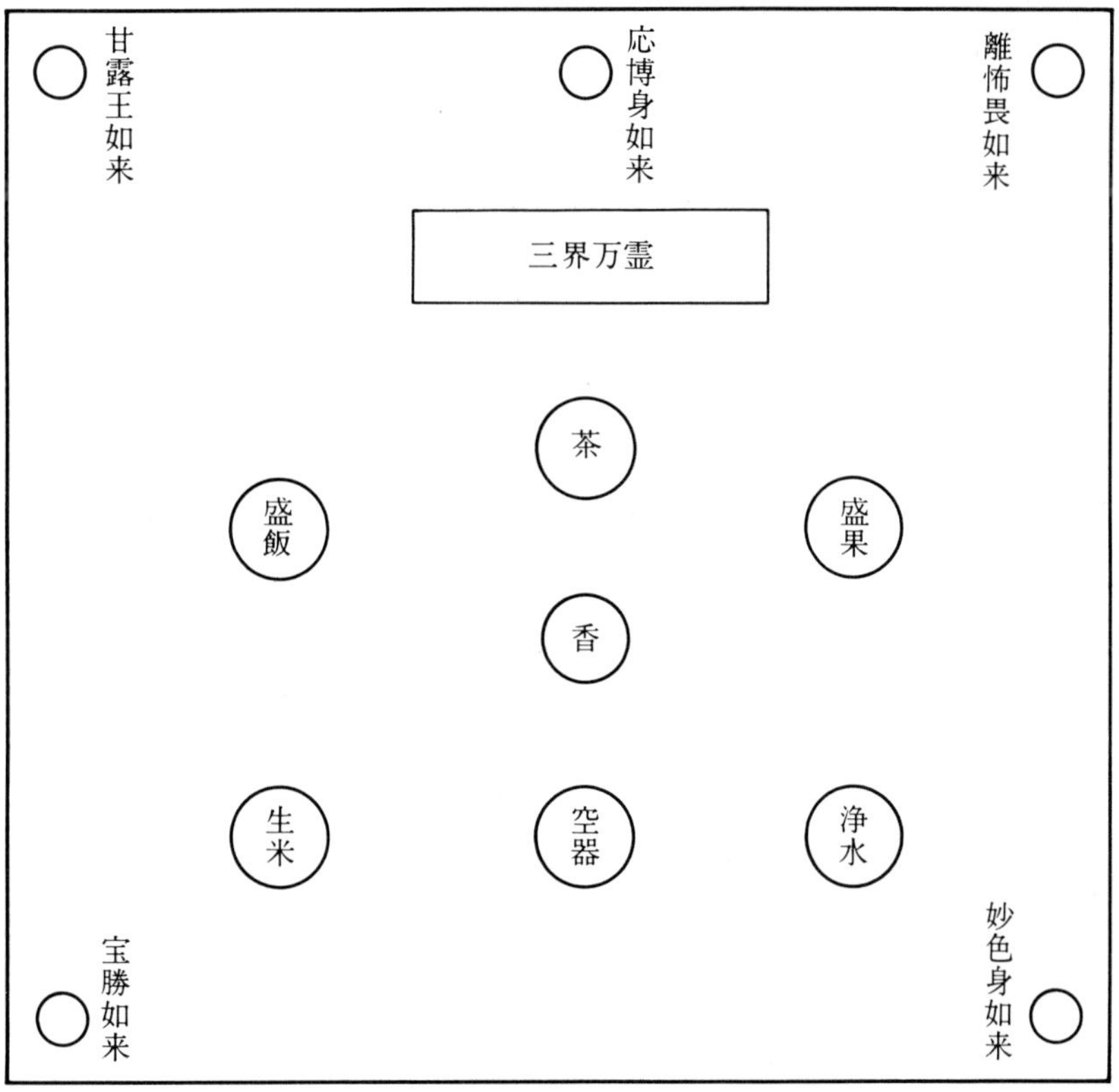

施餓鬼壇の配置図

三　真言宗の仏具

一、金剛峯寺金堂の荘厳

真言宗の総本山、高野山金剛峯寺金堂[※1]に参拝してみよう。堂内は内陣と外陣にわかたれ、一般参拝者は外陣で参拝をすませ内陣に入ることは許されない。許されないというより内陣は秘密荘厳の世界であって、そこには荘厳具が整然と並べられている。金堂の本尊薬師如来を安置する須弥壇の前面に、さらに広い空間をとって三つの壇がしつらえられ、その上には様々な密教法具が並べられている。堂の中心部を仏壇と荘厳具で占めてしまい、一般の参拝者は外陣において内なる秘儀をかい間見る、これこそが密教伽藍の一大特色ということができようか。しかも荘厳具の占める空間の大きいことは、真言宗において法具の占める意義の大きさを如実に示している。

内陣の配置　内陣のほぼ中央、本尊の前面には大壇がしつらえられ、その前に礼盤がおかれて行者は大壇をはさんで本尊と対することになる。さらに堂の右（本尊に向って左）には柱間に金剛界の大曼荼羅がかけられ、それに向かって大壇が一具置かれている。また左（本尊に向かって右）にはこれまた胎蔵界の大曼荼羅がかけられ、同じように大壇一具がしつらえられている。金堂は南面しており、このように東に胎蔵界曼荼羅をかかげ、西に金剛界曼荼羅を掛けることは「東胎西金《とうたいさいこん》」（右金左胎とも）と呼びならわし、因果相対の義をあらわすものとして現在では大ていの寺院がこの掛け方を常用している。また、中央と東西に三つの壇を配することを三壇構《さんだんがまえ》と称し、中央の壇を不二中壇《ふじちゅうだん》（不二壇・中壇ともいう）、東にあるのを胎蔵壇（東壇）、西にあるのを金剛界壇（西壇・金界壇）と呼んでいる。中壇は南面して行者は北面（本尊に対す）し、胎蔵壇は西面して行者は東（胎・曼茶羅）を、金界壇は東面して行者は西（金・曼茶羅）に向かって修法を行う。

金剛峯寺の大塔内部

※1　金堂は七間、七間の入母屋造本瓦葺で、大師の時代に建立されたが焼失し、現金堂は昭和九年に再建された。一山大衆皆参の大法会に用いられる。

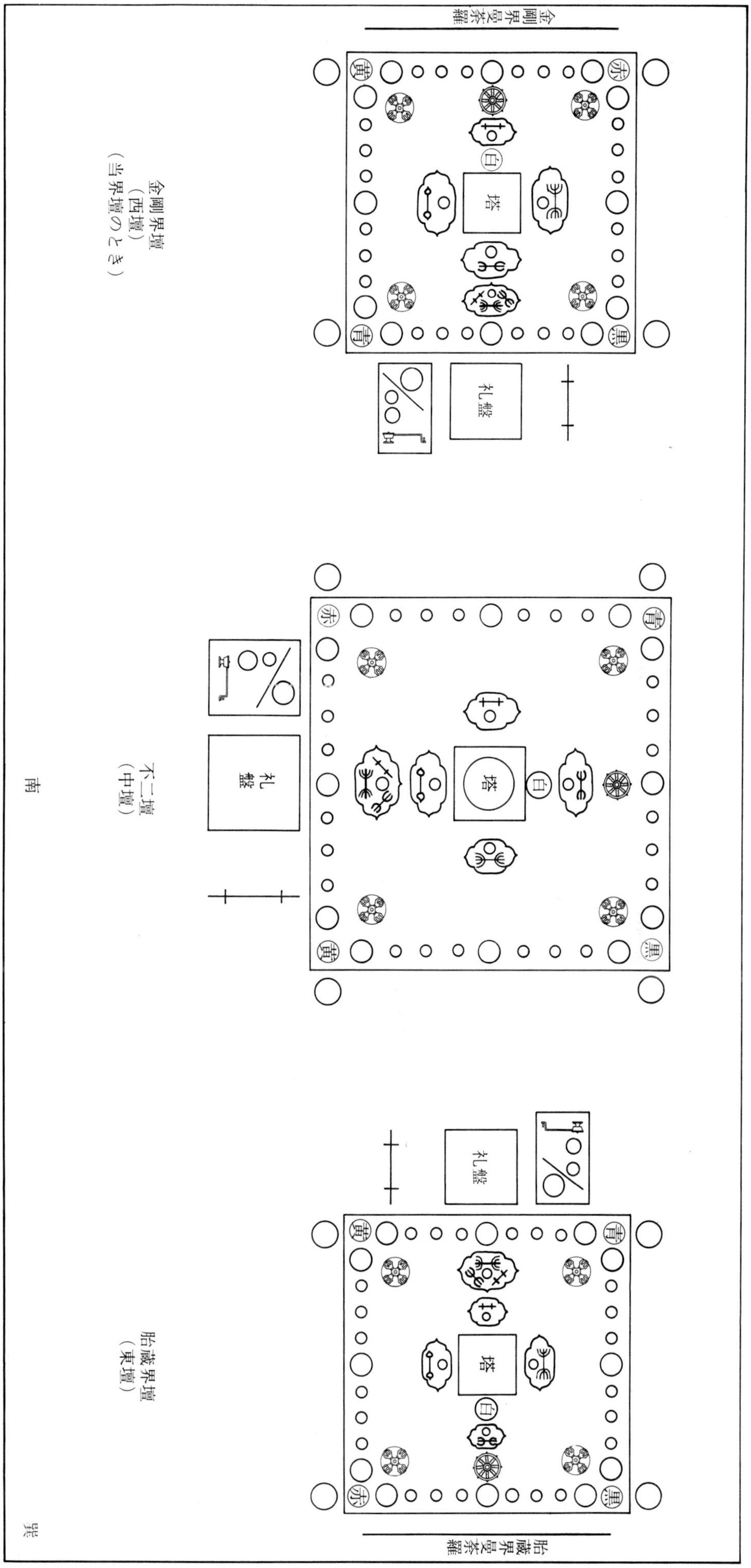

金剛界の五色次第
白―青―黄―赤―黒

不二の五色次第
白―黄―赤―青―黒

胎蔵の五色次第
白―赤―黄―青―黒

高野山金剛峯寺金堂内陣の荘厳（中院流 引摂院方 巽瓶の次第を示す）

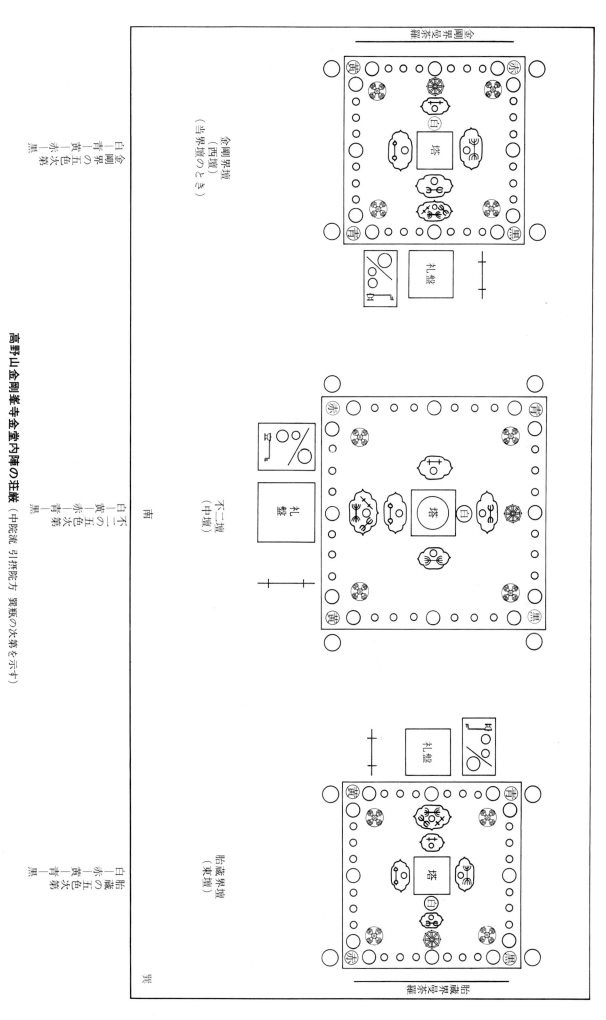

不二中壇の法具配置　不二壇の中央には金剛峯寺の名称の秘旨をあらわすという瑜祇塔《ゆぎとう》が安置され、塔をめぐって多くの密教法具が囲繞している。まず一番内側の塔側四面には各々金剛盤上に五鈷鈴・五鈷杵（東）、宝珠鈴・宝珠杵（南）、独鈷鈴・独鈷杵（西）、三鈷鈴・三鈷杵（北）が配されている。これは塔に象徴されている中台大日如来を四方より荘厳供養するために置かれたものである。その外の四隅には羯磨が羯磨台上に×状（隅方）に置かれ、北面塔後には中瓶と、そのうしろに輪宝が輪台の上に置かれている。また正面（南）中央には金剛盤上に五鈷鈴・五鈷杵・三鈷杵・独鈷杵が如法に配され、その左右には小燭台が置かれている。最外周、四橛と壇線のめぐるすぐ内を華瓶と四面器がとりまいており各華瓶には五色の五茎蓮が挿入されている。火舎を中にはさんだ六器と飯食器で一面が構成され、六器には樒葉がこれまた如法に盛られている。五瓶の蓮華は五方五色でその次第は北面中央に白を、東南隅（巽）の瓶に黄、西南に赤、北西に青、北東に黒の各々蓮華をさしている。この配色は中院流の不二壇に用いられる置様で、不二の次第と称している。以上が中央不二壇の構成で、壇には白布の壇敷がしきつめられている。

東壇・西壇の法具配置　東壇・西壇は共に中央に五輪塔を置き、あとは中壇と大異はない。ただ五瓶五色の蓮華の配色が相違しているだけである。東壇（胎蔵壇）は中央白、現位置の方位で東南隅を赤、南西隅を黄、北西隅を青、東北隅を黒としている。西壇（金界壇）は同じく中央白、東南隅を青、南西隅を黄、北西隅を赤、東北隅を黒としている。この配色は東南隅（巽）を起点にとって瓶華の配色を定めており、地理上の方位にしたがった随方の配置ということができる。

また、各大壇の前には礼盤とそれをはさんで行者の座右に磬台を、左に脇机を置いている。脇机には洒水器、散杖《さんじょう》、塗香器、念珠、柄香炉がこれまた如法に配されている。

また、各々の壇外四方には灯台が置かれ、かくして金堂の荘厳を尽くしているのである。

金堂荘厳の流派　ところで、真言宗ではいくつもの流派にわかれ、流派によって荘厳法が少しずつ相違している。高野山では、明算以来伝統的に中院流の勢力が強く、事相伝法はみな中院流で行われている。したがって金剛峯寺金堂は中院流（引摂院方）堂内荘厳の典型を示しているものといえるであろう。

二、大壇の荘厳

密教寺院では、伽藍の大小やその成り立ちから三壇を並べる三壇構や一壇構など様々であるが、大壇の基本的な構成は変わるものではない。ただ六器の樒の盛り様や五瓶五色の配色、仏供の置き方、二器（洒・塗）の置様などが流派によって相違しているにすぎない。しかも真言宗では師資相承を重んじており、師匠から面授相伝をうけるか、さもなくば宗門の専修学院ではこうした事相《じそう》面に重きをおいて子弟の教育に当たっているため、道場荘厳の基本については確実に相伝されている。したがって密教の専修者には簡単なことであるが、ここに普段一般の大壇荘厳法を述べておこう。

(1) 真言宗の法流

ただその前に、密教では法流の流れを重んじており、その主だった流派がどのように分派していったかを簡単に示しておこう。

空海―眞雅―源仁―┬聖宝―（中略）―仁海―（小野流）
　　　　　　　　　└益信―（中略）―寛朝―（広沢流）

〈広沢六流〉
寛朝―済信―性信―寛助―┬覚法―仁和御流
　　　　　　　　　　　　├信證―西院流
　　　　　　　　　　　　├永厳―保壽院流
　　　　　　　　　　　　├聖恵―華蔵院流
　　　　　　　　　　　　├寛遍―忍辱山流
　　　　　　　　　　　　└覚鑁―伝法院流

※金剛峯寺の御影堂。

金剛峯寺金堂 中壇 荘厳見取図

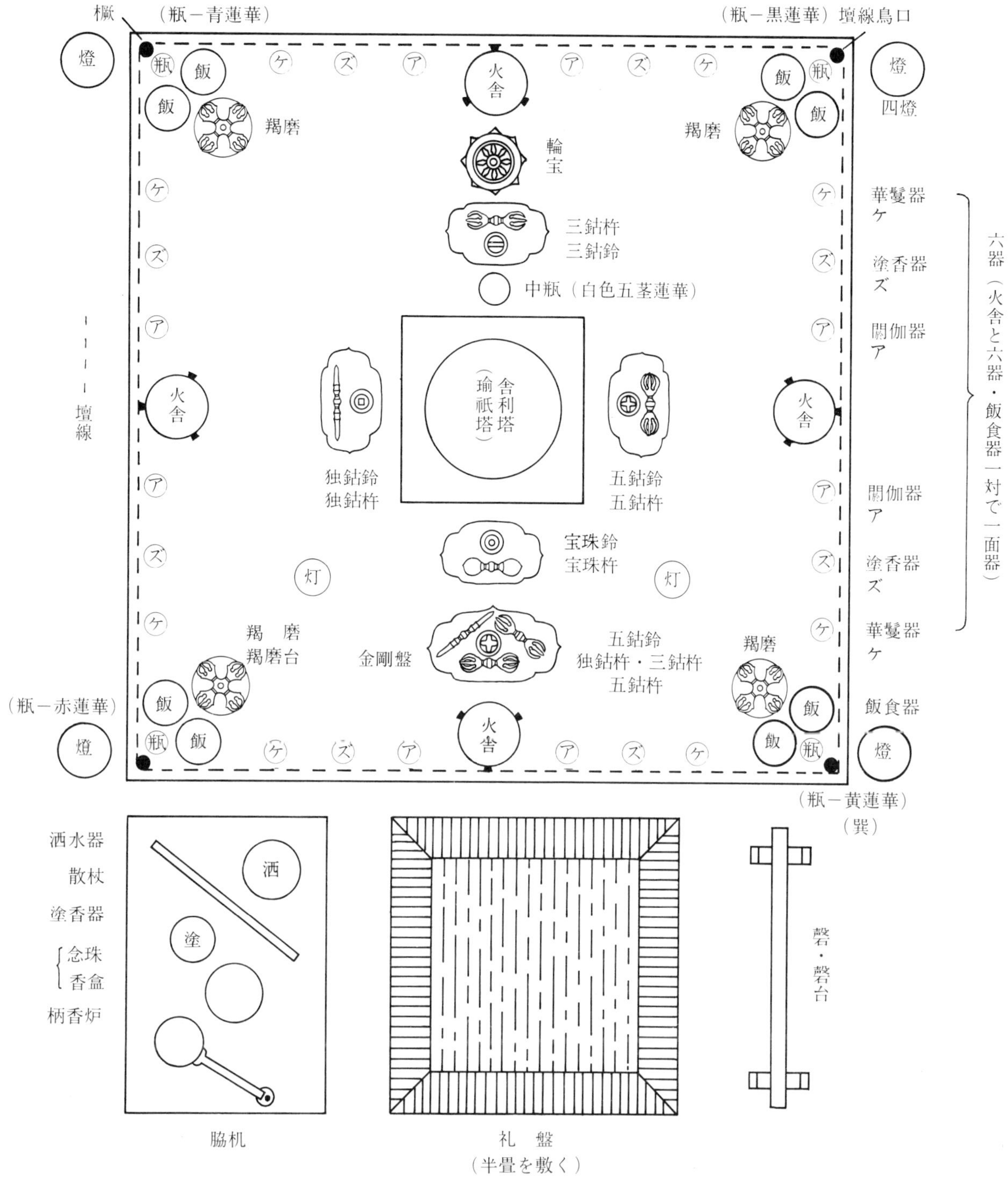

金剛峯寺金堂 西壇

金剛峯寺金堂 東壇

〈小野六流〉

仁海―成尊―義範―勝覚―定海―三宝院流
　　　　　　　　　　―賢覚―理性院流　　} 醍醐三流
　　　　　　　　　　―聖賢―金剛王院流
　　　　―範俊―厳覚―宗意―安祥寺流
　　　　　　　　　　―寛信―勧修寺流　　} 小野三流
　　　　　　　　　　―増俊―随心院流
　　　　―明算―中院流

右が野沢一二流の主要な分派であるが、さらに細かく三六派七〇余方にわかれていると伝えており、その流伝によって何々流の何々方と称するのである。

大壇の荘厳はこの流派によって各々に相違している。それをすべて網羅することは不可能なので、ここでは諸書にふれられた主だった流派の相違を列記することにする。

(2) 大壇の配置

密教寺院の普段の荘厳法は、金剛峯寺金堂や観心寺本堂のように常時三つの壇を置く三壇構と、一壇のみを置く場合、略式の密壇のみを置く場合があるが、密壇は別として大壇荘厳の基本は三壇構も一壇構も全く同じである。金剛峯寺金堂の場合を先に述べたように、壇の中央には舎利塔を安置し、塔の四隅には羯磨、塔の前ないし後には輪宝と中瓶を配する。四周には四面器（火舎・六器・飯食器）、四隅には瓶と橛を各々配し、橛には壇線をめぐらす。大壇の前には礼盤と脇机・磬台を置き、脇机には二器（洒水器・塗香器）と散杖、それに柄香炉や念珠などを置いている。右に述べた大原則は変わることはないが、その配置や香花の盛様において流派の特色を出しているのである。次にその各々についてみてゆくことにしよう。

(3) 壇の種類と用法

壇に土壇と木壇がある。インドでは土で壇を造り（七日作壇法）その上に諸尊の曼荼羅を描いて修法し、法事が了れば破壇したという（大日経具縁品・陀羅尼集経）。また、火急の時には水壇と称して洒水加持のみにて一日で築く土壇もある。木壇については虚空蔵求聞持法[※2]に「別作一方木曼荼羅[※3]。下至一肘過此亦任（意）。其壇下安四足。或以編附上面。去地恰須四指。其板（材）若用壇沈作者最為殊勝。不爾或以柏等有香之木為之亦得」とあり、壇を木造する唯一の典拠となっている。木壇を水壇とも称しているが、これは洒水にて加持するゆえにこの名があるという。現在日本では、木壇を用いるのが通例となっている。

壇の種類としては、その形態のうえから分類すると箱壇・牙形《げぎょう》壇・花形《けぎょう》壇の三種があり、大小からすると大壇と密壇の二種となり、修法のうえからでは当界壇（当壇）と片界壇（片壇）にわけられる。

箱　壇　原則として一時限りの行法に用い、修法了れば壊すものとされているが、台密諸流はこの壇を通用している。

牙形壇　壇足が牙形になっているためにこの呼称がある。箱壇・牙形壇ともに壇上に壇敷を敷き、壇の周囲に壇引を廻らしてのち荘厳具を置く。

花形壇　四周を上向と下向（反花）の蓮弁で飾った壇のことで、真言宗の大壇はたいていこの形式をとっている。大壇は正式には大曼荼羅壇と称し、灌頂の時の小壇（正覚壇）に対して両部（金胎）曼荼羅の供養壇を大壇という。また、大法の時には護摩壇、聖天壇に対して本尊壇を大壇と呼んでいる。大きさは定まっておらず、四肘[※4]・六肘・八肘・一六肘など阿闍梨の求める意楽にまかされている。

壇の方形なるは阿字の大地、すなわち浄菩提心の大地をあらわし、四方面は四智[※5]即五智の義を有し、もって方形の大壇は五智輪円の曼荼羅であると説いている。また花形壇の上向蓮華（竪《じゅ》蓮華）の八葉二重の一六弁は上求菩提にして慧門[※6]の一六大菩薩をあらわし、下向きの伏《ぶく》蓮華の一六弁は下化衆生にして定門[※6]の一六大菩薩をあらわす。これが四方をめぐるのは、四方の四仏が各々定慧二門の一六大士の功徳をそなえる義をあらわしていると説く。三二尊と四方四仏と中

※2　仏説虚空蔵菩薩能満諸願最勝心陀羅尼求聞持法（大正新修大蔵経№1145）

※3　曼荼羅＝壇

※4　一肘＝曲尺の一尺四寸四分

※5　四智＝大円鏡智、平等性智、妙観察智、成所作智

※6　慧門の一六大菩薩、定門の一六大菩薩とは、金剛界三七尊の内五仏を除き、余の三二菩薩を定慧にわかつ。四方四親近を慧門、四波羅蜜・八供養・四摂を定門の各菩薩とする。

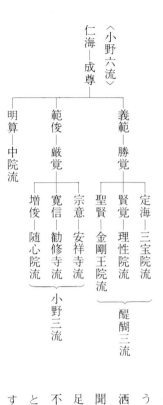

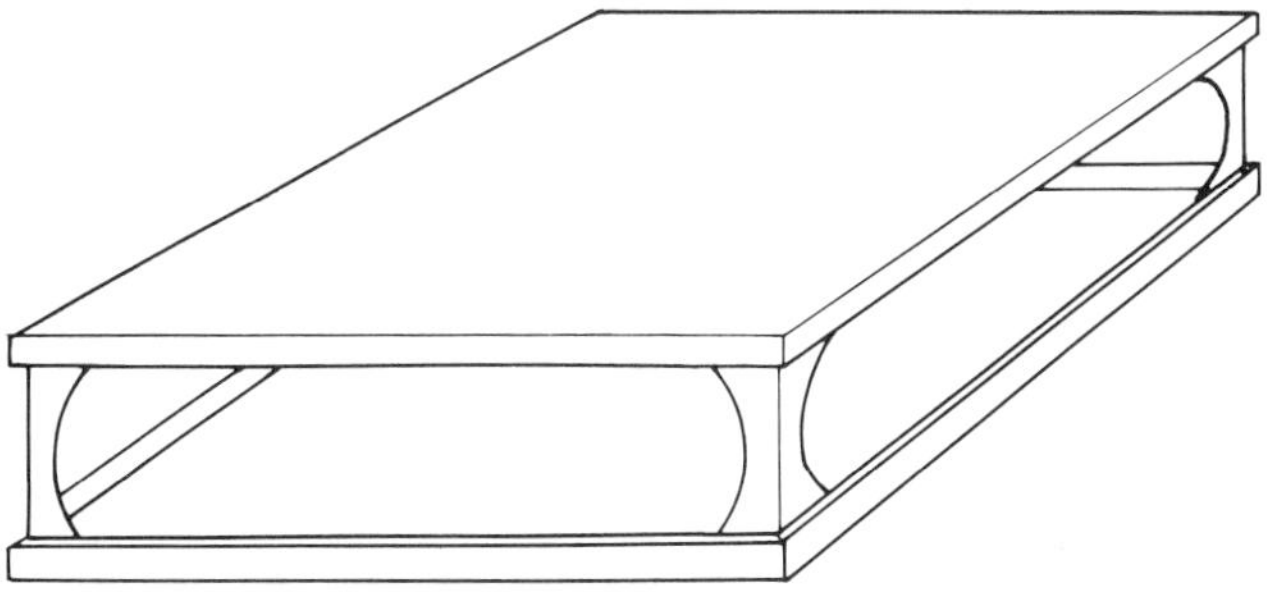

牙形壇

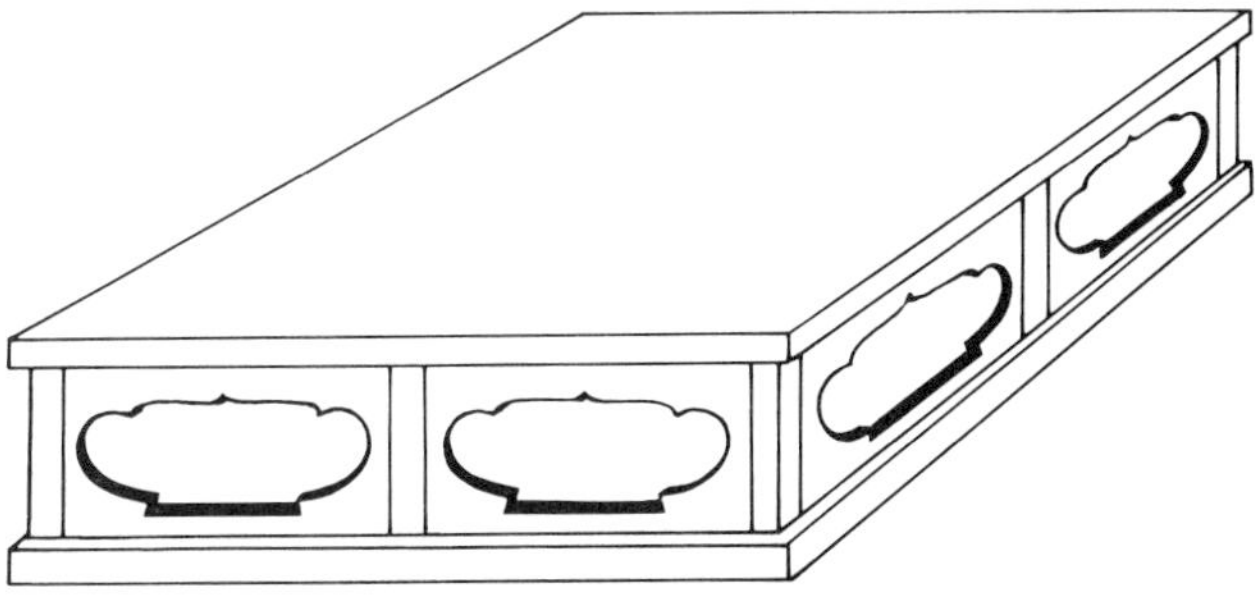

箱　壇

花形壇・発達様（権田雷斧著『密教法具便覧』）

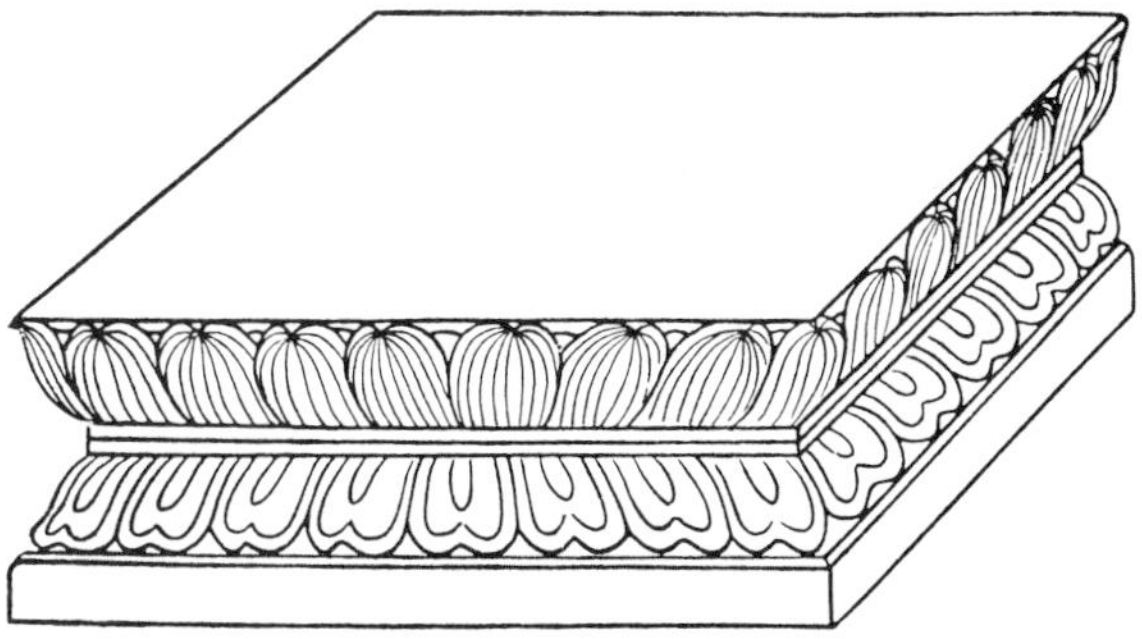

花形壇・根本様（権田雷斧著『密教法具便覧』）

大　壇（大阪・延命寺本堂　新安祥寺流）

央の大日をあわせて三七尊の曼荼羅であると意義づけている。ただし室生寺の弘法大師請来様と称する金胎両部の大壇（重文・鎌倉時代）は必ずしも説くところの弁数とは一致しておらず、後世の付会であることは誤りない。なお各弁に三弁宝珠を描くのは三二尊の三昧耶形として、三二尊ことごとく灌頂宝部の三昧耶に入るという。

花形壇に二種あって、蓮華の台の下にさらに束と格狭間を設けるものと、設けないものとがある。古式の遺例は設けていないが、現行のものは大てい束と格狭間を具えており、したがってやや背の高い壇となっている。ただこれも流派によって相違があり、格狭間を設けるものは特に醍醐三流および中院流が主として用い、背の低い壇は広沢流が用い、小野三流は中位の高さを用いると伝えている。現在新安祥寺流においてはことに低い壇が用いられている。花形壇は壇敷（後述）のみを用いる。

密壇　長方形の壇で、半壇とも称している。これには一面器（火舎・六器・飯食）と金剛盤（上に鈴・杵をおく）、花瓶と灯明台を具す。汁・餅・菓などの供物を一面器の内（本尊側）に置くのが東密の作法である。

当界壇・片界壇　三段構のときなど、現在修法している壇の方を当界壇と称し、余の壇を片界壇と称する。大法会などの修法中にのみ通用する用語である。

(4) 礼盤周辺の法具

礼盤　大壇の前中央に行者の坐る礼盤《らいはん》を置く。盤の上には半畳を敷く。不空訳の『観智儀軌』※7には「応置庳脚牀子。可去地半寸已来。以浄茅薦用敷其上」とあり、『仏頂尊勝陀羅尼念誦儀軌法』※8（不空訳）にも同様の記述があり、その高さについては「去地半寸」と記している。大壇が古式のように低ければ礼盤も当然低くなり、経軌のような礼盤になる。新安祥寺流の浄厳は経軌の説を尊重してきわめて低い礼盤を用いた。現今一般には高い台付の大壇にあわせるために、束と格狭間のついたものが通例になり、格狭間に獅子やぼたんの意匠をこらしている。一面に中央の束をはさんで二頭の獅子が相対し、四面に合計八頭の獅子をあらわすものを「八獅子礼盤」と呼び、前面に一頭のみの獅子をあらわすものを「一獅子礼盤」と称している。獅子は勇健の菩提心を表し、一獅子は独一実相の菩提心を、八獅子は因位の八識を表すと意義づけている。

礼盤の寸法は普通方二尺五寸、高さ一尺二寸内外を基準とし、礼盤の方形は阿字菩提心の大地の義であって、行者は本有性徳と菩提心に住して三密の行を修するという。

半畳　礼盤上に置く半畳分の畳。本来茅座を用いた代りに畳を用いている。半畳に四方べりと両方べり（二方べり）の二種があり、へりの布は紋べりを用いる。二方べりは前後になるように敷くが、左右にする説もある。四方べりは畳の糸目が左右になるように敷く。草座あるいは坐具を上に敷くことはあっても、現在しばしばみられるような座布団類を敷くことは非法とされている。座布団類が日常生活に常用されてから歴史が浅いゆえのことと思われる。

脇机　礼盤の両方に置く机。両脇机を置くのが本儀であるが、磬台を用いる時には右脇机を撤して置く。ただし台密では右脇机上に磬台を置いている。左脇机上には洒水器・塗香器・散杖・念珠・香盒・柄香炉をおき、右脇机には打鳴《うちならし》（鋺《かなまり》）などをおく。

塗香器・洒水器　塗香器とは行者の身を清めるための香―塗香―（沈・白檀・龍脳・ウコンなどの細末）を入れておく器で、洒水器と器形は同じでやや小さく造る。

洒水器は浄水（香水）を入れて修行中行者が 加持を行い清めた水を、散杖をもって自身および壇上の供物などに灑いで洒浄するもので、加持の仕様や散杖の振り方などは流派によってそれぞれ異なっている。

以上二器の蓋のつまみは普通大てい宝珠形であるが、仏部・息災の法を修するときは三鈷杵形、宝部・増益法には宝珠形、金剛部・調伏法には独鈷杵形、蓮華部・敬愛法には蓮花形のつまみのあるものを用いるとしている書もあるが、現在ほとんど宝珠形のつまみが

※　那智経塚より出土した三昧耶形

※7　成就妙法蓮華経王瑜伽観智儀軌（大正蔵No.1000）

※8　大正蔵No.972

密壇供配列図（栂尾祥雲著『秘密事相の研究』）

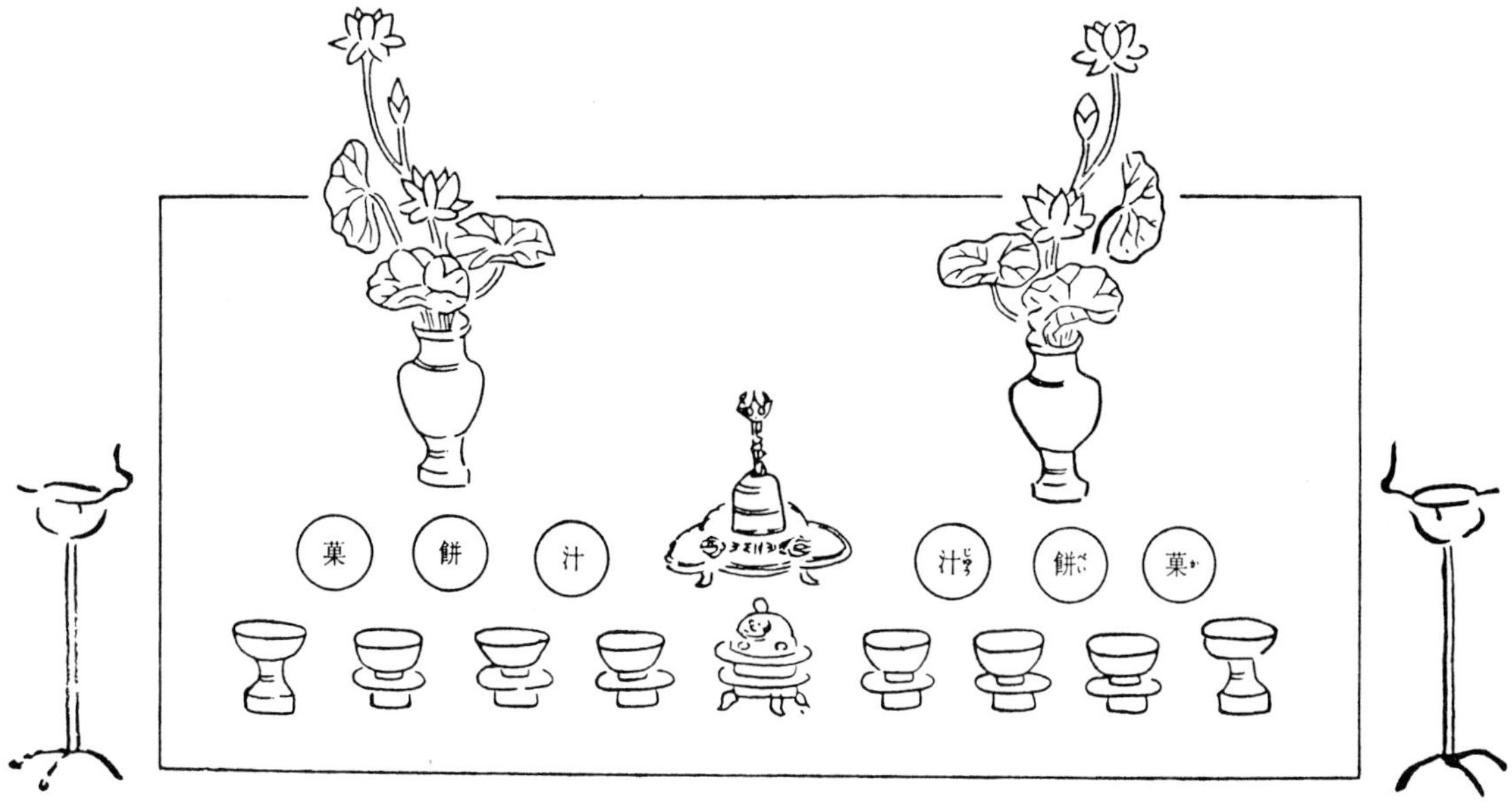

塗香器・洒水器（権田雷斧著『密教法具便覧』）

金剛部・調伏法（独鈷杵形）

蓮華部・敬愛法（蓮華形）

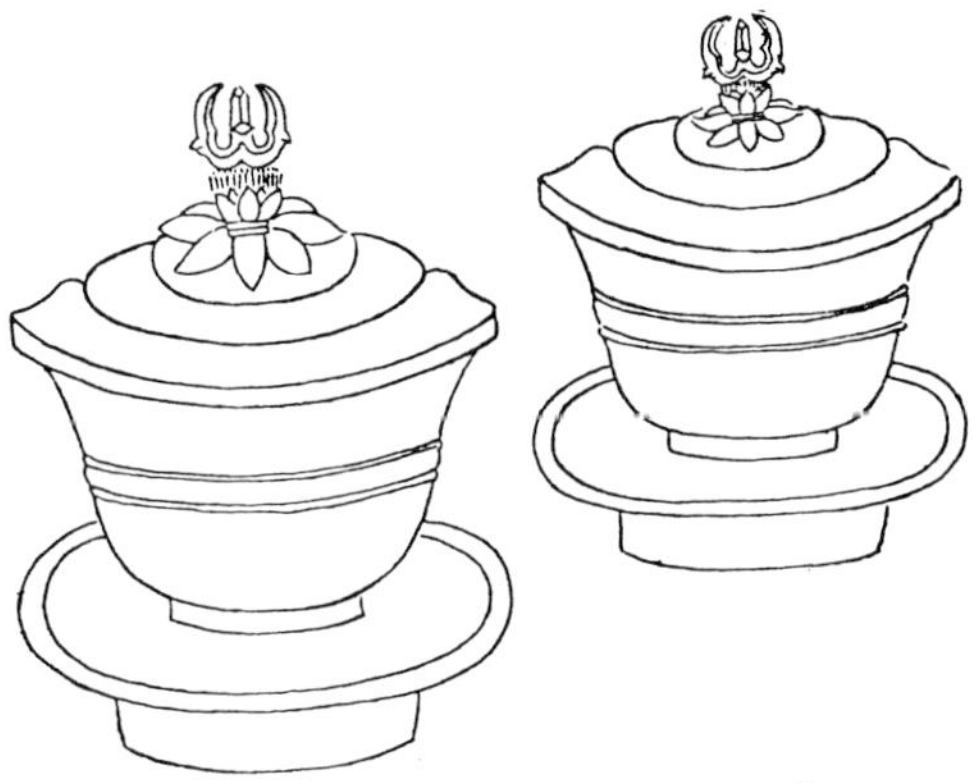

仏部・息災法（三鈷杵形）

宝部・増益法（宝珠形）

一獅子礼盤

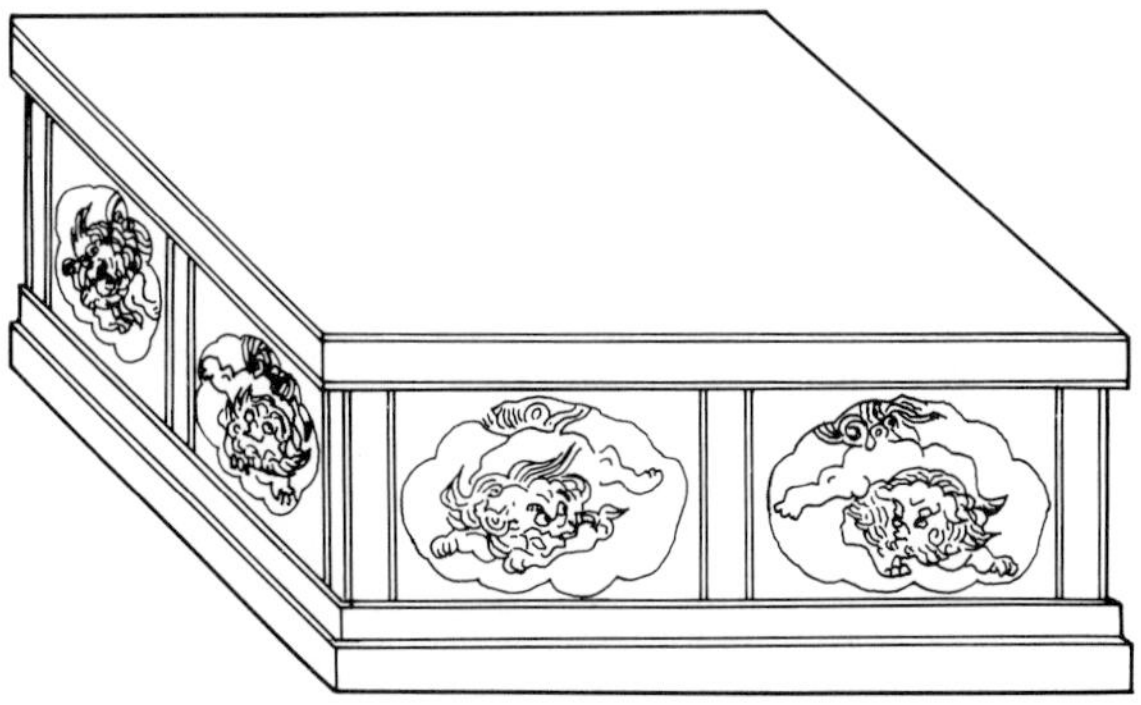

八獅子礼盤

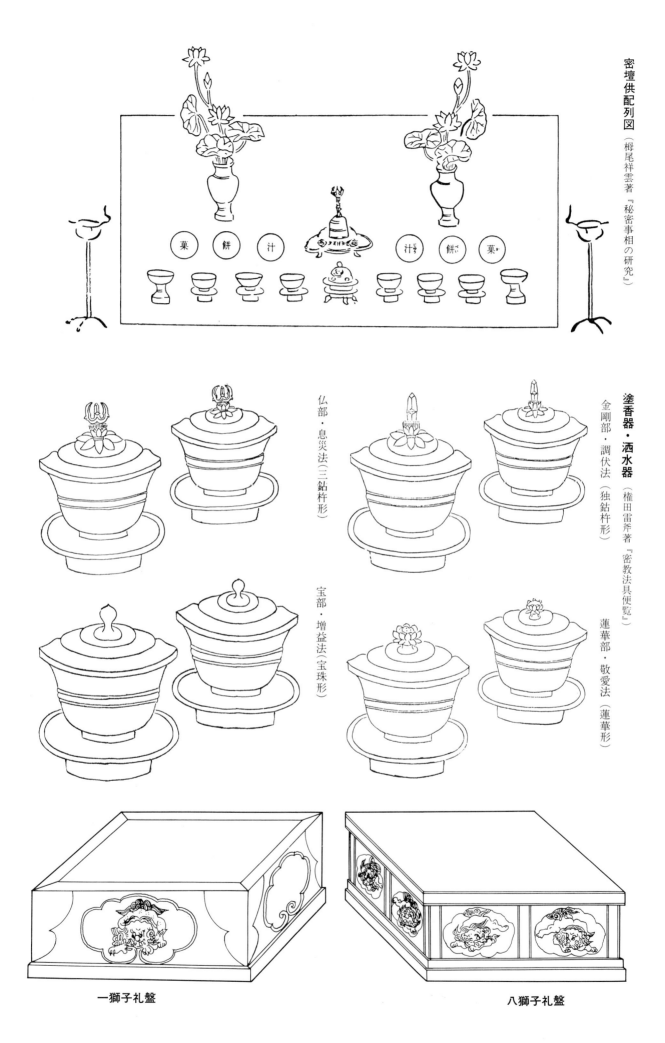

汎用されている。

散　杖　かつては楊柳の枝を用いていたが、昨今は梅の香木を用い、一尺二寸～一尺八寸程の長さの枝を、樹皮をとりはらって、如法に作る。まず散杖の頭を単にブツ切りにしたもの、八方をそいだもの（八葉蓮華）、八方に切れ目を入れたもの（八輻輪）があり、杖身も、二～三ヶ所に八葉蓮華に形どった切れ込みを入れたものなどがある。杖頭八分したものは勧修寺・随心院の各流、杖頭八方そぎ、上より二～三寸づつの所に二段蓮華様の切り込みを入れたものは中院流、二層の八葉蓮華をあらわすのは仁和寺流・安祥寺流、三層蓮華をあらわすのは西院流・三宝院流などである。師伝にしたがってどれかをとればよい。なお最近は白檀でもって散杖を作る場合もある。

洒水・塗香・散杖・念珠の並べ方　左図に示してあるが、大別すると広沢流では塗香・洒水・念珠を戒・定・恵にあてはめてその次第に並べ、小野流では定（洒水）・戒（塗香）・恵（念珠）の次第に並べることが多い。

なお、修法時の各々の蓋の取り置く位置についても細かく定められているが、それは師伝によられたい。

また、晴の儀式の時には左の香盒、柄香炉を撤して名香包み・含香包み・仏布施をおき、左に居箱《すえばこ》、右脇机に香炉箱をおく。居箱には三衣《さんね》（五条・七条・大衣、もしくは七条と「」と書いた紙を入れて三衣にかえる）やときには次第法則《しだいほっそく》を入れおく。香炉箱には如意の上に柄香炉を交差させて入れおく。また磬台をおく時は撞木《しゅもく》（槌《ばい》）を手前に掛けおくようにし、たいていは台の掛け釘にかけてあるが、三宝院流の幸心方では台の蕨手《わらびて》にかけている。修法時に撞木をはずして立て置くおき様や打様も流派によって定められている。

(5) 大壇上の法具

四　橛　いよいよ大壇上の荘厳にはいるが、まず大壇の結界をしてある橛と壇線から述べていこう。大壇の四隅に打ち立ててあるゆえに四橛と称し、自身の浄菩提心の大地を守護せんがためにこれを打つ。

『仁王護国般若波羅蜜多経陀羅尼念誦儀軌』※9の建立曼荼羅儀軌に「於壇四角釘佉陀羅木橛。如無此木。鉄橛紫檀木橛亦得。長十二指※10入地四指」とあって、『成就妙法蓮華経王瑜伽観智儀軌』には「於四角外各釘佉陀羅木橛。如無此木鋳銅作橛代之亦得」とある。本来佉陀羅木（紫檀木＝アカガシ）を用いるのが本儀であり、江戸時代以降の橛はこの説によるためか木製が多い。古い遺例には銅製が多くみうけられる。橛の形は、儀軌に独鈷杵・三鈷杵などが説かれているが、古例の金銅橛はたいてい独鈷杵形で杵の頭に蓮華座を設け宝珠をのせている。『護摩秘要抄』には桧尾の護摩法畧抄云として「其小末頭如金剛杵形頭。其本大頭上令有花形。花上円作如意珠形」としており、古くからこの形式が行われていたようである。

一般に、独鈷形の橛は広沢流において多くこれを用い、壇線はこの場合橛の鬼目に当る部分に巻いている。宝珠形は小野流・醍醐流に多く用い、この場合は壇線を宝珠をうける蓮花座のすぐ下に巻きつけている。

橛の長さについては九寸あるいは一二指、地に入ること四指などの経説がある。

壇　線（五色線・金剛線）　四橛をめぐる五色の紐で、五智の義をあらわし、大壇を結界する。ゆえに修法中はこの線の上を越えて壇中のものを出し入れしてはならないとされている。

〈壇線の引き方〉　線の引き様は壇の方位にかかわらず、必ず随方の艮（東北）より引きはじめ、艮に納めることが鉄則となっている。

まず壇線の片端を輪縄に結んで艮の橛の定まった所へかけこれを引き結び、東―南―西―北とまわして再び艮におさめる。壇線の余りは鳥の口に巻きとり、その上を白紙で巻いて、紙よりか練繰糸でくくって橛にゆわえ付けておく。略には鳥の口を用いず線を束ねて白紙でつつみ紙よりでゆわえておく。

※9　大正蔵No.994

※10　一指＝周尺の五分あるいは七分。曲尺の四分あるいは五・六分。

脇机　洒水器・塗香器の置き様

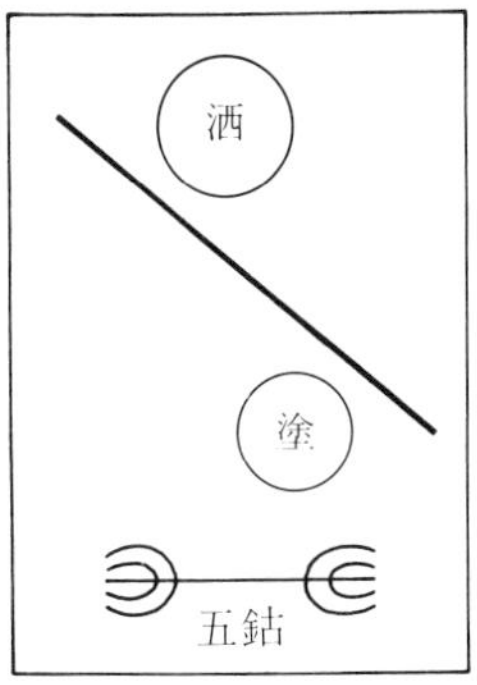

金剛王院流

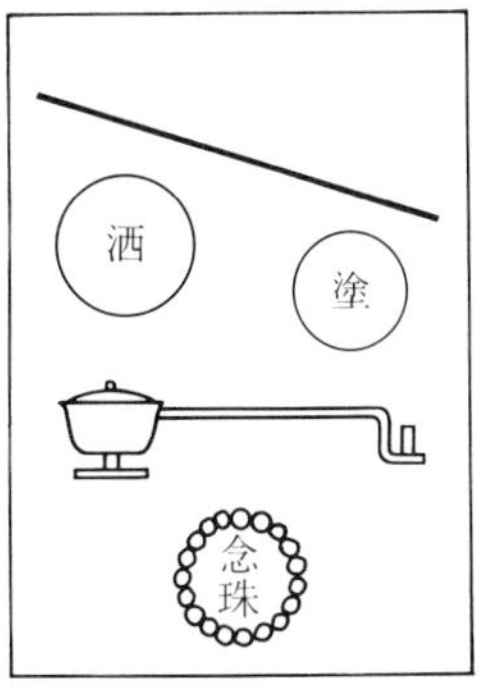

安祥寺流

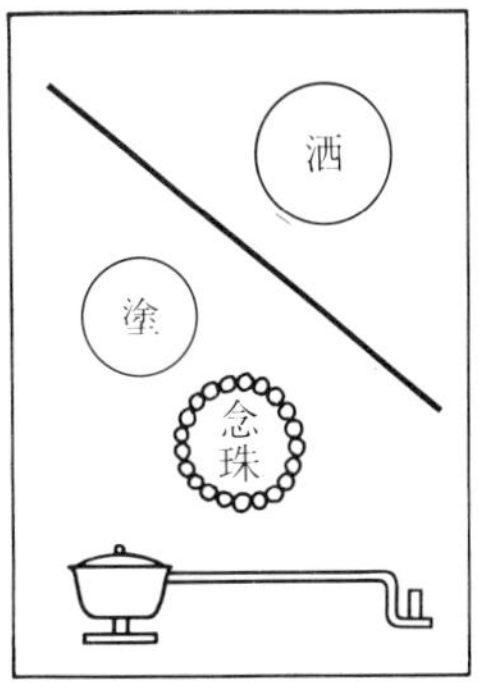

三宝院流・中院流
勧修寺流・随心院流

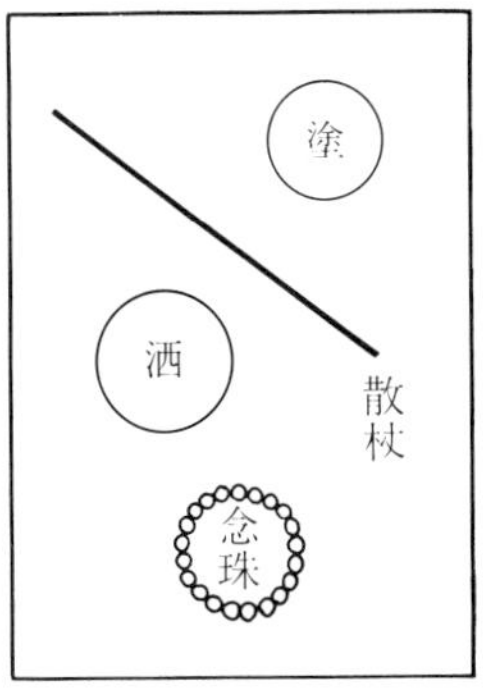

広沢各流

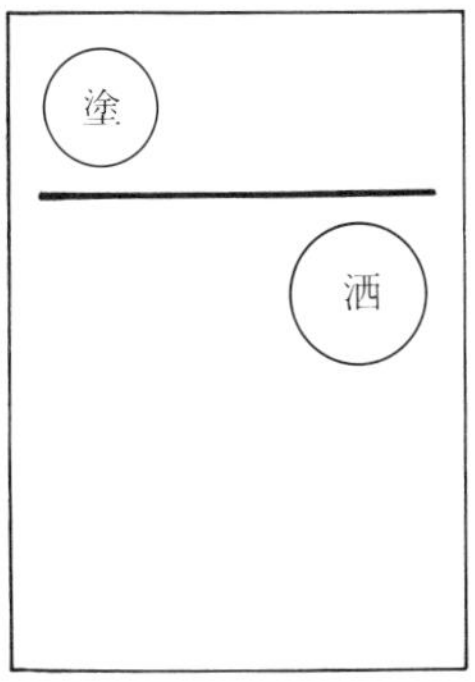

広沢流一伝

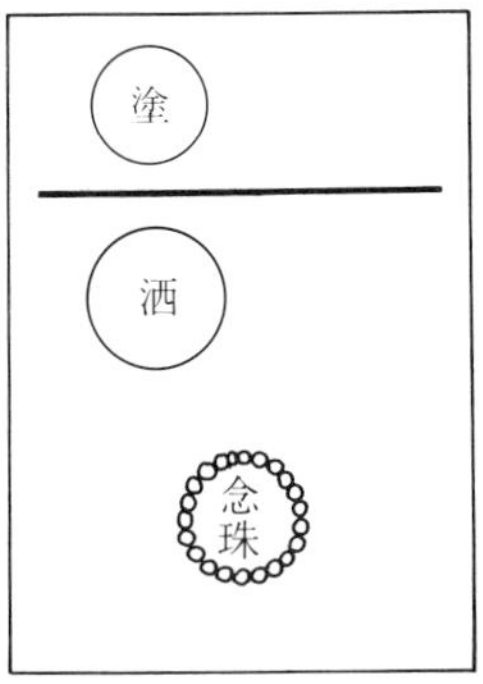

松橋流
西大寺流

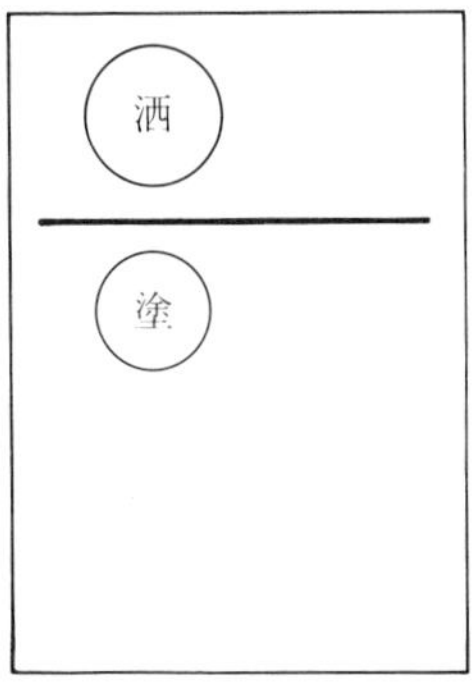

仁安二年増恵口伝
興然の口決
（子嶋流）

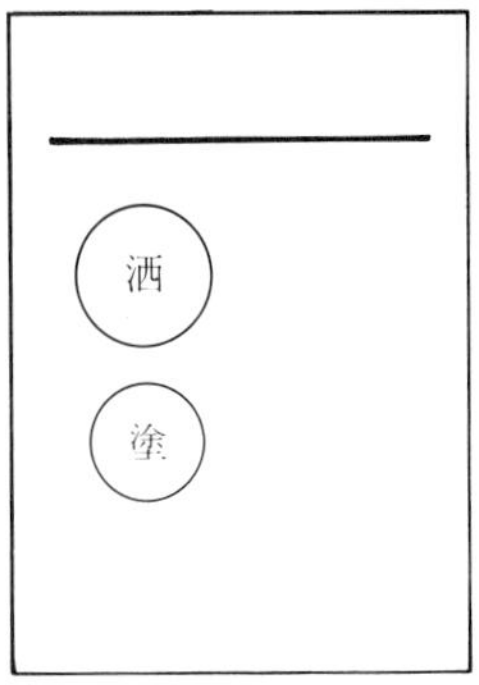

大門方口伝
（子嶋流）

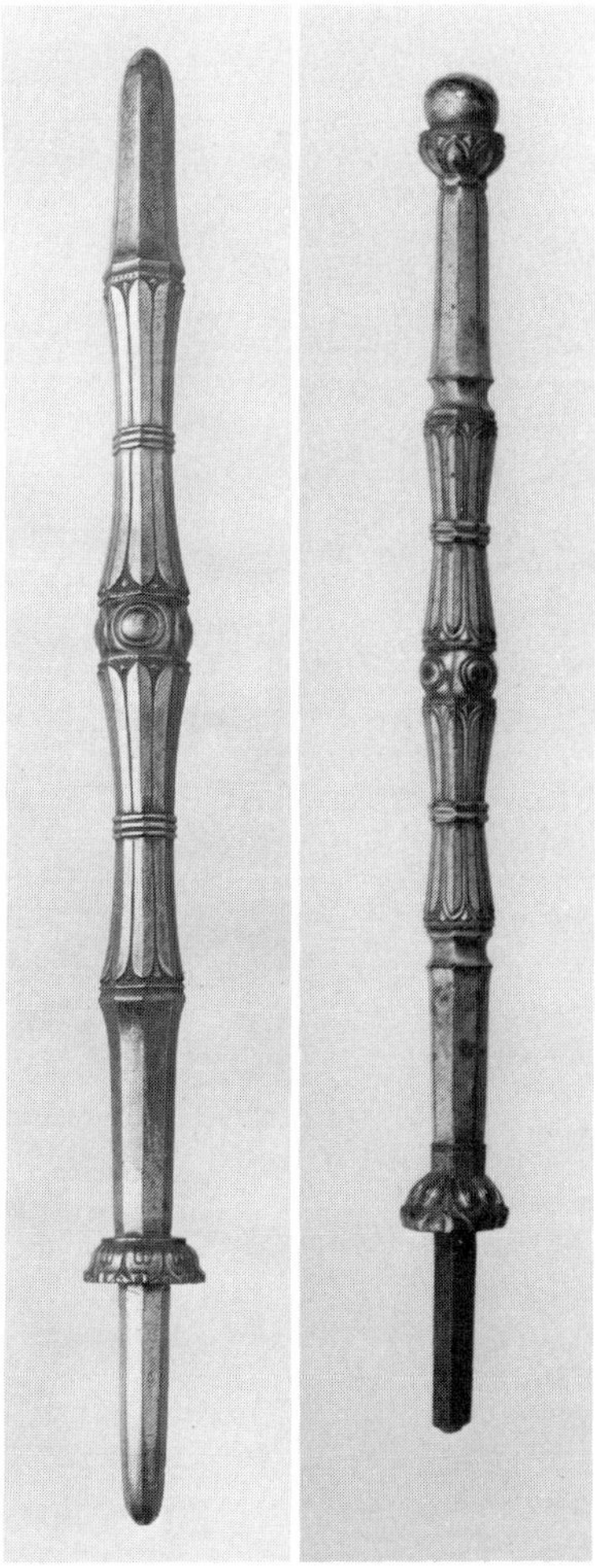
四橛（右・宝珠形　左・独鈷形）

香炉箱（大阪・延命寺）

居箱（大阪・延命寺）

〈壇線の巻き方〉　壇線の橛への巻き様に三様あって、橛の内より外へまわして上方へ巻くのを金剛界の上転門の巻き様、外より内にめぐらし下方へ引くのを胎蔵界の下転門の巻き様と称し、それぞれ金界壇、胎蔵壇に用いる。次に下転・上転・下転・上転あるいは下転・下転・上転・上転に引く法もあり不二壇に用いる。これは許可壇・両部合行壇あるいは一般の一壇構に用いられるもので、『諸流行要』によれば、小野三流（安・勧・随）と中院では甲《え》胎《たい》乙《と》金《こん》（甲※11の年は胎蔵様に引き乙※12の年は金界様）に引き、三宝院などは甲《え》金《こん》乙《と》胎《たい》（甲の年は金界様に引き乙の年は胎蔵様）に引くと伝えている。古来は野沢とも甲金乙胎に引いたと註記している。

金界壇—上転—従因向果—始覚上転門

胎蔵壇—下転—従果向因—本覚下転門

不二壇—┬下転下転上転上転┬—金胎不二
　　　　└下転上転下転上転┘

〈五色糸の縒り方〉　なお、五色の糸の縒り方次第については諸流によって色々の伝があるようであるが、金剛界は白青黄赤黒、胎蔵界は白赤黄青黒の順とし、中院流ではさらに不二壇には白黄赤青黒を用いるとしている。また『西院流伝授録』（西院流能禅方）では「一壇構之時、多分以白赤黄青黒次第胎線、通用両壇事、無異論見ヘタリ」とし、これは東寺において幕末以来の例なりとしている。なお、壇線の縒り方、引き様と瓶花の色とを相関させ両部不二を説くが詳しくは師伝を仰がれたい。

壇　敷　壇に敷く白布。流によって木綿、白絹、白麻などを使う。中院流などは木綿を用いる。その敷き様は流派によってそれぞれ習いがあり、艮（東北）より引きはじめて坤（南西）に終って布端を壇外に垂らさない法（中院）、同じく布端を折り返すたびに三角にして壇外に垂らす法（三宝院など）、逆に坤よりはじめて艮に終る法（西院・勧・随など）があり、普通の大壇は七折れ七巾（一匹分）に引くが、壇の大小によって九巾、五巾に引いてもよい。

壇　引　箱・牙形・護摩壇に用い、壇の側面四周に引きまわす白布。水引きともいう。木綿一反を四等分し、等分したところを墨で印をする。一端を壇の艮の角にとめ、次に巽坤乾艮の各々の角で墨の印のついたところをとめて、四方の余った垂れを各辺四ヒダに仕分け、二ヒダずつ各角によせてピンどめする。各隅に四ヒダずつ、計一六のヒダを作る（中院）。全くヒダをとらず、余った布は切らずに壇上に引く法（西院）などがある。

なお壇敷・壇引とも法要時を除いて普段の荘厳には用いないのが普通である。

舎利塔　大壇の中央に置く塔。法身大日如来の三昧耶形なる故に中央に安ず。塔形に五輪塔・多宝塔・宝塔・宝珠塔などがあり、いずれも塔中に舎利を必ず奉安する。舎利なき場合は宝篋印陀羅尼※13を梵書して安置してもよいし、能作生の宝珠（内に舎利を含むゆえ）を置いてもよい。

輪　宝　大壇の中央、塔の前方に置く。大壇はすなわち輪壇曼荼羅の義をあらわす。この輪旋転すれば一切草木の類をよく断ち、根茎枝葉にいたるまで摧《さい》破《は》せざるはなしといい、能く一切の無明煩悩を除き摧《すい》滅《めつ》せざるはないという。『金剛頂経一字頂輪王瑜伽一切時処念誦成仏儀軌』※14に説く他、瑜祇経や理趣釈に八輻輪を説く。『陀羅尼集経』※15第四には「蓮華座上、安置輪形」とあり、輪台の上に輪宝を置く典拠となっている。千輻輪・百輻輪・十二輻輪・六輻輪・二重輪などを経典では説いているが、十二輻輪以外遺品としては実在しない。

輪宝を安置するときの、中瓶と塔と輪の位置関係については流派によって別図のような相異がある。瓶を塔の前に置くことについては、慈雲の『両部曼荼羅随聞記』※16巻一の「野沢浅深」に「中瓶灌頂の時の如きは野沢同く塔の後に置き、常には沢は前に置き、野は後に置く。中瓶即仏塔と習うが故に」とある。

羯　磨　壇の四隅、蓮華台上に安置する。『陀羅尼集経』の第四・第九に説く他、『一字仏頂輪王経』※17第五などにも説く。三鈷杵は身口意の三業を表し、十文字に交差するは生仏二界の三業冥会する義

※11　甲の年＝甲丙戊庚壬の年

※12　乙の年＝乙丁己辛癸の年

※　火焔宝珠形舎利塔（和歌山・無量光院）

※13　一切如来心秘密全身舎利宝篋印陀羅尼

※14　大正蔵No.957

※15　大正蔵No.901

※16　慈雲尊者全集第七

※17　大正蔵No.951

中瓶・舎利塔・輪宝の置き様

三宝院（印可壇）
小野三流（安・勧・随）
中院流（普通これを用いる。左二伝も用いるときあり。）

三宝院（潅頂壇）
西院円祐方（仁和寺）
中院流

西院能禅方（東寺）
中院流

壇線縒具（神奈川・称名寺）

伝法灌頂道場（西院流）の大壇（上・金剛界　下・胎蔵界　京都　仁和寺）

で、これは不空成就仏の三昧耶形なるがゆえに事業成弁の意を表す。四隅に置いて四智の事業成弁、法然具足をあらわす。

羯磨の置き方に二種あり、正方（十）に置くのは広沢の持明院方・三宝院流などの醍醐諸流・安祥寺流であり、隅方（×）におくのは広沢諸流・小野の勧修寺流・随心院流および中院流などである。

五　瓶　四隅および中央に五色の蓮花（または菊花―造花）を挿した瓶をおく。ただ本来瓶は『一字奇特仏頂経』[※18]上巻の曼荼羅儀軌品第三に「瓶中置諸宝及諸種子。弁香水令満。以細繒帛繋其頂。安於壇四角及中央」とあるように宝物を盛る器であって、花は本来瓶の蓋であった。瓶には五宝・五香・五薬・五穀の二〇種物[※19]と井花《しょうけ》水（寅の刻に汲んだ閼伽水）とを入れ、壇上の五方において五智の如来に供養をする。『徒師灌頂決義抄』第二に「五瓶ハ五智如来ノ故ニ云二大日瓶等一ト」として、瓶中に五宝五薬香水妙花を入れ置く意義を説いている。

〈五瓶の蓮華の五色の配置〉五瓶の蓮花の色は白黄赤青黒の五色で、その配置の仕様が流派によって様々に異なっている。まず胎蔵壇には白赤黄青黒（中東南西北）（大疏五・瞿醯経）、または白黄赤青黒（受染の次第）（大疏六・都部要目）、金界壇は白青黄赤黒（摂真実経・金剛薩埵軌）とし、受染の次第を中院のみ不二中壇となしている。ところで白の中央は変わることはないが、他の瓶をどの隅にもってゆくかによっていろいろに変化する。起点になる東の瓶を艮（東北）におくか、巽（東南）におくかによって艮瓶、巽瓶の次第と呼んでいる。この東北・東南の方位は地理上の方位（随方）にしたがうのが本意であるが、なかには本尊の位置する方を常に北とみなして運心（観方）で艮、巽を定めて配色してある場合もときにはみられる。

艮瓶を起点とする流派は中院流心南院方・三宝院流などがあり、巽瓶は中院流引摂院方・西院流・安祥寺流・勧修寺流・伝法院流などである。

- 一壇構のとき（許可壇・曼荼羅供）

西院流能禅方（東寺）許可壇・曼荼羅供

　壇線は胎線を下転
　五瓶は金界の次第　｝両部不二

ただし灌頂の時は五瓶は受染の次第（胎）

西院流円祐方（仁和寺孝源の伝）

　金線を上転
　五瓶は胎蔵の次第　｝両部不二

三宝院流（洞泉相承）

　胎線を上転に引く―両部不二
　五瓶は受染の次第（巽瓶）―不二

中院流

　壇線は不二に引く
　五瓶も不二の次第（巽瓶）

荘厳は胎を用い、行軌は金によって両部不二をあらわす一伝もあり、小野の習という。すなわち線瓶ともに胎の次第を用いる。

瓶　華　経軌には時花を用いるとあるが、師伝により蓮花（東密）または菊花（台密）の造花を用いる

一茎一華―独一法身の功徳をあらわす
　勧・随に用い、広沢諸流でも時に用いることあり。
　伝法院流は近時これを用いる

三茎三華―胎蔵の三部を表わす
　持明院流・古安祥寺流で用いる

五茎五華―金界の五智を表わす
　醍醐諸流・広沢流・中院流・新安祥寺流で用い、台密も用いることあり

五茎菊花―台密諸流に用う。東密に用いても可

仏　供　突き仏供にて仏飯を色粉で四色にそめ、白飯の仏供と共に五仏に供える。白は大日如来に供するゆえに大仏供とし、他は小仏供とする。仏供の置き様に次のような方法がある。

角(隅)の置き様―瓶の蓮華の色と同じ色仏供を瓶の両側に置く

※18　大正蔵No.953

※　曼荼羅にみる瓶の図。蓮華が瓶の蓋である様をよく伝えている。

※19　五宝・五香・五薬・五穀については諸説あり。どれをとるかは師説によられたい。

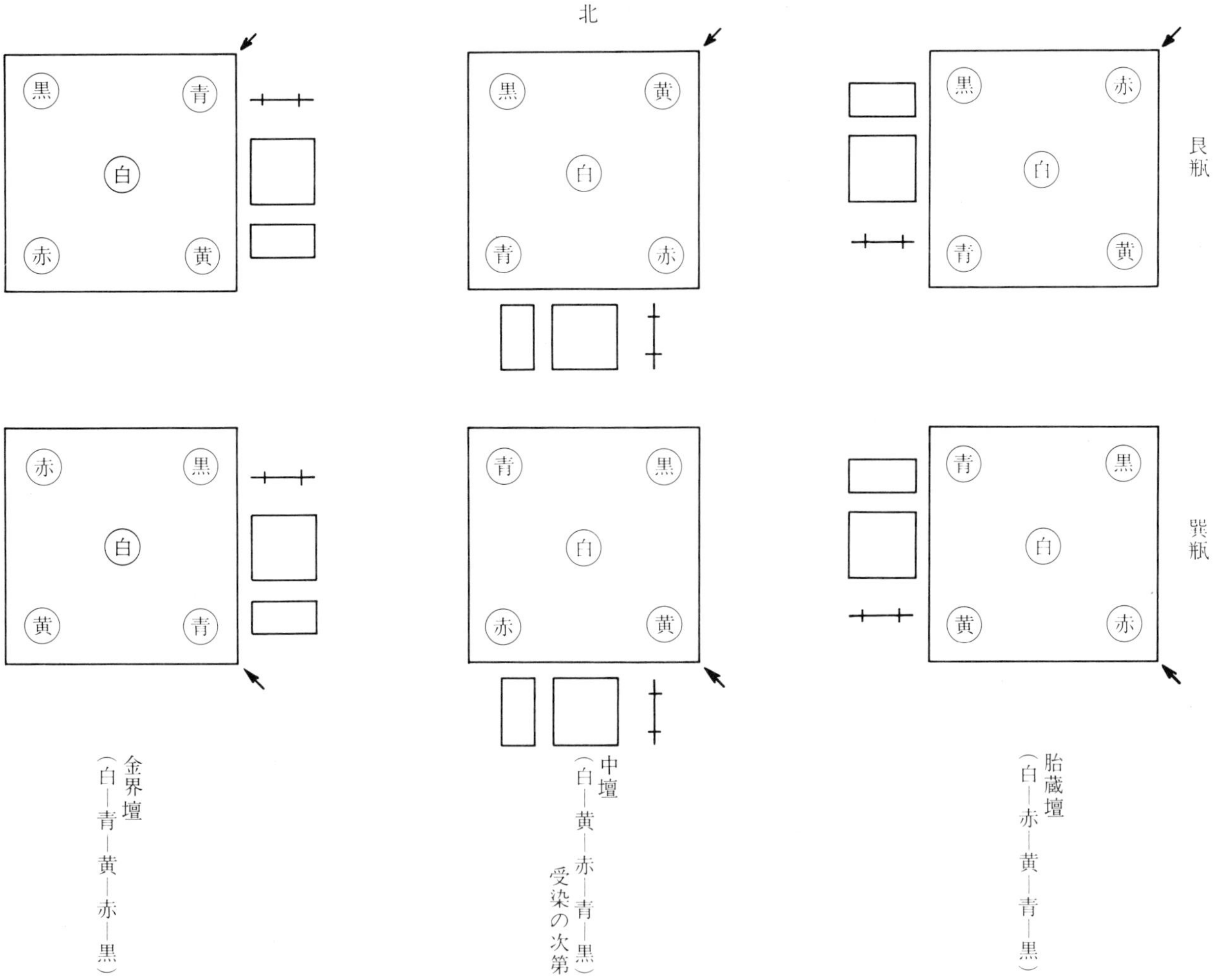

五瓶の蓮華の色の配置

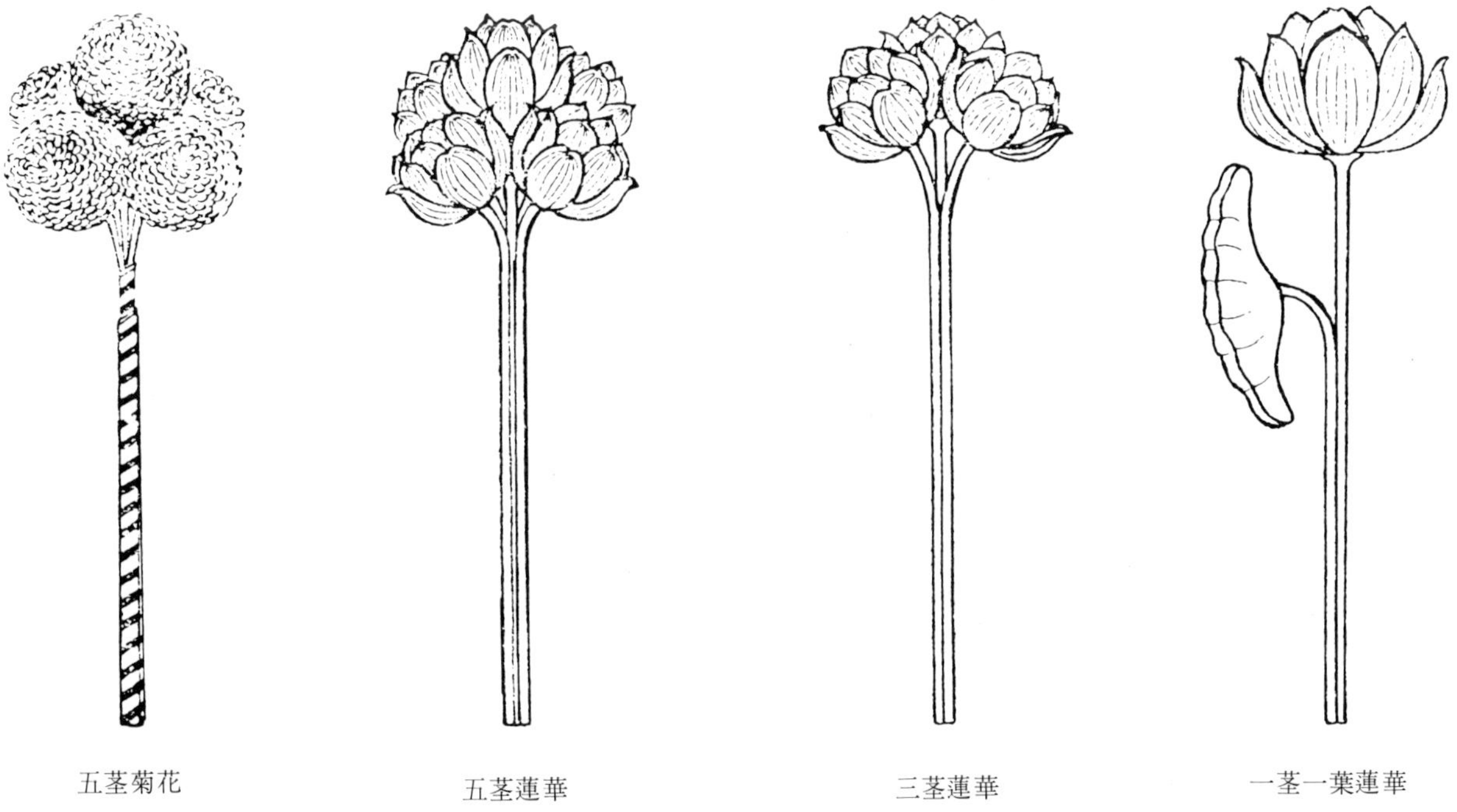

蓮華の種類（権田雷斧著『密教法具便覧』）

方（正方）の置き様——瓶華の色に関係なくその方位に当る色の
仏供を置く
胎壇に角、金壇に方（胎角金方）——中院流・西院流
両界共に方——三宝院流・安祥寺流

金剛盤　行者の前、火舎の向こうにおく。金剛盤上に五鈷杵・三鈷杵・独鈷杵・五鈷鈴を安置する。それぞれのあらわす意義は左の通りである。

金剛盤　四葉蓮花に形どり、衆生の心蓮花をあらわす
五鈷杵　仏の五智をあらわす。大日如来の三昧耶形
三鈷杵　仏部・蓮華部・金剛部の三部。身口意の三密をあらわす
独鈷杵　独一法身の智をあらわす
五鈷鈴（鈴）　法身説法の徳をあらわす

以上の鈴杵を盤上にまとめおくのは衆生の一心に皆具する徳相を示す。鈴を奥に置き、その前に五鈷杵、向って右に三鈷杵、左に独鈷杵を置く。この置様については各流派ほとんど異伝はないようである。

大法要の五種鈴の配置　普段の荘厳は右のようであるが、例えば曼荼羅供などの大法会には五種鈴を五方におく。五種鈴は五鈷鈴の他、宝珠鈴・独鈷鈴・三鈷鈴・塔鈴で、中央輪宝の上に塔鈴を置いて五—宝—独—三（東南西北）を各方位に安置する。四種鈴は盤をおかずに直置きの場合と、中院流のように三角に折った奉書紙の上に安置する場合がある。[※20]なお、鈴の他に四方に五鈷杵・宝珠杵・独鈷杵・三鈷杵をあわせ安置する場合もある。また中央塔鈴の代りに舎利塔を安置するも可とされている。

五種鈴は、金剛界五部五智の説法をあらわし、塔・五・宝・独・三は各々仏部・金剛部・宝部・蓮華部・羯磨部の説法の義をあらわす。また各々の杵については、五鈷杵は東方阿閦如来の三昧耶身、宝杵は南方宝生如来、独鈷杵は西方阿弥陀如来、三鈷杵は北方不空成就仏の三業平等の義を有する大精進門の三昧耶身をあらわす。したがって弘法大師請来目録にいう五宝三昧耶杵とは、三業平等の三鈷杵のことを指すものとおもわれる。

なお、五鈷杵の各部の意義について[※21]西大寺流の口伝や安祥寺流の口伝があるが、各々師伝によられたい。

六種供具　六種供具とは、閼伽・塗香・花鬘・焼香・飯食・燈明のことで各々檀戒忍進禅恵の六波羅蜜をあらわしているという。このうち、閼伽・塗香・花鬘の各二口ずつ全六口を**六器**と称している。六器と焼香（火舎）、飯食器（二口）、瓶（二口）、灯台（二基）をもって[※22]**一面器**と称し、この一面器のみを安置するのは密壇および祖師壇の荘厳に用いる。大壇の四面におくのを四面器と称し、六器・火舎・飯食器（二口）を一組として四組を四面に配している。

大壇四面に種々の供具を安置することは[※23]『不空羂索経』をはじめ『妙法蓮花経王観智儀軌』[※24]『金剛頂一切如来真実摂大乗現証大教王経』[※25]『金剛頂瑜伽千手千眼観自在菩薩修行儀軌経』などに説いている。

六器・火舎の盛様　六種供具の内特に六器の花と[※26]火舎の香の盛り様が流派によって異なっている。六器は花垸（器台）にのせ、火舎をはさんで内より閼伽・塗香・華鬘（アズケと略称）と呼んでいる。（四六三頁参照）

香花盛様は図に示したごとくであるが、樒葉を重ねて二つに折り本末にし、末三分の二を閼伽器に、本三分の一を塗香器に盛るが、これは塗香菩薩の三昧耶形が宝珠であるゆえ、宝珠形に樒葉を擬せんがためという。図中の2と3の盛様は塗香を置くか置かないかの相異であり、この方式は三宝院流の他随心院・理性院・金剛王院などの小野諸流の他、広沢では仁和御流・保寿院・忍辱山・伝法院などの諸流で広く用いられている。

華鬘器に四葉ずつを盛るのは合して八葉となるゆえ、四と八を掛けて三二相をあらわすという。また五葉は五智をあらわすという。

いずれも閼伽器に浄水を少量入れることは共通しており、塗香器には全く花を入れない図中9の流や、花即香として塗香を入れないで花（葉）のみを盛る流などの相異がある。いずれをとるかは師伝によられたい。なお六器への香花の盛方の手順や、修法が済んだ後

※20　四種鈴杵を盤上に安置する例もみうけられるが、本儀ではないとされている。
※21　慈雲尊者全集第一六
※22　十面器＝真言八祖と流祖と鎮守とを荘厳する一面器をあわせて十面器と称する。
※23　不空羂索陀羅尼経（大正蔵No.1096）
※24　大正蔵No.874
※25　大正蔵No.1056
※26　火舎の足は足二本の方を前にするのは西大寺菩薩流。他は足一本の方を前方におく。

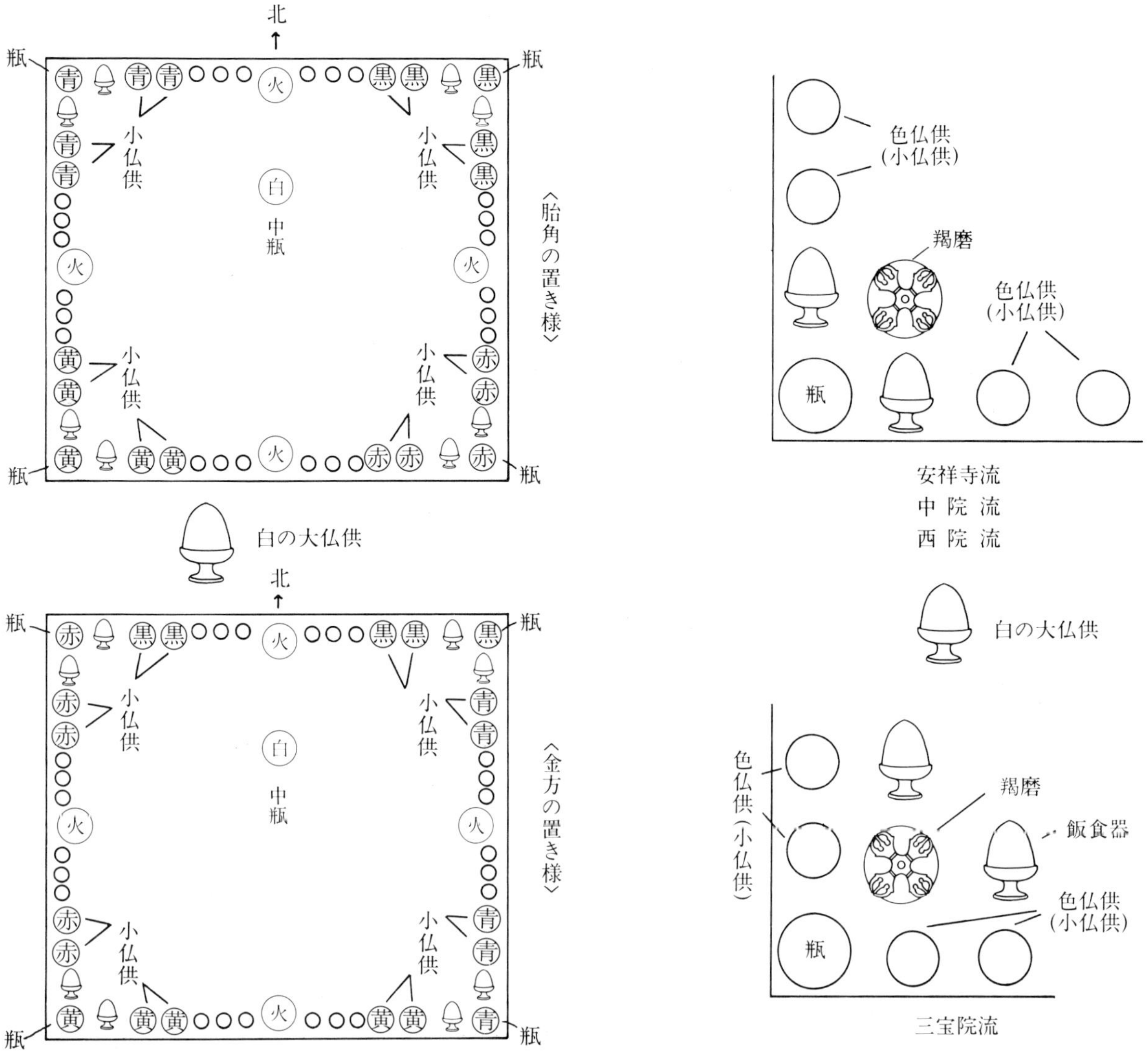

仏供の置き様

五種鈴(京都・醍醐寺)

のたたみ様もそれぞれの流派によって口伝がある。また六器の洗い様も同様である。

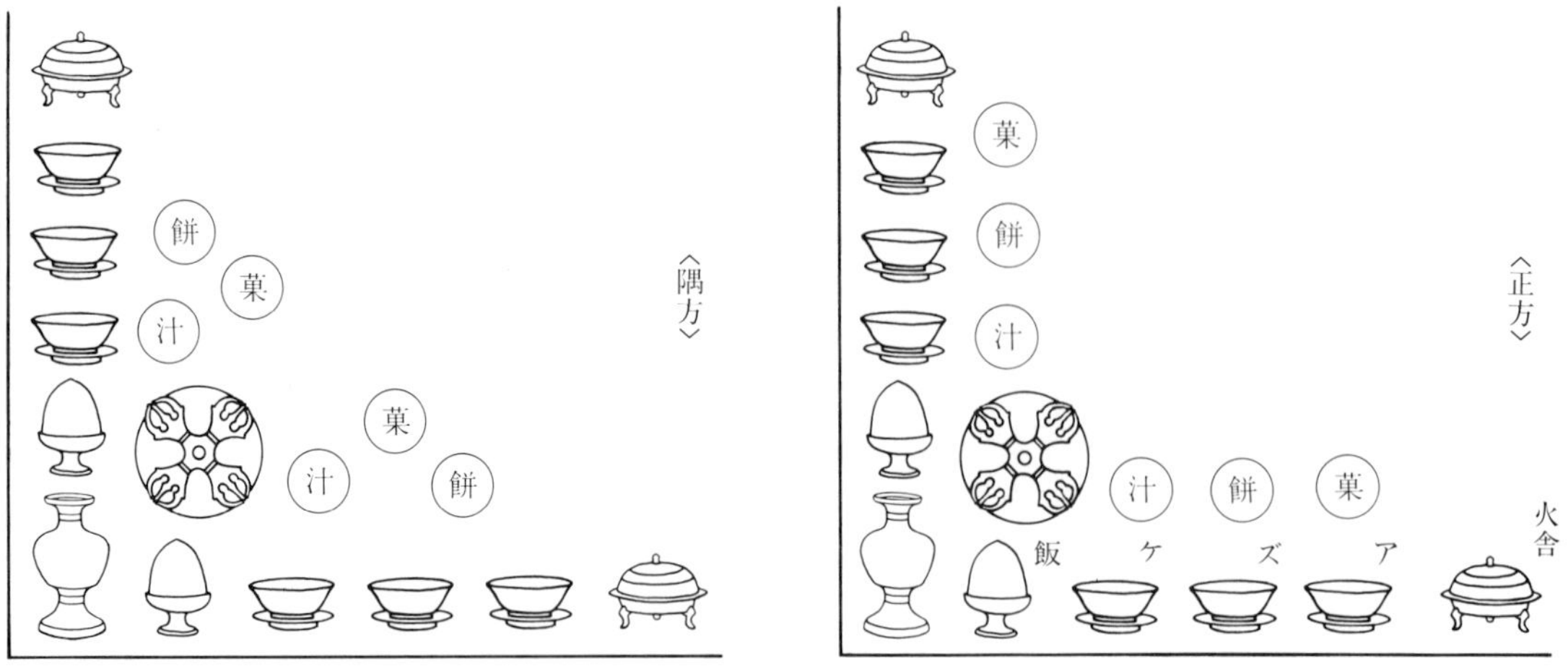

《汁・餅・果の供し方》

四燈　壇の四方に置く燈明。壇上に四燈を置くのが本儀であり、新安祥寺流は壇の四隅に燈を差し込む装置を作り、ここに四燈をたてているが、大ていは壇外の四方に置いている。

汁餅菓　四面器の内側に汁―小豆汁、餅―田菓子、菓―木菓子（果物）を供す。供し方に六器と平行に置く正方の供し方と、隅にまとめる隅方の供し方がある。

三、道場の荘厳

曼荼羅の掛様　道場の荘厳は、金剛峯寺金堂の項でみてきたように三壇構えの場合と、一壇のみの場合、御修法のように五壇構（大壇・護摩壇・聖天壇・一二天壇・神供壇）の場合などがある。このいずれの場合にも金剛界曼荼羅と胎蔵界曼荼羅の両界曼荼羅を掛けるのが本儀であり、その掛様が定まっている。まず三壇構であるが、本尊前を中壇とし、南面する堂の場合は東に胎蔵界曼荼羅を掛け胎蔵壇を置き、西に金剛界曼荼羅を掛けて金剛界の壇（金界壇）を置く。東胎西金（右金左胎）と呼びならわし、因果相対の掛様として曼荼羅の掛け方の基本となっている。この逆の東金西胎は陰陽相対の掛様とて、そのように伝承している流派（広沢流忍辱山方）もあるが、現行は大てい東胎西金に掛け、堂がどの方向を向いても本尊壇を北とみなし（運心）東胎西金（本尊からみて右金左胎）に掛けるのを通例としている。もし東西相対に掛けられない場合は並べ掛けることになるが、その場合も同様の理にしたがえばよい。

※27 両界曼荼羅を重ね掛けるときは、灌頂の場合を除いて上金下胎とし、これには異説がない。また、一幅の軸に両界曼荼羅をたてに並べる場合も金は天、胎は地なるがゆえに金胎を天地に並べるとしている。

八祖大師掛様　真言宗寺院では、主要堂宇の壁面に描かれている場合もあるが、大ていは法要のたびに八祖流祖の掛軸を出して掛け並べる場合が多い。なかには弘法大師の十弟子を揃える場合もあ

※東寺・御七日御修法における汁餅菓の供し方（勧修寺流）。

※27 灌頂の時は当界の曼荼羅を掛ける。

六器・火舎　花の盛り様、香の盛り様、火舎の置き様

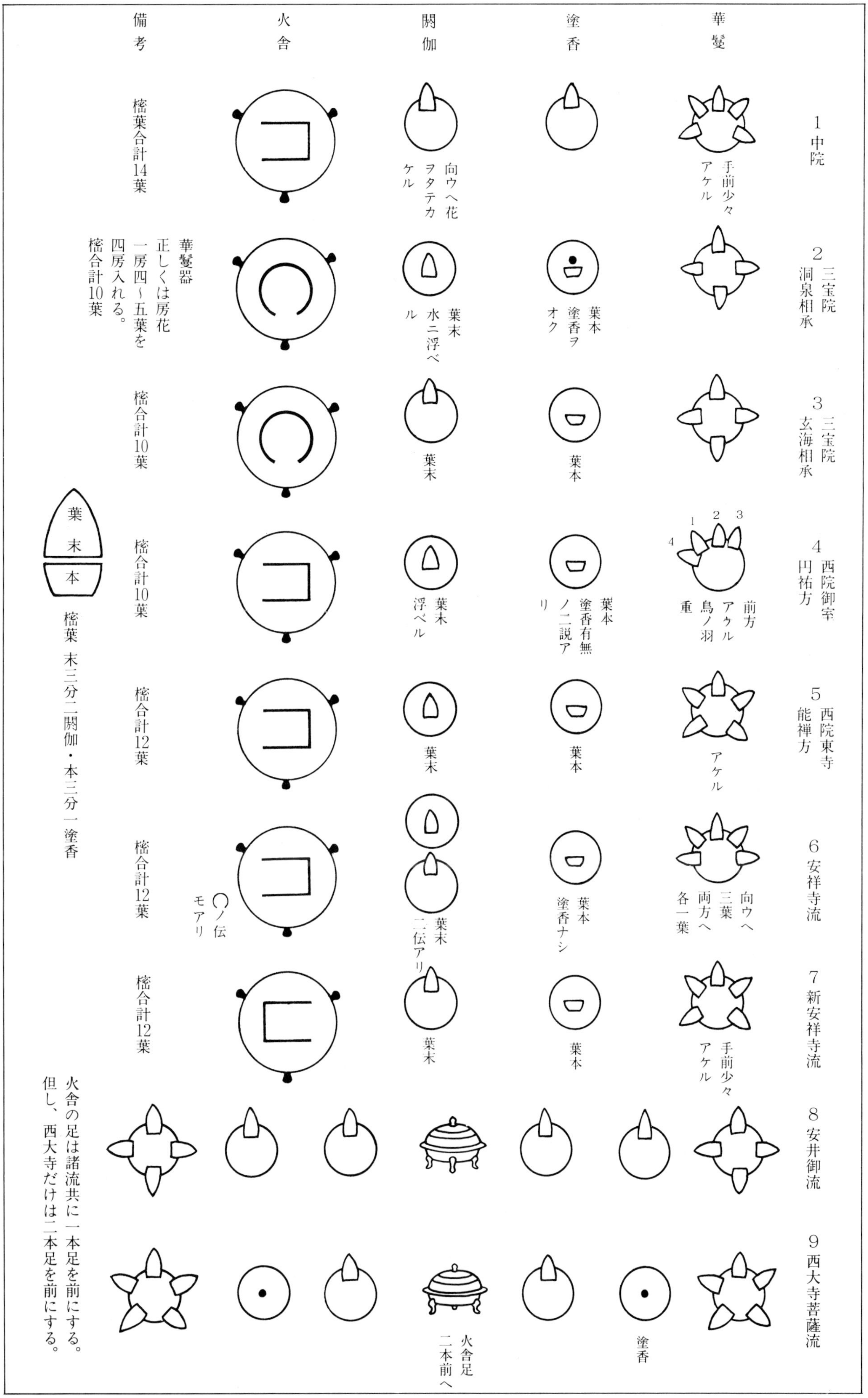
華鬘
塗香
閼伽
火舎
備考
1 中院
手前少々アケル
向ウヘ花ヲタテカケル
樒葉合計14葉
2 三宝院 洞泉相承
葉本塗香ヲオク
葉末水ニ浮ベル
華鬘器 正しくは房花一房四～五葉を四房入れる。
樒合計10葉
3 三宝院 玄海相承
葉本
葉末
樒合計10葉
4 西院御室 円祐方
1 2 3 4
前方アケル
鳥ノ羽重
葉本 塗香有無ノ二説アリ
葉末浮ベル
樒合計10葉
葉
末
本
樒葉 末三分二閼伽・本三分一塗香
5 西院東寺 能禅方
アケル
葉本
葉末
樒合計12葉
6 安祥寺流
向ウヘ三葉 両方へ各一葉
葉本 塗香ナシ
葉末 二伝アリ
◯ノ伝モアリ
樒合計12葉
7 新安祥寺流
手前少々アケル
葉本
葉末
樒合計12葉
8 安井御流
9 西大寺菩薩流
塗香
火舎足二本前へ
火舎の足は諸流共に一本足を前にする。
但し、西大寺だけは二本足を前にする。

るが、普通は八祖大師を掛ける。八祖の場合は掛様に二通りあって、「掛け出し」と「掛け込み」がある。古い祖師から新らしい祖師へと奥から順に掛けてゆくのを奥上臈と称して掛け出しと呼び、その逆を口上臈・掛け込みと呼んでいる。その順番は別図の通りであるが、八祖の他に次のように各流の流祖や鎮守が加わる。

中院流――四社明神・明算大徳

三宝院流憲深方（三憲）――理源大師（聖宝）・憲深僧正

西院流――本覚大師（益信）・信證僧正

安祥寺流――三所神祇（安祥寺鎮守）・宗意律師

ちなみに八祖の見わけ方は古来次のように誦せられている。「龍三・龍経・金珠・不縛・善指・一内・恵童・弘五」すなわち龍猛は三鈷杵、龍智は経巻、金剛智は念珠、不空は外縛の印を結び、善無畏は右頭指（人さし指）をたて、一行はその内で内縛の印を結び、恵果は側に童子を伴い、弘法は五鈷杵を持するによってこのように呼ぶ。

八祖掛様（例―中院流）

各祖師像前へは十面器（密壇の小なるもの）を置く

掛け出し（奥上臈）　掛け込み（口上臈）

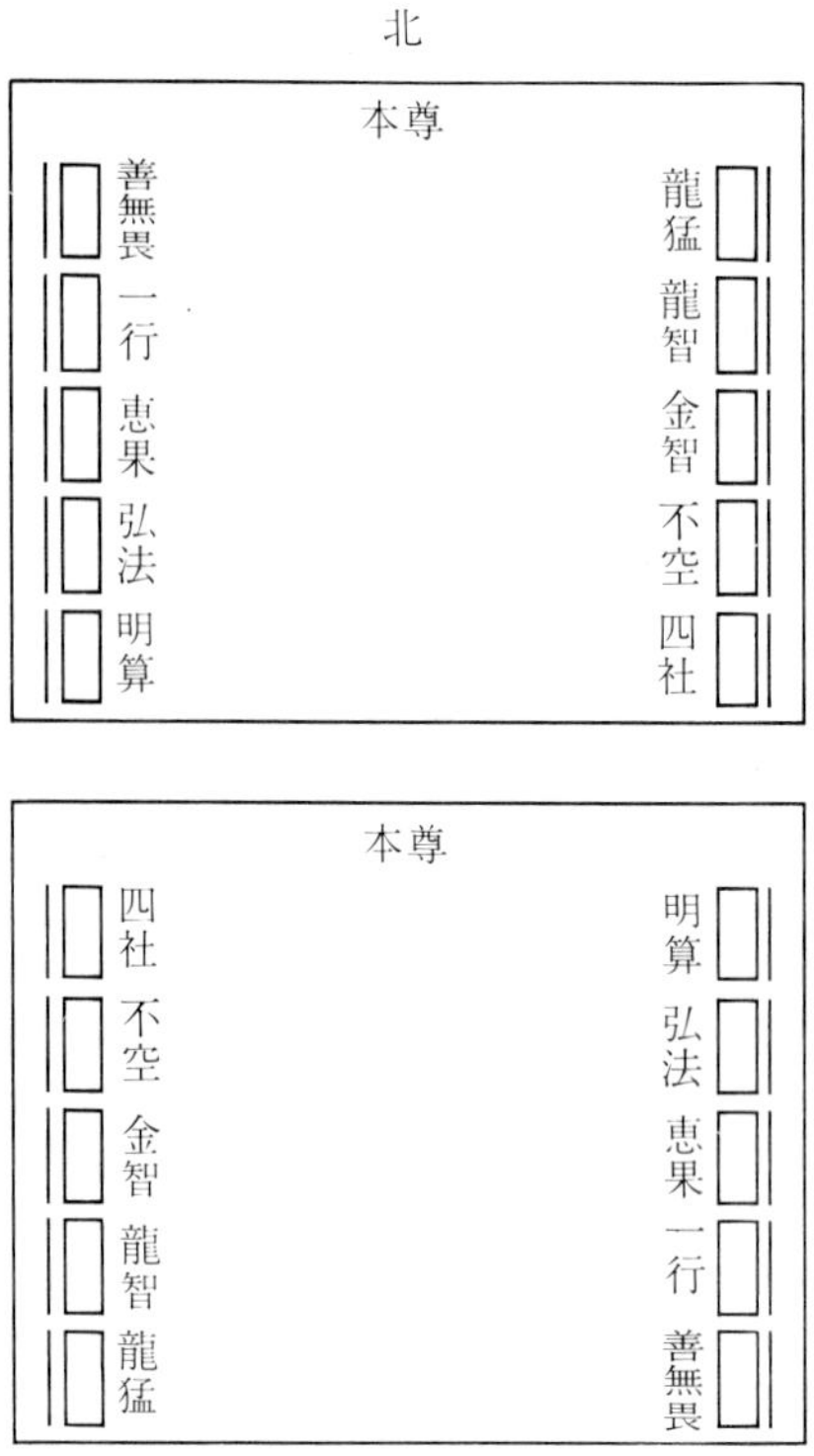

仏前荘厳　仏前には、三ツ具足、あるいは五具足を安置する。五具足のときは中央に香炉、その左右に燈、その外側に各々花瓶を置く。三ツ具足の時は中央に香炉、本尊からみて左に燈、右に花瓶を置く。左《さ》灯《とう》右《う》花《け》と覚える。日々の供物としては精進供膳（生野菜を供皿に立てて供える）、霊供膳（煮物を供す）、生身供膳（生身の大師に供える意味で煮た物を供す。高野山奥の院、東寺御影堂など）などがある。

四、護摩壇の荘厳

大壇と並んで密教寺院で重要な位置を占めるものに護摩壇がある。護摩壇の最大の特色は中央に火炉を設けることで、炉に火を燃して様々な供物を献じ、息災・増益・延命・敬愛・鉤召・降伏を祈願する。一般には不動明王を本尊とする不動護摩がよく知られているが、阿弥陀をはじめとする諸尊に献じるそれぞれの護摩がある。また、護摩は、祈願の目的によって火炉の形やときには壇の形まで異なり、祈願の種類によって古来三種・四種[※28]・五種・六種などの護摩と称してきた。

(1) 護摩壇の配置

護摩壇は、大壇と同じく、主たる壇と礼盤・両脇机からなり、護摩壇の四方には四橛を打ち、壇線がめぐり、四面器・五瓶・仏供、金剛盤上には五鈷鈴・五鈷杵・三鈷杵・独鈷杵を配することは大壇と変りはない。ただ四周の壇線が正面に設けられた鳥居によって上にもち上げられて、行者が壇線に防げられることなく修法できるのが特徴となっている。また壇の中心に炉を置き、炉の向って右に五穀と飯食（洗米）を入れた二つの器と、油や米穀をすくう杓を安置し、左に香水を入れた嗽口器と洒水器、二本の散杖を置くのが大壇と大きく相異するところである。また、行者の両脇机には炉中に献じる様々な供物を入れ置く五器や壇木・乳木・火箸・扇などを安置

※28　四種護摩＝息災・増益・降伏・敬愛で護摩の基本。五種は右に鉤召を加える。鉤召は敬愛より延命は増益より開き出す。あわせて六種。二種護摩は内・外の護摩（※29）。

※29　内護摩・外護摩＝行者自身の心の煩悩を智火によって焼滅するを内護摩と称し、壇を設けて実際に炉に火を燃して行ずるを外護摩と称す。

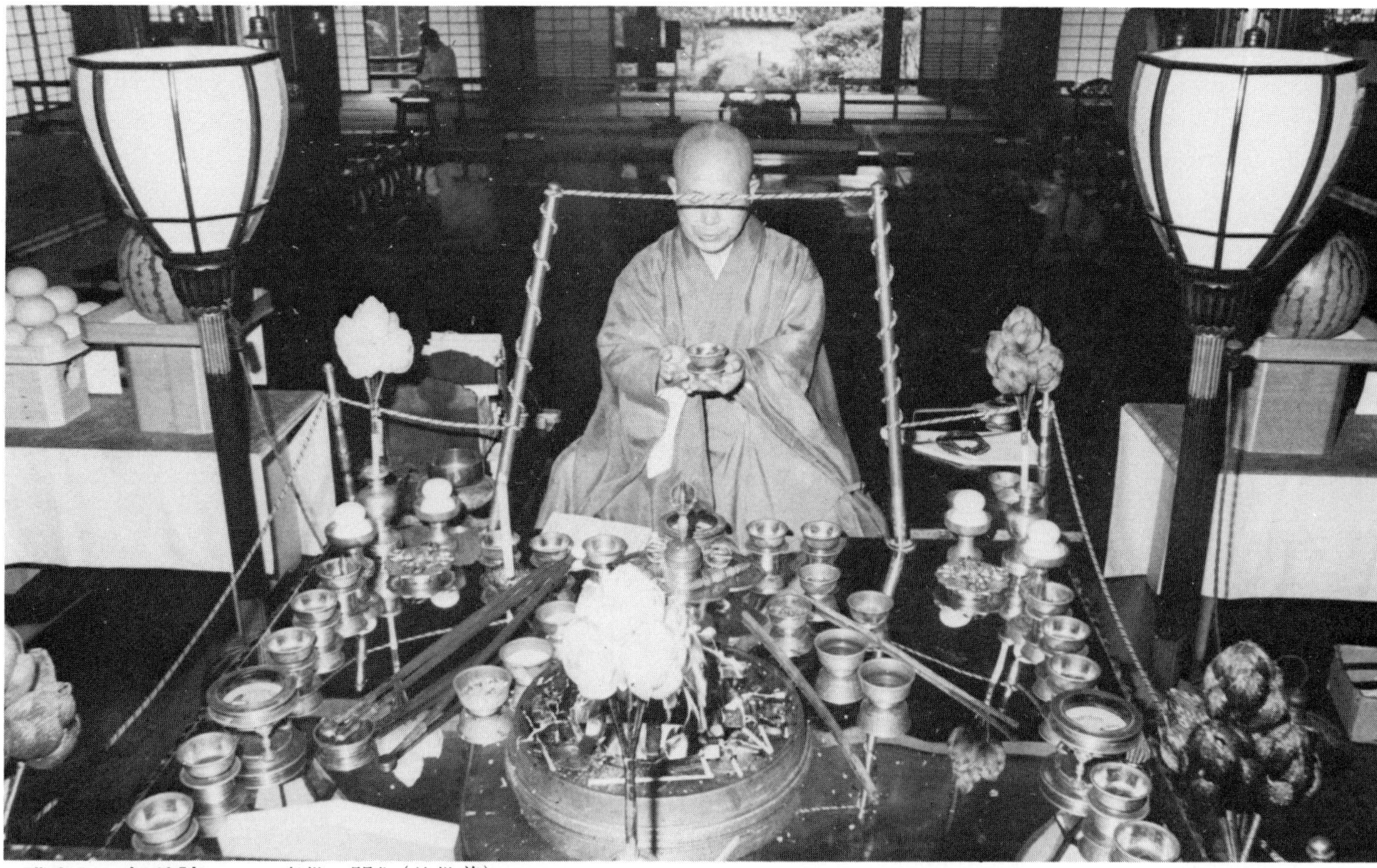

護摩行　智積院　1．事供の閼伽(後供養)

4．乳木百八支

2．本尊段の嗽口香水

5．後鈴

3．乳木百八支

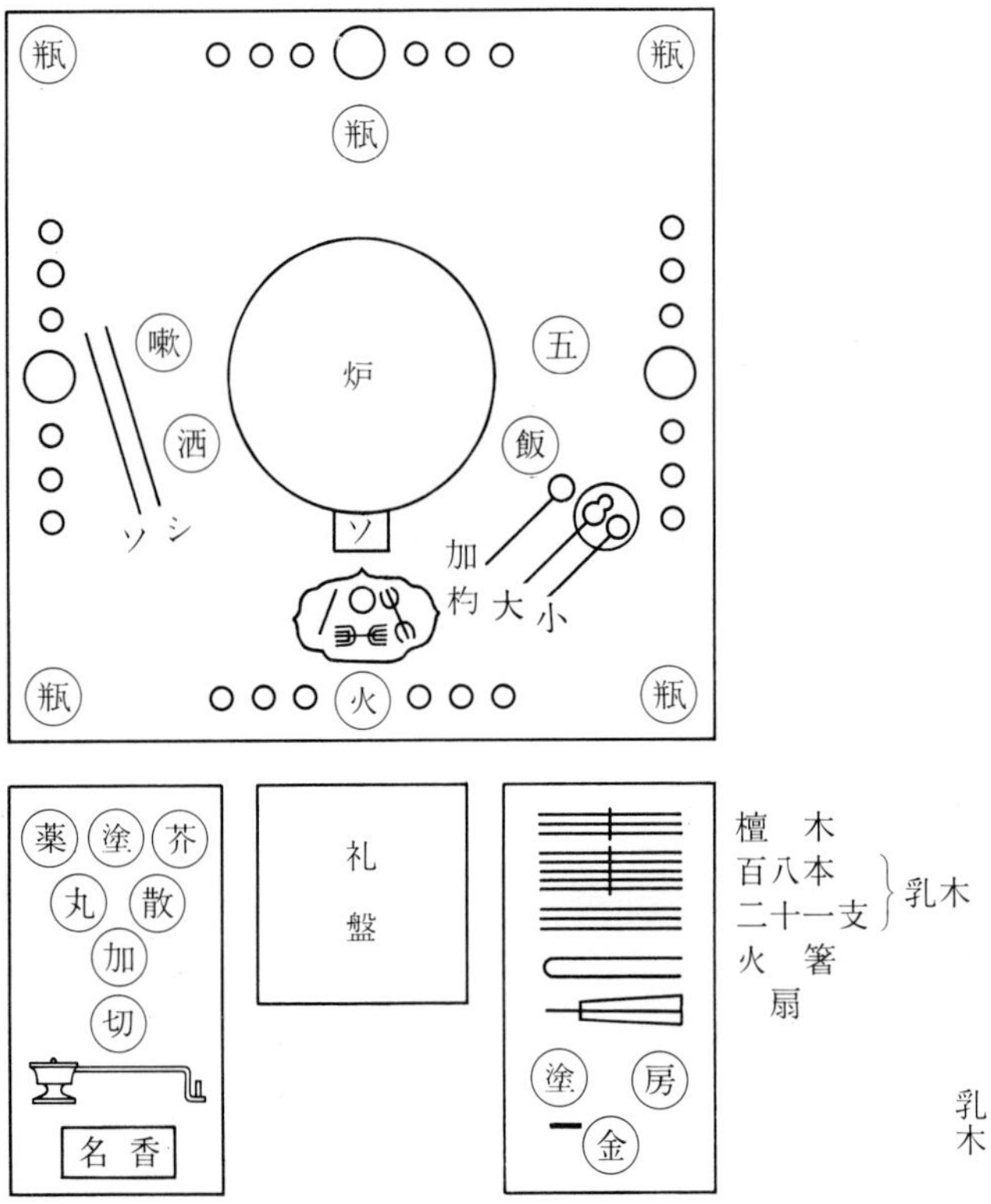

汁餅菓・大小仏供 略

小野安祥寺流

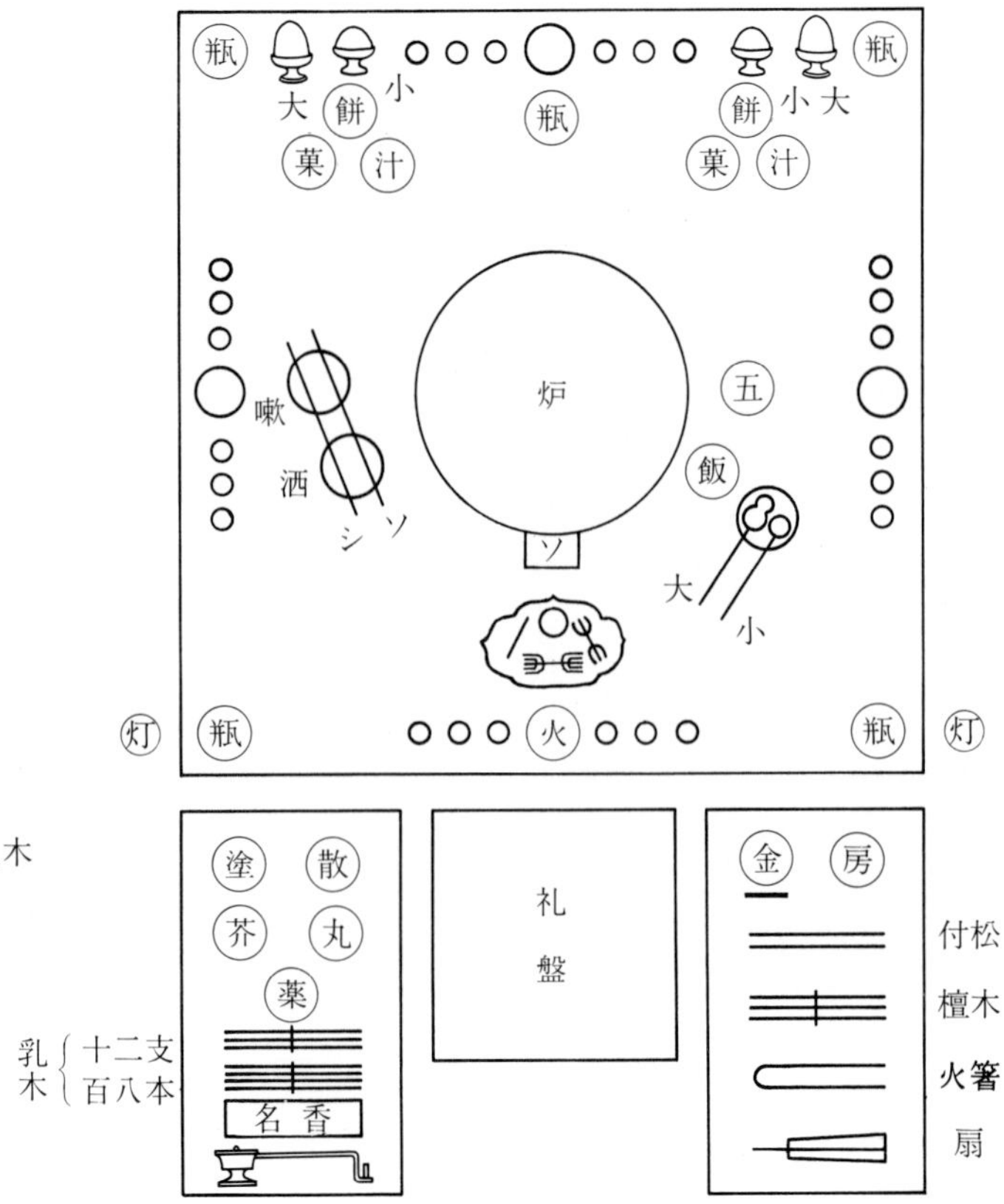

（汁・餅・菓・大小仏供各々四面に配することあり。以下の指図にても同じ）

広沢流　西院　能禅方

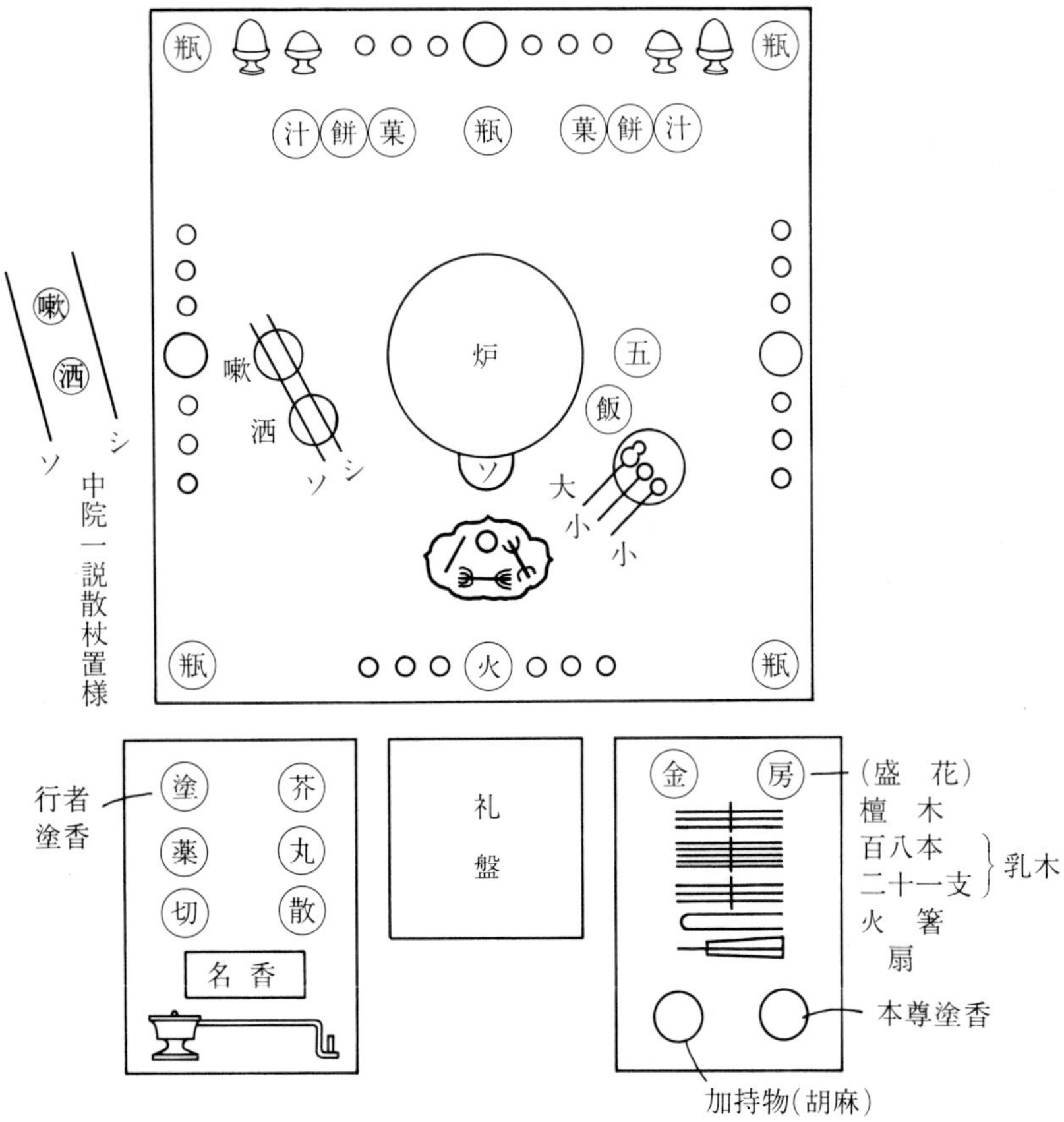

小野流　中院流　醍醐諸流

護摩壇配置図

※指図略号（全図共通）

ソ	蘇　油
五	五　穀
飯	飯　食
嗽	嗽口器
ソ	嗽口用散杖
洒	洒水器
シ	洒浄用散杖
大	大仏供
小	小仏供
大	大　杓
小	小　杓
塗	塗　香
散	散　香
芥	芥　子（西ー加持物）
丸	丸　香
薬	薬　種
金	金　丸（打鳴）
房	房　花
切	切　花
加	加持物

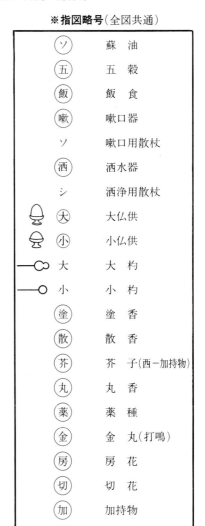

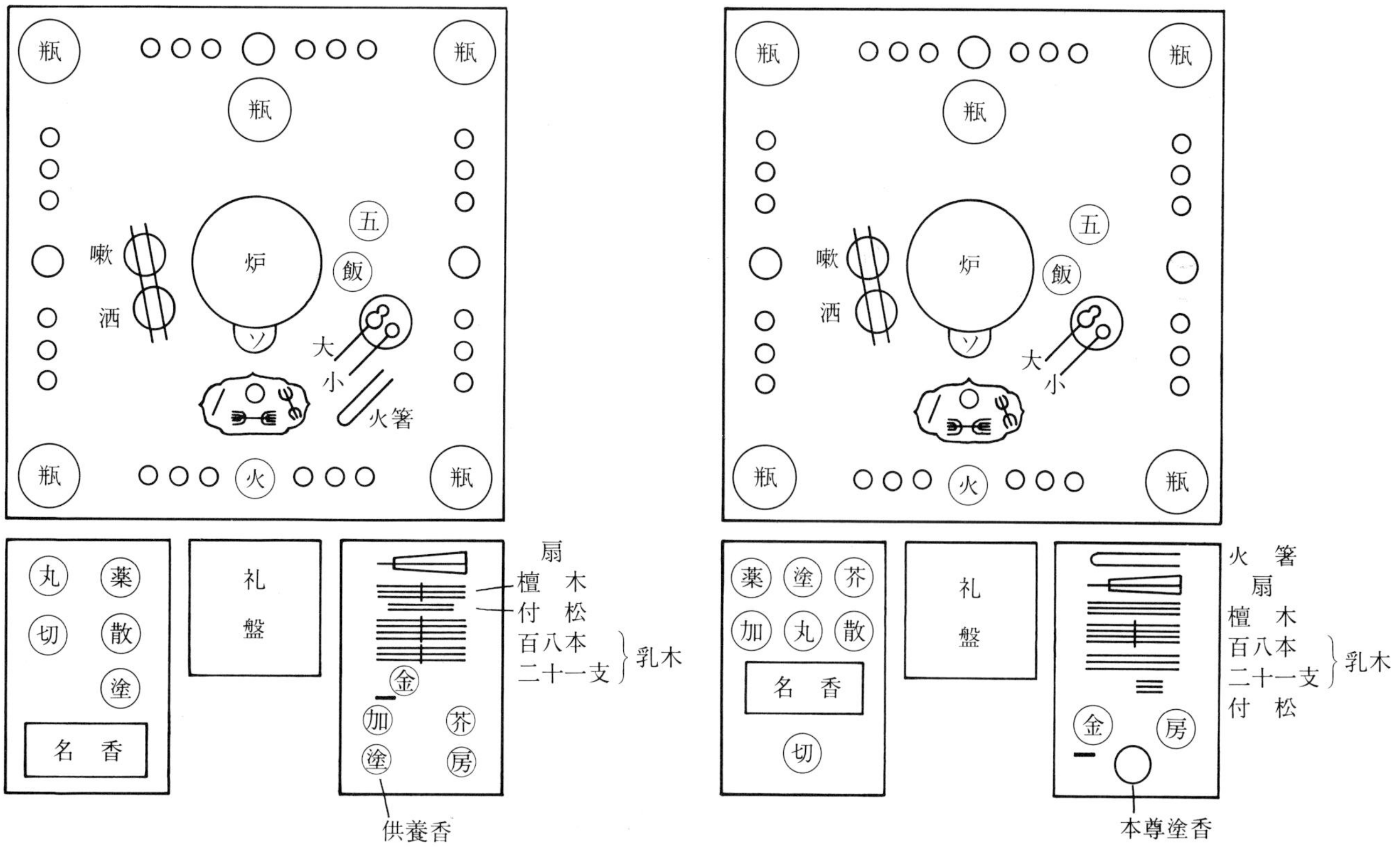

三宝院流（古）　　　　勧修寺流（古）

古次第にみる護摩壇図（『諸尊要抄』（妙抄））

護摩壇供（京都・醍醐）右端は神供壇

する。

　なお、醍醐三宝院に所蔵する義演准后が慶長三年（一五九八）に造らせた護摩壇具には輪宝や羯磨まで具備されているが、実際の修法にあたってはとりはずしているという。羯磨の荘厳については、これを護摩壇に置いた古次第の指図（幸心方）もあり、現今智積院の護摩壇がそのようであるが、通例は置かない場合の方が多い。

(2) 護摩炉の種類

　壇の中心に置く炉で梵語で軍荼（Kuṇḍam）と称している。本来壇と共に泥土で築くものであるが、現今は木壇に鉄炉をはめ込むか置くのが普通で、往昔には石製の炉を用いた例もある。

　炉形は現在では大てい円形の息災炉であるが、この他に増益の方形炉、降伏（調伏）の三角炉、敬愛の蓮華炉、鉤召の半月炉、延命の甲冑炉などがある。これらの炉の縁や炉底には経軌の説にしたがって各々に三昧耶形を描くことになっている。

息災炉　『金剛頂瑜伽護摩軌』[※30]には「息災炉正円。應当如是作」とし、円形の炉を用いる。炉の縁は瑜伽軌によれば三周の縁を作り、口縁を第一院として羯磨杵（三鈷杵の鈷先）[※31]を四方にあらわし、その間の四隅に蓮葉（弁）を描く。第二院（第二周）は四波羅蜜と内供養[※32]の三昧耶形、第三院（第三周―最外縁）には八方天と外供養四摂[※33]の三昧耶形をあらわす。ただこれはかって泥土で造る壇であるがゆえの記述であって、普通はこの第二、第三院を省略して、第一院のみを口縁にあらわしている。炉底には十二輻の輞角の輪[※34]、あるいは八輻輪[※35]を描く。たいていは八輻輪を描く例が多い。炉の前面に蘇油を置く柄（従所・横所）と土台（蓮葉台）を附属する。東密においては炉と蘇油を置く施設を一具に作るのが原則となっている。

増益炉　『瑜伽護摩軌』に「増益應正方」と記す。正方形の炉口で、炉縁は息災炉と同じく三院を設けよと説くが、普通は第一院（中院）に羯磨宝（三弁宝珠）を四方に描き[※36]、四隅に蓮葉（弁）をあらわすにとどめる。炉底に三鈷杵をあらわすのを通例とするが他に八葉蓮華、三弁宝珠をあらわす例もある。

降伏炉　調伏ともいう。『瑜伽護摩軌』に「三角作降伏」とあり三角形の炉を用いる。これも経軌には三院を設けよとあるが、大ていは外二院を略して中院のみをあらわす。降伏炉の場合は、独鈷杵を頂点と三角形の各辺の中間の四方に配し、蓮弁を頂点の杵をはさんで二葉、他の二頂点に二葉の計四葉を配している。炉底には独鈷杵を描くが、三戟叉頭[※37]をあらわせという経説もある。

敬愛炉　『瑜伽護摩軌』に「長作蓮花葉（形）。敬愛為相応」とあり蓮弁様に炉を作る。これも三院を設けよとあるが、通例は中院のみ。炉縁四隅に蓮華羯磨と三鈷杵をそれぞれ配し、炉底に八葉蓮華を描く。敬愛炉にはもう一説があり、炉形を八葉蓮華とし、その内にもう一周の円または八角の内縁を設け、炉底に同じく八葉の開敷蓮華を描く。外縁の蓮弁には三鈷と蓮華を一つおきにあらわし、内縁には八本の箭をあらわしたものもある。

鉤召炉　『瑜伽護摩軌』に「鉤召応作鉤」とし、敬愛炉の蓮葉形の中程を尖がらせた形[※38]に作る。これも三院を設けよと軌に説くが略して中院のみの例が多い。四隅に金剛鉤と蓮葉を描く。炉底にこれまた鉤羯磨を描く。鉤羯磨に二様あって独鈷鉤を用いる場合と三鈷鉤を用いる例とがある。鉤召炉にはもう一様あって、炉形[※39]を半月形として、三鈷[※40]の柄の中間に炉口を作る例などもある。

延命炉　『瑜伽護摩軌』[※41]に「延命如増益。炉外畫甲冑。如人被甲形。而令双袖垂。袖如三独股。下如覆薫籠。上形三峯形。如三独股杵」と具体的に述べられている。炉は増益と同じで、炉の外縁に経軌の通りの甲冑を描く。これは寿命金剛堅固の義をあらわすゆえという。甲冑の外に二院を説くが今はこれを略している。

合　炉　四種法合炉という。『尊勝仏頂修瑜伽法軌儀巻下』[※42]に「具四種炉形。及炉内四方各書種子字」として炉底に方・半月・円・三角を四方に描き、それに対応して輪・鉤・蓮華・金剛杵を描く。初日除災、第二日増益、第三日摂召、第四・五日降伏、第六・七日極忿怒降伏などを行ずという。炉縁については諸説がある。

※30 大正蔵No.908・No.909
※31 炉の前面のみ柄と土台に占められ略すことあり。
※32 嬉鬘歌舞
※33 鉤索鏁鈴・香花灯塗
※34 一字仏頂輪王経第六ほか
※35 建立曼荼羅軌
※36 蓮葉を四方に宝珠を四隅にする例もある。
※37 一字仏頂経
※38 六角亀甲状の形をなすものもある。
※39 大日経疏第一五
※40 桧尾口訳
※41 大正蔵No.908
※42 大正蔵No.973

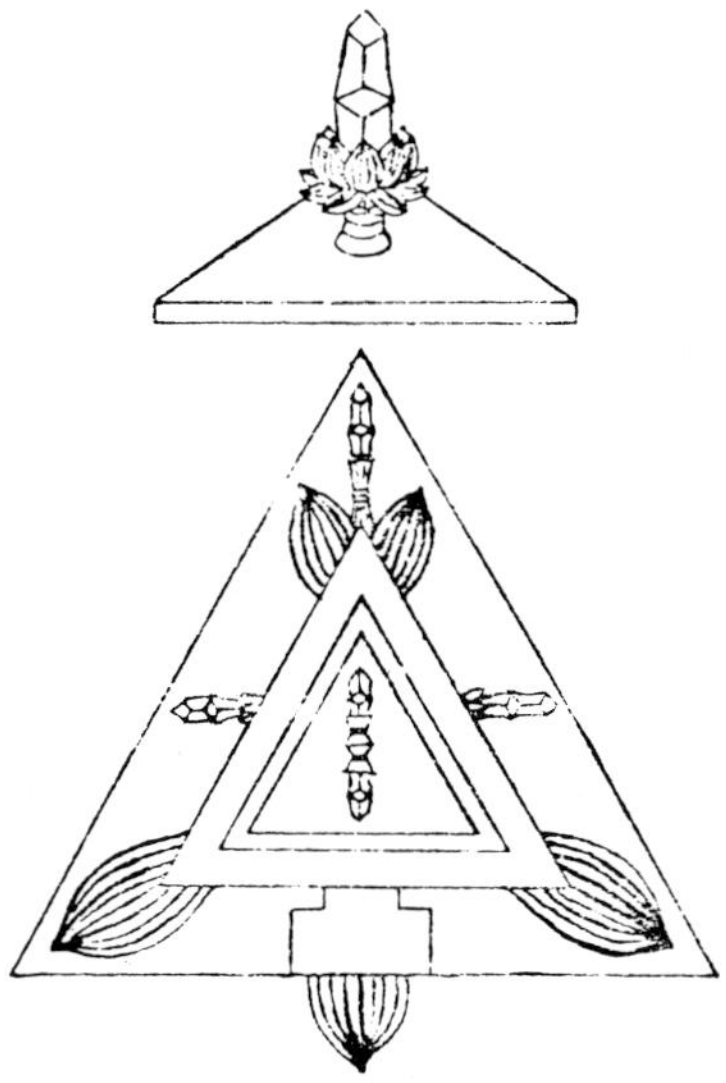

調伏炉

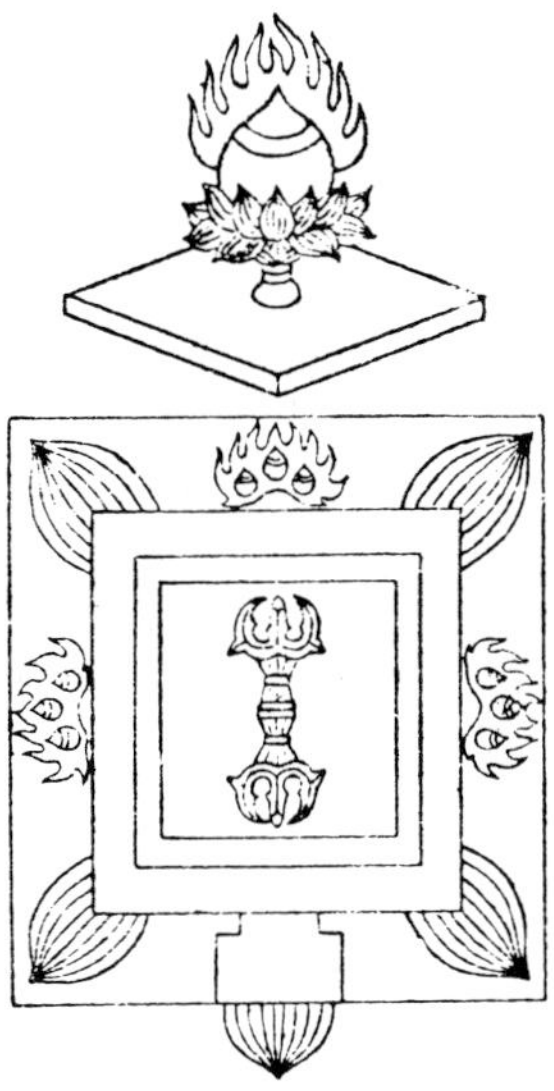

増益炉

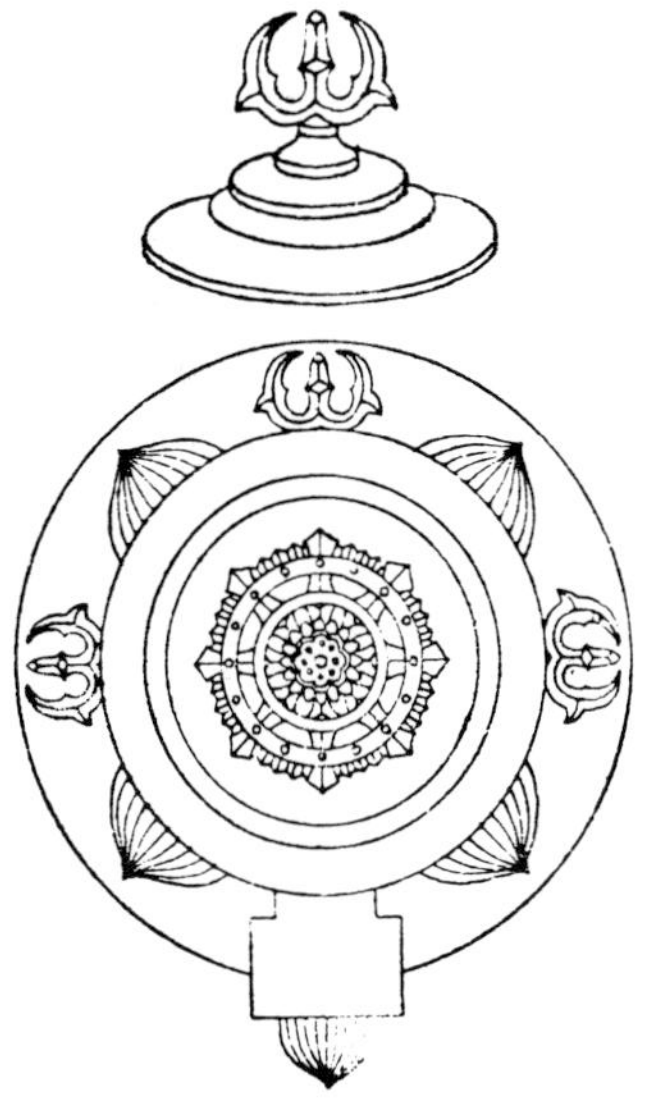

息災炉

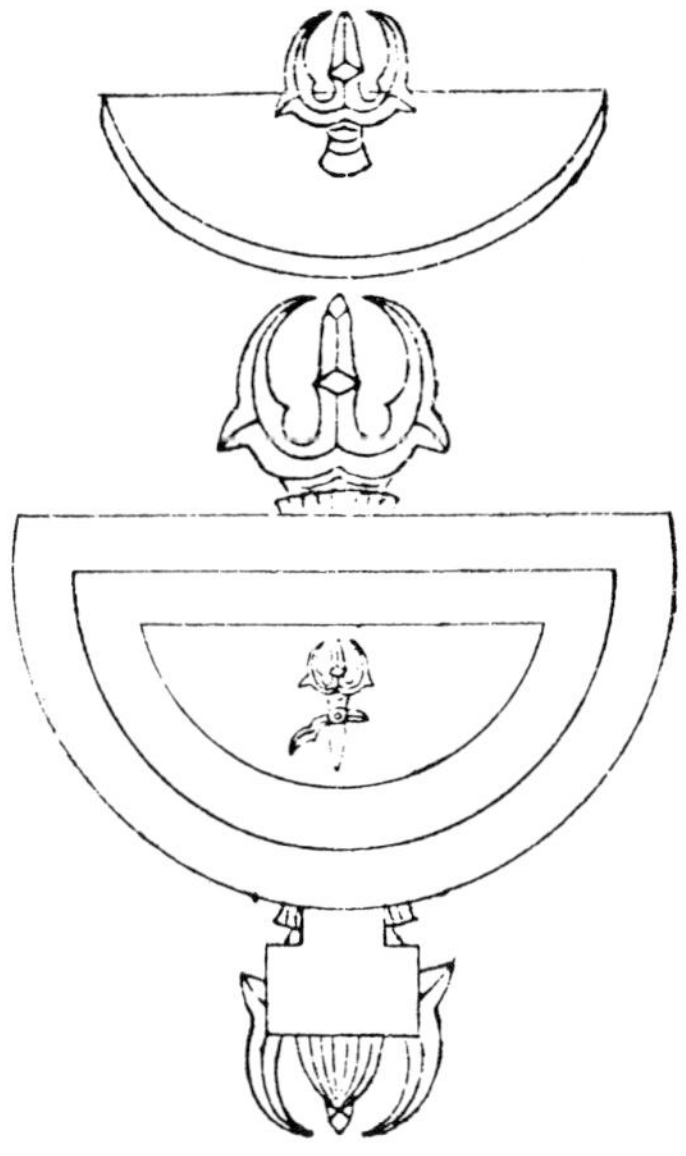

鉤召炉（二）

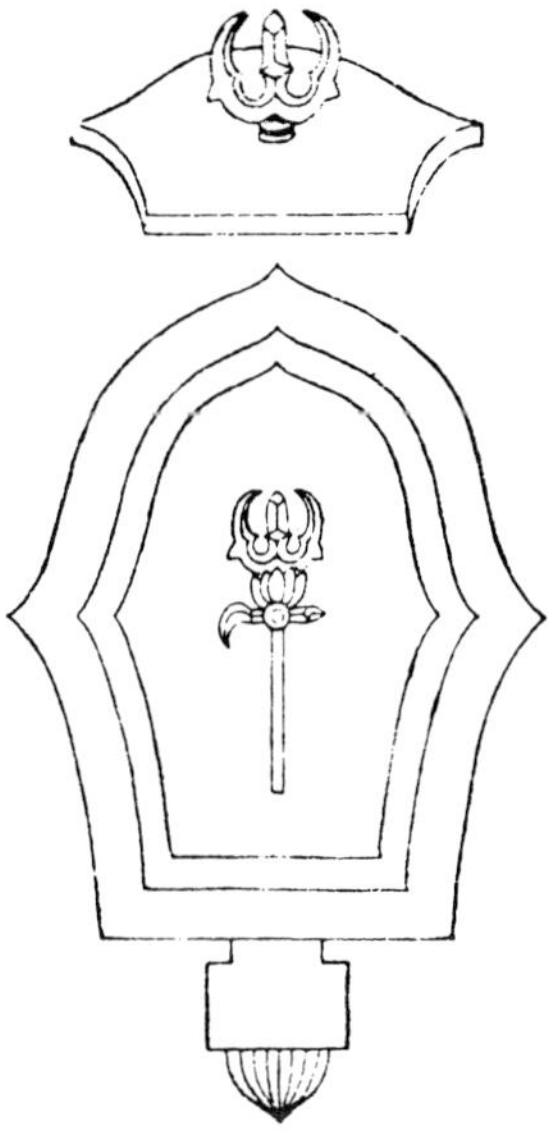

鉤召炉（一）

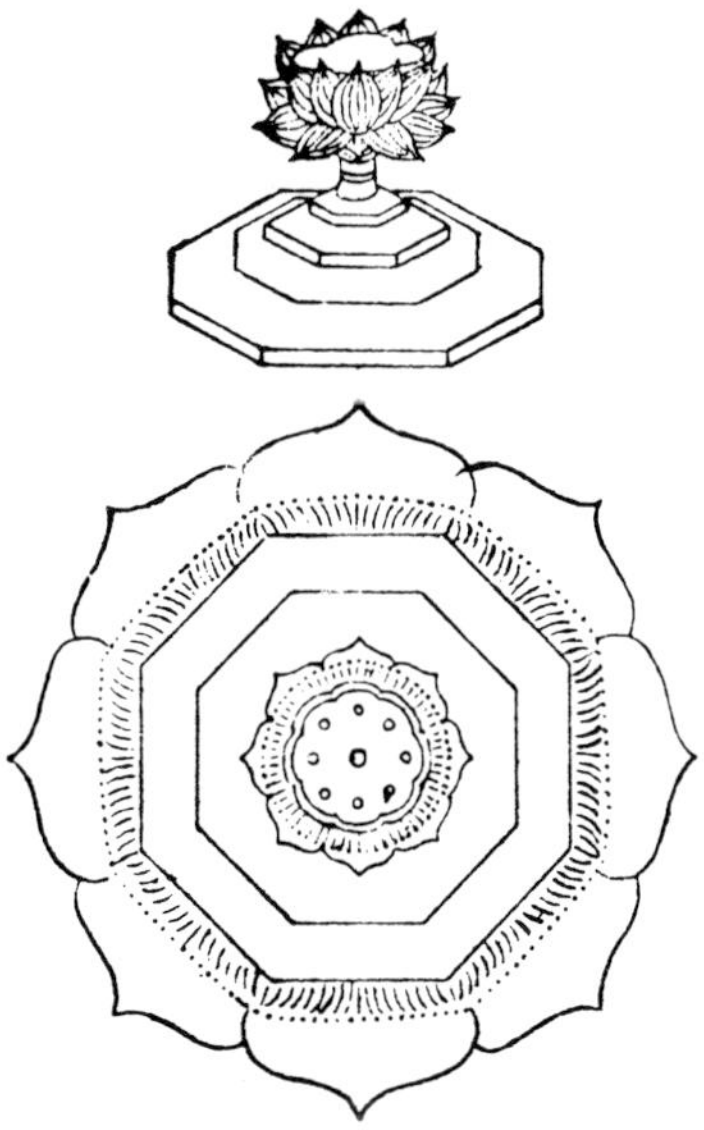

敬愛炉（二）

敬愛炉（一）

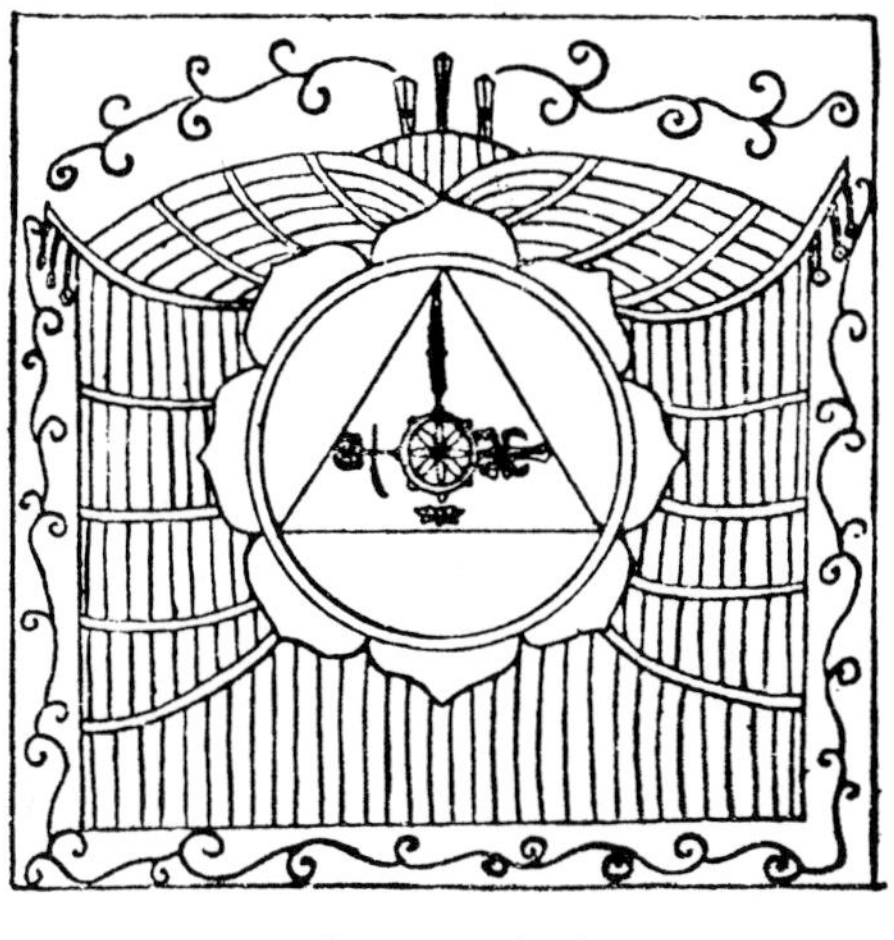

合炉（二）

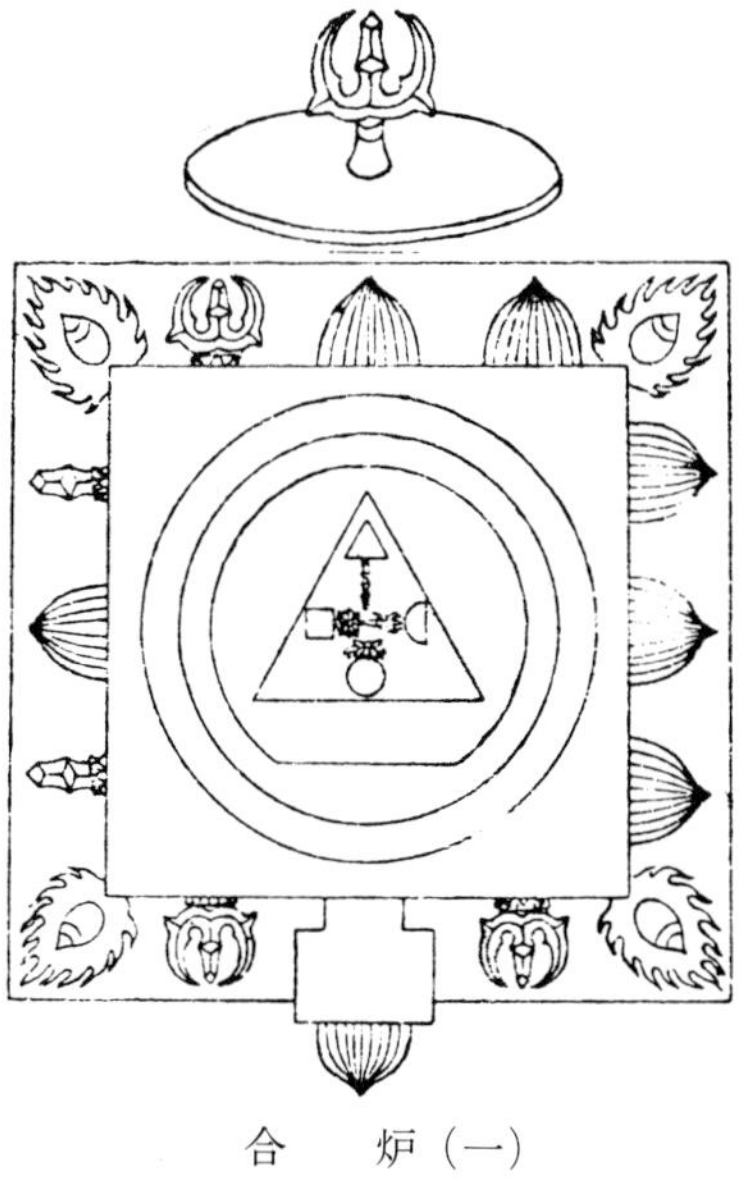

合炉（一）

延命炉

各種護摩炉の一例 蓋と炉と炉中の三昧耶形を示す（『密教大辞典』）

炉の使用法　以上六種の炉があるが、一法に他の法を具すといい、現今は大てい息災炉を用いている。なお各法を修する方位や本尊、その時に着する法衣の色などを次に表示しておこう。

	形	色	時	面	尊	木	炉
息災	正円	白色	初夜	北方	仏部	甘木	輪
増益	正方	黄色	初日	東方	宝部	菓木	三鈷
降伏	三角	青黒色	中日又は中夜	南方	金剛部	苦木	独鈷
鉤召	金剛	雑色又は赤色	一切時	諸方	羯磨部	刺木	鉤
敬愛	蓮葉	赤色	中夜又は後夜	西方	蓮華部	花木	蓮華
備考	炉形・壇形	着衣・供花・飯食の色	起首時（一説）	修法の方向	本尊	乳木	炉底の三昧耶形

次に護摩壇の特徴ある壇具について順に述べてゆこう。

《護摩炉の法量》（『護摩秘要抄巻第四』による）

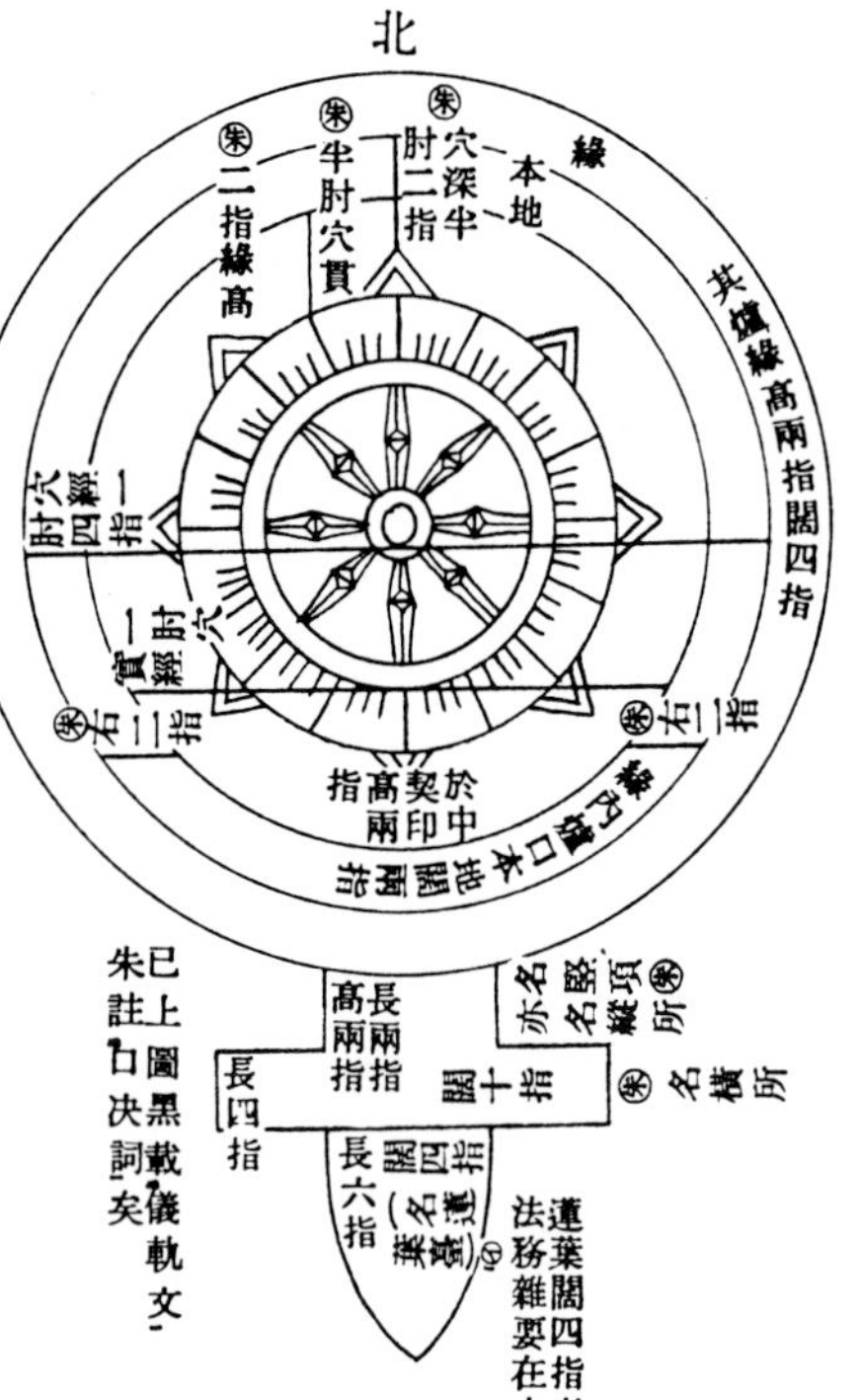

(3) 護摩壇上の法具

五　宝　かつては泥土で壇を築いており、壇を築くにあたって壇の中心に埋めることが経軌に説かれている。現在は木壇であるため、小瓶に五宝※43を入れて壇の下に置くか炉の柄に埋めるとか、包みに入れて中瓶の下に敷くなどの伝もあるが、中古より野沢両流とも包に入れて中瓶にくくりつける。なお五宝なき場合は五丸泥（五丸石）を炉の中心に置いてもよいとされている。

橛　大壇の法に準ずる。白檀木・紫檀木・佉陀羅木・棗心木などを用いて作れと説く。なお調伏の三角壇には苦練木か人骨を用いよとする。

門　標　鳥居ともいう。壇の前面に立てる一対の円柱で、壇線をこれにまといつけて、行者の修行するところだけをもち上げる。円柱、または独鈷形の頂に仰月をのせ、その上に宝珠を置くのが一般的である。台密ではこの柱に横架を設けるが、東密は壇線をもってこれをつなぐ。この門標に壇線を纏いつける数に三・五・六・七※44・九巻の纏い様がある。

九巻──中院
七巻──中院・西院・安流
六巻──幸心流
五巻──西院・中院・安流
三巻──中院・安流

なお壇線については大壇の法に準ずる。

四面器・五瓶・金剛盤　大壇の法に準ずる。

供　物　大小の仏供の他に汁餅菓を供す。汁は小豆を煮たもの、餅は田菓子とも称し稲穀から作った餅。菓は木菓子とも称し榧、栗などを供する。

蘇　油　炉の柄または蓮花台の上に器に入れてのせるが、現在はたいてい炉の柄と蓮花台の部分に蘇油器をおく窪みを作りつけてある。蘇油はゴマ（胡麻）油を用いるが、油に蘇と蜜を混ぜるのが本義である。蘇は牛乳を煮つめて作ったもので、現在は得難いとして、乳または乳酪（ヨーグルト）と蜜または砂糖を油に混ぜている。なお、一般には白砂糖だけを混ぜる。法によって油を変えると説かれているが、ゴマ油をもって諸法に通用しているようである。

大杓・小杓　蘇油・飯食・五穀をすくって炉に献じる杓。大杓

※43　五宝＝金・銀・瑠璃・真珠・水晶または水晶の代りに琥珀。本義は二〇種物（五宝・五薬・五穀・五香）を調合する。

※44　中間の纏数に上下を加えて五巻ないし一一巻と数える説もある。ここに示した数は上下を合しない纏数。

を注杓と称し、小杓を瀉杓《しゃ》と称している。蘇油を献じる時、小杓で蘇油器より汲み上げ大杓に移しとって献じるゆえの名称と考えられる。大杓は普通吉祥子（柘榴果《ざくろ》）の形をとり、杓の内底に三鈷杵を描く。ただ浄厳和尚の新安祥寺流は『大日経疏第二十』の説にしたがって方形の大杓を用いている。小杓は円形にして、内底に蓮華をあらわす説と輪宝を描く説とがある。遺品としては輪宝が多いが、なかには内底に輪宝、裏に蓮華文をあらわすものもある。経説では佉陀羅木をもって作るとあり、木造を本義としている。杓に古い遺品の少いのは、かつて木製の杓を多用したためであろうか。今日杓の柄は木、杓本体は金属製が普通となっている。

いずれの流派も大杓を内側（炉側）に、小杓を外側に置いており、杓を受ける杓皿（杓休《やすめ》）と、杓の柄をうける杓懸※45を現今は具している。また、本来大小二杓がいずれの流派でも本義であったが、近来安祥寺・中院・醍醐など小野の各流を主として、小杓をもう一杓加えて三杓とし、三本目の小杓を加杓と称している。これは飯食、五穀などを献ずるために用いるもので、油でべとつく瀉杓では米穀を献ずるに困難を感ずるゆえの処置である。加杓は安祥寺流では一番内に置き、醍醐、中院では一番外に置く。

五穀器・飯食器　炉の向って右脇の奥に五穀、手前に飯食を置くことは各流同じで、飯食は洗米を用い、五穀については次のものがあり各流で諸説がある。

五穀――稲穀《もみ》・菉豆《ろく》・大麦・小麦・胡麻（あるいは白芥子《びゃくがいし》）

稲穀・大豆・小豆・大麦・小麦など。

嗽口器・洒浄器　炉の向かって左に置く。嗽口器を奥に、洒浄器を手前に置くのは各流同じ。嗽口器には炉口（即本尊口）をすすぐ香水を入れ、洒浄器には一切を浄める香水を入れる。

一伝に嗽口器に白檀と沈香を入れ、洒水器に白檀と丁子を入れるという。

この二器に嗽口用散杖と洒浄用散杖の二本を具する。散杖の様式は大壇の例に習う。この二本の散杖の置様に諸流相違があり、その置様については左を参照されたい。

二器の上に並べおく――西院・醍醐・中院

二器をはさんで両側におく――中院

二器の向って左に二本並べおく――安祥寺流

嗽口用散杖と洒浄用散杖については次のような定めがある。

内（炉側）・嗽口用散杖　外・洒浄用散杖――西院

内（炉側）・洒浄用散杖　外・嗽口用散杖――中院・醍醐・安祥寺

乳木・檀木　炉に焼く薪柴のこと。乳木・檀木の区別は明らかではないが、乾いた木に火をつけて油をそそぎ、火勢が強くなったところで乳汁（樹液）の多い生木を燃すために、乾木を檀木、湿木を乳木と称するとの一説もある。祈願の内容によって用いる乳木の種類が異なり、息災には桑木・穀木・栗木・椎木・榎木・栢木などの甘木を用いるとされ、古伝には松木を加えているものもある。乳木はこれらの枝を削らずに用いるものと、細く削り割って用いる例がある。最近は細く割ったもの、切り揃えたものが常用されている。寸法は一二指（六寸）を標準とし、檀木は八寸、乳木は六寸の伝がある。檀木は二一支、あるいは三六支、乳木は二一支と一〇八支。木の本末を見定めて必ずその木の本に墨をつけて目印とし、炉口に置くときの目安とする。

五　器　芥子・塗香・丸香・薬種・散香を入れる器。五器を左脇机に置くことは各流同じであるが、その置き順が異なる。その詳細は別図の通りであるが、古次第にみる勧修寺流と現行の安祥寺流では大差がないのにくらべて、鎌倉時代末期の三宝院流指図と現行では相当に異なっている。三宝院流は、後世行法次第の進行とにらみあわせて、芥子をもっとも行者の手元に置くなどの改変を行っているようである。

芥　子　芥子に五種ありとし、白芥子＝唐、黄芥子＝可良之、赤芥子＝奈多禰、青芥子＝於保乃美、黒芥子＝多可那乃美といい各五種軍芥に用いるという。※46諸流の多くは菜種（奈多禰）を用いる。

※　東寺・御七日御修法における席札（せきさつ）。

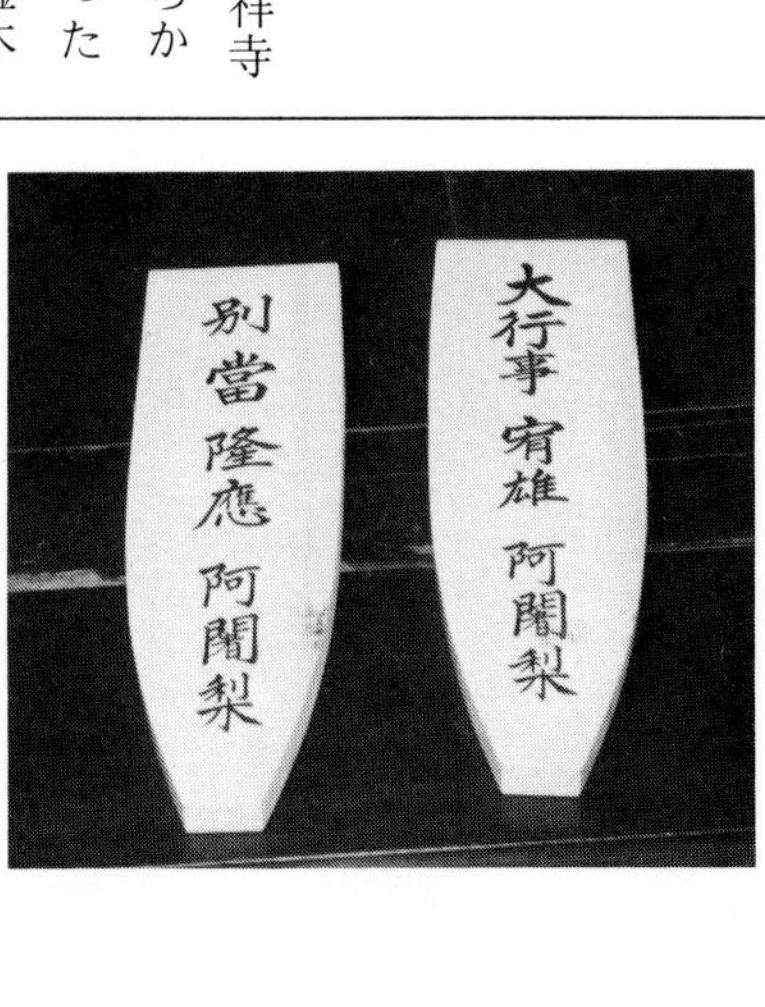

※45　杓懸は広沢流には用いない。

※46　広沢流は芥子加持がないゆえ、芥子を置かない。

塗香　小野流では本尊に献ずるものと、行者用をわけ、行者用の塗香を行者の左脇机、本尊塗香（供養塗香）を右脇机とわけて置いている。白檀・ウコン・龍脳・沈香・丁子・董陸・甘松などを混ぜて香とする。なお広沢流は本尊塗香を置かず、散香で兼用する。

丸香　経軌では白檀・沈香・龍脳などを白膠と和ぜて丸めて大豆程にすると説く。最近は樒の末香を蜜または飯に交ぜて練り丸めて用いるものが多い。

薬種　祈願の内容によって混じる薬種が異なる。息災には白朮《じゅつ》・人参・黄精根・甘草・木蘭・遠志・枸杞を用いるという。略して甘草・遠志・枸杞の三種をきざんで混和する説もある。調わない時は枸杞あるいは甘草だけでもよい。

散香　本来、沈香・丁子・白檀・ウコン・龍脳などを用いるが、末香を代用する場合もある。

切花　砕花ともいう。古次第には見えず、西院などでは切花を用いず房花を適当にちぎって用いる。小野では樒葉を横に細く短冊状に切って用いる。器は五器と同型を用いる。切花を貪、丸香を瞋、散香を痴の三毒にあてる説もある。

加持物※47　息災はもっぱら白ゴマを用いる。増益は粳米を黄染にし、敬愛は粳米を赤染にして用いる。調伏は黒芥子・鉄末など。器は五器と同じものを用いる。置く位置は流派によって左右不同。五器に本尊塗香・切花・加持物の器を加えて八器という。

房花　炉に迎える本尊・諸尊・諸天の座の義で盛花・花座ともいう。本来は時花を用いるが、現在は五葉あるいは四葉・三葉の樒数房を用いる。最近は房花茶碗と称して、房花を入れる器を揃える仏具店もある。

扇・火箸　扇は六骨の桧扇（三宝院）あるいは白扇を用いる。扇の上面に[illegible]字を書く流派もある。火箸は金・銀・銅あるいは鉄をもって作り、最近は火ばさみを用いるが、二本の火箸にて定と戒を表わすとの説もある。

五、神供壇

七日間の護摩行ならば開白の初夜と四日目の初夜と七日目の初夜の三度、百日・千日の護摩行ならば十日目に一度神供を行ずる。特別の密教法具は使用せず、土で作る土壇を基本にして幣を用いるなど、迎える天は八天・一二天など仏教色があるとはいえ、その名の通り古来の神祇祭祠の影響を強く受けた修法である。護摩と並行して必ず修せられる修法でもある。

六、傳法灌頂の荘厳

傳法灌頂は、密教の師位（阿闍梨位）を継承する印可を与える儀式で、真言宗の最高の厳儀である。この儀式には「三昧耶戒作法」「大壇作法」「正覚壇作法」があり、受者の悉地成就を祈るために息災護摩が修せられ、流によっては鎮守読経作法を伴う。また道場荘厳の準備のために調支具作法が行われる。

さらに外儀からみるときは「庭儀《ていぎ》」「堂上《とうしょう》」「平座《ひらざ》」の別があるが、何れの場合にも三昧耶戒場と内道場の荘厳は変らない。ただ庭儀には庭上の荘厳や嘆徳所が加わるだけである。ここでは三昧耶戒場と内道場の荘厳に限って紹介しておこう。

(1) 調支具作法

まず灌頂に先だって行われる調支具作法（金剛線・歯木・綵帛・五宝・投花包・金剛線包・歯木包・名香包・含香包・印信・仏布施・仏供・散杖）の内、主だったものについて述べておこう。

糸縒　流派によって作法に相異があるが、要は大阿闍梨が五色の糸を加持してそれぞれの色の糸を縒り、最後に総合して五色をより合わせ壇線ならびに金剛線を作る。そのより合わす色の順は金胎の別があり、それぞれ大壇の壇線の項で詳しく述べておいたので

※　東寺・御七日御修法における五大尊（不動、降三世、大威徳、金剛夜叉、軍荼利）の壇。

※47　広沢流では芥子といえば小野流の加持物にあたる。

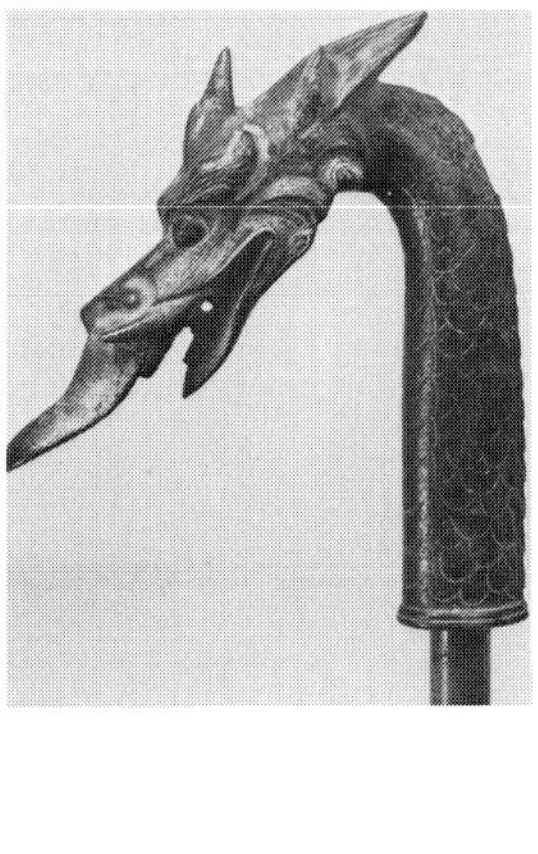

※　龍頭（岩手・極楽寺）

中院流の神供壇

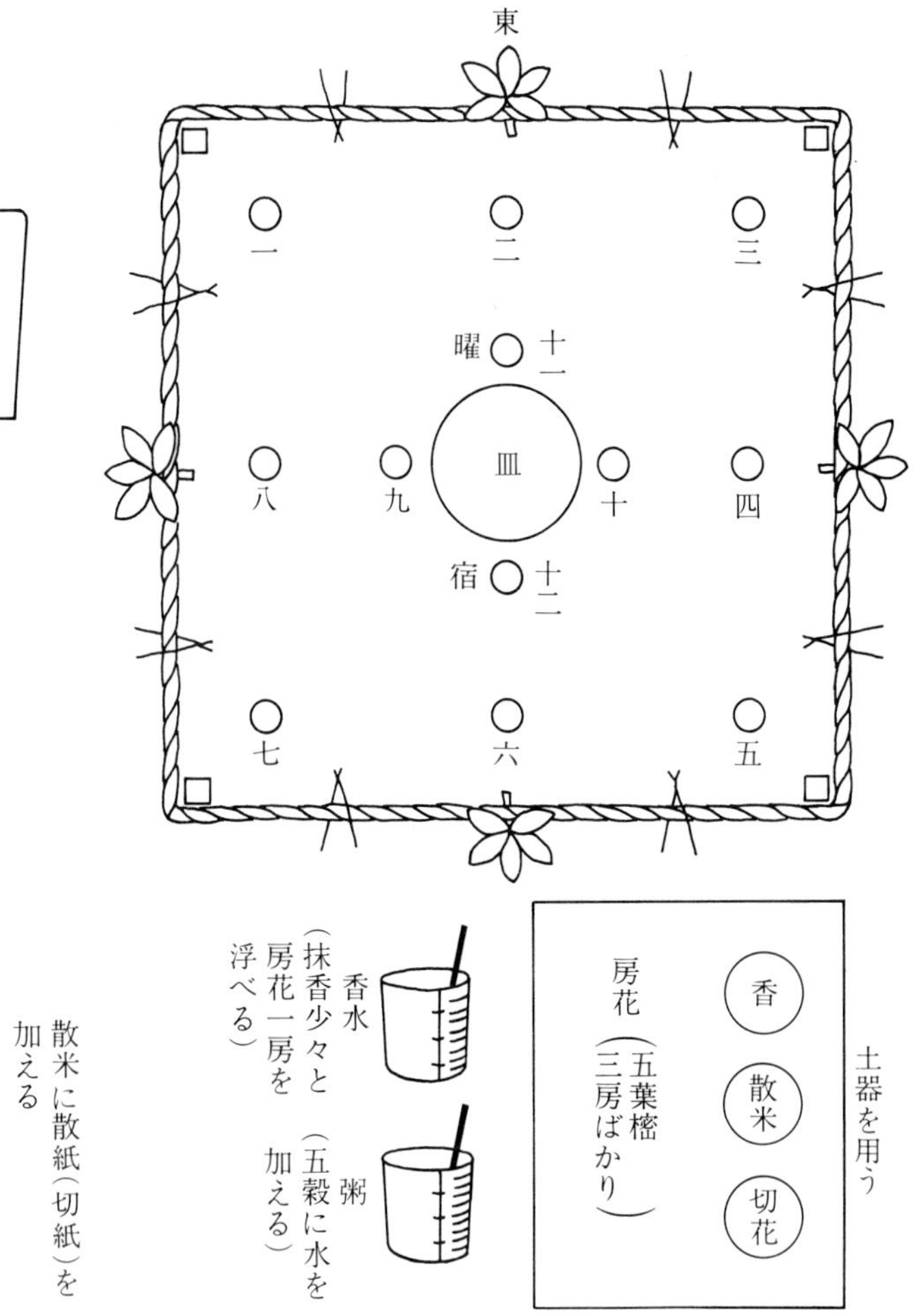

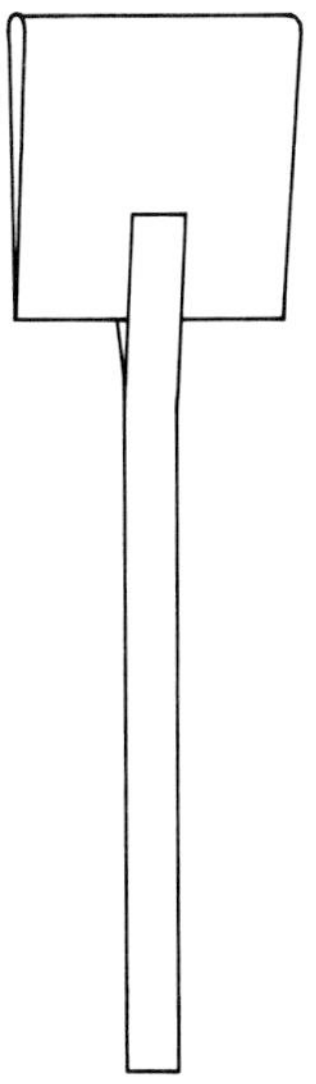
幣

壇――定規なし、一尺五寸～一尺六寸四方。高さ五寸～五寸五分。

柱――太さ小指程度。長さ一尺。

幣串――柱よりやや細目。長さ一尺。柱、串とも檜を用いる。幣は長二寸、巾一寸、二つ折りにし、折り目を上にして串にはさむ。十二本。

注連縄――ワラ二筋にて左縄により合す。艮より壇線のごとく引き廻す。不二、下転二説あり。四面中央に五葉の樒をはさむ。

指図略号　一、伊舎那天　二、帝釈天　三、火天　四、焔魔天　五、羅刹天　六、水天　七、風天　八、多聞天（毘沙門天）　九、梵天　十、地天　十一、日天（七曜）　十二、月天（二十八宿）

三宝院流の神供壇（高井観海著『密教事相体系』）

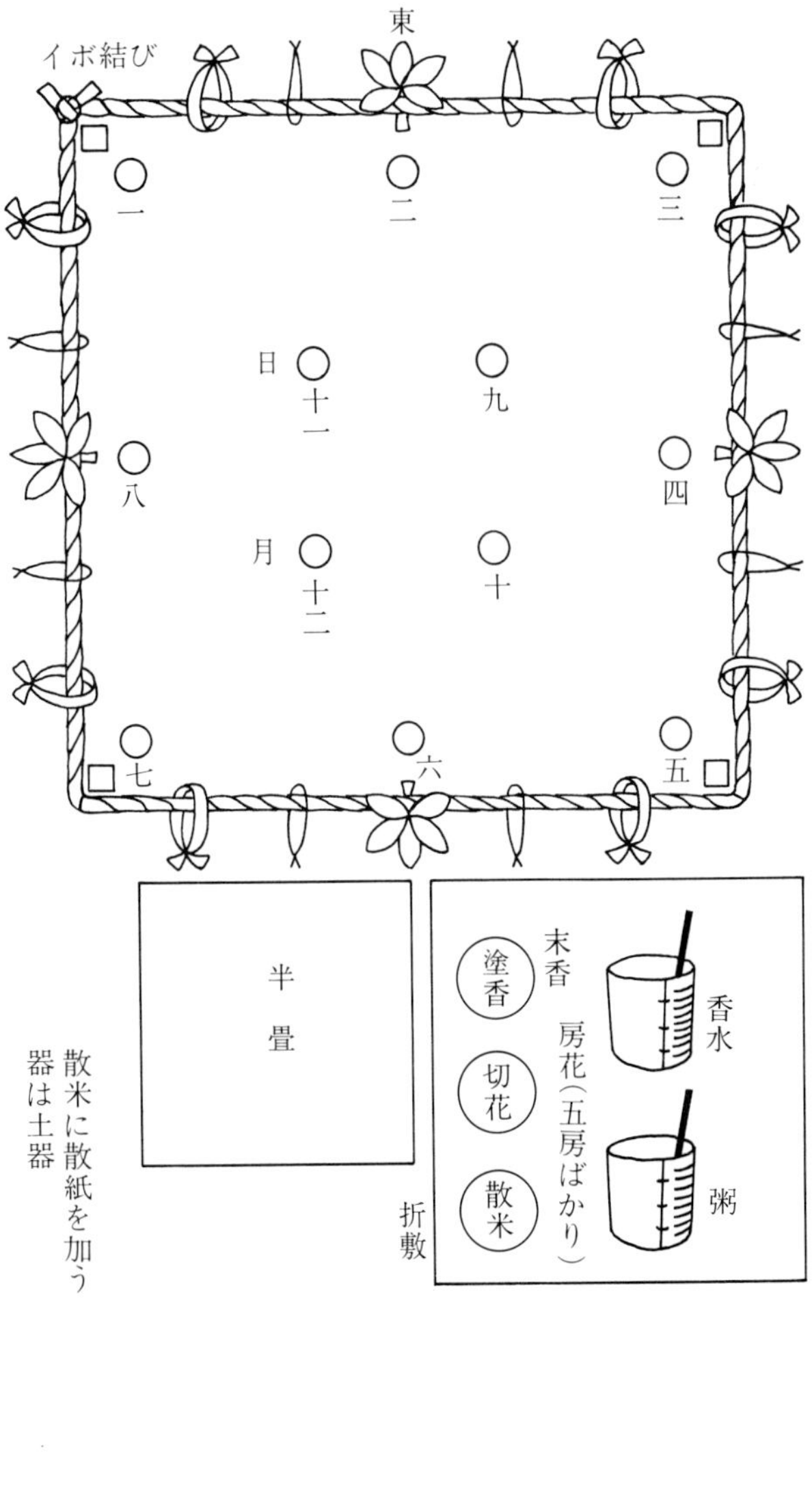

＊　十二天は十天までは同じ。『護摩軌』には曜・宿を説き、日月二天は曜宿の主なりとして多くこれを用いる。

＊　シベのかけ方

幸心方	紙	シベ	房花	シベ	紙
松橋方	房花	紙	シベ	紙	房花
土巨方	シベ	紙	房花	紙	シベ

壇――木壇。一枚板にしてふちなし。四隅に低い足をつける。方一尺二寸。

柱――八寸～一尺、頭太く、下細りに削り、上より五～六分の所に注連縄を通す穴をあける。

幣串――檜八寸位。幣は巾一寸、長さ四寸の紙を二つに折り、折り目を下にしてはさむ。

注連縄――中院流に同じく作り、引き廻す。艮隅でイボ結びにむすぶ。各中央に五葉の樒（房花）をかけ、その両脇に長さ四寸位のワラシベ二筋をかけ、別の一筋で結び、その端を切《はか》しおく。その両端に四寸位の紙をかけ二捻りしてかけおく。

（注連縄の柱へのとりつき様は、図では模式的で、本来壇線のごとくに一巻する。以下においても同じ）

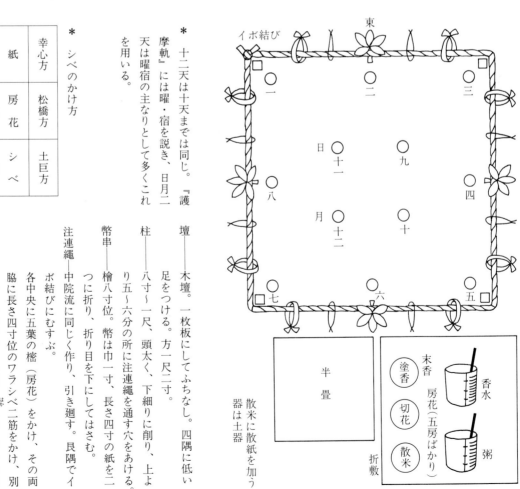

安祥寺流の神供壇

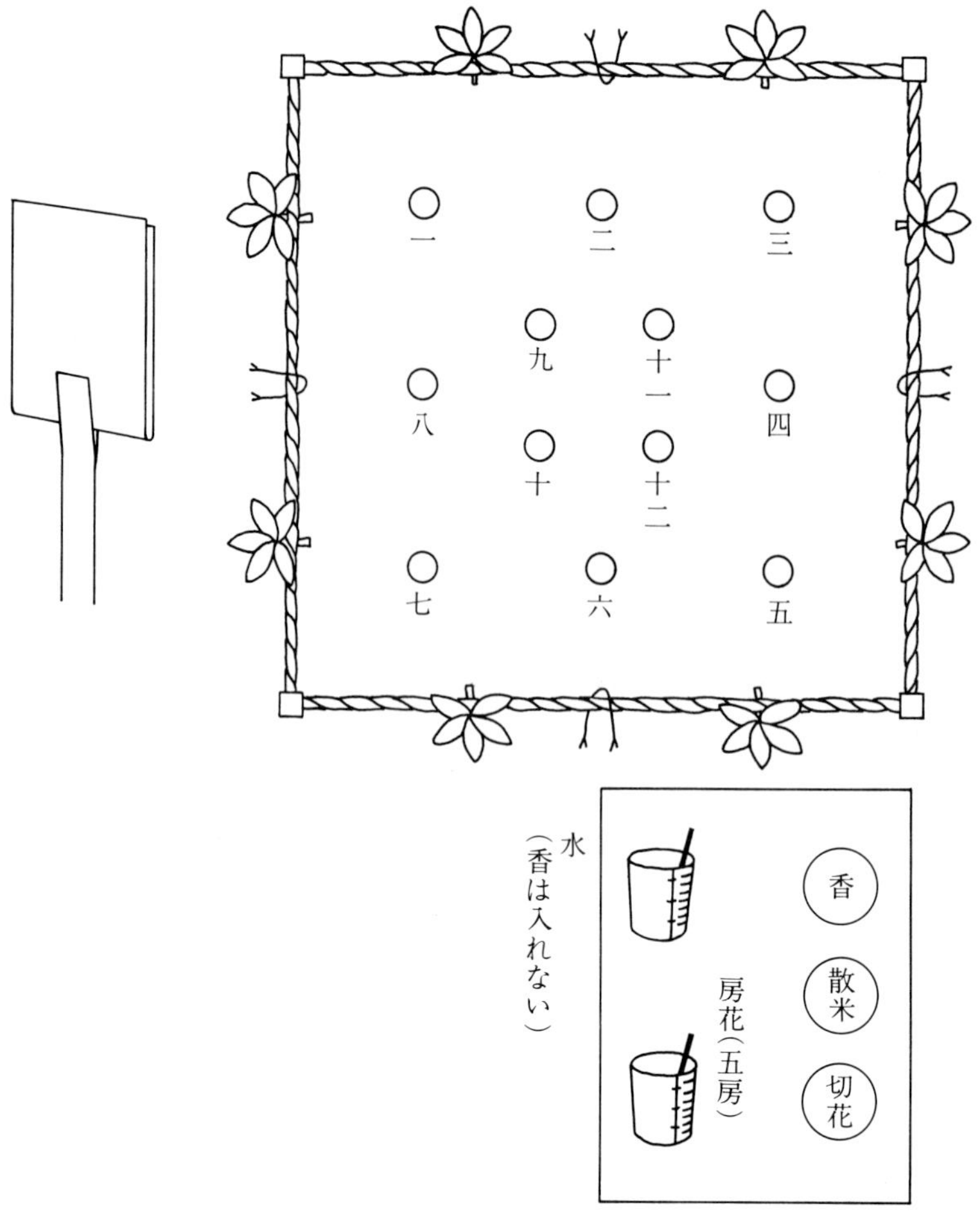

壇——露地の浄処に土にて壇を築く。略には木箱の壇を作り、中に清浄の土、または砂を入れる。

柱——寸法は特に定めず（八、九寸～一尺位）。柱の先を割って、注連縄をこれにはさむ。

幣串——寸法定めず（八、九寸～一尺）。幣帛は広さ一寸、長さ二寸、二つ折りにして折目を下にしてはさむ。一伝には折目を上にする。

注連縄——ワラにてなう。縄にかけるシベのかけ様は二～三説あり。

西院流の神供壇

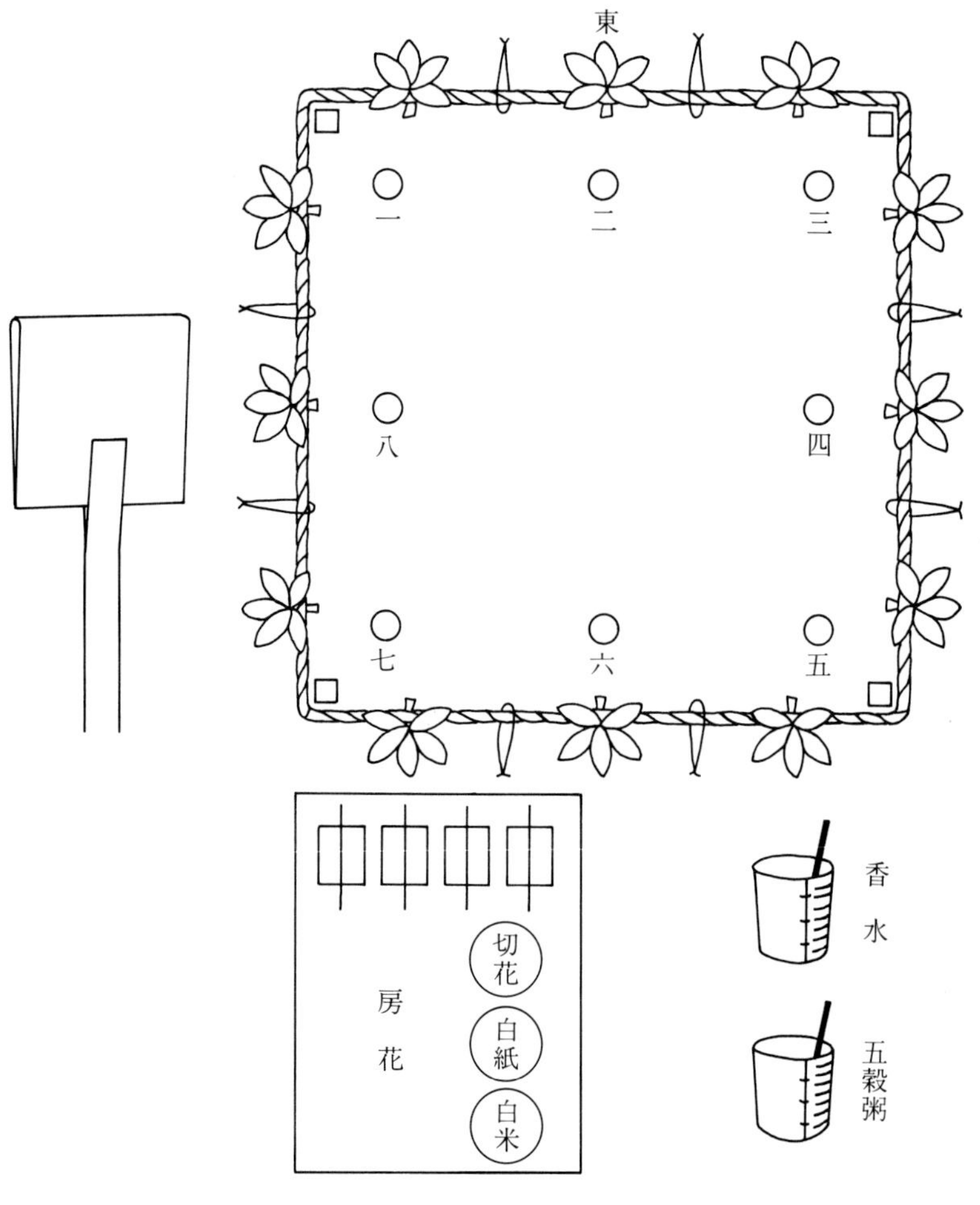

壇——本説は土壇。略して、方形の箱に土を入れて土壇と号し、その土に柱・串などを立てる。ただし仁和御流には土壇を用いる。

柱——寸法不定。一尺位か。

幣串——八寸、幣広さ一寸五分、長さ四寸を二つに折ってはさむ。説には長さ二寸、広さ一寸に切って二つに折り、折り目を上にはさむ。

注連縄——左縄にてなう、壇線のごとくに引く。

西院流各説の神供壇

『西院流伝授録』による

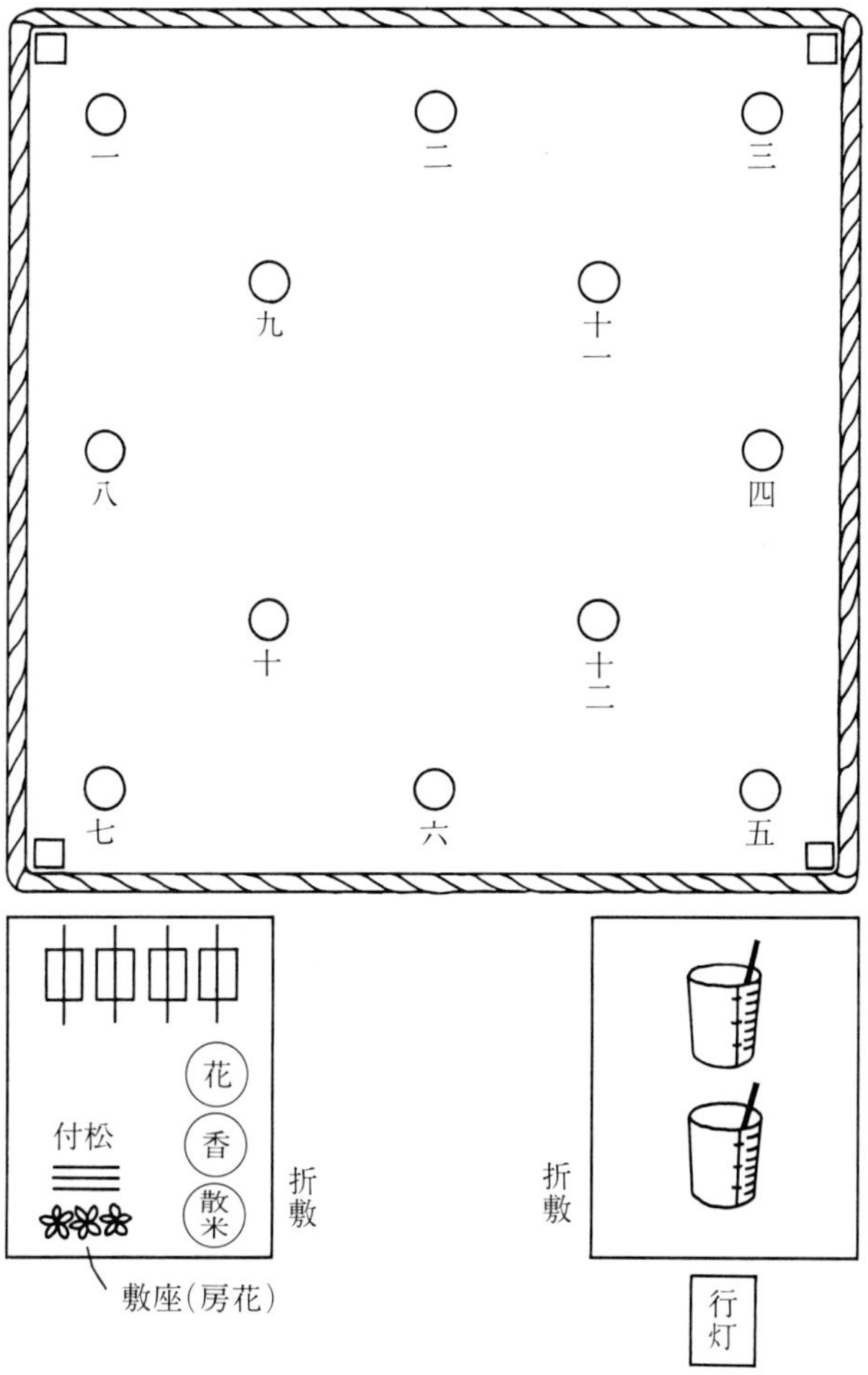

東寺宝菩提院の神供壇

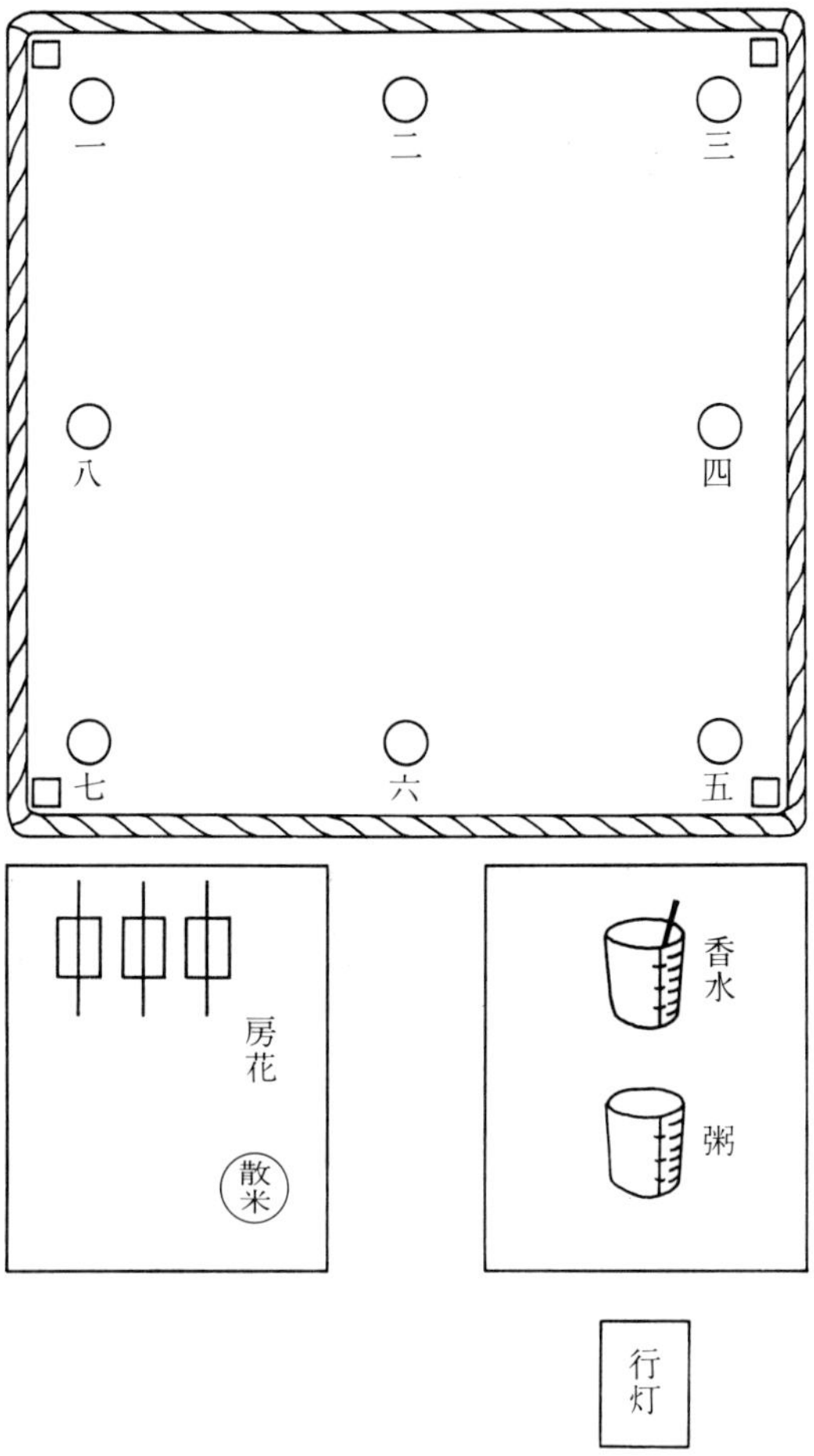

金玉御流所用の神供壇

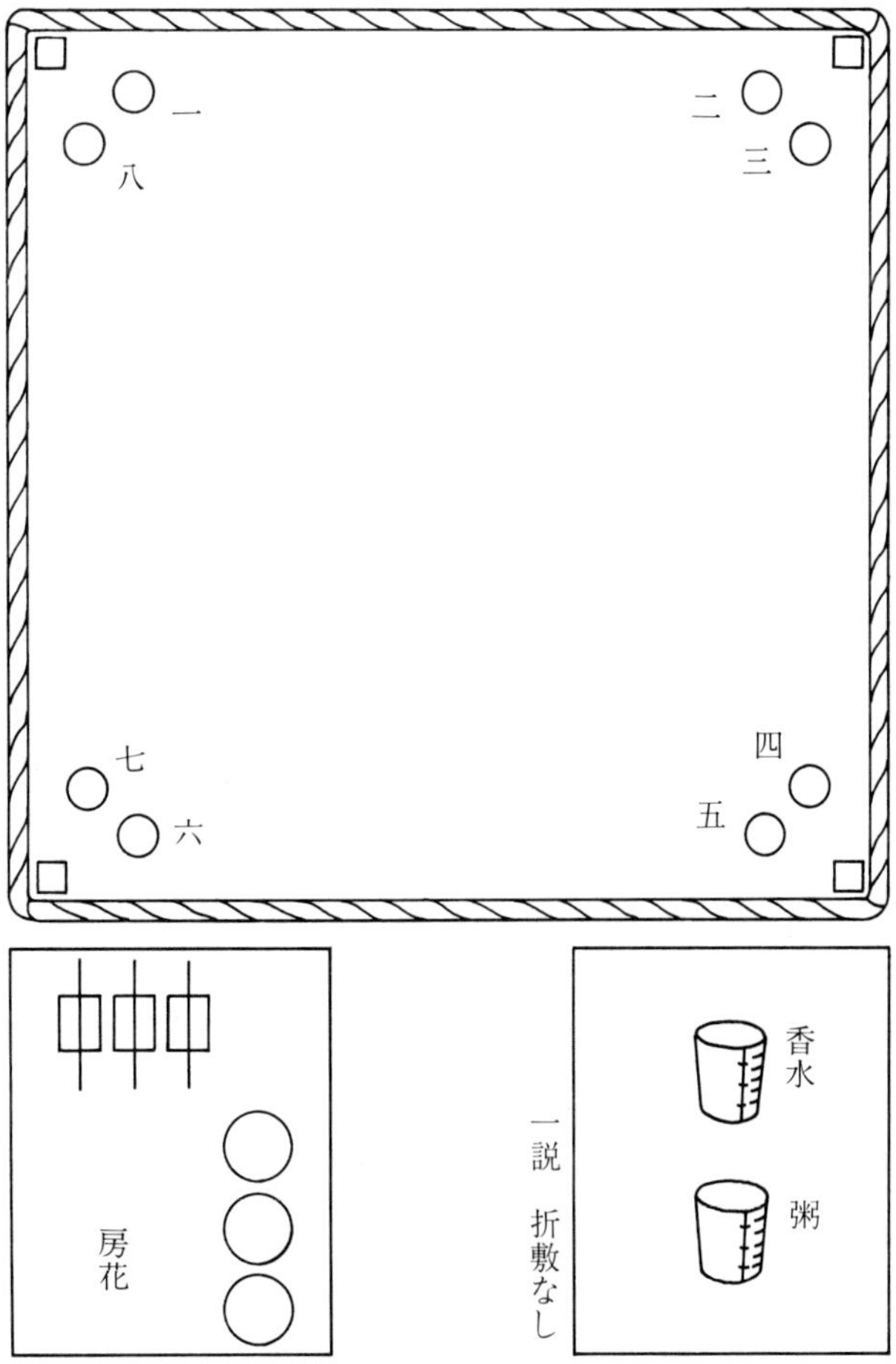

参照されたい。より合わす金剛線と壇線の長さ、金剛線の結び方は各流派によって相違している。金剛線は三昧耶戒場において大阿闍梨より受者に授けられ、受者は灌頂の間中、左臂の奥にかけておくものである。

歯《し》**木**《もく》　三昧耶戒壇において受者に歯木を与えて右牙にてかましむるもので、桑・穀《とち》または柳などの木を用い、長さは流派によって相違がある。受者一人に二本を用意し、一本を飾り、一本は飾らぬままとする。※48 飾り方は樒の房（葉）を白糸で結びつけるものであるが、その結び方に各流の法がある。

散杖　一五本を用意する。散杖の形は大壇の散杖を参照のこと。

仏布施　本来仏菩薩に供養する衣服が本義で、かつては絹または木綿の布を献じたが、現今では紙をもって形式のみを整えている。大壇、祖師壇などに供するが、その折り方、数量など各流相違する。大小あり各々大仏布施、小仏布施と称している。

香薬　※49 五宝・五香・五薬・五穀の二〇種物（香薬）を調合してつつみわけるのを香薬合わせと称する。これも灌頂を前にして大阿闍梨の重要な所作の一つになっている。これを灌頂の大壇（両界）の五瓶と、護摩壇の中瓶の料とする。

綵帛　五瓶を飾る五色の綵帛。絹布を用い、短冊状に切った帛の中を一〜二つに割り、二枚を一組として瓶の頸や胴に結びつけて瓶を飾ざる。五色は瓶花と同色、金胎各壇の置様は大壇の法に準ず。

(2)　三昧耶戒場

伝法灌頂に先だって三昧耶戒を授ずける道場で、中央に戒壇を置き、その周囲を壁代にて囲む。**壁代**※50の布地は松皮菱の文様を用いる場合（広沢流・小野流・中院流）と、模様なきを用いる場合（醍醐方）がある。壁代を釣る貫《ぬき》も天井から縄にてつり下げる方法（中院・三宝院）と、四隅に黒ぬりの柱をたてて柱頭に貫を通す方法（西院・安祥寺）がある。壁代も指図に示したように各面一連として四連をつり、乾の隅を除く外は紐で結び合わせ（扇子を当れば直ちに解ける程度に結ぶ）、乾の角より出入する流（中院・三宝院）と、六枚をもって四方につり、西方の引合を出入口とする（西院）つり方がある。

中央に登階のある**高座**を置き、半畳を置いて座具をおく。高座の上には**天蓋**※51を釣る。高座の前に前垂をかけた前机をおき、各流それぞれ指図に示したような鈴や戒体箱などを置く。各流五鈷鈴は必ず安置するが、金剛盤を用いる（三宝院）、三角に折った奉書を用いる（中院）、何も敷かず（西院）といった相違がある。なお五鈷杵は大阿が入壇の時携行して着座後安置する。

高座の脇机（大阿の右）には**閼伽折敷**を置いて焼香、閼伽・塗香・華鬘（アズケ）を各一器ずつ用意する。※52 あるいは、六器の前後供共に弁備しても、前供分のみを供するゆえをもって片供《かたく》と称している。器は常の六器の碗あるいは土器（中院・西院は土器を用いるもの）を用いる場合と、器台のない器だけの金属器（金剛盤）を用いる（三宝院・安祥寺）場合などがある。焼香器は**卍字香炉**（[illegible]字香炉）を用いる（三宝院・西院）場合と、普通の火舎を用いる場合、土器の香炉を用いる場合がある。なお各器の配置の詳細については指図を参照されたい。折敷の手前には香炉箱を置き、柄香炉、如意を各流の定めにしたがって如法に配置する。

三昧耶戒にて受者にさずける歯木と金剛線は、戒体箱に入れ置く（中院・三宝院）場合と、右脇机の所定の所―指図参照―に置く（西院・安流）場合がある。

さらに歯木に浄水をそそぎ、突き立てさせるための楾《はんぞう》・盥《たらい》、浄薦は、高座の下（西院）や壁代の外、一二天屏風の後ろ（三宝院）に準備して置くなどの定めがある。

また、大阿の坐る新畳台《にじょうだい》の位置、その背後に配する屏風の種類、一二天の順位などは各流それぞれに特色があり、指図に示しておいたので参照されたい。

※48　二本共に飾る流もあり、飾れる歯木一枝のみの流もある。樒房の代りに梅花・白花を結びつける流もあり。

※49　五宝＝金・銀・真珠・瑠璃・琥珀
五香＝沈・白檀・丁子・欝金・龍脳
五薬＝赤箭・人参・伏苓・天門冬・石菖蒲
五穀＝稲穀・大麦・小麦・豆・胡麻

※50　『諸流行要』では壁代の文様を次のように記している。
・六帖にてスハマ形――伝法院流
保寿院流
御室御流
・六帖にて松皮菱――勧修寺流
随心院流

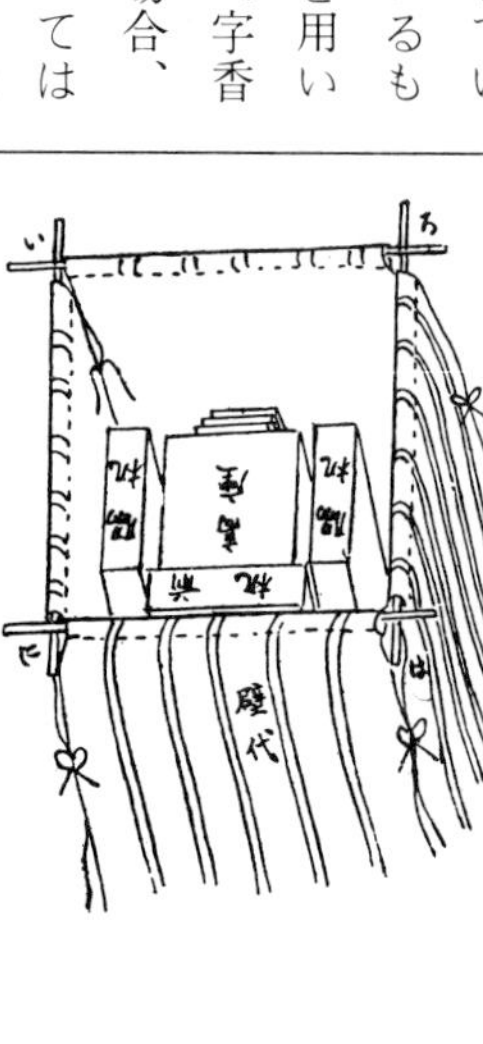

三昧耶戒道場壁代の図（中院流）

※51　普通四角の天蓋を用いる。各角に二枚ずつ八枚の幡をとりつける。幡にはそれぞれ金剛界の三二尊の三昧耶形を描く。八角の天蓋を用いることあり。八方のわらび手に幡をかける。今時は野沢共になお四流の幡に五鈷・宝珠・独鈷・羯磨を描き十六尊を表わす。天蓋は勧修寺など小野方には用いない。

※52　三宝院流は焼香に卍字香炉、片供には六器を用意する。

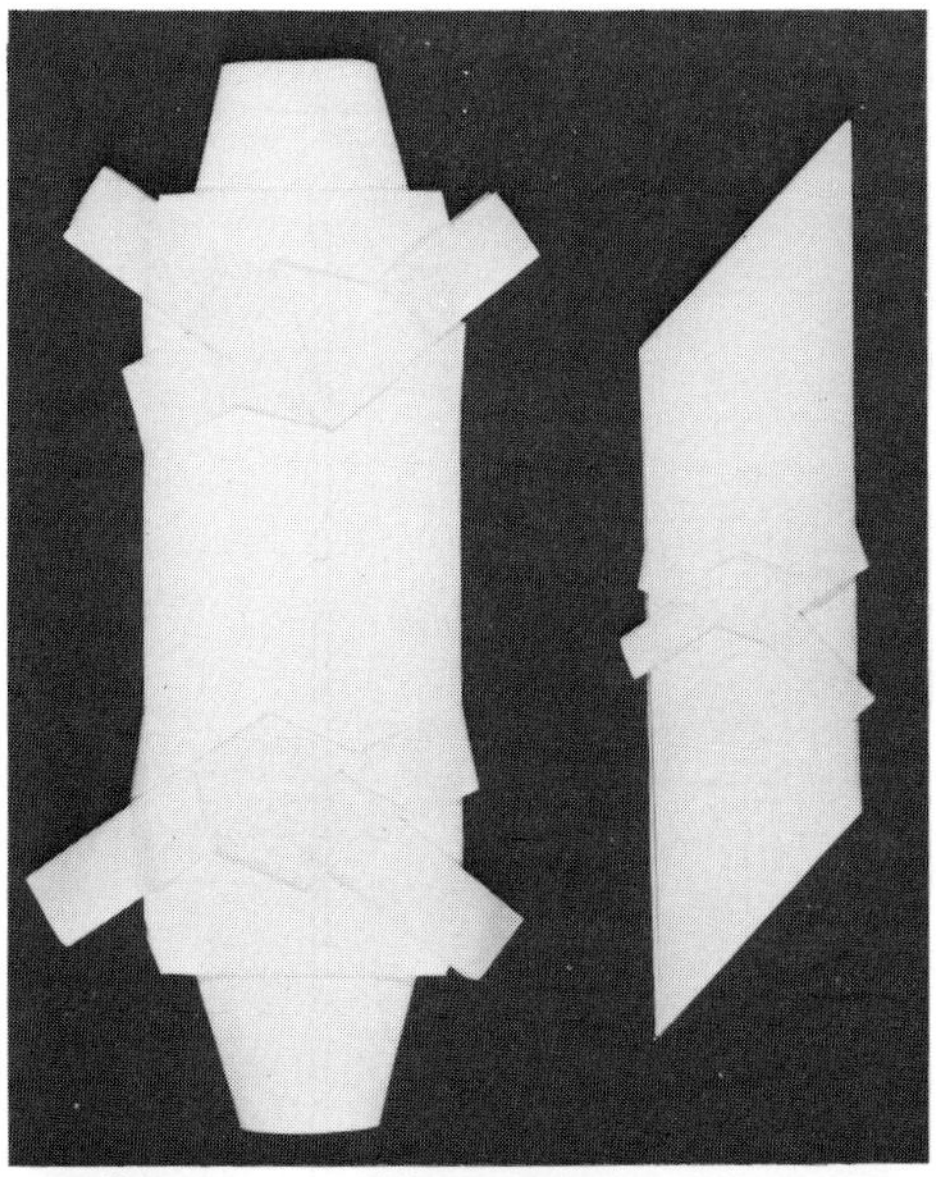

勧修寺流　仏布施(大・小)

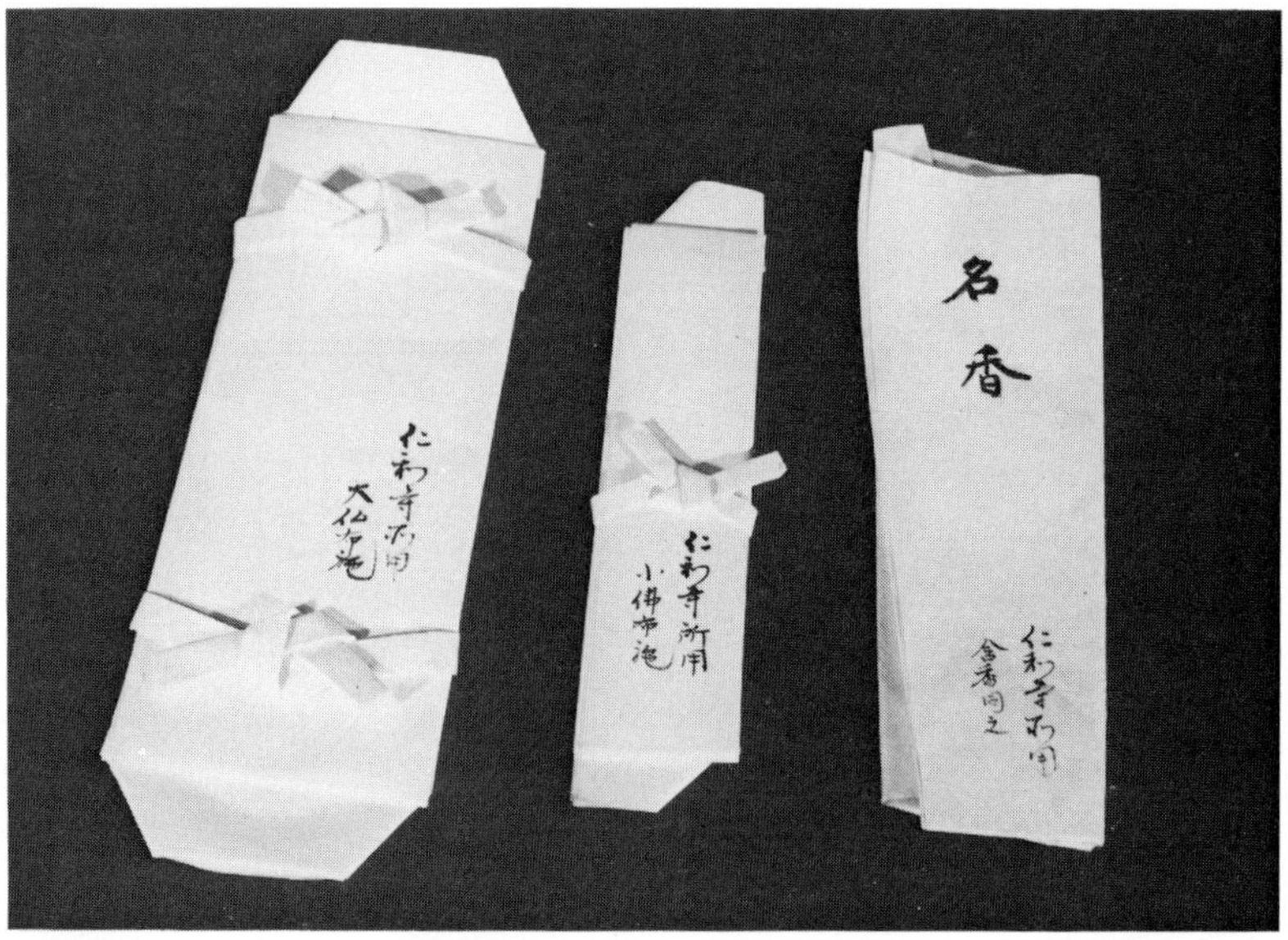

西院流仁和寺所用　仏布施(大・小)・名香包

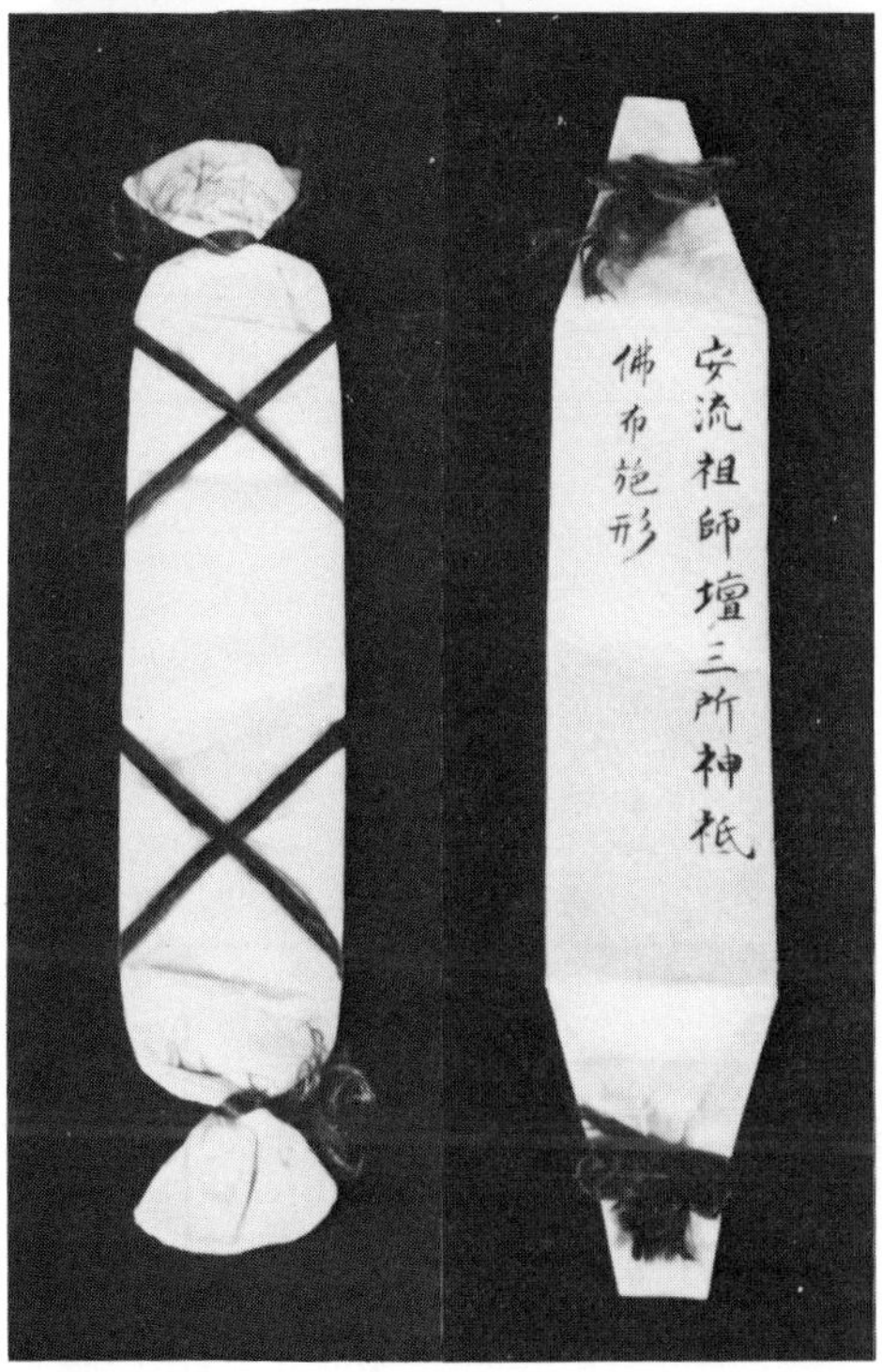

安祥寺流　仏布施(ヒナ型)

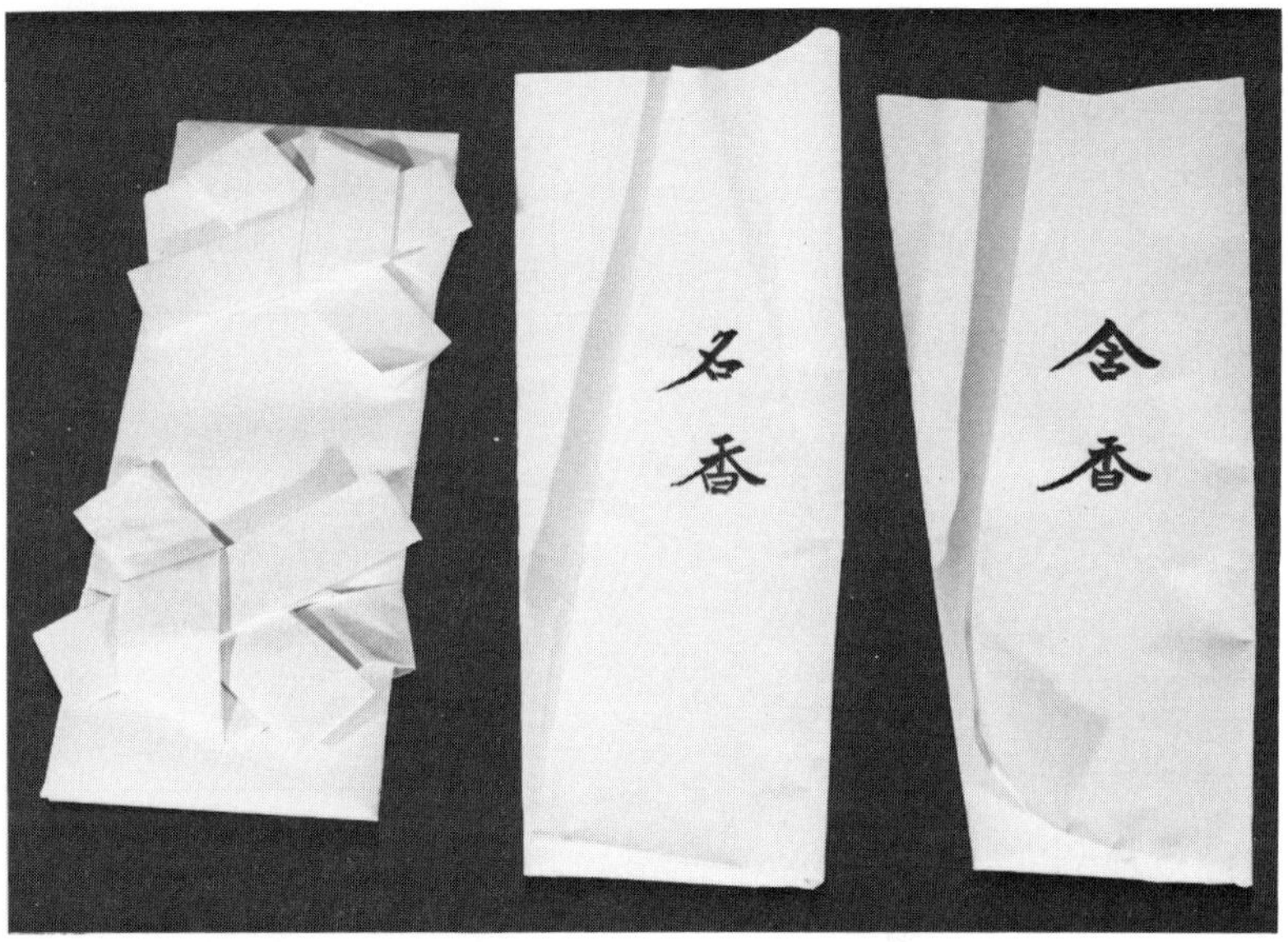

中院流　仏布施・名香・含香

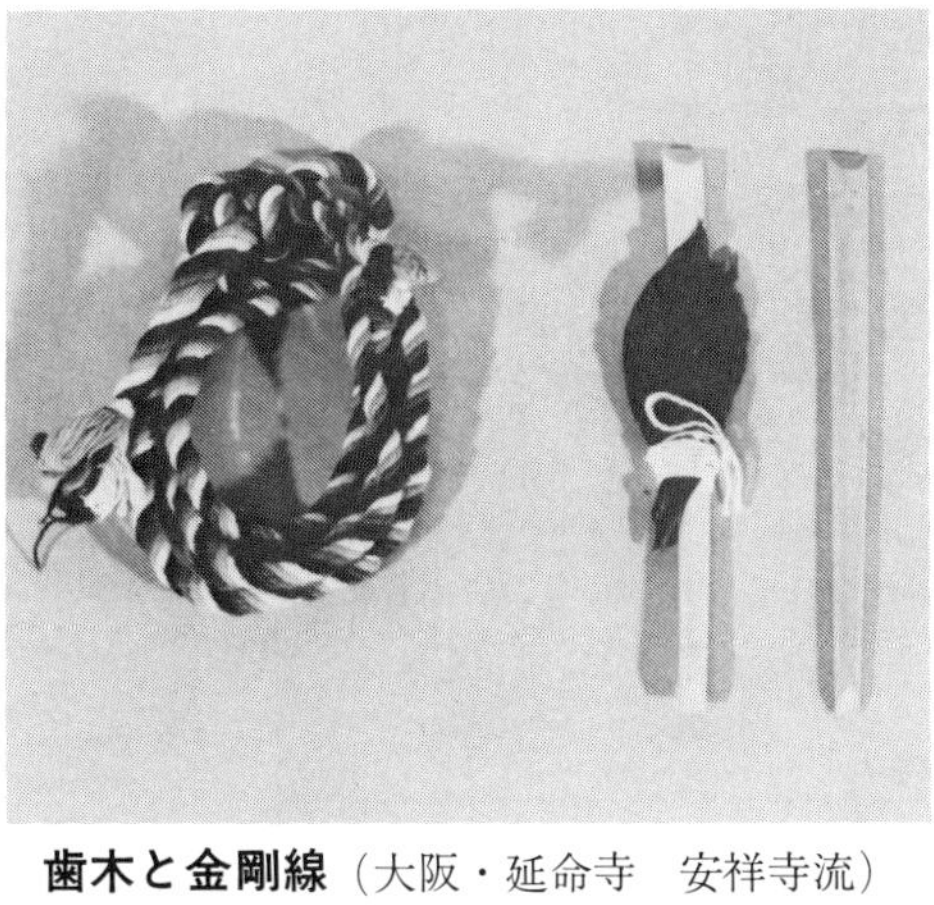

歯木と金剛線(大阪・延命寺　安祥寺流)

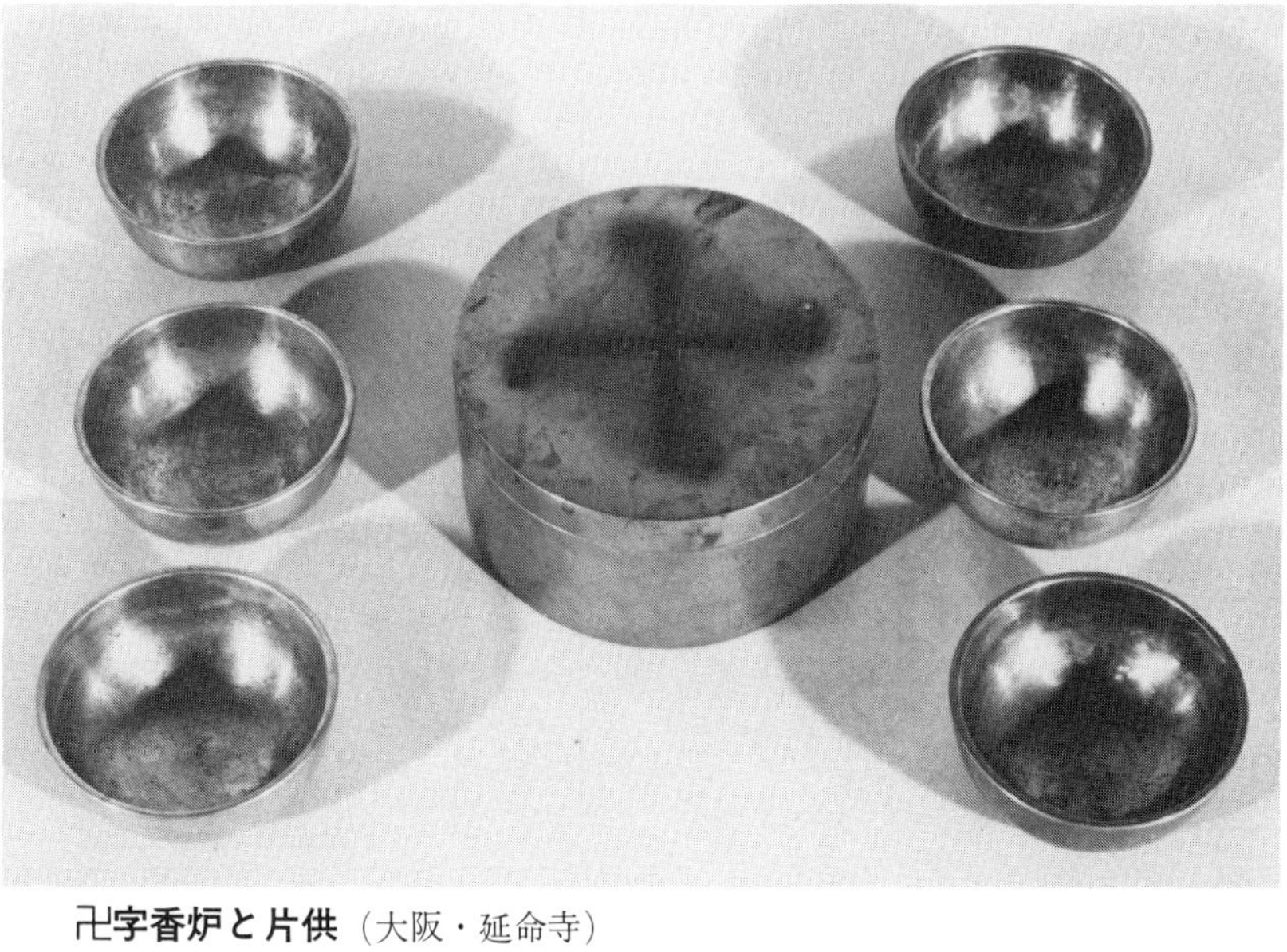

卍字香炉と片供(大阪・延命寺)

中院流　三昧耶戒道場指図

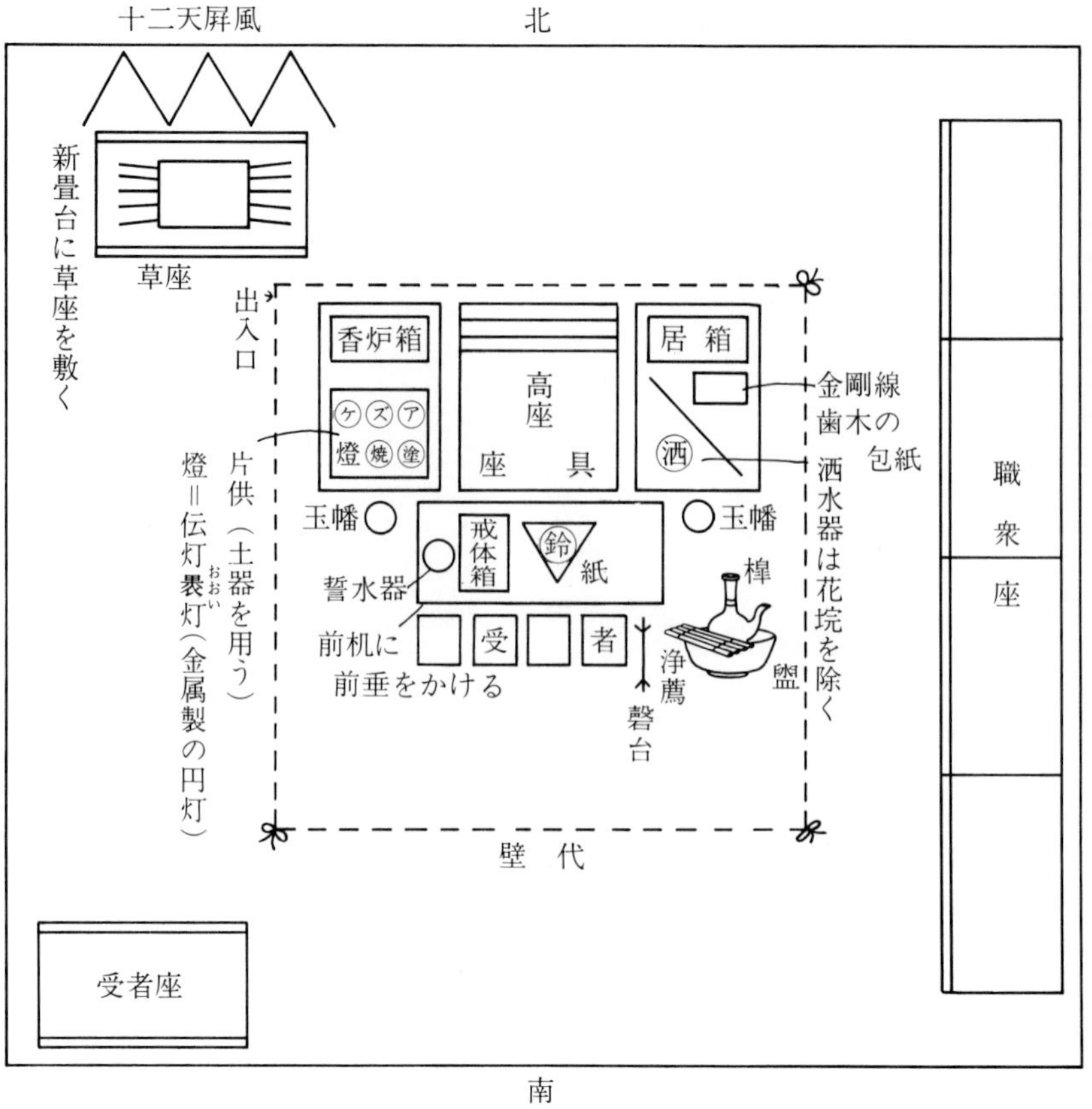

●香炉箱には如意・香炉を入れる。

●居箱には三衣・次第・名香・含香を入れる。

●戒体箱に歯木金剛線を入れる。

●壁代は文様のあるのを用いる。釣棹東西二本を下げ、南北二本を上に天井より縄にてつるす。

十二天屛風　心南院方—上半帖（甲）を用いる。

日天・梵天・伊舎那天・帝釈天・火天・焔摩天

引摂院方—下半帖（乙）を用いる。

月天・地天・毘沙門天・風天・水天・羅刹天

三宝院流　三昧耶戒道場指図

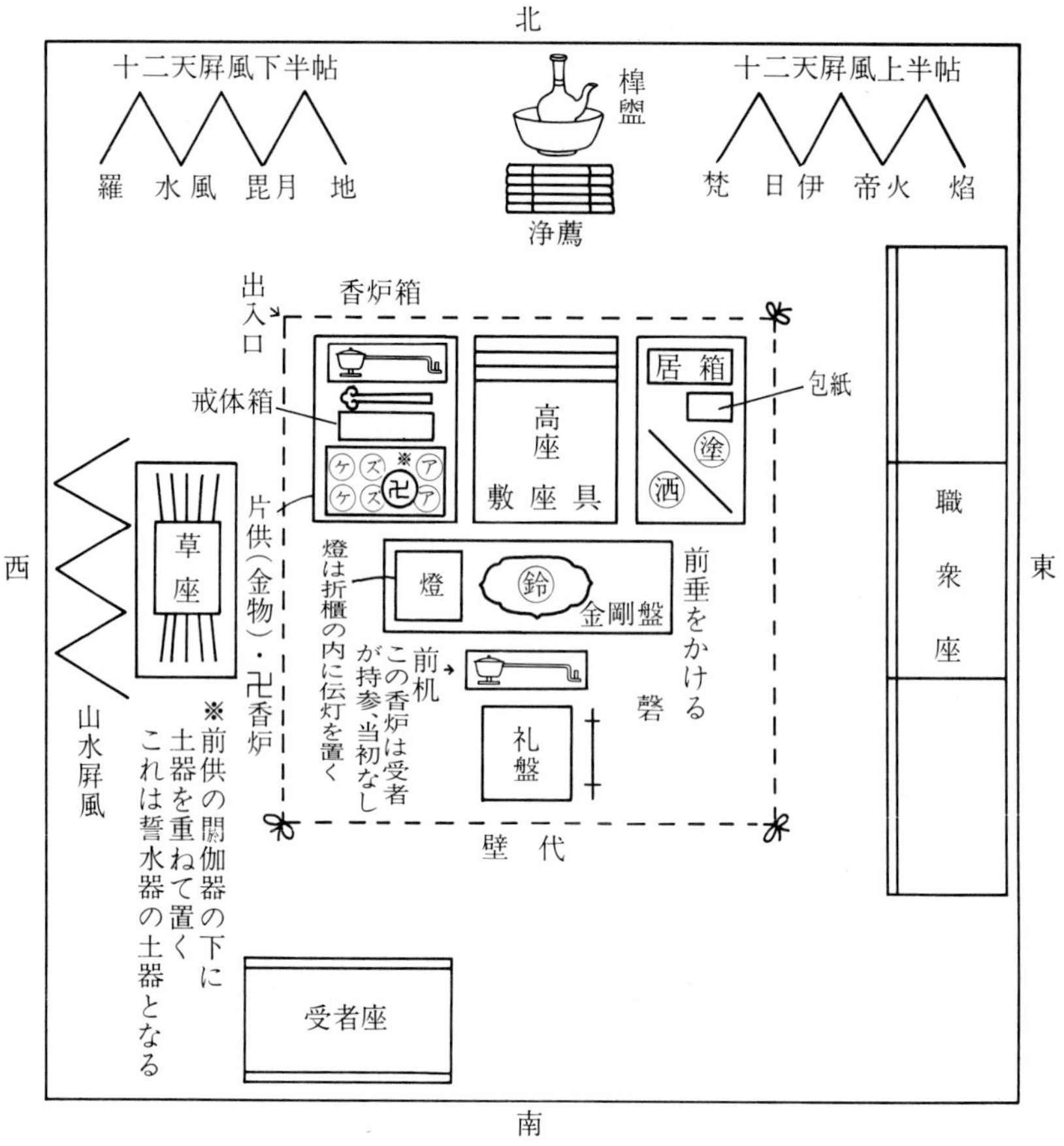

●壁代は無紋、釣棹は東西を上、南北を下にして天井より縄にてつるす。

十二天屛風

上半帖（東）— 梵天・日天・伊舎那天・帝釈天・火天・焔摩天

下半帖（西）— 地天・月天・毘沙門天・風天・水天・羅刹天

指図略号＝鈴—五鈷鈴　アズケ—六器の閼伽・塗香・華鬘の各器　焼—香炉　塗—塗香器　洒—洒水器

西院流　三昧耶戒道場指図

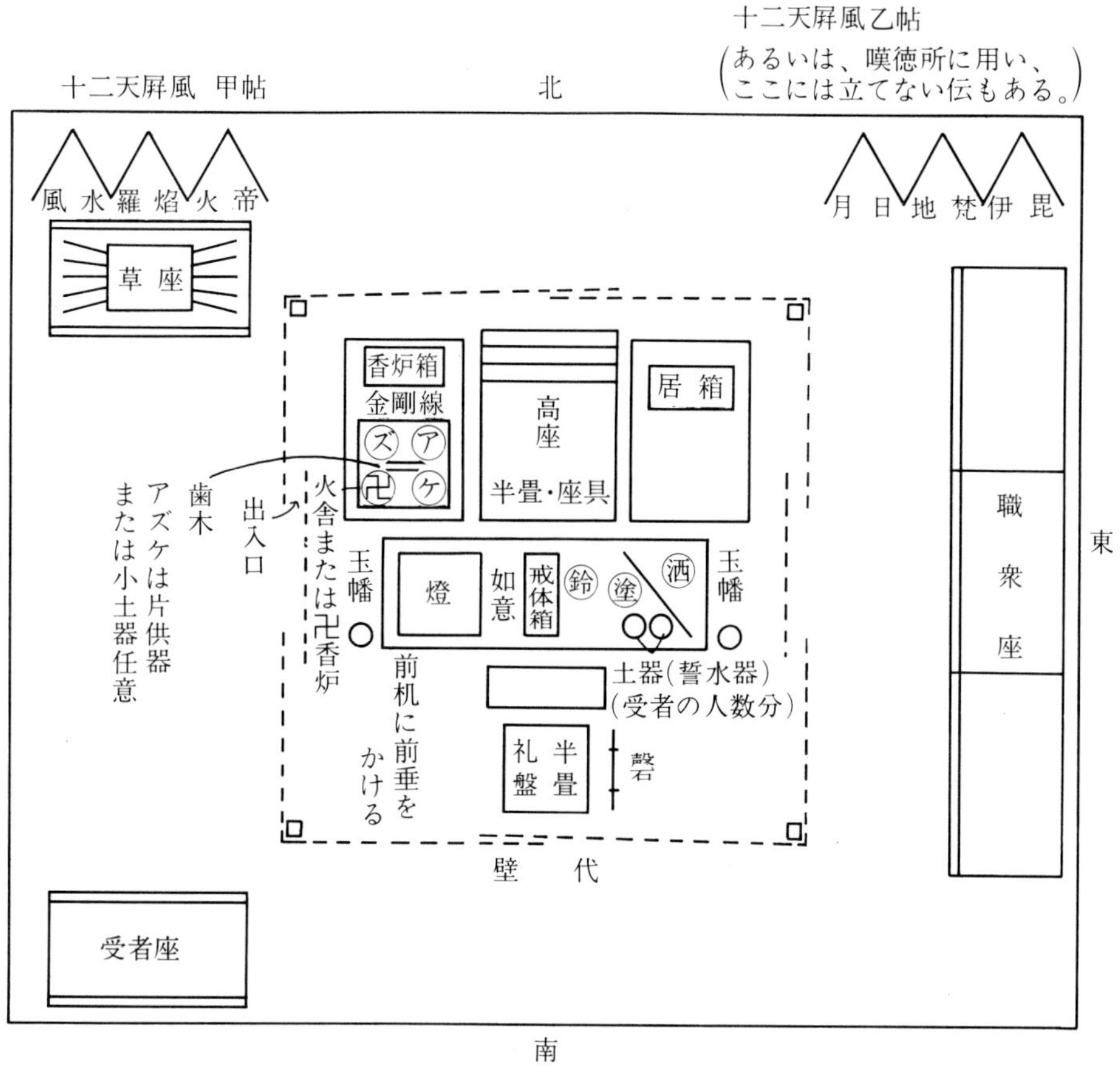

●壁代は絹二重、表裏白、表に松皮ビシ紋を用いる。六枚を四方につる。黒塗の仮柱四本を四方に立て、四方に横貫をわたし、その下方の貫に壁代を釣る。

●戒体箱に式次第・歯木・名香・含香などを入れる。

●楾・手洗・浄薦は、高座（高座前机）の下に入れておく。図では見えない。

十二天屏風

　甲帖―帝釈天・火天・焔魔天・羅刹天・水天・風天

　乙帖―毘沙門天・伊舎那天・梵天・地天・日天・月天

（密教大辞典には東甲・西乙とする）

安祥寺流　三昧耶戒道場指図

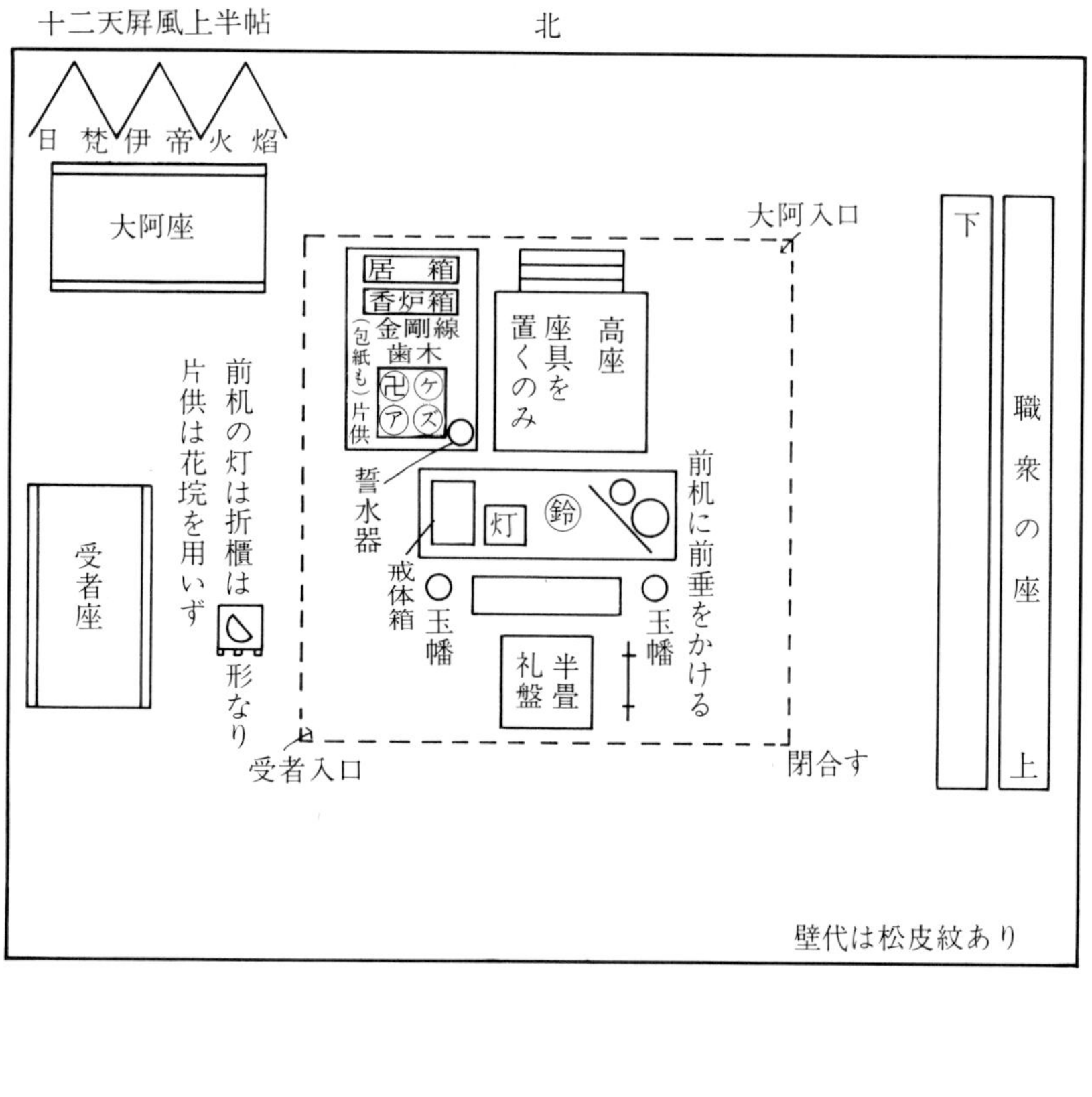

●壁代は松皮紋あり

●楾・盥・浄薦は前机の下に置く

また、堂内の柱に幡を、柱と柱の間に華鬘をかけて戒場を荘厳す
す。

(3) 初・後夜道場

三昧耶戒をすませると、いよいよ阿闍梨位を継承する印可の道場に入ることとなる。初後夜二壇にわかれ、流派によって初夜・後夜に行う作法が異なる。

初夜・金剛界　後夜・胎蔵界(初金後胎)――醍醐諸流・小嶋流
初夜・胎蔵界　後夜・金剛界(初胎後金)――広沢流・小野三流
　中院流・持明院流

敷曼荼羅　道場には**大壇**(大曼荼羅壇)と**正覚壇**(小壇処)を設ける。大壇は、壇敷壇引の上に、金剛界の作法のときは金剛界曼荼羅を、胎蔵界作法のときは胎蔵界曼荼羅を敷く(**敷曼荼羅**)。両壇構のときは金胎各別に敷くが、一壇構えのときは金胎を上下逆にうちちがえて重ね敷き、金剛界法のときは金剛界曼荼羅を、胎蔵界法のときは胎蔵界曼荼羅を上に置く。この敷曼荼羅は流派によって種別があり、原則として次のように伝承されている。

種子曼荼羅――醍醐諸流・小嶋流
三昧耶形曼荼羅――広沢流・小野三流・中院流
尊形曼荼羅――新安祥寺流

大壇上の配置　大壇の荘厳については、壇上に敷曼荼羅を敷く以外、前章の大壇の荘厳法の胎蔵壇・金界壇の荘厳に準じており、五色の蓮華の置様(艮瓶・巽瓶)と、色仏供の置様(方―正方・角―隅方)、壇線の糸と橛への巻様(上転・下転)、塔瓶輪の位置などについては、いずれを取るかは大阿の意楽にまかされており、取捨一順ではない。ここにかかげた指図はあくまでもその一例を示してあるにすぎないのでそのつもりで参照されたい。

ただ西院・安流では塔を用いず瓶と輪のみで、輪を敷曼荼羅の中央(胎では中台八葉)に安置する。また中院・醍醐では瓶と輪の位置を次のように定めている。※53

金剛界　輪――大日と金剛波羅蜜の間
　瓶――大日と法波羅蜜の間
胎蔵界　輪――無量寿と般若の間
　瓶――大日と宝幢の間

香象　なお道場の入口には香象を置き、入壇者にこれを越えせしめて香で薫んずるのであるが、象の頭をどちらに向けるかは流派によって異なる。指図を参照されたい。

傘蓋　また灌頂の儀式中白および赤の傘蓋《きぬがさ》を用意し、大阿がささげもって受者にさしかけ道場を行道する。※54 この傘蓋は、柄の先に龍頭をつけてこれの口辺につりさぐ。

(4) 正覚壇

道場の一隅に中院や三宝院では明り障子※55でかこんで正覚壇(小壇)を設ける。初後夜でその占める位置を変えたり、受者と大阿の座を入れかえたりする習いがあり、その様は指図を参照されたい。

小壇所の大阿の座は倚子の場合と、礼盤の場合と、半畳のみの場合がある。半畳には八葉の蓮花座(蓮台)※56を敷く。一般には紙または布地に蓮弁赤色(あるいは白色)の八葉蓮華を描いたものを用いている。

大阿の脇に高机をおき、片供および大壇より瓶華をぬき去って移した五瓶(五瓶移し)と、秘密道具を置く。

片供の焼香は卍字香炉を用いるを習いとするといい、その配置は各流指図の通りとする。

五瓶は、大壇より移して小壇の瓶台に置く。瓶台は中院流の引摂院方は角盆、心南院方は丸盆を用い、西院では丸盤を用いる。瓶の配置については指図を参照されたい。置き方は随方、艮または巽、瓶の置き方は大壇の置き方にならうのはもちろんのことである。それぞれの瓶には散杖をさしおく。

秘密道具　秘密道具などの七種道具は内容においては各流ことなることはないが、その置き方が相違する。中院と西院などについての置き方は指図を参照されたい。

※53　安祥寺流
金剛界=輪――大日と無量寿の間
　瓶――大日と阿閦の間
胎蔵界=輪――大日と宝幢の間
　瓶――大日と無量寿の間
新安祥寺流は瓶と輪と香炉を敷曼荼羅上におく。

※54　この他大壇にも天蓋を用いる。胎蔵壇には内面に八仏頂の種子をあらわし、金界壇には内面五仏頂の種子をあらわす。

・大正蔵図像編所収の天蓋図

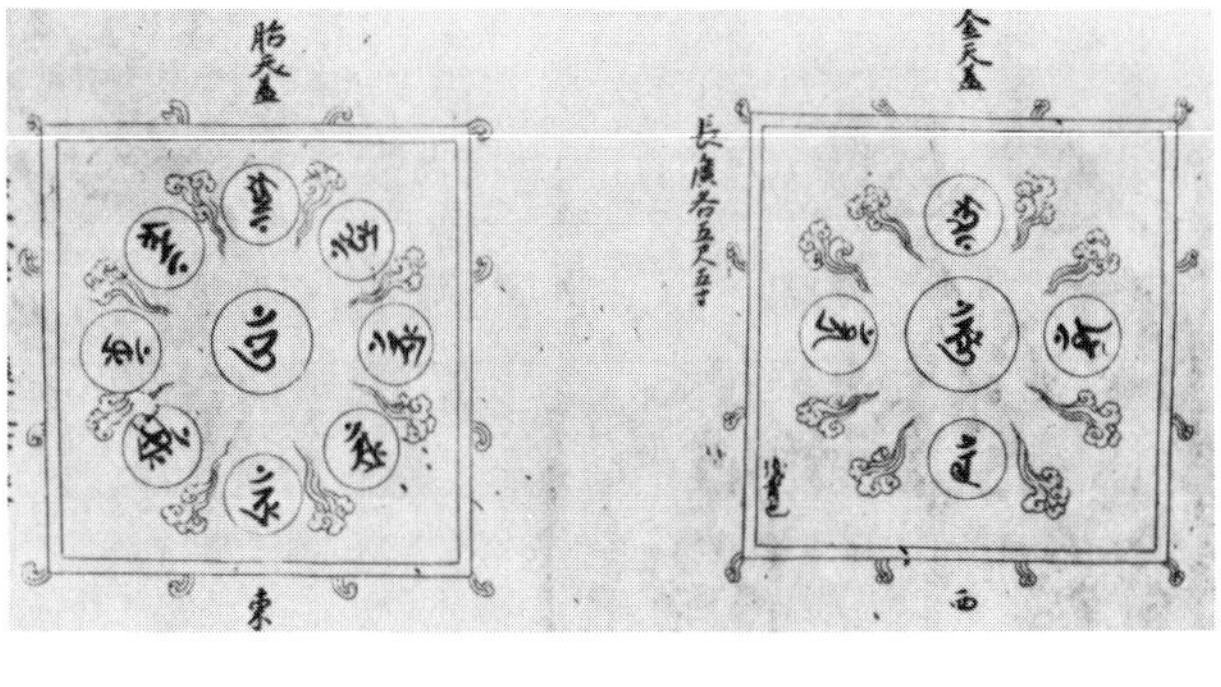

※55　十二天屏風を用いて引き囲む流もあり。

※56　正覚壇敷曼荼羅『大日経第二具縁真言品第二』『金剛頂瑜伽略出念誦経第四』にとく説による。
各蓮弁には仏菩薩を描くを本義とするが、宝珠をもってこれに代えている。浄厳の新安祥寺流においてはこれを用いている。

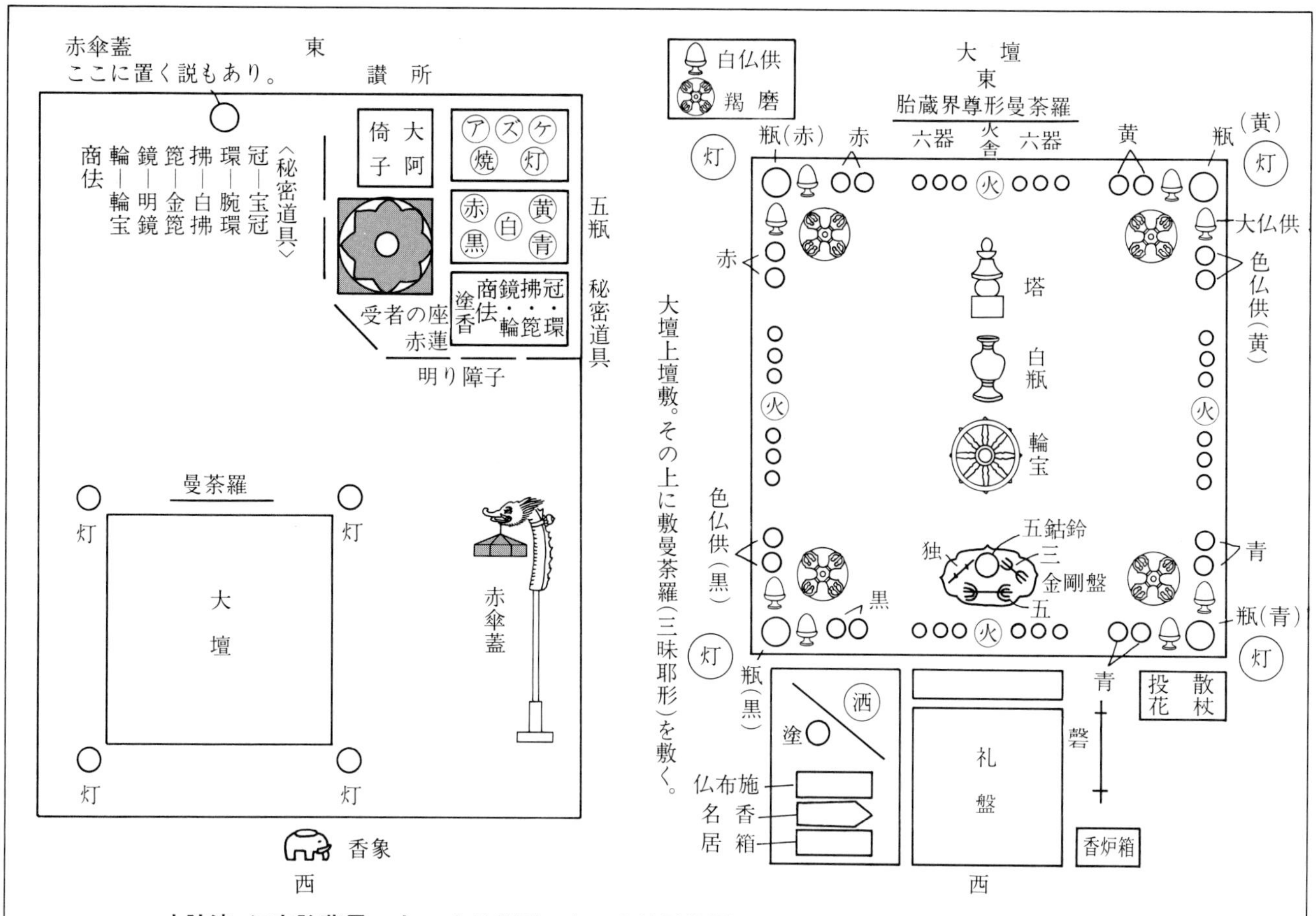

中院流 初夜胎蔵界 右・大壇指図 左・小壇所指図（色仏供・胎角の置き様，両界共に方に置くも可）

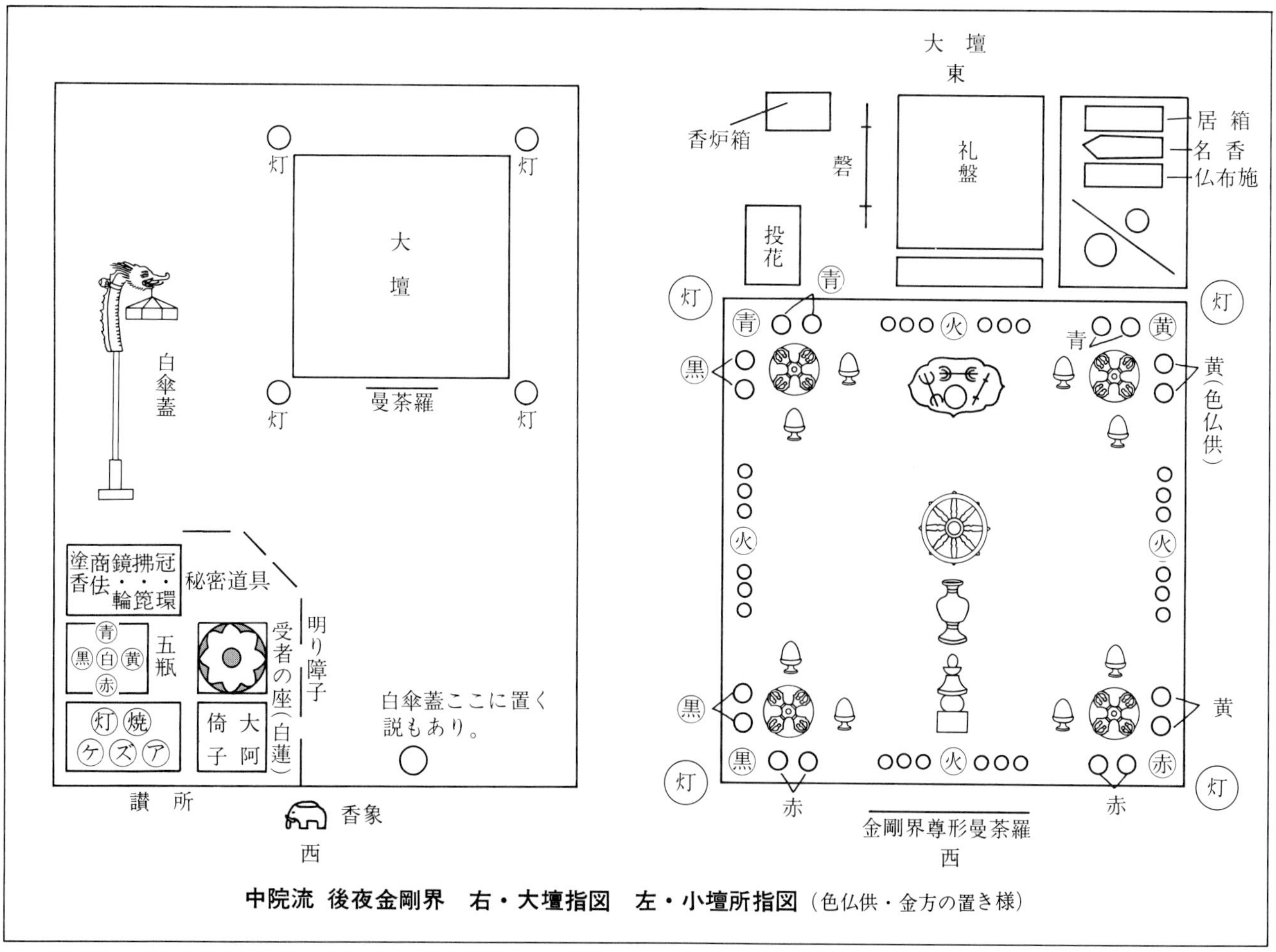

中院流 後夜金剛界 右・大壇指図 左・小壇所指図（色仏供・金方の置き様）

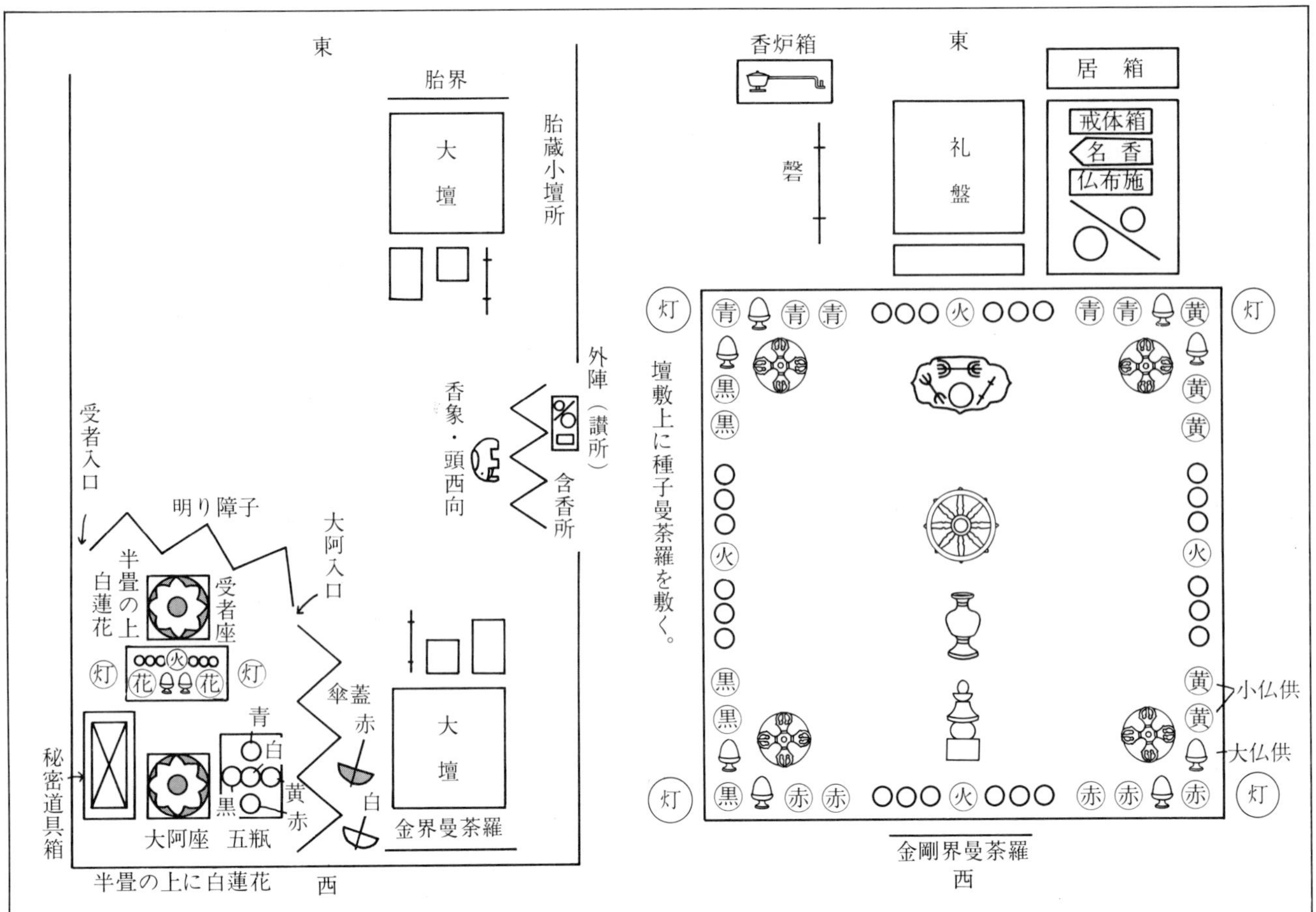

三宝院流 初夜金剛界 右・大壇指図 左・小壇所指図（艮瓶・仏供は両界共に方におく）

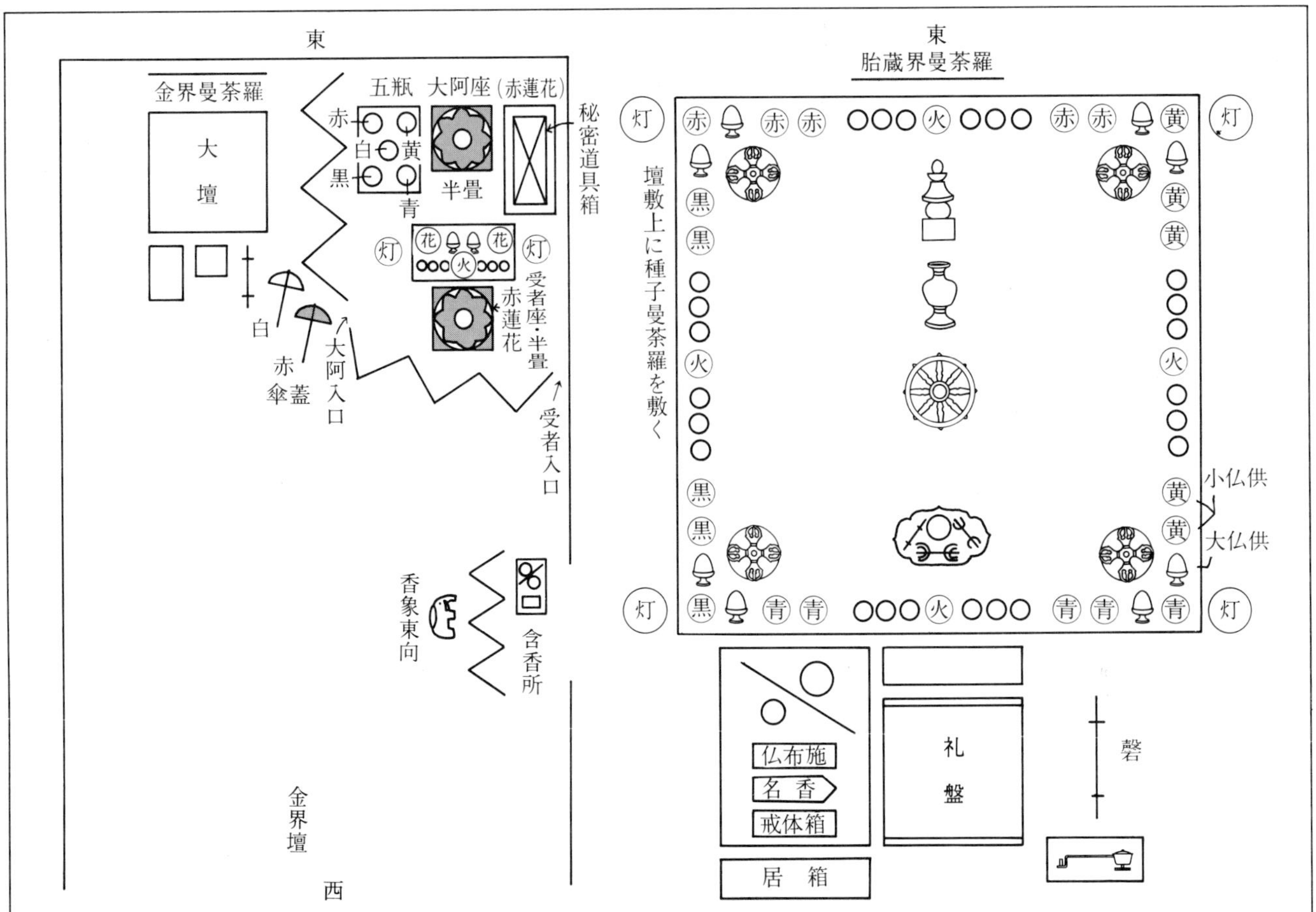

三宝院流 後夜胎蔵界 右・大壇指図 左・小壇所指図

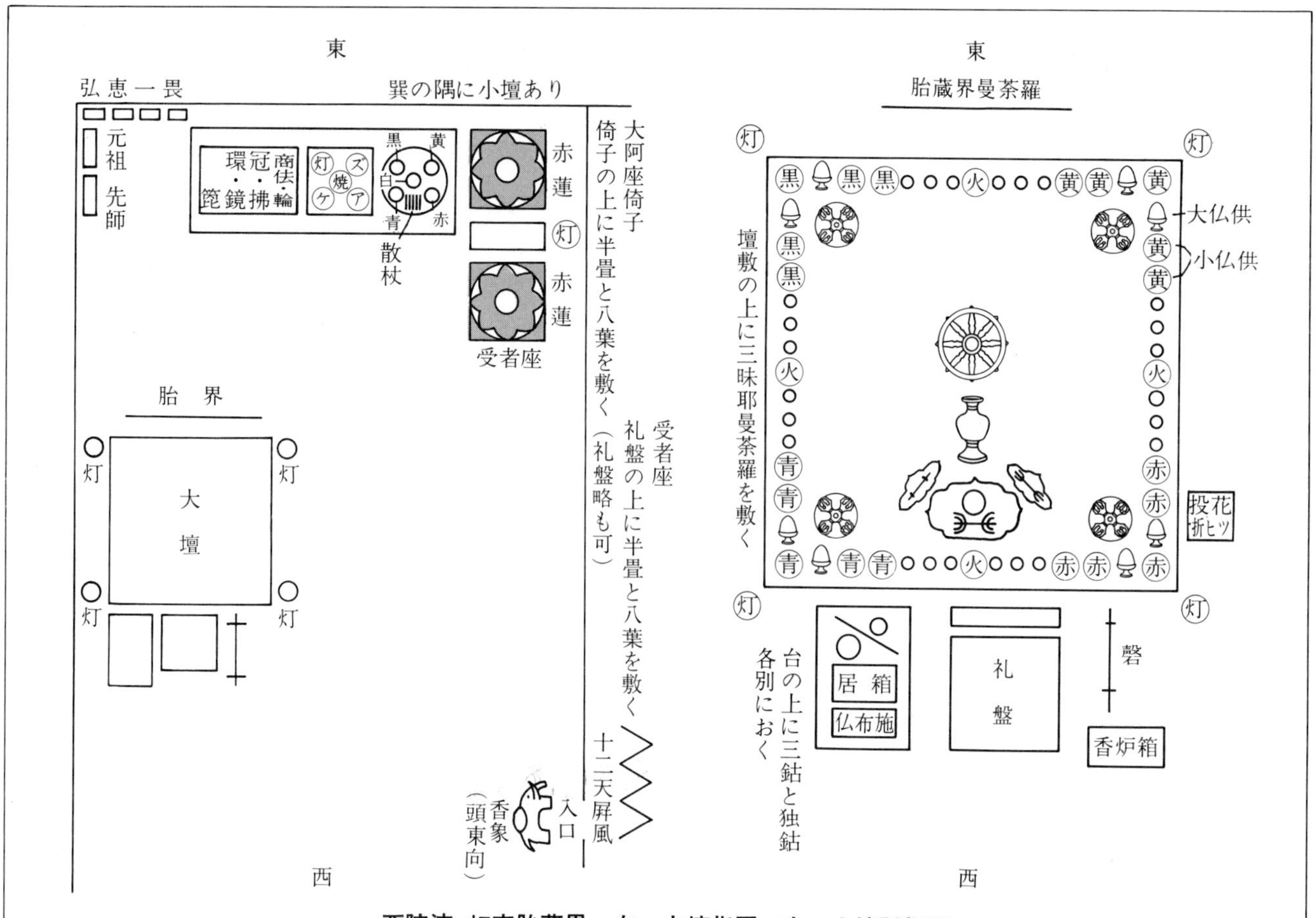

西院流　初夜胎蔵界　右・大壇指図　左・小壇所指図

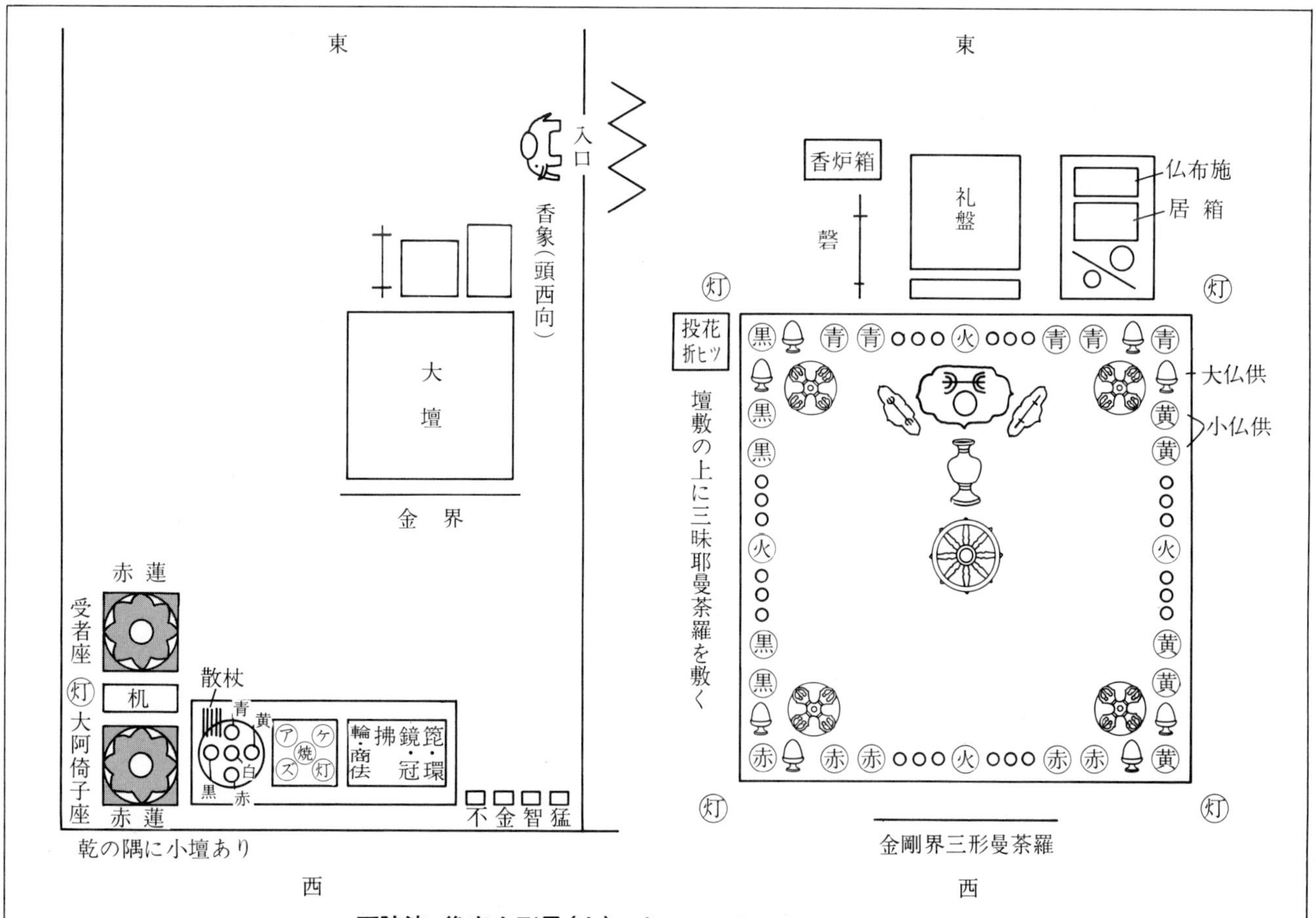

西院流　後夜金剛界（方）　右・大壇指図　左・小壇所指図

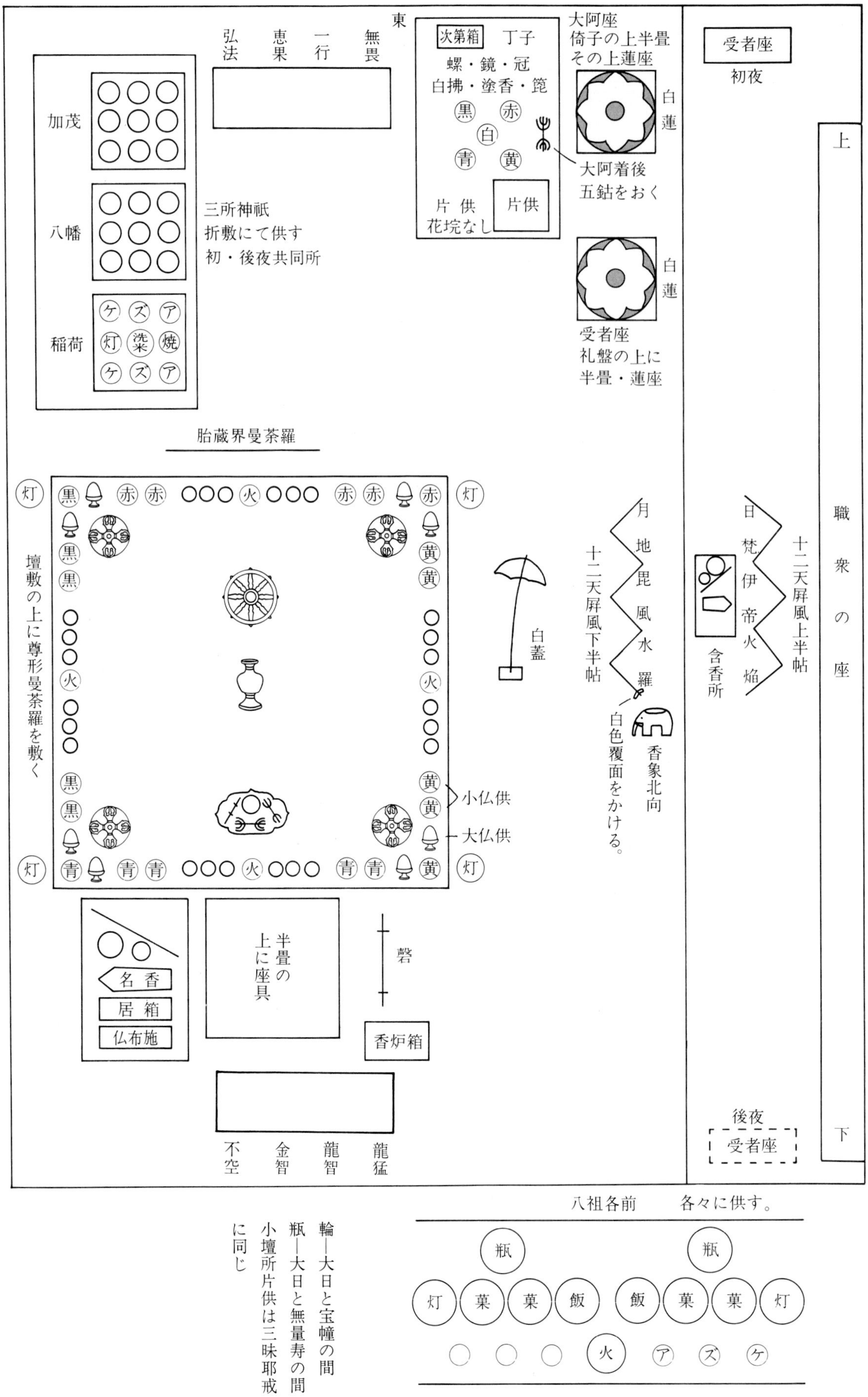
東
弘法
恵果
一行
無畏
加茂
八幡
稲荷
ケ ズ ア
灯 染 焼
ケ ズ ア
三所神祇
折敷にて供す
初・後夜共同所
次第箱
丁子
螺・鏡・冠
白拂・塗香・筬
黒 赤 白 青 黄
片供
片供
花垸なし
大阿座
倚子の上半畳
その上蓮座
白蓮
大阿着後
五鈷をおく
白蓮
受者座
礼盤の上に
半畳・蓮座
受者座
初夜
上
職衆の座
下
胎蔵界曼荼羅
灯 黒 赤 赤 火 赤 赤 赤 灯
黒 黒 黄 黄
火 火
黒 黒 黄 黄
灯 青 青 青 火 青 青 黄 灯
壇敷の上に尊形曼荼羅を敷く
小仏供
大仏供
白蓋
十二天屛風下半帖
月 地 毘 風 水 羅
十二天屛風上半帖
日 梵 伊 帝 火 焔
含香所
白色覆面をかける。
香象北向
名香
居箱
仏布施
半畳の上に座具
磬
香炉箱
不空
金智
龍智
龍猛
後夜
受者座
八祖各前　各々に供す。
瓶 瓶
灯 菓 菓 飯 飯 菓 菓 灯
火 ア ズ ケ
輪—大日と宝幢の間
瓶—大日と無量寿の間
小壇所片供は三昧耶戒に同じ

安祥寺流　初夜胎蔵界

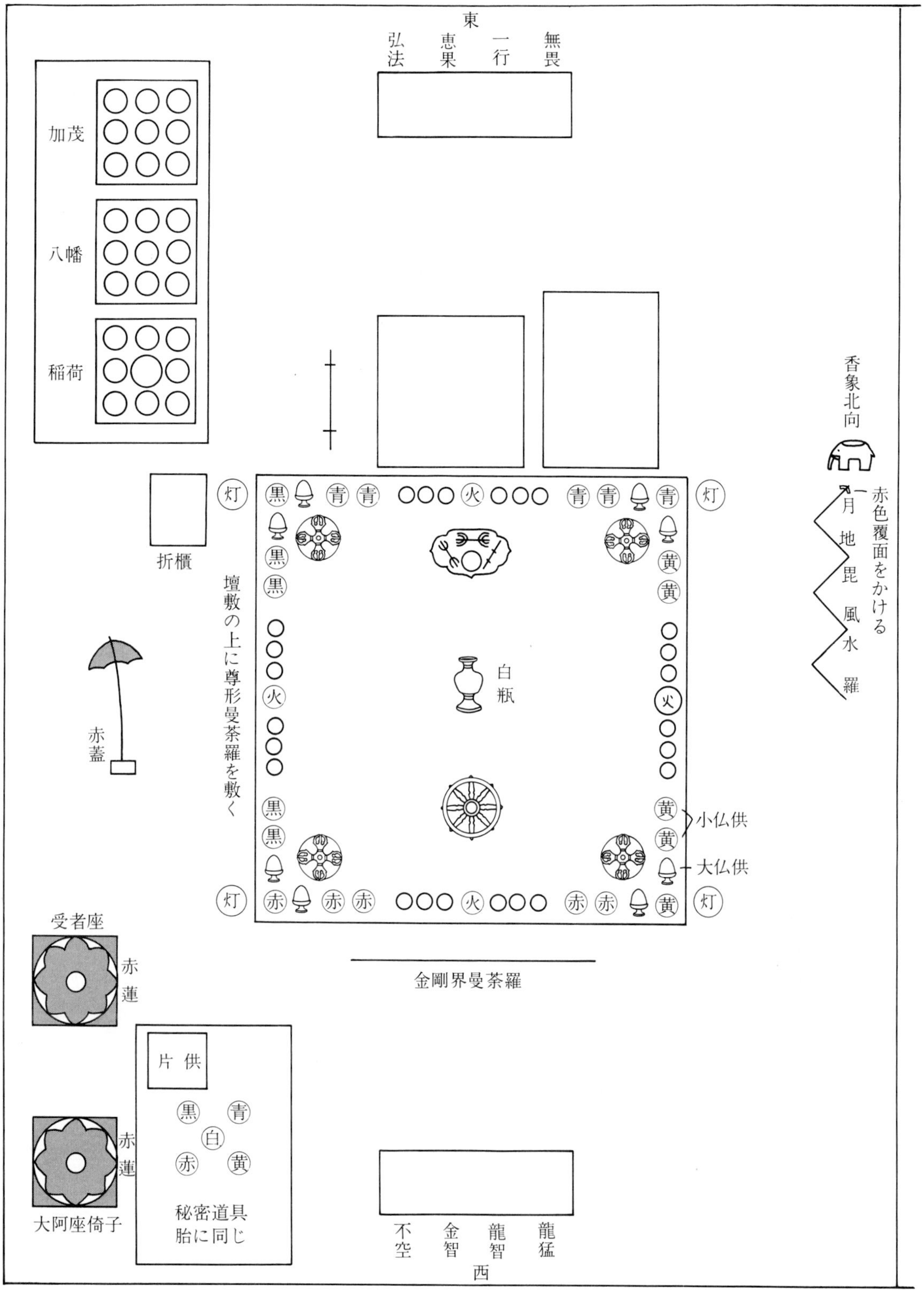

八祖・三所神祇の荘厳は初夜に同じ。

その他の詳細は初夜を参照。

安祥寺流　後夜金剛界

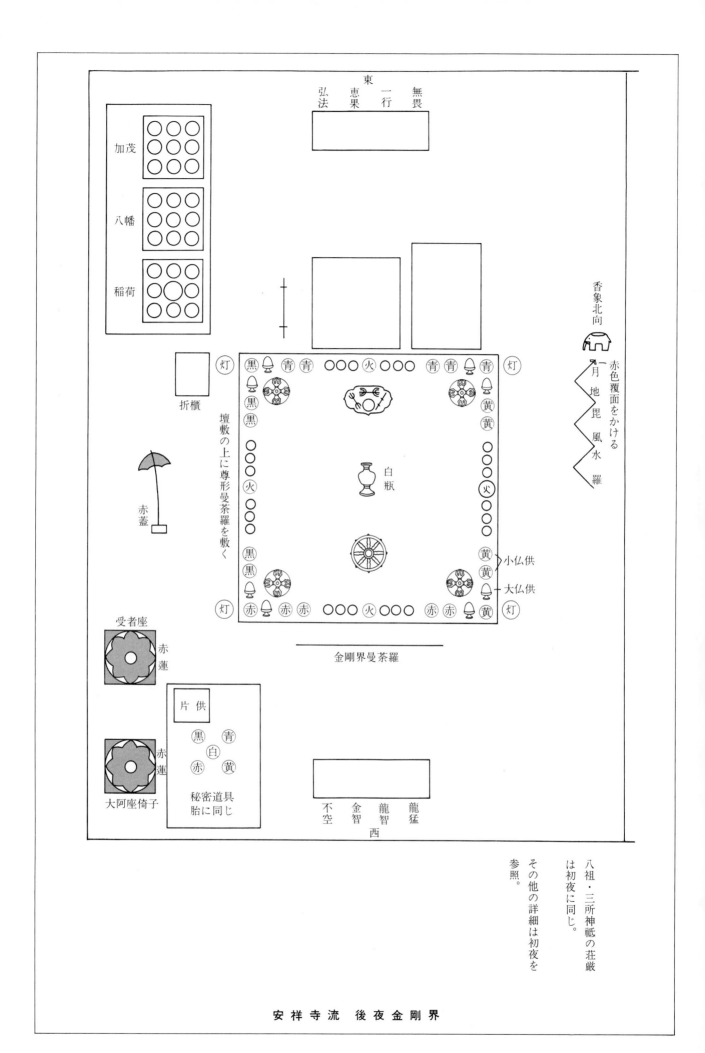

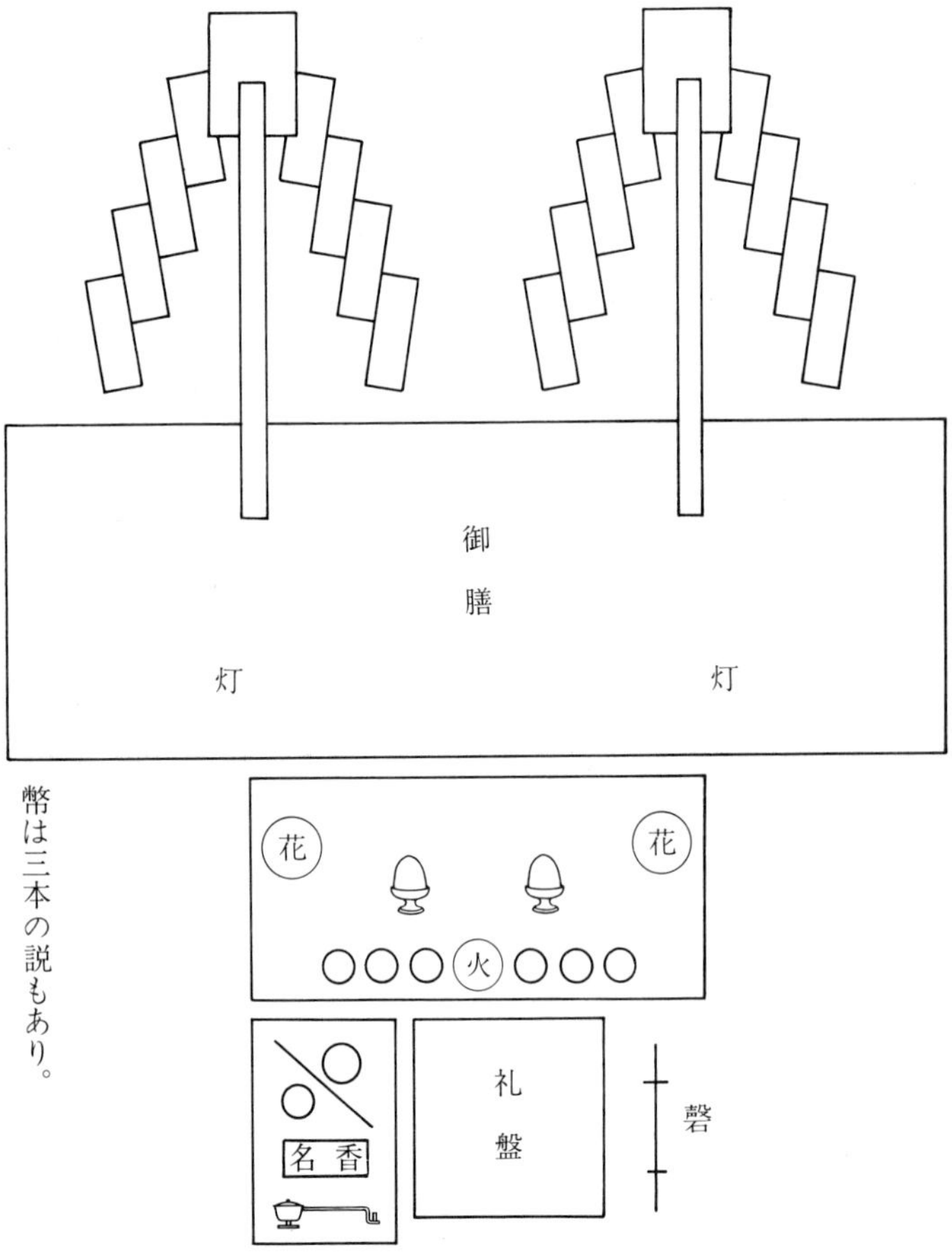

鎮守読経（三宝院）

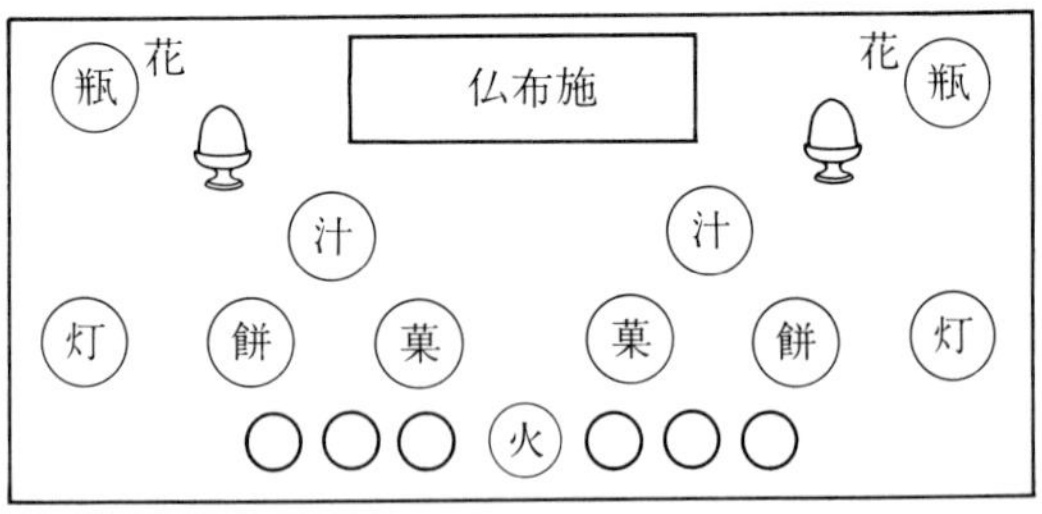

（西　院）

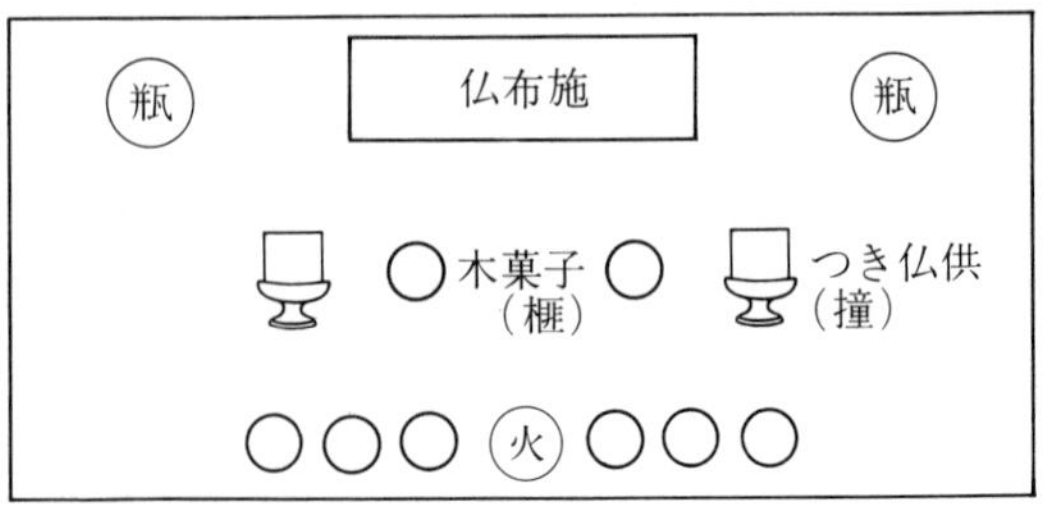

（三　宝　院）

祖　師　壇

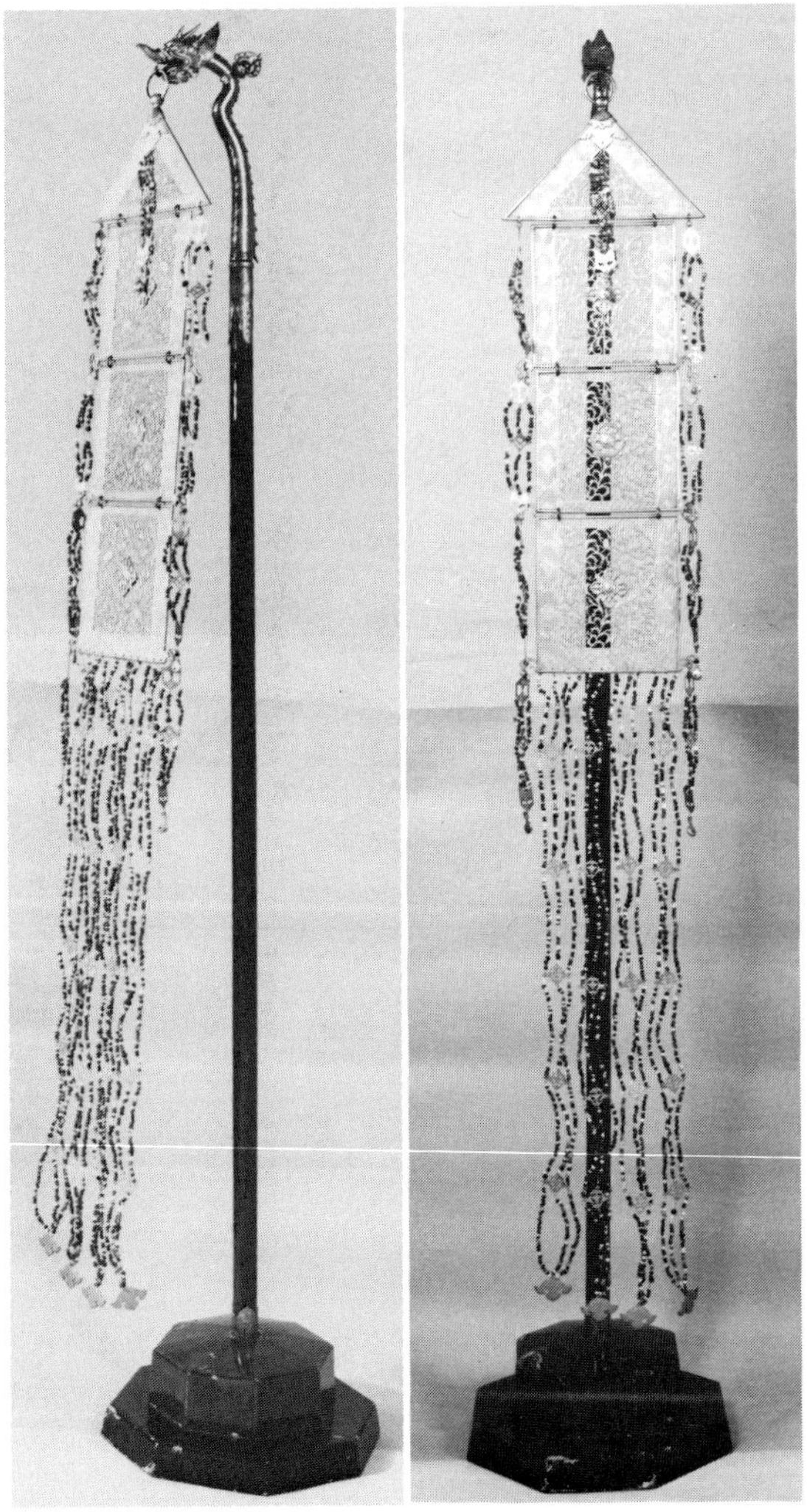

灌頂道場で使用される玉幡（京都・醍醐寺）

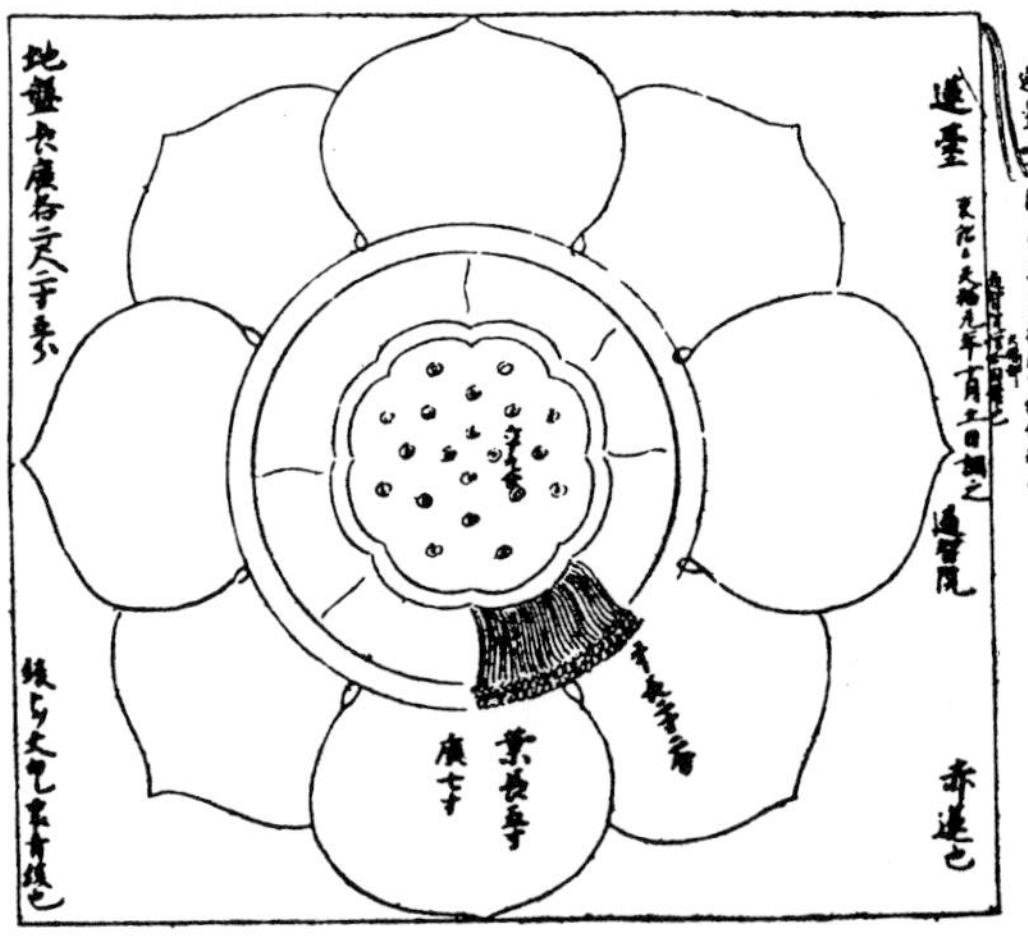

八葉の蓮華座
上・三宝院流（『大蔵経』灌頂道具本記）
下・現在使用されている紙製蓮華座（新安祥寺流）

《**宝　冠**》 冠に五仏をあらわす。五智宝冠と称し、受者に成仏の姿を具に体験させんがために冠するものである。五仏は両界とも金剛界の五仏を用いる伝と、金界灌頂には金界五仏、胎蔵灌頂には胎蔵五仏の宝冠を用いる伝とがあるという。四面開閉式で、金銅製、紙製がある。

《**玉　環**》 臂釧、要は腕環のことで、宝冠を冠した後受者の左右の手にはめさせるものである。醍醐流には用いず。

《**白《びゃく》　拂《ほつ》**》 いわゆる拂子《ほっす》のことで、大阿が加持して受者を払い、受者の障難塵垢を払い去る作法をする。

《**団　扇**》 三宝院流などは檜扇を用いる場合もあるが、普通団扇を用いる。受者の煩悩の熱悩を除くという。

《**五鈷杵**》 秘密道具箱に収めてある五鈷、あるいは大阿携行の五鈷杵を三度受者に授ける作法をする。「論日汝已灌頂獲《シメ》得《シ》金剛《ノ》尊主《ヲ》竟《ヌ》。此縛日羅《ハ》常住《シテ》汝心中《ニ》為《ル》三摩地《ノ》身《ト》」とある。

《**金《こん》　箆《べい》**》 大阿が弟子の両眼を金箆をもって加持する。片金箆であれば二本、両金箆であれば一本を用意する。受者の両眼の無智の膜を除去し、金剛の眼を開いて法の実相を見さしむるゆえとの意義をもつ。金錍ともかく。

《**明《めい》　鏡《きょう》**》 八綾鏡または円鏡を用いる。受者に示して「一切法の相即無相なること鏡中の像の如し」と悟らしめるために示すもの。

《**金　輪**》 法輪（輪宝）のことで、これを授けて受者の両足の間にはさましむ。仏足の千輻輪相を表すゆえという。

《**法《ほ》　螺《ら》**》 商佉ともいう。受者に与え口辺に当てて吹く勢になさしむ。法を説くその音声、普く十方世界におよんで衆生を警悟するの義という。

灌頂に用いられる主な道具は以上のごとくであるが、他に道場の入口に含香所をもうけ、洒水器・塗香器・散杖・含香などを用意する。

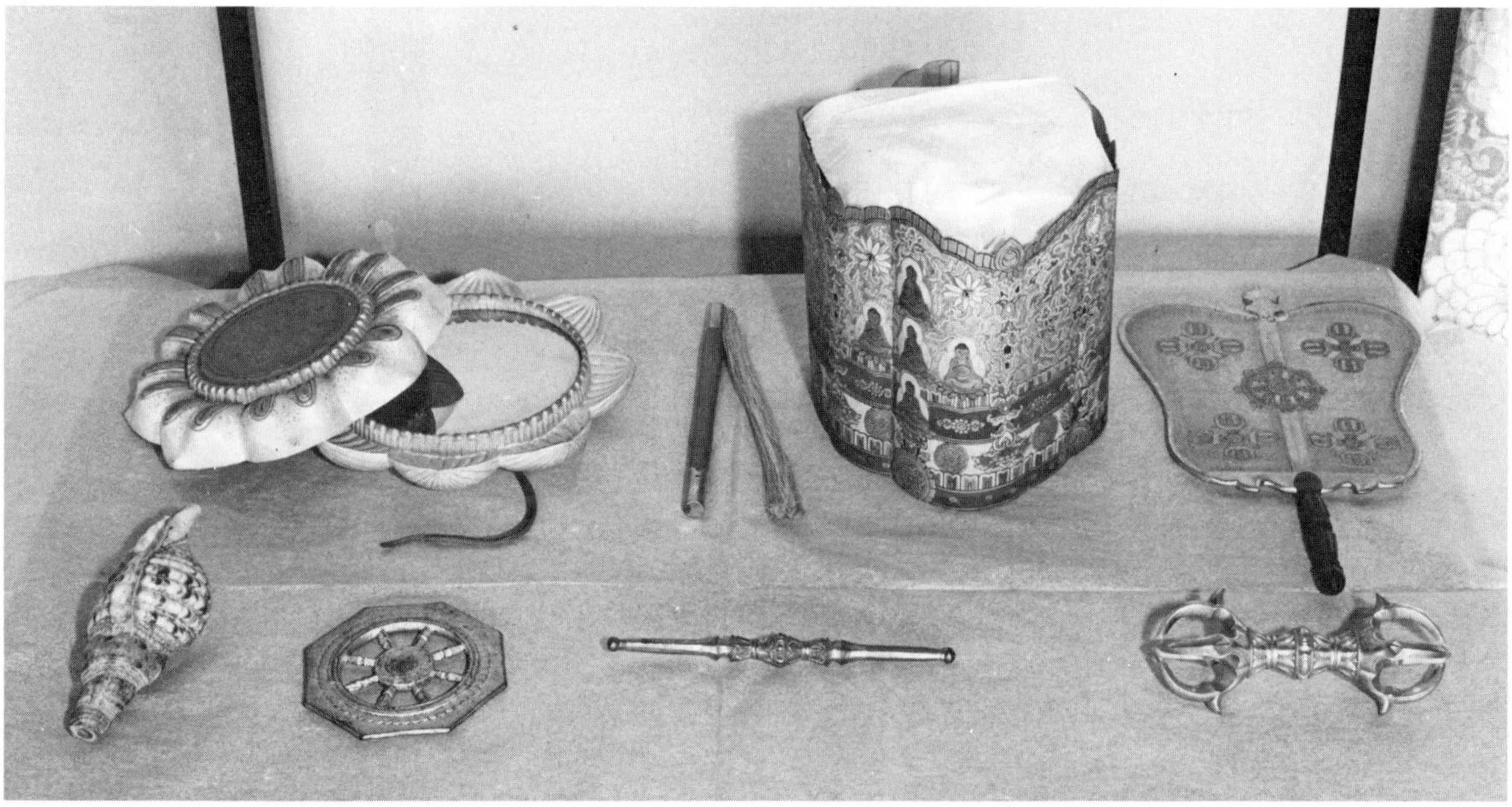

秘密道具（愛知・性海寺）

道具箱

宝冠（紙製）

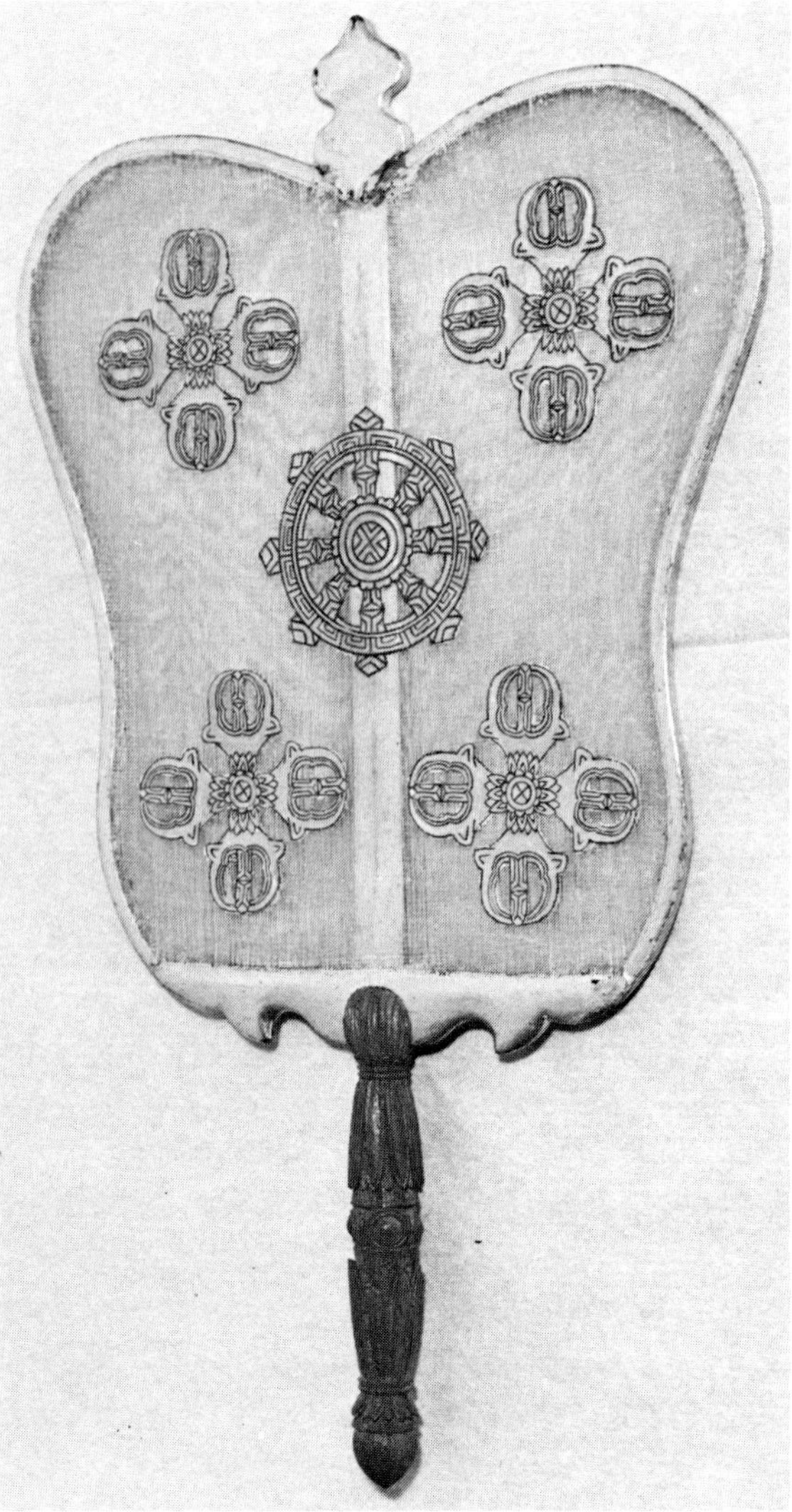
団扇

明鏡

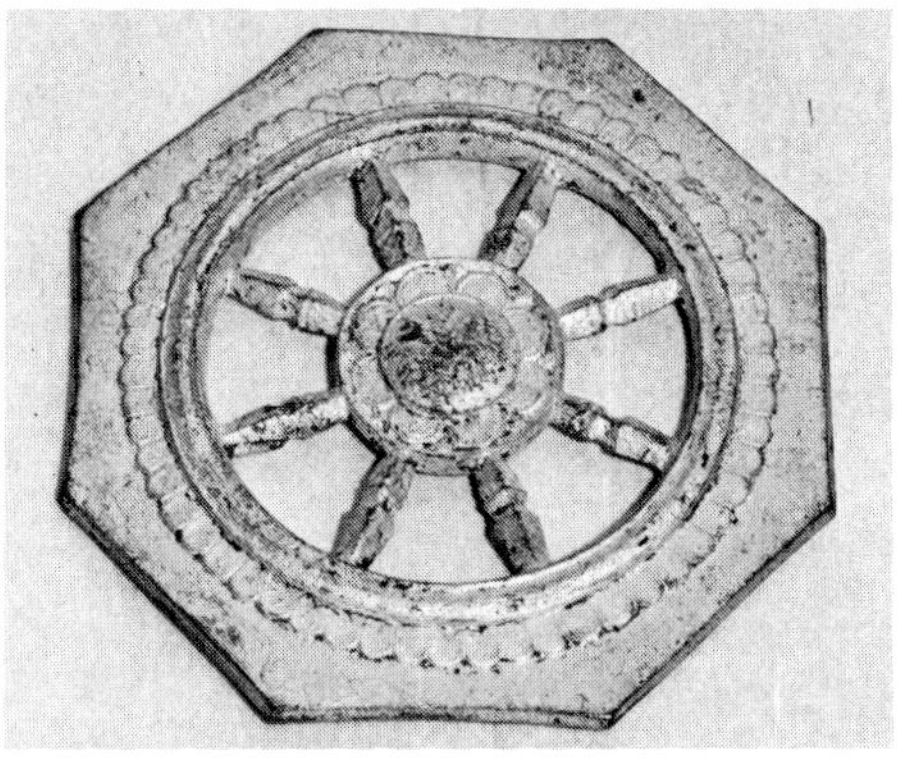
金輪

明鏡（あけたところ）

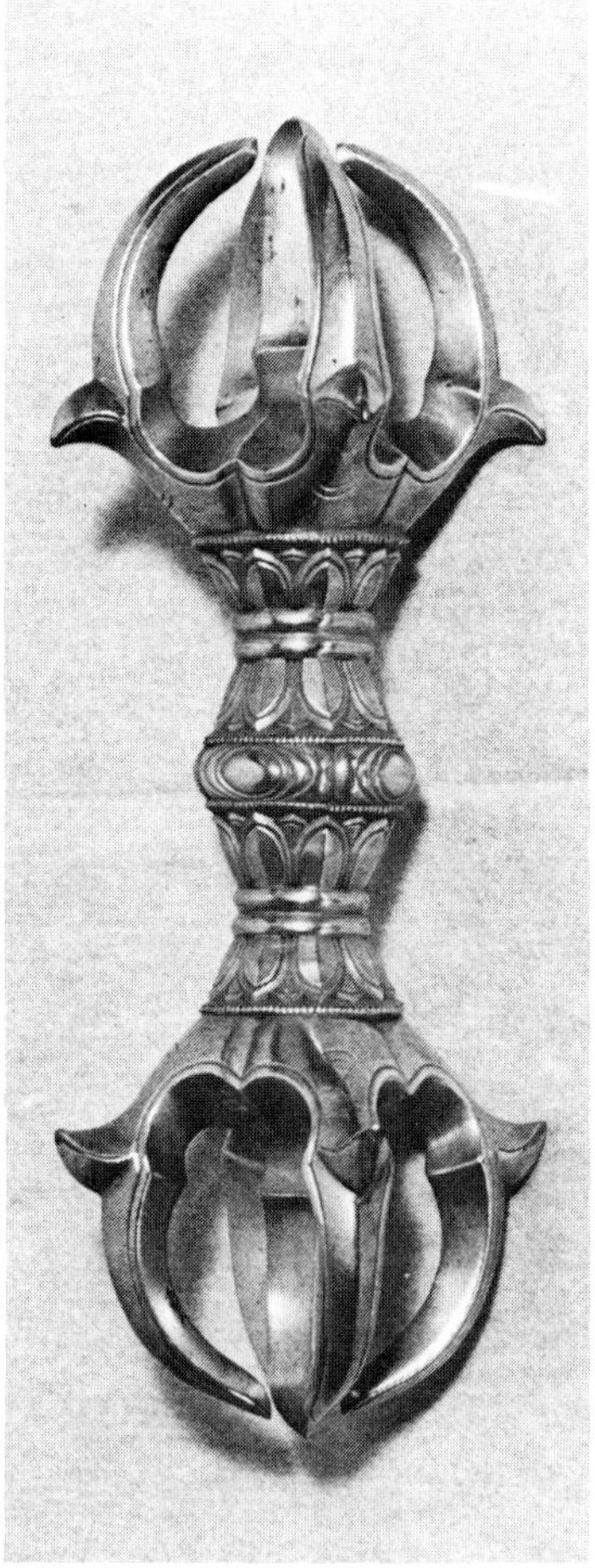

五鈷杵

法螺

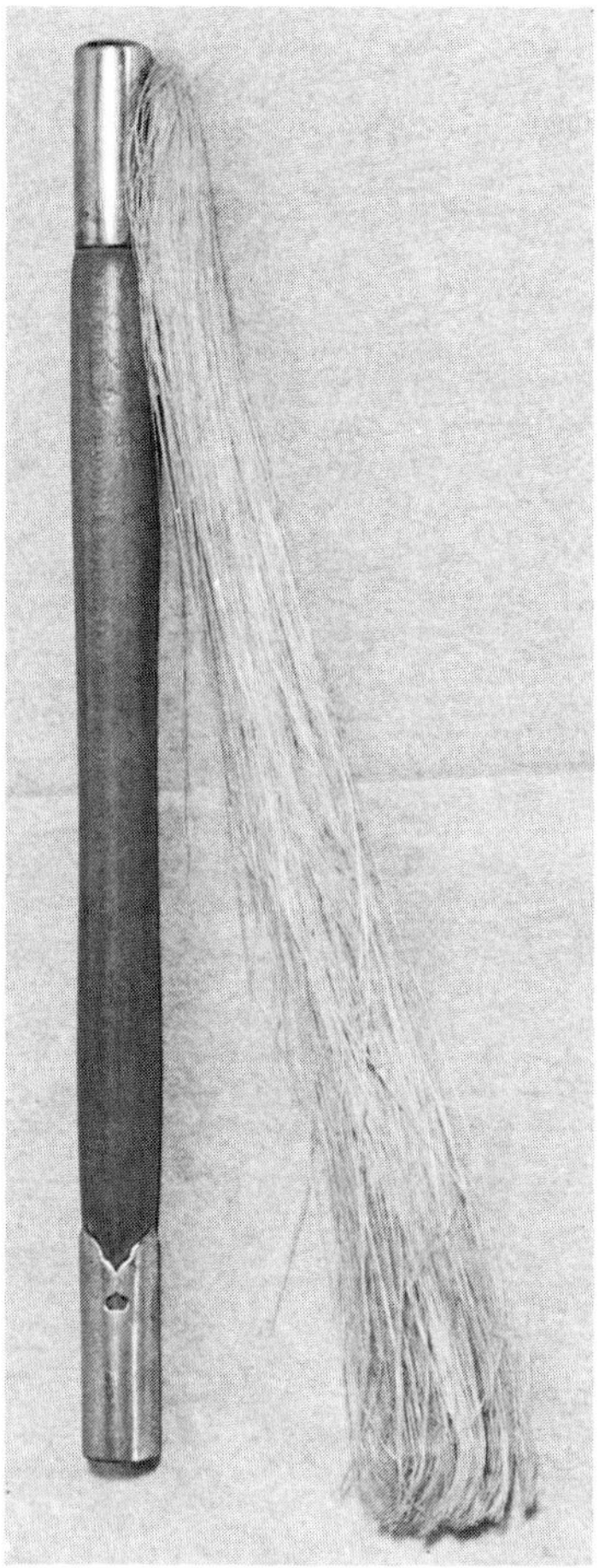

白拂

宝冠（上・金剛界　下・胎蔵界）

金箆

(5) 結縁灌頂道場

伝法灌頂は、入壇者に一定の制限を加え、加行満了の後弟子の器を見て大阿が許すのであるが、結縁灌頂は一切罪障の消滅を目的として広く僧俗一般に門戸を開き、結縁者の器・非器を問わず入壇を許すものである。

その道場の荘厳は伝法灌頂と大差なく、例えば三昧耶戒場の壁代を省略したり、歯木・金剛線を用いないとか、小壇所の秘密道具を省略するなどの相異である。

他に受明灌頂（持明・学法・受学・受法・許可の各灌頂とも称す）があるが、その道場荘厳は伝法灌頂と大きな差はない。

七、諸尊法の荘厳

真言宗では諸尊に対する尊別の供養法が、各尊にわたって備わっており、それらは各流が一流伝授として今日に伝えてきたものである。そうした諸尊に対する行法次第や壇荘厳などの口伝を集大成したものに『覚禅鈔』『成就院七巻抄』『秘鈔』、その註書である『白宝口抄』『沢抄』『厚草紙』『金宝集』をはじめとする多数の聖教と呼ばれるものがある。こうした集大成の他に尊別の升型本の次第が多数伝えられており、それらは師伝をうけるたびに師の本を筆写して伝えてきたものであった。それらの諸尊法には常の大壇の荘厳だけではなく、特別の法具や特殊な護摩炉、敷曼荼羅を用いる法が多数含まれている。ここではそのすべてを詳述する余白もないので、最近でも比較的よく修法されていると思われる諸尊で、特殊な壇だてを行うものに限って左頁より順に図示して略述しておきたい。

なお外に請雨経法・如法愛染法・六字経法・太元帥法など、非常に大がかりな壇だてを必要とする修法も伝えられているが、今日ほとんど行われることもないのでここでは割愛した。

以上真言宗の壇荘厳について述べてきたが、基本的なものは同じであっても、各流各派によって少しずつ相違しており、さらに同流であっても師伝によって異なりを生じ、絶対画一の荘厳法というのはありえない。ここに示した多くの指図や荘厳法はあくまでもその一例として理解していただきたい。

ところでこうした密教の荘厳は、真言の思想体系を見事にシンボライズして具象的に展開しており、それはそれぞれの法具がハーモニーとなって組み合わされ完成された宗教芸術の一大シンフォニーということができようか。

ただ数千年の伝統をもつ密教の荘厳法を、宗教的文化遺産として忠実に伝承してゆくこともまた大切なことではあるが、一面末枝末梢にこだわりすぎて宗教としての本義を忘れることがあってはならないということを最後に付記しておきたい。

※　本章に関して、延命寺住職上田霊城師より多数の資料の提供をうけ、全般にわたる監修を賜わった。記して感謝の意を表したい。

（木　下　密　運）

〔主要参考文献〕
『密教大辞典』
『慈雲尊者全集』
『密教法具便覧』　権田雷斧
『秘密事相の研究』　栂尾祥雲
『秘密事相大系』　高井観海
『中院流日用作法集　伝授録』　大山公淳
『真言宗法儀解説』　大山公淳
『中院流・三宝院流　伝法灌頂教授手鏡』　岩原諦信
『密教法具』　石田茂作・岡崎譲治
『大正新修大蔵経』　所収
「桧尾口訣」「具支灌頂儀式」「澤鈔」「秘鈔」「異尊抄」
「白宝口抄」「覚禅鈔」「醍醐三宝院并遍智院灌頂道具絵様寸尺等」　護摩壇図諸本
『真言集全書』　所収
「諸流行要」「四種護摩抄記」「六種護摩抄」「護摩秘要抄」
「秘鈔口決」「五十巻鈔」「西院流能禅方伝授録」「三宝院流洞泉相承口訣」　ほか

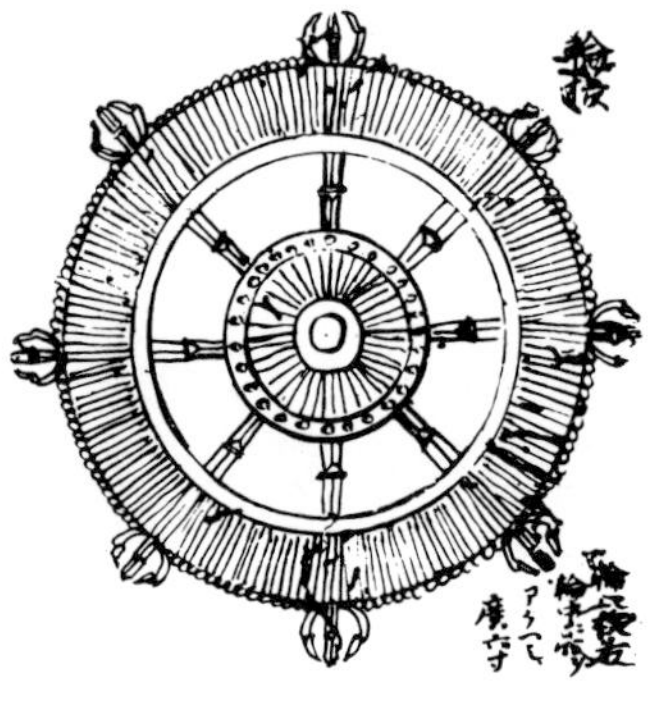

※　鎮壇の輪

※　興福寺大御堂の地鎮鎮壇具発掘状況。

中院流　曼荼羅供（ただし庭の荘厳は略し、堂内大壇の荘厳のみ）

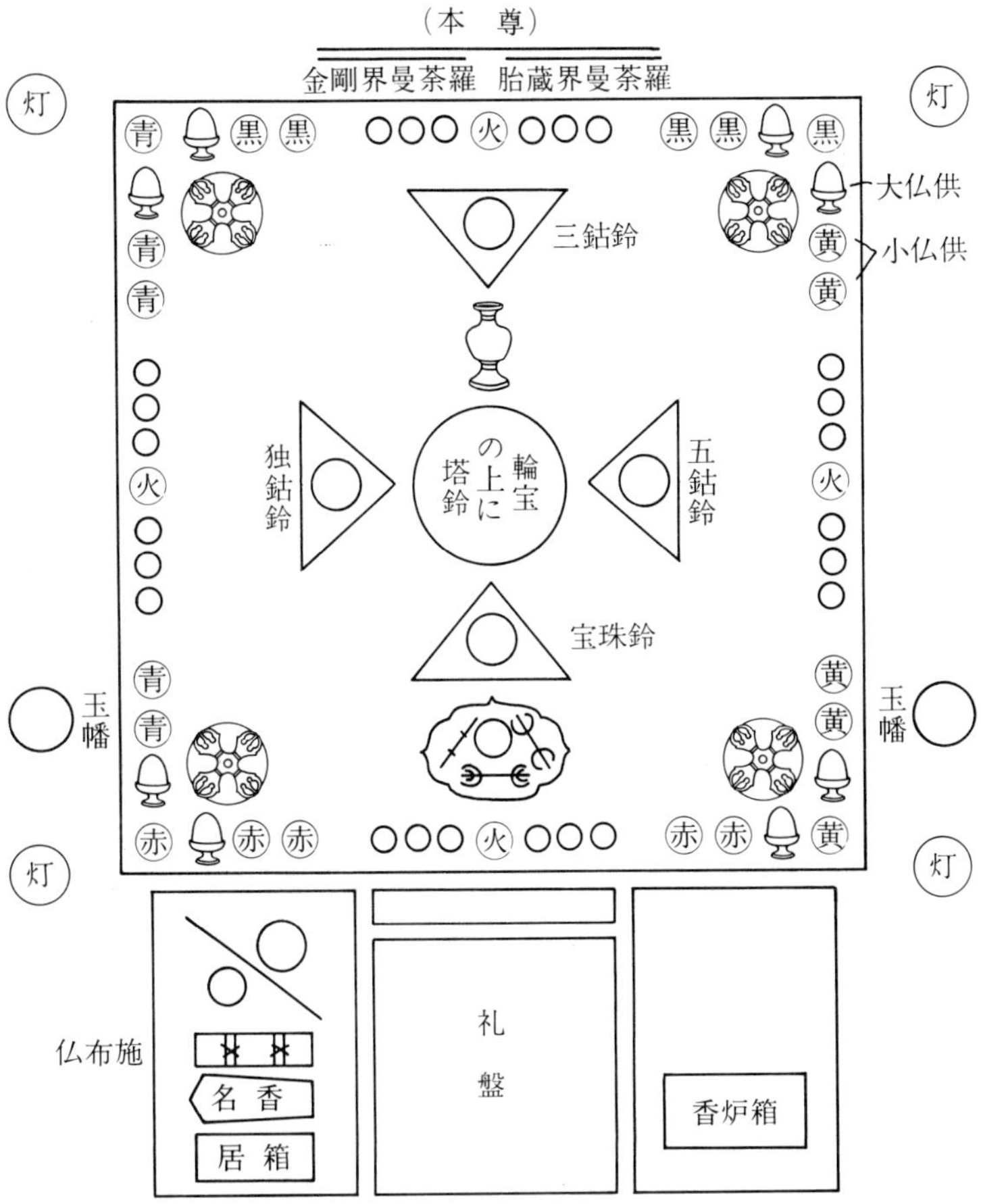

中院流一壇構（不二壇）の場合の一例を示す。
瓶花は時花または樒を用いるも可。
中央の輪宝の上に塔鈴を安置する（裏面平面の輪宝古例にあり）。四方の五鈷鈴・宝珠鈴・独鈷鈴・三鈷鈴は、三角に折った奉書紙の上に安ずるを普通とするも、金剛盤上に各々安置してもよい。
また、各杵（五鈷杵・宝珠杵・独鈷杵・三鈷杵など）を鈴の各々外に安置してもよい。

西院流　曼荼羅供（東寺　御影堂の指図）

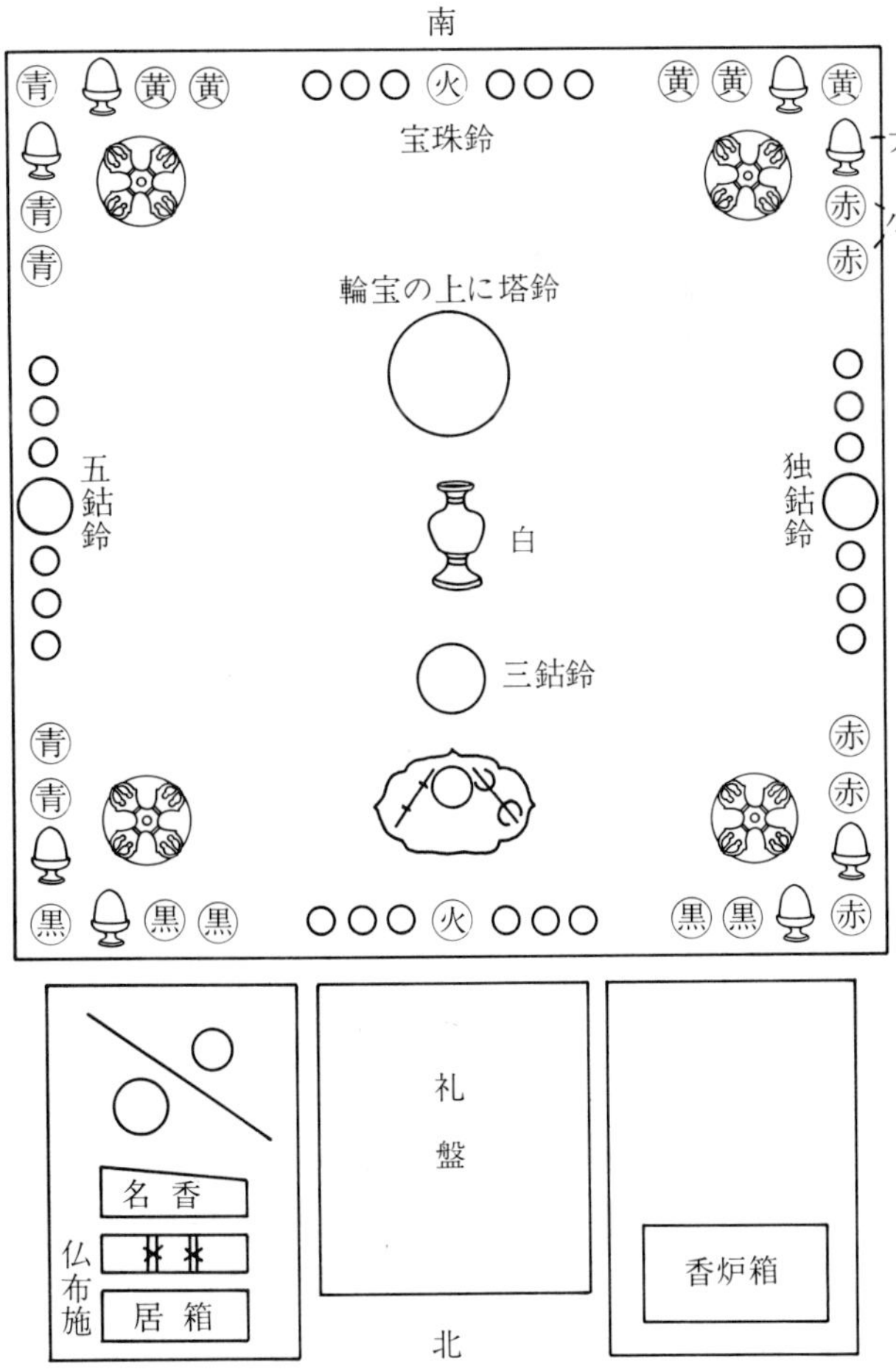

西院の一例を示す。
五瓶の瓶花は、時花を用いるを本儀とする。
鈴は直に置くを本儀とするが、盤を用いるも可。
五鈷杵は大阿携行。
四種鈴の置き様に随法と運心（観方）がある。

随方

東
北　三　五　宝　独　南
西

が普通

勧修寺法務伝として

東
北　宝　独　五　三　南
西

または

東
北　三　独　五　宝　南
西

の伝もあり

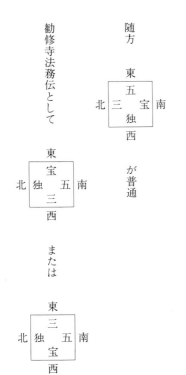

仁王経法の大壇

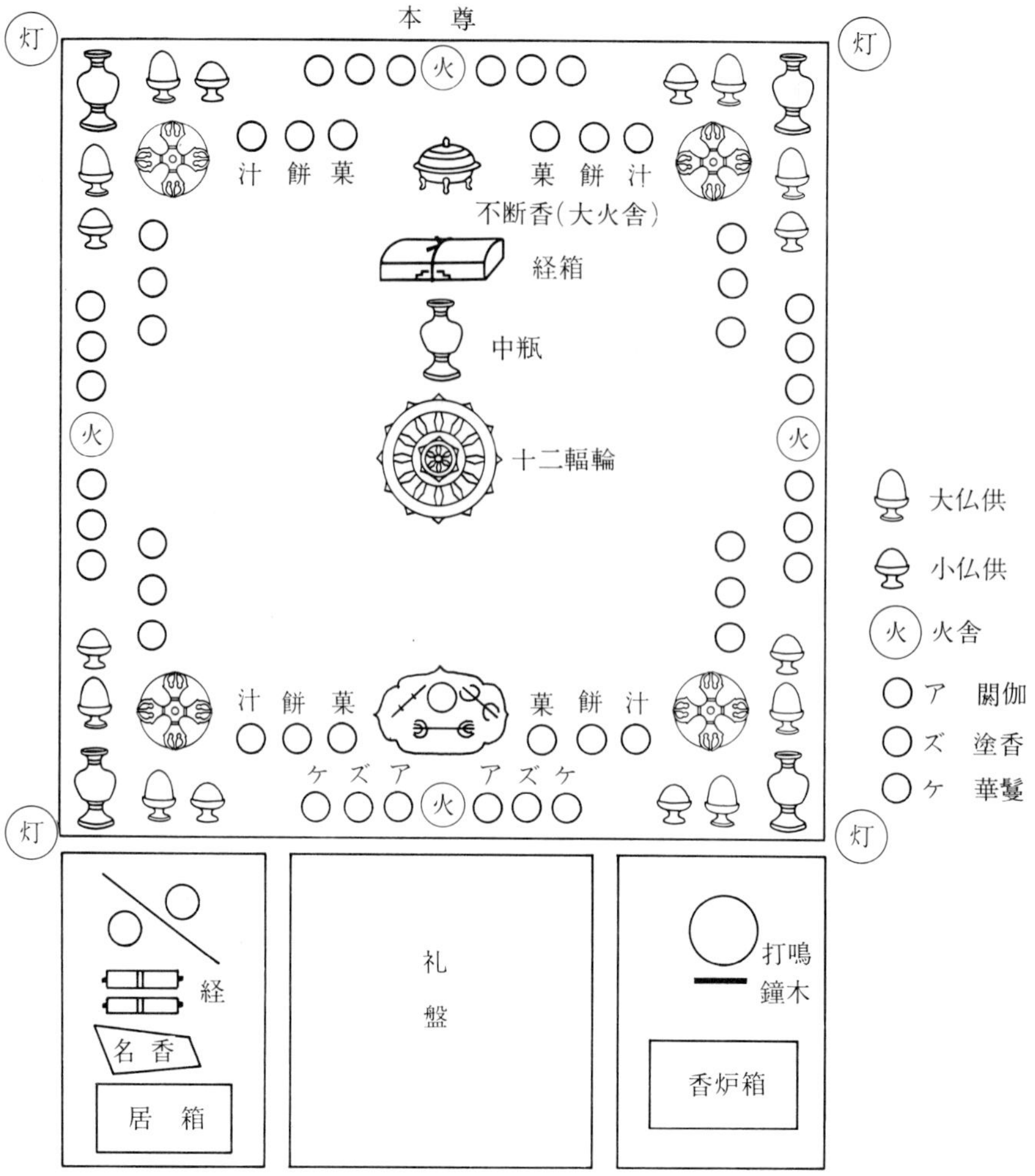

仁王経　大壇・護摩壇・十二天壇・聖天壇・神供壇の五壇構。護摩壇・十二天壇・聖天壇・神供壇については各項を参照。
大壇中央に十二幅輪を置く。本尊の三昧耶形であるため。輪の後ろ中瓶（白蓮華をさす）、瓶の後ろに経箱を置き、経箱中に『新訳仁王般若経』一部を納める。その後ろに大火舎をおき、不断香を焼く。
壇上に青色天蓋をつり、八色の幡八流（かつては二四流）をかける。

聖天壇（方壇）

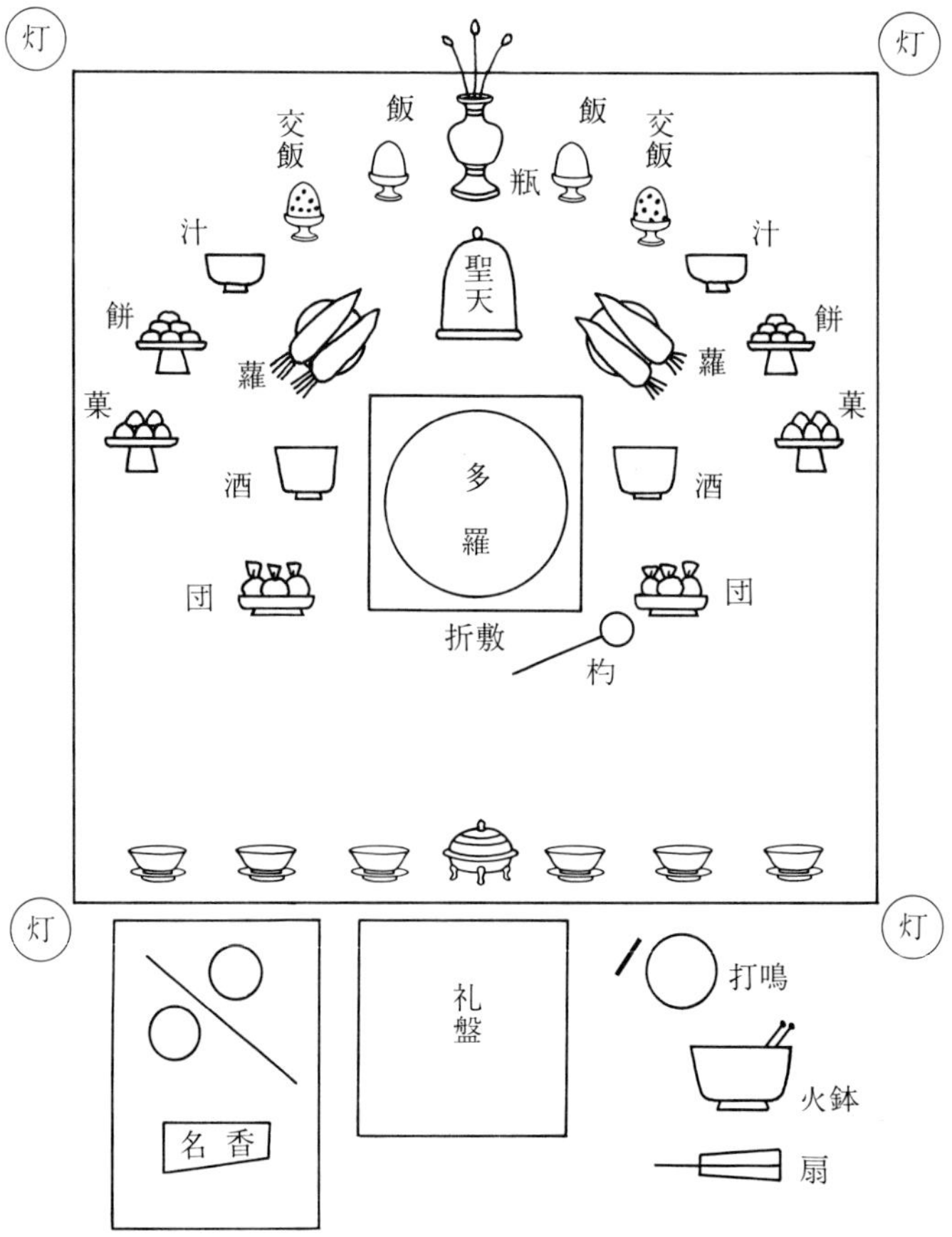

上写真・東寺御七日御修法の聖天壇

息災は円壇、増益は方壇という。

壇敷・敷引を用いる。

蘿は蘿蔔根、大根のこと。三本を用いると説く。

団は歓喜団（丸）。蘇蜜を混ぜて作るという。砂糖を混ぜて巾着様にした揚げ菓子のこと。

交飯《きょうぼん》は、小豆をまぜた飯（赤飯）。本来五穀粥という。近来は白飯の上に小豆、あるいは五穀を煮ないでそのまま少し置いて用いる。あるいは沫にして上に塗る。

汁餅菓について餅を用いる伝と用いざる伝がある。

聖天壇(円壇)

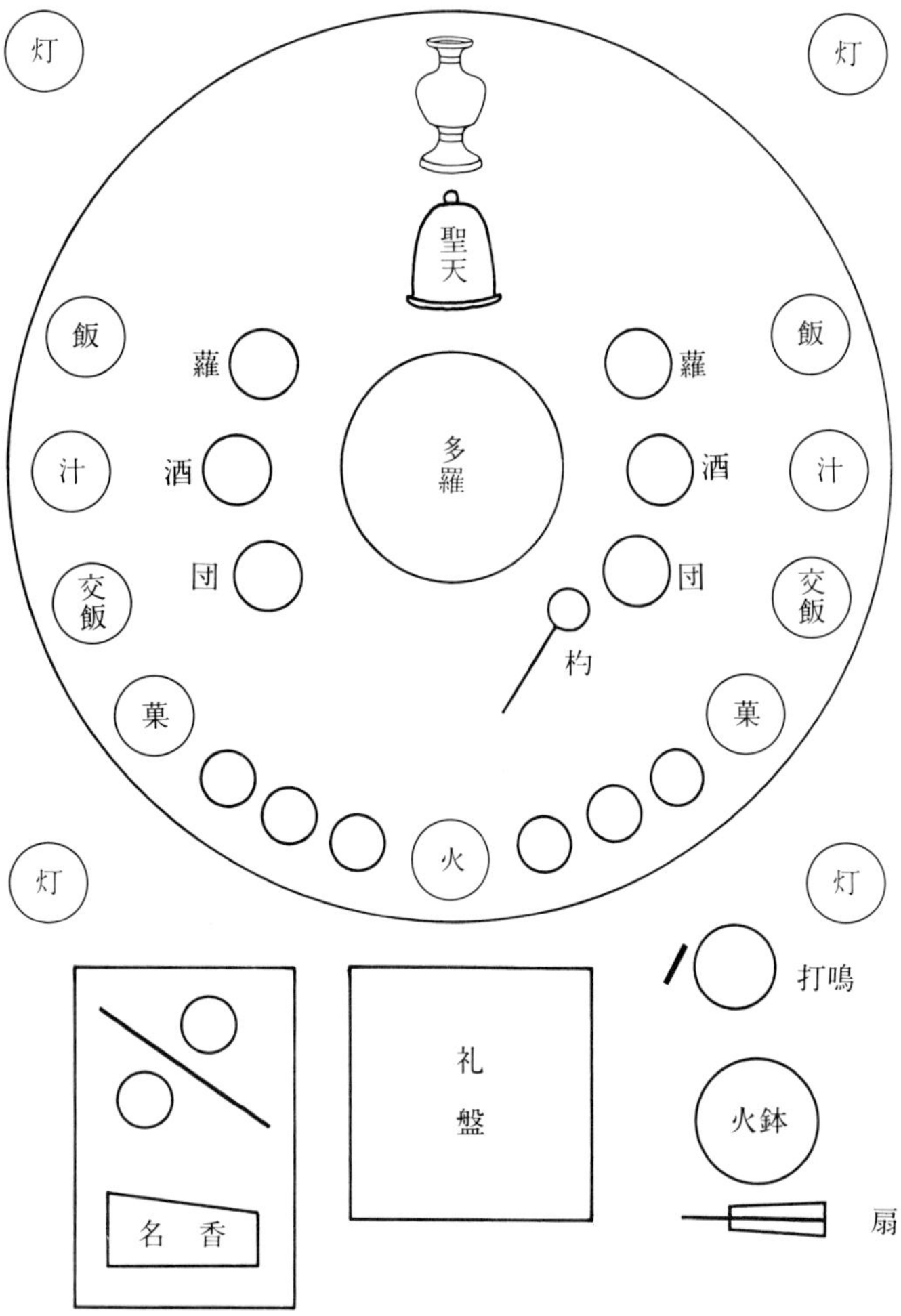

方壇の場合は、紙を丸く切って円壇にみたて、中央に敷くも可。供物は円形に供す。

飯汁菓などの供物は、『秘鈔』の鎌倉時代写本の一伝による。『白宝口鈔』では、大飯・小飯・汁・菓と瓶の両側より次第する。

この他に、聖天をぬぐう紙等を用意する。

十二天壇

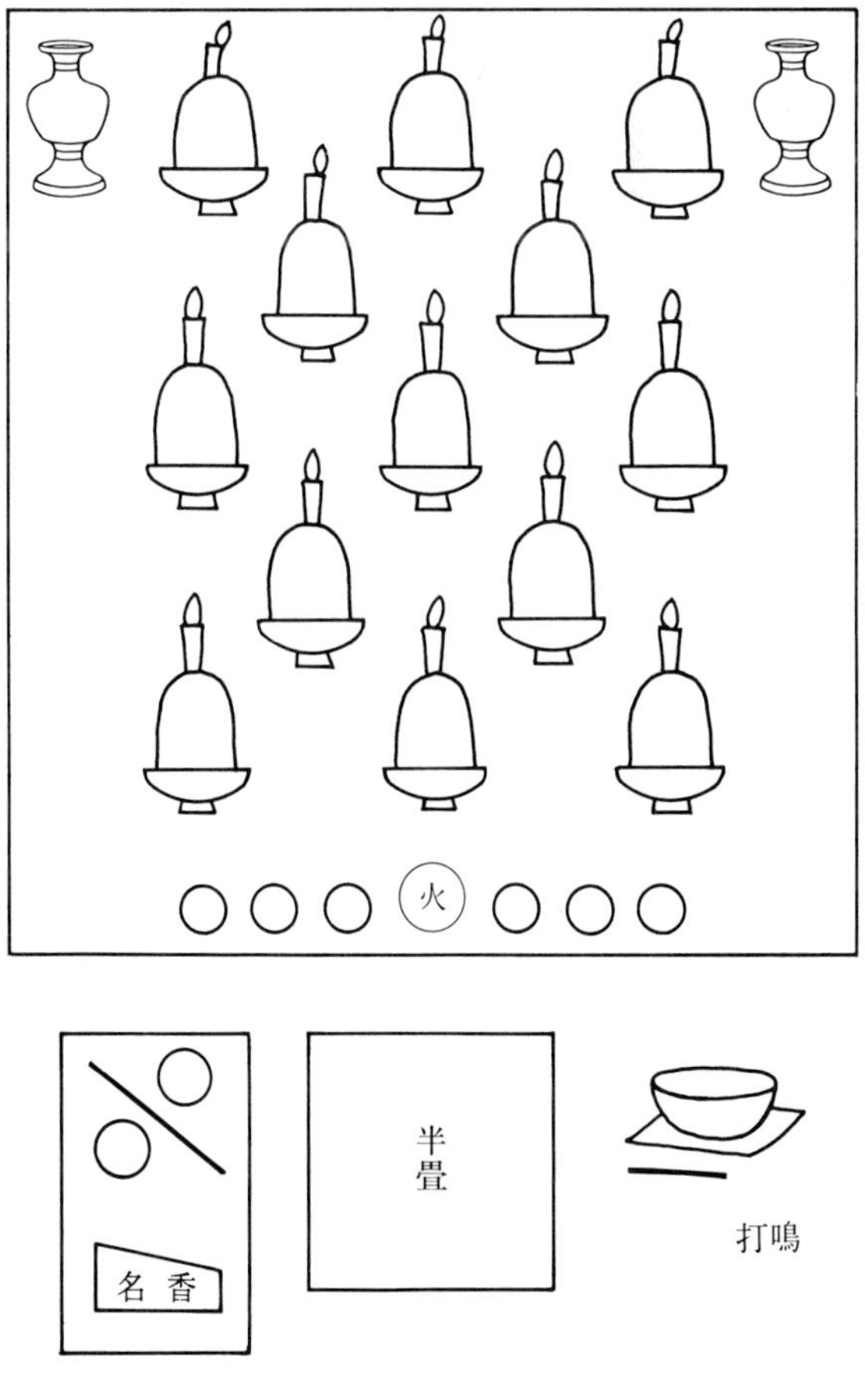

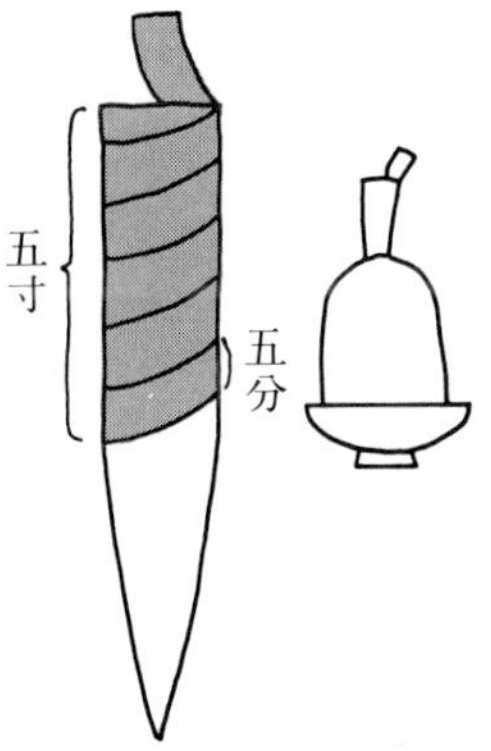

蠟《らっ》燭《そく》

中央四臂不動と十二天に供す。

飯食十三杯に蠟燭(らっそく)をたてる。飯食は交飯(きょうぼん)・五穀飯とし、その上に蠟燭を立てる。交飯の盛り方は、皿に少量の水を入れ、これに塗香を入れ、五葉の花を敷きその上に交飯を盛る。(交飯⇩聖天壇)

蠟燭は、ヒノキのクレ(榑)を常の檀木の長さ程に削り、本を仏供に立てるために細くする。末より中程へ五寸ばかり清き布を巻きつけ、紙よりにて解けぬようにしっかり結わえる。これを油にしめし、カゲ干しして乾燥せるを用いる。供養法以前に交飯に立て、修法の途中で点火する。巻布の幅は五寸ばかり、長さは布の幅にまかす。

(先を割って、この割れ目に白布をはさみ、油にひたす法もあり。)

北斗供

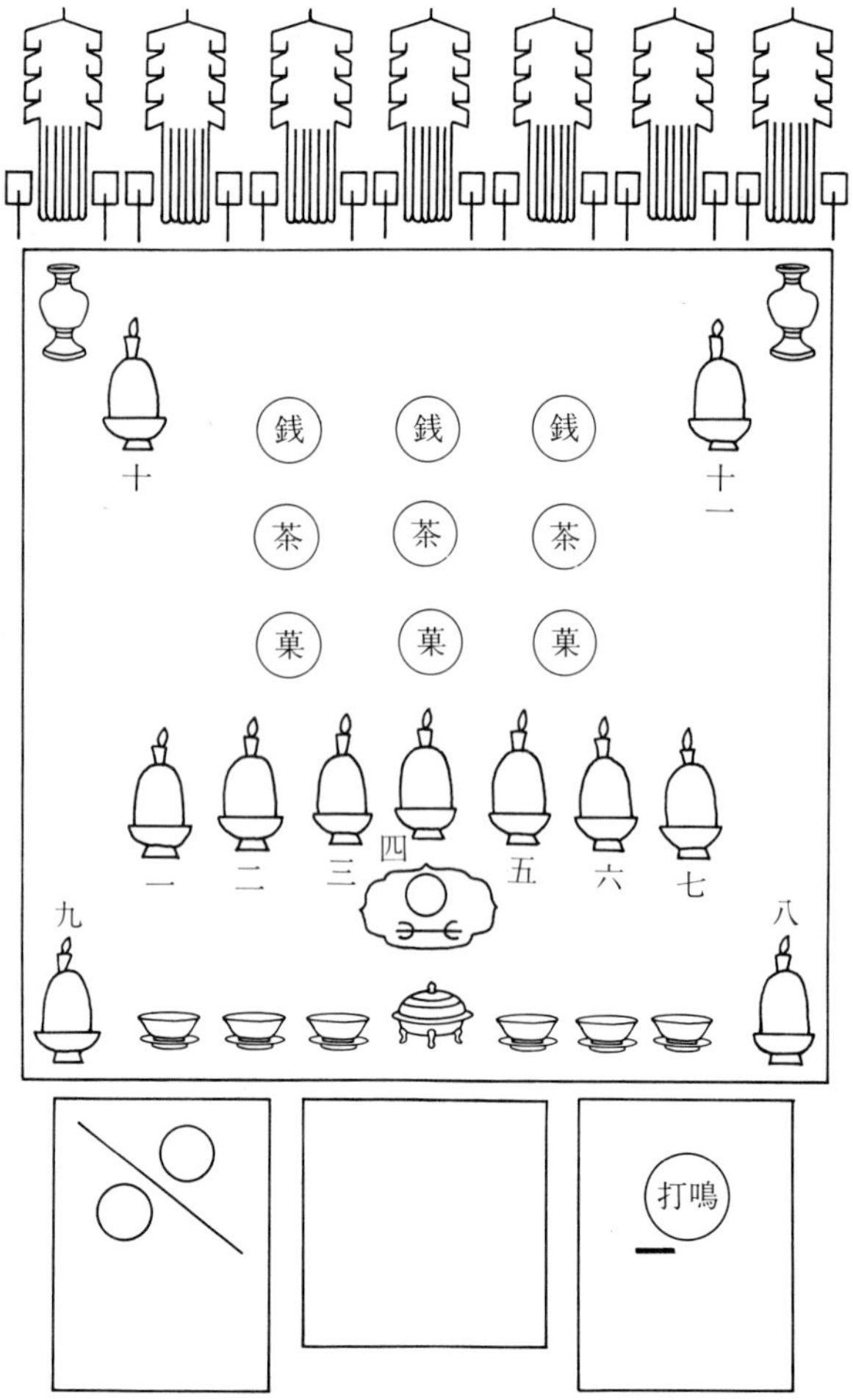

（諸説あるが、一説を示す。幡七流のとき、銭・茶・菓を七組つくる説もあり）

●幡・幣を紙にて作る。

●銭は銀銭。ただし白紙で銭形に切る。諸説あるが普通十二文一つづきに切り、銭の中央に方角の穴をあける。願主の年プラス一枚の数づつ三組用意する。

●茶は古来諸説あるが、上茶（抹茶・玉露など）を供す。

●菓は千棗を用いる。

●一～十一は交飯蠟燭で、供す尊に定めがある。

●幡・串とはそれぞれ台にさす。

一、貪狼星　二、巨門星　三、禄存星　四、文曲星
五、廉貞星　六、武曲星　七、破軍星　八、本命星
九、当年星　十、本命宮　十一、本命宿
（中央に妙見を加えるもあり）

本命星供・当年星供

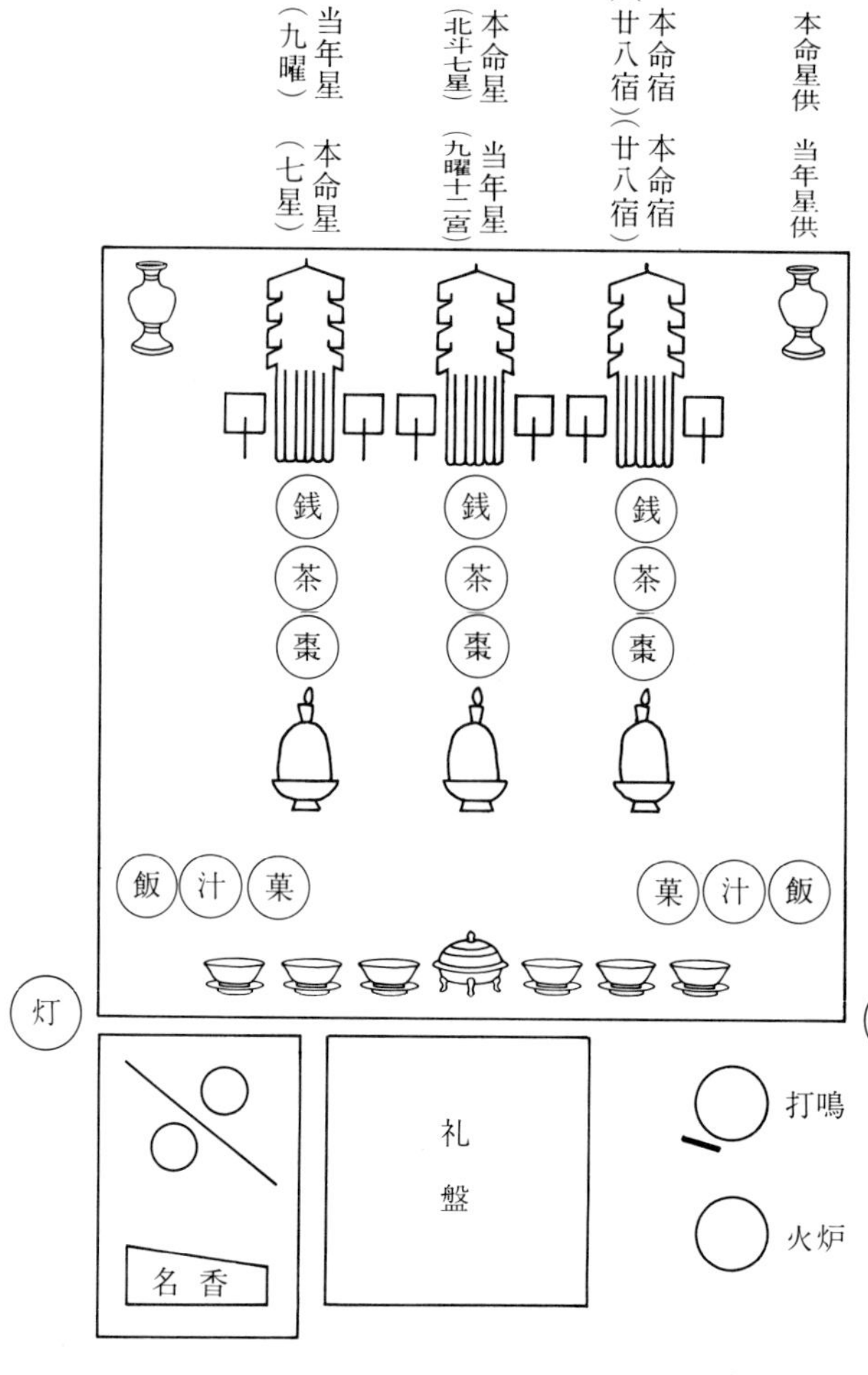

（本命星供のとき、向って右より、当年星・本命星・本命宿（廿八宿）の説もあり）

●広沢では、北斗供とは北斗七星を本尊とし、かねて九曜十二宮廿八宿を供す。

●本命星供は、北斗七星中の一星（施主の本命星）を本尊として、かねて祭の六星と、九曜十二宮廿八宿を供するとする。けっきょく壇だてとしては同じになる。

●醍醐・中院などの小野方は北斗供を本命星供ともいう。

●当年星供（属星供ともいう）は、九曜中の一星（施主の当年星）を本尊として、かねて他の八曜、および北斗十二宮廿八宿を供す。

●なお中院流は、本命星供も属星供と称する。

＊本命星供には、幡七流・幣一四本・銀銭以下各七杯（または三杯）の壇図もある。

一、文　二、貪　三、巨　四、祿　五、廉　六、武　七、破　八、当年星　九、本命曜　十、本命宮　十一、本命宿（中央妙見あるもあり）

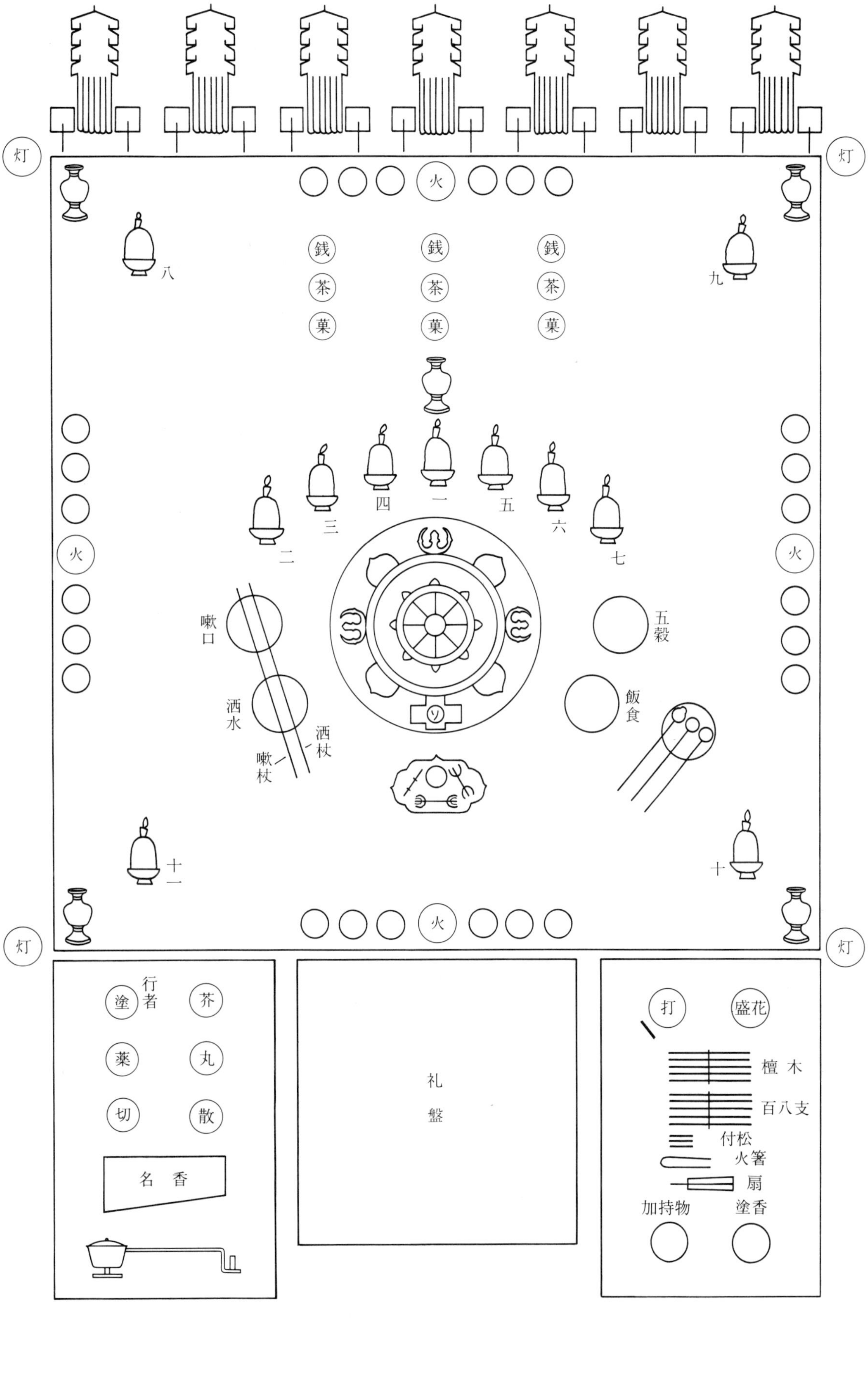

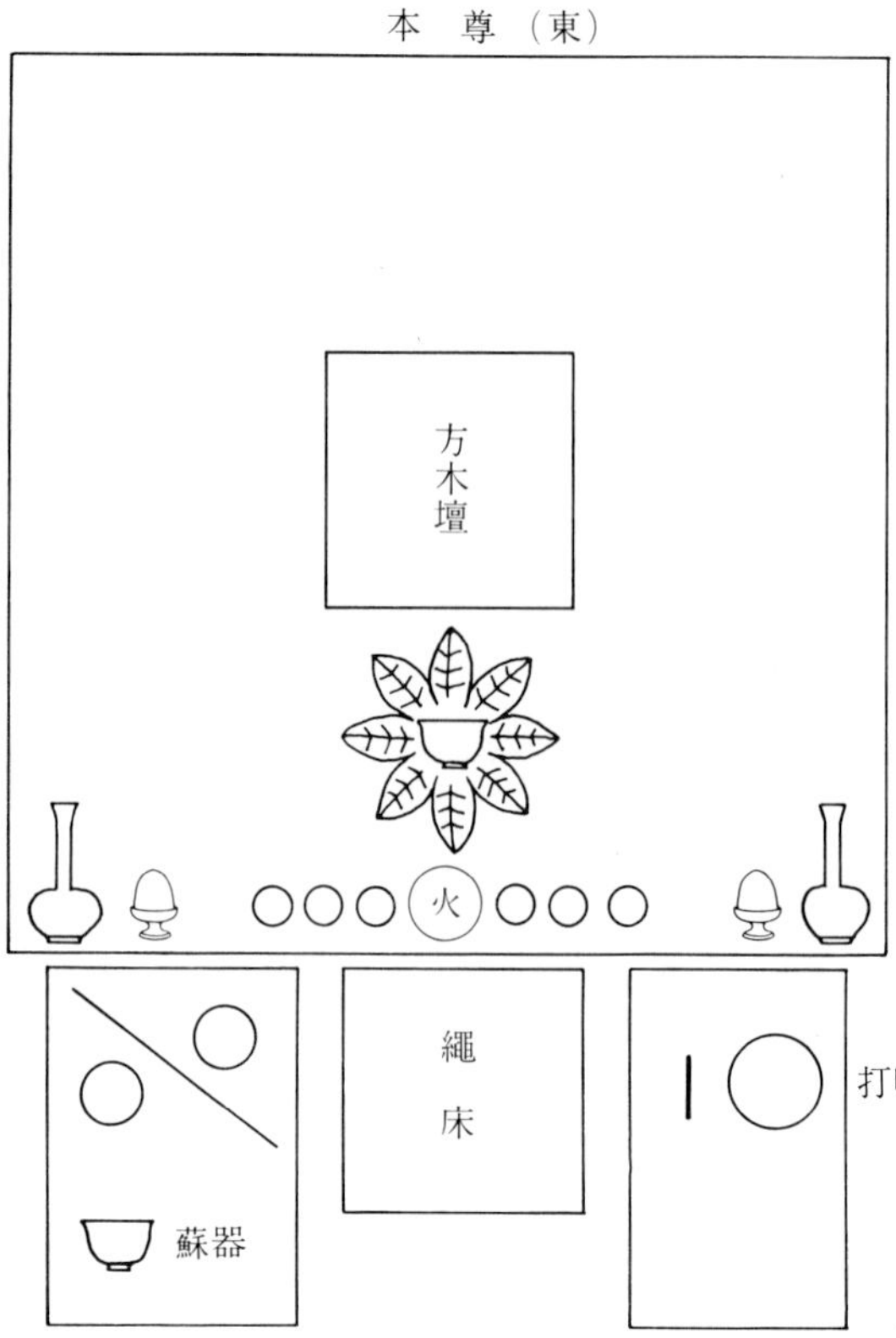

（例1）

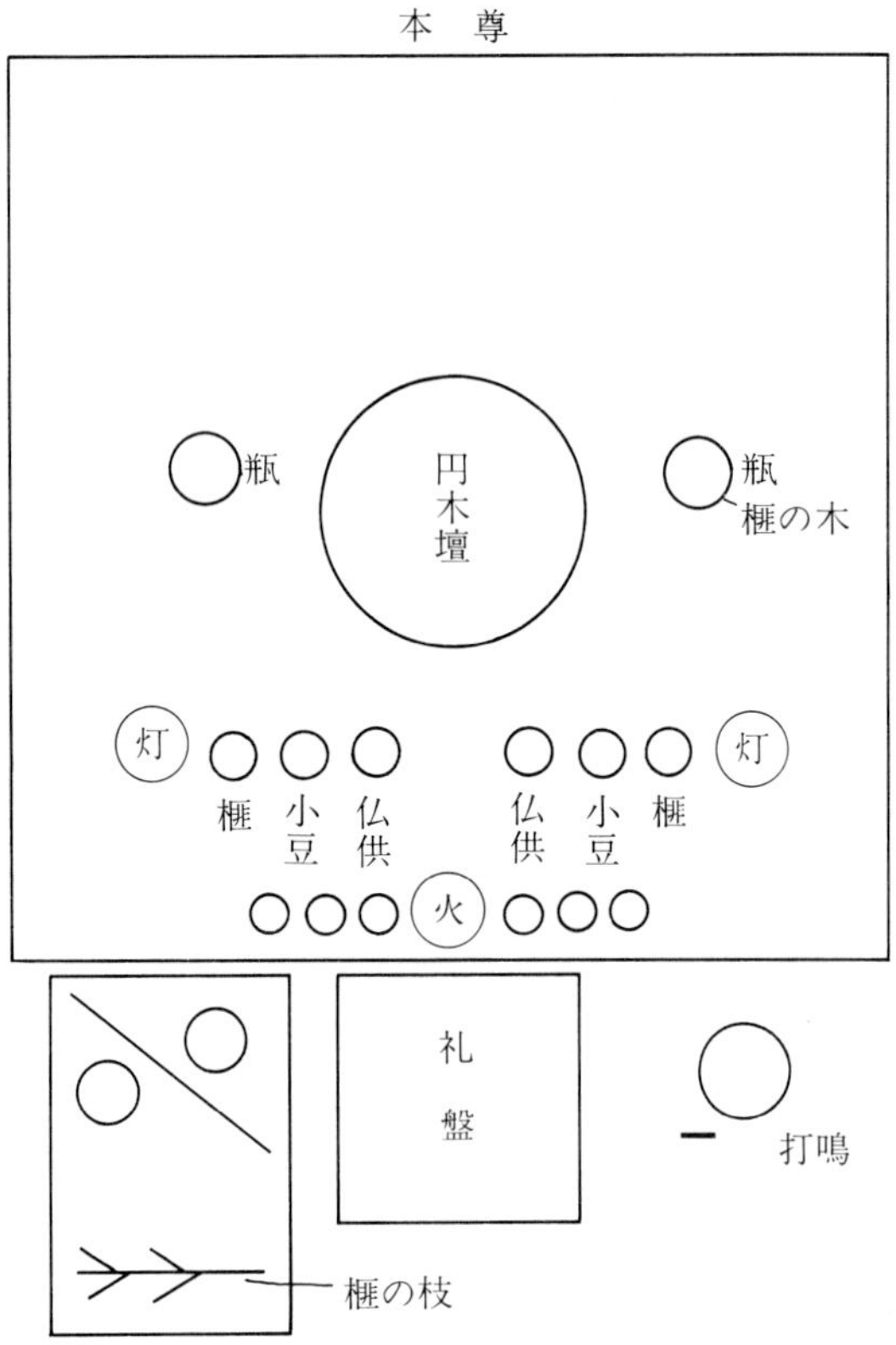

（例2）

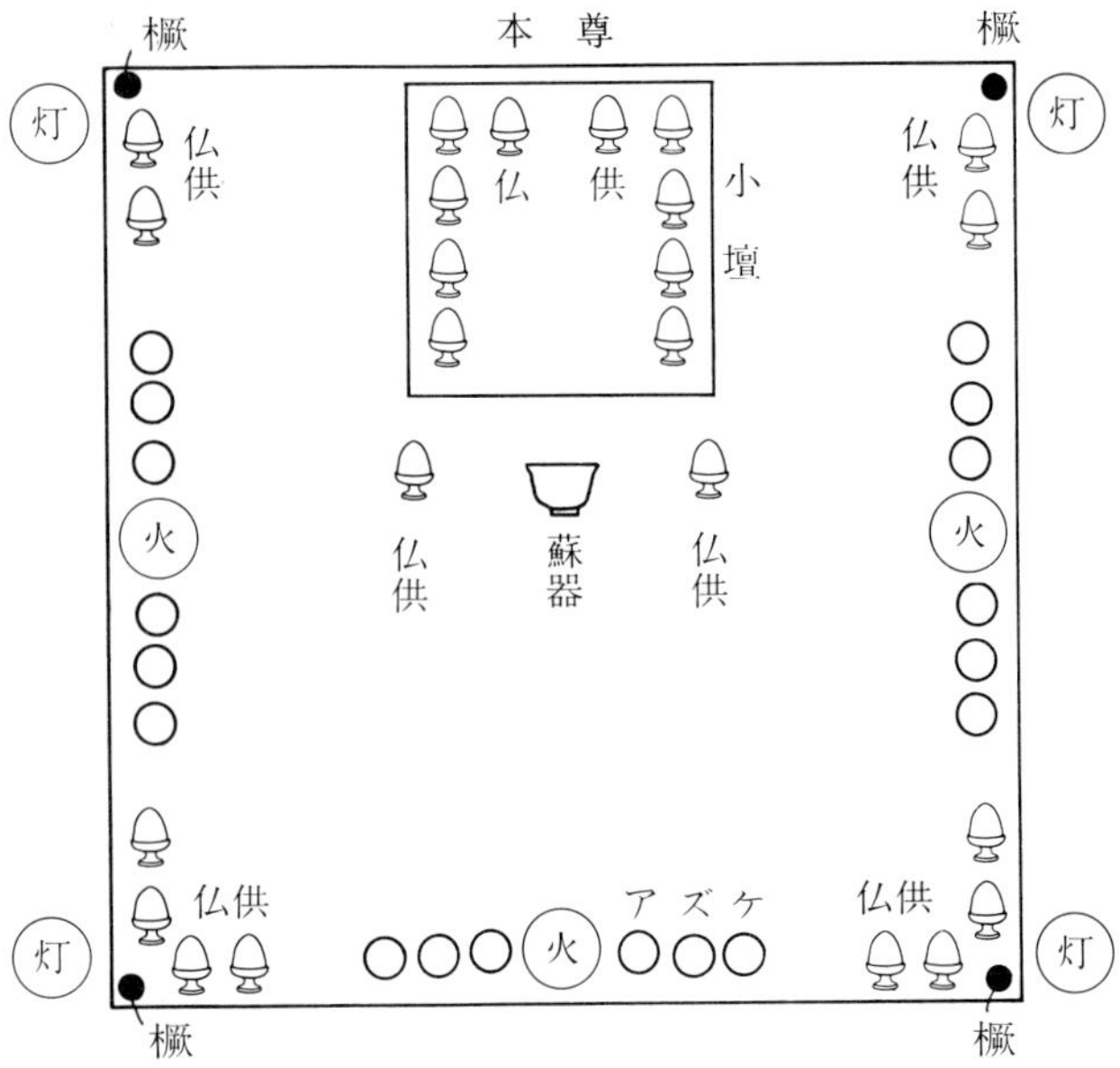

（例3）

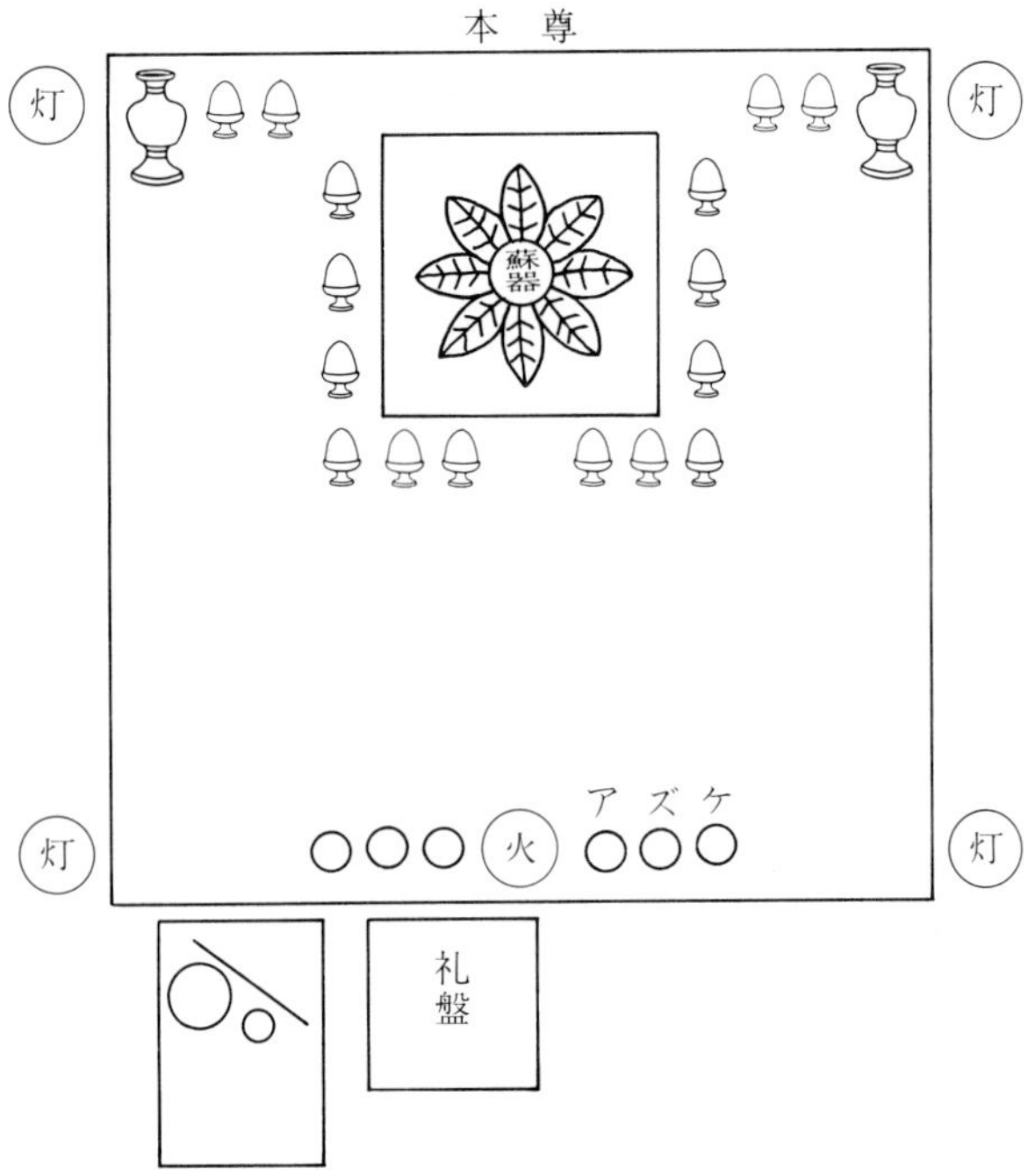

（例4）

例1 大壇の上に、方一尺六寸か一尺八寸、高さほぼ二寸の小木壇（四足）を安置する。蘇器は常の洒水器より少し深めの器を用いる。小木壇は沈・白檀・柏などの香木で造る。常時は蘇器を左脇机上におき、日月蝕時には蘇器を大壇上におく。下に乳葉（桑・穀の葉）七枚をしく（一伝には常時にも蘇を壇上におく）

例2 三宝院流では円の木壇を安じ、上に牛蘇器を置く。牛蘇器は護摩の蘇油器のごとし。四橛・壇線を引く。牛蘇は牛乳の煮つめたもの。牛蘇加持は日・月蝕にあたって行う。

例3 大壇は三尺七寸四方、高さ八寸の柏木を用いる。小壇は一尺六寸四方、高さ二寸、あるいは二寸八分の柏木を用いる。仏供は小壇上に一〇杯、大壇上に一四杯。

例4 仏供一六坏を用いる。日・月蝕時には桑の葉七枚、あるいは八枚を小壇上に敷き、その上に蘇器をおく。

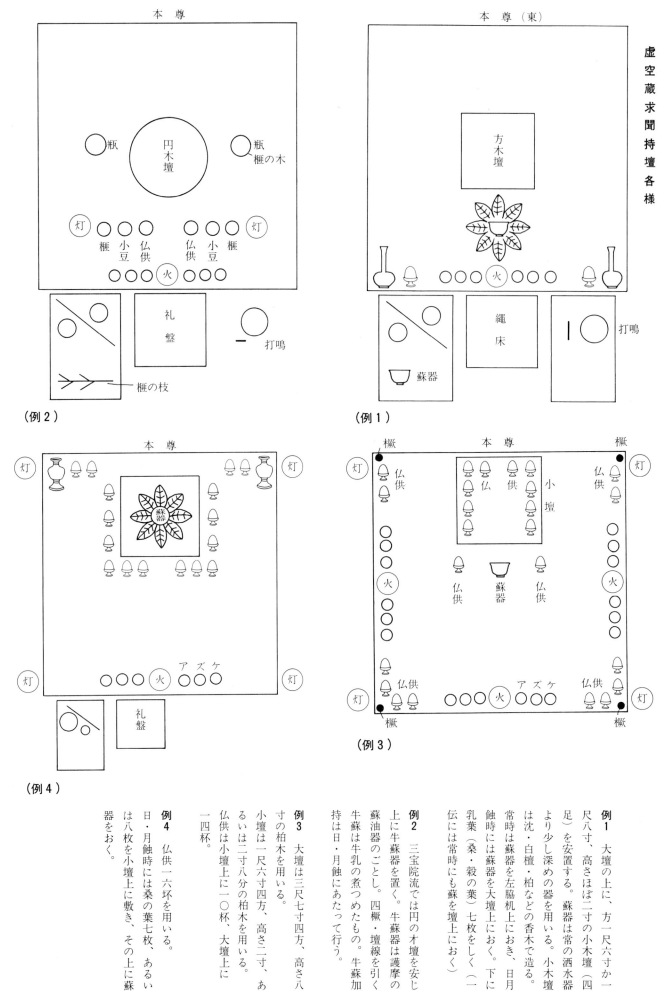

求聞持壇

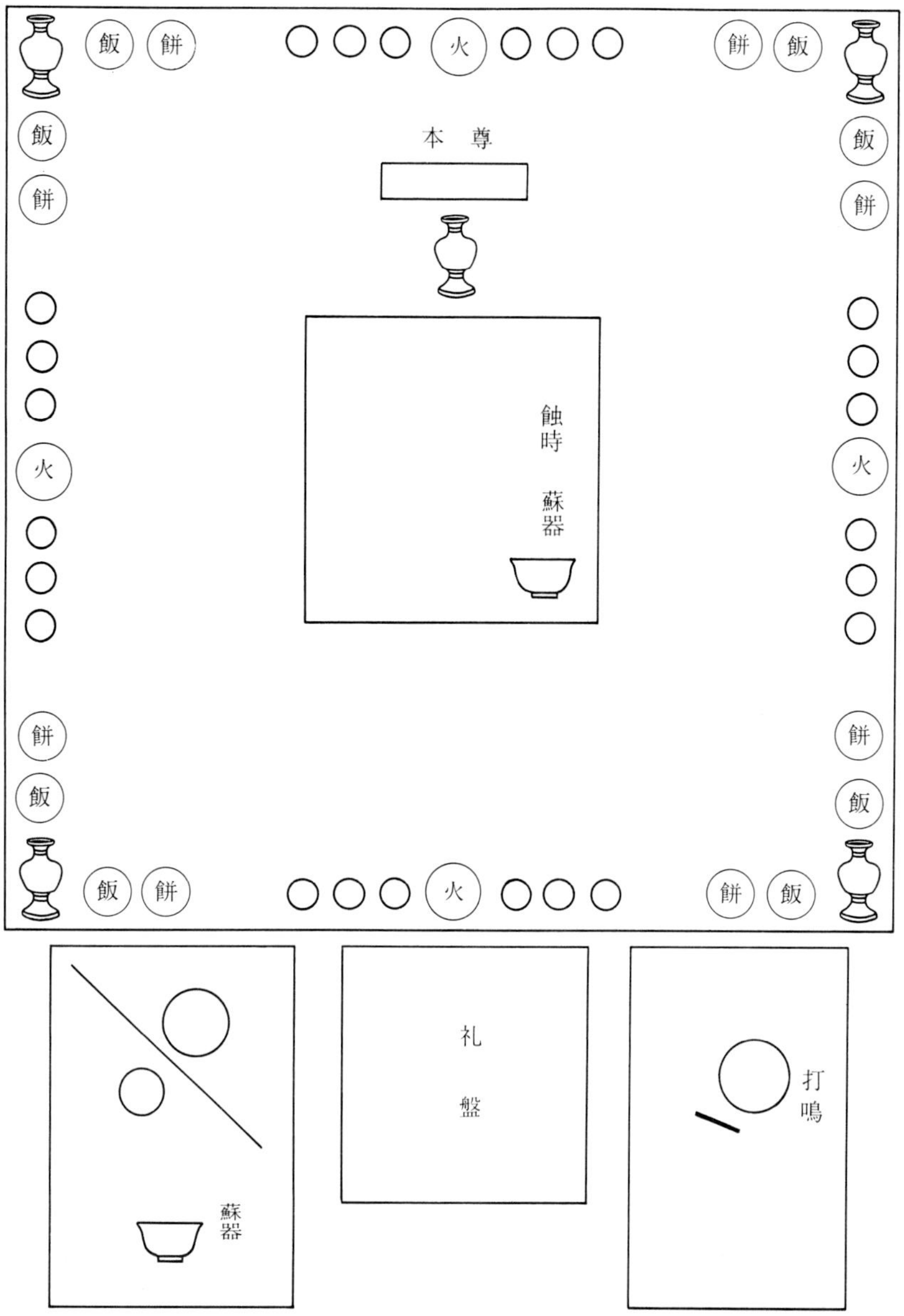

五色線・橛・鳥居木を護摩壇のごとくする。
蘇器は、蝕時には小壇上におき、余時は左脇机に置く、
蝕時には飯八杯・餅八杯を供す。余時は棚などに供しおく。

小壇の図二様

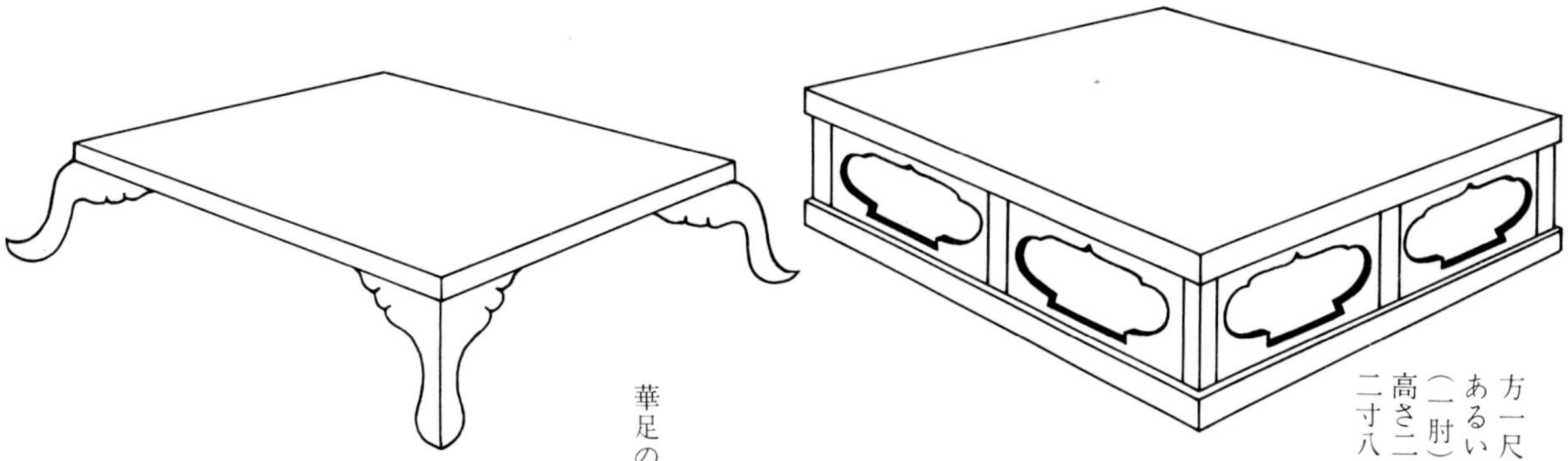

地　鎮――地鎮は基壇を築かない以前に修し、金銅の賢瓶を用い、瓶に二〇種物（五宝・五香・五薬・五穀）を収める。

賢瓶を中央に埋め、五方に五色の玉を埋む。

五色玉　東―青―瑠璃　南―黄―琥珀　西―赤―珊瑚

中―白―水晶　北―黒―黒石

五色玉少々（五丸石）

賢瓶は、仏壇下に当る位置に埋め、その上に平石を置く。鎮石と称し、建替えのときも動かさぬを吉とする。

鎮　壇――鎮壇は、基壇を築き、堂を建てて後に修し、八枚の輪と八本の橛を壇の八方に埋む。輪は八幅輪、鋒先は三鈷の三鈷輪宝。

地鎮鎮壇―地鎮・鎮壇は前後に両度修すべきもので、地鎮には瓶玉を埋め、輪橛を用いず。鎮壇にも輪橛を用いず。

近代は地鎮鎮壇を合行し、一度に行ずることが多い。その時は中央に瓶を埋め、八方に輪橛を埋めて玉を用いない。壇行は火舎六器など一面と、四面完備の両様あり。大阿の意楽にまかすべし。

賢瓶に五宝・五香・五薬・五穀の二〇種物を入れる。

瓶には五色の糸をかけ八角に結ぶ。二伝あり。師伝によるべし。

壇は三方幔を張る。橛は輪の上に横ざまに先を内に本を外にしておく。

行法中（散念誦時）（一伝には前供養了りて）、弟子がかねて掘り下げた穴に鎮物をうずめる。中央と堂塔庇の八方の穴に、瓶と輪橛をそれぞれ埋めるのを本儀とするが、中央の穴（仏壇の下）一つにすべてを埋納した古例もある。五穀粥と共に供す。穴の中に橛をつきたて、その上に輪をおいて、橛の先にさし貫き、傘のように橛の上に置く。あるいは、輪をおいてその輪臍に橛を立てる法もあり。輪橛は艮の角より打つ。

輪鋒は方位をたがえず正位置におくこと。

地鎮鎮壇（修法時の壇図）

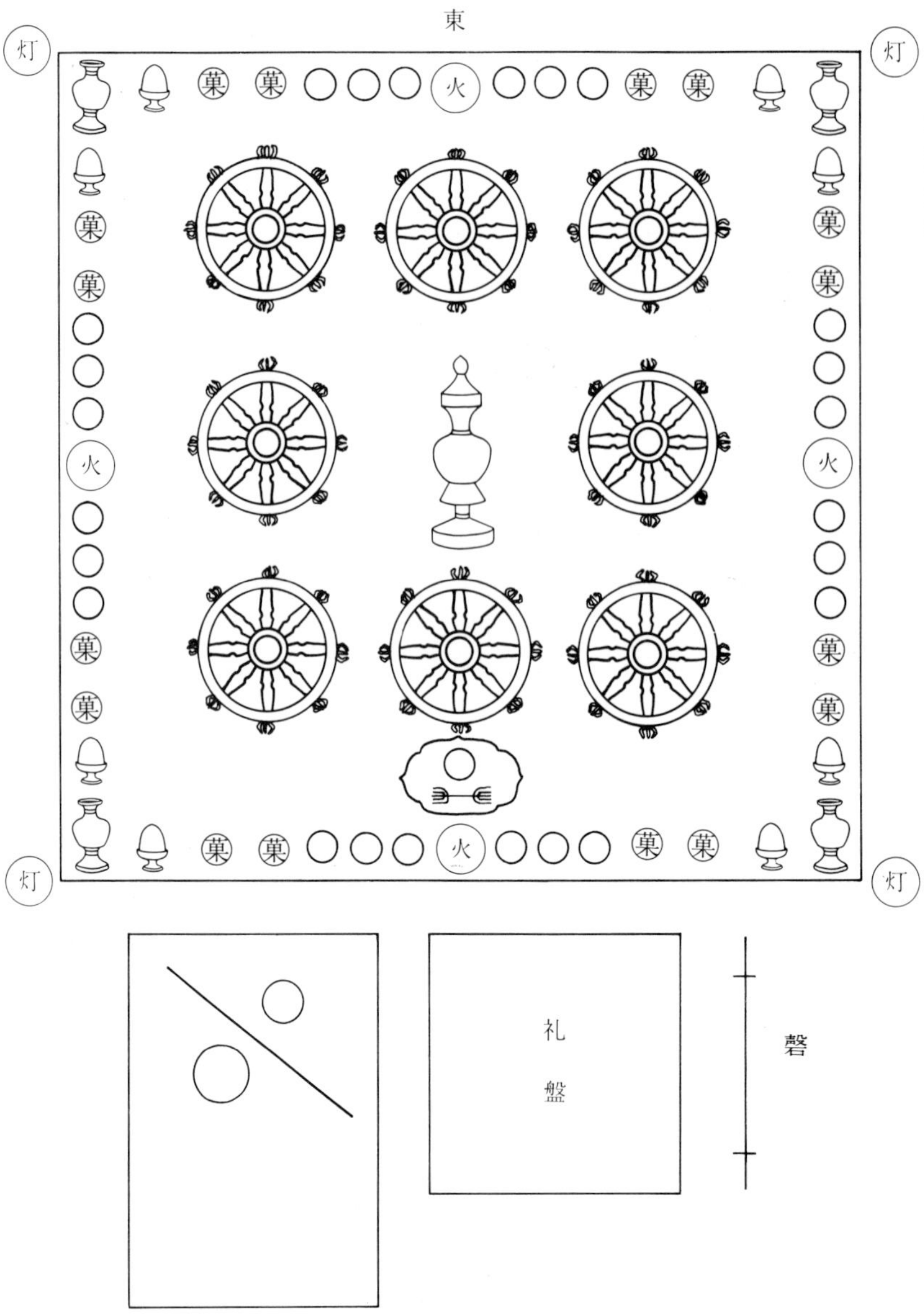

輪橛の置き様二種

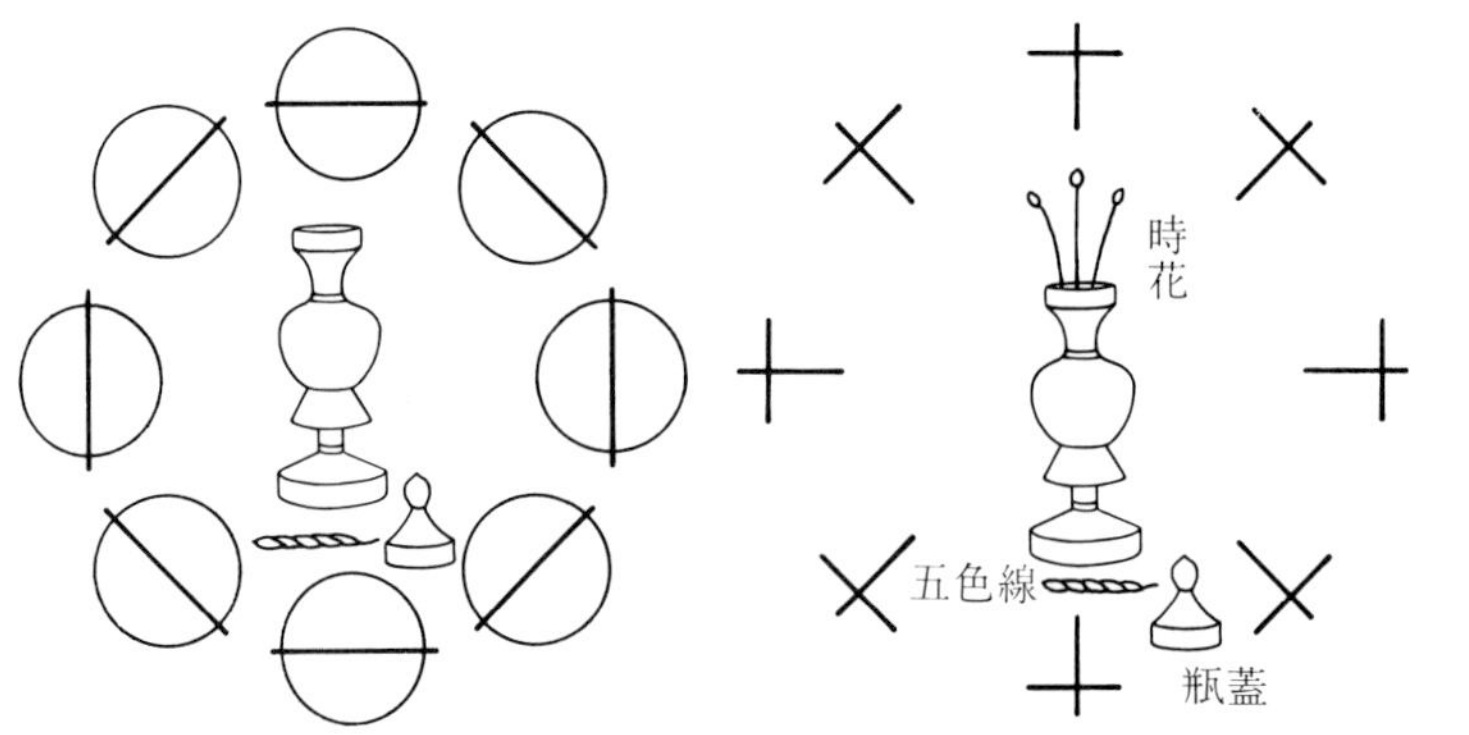

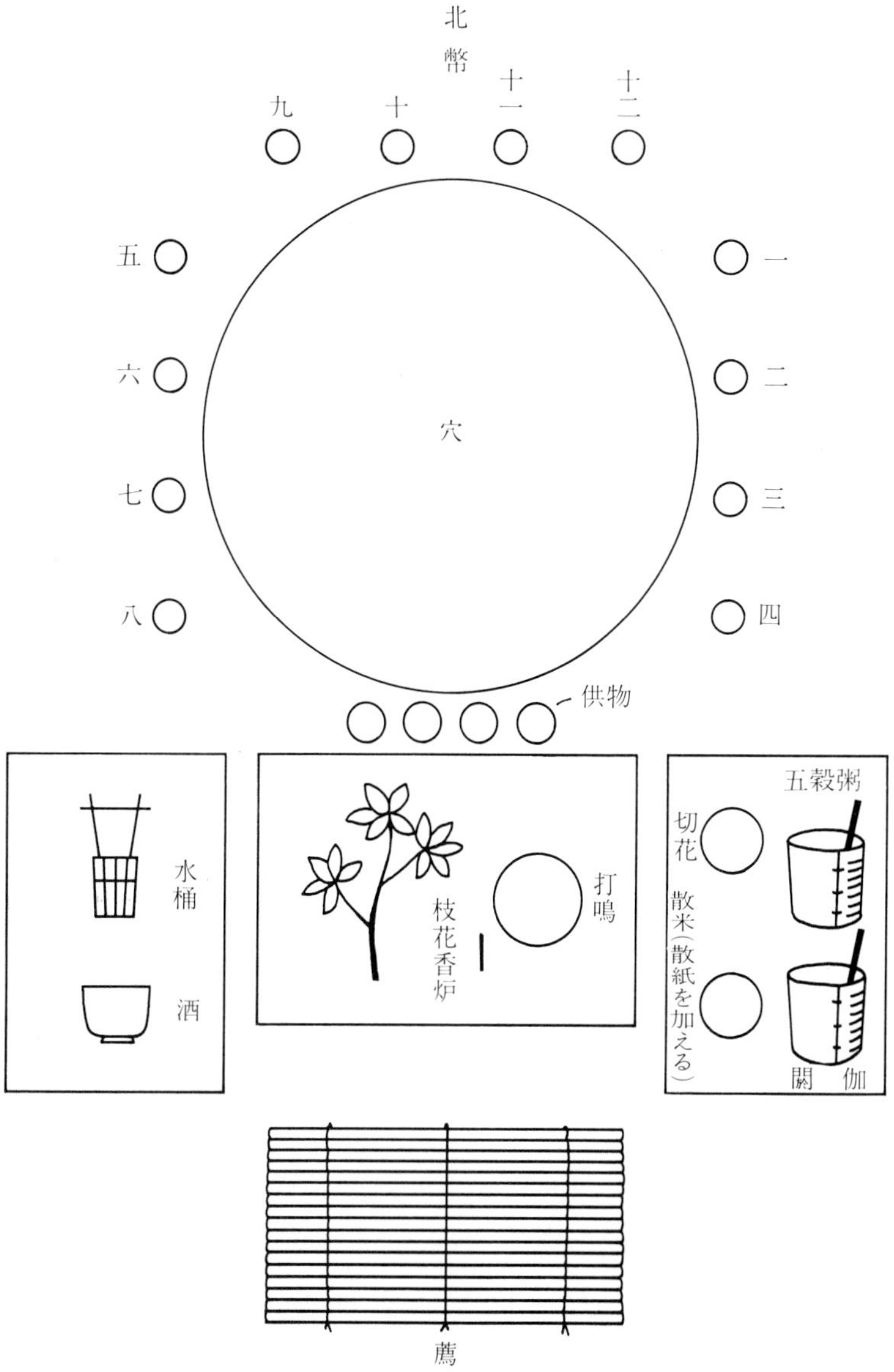

幣帛　一二本。かって潤月があったころは、潤月のある年は一三本とするか、十二ヶ月に形どる紙銭を一三連にするという伝もあり。この時は幣は一二本のままとする。幣には紙銭（銀銭）一二連二〜三枚をとりつける。

十二神＝正月、徴明　二月、河魁《かけ》　三月、従魁　四月、伝送
五月、小吉　六月、勝光　七月、大一　八月、天罡
九月、大衝　十月、功曹　十一月、大吉　十二月、神后

なお、土公供の前に屋敷地取作法を行い、悪土を除く法がある。
明師について伝承すべし。

流によっては、新築の土地の中央に、高さ三〜四寸、囲り二尺四方ばかりの土壇を築き、壇の上に五本の幣をたて、壇の前に薦を敷き、その上に半畳を置き、行者の座とする。

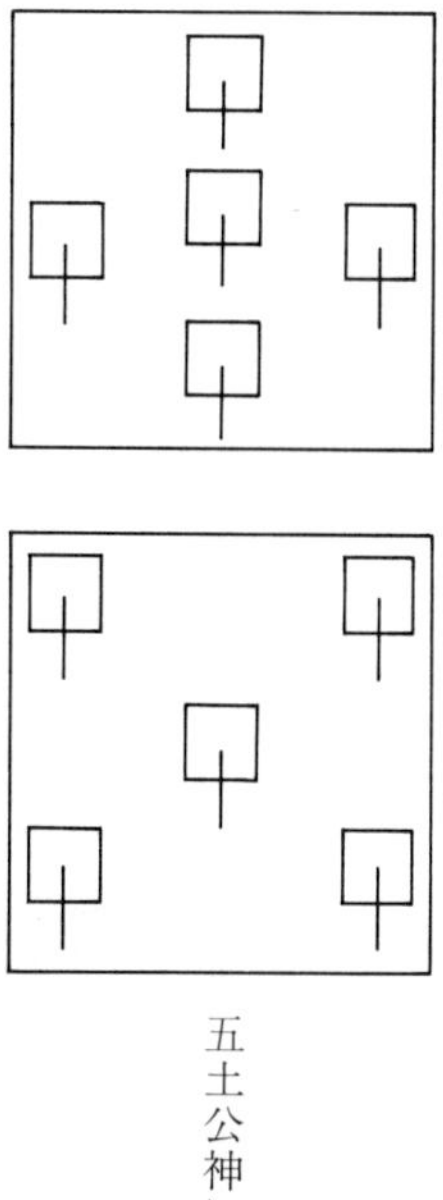

五土公神に供す

また、方三尺（または二尺）の穴を掘り、穴の中に一二本の幣を立て、各幣に紙銭をかける。

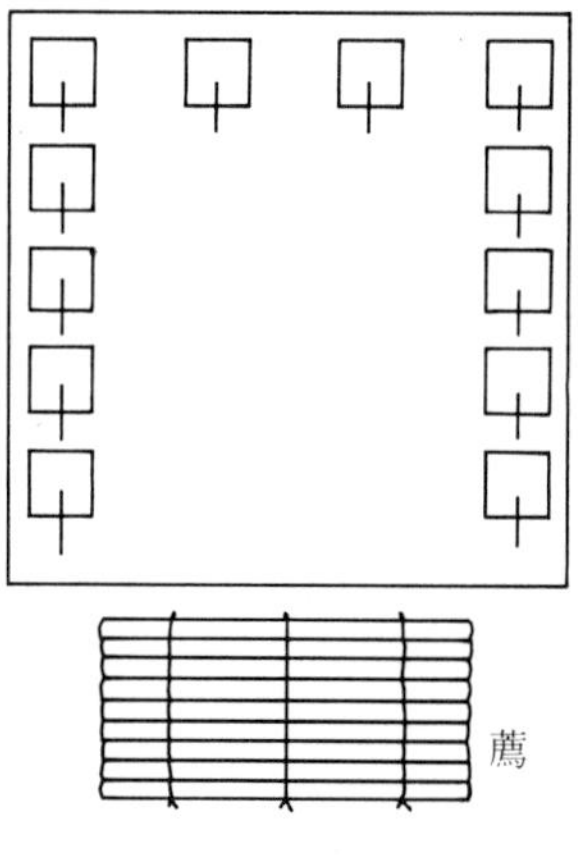

十二天に供す

四　浄土宗の仏具

他宗のことを詳しく知らない自分として〝これが浄土宗の特色〟と断言することはできない。自分の見解からいえば〝種々雑多で特色らしいものがないことが浄土宗の特色〟である。これは宗風の致すところで、宗義からいえば、行住坐臥、不断に念仏を申すのが第一である。このために読誦や礼拝などいろいろな助業が用いられている。また、元祖大師の慈悲円満な御人格の故もあって、念仏の助けとなるものは何でも採り入れられているのである。

本尊の阿弥陀仏の外にもいろいろの尊像を祀り、盂蘭盆、施餓鬼を始め加持祈禱に近い法要も採り入れられている。経文も漢音あり呉音あり唐音あり陀羅尼がある。法服は禅宗から、声明の元は天台から、作法の中には密教から入ったものもある。こうして法儀そのものが種々雑多であり、したがってそれに用いる荘厳具、供養具、法要具など、実に種々様々なものが存在する。しかも広略随意〝かくあるべし〟という規範もないので〝これが浄土宗の特色〟と断言できないのである。

仏具、法具の製作は業者任せ、購入は寺や信徒の財力次第、ありがたいものは何でも採り入れる庶民宗派としての浄土宗としては〝これという特色が無いのが特色〟といわざるを得ない。しかし浅学の自分が〝これが普通〟と思っていることが、他宗の人からは〝それは珍らしい〟と見られるかも知れない。したがって、ここでは現在のありのままの姿を記述することにした。その中に〝いかにも浄土宗らしい〟と思われるものがあればそれが浄土宗の特色である。

一、本堂の荘厳と本尊

(1) 浄土宗寺院の本堂

知恩院の大殿　総本山知恩院[※1]の大殿（本尊は法然上人像）は浄土宗の代表的本堂であるが、戦前に建てられた末寺の本堂も多くはこの形式である。このうちAは「内陣」と呼ばれ、導師や式衆などの席で(左図参照)、純然たる〝法要の場〟である。これに対しBは「外陣」と呼ばれる。特殊な法要(葬儀式、施餓鬼会、放生会など)には祭壇が設けられることもあるが、ほとんどの場合は「参詣者の席」である。

また、Cは特別な名称はなく、俗に「脇陣」と呼ばれ、内陣の延長とも外陣としても使用される。

Dも特別な名称はなく「脇壇前」ともいわれ、脇壇用の前机が置かれたり、臨時の祭壇が設けられたりする。

関通派の本堂　浄土宗の中に「関通派」と称する一派がある。「常に大きな仏像を拝していると、命終のときに大きな如来が現じて引接される」との信仰から、一般の本堂より内陣を大きくし、大きな仏像（多くは丈六の阿弥陀仏）を安置している。知恩院の阿弥陀堂[※2]（本尊は阿弥陀如来坐像）はこの形式によっている。大殿に対して〝仏殿〟と呼ばれている。

末寺の関通派の寺院では、この内陣を一段高くしている本堂もあ

※1　知恩院大殿外観

※2　知恩院阿弥陀堂外観

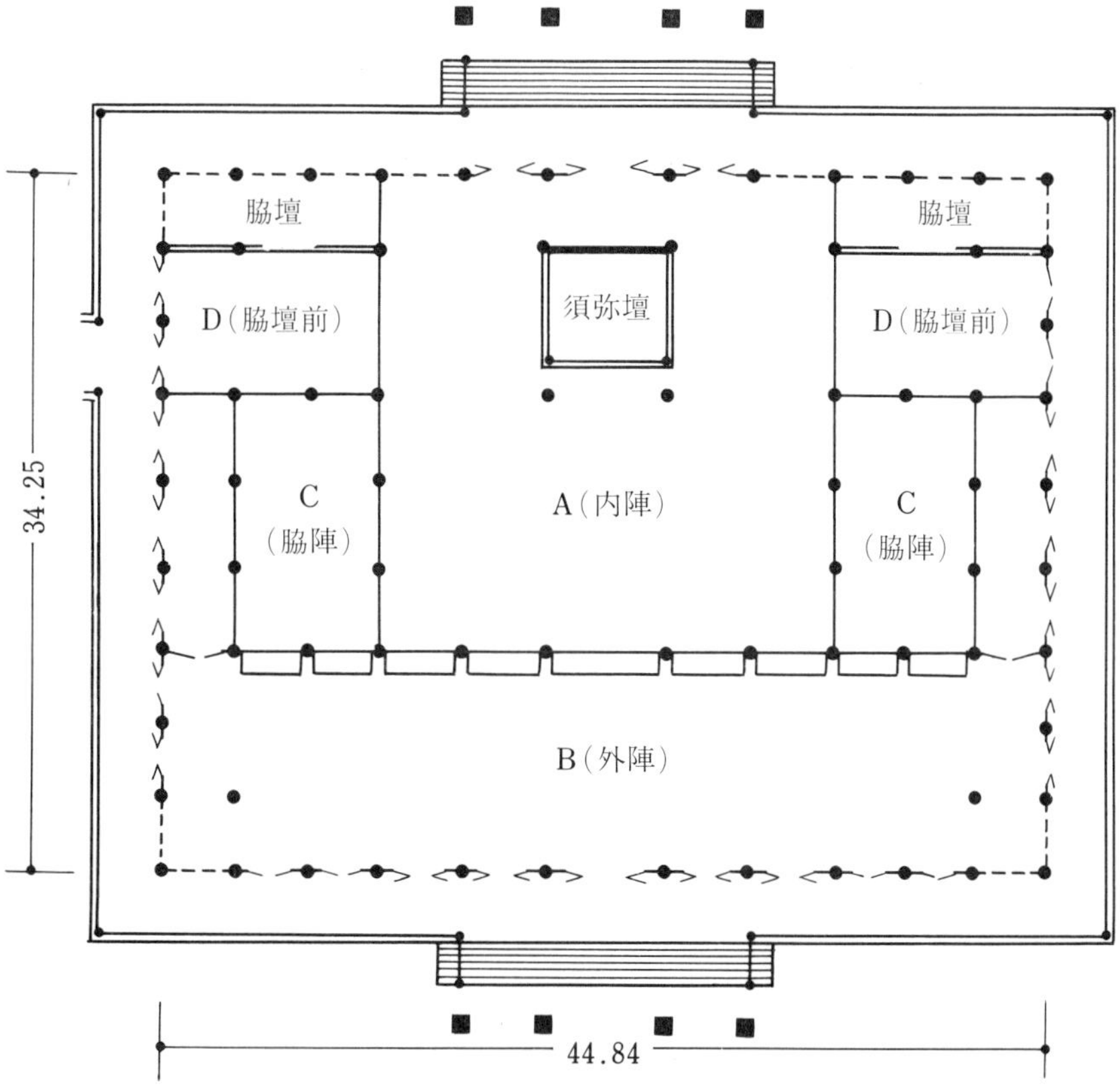

知恩院大殿の平面図（縮尺五〇〇分の一）

知恩院大殿内陣

る。

法然院の本堂（特殊な例）　先の二つの形式は平面図でも分るように、本尊は奥の方に寄せられ、導師が本堂の中央に位置している。これは主客顛倒もはなはだしいとの見解から、仏像を安置した堂と、参詣者だけの堂を別に設け、これを継いだ場所に導師が進み出て礼拝する形式が見られる。洛東、鹿ヶ谷法然院本堂はこの特異な例である。

古い仏堂　奈良東大寺の大仏殿、大原三千院の往生極楽院、宇治平等院の鳳凰堂の如く、古くは堂の中央に本尊を安置し、その前で礼拝したのである。時代が下るにつれて法要の場に重きを置くようになり、さらに参詣者の席を広くとるようになったと考えられるのである。

堂庫裡　浄土宗の本堂には前記の外、禅宗の方丈の形式に準じたものがあり、「堂庫裡」と呼んでいる。知恩院の大方丈がこの形である。「上段の間」（座敷）は建物の都合で左右いずれでもよい。この座敷は貴人の席に当てられ「上人所」と呼ぶ地方もある。「控の間」は、時により応接室であり客間であり、外陣の延長にもなる。建築面積も少くてすみ、維持もしやすく、多目的に使用することができてまことに便利である。しかしそれだけに、純然たる法要の場の感が淡く、厳粛な法要を修する場合に尊厳味を欠くことは否定できない。

新しい本堂　戦災を受けた都市の寺院が本堂を再建する場合は、本尊はさらに奥の方へ押しやられ、法要の場である内陣は参詣者より一段高く造られている。あたかも劇場の舞台と観客席の様相を呈するようになった。さらに生活様式の洋風化から正坐が困難となり、参詣者の席に椅子が採用されることが多くなった。こうなると法要と参詣者はまったく演劇と観客の関係となってしまい、本来僧俗ともに礼拝念仏した浄土宗としては再考を要する問題となった。

五重相伝・授戒をはじめ、写経会・別時念仏など、僧俗が一体となって執行した法要はどうなっていくのであろう。経文の和訳、法服、荘厳の検討とともに、式次第、本堂の様式についても研究を進めなければならない。

(2) 浄土宗の御本尊

浄土宗の信者が崇め敬う仏は、いうまでもなく西方極楽の阿弥陀仏であるはずである。ところが浄土宗の寺ぐらい、いろいろの仏を祀っている宗派も少いようである。境内に地蔵堂や弁天堂があり、本堂内にも観音菩薩や地蔵菩薩、不動明王や歓喜天などを祀っている寺が多い。まれには、御本尊の阿弥陀仏より、他の諸尊のゆえに有名な寺さえある。

本堂の御本尊はほとんど阿弥陀仏であるが、まれには釈迦如来や薬師如来を本尊としている寺もある。これは、その寺が創建された当時は浄土宗ではなく、後に改宗されたためで、創建当時の本尊をそのまま本尊として祀っているためである。また同じような理由から、大日寺、吉祥院、十王寺、多聞院など、寺号をみただけで浄土宗かどうか迷うような寺もある。しかし浄土宗の本尊としては阿弥陀仏であるべきだから、ここでは阿弥陀仏についてのみ説明することにした。

阿弥陀一仏と阿弥陀三尊　本尊として祀られる像も、阿弥陀一仏のときもあれば、観音、勢至の両脇士とともに「弥陀三尊形式」の場合もあり一定ではない。絵像はまれでほとんどは木像である。金銅仏や塑《そ》像であることもあるがごく少数である。

その尊容も立像あり坐像あり、これも一定ではない。また俗に「立像は極楽から来迎される姿で在家で祀る仏さま、坐像は極楽でお待ちになっている姿で寺の御本尊である」といわれているが、立像を祀っている寺も多い。

仏像はそのほとんどは端正な静的な姿で造られる。阿弥陀仏も来迎仏がわずかに片足を踏み出した姿である以外動的な感じはない。ただ一つ洛東禅林寺には「見返りの弥陀」と称する像がある。永観律師が念仏行道されたとき、先導の仏が永観の名を呼んで振り返ら

※　**幔幕**　本堂そのものを荘厳するために幔幕が用いられる。通常、青（実際はみどり）・黄・赤・白・黒（紫）の五色の緞子《ドンス》で造られる。乳（幕綱を通すところ）は中央だけ二個接続して付けられている。綱を通すときや幕を張るときはこの中央から両側へ進めるとよい。幕がたるまぬよう、折れまがりを角に張るのが心得である。

なお、辞典によると図のごとく布を縦に継いだものが幔であり、横に継ぎ合わせたものが幕であると書かれている。

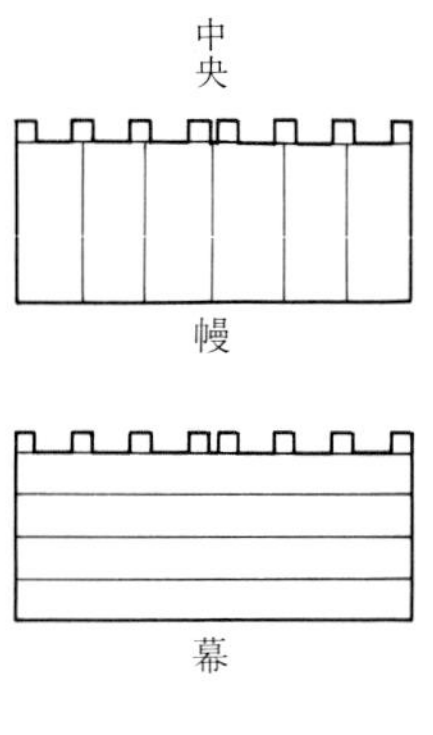

知恩院阿弥陀堂内部

見返り阿弥陀立像

来迎印阿弥陀立像

阿弥陀三尊像

れた姿を写したものとされている。仏像研究者の間では動的な仏像を創ろうとした作者の試みであろうとの説がある。

印相も一定ではない。関通派の丈六仏はほとんど「定印」[※4]であり、その外は「上品下生印」[※1]が多いようであるが、これも一概にはいえないことである。

両大師　浄土宗の宗祖法然上人の信仰上、教学上の師は唐の善導大師である。このゆえに、浄土宗の本堂では「両大師」と称して右の二上人の像を安置している。法然上人を元祖とし、善導大師を高祖と称して上席（向って右）にすることになっている。左右の脇壇に一体ずつ分けて安置することもあり、どちらかに二体並べられることもある。

善導大師の像は、「半金色」と称して下半身が金色、上半身は墨染に色彩が施されている。これは「本来は仏である方が、仮に僧の形として現世に出られた」との説にもとづくものである。

法然上人は、墨染の法衣を着けられた像に造られる。「われわれと同じ凡夫であられた」との宗義によるものである。尊容の特色は、いかにも慈悲円満なお顔をされている。ところが御存命中に画かれたと思われるお顔は眼光の鋭い、意志の強いお顔であると聞いている。御人格と宗義の特質から理想化された御面相となったのであろう。

なお、善導大師は立像でも坐像でも堅実心合掌に造られ、法然上人は両手で数珠を繰っていられる姿に造られることが多い。

四天王　本堂内陣の四方の柱に四天王を祀る。木像は少く、多くは木札、または白紙に墨書して張り付けてある。これは五重相伝、授戒会などには、仏教の守護神である四天王を祀るよう指示されているからである。ところがその祀り方と方位に問題がある。奈良の古大寺に例をみるまでもなく、四天王は本尊を背にして外面するか、堂の四隅から内面に安置すべきである。浄土宗流の祀り方では内陣だけを守ることになる。

また持国天を図[※5]のように祀る寺が多い。持国天は東方の守護神だから、本来ならば本尊（阿弥陀仏―西方）の真正面であるべきである。しかしここへ祀ることは事実上不可能である。このため斜の位置まで移動させるが、順（右廻り）に送るのが正当である。すなわち大半が誤っているのであるが、これには次のような原因が考えられる。

四天王の順位を覚えるのに古来、「東南西北持増広多」といわれている。東・持国天、南・増長天、西・広目天、北・多聞天の意である。一方、道場を浄める道場洒水は「方位の始め東北から」と定められている。本尊阿弥陀仏を西方と心得、右背後から始まるのである。また道場洒水の作法が勧請開眼に似ている。これらの諸点が入りまじり、修者の右背後が持国天と誤られたのである。

竜　王　また本尊の近くに王誉妙竜《おうよみょうりゅう》と竜誉高天《りゅうよこうてん》を祀ることがある。これは幡随意、白道が上総国館林の善導寺に在住したことがある。この寺の近くに躑躅池という池があり、竜が栖むといわれていた。ある夜一人の女性が現われ、西方極楽に往生したいと願い、上人から授戒を受けたいと請願した。上人はその志に感じ五重相伝を授け「王誉妙竜」と法号を授与した。この女性は躑躅池の竜女であった。さらに後日、この竜女の勧めにより、夫の竜王も五重を受け「竜誉高天」の号を授与された。この竜王夫妻はその恩義に感じ、末永く五重相伝の法儀を守護するのである。

右のような由来から、五重相伝にはこの竜王夫妻を祀ることになっている。また竜女が先に得脱したことによって王誉妙竜を上席にするのが慣例である。

内陣に向っては左頁・下図のように、後門では上図のように祀るのである。多くは白紙に書いて張り付けている。

(3) 本堂内出仕者の席次

浄土宗の法要は、ごく一部（施餓鬼会など）を除いては本尊に向って勤められる。これを内陣向法要[※6]という。この場合、導師、脇導師、式衆の席次は次の如く定められている。

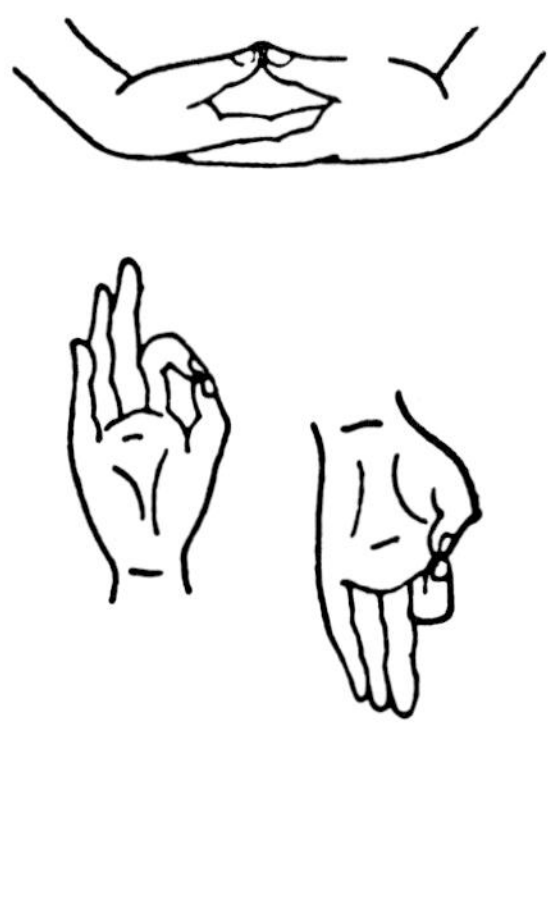

※4　阿弥陀如来の定印の一例（上図）と上品下生印（下図）

※5　四天王の祀り方と方位

〈古寺の例〉

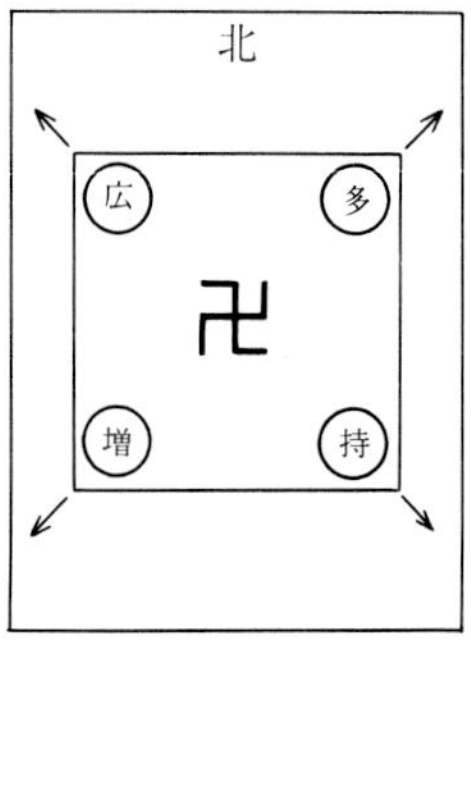

〈現在の浄土宗〉

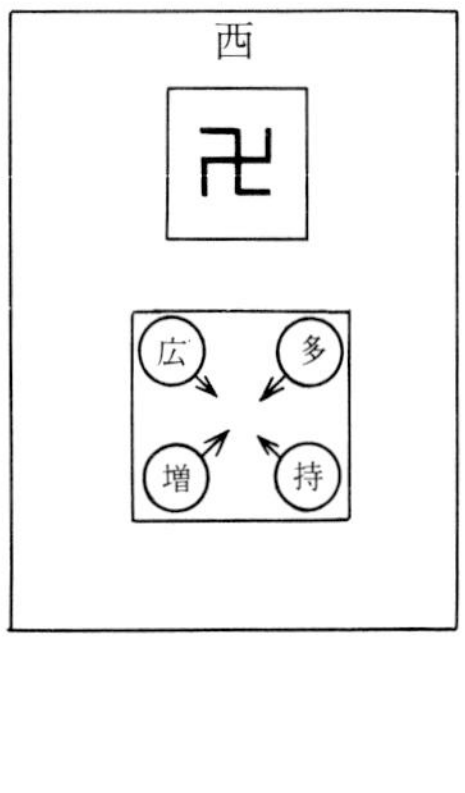

〈正しい例〉

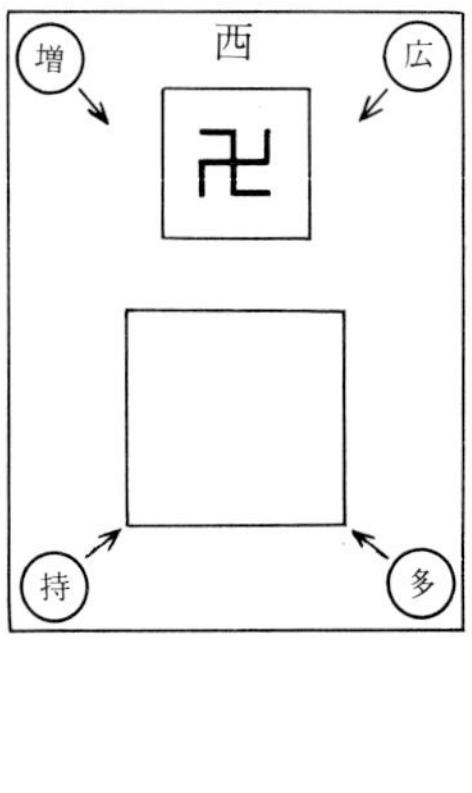

阿弥陀如来三尊像

上・四天王の紙札
左・阿弥陀如来と両大師像

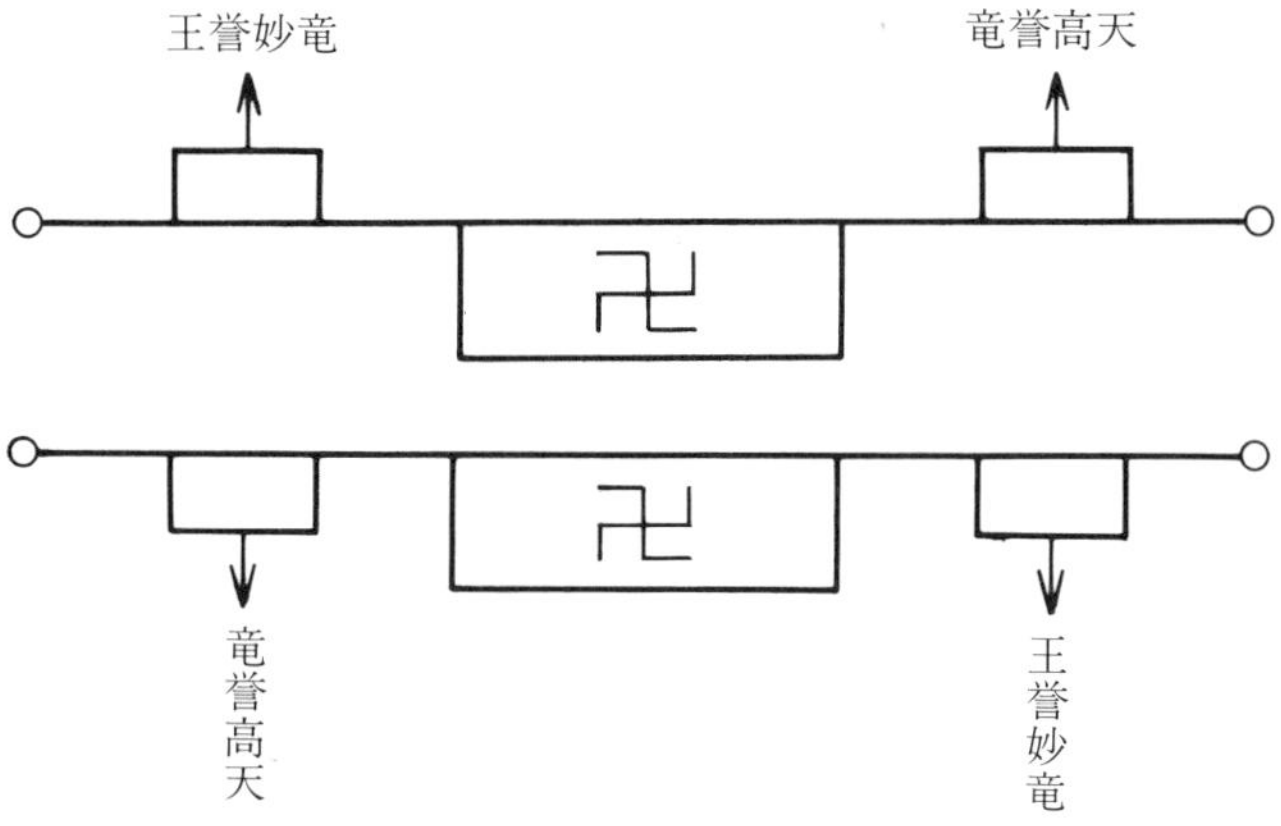

竜王の正しい祀り方

本堂の柱に貼られた竜王の紙札

左右の上下と、〝本尊に近い方が下席になる〟ことは次のように説明されている。

ただ一人が仏を拝するときはもちろんその正面に向かう。この人数が多くなると横一文字になる。この場合、左右の上下が問題となる。中国でも日本でも古くから左が上席として扱われてきた。このため中央の左が上席、右が下席となる。さらに人数が多くなると、両端は折れて向き合うことになる。こうした経過をたどって本尊に近い式衆が最下席となるのである。

施餓鬼会など、外陣に祭壇を設ける下陣向法要では、祭壇を主にして席次が定められる。

二、特色ある仏具とその使用法

始めに述べたように、浄土宗の荘厳は融通無碍で確固たる規制がない。堂の広さ、須弥壇の大小は、信仰心の篤さや経済力によって簡素にも丁重にも荘厳されている。

本尊用の仏具として仏天蓋、宮殿・厨子・羅網《らもう》・宝灯《ほうとう》など、また須弥壇上に置くものとして上机・灯篭などがあり、上机に常灯明・茶湯器・香炉・燭台・花瓶・供物台が載せられる。また導師、式衆用の具として高座《こうざ》（前卓・脇卓・拝敷）と二畳台《にじょうだい》・経机の類、さらに大磬・木魚・鉦などが並べられる。堂内を飾るものとして打敷《うちしき》・水引《みずひき》・幢幡《どうばん》・華鬘《けまん》・幔幕《まんまく》など、じつに多種多様の品が使用されるのである。

しかし先に述べた如く、この中のどれも無くてはならぬというものではない。極端ないい方をすれば、本尊と三具足があれば事は足るのである。したがって、荘厳具や供養具の配置についても特に厳格なきまりはなく、場所と器物に依って見た目に美しくを考えて置いているに過ぎない。ただ香炉、常灯明などは必ず真正面に、一対になる物は対称になるように、品物の方向を正しく正面に向くよう注意するぐらいである。

(1) 本尊周辺の仏具

宮殿・厨子　本尊の項で述べたごとく、本尊の多くは弥陀一仏か弥陀三尊である。そして宮殿内に安置されるもの、厨子に納められるもの、あるいは、これらの無いときには仏天蓋、まれには羅網が設けられることがある。宮殿や厨子には翠簾や斗帳が付けられることもある。

宝　灯　本尊仏の両側に「宝灯」が置かれることもある。この品の名称は「宝灯」「宝塔」「宝幢」「曼荼羅塔」などと呼ばれているが、正式名称は判然としない。原形らしいものが観経曼荼羅※7の中に見え、どうも石柱の上で火を炷いた照明具のように思われる。しかし「極楽は光明赫々として照明する必要はない」といわれれば返す言葉がない。多くは全面装飾された柱の上に火焔形の珠か灯明が付けられている。

常灯明　常灯明は本尊の正面に、終日消すことのない灯明を献じておくもので、住職在住の証であった。このため寺を継ぐことを「法灯を継ぐ」といったのである。しかし、戦時中に油が乏しくなったために廃止した寺も多い。

茶湯器　茶湯器は、近時、これに紙飾りを付けている寺がある。多分洒水器からの思いつきであろうが不用のことである。蓋を取る作法を知らぬことから起った誤りである。

その他本尊用の仏具として灯篭（置と釣）・香炉・華瓶・燭台・供物台などが用いられるが特に変ったことはない。

〔註〕茶湯器の中には何を入れるのが本儀であるか、との質問が多い。禅家の清規では茶器と湯器の二個を備えるのが正式と聞いている。浄土宗でも葬儀式にはこの形をとることもある（一個には茶を表示して煎茶の葉を、他の一個には湯を表示する葛を盛っている）。

平常は一具であるが、これに水、茶（煎茶）の二説がある。『五

※6 本堂内出仕者の席次

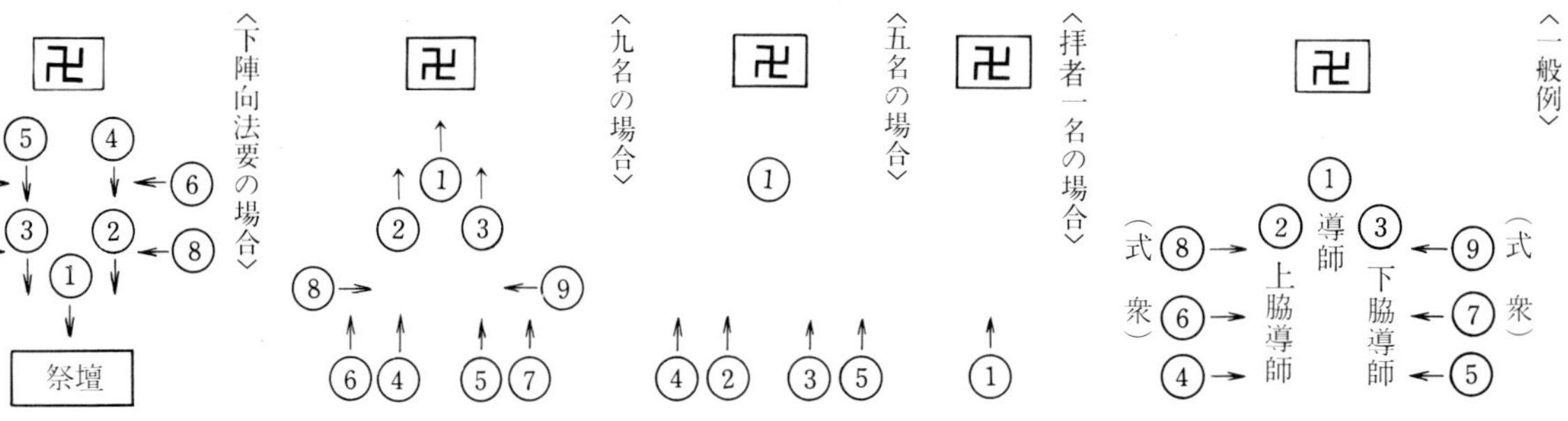

知恩院勢至堂内部

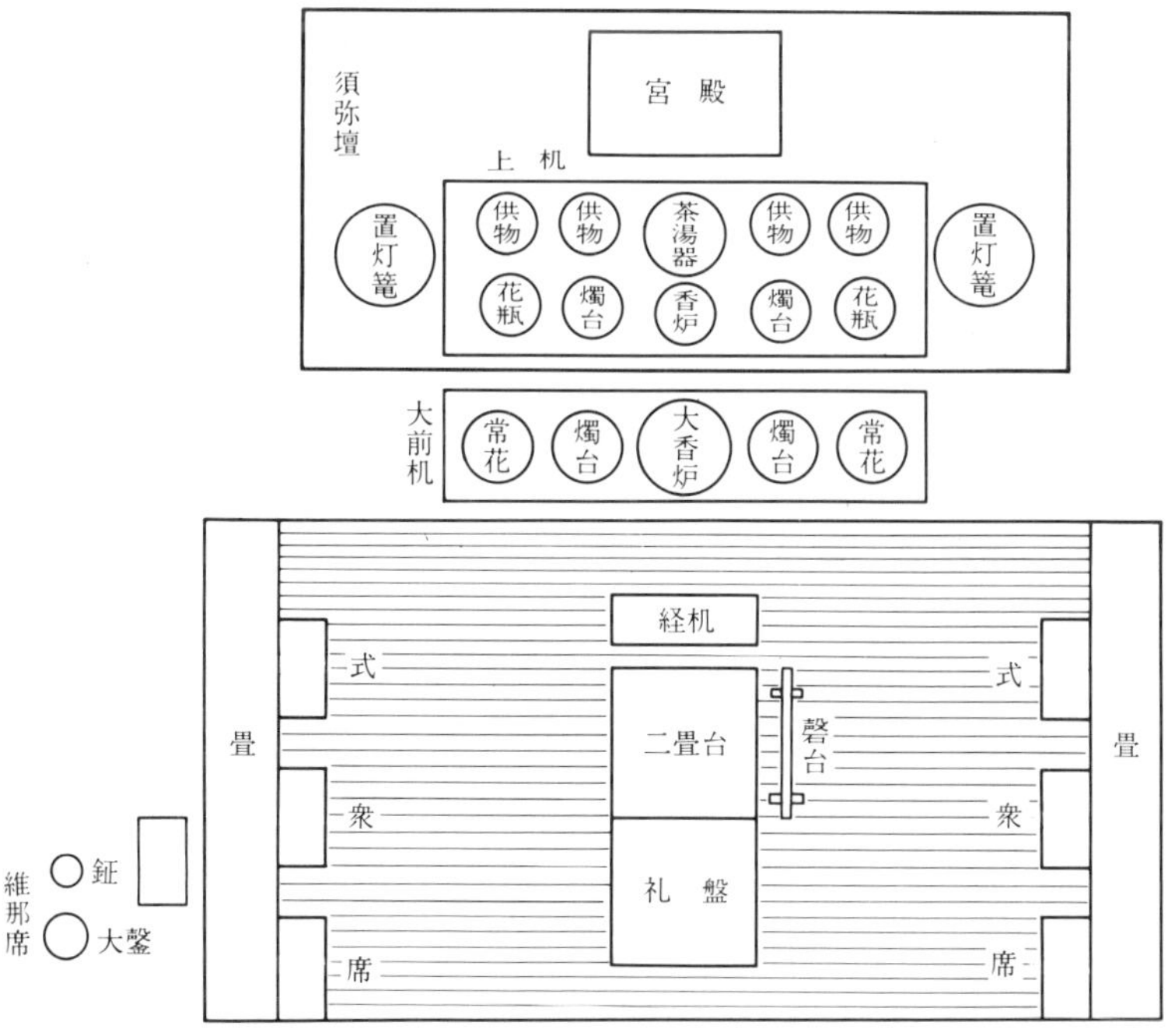

一般寺院の仏具配置図

金戒光明寺の宮殿と宝灯

雑爼』という書物には「仏に供えるは一飯一水のみ」とあり、六波羅蜜と六器供具の配置にも布施を表示するものは閼伽（水）であり茶の項目はない。茶は薬物とされ、後には嗜好品として飲まれたものである。

すなわち水を献ずるのが本儀であり、茶はわれわれが楽しみ飲むもののお初穂として感謝の意をもって献じているのである。

(2) 導師席周辺の仏具

導師の席としては、平常は二畳台を用い、特別の法要には高座を用いる。また葬儀式や施餓鬼会など本来露地式であった法要には曲彔を用いることもある。

二畳台・拝敷　二畳台はもと貴人の席として、板敷の御殿で厚畳を使用した名残りで、現在は半畳大の厚畳を使用している。この手前に畳表二、三枚に縁を付けたものを置き、これを「礼盤」または「拝敷」と呼んでいる（礼盤の名称の使い方が他宗と違っていて間違いを起こしやすい）。拝敷を四方縁にして、四隅に四天を付けることもある。坐具を形取ったものである。

経机　二畳台の向こうに経机（上に香炉、経本など）を置き、右側に磬を置く。導師一人で勤行する場合は、この周辺に木魚、鉦なども置くので雑然とした感じがする。

高座　他宗でいう礼盤を浄土宗では高座と呼んでいる（これを登高座と呼ぶのは誤りである）。これには前卓と左右の脇卓がセットになっており、やはり手前に拝敷を置く。古いものは右側の脇卓（磬用）は低かったが、近年、左右同じ高さになったと聞いている。磬は打ちにくいが見た目にはこの方が安定感がある。

前卓　前卓には説相箱、経巻立、香炉が置かれ、時には戒尺《かいしゃく》、洒水器《しゃすいき》、持蓮華《じれんげ》が、また暗いときには左に燭台が置かれることもある（この燭台と香炉のあることから経供養と称して前卓へ花瓶を置くのは誤りである）。

脇卓　左脇卓にも華籠、洒水器が置かれることがあり、法要のときの導師の持ちもの（払子、柄香炉）も臨時に置かれることがある。この前卓、脇卓上の諸種の具も、「これがなければならぬ」というものではなく、適宜に準備している程度である。左脇卓に回向薄などを載せる見台を置く者がある。回向薄などは前卓に置くべきものである。右に磬、正面に経巻立、左に見台、と三方を囲むと、導師席はさながら帳場格子のごとくなりはなはだ見苦しい。やめさせたいものである。

人天蓋　導師の席の上に天蓋（人天蓋）が設けられることが多い。これは特に向きがねじれないように取付ける注意が必要である。また二畳台や高座はこの真下になるよう置かなければならない。これが前後にずれると不安定な感じを与えるものである。

(3) 前机周辺の仏具

前机　本尊と脇壇の前に前机が置かれるが、本尊前のものはもっとも大きいので特に「大前机」と呼ばれる。前机には華麗な彫刻と色彩が施されたものが多い。こうしたものや猫足で大きく張出したものには、打敷を使用しないのが本儀だと聞いている。せっかくの装飾が損なわれることと、垂直に掛けられないからである。打敷にふくらみがあるのは端正さを欠くものである。

打敷　打敷を「卓囲」と書き「みずひき」と読ませている宗派もある。浄土宗では「打《う》ち敷《し》き」と呼んでいるが、卓の上から掛けず前に垂らすだけである。まれに前面と左右を囲むものもあり卓囲の意に近いものである。真宗の三角形に対し、浄土宗は四角形が慣例である。

三具足・五具足　前机の上には香炉、華瓶、燭台をセットにした三具足や五具足が置かれる。これらは古くは三具足であったらしく、「五具足は浄土宗より始まる」と伝えられている。本堂の建築様式が左右対称であることから考えて、この創意は達見である。ところが大前机（中央）は五具足、脇壇前が三具足にされる場合が多い。この三つの組が同時に視野に入るとアンバランスな感がする。この

※7　観経曼荼羅の一部。中央にみえるのが宝灯の原形らしきもの。

※8　左右が三具足・中央が五具足の場合の並べ方（一案）。

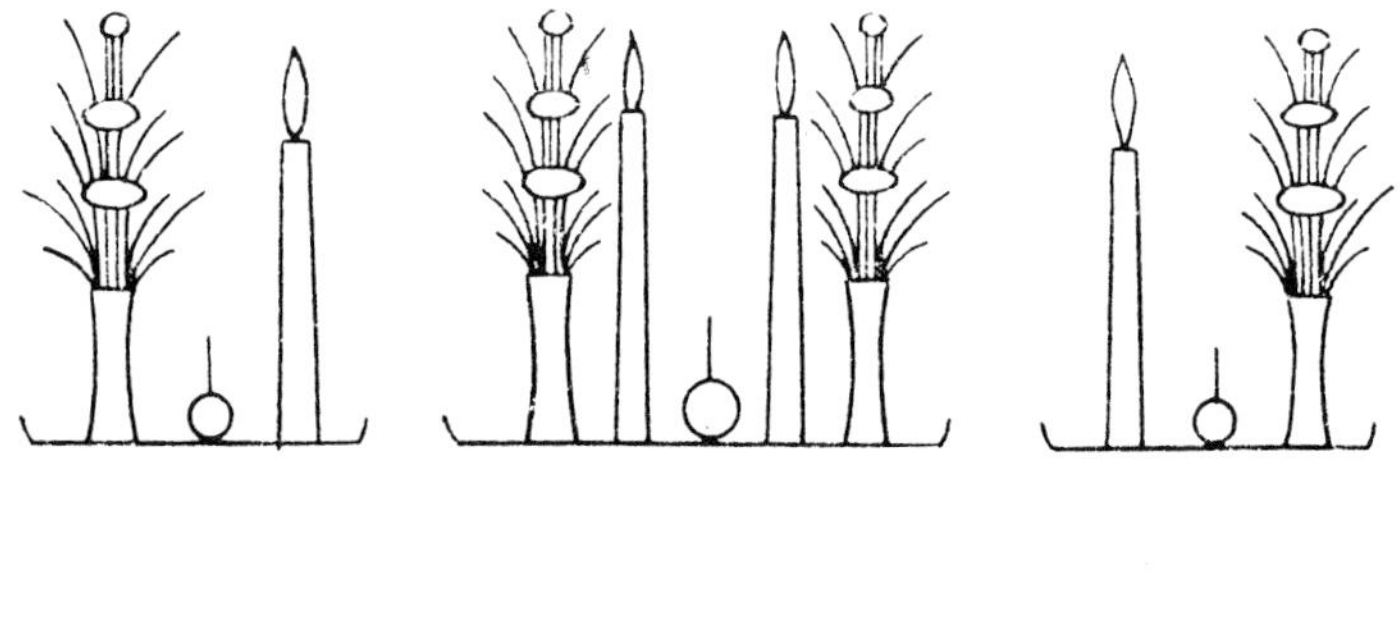

知恩院勢至堂内部（法要準備のため，経机の上には華籠が用意されている）

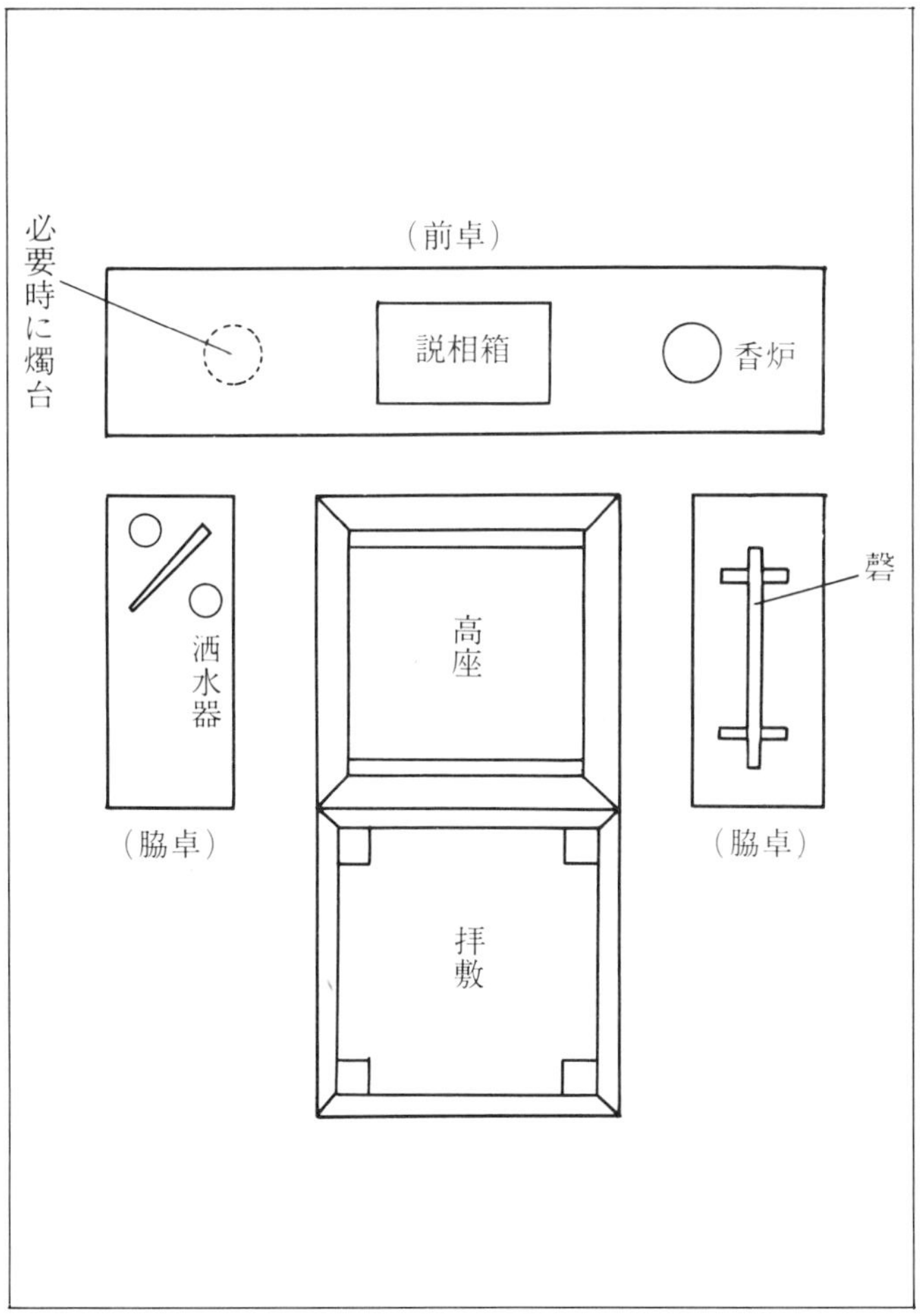

高座の場合の導師席

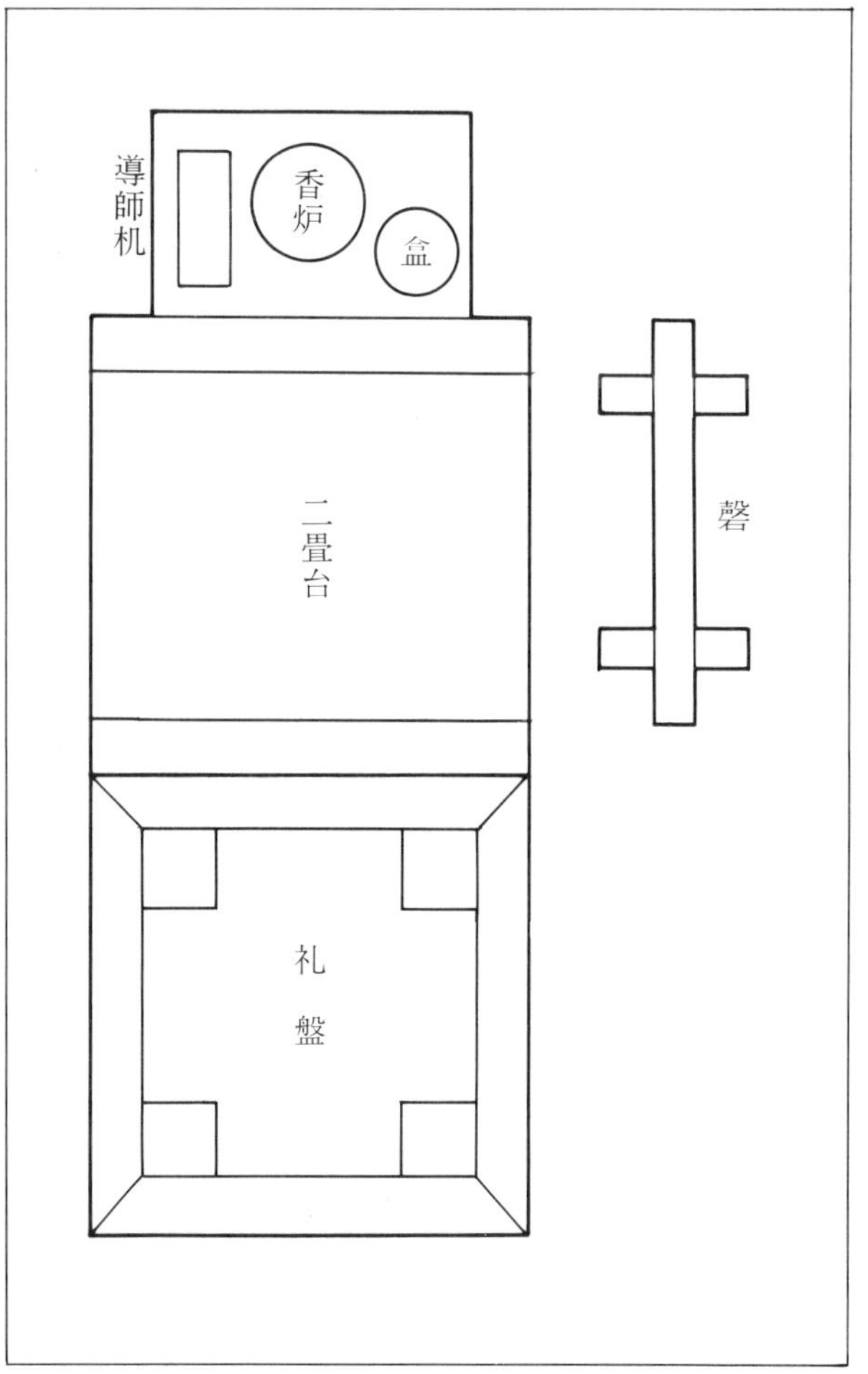

二畳台の場合の導師席

場合は図※8のごとく配置した方がよいのではあるまいか。

(4) その他の荘厳具

水引、華鬘、幡、幢幡、聯、翠簾など寺によっては諸種の荘厳具が使用されている。単品は中央に、対の物は正しく左右対称に配置しなければならない。

寺号額を本堂内に掲げる寺があるが、これは山門に掲げるのが本儀であろう。本堂内に寄付金の金額と氏名を書いた札を並べている寺も多い。篤志に対する顕彰の意とも解せられるが、競争心を煽っているようで嫌なものである。その他、本堂内に無用の雑物を置いている場合がある。本堂は修養の場、礼拝の場であって収蔵庫ではない。心してほしいものである。

《関通形について》 華瓶や燭台の形に「関通形」と称するものがある。虚飾を廃し、念仏一行に徹せられた律僧関通上人※9の考案とされている（寛通形と書くのは誤りである）。しかし茶道具の中に「下蕪」と称するこの形の花入れがあることから考えると関通上人の好みというべきであろう。端正な形であるため、関通派以外の寺でも広く用いられている。

(5) 供花

花瓶に花を立てて献ずることについて、次のような種々の方法が用いられる（この外に華籠を用いる供養法として散華や盛華供養があるが、これについては執持物の項で説明する）。

常花（浄花） 造花の蓮を常時供えておくのである。多くは木製で、立華風にまとめられているが生花風のものもある。色も金箔を置いたものが多いが、まれには実物のように彩色したものもある。白蓮、紅蓮をまぜ生けにしてあることが多い。

立華 大法要のときは立華を供える。「松一式」が多いが色花を混えることもある。以前は僧職で立華を習得した者もあったが現在では皆無に近い。このため篤信者の寄進か、業者に、らしきものを作らせている状態である。

挿花 われわれが普通に献じる花の方法であるが、実のところ適当な語が無い。「時花」とか「ツカミザシ」などと呼んでいる。この挿花は生け方と花材について二、三の心得が必要である。

生け方として、まず中心（真）を垂直に立てる。根本の無駄枝を除き、筒口が乱れぬようにする。花は上中下三ヶ所に集めると安定感が出る。全体を下図※10のように蠟燭の炎の形にまとめ、それ以外の枝や花は切り取った方がよい。

花材としては、毒のあるもの、悪臭のあるもの、刺《とげ》のあるものは供花としては禁じられている。刺のある花は和合の心を破るとして用いないのである。

また、葬儀など、不祝儀のときは赤系の花を用いないのが心得である。赤は心を浮き立たす色であり、祝儀の色である。

樒について 樒には猛毒があるが、古来墓地を始め、葬儀にも仏前にも用いられる。「樒の実は鑑真和尚の請来にして、その形青蓮華に似たる故に用う」といわれている。猛毒はあるが、極楽の青蓮華の代りとして用いられているのである。

(6) 飯食供養

平常は仏飯が供えられる。仏飯器か応量器《おうりょうき》が用いられる。

霊供膳 特別なときは霊供膳《りょうぐぜん》※11が供えられる。霊膳《れいぜん》とも呼んでいる。多くは懸盤※13であるが、三方や宗和膳※14のこともある。

膳椀類は朱一式を「真の家具、精進家具」といい、黒一式が「行」、その他が「草」と格が付けられている。しかしこうした知識はゆきわたっておらず、ただ昔からの慣習によって購めているに過ぎない。

椀類の配置も一応は図※12のように指導されているが異説もある。丁重なものは飯器と杓子を小形の台に載せて別に供えられるが、多くは図の如く膳一具である。二ノ膳、三ノ膳が供えられることはほとんどない。

※9 関通上人（一三五六～一四三〇） 徳川中期の捨世派の僧、字は無礙、雲介子と号す。尾張国に生る。尾張・伊勢より九州に至るまで巡錫一百ヶ所、寺院の開創一六ケ寺。質素清洒、忍辱慈悲、身をもって範を垂れ、一流をなすにいたる。

※10 挿花の生け方

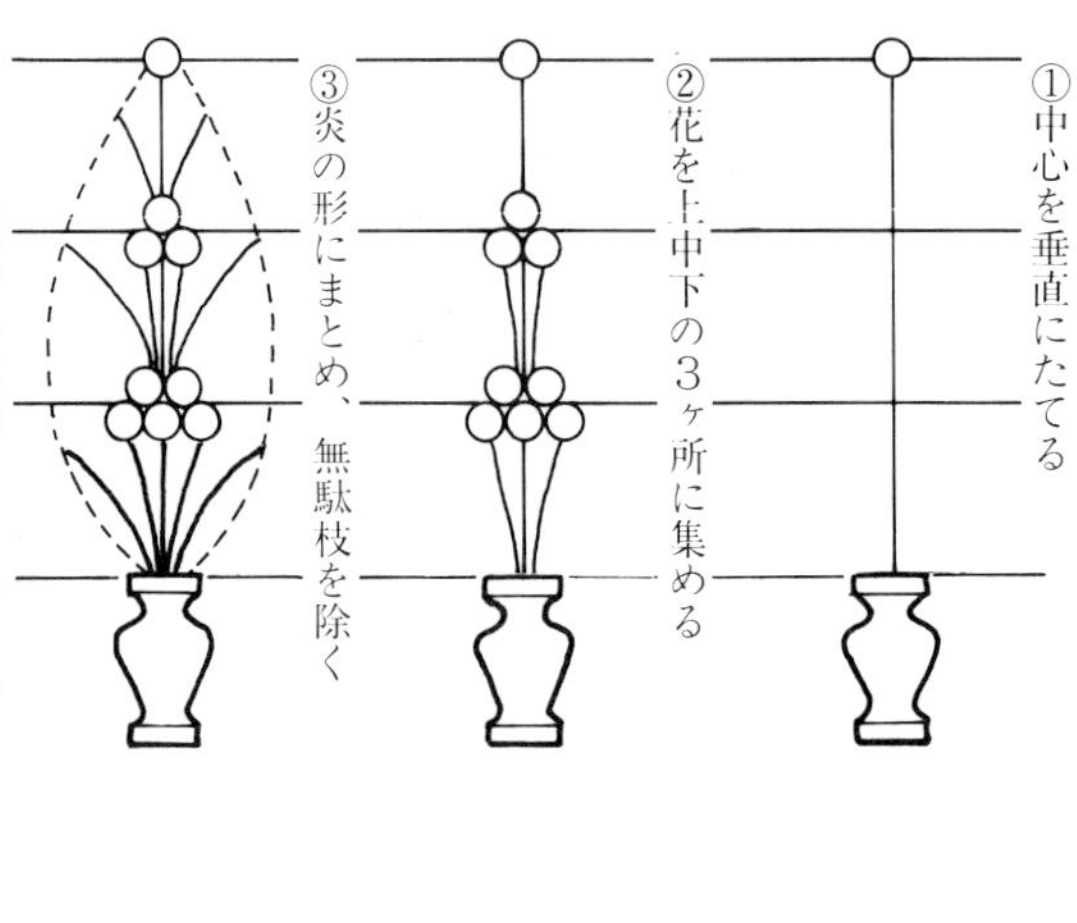
※花瓶と花のバランス一・五～三・五倍

※11 霊供膳の配置

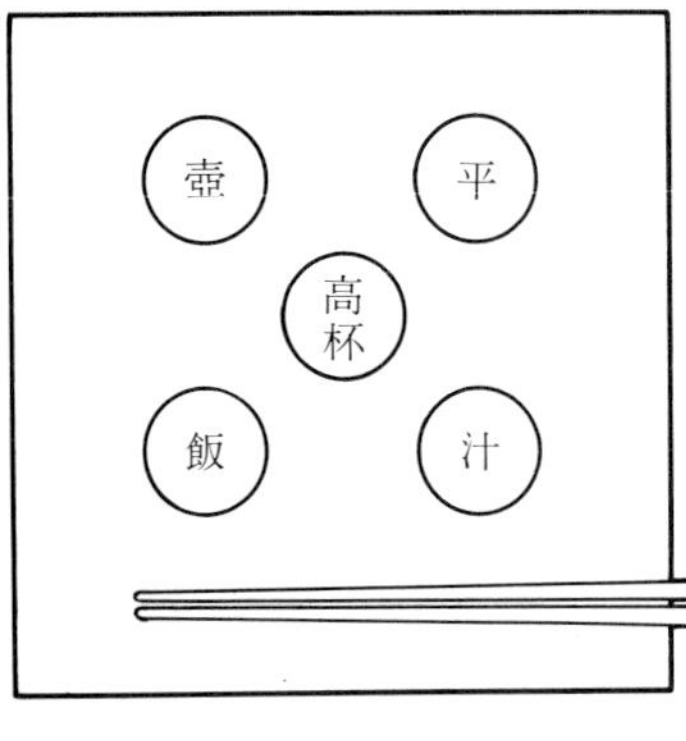

季節の花でまとめられた挿花

木製で彩色を施した常花

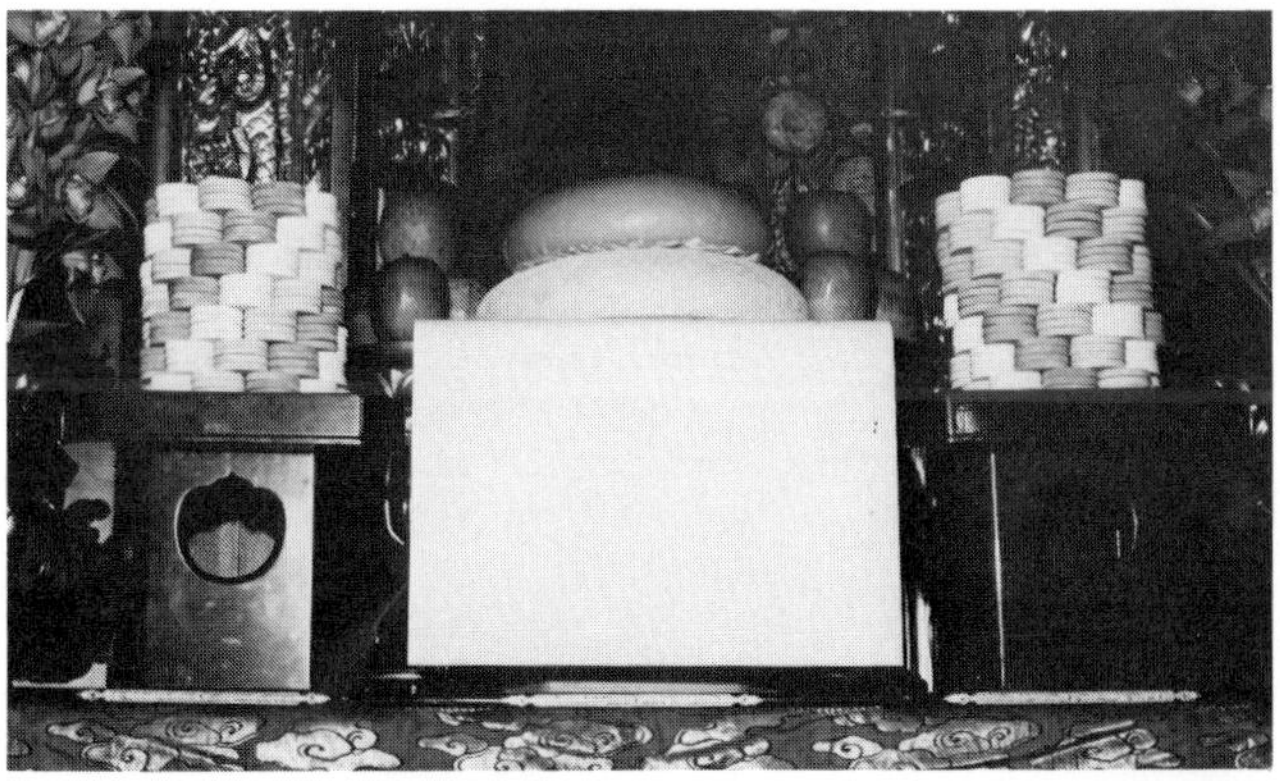

上・法要における供物（餅と紋菓）
右・十種供養の一例

松一式の立華

現在は小餅を供物台に載せて供え、菓子と同じように扱っている。昔は餅は主食（飯）と同格であり、鏡餅を供えたときは霊供膳は略してもよいといわれていた。

十種供養　辞書によれば、十種供養とは華、香、瓔珞、抹香、塗香、焼香、繒蓋幢幡[※15]、衣服、妓楽、合掌の十種を仏に供養することであるが、浄土宗では五対（十個）の供物台に、菓子などを盛り、これを仏前に並べ献ずることを十種供養と呼んでいる。盛る物に特にきまりはないが、生菓子、干菓子、果実、野菜、乾物を一対ずつにすることが多い。この供物を法要中に式衆の手渡し「伝供」で、大前机に並べるのである。この伝供の作法を十種供養と呼ぶ地方さえある。供物が伝供の間に崩れぬよう、果物は串で止め、乾物は紐やセロテープで止める。また葉菜類は直前まで水に浸しておくなど注意が必要である。

準備に手数がかかるため、余程の大法要でないと行われないが、伝供の作法が加わると法要が重厚になる。残しておきたいことである。

精進供（生御膳）　霊供膳は日中法要に供えるのが本儀である。大法要が午後に勤められるとき、霊供膳に代わって「ナマゴゼン」が供えられる。ナマゴゼンは法要集には「精進供」と書かれているが「生御膳」とすべきであろう。

霊供用の膳、または三方に野菜、乾物類を色美しく高々と盛りあげるのである。このために中央に芯棒を立て、紐、糸、串などを用いて美しく崩れないようにしなければならない。根菜類は美しい切口を出し、海藻類は束ねて用いるなど、相当な習練を積まなければならない。これに色紙、造花、金粉などを用いて飾りたてる地方もある。

(7)　犍稚物（打物）とその使用法

洪　鐘　洪は大きい意で、釣鐘（梵鐘）のことである。

〈法要の勤修を告げるための打ち方〉

○○○　（捨鐘三下）

洪鐘偈[※16]を称える

○○○○○○○○○○○○○○○○○○　（一八下）

○-○　息推

始めの三下は昔の時鐘の俗語で捨鐘と呼ばれるが、他に準じて「虚揩」と呼ぶべきであろう。一八下は中国の古法「三緩三急（各一八、計一〇八）」の一によるものである。

○-○　は打った橦木の返りで、ごく早く小さく打つのである。

法要集は右だけを示しているが、この外、一般と同じように時報・除夜・非常警報に用いられる。

版　木　図[※19]の如きもので、多くは欅《けやき》で造られる。起床、行事のための集合などに使われる。

〈一通三下の打ち方〉

・虚揩一下（小さく一つ打つ）

偈文を朗唱する（起床の時に訓読する）

○○○○○……………………　一通（大から小へ順次早く約四〇下打つ）

○◦○　三下（終了を知らす）

法鼓・喚鐘　法鼓は法衣などを着け、また仏前に灯燭を献じ、参詣者の入堂を知らせるために打つ。末寺では略されることも多い。本山など大法要ではこれを三回に分けて打ち、諸準備を進行させることもある。諸準備が完了すれば喚鐘を打つ。これが鳴り終れば導師、式衆が入堂し法要が始まるのである。法鼓と喚鐘は偈文が違うだけで打ち方は同じ三通三下である。

〈三通三下の打ち方〉

●虚揩一下

偈文を朗唱する

○○○○○○○○
○○○○○○○○
○○○○○○○○
三通（一通は約四〇下、版木と同じ）

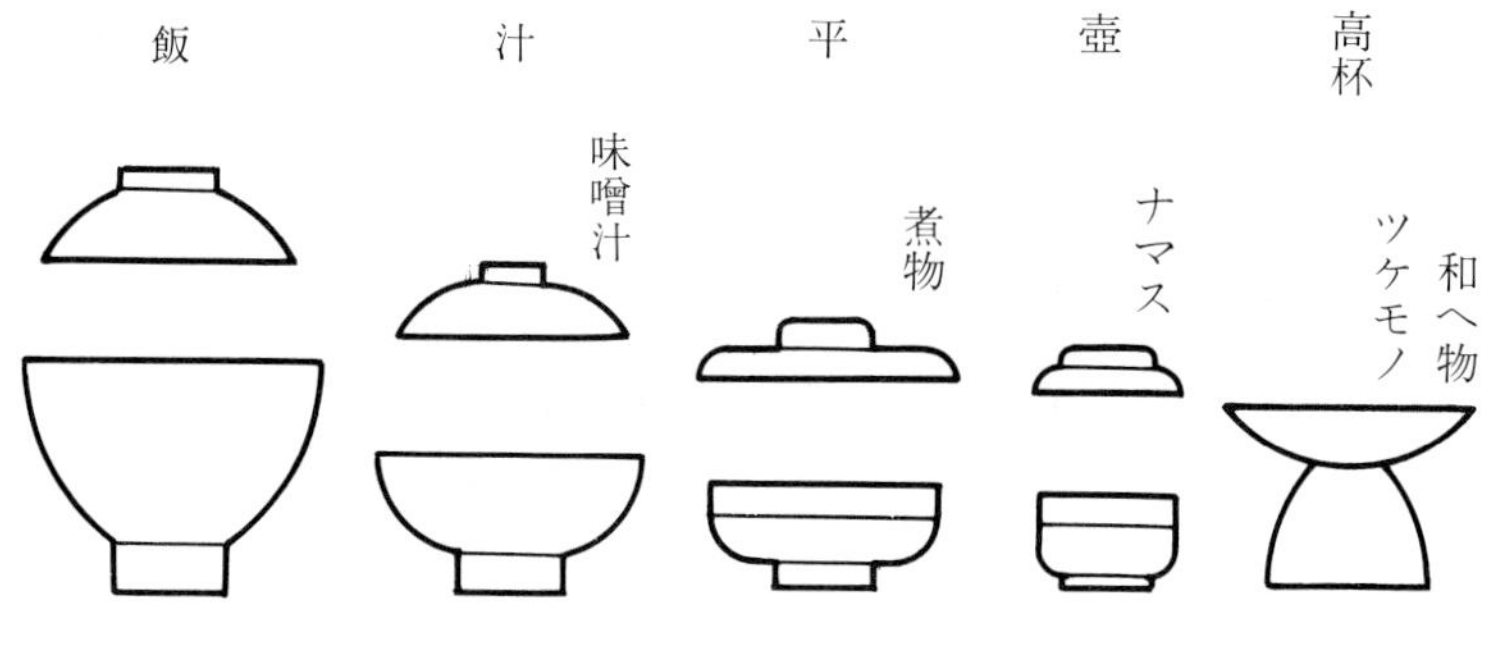

※12　椀類と中身

※13　晴の儀に用いる調度の一つで食器をのせる台。後には反った足のある漆塗り膳の華美なものの称となった。

※14　茶人、金森宗和が好んだという。茶席用であるが、江戸時代には民間で本膳に用いた。

※15　繒蓋とは絹布をもって作った大蓋（繒はカタリギヌと訓じ固く織った絹のこと）。繒蓋幢幡は経典の中に出てくる語で現在は使われない。〃仏殿の荘厳具〃の意か。

○○○　三下

磬と鏧（大鏧・小鏧）　梵語「カンチ」を漢訳するとき、中国で相当する器物が無かったので鐘と磬の字を用いた。打ち鳴らすものの意である。この「磬」は唐音で「キン」と読む。後に鉢形の鳴物が造られ、これをキンと呼び「鏧」の文字が造られたのである（このため大鏧を「ケイス（磬子）」と呼ぶ地方もある）。

磬と鏧は諸種の偈文や経を読む場合、句頭[※17]と同音[※18]の受け渡しの合図に打たれる。

句頭の前後に各一下、同音の終り一句に三下入れるのが原則で、これを「二下三下の法」という。

句頭我昔所造諸悪業・　同音皆由無始貪瞋痴
従身語意之所生　一切我今皆懺悔・

（偈文が続くときは最終の一下は次の最初と兼用される）

また法要の第一声を出す直前は、堂内を静粛にさせるために磬は三下、鏧は八下することになっている。なお磬は余韻の短い、澄んだ音色のものが良く、鏧は余韻の長いものが良いとされている。

引鏧　携帯用の小形の鏧で柄が付けられている。入退堂のとき、先進がこれを打って大衆を誘引するので引鏧と呼ぶのである。入堂のときは特に注意して静かに打ち、後に続く法要の厳粛さを助成しなければならない。

引鏧は小形であるがゆえに、これを打つときの姿勢が悪くなりやすい。背骨を伸ばし、両臂を張り、堂々たる姿勢で打たなければならない。堂外の勤行の場合、鏧や木魚の代りに使われることも多い。このときはもちろん、鏧や木魚の打ち方に準ずる。

木魚　木魚は禅宗から入ったものである。浄土宗では宝暦年間、京都鳥羽の法伝寺の円説和尚がこれを念仏に用いたのが始めてであるとされている。誦経や念仏の進度を統一し、速度を調整するために用いる。

誦経では句頭の終りに一下、同音の始め二句に各一下し、その後は一字に一下して進むのであるが、字音の合間で打つ。すなわち裏拍子に打つのである。これは音声を消さない先徳の工夫であって浄土宗の特色である。

句頭仏説阿弥陀経　如是我聞・　同音一時仏在・　舎衛国・　祇・　樹・
給・　孤・　独・　園・　……
……作・　礼・　而・　去・　仏説・　阿弥陀・　経（終り一句は三下で止める）

鉦　『宗定法要集』には「鉦鈷」と書かれているが鈷には適切な意味がないため、「鉦」または「鉦鼓」とした方がよい。

鉦は念仏一会（およびその前の摂益文と後の総回向偈）に用いる。念仏一会のときは、左の如く同音の早さを調え、一称を三下で字音の合間に入れる。読経における木魚と同じ要領である。

句頭ナムアミダ・　ブ　同音ナムアミダ・　ブナムアミダ・　ブナ・　ムア・
ミダ・　ブナ・　ムア・　……と続き、終り三称ほどは小さく、最終一称は大きく三下するのである。

摂益文

句頭　光明偏照　同音　十方世界
念仏衆生　摂取不捨

念仏一会

句頭　南無阿弥陀仏　同音　南無阿弥陀仏　南無阿弥陀仏
南無阿弥陀仏　南無阿弥陀仏　南無阿弥陀仏
南無阿弥陀仏　南無阿弥陀仏　南無阿弥陀仏
南無阿弥陀仏　南無阿弥陀仏　南無阿弥陀仏

総回向偈

句頭　願以此功徳　同音　平等施一切
同発菩提心　往生安楽国

摂益文と総回向偈は鏧のごとく二下三下の法に準じて打つ。

なお別時念仏など念仏が長時間にわたるときは木魚を用いるのが

※16　願此鐘聲超法界　鉄囲幽闇悉皆聞　三塗離苦生安養　一切衆生成正覚

※17　偈文・陀羅尼・経文を数人で唱えるとき、始めの一句を独唱すること。

※18　句頭に続いて、全員で合唱すること。

※19　軒下に吊られた版木

例である。さわがしさを避けるためであろう。

鐃・鈸・太鼓　古い伎楽の具であったといい、これを打つのは仏に音楽を供養する意である。現在、浄土宗では葬儀式と施餓鬼会に用いられる（増上寺では御忌にも用いられる）。図のように持ち、引磬に続いて次のごとく打つ（鈸は陰陽（小大）で「一」とする）。

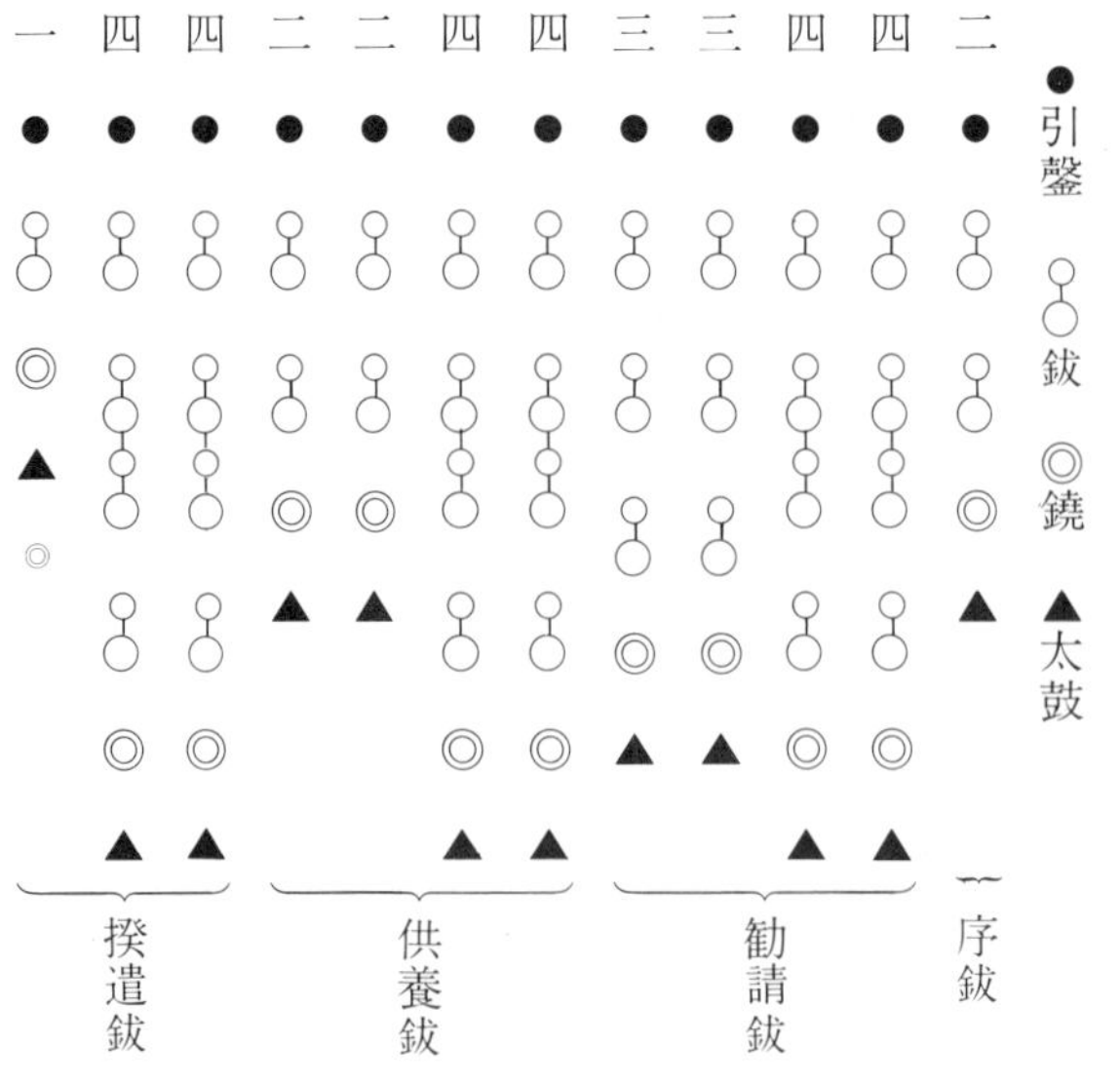

右のうち前半の二四四三三だけ、または後半の四四二二四四一だけを打つこともある。いずれの場合も最後に鐃を小さく一つ（息推）打つことになっている。

これらを法要の席に準備するときは、掛けておく具のあるときはこれに掛ける。このときは鐃と太鼓は掛けたまま打つ。この具の無いときは経机に寄せかけておくか、膝前に伏せて置く。

鐃・鈸・太鼓のどれを上席の者が担当するかは定められていない。ただ鈸を打つには相当な技が必要であるから経験の豊かな者が当たらなければならない。時によっては引磬、太鼓は略されることもある。葬儀式には特に静かに打たなければならない。

鈴　「鈴」の字はレイ・リン・すずと読み方によって品物が違う。法要集では「レイ」だけを載せている。レイというときは図[※20]の品をさす。主として行乞のとき警覚に用いる。東京の増上寺では法事讃を勤めるとき、磬の代りにこれを使うが宗定としての使用法は明記されていない。

「リン」と呼ぶときは小さな椀形の鏧をいい、主として在家の仏壇で使用される。打ち方は鏧と同じである。

「すず」は神前などに掛け、礼拝のとき振り鳴らすもので、浄土宗として特に記すべきことはない。

槌砧　図（517頁）のような打ち物で、上が槌《つい》であり、下が砧《ちん》である。上の槌は字の如く短い柄の付いているもの、またその名残りの浅い穴が彫ってあるものもある。上下とも多くは欅《けやき》で造られる。法要集には講説、宣疏、讃題などの句音の前に打つとあるが、食堂に置かれて食作法に用いられることが多い。

京都洛東、鹿ヶ谷法然院の広布薩[※21]の法要には、背の高い槌砧が用いられ、槌を返して打つ独特の作法があったが一般には槌を上から握り、そのまま打ち下ろすだけである。

錫杖　浄土宗で使う錫杖には二種ある。一つは杖ほどの大きさのもので行乞のときに突いて歩くものである。比丘一八物の一つで外出には持たなければならぬものであるところから、能化[※22]の葬儀には棺の近くに置くことになっている。

他の一つは声明の錫杖（三條錫杖）を唱えるときに振るものである。これは法要のとき錫杖師の机の上、右寄りに縦に置き、指定の所で右手で振るのである。このとき左手は蓮弁の形を作り、錫杖の頭部を受けるような位置におくのである。この蓮弁の形は如意宝珠[※23]印の片手が変形したものであるという。「錫杖の音が意の如く広大に響くように」との意であるという。天台宗からの相伝である。

双盤　大形の鉦で、木の枠に吊って打つ。本来は二面一組のもので、このゆえに双盤と呼ぶと説明されている。

双盤の打ち方は宗門としての定めはない。十夜法要の念仏に多く用いられる。数多くの念仏を申すために先人はいろいろな工夫をし

※20　鈴（レイ）

※21　出家の法に、半月毎に衆僧を集め戒を説き、清浄なる生活を送らしめるを半月布薩という。法然院では毎年一回、九月一〇日に出家、在家を対象に広く布薩会が行われた。

※22　所化に対する語。師位にあって他を教化する者。浄土宗では所定の学行を終った、いわゆる〝教師〟の称。

※23　如意宝珠印

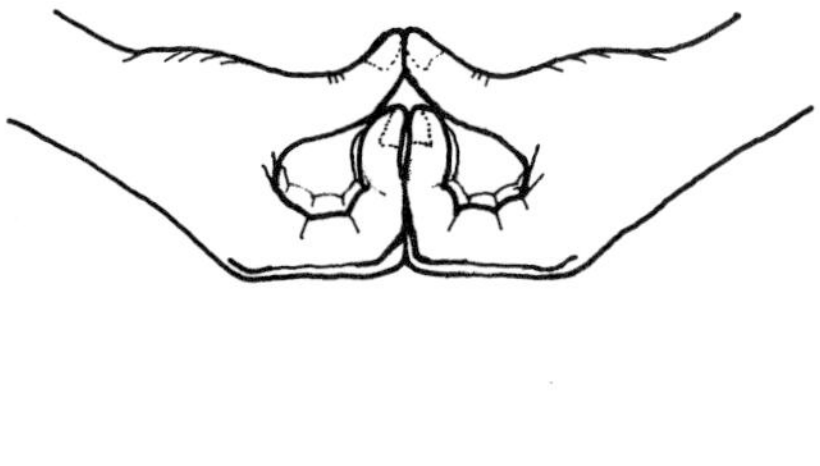

木魚の打ち方（数珠を繰り念仏の数をとる姿）

磬の打ち方（七条袈裟に荘厳数珠）

鉦の打ち方（如法衣に日課数珠）

大鏧の打ち方（如法衣に日課数珠）

鐃の打ち方（背すじを伸ばして起立する）

引鏧の打ち方（引鏧を持って起立する、打つ時は左右の肘を大きく張り出して打つ。）

ている。あるいは念仏に節を付け、踊りなどの動きを付けている。双盤はこうした念仏の伴奏楽器として用いられるのである。堂の両側に向かい合って双盤の席を設け、お互に掛合いでこれを打って念仏を唱えたのである。現在は人数の都合から一列に並び、時には一人で二面を受持ち、両手で打つこともある。打ち方にもいろいろと工夫が加えられ、音の大小、間の長短の外に撞木を横にして打つなどの曲技も行われている。宗門の法具というよりも民間芸能の道具といった方がよいであろう。

笏《しゃく》　「笏板」とも呼び、雅楽で用いる「拍《はく》・笏拍子」である。

法然上人に厚く帰依された後柏原天皇※24から「近畿の門葉を集めて法然上人の御忌を勤めよ」との詔勅とともに知恩院に下賜されたもので、浄土宗としてはもっとも名誉ある法具である。この御下賜の笏は現在知恩院にあり、毎年四月一八日、御忌開闢法要に門主の手で一下だけ打たれることになっている。当役の者はこの音を受け、控の笏を続けて笏念仏行道が行われる。

左半面を立て、右半分で側面を打つ。このとき手元を離さないのがきまりである。

末寺でも心ある者はこれを写し、笏念仏を唱えることもある。もの静かな音色で独特の味があるが、乱拍子から拍子に入る加減がむずかしい。関東では引声阿弥陀経にこれを用いている。

割笏《かいしゃく》　文字の上からは笏板に当る。「カイシャク」は「戒尺」で、授戒の作法の区切を付けるための具である。一般に戒尺と呼ぶものは図のごときもので、説教の讃題や別回向を読みあげるときに打ちおろして使用する。

しかし割笏は右のいずれでもなく、他宗でいう「音木・拍子木」のことである。実に分り難い名前を付けたものである。

誦経のときに打つが、その打ち方に二様ある。その一つは「責め打ち」と呼ばれるもので、誦経の際の木魚と同じ打ち方である。始めはゆるやかに、順次早く打つので責め打ちと呼ばれている。他の一つは「切割笏」と呼ばれるもので浄土宗独特のものである。これは経文の句読訓点に準じたものとされているが、必ずしもこれに当っていない。その原本は知恩院蔵の宮様本と呼ばれる三部経に付けられていたもので、華頂宮※25の御所持本と伝えられている。

真宗でも三部経は一句一下に音木を打つ読誦法があるが、浄土宗では五字以上の一句は二字三字、二字四字、三字三字、三字四字などに分けて打つ。しかも二字の前は小、三字の前は中、四字の前は大と打ち分けるのである。またところどころに二字ずつ刻んで打つ場所が置かれている。これらによって多数の者の読み方を統一するように工夫されているのである。いま阿弥陀経※26の一部を記載しておく。実際を聞いて理解されたい。

●は小、▲は中、●は大である。大が続くときは印を付けない。この方が見やすいからである。

切割笏は大、小に打ち分けるだけで、中は無かったともいわれるが、現在は申し合わせによる割笏点に準じて打っている。また割笏の合わせ方も、古くは十字形に打ち合わせたとの話もあるが、現在では図の如く合わせている。関東地方では各自が勝手な方法で、ただ読みやすいように打っている。近年、知恩院の伝統ある打ち方を宗定にすべきであるとの決議がなされた。

浄土宗の声明　犍稚物《かんち》について浄土宗の特色をいうならば、浄土宗の声明（節付の偈頌全面）についても言及しなければならない。浄土宗の法要は威儀作法が優雅であるほかに、その声明（節物）に独特の雰囲気があると評されている。この声明は天台宗から出たものであることに異論はないが、現在通常の法要に使われているものは、天台宗の常用声明とは相当の違いがある。浄土宗の通常法要の声明は、仏教声明としては数少い俗楽の陰旋法による音階を使っているためである。古く（江戸末〜大正）は関東は陽旋、関西は陰旋であったようである。昭和初期に宗門としてこの統一を計り、一応の宗定ができたが、陽旋と陰旋が混在し再検討が迫られている。しかし現行は陰旋の部分が多く唱えられているため、他宗に無い独特の味があると批評されるのである。

※24　第一〇四代の天皇。名は勝仁。後土御天皇の第一皇子。一五〇〇年践祚。応仁の乱後の乱世に遭遇、在位二六年。

※25　知恩院宮門跡。知恩院宮ともいう。慶長一二年、徳川家康の奏請により皇族中より知恩院門跡を迎え、一宗統轄の任を嘱させた。慶応三年まで続いた。

※26
如《ニョ》是《ゼー》我《ガー》聞《モン》・一《イチ》時《ジー》佛《ブツ》在《ザイ》▲舍《シャー》衛《エー》國《コク》・祇《ギー》樹《ジュー》・給《ギッ》
孤《コー》獨《ドク》園《オン》・與《ヨー》大《ダイ》▲比《ビ》丘《クー》衆《シュー》▲千《セン》二《ニー》百《ヒャク》・五《ゴー》十《ジュー》人《ニン》
倶《クー》・皆《カイ》是《ゼー》・大《ダイ》阿《アー》羅《ラー》漢《カン》○衆《シュー》所《ショー》知《チー》識《シキ》・長《チョー》老《ロー》▲舍《シャー》
利《リー》弗《ホツ》・摩《マー》訶《カー》▲目《モッ》犍《ケン》連《レン》・摩《マー》訶《カー》迦《カー》葉《ショー》・摩《マー》訶《カー》▲迦《カー》
旃《セン》延《ネン》・摩《マー》訶《カー》▲倶《クー》絺《チー》羅《ラー》▲離《リー》婆《ハー》多《ダー》・周《シュー》利《リー》▲槃《ハン》陀《ダー》
伽《カー》・難《ナン》陀《ダー》▲阿《アー》難《ナン》陀《ダー》▲羅《ラー》睺《ゴー》羅《ラー》・憍《キョー》梵《ボン》波《ハー》提《ダイ》▲賓《ビン》
頭《ズー》盧《ルー》▲頗《ハー》羅《ラー》墮《ダー》・迦《カー》留《ルー》陀《ダー》夷《イー》・摩《マー》訶《カー》▲劫《コー》賓《ヒン》那《ナー》▲
薄《ハー》拘《ター》羅《ラー》・阿《アー》㝹《ヌー》樓《ルー》馱《ダー》▲如《ニョ》是《ゼー》等《トー》・諸《ショ》大《ダイ》弟《デー》子《シー》○
幷《ビョー》諸《ショー》菩《ボー》薩《サッ》▲摩《マー》訶《カー》薩《サッ》・文《モン》殊《ジュ》師《シー》利《リー》▲法《ホー》王《オー》子《ジー》・
阿《アー》逸《イッ》▲多《ター》菩《ボー》薩《サッ》乾《ケン》陀《ダー》・訶《カー》提《ダイ》菩《ボー》薩《サッ》・常《ジョー》精《ショー》▲進《ジン》
菩《ボー》薩《サッ》・與《ヨー》如《ニョ》是《ゼー》等《トー》○諸《ショ》大《ダイ》菩《ボー》薩《サッ》・及《ギュー》釋《シャク》・提《ダイ》桓《カン》
因《ニン》等《トー》○無《ムー》量《リョー》諸《ショー》天《テン》▲大《ダイ》衆《シュー》倶《クー》・
（中略）
供《クー》養《ヨー》他《ター》方《ホー》○十《ジュー》萬《マン》億《ノク》佛《ブツ》○卽《ソク》以《イー》食《ジキ》時《ジー》○還《ゲン》到《トー》
本《ホン》國《ゴク》○飯《ボン》食《ジキ》經《キョー》行《ギョー》▲舍《シャー》利《ロー》弗《ホツ》・極《ゴク》樂《ラッ》國《コク》土《ドー》・成《ジョー》
就《ジュー》如《ニョ》是《ゼー》・功《クー》德《ドク》莊《ショー》嚴《ゴン》・
復《ブー》次《シー》・舍《シャー》利《リー》弗《ホツ》『彼《ヒー》國《コク》常《ジョー》有《ウー》種《シュー》種《ジュー》奇《キー》妙《ミョー》雜《ザッ》
色《シキ》之《シー》鳥《チョー》白《ビャッ》鵠《コー》孔《クー》雀《ジャク》鸚《オー》鵡《ムー》舍《シャー》利《リー》迦《カー》陵《リョー》頻《ビン》
伽《ガー》共《グー》命《ミョー》之《シー》鳥《チョー》是《ゼー》諸《ショー》衆《シュー》鳥《チョー》晝《チュー》夜《ヤー》六《ロク》時《ジー》出《シュッ》
和《ワー》雅《ゲー》音《オン》其《ゴー》音《オン》演《エン》暢《チョー》五《ゴー》根《コン》五《ゴー》力《リキ》七《シチ》菩《ボー》提《ダイ》
分《ブン》』八《ハッ》聖《ショー》道《ドー》分《ブン》○如《ニョ》是《ゼー》等《トー》法《ホー》○其《ゴー》土《ドー》衆《シュー》生《ジョー》○聞《モン》
是《ゼー》音《オン》已《ニー》○皆《カイ》悉《シッ》念《ネン》佛《ブツ》○念《ネン》法《ボー》念《ネン》僧《ソー》▲舍《シャー》利《リー》弗《ホツ》・
汝《ニョ》勿《モッ》▲謂《イー》此《シー》鳥《チョー》▲實《ジッ》是《ゼー》罪《ザイ》▲報《ホー》所《ショー》生《ショー》・所《ショー》以《イー》者《シャー》
何《ガー》○彼《ヒー》佛《ブツ》國《コク》土《ドー》○無《ムー》三《サン》惡《ナク》趣《シュー》▲舍《シャー》利《リー》弗《ホツ》・其《ゴー》佛《ブツ》
國《コク》土《ドー》▲尚《ショー》無《ムー》三《サン》・惡《ナク》道《ドー》之《シー》名《ミョー》○何《ガー》況《キョー》有《ウー》實《ジツ》○是《ゼー》
諸《ショー》衆《シュー》鳥《チョー》皆《カイ》是《ゼー》・阿《アー》彌《ミー》陀《ダー》佛《ブツ》・欲《ヨク》令《リョー》・法《ホー》音《オン》宣《セン》
（後略）

戒尺の打ち方（如法衣に日課数珠）

槌砧の打ち方（写真の槌砧は正式のものではない）

割笏の打ち方

笏の打ち方（打つ時も手元をはなさない）

錫杖の鳴らし方（左手は蓮弁の形を作り頭部を受ける）

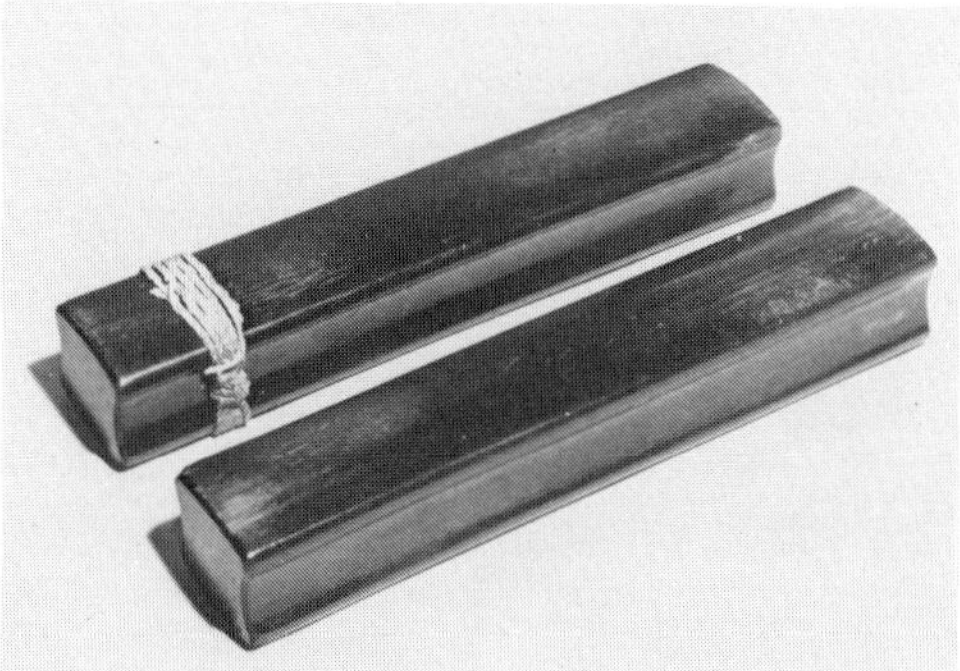
上・戒尺　下・割笏

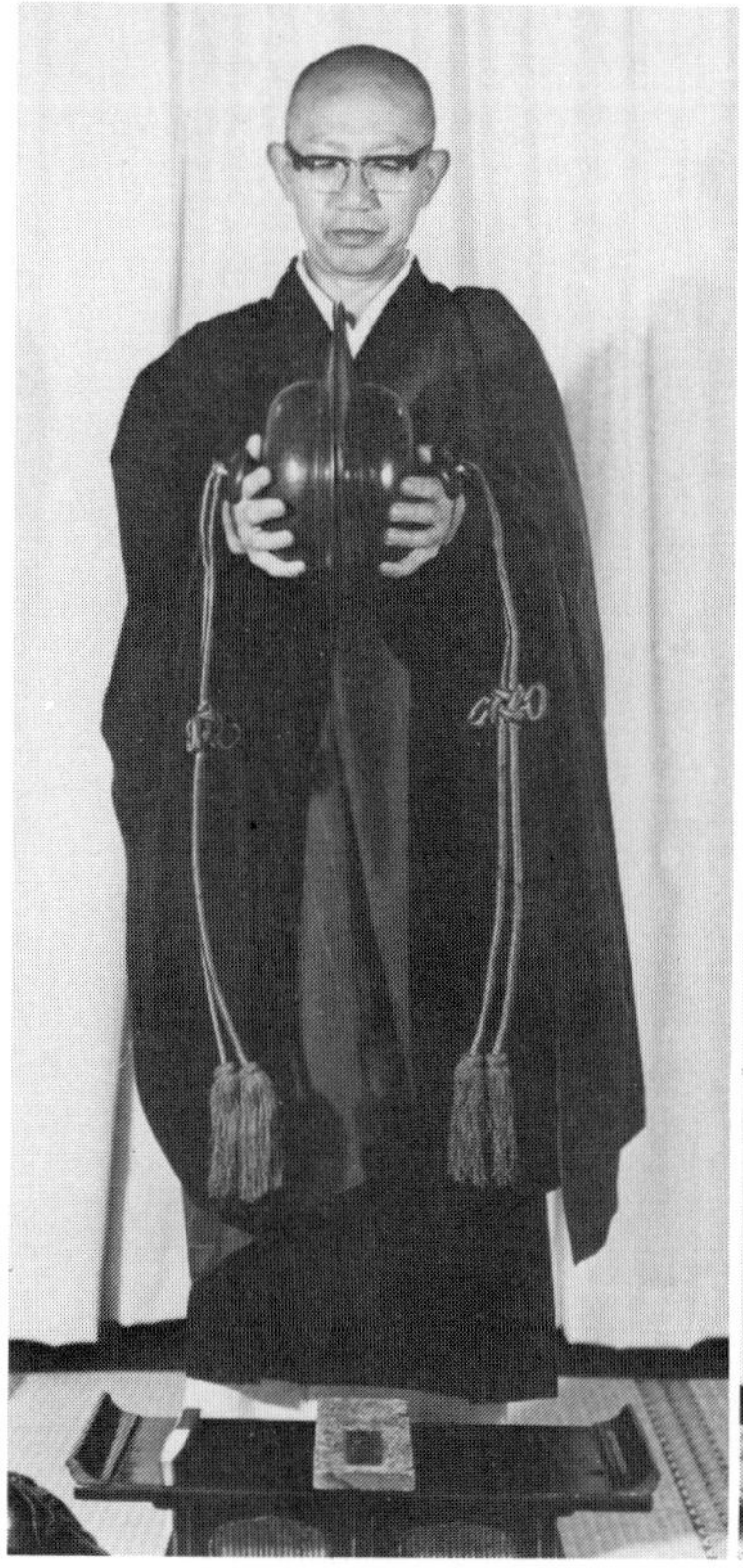
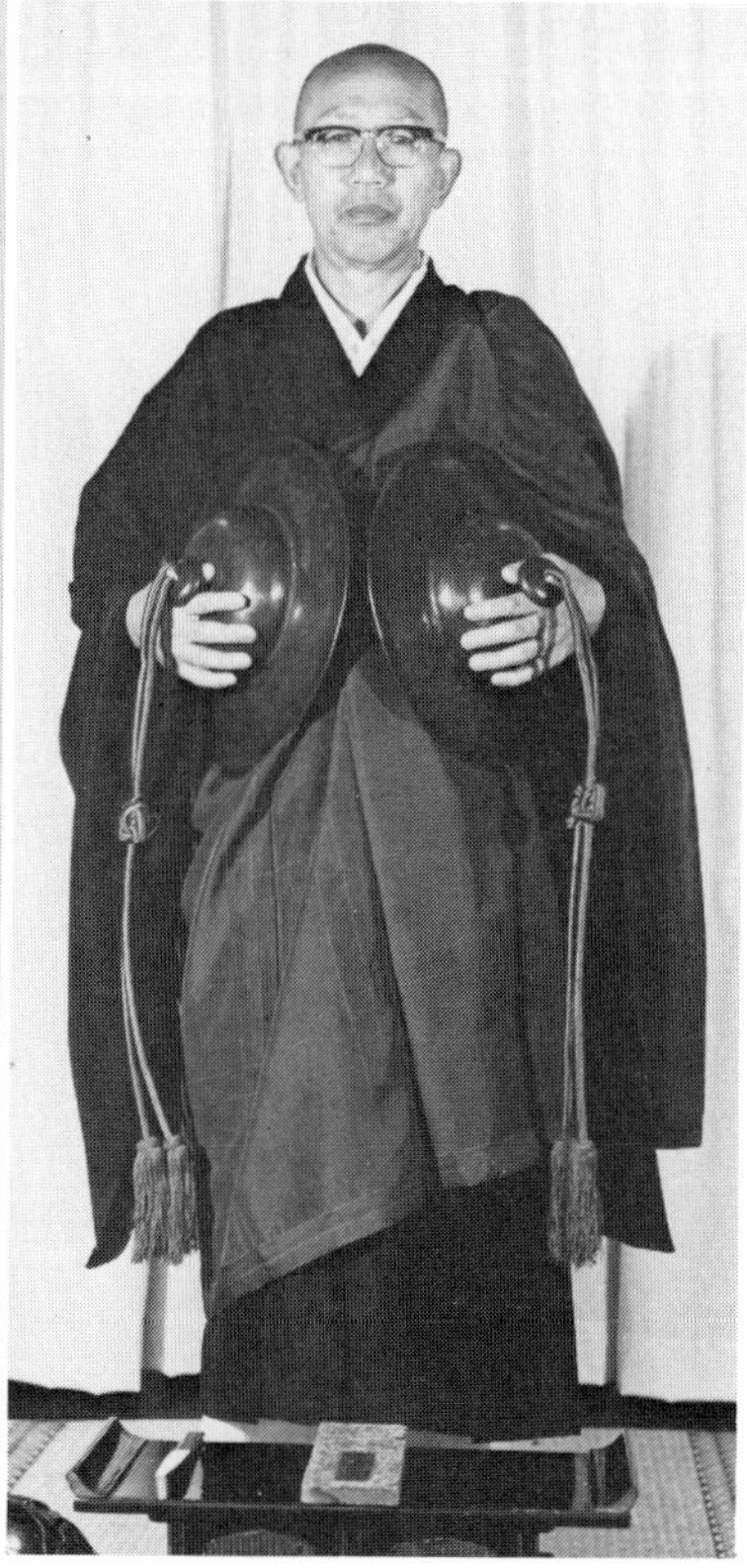
鉢を持っている所と打つ所。一〇cmくらい離して打ち合わす。

(8) 執持物とその使用法

浄土宗の執持物として、法要集には数珠・払子・扇・如意・柄香炉・華籠・経巻についてその取扱い方が示されている。しかしこの外、われわれは常に香（香盒）、覆子（紙製の口おおい）は持つべきであり、さらに厳重にいえば塗香も携帯すべきである。またその外にも執持法としては坐具、三方なども指導されている。これらを通じていえることは、浄土宗では持ち物の取扱いや作法は、すべて丁重優雅に行なうことに重点が置かれていることである。作法については文章や図版では説明しにくいが、一応左の品について解説する。

数珠（念珠）　浄土宗で使用するのは荘厳数珠、百八数珠、日課数珠である。この外、特別なものに百万辺数珠がある。

荘厳数珠　このうち荘厳数珠は他宗で装束数珠と呼ぶものとほとんど同じ形式であるが、子珠※27は一種類である。珠も水晶・琥珀・菩提子などを用いるが、多人数のときは無色の水晶で白房のものと指導されている。全員の数珠を統一するためである。

長時間合掌するときは両母珠※28を左右の火指（中指）に掛け、房は両外側に垂らしておく。焼香、礼拝など諸種の作法をするときは両母珠を左手の火指に掛け、房を地指（子指）と水指（無名指）の間から内側に挟む。誦経するときは高座の前卓、または経机の左の方に置くことになっている。洒水などをするときは左腕、袈裟の折り返しのところへ母珠を置き、房を外に垂らすのである。

百八数珠　もっとも古い形式に近い数珠であり、他宗で用いられるものと大きな変わりはない。ただ日課数珠に準じて遊鐶《かん》があり、これに一〇と二〇の記子珠が付けられている。念仏の数を励む宗義によるものである。

扱い方は、大形のものは三重に、小形のものは二重にし、すべて日課数珠に準ずることになっている。

関通形の数珠　百八数珠に似ているが鐶や記子珠が無い。緒で七一個の子珠を通している。緒にゆとりがあり、「関通派の数珠」ともいわれる。数珠を繰って一周したとき、子珠を一つ引移して数を計算する。こうして七一個の子珠全部が移されたとき、相乗の五千が算出されるのである。現在はほとんど使用されないようである。

日課数珠※29　浄土宗として、もっとも特色のある仏具である。「念仏をもって先となし、数辺をもって基となす」との宗義から念仏を数多く申すことを重要視する。このため一日何辺以上と誓いをたてる。これを「日課念仏」という。この日課を守るために考案された数珠である。

法然上人の弟子阿波介《あわのすけ》が、百八数珠で念仏の数を計ったところ、記子珠の上下がはげしくその緒がたびたび切れたので、ついに両手に百八数珠を持ち、一方が一巡すれば他方の一顆を繰り、その数を相乗して念仏の数を計算したことから始まるとしている。現在のものは輪二つを組み合わせた形になっている。

輪の一つは二七顆で、他は二〇顆または四〇顆である。これに遊鐶が付き、鐶の記子珠は六と一〇である。念仏一称に一顆を送り、すべての珠を相乗すると三万、六万の数を計ることができるのである（二七顆は息継ぎの空転を差引いて二五と計算する）。三万辺繰は一心院の称念上人より、六万辺繰は鹿ケ谷の忍徴上人よりの相伝である。日課数珠は合掌したときは両空指（拇指）に掛け、記子は手前に垂らす。合掌せぬとき（拱手や諸種の作法のとき）は左手首に掛ける。木魚や鉦を打って念仏を称えるときは左手で持って繰る。

〔註〕法要のとき、多くの者が木魚や鉦を打って念仏する場合、数を計る者一名だけが数珠を繰り、他の者は合掌する。

打物を打たないときは右手で先のように持って胸の前で繰る。

百万辺数珠※30　執持物とはいい難いが、特別なものに百万辺の数珠がある。もと浄土宗から出たものであるが、現在では民間信仰の具となった感がある。

中央の導師を囲んで円形に坐り、念仏を称えながらこの大きな数珠を廻すのである。作法から「数珠繰り」ともいわれる。数珠は左

※27　称名の数をとる珠で、普通一〇八顆とする。

※28　飾り房をつけている大きな珠。親珠ともいう。

※29　日課数珠

※30　百万辺数珠

日課数珠の持ち方（上・合掌正面　中・合掌斜め　下・拱手）

数珠を繰っている所（黒衣，如法衣，広骨扇，百八数珠）

起立して拱手している所（黒衣，如法衣，雪洞，百八数珠）

手で受け、頂戴して右へ送るのがきまりである。すなわち時計の針とは反対に廻すのである。

百万辺数珠は一〇八〇環であり、百八数珠を一〇連継いだ数である。念仏の数にかかわらず、この数珠が一周したときに、座に連った一人一人が一千べんの念仏を称えたことにし、人数と回数を相乗して百万辺とするのが慣例である。

払子[※32]　禅宗から入った法具で、煩悩を払うことと指揮をする二つの意味で用いられる。指揮をするのは、もとこの払子は麈（おおしか）の尾で作られたとされるからである。麈は群をなして棲息し、その首領が尾を振って行動を指揮した故事によるとしている。

〔註〕これは払子と鹿尾を混同したものであろう。辞典によると麈尾と呼ぶ別の法具があったことが分る。

大衆を指揮することから導師一人のみが持つ。この持ち方に二説ある。合掌の中に挟む説と、右手で柄の下端を握りこれに左掌を合掌の如く添えるとの説である。長時間に及ぶときは後の方法がよい。

振るときは、左手は金剛印（拇指を中にして握った拳）を左腰に当て、左、右、左の順に振る。内陣向法要（導師が終始本尊に向かっている法要）では、法要の最初と最後の二回振る。施餓鬼など、祭壇が外陣に置かれる外陣向法要では、本尊に向かって先の如く二回、その中間で祭壇に向かった始めと終りの二回、合計四回振る。これ以上紊《みだ》りに振るべからずと記されている。

払子を置くときは経机ならば左の方に縦に、高座ならば右卓上に横に（卓が小さいときは斜に）置く。祭壇で焼香をするときなどは香炉の左へ斜に置くことになっている。

扇　類　浄土宗ではいろいろな扇を使用する。すなわち檜扇《ひおうぎ》・中啓《ちゅうけい》・雪洞《ぼんぼり》・広骨扇・細骨扇があり、さらに中啓以下は吉凶によって紅白が使い分けられる。

扇類は畳に正坐したときは膝前へ横に、経机では右へ縦に、高座では前卓の説相箱の右へ縦に、祭壇などでは香炉の右側へ縦に置くことになっている。[※31] 扇と払子、坐具などを合わせ持つ者もあるが、左右二本の手で三点以上の品を取扱うことは容易ではない。執持物は数珠と外一点とした方が無難である。

扇類は法具として用いる場合は拡げない。開いて煽ぐなどは論外の不行儀である。

檜　扇　古くは僧階によって使用が制限されたが現在は中啓と同格に扱われている。

中　啓　色衣、顕色の袈裟のとき持つのが慣例で、右腰の所で先をやや下げ、身体に平行に持つ。多数の者が持つ場合は色を統一するため、朱骨で金銀無地のものが望ましい。

中啓のなかに「喪扇」と呼ぶ黒骨で薄墨の地紙のものがある。これは能化の葬儀式などに遺弟や法類が持つべきもので、檀信徒の葬儀に持つべきものではない。喪扇を持つときは壊色の法服を着けているので、その持ち方になる。（後の項参照のこと）。

雪　洞　中啓よりやや軽い格として取扱われている（法服と執持物の取合わせ表参照）。

広骨扇　在家用の広骨扇と違い、親骨に透し彫りのあるものが多く用いられる。壊色の法服に用いられることが多く、胸の前で斜に持つ。黒衣、如法衣を着けた場合、この扇が朱か白かによって平常と不祝儀が区別されることになるのである。

細骨扇　出家としての交際ではなく、俗縁としての交際（親族の祝儀など）を表示するために使われている。このときはすべて一般社会の礼法によって扱われている。

如　意　如意の語について孫の手の変形、すなわち背を掻くこと意の如しより起るとする説。次はその形が篆書の心に似ている故とする説。今一つはその柄に論釈などの文を書付ける具であり「引用意の如し」とする三説がある。現在浄土宗では第三の説により講経、説話のときに用うと定められている。

持ち方、置き方はすべて扇に準ずることになっている。なお以前は如意を払子の代りに持つことも行われ、払子の代用とするときは、その取扱いは払子に準ずとされていた。しかし由来も違い、振るこ

※31　扇類の置き方

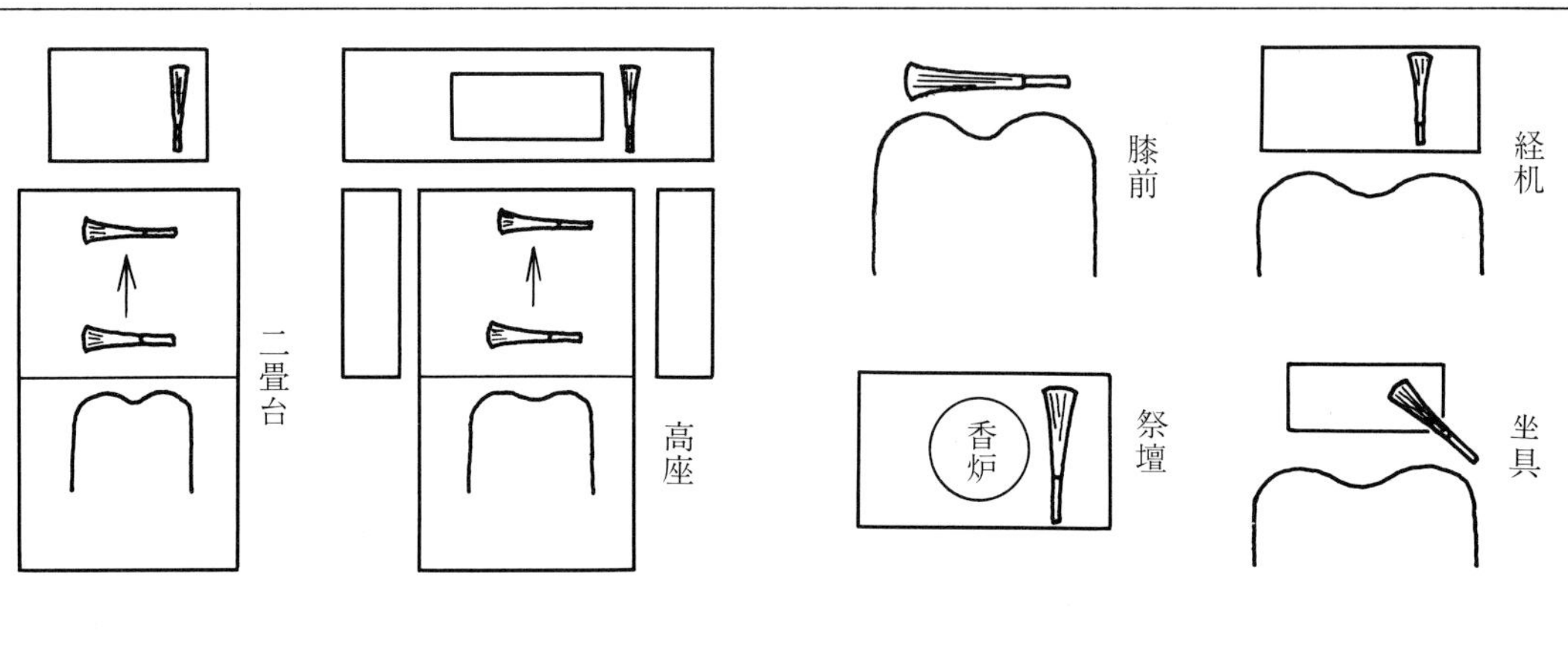

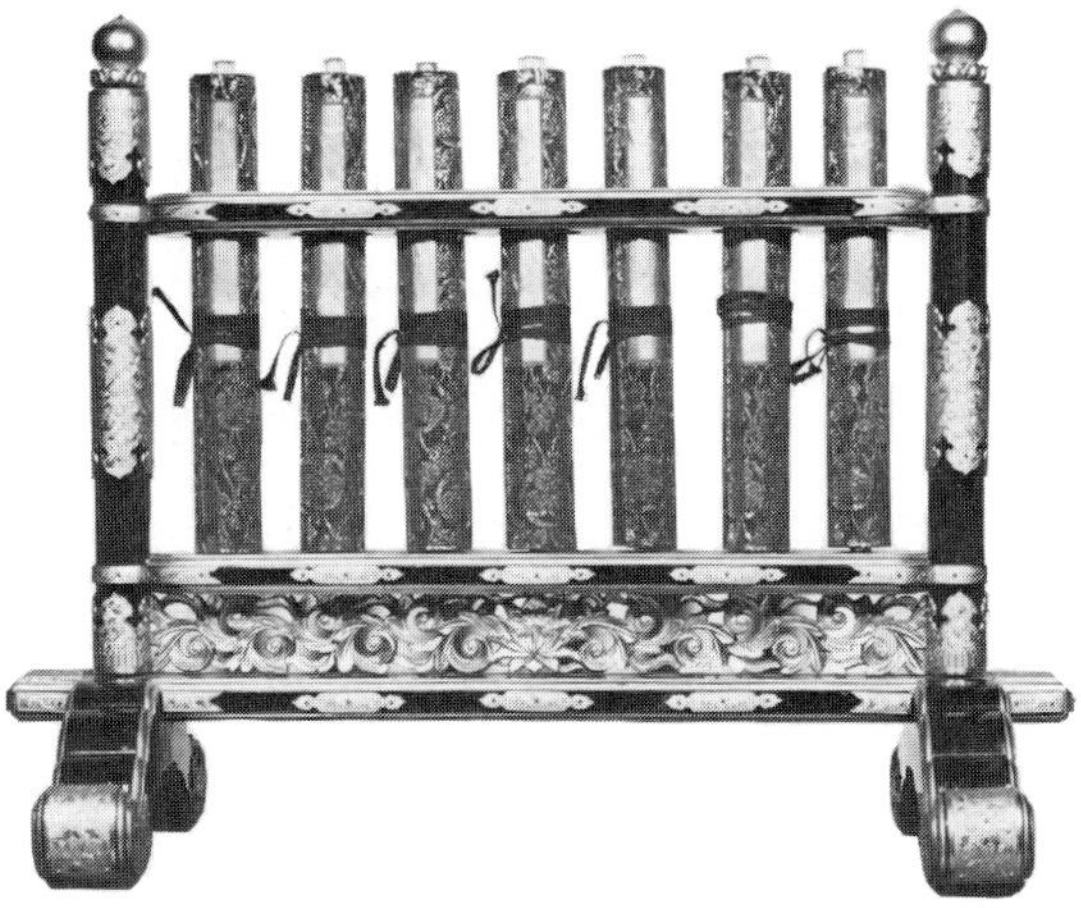

経巻の取り扱い　上・香に薫じて頂戴する
中・経巻を肩幅ほどに広げ，両手は下端を持つ
下・読み終れば巻き寄せた形で机上に置く

柄香炉の取り扱い　上・導師の持ち方
中・引僧の持ち方
下・五条袈裟の脇掛け

ともないのでこの項は削除されることになった。

〔註〕五重相伝のとき従者が大形の如意を持つこともあるが、持ち方などに規定はない。

柄香炉　柄香炉にはいろいろな形があるが特別のきまりはない。

柄香炉の持ち方に二種ある。導師または引僧が自分用のものとして持つときは、左手で柄の中程を受けて持ち、右手で柄のまがりを握り捧持する。置き方は経机、高座の前卓では縦に置き、机の無い場合は膝前へ柄を右にして置く。

侍者（役者）が導師から預っているときは、左掌で香炉を受け、右手で柄を持ち、胸の前に横に保持する。

〔註〕柄香炉に似た形で木製金色のものがある。これを「持蓮華」と呼ぶ。礼拝、行道するための法具である。

引僧が持っていた柄香炉を導師がそのまま流用するのは本儀ではない。

華　籠　散華用、盛華用の華を盛る具であり、各宗派で用いられるものである。その飾紐は紅白のものを付けるのが本儀とされているが、一般には青、白、赤の三色のものが使われている。中心を白にする、赤にするの二説があったが、現在は一応色彩上の理由から白中心とされている。

散華には紙の蓮弁が多く用いられ、その枚数も四、五、八、十、多数の諸説があるがいずれも花形に美しく並べるよう指導されている。

盛華供養はほとんど行われないが、幼稚園児による献華や放生会には行われる。生花を色美しく盛りあげるのである。

華籠は経机、畳の上とも飾紐をまとめて置くよう指導されている。

持ち方は火風（中、食）二指の間に飾紐を挟み、掌で受け、空（拇）指を掛けて胸前に捧持する。華を取るときは右手の火風二指で挟み、ゆるやかに円を描きながら右斜前方で放つ。

殊更に前方、左右に飛ばすべからずと粗野な動作を禁じている。

経巻と経本　経巻（巻軸経巻）は以前は開経偈中に紐を解き、袖を巻き、文字の見える所まで開くよう指示され、さらに「読み終らば巻きもどす」とされていたが、現在は法要中には無理であるとの理由から前もって準備しておき、読誦後もその形のままでよいことになった。また前後しばらくは両手で捧持して読むが、中程は説相箱や経机に手を掛けてもよいことになっている。経本の場合も前後は両手で捧持し、中間は経机の上に置いて読むことになっている。

なお誦経は「字を見て、意味を考え、声を出して読む」の三つの条件が揃うことが大切である。このため暗誦を禁じ、経本を用意するよう指導されているが、必ずしも守られてはいないのが現状である。

香盒と覆子　われわれが焼香をするのは香を献ずるためである。このために火を借りても香は自身のものを焚くべきである。ゆえに、僧職にある者は常に香は持参しなければならない。

香を入れておくのが香盒（香箱）である。携帯するためには適当な蓋のかたさのものでなければならない。香盒は左の袂に入れておく。左の袂を浄、右を不浄としている。またこの方が使いやすい。

覆子（紙製のマスク）も常に持っていなければならぬものである。仏前の灯明を点じ、霊膳を運ぶなど、われわれはいつでもこれらの役に当たることを考えておくべきである。

〔註〕浄土宗では覆子《ふくす》といっているが、辞典では覆面《ふめん》となっている。

(9) 法服類とその使用法

法服について、法要集には袈裟・法衣・冠・領帽・袴・履《くつ》（沓）・襪子《べつす》・坐具をあげているが、この外、洋法衣（ガウン）も用いられており、着物や帯についても言及すべきであろう。

袈《け》裟《さ》　五条～二五条あることになっているが、浄土宗では壊色[※33]の二五条がまれに、またごくまれに一三条がある。純然たる九条は少く、特殊なものに七九《しちく》条というものがある。顕色[※34]で作られ、通常の七条の外、取外しのできる二条が別に作られるのである。七条のときは南山衣形式[※35]で、九条にしたときは天竺衣形式[※36]となり、他宗

※32　払子

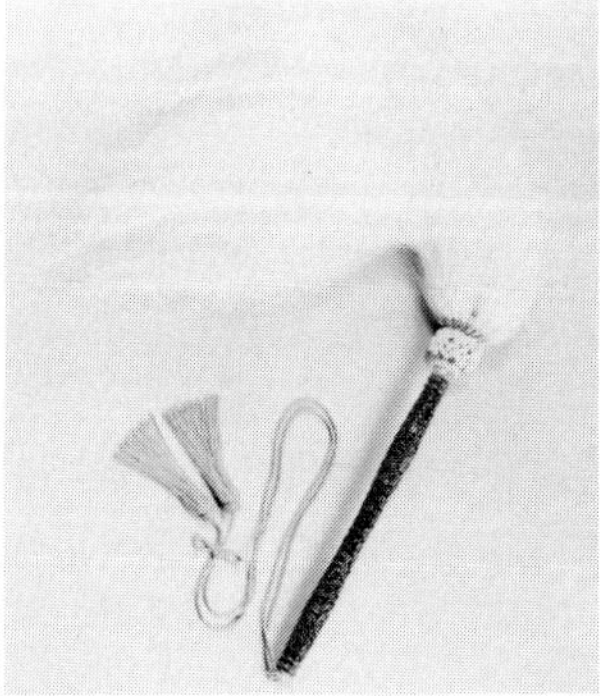

※33　美しく鮮やかな色を、茶色や鼡などの濁った色に染めつぶすこと。また濁った色のこと。

※34　青・黄・赤・金・銀などの鮮明な色彩。

※35　南山の道詮律師より始まるという袈裟の形式の一種。環が端に付いている。

※36　インドの形式をそのまま伝えた袈裟の一種。環と鈎が衣身を三分している。

切袴，袱紗衣，大師五条，領帽，誌公帽子に荘厳数珠と中啓を持った姿

差貫，道具衣，七九条，水冠，領帽に払子と荘厳数珠を持った姿（右・正面　左・側面）

切袴，道具衣，七条，領帽に荘厳数珠と桧扇を持った姿

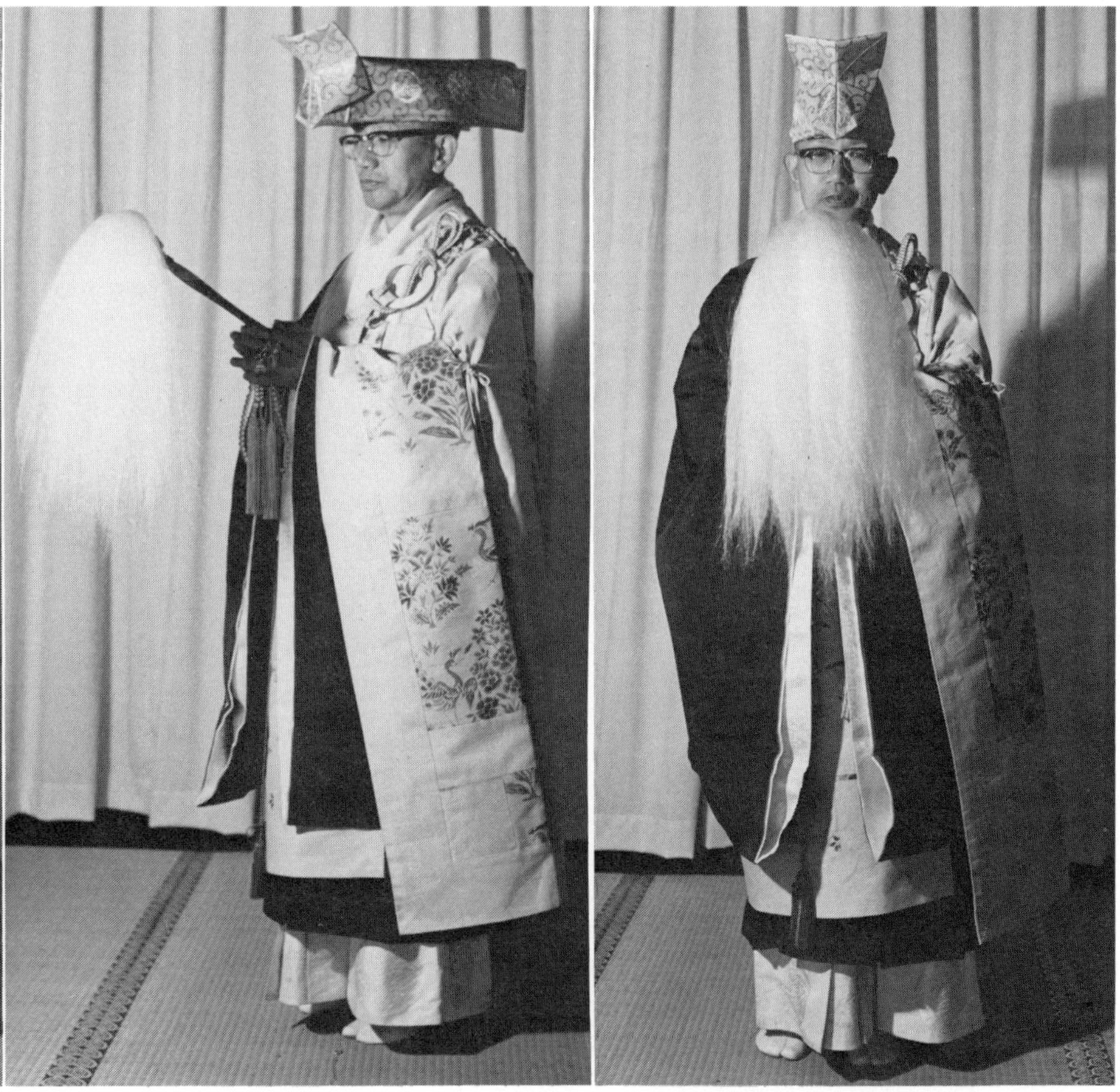

切袴，道具衣，七条，領帽，水冠に荘厳数珠と払子を持った姿（右・正面　左・側面）

ではみかけぬものである。

七条は顕色と壊色がある。顕色のものは南山衣形式で、多くの場合ソリが付けられている。ソリの無いものは「角七」と別称されている。壊色七条は如法衣と呼ばれ、南山衣、天竺衣の二種がある。ソリは無い。

五条には、大師五条、大五条、小五条（威儀細）、折五条（畳五条）があり、いずれも顕色と壊色がある。折五条に似たものに種子衣がある。これも顕色と壊色がある。近年洋法衣と共に利用が多くなった。

古く廬山衣があったが、現在は使用されていない。

法　衣　次のような種類がある。

長素絹《ながそけん》　裾を長く引くもので石帯が付いている。

半素絹《はんそけん》　略して素絹とのみいう。長素絹の裾を短くしたものである。

道具衣《どうぐえ》　八つ襞《ひだ》（後方四、左右二ずつ）で袖口と衿に重ねの色が付いている。袖裏の付け方で本道具衣と半道具衣に分けられる。腰に共布の飾紐二本がついている。

袱紗衣《ふくさえ》　十二襞（後方六、左右三ずつ）で袖裏は半巾である。重ねの色と三本の飾紐はない。

直　綴　俗に黒衣と呼ばれているもので袱紗衣と同じ形式であるが袖裏が無い。茶（稀に鼠色）もある。

洋法衣　ガウンと呼ばれ黒である。法衣商が造ったもので宗門として黙認しているものである。

伝道服　宗規には「道服」と記し、一般では「改良服」と呼んでいる。明治末年に半素絹に代って考案され、宗門学校の制服となった。多く黒で作られ、襞の代りに襠が付いている。真宗のような脇の飾り紐は無い。

褊衫裙《へんざんくん》　二部式の法衣である。ごく一部の律院で使われるだけで、一般には用いない。

現在の宗規では法衣の色だけが僧階によって規制されている。素絹・道具衣・袱紗衣が顕色で作られ、緋、紫、松襲《まつがさね》※37、萠黄《もえぎ》※38の順である。黒は五正色（青黄赤白黒）の一つであり本来は顕色であるが、直綴は壊色扱いである。この場合は緇（泥染）の濃いものと解釈しているのである。まれには五正色の黒として道具衣や袱紗衣を作る者もある。

法衣と袴は夏物、冬物を使い分ける。特殊な地方を除いては、六月一日～九月三〇日が夏衣であり、一〇月一日～五月末日が冬衣である。

冠《かん》　水冠《すいかん》と誌公帽子《しこうもうす》の二種がある。誌公帽子の方がやや略式として扱われる。昔は僧階による生地の制約があったが今はない。

領《りょう》**帽**《ぼう》　拝領した帽子であるゆえに、冬期には着用するのが正式とされている。白羽《しろは》二重《ぶたえ》※39、二巾、無双仕立で長さは鯨尺二尺二寸位である。これを本帽子と呼び、同寸法一巾仕立てを半帽子と呼んでいる。長さ二尺二寸は一反で本帽、半帽各一つを作る寸法である。

宗定では一〇月一日～四月末日の間着用することになっているが、普通は一一月一日から使用する。帽子とはいいながら頭を包むことはない。畳んで衿を覆うのである。

袴　表袴＝ウエノハカマと読む。特に道具衣に用うと指定されているが、関東でまれに見るぐらいで一般には使用されていない。

差貫《さしぬき》＝長素絹に用うとあるが、長素絹が珍しい今日、全員が荘厳服で出仕する法要の導師が格付けに使用するぐらいである。

切袴《きりばかま》＝もっとも多く用いられる儀式袴である。白、淡水色、紫色があり、昔は僧階による色の規制があったが現在は自由である。

以上の三種の袴はすべて顕色の法衣に用いられる。この外、伝道服には壊色の袴を着用することになっている。袴はすべて官服の制に準じて定められた。比丘本来の姿である壊色の直綴に袴は用いないことになっている。

履（沓）　庭儀式のとき、導師は舄《しゃく》、式衆は木履《ぼくり》を用いることになっている。しかし現在舄を用いることはほとんどなく、導師が木履を用いている。こうした場合、式衆は和服の儀式用の履物すな

※37　経（タテイト）と緯（ヨコイト）を緑と紫で織った布。光の当り方で紫とも緑ともみえる色目である。

※38　緑色の古称。

※39　表と裏を全く同じ布で仕立てること。

※　木履の写真。

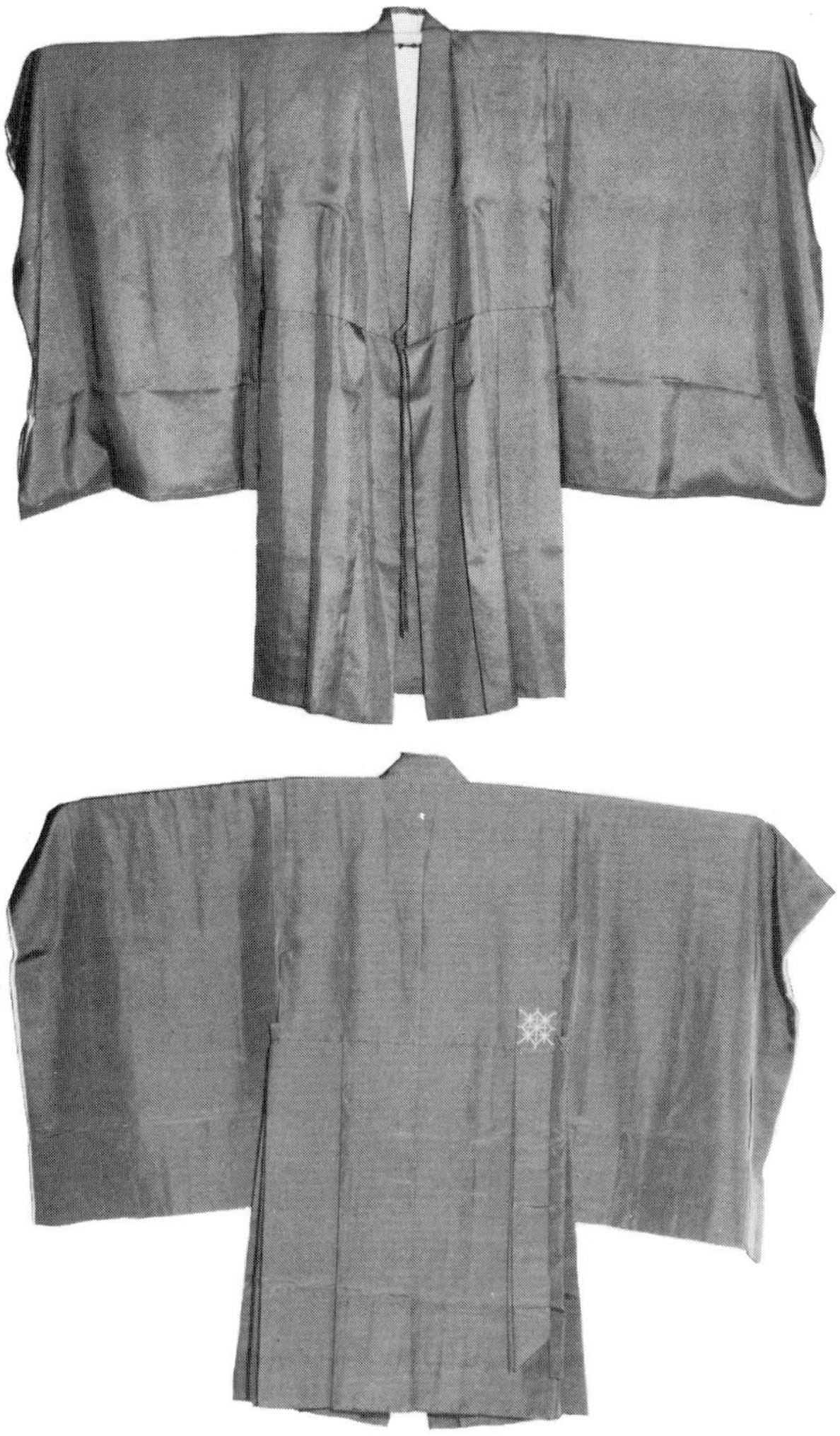

道具衣の前と後

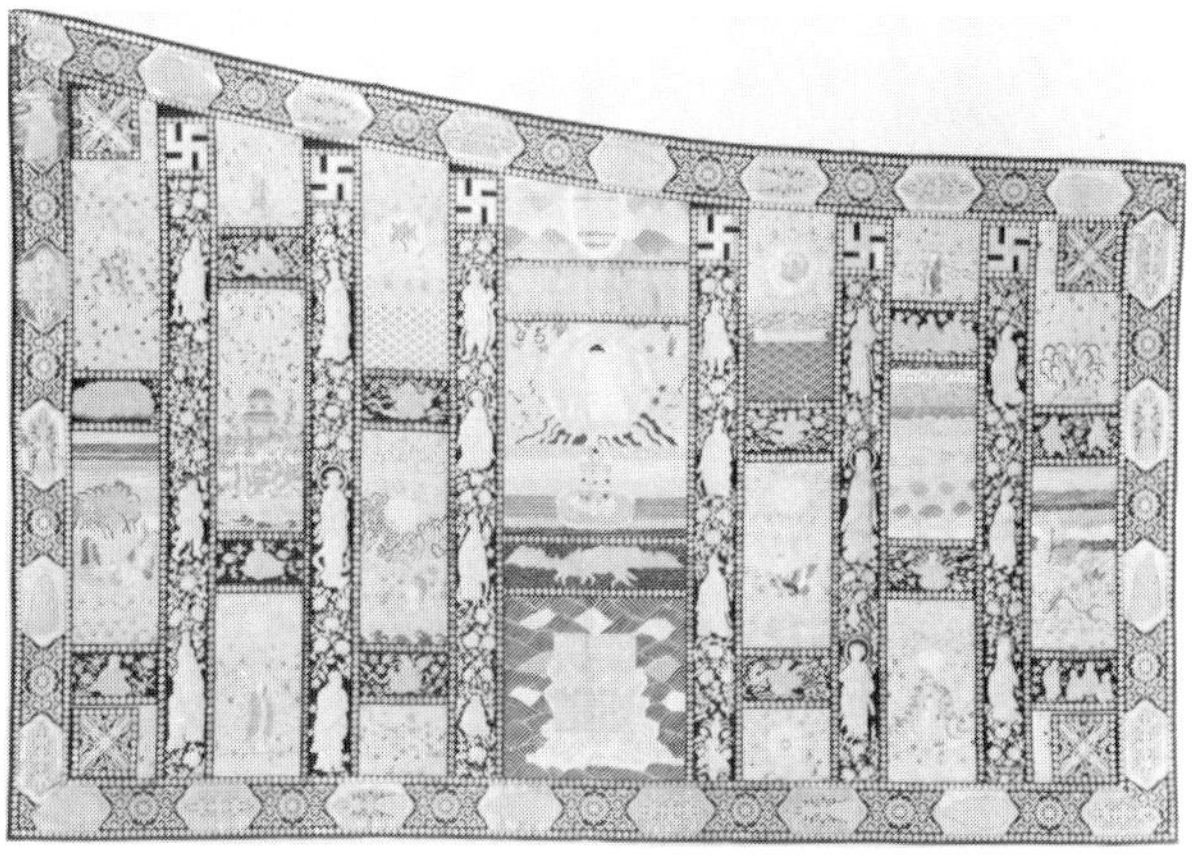

顕色七条袈裟

顕色大師五条

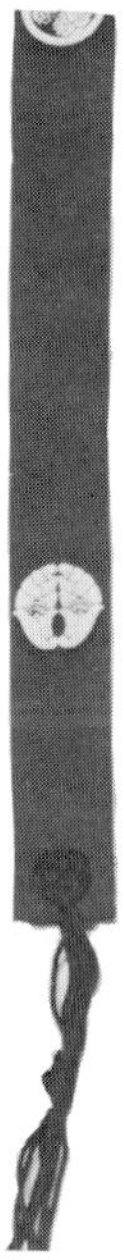

種子衣

小五条袈裟

袱紗衣の前

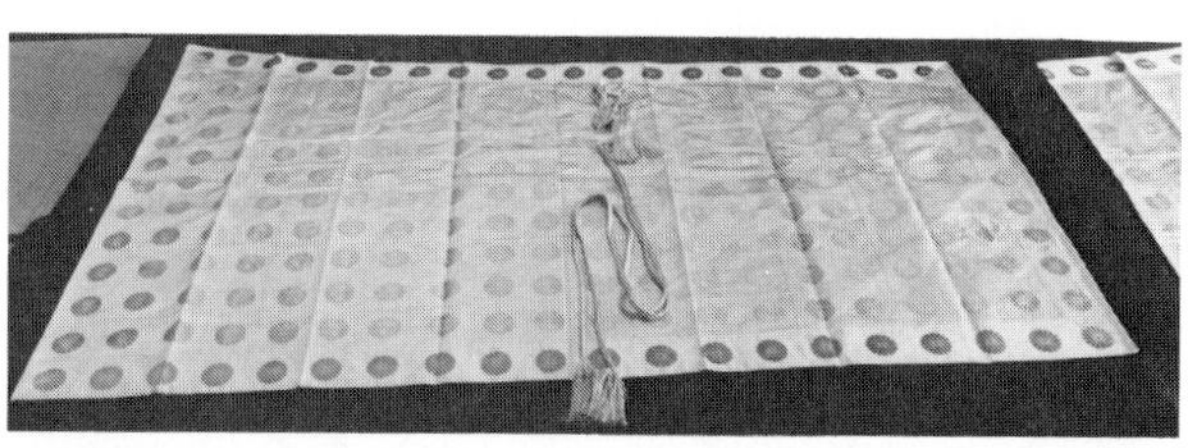

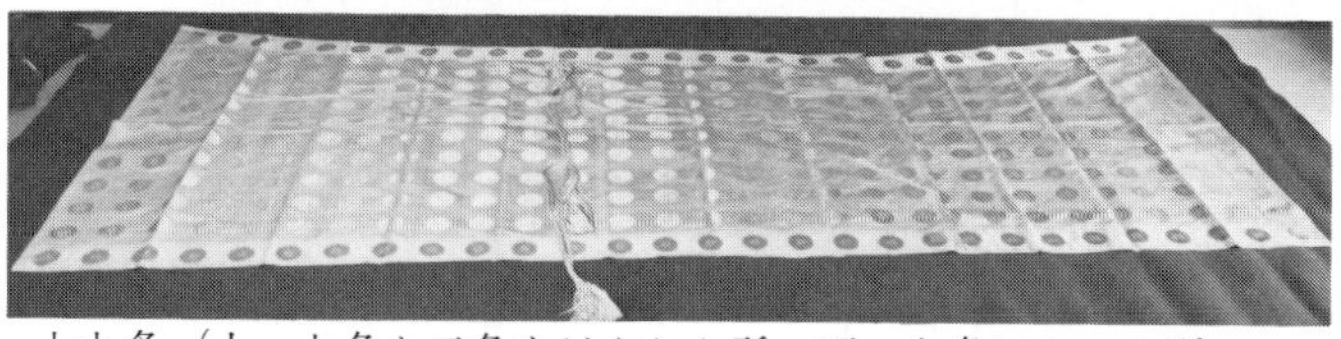

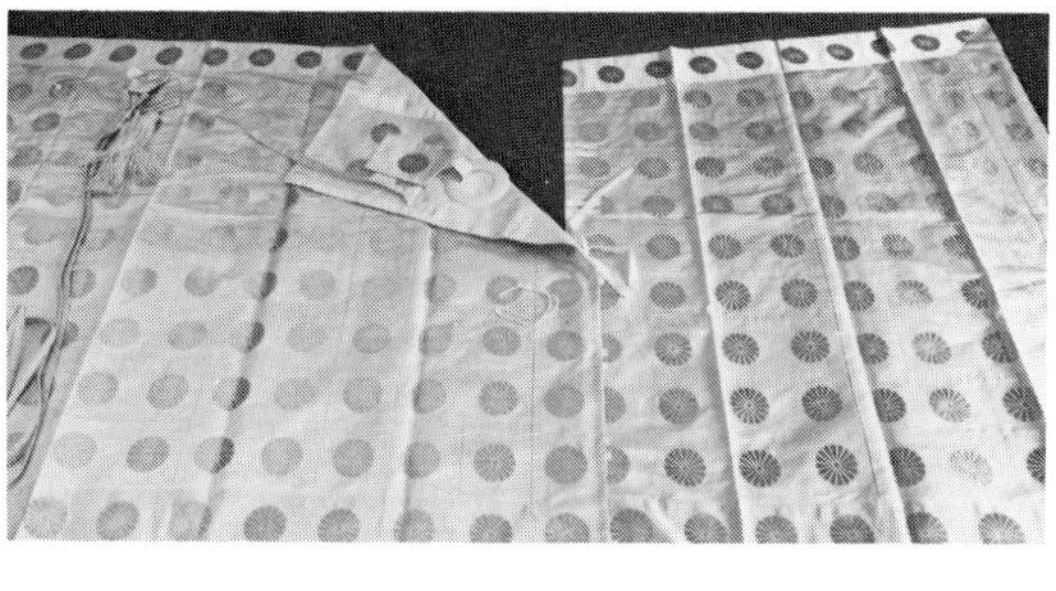

七九条（上・七条と二条をはなした所　下・九条になった所
左・七条に二条をつける所）

ち白緒の草履を用いるべきであろう。

襪子《べつす》　指の股の無い白足袋で、正式には平絹で作ると書かれている。今日木綿で作ったものが販売されている。しかし、一般はこれを略して白足袋を用いている。

坐　具　比丘六物の一つであり、必ず常時持たねばならぬものであるが、法要集にも指示がないのでほとんど持っていない。現在では慣例として晋山式の新命と御忌の唱賛導師が持つぐらいである。

展坐具の作法も教えられるが実際に行われることは少い。

坐具には顕色のもの（大形）と壊色のもの（小形）の二種がある。新命と唱賛導師は荘厳服であるから顕色のものを持ち、坐具捌きと称する作法で、畳んだまま膝前に置くだけである。壊色のものを二畳台や高座の上に置いてある寺もある。

白衣と帯　法衣の下は白い着物、白の角帯であってほしい。平常はどんな色でもよいが法衣のときは白に限る。白の兵子帯《へこおび》や絞染を施した兵子帯を用いる者があるが、兵子帯は遊び用、おしゃれ用である。

着付け終って白衣の裾が少し足袋にかかるぐらいがよい。裾は非常に目立つものである。

三、法要における荘厳

(1) 施餓鬼会の荘厳

施餓鬼会は通常左頁図のように壇を設けて、大壇の正面に五如来（宝勝・妙色身・甘露王・広博身・離怖畏）を安置する。まれに五如来の絵像を祀ることもあるが、多くは幡に宝号を記したものをかけ並べている。その前に回向する位牌を置き、茶湯器・灯燭・香華・供物を供える。

註　地方によって七如来（先の五如来に多宝、阿弥陀を加える）を祀ることもあるが、多宝如来と宝勝如来、阿弥陀如来と甘露王如来は同じ仏であるから五如来が正しい。また浄土宗の本堂では、本尊が阿弥陀如来であるから甘露王如来を除いた四如来を祀るべきであるとの古説もある。

小さい壇を餓鬼壇と称し、中央に「三界萬霊」の牌を祀り、その前に飯と浄水（法要集にはその他果実、蔬菜など）を供える。飯と水は偈文の飲食受用によったものであり、その他の供物は盂蘭盆会※40の百味飲食とみることができる。飯の上に紙で作った五輪幡※41と小幡※42を五本立てる（これを梵天と呼んでいる）。五輪幡は塔婆である。小幡はもと寺の境内に立てられた荘厳具の幡の転化であるとされている。餓鬼壇は五如来壇の後方、時には堂の縁側に置かれることもある。また餓鬼壇を略して五如来壇の前隅に三界萬霊牌と飯水が置かれることもある。

これらの形式から「何度施餓鬼をしても死者は餓鬼道から脱することができない」と言わしめるにいたっている。これは荘厳法に問題がある。すべからく放生会に準じた荘厳法を指示し、信者の誤解を解かなければならない。

施餓鬼は東面して修すとの説により（本堂は南面として）右脇陣で勤める地方もあるが、方向が変わるだけで壇の荘厳は同じである。

(2) 本山の御忌会

御忌は浄土宗の宗祖法然上人に対する報恩謝徳の法要である。後柏原天皇の「近畿の門葉を集めて法然上人の御忌を勤めよ」との詔勅によって修せられる浄土宗最大の法要である。こうしたことから各本山では山主が導師となる外に、法然上人の歎徳文（御諷誦）を朗唱する唱賛導師が出仕する。すなわち「二人導師」という珍しい法要である。

唱賛導師が本堂の中央、平常の導師の席を用い、山主はその後方、内陣と外陣の境に着く（山主が脇壇の前に着く本山もある）。二導師とも高座を使用し、他宗では見られぬ形式となる。上人像には丁重な荘厳がなされるが特に変ったことはない。

※40　盂蘭盆のとき法界餓鬼に施す多数の食物。本来は比丘への施物であったが、後に施餓鬼の供物と混同した。

※41　五輪塔の形に作った幡。紙で作り細い竹で挟む。

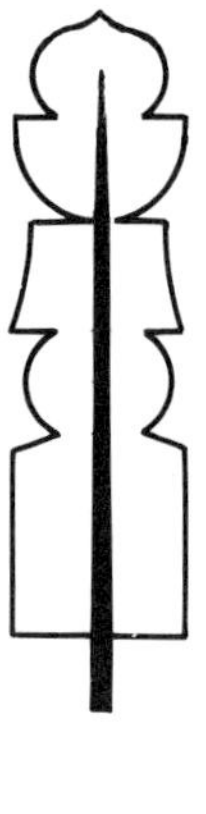

※42　紙で図のように切り、コヨリで細竹に結びつける。

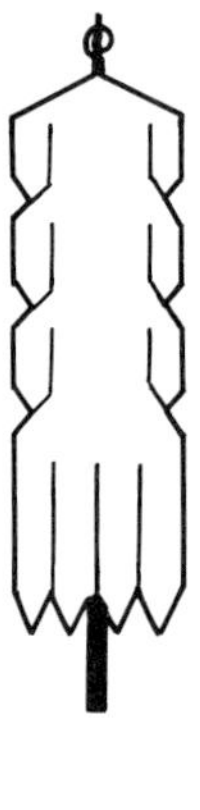

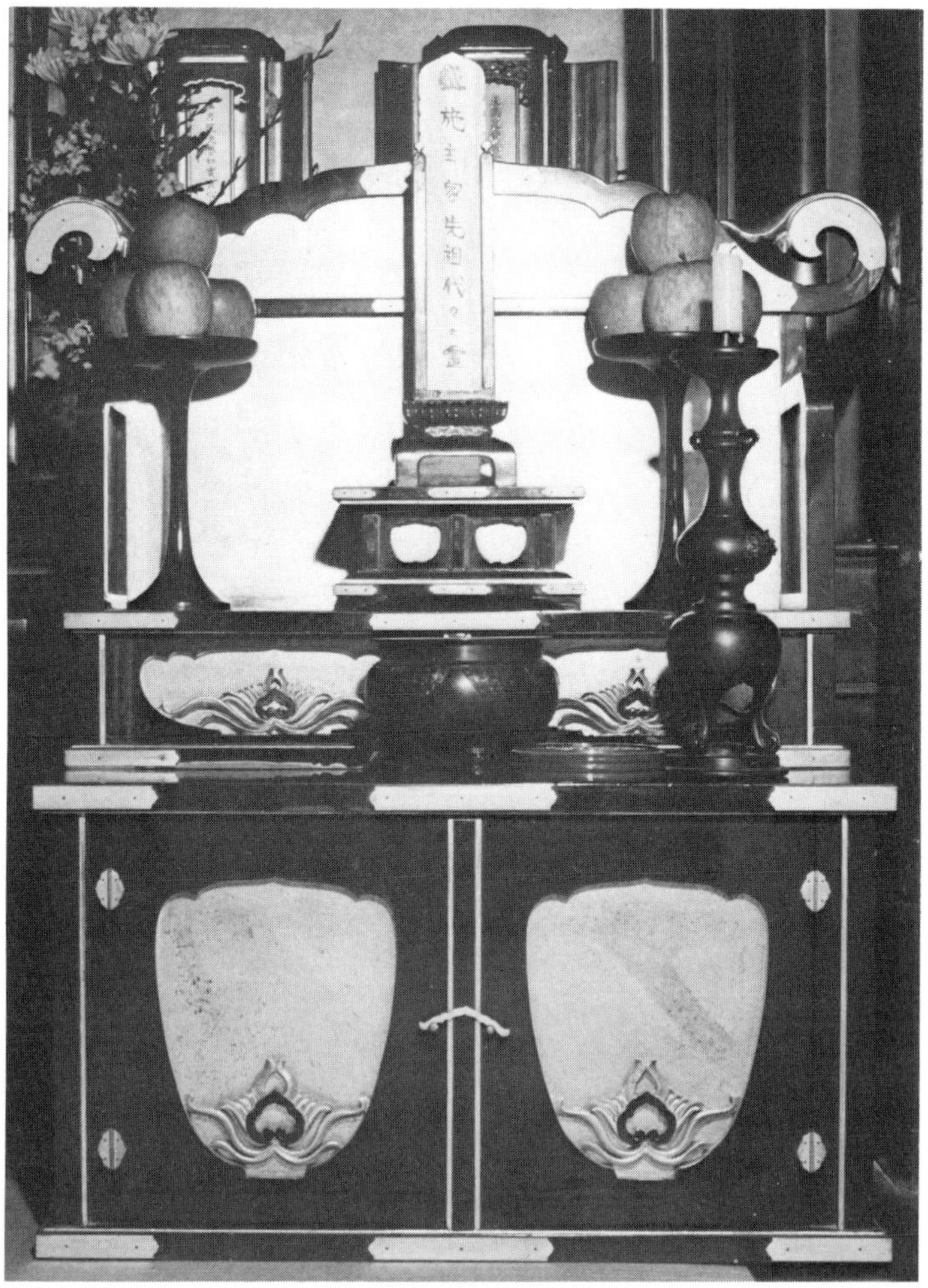

堂に置かれている回向壇

如法衣（天竺衣）

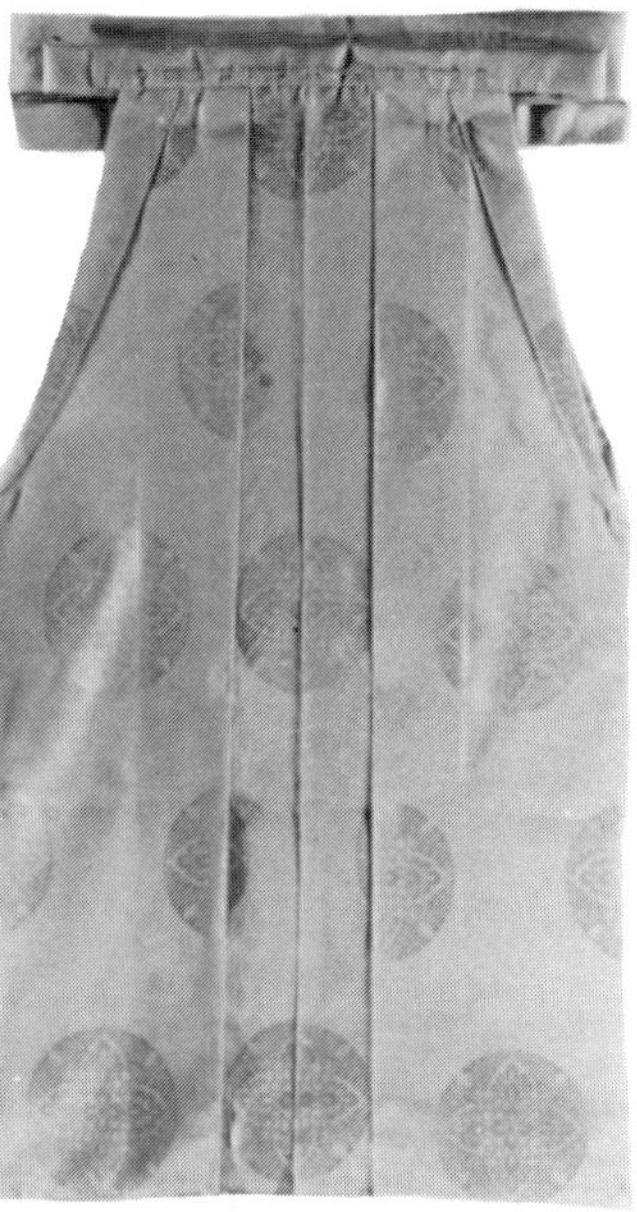

切袴

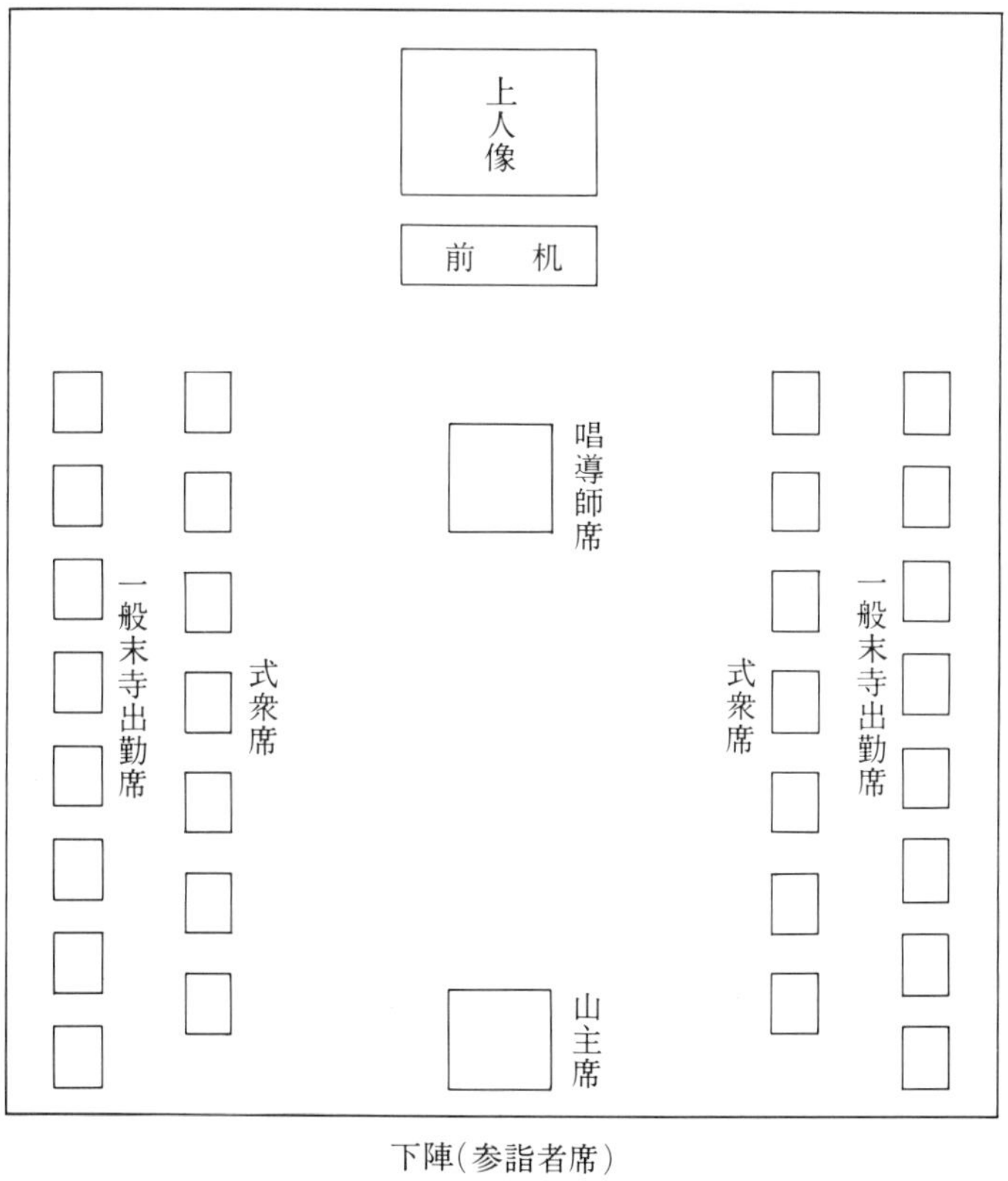

知恩院御忌大会の配置図

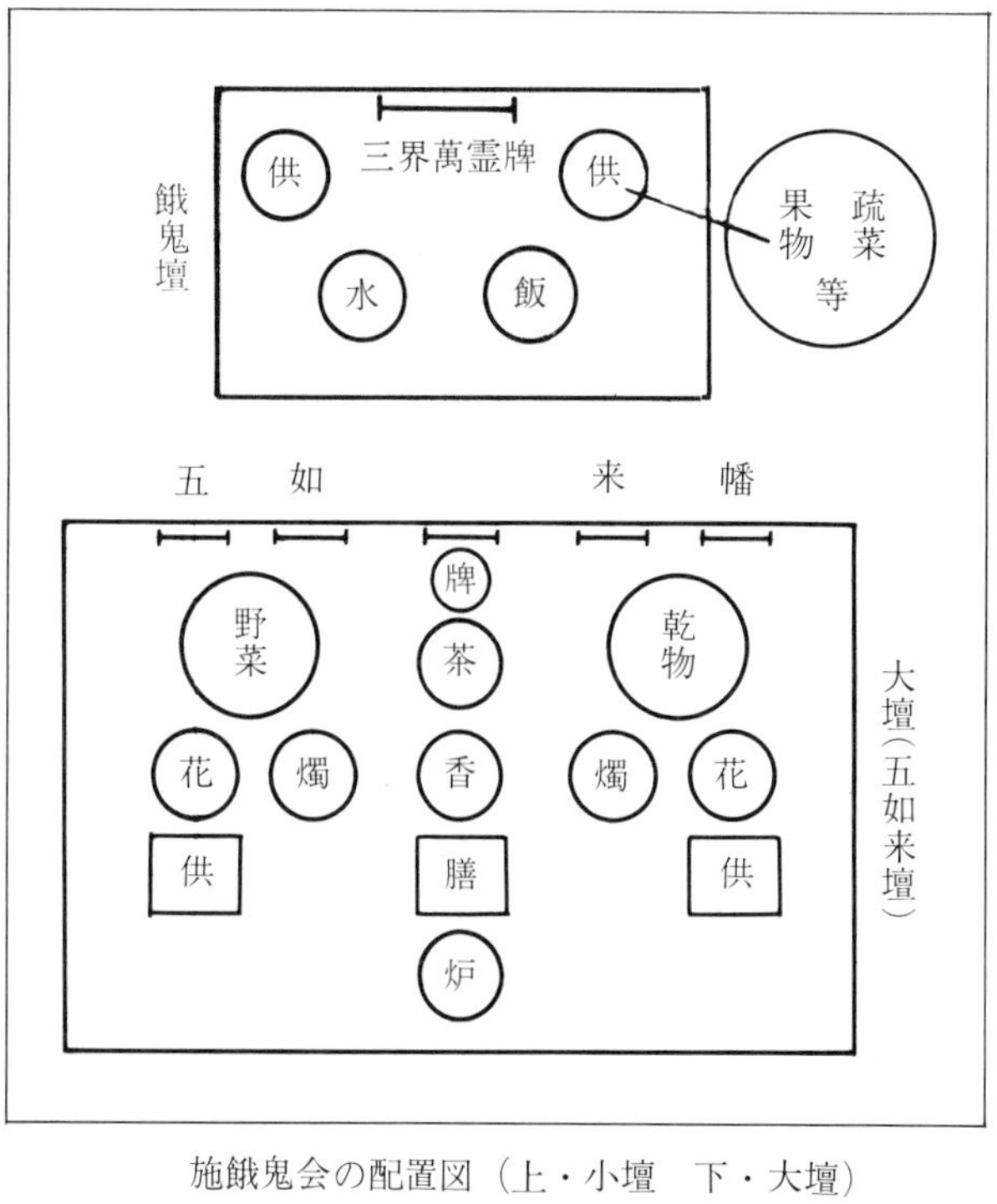

施餓鬼会の配置図（上・小壇　下・大壇）

(3) 仏名会の荘厳

過去千仏、現在千仏、未来千仏の三千仏名を唱えて礼拝し、自分の犯した罪を懺悔する法要である。この主旨から、本尊の前に各千仏を描いた掛軸三幅を掛ける。その前の荘厳は特に変ったことはない。自己の滅罪のための法要であるから、導師、式衆とも壊色の法服を着用する。

なお浄土宗では「ただ弥陀一仏名を唱えて礼拝するも可」との説により、特別に仏画を祀らず、本尊の阿弥陀仏に対して称名礼拝三千回を修することもある。

(4) 放生会の荘厳

放生会は宗定の法要ではないが、本山を始め末寺でもよく勤められる法要である。数日にわたる大法会の後や、死者の追善のため、また自分の滅罪のために生類（魚や鳥）を放つ法要である。これらの生類は身体が穢れているので烏芻沙摩《うすさま》明王の願力によって清浄な身とならせ、これに三帰を授けて自由の天地に返し放つのである。

このため外陣正面に生類を（魚ならば桶に入れ、鳥は篭に入れて）置く。そのそばに明王を祀る壇を設け、浄水器を置き楊一枝を備える。また本尊へ盛華供養をするので、導師、式衆の全員に盛華を用意する（華篭の項参照）。

年忌に修するときは右の外、脇壇前など適当なところに祭壇を設け、これに位牌を安置し、香・華・灯・燭・供物を供え焼香の用意をする。

(5) 授戒会の荘厳

授戒会もよく執行される法要である。しかし実のところこれが正しいと決定できる形式がない。各地方、各寺でそれぞれ適当に行っているのが現状である。

『苾枢宝庫《びすほうこ》』という浄土宗の古い法式教書には図のような古図が残されており、一部の大寺にはこれらの法要具も残されている。こうした事実から考えると、図が正しい荘厳法であろう。しかし現在、このように設けられた道場でどのような作法が行われたか分っていない。

右のような事情から、本儀と思われる古図のみを載せ、現在は定形なしとするより致し方ない。

(6) 五重相伝《ごじゅうそうでん》、その他

※43 五重相伝とは浄土宗の宗義を五段階に分けて伝授する重要な行事である。以前は七日間、現在は五日間で行われることが多い。

これには入行式、剃度式、懺悔式などの外、伝法道場として要偈、密室の二式が行われる。浄土宗独特の法要形式であるが、伝法道場の荘厳は相伝であり公表することは禁じられている。したがってここへ記載することはできない。

その他得度式、布薩には戒和上の席を外陣向きに設ける。

また釈尊の降誕会には花御堂を、涅槃会には涅槃像を祀るが特に浄土宗独特というほどのことはない。

(7) 葬儀式の荘厳

葬儀式は都会では業者に委ねられ、地方ではその地方の習慣に従ってなされているので、本宗独特というべきものはない。

ただ能化の葬儀式の場合、所依の経典である三部経、およびその論釈、自分が信者に宗義を相伝する伝書、自分に相伝された巻物を祭壇の左に置く。また反対側には比丘の必需品である六物（三衣、鉄鉢、坐具、漉水囊《ろすいのう》）と法衣、念珠、錫杖を置くことになっている。

しかしこれらの品は死者自身が身に着けるべきものである。出棺の際に忘れないように棺の近くに置くもので飾るものではない。したがって納棺のとき、これらを棺に納めれば祭壇脇に並べる必要はないのである。

※43 五重相伝とは、浄土宗の祖師先徳が宗義について著述された書物に準じ、宗義の要点を五大項目に分けて解説伝授する宗門最大の法儀である。

この伝授を受けるために身心を浄め、心を専一にすることが条件であり、一定期間、終日寺にこもり懺悔礼拝と聞法をし、厳粛な相伝式を行うことになっている。

※44 入院札の作り方

小奉書を図の如く八ツ切にする

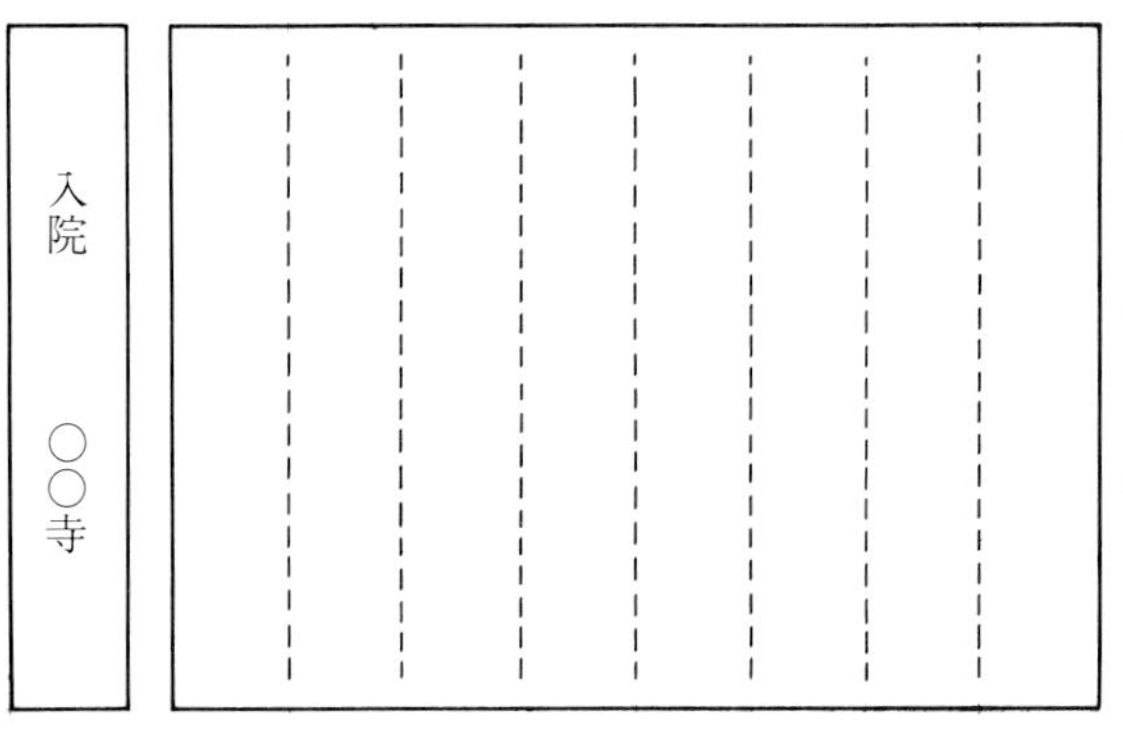

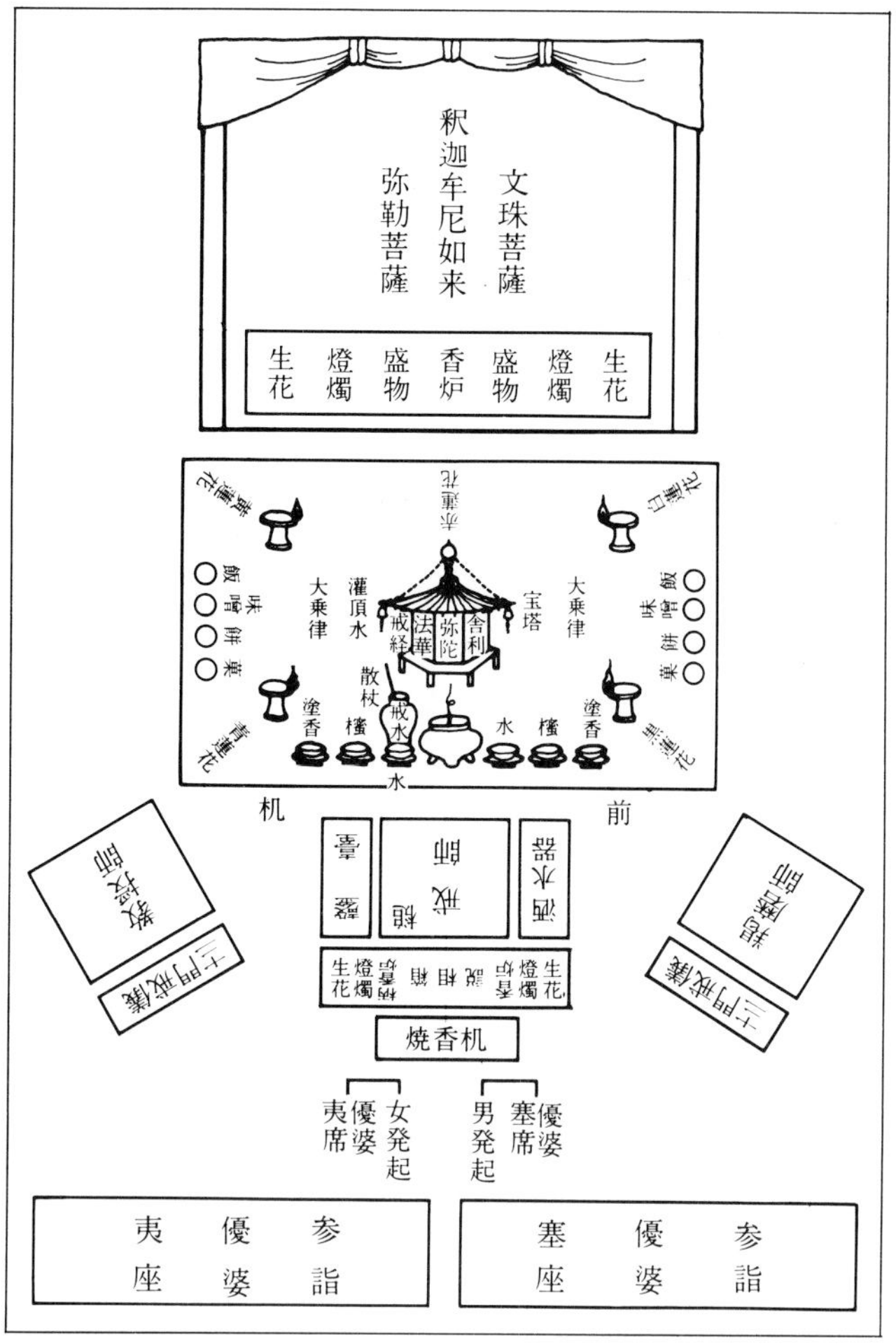

授戒会の図（『苾枢宝庫』より）

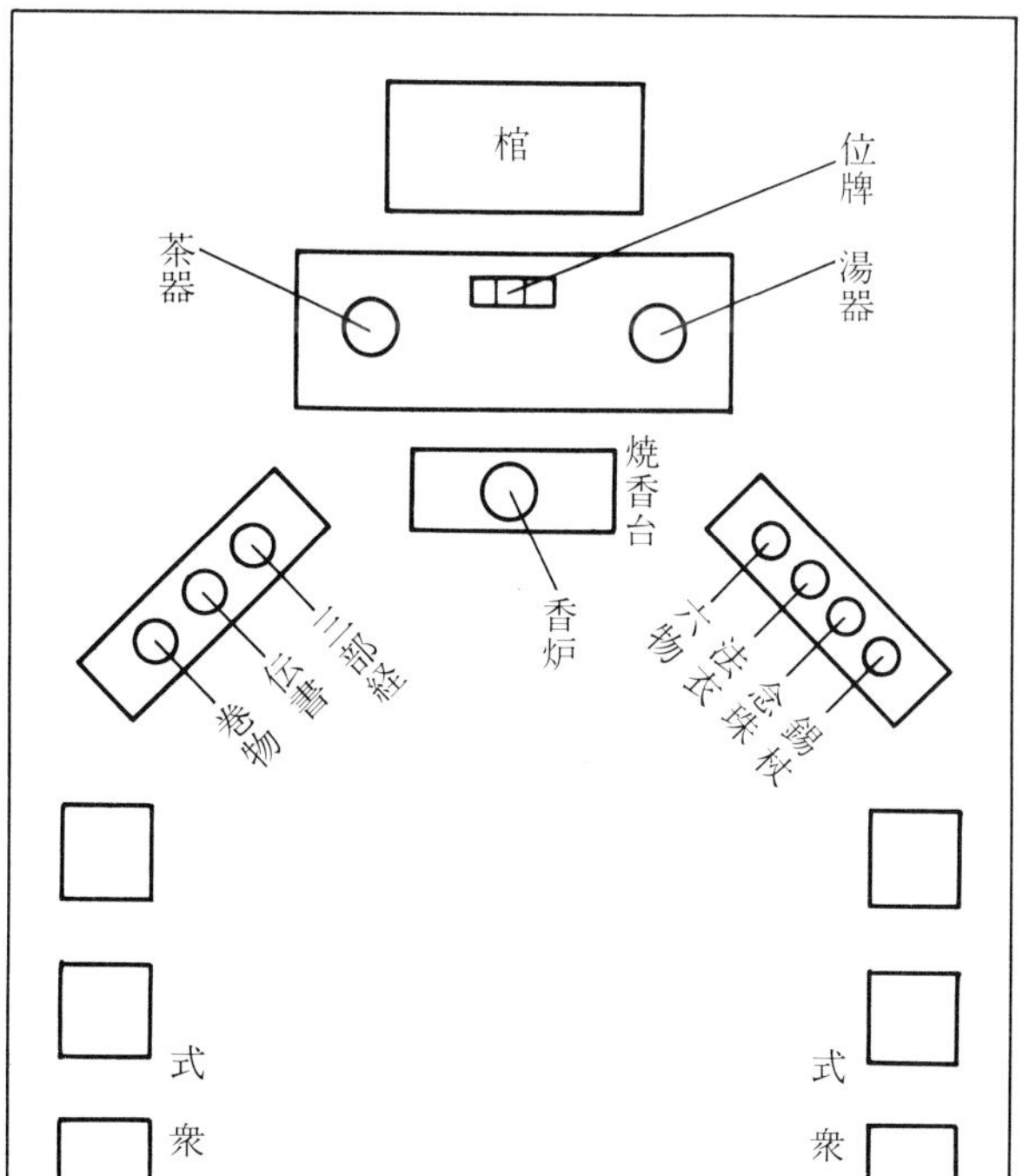

能化葬儀式の配置図

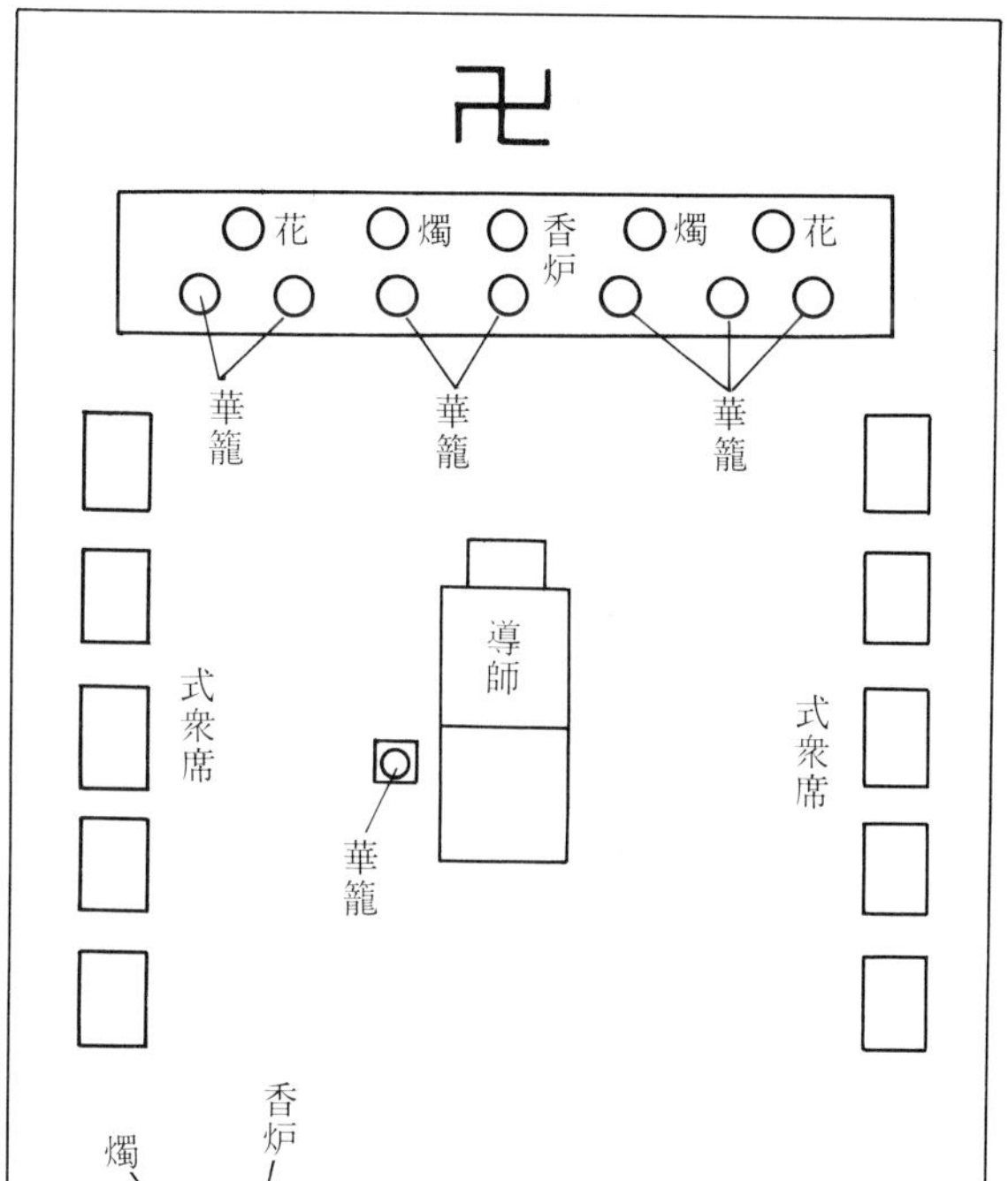

放生会の配置図

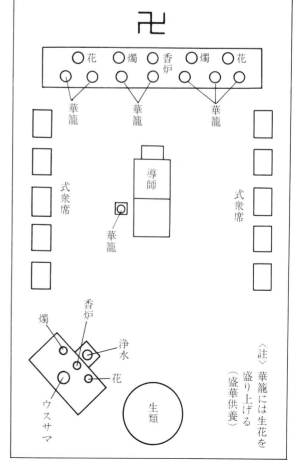

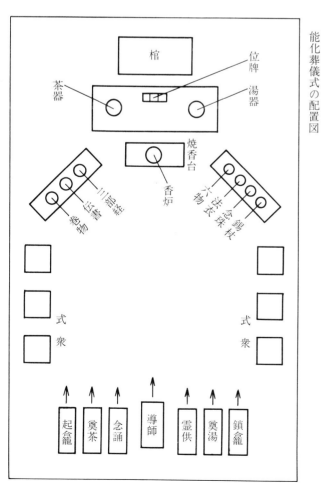

四、儀式の慣例

(1) 切紙の案内

もうあまり見られないが、公式の場合に「切紙の案内」という慣例がある。

大奉書を図の如く八ツ切りにする。

この一枚に肉筆で案内文を書く。文面は簡潔に要点だけを記すことになっている。

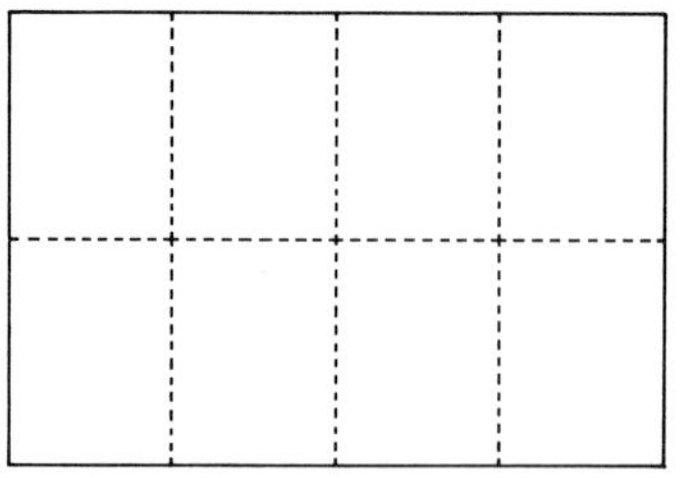

〈文例〉

啓上　陳者来ル○月○日午前○時ヨリ先住○誉○○ノ○回忌法要相営ミタク　御多用中恐縮乍ラ　黒衣如法衣ニテ御出勤下サレタク　此ノ段御願イ申上ゲマス（古くは申上候）敬具

○月　　○○寺

（宛名は書かない）

この紙を持って住職自身が組寺へ案内に出向くのである。服装は黒衣、小五条で広骨扇、日課（または百八）数珠を持つ。玄関で一応口頭で文面の主旨を述べ、この切紙を置いて帰る。この時出欠の返事は聞かないことになっている。公用か重病人でない限り出席する義務があるためである。

(2) 宵祝とそば振舞

晋山式など、寺として大きな祝いごとがある場合、その前夜に主な関係者が集って予行演習をすることになっている。これを「宵祝《よいじゅく》（正しくは習礼《しゅらい》）」と呼んでいる。儀式はやり直しのできないものである。当日の本番に少しの手落ちもないように総点検をするのである。実際に準備の不備を発見することも多い。これも残しておきたい慣例である。

この習礼の後に夕食が出される。このとき「蕎麦《そば》」が一品入ることになっている。一般社会で引越しそばを細く長く付合うようにというが、実際はそば（傍）の人に振舞うの意であるとしている。昔は蕎麦だけでその外の料理は出なかったと聞いている。

(3) 晋山式と書院式

晋山式は新命（新しい住職）が正式に寺に入る儀式である。新命が実際は何ヶ月も前から寺に住んでいても、儀式としては始めて寺へ入ってくる形式をとっている。檀家総代の案内で新命が縁者を引きつれて寺へ来る形に行列が作られる。門は固く閉ざされていて、門前で勤行の後、偈文にしたがって扉を開いて境内に入り、本堂に入るのである。組寺は本堂内に坐って新命を迎えるが、勤行半ばで退座してしまう。これは新命とともに勤行するのではなく、検分にきたためである。この意味で組寺は五条袈裟を着けることになっている。

本堂内の勤行の後〝書院式〟が行われる。組寺の居並ぶ座敷へ新命は檀家総代を引連れて参入する。長老から住職心得を申し渡す。その後、新命は正座に着く。昆布（現在は次に菓子）さらに煎茶が全員に運ばれる。長老から祝辞が述べられる、一同は昆布を少々食べ、煎茶を飲む。新命は再び総代と共に下座に坐し、一礼して退出するのである。この昆布と煎茶が運ばれるとき、新命と長老は一度ずつゆずり合うことになっている。互に相手に敬意を表し、公式に飲食を共にしたことを表現した儀式である。

この書院式に列席した総代は非常に大きな感銘を受けると聞いている。儀式の厳粛さと総代としての責任の重さのためであろう。今日では省略される地方も多いと聞くが、やはり厳重に残しておきたい儀式である。

晋山式の翌日（以前はその日の内に）新命は出勤してもらった組

※45　表白の作り方

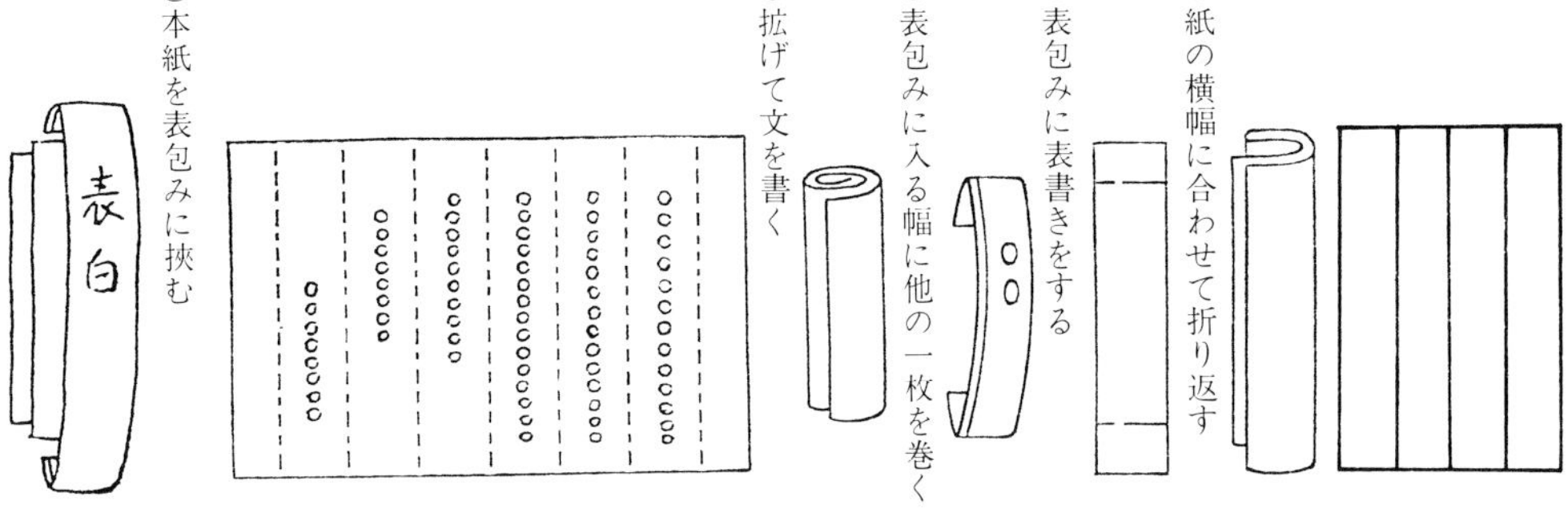

①一枚を縦長に四つ折りにする
②紙の横幅に合わせて折り返す
③表包みに表書きをする
④表包みに入る幅に他の一枚を巻く
⑤拡げて文を書く
⑥本紙を表包みに挟む

寺へ御礼に廻る。このとき「中啓料」と上書きした金封に「入院札《じゅいんふだ》」を付けて行くことになっている。入院札は小奉書を図※44のように八ツ切りにし、これに入院と寺の名を書くのである。この入院札は寺の台所の鴨居に順に張付けておく。組寺の席順を明確にするためである（すべての席次は住職順ときめられているのである）。

(4) 小五条の脇掛け

大きな行事の場合、出勤寺院や来賓の接待に当たる者は、小五条を左肩から右脇下へ斜に掛けることになっている。偏袒右肩の形であり、主客の区分を明確にするのである。

儀式終了後、導師が挨拶するときは（顕色の法衣、袴の上に）顕色の大五条を脇掛けにすることになっている。

(5) 表白の書き方

表白、祭文、宣疏など儀式の読み物の書き方にも慣例があった。これは書物にも無く、現在では分らなくなりつつある。儀式として大切なものであるから書いておく。

奉書を二枚用意する。

その一枚を図※45のように折って表包とする。

七分三分の所を中心に表書をする。

次の一枚は図のごとく（表包に納まるよう）折る。紙の端は七分三分になるようにする。

まず表書と同じ表題を書く。

本文の第一行や行を改めたときも一字下りにせず全部上を揃えて書く。

各行とも折目に掛からぬように書く。

文章に注意し、尊名は行の上部に、自分の名は下になるようにする。

本文の終りは行の三分か七分のところにくるようにする。

上下のあきは経本のごとく六分四分の割合にする。

少し下げて年月日を入れる。

中程から下に名を書く。

以上のことを考えて一応文章を作り、一行の字数を割り出し、過不足のないように書くのである。文字は正しく楷書で書く。能筆の者でも行書や草書は用いない。

表白などの文章はむずかしいものである。平常からこうした文章に馴れるよりいたし方がない。もっとも注意しなければならない点は耳で聞く文であり、朗読する文であることである。文章を作り実際に何度も朗読し、耳から入ってもよい文であるかを検討する必要がある。

(6) 金封のいろいろ

法要の出仕に対する御礼など、儀式の際の金封にもいろいろな慣例がある。

もっとも丁重にするときは「三ツ折」という方法が用いられる。図※46のごとく大奉書を折り、上書と差し出す寺名を書く。この三ツ折の中へ白金封に金を入れて封じ、これには上に金額を明記する。裏は〆で封じる。「御菓子料」「御車料」はそれぞれ別の金封に入れて上書し、先の金封の下に重ねて三ツ折の中に入れる。

これを白木の片木（折敷）に載せて差出すのである。略式には塗の広蓋に載せる。白木の場合は片木とも頂いて帰る。

さらに略式※47のときは奉書一枚で先のごとく金を包み表に上書をする。これは一般と変りはないが、裏は金額を明記し会計係の認印で封をするのが慣例である。古くは白金封に上書を墨書するだけで、熨斗や水引は用いなかったと聞いている。

次に法服類と執持物の取合せを一覧にして記しておく。また、入堂作法としての塗香・触香、および座具捌きの作法について図説したので参考にされたい。

（宍戸栄雄）

※46 金封の作り方

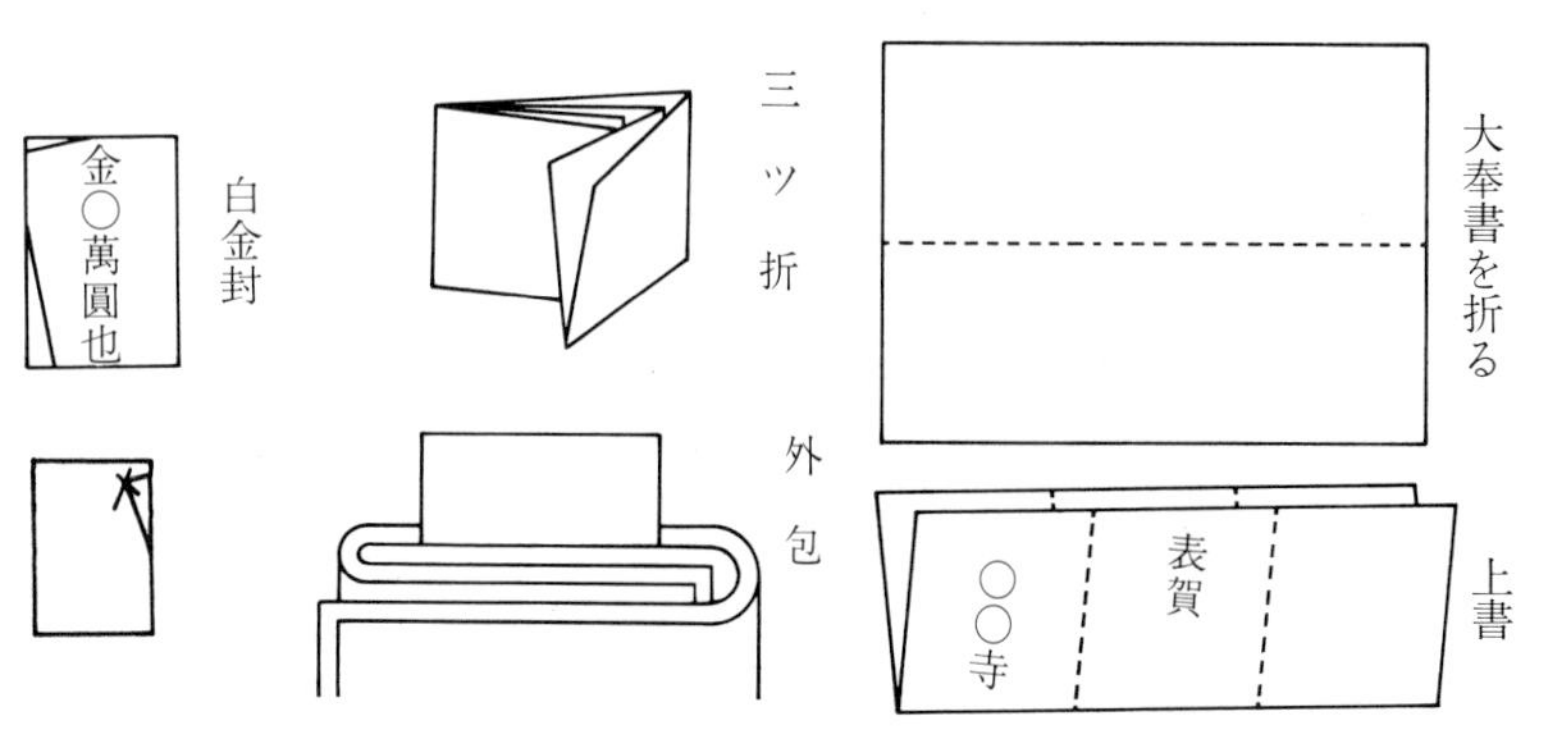

※47 略式金封の作り方

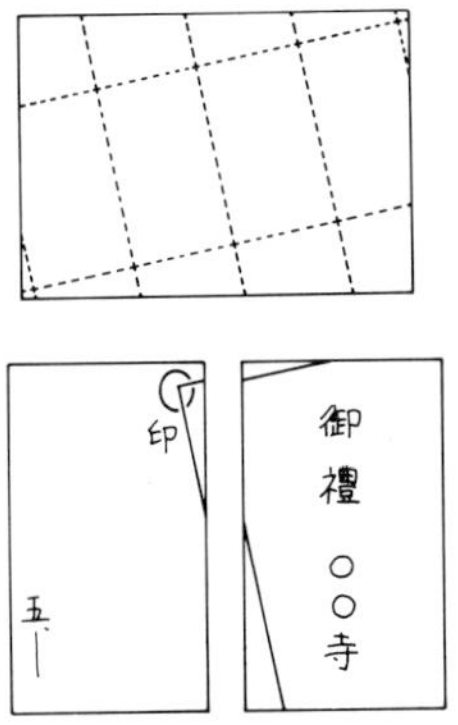

法服類と執持物の取合せ一覧表

冠	袈裟	領帽（期間のみ）	法衣	袴	念珠	その他	役
水冠	七九条	要	素絹〈半長〉 道具衣	表袴 差貫	荘厳	払子	導師
水冠	七条	要	半素絹 道具衣	差貫 切袴	荘厳	払子	導師
誌公帽子	七条	要	半素絹 道具衣 袱紗衣	切袴	荘厳	中啓	導師 脇導師
誌公帽子	七条 大師五条	要	道具衣 袱紗衣	切袴	荘厳	中啓	脇導師 式衆
ナシ	大五条 肩掛	要	道具衣 袱紗衣	切袴	荘厳	中啓	先進 侍者
ナシ	懐色大五条	ナシ	黒直綴	ナシ	日課	座具 香盒	伴僧（但、門主法主の伴僧は顕色で切袴着用）
ナシ	如法衣	要	袱紗衣	ナシ	百八	雪洞 又ハ朱扇	式衆
ナシ	如法衣	要	茶衣 黒衣	ナシ	百八 日課	朱扇	正常—祝儀式衆
ナシ	如法衣	ナシ	茶衣 黒衣	ナシ	百八 日課	白扇	不祝儀ノ式衆
ナシ	顕色 威儀細	要	黒衣	ナシ	日課	朱扇	通常 祝儀随喜
ナシ	壊色 威儀細	ナシ	黒衣	ナシ	日課	白扇	不祝儀 参列
ナシ	顕色 威儀細	要（内へ）	改良服	俗袴	日課	朱扇	通常 祝儀道中
ナシ	壊色 威儀細	ナシ	改良服	俗袴	日課	白扇	不祝儀 道中
ナシ	顕色 威儀細	要（内へ）	改良服	俗袴	日課	細骨扇	俗縁の祝儀式参列時
ナシ	壊色 威儀細	ナシ	改良服	俗袴	日課	白扇	俗縁の不祝儀参列時
ナシ	種子衣	ナシ	ガウン	洋服	日課	ナシ	月参（略服）事務

入堂に際して

(1) 塗香

洒水用の塗香器を使用する。

（略式に竹筒等を使用するのはよくない）

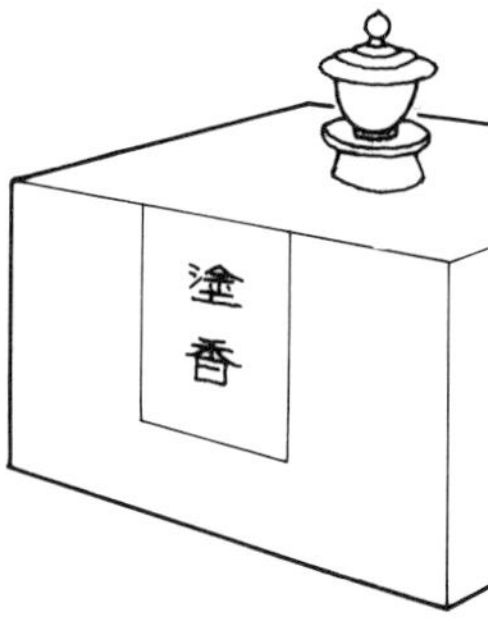

・塗香は左掌に受け洒水に準じて作法する（相伝である）。

(2) 触香

象炉（象形の香炉）に香を炷き男は左足で、女は右足で跨ぎ起える。

塗香から触香までの距離は歩行に差支えぬように注意する。

※ さらに叮重にする場合は、塗香の前に香水・香湯の作法があり、触香の後に灌頂作法がある。

座具捌きの作法

※服装は、差貫、道具衣、領帽、七九条、執持物は座具と荘厳数珠。

※11番までで一拝になり、この後8～11を二回繰り返して三拝になる。

1　起立した姿

2　膝をつく

3　右手が座具の上にあがり上体がかがむ

4　左手を下に下げる

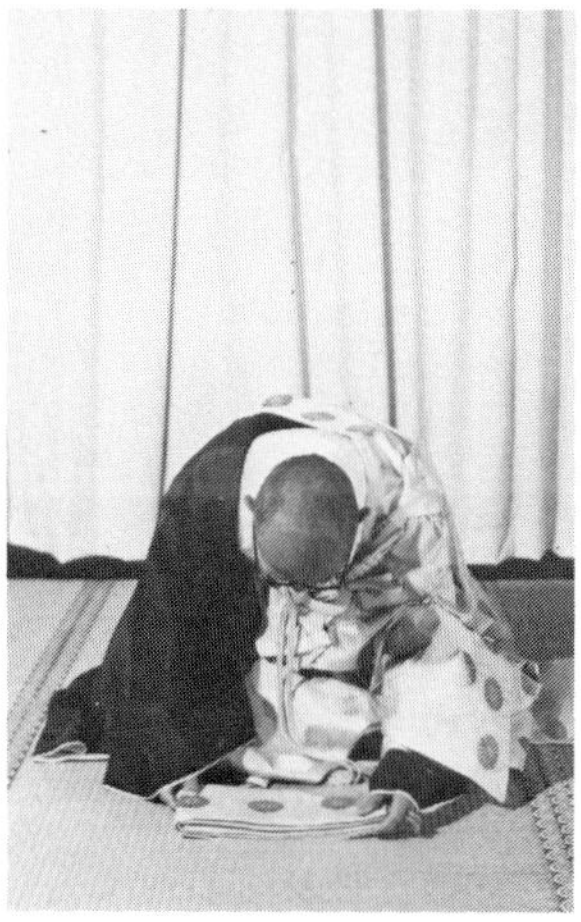

5・6　座具を回転させて膝前に置く（この時座具の折目が右にゆく）

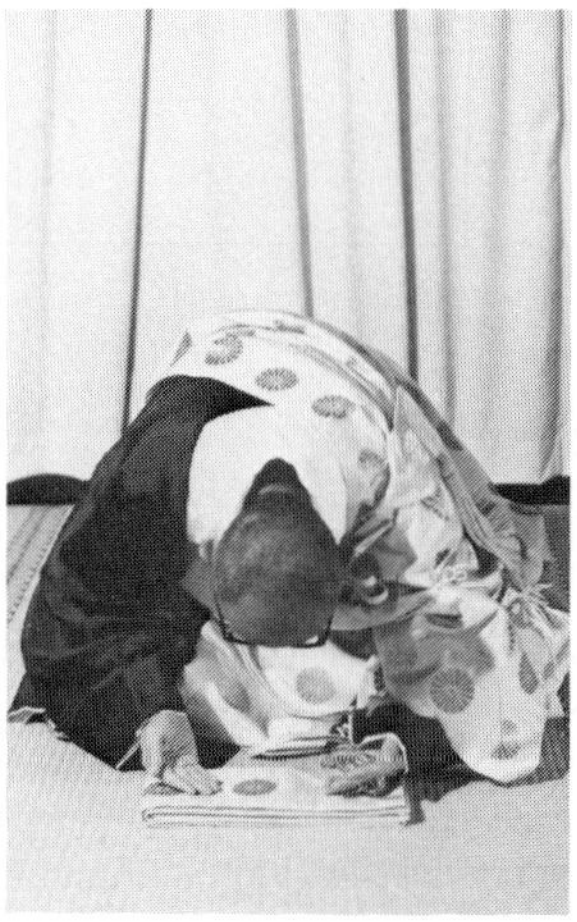

7　両手を座具の上に置き深く礼をする

8　上体を起こす（踵はつま立てている）

9　起立する

10　再び膝をつく

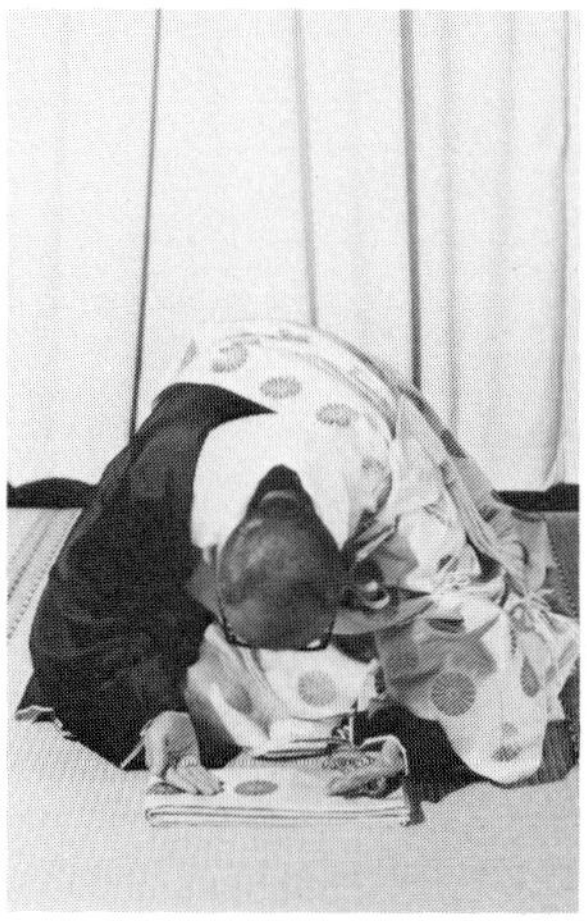

11　再び両手を座具の上に置き礼をする

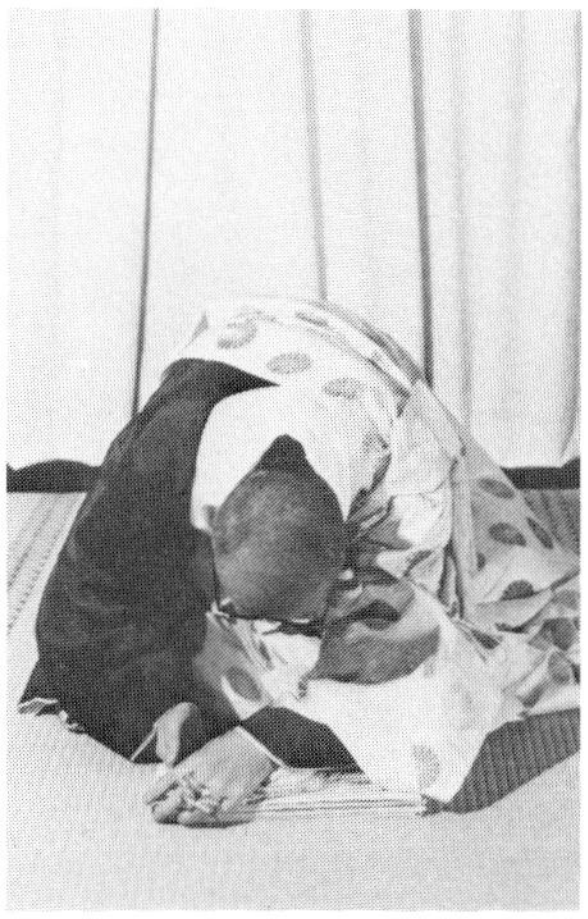

12　一拝または三拝の後左手を右にすすめる

13　座具を回転して、胸前につける

14　右膝を立て起立すると同時に右に向かう

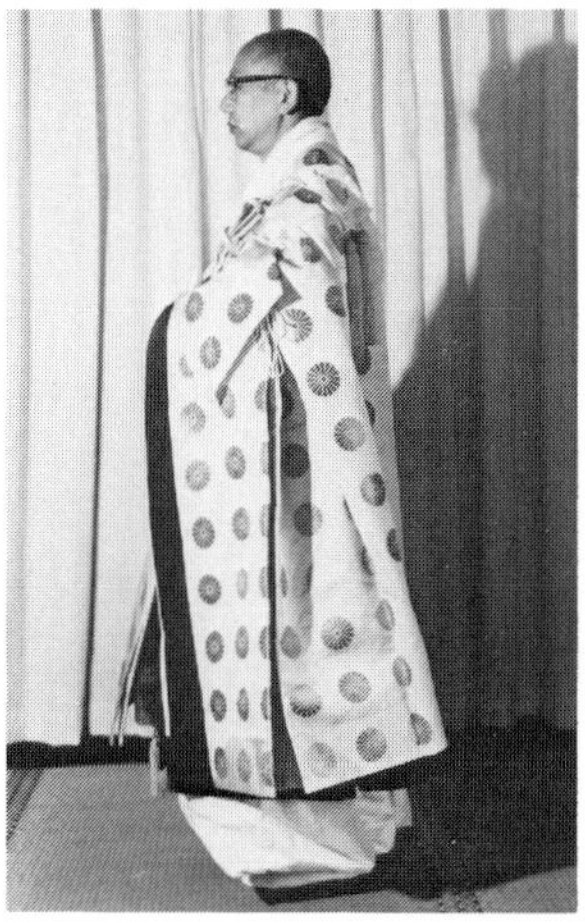

15　右向きに起立する

四　真宗の仏具

一、伽藍と本尊

(1) 真宗の伽藍

(A) 本願寺成立の経緯

浄土真宗の開山親鸞聖人の法流を汲むものとして現在十派が存在する。すなわち本願寺派(西本願寺)、大谷派(東本願寺)、高田派(専修寺)、興正派(興正寺)、仏光寺派(仏光寺)、木辺派(錦織寺)、山元派(証誠寺)、誠証寺派(誠証寺)、三門徒派(専照寺)がそれである。

大谷廟堂の成立　親鸞聖人は弘長二年(一二六二)に入滅し、東山鳥辺野の北、大谷に墓をつくり遺骨を納めた。はじめは至極簡素な墓地であったが、その子覚信尼は門弟と協力して文永九年(一二七二)廟堂を建て聖人の木像を安置し、ここに大谷の廟堂が成立した。廟堂の敷地は覚信尼名儀のものであったのでこれを門弟たち(教団)に寄進し、自らはその守護職たる留守職に就いた。これが本願寺門主の起りで、その血筋のものが門弟の承諾をえてこれに就任することとした。

廟堂の寺院化　覚信尼の子、覚恵が留守職を継いだ。覚恵の異父弟唯善は野望を抱き、廟堂を奪取しようとしたが、成らずこれを破却して東国に逃げた。覚如(本願寺第三代)は廟堂を修復し、三代伝持の血脈を唱えて、留守職たる自からの地位をその教団の中において明確にした。そして大谷の廟堂を寺院化して教団の中心にしようとした。そこで廟堂に専修寺なる扁額を掲げた。この専修寺という寺号は一向専修と同様に叡山を刺激し抗議された。そこで寺額を撤回し、やがて本願寺と称することになるが、これは元亨元年(一三二一)ごろである。

廟堂に寺額を掲げ本願寺と称してもその実際は廟堂であるから、これを寺院化するためには本尊を安置しなければならない。そこで覚如は廟堂の中心に阿弥陀像を安置し、遺骨や影像をかたわらにおいたが、これには門弟の反対があった。建武三年(一三三六)覚如の興した大谷の影堂は兵火で焼失、その後古い堂宇を買収して移建し影堂とした。これは普通にみられる小さな仏堂と考えられるが、初期の影堂は六角堂[※5]であった。覚如の孫、善如のときに、廟堂の内に本尊を安置することが確立したようである。

両堂の成立　今日のように阿弥陀堂と御影堂とが並列するようになったのは本願寺第七代存如のとき、永享一〇年(一四三八)のころである。このころまでは本願寺よりも高田・仏光寺などの門徒が中心勢力で、本願寺はむしろ振わなかったが、その次の蓮如に到って本願寺教団が飛躍的に発展する時期を迎える。

阿弥陀堂・御影堂はその頃までにすでに内外両陣に分たれて、上下二段になっていたようである。そして作法や威儀など形式的なことも定っていたようである。

中世における変遷　蓮如のとき、一応本末の関係を結んでいた比叡山との間に争いが起り、寛正六年(一四六五)に僧兵が本願寺を襲って堂宇を破壊した。その後蓮如は各地を転々としたが、文明年間に北陸に行き越前吉崎を中心に教化活動を活発に行った。やがて吉崎から若狭・丹波・摂津・河内・和泉を経て京都の山科にもど

※1　西本願寺の甍を連ねた境内。

り、本願寺を再建しここに大伽藍を建てた。この頃仏光寺や越前の三門徒、近江の錦織寺なども本願寺に接近し、その門に帰入した。

蓮如のあと実如・証如・顕如と世代が続き教団は発展するが、この間に教団は階層的統一と社会的権力とをもつことになり、封建領主との抗争を行うまでなる。山科本願寺は破却され、大阪石山に坊舎を営み本寺としたが、天下統一をねらう織田信長と前後一〇年の間戦い(石山合戦)、ついに大阪本願寺は石山を離れ、天満を経て天正一九年京都に移転した。これが今日みる本願寺の寺地である。御影堂は天満から移建され、新たに阿弥陀堂や対面所・門・鐘楼などが建てられたが、元和三年(一六一七)に出火して両御堂が焼失、良如のとき御影堂が完成し、現在に至っている。阿弥陀堂は宝暦一〇年(一七六〇)に完成した。

顕如のあとを継いだのが准如であるが、その兄教如は徳川家康と接近し、慶長七年(一六〇二)烏丸七条の現在地に一寺を建て独立した。これが東本願寺である。その後御影堂・阿弥陀堂の改築が行われたが、天明八年(一七八八)の大火で焼失、その後寛政一〇年(一七九八)に再建された両堂が文政六年(一八二三)に再び失火で焼失、天保六年(一八三五)再建、安政五年(一八五八)の大火でまたも焼失、現在の堂宇は明治二八年の再興にかかるものである。

(B) 各派の本山

(1) 西本願寺　[※1]阿弥陀堂・御影堂の両堂は東向きに並立し、阿弥陀堂は北、御影堂は南に位置する。両堂は橋廊で連なり、両堂の前には広い白洲とそれぞれに門がある。阿弥陀堂門は唐門で、御影堂門は四脚門である。

阿弥陀堂　九間九面で正面と両側に広縁・落縁をもち、正面に三間の流向拝を設ける。堂の規模は御影堂より小さく、東西二一間余、南北は二三間、棟高一三間あり、単層入母屋造り本瓦葺である。

内部は内陣と外陣とに分けられ、中央内陣の左右は余間と称され、余間の左右に椽廂の間(飛椽の間)と鞘の間とを設ける。内陣の須弥壇上に宮殿を設け、内に阿弥陀立像を安置する。長押上欄間には金箔押しの牡丹の彫刻が嵌められ、宮殿や柱などすべてに金箔による装飾を行っている。

天井は小組天井を使用し、外陣・余間などは畳敷とする。外陣から余間へは一段床が高くなり、また余間から内陣へも少し高くなっている。外陣の広縁廻りは双折・両開きの桟唐戸を吊り込み、両側にては板唐戸を吊込む。広縁には海老虹梁が用いられ、枓栱は唐様の三手先、蟇股もみられる。向拝には手挟があり、手の込んだ彫刻が施されてある。妻飾りは二重虹梁で太瓶束を用い、牡丹・鳳凰の彫刻を施している。

御影堂　桁行一五間、梁間一二間で広縁・落縁があり、正面三間の向拝を有する。東西二四間半、南北三一間半、棟高一五間の単層入母屋造り本瓦葺の荘大なる建築である。外陣はすべて畳を敷く。内陣は板敷き、左右両余間は畳敷、さらにその左右に脇間、鞘の間などを設ける。内陣中央に須弥壇、壇上に厨子をおき親鸞聖人の木像を安置する。脇壇・余間の荘厳については別項に述べる通りである。

内陣まわりの柱や長押などはすべて金箔を押し、彩色して豪華な装飾をこらしている。また欄間などには牡丹の彫りものがあり箔押ししている。天井は小組格天井で、縁まわりの扉は両開桟唐戸、側面には双折板唐戸や蔀を用いている。枓栱は和様の二手先で、枓栱間に蟇股・間枓束を用いる。向拝にみる手挟には華麗な彫刻がみられる。屋根の妻飾りは二重虹梁、太瓶束を用い、その中央に牡丹唐獅子を彫った大蟇股をおき、その左右にも牡丹の彫りをあしらう。全体としては和様建築といえるが唐様も混えている。

(2) 東本願寺　[※2]阿弥陀堂と御影堂とは東面して、北に御影堂、南に阿弥陀堂が相並んで建てられ、両堂は橋廊で連なっている。阿弥陀堂の前には門があり、御影堂の前にも大門がある。

阿弥陀堂　九間七面、間口長さは一三〇尺、奥行一二〇尺ある。正面に三間の流向拝をもち、屋根は重層入母屋造り本瓦葺である。内部は内・外両陣にわかれ、内陣の左右を余間・脇間・縁廊間に分

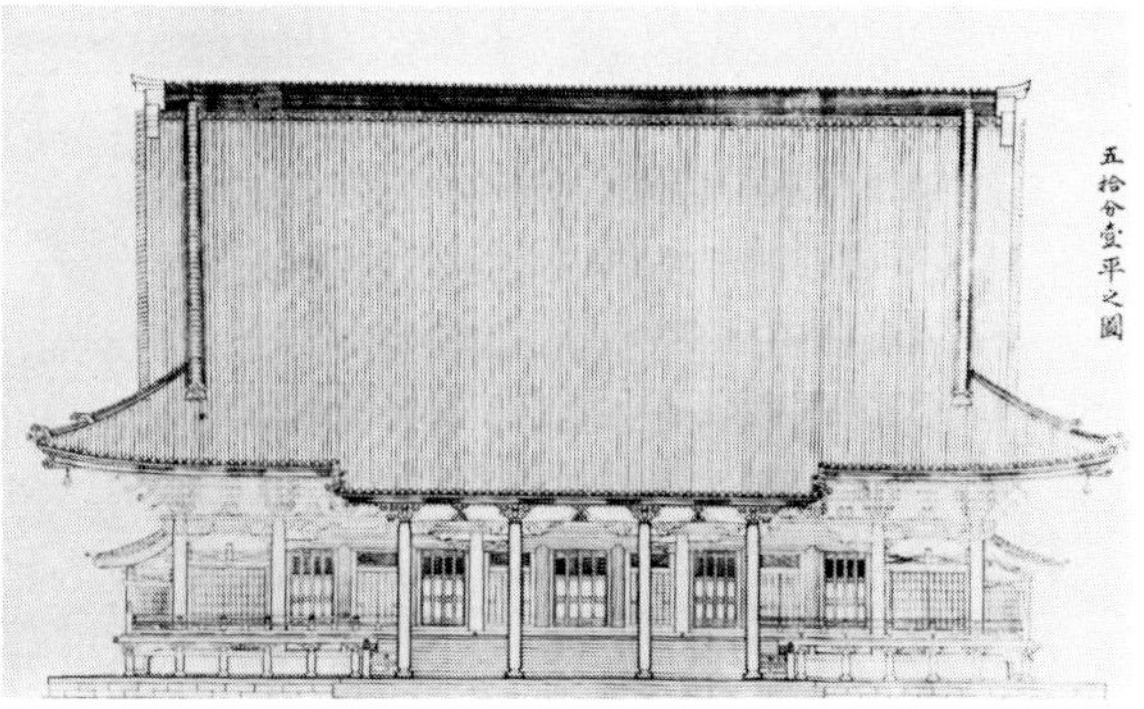

※2　東本願寺　右・御影堂。左・阿弥陀堂

けており、その平面は西本願寺の阿弥陀堂に似る。

御影堂　一一間七面、長さは間口二三〇尺、奥行一五〇尺あり、三間の向拝を有する単層入母屋造り本瓦葺である。堂の三面には広縁と落縁をめぐらす。内部は下陣をひろくとり、内陣の左右に余間・脇間・縁廊間・鞘の間などを設け、内陣には須弥壇上に厨子をおき、大師像を安置する。

(3)　高田専修寺　本堂と御影堂とは南面して、同時に両堂は東西に相並び、渡廊にて連ねられている。御影堂門は重層の大門、本堂門は唐門である。

本堂は寛延元年(一七四八)の建立である。間口五間、奥行五間で、前面三方に広縁・落縁がある。重層入母屋本瓦葺で、上層は唐様の四手先詰組、軒を扇詰めとし、下層は出組で　枓栱間に蟇股を用いている。また向拝には海老虹梁がみられる。本堂は唐様を主体とし、一部に和様を併せ用いている。

御影堂は間口七間、奥行八間あり、長さは二四間と二〇間の単層入母屋造り本瓦葺である。前面には柱間に三折両開きの桟唐戸を吊込み、内・外陣の境の欄間には牡丹の彫刻を嵌める。天井は格天井で、床は外陣より内陣に向って順次高さを高めている。余間の後半を内陣とほぼ同じ高さにするのは当山両堂の特色である。

縁まわりは鏡天井とし、繋虹梁を用いている。正面には桐に鳳凰の彫刻を施した欄間を嵌める。当堂では広縁を内に取り込む方式で、広縁の外は双折両開かあるいは単扉の桟唐戸を吊込んでいる。また連子窓は前方両隅に設ける。枓栱は和様二手先、軒支輪を備え、尾垂木には竜の彫刻をあしらっている。三間の向拝には虹梁上に板蟇股がみられ、海老虹梁も用いられている。当堂も和様と唐様の混用がみられる。

(4)　興正寺　西本願寺と道一つ距てて東面して伽藍が建つ。本堂(阿弥陀堂)と御影堂(開山堂)とは南北に並んで建ち、本堂は北、開山堂は南に位置し、西本願寺と同じ配置である。両堂は渡廊で連なっている。本堂前には切妻造りの四脚門、御影堂前には重層の八脚門を設ける。本堂は重層入母屋造り本瓦葺、御影堂は単層入母屋造り本瓦葺で両堂とも正面に三間の向拝を有する。平面は西本願寺の両堂の平面と酷似しているが、総じてその規模は小さく、本堂を重層とする点が大いに異るところである。

(5)　仏光寺　東面して建てられ、本堂は南に、御影堂は北にあって両堂が並び建ち、渡廊で連なる点は他と同様である。御影堂の前に四脚門、本堂の前に唐門を設ける。両堂は共に単層入母屋造り本瓦葺で、正面に向拝を有する。本堂の規模は南北一四間(雨落ち)東西一六間(雨落ち)、御影堂は南北二二間(同)東西一九間(同)で、御影堂の方が本堂より大きい。両堂内の平面は西本願寺のそれとよく似ているが、ただ堂内安置の諸尊像がいずれも木像[※11]であることは顕著な特色である。

(C)　真宗寺院の特徴

真宗の各本山を例にとってその伽藍配置をみると、境内には阿弥陀堂と御影堂が左右に相並んで建てられ、渡廊にて連結されている。また、両堂の前には白洲を経てそれぞれに門が開かれている。両堂の規模は何れも御影堂の方が大きく造られている。

伽藍は大低東面し、西方に向って礼拝する形をとるが、専修寺のみ南面して建てられている。

門より入って向って右に阿弥陀堂があるのは西本願寺と興正寺のみで、他本山では御影堂が右にある。屋根を重層に造るのは阿弥陀堂のみにみられ、東本願寺・興正寺・専修寺がそれである。御影堂はすべて単層につくる。屋根は入母屋造りで、寄棟・宝形造りなどは用いられない。また本瓦葺が多いが桟瓦葺も行われている。

両堂の外に鐘楼が境内の左方隅に設けられ、鼓楼や経堂(西本願寺・興正寺・専修寺)を備えるものもある。

(2)　本尊の形式

伽藍が東向きに設定されるのは、阿弥陀の浄土が西方にあることから東面して両堂が建てられることが多かったのであろう。ただし末寺では南面して建てられる寺も多いから、一概にはいえない。

※3　仏・菩薩の名、尊号。源空の選択集巻上には弥陀の名号たる南無阿弥陀仏について「弥陀一仏の有所四智三身十力四無畏等一切の内証功徳相好光明説法利生等、一切外用功徳皆悉く阿弥陀仏の名号の中に摂在せるが故に名号の功徳は最も勝さるなり」といい、親鸞の教行信証には「況や我が弥陀は名を以て物を摂す。是を以て耳に聞き口に誦するに無辺の聖徳識心に攬入す」という。

※4　『慕帰絵』第一〇巻第二段―観応二年不例にて医師を招く　枕元に絵像を祀り机上には三具足がある。

名号　真宗の本尊は大きく分けて三種があるが、まず、その第一は名号である。名号[※3]とは阿弥陀仏の名号であり、六字名号・九字名号・十字名号の三つがある。宗祖親鸞は本尊としてはこの名号以外のものを依用しなかった。

六字名号　南无阿弥陀仏

九字名号　南无阿可思議光如来

十字名号　帰命尽十方無碍光如来

この三名号の親鸞自筆本が本願寺や高田専修寺などに遺っており、また籠文字で記された名号も現存している。これら名号の下に蓮台を描いていることは、これは明らかに礼拝の対象たることを示すもので、単に仏の名号を記したものではない。

絵像　絵像が本尊として用いられるようになったのは、一体いつかということは明確ではないが、本願寺第三代覚如のころには、この絵像をかけ、その前に香・華・灯を供え礼拝の対象としたことが『慕帰絵』[※4]の絵によってしることができる。おそらく覚如のころから次第に行われるようになったと考えられる。

真宗の本尊は、絵像にても木仏にても阿弥陀如来独尊の立像が安置され、観音・勢至の脇侍を有しない。絵像の場合、真向で頭部より四八本の光明（光芒）が上下左右に放たれて、全身を包むような図様を示す。右手は胸前にあげ、左手は垂下する。両手とも大指（第一指）と頭指（第二指）を捻ずる。仏身は金色とし、着衣には切金もしくは金泥でもって条葉を描く。頭部には群青をもって賦彩する。足下には蓮台を描く。

本尊の変化　本願寺は京都東山大谷の地に親鸞の廟堂[※5]が建てられ、やがてその廟堂のかたわらに本堂阿弥陀堂が建てられ、寺院としての形を次第に整えていった。つまり廟堂が寺院化したものである。よって今日みる真宗各派の本山はすべて、本堂（阿弥陀堂）と御影堂（大師堂）を並列させた伽藍配置を構成しているのは、その名残りといえようか。

廟堂には石塔や肖像が安置されるが、寺院の金堂あるいは本堂には本尊が安置される。真宗においても寺院が方々で建てられるようになってから、絵像・木像が多用されるようになったと考えられる。そして名号より絵像、絵像より木像と、他の仏教寺院と同じような姿になっていった。この様子をみて、蓮如は真宗にては「木像よりは絵像、絵像よりは名号」が本尊としてよりふさわしいものであることを強調しているが、趨勢は逆の方向にあることを物語っている。近世では、本山より木仏安置を許可することが盛んに行われ、『御木仏之留』などがその記録としてみられる。

阿弥陀如来木像　親鸞や法然の在世中から、すでに今日みる真宗の本尊と同じ形式の阿弥陀像、すなわち三尺ないしは三尺未満の阿弥陀立像が存在していたことはもちろんである。一方、親鸞が一心に帰命する阿弥陀仏を尊像であらわさず、尊号をもってあらわしたことは、いかにも親鸞の信仰の純粋性をあらわす証拠には違いない。しかしその陰にはもし尊像をもってすれば、当時阿弥陀像に余りにも多い尊形の種々相があったことから、その取捨選択を余儀なくされたであろう。宗風の定ってのち長く経ってからも、本尊について法論の起ったことなどをみても想像にかたくない。

阿弥陀如来の種々相　ひとくちに阿弥陀像といってもその姿かたちはいろいろである。姿勢の上からは倚像《いぞう》[※6]・坐像・立像（稀に半跏像もある）などがあり、印相の上からは施無畏与願印・説法印阿弥陀・定印阿弥陀・来迎印阿弥陀（逆手来迎印阿弥陀）などがある。親鸞が比叡山において二〇年の長きにわたりその堂僧をつとめたという常行三昧堂の本尊は、頭に宝冠を戴き、手足に釧《くしろ》[※7]をつけ、孔雀座に坐す阿弥陀像であった。また、治承の兵火で灰燼と化した東大寺を復興した重源は、奈良仏師の運慶や快慶を重く用いたが、わけても仏師快慶は相好の優れた阿弥陀像を多く造った。これを世に「安《あん》阿弥様」の阿弥陀と称するが、現存するものも多い。そして真宗の木仏は実はこの快慶の造った阿弥陀立像の形式に負う面が強い。

真宗の阿弥陀如来の特色　名号・絵像から木仏に変化し、現在では各派の本山・末寺のほとんどが独尊形式の阿弥陀如来木像を本

※5　『慕帰絵』に描かれる親鸞の廟堂（六角堂）。

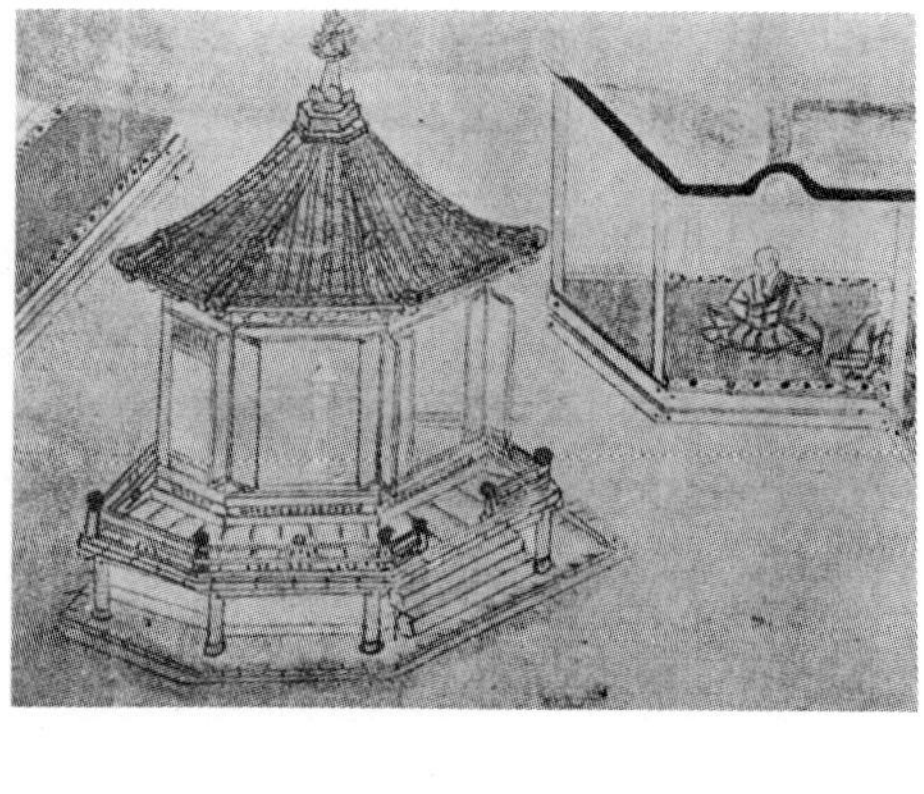

※6　両脚を前に垂れ、台座に腰掛けている仏像のこと。

※7　装身具の腕輪の一。臂にまいて飾りとした輪。

※8　一本の木から像の本体を彫り出した彫像。

※9　多くの木を寄せ集めて造る造仏法。頭・胴体・両腕・膝前を別木で造るものをはじめ、さらに各部を細かくはぎ合わせるものもある。藤原時代初期から行われ、定朝により木寄法が確立した。

※10　『仏像図彙』（ぶつぞうずい）三巻或四巻。義山記、紀秀信輯。元禄三刊は龍谷大、大正大などに蔵されている。

尊として安置している。ただ栃木県の高田専修寺（高田派）における一光三尊仏、木辺派本山錦織寺における坐像のような異形式もみられるが、これらは、各寺院の由来にもとづく特殊な形式とされる。

(1) 漆・金箔仕上げ　木仏は一木造り[※8]のもの、寄木造り[※9]のものなど製作の上から二種にわけられる。一木造りは小像（一尺六寸以下）に多くみられ、普通は寄木造りで、いわゆる安阿弥様阿弥陀に近いものである。一木造りのものは藤原時代の阿弥陀像をそのまま用いたものが多いことが特徴で、いわば真宗成立以前の阿弥陀像をそのまま依用したといえよう。いずれの像も本尊として安置される場合、漆と金箔でもって皆金色としているのも特徴である。

(2) 摂取不捨の印相　その像容は、右手は臂を屈して掌を前にあらわし、左手は垂下し、軽く臂を屈し、左右両手とも大指と頭指とを捻ずる形をとる。普通これを来迎印というが、これは阿弥陀来迎図に描かれる阿弥陀像に多くみられるところから、その名がある。真宗ではこれを来迎印とはいわず、摂取不捨の印という。それは宗義により、弥陀の臨終来迎を否定する立場からである。この印相は、造像史の上からは古くからある施無畏与願印の変形というべきもので、その始源は奈良時代の金銅仏にも認められるところである。施無畏与願印は通仏の印として、釈迦・薬師・弥陀などいずれの仏像にもみられるが、後に大指と他の一指とが捻じられる形が行われ、その他の一指が頭指（第二指）、中指（第三指）、無名指（第四指）と異ることによりいろいろな変化が生れた。江戸元禄年間に開版された『仏像図彙』[※10]なる本に、大指と頭指を捻ずるをもって上品、大指と中指とを捻ずれば中品、大指と無名指とを捻ずれば下品というふうに三品に分け、上品上生から下品下生にいたる九品の印なるものをあげてもっともらしく説明しているが、上代からの阿弥陀像の印相の種類は非常に多く、到底九種にとどまるところではない。また現存の仏像を探してみても、この九品の印がすべて揃っている訳ではもちろんない。これはあくまでも阿弥陀の印を図式的に表現したもので、実例にそぐわぬことを申し添えておく。

(3) 著　衣　次に著衣は下半身に裳をつけ、その上から袈裟を纏うものであるが、袈裟の下に祇支（僧祇支）をつける。袈裟はおおむね偏袒右肩に纏われており、よって右肩にかかり右臂を覆うのは袈裟に非ずして祇支と称するものである。これはほぼ袈裟と同大の法量を有するものである。これが袈裟と別衣であることを示して、古くはその上に描く切金の文様を袈裟と変えているが、後世ではその意味がわからず、袈裟も祇支も全く同じ文様で描いているものがある。

(4) 住立足　真宗本尊で特に注意されるのは木仏の足である。両足は前後に揃い、また、左右両足に高低のないことが肝要とされる。いわゆる来迎像においては、左足（または右足のものもあるが）が半歩ほど前に出ているもの、あるいは前に出た足が少しもちあげられた恰好で、高くなっているものなどがあるが、これらを排している。この形は、観無量寿経に説かれるところの空中に住立された阿弥陀像の姿をあらわすもので、来迎される姿ではないと説くところから、真宗では強調されるのである。

各派の本尊の特色　以上のように阿弥陀立像の姿かたちは各派ともそう大差はない。むしろ各派に違いとして認められるのは、光背や台座のつくりである。

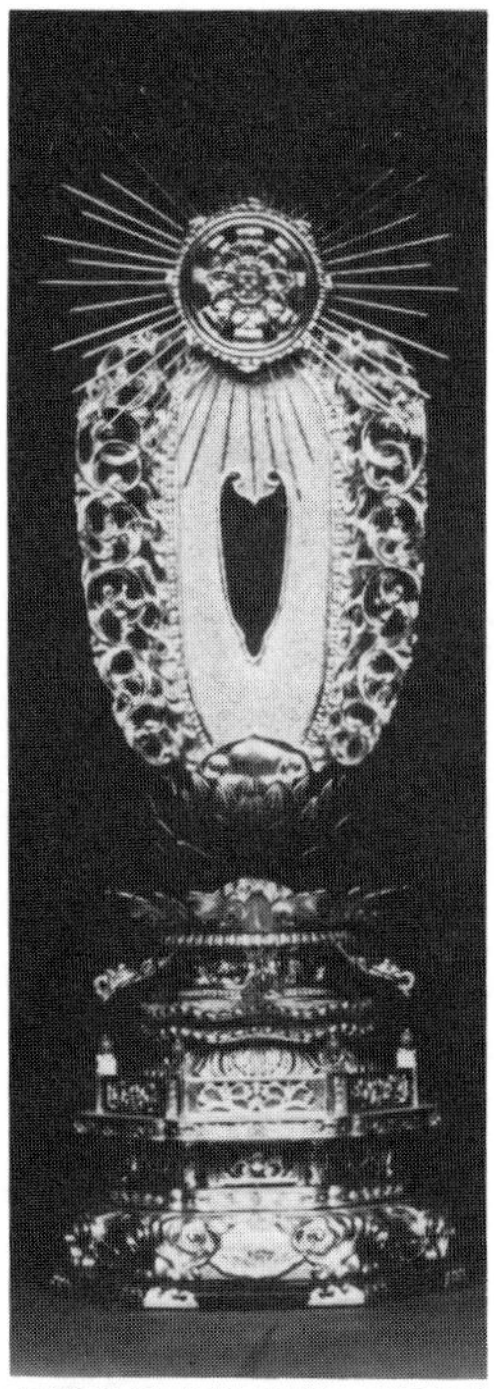
本願寺派本尊 光背と五重座

(1) 本願寺派の本尊　光背は頭光と身光とから成り、頭光は光芯たる蓮華より四八本の光芒がつけられ、その光芒は光輪を貫いてほぼ円形にまとめられている。鎌倉時代につくられた光背の光芒には、長短をもうけてそれを按配しているが、近世以降のものはほぼ一定した長さに光芒が造られている。身光部には光背の縁どりとし

※11 仏光寺阿弥陀堂右余間に安置される六高僧木像（右より善導・曇鸞・竜樹・天親・道綽・源信）。

て火焔や雲形、あるいは宝相華唐草文などがみられるが、飛天や十二光仏あるいはその円相種子などは認められない。

台座は九重座といって蓮台、敷茄子《しきなす》から華盤、それから框までかなり複雑に造っているが、これも近世（江戸時代以降）の趣向である。今日ではこれが定形化している。

本尊阿弥陀像は宮殿内に安置されるが、木仏の上には仏天蓋として蓮華形につくられた瓔珞のついた木製の天蓋が吊られる。

(2)　大谷派の本尊　阿弥陀像の全体の姿はさほど本派と変りないが、強いてその違いを求めるならば、右肩にかかる祇支の上に袈裟一端が打ちかけられ、また、左肩に最終的に打ちかけられた袈裟の先端部が、肩からずり落ちるような恰好で、左上膊部もこれによって覆われていることである。こういう形式の阿弥陀像が造られたのは鎌倉も末頃からで、南北朝から室町にかけての仏像は専らこの形式である。

光背は頭光のみで、頭光は光芯の蓮華部から四八光芒が放たれている。この光芯の蓮華を支える恰好で立てられる支柱は、蓮の茎を象っており、これに未開敷蓮華や蓮葉のついた茎をまといつかせている。

蓮台から敷茄子、華盤から框座にいたる台座の形は本派のそれによく似ているが、華盤の下に勾欄などをめぐらしている。この台座の趣好も江戸時代以降のものである。東西両派とも、阿弥陀の像高（身丈）とほぼ同じ高さの台座を正規としているようであるが、こういう趣向も江戸時代以降のもので、重心が高くいかにも不恰好なものである。

(3)　仏光寺派の本尊　仏光寺派の本尊像も、そのものの姿は本派と変りがない。台座については、蓮台・敷茄子蕋、華盤の下に獅子をあしらっているのが特色で、また、光背は頭光のみで大谷派のそれに近い形を示すが、光芯の周りに雲形の円相をつけ、光芒を固定している。それから頭光を支える支柱は三筋の雲が蓮台より湧き上がるように立ちのぼり、雲の上端に頭光が乗る形を示している。

十字名号の本尊（西本願寺）

木仏本尊（高田専修寺・証拠の如来）

木仏本尊（仏光寺）

これも特徴のひとつである。

二、本山・末寺の平常時の荘厳

(1) 浄土真宗本願寺派

(A) 西本願寺本堂　内・外両陣に別たれ、内陣は板敷き、両余間および外陣は畳敷きである。

内　陣[※12]　内陣の中央には須弥壇がおかれ、上に宮殿を安置し、その中に阿弥陀如来立像が安置される。宮殿の荘厳としては戸帳・華鬘・総角(あげまき)・瓔珞(宝鐸)などがあり、宮殿内の阿弥陀像の上には仏天蓋が吊られている。宮殿の前に上卓が置かれ、上卓上には燭台・火舎香炉・華瓶一対などの四具足がおかれる。また法要時には仏器(仏飯器)が一対置かれる。この宮殿・上卓を取囲んで勾欄がめぐらされ、前面に一対の金燈籠が吊られる。平常は須弥壇の前正面に常香盤をおき、前卓は使用されない。その前に礼盤一式、つまり向(前)卓・脇卓・礼盤・磬台(磬架)を組み合わせておき、向卓の上には立経台、脇卓上には塗香器・柄香炉をおく。また礼盤の上には人天蓋[※13]が吊られている。

脇　壇　両脇壇には六高僧(竜樹・天親・曇鸞・道綽・善導・源信)の御影が懸けられ、前卓上には三具足(花瓶・蠟燭立・金香炉〈香炉台上〉)と土香炉などがおかれ、向って右に菊灯が一基おかれる。

余　間　内陣の左右に余間があるが、左余間には聖徳太子御影(孝養太子像)をかけ、前卓には三具足と土香炉(香炉台上)などを脇壇と同じようにおき、菊灯も向って右側に一基置く。右余間は法然上人御影をかけ、前卓には三具足・香炉台・土香炉を置く。同様に菊灯一基が置かれる(※以下全て左右は本尊からみて左右とする)。

(B) 西本願寺御影堂　御影堂も、阿弥陀堂と同様に内・外両陣に別たれ、内陣は板敷き、左右余間および下陣は畳敷きである。

内　陣　内陣中央に須弥壇をおき、上に厨子を安置し、その中に親鸞聖人の御木像を安置する。厨子には宝鐸・戸帳・華鬘などの荘厳具が用いられ、前には上供台をおくが、上供のないときは上供台を撤去する。厨子の周り、すなわち須弥壇上には勾欄をめぐらし、正面に金燈籠一対が吊られる。

前卓には三具足(花瓶・蠟燭立・金香炉)と香炉台・土香炉がおかれる。その机の左右に輪灯を一対吊りさげる。平素礼盤は使用されない。

脇　壇　左脇壇には先師御影をかけ、前卓には三具足と香炉台・土香炉、右脇壇も同様三具足・香炉台・土香炉をおき、ともに菊灯一基を向って右側におく。

余　間　左余間には十字尊号をかけ、香卓(虎卓ともいう)をおき、上に土香炉をおく。向って右側に菊灯一基をおく。右余間は九字尊号をかけ、香卓上に土香炉、向って右側に菊灯一基をおくのは左余間と同じである。

また本堂・御影堂とも鏧・沙鑼《さはり》をおき、調声人に備えることも通常のごとくである。

(C) 末寺の本堂　末寺の一般寺院における荘厳は、本山(本刹)の本堂(阿弥陀堂)の荘厳に準拠しているようにみられる。末寺の本堂も同じく内・外両陣に別たれ、内陣の床を一段高くする。

内　陣　内陣中央に須弥壇をおき、宮殿を安置する。中に本尊阿弥陀如来立像を安置し、宮殿の荘厳として仏天蓋・瓔珞・戸帳・掲巻(総角)・華鬘・宝鐸などを用いる。

本尊前には上卓をおき、これに四具足(華瓶一対・蠟燭立・火舎香炉)をおく。また須弥壇上には勾欄をめぐらし、正面に金燈籠一対を吊る。

前卓上には、普通は三具足(花瓶・蠟燭立・金香炉)と香炉台・土香炉などがおかれる。法要時は五具足とする。前机の左右に天井から輪灯一対を吊る。

脇　壇　左脇壇には、厨子中に祖師親鸞聖人御影を安置し、上

※12　西本願寺の本尊。戸帳・華鬘がかけられ、上卓には四具足がおかれている(厨子は本尊宮殿ではない)。

※13　西本願寺に吊られている人天蓋。

各派荘厳配置図の略号

金—金香炉　土—土香炉
燭—燭　台　花—花　瓶
華—華　瓶　輪—輪　灯
灯—菊　灯　釣—釣灯籠
飯—仏飯器　火—火舎香炉

浄土真宗本願寺派の日常時の荘厳

本堂（西本願寺）

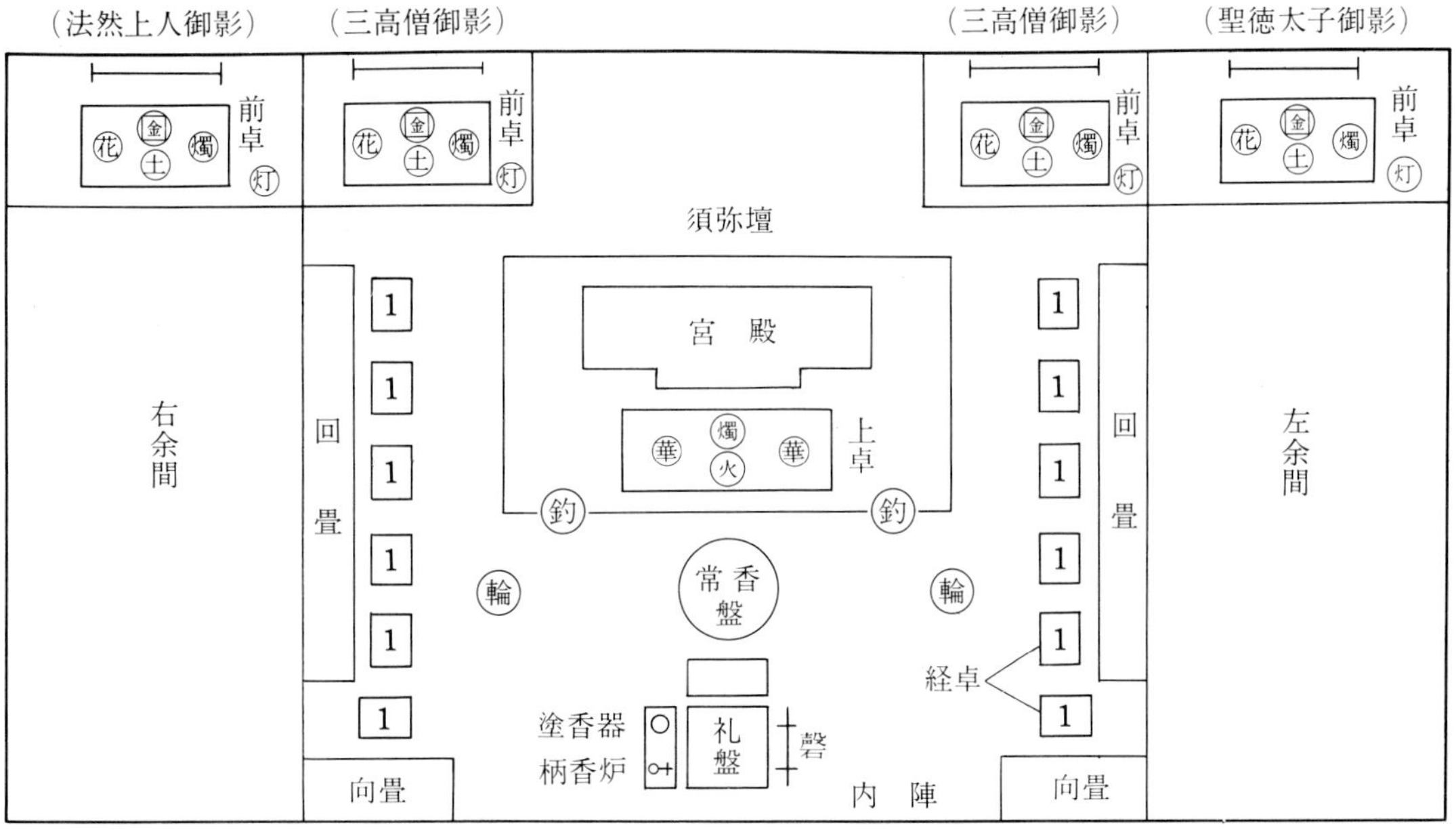

・向卓上には立経台をおく
・①＝経卓の上に三部経をおく
・金香炉は香炉台上におく

御影堂（西本願寺）

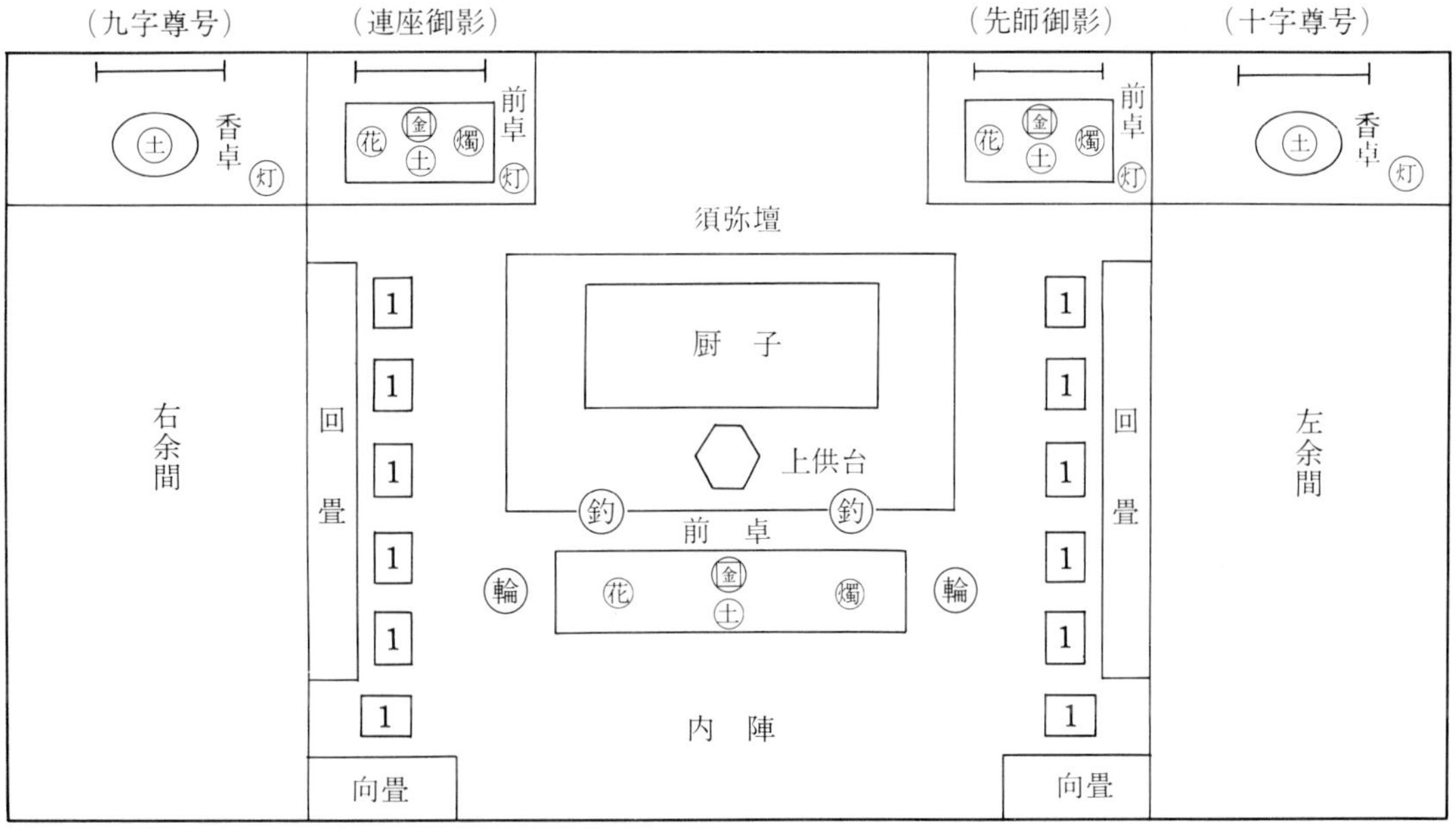

・①＝和讃卓の上に正信偈三帖和讃をおく
・上供台は必要な時だけおく

一般寺院の本堂

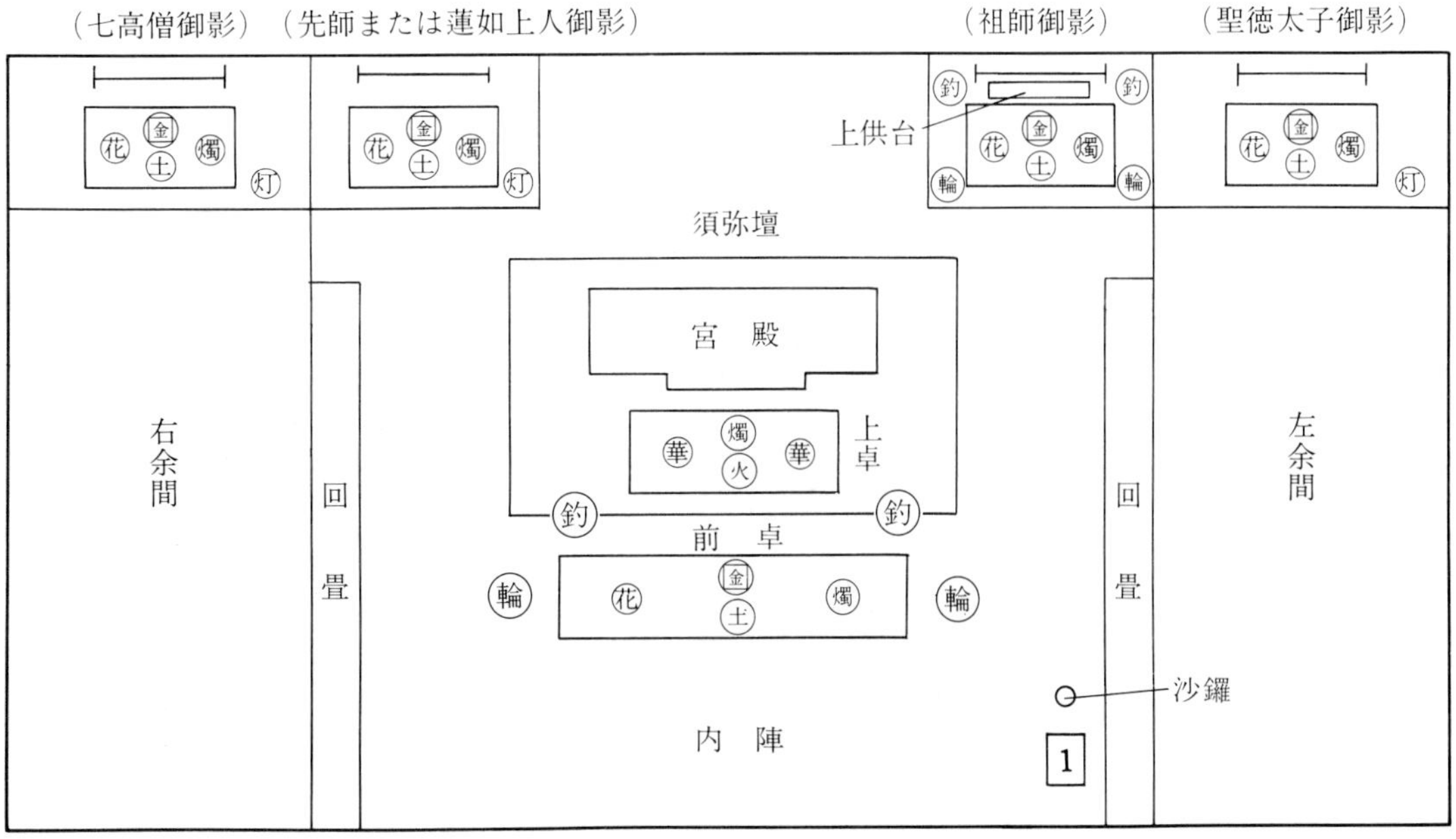

・中尊前は前卓のかわりに常香盤でもよい
・①＝経卓の上に三部経と三帖和讃
・外陣正面には大磬をおく

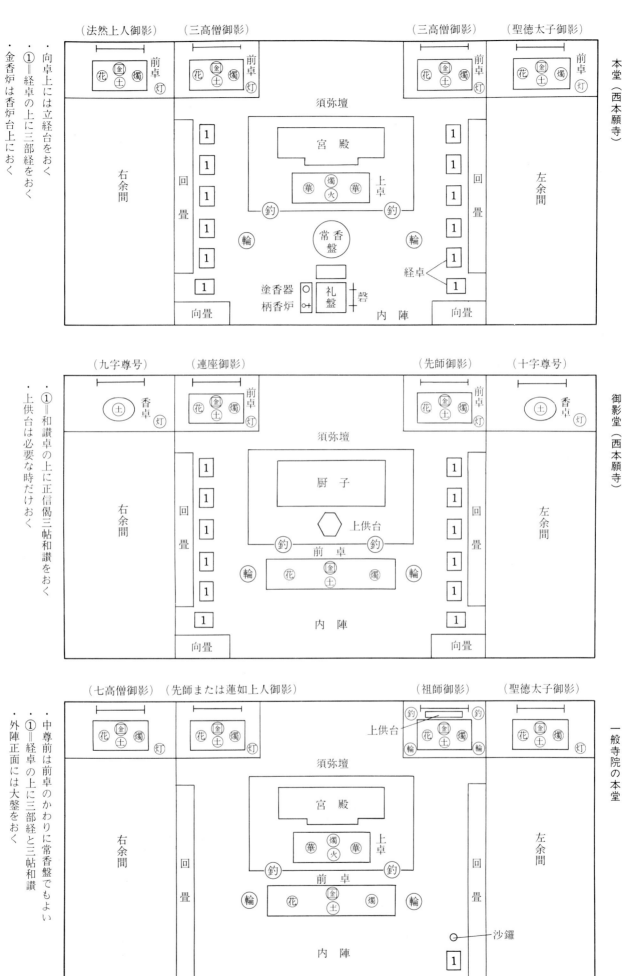

供台をおき、前卓には三具足と土香炉、金燈籠・輪灯各一対を吊る。右脇壇は先師御影または蓮如上人御影をかけ、前卓上は三具足と土香炉で菊灯一基を向って右におく。

余　間　余間の荘厳は、左余間に聖徳太子御影をかけ、前卓上に三具足、菊灯一基を向かって右方におく。右余間は七高僧御影をかけ、前卓上に三具足、菊灯一基を向かって右方におく。

以上が末寺の普通の荘厳である。ただし、本堂の規模・構造により適宜変更されている場合もある。中尊前には前卓の代りに常香盤を用いてもよく、また両余間には前卓の代りに、本山御影堂の余間にみられる香卓（虎卓）に土香炉をおいてもよいとされる。

内陣には回畳を敷き、その向かって右側（祖師前）の第一席に経机を置き、三部経・三帖和讃を載せる。沙鑼は内陣におき、大鏧は外陣におく。小鏧は内陣・外陣両方で用いることができる。

(2) 真宗大谷派

(A) 東本願寺阿弥陀堂　本堂の内部は内・外両陣に別ち、内陣の左右の脇間を北余間・南余間と称する。

内　陣　内陣の中央に唐様の須弥壇がおかれ、宮殿は唐破風と切妻、千鳥破風をもった二重屋根である。組物は三ツ手、宮殿の平面は凸字形を示している。この宮殿の前に上卓を据え、この上に亜字形の華瓶二・火舎香炉一をおく。

須弥壇の前に前卓[※14]（机）がおかれるが、この上には花瓶二、中央に土香炉をおく。前卓の左右に輪灯が一対吊られる。礼盤は前机の前におかれるが、これは向卓、脇卓、礼盤とも箱形のもので、磬台も簡素な通形を示している。礼盤の左右の後方に向畳がおかれ、畳の前中央に経卓をおき、この上には金表装の経巻（三部経）をおく。左右の竪畳の前にも経卓がおかれる。この上には黒表装の経巻（三部経）がおかれる。

脇　壇　内陣の左脇壇には聖徳太子の絵像がかけられ、前卓には蠟燭立・花瓶・金香炉の三具足をおき、金香炉の前に土香炉をおく。前卓の両側に菊灯が一対おかれる。右脇壇には法然上人の絵像がかけられ、前卓の荘厳は三具足で、菊灯一対も太子前と同じである。

余　間　北余間の壇上には厨子の中に亀山天皇尊牌が安置され、前卓には三具足をおく。なお天皇の命日にのみ菊灯がおかれる。南余間には竜樹・天親・曇鸞・道綽・善導・源信の六祖軸がかけられ、前卓には三具足・菊灯一対がおかれる。

なお、平常は打敷・水引は使用しない。

(B) 東本願寺御影堂

内　陣　内陣の須弥壇上には厨子がおかれ、厨子内には祖師木像が安置される。厨子の周りには勾欄をめぐらすが、上卓は用いない。前卓上には鶴亀[※15]（蠟燭立）と花瓶・金香炉の三具足と土香炉がおかれ、前卓の両側には輪灯一対が吊られる。なお、前卓上には丸形金香炉を四角の香盤上において用いる。内陣における畳は阿弥陀堂と同様に向畳と竪畳とが敷かれ、向畳の御讃卓の上には和讃をおき、竪畳の巡讃卓の上にも和讃がおかれる。平素は打敷や水引・礼盤などは用いない。

脇　壇　左脇壇には前門首御影をかけ、前卓には三具足・土香炉、両横に菊灯一対がおかれる。右脇壇には歴代門首の双幅御影をかけ、前卓には三具足、同じく菊灯一対がおかれる。

余　間　北余間には何も安置されていないが、南余間には九字・十字の名号をかけ、前卓には三具足と土香炉をおく。前卓の左右に菊灯をおく。鏧（沙張）は外陣正面に置き内陣にはおかない。

(C) 末寺の本堂

内　陣　本堂内陣の板敷の間を本間といい、その中央正面に須弥壇をおき、宮殿を設けてその中に本尊を安置する。宮殿なき場合は羅網を吊るす。本尊前に上卓をおき、火舎香炉をその中央におき、その直前に香合、前方左右、卓の両端に華瓶を配置する。仏供（仏飯）は火舎香炉の左右におき、上卓の上に杉形華束をおくときは、仏供は少し前におく。

※14　東本願寺阿弥陀堂、中尊前前卓上の花瓶と土香炉。

※15　東本願寺御影堂の鶴亀燭台。

真宗大谷派の日常時の荘厳

阿弥陀堂（東本願寺）

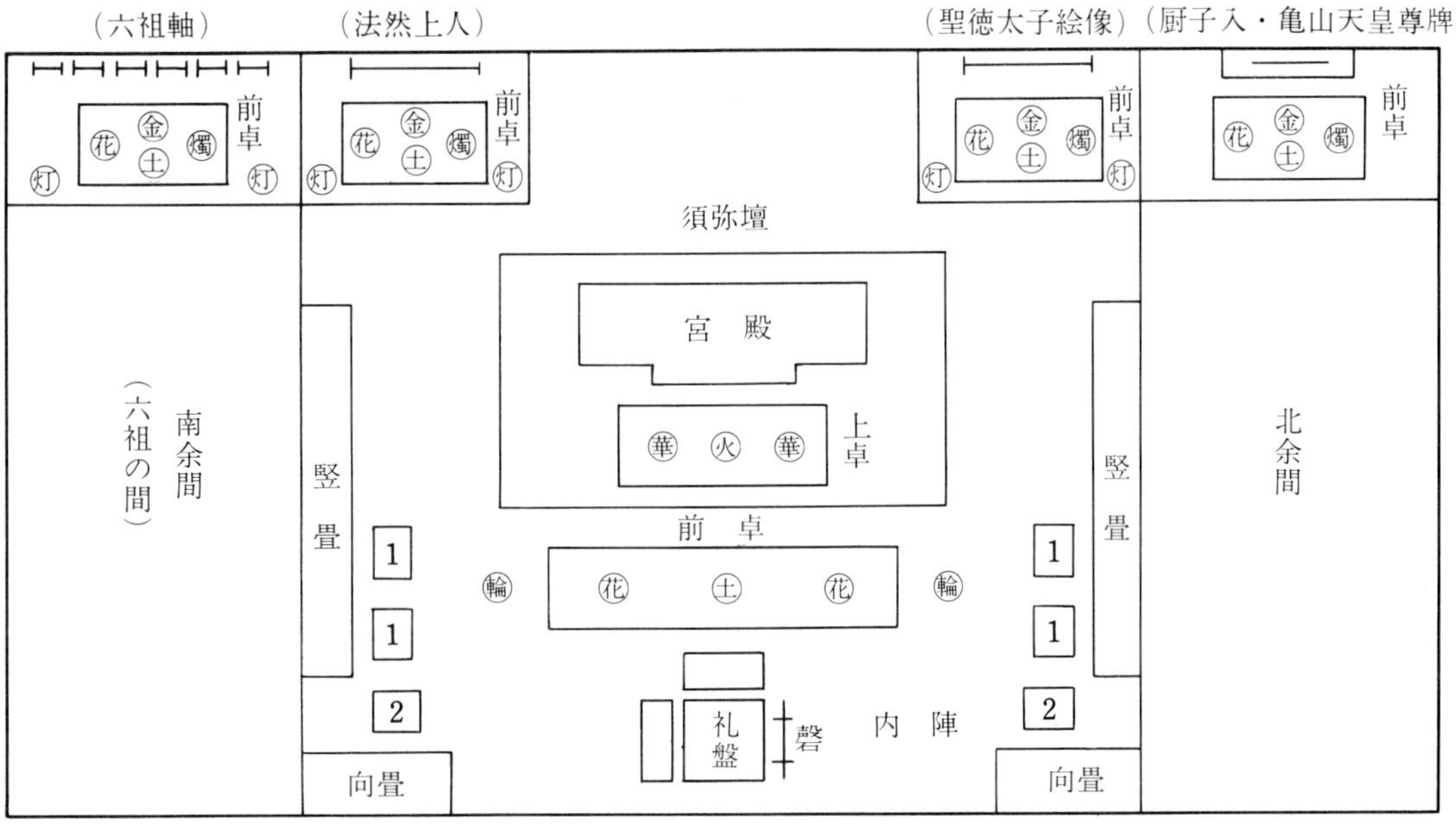

・①＝経卓　②＝御経卓、上に巻経
・打敷・水引・鏧は使用しない
・亀山天皇尊牌前には命日のみ菊灯をおく

御影堂（東本願寺）

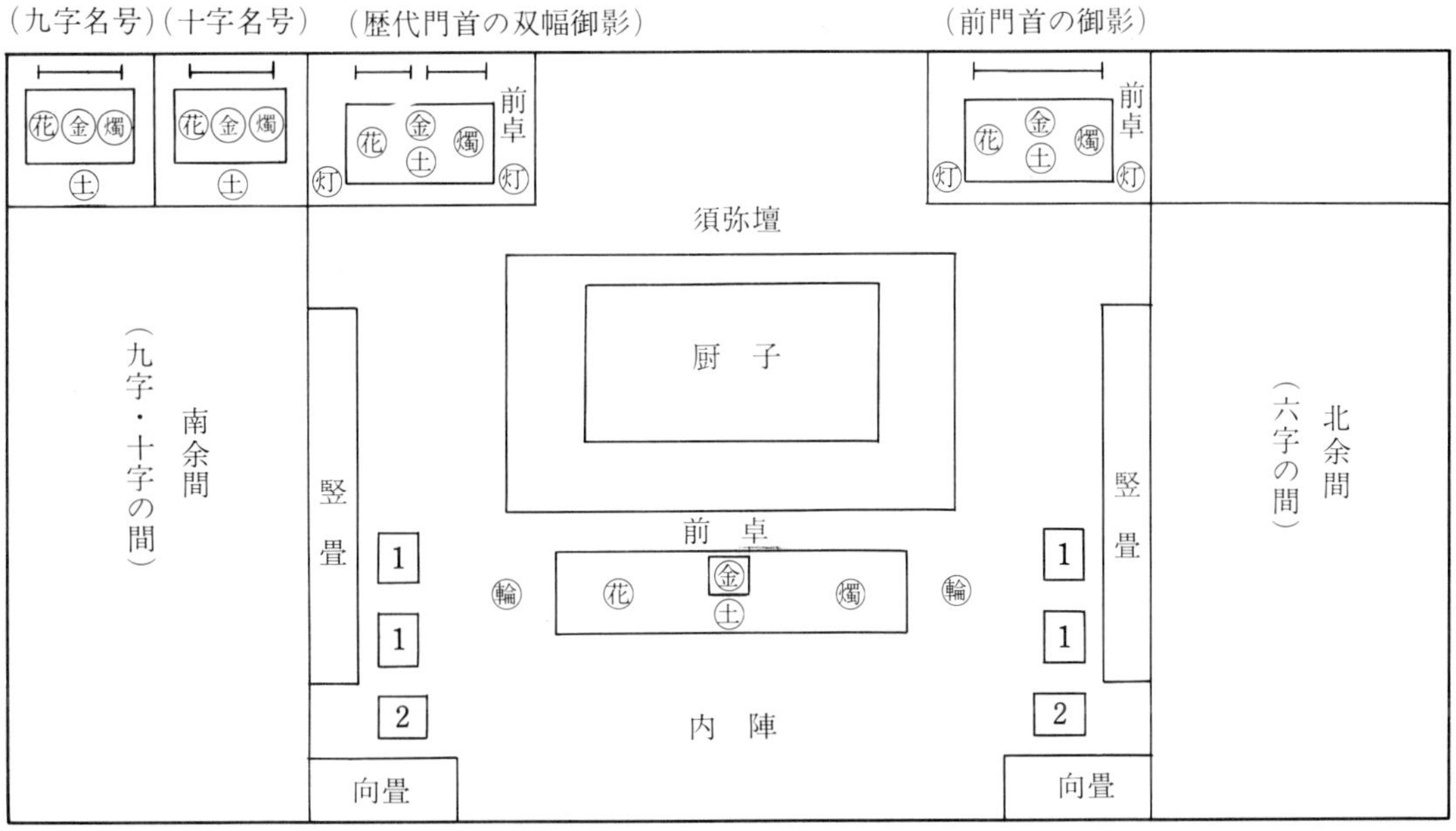

・①＝巡讃卓　②＝御讃卓、上に和讃をおく
・鏧（日没は砂張）は外陣正面におく
・祖師前卓上は四角の香盤上に丸形金香炉を用いる

一般寺院の本堂

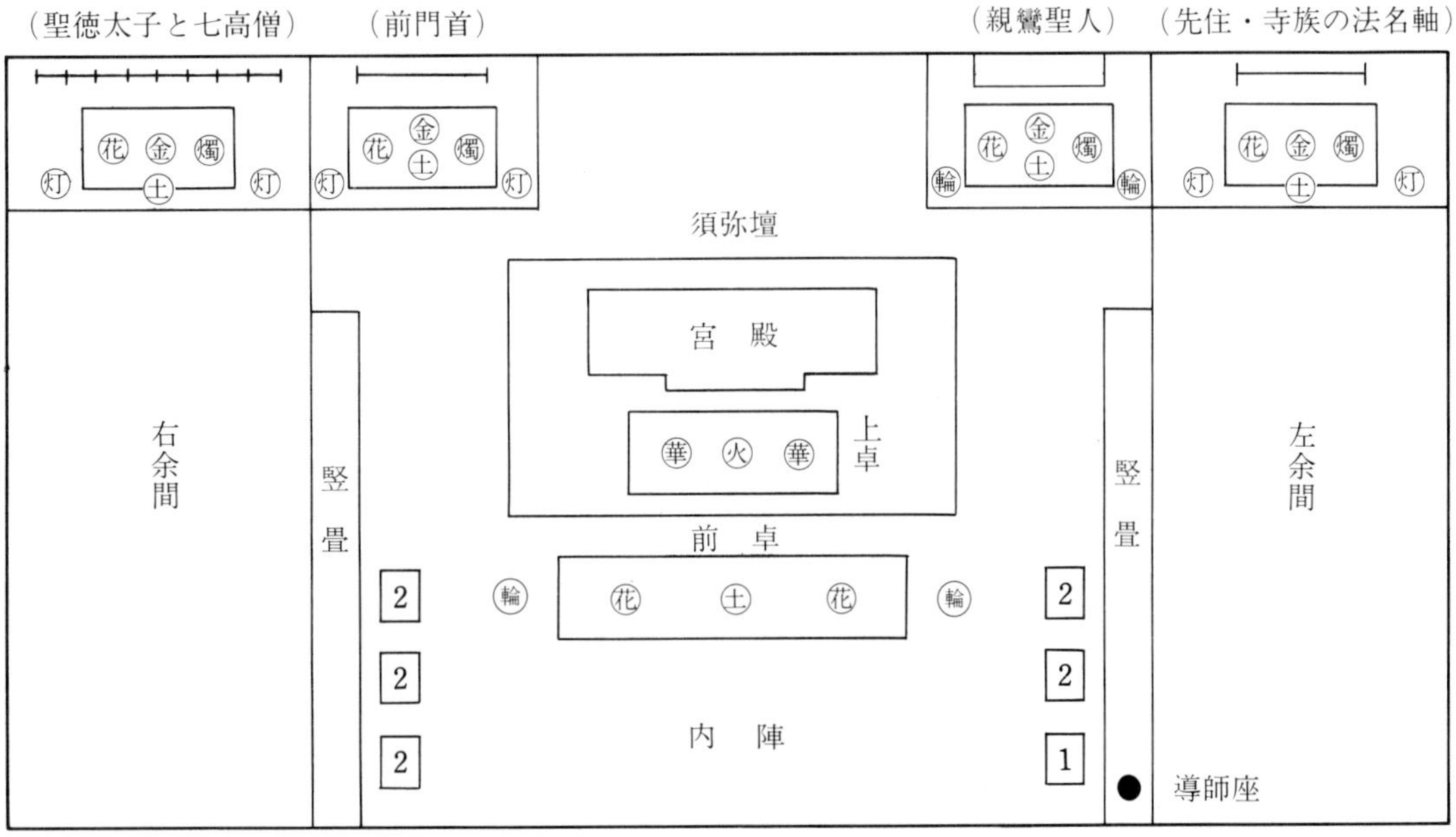

・①＝巡讃卓　②＝巡照卓、三帖和讃と正信偈をおく
・脇壇の前卓と中尊前卓には透彫り土香炉を用いる。
・鏧（日没は砂張）は外陣正面におく

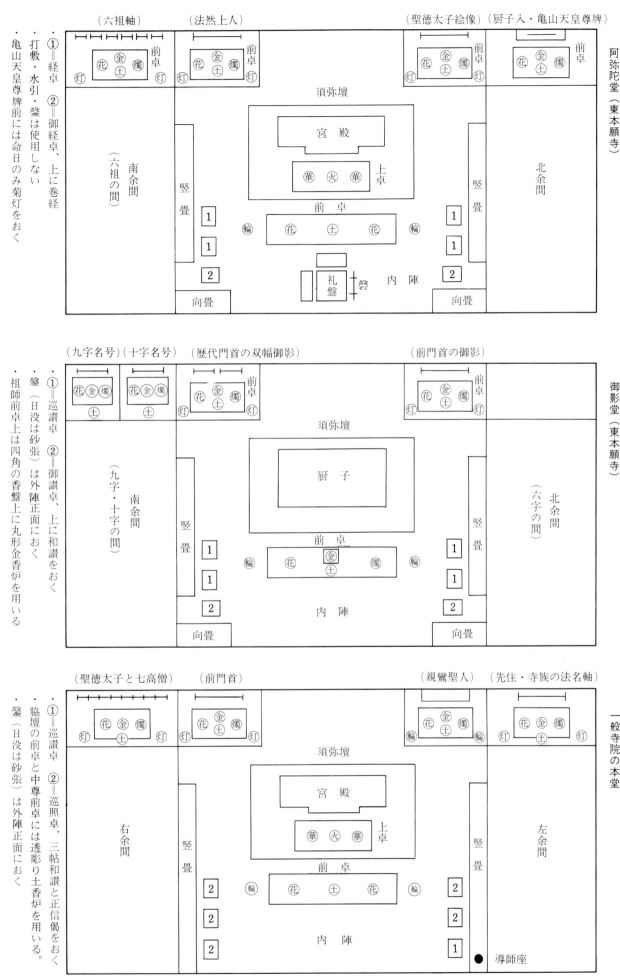

前卓には土香炉を中央正面におき、向って右方に鶴亀（蠟燭立）、左方に花瓶をおく。五具足のときは鶴亀を左右一対、その外側に花瓶一対をおく。前卓の両側に輪灯を吊る。輪灯の上を飾る瓔珞は、平素はこれを用いない。

左脇壇　中尊の左脇壇上に須弥壇を設け、厨子をおき、祖師御影を安置する。その前に卓をおき、卓上に七角香盤をすえ香盤上に御影供と金香炉をおく。御影供が大形のときは、須弥壇上に半月形の仏器台（月形仏器台という）をすえ、その上におく。御影供が中形・小形のときは卓上の香盤の上、金香炉の向うにおく。

香盤の前に土香炉をおき、土香炉の向って右に香合をおく。花瓶と鶴亀を左右に配し、卓の両側に輪灯を吊る。また華束が杉形のときは前卓上の香盤の両側におき、須弥盛のときは須弥壇の両角に台を置いてその上に供える。

右脇壇　御代前にては、壇上の奥正面に御影をかける。その前に卓を設け、卓上には金香炉、その前に土香炉、右前に香合をおき、さらに鶴亀と花瓶を左右におく。卓の両側には菊灯台一対をおく。御影供は金香炉の向う側、卓上に備える。ただし打敷を用いるときは卓上に香盤を出し、影供と金香炉をのせる場合もある。また、華束を備えるには卓上香盤の左右に置いてもよい。

余間壇　余間の壇上中央に卓をおき、卓上正面に金香炉、左右に鶴亀・花瓶を配する。土香炉は卓前の壇上におき、卓の両側に菊灯台一対を配する。鏡餅などは各御影前に壇上地板の上に打敷をおきその上に備える。御絵伝をかけたときには壇上を直ぐに卓と見倣し、平常の卓を撤去して壇上直接に三具足をおき、菊灯台を配置するのがならわしである。

(3) 真宗高田派

(A) 専修寺如来堂

如来堂とは、つまり阿弥陀堂である。

内　陣　内陣※16中央須弥壇上には厨子（扉のついた宮殿）をおき、厨子の左右両側に華瓶をおき、その少し前になつめ形の燈籠一対が吊られる。正面の上卓上には何もおかない。前卓には三具足、その左右に輪灯一対を吊る。前卓の前に礼盤一式をおくが向卓には説相箱をおき、脇卓には持蓮華をおく。他の宗派でみられる向畳の代りに左右に椅子がおかれ、卓には説相箱をおく。左右の法衆の座は単に畳と称され、和讃卓に和讃がおかれる。

脇　壇　左脇壇には七高僧の御影、前卓には三具足。右脇壇には聖徳太子御影を安じ、前卓には三具足をおく。

余　間　東（左）余間には十字名号がかけられ、前卓には香炉のみをおく。西（右）余間には九字名号、前卓には香炉をおく。

内陣の脇壇、余間とも菊灯は使用されない。また前卓には角掛《すみかけ》（つまり打敷）をかけるが、上卓には角掛を用いない。また花は松一本を献じ、色花は用いないのが特色で、「高田の一本松」といわれる。

(B) 専修寺御影堂

内　陣　内陣※16須弥壇上に厨子をおき、厨子の左右に華瓶一対をおく。上卓には何もおかないで、上卓の左右あたりになつめ形の燈籠が吊られる。前卓には三具足をおき、卓の左右に輪灯が吊られる。前卓の前におかれる礼盤は如来堂のそれと同じである。また礼盤の左右に向畳の代りに椅子がおかれ、その前に和讃箱がおかれる。畳の配置も如来堂と同様で、和讃卓に和讃箱をおく。

脇　壇　左脇壇には前住上人絵像、前卓には三具足をおく。右脇壇には高田派三祖絵像をかけ、前卓には三具足をおく。なお高田派の三祖というのは第二世真仏、第三世顕智、第四世専空の三上人のことを指す。

余　間　東余間（左）には歴代上人と中興上人の絵像二幅をかけ、それぞれの前に前卓をおき三具足をおく。東余間の歴代上人絵像は第一三世より第二〇世までの連坐像である。なお第二一世上人は位牌を前卓上におく。第二二世上人は前住上人として内陣左脇壇に安置する。

西余間（右）には歴代上人絵像（第五・六・七・八・九・一一・一二世上人）の連坐像を安置し、前卓には三具足をおく。

※16　高田専修寺　右・如来堂内陣　左・御影堂内陣。

真宗高田派の日常時の荘厳

如来堂（専修寺）

・①と向卓には説相箱をおき、中に巻経を入れる
・②＝和讃箱、脇卓には持蓮華をおく
・前机には三角形の角掛をかける
・花は松一本を献じ、色花は用いない

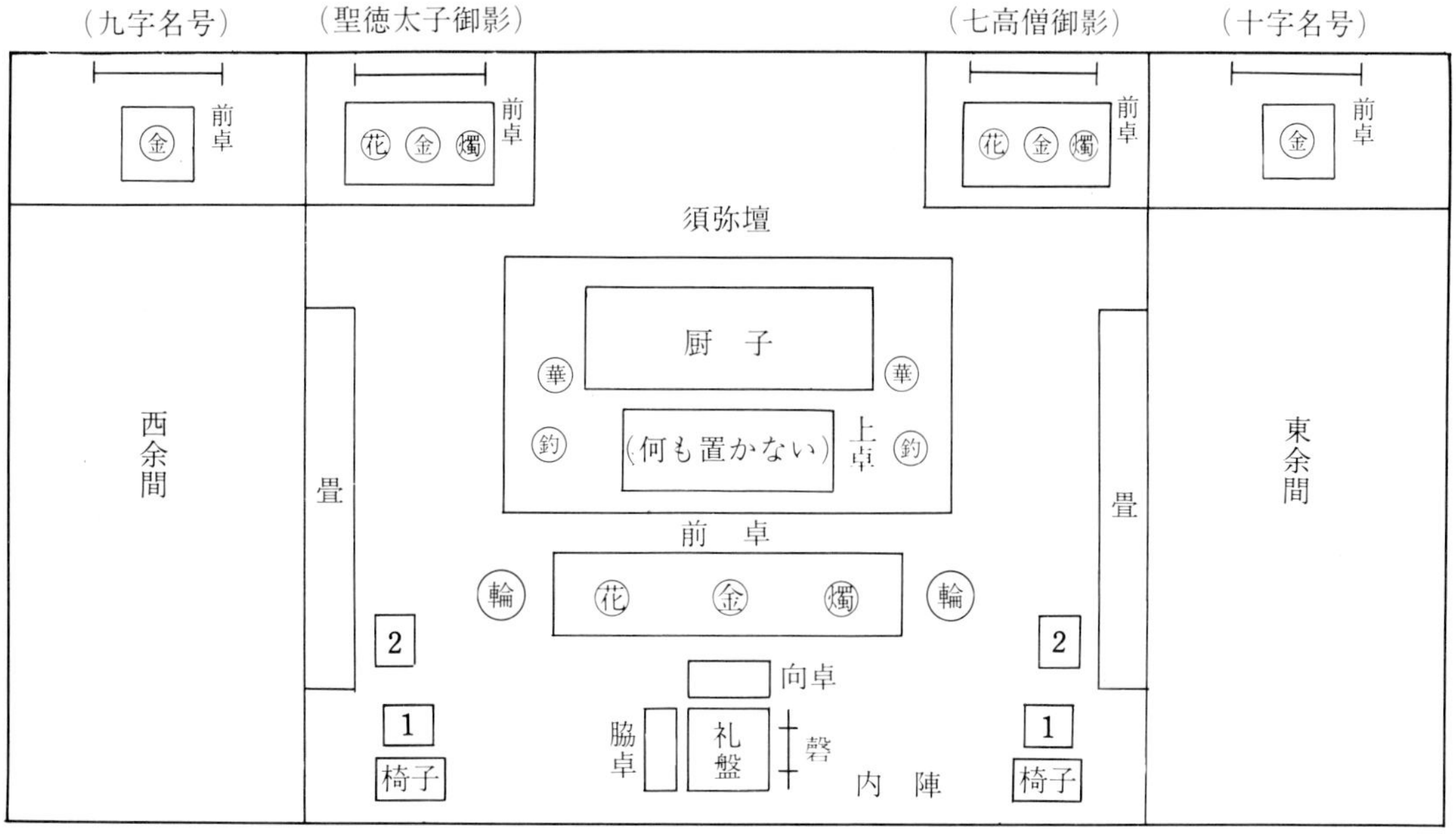

御影堂（専修寺）

・①＝和讃箱、向卓上には説相箱、脇卓には持蓮華をおく

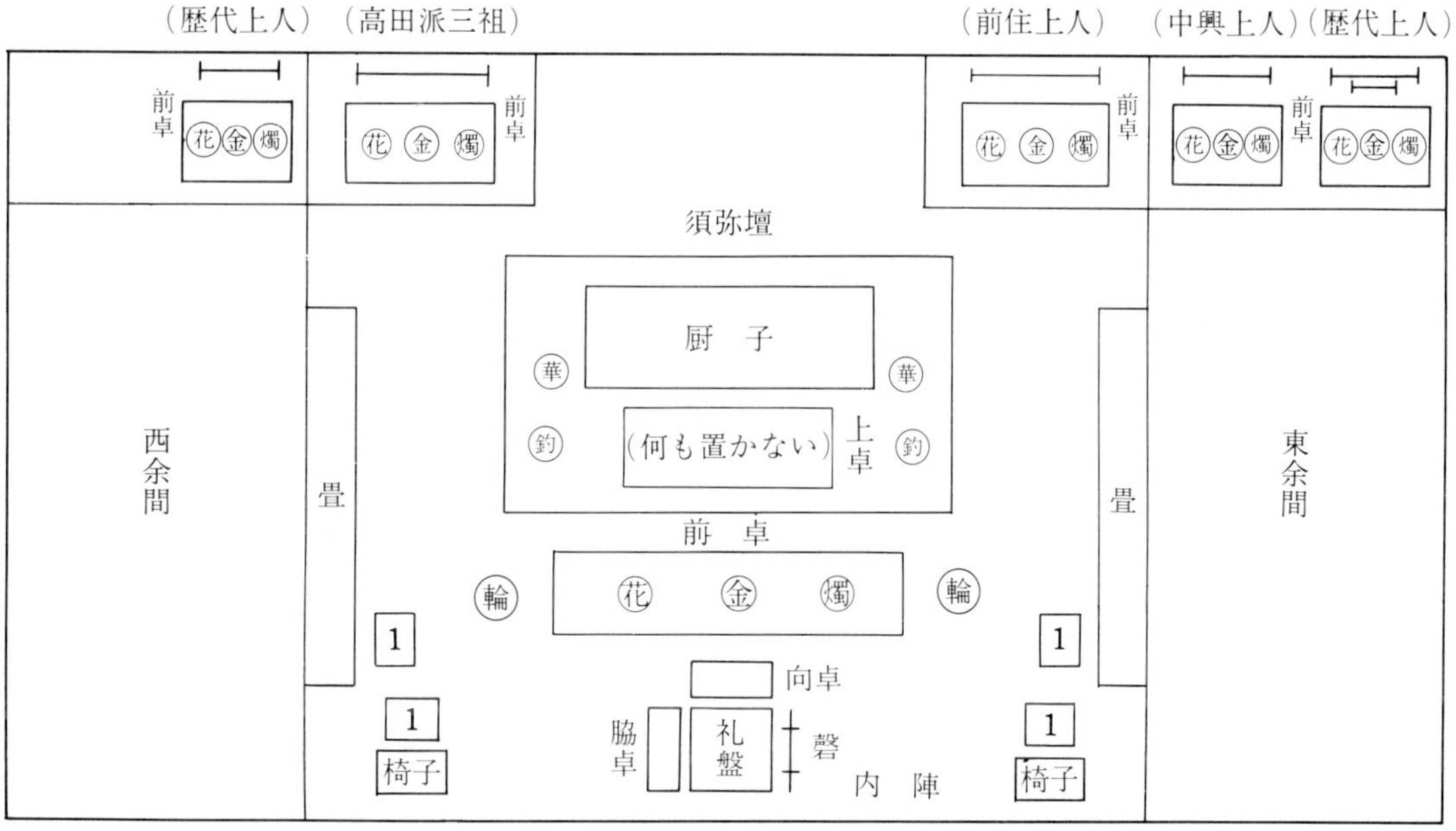

一般寺院の本堂

・①＝和讃箱

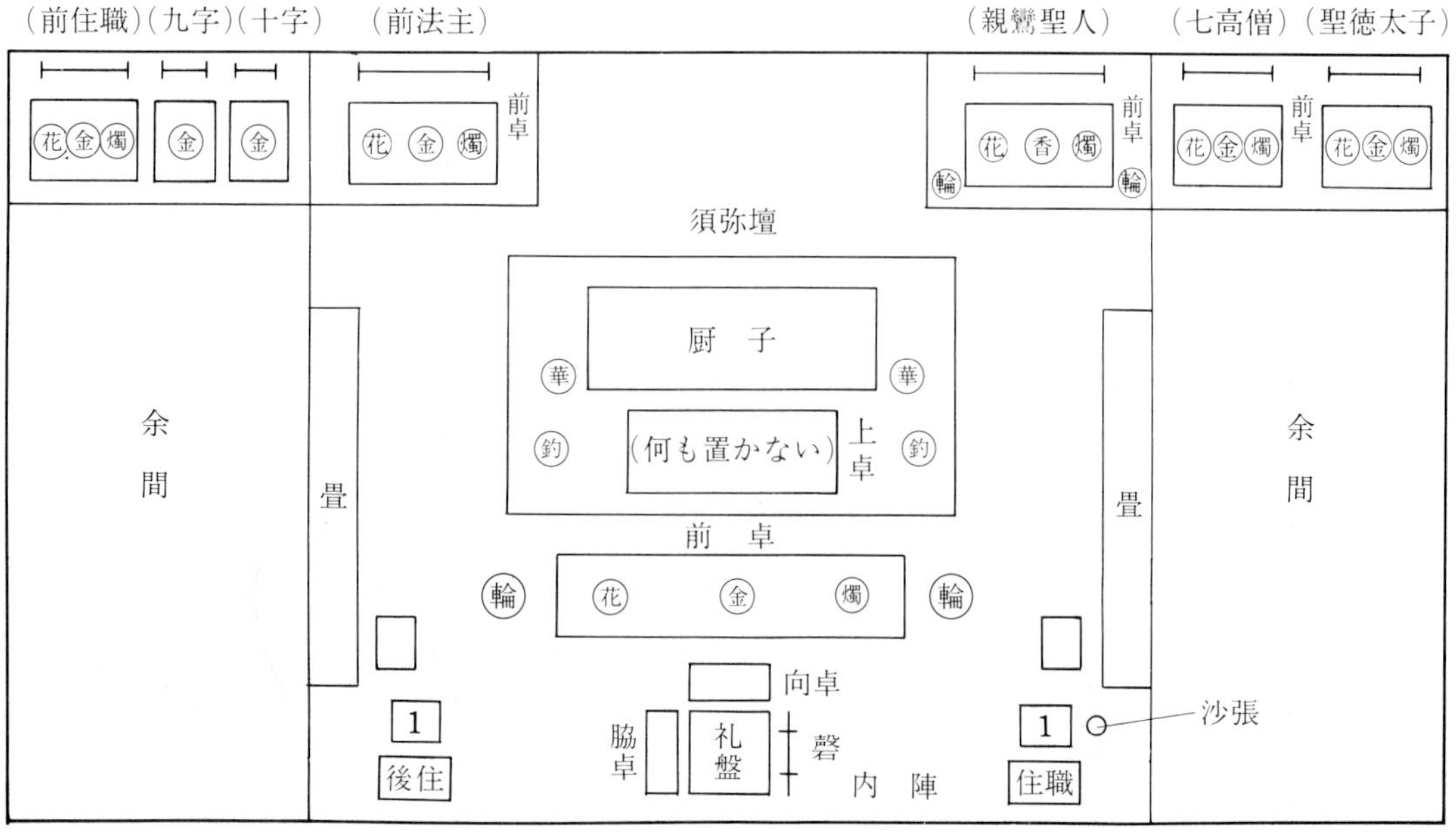

(C) 末寺の本堂

内陣　内陣の配置は大概本山のそれにならうものであるが、内陣須弥壇上に宮殿（扉があるから厨子というべきか）を設け、その左右に華瓶をおき、上卓には何もおかない。燈籠一対が吊られる。前卓には三具足、その両側に輪灯が吊られ、前卓の前に礼盤一式がおかれ卓上に説相箱がおかれる。末寺にては向畳がおかれ、住職および後住の座が設けられる。そして和讃卓に和讃箱がおかれる。左右の畳も同様。

脇壇　左脇壇には宗祖親鸞聖人絵像がかけられ、前卓には三具足をおき、その左右に輪灯が吊られる。右脇壇には前法主の絵像をかけ、前卓に三具足をおく。

余間　左余間には聖徳太子と七高僧の絵像がかけられ、各幅の前には前卓をおき、三具足がおかれる。右余間には十字・九字の名号がかけられ、各寺の前住職の絵像がかけられる。十字・九字の名号前には卓に香炉をおくが、前住職の前には卓に三具足をおく。

以上のように高田派の末寺の荘厳は他派同様本山の荘厳にならうものであるが、末寺でも菊灯を用いないのが特徴であろうか。

(4) 真宗興正派

(A) 興正寺阿弥陀堂[※17]

内陣　内陣須弥壇上に宮殿をおき、その中に本尊を安置するのは常の如くであるが、その前に上卓をおき四具足をおく。須弥壇の前両側に金燈籠を吊り、高卓（前卓のこと）に花瓶一対と土香炉をおく。高卓の両側に輪灯を吊り、またその前に礼盤をおく。礼盤の左右後方に五畳台と称する高い向畳がおかれ、その前に経卓をおく。回畳は単に畳といい、経卓をおき、その上には阿弥陀経をおく。

脇壇　左脇壇には法然上人御影をかけ、その前に仏飯台をおき仏飯を供える。仏飯台の前に前卓をおき、三具足をおく。右脇壇には聖徳太子の御影をかけ、仏飯台・前卓、そして三具足をおく点は法然上人前と全く同じである。

余間　左余間には竜樹・曇鸞・道綽の各祖御影をかけ、右余間には天親・善導・源信の各祖御影をかけ、仏飯台をおき、前卓をおくが、三具足をおくことも同様である。

打敷や水引きは使用しないし、上卓の華瓶に樒または青木を立て、色花は用いない。輪灯は糸輪を用いるが、蓋との間の中継を用いる。花瓶は菖蒲形という丸形であるが、供華は各種の色花を用いた雑華式。磬は半磬を用いる。礼盤の向卓には巻子仕立の経、つまり経巻を立てる。脇卓には塗香器・持蓮華をおく。

(B) 興正寺御影堂[※17]

内陣　内陣須弥壇上には厨子中に御影像を安置し、その前に六角の仏飯台のみをおく。須弥壇前左右に金燈籠一対を吊る。高卓（前卓）には花瓶・燭台・金香炉・土香炉をおく。高卓の左右に輪灯一対を吊る。五畳台・畳などは阿弥陀堂に同じ。輪灯は菊輪灯である。花瓶は六角形で供華は色花など雑華を供える。

脇壇　内陣左脇壇には前住上人御影をかけ、前卓には三具足をおく。卓の向って右に菊灯一基をおく。右脇壇には歴代門主御影をかけ、前卓には三具足・仏器一対、向って右に菊灯一基をおく。

余間　左余間には十字名号をかけ、中央卓には土香炉をおき、菊灯一基をおく。右余間には九字名号をかけ、中央卓には土香炉、菊灯一基をおく。打敷や水引は用いない。

(C) 末寺の本堂

末寺の内陣の荘厳は、本山の阿弥陀堂の荘厳にならうものである。

内陣　須弥壇中央に宮殿、その前の上卓には四具足、金燈籠一対、高卓には花瓶一対と土香炉をおく。菊輪灯一対を吊り、礼盤一式をおく。向畳として五畳台をおき、経卓をおく。結衆用の畳にも経卓を配する

脇壇　内陣左脇壇には宗祖御影をかけ、右脇壇には前住上人、または中興上人御影をかける。御影の前には左脇壇は前卓上、右脇壇は前卓の後に仏飯台を別におき、その前に前卓をおいてこれに三具足をおく。前卓の向って右に菊灯一基をおく。

※17　興正寺　右・阿弥陀堂内陣　左・御影堂内陣。

真宗興正派の日常時の荘厳

阿弥陀堂（興正寺）

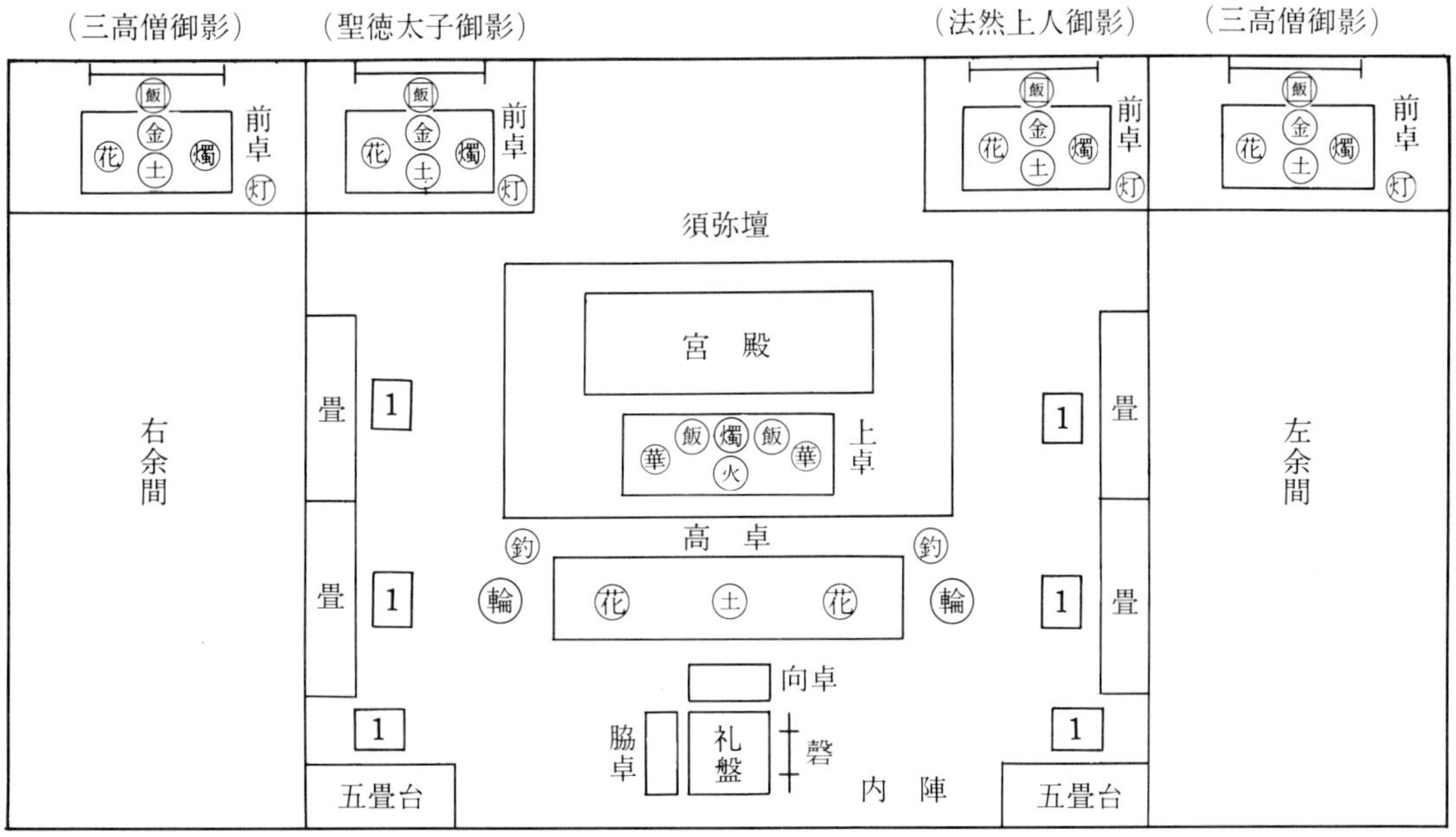

・①＝経卓の上には阿弥陀経、向卓には巻経、脇卓には塗香器と持蓮華をおく
・上卓の華瓶には樒または青木をさす
・打敷・水引は用いない

御影堂（興正寺）

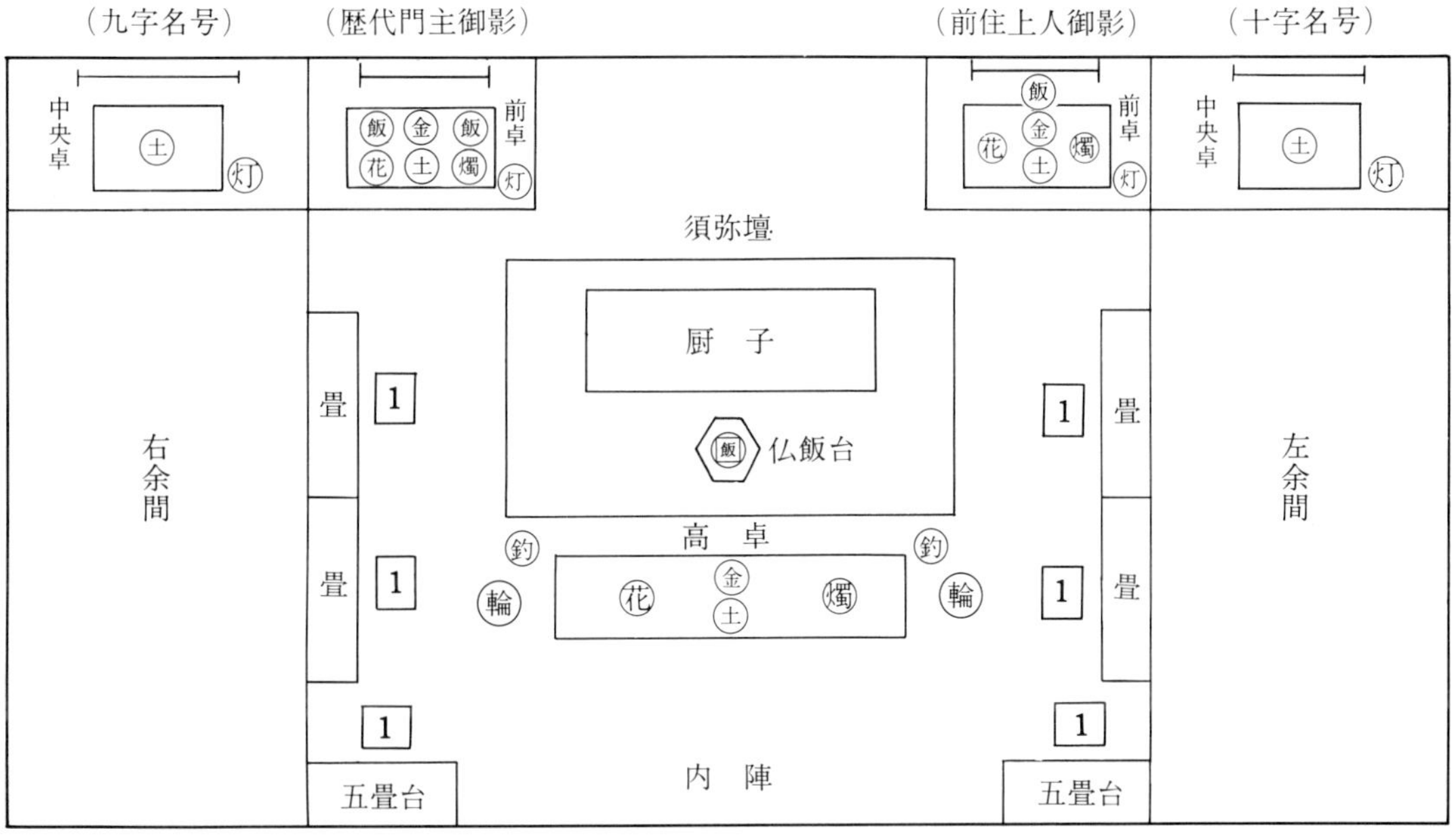

・①＝和讃卓には正信偈・和讃をおく
・金香炉は香炉台の上におく
・打敷・水引は用いない

一般寺院の本堂

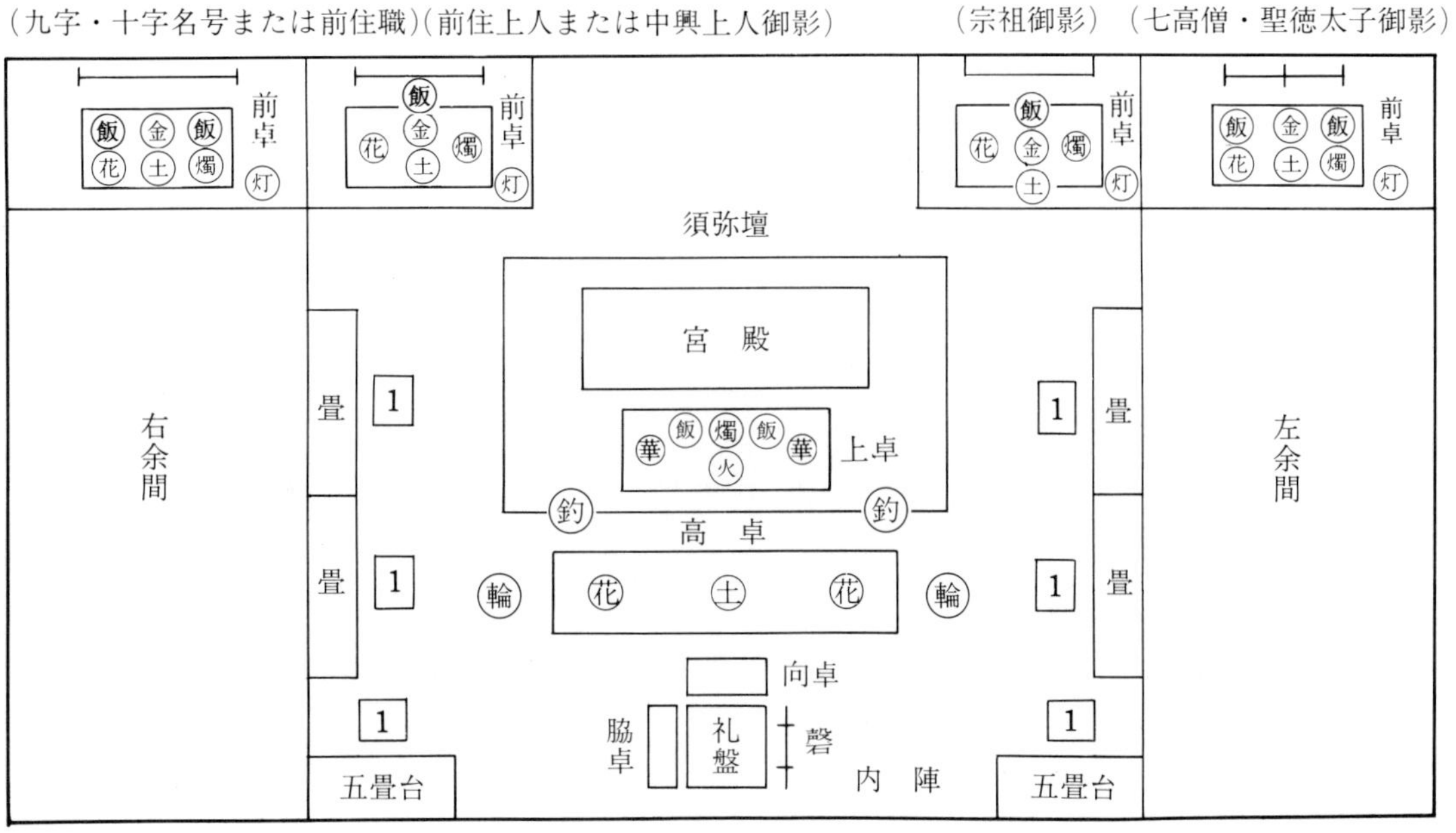

・向卓には巻経、脇卓には塗香器・持蓮華をおく
・供華は雑華式。上卓上の華瓶には樒または青木をさす
・右余間壇は名号の場合は前住の場合も中央卓とすることが多い

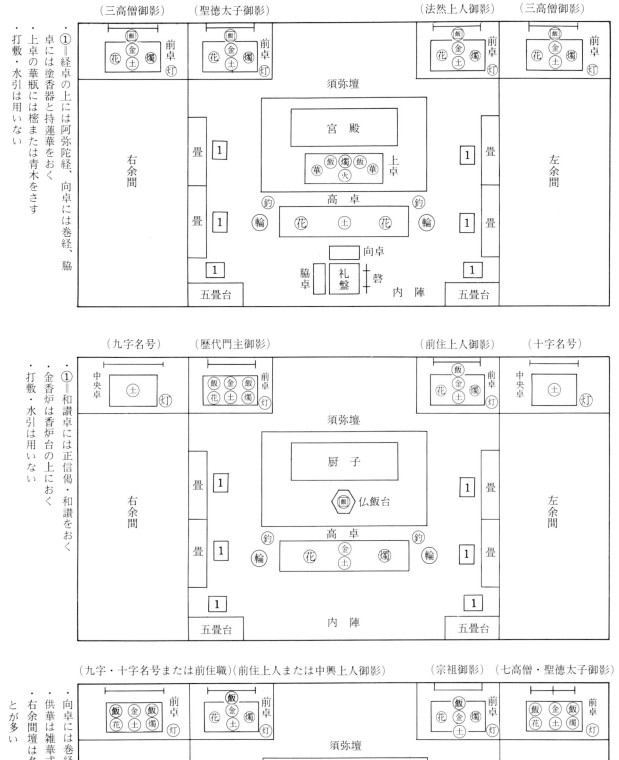

余　間　左余間には聖徳太子御影と七高僧御影をかけ、両幅の前に前卓一基をおき、仏飯器一対と三具足と菊灯を配する。右余間には九字・十字の名号をかけるか、または前住職の御影をかけ、前卓に三具足と仏飯器一対、菊灯をおくのは左余間に同じである。

上卓の華瓶には樒か青木を用い、色花は用いない。前卓の花瓶は色花などを用いる。

(5) 真宗仏光寺派

(A) 仏光寺本堂（阿弥陀堂）

内　陣　堂内を内外両陣に分かち、内陣※18は床を一段高くし、板敷とする。中央に須弥壇を据え、これに宮殿をおき、内に本尊を安置する。仏光寺の宮殿は八棟造りといい、正面・両側の三面扉を有する。また戸帳をかけ、屋根の両端に瓔珞を吊る。宮殿の前に上卓をおき、これに火舎・華瓶一対・燭台の四具足をおく。仏供養（仏飯）は華瓶と燭台との間におく。宮殿の前に釣燈籠一対が吊られる。前卓には花瓶一対・金香炉と香合がおかれ、前卓の左右に輪灯が吊られる。この輪灯は、つるの形が仏光寺藤と称する寺紋を象っており、藤の花の切透しになっているのが阿弥陀堂形で、切透していないものを御影堂形と呼んでいる。

前卓に打敷や水引きをかけるのは、法要時にのみ限られる。

前卓の前には平常から礼盤一式がおかれているが、法要時のみ使用される。礼盤の向卓には説相箱、脇卓には柄香炉がおかれる。向畳・脇畳などの設置は本派や大谷派と全く同じである。これらの前に備えられた和讃卓の上には和讃箱をおく。

脇　壇　内陣の左脇壇には聖徳太子の木像を安置し、前卓には三具足、香炉の奥に仏飯を供える。右脇壇には源空（法然）上人の木像を安置し、前卓には三具足をおくことは左脇壇に同じ。左右両脇壇共、前卓の左右に菊灯一対をおく。

余　間　左余間には後醍醐天皇の尊儀を安置し、前卓に三具足菊灯をおく。右余間※11には竜樹菩薩から源信和尚にいたる六高僧の木像が安置され、前卓に三具足・菊灯をおく。

以上のように仏光寺においては、本尊阿弥陀如来の木像を安置することはもちろん、聖徳太子から源空・六高僧像※11などすべて木像につくるところが特色である。

また宮殿にかける戸帳は白地十六菊金紋と定めており、外陣の正面に大鏧と和讃卓とを置く。

(B) 仏光寺御影堂

内　陣　内陣※18中央の須弥壇上に厨子をおく。この厨子は先の阿弥陀堂の宮殿より大きいがほぼ同じ形を示すもので、三面に扉をもっており、屋根も八棟造りと称している。須弥壇上は上卓などはおかず、ただ一対の釣燈籠が吊られる。前卓上には三具足と香合、前卓の両脇に輪灯が吊られる。平素は礼盤はおかれない。向畳・脇畳また和讃卓の設置は阿弥陀堂と同じである。

なお、厨子の戸帳は仏光寺藤金紋の金襴を用いる。

脇　壇　左脇壇には前住上人の絵像をかけ、前卓に三具足、菊灯一対をおく。右脇壇には了源上人（中興）の木像を安置し、前卓には三具足、菊灯一対をおく。

余　間　左余間には九字名号をかけ、その前中央には六角高卓をおき、これに金香炉をすえる。左右両脇に菊灯一対をおく。右余間には十字名号をかけ、六角高卓・金香炉・菊灯一対をおくことは左余間に同じである。

(C) 末寺の本堂

内　陣　末寺の本堂にては内陣に須弥壇をおき、これに宮殿をすえ、上卓をおき、これに四具足をおく。釣燈籠一対を吊り、前卓には三具足と香合をおき、左右に輪灯が吊られる。

脇　壇　左脇壇には開山大師つまり親鸞の影像をかけ、前卓には三具足と輪灯一対がその前に添えられる。右脇壇には先代門主または了源上人の影像をかけ、前卓には三具足、輪灯がかけられる。

余　間　左余間には聖徳太子・七高僧の絵像がかけられ、前卓には三具足、その左右に菊灯一対がおかれる。右余間には各寺の先

※18 仏光寺　右・阿弥陀堂内陣　左・御影堂内陣。

真宗仏光寺派の日常時の荘厳

本堂（仏光寺）

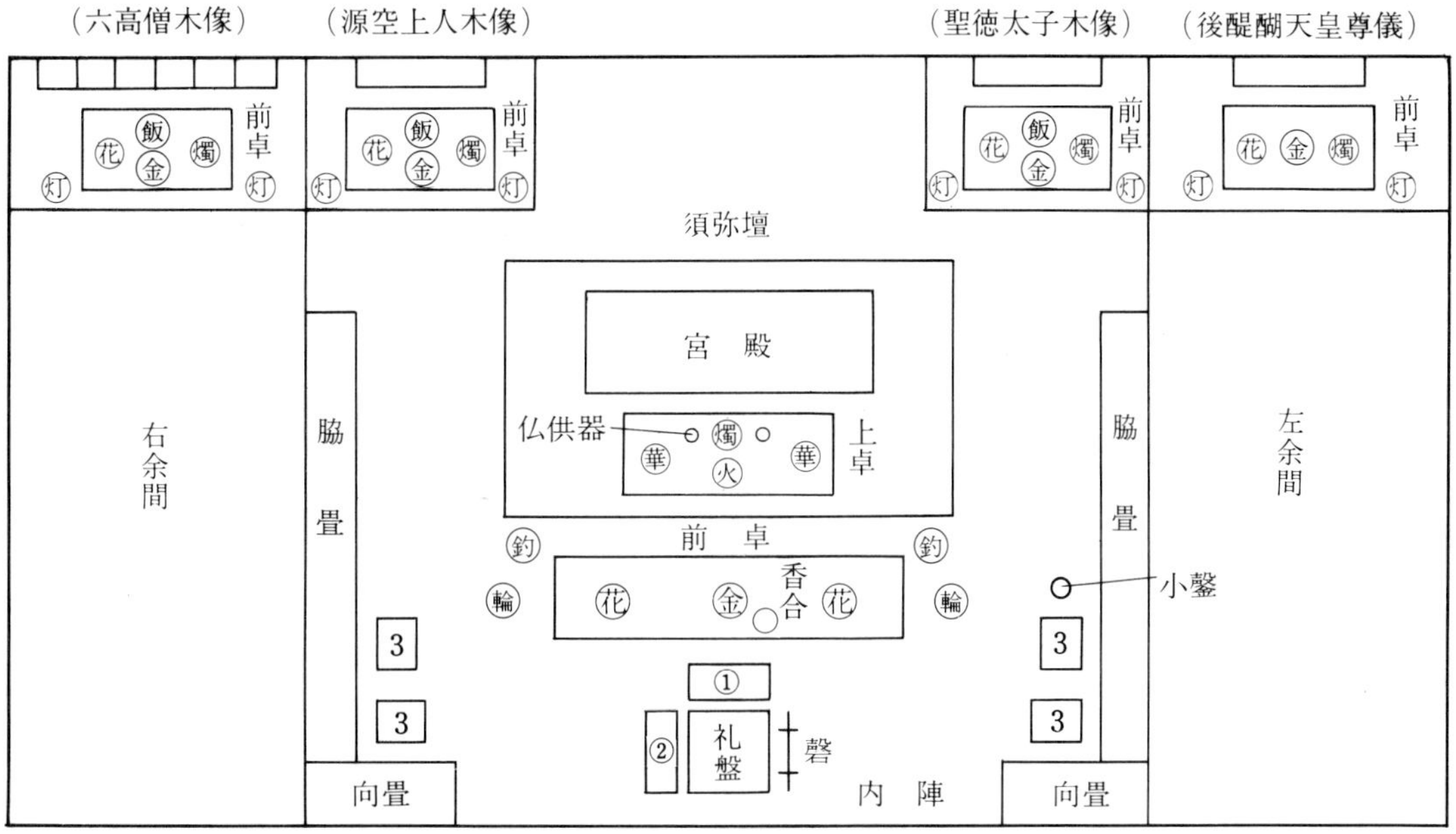

・①＝向卓の上に説相箱　②＝脇卓上に柄香炉
③＝和讃卓の上に和讃箱
・打敷・水引・礼盤（常設）は法要時のみ使用する
・外陣正面に大鏧と和讃卓をおく

御影堂（仏光寺）

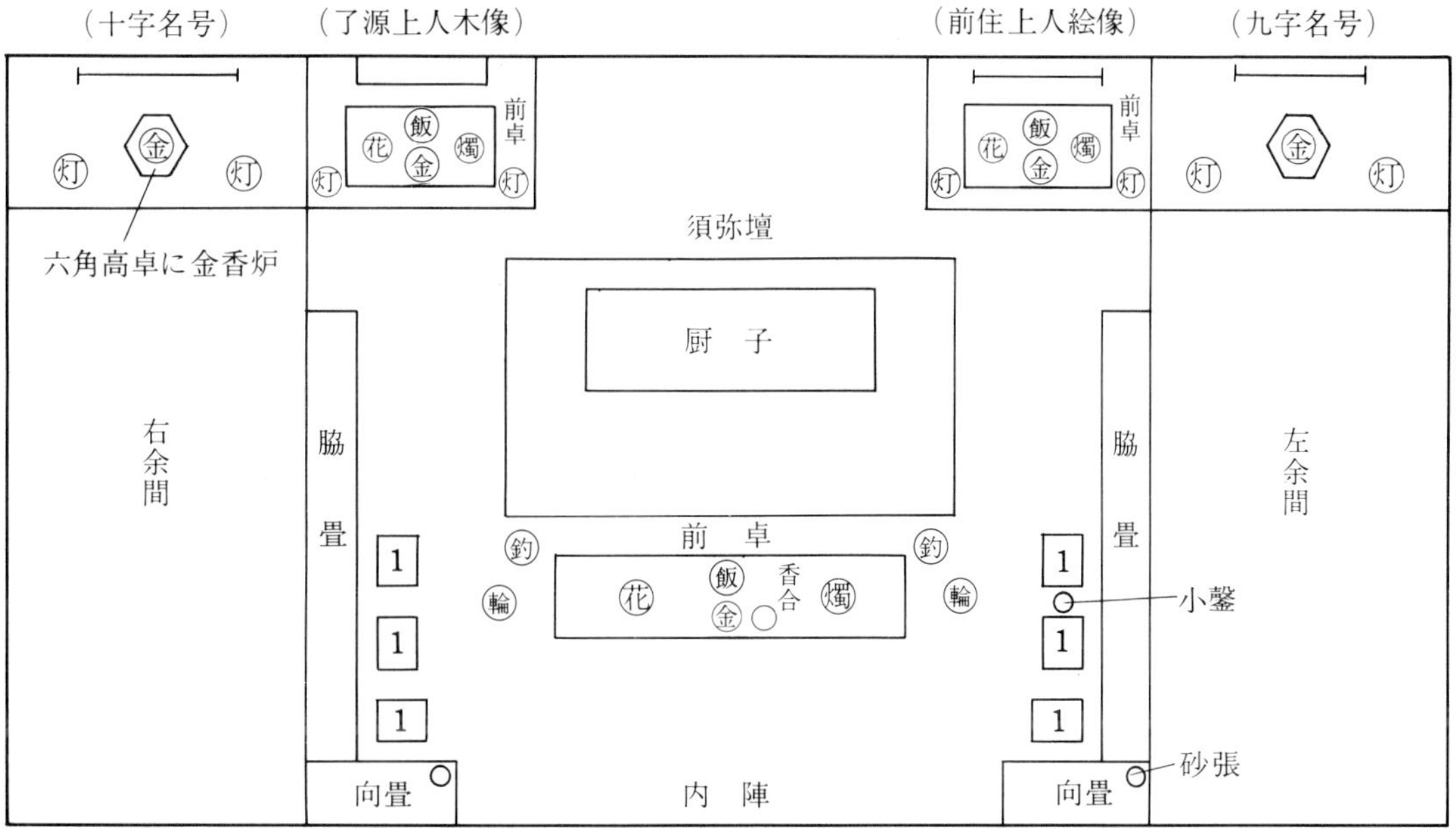

・①＝和讃卓の上に和讃箱をおく
・外陣正面に大鏧と和讃卓をおく

一般寺院の本堂

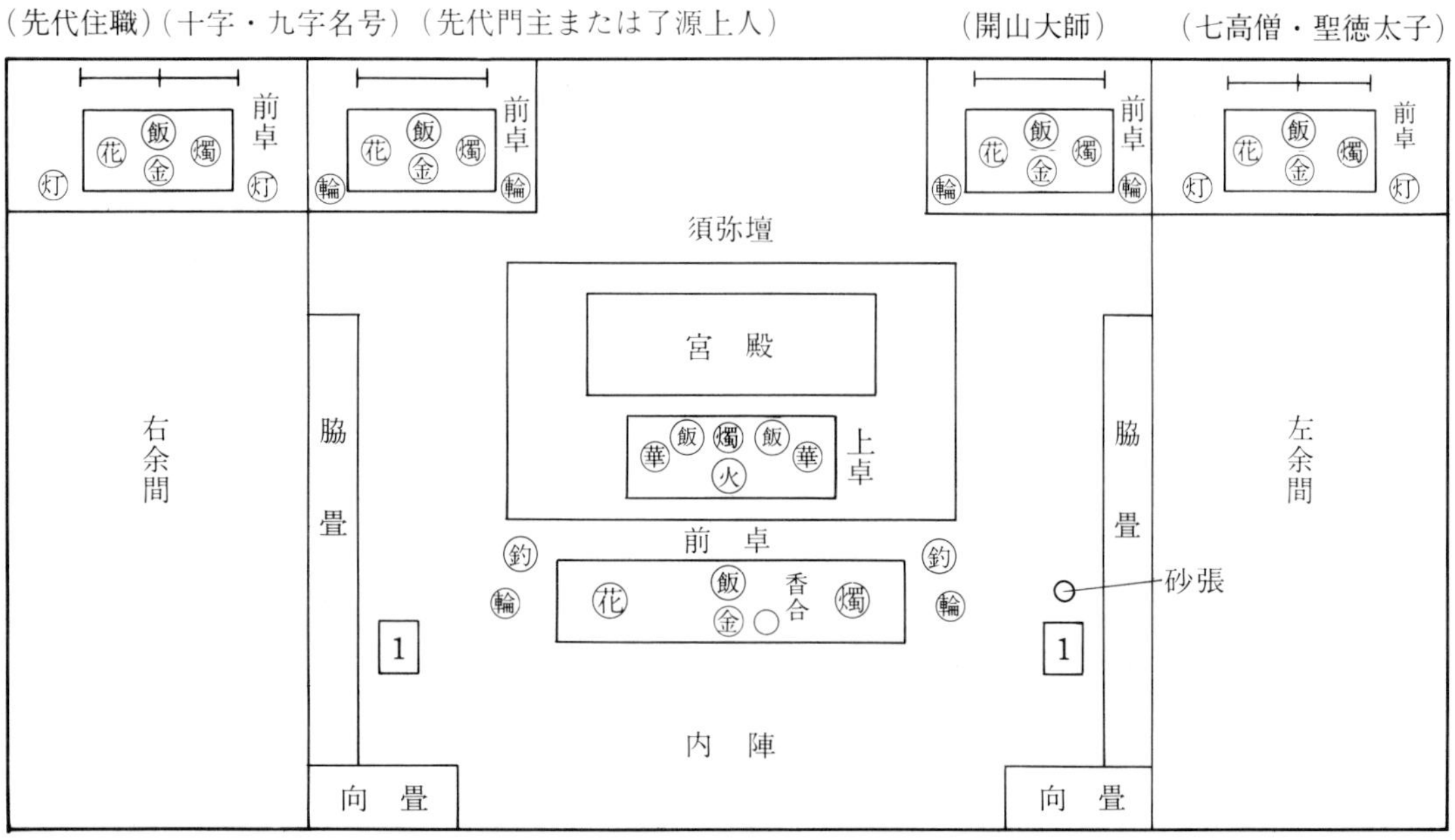

・①＝和讃卓の上に和讃箱
・報恩講には礼盤をおき、開山大師前を五具足、供笥に華束をもって供える。右余間には御絵伝をかける

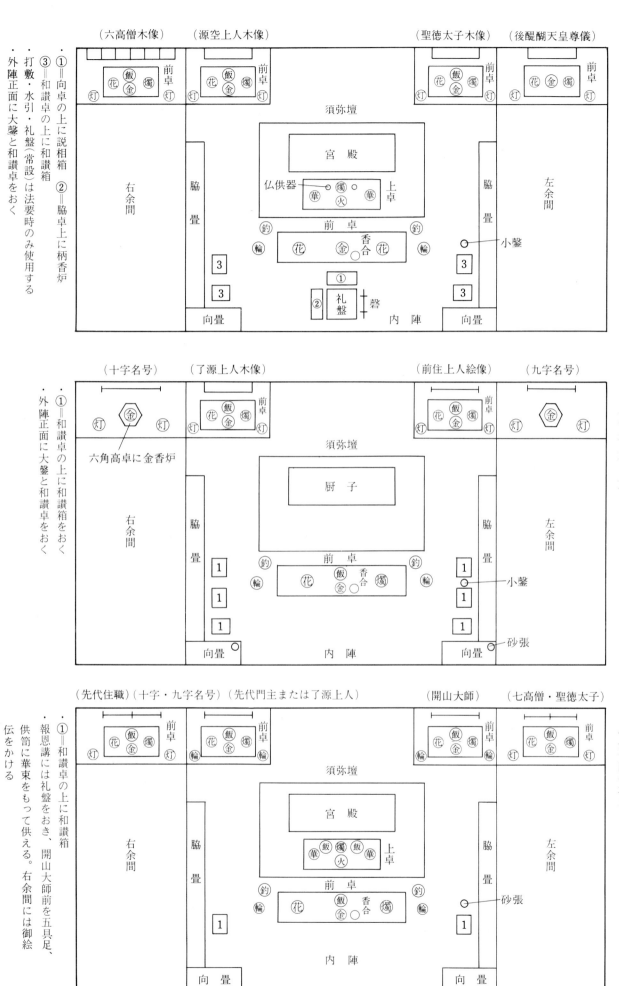

代住職の絵像と九字・十字名号がかけられ、前卓には三具足、そして菊灯一対がおかれる。

三、報恩講の荘厳形式

(1) 報恩講の由来

真宗各派において年間最大の行事として厳修されているのが報恩講である。いうまでもなく宗祖・親鸞聖人に対する知恩報徳のいとなみであり、特に真宗では他力不廻向を義とし、如来の本願によって往生成仏は決定安堵されているから、この上は懇念のために報恩謝徳が大事とされ、教義の上からも重要な仏事とされている。その源流は親鸞聖人が弘長二年霜月二八日に往生されるや、その遺族や門弟らが月忌・年忌ごとに各地の道場につどい礼讃や念仏和讃をとなえたという法莚から起こり、以後代々の宗主によって徐々に法要としての形式が整えられた。

●三三回忌　（永仁二年＝一二九四）

三代覚如宗主が「報恩講式」三段を著わす。また、翌三年には『善信聖人絵』二巻がつくられた。これがのちに「御伝記」と「御絵伝」とに分けられ、報恩講には本山・末寺を問わず必らず奉懸拝読されている。

●百年忌　（正平一六年＝一三六一）

存覚上人によって「謝報恩講式」が修治され、同一一年に『歎徳文』が著わされた。

●三百回忌　（永禄四年＝一五六一）

十昼夜にわたって修行され、このときから装束も華麗になり、七条法服・水晶数珠・桧扇などが用いられ、登壇・行道・散華の作法が行われるようになった。

この後、東西の分派が行われ、各派それぞれの報恩講の形がつくられていくが、「西の供物・東の花」といわれるなど声明・立花・供物などに各派の特色がみられる。

御絵伝　正しくは『善信聖人親鸞伝絵』と称するが、一般に御絵伝といわれている。永仁三年（一二九五）第三世覚如によってつくられた『善信聖人絵』※19（重文・西本願寺蔵）を原本とする。この絵巻は康楽寺系の絵師が中心となり、東国的ローカル色を生かして「絵解き」を目的としたもので、真宗における造形化の第一歩といえよう。

その内容は親鸞聖人得度から大谷廟堂建立までを絵と詞で表わしたもので、後参詣者のために御絵伝と御伝記に分かたれた。四幅ないし八幅の掛軸にして報恩講期間中掛けられる。西本願寺では八幅を、左余間内側から右余間外側にむかって四幅ずつかけるが、末寺また他派では多く、四幅が右余間にかけられる。また報恩講期間中に御伝記が住職や堂衆によって拝読される（西本願寺＝一月一三日　東本願寺＝一一月二五日）。

(2) 本願寺派・大谷派の報恩講の荘厳

本願寺派　一月九日から七日間にわたり最も大切に執行される報恩講法要の荘厳について以下まず西本願寺両堂から述べることとする。

本　堂　本堂※20においては本尊前に供物三対が供えられ、上卓には打敷がかけられ、四具足をおく。前卓にも打敷・水引がかけられ、双花と土香炉がおかれる。礼盤は常の如くであるが向卓・脇卓にも打敷がかけられる。

御影堂　御影堂では祖師前に供物一〇対が供えられ、前卓には打敷・水引がかけられ、五具足（花瓶一対・蠟燭立一対・香炉）がおかれる。

礼盤の向卓・脇卓にも打敷をかける。

また左右余間には宗祖の絵伝八幅が四幅ずつかけられ、香卓は撤去され、菊灯が一対おかれる。

末寺の本堂　報恩講は末寺の一般寺院においても行われる。法要もほぼ本山のそれに準じて行われるが、その荘厳もそれに準拠している。

※19　『善信上人絵』　右・上巻第一段―九歳の春、慈園の坊にて剃髪する　左・下巻第一段―朝廷の僉議《せんぎ》を受け越後へ配流さる。

浄土真宗本願寺派の報恩講の荘厳　（記入のない部分は常荘厳と同じ）

本堂（西本願寺）

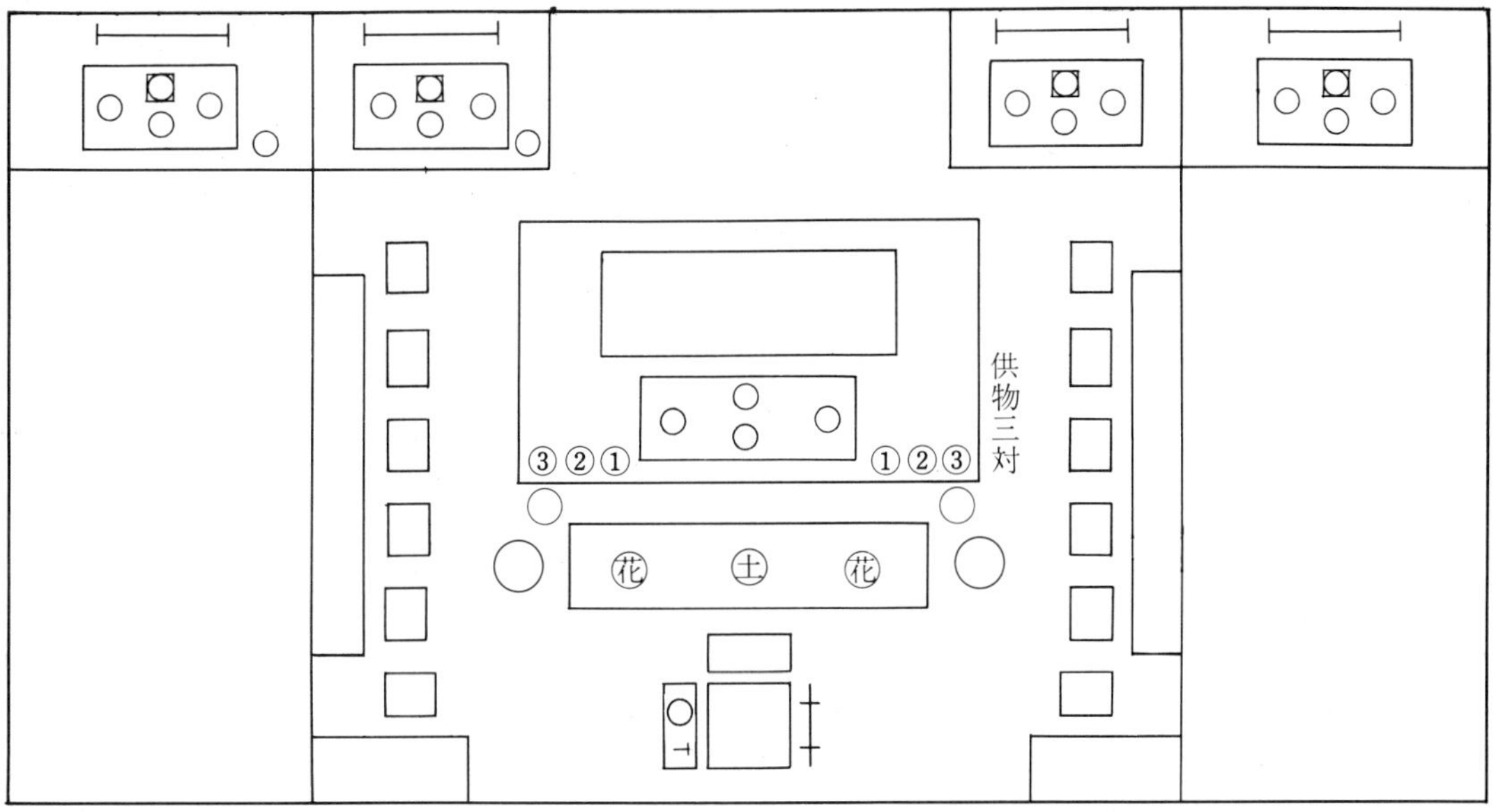

供物三対＝①餅　②落雁　③みかん
・常香盤を前卓にかえ、打敷・水引をかける
・向卓・脇卓にも打敷をかける

御影堂（西本願寺）

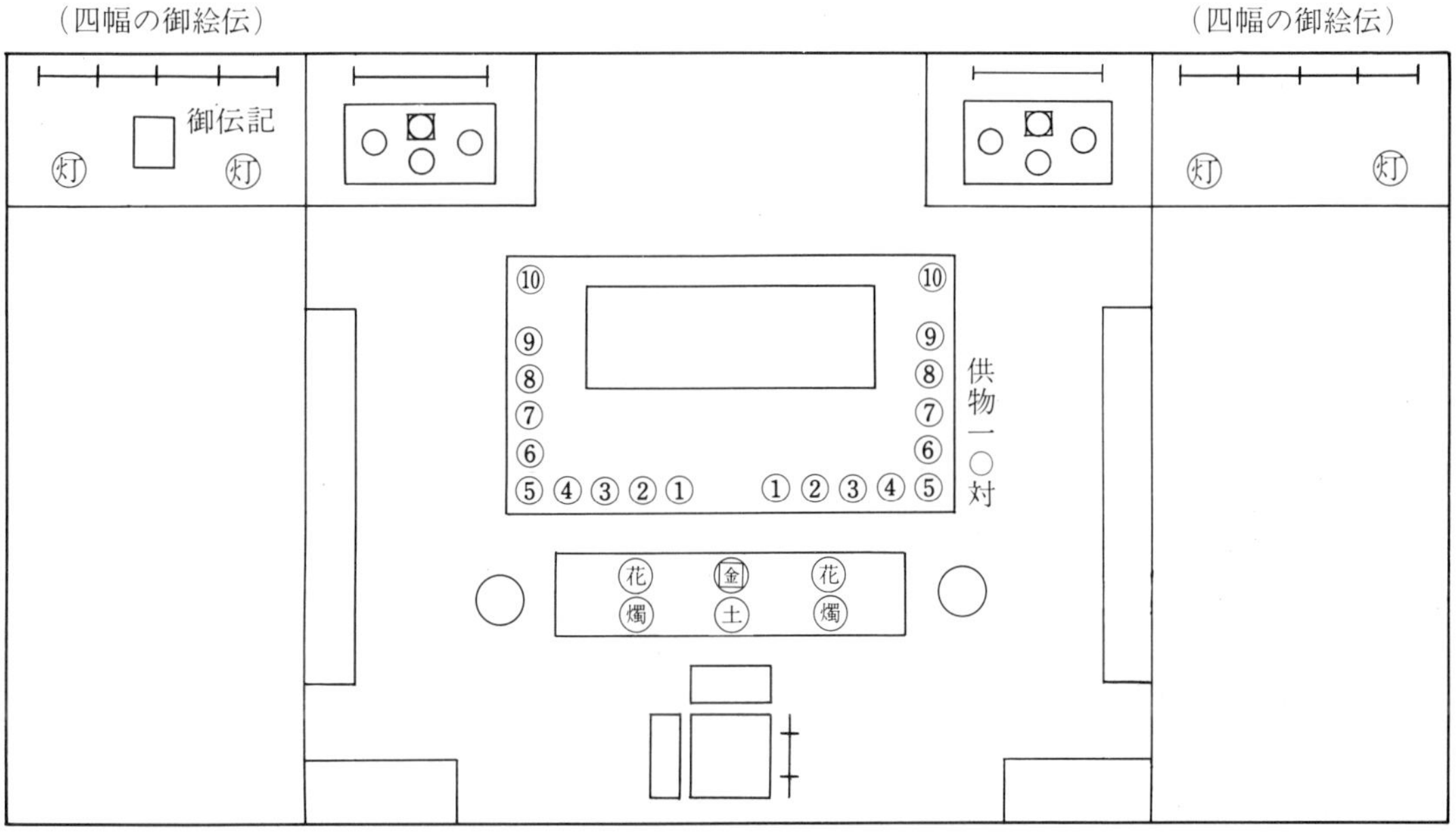

・供物一〇対＝①彩色餅　②白雪香　③山吹　④洲浜　⑤密柑　⑥紅梅香　⑦松風　⑧紅餅　⑨銀杏　⑩千盛饅頭、祖師前前卓は五具足とし打敷・水引
・両余間に御絵伝八幅を四幅ずつかける

一般寺院の本堂

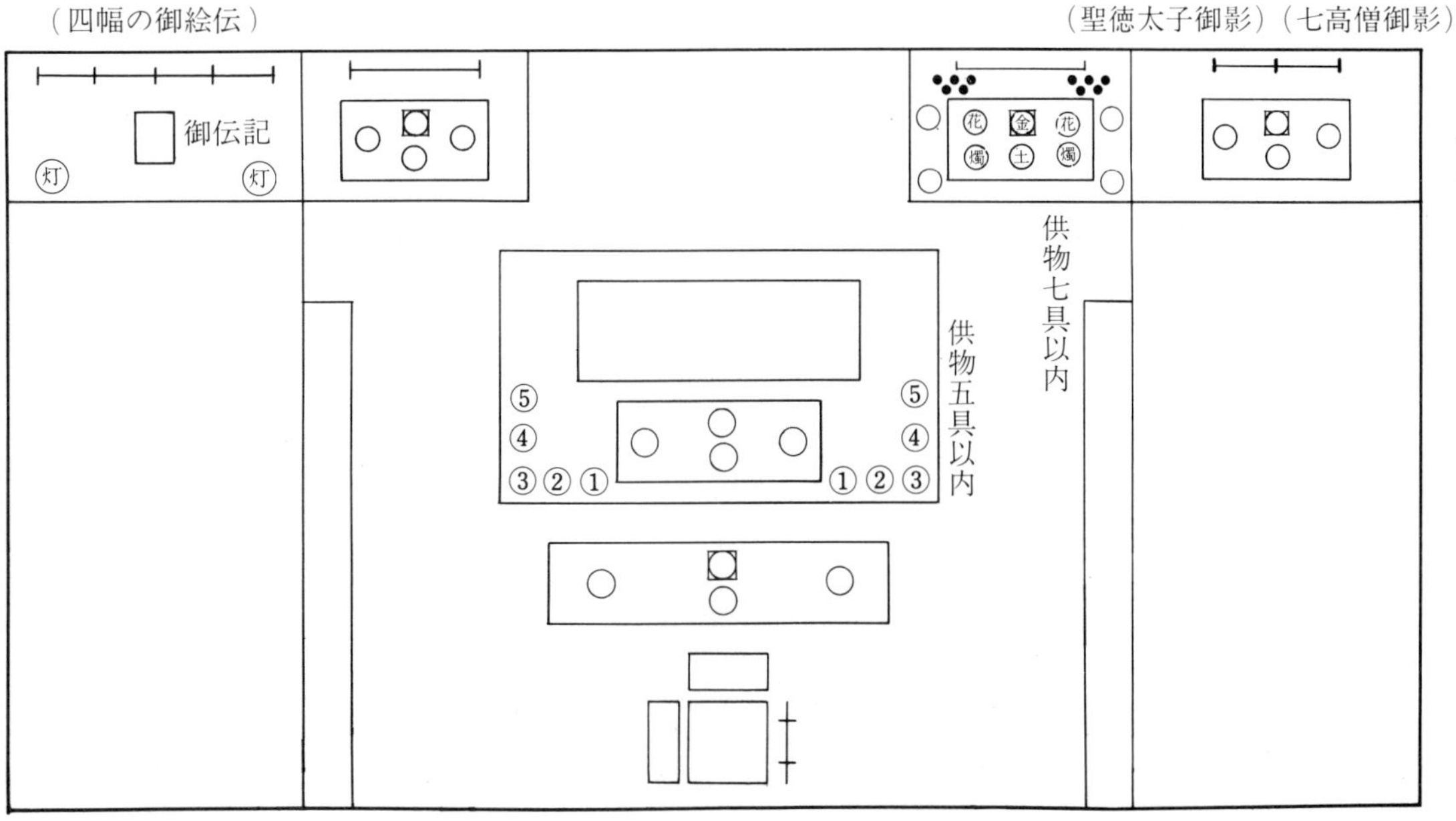

・上卓・礼盤・祖師用前卓には打敷をかけ、本尊用前卓には打敷・水引をかけ三具足または五具足とする
・右余間に四幅の御絵伝をかけ御伝記をおく（前卓は不要）

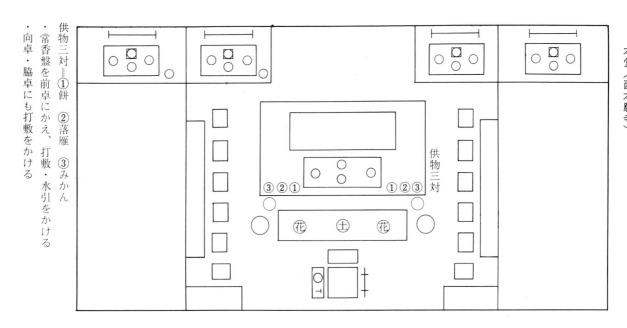

本尊前の供物は五具以内とし、上卓に打敷。前卓には打敷・水引をかけ、五具足または三具足とする。礼盤の向卓・脇卓にも打敷をかける。

祖師前は、供物は七具以内とし、前卓には五具足をおき打敷・水引をかける。

御代前は平常時の通りとするか、あるいは前卓に打敷をかけ供物一具を荘厳してもよいとされる。

右余間には絵伝四幅をかけ、七高僧御影は左余間に移し、聖徳太子御影と並べてかける。

大谷派　本山では毎年一一月二八日の親鸞聖人命日を最後の満《まん》座《ざ》として、その前七日間七昼夜勤められる。一般末寺では御正忌の前に了修、あるいはお鳥越と称して勤めたり、または御正忌後その地方の情況によって適当な時期に一昼夜または三昼夜・五昼夜にわたって勤修する慣習である。しかし命日には二七日の逮夜から翌日の日中まで、御正忌として特別の法要を行う。

東本願寺の両堂と末寺の荘厳は次の通りである。

阿弥陀堂　中尊前の荘厳は、須弥壇上に上卓をおき、これに華瓶・火舎香炉をおくのは常荘厳の通りであるが、その上卓の左右に供笥二対をおいて須弥盛華束が供えられる。前卓には花瓶一対、鶴亀（蠟燭立）一対、土香炉一の五具足をおく。上卓や前卓には打敷をかけるが、前卓には水引も合せてかける。

亀山天皇尊牌前には平素は菊灯をおかないが、報恩講には菊灯一対がおかれる。礼盤や向畳・竪畳は通常の通りである。

御影堂　報恩講には須弥壇上に須弥盛華足三対をおき、厨子の左右に金燈籠一対が吊られるが、これは晨朝のみである。前卓には五具足をおき、四角の金香炉は七角香盤の上におき、土香炉はその前におく。前卓の前に礼盤一式をおく。左右の脇壇の荘厳は平常とは変らないが、南余間の十字名号ははずして北余間に移し、十字の間に四幅の御絵伝をかけ、前卓は撤去して、直に花瓶・蠟燭立・金香炉の三具足をおく。前卓に打敷・水引をかける。礼盤の向卓には報恩講式と嘆徳文をおく。

一般寺院　まず中尊前と祖師前の輪灯に瓔珞を釣る。中尊前は水引・打敷、祖師前には打敷のみを敷き、共に五具足（あるいは三具足でもよい）とする。須弥盛華束を一対ないし二対ずつ、両尊の須弥壇上の両脇におく。

右余間には御絵伝四幅をかけ、その順序は内陣に近い方を第一幅とする。御絵伝前には卓を用いず、壇上を卓とみて、菊灯一対・花瓶・燭台・金香炉・土香炉をおく。なお平常時右余間にかけられている聖徳太子・七高僧の御影は左余間に移し、先住似影法名などは下手に移す。

二日目の晨朝より供えられる仏供は両尊前は大仏供、御絵伝と御代前は中仏供とする。また供花は両尊前と御絵伝前は軒真の立花、その他は若松真の立花を用いる。

四、供養の方法

(1) 供花

常においても、堂内各壇に見事な立花が供養されるのは、真宗の特色である。特に報恩講のような大法要には、須弥壇前前卓上の一対の花瓶に、主に松や梅を材として豪華な立花が生けられる。ただし華瓶には一般に樒またはその他の青木が立てられ、色花は用いない。これは水を献じるためのもので、木はその蓋を意味するためである。

立花[※22]の種類には、直真（すぐじん）、巻真（まきじん）、笠真（かさじん）、軒真（のきじん）、捌真（さばきしん）および松一式などがある。

直真　若松の枝と色花を用いる儀式的なものである。

巻真　松の葉を萌葺の糸などで真に巻きつけたもの。

笠真　笠のような形からきた名称で、直真をやや略したもの。

軒真　除真ともいって行の真の花形である。軒真は、軒のよ

※20　西本願寺本堂の報恩講の荘厳。

※21　西本願寺脇壇の法要時の荘厳。

真宗大谷派の報恩講の荘厳（記入のない部分は常荘厳と同じ）

阿弥陀堂（東本願寺）

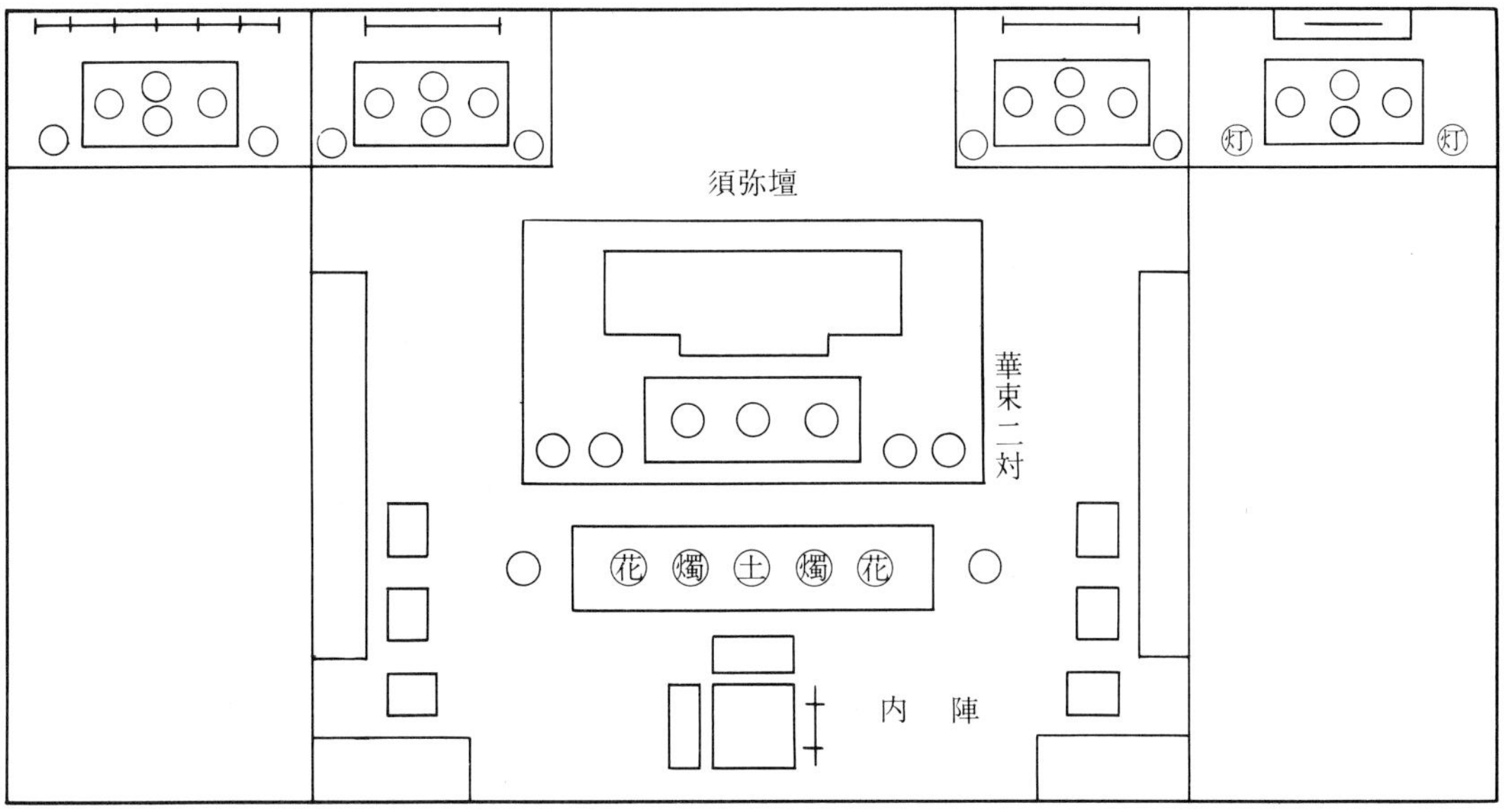

・須弥壇上に須弥盛華束を二対おく、上卓に打敷
・本尊前卓に打敷・水引をかけ五具足をおく
・亀山天皇尊牌前に菊灯一対をおく

御影堂（東本願寺）

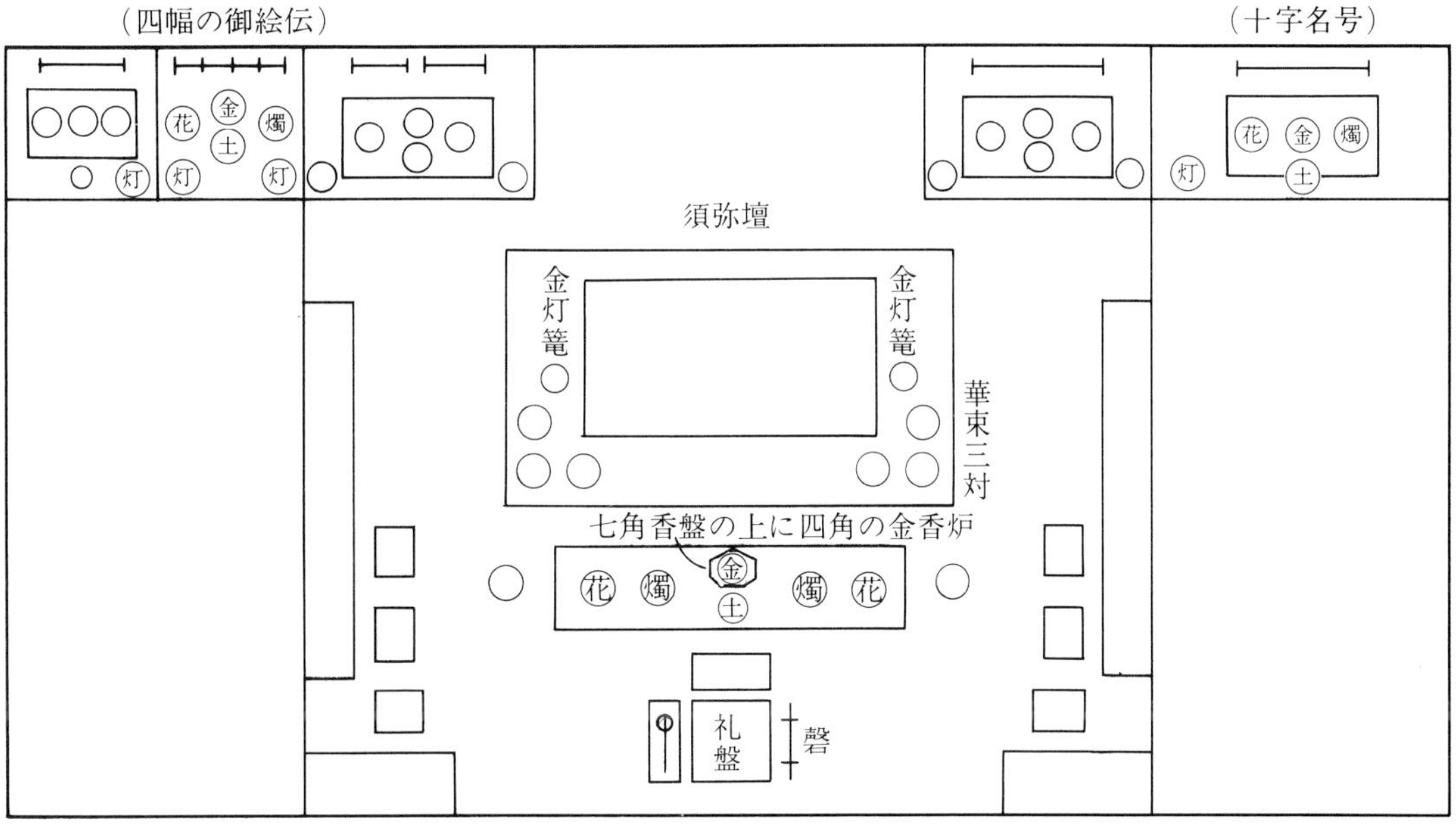

・須弥壇上に須弥盛華束を三対おく
・十字名号を北余間に移し、十字の間に四幅の御絵伝をかけ、上卓をとり直に仏器をおく
・向卓上に報恩講式と嘆徳文、晨朝のみ金灯篭を吊る

一般寺院の本堂

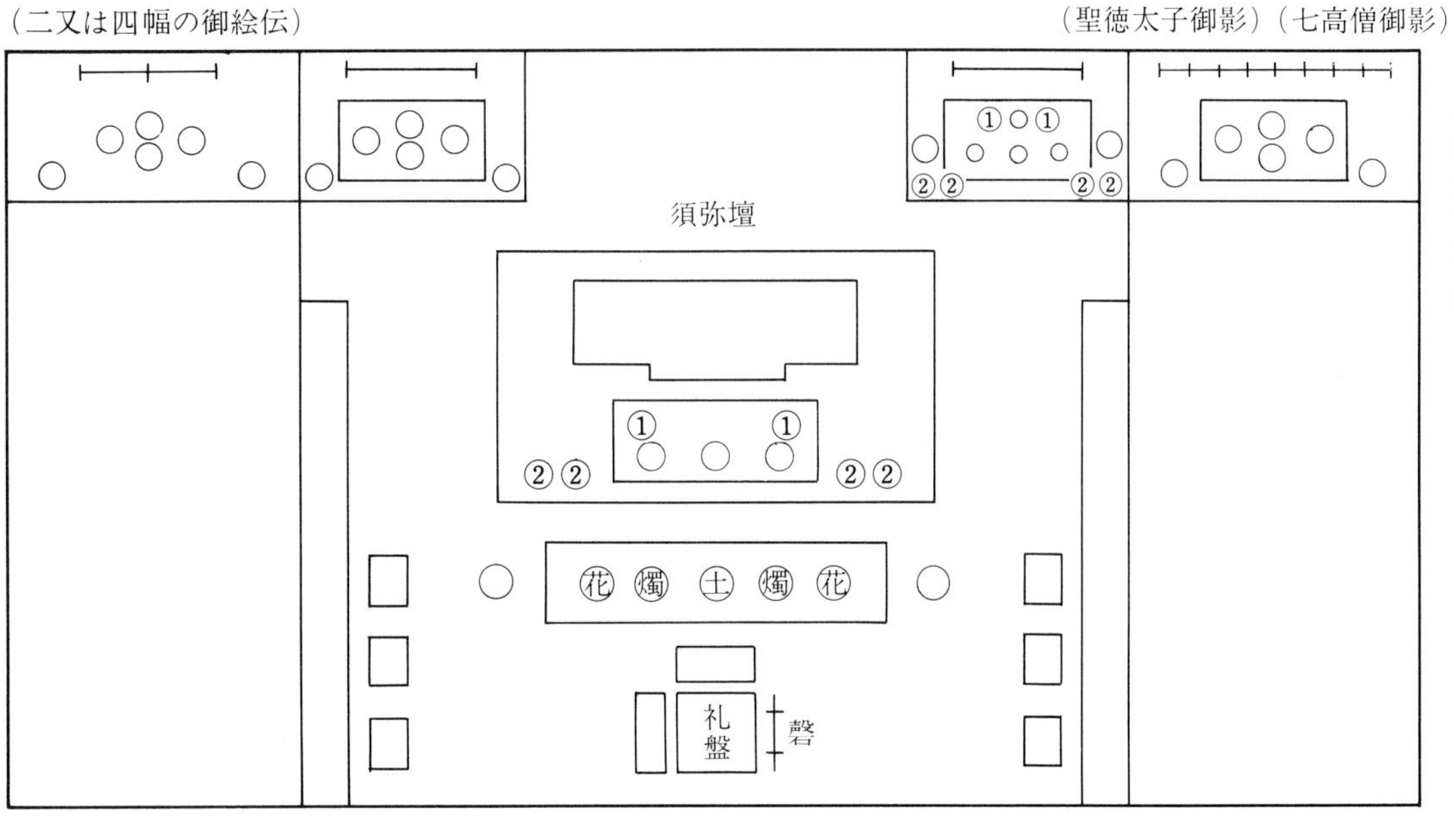

・①＝杉盛華束　②＝須弥盛華束　①②のどちらかを用いるが、どちらか一方で統一すること
・打敷・水引を用い、中尊前卓は五具足にする
・右余間の法名軸を外し、御絵伝をかける

うな形からで、除真は中心より除くような形からこのように称されている。

捌　真　若松の葉を捌いて真としたもの。

松一式　最も儀式的な花形で松だけを用いる。なお直真・笠真・軒真などの松一式もある。

本願寺派　※23立花の真には巻真・笠真・捌真・梅真の種類があって、通常は捌真とし、主な法要には巻真、笠真または梅真（報恩講及び宗祖遠忌に限る）とするのが例である。

前卓の花瓶には、平常時には松桧などの青木を真にして、四季に応じて色花をさしまぜて、つかみ挿しとする。法要時には立花式に立てるのが通例であるが、この立花に雑花式と松一式と二種の立て方があって、元旦法要、降誕会、遠忌法要、遷仏または本堂落成の慶讃法要、結婚式などには松一式とし、その他の場合は雑花式とする。ただし、葬儀、追悼法要などの場合は赤色を除いた雑花とする。

報恩講ではお花は前期は松真で後期は梅真である。いずれも宗祖にゆかりの深い木で、松真には捌真・巻真・笠真があって、現今は松の葉を巻いた巻真が用いられている。

大谷派　大谷派の仏花は元々華道家元池坊の立花様式を基本として発達したもので、普通の生花や盛花などとは趣きを異にして、いわゆる立花様式を正式とする。すなわちその基本様式は、「真《しん》」と称する花材を中心にして、見越《みこし》、副《そえ》、受《うけ》、控《ひかえ》、流《ながし》、胴《どう》、前置《まえおき》などの名称がつく役枝を配して、夫々色花を挿花するものである。報恩講の場合は用いる花材も定められ初日と中日に二度立替られる（本山）。

初日―松の真、梅もどき・白菊・黄菊などの色花挿花

中日―梅の真、右　同

また、末寺では年間法要を通じて次のような仏花が用いられる。

- 修正会（一月）　若松の真、水仙花の小真、梅を見越、若柳をそえ、根〆に熊笹を用い、その他葉牡丹、寒菊など色花を挿し交ぜる。
- 春の彼岸（三月）　松または彼岸桜・連翹《れんぎょう》の真、桃その他の色花を挿し交ぜる。
- 盆会（七月）　槇《まき》の真、蓮花の小真、その他夏菊・鶏頭《けいとう》などの色花を挿し交ぜる。
- 秋の彼岸（九月）　松または紫苑《しおん》の真、鶏頭の小真、その他女郎花・すすき・萩などの色花を挿し交ぜる。
- 報恩講（一一月）　松の真、梅もどき・梅花（時により造花を用う）・菊花などの色花を挿し交ぜる。
- 平日　松または桧などの真に四季折々の色花を挿し交ぜる。
- 年忌・法事・その他の法要にあたっては時期により松または桧の真、桜・梅・南天・桃・木蓮などを真とし、それにその季節の色花を挿し交ぜる。

高田派　高田派では色花を用いず、平素は若松一本を献じるため「高田の一本松」と呼ばれる。これには諸説があって親鸞聖人の御幼名「松若磨」からきているとも、また簡素を尊ぶ宗風からともいわれている。報恩講には松一色の立華が用いられる。なお須弥壇上の華瓶には他と異なり色花が献じられる。

興正派　原則として立華が用いられる。報恩講においては従来は「初」には真（巻真）、「中」は行（笠真）、「結」は草（梅真）にあげ替えていたが、現行では法要期間を通じて行の笠真となっている。

仏光寺派　専溪流の仏花を正式とし、報恩講では阿弥陀堂・御影堂とも初日は直真、中日は笠真が供えられる。

(2)　供　物

供える供物の種類、また盛り方は各派によって異なるが、※24華束の盛り方には大きく分けて須弥盛・杉盛・串盛・千盛・段盛がある。

須弥盛（傘盛）　供笥の中心に麦藁芯を立て、細竹を削って供物（小餅）に差したものをこの芯の周囲より差し、華束の上下の接触面が一番大きく、上下次第に小さい形にする。外側を赤色や青色で彩色し、上部には橙、夏みかん、りんごなどの果実一個を置き中間には密柑を一段重ねる。

杉盛（蓮華盛）　須弥盛と同じ麦藁芯に供物を竪に盛る。供物の大

※22 立花の種類

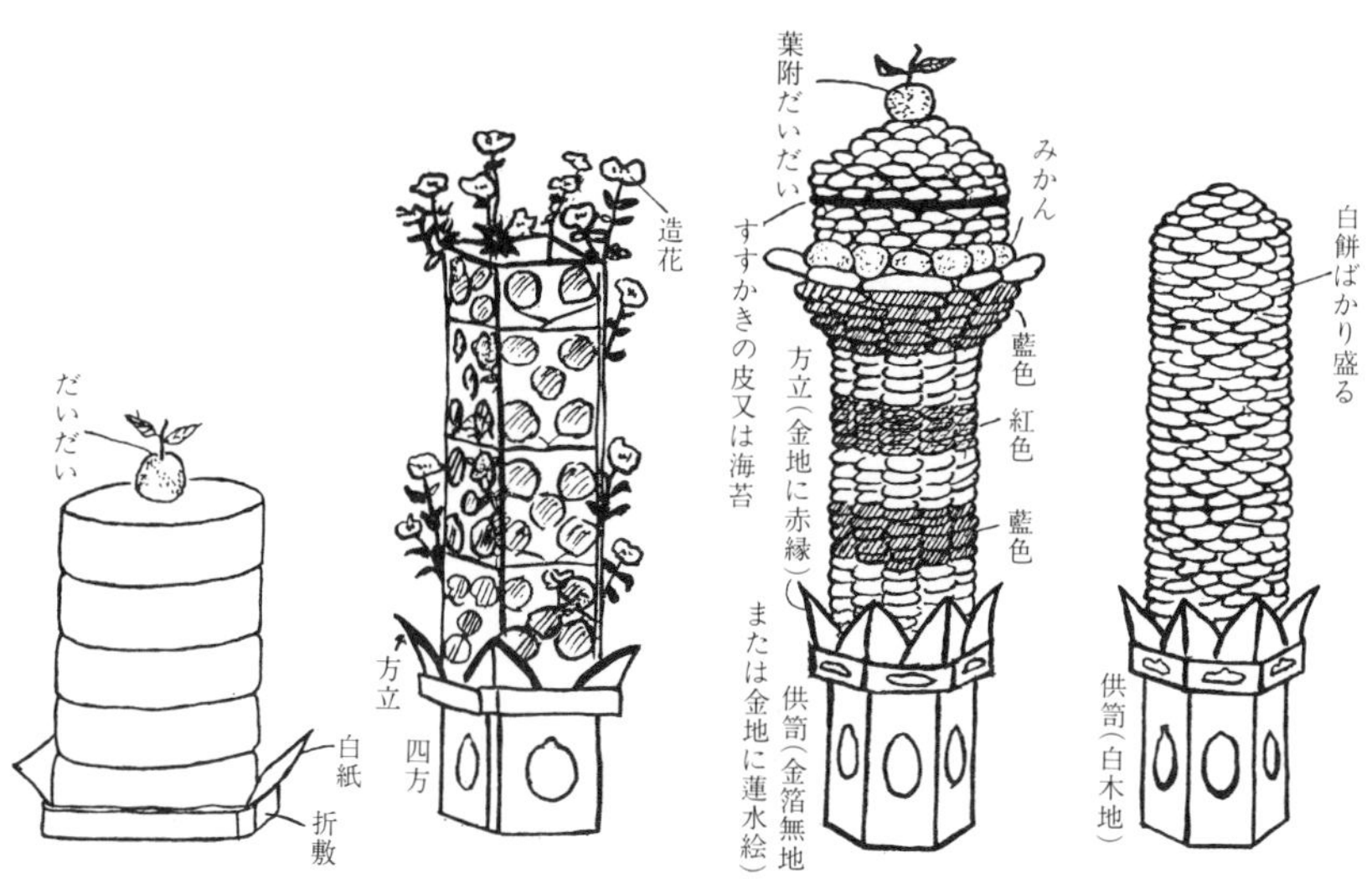

大谷派の供物の盛り様（右から　杉盛華束・須弥盛華束・根菓餅・御鏡餅）

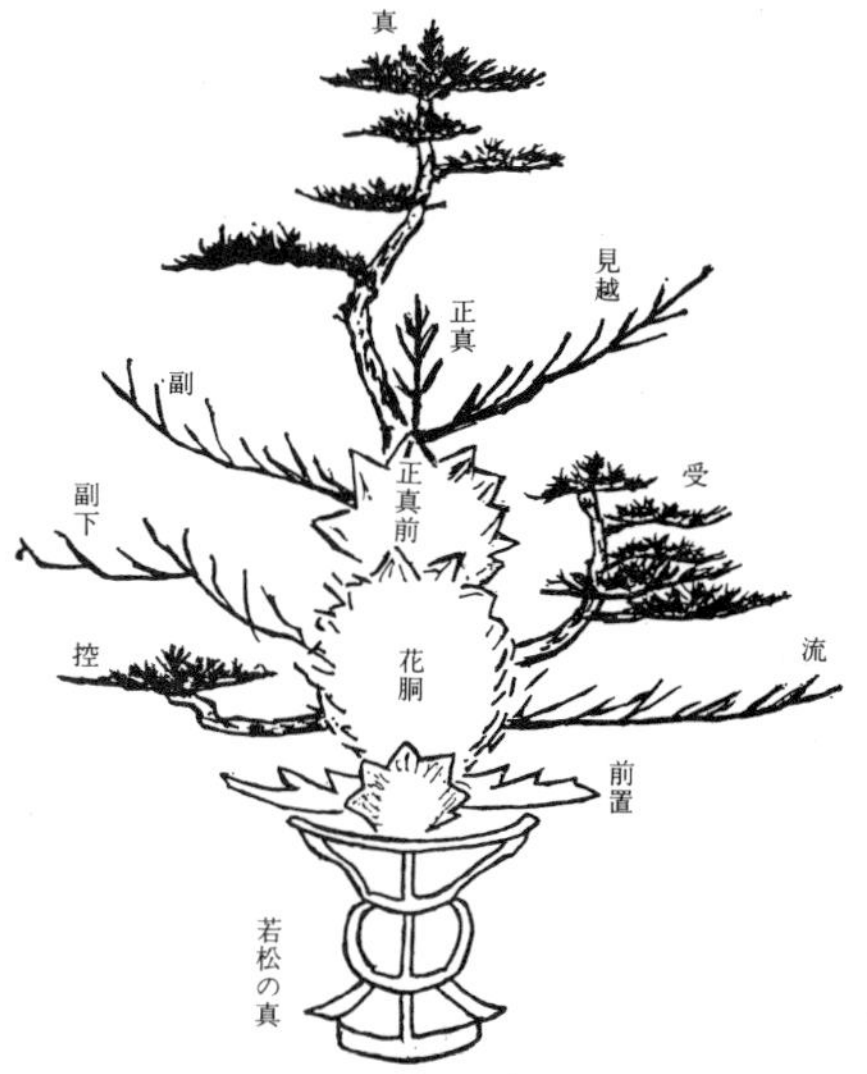

大谷派立花の基本様式（松軒真の場合）

西本願寺の報恩講の供物（上・御影堂　下・阿弥陀堂）

本願寺派用供笥

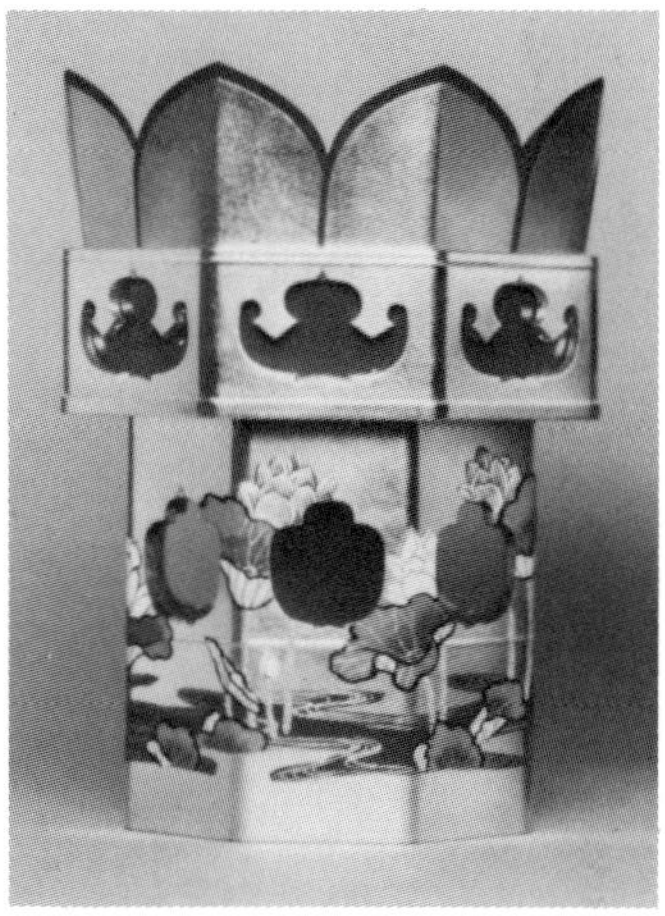

大谷派用供笥

きさは全部同じ大きさのものを用いるが、上ほど大きくする場合もある。赤色・青色で彩色したり、また彩色しない時もある。大谷派では白餅のみを用い筒形に盛る。

串　盛　須弥盛と同じ麦藁芯を立て、供物（みかん）に串を差したものを芯の周囲に差し込む。形は円筒形で先が丸くなるようにする。

千　盛　華束の厚みを一定にし、供笥の大きさに応じて五個、七個、十個などとするが、横に円形に並べ、一段一段交互に積み重ねて適当な高さまで盛り上げるのである。これは着色する場合もある。

段　盛(落雁盛)　円形の落雁(らくがん)と称する菓子または同形の小餅を盛り、その盛り方は千盛に似ているが、相違する所は、千盛は交互に華束ばかり盛り上げるが、これは一段ごとに丸板を差挟んで積み重ねる点である。落雁盛は落雁を盛ったものが本来の形式であるが、現今では転じて、本山では菓子でも華束でもこの様にして盛り上げたものを落雁盛と称している。盛り上げた高さは千盛と同じでも実質的には少量の供物で足るのであるから、比較的軽い法要の供物として用いられる。

本願寺派　供物には餅、菓子、果物など種々のものがあるが、本山で主として用いるものは

●鏡餅(橙、ゆづり葉を添える)、小餅(華束ともいう)、落雁、羊羹、紅梅糖、山吹、銀杏、紅餅、饅頭、洲浜、巻せんべい、昆布、湯葉、密柑、栗、柿などである。

●供物を盛るものに次の種類がある。

供　笥　これに四角・六角・八角の別がある。四角の供笥は主として葬儀・追悼法要に用い、六角・八角は一般法要に用いる。

鏡　台　鏡餅を載せる四角な台である。

雲脚台　雲形の脚を附けた四角な台で、主として聖忌法要・慶讃法要・結婚式などに用いる。

●供物の盛り方はその種類によって異るが、小餅については須弥盛・杉盛・串盛・段盛・直盛などの方法で盛る。

●供物の色彩は慶讃法要・結婚式などの場合は紅・紫などを用い、葬儀・追悼法要などの場合はこれらの色彩を避ける。一般の法要には適宜な色を選ぶ。また一具のみ供える場合は餅の類を用い、二具以上の場合は菓子、果物など順次に用いる。なお供物を供えるときは、上卓・前卓などに打敷をかけるのが通例で、中尊前の須弥壇のようなところに供える時は供笥台を設ける。

●報恩講においては、お花と同じく前後期に上げ替えられている。種類は同じもので、極彩色八角型の供笥（金地赤縁の方立で囲む）に※25九具を並べてのせ、奥に供える千盛饅頭は特大である。その種類は正面から順にのべると彩色餅・白雪香・山吹・洲浜・密柑・紅梅香・松風・紅餅・銀杏と千盛饅頭であり、密柑は串盛、千盛饅頭は千盛で、他は段盛に近いが独得である。

大谷派　大谷派の「華束」には杉形（杉盛とも称する）と、須弥盛の二様式がある。

杉形華束は同じ大きさの白餅ばかりを杉形に盛る形式で、主として両季彼岸会・盂蘭盆会などの軽い法要に用いる。報恩講・その他の大法要には、「須弥盛」の形式を用いる。これは大形・小形の餅に、紅・藍の色彩を施し、これに密柑・海苔を挟んで、須弥形と称して、上部を大きく傘のように盛りつけて、「金供笥」と称する台にのせ供える。なお、報恩講の場合は、御影堂三行(三対のこと)、阿弥陀堂二行(二対のこと)をそれぞれ須弥壇上の両側に供える。

一般に行われる供物の供え方は次の通りである。

●杉形華束は白木地の供笥を用いる。その場合、方立は赤地に白縁のものを用いる。

●須弥盛の華束は金箔無地の供笥か、もしくは金地に蓮池の絵を描いた供笥を用いる。方立は金地に赤縁のものを用いる。

●方立は内方に重ね右前に立てる。

●根菓餅を盛る器は四方（俗に三宝という）を用い、慶事の時には金濃（金箔を押したもの）、または白地に彩画のものを用い、中陰凶事の時には銀濃のものを用いる。

※23 西本願寺の立花　右・松真の巻真　左・松真の笠真。

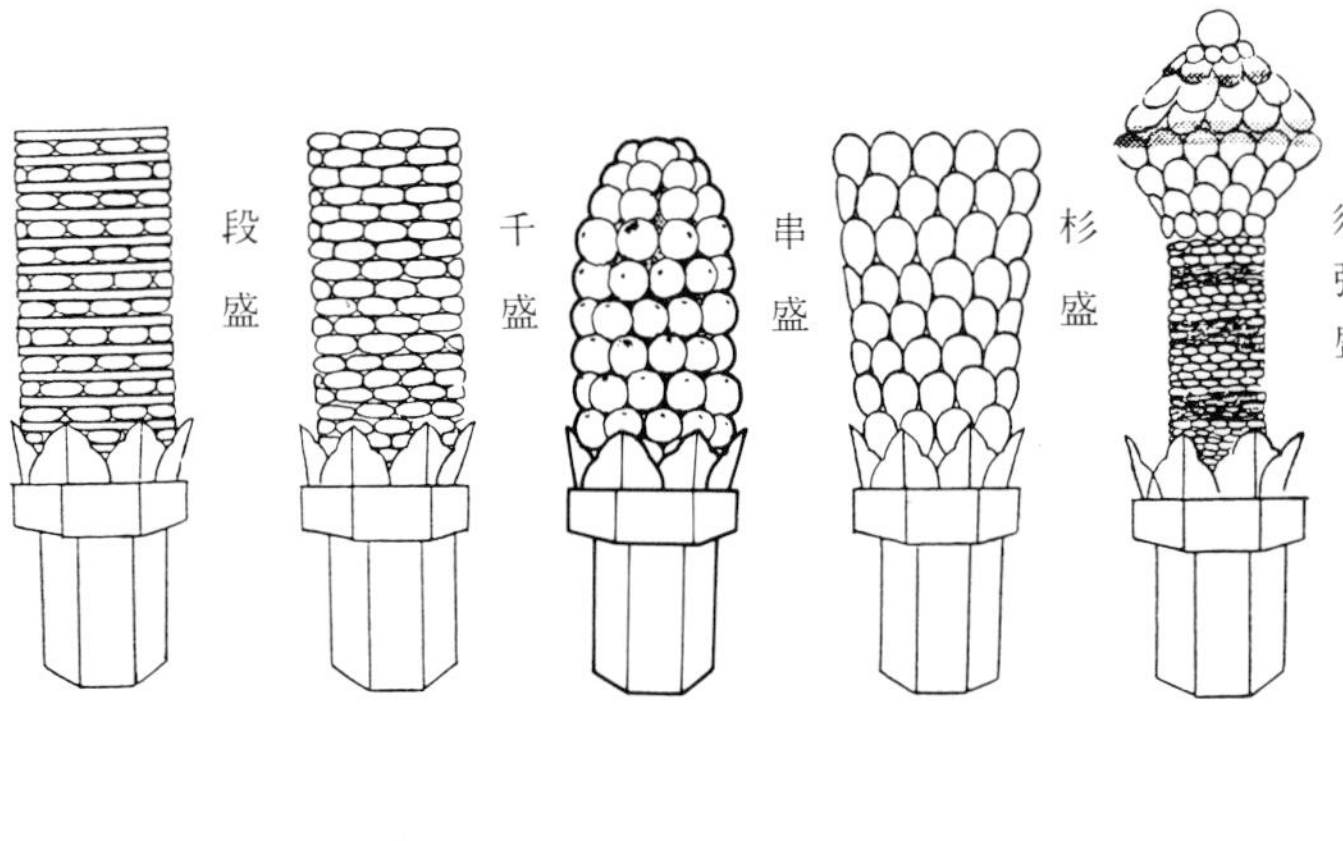

※24 供物の盛り方

高田派　大別して三種類の供物を用い、上位が餅、中位が菓子（落雁・桟菓子など）、下位が果物で、本山は果物を供えない。また供物台（華束）は据開きの六角形を用いる。

興正派　報恩講においては、中尊前および祖師前に華束壇を設け、餅の串ざしを五対ずつ供える。

仏光寺派　華束の盛り方にも色々あり、傘盛・蓮華盛・千盛・落雁盛の名称がある。それぞれ法要儀式の種類、軽重によって、差定に定められた通りの盛り方をし、供笥（くげ）にのせて供える。報恩講では傘盛四対を供える。供物としては華束・尊供・鏡餅などを用いる。尊供は、有平糖のような乾菓子を三角錐の周囲に張り付け、頂上に季節の造花を立て、これを尊供台にのせるもので年忌法要などに供えられる。

五、仏具の用法と特色

(1) 特色ある仏具各説

一般に真宗の仏具は、金箔や極彩色を多用した華美なものとされる。それは黒漆塗りに飾金具や彫刻を多彩に施した宮殿、また極彩色の前卓、および前卓両側に吊られる大きな輪灯によってもたらされるもののようである。しかし用いられる仏具の種類は少ない。先祖供養儀礼や加持祈禱を行わず、念仏によって阿弥陀の本願にすがり自己救済をはからんとする宗義からいって、それは当然のことであろう。位牌・施餓鬼壇・各種法具は用いず、梵音具・僧具も限られている。

真宗のみで使用される仏具には、輪灯・沙張などがある。しかし、本山の両堂で使用されている仏具が、それぞれ各派の「御影堂形」「阿弥陀堂形」として末寺に浸透し、形式化されている点が他と異なる。

香　炉　香炉としては金香炉・土香炉・火舎香炉がある。

火舎香炉　各派とも中尊上卓上の四具足として用いる。重層式の鎌倉以後の様式で、真鍮製の素地のものと宣徳と称する色付けしたものがあり、本願寺派・興正派では後者を用い、大谷派・高田派・仏光寺派では前者を用いる。ただし大谷派では四具足ではなく、華瓶一対と組み合わせた三具足とする。

また火舎香炉と組み合わせて用いるのは、亜字形の華瓶であり花瓶ではない。これは密教法具の仏器形制からきているものと思える。

金香炉　いわゆる鼎形で三足を有し、その形には大きく角形（六角）と丸形の二種がある。各派とも使用する場所や法要によって形制が決められており、高田派の麒麟形のような特異なものもみられる。真鍮製と宣徳色も火舎同様である。なお金香炉は炭火を入れて沈香などを薫く焼香用として用いる場合が多い。

土香炉　多く青磁製で、大谷派では阿弥陀堂前卓上に宝相華透し彫り形を用いるが、一般に、浮絵の花文様が多い。共に内炉（おとし）が装入されている。また高田派・仏光寺派などでは土香炉は使用されない。

土香炉は焼香用とされるが、焼香とは抹香を盛り、これに点火した附茸を入れて燃ずることをいう。附茸の代りに線香を用いることが多いが、この場合は線香を適当な長さに折って火をつけ横たえる（金香炉を焼香用として用いる場合も同様である）。このように金香炉と土香炉にそれぞれ線香・燃香の別を設けるところから各尊前に重復して置かれる。

香盤（香炉台）　金香炉を置く台のことで、本願寺派では三足の洲浜形と五足の梅形の二種がある。大谷派では御影堂前卓上や祖師前に用い、丸形・夷形・七角形などがある。

華　瓶　「けびょう」と読むのは密教の四面器として用いられる華瓶がそのまま用いられたことによるが、元来は仏前に供える浄瓶である。ために樒などを挿すのは瓶口をふさぐためであって本来は花入れではない。亜字形華瓶に近い形をみせ、胴や上下に彫刻あるいは紐帯をつけ、真鍮製と宣徳色がある。この彫りのある形を請来形というがその出拠は明らかではない。本尊前上卓上に四具足として用いるが、大谷派では火舎と華瓶一対の三具足として用いる。

※25　西本願寺の報恩講における御影堂の供物一〇対（千盛は見えない）。

※26　東本願寺では現在も、報恩講の華束を御華束講の人々が作り、飾りつけまで行っている。

同時に一対の仏器を用いるが、これは密教の四面器の一つ一面器の中で用いられる両端の華瓶と中央の火舎、左右の六器の配置の名残りである。

花瓶　「けびょう」ではなく「かひん」と読む。前述の華瓶とは形も異なり、三具足や五具足として用いる立花の器である。花瓶は金香炉と同様に各派によって、また置かれる場所によって形式が決められている。

本願寺派では祖師前には菖蒲形、本尊前には六角形を用いる。六角形花瓶は平を正面にし、耳を左右にして置く。

大谷派では本尊前には耳附丸形、常に祖師前には角形、報恩講などの大法要時には祖師前に鰭附丸形を用いる。なお角形は、本願寺派とは逆に角を正面とし、丸形の鰭附も鰭を正面にして置くのが定めである。

高田派では玉を持つ龍が巻く丸形花瓶を法要時に、常は割桐の飾り手付花瓶を用いる。仏光寺派では本尊前に飾り手付丸形、祖師前などには鰭付丸形を用い、その形は大谷派所要の花瓶と似ている。

燭台　三具足・五具足として用いられるもので各派それぞれ特色をもつ。中でも鶴亀燭台は名高い。

大谷派・仏光寺派で用いる燭台は全て鶴亀形で材は真鍮製、首・四肢・尾を出した亀の背に鶴が直立し、口に蓮茎（蓮軸）を喰える。頂上の蓮華の芯に蠟燭を立てるのはもちろんである。これには鶴・亀とも口を開いた阿形と、口を閉じた吽形があり、五具足とする場合は右に阿形、左に吽形を置く。三具足の場合は阿形のみを用いる。

本願寺派では有節の簡素なものも用いられるが、近頃では三足で胴にふくらみをもたせ、飛天を彫刻し、その上に三羽の鶴を対向させた形のものが用いられる。四具足として用いる燭台は少し形が異なり、左右に雲形を飾る。宣徳色付けしたものが多い。

高田派では、鶴亀形に似ているが、霊亀の背に、花桐の枝を喰む鳳凰をのせた燭台を用いる。ただこれは法要時のみで常には鶴亀形が用いられている。

なお、真宗では朱の和蠟燭をよく使うが、点燭しない時は朱の木蠟が立てられている。

輪灯　真宗のみで使用される灯明具である。その昔、宮中にて用いられたものというが、その変遷は明確ではない。全派で用いられ須弥壇前の前卓左右に一対吊り下げられる。元来は油皿に輪を付け、上に釣金具をもうけたもので、上に油煙の立ちのぼるのを防ぐために蓋をつけたものである。点火する時は油皿に種油を注ぎ、灯芯を入れてこれに点火する。灯芯の端は皿の背後に長く垂下するのが普通であるが、法要時には左右に二分して輪を作り荘りとすることも行われる。なお各派により輪灯と蓋の間の間吊りの意匠に特色をもつ。

大谷派の輪灯は間吊りがなく輪灯の始原の形と思われる。つるの頂上の切子形金具に鐶をつけ、上方より傘のつるで直接吊り下げる。火皿の中には油皿二枚を入れるが、台として三本足のものを用い、芯切用の香箸を備えている。しかし法要時には天井から蓋の上まで瓔珞が数本吊られ荘厳される。

本願寺派では間吊りに、菊・牡丹花模様を透し彫りする菊輪灯と称するものが多いが、蛸足形につくるものもみうけられる。高田派では間吊りに桐と唐草を透し彫りした桐唐草輪灯、※28 仏光寺派では下り藤と唐草を透し彫りした藤唐草を、興正派は牡丹文を用いる。

真宗独得の仏具であると共に、装飾性にとみ、かつ大きく、金灯籠などに比べ低く吊られるために、外陣から参詣して目につく仏具といえる。

菊灯　平安時代より仏具にみられる灯台と基本的には同じであるが、その請台・棹・基台などを菊花形に造ったものを菊灯という。真鍮製のものが多く、脇壇や余間壇に一対置かれるが、本願寺派では向って右側に一基を置くのが慣わしのようである。また台の下に設けられた油皿に香箸を備える。

供笥　華束を盛る台をいい、いわゆる供物台である。形には四角・六角形・八角形があり、素木・金箔・銀箔押し・彩色の別が

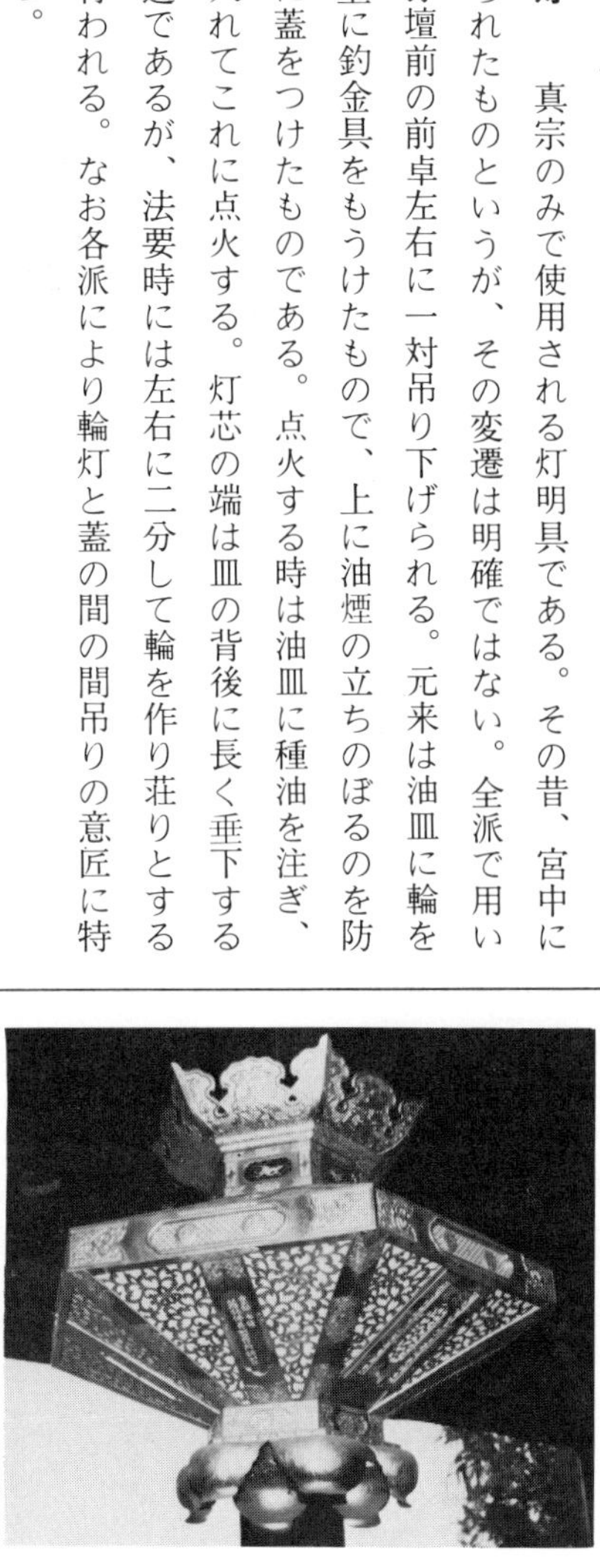

※27　六角釣燈籠（西本願寺）

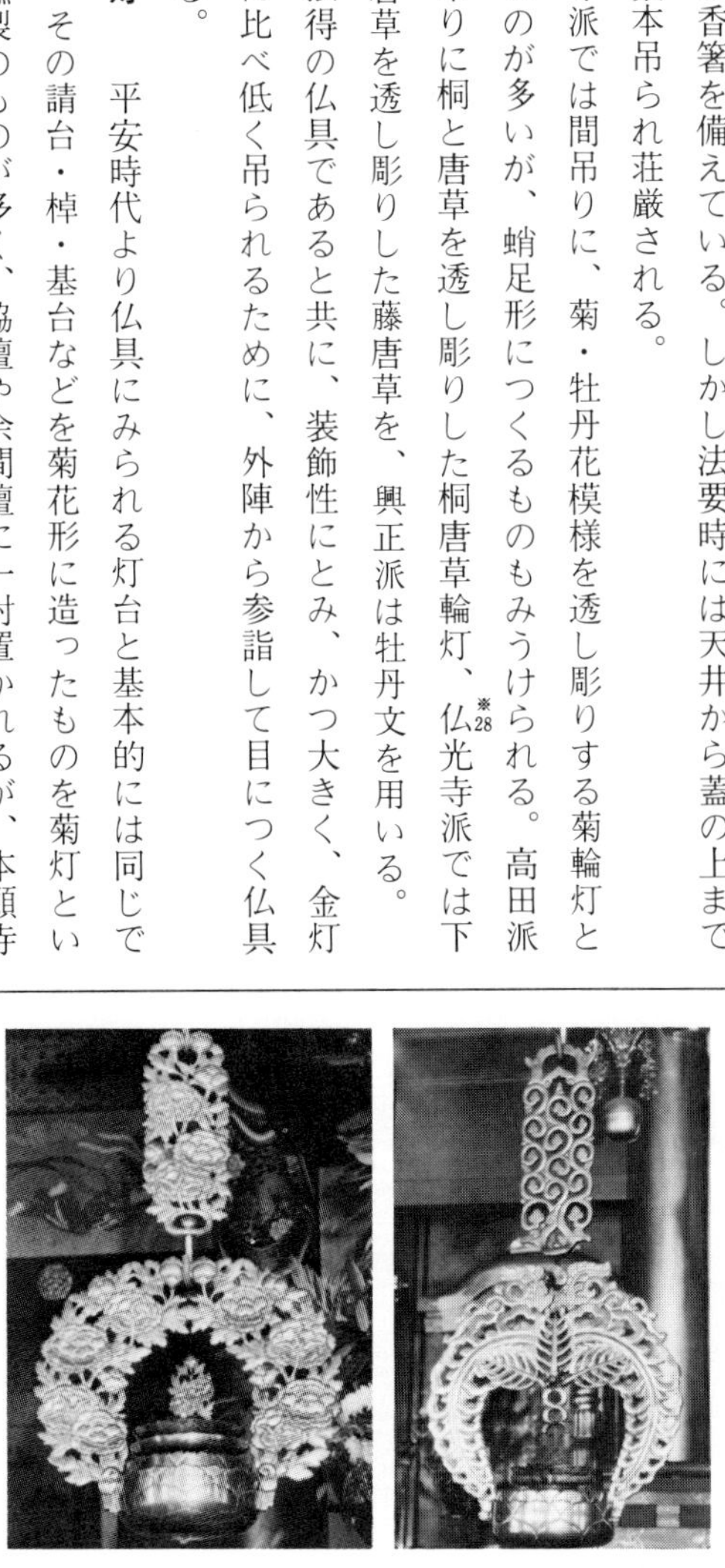

※28　右・藤蔓輪灯（仏光寺）
左・牡丹輪灯（興正寺）

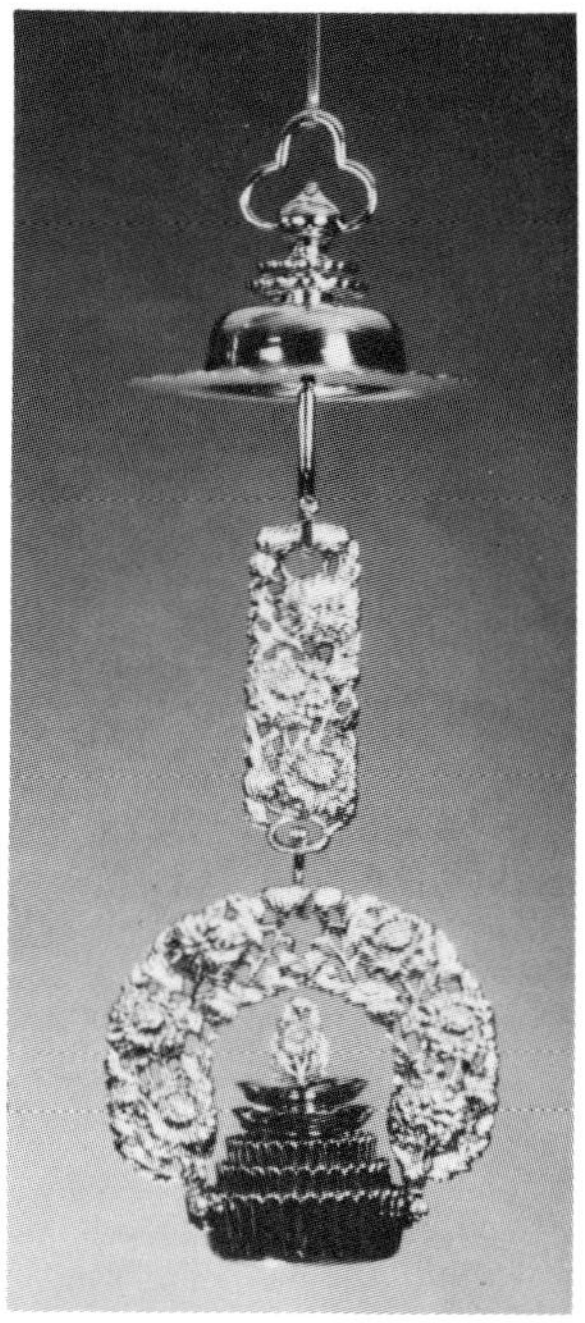
菊輪灯（本願寺派用）

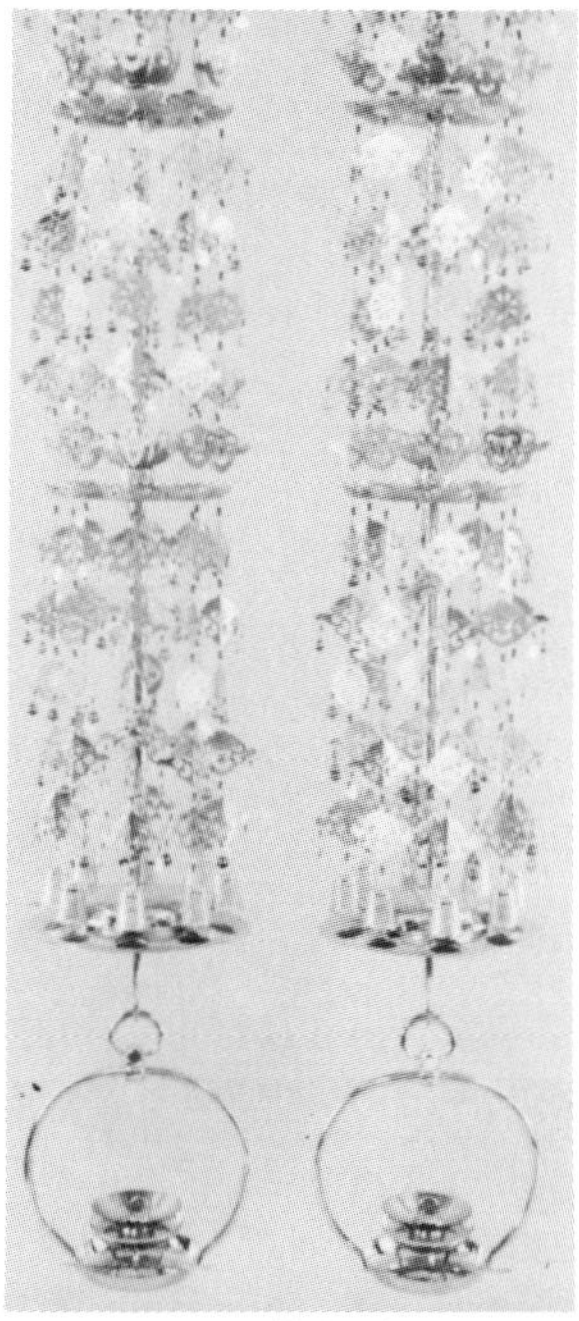
丸蔓輪灯と瓔珞（大谷派用）

桐輪灯（高田専修寺）

花瓶六角形五具足（本願寺派用）

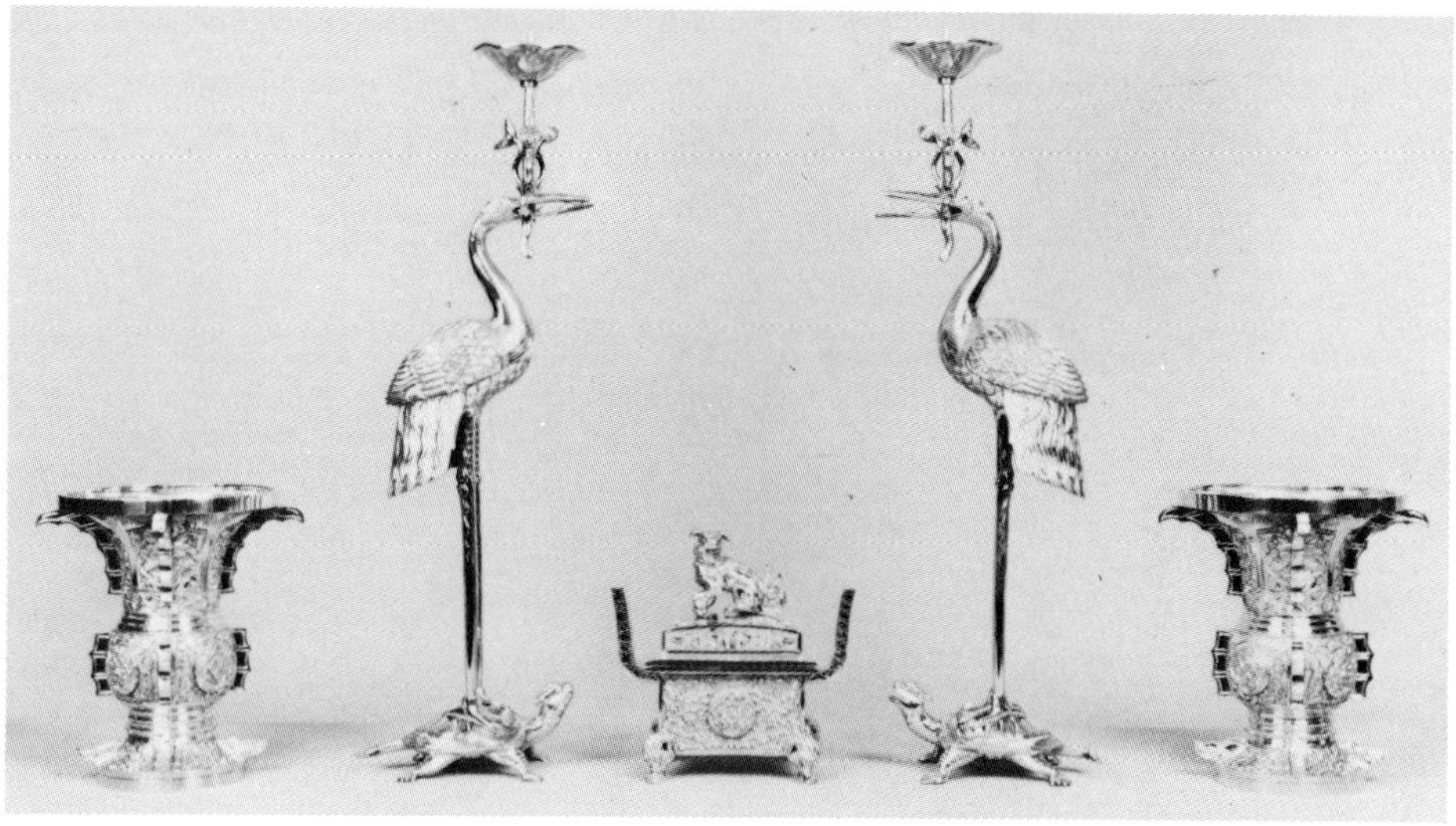
花瓶丸形五具足（大谷派用）

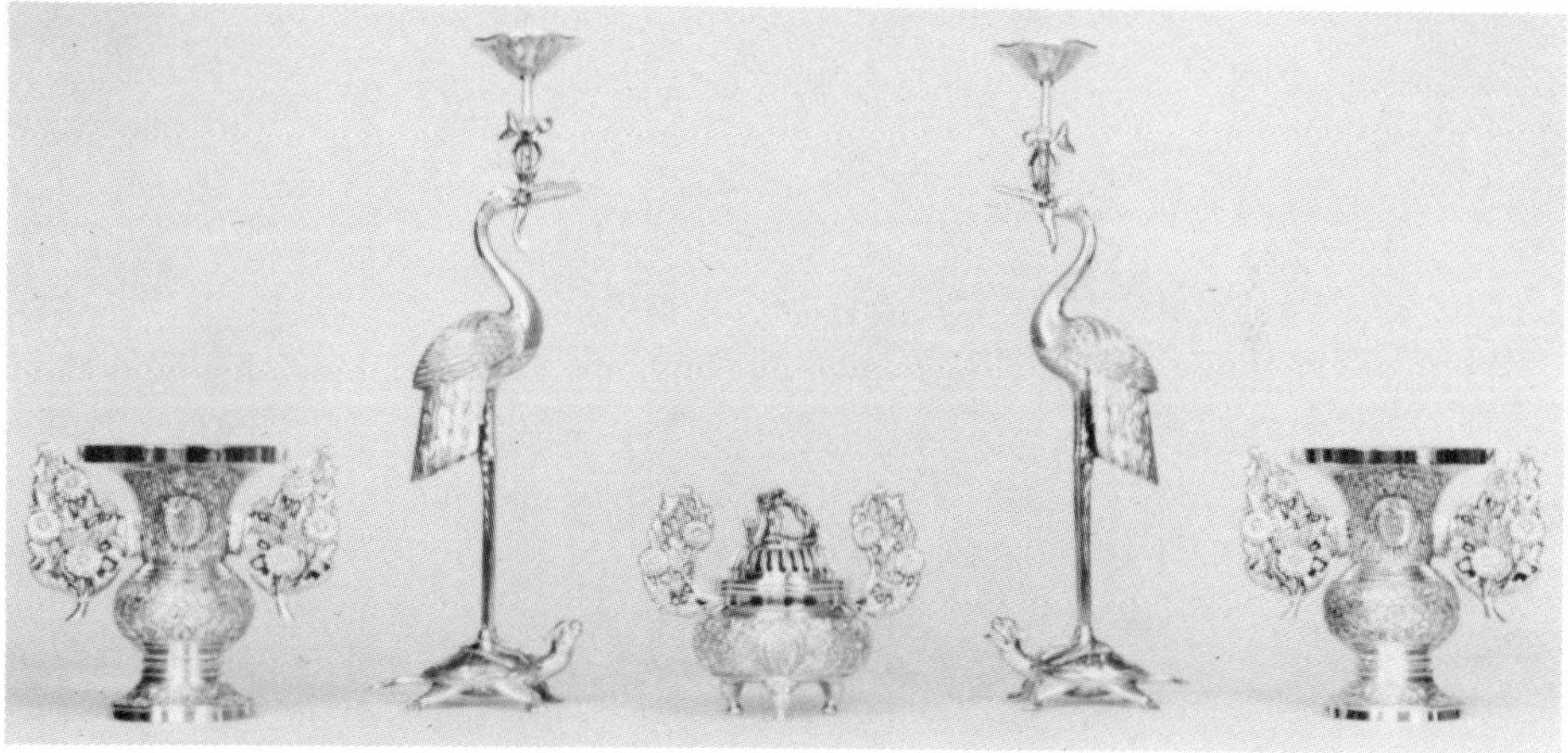
花瓶飾り手形五具足（仏光寺派用）

麟鳳形五具足（高田派用）

ある。

本願寺派では四角の供笥は素地または銀箔で主として葬儀や追悼法要に用い、六角・八角は金箔押しか極彩色で一般法要に用いる。法要時にはこれに金地赤縁の方立を立てて飾り、供物は須弥盛・杉盛・串盛りとするが、近頃では略式の段盛・直盛と称するものも用いられている。

大谷派では、素木のものには赤白の方立を用い杉形華束を盛り、箔供笥（金濃供笥）には金赤の方立を用いて須弥盛華束を盛るに用いる。前者は略修の法要に用い、後者は大法要に用いる。なお、葬儀や中陰法要には銀箔押しの供笥を用いる。

三具足　香・華・灯の三つを仏前に供えるための器、すなわち香炉・花瓶・燭台（蠟燭立）の三器のそなわるを三具足という。仏前の前卓に向って右に燭台、中央に香炉、左に花瓶をおく。現今では香炉（金香炉）の前に土香炉をおくことが行われる。『無量寿経』には「懸繒然燈散華焼香」と灯・華・香の順に説かれ、中国禅宗の『百丈清規』などにも法堂に香几・炉・瓶・燭台を配列するを説いている。

真宗では普通、三具足・五具足の類は蓮如以降と考えられているが、覚如の絵伝である慕帰絵※4には阿弥陀絵像一幅をかけ、その前に卓をおき、卓上の右端に蠟燭立をおき、中央に花瓶、左端に香炉をおくさまを描いている。よって順序は異なれども、覚如時代に三具足はすでに行われたことをしる。このような例は板碑に刻まれた三具足にもみられる。実物の遺品としては唐招提寺所伝の永正一三年のものや、聖衆来迎寺のものなどがある。

五具足　香炉一基を中心にその左右に燭台（蠟燭立）一対・花瓶一対を用いる。つまり五器一具とするところから五具足という。真宗にてこれが用いられるようになったのは本願寺第八世蓮如頃からとされる。これは前卓として中尊前の卓上におかれる仏具であるが、平素は三具足を用いるも、重要なる法要には五具足とする。この五具足は三具足に燭台一基・花瓶一基を加えたもので、原には燭台を二対・三対と加えて七具足・九具足と称して用いられたこともあるようであるが、現今では五具足が法要時において最も多く用いられる荘厳である。

四具足　華瓶一対と香炉一基それに燭台一基とを一具としたものでこれを四具足という。四具足は須弥壇上におかれた上卓におくものとされる。その配置は卓の中央に香炉（火舎香炉）をおき、華瓶はその左右（卓の端近きところ）に一対をおく。燭台は火舎の奥におき、竪に並べられる。仏飯器は火舎の左右で、華瓶と火舎との間に位置する。『真宗故実伝来鈔』には三様の図をのせ、平常と華束をのせるときとの配置を少し変えている。

四具足は密教で用いるところの一面器（四面器のひとつ）から六器を取り去ったもので、火舎香炉・華瓶・仏飯器はそのままに残り、燭台一基がこれに加えられたものである。華瓶は「けびょう」と読んで、三具足や五具足で用いる花瓶《かびん》とは区別している。華瓶には樒などの枝一本あるいは二本を挿し、色花は用いないが、花瓶は雑花・色花を挿すいわゆる立花に用いられる。

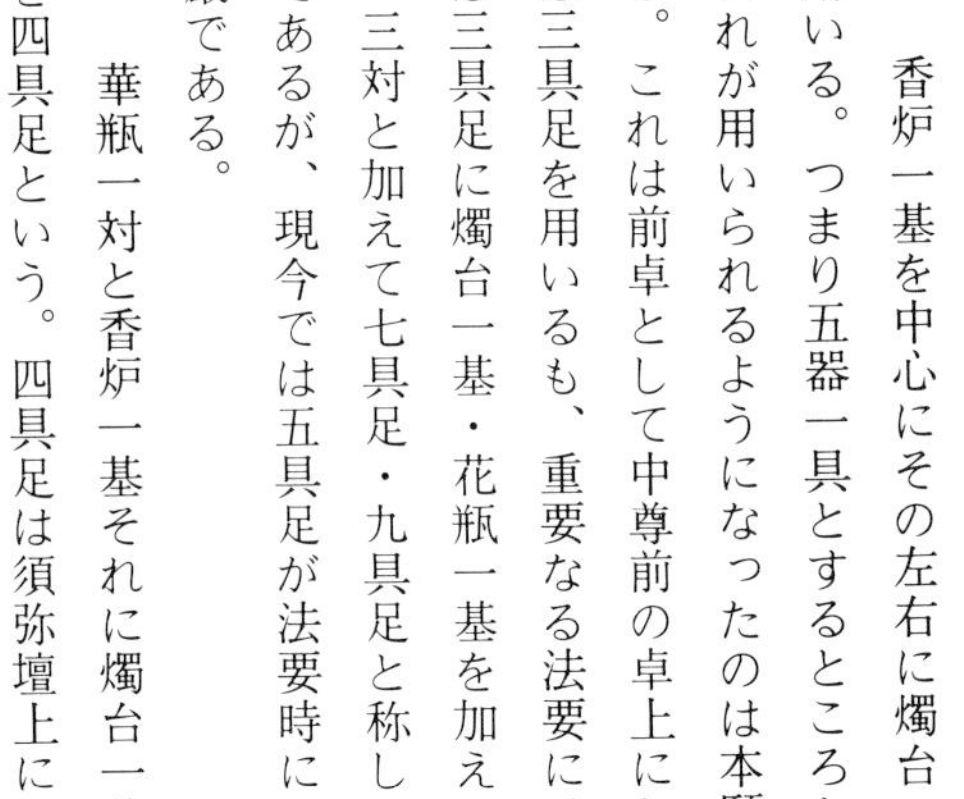

※29　経卓（興正寺）

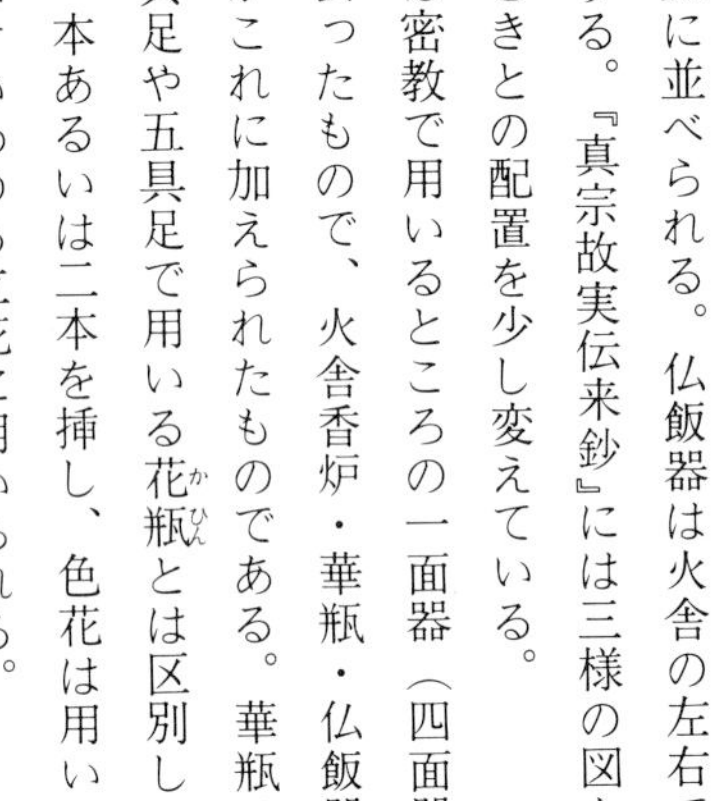

※30　音木（節折）　角形は本堂で、丸形は持ち歩きに用いる。

(2)　使用仏具一覧

・表中略語　(本)―本願寺派　(谷)―大谷派　(高)―高田派　(興)―興正派とする。(仏)―仏光寺派

名称	用途・特長	使用する派 本	谷	高	興	仏
宮《くう》殿《でん》	・中尊前に設置し本尊を安置する (本)(興)―出隅三方妻屋根造り総金箔押し、(興)は瓔珞なし　(谷)―二重屋根八棟造り、黒漆塗り　(高)―妻入屋根千鳥破風軒唐破風　(仏)―八棟造り三面扉	○	○	○	○	○
須《しゅ》弥《み》壇《だん》	・宮殿をのせる台座、各派とも禅宗様 (本)―上部框造り、下部鷹の羽造り (谷)―上下框とも唐戸面造り　(興)―平框面取り	○	○	○	○	○
祖師用厨《ず》子《し》	・祖師壇上に置き、親鸞聖人御影を懸ける (本)(興)―宝珠丸屋根造り　(谷)―妻屋根造り (高)―妻入屋根千鳥破風軒唐破風付　(仏)―八棟造り	○	○	○	○	○

宮殿（右・本願寺派用　中・大谷派用　左・仏光寺派用）

中尊宮殿（高田専修寺）

祖師用厨子（右・本願寺派用　左・大谷派用）

東本願寺御影堂内陣と両余間

中尊宮殿（興正寺）

厨《ず》子《し》	•中興の祖などの御影を懸ける厨子 (本)—前妻造り、金箔押し (谷)—前妻造り、黒塗り、流屋根瓦	○	○	○	○	○
巻《まき》障《しょう》子《じ》 (折《おれ》障子)	•内陣と外陣の境にたてる障子 ※(谷)では折障子と称する	○	○	○	○	○
欄《らん》間《ま》	•装飾用として障子の上段にはめる。彫刻欄間・筬欄間・透し欄間の三種類がある					
	(1)彫刻欄間—牡丹に孔雀か唐獅子牡丹文	○		○		
	雲に天人か迦陵頻伽、牡丹に鳳凰、桐に鳳凰、蓮唐草文		○		○	○
	(2)筬欄間—筬形に組んだ狭間	○	○			
	(3)透し欄間—菱または七宝繋の格子文	○	○			
山《さん》号《ごう》額《がく》	山門、参詣の間にかける額	○	○	○	○	○
仏《ぶっ》天《てん》蓋《がい》	•仏像の上に懸吊する天蓋で宮殿のない場合に吊る	○	○			
(羅《ら》網《もう》)	•宮殿内に吊ることもある。※(谷)では羅網と称する	○				
人《にん》天《てん》蓋《がい》	•礼盤上の位置に天井より懸吊する天蓋	○			○	
瓔《よう》珞《らく》	•無量寿経集解では「常に頸に在るを瓔と曰い、身にあるを珞と曰う」とあり、宝玉を連ねた頸飾りから転じた。					
	(1)隅瓔珞—宮殿・開山厨子の四隅に吊るす	○				○
	(2)輪灯瓔珞—法要時のみ輪灯傘上に吊るす		○			
登《とう》高《こう》座《ざ》	•登高座の儀式を行う時、導師が登礼盤し読経礼拝するのに用いる。向卓・脇卓・礼盤・磬台を一組とする	○	○	○	○	○
上《うわ》卓《じょく》	•中尊の宮殿前、須弥壇上におく (本)—洲浜形筆返し付、鰭《ひれ》透し。四具足・仏飯器をおく (谷)—二重地覆、狭み透し。火舎・華瓶・仏飯器をおく (高)—筆返しなく狭み透し。何もおかない (興)—春日形。四具足と仏飯器をおく (仏)—四具足と一対の仏飯器をおく	○	○	○	○	○
	•須弥壇前におき五具足(三具足)をおく卓 (本)—六鳥形(三重地覆)、三鳥形(二重地覆) (谷)—阿弥陀堂形(三重地覆)、御影堂形(二重地覆) (高)—龍と牡丹文形(二重地覆)	○	○	○	○	○

前《まえ》卓《じょく》(中尊用) (高《たか》卓《じょく》)	(興)—御影堂形(浮面外まがり足)、※高卓という  三鳥形前卓(本願寺派用)  御影堂形前卓(大谷派用)					
前《まえ》卓《じょく》(祖師・中興用)	•祖師前または中興前の壇上におく(脇壇の前の内陣床上に直接高い前卓をおくこともある。また、余間用としても用いられる)					
	(本)—彫入り(持送りは牡丹文、欄間は菊おうむ・牡丹孔雀・松白鶴文)、筆返し付巻軸形	○		○	○	○
	(谷)—菊水彫りと扶蓉彫入り		○			
前《まえ》卓《じょく》(余間用)	•余間壇上におき、三具足をおく卓(中央卓や虎卓を用いることもある)	○	○	○	○	○
経《きょう》卓《じょく》	和讃卓—和讃をおく卓		○		○	○
	上《しょう》人《にん》卓《じょく》—重要な法要(遠忌・落慶法要など)における門首・新門用の和讃卓		○	○		○
	掛《かけ》盤《ばん》卓《じょく》—和讃箱をおくのに用いる(御影堂形)	○			○	
	春《かす》日《が》卓《じょく》—三部経・和讃をおくのに用いる(阿弥陀堂形)	○			○	
	巡《じゅん》讃《さん》卓《じょく》—法要において巡讃(和讃の法式)に用いるが、和讃卓で代用することも多い		○			○
	経　卓—本山阿弥陀堂形で経本を置く卓		○		○	
	御《ご》伝《でん》鈔《しょう》卓《じょく》—御伝鈔を読む時に用いる卓	○	○		○	
	中《ちゅう》央《おう》卓《じょく》—余間で前卓の代りに仏飯・香炉をおく(大谷派では四方卓と呼ぶ、本山では用いず)	○	○	○	○	
	虎《とら》　卓《じょく》—中央卓と同じ用途であるが独得で、本派だ	○				

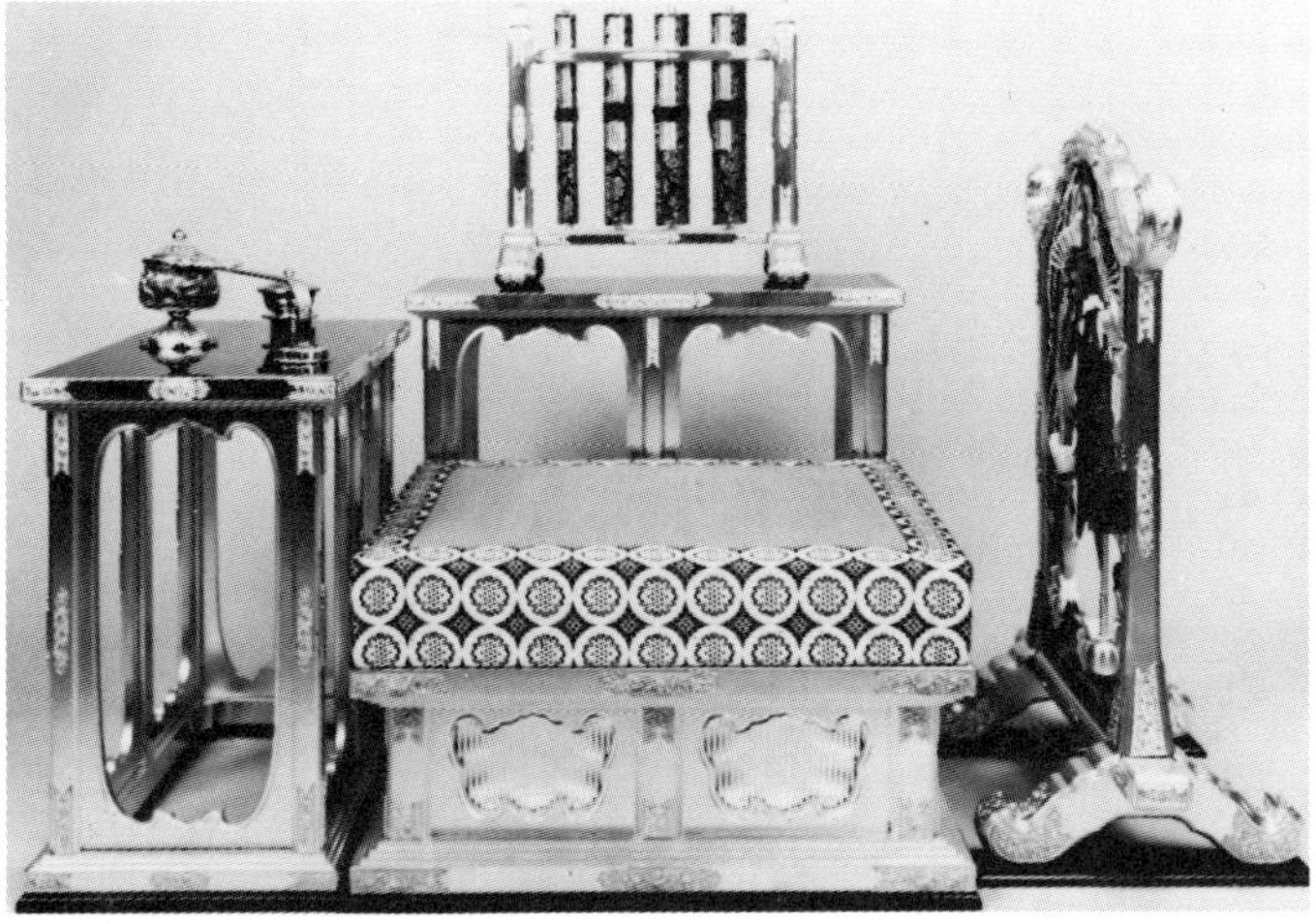

登高座（本願寺派用）

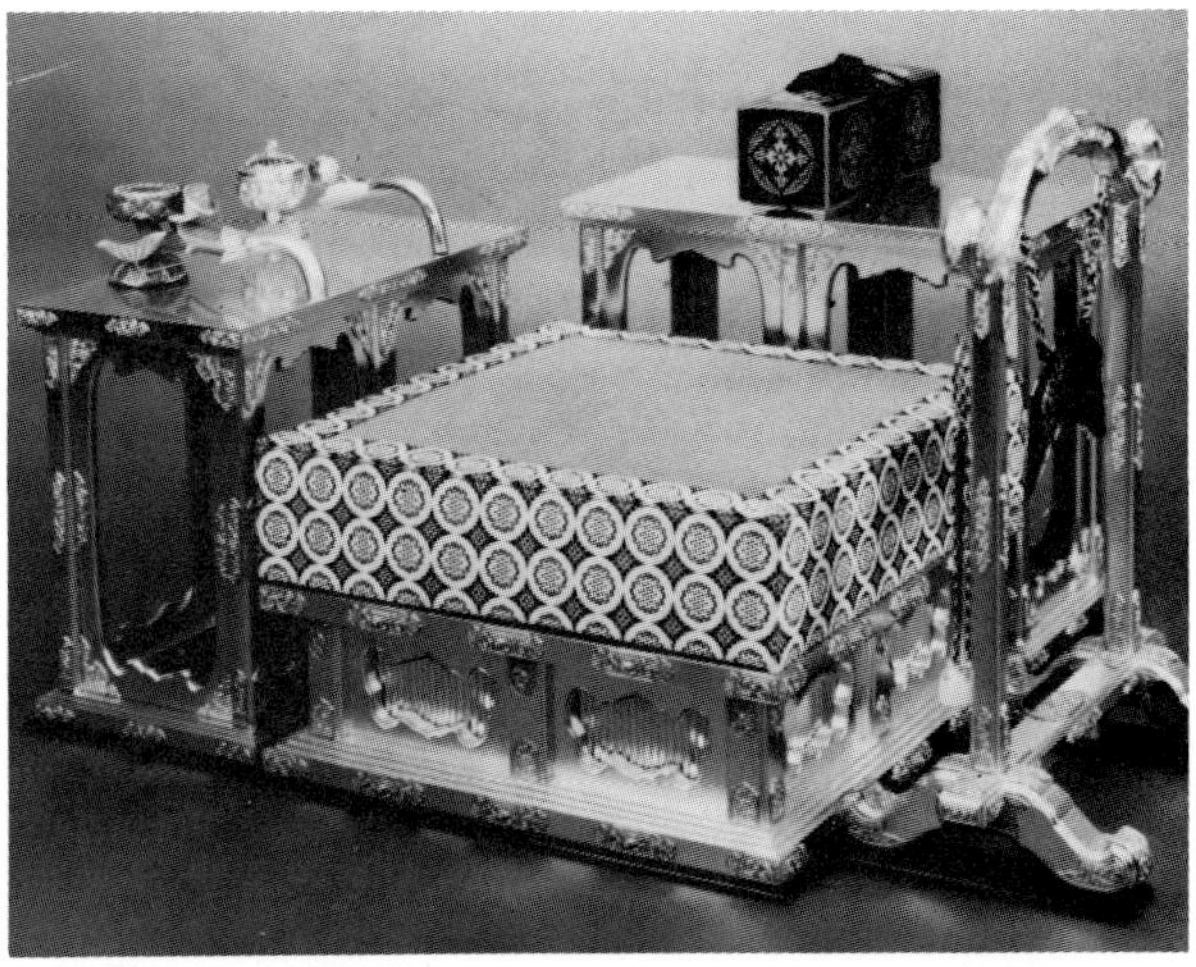

登高座（大谷派用）

六鳥形中尊前卓（本願寺派用）

阿弥陀堂形中尊前卓（大谷派用）

上卓（本願寺派用）

祖師・御代前前卓（大谷派用）

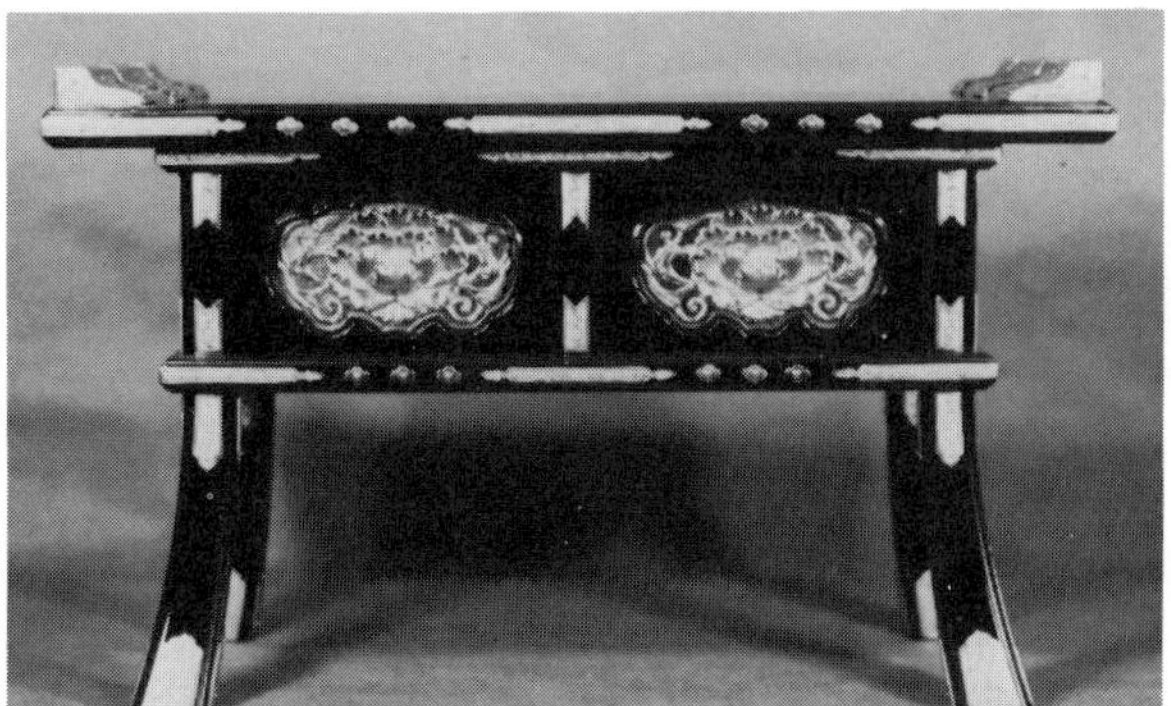

巡讃卓（大谷派用）

上人卓（大谷派用）

御伝鈔卓（本願寺派用）

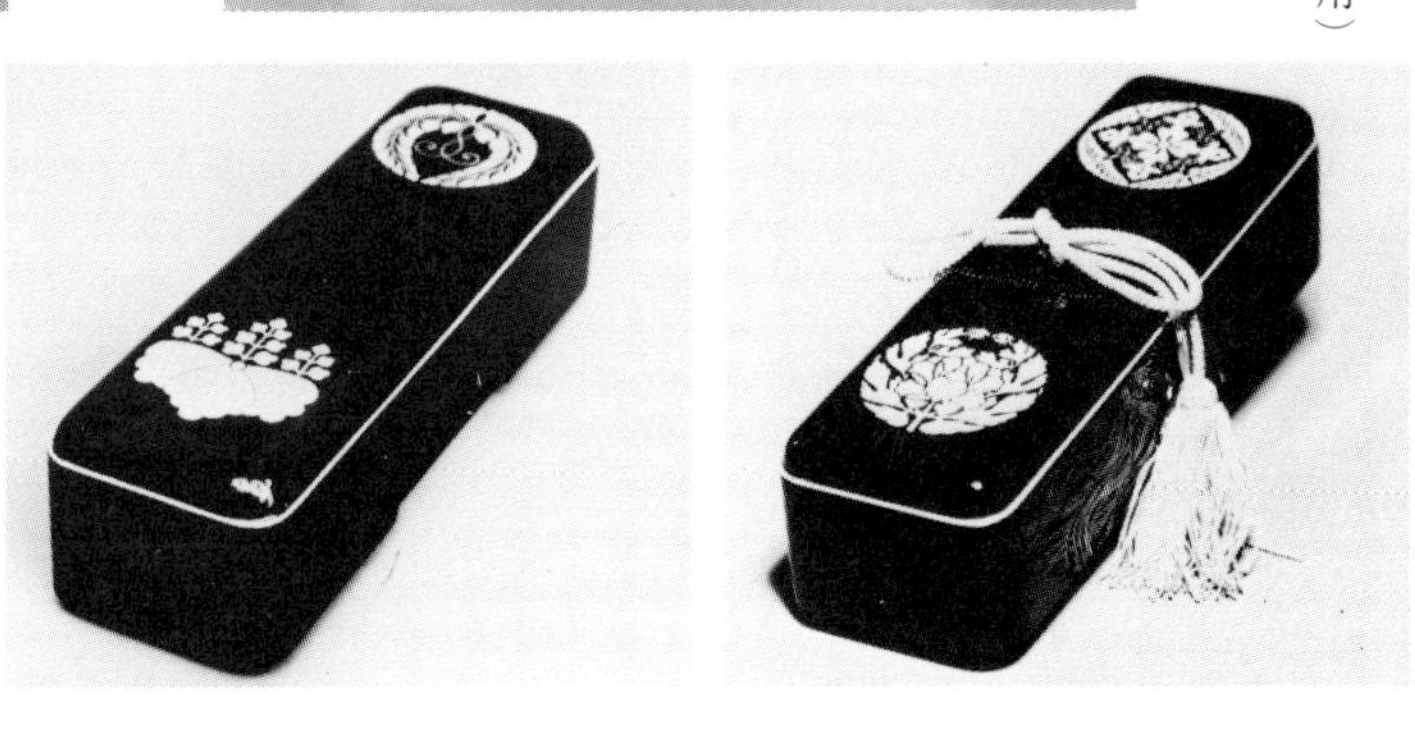

御消息箱（右・大谷派用　左・本願寺派用）

	けで用いる。					
	経積卓—経本をおく卓で、古くは巻経を積んだ		○	○	○	
	御消息拝読卓—御消息を読むのに用いる		○			
	法名記卓—法名記箱をのせて左余間中央におく		○			
箱《はこ》	据《すえ》箱《ばこ》—三衣を入れるのが本来であるが、現在は五条袈裟・経本・声明集などを入れ脇卓や向卓上におく	○	○	○	○	○
	御文箱—右余間前卓の右におく。五帖入と一帖入(五帖目の一部を入れる)がある	○	○	○	○	○
	御伝鈔箱—御伝鈔を入れる箱	○	○			○
	御式文箱—御式文を入れる箱 (本)—箱に紐なし (谷)—箱に紐つき			○	○	
	御消息箱—歴代の法主(門首)より下附された御書(巻物)を入れる箱	○	○			
	御俗姓箱—御俗姓(御俗姓御文)を入れる箱で、報恩講結願夜逮で読む		○		○	
	御和讃箱—和讃を入れる箱	○	○	○		
	法名記箱—過去帳を入れる箱		○			
過《か》去《こ》帳《ちょう》台《だい》	•過去帳をのせる台	○	○		○	
香《こう》炉《ろ》台《だい》	洲浜形香炉台—中尊前前卓で正式時に使用	○				
	夷形香盤—一般に中尊前には用いず、一般法要・葬式・中陰に祖師前、御代前の法要時、報恩講では御絵伝前で仏器台としても用いる		○			
	丸形—中尊前卓用					○
	七角香盤—祖師前正式の香盤で金香炉をおく		○			
	梅形・六角猫脚香炉台(高卓)	○	○		○	○
仏《ぶつ》器《き》台《だい》	(本)(興)—雪見形仏器台 (仏)—五脚丸形・四脚角形	○			○	○
	(谷)—月形仏器台—祖師前正式の台 (高)—丸形におく		○	○		
沙《さ》鑼《わり》台《だい》	•沙鑼をのせる台	○		○	○	○
磬《きん》台《だい》	•磬台—大磬をのせる台	○		○	○	○
	•経磬台・平(半)磬台—経磬・平磬をのせる台。俊 平形・八猪目形・壺繰形がある		○		○	○
巻経立	•経巻を立てておくもの、向卓上におく	○			○	
雲《うん》脚《きゃく》台《だい》	•仏前結婚・慶讃法要・聖忌法要の時、紅白の餅や					

	紋菓子をのせ須弥壇上におく。(足を雲形に作った白木の台で三方と同じ用途) ※(仏)では霊供台という	○			○	○
華《け》籠《こ》棚《だな》(台)	•華籠をおく卓で、法要の時用い後堂におく		○		○	
華《け》籠《こ》	•散華の葩を入れる皿 ※(本)では「けろう」という					
	•法主(門首)用—銀製、紐は白・赤・紫		○			
	一般用—銅地鍍金 紐は白・赤・緑でしず付	○			○	○
	紐は白・赤・黄で鈴付		○			
	紐は赤一色で中間に重が入る			○		
華《け》鬘《まん》	•宮殿の正面または脇、長押にかける。中尊前には金銅華鬘、祖師前には糸華鬘が通例	○			○	
仏《ぶっ》飯《ぱん》器《き》(仏《ぶっ》器《き》)	•白飯を盛り固め供える器					
	蓮の蕾形に盛る。盛り具=割盛糟(わりもっそう)	○		○	○	
	円筒形に盛る。盛り具=突出し盛糟		○	○	○	○
三《み》具《ぐ》足《そく》 五《ご》具《ぐ》足《そく》	•五具足は花瓶一対・燭台一対・香炉一					
	•三具足は花瓶一・燭台一・香炉一					
	(本)(興)—中尊用前(高)卓に用い、花瓶には竜巻六角形と菖蒲形がある(宣徳色)	○			○	
	(谷) 中尊前┬五具足には耳付きまたは丸形花瓶 └三具足には丸形または角形花瓶					
	祖師前—五具足は丸形、三具足は角形花瓶		○			
	御代前—三具足で丸形花瓶					
	余　間—三具足で丸形か角形花瓶					
	燭台は全て鶴亀燭台を用いる(真鍮製)					
	(高) 中尊前—霊亀にひな鳥の燭台と丸形花瓶					
	祖師前—霊亀に鳳凰の燭台と巻龍花瓶			○		
	(仏)—鶴亀燭台、丸形または飾り手付花瓶					○
四《し》具《ぐ》足《そく》	•中尊前の上卓におく、華瓶一対・火舎一・燭台一とし、燭台には朱の木蠟をたてる	○			○	○
華《け》瓶《びょう》	(谷)—中尊前に火舎と組んで一対で用いる		○	○		
	┌青磁丸形	○				

割盛糟

突出し盛糟

虎卓（本願寺派用）

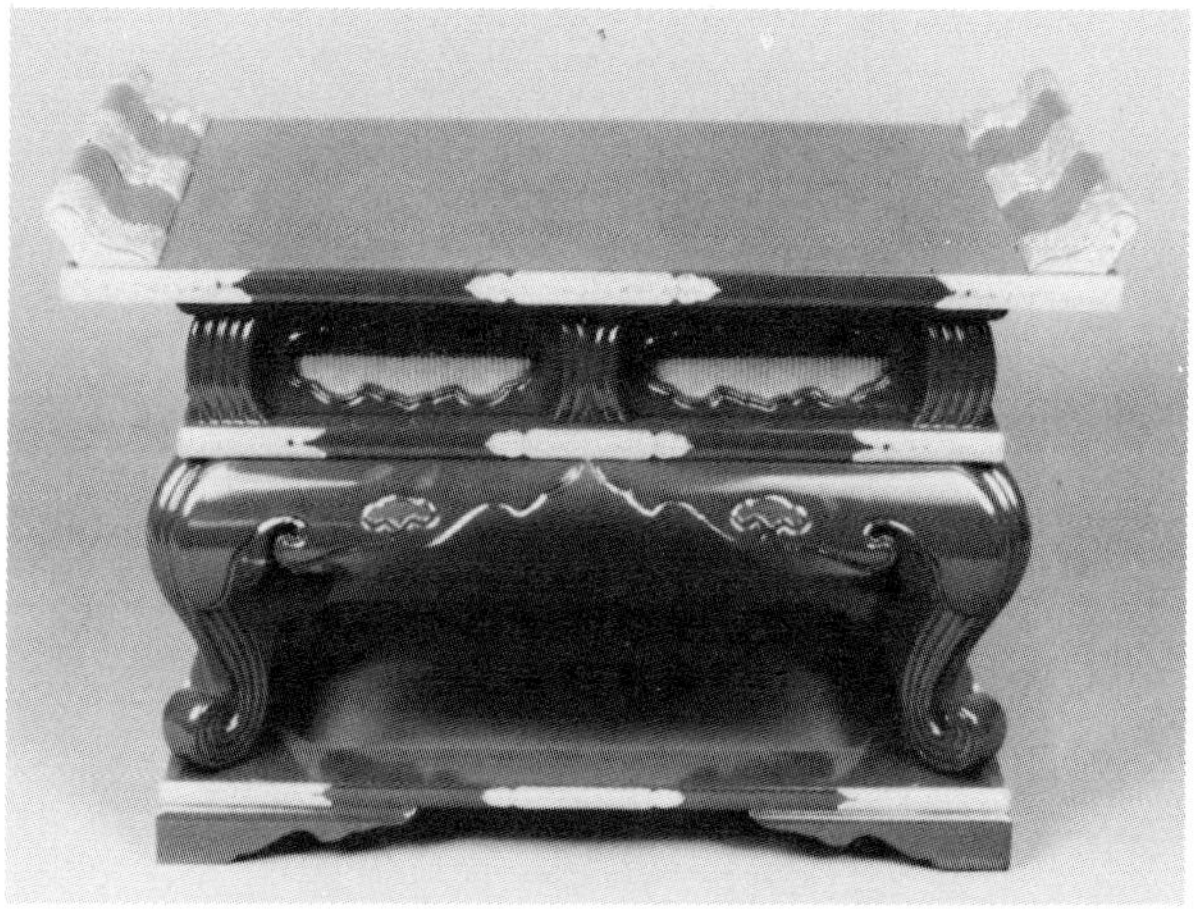
焼香卓（大谷派用）

洲浜形香炉台（本願寺派用）

七角香盤（大谷派用）

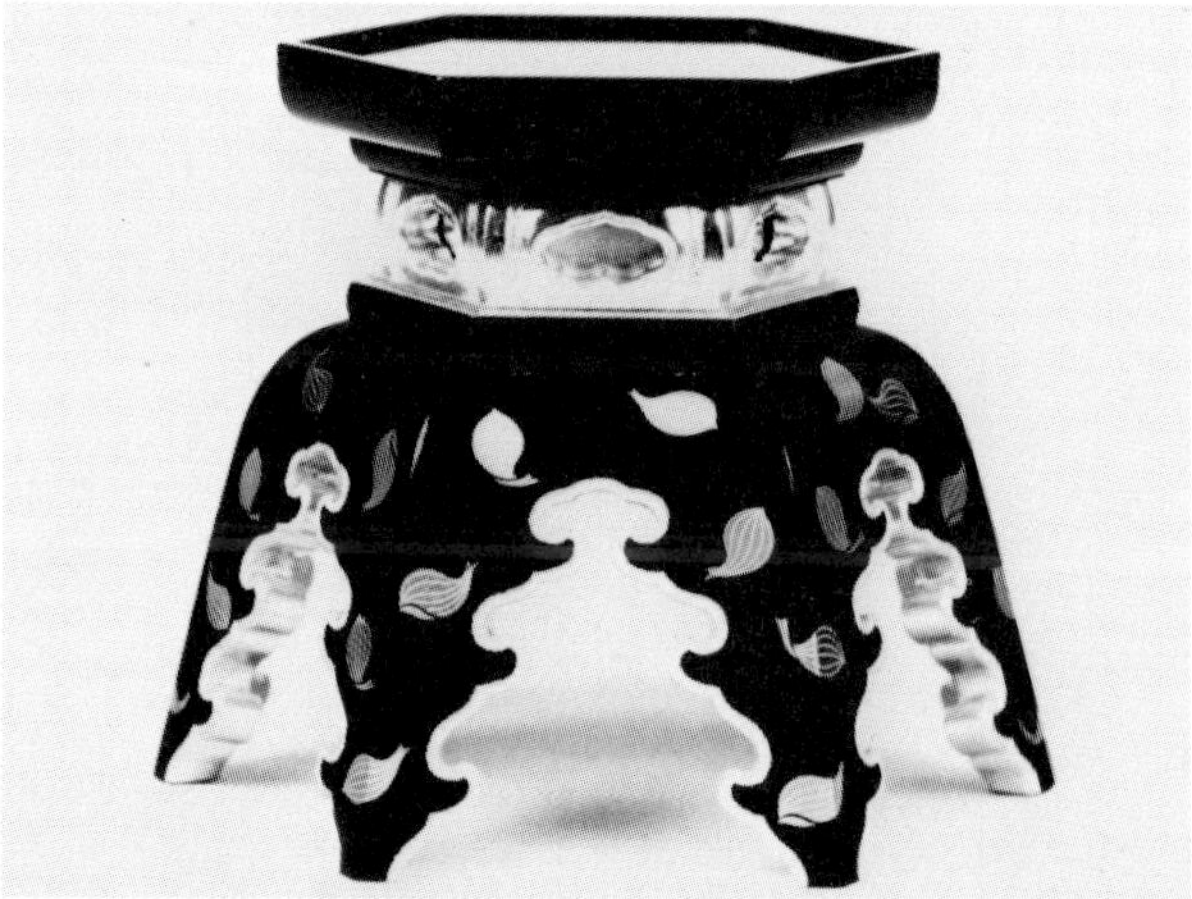
雪見形仏器台（本願寺派用）

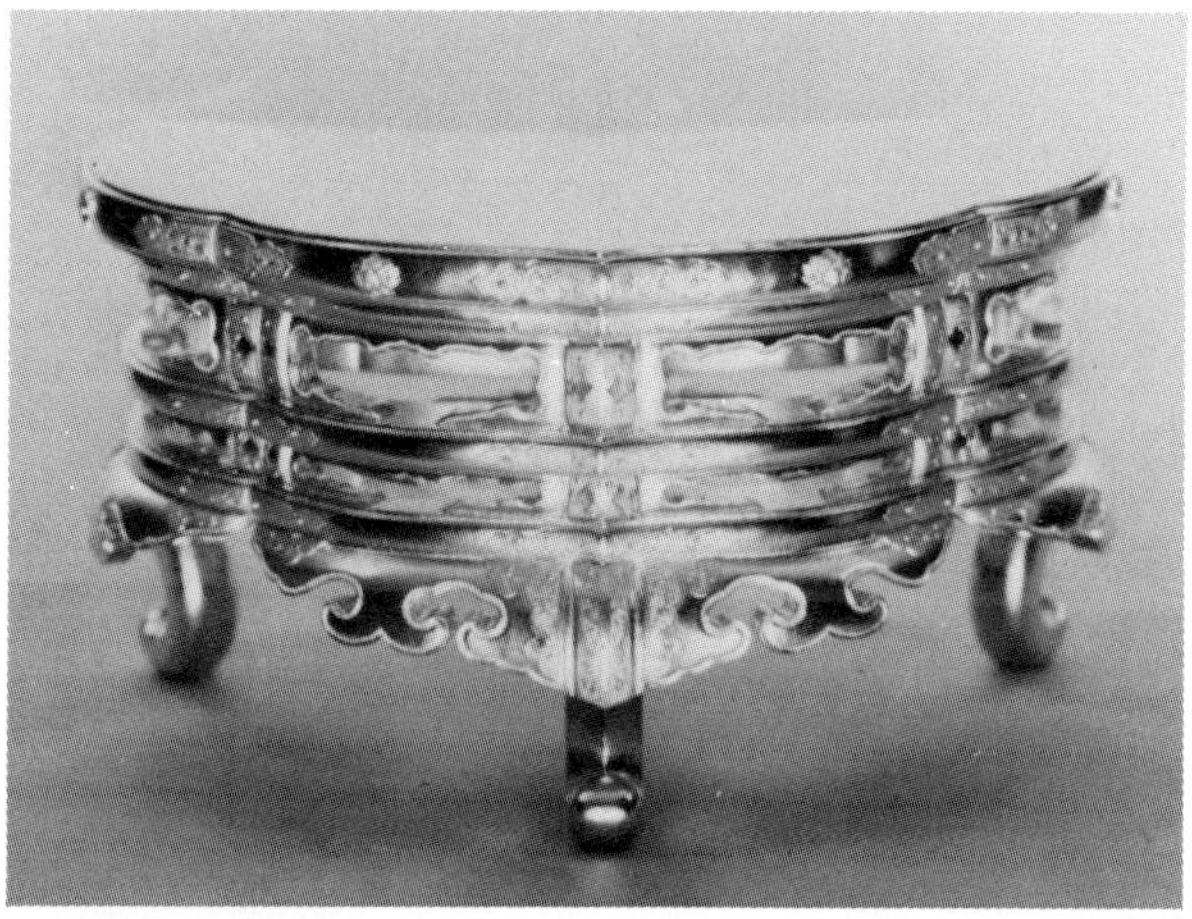
月形仏器台（大谷派用）

土 香 炉（本願寺派用）

唐草透し土香炉（大谷派用）

段　　盛

		1	2	3	4	5
居《すえ》香《ごう》炉《ろ》	土香炉—青磁唐透し真鍮落し付（(興)本尊前）		○		○	
	土香炉—青磁鼎形（祖師前用正式香炉）		○			
	土香炉—青磁浮絵形（(谷)余間用正式香炉、(興)祖師前）		○		○	
	恩賜形香炉	○				
	外陣香炉—丸形龍耳、蓋獅子付（外陣焼香卓上）	○				○
	外陣香炉—大谷祖廟形（外陣焼香卓上）		○			
	火舎香炉—上卓上で華瓶と共に用いる	○	○		○	○
柄《え》香《ごう》炉《ろ》	(本)—平柄を用いる	○		○	○	○
	(谷)—丸柄を用いる		○			
持《じ》蓮《れん》華《げ》	•蕾をつけた蓮茎を象どった火炉のない木製柄香炉で念仏の時に用いる。ただし本派では本山以外では使われていない。	○	○	○	○	
香《こう》盒《ごう》	•本間三尊前には常備しておくが、余間には平常は出さず特に焼香のある場合にだけ出す	○	○	○	○	○
燈《とう》籠《ろう》	台燈籠—堂前に置く金燈籠	○	○	○		
	菱燈籠—四角・六角・丸形などがあり、外陣や回廊などに天井より吊るす	○	○	○	○	○
	金燈籠—中尊前に吊るす—猫足（(本)きんとうろう）	○			○	○
	金燈籠—蝶足（(谷)かなどうろう）		○			
	金燈籠—なつめ形猫足			○		
	柱掛燈籠—外陣の柱に掛ける	○			○	○
	切《きり》籠《こ》燈籠《とうろう》—盂蘭盆の期間中、余間天井から吊る	○	○		○	○
	中陰用置燈籠—左余間壇の右側に中陰中おく		○			
	常夜燈—後堂出仕口に常に点灯する	○	○			○
輪《りん》灯《とう》	•中尊前および祖師前に吊るす (本)—菊輪灯 (谷)—無装飾丸蔓輪灯 (高)—桐蔓輪灯 (興)—牡丹輪灯 (仏)—藤蔓輪灯	○	○	○	○	○
菊《きく》灯《とう》	•脇壇・余間壇に用いる	○	○		○	○
常《じょう》香《こう》盤《ばん》	•中尊前に用い、常香盤をおく場合は前卓を用いない	○				
供《く》笥《げ》（華《け》束《そく》）	•法要時に供物をのせる台として用いる (本)—華束と称する。四角・六角・八角の三種ある 四角—白木地または銀濃で葬儀・追悼法要に用いる（銀地白縁か白地の方立） 六角 八角—金濃に蓮華唐草彩色。あらゆる法要に	○	○	○		○

		1	2	3	4	5
	用いる。（金赤の方立）					
	(谷)—供笥と称する 金濃—報恩講などの重要法要で須弥盛に用いる（金地白縁の方立） 白木地—葬儀・中陰用で杉盛に用いる（一般法要は赤地白縁、中陰は銀の方立）		○			
	(高)—六角・綸子彫り			○		
段《だん》盛《もり》	•供笥の上にのせて、供物を供える台	○				○
磬《きん》	大磬—(本)—だいきんと称し外陣正面におく	○		○		○
	大磬—(谷)—経磬と称し法要読経の時に用いる		○		○	
	小磬				○	○
	平磬—朝夕の勤行に日常用として用いる。大磬を平たくした形である。半磬ともいう		○		○	○
砂《さ》張《はり》	(本)—沙鑼（さわり）と称し念仏時に用いる	○		○		
	(仏)—砂張と書く					○
	(谷)—砂張と称し、夕勤行、寺族の住職・坊守の葬儀後の中陰中の法名前の勤行に用いる		○			
	(興)—正信偈にのみ使用する				○	
鐃《にょう》鈸《はち》	•法要中、大師影供作法「五眠讃」の終った時に用いる。(興)では讃・伽陀の時だけ用いる	○		○	○	
音《おん》木《ぎ》※30（節《せっ》折《たく》）	•数人以上が読経する時、速度を調節するために打つ (本)—節折、(興)(仏)では音木と称し、角形を用いる	○		○	○	○
	(谷)—音木（おんぎ）と称し、小形の笏《しゃく》形は携帯用で本堂では角形を用いる		○			
磬《けい》	•銅磬を用いる。形には厳密な規定はない	○	○	○	○	○
引《いん》磬《きん》	•墓地での読経に用いる	○	○	○	○	○
路念仏の鈴	•葬式の時に用いる	○	○			○
梵《ぼん》鐘《しょう》	•朝夕の時刻を報じたり仏会の合図に用いる	○	○	○	○	○
喚《かん》鐘《しょう》	•勤行などの出仕の合図に用いる	○	○	○	○	○
雲《うん》版《ばん》	•出勤・参列者に出仕の用意を促すために打つ	○				
曲彔	•法要儀式に際し導師が使用する椅子	○		○	○	○
向《むこう》畳《じょう》	(本)(谷)(仏)—向畳、(興)—五畳台という	○	○	○	○	○
回《かい》畳《じょう》	(本)—回畳、(谷)—竪畳、(高)(興)—畳、(仏)—脇畳という	○	○	○	○	○

（光森正士）

柱掛燈籠

四具足（本願寺派用）

火舎と華瓶（大谷派用）

切籠燈籠（本願寺派用）

なつめ形金燈籠（高田派用）

猫脚形金燈籠（本願寺派用）

蝶足形金燈籠（大谷派用）

沙　鑼（本願寺派用）

平　磬（東本願寺）

六　時宗の仏具

一、時宗の本尊

時宗の宗祖「一遍上人」[※1]は、南は九州・鹿児島から北は岩手県江刺郡に至る非常に広範囲な地域を遊行された。その間「念仏をすすむる聖《ひじり》」[※2]として定住されることなく「南無阿弥陀仏決定往生六十万人」のお札《ふだ》を賦算《ふさん》されることを使命とされた。また踊り念仏を広めた点で当初は寺や道場を持たなかった。しかし一遍上人没後、上人の教えを絶やすことなく、引き続きこの集団を引きいられることになった真教上人以降は、遊行されながら荒廃していた寺を興したり、新たに寺を創って念仏道場として定住する僧をおくようになり、今日の寺院を形成していった。もちろんその当時、一遍上人の教えに帰依して、寺自体が時宗となり念仏道場として現在にいたっている寺院も沢山ある。

このように時宗寺院は念仏道場として創建されたため伽藍として、仏堂と道場を区分することはない。本尊を祀る本堂を主体とし、本来は「遊行」を主とした関係で名号を本尊とする。しかし念仏道場としての本堂の本尊は阿弥陀如来、脇侍に観音、勢至菩薩を祀り、これを三尊仏とする。ただし、その寺の建立の由来や事情により他の菩薩を本尊としている寺院もある。仏像は、木彫彩色、木彫漆箔、金銅仏など種々ある。像容は鎌倉時代の阿弥陀如来信仰から来迎印を捻ずる坐像が多く、立像の場合は時代により膝《ひざ》を少し曲げて右足を少し前に出し、西方浄土よりすぐ来迎されるという様を表わしている来迎相の姿が多い。また一遍上人が長野善光寺に参籠して修業されたために、当時全国的に流行した三尊の光背を一つに作る善光寺式阿弥陀三尊像も宗内寺院の多くにみられる。

一遍上人の跡を継がれた真教上人が、晩年独住された神奈川県相模原市当麻の無量光寺では宗祖・一遍上人像を本尊として祀っているが宗内では珍しい例である。

二、時宗の荘厳

(1) 遊行寺の荘厳

本尊は木造漆箔の阿弥陀如来坐像である。本堂は結界《けっかい》を境として内陣、外陣にわけられる。内陣は宗教的行事を行う道場・法座であり、外陣は参拝所である。

時宗の特色として内陣の中側を板敷とし、その中央に二畳台（白《しろ》縁《ぶち》の二枚の畳を重ねたもの）を置く点があげられる。これは善導大師所説の二《に》河《かわ》白道《びゃくどう》[※3]を表わしたものである。すなわちこの板敷は鏡縁《かがみえん》と称し、二畳台の両側が貧瞋《とんしん》（水・火）の二河であり、鏡縁の左右の畳敷は観経[※4]の三輩九品を象っている。

遊行寺の本堂もこれにもとづき、内陣中央の二畳台は遊行上人[※5]の法座である。この法座は遊行上人の外はご院代のみの法座で、それ以外の僧は、いかなる儀式の時でも昇台することができない。内陣

※1　一遍上人は時宗の開祖。鎌倉時代に法然（浄土宗）、親鸞（浄土真宗）、一遍（時宗）というように浄土門の一宗を築いた。遊行して念仏をすすめ衆生を済度した。

※2　「南無阿弥陀仏決定往生六十万人」と書かれたお札を、一遍上人は全国津津浦々を自から歩きながら、くばったが、それ以後一遍上人の跡をつぐ遊行上人は、現在もその御札をくばっている。そのお札くばりを賦算という。

※3　二河白道とは水・火の二河を貪欲（どんよく）と瞋恚（しんい）とにたとえ、中間の白道を往生の信心にたとえ、西方浄土へ往生するまでの道をさしている。善導大師の『観経疏散善義』より。

※4　観経とは『観無量寿経』のこと。阿弥陀如来の功徳を説き、凡夫の救いの道は念仏であることを説いている。

※5　遊行上人とは時宗の法主のこと。開祖一遍上人が全国を遊行廻国し、念仏賦算したことから、代々の上人がこれを継いで遊行してきた。

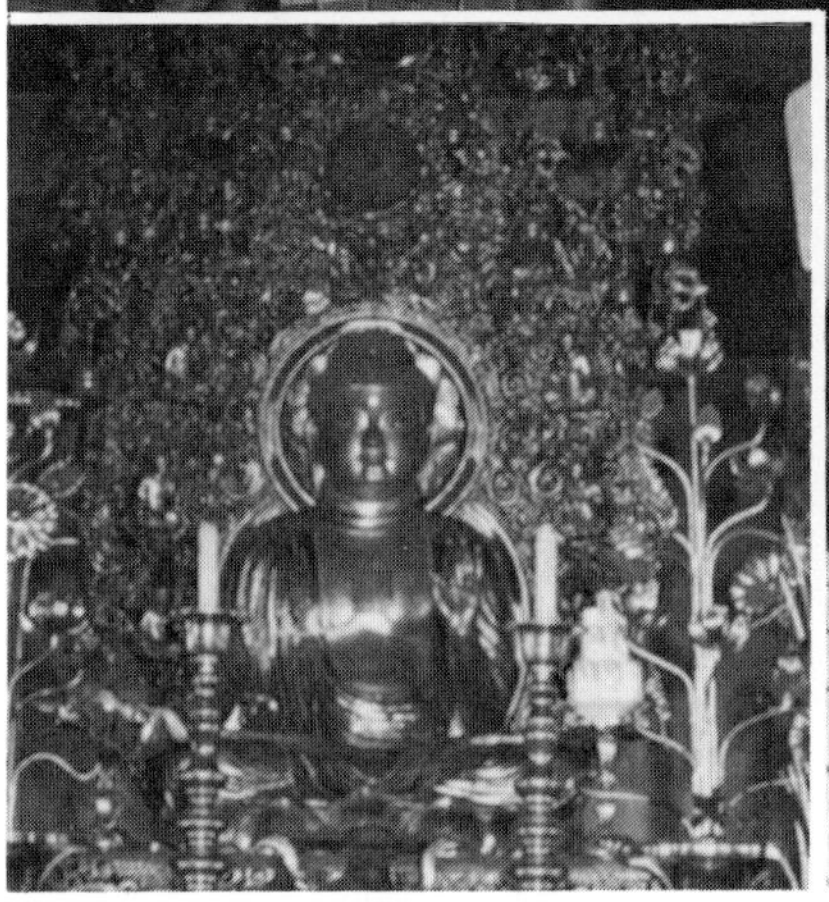

本堂の本尊　阿弥陀如来像

本堂内・外陣の荘厳

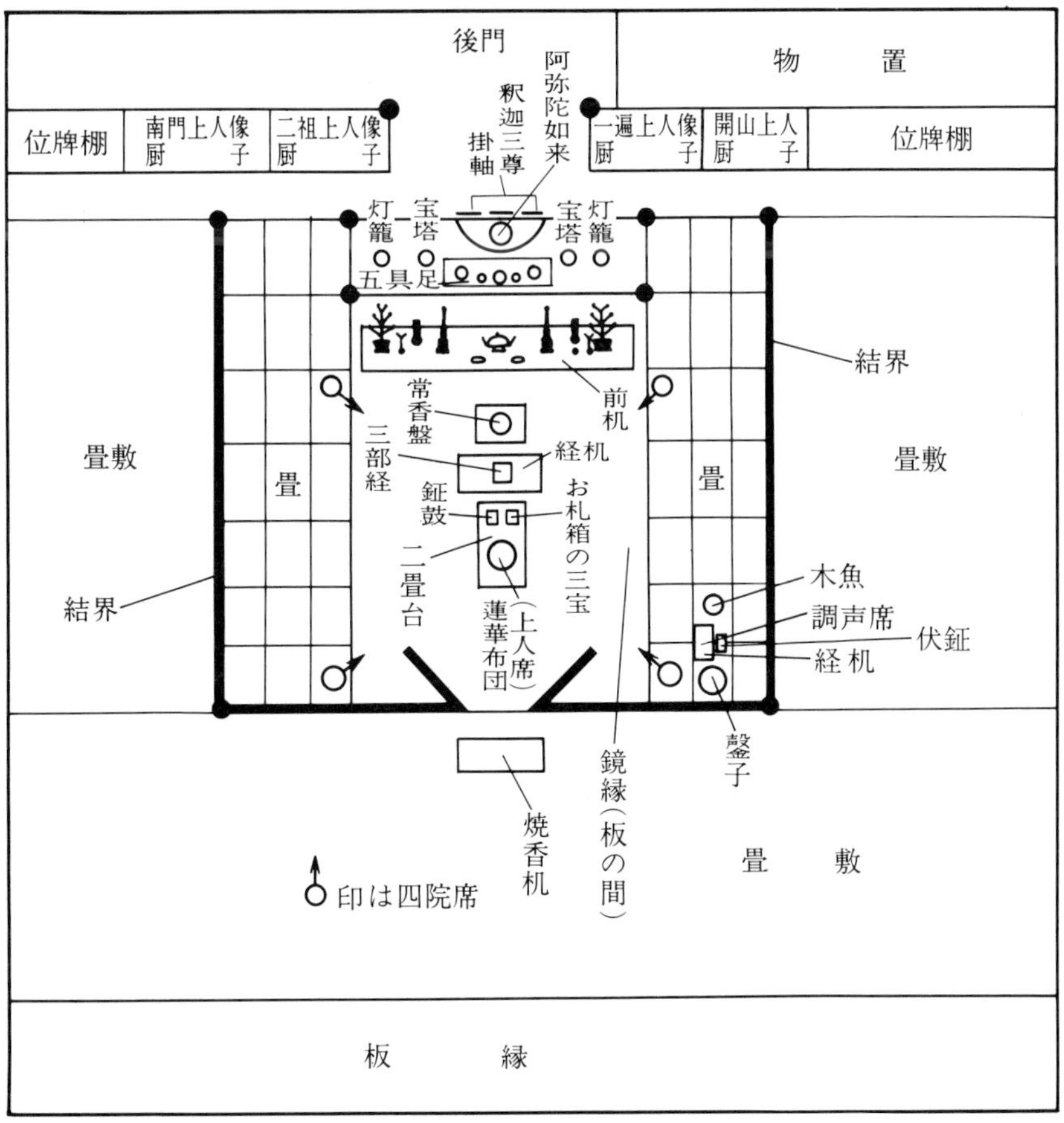

遊行寺本堂の平面図

本堂内陣中央の二畳台

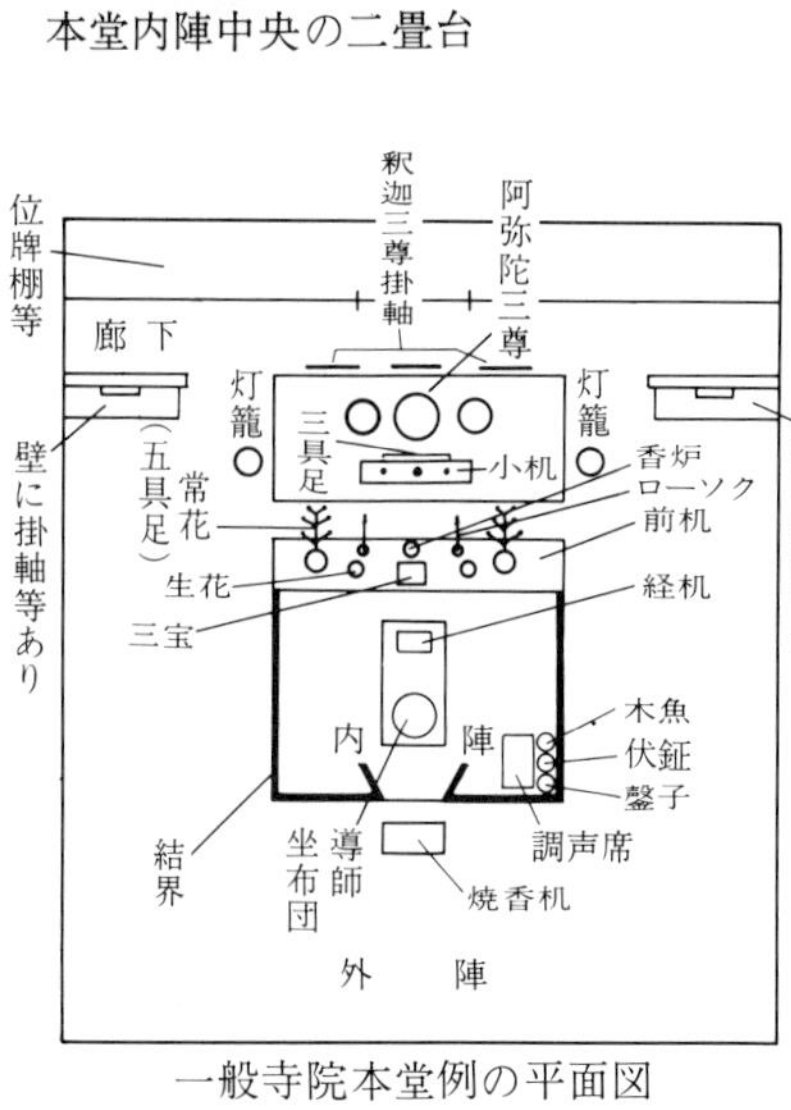

一般寺院本堂例の平面図

内の左右の畳敷は僧座、尼座にそれぞれ分けられ、前列は執啓堂※6、足下※7、四院※8が坐し、特別の行事の時は座検の指示によりこの本寮座に僧正位が列坐する。中列は僧正ならびに二庵※9や五軒※10・中老席、後列は十室※11・室前※12・茶執司※13ならびに修行僧席となっており、左右共に相対して坐す。なお四隅に坐する四院は、遊行上人（中央）にむかって坐し、全体で上人を取り囲む形となる。これは遊行上人を現前の知識として仰ぎ奉るところからきている。この内陣の鏡縁は時宗独特の踊躍《ゆやく》念仏ならびに念仏賦算《ふさん》ができるよう空間がとられている。外陣はすべて畳敷である。

(2) 遊行寺の仏具

須弥壇と前机周辺　内陣の荘厳は浄土系の宗門と同じく、極楽浄土の様を表わすよう荘厳されている。

本尊は須弥壇上の台座に安置され、前に小型の五具足の載る上机がおかれ、横に一対の真鍮製の常夜灯および宝塔がおかれている。その前の前机には大五具足、当日供養の位牌※14、生花の入った花瓶、仏餉《しょう》、霊膳を供え、その左端に持蓮華が立てられる。常夜灯は前机の横後方に置く。前机の前に常香盤があり香が薫じられる。

二畳台周辺　二畳台の前には経机をおき、その机上に経典の入った経箱をおく。二畳台上には三宝がおかれ、そこには上人がお持ちになったお札箱《ふだばこ》がのせられる。その左には鉦鼓がおさめられた鉦箱がおかれ、その手前に上人のみの坐する白と鼠色の蓮弁を配した蓮華布団がある。上人が蓮華の上に坐するのは阿弥陀如来の現前の知識として崇められるからである。

調声席　また僧座には調声席《ちょうしょうせき》があり、そこには経机、見台、磬子台にのった磬子、木魚、伏鉦《ふせがね》、戒尺、楽太鼓などがあり法要儀式に用いられる。六時礼讃が厳修される時は、僧座中央に調声席が設けられ、鉦箱に入った鉦鼓が使われる。なお施餓鬼、葬儀などの大法要ではこの外に引鏧、銅羅、鐃鈸、太鼓などが別に用意される。

その他　内陣に荘厳されているものに仏天蓋、人天蓋、幢幡《どうばん》、華鬘、御翠簾、塔婆立てなどがある。外陣では焼香机、天井にかかる三つの六角形菱灯籠、遊行寺の正式の寺名「清浄光寺」と書かれた寺号額、本堂外の正面の上の「登霊台」と書かれた山号額などがあげられる。

また法要の始まる前に洪鐘、大太鼓、喚鐘などが、打法は異なるが他宗と同じくならされる。

(3) 末寺の荘厳形式

本尊　総本山遊行寺の荘厳形式よりみて、末寺の形式はみなこれに準じている。ただ本尊は前述のごとく阿弥陀如来と観音・勢至菩薩の三尊仏をご本尊としてお祀りする。ご本尊は立像が主であるが、各寺院の成立によって異なる。また本尊は宮殿または厨子に祀られ、それがない場合は仏天蓋で荘厳され、須弥壇上の上机の奥に祀られる。

荘厳具　本尊前の鏡縁に前机・灯籠・宝塔・二畳台などがおかれ、天井より人天蓋・幢幡《どうばん》が、内陣の長押には華鬘などが吊られる。また、二畳台上に経机、導師布団がおかれ、梵音具として磬子・木魚・伏《ふせ》鉦《がね》・楽太鼓・戒尺などが、鏡縁横の僧座の調声席におかれる。付僧のいない寺院では二畳台上や、その脇に梵音具が置かれていることが多い。踊り念仏などの儀式があったため、主として礼盤は用いない。僧衆は本山と同じくやはり導師にむいている点は仏前にむく他宗と異なる。

なお二畳台は、本来、遊行上人をお迎えする場合に用い、普段、末寺では一歩へり下って、一畳の台を鏡縁において使うことを原則としている。

供養具　歴代上人が遊行を主とされてきた関係で、前机に置かれた五具足とは別に御手《おて》香炉と称する香炉を用いて、導師が香と共に別に持ち仏前で薫じる。やり方は柄香炉と同じであるが、独特の桶《おけ》形の御手香炉を使う点が別でこれは時宗独特の香炉である。

※6　執啓堂は法主の次の位をさす。啓は慈悲門を開くという意味である。

※7　足下とは法主の膝下に侍して、親しく法主をたすける位。

※8　四院は桂光院其阿（ごあ）・洞雲院弥阿・興徳院覚阿・東陽院但阿の四院を指し、本寮という。総本山の役名。

※9　〈常住庵相阿〉・〈等覚庵梵阿〉の二庵を指し、四院の補欠の職である。この四院二庵の役を老僧という。

※10　慈照軒（桂光院配属）・臥龍軒（洞雲院配属）・文峯軒（興徳院配属）・萬生軒（東陽院配属）・これに衆領軒（桂光院がこの名をもつ、一山会下の首役）を加えて五軒という。

※11　十室は溪室・岩室・純室・連室・伝室・行室・学室・了室・聞室・安室の十室をさし、四院に所属している。

※12　室前は桂室前・洞室前・徳室前・陽室前を指す。在堪の平僧は、三年勤務してはじめてこの号に進む。十室の前であるから室前という。四院、四軒の下に配属している。

※13　茶執司は初めて宗門下に入った初在堪の者を指す。平僧ともいう。一般には門下に入って三年未満の者がこのように呼ばれる。

※14　当日供養の位牌は檀家から法事を申しこまれたその日の精霊を祀る位牌を指す。

本堂の外正面の山号額「登霊台」

後光厳天皇宸筆の勅額「清浄光寺」

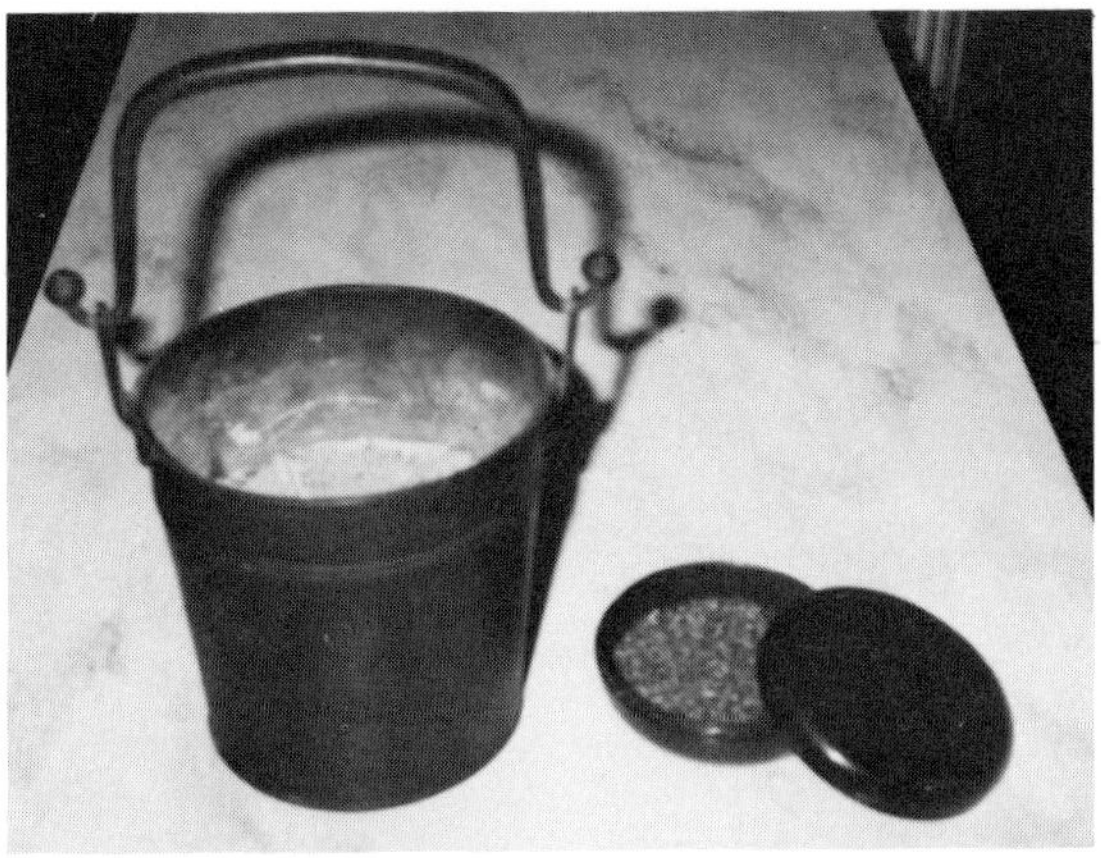

時宗独特な桶形御手香炉と香合

鉦箱に入った鉦鼓

末寺例・親縁寺の本堂内陣荘厳

三、特色ある仏具と使用法

(1) 御一《おいち》の匣《はこ》

一遍上人が、[※15]熊野本宮証誠殿の御神示を受けて成道されたことにより、本宗では熊野神殿を祀るが、遊行中にこれを祀る十二光の第一、無量光の笈《おい》匣が「御一《おいち》の匣《はこ》」と呼ばれるものである。昔は遊行で山野に宿り、仏閣・社頭に休む時、十二光三笈《おひ》匣を僧と尼との中間に置いて僧尼を別せしめたとある。それも時代を経るにしたがって、笈匣から輿《こし》にのせて遊行するようになっていった。現に江戸期のものと思われる御神殿の輿が宝物館に飾られている。

現在「御一の匣」は念仏賦算のお札箱《ふだばこ》と共に遊行上人のおそばに安置され、歳末別時法要の折は本堂に移されて古式にのっとり祀られている。

(2) 十二光箱

十二光箱は時衆が遊行をする時、必要なものを入れて背に負った箱である。この箱のふたには青白赤の三線が引かれ、中に通る白線を水（青線）と火（赤線）の中路として、来世と現世の境の二河白道になぞらえている。これは時衆の一行が遊行先の仏閣・社頭などに休む時、結界《けっかい》の役割をつとめ、御一の匣と同様僧尼の席をはっきりと区分させるためにも使用された。

一遍上人は始め笈《おい》匣を従僧に背負わせて遊行されたが、後に十二光箱を作ってその中に遊行に必要な祭具や十二道具などの最少限の生活道具を入れて遊行されるようになった。十二光三笈匣というのもここから出ている。

宗祖没一〇年後に描かれたという国宝『一遍上人聖絵《ひじりえ》』第六巻に、弘安五年三月、善光寺から奥州を廻っての帰路、鎌倉入りを果たせず、やむなく片瀬の館の御堂に泊まり、断食して別時念仏をされた段に、当時高名な願行上人の門弟・生阿弥陀仏が来臨して十念を受けられ、始めて十二光箱が出てくる。この信州・奥州へと廻られた長い旅では十二光箱のようなものは持たず、当時大都会であった鎌倉の隣、片瀬の館で、人数も急にふえ、生阿弥陀仏もしくはこの地方の貴族の方に寄進を受けたか、もしくは一行の中の誰かが作ったかのように考えられる。

それは箱というよりむしろ小型の机に近い。箱の一つ一つには阿弥陀如来の十二の別名、十二光仏の名が書かれていたために十二光箱と呼ばれた。これに上人が弘安一〇年三月に決められた十二道具を入れたことが聖絵第一〇巻にのべられている。なお第一一巻の終りに、観音堂の縄床で臨終近い上人最後の法談があり、弟子の聖戒が速記し、そのあと上人に読んでさし上げてそれを十二光箱に納めたとあり、これによってどのようなものを箱に納めたかがうかがえる。

このように初期時衆教団では、この十二光箱を移動のための祭具や諸道具入れ、また道場における僧座尼座の境をきめるためのものとして大切に使われていたが、歴代上人の時代がすすむにつれて、時衆は僧だけとなり、尼は遊行に加えられなくなり、歳末別時念仏会の報土（来世）と穢土《えど》（現世）との境にのみ使われるようになってきた。そして総本山遊行寺の明治一三年、四四年、大正一二年と続いた火事や大地震の災害のため、十二光箱は消失してしまった。

現在、群馬県安中市板鼻の聞名寺、愛知県碧南市築山の称名寺、大阪の藤田美術館に当時使用されていた十二光箱の一つがそれぞれ製作年代も異なるとみられるが現存している。総本山遊行寺にも当時をしのんで製作したものが宝物館に納められている。

(3) 時宗の十二道具

僧侶が生活をしていくための最低限に必要な道具、それが十二道具である。旅から旅へ遊行の生活をするこの集団では、移動という点で極端に簡素な生活をしなければならず、一遍上人は弘安一〇年

※15 熊野本宮証誠殿は和歌山県東牟婁郡本宮町の熊野本宮大社の旧称。熊野川の川口近くの新宮、それを遡った本宮、那智山の那智社を指して熊野三山という。古くから山岳信仰の霊地として知られ、奈良時代に入った修験僧により、平安期には熊野の修験道が成立している。この熊野を観音の浄土としての考えが、末法思想のひろまりとあいまって、阿弥陀如来の浄土とする思想がひろまった。近世に入って、頭に白布を巻いた勧進比尼が諸国をめぐって宝印を配り、仏教説話を歌いながら民衆を教化して歩いたが、明治維新の神仏分離令により、三山の仏教的色あいは払拭され三社各々独立の社格に改められた。旧証誠殿であった今の本宮の社殿は明治二〇年の再建である。〈文永一一年（一二七四）一遍上人は熊野に参詣し、証誠殿に参籠した。そして本地の阿弥陀仏である熊野大権現に神意を問うた〉

※ 歳末別時念仏に使用される十二光箱と御一の匣

遊行寺宝物館に飾られている御神殿の輿

当麻寺で供養を受ける時衆の段『一遍上人聖絵』第八部分

青・白・赤の三色のふたをした十二光箱(遊行寺)

熊野御神体(御一の匣)

十二光箱の一つ(聞名寺蔵)

一遍聖と熊野権現との出合い『一遍上人絵伝』巻三・四紙

三月一日、時衆の宗徒として生活に不可欠な十二の道具を示され、それ以外のものは不必要で持つべからざるものであるとされて、その一つ一つを阿弥陀如来の別名十二光仏にあて、それを用いる際の心掛けを示された。それが次の十二道具の持文「弘安一〇年三月一日制定」である。『一遍聖絵第一〇巻』のこれを訓訳すると次のようになる。

南無阿弥陀仏。一遍の弟子は当に十二の道具を用うるの意《こころ》を信ずべし。

一、引入《ひきいれ》（椀鉢）

南無阿弥陀仏。無量の生命たる名号は法の器なるを信ずる心。是れ即ち無量光仏の徳なり。

（無量の飯粒を盛り入れるものであるから無量の生命、無量光仏の徳に当てます）

二、箸筒《はしづつ》

南無阿弥陀仏。無辺の功徳、衆生の心に入ることを信ずる心。是れ即ち無辺光仏の徳なり。

（箸は食物を挟んで口に入れること無辺であるから、無辺の功徳が衆生の心に入るという無辺光仏の徳に当てます）

三、阿弥衣

南無阿弥陀仏。善をも悪をも同じく摂するは弥陀の本願なることを信ずる心。是れ即ち無碍《むげ》光仏の徳なり。

（荒い木の繊維で編んだ粗末な衣。編み衣から阿弥陀仏の阿弥にあて、また網にあてる。網はあらゆる魚を逃がさず捕えることから善悪の衆生を同じく摂取する無碍光仏に当てます）

四、袈裟

南無阿弥陀仏。苦悩を除くの法は、名号に対《なら》ぶもの無きことを信ずる心。是れ即ち無対光仏の徳なり。

（袈裟は苦悩を除きこれに敵対するものがない意味から無対光仏の功徳としました）

五、帷《かたびら》（夏衣）

南無阿弥陀仏。火変じて風となり、化仏《けぶつ》来迎したまうことを信ずる心。是れ即ち焰王光仏の徳なり。

（夏衣は炎暑をさけるもの、地獄の火が涼風に変る仏徳になぞらえて焰王光仏の徳としました）

六、手巾《しゅきん》（手拭《てぬぐい》）

南無阿弥陀仏。一たび弥陀を念ずれば、即ち多罪を滅することを信ずる心。是れ即ち清浄光仏の徳なり。

（手拭は穢《けが》れを拭《ぬぐ》うものです。罪を除き清浄にする徳になぞらえて清浄光仏に当てます）

七、帯

南無阿弥陀仏。廻光《えこう》囲繞《いにょう》して行者の身を照らすことを信ずる心。是れ即ち歓喜光仏の徳なり。

（帯が人の身をめぐるように仏の光が行者の身をめぐり、歓喜の心をおこすことから歓喜光仏の功徳とします）

八、紙衣《かみこ》

南無阿弥陀仏。行住坐臥とも念々に臨終なることを信ずる心。是れ即ち智慧光仏の徳なり。

（紙で作り渋をぬる、冬の防寒着です。破れやすいことから、念々臨終の意味で智慧光仏の功徳とします）

九、念珠

南無阿弥陀仏。畢命《ひつみょう》を期となして念々に称名すべきことを信ずる心。是れ即ち不断光仏の徳なり。

（念珠は畢命を期として念々に称名し、不断に繰《く》るものですから不断光仏の功徳といたします）

十、衣

南無阿弥陀仏。此人は人中の芬陀利華《ふんだりけ》なることを信ずる心。是れ即ち難思光仏の徳なり。

（法衣は世に尊重されるごとく、念仏者は人中の白蓮華〈すぐれた人〉であることを知らしめる意味で難思光仏にあてます）

十一、足駄

南無阿弥陀仏。最下の凡夫、最上の願に乗ずることを信ずる心。

※ 引入（椀鉢）・箸・箸筒

阿弥衣(金台寺蔵)

阿弥衣(網衣)

雪の常陸国を行く一遍の段『一遍上人絵伝』巻五・八紙　旅から旅へ遊行する時衆の生活がよくわかる

是れ即ち無称光仏の徳なり。

（足に履くものですから最下の凡夫になぞらえ、その凡夫が最上の願に乗托する意味で無称光仏の徳となります）

十二、頭巾《ずきん》

南無阿弥陀仏。諸仏の密意にして諸教の最頂なることを信ずる心。

是れ即ち超日月光仏の徳なり。

（頭に頂くことから諸仏の密意諸教の頂上の意味で超日月光仏の功徳とするのです）

本願名号の中に、衆生の信ずべき徳有り。衆生の信心の上に、十二光の徳を顕はす。他力不思議にして、凡夫思量し難し。仰いで弥陀の名を唱へて十二光の益を蒙れ。

南無阿弥陀仏。一切衆生、極楽に往生せんことを。

弘安十年三月朔日　一遍（原漢文）

（『一遍のことば』橘俊道著より）

(4) 持蓮華

まだ花ひらかない莟《つぼみ》の蓮華の形を木で彫刻した仏具で、法要の際手にもって用いる。花が開く前なので「未敷蓮華《みふれんげ》」ともいう。現在総本山の法座では法主、および法主から「足下《そっか》」の称号を許されたものが持ち、各寺院の法要では導師がこれを持って勤めている。この持蓮華は観音菩薩像に所持されるものをよくみる。また来迎の阿弥陀三尊の脇侍の観音が蓮華の台を捧げている。この蓮台に往生者をのせて浄土へ送るのである。このように観音像の持つ咲いた蓮華は悟りを開いたことをあらわし、莟の蓮華は仏果がこれから開かれる形を示している。時宗の持蓮華はこの観音のもつ未敷蓮華をとって法具としたものと思われる。迷いの凡夫であるわれわれが、阿弥陀如来の本願に托して浄土に生まれ、心の蓮華が花咲いて仏になるべき因位の行者であることをあらわしている。

この持蓮華は上人、導師が用いる外、次の場合にも用いられる。歳末別時念仏の時、報土入りする者が持つ。この場合の持蓮華は来迎の観音の蓮華をあらわし、その蓮華に包まれて浄土へ往生する心を示すものである。

また本山で晨朝勤行の際、修行僧の一人に蓮華番という係があってこれを持つ。六時礼讃[※16]がはじまって上人出堂、二畳台に登り礼拝が終ると、その係が進み出て前机左端に安置されてある持蓮華を執って上人に呈する。上人はそれを持って十念して返す。僧はそれを捧げて自席にもどる。礼讃が終ると僧は再びもとの位置に返す。この故実は、中国廬山の慧遠[※17]が白蓮社を結び六時礼讃を修したとき、時刻を知るために蓮華の形をした漏刻（水時計）を作って時を計ったことに由来する。一遍上人はこの故事にもとづいて、時を計る役目に持蓮華をもたせ現在にいたっている。なお六時礼讃は非常に長いお経なので時刻を知る必要があったのである。

四、特殊な法要と荘厳法

(1) 薄《すすき》念仏会（九月一四日）

荘厳方法　古くは屋外で修せられたもので現在は本堂内で行じられる。本堂の内陣、前机の前に大きな花瓶に薄《すすき》、青竹を入れて荘厳し、青竹には薄名号をかけて祀る。下陣には一八個の白張提灯を吊るす。内陣中央に荒むしろを敷き、上人の座である蓮華座を設ける。うしろに六役の僧が並ぶ。

儀礼　日中礼讃が修せられてから薄念仏がはじめられる。上人が紙衣《かみこ》をお召しになる儀式から始まり一〇八の鉦鼓をお打ちになって調声役と共に鉦鼓を首にかけられ、これを打ちながら薄名号のまわりを念仏行道するのである。踊ることはないが念仏の調子は踊躍《ゆやく》念仏の一種であることから、昔は「庭のおどり」とも呼ばれた。本来は八月一四日、盂蘭盆《うらぼん》中に修行したものが、近年では九月に修行されるようになった。これは上人の祖父通信公墳墓前でご供養されたのが始まりのようで、二祖上人が平将門の霊を鎮められた故事、

※16　六時礼讃は一切の衆生を勧めて西方の阿弥陀仏国に生ぜんと願ぜしむる礼讃の偈のことを指し、一日を日没・初夜・中夜・後夜・晨朝・日中の六時にわけ、それぞれの礼讃を含めて、六時礼讃という。

※17　慧遠は中国浄土宗の創唱者で東晋の僧。廬山に白蓮社を作り、念仏道場とし、浄土教の後世の高僧に強い影響を与えた。

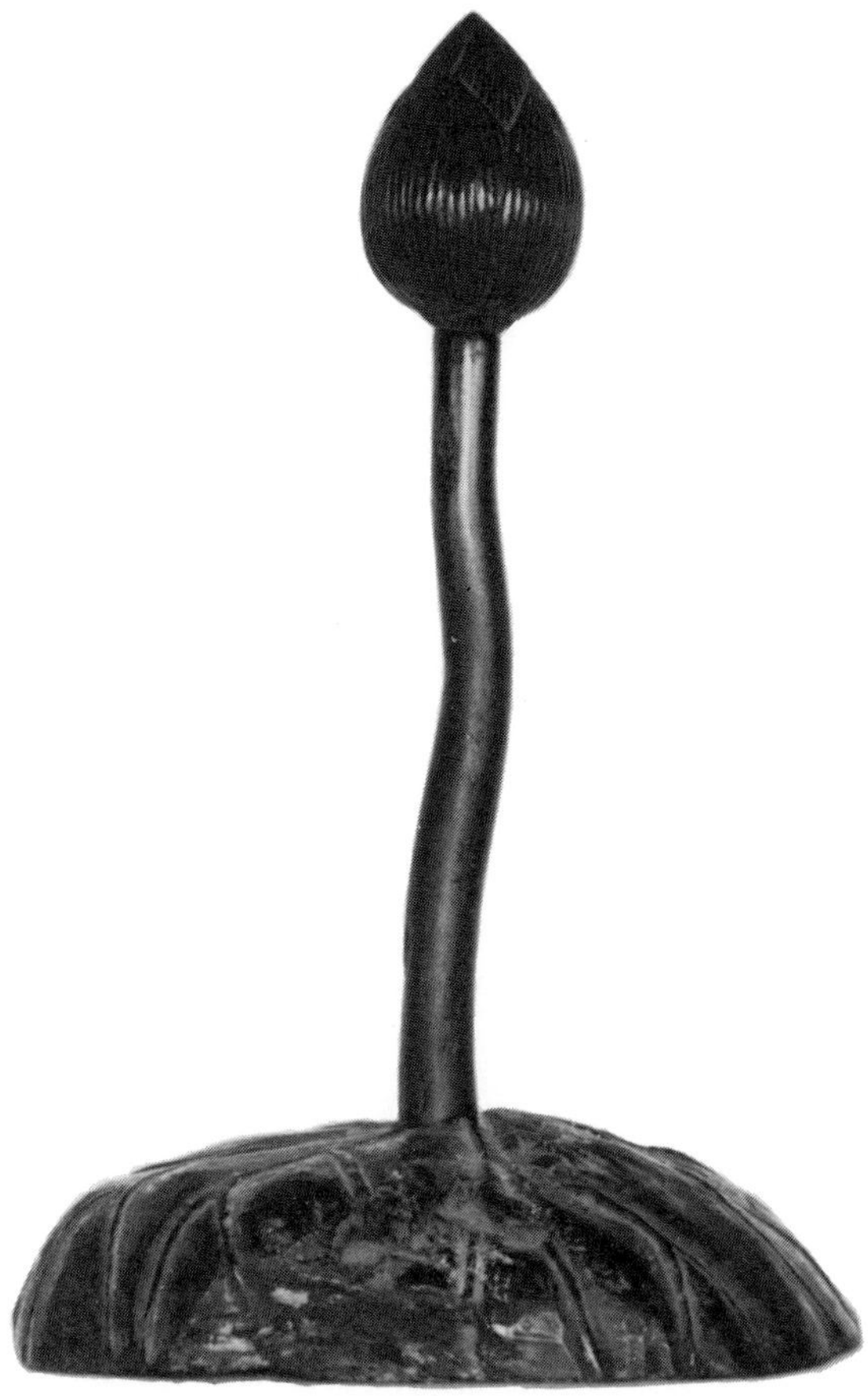

持蓮華

鉦鼓を打ち持蓮華を用いての念仏行道

薄念仏会の須弥壇と前机周辺の荘厳

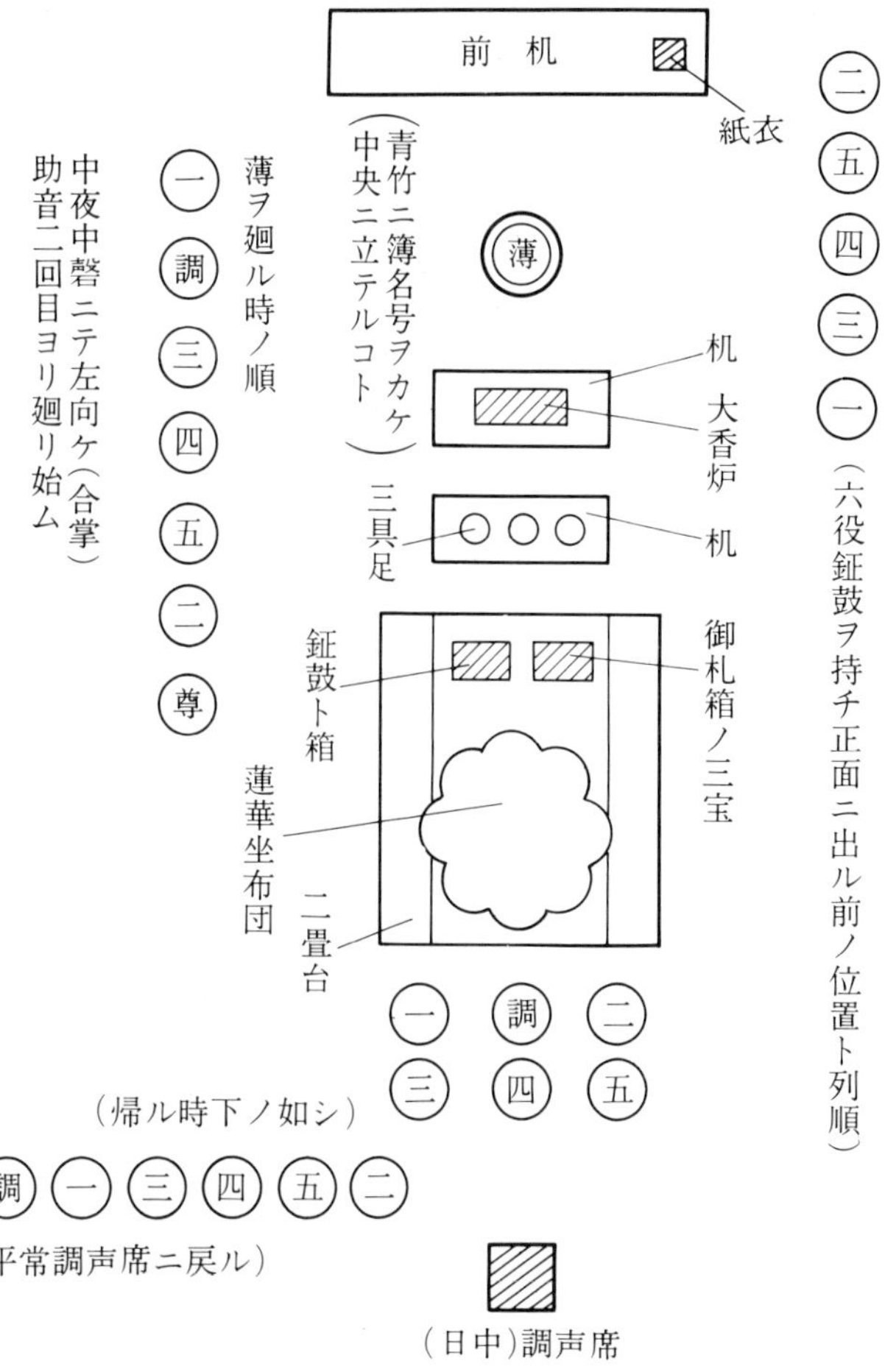

薄念仏六役列順と位置図

一四代上人が実盛の幽魂を化導された法要も薄念仏であったとされる。いずれも幽魂を鎮める儀式である。

(2) 歳末別時念仏会(一二月一八～二八日)

宗祖上人のときから修行され、それが伝承されている重要な法要の一つで、名のごとく昔は歳末の行事であった。近年では一一月一八日の「御連歌の式」に始まり、二七日夜の「御滅灯《おめつとう》の式」、つづいて二八日の「大御台《おおおんだい》の式」で終る。年の暮れに当たって一年の諸々の罪業を懺悔《ざんげ》し、心身ともに清浄になって新しい年を迎え、そこに念仏三昧《さんまい》、浄土への往生を体得する修行である。

荘厳方法　一八日より一山挙げてこの行事に入る。本堂内の荘厳は次のようになる。前机を後に寄せて、その前の両側に柱二本を立て、横棒をわたし、そこに「南無阿弥陀仏」と書かれた御名号を正面に、十八名号[※18]、報土名号[※19]と歴代上人の御名号軸がかけられる。その左端に「御一の匣」の熊野尊神が祀られる。その上に一遍上人啓示の相承の御軸[※20]がかけられ、前に三具足をのせた小机がおかれる。上人席には蓮華布団、お札箱、伏鉦《ふせがね》を置く二畳台が用意され、側に三宝にのせた御紙衣を置く。そして金屏風で後方を囲う。内近司の後方も白の屏風にて囲う。報土には白く塗られた規定の報土用具[※21]を組立て、その中間には上部を飾〆《かざりしめ》[※22]で結び上方に飾灯芯を張り、下に大皿一枚をおいた灯明皿をおく。正面中央の机の上には大蠟燭台一対・香炉・持蓮華・御手元過去帳台がおかれ、上人入堂後は御手香炉・香合がおかれる。内陣の正面手前の後灯には釈尊の御影一幅、綱、灯台(中には灯明皿、飾灯芯、上方に水引を結ぶ)と白布にて包んだ梯子が用意される。番帖席[※23]としては机一脚の上に大蠟燭台一対、香炉、三宝にのせた番帖・道場誓文・詰時目安帳などがおかれる。

尼座、僧座の柱には、三灯ずつの六灯が、それぞれ菰・抑《おさえ》・灯皿・敷物・土器と共に用意される。この外、滅灯の儀には近侍司は上人お出迎えお灯竃、正面片切念仏僧の使う大戒尺が用意される。また報土・後灯のための報土用具(白欅・芯切・消灯用皿・大箸《はし》・火打石とそれをうつかま、火口の入った箱・飾灯芯・灯明用灯芯・紙燭一〇本・付木三・鋏・少々ののり)が準備される。

儀礼　このように各係はそれぞれ諸準備して、二三日より御別行の詰時《つめじ》に入る。本堂の内陣と外陣の間には白幕がはられ、密室荘厳となり行事は専らその中で行なわれ、外部からはわからない。本堂内陣を極楽浄土と現世に分け、行者は詰時といって次々に交代して現世から浄土へ報土入りをする。そして、浄土内におられる遊行上人の前に出て、坐禅を組み、そこで罪障を懺悔し、臨終平生、念仏三昧の真義を体得し、上人から十念を受けて極楽への往生が完了、再び現世の世界に戻って衆生済度に奉仕するというのがこの行事の中心である。

二七日の夜の御滅灯の式は、「一ッ火」と呼ばれ、近在近郷大勢の人が参詣する。式の前に内陣の白幕は取り除かれ、前日同様、詰時の儀式、報土役の灯火の芯《しん》切り、報土掃除の儀が続く。

報土の大光灯の滅灯、点火の責任を持つ「報土役《ほうどやく》」と、後土の滅灯、点火の役を持つ「後灯役《ごとうやく》」は、この七日間、精進潔斎し、このことのみに心を砕く。お上人より「お暇十念」を戴いて真剣そのもののお滅灯の儀に出る。「報土役」が報土の灯火を一つずつ消していき、前後に大光灯と後灯だけが残る。両役は灯火の前に出て最後のこの灯火も同時に消して堂内は真の闇につつまれる。

この闇は、釈迦如来の死後、時代が遠くへだたった末法の時代にはその教えも滅亡すると経文にあり、その末法のともしびを失ったさまを現わしている。その末法の闇の中で、かすかな念仏の声がする。この末法の世に我々に救いの望みを与えるのは念仏のみである。遊行上人の幽音《ゆういん》念仏である。その闇の中で「カチッ」と火打石から発する火花が宙にとぶ。「見せ火」である。次の「カチッ」と打ち下ろされた火打石の火が「火口箱《ほくちばこ》」に入り「火口《ほくち》」に火がつく。それが徐々にもえ、それから付木に移され、紙燭《しそく》につけられ、報土、後灯の火が看六により交ぜ合わされて、その火が堂内諸灯に点火さ

※18　十八名号とは本堂の本尊前に鳥居の形に二本の柱を立てた上に、横木をわたした鳥居木と呼ばれるものの上方にかけた、仏・菩薩の名号の掛け軸。

※19　報土名号とは報土の位置に掛ける名号の掛け軸。

※20　相承の御軸は熊野大権現より一遍上人が神託を受けておくられた掛軸。

※21　報土用具は歳末別時念仏の時に用いる報土・後灯役の諸道具。

※22　「飾〆」とは別時念仏会で、報土名号の前の報土の上と、番帖席などの灯明台に施すもので、昔、遊行の折、別時念仏会を神社仏閣の社頭で斎行されたことに由来し、神聖な場所を周囲の汚れから断つ印《いん》(水引)として現在も用いられている。(写真左)

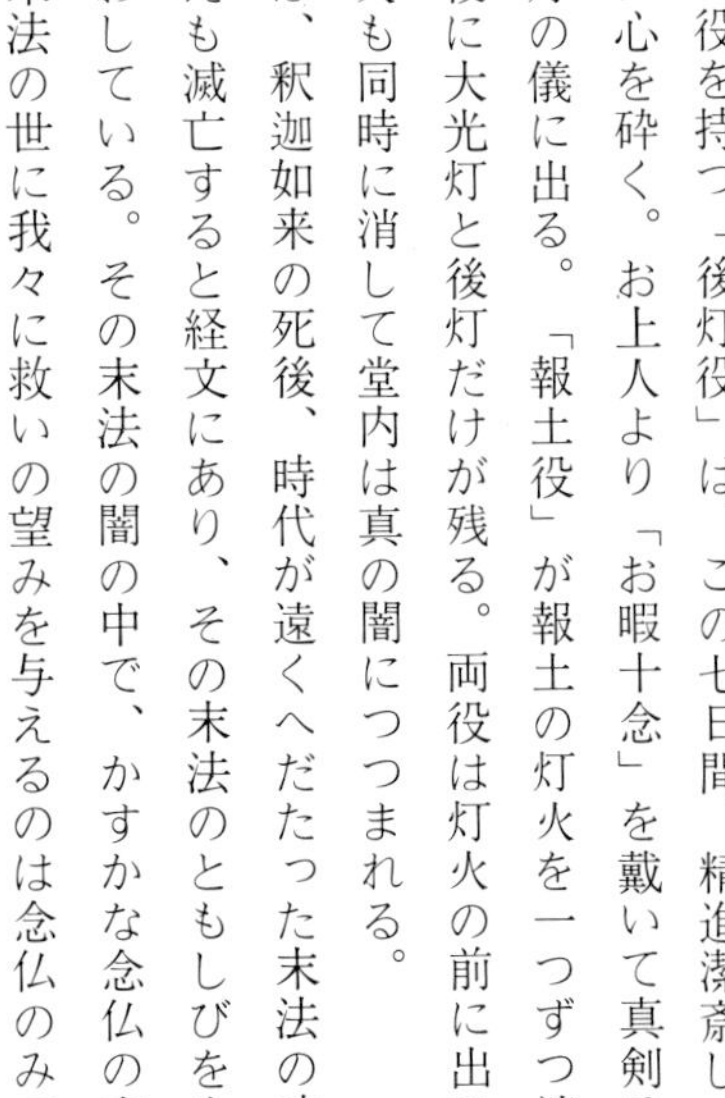

※23　番帖席の番帖とは別時念仏のときに、次つぎと報土入りをして詰時をする僧の順序(詰時する僧は、別時念仏の中で上人の前で罪障を懺悔して、臨終即平生の時宗の真意を体得する)を読みあげる僧のことをいう。

報土の上に置かれる飾〆を結んだ灯明台

歳末別時念仏会でかけられる各名号

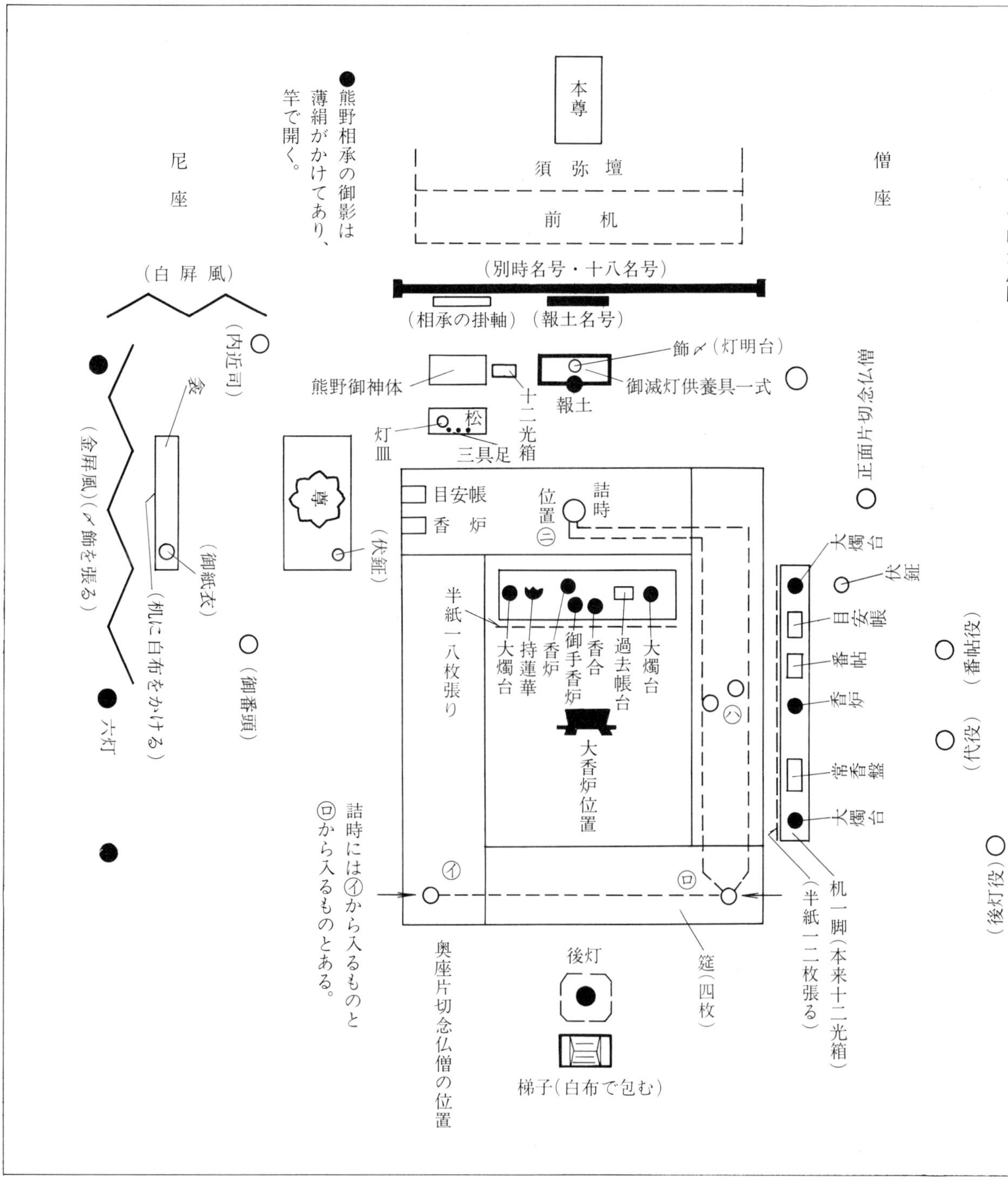

歳末別時念仏会詰時法座図

れ、再び明るい世界によみがえる。

この明るい世界は末法の時、もろもろの教が滅びても念仏の教えはますます盛んになるという表現である。これらの行事の間、特別なふしで念仏を合唱する。ナムアミダブツの「ア」と「ミ」を極端に引きのばし、「ダ」の音を高く張りあげるので、「アミひきダはり念仏」という。

「御滅灯」が終った翌日は「大御台《おおおんだい》[※24]、御戴物の式[※25]」である。この日、晨朝勤行が終ると同時に上人に新年お初の膳部を差し上げ、次に上人より捧げられたものを諸僧、ならびに参詣の人々に分け与えられる行事で、これは昔の施食《せじき》を儀式に残したものと考えられる。これによって歳末別時仏念はすべて終る。

五、服装と持ち物

遊行上人　遊行上人の服装は、一遍上人が遊行されていた当時の服装をいただいて、帽子《もうす》・襟《え》帽子・衣・袈裟（前五条または如法衣）・足袋など、着衣は上から下まで、すべて鼠色で統一されている。これは墨染の衣が日夜の遊行の旅で色あせて鼠色になったという故事からきている。この鼠色は遊行鼠といわれている色で、独特の染め方がある。

本堂へ出仕される時は助僧が御杖《つえ》、相番役が御手香炉、同近司が過去帳箱と香合、上人は首からお下げになったお札箱《ふだばこ》、数珠、持蓮華を持たれる。

一般僧侶　本宗一般僧侶の服装として袈裟には七条・横五条・如法衣・前五条などがあるが、特に横五条は他宗ではみられない。これは前五条を大きくしたもので、それを左肩から右脇腹へとかける。大師五条より一まわり小さく、通常の儀式の時に主に用いる。この時宗の前五条、横五条の肩にかける紐の部分のつけ根が外側だとその反対側の部分は内側に、二本あるもう一つの紐のつけねが内側のものは外側になるようにできている。これは襲法衣《かさね》を着てそれに腰紐をつける時、この袈裟の紐の内側の部分に通すと、きちっと袈裟が衣に押えられて作業がしやすくなる利点がある。袈裟の色は黒木蘭・壊色・青・錦・金襴・鼠などが使用され、これらはすべて法規にしたがうことになっている。

法衣としての衣は仏在世の時代に用いられたものは現在の袈裟で、いま衣と称しているのは中国で作られたものである。インドでは、僧伽梨《さんぎゃり》（九条～二十五条）、鬱多羅僧《うったらそう》（七条）、安陀会《あんだえ》（五条）の三衣に、比丘尼の僧祇支、厥修羅の二衣を加えて、僧の三衣と僧尼の五衣が用いられ、これ以外は許されなかった。これが中国に伝わって北魏の慧光が僧祇支に袖をつけ、衿を加えて褊衫《へんさん》と称するものを作った。それには腰下に裙子を着けるのを法とした。後に褊衫に裙子を綴じ合せて直綴《じきとつ》を着るようになった。これが時代と共に変遷し今日の法衣と呼ぶころも（直綴）にまで変化した。

本宗では直綴は十二襞で、また道具衣も足下衣も十二襞としている。

また特別儀式としての法類間の弔事、別時念仏会などには襲法衣《かさね》を着ることになっている。これは無襞、裳無衣で鼠色の無地の麻で作られている。またこれには腰に白布で巻いて作った紐をしめるようになっていて、儀式によって横五条をつけたり如法衣をつけたりする。

これら法衣の下には白衣または鼠色の着物を着る。この鼠色（薄墨色）の衣を着るのは宗祖上人が一化一四年の、風餐、露宿の遊行をされたため、黒衣が変じて薄墨色となった故事による。この鼠色の衣類は遊行鼠と呼ばれている。

（佐藤哲善）

※24　大御台・差定（定）

大御台	当	御番頭
二御膳	一番	内近司
三御膳	二番	内近司
御飯次	一番	近侍司
御菓子	三番	内近司
御　茶	三番	近侍司
御嗽水		近侍司

※25　御戴物・差定

御念珠		桂光院
正面御香炉	当	御番頭
後夜御香炉	当	内近司
御灯籠	当	近侍司
御箸		岩室
御筒		純室
御楊枝		伝室
御盆	当	甘膳司
御杖	当	御助僧

遊行上人着衣正面

遊行上人着衣側面

本堂へ出仕する助僧・相番役・上人・内近司

七　融通念仏宗の仏具

一、大念仏寺の本尊と荘厳形式

(1) 本尊の形式

融通念仏宗の本尊は十一尊天得如来、または単に十一尊仏と称する曼荼羅である。宗祖良忍上人（聖應大師　一〇七二〜一一三二）が洛北大原で念仏三昧中に感得したもので、上人に融通念仏を授与するために、阿弥陀仏が十聖とともに面り真相を現じたものである（『融通円門章』※1、『融通念仏縁起』※2）。上品下生印を結ぶ阿弥陀仏立像を中心に、その周囲を観音、勢至など十菩薩が囲繞する来迎相※3を示すが、宗意の上からこの曼荼羅は十界一念、融通念仏、億百万遍、功徳円満という教理を表現したものである。地獄界から仏界に至る十の世界も、我々の一念心のうちにおさまり、融通念仏を唱えるその当体に地獄や仏の世界がそこに現れると説き、一念心の発露によって我々と一切衆生ともどもに仏界に入ることを強調するのである。すなわち十聖によって十界を表示し、一念心を中尊阿弥陀如来によって象徴したものである。

この本尊に五幅あり、文政一二年の『大念仏寺記録』には次のように記している。

第一　宗祖感得之如来
第二　河内州観心寺観音大士之化現御筆　是れ二転仏と云ふ
第三　大和国春日明神筆　是れ三転仏と云ふ
第四　同州吉野蔵王権現筆　是れ四転仏と云ふ
第五　雍州石清水八幡宮筆　是れ五転仏と云ふ

五幅はいずれも寸分違わぬ画像であることはいうまでもない。観音、明神などの筆となっているのは、本尊に神威を与えるためではあるが、「霊験厳なること筆頭に尽し難し」とあるように、本尊に込められた並々ならぬ信仰を窺い知ることができる。※4五幅のうち第一の宗祖感得の如来は御本仏と称し、万部大法要、宗法両脈の相伝道場にのみ使用し、平素は宝庫に安置している。

本堂に祀る本尊は三転仏である。本尊は正面宮殿内に掛ける。宮殿扉は二重になっており、外側は引戸式に、内側は観音開きになっていて、さらにその内側には赤い金襴錦織の戸帳が下っている。普段、扉は閉っており、法要の際に開扉する。

(2) 本堂の荘厳形式

本尊を荘厳する種々の様相を本堂に探ってみよう。

本堂は単層入母屋、銅板葺、総欅造りの大建築で、昭和一三年に再建されたものである。木造建築としては大阪府下最大の威容を誇り、東西（奥行）四九・八m、南北（間口）三九・一mである。旧本堂は寛文三癸卯年三月、第四三世舜空上人のとき建立され梁行一六間、桁行一八間、単層入母屋、瓦葺、総欅造りであったが、明治三一年五月、祝融の災にあい阿弥陀堂、御影堂、納骨堂、位牌堂、斎堂、方丈、諸役寮とともに一朝烏有に帰した。

内陣　堂内に入ると内陣の華麗な荘厳が目を奪う。堂の大きさ

※1　元禄一六年（一七〇三）第四六世融観大通上人撰述、一巻。融通念仏宗の宗意を次の一〇項目に分かち述べたものである。一、教興の本縁　二、多聞の勧喩　三、略して宗名を釈す　四、法門の分斎　五、所被の通局　六、通修の要法　七、内衆の規則　八、国土を弁ず　九、仏身を明す　十、文義を解す
他に宗義の解説書として、『融通念仏信解章』上下二巻、宝永二年（一七〇五）大通上人撰述がある。

※2　良忍上人滅後一八二年の正和三年（一三一四）に初めて創られた縁起絵巻で、上下二巻から成る。上巻は良忍上人の伝記で、下巻は融通念仏の霊験記が書かれている。書写本、版本、模本合わせて二八本が見つかっている。清涼寺本、禅林寺本（ともに重文）は書写本として逸品である。版本としては明徳二年（一三九四）開版の明徳版本（重文・大念仏寺蔵）があり、当時としては画期的な試みで、美術史的にも印刷史上貴重なものである。

※3　十一尊仏は来迎相ではあるが古くから祈禱仏としても盛んに用いられ、今も御回在では各種祓えや祈禱が行われる。来迎仏と祈禱仏の二軸を有する末寺もある。

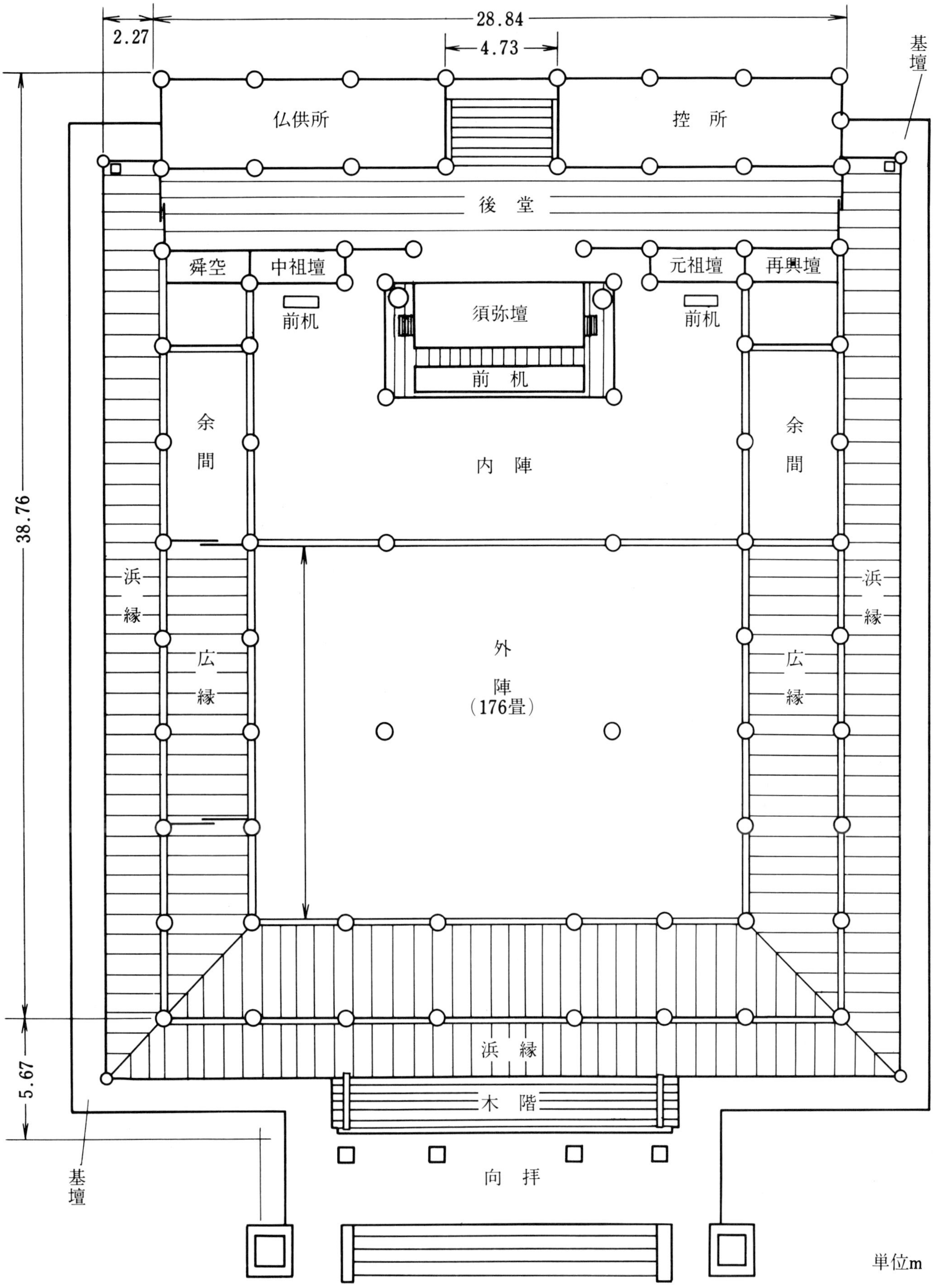
28.84
2.27
4.73
38.76
5.67
基壇
仏供所
控　所
後　堂
舜空
中祖壇
元祖壇
再興壇
須弥壇
前机
前机
前　机
余間
余間
内　陣
浜縁
浜縁
広縁
広縁
外陣（176畳）
浜　縁
木　階
向　拝
基壇
単位m

大念仏寺 本堂 平面図

もさることながら、各種荘厳具が格段に大きいことが目立つ。主な荘厳具の大きさを記すと次の如くである。

《正面》

須弥壇……和風三間造　間口六四〇cm　奥行三〇〇cm　高さ一二五cm
宮殿……三方妻造　屋根幅五六五cm　間口三三〇cm　高さ五三〇cm
扉内奥行五〇cm（奥行が狭いのは、本尊が掛軸であるため）
二脇侍……多聞天・八幡大士　像高二二五cm　台の高さ六〇cm
金銅燈籠……高さ一一五cm　台の高さ六〇cm
筒足(段盛台)……高さ一八〇cm　台の高さ三〇cm
常夜燈……高さ三九〇cm
前机……間口六四〇cm　奥行一二八cm　高さ一一〇cm
香炉……鼎形、獅子鈕付　直径八〇cm　高さ八八cm
常花……木蓮華　高さ三〇〇cm（瓶高さ八〇cm　口径六〇cm）
燭台……高さ一五五cm
上机……長さ一八六cm　高さ五二cm
花瓶……胴膨み　直径二二cm　高さ四五cm

《脇壇》

宮殿……元祖・中祖　屋根幅三〇〇cm　間口一七五cm　高さ二六〇cm
大通像……高さ一五〇cm

脇壇　本堂右脇壇の宮殿には宗祖良忍上人の木像を、左脇壇宮殿には第七世中興の祖・法明上人（一二七九～一三四九）の木像をそれぞれ安置し、前机に三具足、膳供※5を設ける。

本尊宮殿の右側には多聞天王(毘沙門天)、左側には八幡大士の二脇侍を安置する。多聞天王を祀るのは、鞍馬寺の多聞天が良忍上人の念仏勧進を冥助し、自らも日本国中の八百万神に日課念仏を勧め、※6名帳に名を記せしめた故事によって、融通護法神として尊ぶためである。また八幡大士は、※7融通念仏の法灯が約一五〇年間中断したとき、石清水八幡大士が宗宝、血脈などを守り伝えて、法明上人に※8伝授したという理由によって、これを宗門鎮守神として崇めるのである。この二脇侍は木像極彩色で、大正時代の彫刻の大家、新納忠之介の作である。須弥壇上前列には中央に金銅燈籠を挾んで両側に段盛台を置き、餅、菓子、果物などを盛る。前机には五具足、膳供などを設ける。前机中央前に礼盤を置き、その上に天井から人天蓋を吊す。左右の天井からは幢幡を吊す。

維那場　内陣中祖壇の前方、外陣との境近くに維那場をしつらえ見台、大磬・伏鉦・音木・木魚・引磬・槌砧・双盤・鈸・銅羅(鐃)などを備える。

結界　内陣と外陣には四五cmの高低をつけ、結界を設ける。内陣格天井は羅漢、花鳥、飛天などを極彩色で描いた絵天井になっている。

余間壇　右手余間壇に第四六世、再興の祖と仰ぐ大通上人（一六四九～一七一六）の倚像と融通列祖の位牌を安置し、三具足、膳供を設ける。左手余間壇には第四三世、舜空上人（一五九八～一六七四）の木像（厨子入り）を祀り、三具足、膳供を設ける。

後堂　後堂に回ると、須弥壇の真裏に釈迦三尊像の壁画があり、その前に前机を置き三具足、膳供を備える。後堂より入堂の節は、「昇無上堂　安住不動」の偈を唱え、この尊像に一揖する。出堂には「帰僧息諍論　同入和合海」と唱える。

二、末寺の荘厳形式

(1) 本堂形式の由来

本堂とは本尊を安置し、荘厳し、供養するための堂であるのはいうまでもない。南都をはじめ古寺院でこれを金堂と称するのは、堂内を金色で荘厳したなごりというが、この場合、堂はそれ自体が仏壇といってもよい造りになっており、本尊を中心にしてその周囲を行道《ぎょうどう》する空間がある程度で、内外陣の区切りもないものが多い。これを南都形式と呼んでおこう。

※4　教師となるためには毎年一回、本山で行われる夏の修行（夏安居《げあんご》）四回、および三年に一度の冬の加行《けぎょう》二回を受けなければならない。加行のうち一回目は法脈といって、戒律と法の血脈を授かり、二回目は宗脈と称して、宗儀の密意を伝授する。

※5　煮《に》御膳と生《なま》御膳とがあるが、煮御膳は半斎勤行時に供え、日中には生御膳にとりかえる。法要、式典などには生御膳を用いる習わしがある。

※6　融通念仏を称えることを誓約して、名前を記す帳簿のこと。鞍馬寺の毘沙門天が良忍上人の許に来現して「念仏の名帳に入るべき旨を自称して」五一二人の次にこれに記名した故事があり、また上人が答礼のため同寺に詣でて通夜念仏したところ、上人に神々の名を記した「神名帳《じんみょうちょう》」が授けられた。

※7　その傍系は信州善光寺、美濃谷汲山、叡山楞厳院、京都清凉寺、永観堂、法金剛院などで、理円、遊山、道御などによって相伝弘通されていた。

※8　これを神明《しんめい》再授といい、元亨元年（一三二一）のことである。ここに融通念仏の法灯がよみがえることになり、法明上人を中興の祖として仰ぐのである。

大念仏寺 本堂 内陣

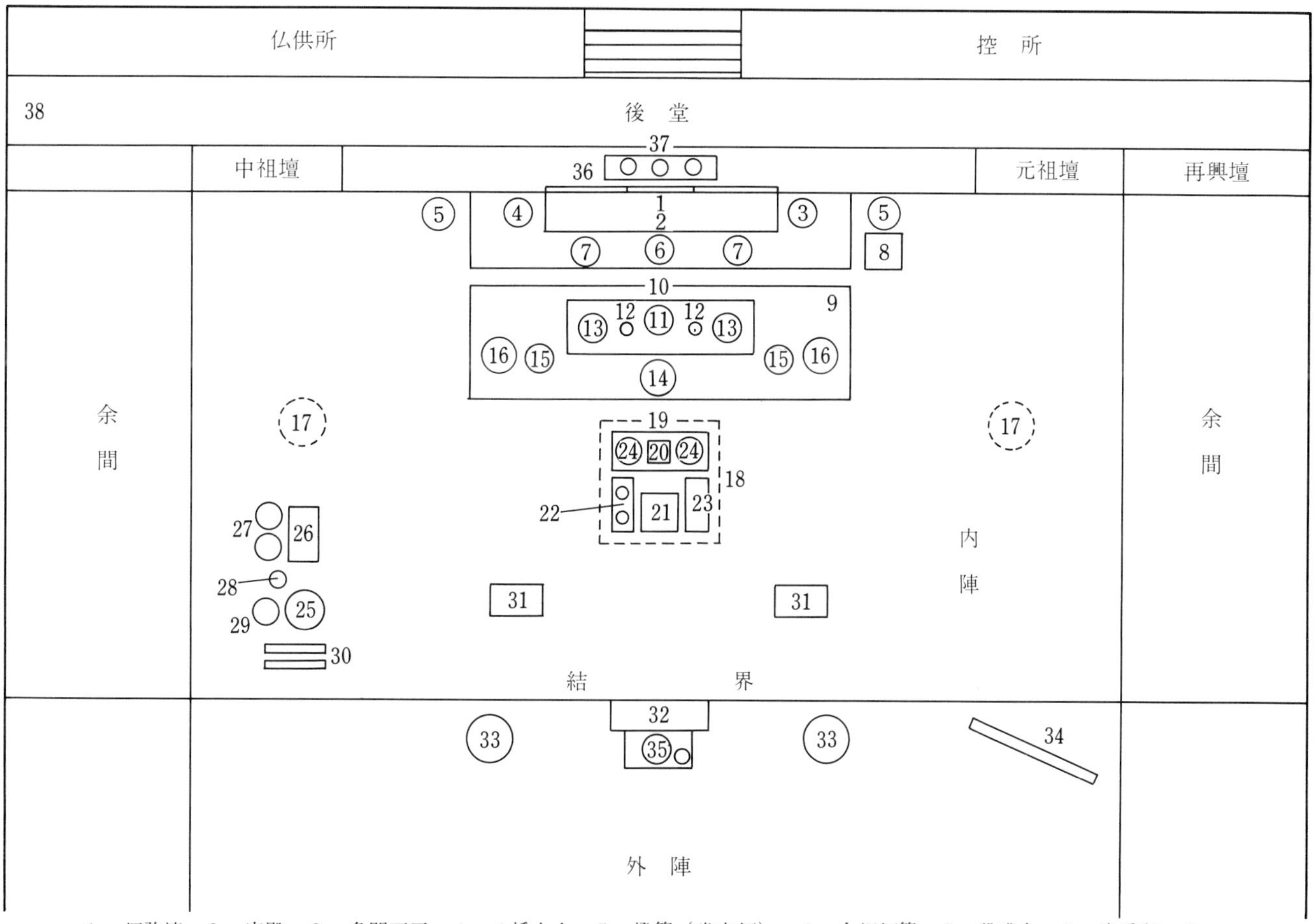

1．須弥壇　2．宮殿　3．多聞天王　4．八幡大士　5．燈籠（常夜灯）　6．金銅灯籠　7．段盛台　8．常香盤　9．前机　10．上机　11．膳供　12．供物杯　13．花瓶　14．香炉　15．燭台　16．常花　17．幢幡　18．人天蓋　19．前卓　20．説相箱　21．礼盤　22．洒水器・塗香器・散杖（脇机）　23．磬台　24．灯台　25．大磬　26．見台（経机）　27．鉦鼓　28．木魚・音木・引磬・鈸・銅羅　29．槌砧　30．双盤　31．経机　32．賽銭箱　33．献灯台　34．棚　35．焼香台　36．後堂仏壁画（釈迦三尊）　37．三具足（前机）　38．喚鐘

大念仏寺 本堂 仏具配置図

しかし時代が下ると、本堂は先の目的以外に大きな役割を持つようになる。本尊を安置する堂に参詣者が集い、法要に参列し聞法するのに適した堂内配置に移行していくのである。ここでは本尊を安置する内陣と、参詣者が集う外陣との区別が生じ、できるだけ多くの参詣者を収容するために、堂自体も大きくなり、外陣が内陣よりも広い面積を占めるようになってくる。これを本願寺形式と呼べば、融通念仏宗寺院は南都形式と本願寺形式を巧みに取り入れた一般的檀越寺院の本堂形式をとっているといえる。ただ概して内陣は外陣よりも広い傾向があり、聞法中心の本願寺形式に比して、法要と僧侶の看経、修行に主眼を置いてきた事情が窺える。総本山大念仏寺の荘厳具が真宗本山寺院のそれと較べて大きいのも、こうした事情と無関係ではないと思われる。

(2) 末寺本堂の形式

さて末寺の本堂は、総本山大念仏寺のように内外陣に高低をつけるところもあるが、概してそれがなく、結界のみでしきっている場合が多い。年代を遡るほどその傾向が顕著である。また結界に御簾を垂らすところも多い。内外陣の高低と御簾は、寝殿造りを本堂建築に取り入れた結果である。

内陣と本尊　本堂内正面須弥壇上に本尊を安置する宮殿※9（厨子）を置くのはほぼ共通しているが、その寺の本尊は一定していない。阿弥陀如来像が最も多いが、立像、坐像とこれも一定でない。阿弥陀如来以外に薬師如来、観音菩薩、地蔵菩薩を本尊とするところもかなりの数にのぼっている。材質は木像が圧倒的であるが、金銅や石造も見受けられる。

このように総本山と異なる大きな点は、正面厨子に十一尊天得如来画像を奉祀する寺はきわめて少ないということである。十一尊仏は黒漆塗りの木箱に納めて脇壇に安置するか、もしくは御内仏※10に祀るかのどちらかである。多聞天と八幡大士は、総本山のように正面厨子の両側に安置するが、場所の関係上、脇壇に安置するところもある。

脇壇　脇壇は、木像か画像かの別はあるが、右に元祖、左に中祖という形式は必ず踏襲されている。また元祖脇に再興上人の位牌または像を祀るのも一定している。

位牌壇　末寺には位牌堂を有するところが極めて少ないところから、内陣側面に壇をしつらえ、祠堂位牌や諸仏諸尊を祀るところも多く、また納骨壇を設けるところもあり、それぞれその寺の特異性が発揮されている。

要するに正面に（その寺の）本尊、多聞天、八幡大士、右脇壇に元祖、再興、左に中祖を奉祀するのが本宗の規則である。

供養具　本尊前机の五具足、膳供（仏飯、茶湯を含む）、笥足など一定している。五具足の配置は中央に香炉、その外に燭台、さらにその外側に花瓶を置く。ほとんどの末寺は常花も備えているが、この位置は前机の最も外側である。脇壇には三具足、膳供、笥足を置く。

梵音具　正面に礼盤、中祖壇前方に維那所を設け、梵音具を配するのもきまりである。梵音具は総本山と同様であるが、槌砧は平素用いないところが多く、梵鐘も必需品ではない。但し半（喚）鐘は必ず備えるものである。また双盤については、これを有する寺院は少ない。しかし注目すべきことは、双盤所有寺院の中には鉦講、六斎講の名称で古くから講中が組織され、念仏に曲節を附し、それに合わせて緩急自在に鉦を打つ鉦講念仏や六斎念仏を伝えているところがあるということである。

荘厳具　その他、天蓋、幢幡、華鬘、幡、柱聯、燈台、釣燈籠、燈籠、常香盤、水引、戸帳、打敷などの荘厳具は、あればそれに越したことはないが、必ずしも備えなければならぬものではない。仏祖に対して香、花、灯、飲食の供養に事欠かぬ最低限の仏具だけは完備しなければならぬということである。

※9　総本山、末寺を問わず、正面宮殿（厨子）の前面に十一尊仏の掛軸を懸けるため、鉗《かん》（鉤状の釘）をとりつける。総本山では宮殿が大きいため破風の拝み部分の内部（懸魚《げぎょ》の内側）に、末寺では正面天井から別木を打ち、これに鉗をとりつけたものが多い。

※10　庫裡の一室に小形の仏像または画像を安置するところ。一般には持仏堂にあたる。

※　大念仏寺の山門。

大念仏寺左脇壇（法明上人の木像を安置）

十一尊天得如来

大念仏寺　右余間壇（大通上人像を安置）

三、使用仏具の特色とその使用法

融通念仏宗で用いる仏具については他宗と共通したものが多いが、それらの中にはその用所、用法において独自のものがあることも見逃せない。いまは宗内で使用される一般的仏具について記し、特に独自性のあるものについてのみ説明を加えることにする。もっとも宗内末寺の中には特異な儀式、法要を有するところがあり、それに使用される仏具もまた特異性をもっていて一様でない点もあろうから、それらについては記し漏れがあるかもしれない。

(1) 荘厳具

宮殿(厨子)・須弥壇・仏天蓋・人天蓋・前机・上卓・礼盤・半畳・脇机・華鬘・打敷・水引・経机・見台・幡(和、唐)・幢幡・聯(柱聯)・五色幕・提灯・本尊立台などの荘厳具を使用する。

水引　平素は紫または紺地に金欄刺繡紋を用い、大法要、遠忌、落慶、晋山などの慶事には赤地を用いる。

幢幡　本来、幢と幡は同義語として使われるが、ここでは本堂内陣天井から吊す金箔木製、錦織布製のものをいう。木製が最も多く、六角柱になっていて、上部に龍頭、下部に幡を揃え瓔珞を垂らす。上部六面に文字を記入する。総本山大念仏寺のものは長さ五mあり、六面の文字は次の如くである。

〈右〉一人一切人　一切人一人　一行一切行　一切行一行　南無阿弥陀仏　寄進者

〈左〉十界一念　融通念仏　億百万遍　功徳円満　南無阿弥陀仏　寄進者

(左右とも宗義の根幹を示す語句で、良忍上人が阿弥陀仏から直授された仏勅である。寄進者の所は左右とも、昭和一三年五月　第五十九世職　法照寺檀中竹腰重三郎　田中貞次郎である)

また華厳経に説く十二力、速疾周偏神通力　普門偏入大乗力　智行普修功徳力　威神普覆大慈力　偏浄荘厳勝福力　無著無依智慧力　定慧方便諸威力　普能積集菩提力　清浄一切善業力　摧滅一切煩悩力　降伏一切諸魔力　円満普賢諸行力を書く場合も多い。

半畳　礼盤上に敷く畳のこと。大きさは畳の半分であるところからこの名があるが、厚さは普通の畳の二枚分程あり、二畳台とも称する。礼盤以外にも、大法要における法主や紫金職[※11]の仮座に用いる。

打敷　必ず四角いものを用いる。色については水引に準ずる。

幡　裂製、板、紙を用い、堂内の他に庭や天蓋あるいは万部法要の橋梁の柱に使う。送葬には白紙で四本を用い、「諸行無常　是生滅法　生滅々已　寂滅為楽」の偈を分書する。施餓鬼には白紙または素絹に如来名を分書し、小さい五色幡を供物に立てる。

柱聯　「十界一念　融通念仏」と「億百万遍　功徳円満」、または「一念懈怠宝池蓮萎　億百万遍功徳損減」と「一念精進宝池蓮開　億百万遍功徳成就」の対句が最も多い。

本尊立《たて》台　十一尊仏の掛軸を開帳して厨子にかける場合を除いて、この本尊は漆塗りの木箱に納めて立て台に安置する。立て台は脚が短かく背もたれの長い椅子状のもので、簡素なものから獅子頭、蓮台などで装飾した豪華なものまで様々である。

(2) 供養具

本宗で使用する供養具には以下のものがある。燈籠・燈台・燭台(火立)・釣燈籠・献燈架・手燭・香炉(火舎、鼎形その他)・象炉[※12]・常香盤・柄香炉・常花(木蓮華)・華籠・華瓶・三方・懸盤膳・椀・茶湯器・仏飯器・閼伽桶・鉢(金銅、乾漆)・閼伽器・衣裓《えこく》・箚足・生飯台・舎利塔・水板。

花供養について　法儀作法の一例として、散華と華籠について次のように制定されている。

一、散華…華葩ハ右手ノ頭中ノ二指ニテ取リ目ノ線ノ高サヨリ之ヲ散ズ。散華ニハ紙製ノ華葩ヲ用フルコトアリ　又、枝散華ト称シテ桃桜等ノ生花ノ葩、樒ノ葉ヲ用ヒ、

※11　住職経験二〇年以上の教師の中から、最も法臘《ほうろう》(僧侶になってからの年数)の古い者を一年ごとに選んで、万部法要、三祖御忌など大法要の前座の導師とする。一臘職ともいう。(写真は右余間で行われる紫金職の任命式)

※12　これを用いるのは加行および伝法の入道場のときで、男は左足から、女は右足から跨ぐきまりになっている。足香《そっこう》ともいう。

大念仏寺　本堂　宮殿

大念仏寺　本堂　内陣の絵天井と幢幡

大念仏寺　本堂　内陣の人天蓋

枝散華賦時胸前中啓開花部分其上載。而散華当樒葉、桃桜如花其花摘採之散。行道際於枝散華持方柄方右方、葉又花附着方左方向左手持右手摘採散華。

一、華籠……華籠賦撒扇子懐華籠紐赤一筋手前右手中央捧左手三筋紐手操添進経机前蹲踞先紐、次華籠置扇子取一揖後起立、先一人導師賦次両人左右見合所作。衆僧多時座奉行之助。賦華籠把時右手中啓持儘両手華籠捧持起立。起立畢中啓懐中華籠左右両紐両手中指頭指間挾他赤紐前方。

生《なま》御《ご》膳《ぜん》供《く》について　平素は金または黒漆塗り三方を用い、大法要、慶事には朱漆塗り三方を用いる。海・山・野・里の産物を、そのものの姿のまま清浄新鮮にお供えする。

海のもの……昆布、海苔、わかめなど。

山のもの……山の芋、仏掌薯（つくねいも）、山百合根、筍、椎茸など。

野のもの……人参、大根、牛蒡、蓮根、茄子、胡瓜など。

里のもの（加工食品）……高野豆腐、湯葉、寒天、素麺など。

同じ生御膳でも末寺で修行される伝法には荘厳御膳と称し、材料は普通の生御膳と同じようなものを用いるが、その日の行事や儀式に因んで、蓮の花・念珠・末広・塔・松などを形どった作膳をする。これは御膳方と呼ぶ熟練の僧が特に各自の個性を発揮して作るもので、材料、形にもそれぞれ特異性がある。

煮《に》御《ご》膳《ぜん》供《く》について※13　懸盤膳を用いる。色は前に準ずる。塗椀に飯、汁、煮物などを盛りつける。

勤行式

晨朝　香偈、七奉請（大鏧）、礼文（三拝白槌）、読経（華厳経行願品 導師…磬 維那…音木）、発願文（伏鉦）、大念仏（如法念仏、伏鉦）、恩謝回向（伏鉦）

半斎供儀　三奉請、香偈、甲念仏、献供偈（以上大鏧、三拝も大鏧）、読経（梵網経菩薩戒品 導師…磬 維那…音木）、咒願（伏鉦）、大念仏（如法念仏、伏鉦）、回向（伏鉦）

日中　香偈、礼文（三拝白槌）、歎仏偈（大鏧）、続経（法華経寿量品 導師…磬、維那…音木）、大念仏（如法念仏、伏鉦）、恩謝回向（伏鉦）

日没　香偈、礼文（三拝白槌）、懺悔文、三帰文、七仏通戒偈、総願（四弘誓願）、別願（以上大鏧）、歎仏（大鏧）、読経（阿弥陀経、導師…磬 維那…音木）、礼讃（大鏧、引鏧）、無常偈（伏鉦）、大念仏（如法念仏、伏鉦）、恩謝回向（伏鉦）

晨朝、日中、日没を三時勤行といい、半斎とは元来朝粥と中食の中間にとる小食を意味するが、本宗では晨朝後直ちに勤める勤行をいう。このときに茶湯、仏飯、供物を献じる。

(3) 梵音具

本宗で使用する梵音具には以下のものがある。梵鐘・半（喚）鐘・伏鉦（鉦鼓）・双盤・大鏧・引鏧・磬※14・鰐口・音木※15・木魚・槌砧※16（白槌）・雲版・木板・鈸※17・銅羅・沙張・太鼓・戒尺※18

伏鉦・鉦鼓　寺院では甲乙二双を並べ打つのが通例である。本宗ではあらゆる梵音具の中で最もよく使用する。

〈亀《かめ》鉦《がね》について〉　鳥羽上皇は良忍上人の念仏勧進を助けるため愛用の鏡を鉦に鋳かえて上人に下賜され、以後念仏行脚に役立ててきた。これを鏡鉦と称していたが、元亨三年（一三二三）、中祖法明上人は加古教信寺へ参詣の途中、鳴保崎沖で大しけに遇い、鏡鉦を海中に沈めて竜神の怒りを鎮めたところ、帰途大亀が法明上人にその鉦を返しに現れた。この奇瑞に因んで鏡鉦を亀鉦と改称し、総本山寺宝の第一に挙げ、大念仏寺を亀鉦寺の別名で呼ぶほどになった。亀鉦の形は普通の鉦と変わりないが、霊亀の背に載せるようになっており、別に蓮茎を模した掛台がある。これを鳴らすのは歴代法主の晋山式だけである。

〈融通如法念仏について〉　法照の五会念仏の流れを吸むものとい

※13　大法要には煮御膳供と生御膳供の両方を行なう。半斎には煮御膳を供え、それが済むと生御膳にとり替える。

※14　普通にいう拍子木のこと。本宗ではこれを搥《つい》木《ぎ》と呼び習わしているが、本稿では音木に統一しておく。この打ち方は文字と文字との間に打つ。文字の頭に打つことを「頭打ち」といって違法とされる。鉦を叩いて念仏するときも同様である。

※15　本宗の勤行式（三時勤行と半斎）に、木魚を用いるのは違法である（音木を用いる）。しかし静かな音と便利さが尊ばれ、一般に流布している。心読念仏にはこれを用いることが多い。

※16　本宗では特に白《びゃく》槌《つい》と称し、三時勤行の礼《らい》拝《はい》、着座・起立の合図にこれを打つ。また加行、伝法の礼拝行に用いる。

※17　鈸とともに用いるもので、鐃《にょう》ともいう。

※18　授戒のときに用いるもので、音木の一種である。上木は下木よりやや小さく、上木に木の鈕がついていて上木を下木に打ちつけて鳴らす。僧侶の加行、在家伝法の授戒道場に使用する。

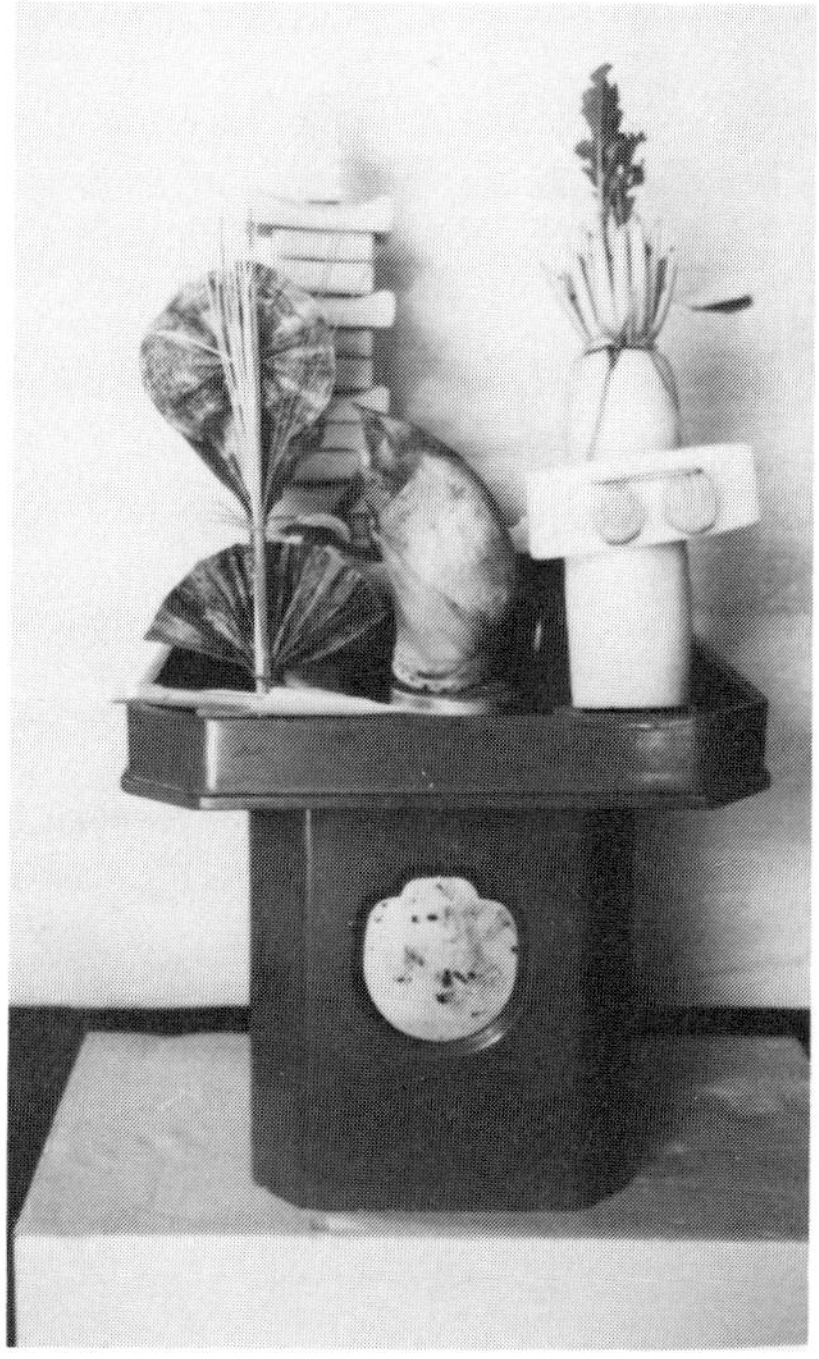
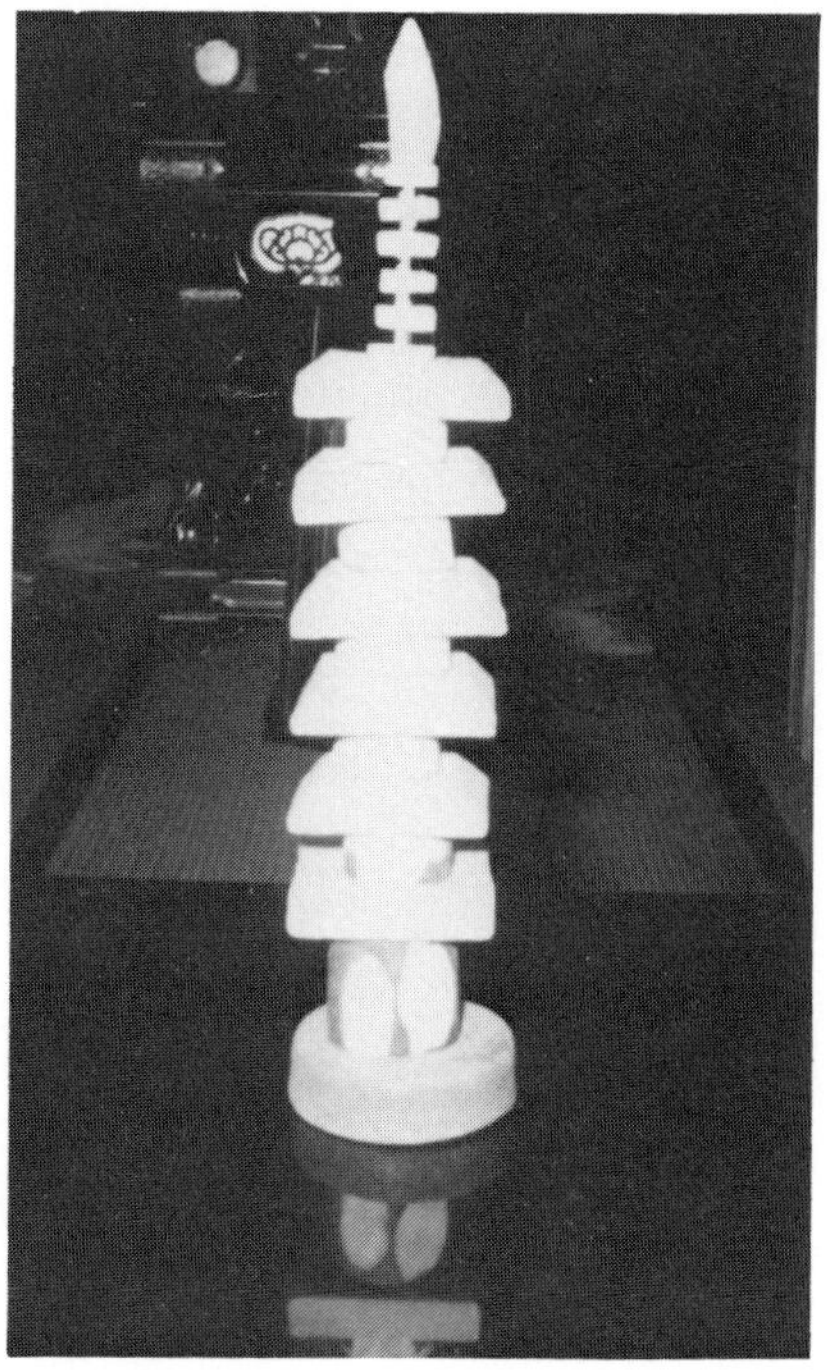

伝法荘厳御膳の一例（右＝伝法最終日，法の実を結ぶにたとえ琵琶の結実を用いる。中・左＝仏門帰依の喜びを表わすものとして末広（昆布）蓮花（大根・豆）などと並んで，塔建立の大願を表わす）

亀鉦と掛台（大念仏寺蔵）

大念仏寺 本堂 内陣の納骨壇

われ、宗祖正伝称念宝号の念仏という。念仏に音曲を附しそれに合わせて鉦を打つが、仏教声楽としての旋律は我々の心奥の邪念を払拭する価値あるものである。鉦の打ち方も、大小緩急など変化に富む。これは九品浄土に配して上品上生にいたる断惑証理を表わし、ついには相対的な九品浄土をも消除し、生仏不二の境地に入らしむるものである。九品返し、六品返し、三品返しの三通りがある。

双盤　昼夜六時の勤行のうち初夜と後夜に打ち鳴らすことが習わしであった。その鳴鐘法は、一百八下(大二十七下——摺鐘七下[※19]——摺鐘・大五下——大七下——摺鐘五下——摺鐘・大三下——大五下——摺鐘三下——摺鐘・大三下——従大漸小二十一下——従大漸小二十一下——大一下)となっている。また『大念仏寺記録』には寛文六《丙午》一〇月一五日、舜空上人によって常念仏が開始されたことが見え、それにも双盤が用いられたらしい。常念仏または不断念仏は近年中絶している。現在、総本山では本尊の開閉扉、百万遍数珠くりと施餓鬼の念仏に用いる。

揵稚法について　本宗の『法儀作法の一例』に以下のように定められている。

鳴鐘作相次第

先　到鐘所合掌唱曰　南無十方一切常住仏　南無十方一切常住法　南無十方一切常住僧

次　偈文　願諸賢聖　同入道場　願諸悪趣　倶時離苦

次　作相(別記)　念訖執杵定心撃之

次　総回向文　十念

鳴鐘作相

楼鐘[※20]…一十八下或八一百八下(始、捨鐘三下　終、息椎二下)

殿鐘[※21]…一百二十下(虚揩十下——漸希大二十七下——声尽至大三下——虚揩漸大十八下——声尽至大四下——漸小十八下——虚揩十下——漸希大二十七下——声尽至大三下終息椎二下)

四十下(虚揩十下——漸希漸大二十七下——声尽至大三下)

五十四下(従小至大二十下——稍小二十一下——小十下——大三下)

七・五・三　二十七下(大七下——漸小漸大至《ニル》——大七下——至漸小——大五下——従漸小至漸大——大五下——至漸小——大三下)

七・五・三　十五下(大七下——漸小——大五下——漸小——大三下)

右のうち殿鐘二十七下を一番鳴鐘といい、勤行一五分前に打ち後堂に集合、十五下を二番鳴鐘といい勤行開始を告げる。

厨鐘…旦粥《ニハ》之《ヲ》撃《コト》八下。中斎《ニハ》五十四下。茶時《ニハ》三下。

小鐘…法主登殿《ノ》時方丈前《ノ》小鐘《ヲ》七下《ス》。

板……早晨《ニ》驚覚《ノ》偈《ヲ》唱《ヘツ》木板《ヲ》打《チ》鳴《ス》。敬《テ》白《ス》大衆《ニ》生死事大、無常迅速、各宜《シク》醒覚《シ》慎《シデ》勿《レ》放逸《ナル》

雲版…初《メニ》鐘《ヲ》聞《テ》集会所《ニ》至《リ》当《ニ》雲版《ヲ》鳴《スコト》三下《シタラバ》衆僧之《ヲ》聞《テ》袈裟《ヲ》着《シ》威儀《ヲ》整《ル》。

大鏧…初《メニ》二下(小大)中間一下、終《リ》三下(大小大)。三拝《ニハ》先一下、次二下、終三下。但《シ》三時勤行《ニハ》白搥《ヲ》用《ユ》。

磬……先一下、次《ニ》柄香爐《ヲ》取《リ》一下、次《ニ》経《ノ》首題一下、次《ニ》二下、経《ノ》終《リ》三下。

鈸……鈸《ヲ》打鳴《スルニ》序《ト》上中下《ノ》三段《アリ》其《ノ》数《ハ》二四四三三四四二二四四一、合《シテ》三十七返。

(4) 僧具

欝多羅僧・安陀会・僧伽梨・鉄鉢・漉水嚢・尼師壇・編・直綴・素絹・燕尾・帽子・沓・草鞋・数珠・錫杖・如意・払子・柄香炉・笈・居箱[※22]・持蓮華[※23]・中啓・檜扇・曲彔・香盒などの僧具が使われる。

念珠　再興大通上人が五四顆の蓮肉を制定し[※24]、僧侶はもちろん在俗の受戒者にもこれを授与する。一母珠、一記子(十顆と二十顆)、浄明珠一である。礼服のときは一〇八顆の装束念珠(水晶・木槵子など)、二母珠、四天珠付きを持つ。

※19　虚揩《こかい》とよく似ているが、双盤の場合には撞木を軽く上下にこする程度に鳴らす方法をいう。

※20　本堂に吊す半鐘のこと。

※21　小さく早く走るように打つこと。

※22　説相箱ともいい、経本などをいれ、前机または経机の上に置く。

※23　蓮華がいままさに花を開こうとして、いまだ開かない状態の未敷《みふ》蓮花を形どったもので、法要、儀式に柄香炉の代用として用いられる。法華懺法のとき必ず使用するが、現在本宗では法華懺法を行なうことは稀である。大念佛寺には良忍上人所持と伝えるものが宝物となっている。

※24　伝法行人に授与するところから、これを伝法数珠ともいう。

※　大念仏寺の鐘楼

梵音具の鳴らし方

右上・伏鉦　右中・銅羅　右下・双盤　左上・槌砧　左中・鈸　左下・引鏧

執持法　その執持法については『法儀作法の一例』に次のように規定している。

〈念珠〉　百八数珠作法入出堂場合重輪房下方垂左手持腰辺当。合掌時十指揃掌合掌背二重輪懸両手大指以之抑房下方垂。祈念礼拝達磨左手中指、緒留右手中指懸。

〈中啓〉　入出堂右手持右腰辺垂下。平座膝前横一文字（末広左）置。導師登礼盤時磬足懸置。経机時机右側置。雪洞有職時用法要用。

〈柄香炉〉　起居礼、三礼、揚経題際必導師之持。又、経典行道時、維那柄香爐持導師及衆僧引頭。其持方左手持右手添。

〈草鞋・浅沓〉　草鞋浅沓金襴錦、緞子等裂張礼装時、堂上内陣於用。浅沓鼻高云木製黒漆塗庭儀礼装際、地上所用。

法　服　通常服と礼服に分ける。その様式は融通念仏宗規により左の通りである。

種類＼種別		通常服	礼服 第一	礼服 第二	礼服 第三
袈裟		銀杏大三紋 折五条 伝道袈裟	七条、九条 二十五条	五条	五条 小五条 如法衣
法衣		黒旅衣 伝道服	本衣	本衣	法衣 又は 木欄衣
付装			燕尾	燕尾	
付装			帽子	帽子	帽子
付装			刺貫 又は 切袴	刺貫 又は 切袴	着、不着 どちらでもよい 袴
付装			座具		
副具		念珠	念珠	念珠	念珠
副具			払子		
副具			中啓 又は 檜扇	中啓	中啓 又は 雪洞
副具			沓		

また、礼服の色別は次の通りである。

種類＼種別	大僧正 宗務総長	権大僧正 僧正 権僧正	教師以上	香衣僧	平僧以上
袈裟	金襴 緋紋白	金襴	金襴	無金	無金
法衣	緋、紫	緋、紫	紫	木欄	黒
帽子	白	白	白	白	
燕尾	金襴	金襴	金襴		
刺貫切袴	大紋貫白	大紋貫白	大紋又は無紋		

(5)　密教法具

融通念仏宗は密教の色彩が濃厚である。このことは他の浄土門には見られない特色といえよう。本宗の教理が華厳と天台法華との上に成立している点から、顕密一致、円・密・禅・戒併修の天台宗の影響が大きいことは当然といえる。また宗祖良忍上人が仁和寺の永意阿闍梨に入室して、両部灌頂を承けたこと。また大原へ隠遁後、八字文殊の法を修したところ巨岩が獅子となって飛び去ったという伝説もあることなどからして、宗祖以来の伝統といえる。本宗は台密の法曼流を受け継いだものというが、味岡流の流祖忠済は、良忍上人の影響を受け一流を開いたといわれることも注目すべき点であろう。

密教法具としては次の法具を使用する。

灑水器・散杖・塗香器・護摩壇具一式。

本宗僧侶は宗脈※26相承の儀式において、密印真言の伝授を受け、三時勤行・施餓鬼・開眼式・撥遣式その他すべての法要において、導師は塗香、護身法、加持香水、契印、洒水を行なう。入道場には大衆は塗香をするものとし、涅槃式（枕経）には行者に塗香を振り掛けて清浄ならしめる。

（巨岩※25）

※25　今も大原来迎院の境内に「獅子飛びの石」があり、その名残りをとどめている。

※26　三年に一度行われる加行《けぎょう》のうち、法脈（円頓戒、融通血脈など）が済んだ者は、宗門の奥義・秘法を授かる宗脈を受ける。

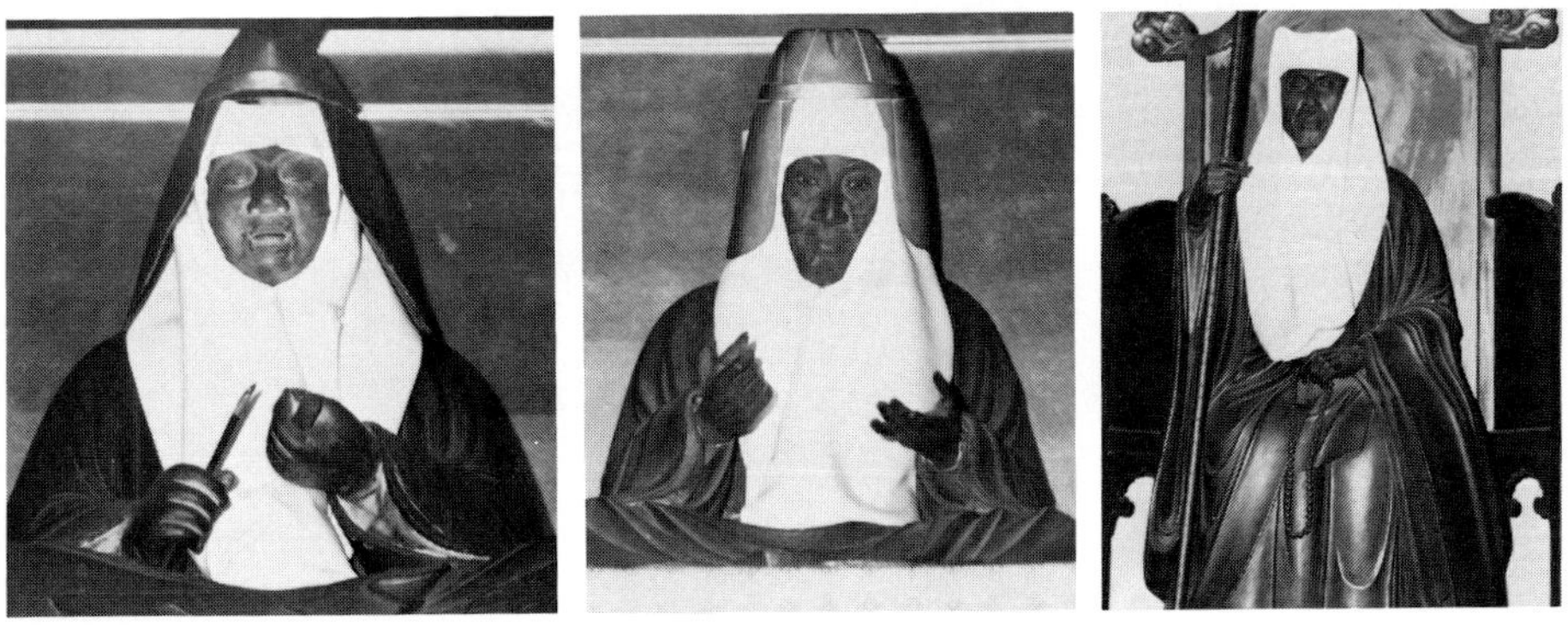

※　大念仏寺左右脇壇に安置される良忍(左)、法明(中)、大通(右)上人像。

百万遍大数珠繰り　大母珠からの白布を法主が握り，これより繰り始めるところ

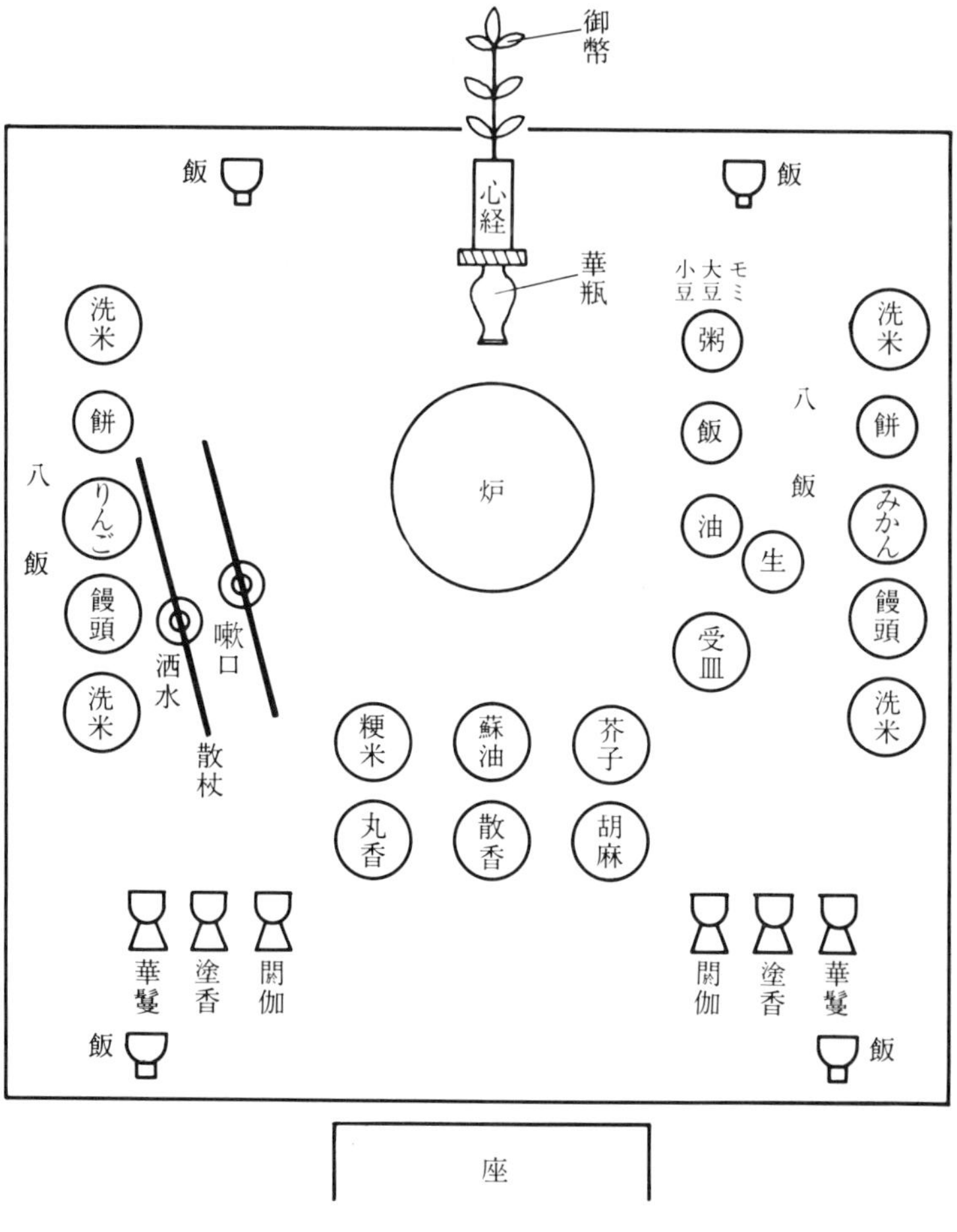

護摩壇配置図

五四顆の蓮肉の数珠

四、主な法要における仏具と儀礼

(1) 万部大法要（五月一日～五日　総本山）

第七世中祖法明上人はかねてより当麻寺の曼荼羅信仰が篤く、晩年その来迎会を模して生前に臨終の行相を面り拝したいと思い立ち、菩薩面、楽器、衣装などを調え、貞和五年（一三四九）三月、二十五菩薩聖衆来迎の練供養を大念仏寺に修した。これが本宗における来迎会の始まりである。明和六年（一七七〇）第四九世堯海上人の時に至って、阿弥陀経を一万部読誦する万部会が行われ、永代祠堂簿（万部経という）を輿に載せ阿弥陀経読誦の中を練り供養する法要が勤修された。以後、この万部会に従来の来迎会が併せ行われて現在に至っている。従ってこの法要は阿弥陀経読誦と聖衆来迎練り供養とを兼ねたもので、正式には阿弥陀経万部読誦聖衆来迎会という。あたかも阿弥陀経に説く荘厳な極楽浄土を現世に写し出したような観を呈し、稚児、踊躍念仏などの渡御もあり一大絵巻を繰り広げる。

入御次第について　本堂の後堂より正面に至る橋梁をめぐらして、この上を次の順序で渡御する。

踊躍念仏※27(禅門講)、奠茶供華(茶華道各流派社中)、詠讃歌舞（融通教会）、稚児、灑水、楽僧、楽太鼓、天華、二十五菩薩(遠忌年のみで平年は十菩薩※28)、感得幡、釣香炉、御本仏、仏天蓋、鈸、鐃、維那、讃衆、上童子、経函、布衣(別時講)、大導師、人天蓋、役者、随身、退紅白丁、紫金職、職衆。

法要次第については別に「阿弥陀経万部会法要次第」、遠忌法要については「華厳行願会次第」「梵網戒光会次第」「法華供養会次第」「念仏三昧会次第」「放生流水会次第」「舎利供養会次第」「般舟三昧会次第」があるが、今は略す。

菩薩の伝供《てんぐ》　入堂してから奏楽と梵唄（四智讃）の荘重な雰囲気の中で、菩薩によって伝供の式が行なわれる。これは五色の紙の造花を三方に盛り本尊前に伝供するもので、花は菊(黄)、牡丹(赤)、菖蒲(青)、百合(白)、蓮（金）を用いる。

二十五菩薩の名称と持物

一、観音（紫台）　二、勢至（金剛合掌）　三、薬王(幢幡)
四、薬上（玉幡）　五、普賢(幡蓋)　六、宝自在（柏子板）
七、獅子吼（腰鼓）　八、陀羅尼（鳳簫）　九、虚空蔵（笙）
十、徳蔵（非律）　一一、宝蔵（横笛）　一二、金蔵（瑟）
一三、金剛蔵（鈸）　一四、山海慧（箜篌）　一五、光明王（琵琶）
一六、華厳王（鉦鼓）　一七、衆宝王（鐃）　一八、月光王（振鼓）
一九、日照王（羯鼓）　二〇、三昧王（華鬘）　二一、定自在（太鼓）
二二、大自在（華幢）　二三、白象王（宝幢）　二四、大威徳王（供華）
二五、無辺身（香炉）　地蔵（宝珠錫杖）

菩薩面について※29　法明上人によって作られたものは今はなく、現存するものは元禄九年（一六九六）、大通上人によって新調された二五面と、昭和五六年に宗祖八五〇年遠忌を記念し、能面作者高野唯閑氏の手により新たに制作された一五面で、いずれも宝冠、衣装も付属している。

立花について　万部大法要には常花の前方に、苔松を中心とした立華を生ける。花瓶は常花のものと同じ大きさで、立花全体で三mを越えるほどのもので、内陣を華麗に荘厳する。

(2) 百万遍大数珠繰り（一、五、九月の各十六日　総本山）

億百万遍会と称し、下陣いっぱいに繰り広げられた大数珠を念仏を唱和しながら繰るもので、このときの念仏の鉦は双盤を用いる。大数珠は直径一〇cmで五四〇〇顆の欅材からなり元禄一三年（一七〇〇）大通上人の制するところである。またこのときに億百万遍の護符を授与する。末寺では十夜会、檀信徒の通夜または骨上げ後に数珠繰りを行なうところが多い。

※27　神明再授（前述注参照）のとき、法明上人の一行が歓喜のあまり、本尊十一尊天得如来を傍の松の木にかけ、そのぐるりを踊り出したという故事に基づく。また一説には芸能としての大念仏おどりの系統を引くものともいわれる。

※28　中尊阿弥陀仏を囲繞する宗の御本尊であり、深遠な教理を示すものであるため、一々の菩薩名を明かさないことが口伝となっている。

※29　万部大法要に使用される菩薩面と宝冠。

本尊御回在　上・道中　下・お頂戴の式，目代が信者の肩にご本尊を載せ，身体堅固を祈念する。

伝法　上・当代導師が壇上に洒水して，おつとめしているところ　下・お手判式　当代導師が手に朱を塗り，ご本尊からの血脈を行人の巻物に伝授する儀式。

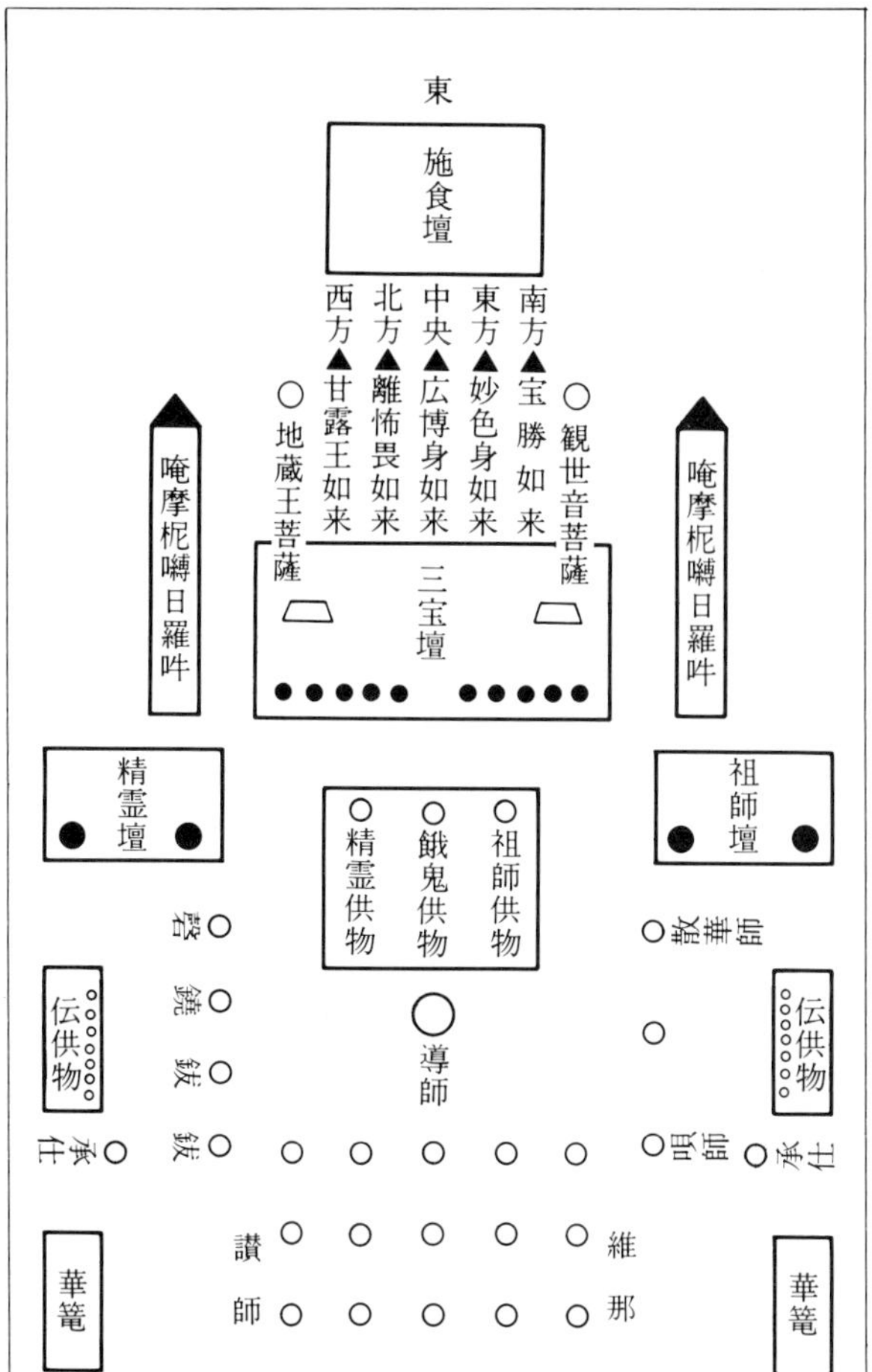

施餓鬼の仏具配置図

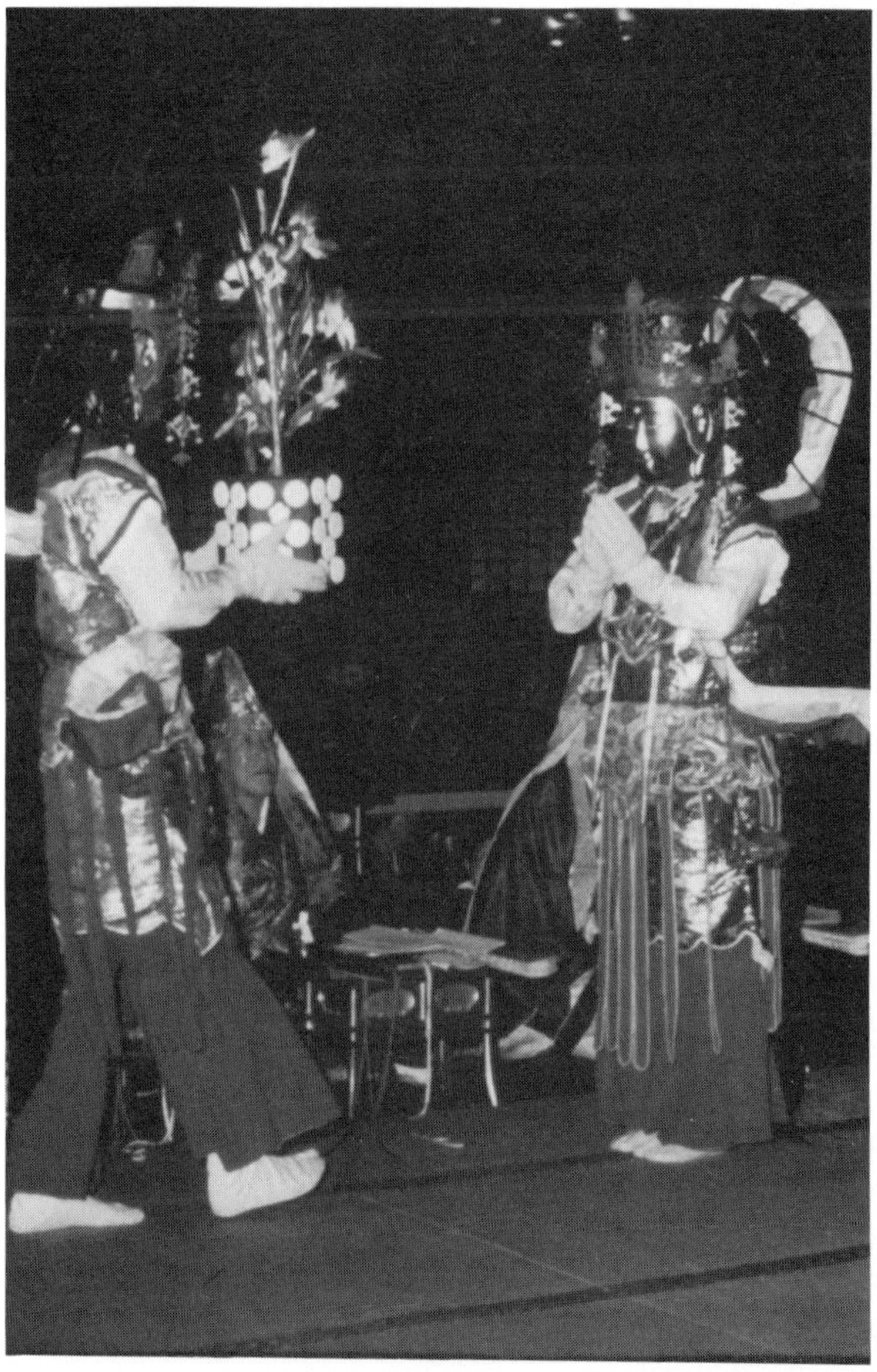

万部大法要　菩薩の伝供

(3) 本尊（如来）御回在

総本山から各末寺と檀信徒へ出向いて行く行事で、本尊十一尊天得如来を黒漆塗りの箱に奉安し、鉦鼓を叩きながら各地を回り、先祖の追善回向、家々の祓え、各種祈禱をなすものである。河内地区は三月初旬から八〇余日、大和地区は九月初旬から九〇余日の日程である。宗祖良忍上人が鏡鉦を叩いて全国を念仏勧進した姿を今に伝えたものといわれており、この行事は鉦の音と共に終始する。大和回在用には、掘川住筑後大掾常味作、河内回在用には西村左近宗春作の名鉦を用いる。

また「十念回向」という行事があった。参詣者の中に僧が割って入り、一紙半銭の喜捨を乞い、当意即妙に施主の風体や年齢などを表現し、その意趣を誦すという座興が行われたが、今はほとんど見られなくなった。そのときに沙張《さはり》を用いた。

(4) 節分会（二月三日または四日　総本山）

寒行の終りの日で、早朝より市中へ托鉢に出る。饅頭笠、黒衣、如法衣、わらじのいでたちで、先導者が幟を持つ。そのあとに錫杖、鉦鼓、鉄鉢と続き、道中、鉦鼓を打ち鳴らして念仏を唱和する。毘沙門堂では護摩供と大般若経六〇〇巻の転読を行なう。

護摩壇上には炉の左に漱口器・灑浄器・散杖を配し、正面に蘇油器を置き、右に五穀器と飯食器を供える。壇の正面に礼盤と左右に脇机を配し、芥子・丸香・散香・塗香・薬種・切花を供える。護摩杓・こうじ帚・塵取・火箸・扇など、密教各宗と変わりない。護摩木四六本、乳木五九本、房花三三個、華葩五〇枚、樒七〇枚、切花五〇個とする。

(5) 施餓鬼（総本山　末寺）

元禄一五年（一七〇二）編纂の『融通念仏宗課誦』（勤行式）に施餓鬼法軌として次の通り定められている。

知事預《メ》先《ツ》浄潔《ノ》地《ヲ》択《ビ》無難《ノ》所《ニ》就《テ》三宝位《ヲ》設《ケ》幢旛《ヲ》懸列《シ》香華《ヲ》営備《シテ》浄銅器《ヲ》弁《ジテ》衆生食《ヲ》出《セ》。若《シ》銅器無《ンバ》白《キ》瓷《モ》亦《タ》得。瓷器無《ンバ》漆器《ヲ》用《ユ》可《シ》。食《ヲ》盛《リ》水《ヲ》和《ス》。事須《ク》如法《ナルベシ》。時至《ラバ》大《ニ》楼鐘《ヲ》鳴《スコト》一百八下。偈《ヲ》念《ジ》唱《ユベシ》（中略）衆鐘《ノ》声《ヲ》聆《カバ》即《チ》須《ク》儀《ヲ》具《シ》来《テ》一所《ニ》会《シ》倶《ニ》次鳴殿鐘《ノ》響尽《クルヲ》待《テ》壇場《ニ》集《リ》一斉《ニ》東《ニ》面《テ》運心作法《スベシ》。

(6) 三祖御忌法要（二月二六日　元祖忌／三月　五日　再興忌／七月　七日　中祖忌　総本山　末寺）

(7) 亀鉦まつり（一〇月一五日　総本山）

寺宝亀鉦を祭って霊亀を供養する。供物は菓子・果物などであるが、特に亀鉦饅頭を供える。

(8) 十夜会（一一月一四日　総本山　末寺）

双盤念仏、六斎念仏、詠讃歌舞を行なう。小豆粥を参詣者にふるまう。これを三年続けて食すと、中風にかからないという俗信がある。

(9) 伝　法（末寺）

五日ないし七日の日を限って在家信者のために寺院を道場として参籠させ、水浴、礼拝、悔過の修行をして円頓戒を授け、宗意安心を伝授する行事。これに七重式があり、※30 一、行者用心総式　二、念珠式　三、焼香式　四、四事供養式　五、礼拝式　六、総礼式　七、回向式である。このほか剃髪、日課勧進式なども行なう。それぞれの儀式に法要次第、差定などがあるが、今は略して、円頓戒道場と本伝（宗意安心の伝授）道場の荘厳図を示すにとどめたい。

本伝道場に入った行人はまず正面に進み、蓮台師の指図によって蓮台に蓮肉の数珠を置き、その上に両手を合わせ「臨終正念契約の十念」といって、命終に臨んで心平静に転動せず往生できることを願って十遍の念仏を唱える。

※30　行人が心得るべき法門を七種に分かち授けるもの。それぞれに偈文《げもん》があるが略す。
一、行者用心総式＝無常を悟らしめ、無常の世に念仏の尊さを説く。
二、念珠式＝五四顆の念珠を授け、その意味を説き煩悩の断除を勧める。
三、焼香式＝焼香の作法と香の功徳について説明する。
四、四事《しじ》供養式＝仏法僧の三宝に供養するときの心構え、および供養（布施）の意味あいについて述べる。四事とは飲食《おんじき》、衣服《えふく》、臥具、医薬のこと。
五、礼拝式＝崇敬と懺悔の心を表現する礼拝について、その作法と功徳について説く。
六、総礼式《そうらい》＝阿弥陀仏の光明の違大さと尊さを説き、念仏を勧める。このとき融通如法念仏を伝授する。
七、回向式＝自己の功徳を他に差し向けることにより、自他の功徳が互いに融通して大きな力となることを認識せしめ、共存共栄の融通念仏の心を説く。

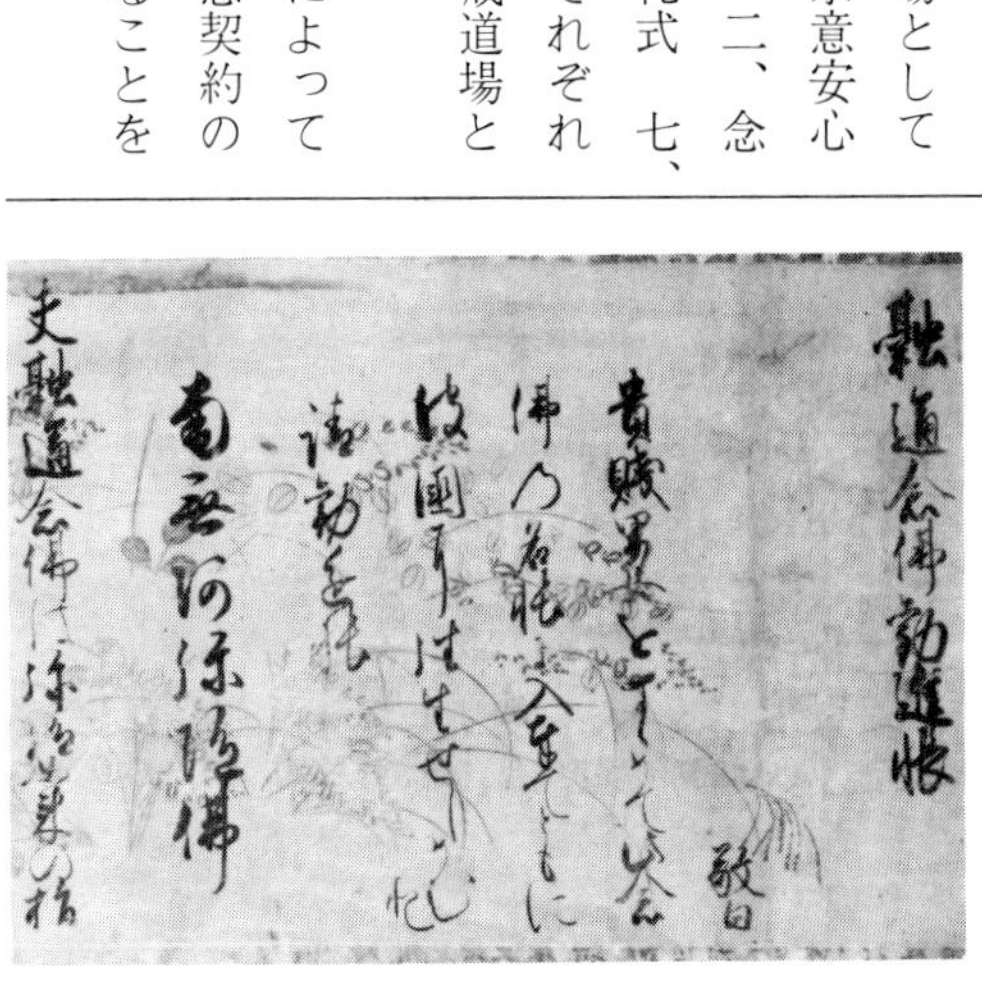
※　後小松天皇宸翰融通念仏勧進帳

巻物をおおようにしてかけてあるのは、「日課勧進帳」といって、伝法行人が一日百遍の念仏を唱えることを誓って各自の名前を書き入れたものである。本伝道場は入道場に際して、道場入口近くに祀ってある融通護法多聞天王・宗門鎮守八幡大士の二脇侍の前で、「金《きん》打《ちょう》式」といって沙張に剃刀を当てて、この秘法を未伝の人に洩らさない約束をする。

伝法は末寺において、多いところで五～七年に一度修行されるが、寺の事情によって二〇年、三〇年と間隔があくことも珍しくない。末寺における最大の行事で、これによって男は禅定門、女は禅定尼となり戒名を授かるのである。

（吉村暲英）

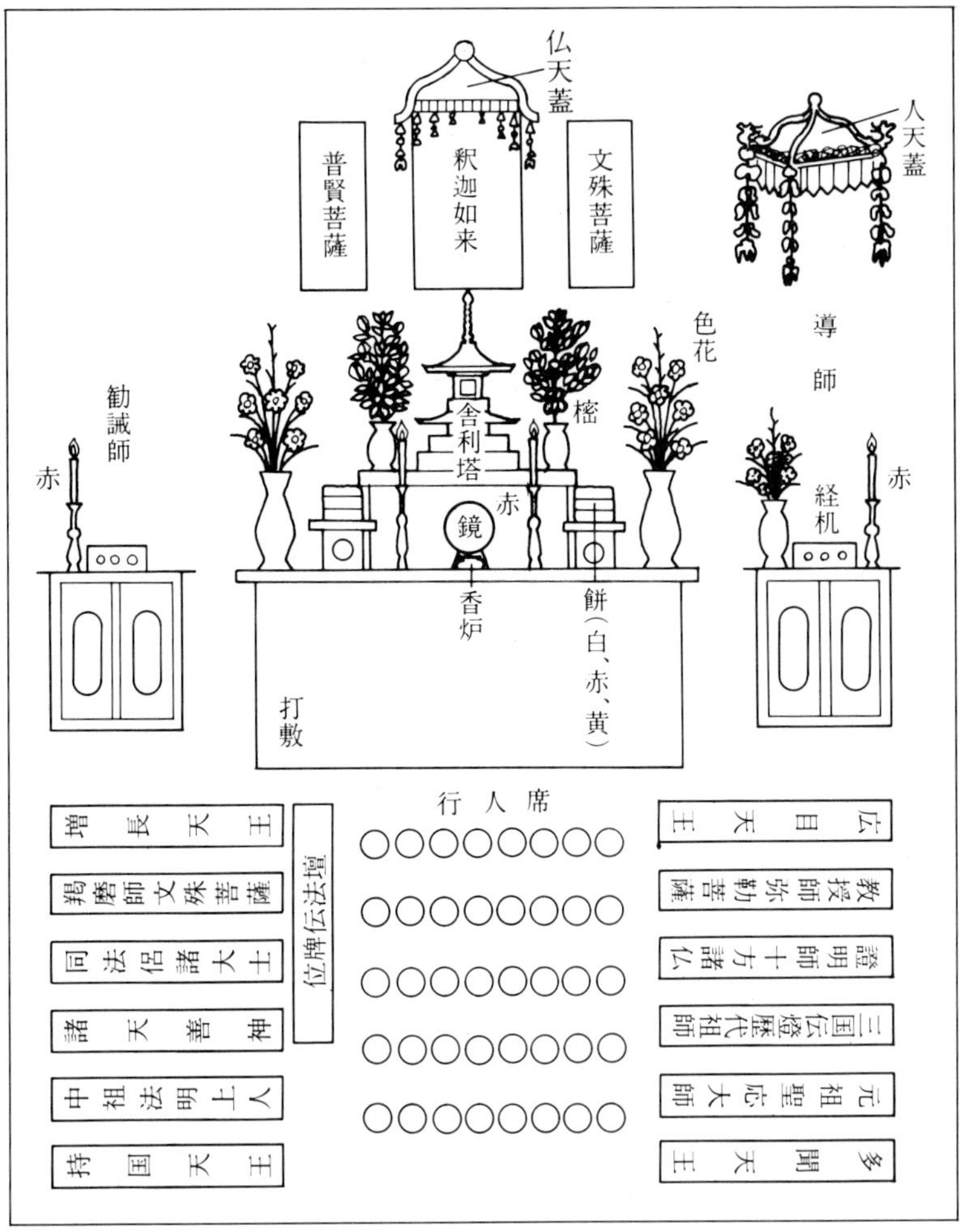

伝法円頓戒道場配置図（結崎超円寺寺川全良師『伝法要儀』より）

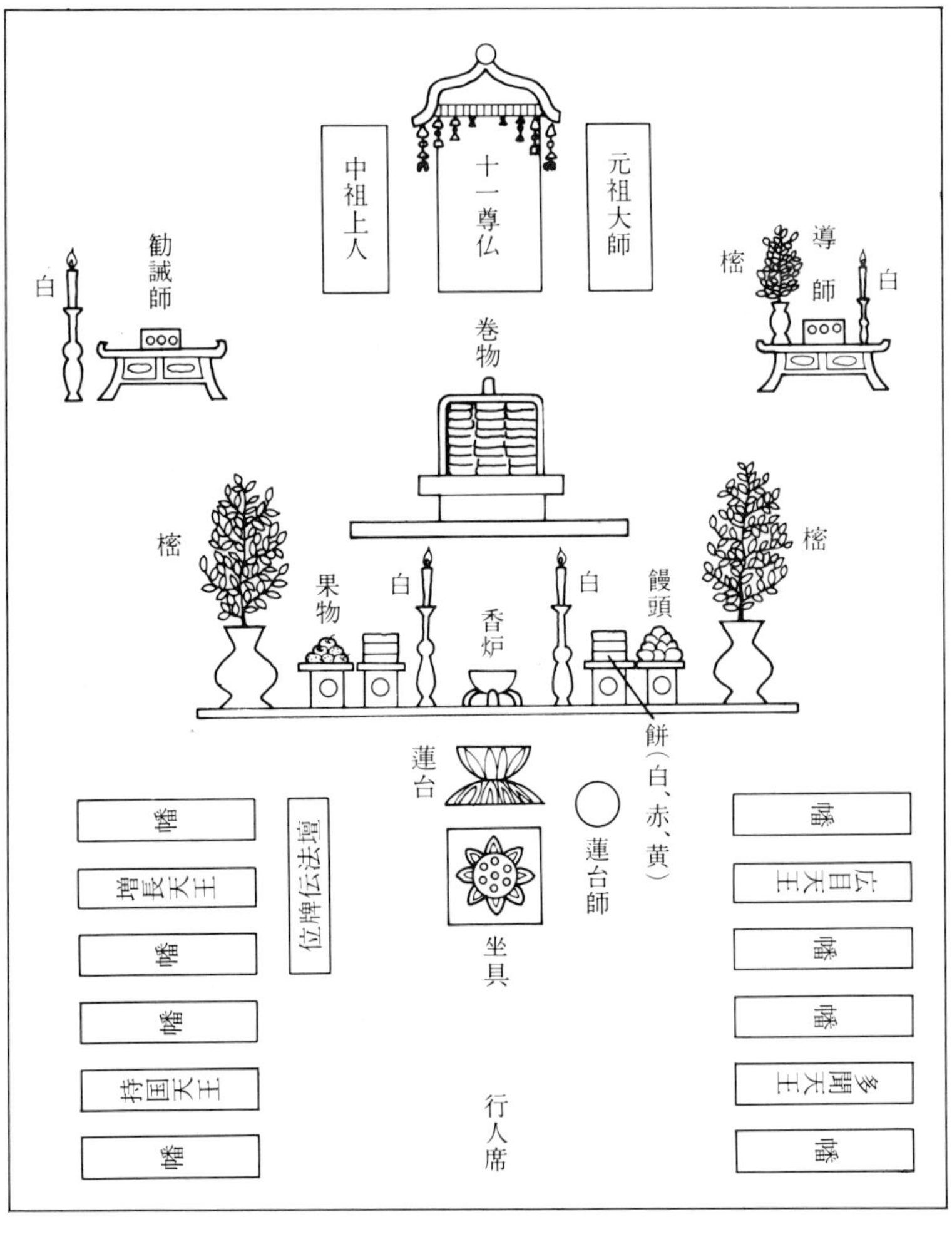

伝法本伝道場配置図（結崎超円寺寺川全良師『伝法要儀』より）

八　臨済宗の仏具

一、妙心寺各堂の本尊と荘厳形式

(1) 三　門

楼上正面に観世音菩薩の木像を奉安し、その左右の左に善財《ぜんざい》童子[※1]の木像を、右に月蓋《がつがい》[※2]長者の木像を配し、その両傍らに十六羅漢[※3]の木像を環列する。観世音菩薩の前に大卓を設け、その上に茶湯器・炉・華・燭・燈（籠）を置く。柱および天井に極彩色の天女および龍を画く。

○『殿堂略記』（無著道忠[※4]撰、妙心寺の殿堂について略記したもの）に〝蓋し叢林、羅漢殿閣の設有るは、仏法を護持するをもって也。或は十八尊者を配し、或は五百応真を奉ず、止《ただ》十六位而巳《のみ》ならず〟とある。

○炉・華・燭はいうまでもなく「三具足」といわれるが『小叢林略清規』に「設炉華燭」という言葉はあるが「三具足」という言葉はない。『法山規式須知』（妙心寺殿堂の規式を規定したもの）にも「香炉・花・燈・燭ヲ設ケ」という言葉はあるが「三具足」という言葉はない。

○善財童子を配するのは、その求道の南詢[※5]第二十七次に観世音菩薩に参じた因縁による。

○月蓋長者を配するのは、その国民の病厄を愍んで観世音菩薩に大悲の救護を請うた因縁による。

(2) 仏　殿

前門に祈祷牌[※6]を掲げる。正面壇上の龕中に、拈華の釈迦牟尼仏の木像を奉安し、天蓋を吊し、その左右の左に迦葉尊者の木像を、右に阿難尊者の木像を配し、龕正面の左右及び上部を布をもって隈取り、上部に「正法山」の横書きの大字を書く。龕前に三牌を安置し、左右に蓮華造花を置く。壇前に大卓を置き打敷を掛け、その卓上に茶湯器・炉・華・燭を置く。卓の左右に長檠を置き、更にその左右に燈（籠）を置く。天井より紗籠《さろう》を吊す。華は常時松の芯を立てる。

○拈華の釈迦牟尼仏は、拈華微笑[※7]の話に由来し、脇侍に迦葉尊者を配するのもこれによるものであろう。「正法山妙心寺」という山号寺号は大燈国師が花園法皇に示されたものであるが、この拈華微笑の因縁による。

○三牌とは三種の寿牌で、妙心寺の三牌の牌面は中央が「今上皇帝聖躬萬安」右が「南方火徳星君聖衆」左が「大檀那本命元辰」である（仏殿は南面し、上来「右」というは西を「左」というは「東」を指す）。

前門より向って左（西）が祖師堂であり、その中座に達磨大師の木像を、その左右の右（西）に百丈禅師の木像を、左（東）に臨済禅師の木像を安置する。さらに左右に松源・運庵・虚堂・大応・大燈及び妙心開山の祖師方の位牌を安置し、達磨大師前に入牌祖師を日別に録した牒《ちょう》を置き、また茶湯器を設ける。堂前に卓を設け、その上に炉・華・燭を置く。卓に常時は打敷を掛けていない。

※1　五三人の善知識を歴訪する求道者。華厳経入法界品に説かれる。

※2　毘舎離国の長者。維摩の丈室に入って不二の法門を聴き弥陀・観音・勢至の三尊を請じて国内の悪疫を救ったという（宇井・『佛教辞典』）。

※3　正法守護を誓う一六人の阿羅漢。阿羅漢は尊い人の意で梵語の音写、應供・應真・真人などと訳す。

※4　（一六五三―一七四四）妙心寺塔頭龍華院を董す。宝永四年妙心寺に住し、正徳四年同再住、享保六年同輪住した。江戸時代の臨済宗の代表的碩学。

※5　善財童子は文殊菩薩に「云何が菩薩道を修習し、云何が菩薩行を満足し、云何が菩薩行を清浄にし、云何が菩薩行を究竟し、云何が菩薩行を出生し、云何が菩薩道を正念し、云何が菩薩の境界道を縁じ、云何が菩薩の道を増広し、云何が菩薩の普賢行を具するや」と問えと教えられ、泣涕して辞退し、漸々に南に行った（六十華厳）。その歴訪問法は修道の階程を示すものといわれ、また華厳経全体の縮図であるといわれる。観世音菩薩は西面岩谷の中、泉が流れ樹木が茂った芳草の生えている金剛宝座に坐しておられ「一切衆生に等しき身を出現し、種々の方便

三門楼上よりみた妙心寺境内，仏殿・法堂が並び経蔵・方丈がみえる

三門楼上の月蓋長者木像

仏殿の龕前三牌と，迦葉・阿難尊者の木像

三門楼上の善財童子木像

仏殿祖師堂の，達磨大師・百丈禅師・臨済禅師像

○『勅修百丈清規※8』尊祖章に「海会の端公の謂く、宜しく達磨を中に祀り、百丈を右に陪し、各寺の開山祖を以て焉《これ》に配すべしと、祖堂綱紀の序に見えたりという」とある(「海会の端公」とは海会院の白雲守端禅師のこと)。

○『殿堂略記』に「今、百丈に配するに臨済の像をもってす。蓋し五家の一宗祖為るに依って也」とある。

○松源崇岳—運庵普巌—虚堂智愚—南浦紹明(大応国師)—宗峰妙超(大燈国師)—関山慧玄(無相大師、妙心開山)と伝法する。

○入牌祖師とは、ここでは関山下の妙心寺派の祖師方でその牌が妙心寺祖堂に納められた祖師方のこと。

前門より向って右(東)が土地《つち》堂と祠堂でありそのうち向って左(西)が土地堂、右(東)が祠堂である。土地堂には、大権修理菩《だいげんしゅりぼ》薩《さつ》※9の木像を東に、祠山張大帝《しさんちょうだいてい》※10の木像を西に安置し、さらに「梵天帝釈四大天王」、「日本顕化伊勢大神宮」、「当山鎮守諸大明神」の牌を安置し、また花園法皇・御花園院・御土御門院・御柏原院・御奈良院・明治天皇各尊儀の牌を安置する。茶湯器を設け、堂前に卓を設けその上に炉・華・燭を置く。卓に常時は打敷を掛けていない。

○花園法皇など各尊位の牌を安置するのは妙心寺の歴史による。

祠堂には、中位に惟清利貞禅尼(斎藤利国の室)牌、開浴太嶺創建密宗顕禅師の牌、及び台徳院殿など多数の大檀越祠堂の牌を置き、さらに祠堂忌日名簿および施浴祠堂忌日名簿を置く。茶湯器を設け、堂前に卓を設けて、その上に炉・華・燭を置く。卓に常時は打敷を掛けていない。堂前横(東)に殿鐘をつる。

○惟清利貞禅尼などの牌を安置するのは妙心寺の歴史による。殿後、壇の背面に普菴禅師の牌位を設ける。

○『殿堂略記』に「本朝の禅刹、普菴を仏殿の後に祠る者、古老伝えいう。慧慶寺の施設に準ずと」とある。

(3) 法　堂

正面に須弥壇を設け、その後に大罣罳《けいし》を立てて大法被《はっぴ》を吊し、法被前に椅子を置く。法被の上部に「正法山」の横書きの大字を書く。椅子の上に天蓋を吊す。壇上一対の大花器を置いて常時松の芯を立てる(上堂ある時はその東方の一を除いて炉・香合・払子を置く)。壇前左右に紗籠を吊し、また長檠を置く。天井一大円相の中に蟠龍を画く。堂後東西に法鼓を設ける。

(4) その他の伽藍

寝堂　罣罳を置き、その前に曲彔を置く。

方丈　正面に方丈の額を掲げる。障壁に水墨画を画く。往昔はなかったが、近年正面室中の奥に仏壇を設ける。

厨裡　堂を設けその中に韋駄天神※11の木像を安置する。炉・華・燭を置き、小磬を備える。

浴室　跋《ばっ》陀《だ》婆《ば》羅《ら》※12尊者画像の版を当面に掛け、その下に施浴薦亡の各牌を安置する。

輪蔵　傅《ふ》大《だい》士《し》※13の木像を前に安置し、輪蔵下部に八天※14推輪の状を環列する。

開山堂　昭堂※15に罣罳を立てて法被を掛け、その前に椅子を置いて開山の木像を安置する。木像は竹篦を持つ。木像横に拄杖を靠せ、拄杖に払子を結ぶ。椅子前に壇を設け、炉・華・燭・蓮華造花・燈(籠)・茶湯器・手拭掛・楊子台を置く。壇横に槌砧、壇前横に大小磬を設ける。堂前階下左右に燈(籠)を置き、堂前正面に常香盤・常燈明、香炉を置く。

華園帝廟、鐘楼などについては今はその記述を略した。

二、末寺の荘厳形式

三門・仏殿・法堂・方丈など伽藍のととのっている寺の荘厳は、

もて其所應に随い、恐怖を除滅して為に法を説き……我唯此の菩薩の大悲の法門光明の行を知るのみ」(六十華厳)と説かれたという。

※6　仏殿前に掲げることは近古より始まるといわれる(夢窓国師『夢中問答』岩波文庫本五四頁参照)。

※7　『大梵天王問佛決疑経』(卍続蔵一輯八十七套四冊)に出る。霊山会上において世尊が梵天の献じた一枝の花を拈じて衆に示された時、衆は皆黙然としていたが、迦葉尊者のみにっこりと微笑した。世尊は「我に正法眼蔵涅槃妙心実相無相微妙の法門有り、不立文字教外別伝…今まさに摩訶迦葉に付嘱す」といわれたという。『無門関』第六則の公案である。

※8　至元二年(一三三六)刊。順帝の勅命によって百丈山大智壽聖禅寺の東陽徳輝禅師が重編し、大竜翔集慶寺の笑隠大訢禅師が校正した。古来の清規中最も整備されたもの。注釈したものに無著道忠『勅修百丈清規左觽《けい》』(一九七七年中文出版社刊)がある。

※9　もと阿育王山の護法神。右手を額に加えて遠望の姿をなし、帝王の服をつける。

※10　中国　山帰宗寺の土地神。もと武陽龍陽の人、姓は張、諱は渤、字は伯奇。大覚禅師(蘭溪道隆)の夢に、日本有縁の意を三度示したという(無著道忠『殿堂略記』参照)。

※11　韋駄天神は湿縛の子であるとされ、天軍の一将。仏教を擁護する神。

※12　跋陀婆羅尊者は十六開士と共に浴僧の時に例に随って室に入り忽ち水因を悟るという。『大佛頂萬行首楞厳経』に出る。『碧岩録』第七十八則に「開士入浴」の公案がある。

寝堂の罣罳と曲彔

仏殿土地堂の大権修理菩薩（右）・祠山張大帝（左）の木像

方丈におかれる講座台

仏殿の普庵禅師牌

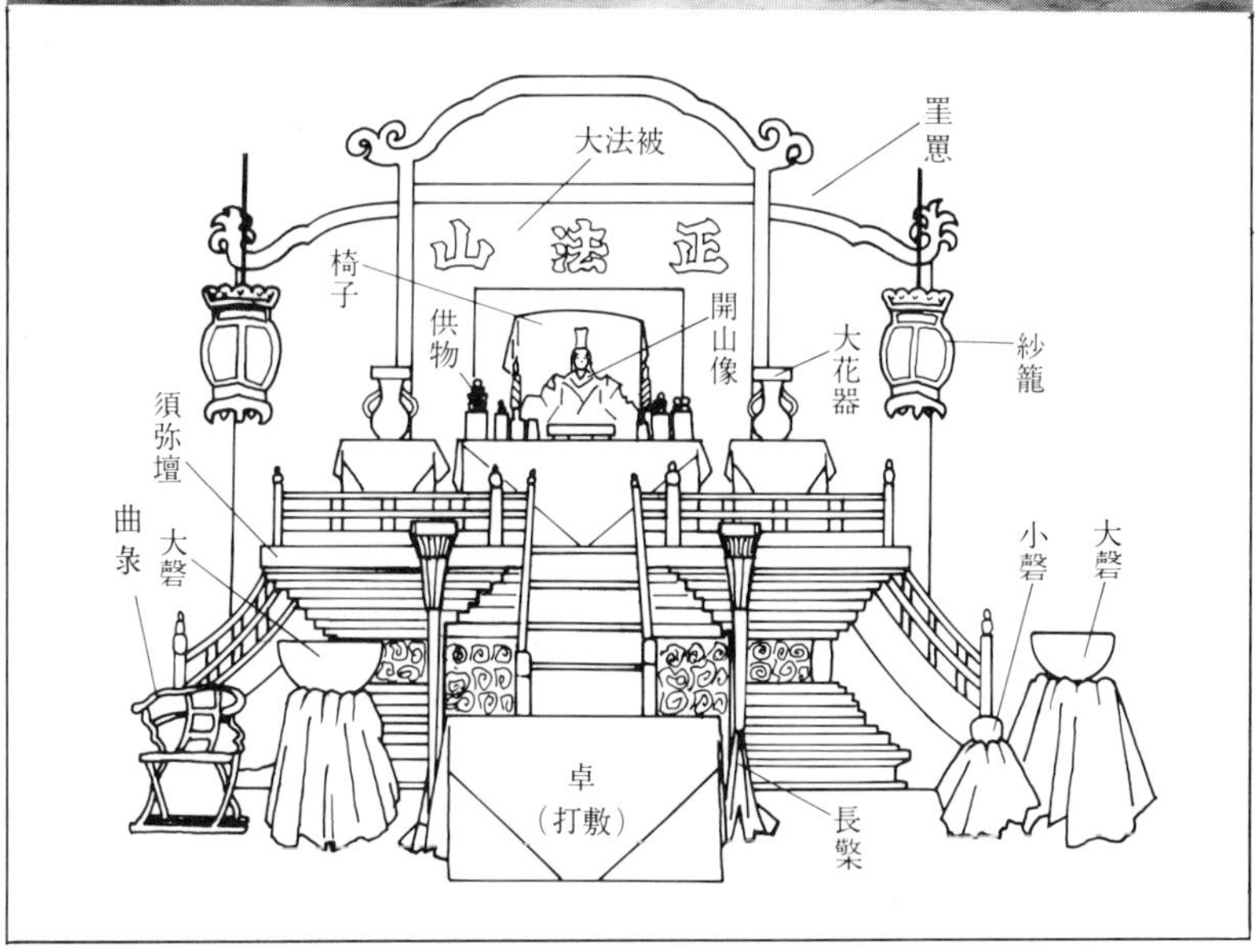

法堂内部と使用仏具の名称（開山忌の荘厳）

仏殿に祀る仏像を拈華の釈迦牟尼仏にするとか、惟清利貞禅尼の牌を祠堂に安置するとかの妙心寺での特殊な歴史的事情によるものは別にして、ほとんど妙心寺での如くであろうが、妙心寺での特殊な歴史的事情によるものに代って、その寺の特殊な歴史的事情による荘厳がなされていると思われる。

多くの寺院では、本堂が仏殿・法堂・方丈を兼ねている。本堂の正面が仏間で、その中央にその寺の由緒による本尊が祀られ、その左右が祖堂と祠堂とに分れる。普通祖堂には達磨大師、百丈禅師、臨済禅師の像あるいは牌、その寺の開山の像あるいは牌、歴代祖師方の牌などが祀られる。祠堂にはその寺の開基の牌、祠堂の牌などが安置され、それぞれに炉・華・燭・茶湯器・燈（籠）などが設けられ、戸帳が掛けられているのが一般的である。また正面本尊のところ、あるいはその奥が開山堂になっているところもあろう。庫裡には韋駄天堂があって韋駄天像が祀られ、浴室には跋《ばっ》陀《だ》婆《ば》羅《ら》菩薩が、東司《とうす》（便所）には烏《う》蒭《す》沙《さ》摩《ま》明王《みょうおう》[※16]が祀られ、それぞれに炉・華・燭などが設けられ、また僧堂には文殊菩薩が祀られているであろう。

三、使用仏具の特色と使用法

(1) 使用仏具

舎利塔、厨子など　舎利塔、舎利容器（仏舎利をお祀りしている寺院もあろう）　厨子《ずし》　龕《がん》（『禅林象器箋』[※17]に「像を安ずるの櫃、即ち厨子なり」とある。『小叢林略清規』[※18]に送亡に用いられる龕の八面・六面・四面それぞれに書かれる言葉が出ているので、送亡に用いられる龕には八面・六面・四面の種類があるのであろう）花亭《かちん》（仏降誕に用いられる。「花堂」ともいう）など

荘厳具　天蓋　須弥壇　華鬘《けまん》（所謂「みずひき」の中央に掛ける紐を結んだものを指している。他宗派では必ずしもそれを指すとは限らないと思う）　幡　斗帳《とちょう》　みずひき（斗帳と斗帳との間の横の布を指し「水引」と書かれているようである。『禅林象器箋』に「卓圍」というのが出ており「ミヅヒキ」と仮名が附してあるが、それは卓の四面を周囲するものである）　打敷《うちしき》（多くこの字を書いているが『禅林象器箋』に「卓袱」というのが出ておりそれに「ウチシキ」と仮名が附されている）　盤袱《ばんぷく》（「盆袱《ぼんぷく》」とも書くようであるが「盤」も「盆」も指すものは同じであろう。疏印などを盛るもので、その上にかけるものが「袱」である）　壇引《だんびき》　法被《はっぴ》（椅子を覆うもの。法堂座上の大罣罳《けいし》の当面に掛け下すものを「大法被」という）　幕　卓子（『禅林象器箋』に「タ□ジョク」と仮名が附されているが、その第二字目は「カ」のごとくであるが明瞭でない。明治四二年貝葉書院刊本に於て明瞭でないのみならず、東海庵蔵写本において明瞭でない）　前机　経机　罣罳《けいし》（椅子の後にたてる板屏）など

供養具　香炉　華瓶　燭台　手炉[※20][※21]（宣疏跪炉《せんしょきろ》すなわち維那が疏[※19]を宣するに当って住持が跪ずく時、沙弥得度式の時、また懺法の時などに用いる）　香盤　香合　瓣香《べんこう》[※22]（瓣は瓜瓣、形をもってかくいう。拈香・祝聖法語・嗣法の語、觸礼などに用う。瓣香を炉中に挿んで後に焚く香を従香という）　燈（籠）、無尽燈（常夜燈）　長檠《ちょうけい》（高さ五尺ほどで法堂・仏殿などに用いる燭台）　挑燈《ちょうちん》　茶湯器　湯瓶《とうびん》　鉢案《ぜあん》　鉢　菓器　下《あ》嚫《しん》台（下は安下の意。嚫は布施物、銭の類のゆえに貝に从う）　筯《ちょ》[※23]・匙《し》・刷《せつ》　紙銭[※24]・馬経　など

梵音具　鐘（大鐘・殿鐘・喚鐘など）　法鼓《ほっく》（およそ住持の上堂[※25]、小参[※26]、普説[※27]などに撃つ。法堂西の鼓を「茶鼓《さこ》」[※28]という）　雲版《うんばん》（庫裡の大版、形をもってかくいう）　版（板）　磬《きん・けい》（大小、小を「鈴《りん》」という）　槌砧《ついちん》（「槌」は「椎《つい》」のこと。「槌《つい》墪」ともいう）　戒尺（沙弥得度式に用いる）　引磬《いんきん》　鐃鈸《にょうはち》　木魚　鼓（懺法、葬儀に用いる）　柝《たく》（柏子木のこと）など

僧　具　鉢（応量器）　拄杖（下二尺ほどのところにある小枝を「探水」[※29]という）　払子《ほっす》　竹篦《しっぺい》　警策　禅板　如意　剃刀　数珠　中啓　拝席　曲彔　椅子　長連床　椸架《いか》[※30]　笠など

法　衣　法衣（清規では「伝衣」のこと、また「金襴衣」と

※13　（四九七―五六九）婺州義烏県の人。姓は傅。名は翕。字は玄風。善慧大士ともいう。達磨が松山の頂を指して此に棲むべしといったので、躬づから耕して之に居した。その時の一偈「空手にして鋤頭を把り、歩行して水牛に騎る。人、橋上より過ぐれば、橋は流れて水は流れず」はよく知られる。世人の経を誦するに暇あらず、字を識らざるを愍んで、雙林道場に轉輪蔵を創めて経巻を奉じ、誓っていったという「吾が蔵門に登る者は天に生じて人身を失わず、之を推して一匝するときんば則ち誦経とその功等し」と。

※14　八大神将のこと。八部衆・天竜八部ともいう。仏法護持の神将。

※15　開山或は開基を奉安する影堂。妙心寺では現今、開山堂（微笑塔）では〝享堂〟、華園帝廟（玉鳳御殿）では〝昭堂〟といっている。「享」はまつる意で祭享を此に設くる故にかくいうという（無著道忠『禅林象器箋』）。

※16　烏蒭沙摩明王は梵語の音写。訳は不浄潔・穢迹・除穢・火頭。密号は火頭金剛・穢迹金剛。不浄を転じて清浄にさせる徳をもつという。

※17　無著道忠撰。寛保元年（一七四一）序。禅林の規矩・行事・器物などについて二九類に分け起原・沿革・意義を詳説したもの。

※18　無著道忠著。貞享元年（一六八四）序刊。上中下三巻。上巻は通用清規・日分清規・月分清規。中巻は臨時清規。下巻は回向・図式。

※19　疏は経論の文句の注釈書で義理を疏通さすものであるが、禅門では儀式に用いる四六文の表白文。

※20　沙弥は音写。譯は息慈・息悪など。男子が出家して十戒を受けてから二百五十戒を持つまでの小僧。

膳、菓器、茶湯器

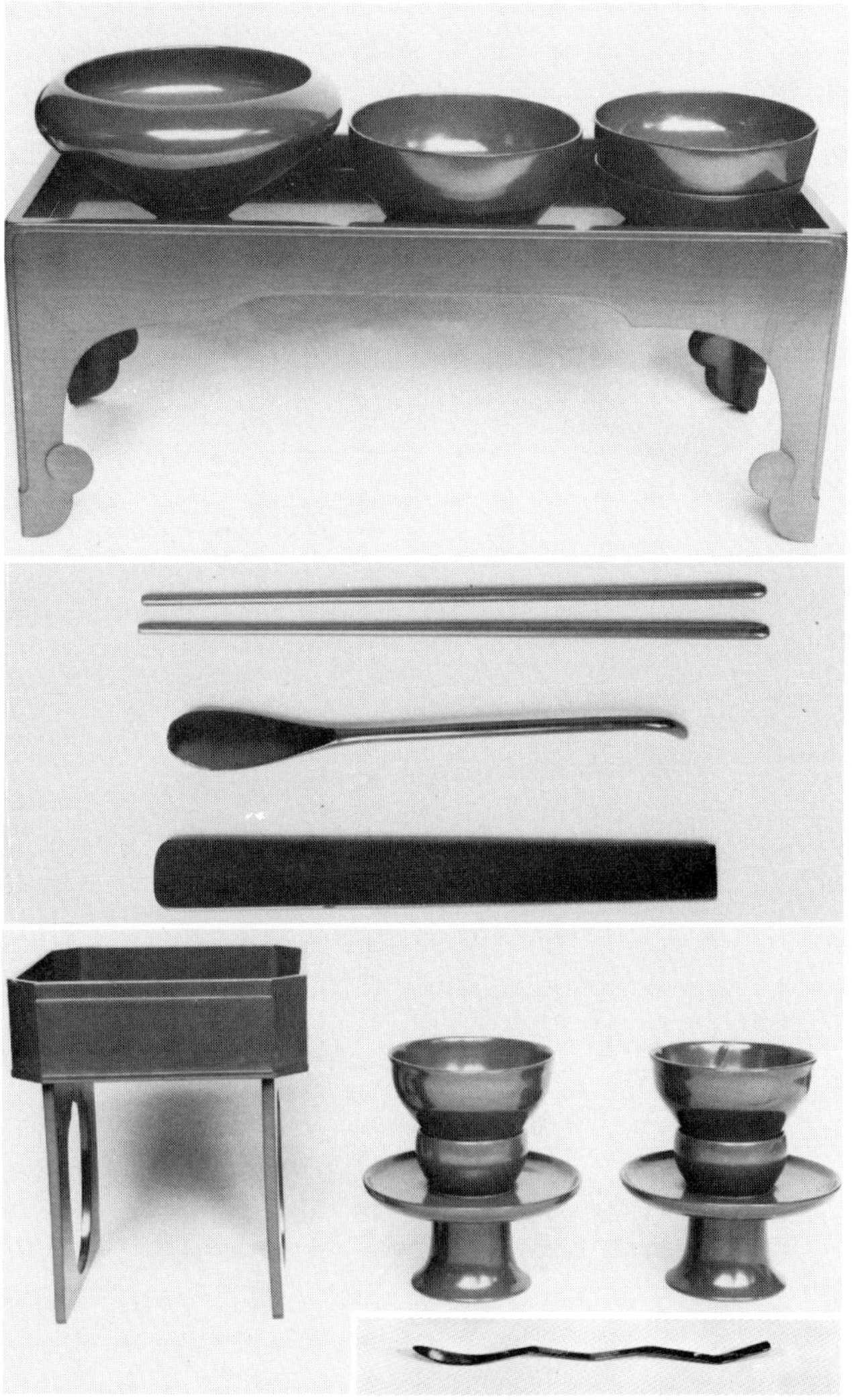

仏餉鉢　上・鉢盂（膳上に飯・汁・菜の鉢）
中・上から筯 匙 刷
下・菓器と茶湯器と匙

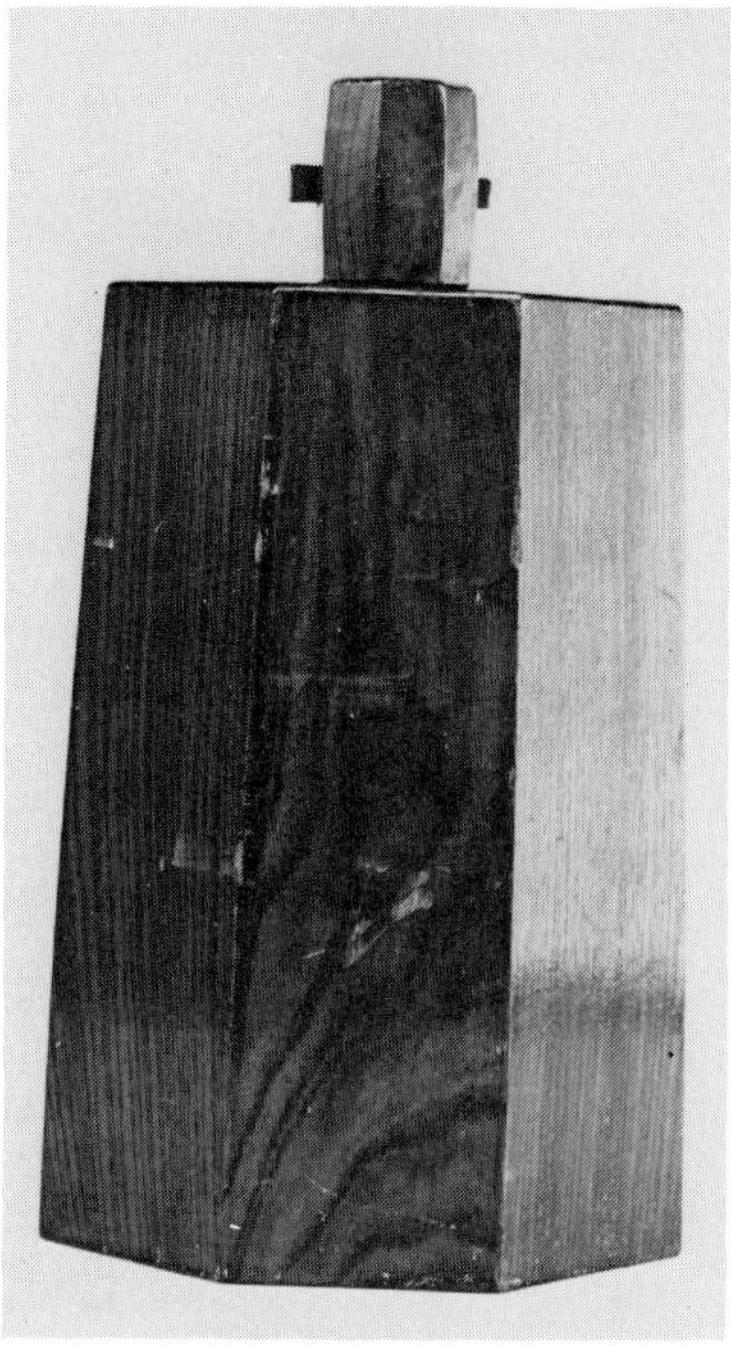

槌　砧

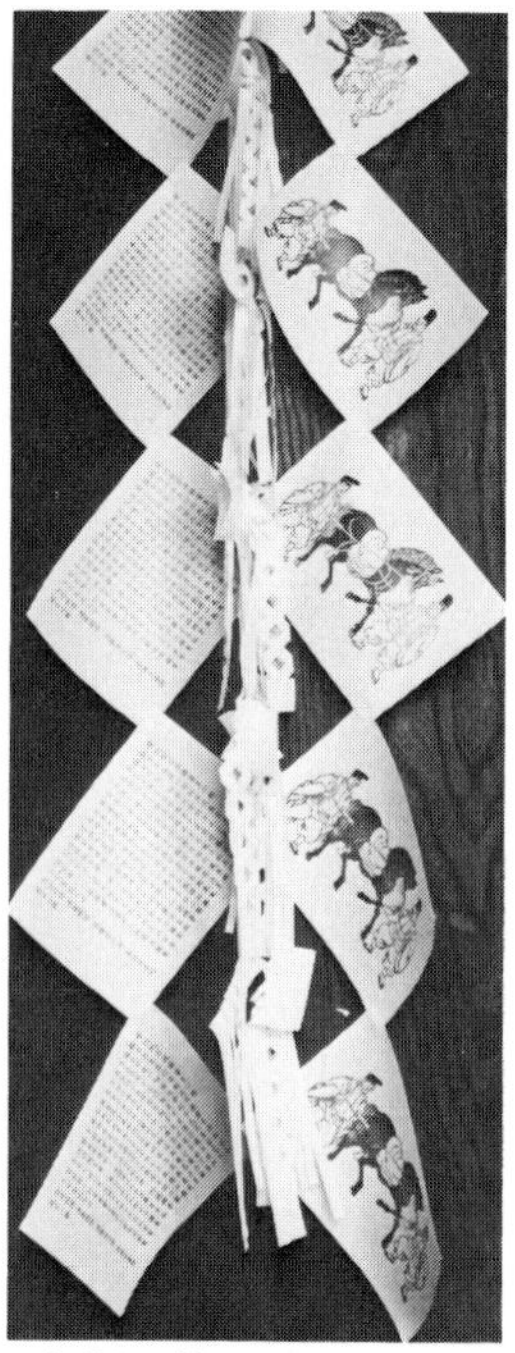

仏殿の柱にかけられる
紙銭・馬経

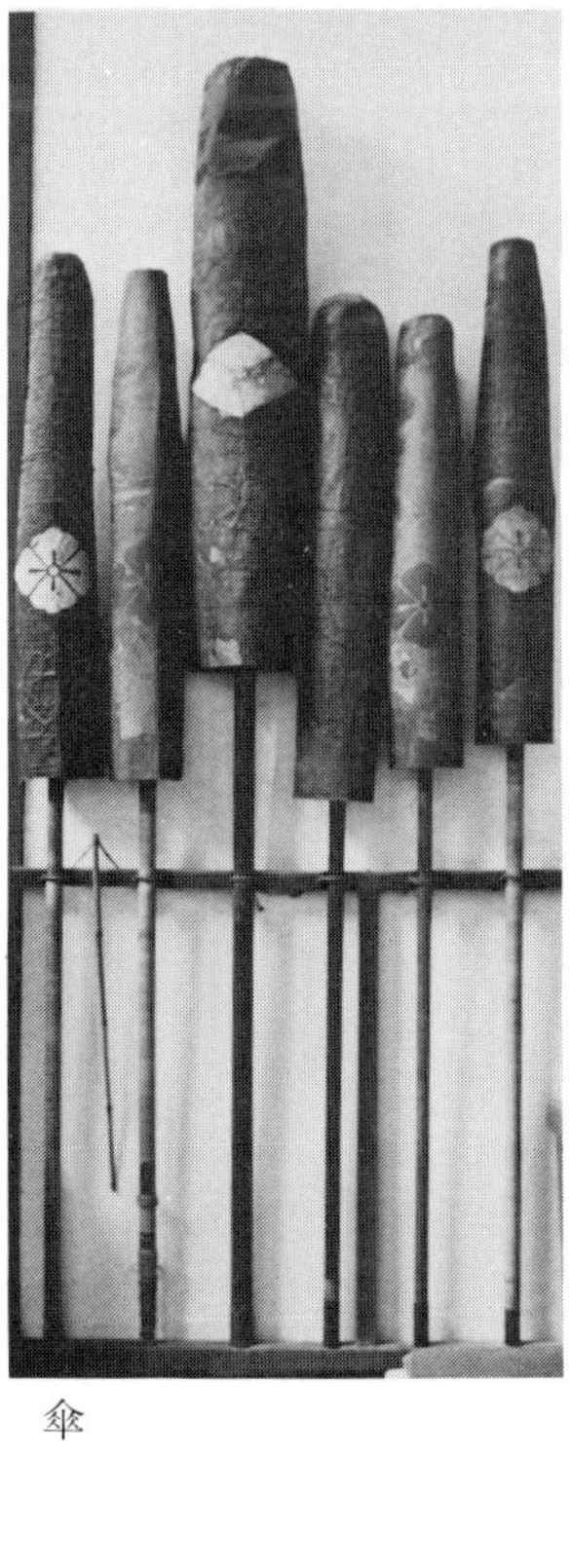

傘

払子と珠数

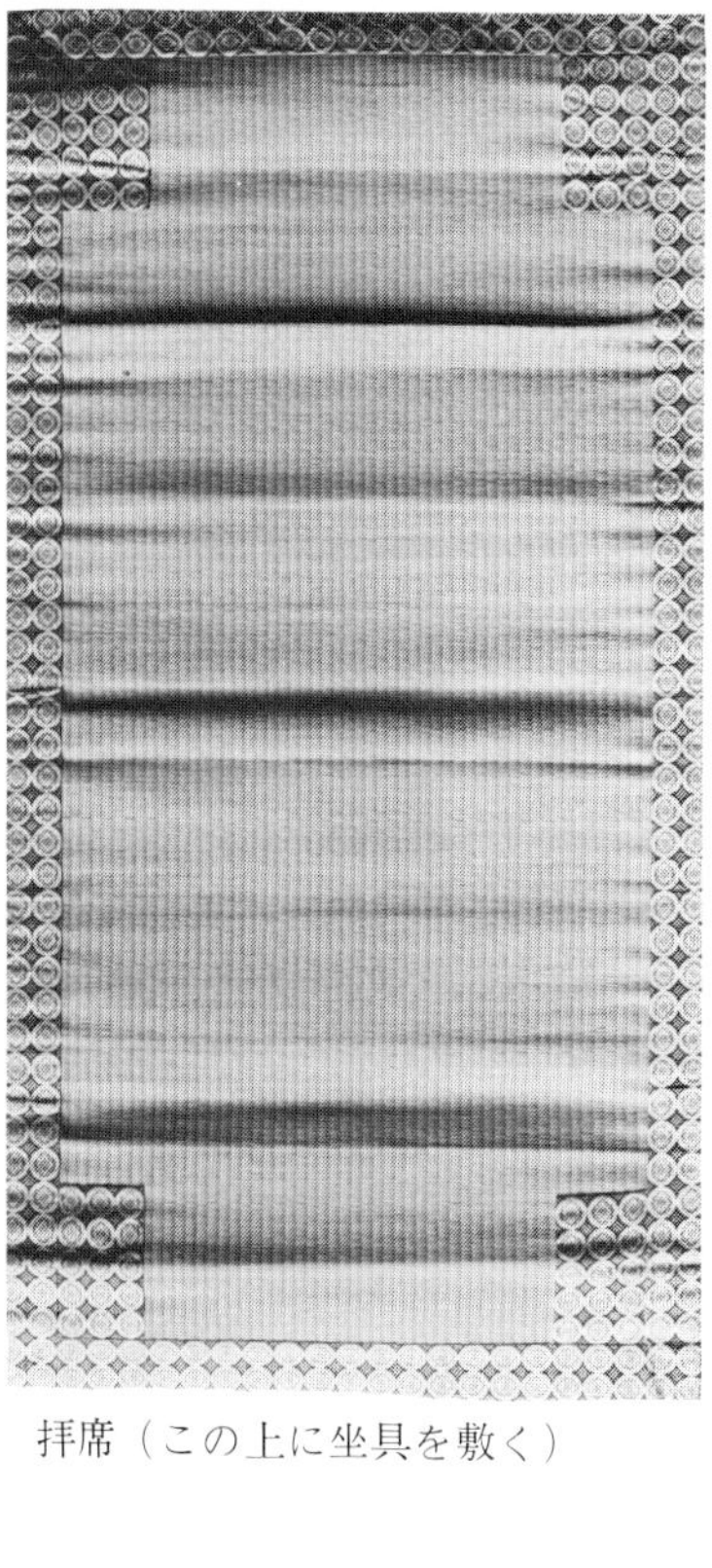

拝席（この上に坐具を敷く）

もいう）　坐具　九條衣（「僧伽梨《そうぎゃり》」ともいう）　七條衣（「鬱多羅僧《うったらそう》」ともいう）　大掛絡《おゝがら》（『禅林象器箋』に「禅家掛絡と称す、これ五條衣なり」とある）　掛絡《から》（「絡子《らくす》」ともいう）　帽子《もうす》（黒色で「烏帽子」ともいう）　菩薩巾（俗に「観音帽子」という）　[31]平江帯《ひんごうたい》　[32]紗布衫《しゃふさん》　しゅきん（一般に「手巾」と書かれている）　直裰《じきとつ》（いわゆる「ころも」）　紗衣（「ドウグエ」といっているが、清規では「紗衣」という）　[33]護巾（「護領巾《えりまき》」ともいう。「領」は頸のこと）　襪《べつ》　履《くつ》（沓）　孝服など

その他　以上は本事典第一章の分類に従って列記したが、どの部類に入れるべきかを決め難かったものを左に並べる。なお、列記したものは使用されているものの総てではない。

[34]三牌（今上天皇聖躬萬安、南方火徳星君火部聖衆、大檀那本命元辰の三位牌）　[35]三界万霊牌　[36]善月牌　上堂牌　小参牌　[37]普回向牌
浴仏偈牌　開浴牌　[38]浴室内小牌　坐牌　[39]楞厳図　葛籠《つゞら》（入寺視篆に用いる）　[40]櫈子《とうす》　寺印　[41]三宝印　楊枝台　托子（茶台）　曲盆　菓台　[46]折水桶　[45]生盤（生飯かき）　[42]眞亭　[43]香亭　[44]素花など

(2)　使用仏具の特色

臨済宗門の寺院は、いうまでもなく参禅辨道演法をなす道場である。禅門規式と題する[47]楊億の[48]古清規の序に「師（百丈禅師）の曰く吾が宗とする所は大小乗に局るに非ず、大小乗に異るに非ず、當に博約折中すべし、制範を設けてその宜しきを務むと。是に於て意を創めて別に禅居を立つ。凡そ道眼を具する者、尊ぶべきの徳有らば号して長老と曰う……仏殿を立てず、たゞ法堂を樹つる者は仏祖親しく嘱受して当代を尊しと為すを表す……その闔院の大衆、朝参夕聚、長老の上堂陞座《しんぞ》には主事徒衆鴈立して聆をそばだつ。賓主問酬し宗要を激揚する者は法に依って住することを示すなり」

とあるが、かかる禅居の目的を達するために用いられるものが吾宗門の仏具である。それは入衆日用の道具であり、その声に応じて行住坐臥の行ぜられるべき唄器であり、坐禅参禅に用いられるもの、上堂拈香演法に用いられるもの、また万世師道の尊きことを知らしめ、仏祖の恩に報ずべきを知り、かつ知らしめる規式に用いられるものが吾宗門の仏具である。

(3)　使用法

『勅修百丈清規』の欧陽玄の叙に「程明道先生一日定林寺に過る。偶々[49]斉堂の儀を見て、喟然として嘆じて曰く、[50]三代の礼楽盡く是に在りと。豈に清規綱紀の力平日服行の熟するが故に能く然るに非ずや。其の当に然るべきの則《のり》に循《したが》って、而して自然の妙、其の中に行なわれる」とあるのはよく知られているが、自然の妙其の中に行なわれるには、服行の熟して雑念のないことが必要である。鳴らし物の声とそれに応ずる動作とが雑念なく間隙なく、相応じていなければ自然の妙其の中に行なわれることができない。法式梵唄は修練によって自ずと妙を得るのであるが、その妙を得た使用法でなければならない。殿堂の規式において一々きまりがあり伝承があり、一々意味を持ち、もとより重んぜられるべきであるが、いか程それに合致していても雑念があればよくない。

『小叢林略清規』巻上通用清規第一の中から左に抄出する。

○凡そ物を仏祖に献ずるには、[51]左手に物を接し、右手に香を焚き、双手（をもって）炉上に薫じ、右に転ずること三巡し、了って物を捧げ頭を低れて恭敬を尽し各処に献列す。

○凡そ茶湯を供するには、午後より夜半に到るまでは、先づ茶を献じ次に湯を供す。子後《よなか》より午時に到るまでは、先づ湯を献ず。

○[52]凡そ香を住持に進むるには、先づ香合を擎げて胸前に在り（或は、初めより腋に挾む者有るは非なり、腋に挾むはただ蓋を開く為のみ）、住持に随いて進前するに及んで稍々として左腋に送り抱いて、[53]右手指を展べて蓋を衝開し、合の外面より合の下に転環《めぐら》して（蓋を仰く）、左手合と抱定し（中指と無名指と小指とをもって蓋を持す、食指は合蓋の間に在り、大指は合の上唇に在り）、

※21　落髪して出家となること。

※22　坐具を展べずに畳んだまま頭を坐具の上につけて拝する略式の拝。

※23　食事に用いるもの。筯は箸。匙はさじ。刷は応量器を洗うに用いる板片。

※24　祈禱・盂蘭盆会などに紙を切って銭の形の如くにし、絵馬心経と共に堂柱に掛ける。

※25　此処では法堂の須弥壇に上り説法すること。ただ上堂といえば上間の意もあり、粥飯に僧堂に上ることの意もある。

※26　家訓ともいう。『禅林象器箋』に「旧説に曰く、不時に之を講ず。鼓を鳴らすこと唯一通。その規、大参より約す。故に小参と曰う。大参は上堂也。参は交参の義」とある。妙心寺では冬夜上堂を「冬夜小参上堂」ともいっている。「小参上堂」という言葉はおかしいともいえるが、他の上堂に比して簡略になされるところからかくいい慣れているにすぎない。

※27　『禅林象器箋』に「旧説に曰く、普説は即ち陞座也。上堂も亦陞座也。但、普説は祝香を炷かず、法衣を搭けず、以って異と為す。普説は真淨（克文）より始まる」とある。

※28　祖忌に茶湯を献ずる時に鳴らす。茶を献ずる時に打ち始めて、十八拝の時には揖して三拝の時にも打つ。

※29　水を過ぐる時その深浅を量るためにある。したがって拄杖を立てかけるには探水のある方を下にする。

※30　衣架のこと。楊億の古清規（『勅修百丈清規』に収められているが、『景徳伝燈録』六に「禅門規式」と題して百丈章の後に附されている）に「裒むる所の学衆、多少と無く高下と無く盡く僧堂に入れて夏次に依て安排す。長

三牌（一つにしたもの）

法堂の小参牌

法堂の上堂牌

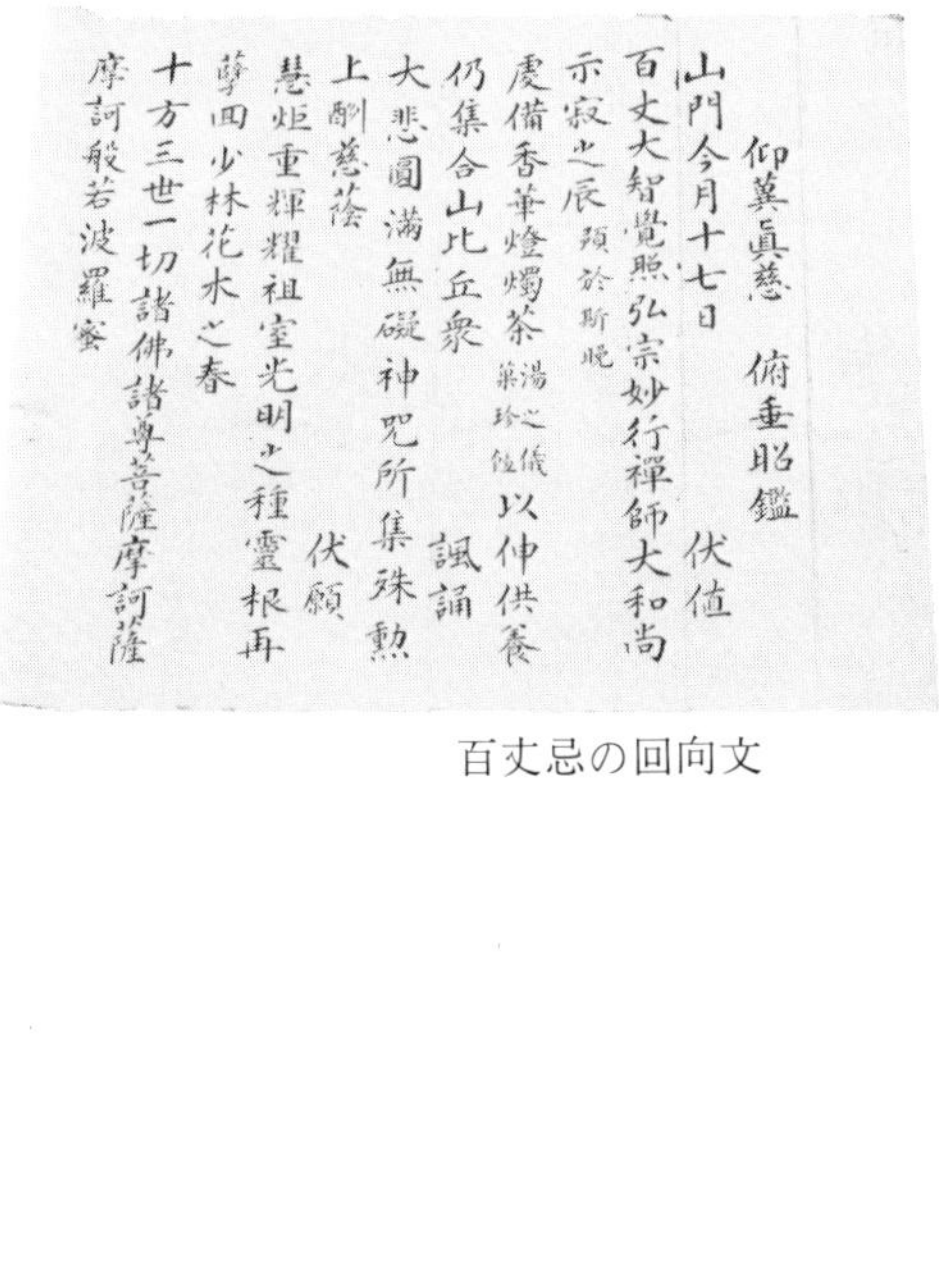
仰冀眞慈　俯垂昭鑑
山門今月十七日　伏値
百丈大智覺照弘宗妙行禪師大和尚
示寂之辰　預於斯晩
虔備香華燈燭茶菓湯珍饈之儀以伸供養
仍集合山比丘衆　諷誦
大悲圓満無礙神呪所集殊勳
上酬慈蔭　伏願
慧炬重輝耀祖室光明之種靈根再
蕚回少林花木之春
十方三世一切諸佛諸尊菩薩摩訶薩
摩訶般若波羅蜜

百丈忌の回向文

仏殿の浴仏偈牌

仏殿の普回向牌

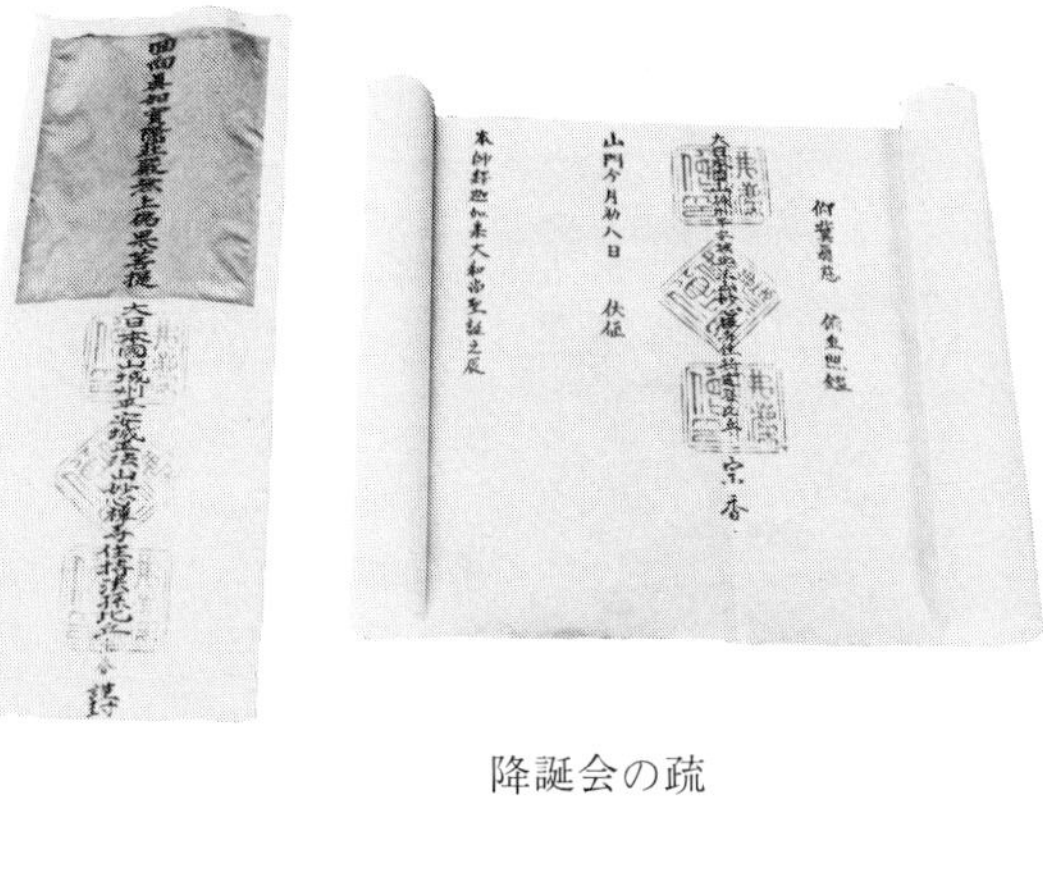

降誕会の疏

祖餉通擔子（そしょうかよいたんす）

次に右手を加えて合と蓋とを擎げて（指を排すること左手と同じ）、又胸前に安じ、住持炉前に到れば少し磬折して合を進む、住持焚し了って帰れば侍香随って帰る時即ち右手を覆《うつぶせ》て蓋を取つて、合と胸との間より蓋を環転して之を覆い、胸前に捧げて帰る。

○凡そ香合を開闔するには敲磕して聲をなすべからず。

○斉会※54及び相看※55に茶菓を備ふるには、左手に菓器を捧げ右手に茶器を捧げて進む。先づ菓を前の人の左に備え、茶を前の人の右に置く、之を撤するには先づ左手に菓器を採り、了って右手に茶器※56を採り、腕をして相ひ交えて十字の如くならしめず。

○無名指小指は触指となし、凡そ所作あるに屈して用いることを得ざれ、然れども時有※57って屈すべからざるものあり、須らく宜しきに随って取捨すべし。

○帽子を被るには、須らく帽檐と眉上と一指ばかりなるべし。帽仰きて傍観をして醜からしむることなかれ。

○祖師と祝聖との回向※58、及び住持の説法、香語※59等には大衆皆帽を去る。

○中啓を褊衫※60の右袖に納るゝには、左手をもって右袖の上角を提げ右手に扇柄を握りて（或いは両三摺を開いて袖に納れば則ち地に堕ちず）袖奥におく。或いは扇を襟にさしはさむ者有り。之を作すべからず。

○金襴衣（又法衣と名づく）は伝法の衣なり。上堂・小参・垂示・香語・入室・説禅・下火・拈香等に之を披す。所説の由来有るを示すなり。

○紗衣には必ず九條を披す。三仏会・達磨忌・開山忌・修正の満散・盂蘭盆会に住持之を披す（或いは維那、侍香も亦披す）。

○白色の物をもって袈裟を裁すべからず。法滅尽経の如し。

○坐具、履には金襴をもって飾りと為すべからず。

○臂に坐具を掛るには宜しく袈裟の下に安ずべし。その展開すべき処外に向かふ。

○坐具を展る法、須らく内辺の坐具角を拈起し、身を右辺に側《そばだ》てゝ之を開くべし。往々に衣袖の外辺より倒に拈起するは非なり。

○凡そ数珠を左の臂に掛るには、大珠肱の曲処に在るべし。総《ふさ》外に垂るべし。

○三拝の時数珠を収むるには、右手に数珠の大珠を取り左掌の中に安じ、直に数珠の外輪より手を伝へて下の大珠を取り、一綟して又左掌の内に安じ、上下の総皆外に向って垂れしむ。是の如く左手に数珠を挿み右手と與に合掌して三拝す。

○磬を鳴らすは緊慢中を得べし。聲出ること雅亮ならしめば衆心悦可す。

○凡そ経咒の真読※61するものは皆五声にして維那経を挙し、その十方三世の磬皆四聲なり。迅誦は磬三声にして挙し、十方の磬も亦三聲なり。

（右はごく基本的なことばかりであるが、山によっては異る仕方もあろう。「金襴衣は伝法の衣なり」というのは、金襴をもってしたものは総て伝法衣であるという意ではなく、清規で金襴衣というのは伝法衣のことであってという程の意であろう。また「紗衣」というのは前記したように「ドウグエ」のことである。）

出班焼香における使用例

『小叢林略清規』上巻に出る出班焼香の記述を次に録出する（出班焼香とは維《い》那《のう》が揖して住持、両班等が班を出て焼香することである、左頁図参照）。

行者《あんじゃ》※62二人仏前の東西に立って鈸を鳴らす。維那第一頭の鈸を聞いて問訊《もんじん》し了って叉手し、転鈸※63を聞いて班を出て仏前の東辺に立つ（今、堂は南面しているものとする）。坐具を抽《ぬ》いて第二頭の鈸を待って前《すす》むこと三歩、坐具をもって住持を揖す（揖し了ってまた歩を退く）。住持和南して転鈸を聞いて前んで焼香（侍香随う）帰位。維那また第三頭の鈸を聞いて前むこと一歩、坐具をもって前版《ぜんばん》※64・都寺《つうす》を揖す（揖し了ってまた歩を退く）。前版、都寺問訊し了って転鈸を聞いて班を出で同じく前んで焼香、合掌低頭して位に帰る。維那また第四頭の鈸を聞いて後版、監寺《かんす》を揖して、焼香帰位前の如し。維那

連床を設け椸架を施して道具を掛搭す」とある。

※31 平江條ともいう。両端に總のある紐で腰を束ねるもの。

※32 「ドウグエ」の下に着るものをかくいっている。

※33 『小叢林略清規』にその着用の時期について記されているところはない。妙心寺の『法山規式須知』に「凡そ出頭の時、極寒と雖も護領巾を用うべからず」とある。昔はかくの如くであったのであろう。

※34 無著道忠撰『庯峭餘録』巻四に「元朝寺院三碑銘曰」として「皇帝萬歳」（中央）「皇后齊年」（向って右）「太子千秋」（向って左）の図が出ている。また「建仁寺禅居菴大鑑禅師所建三牌」として「今上皇帝聖壽無彊」（中央）「南方火徳火部聖衆」（向って右）「檀那本命福禄壽星」（向って左）の図が出ている。

※35 『禅林象器箋』に牌云「三界萬靈十方至聖六親眷属七世父母」とあるが、現今は「三界萬靈十方至聖」の牌面が多いと思う。

※36 『勅修百丈清規』の善月に「維那、堂司の行者をして往持に覆し庫司に報ぜしめて善月碑を殿門の前に掛く」とあり、また「始め隋の開皇三年より天下に詔して正・五・九幷びに六斉日に各寺に祈禱道場を建つ。生命を殺すことを得ざらしむ。蔵経の中に取るに毘沙門天王有りて毎歳四大部洲を巡按するに、正・五・九の月は南贍部洲を治す。故に屠宰を禁ず。而も唐の藩鎮任に上る毎に必ず士卒をねぎらう。数萬人を下らず、須く大に烹宰すべし。故に正・五・九をもって官に上らざること殺を禁ずるが為なり。而るに俗以て忌むと為すは非なり」とある。

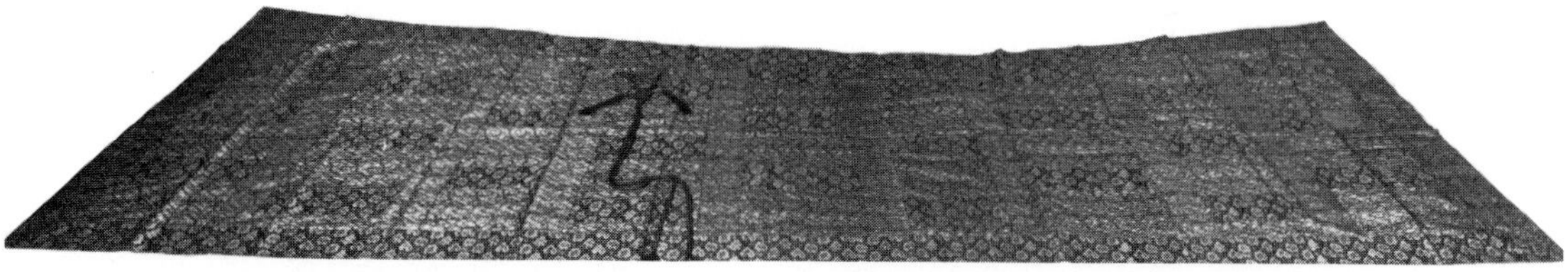

九條衣

道具衣の後（紐がついている）

道具衣の前

紗布衫（道具衣の下に着る）

直裰（こもろ）

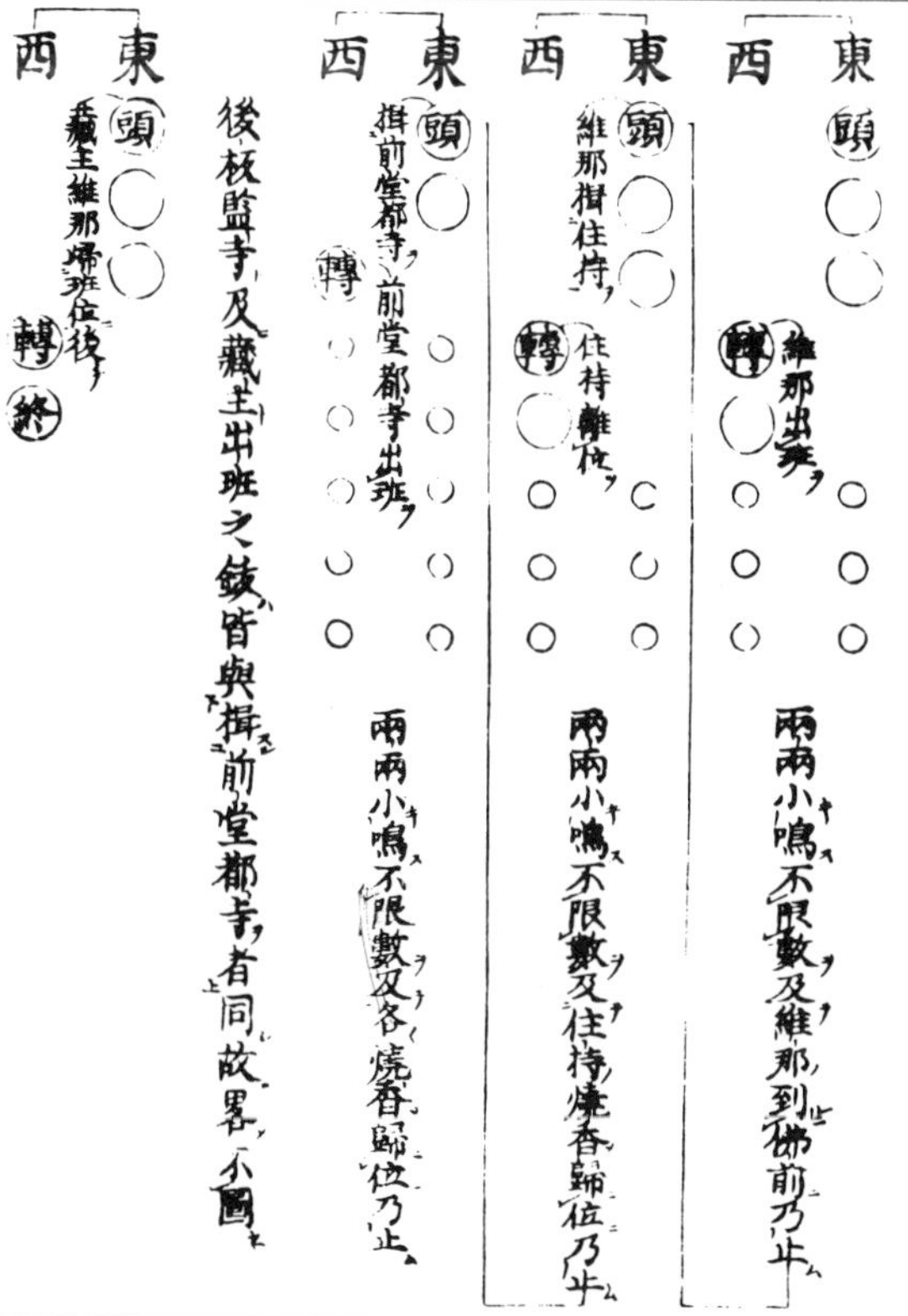

出班焼香雙鈸図（『小叢林略清規』所載）

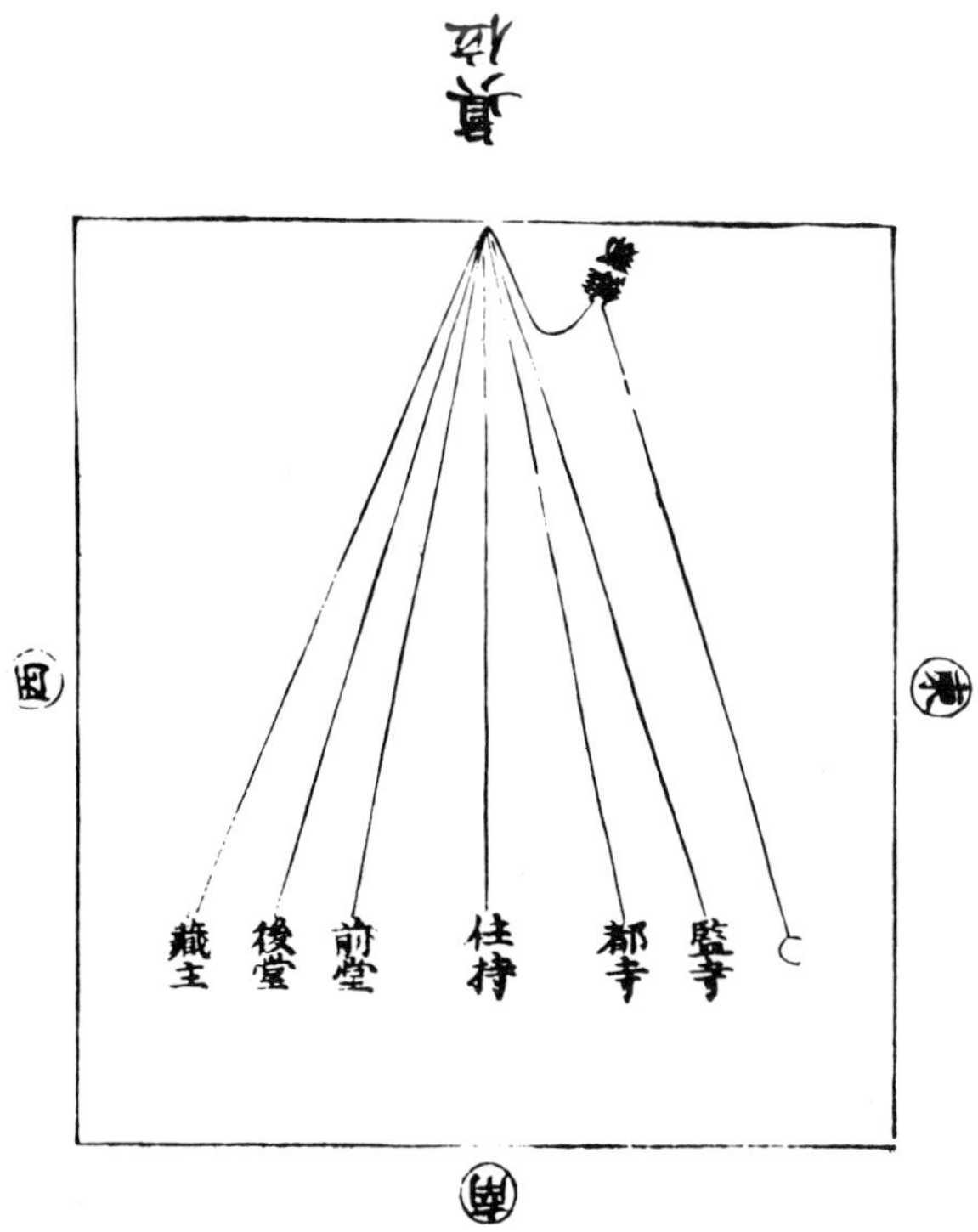

出班焼香図（『小叢林略清規』所載）

また第五頭の鈸を聞いて蔵主《ぞうす》を揖し了って坐具を臂に収め、蔵主と同じく焼香帰位（この記述では鈸と動作との関係が明確でないが、大体のことは了解されよう。妙心寺殿堂の規式ではもっと明確に伝承されている）。

懺法における使用例[※65]　『小叢林略清規』下巻に懺法奏鈸図（左頁参照）が出ているが、これについて簡単に説明する。

始まる前に勧請の鼓・鈸が奏され、懺法了って奉送《ぶんそう》の鼓・鈸が奏される。この図は大鈸と小鈸と二鈸で奏されるもので、大鈸・中鈸・小鈸の三鈸をもって奏されるものではない。口印は鼓を指している。鼓は大小二鼓をもってする。図横に記されている如く、合《ごう》・地《ち》・三ツ物《もの》・一ツ物《もの》・刻《きざみ》・入《いり》・受《うけ》という鳴らし方の組合わせからなっている。鼓は原則として合・刻《きざみ》入《いり》受《うけ》の前には打されず地・三ツ物・一ツ物それぞれの前に打される。鼓を持ち打つ姿と音とによって合・地・三ツ物・一ツ物のどの部分を今奏しているかが分る。図中「挙」とあるのは鼓を上げる姿のことを示し、「下ル」とあるのは鼓をさげる姿のことを示している。図の横線は大小の鈸を同時に鳴らすことで、縦の線は引き続いて鳴らすことである。図横の説明にある如く鳴らす音に大中小の別があるが、それは鳴らす動作の大中小でもある。鈸は裏面を見せないように扱う。左右に手を下したところで口伝がある。慣れれば音を聞いて何処のところを今奏しているかが分るが、特に顕著に感ずるのは一ツ物と刻入受のところである。鼓・鈸とも相対して奏し（三鈸の場合は小鈸だけが相い対さない）、同時に鳴らすのは同時でなければならぬが、障子を隔てて奏して同時に音が発するようでなければならぬとされている。大鈸には「松風」中鈸には「村雨」小鈸には「小狐《こぎつね》」というニックネームがついている。音からする連想である。松風というのは「ゾー」という松風を思わすことによる。三鈸の場合には、この図にはないが大鈸を畳の上に置いて休む時がある。それを「松風休」といっている。大鈸が重いからである。

四、二祖三仏忌とその荘厳

二祖三仏忌とはいうまでもなく二祖忌と三仏会《え》とのことであるが、二祖忌とは達磨忌と百丈忌とを指すという人もあり、また達磨忌と開山忌とを指すという人もある。現今は後者の人の方が多いと思う。三仏会とは仏釈尊の涅槃会・誕生会及び成道会《じょうどうえ》を指すが、涅槃会については「会《え》」といわずに「涅槃忌」という人もある。また「二祖三仏忌」といわず「二祖忌三仏会」とか「二祖三仏会」という人がある。ここでは二祖忌を達磨忌と開山忌とのこととし、「二祖三仏忌」とよび、「涅槃会」とよぶことにする。

『勅修百丈清規』は、祝釐[※66]・報恩・報本・尊祖・住持・両序・大衆・節臘・法器の九章に分れているが、その報本章に仏降誕・仏成道涅槃・帝師涅槃が掲げられ、尊祖章に達磨忌・百丈忌・開山と歴代の祖忌・嗣法の師忌とが掲げられている。かく二祖三仏忌は報本尊祖の大切な規式である。

以下『小叢林略清規』によって荘厳（舗設）と規式について述べる。規式について述べるのは、そのことによって用いられる仏具を述べることになるからである。妙心寺の規式須知によらず、『小叢林略清規』によるのは妙心寺の規式を述べるのが目的ではないからであり、他の本山では異る点もあろう。

(1) 仏涅槃会

荘厳　仏壇の前の障を閉じ、障前に涅槃像を掛ける。仏前の卓上に鉢案（膳のこと）を置き、その案上の応量器をおく位置に応量器をおかず楪《てつ》をおく（「楪」とは「鉢支」ともいって応量器をそれに置くもの。応量器は「頭《ちょう》鉢」ともいう）。案上に鑵子《くんす》を配し、予め羹《しる》菜《さい》を盛る（「鑵子」とは応量器内の三箇の小鉢で大より小に至る、総じて鑵子という。三箇を大鑵・中鑵・小鑵という。大鑵に羹（汁）を、中鑵に菜を盛り、菜を盛った中鑵を小鑵の上に重ね置く。大鑵

※37　『勅修百丈清規』では四月一三日から七月一三日の間、妙心寺では四月一五日から七月一五日の間、衆僧の安居の無事円成を祈念して楞厳咒を誦す。その終りに普回向の偈を唱える。その偈が書かれてあるのが普回向牌で、期間中仏殿の柱に対にして掛けてある。六月一日に左右を掛けかえる。掛けかえるまでは偈の首が仏前に近いが掛けかえて後は偈の尾が仏前に近くなる。偈文は真歇清了禅師の製である。即ち「上来、現前の比丘衆、楞厳秘密の呪を諷誦して、護法の衆龍天・土地伽藍の諸聖造に回向す。三途八難倶に苦を離れ、四恩三有盡く恩に沾ひ、国家安寧にして兵革銷し、風調雨順、民康楽せん。一衆薫修して勝進を希ひ、十地頓に超えて難事無く、山門鎮静にして非虞を絶し、檀信帰崇して福壽を増さん。十方三世一切の仏。諸尊菩薩摩訶薩。摩訶般若波羅蜜」

※38　「鳴板一声添湯二声添水三声則止以此為節」と書した小板。

※39　楞厳会の時の大衆各自の位置を示したもの。

※40　椅子前に脚を置く小几。

※41　仏法僧の四字を篆刻した印。

※42　葬具。尊宿の葬儀に真影を安置するもの。

※43　葬具。香炉を置く小亭。

※44　葬具。白い花のことであるが、紙で作り、紙花ともいう。中国の別れの際に柳枝を折って相手の袖に入れた風習により、雪柳ともいう紙で作ったものを棺前に供える。

※45　鬼界の衆生に施した飯を撤する器。

※46　折水器ともいい鉢水の餘殘を棄てる器。半を飲み半を棄てるので折と言うと『禅林象器箋』にある。

掛絡（絡子）

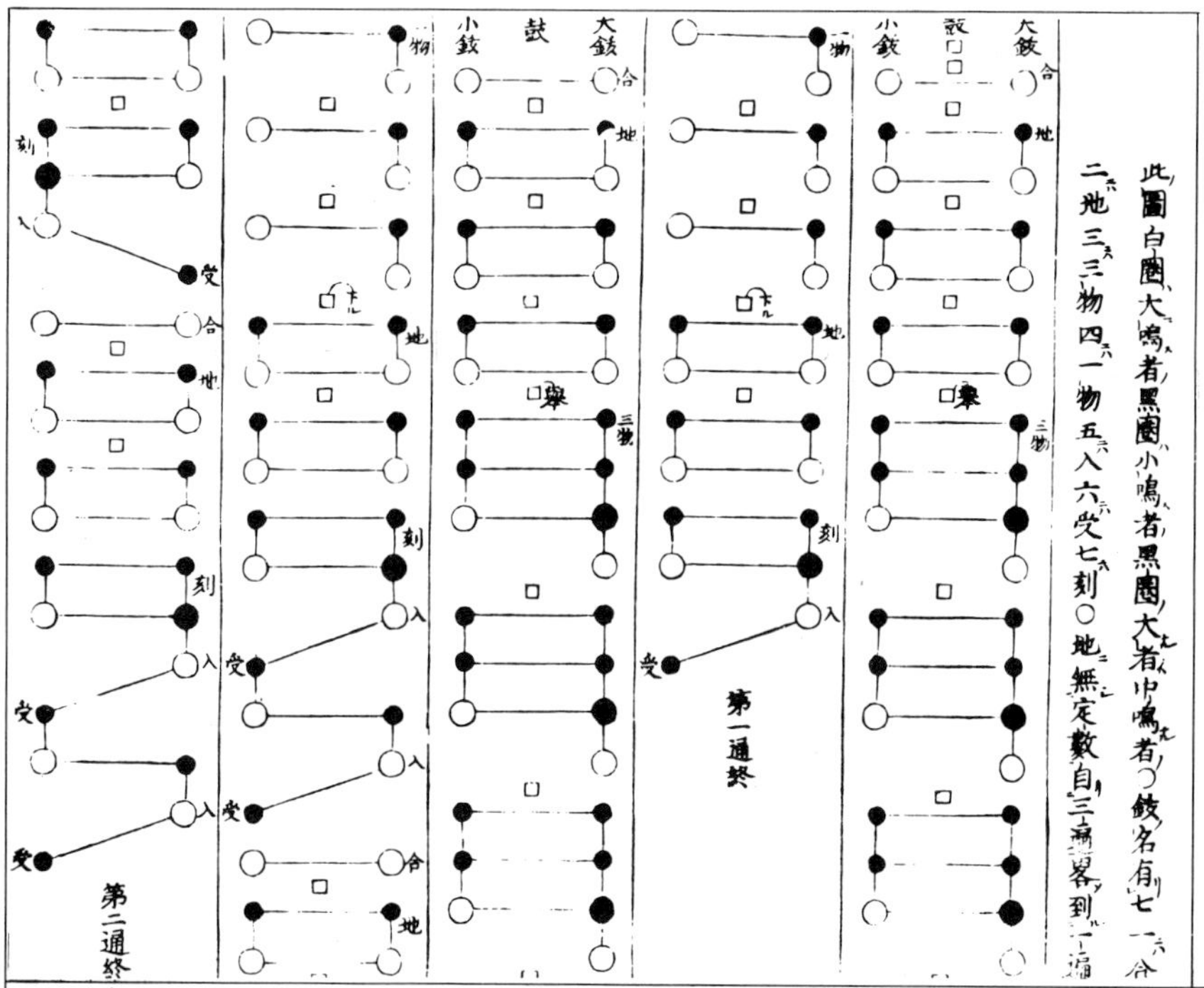

懺法勧請奏鈸図（『小叢林略清規』所載）

平江帯

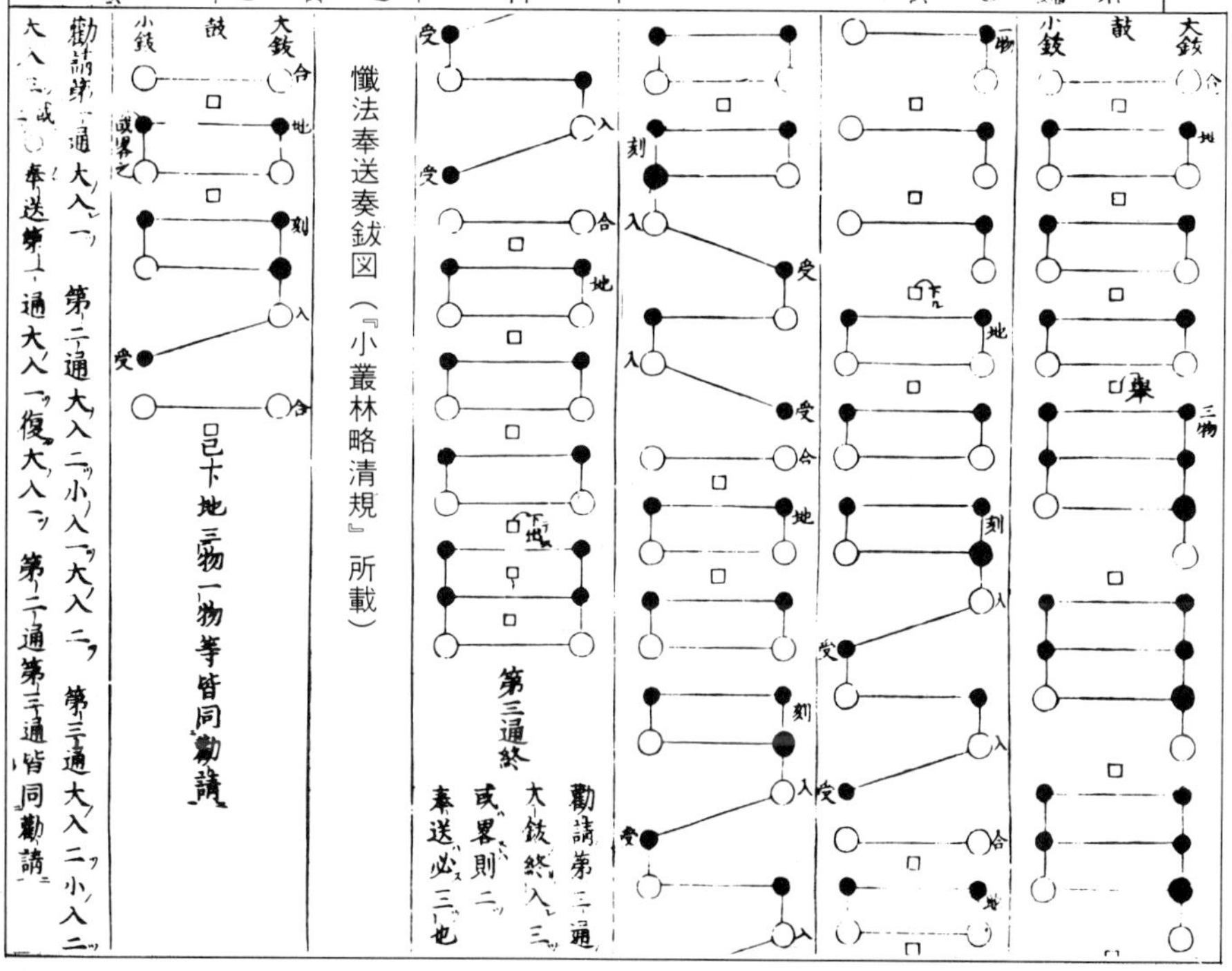

懺法奉送奏鈸図（『小叢林略清規』所載）

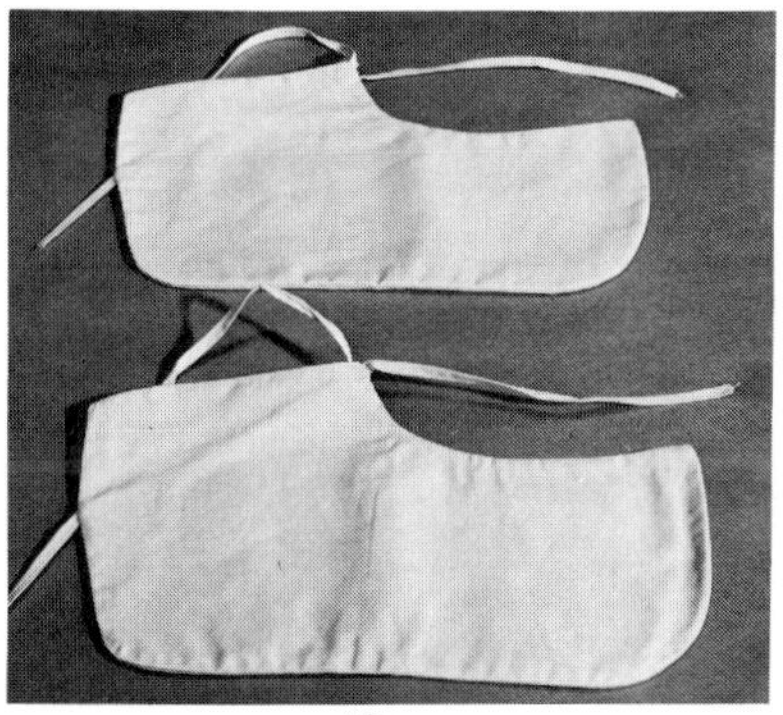

襪

坐具

九條袈裟・道具衣・帽子・履、坐具と中啓を持つ

を「頭鏆《ずうくん》」ともいう）。湯《とう》・食《じき》（応量器に盛った飯）・菓《か》・茶《ちゃ》及び湯《とう》瓶《びん》を予め仏前の東辺に列ねる（仏壇が南に向っているものとして東辺という）。卓上に炉・花・燭を設けることはいうまでもないが、右の荘厳は像を掛けて、湯・食・菓・茶を献ずる準備がしてあるということである。

規式　住持、伝衣を披す。九拝（香合・応量器・鐼子・筯・匙・刷湯器・湯を攪す匙・湯瓶・菓器・茶器・茶筅・拝席が用いられている）。

出班焼香（鈸・小香合が用いられている）。

列拝（鈴・拝席が用いられている）。

拈香（瓣香が用いられている）。

住持、伝衣を脱して平衣《つねのけさ》を披す。

楞厳呪行道（大磬・小磬＝鈴が用いられている）。

回向。

〈拝について〉　凡そ仏祖にたいする規式は拝《はい》・出班焼香《しゅっぱんしょうこう》・列拝《れっぱい》・拈香《ねんこう》・宣疏跪炉《せんしょきろ》・楞厳呪行道《りょうごんしゅうぎょうどう》[※67]という次第であるが、ここでいう拝とは、物を献ずるについての拝であり一八拝・九拝・三拝の別がある。場合によって出班焼香・宣疏跪炉がなく、楞厳呪行道が大悲呪立誦《だいひしゅうりつじゅ》[※68]になるなどの変化はあるが、右の次第を簡略にしたものと考えると理解しやすい。また拝の九拝・三拝は一八拝を簡略にしたものと考えると理解しやすい。三仏会は九拝であり、二祖忌の半斉（当日）は一八拝、その宿忌（前日）は九拝である。三仏会には宿忌はない。

『小叢林略清規』では拝は右のようになっているが、宣疏跪炉が略され従って楞厳呪行道了って後の回向は小回向[※69]ではない。十八拝とは焼香三拝・湯食《とうじき》三拝・菓下《かあ》（下とは下《あ》嚫《しん》）三拝・上香三拝・茶三拝・揖して三拝であり、九拝とは、焼香三拝・湯食三拝・菓茶三拝であり、三拝とは焼香・湯・食・菓・茶凡てを献じて三拝の意である。『小叢林略清規』にはかなり詳しく献供・拝について記されているが、妙心寺で行なわれているのとは異った点がある。『小叢林略清規』の九拝と十八拝との所述を録し参考に供する。

九拝　「住持、金襴衣を披し中立して、前んで焼香（侍香随う、香合を進め了って之を炉の東の側に置き、叉手して退くこと一歩、西に面して立つ。後、住持の茶を献じ了るに及んで初めて香合を捧げて随い帰る）。位に帰って三拝（拝し了って未だ坐具を収めず）、また前む、侍香、湯器を取り住持に捧逓す。住持左手に托を接して、右手に逆に匙把を握り手を覆して（中指と食指と大指とを展べて）盞脣を摸して侍香をして湯を注がしむ。匙をもって三たび攪し了って匙を湯盞の上に横たえ（匙把、西に在り）、香を焚き両手にて炉上に薫じて献ず。侍香、食を逓すれば住持雙手に之を接して薫献し帰って三拝（未だ坐具を収めず）、また前んで侍香菓を逓すれば住持香を焚いて薫献す。次に茶器を逓す、左手に托を接す、次に茶筅を進む、右手に之を接し幷びに盞脣を摸して湯を注がしめ、筅をもって攪し了って筅を侍香に還し、雙手にて薫献し了って帰って三拝（初めて坐具を収む）、九拝畢って出班上香云々」

十八拝　「住持、法衣を披し中立して前んで焼香（侍香随う）、帰って三拝（拝了って未だ坐具を収めず）、また前んで湯食を献じ（侍真、逓供す）帰って三拝（未だ坐具を収めず）、また前んで菓子・下嚫を献じ帰って三拝（初めて坐具を収む）、住持また前んで焼香（侍香随う、進退は涅槃忌の如し）帰って三拝（拝了って未だ坐具を収めず）、また前んで茶を献じ帰って三拝（未だ坐具を収めず）、また前んで（真と坐具との中間に到る）揖し了って帰って三拝（初めて坐具を収む）、十八拝畢って出班上香云々」」

(2) 仏誕生会

荘厳　浴仏の偈の牌を殿の左右の柱上に掛ける。牌のない場合は紙に写して殿の柱上に貼ずる。仏壇の前に花堂を厳設し、その中に香湯盆を置き、盆中に仏降生の像を安置し、二つの小杓を仏前に安ずる。前卓に供具を供することは皆涅槃会の如くである（浴仏の偈とは「我今灌沐諸如来　浄智荘厳功徳聚　五濁衆生令離垢　同證如来浄法身」というものである。第一句が仏前に近いように左右に

※47　（九七四—一〇二〇）宋代の居士。首山省念の法を嗣ぐ。『景徳伝燈録』を裁定してその序を書いた。

※48　百丈懐海禅師（七二〇—八一四）の作られた清規。今日見ることはできない。『勅修百丈清規』の重編者である百丈山の住持徳輝禅師もその重編に際して見ることが出来なかったという。楊億の序のみ存する。

※49　食堂のこと。食堂はもと即ち僧堂のこと。

※50　三代とは夏・殷・周の三代。

※51　妙心寺の『規式須知』ではほとんどの場合かくの如くではない。香を焚いて両手に物を接する。但し入寺の拈衣の場合に左手に伝衣を受けて右手で香を焚く。

※52　侍香の動作についていう。

※53　右手の指をそろえて上を向け、蓋に当てて上に挙げることをいう。

※54　祖師年諱などの供養法会のこと。身口意の三業をつつしむところからかくいうといわれる。

※55　会うこと。住持と来賓と相見すること。

※56　無名指は第四指。小指は第五指。触は不浄の意。大便をする時に第四指・第五指を用いて洗浄したことによるといわれる。

※57　時有って用いるは菓盆、鉢盂を持する時の如く、時有って屈しながら用いるは湯を攪くに右手の三指は盞脣を摸し、二指は屈して匙を持す時の如くである。

※58　諷経了って回向文を維那が挙する時のことをいう。回向とは自己の善根功徳を菩提に趣向すること、また諷経などの善行を先亡に向けること。

※59　拈香法語の略といわれる。香を拈じて唱える法語。

妙心寺開山忌

① 五侍者堂に入る

② 十八拝　上香、帰って三拝

③ 伝供

④ 出班焼香、列拝

⑤ 行道

して柱上に掛ける。涅槃会の場合と比べると、涅槃像を掛けるに対して誕生仏を安置し、香湯盆を置いた花堂が厳設され、浴仏偈の牌を掛けることが加えられている)。

規式　住持、[※70]伝衣を披す。九拝。出班焼香。列拝。拈香。住持、伝衣を脱して平衣を披す。維那《いのう》、浴仏の偈を唱え、大衆随い和して行道浴仏する。偈三遍畢って、楞厳呪の啓請《けいしょう》に代って「南無本師釈迦牟尼仏」を唱え以下楞厳呪行道に同じ。回向。

(3) 仏成道会

出山仏の像を掛ける。その他は荘厳・規式とも涅槃会に[※71]同じである。ただし一〇月四日以降であるから、長老以下が帽子を被していることはいうまでもない。

(4) 達磨忌

荘厳　仏櫃《ずし》を暫く傍に避けて須弥壇の中央に達磨の像を掛け、像の後に屏を遶らし、前に炉・花・燭を設け、壇前の障子東西を閉じて、ただ中央を開ける。かく舗設するのは法堂座上に舗設するのに擬するのである。あるいは仏壇の前の障を閉じて障前の中央に達磨の像を掛ける。

宿忌には茶・湯・湯瓶を像の東辺に列ねる。献粥《けんしゅく》(当日の朝)には像前に鉢案を設け、鎖子を配して羹菜を飣き、湯・粥(応量器に盛る)・菓・茶および湯瓶を像の東辺に列ねる。半斉には献粥の粥を食(飯)にし、さらに下䞋を加える(用いられるものとして下䞋台が加わる)。

規式　宿忌・献粥ともに住持は伝衣を披さず。またともに九拝であり、出班焼香・列拝・拈香がない(宿忌の九拝は焼香三拝・茶三拝・湯三拝である)。

半斉は、住持伝衣を披す。一八拝。出班焼香。列拝。拈香。住持、平衣に更えて、楞厳呪行道。回向(用いられる仏具は三仏会に下䞋が加わっている)。

(5) 開山忌

宿忌・献粥・半斉ともに荘厳および規式は達磨忌の如くである。(達磨の像に代えて開山の像を掛け、あるいは安ずるのはいうまでもない)。

五、雲水用具、坐禅用具

(1) 雲水用具

七条袈裟(黒の麻の袈裟と黒或は紺の羽二重の袈裟。前者は毎日使うもので披するのに普通の七条袈裟の如き環と紐とで結ぶのでなく、金具と金具とを掛けて披すようになっている。後者には環がついている)文庫　文庫包(太紐・結紐・巻紐とも)ころも(夏は麻、冬は木綿である)手巾《しゅきん》　絡子(黒色か紺色の木綿)脚絆　頭陀袋　網代笠《あじろ》　砥石　剃刀　雨合羽《かっぱ》　鉢(「持鉢」といわれている)　箸　三経合本(ここで三経とは、観音経・金剛経・楞厳呪をいう)白衣　白帯　白足袋　針・糸、などの衣服の修繕用具　着替えの着物(平常は色のついた木綿の着物、帯を用いる。「霜ふり」が多い)　襦袢・下着類　作務着　草鞋　単布団　風呂敷　手拭　安名など。

行脚をする時多くなされている様子は、文庫に袈裟・講本などを入れ、それを文庫包に入れ、太紐をつけ結紐で結び、着物などの風呂敷包みを文庫包の背後にして全体に巻紐をかけて、太紐の一方、(首の後になる)に風呂敷に包んだ雨合羽等の包みを紐や帯で結びつける。風呂敷に包んだ鉢、同じく風呂敷に包んだ砥石、同じく風呂敷に包んだ三経合本をさらに巻紐をかけた文庫包にくくりつける。箸(袋に入れたもの)を文庫包の横に挿す(掛搭には掛搭願書と誓約書とが必要である)。

(2) 坐禅用具

単布団　香盤　線香　柝　引磬　警策　腰紐など。

(渋谷厚保)

※60　『禅林象器箋』に「資持記に褊衫に作す。説文に褊は衣小なる也」とある。

※61　真誦ともいう。迅誦に対して丁寧な誦し方。

※62　有髪の用務をする者。

※63　西の鈸の第一声を指すのであろうか。

※64　前版・都寺・後版・監寺・蔵主に維那を加えて両班(両序)という。叢林の運営にあたる役職者。

※65　懺悔の法。此処では観音懺法のことで、観世音菩薩の広大な霊感を請い、祈禱・報恩・追弔の為に行なう法式のこと。

※66　鼈は福。

※67　此処では誦経しながらめぐり歩くこと。

※68　行道しないで立ったままで誦すこと。坐して誦すのを坐誦という。

※69　簡略な回向文のこと。

※70　『小叢林略清規』では涅槃会に「披金襴衣」誕生会に「披法衣」達磨忌半斎に「披法衣」とある。今は「伝衣を披す」といったが同じことである(妙心寺では二祖三仏忌に伝衣は披さない)。達磨忌宿忌には「整衣」とあるのみで又行道に至って「換衣」という言葉もないので今は「伝衣を披さず」とした。達磨忌献粥には衣についてふれられていないので今は宿忌に同じと考えた。

※71　不明確な表現であるが『小叢林略清規』上巻通用に「帽子は長老は十月朔日自り披し四月八日に脱す。其れ自り己下は達磨の宿忌自り被し四月朔日に脱す」とあるのでかくした。長老の法階・地位は不明。

〔『禅学大辞典』(大修館書店刊)を参考にし、その所載の表現を用いたところがある。感謝申し上げる〕

雲水用具

麻の七条袈裟（黒）
合裁仕立てで、合の幅が狭いのが特色とされる

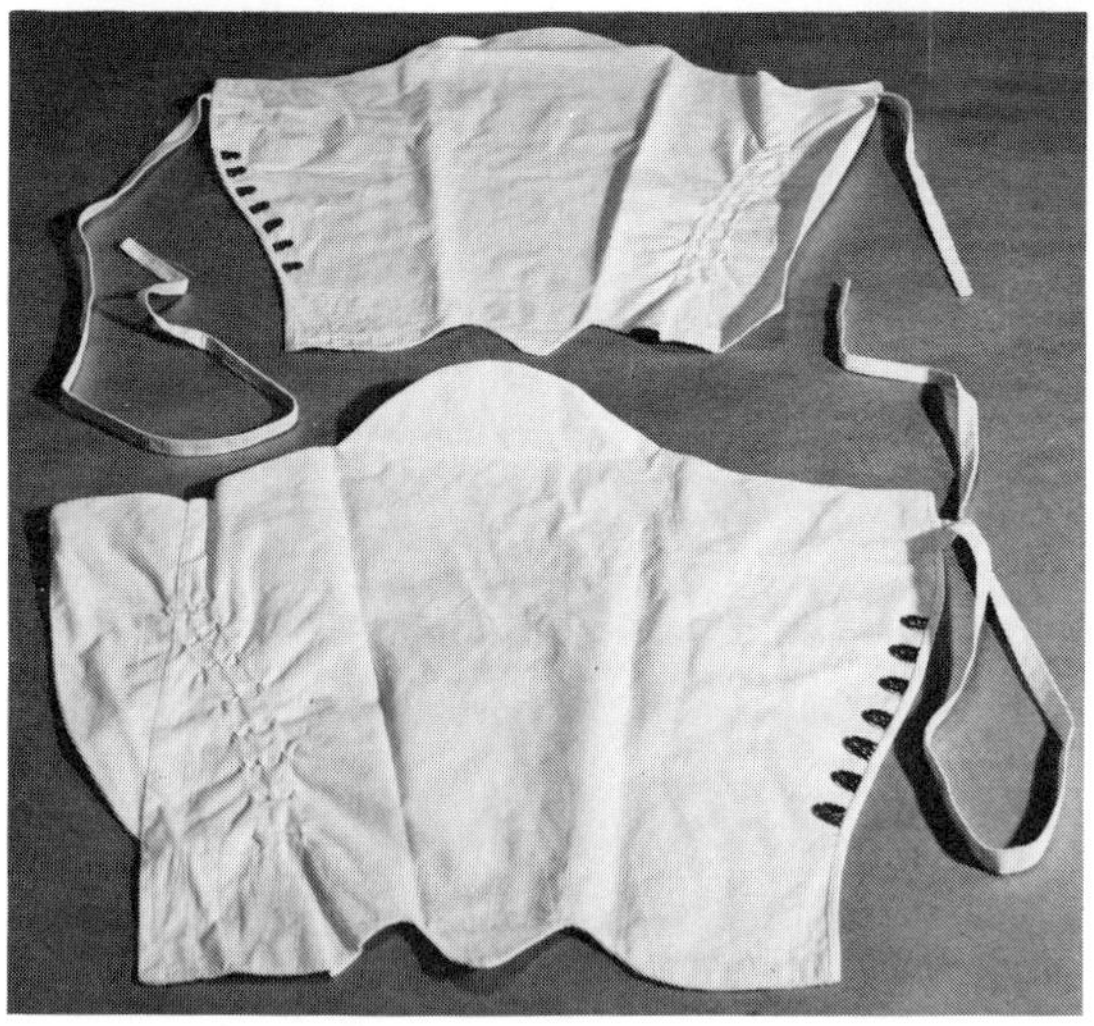

脚絆

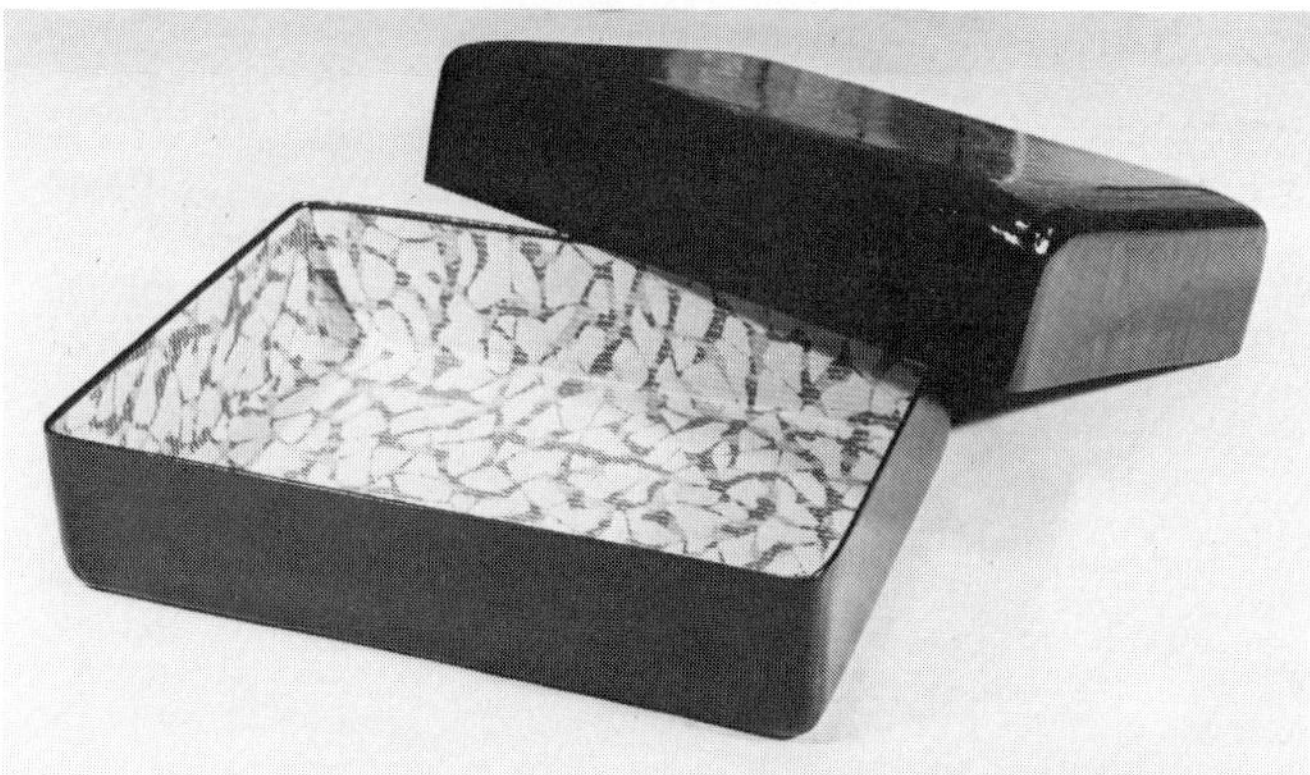

文庫

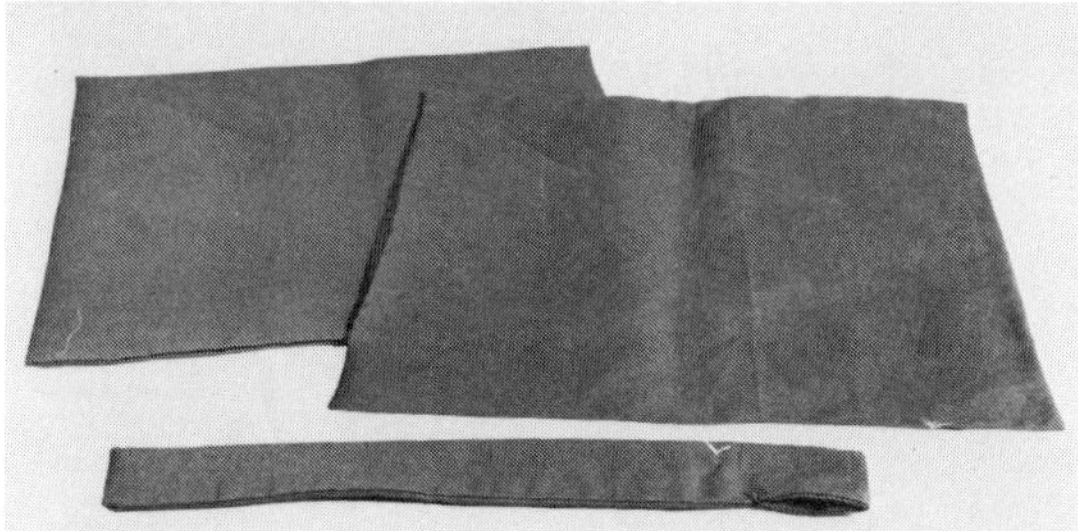

持鉢包

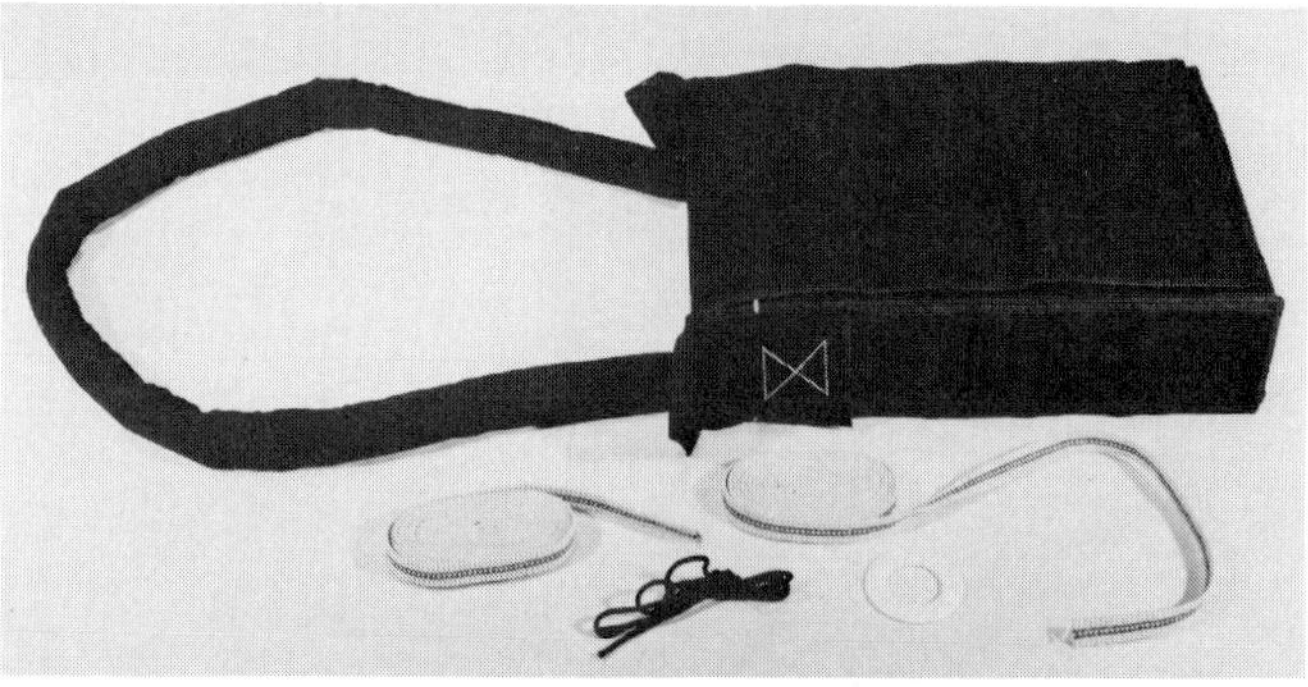

文庫包と紐

手巾

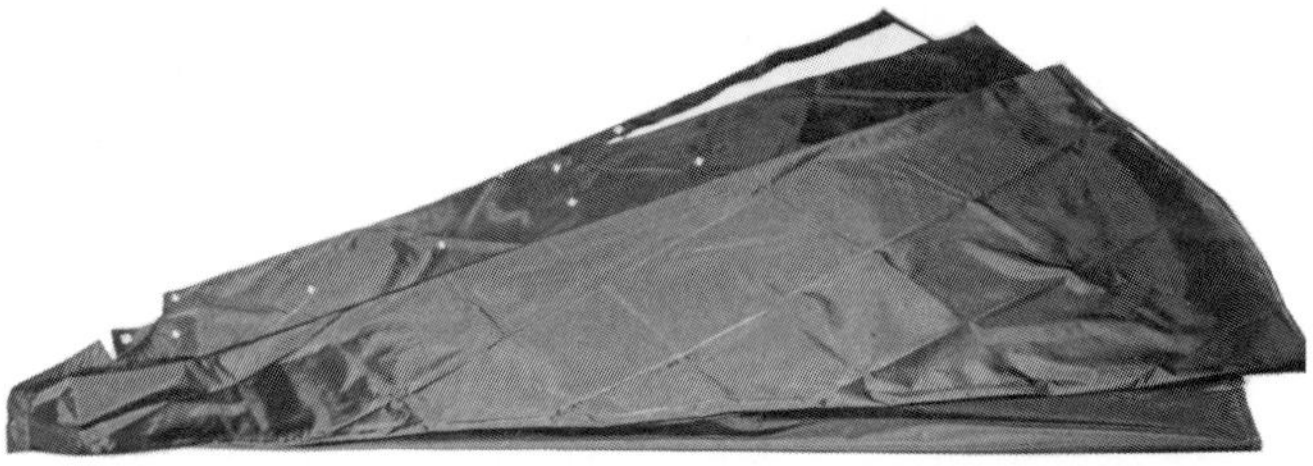

雨合羽

三経合本

持鉢

網代笠

頭陀袋

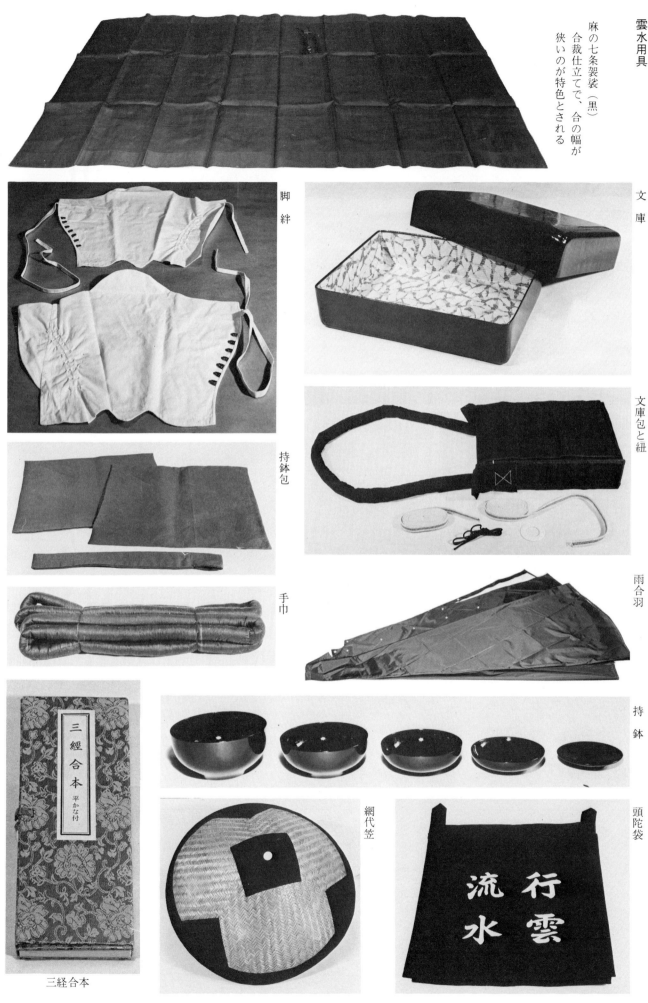

九　曹洞宗の仏具

一、はじめに

宋代、定林寺を訪れた程明道（一〇三二〜一〇八五）は、斎堂《さいどう》で行われる食事の儀の整然たるさまを見て「三代の礼楽はすべて是に備わっている」と讃嘆し、それが「清規綱紀の力」によるものであるとしている。

禅宗寺院での綱紀を「清規《しんぎ》」と呼ぶのは「清浄大海衆（雲水）の守るべき規矩準縄」の意である。その内容は雲水の日常生活から、寺院全体の行事にいたるまで詳細に定められている。中国禅宗で最初に清規を成文化したのは、唐の百丈懐海《ひゃくじょうえかい》（七二〇〜八一四）による『百丈清規』である。その全文は今に伝わらないが、その主要な部分は、後の『禅苑清規《ぜんねんしんぎ》』や『禅門規式』（『景徳伝灯録』巻六）によって知られる。その内容の吟味は本論の意図するところではないが、いずれにしても、禅宗が教団として展開する中で、教団の構成員が守るべき規則が生れ、それが成文化されるのは当然のことであった。

さらに教団が社会的存在である以上、政治経済社会の面からの影響を無視することはできない。端的な例として、あくまで出世間を目ざす禅宗教団ではあっても、元代に成立した『百丈清規』になると「勅修」の二字が冠せられ、その冒頭に、皇帝の誕生日の聖節での行事などを記す「祝釐章」が置かれることなどが挙げられる。このように清規の内容変遷は無視できないが、今、中国で成立した清規の主なものを記すと次のようになる。

百丈清規　唐　百丈懐海撰
禅苑清規　一〇巻　宋　長蘆宗賾撰
入衆日用清規　一巻　宋　無量宗寿撰
叢林校定清規　二巻　宋　惟勉撰
禅林備用清規　一〇巻　元　沢山弌咸撰
幻住庵清規　一巻　元　中峰明本撰
勅修百丈清規　八巻　元　東陽徳輝重編
尊正規　二巻　明　覚浪道盛撰

これらの諸清規のうち、日本曹洞宗の開祖永平道元禅師（一二〇〇〜一二五三）の『永平清規』に多大の影響を与えたのは、道元禅師の入宋当時、すでに行われていた『禅苑清規』であろうが、『永平清規』は『禅苑清規』そのものをすべて受容したわけではなく、換骨奪胎して、坐禅弁道の精神をより高揚したものとなっている。それぞれ別個に成立した「典座教訓」「弁道法」「赴粥飯法」「衆寮箴規」「対大己五夏闍梨法」「知事清規」を江戸時代に編集してなった『永平清規』と、瑩山禅師が永光寺《ようこうじ》の行事の次第を定めた『瑩山清規』の両編が、日本曹洞宗の清規の根幹をなすものであり、以後、教団が展開するにつれて各地方寺院の実状にあわせた、独自の清規も成立する。『曹洞宗全書』（清規）及び『続曹洞宗全書』（清規・講式）に収める各清規は、今のところその集大成である。

このように幾多ある清規の中で、具体的な行事の次第においてみるなら、江戸時代、月舟宗胡（一六一八〜一六九六）による『椙樹林清規』二巻、面山瑞方（一六八三〜一七六九）が撰した『僧堂清

※1　行事と行持は曹洞宗では明確に区別される。行事は法要などの具体的な勤行をさし、行持とした時は単に「行うこと」だけでなくそこに仏道のあらわれをみる。すなわち仏行を不断に持続するの意味である。

仏殿内部・総持寺

早朝、各寮をかけめぐる振司と鈴

規行法鈔』五巻とその注釈ともいえる『僧堂清規行法鈔考訂別録』八巻、さらに玄透即中（一七二七～一八〇七）による『永平小清規』二巻の存在を無視できない。すなわち曹洞宗の行持は、現在[※1]『昭和改訂曹洞宗行持軌範』と『行持基準』に準じて行われるが、その基となった[※2]『明治校訂行持軌範』の例言にも記されるように、これら三書の存在意義は大きい。月舟と面山の両師は永平・瑩山両清規をはじめとして、あらゆる清規を斟酌することにより、叢林の中心たる僧堂の興起をはからんとして、一日の修行生活（日分行持）、一カ月の修行生活（月分行持）、一年の修行生活（年分行持）について詳細に述べたものである。また玄透即中は永平寺五〇世となった人で、主として『永平清規』によって古規の復興を目ざし、そこでは日進・月進・年規の行持が定められる。

このように曹洞宗の仏具法具を考える上では、それらが使用される現場（叢林）の清規を考慮しないわけにはいかないし、「清規」と呼ばれる資料も少なくない。特に近年は永平寺で『祖山行法指南、法堂仏殿編』や、新到のための『祖山行法新学須知』が上梓され、また酒井道雄『法式研修』など、行法を中心とした書の刊行もある。今は『曹洞宗行持軌範』を中心として、必要に応じて他の資料を援引しつつ、曹洞宗の法具仏具についてその伽藍とともに考えてみよう。

二、七堂伽藍とその行持

(1) 伽藍の配置

禅宗寺院の建築様式は曹洞宗にかぎらず七堂伽藍をその主要建築としている。その配置については、ふつう人の形をもって説明される。無著道忠[※3]『禅林象器箋』（殿堂門）も一応この説を紹介する。しかしこの説は道忠も言うように典拠も定かでなく、日本で考えられたものらしく、中国の史料にはみられない。いずれにせよ面山瑞方が『洞上室内断紙揀非私記』の中で、

> 面山謂らく、此の断紙は、一箇の人形を作り、頭を法堂と為し、腹を仏殿と為し、右手を僧堂と為し、左手を食堂と為し、跨間を山門と為し、右脚を東司と為し、左脚を浴室と為す。此は日本の痴暗僧の臆度もて配当するなり。切に用うべからず。殿堂は本より身形に配するの義なし。棟宇、何ぞ止《た》だ七のみならんや。

と批難していることからみれば、右のような説が叢林に広く流布していたことは推察に難くない。また「七堂伽藍」の術語の典拠も定かでないが、『太子伝古今目録抄』に「一伽藍は塔、金堂、講堂、鐘楼、経蔵、僧房、食堂、此の七種を一伽藍と言う也」とあるのを最古の例とし、禅宗寺院の建築に関してみれば、一条兼良[※4]『尺素往来』に出てくるのが早い例と言える。永平寺は七堂伽藍の様式を現在に伝える数少ない禅宗寺院であり、それらは総て日常的に使用されている。総持寺は明治三一年の火災で能登から横浜市鶴見に移転したため、七堂伽藍は再建されたものの、その配置は無著道忠の言うような左右対称のものとは若干異なっている。次に各々の伽藍についてみる。

(2) 山門

もとは空・無相・無作の三解脱門の意味で三門と書くのがふつうであり三個の門からなっていたらしいが、宋代になると禅宗寺院が山に建てられることが多かったため山門とも書かれるようになり、門の数も三個にかぎらなくなった。寺の境内を清浄な結界とするその入り口である。地方寺院では山門の前などに「不許葷酒入山門」と記した戒壇石を置く例がみられる。これは江戸時代に来朝した隠元隆琦（一五九二～一六七三）の黄檗宗による影響である。山門は二階造りの楼門となるのが通例である。

※2 『明治校訂行持軌範』の例言
本規ノ必要ハ、従前洞上ノ行持法式、区々ニ渉レルモノヲ一定セント欲スルニ在リ。故ニ其大綱ヲ椙樹林指南記・僧堂清規・小清規ノ三ニ資ル。コノ三規ハ洞上現行ノ法式ニシテ区々ニ渉レルノ根原ナルニ由ル。而シテ之ヲ照スニ、禪苑清規・大清規・瑩山清規・校定清規・備用清規・入衆日用清規・幻住庵清規・敕修百丈清規等ノ諸規ヲ以テシ、更ニ各地方叢林ニ別行スル規式、並末派僧侶中ノ建言上申及現今不文慣習ノ法ヲ顧ミテ得失ヲ参考シ、専ラ時機ニ適応スル行持法ヲ差定セリ。

※3 『禅林象器箋』より
忠曰。法堂。仏殿。山門。廚庫。僧堂。浴室。西浄。為七堂伽藍。未知何拠。各有表相如図。

廚庫左手　浴室左脚
法堂頭　仏殿心　山門陰
僧堂右手　西浄右脚

止観輔行云。如大経云頭為殿堂。摩訶僧祇律云。厠屋不得在東在北。応在南在西。
忠曰。此図。浄所在西南。則合僧祇律説。

※4 尺素往来記載の七堂伽藍　七堂は山門、仏殿、法堂、庫裡、僧堂、浴室、東司也。土地堂、祖師堂、方丈、衆寮並諸寮舎、惣門、脇門、鐘楼、鼓楼、輪蔵、宝塔、月壇、雨打、明楼、廊下及延寿堂等。塔頭に於ては卵塔、昭堂等荘麗極まり無し。

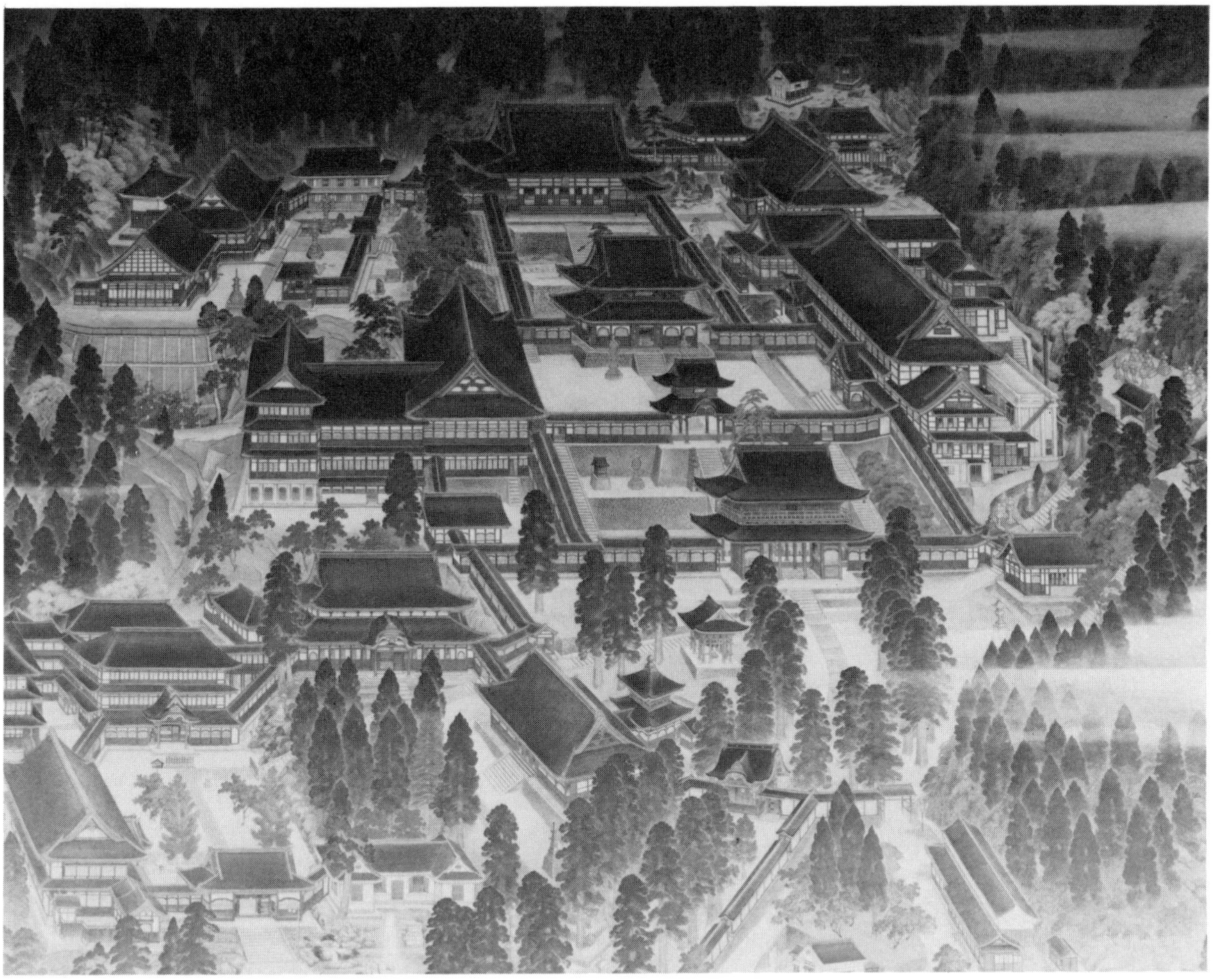

境内伽藍配置図・永平寺

山門にかかる聯・永平寺

山門全景・永平寺

山門階下の仏像　階下には密《みっ》迹《しゃく》金剛と那《な》羅《ら》延《えん》金剛の二王像、あるいは四天王像を祀る。二王像はまた仁王像とも書かれるが、手に金剛杵を持ち、口をとじて忿怒の相をなしているのが密迹金剛であり、口を開き右手に金剛杵を持つのが那羅延金剛である。総持寺山門は二王像を祀るが、永平寺山門は四天王像である。

東方持国天　南方増長天　西方広目天　北方多聞天

四天王像を祀ることは曹洞宗としては稀である。ちなみに中国では天王殿に布袋像とともに四天王像を祀るが、その像の形式は異なっている。例えば常盤大定『支那仏教史蹟踏査記』によれば、普陀山法雨禅寺の四天王像の、その彩色と持ち物について、

東　持国天　黒色　剣　　南　広目天　白色　琵琶

西　増長天　赤色　蛇　　北　多聞天　淡紅色　傘

と述べている。これらは宋代の様式そのままではなく、ラマ教などの影響によるものとみられる。

山門階上の仏像　山門の階上は十六羅漢像あるいは五百羅漢像が祀られるところから羅漢堂とも呼ばれる。総持寺山門の楼上では放光菩薩と十六羅漢[※5]とさらに四天王である。永平寺の場合、十六羅漢のほかにその眷属である五百羅漢、さらに華厳釈迦像一体、脇侍として善財童子像一体、月蓋長者像一体、迦葉尊者一体、阿難尊者一体、伽藍神一体などが安置される。

山門での行持　山門は寺の正式な入り口であり、修行僧をはじめ住持、勅使などもここから出入りする。新住持の晋山式にあたっては「接住持」と記した牌が掛けられ、華《か》炉《ろ》燭《しょく》が準備される。新住持はここで山門法語を唱える。また原則として毎月の一・一五日には羅漢の名号を唱えつつ拝をする羅漢供養がある。献湯菓茶し『般若心経』を読誦、回向中に堂行の手《しゅ》磬《けい》にしたがって尊号を唱え、一尊ごとに一拝する。その尊号の内容は、例えば

帰命頂礼《きみょうちょうらい》　第一西瞿陀尼洲中《だいいちさいくだにしゅうちゅう》　賓度羅跋羅堕闍尊者《ひんどらばらだじゃそんじゃ》　眷属一千大羅漢

の如きである。

ちなみに正式に掛《か》搭《た》[※6]を希望する雲水は次のような仕度をして山門に到る。

掛搭をする雲水の僧具　上げ手巾をし、手には手《てっ》甲《こう》、足には白足袋に草鞋をはき、白《しろ》脚《きゃ》絆《はん》をつける。胸には袈裟行《こう》李《り》、背には複《ふく》子《す》(後付け)を背負う。絡子を肩に横にかけ、天台笠(網《あ》代《じろ》笠《がさ》)を持つ。袈裟行李の中には、袈裟、祖録、三物[※7]、竜天善神[※8]軸など貴重品を入れ、さらに涅槃金を入れる。袈裟行李は所定の袋に入れ、無地の袱子で包んで紐(多くは真田紐を用い、十文字に交差する部分には絡子の環などを用いる)で結ぶ。応量器は頭《ず》鐼《ふん》以下を頭《ず》鉢《はつ》にまとめ、道鉢袋に入れて袈裟行李にくくりつけ、手巾や箸袋などはくくりつけの下になるようにする。複子には日用品を入れて風呂敷で包み、袈裟行李の丸紐と縦折りの布紐で結ぶ。

山門頭で雲水はまず三拝したのち木版を打つ。版にはふつう「謹白大衆、生死事大、無常迅速、各宜醒覚、慎勿放逸」の句が記される。係の修行僧に案内された新到の雲水は、旦《たん》過《が》寮[※9]にて正式に掛搭が許されるまでの数日間、坐禅をはじめとした基礎的な教えを学び、道心の有無を点検される。これを旦過詰という。

(3)　仏　殿

唐、百丈懐海の『百丈清規』(『禅門規式』)が伝えるように中国唐代の禅宗寺院では仏殿を設け、特定の仏像を祀り礼拝の対象としたことはなかった。生きた住持が仏にかわって仏法を説くのであり、木像を礼拝する必要はないという信念による。丹霞天然(七三九～八二四)が寒時に木仏を焼いて暖をとったり、徳山宣鑑(七八〇～八六五)が、住院するところの仏殿はすべて破壊したなどの故事は、右のような信念を貫いた結果でもある。ただ禅宗寺院も、その初期のころは律院に併設されたこともあり、最初から禅寺として草創されたわけではないから、あるいは仏殿のある禅宗寺院も存在したであろう。五代の雲門文偃(八六四～九四九)には「仏殿裏装香。三門前合掌」などの語がみえる。宋代になれば禅宗寺院に仏殿が構え

※5　十六羅漢
賓度羅跋羅堕闍(ひんどらばらだじゃ)
迦諾迦伐蹉(かなかばしゃ)
迦諾迦跋釐堕闍(かなかばりだじゃ)
蘇頻陀(そびんだ)
諾矩羅(なくら)
跋陀羅(ばだら)
迦哩迦(かりか)
伐闍羅弗多羅(ばしゃらはったら)
戍博迦(しゅばか)
半托迦(はんたか)
羅怙羅(らごら)
那伽犀那(なかさいな)
因揭陀(いんかだ)
伐那婆斯(ばなばし)
阿氏多(あした)
注茶半托迦(ちゅうだはんたか)

※6　原意は衣鉢袋を僧堂の単の鉤に掛けることで、転じて叢林に止まり安《あん》居《ご》することをいう。また錫杖を掛けるの意で「掛錫」ともいう。

※7　嗣書、血脈、大事をいう。嗣書は嗣法の証しとして師から弟子に授けられるもので、一旦嗣法した者は、重ねて他の師から嗣法することは許されない。血脈は法の嗣承を身体の血脈が連なって絶えないことにたとえ、大事は宗意の秘奥を図示したものである。

※8　竜天善神が修行者を守護するというのは『千手観音経』に依るとされるが、曹洞宗ではこの竜天善神と、白山妙理大権現を併せ祀って雲水は修行無難、道念増進の守護神として尊崇する。白山妙理大権現を祀るのは、道元禅師が宋より帰朝に際して『碧巌録』書写を助援したことなどによる。

山門階下の四天王像・永平寺
（右から多聞天、持国天、増長天、広目天）

左・山門楼上の放光菩薩・総持寺
下・放光菩薩の左右に並ぶ十六羅漢・総持寺

雲水姿（正面・横・後）

られるのは当然視され、禅僧も仏殿で国家の安寧、聖寿の無窮を祈るようになる。道元禅師の撰とされる『宇治観音導利院僧堂勧進疏』（『建撕記』）には「寺院ノ最要ハ、仏殿法堂僧堂也」とあって、宋代禅宗寺院の建築の影響下にある。

仏殿の仏像　仏殿にはどの仏を祀らなければならぬという規定はないから、全体的には釈迦三尊像、弥勒・釈迦・弥陀の三世仏、観音像などその寺の草創ともかかわって種々の例がみられる。現在永平寺では弥勒・釈迦・弥陀（一説に迦葉仏ともいわれる）の三世仏を、総持寺では釈迦と阿難・迦葉の両脇侍を祀る。

さらに仏殿には本尊仏のほか護伽藍神、招宝七郎大権現、達磨大師などを祀る。総持寺では正面に向って左奥に達磨、洞山悟本の尊像、右奥に大権修理、如浄の尊像を祀る。

仏殿の仏具と行持　尊像の前には華炉燭を飾るが、特に本尊の前には前卓を置き、その上に五具足を飾る。五具足とは香炉を中心にして左右に燭台、その外側に花瓶二個の、合計五つをさしていう。そのほか別に蓮華や灯籠があり、湯菓茶などを供える。

仏殿はふつう石畳で看経台が置かれる。法要の読経は立誦もしくは看経台にあがってなされるが、法要の種類によって異なる。また法要のための磬子、木魚、鐘、鼓などが常設される。

朝課諷経はもともと仏殿・祖堂・祠堂など読経の対象によってそれぞれ別の場所で行われるべきものであるが、雲水の数や諸般の事情によって今では法堂で行われることが多い。日中諷経、晩課諷経も原則としてともに仏殿で行われる。毎月の一日と一五日には朝課の前に祝禱諷経がある。

(4) 庫《く》院《いん》

庫裡《くり》とも言われる寺の台所である。臨済宗や黄檗宗の場合は、禅堂のほかに食堂《じきどう》（斎堂）を設けてそこで食事を摂るが、曹洞宗では僧堂で食事を摂るので、庫院はあくまで食事を作る場である。庫院を「香積《こうしゃく》」と呼ぶのは『維摩経香積仏品』によるが、『五山十刹図』によれば霊隠寺《りんにんじ》の庫院が香積厨と呼ばれる。さらに瑩山禅師の『洞谷記』にも「庫下号香積院」とあって曹洞宗ではその初期から行われたものらしい。また庫院に大小の字を冠することもあるが大庫院は仏餉《しょう》や僧堂関係の食事を作り、小庫院は来客などの食事を作るのであって、規模の大小とは関係ない。

庫院の本尊　庫院には伽藍守護神を祀って転食輪と火盗双除を祈る。ふつうは韋駄天《いだてん》が多いが、毘沙門天の場合もあり、総持寺香《こう》積台《しゃくだい》には大黒天が祀られる。

庫院の行持と荘厳　庫院の総責任者は典座《てんぞ》である。道元禅師に『典座教訓』の著作があるように叢林における最も重要な役職の一つである。典座は食事の準備がすめば僧堂に向って僧食《そうじき》九拝を行う。

庫院では毎日、飯菜を調弁するが、おおよそ午前一〇時ごろ『大悲咒』を読誦する竈公《そうこう》諷経が行なわれる。毎月五日の朝課罷[※10]には韋駄天諷経がある。韋駄天前には華炉燭と湯菓茶が準備され、雲版一会で大衆は庫院に赴く。住持は湯菓茶を献じ、『般若心経』『消災咒』が読誦される。

雲版の使用法　庫院には必ず雲版（板）が掛けられる。雲を型どった鉄製の版である。朝、坐禅が終る時に三会鳴らすが、最初の二会を小開静と呼び、三会目は僧堂版や諸寮の版と交打する。これを大開静と呼ぶ。開静《かいじょう》には睡眠から覚醒することと、坐禅をやめることの二義がある。

粥飯の時には、朝課罷より僧食九拝が終るまでの間に三六鳴する。これを長版と呼ぶ。次に下鉢版として一通する。

次に早晨坐禅の最中に斎食の準備をした庫院では、飯のできるのを待って雲版を三鳴する。これを火版《かはん》と呼ぶ。火版を聞いて放禅鐘が鳴らされ、坐禅が終る。

薬石の時は晩課諷経が終るのを待って雲版が五声される。大衆は雲版の鳴るのを聞いて僧堂に集まり喫食する。

※　仏殿に祀られた聖寿牌

※9　諸方遊歴の修行僧を、宿泊させる寮舎のこと。旦とは晨の意で、夕方に来って朝に去るの意で旦過という。

※10　法要の初まりには、鐘、版、太鼓などのいずれかが時に応じて鳴らされる。一会のみの場合もあるし、三会のこともある。鐘で三会の場合を記すと、まず、打出し（擬声）三下し、緩く打つこと七声、法要の準備が整った合い図の戒尺（または小磬）二声にあわせて次第に速く打ち（転畳）、終りは少し間をおいて大きく一下（一会）。次に緩く打つこと五声、大衆が入場しつつある時、堂行《どうあん》の手磬二声にあわせて転畳し、終りは小・大の二声（二会）。次に緩く打つこと三声、住持が近ずく時、送迎の堂行の手磬にあわせて転畳、住持が八尺間の敷居に至った時一下、越える時に軽く一下、正面に揖する時大きく一下（三会）。七下鐘にて住持が上殿する時は、三会目は、送迎の堂行が方丈前で手磬一通するのにあわせて三会目の転畳を行い、打ち切り三下しておく。住持を先導する堂行の手磬にあわせて七下する。七下目は住持が正面に揖する時である。

仏殿　右上・全景　左上・仏殿の釈迦，迦葉（右），阿難（左）像　右下・同右奥の大権修理菩薩（左）と天童如浄（右）像　左下・同左奥の菩提達磨（右）と洞山悟本（左）像（総持寺）

右上・総持寺庫院の大黒天　左上・永平寺庫院の韋駄天　右下・僧食九拝（永平寺）　左下・雲版（総持寺）

(5) 僧　堂

僧堂は聖僧堂の略称であり、雲水修行の最も中心となる建物である。曹洞宗の寺では臨済宗や黄檗宗のように坐禅専門の禅堂とは別に斎堂や食堂を設けるようなことはなく、雲水は僧堂に畳一畳が与えられ、ここで起居、坐禅、食事の一切が行われ、浴室や東司とともに話を禁じる三黙道場の一つとなる。僧堂の大きさはさまざまであるが、床《しょう》（牀）の数によって四版、八版、十二版、十六版などの違いがあり、内堂と外堂に分れる。内堂の床には雲水のために坐位が定められる。この坐位は食事をする場所であるところから鉢位[※11]、また睡眠をするところであるから被位などといい、各自の名を記した名単を掛けるところから「単」ともいう。「単」を連らねた床を**長連床**という。長連床の高さは約一尺六寸であり、手前に約八寸ほどの浄《じょう》(牀)椽《えん》、奥には二段に仕切られた戸棚（函櫃《かんき》）がある。浄椽は三浄ともされる。一にはここに食事のための鉢を展べ、二には坐禅の時に袈裟が触れ、三には眠る時に頭が向かうからである。函櫃は単箱《たんばこ》とも呼ばれるが、上段には法服や行李物《あんりもつ》を納め、下段には寝具を入れる。

僧堂の床は漆喰のたたきか瓦敷きになっている。祀られる聖僧（本尊）は仏の知慧を代表する文殊菩薩の像である。ふつうは僧形をとるが菩薩形のものもある。また憍陳如《きょうちんにょ》や摩訶迦葉《まかかしょう》が祀られることもある。聖僧は台上に安置されるが、龕の中に入れられることもある。その前に前卓が置かれ、花炉燭や香炉が常設される。

内堂の仏具と用法　内堂には坐禅の合い図に用いられる内堂鐘（小鐘）が吊るされる。経行《きんひん》は二声、抽解もしくは放禅鐘は一声、止《し》静《じょう》は三声を打つ。また坐禅に際して巡香《じゅんこう》が持つ警策がある。**警策**《きょうさく》は長さ約三尺の樫の木製である。巡香は警策で雲水の右肩を打ち、策励したり覚醒させたりする。内堂にはさらに槌砧《ついちん》が置かれ、食事の際、あるいは告知事項のある時に維那がこれを打つ。また**鈴**《れい》がある。これは振司が早朝雲水を目覚めさせるために山内をめぐる時に振り鳴らされ、開枕後の火燭点検の時にも鳴らされる。

外堂の仏具と用法　外堂には鼓、外堂鐘、僧堂版(板)、梆《ほう》（魚鼓）がある。**外堂鐘**は更点[※12]を打つ際に鼓とともに用いられ、また三念誦・八念誦（三八《さんぱち》念誦）の時、「十仏名」[※13]読誦にあわせて打ち鳴らされる。魚を形どった**梆**は朝食の食事に際して三会が打たれる。また**鼓**も食事に際して三会が打たれる。**僧堂版**は洗面版として三下、大開静として一会、四・九日には入浴の合図として三打される。

僧堂の外堂にはこのほか大衆に一一の行持を知らせるための**告知板**（牌）が準備され、必要に応じて内堂への入口に掛けられる。

(6) 法　堂

法堂《はっとう》は住持の演法堂である。本来は住持が説法の時に昇るための須弥壇がありさえすればよく、その他の飾りは必要なかった。宋代の『禅苑清規』などで定める四節上堂（結夏・解夏、冬至、歳旦）や、朔望（一日と一五日）の上堂、五参（五日、一〇日、二〇日、二五日）の上堂、さらに臨時になされるものを含めて、すべて法堂で行われた。住持が須弥壇に昇ることを陞座《しんぞ》といい、大衆は立ったままその説法を聴く。これは中国寺院の法堂が仏殿と同じく石畳をしくところによる。ちなみに中国の寺（例えば天童山）の法堂は石造りの須弥壇があるのみで露地は石畳である。

法堂の形式　現在の曹洞宗ではこのような中国様式の法堂は皆無であり、客殿形法堂と呼ばれるものである。客殿とは住持の公式な講礼の場となる建て物であり、大概方丈をさす。その構造も和風建築となり、仏間（内陣）以外は畳がしかれる。

後述するように法堂の機能が、上求菩提のみならず下化衆生の面も含むようになると、それに応じて荘厳の度合も華麗となる。大間と内陣を分ける四本柱の上の欄間の部分を覆う水引《みずひき》、四本柱をまく柱巻《はしらまき》、前卓や須弥壇の各段を飾る打敷などがあり、大間中央、住持位の天井には人天蓋、四隅に幢幡《どうばん》が吊るされる。

この法堂と仏殿を一つの建物で兼用するのが地方の寺院における

※11　たとえば一二板の僧堂における鉢位の図は次のようである。

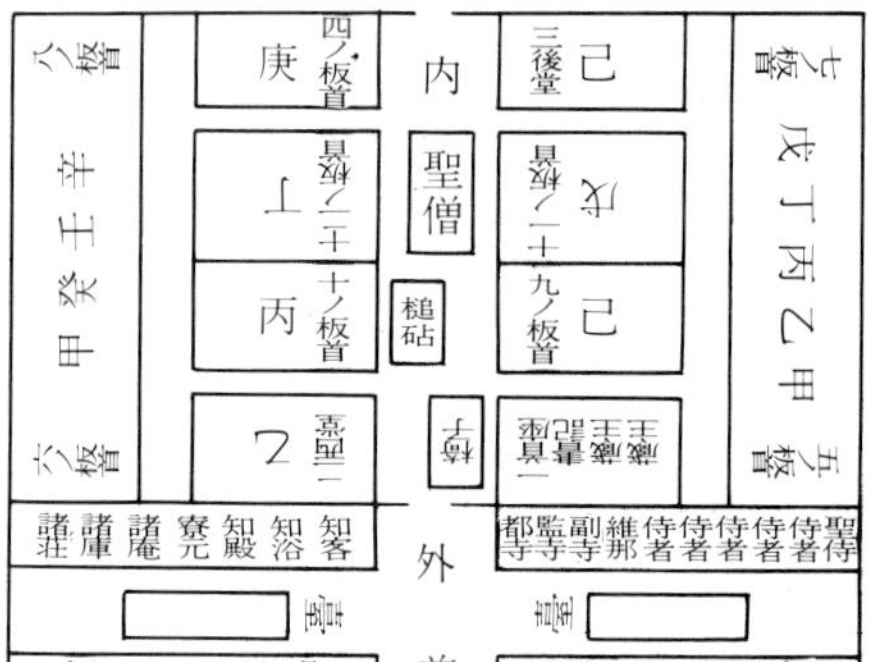

僧堂十二板鉢位図〔寛政本永平清規　赴粥飯法〕

※12　禅院の時刻は、鐘と太鼓で報じられる。昔は初夜（午後八時）より暁天（午前四時）までを五分して五更とし、一更を五分して五点とした。今『僧堂清規行法鈔』巻一によって初更の更点の打ち方を図示すると左のようになる。

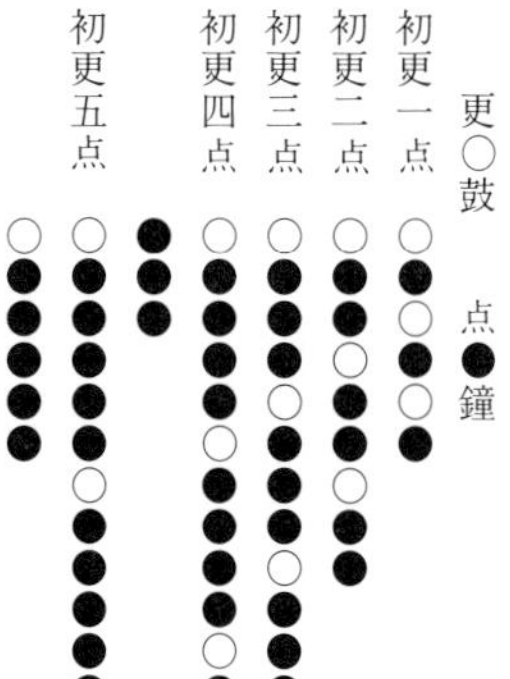

僧堂
右上・文殊菩薩像（総持寺）
右中・上間の長連床（総持寺）
右下・外単（永平寺）
左・僧堂における鳴り物（上から梆，坐禅牌，太鼓，外堂鐘，僧堂版，槌砧）

所謂の「**本堂**」である。本堂には都合によって祖師像や開山像、祠堂の位牌などが祀られて、寺における法要の大半がここで行われる場合が多い。ちなみに、永平寺は仏殿と法堂がともにあるが、法堂には聖観音が祀られ、須弥壇が設けられる。総持寺では大祖堂が法堂と祖堂の役割を兼ね、ここで種々の行事がなされる。大祖堂の須弥壇奥、正面には開山瑩山紹瑾禅師、その右に永平道元禅師、左隣に総持寺二世峨山韶碩禅師が祀られ、その両側に輪[※14]住五院の開山が祀られる。法堂が祖堂を兼ねるのは、開山が「常住説法する」の意を態したものである。

須弥壇　法堂の設置物としての必須条件として、まず説法のために住持が昇る須弥壇の存在がある。須弥壇には正面の階段（正階・主階）があり、左右にも階段（賓階）がある。主階は住持のみ通行が許され、賓階は行者が通行する。主階の両脇に阿吽の獅子が置かれるのは、仏の座を獅子座と呼ぶことにちなんだものであろう。このほか須弥壇には花炉燭が置かれ、一対になって蓮華や灯籠もある。須弥壇の両側には読経やその他の法要に使用される磬子と木魚がある。

磬（鏧）子　磬子《けいす》には大小あるが素材は銅でその形は鉢器に似る。大磬は読経の前後や中間に棓《ばい》で打ち鳴らして勤行の節をとるのに用い、小磬は大磬の傍に置かれて、枹《ばち》で打つことによって読経の終わりや行道（遶行）の合図に用いられる。棓や枹は打つだけでなく押《おう》磬《けい》（棓で押える）、捺磬《なつけい》（枹で押える）などの使用が定められている。

木魚　木魚は『黄檗清規』渡来以前はすべて僧堂の梆をさしていたが、今では木製円形の竜頭魚尾の形をなしたものを言う。これを棓で打って読経の調子をとる。曹洞宗では、漢訳経典のうち音読みするもの（例えば『法華経』など）、陀羅尼（例えば『大悲心陀羅尼』など）は木魚を打つが、訓読みする経典（『参同契』『宝鏡三昧』『修証義』など）には木魚を打たない。磬子と木魚は法堂のみならず、三黙道場を除いて読経が行われる場所には必ず常設される。

小鐘　法堂にはこのほか小鐘（殿鐘）、鼓などの鳴し物がある。小鐘は法要のはじまりを告げる。打ち出しのあと、殿鐘一会で道場の荘厳、二会で大衆上殿、三会で住持上殿となる。住持が七下鐘で上殿する時は、三会は堂行が住持を請する手磬一通にあわせて打ち、そのあと堂行の手磬にあわせて七下する。

鼓　鼓は上堂、小参、入室、普説、告香、早参、晩参、秉払などの際に鳴らされる。

(7)　法堂での行持と仏具

朝課諷経　暁天坐禅のあと朝課がある。三会もしくは七下鐘にて住持上殿、住持上香して問訊する時、堂行の手磬一通にあわせて展坐具し、三拝する。住持が仏前に進前し、焼香問訊するとき堂行は大磬第一声、手磬二声（著坐手磬）、住持帰位して問訊のとき大磬第二声、住持一拝して、第二拝目のとき大磬第三声、三拝目のとき押磬して維那が挙経する。

朝課諷経の順は、仏殿諷経（『法華経普門品』『大悲咒』『消災咒』）応供諷経（『般若心経』）、祖堂諷経（『参同契』『宝鏡三昧』）、開山歴住諷経（『大悲咒』）、祠堂諷経（『法華経寿量品偈』）であり、それぞれ住持は進前して焼香する。

朝課中に更点が打たれ、打ち出し三下ののち暁鼓が三会打たれる。

上堂　現在は、結制や授戒会などの時に主として上堂がある。準備として、焼香侍者は前日のうちに法堂に「上堂牌」を掛ける。須弥壇上を片付け、正面に禅椅をすえ、その前に香台を置き、燭台を準備する。白槌師の位と、槌砧を準備する。当日、衆寮版三下ののち、堂行は各寮の版を三下して巡る（巡版）。方丈前の版三下を聞いて、法堂鼓の第一会。一会中に頭首は空座問訊、二会中に知事が空座問訊、須弥壇東階の位にいた焼香侍者は方丈に赴き住持を請する。この時、鼓は三会を打つ。住持が法堂に到るをみて、三会を打ち切り、二本枹にて大擂を打つ。

住持、下語《あぎょ》ののち登座。焼香侍者は香台の左辺にて大香合の蓋をとり、瓣香を蓋の上に盛る。住侍は祝国香より順に香を焚き法語を

※13　十仏名
清浄法身毘盧舎那仏（しんじんぱしんびるしゃのふう）
円満報身盧遮那仏（えんもんほうしんるしゃのうふう）
千百億化身釈迦牟尼仏（せんぱいかしんしきゃあむにふう）
当来下生弥勒尊仏（とうらいあさんみるうそんぶう）
十方三世一切諸仏（じいほうさんしいいしいしいふう）
大乗妙法蓮華経（だいじんみょうはりんがあきん）
大聖文殊師利菩薩（だいしんぶんじゅすりいぶうさあ）
大乗普賢菩薩（だいじんふえんぶうさあ）
大悲観世音菩薩（だいひかんしいんぶうさあ）
諸尊菩薩摩訶薩（しいそんぶうさあもうこうさあ）
摩訶般若波羅蜜（もうこうほうじゃほうろうみい）

※14　五院の開山は太源宗真（普蔵院）、通幻寂霊（妙高庵）、無端祖環（洞川庵）、大徹宗令（伝法庵）、実峰良秀（如意庵）の各禅師である。

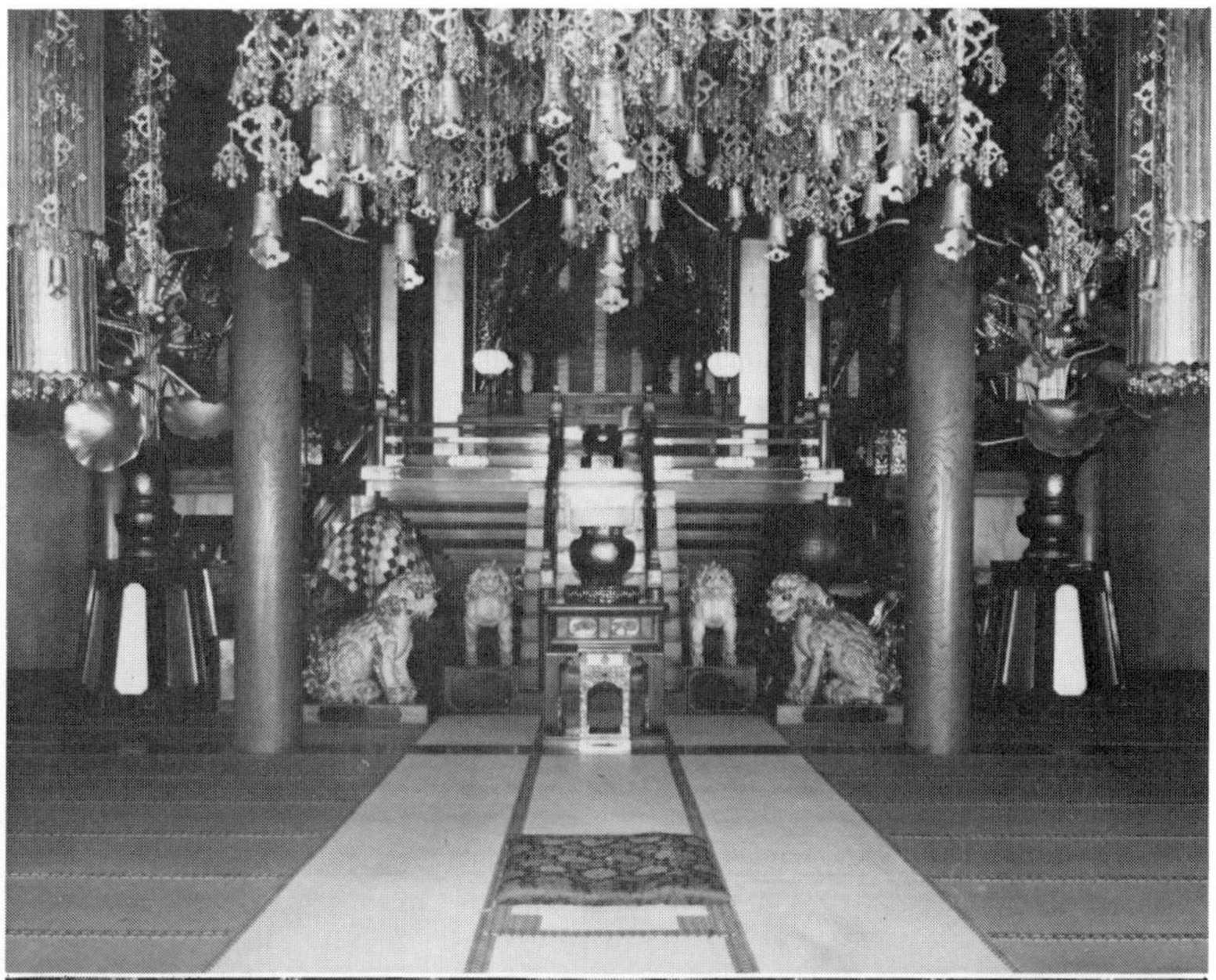

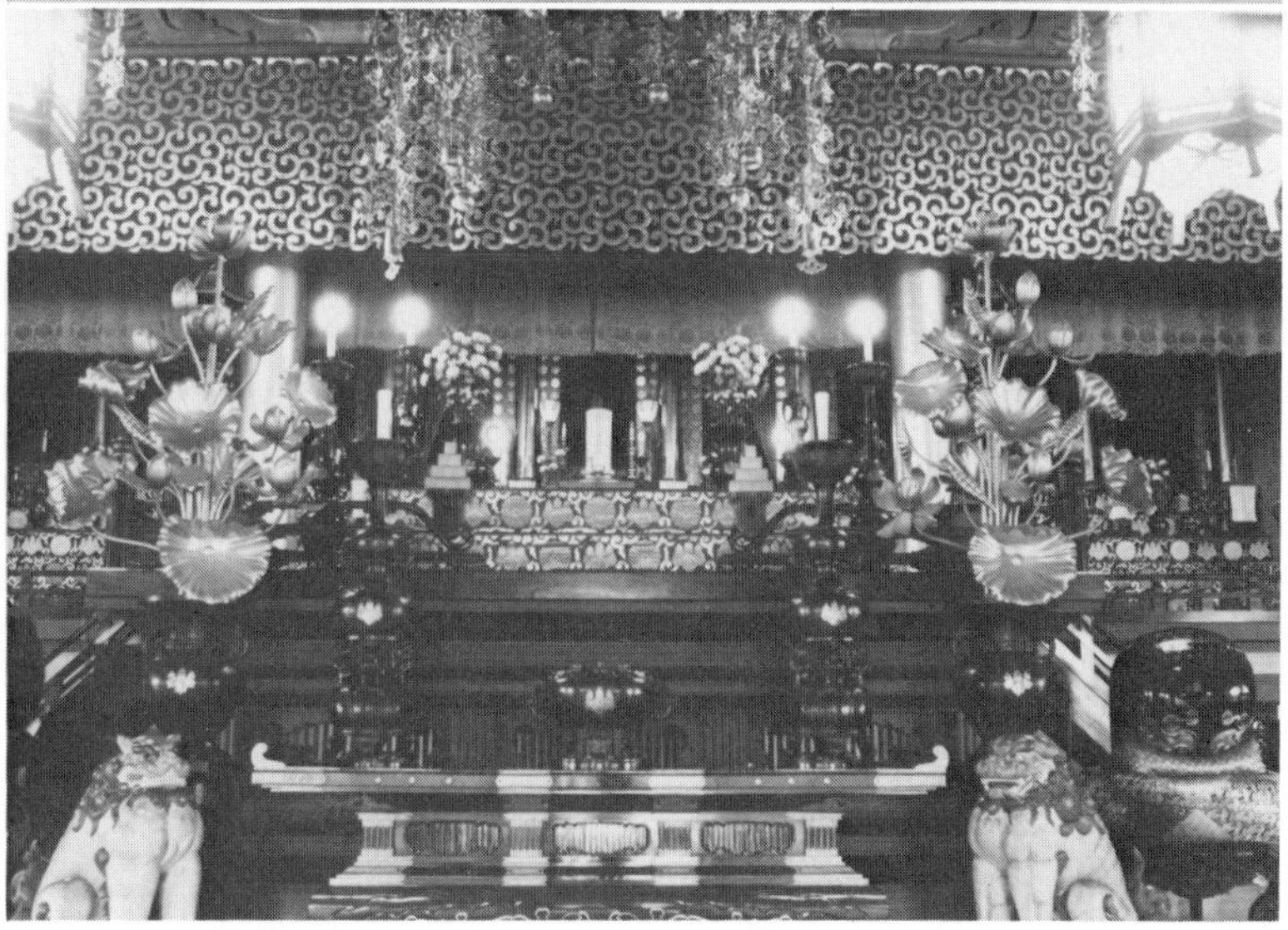

右上・永平寺法堂内陣
右中下・総持寺大祖堂内陣
左上・大祖堂内の木魚と磬子
左下・法堂鐘（永平寺）と殿鐘（総持寺）

唱える。ついで五侍者、頭首、知事と須弥壇前にて問訊する。焼香侍者は東階より須弥壇に登り、香を焚く(請法香)。ついで壇より下り、代衆請法する。白槌師は打槌一下して「法筵龍象衆、当観第一義」と唱える。

住持垂語して大衆と問答、問答ののち住持は提綱、自叙、謝語、拈則を述べる。白槌師は打槌一下して「諦観法王法、法王法如是」と唱える。住持は下座し、方丈に帰る。

小参　毎月の一日と一五日には朝課罷に小参がある。もともと小参は法堂で行われる上堂（大参）に対して方丈で行われ、法話などがより委細になされるものであった。唐代では随意に行われたが、宋代では晩参と呼ばれて三・八の晩に行われ、元代では衆の多少によって法堂でも行われている。

小参にあたっては南面して曲彔を設け、その前に香炉をのせた香台をおく。小参の始まりを報ずる鼓を小参鼓といい、双枹にて軽重交互に一通する。住持が位につくと侍者、頭首、知事がそれぞれ問訊し、焼香侍者が請法香を焚き、住持垂語ののち問答、問答ののち住持は提綱を述べ、小参を終わる。

施餓鬼会　法堂での行事は、毎日の諷経のほか施主の要請によって施餓鬼会が行われる。施架（施餓鬼棚）は北面して設けられ、左図のように荘厳される。施架には四天王幡が掛けられ、その上方には十一[※15]流の施餓鬼幡が掛けられる。施架の左右に鐃鈸一対、儀法太鼓一対が置かれる。施餓鬼会は住持入堂して鼓鈸三通、拈香法語ののち『大悲咒』『甘露門』を読誦、回向ののち『修証義』など適宜な経を読誦遶行、普回向、鼓鈸三通で終わる。

大般若会　永平寺では月の一八日、総持寺では毎朝、さらに一年を通しては一月一日より三日まで大般若経の転読がある。地方寺院でも恒規として、五穀豊穣などさまざまな利益を祈念して大般若会が修行される。

当日、須弥壇上には般若会の像（十六善神図像[※16]）を掛ける。十六善神図の中央に釈迦如来、脇侍として常啼・法涌の二菩薩、さらに玄奘三蔵と深沙大将を配する。十六善神の前には香華灯燭を備え、前卓に柄炉、洒水器、華皿を右より並べておく。住持位には礼盤《らいはん》を置き、その前に卓を置き、その上に華炉燭と『理趣分』、鈴を用意する。大間には僧衆の数に応じて『大般若経』を分けて卓上に置く。仏前には三方にのせて祈禱札を準備する。

法式の次第は、殿鐘三会、七下鐘住持上殿、普同三拝、浄道場、献茶湯、『般若心経』を読誦すること三遍、各経巻を転翻、『観音経』などを読誦し回向、散堂である。

(8) 浴　室

三黙道場の一つ。叢林では四・九日に開浴があり、夏には臨時の淋汗《りんかん》がある。開浴の日、大衆は剃髪する。粥罷、髪頭《はつじゅう》によって「浄髪牌」が衆寮前に掛けられる。大衆は「剃髪偈[※17]」を想念して衆寮において浄髪する。この日、斎罷に知浴（浴室の責任者）は「開浴牌」を浴室前に掛ける。次に搭袈裟して鼓三下、僧堂に入って聖僧に問訊、上香三拝する。ついで聖僧の浄巾をもって浴室に帰り、予じめ用意した台盤上に安置し、桶に湯を少し入れ、聖僧が来浴するの観想をなす。ついで坐具上に長跪し浄巾を薫じてから湯にひたす。前後三度する。この間、聖容を払拭するの観想をなし、「沐浴偈[※18]」を唱える。終わって焼香し三拝する。これを聖浴の法という。

次に知浴は各寮の版を三声ずつしてまわり、浴室の鼓を鳴らす。第一会で住持ついで役寮、二会で僧堂の大衆、三会で各寮の大衆、殺鼓一会で知浴ら浴室の関係者が入浴する。

入浴の法　大衆は鳴鼓にしたがって入浴する。絡子《らくす》にて浴室に赴き、まず祀ってある跋陀婆羅《ばつだばら》菩薩に焼香三拝する。

跋陀婆羅菩薩を浴室に祀るのは、『首楞厳経』（五）を出典とした『碧巌録』七八則の故事による。三拝しつつ「沐浴の偈」を想念する。絡子、直裰《じきとつ》など衣類をぬいで所定の場所に置き入浴する。湯の冷暖の加減は備えつけの小版を打つ。一声で湯を足し、二声なら水を入れ、三声なら止めることになっている[※19]。入浴がすんで浴室を出

※15　『曹洞宗行持軌範』の記す十一流の施餓鬼幡は左のようである。

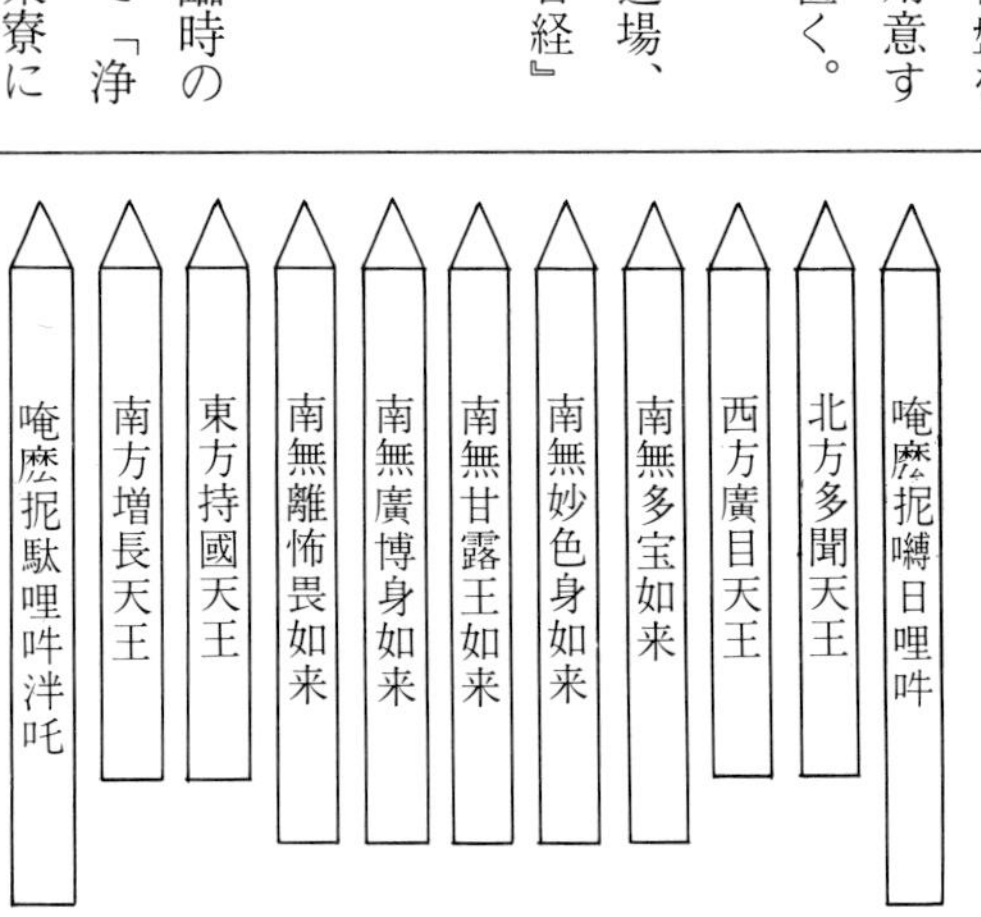

※16　提頭攞宅《だいずらた》、毘盧勒叉《びるろくしゃ》、摧伏毒害、増益、歓喜、除一切障難、抜除罪垢、能忍、吠室羅摩拏《べしらまぬ》、毘盧博叉《びるばくしゃ》、離一切怖畏、救護一切、摂伏諸魔、能救諸有、勇猛心地の各善神

※17　剃髪の偈

流転三界中《るてんさんがいちゅう》　恩愛不能断《おんないふのうだん》　棄恩《きおん》
入無為《にゅうむい》　真実報恩者《しんじつほうおんしゃ》

※18　沐浴の偈

沐浴身体《もくよくしんたい》　当願衆生《とうがんしゅじょう》　身心無垢《しんじんむく》
内外光潔《ないげこうけつ》

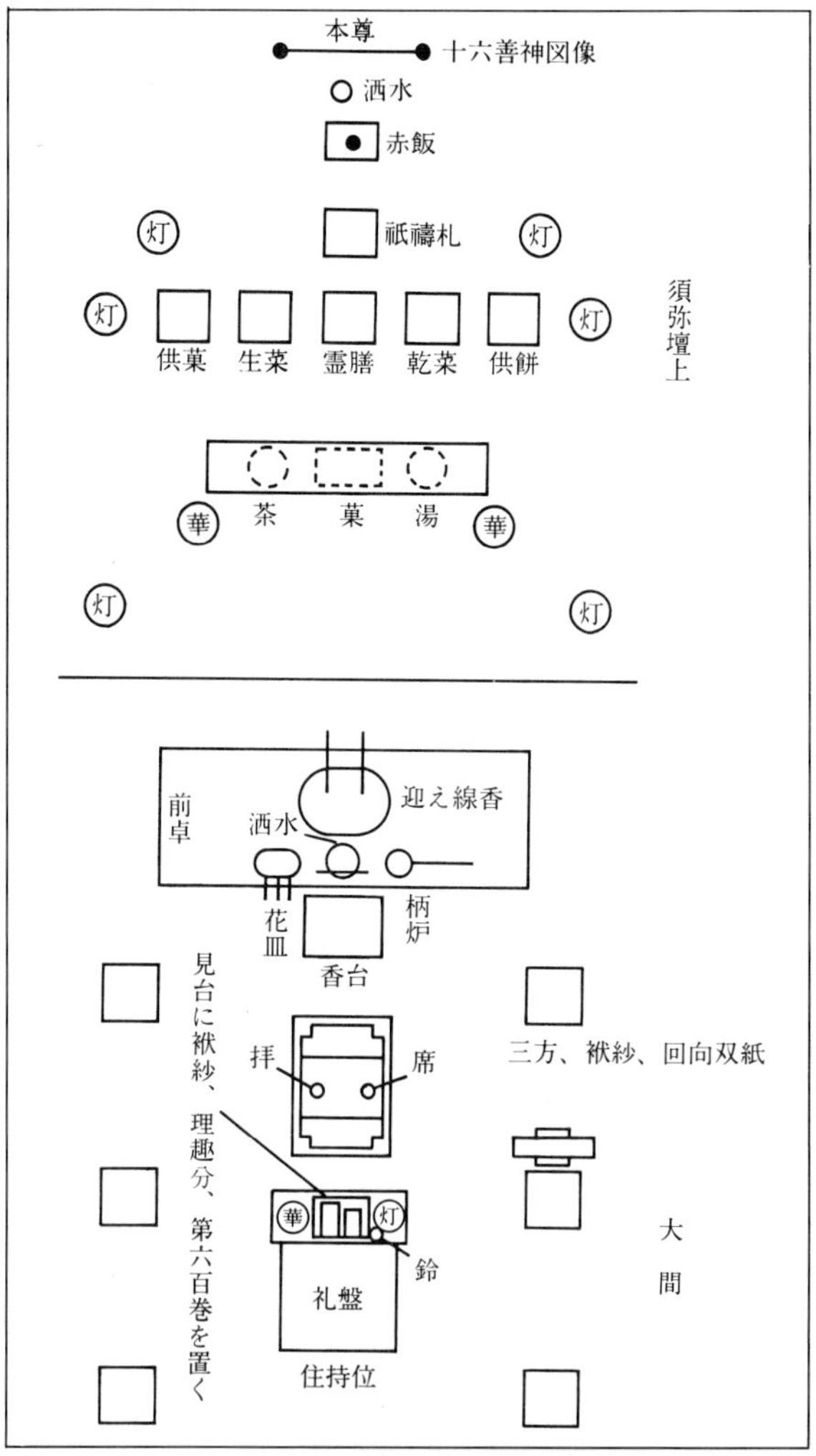

大般若会の配置例

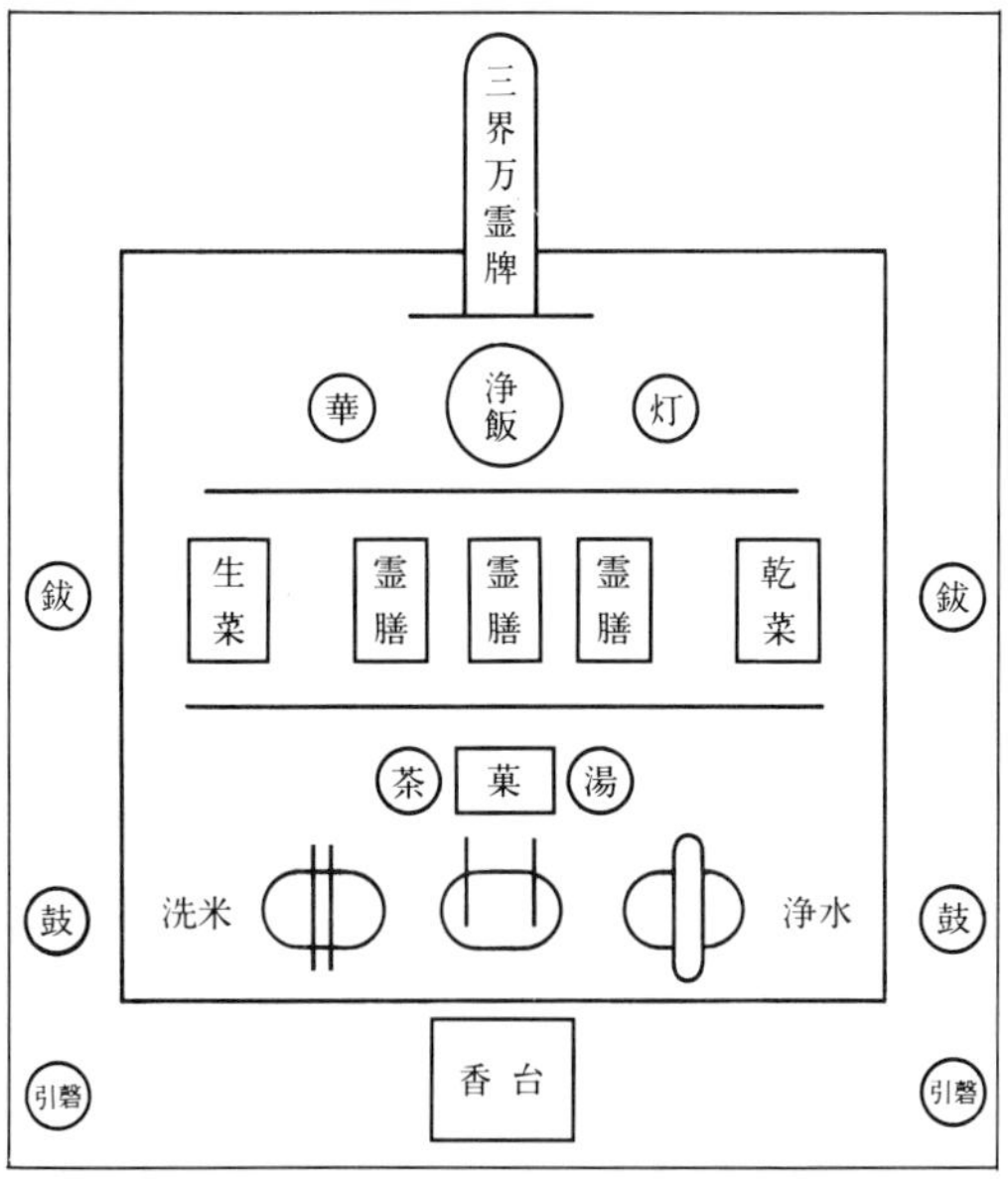

施餓鬼棚の配置例

小参風景・総持寺

浴室の跋陀婆羅菩薩と沐浴偈を記した牌・永平寺

大般若会にかけられる十六善神図像

る時、再び跋陀婆羅菩薩[※20]に向って三拝して帰寮する。

(9) 東　司

便所のことで、東浄《とうちん》ともいう。歴史的には西司・西浄の存在もあったらしいが、今は便所を総称して東司《とうす》と呼ぶ。三黙道場の一つであり道元禅師は『正法眼蔵』洗浄の巻で、その使用法と心構えを懇切に教示される。

東司には烏芻沙摩明王《うすさまみょうおう》が祀られ、華炉燭が置かれる。使用の人は烏芻沙摩明王に一礼して、入口横の壁に設けられた浄干に袈裟や直裰、絡子などを掛けてから用をすませる。この間、東司に入る時の偈[※21]、水を使おうとする時の偈[※22]、水を使う時の偈[※23]、手を洗う時の偈[※24]などがそれぞれ定められ黙念される。

東司の掃除をする役目を浄頭《ちんじゅう》という。浄頭には悟境のすすんだ人が任じられる。道元禅師の師の如浄も、雪竇智鑑の会下で浄頭を務めている。

(10) 衆　寮

僧堂に付随する大衆の看読のための寮である。行の中心が僧堂であり、学の中心が衆寮である。道元禅師に『吉祥山永平寺衆寮箴規』の撰述があることからも分るように、永平寺草創の頃から、衆寮と僧堂は併存したのである。しかし行を重視する禅の立場からすれば「古教照心」の場としての衆寮は、やはり僧堂の付随的な存在と言えよう。衆寮の様式は僧堂に準じて看読床が設けられ、函櫃のかわりに経櫃が設けられる。衆寮には観音大士像が祀られ、前卓に華炉燭が置かれる。毎月の一日・一一日・二一日には斎罷に『衆寮箴規』の宣読がある。

(11) 鐘楼と鐘鼓楼

鐘楼には大鐘（梵鐘）がある。暁鐘あるいは斎鐘、昏鐘、定鐘として一〇八声、もしくは一八声を「鳴鐘の偈[※25]」を唱えつつ鐘司が打つ。そのほか三八念誦にあたって七声、住持の晋山にあたってなど、必要に応じて鳴声する。総持寺では鐘鼓楼とは別に鐘楼がある。

総持寺の鐘鼓楼は衆寮の傍にある。もともと鐘楼は鼓楼とともに山門の近くに左右対称に設けられる。総持寺の鐘鼓楼はこの二つを合せたものであり、更点をはじめとした合図に用いる。永平寺は近年に鼓楼が建設されたが鐘楼と一対にはなっていない。

各種の牌

※19　入浴資次牌と浴室内の小版（『曹洞行持軌範』による。

入浴資次			
第一會鼓	堂頭	和	尚
第二會鼓	僧	堂	衆
第三會鼓	諸	寮	衆
殺鼓一會	知浴水頭監作人工		
伏請衆悉			
知浴比丘某謹白			

鳴版	
一聲	添湯
二聲	添水
三聲	則止
以此	爲節

※20　浴室の跋陀婆羅菩薩の両側に沐浴偈を書いた牌がある。

※21　東司に入る時の偈

左右便利《さゆうべんり》　当願衆生《とうがんしゅじょう》　蠲除穢汚《けんじょえお》

無婬怒痴《むいんぬち》

※22　水を用いんとする時の偈

已而就水《いにじゅすい》　当願衆生《とうがんしゅじょう》　向無上道《こうむじょうどう》

得出世法《とくしゅつせほう》

※23　水を用いる時の偈

以水滌穢《いすいできえ》　当願衆生《とうがんしゅじょう》　具足浄忍《ぐそくじょうにん》

畢竟無垢《ひっきょうむく》

東司の烏芻沙摩明王・総持寺

上・総持寺衆寮の内部　左・同准提観音像

総持寺の鐘鼓楼

永平寺鐘楼

三、末寺の荘厳

両大本山、あるいはそれに準ずる地方寺院は別にしても、末山の寺は多くの場合、本堂と庫院（庫裡）を中心の伽藍とし、そこに山門や開山堂などをはじめとして、いくつかの建物が付随的に建築されている。曹洞宗に限らず、禅宗の寺院の建築様式、あるいは荘厳様式はこうすべきだという固定的なものはないのであるから、極端に走らない限り、すべて住持となった人の裁量に任されているとみてもよい。したがって、ここではあくまで一例としての寺院の荘厳をみてみる。

本堂内の配置　本堂は宗教儀礼を執行する、もっとも重要な場である。本堂内で中央の奥まった場所を内陣《ないじん》と呼ぶ。板敷きを通例とし、ここに須弥壇を置き、本尊仏を祀る。内陣と手前中央の畳敷きとなっている大間《だいま》とを分ける二本の柱を来迎柱《らいごうちゅう》と呼び、それぞれの両側の柱を露柱と呼ぶ。大間の中央には、法要にあたって導師が用いる拝蓆《はいせき》（席）が置かれ、必要に応じて※26座《ざ》褥《にく》や曲彔《きょくろく》も置かれる。導師位の右側が東序であり、六知事の位となり、左側が西序位で六頭首の位となる。

内陣の両脇、正面に向って右側を東室中《しっちゅう》、左側を西室中と呼び、※27尊宿位などが設けられる。大間の両側はそれぞれ東脇間、西脇間と呼ぶ。大間と脇間の外側、入口に近い部分を露地《ろじ》と呼ぶ。露地は、三和土《たたき》、板張り、畳敷きなどさまざまである。大間と露地を分ける二本の柱を※28撐天柱《とうてんちゅう》と呼ぶ。撐天柱の間を八尺間《けん》と呼ぶ。住持が七尺の長さの拄杖を携えて入堂できるように、八尺の高さになっていることによる。

また大間・両脇間・両室中を区切る敷居を盲敷居と呼ぶ。

本堂の本尊と荘厳　本堂のうち、内陣の須弥壇の上、あるいは壇上の奥まった所に本尊仏が安置される。本尊仏には必要に応じて脇侍を祀る。例えば、本尊を釈迦牟尼仏とするなら、迦葉と阿難、あるいは文殊と普賢などである。その上には仏天蓋が天井より吊される。本尊像の前には※29聖寿牌などの三牌が置かれることもある。その前には湯菓茶が供えられ、その前に三具足、あるいは五具足や蓮華などがある。これらのものを置くために、須弥壇の前の前卓《まえじょく》（前机）を利用することもある。須弥壇や前卓には、随時に生花や供物を供える。

前卓の前には中央香台がある。法要に際して侍香は、三方の上に袱子をかけ、その上に香炉と香合をのせて住持に随うが、その三方を置くためのものである。

大間中央、住持位の上には天井から人天蓋が吊るされ、またその四方には幢幡が吊るされる。来迎柱や露柱は、法要などに際して柱巻《はしらま》きや水引きをもって荘厳され、前卓や本尊前の上卓は、それぞれ大きさに応じた打敷きで荘厳される。

露地には法鼓や、殿鐘、版（板）などの鳴し物が常設される。内陣の須弥壇の両側には磬子と木魚が相い対して置かれることもあるし、一人でその双方を使用するために、左手側に磬子と棓、右手側に木魚と棓が、中央に経典を置くための見台が置かれることもある。ただし、この場合、その位置は大間の中央、撐天柱のそば、脇間など一定していない。

内陣の両奥には棚がしつらえられて、達磨像、大権修理菩薩像、高祖道元禅師像、太祖瑩山禅師像などの祖師像を、その尊牌とともに祀る。また僧堂のない寺では、坐禅のための坐蒲・警策・小鐘・聖僧像の設備などもなされる。本堂の外側は、法要に際し白地や紫地の幕がはりめぐらされる。

開山堂　開山堂は、本来その寺の開山や、歴代の住持牌を祀るためのものであるが、便宜上、檀信徒の祠堂牌を安置することもある。いずれにしても、中央に拝席を置き、読経のための磬子や木魚も置かれる。

庫　院　庫院は台所である。現代仏教の趨勢からして、必要に応じて近代設備となり、家庭化の波がおしよせることも止むを得な

※24　手を洗う時の偈
以《い》水《すい》盥《かん》掌《しょう》　当《とう》願《がん》衆《しゅ》生《じょう》　得《とく》上《じょう》妙《みょう》手《しゅ》
受《じゅ》持《じ》仏《ぶっ》法《ぽう》

※25　鳴鐘偈
三《さん》途《ず》八《はち》難《なん》　息《そっ》苦《く》停《じょう》酸《さん》　法《ほっ》界《かい》衆《しゅ》生《じょう》
聞《もん》声《しょう》悟《ご》道《どう》

※26　仏殿または法堂の正面中央に置き、導師が用いる蒲団。

※27　宿は老大の意。宗門における有道有徳の人の称。

※28　天を支える柱の義。

※29　今上牌。日本では「今上天皇聖壽萬安」と書く。

末寺本堂の各部分の名称

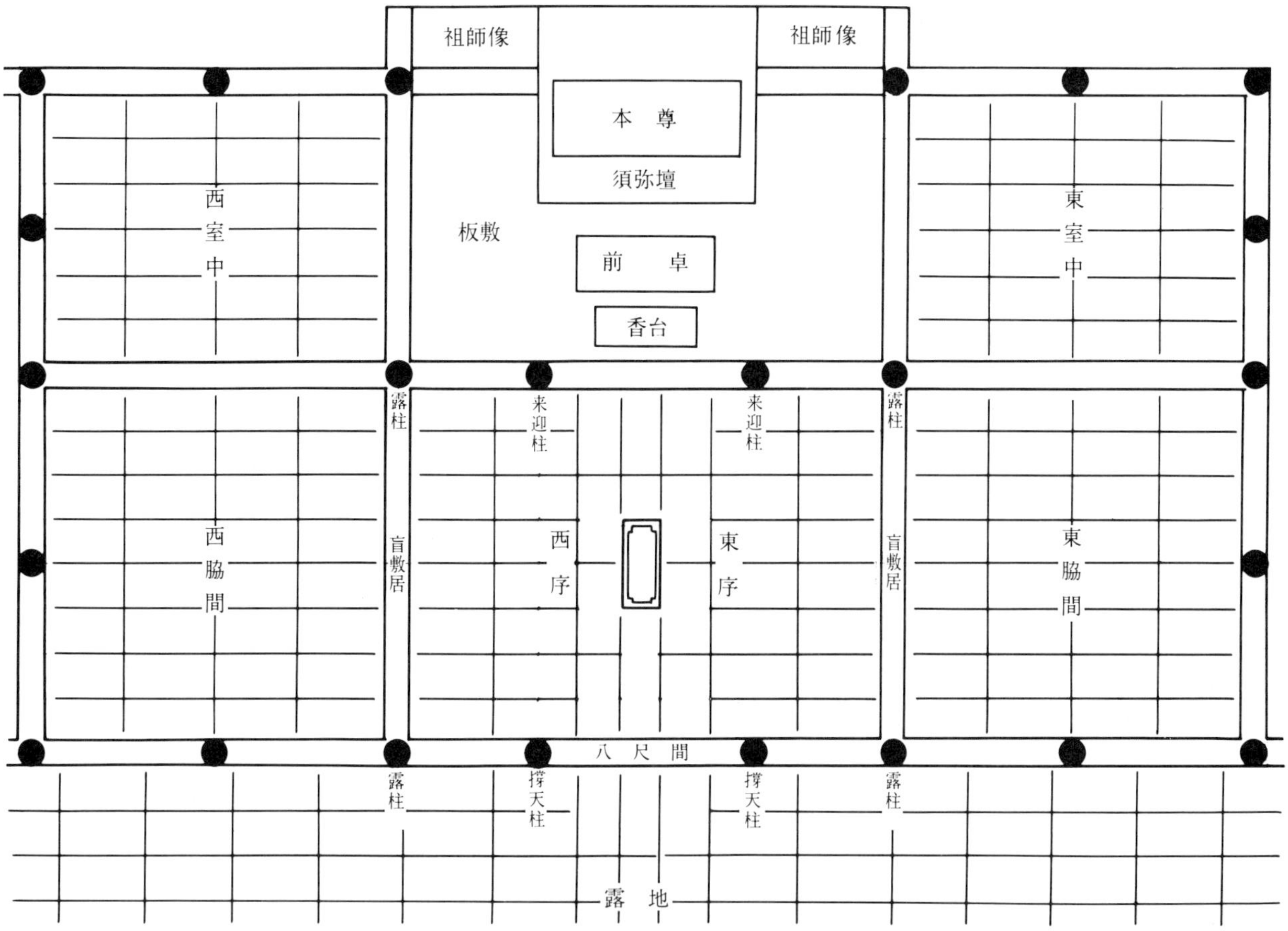

右上下・本堂内部（鐃と太鼓は施餓鬼用荘厳で普段は置かない）　左上・開山堂の道元禅師像　左下・開山堂内部（京都・宗仙寺）

いであろう。しかし本来的には、ここも七堂伽藍の一つであり、叢林として大切な修行の場である。韋駄尊天を祀り、韋駄天諷経を欠くべきではないであろう。浴室の跋陀婆羅菩薩、東司の烏芻沙摩明王の尊像も同様である。

山門　山門はほぼ本山のそれに準ずるが、二階楼上に大梵鐘を設けることがあり、このような山門を鐘楼門と呼ぶ。

四、曹洞宗の行持と僧具

(1) 坐禅法

曹洞宗の坐禅は壁に向ってなされる。これを面壁という。面壁九年したという達磨の故事にならったものである。坐禅は坐蒲《ざふ》を尻の下にしく。坐蒲を用いることは『正法眼蔵坐禅儀』に「蒲団は全跏にしくにはあらず、跏趺のなかばよりはうしろにしくなり。しかあれば累足のしたは坐蓐にあたれり、背骨のしたは蒲団にてあるなり」とあることからもわかる。その大きさは『坐禅用心記』に「経亘一尺二寸、周囲三尺六寸」とあり、中にはパンヤを詰める。

坐禅の法は、まず自位に至り、単に向って一礼（隣位問訊《りんいもんじん》）、右まわりし単を背後にして一礼(対座問訊《たいざもんじん》)、そのまま袈裟を両脇に挾んで、後手《うしろで》に坐蒲を浄椽のきわまで引き寄せ、尻の下に安じて、単にのぼる。足は結跏趺坐あるいは半跏趺坐を組む。結跏趺坐は右足を左の脞の上にのせ、ついで左足を右の脞の上にのせる。半跏趺坐は左の脞の上にのせる。右まわりして面壁し、衣を整え、両手は法界《ほっかい》定印《じょういん》（右の掌の上に左の手をのせ親指と親指をつける）をくみ、姿勢を正し、欠《かん》気一息、左右揺振して坐禅に入る。時間は本来は線香の燃え具合で計測するものであり、一本を一炷（約四五分位）とし、一坐の単位とする。今は堂内に掛かる時計を用いる。坐禅は「四時《しじ》の坐禅」とも言われるように、一日に四度なされる。黄昏坐禅（夜坐）、後夜坐禅（暁天）、早晨、晡時の四度である。このほか臘八接心や断臂接心、報恩接心などの接心会があるが、この時はほぼ一日中坐禅のみの生活が一週間前後続く。

暁天坐禅は直裰《じきとつ》のみで行い、袈裟をつけない。これは曹洞宗の行持が二四時間間断なく行われ、睡眠時間も行持にほかならないという『永平清規』の「弁道法」に則った考え方である。暁天坐禅が終わって袈裟を搭《か》ける。その法は次のごとし。

(2) 搭袈裟法

まず袈裟[※30]に向って合掌、折り畳んだまま頭上に安じて「搭袈裟偈《たっけさげ》」[※31]を三遍唱える。端坐もしくは長跪して袈裟を左肩にかけ、八つ折りのまま後に垂らし、右手で右の袈裟角、左手で左の袈裟角を取り、背から右の脇の下を通し、左右のひもを左肩上で結ぶ。右の袈裟角を三つ折にして、ひもを隠すようにして結び目にはさむ。総持寺では紐を隠さず、袈裟角を左肩にかける。

袈裟を脱ぐ時は、ひもを解き、左手で左の袈裟角を持ち、右手で背の袈裟を左肩上に集め、右に向う袈裟角を右手に持って左手の角と合わせ、肩上で二つ折、肩より下して四つ折、次に八つ折に畳む。

(3) 食事法

朝粥、中食の二度の食事は『赴粥飯法』に則ってなされるが、山風によって若干の相違のある場合もある。食事には**応量器**が用いられる。応量器とは比丘一八物の一つで、仏の定めた製法によって作られた器の意と、各自の食量に応じて作ったの二つの意味がある。応量器は大小五重の漆塗りの木鉢よりなる。最大のものを頭鉢《ずはつ》と呼び、他の四つを鐼子《ふんす》と総称する。鐼子の最大のものを第一鐼(頭鐼)とし、以下順に第四鐼までである。頭鉢は糸尻がなく底が丸くなっているから安定させるため鉢揲《はってつ》（鉢支、揲）を下におく。鉢をのせる敷物を鉢単《はったん》という。このほか食べるための箸、匙《し》(さじ)、応量器を洗うための鉢刷《はっせつ》（単に刷《せつ》ともいう）などで一式となる。

『曹洞宗行持軌範』によって朝粥の食べ方をみる。

※30　袈裟は縫い合わせた布片の数によって五条・七条・九条・一三条・一五条・二五条などに分けられる。このうち九条以上を大衣、七条を上衣、五条を内衣という。絡子は五条衣を小さくしたものである。

※31　搭袈裟の偈
大哉《だいさい》解脱服《げだっぷく》　無相福田衣《むそうふくでんえ》
披奉如来教《ひぶにょらいきょう》　広度諸衆生《こうどしょしゅじょう》

※32　聞槌の偈
仏生迦毘羅《ぶっしょうかびら》　成道摩掲陀《じょうどうまかだ》
説法波羅奈《せっぽうはらな》　入滅拘絺羅《にゅうめつくちら》

※33　展鉢の偈
如来応量器《にょらいおうりょうき》　我今得敷展《がこんとくふてん》
願共一切衆《がんぐいっさいしゅ》　等三輪空寂《とうさんりんくうじゃく》

※34　歎偈
仰惟三宝《にんにさんぼう》　咸賜印知《あんすいんし》　仰憑尊衆《にゃんぴんそんしゅう》
念《にゃん》

※35　施食偈
粥有十利《しゅうゆうじり》　饒益安人《にょういあんじん》　果報無辺《こほうぶへん》
究竟常楽《きゅうきんじょうら》（粥の時）
三徳六味《さんてるみ》　施仏及僧《しふぎすん》　法界有情《はかいうじん》
普同供養《ふずんきゅんにょう》（斎時）

※36　施財偈
財法二施《ざいほうにせ》　功徳無量《くとくむりょう》　檀波羅蜜《だんぱらみつ》
具足円満《ぐそくえんまん》

坐禅法

1 隣位問訊

2 対座問訊

3 後向きのまま単に上る

4 壁に向かい、法界定印を結ぶ

5 坐禅中と警策

6 受ける人は合掌する

7 打ち終って巡香も低頭する

搭袈裟法

1 合掌して搭袈裟偈を誦す

2 目前に拝する

3 左肩にかけ、右手で紐をもつ

4 完全に開く

5 両肩にかけ

6 右肩を抜いて、紐を結ぶ

7 搭袈裟が完成する

朝粥の食事法　朝課が終わり庫院で粥の準備がすんだら、厨前の雲版を三六下する（これを長版という）。典座は搭袈裟のまま僧堂に向って展坐具九拝する。僧食九拝ののち粥を僧堂に運び、外堂におく。大衆は長版の鳴るのを聞いて僧堂に入り、各自の鉢位に就き半跏趺坐する。長版ののち梆（魚鼓）を三会打つ。梆二会の時に浄人入堂して浄椽を拭く。梆が三会ののち庫院の雲版を一通する（これを下《あ》鉢《はつ》版という）。下鉢版を聞いて大衆は函櫃上の応量器を下す。下鉢版ののち大擂三会する。大擂一会中に聖僧侍者は聖僧に献膳する。第二会の時、聖僧侍者は聖僧像横の槌砧の袱子をとり去る。第二会の殺声《うちきり》を聞いて大衆は袱子に包まれた応量器を浄椽に置く。大擂三会ののち維那は槌砧の傍に行き打槌一下する。大衆は維那が打槌するを聞いて「聞槌の偈」[※32]と「展鉢の偈」[※33]を唱える。展鉢の順はおおよそ次のとおり。

大衆、合掌低頭して応量器を包んだ袱子を解き、鉢拭《はっしき》（布巾）をたたんで匙《し》筯《じょ》袋《たい》（箸袋）とともに膝の前に置く。次に浄巾で膝を覆う。鉢単を開き応量器の下に敷く。頭鉢に収まっている第四鐼・第三鐼を一緒に出して鉢単の右に置き、第二鐼をその上に置く。次には第一鐼を出して中央に置く。次に匙筯袋をとって筯《はし》と匙《さじ》を取り出し、鉢刷は頭鐼と第二鐼の間に置く。匙筯袋は折りたたんで鉢式の下に重ねて置く。

次に維那は打槌一下して歎偈[※34]し、再び打槌一下する。大衆は「十仏名」を唱える。一仏ごとに維那は打槌一下。「十仏名」の終わるを待って、維那は打槌一下「施食偈」[※35]を唱える。喝食行者は「浄粥《じょうしゅく》」と声を引いて喝する（斎時は「香飯《きょうはん》・香汁《きょうじゅう》」と唱える）。給仕の浄人は入堂して粥などを給仕する。食べ物が行きわたったなら維那は遍食槌を一下し、首座は「施財の偈」[※36]を唱える。次に「五観の偈」[※37]を唱和する（ここで斎時の時は「生《さ》飯《ば》偈《げ》」[※38]を唱えて生飯を鉢刷の上に出す）。頭鉢を捧げ「上分三宝、云々」の「擎鉢の偈」[※39]を唱え、偈が終わったら喫食する。二度目の給仕（再進）の前に浄人は、こぼれた粥飯を拾い浄椽の汚れた所をきれいにする。喝食行者の「再進」の合図で浄入が入堂する。斎時は鉢刷の上の生飯を集める（収生《しゅうさん》）。喫食が終わったら「浄水」が行《ひ》かれる。洗鉢の法は次のとおり。

頭鉢に温湯を受け、鉢刷でその内側を洗う。湯を第一鐼に移し、刷を置き、鉢拭で頭鉢を拭く。鉢拭を頭鉢にのこして匙筯を第一鐼の中で刷を用いて洗う。鉢拭で拭って匙筯袋に納める。次に第一鐼を第二鐼の中で洗い、鉢拭で拭う。第一鐼を頭鉢に納め、鉢拭をその中に入れておく。第二鐼を第三鐼で洗い、同じように拭って納める。第三鐼を洗い刷を洗って匙筯袋に納める。洗鉢が終わるのを見た喝食行者は「折水《せっすい》」と喝し、大衆は「折水の偈」[※40]を唱える。折水桶に鉢水をあけて鐼子を拭い、鉢拭は右手に握ったまま頭鉢中の鐼子の上に重ねる。これで鉢単の上は頭鉢とそれに納められた鐼子だけとなる。鉢拭で鉢単を拭い、鉢単を畳んで応量器の上に安じる。袱子で覆った上に膝を覆っていた浄巾をおき、その上に匙筯袋と水板を重ね、次に鉢拭をのせて袱子で包む。ここで聖僧侍者は槌砧の傍に行き、下槌一下して左腕に掛けていた袱子で槌砧を覆う。大衆は下槌を聞いて「処《しょ》世《せ》界《かい》梵《ぼん》」[※41]を唱える。終わって下床し散堂する。

夕食の食事法　夕食は薬石と呼ばれる。午後に喫食することは仏制に反するが、饑渇の病を療ずるの意味で薬石と言うのである。非時食であるから応量器のうち頭鉢を用いず、頭鐼に飯を、第二鐼に汁を受ける。匙を用いず箸で食べる。合図には柝《たく》が用いられ偈の読誦もない。維那の柝一下で応量器の袱子をほどいて展鉢する。食事が行きわたったところで柝一下、大衆喫食する。喫食が終わって浄水が配られ、大衆が洗い終わったところで折水、大衆の収鉢がすんだところで柝二下され、薬石が終わって大衆は下床し散堂する。

ちなみに禅宗では、弟子が師匠の法を嗣ぐことを「衣鉢をつぐ」と言う。師匠の袈裟と応量器を引きつぐことであり、また俗に法を嗣ぐであろうと目される人を「応量器」と言うこともある。このような考え方はすでに唐代にみられるが、禅宗において袈裟と鉢が重要視された証左でもある。

（永井政之）

※37　五観の偈
一つには功の多少を計《はか》り彼《か》の来《らい》処《しょ》を量《はか》る。
二つには己《おのれ》が徳行の全《ぜん》欠《けつ》を付《はか》って供《く》に応ず。
三つには心《しん》を防ぎ過《とが》を離るることは貪《とん》等《とう》を宗《しゅう》とす。
四つには正に良薬を事《こと》とするは形《ぎょう》枯《こ》を療ぜんが為なり。
五には成道の為の故に今《いま》此の食を受く。

※38　生飯偈
汝《じ》等《てん》鬼《き》神《じん》衆《しゅう》　我《ご》今《きん》施《す》汝《じ》供《きゅう》　此《す》食《じ》
遍《へん》十《じ》方《ほう》　一《い》切《し》鬼《き》神《じん》供《きゅう》

※39　擎鉢の偈
上《じょう》分《ぶん》三《さん》宝《ぽう》　中《ちゅう》分《ぶん》四《し》恩《おん》　下《げ》及《ぎゅう》六《ろく》道《どう》
皆《かい》同《どう》供《く》養《よう》　一《いっ》口《く》為《い》断《だん》一《いっ》切《さい》悪《あく》　二《に》
口《く》為《い》修《しゅ》一《いっ》切《さい》善《ぜん》　三《さん》口《く》為《い》度《ど》諸《しょ》衆《しゅ》生《じょう》
皆《かい》共《ぐ》成《じょう》仏《ぶつ》道《どう》

※40　折水の偈
我《が》此《し》洗《せん》鉢《ぱつ》水《すい》　如《にょ》天《てん》甘《かん》露《ろ》味《み》　施《せ》与《よ》
鬼《き》神《じん》衆《しゅう》　悉《しつ》令《りょう》得《とく》飽《ぼう》満《まん》　唵《おん》摩《ま》休《く》羅《ら》
細《さい》娑《そ》婆《わ》訶《か》

※41　処世界梵
処《し》世《し》界《かい》如《じ》虚《き》空《くん》　如《じ》蓮《れん》華《か》不《ふ》着《じゃ》水《しい》
心《しん》清《しん》浄《じん》超《ちょう》於《い》彼《ひ》　稽《き》首《しゅ》礼《りん》無《ぶ》上《じょう》尊《そん》

展鉢法

1 半跏趺坐ののち合掌

2 一礼して擎鉢する

3 展鉢偈を唱え袱子をとく

4 鉢拭をとり

5 たたんで膝前におく

6 浄巾を広げ膝をおおう

7 鉢単を開き鉢の下に敷く

8 頭鉢から鐼子をとり出す

9 つづいて第一鐼を出す

10 匙筯袋をとり出し

11 刷と匙を出して並べる

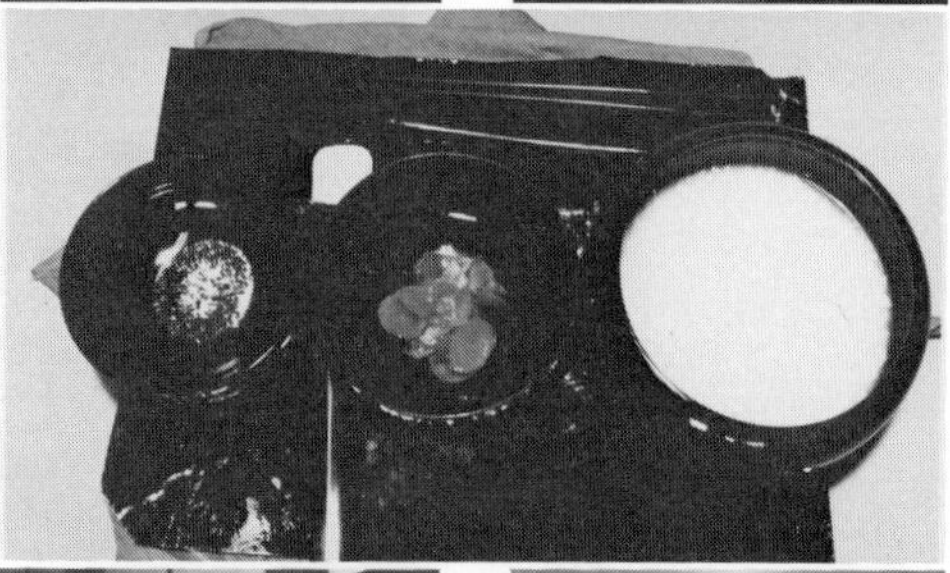
12 展鉢を終え受食した図

13 頭鉢を擎げ偈を唱え

14 喫食する

15 斎時は収生する

16 頭鉢を洗い鉢拭で拭く

17 匙と箸を洗い

18 匙筯袋に入れ

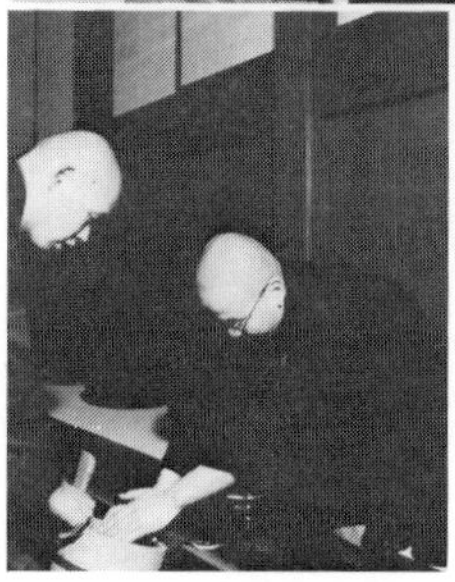
19 折水する

20 頭鉢に第二鐼を納める

21 洗鉢が終ると鉢単をふき

22 鉢単を取り出し畳んで

23 応量器の上に安じる

24 袱子で鉢を手前から包む

25 右手を下にして浄巾をとり

26 二つ折から三つに畳み

27 鉢の上に置き

28 匙筯袋をおき水板をふき

29 鉢拭を鉢にかけ

30 合掌してのち

31 袱子をとり

32 袱子を結ぶ

33 合掌して終る

五山十刹図

『五山十刹図』二巻は、現在、石川県金沢市の曹洞宗大乗寺の所蔵になり、石川県立美術館に委託保管される重要文化財である。この図をめぐる研究の成果によれば、大凡、南宋の淳祐七年（一二四七）ごろから、宝祐四年（一二五六）までの間の中国叢林について記録したものといわれる。

その伝承についても、道元禅師の将来、聖一国師の将来、永平寺三世であり大乗寺開山徹通義介の書写将来など各説がある。もっとも有力なのは義介による将来説であるが、それも確定した説というわけではない。将来者が定かでないにしても、この図が南宋禅林の様子を具体的に伝えるという点で重要なことに変りはない。所伝によれば、はじめ永平寺に所蔵されたこの図は、永平寺が回禄の災に罹り、開山道元禅師像が焼失した際、大乗寺より尊像が提供され、永平寺からはこの図と『一夜碧巌』が贈られたという。

内容をめぐっては横山秀哉『禅の建築』に詳しい研究があり、大乗寺所蔵になるもののほかに臨済宗東福寺所蔵本、永平寺所蔵本、福井県常高寺旧蔵本、臨済宗妙心寺竜華院蔵本などが書誌学的に紹介され、さらにこのほか異本として二〇余があるという。

このうち大乗寺本の『五山十刹之図』は、昭和一八年に古径荘より複製出版され、無著道忠書写になる竜華院本『大宋名藍図』は昭和五三年、『勅修百丈清規左觽』の付録として出版されている。また同じ昭和五三年、大修

①

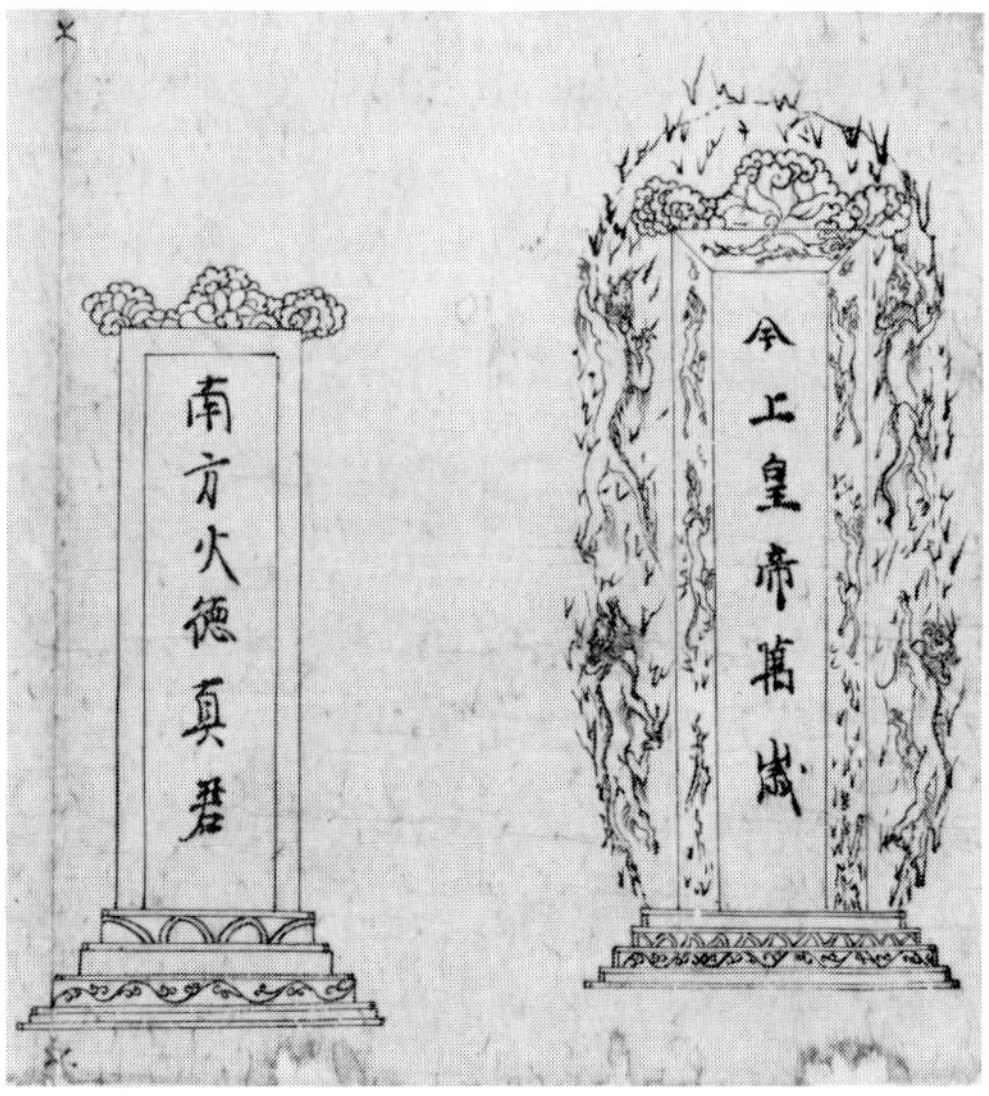

②－I

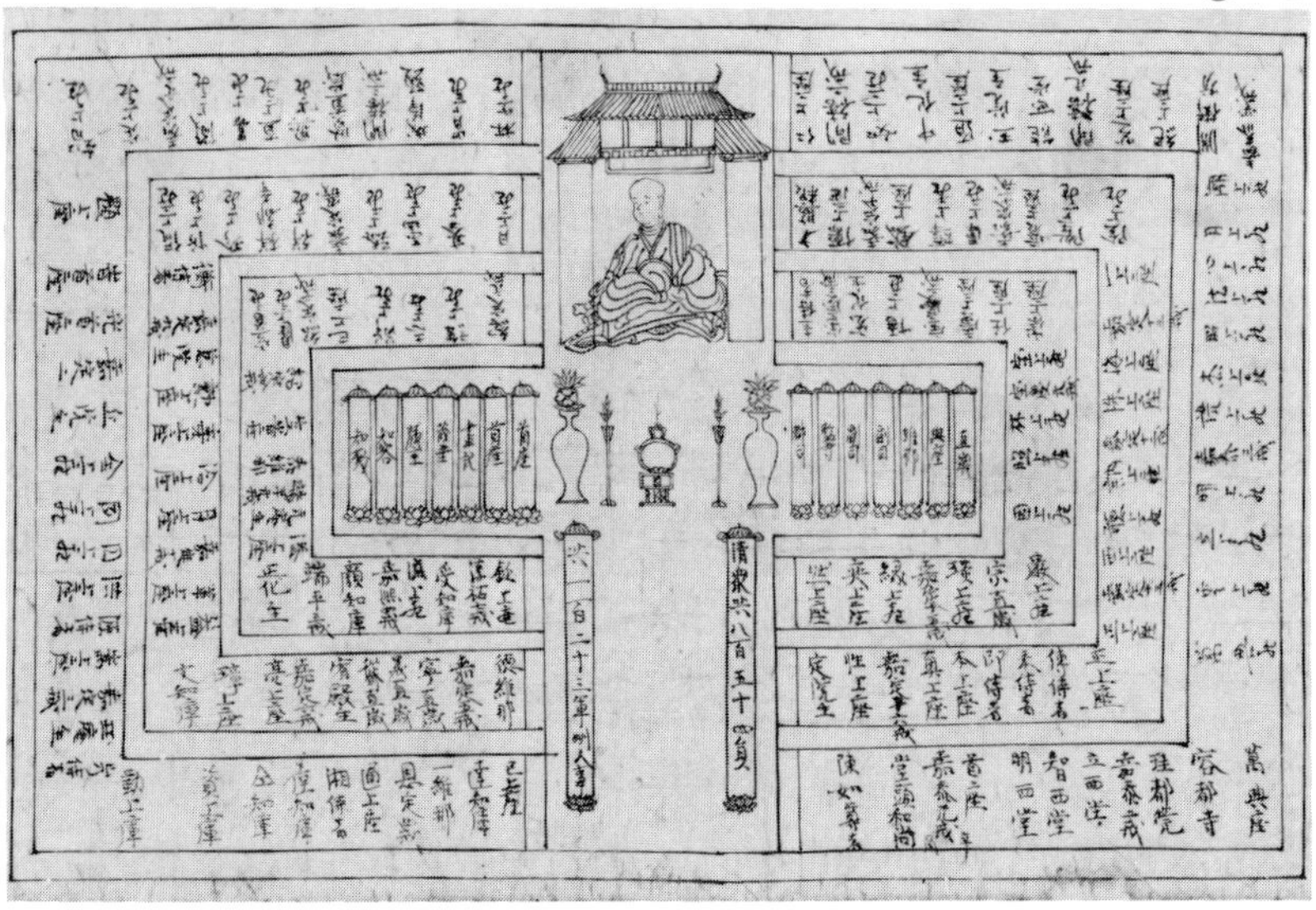

②－II

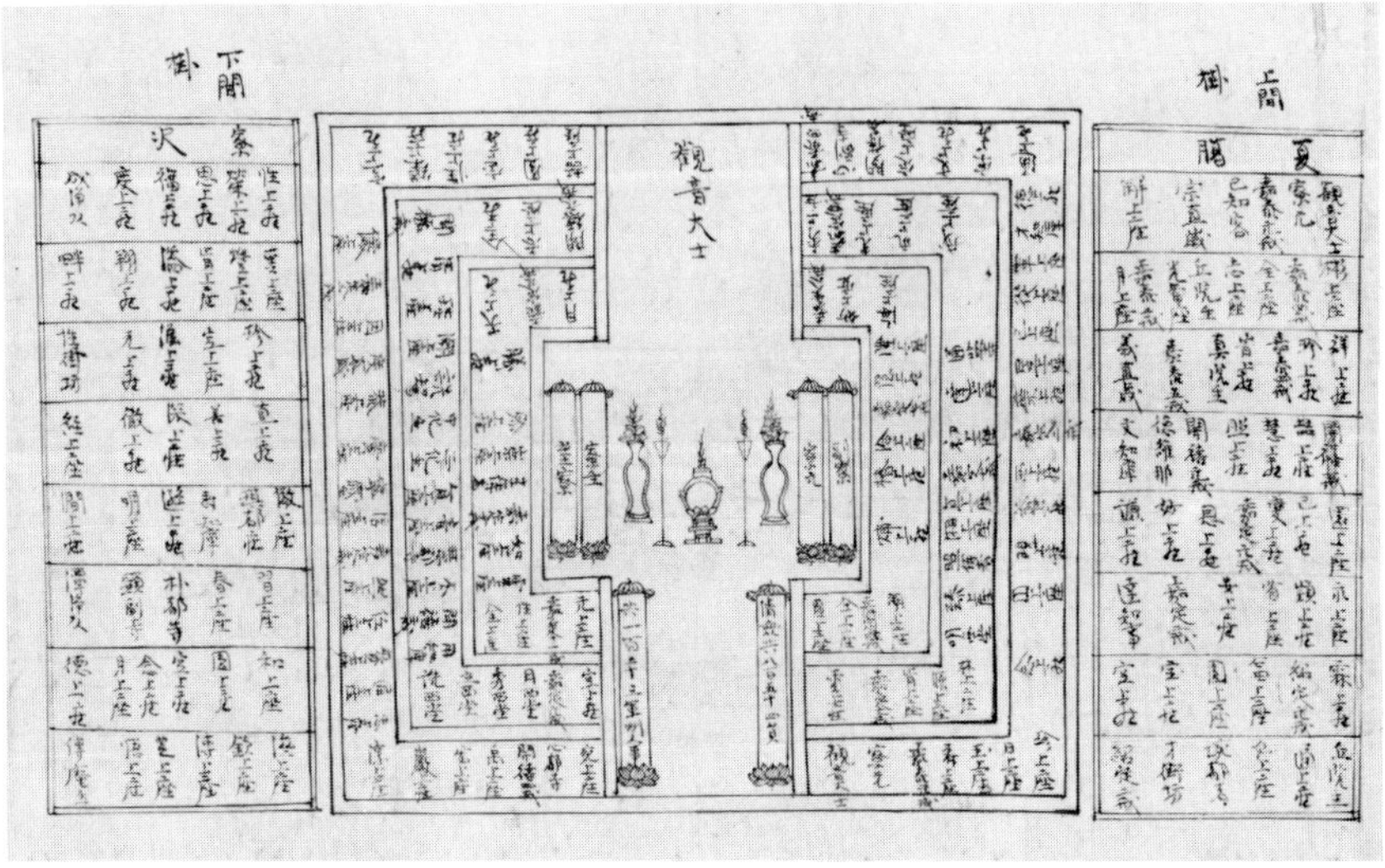

③

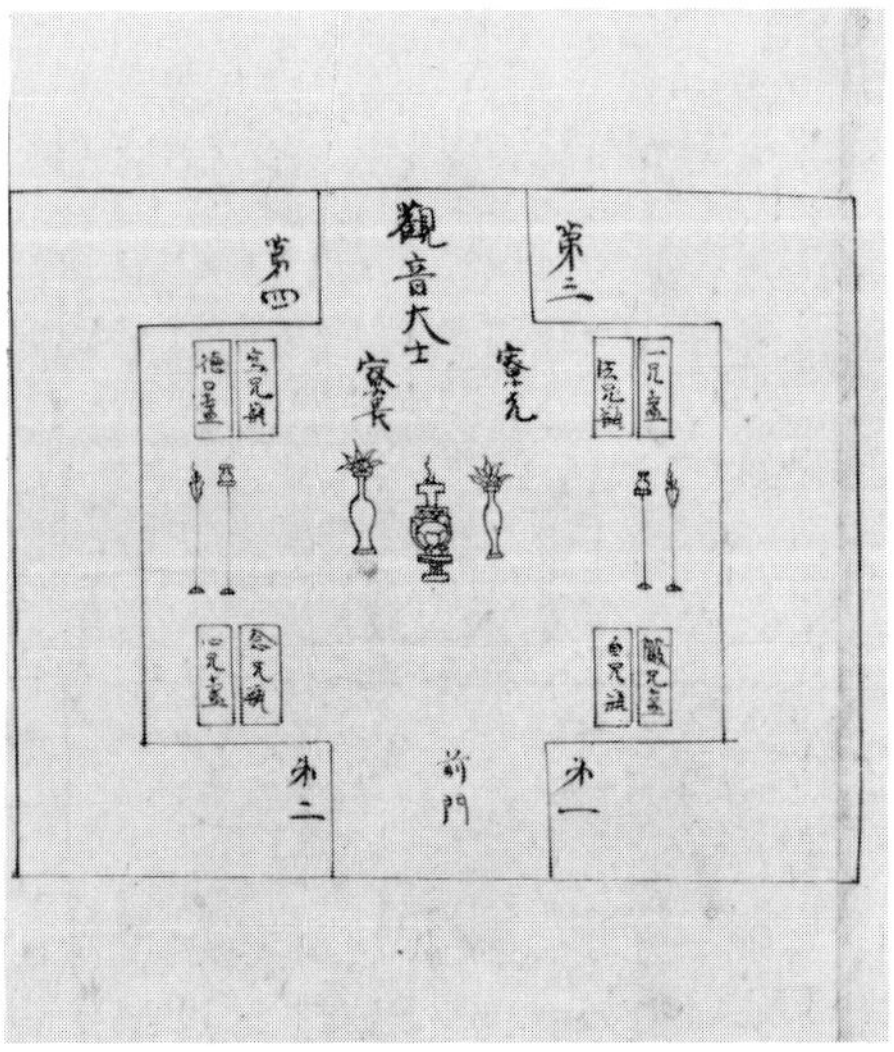

館書店刊行になる『禅学大辞典』においても付録として所収され、現代の叢林との比較が写真によって試みられている。

　ここではそれらの成果を踏まえつつ、『五山十刹図』の概況をみてみる。底本として収録するのは大乗寺本である。

① **仏殿の三牌**　仏殿本尊の前におかれる尊牌で、今上皇帝の聖寿無窮を祈る牌、檀越の本命元辰を祈る牌(欠)、火難消除の神である南方火徳真君を祀る牌の三牌をいう

② **Ⅰ図・僧堂の戒臘牌　Ⅱ図・衆寮の戒臘牌**　一山の修行僧を具足戒を受けた順に配列したもので、僧堂と衆寮に掛けられる

③ **衆寮の行瓶盞の牌**　衆寮で行われた行茶の配位の図

④ **諸行事の告知牌**　叢林で行われる行事を知らせるための木牌

⑤ **東司牌**　東司を使用する上での細かい規則を記した牌榜で、入厠・洗浄・浄手・浄身・去穢の偈、出厠の偈、落桶牌などの内容が記される

⑥ **特為牌**　茶湯や煎点にあたっての、特為の人たちの席を記した照牌の図

④

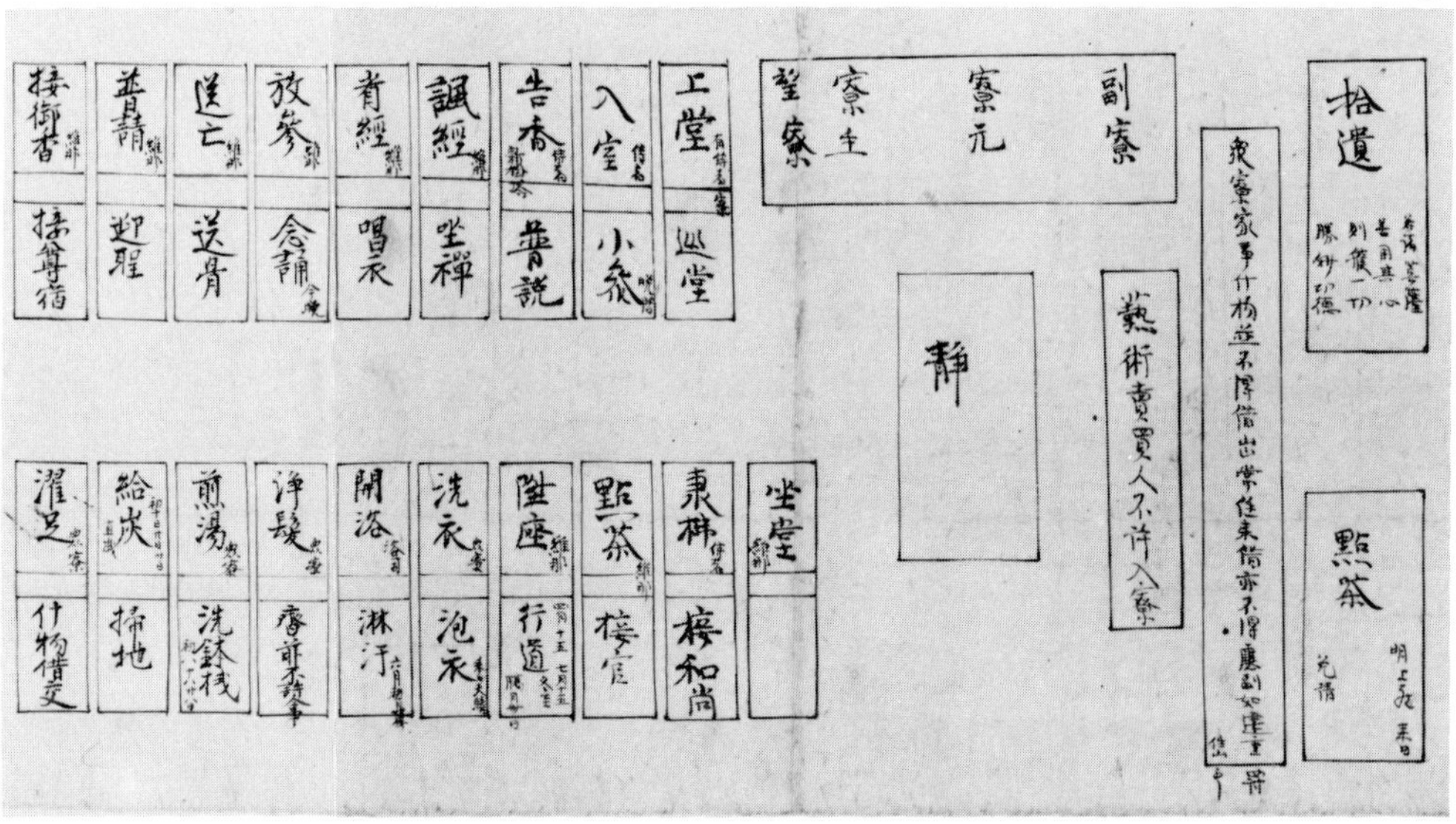

⑥

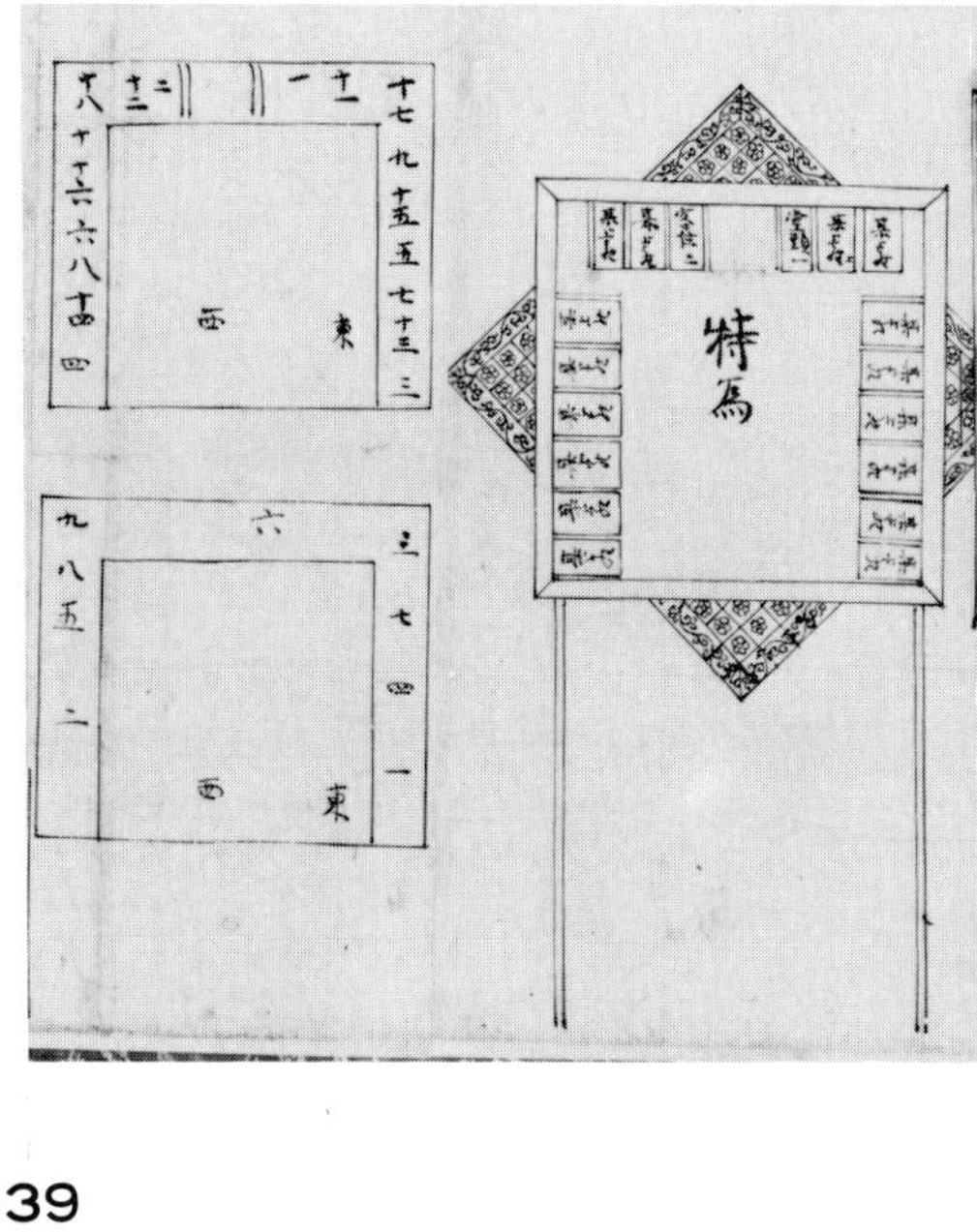

⑤

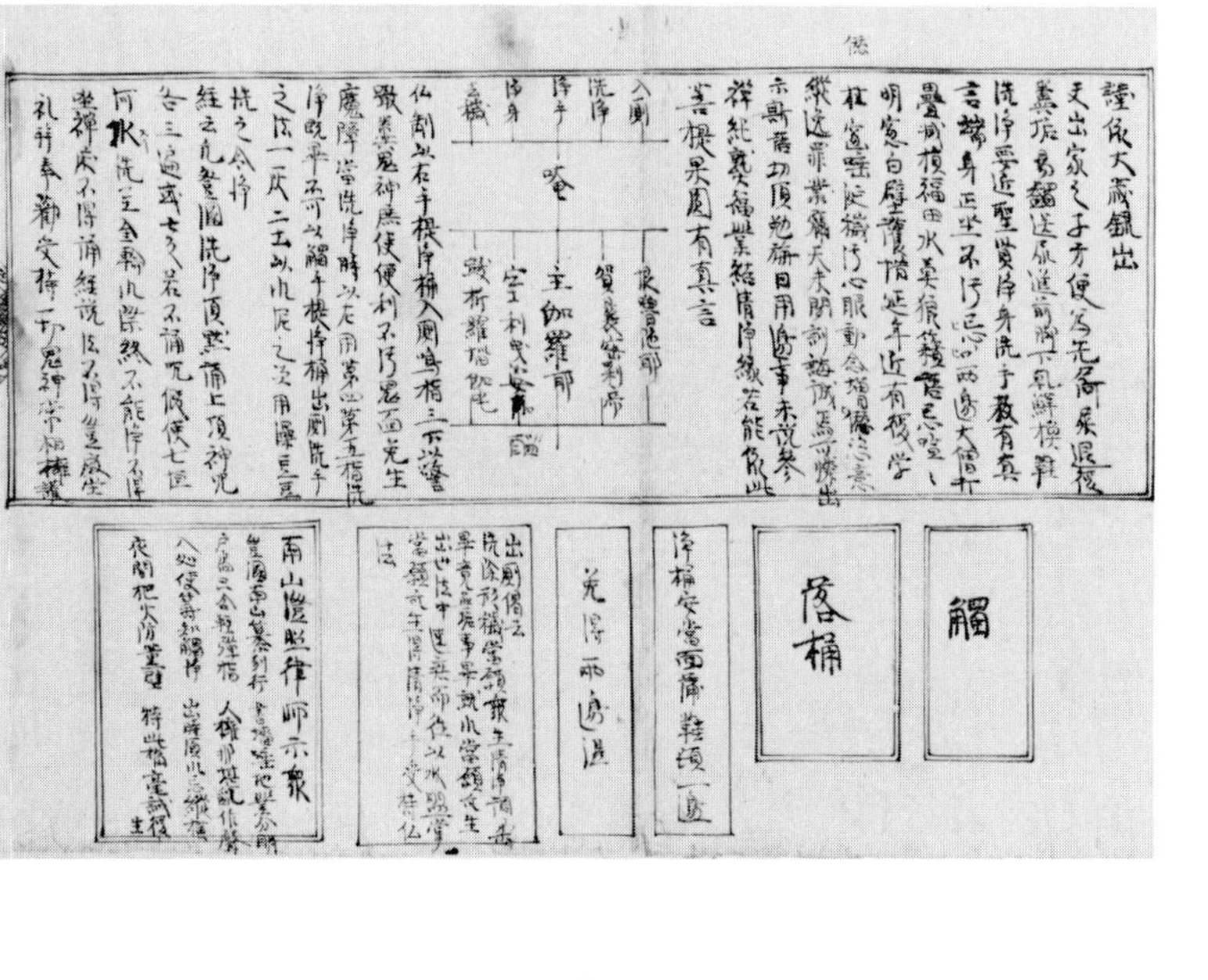

⑦ 天童山の伽藍配置　道元禅師が如浄禅師に相見した天童山景徳禅寺は、中国五山の第四の名刹である

⑧ 霊隠寺の伽藍配置図　杭州西湖の近く、北山景徳霊《りん》隠《にん》寺は五山第二位である

⑦

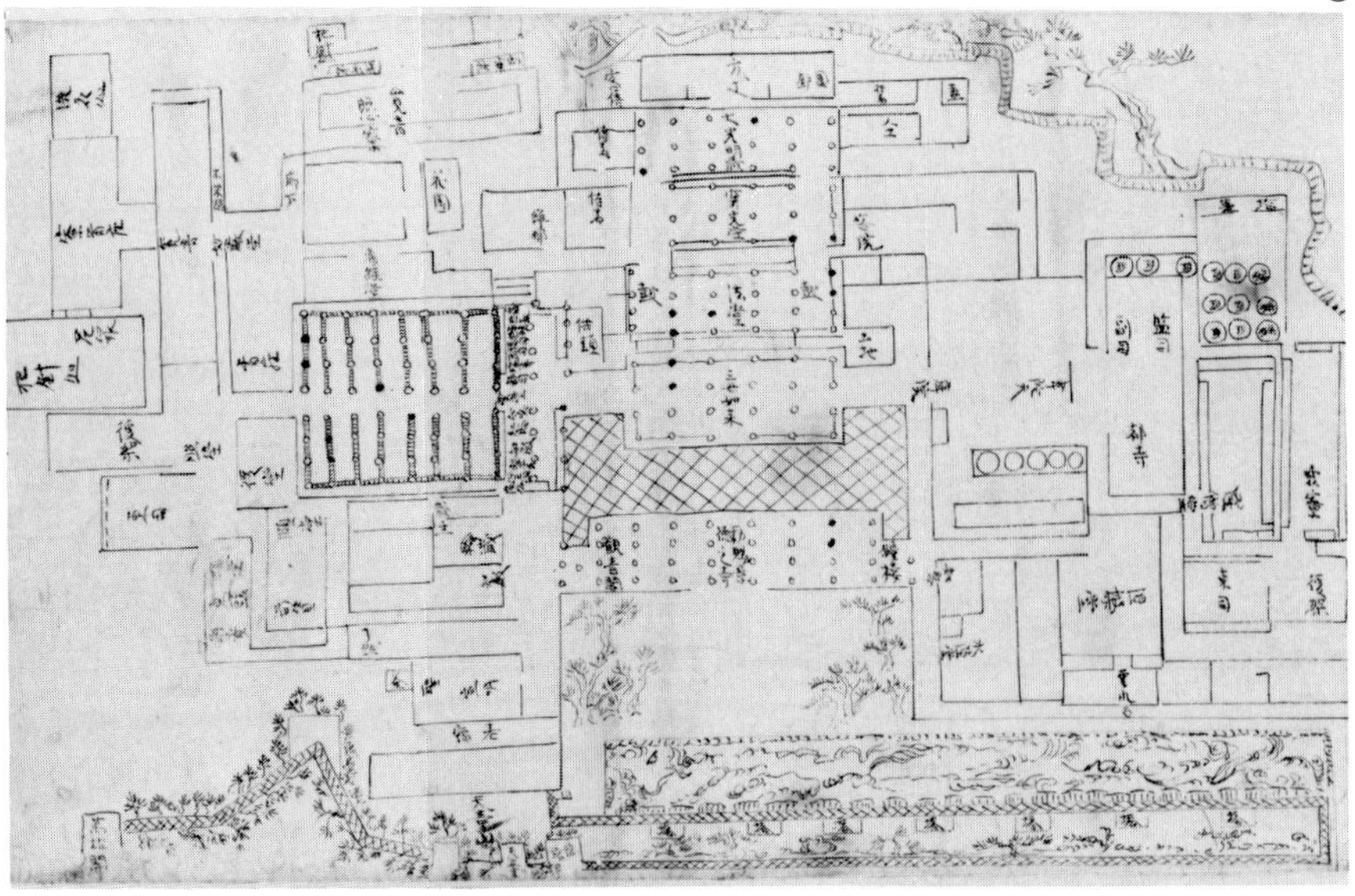

⑧

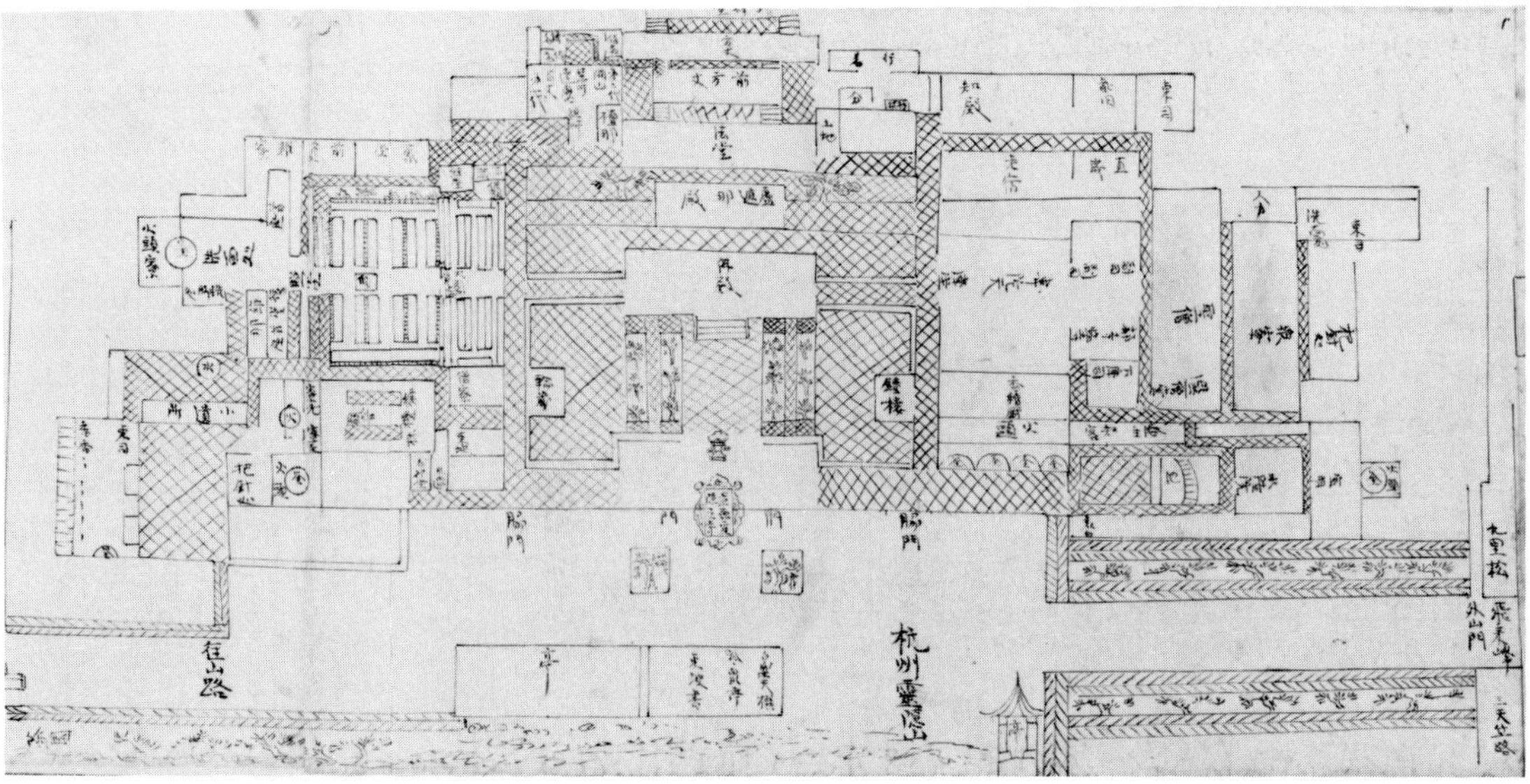

⑨ 万寿寺の土地堂牌　広沢竜王は径山万寿寺の土地神である。牌の頭部は雲首式という雲の形をとっている

⑩ 天台山万年寺の伽藍配置

⑩

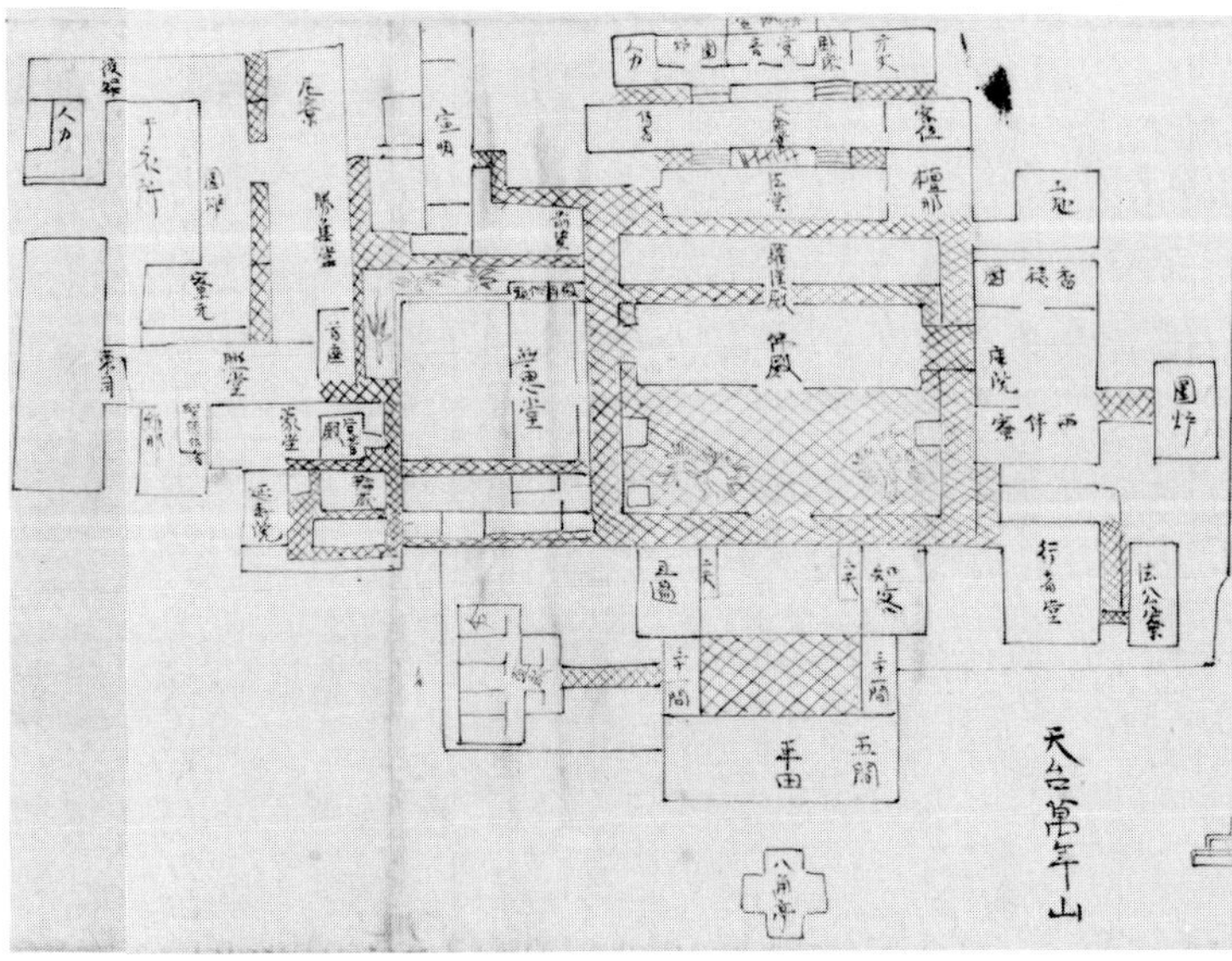

⑨

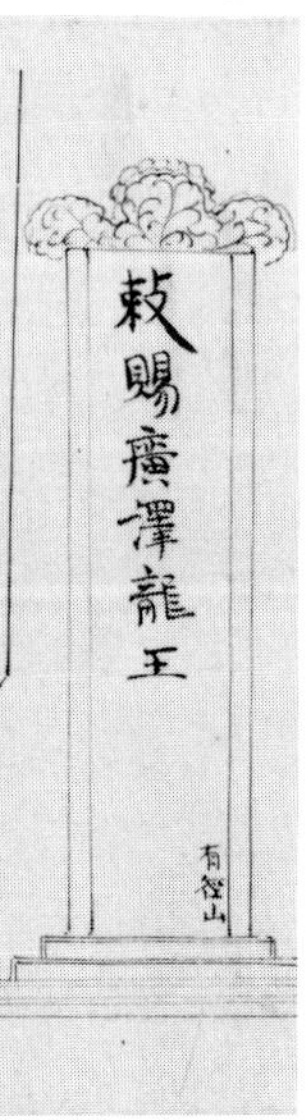

⑪　Ⅰ図・径山の法堂　二階造りになっていた径山法堂の断面図
　Ⅱ図・径山法堂の部分図　虹梁や枓栱が詳細に描かれている。同じく右から虹梁、軒枓栱、枓栱と橋掛り

⑫　鼓台　霊隠寺の鼓台を記録したもの

⑬　径山の法座　万寿寺の須弥壇寸法図

⑭　天蓋・香炉・花瓶　いずれも径山のもの。天蓋は八角重層である

⑪－Ⅰ

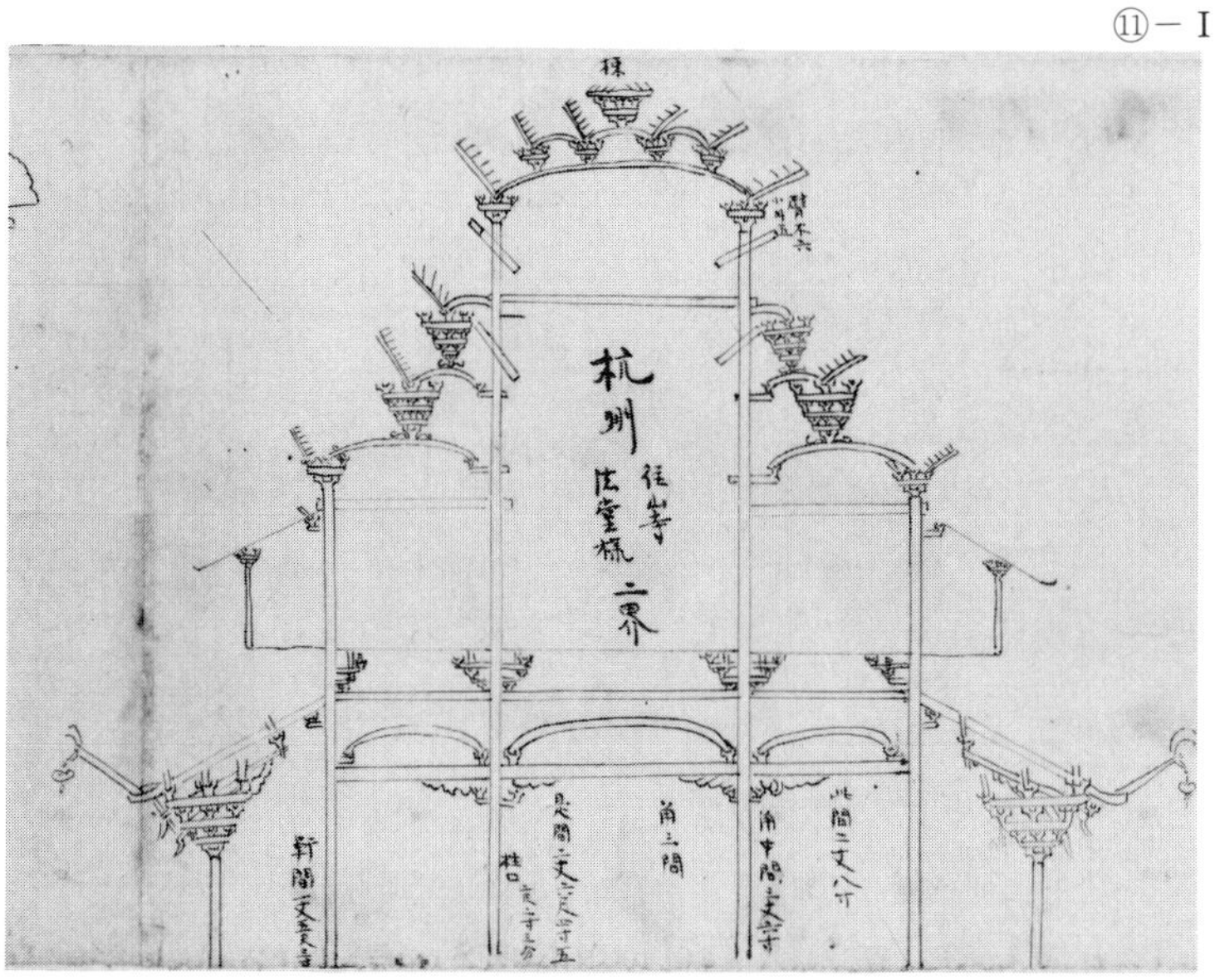

⑪－Ⅱ

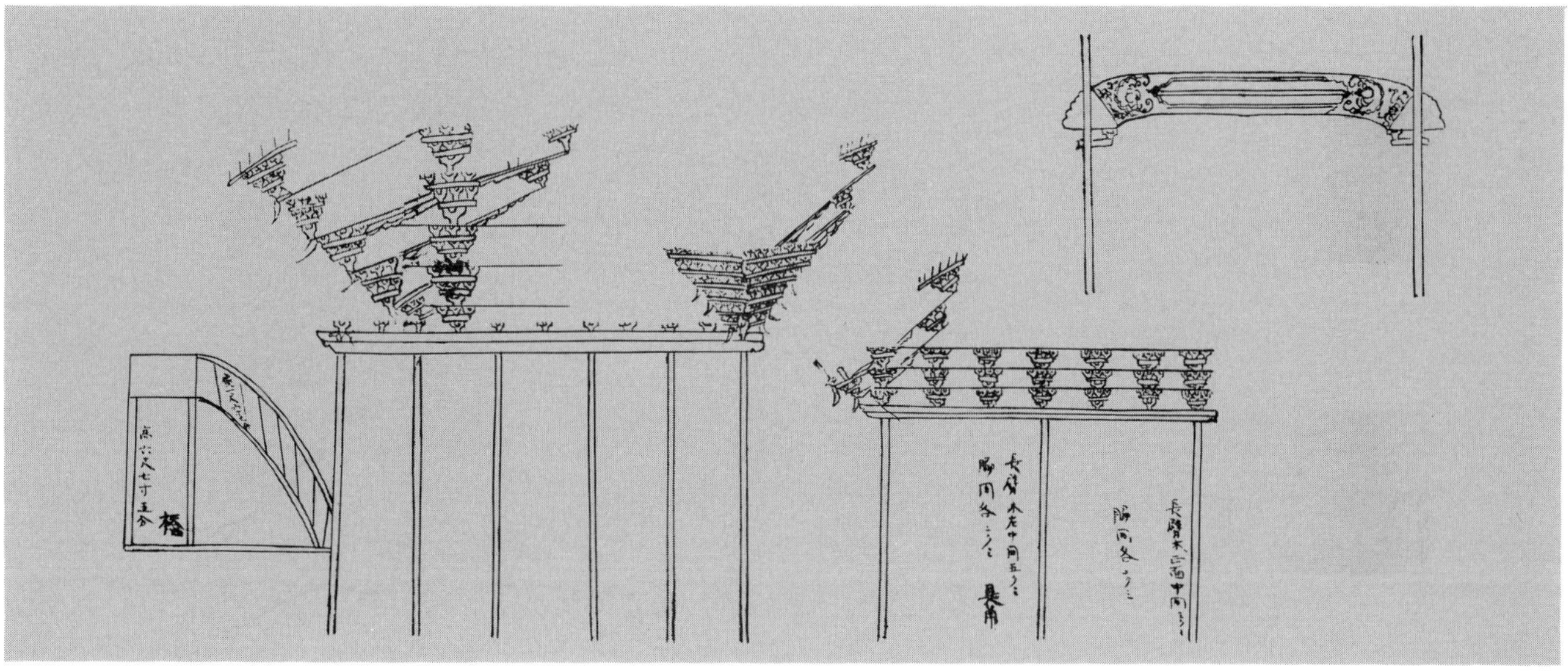

⑭　⑬　⑫

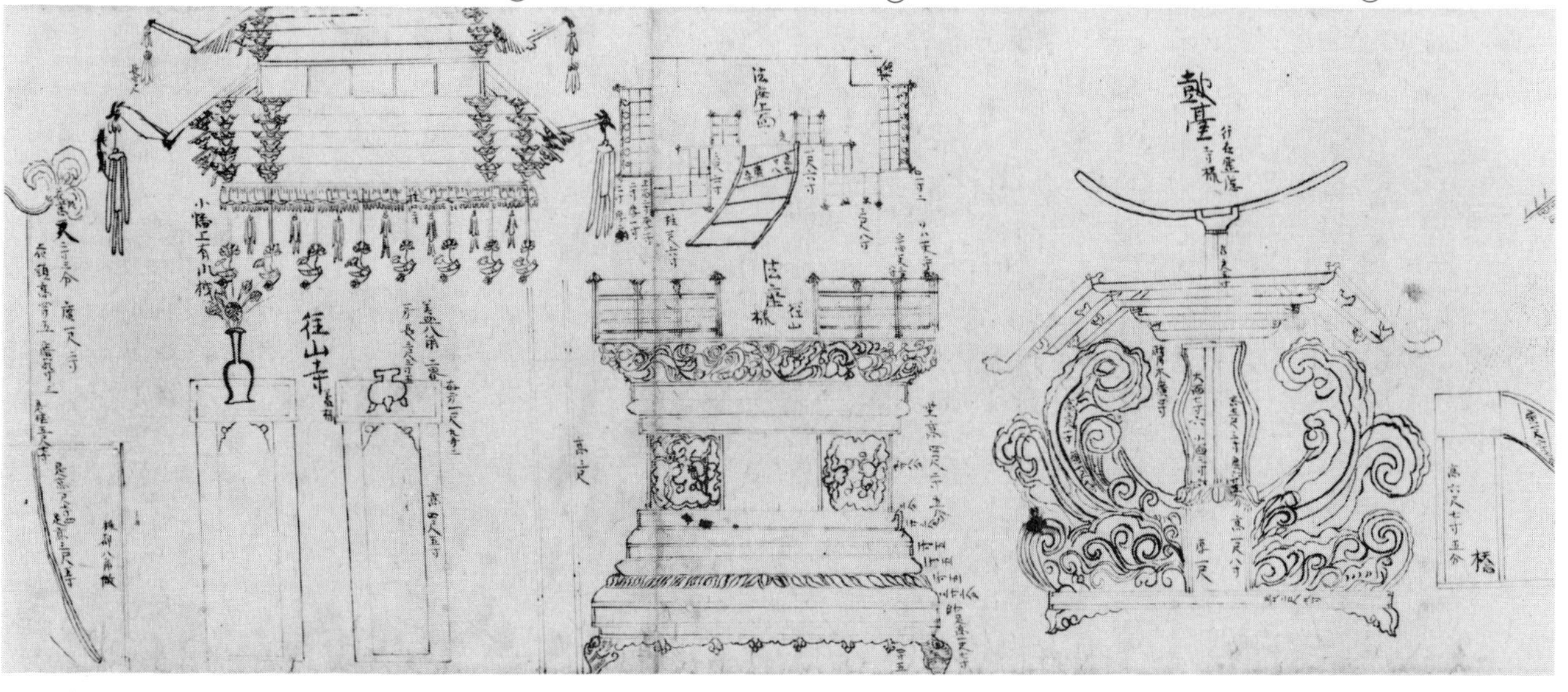

⑮ **椅子と屏風**　霊隠寺の禅椅。住持が説法する時などに用いる。屏風は椅子の背後にたてられたのであろう。同系統の模様を持つ

⑯ **聖僧龕**　僧堂の聖僧を安置する聖僧龕と台。

⑰ **衆寮の聖僧龕**　衆寮の聖僧（観音大士）を祀る龕

⑮

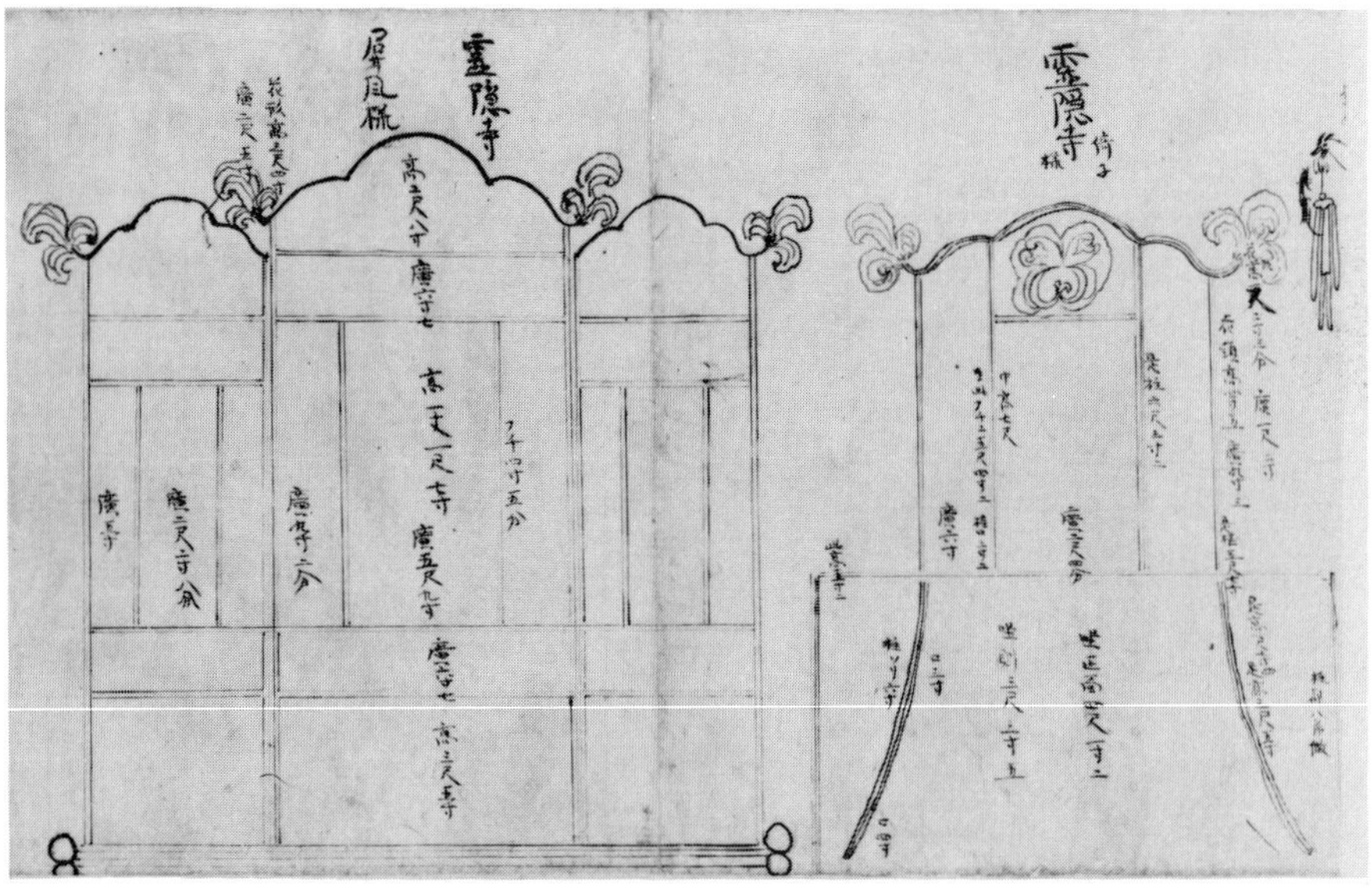

⑱ **倚子**　径山の僧堂と方丈、客位、前方丈の倚子

⑰　⑯

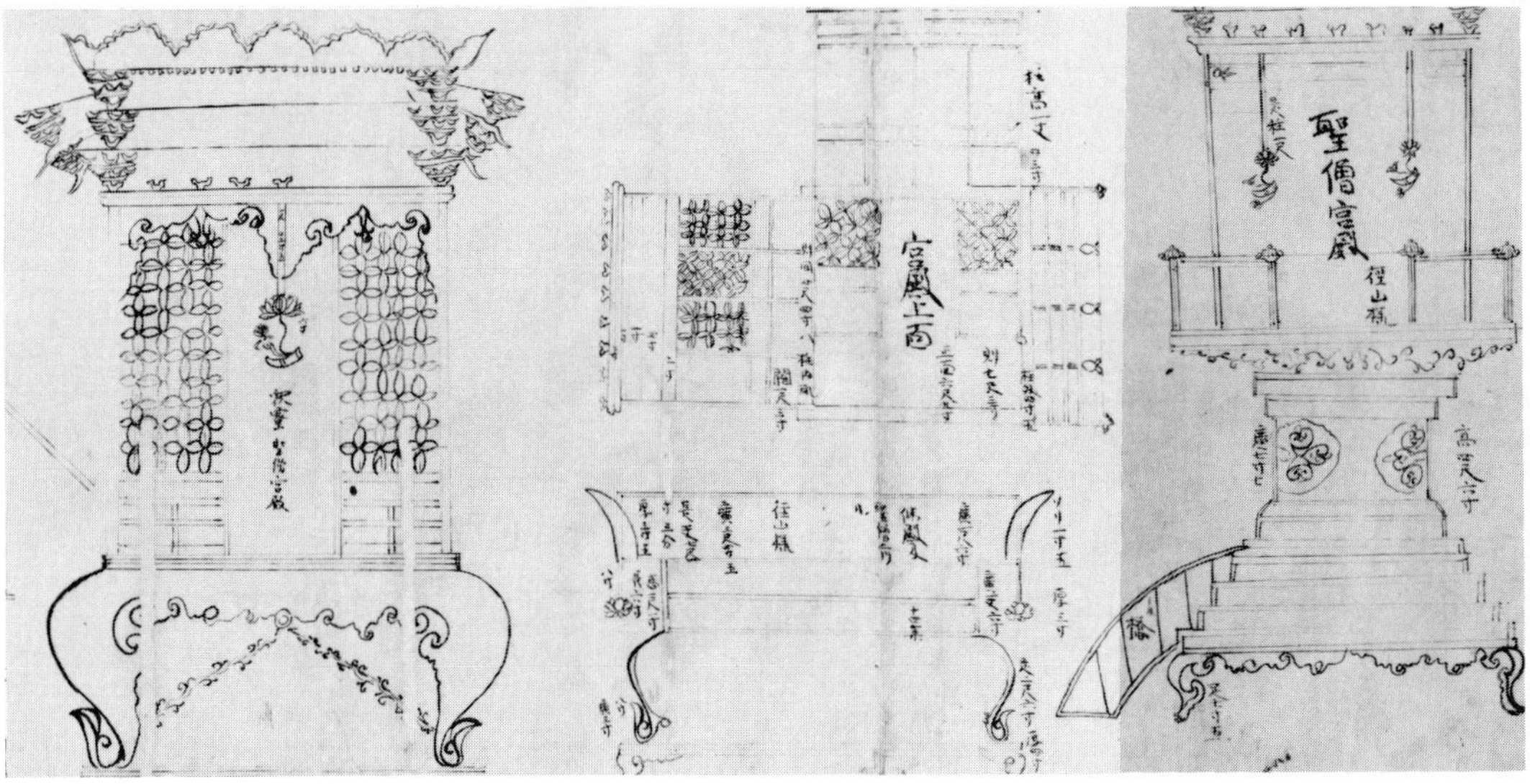

⑱

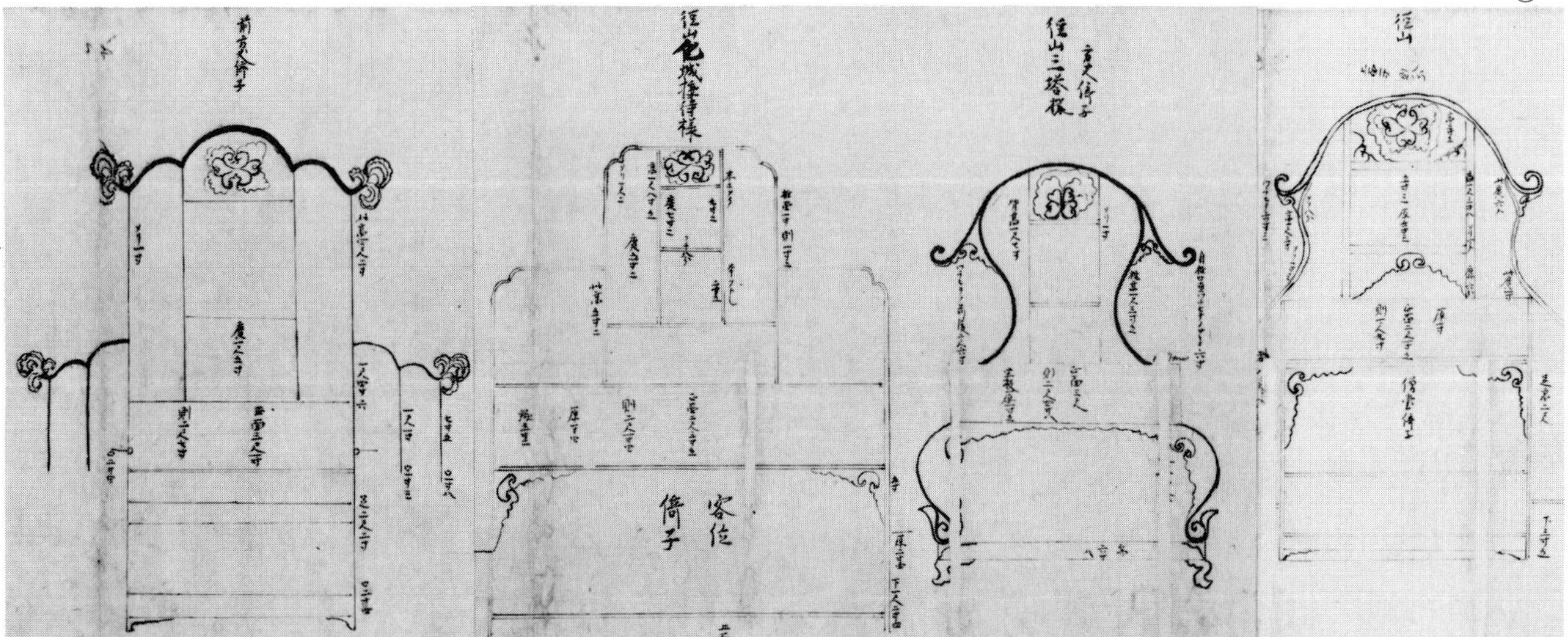

⑲ 屏風

⑳ 卓　衝立形、客位倚子と一体のものか

⑳

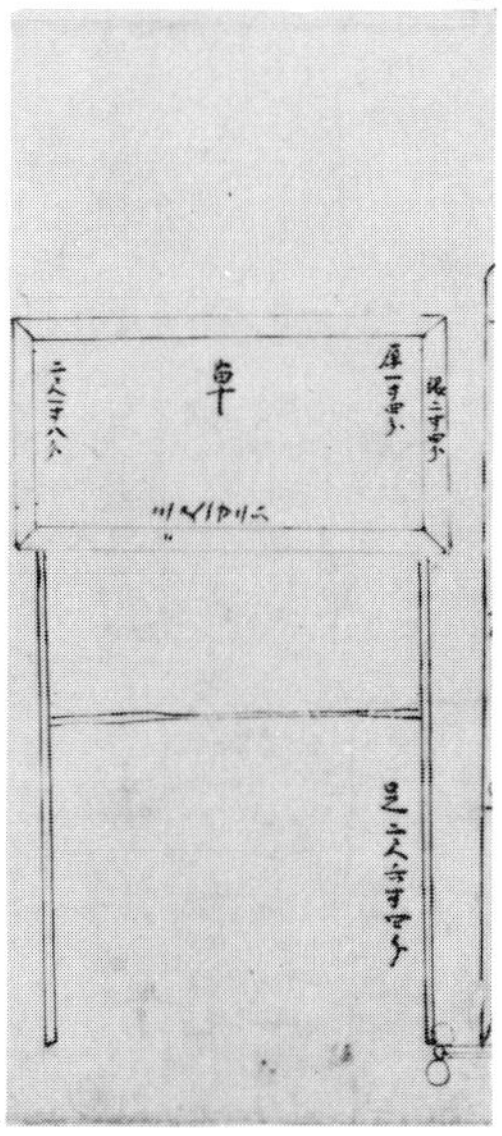

⑲

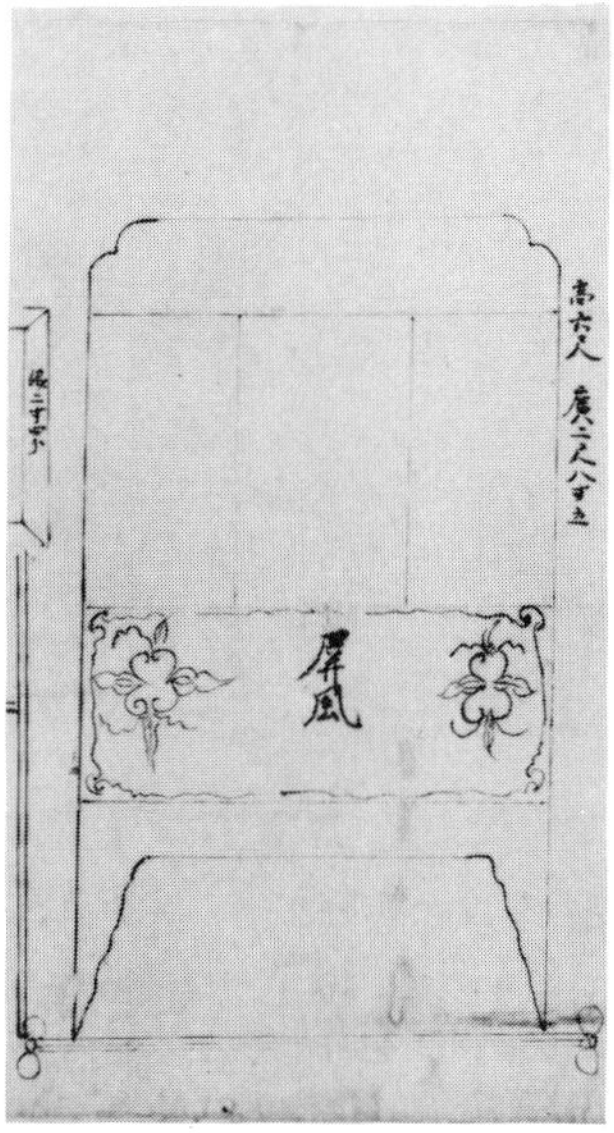

㉑ 内方丈の坐牀　「宝所」とは霊隠寺の内方丈をいう

㉑

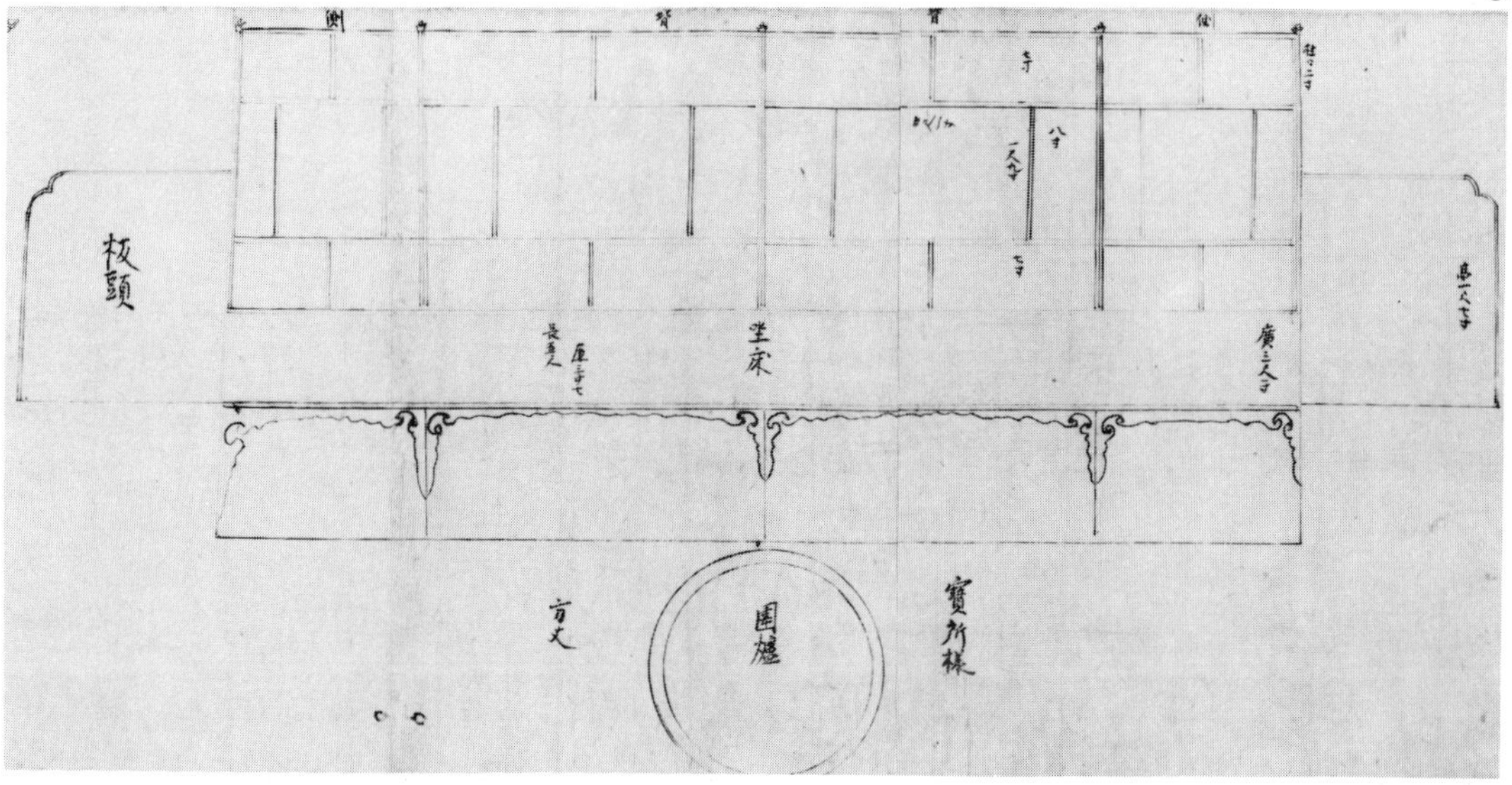

㉒ 僧堂の単　径山僧堂の長連単。函櫃などの古い様式を伝えている

㉓ 勅額　越州天寧寺山門の勅額

㉓

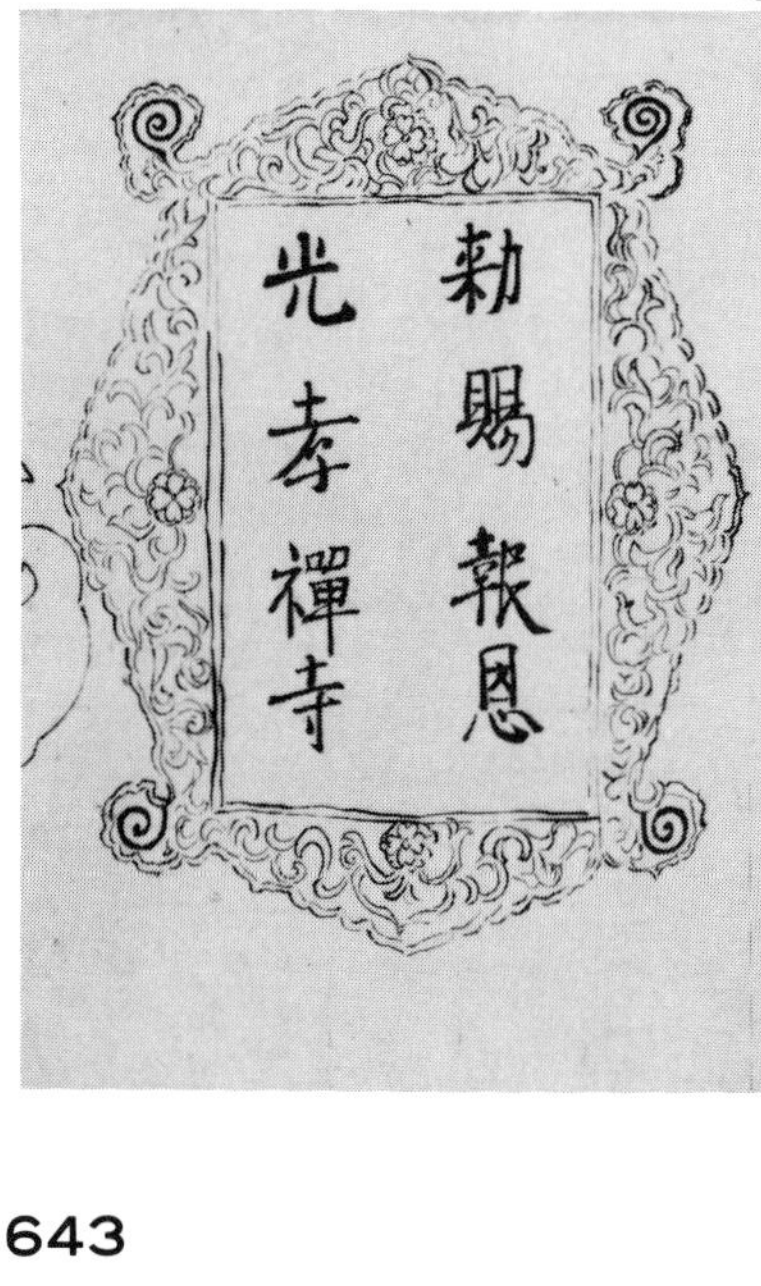

㉒

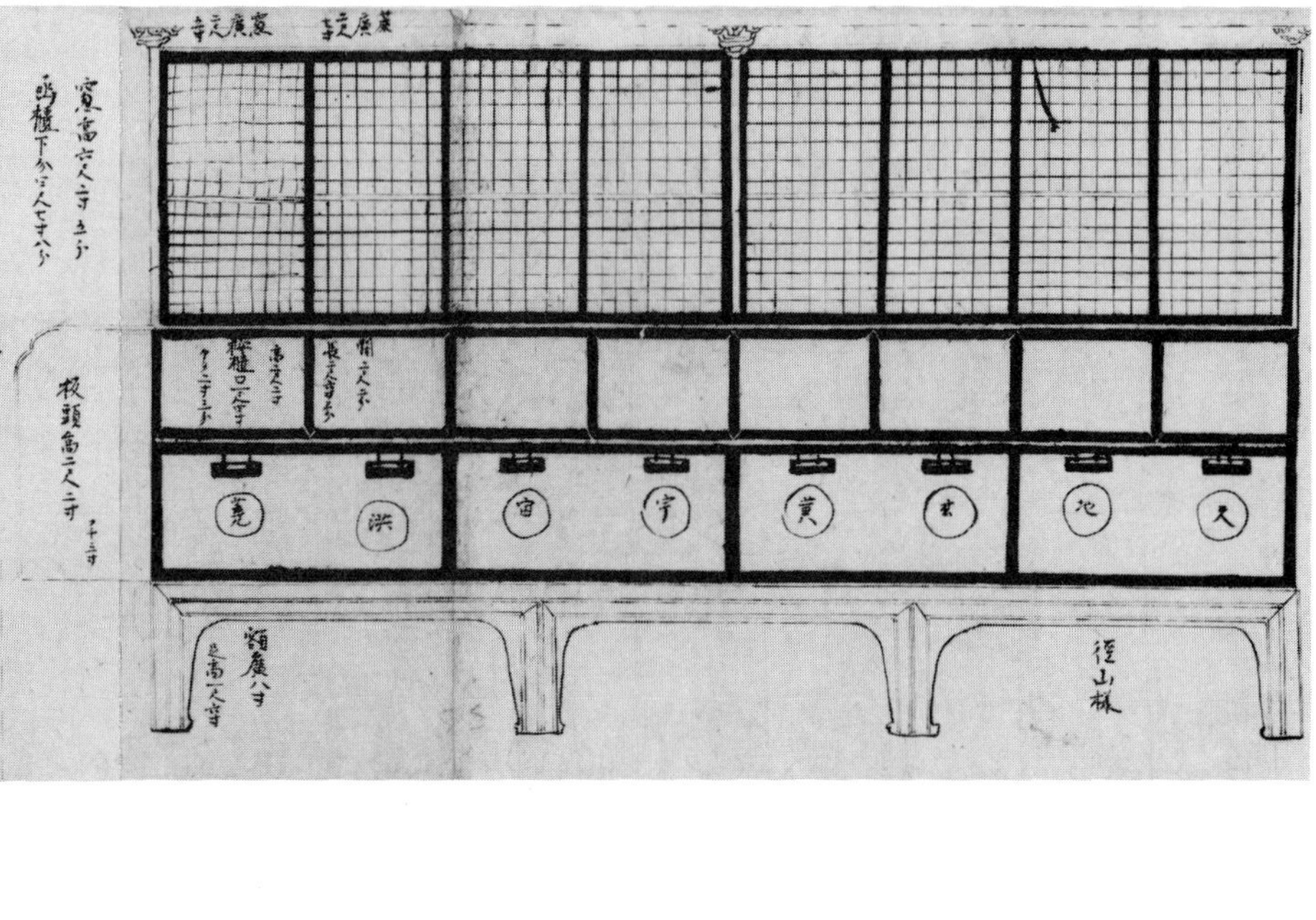

㉔ **雲版**　径山の庫院に掛けられた雲版

㉕ **須弥壇**　「仏壇」とあるから、仏殿内部中央に置かれ、本尊を安置する台である

㉖ **扇子**　夏、僧堂で行われる斎の時、打扇することが清規に定められている

㉗ **杈**　晋山式などの行列に用いる儀杖か

㉕

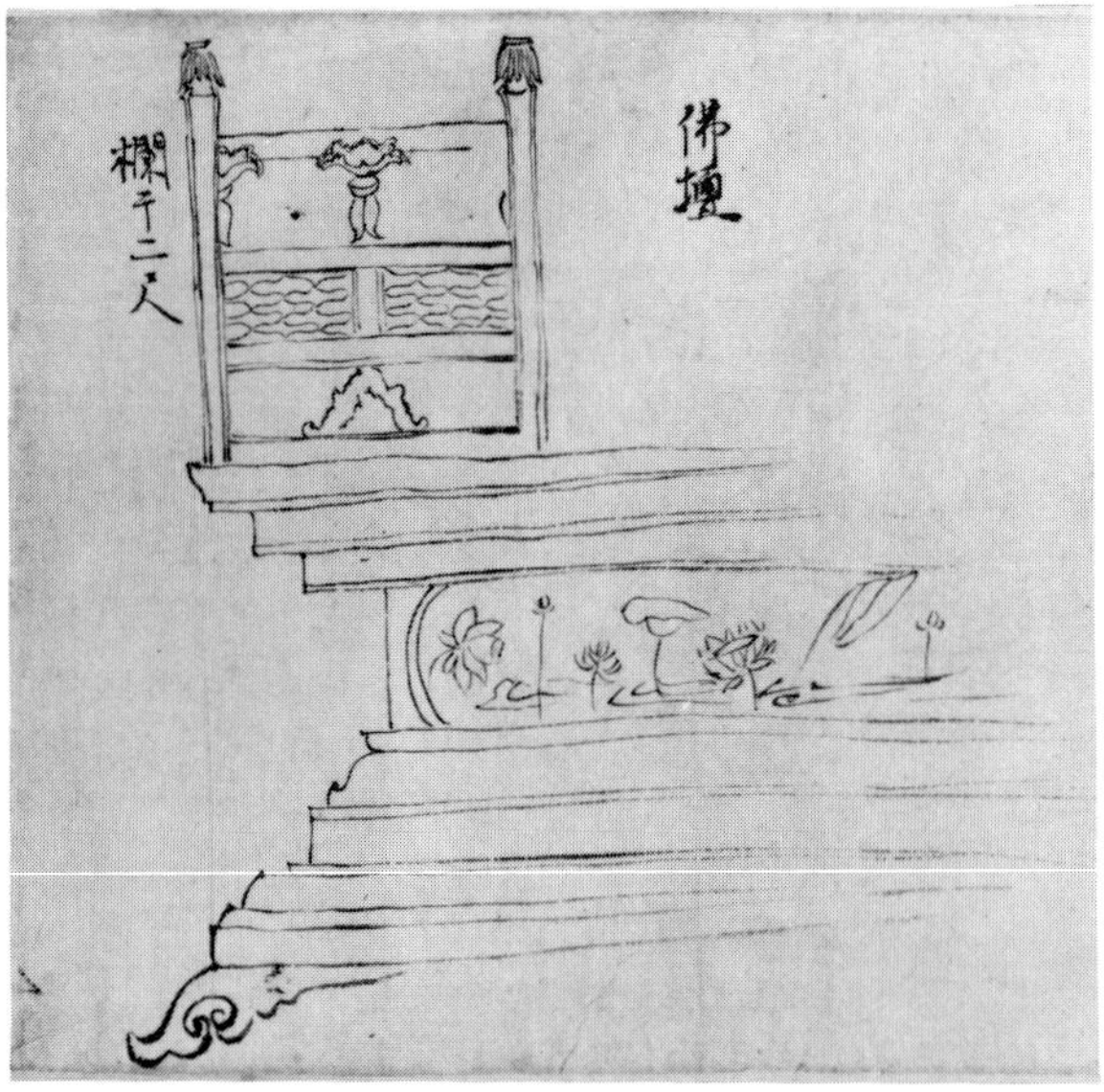

㉔

㉘ **門扉**　山門の扉まわりの図

㉘

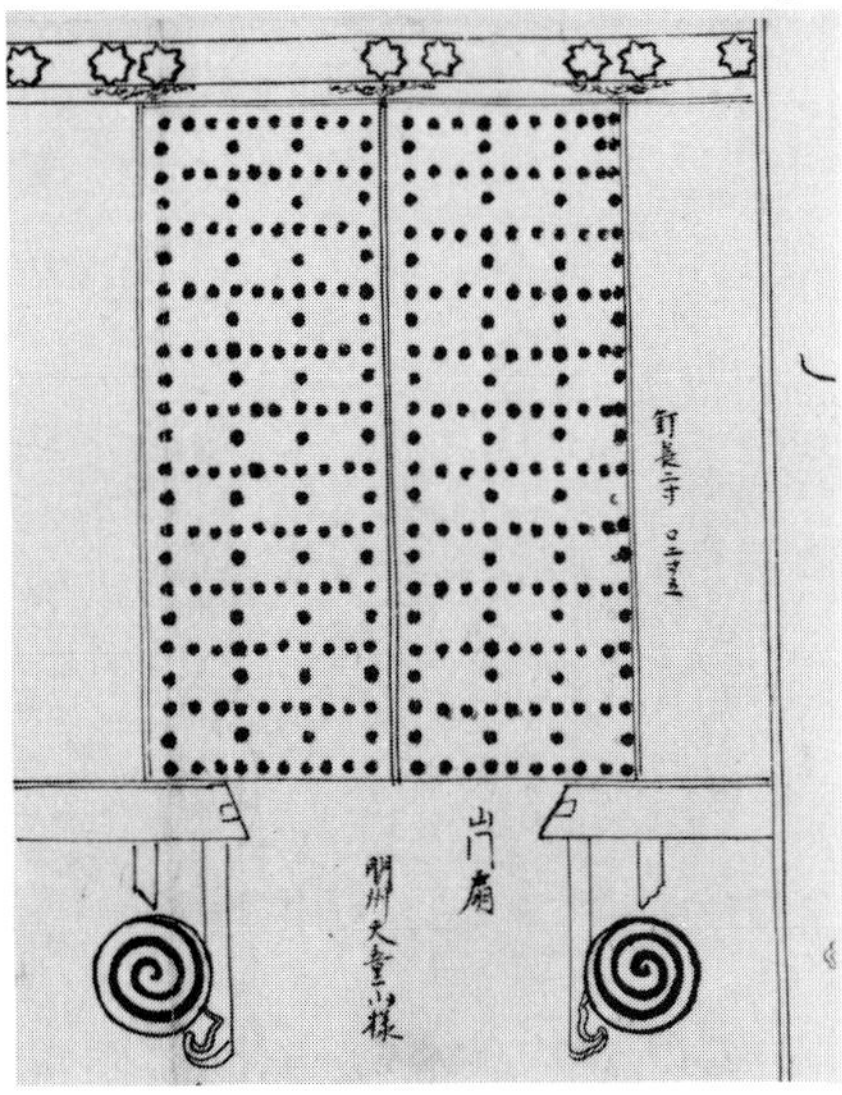

㉗　㉖

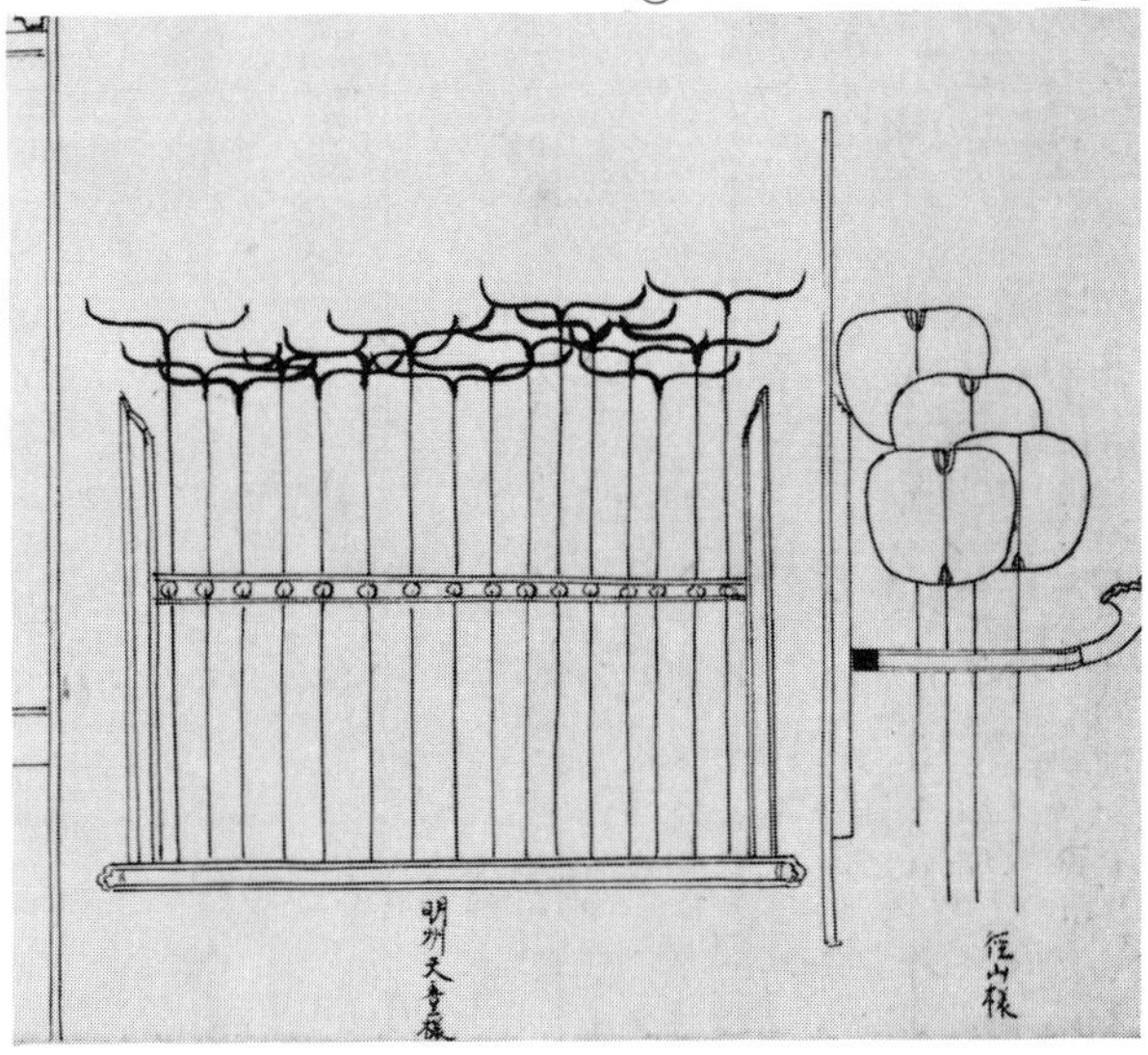

㉙ **天童山の窓**　花頭窓と波形連子の欄間。

㉙

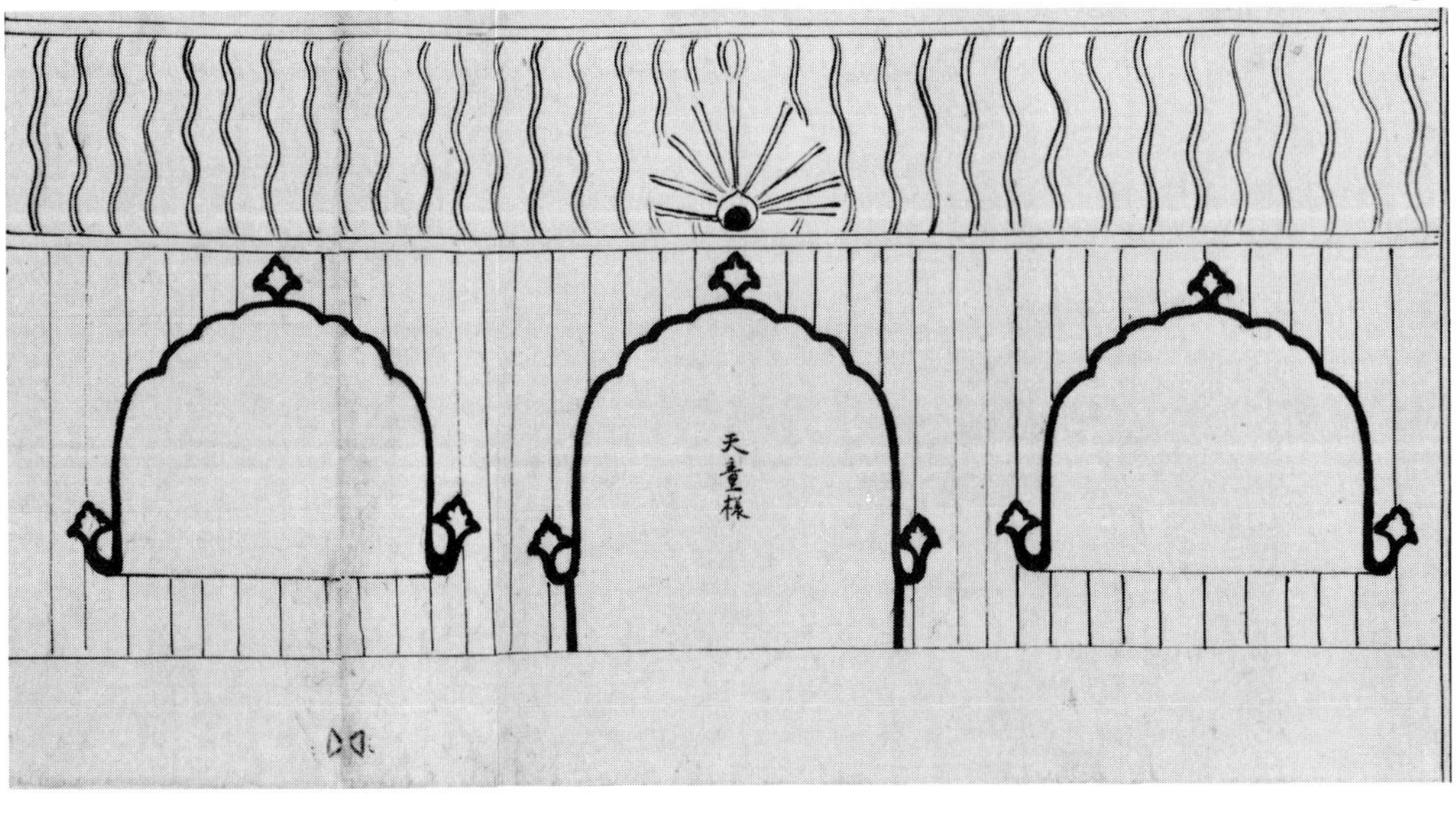

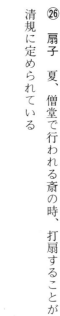

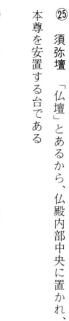

㉚

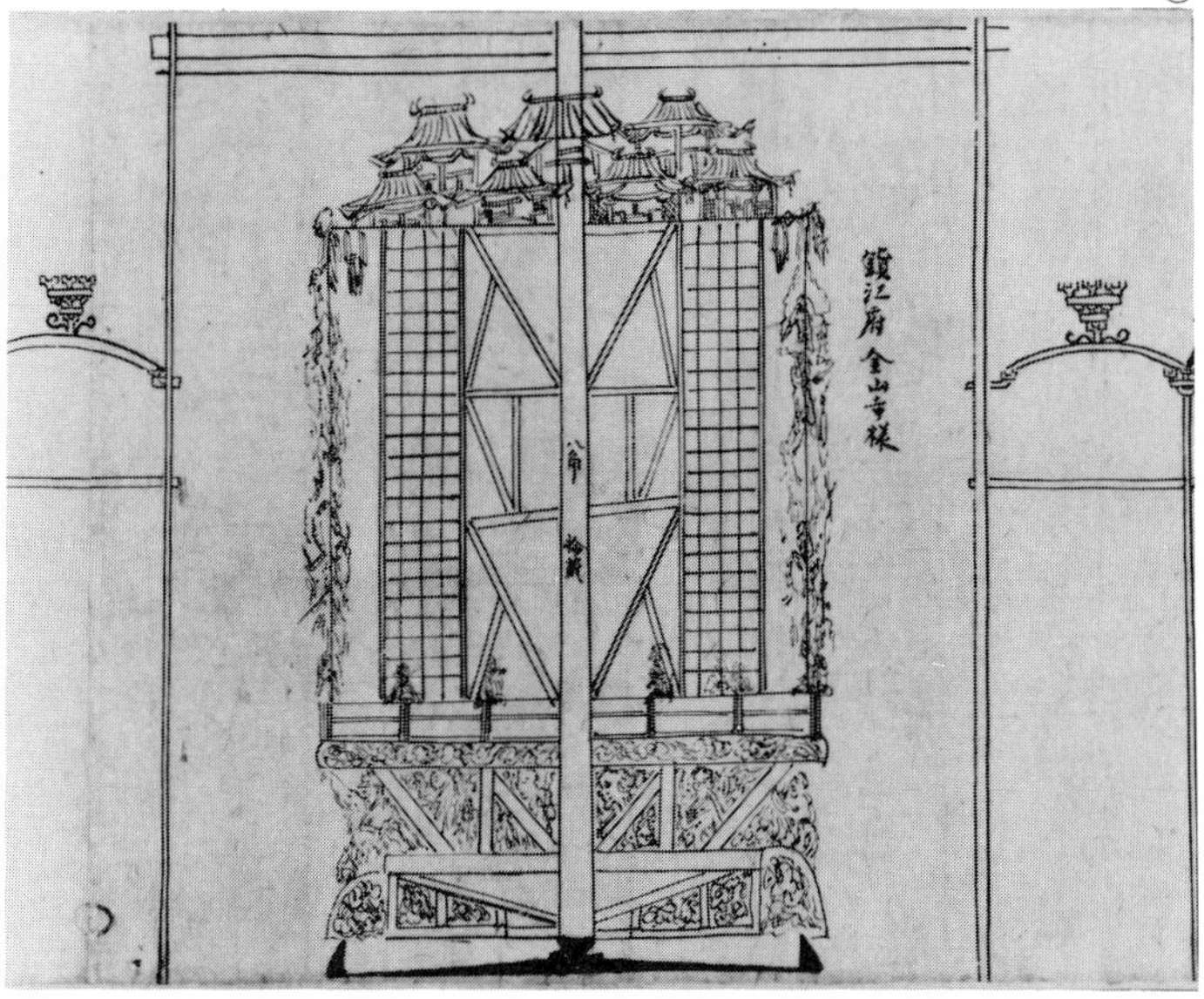

㉚ 輪蔵　鎮江府金山寺の輪蔵。輪蔵は大蔵経を収蔵する、いわゆる経蔵であるが、棚が軸を中心に設けられ、それが回転するようになっていて、その考案者とされる傅《ふ》大士とその二人の息子を祀る。ちなみに総持寺祖院の輪蔵は重要文化財である

㉛

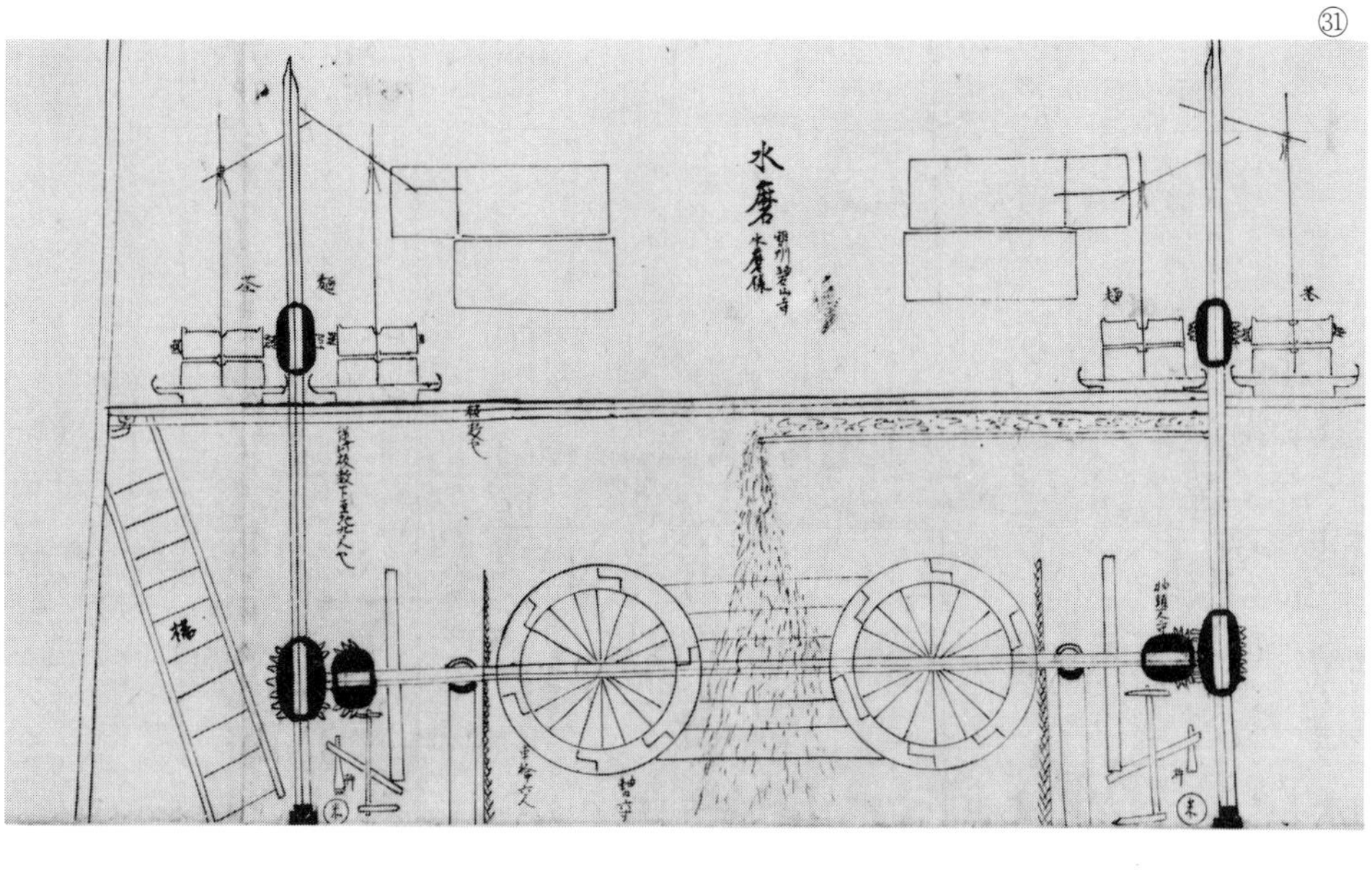

㉛ 碧山寺磨院　磨院は米つきや粉ひきをする建て物。明州碧山寺の磨院は水力を利用したもので、その動力施設の構造などについて記したもの

㉜ 圍爐　径山僧堂の聖僧龕の背に設けられた炉

㉝ 枓栱　㉟ 香台　柱の上部の枓栱と猫脚形の香炉台

㉞

㉝

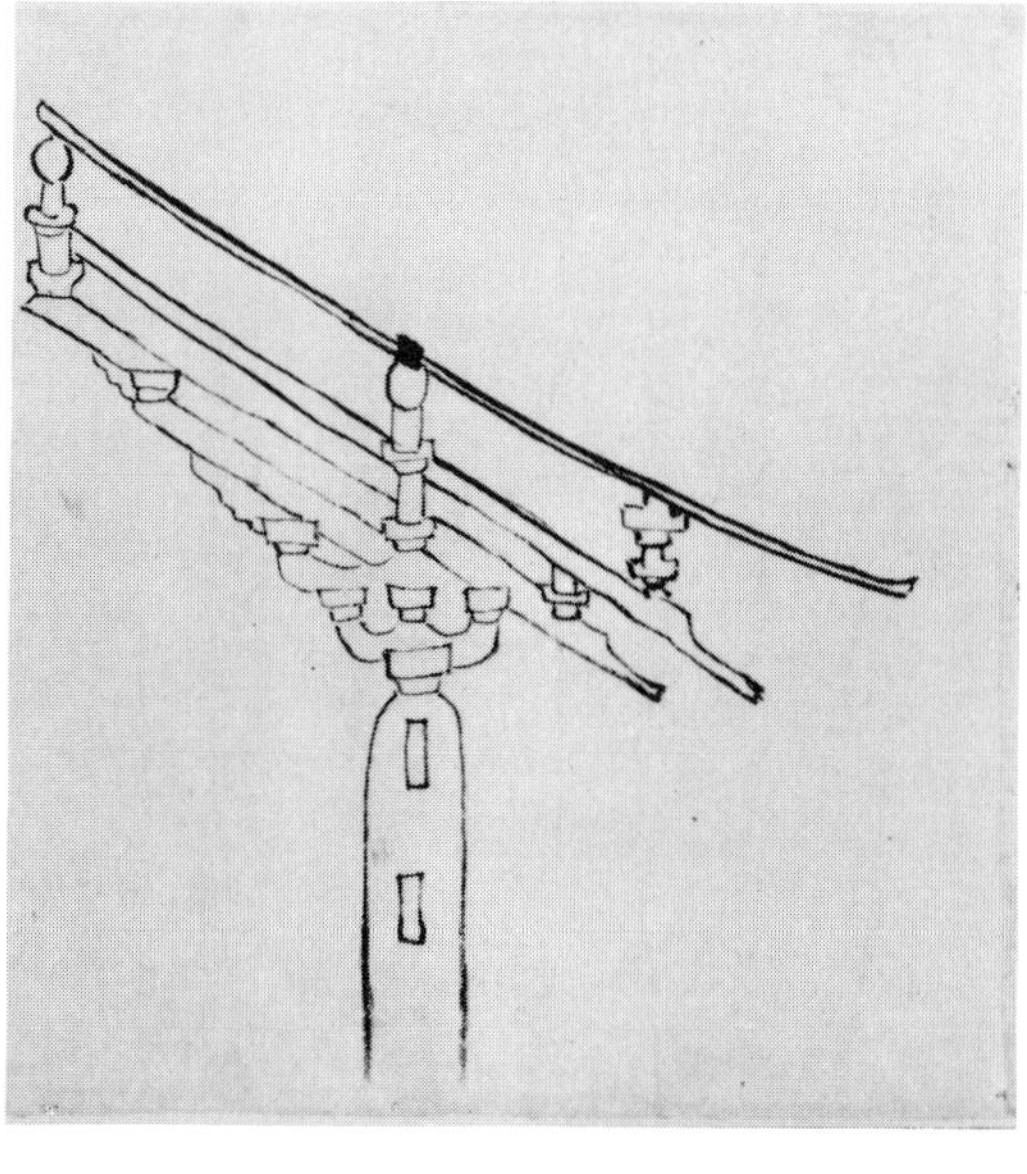

㉜

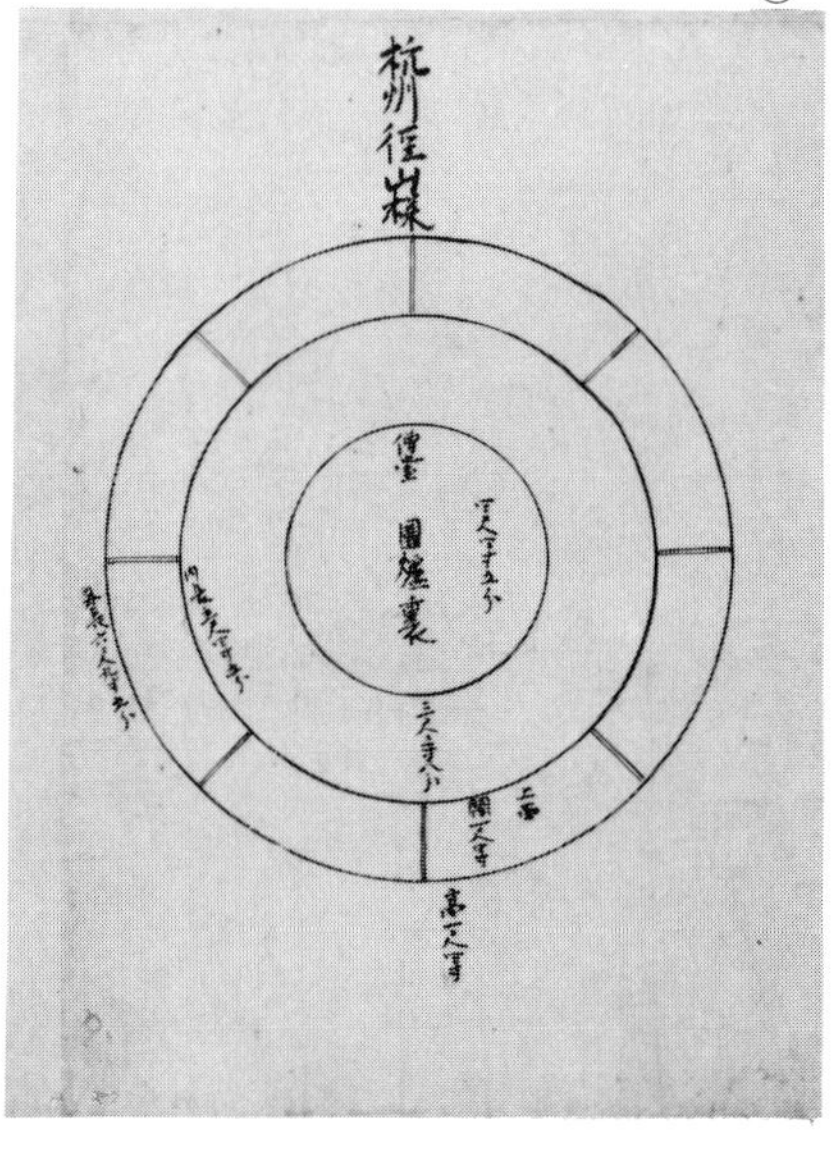

㉟ **径山僧堂の見取図**　二〇版の大僧堂。内堂と外堂の間に採光のための明堂が設けられている

㉟

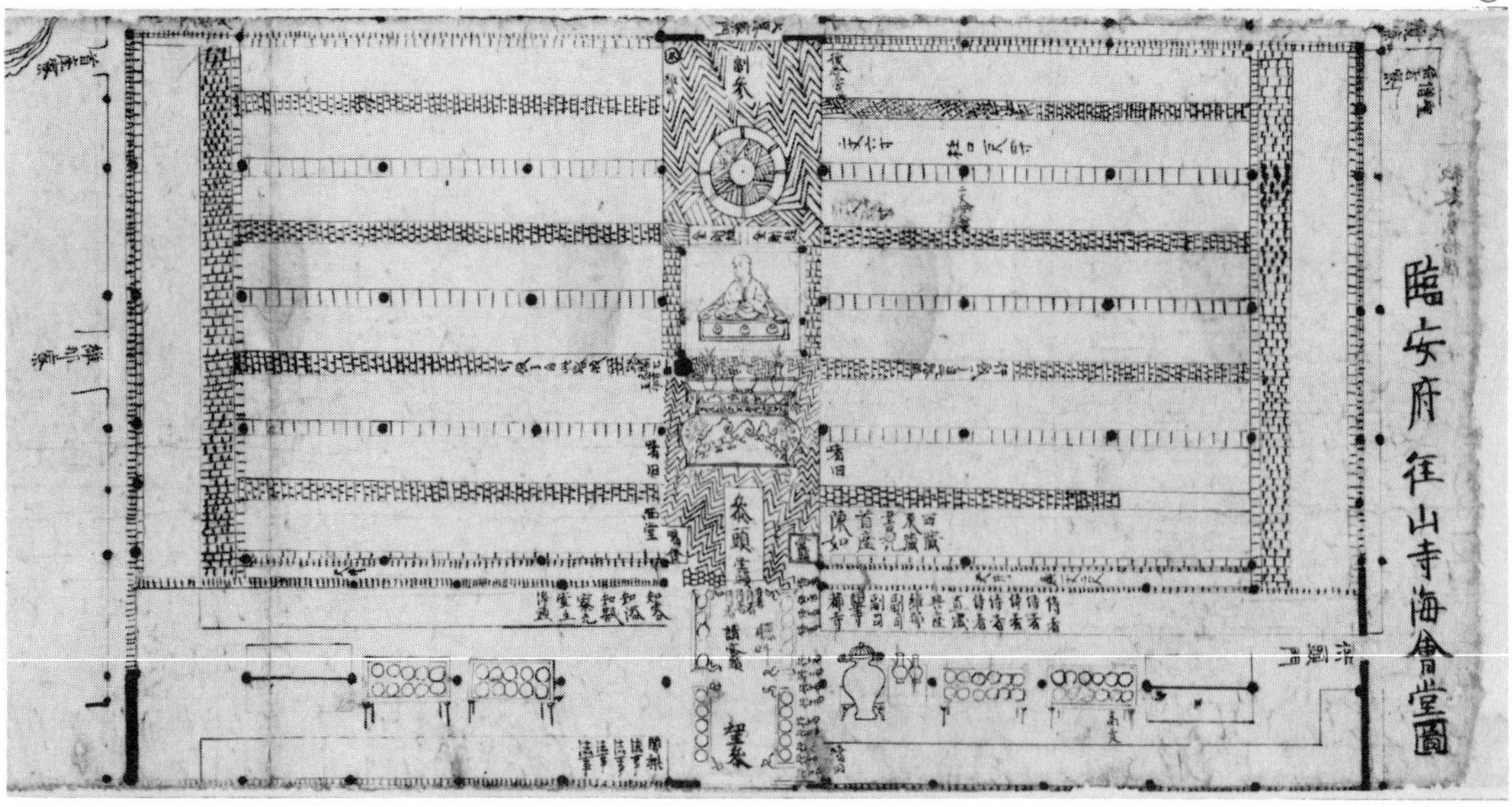

㊱ **僧堂の簾**　僧堂の入り口である前門と後門に掛けられた簾。夏には竹製の涼簾、冬には厚地の布製の暖簾を用いる

㊱

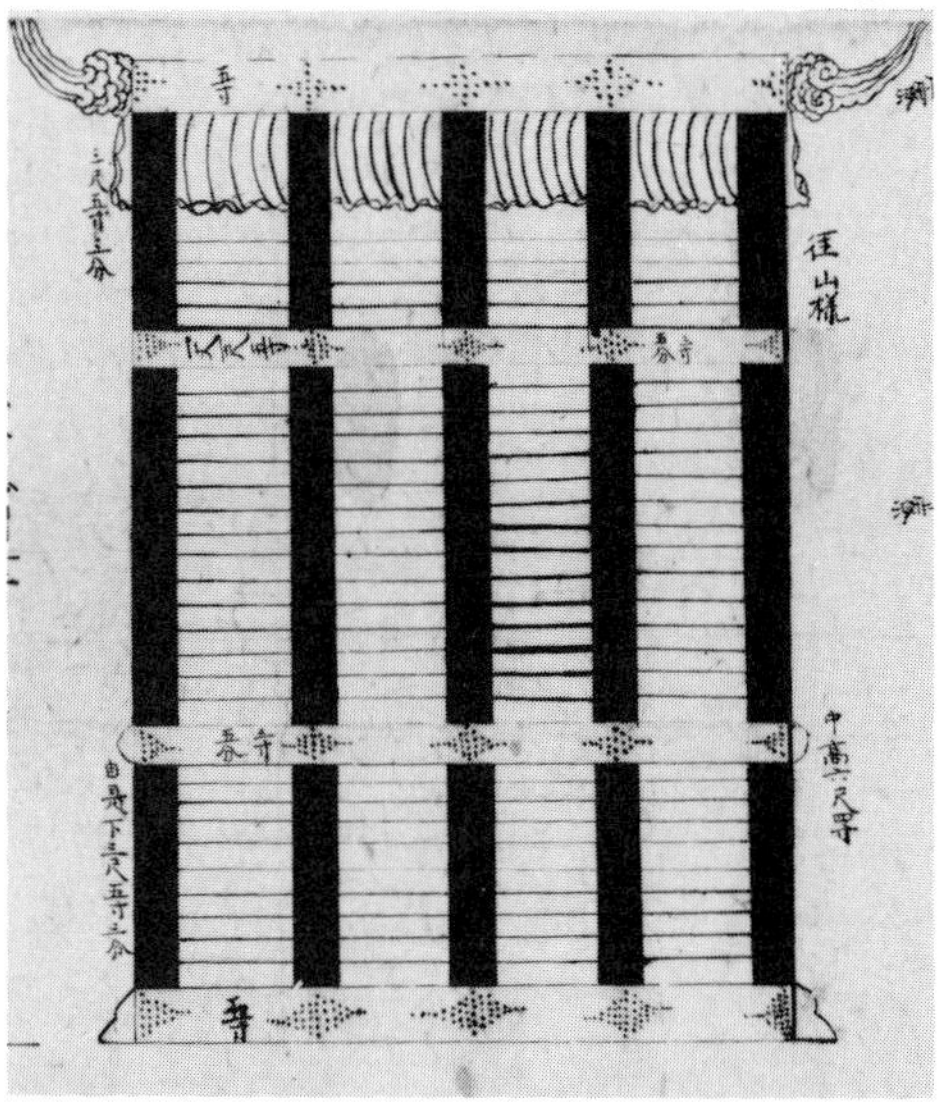

㊲ **霊隠寺僧堂の見取図**　一六版七間の僧堂である

㊲

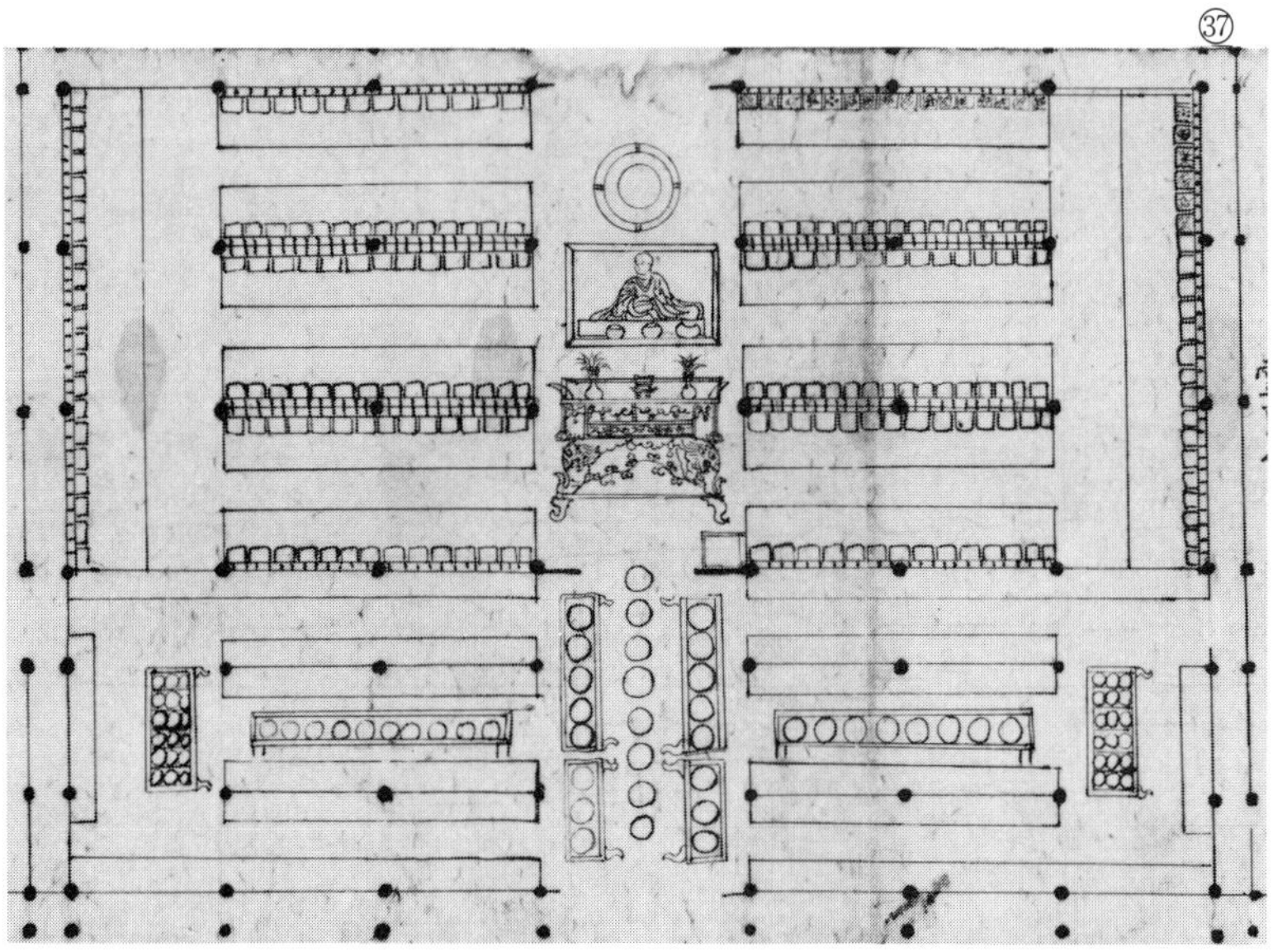

㊳ **金山寺の仏殿**　重層入母屋の仏殿正面図。花頭窓や波形連子の欄間が記される

㊳

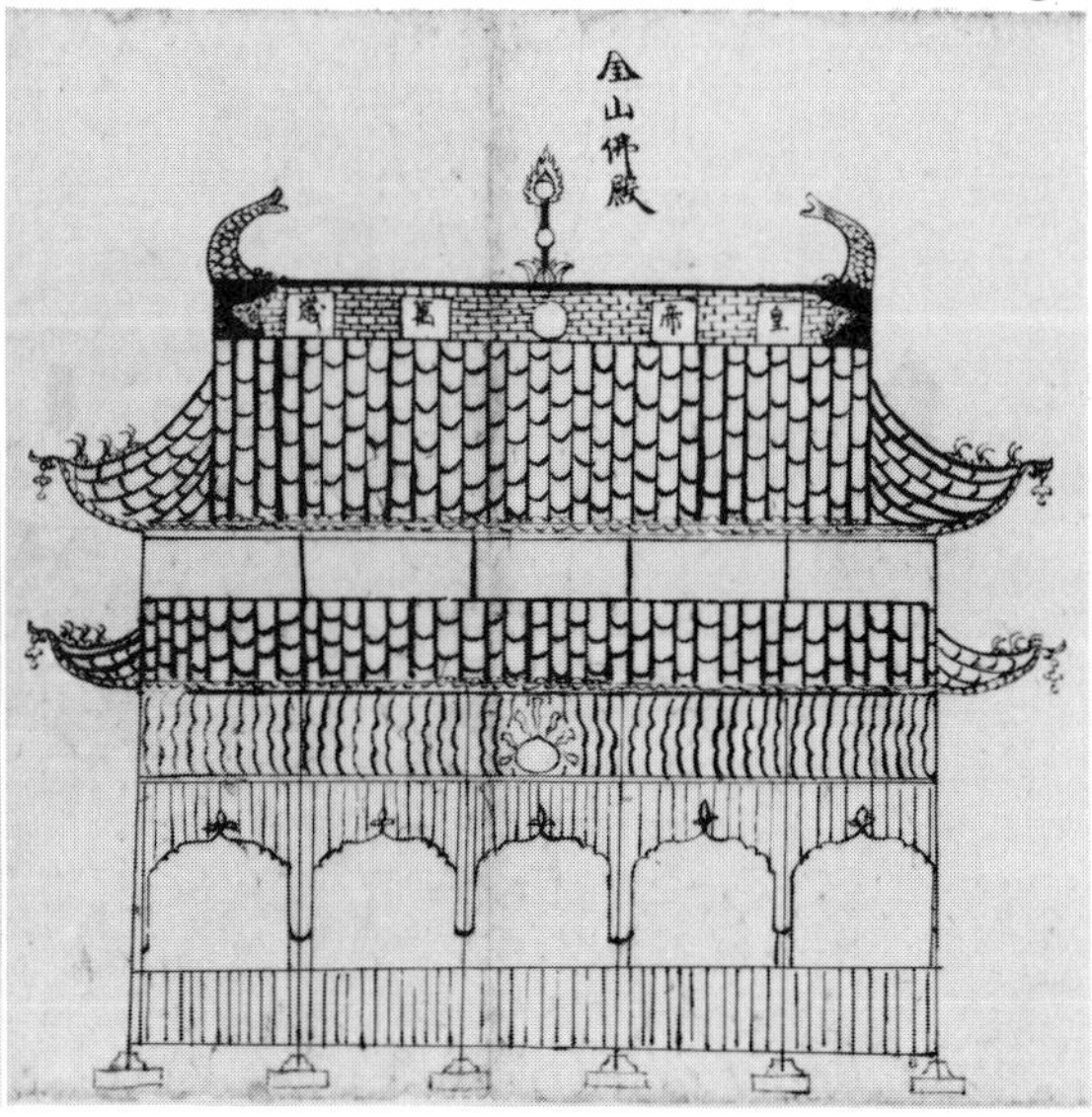

㊴ **金山寺山門香炉**　山門中央の蛸足香炉

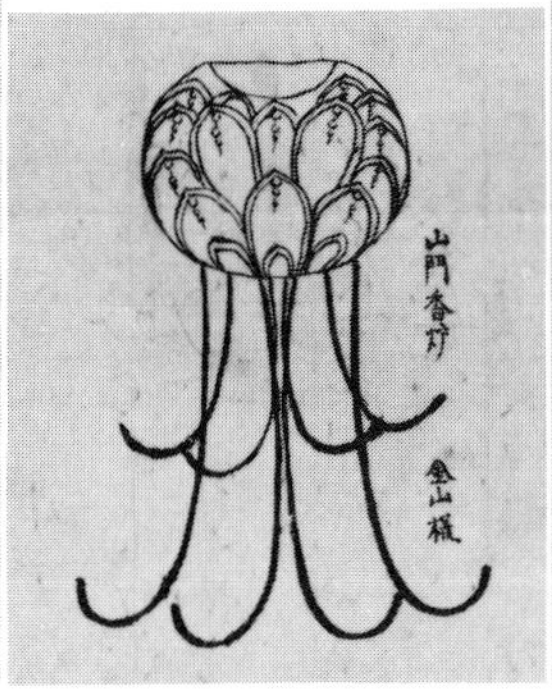

㊵ **霊隠寺の山門香炉**

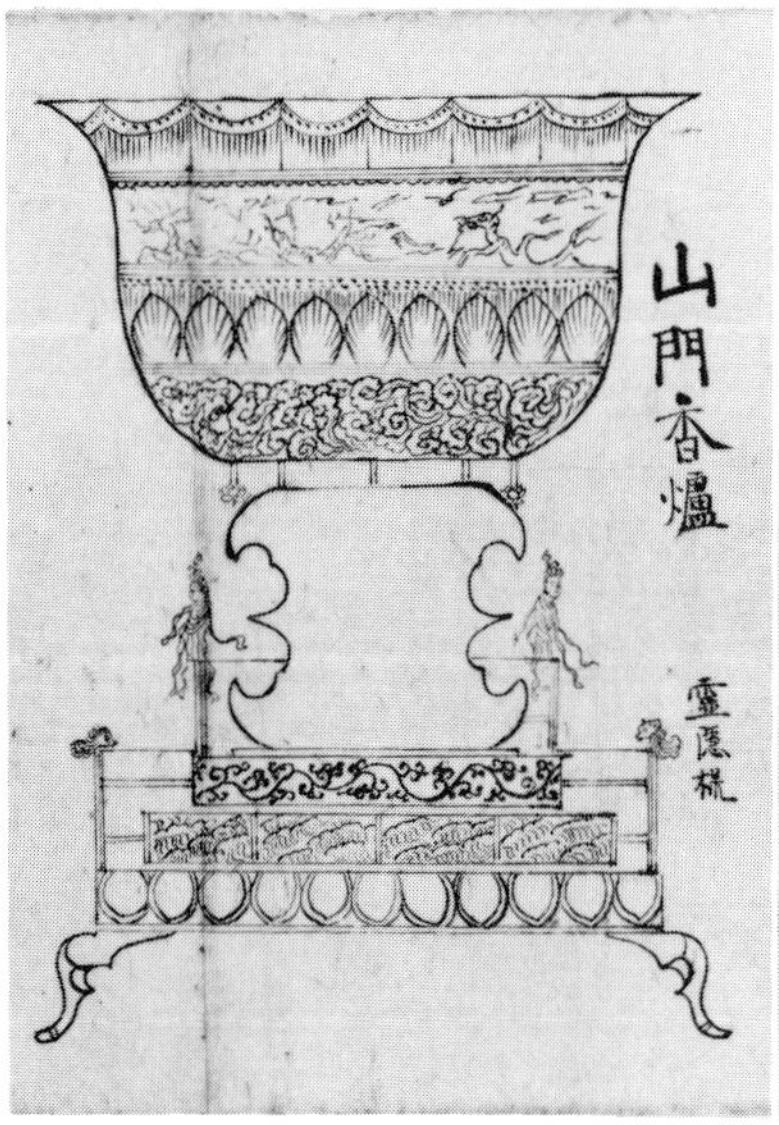

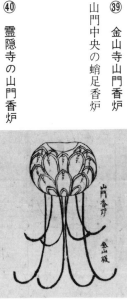

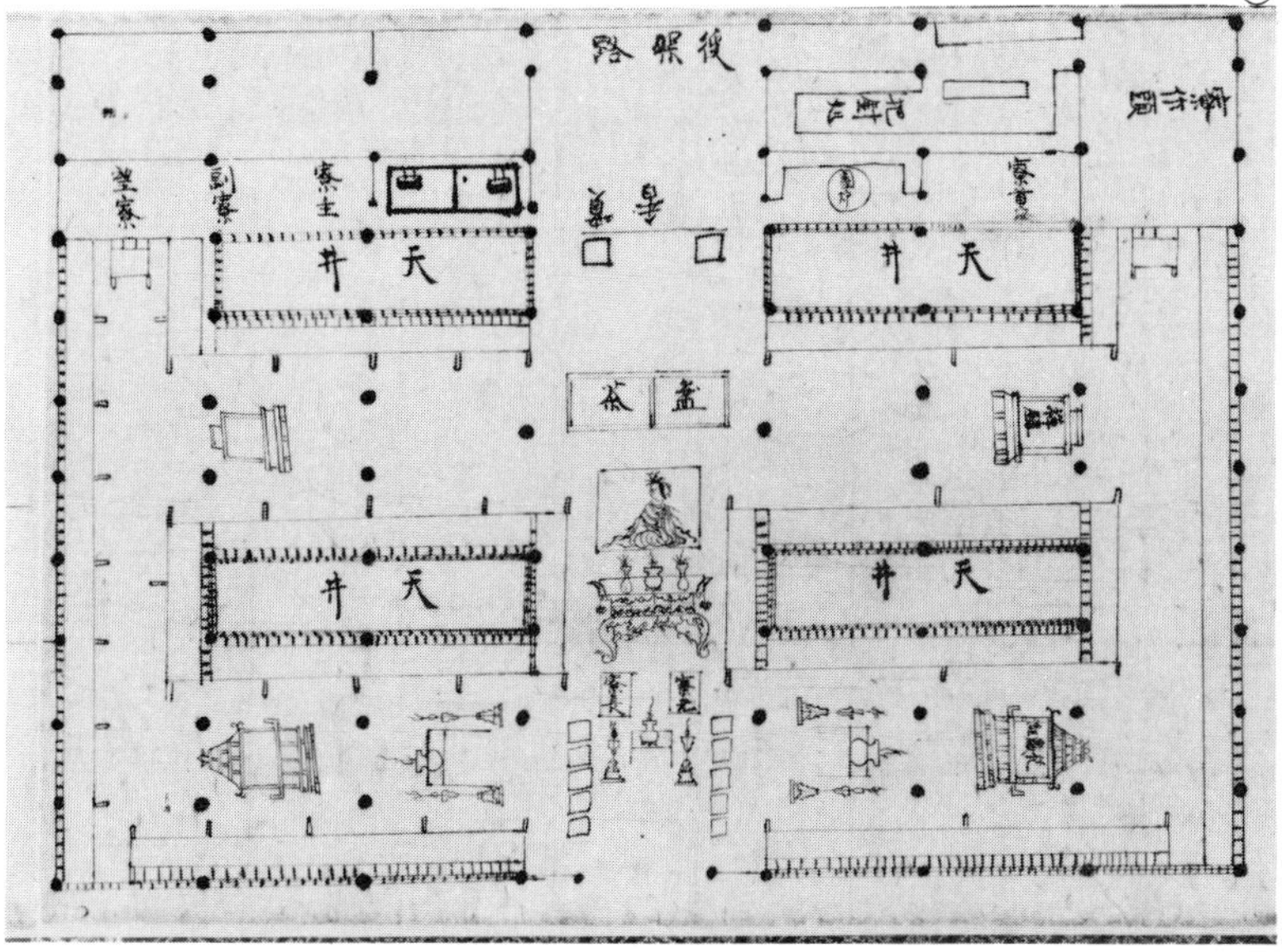

㊶ **金山寺衆寮の見取図**　古教照心の場である衆寮は僧堂の横に設けられ、天井には採光の便がはかられる

㊷ **金山寺の東司**　『正法眼蔵』の「洗浄」では、便所の使用法が細かに記されるが、本図をみると、道元禅師が中国式の東司使用に則って記されたことがわかる

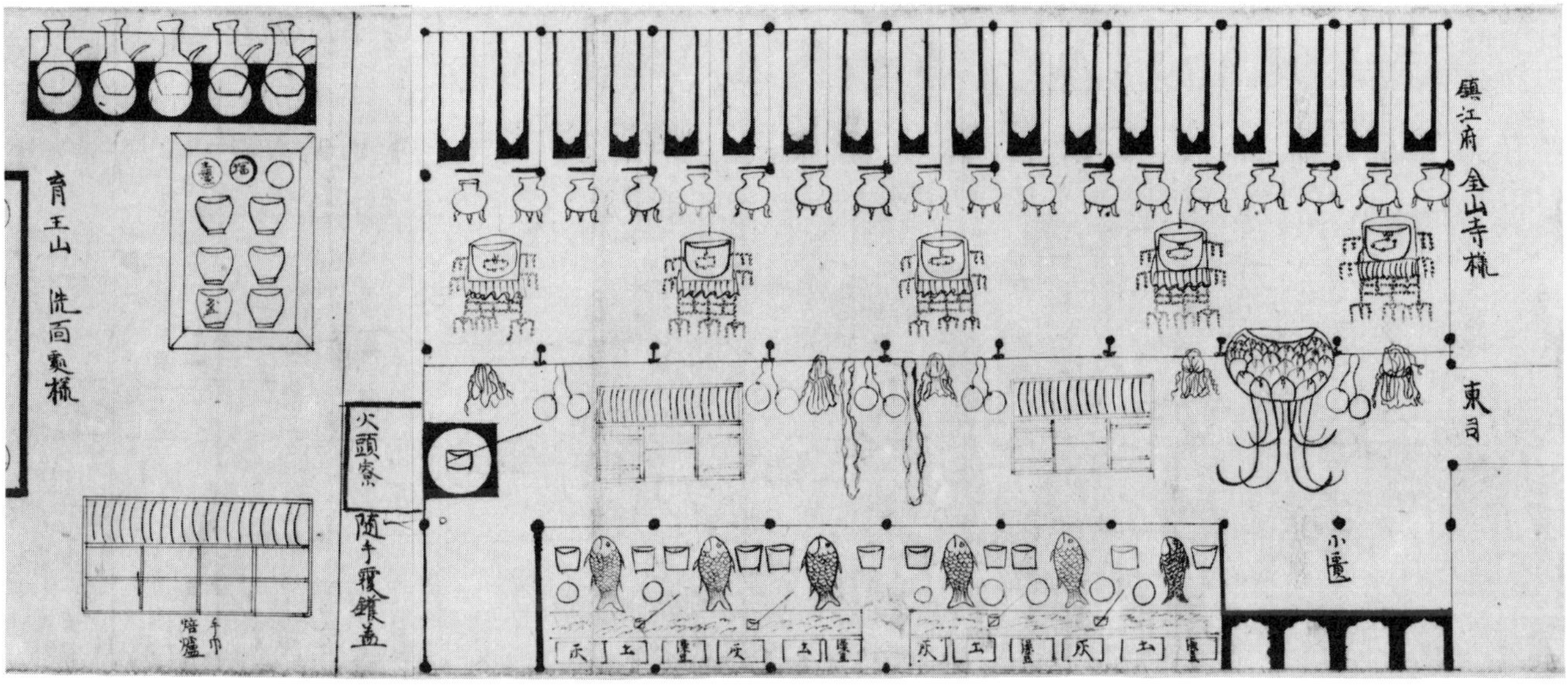

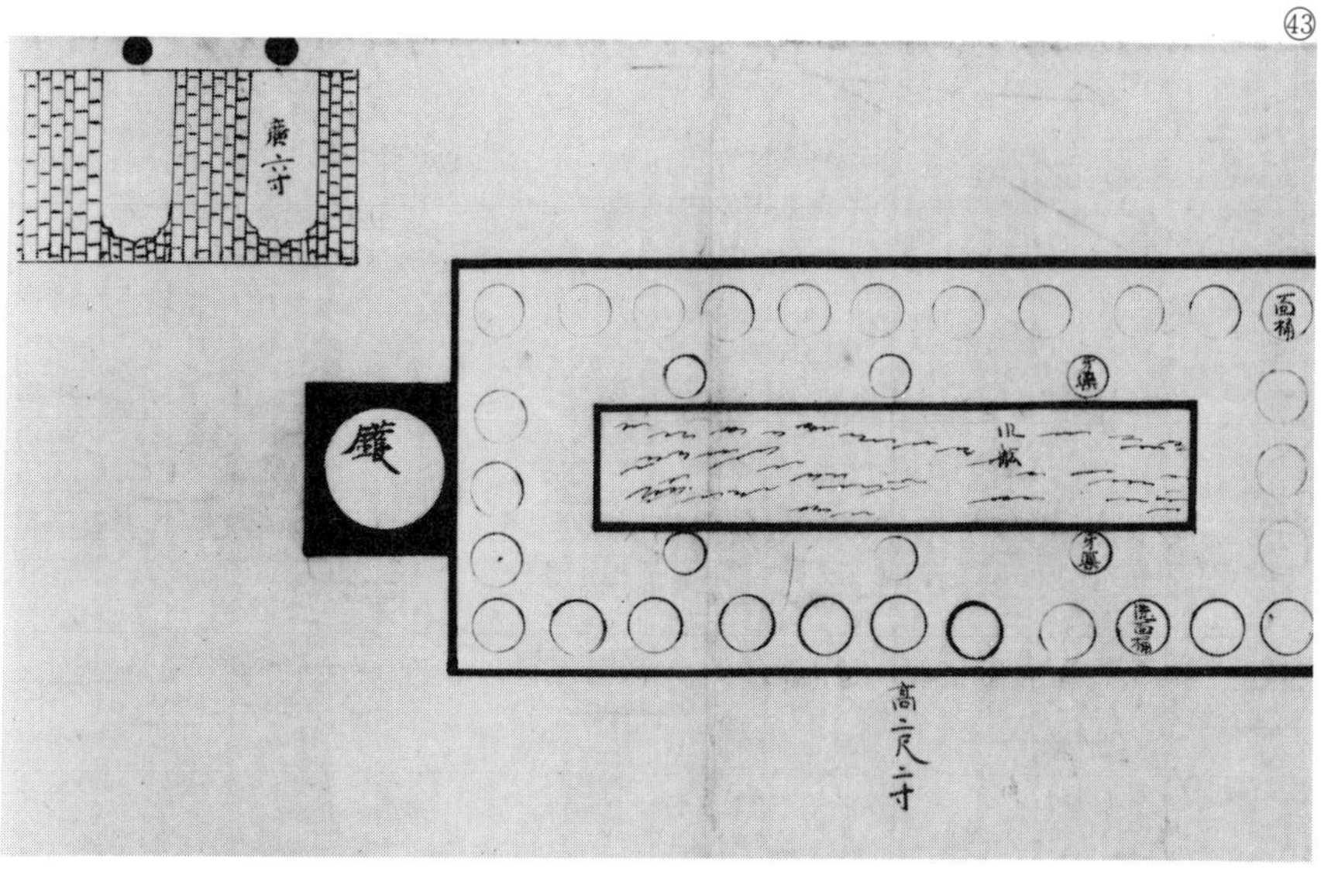

㊸ **育王山の後架**　後架は洗面所である。鑊とはカマドであり、寒時には温湯が給されたのであろう

㊹ **蔣山の東司**　蔣山の小便所

㊺ **天童山の浴室**　宣明とは浴室の別称

㊻ **僧堂の簾**　天童山僧堂の四方簾

㊼ **鐘楼**　安吉州何山寺の鐘楼。各階に裳階のある二重の構造である

㊹

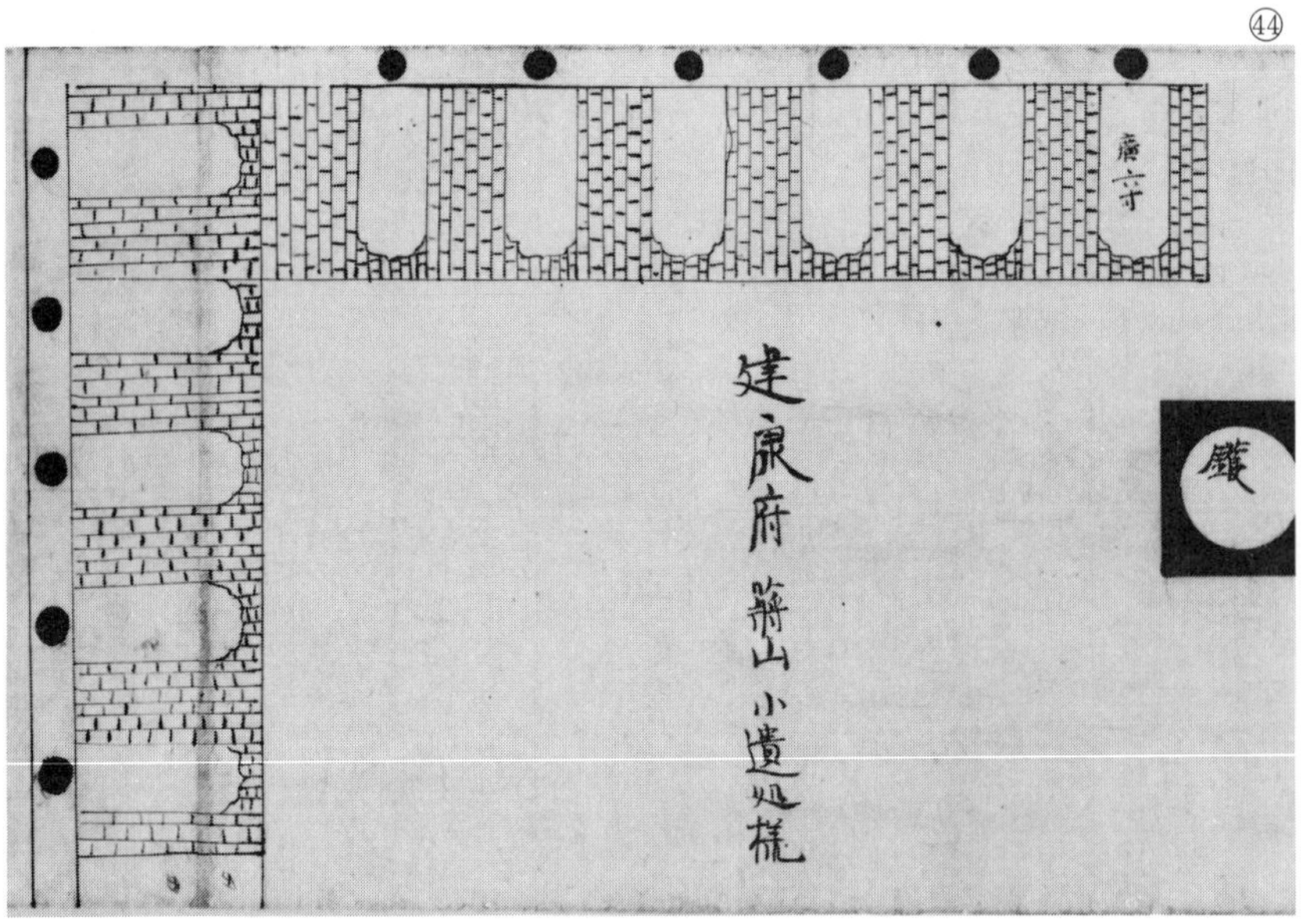

㊻

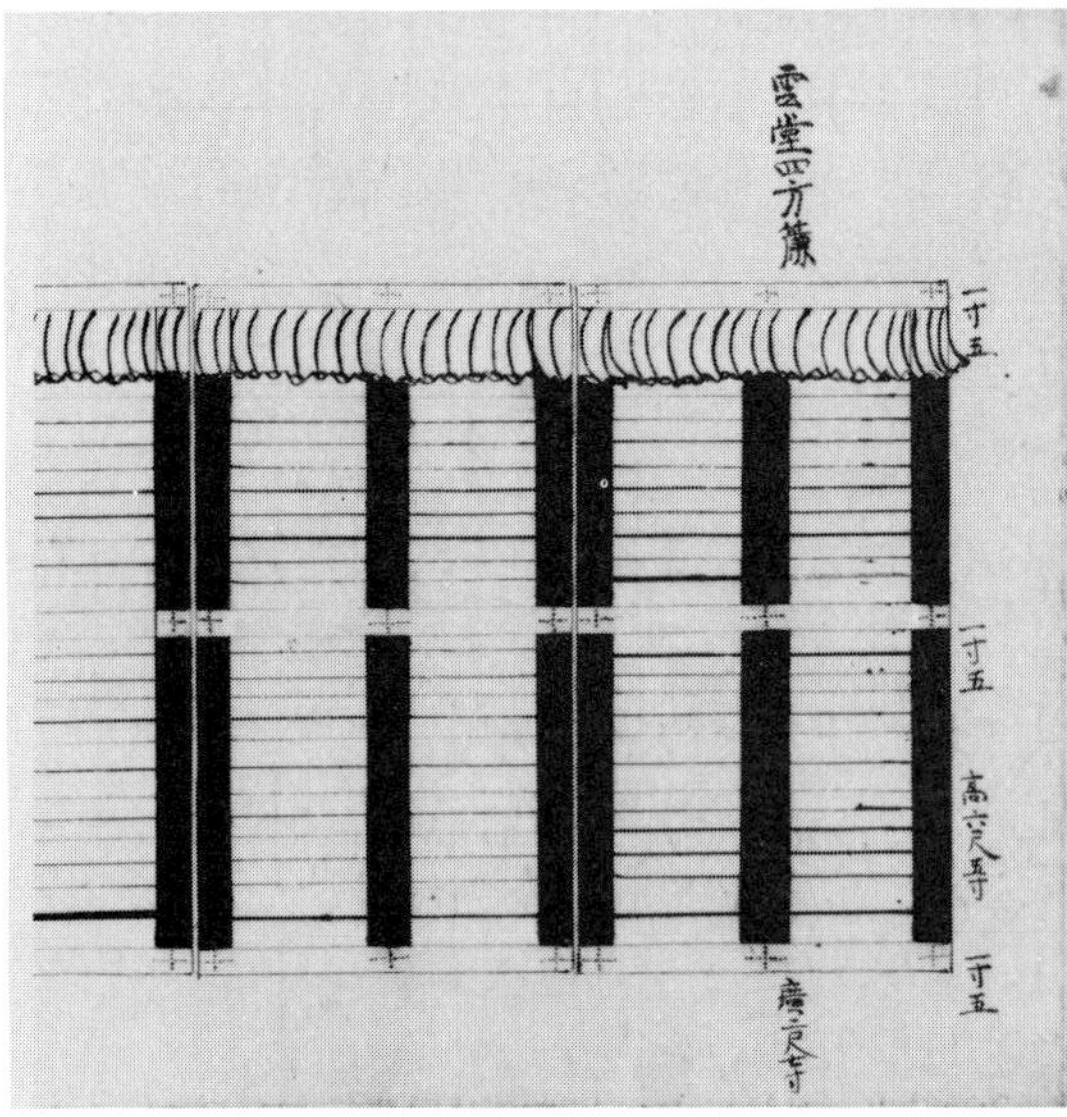

㊺

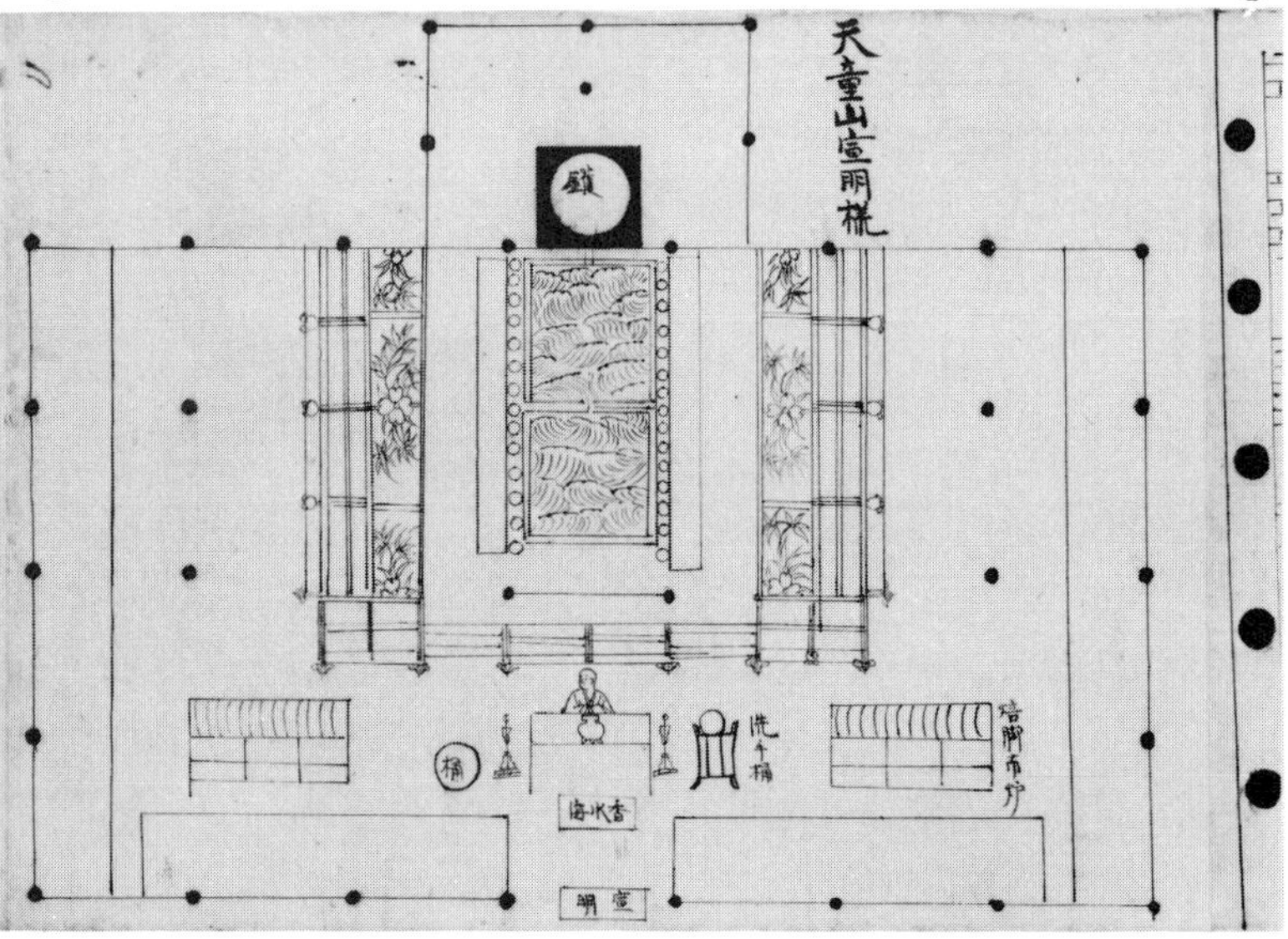

㊽ **梵鐘**　何山寺にある景竜観系の梵鐘

㊾ **槌砧**　径山僧堂の槌砧。食事の合い図や、大衆への告知に際して使われる。上部の模様は袱子がかかっていることを示す

㊾

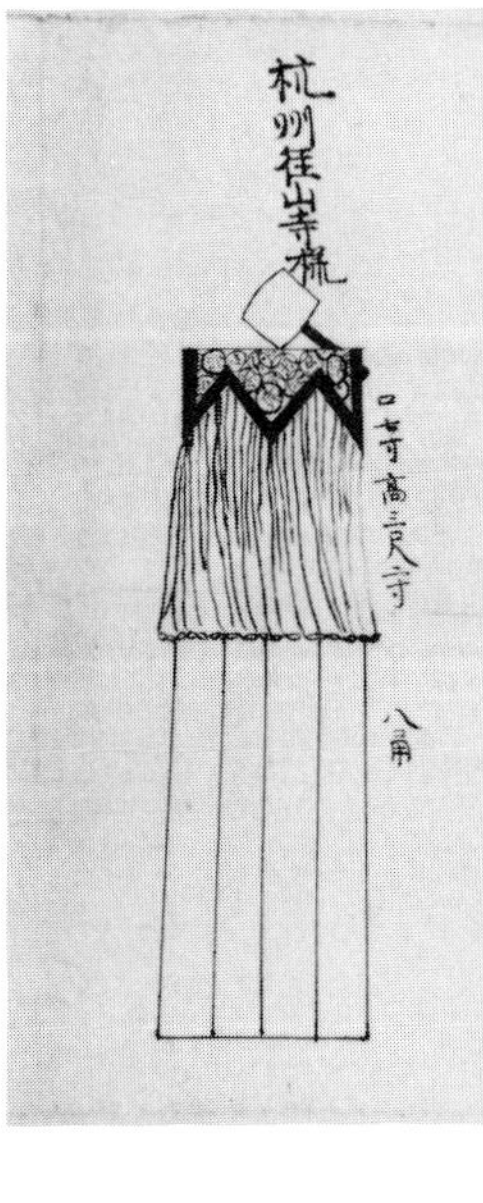

㊽

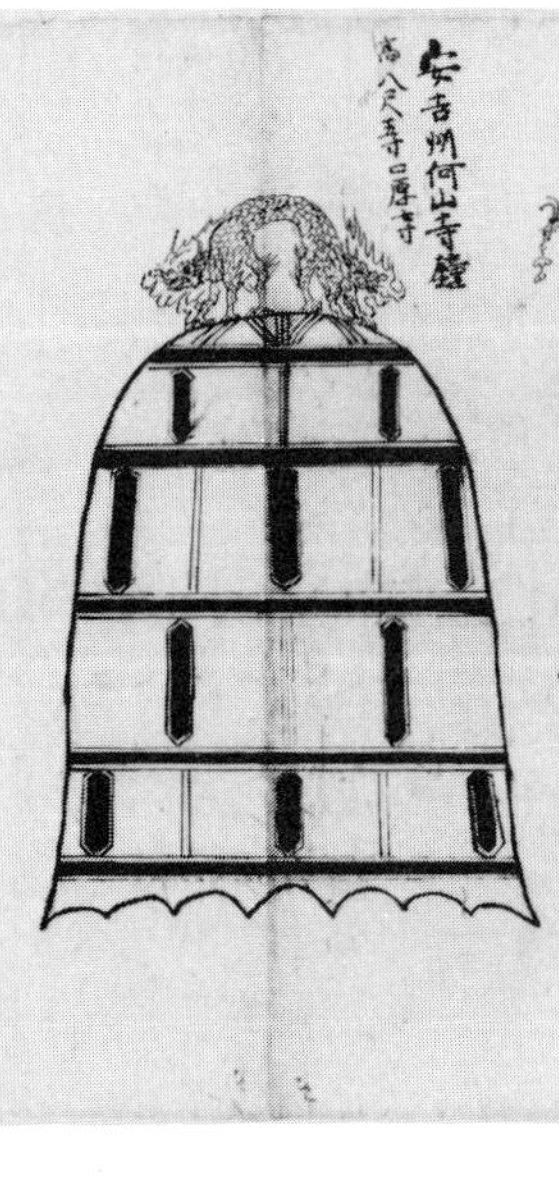

㊼

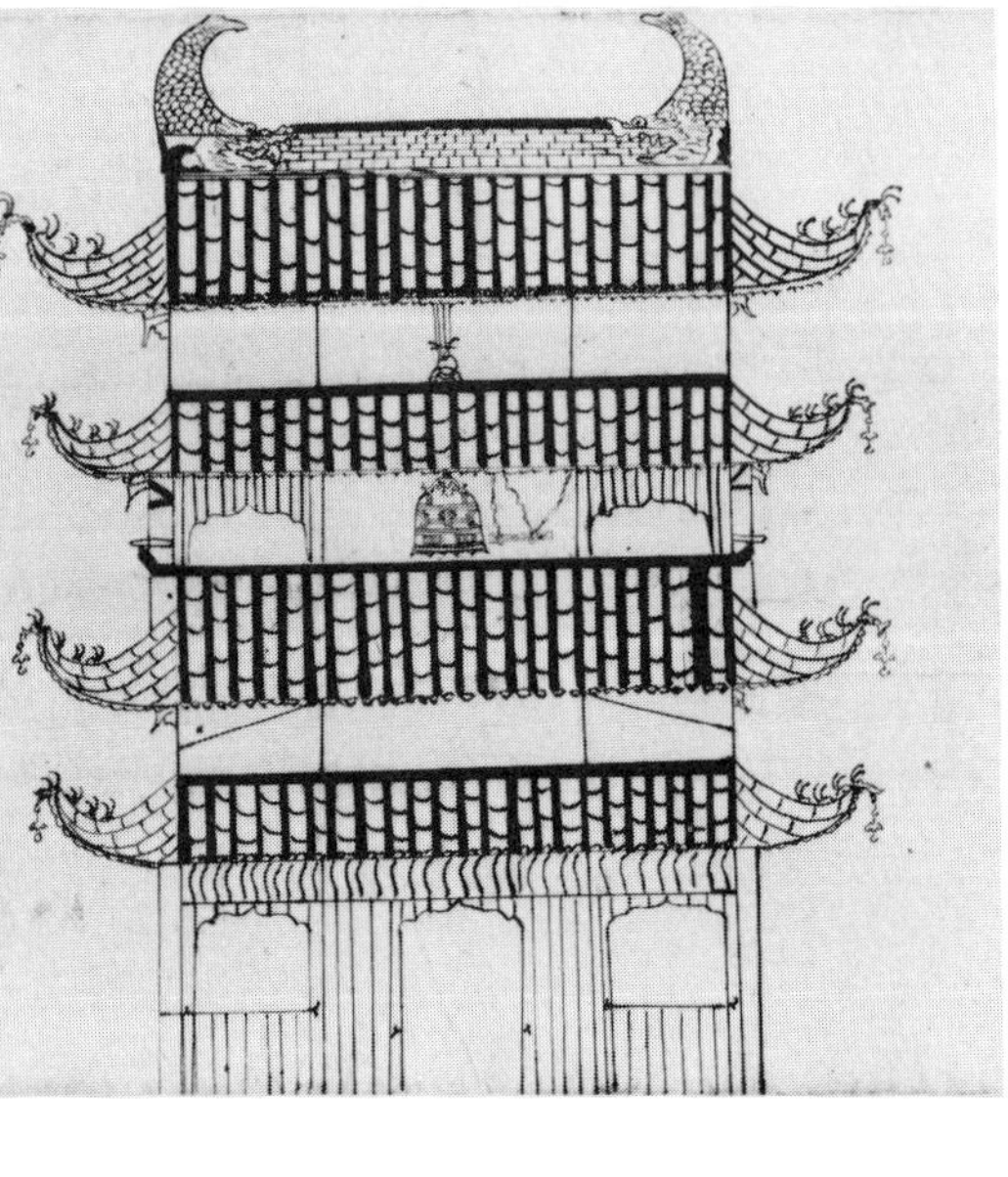

⑤⓪ **石鼓** 石や木でできた扉の軸受け

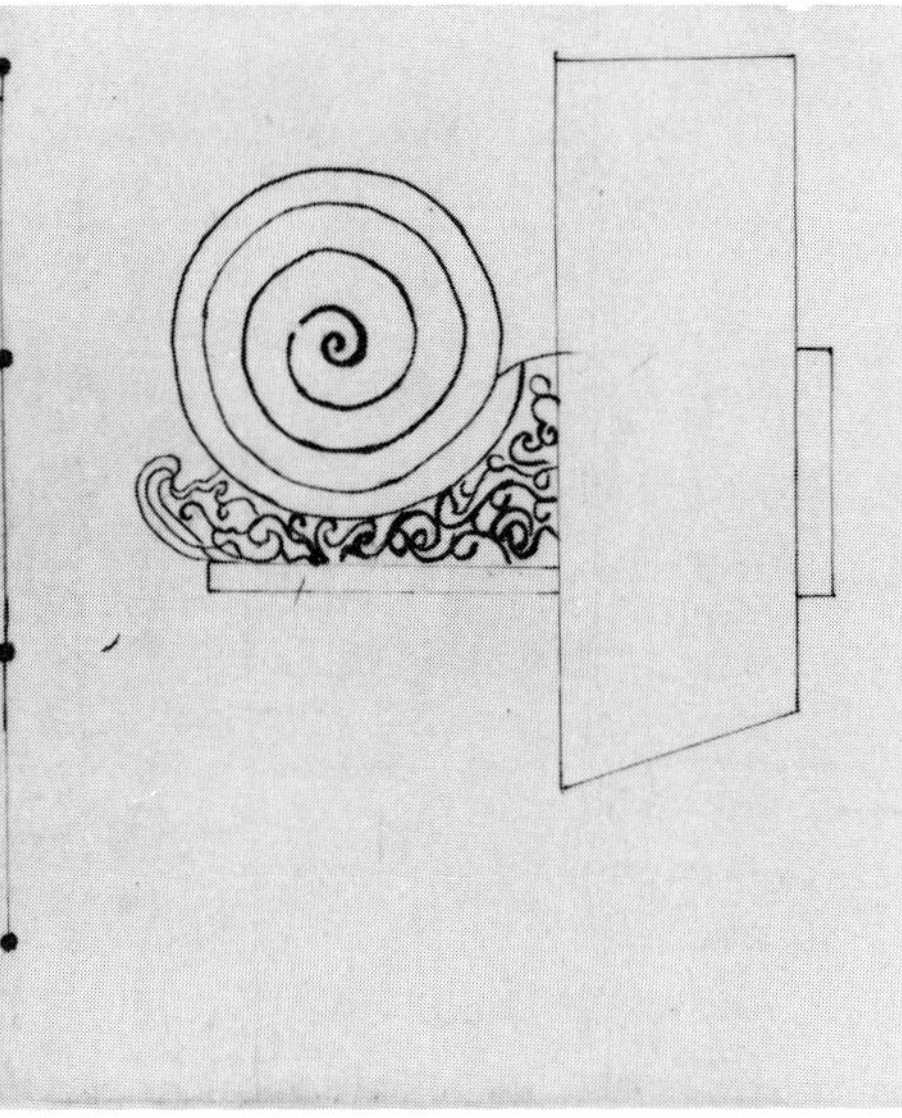

⑤① **綱記堂** 祖師堂である。歴住牌の配列が示される

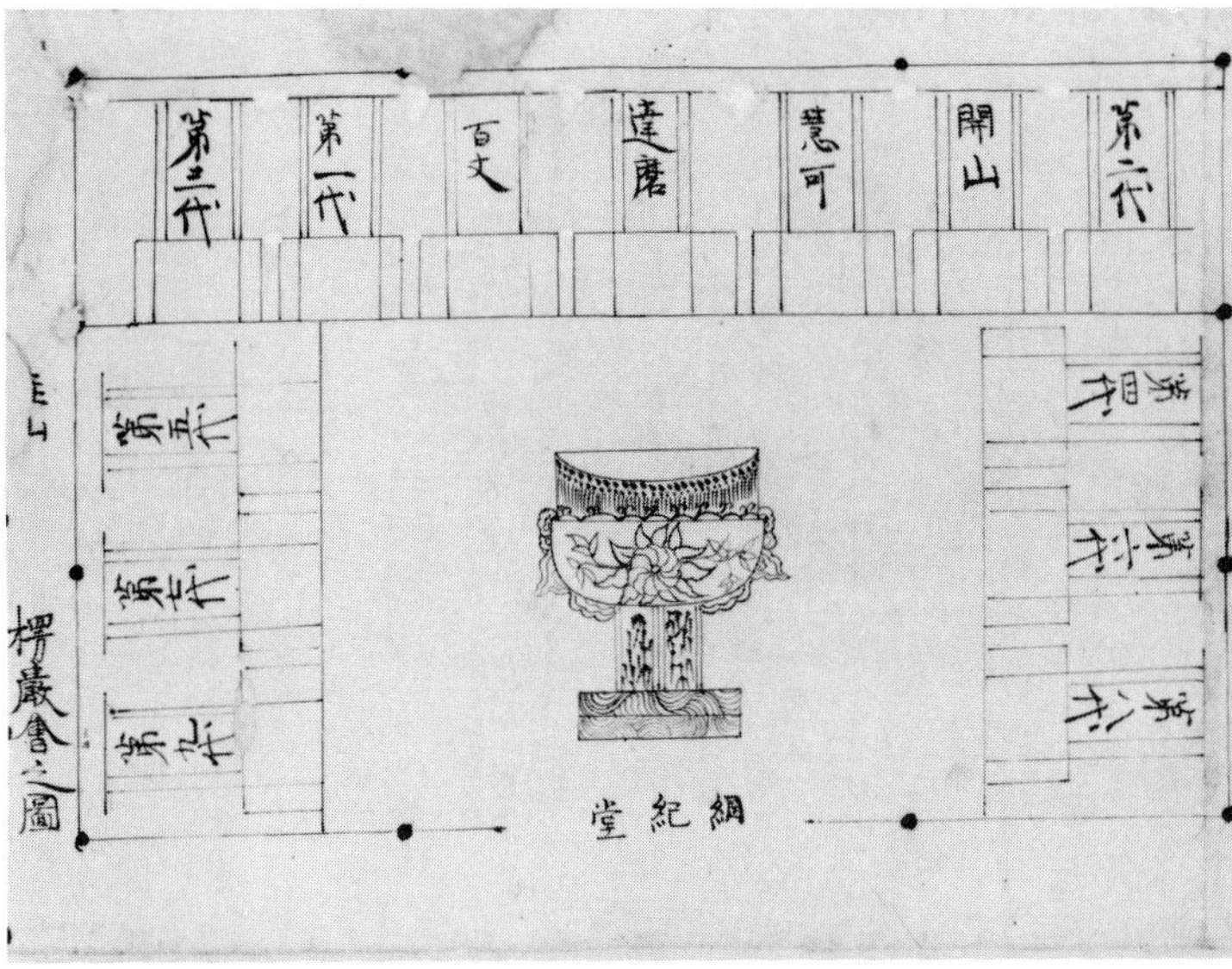

⑤② **楞厳会図** 安居の無事を祈念して行う楞厳会の席位を定めた図。径山のもの

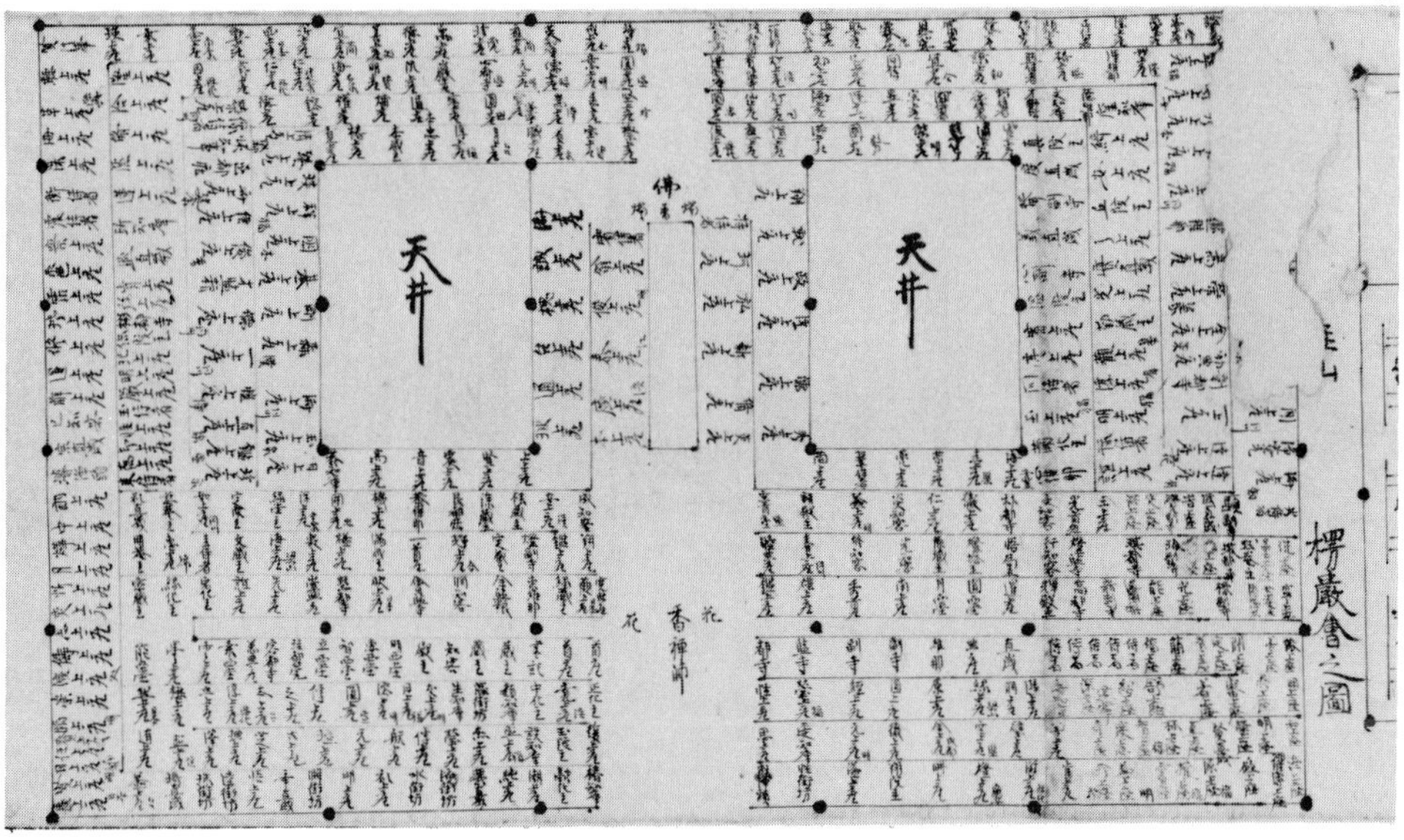

⑤③ **諷経図** 経文読誦の席位を定めた図

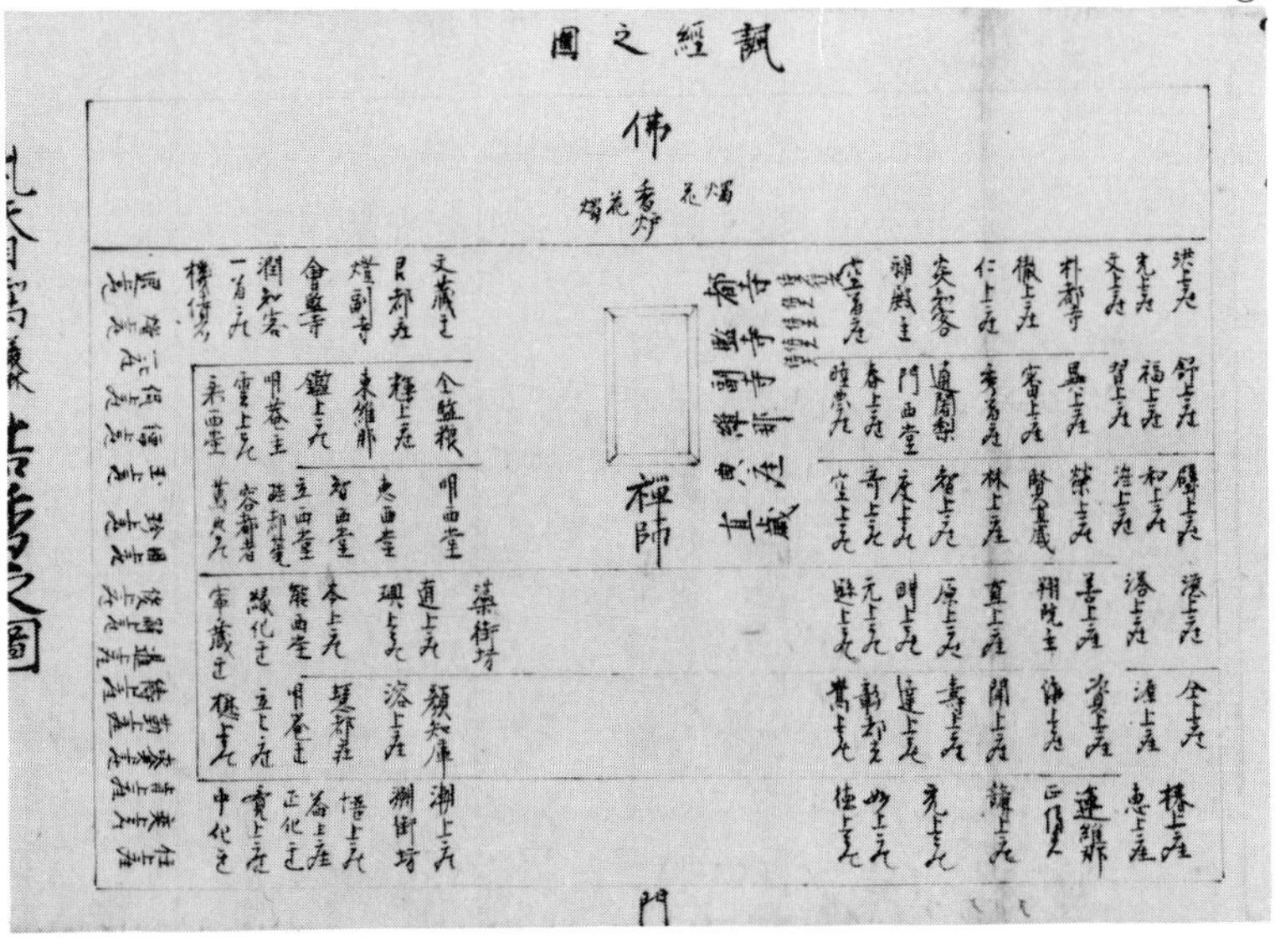

⑤④ 告香図　告香は大衆が香を焚いて住持に説法を請うこと。その時の席位を示したもの。礼天目和尚とは滅翁文礼（一一六七—一二五〇）のこと

⑤⑤ 告香榜　告香の次第を告知する榜

⑤⑥ 三八念誦巡堂図　⑤⑦ 回向文　毎月三と八の日に行われる念誦の巡堂の次第を記した図と、その時の回向文

⑤⑧ 育王山更点の図　禅林では鐘と太鼓を打って時刻を報ずる。その次第と衆僧の行動を記した図。例えば◯◯●●●は、鼓を二回、鐘を三回打って、二更の三点をあらわしている

⑤⑨ 諸山の額　編者が訪問した諸寺の堂舎の額の文字を集めたもの（一部省略）

⑤④

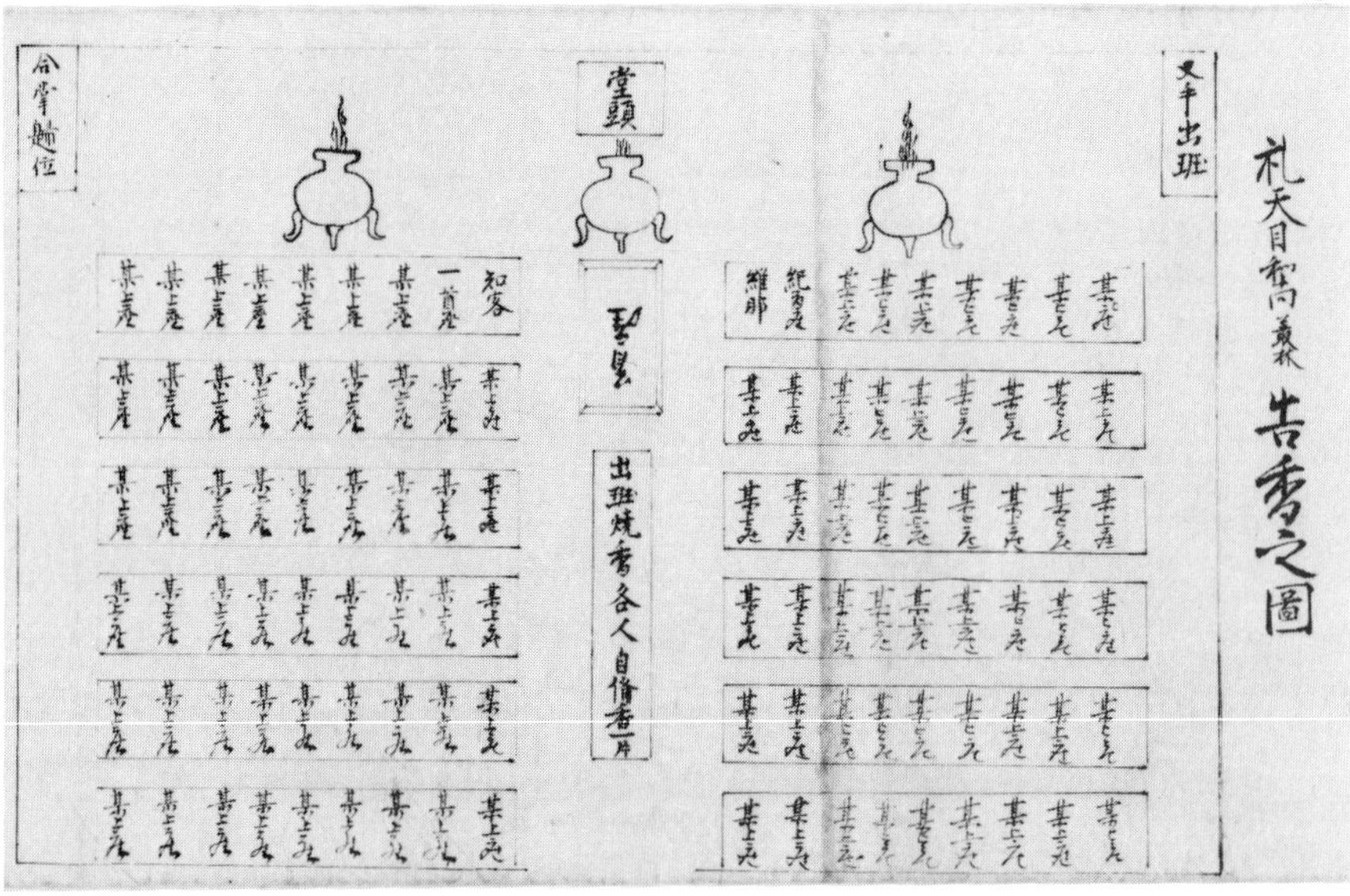

⑤⑤

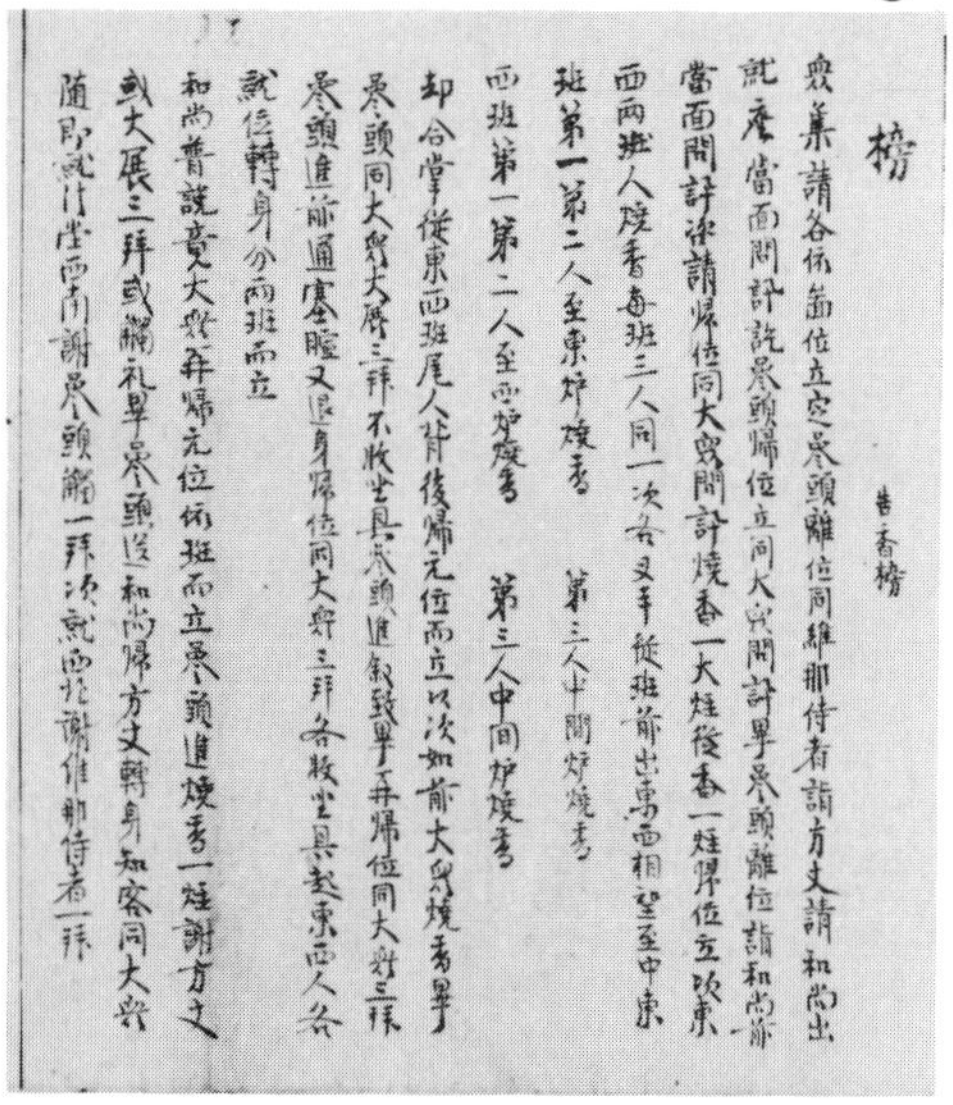

⑤⑥

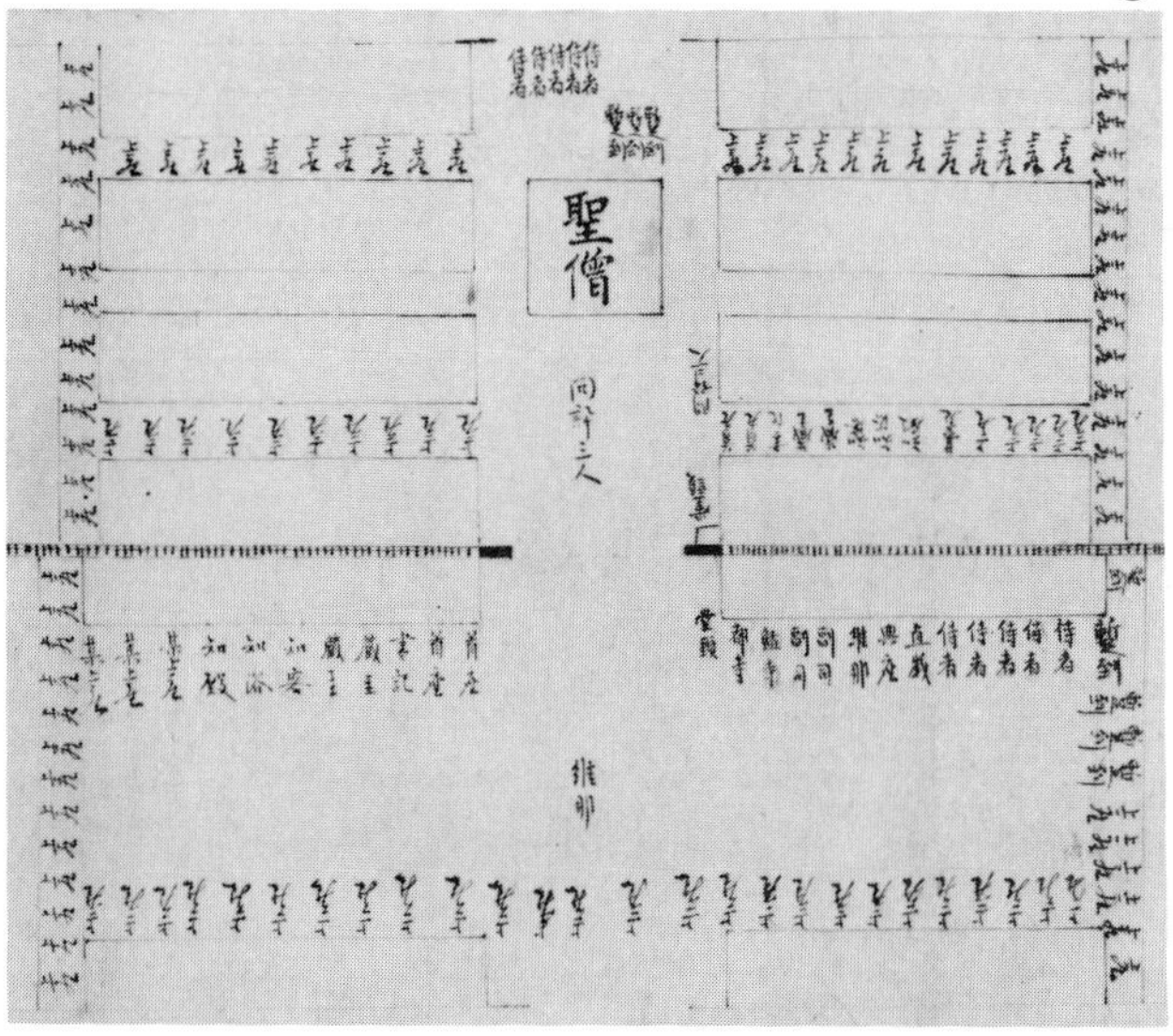

⑤⑦

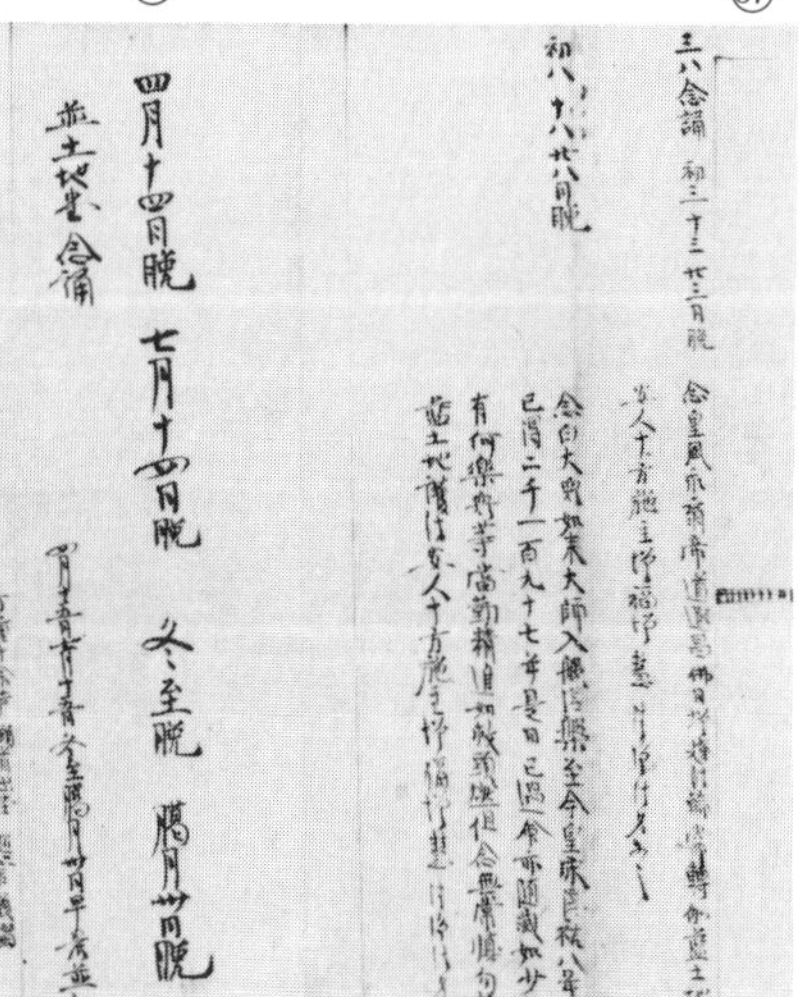

⑤⑧

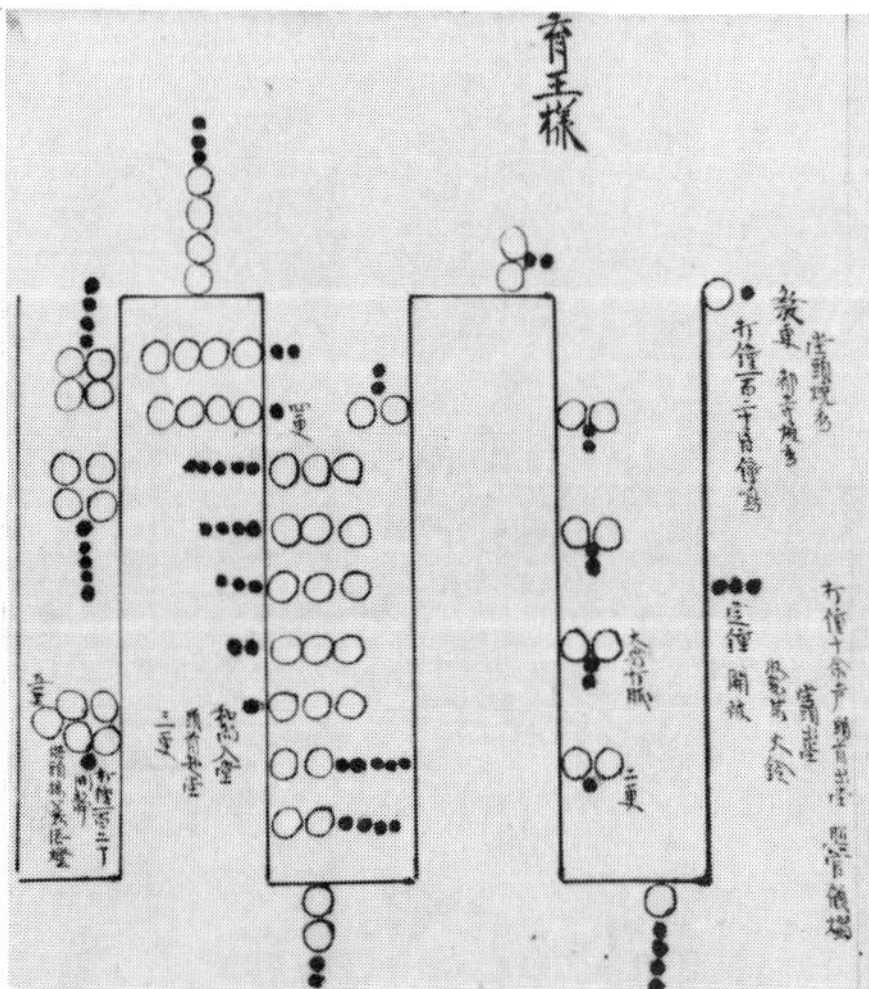

⑤⑨

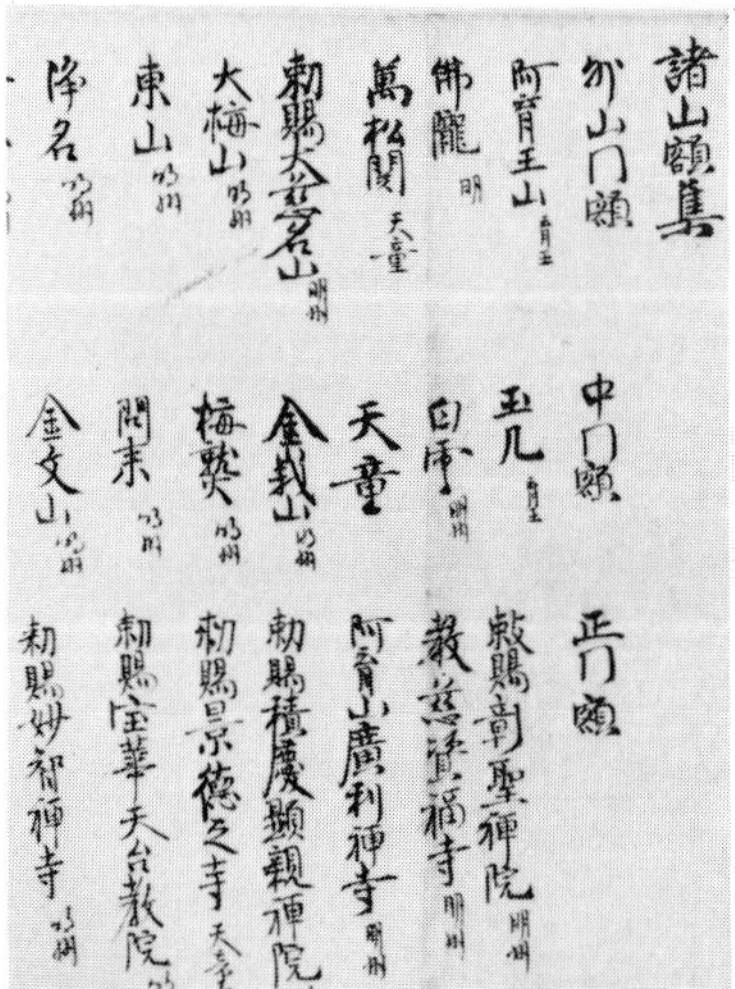

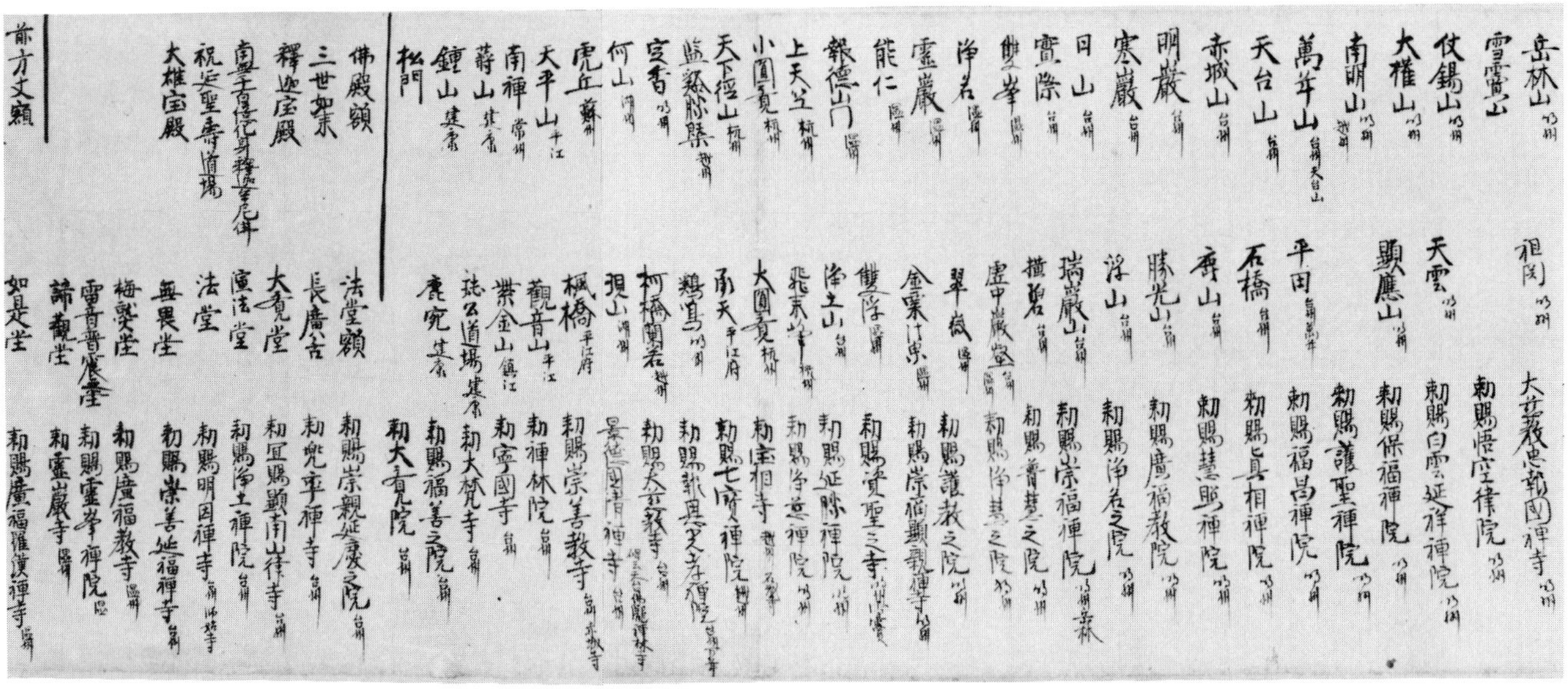

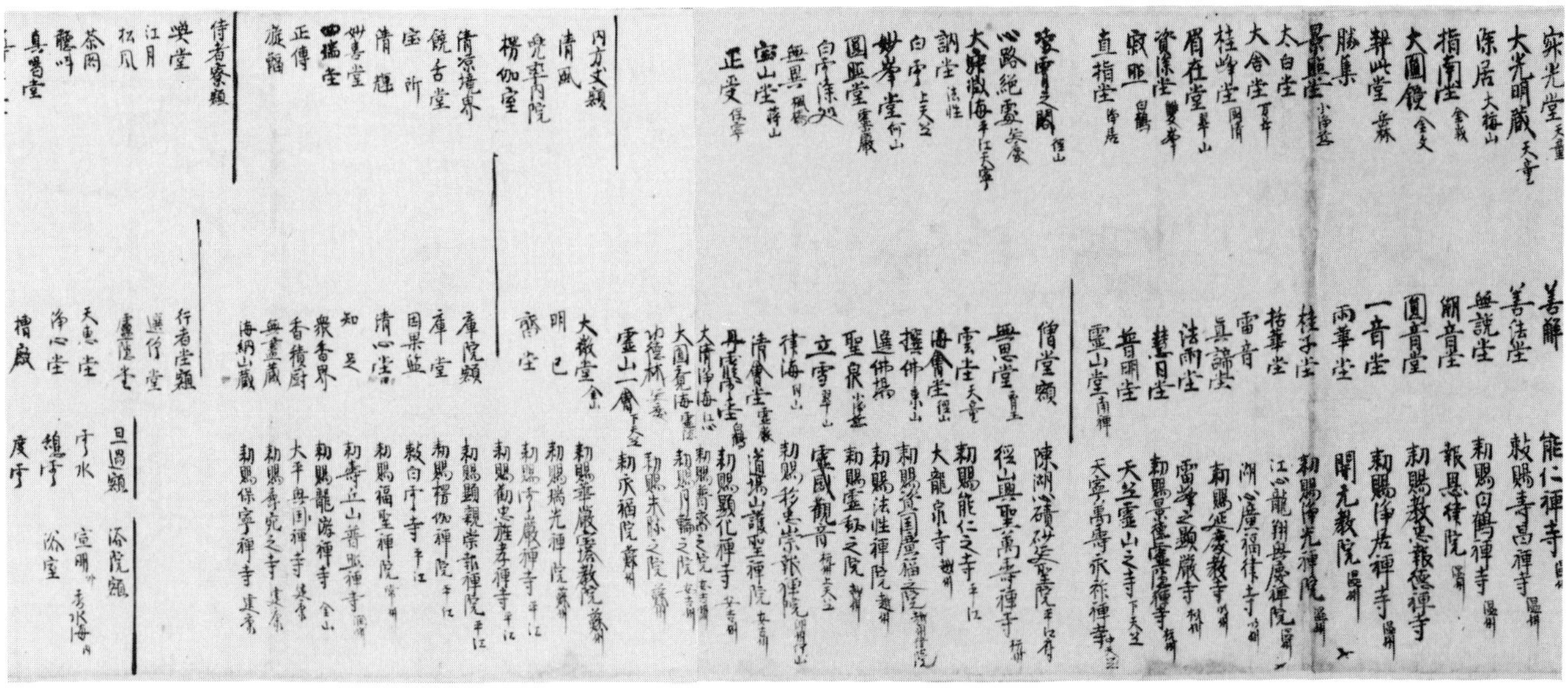

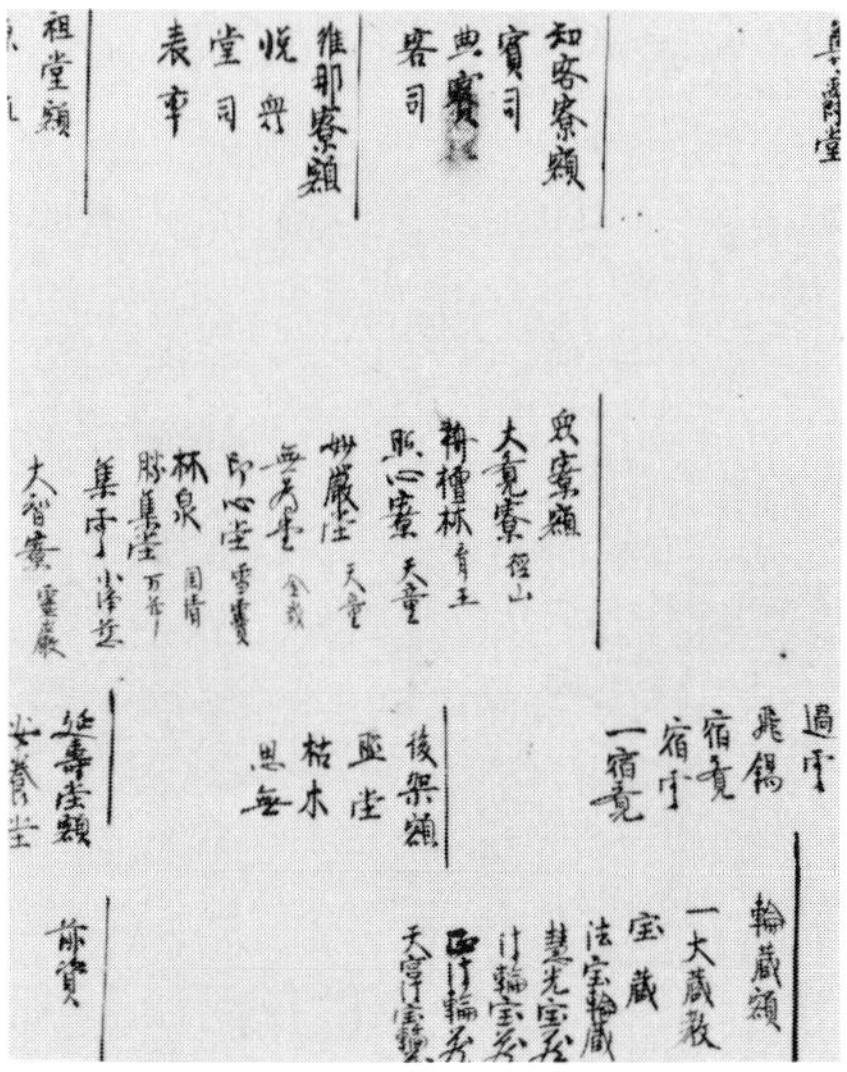

⑥⓪ **観堂架**　観堂の意味は不明だが、その堂前の柵を記したもの

⑥⓪

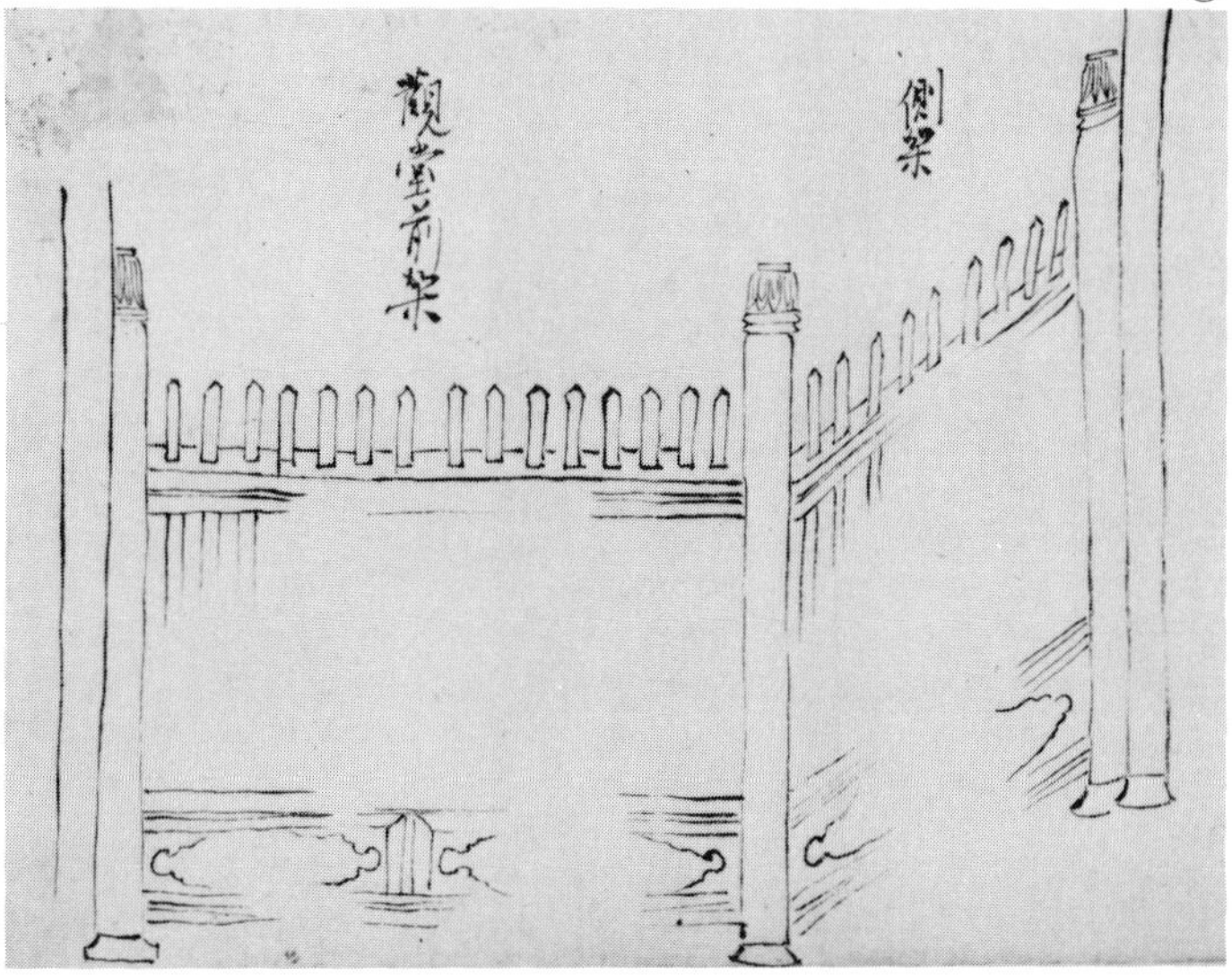

一〇　黄檗宗の仏具

一、萬福寺の伽藍と仏具

黄檗山萬福寺は日本の臨済宗・曹洞宗と並ぶ禅宗の一派で、全国に約五百カ寺の末寺を有する黄檗宗の大本山である。開山は中国福建省の黄檗山萬福寺の住持であった隠元禅師である。江戸時代の初期一六五四年に来日された。黄檗宗を名のるようになったのは、明治九年からである。

さて、萬福寺の伽藍は新旧合わせて大小三四棟あるが、そのうち一七棟が重要文化財として指定されている。中国様式の特徴をそれぞれ持っているが、その主な伽藍は総門・三門・天王殿・大雄宝殿・法堂・東方丈・西方丈・禅堂・斎堂・祖師堂・伽藍堂・鼓楼・鐘楼・寿塔・開山堂などがある。これらの伽藍は、寛文元年より元禄五年（一六六一～一六九二）の間にそれぞれ建立されたが、今日まで幸いにも一棟も失われずに、創建当時の姿を伝えている。

これらの伽藍は大陸様式によって整然と、しかも左右対称形に配置されている。つまり、放生池より三門、天王殿、大雄宝殿、法堂が中心線上に建てられ、奥になるほど位置が高くなり、大雄宝殿の前面左右に禅堂と斎堂、祖師堂と伽藍堂、鼓楼と鐘楼が各々同形で、しかも整然と対称に建てられているのである。さらに、法堂の左右にも西方丈と東方丈が建てられ、天王殿の左右から廻廊が出て上に折れ、前記左右の諸堂に沿って大雄宝殿に至る一郭を作っている。さらに、上に伸び法堂に達している。このような伽藍配置は萬福寺の大きな特徴である。また、建築様式も当時のわが国の様式に天竺様が加味された明末様式の手法が取り入れられ、さらに随所に唐様・和様が認められ、従来の構造手法と著しく異なっているといえる。

(1) 総門（漢門）

切妻造本瓦葺。一間一戸。朱塗りの四脚門の一種である。中央の屋根を高くし、左右を一段低くした三棟袖屋根の特異な形をしている。正面には「第一義」の額、※1 左右に聯額があり、屋上には摩《ま》伽《か》羅《ら》という想像上の動物がのっている。この形式の門は黄檗伽藍建築の特徴である。塔頭の萬寿院や天真院の門もこの形式である。

(2) 三門

重層入母屋造本瓦葺。三間三戸。朱塗りの楼門である。左右に山廊を付し、ここから階段で楼上へ昇降することができる。大棟の中央に宝珠を飾り、その両端には鯱が置かれている。正面上層には「黄檗山」、下層には「萬福寺」、背面には「栴壇林」の額が掲げられている。また、この三門の楼上には仏像は安置されていない。一部を除き、この三門は唐様建築である。

(3) 天王殿

単層入母屋造本瓦葺。五間三間。柱はすべてチーク材である。正面一間通りは吹放ち※2になっている。正面に「天王殿」、背面に「威徳

※1　聯と額（柱聯と扁額）＝萬福寺では、各堂に聯や額がかかっている。これは装飾すると共に、その建物の意味などを表現している。

聯は柱聯のことで、対語を二枚の板または、紙に書いて、左右の柱などに掛けることをいう。

額はその建物の名称や、その意味を表徴した文字を掲げ、聯はその建築物の意味を表現したり、そこに祭祀した仏祖などの徳を讃えた語が多い。

建物を聯や額で飾るのも中国式である。現在、四四面の額と五六対の聯があり重要文化財に指定されている。

写真・開山堂の聯

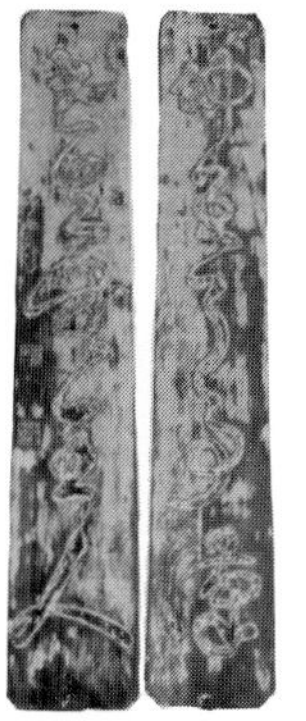

※2　萬福寺のどの建物も前面一間通りを吹放って、廊下のようにして諸堂をつないでいる。

礎盤をもった列柱が美しくあらわれている。このように吹放すことは奈良時代の建築に見られるが、黄檗の建築において再現した。

屋上に摩伽羅をのせた中国風の総門

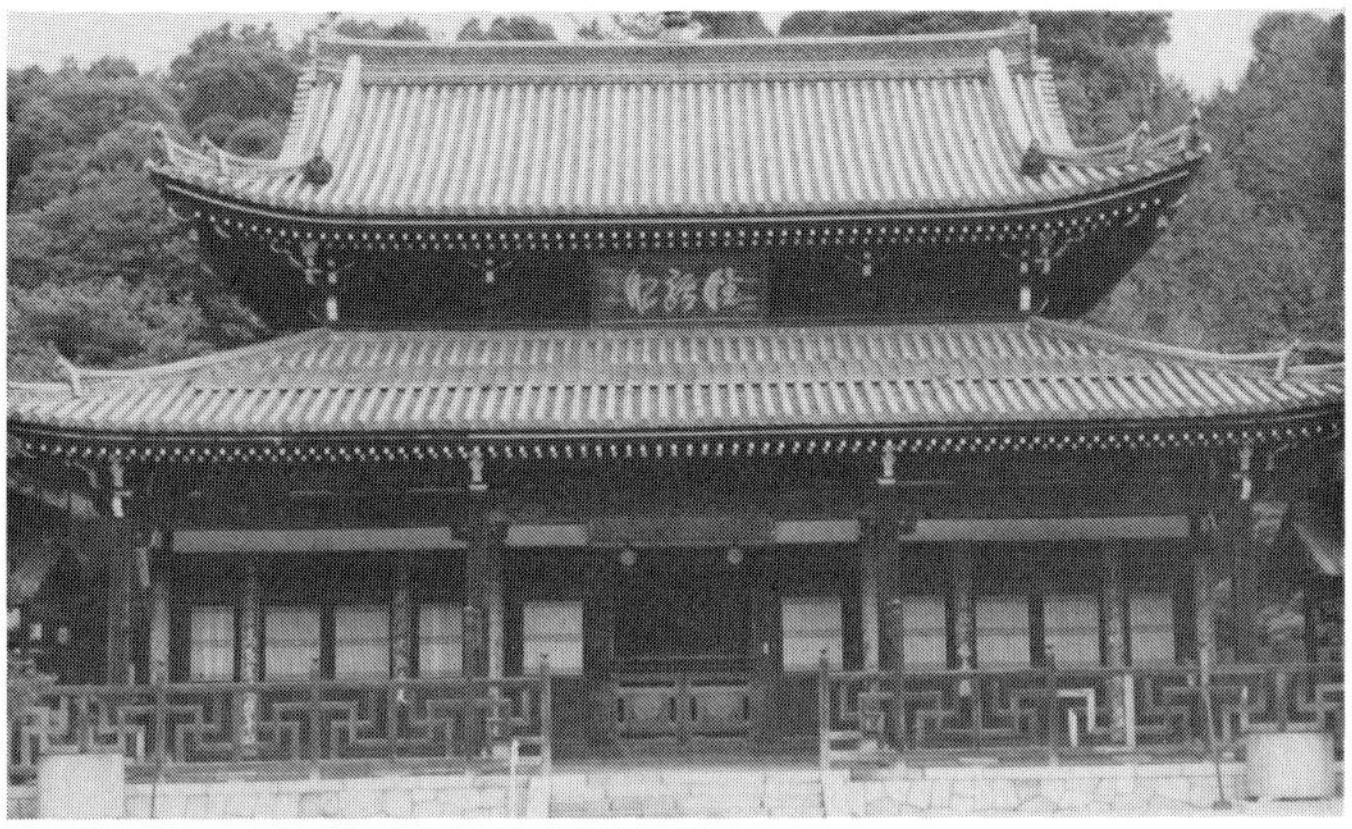

卍くずしの勾欄が中国的な開山堂

天王殿布袋尊と荘厳

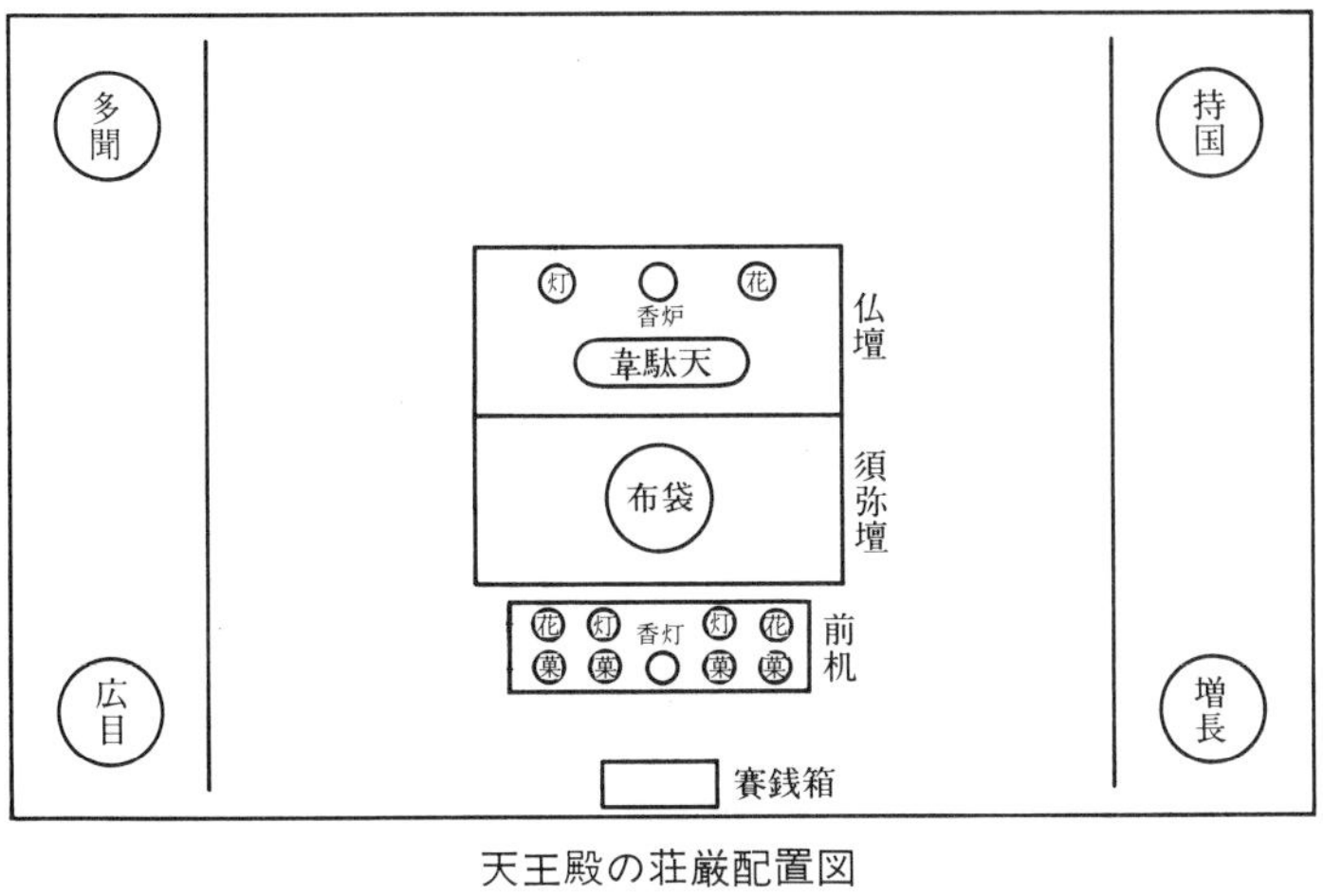

天王殿の荘厳配置図

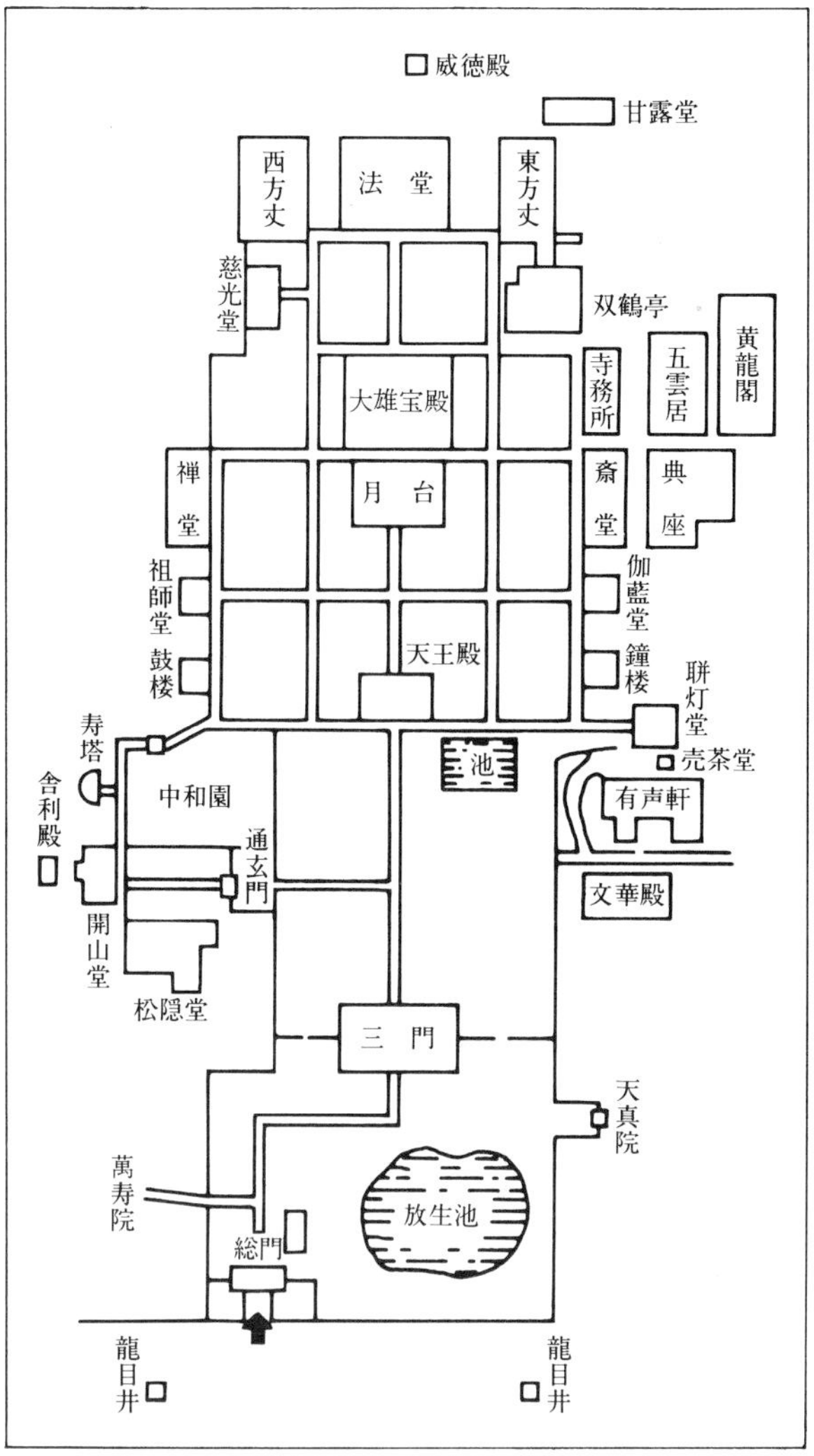

萬福寺境内の伽藍配置図

天王殿の韋駄天像（范道生作）

荘厳」の額があり、堂の前面には朱塗りの勾欄を設けている。堂内には正面三門に向かって、布袋尊（弥勒菩薩の化身）が祀られている。その背面には、大雄宝殿に向かって韋駄天立像がある。また左右両端には向かって右に持国天、増長天、左に広目天、多聞天の四天王が向かいあって安置されている。

この天王殿は寺門の一種でもある。床は四半瓦敷で、天井は簡素な鏡天井で、中央の二柱は円で太鼓形の礎盤をはさんでいる。須弥壇は唐様である。その特徴は鼓形で中央の胴は、その幅最も狭く、ここより上下に向かって段々に対照形にくり型を増して形造っている。その前面および両脇には、逆蓮頭の親柱を持つ勾欄を廻らしている。

(4) 大雄宝殿

重層入母屋造本瓦葺。五間六間。屋根は二重であるが内部は一重である。伽藍の中心建築で石壇上に建てられ、正面上層に「大雄宝殿」[※3]、下層に「萬徳尊」[※4]の額、柱には聯額がかかっている。柱はすべて角柱、主要材はチーク材である。大棟の中央に宝珠、その両端には鯱《しゃち》を置く。前面一間通りは吹放ちになり、天井は黄檗天井（蛇腹天井）になっている。正面三間を開放し、中国式の戸を釣り、中央の前門には半扉を釣り、その羽目板には桃の彫刻がしてある。左右両端の壁面には円窓[※5]が設けられ、背面には窓を設け、中央に後門がある。

堂内は四半瓦敷の土間床で左右および背面の入側は化粧屋根裏、中央は鏡天井で来迎柱に接した高い石造須弥壇上に本尊釈迦如来、脇士の迦葉(左)、阿難(右)の二尊者の立像を安置し、左右の側壁に沿って裳階《もこし》部分に十八羅漢像を安置している。この形式も黄檗の大きな特徴である。

本尊前の前机（卓）は中国的意匠がよくでている。たとえば、下の脚は獅子を形取っていること。天板《てんいた》両端の筆返しが巻物形であること。その下の持送りも竜であり、天板下の幕板部分は細かく分けて水生植物を中心とする草花彫刻がしてある。ミズアオイ・オモダカ・ハスなどを入れるほか、ボタン・キク・ラン・シャクナゲなども見られ、中国から運んだものと考えられる。

天井には、幢幡や琉璃燈[※6]が吊られ、堂内には法要に必要な仏具が常備されている。たとえば、香台・香炉・香・線香・胡跪台・拝席台・円座・木魚・大磬・太鼓・銅羅・五具足・経本台・上供盆・位牌・賽銭箱などである。

(5) 禅　堂

単層入母屋造本瓦葺の簡素な建築である。五間六間、前面一間通りは吹放ち、鏡天井を張り、正面は全部柱間を開けて中央三間に中国式の戸を釣り、両端を窓とし、前門に帳を垂れ、「選仏場」の扁額がある。背面も柱間を全部開き、後門にも帳を垂れている。そして、正面の帳には、坐禅中は「止静」、常には「放参」の牌が吊られている。

内部の床は四半瓦敷で、背面一間通りは化粧屋根裏、左右一間通りは低い棹椽天井である。後門近くに来迎壁を設け、高い壇上に本尊白衣観音像を、そして脇士に善財童子(左)、八歳童女(右)を安置している。その前には大きな卓を置き、五具足で荘厳している。

中央の四柱はチーク材で、上部に「西域木」と陰刻し、二対の長大な聯がかけられている。また堂内には、天井から琉璃燈が吊られ、報鐘・版・木魚・磬子・引鑿・香台・香炉・香飯器・茶器・胡跪台・拝席台など種々の仏具が安置されている。

単は左右一間通りに設けられ、単は高く中段に踏床が付けられ、畳を敷き、座蒲団が置かれている。

(6) 斎　堂

単層入母屋造本瓦葺の建築である。五間六間、規模は全く禅堂と同じである。

斎堂は一山の僧の食事をするところである。「禅悦堂」[※7]の額があり、

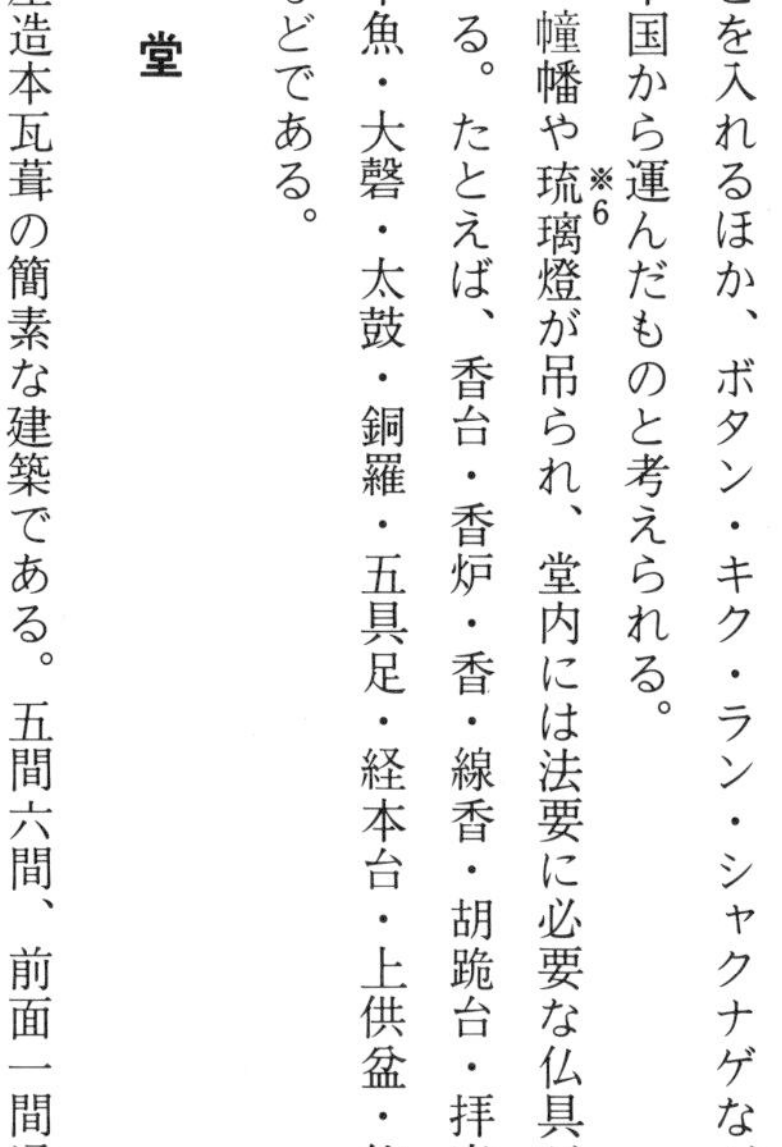

※3　大雄宝殿の額。

※4　チーク材はシャム国産のもので、開山に帰依した豪商の勝性印居士と江戸幕府の寄進である。もともとオランダ人が台湾築城用材として運んできたものが、台風のため長崎に漂着したものであると伝えられている。

※5　円窓は円と直、白壁と赤框、この両極端がうまく構成された円い窓のことである。堂の左右に設けられている。黄檗建築の特色の一つである。

※6　琉璃燈は六角形の木枠に絹を張り、それに造花を描き、また種々の装飾を施す。内部に琉璃製の灯器を置き、仏殿や仏前に吊す。中国式の灯籠である。このような形の琉璃燈を用いるのは黄檗だけである。

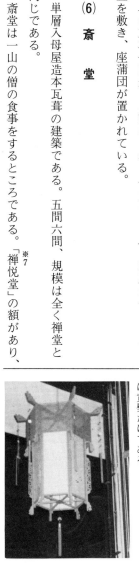

大雄宝殿の本尊釈迦如来像

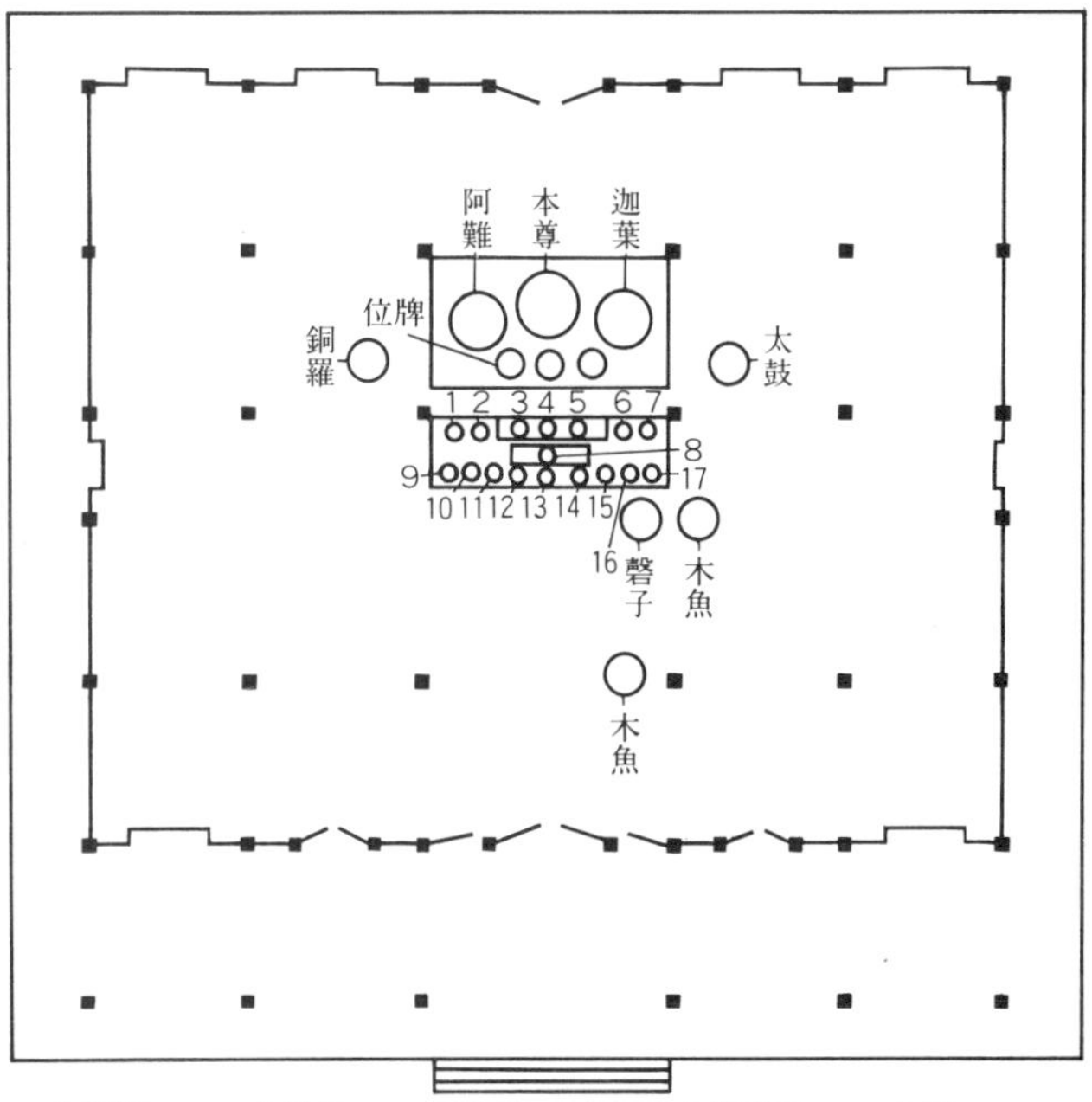

1 花瓶　2 燭台　3 茶　4 線香立　5 飯
6 燭台　7 花瓶(常花)　8 花瓶(生花)　9 菓　10 黒(昆布)
11 菓　12 赤(寒天)　13 香炉　14 黄(アゲ)　15 菓
16 青(野菜)　17 菓

大雄宝殿の荘厳配置図

大雄宝殿前机上の荘厳

大雄宝殿に並ぶ十八羅漢

禅堂に祀られる白衣観音像

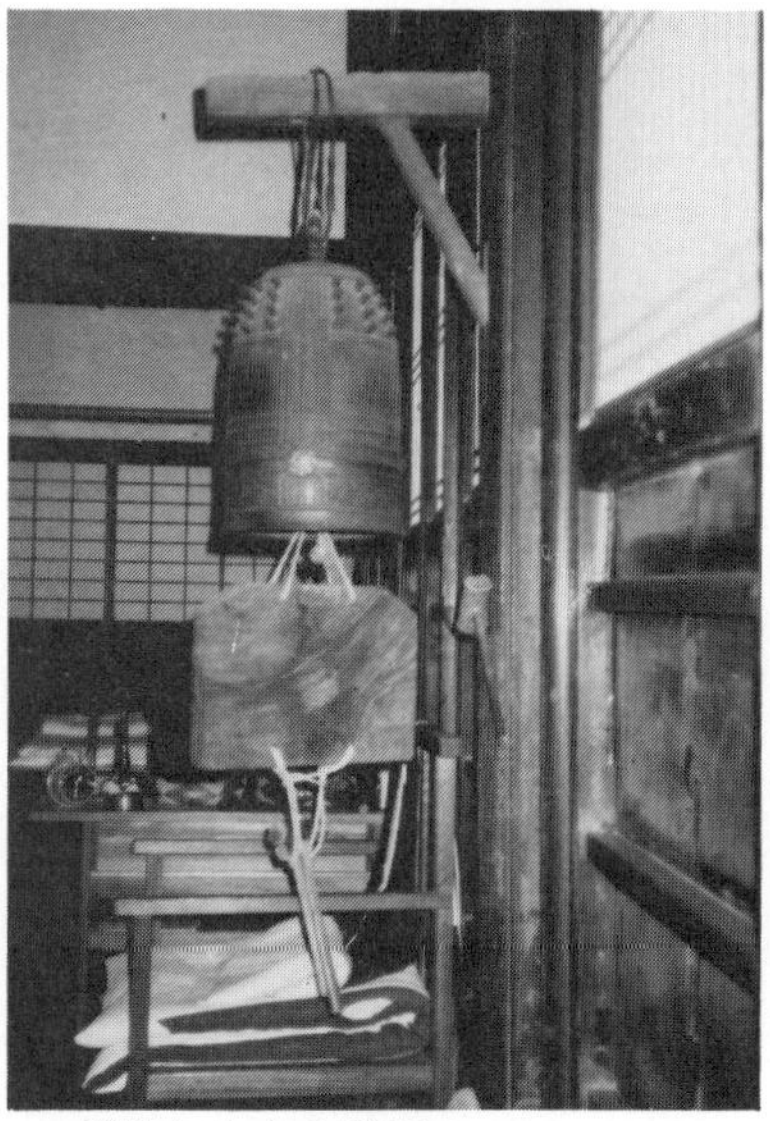

禅堂にかかる鐘版

大雄宝殿前机前の焼香台・香炉・香箱・胡跪台

吹放ち部分の天井より魚梆《かいぱん》と雲版が吊られている。また※8生飯台《さばだい》も置かれている。正面の構造は禅堂と異なり、中央一間のみを入口としているが、背面は全く禅堂と同じ構造で、両側は壁になっている。

堂内は四半瓦敷で、左右および背面一間通りの入側は化粧屋根裏となり、中央は鏡天井である。後門に近い位置に仏壇を設けて、監斎緊那羅王を祀っている。仏壇の前面左右には、高脚飯台を並べ腰掛が置かれ、衆僧はここで行鉢をする。腰をかけて食事をするのは中国風であり、他の禅刹では見られない特色である。また、斎堂の後ろには典座《てんぞ》(庫裡)があり、調理などを行う。

(7) 祖師堂

単層入母屋造本瓦葺の簡素な建築である。三間三間、前面一間通りは吹放ち、正面の柱間を開け、戸口には半扉と扉とを二重に釣っている。内部は四半瓦敷で鏡天井である。「祖師堂」の扁額があり、禅宗の祖師である達磨大師を祀る。そして、その左右には歴代の萬福寺住持の位牌を安置してある。堂内には前机を置き、五具足、鳴り物・香台・香炉、下には拝席台・円座が置かれ、天井には琉璃燈が吊られている。

(8) 伽藍堂

単層入母屋造本瓦葺。三間三間。吹放ちなど祖師堂と全く同形である。正面には「伽藍堂」の扁額があり、本尊伽藍神華光菩薩を祀るとともに、関帝をも祀っている。やはり、前机や荘厳具が置かれている。

(9) 法《はっ》堂《とう》

単層入母屋造桟瓦葺(創建当時は柿葺《こけら》)で五間六間、土間式の正規の建築である。法堂は住持が説法するところであるが、晋山式などの重要な儀式も行われる。大雄宝殿の背後の一段高いところにあり、「獅子吼」と扁額し、前面には卍崩しの勾欄が設けられて前面一間通りは吹放ちになっている。天井は黄檗天井とし正面、背面の柱間は全部開けられ、特に正面左右両端の窓の障子は内開きに釣られて、黄檗建築の特徴を示している。

堂内は四半瓦敷で簡素な鏡天井を張り、中央上に「法堂《はっとう》」の大きな額を掲げ、後門近く来迎壁を構え、法座を設ける須弥壇を置き、壇の左右には階段をつけ、壁上に「毘尼壇」の扁額があり、また中央の四柱には二対の長い聯がかけられている。須弥壇は普通の唐様である。この上に罣罳《しわし》(屏風)を立て、椅子を置いて説法する法座が設けられる。

法堂は住持が仏祖にかわって説法するところであるから、仏殿のように仏像は祀っていない。ただ法座を置く須弥壇が設けられ、その前上に帳が垂らされているだけである。

(10) 開山堂

礼堂と祠堂とからなり、礼堂は重層入母屋造本瓦葺、三間六間の建物である。屋根は二重であるが、内部は一重である。

開山堂は、隠元禅師を祀るところである。正面上層に「瞎驢眼」、下層に「開山堂」の扁額があり、柱には多くの聯額がかけてある。前面には卍崩しの勾欄を設けて、大棟の中央に胡蘆(瓢箪)、その両端に鯱を飾っている。また前面一間通りは吹放ち、天井は黄檗天井、正面は全部柱間を開け、柱間を広く、そのために二本の間柱を入れ、中国式の戸を釣り、中央入口には半扉を釣り、その羽目板には桃果を彫飾している。

堂の軒廻りは和様である。柱はすべて角柱であり、内部の中央部(身舎《もや》)が平たい鏡天井、正面に大きい前机が置かれている。その上には五具足が置かれ、堂内には各種の鳴り物も常備されている。

さらに、四半瓦敷の土間で、左右および後ろの一間通りは化粧屋根裏、中央は鏡天井となっている。また、左右に各二個の琉璃燈と二対の幢幡を吊り、上に帳を垂れている。

祠堂は礼堂の背後に連絡する一間一間の小堂である。屋根は切妻

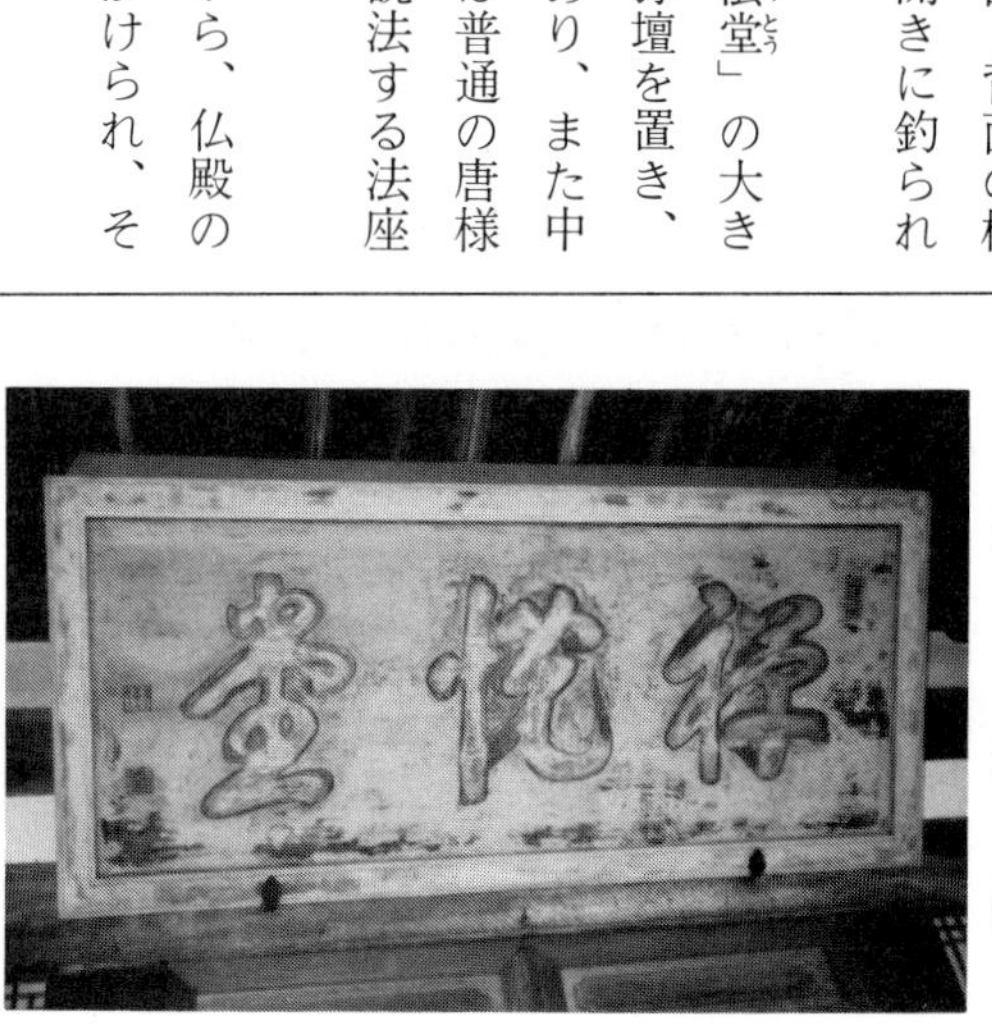

※7 斉堂にかけられている額。

※8 斎堂前の石段のそばにある灯籠の下半分のような石の台で生飯台という。生飯とは鬼界の衆生に施す飯のことで、食事のとき最上位の者から七粒以下の飯を分けとって、この台にのせるのである。これも黄檗独特のものである。

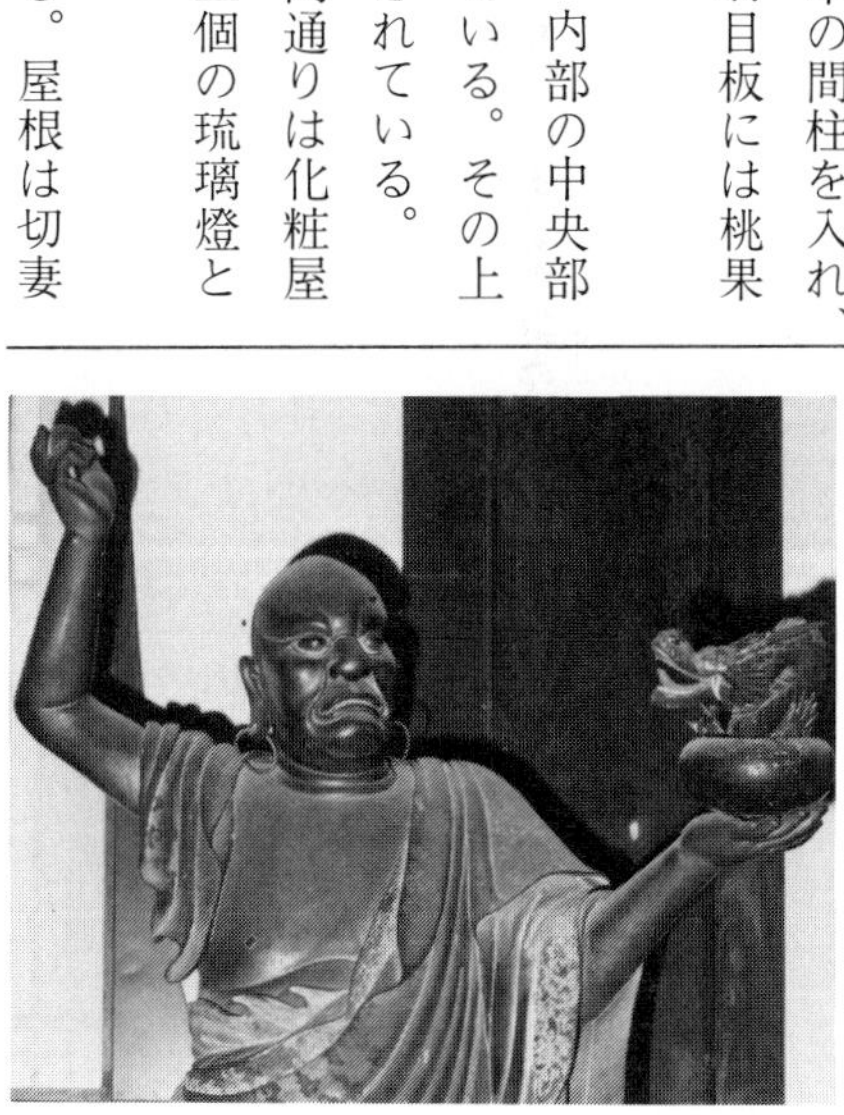

※ 大雄宝殿の十八羅漢の一つ、半託迦尊者像。

法堂内部の荘厳

祖師堂の達磨大師像

斎堂の監斎緊那羅王像

祖師堂内の各住持位牌

斎堂の高脚飯台と腰掛

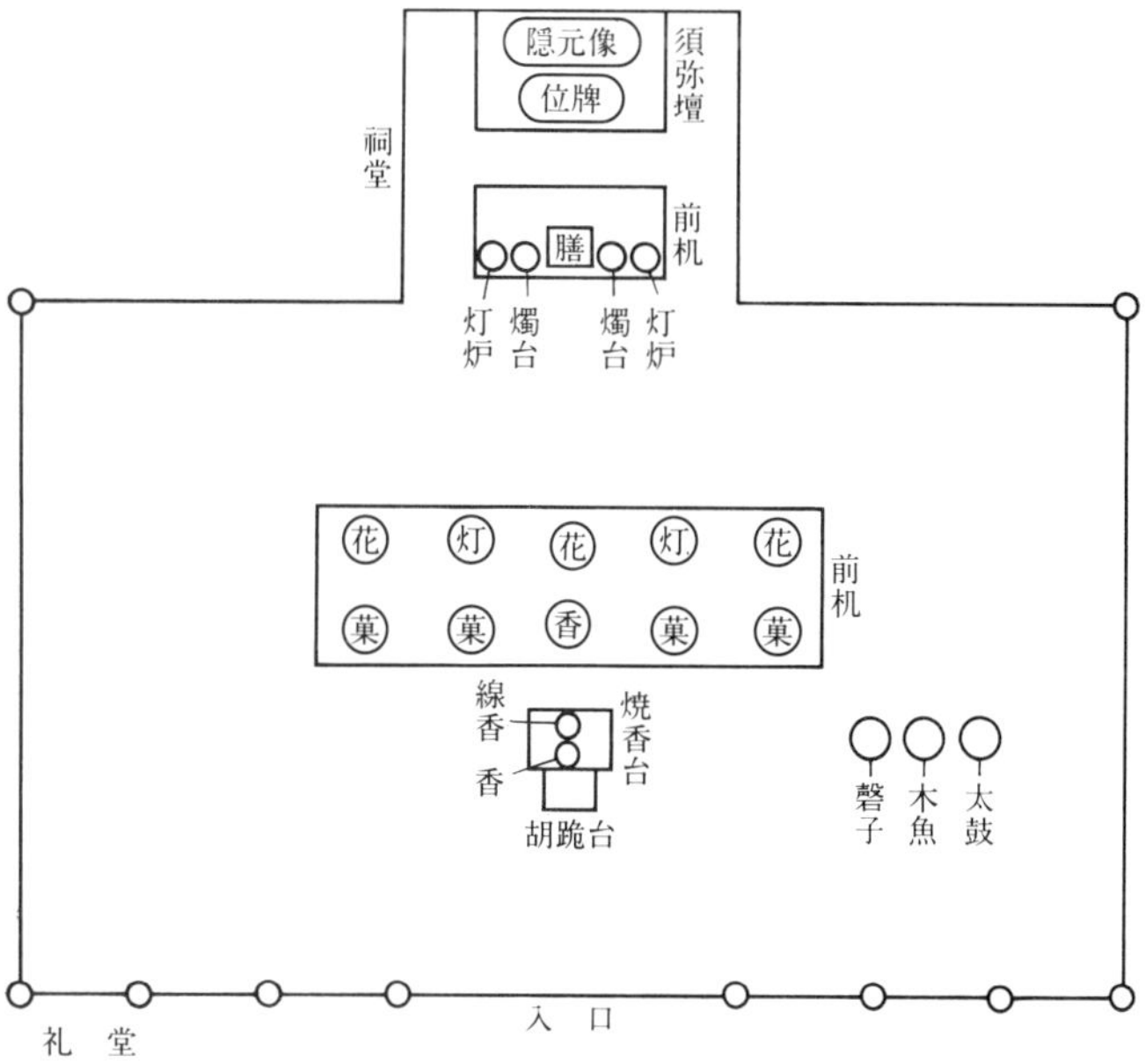

開山堂の荘厳配置図

開山堂　上・幢幡と宮燈（コンテ）　下・内部荘厳

造である。堂内は床板を張り、格天井で、隠元禅師の木像を安置している。壇の眉間に「那伽室」の小額を掲げ、像前には食膳を置く大きな卓を置いている。堂の正面構造は礼堂前門戸口と同じであるが、柱や貫には黒漆を塗っている。そして、桃戸の桃果の緑色や、その周囲や左右の飾刻などの金箔は今も美しく鮮やかである。

二、黄檗の梵唄と仏具（鳴り物）

(1) 梵唄の特色と種類

開山隠元禅師が渡来される以前より、長崎には興福寺や福済寺、崇福寺などの中国寺院があった。そして多くの中国僧が居留して、中国式の法式梵唄が行なわれていた。やがて隠元禅師が渡来され、京都宇治に黄檗山萬福寺が開創されたが、やはりここでも中国式の法式梵唄が行なわれた。以来、今日まで約三百年余りにわたって継承されている。経文も唐音で唱えられ、いろいろな鳴り物を取り入れた黄檗の梵唄は仏教音楽である。

黄檗の梵唄の特色

(1) テンポの早いものが多く、リズムがはっきりしている。
(2) 多くの鳴り物を使用する。通常は六種類であるが、時には九〜一〇種類にもなる。
(3) 梵唄の拍子がとれる。
(4) 梵唄の旋律を示す楽譜はないが、引磬や木魚、香灯《ひゃんてん》(太鼓)は譜を示すだけで、他はすべて口伝《くでん》である。
(5) 発音はすべて中国語（明音・唐音）で唱える。
(6) 木魚はポク、太鼓はドン、大引磬はチン、小引磬はツン、鐃鉢はジャラン、磬子はガン、などのように表現する。
(7) 発声は維那が行ない、導師はしない。
(8) 梵唄の作法はすべて立って行なう。

梵唄の種類　梵唄は本来、節をつけて経文を唱えることをいうのであるが、広義には、儀式の経文すべてを含めて梵唄という。そこで黄檗の梵唄は、以下のように分けることができる。

(1) 拍子のあるもの
イ、節《ふし》のあるもの（必ず鳴り物がつく）
香讃、結讃、施餓鬼の大部分、朝課晩課の中太鼓部分、鐃仏、拝懺など。
ロ、節のないもの
通常、木魚と磬子のみを使う。大悲咒、般若心経などを木魚で平読みするもの。
(2) 拍子のないもの
イ、節のあるもの
祝聖《しゅくしん》の疏、施餓鬼の真言など。
ロ、節のないもの
香語、開堂の疏、施餓鬼の縁起文、洒水《しゃすい》文など。

(2) 鳴り物の種類と使用法

〈梵唄に使用するもの〉

木魚　丸い木をくり抜いたもので、魚を象ったところから木魚と呼ばれる。そして棒状の木の先に布または皮を巻いたもの（バイ）で鳴らす。大きさは直径一〇cmから五〇cm、それ以上のものもある。梵唄のときには他の鳴り物と共に使ったり、節のない平読みのときには木魚だけで、原則として一字一打である。本尊に対しては大木魚を使用し、行道や施餓鬼などのときは小木魚を使う。

香灯《ひゃんてん》（太鼓）と磬子《けいす》・鈸《はち》　太鼓は皮面を上にして、四角い木製の枠に吊す。そして、枠に磬子（小さい釣鐘）と鈸をつける。木製のバチで太鼓と磬子の両方を鳴らし、鈸は手で鳴らす。磬子はケン、鈸はガチャと表現する。

引磬《いんきん》　引磬には大小がある。椀状をした金属製の鳴り物で、大きさは直径五〜八cm位。磬の下に木製の柄をつけて持ち、金属製の細い棒バイで鳴らす。大小は磬の大きさではなく音の高低で決まる。

※　主な黄檗常用語

香炉（ひゃんる）
線香（ちぇんひゃん）
蠟燭（らっつお）
念子（ねんつ・珠数）
報鐘（ぽうちょん）
更版（けんぱん・巡照版）
法事（はすー）
回向（ほいひゃん）
諸行（ちーへん・葬儀）
施食（すーしー・施餓鬼）
上供（しゃんこん）
菓子（こうつー）
饅頭（まんでう）
餅子（ぴんつー）
飯子（はんつ）
香物（ひゃんう）
行堂（ひんたん・飯桶）
点心（てんしん）
袈裟（きゃつぁ）
帽子（まうつー）
和上（ほじゃん・和尚）
寺（ずー）
弟子（ていつ）
拈香（ねんひゃん・焼香）
布施（ぷーすー）
精進（ちんちん）
般若（ぽーぜえ）
念経（ねんきん）
観音菩薩（かんいんぷさ）
地蔵菩薩（ちつぁんぷさ）
阿弥陀仏（おみとふ）

彩色された木魚（文華殿収蔵）

大木魚の鳴らし方

大雄宝殿内の鳴り物（右・法鼓　中・引鏧　左・磬子）

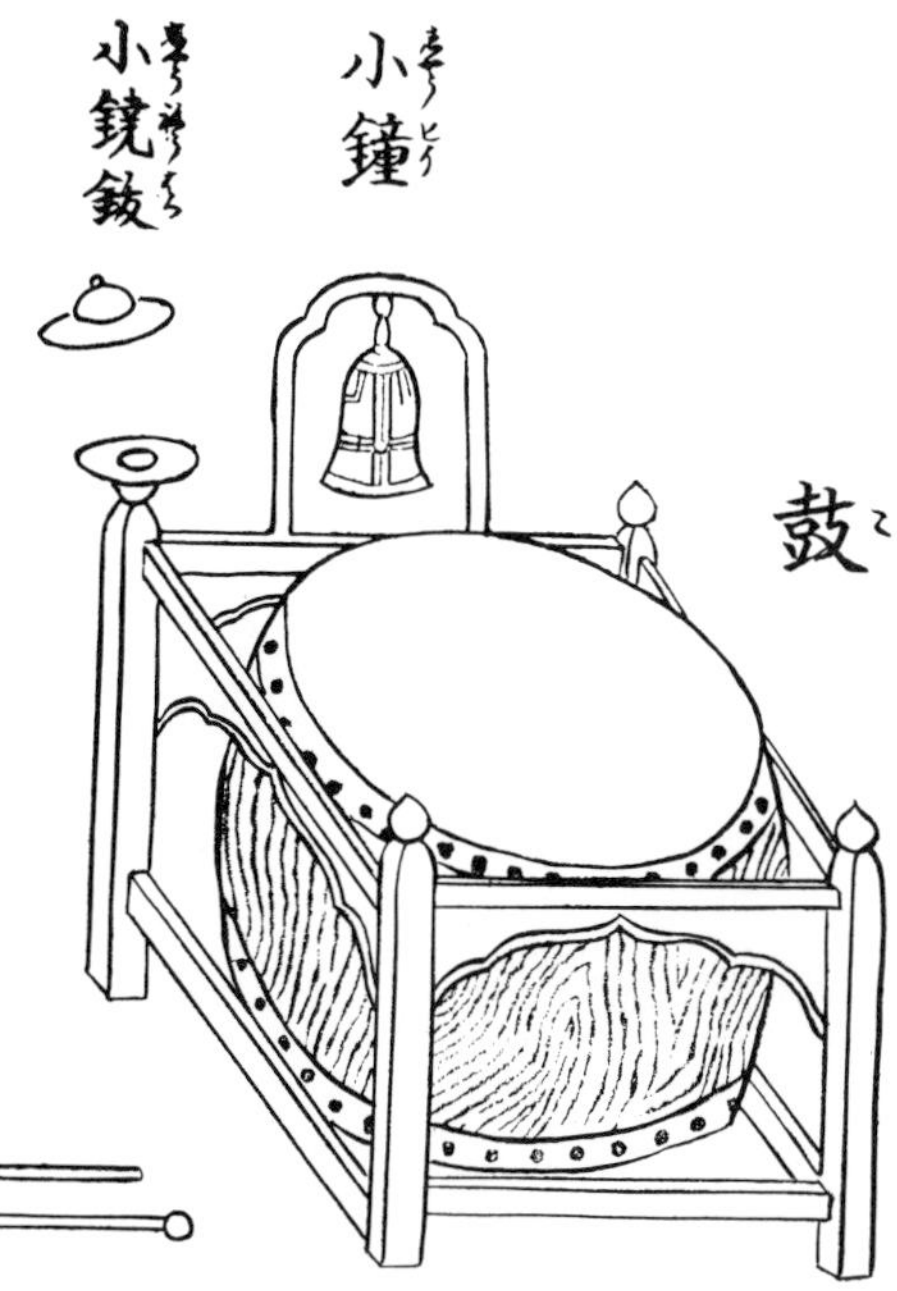

（『黄檗清規』より）

開山堂内の鳴り物（右・法鼓　中・木魚　左・磬子）

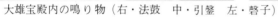

高音の方を大引磬、低音を小引磬という。使用に当っては、音の高低に適度な差異のあるものを使う。音の高さは別に決まっていない。引磬が一つの場合、磬子と木魚があるときは大引磬として使い、磬子と木魚がないときは磬子の代用として使う。また、施餓鬼などで小木魚を使うときは、大引磬を磬子の代用として使うことがある。この場合は磬子は使わない。

鐃鈸《にょうはち》　麦わら帽子のような形をした銅製の鳴り物で、両手に一箇ずつ持って、両方を打ちつけて鳴らす。葬儀や施餓鬼などによく使われる。

磬子《けいす》　椀状をした金属製の鳴り物で、別にザルガネとも呼ばれている。棒状の木のまわりに皮を巻いたもの(バイ)で鳴らす。大きさは口径が一五cmから四五cm位まであり、一般家庭用は五cm位の小さいものである。

磬子は木魚と一対で使われることが多く、それぞれの大きさは、比例して釣り合いのとれたものが組合わされる。磬子と木魚は正式には別々の人が使うが、一人で両方を兼ねて鳴らすことが多い。この場合は右手で木魚、左手で磬子を鳴らす。

銅羅《どら》　銅製で皿状になった鳴り物で、朝夕の念経に使う。木製の棒の先に軟かい布を巻いたバイで鳴らす。この銅羅によって一層、中国的雰囲気が盛り上がる。音はボーンまたはジャンと表現する。

鈴《れい》　直径五cmほどの鈴で、あまり大きいものは使用しない。澄んだ音のするものがよいとされる。施餓鬼のときに使われる。音はチリンと表現する。

〈合図として使用するもの〉

版《はん》　縦三〇cm、横四〇cm、厚さ七cm位の矩形の木の板で、坐禅、諷経出頭、巡照、作務のときに合図として使用する。版を鳴らすことを接版というため、版そのものを接版ともいう。また巡照は、通常初更と五更に行なわれるため更版ともいう。

魚梆《かいぱん》　中をえぐってある分厚い木版を梆というが、魚の形をしているところから魚梆という。魚をカイと呼ぶのは、開とか戒に通じるからである。これは鳴らして時を報ずるものである。朝昼夕に三〇分毎に四回ずつ鳴らして時刻を知らせる。それぞれを一声、二声、三声、打上げといい、一声、二声は一つだけ鳴らし、三声は魚梆一つと柝《たく》を三回、打上げは魚梆を三回と床に埋め込んである石を一回打つ。

柝《たく》　拍子木のことで、魚梆の第三声、茶礼などに使う。

大鐘(合山鐘)[※9]　鐘楼にあり、朝と夜(開静)の合図に鳴らす。

大太鼓　鼓楼にあって、朝と夜の合図に叩く。特に夜は開静《かいちん》太鼓といって、約一五分間叩く。朝、夜とも大鐘とともに使う。

雲版《うんばん》　食事の合図に使う。鳴り方によって、本飯(正式作法による食事)か随飯(自由に食事をとる)かを区別する。また朝課のときは、出頭半鐘のかわりとして使う。

報鐘《ぼうちょん》**(半鐘)**　読経のため大雄宝殿に行くための出頭半鐘や、坐禅開始の合図、また朝食の合図にも使う。

特に朝の報鐘は夜の開静太鼓と同じように長く鳴らす。

(3)　梵唄の配役

通常の読経の場合の配役

拈香師《ねんこうし》　導師のことで、法要の中心となる。焼香をしたり、香語(法語)を唱える。

維那《いのう》　磬子を担当し、法要の指揮をとる。梵唄の頭部を発声する。疏(表白)を読む。

悦衆《えつしゅう》　大引磬を担当する。問答商量の指揮をとる。

副悦《ふくえつ》　二人いて、木魚と小引磬を担当する。副悦が一人のときは、木魚は維那が兼務する。

香灯《ひゃんてん》　太鼓を担当する。

施餓鬼のときの配役

金剛上師《きんかんじゃんす》　導師に相当する役で、施餓鬼の中心となり、一段高い椅子に坐る。

大扶座《おおふざ》　木魚を担当する。通常の場合の維那に当る。施餓鬼全

※9　合山鐘は開山祥忌などの出頭の合図に鳴らされる。

※10　黄檗梵唄の鳴り物の譜号

○　太鼓の大打ち(ドン)

○○○　太鼓の小打ち(ドンドドン)

○○　太鼓の小打ち(ドドン)

／　太鼓の磬子(ケン)

—　大引磬(チン)

△　木魚(ポク)と小引磬(ツン)を同時に打つ。

△̶　木魚と大引磬と小引磬を同時に打つ。

ひ　磬子(ガン)

鳴り物の打ち方（右・銅羅　中・魚梆　左・雲版）

鳴り物の打ち方（右・巡照版　左・釣鐘〈鐘楼〉）

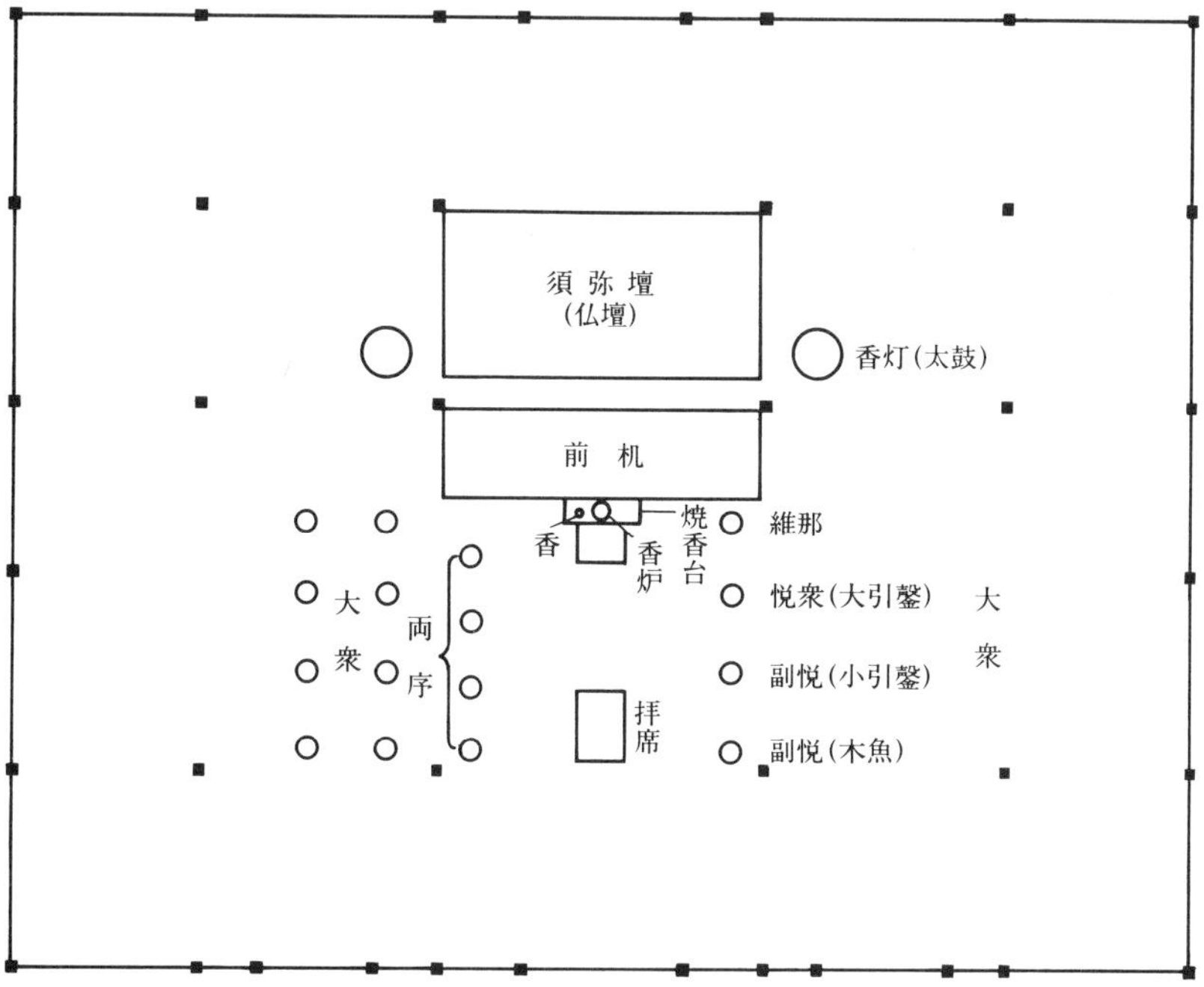

大雄宝殿における配役位置

巡照版に書かれている偈文
（『黄檗清規』より）

体の進行を司る。

向扶座《むこうふざ》　金剛上師の補佐役をつとめ、金剛上師に事故があるときは代って金剛上師をつとめる。鈴を担当する。

扶座《ふざ》　扶座の上位二人が大引磬と小引磬を担当する。扶座の数は決まっていない。なお、扶座の一人が鐃鉢を担当する。

香灯　太鼓を担当する。

(4) 鳴り物の打ち方

各種法要のとき、梵唄が始まる前には、拝太鼓と三通木魚がつき、いきなり経文に入ることはない。しかし、三通木魚は必ずつくが、拝太鼓はつかないことがある。また、終わりには必ず太鼓や木魚による打ち切りの合図がある。

梵唄のときの鳴り物の打ち※10方※11は、すべて四拍子（細かく分けると八拍子）に統一されている。そして唱える速さは任意に決めることができる。たとえば、香讃はゆっくり唱えると五分ぐらいかかるが、速く唱えると一～二分で終わる。また途中から速くすることはできるが、おそくすることはできない。速さが変わっても、基本は変わることはなく、鳴り物の打ち方が少し変わるだけである。

三、開山祥忌における荘厳

萬福寺で行なっている法要の実際を示し、仏具の荘厳法や使用法、そしてさらに、香華灯飯食の供養について述べる。

(1) 開山祥忌

ここでは開山祥忌を取り上げる。黄檗山萬福寺の五大法要の中で、最も盛儀で厳粛なる大法会は、毎年四月三日の開山祥忌である。この法会は、宗祖隠元禅師の遺徳を崇め、酬恩謝徳の誠心を捧げるために行なうものである。

宿忌　四月二日、祥忌に先立ちその前夜に宿忌が行なわれる。古規慣例によって、山主方丈が羊羹《ようかん》と金平糖を献じ、宇治の新茶を供えて逮夜勤行する。そして、その夜は衆僧により通夜が営まれる。

献粥　当日は常の如く朝課念経があり、その後、開山真前に六味を盛った朝食が献ぜられる。つまり、一山僧侶総出で献粥の法儀を行なうのである。六味とは煮た黒豆、食料油で炒った味噌、菜のおしたし、野菜と乾物の煮付け、香の物に粥を添えたものである。

いよいよ開山祥忌が行なわれるが、その要領は次のようである。

列班から入門まで　触書に基づき、役位はそれぞれの部署につく。登檗した末寺の隋喜僧侶のうち、正式出頭するものは威儀を整えて東方丈寿位前に列班し、他山尊宿、来賓、一般参詣者は接賓長の案内で、開山堂内の席につく。やがて定刻、魚梆が打ち上げられると、殿司《でんす》が大雄宝殿の大磬を鳴らし、献飯の経「一時臨斎十仏名」を諷誦し、合山鐘の鳴り響くを合図に、知客和尚先導し、正式出頭僧侶並びに宗内僧侶後に続き、二列に並んで参道を進み、開山堂に向かう。

金襴、錦、紫、緋、黄、青などの色鮮かな法衣をまとい、僧の行列が続く。法列の棹尾を萬福寺住持が、誌公帽子《しこうもうす》を冠り、法衣を着し、緋沓をはき、柱杖を突き、後ろに衣鉢《えはつ》や丈侍《じょうじ》、行者《あんじゃ》を従えて進む。

やがて、行列が通玄門にさしかかると合山鐘は打ち上げられ、松隠堂の迎え半鐘が入門を報ずる。

開山堂の荘厳　開山堂には紫の幕が張り廻らされ、堂内には幢幡や宮燈が吊られ、琉璃燈に燈がともされ、前机の花瓶には隠元禅師が生前愛好された白木蓮が生けられ、紅白の餅・饅頭・干菓子などの六菓や六種の立上供《じゃんこん》が献じられている。

六種の立上供とは、四季の生野菜に乾物を混じえ、青、黄、赤、白、黒の色彩に必ず油揚げを加えて六味とする。昔からその丈二尺二寸と定められた献菜の仕来たりである。黄檗独特の珍らしい荘厳の仕方であろう。

やがて、行列は入堂終わり、引続いて献茶が行なわれる。

※11　鳴り物の打ち方（基本形）　節経は四拍子を基調とし、速度によって変化する。

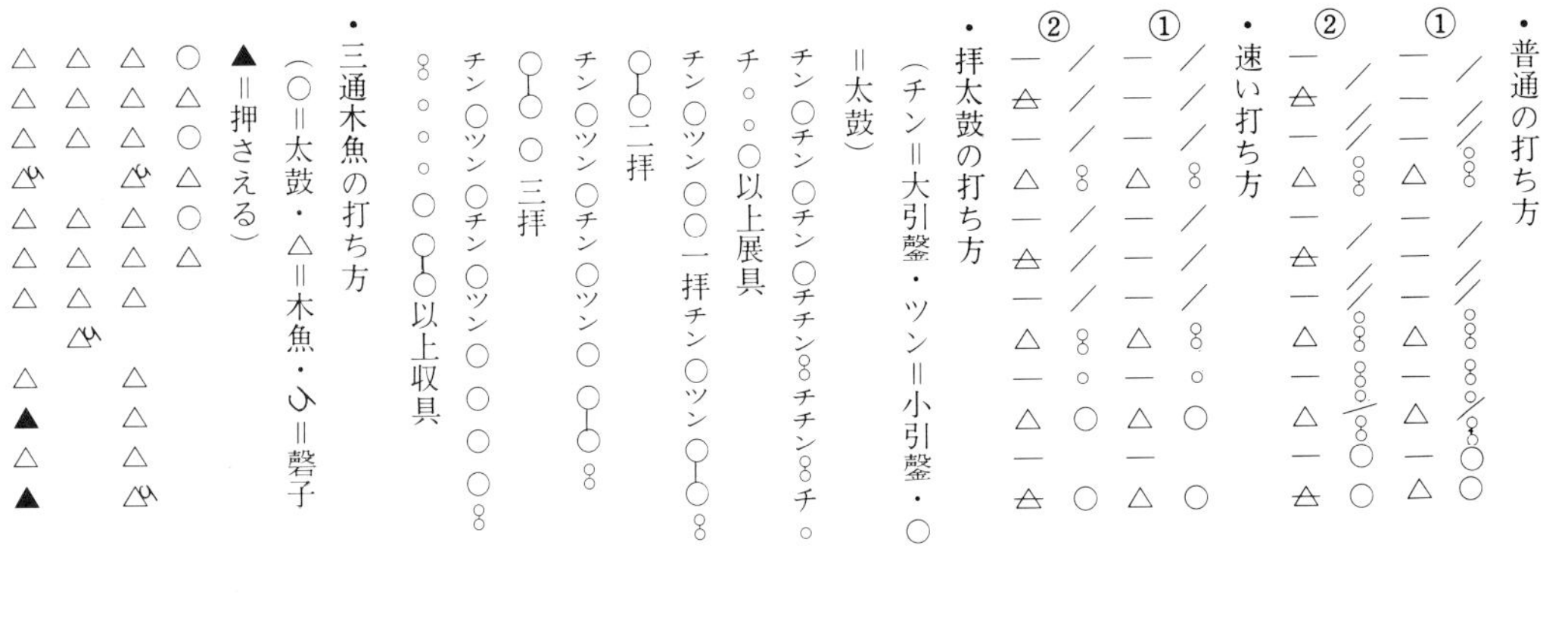

萬福寺開山堂における開山忌の荘厳

開山忌風景
左上・鳴り物を打つ悦衆と副悦
左下・正式出頭僧による鳴磬三拝
上・正式出頭僧の出班焼香

献茶　献茶は煎茶道の始祖売茶翁（月海元昭禅師）の流れをくむ煎茶家元（輪番制）により、献茶の儀が行なわれる。

さて、これより法要に入る。

開山堂での法要　住持の鳴磬三拝（大展具）、次で炉前に進み、法語あり、拈香して復位、三拝収具して上位の位置につく。正式出頭の各位は上位より両単各一名宛、順次出班焼香をする。終わりて鳴磬三拝。

次で拝太鼓に合わせて衆僧の三拝。三通木魚を経て香讃を挙げる。続いて楞厳咒《りょうごんしゅう》、般若心経、摩訶般若波羅蜜多《もほぽぜぽろみと》を三称して打ち切る。住持炉前に進み胡跪《こき》して拈香、献供《けんぐ》する（茶、湯、飯、上供、箸の順）。終わりて直ちに炉前について展具三拝、直ちに俯伏する。出班焼香の各位もその席において展具し、一同俯伏する（これを答拝という）。そして共に宣疏を敬聴する。

維那師は、磬台の前に出て展具、胡跪して宣疏する。―開山和尚涅槃疏―宣疏が終われば、悦衆は変食真言を挙げる。維那師は一拝して収具して、位に帰り、甘露水真言、普供養真言を挙げる。

住持、出班焼香の諸師は起身して三拝する（ただし、変食真言一句ごとに一拝）。三拝終われば収具し、住持は大拝席を前にして立つ。

次で維那師、結讃を挙げ、衆和す。

次で維那師、回向文を挙げ、

終わりて、一同三拝する。

これで開山堂内での法要は終わったが、次で一同、真空塔前の拝を行なう。

真空塔前の拝　塔前に登り、展具三拝する。さらに一同は大雄宝殿に進み、大殿上供《しゃんこん》諷経を奉行する。終わりて、東方丈に登り、午斎を受く。

方丈の催しなるをもって、念供の時、香卓の前にて衣鉢師の三拝あり。

これで、開山祥忌は終了である。

(2) 施餓鬼・沙弥得度式

その他萬福寺では多くの法要が厳修されているが、ここでは施餓鬼会と沙弥得度式の配置図を示しておく。

四、末寺の伽藍と仏具

約五〇〇カ寺の末寺が存するが、その寺院形式は千差万別で一様ではない。というのは、黄檗寺院は先にも記した通り、当初より中国寺院として成立したところは萬福寺のように、またそれ以上に中国式の特徴を備えている。

まず伽藍や配置にそれが伺える。たとえば、天王殿や大雄宝殿があり、また月台のあるところもある。荘厳類についても然りである。

ところが、隠元禅師渡来以後に、建築、復興した寺院については、必ずしもそうではない。大名の菩提寺として建立されたものが多く、和風が多く取り入れられている。また、他宗派の廃寺、衰微したものを中興したものがかなりあるので、そのような寺院は決して黄檗の特徴を具備していない。火災などで焼失した寺院などは復興時の様式が取り入れられるのは当然であろう。特に最近に至っては戦災で焼失したり、老朽化して再建する場合、鉄筋コンクリート造の近代建築になったりしているものもある。

内部の造りも、仏具荘厳類も、黄檗独特のものもあるが、多くは一般市販されているものを使用する場合が多くなってきた。今、各末寺についてのこれらの資料がないので紹介はできないが、黄檗とはいえ、年々歳々時流にのった変遷を遂げざるを得ないといえる。

しかし本山である萬福寺はもちろんであるが、未だに中国風を伝える一部の貴重な寺院については、ぜひ保存し、永く後世に残したいものである。

（服部祖承）

※　法要・行事などの役位名
（梵唄の配役は略）

堂頭（たんでう）　住持
監寺（かんす）　一山の執事長
副司（ふーす）　会計を司る
典座（てんぞ）　台所を司る
知客（しか）　法要行事一切を司る
知隋（ちすい）　知客の下で動く者
飯頭（はんでう）　典座の下で動く者
殿司（でんす）　祭壇の準備等を司る
丈侍（じょうじ）　住持の世話を司る
行者（あんじゃ）　丈侍の下の役

※　立上供の写真

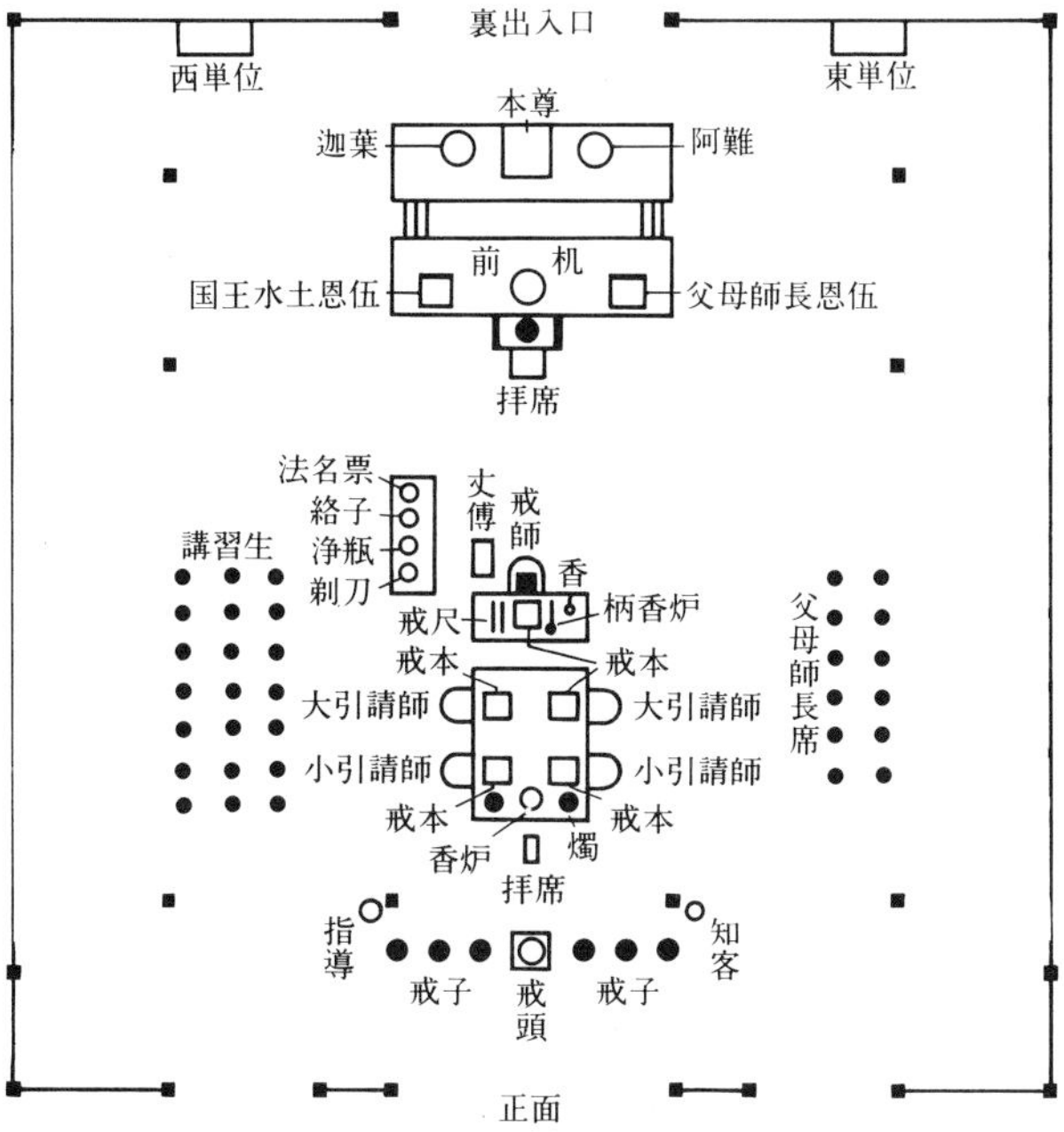

大雄宝殿　沙弥得度式の配置図

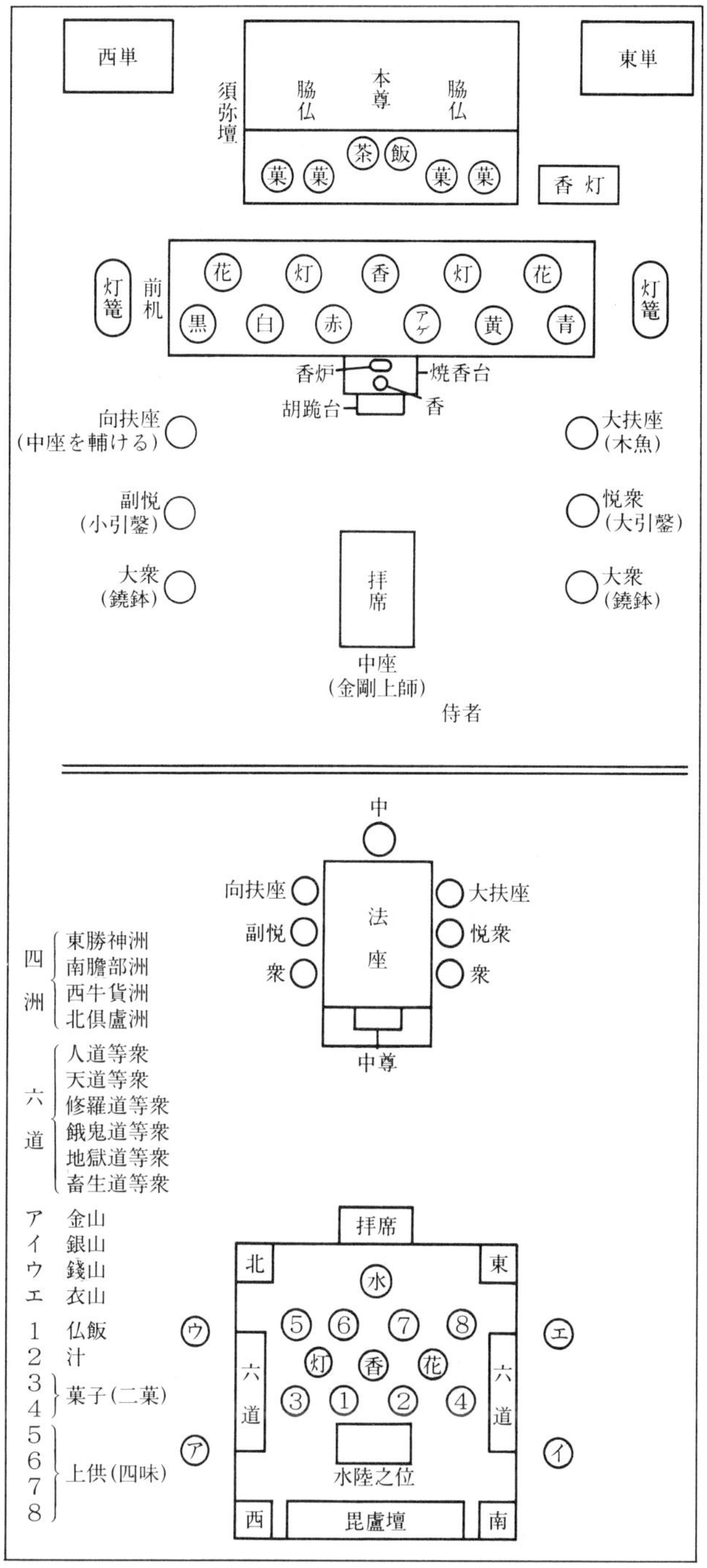

大雄宝殿　施餓鬼の配置図

施餓鬼会　右・毘盧壇(施餓鬼壇)　左上・宝冠をつける金剛上師　左中・鈴を持つ金剛上師　左下・五仏の宝冠と須弥台・振鈴

僧侶の正式服制

（等級）称号	法衣	法服	座具	絡子	帽子
堂頭・東堂	金紋入緋紋白金襴 または錦白筋入り 二五条～九条	紫色	金襴	金襴	金筋入黒、無地繻子 または絽誌公帽子
（一級） 禅住	金襴または錦 緋金筋	紫色	金襴	金襴	金筋入黒、無地繻子 または絽誌公帽子
（二、三級） 都寺・版首	金襴または錦 緋金筋	紫色	金襴 または錦	金襴	金筋入黒、無地繻子 または絽誌公帽子
（四、五級） 特位・首座	糸錦 または緋金筋	欝金色	金襴 または錦	錦	白筋入黒、無地繻子 または絽誌公帽子
（六、七級） 西堂・堂主	緋色 二三条～九条	銀鼠色	糸錦	金襴、錦以外のもの	
（八級） 座元	柳茶色	水色	糸錦	金襴、錦以外のもの	
（九、十級） 教師補	黒色 七条	黒色	黒色	黒色	

○ただし導師以外は帽子を被着しなくとも正式とみなす。

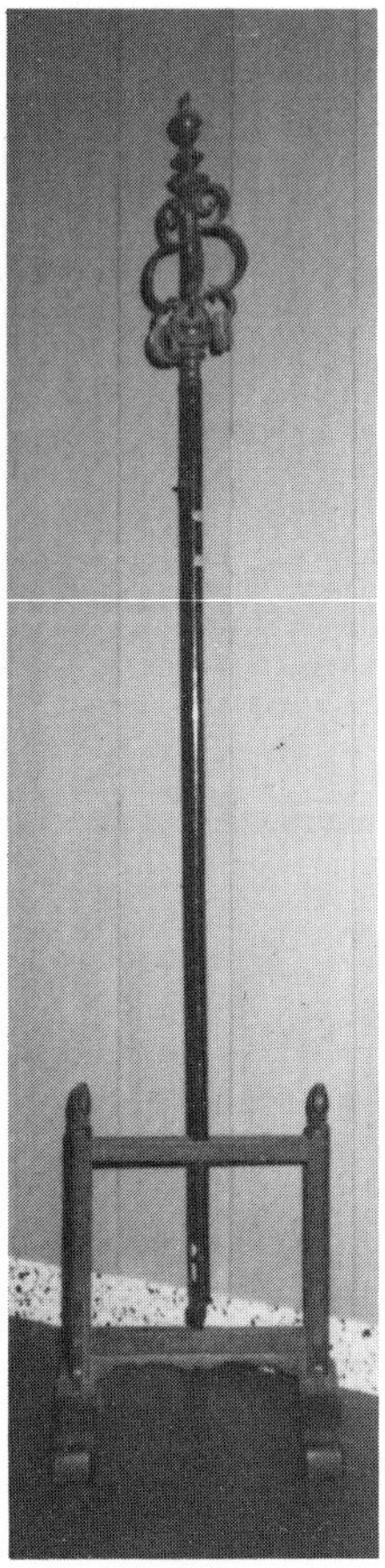
錫杖

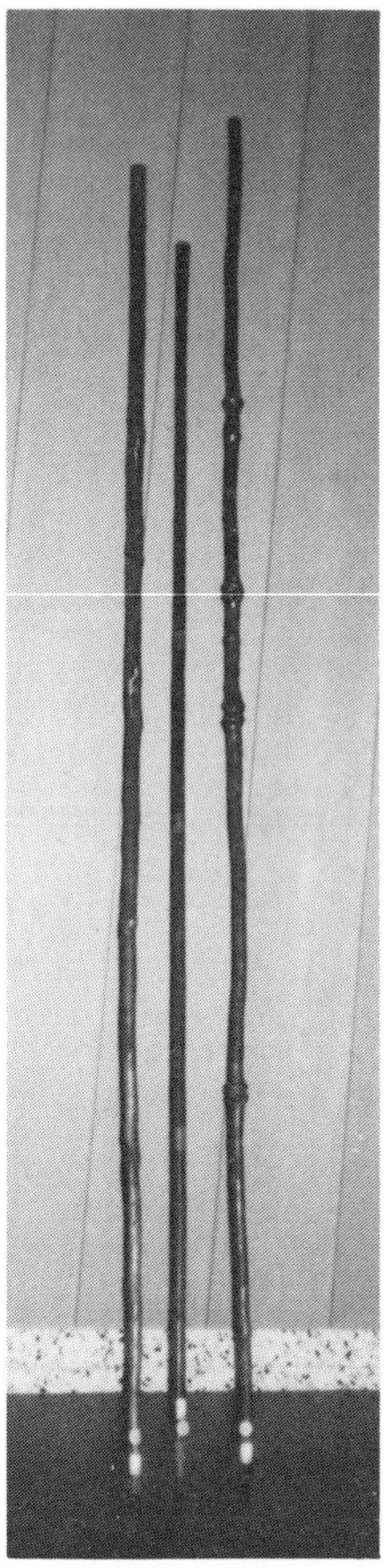
拄杖と禅杖

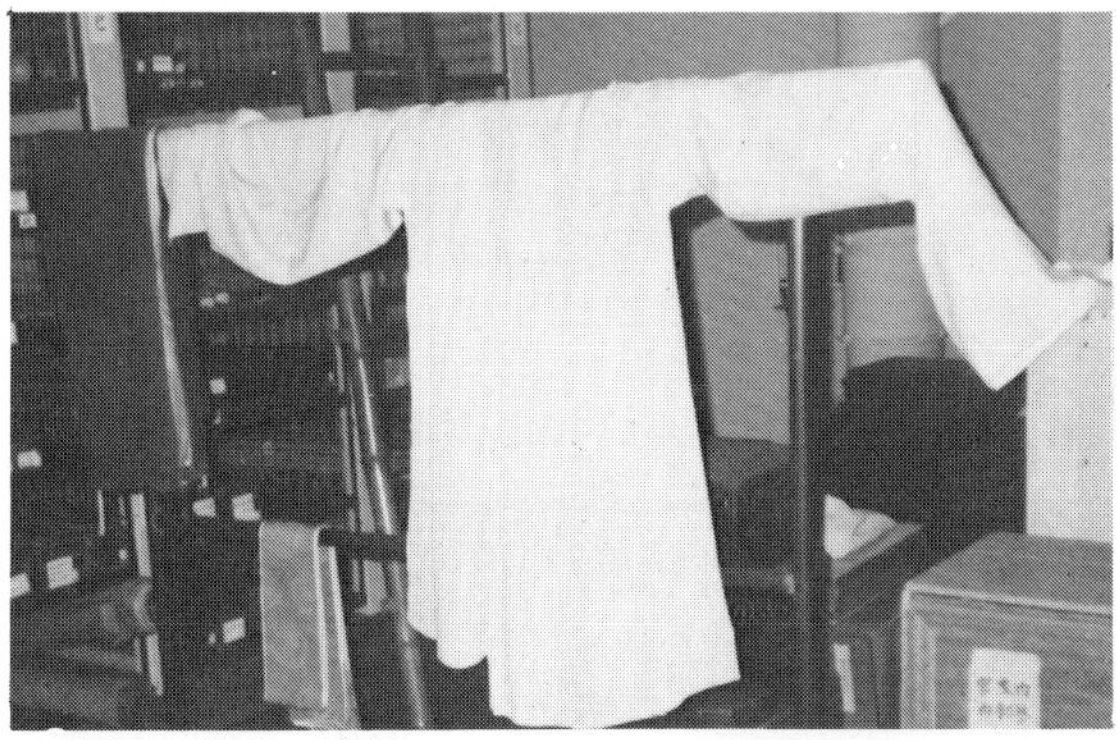
法服・法衣・座具

隠元禅師所持の珠数と珠数箱

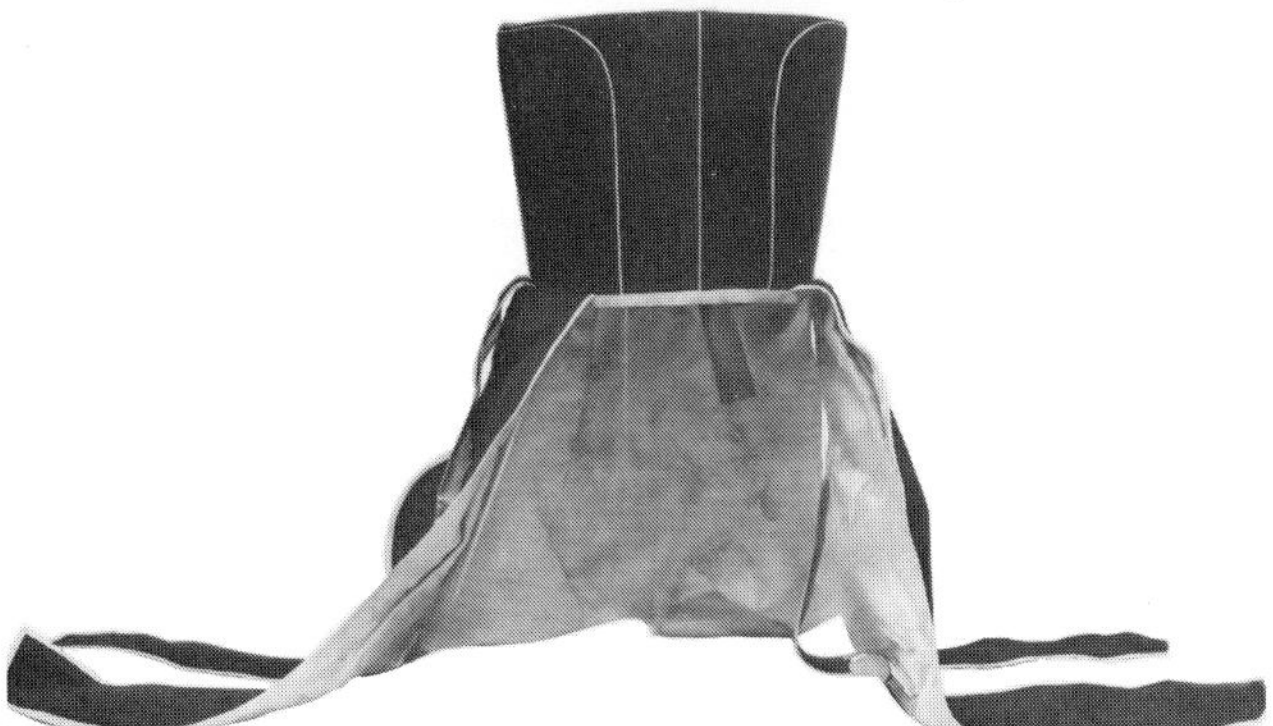
誌公帽子（現在使用中）

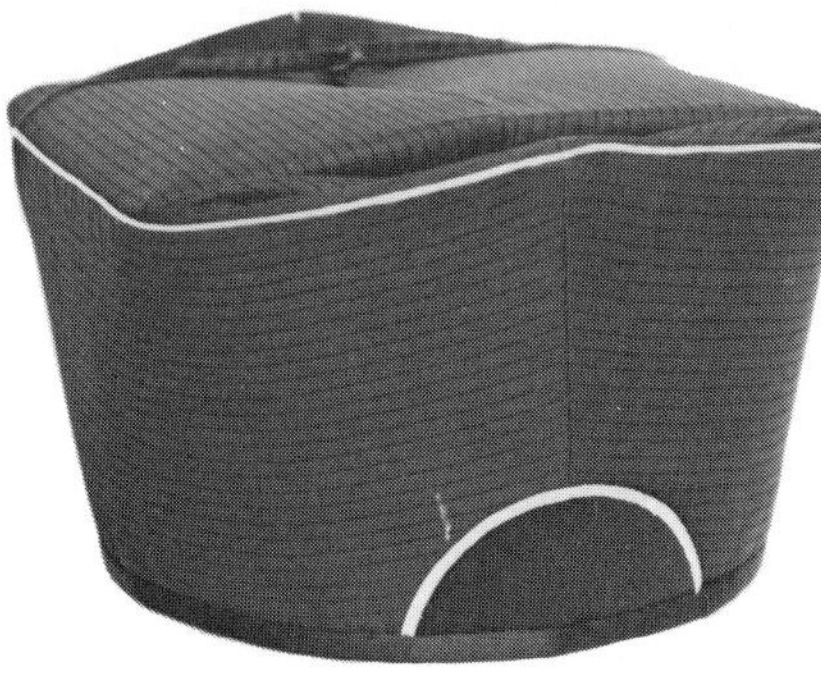
唐帽子（明治以前に使用）

舎利殿における法皇忌風景
中央に誌公帽子を被った管長、前列に色衣をつけた尊宿、後列に四役が並ぶ。

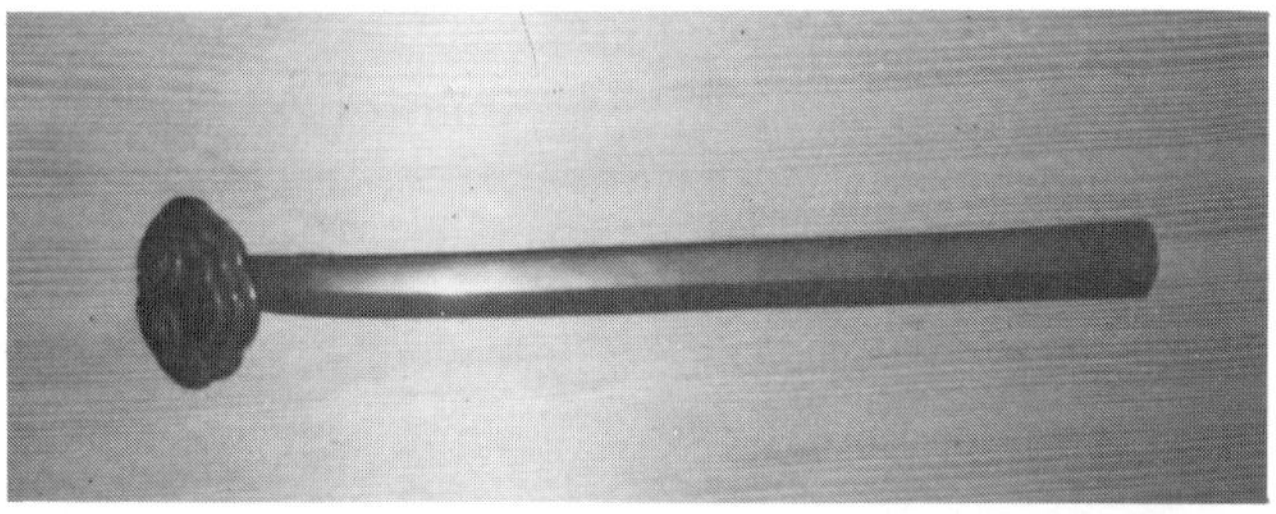

如意

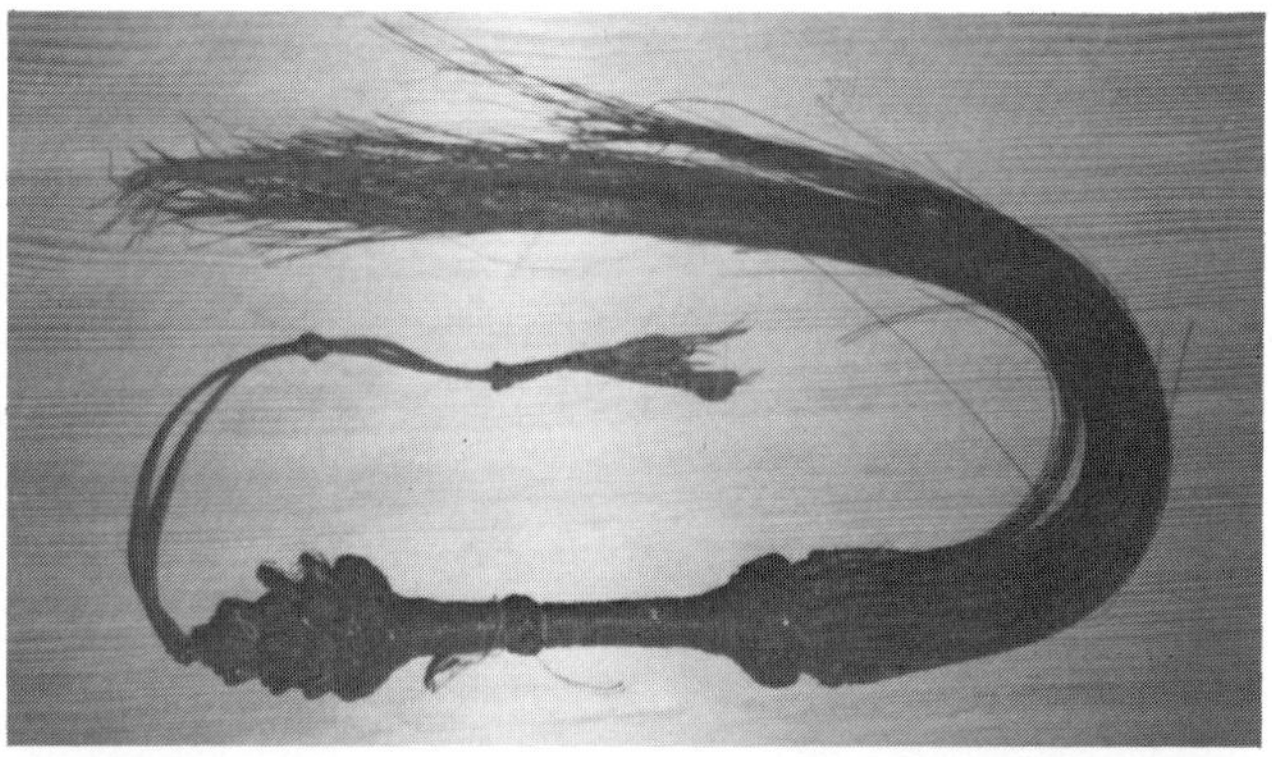

袖爐（持ち歩き手あぶり）

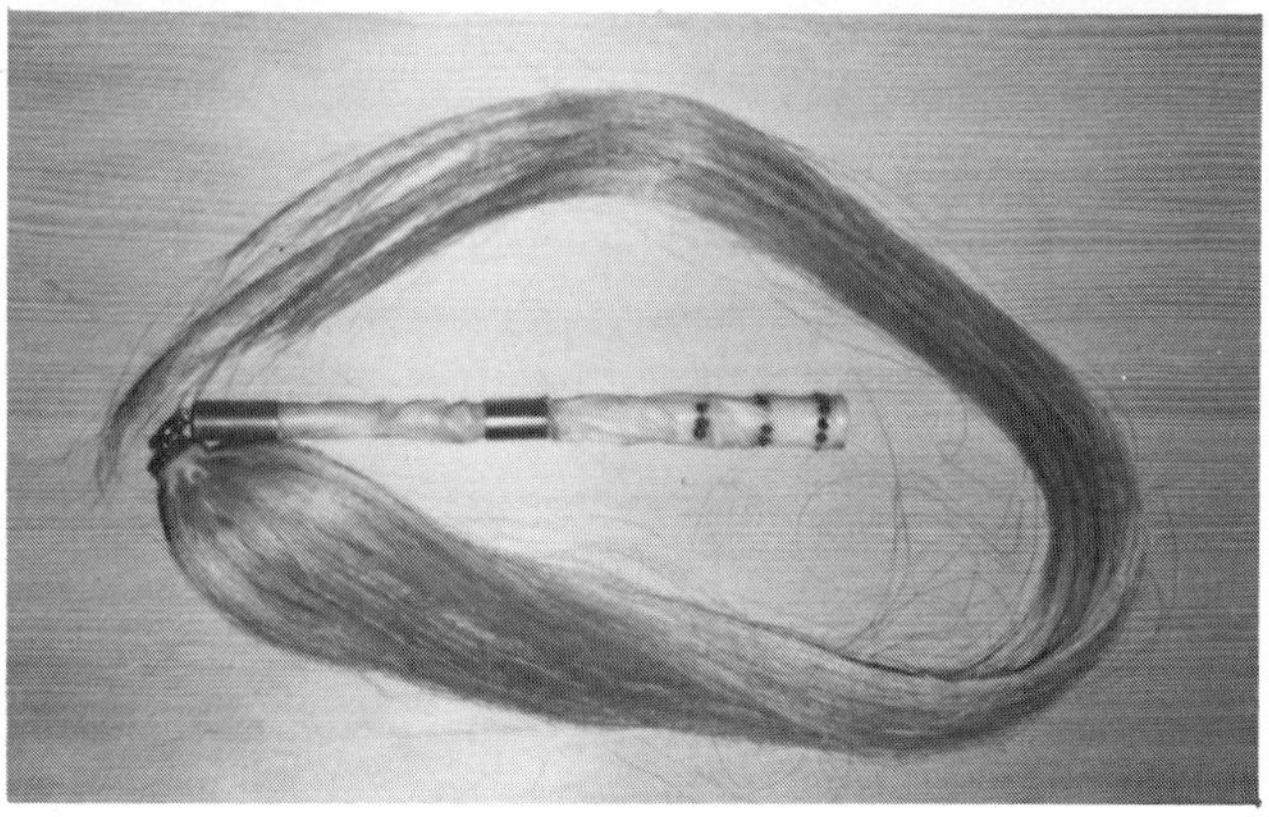

払子（上・隠元禅師所持）

一二　日蓮宗の仏具

一、久遠寺の伽藍と荘厳形式

(1) 久遠寺の伽藍

身延山久遠寺の草創は文永一一年（一二七四）六月一七日、日蓮[※1]聖人身延入山の当年をもって紀元としている。したがって、毎年六月一五・一六・一七日の三日間、身延山においては「開闢大法会」が行われている。文永一一年六月一七日に造られた仮りそめの庵室[※2]は、簡素なものであった。この仮りそめの庵室も建治三年（一二七七）の冬には、柱が傾き、四方の壁はくずれ夜は月の明りで聖教が読めるほどであった。そこで庵室の修復に努めた（定一四一一—以下定とあるのは『昭和定本日蓮聖人遺文』略記）。四年後の弘安四年（一二八一）、中間の応急修復にも寿命がきたのか、ついに建初以来八年目にして改築の必要にせまられた。『地引御書』（定一八九四～五）によれば、一一月一日には先ず小坊と馬屋が造られ、八日には一〇間四間の大坊の柱が立ち、九日一〇日は屋根が葺かれた。この間の七日は大雨、八・九・一〇日は「くもりて、しかもあたたかなる事、春の終りのよう」であった。二三・二四日には大堂の落慶をみるに至ったのである。

伽藍の成立　草庵の生活から八年目にして、大坊・小坊・馬屋などを備えた本格的な寺院の構えが出来あがり、「妙法華院身延山久遠寺」の初期の伽藍をととのえたのである。

『地引御書』によれば、「二十四日に大師講並に延年《えんねん》、心のごとくつかまりて、二十四日の戌亥の時、御所《もと》に集会して、三十余人をもって一日経書きまいらせ、並に申酉の刻に御供養すこしも事ゆへなし」と記してあり、天台大師の忌日の講会は盛大にとり行われたことがわかる。また延年の舞[※3]が奉納され、朝九時頃には三〇人余りの人が集まり写経をはじめ、夜明けの四時頃には無事に済んだことなどがわかる。さらに「二十三日四日は又そら晴て、さむからず。人のまいる事、洛中かまくらの町の申酉の時のごとし」とも述べている。いかに大堂の落慶が多くの参詣人を集めていたかが偲ばれる。

また、『地引御書』には、日蓮聖人は大師講を文永三・四年（一二六六・七）頃からはじめていると記されている（定四五八）。聖人にとって大師講は重要な布教機会であった。おそらく月に一回、大師の命日の二四日には、弟子・信者の回り番としてとり行われていたであろう（定四四〇）。大師講には、天台大師の御影もしくは木像を安置し、読経や談義をもって教義を深めることを目的とした。

したがって、庵室から大堂で行われた大師講の御宝前には、伊東流罪のおり感得した立像釈尊、法華経巻を本尊とし、香炉・燭台・花瓶などの三具足は、当然のことながら荘厳具として備えられていたと考えられる。それは建治三年（一二七七）三月に、池上兵衛志殿の女房が仏器を「尼御前大事の御馬にのせ」て聖人のいる身延に届けている（定一二九三）。馬の背にのせて運ぶほどの重量ということからして、三具足を含める仏器と考察できる。

※1　「文永一一年五月一二日相州鎌倉を出でて、六月一七日より此深山に居住」（定一五六二）とあり、※2「この山のなかに、木をうちきりて、かりそめにあぢち（庵室）をつく」（定一四一〇）った年月日をもって草創紀元とする。仮りそめの庵室は、柱一二本（定一四一一）、棟の高さ七尺（定一七四〇）、しかも「木の皮をはぎて四壁」（定一七三九）とする簡素なものであった。

※3　弘安四年（一二八一）一一月二四日、身延山久遠寺落慶式の日に大師講と共に行われたのを初めとする。『小山茗話』（要敬日幹著）には、当時の舞人は、経一磨、亀寿麿や中老僧などで、舞は、大衆舞（開口・移・倶舎・松請・柴灯・畑送）、児舞などが行われたことがうかがわれる〈日蓮宗事典より〉。

久遠寺大客殿

久遠寺祖師堂・右奥は御真骨堂

久遠寺仏殿

久遠寺祖師堂の堂内荘厳

身延居住の日蓮聖人は、「庵室は七尺、雪は一丈、四壁は氷を壁とし、軒のつららは道場荘厳の瓔珞の玉に似たり」（定一七四〇）と述べているように、自然そのものが荘厳具であった。

日蓮聖人滅後、聖人の御遺骨は遺言により、草庵（大堂）の北に葬られた。御廟の守護は上足の六老僧外一二人の弟子たちによる輪番制であったが、各地で布教の戦陣をつとめる僧から不便との声が出はじめ、日向を第二祖と定めた。身延山久遠寺住職制度のはじまりである。爾来歴代の住職（法主）が祖廟守護の大任を果たし今日に至っている。

身延山には祖廟を中心にして坊舎が散在していた。しかし、諸国から参詣者がしだいに増し堂宇も狭くなり、第一一世日朝（一四二二―一五〇〇）は、文明七年（一四七五）に西谷から現在地に堂宇を移したのである。

江戸初期には、二〇世日重、二一世日乾、二二世日遠の三師の努力によって、身延山の教勢はますます伸展した。諸大名や武家の帰依もさかんとなり、建造物も整備され、第三一世日脱の代には山内に三六ヶ坊が建立され、三二世日省、三三世日亨の三師の時代には更に隆盛をきわめ、正徳二年（一七一二）には一三三ケ坊を数えるに至った。

しかし、文政四年（一八一一）八月九日の夜出火して、御廟八角堂および拝殿を焼失した。身延山大火のはじめである。翌年、江戸の相磯勘兵衛の寄進をもって、八角堂（三間一尺・四間）・御供所（五間半・四間半）の再建をみた。

文政七年八月二七日、再び大火※4が身延山を襲った。当日は大雨にもかかわらず、本堂・祖師堂を始め一三棟を焼失した。時の第五五世日湜は、翌八年正月に祖師堂（二〇間四面）の再建を発願するものの、再建成就したのは三代のちの五八世日環の代である。

文政一一年（一八二八）六月三〇日には、大風雨の洪水により堂宇を流失し、翌一二年九月六日には身延山歴史上未曽有の大火災※5が襲った。五重塔より出火した火焔は大方丈・小方丈を始めとする二八棟を灰燼と化した。第五八世日環は江戸に出開帳を行い、復興の浄財の勧募につとめ、二年後の天保二年（一八三一）の日蓮聖人第五五〇遠忌までに堂宇の再建を整えることができた。

身延山の第一期、第二期伽藍復興時代　この第一・第二期の再建復興は、元禄・正徳期の輪奐とその美には及ばなかったが、伽藍の数と施設はほぼ充足するに至った。

ところが、明治の廃仏毀釈の嵐もふきやまぬ同八年（一八七五）一月一〇日、身延西谷本種坊から出火。諸堂の棟数一四〇、支院一二、町家八〇戸、日蓮聖人の主著『開目抄』「佐渡始顕の曼荼羅」等を焼失し、空前の大火災に遭遇した。時に日蓮聖人第六〇〇遠忌を六年後に控えていたのである。

第七三世新居日薩は直に復興再建に着手した。このとき日薩は日蓮宗初代管長の要職にもついていた。そこで日薩は、金沢の立像寺の私塾「充治園」で共に学んだ吉川《きっかわ》日鑑を身延に招き、「この復興事業と管長職とは我れ一人の能す所ではない。為宗為山、両者の中、卿その一を選び給へ」というと、日鑑は「余が鈍才、両者とも其の任ではないが、強ひて之を為さんが衲《わし》は身延の山中にあって復興に従事せん」と応えた、という。

日薩は東京で管長職に専念し、日鑑は翌明治九年一二月六日、第七四世に晋み、復興再建資金勧募のため全国に巡教の旅に出た。現在の身延山久遠寺の伽藍と荘厳具等はそれからのものである。そこで、祖師堂・仏殿・御真骨堂の三つをみてみることにする。

(2) 祖師堂・仏殿納牌堂・御真骨堂・大堂の荘厳

祖師堂《そしどう》　間口一二間、奥行二〇間。明治一四年（一八八一）に建立。堂内は朱塗に金箔、天蓋・幢幡・釣燈籠・水引等の荘厳具。特に宝龕《ほうがん》は一丈八尺四寸ある。中央の宮殿には、日蓮聖人の尊像を奉安している。おまつりしている日蓮聖人像は、かつて彫刻の技に秀でた中老日法が身延山中の霊木をもち、一刀三礼の式にのっとり心血をそそぎ刻まれたものであったが、傷みもひどいため、昭和五四

※ 日蓮聖人身延居住の庵室

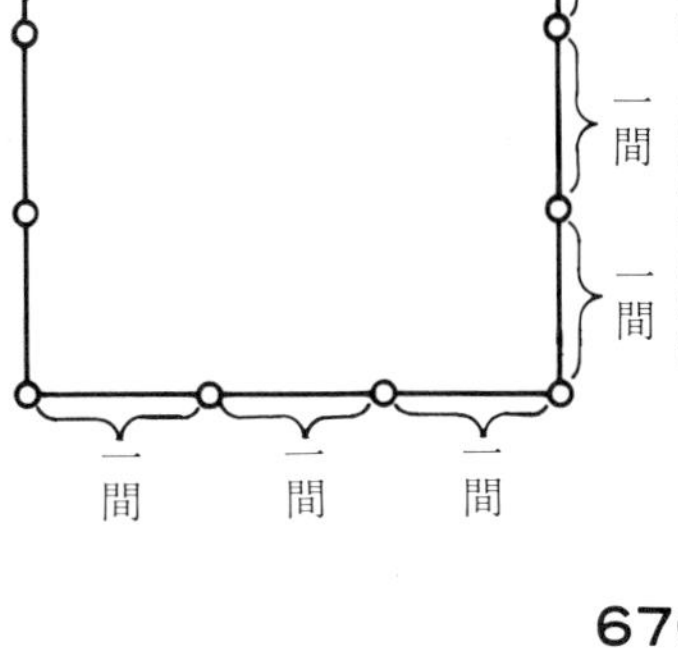

※ 祖師堂内陣図

※4　本堂・祖師堂・位牌堂の三大堂の外、二天門・開基堂・鐘楼・鼓楼・二重塔・灯主堂・万灯堂・上行堂・舞台・同楽屋・番所・接待所・作事小屋・廊下五ヶ所等の一三棟を焼失した。

※5　五重塔より出火した火焔は大方丈・小方丈・会合所・経蔵・御真骨堂・中央拝殿・古仏堂・位牌堂・書院・学問所・休息所・茶之間・大庫裡・新土蔵・御霊屋・永守社・霊宝蔵・拝殿・表門・番部屋・通木橋・湯呑所・浴室・廊下等の二八棟を灰燼と化した。

昭和56年10月24～26日，祖師堂で行われた「日蓮聖人第700遠忌宗門法要」中央は金子日威管長（大導師）〈身延山久遠寺提供〉

上：祖師堂拝殿正面の大額「棲神閣」右：祖師堂内陣虹梁の勅額「立正」

祖師堂内陣右側の本願人席高坐側面

祖師堂内陣の荘厳

年四月、文化勲章受賞者・沢田政広作のものに換えられた。内陣虹梁には、昭和六年に今上天皇より賜わった「立正」の勅額が輝いている。宮殿の左右には、日蓮聖人の慈父「妙日尊儀」、慈母「妙蓮尊儀」の霊牌と、日昭・日朗・日興《にっこう》・日向《にこう》・日頂・日持の上足の弟子六老僧像が安置されている。拝殿正面の「棲神閣《せいしんかく》」の大額は、久遠寺第七四世日鑑の筆である。この意味は日蓮聖人の「いづくにて死に候とも、墓をばみのぶ沢にせさせ候べく候」との言葉をうけ、聖人の魂の棲む御堂ということである。したがって別名を棲神閣ともいう。

仏殿納牌堂　間口八〇尺、奥行八七尺。第八一世日布が、昭和六年の日蓮聖人第六五〇遠忌報恩記念事業として発願、昭和三年五月起工、同六年四月に竣工した。建築資材はすべて身延山中の木を使用したという。本尊は南無妙法蓮華経の首題塔を中央にして、左右に釈迦牟尼仏・多宝仏、一段下って上行・無辺行・浄行・安立行（一塔両尊四士＝六七六頁・日蓮宗の本尊の解説を参照）等の四大菩薩。荘厳具は天蓋・幢幡。両翼の納骨納牌堂は回廊の部間口一五尺、奥行二一尺。楼閣の部左右とも間口二一尺、奥行二一尺。

全国の信徒より納骨（分骨）安置されている数は、永代一万五千体、その外に三万五千体（月拝）という。身延の納骨のはじまりは佐渡の藤九郎守綱が亡父阿仏房の遺骨を納めてからである。

御真骨堂　日蓮聖人の御霊骨を安置している御堂で、拝殿は間口・奥行とも五間半、向拝二間半、縁側四方、銅瓦葺。御真骨堂は徳川家康の側室お万の方の外護によって、三間半四方の規模で建立された記録が初見である。御真骨堂はもと現在の水鳴楼付近にあったが、明治八年の火災後、旧祈禱堂の跡地に建立された。現在の〈御真骨堂〉は八角方五間。建立施主は愛知県下の総信徒中である。明治八年一一月九日に着工し、同一四年三月二一日上棟、翌日遷座、二三日供養を勤修した。中央の四角二重の御真骨の霊塔も総信徒中によるもので、宝龕の蓮華台は古代の玉を刻したもので稀代の重宝。仏天蓋は長崎の長照寺講中の寄付によるものである。中央の水晶の宝龕中に蔵されている白玉こそ、法華経の行者日蓮聖人の御真骨である。

徳川時代の名僧・深草[※6]の元政（日政）は、御真骨を拝し、「なにゆへに　くだけし骨のなごりぞと　おもへば袖に　玉ぞ散りける」と詠んだ。くだけた御真骨は聖人六一年の生涯が、いかに艱難辛苦の生涯であったかと涙なくしては拝することが出来ないとの意である。

拝殿も罹災後、東京池上洗足の御松庵の祖師堂を、御真骨堂の拝殿として寄付されたもので、これもまた祖師堂同様海上輸送され、明治一四年三月に上棟建立したものである。拝殿の「而実不滅度」の扁額は、村雲日栄尼の筆である。さらに拝殿前の玉垣石段石垣は名古屋伝燈講および千人講の寄付により、昭和四年に完成したものである。

御真骨堂においては日蓮宗々定により、全国の寺院・教会・結社の檀信徒等による輪番給仕の読経・唱題の絶える日がない。

大堂　祖師堂の西側隣りには（本師堂）と呼ばれた間口一〇間奥行八間の堂があった。この御堂は明治八年の大火後、旧西谷檀林の講堂を用いたものであったが、昭和一三年に大本願人川端半兵衛の篤志により、一大改修が加えられ、奥殿が新築された。奥殿は桁間四間五尺、梁間二間五尺。昭和一四年五月に竣成した。この奥殿には立像の釈尊像を本尊として安置し、左右に歴代法主の位牌、脇仏間には直檀・大檀那の位牌が祀られていた。しかし老朽化のため日蓮聖人第七〇〇遠忌報恩記念事業に(大堂)の復興計画が推進され、解体をみるにいたった。大堂は昭和六〇年の竣成を目指し、現在急ピッチで進められている。大堂の地鎮式は、昭和五四年五月二六日に横綱若乃花による地固めが行われた。大堂は間口一七間、奥行二六間、総坪数八二五（地下も含む）。御本尊は、現在日蓮宗寺院の約八〇パーセントが「一塔両尊四士」であることを鑑み、同型のものが祀られる予定である。

※6　江戸時代初期（一六二三—一六八）の高僧、京都深草端光寺の開山。号日政、日蓮宗の宗学者・教育者として功績大であり、詩人・文人としても著名。また法華律の法灯を掲げ、三学（戒・定・慧）の分修を実践して、僧道の復興を計り、清浄な教風を樹立した。元政の人格と思想は以後の宗門に大きな影響を与え、倫理的規範として常に語りつがれてきた。

大堂（昭和60年完成予定の模型）上：正面　下：側面

御真骨堂内陣の霊塔

久遠寺法主回忌法要

大持国天王像	多宝仏像（坐像）	南無妙法蓮華経		釈尊像（坐像）	大毘沙門天王像
不動明王像	無邊行菩薩（立像）	上行菩薩（立像）	浄行菩薩（立像）	安立行菩薩（立像）	愛染明王像
大廣目天王像	普賢菩薩像	日蓮聖人像		文殊師利菩薩像	大増長天王像

仏殿納牌堂「一塔両尊四士」本尊図

仏殿納牌堂の施餓鬼法要（身延山久遠寺提供）

二、一般寺院仏堂の荘厳形式と日蓮宗の本尊

(1) 一般寺院の荘厳形式

日蓮宗における仏堂は本尊を安置する本堂[※7]、宗祖日蓮聖人像を安置する祖師堂を始めとして、開基堂・開山堂、そして位牌堂や法華経行者守護の善神を祠る鬼子母神堂・七面堂・大黒天堂・帝釈天堂・妙見堂・三十番神堂・毘沙門堂などがある。普通、本堂を中心に諸堂を配するが、日蓮宗では諸大寺の中心には祖師堂があり、これに並ぶ位置に本師堂《ほんしどう》（釈迦堂とも）が配される。しかし、一般諸寺院の多くは本師堂と祖師堂が一つになっていて、これを本堂と呼んでいる。また諸天も本堂内に安置され、位牌堂も本堂の後拝《ごはい》に当たる部分に充当したり、堂内脇間の一方に配したりする場合が多い。

本堂内陣の荘厳形式　内陣最奥部に①須弥壇を設置し、壇上奥には本尊、その前に祖師像[※8]、その前に経机を置き机上に八巻経[※9]を置く。また壇上に宮殿を設置して本尊・祖師像を安置する形式もある。前部に飲食のための仏器を並べ、また香・華・灯の供養具や打敷で飾ることもある。本尊の上に②仏天蓋を吊し、内陣を画する梁上に水引幕、また内陣の長押に華鬘がかけられている。

内陣の須弥壇前に④前机を置き、机上に五具足を置く。前机の左右には⑤置燈籠が置かれることもある。前机の中央には「当山開山以来歴代諸上人」「総檀方中先祖代々之諸精霊」などの位牌が置かれる（須弥壇上・本尊の前に置かれることもある）。

前机の前には③供物壇[※10]を置くが、だいたい三段式のものが多い。供物壇を置かない場合、供物は須弥壇上の御宝前の前に供される。供物壇の前に導師焼香の⑯焼香台が置かれ、机上に焼香用の香炉と香を置きその前に拝敷を敷く。

僧席の荘厳　内陣の最浅部中央に導師登盤の⑥礼盤を置く。礼盤の前面に⑧経机、右側に⑱磬・磬台、左側に⑲過去帳台に過去帳を置き、礼盤の左側に引鏧を置く。僧席は礼盤を中心にしてその左右に相向かい合うようにして本尊に垂直な形で並べる。導師の上には⑮人天蓋を吊し、その左右に⑭幢幡を吊す。

位牌棚　位牌堂がなく、本堂内に位牌を祠る際には、内陣の両脇の脇間に当たる部分に位牌棚を設ける。中央に「有縁無縁四聖六道法界万霊」の位牌を置き、その両側に「当山開山以来歴代上人」「総檀方中先祖代々之諸精霊」の位牌、その前面や左右に諸檀家の位牌を並べ祠る。位牌棚の前を荘厳供養する具として五具足（三具足）、また飲食用の仏器を置く。さらにその前に経机・半畳ほどの礼盤爪、左側に鏧子、右側に磬を置く。

諸天の祠り方　また、諸天[※11]を祠る堂がなく、本堂に祠る場合も一方の脇間がそれに当てられることが多く、棚を設けて勧請される。一例として鬼子母神を挙げれば、鬼子母神は厨子に収められ、その前に必ず壇鏡が置かれる（壇鏡は鬼子母神のみで、他の守護神の場合には置かない）。壇鏡の左右に幣束を一対置き（幣束は安置する守護神によってその切り方に相伝がある）、その前に三具足が置かれる。棚の前には経机・半畳ほどの二畳台。鬼子母神は祈禱本尊であるから修法師が祈禱する場の上には必ず界縄が張られる。

本堂内の荘厳形式には寺院によって広略があるが、だいたい左頁の図の如くであって大差はない。諸寺院間で大きく異なる部分は本尊の部分である。

(2) 日蓮宗の本尊

法華経寿量品説示の久遠実成の本師釈迦牟尼仏を「本門の本尊」とするが、本堂に安置される際の本尊の形態に統一はない。日蓮聖人遺文に示される本尊の形態は、法華経・一遍首題・釈迦一仏・一尊四士・二尊四士・大曼荼羅等と諸種があるが、具体的に本堂に本尊として造立安置される儀相は、一尊四士・二尊四士・一塔両尊、そして大曼荼羅である。

『観心本尊抄』に示される本尊の儀相は、「其の本尊の為体、本師の娑婆の上に宝塔空に居し、塔中の妙法蓮華経の左右に釈迦牟尼仏・

※7　祖師堂と本師堂とが一つになっているため、須弥壇上の本尊の前には必ず祖師像が奉安される。

※8　宗祖日蓮聖人像のこと。稀に立像もあるが、主に坐像。形式に説法像、読経像とがある。在銘のものとして正応元年（一二八八）、日蓮聖人第七回忌の際に弟子日朗が願主となって造立された池上本門寺蔵の祖師像（重要文化財）が最古。江戸時代には祖師信仰の高揚と共に数多く造立され、現在では、本堂内の須弥壇上の本尊の前に必ず造立奉安される。

※9　法華経一部八巻のこと。経典は仏の声が文字となったものであるから、仏の三二相中梵音声を表すために置く。

※10　向かって左側に水物（菓実など）、右側には乾物類、菓子類等を供える。二段式・三段式のものなどでは上段中央に「総檀方中先祖代々之諸精霊」の位牌が置かれたり（或は前机中央に置かれることもある）、中・下段には三具足や焼香用の香炉が置かれる。

※11　法華経の教えを弘めようとする行者を守護する善神。

その他の仏器　飲食用の仏器・茶湯器、供物用の高杯・三方（四方）などがある。仏器が日蓮聖人在世当時から使用されていた事は、日蓮聖人遺文に檀越から銅製の仏器が送られた記事があるところから窺えるが、それがどのようなものであったかは明らかではない。玉沢妙法華寺蔵「日蓮聖人画像」に一尊四士本尊の前に六器等が描かれているが、南北朝期作の京都妙顕寺五世朗源の福井県本境寺蔵「五大祖師絵曼荼羅」に描かれる仏器は六器等ではないから、日蓮聖人入滅前後頃には六器等の使用があったものと思われる。現在、

鬼子母神勧請の荘厳形式

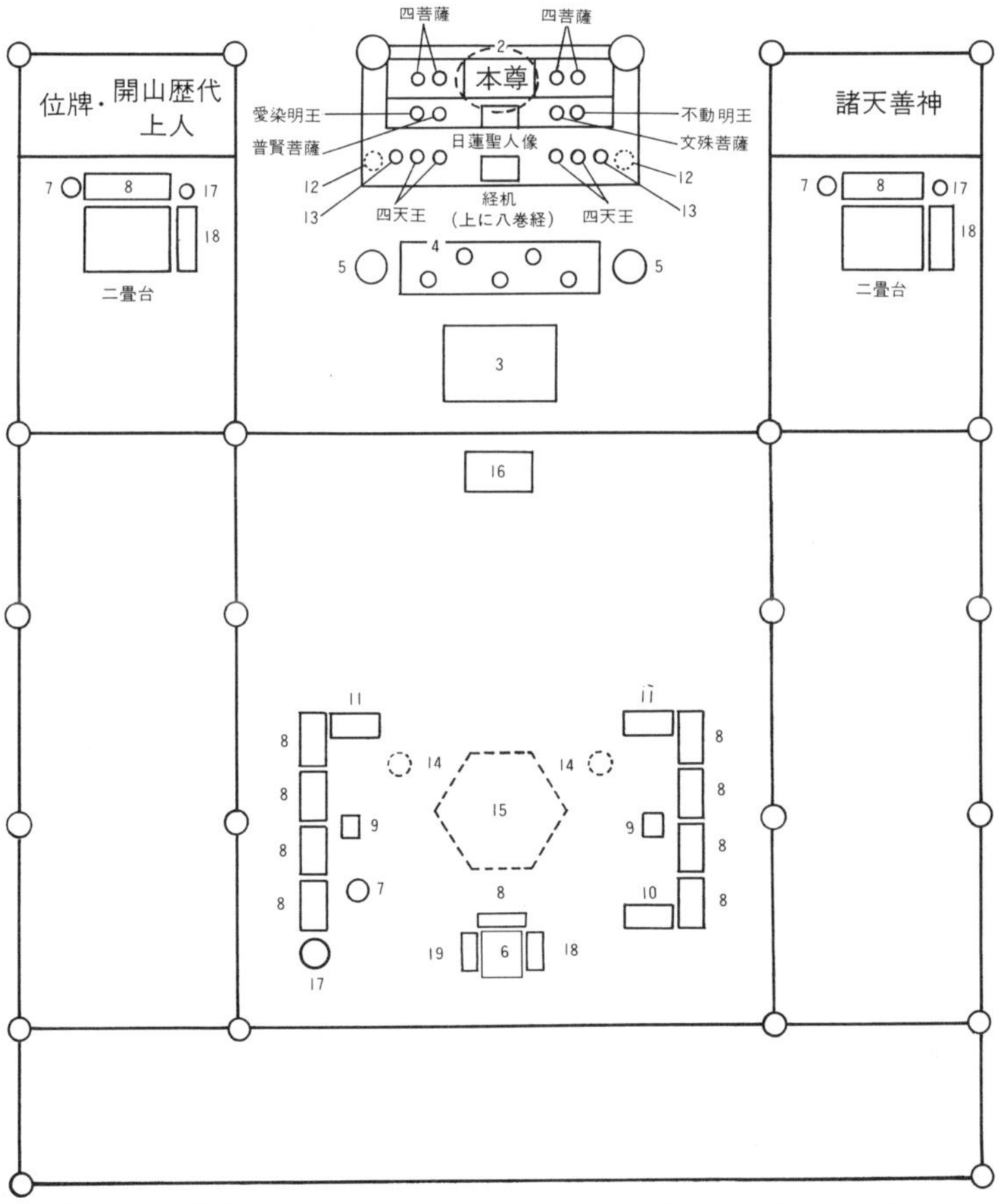

1	須弥壇
2	仏天蓋
3	供物壇
4	前机（机上に五具足、常花）
5	置燈籠
6	礼盤
7	鏧子
8	経机
9	楽太鼓
10	銅羅
11	鐃鈸
12	つり燈籠（またはぼんぼり）
13	置燈籠
14	幢幡
15	人天蓋
16	焼香台
17	木鉦
18	磬
19	過去帳台

一般寺院における本堂（祖師堂）の荘厳図

本堂（祖師堂）内陣荘厳例㈠

本堂（祖師堂）内陣荘厳例㈡

本堂（祖師堂）内陣荘厳例㈢

本堂（祖師堂）脇間の位牌棚荘厳例

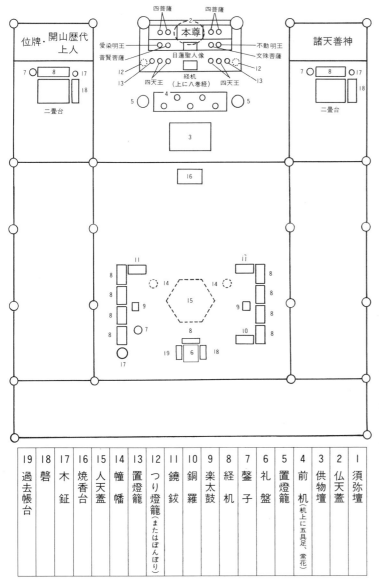

多宝仏・釈尊の脇士上行等の四菩薩、文殊・彌勒等の四菩薩は眷属として末座に居し、迹化・他方の大小の諸菩薩は万民の大地に処して雲閣月卿を見るがごとし、十方の諸仏は大地の上に処したまふ。迹仏迹土を表する故なり」（定七一二―三）と、法華経虚空会の儀相が、述べられている。法華経見宝塔品で宝塔が涌現して虚空にかかると、内より多宝仏が法華経の真実なる事を証明される。分身諸仏が来集してくると、宝塔の扉が開いて釈尊が多宝仏と並坐される。ここから法華経の説会が虚空に移る（虚空会という）。宝塔の内より釈尊は滅後の弘通を勧奨され、それに応えて涌出品において四大菩薩を上首とする、本化の大菩薩が大地より涌出する。寿量品でこの本化の菩薩と釈尊との関係を明かしつつ、釈尊の仏寿の久遠なることが開せんされる。そして神力品で地涌の大菩薩の滅後弘通の発誓をうけて、釈尊は滅後弘通の付嘱をされるのである。この虚空会の説相を図顕したのが大曼茶羅であり、滅後末法の救済の世界を示したものである。

大曼茶羅の書写について　日蓮聖人滅後、大曼茶羅の書写は貫主権の一つとして本山の貫主に限られていた。現在では寺院の住職によって書写され、本堂にかけられることもあるが、日蓮宗では日蓮聖人自筆大曼茶羅一二五幅のうち、弘安三年（一二八〇）三月の「臨滅度時の本尊」（鎌倉妙本寺蔵）をもって宗定本尊と定めている。

一塔両尊（四士）　大曼茶羅の中心部を木像化した本尊。「南無妙法蓮華経」の宝塔を中心に左側に釈尊坐像、右側に多宝仏坐像が配されている。本堂の大きさによって四大菩薩の脇士が加えられ、さらにその前に文殊・普賢・観音等の菩薩や四天王、そして両外側に不動明王・愛染明王が配される。中央の「南無妙法蓮華経」を本尊の尅体とする点で法本尊といえるが、多宝仏によって真実なることが証明された、釈尊の本懐である妙法蓮華経を、四大菩薩に付嘱するという本門八品の儀相を表すから、二尊四士の形態に近く、法仏不二の相を示した本尊である。

二尊四士　本門の教主釈尊と法華経証明の多宝仏が並座し、その左右脇士に本化地涌の上首四大菩薩を配する本尊。法華経虚空会での結要付嘱の相を仏を中心に示した本尊。『報恩抄』に「日本乃至一閻浮提一同に本門の教主釈尊を本尊とすべし。所謂宝塔の内の釈迦多宝、外の諸仏、並に上行等の四菩薩脇士となるべし」（定一二四八）と述べられている。ここでは、二仏並坐していても、多宝仏は久遠釈尊の所従であって、教主釈尊を本尊の実体とし、二仏並坐の二仏と塔外の諸仏、四菩薩を脇士とすることを本尊の相貌とされていて、これを形像化したのが二尊四士であり、未来永劫にわたる釈尊の救済の世界を表現した本尊である。

二尊四士は日蓮聖人滅後まもなく一尊四士と共に早い時期から造立されている。中山法華経寺三世浄行院日祐の『本尊聖教録』に「釈迦多宝二尊像並四菩薩像各一体」（定二七三四）と記録されている。法華経寺には建武二年（一三三五）銘のある二仏並坐像（四菩薩はない）が現存するが、これが日祐の記録に示すものか。

一尊四士　本門の教主釈尊を中心に、その久遠性を顕すため、脇士に四菩薩を配した本尊。『観心本尊抄』に本尊段で大曼茶羅の儀相を述べた後、釈尊の仏格本尊と相応の脇士のあることを暗示し（定七一三）、さらに妙法五字と末法の依師を論述した後に、「此時地涌千界出現して本門の釈尊の脇士となりて、一閻浮提第一の本尊、此の国に立つべし」（定七二〇）と、一尊四士を本尊と明記されている。一尊四士は釈尊の救済を本化地涌の菩薩を通して、末代我等に授与される姿を形像化した本尊である。

一尊四士も二尊四士と並んで早い時期から造立されていて、中山法華経寺の常修院日常の『常修院本尊聖教事』に、「釈迦立像並四菩薩」（定二七二九）、日祐の『本尊聖教録』に「釈迦仏立像並四菩薩」（定二七三三・二七三四）と記されてあり、日興の『与波木井実長書』（宗全二―一六九）、『原殿御返事』（宗全二―一七二）、日弁の『訴状』（宗全一―九〇）、日印の『奉造供養本尊日記』（宗全一―三一八）等に、一尊四士の記録がみられる。また鎌倉時代の作と伝えら

使用される仏器・茶湯器は真鍮製・陶製で、主に正面に「井桁に橘」の紋が入っている。

井桁に橘は日蓮宗宗定の紋章ではないが、日蓮宗を代表する紋である。

※右「井桁に橘」左「日蓮宗宗紋」

1

2

3

1：一塔両尊と諸菩薩・その荘厳

2：一塔両尊　3：一塔両尊（四士）とその荘厳

大持国天王（不動明王）
南無無邊行菩薩
南無上行菩薩
南無多寶如来
南無妙法蓮華経
南無釈迦牟尼佛
南無浄行菩薩
南無安立行菩薩
大毘沙門天王（愛染明王）

大日天大王
第六天魔王
大梵天王
南無舎利弗尊者
南無薬王菩薩
南無文殊師利菩薩
南無普賢菩薩
南無弥勒菩薩
南無大迦葉尊者
釈提桓因大王
大月天王
明星天子

提婆達多
阿修羅王
轉輪聖王
鬼子母神
十羅刹女
阿闍世王
大龍王

大廣目天王
佛滅後二千二百二十余年之間一閻浮提之内未曾有大漫荼羅也
南無天台大師
南無龍樹菩薩
天照大神
日蓮（花押）
八幡大菩薩
南無妙楽大師
南無傳教大師
大増長天王
弘安三年太歳庚辰三月

大曼荼羅図解

大曼荼羅／写真は「臨滅度時の本尊」（鎌倉・妙本寺蔵）

れる玉沢妙法華寺所蔵の、「日蓮聖人説法図」では、一尊四士が描かれていて、日蓮聖人入滅前後頃から造立されたようである。

以上のように、本堂に奉安される本尊形態はだいたい四種あるが、日蓮教団史上、早い時期からこれら本尊が造立されてきたため、また日蓮聖人遺文説示の本尊に諸種あるため、古来より法（首題）を中心とする法本尊か、釈尊を中心とする仏（人）本尊かで論が分かれ、また具体的儀相についても大曼荼羅か、一塔両尊、二尊四士、一尊四士かで盛んに論議されてきた。

日蓮聖人が本尊として弟子や檀越に分け与えられたのは、自らが法華経の説相に基づいて図顕した大曼荼羅であった。これは一面には教団形成期にあって資金の不足や、また仏堂も庵・法華堂といった程度で寺院としての寺観も整っていなかったためでもあろう。しかし、日蓮聖人入滅前後頃から一尊四士本尊が造立され、やがて寺院形態の定着にともない、本尊も大曼荼羅から一尊四士、一塔両尊、二尊四士などの木像本尊が造立されるようになった。ここに、法を中心とした大曼荼羅・一塔両尊、仏を中心とした二尊四士・一尊四士という二つの形態が生じてきたため、それら本尊の関係を説明する必要が生じ、さまざまに解釈されてきたのである。しかし、これら本尊は同体異相であって、矛盾するものではなく、儀相が異なるのみであって本質に異なりはない。

三、仏具の使用法と特色

(1) 荘厳具・供養具

日蓮宗で使用される荘厳具には須弥壇・宮殿・厨子・仏天蓋・人天蓋・幢幡・華鬘・燈籠・水引幕・打敷・前机・帷《とばり》等があり、供養具には香・花・灯などの供養に要する三具足[※12]・五具足、その他の仏具があるが、おのおのの形状や大きさ、色、荘厳など日蓮宗としての宗定はなく、諸宗との異なりはあまりないようである。

須弥壇　日蓮宗では四方壇が用いられている。本堂や祖師堂・開山堂などが別棟になっている大寺は別として、一般に須弥壇上には本尊並に祖師像・開山像・位牌などを安置し、仏天蓋、燈台（あるいは置燈籠）、香・華（あるいは常花）などをもって壇上を荘厳する。

宮殿　須弥壇上に置き、内に本尊や祖師像を安置する宮殿型厨子。内に安置される本尊の勧請形式は、一塔両尊四士（諸尊）の勧請形式外では大きすぎるため、多くは大曼荼羅に祖師像、一塔両尊に祖師像、あるいは二尊四士に祖師像、という形式である。

天蓋　日蓮宗では資料の上からは早くからその名がみられる。日蓮聖人の葬送次第を弟子日興が記した『宗祖御遷化記録』[※13]中の「御葬送次第」に、日蓮聖人の「棺」のあと「次天蓋　太田三郎左衛門尉」とある。室町期の『日蓮聖人註画讃』によれば、太田氏が小型の箱形の人天蓋の支柱を支え、棺の上にかざす様子が描かれている。また室町中期の久遠成院日親著『伝灯抄』には千葉県埴谷の妙宣寺開堂供養の際の描写で「旛・華鬘ヲ懸ケテ天蓋ヲツリナガラ」とある。これらの形状などは知り得ないが、天蓋が早くから堂内荘厳・葬送荘厳の仏具として受容されていたことが窺える。

幡・幢幡　日蓮宗の一般寺院では天蓋を小さくし、幡を六角ないし八角の幢形につくって天井から吊るようにしたものが多い。形式・材質は天蓋と同様なものを用い、一般に中央に天蓋、両脇に幢幡と、対になるように飾られている。

打敷　須弥壇上や前机上の香・花・灯など供養具の下に敷く敷物。壇上を荘厳するものであるから、須弥壇や前机が彫刻や彩色のほどこされたものであれば使用しない。他宗で三角形の頂点が前に垂れる掛け方をする場合があるが、日蓮宗では用いない。

水引幕　内陣梁上に横に長く張り、あるいは四天柱の左右に吊るす三枚の金襴地の水引幕で内陣の正面を荘厳する。華鬘・柱巻房を添え、中央に「井桁に橘」の紋や寺紋の縫取り、華鬘結びをつける。

華鬘　内陣の長押《なげし》などにかける荘厳具。おおむね団扇形をなし、

※12　一般に、三具足は鎌倉末期頃から使われるようになったとされているが、日蓮宗では、日蓮聖人在世当時に使用されていたという確かな文献はない。白蓮日興筆の『宗祖御遷化記録』にも三具足の形態は見られず、鎌倉末期・南北朝期の画像で、玉沢妙法華寺蔵「日蓮聖人画像」、市川浄光院蔵「日蓮聖人画像」、福井県浄光院蔵「五大祖師絵曼荼羅」などでは香炉を中心にその両側に一対の花瓶が描かれていて、まだ三具足の形態は見られない。室町期の『日蓮聖人註画讃』には三具足が描かれ、行学日朝の『元祖化導記』は「香・華・灯」と三具足を思わせ、富士大石寺九世日有の『化儀抄』には三具足の語が見られる。また、保田妙本寺日我の『化儀秘決』に三具足の解説がされているから、室町期にはかなり広く普及していたものと思われる。

※13　日蓮聖人の直弟子白蓮日興が、聖人の入滅に際して、その葬送行列の次第を記した記録。葬送における直弟子・檀越の役割や使用された若干の仏具が窺える。室町期の日蓮聖人の伝記『元祖化導記』『日蓮聖人註画讃』の葬送の項は、この『御遷化記録』に基づいているようであるが、記されている仏具に若干の相違がある。『御遷化記録』に記される仏具らしいものを順に挙げると、幡・香・鐘・華・天蓋であり、『化導記』では幡・鐃鈸・鈴・香炉・華瓶・燭台・天蓋であり、『註画讃』では幡・柄香炉・鐃鈸・小磬子・華瓶・香炉・燭台・位牌・天蓋が描かれていて、時代を反映させている。

宮殿（厨子）とその荘厳

人天蓋・幢幡・礼盤周辺の荘厳

内陣・須弥壇周辺の荘厳

須弥壇上の供養具と荘厳

幢幡・水引

材質に金属や木・牛皮・玉などがある。

三具足・五具足　前机や須弥壇上に置かれる香・華・灯供養具で、おおむね前机には五具足、須弥壇上には三具足がおかれているようである。灯花供養にはロウソク・生花が使われるが、現在では電気を利用した置燈籠や木製金箔押しの蓮華の造花なども利用されている。三具足・五具足の大きさや形に宗定はない。

万灯　日蓮聖人の忌日に修する御会式の時[※14]、講中の人々が中心となって行う灯華供養のための具。万灯は骨を長くして広げた唐笠のような骨組みにし、骨の部分に桜を象どった会式ばなと呼ばれる多くの造花をつけて、柳の枝のように垂らし、柄の部分を提灯のようにして中に灯をつけ、周囲の貼紙には題目や「一天四海皆帰妙法」「天下泰平国土安穏」などの墨書、また日蓮聖人の一代絵図などが描かれている。万灯の起源は、身延山久遠寺や池上本門寺が江戸へ出開帳した際に、それを出迎える講中がそれぞれに名を書いた数多くの提灯を、竿灯のように竹竿に並べたのが始まりと言われている。万灯に桜の造花を添えることは、日蓮聖人入滅の時に庭先の桜が咲いたという伝承によっている。

(2) 梵音具

梵鐘　僧衆の召集の合図、除夜の鐘、時報の時などに打つ。僧衆召集の時は三打、あるいは長打、適宜である。除夜の鐘の一〇八打、時報の時に江戸時代からの時刻の呼称の数の後に捨鐘三下を撞打する。

喚鐘　法要開始用意の合図に打鳴する。その打法に「四十下」[※15]「五十四下」の二法がある。その際いずれも「急調小音緩調大音」といって、小さい音ほど早く打ち、大きくなるにしたがって緩調に打つ。

喚鐘は法要中に打鳴することはないが、特別の法要として池上本門寺で日蓮聖人の忌日に修される御会式では、法要中に打鳴する。日蓮聖人入滅の日が一〇月一三日辰刻であったところから、この日池上本門寺では午前八時から御会式法要が開始され、回向の前に導師を努める貫主の手によって喚鐘が打鳴されるが、打数は適宜。これは日蓮聖人が入滅した時に、弟子の日昭が大衆に知らせるために鐘を打ち鳴らしたという伝承によっている。

鏧　鏧子《きんす》・打鳴《うちならし》・金鋺ともいう。法要の始終、導師の昇降には三打(大小大)、あるいは五打(大大小小大)する。読経の際には、経の品題を読み終わって本文に入ったら三打し、第三打目で式衆は合掌から叉手に移る。読経の終わりには二打(大大)し、第一打で叉手から合掌にもどり、同時に読経は緩調になる。なお、寺院内仏や一般家庭の仏壇にある鏧を「鈴」[※16]と呼び、鏧・引鏧・磬の役目をする。

引鏧　衆僧を導引するため、声明の句頭や式衆の礼拝、起立・着座などの所作の合図に用いる。左手に柄下端を執り肘を軽く脇の下につけて垂直に持ち、桴は紐と結ばれた部辺に右手の拇指と示指ではさむように持って水平にし、桴の片端を引鏧をもった左手の拇指と示指とではさむように持つ。打つ時は右手で桴をもって下から打ち上げるようにする。昭和五四年声明の句頭の手がかりの便を考慮して双調定律の引鏧が考案された。

磬[※17]　導師の右脇机の上に置き、導師が法要の進行に伴って式衆に諸々の合図をするための具。導師は登盤して先ず経筐の蓋をとり、次に磬を三打する。式衆はその第一打を聞いて経筐の蓋をとる（開函三石という）。読経の時は経の品題を読む前に一打し、一品読み終わる毎に一打する。唱題の終わりの緩調に変わる時に一打、終わって一打。回向の前には二打、終わって三打。回向の途中では打たない。但し、回向の趣旨の変わる時は一打するとよい。導師は法要執行中必要に応じて随時に打磬するが、日蓮宗宗定ではだいたい基本的には「導師の発音の前には打磬あり」と心得ればよいとしている。また、磬は導師が打磬するものであるが、特別な法要などで別席に在って役衆の打つ場合もある。

木鉦　日蓮宗独特のもので、読経・唱題の拍子を調えるのに用いる。形は一般には円形であるが、角形のものもある。響きをよくするため中央部が内側からえぐられていて、表面上部の凸部を桴で打

※14　宗祖日蓮聖人の忌日である一〇月一三日を中心に修される法会。古くは御命講・御影講・報恩会などと呼ばれた。会式とは、本来法会の儀式の意であるが、江戸時代には日蓮聖人信仰が高まるにつれ、その忌日の法会も盛大に行われるようになり、お会式と言えば日蓮聖人忌日の法会の式を指すようになった。

※15　打数四〇打、五四打のこと。

※16　小鏧子を鈴と呼ぶが、中世日蓮宗では鈴が使用されていたようである。行学日朝の『元祖化導記』の葬送の項に鈴とあり、『日蓮聖人註画讃』にも小鏧子が描かれている。しかし、白蓮日興筆『宗祖御遷化記録』には「鐘　大田左衛門入道」とある。鐘は「つりがね」の意であるが、もしそうすれば、一人で持すには重すぎる感がある。あるいは小鏧子を鐘と呼んだものであろうか。

※17　日蓮宗での遺品に延元四年（一三三九）在銘磬が山梨県本国寺に所蔵。鎌倉時代末期の作とされる市川市浄光院所蔵「日蓮聖人画像」（水鏡御影）（重要文化財）に磬が描かれており、鎌倉時代末期には磬の使用があったようである。

万灯（池上本門寺）

五具足と常花

礼盤と梵音具

喚鐘の打法

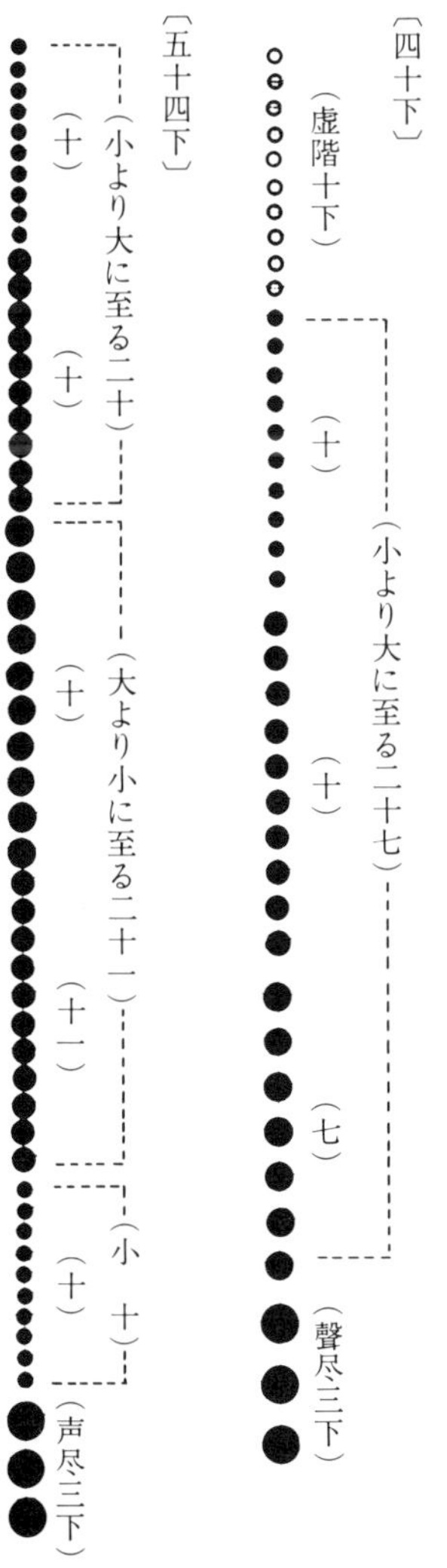

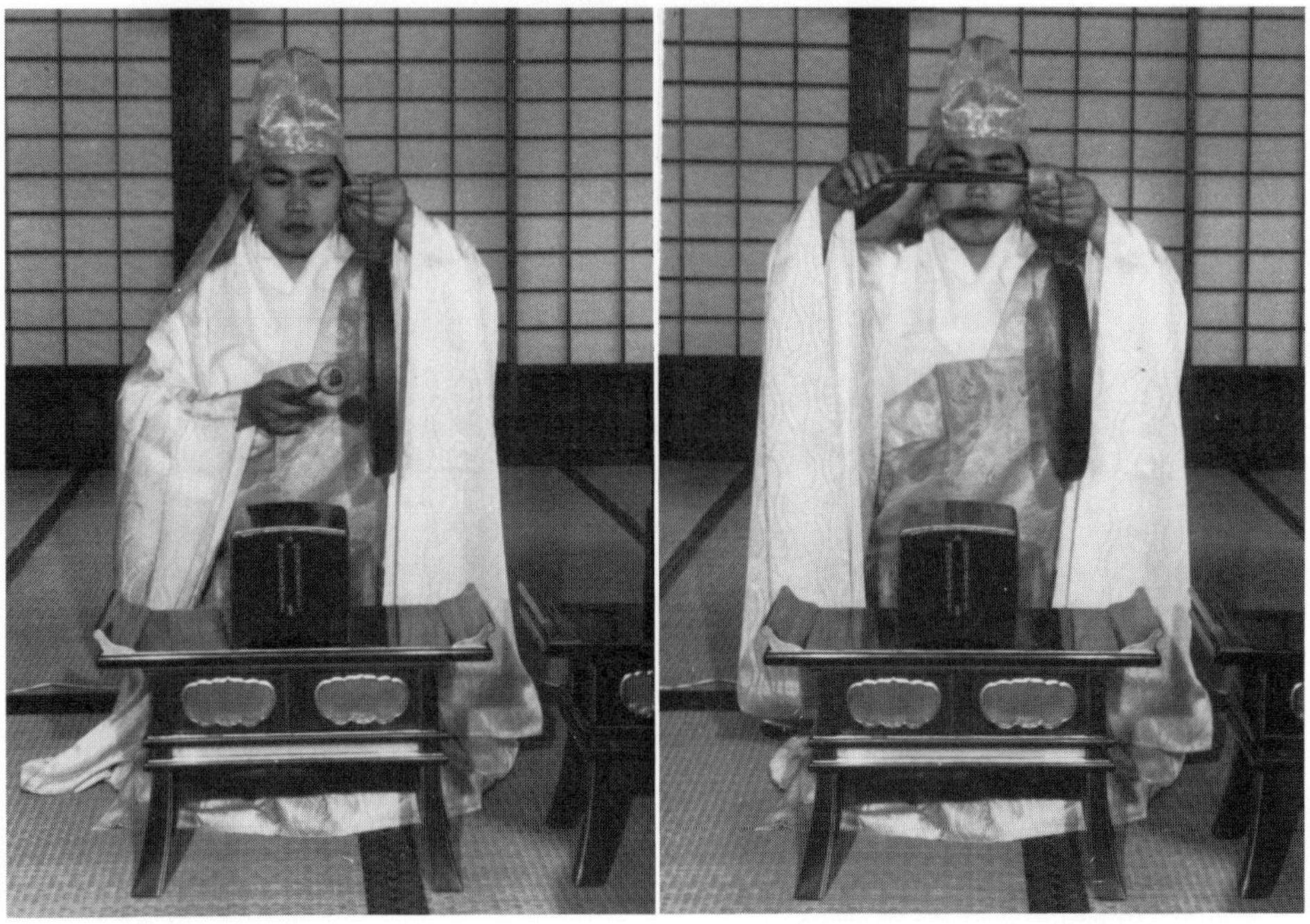

鐃（銅羅）の打ち方

つ。材質は欅、楓、桜などが多く、また花梨、紫檀・黒檀なども用いられている。打ち方は桴を拇指と食指で持ち、他の三指で軽く添え腰のあたりに固定して腕を高く上げることなく手首のみにて打つ。音調は大小高低なく等間隔平均に打つ。祈禱修法などでは、むしろ反動をつけて桴を高く上げて打つ方がよいとされる。

木鉦は日蓮宗で広く普及しているわりに歴史は浅く、その使用は明治以降になってからである。起源は一説によれば新居日薩が孟宗竹の両節をとり、坐りをよくするために下を少し削り、中啓の要の部分でこれをたたいたのがその始まりであるという。現在の型の木鉦ができたのは明治一〇年代の後半頃で、愛知県名古屋地方で伏鉦をヒントにして考案され使用されていた。明治三五年頃には山梨県身延の梅屋旅館主が木工芸の職人に作らせてから身延山内寺院で使用されるようになり、次第に全国に普及していった。木魚のやわらかい響きに比して木鉦は音色が明るく、かたくてはぎれがよいという特色をもつ。日蓮宗の読経は※18『充洽園礼誦儀記《じゅうごうえんらいじゅぎき》』に「音声清朗」「文句分明」と示しているように、清朗な音声で言語爽やかに文々句句をはっきりと朗々と読むものであるところから、木鉦が好んで用いられるようになった。さらにこまかなリズムをきざみやすく修法の際の読経の早読みによく合うところからも、広く使用されるようになったようである。木鉦が考案される以前は木魚が使用されていたが、現在でも木魚は併用されている。

鐃鈸（鐃と鈸）　日蓮宗でいう鐃とは銅羅のことで、桴をもって打ち鳴らす。鈸は双鈸ともいい、本来二枚を打ち合わせて音を出す具であるが、日蓮宗では鈸を回してから打ち合わせるという独自の奏法で修している。鐃鈸は法華経に「若しは人をして楽を作さしめ、鼓を撃ち（中略）鐃・銅鈸・是の如き衆の妙音尽く持って以って供養し」と説かれている。仏を供養するための具で、法要中では散華の時と「呪讃」の後に奏される。

太鼓　法要の際の大衆昇堂を報じたり、食事の合図や時報、また唱題修行の際に用いられるが、主に昇堂太鼓、唱題太鼓として用いられている。昇堂太鼓は一本桴で打つが、打数は定まっておらず適宜。音調は喚鐘と同様に大音緩調、小音急調である。唱題の際の打ち方は地域や諸山寺によって異なり、諸種の打ち方がある。

日蓮宗で太鼓を用いることは、法華経に「鼓を撃って四方に宣令して」とあって大衆に知らしめるためであると同時に、「人をして楽を作さしめ、鼓を打ち（中略）かくの如き妙音を尽く持って供養し」あるいは「諸天天鼓を撃って常に諸の伎楽を作す」と、伎楽供養のためでもあり、唱題に太鼓を打つのは、単にその拍子をとるためだけではない。また日蓮宗の教義で「毒鼓の縁」ということがあり、これは本来、毒を塗った太鼓を打てばその周りにいる人も毒に犯されるという意である。それが転じて唱題修行の際に太鼓を打つことは、遠く大勢の人々に知らしめて菩提心を発さしめるためである。このことは、次の項の、唱題行脚の際に使用される団扇太鼓についても同様である。なお、唱題太鼓は勤行や御会式などの諸種法要にも用いられるが、葬儀・追善法要では用いない。

太鼓がいつ頃から使われだしたか明らかではないが、伝承では文永年間に布教のため太鼓をたたいたのが始まりとされ、それが盛んに行われたと伝える千葉県市川市の唱行寺を「太鼓の霊場」と称している。

団扇太鼓　日蓮宗独特のもので、主として唱題の際に使用され、行脚にあたっては読経にも用いられる。直径一尺（約三〇cm）の円形の枠に皮を張り、携帯に便利なように柄がつけられている。枠は古くは竹であったが、現在は金属製が多い。皮の張りに一枚張りと二枚張りがある。古くは一枚張りのもので、江戸時代の広重の版画「池上詣」「会式風俗」などに、題目講中、万灯講中の人々がこれを手にしている姿が描かれていて、ほぼ江戸中期にはかなり普及していたようである。胴つきの二枚張りは江戸末期頃か、明治初期になって使われるようになったといわれるが、明確ではない。現在では一枚張りの団扇太鼓が多く使われている。唱題行脚の際には「南無妙法蓮華経」と五打点さ

※18　幕末の日蓮宗を代表する学僧、優陀那院日輝（一八〇〇－五九）の著。本尊や道場の厳浄や日常の勤行式次第の所作および心得などについて示したもので、現在の日蓮宗の法要儀式はこれに準じている。

※日蓮宗で使われる鐃

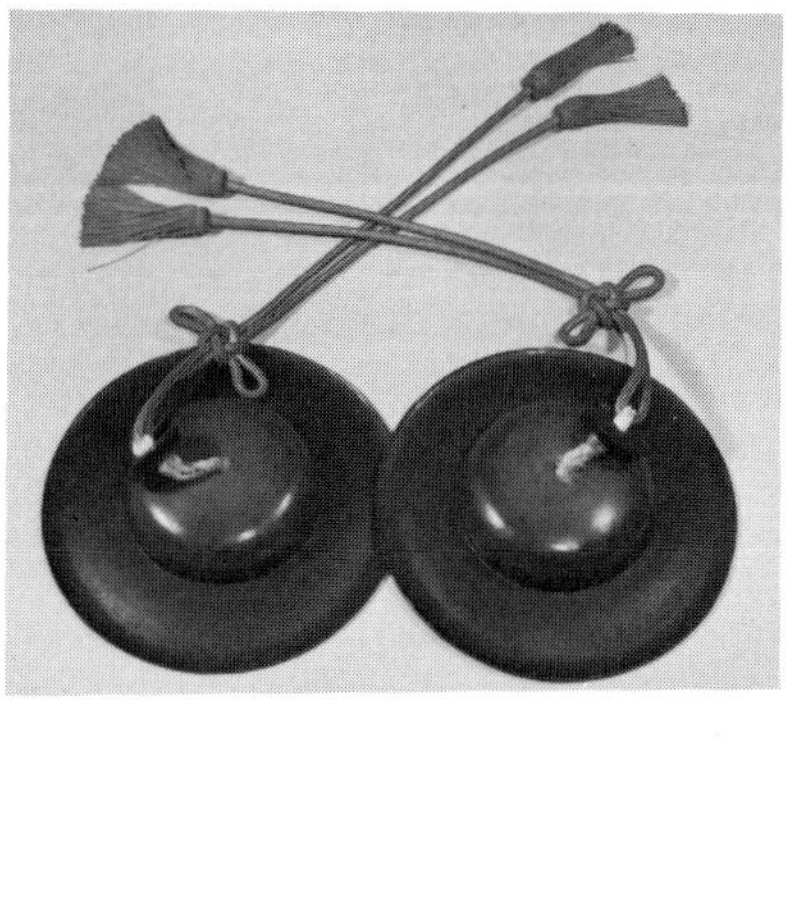

※日蓮宗で使われる鈸

昇堂太鼓

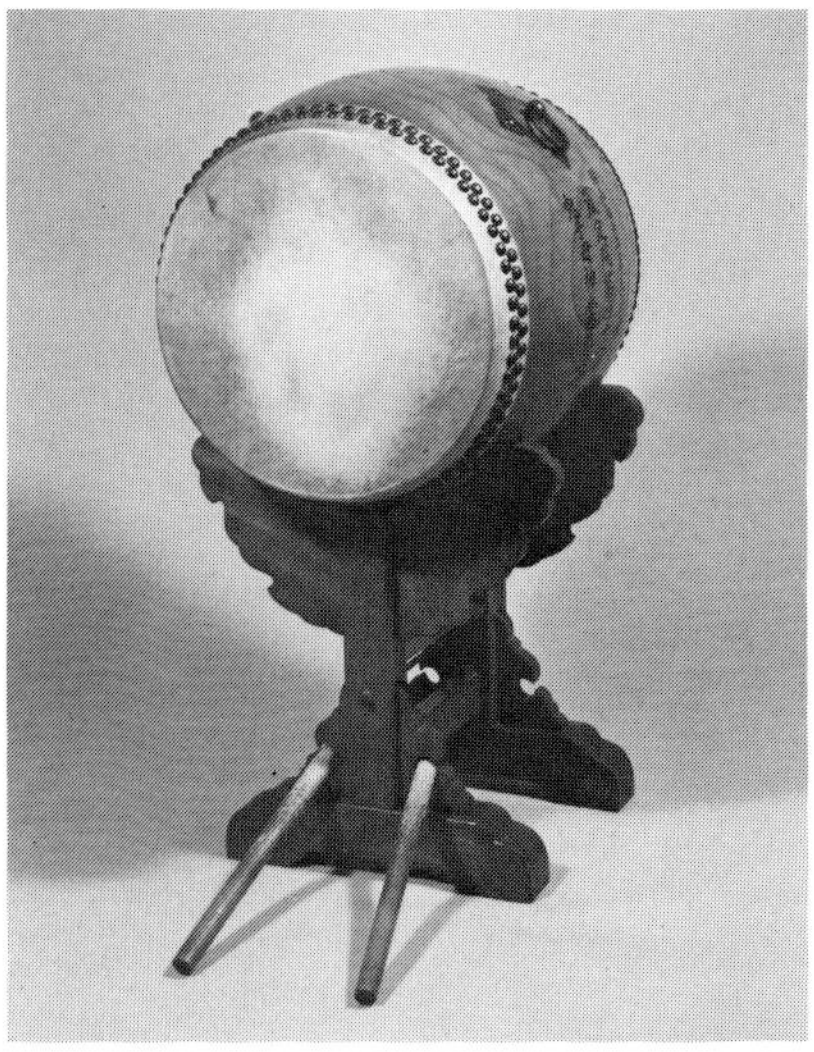

昇堂太鼓の打法

木鉦の打法

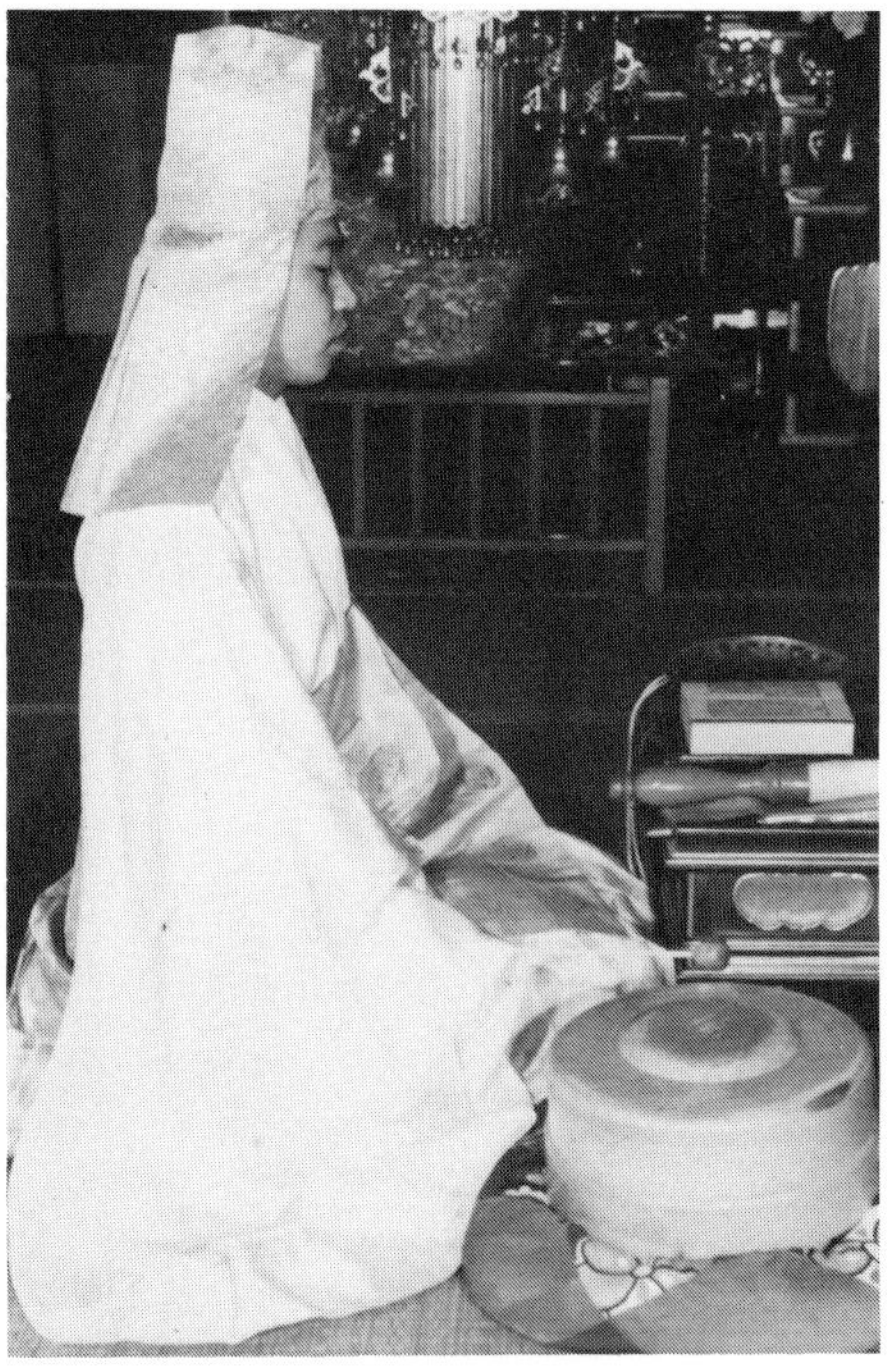

唱題太鼓の打法図　①一本桴で

南無妙法蓮華経
●●●●●

と五打点する法と、②二本桴で

南無妙法蓮華経
・●●●　（右手）
・●●　（左手）

と七打点する法と、③二本桴で

南無妙法蓮華経
●・●●・・　（右手）
・・・　（左手）

と九打点する法とがある。さらにまた③の変形として、④二本桴で

南無妙法蓮華経
・・●・●●　（右手）
・・・　（左手）

とがある。・は弱、●は強音。日蓮宗宗定では②をあげている。

なお、題目を唱えつつ昇堂する際の太鼓は①の打法が用いられている。

団扇太鼓　（右・一枚張り　左・二枚張り）

鈸の打法

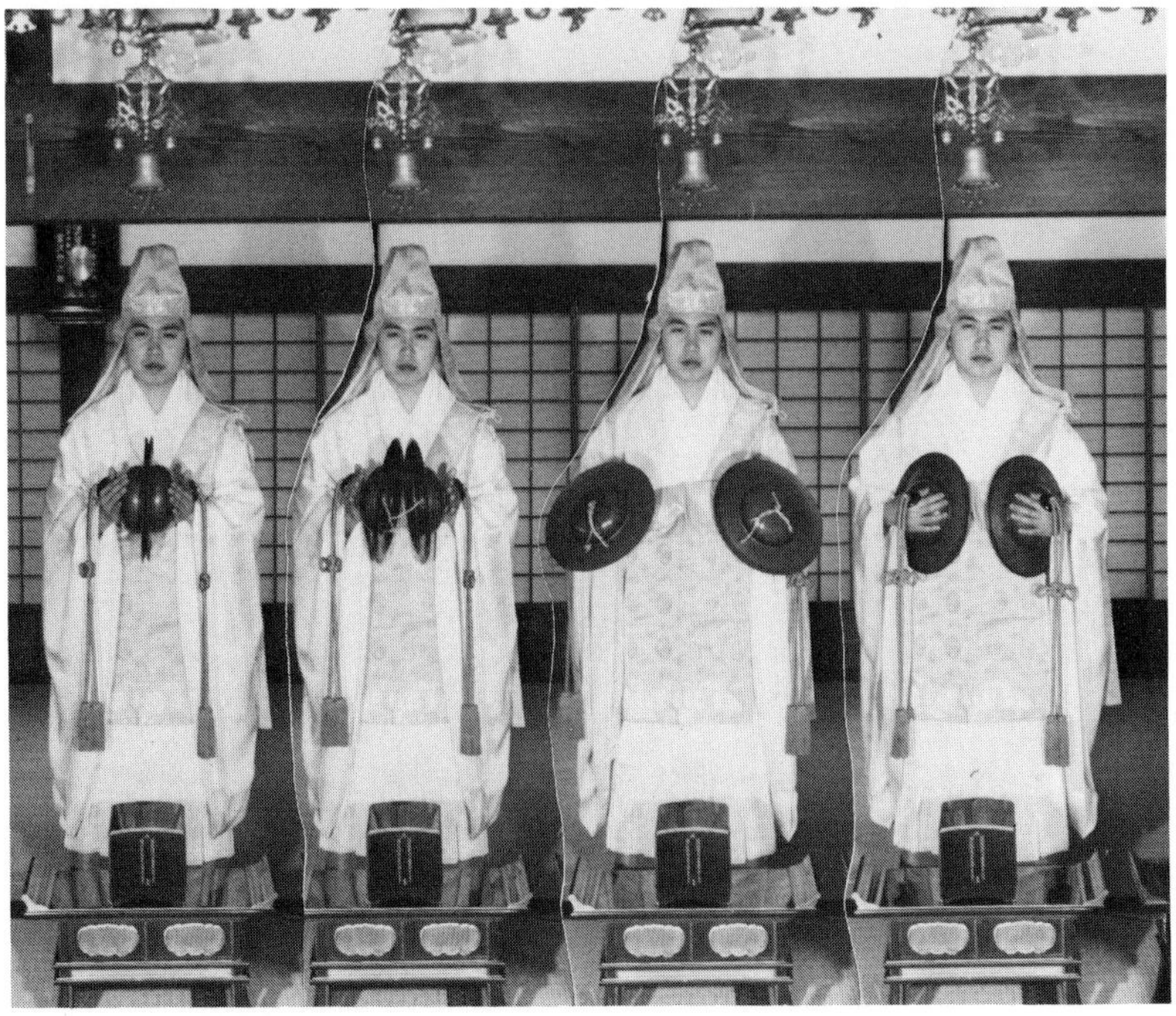

本鈸は二・四・四・三・三・四・四・二・二・四・四・一、略鈸は二・四・四・三・三・四・四・一、更に略すと二・四・四・三・三・一、さらに略すと二・四・三・一である。鐃鈸の打ち方は次の如くである。

鐃　◎　◎　◎　◎　◎◎◎

鈸　●●　●○●●　○●●　●（○印は打ち合わせ不要）

◎は鐃を打つ、●は鈸を回して後に打ち合わす、散華の時は鈸のみで次の如くである。

△欲説法華経　△香華供養仏△●○●△

大哉大悟大聖主△香華供養仏△●○●●△

願以此功徳　△香華供養仏△○●●△△

（△は引磬）

れ、「南無」で桴を大きく挙げて「妙」から打ち始める。題目講中などの題目修行では主に「南無妙法蓮華経」と三打点する法が行なわれている。

(3) 僧具

袈裟　主に五条と七条が用いられ、九条以上のいわゆる大衣はほとんど用いられていない。日蓮聖人着用の袈裟と伝えられる五条袈裟の遺品が千葉県の中山法華経寺、佐渡の妙宣寺に所蔵されている。いずれも小五条で色は法華経寺のものが茜、または木蘭、妙宣寺のものが緇、または青黒であったと推定されている。現在では、僧の着用袈裟の色は僧階によって定められていて、最高位の大僧正は緋色の地に貫白の紋をつけたいわゆる緋紋白であり、沙弥は木蘭色である（左頁の「日蓮宗法服規定表」参照）。七条袈裟には「元政七条」と呼ばれる木蘭色の七条袈裟があり、これは江戸時代に京都深草瑞光寺の元政が好んで着用したところからこの名がある。法要の際、大衆着用の七条袈裟としてよく使用される。五条袈裟着用の際、大威儀・小威儀をともに法衣の肩紐で結ぶが、これは江戸末期か明治初期になってからである。また、道服着用の時の袈裟である折五条は、明治八年に青森県の蓮華寺住職角田堯現が考案したもので、当初は「たたみ袈裟」と呼ばれた。着用の際は左肩から右脇にかける。

法衣　日蓮宗では直綴・素絹・改良服・布教服等が用いられている。袍裳《ほうも》は室町時代・江戸時代作の日蓮画像・日重画像・日遠画像などの諸先師の画像では僧綱領を付けた袍裳姿で描かれていて、江戸時代までは正式の法衣の第一として用いていた。現在では袍裳は使用されてなく、直綴を正式の法衣とし本衣と呼んでいる。色は緋・紫・水色・黒等であり、僧の着用法衣の色は袈裟と同様に僧階によって定められている。最高位の大僧正は深紫または緋、沙弥は黒である。素絹は裾を長く床に引いて着る長素絹と、裾丈を短く切りつめた切素絹とがある。長素絹は特殊な法要のみに用いられ、普通素絹といえば切素絹を指し、短絹・居士衣とも称している。居士衣は街頭布教や唱題行脚などの衣帯としても使用され、色は黒あるいは水色、そのさい袈裟は木蘭。日蓮宗宗定では、礼装して七条袈裟を着用した時は本衣を、五条袈裟を着用した時は本衣または素絹を用いることとしている。素絹と五条袈裟の色の関係は、薄墨色の素絹には木蘭色の五条袈裟、墨色の素絹には木蘭・素紫・紫金・紫紋白・茶金などの五条袈裟を着用、紫素絹には緋金・緋紋白の五条袈裟を着用する例となっている。改良服は素絹の裾の襞を少なくしたり、袖の部分を切りつめたりして日常の行動に便利なように改良したもので、僧の常服としてつくられた。道服ともいう。

布教服・清浄衣　布教服は洋服を着用することの多い現代に便なるように、改良服を更に改良したもので、改良服の袖の部分をとり洋服の上から着用できるようにしたもの。改良服・布教服はともに色は主として黒で、茶色も用いられている。着用袈裟はともに折五条である。また清浄衣といって、寒中一〇〇日間の大荒行堂の加行僧や、遷化僧及びその遺弟僧着用の衣帯としての法衣・袈裟がある。いずれも染色しない生麻でつくり、法衣の形は直綴、袈裟には五条と七条とがある。五条袈裟は加行中の修行僧が着用し、七条袈裟は僧侶の葬儀の際に用いる。

裹頭《かとう》※19　日蓮宗では襟巻ともいう。白羽二重の大幅八尺を二つ折りにして、四尺の重ねとし、その両端を縫い合わせて袖形の環にしたもの。また他に両端が縫い合わされていない首巻があり寒中の日常にも用いられているが、法服ではないから法要儀式では用いない。裹頭着用の時はふちから四分の一ほど中に折り込んで前に垂らす。本来袈裟の上から垂らすのを本義とし、法衣の上、袈裟の下にかけることは、形状は襟巻であってもそれは首巻となって法服ではないから、儀式には用いないとする。しかし実際には本義の通りに行われてなく襟巻も法衣の上、袈裟の下にかけて用いられている。着用の時期は一〇月の御会式から翌年四月の立教開宗会までとしている。なお色は白のみで色物は用いない。

※19　襟巻の称　またその用い方をするようになった時期は明確ではない。室町時代中期、身延久遠寺一一世行学院日朝制定と伝える「身延山年中行事」九月九日の項に「今日高祖御服着更並御裹頭之を進す、（中略）結衆も今日より裹頭、三月晦日まで」とある。室町末から江戸時代初頭作の、京都本隆寺蔵「日真上人画像」、京都妙祐久遠寺蔵「日経上人師弟絵像本尊」、岡山県金川妙覚寺蔵「日樹上人画像」などでは、いずれも頭をつつむ「裹頭」姿で画かれていて、裹頭の使用のあったことが窺える。

日蓮聖人第七〇〇遠忌前会における法衣をまとった僧衆（池上本門寺）

日蓮宗法服規定による僧階と法服表

僧階	袈裟	法衣
大僧正	緋紋白	深紫又は緋
権大僧正	同右	深紫
僧正	緋金紋	浅紫又は白
権僧正	同右	同右
大僧都	同右	白色
権大僧都	茶金紋又は茶紋白	同右
僧都	同右	同右
権僧都	同右	同右
大講師	紫金紋又は紫紋白	水色
権大講師	同右	同右
講師	同右	同右
准講師	素紫	同右
補導	茶色	黒色
沙弥	木蘭色	同右

区分	袈裟	法衣	附装	副具			
				念珠	払子	中啓	座具
礼装	袈裟	直綴	燕尾、指貫または切袴				
	七条	直綴又は素絹	角帽子、指貫または切袴	同上		雪洞	
常服	五条又は折五条	黒色短絹又は道服、布教服		同上			

袴　指貫袴・切袴・略袴などが用いられている。天台宗などで用いられている袍裳着用の際の表袴は、日蓮宗での法服の制には袍裳がないので用いられない。指貫袴は道中で長袴の裾に紐を指し貫いて、足首が隠れる程度に折り上げてはくところからこの名がある。本来、道場では紐をはずして長袴とすべきであるが、現在では括り上げたままで用いられており、本衣・短絹着用の際に用いる。色・地紋については特に定めていない。切袴は指貫袴の形の袴で裾の丈を切ったもの。本衣・短絹着用の際に用いられる。色・地紋については指貫袴と同様、特に規定はない。紫衣緋紋白七条袈裟着用などの時は指貫袴が適当であるが、多くは切袴が用いられ、導師や諸役僧の袴として用いられている。略袴は切袴に準じ、袴腰の飾紐などを省略して簡略化したもので無紋。墨染本衣に木蘭色五条袈裟着用の式衆の時、また道服折五条の略装の時に用いる。

燕尾・角帽子　威儀を整えるための冠物。燕尾は七条袈裟着用の時に用いる。角帽子は燕尾を簡略化したもので、五条袈裟着用の時に用いるが、日蓮宗で主に用いられている。布地はともに茶金欄が主としてつかわれている。元政七条着用の時には角帽子を用い、袈裟と同色同質のものを用いるを例としている。燕尾・角帽子とも前ぶちが額にかかるように冠る。また燕尾・角帽子とも法服の一部であるから、法会のあとなどで冠物をぬいで挨拶するのは非礼で、式場内では決してとらない。

坐具　本来は比丘六物の一つとして身・衣を護り、坐を護るためのものであったが、現在は仏前の礼拝の時の敷物として用いる。日蓮宗ではさばくのに適当な大きさを考慮して長さ三尺三寸二分、幅二尺四寸五分のものが一般に使用されている。起つ時は竪六つ折りにして左腕の袈裟の下に内より外に向けて懸け、着席の時は二つ折りにして膝の下あるいは前へ折口を左にして横に置く。礼拝の時は右手で坐具の角をつまみ、腕よりはずしながら両手でのべひろげ、下部の触分を三つ折にするようにして床にのべ、その上で伏拝する。

珠数　日蓮宗では原則的に一〇八顆の珠数を用いる。これに二つの母珠をつけ、一方の母珠に二房をつけ、それに二〇個の小珠と記子留が一珠ずつ、それに助明(浄明)が一珠つけられる。他方の緒留の母珠に三房、そのうちの二房は小珠五個ずつと記子留が一個ずつつけられている。残りの一房は「数取り」と呼ばれ、一〇個の小珠がつけられていて、記子留はなく、唱題・読経の時の数取りに用いる。母珠から数えて八個目と二二個目に小珠が計四珠入っていて、普通四天珠といわれているが、日蓮宗では四菩薩と称していて、上行菩薩・無辺行菩薩・浄行菩薩・安立行菩薩を指し、二つの母珠は釈尊と多宝如来を指す。

珠質は日蓮宗では水晶を本義とする。三島市玉沢妙法華寺や、鎌倉の比企谷妙本寺に所蔵する日蓮聖人所持の珠数と伝える遺品は、水晶か半水晶である。諸山に所蔵される日蓮聖人直弟の遺品珠数も大半が水晶である。このことから日蓮聖人のそれを直弟たちが踏襲したことが考えられ、日蓮宗で水晶をもって装束珠数とするのはこれに基づくものであろう。形状については鎌倉時代から室町時代末期までは、その現存遺品からすれば、母珠一個のみでそれに房をつけたものであったが、後に改良されて緒留にも小珠や房をつけ、数取りの房も加えられて現行のようになった。

日蓮宗で使用される珠数の種類は、房仕立ての装束珠数と日常使用する普通仕立ての菊房珠数がある。装束珠数には白水晶のみを用いた本装束珠数と、白水晶を半分と他の材質の珠を半分ずつ用いるか、また他の珠のみを用いた半装束珠数とがある。法要の導師をつとめ色衣五条ないし七条を着用する時、あるいは素絹五条着用で中啓を持つ場合などは必ず装束珠数を用いる。素絹五条で雪洞を持つ時、あるいは道服折五条など略装の場合は普通仕立ての珠数を用いる。厳備の法要には導師は本装束珠数を用いるものとしている。

持ち方は、普段は普通仕立ての珠数の場合、二環にして左手首(女性は右手首)にかけ、合掌又は叉手の時は左手の拇指と食指との間にかける。装束珠数は坐立いずれも二環にして房を下にして左手に持つ。特に大きい珠数は母珠を示指の上に置き房を外側にして握る

燕尾・七条袈裟

角帽子・五条袈裟

散華の儀（日蓮聖人第七〇〇遠忌法会・池上本門寺）

裏頭

昭和五六年の御報恩法要（東京・武道館）

ようにする。法要中では勧請・唱題・回向の時には、環の途中に綾をつくり両手の中指の中程より上にかけて合掌する。その際、四菩薩のある母珠の方を右（上位）、数取りのある緒留の方を左（下位）にする。伏拝の時は四指から環をはずし、左手掌上に珠数をのせて頂足する。導師が特別に何らかの合図をする以外、法要中では珠数を摺りならすことはしない。なお、祈禱修法の際に、修法師の持す房の長い珠数（長房珠数）と、木剣と合わせて使用される珠数とがあるが、これについては日蓮宗の祈禱具の項を参照されたい。

扇※20

日蓮宗では、主に中啓・雪洞が使用されている。檜扇は室町末期、江戸初期ごろの日蓮画像・日遠画像・日重画像等に持物として描かれていて、日蓮教団内でも早くから使用されていたようであるが、やがて法衣・袈裟の関係などから次第に使われなくなったようである。中啓は装束数珠で本衣七条・本衣五条・素絹五条などの衣帯の時に用いる。法要儀式全般にわたって主に赤骨の中啓が用いられ、白骨もこれに準じている。黒骨の中啓は僧侶の葬儀の時、遺弟・法類の者が持ち、その際導師・知堂は赤骨でもよいとしている。雪洞は末広の開き具合が中啓の半分ほどの扇で略式のものであるから、素絹五条以下の略装の時に用いる。法要儀式では知堂、引導など動きの多い役僧が便利であるために持つ。

中啓を持つ時は右手で要の部分を持ち、末広の方をやや下げて腰の辺に置き、合掌時や散華の衣裓などの持物をもって所作する時は必ず胸襟に挿す。導師として登礼盤した時は右の脇机、すなわち磬架台に末広を御宝前に向けて磬架と並行して置く。脇机のない時は磬架台の後足に末広を下にして柄をかけて置く。式衆など一般の経席につく場合は、経筐・経本の右に置く。着座および起立の時は要の部を軽く地につけて所作するが、身体の重みを要にかけないようにする。御宝前での礼拝の時には、末広を左にして膝より一尺ほど前に横に、一文字に置く。天童が持つ場合は、左の指で要の部を、右の指でその上の部分を挿み垂直に立てて持つ。雪洞の用い方も右に準ずる。

衣裓《えこく》

『法華経化城喩品』に「各以衣裓盛諸天華」と、諸天が天衣の一部に花を蔵して宮中より仏に散華供養したことが説かれており、これより転じて華を盛る具を衣裓と呼ぶようになった。一般には華籠と称されるが「宗定法要式」では衣裓の称を用いている。古くは竹製であったが、現在ではうすい金属板をたたいて成形し宝相華文などを透彫りした金属製が多い。皿の下部三方に瓔珞を象どったものという飾紐がつけられていて、色は赤・青・白である。持つ時は赤を向正面にし、両手の拇指を衣裓の上にのせ、青紐を左手の中指と無名指の間にはさみ、白紐を左手指で同様にし、両肘を軽く脇につけて胸の高さに持つ。着席の時は右手の中啓の柄で紐の中ほどを左まわりにたぐり、中啓とともに衣裓の縁に載せ、長跪して下に置く。この場合中啓末広の部分は正面に縦すじにする。経机のある場合は紐を手前に垂らし経箱の左側に置く。起つ時は長跪して左手に執り、右手の中啓で紐をたぐって縁におき、起ってから静かに紐をおろす。起立・着席の時に紐の金具が他の具にふれて音を立てないようにする。坐具・中啓・引磬・柄香炉などと共に持つ時は、まず坐具を執り、次いで引磬・衣裓・柄香炉・中啓の順に執る。坐具は左腕に掛け、引磬は左手で柄端を持ち垂直に立て、柄香炉は炉を左にして手前の方に置き、柄を両拇指で押える。中啓は右手で持って末広を斜上にして拇指で衣裓の縁を押えもつ。着席の時は衣裓の紐をさばき、長跪して中啓を右斜前に縦に置き、柄香炉をその内側に、衣裓を左斜前に、その外側に引磬を置き、最後に坐具を展べる。本来、衣裓は法要中散華の前に知堂が式衆に賦し、散華の後に撤すべきであるが、現状は法会昇堂の前に集会整列の際に賦し各人持って昇堂退堂する方法か、あるいは予め経席に賦しておく方法がなされている。

柄香炉

仏前での香供養、礼拝に用いる具で導師が持つが、式衆は懺法会などの特殊な法要以外は持たない。蓮華柄香炉と平柄香炉とがある。説教・法要に蓮華柄香炉が用いられるが、法要中では散華や行道、あるいは衣裓など他の具と共に持つ場合の便から平柄香

※20　日蓮聖人遺文によれば、建治三年（一二七七）一一月、檀越の曽谷次郎入道より身延の日蓮聖人宛に一〇〇本の扇が送られている。時節が冬であるところから涼を取るためとは考えられず、また一〇〇本という数量からすれば、何らかの行事の衆僧の威儀具として使用されたのではあるまいか。この頃には大師講が行われ、庵室の修復がなされ、そうした行事に使用されたものであろうか。

日乗聖人画像（羽咋・妙成寺） 二重の打敷，
高坐上の小磬子・柄香炉等と手には桧扇

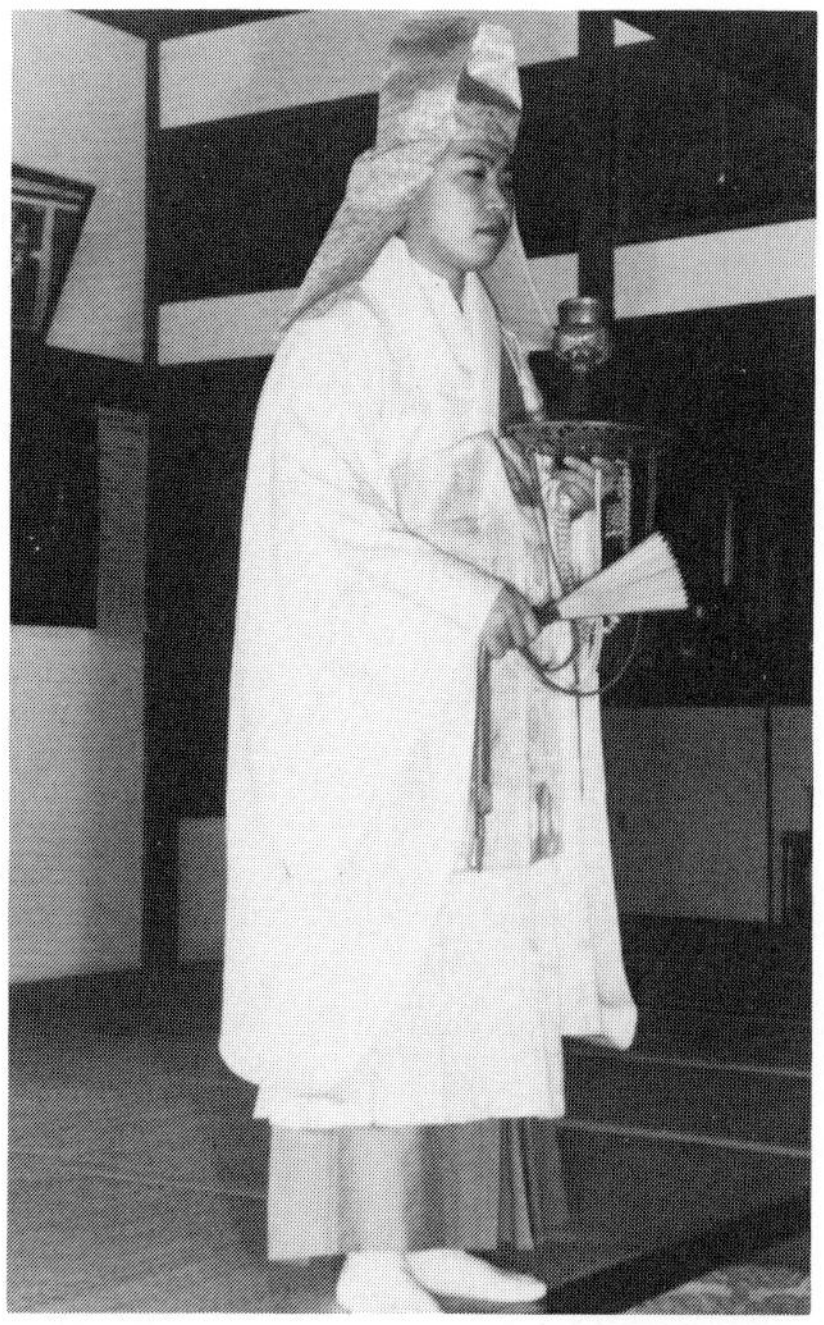

②

①

久成院日相画像（愛知県・法蓮寺）
右手に払子・左手に数珠を持つ

衣裓・中啓・引磬等の着座時の作法①〜④ ④

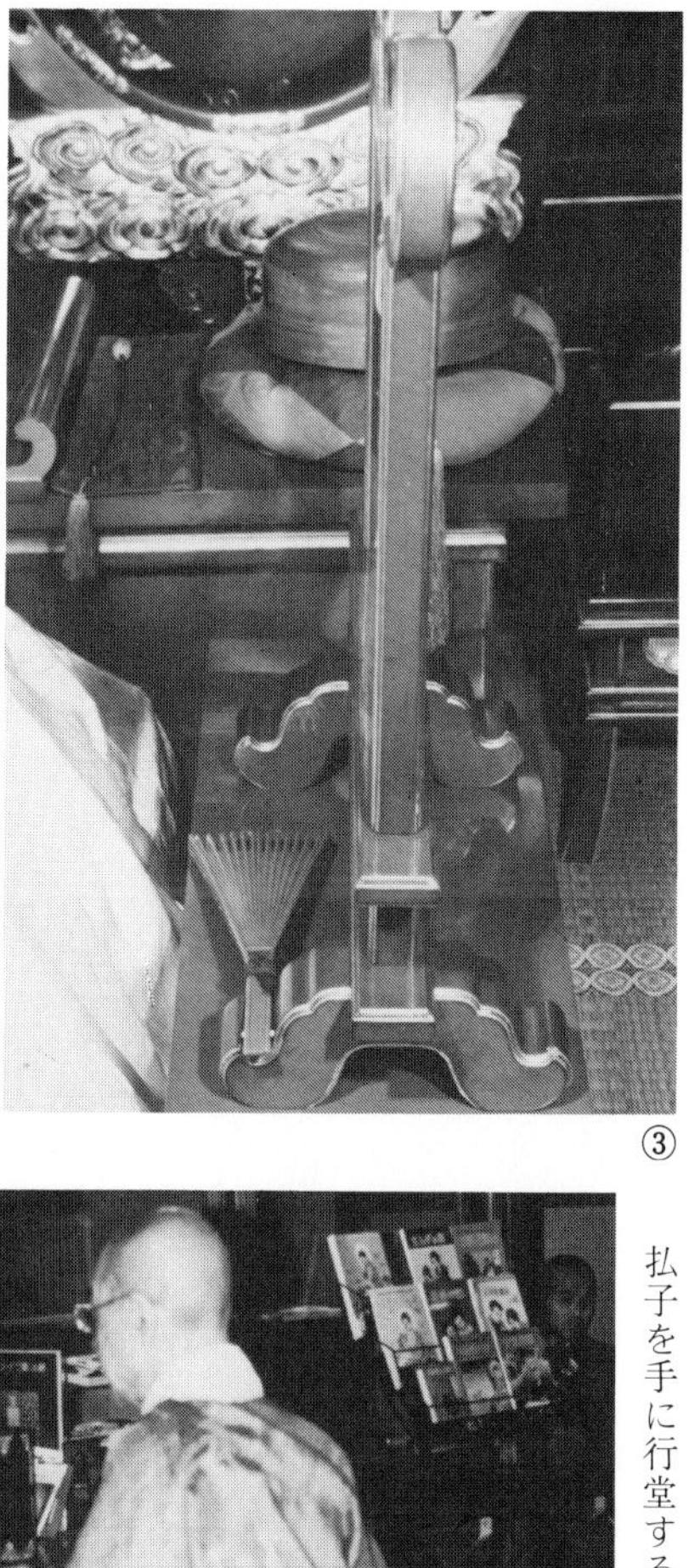

③

払子を手に聖経を読む日蓮聖人画像（身延町本遠寺）

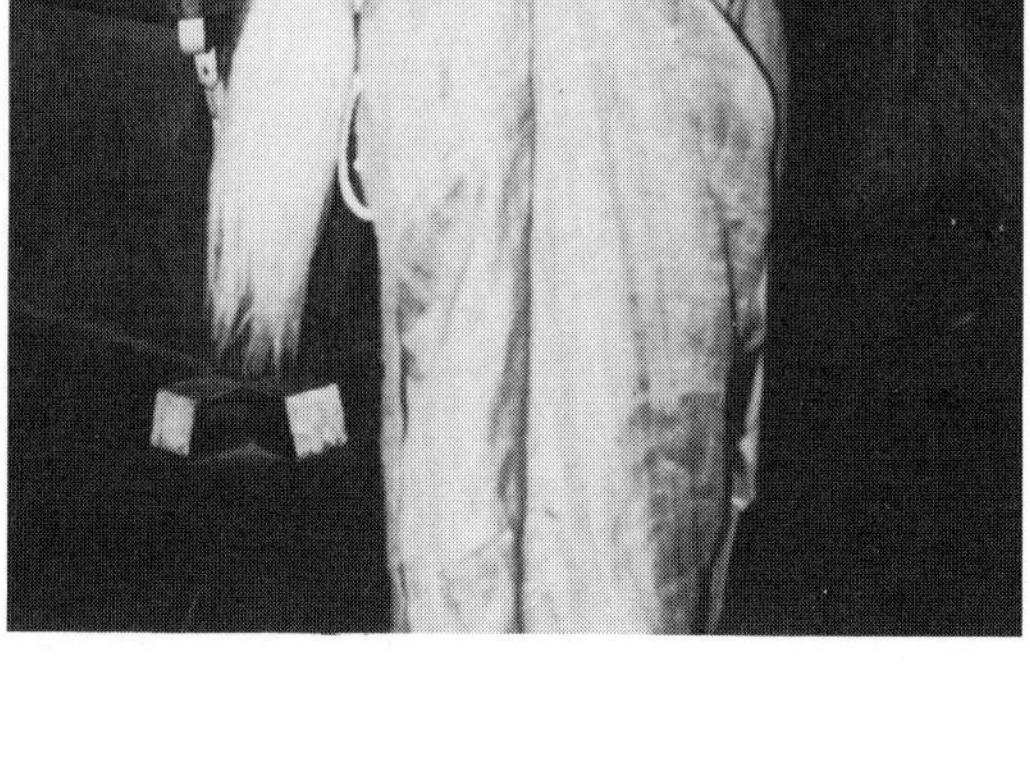

払子を手に行堂する僧（池上本門寺）

炉が主に用いられている。持ち方は、中啓を胸襟に挿し、右手に柄の端を執り、左手で柄の中ほどを支え、炉を左斜前にして胸のあたりに平均に持つ。衣裲・坐具などその他の具をもって焼香・礼拝する時は、衣裲の項に述べたように執持のものを所定の場所に置き、更に柄香炉を執って炉を左にして膝前に置き直し、焼香の後にこれを執って起居礼する。起居礼の時は、柄香炉の炉を向正面に持ち、起立して曲窮低頭し、炉を額の上に捧げ、長跪して柄香炉を所定の場所に置いて伏拝する。昇堂・退堂・礼拝のときは必ず香を薫き、経席では経机の右に置く。高坐説教では説教師は必ず柄香炉を持ち、登高座の時には一旦柄香炉を右脇机の上に置き、着座して衣帯を調えた後、柄香炉を所定の位置に置く。

払子　払子の用い方は、右手に柄端、左手に柄の中辺を執り、左斜めに胸の辺りに持つ。御宝前、あるいは葬儀の際に棺前に至る時は、斜持の姿勢から払子をおこし、一応垂直にして軽く一礼し左手は胸元に置き、右手で先ず左から右へ一振、つぎに右から左へ一振、更に左から右へ一振し、左手を添えて再び垂直にして一礼、斜持の姿勢から焼香机の右上に置き次の所作に移る。礼盤に昇った時は毛を御宝前の方に向けて垂らして経筐の右に置く。払子の振り方は外に右一振・左一振、次に向正面に振りおろす法、また円相を三度描く法もあり、いずれも三振する。これは空仮中の三諦を象徴したものという。

払子が日蓮宗でいつ頃から用いられるようになったか明らかではないが、正応元年（一二八八）日蓮聖人七回忌の際に造立された池上本門寺所蔵の日蓮聖人像は、右手に払子、左手に経巻を持す姿である。また玉沢妙法華寺所蔵の「日蓮聖人画像」にも膝上に払子を横たえて描かれている。このことから日蓮聖人入滅前後頃から用いられていたと考えられるが、日蓮聖人が用いたという確かな文献はない。

なお、池上本門寺の日蓮聖人像に持す払子の毛は、日蓮聖人の母堂妙蓮の頭髪と伝える。

四、祈禱具・布教用具

(1) 祈禱具

木《ぼつ》剱《けん》

日蓮宗祈禱の特色は剱形木剱による修法である。木剱の上に珠数を重ね、祈禱肝文の読誦に合わせ九字《くじ》を切り、妙音を響かせるのである。木剱の歴史は古いが、木剱に珠数を打ち合わせて音を出す加持祈禱の方法は、明治一八年前後に考案されたものと推察される。

木剱を歴史的にみてみると、身延山第一二世円教院日意（一四四一—一五一九）が、文亀元年（一五〇一）に書写した「首題剱形相伝」に写されているのが初見という。

古来、日蓮宗には正中山流（遠寿院流、智泉院流）と身延流（積善坊流）の二つの大きな行場があった。中山では木剱を天台の加持杖、また真言の金剛杵を相融して次第に剣《つるぎ》の形をとった。身延もはじめは「勝軍木の枝」「木の小枝」「桃の木の枝」をもって修法していたが、日蓮聖人の「元品ノ無明ヲ切ル大利剣」という言葉の利剣の形をととのえていった。さらに、中山も身延も木剱に曼荼羅や法華経の要句、諸天の神名等も書き入れるようになった。

幕末頃の[※21]中山智泉院流の加持木剱には一二種類があったが、しかし現在は整理され七本の木剱が用いられている。

日蓮宗では木剱による加持祈禱が許されている者は、毎年一一月一日から翌二月一〇日迄の寒中一〇〇日間、大荒行堂で苦修練行した成満者《じょうまんしゃ》に限られている。この荒行堂で修行した僧を修法師と呼ぶ。または荒行僧、略して行僧という。行僧には一〇〇日間の修行の回数に応じて、初行・再行・三行・再々行（四行）・五行の別があり、それぞれの行歴の回数によって秘法の相伝がある。

木剱相承は、初行僧が至誠に罪障消滅・懺悔滅罪の[※22]自行日課の三五日を過ぎてから相承される。障礙五段退散の修行日課を修した行

※21　幕末頃の中山智泉院流加持木剱

剱形の楊枝	（長）
◦剱形ノ楊枝	一尺八寸
◦加持木剱	八寸
◦魔木剱	七寸又は八寸
◦引取木剱	六寸
◦筒封剱形	六寸三分又は八寸
◦野抓木剱	—
◦咒詛生霊木剱	—
◦死霊木剱	八寸
◦悪鬼神疫病木剱	八寸
◦守木剱	—
◦コウガイ木剱	五寸又は六寸
◦サグリ剱形	四寸

※22　三五日の自行内容

生霊段　一七日《いちしちにち》

初日　通序五十返　十如世雄偈マデ卅三返并二寿量　薬王　神力　普門　陀羅尼品各三十三返　肝文　梵天王—在　諸餘—滅　此経則—不死　是好—此　円頓者右何レモ気力次第

二日　通序百返　十如世雄偈十三返　寿量　神力　薬王　普門　惣持品各三十三返　肝文如上

三日　通序　十如世雄偈　寿量　神力各三十三返　肝文如上

四日　御経三部　寿量十三返　肝文如上

五日　普門百巻　惣持百巻　肝文加上

六日　通序　十如世雄偈　寿量　薬王　普門　惣持各三十三返　肝文如上

七日　妙経壱部　肝文如上

死霊段　一七日

初日　通序百返　寿量百返　肝文　毎自…文　以仏教…文　是人於…文　一者不…以下虫害ノタメ不明

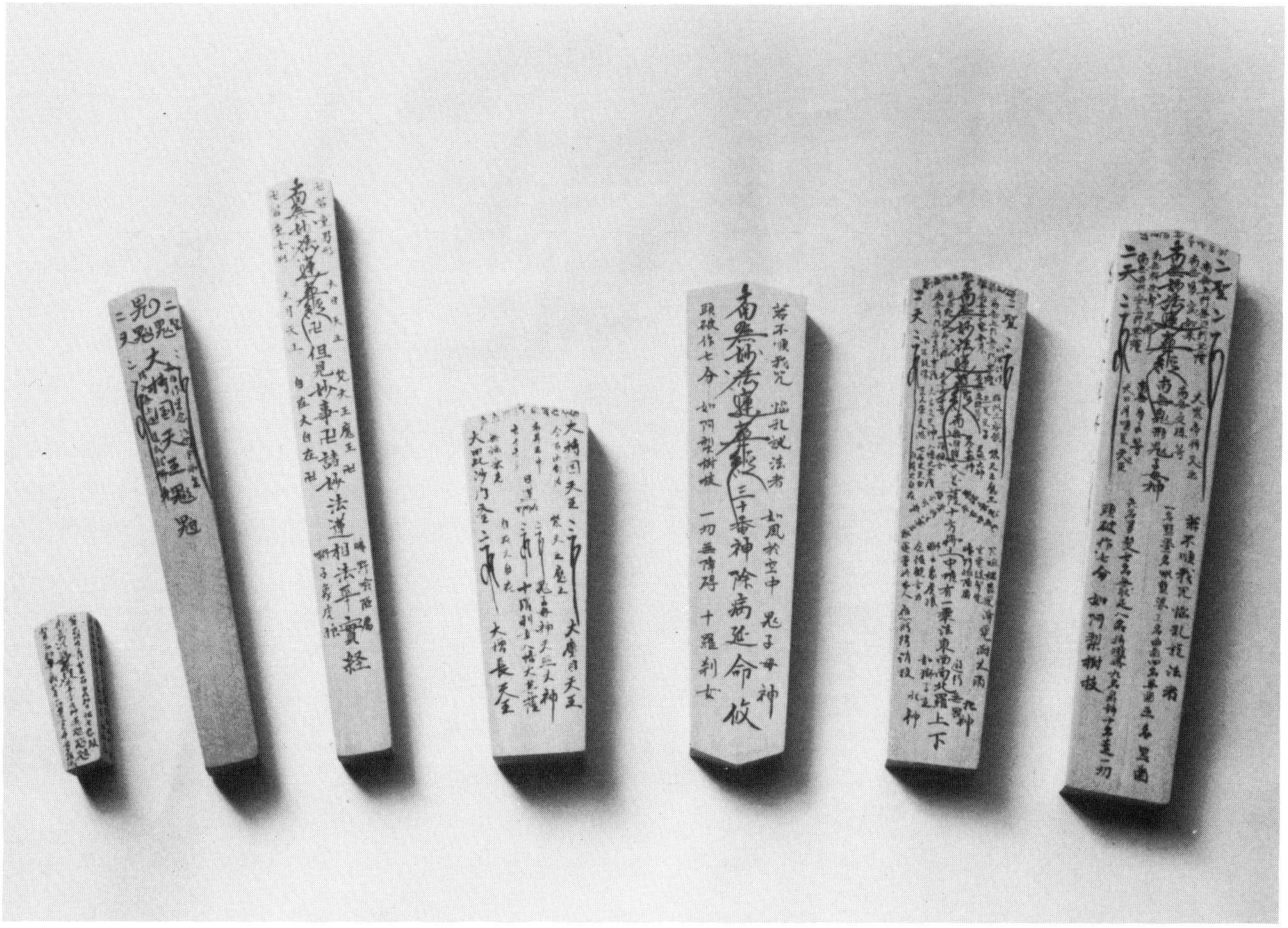

現在使用されている各種の木剱・別名「七本木剱」と呼ばれている。遠寿院23世妙竜院日泰(のち日逞)が使用したのが初めてという。

木剱と珠数

真体木剱

僧にのみ、木劔加持を修法伝師から伝受されるのである。

木劔は九字を切る修法に用いられている。九字の作法は、先ず口に臨と唱え、順次に兵・闘・者・皆・陳・烈・在・前の諸字を誦し、次に四縦五横の線を空中にえがく。この縦横法によって九字を切るとしている。

日蓮宗の九字は、真言密教の「臨兵闘者皆陳烈在前」に対し、「妙法蓮華経序品第一」の九字に当てている。ことに、妙の一字に注目し、妙の字を七画から九画に作って「妙一九字」に切る方法などの独自性をもっている。これは、法華経の序品第一をあげることにより、法華経一部八巻・二十八品（全体）を象徴したのである。さらに、仏・菩薩・諸天善神の守護によって心身を護り、怨敵を払いのける九字の大事には、「令百由旬内無諸衰患・皆於此経宣示顕説妙」を唱える。このほかにも「妙法蓮華経仏所護念・妙法蓮華経諸法実相」の九字なども伝えられている。

もともと九字の九は陽の満数で陽をあつめているところから、陰の邪鬼を摧破するために九字を用いるとされているが、日蓮宗では十界互具・一念三千の根本でもある法華経方便品第二の十如是を当てている。即ち、「相・性・体・力・作・因・縁・果・報」の九字と「等」を合わせて、十字が修法咒文九字の根本としているのである。

木劔は、死霊・生霊・狐著・疫病・咒咀の五段の邪気を秘妙の九字を切ることによって得道退散させる日蓮宗唯一の修法祈禱である。「秘妙五段修練加持」ともいわれている。

界《かい》縄《じょう》

一般には「天符」という。智泉院流では「華索《かざり》」とか「厳縄」などと呼んでいた。界縄は修法師が祈禱する法坐の上に縄を張り、縄に幣をさげて修法するものの守りとしている注連の一種である。

忍辱鎧日栄（—一七二二）著の『修験故事便覧』には、「注連ハ浄穢ヲ分ツモノデアル。乃至宝塔品の娑婆世界、即変清浄、瑠璃為地、宝樹荘厳、黄金為縄、以界八道」と述べられている。さらに、明治九年（一八七六）に鶏溪日舜は『祈禱故事略旨』を著し、日栄が宝塔品の経句を挙げた経義こそが〈界縄〉の語源であり、「界縄ヲ以テ浄座ヲ設ケ天衆ヲシテ安坐セシムルナリ、是即チ崇敬ノ義ニシテ尚ヲ神道ノ注連ノ式ト相似タリ」と論じている。しかし、当時の界縄が現在の様式であったかは不明である。

加藤瑞光師の調査報告談によれば、「古伝書には縄の引き方には二通り示されているが説明がない。ただ周囲に縄を引き廻し、三十番神幣をさげたのみであった」という。現在の界縄は、中央に天符が付けられる縄組みで、周囲は三十番神幣から二十八宿幣にかわっている。四隅の角幣の四天王（東方大持国天王・西方大広目天王・南方大増長天王・北方大毘沙門天王）幣は同じである。内側はいずれも片垂れ幣が天符を中心に土幣、三段幣、五段幣、七段幣の順に用いられている。

古くは、五段幣に書き込まれていた「日月躰風、如師子王」の句が、現在は土幣の内側に書き込まれるようになった。

壇《だん》鏡《きょう》

御宝前の祈禱本尊の前に「円い鏡」を安置したもの。これは祈願主に憑く魔性の変化の様子を窺うためのもので、日栄の『修験故事便覧』には、「妖魅ハスベテ鏡中ノ像ヲ変ズルコト能ワズ」と述べられている。また、斎藤巍監著の『法華験家訓蒙』には「魑魅ヲ防ギ以テ疾病ヲ整フ」とある。

長房数珠

大正時代以降にできたものである。「コヨリ守」に替わるものとして房を長くしたもので、相伝によって使い方がある。

(2) 布教用具

現代は机を前にする講演型の説教布教が多いが、日蓮宗には「高坐説教」と呼ばれる独特な説教儀式が伝承されている。聴聞の信者大衆より一段と高い台に坐り、儀式にしたがって行う形式は他に例をみない。日蓮宗におけるこの形式は、江戸中期頃に確立したといわれている。諸本山の出開帳が盛んに行われ、各説教師といわれる

二日　寿量　神力　薬王　普門各三十三返　肝文如上
三日　提婆品百返　寿量　普門各三十三返　肝文如上
四日　妙経三部　寿量品廿一返　肝文如上
五日　通序　十如世雄偈　提婆　寿量　神力　普門各三十三返　肝文如上
六日　提婆百返　普門十返　陀羅尼三十三返　肝文如上
七日　妙経壱部　肝文気力次第
狐著（野狐）段　一七日
初日　通序百返　十如世雄偈　寿量　神力　惣持各三十三返　円頓者百返　肝文　雖有魔及—法。梵天王—自在、曠野嶮—狼　気力次第
二日　通序百返　十如世雄偈　寿量　神力　薬王　普門各三十三返肝文如上
三日　通序百返　十如世雄偈　寿量　神力　普門　惣持各三十三返　薬王三十三返　肝文如上
四日　妙経三部　惣持三十三返　肝文如上
五日　寿量　神力各百返　惣持三十三返　肝文如上
六日　六番咒五百返　久遠偈百返　世尊偈十返　肝文如上
七日　妙経一部　肝文如上
疫病段　一七日
初日　寿量　陀羅尼各百返　円頓者十返　肝文　令百—患若一日—樹枝　気力次第
二日　神力　普門各百返　肝文如上
三日　薬王　惣持各百返　肝文如上
四日　妙経三部　惣持三十三返　肝文如上
五日　寿量三十三返　六番咒五百返

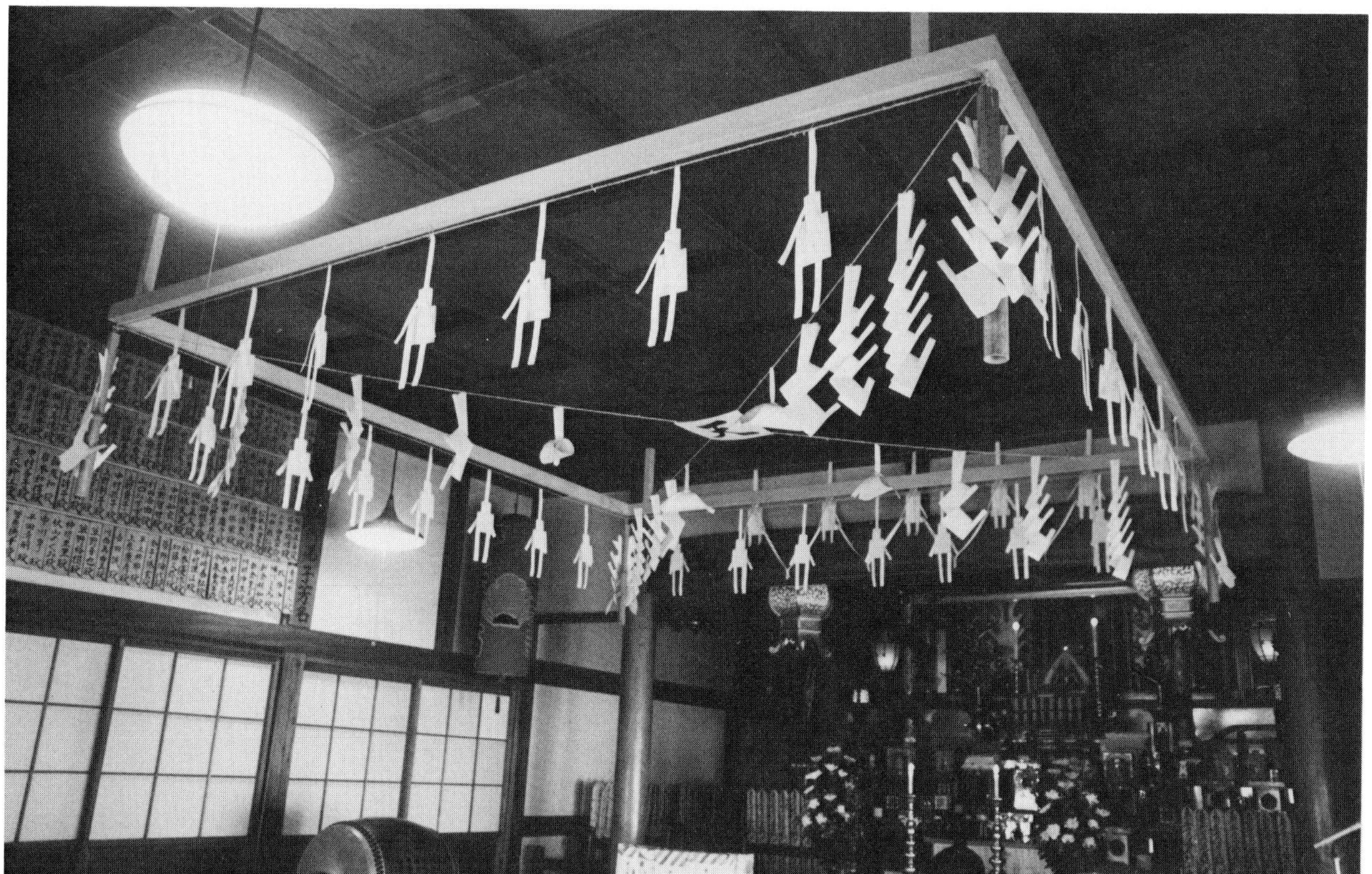

界縄（東京・厳定院）

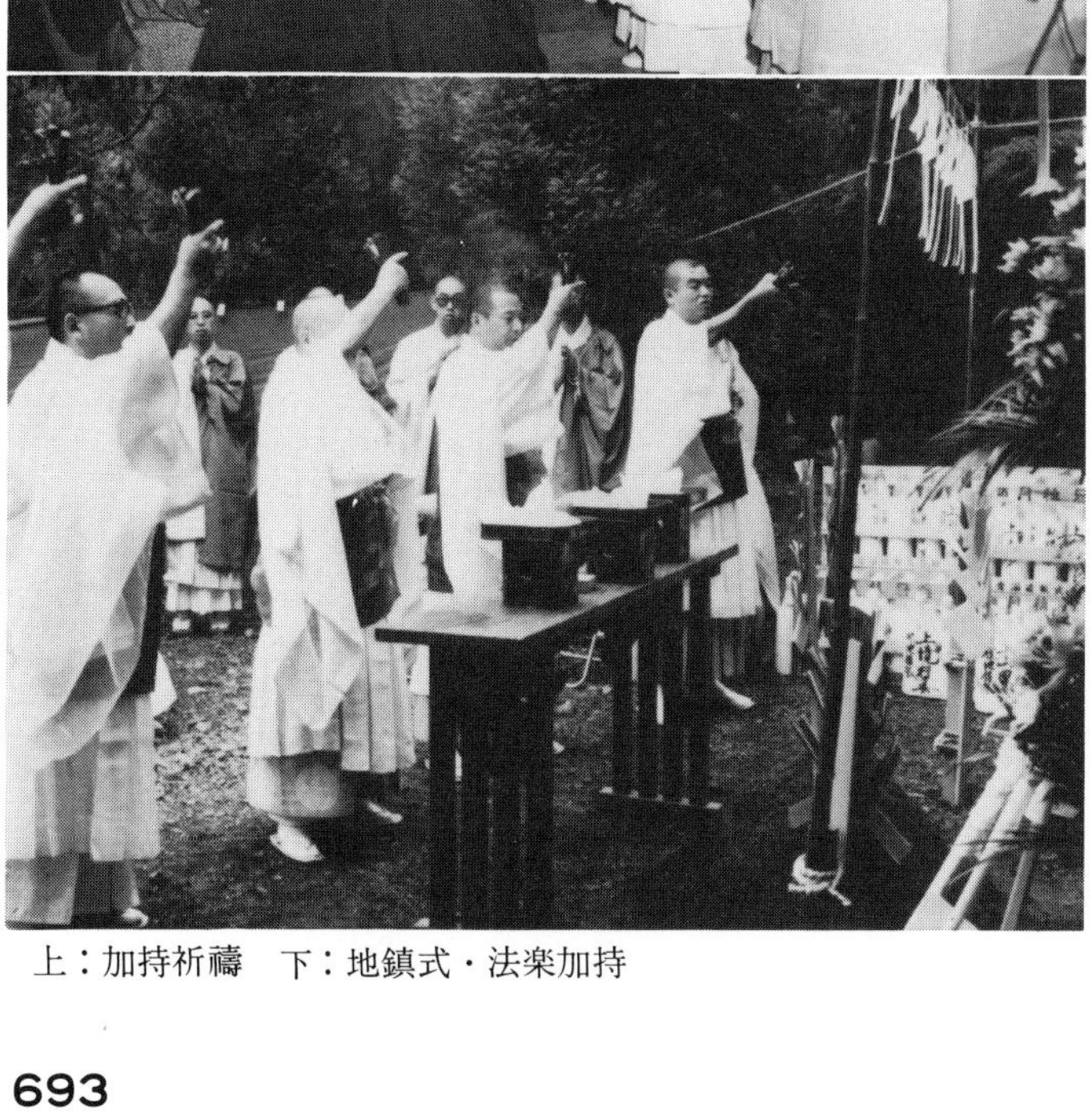

上：加持祈禱　下：地鎮式・法楽加持

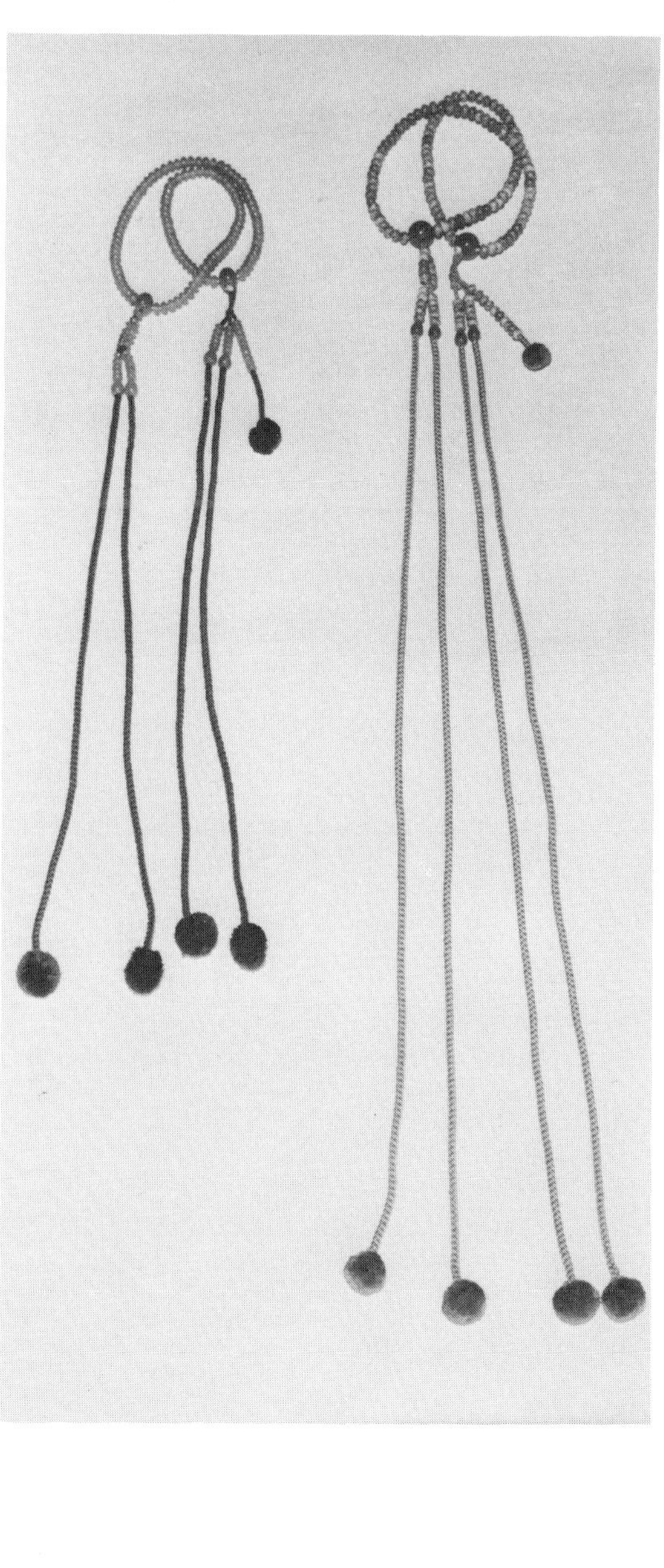

長房珠数

人々が最も多く輩出したのと時を同じくしている。

そこで、高坐用具について簡略な説明をし、その儀式作法について述べていくことにする。

高坐用具

高坐　木製で高さ四尺五寸、幅四尺四寸、奥行き三尺五寸の箱型、または骨組みの上部に板をのせる。

高坐掛　高坐の周囲をおおう布で金襴製、合せ布製、刺繡製のものなどがある。

科《か》註《ちゅう》箱　高さ五寸、幅一尺二寸、奥行き九寸六分の箱で、主に漆塗り、蒔絵などがほどこしてある物もある。説者の草稿、日蓮聖人遺文（御書）、諷誦文、中啓、笏、散華、香合、ハンカチ、懐紙、時計などを入れるのに使用する。

御経箱　総丈三寸六分、幅二寸一分、奥行き六寸四分の御経を入れる箱で、赤または紫のかざりひもで横にゆわえてある。漆塗りで井桁に橘の紋入りか、金蒔絵などがしてある。

尻敷　説教中の説者の姿勢がくずれないように用いる尻に敷く台で、T字形、箱形、枕形などがある。

笏　高坐説教中、特に日蓮聖人伝などにおいて、注意や関心を集めたいような時に打って音を出して知らせるのに使用する。

笏台　笏を打つ時に使用する台。

科註掛　科註箱の表面をおおう飾り布で、表は紅地本金錦織、裏白地緞子裏付、房白綿打房がその一例である。

以上の高坐用具をもとに説教師は柄香炉を持ち、侍者二名（一名は科註箱を持つ）を従えて入堂し、御本尊に一礼、もしくは焼香してのち登高坐するのである。その後は儀式作法の順序によって、㈠**一拝**—身業説法の気持での一拝。㈡**開経**—経箱のふたを開き、経巻（典）を目八分の高さで拝す。㈢**中啓**—中啓、笏を定位置におく。㈣**書物**—日蓮聖人遺文の拝読個所を確認。㈤**焼香**—㋑天魔波旬の遠離、㋺仏祖の影現、㋩諸天善神の影現を念ずる。㈥**散華**—仏を請じ供養し、道場を荘厳する。㈦**願文**—香炉を持ち一拝、「願我生々見諸仏、世々恒聞法華経、恒修不退菩薩行、疾証無上大菩提」と唱え、香炉を右横に置く。㈧**経文**—講題にそった経文を訓読。ただし、口伝寿量品は、後（坐）説の説者のみ引用する。㈨**讃文**—法華経の功徳を讃えるべく、「これはこれ三世諸仏出世の本懐　衆生成仏の直道なり　稽首妙法蓮華経　薩達磨芬陀利伽素多覧　一帙八軸四七品　六万九千三八四　一々文々是真仏　真仏説法利衆生　衆生皆已成仏道　故我頂礼法華経」と唱える。㈩**唱題**。(十一)**説前回向**—説法の前に仏祖三宝、諸天善神の来臨影現を願って唱える回向文。回向文には広略各種あるが、その一例に「霊山一会厳然未散、南無久遠実成本師釈迦牟尼仏、南無平等大慧一乗妙法蓮華経、南無高祖日蓮大菩薩等、大慈大悲来臨影現したまえ。仰ぎ願くば現前の一会聞法の浄縁を虚うせず、仏乗の妙化深く心根に徹し、無明謗法の迷巷を脱れて一乗正信の覚路に登り、円に妙行を修して疾く速成妙証の大利益を得せしめたまえ。経に曰く、於我滅度後於受持此経是人於仏道決定無有疑。又願くば一大事因縁の会う所、本化の大教日本国に充洽し、一道清浄にして上下協和、異体同心に本門戒壇建立の洪謨を成弁し、一天四海皆妙法に帰し、法界の群生同じく常寂に帰せん。南無妙法蓮華経」がある。(十二)**祖書**—日蓮聖人遺文を経文同様に講題にそったものを選び読む。(十三)**讃歎文**—祖書拝読後に唱える祈願文。即ち、「御妙判拝聴拝礼の面々、無始巳来六根懺悔罪障消滅、上根上機は観念観も然るべし、下根下機は唯信心肝要なり。今や宿福深厚の幸いあって一乗円頓の莚を同うす。なお、この良縁朽ちうせずして未来永々、霊山値遇の大縁を結ばしたまえ。本結大縁寂光為土、南無妙法蓮華経」と唱える。これは高坐説教に聴衆が仏の座に連ったことを称えると同時に、聴衆の罪障消滅、霊山往詣を祈願する為に行うのである。(十四)**香茶**—談義前に一口しめし、同時に心を落ちつける。(十五)**談義**。(十六)**中回向・諷誦文**—高坐説教の場合、前説（坐）と後説（座）の二座に分かれているが、前説で主題の説教を行い、後説で祖伝を行うのが一つの型になっている。その中間で参詣・聴聞者から依頼の回向を行うのを中回向という。この場合、一回向ごと

肝文如上
六日　寿量　神力　薬王　普門　惣持
各三十三返　六番咒　肝文如上
七日　妙経一部　肝文如上
咒咀（詛）還段　一七日
初座　通序　十如世雄偈　寿量　神力
薬王　普門　陀羅尼各三十三
返肝文諸餘—滅　是諸悪鬼—害
咒咀—本人　衆怨悉退散
二日　普門百返　念彼段幷陀羅尼各百
返　肝文如上
三日　惣持三十三返　六番咒七百返
肝文如上
四日　妙経三部　念彼偈三十三返　肝
文如上
五日　普門百三十三返　肝文如上
六日　通序　十如世雄偈　提婆　寿量
薬王　念彼偈　惣持各三十三返
肝文如上
七日　妙経一部　肝文如上

1／中山法華経寺荒行堂　2／法楽加持　3／加持祈禱　4／お頭会の法楽加持

高坐用具

身延山久遠寺祖師堂の高坐
写真左：高坐説教
（身延山久遠寺提供）

(1) 高　坐

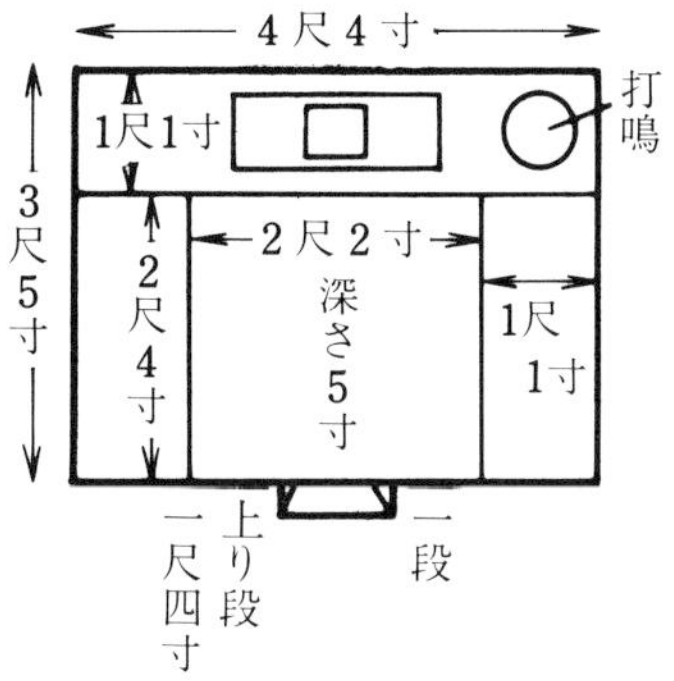

(2) 高坐掛

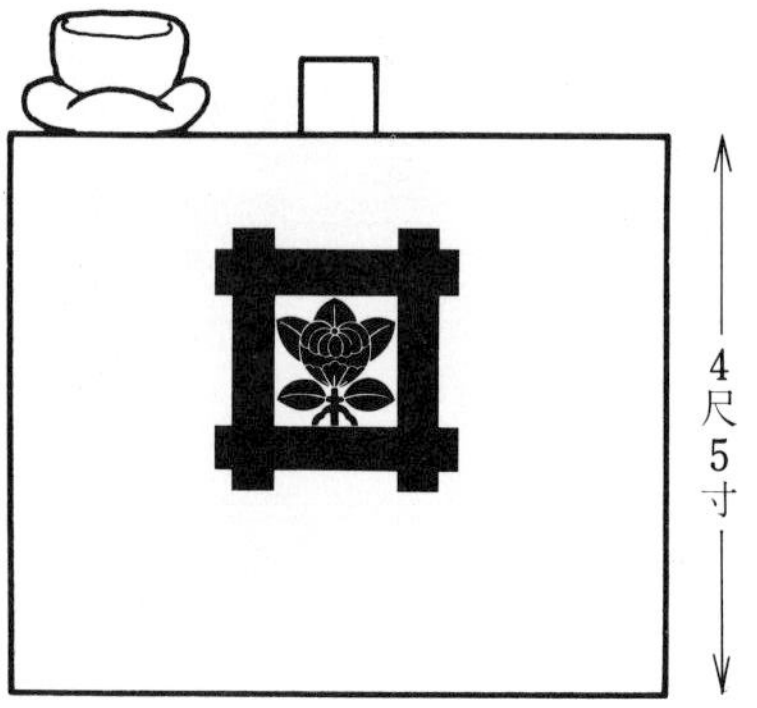

(3) 科註箱

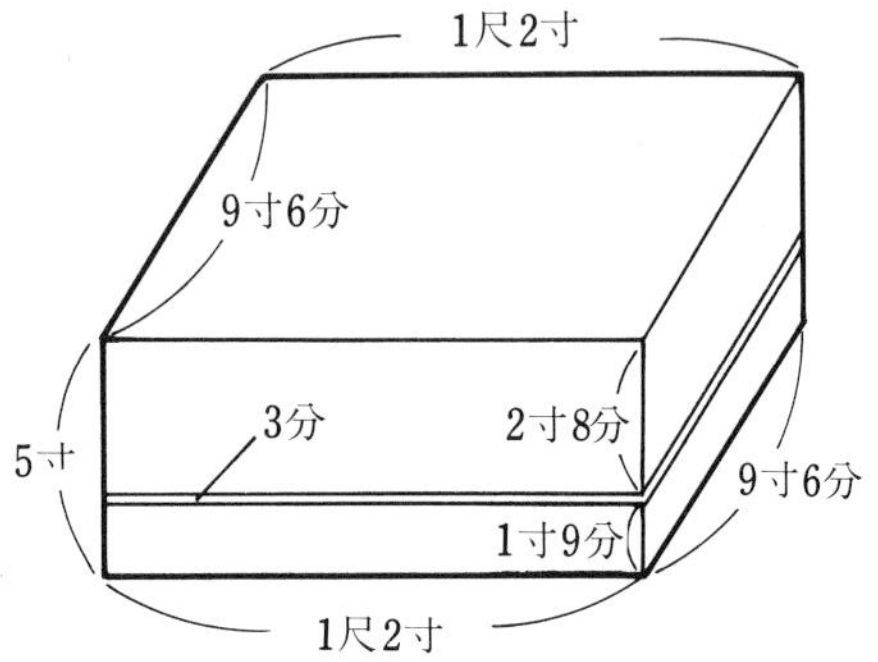

(4) 御経箱

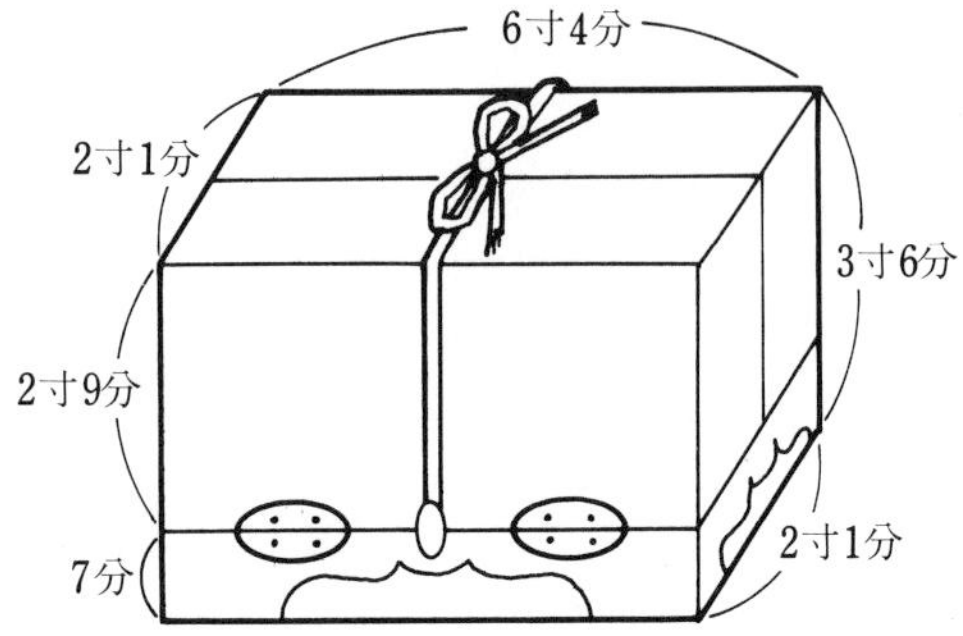

(5) 尻　敷

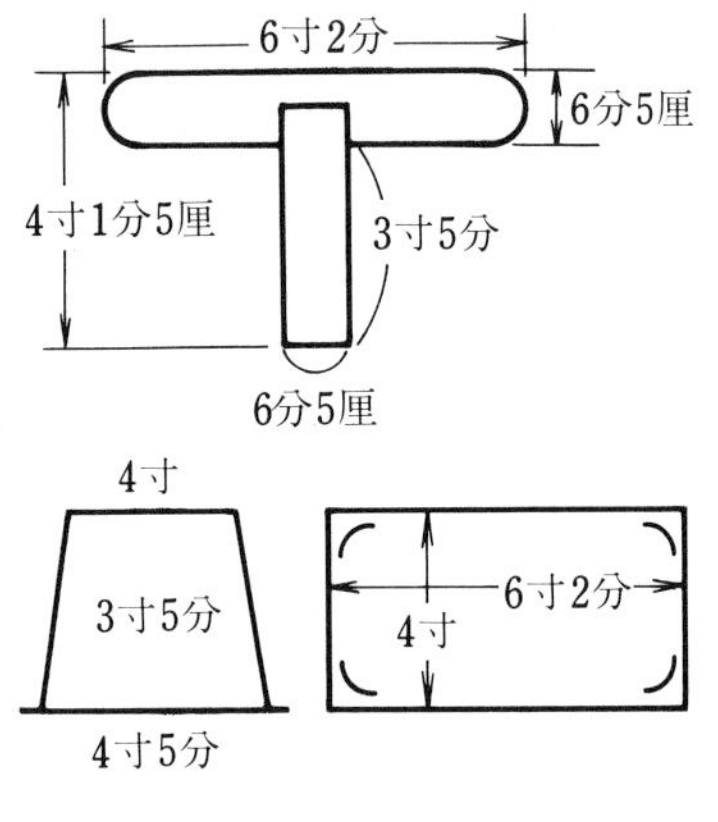

に諷誦文を読みあげるならわしとなっている。その一例をあげると「唱え奉る御題目の功徳、南無釈迦牟尼仏、南無高祖日蓮大菩薩の御宝前に於て捧ぐる処の諷誦文一通也。○○霊位の為め。惟れば、三界流転の海には生老病死の浪しのぎ難く、六道輪廻の郷には生住異滅移り易く、紫摩黄金の尊容も終に涅槃の雲に隠る。今亡魂の菩提の為め、満座異口同音の唱題を請ひ、速疾頓成を祈る者也。仍金章一札如件。諷誦文の施主何某、其身身体健全、家内安全、商売繁昌、子孫長久、罪障消滅を祈る者なり。本年本月本日、右諷誦文の施主何某に代って謹しんで曰す。至心発願の心、諷誦威力倍増威光、過去精霊、出離生死、証大菩薩」と唱える。㈦**祖伝**—「繰り弁」と呼ばれている日蓮聖人と先師の伝記を、語呂のよい言葉、調子のよい口調、抑揚ある語りで作った説教をする。繰り弁には聖人の誕生から入滅までを、七〜八〇話にまとめられている。その他に、弟子・信者が主役になっているものが約一〇話ある。高坐説教では必ずこの繰り弁の一話を語ることが約束されている。ただし、聖人の龍口法難だけは後坐以外の者は語ってはならないとされている。繰り弁は、真宗の節談説教に似たもので、祖師信仰の高まっていった江戸期にできたものと考えられる。㈧**説教回向**（退座回向）—「思うも言うも輪廻の種、為すも障るも生死の業、喜ばしきにつけ悲しきにつけ、煩悩無明の塵の積りてぞ心の光の障りとなる。迷う時をば凡夫と名づけ、悟る時をば仏と名づく。されば我が一念の迷いの雲を払いなば、元の光の増す鏡。三世諸仏と同体の、果報目出度き身となりて、安穏快楽の仏道を成就せんこと疑ひなし。返す返すも各々日夜朝夕怠らず励む心の勇猛精進、只一筋に妙法蓮華経、開く心の即身成仏、乃至法界平等利益。南無妙法蓮華経」と唱える。㈨**宝塔偈**—高坐を下りる。

以上が高坐説教の用具を含める儀式・作法である。高坐説教は、明治初期までは盛んであったが、明治の末から大正にいたると下火になった。しかし、戦後に布教院が再開され、上総五十坐説法を代表として、今日も隆盛している。

（宮川了篤・井上博文）

高坐・前机を前に説法する日蓮大聖人画像（高岡・大法寺）

(6) 笏

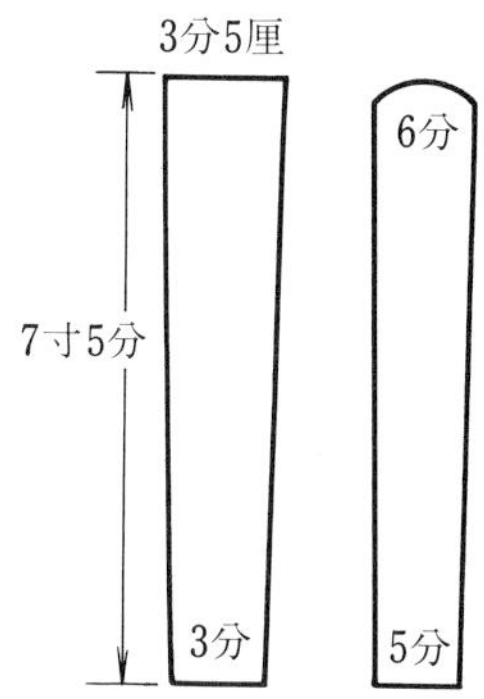

(7) 笏 台

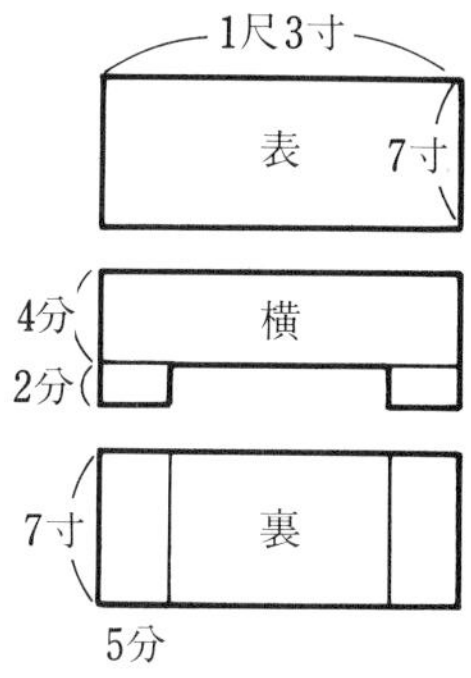

(8) 科註掛

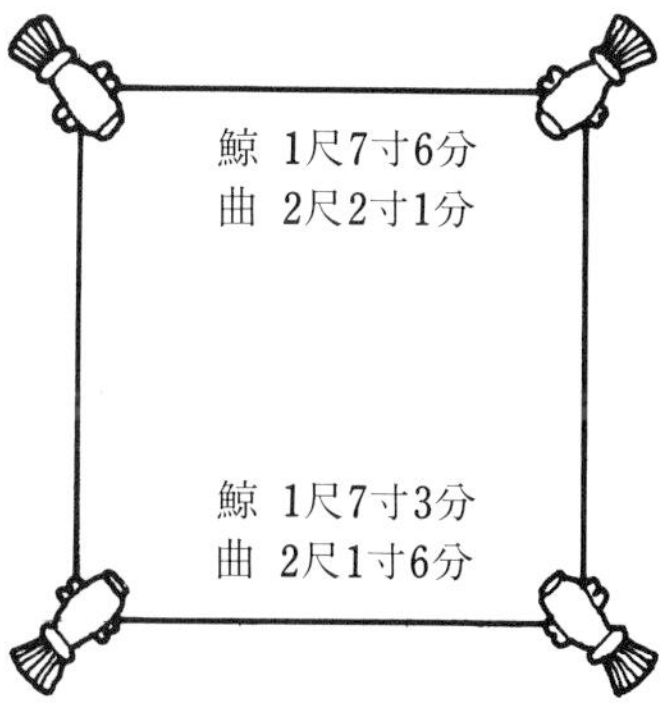

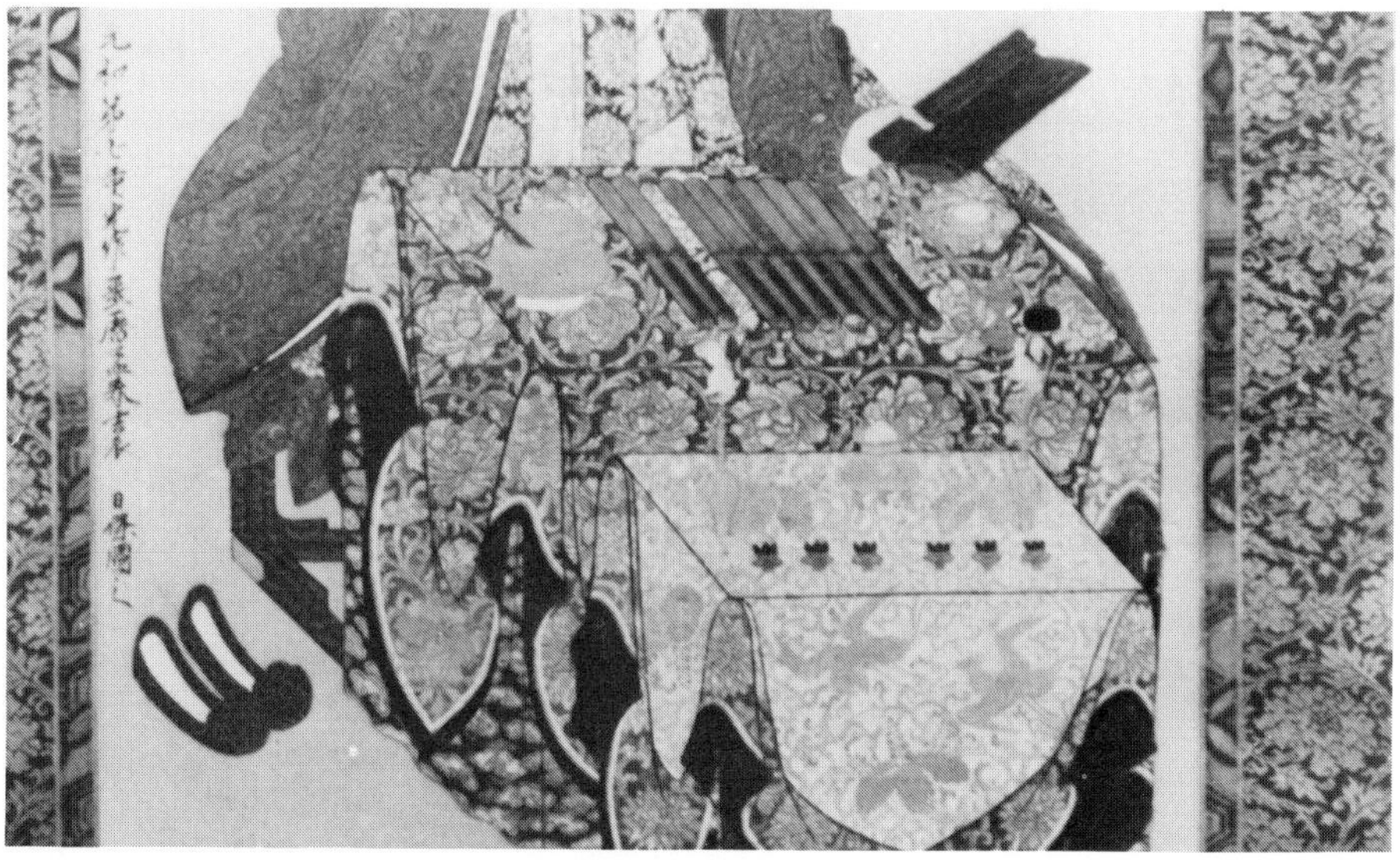

高坐・高坐掛・前机日蓮大聖人画像（羽咋・妙成寺）

一二　本門仏立宗の仏具

一、宥清寺の荘厳形式と本尊

本門仏立宗本山宥清寺の荘厳様式を一言で表現すると、僧衆によって行う法要を主としたいわゆる法要形ではなく、「僧俗一体の看経《かんきん》を旨とした受持口唱の戒壇形式」を採用している点にある。

(1)　宥清寺の本尊

青柳厨子本門寺本尊　宥清寺は元「青柳山本門寺」と称し、延慶元年（一三〇八）日蓮聖人のお弟子中老僧越後阿闍梨・日弁上人の開創と伝える。当初、二条青柳定家郷の末孫（禅僧）日寿とその生母の入信に始まり、定家郷の旧宅を道場として弘通を始めた。そして、延慶三年（一三一〇）、自坊上総鷲山寺に奉安していた高祖日蓮聖人の御真筆である「一遍主題の宝塔」、および中老日法上人御謹刻の「高祖日蓮大士の一木三体の御霊像」をここに移し、「青柳厨子本門寺本尊」と称したと伝えられる。

その後洛中の法華宗、青柳門徒として繁栄していたが、応仁の大乱に際して難を丹波亀山に避け、彼地で相続すること七代、天正四年（一五七六）に再び京都近衛通に遷り、同一六年三度小川木挽町へ、さらに元禄七年（一六九四）に御前通りの宥清寺に移った。その頃から「青柳山宥清寺」と改称。本山も初めの鷲山寺末から妙蓮寺末となったと古由緒書は伝えている。

明治二年一月（一八六九）、仏立開導日扇聖人が本門仏立講の「学文所」として宥清寺を妙蓮寺より借り受けられた。その頃は無住持の名ばかりの荒廃し切った寺であったが、この本堂には、日耀上人[※1]御遷化以来仏立講で護持されていた、一木三体の高祖御霊像と一遍主題の宝塔、および十界諸尊が祀られていた。

開導聖人はこの寺を借りられた当時の事情を「成師（蓮山貫主日成上人）曰、頗《すこぶる》貧地也。ドウゾ寺ヲヨクシテモライタイ。イヤジャト云テ外へ行ヤウナ事アラバ、カス事ハデキヌとたのまれたり」と御自画伝に記されている。この荒寺に入寺以来、開導聖人は御宝前を荘厳し由緒ある「青柳厨子本門寺本尊」の面目を発揮された。したがって御宝前は旧宥清寺時代は本門法華宗の一寺院として、その後も妙蓮寺末から旧本門法華宗の勧請形式を継いで今日に至った。

現在の本尊　去る昭和四年宥清寺宝蔵の造営を機に、宝塔と御霊像、および合祀されていた十界諸尊[※2]、開基日弁聖人・門祖日隆聖人・中興日忠聖人の三師尊像、開導日扇聖人御真書、その他宥清寺宝物などを「本門仏立宗宝物[※3]」として宝蔵に収めたため、現在の荘厳形式となった。

現在、宥清寺では本尊として要式の大曼荼羅（三ヶ之中本尊）を懸け、その前に高祖日蓮聖人の尊像を奉祀している。また須弥壇上御尊像の向かって右に「再興正導門祖日隆大聖人」の尊牌、左には「仏立開導日扇聖人」の尊牌を奉祀している。すなわち、日蓮聖人が書かれた『法華取要抄』に

「日蓮ハ広畧ヲ捨テ肝要ヲ好ム所謂ル上行菩薩所伝ノ妙法蓮華経

※1　日耀上人とは万延元年（一八六〇）宥清寺第三六世を継ぎ、開山日弁上人の五五〇年遠忌を奉修して、文久三年五月に遷化された。開導日扇聖人の恩師である。

※2　十界諸尊　教主釈尊が本門の肝心である妙法蓮華経を説かれたとき、その説法の座にあった十界のすべての列衆をいう。

※3　本門仏立宗宝物　天明六年（一七八六）の宥清寺古過去帳の最尾に「中尊御首題　高祖御自書　両尊四大士総州岡宮光長寺日法上人彫刻　不動愛染四天鬼子母十女等同日法上人御作　祖師霊像同作　宗祖御開眼　御裏書御名判並年月日在リ」と記されている。

宥清寺　御宝前(内内陣・内陣)

高祖日蓮聖人像(京都　長松寺)

宥清寺　御宝前(内陣)の壇と荘厳

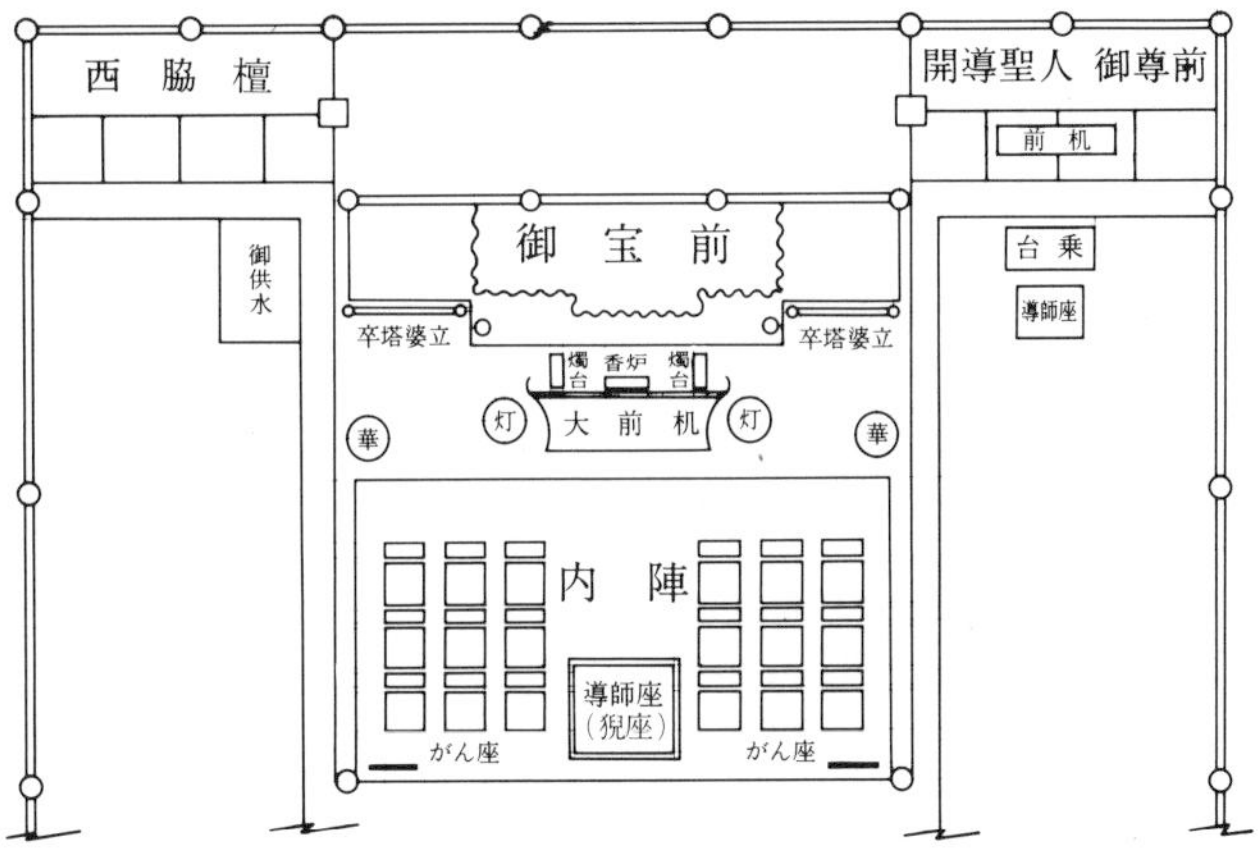

内陣荘厳平面図

ノ五字也」と記されている主旨に立脚し、簡素な中に妙法蓮華経の精神を具現した荘厳形式である。

本尊の像容　また、尊像が黒色であるのは、次の由来による。前述の「高祖手自《てじ》開眼御霊像」は、本像が二条青柳山本門寺へ常住となられて以来、応仁の大乱以後開導聖人が御奉持になるまで、実に五五九年間にわたり、度重なる移遷によって生身の御霊像としての給仕も跡絶えがちであった。そのため謹刻当時の彩色は落ち汚れて、わずかにそれかと拝見できるのみで、古代色というよりも殆ど黒色となった。

　そのために、以来本門仏立宗の全国寺院教会、および信者個人の御宝前に安置される尊像は、この生身の「御霊像」の御影《みえい》をそのままに模写して謹刻しているためである。

　近年海外布教が隆昌となるにつれ、国情の相違を考慮して、御霊像の容姿はそのままであるが、一般日蓮宗と同じく彩色の御尊像を謹刻している例外もある。しかし本旨はあくまでも現存の御真体そのままの御霊像を、色も形もそのままに模写するのが本意である。

本尊の特色　このように御宝前の荘厳の特色は、万法円備輪円具足の大曼荼羅と、久遠本仏報身如来一仏二名本化上行大士人界示同の尊形末法有縁の大導師高祖日蓮大菩薩※4の尊像を奉祀し、隆扇二聖の尊牌以外には何ら合祀しない点にある。これは、他の菩薩や守護神は、上行菩薩（日蓮上人）が表わした本尊題目の体内に具足されているものとして別勧請の必要を認めないためである。

(2) 本堂の荘厳

内内陣の荘厳　宥清寺の本堂の内陣は左右六間奥行五間で、内内陣御宝前は左右一〇m奥行二m高さ一・四mの大形箱形の壇を構える。四方に返り又のある四天王柱を立て、框《かまち》の上部は枡組を組重ね、壇の奥は後門板を張り本金表装されている。壇上には須弥山形出角形に勾欄を回した須弥壇を設る。

また左右の柱には向かって右に「呵責謗法当宗持戒」、左に「一向口唱此経本意」の聯《れん》を掛けて、日蓮・日隆・日扇三祖が伝えてきた宗義の本旨を標榜している。

なお、内内陣には紅料を施した花梨《かりん》材が使用されている。

内陣の荘厳　内陣には大前机（花梨材）を置き、机上の中心に香炉、両脇に燭台を配する。大前机の前左右には大燭台一対、その左右に灯篭一対、その左右に大花立て一対、灯篭と花立ての間に左右とも卒塔婆立てを置く。中央に黒漆塗り箱型の礼盤（猊座・導師座）をしつらえ、その上に人天蓋を吊るす。天蓋の左右奥に吊り灯籠一対を配することは一般の具足配置と同じである。

また内陣の正面および左右の三方に大羅網《らもう》を懸けて荘厳している。特色的配置は、中央の猊座（導師座）に並べてがん（磬）座を設け、導師座を中心に左右に僧侶（教務）座を一列、または法要の大小によって二列～五列設ける点にある（この時は教務座の第一列が内陣最前列、つまり灯篭・花立てのところまできて導師座を囲む）。

脇壇の荘厳　内陣右の脇壇には「仏立開導日扇聖人」の木像を安置してある。この木像は聖人生前（御遷化四ヶ月前）の明治二三年三月二五日に謹刻され、その開眼は「自らの像を自ら授戒して妙法五字を持たしむ」と仰せのごとく、聖人手自開眼の尊形である。門下は開導聖人生前の姿そのままに今日も給仕している。壇の下には導師座を設けて、時の講有上人（貫長）は開導聖人の御名代として、講有位の伝承、推薦選挙および継承式を行い、僧階免許状の授与など宗門主要行事は開導聖人「尊前の儀」として厳かに執行されている。

外陣の荘厳　一方外陣の信者席は特別な法要儀式、たとえば記念行事や特別表彰式など以外は全て役務の如何に関わらず、内陣の框の所まで、さらに左右脇壇の前まで進んで座す。僧俗一体となって異口同音に上行菩薩所伝の南無妙法蓮華経を口唱し、一大口唱の音声の場となる様は、日蓮聖人の口唱一行による不受餘経一偈の大

※4　日蓮大菩薩の尊像とは開導聖人が、本尊、尊像の性想一体の合祀方式の一義を『開化要談宗』巻二に「一仏二名従果向因上行体具人界示同の尊形、日蓮大士は十月十三日に涅槃に入り給ひしかども、御魂は文字と成りて本門の本尊と顕はれ給ひ、尊像は木像となりて昼夜につき副ひ、御弟子檀那を守らせ給ふ」と示されている。（・点筆者）

※　御霊像の宮殿（京都・宥清寺）

宥清寺　内陣左脇壇

宥清寺　本堂内見取図

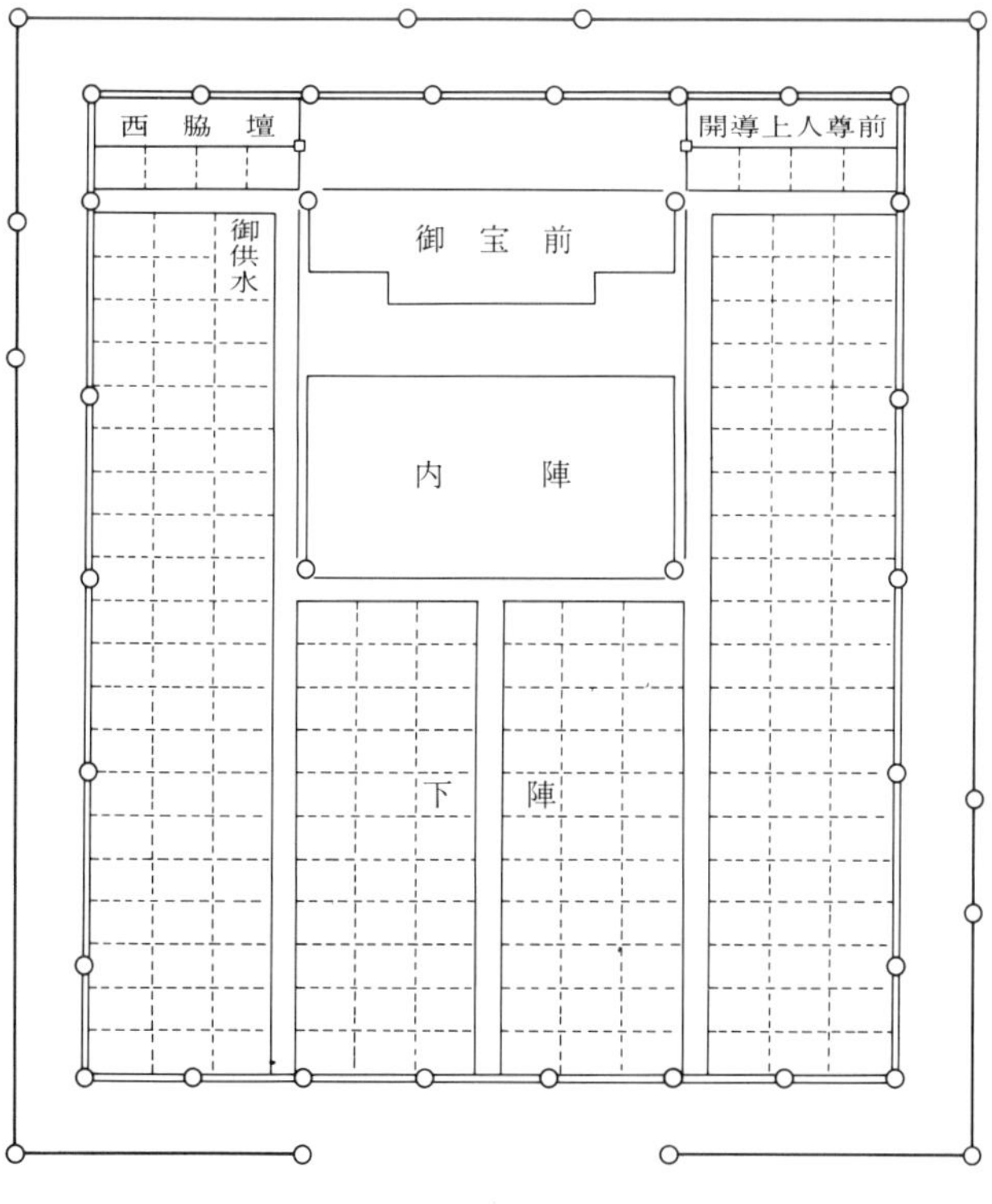

宥清寺　内陣右脇壇

宥清寺　外陣から見た内陣荘厳と常題目勤番

宥清寺　内陣中央の猊座とがん座

戒壇を現出し、罪障消滅の「即是道場」を顕現しているのである。

教務座が前にあるのは、あくまでも法義弘通のリーダーとして尊敬する能所の礼をただす意味を表現しているのであって、教講（僧俗）共に一座をなし、上行所伝の妙法口唱の信行者であることにおいて何ら変わる所はない。ただ僧侶が前列に座すのは、受持妙法呵※5責謗法の先陣に立つという事相（現実の姿）を表わす形となっているのである。

御法門台　宥清寺では、座式の高座（本堂外陣中程右側）が設けられている。この高座は御会式に使用され、平日の「ご法門」（説教）は本堂中央内陣下に演台（ご法門台）を置き、立って行われる。

この御法門は本門仏立宗の特色の一つで、全国の寺院において朝※6参詣に行われている。

宥清寺のご法門の高座は果梨であるが、末寺では各寺まちまちで桜材・花梨材・チーク材あるいはデコラなどが用いられている。

扁額・大額　さらに下陣正面の大框枡組の中央に開導聖人御真筆の「真霊山」の金文字大扁額を掲げて、まさにここが本地寂光浄土であることを示している。

また正面回廊の上に、「常題目」（欅材に金文字）の大額が掲げられている。これも各宗諸山の本堂掲額と少し異るところで、本門仏立宗の宗義は、蓮隆扇三祖一徹、上行要付題目口唱行の専修に尽きるという当宗の宗旨を表わしたものである。また大額は、扁額「真霊山」への道を示し、それが内内陣扁額の「本門本尊」への信心にあるという内外相応の形を示しているのである。

(3) 荘厳の特色

以上、宥清寺内外陣荘厳の概略を記したが、荘厳の特色は冒頭に示したごとく、「僧俗一体を旨とした口唱受持の戒壇形式」である。したがって諸門流諸山の内陣構成のように導師座を後方に、内陣中央を開けて左右に僧侶座、さらに左右に信者席という形式はとらない。いわゆる口唱による口業正意の奉修形式を取るもので、当然それは「名字即の凡夫信者」という理念を中心に構成された荘厳形式といえるのである。

つまり、本門仏立宗の荘厳形式は高祖日蓮聖人が『四信五品抄』に説く

「専《ラ》持《チテ》題目《ヲ》不雑《エズマジ》餘文《ヲ》。尚一経《ノ》讀誦《ヲ》許《サズ》…初心《ノ》者《ハ》諸行《ト》題目《ト》並行《ベズ》所《レバ》益全失《クス》」

の御妙判を金言とし、『如説修行抄』に説く「唱へ死に」の信心を宗旨とし、口唱一辺を主張した開導聖人の宗義による形式である。

二、末寺の荘厳形式

本門仏立宗の末寺の荘厳形式は、本山宥清寺の形式と同じで「僧俗一体を旨とした口唱受持の戒壇形式」である。

ただし時代と共に寺院建築の様式も変遷する中で、最近は各寺院とも現代建築化する傾向にある。ただ建築様式の和洋は表面的な相違であって、御宝前の荘厳は広略を捨て要を取る。すなわち本尊と日蓮大菩薩の尊像、および隆・扇二聖の尊牌を勧請奉祀する形式であることに変りはない。

宗内寺院建築の新旧代表例を挙げれば、関東では乗泉寺（東京都渋谷区鶯谷）、清雄寺（墨田区吾妻橋）、清流寺（八王子市子安町）、北海道では信広寺（札幌市中央区南六条）がある。関西では清風寺（大阪市大淀区南二）、妙光寺（東成区深江南）、信光寺（西成区梅南一）、広宣寺（西宮市津門《つと》稲荷町）、本法寺（神戸市兵庫区会下《えげ》山町三）、九州では不軽寺（北九州市小倉区赤坂）、長薫寺（熊本市黒髪）などがある。その中から末寺を代表する東京乗泉寺、大阪清風寺本堂の荘厳について述べる。

(1) 東京・乗泉寺の例

建築様式　新本堂の竣工は昭和四一年一一月、設計は東京工大教授谷口吉郎博士、施工は清水建設株式会社である。近代的伽藍の

※5　受持妙法呵責謗法は本門仏立宗独自の僧俗一体の看経を本旨とした受持口唱の戒壇形式をいう。

※6　朝参詣は本山は元より、全国各地の寺院において午前六時から七時の一時間、毎朝晨朝勤行の一座のなかで「ご法門（説教）」を行っている。

宥清寺　御宝前の須弥壇上御尊像

宥清寺　御法門台(演台)

宥清寺　金文字大扁額

東京　乗泉寺の御宝前

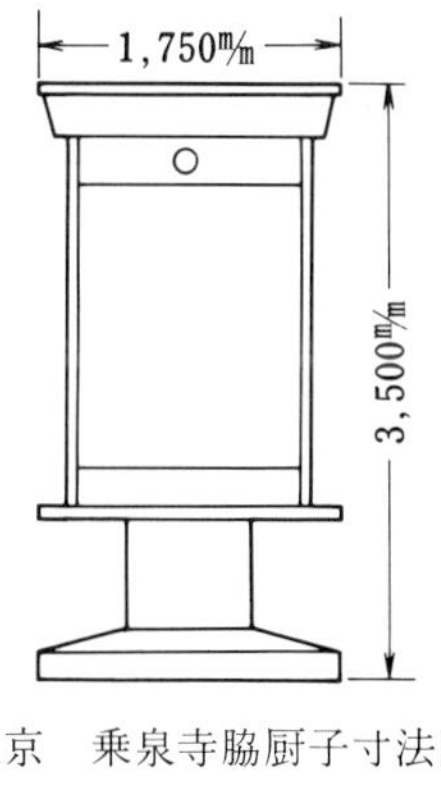

東京　乗泉寺脇厨子寸法図

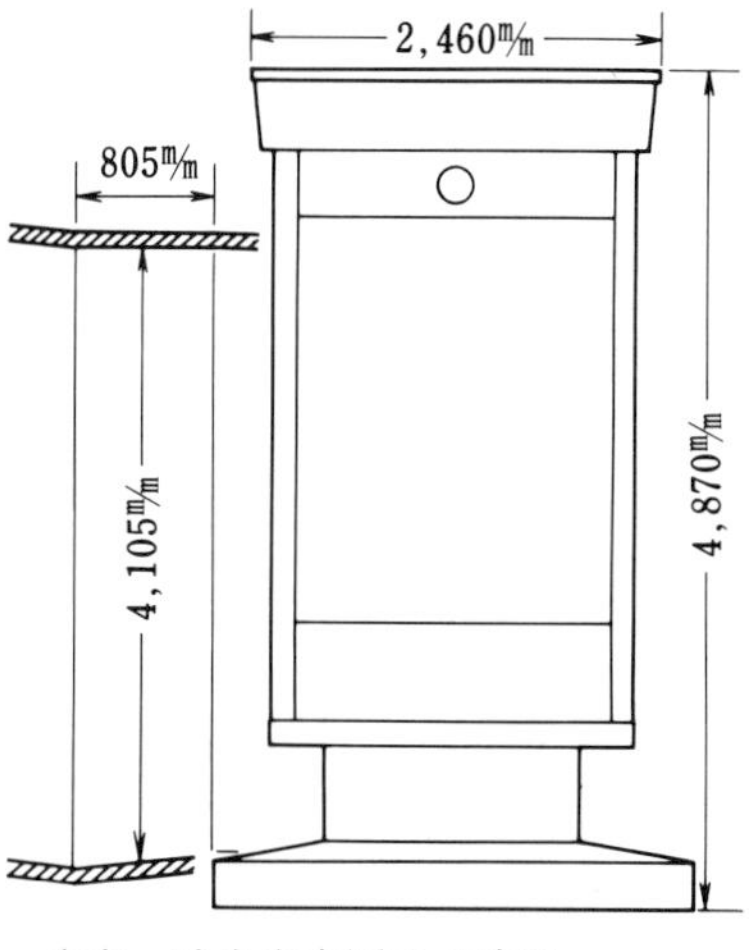

東京　乗泉寺本厨子寸法図

構成配置――本堂を中心として福祉会館・講堂、中庭の池に浮御堂式に建立された霊堂、その間に樹木が点在している――であるにもかかわらず、宗教的雰囲気を損こなわない寺院形式の代表としてここにあげる。

本堂の荘厳　御宝前の荘厳は写真で見るように、一〇枚折の大金屏風の中央に幅二・四六m、高さ四・八七mの長方箱形の黒檀の厨子を据え、本尊と高祖の尊像を勧請している。本尊の大厨子の左右に少し小さい厨子（左に歴代の御位牌および永代回向霊簿、右に隆・扇二聖の御尊像）を配置している。

内陣は信者席より一段高く、前机はスチール足の長い平机で、この上に香炉、燭台、お花一対、立て長の灯篭一対を置いている。

教務座の中央に八角形の導師座を設け、その左右に一山僧侶（教務）の小机を配列し、導師座の後ろに御法門台が置かれている。人天蓋は黄金色の線を組合わせたオブジェ風の装飾的な形である。

内陣の教務座は全て椅子式であり、内陣および信者席ともに上質のカーペットが敷きつめられている。信者席は必要に応じて三人掛けの長椅子を置けるように配慮し、若者や老令者の便をはかっている。

特　色　これらの須弥壇以下荘厳具は全て、従来の仏教寺院の感覚を払拭した新時代の感覚で、美的に瀟洒な感じにまとめられている。一見すれば、伝統仏教の荘厳という先入感からは少し違和感がある。しかし、慶讃法要以来一五年を経た今日、御宝前の荘厳は定着し、乗泉寺独特の落着いた本堂の雰囲気を醸し出しているように拝見できる。

昭和五四年一〇月発行の『乗泉寺史』によると御宝前の三つの厨子、および前机は小林保治氏の作、天蓋は伊原通夫氏の作、とあって夫々の権威によるものである。

また、仏立宗の荘厳形式とその理念においては同じであるが、左右の視覚を中央の御本尊に集中し、そこに一大秘法上行所伝の御題目口唱へと誘う荘厳法が取られている。これは、仏教臭さを払拭し、現代の若者にも親しみやすさを与えることを利点とする外、これからの荘厳方法に新機軸を与え、修行様式の現代的対応へ一石を投ずるものと評価されている。

さらに本堂の東側は壁で外部の音を遮断し、左側（西側）の内庭に面した側にはステンド風に色ガラスを組みこんである。そのために広い本堂に落着きを与え、参詣唱題する者に安らぎを与えているのは道場荘厳の一つの効果であろう。

(2) 大阪・清風寺の例

建築様式　大本堂は本門仏立宗開講一〇〇年（昭和三一年一月一二日）を記念し発願され、昭和三一年三月末日に竣工した。設計は東京大学工学部教授岸田日出刀博士、施工は清水建設株式会社である。

先住、仏立第七世講有日淳上人の意志をついで完成された清風寺復興大本堂は、エメラルドグリーンの甍に赤茶色のタイルと白色のテラスというモダンな設計。青銅製・高さ八尺という屋根上の宝珠を除く以外全く寺院の影を留めない、ドッシリとしてカラフルな寺院ビルの出現は、経済復興の途上にあった商都大阪の人々をびっくりさせたであろう。当時、岸田博士の設計と、この宗教の殿堂を完成させた本門さん清風寺を見学に訪れる人が多かったことは、なお記憶に新らしい。

本堂の荘厳　本堂の御宝前荘厳は仏立形式である。中央に本尊と高祖日蓮大菩薩の尊像を勧請している。東京乗泉寺の厨子による荘厳とは対照的に、内陣間口の広さ一〇m、内内陣間口七mであるから大変開放的で、崇重感に溢れている。要を尊んで広、略に亘らず、餘他の勧請を廃し、御本尊体内の十界諸尊に妙法口唱の法味を捧げる簡素な様式としている。したがって参詣昇堂すると、ただちに中央の本尊と尊像を拝むことができ、席に坐して合掌唱題するや、そのまま御本尊境に摂入される感がある。

須弥壇は黒漆塗の横長方形で天板を左右に張り出した簡素な形の

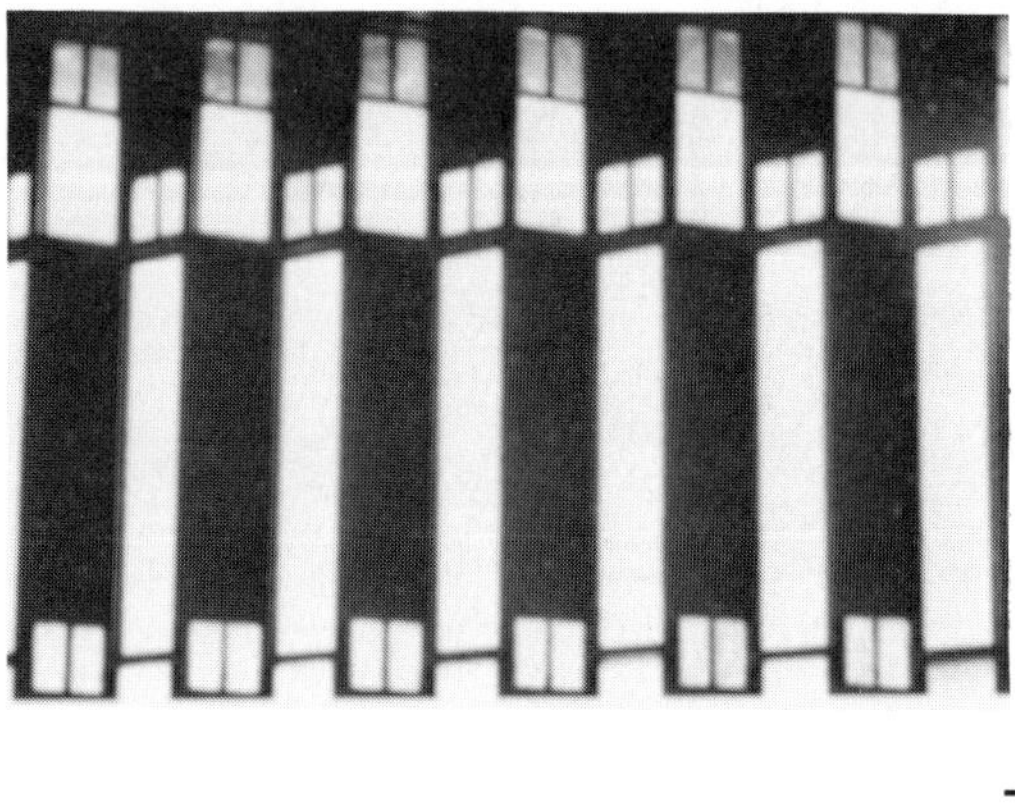
※東京　乗泉寺本堂のステンドグラス

※東京　乗泉寺本堂西側面

大阪　清風寺の御宝前荘厳

大阪　清風寺の本堂内・外陣

中に、須弥山形を表象的に造形化している。須弥壇の右に「一天四海皆帰妙法」、左に「天長地久国土安穏」と寂光浄土顕現を標榜する祈願牌を配している。御本尊の右脇壇には日隆聖人尊像と日忠上人の尊像が、左脇壇には開導日扇聖人尊像が安置されている。したがって内々陣には隆・扇二聖の尊牌は勧請されていない。

内々陣の上框には斜に黒漆で格を組んで飾り、上下左右の框に朱塗りの角柱、内々陣と両脇壇の腰板は細かい仏丸模様の金襴で荘厳されている。

内陣の四隅には直径約六〇cmの丸柱が立てられ、内陣の框は全て朱塗りである。

大前机は長方形朱塗りで細飾を施さず、上に菊形の香炉、菊形の燭台一対、その左右に供花一対を置く。灯籠は高灯籠形で大前机の左右に一対配している。

内陣の僧侶座は全て背もたれのない椅子席である。中央に六角の導師座が設けられている。導師机および脇机はともに大前机と同形の朱塗りで、磬《がん》座《ざ》の経机、過去帳台、がん台すべて朱塗りで統一されている。

導師座を中心に左右並列に教務座が一列五席で六重に配列されているが、各教務の経机は小形のスチール足の平机で、椅子とともに朱系統で統一されている。

導師座の上の人天蓋は飛鳥様式の極彩色で、竜頭などの飾りはなく、四隅に簡素な瓔珞をつるした箱形である。下陣大框の上に「常題目」の大額を掛けているが、文字は宥清寺本堂前の大額を写したものである。

内陣下の御法門台は、この大堂に相応しくマホガニーの演台形である。内陣右脇壇には日淳上人の尊影、その前に春日形黒漆塗りの厨子内に先住日淳上人の位牌を安置し、先師の遺徳を偲び朝夕師座に対する尊敬を表わしている。左脇壇には納骨の諸霊安置の厨子が置かれている。

信者席は全て五人掛けの長椅子である。寒・夏に各一ヶ月間行われる宗門恒例行事の信行鍛練には、毎朝二、五〇〇人を越える参詣者が堂に溢れ廊下に流れて唱題し、全山口唱の音声に囲繞される。もちろん信者席に、新旧・老若・男女の差別はない。

東京乗泉寺は渋谷桜ヶ丘の住宅地の環境にある大伽藍。大阪清風寺は背後に朝日テレビの文化施設とプラザホテルの高層ビル、前面に東海道線と阪神高速道路が走る、経済都市の真只中に建立された一大宗教殿堂という特質を表わしている。

三、本門仏立宗の特色ある仏具

(1) 御《ご》戒《かい》壇《だん》

一般の仏壇のことを、本門仏立宗では「御戒壇」という。当宗における戒壇の原典は、法華経本門八品神力品に説かれている「当知是処即是道場」の御文による。

すなわち仏壇とは御本尊を安置して、上行所伝の南無妙法蓮華経を口唱することで身心内外の謗法[※7]の汚れを払い、妙法受持の信心修行に励む場である。これは、信心を誓うということであるから本門円戒受持の場となり、「御戒壇」と称するのである。

当宗の御戒壇の原形は、長松寺の御宝前に安置されている。この御戒壇は上質の桜材で明治一九年（一八八六）一月開導御自身が仏立宗の御戒壇の見本にと、製作されたものである。荘厳は、開導聖人が感得された「高祖御真筆一遍主題」の御本尊と高祖大士御尊像のみである。間口三尺五寸の角形で、大変簡素な造りで、内々陣下の腰板に「仏立開導長松清風」と御自筆が刻まれている。信者の家庭の御戒壇はこの御宝前を原形としている。

質素をモットーとした開導聖人の心情を反映して、簡明直截、お磨きもしやすい。仏前に坐すと御宝前と、あくまでも名字即の凡夫私との対話が生まれてくる形式となっている。

※7　謗法（ほうぼう）仏法をそしること。

※存家用仏具

東京　乗泉寺の大伽藍

大阪　清風寺の近代的伽藍

京都　長松寺の御戒壇

京都　長松寺の御宝前と荘厳

在家用御戒壇(仏壇)

(2) お珠数

仏立宗では房の長い珠数を用い、開導聖人御自ら「お珠数《ずず》」と称された。長松寺には開導聖人御使用の珠数が遺っている。黒檀で、房は長く先はスリ切れていて白色がうすねずみ色に変っている。箱書は仏立第二世日聞上人の御筆で、表に「長松故大尊師護持之御珠数」、中に「明治元年より同二三年七月迄一日も御身をはなし給はず三度入牢乃時も護持し給ひたる御珠数也　明治二五年九月四日記之御弟子現喜拝書」と記されている。

親珠から親珠への長さ一杯の長い房を「胴返し」というそうだが、昔は皆長かった。近世頃から携帯の便のため、また装飾を考慮して短くなったものである。当宗では開導聖人の御珠数の古形を伝統として存しているのである。

お珠数を持つということは、信心を受持するということである。ゆえに当宗では仏具店で買い求めてそのまま勝手に使うことはしない。必ず、寺院教会に参詣し、姓名を言上して護持のお性根を入れて頂く。信心口唱の具であり、祈願の資具として使用するのであるから当然であろう。また当宗では珠数の房、または親珠などを使って祈禱、厄除などには使用しない。

(3) 太鼓・半鐘

看経の際には太鼓と拍子木をもって唱題行の緩急の調子を取る。太鼓は唱題の際は中太鼓、本山の法要では昇堂時には大太鼓、退堂には半鐘を使用する。団扇太鼓は使わない。

唱題中の中太鼓の打ち方については、明治一四年高祖六百回御遠諱当時、開導聖人が新しく音譜を定められた。従来の本門法華宗流のツクツクドンツクドンドンの打ち方が陰に傾くのを嫌われて、これをストトントロツクトントンと陽に打ち返して仏立独特の譜を作制されたのである。

本山昇退堂の大太鼓と半鐘は余山と同じく七五三調を用いている。

現在宗門の各寺院では騒音公害を考慮して、本山や境内地に余裕のある大寺院は別であるが、御会式または葬儀など特別行事以外は半鐘を使わない。また大太鼓は本山以外ではほとんど使用されない。

(4) 拍子木・木琴

拍子木・木琴は寺院および各家庭での看経の際にも使用する。拍子木の長さは一六cm前後である。

木琴は開導聖人発案になる仏立宗独特の法要具である。大形の拍子木の片方の裏側を刳って並べた形状で、刳った方は凹で刳らない方は凸となるから、交互に撞木で打てばキンコンキンコンと快音が出る。一般の木魚や木鉦に音の高低をつけた琴音具で、お題目口唱を誘導する法要具である。

太鼓・拍子木・木琴は題目口唱の誘引と緩急統御にあるので、信者も教務も一座の導師の誘引にしたがうわけで勝手に打つのではない。

(5) 「仏丸紋」

宥清寺は元より、当宗の仏具その他には「仏丸」という「宗紋」を使用する。仏丸は仏立開導聖人の制作による宗紋で、「仏立」の二字を円形に抽象的に紋様化したものである。開導上人が、明治一四年の「高祖六百回御遠諱」に際し考案されたもので、高祖大士御弘道の第三教相塔中直授の相承を象徴した、開導聖人独特の草案である。当宗では教務の法衣、袈裟、バッヂなどに仏立宗門の象徴として使用しているのである。

(6) 火打ち・ふくめん

御宝前に供物を捧げる時、香花を供える時、お掃除の後などには、必ず火打ちして清める。道具は一般の火打石と同じである。また、御宝前の給仕に際しては必ず「ふくめん」(口覆い)を用いる。これは、高祖御尊像が生きておられるがごとくの「生身《しょうじん》」の給仕を事相

※ 本門仏立宗の仏丸紋

に表わしているのである。
　したがって看経は元より給仕する人は必ず手を洗い、口を漱《すす》ぎ、凡夫の汚れや口臭を去った後「ふくめん」をつけて香花灯明ふき掃除の給士をする。

(7) ご供水

　御宝前にお初水を供える時は別の器（ガラスのびんなど）に初水を取り、御戒壇に供えて題目を唱え、これを御題目水として信者が頂く。寺院も家庭も同じで「諸薬中には南無妙法蓮華経第一の良薬」として頂戴するのである。

看経用木琴

開導聖人使用の珠数　京都　長松寺

(8) 仏具の特色

　以上に述べたごとく仏立宗の用具の特色は、開導聖人の発案制作になるもので、中心となるものは、本尊・尊像に対しての「生身《しょうじん》の御敬い」の信心を形に表わしたものといえる。幕末明治の開化思想の中に、度重なる法難を越えて妙法弘通に徹せられた開導聖人は、信者の信心、凡夫の即身に現世の御利益を頂くために、弘通の施策工夫に一生をかけられた。そのために時代に即応して自由闊達に仏具を改良し、古式を残しながらも仏立独特の仏具資具を発案制作されたのである。

（馬養日慶）

看経用拍子木

看経用大太鼓

第三章　技法解説

一　金工技法

一、金属の素材

金属には数多くの種類があるが、金・銀・銅・錫・鉄のいわゆる五金が主要な金工材料として古くから使用されている。これらの金属は日常の身の回りに要易にみることができるが、今日ではさらにこれらにプラチナ・アルミニウム・ニッケルなどが加わって、増々多彩となっている。

わが国で金属が使用されたのは弥生時代[※1]からで、中国から舶載された銅器・鉄器がもっとも古い金属であった。そして古墳時代から奈良時代を経て、その種類もふえ、正倉院宝物の金工品の原料をみると、金・銀・銅・白銅・黄銅・鍮石・響銅・錫・鉄などがあって、奈良時代には、現在用いられている主な金属はすべて使用されていたといえる。

これらの金属はそれぞれが独自の色彩をもち、また硬く堅牢であること、熱の電導性や耐熱性が高いこと、また叩くと美しい音を発するなど、すぐれた特性を備えている。金工は、こうした金属のもつ特性を活用して器物を作成する工芸技術で、工芸品の中で、もっとも用途が広く、あらゆる分野に応用されている。ここでは金工材料としての金属とその技法について簡単に述べてみることにする。

(1)　金

黄金色に輝く金属。比重[※2]一九・三、摂氏一〇六三度で溶解する。展性[※3]・延性[※4]ともに非常に大きく、金箔は厚さ〇・〇〇〇一㎜までにすることができ、一gの金は三㎞の針金に延ばすことが可能である。空気中でも水中でも酸化することなく、常に美しい光沢を有し、また産出量がごく少ないため貴金属として尊ばれる。わが国では古墳時代から金の使用が認められるが、金製品は比較的少なく、古墳時代の装身具、法隆寺五重塔心礎納置の舎利容器、同じく崇福寺塔心礎出土の舎利容器のほか、天平宝字四年（七六〇）に鋳造された開基勝宝金銭や、近世の大判・小判などの貨幣、装剣小道具などにみられるにすぎない。多くは、水銀と合わせて金アマルガムを作り、仏像や仏具に鍍金したり、あるいは金箔や金泥として用いられた。

産金がはじまった時期は古墳時代に遡るが、文献の上では『続日本紀』文武天皇五年三月十五日の条に「遣追大肆凡海《おうしあま》宿祢麁鎌于陸奥冶金」、同二十一日に「對馬嶋貢金。建元爲大寶元年」などとみえるのが古い。また天平廿一年（七四九）二月廿一日には「陸奥国始貢黄金」とあり、この頃の金は東大寺大仏の鍍金に使われている。

青金・赤金・紫金　金は展延性に富んでいるため加工しやすいが、純金のままでは柔らかすぎるので、銀や銅を加えて用いることが多く、こうした合金[※5]には青金・赤金・紫金などがある。赤金は金に一七～二五％の銅を加えたもので、やや赤味を帯びた金色をしている。また青金は金に少量の銀をまぜたもので、青白い色をしている。江戸初期の肥後鐔の金象嵌は、赤金と青金を併用して、微妙な色彩的変化を加えている。紫金は金一四％、銅八五％、銀一％ほどの合

※1　弥生式土器を基とした考古学上の時代区分。紀元前二世紀頃から紀元三世紀頃の五百年間をいう。

※2　ある物質の密度と標準物（普通は摂氏四度の蒸留水）の密度との比。

※3　槌で打ったり、圧延によって、破壊されることなく板ないし箔にし得る金属の性質。

※4　弾性の限界をこえて、破壊されずに引き延ばされる性質。

※5　合金の割合（純金は24金）
22金＝純金22＋銀または銅2
18金＝純金18＋銀または銅6
14金＝純金14＋銀または銅10
12金＝純金12＋銀または銅12
9金＝純金9＋銀または銅15

惣型《そうがた》による華瓶のつくり方

1

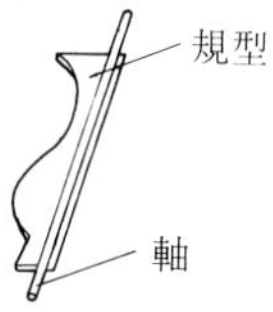

華瓶を縦半分に切った形をした規型を木でつくる

2

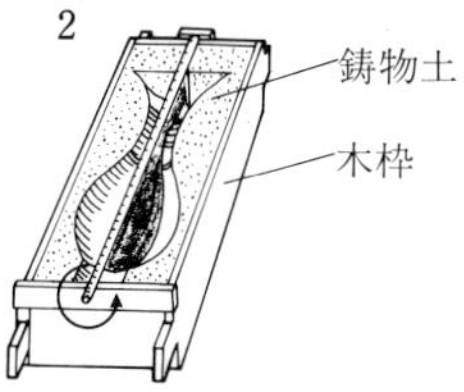

箱に鋳物土をつめ、規型《きがた》の軸を回転させて、この華瓶の半身になる外鋳型(雌型《めがた》)をつくる

3

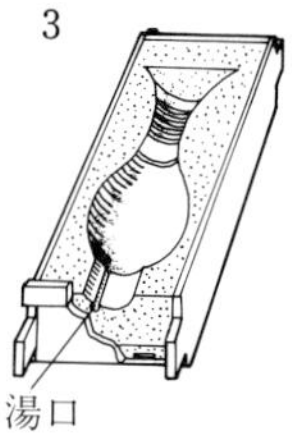

ヘラで文様をくぼませて彫る。この外鋳型を左右2個つくり、内側の表面をよく焼いておく

4

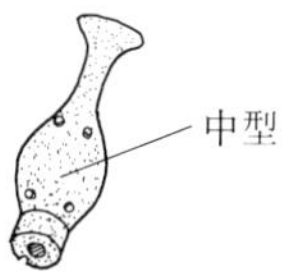

左右の外鋳型に中型土《なかごつち》をつめて合わせ、中型をつくり、表面を銅の厚さだけ削って乾燥させる

5

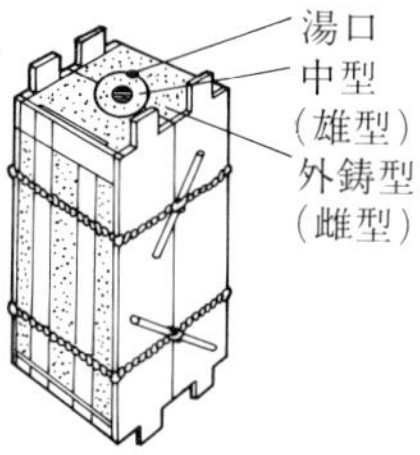

外鋳型《いがた》のなかに中型《なかご》を納め、型持で固定して、左右をしっかりしばり、溶かした銅を流しこむ

6

できあがった華瓶

1 飛鳥時代 蠟形技法 銅造鍍金光背（法隆寺献納宝物・東京国立博物館）

込型による水瓶のつくり方

1

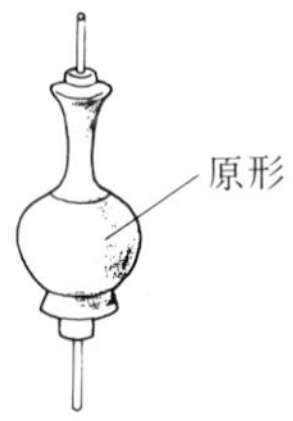

原形(もとになる形)をつくる

2

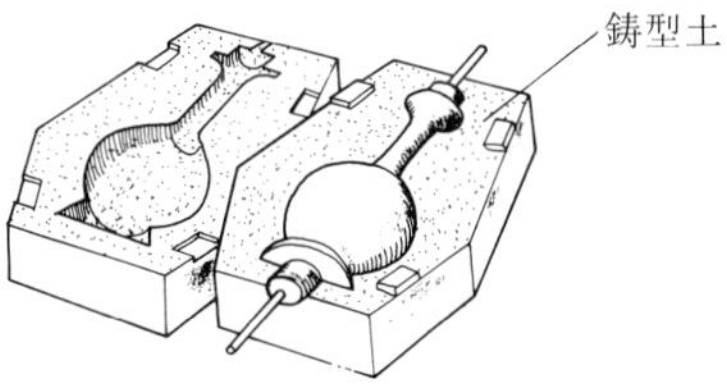

原形を半分ずつ鋳型土であべこべに写しとって、外鋳型(雌型)をつくる

3

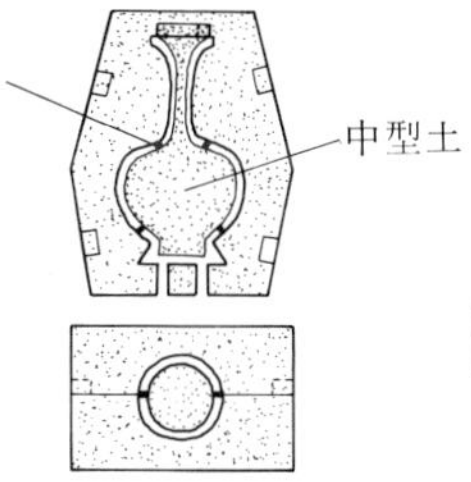

外鋳型を合わせて、惣型と同じようにして中型(雄型《おがた》)をつくり、型持で止める

4

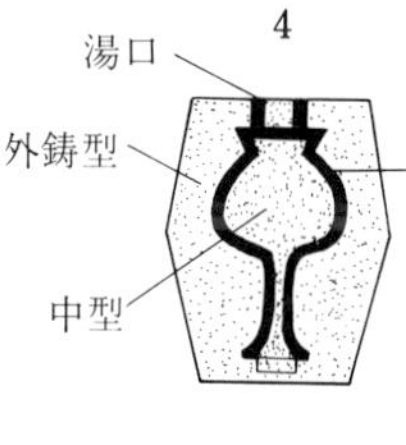

鋳型ぜんたいをよく火で焼いて湿気をとり、金属を流しこむ

5

できあがった水瓶

蠟型による華瓶のつくり方

1

鉄の心にナワを巻きつける

2

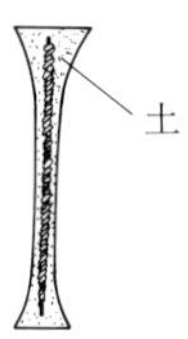

土をつけ、中型(雄型)をつくる

3

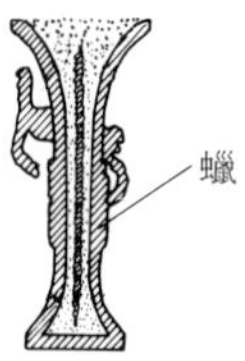

中型に蠟をつけ、彫刻して、原形をつくる

4

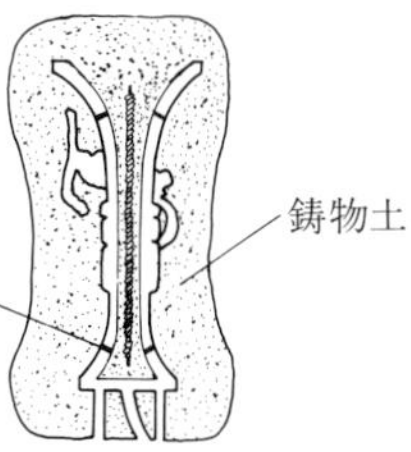

外鋳型(雌型)の土をつけて、型持、笄《こうがい》で固定し、型ぜんたいを焼き、蠟を焼き流す

5

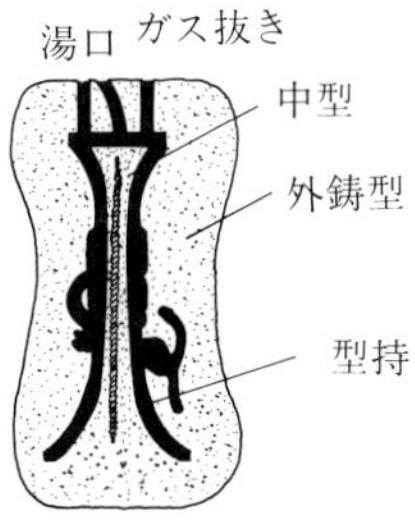

空洞に溶かした銅を流しこむ

6

表面をなめらかにして、鍍金《ときん》して仕上げる

金で、茄子色の光沢ある色彩をもつところからこの名があり、明治時代になってから使われた。

(2) 銀

白色光沢のある金属。比重一〇・五、摂氏九六一度で溶解する。展性・延性は金についで大きく、箔は〇・〇〇一五㎜の厚さに、一gの銀は一・八㎞の線にすることができる。また電気や熱の伝導率[※6]が金属中で最も高いなどの特性をもつ。しかし、金が酸化しないのに対し、銀は空気中でも簡単に酸化し、黒色に変化する。

銀の産出は文献では、『日本書紀』天武天皇三年（六七四）三月に「對馬國司守忍海造《ノ》大國言《ス》。銀始《メテ》出《ツ》于當國」とみえるのが初見である。古代では対馬がほぼ唯一の銀産地であったが、精錬がむずかしいため産量は少なく、中世には中国から輸入していた。戦国時代には諸大名の手で鉱山開発が進み、天文一一年（一五四二）生野銀山がまた岩見銀山も天文二年（一五三三）に開かれ、博多の貿易商神谷寿禎が灰吹法[※7]という新製錬法を採用して再開発し、産出量が増大した。

銀製品も古くは古墳時代の装身具にみられる。古代では崇福寺塔心礎出土の舎利容器中箱、東大寺金堂鎮壇具の狩猟文小銀壺、興福寺金堂鎮壇具の銀鋺があり、正倉院には唐船載の狩猟文大銀壺が一対現存している。そのほか和銅開珎銀銭をはじめ近世の貨幣、櫛・簪などの装身具にも多用されている。

このほか金と同じく銀箔・銀泥としたり、鍍銀の材料としても用いられるほか、他の金属との合金も作られた。朧銀《ろうぎん》は銀一に銅三の割合で合金されたところから「四分一《しぶいち》」の呼称があり、やや暗灰色を呈している。主に江戸時代の装剣小道具に使用されている。

(3) 銅

純銅は素銅ともいい、独得の赤茶色を呈しているところから「あかがね」ともよばれている。比重八・九二、摂氏一〇八三度で溶解する。展延性がよく、他の金属との合金もしやすいというすぐれた特性をもつうえ、産出量も多いため、金工の主要な材料としてもっとも広く利用されている。

わが国では、弥生時代に鉄とともに中国からもたらされ、古墳時代には採掘されたとみられるが、文献上では『続日本紀』文武天皇二年（六九八）三月五日条に「因幡國献《ス》銅鑛《ヲ》」とみえるのが初見である。また慶雲五年（七一〇）一月一一日、武蔵国秩父郡から銅が献ぜられ、元号が和銅に変えられたことはよくしられている。

銅は純銅のまま用いられることは少なく、錫や亜鉛などを加えて合金として使用されることが多い。銅合金には青銅・白銅・赤銅・煮黒味銅・佐波理・真鍮などがあり、それぞれの特性を生かして様々な器物が作られている。

青　銅　唐金《からかね》またはブロンズともいい、淡黄色をしているが、酸化すると青銹が生じるのでこの名がある。銅に錫・鉛を加えるが、その配合比[※8]は一定していない。銅合金のなかでは最も古く、弥生時代の銅鐸・銅鏡の多くは青銅製である。また仏像・仏具などの鋳造品に広く用いられている。

白　銅　青銅より錫の配合比を大きくした銅合金で、白色をしているところからこの名がある。普通銅七〇〜八〇%、錫二〇〜三〇%の割合で配合している。白銅は上質の銅鏡に多くみられ、仏具では正倉院の獅子鎮柄香炉・三鈷杵・錫杖や、和歌山・那智山出土の蓮池文磬がある。

赤　銅　銅に六〜七%の金を加えた合金で、色上げすると黒紫色を呈するので烏銅ともいわれる。近世の装剣小道具に多く用いられている。

煮黒味銅《にぐろめ》　山金ともいい、もともと銅に不純物が混ったもので、やや黒ずんだ色をしている。近世では銅に白目《しろめ》[※9]を加え、意識的に合金している。

佐波理《さはり》　銅に錫・鉛を加えた合金で、磨くと黄金色の光沢ある色を呈する。叩くと美しい音を発するので響銅とも書かれる。「さはり」の語は、『和名抄』によれば「沙布羅《さふら》」という新羅音の転訛した

※6　熱が物質の高温部から低温部へ伝わって移動することを熱伝導という。また、同じく電気が移動して流れる現象を電気伝導といい、金属では自由電子の移動による。

※7　金銀を含む鉛鉱を溶融し内面に骨灰を塗った反射炉に入れて空気を吹きつけると、鉛は酸化して骨灰に吸収され、金銀だけが塊で残る。

※8　工芸品の一般的配合比として、銅一〇〇〇+錫八〇+亜鉛三〇+白味（砒素）一八とされている。砒素は、素地の色や肌を美しくするため従来は加えられたが、現在ではあまり用いられない。また、鳴り物の場合は銅三〇〇+錫三〇〇+銀三〇+金三の割合がすぐれているといわれている。

※9　アンチモンを主成分とし、砒素を含む鉱物。銅に加えると灰黒色の美麗な色になる。

2　唐時代　銀鋳造技法　狩猟文銀壺　（正倉院宝物）

銀による鋳造品で、鋳造後鎚打して地金を打ちしめた後、轆轤仕上げしている。表面文様は狩猟文を丸毛彫鏨で線刻し、地には全面に径1㎜ほどの魚々子鏨を打ってある。魚々子鏨は軽く打っているため目は浅く一粒鏨を使用している。なお当初蓋を有していたが、現在は欠している。

ものという。『正倉院文書』の「買新羅物解」に、「迊羅五重鋺参帖白銅五重鋺弐帖」とある迊羅は、この佐波理であると考えられている。正倉院にはこの佐波理製品が多く残されていて、水瓶・加盤・皿・重鋺・匙とその用途も広い。室町時代以後は茶の湯の隆盛にともない水指・建水・花生などの茶道具に使用されている。

真鍮　黄銅とよばれることもあり、佐波理と色がよく似て、磨くと光沢のある金色となる。銅に亜鉛を加えた合金であるが、その配合比は一定しない。『法隆寺縁起幷流記資財帳』の香炉の項に、仏分参具として「二具鍮石」と記載されている鍮石は、真鍮の古名で自然鉱から採ったものと考えられている。法隆寺献納宝物の鵲尾形柄香炉は、これに当たるものといわれている。そのほか正倉院宝物の塔形合子にも真鍮と思われる作がある。

(4) 錫

灰白色の金属で、比重七・二八五、摂氏二三二度の低温で溶解する。『正倉院文書』に散見される「白鑞《びゃくろう》」は、この錫の古名であったと考えられる。また『和名抄』ではこれを「しろなまり」とよんでいる。文献上では『続日本記』文武天皇二年(六九八)七月一七日の条に、「伊豫國獻白鑞」とあるのが初見で、次いで一一月には伊勢国から、同文武天皇四年（七〇〇）には丹波国から献ぜられたことがみえている。錫は柔らかい金属で、銅に加えられて青銅や白銅などに合金されることが多いが、江戸時代には酒器・茶器に錫の鋳造品がある。

(5) 鉄

比重七・八六、摂氏一五三〇度で溶解する。硬質で展性・延性に富み、融点も五金のうちもっとも高いため、刀剣・甲冑などの武器・武具や、釜・護摩炉・燈籠など耐熱性を要する器物の製作に用いられる。もともと色は灰白色で光沢があるが、空気中でも簡単に酸化して赤茶色に変化する。

わが国では弥生時代に銅とともに大陸からもたらされ、古墳時代には広く用いられており、素材としての鉄挺が大量に出土する例がある。鉄鉱石から製鉄が行なわれるようになったのは明治時代からで、それまでは「たたら」製鉄といって、木炭と砂鉄を原料とする、低温で処理する方法がとられた。実際に用いられる鉄は少量の炭素を含み、その含有量によって銑鉄と鋼鉄に分けられる。

銑鉄　三～四％の炭素・珪素・燐などを含んでおり、硬質であるが、ややもろいところがあり、主に鋳造に適している。またこれを脱炭加工して鋼に造りかえることもある。

鋼鉄　炭素〇・〇四～一・七％を含む合金で、硬質のうえ、非常に強靱であるため、鍛造に適している。鋼の特性をもっともよく利用したのが日本刀である。

金属はこのように色彩、硬度、質感などそれぞれ特性をもっているが、一般的には加熱すると柔らかくなり、ある一定の温度に達すると溶解する性質がある。すなわち加熱すると曲げたり延ばしたりすることが容易となり、溶解した金属は型の中に流しこんで成形することが可能である。

この加熱溶解性を利用したものに鋳金技術があり、展延《てんえん》性を利用したものに鍛金技術がある。さらにこうして成形した器物に鏨《たがね》で彫刻したり、穿《うが》ったりすることもできる。この削穿《さくせん》性を利用したものに彫金技術がある。このほかに鍍金技術や飾りとよばれる技術があって、これら種々の技術を組み合わせて利用することによっていろいろな金属工芸品が製作されている。

二、鋳金

鋳金は鋳造、鋳物《いもの》ともいい、金属を溶解して、あらかじめ造られた型に流し込み、その型に等しい形の器物を製作する技法である。鋳造による器物の作成は水滴[※10]・根付[※11]などの小さなものから、梵鐘、さらに東大寺大仏のように大きなものまで非常に多種多様にわたって

※10　硯に注ぐ水を入れておく容器。

※11　印籠や煙草入れの緒の先につけて腰にとめる小さな飾り物。

※　錫杖鋳型二個　平安時代の錫杖の土型で千葉市教育委員会保管。写真右は長六・六、左は七・九㎝。

4　奈良時代　毛彫り技法　大仏蓮弁の蓮華蔵世界図（奈良・東大寺）

3　弥生時代　鋳造石型　右：銅戈（佐賀市出土・東京国立博物館）　左：銅鐸（茨木市出土）

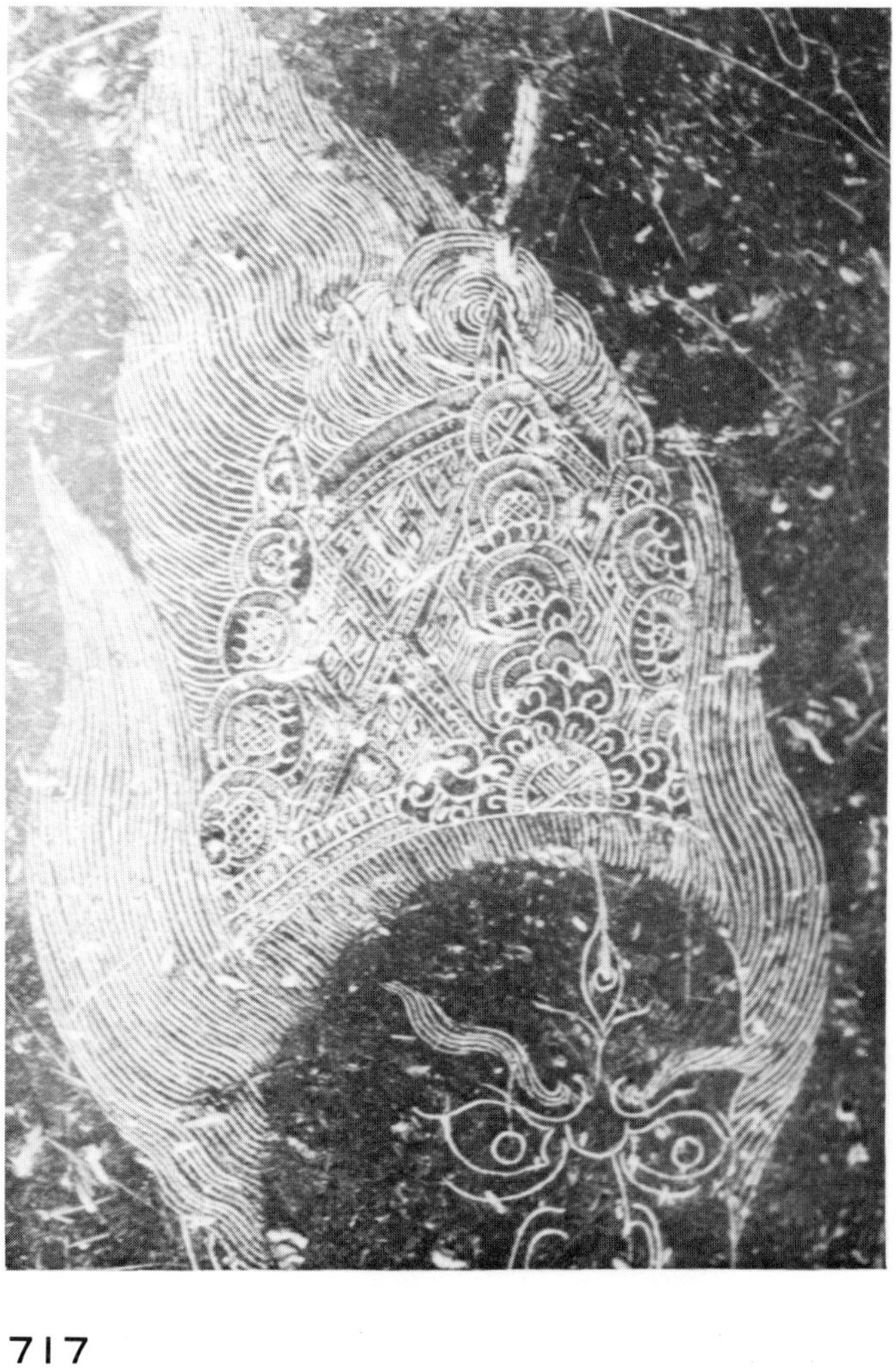

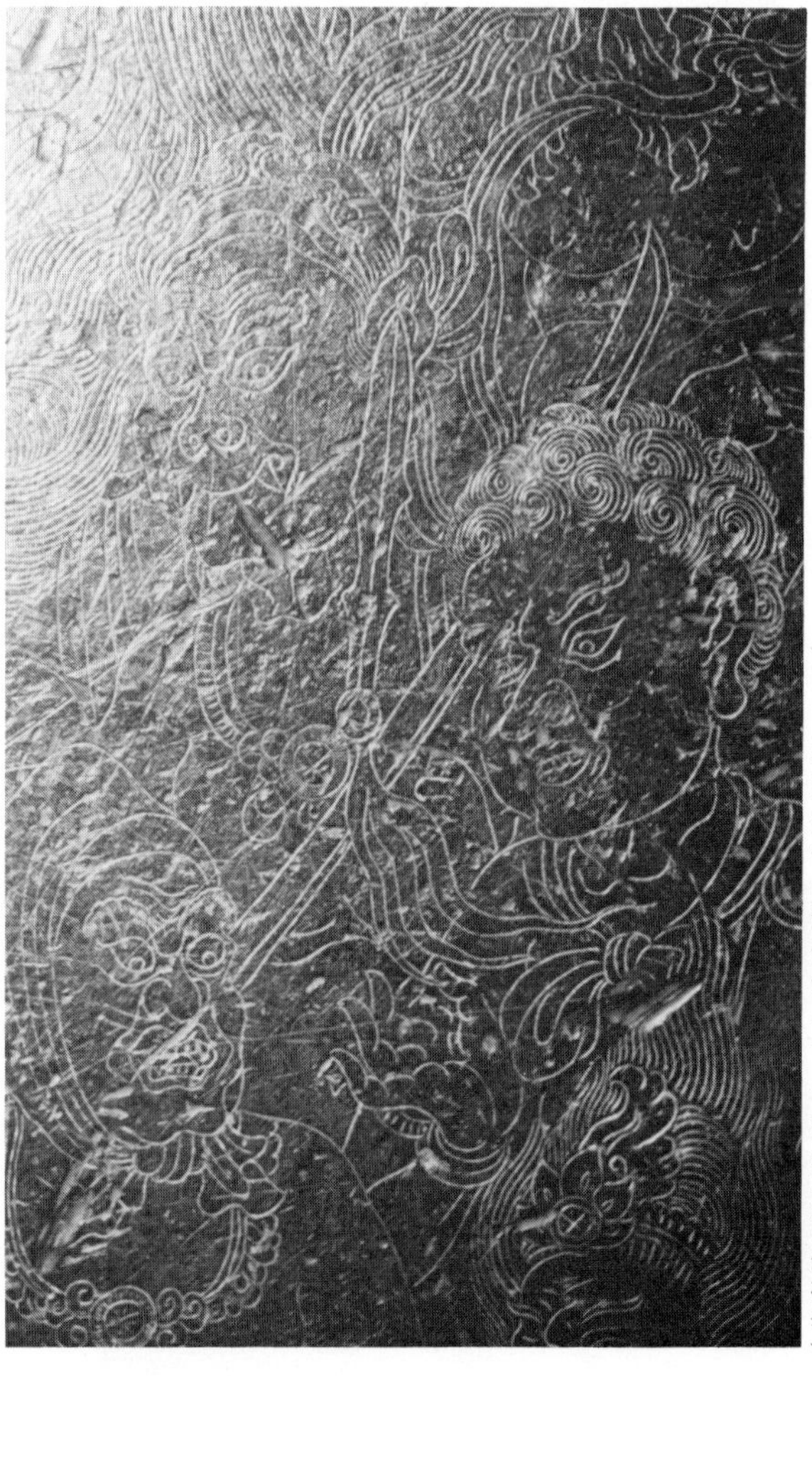

5　平安時代　鋳銅板への毛彫り技法　線刻蔵王権現鏡像の部分（東京・西新井大師総持寺）

いる。しかし、それらが同一の方法で造られたというわけではなく、大きさ、精度、形、数量など製作しようとする作品の種類、また鋳造技術の進歩によって、鋳型の材質や製作方法にもいろいろな相違がある。

鋳型の材質には「石型」「土型」「砂型」「金型」などがあげられる。石型は加工しやすい砂岩のような柔かい素材を用いるもので、材質として最も古く、古代鋳造にみられる。土型は粘土質の鋳土を素材とするものであり、古代から現代まで鋳造の多くはこの土型をとっている。砂型は川砂や山砂などの珪酸分※12と粘土分の適当に混ざった砂を用い、金型は鉄や真鍮《しんちゅう》で型を作るのであるが、古い使用例はみられず、近世以降発達した。普通土型で鋳型を作る場合、鋳型は火で焼き固め、湿気を取り去ってから溶解した金属を流し込むので「焼型《やきがた》」と呼んでいる。また、砂で鋳型を作る場合、乾燥するだけで焼き固めない簡単な方法も近世に入り行なわれた。これを焼型に対し「生型《なまがた》」といい、銭貨や、鏡などを大量に生産するときに主に用いられた。

鋳型の製作には原型があり、これをもととする方法と、原型がなく直接型を作り文様を彫削する方法とに大別される。前者には「蠟《ろう》型《がた》」「砂型」「込型《こめがた》」「削中型《けずりなかご》」があり、後者には「惣型《そうがた》」がある。これらのうち、蠟型と削中型は鋳込んだ後、型を壊して作品をとり出さなければならないため、一つの型から一点しかできないところに特徴がある。

(1) 石型鋳造

鋳金技法のなかでも最も原始的な方法で、砂岩のような柔らかく加工しやすい石に、製作しようとする器物の形・文様を直接彫りこんで鋳型を作る。そしてここに溶解した金属を流し込んで成形する単純なものである。原理的には後述の惣型鋳造に属するが、石型は弥生時代の青銅器の製作に用いられただけで、後世の鋳造にはみられない。

福岡県粕屋郡志賀町から銅剣、福岡県糸島郡前原町、福岡市多田羅大牟田、佐賀市久保泉町から銅戈の石型が出土している。銅鐸《どうたく》の石型も姫路市名古山、大阪府茨木市東奈良から発見されており、銅鐸の一部のものは石型鋳造であったことがしられる。しかし、これらの中には溶銅を流したあと当然残るべき焼あとがないものがあって、石型のあるものは直接鋳型に流し込んだのではなく、蜜蠟を流し、型どりしたものを原型とする蠟型鋳造もあったのではないかともいわれている。

(2) 惣型鋳造

原型を用いず、製作しようとする器物の形・文様を鋳物土に直接彫削して鋳型を作り、鋳造する技法である。中空の器物を作る場合には、外型《そとがた》と金属の厚さとなる分だけを残した一まわり小さい中型《なかがた》を別々に作り、外型に文様を彫って、ともに火で焼き締めてから両者を合わせ、型持ち※13で固定して、この間に金属を流しこむ方法をとる。外型を助けて中型を作りかえれば同形のものを数多く作ることも可能であり、惣型鋳造の大きな特色といえる。弥生時代の銅剣・銅戈・銅矛の石型鋳造も鋳型の材質に石を用いたことを別にすれば惣型鋳造ということができる。大形の銅鐸・梵鐘・釜・鰐口《わにぐち》・鏡などはこの鋳造法によって作られている。

鏡の例　鏡のような平面的なものを作る場合は、まず鏡の半径の長さの木に鏡の外縁、界圏を付けた規型※14を作り、これを平らな鋳型土にのせ円回転させて全体の形を作る。そして、これに鏡背文様をへらで押して表し、鏡面部となる型を合わせて鋳型とする。

梵鐘の例　梵鐘のような立体的なものは、梵鐘の縦断面の半分を形どった規型を作り、これを鋳物土に円回転させて外型の概形を作成し、ここに文様や銘文を陰刻する。この場合、文様や文字は版画を作る時と同様反対画面にしなければならない。さらに外型とは別に鐘の厚み分だけ小さい中型を作り、中型に外型をかぶせ、型持ちで固定し、龍頭《りゅうず》は別に型を作って外型のなかにいけ※15込むようにす

※12　珪酸と酸素と水素の化合物。ここではガラス質をもつ鉱物。

※13　外型と中型を固定し、かつ流し込む金属の厚さを一定にしておくため、その間に介在させる金属。

※14　惣型鋳造の外型を、ゲージ（規型）を使って作っているところ。

※15　組み入れること。

※　惣型鋳造に使われる外型と中型（リン）。

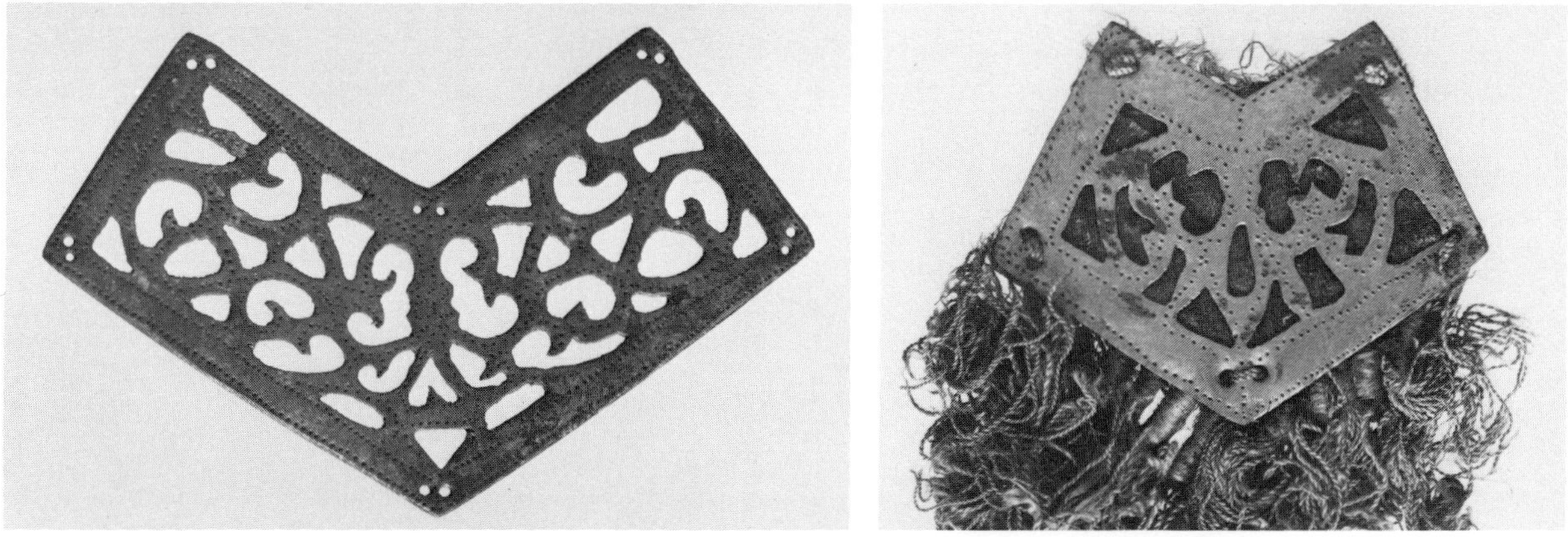

6　奈良時代　金銅板への点線彫り技法　金銅垂飾金具（正倉院宝物）

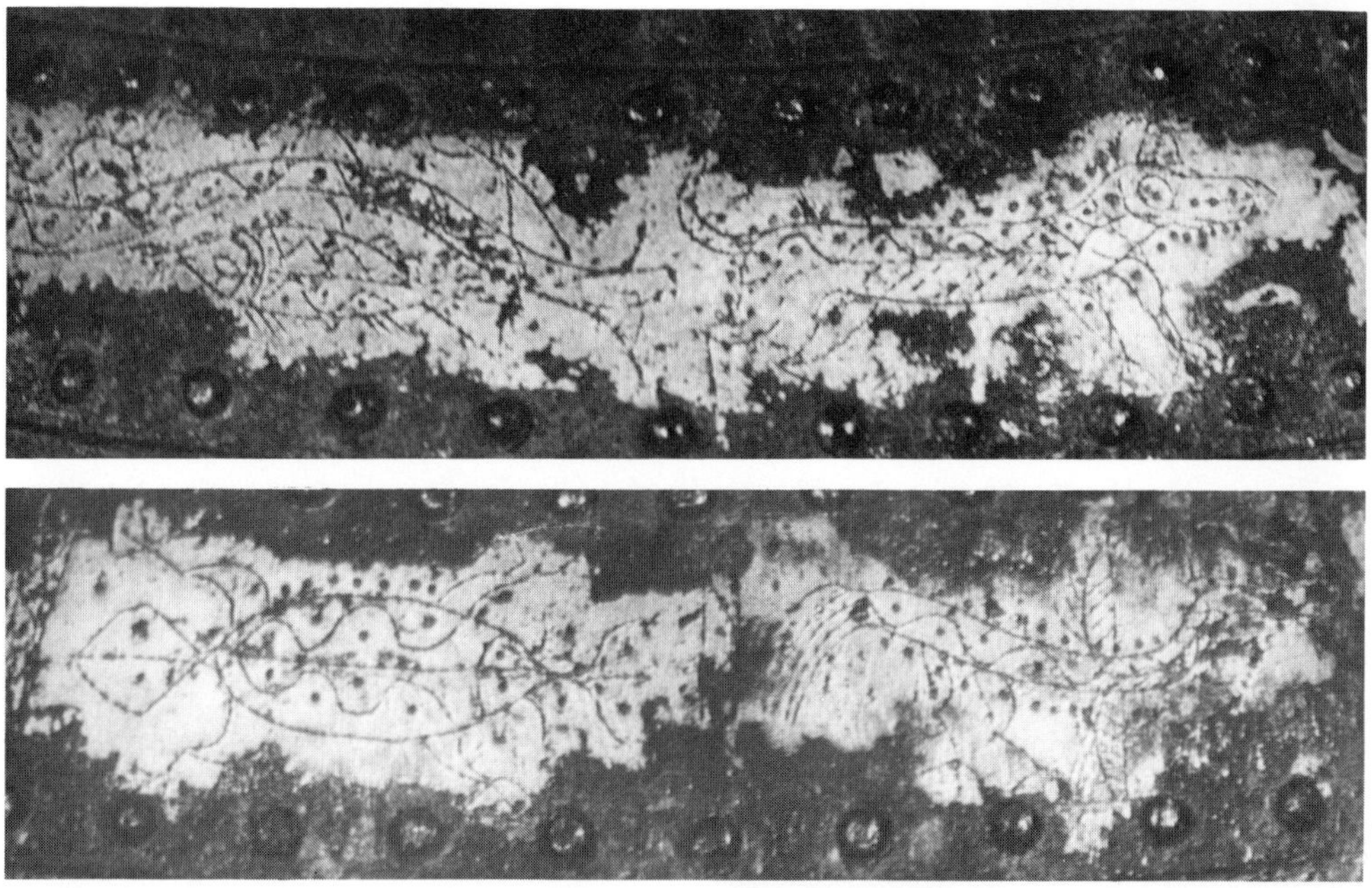

7　古墳時代　蹴彫り技法　金銅製眉庇付冑の胴巻板（大塚山古墳出土）

8　平安時代　蹴彫り技法　線刻千手観音等鏡像（秋田・水神社）

9　平安時代　蹴彫り技法　線刻五仏鏡像（大阪・施福寺）

る。大きな鐘の場合は外型[※16]を数段階にわけて造ることが多い。文武天皇二年（六九八）の作と比定されるわが国最古の紀年銘のある京都・妙心寺の梵鐘は福岡・観世音寺のものと寸法がほとんど同じであり、同じ規型を用いて製作されたと考えられる。

(3) 蠟型鋳造

蜜蠟は鈍重な粘力と、六二～六九度まで加熱すると溶解する特性がある。蠟型鋳造はこの蜜蠟の粘性と加熱溶解性を利用するもので、蜜蠟で原型を作り、これを鋳土でおおったのち、加熱して蠟を焼き抜いてできた空間に溶かした金属を流しこむ技法である。原型の作り方には蜜蠟に松脂や菜油を混ぜ[※17]、粘力を加えたり、柔らかくして粘土細工のように手でこねて形ずくる「ひねりもの」といわれる方法と、土で中型を作り、その上に金属の厚みに相当する分だけ蜜蠟を張りつける方法とがある。中型を用いる場合は蠟を脱したあと中型が動かないようにするため型持をおいたり、釘を適当なところにさしこんで固定する。こうしてできた原型に、鋳土の細かくしたものに埴汁（粘土汁）を混ぜ合せた泥を塗り、さらに鋳土で塗りかため、乾かしてから火で焼いて蠟を抜いて鋳型を完成させる。この脱蠟部に溶解した金属を流しこむと、先に蜜蠟で作った原型と全く同じものができ、鋳型をとり除いて型持のあとを同じ金属を埋めて仕上げをする。蠟型鋳造は複雑な形のものや、細部まで細かな表現が可能であるが、一つの原型から一つの作品しかできないところに特徴がある。

この原型材料の蜜蠟は蜜蜂の巣から採集した蠟である。東大寺献物帳のうちの『種々薬帳』には「臈蜜五百九十三斤四両」とあって薬用に用いられたことがしられている。正倉院にはこの蜜蠟が現存しているが、それは径一〇～一三cm、厚一・五～三cm程の偏平な円形をしており、中心に穴をあけ紐を通して二〇個ほどで一連にしている。

中国の殷周期の青銅器は蠟型でなければ表現できない細かい部分があり、非常に古くから行なわれた技法といえる。わが国では銅剣・銅戈などの石型から蠟で型抜きして原型を作ったという説を肯定すれば、弥生時代にはこの技法が伝わっていたと考えられる。しかし法隆寺の釈迦三尊と光背、薬師三尊、法隆寺献納宝物の甲寅銘の光背は明らかに蠟型鋳造によるとみられており、飛鳥時代には習熟していたことがうかがわれる。また、『正倉院文書』天平宝字六年（七六二）の「東大寺鋳鏡用度文案」に径一尺、厚五分の鏡四面を製作する材料の中に、熟銅七〇斤、白鑞五斤一六両、臈蜜一斤が計上されている。この熟銅、白鑞は鏡そのものの材料であるが、蜜蠟は原型を作るための材料であって、奈良時代の鏡の中には蠟型によって製作されたものがあったと思われる。また、同じく天平六年（七三四）の『造仏所作物帳』に「臈蜜小十斤　鋺下形料」とあり、これは中型の表面に蠟を薄く貼りつけて原型を作ったものと考えられる。法隆寺献納宝物の水瓶や鋺類、興福寺鎮壇具中の金銅小鋺など薄手の鋳造品もこの蠟型によって製作されたのであろう。

仏具類では複雑な形姿、繊細な文様のある密教法具の多くや一部の錫杖などがあり、ことに永正一三年（一五一六）の箱書がある唐招提寺の三具足は中国明時代の製作といわれるが、非常に精巧な作域を示していて、蠟型鋳造の特徴をよく表している。また、那智山出土の三昧耶形（東京国立博物館）には蠟の手ひねりの柔らかさがよくでている。江戸時代では水滴・根付・文鎮などの小品の製作に利用され様々の形のものが作られた。これらの多くは「ひねりもの」とよばれるもので、手ひねりによる自由な造型は粘土細工のようなおもしろみがある。これらには作者のしれるものはほとんどないが、牛の水滴には渡辺近江大掾の作銘がある。長崎の津村亀女はこの蠟型の名手で、鵜香炉には細部にいたるまで精緻な表現をしている。近代では京都の鍋長、江戸の村田整珉が著名である。

(4) 削中型鋳造

原型を鋳土で作り、この原型に、再び鋳土をかぶせて型取りし、

※16　中型に対し、器物の外側にあたる鋳型。本書第一章—五参照

※17　古書に「夏は蠟と松脂を半半にして、冬は松脂を減らして蠟を二倍にし、菜油を加える。春と秋は夏の松脂の半量を入れる」と記されているが、詳しい分量の説明はない。気温や、また原型の用途によっていろいろな配分が行われている。

現在では蜜蠟の入手が困難なため、代用となる蠟が多く使われ、産業用としてはコールタールに添加物を加え使用する場合もある。

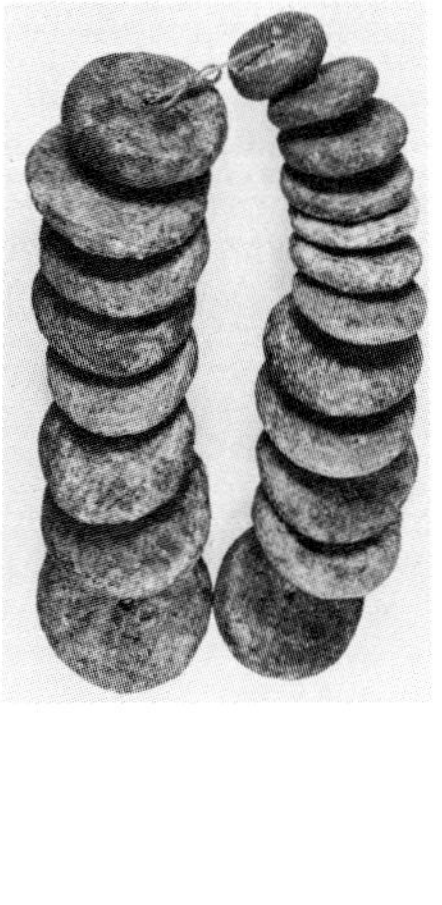

※　蜜蠟　正倉院

10 平安時代 鋤彫り技法 金銅蓮華文金剛盤の部分と全体（東京国立博物館）

11 明治時代 鉄地に片切彫り（雁）と平象嵌（月）の技法 月に雁図額（加納夏雄作・東京国立博物館）

12 飛鳥時代 地透彫りと毛彫り技法 金銅灌頂小幡（法隆寺献納宝物・東京国立博物館）

13 奈良時代 地透彫り技法 銅造鍍金光背（法隆寺献納宝物・東京国立博物館）

これを一度とりはずして外型とする。そして原型の表面を金属の厚さに相当する分だけ削りとって、型持をおき外型を合わせ、削りとった空間に溶解した金属を流し込む鋳造法である。原型が中型として使用されるところに特徴がある。この鋳造法は細部に余りこだわらない大型の鋳造に適しており、この方法によれば稀少高価な蜜蠟を用いずに鋳造することが可能である。

この鋳造法によって造られた代表的なものには東大寺の大仏がある。その方法は、木材を組み立てて体骨とし、板や竹で細部までつづって、ここに土を塗りつけ塑像の大仏を完成させ原型とする。これを上部に向けて数回にわけて鋳継ぎしながら造りあげていったと考えられている。大仏の場合は八段階にわけ、まず一段をある高さまで鋳土でおおい、外型を型取りしたのちこれをはずし、銅の厚さ分だけ削り、外型の内面、中型の表面を火で乾燥させ、両者を再び型持を介在させて合わせて、ここに溶銅を流し込む。そして第二段、第三段と順に同じ方法で鋳上げていき、最上部、つまり頭部まで達してから外型を全てとりはずして型持のあとや不完全なところをなおし（鋳浚《いさらい》）、最後に鍍金を施して完成させた。この大仏の製作には原型を作るのに約一年一ヶ月、鋳造に二年一ヶ月、鋳浚に五年を要している。

(5) 込型鋳造

あらかじめ作っておいた原型をそのまま写しとる技法で、原型を鋳土で塗りかためたのち、原型をとり除き、そこに金属を流し込む方法である。古くは、梵鐘の龍頭の製作に用いられた。これは原型を木で作り、そこに鋳物土を塗り乾燥したのち、半分に割って原型をとり除き、ここに溶銅を流し込んだ。

江戸末期の村田整珉には、原型をやはり木で作ったが、蠟型のようにこれを焼いて灰化除去する方法をとったものもある。

明治に入ってからは鋳物土に和紙の繊維を混ぜたもので原型を部分的にとりわけて型どりして外型とし、これをとりはずして各部を再び組合せて一つの鋳型とする方法がとられた。この方法では原型を全く損うことなく、原型と同じ形のものを造ることができる。近代の鋳造彫刻や高級工芸鋳物のほとんどはこの方法によっている。

(6) 踏返鋳造

原型を鋳物土に直接型押ししてあとをつけ鋳型をつくり、鋳造する方法である。この方法によれば、原型と同じ形のものをいくつも造ることが可能であり、主に銭貨や鏡などの製作に用いられた。

山口県下関市長府から和同開珎銭の原型が出土しているが、土型を焼きかためたもので、一つの型にいくつもの銭形が刻されている。これからみると、これを鋳物に型押し、技状に何本も湯道をだして鋳型をつくり、鋳造後枝から銭を切りとって仕上げたものと考えられる。また古代の鏡の場合は、舶載鏡をそのまま鋳物土に押して写しとり鋳型としたと考えられる。これによれば写しとった鏡からまた同様のものを作ることができるが、原型よりも次第に文様は不鮮明となり、寸法も多少縮まる。

江戸時代の柄鏡も基本的には同じ型押による踏返鋳造がとられたが、上代のように土鋳型を焼きかためることなく、砂を用いて乾燥させるだけで鋳造する生型法がとられた。この方法によって鋳型をこわすこともなく、大量に柄鏡が生産されるようになった。

三、彫金

鋳造または鍛造された金属器に鏨《たがね》※18を使って文様や文字を彫ったり、透かしたり、他の金属を嵌《は》めこむ技法である。毛彫り・蹴彫《けりぼ》りなどの線彫りや透かし彫り、高肉《たかにく》彫り、象嵌《ぞうがん》、魚々子《ななこ》などがある。

(1) 毛彫り

彫金技法のなかでも最も基本的な線刻法で、毛のように細い線を彫るところからこの名がある。刃先が三角形に尖った鏨（しぶ鏨、

※和同開珎銭原型　下関市長府出土

※正倉院　工具類
右：打金贄　中央及左：多賀彌

14　室町時代　地透彫り技法　金銅蓮華文透彫り経箱（出光美術館）

15　鎌倉時代　地透彫り技法　金銀鍍宝相華透彫華籠の部分（滋賀・神照寺）

16　室町時代　文様透彫り　鉄釣燈籠（奈良国立博物館）

17　鎌倉時代　文様透彫りと毛彫り技法　金銅火舎香炉（香川・弘憲寺）

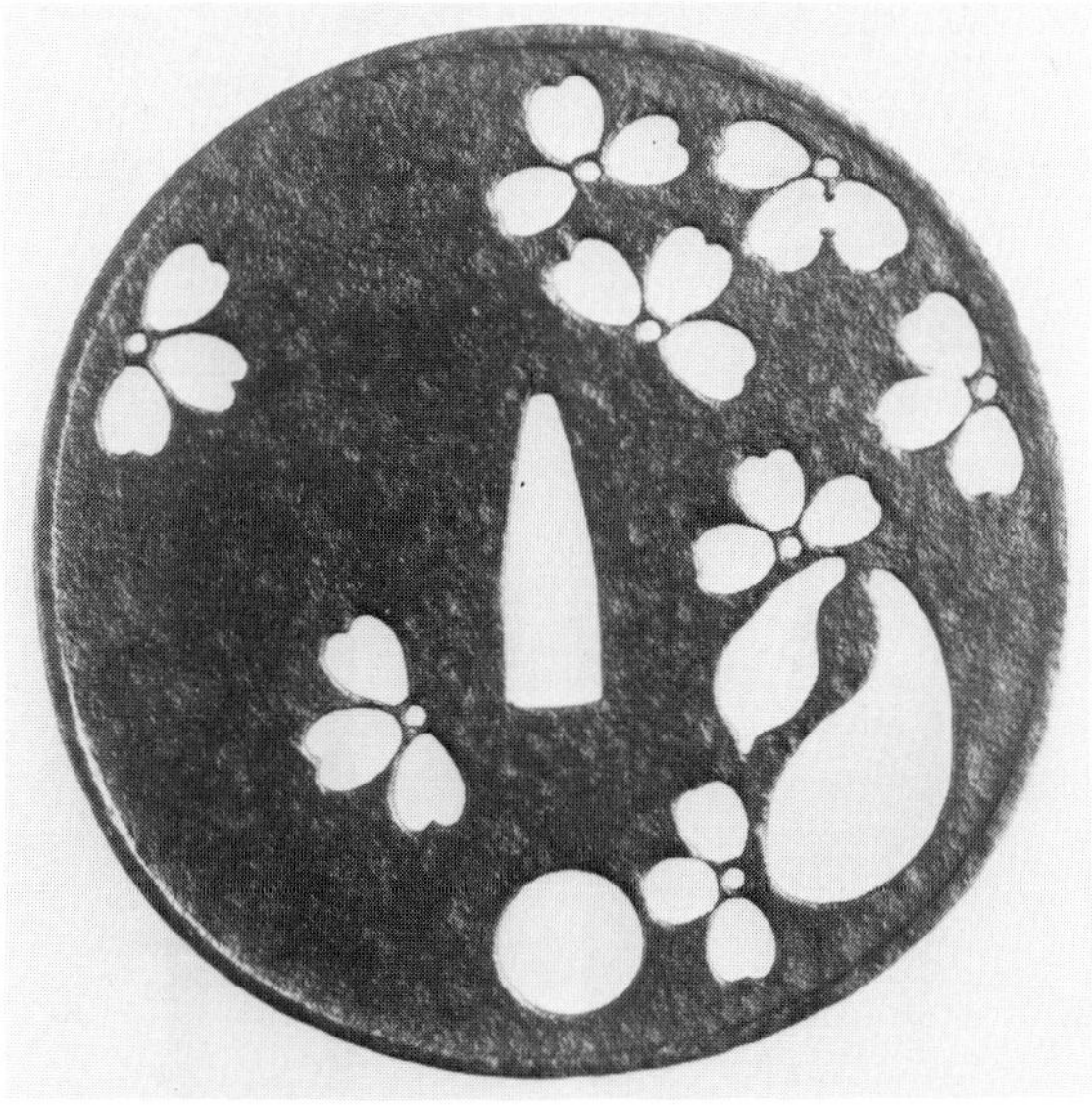

18　室町時代　文様透彫り技法　桜に瓢透鉄鐔（個人蔵）

毛彫り鏨）を用い、彫削のあとはV字形の溝となって、鋭く力のある線をあらわす。また、この鏨の先を少し丸く砥いだ丸毛彫りは、彫りあとがU字状の溝となり、柔らかい線を彫るのに適している。

古墳出土の兜や鞍金具には毛彫りされたものがあって、技法としても古いことが知られている。飛鳥・奈良時代以降は仏教関係品をはじめ生活用具などを飾る文様や銘文の線刻に広く用いられる。白鳳時代の製作という法隆寺献納宝物の金銅灌頂幡には飛天人・仏・雲・唐草などがこの毛彫りで表わされているが、描線は非常に流麗で巧みである。また東大寺大仏の蓮弁に線刻された蓮華蔵世界図も毛彫りによっている。平安時代にも見るべきものが多く、長保三年（一〇〇一）銘の蔵王権現鏡像は白描絵画をみるようであり、精巧な線刻は毛彫り技術の最高点を示している。

(2) 点線彫り

先を鋭く尖らせた鏨（はりいし鏨）を連続して打ちこみ、点線をあらわす技法である。線彫りのなかでも最も初歩的な技法で、沖の島出土の帯金具、熊本江田船山古墳出土の飾履、法隆寺献納宝物の幡垂飾金具など、主に古墳時代から飛鳥時代の作にみられる。年代的には、この点線彫りは毛彫りに先行する技法といえるであろう。ふつう点線彫りは金具の縁に打ち続ける単純なものが多いが、江田船山古墳出土の金銅飾履のように、点線彫りによって亀甲繋文を表わしたものもある。

(3) 蹴彫り

先をうすく偏平にした鏨（ひら鏨）をつかい、角を軽く浮かせて蹴るようにして線刻する技法で、彫りあとが毛彫りと異なり、楔形をした三角形の点の連続となるところに特徴がある。非常に繊細な感じのする線となる。

千葉県木更津市・大塚山古墳出土の金銅眉庇付冑の胴巻板には、魚・鳥・怪獣がこの蹴彫りによって表わされており、毛彫りと同様、技法としても古いことが知られる。この蹴彫りが最も多く用いられているのは平安時代の鏡像であり、三重・金剛証寺の阿弥陀三尊来迎鏡像はその典型的なものである。また秋田・水神社の千手観音等鏡像は繊細で柔らかな刻線を描いていて、この技法の特質が最もよく示されている。また文字を彫った作としては正倉院の金銀花盤がある。盤の底裏に「宇字号二尺盤一面重一百五両四銭半」と彫ってあるが、これは中国唐の工人の手になるものと考えられている。

(4) 鋤《すき》彫り

金属の表面に文様の外周を深みをつけて彫り刻んだり文様を残して地を一段彫り下げて文様を浮きたたせる技法である。先が平になった薄刃の鏨（すき鏨）で、鋤きとるように彫る。鋤出彫り、鋤下彫りなどということもある。東京国立博物館の金剛盤の宝相華文はこの鋤彫りの典型である。江戸時代の鐔などの装剣小道具類はこの技法が最も多用されており、様々な文様が表現されている。

(5) 片切彫り

切先が木工の鑿《のみ》のような形の鏨で、彫線の片方を深く、他方を浅く切りこんでいく技法である。絵画の「付立《つけたて》画法」の筆勢をそのまま表現するのに適している。つまり、筆でいえば穂先になるところを深く、腹のところを浅く一刀に彫りこんでいく。江戸時代の装剣金工横谷宗珉（一六七〇〜一七三三）の創始といわれており、近世に入ってからの技法である。幕末から明治にかけての加納夏雄もこの技法の名手であった。

(6) 透彫り

金属板を切り透かして文様を表わす技法である。古くは切り透かす文様の輪郭にそって小穴を多くあけ、その間をきり鏨で切りとり、鑢《やすり》で仕上げる方法をとっていたが、近世以降では糸鋸を用いるようになる。

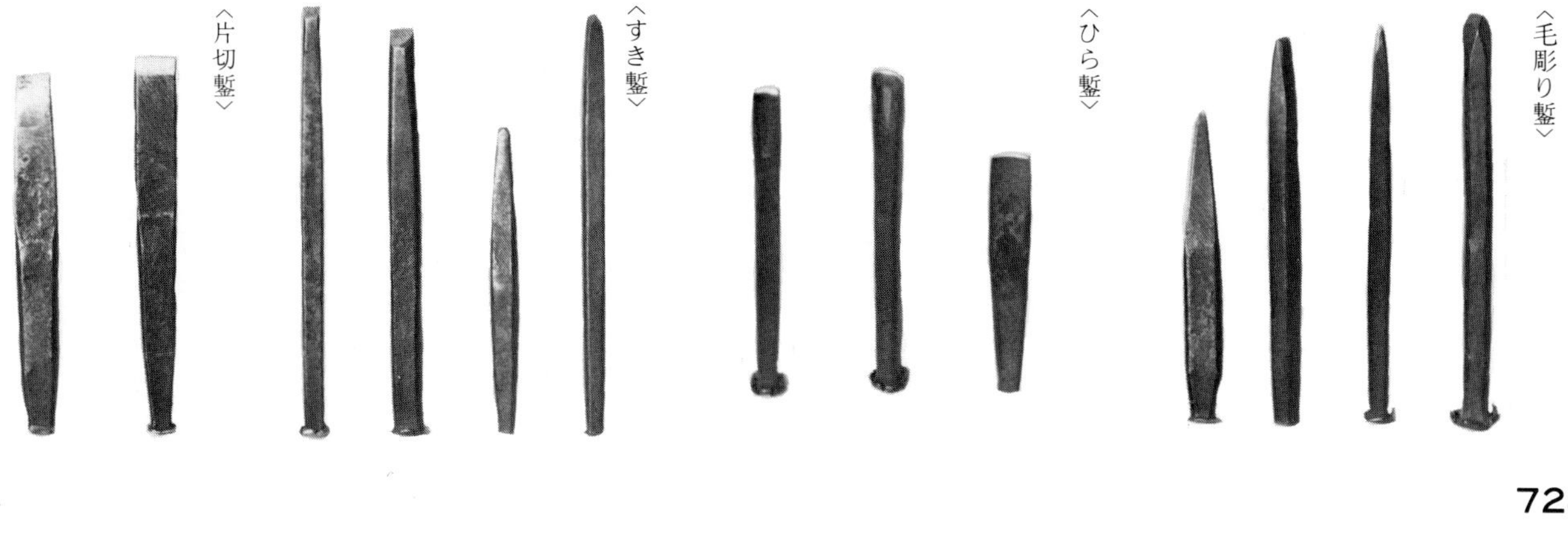

※18 彫金に使用する鏨

19 平安時代 薄肉彫りと透彫り技法 金銅迦陵頻伽文華鬘部分（岩手・中尊寺）

20 鎌倉時代 高肉彫り（獅子）と薄肉彫り（龍）と透彫り技法 金銅舎利塔部分（奈良・西大寺）

21 江戸時代 肉合彫り技法 鉄拐図小柄（乗意作）

「菊石目」扉隅八双金具の彫金工程

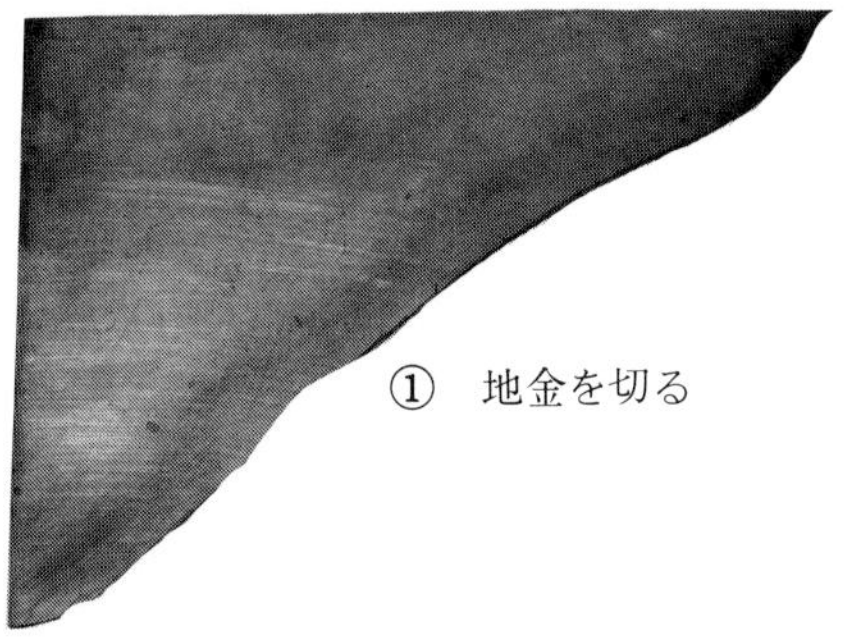

① 地金を切る

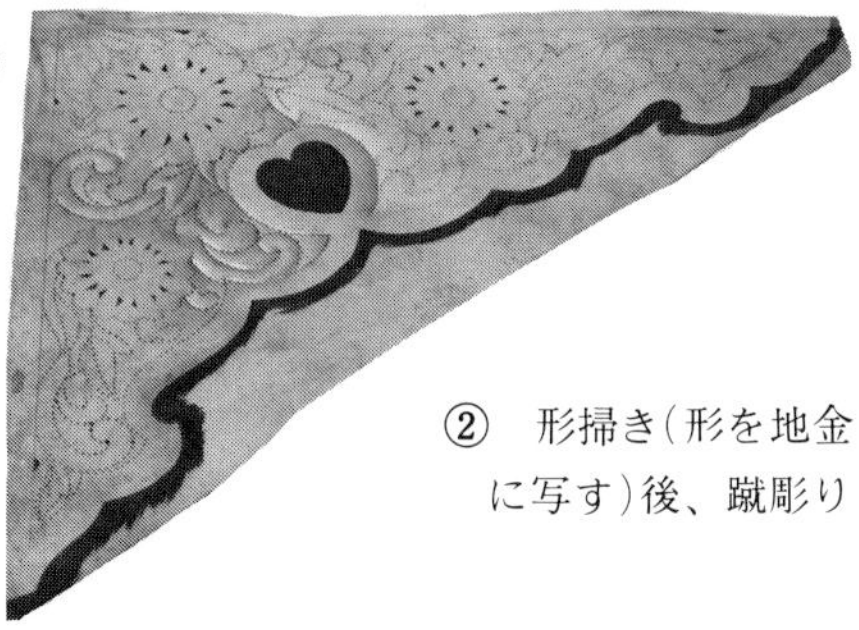

② 形掃き（形を地金に写す）後、蹴彫り

③ 蹴彫り完成

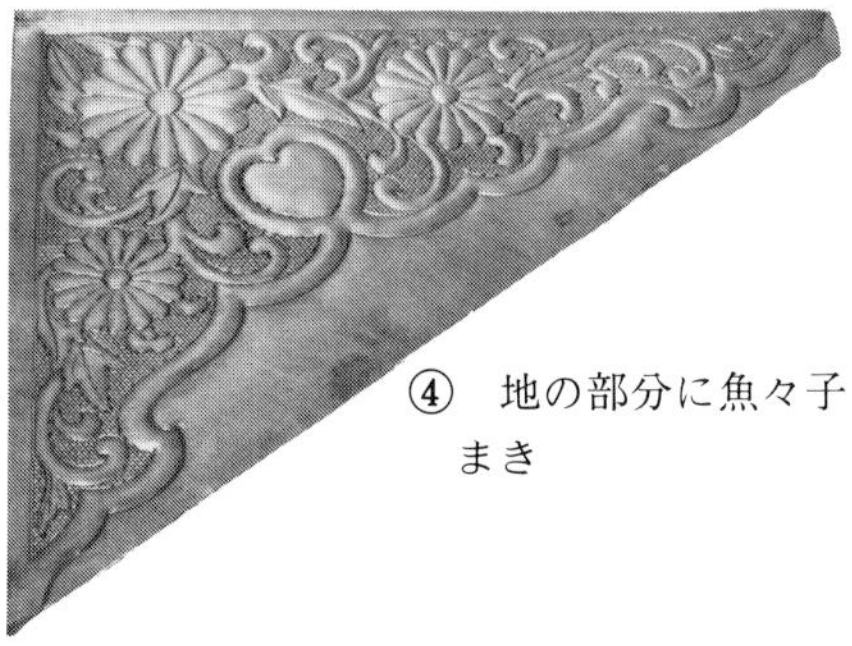

④ 地の部分に魚々子まき

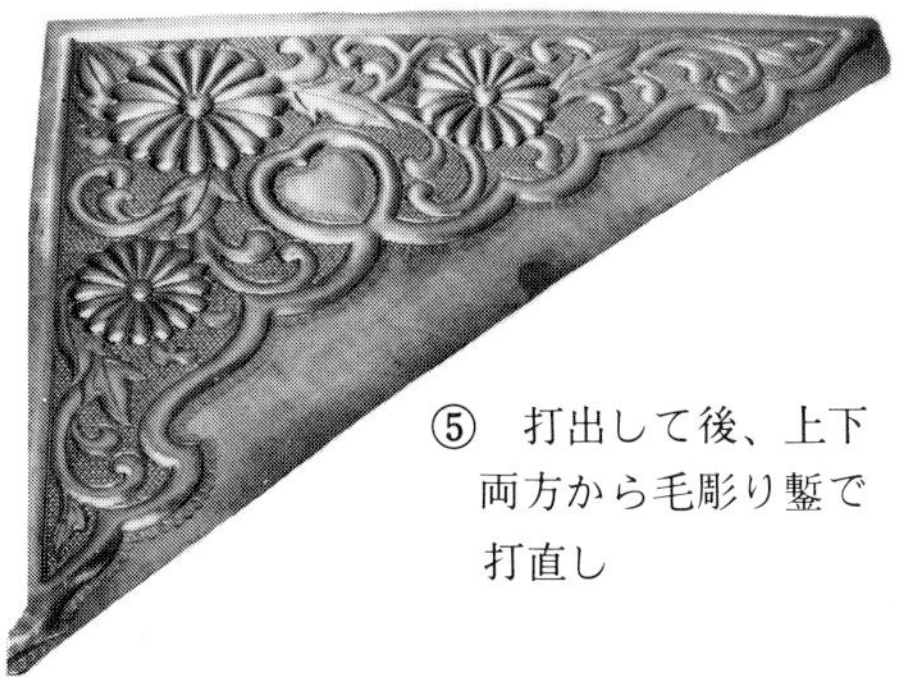

⑤ 打出して後、上下両方から毛彫り鏨で打直し

⑥ 外形の輪郭線を切り、透彫りを行って後、やすりをかけへりを成形する。金メッキを施こして完成

透かし方には地透かしと文様透かしの二種類があり、地透かしは文様とする部分を残して地を切り透かし、文様透かしは地板に直接文様を透かすものである。総体に地透かしの方が多く、法隆寺献納宝物の灌頂幡、小金銅仏の光背、滋賀・神照寺の金銀鍍華籠などがこの方法をとっている。一方、文様透かしは香炉の蓋や釣燈籠の煙出しや火袋、鐔の透かしに多くみられ、奈良国立博物館の鉄釣燈籠は松・竹・菊・市松文・亀甲文を美しく文様透かしとしている。

(7) 高肉彫り

金属の平面より文様を高く盛り上げ、立体的な表現をする技法である。金属を彫りくずして文様を表わす方法と、金属板を裏から打ち出して文様の概要を出し、細部を表から彫刻する方法がある。文様の肉取りが高いものを高肉彫りといい、あまり高くない薄いものを薄肉彫りという。また、高肉彫りは他の金属を象嵌して色彩的な変化をつけることもある。

岩手・中尊寺の金銅迦陵頻伽文華鬘は薄肉彫りの典型的なものである。また奈良・西大寺の金銅透彫舎利塔は高肉彫り、薄肉彫りや透彫り技法を駆使して作られており、細部にいたるまで入念で高い技術がうかがわれる。装剣小道具の目貫のほとんどはこの技法によって作られている。

(8) 肉合《ししあい》彫り

平らな地板に、文様の周囲を少し深めに彫り下げて、中の文様部だけを薄肉彫りで表わす技法である。浮彫りに似た効果があるが、文様が地よりも高くならないところに特徴がある。主に写実絵画風に文様を表現する場合に用いられている。装剣金工の杉浦乗意（一七〇一〜六一）の創始といわれ、江戸中期以降の技法である。装剣小道具の類や煙草入れ、煙管の装飾など小作品にみられる。

(9) 象《ぞう》嵌《がん》

金属の表面を彫って、そこに他の金属を嵌めこみ、色彩的変化を加えて文様や文字を表わす技法である。一般に銅や鉄に金・銀・真鍮などを象嵌することが多い。

技法としても非常に古く、中国の春秋・戦国時代の青銅器にはすでに行なわれている。わが国では古墳時代の出土品の中にみられる。糸象嵌のような単純なものから高肉象嵌のような複雑なもの、その他平象嵌、布目象嵌などさまざまな手法がある。

糸象嵌　線象嵌ともいう。鏨で素地に文様や文字を線彫りし、そのあとに糸状の細い金属を嵌めこむ技法である。象嵌のなかでは最も簡単なもので、古墳時代の大刀金具や馬具などにすでにみられる。渦巻状の単純なものから、亀甲繋文の中に花文を表わした細密なものまである。熊本・江田船山古墳出土の大刀には馬が銀象嵌されている。文字を表わしたものにはこの江田船山古墳大刀、奈良・石上神社の七枝刀や近年発見された埼玉・稲荷山古墳出土の鉄剣などが知られている。

平象嵌　線ではなく、平板を嵌めこむ技法である。地の象嵌する部分を鏨でさらい、そこに文様片を嵌めこむのであるが、地金と文様部が平らになるようにする。

神奈川・鶴ヶ岡八幡宮の銅擬宝珠には亀甲花菱文が平象嵌で表わされている。江戸時代では加賀象嵌がこの技法をよく用いており、繊細な文様を美しくあらわしている。

高肉象嵌　象嵌部が地金よりも高く出ているものをいう。高肉彫りされたものを嵌めこんだり（据文《すえもん》象嵌）、高肉彫りに部分的に他の金属を嵌めこんだりする複雑な技法である。あまり古い時代にはなく、近世の装剣小道具類に多用されている。

布目象嵌　きり鏨で地金の表面に縦横に細かく布目状のきざみを入れ、ここに金、銀などの細線や薄板をのせ、上から鎚[※19]でたたきこんで貼り付ける技法である。

近世以降にみられ肥後金工、京都の埋忠明寿などの鐔にみられる。

〈切り鏨〉　〈へし鏨（肉彫り用）〉　〈魚々子鏨〉

22　古墳時代　糸象嵌技法　銀錯銘大刀　（江田船山古墳出土・東京国立博物館）

23　鎌倉時代　平象嵌技法　銅製擬宝珠と釘隠　（神奈川・鶴岡八幡宮）

24　江戸時代　四分一地に金・銀・赤銅平象嵌　御簾扇面散鐔　（個人蔵）

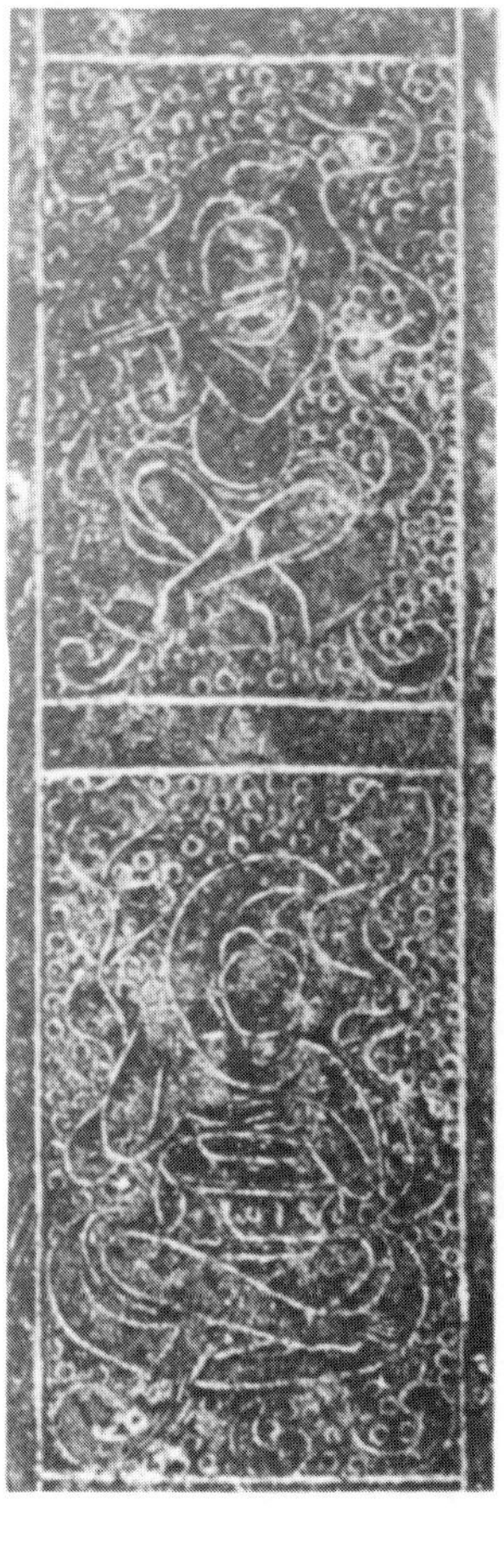

25　奈良時代　魚々子と毛彫り技法　法華説相図の部分　（奈良・長谷寺）

26　奈良時代　魚々子技法　銀製鍍金狩猟文小銀壺（鎮壇具の内）（奈良・東大寺）

27　鎌倉時代　魚々子技法　金銅能作生塔部分　（奈良・長福寺）

28　江戸時代　魚々子・高肉彫り・象嵌技法　花車の図小柄　（後藤顕乗作）

(10) 魚々子（ななこ）

切先の刃が細く小円となった鏨（ななこ鏨）を打ちこみ、金属の表面に細かい粟粒を撒いたようにみせる技法である。隣接して密に打たれた様があたかも魚の卵をまき散らしたようにみえるところからこの名がある。ふつう、文様部以外の空間である地の部分に打たれる。技術的には点線彫りより一歩進んだ技法といえる。

文献では天平寶字六年（七六二）の『造金堂所解』（正倉院文書）に「一貫二百文　魚々子打工卅人功　人別卌文」とあるのが初見であり、奈良時代にはすでに魚々子打ちの専門工がいたことが知られる。正倉院には当時使用された魚々子鏨が伝存している。現存するものでは、天智天皇七年（六六八）の創建と伝える滋賀・崇福寺の塔心礎より発見された納置品のうちの金銅背鉄鏡の鏡背や、朱鳥元年（六八六）とも文武天皇二年（六九八）銘ともいわれる法華説相図銅板（奈良・長谷寺）の左下隅に線刻された歌舞夫人の周囲に打たれた魚々子が最も古い例である。正倉院宝物の銀壺は唐製舶載品といわれ、狩猟文を線刻して地を魚々子打ちとしているが、当時の和製のものに比べ一段と精緻であり、中国と日本の技術の差が窺われる。また、東大寺金堂鎮壇具の狩猟文銀壺や、興福寺金堂鎮壇具の唐花文小鋺もすぐれた作域を示している。奈良時代から平安時代までは概して魚々子の打ち方が重なったり、不揃いであったりするが、時代の下降とともに一列に整然としたものとなり、鎌倉後期には奈良・長福寺の金銅能作生塔にみるような綺麗に打たれたものをみる。江戸時代の刀装小道具の魚々子は微細、整然としたものとなり、また互の目魚々子とか大名縞魚々子といった変わり打もみられる。

四、鍛金

鍛造、打物、鎚起などともいい、金属のもつ展延性を利用して、金槌や木槌などで打ち延ばしたり曲折したりして器物を成形する技法である。

(1) 鎚起技法

一枚の金属板を表裏から打ち出して立体的な形を作ったり、文様を浮きだたせる技法[※20]である。

この技法は飛鳥時代の鵲尾形柄香炉（法隆寺献納宝物・東京国立博物館）の製作にみられ、また、正倉院の金銀花盤の大鹿もこの技法によって表出されている。室町時代には甲冑の附属具である面頬、臑当などの製作に受けつがれた。

(2) 板金技法

金属板を折りまげたり、鑞付したりして立体的なものを作る技法である。

天智天皇七年（六六八）の建立である近江崇福寺塔心礎より発見された舎利容器のうち、金製内箱、銀製中箱の製作に用いられている。また、正倉院の鳥首の金銅水瓶は銅鍛金で各部を分けて作り、これを十数カ所で鑞接して形づくったもので、技術的に非常にすぐれている。室町時代から多くみる銅板製の釣燈籠もこの技法によって作られている

(3) 押出技法

鋳造の原型の上に薄い金属板をのせ、上からたたいて原型の形を転写する技法である。

押出技法が最も活用されたのは押出仏で、古くは法隆寺玉虫厨子の扉の内面に貼りつけられた千体仏や、長谷寺の銅板法華説相図の千体仏があり、奈良時代にはもっとも盛行した。これは半肉鋳造の仏像形の上に薄い銅板をのせ、上から鎚でたたいて型になじませ、細部までよく写しとってからはずしたものである。同一文様を一つの原型から何枚も作製できる利点がある。法隆寺、唐招提寺、東京国立博物館にはこうしてできた独尊、三尊、五尊などの押出仏が現

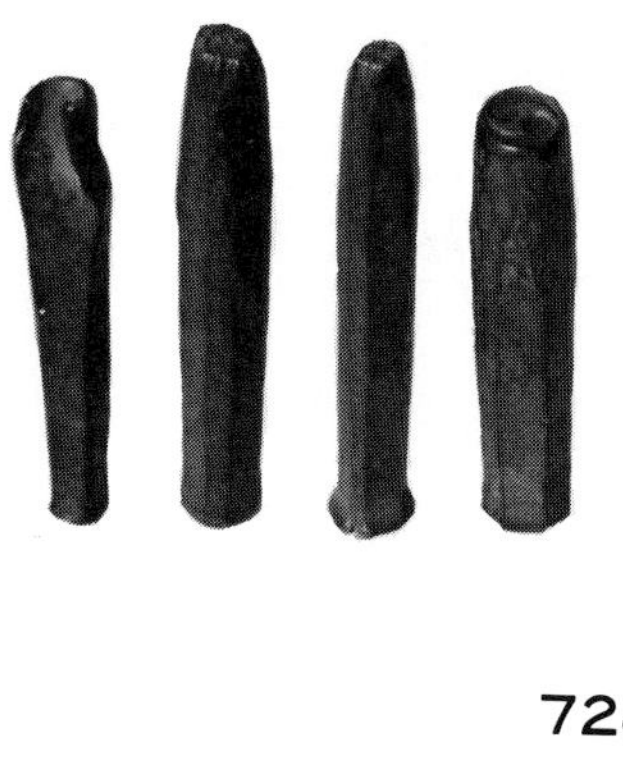

〈こっくり鏨〉

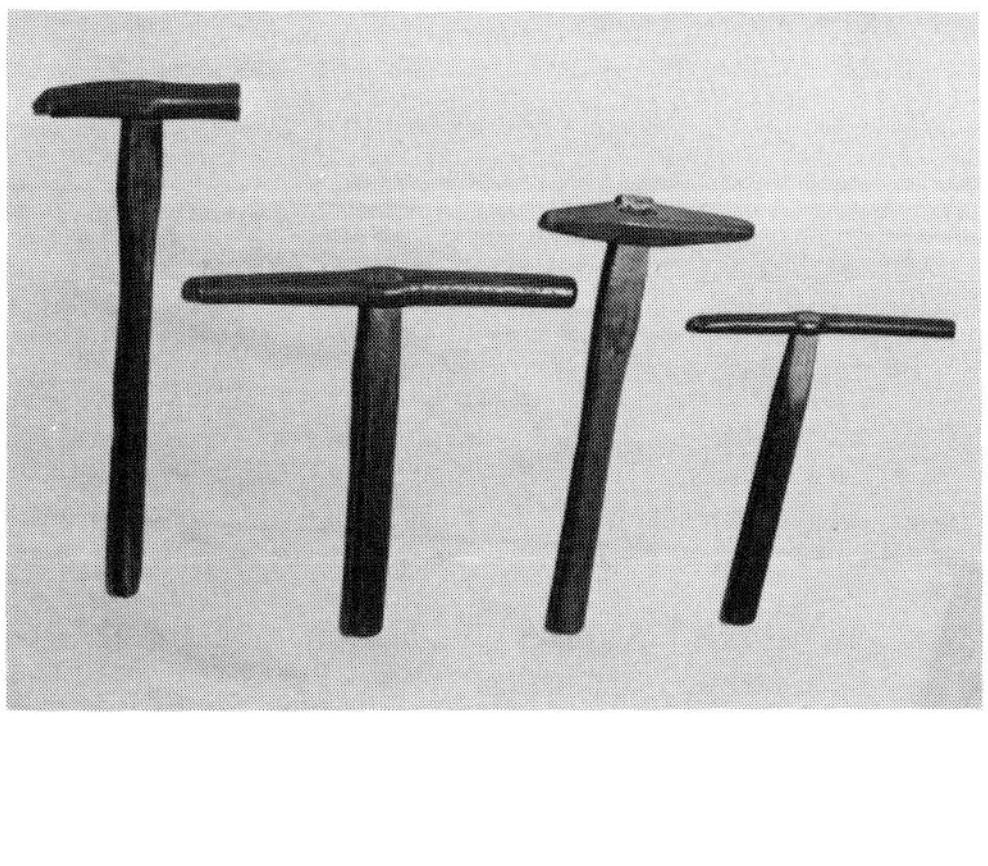

※19　彫金に使用する成形用の鎚。

※20　鎚起技法で鏨子を作っているところ。

29　奈良時代　鎚起技法　金銀花盤（表・裏・裏面銘文）（正倉院宝物）

盤は銀板の鍛造で厚さは縁で0.9〜1.2㎜と均一でない。コンパスで輪郭を引いて、切り取り、凹面の木型にあてて内側より打ち出して後、木槌でならし打ちをしたものと思える。鹿や唐花文は、蹴彫り鏨で線刻し、打出して後、細部を表から鏨で打っている。二重の銘文の内、上写真は蹴彫り鏨で彫り、下写真は毛彫り鏨を用い趣を異にしている。

存している。一方、正倉院には鼻がつぶれたり、衣文が深く彫り出され明らかに押出仏の原型として使われた仏像型が残っている。また和歌山・那智山出土の半肉鋳造薬師如来立像もその形から原型であったとも考えられる。

五、鍍金

金属の表面に黄金を付着させる技法で、その方法には、金アマルガム鍍金法、漆箔法、金泥法や、現在広く行なわれている電気分解法などがある。金アマルガム鍍金は滅金、金消しともいい、水銀が熱を加えると蒸発することと、鉄・白金・コバルト・マンガン・ニッケルなど一部の金属を除き、ほとんどの金属と溶けあう性質を利用したものである。江戸時代の『装剣奇賞』（稲葉通龍著・天明元年刊）には箔鍍金法と、水銀鍍金法の二通りの方法を記している。

(1) 箔鍍金法

鍍金しようとする器物の表面をよく磨き、梅酢で洗い、砥粉と水銀を混ぜ合わせたものをすりつけ、その上に金箔を置き、火であぶり金箔を密着させる方法である。

(2) 水銀鍍金法

灰汁で器物をよく煮、さらに表面を炭や砂で磨き、梅酢で洗ってから、金粉と水銀をよく混ぜ合せたものをすりつけたのち、熱を加えて水銀を蒸発させて、金だけを定着させる方法である。この金アマルガム鍍金法は古く古墳時代の刀装具・装身具・馬具などに盛んに利用されている。とくに刀装具のうち、頭椎大刀のように日本独自のものに施されているところからも、六世紀にはすでにこの技術を習得していたと考えられる。法隆寺釈迦三尊をはじめ飛鳥・奈良時代の鋳銅仏のほとんどは鍍金されており、資財帳などではこの銅に金鍍金するものを「金銅」、「金泥銅」などと記している。推古天皇一四年（六〇六）に造立された飛鳥寺の釈迦如来（飛鳥大仏）は、『元興寺資財帳』によれば鍍金するのに金七百五十九両（三一・八三kg）を要したという。また最大の金銅仏である東大寺の大仏の鍍金は、『東大寺要録』に金一万四百三十六両（四三七・六八六kg）、水銀五万八千六百二十一両（二四五八・五六五kg）と記されている。

(3) 漆箔法・金泥法

また漆箔法は漆で金箔を接着する技法で、金泥法は金粉を膠でときまぜ器物に塗布するものである。アマルガム鍍金法は水銀が蒸発する際有害なガスが発生し危険が伴うが、漆箔法や金泥法にはこうした危険性はない。

(4) 電気鍍金法

このほか現代では電気分解の原理を応用した電気鍍金法が多く行なわれている。これは鍍金しようとする金属の塩、その他の添加物を含む水溶液の中で、被鍍金物を陰極につなぎ、鍍金しようとする金属か不溶解性の金属を陽極として電流を流し、電気分解することによって陰極に金属が析出、つまり陰極の表面に金属が電着できるというものである。この鍍金法は密着がよく、金属の膜が均一となるなどの利点がある。しかし被鍍金物の表面に油脂・錆・よごれなどが付着していると、斑ができたり密着度が悪くなるので、鍍金する前に脱脂・脱錆の処理が必要である。

金を鍍金する場合、水溶液はシアン化金をシアン化カリで溶解した金シアン化カリを主体とすることが多い。陰極は金と化合しやすい銅・青銅・ニッケルが主で、溶解性陽極には金、不溶解性陽極としては白金・硬質炭素・ステンレススチールなどが使用される。

電気鍍金技術はヨーロッパから伝わったが、わが国では嘉永四年（一八五一）、鹿児島藩主島津斉彬が城内で調度品類に金の電気鍍金を行なったという。

（原田　一敏）

30 奈良時代 鍛金・鑞接技法 鳥首の水瓶 （正倉院宝物）

32 奈良時代 押出技法 押出仏の原型（正倉院宝物） 右：正面 左：側面

31 平安時代 押出技法 金銅押出仏の原型 （那智経塚出土・東京国立博物館）

二　漆工技法

一、素地の種類

漆工品は、ほかの工芸品と異なり、その構造体（素地《きじ》・胎《たい》という）は必ずしも漆そのものから成立しているのではなく、木・竹の幹部、蔓《つる》類、繊維質からなる紙や麻布、皮革、金属、陶磁などの材質を成形加工している。いわば、複合的工芸品であって、ほかの工芸品が比較的単一の材質で成立しているのと対照的な相違がみられる。例えば、金工品が、金属の素地に金工的な加飾技法で成立しているのと比べると、漆工品の漆の役割には、塗装と接着力があるといえよう。

本稿のテーマは、仏具の漆工技法を説明することにあるが、その第一歩を、その母胎である素地よりはじめることにする。

《素地の種類と仏具例》

(1) 木（木胎）(A)挽物──高杯、鉢、壺、瓶子、小塔
(B)刳物・彫物──華皿、香合、天蓋、須弥壇、笈
(C)指物──唐櫃、経箱、経机、前机
(D)曲物──筥

(2) 竹（籃胎）(A)笊形
(B)皿形 } 華籠
(C)その他─笈

蔓（葛箱）──袈裟箱

(3) 紙（紙胎）(A)貼り合わせ技法
(B)貼り抜き技法──念珠箱、華籠

(4) 皮（牛皮・鹿皮）──牛皮華鬘、漆皮箱

(5) 麻（塞胎）(A)木心乾漆
(B)脱乾漆──塞鉢、冊子箱、念珠箱

(6) 金属胎
陶磁胎

(1) 木　胎

漆工品の大半は木工技術によって素地が制作されていることから、挽物《ひきもの》、刳物《くりもの》、板物《いたもの》（指物）、曲物《まげもの》という木工技術を出発点とする。

(A) 挽《ひき》物《もの》　挽物とは木工用轆轤《ろくろ》を挽いてつくったもので、円形木器ともいう。この最古例には、奈良・唐古遺跡から出土した高杯《たかつき》[※1]や鉢《はち》があり、弥生時代に出現していることがわかる（『大和唐古弥生遺跡の研究』京都帝国大学文学部考古学研究報告）。そのことから、後に轆轤木工品が出現していることは容易に推測されるし、生活用具に活用されていたのであろう。

仏教用品における轆轤木工品の最も好例をあげるとするなら、法隆寺の百万小塔（重文）であろう。これは、天平宝字八年（七六四）に、恵美押勝の乱を平定された孝謙天皇が発願され造立されたものであるが、塔身は檜一本を轆轤で挽き、上部の相輪《そうりん》は別木の水木犀《もっこく》、または桂を挽き、塔身に嵌入している。この素地に彩色したらしく、現在は剝落著しいが下地の胡粉を一部残存していて、木地の鉋目《かんなめ》を

※1　奈良県磯城郡田原本町。弥生時代前期の漆器が出土している。

鮮明にしている。だが、現存している数基には、今なお彩色の判明しているものがあり、群青《ぐんじょう》[※2]・緑青《ろくしょう》[※3]・朱黄土《こうど》の顔料が検出されている。また、底面の墨書が人名であって、これが轆轤工なのか、工人を統轄する担任者なのかに説がわかれている(平子鐸嶺『百万小塔肆攷』)。

こういった有名な例をあげるまでもなく、これ以前にもあったことは、正倉院の宝物にもみられることによって証明されよう。例えば、草、花、蝶、鳥の金銀を施した碁子《ごす》の合子《ごうす》や、法隆寺をはじめとする奈良朝諸寺院に不可欠な経巻を巻く軸首は、木軸の挽物製である。しかし、これらは、本稿で取扱われる主流をなすものではない。

奈良朝の木工仏具で、漆工でもあるのは、法隆寺献納宝物の木鉢が著名である。この鉢は漆の剥落著しいが、とくに口辺の部分から木地挽物であることが判明される。やや時代が下るが、古くから生活用具として使用されていた盆で、東大寺三月堂のお水取りの行事に使用される練行衆盤がある。俗に日の丸盆と呼ばれ、挽物木地に漆を直接塗っており、表面に朱漆、底面に黒漆を施してあり、そこに永仁六年（一二九八）の在銘がある。その他お水取りの行事に使用されている器物のうち、木地挽物で漆器には、油壺や布薩盥《ふさつだらい》などがみられる。

油壺と同じように挽物仕立ての器物に瓶子がある。瓶子は、神前に供する御酒入れであるが、木地漆塗りの瓶子の最古例に、平安後期の手向山神社の桐竹鳳凰蒔絵瓶子（重文）があげられる。この木地は、口部と肩部、腰部の三箇所からなり、それぞれ別々に挽き、各部を嵌め込んで継いで全く一木であるようにみせている。

多くの漆工品は、漆面で覆われているので、その内部がどんな材質、どんな構造であるかを視覚的に判断することは困難である。この素地を調査する手段として X線透視によって調査研究する場合が多い。手向山神社の瓶子もX線透視によって構造を知ったのである。また、漆面が薄く塗られた場合などは、斜めから視線をあててみると、轆轤の鉋目である筋目が浮き上ってみえるために挽物である判別が可能であることもある。

(B) 刳《くり》物・彫《ほり》物　次に刳物について言及するが、ここでは削るとか、彫るといった手法にもわたることとする。このような手法によってつくられた仏具の好例に、正倉院宝物に多く遺る華盤《けばん》がある。類例に唐招提寺に一例あるが、これらの形状は中央に四弁花形をおき、その四方に三葉形を配した方形盤に四脚をつけている。この花形や葉形の表面を浅く刳《えぐ》って、供物を容易に受けるような皿をつくっているが、下面は四面状に彫刻してある。総体に黒漆を施しているが、なかには、胡粉下地に朱や緑青・褐色などで花文を描き、花文と輪郭線を黄土で彩色したり、外縁を金箔で縁取ったりしたものもある。なお、脚は蕨手形《わらびてがた》をして、これに金箔押しを施してある。

木地表面に文様や図様を彫刻し、漆や彩色で装飾した場合もここに含めることとしよう。例えば、仏像荘厳の天蓋も好例である。中尊寺・金色堂天蓋（中壇分・国宝）を作例として示すならば、この天蓋は平安時代の趣向をよくみせてくれた表現技法がすみずみにゆきわたっている。一材からなる中心部を八葉形蓮華《はちようがたれんげ》に彫出して重厚さを表出し、その周縁を唐草文でめぐらすが、華麗さを透彫りで表出している。表面の塗飾は漆箔仕上げとしている。

これらのものに対して、木彫漆塗の手法の作品に、香合《こうごう》や笈《おい》がある。これらは、鎌倉彫りとか、彫木彩漆《ちょうぼくさいしつ》とよばれているもので、木地に図様・文様を肉合《ししあい》彫り、毛彫り、浮彫りによって表出したものである。

また、このような木彫、漆塗り、彩色の装飾板を施している物に須弥壇とか前机という寺院堂内具がある。これらは、禅宗様のものであって、その模様や図様は、牡丹・獅子などが多く取材され、透彫りで表出している。その装飾部分は腰間とか、蹴込みといったところで、漆塗りで装飾したり、彩色が施されていたりしている。作例に建長寺や円覚寺の須弥壇・前机が好例である。

(C) 板物・指物　指物とは板を組み立ててつくる木工品であるが、木地器形の多くは、この手法によったものである。例えば、経唐櫃《きょうからびつ》

※2　青金石という鉱物から採取される青色の顔料。ラピスラズリとも呼ばれ、古来アフガニスタン産が有名。天然産と同様のものが、一八世紀にヨーロッパで粘土・炭酸ソーダ・木炭・石英・硫黄の混合物を加熱してつくられた。現在はこの人造石が主に使用されている。

※3　銅を湿った空気中に放置すると空気中の水分と炭酸ガスが作用して生じる緑色の錆で、緑色顔料に使う。

や経箱といった箱形の容器類で、これを箱物という。また、経机や前机・卓などの台物や、書棚・衝立などの棚物などが該当する。

構成するには、留《とめ》[※4]・待《まち》・枘《ほぞ》[※5]などという技法がある。とくに、留(小口を見せないで二材の角を接合する法)によったものが多いがにこれは布着せしている場合である。枘によって接合しているのは、布着せしない場合で、三枚枘・五枚枘という枘による接合をして強化をはかっている。一方、待の接合は、全く木口をあらわさない。これは曲物の縁止めなどに応用している。

(D) 曲　物　曲物とは、薄い木板、通常檜板が多いが、これを曲げて筒状につくり、底板をいれ、外輪をつけてはずれないようにするつくりで、水を入れる容器などにみられる。また、檜物《ひもの》・綰物《わげもの》ともいう。白銅水瓶を納めている彩絵《さいえ》曲物《まげもの》筥《す》(京都・東寺旧蔵・重文)は平安時代の作で、蓋甲面に尾長鳥、胴面には牡丹・鈴蘭と蝶・雀を描きあらわしているのが赤外線写真ではよくわかるが、肉眼では黒ずんでいる。この他に万徳寺の紙胎《したい》彩絵《さいえ》華籠《けこ》をいれる器も曲物の筥であるが、漆は塗っていない。

(2) 籃　胎・蔓　胎

次に、竹幹や蔓類を加工した素地についてであるが、この歴史は古いが、腐朽が早いので遺品は少い。知られる最古例として、縄文時代晩期の青森県・是川遺跡や亀ケ岡遺跡から出土した籃胎《らんたい》漆器があげられる。これは細く割った竹幹で籠を編み、その内外に朱漆を塗ったもので、竹編みの素地が使用されている。一方、葛蔓《くずつる》の場合は、葛蔓の外皮を取り除き、編みやすいように加工した素材をもってつくったもので、葛箱とよばれるものが典型的な作例である。

(A) 蔓　胎　その最古遺例が正倉院宝物や法隆寺献納物にみられる。とくに東京国立博物館の赤漆葛箱(重文)は、達磨大師の袈裟と伝えられる七条袈裟を納めた容器で、覆《かぶ》せ[※6]蓋造りで、縁を楊板で内外両面からはさんでつくっている。蓋・身の各面には菱文を織出すようにあらわした、複雑な編み文様をみせているが、この上に蘇《す》芳《ほう》を水で溶いて赤く彩どり、透漆を施した、いわゆる赤漆《せきしつ》と呼ばれる技法で塗装している。これは、現在春慶塗[※7]とよばれる手法と同類のものである。正倉院に六合遺っているが、そのなかには、赤漆のものや、銀泥で花文を描いて彩色したものなどがある。これらの箱は重要な書類、書物や筆、刀子を入れる文具として、また、仏具の花筥として使用された。

(B) 籃　胎　竹ヒゴ[※8]を編んで笊《ざる》形につくった華籠が正倉院にのこっているが、さらに浅い皿状に編んだ華籠が藤田美術館や醍醐寺に遺っている。これらは後世に金属性華籠が出現する以前のものである。室町時代の作である愛知県・性海寺の華籠は、他の通常の華籠と異なって全体に黒漆を施している。

このほかに仏具で竹製素地のものに笈がある。茨城県・月山寺笈[※9](重文)や米国・シアトル美術館笈の背部(笈体をなす箱形)を網《あ》代《じろ》編み竹地に漆を塗って作っているのは、軽量化と強化のためである。なおシアトル美術館笈は、前面扉には三鈷杵などの図様が彫られ、色漆しで彩どった彫木彩漆のものである。

(3) 紙　胎

素地に紙を使った場合を紙胎《したい》とよぶ。紙胎の技法には二通りあるが、その一つには木や竹などを構造体にして、その上に和紙を貼り合わせて漆を塗っているものと、木型などで器形をつくり、その上に紙を貼り重ねてから木型を抜いて内部を空洞化する方法とがある。

(A) 貼り抜き技法　現存の作例について述べると金剛峯寺の紙胎《したい》花《か》蝶《ちょう》蒔《まき》絵《え》念《ねん》珠《じゅ》箱《ばこ》(平安時代・重文)や愛知県・万徳寺の紙胎《したい》漆《うるし》塗《ぬり》彩《さい》絵《え》華籠《けこ》(鎌倉時代・重文)があり、どちらも「貼り抜きの技法」によったものである。前者の念珠箱は、身と蓋とも、薄い麻布と奉書のように厚い和紙を交互に張り重ねていたことが、修理以前の状態から説明される。当時修理監督の担当者であった鈴木友也氏の解説によると(『仏教芸術』五七号)、この技法は現在も行われている一閑《いっかん》[※10]張《ば》りと同様であるということで、次のように説明している。内型に

※4　留とは二つの木材を直角、またはある角度で接合する時、その角《すみ》を折半して接ぐ方法。

※5　枘とは二つの木材を接合する時、一方の材に突起を作り、他方の材にこの突起を差し込む孔を作り接合する方法。

※6　蓋が身をかぶせるように覆う箱の形。

※7　応永(一三九四〜一四二八)の頃に堺の漆工春慶が考案した。後、各地におこり、それぞれ飛騨春慶・能代春慶・粟野春慶・吉野春慶・木曽春慶・日光春慶と呼ばれる。

※8　竹を細く割って削ったもの。

※9　竹・葦または檜などをうすく削ったものを、斜めや縦横に編むこと。

※10　江戸時代に中国から亡命してきた飛来一閑が考案して茶人好みの器を作ったところからこの呼名が生まれたとも、また茶人武野紹鷗が号名を一閑居士といい、彼が紙を蝶張りにして茶器を作ったのが始まりともいわれる。軽くて変形せず、多く盆や針箱として用いられたが、現在はあまり使用されない。

百万小塔　挽物製（奈良時代）

漆塗高杯　挽物製　黒漆塗（平安時代）

花文堆朱大盆　彫物製（明時代）

彩絵曲物筥　曲物製（平安時代・東寺旧蔵）

根来塗金剛盤　彫物製（室町時代・長谷寺能満院）

雁皮紙《がんぴし》を二枚水張りし、それに和紙を渋糊[※11]で適当な厚さまで繰り返し重ね貼ってつくり、接着の糊は、姫糊[※12]・蕨糊[※13]・または漆を使用するとのことである。この念珠箱の器形は、十二花形で、身と蓋との口縁が一致するようにつくられた合口造り[※14]で、いわゆる合子《ごうす》であるが、蓋と身を同一の形でつくるということは、同一の木型を使ったということでもある。次に後者の華籠もやはり、透かしとった部分の断面より判断すると、厚く貼り重ねて抜いたものと思われる。この上に黒漆を塗り、身込み[※15]には、胡粉下地に金箔や彩色で三鈷や蓮華文様をあらわしている。

この二例のほかに、広島・安国寺阿弥陀如来像(重文)の胎内からでた紙胎の黒漆の小箱をあげておこう。これは、伴に出た胎内文書によって文永一一年(一二七四)という制作期の明らかな作例であるからである。ただ、小箱である故に紙胎が薄く、凹凸面が著しい。

(4) 皮革胎

皮革を素地とした仏具に、漆皮箱《しっぴばこ》や牛皮華鬘《ごひけまん》があげられる。それに、奈良時代には漆皮素地がよく作られていたことが、現存遺品例や文献によって知ることができる。正倉院や法隆寺献納物にあるその作例をみるに、下地を施こさずに直接の地に漆を塗ったものと、麻布を着せたものとがある。また、正倉院の山水人物鳥獣背円鏡をいれた金銀絵漆皮箱のように、二枚の皮を重ねて厚さを増した素地もある。この漆皮箱は平安前期頃まで盛んに作られたものらしく、当時代の作に東寺や四天王寺の漆皮箱(重文)があり、同時代のものと思われるものを納入している。前者は弘法大師請来の法具類を、後者は茜染の袈裟(平安前期の作)を容れる箱である。しかし、これらの漆皮箱の共通性は、その形状にある。いずれも覆《かぶ》せ蓋《ふた》造りの長方形で、蓋上面四周には、削面取りをめぐらしている。一世紀以上製作したであろうこの期間にあって、形式は一定で変化が認められない。また、口縁に麻紐をまわしたり、または革を接着して覆輪としていることもある。

鞣しの方法　これらの漆皮箱になんの皮を用いたかを『延喜式』内匠寮式によって推測すれば、牛や鹿の皮であった。これら生皮を加工するのは、鞣《なめ》すことからはじまるが、これら漆皮箱の鞣し方は十分でないようである。破損部の露出した面に膠質《にかわしつ》が浮き出て固まっているのである。このような膠質がでてくるのは、完全に鞣されていないからである。正倉院の漆皮箱を修理した漆工家・北村大通氏によれば、「今なお、膠がこれらの漆皮箱からでていると聞いているが、その事実を経験したのは、四天王寺漆皮箱においてであった。この漆皮箱が膠をふきだして表面の漆塗りをつき破って湧き出したのをみたからである。原因を考えるに、一ヵ月にわたる間、狭い陳列ケースに直接照明の蛍光電燈を近接し、熱光線で照らしたからと思える」と述べている。

生皮を鞣す古来からの伝統的な方法を、小林行雄教授の『古代技術』(「脳漿鞣と油鞣」一〇二頁)に記されている。「『延喜式』内蔵寮式の造皮」と、今井啓一氏の「姫路鞣について」(『日本上古史研究』第六巻第二号)によると以下の通りである。前者によると、牛皮と鹿皮の場合は両方とも毛や膚肉を除くのに水に浸したり、風通しのよいところで乾かしたり、踏んで柔かくしたり、または、もんで柔かくしたりするのである。ただ、鹿皮の場合「脳漿《のうしょう》を和える」方法をとり、また、牛皮の方も「麹塩《こうじえん》を合和する」という。これに対して、姫路白鞣の方は、「単に食塩を施した皮を繰返し繰返し市川の流れに浸し、乾し、菜種油を塗布して幾回も手足をもって揉み伸し」という工程であるという。筆者が見聞した太鼓の皮を張る工程では、生皮を塩と糠《ぬか》につけていた。

このほかに熏烟によって鞣す方法があって、熏韋《くすべかわ》として鹿韋《しかかわ》を鞣し精製する方法があるが、素地に皮革を使用した際には使用していないようだ。

(5) 塞(乾漆)

麻布を型に漆でもって貼り合わせ固めて成型化する技法を、中国

※11　柿の渋のこと。
※12　飯でつくった糊。
※13　蕨の根茎からとった澱粉を製した糊。
※14　箱の身と蓋の口縁が合致する形式のこと。そのため身の内部に立上がりを作り蓋の側面を外側面に出す。

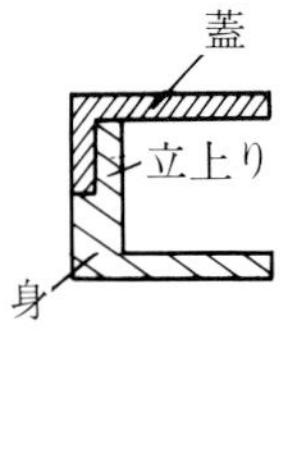

※15　身の底部の名称。

彩画漆篋の全体と部分　籃胎（朝鮮楽浪古墳彩篋塚出土）

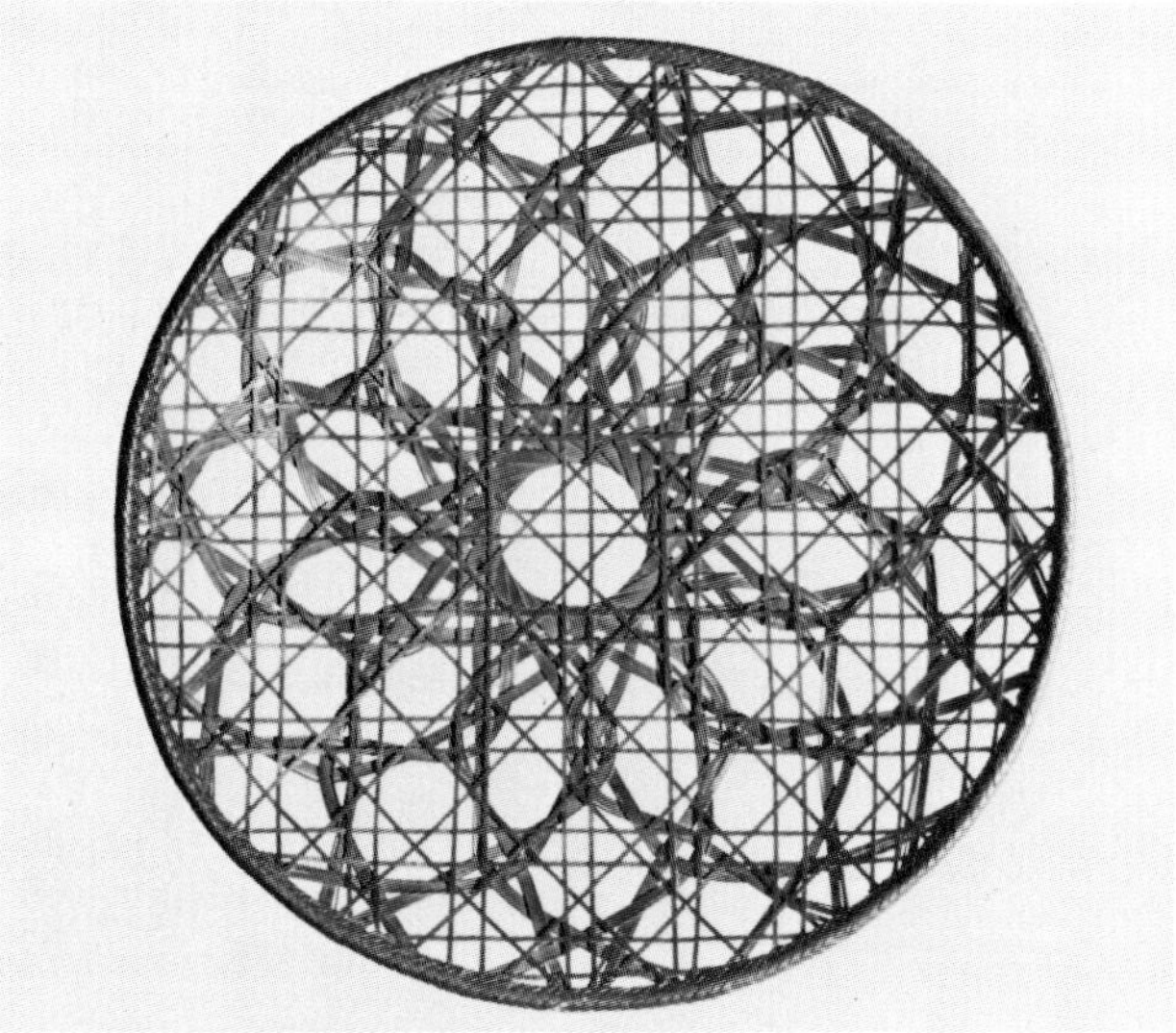

黒漆華籠　竹編（鎌倉時代・性海寺）

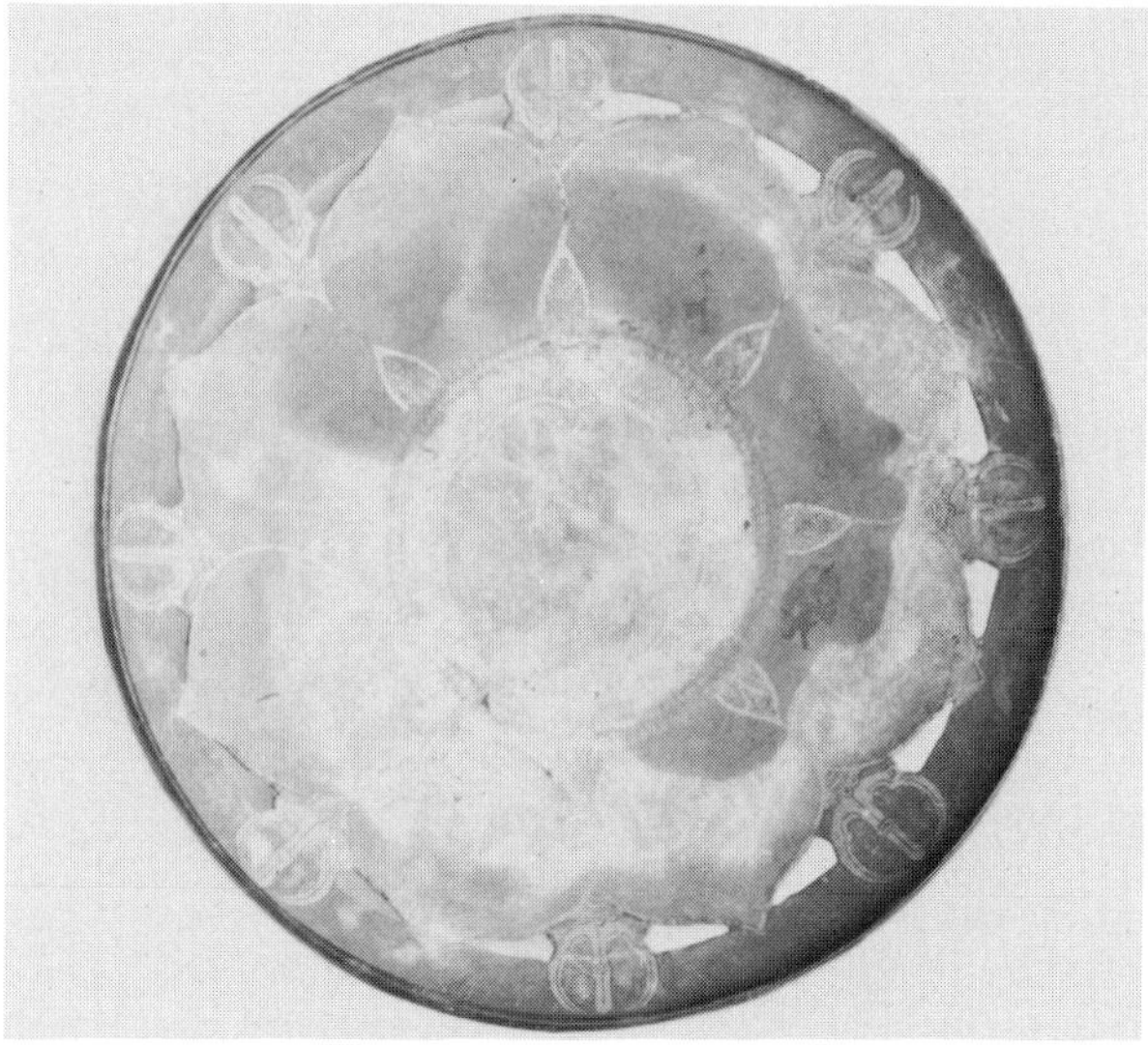

漆塗彩絵華籠　紙胎（鎌倉時代・万徳寺）

漆皮箱　皮革胎（平安時代・東寺）

では夾紵《きょうちょ》といっている。前漢時代までさかのぼる遺例がみられるほど古くから行われていた。日本では、古墳時代の棺に使用されたことが、高槻市の阿武山古墳、明日香村の索牛子《けごし》塚古墳から出土した棺によって知られる。割合に粗い織りで二〇枚から三五枚ほど張り重ね、表面を黒漆、内面を赤漆に塗っている。このような技法は、仏具では天平一九年（七四九）の『法隆寺伽藍縁起幷流記資財帳』に示されている。

「仏分鉢参口　一口鉄鉢、口径七寸四分、深四寸六分。一口塞鉢、口径六寸八分、深四寸八分。一口薫鉢、口径七寸、深四寸七分」

この塞鉢《そくはち》がそれである。この鉢とみられるものが、現在東京国立博物館の法隆寺献納宝物として保管されていると考えられる塞鉢と思われる。この塞鉢（または塞とも書くが、即ともする）は、夾紵製である。この製作技法は奈良時代の造仏像法に盛行し、明治時代になって乾漆《かんしつ》というようになった。この製作技法に二種あって、その一を木心乾漆、他の一を脱乾漆《だつかんしつ》または夾紵漆とよんでいる。前者は木心を形成してから、肉付けを漆と布とで重ね合わせてしたものであるが、後者は型から取り出して内部を空洞化している。

脱乾漆（夾紵漆）の例　この素地をもつ漆工芸品で著名な作例に、仁和寺の三十帖冊子筥（国宝）がある。この筥は、空海が唐より持ち帰った貴重な資料の三十帖冊子を納入した容器である。このことは、蓋の表面に「納真言阿闍梨空海入唐求得法文冊子之筥」と蒔絵でしるしてあることからも知れるが、『延喜御記』に製作由来がしるされている。すなわち、冊子の保存のため、延喜一九年一一月二日に藤原忠平が醍醐天皇の勅を奉じて新造したのである。六角紫水の『東洋漆工史』によると、荒布四枚を漆糊で重ね貼ったとある。これは明らかに塞製素地であるが、これと製作時代を同じくし、同じく仁和寺に伝わる宝相華蒔絵宝珠筥もまた塞製素地であることは、修理が行われる前の明治末年の写真によって知られる。その写真によれば、端の部分に荒い麻布が露出しているからである。

(6) 金(属)胎・陶磁胎

金属や陶磁の母胎の場合、いかに漆を塗るかというと、焼き付け法という手法をもって漆液を塗装乾燥するのである。

元来、漆液の乾きは多湿で高温（湿度七五～八五%、摂氏二〇～二七度）の場合に最もよく乾き、湿度が低いと乾き難いという性質を、漆液がもっているのである。漆液が乾くということは、漆酸が蛋白質の触媒※16作用の誘起によって酸化するということで、水分が蒸発して乾くという物理現象とは異なるのであり、むしろ漆液が乾くとき、水分を必要とするのである。事実、塗師《ぬし》は漆液を塗ると、漆風呂（陰室《むろ》）という板囲の密室に漆器をいれる。この部屋のなかでは湿度を適当に高める。外気が乾燥している場合は霧を吹いたり、湯気を立ちこめたりして調節するのである。余談だが、風呂吹き大根はこの湯気を立ちこめさせる際、沸かした湯で大根を煮炊きした調理方法である。このように漆液を硬化させるために湿気＝水分を補給するのである。

以上のほか、焼成法があり、漆を焼付する温度は摂氏一〇〇度で四～五時間、一五〇度で一～二時間、一八〇度から二〇〇度では、三〇分と短時間で硬化するので、素地を焼き付けて、この温度にしておけばよい。ただし、素地自体が焼失しないものでなければならない。それが可能なのは、この金属や陶磁の材質である。この手法を使ったものに、鎧《よろい》の小札《こざね》※17のように鉄製小片などに黒漆を塗装する場合があるが、最適といえよう。

仏具の好例としては、大和文華館蔵の銅板地花鳥螺鈿説相箱（重文）があげられる。この遺品は、加賀前田家に伝来した品で、平安後期に製作されたとみられる。箱の身の側面木板の外側には、花鳥文を透彫りした銅板を貼りつけており、この銅板には朱漆が塗られ螺鈿の花鳥文が嵌められ、透き漆を全面に塗っている。ただ、螺鈿の表面のみ透き漆が掘り起こされている。金属地である類例に、春日大社古神宝類（国宝）の大治六年墨書銘平胡簶がある。これは銀

※16　化学反応に際し、反応物質以外のものが、それ自身は変化を受けず、しかも反応速度を早めたり遅滞させたりする物質。漆の乾燥過程においては湿度と温度がこの役割を果たす。

※17　鉄や練革で作った鎧の材料の小板。これを横や縦に革緒や組緒でつないで鎧を組立てる。

銅板地花鳥螺鈿説相箱　金属板地（平安時代・大和文華館）

屈輪仙盞形水瓶　金属胎（明時代）

塼鉢　乾漆（奈良時代・東京国立博物館）

板地に文様を透し彫りし、その文様に黒漆を充塡している。

陶磁胎は、縄文時代出土品にみられるが、仏具関係品は稀少で、次の作例は仏具ではないが、生活用具に属す陶胎漆塗りの例として有名な品である。すなわち、高台寺に伝来する豊臣夫妻が生前使用した調度品に遺る薬味壺である。蓋付き壺を中央に、同形の壺を五箇、そのまわりにつけた特異な造形としても有名であるが、これの素地は陶胎であって、その表面に黒漆を施し、桐や菊の紋とともに秋草文をいわゆる高台寺蒔絵といわれる手法でもって加飾した華麗な器物である。

二、漆の塗装法

いよいよ漆を塗装する工程にはいるのであるが、漆塗装法を古来「髹漆法《きゅうしつ》」※18といっていた。この「髹」という文字は、中国・漢代の歴史書『史記』(司馬遷の書)の貨殖伝によれば、「漆を以て物を塗ることを髹と謂う」とあるから、髹と漆ということは同意語ともいうことができ、実に古い文字である。

さて、この技法を段階的に分けると、〈下地〉と〈上塗〉に二分化され、その種類を表示すれば、次のように図示できる(沢口悟一著『日本漆工の研究』)。

《髹漆法の種類》

- 下地
  - 漆下地—本地　切粉地　錆地
  - 膠下地—普通膠下地　不溶性膠下地
  - 酪素下地—酪素下地　硬化下地
  - 渋下地—松煙使用法　不松煙使用法
  - 特殊下地—豚血下地　松脂下地　土瀝青下地　糊下地
  - 透明下地—摺漆下地
- 上塗
  - 下塗—黒目漆　黒漆　赤漆
  - 中塗—黒漆　赤漆　朱漆　彩漆
  - 上塗
    - 塗立花塗
      - 透塗—溜塗　春慶塗　梨地塗
      - 黒塗—黒漆立　艶消塗　箔下塗
      - 色塗—朱塗　白塗　其他各色
    - 蠟色塗
      - 透塗—溜塗　木地蠟塗　梨地塗
      - 黒塗—鱸色塗　艶消塗　変り塗
      - 色塗—朱塗　白塗　其他各色

以上の多岐にわたっている諸技法について、全般にわたって説明することはせずに、そのなかでも仏具にかかわるものについてのみ説明するとする。

(1) 下地工程

素地の上に直接に行う工程で、塗漆の基礎をなす根本的な施工である。

(A) 漆下地　素地面にせしめ漆※19を浸透させたり、こくそ※20を素地の凹面に充塡して平らにした上に、主として布を接着剤の糊漆《のりうるし》で貼付する。これは、いわゆる「布着せ」ということである。布の種類は、麻・絹・木綿を使用するが、麻がもっとも多く使用されている。また、紙を用いる場合もあり「紙着せ」といわれている。

さて、この上に、地《じ》の粉※21に水と生漆とをまぜたものを塗り、乾いたら木炭片で研磨する。これを「地《じ》」という。地の粉は瓦や土管などを粉砕して粉末化してつくるが、そのほかに特殊な土を焼いてつくった粉で洗う。また、砥の粉(特殊な土を焼いた下地粉)に水分と生漆を混ぜてつくった錆《さび》を塗り付けたり、また、乾固したら砥石で平らに水研ぎして漆で塗って固める。このような下地を「**本堅地**《ほんかたじ》」というが、丁寧な工程とする場合は三六の工程におよんでいる。

この工程とほとんど変わらないが、下地調合の水を使用せず、水の代わりにせしめ漆のみで練りあわせ、地研ぎ※22にも水を用いず、せしめ漆をもって研ぎならすのが「**本地**《ほんじ》」である。この方は最も堅牢な下地であるが、ただ乾燥が遅くなって、時日がかかってくる。

これらを簡略化したのが「**蒔地**《まきじ》」である。これは漆を素地に塗った生乾の上に地の粉、砥の粉を蒔き、吸着してつくった下地である。

(B) 膠下地《にかわしたじ》　発明者の名をとって万造下地ともいうが、膠の溶液に砥の粉を混ぜたものを塗った下地で、安価な品に使用しており、軟弱でもある。

(C) 渋下地《しぶしたじ》　柿渋に、木炭の細粉や松煙粉などを混合したものを塗り、さらに渋を塗ってつくった下地。わりあいに強度はよく、

※18　中国の二四史の一。黄帝から前漢の武帝までの事を記した紀伝体の史書。

※19　漆樹の伐採後に、細い枝を切り揃えて十日間余り水に漬け、せしめ包丁で傷をつけて採った漆。水分が少いため下地用として使用される。

※20　糊漆にこくそ綿と木粉を適当に混合したもの。あるいは木粉の代りに地の粉を混合したもの。刻苧あるいは木屎とも書く。素地の欠損部を補ったり、接合部につめて素地を堅牢にするために使われる。

※21　下地用の粗い粉で、一般には粘土を焼いて作った屋根瓦や土管などを砕いたものを用いる。自然に焼かれた火山灰も堅地の粉と称して用いられ、輪島では地元産の粘土の蒸焼き、京都では粘土を水簸したものを使う。

※22　地付けが終って十分乾いたのちに荒砥ないし中荒砥で平らになるよう水研ぎすること。空研ぎの場合もあるが、水研ぎは高級品に多い。

塗装工程

奈良時代の漆工品にも用いられ，漆塗の中でも特に高度の作品に施される蠟色塗の工程を図示したが，実際にはもっと複雑な段階を経る。漆塗は装飾の目的と，器物の保護の目的とがある。上塗の仕上げをよくするため下塗，中塗の工程があり，上漆は花塗（塗立ともいい研磨をしない）と蠟色塗（研出，仕立蠟色ともいう）とに区別される。

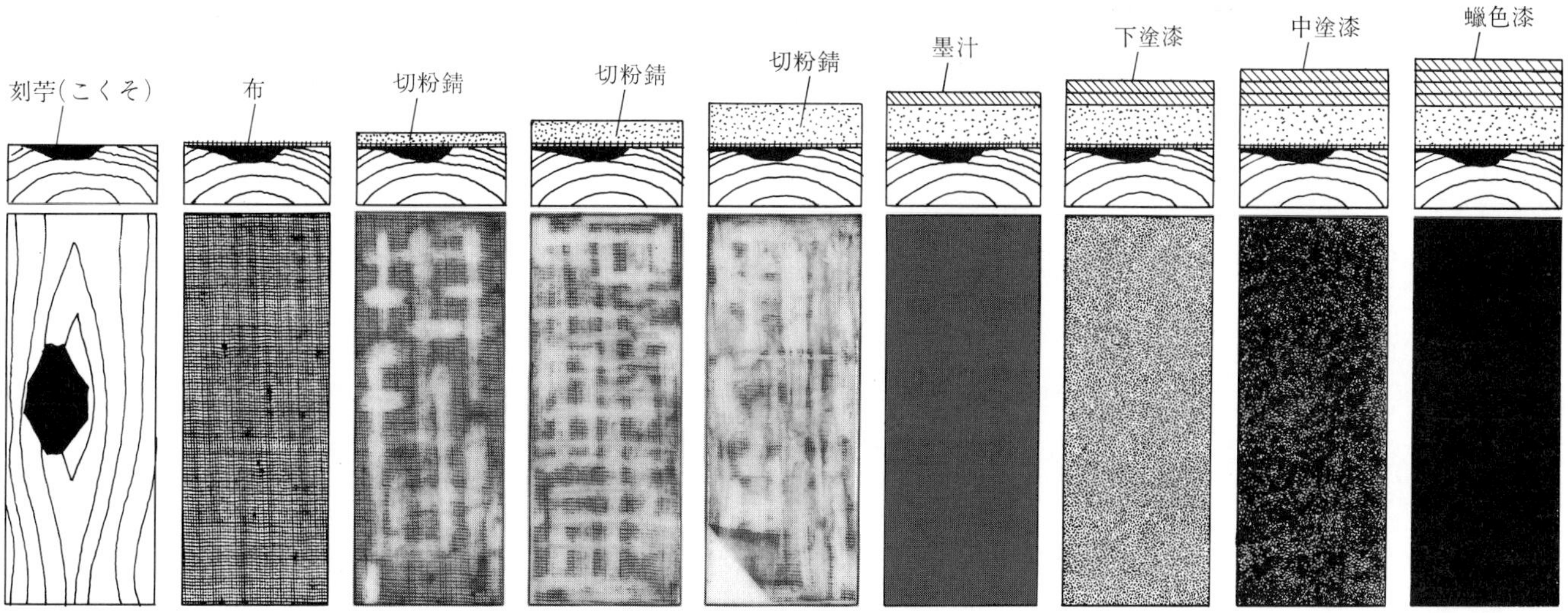

素地固め　素地のはぎめや木われなどに刻苧（木綿のくずまたは木粉をまぜたもの）を入れてふさぎ，表面を平らにし，木肌に生漆をよくしみこませる。

漆下地　その上に糊と生漆をあわせた粘料で布（麻や絹）を貼る。布目を平らにけずりそろえ，切粉錆を極めて薄く布目にすりこみ，高さを均しくする。下地にはこの他膠，酪素，豚血，松脂，糊なども用いる。

下塗　墨汁を薄く塗り，下塗漆を塗り，ほうのきの炭に水をつけて研ぐ。

中塗　次に中塗漆を塗り，炭で研ぎ出す。

上塗　その上に蠟色漆（生漆に油類を加えず精製したもの）を用いて上塗とし，その面を幾回も砥粉，炭粉，角粉，油で磨く。

海賦蒔絵袈裟箱（東寺）　全体に黒漆を塗り，平塵の地に銀の研出蒔絵で波文様，金の研出蒔絵で鳥・亀・怪魚を表わす。平安時代の蒔絵の最も古い例の一つである。

工程も簡易で材料費も安価という便利な施工法である。

(D) 糊地《のじ》　糊と砥の粉とを混合したものを塗付した下地。脆弱なので、下等品に施工される。

(E) 化学下地※24　人工接着材である酪素カセイン※23や、カシュー系、ソリダイド、ボンドでもって下地を施工したものである。比較的強度はあり、乾きも早いので、経済性に富む。

(2) 上塗り工程

下地工程の完了後、施工する漆塗りの技法だが、大別すると、「塗立・花塗」と「蠟色塗」に二分化される。

(A) 塗立《ぬりたて》・花塗　油分を含み光沢のある上塗漆を用いて塗るが、塗り放しにおく。これは後者の蠟色塗りとは異って、研ぎや磨きをもって仕上げないので、塗るという技術の修得が必要とされる。この塗り方に春慶塗りがある。この技法は、木地に黄や赤の色を着付した上に、透明漆を塗って木地の肌の美しさをみせる方法である。室町時代に茶道具に応用したといわれるが、その起源は古く奈良時代にさかのぼり、正倉院宝物の赤漆文欟木厨子や法隆寺献納宝物の赤漆葛箱に施工された「赤漆《せきしつ》」にみることができる。赤漆は素地に茜※25や蘇芳で着色した上に、透明な漆を塗った技法である。

(B) 蠟色塗《ろいろ》※26　前者と異なり、油分を含まぬ上塗漆を塗り、その上を種油や角粉をもって研いだり、磨いたりして光沢を出す技法である。

三、加飾法

漆器は、多種にわたる技法によって、その表面に文様・図様を描き装飾されている。この状態を加飾といい、その技法を加飾法といっているが、ここに、それらを〈描く〉〈蒔く〉〈彫る〉〈貼る〉〈嵌る〉という基本的な加飾行為による技法分類によって、仏具に使用される諸技法を中心に説明することにする。

《加飾法の種類》

(1)描く　(A)漆絵　(B)油色・密陀絵　(C)金銀泥絵

(2)蒔く　(A)蒔絵　(イ)研出蒔絵　(ロ)平蒔絵　(ハ)高蒔絵　(ニ)肉合蒔絵　(ホ)錆上蒔絵　(ヘ)消蒔絵　(ト)墨絵研切蒔絵　(チ)黒蒔絵　(リ)朱蒔絵　(ヌ)色粉蒔絵　(ル)友治蒔絵

(B)地蒔　(イ)平塵・塵地　(ロ)沃懸地　(ハ)梨子地　(ニ)平目地　(ホ)村濃地

(3)彫る　(A)沈金　(B)彫漆・紅花緑葉　(C)彫木彩漆　(D)存星《ぞんせい》　(E)蒟《きん》醬《ま》　(F)彫漆　(G)擬堆朱

(4)貼る　(A)平文　(B)卵殻　(C)堆錦　(D)玳瑁《たいまい》

(5)嵌める・貼る　(A)螺鈿　(B)杣田・芝山細工　(C)白檀塗り　(D)箔絵・切金　(E)象嵌

(1) 描く技法

(A) 漆《うるし》絵《え》

透明な漆液に顔料を含入してつくった色漆で、絵や文様を描く技法。その画面は必ずしも漆面上と限らない。土器や紙、絹、または金銀箔といった上に描かれている。古くは、色彩が限られており、とくに、白色が鮮明に出ないので、次の油色・密陀絵によって多彩に画面を飾った。漆絵の多くは朱漆のみで描かれているのが多く、朱、緑、黄の三色に限られたのが、明治以前の漆絵の限界であった。

法隆寺の玉虫厨子（国宝・飛鳥時代の作）は、宮殿形をした厨子が須弥座にのっているが、これは四面からなり、正面には舎利供養図、右側は捨身飼虎図、左側は施身聞偈図、後面は須弥山世界図といった図が赤、緑、黄、淡褐の色で描かれている。これが漆絵なのか、密陀絵・油色なのかきめがたい。

(B) 油色《ゆしょく》・密陀絵《みつだえ》

どちらも油色と同じ原理であるが、油色は朱、緑、黄などの顔料を膠で溶いて図様を描いたら、乾きしだい表面にうすく荏油※27か桐油※28を塗って被膜をつくり、保護を加える技法。他方、密陀絵もまた、

※23　牛乳などに含まれるタンパク質の一種。渋のように酸化して褐色を帯びることがないので摺漆や春慶塗の下地に適する。これは東京工学試験所の三山喜三郎の考案による。

※24　代用下地の一種でベークライトを用いた下地。

※25　アカネ科の多年生蔓草である茜の根からとった赤い染料。アリザリンを含む。

※26　朴炭・静岡炭・蠟色炭を用いる。朴炭（ほうずみ）は朴を焼いた炭で、硬くて粗質である。静岡炭は赤身のエノキあるいは油桐を硬質に焼いた炭。蠟色炭はエゴノキを消炭のように焼いたもので柔かく質にむらがない。

※27　荏胡麻の実から採った油で光沢を出したい場合に漆に混入して使われる。普通は生漆に一五～四〇％混合し上等品は混合料が少ない。

※28　アブラギリの種子から採った油。

漆金薄絵盤（正倉院宝物） 蓮華形の香炉台で，密陀絵の技法で文様が描かれている。

花鳥彩絵油色箱部分（東大寺） 箱は全体を黄・朱・緑の胡粉彩色で飾り，その上に油色を施している。写真は身側面で鸚鵡が描かれている。

漆仏龕扉（正倉院宝物） 四扉の内の第一扉。黒漆塗りの上に蓮華座に立つ尊像を，金銀泥絵と思われる技法で描いている。

桐油または荏油《えのあぶら》かに顔料を混ぜ合わせて描くが、とくに油に密陀僧（一酸化鉛）を乾燥剤として混入することにある。これら油色・密陀絵は、漆技法とは直接関係はないが、漆器に奈良時代より使用しているので、漆工史上に関係を生じたに過ぎない。それというのも、色漆では白色の発色が不自由なためで、白色の発色という利点があるためこの技法が漆器の装飾に使用された。この時代の密陀僧はペルシャよりの渡来といわれている。

油色の遺例としては、花鳥彩絵色箱（東大寺・国宝・奈良時代作）が代表的で、鳳凰や宝相華をはむ鸚鵡《おうむ》の図が描かれている。一方、密陀絵の遺品は、正倉院宝物の箱、唐櫃《からびつ》、盆に数多くみられるが、白や黄の色がよく発色して、動物や植物が流暢に描かれている。この技法は一時中断され、後世の桃山・江戸時代に復活している。

(C) 金銀泥絵《きんぎんでいえ》

金銀の粉末を膠液で溶いた絵具で描くから、直接に漆工技法とは違うが、やはり、漆器面に絵を描いた遺例がある。古く奈良時代の正倉院や法隆寺に伝来する漆皮箱※29に、この技法で鳥や花を描いたものがあり、また、当麻寺の曼荼羅を安置する厨子を支える柱に、奈良時代の面影をあらわす花鳥草木を描いているのもこの技法である。

(2) 蒔く技法

漆の接着性を利用して、粉末を蒔いて図様をあらわした技法である。蒔絵筆※30という細長い穂先の筆に漆液をふくませて図様を描き、乾かないうちに、金、銀、銅、錫などの金属の粉末や色漆を乾燥して粉末化したものを蒔いたり、切り金を置いたりする。このような蒔絵の材料は、粉の粒子の荒さによる区別がある。

消粉《けしふん》　（箔をすって粉にしたもっとも微細な粉）
平粉　（消粉より厚みのある平らな微粉）
丸粉　（鑢粉を丸めた粉）
半丸粉《はんまるふん》　（丸粉と平粉の中間のもの）
平目粉《ひらめふん》　（鑢粉を平らにつぶした粉）
梨子地粉　（平目粉より薄くつぶした粉）
切り金　（薄く小さな金、銀の板金）

このような材料を用いて、図様を表現する技法を蒔絵《まきえ》といい、漆面に粉末を濃く、密に蒔くが、それに反して、淡く、粗に蒔いて地色を発色せしめる地蒔《じまき》とがある。

(A) 蒔絵《まきえ》

弁柄を漆にふくませた絵漆《えうるし》をもって図を描き、乾かないうちに蒔絵粉を蒔きつける技法であるが、置目《おきめ》といって下図（薄美濃紙）から転写する方法をとって、まず、基礎の図を描く場合もある。起源とみられる遺例には、正倉院に伝わる金銀鈿荘唐太刀の鞘《さや》に加飾された図がよく知られている。この鞘は、黒漆地の上に漆で文様を描き、その上に比較的粗い金銀粉を蒔いている。当時、この技法を、「末金鏤《まっきんる》」といっていた（『東大寺献物帳』）が、この技法が蒔絵の源流であることは、いうまでもない。後世の蒔絵のように絵漆（中世以降より使用）を用いておらず、蒔絵粉の粒子も非常に荒いもので、かすんだような状態にみえる。そのため一説には、漆に蒔絵粉をふくませて描いたといわれていたが、現在では、蒔絵源流説が定説化されている。この技法がさらに発展して次の技法が出現した。

(イ) 研出蒔絵《とぎだしまきえ》　金・銀などの粉末を蒔いて乾いたあと、その上に漆を塗り、充分に乾いたとき木炭で研ぎ、さらに油と砥の粉などで磨きあげる。このさいに使用する粉の粒子は、研ぎ出すという手法を行うので、相当の高さが必要で粗い粒子の粉を使用する。

この技法が行なわれた遺品は、平安前期の作品である仁和寺の三十帖冊子筥や宝珠筥、東寺の袈裟筥にみられる。しかも、後期の作品である金剛峯寺の沢千鳥蒔絵小唐櫃や、当麻寺奥院の倶利迦羅龍蒔絵経箱（以上国宝）には、金と銀との併用がみられ、柔らかな配色効果をはかったことが容易に推測される。さらに、その粉を次第に淡く蒔く「蒔暈《まきぼか》しの手法」によっても微妙な色彩的変化をもたらしている。とくに、前者の小唐櫃には、青金粉という金中に銀分をまじえた一種の合金（自然産）の出現によって、温雅な趣の色彩

※29　牛や猪、鹿などの動物の皮を素地として漆塗りした箱。

※30　粘調な漆液をつけて描くために用いるので絵画用の筆に比べて毛が柔かく腰が弱い。また穂先が自由に取りはずせ、毛を束ねたまま穂の長さを調節できるようになっている。鼠・猫・狐・狸・兎などの毛で作られ用途の上から線描筆と地塗筆に大別される。線描筆には根朱筆・脇毛筆・根朱代筆などがあり、地塗筆には兎の毛筆・狐毛筆がある。

研出蒔絵

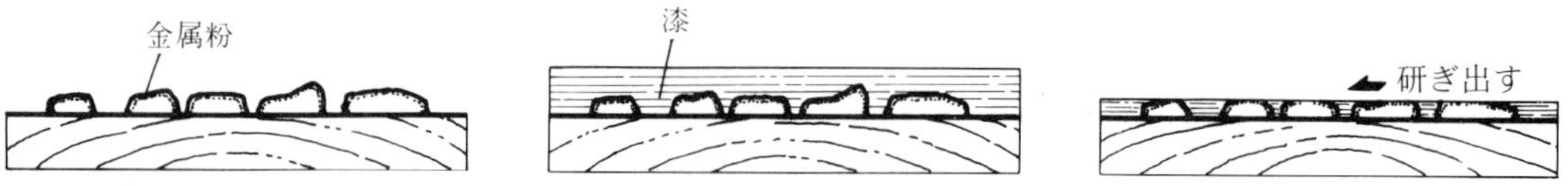

①絵漆(弁柄と生漆をまぜた漆)で文様を描いた上に金，銀，錫などの粉を蒔きつける

②全面を漆で塗りこめる

③十分乾いたところを木炭で研ぎ出して更に種油と砥粉などで磨き上げる

倶利迦羅龍蒔絵経箱(当麻寺奥院)　全体に黒漆を塗り，淡い平塵を施している。蓋表には倶利迦羅龍の両側に，制多迦・矜迦羅の二童子を金銀の研出蒔絵で表わす。

撫子蒔絵硯箱(東京国立博物館)　内外に平目粉を斑に蒔き，蓋表には撫子を意匠している。金の薄肉高蒔絵を主とし，花心には絵梨地を用い，花弁に打込みをして変化を見せている。

秋草蒔絵文庫(高台寺)　長方形の印籠蓋造りの箱で，黒漆と梨地蒔きの対比的な地に，金一色の平蒔絵で竹や秋草を描いている。

が発揮されるようになってきたところからも、この技法が盛んに行なわれたことはいうまでもない。この研ぎ出しの面倒をはぶいたものに、次のような技法がみられる。

(ロ) **平蒔絵**《ひらまきえ》　金・銀などの粉を蒔いて研ぎ出さずに、蒔き放しのままであらわしている技法である。平安末期の安元元年に製作した旨を中蓋の裏に、朱漆銘文でしるしている愛知県七寺の一切経唐櫃（重文）の中蓋の表に描かれている釈迦十六善神、および般若十六善神は、朱漆で衣紋などの輪郭線が伸びやかな趣に描かれているが、諸尊の容貌や肉感の金蒔はこの蒔き放しである。この手法は桃山時代に盛んにおこなわれ、遺例には、豊太閤夫妻が使用した調度品（重文）である高台寺蒔絵[※31]にみられる。この平蒔絵の特色として、半乾きの状態に針先で文様をひっかいて描く「ひっかき法」があり、フリーハンドの味のある手法である。

(ハ) **高蒔絵**《たかまきえ》　この技法は研出蒔絵を発展させたものといえよう。研出蒔絵が絵画的表現とすると、この技法は肉づけをした上に蒔絵粉を蒔いて、彫塑的な立体感をもった表現としているからである。鎌倉時代になって盛んにつくられるようになった。とくに、この肉どりを漆のみならず、木炭の粉末を蒔いて肉どりするのや、漆に砥の粉をまぜてつくった錆を使った**錆上**《さびあげ》**高蒔絵**がある。

(ニ) **肉合研出蒔絵**　以上の研出蒔絵、平蒔絵、高蒔絵が基本的な蒔絵技法で、さらに、これらが互に交合して複合的な技法に進展していくのが、近世の蒔絵技法である。例えば、肉合《ししあい》研出蒔絵は、高蒔絵と研出蒔絵とを併用することで、立体感を表現した技法で、江戸時代に精巧な蒔絵品としてつくられた上手物で、大名や豪商の間で使用した作品がよくみられる。とくに高低の肉どりを必要とする山水の景色を描く場合などに活用されている。

(ホ) **錆上蒔絵**《さびあげまきえ》　この技法は、漆と砥の粉を練り合わせた錆を使って高蒔絵の地盛りをした技法で、漆で地盛りをする高蒔絵より簡単な法である。この技法で施工したものとしては、日光東照宮本殿・石の間にある大扉に描かれた草花蒔絵が代表例である。

(ヘ) **消蒔絵**《けしまきえ》　こういった精巧度を進めた蒔絵技術とともに、また反面、安易な技法も近世に行なわれたが、その最も安易な技法に消《けし》蒔絵がある。この技法は消粉[※32]を真綿か子鹿皮につけて、半乾きの漆で描いた文様に摺りつける技法で、消粉というもっとも微細な粉の製作によって可能な技法である。

(B) **地**《じ》　**蒔**《まき》

(イ) **平塵**《へいじん》**・塵地**《ちりじ》　塵蒔ともいい、鑢《やすり》粉[※33]を地にまばらに蒔いて研ぎ出す技法である。平安時代の漆器の地は、この地が施工されているが、濃く、または淡く蒔く。濃く蒔いた時の作例に仁和寺の宝相華蒔絵宝珠箱、淡く蒔いた地の作例として、神宮寺旧蔵（奈良国立博物館現蔵）の蓮唐草蒔絵経箱（国宝）や、四天王寺の細字法華経を納める塵地蒔絵経箱（重文）など枚挙にいとまない。

(ロ) **沃懸地**《いかけじ》　金粉をもっと密に濃く蒔きつめ、そのうえに漆を塗り固めてから研ぎ出し、金一面になった地のことで、金地とも、金溜地《きんだめじ》ともいう。沃懸という名称は、平安時代の文献に出ているが、「そそぎかける」の意で、金粉をそそぎかけ蒔くことである。鶴岡八幡宮硯箱は、外面を籬に菊と小鳥をあしらった図であるが、地は金一色になっている。これに対して、内面の地は次のような蒔地からなる。

(ハ) **梨子地**《なしじ》　梨子地粉（金や銀の粉を非常に平たく薄くつくった粉）を蒔き、その上に漆を塗って粉が露出しない程度に研ぐ。平安時代の『枕草子』には「なしゑ」とあり、『和訓栞』に撒金・灑金として出ている言葉が梨子地と同意語とある。『雍州府志』によれば、斑文が梨皮に似ているので、この名がつけられたという。また、この梨子地を応用して色采効果をあげた技法に〝**絵梨子地**〟がある。桃山時代、とくに高台寺蒔絵の文様に、金地と梨子地とを対称的に色どり、鮮明にわけて活用した。

(ニ) **平目地**《ひらめじ》　平目粉を蒔いた地であるが、畠山記念館蔵の蝶蒔絵螺鈿手箱（鎌倉時代・国宝）の地がそれで絢爛な金彩な地をつくっている。

※31　京都・高台寺霊屋内陣の蒔絵と同寺に所蔵されている調度品の蒔絵、および同系統の漆器の名称で、桃山時代の蒔絵の代表とされる。技法的には高蒔絵もあるが平蒔絵が中心で、蒔放しと針描を基調として金貝を併用している。

※32　金箔を膠液か飴液に混ぜて乾燥後に手で揉み消して粉末にしたもの。江戸時代から作られ、廉価な実用品に多く使われている。

※33　金銀の地金を鑢でおろしたままの粉。稜角があって形や大きさもさまざまである。

平　蒔　絵

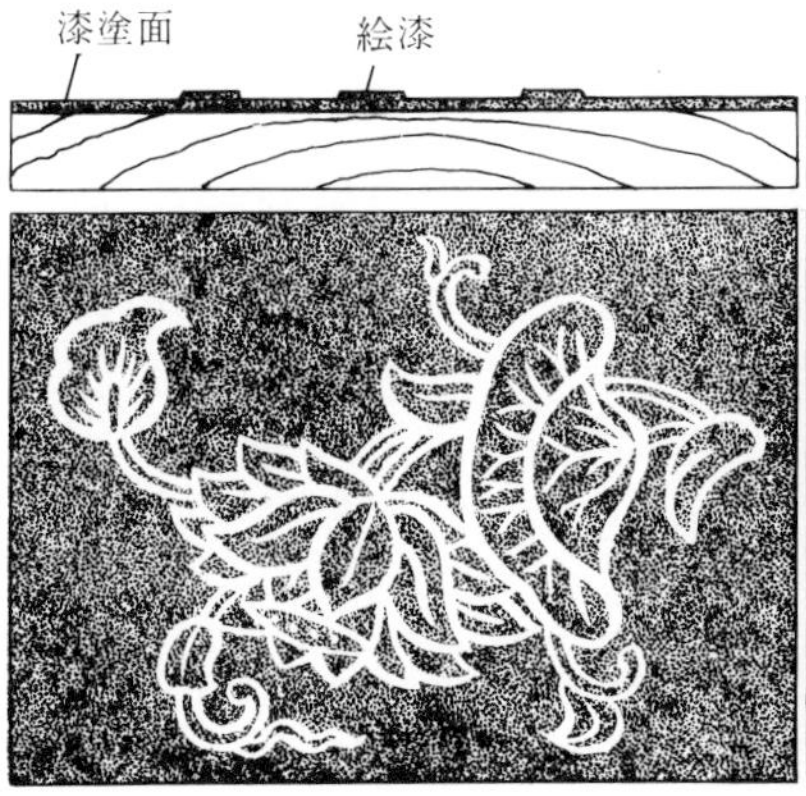

①絵漆で絵を描く。

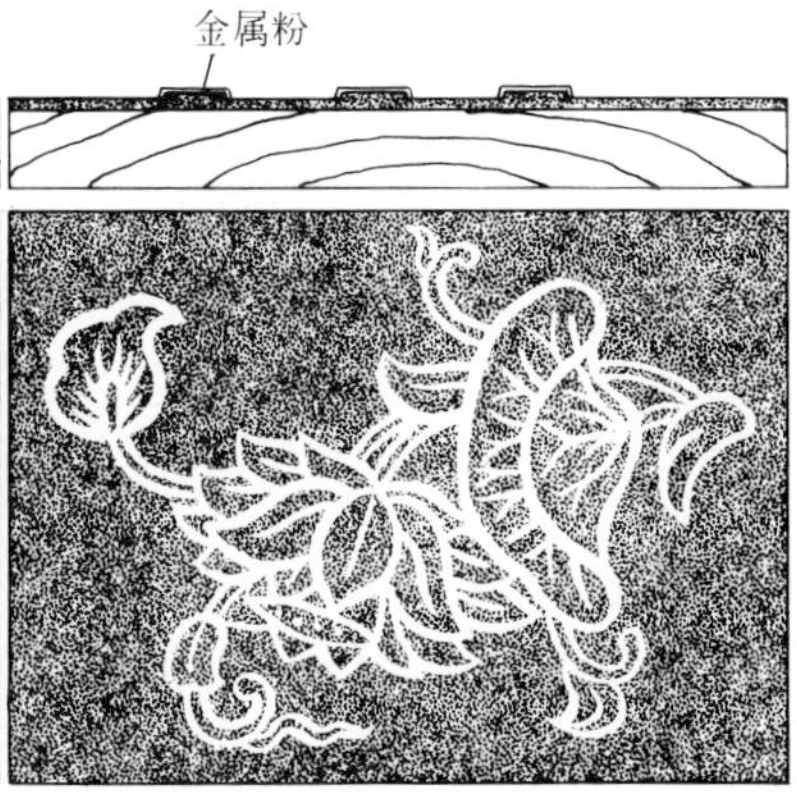

②乾かぬうちに金，銀，錫などの粉を蒔きつけ固着した後，炭で研ぎ更に種油と砥粉で磨き上げる。粉を蒔きつけたままにしておくのを蒔放しという。

高　蒔　絵

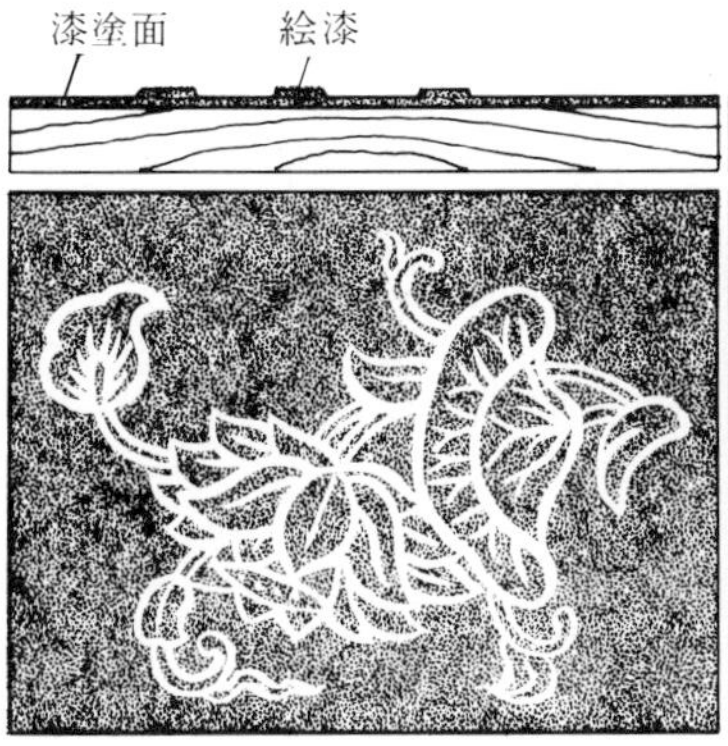

①絵漆で絵を描く。

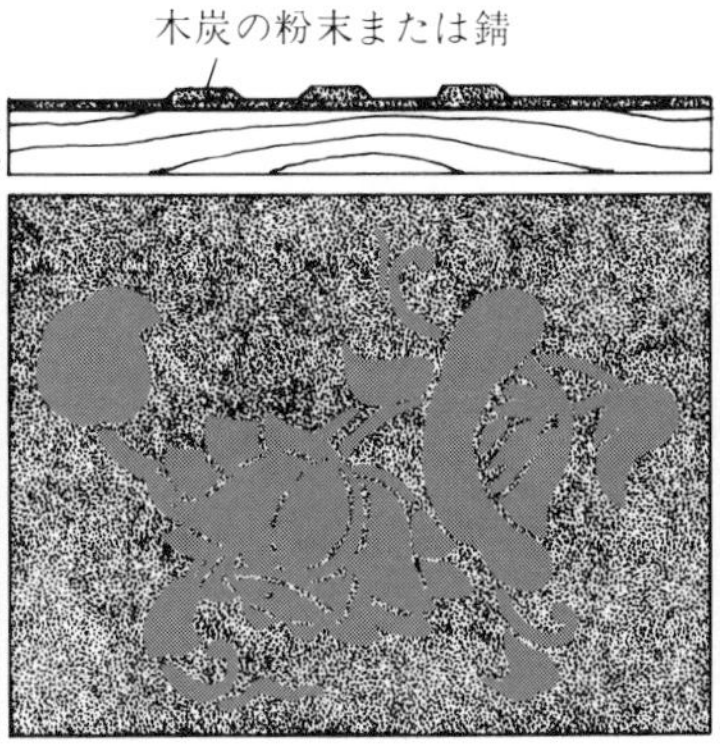

②肉取りして高く盛上げる（肉取りには木炭の粉末を蒔く）更に高く盛り上げる場合は，錆（生漆に砥粉をまぜ合わせたもの）で肉取りする。

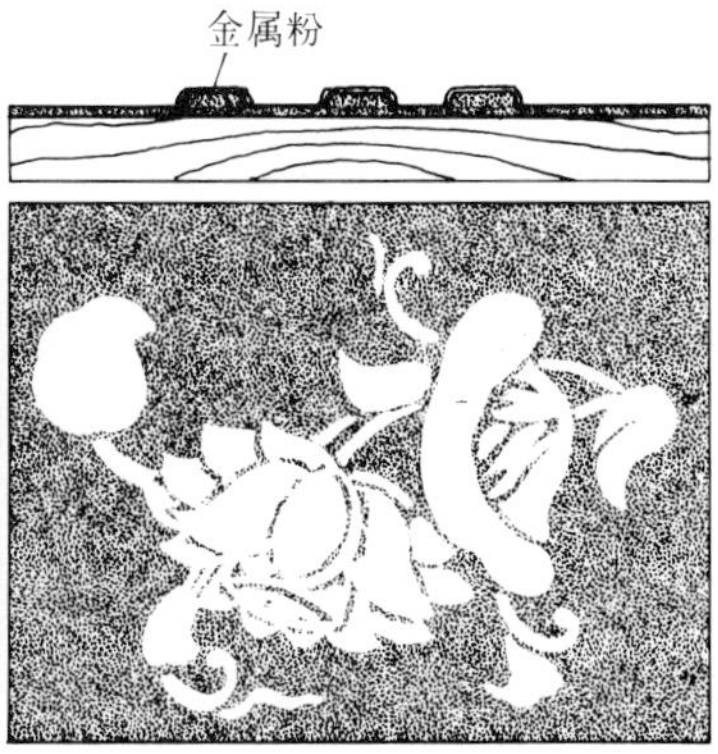

③金，銀，錫の粉末を蒔く。

地　　蒔

文様以外の空間に金，銀，錫などの粉末を精または粗に蒔く技法で塵地，沃懸地，梨地，平目地などの種類がある。

塵地　平塵ともいい，鑢粉を地にまばらに蒔いて研ぎ出す技法。おもに平安時代に行われた。

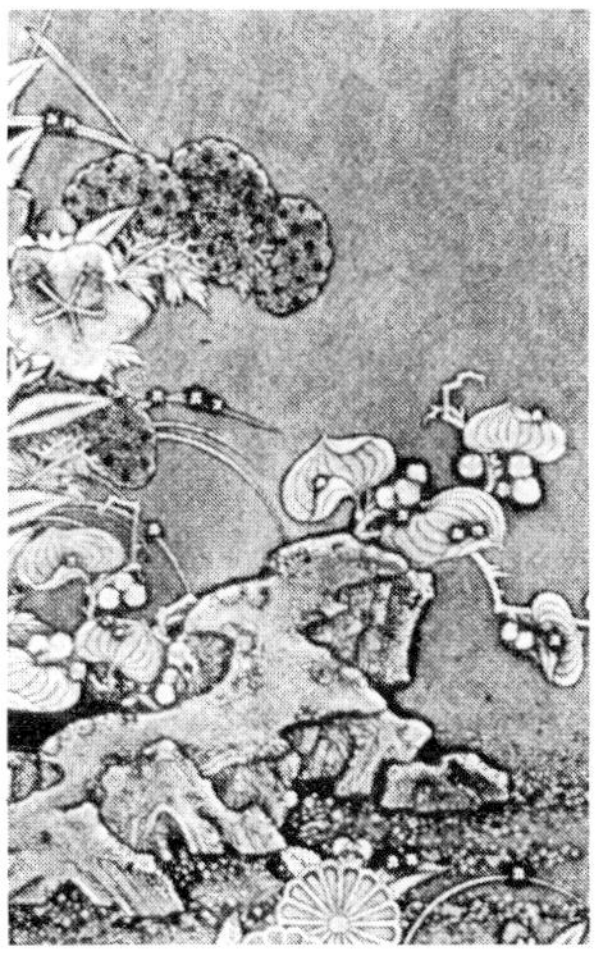

沃懸地　金銀の鑢粉を一面にあるいは一部分に密に蒔きつめたものをいい，平安時代からの名称で，近世では金地，または金溜地といわれている。

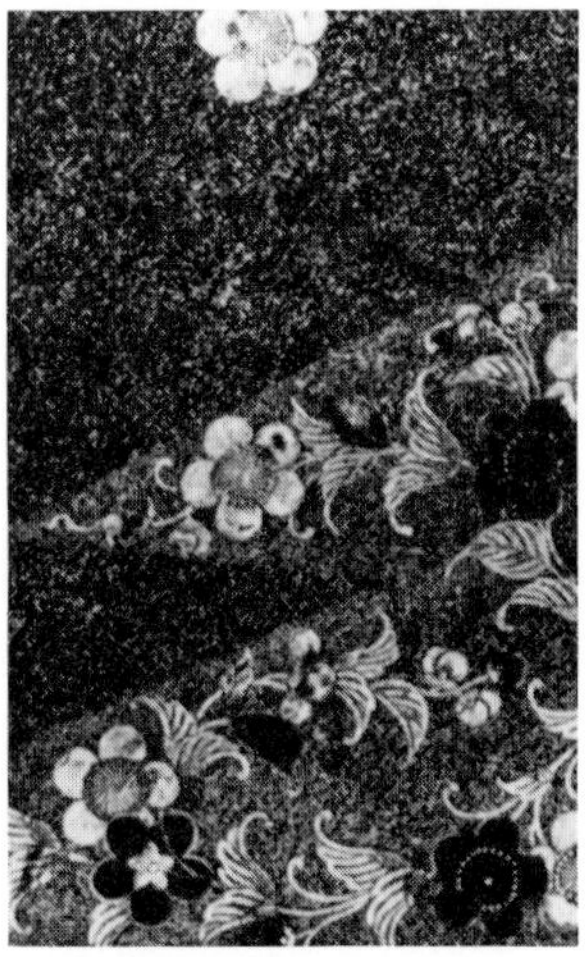

梨子地　梨子地粉を蒔き漆を塗り，粉の露出しない程度に研ぐ。粉が漆を透して見え，梨の肌に似ているのでこの名がある。鎌倉時代に始められ，後発達した。

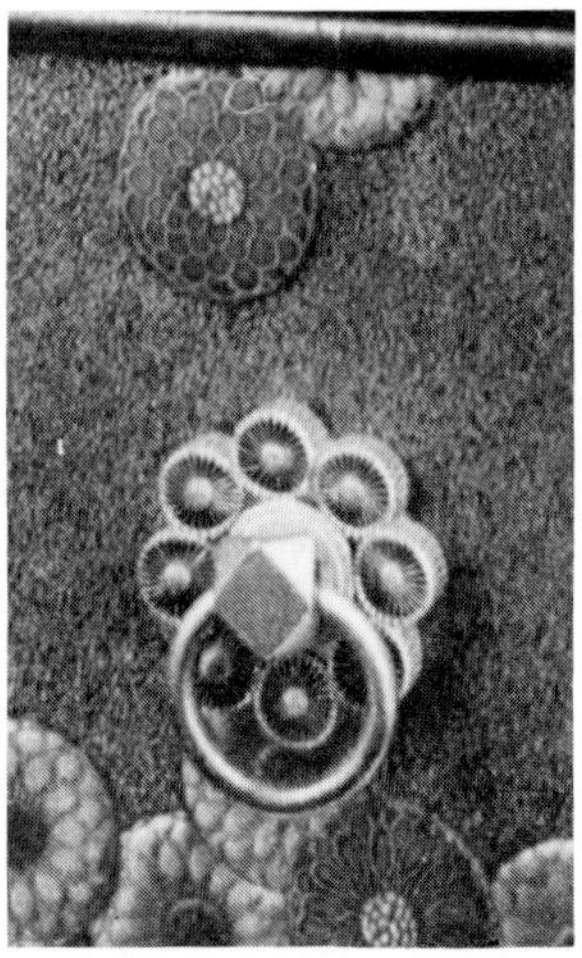

平目地　梨子地粉より厚くて平たい，粒のそろった粉を平目粉といいそれを蒔き，透漆を塗り研ぎ出したもので，鎌倉時代以降行われた。

(ホ) 村濃地《むらごじ》　一箇所を、固まりのように濃く蒔き、他の箇所から目立たせるような蒔地である。主として、江戸時代の調度品にみられる。

(3) 彫る技法

図様の輪郭線を彫って、それぞれの諸技法をもってあらわすが、平面的に線状に彫ったのと、浮彫状に肉取って立体化をはかったものとがある。

(A) 沈《ちん》金《きん》

漆面を図様の輪郭にそって、刀などによって表わされた刻線に漆を摺りこませ、その上に金箔（銀箔を使用すると沈銀）を置き、綿で押しこみぬぐいとると、この刻線中に箔が付着して、金線状になる。中国では鎗金《そうきん》とよんで、宋元時代に盛んにつくられ、わが国に伝えられた。元代の延祐二年（一三一五）銘の一群の経箱（重文）が遺っているところから、多数つくられたと思われる。「杭州油局橋金家造」あるいは「明慶寺前宋家造」との銘があって、製作者名とそれの所在地が明らかであるが、浄土寺経箱には「備後国尾道浄土寺最勝王経箱也延文三年（一三五八）六月日」と記されていることから、製作されて半世紀以内にわが国に輸入されたことが明らかである。

わが国においても国産品が出現したことは、石川県・白山比咩神社の鳳凰沈金経箱（重文）で知られるが、室町時代中期と思われる。製作年紀の明確な岐阜県・勧学院密巌寺の鳳凰桐紋沈金経箱には、「天文廿稔九月十七日」としるされている。現在、石川県・輪島でつくられる沈金漆器は数多く、有名である。

(B) 彫漆（紅《こう》花《か》緑《りょく》葉《よう》を含む）

漆をいくども塗り重ね、これに図様を彫刻する技法だが、漆の色によって彫漆の種類は分れる。すなわち、朱漆によるものを堆朱《ついしゅ》といい、黒漆は堆黒、黄漆は堆黄、青漆は堆青などというのである。元来は中国の唐時代に発生したというがはっきりしない。宋元時代にはすぐれた作品があらわれ、遺品もあるが、中国においての名称は、堆朱を剔紅、堆黒を剔黒と称している。

わが国には、鎌倉時代の唐物尊重の気風により、大いに輸入された品々である。その多くは、香盆、香合、軸盆[※34]、印櫃、食籠[※35]などである。こういった品々は、寺院にあっては禅宗関係に多くみられ、とくに渡来した南宋の僧侶が持参したものと思われるものがある。すなわち、円覚寺開山箪笥収納品（重文）には、酔翁亭図堆黒盆、梅花竹文堆朱盆、孔雀牡丹文堆朱香合、尾長鳥椿文堆黒香合がふくまれている。これらは、仏光国師無学祖元請来と伝えられている。仏光国師が鎌倉に到着したのは、弘安二年（一二七九、至元一六）というから、南宋滅亡の時にあたる。また、鎌倉の報国寺には、仏光国師の門弟仏乗禅師が請来した楼閣図堆朱印櫃が伝来している。

これらは単色であるが、それに対して、二色以上の色漆を交互に塗り重ね、文様を各色にあたるように彫りわける技法が**紅花緑葉**である。これは、花が紅色になるように朱漆の塗層面で彫り、葉が緑色になるように緑漆の塗層面に彫る。複雑なものは紫漆の層面で枝を、黄漆の層面で果実といったふうにあらわした作品もある。この名称も日本で名づけられたもので、中国では剔彩といい、明時代に盛んにつくられているが、硯箱や香合にこの技法で加飾された遺品がみられる。

以上の彫漆・紅花緑葉に対して、木地を彫刻して、色漆を塗装したものがある。

(C) 彫木彩漆

彫漆の代用を目的に発達したものだが、中国にも類似の技法があり、日本独得の技法として発生したかどうかは、はっきりしない。しかし、鎌倉彫り[※36]とか彫り根来とか呼ばれる技法で、木地に図様を彫刻し、その上に朱漆、または黒漆を塗り、まれに凹部に金箔押しを施したものもある。下地を漆塗りとしているところに特色がある。

作例としては、南禅寺香合（重文）は、蓋と身との口縁を真一文字に合わせた器形に、蓋の三方に大きな牡丹の花を配し、その空間

※34　巻物をのせる盆。長さ約三六cm、幅約一四cmが一般的である。

※35　食物を盛る漆器。多くは蓋があって形は丸い。

※36　一三世紀の初めに仏師康運か、その子康円が鎌倉法華堂の仏具を作ったのが鎌倉彫りの始めといわれる。木地にはヒノキ・ホウ・カツラなどを使い木彫りの後、生漆でかため黒漆を塗り、さらに彩漆を塗って仕上げる。

沈金

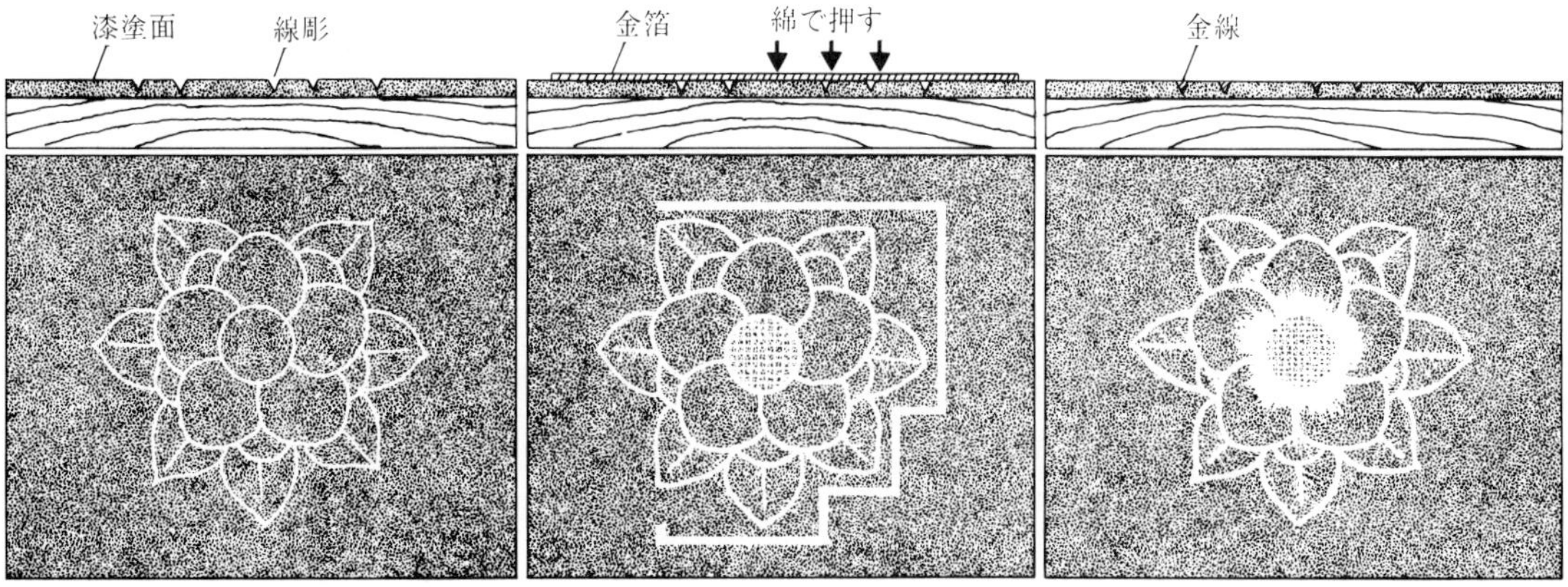

①漆面に針彫りで文様をあらわす。

②その上に金箔をおき綿ですりこむ。

③線刻の中にだけ金箔が付着して金線の文様があらわれる。

彫漆

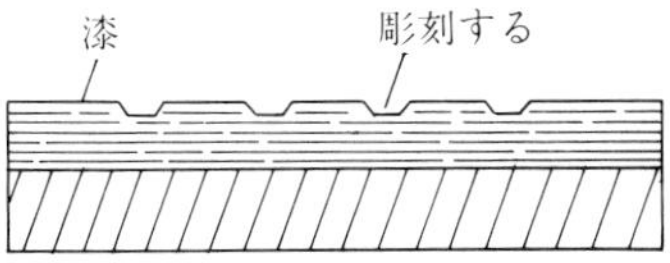

色漆を塗り重ねて厚い層をつくり，文様を彫刻したもの。朱漆のものを堆朱，黒漆は堆黒，黄漆は堆黄という。

堆朱香合　(聖衆来迎寺)

鎌倉彫

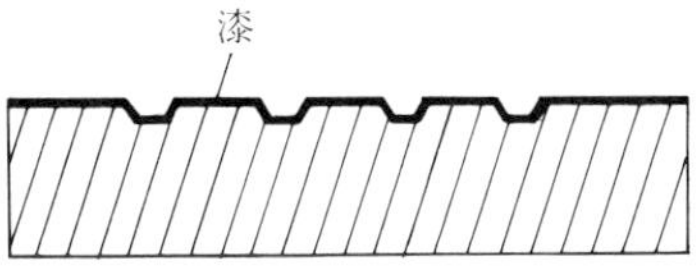

木地の表面を文様に彫り，朱漆や緑漆を塗ったもので，その始めは鎌倉時代初期，仏師康運が法華堂の彫木漆塗の仏具を造ったというが，彫漆を模したもの。

鎌倉彫椿文筵　(神奈川県立博物館)

室町時代以前の銘記のある遺例はみあたらない。

で塗り、上漆に朱漆を塗る。左に比較的上限の在銘作例をあげるが、彫りは深く、大がらの図様にふさわしく力強い。塗りは下地を黒漆をのびのびとした動きのある葉でうずめているが、表面は平らかで、

	所有者・名称	法量cm	銘文	
1	金蓮寺 屈輪文彫香合	径二八・八 総高七・八	金蓮寺常住 文明十三 拾月十五日（身底裏陰刻）	一四八二
2	梅沢記念館 牡丹獅子文彫香合	径一二・五 総高四・一	延徳二年、建長寺什器（身底裏陰刻）	一四九〇
3	個人 屈輪文彫香合	径二五・七 総高七・三	永牙蟠龍山内（蓋裏朱漆書） 龍泉庵之什物 文亀元年五月日 門末従物捨之 龍泉庵公用（身内底朱漆書）	一五〇一
4	知恩院 屈輪文彫香合	径二七・八 総高七・六	永禄七癸亥禾干九月吉日 洞門庵暉傳置之（身内底朱漆書）	一五六四
5	円覚寺 屈輪文彫香合	径二六・〇 総高六・八	鹿山公用 □寄進焉 永禄第八乙丑歳八月吉日 （身裏朱漆書）	一五六五

また、紅花緑葉のように図様のそれぞれを木彫であらわし、それぞれに色彩をあわせながら色漆が塗りわけられた技法が、室町時代後期ころからの修験道に用いる笈《おい》の表面に施されている。福島県・示現寺の椿彫木彩漆笈（重文）をはじめとして、ほとんどの遺品は、東北地方を中心として遺る。示現寺笈の正面扉には椿文を彫るが、地は黒漆、花は朱漆、葉は緑漆を塗り、蕊などには金箔を押している。これより日本的な吉祥文様を採用している遺品に、中尊寺の椿蓬莱文彫木彩漆笈（重文）がある。この正面には、松竹梅、鶴亀などの図様が彫刻され、色漆がそれぞれに配色され、金箔押しも施している。特に木瓜花菱の家紋も彫られているところから、はっきりと土着した図様が認められる。

(4) 貼る技法

(A) 平《ひょう》文《もん》

遺例としては、奈良時代の作品にまずあらわれている。正倉院宝物の中の漆胡瓶、金銀平文琴など二〇点に施工され、今は亡失しているが、国家珍宝帳にあったと思われる八点が加わる。また、東大寺金堂鎮壇具のうちの鞘の三口が知られる。そもそもは中国・唐時代に盛んに行われた技法で、**平脱**《へいだつ》と呼ばれていたのを、平安時代になると、根津美術館の宝相華銀平文袈裟箱（重文）、鹿島神宮の黒漆平文太刀拵（国宝）、当麻寺の曼荼羅厨子（国宝）などの遺品のように平文のみで加飾されている。

一般に平文は、金や銀、錫の薄板を文様に切って貼るが、下地面に貼り、その上を漆で塗り埋めてから、刀などで平文面上の漆を剥ぎとる法と、漆面と平文が面一《つらいち》となるもので、木炭で研ぎ出す法がある。また、漆面上に貼付する貼付平文がある。

当麻寺の曼荼羅厨子の軒先に残存する平文断片は、北村大通氏によれば「平脱板は、中塗りを行なわず、錆下地の上に直ちに張り付けたものと考えられる」（『仏教芸術』四五号）として、漆下地に貼付したとする。貼付の接着剤として、膠あるいは松脂を用いたものと思われる。

根津美術館の袈裟箱は、中里寿克氏によれば、「地直しなど行なわず直接上の平文を貼付けた」（『仏教芸術』八〇号）として、二重に下の平文を無視して貼付けたとしている。

鹿島神宮太刀は、いわゆる貼付平文で、黒漆面上に接着の弱いもので貼付しているため、簡単に脱落してしまうが、この太刀は実用性を要しないためであろう。このような手法で施工しているのに、平安後期から鎌倉前期にかけて調達された春日大社古神宝類（国宝）の唐櫛笥とその台、鏡台、筥、線柱、鎊剣などがある。これらは錫平文が貼付され、そのほとんどが脱落しているのである。

鎌倉時代初期になると、重源が東大寺大仏殿再興のため勧進したさいに使用した鉦架に、錫平文で二仏、南無阿弥陀仏の文字、三具足、梅花唐草をあらわしている。

近世になると、名称も**金貝**と別称されるようになり、大きく文様に切って用いるようになる。一方、光悦[※37]や光琳[※38]が鉛板を使い、特色

※37 本阿弥光悦（ほんあみこうえつ）永禄元年～寛永一四年（一五五八～一六三七）。刀剣の鑑定、研磨を業とする次郎左衛門の子として生まれ、幼名を次郎三郎という。書が寛永の三筆と称されるほか絵・陶磁・茶道・蒔絵にも秀でた多芸の人であった。蒔絵においては古典に題材を求めながらも、斬新な意匠構成と適切な材料使用で従来の蒔絵を一変し独自の様式を打ちたてた。代表作には「舟橋蒔絵硯箱」「子の日蒔絵棚」などがある。

※38 尾形光琳（おがたこうりん）万治元年～享保元年（一六五八～一七一六）。京都の呉服商で富豪の雁屋尾形宗謙の次男に生まれ、幼名を市之丞という。初め狩野派の山本素軒に絵を学び、のち俵屋宗達に私淑し、さらに本阿弥光悦の作風を慕い、漆芸面においては光琳蒔絵を大成した。金銀泥絵などの古典的技法を用いながらも、新しい効果を表わした。貴族的な中に町衆の感覚を持つ華やかで知的な構成が特色といわれる。代表作には「住江蒔絵硯箱」「八橋蒔絵硯箱」がある。

平　　文

平文の技法は古代中国の遺品に見られ（平脱），金銀の薄板を貼り付ける装飾技法である。

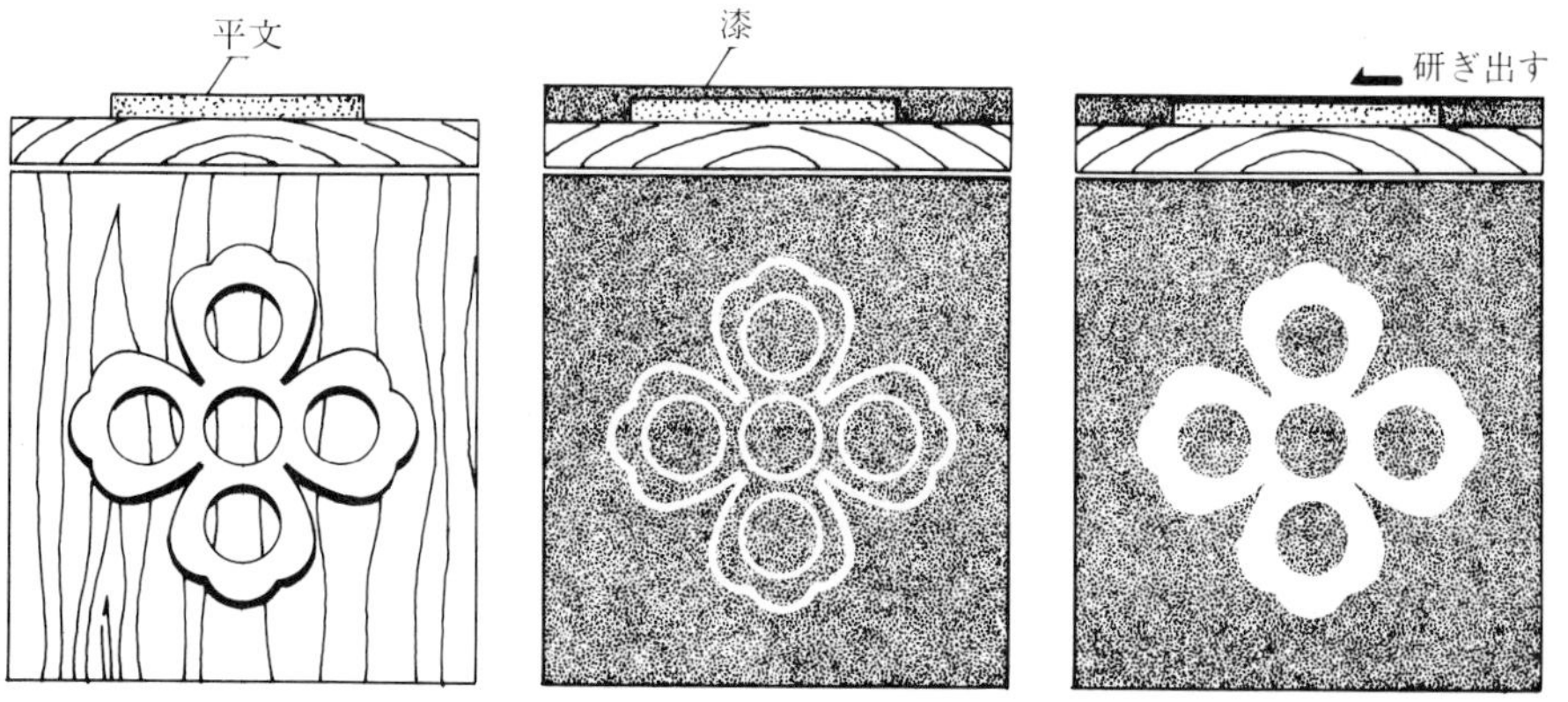

①金銀の薄板を文様に切り，木面または漆面に貼る。

②漆で塗り埋める。

③小刀の類で文様の部分を剥ぎあらわすか，木炭で研ぎ出す。

八橋蒔絵硯箱（尾形光琳作）
艶消しの黒漆で水を表わし，燕子花《えんしか》を螺鈿，茎や葉は金の平蒔絵，橋は鉛板と各種の材料の特色を生かしている。

宝相華銀平文袈裟箱表面（根津美術館）

ある作品に仕立てている。

(5) 嵌める・貼る技法

(A) 螺《ら》鈿《でん》

夜光貝[※39]、鮑貝、蝶貝、蜆貝、鸚鵡貝、メキシコ鮑貝、烏貝、巻貝などの貝殻を文様の形に、あるいは不整形のものを文様になるように裁り、漆地や木地に嵌め込んだり、貼りつけるのであるが、ここでは漆地螺鈿[※40]を問題とする。螺は螺旋状の殻をもつ貝類という意であり、鈿は装飾の意である。

貝殻の厚さは、研磨した貝殻百枚を一単位としてはかるが、約一三二mmを厚貝、八・二五mmを薄貝[※41]という。厚貝から文様をとる場合、輪郭線で文様を描き、線にしたがって糸鋸を引き、鑢で形を整える。薄貝の場合は、小刀や針先、鋏によって文様に切るか、鏨で叩き抜くか、文様以外に稀塩酸を塗布して削除する法がある。

厚貝を嵌める方法として、厚塗りした漆地に貝片を押し込む法と、素地に貝片を貼り漆を塗って埋め、のちに研ぎ出す法とがある。貼り付ける法としては、漆下地に貝片を貼り、貝の高さまで錆をほどこし、上塗したのち研ぎ出す。また、薄貝の場合は貝片を糊漆か膠で貼付してから、漆を塗り研ぎ出すのである。

このほかに断片化した鮑の貝殻を文様に構成するのは、朝鮮・李朝漆器によくみられ、日本では桃山時代の光悦漆芸にみられ、その影響が光琳の漆器に引きつがれている。薄貝にわざとひびを入れ、桜文を嵌入したのに、鎌倉・明月院に伝わる織田有楽斉考案の明月椀がある。

特有の光沢と色彩をもつ鮑貝の青い発色部分を使ったものに、青貝があり、薄貝を使用したのを青貝というようになる。

漆地螺鈿は、奈良時代、正倉院宝物の玉帯箱と、箜篌残欠にみられるのみで、木地螺鈿の遺例が多い。しかし、螺鈿と蒔絵とを漆地に併用加飾する技法も、平安時代から盛んになった。金剛峯寺・沢千鳥蒔絵小唐櫃は密教法具を納入している容器で、平安後期の作風がよく表現されている。すなわち、岸辺の景を蒔絵に描き、飛遊する千鳥の群を小さな白い貝片であらわし、配色の妙を螺鈿で優雅に表現している。韓国国立中央博物館に納められている高麗時代の漆器を調査したさい、一二世紀ころに製作されたこの洲浜形の盆には、花形の螺鈿と蔓状の描金（中国・朝鮮では一種の蒔絵をこの名称で呼ぶ）が加飾されていたのをみて、両国間の工芸上の交流があったのを考えたことである。

平安時代後期から鎌倉時代には、武具、武器、馬具（とくに鞍）に螺鈿が非常に広く使用されていたことが、文献や遺物がよく証明している。しかも、天治元年（一一二四）の建立になる中尊寺金色堂の中央に立つ円柱には、沃懸地に、三鈷杵と小花文が、厚い夜光貝の螺鈿で加飾されている。北の地にあって、栄華の跡をのこす中尊寺の蔵品に、螺鈿を加飾した仏具が多く遺されている。供物をのせる螺鈿平塵案（前机）、燈明をともす螺鈿平塵燈台には、黒漆地に淡い金粉を蒔き平塵の地とし、宝相華文を螺鈿で飾る。また、孔雀文磬を架する磬架は、残念ながら螺鈿が脱剥しているが、木地には螺鈿の文様の大きさを掘っている痕をのこしている。この痕跡から螺鈿を木地に嵌入していたことがよくわかる。

この螺鈿加飾は、鎌倉末期に急速に衰えをみせるが、その後は、薄貝を用いた螺鈿器が中国からもたらされ、わが国における螺鈿器もその影響を反映した。桃山時代から近世初頭にかけては、李朝螺鈿の影響をうけて、割貝法が盛行したことを先述したが、このころに、ヨーロッパに輸出もした、いわゆる南蛮漆芸といわれるキリスト教関係器物と生活関係の器物である聖餅箱、聖龕、書見台、櫃、簞笥、机にもこの技法が活用されている。

(B) 杣田《そまた》・芝山《しばやま》細工

江戸時代には、中国の薄貝の影響を受けて発達した螺鈿技法は、杣田細工、芝山細工と呼ばれる技法に育った。杣田細工は、薄い青貝を切金のようにこまかにしたものを、モザイク状に貼付して文様をあらわしたもので、富山の杣田清輔が発明したといわれている。

※39 厚くて美しい真珠色の光沢を放つ殻を古くから螺鈿に用いる。腹足類原始腹足目の巻貝。

※40 古くエジプト王朝時代からあって明らかではないが中近東あたりで起ったと考えられる。その後インド・タイ・中国で発達し、わが国には奈良時代に中国唐の技法が伝わった。

※41 荒砥石やグラインダーで磨り減らして薄くしたもの。

螺　　　鈿

螺は貝，鈿は物を飾るという意味で，一般に薄い貝を用いたものを青貝，厚い貝を用いたものを螺鈿，貝殻で飾るのを貝摺りともいう。図は特に精密な細工物に用いる技法で，この他に平文と同じ工程をとることもある。

①夜光貝，鮑貝などの真珠質の部分を文様に切る。

②平らに磨き線彫をほどこす。

③漆面を文様状に切り掘る。

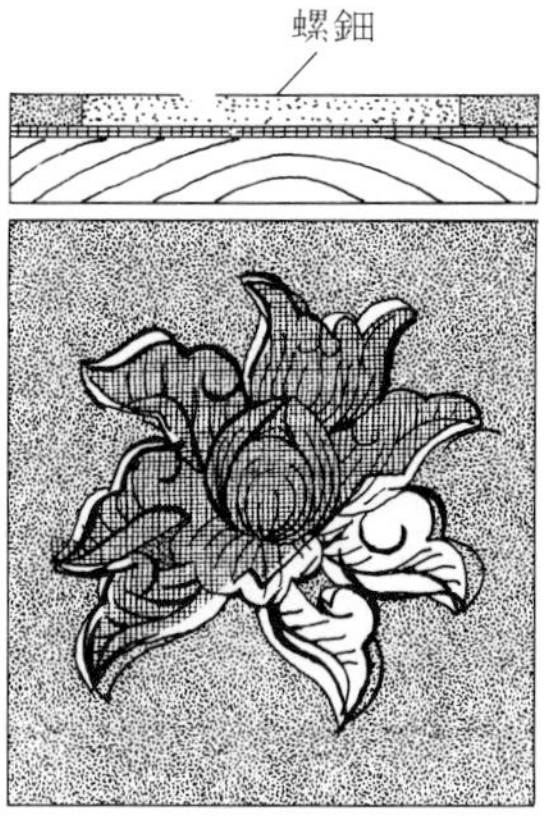

④文様に切った螺鈿を③に嵌入して貼り付け，研出して仕上げる。

花鳥獣蒔絵螺鈿聖龕　扉には楓に鹿，椿に猿の文様を，金の平蒔絵と螺鈿で表わしている（桃山時代）。

波龍螺鈿居箱　箱の側面に螺鈿で波文を表わし，その上に金銅の龍を配する鎌倉時代の作品。

螺鈿八角須弥壇部分（中尊寺）　束・框・格狭間の羽目板に，厚い夜光貝の螺鈿で宝珠鈴・三鈷杵・花鳥文様を表わしている。

また、芝山《しばやま》細工は象牙をはじめ、角、貝殻を染色し、文様に切って漆塗りの地に嵌入したもので、千葉の芝山の大野木専蔵の考案といわれるが、この源流は、奈良時代の正倉院宝物にみる撥鏤《ばちる》にみられる。象牙を文様に切り、それを紅、紺、緑などの色に染め、表面に線彫りをほどこして漆地に嵌装する技法であるからである。

(C) 白檀塗《びゃくだんぬ》り

加飾法の一部を概説したが、このほかに、白檀塗りといって金・銀・錫の薄い金属箔を貼った上に透漆を塗ると、白檀の板のような黄白色肌に仕上がる加飾法がある。これは鎧の胴や刀の鞘の加飾にみられるが、桃山時代の作である竹生島・宝厳寺の柱にこの施工がみられる。この寺は伏見城遺構であるから、桃山時代の美意識である黄金感をみることができるわけである。

(D) 箔絵《はくえ》・切金《きりがね》

金属の箔をつくって行う施工法については、箔絵や切金がある。切金のように箔を三ミリ四方の小形に切って蒔絵に置く方法を、もっと自由な大きさに文様化したのが、箔絵である。まず文様を漆で描き、漆がまだなま乾きのうちに金箔または銀箔のせ、接着の漆が十分に乾いてから綿でぬぐいとると、文様があらわれて、金または銀の絵となる。その箔を一面に貼るのが、漆箔押しの技法である。黒漆地に薄く透漆を刷毛で塗り、綿で拭いてから、箔を貼り、その上をまた綿で押さえるのである。漆箔押しは、仏具、仏壇など幅広く利用しているので枚挙にいとまがない。黄金の色彩は、仏を荘厳するものとして、多く利用されたのであろう。

(郷　家　忠　臣)

蒔絵の材料と道具

焼漆	置目用。絵漆を紙にのせて炭火にかざして焼く。
絵漆	上塗用漆に紅柄をまぜる。
梨地漆	梨地塗の下塗、中塗、上塗用で透明な漆。
延べ漆	生漆に適量の樟脳油を混合した漆。(入漆ともいう)
蠟色漆	蠟瀬漆《ろうぜうるし》、高蒔絵漆の調整用、平目地、研出蒔絵の上塗用。
蠟瀬漆	蠟色漆に瀬〆漆《せしめうるし》または生漆を混ぜたもの。
高蒔絵漆	黒目漆《くろめうるし》に石黄を混ぜたもの。
平《ひら》目《め》粉《ふん》	地金を鑢でおろした粉(鑢粉)を薄く延ばして大小数種にふるい分けたもの。
梨地粉	平目粉をさらに薄く延ばして細かくしたもの。
漆風呂	漆塗りの湿性乾燥器。
蒔絵筆	毛が柔らかく腰の弱い筆で、用途に応じて各種ある。大別すると地塗用、線描用。
根《ね》朱《じ》筆《ふで》	最も細い毛の長い筆で線描用。
地塗筆	線描以外の広い部分を平らに描くのに用いる筆。平描筆ともいう。
面《めん》相《そう》筆《ふで》	消粉蒔絵の細い線描きに用いる。
地塗刷毛	地塗筆で塗るよりも広い部分を塗るのに用いる筆。
粉筒	金粉を蒔く道具で鳥の羽軸か竹筒に絹か紗を張り、これを通して蒔く。
毛棒	粉蒔きのあしらい毛棒と塵を払う払い毛棒がある。
駿河炭	茶せん木(硬質)を焼いたもの。
椿炭	椿の木を焼いたもの。
蠟色炭	さるすべりの木を焼いたもの。
石目	粉を振り落して斑点にすること。
蒔き詰める	間のあかないように蒔くこと。
蒔きしめる	立っている粉を押さえて平均にすること。

切金・漆箔押し

漆箔押しの工程を下に示す。

	①	②	③	④	⑤	⑥	⑦
漆 金箔 金粉	箔押用漆塗	漆荒拭き	拭き上げ	金箔押し	金箔払い	乾　燥	仕上げ

1．箔押用漆塗　箔押しをする場所に，漆刷毛または篦で箔押し用漆を塗る。

2．漆荒拭き　適当な大きさの抜き出綿（中入綿の古綿）で，①の漆を平均にするために丸く拭く。

3．拭き上げ　荒拭きしたものを，さらに抜き出綿で拭いたのち，渋紙で拭きむらをなくすために拭き上げる。

4．金箔押し　金箔をはる。彫刻などの凸凹のある部分は寸法に合わせて金箔をきり，竹ようじではり合わせる。

5．金箔払い　金箔を押し終ると真綿でよく押さえた後，軽く押さえるようにして払い，しわや継目を伸ばし，艶をなくさないようにして払う。

6．乾　燥　湿気のある室（むろ）に入れて，約24時間乾燥する。

7．仕上げ　乾燥後，真綿・払刷毛・竹楊子・脱脂綿で，金箔・金粉を払い仕上げる。

金箔押しの仏壇

仏壇の漆塗り工程

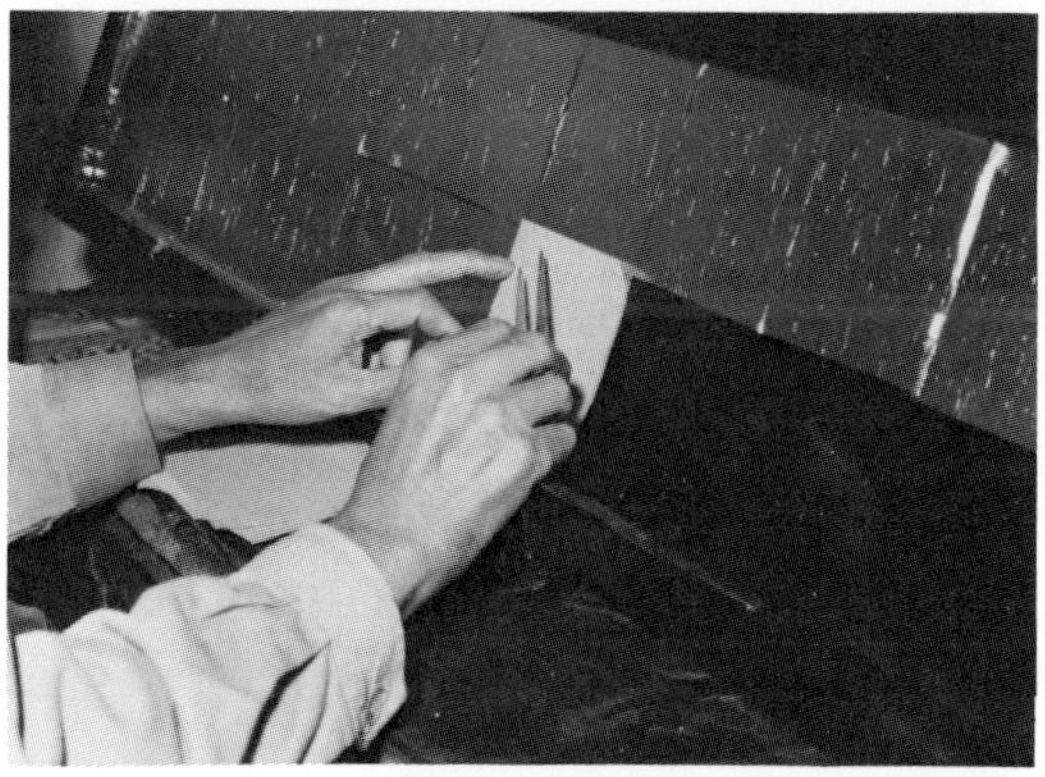

仏壇の箔押し工程

切金細工の箱蓋

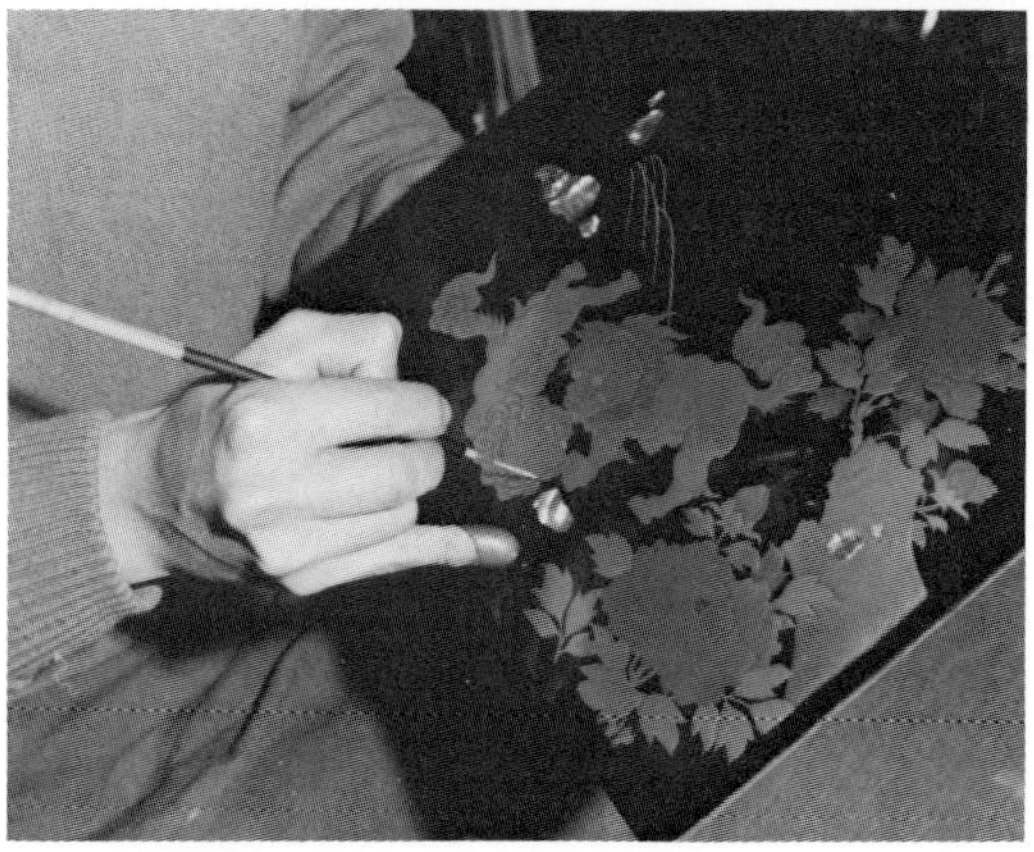

仏壇の蒔絵工程

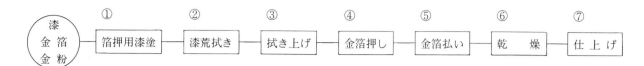

三　仏壇の木組み技法

仏壇や仏具などにおいて、最も大きい木造の作品は須弥壇、それも大寺院の仏堂内に置かれるものであろう。この仏堂内陣の大きい面積を占める須弥壇は、仏具というより仏堂建築の一部である。したがってこのような須弥壇の各部材の工作、組立、例えば框《かまち》、束《つか》、羽目板などの仕口《しくち》、接手《つぎて》は建築関係、いわば宮大工の仕事である。

それゆえ、建築の方式をそのまま用いて宮大工が作るのが普通である。それは木造建築一般構造の手法と同じで、ここでそれを述べる必要もないと考えられる。したがって、以下では在家あるいは仏寺でもごく小さな須弥壇や厨子（宮殿《くうでん》）と、それを収める仏壇（在家の場合）の一部について記しておく。

(1)　箱形仏壇の形式

一般的にいって在家（民家）では仏壇を置く仏間があればよいが、ない場合は適当な室に押入のように引込ませたところに置くのが普通である。仏壇の形も正面を両開き戸（俗にいう「観音開き」）にした箱が多い。その側面背面は一般の家具——戸棚、箪笥（ただし古式の）——と同じような造りが多い。ただ箱形の仏壇の正面の扉は漆塗りの外扉《そととびら》を備える。その内側に紗《しゃ》のような布を挟んだ金障子の内扉を吊り、この両扉とも諸折《もろおり》（各扉が二つ折になるもの）または三つ折り（同、三つに折り畳めるもの）の両開き（左右に開く）とする。次にその内部は仏堂の内陣のように、折上格天井、折上小組格天井などとし、左右と奥は金箔置きの壁面とし、時には絵を描くことも多い。この辺の仕事は大きな仏堂の内部を小さく、簡略化したものと考えればよい。

(2)　宮殿の造り方

この箱形仏壇の中に、各宗それぞれの仏具を置くが、木工関係では中央に設ける宮殿《くうでん》（厨子《ずし》）が最も重要なものであり、その様式も多様で、各宗派で少しずつ違った姿のものが多い。そこで宗派別などには関係なく、宮殿を造るときの在来方法について説明しておく。

在家仏壇における宮殿で一番普遍的な型は平面が矩形または凸字形で、屋根もこれに応じた平面である。柱は円柱、総体的には大体禅宗様である。礎盤（仏壇職では〈石《いし》〉といい、その直径で大きさを表わす）があり、その上の柱は四本～六本程度である。軒は枡組《ますぐみ》（組物・枓栱《ときょう》）を三《み》手《て》先《さき》[※1]か四《よ》手《て》先《さき》の禅宗様（詰組《つめぐみ》）とする。屋根は入母屋《いりもや》の照り屋根で、平入《ひらいり》も妻入《つまいり》もある。一般的には平入で、正面に[※2]軒唐破風と千鳥破風を付ける。これはいわば神社建築における権現造《ごんげんづくり》の正面（拝殿）と同形である。

屋根面は横筋を入れて栩葺《とちぶき》、木賊葺《とくさぶき》あるいは柿葺《こけらぶき》を模するか、瓦棒を使って本瓦葺を模するかするのが普通で、この辺は仏壇職で「屋根方」という区分に属する。そうした中で枡組と瓦棒の製作は手造りの場合、まことにうまい方法で造られるので、以下に略述しよう。

枡組の技法　枡組は一見したところ、大建築のそれと同じように見えるが、何分小さいものであり、大建築のように大きい荷重《かじゅう》が

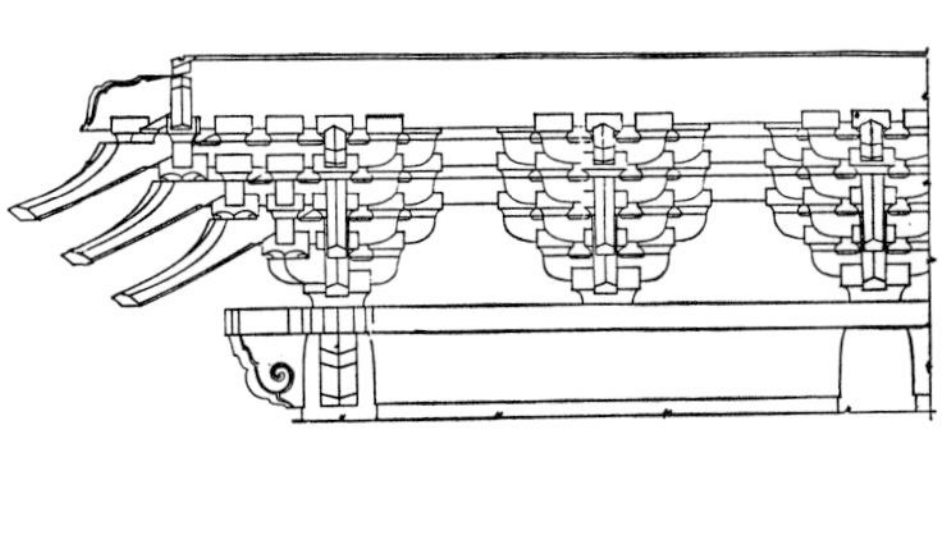

※1　禅宗様の三手先枓栱。（正福寺地蔵堂）

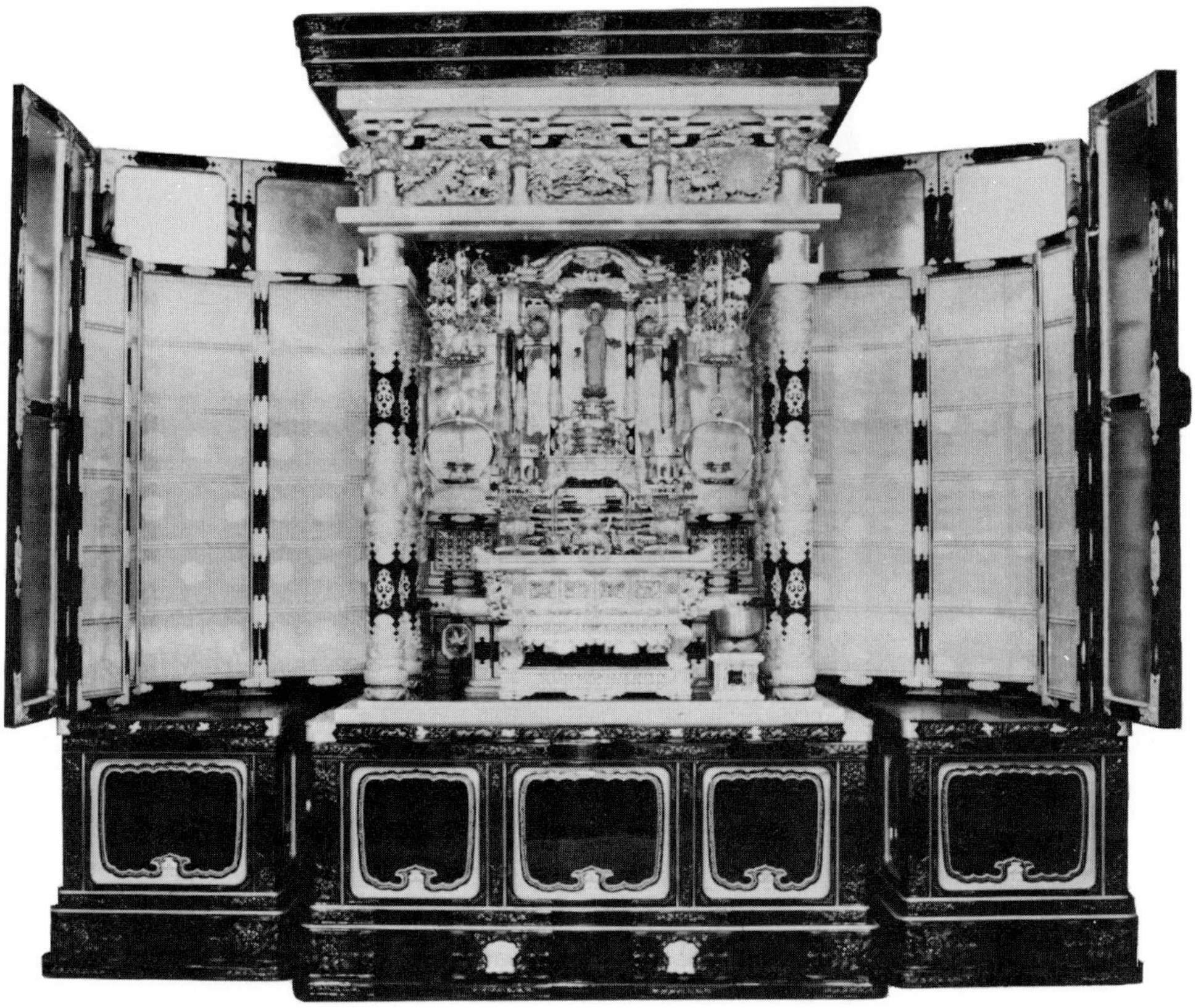

総開形脇台付　本宮殿様塗仏壇（東用）

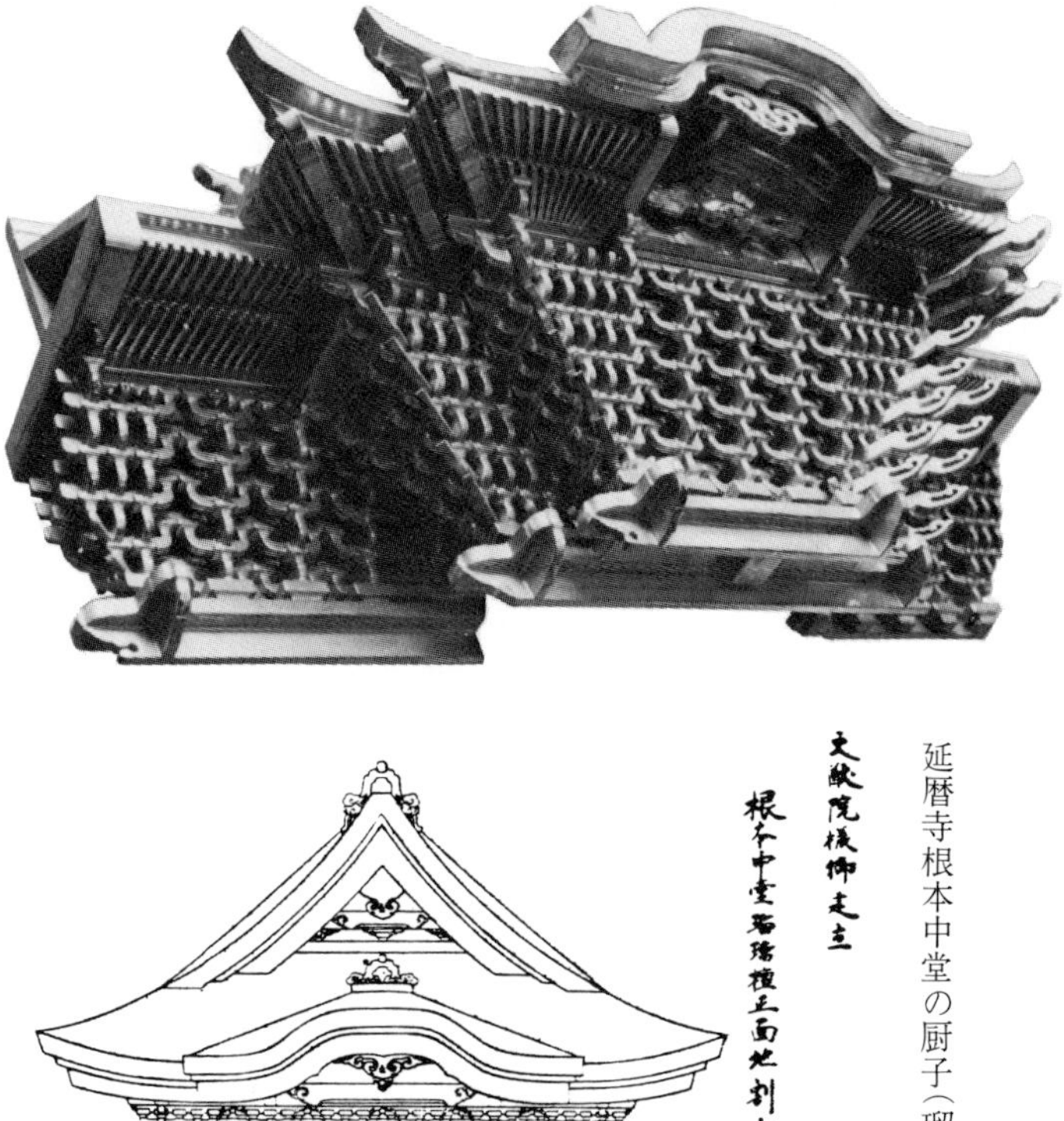

真宗用塗仏壇の宮殿枡組部分

鶴林寺本堂内陣宮殿部分（先だけ取付けた尾垂木）

延暦寺根本中堂の厨子（瑠璃壇）（『叡山文庫』所蔵）

真宗用塗仏壇の屋根部分

かかるものではないので、簡略化した巧みな方法で造られている。その肘木は大体相欠きで組むので記すまでもないが、枡(枓・斗)は多数が必要であり、これを在来の手法では次のような方法で行なっている。判りやすいように順を追って書こう。なお枡には大斗《だいと》とそれ以外の小斗《こます》があるが、次の記述は小斗の場合である（大斗もこれに準じて造る)。

①出来上りの枡の高さに等しい板をつくる。

②板の木目（繊維方向）に直角の方向に、枡の大きさに鋸のあさりと切り離す後の仕上げ減りの寸法を考えて多くの線を引き、その線に板厚の中ほど以下くらいまで鋸目を入れる。

③鋸目の入った線を中心として、将来斗繰《とぐり》となる部分を三角形(V型）に彫る。

④このV型溝を斗繰の曲面となるように、出丸《でまる》（外丸《そとまる》）の鉋《かんな》（抉《しゃくり》鉋の刃を外丸に造ったものなど）で斗繰を削る。

⑤一方、板の反対側では肘木の含まれる部分（含み）を抉《しゃく》る。

⑥斗繰をした面に前の鋸目筋と直角に、斗の大きさを考えながら割付の多くの線を引く。次にこの線を中心として、先と同じく斗繰を抉る。

⑦これで大体枡が横（木目と直角）に連なった形ができたから、先の鋸目またはそれと直角方向に切り離す。

⑧最後に、この一つ一つの枡の木口《こぐち》を小刀で削って仕上げる。

㈱枡は大建築なら前後同形が普通であるが、小さい宮殿では奥行が半分（片蓋《かたふた》、片身《かたみ》）が普通である。大建築でもこのような〈半《はん》枡《ます》〉を使うこともあり、工芸品では海竜王寺五重小塔の壁付の枡は片蓋で、現在最古の半枡である。

以上のように、小枡は前方だけしか造らないのが普通で、これをその裏に立てた箱型の板（大建築なら壁真に近いところ）に、肘木とともに組み上げたのを貼りつけていく。この構造も古く、海竜王寺五重小塔から見られる。

尾垂木の技法　なお手先が多い場合、尾垂木をつけるが、これも肘木の先に尾垂木型の材を膠付《にかわづけ》（現在は接着剤）するだけである。この方法も新しいものでなく、たとえば鶴林寺本堂内宮殿の枡組などに見られる。この尾垂木を仏壇職では「手先」などといっている。

屋根の技法　宮殿の屋根は板で造るが、照屋根だから反らせる必要がある。これも以前は削った板に熱湯をかけると板が凸型に反り、反ったところで釘付したものである。屋根面は栩葺形のようなものは抉ったものを打つが、本瓦葺形のときは瓦棒が必要である。この瓦棒は巴瓦に当たる軒先のものだけ、瓦当てを造った短いものを付ける例が多いが、一本で続ける場合は次のような仕方で、二本ずつ一度にできるようにする。

①軒先の丸瓦の直径に等しい板を造る。

②その板の木口から巴瓦の厚さ（瓦当ての厚さ）を決めて、約半分ほど鋸目を入れる。これを両方に入れるが、互いに裏表反対になるように切込んでおく。

③板厚の中央に瓦当てに相当する部分をよけて罫引《けびき》で深く筋を入れ（両面とも)、瓦当部分が飛ばないように四角い棒型に割る。

④一方だけの四角の板（後に丸く削る）がついたこの角材を内丸《うちまる》鉋《がんな》で円棒状に仕上げ、のち二つに割る。

⑤割った面を平面に仕上げる。

このような仕事は仏壇職の間で、長い間にでき上がったものであろう。なお宮殿やその下の須弥壇（繰型付）などの材質は尾州檜が最高であるが、高価なので普通、五葉松(姫小松に同じ。『植物図鑑』参照）か紅松などの柔らかくて、刃物の切味が劣っていても割によく切れたように見える材を使う。

以上は小型宮殿部の製作上の智恵ともいえるものであるが、その他の部分は一般木工芸に近い方法で造られる。

（近　藤　豊）

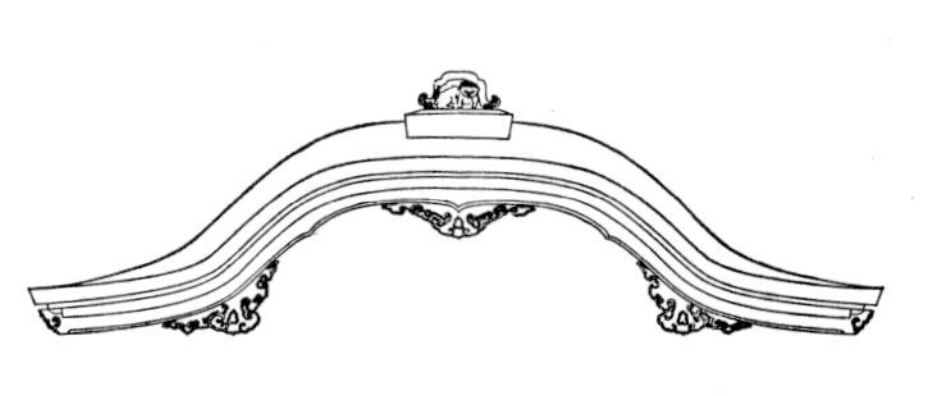

※2　唐破風（西本願寺飛雲閣）

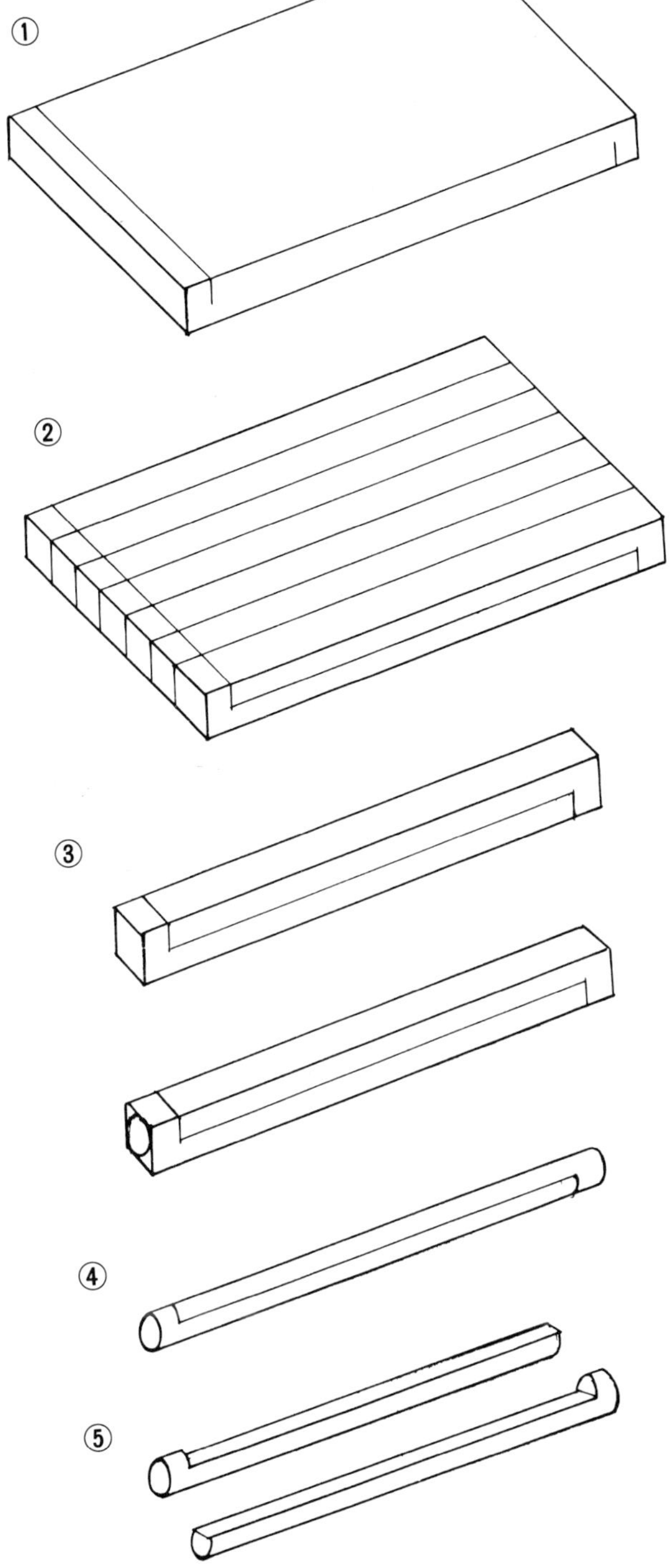

本瓦葺の模倣における瓦棒の作り方の一例

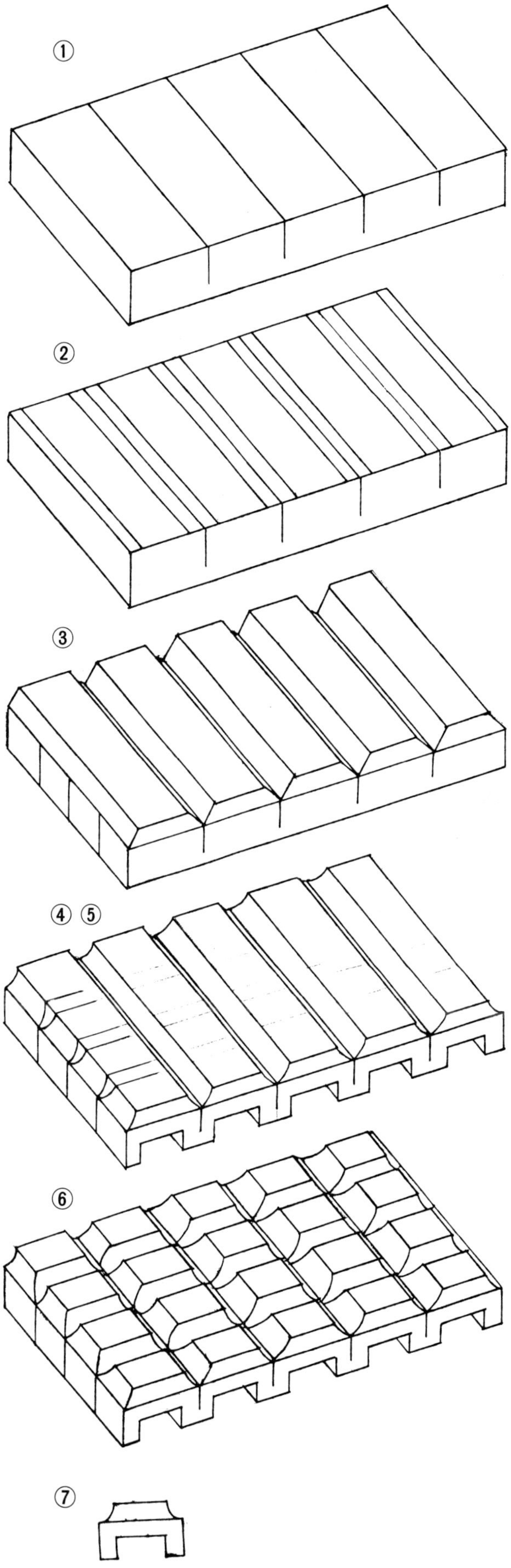

小形の宮殿における小斗の作り方の一例

小宮殿における小斗
下・製造の一過程　上・半斗

第四章　行事・文様・紋章

一　仏教行事の特殊な仏具

闇を染める大篝火（叡山横川）

元三会論義法要（叡山横川四季講堂）

一、はじめに

仏具は、荘厳具・供養具・法具など、いずれを取っても、法要−仏教儀礼−に必要不可欠のものである。従って、法要を主軸として構成される仏教行事で、これらの占める比重は思いのほかに大きい。たとえば、荘厳具の種類や配置で法要の内容や規模が表現されることもあるし、場合によっては宗派の別を知ることができたりもする。

このようなわけで、法会を一つひとつ細かく分析してゆくと、折々に細かいところで特殊な法具、あるいは特殊な使用法などに気付くものだが、この稿では、各宗派の現行行事で通常用いられているものとは異なる特殊な材質・形状・使用法に特色をもつ仏具をはじめとして、行事の性格を象徴したり、行事を特色づけたりする用具に至るまでを対象とする。

二、元《がん》三《ざん》会《え》

慈恵大師良源《じえだいしりょうげん》。正月三日の遷化のゆえに、元三《がんざん》大師とも言う。天台宗一八世の座主。叡山中興の祖と称され、疲弊・荒廃した叡山の再興に努め、学山の面目を維持し

修二会における須弥壇の荘厳　作り花と壇供（東大寺）

た功績は大きい。また一面、とりわけて母思いのひととなりであったという。

この良源の功績をたたえ、恩に報いるために、その活躍の拠点であった叡山横川《よかわ》の四季講堂で毎年「**元三会**」が催される。

正月三日、入寂の卯の刻（六時）からはじまる行事であり、比叡山の最も奥まった不便な場所柄とあって、出仕の僧侶も聴聞の人々も前夜から泊り込む。寒い。すき間というすき間から刃物のように寒気が襲いかかる。

厳冬の夜の明けぬうちに法要がはじまる。法要は南都の諸宗や天台宗ではしばしば勤修される〈**論義法要**《ろんぎほうよう》〉で、講師《こうじ》と問者《もんじゃ》の間で交わされる問答を聞いて、探題《たんだい》が判定を下すという次第をとる。法要そのものは必ずしも特殊なものではないのだが、この法要の開始に当たって、元三大師を祀る御厨子がうやうやしく開扉される。つまりこの法要は、元三大師の御前で、僧侶が修学努力の成果を披露する意味合いで勤修され、探題の判定は、元三大師自らによる判定を意味しているのであり、この法要の特殊な厳粛さは、勤修の時期や時刻からのみ生ずるものでは決してない。

大篝火《かがりび》　さて、法要が開始され、僧侶の出仕と共に、堂から七～八分離れた琵琶湖を見下す地点に使者が走る。見晴らしのよいこの高みには、二m余もあろうか、こんもりと大きな篝火が用意されていて、使者の到着と共に点火される。冬空に音を立てて炎が舞い、赤々と闇を染める。

同じ時刻、四季講堂では大師の御厨子が開扉される。また琵琶湖の対岸の浅井郡では、この篝火の合図によって、大師の母を祀る御厨子を開扉し、湖をはさんで一年一度の母子対面を実現させるのだという。その素朴さと、

修正会の作り花（遍照寺）

修正会　桜の作り花（近江寺）

修二会椿の作り花（東大寺）

限りない敬慕の情が実に好もしい。この篝火に関する一切は、在家の人びとが管掌する。

　没後千年を経た今に至るまで、僧俗共にさながら生前の大師に仕えるごとくに、報恩の行事を伝え続けていることの意味は大きい。元三大師の偉大さのあかしでもあり、信仰の強さでもある。

三、修正会《しゅしょうえ》・修二会《しゅにえ》

　修正（月）会・修二（月）会に限って勤修される法要に、〈**悔過**《けか》**法要**〉がある。本尊を讃美しながら懺悔礼拝を行い、新しい年の泰平安穏を祈願する。この法要を主軸とする法会を「**悔過会**《けかえ》」とも称するゆえんである。わが国で最も古くから行われた法要の一つで、今でも南都各宗、天台・真言系各宗派の古寺での勤修例が多い。

　この悔過会では、通常の法要では用いない仏具を用いることが多い。それは悔過会がわが国の民間習俗を摂取し習合して成立したことに起因している。以下に記すのは、このような心意を反映していると思われる仏具の事例の幾つかである。

　農耕の民として、年のはじめにその年の平安、とりわけて五穀の豊穣を祈願する行事が欠かせぬものであったのは当然である。その呪的習俗のさまざまが、仏教の浸透と共に取り入れられ、仏教行事として定着し、農耕民族の切実な願望を基盤とする行事であるがゆえに、今に至るまですたれることがなかったのであろう。

　作り花　仏前荘厳の作り花は、農耕民の迎春の心意を示す代表的一例である。仏前の供華は全ての法要に欠かせぬものだが、とりわけて悔過会では、特殊な作り花をかざることが多い。東大寺修二会の椿は有名だが、その

修正会における青竹で挟んだ餅
天井から吊り下げる（成仏寺）

修二会で須弥壇に積み重ねられた壇供（東大寺）

他にも大和・紀伊・山城・摂津・播磨とたどる先々の古寺で、梅・桜・椿・柿・稲穂・まゆ玉・けずりかけなど、さまざまな造花が用いられていることに驚く。

　いずれも、二mほどの椿・桜・椎・榊等の生木の枝々に、数多の作り花をかざり咲かせている。それぞれに色も形も異なるものの、共通しているのは神の宿る木、寿命の長い木、花や実を多くつける木が選ばれ、予祝の呪物が選ばれていることである。花に托して人の世のしあわせを祈り豊作を願う心が、清楚な、簡潔な、あるいは素朴な造形の中に籠められてこの法要を特色づけている。

　永観二年（九八四）成立という『三宝絵詞《さんぼうえことば》』の修二会の項に、「此月の一日より、もしは三夜、五夜、七夜、山里の寺々の大なる行也。つくり花をいそぎ、名香をたき、仏の御前をかざり……」とあり、この行事の規模や背景と共に、作り花の伝統の古さをもうかがい知るのである。

壇供《だんく》　悔過会の供物には、作り花と共に壇供がつきものである。東大寺修二会のように、一面三合取りの餅を千面も用いて、須弥壇の四周に美しく積み重ねる場合もあれば、大きな鏡餅一重ねを供える例（矢田寺等）、天井から吊り下げる例（鶴林寺等）、餅を五色に染める例（松尾寺）、大小の餅を組み合わせてかざる例（太山寺等）など、作り花と同様に、寺々それぞれに異なる特色をもつ。しかし、女手を借りずに搗《つ》き上げるとか、身を清めて搗くなど、いずれも清浄な供物として扱い、法要の終了後に檀家や講中・信者に頒つ点は共通している。

　仏前に壇供を供えることもまた、迎春の呪的習俗の、仏教行事への反映である。神、あるいは祖先の霊の象徴である鏡餅を神前に供えて祀り、また神前に供えた大小の餅を、人も共に食することで、新しい年の力に満ちた魂を頒ち与えられ、神や祖霊の祝福を受けるという年迎

五重に重ねられた壇供（観菩提寺）

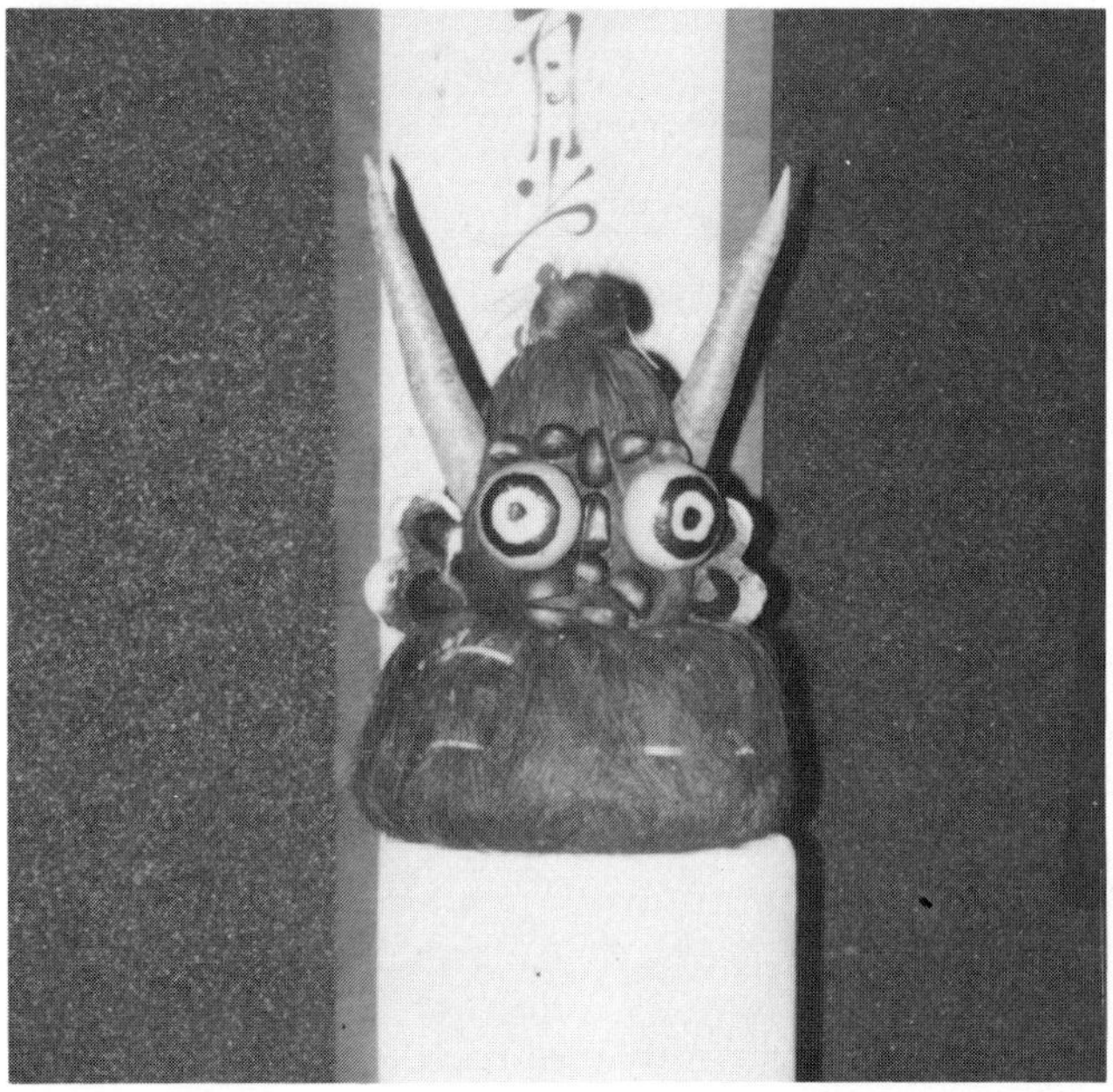

壇供の最上段に据えられた鬼頭（観菩提寺）

大餅会式の荘厳（観菩提寺）

えの習俗が、そのままここに息づいているのを否定することはできない。

伊賀の、俗称正月堂と呼ばれる観菩提寺の修正会は、その最も具体的な例であろう。この法要は「**大餅会式**《だいひょうえしき》」とも称されるが、名のごとくまことに大きな壇供を用いる。五重に重ねる最上段の餅が八升取り、以下、五合ずつ減じて最下段が六升取り。五段合わせて二斗二升の壇供である。これを周辺の八地区で一重ねずつ作り、各地区ごとに男衆がかついで本堂に練り込み、競い合って須弥壇に供える。豪快である。

注目したいのは、この壇供の、最上段に据えられる「鬼《おに》頭《がしら》」と呼ばれる部分である。藁《わら》を棕梠《しゅろ》で包んで頭とし、そこに人参の角、大根の耳、榓柑の目玉、栗の眉・鼻・口を竹でさし立てる。これは、まさしく祖霊の形象化と考えられる。山のなりもの、畠のなりもので形づくられた祖霊を、須弥壇に祀り、その前で〈**悔過法要**〉を勤修して清浄な身と心になる。そして清まった心で、さまざまの願望を述べ、本尊と祖先の加護を祈念する。最後に壇供の大餅を下ろし、切餅にして各家庭に配り、祖霊の魂を一人一人が授かって新しい年を迎える。

以上の次第で行われる観菩提寺の修正会には、仏教行事として定着しつつも、なお古来の民間習俗をふまえているすがたが明らかであるし、各地に修正会・修二会として伝存する悔過会のいずれにも、程度の差はあれ、随所に習合の名残りをうかがうことができる。

牛王杖《ごおうづえ》　「作り花」と「壇供」は、供養具として悔過会を特色づけるものであるが、「牛王杖」は、法具として諸寺の悔過会に用いられる。

材料になる木や形状は一定ではない。柳《やなぎ》・漆《うるし》・檜《ひのき》・椎《しい》・樫《かし》・はいのき（榛《はん》の木か）・柏《かしわ》などを用い、太さ五〜六㎝、

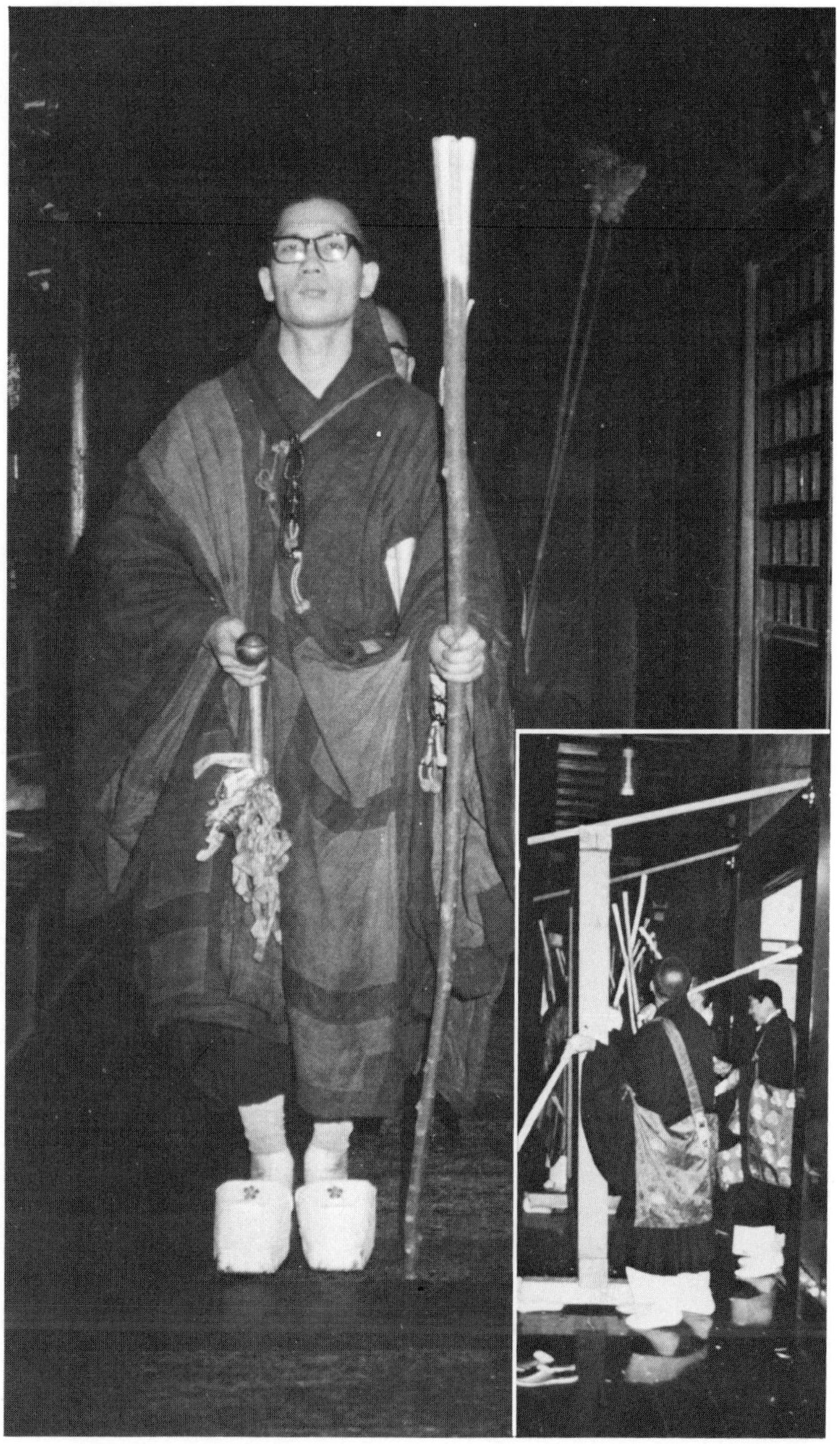

修二会で用いる牛王杖・柳（東大寺）　右下：修正会で用いる牛王杖・厨子を叩く（朝護孫子寺）

修二会で用いる牛王杖・漆（薬師寺）

修正会で用いる牛王杖・床を打つ（西大寺）

長さ五～六〇㎝ほどのものから、太さ二～三㎝、長さ一m六～七〇㎝ほどのものまで、長短・太細さまざまである。共通しているのは、生命力の強い木、呪力がある（かぶれるなど）と信じられる木などを用いる点である。

材質も形状も異なるものを、一様に「牛王杖」と通称するわけは、恐らく「剛卯杖《ごうぼうのつえ》」の転訛であろう。古代から、正月上卯の日に、朝廷に卯杖《うづえ》を奉るならわしがあった。桃や梅の木を五色の糸で束ねたもので、災厄を払うという。中国の剛卯の習慣にならったもので、わが国での始行は持統三年（六八九）というが、平安時代には盛んに行われている。正月の除災を目的とする卯杖＝剛卯杖の行事が悔過会に取り入れられ、また院政期以降盛んになる牛王宝印授与と混淆して、剛卯杖《ごうぼうのつえ》が牛王杖《ごおうづえ》に転訛したと考える。

牛王杖には、屢々牛王宝印を捺した牛王札が挟まれる。また、除災の呪法めいた特殊な用い方をされる。たとえば、京都清水寺や信貴山朝護孫子寺などでは、本尊の御厨子の後壁を牛王杖で力をこめて叩くし、法隆寺では須弥壇（今は代用の台）を打つ。杖がちぎれて末端が飛び散るほどである。備前西大寺や金剛峯寺では床を打つ。九州北部の諸寺では、二人の僧侶が向かい合ってとびはねながら、この杖を打ち合わせる。

法具で物を打ち叩く、とびはねる。あまつさえ御厨子や須弥壇を打つなど、通常の法要では想像もつかぬことだが、呪物で物を打って邪気を打ち込め、未だ発動しない清新な力をふるい立たせて、よき年を迎える呪法と知れば、いかにも悔過会らしいと納得できる作法である。

お水取り

「お水取り」と通称されて名高いこの法会の正称は「**東**

大導師柄香炉の表面と裏面（東大寺）

修二会の法要　柄香炉を捧げて礼拝する大導師（東大寺）

大寺修二会」という。二週間にわたる行事のクライマックスである三月一二日の行事が特に有名になったが、東大寺の修二会は、全国各地に伝存する悔過会の、それぞれの特色をすべて備えている上に、東大寺修二会にのみ見られる特色をも備え、法具に見る特殊性もまた、際立っている。

柄香炉　東大寺修二会では、大導師が用いる柄香炉に特殊な工夫が施されていて、面白い使い方をする。柄の先端に車がついていて、柄香炉を押しやると床を滑るようになっているのである。この柄香炉は、もちろん礼拝《らいはい》・行道《ぎょうどう》など本来の使い方でも用いるが、その他に大導師席の燈明に点火する時にも便宜的に用いる。この燈明点火のための火をとる役を勤める堂司《どうつかさ》に、大導師が柄香炉を押し出して渡す。この作法のためだけに工夫されたものであろう。他寺はもとより、東大寺の他の法要でもこのような構造の柄香炉を用いることはない。

さらに右の事例と対照的な柄香炉の用法がある。法会の始めの〈**授戒**〉と、会中連日の〈**食作法**〉の時、和上と大導師が用いる柄香炉は、樒《しきみ》の一枝である。樒は仏前の花と言い、葉を供華としても用い、乾燥して抹香や線香の材料にもする。したがって礼拝に用いるにふさわしくはあるが、使用法としては珍しい。大導師の柄香炉の独創的な工夫と、樒の柄香炉の素朴さとが共存している点が、実に興味深い。

なお、後者に関しては、備前西大寺では右と同じく樒の一枝を用い、豊後天念寺では榊《さかき》の一枝を用いる例がある。

石の磬　磬は古代楽器の一種で、古くは玉・石で作ったというが、お水取りでは現在でも〈**授戒**〉の時に、大小の石を打ち合わせて、法具の磬として用いている。大き

修二会授戒で石の磬を打つ戒和上（東大寺）

修正会　榊の柄香炉（天念寺）

修二会　樒の柄香炉（東大寺）

い石は径二〇cmほど、小さな石は径三cmほどのもので、形を整えた形跡も、装飾の文様もない素朴な自然の丸石である。

戒《かい》和《わ》上《じょう》が、先ず自ら戒を授かる時、礼盤の前の机上にこの石を置き、段落ごとに小さな石をつまんで、大きな石をコツンと打つ。この間、和上は唱句を全く声に出さないから、他の諸衆は磬の音だけで法要の進行を知ることになる。深夜の堂内は、松明一本の明りだけが頼りの溶暗の世界である。その中で、コツ……、コツ……、コツ・コツとささやかな響きを伝える石の音は、通常の磬の金属的な響きと異なる素朴な味わいを伝え、〈**授戒**〉という、僧侶にとって基本的に重要な意味をもつ法要に、いかにもふさわしい。

二つの丸い石を打ち合わせるという磬のあり方は、他宗はもちろん、東大寺の他の法要にも見られない独特なものだが、これが磬の古様を伝えるものかどうか、または特殊な契機によって採用されたものであるか、現在のところは全くわからない。しかし、悔過会という、古代に淵源を発している法要で用いられていることによって、ひとしお興味をそそられる事例である。

悔過会には、日本古来の民間習俗との習合が見られると先に記したが、お水取りの諸行事の中には、その他にも神道的なもの、修験道的なもの、古密教的なものなどさまざまな要素が混入し、しかも全く違和感を与えぬ法要として存在している。

法《ほ》螺《ら》貝《がい》　法螺貝を多用するのは修験道である。山野に分け入って験力を積むその修行形態は、必然的に遠隔地相互の合図のための道具を必要とする。山伏と言えば法螺貝が連想されるわけである。また一面では、法螺は仏法守護の諸天諸神を召集するために用いるともいう。

修二会で用いる名貝「尾切」と「小鷹」
左：それぞれを納める箱（東大寺）

修二会で吹くさまざまな貝（東大寺）

他の寺々の悔過会でも、法螺貝を用いる所は多く、多くは後者の用い方をする。これに対して、お水取りでは両者の用い方があり、独特の吹き方をする点に特殊性がある。

用法の第一は合図の法螺で、これは二週間にわたる法会のクライマックスである三月一二日の〈**水取り**〉の行事の時に吹き鳴らされる。法会の参籠僧（練行衆《れんぎょうしゅう》と言う）一一名のうち六名が二月堂の下の閼伽井屋に下り、五名が堂内に残る。この配置のままで、閼伽井屋から二月堂に、二荷ずつ三回若水が汲み上げられる。この水を汲み上げる時、節目ごとに閼伽井屋の前で法螺貝を吹き鳴らして、堂内に合図を送る。各自がブー・ブーと吹くだけだが、堂内ではこの音を聞いて、水を受け取る配置に着く。

用法の第二は、毎夜〈**初夜**〉と〈**後夜**〉の法要の時に吹く、諸天神勧請のための貝である。この時、南北二手に分かれて相互に吹き合わせるのに加えて、吹き方が三段に変化するのが特色で、**荒貝**《あらがい》・**学貝**《まねがい》・**長貝**《ながかい》と次第する。**荒貝**は、いかにも荒々しく強々と吹き、**学貝**は、北座と南座で、それぞれ「尾切《おぎり》」と「小鷹《こたか》」という銘のある高音と低音の名貝を、交互にリズミカルに吹き合わせる。最後の**長貝**は、南北で一斉にブーーと穏やかに長く吹く。

単に吹貝と言い捨てられぬ、音楽的な興趣を誘われる法螺貝だが、前記の「尾切」と「小鷹」は、将軍足利義尚が、聴聞の折にその音色を賞讃したと伝え、室町時代には吹貝の作法も定められていたであろうことがうかがわれる。

ハ　ゼ　お水取りでは、毎日六時《ろくじ》の〈**悔過法要**〉で用いる散華の花に、「ハゼ」と呼ばれる独特の花を用いる。ハゼというのは、もち米をもみのままで炒ってはぜさせたもの。これを華籠に盛って、行道しながらまき散らし

修二会の悔過法要で用いられる「ハゼ」（左）と，「ハゼ」の散華（右）（東大寺）

てゆく。華籠を両手で持って揺すると、さらさらさらと軽い音を立ててハゼが散る。そのハゼを踏み分けて行道する時、会場《えじょう》はまさに浄土世界であるかのような別世界になる。

「散華」にことよせて米をまくのは、稲作の豊穣を祈る呪的な心意によると思われる。はぜた米を用いる例は他にはないが、大分県国東半島に現存している悔過会では、「米華《まいけ》」と称して、三方に盛った米を、足拍子を踏んで跳びはねながらまき散らす作法がある。いずれも満ち満ちて、溢れこぼれるほどの豊作を願う心を、米をまき散らすという作法に托した、予祝の呪的表現だが、その表現のこの上なく美的に洗練されたかたちが、お水取りの散華のハゼである。

各地各宗派の寺々に伝わる悔過会には、宗派を超えて共通する、特殊な仏具が数多いことは、ここに記載した幾つかの例で明瞭である。そのいずれもが、年乞いにつながる。つまり、悔過会は神道における「祈年祭《きねんさい》」の仏教的表現である。

四、雛《ひな》会《え》式《しき》

法華寺は正称を法華滅罪寺《ほっけめつざいのてら》という。天平時代、光明皇后の発願《ほつがん》により、全国の総国分尼寺として建立されたというゆかりによって、今なお、旧華族出身の尼門跡が法灯を守っておられる。この法華寺の「**雛会式**」はいかにも尼寺にふさわしい呼び名と、呼び名にふさわしい優雅な趣に満ちている。

四月一日から七日間勤修されるが、明治以前には六月に勤めたというから、本来は、六月七日に崩御された光明皇后の忌日法会だったのであろう。勤修される法要は、

雛会式に用いる散華の生花（法華寺）

雛会式でまき散らされた散華の花（法華寺）

雛会式　十一面観音の厨子前の雛段様の飾り（法華寺）

梵網経《ぼんもうきょう》と法華経を講ずる〈**論義法要**〉で、いずれも奈良時代には追善供養のために、しばしば講ぜられた経典である。しかし、後に述べるように、『三宝絵詞《さんぼうえことば》』には「**法華寺華厳会**」を「雛《ひな》の会《え》」と称しているから、華厳会—光明皇后忌日会—月遅れの雛会式と移行して伝存した法会と考えられる。

雛飾《ひなかざ》り　「雛会式」と呼ばれる理由は、光明皇后のお姿を写したという、有名な十一面観音の御厨子の前の雛壇のようなしつらえに、愛らしい善財童子求法遍歴の像が飾られるからである。「……華厳経の中にとける所の善財童子の、所々にして五十余人の善知識にあひつゝ、諸のたえなる法をきゝしかたちをつくれり。たけ七・八寸ばかりなり、会の日ことに錦綾をぬひきせて、ふたいのうへにおきて供養せしめ給ふ。本願の時よりよの人いひつたへて、ひち《（ママ）》の会といへり……」という『三宝絵詞』の記述さながらに、像高二〇cm余りの彩色像の数々が、錦の打敷の上に立ち並び、六器に見立てた供茶の茶碗まで、美しい色絵のものが用いられているところに、尼寺ならではの細やかさが伺われる。また、この群像を、雛と見た人々の心の優しさをも伺い知るのである。

散華《さんげ》の生花《しょうか》　この時勤修される法要では、散華の花に季節の生花を用いる。お水取りの「ハゼ」の項に記したように、現在は紙の花を用いる習慣が多い中で、本来の生花を用いる法要は「あっ」と思うほどに印象的である。雛飾りといい散華の生花といい、独特の情趣は忘れ難いものがある。

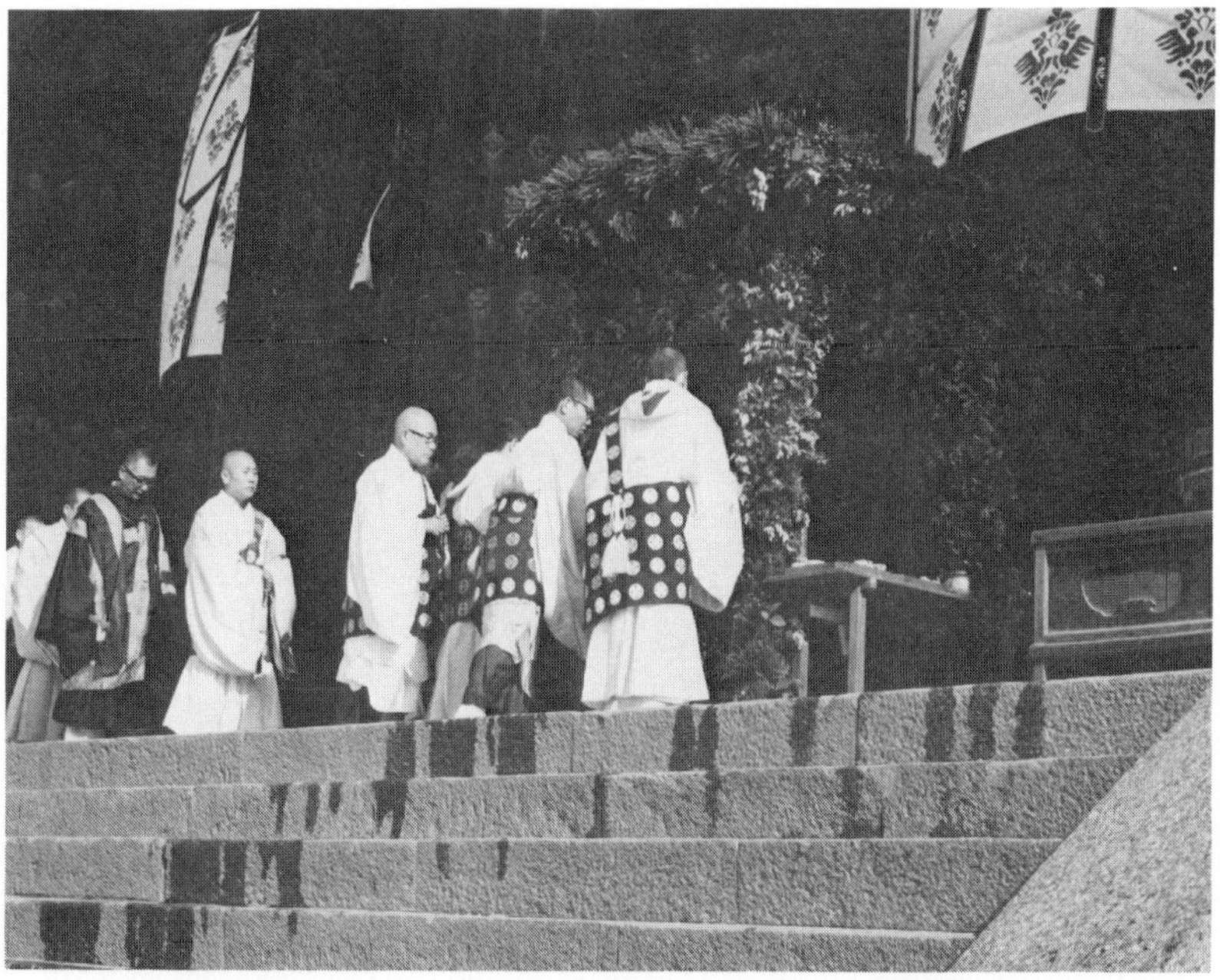
会場（大仏殿）の前にしつらえた花御堂（東大寺）

誕生釈迦仏立像（東大寺）

仏生会における甘茶供養（東大寺）

花御堂のなかの誕生釈迦仏立像と灌仏盤（東大寺）

五、仏《ぶっ》生《しょう》会《え》

仏教行事の中で、最も普遍的な行事となれば仏生会が挙げられよう。**仏生会・仏誕会・釈尊降誕会・灌仏会・花供養会・花祭**等、行事の名称はさまざまだが、宗派を問わず地域を問わず時代を問わず、四月八日の行事として行われ続けている。仏教の始祖釈尊をまつる行事だから当然と言えば当然だが、普遍化した原因のひとつとして、小さく愛らしい誕生仏に、甘茶を供養する風習のあったことが大きく作用していると考えられる。

釈尊のまつりは、もちろんわが国で始められたことではないし、わが国だけに盛行した行事でもない。六世紀、百済聖明王の時代に「太子像幷灌仏之器一具」がわが国に伝来しているし、釈尊入滅後、その誕生・成道・入滅の出来事のあったと信じられているヴァイシャーカの月に行われた釈尊記念の祭りは、現在でも、東南アジア諸国でヴェサクの祭りと称して盛行しているという。

誕生仏《たんじょうぶつ》・灌仏《かんぶつ》の具《ぐ》　以上のような歴史と広がりをもつ仏生会の象徴ともいうべき灌仏の具の代表は、東大寺所蔵の国宝誕生釈迦仏立像と灌仏盤であろう。生まれてすぐ七歩あるき、「天上天下唯我独尊」と唱えたという姿を模した像は、右手を挙げて天を指し、左手は静かに下げて地を指している。像高五〇cmに満たぬ小像である。この像を、径九〇cm足らずの灌仏盤に納め、杉の葉やあしびを葺いて、椿の花を挿し散らしてある花御堂に安置して供養する。

供養の法要形式は、宗派によってそれぞれに異なるけれども、花御堂をしつらえて誕生仏を安置し、甘茶を注ぎかけて供養する作法は必ず行われる。釈尊誕生の時、

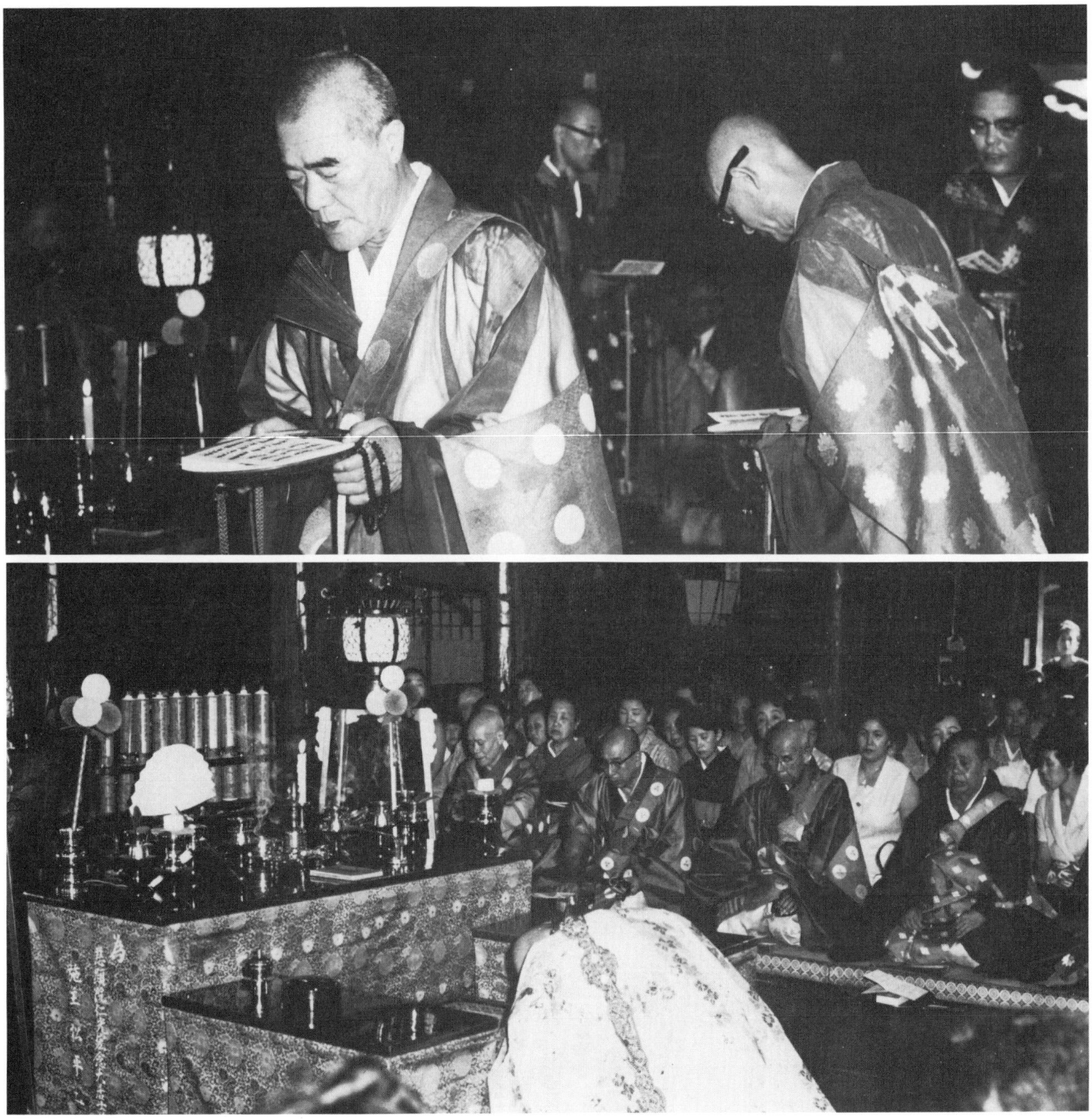

盂蘭盆会盆供法要　この後外陣で施餓鬼供養が行われる（寛永寺）

諸天衆が集い来たり、誕生を慶び祝い香湯を灌いだ、という故事を踏まえての作法だという。法要の後、春の一日を大人も子供も花御堂に参っては愛らしいお釈迦様に甘茶を供養し、また自分たちも一椀の甘茶を頂いて帰る。誰しもなつかしく記憶に留めている仏縁のひとこまに、誕生仏の果たす役割は大きい。

六、盂《う》蘭《ら》盆《ぼん》会《え》

「盂蘭盆会」も、仏生会・悔過会などと共に、由来は古い。わが国における執行の初出は、推古一四年（六〇六）で、四月八日灌仏会の設斎と共に、七月一五日盂蘭盆会の設斎が寺ごとに行われたという。現在、盂蘭盆会と、亡者供養の施餓鬼棚を切り離しては考えられないが、当初は後に記す『仏説盂蘭盆経』の所説に拠って、斎食を設けて衆僧に施すのが盂蘭盆会の供養形式であったらしい。『仏説盂蘭盆経』に説く説話とは、「目連尊者の母が餓鬼道におちて苦しんでいるので、尊者が鉢に盛った食物を与えるが、母が左手に鉢を持ち右手で食物を掴んで食べようとすると、口に入る前に火炎となって食べられない。目連尊者が母の苦しみを歎き悲しみ、釈尊に救いを求めると、釈尊は、七月一五日の自恣《じし》の日に、七世の父母のために百味飲食《ひゃくみのおんじき》を盆にのせて衆僧に施せ、と教えた」という内容である。

仏教行事としての原初的な形は、以上の説話からも推測できるが、肉親・先祖の供養という、基本的で重要な意義をもつ行事であるために、時代と共にインド・中国・日本それぞれの供養諸儀礼の影響も蒙ってさまざまに展開し、現在各地の盆習俗となり、各宗派ごとの荘厳や法要形式の相違ともなっている。先に、「現在、盂蘭盆会と施餓

右上：施餓鬼棚前面の前机の供物　右下：施餓鬼棚の荘厳（寛永寺）

施餓鬼棚の前で行われる洒水（寛永寺）

鬼棚を切り離しては考えられない」と記したが、寺院での行事執行のかたちとしては「盂蘭盆会と、施餓鬼と、その本縁別なり」という認識に立って、内陣で〈**盆供法要**〉を行い、その後外陣で施餓鬼供養を行うことが多い。

施餓鬼棚《せがきだな》　三尺ほどの高さの四脚台の四隅に笹竹を立て、五如来の名号を記した五色の幡を立てる。中央には三界万霊有縁無縁の霊の位牌を置き、その前面と左右に百味飲食を意味する飯食《ぼんじき》・素麺《そうめん》・野菜などを八つ手の葉などを敷いて供える。また前机には飯食・香・香水《こうずい》・みぞはぎの小枝を奉書で包んだものなどを置く。三界の諸霊は笹竹に依り降り、百味の供物の供養を受けて満足し、五如来の威力によって滅罪離苦の功徳を得る。この間に〈**施餓鬼法**〉が勤修され、飯食を手向け、香をくゆらし、萩の葉で洒水して香水を捧げる。このようにして、亡者の霊は成仏すると考えられている。

六、解《け》除《じょう》会《え》

七月二八日に東大寺大仏殿で行われる「**解除会**」で、入場する僧侶が、大仏殿の前にしつらえた大きな茅の輪を、一人一人くぐって大仏殿に入る。法要は〈**二箇法要**〉で、特殊な法要ではない。

先に掲げた修正会・修二会が神道における祈年祭に相当し、後に記す仏名会が、大祓に相当することはそれぞれの項で触れたが、ここに記す解除会は「夏越祓《なごしのはらえ》（六月祓《みなづきばらえ》）」に相当する法要である。

茅の輪《ちわ》　チガヤを束ねて輪を作り、これをくぐって、疫病退散の呪法とする六月晦日の神事をそのまま取り入れ、一〇cmほどに束ね、直径一五〇cmほどの大きさに作られた茅の輪を、出仕僧が合掌しながらくぐり抜ける風景は、

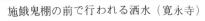

右：大仏殿解除会で合掌しながら茅の輪をくぐる出仕僧　左上：茅の輪をくぐる子供達　左下：茅の輪の一部（東大寺）

すっきりと絵になっている。

「解除」は、けがれを祓い清める意味をもつ言葉で、『続日本紀』や『正倉院文書』などの記載で、その用法がみられるが、仏教行事の名称として用いられているのは私の知る限りでは東大寺のみである。また、茅の輪をくぐって悪疫を祓う作法も、寺院で行う他の例を知らない。ただし、夏に悪疫退散を祈願する行事は数多く行われるし、法華寺の「**蓮華会**《れんげえ》」では茅を用いるから、形を変えて同種の行事が行われている可能性はある。ちなみに、法華寺の蓮華会では、茅を束ねて切り揃え、季節の花を添えて仏前に飾り、懺悔《さんげ》・観音講式《かんのんこうしき》・普門品《ふもんぼん》・心経《しんぎょう》という次第の法要を勤めるという。こちらはいかにも仏教行事らしく形が整えられている。

神道的な呪法が、本源的なかたちのままで伝存していることの意味を追求するのは本稿の目的ではないが、東大寺という寺院の性格を考える上で、興味深い事例である。

七、法華大会《ほっけだいえ》

「**法華大会**」は、「大会」の名が示すように、天台宗における最も重要な法儀のひとつである。五年目ごとに執行され、一〇月一日から一週間、昼夜兼行の大法会が展開する。場所は、比叡山延暦寺東塔の大講堂と決まっている。その内容を現代的に表現すれば、天台宗僧侶の学識認定試験ということになる。

この行事は、延暦寺一山のみの行事ではなく、天台宗こぞっての行事だから、受験者も七〇〇名を超える人数が全国から集まるし、出題と判定には、教学の最高権威の立場にある探題《たんだい》がその任に当たる。また、後に述べる理由によって、受験者を「竪者《りっしゃ》」と称する。

高座に上がった竪者（延暦寺）

天台宗の法華大会　上：竪者が白緒に体を預け　下：かまちを蹴って堂内に飛び込む（延暦寺大講堂）

竪者が、指定の順に従って、一人ずつ大講堂に出仕する。ここには、すでに探題が五人の問者《もんじゃ》を従えて出仕しており、竪者が、探題から出された問題を確認すると、この問題について五人の問者が代わる代わる論難を浴びせかける。これを受けて、竪者はそれぞれに義を立て理を分けて論破し、自説を開陳する。この、双方の問答往復を探題は終始聞きとり、竪者の力量を判定して、最終的な合否の判断を下す。以上の手順で次つぎと問答が交わされ、一人ごとに認可を受けて退出する。通常の〈**論義法要**〉と異なり、義を立て、自説の正当性を主張する形を取るので、この法要の形式を〈**竪義《りゅうぎ》論義の法要**〉と称し、竪義の僧を竪者と称する。

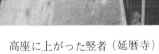

竪義論義の法要は、天台宗だけで行われるわけではない。華厳宗の「方広会《ほこえ》」・法相宗の「慈恩会《じおんね》」・高野山真言宗の「山王院竪精《さんのういんりっせい》」・真言宗豊山派の「伝法大会《でんぼうだいえ》」などは、どれも竪義論義会であり、学識僧階の認定のために行われる。これらは、それぞれに共通点もあれば特殊性もあるのだが、ここでは、宗祖以来連綿と論義重視の姿勢を貫いた天台宗の法華大会を取り上げた。

竪者の綱　さて、法華大会の竪義は、本来夜分に行われるものであった。その故事によって、現在会場はすべての戸を立てきってしまう。更に内部を御簾《みす》で仕切ってあるので、燭台のほの明りのみの、おぼろのしつらえである。堂の西面中央が竪者の出仕口（竪者口という）である。閉ざされた扉に、太い白緒がとりつけられている。

竪者は、東南角の仕度の間から出て、外回りの縁伝いに竪者口に来ると、足袋を湿し、扉の白緒に取り付き、片足をかまちに掛けて、入場の合図を待つ。堂内からトントンと合図があり、ガラッと扉が開けられる。その途端、竪者は白緒に体を預け、かまちを蹴って堂内に飛び込

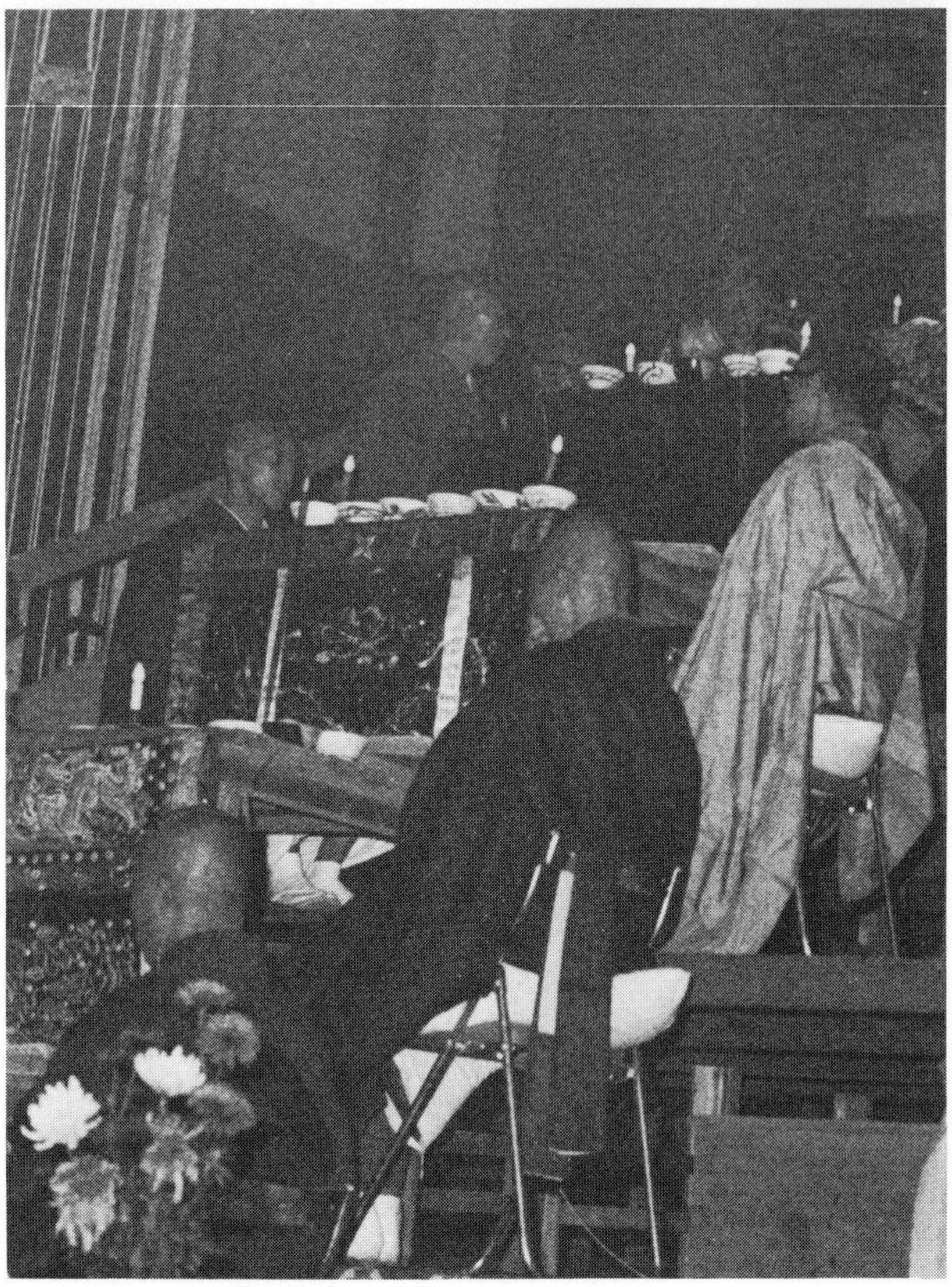

普度勝会の法要　上は百味供物（萬福寺）

上：竪者に判定を下す探題　中：竪者の論題（算木）を納める役僧（算木扱）　下：算箱に封印をする役僧（延暦寺）

む。これと同時に、従者が竪者の鼻高《びこう》（儀式用のはきものの一種）を投げ込む。一瞬にして扉は閉ざされ、目なれぬ暗がりで、竪者は投込まれた鼻高をはく。この間に、威儀師が「実名」と名を問い、竪者が答えると、威儀師が、「天台宗竪義の僧何某大法師何某登高座」と高らかに呼び上げる。

こうして竪者は仏前に進むのだが、白緒に体を托して堂内に飛び込む作法は独特のものだし、この一瞬の凝縮された緊張感は、無類と言っても過言ではない。

算箱《さんばこ》　仏前に進んだ竪者に、ここではじめて論題が与えられる。それは、算箱と称する木製の手箱に納められ、封印されているのだが、威儀師が封印を解き、探題の確認を得て再び仏前に置く。竪者は、今初めて見る問題について論じなければならない。実を言うと、現在は事前に論題が与えられ、各自、与えられた論題について稽古を重ねてくるから、算箱を改めるのは形式に過ぎないのだが、形の上ではあくまでぶっつけ本番である。

竪者が高座に上ると、その間に威儀師が仏前から算箱を持ち去る。堂内の北面、東寄りの一角には算木扱《さんぎあつかい》と称する役僧が控えていて、次の竪者の論題を納めて封印をする。準備の整った算箱は、また威儀師が仏前に運んで置く。このようにして、算箱は一日の中に何十回となく仏前と算木扱の間を往復し、次々と問題を竪者に提することとなる。予定された当日の一切が終了すると、最後に、封印されたままの算箱を会行事《えぎょうじ》が自ら持って退出し、翌朝まで管理する。

算箱の扱いの厳重さには、その昔、学侶にとって竪義がいかに重要な意義をもつものであったかを、さながらにしのぶことができる。

普度勝会　下：軒を連ねて並び立つ宮祠　右上：鐃鈸を打つ僧　左上：金紙・銀紙で作られた供物の紙幣・貨幣（萬福寺）

八、普《ふ》度《ど》勝《しょう》会《え》

黄檗山《おうばくさん》萬福寺、黄檗宗の総本山である。一度参詣すると、いかにも中国風の伽藍のたたずまいが、強く印象づけられる寺である。中国風なのは伽藍だけではない。法要を聴聞すると、ひときわその感を深くする。

通常、法要で用いる声明（仏教声楽）や読経の経文は、呉音で唱えることが多い。時に漢音で唱える場合があるが、数は少ない。ところが、萬福寺では唐音《とういん》を用いる。例えば、「南無阿弥陀仏」を、呉音では「なむあみだぶつ」と読むが、唐音で読むと「なもおみとふ」となる。すべてを唐音で発音する勤行は、著しく中国的な印象を与える。加えて勤行に用いる法音具は、にぎやかな打ち鳴らし物が多く、この印象を更に強める。大小の木魚、大小の引磬《いんきん》、太鼓、鐃鈸《にょうはち》、大小の銅羅などである。

前項で、盂蘭盆会の施餓鬼にふれたが、萬福寺の「**普度勝会**」は、盂蘭盆の供養と切り離して、在日中国人が先祖供養のために行う法要で、一般的な盂蘭盆会の施餓鬼とは趣を異にしている。通常は毎年一〇月二〇日頃に在日中国人を施主として盛大にとり行われる。

施餓鬼の供物・法音具　本堂の前面の石廊に、作り物の冥界の宮祠が軒を連ねて並び立つ。林宅冥府・塞林所・陰陽宮・城皇廟……。その前面には、百味飲食の供物が、所狭しと供えられる。あられ・吹寄せ・パン・豆板。まんじゅう・米粉《びーふん》・御飯・かき餅。ごぼう・じゃがいも・しいたけ・人参・きくらげ・春雨。茶。酒……。まさに百味供である。本堂の祭壇の前には、金紙・銀紙でこしらえた紙幣・貨幣の作り物、紙の人形、赤い蠟燭、長い線香……。本堂前の広場にも祭壇をしつらえ飲食供物を

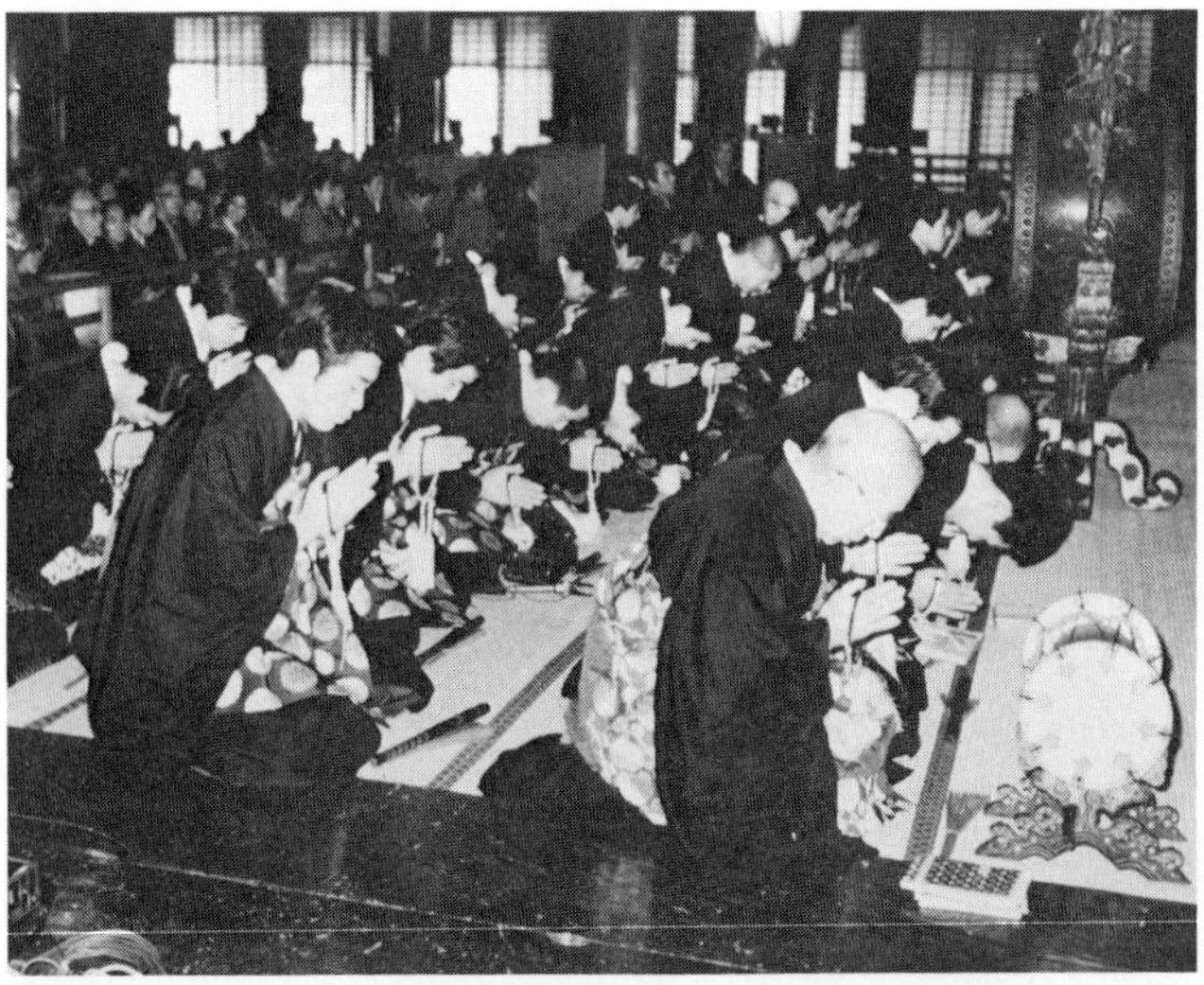

報恩講　右・左上：法要を勤修する僧と多くの信者　左下：内陣の荘厳と立華の供華（西本願寺）

供える。もちろん五色の幡も笹竹も立てられる。

このような目もさめるようなしつらえの中で、〈**陜口《えんきょう》儀《ぎ》**〉と称する施餓鬼法要が勤修される。地獄道・餓鬼道に苦しむ亡者を、宝勝如来・離怖畏如来等、七如来の誓願によって済度するという内容の法要で、先に記したように中国的でにぎやかなものである。その間、参詣の中国人が、線香を立て・香を薫じては合掌してゆく。故郷を遠く離れて、望郷の思いと共に祖霊を祀る、その思いの深さは、私共の想像を超えるものであろう。合掌の姿に、その思いがあふれている。

九、報《ほう》恩《おん》講《こう》

鎌倉新仏教を樹立し、真宗の開祖となった見真大師親鸞の忌日法会を「**報恩講**」と称する。報恩講という名称は、真言宗智山派・豊山派・新義真言宗で興教大師覚鑁《かくばん》の忌日法会にも用いるが、ここでは浄土真宗の報恩講を取り上げる。

真宗各派ともに勤修するが、大谷派・興正派等では正忌の一一月に、本願寺派・高田派等では太陽暦に直して一月に勤修している。

西本願寺の「**報恩講**」は、一月九日の逮夜から一月一六日の日中まで、七昼夜の大行事である。主として御影堂で種々の法要を勤修する。

この御影堂は、西本願寺最大の伽藍で、内陣には、親鸞上人の御影像が厨子に安置されて祀られている。法会執行の間、この御厨子の前を荘厳するのが一対の巨大な立華である。

立華《りっか》の供華《くけ》　修二会の項に記した作り花も、椿や梅・桜・椎などの大きな枝につけられていたが、報恩講では

御影供の法要（金剛峯寺）上・下

報恩講の法要　（西本願寺）

作り花を用いない。すべて生花の取り合わせで、松・竹・梅・水仙・葉牡丹など、新年らしいめでたい花材を用いてある。ことに水仙は三五〇〇本も用いるという。まことに豪華なものである。これまでにもしばしば記したように、供華は、仏前荘厳に必須のものであり、花を供えぬ法会はないのだが、この供華の特殊性は、立華の型にのっとって活けてある点にある。

池坊の立華の挿法に従い、真・副・胴・流し・見越・控・前置と、定法に則って活けることによって大自然の景観を表すのだというが、桁行七間、梁間九間の大建築に釣り合う供華となればこれが最もふさわしいのかもしれない。真宗の諸法会の中で、報恩講は最も大規模に華々しく執行されるが、中世に至って日本で成立した宗派が、宗祖の存在の絶対性を確認するために、法要の形式を整え華やかに荘厳するという方向を志した、その方向性を示す一端とも言えよう。

一〇、御《み》影《え》供《く》

御《み》影《え》像《ぞう》　高僧の画像をかざって供養する法会を、御影供と称する。真言宗では弘法大師空海、天台宗では天台大師智顗《ちぎ》・伝教大師最澄・慈覚大師円仁・慈恵大師良源の供養会である。そのいずれもが、一宗を開いた人、あるいはそれに比肩し得るほどのぬきんでた足跡を残した人である。

ところで、この項目は、これまで述べてきた項目とは性格を異にする。これまで取り上げたあるものは荘厳具であり、あるものは法具またはそれに近い道具のたぐいであった。先に述べた仏生会の誕生仏は、仏像であるけれども、法要の対象となる本尊としてよりも、灌仏の具の

上：御影画像　下：御影供の法要（延暦寺）

主体としての性格が強い。これに対して、御影供の画像は、仏・菩薩と同格の存在――つまり本尊そのもの――として扱われる。

影像を掲げて〈**御影供法要**〉を初めて勤修したのは、慈覚大師であったと思われる。仁寿四年（八五九）のことである。この頃から、特定の人格を顕彰し讃仰する姿勢が明確になり、さらに特定個人を、絶対者として仏・菩薩と同列の存在と認識する風潮に展開し、遂には御影信仰が確立する。確立の時期は九世紀末と考えられる。

御影信仰確立以前の法要は、特定個人の供養を目的とする場合でも、形の上では本尊に対する供養の形で行われた。本尊供養という作善の功徳が、巡り及んで特定個人の供養となる、という認識に立っていたからである。しかし、平安初期の名僧知識の求法精神が、遂には日本の仏教を確立し、日本仏教の宗派を樹立するに至る。更にこれが展開してゆく過程に御影信仰が育ち、御影像を掲げて勤修する〈**御影供法要**〉が定着した。

以上の意味で、御影供の本尊としての御影像は、日本仏教の流れにおける大きなポイントとして見過すことのできないものである。

一一、仏《ぶつ》名《みょう》会《え》

「**仏名会**」というのは、一年の終わりに過去・現在・未来の三千仏名を唱えながら懺悔礼拝する法要である。平安時代の初期から行われた仏教行事の一つで、一年を終わるに当たって、人々の犯した有形無形、大小さまざまの罪をことごとく悔過懺悔して、身心共に清らかになって、新しい年を迎えることを願う、神道の「大祓《おおはらえ》」の行事に相当する。

三千の仏名を唱えながら三千回の礼拝を行うという苦

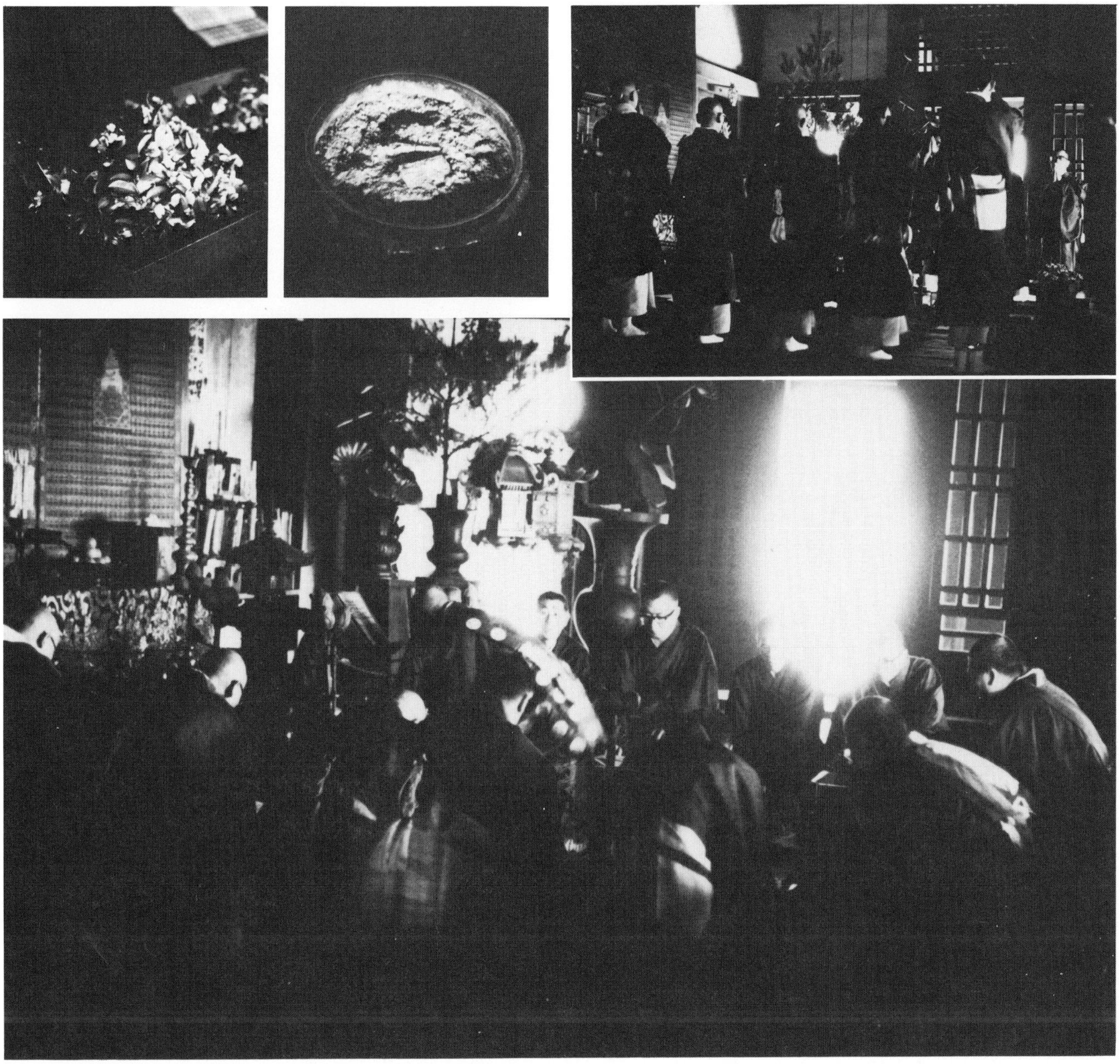

仏名会の法要　左上：座前の香炉と山積に盛った数取りの花（東大寺）

行を、現在実行している例は数少ない。東大寺の仏名会は、その数少ない現行事例だが、一年ごとに過去千仏、現在の千仏、未来の千仏と巡り、三年で一巡する形をとっている。

数取りの花　釈迦仏・薬師仏・阿弥陀仏の浄土画幅三幅を前にして、職衆《しきしゅう》全員が一唱一礼の起居礼《ききょらい》（上座の人は途中から坐ったまま礼拝）をするが、この時、会場《えじょう》の末端に数取り役が位置する。座前に置いた二つの三方の一つには、山茶花《さざんか》の生花が山盛りに積まれ一礼ごとにこの花を一つずつ空の三方に移し入れてゆく。五百礼で、山茶花はすべて移し替えられ、以後は再び一礼ごとに、ひとつずつ元の三宝に戻される。このようにして二つの三宝の間を、山茶花の花が一つ一つ往復し、すべてが元に戻った時に、懺悔悔過の千仏礼拝が終わる。

なお、このとき数取り役の僧侶の隣には焼香役の僧侶がいて、一礼ごとに座前の香炉に一つまみずつの抹香をさし加えて、常に香を薫じている。御名を唱える一仏ごとに、香と花とを手向けて供養する精神がここに明らかであり、数取りの花が単なる数取りを意味するものでないと知るのである。

天長七年（八三〇）始行という平安時代の仏名会の実態がどのようなものであったか、今、知ることはできないが、香と花とを手向けるのは、最も原初的な仏供養の方法であり、右の作法の淵源がそこにあることは疑いないことである。

（佐藤道子）

（写真提供：東京国立文化財研究所・芸能部）

二　文様の解説

一、はじめに

われわれの何気ない日常生活においてさえ十分意識しないまでも、誰もが生活を美しくしたいと願っていることであろう。美しい室内、美しい家、美しい庭などを望まぬ人はないであろうし、こうした有形のもののほか、美しい心といったものまで望ましく思われるのである。毎日の生活だけでなく、博物館、美術館などへいって美しい造型作品を味わう。旅行をして美しい山水を眼《ま》のあたりにして心を洗われる。個人の家の小さな庭にまで自然の美を移して楽しみ、心の安らぎを求める。寺社に詣でてもその雰囲気、環境のなかで宗教的情操を高めている。こうした時、いろいろなもののかたち、それに付けられた飾り、装飾文様などが重要な役割をもっているのに気が付く。それらは極めて広い範囲におよぶ。それゆえ、ここでは人類の過去から現在、将来にいたる無限の文様のうち、主として日本の、そして仏教に関係の深いものについて見ていきたい。

文様の種類というか素材というか、これは無限にある。最初は美しい自然の造型に深く感じ、少しでもこの崇高な自然と共に在りたいという願いが、生活の中に文様を持込んだ一つの姿であったかもしれない。自然に感歎し、畏怖した日本人の自然観から、文様は宗教的な意味をもっていたとも考えられよう。が、こうしたことは別として、ここでは日本の仏教関係に現われた文様を直接並べてみることから始めよう。文様創造の最上の手本の一つは自然物にあるから、それを中心として分類すると次のようになる。

植物文様……草木、花、葉、実など。
動物文様……鳥獣虫魚、想像動物（竜鳳など）。
自然現象の文様……雲、波、日月、山川、岩石など。
幾何学文様……方円三角、格子、七宝、卍など。

二、植物文様

人類が、最も古くから親しんできた自然のものを文様として取り入れたのは極めて古くからであった。その中でも世界共通で用いられた文様としては、植物文様が最も著しいものの一つである。しかも、それは宗教と結びついて各国、各時代にわたり種々なものがあらわれている。

蓮花文　植物を主題とした文様の中で、最も早くから伝わり、しかも各時代を通じてずっと見られ、将来にもおよぶ第一の植物は「はす」であろう。蓮は中国・韓国では牡丹と共に最もめでたい植物であり、水生植物の王とされている。そのため仏教関係の意匠としてだけではなく、王宮や住宅などでも盛んに蓮花意匠・蓮花文が用いられ、日常生活にも深く入り込んでいる。日本における蓮への認識はこの点で誤っているといわなければならない。だから『愛蓮説』のような作品もできたわけである。

蓮花文は最古の寺といわれる飛鳥《あすか》寺《でら》以来、仏像仏画はもちろん、建築方面では瓦文様や石塔・灯篭の部分、工芸方面では仏具などに普通に用いられた。屋根瓦文様としては平安後期ごろから巴文が現われて、鎌倉以後最も優勢になるので多少違うが、仏像・仏画・仏具または建築装飾の絵画・文様などではずっと用いられている。

《白鳳・奈良時代》　仏具工芸を見ると玉虫厨子・橘夫人厨子をはじめ、法隆寺金堂天蓋、小仏像の台座、梵鐘の撞座などにすぐれた文様が見られる。絵画的なものは前記天蓋のほか法隆寺金堂や五重塔天井や焼損したが金堂壁画、また最古の刺繡である中宮寺の「天寿国曼荼羅繡帳」などに最古の蓮花文を見ることができる。ついで薬師寺東塔、これを基に復興された金堂・西塔、それから唐招提寺金堂へと受け継がれる。

《平安時代》　平安時代になると醍醐寺五重塔、平等院鳳凰堂などに宝相華と共に用いられるようになる。屋根瓦においても、まだ蓮花文は優勢である。

《鎌倉時代》　鎌倉時代になれば工芸関係の遺品も数が増え、美しい蓮唐草もあらわれてくる。その最優作の一つは西大寺の金銅透彫舎利塔であろう。その火袋の流れるような蓮唐草、屋上の蓮花などは精巧無比である。一方、木彫では仏菩薩の台座は当然として、欄間や蟇股内部彫刻、華鬘それに木彫では割合少ないが格狭間内にも蓮花文が見られ、石塔の格狭間では普通に見い出せるようになる。特に、いわゆる三茎蓮は花瓶に挿した蓮花の意匠で、この源流も海外らしいが、日本では中世の石塔や石灯篭などに多く用いられた。また装飾金具にも優品が多い。

《近世以後》　室町時代は前代の延長である。近世以後は特に華麗な木彫極彩色、各種の飾金具、蒔絵などが絵画的なものと共に現われるが、次第に類型化し、型に嵌り、拙くなっていく。

忍冬文　蓮と共に最も古く、おそらく蓮花文と共に伝えられたと見られる植物文に「忍冬文《にんとうもん》」がある。「にんどう」は植物図鑑によれば「すいかずら」として出ており、別名が忍冬となっている。ところが建築史・美術史などでいう忍冬は「すいかずら」なる野生植物と全く関係がない。無理にこれに関連ずけようとした本もあるが、不自然でよくない。これは西洋で忍冬文様を**honeysuckle**または**anthmion**といったのをそのまま「忍冬」と訳したことからきた誤りである。

　さて、日本での忍冬文様はいわゆる飛鳥時代に最も流行し、したがって法隆寺の諸文化財に一番多く見られる。法隆寺の建築が飛鳥時代のものと考えられていたころ、伊東忠太博士によって「飛鳥唐草」などの呼び名を与えられたのもそのためである。日本の場合、中国の雲崗・竜門・天竜山などの石窟にその源流の一部を見い出せるし、朝鮮半島でも平壌の江西古墳などに典型的な忍冬文様を見ることができる。

　この忍冬文様・忍冬唐草は法隆寺において、建築装飾金具、仏像光背・宝冠、工芸関係、瓦文様などに広く用いられている。意匠としても、ギリシャ建築の屋根飾りに見られるものとよく似たものから、それを縦に割った形、それらを蔓《つる》で連絡したものなど、きわめて多くの変化がある。しかし、次に記すように、奈良時代になると、忍冬はもう流行しなくなり――というより新来の宝相華文様に押されて――宝相華文様が次第に忍冬に取って代るようになるのである。

宝相華文　飛鳥、奈良時代は蓮花文と忍冬文が二大中心といえる。奈良時代になると蓮花文様は、相変らず盛んであるが、それと共に唐から伝来した「宝相華」が好まれ、平安時期に入ってそれが日本的に大発展する時代を迎える。「宝相華」というが、そういう植物があるわけではなく、いわば植物の理想的な姿の一つと考えられるものである。平安後期ころになると、牡丹からきたと見られる宝相華もなくはない。しかし、もともと牡丹を文様化したものではなく、以前は「仏桑花《ぶっそうげ》―いわゆるヒビスカス」や「芙蓉」に当てた人もあったが、思いつきに過ぎない。蓮や仏桑花あるいは鉄線などに少し似ているが、やはり古代エジプトに端を発する睡蓮・パルメット・忍冬などの植物文様が変化したものとみられる。

《奈良時代》　日本における奈良時代の宝相華文は、大にしては薬師寺の両塔・金堂、また唐招提寺金堂などに著しく、小にしては何といっても正倉院宝物の工芸品にその最美最優の作が多い。正倉院宝物のうち、染織関係などの宝相華文は一般に「唐花《からはな》」などといって区別されるが、これは工芸品のほか、建築の天井文様などにも用いられたと推定される。宝相華文の本場である中国の唐代には、あらゆる所に応用され、日本では考えられぬような巧みなものが多い。

《平安後期》　この宝相華文は、奈良時代では中国の直写に近いものが普通だったらしいが、遣唐使廃止以来、平安後期になって当時の貴族たちの間で最も深く好まれたらしく、すべてのものに応用された。しかもその表現と文様の性質は奈良時代から脱して、極めて優美で、上品な、流れるような線をもつものが完成された。いわば最も日本的な文様が完成された第一期である。このような宝相華は平安後期の貴族生活のあらゆる面に用いられた。建築装飾、工芸――木彫（仏像蓮座・光背・天蓋などを含む）、金工（建築の透し金具、各種の仏具、たとえば華鬘・幡・説相箱・照明具など。それに須弥壇廻りの飾金具、経巻の飾りなど）、漆工（螺鈿、蒔絵など）、染織工（衣料関係）、その他広範囲に及ぶ。絵画的なものでは経巻の見返しなどにも応用されているが、これらの日本的宝相華は癖が多く、割に模倣しやすい意匠である。それ故、現在でも上記の例に挙げたような作品が多く参考とされる。しかしその手本とされるのは平等院鳳凰堂・中尊寺金色堂から取材したものがほとんどである。

　このように平安後期に全盛を極めた宝相華文も鎌倉時代に入ると次第に減ってくる。それは平安前期頃に実物が渡来したと考えられる「ぼたん」が盛んに用いられ、好まれるようになるのが一つの原因ではなかろうか。

牡　丹　牡丹は宝相華と違って実在の植物であり、中国では蓮を水生植物の王とするのに対し、陸生植物の王を牡丹としている。その写生的な絵は平安時代に中国の宋から既に伝えられた。

《平安後期》　牡丹らしい表現の文様が出てくるのは平安後期ごろと考えられる。平等院鳳凰堂中堂内部虹梁《こうりょう》袖切部の木彫は、牡丹の早い頃のものと見てよかろうと考えられる。

《鎌倉時代》　鎌倉初期になると、建築の装飾文様として牡丹に間違いないものが遺っていて、興福寺三重塔初重内に見られる。少し遅れて奈良・霊山寺《りょうぜんじ》三重塔初重内の装飾文様も実に美しい牡丹である。

宝相華でもそうであるが、花だけを単体として用いることはむしろ少なく、これに茎や葉（写実的ではない）などを添えて牡丹唐草とすることが普通である。これは木彫では鎌倉時代に輸入された新様式の禅宗様須弥壇の蝦《えび》の腰《こし》（中央の狭い水平部）に欄間のように入れたり、まれに高欄の一部に用いたり、また机の幕板部に入れたりする。室町になって多くなるが、蟇股内に牡丹を飾る技法も現われてくる。

牡丹は単独に用いられることも多いが、また獅子と共に「牡丹に唐獅子」とすることも古くから行われている。前記須弥壇で、建長寺蔵のものや円覚寺舎利殿須弥壇なども「牡丹と獅子」である。金工関係で最美の一つは西大寺の金銅透彫舎利塔の文様であろう。

《桃山～江戸時代》　木彫の牡丹は中世を通じて割に扁平で盛り上がりが少ない。それが花葉ともに写実的な表現となるのは近世以後、とくに桃山から江戸初期にかけてで、彫刻・絵画ともに牡丹の最も豪華で美しい時期である。たとえば滋賀県・都久夫須麻《つくぶすま》神社本殿、日光廟（東照宮・大猷院）などの建築は、近世初期の代表例に充ちている。

菊　文　牡丹と同じ頃の渡来植物に菊がある。「菊」は漢和辞典に「からよもぎ」などの訳があるように中国からきたもので、いわゆる四君子（蘭竹梅菊）の一つである。形の上だけからの「菊花様文様」ならすでに奈良時代前期からあり、法隆寺金堂の壁画や薬師寺金堂の本尊台座などに見られるが、これは蓮花からきたもので、菊ではない。

軒などに使う巴瓦《ともえがわら》（一般に軒丸瓦というがこの名は不適当）にも奈良後期には蓮弁が変化して一見、菊花のようなものもあるがこれも同様である。菊の葉に見まがう事なき表現をもつものは平安後期ぐらいからで、手筥《てばこ》の蒔絵や鎧の飾金具などに現われている。木彫や浮彫りなどにすぐれた菊の現われるのは鎌倉時代以後で、建築関係などは室町時代以後からが多いようである。

この菊も近世以後は蒔絵や障屏画などの平面的なものから、建築や工芸彫刻などの立体的表現まで豪華を極める。そして菊は桐と共に「菊桐文様」となって近世初頭から特に好まれるようになる。この頃の桐は「太閤桐」と呼ばれる豪華なものが多い。

桐　文　そこで「きり」を見よう。桐は上記のように菊と共用されるほか、鳳凰と共に意匠され、「桐に鳳凰」となり、これに竹を加えて「桐竹鳳凰」となる。この桐竹鳳凰も中国からの伝来思想で、日本でもこの三つか、二つかを組合せた文様が好まれ、蟇股彫刻でも室町初期ぐらいから遺例がある。江戸時代になると桐の紋章にも多くの変化があらわれ、光琳桐や乱れ桐といったものも多く考案されている。

ぶどう文　以上挙げた植物文様の例は日本で特に著しいものであるが、その他非常に多くの植物から取材されている。外来植物でも古く「ぶどう」があり、葡萄唐草は法隆寺金堂天蓋吹返しにすでに現われるし、薬師寺本尊台座の葡萄文はいうまでもなかろう。

山野草　平安後期になると、いわゆる山野草も取り入れられる。その代表は秋の七草で、絵巻物や蒔絵に描かれ、その優美で女性的な繊細な曲線美を余すところなく描いている。例の『鳥獣戯画』第一巻には巧みな筆で描かれ、「ふじばかま」と「おみなえし」も完全に描き分けている。この絵巻では水辺の植物――みずあおい・おもだかなど――にも注意したい。これらの水草は近世以後はかきつばた・こうほねなどと水鳥――鴛鴦《おしどり》・雁《がん》など――をあわせて欄間や蟇股彫刻の文様として盛んに現われる。

江戸時代以降の、民俗的な祭りの山車《だし》（山《やま》）の類に見える飾金具や絵画には、支配階級の造営した文化財と違った、一般大衆と結びついた山野草――これらは当時はごく手近に求められた雑草にも近いもの――が多く取材されているのを注意したい。それらは近くの山野水辺で採集してきて、庭や鉢に植えて楽しんだであろう植物である。

たとえば祇園祭の山鉾では、先頭を巡行する長刀鉾《なぎなたぼこ》の棰《たるき》や欄縁《らんぶち》金具が興味深い。棰金具には社寺宮殿に普通の松・梅・牡丹・菊などももちろん使われているが、水中や湿地植物のさぎそう・みずあおい・あさざ・ひし・がま、それにはすなどといった植物や、あざみのような野草が意匠されていてほほえましい。さらに欄縁金具に至っては野草に添えてへび・みみず・なめくじなどまで取材され、支配階級のものに見られない楽しさがある。

月鉾では破風に本物そのままの精巧極まるとけいそうの金物が飾られ、軒まわりには多くの貝尽しと共に、みる・ほんだわらなどの海藻が意匠されている。滋賀県・大津祭の山の天井にはかたくり・あけびなども描かれているし、伏見稲荷大社の稲荷祭の神輿高欄金具には、すみれ・たんぽぽ・げんげ・さくらそうなどといったごく手近な野草があらわされている。これらは仏具関係の金具文様として用いても面白いものができるのではないだろうか。

以上、山野草から取材した例を少し見たが、これらからいえることは庶民関係の文化財はその取材も庶民的で、支配階級のものに見られない親しいものがあり、自から区別があることで、これは今後の参考としてよい事だと考えられる。

三、動物文様

われわれの生活している周りには形や色、大小など無限の変化を示して楽しませてくれる植物があった。昔の人はその植物を生活の中で利用し、またその姿を造型して多くの植物文様として今に伝えてきた。動物の面でも同じである。しかし動物——鳥獣虫魚——は植物と違って猛獣や猛禽も多い。植物のように、やさしいものばかりではない。動物文様が植物ほど古くから用いられることが少なかったのは、そのせいかもしれない。

それに動物界では日本列島にいなかったものも多い。獅子や象などの大形の陸棲動物は長い間実物を見なかったであろう。獅子や象あるいは虎は仏教とともにまず日本人に知られたことだろうが、実物を通してでなく、仏教美術に附随して知ったのである。例えば獅子は文殊菩薩と共に、象は普賢菩薩と共に絵や彫刻の題材となっている。このような事情から、また日本人の性格から植物ほど身近ではなかったと想像できる。

しかし獅子や象などの巨大獣類は別として、植物のようにやさしいもの、小さい動物は割に早くから造型方面でも意匠化されたと思われる。すなわち蝶・蟬などの昆虫や池・川に棲む魚類、それに小鳥類などは造型美術にも植物と共に応用されてきた。

このような実在動物のほかに、想像上の渡来動物がある。すなわち龍・麒麟・鳳凰・獏《ばく》・摩《ま》伽《か》羅《ら》などがあり、これらも中国などから渡来してきたものである。そのほかに中国伝来の人間的なものに神仙や二十四孝があり、また人面鳥身の伽《か》陵《りょう》頻《びん》迦《が》や人体が空飛ぶ姿の天人などがある。

動物文様として現われるのは、以上挙げた内容のものが主だったものであるが、これらは単独に用いる他に幾つかの動物を組み合わせて用いるのも多い。この組み合わせも中国伝来、中国思想の現われである。すなわち四神——青竜・白虎・朱雀・玄武——や竜・麒《き》麟《りん》・亀・鳳などのうちいくつかを組み合わせて意匠するものである。また自然界のものと一緒に用いて竜と雲(雲竜)、麒麟と雲、兎と波、鯉と波（瀧——いわゆる鯉の滝登り、登竜門に到る情景）などの表現も多い。

しかし全般的に見て動物文様は植物文様のように広範囲にわたって用い難いものが多いといえよう。建築の場合には竜《たつ》頭《がしら》・獏《ばく》頭・象《ぞう》鼻《ばな》・獅子頭なども中世末くらいから現われ、近世以後盛んに用いているが、これらは直ちに仏具の方面では応用し難い。

四、幾何学文様、天然物文様

文様としては動植物のほかに抽象的文様、幾何学的文様と、日月、山岳、波（水・波文)、雲などがある。抽象的といういい方は適当でないかもしれないが、幾何学的な直線文(線条文)、その組み合わせからなる格《こう》子《し》、これが斜めになった菱《ひし》格子文、あるいは直角に曲って構成される卍《まんじ》文《もん》、卍崩し、卍繋《つな》ぎ文などと変化していく。円形では単純な円文、円周文か円周を組み合わせた七宝文、七宝繋ぎ文などや、円やその立体的な姿の上部を尖らせた宝珠文などが見られる。

その他、自然物では雲、波、それに火焔文、川の浅瀬や海岸の情景から洲《す》浜《はま》文などがある。人工的な抽象文には文字文、種《しゅ》子《じ》文（梵字で仏教諸尊をあらわすもの）などがあり数えれば無限に広がるであろう。ここではそれらを少し見ていこう。

卍文様　いわゆる飛鳥様式の建築には卍崩しが高欄部分にあり、東大寺法華堂内仏壇に受け継がれていくが、この源は中国の石窟などに求められるのは今では周知のことである。この文様は中世にも近世にも見られるし、現在でも使われる鞘《さや》形《がた》もこれと同類といえよう。

雲文様　雲文様はごく古い時代から現われ、将来までも続くであろう命の長い文様である。それだけに各時代の表現が特色をもっている。奈良時代の俗称天《てん》平《ぴょう》雲、霊《れい》芝《し》雲は唐の雲文様の直写である。現在われわれが普通に見ている形の雲文様は平安時代後期ごろから次第に一般化したようである。さらに雲は波と共に用いられることも多く、上に雲、下に波文様を配したものも多い。

火焔文様　自然現象の一つともいえるものに火焔文様があり、宝珠のまわりにこれを付けているのも多い。古い時代の火焔文は勢よく燃えていて、線も美しいのが多く、中には焰の形を余程よく観て意匠したと考えられるものもある。この火勢は時代の下降と共に衰え、近世では拙い線様のものにまでなってしまった。宝珠に火焔を飾ったもので高欄の架《ほこ》木《ぎ》（最上の横木）の上に据えられるのが「居《すえ》玉《だま》」で、神宮の内宮・外《げ》宮《くう》本殿では美しい色分けがされているし、薬師寺金堂須弥壇上にも復原されている。

巴　文　平安時代頃から特に好まれた文様に巴文《ともえもん》がある。一般に三ツ巴であるが、時に二ツ巴、一ツ巴もある。古いのは細長く、よく巻いていて、頭部の始まりの所が尖っている。それで形の連想から「蛞蝓《なめくじ》」あるいは「餓鬼巴《がきどもえ》」ともいう。室町頃から頭部の円いのができ、これを瓦屋などは「蝌蚪《おたまじゃくし》」「蛙子《かえるこ》」などという。見た感じは餓鬼巴のほうが運動感に充ち、すぐれている。

この巴文は太鼓に描かれたり、剣頭文《けんとうもん》と合せて剣巴文としたりして建築にも美術工芸品にも広く用いられた。日本人の好みによく合ったからであろう。

五、図典解説

1　法隆寺玉虫厨子の飾金具文様

一見非常に複雑にみえるが、帯状かその他の形を透彫と線彫りで埋めたもので、波状曲線が骨線となり、その間を唐草や猪の目で賑やかにしているのがわかる。厨子全体が工芸品であるため、金具の細工も精巧で、きわめて鋭い。

2　法隆寺玉虫厨子の装飾文様

装飾的文様を施した古代の例で、植物文様（忍冬）を中心に「善美を尽した」装飾が施されている。

①は脚部でマカラ（摩伽羅）という想像上の動物と雲の文様。雲だけをみても線様が強く、非常に古い形を残しているのがわかる。これは漢代以来賞用されたもので、高句麗にも多く、なんとなく法隆寺金堂の雲肘木に似通っている。なお①以外は、すべて忍冬文様が用いられている。

④は上下台座框の水平面に描かれ、垂直面（見付）は透彫金具で装われている。波状曲線が骨子となって、しかるべき個所に忍冬を加え、さらに渦文や蓮蕾とおぼしきものを添えてまとめている。美しく流暢な線様で、動きのある文様である。黒漆地に朱・緑・青・黄を交互に配し彩色している。

3　葡萄唐草と忍冬唐草文様（法隆寺）

波形曲線を骨子とする唐草文を並べてみた。①は玉虫厨子に飾された古式の忍冬唐草文である。②は金堂中の間天蓋上方の吹き返しに描かれたもので、やはり軽やかに流れるような忍冬文であるが、所々に葡萄の房のような実が付いている。

③橘夫人厨子須弥座の忍冬文様は少し変化してきて、忍冬の他に蓮花の蓮弁に似たもの、対葉文に似た部分、および葡萄の葉ないしは菊の葉様の葉がみられる。制作時期が遅れたためか、忍冬の葉も少し肥えてきている。

4　法隆寺金堂・塔の飾金具文様（忍冬文）

①の破風拝み金具は古式の忍冬文様であるが、各部分の線様は同寺の仏像光背などにくらべ崩れている。建築外部に使用されているため風化して濃い青銅色となっているが、下には黄金色が残り一部は美しく光っている。ただ外部の金具は後補が加わる場合が多いため、この金具についても現金堂建築当初のものかどうかは調査が必要である。

②③は五重塔の昭和修理にあたり復原された木口の装飾金具である。様式としては古い伝統をよく伝えている。

5　奈良時代までの蓮花文

①金堂天蓋の天人彫刻の光背で、薄い板に透彫りで忍冬・蓮花・火焔および天人の頭光を彫り出し、表面に極彩色を施している。忍冬の葉の形にも特色があり、蓮花や火焔などは②～④との共通点がみられる。

②③は共に天井格間に描かれた蓮花文で一間一花である。②は外陣組入天井にあり、六弁の蓮花で、花弁の先が内側に反転しており、花弁の間には先の尖った小弁をのぞかせている。色彩は朱・赤・濃赤・褐・薄青および紫などで、花托の部分は周囲を白緑の円環とし、実を緑色で多数現わしている。花弁の彩色は一つおきに色を変えている。

③は②と違い中心の花托が小さく、各弁はほぼ猪の目形をなし六つ並んでいる。それに②と反対に間の弁が尖らず、本弁の方が尖っている。注意したいのはこの猪の目形の弁の下方の折れ返りで、このため縦に二分すると、奈良時代以降、瓦などにも賞用されたもので、両方から植物が向き合ってできた文様と共通した感じを持つことである。この対葉文ともいうべき文様は、韓国で新羅統一時代にも盛行し、瓦当、塼あるいは梵鐘にも多数みられる。

④は四間一花で、八弁となる蓮花の周囲に宝相華の飾りをつけたもので、前例にくらべてはなやかになっている。また、奈良時代特有の葉や花の先端における反転は他にもみられる。なお、宝相華様の文様には、簡単な繧繝彩色が施されている点にも注意

したい。

6 奈良時代までの蓮花・宝相華文

①は蓮と宝相華の組合みわせと考えられる。②にくらべると稚拙であるが、菊の葉のような輪郭をもつ葉やその繧繝彩色は十分奈良時代を感じさせるものがある。茎には棘が描かれているため蓮の図案化であることがわかる。

②は唐招提寺金堂内陣支輪文様で、原植物がこの文様だけでは判定できないくらいに至った、最美の一例である。なおこの期になると彩色技術も進み、法隆寺の例にくらべ繧繝の数も多くなっている。

7 奈良後期の文様

栄山寺八角円堂は奈良末期の特色が一番よく保存されている代表例である。①②は奈良様式の宝相華で、表現が自由であり、かつ一つ一つ葉や花、幹の配置が違い非常に写生的、絵画的である。

③は人面鳥身の動物（迦陵頻伽）と雲、④は天女と雲の図である。

⑤は天平二〇年（七四八）ごろの造立とされる東大寺法華堂の天蓋の一つで、名建築に似つかわしい華麗な天蓋である。満開の蓮花・宝相華・後光で構成され、一つ一つの文様が豊麗であり、特に奈良時代の特色である宝相華の葉の美しい動きある曲線が注目される。

8 平安後期、醍醐寺五重塔初重内部の文様

五重塔初重内部は、各部分にわたって美しい文様、絵画で飾られ心柱覆板の仏画は周知の傑作である。文様は、蓮花と宝相華を混用する点は奈良後期の意匠と同じであるが、唐招提寺金堂における洗練された文様とは違い、不自由なかたさが感じられる。

9・10 平安後期、平等院鳳凰堂中堂内部の文様

鳳凰堂は、あらゆる面で善美をつくした建築である。文様間は単なる線条文のほか、③のような亀甲形をしたものも多い。

②は大虹梁上の蟇股であるが、繧繝彩色による宝相華唐草で平安後期的宝相華の最も典型的な例である。

④〜⑦は大天蓋文様で、蓮花を主とするものと宝相華様のものがあり、繧繝による彩色で、両者交互に用いられている。

⑪は方立（出入口の扉と平行して立つ木）であるが、朱色の地に菱形にまとめた文様を配列し、極彩色繧繝を施している。菱形文様は鳳凰が二羽ずつ向かい合って振り返り、嘴で共通の花蕾を捧げる意匠で、植物的鳳凰ともいえるもの。

⑨〜⑬は各部に多用されている宝相華唐草の例である。

⑧⑮⑯は方形天蓋の螺鈿文様であるが、形式は法隆寺金堂や橘夫人厨子の天蓋と共通しているが、真珠光沢の貝殻を用い、技術水準は格段の進歩を示している。

⑰〜㉑は浮彫り（薄肉彫り）による装飾で、いずれも木彫漆塗金箔押としている。⑰⑱㉑は虹梁の袖切部分とその下端に付けられたもので、これは宝相華でなく牡丹唐草である。宝相華と同じ表現であるが主要な花は牡丹で、また⑰⑱の唐草は奈良様式のような古様をもっている。⑲⑳は天蓋の各面に六枚ずつ計二四枚吊り下げた薄板彫刻の二例で、瓔珞である。いずれも流暢な宝相華唐草で表裏ともに彫刻した、他に類例のない、日本的宝相華文の頂点を示す美しいものである。

㉒〜㉕も同じく宝相華を主とする装飾文で、場所の大小長短輪郭に応じて無限に変化するところを見られたい。特に㉒は四隅にそれぞれ音楽を奏でる天女を配し、その間に蓮花上で衣を翻す天女と、宝相華をもじった植物的鳳凰を飛ばしたもので、左右均斉を保った類例少ない意匠である。

11 平安後期、中尊寺金色堂の飾金具文様

中尊寺金色堂の金工や工芸は、一流最高のものである。③はなかでも最も手のこんだもので、精巧な宝相華唐草の透彫りである。中央に満開の蓮花の平面をおき、四方に宝相華を、さらに外方左右に一箇ずつ宝相華を配し、その間を葉や蔓で埋めている。

④も一列に、宝相華が六箇並んでいるのが骨子となっている。

②は修理前の扉の八双金具であるが、もとは吹き寄せに打ってあった点は珍しい。①の木口金具の文様は著しく不整形であるが、他にも見る通り、対称という観念にとらわれず自由に文様を作り、全体として美しくまとめることに重点をおいた昔の行き方で、いかにも文様が生き生きしている。

12 鎌倉時代の金具文様

①②は共に平安後期そのままの文様である。③は鎌倉以後だいたい形がきまってしまった六葉で現代

におよぶ。六葉には普通猪の目を彫るが、古いのは一般に大きく形も美しい。⑦は六弁の代りに四弁としている。

13　桃山時代の金具文様

極彩色の彫刻とともに、手のこんだ種々の金具が装飾として多用されてくる。なお図では省略したが、図の地のところも実際には魚々子《ななこ》の打込模様がはいっている。また桐・菊・牡丹の写生的なものや唐草文様など多様性にとむ。

①は桐唐草文で線に動きがある。

②〜⑤は桃山時代に多用された牡丹唐草、およびその花から蝶ができてくるところを示した文様である。②では完全に牡丹であるが、⑤にいたると蝶で花を表現しているとみられる。

14　高台寺霊屋の金具文様

①は桟・框に適当に散らして打つ装飾専用金具で、桃山時代の一般的桐である。なお菊も多い。

②は菊の裏表を巧みに意匠している。

③は上醍醐寺五大堂にみる牡丹唐草から、蝶への過渡的文様といえる。

④〜⑦は桃山以後、特に賞用された熨斗目《のしめ》文様である。これはその名の通り「熨斗」の形を装飾化したもので、おもに長押その他の水平材に使われた。そこに現わされる文様取材も多様で花魚虫貝や天然物など種々なものがみられる。

15　大覚寺正寝殿飾金具文様

①は厚い板金に薄肉彫りした手のこんだもので、花弁のところは「すきとり法」で凹んだ形としている。七宝・菊文様。

②は桐竹文様で、鳳凰がいれば桐竹鳳凰となる。いずれも左右非対称で絵画的な美しさを出した桃山的文様である。

16　地主神社本殿の飾金具文様

地主神社は滋賀県大津市にあり、室町時代の本殿、幣殿がある。この金具は内陣扉のもので蓮唐草文様。

17　二条城二の丸御殿の欄間文様

二条城にはすぐれた欄間彫刻が多くあるが、その中の三例である。写実的な彫刻で当時の絵画の立体化ともいうべきもの。①は葡萄に栗鼠《りす》、②は華鬘草《けまんそう》、③は水葵《みずあおい》と芦《あし》に雁《かり》と波が配されている。

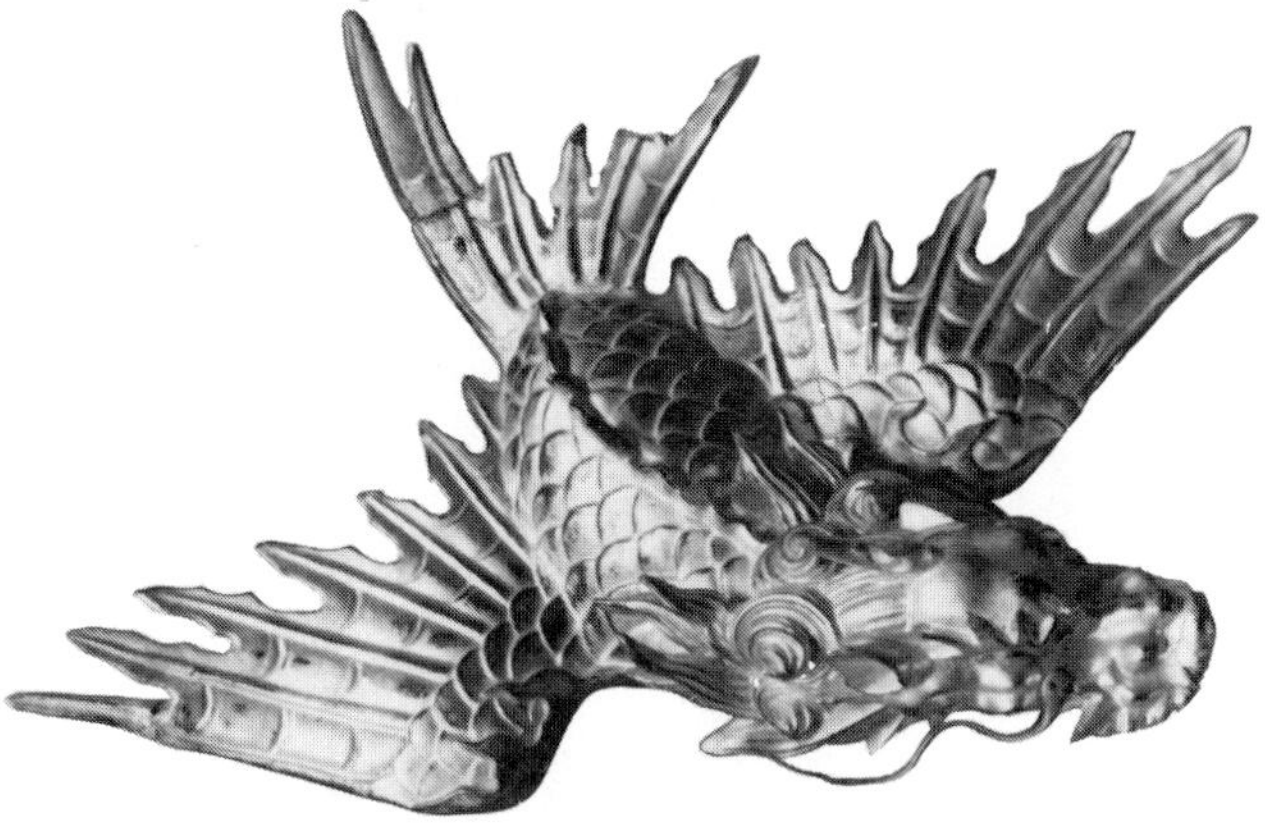

ひりょう（飛竜）　祇園会船鉾

1　法隆寺玉虫厨子の飾金具文様　①宮殿上部（柱上部）　②宮殿下部　③破風　④宮殿台座

2　法隆寺玉虫厨子の装飾文様（忍冬唐草，マカラなど）

①脚部　②通り肘木　③蓮弁　④上・下台座框の水平面の文様三種

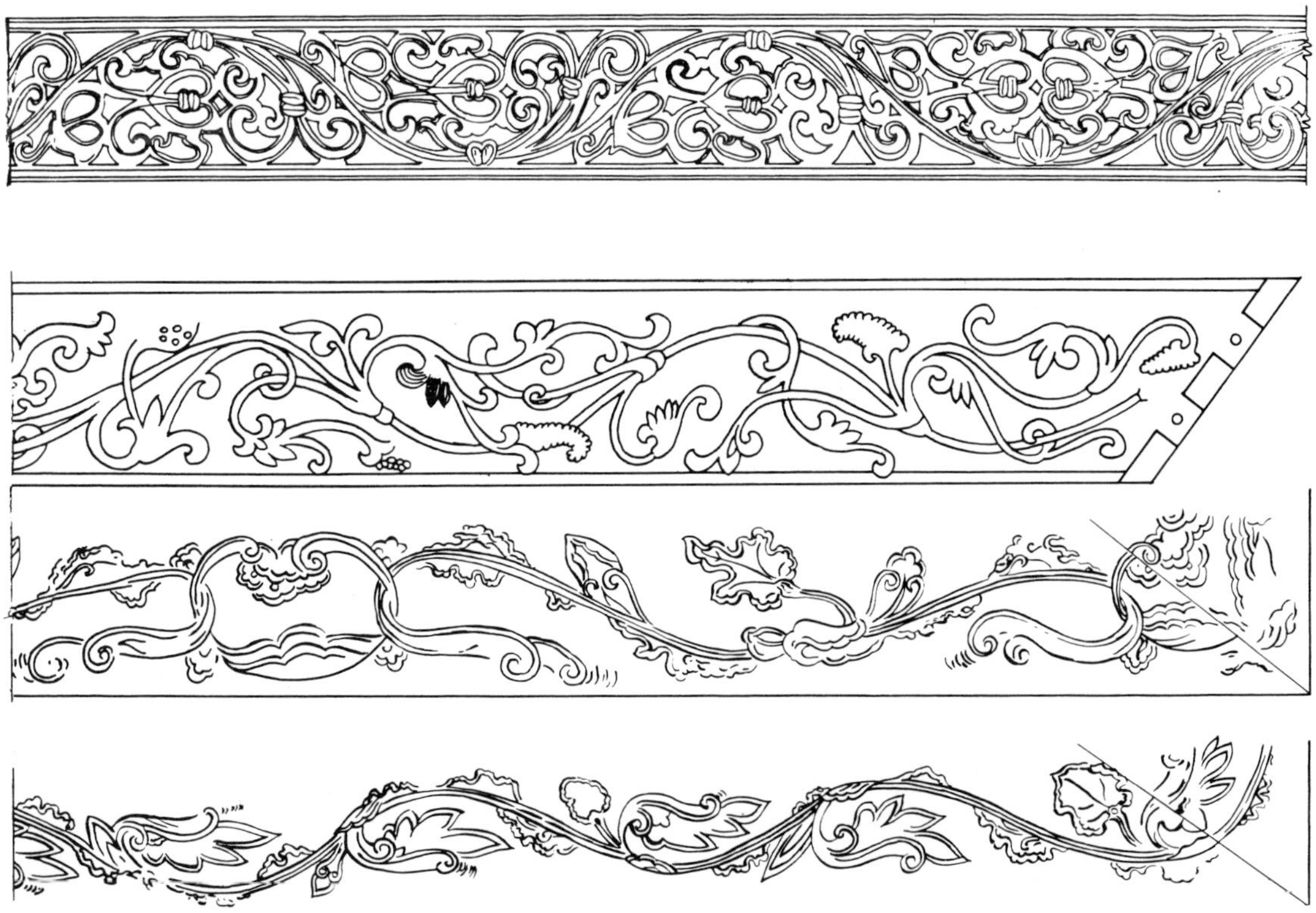

3　葡萄唐草と忍冬唐草文様　法隆寺

①玉虫厨子須弥壇框飾金具　②金堂中の間天蓋吹き返し　③橘夫人厨子須弥座の文様二種

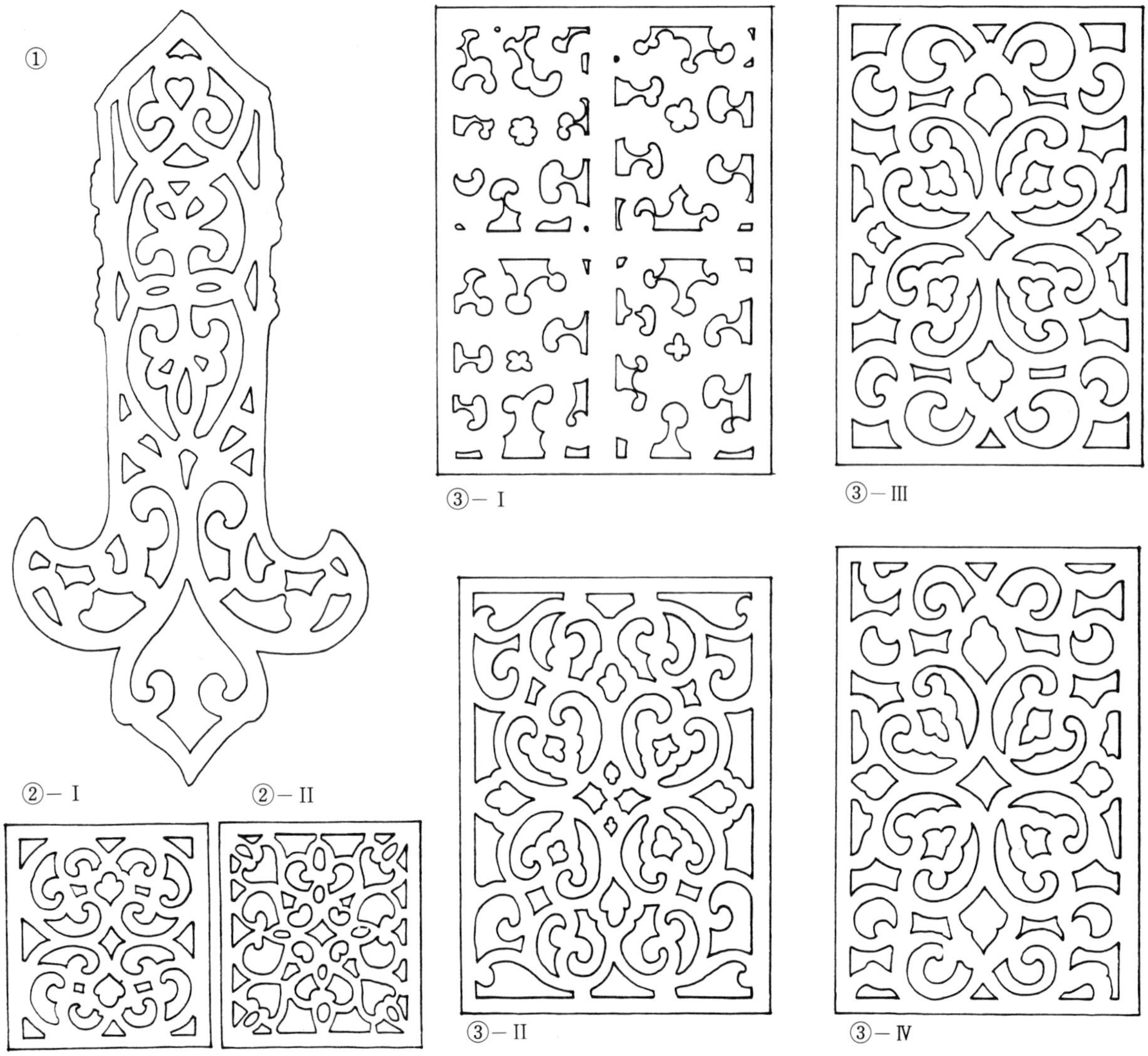

4　法隆寺金堂・塔の飾金具文様（忍冬文）

①金堂西妻破風拝み金具　②五重塔垂木木口金具二種(昭和復元)③同塔尾垂木木口金具四種(昭和復元)

6　奈良時代までの蓮花・宝相華文

①薬師寺東塔初重内部支輪間裏板　②唐招提寺金堂内陣支輪間裏板（全形と部分）

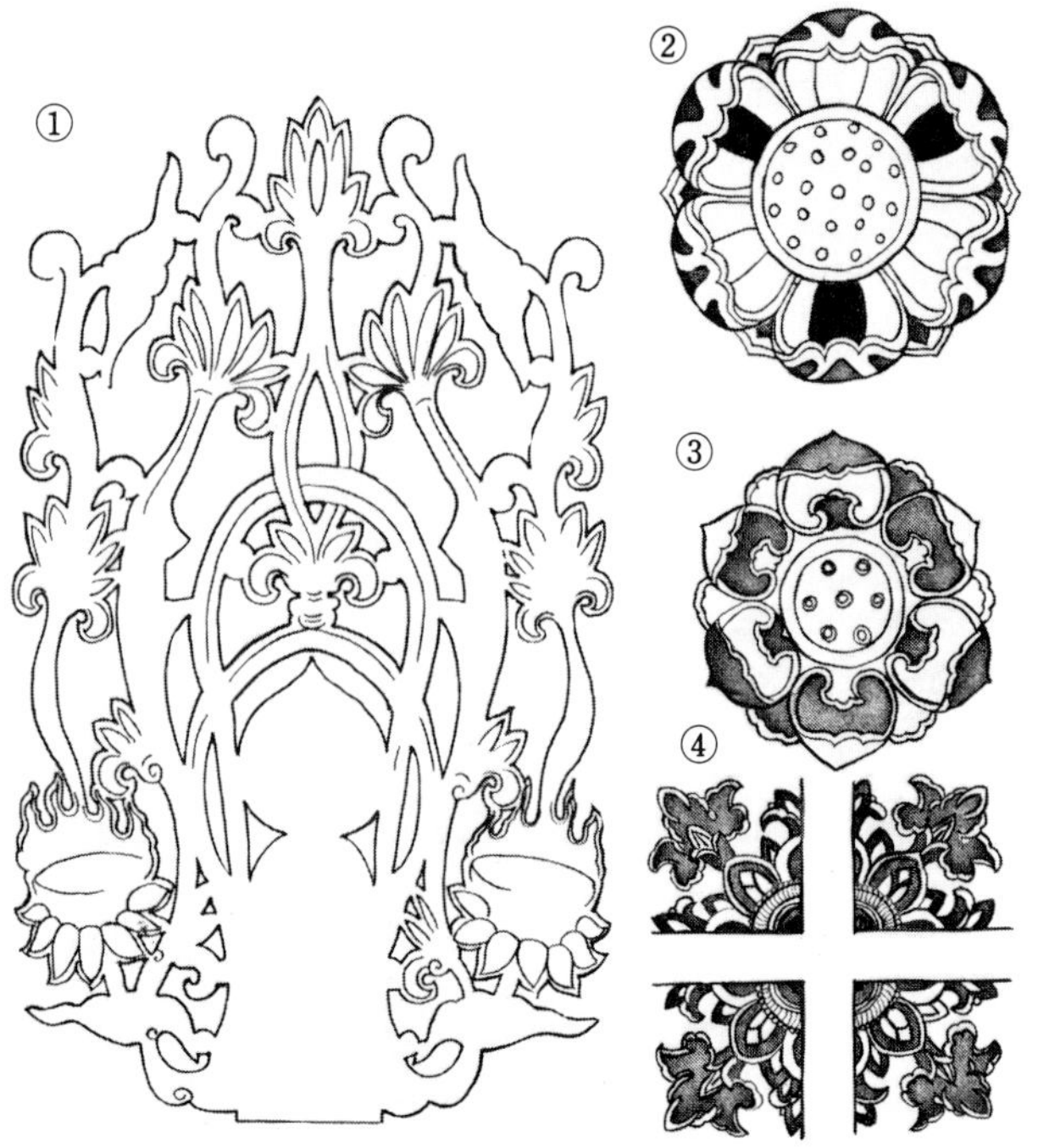

5　奈良時代までの蓮花文

①法隆寺金堂内天蓋の天女光背　②同堂外陣天井裏板　③同寺五重塔初重内天井裏板　④薬師寺東塔初重内陣天井

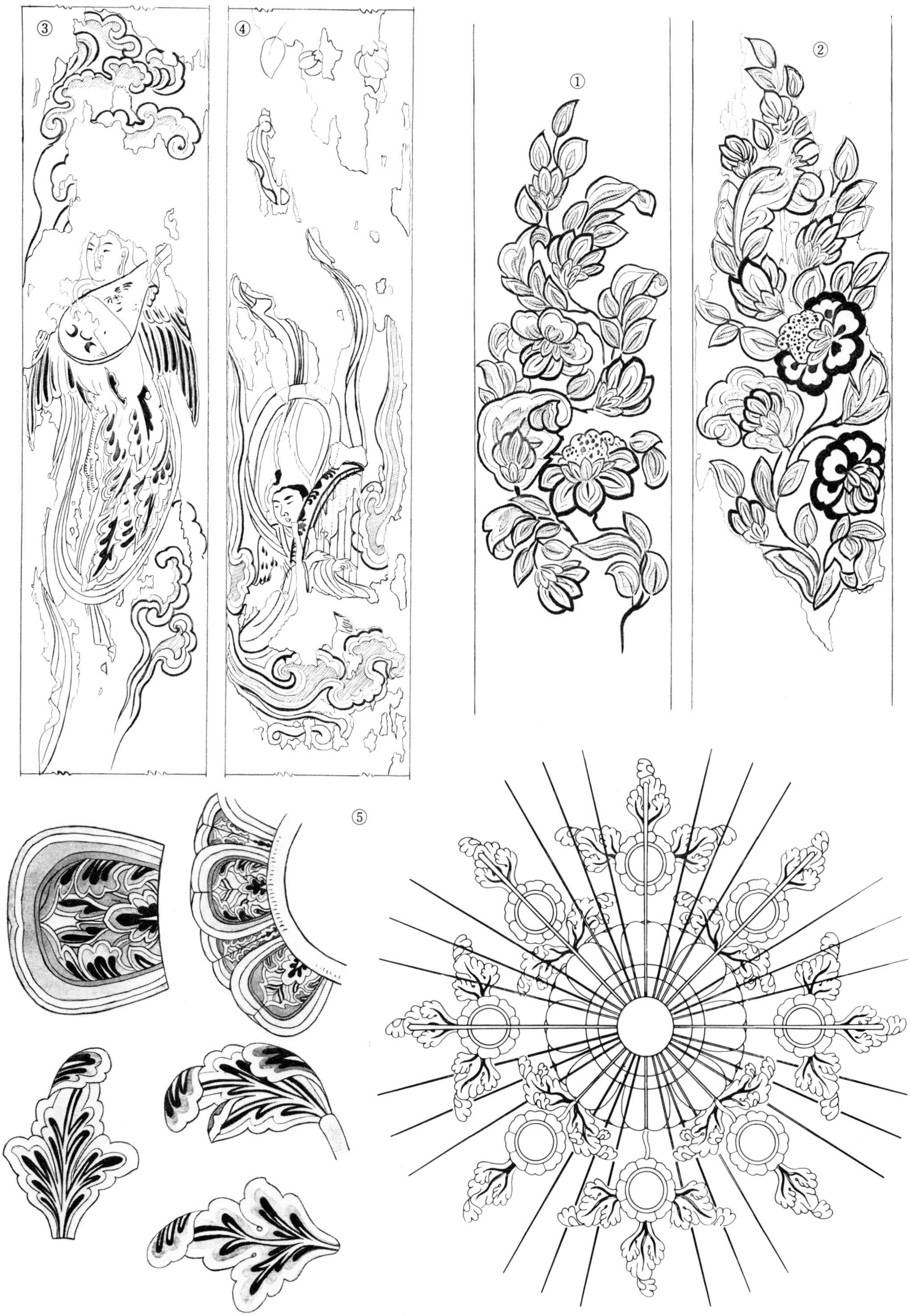

7　**奈良後期の文様**　①～④栄山寺八角円堂内陣頭貫文様四種　⑤東大寺法華堂天蓋（右・全体　左・部分）

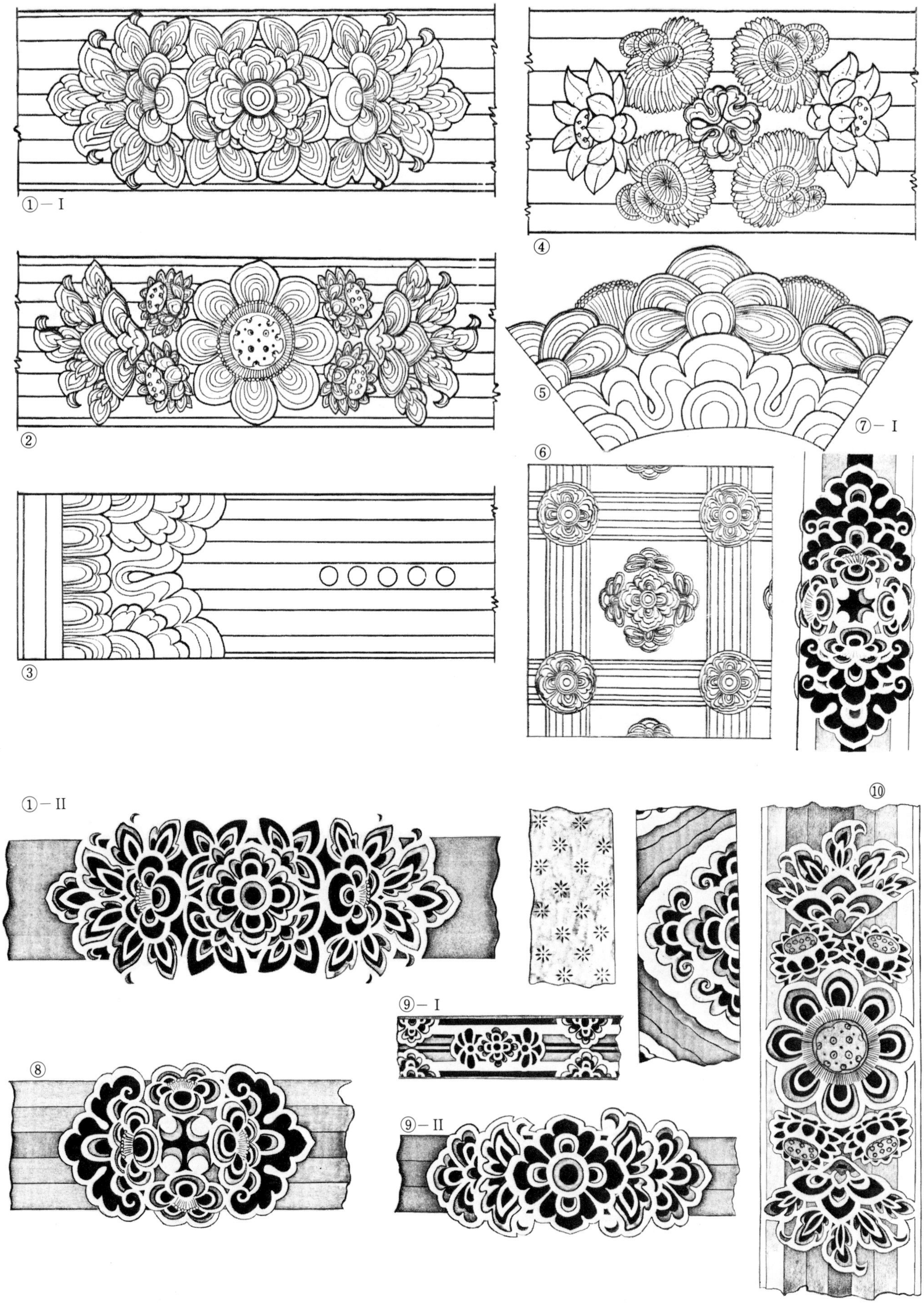

8　平安後期　醍醐寺五重塔初重内部の文様

①内法長押見付　②出入口冠木長押見付　③同上長押端見付　④⑤内法長押下端　⑥組入天井　⑦胴羽目額縁　⑧台輪見付　⑨側柱帯文様（全体と部分）　⑩入口長押見付

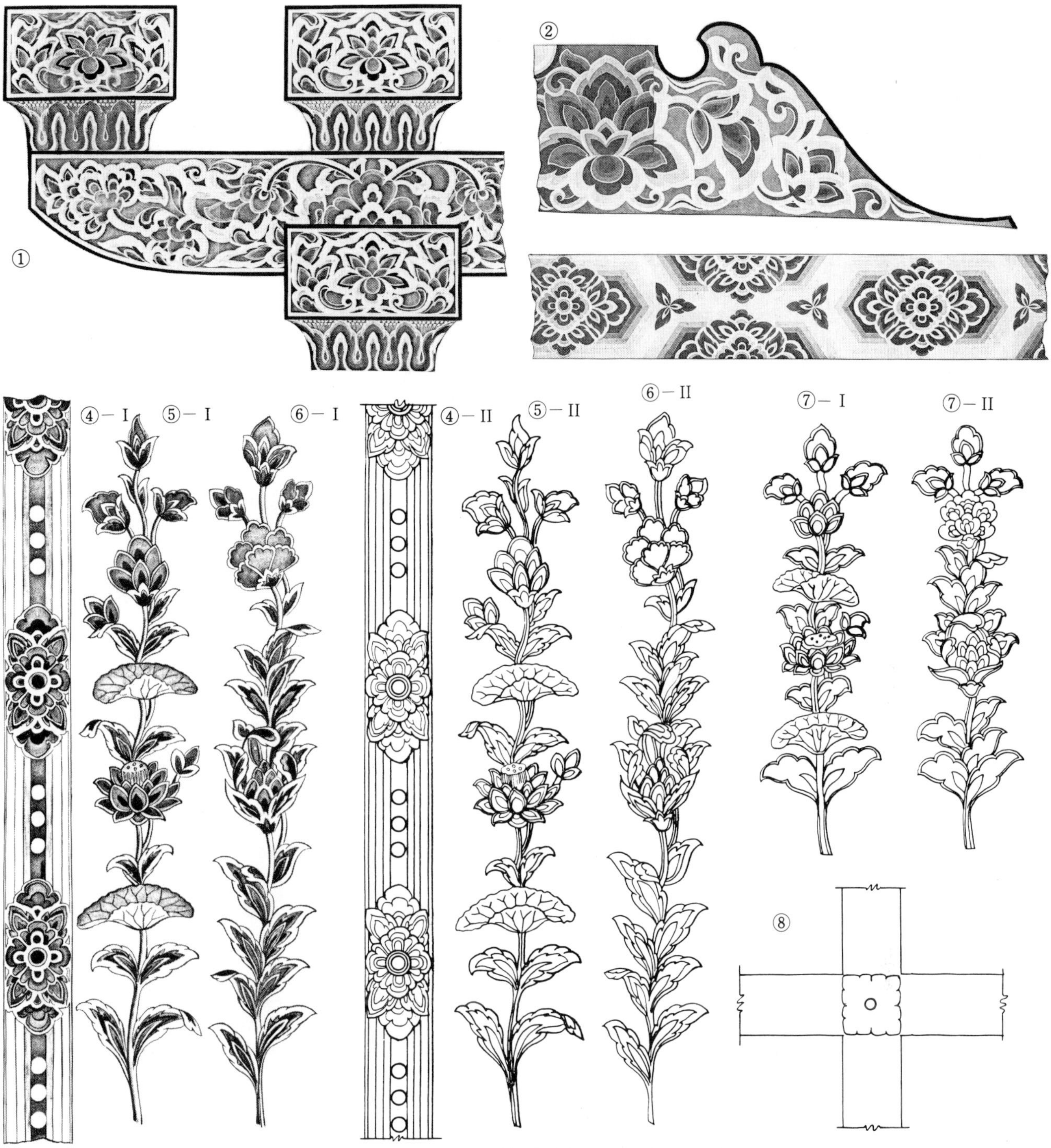

9　平安後期　平等院鳳凰堂中堂内部の文様―(Ⅰ)

①組物　②蟇股　③無目鴨居　④折上天井支輪見付　⑤同支輪板(蓮花)　⑥同支輪板(宝相華)　⑦中堂外部軒支輪裏板二種　⑧天蓋天井格縁　⑨⑩長押

⑬

⑫

⑪

⑯

⑮

⑭

⑱

⑰

㉑

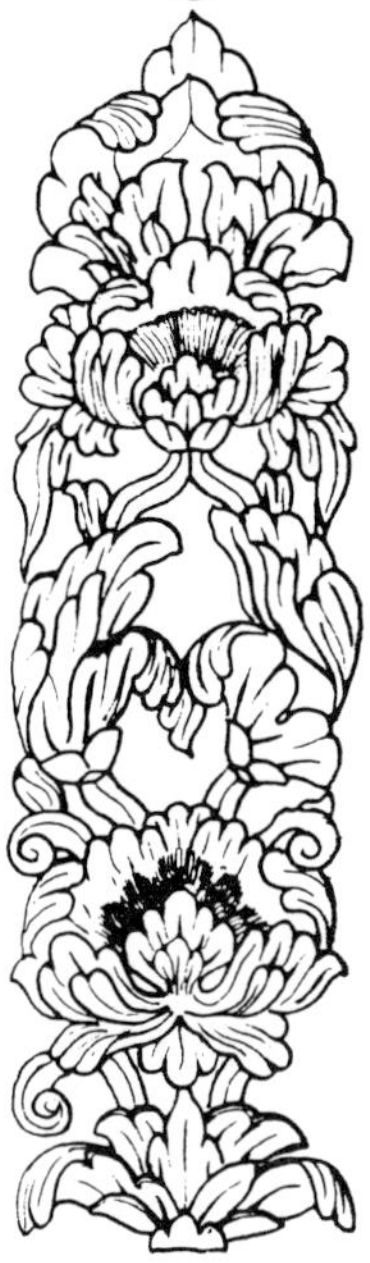

⑳

⑲

㉔

㉕

㉓

㉒

10　平安後期　平等院鳳凰堂中堂内部の文様—(II)

右頁＝⑪方立(全体と部分)　⑫押縁　⑬垂木　⑭天蓋の装飾文様各種　⑮⑯天蓋支輪と裏板および格縁見付

左頁＝⑰⑱南方虹梁東端袖切二種　⑲⑳天蓋垂板二種　㉑虹梁下端　㉒㉓内陣柱　㉔廂柱　㉕内陣天井亀の尾

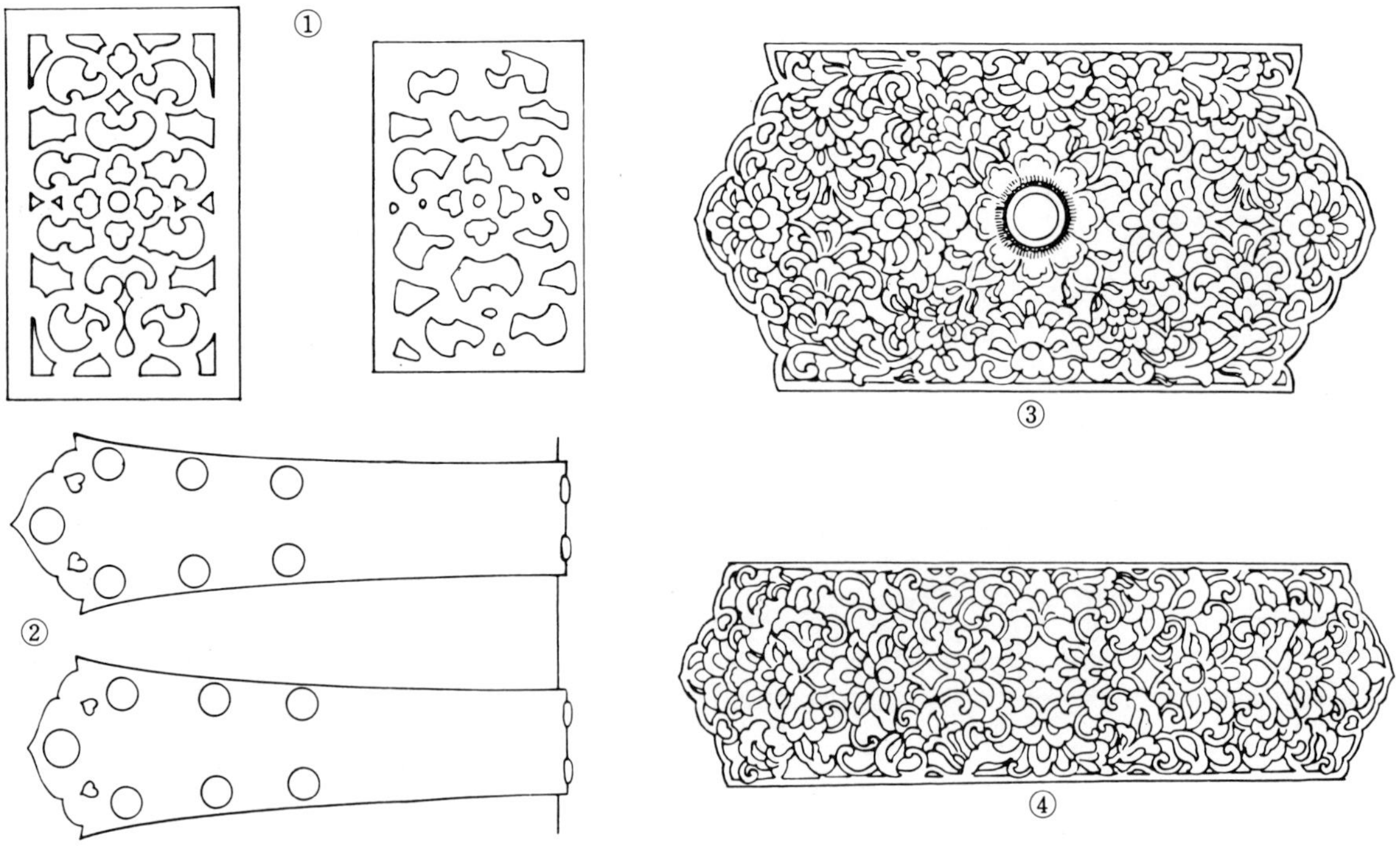

11　平安後期　中尊寺金色堂の飾金具文様

①地垂木および飛檐垂木木口　②板扉八双金具(修理前)　③内陣長押中央見付　④頭貫見付

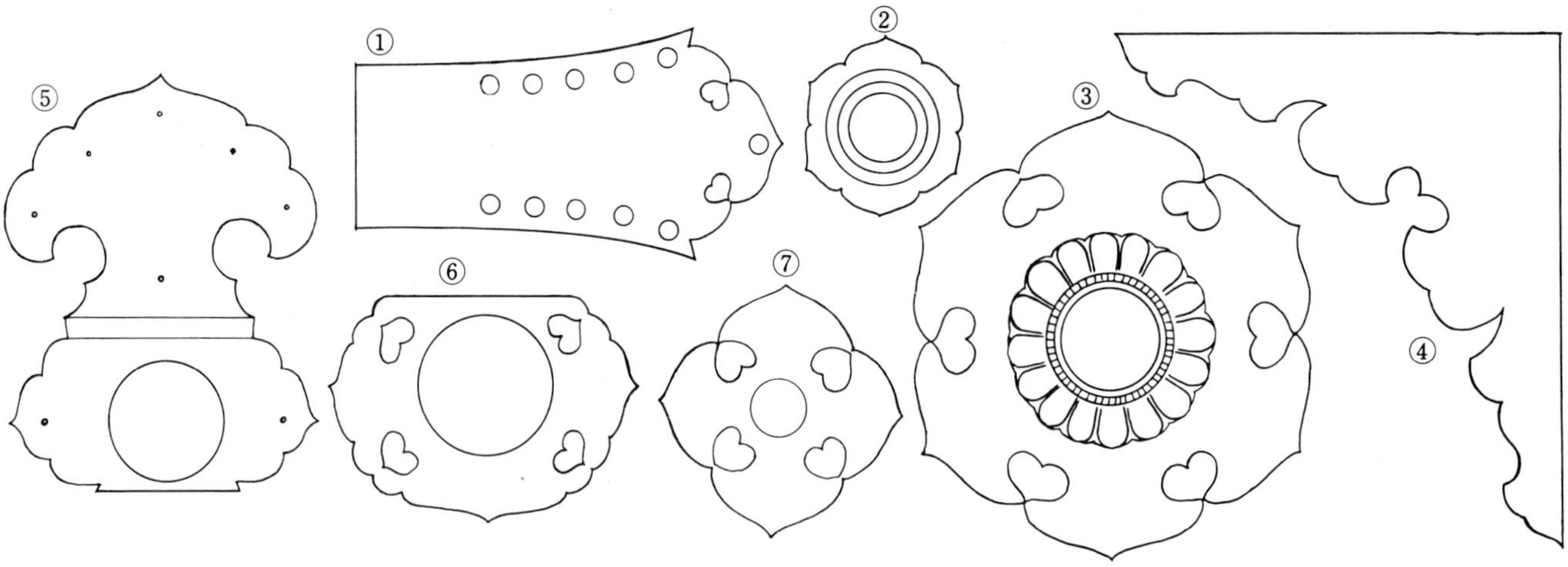

12　鎌倉時代の金具文様　①海住山寺五重塔初重内八双　②同六葉金具　③室生寺灌頂堂六葉金具　④同扉隅金具　⑤醍醐寺清滝宮拝殿藁座　⑥海住山寺文珠堂藁座　⑦金剛寺金堂四葉金具

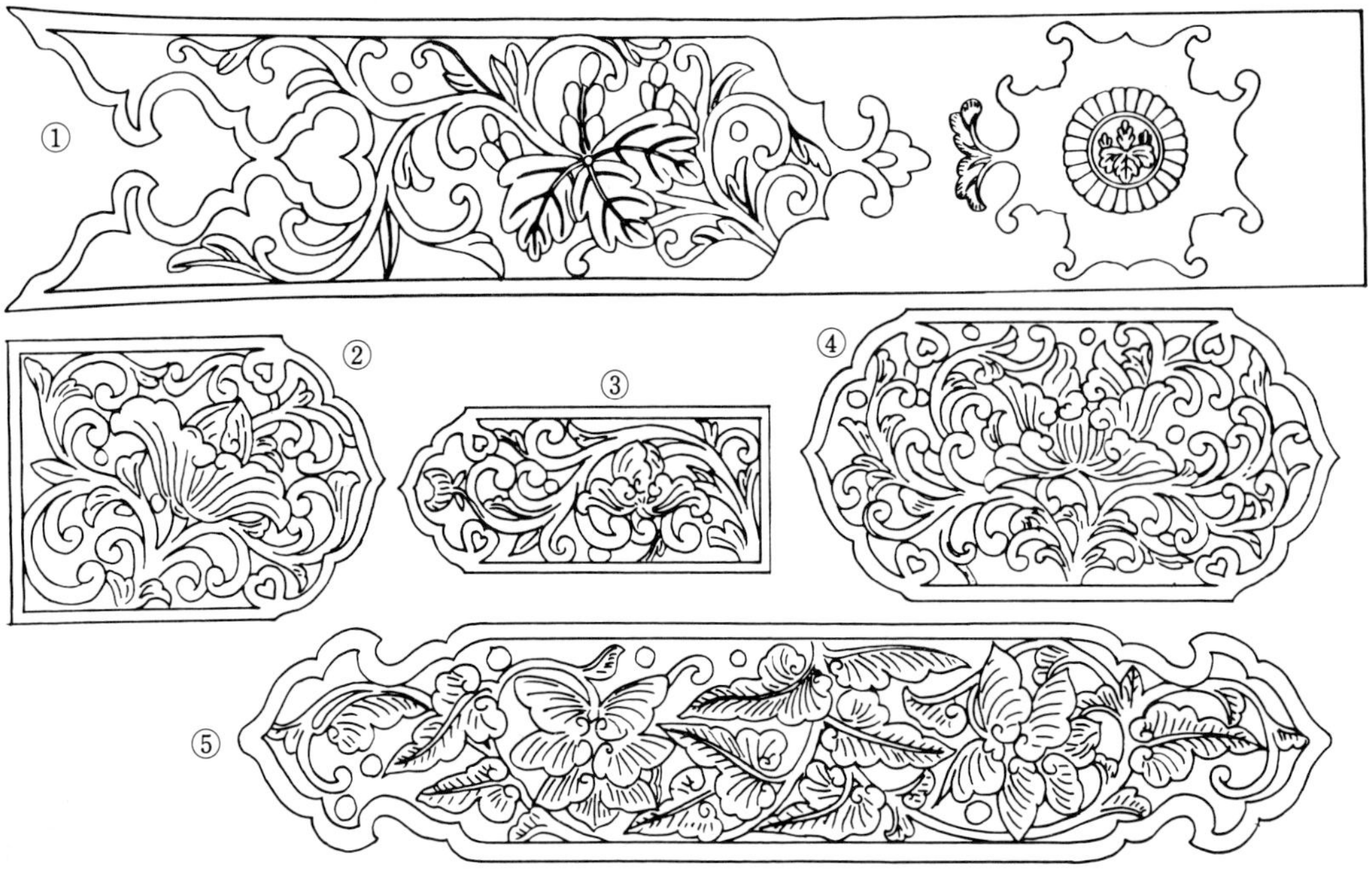

13　桃山時代の金具文様

①大徳寺唐門扉八双金具　②〜④金剛寺須弥壇金具

⑤上醍醐寺五大堂内一文字金具(焼失)

14　高台寺霊屋の金具文様　①内陣扉　②柱　③金欄巻金具　④～⑦熨斗目金具

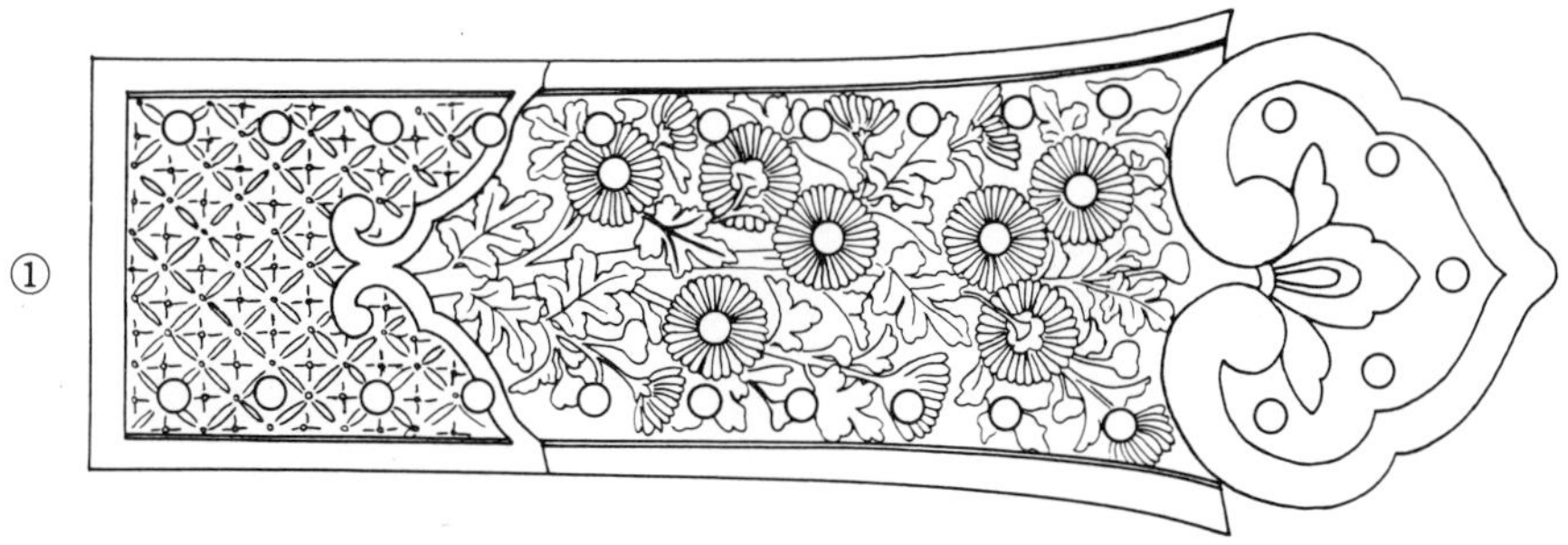

15　大覚寺正寝殿飾金具文様　①縁扉八双金具　②帳台構框

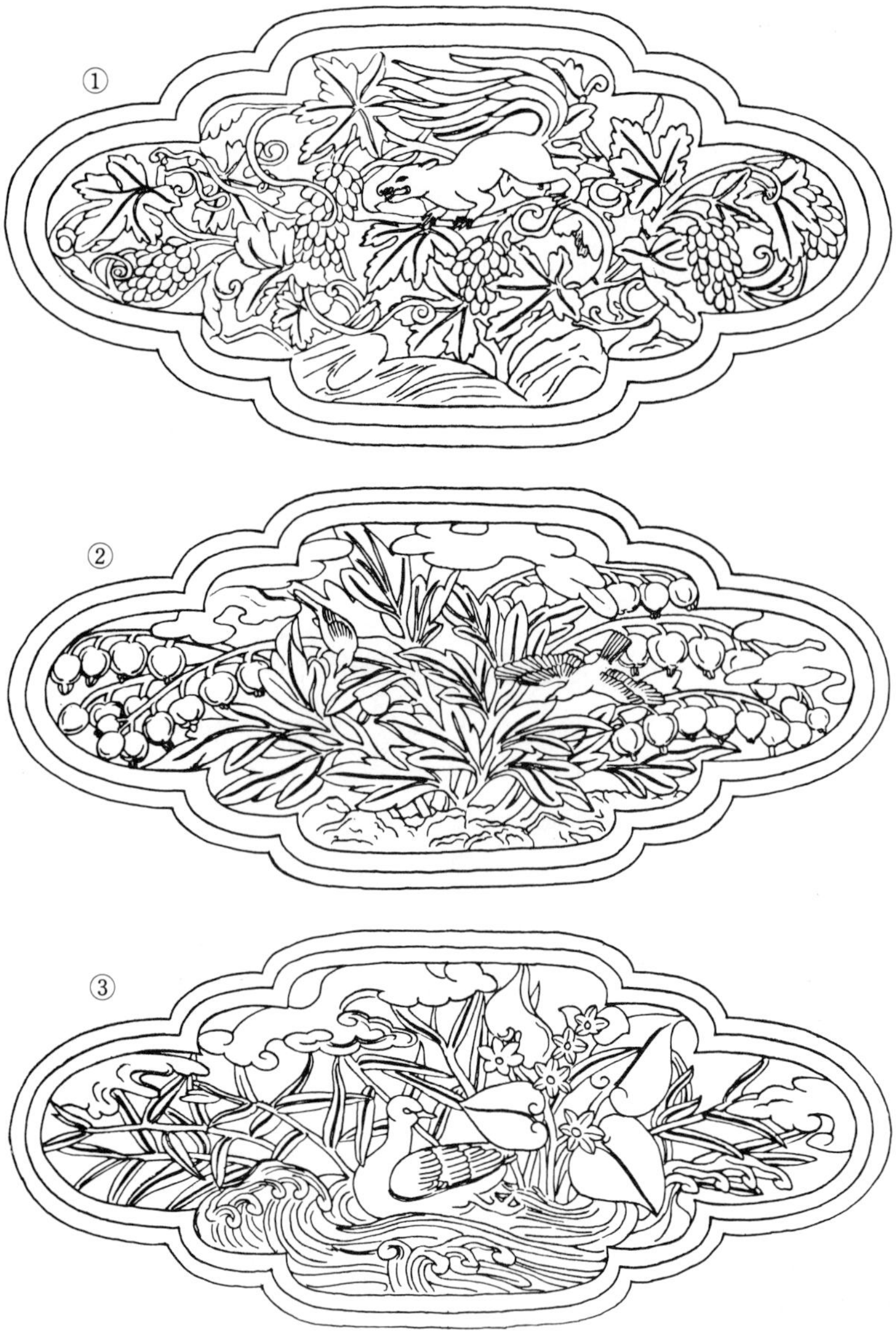

17　二条城二の丸御殿の欄間文様

①葡萄に栗鼠　②華鬘草　③水葵と芦に雁と波

16　地主神社本殿の飾金具文様

①内陣扉定規縁金具展開図　②同隅金具

20　〈火焔〉　興福寺北円堂露盤宝珠

19　〈火焔〉　東大寺銅灯篭

18　〈網目文〉　東大寺法華堂鉄灯篭

21 〈卍崩し〉 法隆寺金堂高欄

22 〈忍冬〉 法隆寺玉虫厨子金具(模造)

23 〈宝相華蓮〉 興福寺北円堂天蓋

24 〈菊花様文〉 薬師寺金堂本尊台座

25 〈牡丹〉 西大寺金銅透彫舎利塔

26 〈蓮〉 西大寺金銅透彫舎利塔

27 〈宝相華〉 平等院鳳凰堂天蓋

28 〈宝相華〉 醍醐寺五重塔初重天井

29 〈三茎蓮〉 徳源院石塔のひとつ

30 〈菊〉 都久夫須麻神社本殿

31 〈桐・鳳凰〉 地主神社幣殿

32 〈牡丹・獅子〉 地主神社幣殿

33 〈牡丹〉 都久夫須麻神社本殿

34 〈牡丹・菊〉 宝厳寺唐門木鼻

35 〈桐〉 三宝院唐門扉

36 〈菊〉 三宝院唐門扉

37 〈牡丹・獅子〉 西本願寺唐門扉

38 〈牡丹・獅子〉 西本願寺唐門

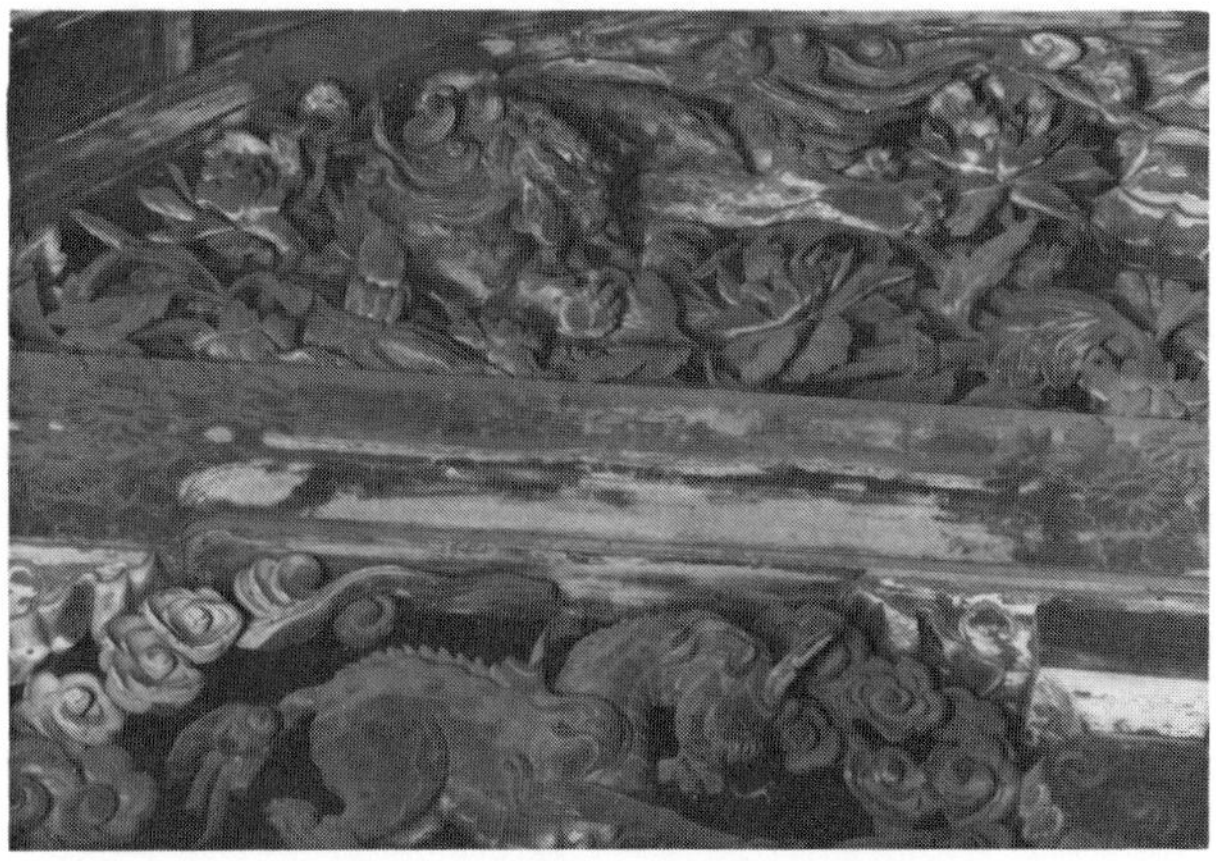

39 〈牡丹・獅子・雲・麒麟〉 西本願寺唐門

40 〈飛竜・波〉 日光東照宮水盤舎

41 〈日・月・雲〉 石清水八幡宮本社正面塀の欄間

42 〈七宝つなぎ〉 瑞巌寺玄関

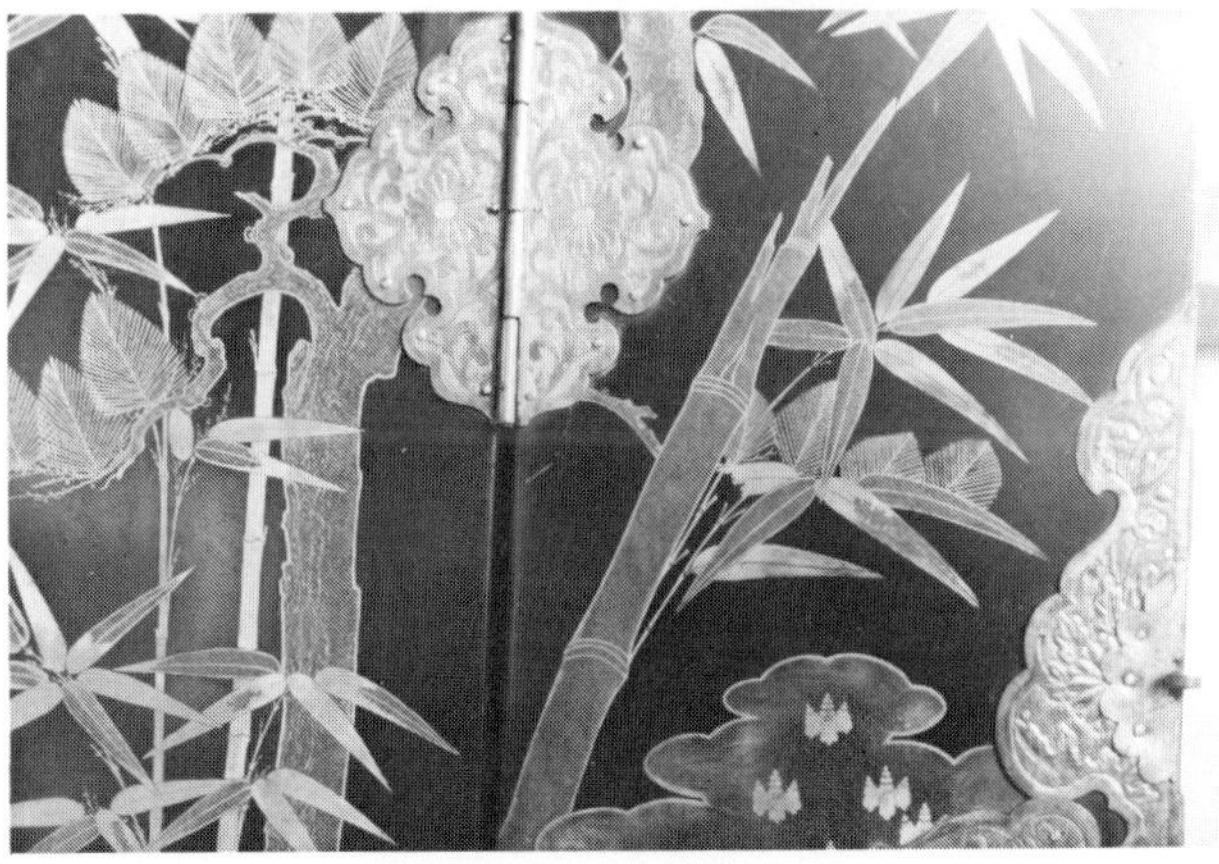

43 〈松・竹・桐〉 高台寺霊屋厨子扉

44 〈菊・桐〉 高台寺霊屋厨子扉

45 〈時計草〉 祇園祭月鉾破風金具

46 〈時計草〉 祇園祭太子山欄縁金具

47 〈時計草〉 祇園祭太子山欄縁金具

48 〈宝相華〉 祇園祭放下鉾破風金具

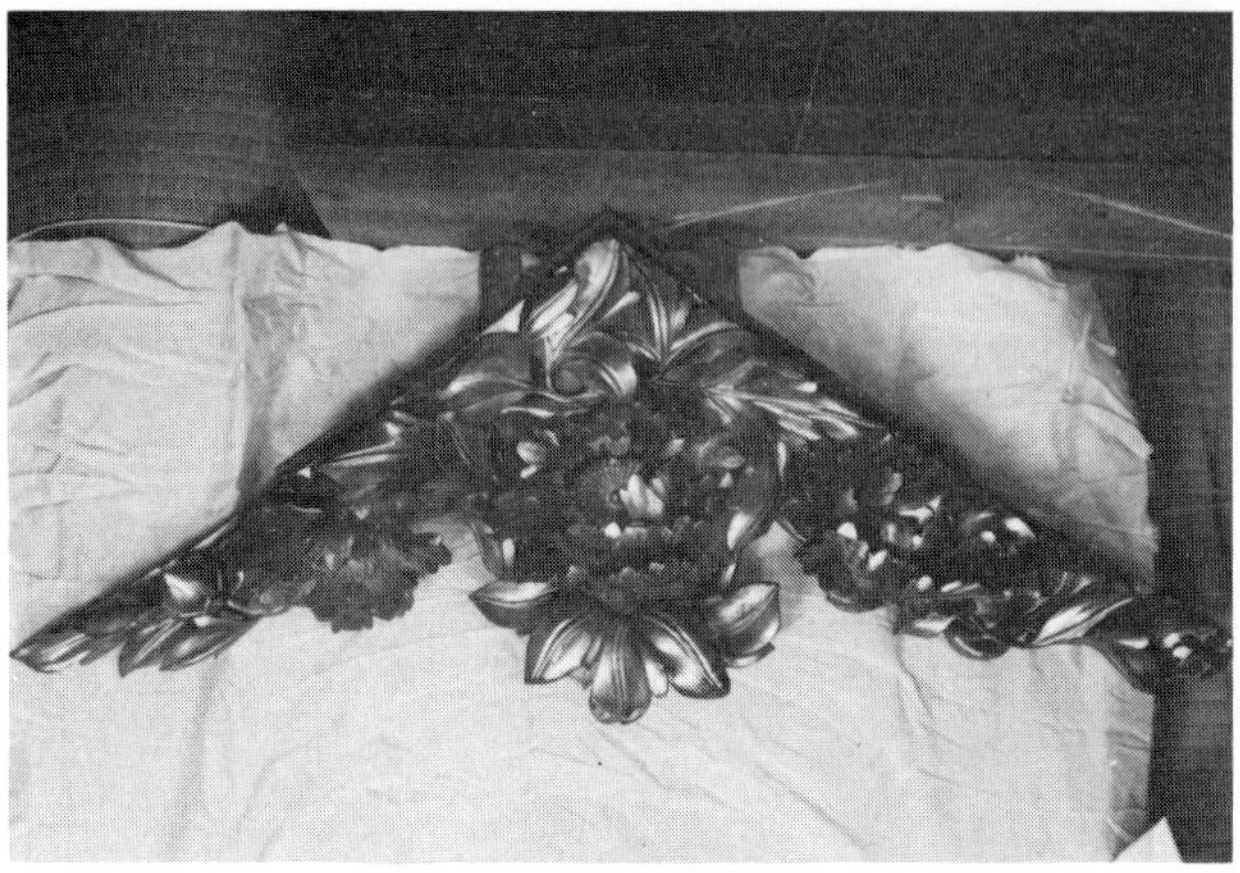

49 〈牡丹〉 祇園祭長刀鉾懸魚

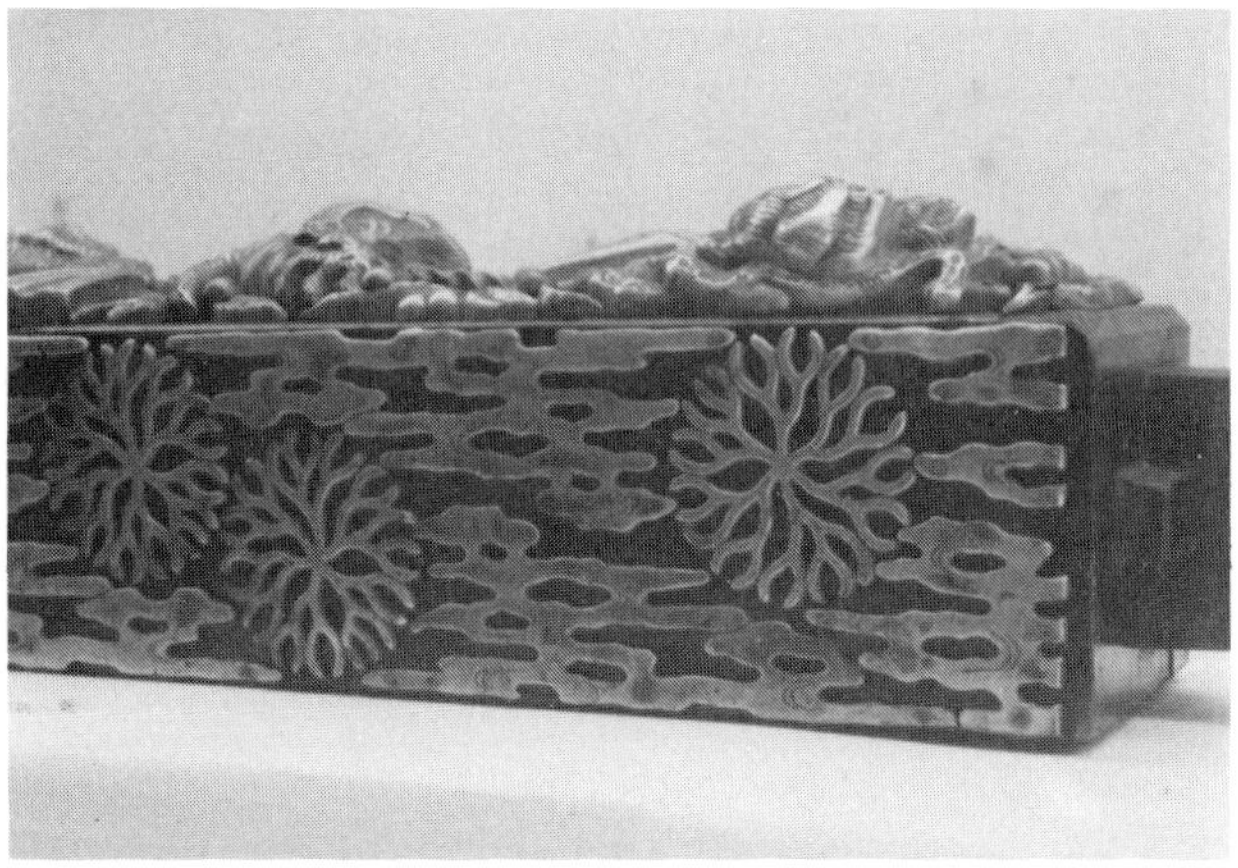

50 〈みる・波〉 祇園祭月鉾妻梁

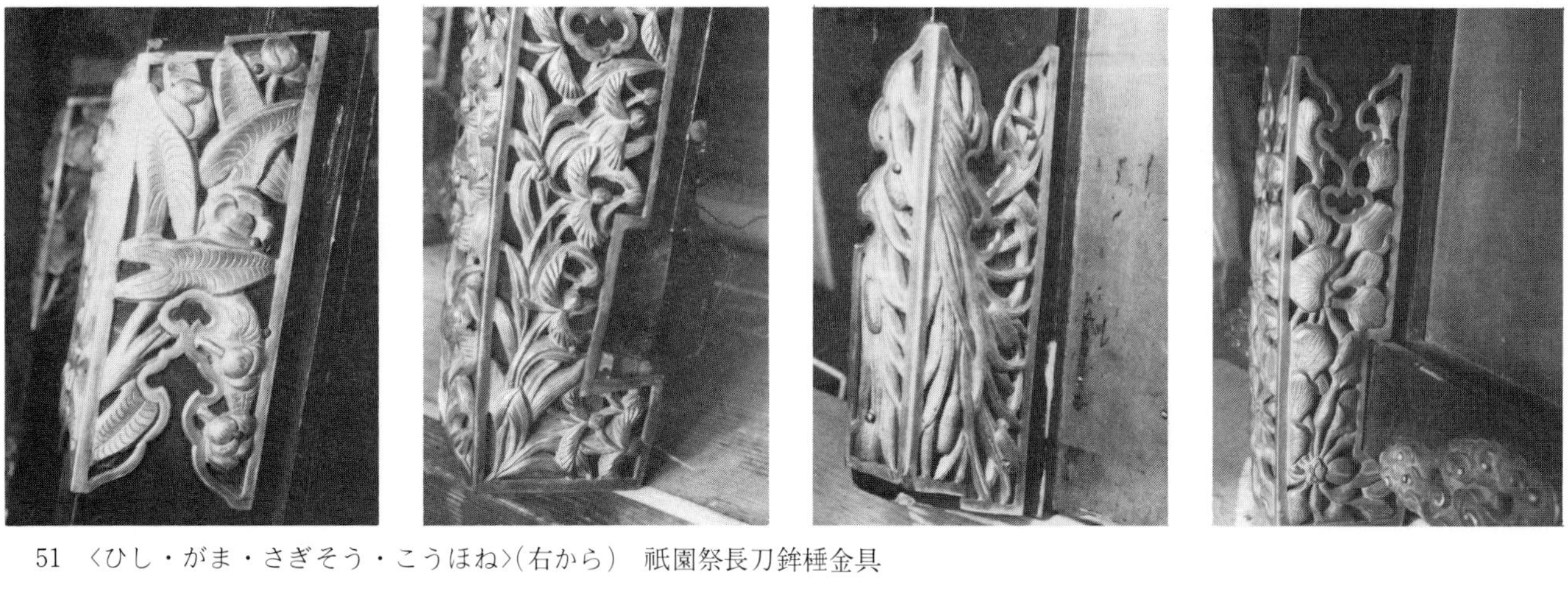

51 〈ひし・がま・さぎそう・こうほね〉(右から) 祇園祭長刀鉾榁金具

54 〈蝶〉 祇園祭長刀鉾破風

52 〈なめくじ〉 祇園祭長刀鉾欄縁金具

55 〈みみず〉 祇園祭長刀鉾欄縁金具

53 〈こうもり〉 祇園祭長刀鉾欄縁金具

56 〈野草〉 伏見稲荷大社神輿

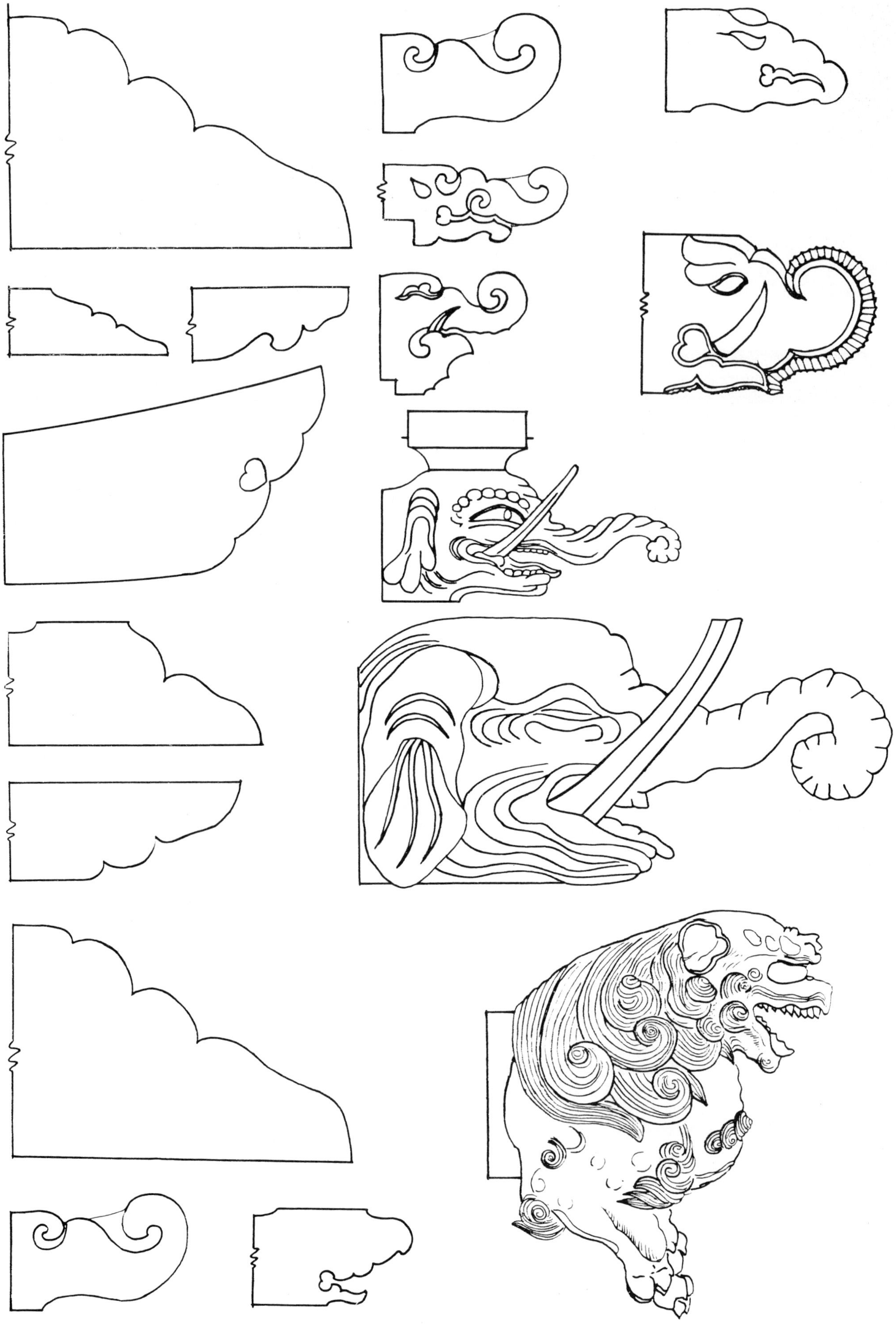

57 木 鼻

①

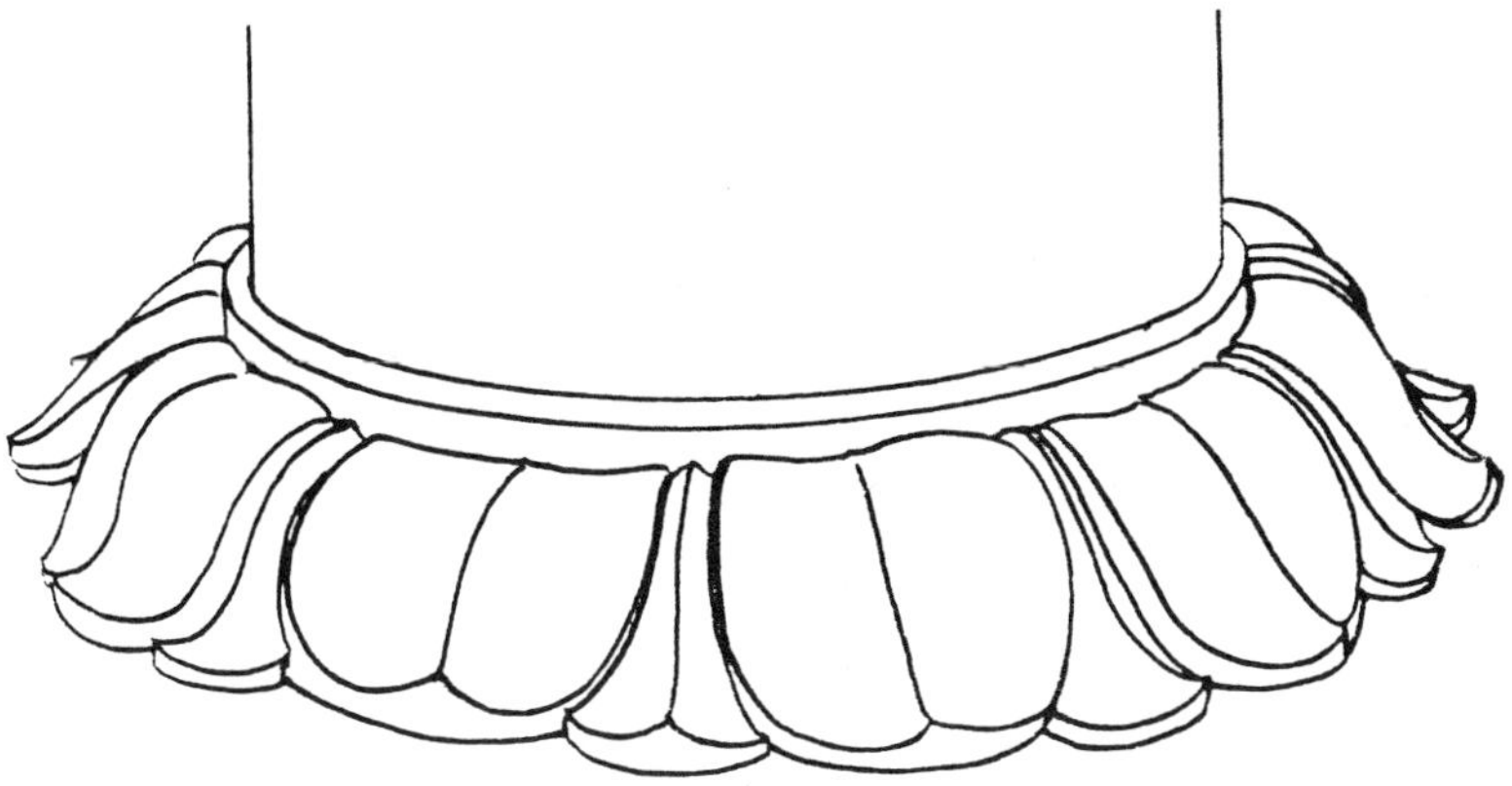

④

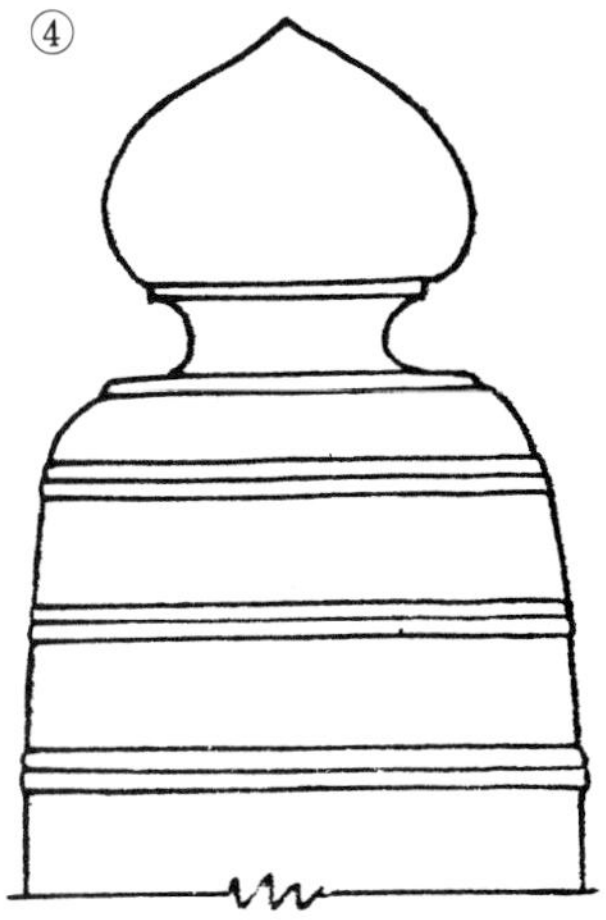

②

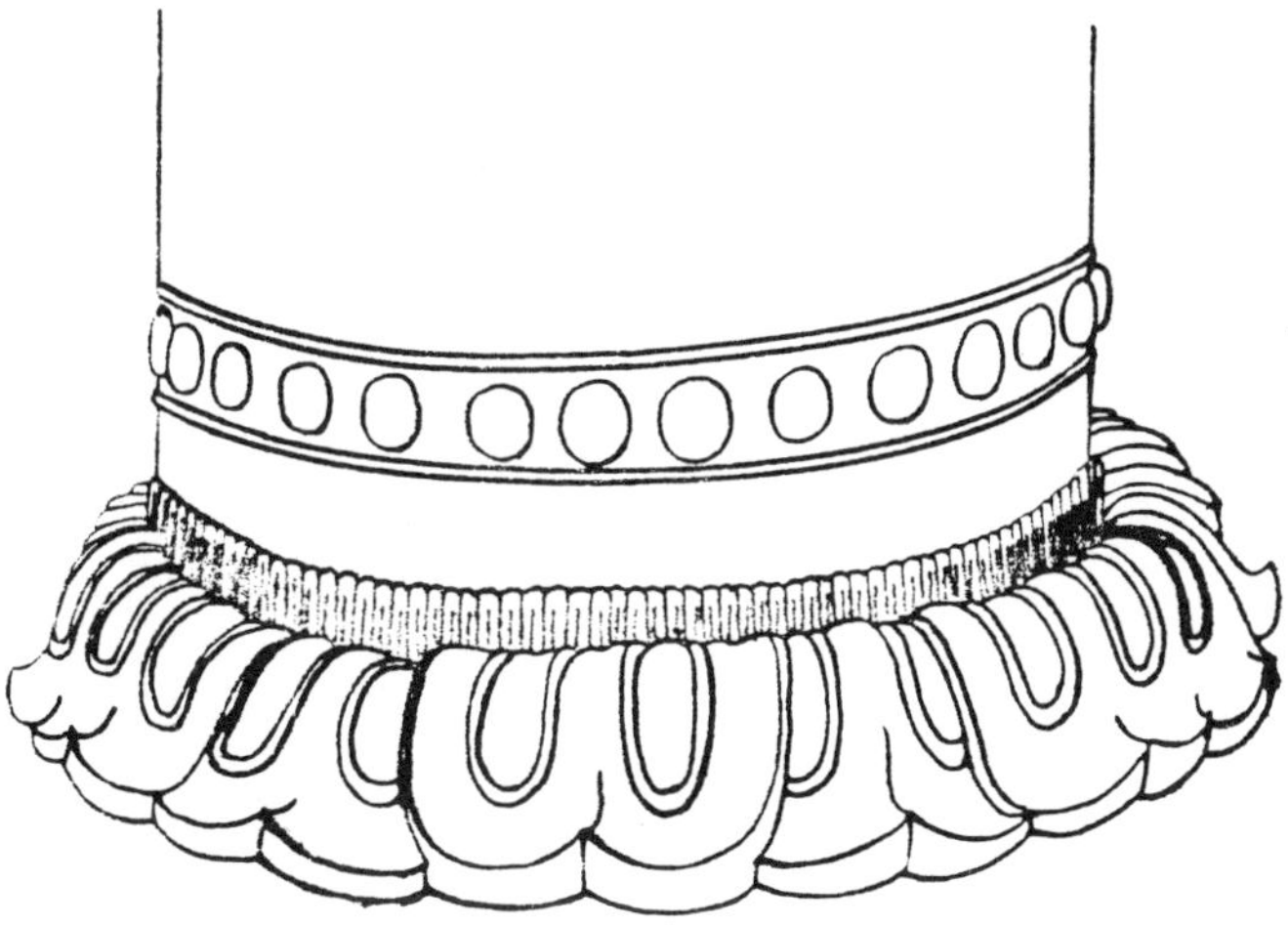

⑤

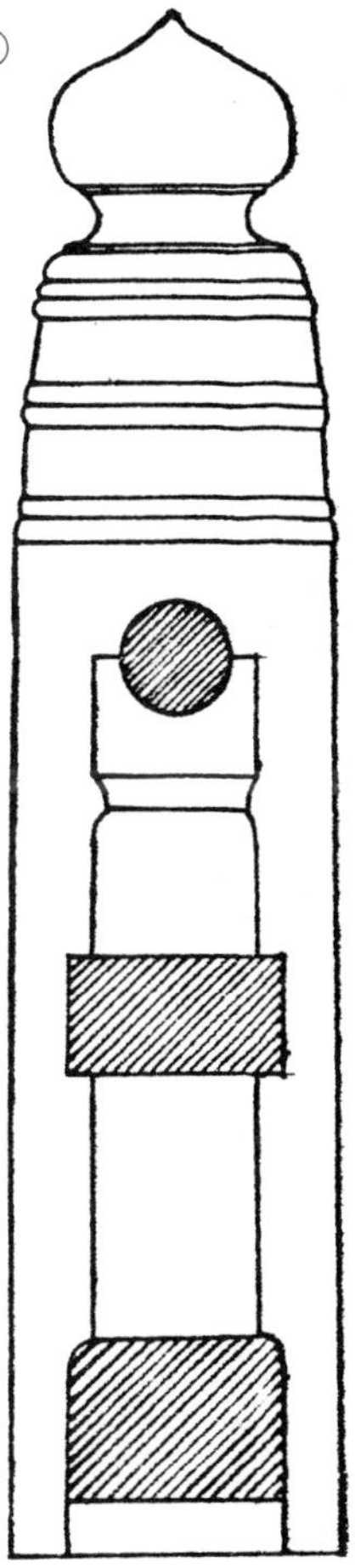

③

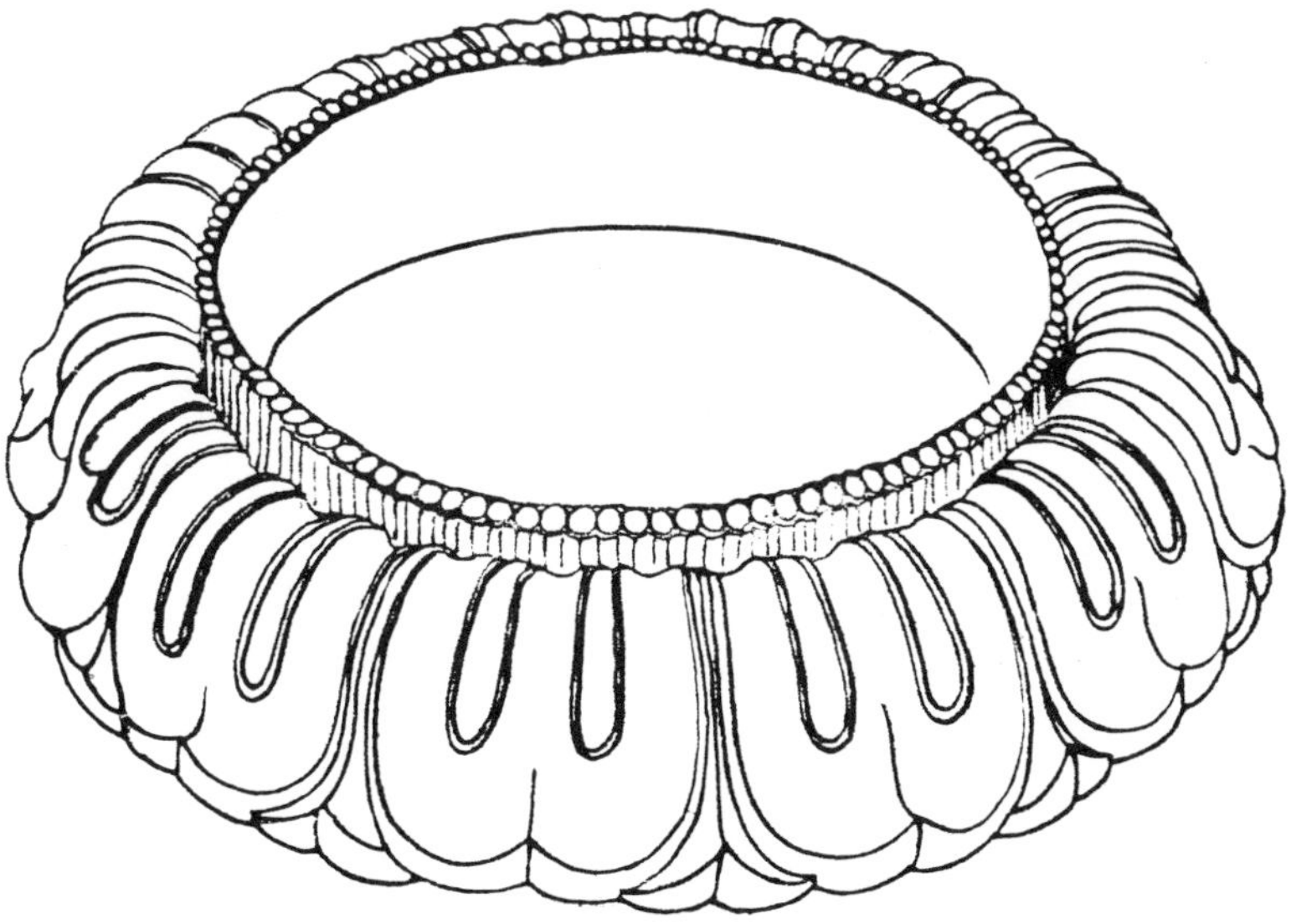

58　**柱脚部の蓮弁飾りと宝珠**　①金剛寺多宝塔柱脚部の単弁蓮花(平安後期)　②中尊寺金色堂柱脚部の複弁蓮花(平安後期)　③金剛寺金堂柱脚部の複弁蓮花，柱から外したところ(鎌倉)　④薬師寺東院堂の宝珠　⑤法界寺阿弥陀堂須弥壇の宝珠柱

三　寺院の紋章

本章は寺紋研究家・故下村百日亭氏の『稿本寺紋考』を要略したものである。参考までに原文の構成は左記のとおりとなっている。

第一章　地名・山号・寺号などにちなむもの
第一節　所在地。第二節　山号。第三節　寺号。第四節　その他。
第二章　祭祀する神仏にちなむもの
第三章　関係人物の家紋にちなむもの
第一節　開基・開山・宗祖・中興など。第二節　創建者・改築または修理者・復興者・大檀越など。第三節　その他。
第四章　名物・行事・伝説などにちなむもの
第一節　名所・名物。第二節　行事。第三節　故事・伝説。
第五章　所属本山の寺紋にちなむもの
第一節　そのまま襲用するもの。第二節　一部改変を加えたもの。
第六章　皇室の紋章をはばかってこれに改変を加え、または他物をもってこれに替えたもの。
第一節　菊（第一項御紋章を基本としたもの―(イ)一部省略または改変　(ロ)他物付加　第二項単に菊花をモチーフとしたもの）。第二節　その他（第一項他物をもって菊になぞらえたもの。第二項桐紋をもって代替したもの）
第七章　宗旨の教義に基づくもの
第八章　その他
第一節　輪宝。第二節　卍。第三節　その他。
第九章　二つ以上の意義を兼ねて創作したもの。

1　宝厳寺

2　大覚寺

3　延暦寺

4　南禅寺

5　三津寺

6　本圀寺

一、地名・山号・寺名による紋

(1) 地名による紋

宝厳寺　琵琶湖・竹生島の観音さんで通っている西国第三〇番の札所。本寺の〈一五枚笹〉と呼ばれる寺紋は、竹生島の竹を図案化したもの。

大覚寺　所在地の嵯峨の〈山〉編を二つ重ねたもので正式の紋ではなく印。※

延暦寺　比叡山の〈山〉を象徴してつけられた、これも大覚寺同様印である。

※印《しるし》　菊花御紋章に類似の寺紋をはばかり、寺の什器や寺男の法被などに付ける、簡略されたマークのこと。

(2) 山号による紋

南禅寺　〈対《むか》い雨竜〉紋。瑞竜山の山号による。

三津寺　大阪・島之内の三津寺筋にあって、正式の名称は七宝山大福院。山号の「七宝」と、俗称の三津寺の三から〈七宝〉を三つ盛ったもの。

本圀寺　大光山。俗に略して「光山」を、楓の葉と枝で象形した〈丸ニ楓紋〉。西本願寺の北から、現在は山科に移転している。

7 東福寺

8 正定院

9 天竜寺

10 紀三井寺

11 袋中庵

12 鶴満寺

13 長松寺

14 泉妙院

15 安楽寺

16 竹林寺

17 大練寺

18 今熊野観音寺

東福寺　寺紋〈婆羅藤〉の替紋として、山号・恵日山の日をかたどった〈丸二一引〉を使用。

正定院　洛北・出町柳にある同寺の山号・竹谷山になぞらえた〈竹輪二根笹〉。

(3) 寺号による紋

天竜寺　足利尊氏が後醍醐天皇の御冥福を祈って建立した、臨済宗天竜寺派本山で、夢窓国師作庭の方丈庭園が有名。〈上り下りの雨竜紋〉。

紀三井寺　寺名は山内の三井戸（吉祥水・楊柳水・清浄水）に由来し、近江の三井寺と区別するため、紀の字を冠した、〈三ツ盛菱井桁紋〉。

袋中庵　袋にちなむ〈巾着紋〉。戦争による疎開までは、京都西大谷前にあった。

鶴満寺　百体観音で有名な大阪・長柄の鶴満寺は〈三ツ盛鶴の丸〉。〈三ツ盛紋〉は全体から見ると稀少な部類に属する。

長松寺　洛中にあって、松葉二本を蝶の形に組合せた独特の寺紋を用いている。蝶の松葉で、チョウ松寺の意。

泉妙院　尾形光琳の墓所で知られる京都の妙顕寺の塔頭。「泉」の字を図案化したもの。

安楽寺　大阪・浦江の安楽寺も同巧で、字体に特異性がある。

竹林寺　〈竹輪に林〉と、絵と漢字を組合せた寺紋の例（大阪・千日前）。

大練寺　大津市の大練寺は山号・泉涌山の「立浪」と寺名の大を組合せたもの。

今熊野観音寺　泉涌寺の山内、西国第一五番札所。泉涌寺の印《しるし》・「立浪」のなかに小さな環《かん》（輪の下が少し欠けている）で、観音寺のカンを寓する。

19 蟹満寺

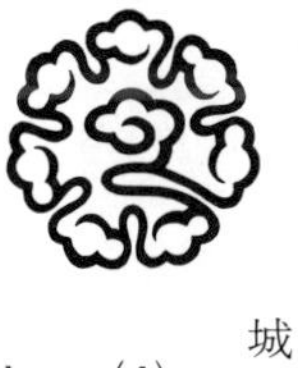

20 東　寺

21 三千院

22 曼殊院

23 福昌寺

24 真覚寺

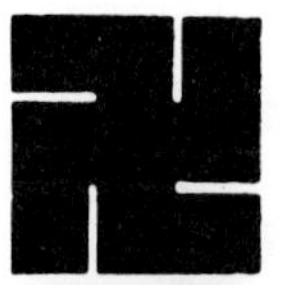

25 左卍

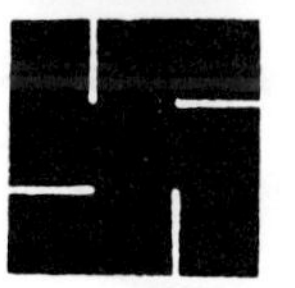

26 右卐

27 徳林庵

28 八ツ橋寺

蟹満寺　『今昔物語』の大蛇伝説で有名な京都府下・山城の蟹満寺は、蟹の形になぞらえた〈蟹牡丹〉の変り形。

(4) 古名・俗称による紋

東寺　正式には教王護国寺だが、東寺、または左大寺、左寺と略称される。俗に〈東寺雲〉と称する寺紋は「左」の字を象形したもの。

三千院　天台三門跡の一つ、梶井門跡の別称により、本寺の印は〈梶ノ葉〉を用いる。

曼殊院　古名の竹之内御所に基づき印は〈竹〉。

福昌寺　別称の般若林から、丸に梵字で般《ぱ》を描いている（神戸市兵庫区）。

真覚寺　旧所在地（京都・三條古川町）境内に大木の松があったので、松ノ木寺と呼ばれた。寺紋は松カサを浮線風に配置した珍しいもの。

二、祭祀の神仏による紋

卍　**地蔵菩薩**　マンジは〈万字〉で、梵語ではサバスチカ。右マンジ（卐）はソバスチカと称する。往古、バビロン・アッシリアなどでも神聖な記号として用いられていた。インドの卍は婆羅門教徒に使用され、後に仏教にも伝播。瑞祥の記号として貴ばれた。地蔵のシンボルとなる以前には仏法そのものを表徴するマークであった。例＝京都の**椿寺・仲源寺・徳林庵・福蔵寺**。大阪の**神内**《こうない》**地蔵院**など。

地蔵菩薩と関係なく卍を寺紋とする例＝東京の**泉岳寺・浅草寺**（変り卍）。京都の**八ツ橋寺**（黒谷山内の常光院。箏曲の八橋検校の墓がある＝五ツ割の卍を使用）。**十王堂**は八咫鏡に右マンジ＝閻魔の庁の鏡に卍が写って、裏

29 浅草寺

30 十王堂

31 輪宝

32 六つ剣輪宝

33 新勝寺

34 狸谷不動院

35 本禅寺

36 延暦寺

37 香里成田山

38 毘沙門亀甲

39 一つ槌

40 打出の小槌

返しの卐になっている。

輪宝　仏具の一種で、正式の名称は〈転法輪〉。大地をころがし凹凸をならす用具から転じて、あらゆる邪悪を破砕する仏法を表徴するマークとなった。大日如来・薬師如来・虚空蔵菩薩・不動明王・弁財天・神変大菩薩ほかの象徴とされる。

例＝**成田山新勝寺・神野寺**（千葉）。**般舟院・常照寺・六角堂・狸谷不動院・本禅寺**（京都）。**延暦寺**（滋賀）。**香里成田山**（大阪）。

毘沙門亀甲とムカデ　毘沙門天を象徴する。

槌　大黒天を象徴する。

唐団扇　布袋を象徴する。

巾着と大根　聖天を象徴し、**宝山寺**（奈良）などで用いられている。

火焔宝珠　愛染明王を象徴する。

七星　妙見菩薩。一般に切竹十文字（矢筈十文字ともいう）が普及しているのは、摂津・能勢の**妙見山**の寺紋（本来は領主・能勢氏の家紋）にならったもの。

金剛寺　京都・八坂ノ塔下の俗称〈八坂の庚申〉。庚申（青面金剛尊）にちなむ〈ククリ猿紋〉。大阪・**四天王寺の庚申堂**は、この〈ククリ猿〉を三ツ盛としている。

祇王寺　嵯峨の『平家物語』ゆかりの尼寺。堂内安置の伎芸天にちなむ〈三ツ盛宝珠紋〉。外輪は蓮台を表徴したもの。

最勝院　南禅寺の塔頭。狛僧正と称される天狗を護法神として祀るため〈羽団扇紋〉を用いる。京都・西七條の**高源寺**も同紋。

鞍馬寺　〈羽団扇紋〉ではあるが、羽の先端に丸みをつけ、菊花の面影をもたせている。信楽香雲前貫主の考案による変り形。

41 宝山寺

42 切竹十文字

43 金剛寺

44 祇王寺

45 最勝院

46 鞍馬寺

47 閑臥庵

48 本妙寺

49 久遠寺

50 妙満寺

51 智恩寺

52 光明寺

閑臥庵　通称は曙寺（京都）。鎮宅霊符神を祀るため〈晴明桔梗〉。同神は安倍晴明の作になるという因縁から、西洋諸国でも魔除けとされるペンタグランマ（五角形）と符合する。

本妙寺　〈柘榴紋〉。京都・東山仁王門の同寺に祀る鬼子母神が流行仏的存在となったため、寺紋として定着したもの（同例＝京都鷹ヶ峯・**常照寺**）。

三、関係人物の家紋による紋

(1) 開山・宗祖の家紋による紋

久遠寺・本門寺　全国ほとんどの日蓮宗寺院で宗紋のごとく用いられている〈井桁ニ橘〉は、祖師・日蓮聖人の出自、井伊家の家紋。

妙満寺　京都では変形の〈三ツ橘〉を用いる。

金戒光明寺・知恩寺　浄土宗の寺院に見る〈抱キ杏葉《ぎょうよう》〉は宗祖・法然上人生家の紋章（一般に美作国漆間氏の出自となっているが、紋章は同国立石氏の家紋）にちなむ。

永観堂・光明寺　浄土宗西山派は開祖・善慧証空上人にちなむ久我家の〈竜胆《りんどう》グルマ〉の場合が多い。**永平寺・興聖寺**など曹洞宗の寺院に同紋が多いのは、道元禅師が同じ久我家の出自による。

遊行寺・長楽寺　時宗総本山・藤沢の清浄光寺（遊行寺）はじめ、京都の**安養寺・長楽寺・金蓮寺**など時宗寺院の大半は宗祖・一遍上人ゆかりの伊予河野氏家紋〈折敷《おしき》ニ三文字〉紋を用いる。

西大寺　南都六大寺の一つ、真言律宗の総本山。称徳天皇の勅願になり、数次の火災で衰退したのを鎌倉時代、叡尊が再興した。世に木曽義仲の孫と伝えられるので、寺紋

53 遊行寺

54 西大寺

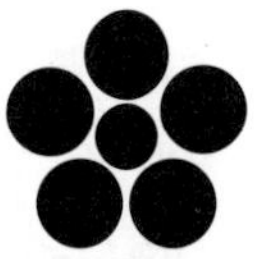
55 福成寺

56 元政庵

57 頂妙寺

58 本能寺

59 本住寺

60 祐楽寺

61 相國寺

62 本妙寺

63 醍醐寺

64 建仁寺

は源氏の〈笹竜胆紋〉。

福成寺　長岡京の鬼門鎮めに建立された真言宗の寺院。建武年間、建仁寺第二七世広済《こうし》禅師を開祖として再興した。禅師は菅原氏の出自なので〈星梅鉢〉を寺紋とする。

元政庵　寺号は日蓮宗瑞光寺（京都・深草）。元政上人が明暦年間に創建した。井伊家の家臣で石井吉兵衛と称した時代の上人は、仙台侯と高尾太夫を張り合ったという艶聞の持主で、下り藤の変形の寺紋は〈割リカタバミ〉と呼ばれている。

頂妙寺　細川勝益が明応年間、洛中に創建した日蓮宗本山。開山・日祝上人の出自である下総の千葉氏の月星紋によっている。建仁寺山内の両足院も同紋。

本能寺　本能寺ノ変後、秀吉により四條西洞院から現在地（寺町御池下ル）に移転。開基・日隆の出自である越中桃井氏の〈雁金紋〉による。

本住寺　開基・日興の出自、甲州大井氏の〈三ツ盛亀甲花菱紋〉を使う。

祐楽寺　浄土宗西山派の末寺（京都・久世）であるが〈竜胆グルマ〉は用いず、宗祖・法然上人の杏葉になぞらえた〈抱キ茗荷〉を寺紋とする。瓔珞式の馬具である〈杏葉〉を、形態の相似た〈茗荷〉に改変する紋例は数多いが、その代表例。

(2)　創建者・復興者・大檀越の家紋による紋

相国寺・金閣寺・銀閣寺・等持院　創建者の足利氏の家紋〈五七桐〉。

本妙寺　加藤清正が父清忠の菩提寺として大坂に建立した瑞竜院を、熊本転封にともない当地に移したもの。加藤氏の家紋〈桔梗〉と〈蛇ノ目〉。

醍醐寺　〈五七桐紋〉は太閤秀吉にちなんだとの巷説も

65 円覚寺

66 大徳寺

67 智恵光院

68 浄教寺

69 法然寺

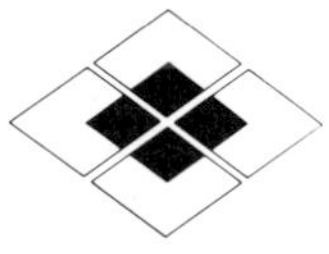
70 妙順寺

71 徳大寺家

72 十念寺

73 十四葉裏菊紋

74 光清寺

75 園家杏葉

76 円通寺

あるが、寺伝では皇室より賜わったという。明治以前は御下賜の菊花紋も用いていた。

建仁寺　〈二引キ五七桐〉。開基の源頼家による。

円覚寺　弘安五年、北条時宗の創建による。〈北條三ツ鱗紋〉を用いる。

大徳寺　花園上皇・後醍醐天皇の帰依を受けた京都五山の一つ。根元は赤松則村が宗峯妙超（後の大灯国師）を招じて伽藍を造営、大徳寺の基礎が確立したもの。これにちなみ、赤松氏の家紋〈三ツ巴〉が用いられている。

智恵光院　智恵光院は、摂政・鷹司家の始祖の藤原兼平が如一国師を開山として建立。寺紋は〈鷹司牡丹〉。**慈眼寺**（出水七本松）が同紋を用いるのは、鷹司信房の北の方・嶽星院が亡父・佐々成政の菩提のため建立したことによる。

浄教寺　平重盛が自邸内に方一二間の灯篭堂を建立、四八躰の仏像に常灯を捧げたと伝える。平家ゆかりの〈浮線《ふせん》蝶〉が寺紋。

法然寺　法然上人の門弟・蓮生坊（熊谷直実）の開創と伝え、家紋の〈向イ鳩〉に細輪をつけて寺紋としている。

妙順寺　もと近江源氏の一族・山崎某が自邸を寺としたと伝える。近江源氏の〈四ツ目紋〉を一部改変したもの（京都・大和大路）。

十念寺　藤原公実の三男・実能に源を発する徳大寺家の菩提寺（京都・寺町今出川）。徳大寺家の〈花菱木瓜《もっこう》紋〉の一六箇の花菱を〈四ツ割菊〉に替えて寺紋としている。

光清寺　伏見宮邦尚親王の創建による准門跡寺院で、宮家の〈一四葉裏菊紋〉を、さらに〈十葉〉に改めて寺紋としている。

円通寺　比叡山を借景した庭園で名高い円通寺は園基任の娘・円光院瑞雲文英尼（一説に妹の新広義院基子）を開基とする。園家の定紋〈園家杏葉〉になぞらえた〈抱キ柏〉

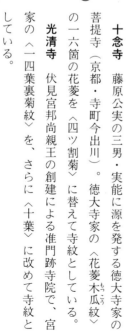

77 修禅寺

78 善峰寺

79 大長寺

80 善光寺

81 念仏寺

82 千光寺

83 芬陀院

84 光瀬寺

85 竜見院

86 豪徳寺

が寺紋。

修禅寺　『修禅寺物語』で周知のように本寺で亡くなった源頼家の追福のため、二位尼が一切経蔵を建立している。寺紋は源氏の〈笹竜胆〉を三ツ寄せにしたもの。後年、北條早雲も本寺に葬られたが、寺紋は変わっていない。

善峰《よしみね》寺　西国第二〇番札所（京都）の本寺は将軍綱吉の生母・桂昌院が堂寺を修築、生家の丹後宮津・本庄家の〈繋ギ九ツ目〉を寺紋とした。**金蔵寺**（京都）、**西明寺**（京都）**室生寺**（奈良）なども同紋。

大長寺　近松の『心中天網島』で有名な本寺は、大檀越の豊後佐伯の城主・毛利氏の家紋〈丸ニ矢筈〉を襲用。

善光寺　本尊の阿弥陀如来像が本田善光により、難波の堀江で発見された縁起は余りに有名だが、寺紋は本田＝本多にちなみ、本多姓の諸大名が用いた〈立葵〉に定着したとみられる。

念仏寺　千灯供養で著名な嵯峨・化野《あだしの》の念仏寺は黒田如水の外孫により再興された。寺紋の〈藤巴〉は黒田家の紋所。

千光寺　芭蕉の「花の山二丁のぼれば大悲閣」で知られる本寺は、中興の角倉了似の家紋を用いる（初め〈三ツ盛地紙〉であったが、家康より大坂冬の陣の功により、三葉葵になぞらえたカタバミを賜わったという）。

芬陀院　東福寺山内、通称〈雪舟寺〉で知られ、一條家の菩提所であるところから〈一條藤〉。

光瀬寺　三條家代々の位牌を祀るゆかりによって〈三條花菱〉を用いる（京都・今熊野）。

竜見院　本紋は〈竹に雀〉だが、替紋は伏見城を死守した武将・鳥居元忠の菩提所にちなみ〈鳥居ニ丸〉。

豪徳寺・清涼寺　井伊家の菩提所の豪徳寺（東京・世田谷）は〈井桁ニ橘〉。同じく菩提所の清涼寺と**竜潭寺**（彦根）は替紋の〈丸ニ橘〉。

87 法界寺

88 恵林寺

89 善導寺

90 法輪寺

91 安養寺

92 金光寺

93 西教寺

法界寺　日野薬師として著名だが、日野資業《すけなり》が永承年間、阿弥陀堂その他を増築して以来、俗に〈日野鶴〉と呼ぶ〈鶴ノ丸〉を寺紋とする。

恵林寺　「身頭ヲ滅却スレバ火モ自ラ涼シ」と快川和尚が火中に叔した甲州・恵林寺は、帰依者・武田氏の替紋〈花菱〉を用いる。

善導寺　世に善導寺形灯篭で名高い本寺（京都・二條木屋町）は堂寺の寄進者・長谷川重兵衛の家紋の〈上り藤ニ桧扇〉を用いる。

法輪寺　節分詣でのダルマ寺として知られる本寺（京都・円町）は、本堂を一建立で再築した荒木家の家紋〈折敷ニ梶ノ葉〉を用いている。

伝奏による紋

※伝奏＝公卿のなかで、神社仏閣から天皇・上皇への奏請を伝達奏聞する職。伝奏家の家紋が寺紋として定着する例がみられる。

安養寺　洛陽六阿弥陀めぐり第五番霊場（京都）。本尊の蓮座が俯伏せのところから〈さかれんげ〉の俗称がある。勧修寺家の〈竹輪ニ雀紋〉。

金光寺　時宗の市屋道場（京都・六條河原町）と称された金光寺は、花山院家の〈杜若菱紋〉。

西教寺　天台真盛宗総本山（滋賀・坂本）。坊城家の〈三羽雀紋〉。

(3) 住職による紋

※住職＝住職家の紋所が直接、寺紋と共通する例も少なくない。早くから世襲制度を採用した浄土真宗の大多数、次では浄土宗の寺院に多くみられ、紋様は多岐

94 浄光寺

95 五劫院

96 光明寺

97 勝福寺

98 本隆寺

99 常林寺

100 蔵雲寺

101 光善寺

102 浄福寺

103 智積院

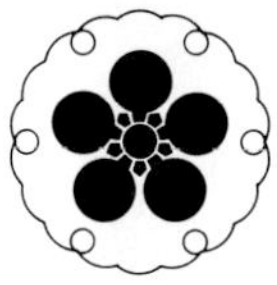
104 直指庵

にわたっている。

浄光寺　住職は北条氏だが通例の〈三ツ鱗〉とちがって、珍しい〈組合セ三ツ鱗〉を用いている（京都・高倉二条）。

五劫院　陸奥の名家・岩城氏の定紋〈岩城満月〉。俗に〈月見格子〉ともいう（京都）。

光明寺　菅生氏の定紋〈窠《か》ニ違イ矢〉（京都・今出川烏丸）。

勝福寺　海野氏の〈石竹〉（京都・五辻千本）。

本隆寺　四辻氏の〈中蔭四ツ七宝〉（京都・高倉御池）。

常林寺　板倉氏の〈九曜巴〉。俗に〈雷巴〉〈板倉巴〉ともいう（京都・加茂大橋東）。板倉家代々の位牌を祀る喜春庵（同・大原野）も同紋。

蔵雲寺　大徳寺派の末寺。徳川中期、下《げ》冷泉家出身の住職以来〈雪ノセ笹〉を用いている（兵庫・出石郡）。

光善寺　住職の一羽姓にちなんで、一ノ字を鷹ノ羽でかこむ独創の紋章（兵庫・竜野）。

浄福寺　京の通り名で知られる浄土宗の名刹。二代目以降の住職が代々、菅原姓を名乗る仕来りで、寺紋は〈星梅針〉と〈三階松〉。

(4)　その他の紋

智積院　新義真言宗智山派の総本山。直接的にはつながりのない加藤清正の家紋〈桔梗〉を用いている。大閤秀吉の愛児・棄丸の追善のため建立された祥雲寺（大坂役後、智積院に施入）の普請奉行を清正がつとめた因縁によるもの。

直指庵　嵯峨野の浄土宗派の尼寺。安政大獄後、本寺に隠棲していた近衛家の老女・村岡の五十回忌（大正一一年）に際し、皇后陛下の御下賜金によって墓域が改修されている。寺紋は村岡の実家・津崎氏の〈雪輪ニ剣梅鉢〉が定着したもの。

105 珍皇寺

106 石峰寺

107 恋塚寺

108 長香寺

109 楠寺ほか

110 阿弥陀寺

111 瑞光院

112 西寺

珍皇寺　京のお盆に〝六道さん詣り〟で賑わう本寺は中世、真言宗から臨済の建仁寺末に転じた。寺紋〈笹竜胆〉は建仁寺を建立した源頼家の紋章。竜胆の上の二條の線は俗称〈子持チ〉で、将軍位を表徴するもの。

石峰寺　五百羅漢の石像で著名な本寺（京都・深草）は住職坂田竜潭師の旧師が鳥取・興禅寺の住職であったゆかりで〈因州蝶〉を用いている。

恋塚寺　遠藤武者盛遠が袈裟御前の首を埋めたという〝恋塚〟で知られ、袈裟の夫・渡辺左衛門尉源渡《わたる》の家紋〈三星一文字〉を寺紋とする。

長香寺　京洛の大工頭・中井主水正清の建築にちなみ、その紋章〈輪違イ〉を用いる。正清は後年、千石を領した（京都・高倉松原）。

観心寺　楠木正成の首級を葬った河内の観心寺、正成割腹の**楠寺**（広厳寺）、小楠公正行ゆかりの吉野の**如意輪寺**、正行の首級を葬った嵯峨の**宝筐院**はいずれも〈菊水〉紋を用いている。

阿弥陀寺　本能寺ノ変で歿した信長の遺体を葬った因縁により、織田家の〈窠《か》ニ唐花〉を寺紋とする（京都）。**大雲院**（同・今熊野）も信長の冥福を祈った寺歴から、同紋を用いる。

瑞光院　旧寺地（京都・堀川頭）は浅野長政の別荘跡で、後年、山科安朱に移転。浅野家にちなんで〈浅野鷹〉を寺紋とした（鷹の羽に渦状紋のあるものが正式）。

西寺　桓武天皇の造立になる東寺・西寺のうち、西寺は早く滅び、その名跡を伝える本寺（京都・唐橋平垣町）は往古の造寺長官・藤原伊勢人を記念してか、〈下り藤紋〉を用いる。

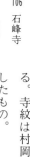

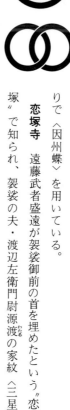

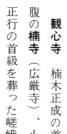

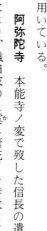

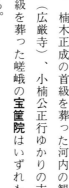

113 真如堂

114 親縁寺

115 安楽寿院

116 Ⓐ桜紋

Ⓑ桜紋

117 大念仏寺

118 持明院

119 金台寺

120 小町寺

真如堂　正称は真《しん》正《しょう》極楽寺（京都・浄土寺真如町）一條天皇の生母・東三條院の御願により建立され、代々、正親町家より住職を送る慣習から、同家の紋〈藤巴〉を寺紋とする。

親縁寺　開山の頓誉上人が宇治の名門・上林家の二男であったので、寺紋は〈太輪二三柏〉。他家の者は一度、上林家に入籍して寺に入る風習は、真如堂と同じ。

安楽寿院　歴代唯一。多宝塔の御陵として著名な近衛天皇陵のある本院（京都・竹田）は、紀州の南竜院殿が病気の出養生にきていたゆかりで〈丸二三葵紋〉を用いる。

四、名物・行事・伝説などによる紋

(1) 名所・名物による紋

桜紋　御室の**仁和寺**、西行ゆかりの大原野の**勝特寺**、吉野山の**蔵王堂**（金峯山寺）、神戸の**須磨寺**など、桜の名所として〝花の寺〟で通用する寺院では〈桜紋〉を用いることが多い。

大念仏寺　講談『難波戦記』の平野大念仏の焼打ちで知られるが、名物の公《い》孫樹《ちょう》を意匠化して〈大〉の字をかたどる。

持明院　俗称が蓮寺。淡紅色で一茎に三～八輪の花を生ずる天然記念物の蓮（妙蓮と呼ばれる）を象形した独特の寺紋（金沢）。

金台寺　京都・三条大橋近くの浄土宗の寺院。戦前、境内に有名な梅の古木があった。それにちなんで〈梅鉢雲《うん》版《ばん》紋〉。

小町寺　如意山補陀洛寺（洛北・静市）と称し、小野小町遺跡の一つ。小町の墓や姿見の井戸もある。〈違イ井桁〉は井戸にちなんだものか。

121 粟島堂

122 聖護院

123 即成院

124 西福寺

125 常徳寺

126 妙光寺

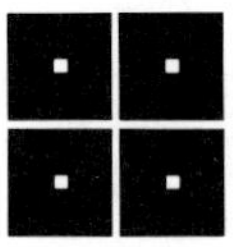
127 弘誓寺

128 光円寺 大泉寺

(2) 行事による紋

粟島堂　正式な寺号は宗徳寺（京都駅前）。応永年間、紀州淡島から虚空蔵菩薩を安置したと伝え、いつの頃から芭蕉の葉を授与したが、病人の床ずれや下の病いに効くとして流行した。〈芭蕉葉ノ丸〉はこれに基づく。

聖護院　修験道本山派の総本山として、大峰山への〝峯入り〟を年間最大の行事とする。寺紋は山伏の象徴ともいうべき〈法螺貝〉。

(3) 故事・伝説による紋

即成院　御寺《みてら》と呼ばれる泉涌寺の塔頭で、二五菩薩練供養で名高い。那須与市の墓と伝える五輪塔があり、俗説に与市は本寺の堂守として一生を送ったという。寺紋は那須氏の〈一文字紋〉と、与市の扇の的を射た武功を組合せたもの。

西福寺　南禅寺畔の本寺には、上田秋成の墓がある。〈波二扇〉の寺紋だが、那須与市との関係は見当らず、平重盛の名号石を伝えているのが、わずかに源平時代を偲ばせるのみ。

常徳寺　初代道珍はもと織田信長の配下。事情あって出家していたが、石山合戦には門徒に組し、笠商人に身をやつすなどして軍功を立てたという。寺紋はその説話による（大津市百石町通）。

妙光寺　故址にちなむ寺紋は案外に多い。本寺の寺地（京都・宇多野）は花山院師継の山荘跡で、同院の家紋を改変した〈三ツ寄せ杜若〉。

弘誓寺　木村重成の邸跡（京都・下立売七本松）と伝える。〈平四ツ目紋〉。

光円寺・大泉寺　九条兼実の別邸・花園亭の故址（京都・

129 西法寺

130 崇泰院

131 太融寺

132 徳光院

133 一乗寺

134 三井寺

135 六角堂

136 法輪寺

西洞院松原）。〈婆羅藤紋〉。

西法寺　寺地（京都・大宮鞍馬口下ル）の界隈をアグイ（安居院《あんご》の転訛）といい、もと比叡山東塔・竹林院の里坊であったが、慶長年間、西法寺の号を付されて真宗に属した。〈連翹《れんぎょう》ダスキ紋〉は、正親町三條殿の旧蹟であった因縁による。

崇泰院　京都・東山の知恩院山内にあるが、大谷本願寺の故址というゆかりで、大谷家の家紋に出た東本願寺の正紋〈八ツ藤〉を用いる。

太融寺　もと宝樹院と号した寺地（大阪・梅田）に、一《いっ》品《ぽん》太政大臣源融が七堂伽藍を造営。太融寺の寺号を給うたと伝える。寺紋の〈一文字三星〉は一品の文字を象形したもの。

徳光院　明治三八年、神戸・布引の滝の下に川崎正蔵氏（川崎造船所創設者）が建立した。寺紋の〈稲ノ丸〉は氏の雅号・米翁にちなむ。

一乗寺　西国第二六番札所（兵庫・加西郡）。寺紋〈橘〉は、山号〝法華山〟を詠みこんだ「春は花夏は橘、秋は菊、いつも絶えせぬ法のはな山」の御詠歌にちなんだものか。

三井寺　西国第一四番札所、近江八景の晩鐘で名高い本寺の〈橘〉は〈菊座橘〉と称されるもの。下部に礎のような根のあるのが独特。往昔、宮中へ祈禱に召された際、魔除けの橘文様を袈裟につけよとの勅命を蒙ったのが起源と伝える。

六角堂　西国第一八番札所・頂法寺は洛中の仏法最初の寺で、住職は代々、華道の池坊家元が兼務したため、池坊の〈菊座橘〉（三井寺とちがい根は付いていない）が寺紋となっている。

法輪寺　京都の〝一三詣りの虚空蔵〟として著名な寺。渡月橋北詰に水車を設け、寺庭に川水を引いたという。〈水

137 禅居庵

138 築島寺

139 笠置寺

140 薬仙寺

141 正法寺

142 西光寺 空也寺

143 墨染寺

144 万福寺

145 因幡薬師

車紋〉はこの来歴に基づく。

禅居庵　建仁寺塔頭。小笠原流の開祖、信濃国守の小笠原貞宗が建仁寺第二三世大鑑禅師に帰依して建立した因縁により、寺紋は〈小笠原菱〉。

築島寺　寺号は経島山来迎寺（神戸市）。平清盛は海上に築島を造成せんとしたが失敗が重なり、通行人を捕えて人柱に供しようとした。諸人の悲歎を見るに忍びず、身代りとなって入水した従臣・松王を憐れんだ清盛が追善のために建立した寺。寺紋は〈松〉と〈王〉を図案したもの。

笠置寺　天武天皇の創建と伝え、元弘の乱の際、後醍醐天皇の行在所となったゆかりで、天子を象徴する〈竜紋〉を用いる。

薬仙寺　時宗の寺（神戸市）だが、開基国阿上人が多賀神社を尊崇、月詣りに同社から柏の葉を受けた故事に基づき〈石持《こくもち》ニ違イ柏紋〉とする。

正法寺　もと延暦寺別院であったのを国阿上人が中興して、時宗霊山派の寺とした（京都・東山）。〈丸ニ抱キ柏紋〉は**薬仙寺**と同じく、上人の故事に基づく。

空也寺　鞍馬山で修行中の空也上人が可愛がっていた鹿が射殺されたのを悲しみ、供養ののち、杖の先にその角をつけて行脚した故事により〈抱キ角紋〉（京都・寺町仏光寺）。上人の墓のある清水の**西光寺**も同紋を用いる。

墨染寺　謡曲や歌舞伎にも仕組まれている本寺の桜は、平安朝の歌人・上野峯雄の古歌で有名。〈桜紋〉（京都）。

萬福寺　黄檗宗大本山。寺紋は徳川家綱の寺領寄進にちなむ〈三葉葵〉だが、俗に〈桃戸紋〉が堂扉などに使われている。隠元禅師が日本に出発の際、恩師より贈られた詩の一節にちなむもの。

因幡薬師　寺号は平等寺（京都）。一條天皇の勅命で因幡国一ノ宮に奉幣した橘行平が帰途病臥したが、霊夢によ

146 雀寺

147 大寺

148 妙心寺

149 常安寺

150 等正寺

151 岩屋寺 四天王寺

152 智積院

って一体の薬師像を得た。これを安置したのが因幡堂の縁起という。〈抱キ枝橘ニ真向キノ実紋〉は、この伝説による。

雀寺　寺号は更雀《きょうじゃく》寺。陸奥の国司として赴任中に落馬して頓死した藤原実方が、都恋しの一念から雀と化して洛中に戻った。この雀が力尽きて倒れた四條大宮の地に、雀塚を築いたという寺伝により〈藤ニフクラ雀紋〉。

大寺　堺の開口《あぐち》神社は俗称を大寺というが、もと真言宗念仏寺。行基の開創で、聖武天皇の勅祭の際、開口など三村からの献上品に三ツ成りの茄子があった。寺紋はこの奇瑞にちなみ、神仏分離後も、開口神社に継承されている。

妙心寺　臨済宗妙心寺派大本山。一六菊の周囲に八ツ藤を配した寺紋は、開山慧玄が質実を貴び、藤づるを曲げて袈裟の環とした故事による。

常安寺　浄土宗知恩院派（京都）。法然上人の有名な〝月影〟の道歌により〈月影杏葉紋〉。

等正寺　京の山科に出る逢坂山の裏街道に「堅田源兵衛の首」の石標が立つ、真宗大谷派の寺院。蓮如上人の法難に、わが子の首を打って殉じた堅田家にちなみ、近江八景・堅田の落雁を寺紋とした。

岩屋寺　大石良雄の山科閑居にちなみ赤穂義士の位牌・木像などを祀る。大石家の家紋〈二ツ巴〉を用いる。大阪・**四天王寺**の寺紋も同紋だが、その因縁は明らかでない。

五、本山などの寺紋による紋

(1) 本山紋そのままの紋

桔梗　空也上人開創の**六波羅蜜寺**、千本の**釈迦堂**（大報恩寺）と**閻魔堂**（引接寺《いんじょうじ》）、清和天皇の落飾された**清和院**

153 仁和寺

154 醍醐寺

155 天竜寺

156 長谷寺

157 東寺

158 清水寺

159 光沢寺

160 唐招提寺

161 東本願寺

162 久遠寺

163 光善寺

164 長休寺

など新義真言宗智山派所属の名刹は本山智積院の〈桔梗紋〉をそのまま継承。

桜　久米の仙人の説話で有名な**久米寺**（奈良）、西国第二四番札所の**中山寺**（北摂）、洛西の古刹・**遍照寺**、土用の胡瓜封じで知られる京都の**蓮華寺**など、真言宗仁和寺の末寺は〈桜紋〉。

五七桐　西国第二九番札所・丹後の**松尾寺**、京の三弘法の一つ西賀茂の**神光院**、阿波の内侍建立の**一言寺**は本山醍醐寺の〈五七桐紋〉。

雨竜　夢窓国師創建の嵯峨の**臨川寺**は、臨済宗天竜寺派の傘下にあるため〈雨竜紋〉。

輪違イ　奈良・明日香村の**岡寺**は、新義真言宗豊山派の本山・長谷寺の紋。

東寺雲　東寺（教王護国寺）の末寺はおおむね〈東寺雲〉を用いる。

園家杏葉　古来、清水寺の奥之院と称されてきた牛尾山**法厳寺**（山科音羽）などは、清水寺の〈園家杏葉紋〉。

下り藤　**光沢寺**（京都・間之町二條）など、真宗木辺派所属の寺院は〈下り藤紋〉。

山桜　壬生狂言で有名な壬生寺などは、律宗総本山・唐招提寺の〈山桜紋〉。

八ツ藤　浄土真宗のなかでも特に格式高い寺院のみに許される大谷家の家紋（例＝京都・六條東中筋の**常楽寺**）。

(2) 本山紋を部分改変した紋

久遠寺　本能寺の末寺の**久遠寺**（神戸）は、本山の〈結ビ雁金〉にちなみ、〈丸ニ遠雁金紋〉。

光善寺　真宗・光善寺（大阪）は、本山の〈八ツ藤〉を〈六ツ藤〉として使用。

長休寺　浄土真宗で〈十文字藤紋〉（京都）。

165 善立寺

166 北真経寺

167 狸谷不動院

菊花御紋章

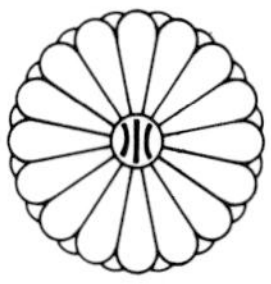
168 青蓮院

169 壬生寺

善立寺　京都の真宗・善立寺、**円光寺**、大阪の**本覚寺**などは〈一ツ藤巴紋〉。

北真経寺　向日市の日蓮宗・北真経寺は〈四ツ環菱ニ杏葉牡丹紋〉。本山・妙顕寺の寺紋〈近衛牡丹〉と替紋〈四ツ輪菱ニ牡丹〉を組合せたもの。

狸谷不動院　不動明王の象徴・輪宝の外郭を桔梗で囲む特殊な寺紋。中興の亮栄上人が智積院にゆかりがあるので、桔梗を配している（京都）。

六、皇室紋章をはばかった代替紋

菊花御紋章　後鳥羽上皇が菊花を愛好されて、御服・刀剣などに菊花紋を使用されたのが先蹤という。明治新政府が皇室御紋章としての菊花紋の濫用を取締ったため、多数の寺院が代りの寺紋を制定、または従来の印《しるし》を寺紋に昇格した。大正一五年、皇室儀制令により初めて皇室御紋章が制度化され、同年「御紋章類似形の取締標準」が告示されている（後鳥羽上皇を開基とする、栂尾の**高山寺**は古来、〈十六弁八重表菊紋〉を用いているが例外といえよう）。

(1) 花芯部に文字などを配する菊花紋

青蓮院　延暦寺三門跡の一つ、青蓮院は菊芯に〈小〉字を収める。寺号のショウをとったという説や、延暦寺の〈山〉に対し、白川にちなんで〈川〉の字を用いたなどの説がある。

壬生寺　〈山桜紋〉のほかに、花芯に〈壬生〉字を収めた菊花紋（壬生狂言の初日、山吹の花を供える行事から、山吹の象形とも考えられる）を用いる。太秦の**広隆寺**は花芯に〈太〉字を収める。太秦の頭字、または聖徳太子の「太」を表わしたもの。

170 廬山寺

171 石山寺

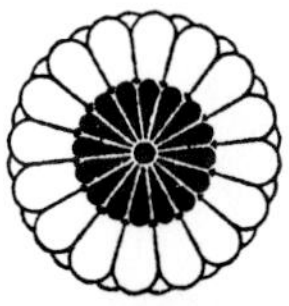
172 実相院

173 善通寺

174 和田寺

175 妙心寺 十禅寺

176 七観音院

177 西方寺

178 曼殊院

179 栗棘庵

廬山寺　京都御所東の本寺は〈桜紋〉を用いているが、古紋は菊花の花芯に〈天〉字。寺号の天台講寺、光格天皇ほかの尊牌を祀るところから天皇の「天」を偶したといわれる。

石山寺　本紋は〈鶴ノ丸〉だが、替紋に〈裏菊〉がある。宮家のいわゆる〈裏菊〉とちがい、写実的な点が特色。

善通寺　菊花芯に寺号の〈善〉字（香川）。

実相院　一六葉八重菊の中央に、別の菊をかさねたもの。〈実相院菊〉と呼ばれる（京都）。

(2) 花弁・輪郭を改変した紋

和田寺　禁野の薬師で親しまれている本寺は〈剣菊紋〉（大阪）。

十禅寺　山科四宮の名刹・十禅寺をはじめ、天竜寺塔頭の**慈済院**。**妙心寺**（替紋として）と塔頭の**仙寿院**。真如堂塔頭の**喜運院**などは〈菊菱紋〉。六條御所・**長講堂**は〈裏菊菱〉として用いている。

七観音院　花弁を一つおきに剣に替えた十六菊紋（京都）。

(3) 周辺部を他物で覆う紋

西方寺　京の五山の送り火のうち〈船形〉を管理する本寺は、半円に葉を付加する〈葉菊紋〉を用いる。西賀茂の**正伝寺**、泉涌寺塔頭の**戒光寺**、福山市外の古刹・**備後国分寺**なども同類。

曼殊院　近年、本寺の印の笹を菊に配した新紋も併用している。

(4) 外郭を他物で囲む紋

栗棘庵　東福寺山内の本庵は菊花紋を六枚の葉で囲んだ

180 清荒神

181 妙法院

182 廬山寺

183 中宮寺

184 常念寺

185 東大寺

186 泉涌寺

187 西宗寺

188 積善院

189 明顕寺

190 金宝寺

191 水薬師寺

もの。

清荒神　賀茂川の荒神橋の名の起りとなった護浄院は菊花と葉を組合せ、特異な意匠としている。

七、その他の紋

(1) 菊を素材とする紋

横見菊　側面から描く菊で構成した紋章。例‖三十三間堂を管掌する天台宗門跡寺の**妙法院**。斑鳩御所の**中宮寺**。**廬山寺**の古紋。**常念寺**（京都）。

割菊　菊花の全形を描かず、部分を表わした紋章。例‖華厳宗大本山・**東大寺**。真言宗泉涌寺派大本山・**泉涌寺**。

抱葉菊　左右対称の葉が菊花を抱く構図。例‖京都の**西宗寺**。崇徳院地蔵とお俊伝兵衛の塚で有名な聖護院塔頭の**積善院**。真宗本山仏光寺山内の**明顕寺**。西本願寺派の**金宝寺**。

変り紋　真言宗東寺派・医王院（京都・西塩小路）の大池から、延喜年間に、黄金の薬師仏が発掘され、醍醐天皇より**水薬師寺**の寺号を賜わった。平清盛が熱病の平癒を祈ってこの霊泉に浴した話は有名。一六菊の使用を許されていたが、明治以降、乱菊と寺号の水にちなむ寺紋に改めた。

嵯峨・竹之御所の**曇華院**は菊の葉だけを素材とした紋を用いる。

香里の**成田山明王院**は、中央に牡丹花、左右に菊の葉の〈菊牡丹〉と呼ばれる変り紋。

(2) 宗旨に基づく紋

長谷寺　新義真言宗豊山派本山・長谷寺の〈輪違い紋〉

192 曇華院

193 香里成田山

194 長谷寺

195 宥清寺

196 大安寺

197 普照院

198 慈雲院

199 本覚寺

200 不動堂

201 大覚寺

202 石光寺

203 神護寺

の二つの輪は、金剛・胎蔵両界を象ったもの。この二つは互いに独立しているかのようだが、窮極するところ相関連するという意義を表徴したもの。末寺の**岡寺**も同紋を用いる。

宥清寺　法華宗本門仏立講根本道場を称える本寺は〈仏立〉の二字を意匠化した寺紋。

(3) 仏法具などを意匠化した紋

金剛杵　輪宝を意匠化して寺紋とするのと同巧異曲で、仏具を象った一例。奈良の真言宗山階派・**大安寺**など。弘法大師が唐土から三鈷を投げると高野山に落ちたという伝説があるように、真言宗の寺に圧倒的に多い紋である。

雲版《うんばん》　神戸市兵庫の**普照院**の寺紋は雲版を単独に意匠化したもの。

蓮華　仏法を象徴する植物の代表として蓮華を意匠化した寺紋も多い。京都・宝塔寺山内の**慈雲院**、岡山の**本覚寺**などは一見して蓮華と判る例。**不動明王院**（京都）の寺紋は〈源氏車〉と呼ばれているが、護摩壇の四隅に立てる八葉の蓮華を表徴したものとみられる。大覚寺の別紋も同系。

霊芝《れいし》　仏事関係の進物用包装紙に、蓮華に替えて描かれることのある霊芝（祝茸、万年茸ともいう）を用いた例としては、奈良の**石光寺**がある。

巴　大阪・**四天王寺**（既出）のほか、奈良の**二月堂**、西国第四番札所の**槇尾寺**、同三一番の**長命寺**、嵯峨の**二尊院**などがある。高雄の**神護寺**も近年は巴紋を幕に用いている。

鳳凰　**法隆寺**の〈対イ鳳凰紋〉は聖徳太子を象徴するものといわれ、京都・**六角堂**の太子殿も同系の紋を用いる。大阪・**四天王寺**の太子を祀る用明殿でも寺紋とは別に〈鳳凰紋〉を用いる。

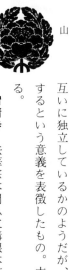

204 法隆寺

205 四天王寺用明殿

206 地福寺
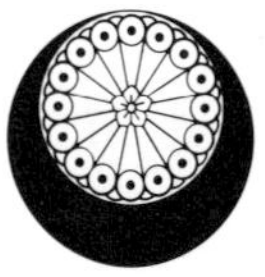

207 照高院
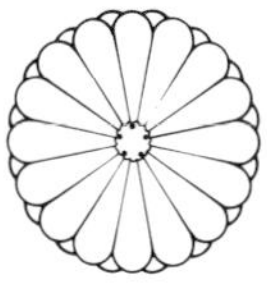

208 安楽寺

209 福泉寺

210 大仙寺

211 永昌寺

212 長楽寺

213 宝寿寺

214 神泉苑

(4) 組合せ紋

地福寺（京都）浄土宗西山派。宗祖法然上人ゆかりの〈月影〉が〈裏菊〉を囲む珍しい紋章。花弁の端しは円形で中心に黒点を打っているのは、菊花紋章の印象をできるかぎり拭おうとしたもの。

照高院（京都）秀吉創建の寺。方広寺鐘銘事件に連座して破却されたが、興意法親王により北白川に再建。明治維新に際し廃寺となる。紋章は〈一六菊ニ雪輪〉。通常〈雪輪〉は六稜形だが、本寺は五稜形となっている。

安楽寺（京都）後鳥羽上皇の寵姫松虫と鈴虫の落飾にからみ、上皇の逆鱗にふれて斬殺された住蓮と安楽の二僧の追善のため建立された。寺紋は山号の住蓮山の「蓮」と寺号の安楽寺の「安」を寓したもの。

福泉寺（神戸）本山・東本願寺の〈近衛牡丹〉と住職の家紋〈剣カタバミ〉を組合せたもの。

大仙寺（神戸）本山・西本願寺の〈婆羅藤〉に住職家の〈平四ツ目〉を組合せたもの。

永昌寺（神戸）本山・永平寺の〈竜胆車〉に住職の法名・卍《まん》宗の卍を配したもの。

長楽寺（神戸）時宗共通の〈折敷ニ三文字〉の「三」を寺号の「長」に替えたもの。

宝寿寺（宇治）御蔵山聖天として知られる。歓喜天の〈違イ大根〉に寺号の「宝」を嵌めた紋。

神泉苑（京都）寺紋の〈窠ニ雨竜〉は境内池中に祀る善女竜王の象徴を、当所と祇園御霊会との縁由に結びつけて、八坂神社の神紋〈窠ニ唐花〉の窠で囲んだもの。

（下村　百日亭）

（付）仏法具意匠の紋例

輪宝

215 輪宝

216 丸に三つ輪宝

217 三つ又輪宝

218 三つ割輪宝

219 五つ輪宝

220 六つ輪宝

221 三宅輪宝

222 大日輪宝

223 加納輪宝

224 行者輪宝

225 変わり行車輪宝

226 津軽輪宝

227 筆形輪宝

228 輪宝菱

229 陰三つ輪宝

打板（雲版）

230 浮線打板

231 三つ打板

232 三つ盛打板

233 三つ割打板

234 三つ割打板

235 団扇打板

236 打板桐

法螺貝

237 対い法螺貝

238 緒付き法螺貝

239 糸輪に法螺貝

羯磨・他

240 羯磨十字

241 真言宗羯磨

242 磬

243 錫杖

紋章収録寺院名索引

参考文献

※(大)は大正新修大蔵経、(日)は大日本仏教全書、(国)は国訳一切経とし、書名また論文名のアイウエオ順に配列した。

阿娑縛抄　(日)三五―四一所収　仁治三―弘安四
阿弥陀院悔過資財帳　一巻(参)奈良朝現在一切経疏目録2900
阿弥陀経万部会二十五菩薩練供養次第　大念佛寺編
安祥寺伽藍縁起資財帳　竹内理三編「平安遺文」巻一所収
石山寺縁起　「日本絵巻大成」18　中央公論社
一遍上人絵伝　「日本絵巻大成」別巻　中央公論社
一遍上人と遊行寺　「日本仏教の心」9　寺沼琢明著　ぎょうせい
一遍のことば　「カルチャーブックス」25　橘俊道著　雄山閣
佚亡鐘銘図鑑　坪井良平著　ビジネス教育出版社
位牌　「新版仏教考古学講座」所収　久保常晴著　雄山閣
位牌　「仏教考古学講座」5所収　跡部直治著　雄山閣
雲版　「ミュージアム」No.220所収　安藤孝一著
雲版の研究　久保常晴著　雄山閣
江戸紋章集　槌田桂三・高倉銀次郎共著　東屋
織田仏教大辞典　大蔵出版社　昭和二九年補訂
笈と錫杖　「東京国立博物館特別陳列カタログ」
黄檗研究資料　一輯　黄檗宗宗務本院発行
黄檗清規　一巻　(大)No.2607所収
大谷派寺院年中諸法要行事　川島真量編　法蔵館
鎌倉・海蔵寺の古位牌　「三浦古文化」17所収　赤星直忠著
家紋大図鑑　樋口清之監修　丹羽基二著　秋田書店
灌頂道具本記　(大)図像部一〇所収
韓国位牌概要　「元興寺仏教民俗資料研究所年報」1975所収　洪潤植著
漢訳律蔵　(大)二二～二四巻　(国)律部一～二六所収
北野天神縁起　「日本絵巻大成」21　中央公論社
金工　「日本の工芸」7　中野政樹・平松保城・前田泰次・栄久庵憲司・住田勇共著　淡交社
金工　「日本の美術」39　小学館
金工史談　正・続　香取秀真著　桜書房
金峯山経塚遺物の研究　石田茂作著　帝室博物館
雲形位牌の編年試案　「逗子市文化財調査報告書」所収　赤星直忠著
磬　田辺孝次・香取秀真共著　尚古出版
磬と鰐口　「ミュージアム」No.323　香取忠彦著
袈裟史　井筒雅風著　雄山閣
顕密威儀便覧　(日)服具叢書1所収
現代の仏壇・仏具工芸　鎌倉新書
古建築の細部意匠　近藤豊著　大河出版
広隆寺資財帳　一巻　(大)一〇巻所収
工芸　「日本の美術」9　第一法規
国宝　文化庁監修　毎日新聞社
御伝法之式　大善寺養山著　寛政二年
金躰寺・元興寺極楽坊―位牌・過去帳調査報告書　元興寺仏教民俗資料研究所編
西大寺資財帳　(日)寺誌叢書2所収　(参考)奈良朝現在一切経疏目録No.2899
三宝物具鈔　(大)図像部一〇所収
信貴山縁起　「日本絵巻大成」4　中央公論社
四度加行　私記
時宗法要教典　玉田明如著　遊行寺
釈氏法衣訓　一巻　(日)服具叢書1所収
釈氏要覧　(大)五四巻所収
修験道山伏笈概説　「ミュージアム」No.347所収　岡崎譲治著
宗教工芸　一～三五号　鎌倉新書
宗定日蓮宗法要式　石井日章・高橋玄浄編　日蓮宗宗務院
重要文化財―工芸品Ⅰ・Ⅱ　文化庁監修　毎日新聞社
正倉院御物図録　帝室博物館
正倉院の金工　正倉院事務所編　日本経済新聞社
正倉院の漆工　正倉院事務所編　平凡社
正倉院宝物　正倉院事務所編　朝日新聞社
小叢林略清規　三巻　無著道忠選　(大)No.2579所収
浄土宗辞典　大東出版社
浄土宗法儀解説　宍戸寿栄著
浄土苾蒭宝庫　二巻　金井透道編　東京浄土教報社
浄土真宗本願寺派法式規範　勤式指導所編　本願寺出版部
真言宗全書〈諸流行要・護摩秘要抄・西院流能禅方伝授録〉
真言宗法儀解説　大山公淳著
真言宗持物図釈　(日)服具叢書2所収
真宗大辞典　岡村周薩編　永田文昌堂
真宗仏光寺派法式紀要　仏光寺式務局編　仏光寺
図典　石塔と石灯籠　上原敬二監修・塚本嘉逸著　鎌倉新書
垂迹美術　奈良国立博物館編　角川書店
清俗紀聞　一・二　中川忠英著　平凡社
説教くり弁全集　沼田行正編　本門社
禅学大辞典　駒澤大学内禅学大辞典編纂所編　大修館
禅の風　創刊号　曹洞宗宗務所
禅の建築　横山秀哉著　彰国社
禅家の葬法と追善供養の研究　松浦秀光著　山喜房仏書林
禅林象器箋　二〇巻　無着道忠選　京都貝葉院・明治四二年　誠信書房・昭和三八年
善信聖人絵　「日本絵巻物全集」20　角川書店
先祖供養産業　鎌倉新書
総持寺　井上清司写真・桜井秀雄文　曹洞宗宗務庁
曹洞宗行持基準　曹洞宗宗務庁
曹洞宗行持軌範　曹洞宗宗務庁
葬式仏教　圭室諦成著　大宝輪閣
多度神宮寺資財帳　一巻　輪池叢書20所収
大安寺伽藍縁起幷流記資財帳　一巻　(日)寺誌叢書2所収
大乗比丘十八物図　一巻　(日)服具叢書1所収
台門行要抄　仏教書林　芝金聲堂
醍醐寺三宝院幷遍智院灌頂道具絵様寸尺等　(大)図像部一〇所収
朝鮮鐘　坪井良平著　角川書店
長保三年銘鰐口と蝶形磬「ミュージアム」No.225　阪田宗彦著

勅修百丈清規　八巻　(大)四八巻　(国)諸宗部九所収
中院流・三宝院流伝法灌頂教授手鏡　岩原諦信著
中院流日用作法集伝授録　大山公淳著
天台宗法則儀式
天台常用法儀集
天平地宝　石田茂作著　帝室博物館
天平の地宝　奈良国立博物館編　朝日新聞社
殿堂略記　「妙心寺誌」　無著道忠撰　東林院発行
伝教大師請来目録　(大)五五巻所収
東寺　朝日新聞社編
東洋の漆工藝　東京国立博物館編　便利堂
東大寺の大鐘　「ミュージアム」No.179所収　香取忠彦著
奈良六大寺大観　一四巻　奈良六大寺大観刊行会　岩波書店
苗場山・巻機山修行の栞　宮崎泰年・草分顕岳編　聖護院門跡
那智発掘仏教遺物の研究　帝室博物館　昭和二年
南海寄帰内法伝　義浄著　(大)巻五四　(国)史伝部一六所収
日蓮辞典　宮崎英修編　東京堂出版
日蓮宗祈禱聖典　加藤瑞光・宮川了篤編　鎌倉新書
日蓮宗事典　日蓮宗事典刊行委員会編　日蓮宗宗務院
日蓮宗信行要典　宮崎英修編著　平楽寺書店
日蓮宗仏事行事集　上・下　石川教張他共著　東京堂
日蓮聖人　「産報デラックス歴史シリーズ」　サンポージャーナル
日光男体山　日光二荒山神社　角川書店
日本科学技術史　矢島祐利・関野克監修
日本金工談叢　香取秀真著　中央公論美術出版
日本古鐘銘集成　坪井良平著　角川書店
日本漆工の研究　沢口悟一著　美術出版社
日本鋳工史稿　香取秀真著　甲寅叢書
日本銅磬の研究　広瀬都巽著　清閑舎
日本の金工　蔵田蔵・中野政樹著　小学館
日本の梵鐘　坪井良平著　角川書店
日本美術小事典　町田甲一・永井信一編　角川書店
日本仏教基礎講座　七巻　雄山閣
日本仏教民俗基礎資料集成　中央公論美術出版
日本佛塔　石田茂作著　講談社
仁和寺御室御物実録　続々群書類従16所収
秘宝　一二巻　講談社
秘密事相大系　高井観海著
秘密事相の研究　栂尾祥雲著　密教文化研究所
百丈清規左觽　二一冊　無著道忠選　中文出版社
百禄の鐘　香取正彦著
扶桑鐘銘集　全四巻　岡崎信好著　安永七年
仏教工芸の美　奈良国立博物館展覧会図録
仏教考古学研究　久保常晴著　ニューサイエンス社
仏教考古学講座　旧版一六冊　雄山閣
仏教考古学講座　五巻（覆刻版）　雄山閣
佛教考古学論攷　石田茂作著　思文閣出版
仏教宗派辞典　金岡秀友編　東京堂出版
仏教大辞彙　龍谷大学編　冨山房
仏教と民俗・続仏教と民俗　五来重著　角川書店
仏教美術　奈良国立博物館編　小学館
仏教美術の基本　石田茂作著　東京美術
仏教芸術　二二巻　仏教芸術学会編　思文閣出版
仏具　「新版仏教考古学講座」5　石田茂作監修　雄山閣
仏具　「日本の美術」16　蔵田蔵編　至文堂
仏具辞典　清水乞編　東京堂出版
仏舎利の美術　奈良国立博物館展覧会図録
仏制比丘六物図　(大)四五巻　(国)諸宗部一四所収
仏像幖幟義図説　(日)服具叢書1所収
仏門衣服正儀編　二巻　(日)服具叢書1所収
仏立教学選集　第二巻　「伊達日彰先生の部」　本門仏立宗宗務本庁教育院発行
慕帰絵　「日本絵巻物全集」20　角川書店
法衣史　井筒雅風著　雄山閣
法衣史　花園映澄著　鍵長法衣店
法華経の美術　奈良国立博物館展覧会図録
法式研究　岐阜県曹洞宗法友会
法中時装束集　一巻　(日)服具叢書2所収
法中元服抄　一巻　(日)服具叢書2所収
法服正格　一巻　(日)服具叢書2所収
法然上人絵伝　「日本絵巻物全集」14　角川書店
法隆寺献納宝物　東京国立博物館編　便利堂
法隆寺献納宝物　「東京国立博物館」III　講談社
法隆寺献納宝物図録　東京国立博物館監修　講談社
法隆寺資財帳　一巻　(日)寺誌叢書1所収
法華宗法式作法要典　大本山本能寺出版部
翻訳名義集　鎌倉時代
本孔寺史　三巻
梵字講話　川勝政太郎著
梵字手帖　徳山暉純著　木耳社
梵鐘　坪井良平著　学生社
梵鐘と古文化　坪井良平著　大八洲出版
密教辞典　佐和隆研編　法蔵館
密教大辞典　密教辞典編纂会　法蔵館
密教法具　石田茂作・岡崎譲治共著　講談社
密教法具便覧　権田雷斧著
美濃国古位牌の研究　「仏教考古学論叢」　片野温著
身延山久遠寺　小林顕栄編　身延山久遠寺
身延山史　身延山久遠寺編
望月仏教大辞典　一〇巻　世界聖典刊行教会
大和古寺大観　七巻　岩波書店
融通圓門章　一巻　元禄一六年　大通融観撰　(大)No.2680
融通大念佛本縁起　二巻　元禄四年　大通融観
融通念佛信解章　二巻　宝永二年　大通融観著　(日)64
和漢三才図会　二巻　寺嶋良安編　東京美術（覆刻）

執　筆

岡崎譲治（おかざきじょうじ）　大正一四年生まれ
九州大学文学部美学美術史学科卒
現在　大阪市立美術館長
著作　密教法具　浄土教画　他
住所　奈良市高畑本薬師町五九三―三

井上博文（いのうえはくぶん）　昭和二四年生まれ
立正大学大学院仏教学専攻博士後期課程研究指導修了
現在　日蓮宗宗費研究生　立正大学日蓮教学研究所研究員
著作　近世初頭京都日興門流教学の展開
住所　東京都品川区戸越六―二三―一七

香取忠彦（かとりただひこ）　昭和五年生まれ
東京教育大学教育学部卒業
現在　東京国立博物館学芸部工芸課金工室長
論著　東大寺大仏の鐘　日本の鋳造技法における鋳造の問題　奈良の大仏　他
住所　東京都北区田端二―一〇―一二

河田　貞（かわださだむ）　昭和九年生まれ　東北大学大学院文学研究科（美術史学）修士課程修了
現在　奈良国立博物館学芸課長
著作　経塚遺宝　法華経の工芸　法華経絵意匠の展開
住所　京都府城陽市久世上大谷一〇九―一八

木下密運（きのしたみつうん）昭和一四年生まれ
近畿大学薬学部卒業
現在　千手寺住職　仏教大学講師
論著　地鎮めの祭り　天野山金剛寺多宝塔の創建と鎮壇結界資料考　葛城北峯の宿考　他
住所　東大阪市東石切町三―三―一六

郷家忠臣（ごうけただおみ）　昭和七年生まれ
東北大学文学部東洋美術史学科卒業
現在　共立女子大学教授
著作　鎌倉彫　柴田是真絵様手控　柴田是真名作集　文具曼荼羅（共著）　他
住所　座間市相模が丘二―二四―六

近藤　豊（こんどうゆたか）　明治四二年生まれ
京都大学卒業　工学博士
現在　摂南大学工学部建築学科教授
著作　古建築の細部意匠　古建築文様集成　明治初期擬洋風建築の研究　古寺巡礼　他
住所　京都市左京区下鴨膳部町九一

酒井敬淳（さかいけいじゅん）大正一〇年生まれ
叡山学院研究科卒業
現在　叡山学院教授
論著　伝教大師と台密　密教禅について
住所　京都市左京区岩倉上蔵町三〇三

坂田知己（さかたともき）　昭和二二年生まれ
高野山大学大学院文学研究科修了
現在　威徳院住職　高瀬町立図書館長
論著　大和古寺大観第六巻（共著）　日本仏教民俗基礎資料集成第四・六巻（共著）室生寺籾塔の研究（共著）　般若理趣経の日本的展開
住所　香川県三豊郡高瀬町大字下勝間九一三

阪田宗彦（さかたむねひこ）　昭和一四年生まれ
奈良学芸大学芸術科卒業
現在　奈良国立博物館学芸課普及室長
論著　大和古寺大観第三・七巻（共著）　鎌倉時代の華鬘　長谷寺建久三年銘鰐口
住所　奈良市高畑町一八四高畑合同宿舎八三一

佐藤哲善（さとうてつぜん）　昭和五年生まれ
大正大学文学部哲学科卒業
現在　親縁寺住職　元時宗教学部長
住所　横浜市戸塚区戸塚町四六四

佐藤道子（さとうみちこ）　昭和五年生まれ
東京女子大学国語科卒業

現在　東京国立文化財研究所演劇研究室長
論著　東大寺修二会の構成と所作　神名帳―その性格と構成　祖師会の史的研究　浄土真宗本願寺派の法要形式に関する一考察　他
住所　東京都中央区新川二丁目二五―一三―二〇五

宍戸榮雄（ししどえいゆう）　大正九年生まれ
佛教専門学校卒業
現在　真教寺住職　浄土宗法儀司
著作　浄土宗信徒の心得ごと　浄土宗のお仏壇本堂の荘厳　話の種に　佉要表白宣疏集
住所　京都市上京区智恵光院通廬山寺上ル

渋谷厚保（しぶやこうほ）　昭和五年生まれ
京都大学文学部哲学科博士課程修了
現在　雑華院住職
住所　京都市右京区花園妙心寺町五五

永井政之（ながいまさし）　昭和二一年生まれ
駒沢大学大学院仏教学専攻博士課程修了
現在　曹洞宗宗学研究所所員
論著　慧能研究（共著）　安心論・正信論争　万松行秀の伝記をめぐる諸問題
住所　東京都世田谷区玉川四―三―三―三〇三

中野政樹（なかのまさき）　昭和四年生まれ
東京美術学校工芸科卒業
現在　東京芸術大学教授
論著　和鏡　正倉院金工　奈良時代における出土・伝世唐式鏡の基礎資料および同范鏡の分布とその鋳造技術　他
住所　東京都北区滝野川町七―四五―八

服部祖承（はっとりそしょう）　昭和三年生まれ
玉川大学文学部教育学科卒業
現在　自敬寺住職　黄檗宗教学部長・布教師
住所　大阪市淀川区西三国二―一二―四三

原田一敏（はらだかずとし）　昭和二五年生まれ
国学院大学文学部史学科卒業
現在　東京国立博物館学芸部工芸課金工室員
論著　兵具鉾―太刀について　南蛮鉄と刀剣　越前下坂鍛冶に関する諸問題
住所　横浜市神奈川区白楽一五―三

馬養日虔（まかいにちけん）　大正一〇年生まれ
立正大学仏教学部仏教学科卒業
現在　仏立教育専門学校長　妙風寺・清恭寺住職
住所　堺市西野一四―二

光森正士（みつもりまさし）　昭和六年生まれ
龍谷大学大学院博士課程修了
現在　奈良国立博物館学芸課美術室長
著書　室町彫刻（共著）　阿弥陀彫像　山越阿弥陀について　仏教考古学講座第五巻―仏具
住所　尼崎市水堂町二―三二―八

宮川了篤（みやがわりょうとく）　昭和一八年生まれ
立正大学大学院博士課程修了
現在　立正大学講師
論著　日蓮宗祈禱聖典（共編）　日蓮宗批判史の一考察　新居日薩
住所　東京都稲城市大丸二二一一

吉村暲英（よしむらしょうえい）　昭和一五年生まれ
関西大学経済学部卒業　宗立勧学林卒業
現在　融通念仏宗教学部長　勧学林講師
住所　東大阪市池島町一―四―四　大善寺

写　真

本書作成にあたり、全国の社寺・美術館また個人蔵者から写真掲載に対し協力を受けた。また奈良国立博物館・東京国立博物館・京都国立博物館・文化庁・東京国立文化財研究所・奈良国立文化財研究所・正倉院事務所・滋賀県立琵琶湖文化館から資料の提供その他多くの援助を受けた。

撮影・資料提供者＝矢沢邑一　斉藤友覧　三原昇　足立廣文　本田敏雄　上野良信。特に奈良国立博物館の矢沢邑一氏には図版の多くの協力を得た。また大西法衣仏具店・小堀作島・翠雲堂・宝山堂・関崎ほか多くの仏具店の協力を受けた。

図 版 索 引

索　　引

仏具大事典

定価 33,981円(税別)

昭和57年9月20日 初版発行
平成7年10月20日 再版発行

監修者 岡崎 譲治
発行者 清水 憲二

発行所 株式会社 鎌倉新書 ©
〒103 東京都中央区日本橋浜町2-53-2
電話 03(3662)2256(代) FAX 03(3662)2259
振替 00170-4-130616
印 刷 明和印刷株式会社
原色製版 ミキプロセス株式会社
写植・製版 東京写真植字株式会社
製 本 山田製本印刷株式会社